WANDER GARCIA, ANA PAULA GARCIA
E RENAN FLUMIAN
COORDENADORES

7ª EDIÇÃO
2021

SUPER-REVISÃO

CONCURSOS JURÍDICOS
DOUTRINA COMPLETA

ATUALIZADO CONFORME AS ALTERAÇÕES LEGISLATIVAS TRAZIDAS PELA COVID-19

EDITORA FOCO

2021 © Editora FOCO

Coordenadores: Wander Garcia, Ana Paula Garcia e Renan Flumian
Autores: Wander Garcia, Ana Elisa Spaolonzi Queiroz Assis, Anna Carolina Bontempo, Arthur Trigueiros, Bruna Vieira, Camilo Onoda Caldas, Eduardo Dompieri, Fábio Tavares Sobreira, Fernando Leal Neto, Henrique Subi, Hermes Cramacon, José Antonio Apparecido Junior, Luiz Dellore, Márcio Rodrigues, Marcos Destefenni, Olney Queiroz Assis, Pedro Eduardo Zini Davoglio, Renan Flumian, Robinson Barreirinhas, Rodrigo Santamaria Saber, Savio Chalita, Silvio Luiz de Almeida e Vivian Calderoni
Editor: Roberta Densa
Direitor Acadêmico: Leornardo Pereira
Revisora Sênior: Georgia Dias
Capa: Leonardo Hermano
Projeto Gráfico e Diagramação: Ladislau Lima
Impressão miolo e acabamento: VIENA GRÁFICA E EDITORA LTDA

Dados Internacionais de Catalogação na Publicação (CIP) de acordo com ISBD

S959
Super-revisão concursos jurídicos / Wander Garcia .. [et al.] ; organizado por Wander Garcia, Ana Paula Garcia, Renan Flumian. – 7. ed. - Indaiatuba, SP : Editora Foco, 2021.

1.236 p. ; 21cm x 28cm.

ISBN 978-65-5515-169-5

1. Metodologia de estudo. 2. Direito. 3. Concursos jurídicos. 4. Super-revisão. I. Garcia, Wander. II. Assis, Ana Elisa Spaolonzi Queiroz. III. Bontempo, Anna Carolina. IV. Trigueiros, Arthur. V. Vieira, Bruna. VI. Caldas, Camilo Onoda. VII. Dompieri, Eduardo. VIII. Sobreira, Fábio Tavares. IX. Leal Neto, Fernando. X. Subi, Henrique Romanini. XI. Cramacon, Hermes. XII. Apparecido Junior, José Antonio. XIII. Dellore, Luiz. XIV. Rodrigues, Márcio. XV. Destefenni, Marcos. XVI. Assis, Olney Queiroz. XVII. Davoglio, Pedro Eduardo Zini. XVIII. Flumian, Renan. XIX. Barreirinhas, Robinson Sakiyama. XX. Saber, Rodrigo Santamaria. XXI. Chalita, Savio. XXII. Almeida, Silvio Luiz de. XXIII. Calderoni, Vivian. XXIV. Garcia, Ana Paula. XXV. Título.

2020-2642   CDD 001.4   CDU 001.8

Elaborado por Vagner Rodolfo da Silva - CRB-8/9410
Índices para Catálogo Sistemático:

1. Metodologia de estudo 001.4   Metodologia de estudo 001.8

Impresso no Brasil (11.2020)
Data de Fechamento (10.2020)

DIREITOS AUTORAIS: É proibida a reprodução parcial ou total desta publicação, por qualquer forma ou meio, sem a prévia autorização da Editora FOCO, com exceção do teor das questões de concursos públicos que, por serem atos oficiais, não são protegidas como Direitos Autorais, na forma do Artigo 8º, IV, da Lei 9.610/1998. Referida vedação se estende às características gráficas da obra e sua editoração. A punição para a violação dos Direitos Autorais é crime previsto no Artigo 184 do Código Penal e as sanções civis às violações dos Direitos Autorais estão previstas nos Artigos 101 a 110 da Lei 9.610/1998. Os comentários das questões são de responsabilidade dos autores.

NOTAS DA EDITORA:

Atualizações: A presente obra é vendida como está, atualizada até a data do seu fechamento, informação que consta na página II do livro. Havendo a publicação de legislação de suma relevância, a editora, de forma discricionária, se empenhará em disponibilizar atualização futura.

Bônus ou Capítulo On-line: Excepcionalmente, algumas obras da editora trazem conteúdo no *on-line*, que é parte integrante do livro, cujo acesso será disponibilizado durante a vigência da edição da obra.

Erratas: A Editora se compromete a disponibilizar no site www.editorafoco.com.br, na seção Atualizações, eventuais erratas por razões de erros técnicos ou de conteúdo. Solicitamos, outrossim, que o leitor faça a gentileza de colaborar com a perfeição da obra, comunicando eventual erro encontrado por meio de mensagem para contato@editorafoco.com.br. O acesso será disponibilizado durante a vigência da edição da obra.

2021
Todos os direitos reservados à
Editora Foco Jurídico Ltda.
Rua Nove de Julho, 1779 – Vila Areal
CEP 13333-070 – Indaiatuba – SP
E-mail: contato@editorafoco.com.br
www.editorafoco.com.br

Acesse JÁ os conteúdos ON-LINE

SHORT VIDEOS
Vídeos de curta duração com dicas de
DISCIPLINAS SELECIONADAS

Acesse o link:
www.editorafoco.com.br/short-videos

ATUALIZAÇÃO em PDF e VÍDEO
para complementar seus estudos*

Acesse o link:
www.editorafoco.com.br/atualizacao

CAPÍTULOS ON-LINE

Acesse o link:
www.editorafoco.com.br/atualizacao

* As atualizações em PDF e Vídeo serão disponibilizadas sempre que houver necessidade, em caso de nova lei ou decisão jurisprudencial relevante, durante o ano da edição do livro.
* Acesso disponível durante a vigência desta edição.

COORDENADORES E AUTORES

SOBRE OS COORDENADORES

Wander Garcia - @wander_garcia
É Doutor, Mestre e Graduado em Direito pela PUC/SP. É professor universitário e de cursos preparatórios para Concursos e Exame de Ordem, tendo atuado nos cursos LFG e DAMÁSIO. Neste, foi Diretor Geral de todos os cursos preparatórios e da Faculdade de Direito. Foi diretor da Escola Superior de Direito Público Municipal de São Paulo. É um dos fundadores da Editora Foco, especializada em livros jurídicos e para concursos e exames. É autor best seller com mais de 50 livros publicados na qualidade de autor, coautor ou organizador, nas áreas jurídica e de preparação para concursos e exame de ordem. Já vendeu mais de 1,5 milhão de livros, dentre os quais se destacam "Como Passar na OAB", "Como Passar em Concursos Jurídicos", "Exame de Ordem Mapamentalizado" e "Concursos: O Guia Definitivo". É também advogado desde o ano de 2000 e foi procurador do município de São Paulo por mais de 15 anos. É Coach Certificado, com sólida formação em Coaching pelo IBC e pela International Association of Coaching.

Ana Paula Garcia
Procuradora do Estado de São Paulo, Pós-graduada em Direito, Professora do IEDI, Escrevente do Tribunal de Justiça por mais de 10 anos e Assistente Jurídico do Tribunal de Justiça. Autora de diversos livros para OAB e concursos

Renan Flumian
Professor e Coordenador Acadêmico do IEDI. Mestre em Filosofia do Direito pela *Universidade de Alicante*, cursou a *Session Annuelle D'enseignement* do *Institut International des Droits de L'Homme*, a Escola de Governo da USP e a Escola de Formação da Sociedade Brasileira de Direito Público. Autor e coordenador de diversas obras de preparação para Concursos Públicos e o Exame de Ordem. Advogado.

SOBRE OS AUTORES

Ana Elisa Spaolonzi Queiroz Assis
Graduada em Pedagogia pela Pontifícia Universidade Católica de Campinas (2004). Mestrado em Educação pela Pontifícia Universidade Católica de Campinas (2007). Graduada em Direito pela Pontifícia Universidade Católica de Campinas (2009). Doutorado em Educação pela Universidade Estadual de Campinas (2012). Atualmente é professora titular da Faculdade de Educação da Universidade Estadual de Campinas. Autora de livros e artigos na área jurídica.

Anna Carolina Bontempo
Pós-graduada em Direito Público pela Faculdade de Direito Professor Damásio de Jesus. Professora e gerente de ensino à distância no curso IEDI. Advogada.

Arthur Trigueiros - @proftrigueiros
Procurador do Estado de São Paulo. Professor da Rede LFG e do IEDI. Autor de diversas obras de preparação para Concursos Públicos e Exame de Ordem. Pós-graduado em Direito.

Bruna Vieira - @profa_bruna
Advogada. Professora do IEDI, PROORDEM, LEGALE, ROBORTELLA e ÊXITO. Palestrante e professora de Pós-Graduação em Instituições de Ensino Superior. Autora de diversas obras de preparação para Concursos Públicos e Exame de Ordem. Pós-graduada em Direito.

Camilo Onoda Caldas
Bacharel em Filosofia pela Faculdade de Filosofia, Letras e Ciências Humanas da Universidade de São Paulo (FFLCH/USP). Bacharel em Direito pela Faculdade de Direito da Universidade Presbiteriana Mackenzie. Mestre em Direito Político e Econômico pela Faculdade de Direito da Universidade Presbiteriana Mackenzie. Doutor em Filosofia e Teoria Geral do Direito pela Faculdade de Direito da Universidade de São Paulo (USP). Pós-Doutorando em Democracia e Direitos Fundamentais pela Faculdade de Direito de Coimbra - Portugal. Docente de graduação em Direito há 10 anos nas disciplinas de Teoria Geral do Direito, Filosofia do Direito e Teoria Geral do Estado dentre outras. Professor da Universidade São Judas Tadeu, docente em cursos da Escola Paulista de Direito (EPD), da Escola de Governo (conveniada com a USP) e da Fundação Escola de Sociologia e Política de São Paulo (FESPSP). Advogado, Diretor executivo do Instituto Luiz Gama, instituição com atuação na área de Direitos Humanos e defesa de minorias. Autor de obras e artigos na área de Filosofia do Direito, Teoria Geral do Direito, Ciência Política e Metodologia do Direito.

Eduardo Dompieri - @eduardodompieri
Professor do IEDI. Autor de diversas obras de preparação para Concursos Públicos e Exame de Ordem. Pós-graduado em Direito.

Fábio Tavares Sobreira - @fabiottavares
Professor de Direito Constitucional exclusivo da Rede LFG/Praetorium. Advogado.

Fernando Leal Neto - @fclneto
Advogado. Mestrando em Segurança Pública, Justiça e Cidadania pela Universidade Federal da Bahia (UFBA). Coordenador de Extensão da Faculdade Baiana de Direito e Gestão (Salvador - BA).

Henrique Subi - @henriquesubi
Agente da Fiscalização Financeira do Tribunal de Contas do Estado de São Paulo. Mestrando em Direito Político e Econômico pela Universidade Presbiteriana Mackenzie. Especialista em Direito Empresarial pela Fundação Getúlio Vargas e em Direito Tributário pela UNISUL. Professor de cursos preparatórios para concursos desde 2006. Coautor de mais de 20 obras voltadas para concursos, todas pela Editora Foco.

Hermes Cramacon – @hermescramacon

Advogado. Professor do Complexo Damásio de Jesus e do IEDI. Pós-Graduado em Direito.

José Antonio Apparecido Junior – @jose_apparecido

Procurador do Município de São Paulo. Consultor em direito urbanístico. Especialista em Direito Público pela Escola Superior do Ministério Público do Estado de São Paulo. Mestre em Direito Urbanístico pela PUC/SP. Doutorando em Direito do Estado pela USP.

Luiz Dellore – @dellore

Doutor e Mestre em Direito Processual pela USP. Mestre em Direito Constitucional pela PUC/SP. Visiting Scholar na Syracuse Univesity e Cornell University. Professor do Mackenzie, da FADISP, da Escola Paulista do Direito (EPD), do CPJur e do Saraiva Aprova. Ex-assessor de Ministro do STJ. Membro do IBDP (Instituto Brasileiro de Direito Processual) e do Ceapro (Centro de Estudos Avançados de Processo). Advogado concursado da Caixa Econômica Federal.

Márcio Rodrigues – @marciofrpereira

Advogado. Mestre pela UFBA. Professor-Assistente da Universidade Federal do Ceará (UFC), foi Professor de Processo Penal da UCSAL (BA), da Faculdade 2 Julho (BA), do IEDI e da Rede LFG. Ex-Professor do Curso JusPodivm. Autor e coautor de livros pela Editora Foco e outras editoras.

Marcos Destefenni – @destefenni

Doutor e Mestre pela PUC/SP. Mestre pela PUC de Campinas e Mestre em Direito Penal pela UNIP. Professor da Rede LFG. Promotor de Justiça em São Paulo.

Olney Queiroz Assis

Mestre e Doutor em Filosofia do Direito e do Estado pela PUC/SP. Professor da Faculdade de Direito Prof. Damásio de Jesus.

Pedro Eduardo Zini Davoglio

Bacharel em Direito pela Universidade Federal de Santa Catarina. Mestre em Direito Político e Econômico na Universidade Presbiteriana Mackenzie. Doutorando em Filosofia e Teoria Geral do Direito pela Faculdade de Direito da Universidade de São Paulo (USP). Autor de artigos e conferencista na área de Filosofia do Direito, Teoria Geral do Direito e Ciência Política.

Robinson Barreirinhas – robinson.barreirinhas@gmail.com

Secretário Municipal dos Negócios Jurídicos da Prefeitura de São Paulo. Professor do IEDI. Procurador do Município de São Paulo. Autor e coautor de mais de 20 obras de preparação para concursos e OAB. Ex--Assessor de Ministro do STJ.

Rodrigo Santamaria Saber

Defensor Público do Estado de Santa Catarina. Professor de Cursos Preparatórios para Concursos Públicos. Graduado em Direito pela PUC de São Paulo e Especialista em Direito Processual Civil pela UNESP de Franca. Coautor de livros publicados pela Editora Foco.

Savio Chalita

Advogado. Mestre em Direitos Sociais, Difusos e Coletivos. Professor do CPJUR (Centro Preparatório Jurídico), Autor de obras para Exame de Ordem e Concursos Públicos. Professor Universitário. Editor do blog www.comopassarnaoab.com.

Silvio Luiz de Almeida

Pós-doutorando no departamento de Filosofia e Teoria Geral do Direito da Faculdade de Direito da Universidade de São Paulo (USP). Doutor em Filosofia e Teoria Geral do Direito pela Faculdade de Direito da Universidade de São Paulo (USP). Mestre e Bacharel em Direito pela Faculdade de Direito da Universidade Presbiteriana Mackenzie. Graduado em Filosofia pela Faculdade de Filosofia, Letras e Ciências Humanas da Universidade de São Paulo (FFLCH-USP). Professor de Introdução ao Estudo do Direito, Filosofia do Direito e Ciência Política da Faculdade de Direito da Universidade Presbiteriana Mackenzie e de Filosofia do Direito e Introdução ao Estudo do Direito da Universidade São Judas Tadeu (SP). Presidente do Instituto Luiz Gama (SP). Advogado em São Paulo.

Vivian Calderoni – @VivianCalderoni

Mestre em Direito Penal e Criminologia pela USP. Autora de artigos e livros. Palestrante e professora de cursos preparatórios para concursos jurídicos. Atualmente, trabalha como advogada na ONG "Conectas Direitos Humanos", onde atua em temas relacionados ao sistema prisional e ao sistema de justiça.

Apresentação

A experiência diz que aquele que quer ser aprovado deve fazer três coisas: a) entender a teoria, b) ler a letra da lei, e c) treinar. As obras da coleção "Como Passar" cumprem muito bem os dois últimos papéis, pois trazem um número expressivo de questões, comentadas alternativa por alternativa, inclusive com a indicação de dispositivos legais a serem lidos. Porém, só o treinamento e a leitura de lei não são suficientes. É necessário também "entender a teoria".

A presente obra foi concebida exatamente para cumprir esse papel: trazer uma **Super-Revisão** da Teoria, possibilitando uma preparação completa para você atingir seu objetivo, que é a aprovação.

O livro traz a revisão das **39 disciplinas** (impresso e on-line) que mais aparecem nos principais concursos jurídicos do País.

Mesmo sendo uma obra de revisão, num volume apenas, buscou-se a todo tempo apresentar o conteúdo mais completo possível, com jurisprudência atualizada e altíssima sistematização, tornando o livro material de excelentes conteúdo e qualidade.

Essa já importante e consolidada obra nasceu da experiência prática dos seus Coordenadores, que após anos como Professores e Coordenadores dos maiores Cursos Preparatórios do País, perceberam que os examinandos, com a aproximação das provas de concursos (em qualquer das fases: objetiva, discursiva ou oral), precisavam de um material que pudesse condensar as principais informações para o exame, em texto sistematizado e passível de ser lido integralmente em tempo hábil para uma sólida preparação.

E nesta nova edição trazemos duas grandes novidades aos nossos leitores: 1) os **SHORT VIDEOS**, que são diversos vídeos de curta duração com dicas de DISCIPLINAS SELECIONADAS e 2) *ATUALIZAÇÃO* em PDF e VÍDEO para complementar os estudos.

É por isso que podemos dizer que, agora, você tem em suas mãos a **Revisão dos Sonhos** de quem vai fazer Concursos Jurídicos, revisão essa que certamente será decisiva para a sua aprovação!

Wander Garcia, Ana Paula Garcia e Renan Flumian
Coordenadores

SUMÁRIO

COORDENADORES E AUTORES	V

APRESENTAÇÃO	VII

1. DIREITO CIVIL

1. PRINCÍPIOS DO DIREITO CIVIL E LEI DE INTRODUÇÃO ÀS NORMAS DO DIREITO BRASILEIRO – LINDB..................1
2. PARTE GERAL..................8
3. DIREITO DAS OBRIGAÇÕES..................39
4. DIREITO DOS CONTRATOS..................50
5. RESPONSABILIDADE CIVIL..................71
6. DIREITO DAS COISAS..................78
7. DIREITO DE FAMÍLIA..................97
8. DIREITO DAS SUCESSÕES..................121

2. DIREITO PROCESSUAL CIVIL

INTRODUÇÃO: SISTEMA PROCESSUAL À LUZ DO CÓDIGO DE PROCESSO CIVIL DE 2015 (LEI 13.105/2015 E POSTERIORES ALTERAÇÕES)..................131

1. TEORIA GERAL DO PROCESSO CIVIL (PARTE GERAL DO CPC)..................131
2. PROCESSO DE CONHECIMENTO..................165
3. PROCEDIMENTOS ESPECIAIS (TÍTULO III DO LIVRO I DA PARTE ESPECIAL DO CPC)..................184
4. PROCESSO DE EXECUÇÃO E CUMPRIMENTO DE SENTENÇA..................195
5. RECURSOS E PROCESSOS NOS TRIBUNAIS..................211
6. REVOGAÇÕES E VIGÊNCIA..................231
7. VISÃO GERAL DO PROCESSO COLETIVO..................232

3. DIREITO PENAL

PARTE GERAL..................235

1. CONSIDERAÇÕES INICIAIS SOBRE O DIREITO PENAL..................235
2. DIREITO PENAL E SUA CLASSIFICAÇÃO. PRINCÍPIOS..................239
3. FONTES DO DIREITO PENAL..................241
4. INTERPRETAÇÃO DO DIREITO PENAL..................242
5. APLICAÇÃO DA LEI PENAL..................243
6. TEORIA GERAL DO CRIME..................249
7. DAS PENAS..................264
8. CONCURSO DE CRIMES..................272
9. SUSPENSÃO CONDICIONAL DA PENA (*SURSIS*)..................274
10. LIVRAMENTO CONDICIONAL..................275
11. EFEITOS DA CONDENAÇÃO E REABILITAÇÃO..................276

www. Acesse o conteúdo on-line. Siga as orientações disponíveis na página III.

12. MEDIDAS DE SEGURANÇA 277
13. PUNIBILIDADE E SUAS CAUSAS EXTINTIVAS 278

PARTE ESPECIAL **282**

1. CLASSIFICAÇÃO DOUTRINÁRIA DOS CRIMES. INTRODUÇÃO À PARTE ESPECIAL DO CP 282
2. CRIMES CONTRA A VIDA 284
3. LESÃO CORPORAL 291
4. CRIMES DE PERIGO INDIVIDUAL 295
5. CRIMES CONTRA A HONRA 300
6. CRIMES CONTRA A LIBERDADE PESSOAL 305
7. CRIMES CONTRA O PATRIMÔNIO 309
8. CRIMES CONTRA A DIGNIDADE SEXUAL 324
9. CRIMES CONTRA A ORGANIZAÇÃO DO TRABALHO 329
10. CRIMES CONTRA A FÉ PÚBLICA 331
11. CRIMES CONTRA A ADMINISTRAÇÃO PÚBLICA (ARTS. 312 A 327, DO CP) 333

LEGISLAÇÃO PENAL ESPECIAL — 343

1. CRIMES HEDIONDOS (LEI 8.072/1990) 343
2. LEI DE TORTURA (LEI 9.455/1997) 344
3. LEI DE DROGAS (LEI 11.343/2006) 347
4. ESTATUTO DO DESARMAMENTO (LEI 10.826/2003) 352
5. CRIMES DE TRÂNSITO – LEI 9.503/1997 – PRINCIPAIS ASPECTOS 355
6. CRIMES CONTRA O CONSUMIDOR – LEI 8.078/1990 363
7. CRIMES FALIMENTARES – LEI 11.101/2005 368
8. CRIMES AMBIENTAIS – LEI 9.605/1998 372

4. PROCESSO PENAL — 381

1. LINHAS INTRODUTÓRIAS 381
2. FONTES DO DIREITO PROCESSUAL PENAL 381
3. INTERPRETAÇÃO DA LEI PROCESSUAL 382
4. LEI PROCESSUAL NO ESPAÇO, NO TEMPO E EM RELAÇÃO ÀS PESSOAS 383
5. SISTEMAS (OU TIPOS) PROCESSUAIS PENAIS 385
6. PRINCÍPIOS CONSTITUCIONAIS E PROCESSUAIS PENAIS 386
7. JUIZ DAS GARANTIAS 391
8. INQUÉRITO POLICIAL (IP) 393
9. AÇÃO PENAL 407
10. AÇÃO CIVIL *EX DELICTO* 417
11. JURISDIÇÃO E COMPETÊNCIA 420
12. QUESTÕES E PROCESSOS INCIDENTES 431
13. PROVA 436
14. SUJEITOS PROCESSUAIS 454
15. PRISÃO, MEDIDAS CAUTELARES E LIBERDADE PROVISÓRIA 459
16. CITAÇÕES E INTIMAÇÕES 477
17. SENTENÇA PENAL 480
18. PROCEDIMENTOS PENAIS 483
19. NULIDADES 492

20. RECURSOS 494
21. AÇÕES AUTÔNOMAS DE IMPUGNAÇÃO 509
REFERÊNCIAS 514

5. DIREITO CONSTITUCIONAL — 517

1. INTRODUÇÃO 517
2. HISTÓRICO DAS CONSTITUIÇÕES BRASILEIRAS 517
3. CONSIDERAÇÕES PRELIMINARES 519
4. ELEMENTOS DA CONSTITUIÇÃO 523
5. CLASSIFICAÇÃO DAS CONSTITUIÇÕES 523
6. FENÔMENOS QUE OCORREM COM A ENTRADA EM VIGOR DE UMA NOVA CONSTITUIÇÃO ...525
7. EFICÁCIA JURÍDICA DAS NORMAS CONSTITUCIONAIS E HERMENÊUTICA CONSTITUCIONAL ...526
8. PODER CONSTITUINTE 528
9. DIREITOS E GARANTIAS FUNDAMENTAIS – ASPECTOS GERAIS 530
10. CONTROLE DE CONSTITUCIONALIDADE 558
11. ORGANIZAÇÃO DO ESTADO 565
12. ORGANIZAÇÃO DOS PODERES 571
13. FUNÇÕES ESSENCIAIS À JUSTIÇA 592
14. ESTADOS DE EXCEÇÃO 596
15. ORDEM ECONÔMICA 597
16. ORDEM SOCIAL 599
17. SISTEMA TRIBUTÁRIO NACIONAL 602
18. DISPOSIÇÕES CONSTITUCIONAIS GERAIS 605
19. REFLEXOS DO NOVO CÓDIGO DE PROCESSO CIVIL 605

6. DIREITO ADMINISTRATIVO — 609

1. REGIME JURÍDICO-ADMINISTRATIVO 609
2. PRINCÍPIOS DO DIREITO ADMINISTRATIVO 611
3. PODERES DA ADMINISTRAÇÃO PÚBLICA 618
4. ATOS ADMINISTRATIVOS 622
5. ORGANIZAÇÃO DA ADMINISTRAÇÃO PÚBLICA 635
6. AGENTES PÚBLICOS 646
7. IMPROBIDADE ADMINISTRATIVA 666
8. BENS PÚBLICOS 672
9. INTERVENÇÃO DO ESTADO NA ORDEM ECONÔMICA E NO DIREITO DE PROPRIEDADE ...676
10. RESPONSABILIDADE CIVIL DO ESTADO 685
11. LICITAÇÃO PÚBLICA 692
12. CONTRATOS ADMINISTRATIVOS 714
13. SERVIÇO PÚBLICO 719
14. CONCESSÕES DE SERVIÇO PÚBLICO 721

7. DIREITO TRIBUTÁRIO — 729

1. INTRODUÇÃO 729
2. TRIBUTO – DEFINIÇÃO 729
3. ESPÉCIES TRIBUTÁRIAS 731

4. COMPETÊNCIA TRIBUTÁRIA E SUJEIÇÃO ATIVA	737
5. IMUNIDADES	741
6. PRINCÍPIOS	746
7. LEGISLAÇÃO TRIBUTÁRIA	753
8. VIGÊNCIA, APLICAÇÃO, INTERPRETAÇÃO E INTEGRAÇÃO DA LEGISLAÇÃO TRIBUTÁRIA	756
9. OBRIGAÇÃO TRIBUTÁRIA, FATO GERADOR E CRÉDITO	760
10. LANÇAMENTO TRIBUTÁRIO	763
11. SUJEIÇÃO PASSIVA	768
12. SUSPENSÃO, EXTINÇÃO E EXCLUSÃO DO CRÉDITO TRIBUTÁRIO	779
13. IMPOSTOS EM ESPÉCIE	791
14. GARANTIAS E PRIVILÉGIOS DO CRÉDITO TRIBUTÁRIO	808
15. ADMINISTRAÇÃO TRIBUTÁRIA	811
16. PROCESSO ADMINISTRATIVO TRIBUTÁRIO	814
17. AÇÕES TRIBUTÁRIAS	816
18. REPARTIÇÃO DAS RECEITAS TRIBUTÁRIAS	821
19. SIMPLES NACIONAL	823

8. DIREITO EMPRESARIAL — 827

1. TEORIA GERAL DO DIREITO EMPRESARIAL	827
2. DIREITO SOCIETÁRIO	837
3. TÍTULOS DE CRÉDITO	851
4. PROPRIEDADE INDUSTRIAL	863
5. CONTRATOS EMPRESARIAIS	866
6. DIREITO FALIMENTAR	872

9. DIREITO ELEITORAL — 885

CAPÍTULO 1 — 885

1. CONCEITO	885
2. OBJETO E FONTE	885
3. COMPETÊNCIA LEGISLATIVA	885
4. PRINCÍPIOS DO DIREITO ELEITORAL	885

CAPÍTULO 2 — 887

1. DIREITOS POLÍTICOS	887
2. ALISTAMENTO ELEITORAL	887
3. DOMICÍLIO ELEITORAL	887
4. JUSTIFICATIVA DE AUSÊNCIA E SANÇÕES QUANTO AO DESCUMPRIMENTO DE OBRIGAÇÕES ELEITORAIS	889
5. DIREITOS POLÍTICOS ATIVOS	891
6. DIREITOS POLÍTICOS PASSIVOS	893
7. ESCOLHA DOS CANDIDATOS E PEDIDO DE REGISTRO DE CANDIDATURA	898
8. DOS PARTIDOS POLÍTICOS E COLIGAÇÕES PARTIDÁRIAS	898
9. FIDELIDADE PARTIDÁRIA	901

CAPÍTULO 3 — 902

1. SISTEMAS ELEITORAIS: CONCEITO	902
2. NULIDADE DOS VOTOS E CONVOCAÇÃO DE NOVAS ELEIÇÕES	905

CAPÍTULO 4 906
1. CRIMES ELEITORAIS E O PROCESSO PENAL NOS CRIMES ELEITORAIS 906

CAPÍTULO 5 907
1. PROPAGANDA POLÍTICA 907
2. HORÁRIO RESERVADO AO TRIBUNAL SUPERIOR ELEITORAL 912
3. ABUSOS E O DIREITO DE RESPOSTA 912
4. CONDUTAS VEDADAS AOS AGENTES PÚBLICOS EM CAMPANHAS ELEITORAIS............................... 913

CAPÍTULO 6 914
1. FINANCIAMENTO DE CAMPANHAS ELEITORAIS 914
2. LIMITES DE GASTOS COM CAMPANHAS ELEITORAIS E O USO DE RECURSOS PRÓPRIOS NAS CAMPANHAS ELEITORAIS... 917
3. CRUZAMENTO DE INFORMAÇÕES ENTRE O TSE E RFB 918
4. PRESTAÇÃO DE CONTAS 918
5. GASTOS EM CAMPANHA E SUA CONTABILIZAÇÃO 918
6. REPRESENTAÇÃO (ABUSOS) E RECLAMAÇÕES RELATIVAS À ARRECADAÇÃO E GASTOS DE RECURSOS E CONTRA CAPTAÇÃO IRREGULAR DE SUFRÁGIO 918

CAPÍTULO 7 919
1. AÇÕES E RECURSOS ELEITORAIS 919

CAPÍTULO 8 922
1. JUSTIÇA ELEITORAL 922
2. ÓRGÃOS DA JUSTIÇA ELEITORAL E SUA COMPOSIÇÃO 922
3. REFLEXOS DO NOVO CPC: BREVES COMENTÁRIOS 923

CAPÍTULO 9 924
1. *IMPEACHMENT* 924

10. PROCESSO CIVIL COLETIVO E TUTELA DOS DIREITOS FUNDAMENTAIS SOCIAIS — 927
1. NOÇÕES GERAIS 927
2. DIREITO MATERIAL COLETIVO (DIREITOS TRANSINDIVIDUAIS) 927
3. MICROSSISTEMA DA TUTELA COLETIVA 928
4. COMPETÊNCIA 929
5. REQUISITOS DE ADMISSIBILIDADE DO EXAME DO MÉRITO 931
6. INTERVENÇÃO DE TERCEIROS NAS AÇÕES COLETIVAS 938
7. O PROCEDIMENTO NO CASO DE AÇÕES COLETIVAS 940
8. A CUMULAÇÃO DE PEDIDOS 940
9. O INCREMENTO DOS PODERES INSTRUTÓRIOS 942
10. SENTENÇA E CONGRUÊNCIA 943
11. SISTEMA RECURSAL 944
12. REMESSA NECESSÁRIA 944
13. COISA JULGADA 945
14. A LIQUIDAÇÃO DA SENTENÇA E A TUTELA DOS DIREITOS DIFUSOS E COLETIVOS 947
15. TUTELA PROVISÓRIA DE URGÊNCIA E DE EVIDÊNCIA 948
16. INQUÉRITO CIVIL E PROCEDIMENTO PREPARATÓRIO DE IC 949
17. COMPROMISSO DE AJUSTAMENTO DE CONDUTA 951

18. DA RECOMENDAÇÃO 952
19. TUTELA COLETIVA DOS DIREITOS FUNDAMENTAIS SOCIAIS 952

11. DIREITO DO CONSUMIDOR — 967

1. ANTECEDENTES HISTÓRICOS 967
2. LEGISLAÇÃO 967
3. PRINCÍPIOS DO DIREITO DO CONSUMIDOR 967
4. RELAÇÃO JURÍDICA DE CONSUMO 971
5. RESPONSABILIDADE PELO FATO DO PRODUTO OU DO SERVIÇO (DEFEITO) 975
6. RESPONSABILIDADE PELO VÍCIO DO PRODUTO OU DO SERVIÇO (VÍCIO) 978
7. DESCONSIDERAÇÃO DA PERSONALIDADE JURÍDICA DA SOCIEDADE (DISREGARD OF THE LEGAL ENTITY) 980
8. PRÁTICAS COMERCIAIS 981
9. PROTEÇÃO CONTRATUAL 984
10. SANÇÕES ADMINISTRATIVAS NAS RELAÇÕES DE CONSUMO 989
11. SISTEMA NACIONAL DE DEFESA DO CONSUMIDOR – SNDC 990
12. CONVENÇÃO COLETIVA DE CONSUMO 990
13. DEFESA DO CONSUMIDOR EM JUÍZO: INDIVIDUAL E COLETIVA 991

12. DIREITO AMBIENTAL — 995

1. INTRODUÇÃO 995
2. CONCEITOS BÁSICOS 996
3. O DIREITO AMBIENTAL NA CONSTITUIÇÃO FEDERAL 997
4. COMPETÊNCIA EM MATÉRIA AMBIENTAL 998
5. PRINCÍPIOS DO DIREITO AMBIENTAL 999
6. POLÍTICA NACIONAL DO MEIO AMBIENTE (PNMA) 1001
7. LICENCIAMENTO AMBIENTAL 1003
8. SISTEMA NACIONAL DE UNIDADES DE CONSERVAÇÃO – SNUC 1005
9. OUTROS INSTRUMENTOS DE PROTEÇÃO DO MEIO AMBIENTE 1006
10. RESPONSABILIDADE CIVIL AMBIENTAL 1010
11. RESPONSABILIDADE ADMINISTRATIVA AMBIENTAL 1013
12. RESPONSABILIDADE PENAL AMBIENTAL 1015
13. LEI DE BIOSSEGURANÇA (LEI 11.105/2005) 1016
14. MARCO LEGAL DA BIODIVERSIDADE OU LEI DO PATRIMÔNIO GENÉTICO E DO CONHECIMENTO TRADICIONAL ASSOCIADO (LEI 13.123/2015) 1018
15. POLÍTICA NACIONAL DE RESÍDUOS SÓLIDOS (LEI 12.305/2010) 1018
16. POLÍTICA NACIONAL DE RECURSOS HÍDRICOS (LEI 9.433/1997) 1023

13. ESTATUTO DA CRIANÇA E DO ADOLESCENTE — 1025

1. TRATAMENTO NA CF, NORMATIVA NO DIREITO INTERNACIONAL, ESTRUTURA, CONCEITOS BÁSICOS E PRINCÍPIOS 1025
2. DIREITOS FUNDAMENTAIS I 1027
3. DIREITOS FUNDAMENTAIS II – DIREITO À CONVIVÊNCIA FAMILIAR E COMUNITÁRIA (ASPECTOS GERAIS) 1028
4. DIREITOS FUNDAMENTAIS III – GUARDA E TUTELA 1030
5. DIREITOS FUNDAMENTAIS IV – DA ADOÇÃO, DO DIREITO À EDUCAÇÃO, À CULTURA, AO ESPORTE E AO LAZER E DO DIREITO À PROFISSIONALIZAÇÃO E À PROTEÇÃO NO TRABALHO 1031
6. PREVENÇÃO E MEDIDAS DE PROTEÇÃO 1035

7. ATO INFRACIONAL E GARANTIAS PROCESSUAIS	1036
8. MEDIDAS SOCIOEDUCATIVAS I	1038
9. MEDIDAS SOCIOEDUCATIVAS II E REMISSÃO	1040
10. MEDIDAS PERTINENTES AOS PAIS OU RESPONSÁVEL E CONSELHO TUTELAR	1041
11. APURAÇÃO DE ATO INFRACIONAL	1043
12. CRIMES E INFRAÇÕES ADMINISTRATIVAS	1045

14. DIREITO DO IDOSO — 1049

1. DISPOSIÇÕES PRELIMINARES	1049
2. DIREITOS FUNDAMENTAIS	1052
3. MEDIDAS DE PROTEÇÃO	1058
4. POLÍTICA DE ATENDIMENTO AO IDOSO	1059
5. ACESSO À JUSTIÇA	1062
6. CRIMES	1065
7. DISPOSIÇÕES FINAIS E TRANSITÓRIAS	1067

15. DIREITO SANITÁRIO (VIGILÂNCIA SANITÁRIA) — 1069

1. SAÚDE	1069
2. SISTEMA NACIONAL DE VIGILÂNCIA SANITÁRIA	1069
3. CONDICIONANTES INDIVIDUAIS E COLETIVAS	1069
4. SISTEMA NACIONAL DE VIGILÂNCIA SANITÁRIA – LEI 9.782/1999	1069
5. AGÊNCIA NACIONAL DE VIGILÂNCIA SANITÁRIA	1070
6. INFRAÇÕES À LEGISLAÇÃO SANITÁRIA – LEI 6.437/1977	1071

16. DIREITO PREVIDENCIÁRIO — 1073

1. EVOLUÇÃO LEGISLATIVA DO DIREITO PREVIDENCIÁRIO	1073
2. A PREVIDÊNCIA SOCIAL NA CONSTITUIÇÃO FEDERAL	1074
3. FINANCIAMENTO DA SEGURIDADE SOCIAL	1077
4. CONTRIBUIÇÕES PARA A SEGURIDADE SOCIAL	1088
5. DECADÊNCIA E PRESCRIÇÃO DAS CONTRIBUIÇÕES SOCIAIS	1097
6. OBRIGAÇÕES ACESSÓRIAS	1102
7. RECOLHIMENTO FORA DO PRAZO DAS CONTRIBUIÇÕES E OUTRAS INFRAÇÕES À LEGISLAÇÃO PREVIDENCIÁRIA	1104
8. RECURSOS DAS DECISÕES ADMINISTRATIVAS	1105
9. PLANO DE BENEFÍCIOS DO REGIME GERAL DE PREVIDÊNCIA SOCIAL	1107

17. DIREITO ECONÔMICO — 1119

1. INTRODUÇÃO AO DIREITO ECONÔMICO	1119
2. A ORDEM ECONÔMICA NA CONSTITUIÇÃO FEDERAL	1120
3. A PARTICIPAÇÃO DO ESTADO NA ATIVIDADE ECONÔMICA	1127
4. PROTEÇÃO À CONCORRÊNCIA	1133

18. DIREITO AGRÁRIO — 1145

1. INTRODUÇÃO	1145
2. TERRAS PÚBLICAS	1146
3. REGIME JURÍDICO DA PROPRIEDADE RURAL	1148

4. POLÍTICA AGRÍCOLA E REFORMA AGRÁRIA 1151
5. TRIBUTAÇÃO DA ATIVIDADE AGRÁRIA 1153
6. CONTRATOS AGRÁRIOS 1154
7. TÍTULOS DE CRÉDITO VINCULADOS À ATIVIDADE AGRÁRIA 1155

19. DIREITO URBANÍSTICO — 1157

1. INTRODUÇÃO DO DIREITO URBANÍSTICO 1157
2. FUNDAMENTOS CONSTITUCIONAIS DO DIREITO URBANÍSTICO 1159
3. PROPRIEDADE URBANÍSTICA 1162
4. NORMAS GERAIS DE DIREITO URBANÍSTICO 1166
5. A GESTÃO DEMOCRÁTICA DAS CIDADES 1171
6. PLANEJAMENTO URBANÍSTICO, PLANO DIRETOR E ESTATUTO DA METRÓPOLE 1172
7. INSTRUMENTOS URBANÍSTICOS EM ESPÉCIE 1178
8. ZONEAMENTO E USO DO SOLO 1185
9. INTERVENÇÃO URBANÍSTICA PELO PODER PÚBLICO 1188
10. REGIME URBANÍSTICO DO PARCELAMENTO DO SOLO 1196

20. PROPRIEDADE INTELECTUAL — 1201

1. NOÇÕES GERAIS 1201
2. DIREITOS DE AUTOR E DIREITOS CONEXOS 1205
3. TRANSMISSÃO DOS DIREITOS PATRIMONIAIS 1208
4. SANÇÕES PELAS VIOLAÇÕES DE DIREITOS AUTORAIS 1209

SUMÁRIO ON-LINE

1. DIREITO CIVIL 1

4. CONTRATOS 1

ANEXO ÚNICO MARCO CIVIL DA INTERNET BRASILEIRA 7

1. ANTECEDENTES DO MARCO CIVIL DA INTERNET BRASILEIRA (LEI 12.965/2014) 7
2. FUNDAMENTOS DA LEI 12.965/2014 7
3. PRINCÍPIOS DO USO DA INTERNET 8
4. OBJETIVOS DA LEI 12.695/2014 8
5. CONCEITOS LEGAIS BÁSICOS 8
6. DIREITOS E GARANTIAS DOS USUÁRIOS 9
7. PROVISÃO DE CONEXÃO E APLICAÇÕES DE INTERNET 10
8. ATUAÇÃO DO PODER PÚBLICO 14
9. DISPOSIÇÕES FINAIS 15

6. DIREITO ADMINISTRATIVO 16

15. PROCESSO ADMINISTRATIVO 16
16. CONTROLE DA ADMINISTRAÇÃO 26

9. DIREITO ELEITORAL 30

ATUALIZAÇÃO – LEI 13.107/2015 E LEI 13.165/2015 30

CAPÍTULO I – LEI 13.107/2015 31

1. TEXTO DA LEI 31
2. FUSÃO E INCORPORAÇÃO DOS PARTIDOS POLÍTICOS (ART. 29, LEI DOS PARTIDOS POLÍTICOS) 34
3. FUNDO DE PARTICIPAÇÃO DOS PARTIDOS POLÍTICOS (ART. 41-A, LEI DOS PARTIDOS POLÍTICOS) 34

CAPÍTULO II – LEI 13.165/2015 36

1. TEXTO DA LEI 36
2. COMENTÁRIOS INICIAIS 44
3. ALTERAÇÕES NA LEI DAS ELEIÇÕES (ART. 2º, LEI 13.165/2015) 44

PROPAGANDA POLÍTICA 48

4. ALTERAÇÕES NA LEI DOS PARTIDOS POLÍTICOS (ART. 3º, LEI 13.165/2015) 54

DISTRIBUIÇÃO DO FUNDO PARTIDÁRIO 60

5. ALTERAÇÕES NO CÓDIGO ELEITORAL (ART. 4º, LEI 13.165/2015) 62
6. OUTRAS DISPOSIÇÕES DA LEI 69

ANEXO I – SÚMULAS DO TSE 70

ANEXO II - RELAÇÃO DE PARTIDOS REGISTRADOS NO TRIBUNAL SUPERIOR ELEITORAL 74

21. DIREITO INTERNACIONAL PÚBLICO

1. INTRODUÇÃO 76
2. DIFERENÇAS ENTRE O DIREITO INTERNACIONAL PÚBLICO E O DIREITO INTERNO 76
3. FUNDAMENTOS 76
4. FONTES DO DIREITO INTERNACIONAL 77
5. TRATADO 80
6. ESTADO 85
7. ORGANIZAÇÕES INTERNACIONAIS 97
8. SER HUMANO 107
9. RESPONSABILIDADE INTERNACIONAL 111
10. DIREITO COMUNITÁRIO 113
11. TRIBUNAL PENAL INTERNACIONAL (TPI) 118

22. DIREITO INTERNACIONAL PRIVADO

1. INTRODUÇÃO 121
2. FONTES 121
3. REGRAS DE CONEXÃO DA LEI DE INTRODUÇÃO ÀS NORMAS DO DIREITO BRASILEIRO ... 122
4. APLICAÇÃO DO DIREITO ESTRANGEIRO 128
5. COMPETÊNCIA INTERNACIONAL 129
6. HOMOLOGAÇÃO DE SENTENÇA ESTRANGEIRA 134
7. ORDEM PÚBLICA – ART. 17 DA LINDB 138

23. DIREITO FINANCEIRO E ADMINISTRAÇÃO FINANCEIRA E ORÇAMENTÁRIA

1. INTRODUÇÃO 140
2. LEIS ORÇAMENTÁRIAS: PPA, LDO, LOA 141
3. RECEITAS 153
4. DESPESAS 157
5. EXECUÇÃO ORÇAMENTÁRIA 168
6. OPERAÇÕES DE CRÉDITO 171
7. DÍVIDA PÚBLICA 173
8. PRECATÓRIOS 175
9. FISCALIZAÇÃO DA GESTÃO FISCAL 176
10. TRANSPARÊNCIA 180
11. ESTRUTURA DA LEI DE RESPONSABILIDADE FISCAL – LRF 182

24. DIREITO DAS ÁGUAS (RECURSOS HÍDRICOS)

1. COMPETÊNCIA 183
2. CONCEITO 183
3. ESTADOS E DISTRITO FEDERAL 183
4. TITULARIDADE 183
5. MUNICÍPIOS 183
6. CÓDIGO FLORESTAL 183
7. ÁREAS DE PRESERVAÇÃO PERMANENTE (APPS) 183
8. UNIDADES DE CONSERVAÇÃO 183
9. SANEAMENTO BÁSICO 184

10. QUALIDADE DA ÁGUA ... 184
11. POLÍTICA NACIONAL DE SEGURANÇA DE BARRAGENS ... 184
12. POLÍTICA NACIONAL DE RECURSOS HÍDRICOS – LEI 9.433/1997 ... 184
13. AGÊNCIA NACIONAL DE ÁGUAS E SANEAMENTO BÁSICO – ANA ... 186
14. POLUIÇÃO POR LANÇAMENTO DE ÓLEO E OUTRAS SUBSTÂNCIAS NOCIVAS OU PERIGOSAS EM ÁGUAS BRASILEIRAS ... 186
15. INFORMATIVO 525 DO STJ ... 186

25. DIREITO À EDUCAÇÃO — 187

1. BREVE HISTÓRICO ... 187
2. PRINCIPAIS CARACTERÍSTICAS ... 187
3. DIREITO À EDUCAÇÃO ... 189
4. PRINCÍPIOS CONSTITUCIONAIS DO ENSINO ... 189
5. AUTONOMIA DAS UNIVERSIDADES ... 193
6. PRECEITOS CONSTITUCIONAIS SOBRE A EDUCAÇÃO ... 194
7. ENSINO E INICIATIVA PRIVADA ... 196
8. CONTEÚDO DO ENSINO FUNDAMENTAL ... 196
9. PRINCÍPIOS CONSTITUCIONAIS SENSÍVEIS – INTERPRETAÇÃO DO ART. 34, VII, "E", DA CONSTITUIÇÃO FEDERAL ... 198
10. RECURSOS PÚBLICOS E EDUCAÇÃO ... 199
11. OBJETIVOS DO PLANO NACIONAL DE EDUCAÇÃO ... 199
BIBLIOGRAFIA BÁSICA ... 200

26. DIREITOS HUMANOS — 201

1. INTRODUÇÃO ... 201
2. PRINCIPAIS DOCUMENTOS NORMATIVOS DO MARCO ANTIGO DOS DIREITOS HUMANOS ... 203
3. DIREITOS HUMANOS SOB A ÓTICA GERACIONAL ... 205
4. CARACTERÍSTICAS DOS DIREITOS HUMANOS ... 206
5. CLASSIFICAÇÃO ... 208
6. RESPONSABILIDADE INTERNACIONAL E MITIGAÇÃO DA SOBERANIA ... 208
7. DIREITO HUMANITÁRIO ... 210
8. DIREITO DOS REFUGIADOS ... 212
9. SISTEMA GLOBAL DE PROTEÇÃO ... 215
10. SISTEMA GLOBAL DE PROTEÇÃO ESPECÍFICA ... 221
11. SISTEMA REGIONAL DE PROTEÇÃO ... 226
12. SISTEMA AMERICANO DE PROTEÇÃO ESPECÍFICA ... 260
13. INTERPRETAÇÃO E APLICAÇÃO ... 265
14. DIREITOS HUMANOS NO BRASIL ... 267

27. DIREITO PENAL MILITAR — 275

1. DIREITO PENAL MILITAR – INTRODUÇÃO ... 275
2. APLICAÇÃO DA LEI PENAL MILITAR ... 275
3. MILITAR ... 276
4. CRIME MILITAR ... 277
5. TEORIA DO CRIME MILITAR – FATO TÍPICO ... 279
6. TEORIA DO CRIME MILITAR – ILICITUDE (ANTIJURIDICIDADE) ... 280

7. TEORIA DO CRIME MILITAR – CULPABILIDADE 281
8. CONCURSO DE PESSOAS 281
9. PENAS PRINCIPAIS 282
10. PENAS ACESSÓRIAS 283
11. MEDIDA DE SEGURANÇA 284
12. APLICAÇÃO DA PENA 284
13. *SURSIS* PENAL OU SUSPENSÃO CONDICIONAL DA PENA 286
14. LIVRAMENTO CONDICIONAL 286
15. EXTINÇÃO DA PUNIBILIDADE 287
16. AÇÃO PENAL 289
17. ASSUNTOS DIVERSOS 289

28. DIREITO PROCESSUAL PENAL MILITAR — 290

1. INQUÉRITO POLICIAL MILITAR 290
2. AÇÃO PENAL MILITAR 291
3. COMPETÊNCIA 292
4. DOS SUJEITOS PROCESSUAIS 293
5. PROCESSOS EM ESPÉCIE 294
6. PROVAS 295
7. PRISÃO PROVISÓRIA 297
8. PRISÃO EM FLAGRANTE 298
9. PRISÃO CAUTELAR 299
10. PRISÃO PREVENTIVA 299
11. MENAGEM 299
12. COMPARECIMENTO ESPONTÂNEO DO INDICIADO OU ACUSADO 300
13. LIBERDADE PROVISÓRIA 300
14. JULGAMENTO 300
15. RECURSOS 301
16. SÚMULAS DO SUPREMO TRIBUNAL FEDERAL (STF) 301
17. SÚMULAS DO SUPERIOR TRIBUNAL DE JUSTIÇA (STJ) 302
18. SÚMULAS DO SUPERIOR TRIBUNAL MILITAR (STM) 302
19. INFORMATIVOS DO SUPREMO TRIBUNAL FEDERAL (STF) 302
20. INFORMATIVOS DO SUPERIOR TRIBUNAL DE JUSTIÇA (STJ) 303
21. COMPETÊNCIA – JULGAMENTOS 303

29. HERMENÊUTICA JURÍDICA — 305

I. HERMENÊUTICA 305

1. INTRODUÇÃO 305

II. HERMENÊUTICA E INTERPRETAÇÃO 306

1. CONCEITO 306

III. TEORIAS SUBJETIVISTA E OBJETIVISTA 306

1. PROBLEMÁTICA 306

IV. DILEMA DA HERMENÊUTICA 307

1. TENDÊNCIAS TEÓRICAS 307

V. SUPERANDO O DILEMA 308

1. PRÁTICA DA INTERPRETAÇÃO 308
2. FUNÇÃO SIMBÓLICA DA LINGUAGEM 309

VI. DIMENSÃO DA SINTAXE 309

1. INTERPRETAÇÃO GRAMATICAL 309
2. INTERPRETAÇÃO LÓGICA 310

VII. DIMENSÃO DA SINTAXE 310

1. INTERPRETAÇÃO SISTEMÁTICA 310

VIII. DIMENSÃO DA SEMÂNTICA 311

1. INTERPRETAÇÃO HISTÓRICO-EVOLUTIVA 311
2. TIPOS DE INTERPRETAÇÃO 312

IX. DIMENSÃO DA PRAGMÁTICA 312

1. INTERPRETAÇÃO TELEOLÓGICA E AXIOLÓGICA 312
2. USO DOS MÉTODOS DE INTERPRETAÇÃO 313

X. INTERPRETAÇÃO E PODER 313

1. PODER DE VIOLÊNCIA SIMBÓLICA 313

30. TEORIA GERAL DO DIREITO (TGD) — 315

1. CONCEITO 315
2. JUSPOSITIVISMO E TEORIA GERAL DO DIREITO (TGD) 315
3. NORMA JURÍDICA 315
4. RELAÇÃO JURÍDICA 320
5. FONTES DO DIREITO 322
6. INTEGRAÇÃO DO ORDENAMENTO JURÍDICO 323

31. FILOSOFIA DO DIREITO — 324

1. INTRODUÇÃO 324
2. DICOTOMIA JUSNATURALISMO E JUSPOSITIVISMO 324
3. FILOSOFIA DO DIREITO DE ARISTÓTELES 326
4. KANT: FILOSOFIA DO DIREITO ILUMINISTA 327
5. OS TRÊS CAMINHOS DA FILOSOFIA DO DIREITO CONTEMPORÂNEA 329

32. SOCIOLOGIA JURÍDICA — 339

1. SOCIOLOGIA JURÍDICA: CONCEITO E OBJETO 339
2. KARL MARX 339
3. ÉMILE DURKHEIM 340
4. MAX WEBER 340
5. ORGANIZAÇÃO SOCIAL E DIREITO 342
6. ESTRUTURA SOCIAL E DIREITO 342
7. ESTRATIFICAÇÃO SOCIAL E DIREITO 343

8. CULTURA E DIREITO..343
9. INSTITUIÇÕES SOCIAIS E DIREITO 344
10. ORDEM SOCIAL E DIREITO...344
11. CONTROLE SOCIAL E DIREITO..344
12. MUDANÇA SOCIAL E DIREITO 345
13. JURISTAS E SOCIÓLOGOS 345
14. PARADIGMA DOMINANTE E PARADIGMA EMERGENTE...349

33. PSICOLOGIA JURÍDICA — 351

1. PSICOLOGIA E DIREITO...351
2. TEORIAS E SISTEMAS DA PSICOLOGIA 351
3. PRINCIPAIS CAMPOS DE ATUAÇÃO..354
4. CONSIDERAÇÕES FINAIS..356
BIBLIOGRAFIA...356

34. LÓGICA E ARGUMENTAÇÃO JURÍDICA — 357

1. DO QUE TRATA A ARGUMENTAÇÃO JURÍDICA?...357
2. ARGUMENTAÇÃO E VALIDADE 357
3. ARGUMENTAÇÃO E INTERPRETAÇÃO 358
4. TEORIA DA APLICAÇÃO DO DIREITO 359
5. TEORIA DOGMÁTICA DA ARGUMENTAÇÃO JURÍDICA 359
6. TEORIA DA ARGUMENTAÇÃO JURÍDICA E TEORIA DO DIREITO 360
7. ARGUMENTAÇÃO JURÍDICA E LÓGICA JURÍDICA 361
8. A LÓGICA JURÍDICA..361
9. OS ARGUMENTOS JURÍDICOS 362
PARA SABER MAIS: 364

35. CRIMINOLOGIA — 365

1. CONCEITO 365
2. MÉTODO 365
3. FUNÇÕES 365
4. OBJETO: CRIME, CRIMINOSO, VÍTIMA E CONTROLE SOCIAL 365
5. CRIMINOLOGIA VS. DIREITO PENAL..369
6. NASCIMENTO DA CRIMINOLOGIA: ESCOLAS CLÁSSICA E POSITIVISTA 369
7. ESCOLA SOCIOLÓGICA DO CONSENSO VS. ESCOLA SOCIOLÓGICA DO CONFLITO 371
8. ESCOLA DE CHICAGO (ECOLÓGICA, ARQUITETURA CRIMINAL, DESORGANIZAÇÃO SOCIAL).....371
9. TEORIA DA ASSOCIAÇÃO DIFERENCIAL..373
10. TEORIA DA ANOMIA..375
11. TEORIA DA SUBCULTURA DELINQUENTE 377
12. TEORIA DO LABELLING APPROACH (REAÇÃO SOCIAL, ETIQUETAMENTO, ROTULAÇÃO SOCIAL, INTERACIONISMO SIMBÓLICO) 378
13. TEORIA CRÍTICA (RADICAL, NOVA CRIMINOLOGIA) 381
14. VITIMOLOGIA 384
15. CRIMINOLOGIA E POLÍTICA CRIMINAL...385
16. PREVENÇÃO DA INFRAÇÃO PENAL (PREVENÇÃO CRIMINAL OU PREVENÇÃO DA INFRAÇÃO DELITIVA) 385
17. MODELOS DE REAÇÃO AO CRIME..385

36. MEDICINA LEGAL — 387

1. INTRODUÇÃO 387
2. POLÍCIA CIENTÍFICA EM SÃO PAULO 388
3. DOCUMENTOS MÉDICO-LEGAIS 388
4. ANTROPOLOGIA FORENSE 389
5. TRAUMATOLOGIA FORENSE 391
6. PSICOPATOLOGIA FORENSE 395
7. TOXICOLOGIA FORENSE 396
8. TANATOLOGIA 396
9. BALÍSTICA 398
10. SEXOLOGIA 399

37. DIREITO DO TRABALHO INDIVIDUAL E COLETIVO — 401

PARTE I – DIREITO INDIVIDUAL DO TRABALHO 401

1. INTRODUÇÃO 401
2. DIREITO INTERNACIONAL DO TRABALHO 406
3. CONTRATO DE TRABALHO 407
4. EFEITOS RELACIONADOS AO CONTRATO DE TRABALHO 415
5. ASSÉDIO MORAL 418
6. SUJEITOS DA RELAÇÃO DE EMPREGO 418
7. REMUNERAÇÃO E SALÁRIO 436
8. DURAÇÃO DO TRABALHO 442
9. ALTERAÇÃO DO CONTRATO DE TRABALHO 452
10. EXTINÇÃO DO CONTRATO DE TRABALHO 456
11. ESTABILIDADE ABSOLUTA E ESTABILIDADE PROVISÓRIA/GARANTIA DE EMPREGO ... 464
12. NORMAS DE PROTEÇÃO AO TRABALHO 469
13. FUNDO DE GARANTIA DO TEMPO DE SERVIÇO – FGTS 476

PARTE II – DIREITO COLETIVO DO TRABALHO 480

1. ASPECTOS GERAIS E PRINCÍPIOS 480
2. ORGANIZAÇÃO SINDICAL 481
3. CONFLITOS COLETIVOS DE TRABALHO 485
4. GREVE 491

COVID-19 – CORONAVÍRUS 494

1. INTRODUÇÃO 494
2. LEGISLAÇÕES APLICÁVEIS 494

38. DIREITO PROCESSUAL DO TRABALHO — 498

1. CARACTERÍSTICAS DO PROCESSO DO TRABALHO 498
2. ORGANIZAÇÃO DA JUSTIÇA DO TRABALHO 501
3. ATOS, TERMOS, PRAZOS E NULIDADES PROCESSUAIS 509
4. PARTES E PROCURADORES 513
5. DISSÍDIO INDIVIDUAL 519
6. RECURSOS 532

7. EXECUÇÃO 549
8. AÇÕES ESPECIAIS 558
9. REFLEXOS DO NOVO CÓDIGO DE PROCESSO CIVIL AO PROCESSO DO TRABALHO 563

39. LÍNGUA PORTUGUESA — 567

PARTE I – INTERPRETAÇÃO DE TEXTOS 567
1. INTERPRETAÇÃO DE TEXTOS E CONCURSOS PÚBLICOS 567
2. POSTURA INTERPRETATIVA 568
3. TIPOS DE TEXTO 569
4. INSTRUMENTOS DE INTERPRETAÇÃO 573
5. FIGURAS DE LINGUAGEM 577
6. DICAS FINAIS DE INTERPRETAÇÃO DE TEXTOS 581

PARTE II – GRAMÁTICA 582
1. FONÉTICA 582
2. ORTOGRAFIA 582
3. PONTUAÇÃO 589
4. MORFOLOGIA 593
5. COLOCAÇÃO PRONOMINAL 607
6. CONCORDÂNCIA 608
7. REGÊNCIA 613
8. ANÁLISE SINTÁTICA 615

PARTE III – REDAÇÃO 629
1. OS DESAFIOS DA REDAÇÃO 629
2. A ESTRUTURA DO TEXTO DISSERTATIVO 630
3. RASCUNHO X VERSÃO FINAL 631
4. INTEGRIDADE DO TEXTO 632
5. ERROS MAIS COMUNS 633

1. Direito Civil

Wander Garcia

1. PRINCÍPIOS DO DIREITO CIVIL E LEI DE INTRODUÇÃO ÀS NORMAS DO DIREITO BRASILEIRO – LINDB

1.1. Princípios do Direito Civil

Miguel Reale, coordenador da comissão que redigiu o anteprojeto que deu origem ao novo Código, salienta que esse é norteado por três **princípios**: o da socialidade, o da eticidade e o da operabilidade. Tais princípios fazem refletir os elementos acima apontados.

O **princípio da socialidade** é aquele que *impõe prevalência dos valores coletivos sobre os individuais*.

Já o **princípio da eticidade** é aquele que *impõe a justiça e a boa-fé nas relações civis*.

O **princípio da operabilidade**, por sua vez, é *aquele que impõe soluções viáveis, operáveis e sem grandes dificuldades na aplicação do direito*. Está contido nesse princípio o da **concreção**, pelo qual *o legislador deve criar leis pensando em situações as mais concretas possíveis, evitando ser muito abstrato, ou quando não possível, dando poderes ao juiz para resolver o conflito de modo a melhor atender às diretrizes legais*. O princípio da operabilidade é identificado no Código Civil, por exemplo, quando este confere ao juiz papéis mais abrangentes, tais como papel de *juiz moderador* (ex.: juiz que pode reduzir o valor de multas, caso abusivas) e de *juiz com maior discricionariedade* (ex.: juiz que está diante de cláusulas gerais e conceitos jurídicos indeterminados, que permitem que esse agente busque a melhor solução para o caso concreto, diante das diretrizes traçadas pela lei).

Apesar de não mencionado expressamente por Miguel Reale, entendemos que também norteia o Código Civil o princípio da **dignidade da pessoa humana**, que é *aquele que impõe respeito aos múltiplos aspectos da personalidade humana, como a moral, a intelectual e a física*. A existência de um capítulo no Código Civil destinado exclusivamente aos direitos da personalidade, somada à previsão constitucional da proteção da dignidade da pessoa humana demonstram que o princípio em tela informa o atual Código Civil.

E também não há como negar que o Código Civil ainda dá primazia à **propriedade individual**, à **autonomia da vontade** e à **igualdade**. A primeira é garantida pela Constituição e pelo Código Civil. A segunda ainda é a fonte inicial da formação das relações jurídicas civis. E a igualdade, entendida em seu sentido amplo (tratar igualmente os iguais e desigualmente os desiguais), é o princípio que fundamenta as relações privadas, na qual se busca o equilíbrio entre as partes, diferentemente do que ocorre nas relações públicas, em que há supremacia do interesse público sobre o interesse privado, em nítida situação de desequilíbrio.

A partir dessas observações, é possível criar uma Teoria dos Princípios Basilares, ou seja, uma teoria que visa a identificar quais são os princípios do Direito Civil que inspiram e norteiam todos os outros princípios e regras desse macrossistema.

Nesse sentido, pode-se dizer que são **princípios basilares** do Direito Civil os seguintes: a) **autonomia da vontade**; b) **igualdade**; c) **propriedade individual**; d) **solidariedade social** (contendo as ideias de socialidade, eticidade e dignidade da pessoa humana); e e) **operabilidade**.

Além dos princípios basilares, e abaixo deles, temos os **princípios-norma**, que são as *normas jurídicas aplicáveis a determinada categoria de relações, dotadas de especial relevância e alta carga valorativa*. São exemplos desses princípios os da função social dos contratos (aplicável aos contratos), da boa-fé objetiva (aplicável aos contratos), da função social da propriedade (aplicável ao direito de propriedade), da igualdade entre os filhos (aplicável ao direito de família e sucessões), entre outros.

Tais princípios têm as seguintes características: a) têm aplicação *direta e imediata* aos casos concretos; b) têm *hierarquia* em relação às meras regras-norma, hierarquia essa que é chamada de *hierarquia material* caso estejam previstos em leis da mesma categoria das regras (ex.: há hierarquia material, e não formal, entre um princípio previsto no Código Civil e uma mera regra prevista no mesmo Código); c) servem de *elemento integrativo* e de *vetor interpretativo* aos aplicadores do Direito.

Por fim, temos os **princípios gerais do direito**, que são as *diretrizes políticas, sociais e jurídicas extraídas do sistema jurídico como um todo*. Um exemplo desse princípio é o da *presunção de boa-fé*. Tais princípios somente são aplicados em caso de lacunas, ou seja, em casos de vazio no sistema jurídico. E, mesmo assim, tais princípios são só chamados caso a lacuna não possa ser resolvida com a *analogia* e os *costumes*. Dessa forma, tais princípios não têm aplicação direta e imediata aos casos concretos, dependendo, para sua aplicação, da existência de lacuna que não possa ser suprida pelos elementos mencionados.

1.2. LEI DE INTRODUÇÃO ÀS NORMAS DO DIREITO BRASILEIRO

1.2.1. Finalidade da Lei de Introdução às Normas do Direito Brasileiro

A primeira lei que tratou da introdução às normas do Direito Brasileiro foi a Lei 3.071/1916 (antigo Código Civil), que o fazia em seus artigos 1º a 21. Essas normas foram revogadas pelo Decreto-Lei 4.657/1942, atualmente em vigor.

A Lei de Introdução às Normas do Direito Brasileiro é norma introdutória do Direito como um todo, e não apenas do Direito Civil, como parecia ser, diante do nome que detinha antes (Lei de Introdução ao Código Civil). Tal lei, na verdade, tem **três finalidades**.

A primeira delas, e a que mais se sobressai, é a de **regular a forma de aplicação das leis em geral**: a) o início e a duração de sua obrigatoriedade (arts. 1º e 2º); b) os mecanismos de integração em caso de lacuna (art. 4º); c) os critérios de interpretação (art. 5º); e d) os meios de preservação da segurança jurídica em face da edição de novas normas (art. 6º).

A segunda finalidade é a de **regular o direito internacional privado brasileiro** (arts. 7º a 17).

A última é a de **regular os atos civis praticados no estrangeiro pelas autoridades consulares brasileiras** (arts. 18 e 19).

A primeira finalidade incide não só sobre a aplicação das normas de Direito Civil, mas sobre o Direito como um todo, ressalvada a existência de uma lei especial dispondo de modo contrário. Por exemplo, em Direito Penal, sob o argumento de que existe uma lacuna, não será possível valer-se da analogia para considerar crime um tipo de conduta ainda não regulada pelo Direito, por haver vedação dessa forma de integração na lei penal.

Neste texto veremos as principais regras da LINDB que interessam diretamente ao Direito Civil, devendo o leitor buscar os detalhes específicos de outros ramos jurídicos, tais como o Direito Internacional e a Hermenêutica, nos textos correspondentes.

1.2.2. Fontes do Direito

Quando se pergunta "quais são as fontes do Direito", fica sempre a dúvida sobre a qual fonte a indagação se refere. Existem *fontes criadoras* do Direito (legislador, por exemplo). Há *fontes formais* do Direito (a lei, por exemplo). Há *fontes históricas* do Direito (fatos históricos marcantes que deram origem à modificação de uma lei).

As **fontes formais** do Direito podem ser divididas em duas espécies: principais e acessórias.

As **fontes formais principais** são: a lei, a analogia, o costume e os princípios gerais do direito. Como adotamos o sistema romano-germânico, de início, só a lei é fonte formal principal. Apenas em caso de lacuna é que se admite que o aplicador se valha da analogia, do costume e dos princípios gerais, nessa ordem, como fonte formal jurídica (art. 4º da LINDB).

Para completo entendimento do assunto, é importante destacar que, por lei, deve-se entender norma constitucional, lei ordinária, lei complementar, lei delegada, resolução legislativa, decreto legislativo e medida provisória.

Já as **fontes formais secundárias ou acessórias** são: os decretos, as resoluções administrativas, as instruções normativas, as portarias etc. São acessórias pois guardam obediência a uma fonte principal.

Doutrina e jurisprudência são consideradas, tradicionalmente, como *fontes não formais* ou *fontes indiretas* (mediatas). Isso porque trazem preceitos não vinculantes. São também consideradas *fontes meramente intelectuais* ou *informativas*.

Há de se fazer alguns temperamentos com relação à jurisprudência. Isso porque, apesar de um entendimento reiterado pelos tribunais não ter força de lei, a Emenda Constitucional 45/2004 estabeleceu que o Supremo Tribunal Federal poderá, após reiteradas decisões sobre matéria constitucional, aprovar súmula, que terá efeito vinculante e incidirá sobre a validade, a interpretação e a eficácia de normas determinadas acerca das quais haja controvérsia (art. 103-A da CF).

Tais súmulas, ainda que declarativas em relação ao que é Direito, poderão ser consideradas verdadeiras fontes formais, já que têm eficácia *erga omnes*.

1.2.3. Lei

1.2.3.1. Conceito e características

Em sentido estrito, pode-se **conceituar** a **lei** como o *ato do Poder Legislativo imperativo, geral, originário e autorizador de se exigir do Estado a garantia de seu cumprimento mediante o uso de coação física, se necessário.*

1.2.3.2. Classificação

As leis podem ser **classificadas** a partir de diversos **critérios**. Vejamos alguns:

a) Quanto à sua **natureza**: podem ser *substantivas* ou *adjetivas*.

Substantivas *são as que estabelecem os direitos e deveres das pessoas em suas atividades e relações pessoais e profissionais.* São também chamadas de *materiais*.

Adjetivas *são as que regulamentam os atos de um processo, o qual tem por objetivo fazer valer as normas materiais.* São também chamadas de normas *processuais* ou *formais*;

b) Quanto à **hierarquia**: são escalonadas em *constitucionais, complementares* e *ordinárias*. As normas complementares estão em posição superior às ordinárias, não só porque exigem quórum especial (art. 69 da CF), como porque, segundo a Constituição, têm o condão de dispor sobre a elaboração das leis (art. 59, parágrafo único), o que se deu com a edição da Lei Complementar 95/1998;

c) Quanto à **competência** ou **extensão territorial**: são *federais, estaduais/distritais* e *municipais*;

d) Quanto ao **alcance**: podem ser *gerais* ou *especiais*.

Gerais *são as que regulam uma dada relação jurídica, a par de outra lei que regula um determinado aspecto daquela relação.* Assim, o Código Civil, ao tratar do contrato de locação é uma lei geral (arts. 565 e ss.), ao passo que a Lei 8.245/1991 é uma lei especial, pois trata apenas de um determinado aspecto da locação, no caso a locação de imóvel urbano.

Especiais *são as que regulam sozinhas uma relação jurídica por inteiro ou um determinado aspecto de uma relação jurídica regulada de modo genérico por outra lei.* Além da Lei de Locações, podem ser citados o Código de Defesa do Consumidor e o Estatuto da Criança e do Adolescente.

A classificação é importante para efeito de se descobrir qual é a lei aplicável ao caso concreto. Entre uma lei especial e uma lei geral, ainda que a lei geral seja posterior, deve-se aplicar a lei especial. Isso porque se presume que esta tratou com mais detalhe do assunto.

É importante ressaltar que **uma lei pode ser especial em relação a uma e geral em relação a outra**. Por exemplo, em relação à compra e venda prevista no Código Civil, as normas sobre o assunto previstas no CDC são especiais. Mas em relação à Lei de Alienação Fiduciária (Decreto-Lei 911/1969), as normas do CDC são consideradas gerais.

Outra observação importante é que **uma lei pode ser especial e ao mesmo tempo principiológica**. É o caso do CDC. Em relação ao CC, trata-se de uma lei especial. Em relação a outras leis especiais, como se viu acima, pode ser considerada lei geral. Nada obstante, como o CDC traz uma série de princípios, e como os princípios são normas que se sobrepõem a meras regras, é possível que o CDC prevaleça em relação a uma lei que, em princípio, traz normas especiais em relação às suas. Só que isso só acontecerá quando houver um conflito entre um princípio do CDC e uma mera regra da lei especial. É o que aconteceu em matéria de indenização por extravio de bagagens. Em que pese haver leis estipulando um tabelamento na indenização, prevalece na jurisprudência do STJ o princípio da reparação integral dos danos (art. 6º, VI, CDC).

1.2.3.3. Existência, validade, eficácia, vigência, vigor e desuso

O processo de elaboração das leis tem as seguintes etapas: iniciativa, discussão, votação, sanção (ou veto, com posterior recusa ao veto), promulgação e publicação.

A **sanção**, que pode ser expressa ou tácita (CF, art. 66, § 3º) é a *aquiescência dada pelo Chefe do Poder Executivo ao projeto de lei aprovado*. Permite-se também o veto, motivado pela inconstitucionalidade ou contrariedade do projeto ao interesse público, hipótese em que o Poder Legislativo poderá rejeitá-lo ("derrubá-lo"), por voto da maioria absoluta dos deputados e senadores, em sessão conjunta.

Após a sanção ou a recusa ao veto, passa-se à **promulgação**, que é o *ato pelo qual o Poder Executivo autentica a lei, atestando sua existência e determinando sua obediência*. O Executivo tem quarenta e oito horas contadas da sanção ou da comunicação da recusa ao veto para proceder à promulgação. Caso não o faça, o Presidente do Senado o fará e, se este não o fizer em igual prazo, caberá ao Vice-Presidente do Senado fazê-lo (CF, art. 66, § 7º).

Feita a promulgação, vem a **publicação**, que é *a divulgação oficial da nova lei, possibilitando seu conhecimento público*.

Em seguida à publicação, temos uma situação eventual pela qual pode passar uma lei, o chamado **período de vacância**, que é o *lapso temporal entre a data da publicação da lei e um termo prefixado na própria lei ou em outro diploma legislativo, durante o qual aquela não pode ainda produzir efeitos*. Esse intervalo entre a data da publicação da lei e sua entrada em vigor chama-se *vacatio legis*.

Segundo a LINDB, não havendo disposição em contrário, a lei começa a vigorar em todo o país quarenta e cinco dias após sua publicação. Nos estados estrangeiros, a obrigatoriedade da lei brasileira, quando for admitida, inicia-se três meses após oficialmente publicada (art. 1º, *caput* e § 1º). Adotou-se o princípio da *vigência sincrônica*, já que haverá vigência simultânea em todo o território nacional, ou seja, *prazo único* para entrada em vigor no país. Tal princípio se contrapõe ao da *vigência progressiva*, pelo qual a lei vai entrando em vigor no país segundo prazos que variam de acordo com a região[1]. Já nos estados estrangeiros, o prazo é outro, de modo que os agentes de nossas representações diplomáticas e os que têm fora do Brasil interesses regulados pela lei brasileira, por exemplo, só ficam obrigados após o período de três meses acima aludido.

Repare que, no silêncio, temos o período de vacância de quarenta e cinco dias, que poderá ser modificado mediante expressa indicação na lei de que entrará em vigor em outro termo. Segundo a Lei Complementar 95/1998, deve-se reservar a cláusula "entra em vigor na data da sua publicação" apenas para as leis de pequena repercussão. Quanto às demais, deve-se fixar um período de vacância que contemple prazo razoável para que dela se tenha amplo conhecimento (art. 8º, *caput*, da LC 95/1998). O Código Civil, por exemplo, entrou em vigor um ano após sua publicação (art. 2.044 do CC). A contagem do prazo dar-se-á com a inclusão da data da publicação e do último dia do prazo, entrando em vigor no dia subsequente à sua consumação integral (art. 8º, § 1º, da LC 95/1998).

Há períodos de vacância fixados na própria Constituição, como os previstos nos art. 150, III, "b" e "c", e 195, § 6º (no que concerne à cobrança de tributos).

Pode ocorrer de, no curso do período de vacância, ser necessária nova publicação da lei destinada a alguma correção. Nesse caso, o prazo de vacância começará a correr mais uma vez a partir da data da nova publicação (art. 1º, § 3º, da LINDB).

Pode ocorrer também de, após o período de vacância, ser necessária nova publicação da lei para o mesmo fim. Nesse caso, como a lei já estava em vigor, os efeitos que ela produziu até aquele momento serão respeitados. A LINDB é expressa no sentido de que as correções serão consideradas lei nova (art. 1º, § 4º), de modo que novo período de vacância deverá ser computado.

A partir dos eventos narrados (promulgação, publicação e período de vacância) é importante trazer à tona as noções de existência, vigência, vigor, validade e eficácia.

Segundo a maioria dos doutrinadores, a **existência** da lei ocorre *após a sanção ou a rejeição ao veto* (Pontes de Miranda, José Afonso da Silva, Manuel Gonçalves Ferreira Filho, Michel Temer, Luiz Alberto David Araujo e Alexandre de Moraes). A própria Constituição dá a entender que isso ocorre ao mencionar a "lei" como ato a ser promulgado (art. 66, § 7º). A promulgação, como se viu, apenas atesta a existência da lei. Nesse sentido é ato declaratório. E promulgação é uma verdadeira autenticação, ou seja, uma declaração de que a lei existe, é válida e que deverá ser cumprida, pois tem aptidão para vir a produzir efeitos.

A existência, todavia, não se confunde com a validade. Quando se tem existente uma lei, tem-se também uma presunção de que também é válida. A própria promulgação já atesta a existência e a validade da lei. Nada obstante, pode ser que o Poder Judiciário reconheça sua inconstitucionalidade. Se tal reconhecimento se der no bojo de uma ação direta de inconstitucionalidade, após seu trânsito em julgado será desfeita definitivamente a presunção de validade que a lei detinha. A **validade**, portanto, é *qualidade da lei de ter sido produzida segundo as condições formais e materiais previstas na ordem jurídica*.

Mas não basta que a lei exista e seja válida. Esta há de ter **eficácia**, que é a *qualidade da lei de poder produzir efeitos jurídicos*. A lei só a terá se cumprir as chamadas *condições de eficácia do ato normativo*, que são: a) a promulgação; b) a publicação; c) o decurso do período de vacância, quando existir. As duas primeiras condições também são chamadas de *atos de integração da eficácia da lei*. É importante anotar que algumas normas constitucionais, por dependerem de outra para produzirem efeitos, têm eficácia limitada.

Diante de tais noções, passemos aos conceitos de vigor e de vigência.

---

1. Segundo a anterior LINDB, a obrigatoriedade das leis, quando não se fixasse outro prazo, "começaria no Distrito Federal, três dias depois de oficialmente publicada, quinze dias no Estado do Rio de Janeiro, trinta dias nos Estados Marítimos e no de Minas Gerais, cem dias nos outros, compreendidas as circunscrições não constituídas em Estado".

Vigor é a *qualidade da lei de poder produzir efeitos jurídicos*. Vigor quer dizer força. A lei só tem força quando pode produzir efeitos. E a lei só pode produzir efeitos depois de preenchidas as condições anteriormente aludidas. É por isso que o art. 1º da LINDB dispõe que a lei começa a "vigorar" após publicada.

Já a **vigência** é o *tempo em que a lei existiu podendo produzir efeitos*. Para alguns é o *tempo em que a lei é válida*. Vigência não é qualidade. Vigência é período de tempo. Perceba que a vigência requer dois elementos: "existência" e "efeitos". Assim, uma lei promulgada, mas não publicada, não teve vigência, uma vez que, apesar de existir, não pode produzir "efeitos". O mesmo se dirá de uma lei que ainda estiver em período de vacância. Uma lei que ainda produza efeitos, mas que já estiver revogada não está em vigência. Isso porque, apesar de produzir efeitos, não tem mais "existência". Isso ocorre com o Código Civil anterior. Ele ainda regula algumas relações (produz "efeitos"), mas está revogado (não tem mais "existência").

Assim, pode ser que uma lei tenha vigor, mas não tenha mais vigência. O CC antigo ainda produz efeitos (tem vigor), mas não existe mais (não tem vigência).

Por fim, vale trazer à tona a noção de **desuso** e **costume negativo**, que são as *circunstâncias de a lei, em que pese poder produzir efeitos jurídicos, não ter utilidade, no primeiro caso, ou estar sendo descumprida por destinatários do Direito, sem que haja sua exigência ou aplicação pelos agentes estatais competentes, no segundo*. Um exemplo de *desuso* é a lei que trata da proibição de caça de um tipo de animal que já está extinto. E um exemplo de *costume negativo* é o que se deu em relação ao crime de adultério. O Código Penal, em que pese vigente quanto a esse crime, não vinha sendo aplicado quando cometido o tipo penal em questão, que veio a ser retirado da ordem jurídica.

Cabe anotar que existem juristas ou jusfilósofos que apresentam noções diferentes das que colocamos. É o caso de Kelsen, para quem a *eficácia* tem a ver com o plano concreto, tem relação com o que chamamos de desuso. E o que chamamos de eficácia, para Kelsen, é vigência.

1.2.3.4. Vigência da lei

1.2.3.4.1. Princípio da obrigatoriedade

Ao conceituarmos a lei, vimos que é um ato imperativo, um ato que prescreve conduta às pessoas. De nada valeria a lei se os destinatários de seus comandos tivessem a faculdade de cumpri-los ou não. É fundamental para a efetividade da ordem jurídica que as pessoas sejam de fato obrigadas a cumprir a lei.

Nesse sentido, o art. 3º da LINDB dispõe que "ninguém se escusa de cumprir a lei, alegando que não a conhece". Esse dispositivo consagra o princípio da obrigatoriedade (*ignorantia legis neminem excusat*).

A justificativa do princípio apresenta três teorias: a) a da *presunção legal* de que a lei, publicada, passa a ser de conhecimento de todos; b) a da *ficção* de que todos passam a conhecer a lei com sua publicação; c) e a da *necessidade social* de que assim seja, possibilitando uma convivência harmônica. Esta é a teoria mais aceita.

A Lei das Contravenções Penais, em seu art. 8º, mitiga o princípio ao dispor que "no caso de ignorância ou errada compreensão da lei, quando escusáveis, a pena pode deixar de ser aplicada".

A ignorância da lei, nos demais casos, é inescusável. O que se admite é que haja um erro (não ignorância) *sobre a ilicitude do fato* (art. 21 do CP) ou *de direito* (art. 139, III, do CC), a ensejar isenção ou diminuição de pena no primeiro caso e anulabilidade no segundo.

1.2.3.4.2. Vigência da lei no tempo

Neste tópico estuda-se o princípio da continuidade e a revogação das leis e também o conflito das leis no tempo.

Princípio da continuidade é *aquele pelo qual a lei terá vigência enquanto outra não a modificar ou a revogar*. Ou seja, a regra é a de que as leis têm caráter permanente. Mas há exceções à regra.

Há casos em que a lei tem **vigência temporária** (leis temporárias), que cessará nas seguintes hipóteses: a) advento de termo (prazo) fixado para sua duração; b) implemento de condição resolutiva (leis circunstanciais); c) consecução de seus fins.

A lei **também poderá perder vigência:** a) pela não recepção em função de nova ordem constitucional; b) por suspensão de sua execução pelo Senado, em razão de declaração incidental de inconstitucionalidade pelo STF; ou c) pelo trânsito em julgado de ação destinada ao controle concentrado de constitucionalidade, em caso de reconhecimento da inconstitucionalidade.

A revogação é a *supressão de uma lei por outra*. Existem variadas espécies de revogação, daí a pertinência de proceder a sua classificação:

a) Quanto à **extensão**: pode ser *total* ou *parcial*.

Revogação total (ou ab-rogação) é *a supressão integral da lei anterior*. O art. 2.045 do atual Código Civil revogou por inteiro o Código anterior.

Revogação parcial (ou derrogação) é *a supressão de parte da lei anterior*;

b) Quanto à **forma de sua execução**: pode ser *expressa* ou *tácita*.

Revogação expressa é *aquela em que a lei nova declara inequivocamente a supressão de dada lei*. O atual Código Civil, como se viu, revogou expressamente a Lei 3.071/1916 (CC anterior) em seu art. 2.045.

Revogação tácita é *aquela em que a lei nova, apesar de não declarar inequivocamente que a lei antiga está sendo suprimida, mostra-se incompatível com ela ou regule inteiramente a matéria de que essa tratava*.

A *incompatibilidade* se dá, por exemplo, quando uma lei nova permite algo que a antiga proibia. Ou quando a primeira proíbe algo que a segunda permite. Chama-se também revogação indireta.

A *regulamentação por inteiro de uma matéria* se dá quando a nova lei esgota a matéria da qual a lei anterior tratava. Assim, ainda que a nova Lei de Falências não fizesse referência expressa à revogação da lei anterior, o fato é que esta ficaria revogada, uma vez que aquela regula por inteiro a matéria dessa. Chama-se também revogação global.

Anote-se que é possível que uma lei revogada continue a produzir efeitos. Exemplo disso é a disposição do art. 2.038 do atual CC, que determina a continuidade da aplicação do CC/1916 para as enfiteuses já existentes quando da entrada em vigor do primeiro. Trata-se da *ultratividade* ou *pós-atividade da lei*.

É importante anotar que, "salvo disposição em contrário, a lei revogada não se restaura por ter a lei revogadora perdido a vigência" (art. 2º, § 3º, da LINDB). Ou seja, se uma lei "A" é revogada por uma lei "B", e a tal lei "B" é revogada pela lei "C", a lei "A" não fica restaurada. Isso quer dizer que não existe o efeito repristinatório (restaurador) da primeira lei revogada. O que pode acontecer é a lei "C" expressamente dizer que novamente entrará em vigor a lei "A". Neste caso teremos uma lei nova e não exatamente uma repristinação.

De qualquer forma, ainda que não adotado como regra pela nossa LINDB, vamos conceituar o instituto da **repristinação**, *que consiste na restauração da lei revogada, em virtude da lei revogadora ter perdido a vigência.* O instituto em tela só é admitido quando a lei expressamente restaurar a lei anterior.

Em resumo, a lei perde vigência nas seguintes hipóteses: a) fim do prazo ou do motivo que enseja sua vigência (lei temporária); b) suspensão da execução pelo Senado, em razão de declaração incidental de inconstitucionalidade pelo STF; c) trânsito em julgado de ação destinada ao controle concentrado de constitucionalidade, em caso de reconhecimento da inconstitucionalidade; d) não recepção em função de nova ordem constitucional; e) revogação por outra lei.

Tema pertinente a esse tópico é o conflito de leis no tempo. Será que toda lei posterior revoga a lei anterior? A resposta é negativa. O critério **cronológico** ou **temporal** (*lex posterior derogat legi priori*) cede em função dos critérios **hierárquico** (*lex superior derogat legi inferiori*) e da **especialidade** (*lex specialis derogat legi generali*).

Assim, uma lei nova não revoga um dispositivo constitucional que com ela esteja em contrariedade, pois a norma constitucional, em que pese mais antiga, tem *hierarquia* superior à norma infraconstitucional. Prevalece o critério hierárquico sobre o cronológico.

Do mesmo modo, uma lei geral nova não revoga uma lei especial velha, pois o critério da *especialidade* prevalece. A norma é especial quando possui em sua hipótese de incidência todos os elementos da norma geral e mais alguns *especializantes*. Presume-se que, na feitura da lei especial, procurou-se tratar com mais detalhe as particularidades do tema, da questão. O princípio da isonomia, que impõe tratar os desiguais de modo desigual, fundamenta a ideia de que o especial prevalece sobre o geral. Assim, o Estatuto da Criança e do Adolescente e o Código de Defesa do Consumidor não ficaram revogados pelo novo Código Civil, já que trazem normas especiais em relação a este. Prevalece o critério da especialidade sobre o cronológico.

Deve-se tomar cuidado, todavia, com um aspecto. Muitas vezes uma lei preponderantemente geral, como é o Código Civil, contém normas especiais, que, assim, podem revogar normas anteriores com ele incompatíveis. É o caso da matéria referente ao condomínio edilício, que é uma questão única, não passível de tratamento estanque, e que foi regulada por inteiro no atual Código Civil. Por trazer normas especiais, os arts. 1.331 a 1.358 do CC revogaram substancialmente a Lei 4.591/1964, mesmo sendo esta uma lei especial.

Deve-se tomar cuidado com a afirmativa de que "a lei especial revoga a lei geral". Às vezes, a lei especial apenas está regulando uma das categorias abrangidas pela lei geral, não a revogando, portanto. O Código Civil anterior, de modo geral, regulava os vícios redibitórios. Veio o CDC e regulou os vícios do produto ou do serviço para uma relação de consumo. A lei geral não ficou revogada. Continua a ser aplicada de modo genérico. Apenas não se aplica àquela categoria de negócios considerados *relação de consumo*. Ou seja, a lei especial não revogou a geral. Apenas retirou um espectro de sua incidência.

No tema aplicação da lei no tempo é, ainda, importante anotar que a lei nova, apesar de ter efeito imediato e geral, deve respeitar o ato jurídico perfeito, o direito adquirido e a coisa julgada (art. 6º da LINDB). A Constituição, em seu art. 5º, XXXVI, reforça o princípio ao dispor que "a lei não prejudicará o direito adquirido, o ato jurídico perfeito e a coisa julgada".

Trata-se do **princípio da irretroatividade da lei**.

A **coisa julgada** pode ser conceituada como a *qualidade da sentença de mérito de o seu comando ser imutável. Isso se dá com o trânsito em julgado da decisão.*

O **direito adquirido** é *aquele que já se incorporou ao patrimônio de seu titular, uma vez que preenchidos, sob a vigência da lei anterior, os requisitos para a aquisição do direito.* Para a LINDB, "consideram-se adquiridos assim os direitos que seu titular, ou alguém por ele, possa exercer, como aqueles cujo começo do exercício tenha termo prefixo, ou condição preestabelecida inalterável, a arbítrio de outrem" (art. 6º, § 2º).

O **ato jurídico perfeito** é *aquele já consumado segundo a lei vigente ao tempo em que se efetuou* (art. 6º, § 1º, da LINDB).

A lei não pode *prejudicar* tais valores, mas pode *beneficiar*. É por isso que a lei penal que beneficia o acusado retroage (art. 5º, XL, da CF) e que a lei tributária também retroage em alguns casos (art. 106 do CTN).

Não se deve confundir *retroatividade* com *aplicabilidade imediata*. A lei não pode atingir, para prejudicar, fatos passados, mas pode ser aplicada de modo imediato para fatos que ocorrerem depois de sua vigência, ainda que relacionados com fatos anteriores.

Nesse sentido, é importante trazer à tona a diferenciação feita pelo art. 2.035 do Código Civil, que, no tocante aos negócios e demais atos jurídicos constituídos antes da vigência do CC de 2002, traz as seguintes regras:

a) a *validade* desses atos subordina à legislação da época em que foram feitos;

b) os *efeitos* desses atos, produzidos após a vigência do novo Código, a esse se subordinam, salvo se as partes tiverem previsto determinada forma de execução.

Em suma, quanto aos fatos antigos (validade do negócio) aplica-se a lei antiga. Quanto aos fatos novos (efeitos ocorridos após a vigência da lei nova), aplica-se a lei posterior.

O problema é que o art. 2.035 foi além e criou uma norma bastante polêmica, que permite que o novo Código retroaja na seguinte situação:

c) convenção alguma prevalecerá, porém, se contrariar preceitos de ordem pública, tais como os estabelecidos pelo CC para assegurar a função social da propriedade e dos contratos.

Trata-se da chamada retroatividade média, em que se atingem os efeitos ainda pendentes de um ato jurídico anterior, verificados antes da lei nova[2]. Todavia, há diversas decisões do STF proibindo esse tipo de retroatividade, mesmo nos casos em

---

2. A retroatividade máxima ocorre quando a lei nova ataca a coisa julgada ou fatos já consumados. Essa, não há dúvida, só pode se dar por atuação do Poder Constituinte Originário.

que a lei nova é de ordem pública (ADI 493/DF; RE 188.366, RE 205.193, RE 205.999, RE 159.979 e RE 263.161).

Com efeito, é comum distinguir a retroatividade em três espécies[3].

A *retroatividade máxima*, também chamada de *restitutória*, consiste em alcançar situações jurídicas consolidadas (ato jurídico perfeito, direito adquirido e coisa julgada) cujos efeitos já se efetivaram no mundo jurídico e fenomênico. Ou seja, consiste em a nova lei *alcançar negócios e atos jurídicos findos*. Um exemplo de retroatividade máxima é a situação em que uma lei que diminuísse a taxa de juros para uma determinada obrigação estipulasse que os credores dessas obrigações, já satisfeitos por ocasião da nova lei, devolvessem as quantias recebidas a mais.

A *retroatividade média* consiste em alcançar situações jurídicas consolidadas e exigíveis (ato jurídico perfeito, direito adquirido e coisa julgada), mas que ainda não foram realizadas. Ou seja, consiste em a nova lei alcançar obrigações certas e já vencidas, mas ainda não pagas. Um exemplo de retroatividade média é a situação em que uma lei que diminuísse a taxa de juros para uma determinada obrigação estipulasse que os credores dessas obrigações, ainda não satisfeitos por ocasião da nova lei, tivessem que aceitar o pagamento dos juros passados e futuros com base na nova lei.

A *retroatividade mínima* consiste em alcançar efeitos *futuros* de situações jurídicas consolidadas e exigíveis (ato jurídico perfeito, direito adquirido e coisa julgada), mas ainda não realizadas. Ou seja, consiste em a nova lei alcançar efeitos *futuros* de obrigações já vencidas e ainda não pagas. Um exemplo de retroatividade mínima é a situação em que uma lei que diminuísse a taxa de juros para uma determinada obrigação estipulasse que os credores dessas obrigações, ainda não satisfeitos por ocasião da nova lei, tivessem que aceitar o pagamento dos juros futuros (juros após a edição da nova lei) com base no novo diploma legal.

Há, ainda, outro instituto jurídico relacionado ao tema, a chamada *aplicação imediata da lei*. Esta abrange a retroatividade mínima e também outra situação, qual seja, a situação de lei nova se aplicar a situações jurídicas ainda não consolidadas. Um exemplo desse segundo caso é a aplicação imediata da lei processual nova, em relação a processos judiciais em curso, desde que não se fira a coisa julgada e que se respeite os atos regularmente praticados com base na antiga lei.

É sempre bom lembrar que a proibição à retroatividade maléfica da lei está prevista na própria Constituição e não em uma lei infraconstitucional (art. 5º, XXXVI, da CF). Isso faz com que uma norma desta natureza não possa excepcionar uma norma constitucional, pouco importando se a lei infraconstitucional é ou não de ordem pública.

Nesse sentido, confira o posicionamento pacífico do Supremo Tribunal Federal:

> "Contrato de prestação de serviços. Lei 8.030/1990. Retroatividade mínima. Impossibilidade. É firme, no Supremo Tribunal Federal, a orientação de que não cabe a aplicação da Lei 8.030/1990 a contrato já existente, ainda que para atingir efeitos futuros, pois redundaria em ofensa ao ato jurídico perfeito. Agravo regimental a que se nega provimento." (RE 388607, Rel. Min. JOAQUIM BARBOSA, 2ª T., DJ 28.04.2006) (g.n.)

Mesmo a retroatividade mínima, segundo o Supremo Tribunal Federal, só é permitida se provier de uma norma constitucional. Confira:

> "Pensões especiais vinculadas a salário mínimo. Aplicação imediata a elas da vedação da parte final do inciso IV do artigo 7º da Constituição de 1988. Já se firmou a jurisprudência desta Corte no sentido de que os dispositivos constitucionais têm vigência imediata, alcançando os efeitos futuros de fatos passados (retroatividade mínima). Salvo disposição expressa em contrário – e a Constituição pode fazê-lo –, eles não alcançam os fatos consumados no passado nem as prestações anteriormente vencidas e não pagas (retroatividades máxima e média). Recurso extraordinário conhecido e provido" (RE 140499, Rel. Min. MOREIRA ALVES, 1ª T., DJ 09.09.1994) (g.n.).

Dessa forma, tirando as situações de aplicação imediata da lei, não se pode retroagir lei nova para prejudicar direito adquirido, coisa julgada e ato jurídico perfeito.

1.2.3.4.3. Vigência da lei no espaço

Nesse tema vige o princípio da **territorialidade**, para o qual *a lei tem aplicação dentro do território do Estado que a expediu*. Esse princípio decorre da soberania estatal. A ideia de território estende-se também a outros espaços, como os navios e aeronaves de guerra, onde se encontrarem.

Admite-se, todavia, que a lei estrangeira, em determinadas hipóteses, tenha eficácia em nosso território, ou seja, admite-se a **extraterritorialidade**. Isso se dá com fundamento na solidariedade internacional. A aplicação da lei estrangeira em outro território tem por finalidade proteger a pessoa em território estrangeiro e regular os efeitos de atos estrangeiros que venham a se cumprir no país. Em virtude da existência de exceções é que se diz que adotamos o princípio da **territorialidade moderada**.

Todavia, em nenhuma hipótese poderá ser aplicada uma lei estrangeira (bem como atos, sentenças e declarações de vontade) que ofenda a soberania nacional, a ordem pública e os bons costumes do país (art. 17 da LINDB).

Chama-se **estatuto pessoal** o conjunto de normas que rege o estrangeiro pela lei de seu país de origem. Um estrangeiro que estiver em nosso país poderá carregar consigo um conjunto de normas estrangeiras que regulará seus direitos no Brasil. Esses temas são estudados com profundidade no Direito Internacional.

1.2.3.5. Aplicação da lei

1.2.3.5.1. Interpretação da lei

Interpretar é *extrair o sentido e o alcance da lei, com vistas a sua posterior aplicação*.

A interpretação que nos interessa não é um fim em si mesmo. Ela objetiva extrair da lei normas jurídicas para aplicação aos casos concretos, possibilitando que o Direito cumpra seu papel de garantir uma convivência justa entre as pessoas.

A grande questão é que a lei é estática em relação à realidade fenomênica. As leis permanecem vigentes anos a fio, ao passo que os fatos e valores sociais mudam com maior rapidez. É por isso que compete ao intérprete extrair da lei normas jurídicas, atentando para a situação fático-valorativa em que se encontram os fatos a serem subsumidos para efeito de aplicação da lei.

---

3. *Vide*, a respeito, José Carlos de Matos Peixoto (*Curso de Direito Romano*, Editorial Peixoto, 1943, tomo I, p. 212-213) e também a ADI 493/DF, do STF, cuja relatoria foi do Min. Moreira Alves (DJ 04.09.1992).

Cabe ao intérprete, portanto, dar vida ao texto da lei. Nesse sentido, várias comparações são feitas pela doutrina. O intérprete está para a lei, assim como o ator está para o texto que irá representar, ou assim como o cantor está para o texto da música que irá cantar. Atores e cantores darão vida àqueles textos, a partir da técnica e da emoção. Intérpretes darão vida aos textos de lei, a partir de técnicas que considerem os fenômenos fáticos e valorativos que envolvem a questão.

As **técnicas interpretativas** são tão importantes que, para seu estudo, foi se formando uma verdadeira ciência, que é chamada de **hermenêutica**. Pode-se defini-la, portanto, como *a ciência da interpretação*.

A **técnica gramatical** *consiste em verificar o significado das palavras, isolada e sintaticamente, atendendo à pontuação e à colocação dos vocábulos*. Usa-se também a expressão *interpretação literal* para fazer referência a essa técnica.

A **técnica lógica** *consiste na análise dos períodos da lei, combinando-os entre si mediante um raciocínio lógico, de modo a se atingir uma perfeita compatibilidade.*

A **técnica sistemática** *consiste em relacionar os vários dispositivos legais que guardam pertinência com o tema no sistema jurídico, de modo a buscar uma resposta única e trabalhada.*

A **técnica histórica** *consiste em averiguar os antecedentes da norma, desde as circunstâncias fáticas e valorativas que a precederam* (occasio legis) *até as discussões e deliberações legislativas, de modo a verificar a razão de sua existência* (ratio legis).

A **técnica teleológica** *consiste em averiguar o sentido e o alcance da lei partindo dos fins sociais a que ela se dirige, bem como adaptando-a às exigências do bem comum* (art. 5º da LINDB).

A utilização das técnicas de interpretação pode levar a **resultados** *declarativos (ou especificadores), restritivos* e *extensivos*. Em determinadas matérias existem óbices, decorrentes de sua própria natureza, a alguns dos resultados possíveis. Por exemplo, em Direito Penal, não se pode interpretar um tipo penal de modo a que se chegue a um resultado extensivo em relação ao texto da lei. Quando se tem uma exceção, também não se pode interpretar de modo a que se chegue a um resultado extensivo. A própria ordem jurídica se encarrega de colocar óbices a determinados resultados. O art. 114 do CC, por exemplo, dispõe que os negócios jurídicos benéficos (como uma doação) e a renúncia "interpretam-se estritamente".

1.2.3.5.2. Integração das lacunas

O Direito tem por objetivo regular o comportamento humano, de modo a garantir uma convivência justa entre as pessoas. Para tanto, são editadas inúmeras leis. Como se viu, é a partir dessas que se vão extrair as normas jurídicas destinadas a regular as variadas questões que se apresentarem no mundo fenomênico. O aplicador partirá da lei, adaptada à realidade fático-valorativa daquele momento histórico. O problema é quando não há lei regulando aquele fato. Estar-se-á diante de uma lacuna.

As **causas** das lacunas são as seguintes: a) impossibilidade de o legislador lograr êxito em regular todas as questões de interesse da sociedade; b) superveniência de modificações fáticas e sociais sem que a lei acompanhe a nova realidade.

É importante anotar que o juiz somente pode colmatar (preencher a lacuna) para o caso concreto que decide. Exceção a essa regra somente pode se dar por meio do mandado de injunção, importante na colmatagem da lacuna enquanto não sobrevier lei preenchendo o vazio. Tal possibilidade não vinha sendo admitida pelo Supremo Tribunal Federal. Todavia, no mandado de injunção que pedia o reconhecimento de mora abusiva do Congresso em legislar sobre o direito de greve do servidor público, o STF resolveu permitir que esse direito fosse exercido, aplicando-se a Lei de Greve para o setor privado por analogia.

Antes de verificarmos quais são as medidas que deve tomar o aplicador da lei para preencher uma lacuna, vejamos as **espécies** de lacuna reconhecidas pela doutrina: a) **normativa**, quando não houver lei regulando determinado caso; b) **ontológica**, quando houver norma regulando o caso, mas essa não corresponder à realidade fático-valorativa, tendo em vista modificações substanciais nos fatores sociais; c) **axiológica**, quando houver norma, mas essa for injusta, levar a situações iníquas, absurdas.

Seja qual for o tipo de lacuna, deve-se recorrer ao art. 4º da LINDB, que dispõe: "quando a lei for omissa, o juiz decidirá o caso de acordo com a analogia, os costumes e os princípios gerais do direito".

A lei não permite que o juiz se exima de decidir. Deve o magistrado aplicar a norma legal, e, na sua falta, as três fontes referidas, sucessivamente.

O juiz só decidirá por equidade nos casos previstos em lei (art. 140, parágrafo único, do NCPC), como o previsto no art. 11, II, da Lei 9.307/1996. Isso não impede que o juiz, ao aplicar a lei, busque a forma mais equânime de fazê-lo. Ou seja, deve o juiz agir com "equidade dentro da lei". O que não pode é ignorar a lei e simplesmente decidir do modo que entender ser mais equânime. Reconhece a doutrina que também é possível valer-se da equidade quando haja lacuna e nenhum dos critérios previstos na lei consiga integrá-la. De qualquer forma, entendemos ser difícil que isso se configure, pois um dos princípios gerais de direito, último recurso a ser utilizado em caso de lacuna, é o da igualdade, que remete justamente à ideia de equidade.

Em matéria de prova, ou seja, no que concerne a questões de "fato" (e não de "direito"), "em falta de normas jurídicas particulares, o juiz aplicará as regras de experiência comum subministradas pela observação do que ordinariamente acontece e ainda as regras de experiência técnica, ressalvado, quanto a esta, o exame pericial" (art. 375 do NCPC).

A **integração** pode ser definida como *o processo de preenchimento de lacunas, mediante a aplicação da analogia, dos costumes e dos princípios gerais do direito, nessa ordem, criando-se norma individual para o caso*. Repare que há uma ordem de preferência na utilização das fontes. Comecemos com a primeira.

Decidir de acordo com a analogia *consiste em aplicar, a um acontecimento não regulado por uma norma jurídica, outra norma prevista para hipótese semelhante*. São necessários os seguintes procedimentos: a) comparar as semelhanças entre as hipóteses; b) avaliar se a semelhança justifica um tratamento jurídico idêntico. O fundamento da utilização da analogia é o princípio da igualdade. Utiliza-se muito aqui os argumentos vistos, especialmente o argumento *a fortiori*, que compreende o "a maiori ad minus" e o "a minori ad maius". Não sendo possível a utilização da analogia, deve-se recorrer aos costumes.

Decidir de acordo com o costume *consiste em aplicar as normas decorrentes da prática reiterada de determinado ato, com a convicção de sua obrigatoriedade jurídica*. O costume, que é fonte formal secundária do direito, tem dois elementos: a) o objetivo (o uso); e b) o subjetivo (a crença na sua obrigatoriedade). Em relação à lei, são divididos em: a) *contra legem* (contrários à lei); b) *praeter legem* (quando não estiver regulado em lei); c) *secundum legem* (quando a lei já o reconhece). As normas costumeiras a serem aplicadas na forma do art. 4º da LINDB são aquelas *praeter legem*. O costume contra a lei só poderá ser aplicado nos casos de lacuna superveniente, ou seja, naqueles casos em que a lei não acompanhou as mudanças na sociedade, continuando a prescrever comandos patentemente em descompasso com a nova realidade. Só em situações muito excepcionais é que se pode admitir tal possibilidade. Não sendo possível valer-se dos costumes, socorre-se dos princípios gerais de direito.

Decidir de acordo com os princípios gerais de direito *consiste em aplicar as ideias políticas, sociais e jurídicas subjacentes ao sistema jurídico*. Se a questão fática posta à aplicação da lei pode ser resolvida pela utilização de um princípio de direito pertinente aos fatos apresentados, não estaremos diante de lacuna. Deve-se a ela aplicar o princípio, que é lei voltada para o caso. Quando não houver lei ou princípio jurídico pertinente ao caso é que estaremos diante de lacuna. Não sendo possível recorrer à analogia e ao costume, recorre-se aos princípios gerais do direito, que, como o próprio nome diz, não são especiais em relação àquela questão. São princípios que norteiam o direito como um todo, como: o da igualdade, o da legalidade, o da presunção de boa-fé, o da proibição do locupletamento ilícito, o da dignidade da pessoa humana etc.

1.2.3.5.3. Correção das antinomias

Muitas vezes o problema não é de ausência de lei ou de normas, mas de existência de mais de uma norma conflitando entre si. Não se tem nesse caso lacuna, a ensejar uma integração; tem-se antinomia, a ensejar uma correção, que também só terá efeito para o caso concreto em que o Direito será aplicado.

Pode-se **conceituar** o instituto da **antinomia** como a *situação de conflito entre duas ou mais normas jurídicas*.

Quanto ao critério de solução do conflito, a antinomia pode ser dividida em duas **espécies**: a) **aparente**, *quando a própria lei tiver critério para a solução do conflito*; b) **real**, *quando não houver na lei critério para a solução do conflito*.

A ordem jurídica prevê critérios para a solução de antinomias aparentes. São eles: a) o **hierárquico** (*lex superior derogat legi inferiori*), pelo qual a lei superior prevalece sobre a de hierarquia inferior; b) o **cronológico** ou **temporal** (*lex posterior derogat legi priori*), pelo qual a lei posterior prevalece sobre a anterior; e c) o da **especialidade** (*lex specialis derogat legi generali*), pela qual a lei especial prevalece sobre a geral.

Caso não seja possível solucionar o conflito pela utilização dos critérios mencionados, estaremos diante de uma antinomia de segundo grau, já que o conflito não será entre simples normas, mas entre os critérios (hierárquico, cronológico e de especialidade). Confira-se os metacritérios para a solução de antinomias de segundo grau. Entre o: a) **hierárquico e o cronológico**, prevalece o hierárquico (norma superior-anterior), pois a competência é mais forte que o tempo; b) **da especialidade e o cronológico**, prevalece o da especialidade (norma especial-anterior), em face do princípio da igualdade, admitindo-se exceções no caso concreto; c) **hierárquico e o da especialidade**, não é possível estabelecer um metacritério de antemão, com alguma vantagem para o critério hierárquico, em virtude da competência.

2. PARTE GERAL

2.1. Pessoas naturais

2.1.1. Generalidades

O Direito regula a relação jurídica entre as pessoas. E quais são os elementos de uma relação jurídica? São três: a) **sujeitos de direito**, que são os entes que podem fazer parte de uma relação jurídica, normalmente pessoas (um animal, por exemplo, não pode fazer parte de uma relação jurídica, mas apenas ser um objeto dela); b) um **objeto**, que é, de modo imediato, uma obrigação (de dar, de fazer de não fazer), e, de modo mediato, o bem da vida buscado (um móvel, um imóvel, um semovente, a honra, a vida etc.); e c) um **acontecimento** que faz nascer a tal relação, uma vez que não é qualquer fato do mundo fenomênico que gera uma "relação jurídica", sendo necessário que essa situação esteja prevista numa norma jurídica como apta a fazer criar, a modificar ou a extinguir um direito.

A partir da noção do que regula o Direito (relação jurídica) e de que somente pessoas (naturais ou jurídicas) podem fazer parte de uma relação jurídica, mostra-se, assim, a importância de estudar as pessoas. Excepcionalmente, um ente não personalizado, ou seja, alguém que não seja uma pessoa também poderá fazer parte de uma relação jurídica, como o espólio e o nascituro. De qualquer forma, vamos ao estudo das pessoas naturais, que, como se viu, são, por excelência, elementos essenciais das relações jurídicas.

2.1.2. Conceito de pessoa natural

Pessoa natural *é o ser humano*. O Código Civil, em seu art. 1º, dota de personalidade o ser humano.

2.1.3. Personalidade

Personalidade *é a qualificação conferida pela lei a certos entes, que entrega a esses aptidão ou capacidade genérica para adquirir direitos e contrair obrigações*. Ou seja, é uma qualificação legal que confere capacidade jurídica a certos entes. O direito confere tal qualificação jurídica a toda pessoa, inclusive à pessoa jurídica.

Assim, a personalidade pode ser vista como o atributo que a ordem jurídica confere a entes de adquirir/contrair genericamente direitos e obrigações. Quem tem personalidade é, então, sujeito de direito, qualificação que não se pode dar a um animal, por exemplo, já que tais entes não podem adquirir direitos ou contrair obrigações.

Para *atuar* na vida jurídica é necessário, como regra, ter personalidade jurídica. A origem da palavra traz esse sentido. Em latim, *persona* significa a máscara que os atores usavam para a amplificação de sua voz. Para *atuar* no teatro, portanto, tais máscaras também eram necessárias (*per sonare*).

Deve-se tomar cuidado com a expressão **"sujeito de direito"**, visto que há entes que não têm personalidade, mas que são sujeitos de direitos, tais como o nascituro, o espólio, a massa falida, o condomínio edilício, a herança jacente e a herança vacante. Neste caso, não existe aptidão genérica para contrair direitos e obrigações, mas aptidão específica para contrair certos direitos e certas obrigações ligadas às finalidades do ente.

Enquanto uma pessoa, *sujeito de direito personificado*, por ter personalidade, pode fazer tudo o que a lei não proíbe (art.

5º, II, da CF), um *sujeito de direito não personificado* só pode fazer o que a lei permite.

O **nascituro**, por exemplo, não tem personalidade jurídica, mas a lei põe a salvo, desde a concepção, direitos que possa ter (art. 2º do CC). Isso significa que o nascituro é um sujeito de direito, mas não quer dizer que tenha personalidade, ou seja, que tenha aptidão genérica para realizar atos e negócios jurídicos.

O **condomínio edilício** também. Não tem personalidade, ou seja, não tem qualificação que o habilita a praticar qualquer ato jurídico que não seja proibido em lei, mas, por ser um *sujeito de direito despersonificado*, só está habilitado a praticar atos permitidos expressa ou implicitamente em lei, como contratar funcionários e serviços de manutenção. A **massa falida** também é um *sujeito de direito despersonificado*, tendo autorização especial para praticar atos úteis à administração dos bens arrecadados do empresário falido, podendo cobrar créditos desse, por exemplo.

Resta saber quando um ente passa a ser qualificado como dotado de personalidade. Ou seja, quando se tem o **início da personalidade**. No que concerne à pessoa jurídica, veremos em capítulo próprio. Quanto à pessoa natural, dispõe o art. 2º do CC que "a personalidade civil da pessoa começa do nascimento com vida".

O entendimento predominante sobre o que seja **nascimento com vida** é no sentido de que este se dá no exato instante em que a pessoa dada à luz respira. São dois requisitos, portanto: a) separação do ventre materno; e b) respiração. Das múltiplas funções vitais, o primeiro movimento de inspiração do ar atmosférico para os pulmões caracteriza o nascimento com vida. Caso respire, ainda que uma só vez, pode-se dizer que nasceu com vida, e que, portanto, chegou a adquirir personalidade, pouco importando se tem ou não forma humana e se tem ou não aptidão, perspectiva para viver[4].

Adotamos, portanto, a **teoria *natalista***, segundo a qual o nascimento com vida faz nascer a personalidade, em detrimento de outras teorias, como a *concepcionista*, para qual a personalidade já se inicia com a fecundação do óvulo e as que consideram que o início da personalidade depende de outros fatores, como a *viabilidade de vida*.

De qualquer forma, ainda que em perfeito estado quanto às demais faculdades de saúde, caso o ente que venha a nascer (separe-se do ventre materno) não respire, não terá adquirido personalidade. A entrada de ar nos pulmões da criança é que determina a aquisição da personalidade, ainda que por poucos instantes. Há vários exames periciais para que se faça tal constatação e o mais conhecido é a *docimasia hidrostrática de Galeno*, pela qual se coloca fragmentos dos pulmões em meio líquido, a fim de se verificar se houve ou não inspiração.

O **nascituro**, ou seja, *aquele que já foi concebido, mas ainda não nasceu com vida*, não tem personalidade, como se viu. Todavia, dispõe o art. 2º do CC que "a lei põe a salvo, desde a concepção", seus direitos. Em outras palavras, o nascituro é um *sujeito de direito despersonificado*. Grande parte dos direitos atribuídos a esse sujeito de direito tem sua aquisição subordinada à implementação de uma condição suspensiva, qual seja, a de que *nasça com vida*. Caso nasça com vida, o direito do nascituro se consolida como existente desde a data da concepção, retroagindo, portanto, seus efeitos.

De qualquer forma, permite a lei que determinados interesses possam ser protegidos desde a concepção, por meio de provimentos cautelares. Dentre seus direitos, vale lembrar os direitos à vida (art. 5º da CF e CP), à filiação (art. 1.596 do CC), à integridade física, a alimentos, a uma adequada assistência pré-natal (art. 8º do ECA), a um curador que represente e zele por seus interesses, a ser contemplado por doação (art. 542 do CC), dentre outros.

2.1.4. *Capacidade jurídica*

Capacidade jurídica pode ser **conceituada** como *a aptidão conferida pela ordem jurídica para adquirir direitos e contrair obrigações*[5].

Só tem capacidade jurídica, ou seja, capacidade para praticar atos jurídicos, os entes eleitos pelo Direito. É a ordem jurídica que dirá quem tem capacidade.

Ao distribuir capacidade a certos entes o Direito faz algumas distinções. É por isso que há três **espécies de capacidade**: a) a capacidade de direito (de gozo ou de fruição); b) a capacidade de fato (ou de exercício); e c) a capacidade excepcional (ou especial).

Capacidade de direito consiste na *aptidão genérica conferida pela ordem jurídica para adquirir direitos e contrair deveres*.

Capacidade de fato consiste na *aptidão genérica conferida pela ordem jurídica para, sozinho, adquirir direitos e contrair deveres*.

Capacidade excepcional consiste na *aptidão especial conferida pelo Direito para adquirir direitos e contrair deveres*.

No primeiro caso, repare que a aptidão é genérica, ou seja, é possível adquirir todos os direitos e contrair todos os deveres que não forem vedados. Essa *aptidão genérica* para a prática de atos da vida civil é consequência de se ter personalidade, pois, segundo o CC, "toda *pessoa* é capaz de direitos e deveres na ordem civil" (art. 1º). Assim, uma criança de três anos, um adulto, uma pessoa jurídica, todos, só por serem pessoas, terão capacidade de direito. Isso possibilita que uma criança receba uma herança (aquisição de direitos) e tenha um imóvel em seu nome locado (o que importa em contrair deveres).

No segundo caso, repare que a pessoa pode praticar sozinha os atos da vida jurídica. Trata-se de um *plus*. Confere-se aqui a possibilidade de se adquirir um direito e de se contrair uma obrigação por si só, ou seja, sem que seja necessário que o interessado seja representado ou assistido por outrem. Aqui é diferente. Nem toda pessoa tem a capacidade de fato. Não seria conveniente, por exemplo, que uma criança de três anos, que tem capacidade para adquirir direitos e contrair deveres, exercesse-os sozinha. Como regra, só tem capacidade de fato ou de exercício os maiores de dezoito anos.

Assim, uma criança pode receber uma doação (uma vez que, por ter personalidade, tem *capacidade de direito*, pode

---

4. Na França condiciona-se a tutela dos direitos do nascituro à viabilidade da vida fora do útero por parte do nascido. Na Espanha, exige-se que o recém-nascido tenha forma humana e tenha vivido 24 horas, para que possa adquirir personalidade. A ideia de que se deve ter forma humana é um resquício do tempo em que se achava ser possível o nascimento de um ser da relação entre um ser humano e um animal. Na Argentina, a simples concepção já dá início à personalidade.

5. O termo capacidade tem origem no latim *capere*, que significa apoderar-se, adquirir, apanhar.

adquirir direitos) e também pode vender bens (já que, repita-se, tem aptidão genérica não só para adquirir direitos, como para contrair obrigações), mas não poderá praticar tais atos pessoalmente (diretamente), mas apenas por meio de seu representante legal (seus pais, por exemplo). Vale dizer, os pais dessa criança é que assinarão o contrato de compra e venda do bem que essa pessoa adquirir. Caso uma pessoa não tenha capacidade de fato, terá de ser representada ou assistida por outra pessoa, na forma da lei. Ou seja, quem não tiver capacidade de fato dependerá da *mediação* de outro para a prática de atos jurídicos válidos.

No terceiro caso, repare que o ente não tem aptidão genérica, mas aptidão especial. Não pode fazer tudo o que a lei não proíbe (aptidão genérica). Só pode fazer o que a lei autoriza (aptidões excepcionais). Essa terceira capacidade é própria daqueles entes que não são pessoas, mas em favor dos quais a lei faculta a prática de certos atos da vida jurídica. É o caso do nascituro, do espólio, da massa falida etc. O espólio não pode praticar qualquer ato, mas somente aqueles que a lei autoriza, e, mesmo assim, mediante autorização judicial como regra.

Diante das duas primeiras situações, surgem mais dois conceitos: a) o de capacidade de plena; e b) o de incapacidade.

Capacidade plena é a que *decorre da titularização das capacidades de direito e de fato*.

Incapacidade é a *inexistência de parte ou de toda capacidade de fato*. A incapacidade pode ser relativa ou absoluta. Será relativa quando não se tenha parte da capacidade de fato, como ocorre com o pródigo, por exemplo, que pode praticar alguns atos jurídicos sozinhos e outros, não. Será absoluta quando não haja qualquer capacidade de fato, como ocorre com uma criança de três anos, por exemplo.

Em outras palavras: na *incapacidade* ou se estará diante de um *absolutamente incapaz* (aquele que não pode praticar sozinho nenhum ato, devendo ser representado) ou de um *relativamente incapaz* (aquele que não pode praticar sozinho alguns atos, devendo ser assistido por alguém com capacidade plena para a sua prática).

É importante notar que a expressão "incapacidade" no Código Civil (arts. 3º e 4º) só se refere às *pessoas*, ficando de fora a análise da terceira situação (capacidade especial ou excepcional).

2.1.5. Legitimação

Não se deve confundir o instituto da capacidade, que abrange a capacidade de direito e de fato, como vimos, com o da legitimação.

A **legitimação** consiste na *aptidão específica do sujeito de direito para a prática de certos atos jurídicos*. A capacidade consiste na aptidão *genérica* para a prática de atos.

Assim, uma pessoa adulta, mesmo tendo capacidade (de direito e de fato) para praticar atos da vida civil, não tem legitimação para vender um imóvel a um dos filhos, sem autorização de seu cônjuge e dos demais descendentes (art. 496 do CC). Tem capacidade plena para vender seus bens, podendo fazê-lo em relação à pessoa que quiser num primeiro momento, mas não tem legitimação para fazê-lo em relação a um de seus filhos, sem que haja autorização dos demais. Se o fizer, o ato será inválido não por falta de capacidade, mas por falta de legitimação, ou seja, por falta de aptidão específica para a prática do ato "compra e venda".

A **ilegitimação**, portanto, pode ser conceituada como a *restrição específica ao sujeito de direito para a prática de determinados atos da vida civil com certas pessoas ou em relação a certos negócios ou bens*. São impedimentos circunstanciais. Outros exemplos de ilegitimidade são os seguintes: o tutor não pode adquirir bem do tutelado (art. 1.749, I, do CC); o casado, exceto no regime de separação absoluta de bens, não pode alienar imóveis sem a autorização do outro cônjuge (art. 1.647, I, do CC); o que comete ato de indignidade não pode herdar (art. 1.814, II, do CC); os casos de impedimento matrimonial (art. 1.521 do CC).

2.1.6. Incapacidade

Incapacidade também pode ser **conceituada** como a *restrição legal genérica ao exercício dos atos jurídicos*. Outro conceito é o seguinte: *inexistência de parte ou de toda capacidade de fato*.

Toda pessoa tem capacidade de *direito* (ou de *gozo*). Portanto, a incapacidade a que faz referência a lei (arts. 3º e 4º) é tão somente a incapacidade de *fato* (ou de *exercício*).

Como já dito, não seria conveniente, por exemplo, que uma criança de três anos, que tem capacidade para adquirir direitos e contrair deveres, exercesse-os sozinha.

Passemos, então, ao estudo dos absolutamente e dos relativamente incapazes.

2.1.7. Absolutamente incapazes

Absolutamente incapazes são *os que não podem exercer sozinhos qualquer ato jurídico* (art. 3º do CC).

Ou seja, são os completamente privados de praticar, por si sós, atos da vida civil. A prática de atos em seu nome só poderá ser feita por *representantes*, que assinam sozinhos os atos, sob pena de nulidade absoluta daqueles por ventura realizados pessoalmente pelo incapaz (art. 166, I, do CC).

O absolutamente incapaz, apesar de *ter* (de gozar) o direito, não pode *exercer* direta e pessoalmente nenhum aspecto dos atos da vida jurídica a ele relativos, que são praticados diretamente por seu representante legal, sob pena de serem declarados atos nulos.

A *representação* supre a incapacidade absoluta e é feita pelos pais, na hipótese de se tratar de menor sob o poder familiar (art. 1.690 do CC); pelo tutor, na hipótese de menor sob tutela (art. 1.747, I, do CC); e, quando a lei trazia outras hipóteses além da do menor de 16 anos, como absolutamente incapaz, pelo curador, nos demais casos (arts. 1.781 e 1.747, I, do CC).

A representação legal, ora comentada, não se confunde com a representação convencional (mandato). De qualquer forma, aplica-se às duas hipóteses o art. 119 do CC, pelo qual é "**anulável** o negócio concluído pelo **representante em conflito de interesses** com o representado, se tal fato era ou devia ser de conhecimento de quem com aquele tratou" (g.n.).

A **incapacidade absoluta**, portanto, pode ser conceituada como a *proibição total do exercício do direito pelo incapaz*. O direito é tão radical nesse ponto que, ainda que os atos beneficiem os absolutamente incapazes, serão nulos se não praticados por seus representantes.

Confiram-se as **espécies** de absolutamente incapazes antes da modificação no art. 3º do Código Civil, promovida pelo art. 114 da Lei 13.146/2015 (Estatuto da Pessoa com Deficiência), que passou a considerar absolutamente incapazes apenas os menores de 16 anos:

a) Os menores de 16 anos.

Os menores de 16 anos não teriam, segundo a lei, atingido o discernimento para distinguir o que podem ou não fazer e mesmo para discernir o que lhes é ou não conveniente.

Tais menores eram chamados de *impúberes*, reservando-se a expressão menores *púberes* aos que tinham entre 16 e 18 anos. Essas denominações são impróprias em relação ao que dispõe hoje a lei, visto que a puberdade não se inicia aos 16 anos, mas bem antes.

b) Os que, por enfermidade ou deficiência mental, não tiverem o necessário discernimento para a prática dos atos da vida civil.

Fábio Ulhoa Coelho distingue *enfermidade* de *deficiência* mental. Diz que deficiência mental é um *estado* e, como tal, em poucos casos, poderá ser evitada ou curada. Já a enfermidade mental é uma lesão à saúde, de efeitos mais ou menos prolongados, com maior possibilidade de cura.

Assim, aquele que é são e passa a desenvolver uma doença mental deve ser considerado um *enfermo* mental; aquele que já nascer com o problema mental, um *deficiente* mental.

Podemos **conceituar enfermidade** ou **deficiência mental** como *o comprometimento das faculdades mentais que possibilitam à pessoa discernir o que melhor atende ao seu bem-estar*.

Mas não basta que haja uma enfermidade ou uma deficiência mental para que se configure essa espécie de absolutamente incapaz. É necessário que, de tal problema, resulte a **ausência do necessário discernimento** para a prática de atos da vida civil.

Ou seja, é necessário que a pessoa não tenha um *mínimo* de discernimento para a prática dos atos da vida civil. Quando a lei faz referência à *ausência do necessário discernimento*, só pode ter em mente, dada a gravidade da restrição, aqueles que não têm discernimento nenhum para a prática de atos. Assim, deve-se ler a expressão "não tiverem o necessário discernimento" como "não tiverem o mínimo discernimento" ou "não tiverem discernimento algum". Aquele que tem algum discernimento, mas que seja um discernimento reduzido, será um relativamente incapaz, como se verá.

A **senilidade**, por si só, não é causa bastante para que a pessoa seja interditada, o que somente se dará se a velhice por ventura originar um estado patológico, como a arteriosclerose, devendo-se verificar se de fato o discernimento sofreu abalo. Se a doença apenas o reduziu, o idoso será considerado relativamente incapaz; se o extirpou por completo, absolutamente incapaz.

Também não gera a incapacidade jurídica a **deficiência física**. Um cego ou surdo, por exemplo, são pessoas capazes, podendo exercer diretamente seus direitos e deveres. Tornam-se incapazes ou plenamente capazes nas mesmas situações que o não deficiente físico.

O que existe são algumas regras protetivas em determinadas situações, como na feitura do testamento, na qual o cego, por exemplo, só pode fazê-lo na modalidade pública (art. 1.867 do CC).

Novidade trazida pelo atual Código Civil era a possibilidade de o enfermo (não necessariamente mental) e o deficiente físico, voluntariamente, requererem que o juiz nomeie curador para cuidar de todos ou alguns de seus negócios ou bens (art. 1.780), tudo a facilitar a prática de atos de seu interesse. Tal situação se assemelha a um mandato, com a diferença de que o curador tem o dever de prestar contas com muito mais rigor. Difere da curatela normal pelo fato de o curatelado poder, a qualquer tempo, pedir seu levantamento.

Essa disposição do art. 1.780 do Código Civil foi revogada pela Lei 13.146/2015, que, no seu lugar criou o instituto da "Tomada de Decisão Apoiada", previsto no art. 1.783-A, o qual tem o seguinte teor:

> "**Art. 1.783-A.** A tomada de decisão apoiada é o processo pelo qual a pessoa com deficiência elege pelo menos 2 (duas) pessoas idôneas, com as quais mantenha vínculos e que gozem de sua confiança, para prestar-lhe apoio na tomada de decisão sobre atos da vida civil, fornecendo-lhes os elementos e informações necessários para que possa exercer sua capacidade.
>
> § 1º Para formular pedido de tomada de decisão apoiada, a pessoa com deficiência e os apoiadores devem apresentar termo em que constem os limites do apoio a ser oferecido e os compromissos dos apoiadores, inclusive o prazo de vigência do acordo e o respeito à vontade, aos direitos e aos interesses da pessoa que devem apoiar.
>
> § 2º O pedido de tomada de decisão apoiada será requerido pela pessoa a ser apoiada, com indicação expressa das pessoas aptas a prestarem o apoio previsto no *caput* deste artigo.
>
> § 3º Antes de se pronunciar sobre o pedido de tomada de decisão apoiada, o juiz, assistido por equipe multidisciplinar, após oitiva do Ministério Público, ouvirá pessoalmente o requerente e as pessoas que lhe prestarão apoio.
>
> § 4º A decisão tomada por pessoa apoiada terá validade e efeitos sobre terceiros, sem restrições, desde que esteja inserida nos limites do apoio acordado.
>
> § 5º Terceiro com quem a pessoa apoiada mantenha relação negocial pode solicitar que os apoiadores contra-assinem o contrato ou acordo, especificando, por escrito, sua função em relação ao apoiado.
>
> § 6º Em caso de negócio jurídico que possa trazer risco ou prejuízo relevante, havendo divergência de opiniões entre a pessoa apoiada e um dos apoiadores, deverá o juiz, ouvido o Ministério Público, decidir sobre a questão.
>
> § 7º Se o apoiador agir com negligência, exercer pressão indevida ou não adimplir as obrigações assumidas, poderá a pessoa apoiada ou qualquer pessoa apresentar denúncia ao Ministério Público ou ao juiz.
>
> § 8º Se procedente a denúncia, o juiz destituirá o apoiador e nomeará, ouvida a pessoa apoiada e se for de seu interesse, outra pessoa para prestação de apoio.
>
> § 9º A pessoa apoiada pode, a qualquer tempo, solicitar o término de acordo firmado em processo de tomada de decisão apoiada.
>
> § 10. O apoiador pode solicitar ao juiz a exclusão de sua participação do processo de tomada de decisão apoiada, sendo seu desligamento condicionado à manifestação do juiz sobre a matéria.
>
> § 11. Aplicam-se à tomada de decisão apoiada, no que couber, as disposições referentes à prestação de contas na curatela."

c) Os que, mesmo por causa transitória, não puderem exprimir sua vontade.

Não poder exprimir a vontade é o mesmo que *ter obstruída, por motivo físico ou psíquico, a possibilidade de manifestação da vontade*. Quem estiver nessa condição, ainda que por uma causa transitória, será considerado absolutamente incapaz.

Pode até se tratar de alguém que tenha discernimento. Basta que não consiga manifestar sua vontade para que possa ser interditada a fim de que outro se expresse por ela.

É importante, ainda, notar que a impossibilidade de exprimir a vontade gerará a incapacidade absoluta, ainda que temporária. Vale trazer como exemplo a situação daquele que se encontra em coma profundo.

Os surdos-mudos que não consigam exprimir sua vontade, por não terem recebido educação adequada, também podem se enquadrar na espécie.

Essa hipótese de incapacidade absoluta (Os que, mesmo por causa transitória, não puderem exprimir sua vontade) agora é hipótese de incapacidade relativa (art. 4º, III, do Código Civil).

A modificação no art. 3º do Código Civil promovida pelo Estatuto da Pessoa com Deficiência teve *vacatio legis* de 180 dias, contados de 07 de julho de 2015.

Agora esses dois casos que não dizem respeito ao menor de 16 anos (os que, por enfermidade ou deficiência mental, não tiverem o necessário discernimento para a prática dos atos da vida civil; e os que, mesmo por causa transitória, não puderem exprimir sua vontade), caso acometam uma pessoa maior farão com que esta pessoa ou seja considerada plenamente capaz ou, caso se enquadre em qualquer dos casos do art. 4º do Código Civil (os ébrios habituais e os viciados em tóxico, aqueles que, por causa transitória ou permanente, não puderem exprimir sua vontade; e os pródigos), seja considerada relativamente incapaz.

O objetivo dessa lei é proteger a dignidade da pessoa com deficiência, eliminando os casos que davam ensejo à interdição absoluta de uma pessoa e diminuindo também os casos que davam ensejo à incapacidade relativa, já que ficou excluída essa incapacidade quanto àqueles que têm Síndrome de Down, por exemplo, dada a abolição da hipótese dessa incapacidade para aquele que não tivesse desenvolvimento mental completo.

2.1.8. Relativamente incapazes

Relativamente incapazes são *os que não podem exercer sozinhos a grande maioria dos atos civis, necessitando de assistência de alguém com capacidade plena, que praticará junto com o incapaz os atos jurídicos de seu interesse* (art. 4º do CC).

Será anulável a prática de ato jurídico sem a presença de assistente (art. 171, I, do CC). Essa supre a incapacidade. Uma diferença que se tem aqui é que, caso o incapaz não queira praticar o ato, esse não se realizará, pois ele é quem o pratica, ainda que assistido.

Além disso, a lei permite que o relativamente incapaz exerça sozinho alguns atos civis. Aquele que tem entre 16 e 18 anos, por exemplo, pode sozinho (sem assistência): aceitar mandato (art. 666 do CC), fazer testamento (art. 1.860, parágrafo único, do CC), ser testemunha em atos jurídicos (art. 228, I, do CC), dentre outros.

Os pródigos, por sua vez, podem praticar sozinhos todos os atos de mera administração de seu patrimônio (art. 1.782 do CC). Por fim, vale lembrar que o Código Civil em vigor inovou ao dispor que o juiz, quantos aos relativamente incapazes, assinará, segundo as potencialidades da pessoa, os limites da curatela, podendo dispor quais atos o incapaz poderá praticar sozinho (o art. 1.772 do CC trouxe a inovação em questão e, mesmo tendo sido revogado no ponto, foi substituído por regra equivalente – art. 755, I e II, do NCPC).

Com as modificações legislativas, hoje os relativamente incapazes são as seguintes pessoas:

a) entre 16 e 18 anos;

b) ébrios habituais e viciados em tóxico;

c) aqueles que, por causa transitória ou permanente, não puderem exprimir sua vontade;

d) pródigos.

Confiram-se as **espécies** de relativamente incapazes antes da modificação feita pelo Estatuto da Pessoa com Deficiência:

a) Os maiores de 16 e menores de 18 anos.

A experiência de vida dos que têm entre 16 e 18 anos não é, presume a lei, suficiente para que sejam considerados plenamente capazes. De outra parte, essas pessoas têm maior grau de amadurecimento que os menores de 16 anos, portanto, merecem tratamento diferenciado.

Praticado um ato civil que não esteja autorizado a fazer sozinho, sem a assistência de um responsável legal, o ato será anulável. Entretanto, o menor não poderá invocar sua pouca idade para eximir-se da obrigação que tenha contraído, quando dolosamente a tiver ocultado, ao ser inquirido pela outra parte, ou se espontaneamente se disser maior (art. 180 do CC).

Ademais, "a incapacidade relativa de uma das partes não pode ser invocada pela outra em benefício próprio, nem aproveita aos cointeressados capazes, salvo se, neste caso, for indivisível o objeto do direito ou da obrigação comum" (art. 105 do CC).

Apesar de não ser questão específica dos relativamente incapazes, deve-se destacar que "ninguém poderá reclamar o que, por uma obrigação anulada, pagou a um incapaz, se não provar que reverteu em proveito dele a importância paga" (art. 181 do CC).

O menor relativamente incapaz, além de poder aceitar mandato (art. 666 do CC), fazer testamento (art. 1.860, parágrafo único, do CC) e ser testemunha em atos jurídicos (art. 228, I, do CC), pode também celebrar contrato de trabalho e ser eleitor (art. 14, § 1º, II, "c", da CF).

Apesar de não se tratar de questão específica do relativamente incapaz, também vale ressaltar que, em matéria de responsabilidade civil, o CC inovou ao dispor, no art. 928, que "o incapaz responde pelos prejuízos que causar, se as pessoas por ele responsáveis não tiverem obrigação de fazê-lo ou não dispuserem de meios suficientes. Parágrafo único. A indenização prevista neste artigo, que deverá ser equitativa, não terá lugar se privar do necessário o incapaz ou as pessoas que dele dependam".

É importante destacar, quanto ao menor relativamente incapaz, que o art. 116 do ECA dispõe que o adolescente que praticar ato infracional com reflexos patrimoniais poderá responder pelo ressarcimento do dano. Daí o enunciado 40 do CJF, que tem o seguinte teor: "o incapaz responde pelos prejuízos que causar de maneira subsidiária ou excepcionalmente, como devedor principal, na hipótese do ressarcimento devido pelos adolescentes que praticarem atos infracionais, nos termos do art. 116 do Estatuto da Criança e do Adolescente, no âmbito das medidas socioeducativas ali previstas".

Essa hipótese de relativamente incapaz (os maiores de 16 e menores de 18 anos) foi mantida pela alteração promovida pela Lei 13.146/2015.

b) Os ébrios habituais, os viciados em tóxicos e os que, por deficiência mental, tenham discernimento reduzido.

Deve-se entender por **ébrio habitual** o *dependente de álcool, ou seja, o alcoólatra ou dispsômano*. Hoje vem sendo muito usada a expressão "alcoólico" para designar o dependente de álcool, uma vez que a expressão "alcoólatra" tem caráter muito pejorativo na sociedade.

Quanto aos **toxicômanos**, não há dúvida quanto à necessidade de haver dependência, já que a lei usa a expressão "viciados", que a identifica.

Quer-se evitar nos dois casos, principalmente, a ruína econômica do indivíduo. Vale salientar que, caso a dependência leve a situações como: a) impossibilidade de a pessoa se expressar; ou b) enfermidade mental que propicie a ausência do necessário discernimento, estaremos diante de hipótese de incapacidade absoluta.

O Decreto 4.294/1921 equiparava os toxicômanos a psicopatas, criando-se duas hipóteses de interdição, a depender do caso (plena ou limitada). O novo Código supera a matéria, valendo lembrar que, em se considerando o indivíduo relativamente incapaz, esse tem o benefício de verem fixados limites à curatela (art. 1.772 do CC, revogado pelo NCPC, que manteve a regra – art. 755, I e II, do NCPC), ou seja, o juiz assinará, segundo o estado ou o desenvolvimento mental do interdito, as restrições ao incapaz.

A terceira hipótese do dispositivo é a do **portador de deficiência mental que tiver um discernimento reduzido**, questão já tratada no tópico precedente. Vale lembrar que, aqui, existe ainda alguma capacidade de entendimento, mas menor que a daquele que está com a plena faculdade mental.

As hipóteses dos "ébrios habituais" e dos "viciados em tóxicos", como relativamente incapazes, foram mantidas pela alteração promovida pela Lei 13.146/2015, mas a hipótese daqueles que "por deficiência mental, tenham discernimento reduzido" foi excluída por essa lei.

c) Os excepcionais, sem desenvolvimento mental completo.

Maria Helena Diniz ensina que tal situação abrange os fracos de mente, os surdos-mudos e os portadores de anomalia psíquica, que apresentem sinais de desenvolvimento mental incompleto, comprovados e declarados em sentença de interdição, tornando-os incapazes de praticar atos na vida civil, sem a assistência de um curador.

Serve como exemplo, também, a situação de alguns portadores da síndrome de Down.

Excepcionais *com desenvolvimento mental completo* são totalmente capazes. Excepcionais *sem o desenvolvimento mental completo* são relativamente capazes. E excepcionais *sem o necessário discernimento* eram considerados absolutamente incapazes antes da edição da Lei 13.146/2015.

De qualquer forma, essa hipótese de relativamente incapaz (os excepcionais, sem desenvolvimento mental completo) foi excluída pela alteração promovida pela Lei 13.146/2015.

d) Os pródigos.

Podemos definir **pródigo** como *aquele que dissipa seu patrimônio sem controle*.

A prodigalidade pode se dar das seguintes formas: a) *oniomania*, perturbação mental que provoca o portador a adquirir descontroladamente tudo o que tiver vontade; b) *cibomania*, perturbação que leva à dilapidação patrimonial em jogos de azar; c) *imoralidade*, que leva ao descontrole de gastos para satisfação de impulsos sexuais.

O pródigo, em verdade, só fica privado da prática de atos que possam comprometer o seu patrimônio, não podendo, sem assistência de seu curador, alienar, emprestar, dar quitação, transigir, hipotecar, agir em juízo e praticar atos que não sejam de mera administração (*vide* arts. 1.767, V, e 1.782 do CC). Pode casar (mas não dispor sobre o regime de bens sozinho), mudar de domicílio, exercer o poder familiar, contratar empregados domésticos etc.

Essa hipótese de relativamente incapaz (os pródigos) foi mantida pela alteração promovida pela Lei 13.146/2015.

A Lei 13.146/2015 estabeleceu como hipótese de relativamente incapaz a daqueles "que, por causa transitória ou permanente, não puderem exprimir a sua vontade". Tirando a hipótese dos dependentes químicos e dos pródigos é nessa hipótese que se tentará enquadrar casos mais graves de problemas mentais (por exemplo, os psicopatas), para que estes sejam considerados relativamente incapazes também e, assim, poderem ser interditados.

2.1.9. Interdição

No que se refere aos incapazes por motivo de idade, o simples fato de a terem inferior a 16 anos (absolutamente incapazes) e entre 16 e 18 anos (relativamente incapazes) já faz com que sejam reconhecidos como tais.

Já no que se refere aos demais casos de incapacidade, somente um pronunciamento judicial e o preenchimento de certas formalidades fará com que não se questione a condição de incapaz de uma dada pessoa.

O art. 1.767 do CC prevê os casos em que caberá a interdição ou a curatela, que, agora com a modificação feita pelo Estatuto da Pessoa com Deficiência, limitam-se aos casos de incapacidade relativa previstos nos incisos II, III e IV do art. 4º do Código Civil, quais sejam, os ébrios habituais e os viciados em tóxico; aqueles que, por causa transitória ou permanente, não puderem exprimir sua vontade; e os pródigos. Vale lembrar que, apesar da eliminação da interdição para pessoas com desenvolvimento mental incompleto ou sem o necessário discernimento, agora cabe interdição daqueles que não podem exprimir a sua vontade por motivo transitório, os quais, em que pese serem considerados incapazes naquela situação, não podiam ser interditados antes dessa modificação.

O processo de interdição é o meio adequado ao pronunciamento judicial da incapacidade. Seu objetivo é aferir a existência e, se for o caso, o grau de incapacidade de uma pessoa.

Segundo o art. 747 do NCPC, são legitimados ativos para a demanda: o cônjuge ou companheiro, os parentes ou tutores; pelo representante da entidade em que se encontra abrigado o interditando e o Ministério Público, este só em caso de doença mental grave se os demais legitimados não existirem ou não promoverem a interdição ou por serem incapazes.

Estranhamente, o novo Código de Processo Civil, que entrou em vigor em 18 de março de 2016, revogou os arts. 1.768 a 1.773 do Código Civil, dispositivos esses que, à exceção dos arts. 1.770 e 1.773, tiveram novas redações trazidas pelo Estatuto da Pessoa com Deficiência, norma posterior que acabou por trazer conteúdos muito próximos do que estava previsto antes da alteração feita pelo NCPC, sendo de rigor que o leitor leia o texto do Estatuto da Pessoa coma Deficiência.

Antes de pronunciar a interdição o juiz, que pode ser acompanhado de especialista, entrevistará minuciosamente o interditando (art. 751 do NCPC).

Pronunciada a interdição, o juiz determinará, segundo as potencialidades, habilidades, vontades e preferências da pessoa, os limites da curatela (art. 755, I e II, do CC). Segundo o § 1º do art. 755, "a curatela deve ser atribuída a quem melhor possa atender aos interesses do curatelado".

Segundo o art. 1.775, *caput* e parágrafos, do CC, a nomeação do curador segue a seguinte ordem preferencial: cônjuge ou companheiro; na falta, os pais; na falta desses, os descendentes mais próximos. São os casos de curatela legítima. Não havendo pessoas nessa condição, compete ao juiz a escolha do curador (curatela dativa).

Segundo o art. 1.775-A, acrescido pela Lei 13.146/2015, "Na nomeação de curador para a pessoa com deficiência, o juiz poderá estabelecer curatela compartilhada a mais de uma pessoa".

Quanto às pessoas que, por causa transitória ou permanente, não puderem exprimir a sua vontade, "receberão todo o apoio necessário para ter preservado o direito à convivência familiar e comunitária, sendo evitado o seu recolhimento em estabelecimento que os afaste desse convívio", nos termos da nova redação dada pela Lei 13.146/2015.

A autoridade do curador estende-se à pessoa e aos bens dos filhos do curatelado (art. 1.778 do CC).

Em que pese prevalecer o entendimento de que a sentença é declaratória (declara que a pessoa é incapaz), e não constitutiva, tende-se a proteger o terceiro de boa-fé nos negócios praticados antes das publicações retroindicadas. O terceiro só será preterido em seu direito no caso de não ter havido interdição quando da feitura do negócio se houver prova de que a incapacidade era notória.

Por fim, vale ressaltar que nosso direito não admite os chamados *intervalos lúcidos*, em que se tentaria provar que o incapaz estava bem quando da prática de um dado negócio. Assim, são sempre nulos os atos praticados pelo curatelado enquanto estiver nessa condição.

A lei prevê o levantamento da interdição cessada a causa que a determinou. A incapacidade termina, normalmente, por desaparecerem as causas que a determinaram, como na hipótese de cura de enfermidade mental. Deve ser feita a averbação no Registro Público competente da sentença que põe fim à interdição.

O novo Código de Processo Civil traz as normas processuais sobre a interdição em seus arts. 747 a 758, valendo salientar que, ao nosso ver, eventual dúvida entre norma do novo CPC e norma trazida pelo Estatuto da Pessoa com Deficiência sobre a mesma questão, prevalecerá este último diploma, por ser norma elaborada posteriormente, ainda que os diplomas entraram em vigor em momentos diferentes.

2.1.10. Emancipação

Emancipação pode ser **conceituada** como o *fim da menoridade antes da idade prevista em lei* ou como a antecipação da capacidade plena.

A **consequência** imediata da emancipação é *habilitar a pessoa à prática de todos os atos da vida civil* (art. 5º, *caput*, do CC). Outras consequências são a possibilidade de o emancipado ser responsabilizado civilmente sem benefício algum e a cessação do direito automático de pedir pensão alimentícia.

As espécies de emancipação são as seguintes:

a) Voluntária (ou direta): é a concedida pelos pais, ou por um deles na falta do outro, mediante instrumento público inscrito no Registro Civil competente (Lei 6.015/1973, art. 29, IV, 89 e 90), independentemente de homologação judicial, ao menor que tenha 16 anos completos.

Há de se ponderar que doutrina e jurisprudência consideram que a emancipação voluntária não exonera os pais da responsabilidade pelos atos ilícitos praticados pelo filho que ainda não tiver completado 18 anos. Confira-se: "a única hipótese em que poderá haver responsabilidade solidária do menor de 18 anos com seus pais é ter sido emancipado nos termos do art. 5º, parágrafo único, inciso I, do no Código Civil" (Enunciado 41 das JDC/CJF);

b) Judicial: é a concedida pelo juiz, ouvido o tutor, desde que o menor tenha 16 anos completos;

c) Legal: é a que decorre da ocorrência de certos eventos previstos em lei. Tal emancipação não depende de registro para produzir efeitos. Eventual demanda promovida para ver reconhecida a emancipação nos casos abaixo tem mera função de gerar maior segurança jurídica ao interessado.

O **casamento** é a primeira causa. Não faz sentido que uma pessoa que constituiu família continue sob a autoridade de outrem. O art. 1.517 do CC permite o casamento de um homem ou de uma mulher que tenham entre 16 e 18 anos, com autorização dos pais. Uma vez que alguém case nessas circunstâncias, a emancipação se dará automaticamente. A emancipação não é afetada pelo fim do casamento, salvo em caso de invalidação deste quanto ao que estiver de má-fé, segundo corrente majoritária.

Outra causa é o **exercício de emprego público efetivo**. Vale ressaltar que, aqui, também não há idade mínima prevista na lei. Estão excluídas situações temporárias, tais como estágios, contratações temporárias e investidura em cargo em comissão. De qualquer forma, será hipótese pouco provável de acontecer, visto que, normalmente, os estatutos do funcionalismo preveem a idade mínima de 18 anos para o ingresso em função pública.

Outro motivo é a **colação de grau em curso superior**, que também independe da idade. Trata-se de mais uma hipótese bastante rara, mormente agora em que a maioridade é atingida aos 18 anos.

E, ainda, pelo ***estabelecimento civil ou comercial, ou pela existência de relação de emprego, desde que, em função deles, o menor com 16 anos completos tenha economia própria***. O fato de o menor ter economia própria, ou seja, conseguir prover seu próprio sustento, é demonstração de que é dotado de experiência e amadurecimento suficientes para a prática de atos da vida civil. Entendemos que eventual demissão superveniente do emancipado não o torna novamente incapaz, já que os requisitos para a emancipação são de difícil configuração e demonstram efetivamente o amadurecimento necessário para o exercício pleno dos atos da vida civil.

2.1.11. Fim da personalidade

Deve-se tratar, agora, do **fim da personalidade**. Dispõe o art. 6º do CC que "a existência da pessoa natural termina com a morte". Com a morte, extingue-se a personalidade, passando-se os direitos e as obrigações do morto (essas no limite das possibilidades da herança) aos seus sucessores. Tais direitos e obrigações, denominados espólio, não têm personalidade, ou seja, não têm a qualificação que lhes conferiria a autorização genérica para praticar atos jurídicos; mas são sujeitos de direitos, visto que estão autorizados, por meio das pessoas indicadas na lei, a praticar certos atos, como ingressar com ação para cobrar determinada quantia devida ao monte.

São **consequências** da morte as seguintes: extinção do poder familiar, dissolução do casamento, abertura da sucessão, extinção dos contratos personalíssimos; mas fica mantida a vontade expressada pelo falecido em testamento e preservam-se alguns direitos da personalidade (relativos ao cadáver, à imagem, ao nome e aos direitos de autor).

A **morte** pode ser de três tipos: real, civil e presumida.

Morte real é *aquela certa, que pode ser atestada por exame médico*. Constatada a morte de uma pessoa, um médico fará um atestado de óbito. Na falta desse profissional, duas pessoas qualificadas que tiverem presenciado ou verificado a morte o farão. Com base no atestado de óbito será feita a lavratura do assento de óbito no Registro Público competente. A partir desse assento é que será extraída a certidão de óbito. O enterro depende dessa certidão. A cremação será feita em virtude de vontade do falecido ou por motivo de saúde pública, dependendo de atestado de 2 (dois) médicos ou de médico legista e, caso se trate de morte violenta, de autorização judicial.

Comoriência é a *presunção de morte simultânea, que se aplica quando duas ou mais pessoas falecerem na mesma ocasião, sem que se possa determinar quem morreu primeiro*.

A importância do tema está no direito das sucessões. Se um dos mortos na mesma ocasião tiver falecido primeiro, isso poderá fazer com que o outro seja seu herdeiro. Se considerarmos que a morte se deu simultaneamente, nenhum dos dois herdará do outro.

Na França, a solução é diferente. Cria-se uma escala de possibilidades. Entre homem e mulher, presume-se que a mulher morreu primeiro. Entre o mais novo e o mais velho, presume-se que esse faleceu primeiro.

Morte civil é *aquela em que a lei considera morta para a prática de atos da vida jurídica pessoa ainda viva*. Trata-se de instituto abolido nas legislações modernas. No passado, era sanção que recaía sobre os escravos e sobre outras pessoas, por motivos políticos ou religiosos. Há resquícios do instituto em nossa lei na regulamentação da indignidade e da deserdação, nas quais o herdeiro excluído da sucessão é considerado "como se morto fosse" (arts. 1.814, 1.816 e 1.961 a 1.963 do CC).

Morte presumida é *a que decorre de declaração judicial da morte, sem decretação de ausência, em caso de perigo de vida ou guerra, ou de declaração de ausência quando se autoriza a abertura de sucessão definitiva*.

Com efeito, o art. 6º do CC diz que se tem a **morte presumida** "quanto aos ausentes, nos casos em que a lei autoriza a abertura da sucessão definitiva".

O art. 7º do CC assevera que "pode ser declarada a morte presumida, **sem a decretação de ausência**: I – se for extremamente provável a morte de quem estava em perigo de vida; II – se alguém, desaparecido em campanha ou feito prisioneiro, não for encontrado até 2 (dois) anos após o término da guerra", dispondo o dispositivo em seu parágrafo único que "a declaração da morte presumida, nesses casos, somente poderá ser requerida depois de esgotadas as buscas e averiguações, devendo a sentença fixar a data provável do falecimento".

2.1.12. Ausência

Em caso de *ausência*, ou seja, de uma pessoa **desaparecer** de seu domicílio sem deixar notícias ou procurador a quem caiba administrar seus bens e tenha interesse em fazê-lo, e de não ter se configurada nenhuma das hipóteses acima, pode o interessado ou o Ministério Público requerer ao juiz a **declaração de ausência** da pessoa, nomeando em favor dela um **curador** (o cônjuge, o companheiro, os pais ou os descendentes do desaparecido, nessa ordem, ou, na falta, alguém nomeado pelo juiz), que procederá à **arrecadação** dos bens do ausente, tudo na forma dos arts. 22 a 26 do CC (**fase da curadoria do ausente**).

Passado **1 (um) ano da arrecadação** dos bens do ausente, ou, se há procurador, passados 3 (três) anos, poderão os interessados requerer que se: a) declare a ausência; e que se b) **abra provisoriamente a sucessão**, que produzirá efeitos após 180 dias da publicação da respectiva sentença pela imprensa, efetuando-se o inventário e partilha dos bens (**fase da sucessão provisória**). *Vide* arts. 26 a 36 do CC.

Passados **10 (dez) anos do trânsito em julgado da sentença que abriu a sucessão provisória** ou 5 (cinco) anos das últimas notícias do ausente que já contar com 80 (oitenta) anos, poderão os interessados requerer a **sucessão definitiva**, procedendo-se ao **levantamento das cauções** que tiverem sido exigidas daqueles herdeiros que não eram ascendentes, descendentes ou cônjuges do ausente (**fase da sucessão definitiva**).

Caso o ausente não apareça nos 10 (dez) anos seguintes à abertura da sucessão definitiva, não terá mais direito algum às coisas deixadas. Se comparecer nesse período, terá direito aos bens existentes no estado em que se acharem, os sub-rogados em seu lugar, ou o preço que os herdeiros e demais interessados tiverem recebido pelos bens alienados depois daquele tempo.

Se, nos 10 (dez) anos a que se refere o parágrafo anterior, o ausente não regressar e **não houver interessado algum**, os bens arrecadados passarão ao Município ou ao Distrito Federal, se localizados nas respectivas circunscrições, incorporando-se à União se situados em território federal.

As disposições sobre a sucessão definitiva, no caso, estão nos arts. 37 a 39 do CC.

Por fim, vale anotar que, hoje, o ausente não é mais considerado um *incapaz*, mas alguém *presumido morto* pela lei a partir do momento em que é aberta a sucessão definitiva.

2.2. Direitos da Personalidade

2.2.1. Conceito de Direitos da Personalidade

Direitos da Personalidade *são aqueles que protegem características inerentes à pessoa*. São direitos que recaem sobre nossos atributos naturais e suas projeções sociais.

Os objetos de tais direitos são, portanto, os seguintes aspectos próprios da pessoa: a) sua integridade física (vida, corpo, partes do corpo); b) sua integridade intelectual (liberdades de pensamento e de expressão, autorias científica e artística); e c) sua integridade moral (intimidade, vida privada, honra, imagem e nome).

O CC preferiu não conceituar direitos da personalidade, mas dispôs que são intransmissíveis, irrenunciáveis e que seu exercício não é passível de sofrer limitações (art. 11 do CC).

De início, são protegidas as características próprias da pessoa natural. Todavia, o nascituro e a pessoa jurídica, no que couber, também estarão resguardados. O primeiro, em virtude do disposto no art. 2º, segunda parte, do CC. E o segundo, em razão do art. 52 do mesmo Código.

Já a pessoa jurídica terá protegidos interesses como o nome, a imagem e o segredo. Reconhecendo a existência de uma honra objetiva em favor desse tipo de pessoa, o STJ sumulou que "a pessoa jurídica pode sofrer dano moral" (Súmula 227).

2.2.2. Regime Jurídico Geral

Os direitos da personalidade são:

a) Absolutos: *oponíveis contra todos* ("erga omnes"). Esses direitos geram deveres de abstenção por parte de cada um de nós, inclusive do Estado. Enquanto num contrato há relatividade (só há efeitos relativamente a cada contratante), o direito à imagem, por exemplo, gera efeitos em face de todos, tratando-se, assim, de um direito oponível de modo absoluto;

b) Intransmissíveis: *não passíveis de cessão à esfera jurídica de outrem*. Adriano de Cupis ensina que "nos direitos da personalidade a intransmissibilidade reside na natureza do objecto, o qual (...) se identifica com os bens mais elevados da pessoa, situados, quanto a ela numa relação de natureza orgânica. Por força deste nexo orgânico o objecto é inseparável do originário sujeito: a vida, a integridade física, a liberdade, a honra etc., de Tício não podem vir a ser bens de Caio em virtude de uma impossibilidade que se radica na natureza das coisas. Nem o ordenamento jurídico pode consentir que o indivíduo se despoje daqueles direitos que, por corresponderem aos bens mais elevados, têm o caráter de essencialidade" (*Os direitos da personalidade*, Lisboa: Livraria Moraes, p. 46 e s., 1961).

É importante destacar que a *titularidade* do direito é que não pode ser transmitida. O *exercício* do direito, todavia, pode ser transferido. Um exemplo: não se pode transmitir a um terceiro direito moral de que conste o nome do autor (ou um pseudônimo por ele criado) na obra de sua autoria. Mas é possível que se transfira a uma editora o direito de explorar economicamente a obra, reproduzindo-a e vendendo vários de seus exemplares. No segundo caso não se transferiu o direito como um todo, mas *parcela dos poderes* que tem o seu titular;

c) Irrenunciáveis: *não são passíveis de rejeição por parte de seu titular*. Não se pode renegar direitos da personalidade. Difere da intransmissibilidade, pois aquela diz respeito à cessão a um terceiro, ao passo que a renúncia abrange situações de desistência, de renegação. Assim, não se pode vender um órgão em virtude da intransmissibilidade. Não se pode pôr fim à vida em virtude da irrenunciabilidade;

d) Indisponíveis: *não são passíveis de se abrir mão, de disposição*. Essa regra, na verdade, engloba as duas anteriores.

Quer dizer que os direitos da personalidade não podem ser transmitidos, objetos de renúncia ou objetos de abandono. É bom anotar que alguns poderes inerentes aos direitos de personalidade podem ser objetos de disposição, tais como os poderes de doar em vida órgãos, preenchidos determinados requisitos, de consentir na exposição da imagem e de permitir o acesso a informações da vida privada (sigilo bancário, por exemplo). Aliás, quanto aos dois últimos interesses, é possível que razões de interesse público justifiquem sua exposição, mesmo sem o consentimento do titular do direito;

e) Ilimitados: *abrangem interesses imanentes ao ser humano, ainda que não mencionados expressamente pela lei ou que não identificados pela ciência*.

Assim, mesmo que não identificados expressamente como direitos da personalidade, têm essa natureza os direitos a alimentos, ao planejamento familiar, à dignidade, ao culto religioso etc.

f) Imprescritíveis: *não são passíveis de perda pelo decurso do tempo*. Não é porque o autor de um texto o fez há 30 anos, por exemplo, que perderá os direitos de personalidade correspondentes. Por outro lado, violado o direito, e nascida a pretensão de reparação civil, começa a correr prazo prescricional. Normalmente, o prazo para se pedir uma indenização pela violação do direito é de 3 anos. Exemplo da imprescritibilidade dos direitos da personalidade é o que diz respeito à pretensão para a compensação por danos morais em razão de acontecimentos que maculam tão vastamente os direitos da personalidade, como a tortura e a morte. Nesse sentido, o Superior Tribunal de Justiça reconhece ser imprescritível tal pretensão quando se tratar de perseguição política na época da ditadura (AgRg no RE 1.163.157);

g) Impenhoráveis: *não são passíveis de constrição judicial*. Dessa forma, não posso penhorar um órgão de uma pessoa, nem o seu nome, muito menos os direitos morais que têm em relação à obra que tiver criado. Mas é possível a penhora de frutos econômicos dos interesses protegidos pelos direitos da personalidade, ressalvada a quantia correspondente ao necessário para a sobrevivência do autor (NCPC, art. 833, IV);

h) Inexpropriáveis: *não são passíveis de desapropriação*. O Estado pode, mediante indenização, despojar compulsoriamente uma pessoa de sua propriedade, em caso de interesse público. Nada obstante, não poderá fazê-lo em relação a direitos da personalidade, ideia que decorre de se tratar de direito indisponível;

i) Vitalícios: *acompanham a pessoa até a sua morte*. Alguns direitos, inclusive, são resguardados mesmo depois da morte, como o respeito ao corpo do morto, à sua honra e à sua memória, bem como os direitos morais do autor. Prova disso é que o parágrafo único do art. 12 do CC diz que tem legitimação para fazer cessar a ameaça ou a lesão a direito da personalidade do morto, o cônjuge sobrevivente, ou qualquer parente em linha reta, ou colateral até o quarto grau.

Vale também ressaltar que os direitos da personalidade, entre si, não excluem uns aos outros. Um direito pode até preponderar sobre outro, mas nunca o excluir. O Enunciado 274 JDC/CJF dispõe que "em caso de colisão entre eles, como nenhum pode sobrelevar os demais, deve-se aplicar a técnica da ponderação".

2.2.3. Garantias do Regime Jurídico Geral

Violado ou ameaçado de ser violado um direito da personalidade, pode-se reclamar em juízo as seguintes sanções (CC, art. 12):

a) cessação da ameaça ou da lesão ao direito;

b) perdas e danos;

c) demais sanções previstas em lei.

Assim, se alguém verificar a existência de uma foto sua num *outdoor* com fins publicitários, sem a necessária autorização, poderá pedir a retirada do cartaz (a) e uma indenização por danos materiais e morais porventura existentes (b). Um autor que verificar a reprodução indevida de sua obra também poderá pedir sua retirada de circulação (a), uma indenização por danos materiais e morais (b), além de poder ficar com os exemplares da obra reproduzida e de poder representar o ofensor na esfera criminal (c).

Repare que a lei permite um atuar repressivo (para cessar a lesão) e uma atitude preventiva (em caso de ameaça de lesão). Para fins destas possibilidades, será de grande valia a ação cominatória, valendo trazer à tona as normas que se extraem do art. 497 do NCPC.

São partes legítimas para requerer a aplicação de tais sanções a própria pessoa lesada, por si ou por seu representante, e, caso já falecida, o cônjuge sobrevivente, ou qualquer parente em linha reta, ou colateral até o quarto grau (art. 12, parágrafo único, do CC). Repare que há uma lacuna nesse dispositivo. Não se incluiu o companheiro no rol dos legitimados. Se a finalidade da lei é possibilitar que pessoas presumidamente próximas ao morto e que também são sucessoras dele estejam legitimadas, não há justificativa para a exclusão do companheiro, que também tem presumida afetividade em relação ao falecido, além de ser sucessor deste.

Nesse sentido, o Enunciado 275 das Jornadas de Direito Civil entende que o rol dos legitimados presentes nos arts. 12 e 20 do CC compreende o companheiro.

E o Enunciado 398, das mesmas Jornadas, entende que as medidas previstas no art. 12, parágrafo único, do CC podem ser invocadas por qualquer uma das pessoas ali mencionadas de forma concorrente e autônoma. Por fim, o Enunciado 399 prevê que os poderes conferidos aos legitimados para a tutela *post mortem* dos direitos da personalidade, nos termos dos arts. 12, parágrafo único, e 20, parágrafo único, do CC, não compreendem a faculdade de limitação voluntária.

2.2.4. Regimes Jurídicos Especiais

O CC disciplina de modo especial a proteção do próprio corpo (arts. 13 a 15 do CC), o direito ao nome (arts. 16 a 19), a proteção aos escritos, à palavra e à imagem (art. 20) e a proteção à vida privada (art. 21).

2.2.4.1. Proteção do corpo

2.2.4.1.1. Disposição do corpo em vida

O art. 13 do CC traz a seguinte **regra**: *é defeso o ato de disposição do próprio corpo, quando importar diminuição permanente da integridade física, ou contrariar os bons costumes.*

O parágrafo único e o *caput* do art. 13 trazem as seguintes **exceções**: a) em caso de *exigência médica;* e b) *para fins de transplante*, na forma estabelecida em lei especial.

Isso significa que não se pode dispor do corpo em duas situações: a) se isso importar em diminuição permanente da integridade física; b) se houver contrariedade aos bons costumes. Mas se estará autorizado: a) em caso de exigência médica; e b) para fins de transplante.

A expressão *diminuição permanente* proíbe, portanto, que alguém corte o próprio braço ou a própria perna, uma vez que tais condutas são irreversíveis. E a frase *contrariar bons costumes* proíbe, por exemplo, que alguém se machuque intencionalmente, mesmo que sem diminuição permanente da integridade física.

Os bens jurídicos tutelados pelo dispositivo são a saúde humana e os bons costumes. Assim, não fere a lei a colocação de adereços (brincos, *piercings*), uma vez que, se é que importam em diminuição permanente, não afetam a saúde da pessoa. O mesmo se pode dizer de cirurgias plásticas, que, se feitas segundo as regras técnicas, não afetam a saúde da pessoa, além de não contrariarem os bons costumes.

Nos casos em que houver exigência médica, como quando se amputa uma perna por motivo de doença ou se retira parte do intestino em virtude de câncer, ou até quando se faz cirurgia para a redução do estômago, a diminuição permanente estará autorizada. Entende-se abarcado no requisito da "exigência médica" a cirurgia de mudança de sexo, já que a doutrina entende que essa expressão se refere tanto ao bem-estar físico quanto ao bem-estar psíquico do disponente (v. Enunciados 6 e 276 das JDC/CJF). Nesse sentido, a Resolução 1.955/2010 do Conselho Federal de Medicina traz os requisitos para a cirurgia de mudança de sexo.

A outra exceção (para fins de transplante) está regulada na Lei 9.434/1997. Essa lei permite a disposição de tecidos (não se regula a disposição de sangue, de esperma e de óvulo), órgãos ou partes do corpo vivo, atendidos os seguintes requisitos (art. 9º da Lei):

a) deverá ser gratuita a disposição;

b) deverá o doador ser capaz; o incapaz só poderá doar medula óssea, desde que ambos os pais e o juiz autorizem e não haja risco para sua saúde; a gestante só poderá doar tecido para transplante de medula óssea, desde que não haja risco à sua saúde ou ao feto;

c) dever-se-á tratar de órgãos duplos, de partes de órgãos, tecidos ou partes do corpo cuja retirada não impeça o organismo doador de continuar vivendo sem risco para a sua integridade e não represente grave comprometimento de suas aptidões vitais e saúde mental e não cause mutilação ou deformação inaceitável;

d) deverá estar presente uma necessidade terapêutica comprovadamente indispensável ao receptor;

e) deverá o doador autorizar, preferencialmente por escrito e diante de testemunhas, especificamente o tecido, o órgão ou a parte do corpo objeto da retirada;

f) deverá o juiz autorizar a doação, salvo em relação à medula óssea e em relação à doação para cônjuge ou parentes consanguíneos até quarto grau inclusive;

g) poderá o doador revogar a doação a qualquer momento antes de sua concretização;

h) a realização de transplantes ou enxertos só poderá ser realizada por estabelecimento de saúde autorizado pelo SUS.

Questão de alta indagação diz respeito ao congelamento do corpo de alguém após a morte (criogenia). A respeito da questão, confira decisão do STJ: "os direitos de personalidade, e entre eles o direito ao cadáver, se orientam pela lógica do Direito Privado, primando pela autonomia dos indivíduos, sempre que esta não violar o ordenamento jurídico. Nesse contexto, a escolha feita pelo particular de submeter seu cadáver ao procedimento da criogenia encontra proteção jurídica, na medida em que sua autonomia é protegida pela lei e não há vedação à escolha por esse procedimento. Ademais, verifica-se que as razões de decidir do tribunal de origem estão embasadas na ausência de manifestação expressa de vontade do genitor das litigantes acerca da submissão de seu corpo ao procedimento de criogenia após a morte. Ocorre que, analisando as regras correlatas dispostas no ordenamento jurídico – que disciplinam diferentes formas de disposição do corpo humano após a morte –, em razão da necessidade de extração da norma jurídica a ser aplicada ao caso concreto, considerando a existência de lacuna normativa, verifica-se que não há exigência de formalidade específica acerca da manifestação de última vontade do indivíduo. Da análise do § 2º do art. 77 da Lei n. 6.015/1973 (Lei de Registros Públicos), extrai-se que, com exceção da hipótese de "morte violenta" – que necessita também de autorização judicial –, os requisitos para a realização da cremação do cadáver são: i) a existência de atestado de óbito assinado por 2 (dois) médicos ou por 1 (um) médico legista; e ii) a anterior manifestação de vontade do indivíduo de ser incinerado após a morte. Dessa maneira, não exigindo a Lei de Registros Públicos forma especial para a manifestação em vida em relação à cremação, será possível aferir a vontade do indivíduo, após o seu falecimento, por outros meios de prova legalmente admitidos. É de se ressaltar que, em casos envolvendo a tutela de direitos da personalidade do indivíduo *post mortem* (direito ao cadáver), o ordenamento jurídico legitima os familiares mais próximos a atuarem em favor dos interesses deixados pelo *de cujus*. Logo, na falta de manifestação expressa deixada pelo indivíduo em vida acerca da destinação de seu corpo após a morte, presume-se que sua vontade seja aquela apresentada por seus familiares mais próximos" (REsp 1.693.718-RJ, DJe 04/04/2019).

2.2.4.1.2. Disposição do corpo para depois da morte

O art. 14 do CC traz a seguinte **regra**: *é válida, com objetivo científico ou altruístico, a disposição gratuita do próprio corpo, no todo ou em parte, para depois da morte.*

A expressão *objetivo científico* diz respeito aos casos em que se deixa o corpo ou partes do corpo para fins de estudos (ex.: para uma faculdade de medicina). Já a expressão *objetivo altruístico* se refere aos casos em que está a se preocupar com o bem-estar alheio, como quando se deixa elemento do corpo para fins de transplante em favor de quem precisa de um tecido (ex.: córnea), de um órgão (ex.: coração) ou de parte do corpo (ex.: fígado).

A Lei 9.434/1997 permite a retirada *post mortem* de tecidos (não se regula a disposição de sangue, de esperma e de óvulo), órgãos ou partes do corpo humano, destinados a transplante ou tratamento, atendidos os seguintes requisitos (arts. 3º a 8º da Lei):

a) deverá ser gratuita a disposição;

b) deverá ser precedida de diagnóstico de morte encefálica, constatada e registrada por dois médicos não participantes das equipes de remoção e transplante; os prontuários médicos serão mantidos na instituição por um período mínimo de 5 anos;

c) deverá ser admitida a presença de médico de confiança da família do falecido no ato de comprovação e atestação da morte encefálica;

d) deverá ser feita mediante o *consenso afirmativo* do doador, não se presumindo sua vontade em doar; não existindo indicação da vontade do falecido (por meio de um documento, por exemplo), a retirada dependerá da autorização do cônjuge ou parente, maior de idade, obedecida a linha sucessória, reta ou colateral, até o segundo grau inclusive, firmada em documento subscrito por duas testemunhas presentes à verificação da morte (parece-nos haver lacuna na ausência do companheiro na regra); o Enunciado 277 das JDC/CJF é no sentido de que a manifestação expressa do doador de órgão em vida prevalece sobre a vontade dos familiares; assim, a aplicação do art. 4º da Lei 9.434/1997 (que trata da autorização ou não pelos familiares) ficou restrita à hipótese de silêncio do potencial doado. Ainda no que concerne ao consentimento, o art. 14, parágrafo único, do Código Civil, fundado no consentimento informado, não dispensa o consentimento dos adolescentes para a doação de medula óssea prevista no art. 9º, § 6º, da Lei 9.434/1997 por aplicação analógica dos arts. 28, § 2º (alterado pela Lei 12.010/2009), e 45, § 2º, do ECA (Enunciado 402 JDC/CJF);

e) poderá o doador revogar a doação a qualquer momento;

f) é vedada a remoção quanto a pessoas não identificadas;

g) após a retirada, o corpo será condignamente recomposto para ser entregue, em seguida, aos parentes do morto ou seus responsáveis legais para sepultamento;

h) a realização de transplantes ou enxertos só poderá ser realizada por estabelecimento de saúde autorizado pelo SUS.

2.2.4.1.3. Tratamento e intervenção cirúrgica

O art. 15 do CC traz a seguinte **regra**: *ninguém pode ser constrangido a submeter-se, com risco de vida, a tratamento médico ou intervenção cirúrgica.*

Três princípios permeiam a regra em questão.

Pelo **princípio da informação**, *o paciente tem o direito de receber todas as informações relativas à sua situação, à possibilidade de tratamento e aos respectivos riscos* (vide arts. 6º, III, e 31 do CDC).

De acordo com o **princípio da autonomia**, *o profissional deve respeitar a vontade do paciente ou de seu representante, se aquele for incapaz.*

Já pelo **princípio da beneficência**, *a atuação médica deve buscar o bem-estar do paciente, evitando, sempre que possível, danos e riscos.*

A partir de tais princípios e da regra enunciada, percebe-se que o paciente tem o *direito de recusa a tratamento arriscado*. Assim, informado de que uma cirurgia para retirada de um tumor da cabeça gera um risco de morte, este é quem escolherá se deseja ou não fazê-la.

Quando não for possível consultar o paciente, e havendo situação de iminentes riscos para sua vida, o tratamento ou a intervenção cirúrgica deverão ser realizados, não respondendo o médico por constrangimento ilegal (art. 146, § 3º, I, do CP). Em situações como essas, o médico age em verdadeiro estado de necessidade, que é uma excludente da ilicitude.

Todavia, considerando preceito constitucional, o Enunciado 403 das JDC/CJF faz a seguinte ressalva: "art. 15: O direito à inviolabilidade de consciência e de crença, previsto no art. 5º, VI, da Constituição Federal, aplica-se também à pessoa que se nega a tratamento médico, inclusive transfusão de sangue, com ou sem risco de morte, em razão do tratamento ou da falta dele, desde que observados os seguintes critérios: a) capacidade civil plena, excluído o suprimento pelo representante ou assistente; b) manifestação de vontade livre, consciente e informada; e c) oposição que diga respeito exclusivamente à própria pessoa do declarante".

2.2.4.2. Escritos, palavra e imagem

O art. 20 do CC traz a seguinte **regra**: *a divulgação de escritos, a transmissão da palavra, ou a publicação, a exposição ou a utilização da imagem de uma pessoa poderão ser proibidas, a seu requerimento e sem prejuízo da indenização que couber, se lhe atingirem a honra, a boa fama ou a respeitabilidade, ou se se destinarem a fins comerciais.*

O próprio art. 20 traz as seguintes **exceções** à impossibilidade de exposição daqueles interesses: a) se houver *autorização da pessoa*; b) se *necessário à administração da justiça*.

Ou seja, não se pode expor os escritos, a palavra e a imagem das pessoas em duas situações: a) se lhe atingir a honra; b) se tiver fins comerciais. Mas é possível expor tais interesses: a) se houver autorização; b) se necessário à administração da justiça.

A expressão *se lhe atingirem a honra, a boa fama ou a respeitabilidade* proíbe que alguém tenha, por exemplo, veiculada sua imagem de uma maneira difamatória. A frase *se se destinarem a fins comerciais* proíbe, por exemplo, que alguém tenha publicada sua foto em um informe publicitário ou em uma revista de "fofocas" sem sua autorização.

É importante lembrar que as **garantias** que a lei traz ao lesado são as seguintes: a) proibir a exposição; b) reclamar indenização. Apesar da não referência à aplicação das demais sanções previstas em lei, tal como está previsto no art. 12 (regime jurídico geral), tal providência é possível, como no caso em que a conduta do ofensor também configura crime (injúria, difamação ou calúnia, por exemplo). Ou quando se prevê o direito de resposta, proporcional ao agravo (art. 5º, V, da CF).

Em se tratando de morto ou de ausente, são partes **legítimas**: a) o cônjuge; b) os ascendentes ou descendentes. Em relação ao regime jurídico geral, repare que aqui não se elegeu os parentes colaterais até o quarto grau como legitimados. Repare, ainda, que mais uma vez parece haver uma lacuna, ao não se legitimar o companheiro.

São três os interesses protegidos pelas regras: a) os escritos (expressados em documento); b) a palavra (expressada pela voz); c) a imagem (retrato e atributo).

Os **escritos** encontram regramento especial na Lei 9.610/1998 (Lei sobre Direitos Autorais), que protege "os textos de obras literárias, artísticas ou científicas", dentre outros (art. 7º da Lei).

As **palavras** também encontram regramento especial nessa Lei, que protege "as conferências, alocuções, sermões e outras obras da mesma natureza", dentre outras (art. 7º da Lei).

Quanto à **imagem**, essa deve ser dividida em duas espécies.

a) imagem-retrato: *consiste na reprodução gráfica da figura humana, podendo se referir a partes do corpo também, como a voz e as pernas*. São exemplos: o retrato, o desenho, a fotografia e a filmagem de uma pessoa. A imagem-retrato está protegida pelo art. 5º, X, da CF, pelo qual "são invioláveis a intimidade, a vida privada, a honra e a *imagem* das pessoas, assegurado o direito a indenização pelo dano material ou moral decorrente de sua violação";

b) imagem-atributo: *consiste no conjunto de características sociais do indivíduo, ou de dada pessoa jurídica, que o identifica socialmente*. Enquanto a imagem-retrato condiz com o retrato físico da pessoa, a imagem-atributo se refere a seu retrato social. A proteção a essa imagem está prevista no art. 5º, X, da CF, pelo qual fica assegurado "o direito de resposta, proporcional ao agravo, além da indenização por dano material, moral ou à *imagem*". Nessa, os agentes danosos são os meios de comunicação, ideia tirada do texto do dispositivo, que fala também em direito de resposta, extensível às pessoas jurídicas. Havendo violação da imagem-atributo, deve haver indenização, independente de demonstração de prejuízo econômico ou mesmo existência de dor profunda, mas simplesmente pelo *dano à imagem*, devendo a indenização seguir critério facilitado, distinto do dano material e moral. Repare que fala em "indenização por dano material, moral ou à imagem".

É importante trazer à tona alguns **temperamentos** à proteção em tela. Nenhum direito é absoluto. O direito à preservação da imagem encontra pontos de atrito com a *liberdade de expressão e de comunicação* e com o *direito de acesso à informação*.

O Supremo Tribunal Federal, no julgamento da ADPF 130 (p. em 06.11.2009), ao julgar não recepcionada pela Constituição a Lei de Imprensa (Lei 5.250/1967), **exarou entendimento no sentido de que, na ponderação de interesses entre os dois blocos de direitos da personalidade citados (liberdade de imprensa e de expressão x imagem, honra, intimidade e vida privada) prepondera o primeiro bloco, impedindo-se a censura prévia**. O segundo bloco incide posteriormente para fins de direito de resposta e responsabilidade civil, penal e administrativa.

É claro que não é qualquer fato que poderá ser livremente veiculado pela imprensa. Deve-se tratar de fato relevante para o indivíduo em sociedade. Caso contrário, pode haver abuso e, portanto, ensejo à reparação do dano causado ao ofendido. Tal se dá, por exemplo, com a divulgação por um jornal ou uma revista de elementos da intimidade ou da vida privada de artistas sem seu consentimento. Nesse caso, não há fato relevante para a vida social, conceito nobre, mas "fuxico", "fofoca", o que não está protegido no relevante direito de informação jornalística.

A manifestação abusiva da expressão, apesar de não poder ser censurada, pode sofrer coerções posteriores, principalmente as que envolvem o direito de resposta e a indenização por danos materiais e morais.

2.2.4.3. Vida privada

O art. 21 do CC traz a seguinte **regra**: *a vida privada da pessoa natural é inviolável, e o juiz, a requerimento do interessado, adotará as providências necessárias para impedir ou fazer cessar ato contrário a esta norma.*

É importante destacar que a **garantia** que a lei traz ao lesado é a seguinte: pode-se pedir ao juiz que impeça ou faça cessar a violação da vida privada. Apesar de não prevista no dispositivo, eventual violação também dá ensejo a que se reclame indenização (art. 5º, X, da CF). E, em que pese também a não referência à aplicação das demais sanções previstas em lei, tal como está previsto no art. 12 (regime jurídico geral), tal providência é possível, como no caso em que a conduta do ofensor também configura crime (interceptação indevida de conversa telefônica, por exemplo), em que se faculta a persecução criminal.

Apesar de o dispositivo se referir apenas à vida privada, são dois os interesses protegidos pela regra: a) a própria vida privada; e b) a intimidade.

Os direitos de inviolabilidade da vida privada e da intimidade são espécies do gênero **direito à privacidade**, *que é aquele de a pessoa manter informações privadas a seu respeito sob seu controle exclusivo*. Tal direito se traduz no direito de ser deixado tranquilo ou em paz.

A **intimidade**, por sua vez, é *o espaço que a pessoa tem consigo*. Diz respeito aos seus pensamentos, segredos, dúvidas existenciais e sonhos. O diário particular de uma pessoa contém informações sobre sua intimidade.

A **vida privada** consiste nos *espaços exteriores privados, ligados às relações familiares, de amizade e profissionais das pessoas*. Aqui temos suas correspondências e conversas telefônicas, os sigilos bancário e fiscal, as relações amorosas etc.

2.2.4.4. Direitos autorais

Quanto aos direitos autorais, a matéria é exaustivamente tratada na Lei 9.610/1998, que regula os direitos de autor e os que lhe são conexos, reputados bens móveis para fins legais (art. 3º).

Tal lei **protege**, por exemplo, os textos de obras literárias, artísticas ou científicas, as obras musicais, coreográficas, fotográficas e cinematográficas, o desenho, a pintura, a escultura, dentre outras (art. 7º).

Não são objeto da proteção dos direitos autorais ideias, sistemas, métodos, projetos ou conceitos matemáticos como tais, formulários em branco, texto de atos oficiais, informações de uso comum como calendários, nomes, títulos isolados etc. (art. 8º).

A proteção à obra intelectual abrange o seu título, se original. A lei considera **autor** a pessoa física criadora de obra literária, artística ou científica, sem prejuízo da proteção às pessoas jurídicas nos casos previstos em lei (art. 11).

Não depende de registro a proteção aos direitos autorais (art. 18), podendo o autor registrar sua obra no órgão público de que trata o art. 17 da Lei 5.988/1973 (art. 19).

Pertencem ao autor os direitos **patrimoniais** e **morais** sobre a obra que criou (art. 22). Os **direitos morais** do autor, inalienáveis e irrenunciáveis (art. 27), são, dentre outros, os seguintes: a) o de reivindicar, a qualquer tempo, a autoria da obra; b) o de ter seu nome ou sinal indicado como sendo o do autor na utilização de sua obra; c) o de conservar a obra inédita; d) o de assegurar sua integridade, opondo-se a quaisquer modificações; e e) o de modificá-la (art. 24).

Os primeiros quatro direitos são transmitidos aos sucessores por morte do autor. No que concerne aos direitos patrimoniais, depende de autorização prévia e expressa do autor a utilização da obra por outrem. Os herdeiros podem explorar economicamente a obra por 70 anos contados de 1º de janeiro do ano subsequente ao do falecimento do autor (como regra), ou da publicação da obra (no caso de obras anônimas ou pseudônimas), ou da sua divulgação (quanto às obras audiovisuais e fotográficas), conforme os arts. 41 a 44. Findo o período, a obra passará ao **domínio público**, o mesmo ocorrendo se não houver sucessores do autor falecido ou se for obra de autor desconhecido, ressalvada a proteção legal aos conhecimentos étnicos e tradicionais (art. 45).

Não constituem ofensa aos direitos autorais: a) a reprodução, em um só exemplar, de pequenos trechos, para uso privado do copista, desde que feita por este, sem intuito de lucro; b) a citação de passagens de qualquer obra, para fins de estudo ou crítica, indicando-se nome do autor e a origem da obra; c) o apanhado de lições em escola, vedada a publicação sem autorização expressa; d) a utilização de obras para demonstração à clientela; e) a representação teatral ou musical no recesso familiar ou para fins didáticos, na escola e sem fim lucrativo; f) as paráfrases e paródias que não forem reproduções da obra nem lhe impliquem descrédito; e g) a representação de obras situadas permanentemente em logradouros públicos (arts. 46 a 48).

A **transferência** dos direitos patrimoniais poderá ser dos seguintes tipos: a) transmissão total (salvo os direitos morais e os excluídos pela lei; se for definitiva, dependerá de contrato escrito); b) cessão total ou parcial (faz-se por escrito e se presume onerosa).

O titular do direito violado poderá requerer: i) a apreensão dos exemplares reproduzidos ou a suspensão da divulgação, ii) sem prejuízo da indenização cabível, iii) bem como a perda em seu favor dos exemplares apreendidos e iv) o pagamento do preço dos que tiverem sido vendidos (art. 102). Responde solidariamente com o contrafator aquele que vender, expuser, distribuir ou tiver a obra reproduzida com fraude.

2.2.4.5. Nome

Os arts. 16 a 18 do CC trazem a seguinte **regra**: *toda pessoa tem direito ao nome, que não pode ser empregado de modo que exponha a pessoa ao desprezo público, ainda que sem intenção difamatória, ou para fins de propaganda comercial sem autorização do seu titular*. Neste espeque, no que tange a propaganda comercial, prevê o Enunciado 278 JDC/CJF: *A publicidade que divulgar, sem autorização, qualidades inerentes a determinada pessoa, ainda que sem mencionar seu nome, mas sendo capaz de identificá-la, constitui violação a direito da personalidade*

O art. 19 dispõe que *o pseudônimo adotado para atividades lícitas goza da proteção que se dá ao nome*.

Por ser objeto de direito da personalidade, o nome é intransferível, irrenunciável e indisponível. O **princípio da imutabilidade**, todavia, sofre **exceções,** quando houver:

a) modificação no estado de filiação ou de paternidade: em virtude da procedência de ação negatória de filiação; reconhecimento, judicial ou voluntário, de paternidade; ou realização ou desfazimento de adoção. Muda-se o sobrenome apenas, salvo no caso de adoção de menores, em que é possível que se altere inclusive o prenome, a pedido do adotante ou do adotado (art. 47, § 5º, do ECA);

b) alteração do nome de um dos pais: modificando-se o nome familiar de um dos pais, será necessário fazer o mesmo em relação aos filhos; o art. 1º do Provimento 82/2019 do CNJ dispõe que "poderá ser requerida, perante o Oficial de Registro Civil competente, a averbação no registro de nascimento e no de casamento das alterações de patronímico dos genitores em decorrência de casamento, separação e divórcio, mediante a apresentação da certidão respectiva"; além disso, "a certidão de nascimento e a de casamento serão emitidas com o nome mais atual, sem fazer menção sobre a alteração ou o seu motivo, devendo fazer referência no campo 'observações' ao parágrafo único art. 21 da Lei 6.015/1973."; esse procedimento administrativo não depende de autorização judicial;

c) casamento: qualquer um dos nubentes pode adotar o nome do outro (art. 1.565, § 1º, do CC);

d) dissolução da sociedade conjugal e do casamento: não é obrigatória a perda do nome do outro na separação e no divórcio (arts. 1.578 e 1.571, § 2º, do CC). Todavia, a requerimento do inocente e desde que não se revele prejuízo à outra parte, pode-se perder compulsoriamente o direito de continuar usando o nome de casado. Pode também o cônjuge inocente renunciar, a qualquer momento, ao direito de usar o sobrenome do outro, o STJ também decidiu que é admissível o restabelecimento do nome de solteiro na hipótese de dissolução do vínculo conjugal pelo falecimento do cônjuge (REsp 1.724.718-MG, DJe 29.05.2018); o § 3º do art. 1º do Provimento 82/2019 do CNJ dispõe que, "por ocasião do óbito do(a) cônjuge, poderá o(a) viúvo(a) requerer averbação para eventual retorno ao nome de solteiro(a)"; esse procedimento administrativo não depende de autorização judicial;

e) pela união estável: o companheiro pode pedir ao juiz a averbação do patronímico do companheiro no seu registro de nascimento;

f) vontade daquele que tem entre 18 e 19 anos: o art. 56 da LRP faculta ao interessado, no primeiro ano após ter atingido a maioridade civil, requerer a alteração de seu nome, desde que não prejudique os apelidos de família, averbando-se a alteração que será publicada pela imprensa. Presume-se que, nessa fase da vida, a alteração do nome não vá prejudicar interesses de terceiros e do próprio Estado, uma vez que, no período que antecede essa idade, a pessoa não comete crime, nem tem capacidade para, sozinho, praticar atos da vida civil. Preserva-se também a individualidade da pessoa, que porventura não esteja satisfeita com o seu prenome. O pedido pode ser feito administrativamente. Admite-se também para tornar composto o prenome simples e para acrescentar o patronímico de um dos pais ou dos avós;

g) erro gráfico evidente: o art. 110 da LRP dispõe que, em caso de erros que não exijam qualquer indagação para a constatação imediata de necessidade de sua correção (aí incluso o erro gráfico evidente) e de outros erros ou inexatidões enumerados no dispositivo, o oficial retificará o registro, a averbação ou a anotação, de ofício ou a requerimento do interessado, mediante petição assinada pelo interessado, representante legal ou procurador, independentemente de prévia autorização judicial ou manifestação do Ministério Público. Exemplo dessa situação é o daquele que recebeu o nome de "Osvardo", quando deveria ser "Osvaldo". Também ocorre quando se troca o "i" pelo "e" ou o "s" pelo "x" quando da grafia do patronímico. Verifica-se ou prova-se o erro, neste caso, pela comparação com os documentos dos demais membros da família;

h) exposição do portador do nome ao ridículo: o art. 55, parágrafo único, da LRP impede que os oficiais do registro civil registrem prenome suscetíveis de expor ao ridículo seus portadores. Para que essa regra seja eficaz, há de se reconhecer que, caso o oficial atenda ao pedido dos pais numa situação dessas, nada impede que no futuro busque-se a modificação do nome em razão dessa circunstância. Nomes como Bin Laden e Adolph Hitler poderão dar ensejo ao pedido de modificação. Mas já houve casos em que se admitiu a modificação de nomes bastante comuns, como Raimunda;

i) apelido público notório: o art. 58 da LRP dispõe que o prenome é definitivo, admitindo-se sua substituição por apelidos públicos notórios. São exemplos: Lula, Xuxa e Pelé. A redação dada pela Lei 9.708/1998 ao dispositivo em questão permite a "substituição" do prenome e não a mera "inserção" apelido público notório. Houve casos de modificação de "Amarildo" para "Amauri" e de "Maria" para "Marina". Basta provar em juízo que a pessoa é conhecida publicamente (no trabalho, na família, entre amigos etc.) por nome diverso do que consta em seus documentos. A prova se faz por testemunhas, por correspondências, por cadastros etc.;

j) necessidade para a proteção de vítimas e testemunhas de crimes: o § 7º do art. 57 da LRP admite a alteração de nome completo para proteção de vítimas e testemunhas de crimes, bem como de seu cônjuge, convivente, ascendentes, descendentes, inclusive filhos menores e dependentes, mediante requerimento ao juiz competente dos registros públicos, ouvido o MP;

k) homonímia: a redação do art. 57, *caput*, da LRP, traz uma norma um tanto quanto aberta, que possibilita modificações em outras situações excepcionais, como a homonímia;

l) transgêneros: os transgêneros, independentemente da cirurgia de transgenitalização ou tratamentos hormonais, têm direito à alteração tanto de seu **prenome** como de seu **gênero**, diretamente no Registro Civil (cartório), ou seja, sem pedido perante o Judiciário. Inexiste outro requisito (ex: idade mínima ou parecer médico). Basta o consentimento livre e informado do solicitante. O pedido é confidencial e os documentos não podem fazer remissão a eventuais alterações (STF, ADI 4275/DF, Plenário, 1º.03.2018).

2.3. Pessoas Jurídicas

2.3.1. Conceito

Pode-se **conceituar** pessoa jurídica como o *grupo humano criado na forma da lei e dotado de personalidade jurídica própria para a realização de fins comuns*.

As pessoas jurídicas são, então, *sujeitos de direito personalizados*, de modo que têm aptidão genérica para adquirir direitos e obrigações compatíveis com sua natureza.

No que concerne aos direitos da personalidade, o Código Civil assegura que "aplica-se às pessoas jurídicas, no que couber, a proteção dos direitos da personalidade" (art. 52).

A título de exemplo, é compatível com a pessoa jurídica a proteção de sua integridade moral, daí porque o Superior Tribunal de Justiça assegura indenização por danos morais a tais entes.

2.3.2. Requisitos para a sua regular constituição

As pessoas jurídicas de direito público são criadas pela Constituição ou por meio de leis específicas. Já as pessoas jurídicas de direito privado têm sua criação regulada pelo Código Civil.

A doutrina aponta diversos requisitos para a constituição de uma pessoa jurídica. São os seguintes:

a) vontade humana criadora, ou seja, intenção de criar pessoa jurídica distinta de seus membros;

b) observância das condições legais para a sua instituição;

c) objetivo lícito;

d) ato constitutivo, ou seja, documento escrito, denominado estatuto (nas associações e sociedades institucionais), escritura pública/testamento (nas fundações), contrato social (nas sociedades contratuais) e lei (nas autarquias);

e) autorização ou aprovação do Poder Executivo, quando necessário, ou seja, nos poucos casos em que a lei condiciona a criação da pessoa jurídica à autorização mencionada (exs.: empresas estrangeiras, montepio, caixas econômicas, bolsas de valores etc.);

f) autorização de lei específica, no caso de pessoas jurídicas de direito privado estatais;

e) registro, ou seja, arquivamento dos atos constitutivos no Registro Público competente, em se tratando de pessoa jurídica de direito privado.

O art. 45 do Código Civil dispõe que o **surgimento**, ou seja, a **existência legal** da pessoa jurídica de direito privado começa com sua **inscrição** no Registro Público competente. Dessa forma, o **início da personalidade** da pessoa jurídica de direito privado se dá com o **registro competente**.

O registro declarará o seguinte (art. 46 do CC):

I. a denominação, os fins, a sede, o tempo de duração e o fundo social, quando houver;

II. o nome e a individualização dos fundadores ou instituidores, e dos diretores;

III. o modo por que se administra e representa, ativa e passivamente, judicial e extrajudicialmente;

IV. se o ato constitutivo é reformável no tocante à administração, e de que modo;

V. se os membros respondem, ou não, subsidiariamente, pelas obrigações sociais;

VI. as condições de extinção da pessoa jurídica e o destino do seu patrimônio, nesse caso.

Havendo ilegalidade no ato de constituição da pessoa jurídica de direito privado, o interessado terá três anos para exercer o direito de anulá-lo, contado o prazo da publicação de sua inscrição no registro público (art. 45, parágrafo único, do CC). O prazo é decadencial e, após o seu decurso, todos os vícios ficarão convalidados.

O **ato constitutivo deve ser arquivado** nos seguintes registros públicos: a) na OAB (se se tratar de sociedade de advogados); b) na Junta Comercial (se se tratar de sociedade empresária); c) no Cartório de Pessoas Jurídicas (se se tratar de sociedades simples, fundações e associações).

Os partidos políticos, depois de arquivarem seus atos constitutivos no Cartório de Pessoas Jurídicas, adquirindo personalidade jurídica, devem registrar seus estatutos no Tribunal Superior Eleitoral (art. 17, § 2º, da CF). Os sindicatos, após o registro no Cartório, também devem comunicar sua criação ao Ministério do Trabalho.

As **sociedades empresárias** são pessoas jurídicas de direito privado, com fins lucrativos, cujo objeto é o exercício de atividade econômica organizada para a produção ou a circulação de bens ou de serviços (art. 982 c/c art. 966, ambos do CC). Por exemplo, uma indústria.

Já as **sociedades simples** são pessoas jurídicas de direito privado que admitem como objeto o exercício de profissão intelectual, de natureza científica, literária ou artística, ainda que com o concurso de auxiliares ou colaboradores, salvo se o exercício da profissão constituir elemento de empresa. Por exemplo, uma sociedade que reúne quatro médicos, que agem como profissionais liberais independentes um do outro.

As sociedades que não forem objeto de inscrição no Registro Público são consideradas **sociedades despersonificadas** (em comum, irregulares ou de fato).

O art. 986 do CC dispõe que, enquanto não inscritos os atos constitutivos, as **sociedades despersonificadas ficarão sujeitas às seguintes disposições**: a) os sócios, nas relações entre si ou com terceiros, somente por escrito podem provar a existência da sociedade, mas os terceiros podem prová-la de qualquer modo (art. 987); b) os bens e dívidas sociais constituem patrimônio especial, do qual os sócios são titulares em comum (art. 988); c) os bens sociais respondem pelos atos de gestão praticados por qualquer dos sócios, salvo pacto expresso limitativo de poderes, que somente terá eficácia contra o terceiro que o conheça ou deva conhecer (art. 989); d) todos os sócios respondem solidária e ilimitadamente pelas obrigações sociais, excluído do benefício de ordem, previsto no art. 1.024 do CC, aquele que contratou pela sociedade (art. 990); e) reger-se-á a sociedade pelas regras mencionadas, observadas, subsidiariamente e, no que com ela forem compatíveis, as normas da sociedade simples (art. 986).

2.3.3. Funcionamento das pessoas jurídicas

Cada espécie de pessoa jurídica tem sua peculiaridade no que concerne ao seu funcionamento.

Todavia, o Código Civil traz algumas regras a esse respeito, que são as seguintes:

a) obrigam a pessoa jurídica os atos dos administradores, exercidos nos limites de seus poderes definidos no ato constitutivo (art. 47); nesse sentido, aquele que tem contato com um administrador de uma pessoa jurídica deve verificar os poderes que o ato constitutivo outorga a essa pessoa; se os atos praticados pelo administrador da pessoa jurídica estiverem dentro dos limites definidos no ato constitutivo, a pessoa jurídica ficará obrigada, sejam quais forem os termos contratuais estabelecidos por seus administrador, ressalvada a aplicação da teoria da aparência em casos específicos.

b) se a pessoa jurídica tiver administração coletiva, as decisões se tomarão pela maioria de votos dos presentes, salvo se o ato constitutivo dispuser de modo diverso (art. 48);

c) decai em três anos o direito de anular as decisões a que se refere a alínea anterior, quando violarem a lei ou estatuto, ou forem eivadas de erro, dolo, simulação ou fraude (art. 48, parágrafo único);

d) se a administração da pessoa jurídica vier a faltar, o juiz, a requerimento de qualquer interessado, nomear-lhe-á administrador provisório (art. 49).

e) "a pessoa jurídica não se confunde com os seus sócios, associados, instituidores ou administradores" (art. 49-A, *caput*);

f) "a autonomia patrimonial das pessoas jurídicas é um instrumento lícito de alocação e segregação de riscos, estabelecido pela lei com a finalidade de estimular empreendimentos, para a geração de empregos, tributo, renda e inovação em benefício de todos" (art. 49-A, parágrafo único).

Verificadas as regras de funcionamento da pessoa jurídica, é o caso, agora, de verificarmos sua dissolução.

2.3.4. Extinção das pessoas jurídicas

A pessoa jurídica dissolve-se pelas seguintes causas:

a) **convencional**, por deliberação de seus membros, conforme o quórum estabelecido nos estatutos ou na lei;

b) **administrativa**, em razão de decisão administrativa que, nos termos da lei, determine o fim da pessoa jurídica, quando esta dependa de aprovação ou autorização do Poder Público para funcionar e pratique atos nocivos ou contrários aos seus fins;

c) **judicial**, quando se configura algum dos casos de dissolução previstos em lei ou no estatuto e a sociedade continua a existir, obrigando um dos sócios a ingressar em juízo.

Sobre a **dissolução** de uma pessoa jurídica do tipo **sociedade**, confira as **hipóteses legais** não abarcadas pelas causas *convencionais* e *administrativas* (arts. 1.033 e 1.034 do CC):

a) vencimento do prazo de duração;

b) falta de pluralidade de sócios, não reconstituída no prazo de cento e oitenta dias (não se aplica essa extinção caso o sócio remanescente requeira a transformação da sociedade para empresário individual ou empresa individual de responsabilidade limitada);

c) anulação da constituição, por ilegalidade;

d) exaurimento do seu fim social;

e) verificação da inexequibilidade dos fins sociais ou da existência de atividade nociva que justifique a extinção da sociedade (essa última hipótese é de ordem doutrinária e jurisprudencial, servindo de exemplo a extinção de algumas torcidas organizadas por ordem da Justiça).

Não se deve confundir as expressões **dissolução**, **liquidação** e **cancelamento** da inscrição da pessoa jurídica, a qual importará na sua extinção definitiva.

Num primeiro momento, verificam-se causas que levam à **dissolução** da pessoa jurídica (convenção, decisão administrativa ou decisão judicial). A pessoa jurídica, neste momento, ainda não está extinta, mas está em processo de extinção. Num segundo momento, inicia-se a **liquidação**, devendo os administradores providenciar imediatamente a investidura do liquidante e restringir a gestão própria aos negócios inadiáveis, vedadas novas operações, pelas quais responderão solidária e ilimitadamente. **Encerrada a liquidação**, promover-se-á o **cancelamento da inscrição** da pessoa jurídica.

Segundo o art. 51 do CC, nos casos de dissolução da pessoa jurídica ou cassada a autorização para seu funcionamento, ela **subsistirá** para os **fins de liquidação**, até que essa se conclua.

Far-se-á, no registro onde a pessoa jurídica estiver inscrita, a **averbação de sua dissolução**.

As disposições para a liquidação das **sociedades** aplicam-se, no que couber, **às demais pessoas jurídicas de direito privado**. Nesse sentido, vale ler as disposições acerca da liquidação das sociedades, presentes nos arts. 1.102 a 1.112 do CC. É também objetivo da liquidação a partilha dos bens entre os sócios. Tal partilha se fará de modo proporcional à participação de cada um no capital social. No caso das associações e fundações, há regras próprias que serão analisadas em seguida.

Quanto à transformação, incorporação, fusão e cisão das sociedades, matéria afeta ao Direito Empresarial, confira o disposto nos arts. 1.113 a 1.122 do CC.

2.3.5. Desconsideração da personalidade jurídica

2.3.5.1. Conceito

O instituto da desconsideração da personalidade jurídica pode ser conceituado como *a declaração de ineficácia da personalidade jurídica para determinados fins, atingindo diretamente o patrimônio de administradores ou de sócios da pessoa jurídica beneficiados direta ou indiretamente pelo abuso, a fim de evitar fraude ou abuso de direito.*

O instituto da desconsideração da personalidade jurídica pode ser conceituado como *a declaração de ineficácia da personalidade jurídica para determinados fins, atingindo diretamente o patrimônio dos sócios ou administradores de pessoa jurídica, a fim de evitar fraude ou abuso de direito.*

O art. 50 do Código Civil permite que *os efeitos de certas e determinadas relações de obrigações sejam estendidos* aos bens pessoais dos administradores ou sócios da pessoa jurídica cuja personalidade está sendo desconsiderada. Em outras palavras, admite-se que obrigações da pessoa jurídica sejam suportadas por sócios e administradores desta.

É por isso que o conceito faz referência à *declaração de ineficácia* da personalidade jurídica. Isso ocorre pois a pessoa jurídica não é desconstituída, mas declarada ineficaz em relação a certas e determinadas obrigações.

Assim, se uma pessoa natural utiliza uma pessoa jurídica para cometer fraudes, as obrigações contraídas por essa poderão repercutir na esfera dos bens pessoais da pessoa natural, com a desconsideração da sua personalidade.

A desconsideração prevista no Código Civil é chamada de *desconsideração direta*.

Resta saber se o Código Civil brasileiro também admite a **desconsideração inversa**. Nessa desconsideração, como o próprio nome diz, desconsidera-se a pessoa natural do sócio ou administrador de uma pessoa jurídica para o fim de atingir o patrimônio da própria pessoa jurídica da qual faz parte o primeiro. Um exemplo pode aclarar o instituto. Imagine que alguém que deseja se separar de seu cônjuge sem ter de repartir bens que está em seu nome, passe tais bens para uma pessoa jurídica da qual é sócio, ficando esvaziado patrimonialmente como pessoa natural. Nesse caso, a desconsideração inversa atua para o fim de, na separação judicial, o juiz desconsiderar a autonomia da natural em relação à pessoa jurídica, determinando que os bens que pertencem à última sejam partilhados com o cônjuge prejudicado, como se fossem bens pertencentes à pessoa natural do cônjuge que perpetrou a fraude.

A desconsideração inversa não estava expressa no Código Civil, mas a doutrina e a jurisprudência a admitiam, tendo em vista que essa desconsideração visa a evitar e reprimir justamente a mesma conduta, qual seja, o abuso da personalidade. Todavia, o atual Código de Processo Civil faz menção expressa à desconsideração inversa da personalidade jurídica (art. 133, § 2º).

A Lei da Liberdade Econômica (Lei 13.874/2019) introduziu algumas modificações no instituto da desconsideração da personalidade e uma delas foi justamente nesse ponto. Ela acabou por também admitir a desconsideração inversa da personalidade, ao dispor que a desconsideração da personalidade prevista no *caput* do art. 50 do CC, bem como as definições de desvio de finalidade e confusão patrimonial previstas nos §§ 1º e 2º do art. 50 (hipóteses que ensejam a desconsideração) "também se aplica à extensão das obrigações de sócios ou de administradores à pessoa jurídica" (art. 50, § 3º). Repare que, nesse segundo caso, as obrigações dos sócios ou administradores poderão se estender à pessoa jurídica da qual participem.

Confira também o Enunciado 283 das JDC/CJF, que comenta o art. 50 do CC: "é cabível a desconsideração da personalidade denominada inversa para alcançar bens de sócio que se valeu da pessoa jurídica para ocultar ou desviar bens pessoais, com prejuízo de terceiros".

2.3.5.2. Hipóteses que ensejam a desconsideração

O Código Civil adotou a *teoria maior* da desconsideração. De acordo com essa teoria, para que a desconsideração se dê, é necessário, além da dificuldade em responsabilizar a pessoa jurídica (normalmente, essa dificuldade ocorre quando a pessoa jurídica acionada está insolvente, mas a doutrina entende que não é necessária a demonstração da insolvência para que se proceda à desconsideração – Enunciado 281 das JDC/CJF), a presença de outros requisitos.

No caso, exige-se que tenha havido *abuso de personalidade*. Esse abuso, nos termos do art. 50 do Código Civil, pode ser de duas espécies:

a) desvio de finalidade: ou seja, a utilização da pessoa jurídica para fim diverso daquele para a qual foi criada. Por exemplo, utilização de pessoa jurídica para emissão de notas fiscais frias;

b) confusão patrimonial: ou seja, situação em que os bens dos sócios das pessoas jurídicas se confundem com os bens dela.

A Lei da Liberdade Econômica (Lei 13.874/2019) resolveu facilitar as coisas, introduzindo mais elementos sobre o que é o desvio de finalidade e a confusão patrimonial. Confira (art. 50, §§ 1º e 2º do CC):

a) desvio de finalidade: é a utilização da pessoa jurídica com o propósito de lesar credores e para a prática de atos ilícitos de qualquer natureza; vale salientar que a lei é clara no sentido de que não constitui desvio de finalidade a mera expansão ou a alteração da finalidade original da atividade econômica específica da pessoa jurídica (art. 50, § 5º)

b) confusão patrimonial: é a ausência de separação de fato entre os patrimônios, caracterizada por:

I – cumprimento repetitivo pela sociedade de obrigações do sócio ou do administrador ou vice-versa;

II – transferência de ativos ou de passivos sem efetivas contraprestações, exceto os de valor proporcionalmente insignificante; e

III – outros atos de descumprimento da autonomia patrimonial.

A confusão patrimonial é típica das situações em que o sócio recebe, para si, créditos da pessoa jurídica, ou em que esta recebe para si créditos do sócio.

Existem empresas que não têm bens em nome próprio, mas somente no nome dos sócios. Isso pode prejudicar credores, que poderão pedir a desconsideração da personalidade.

A *teoria menor* da desconsideração, não adotada pelo Código Civil, propugna que a desconsideração da personalidade jurídica pode se dar toda vez que ela for obstáculo ao ressarcimento do dano, não sendo necessária demonstração de fraude ou abuso. Essa teoria tem esse nome porque exige *menos* requisitos para que se dê a aplicação do instituto.

Há diversas situações que caracterizam o abuso de personalidade. Porém, a doutrina aponta que o encerramento irregular das atividades da pessoa jurídica não basta, por si só, para caracterizar o abuso da personalidade jurídica (Enunciado 282 das JDC/CJF), sendo necessário que tal encerramento tenha se dado com o objetivo de dificultar o cumprimento de suas obrigações, caracterizando o desvio de finalidade. Nesse sentido decidiu o STJ no EREsp 1.306.553-SC, DJ 12.12.2014.

Aliás, é bom remarcar que a doutrina entende que os casos que ensejam desconsideração da personalidade nas relações civis (*desvio de finalidade* e *confusão patrimonial*) devem ser interpretados restritivamente (Enunciado 146 das JDC/CJF), por serem exceções à regra que estabelece a autonomia entre a pessoa jurídica e a pessoa de seus sócios ou administradores. Há de se lembrar de que o Código Civil adotou a teoria maior da desconsideração, diferente da Lei de Crimes Ambientais e do CDC, que adotaram a teoria menor da desconsideração, que traz menos requisitos para que esta se dê.

2.3.5.3. Legitimado ativo

De acordo com o art. 50 do CC, podem requerer a desconsideração qualquer *interessado* ou o *Ministério Público*, esse quando couber sua intervenção.

O **Ministério Público** pode intervir em ações em que se estiver diante de interesses indisponíveis, bem como em ações coletivas e de falência, entre outras. Nesses casos, o *Parquet* é legitimado para requerer a desconsideração da personalidade.

O **interessado** é, normalmente, o credor da obrigação que está sendo satisfeita pela pessoa jurídica. Aqui se está diante de alguém que tem interesse jurídico na desconsideração.

A doutrina vem reconhecendo que a teoria de desconsideração, prevista no art. 50 do Código Civil, pode ser invocada pela pessoa jurídica, em seu favor. Exemplo dessa situação se dá quando bens da pessoa jurídica são passados para o nome de um dos sócios com o fito de prejudicar credores. A pessoa jurídica, interessada em solver suas obrigações, pode, em tese, requerer a desconsideração para que se atinja o patrimônio que está em nome do sócio que cometeu a fraude. Naturalmente, tal situação só acontecerá na prática se esse sócio não mais estiver no comando administrativo da empresa.

2.3.5.4. Legitimado passivo

De acordo com o art. 50 do CC, a desconsideração da personalidade pode atingir o patrimônio tanto de *sócios* como de *administradores da sociedade.*

Assim, deve-se ressaltar, de início, que não só sócios, como também mero administrador não sócio, estão sujeitos à incidência do instituto.

Outra observação importante é que, apesar da lei fazer referência à palavra "sócio", a desconsideração da pessoa jurídica pode atingir também associados e outros membros de pessoas jurídicas. Ou seja, o instituto não se aplica apenas à *sociedade,* mas também às associações, fundações e outras pessoas jurídicas que não têm fins lucrativos ou econômicos.

Nesse sentido, confira o Enunciado 284 das JDC/CJF: "as pessoas jurídicas de direito privado sem fins lucrativos ou de fins não econômicos estão abrangidas no conceito de abuso da personalidade jurídica".

Vale, ainda, indagar se, uma vez ocorrido abuso da personalidade (por desvio de finalidade ou confusão patrimonial), pode-se atingir o patrimônio de qualquer sócio e administrador, independente de dolo específico de sua parte quanto ao abuso perpetrado.

Como se viu, a Lei da Liberdade Econômica (Lei 13.874/2019) introduziu algumas modificações no instituto da desconsideração da personalidade e uma delas foi justamente nesse ponto. Agora, a lei é clara no sentido de que a desconsideração da personalidade pode atingir "bens particulares de administradores ou de sócios da pessoa jurídica beneficiados direta ou indiretamente pelo abuso".

A doutrina vinha discutindo se todos os sócios ou administradores estavam sujeito aos efeitos da desconsideração caso não tivessem participado da irregularidade que a ensejou. A alteração legislativa, agora, foi no sentido de que o critério para incluir ou afastar um sócio ou administrador é a existência de um benefício direto ou indireto em favor dele. Deve-se verificar no caso concreto se isso ocorreu e, assim, decidir se cabe ou não a desconsideração da personalidade.

Outro ponto importante sobre a sujeição passiva está no art. 50, § 4º, pelo qual: "a mera existência de grupo econômico sem a presença dos requisitos de que trata o *caput* deste artigo não autoriza a desconsideração da personalidade da pessoa jurídica".

2.3.5.5. Questões processuais

O Superior Tribunal de Justiça vem entendendo que aquele que sofre a desconsideração da personalidade num processo judicial, respondendo com seu próprio patrimônio por obrigações alheias, passa a ser **parte** do processo (REsp 258.812, DJ 18.12.2006).

O STJ também entende que a desconsideração da personalidade **é possível na fase da execução de sentença**, mesmo que quem sofra os efeitos da desconsideração não tenha sido chamado a participar do processo de conhecimento que levou à formação do título que se estiver executando (REsp 920.602, DJ 23.06.2008). Naturalmente, o afetado pela desconsideração terá direito de se defender, exercendo plenamente o contraditório e a ampla defesa, garantindo-se o devido processo legal.

O novo Código de Processo Civil regulamentou as questões processuais sobre a desconsideração da personalidade jurídica, trazendo as seguintes regras:

> "**Art. 133.** O incidente de desconsideração da personalidade jurídica será instaurado a pedido da parte ou do Ministério Público, quando lhe couber intervir no processo.
>
> § 1º O pedido de desconsideração da personalidade jurídica observará os pressupostos previstos em lei.
>
> § 2º Aplica-se o disposto neste Capítulo à hipótese de desconsideração inversa da personalidade jurídica.
>
> **Art. 134.** O incidente de desconsideração é cabível em todas as fases do processo de conhecimento, no cumprimento de sentença e na execução fundada em título executivo extrajudicial.
>
> § 1º A instauração do incidente será imediatamente comunicada ao distribuidor para as anotações devidas.
>
> § 2º Dispensa-se a instauração do incidente se a desconsideração da personalidade jurídica for requerida na petição inicial, hipótese em que será citado o sócio ou a pessoa jurídica.
>
> § 3º A instauração do incidente suspenderá o processo, salvo na hipótese do § 2º.
>
> § 4º O requerimento deve demonstrar o preenchimento dos pressupostos legais específicos para desconsideração da personalidade jurídica.
>
> **Art. 135.** Instaurado o incidente, o sócio ou a pessoa jurídica será citado para manifestar-se e requerer as provas cabíveis no prazo de 15 (quinze) dias.
>
> **Art. 136.** Concluída a instrução, se necessária, o incidente será resolvido por decisão interlocutória.
>
> **Parágrafo único.** Se a decisão for proferida pelo relator, cabe agravo interno.
>
> **Art. 137.** Acolhido o pedido de desconsideração, a alienação ou a oneração de bens, havida em fraude de execução, será ineficaz em relação ao requerente."

2.3.5.6. Outras leis

O instituto da desconsideração da personalidade, como se viu, não está previsto unicamente no Código Civil.

O instituto está previsto também em outras leis.

O Código de Defesa do Consumidor, por exemplo, admite expressamente a desconsideração da personalidade em seu art. 28. O dispositivo parece, num primeiro momento, adotar a teoria maior da desconsideração. Essa conclusão decorre do fato de que o dispositivo traz requisitos adicionais à insolvência para que a desconsideração se dê.

Todavia, o § 5º do art. 28 traz regra de extensão que admite a desconsideração da personalidade toda vez que esta for obstáculo ao ressarcimento do dano. Isso fez com que o STJ tenha entendimento de que o CDC adotou a Teoria Menor da Desconsideração, pela qual basta a demonstração de insolvência do devedor.

A Lei de Crimes Ambientais (Lei 9.605/1998) também adotou a Teoria Menor da Desconsideração, como se pode verificar do disposto no seu art. 4º.

A desconsideração também está presente na CLT (art. 2º, § 2º) e no CTN (art. 134, VII).

2.3.6. Classificação das pessoas jurídicas

2.3.6.1. Quanto à nacionalidade

Quanto à **nacionalidade**, as pessoas jurídicas podem ser divididas em **nacionais** e **estrangeiras**.

Pessoas jurídicas nacionais são aquelas organizadas e constituídas conforme a lei brasileira, tendo no País sua sede e administração (art. 1.126 do CC). **Pessoas jurídicas estrangeiras** são aquelas de fora do País, que não possuem as características citadas.

A sociedade estrangeira não poderá funcionar no País sem autorização do Poder Executivo. Se autorizada, sujeitar-se-á lei brasileira quanto aos atos aqui praticados, devendo ter representante no Brasil. Nesse caso, poderá nacionalizar-se, transferindo sua sede para o território nacional (arts. 1.134 a 1.141 do CC).

2.3.6.2. Quanto à estrutura interna

Quanto à **estrutura interna**, as pessoas jurídicas podem ser divididas em **corporações** e **fundações**.

As **corporações** (*universitas personarum*) são um conjunto ou reunião de pessoas que formam uma pessoa jurídica. O elemento marcante aqui são as *pessoas*. São exemplos de corporações as sociedades e as associações.

As **fundações** (*universitas bonorum*) são um conjunto ou reunião de bens que formam uma pessoa jurídica. O elemento marcante aqui são os bens. Diferentemente das corporações, que normalmente costumam ter fins voltados à satisfação de seus membros, as fundações têm objetivos externos, estabelecidos pelo instituidor da pessoa jurídica.

2.3.6.3. Quanto à atuação

Quanto à atuação, as pessoas jurídicas podem ser de direito público e de direito privado.

As **pessoas jurídicas de direito público** são de duas espécies:

a) externo: países e organizações internacionais;

b) interno: União, Estados, Distrito Federal, Municípios, autarquias, agências reguladoras, associações Públicas (consórcios públicos de direito público) e fundações públicas.

As **pessoas jurídicas de direito privado** podem ser subdivididas nas seguintes espécies (art. 44):

a) sociedades: *são pessoas jurídicas com objetivo de lucro*; as cooperativas são consideradas sociedades simples;

b) associações: *são pessoas jurídicas constituídas de pessoas que se reúnem para realização de fins não econômicos*; têm objetivos científicos, artísticos, educativos, culturais, políticos, corporativos, esportivos etc.;

c) fundações: *são acervos de bens, que recebem personalidade jurídica para realização de fins determinados de interesse público, de modo permanente e estável*; o elemento marcante é o patrimonial;

d) entidades religiosas: têm o regime jurídico das associações; são livres a criação, a organização, a estruturação interna e o funcionamento das organizações religiosas, sendo vedado ao poder público negar-lhes reconhecimento ou registro dos atos constitutivos e necessários ao seu funcionamento.

e) partidos políticos: têm o regime jurídico das associações; os partidos políticos serão organizados e funcionarão conforme o disposto em lei específica;

f) consórcios públicos de direito privado: são pessoas jurídicas formadas pela reunião de entes federativos para a gestão conjunta de serviços que podem ser exercidos por pessoas de direito privado;

g) empresas individuais de responsabilidade limitada: trata-se de nova espécie, introduzida pela Lei 12.441/2011; verificar explicações no capítulo de Direito Empresarial deste livro.

De acordo o Enunciado 142 das JDC/CJF, "os partidos políticos, os sindicatos e as associações religiosas possuem natureza associativa, aplicando-se-lhes o Código Civil".

Acerca das organizações religiosas o Enunciado 143 das JDC/CJF defende que "a liberdade de funcionamento das organizações religiosas não afasta o controle de legalidade e legitimidade constitucional de seu registro, nem a possibilidade de reexame, pelo Judiciário, da compatibilidade de seus atos com a lei e com seus estatutos".

2.3.7. Espécies de pessoa jurídica

2.3.7.1. Associações

Como se viu, **associações** *são pessoas jurídicas constituídas de pessoas que se reúnem para realização de fins não econômicos*. Ou seja, as associações não podem ter por objetivo gerar lucro. O instituto está regulamentado nos arts. 53 a 61 do Código Civil.

Não há, entre os associados, direitos e obrigações recíprocos. Nas associações todos têm um interesse comum, que no caso é o de realizar fins não econômicos relacionados à ciência, à arte, à educação, à cultura, ao esporte, à política, à defesa de classe, à defesa de minorias e de valores importantes para a sociedade, para a religião etc.

A CF assegura a liberdade de associação para fins lícitos. Qualquer pessoa pode se associar. Mas o associado pode se retirar a qualquer tempo, não podendo ser obrigado a permanecer associado. Vale anotar que, em relação às associações de moradores, o STJ decidiu que as taxas de manutenção criadas por estas não obrigam os não associados ou que a elas não anuíram (REsp 1356251/SP, DJE 01.07.2016).

Sob pena de **nulidade**, o **estatuto das associações conterá** (**art. 54**):

I. a denominação, os fins e a sede da associação;

II. os requisitos para a admissão, demissão e exclusão dos associados;

III. os direitos e deveres dos associados;

IV. as fontes de recursos para sua manutenção;

V. o modo de constituição e de funcionamento dos órgãos deliberativos;

VI. as condições para a alteração das disposições estatutárias e para a dissolução;

VII. a forma de gestão administrativa e de aprovação das respectivas contas.

Os associados devem ter **direitos iguais**, **mas** o estatuto poderá instituir categorias com vantagens especiais (**art. 55**).

Ainda quanto aos direitos, **nenhum associado poderá ser impedido de exercer direito ou função que lhe tenha** sido legitimamente conferido, a não ser nos casos e pela forma previstos na lei ou no estatuto. Assim, num clube, por exemplo, não é possível impedir a entrada de um associado que não esteja pagando sua colaboração mensal, salvo se o estatuto dispuser expressamente que o direito de frequentar o clube ficará cerceado em caso de inadimplemento (**art. 58**).

A **qualidade de associado é intransmissível se** o estatuto não dispuser o contrário. Assim, ninguém pode ceder sua qualidade de associado numa associação de classe por exemplo. Todavia, em se tratando de clubes esportivos, é comum que o estatuto permita a transmissão da qualidade de associado (**art. 56**).

Mesmo se o associado for titular de quota ou fração ideal do patrimônio da associação, a transferência daquela não importará, de per si, na atribuição da qualidade de associado ao adquirente ou ao herdeiro, salvo disposição diversa do estatuto. Essa regra decorre do fato de que a qualidade de associado é intransmissível.

A **exclusão** do associado é admitida, preenchidos os seguintes requisitos (**art. 57**):

a) reconhecimento de **justa causa**;

b) prévio **procedimento que assegure direito de defesa**, nos termos do estatuto;

c) direito a **recurso**, nos termos do estatuto.

Compete privativamente à **assembleia geral:** a) destituir os administradores; e b) alterar o estatuto. Para as deliberações mencionadas é exigido decisão da assembleia especialmente convocada para esse fim, cujo quórum será o estabelecido no estatuto, bem como os critérios de eleição dos administradores (**art. 59, parágrafo único**).

A **convocação dos órgãos deliberativos** far-se-á na forma do estatuto, garantido a 1/5 (um quinto) dos associados o direito de promovê-la (**art. 60**).

Dissolvida a associação, **o remanescente** do seu patrimônio líquido, depois de deduzidas, se for o caso, as quotas ou frações ideais pertencentes a algum associado, **será destinado a entidade de fins não econômicos designada no estatuto**, ou, omisso este, por deliberação dos associados, **a instituição municipal, estadual ou federal, de fins idênticos ou semelhantes (art. 61)**.

Por cláusula do estatuto ou, em seu silêncio, por deliberação dos associados, podem esses, antes da destinação do remanescente referida, receber em restituição, atualizado o respectivo valor, as contribuições que tiverem prestado ao patrimônio da associação (**art. 61, § 1º**).

Não existindo no Município, no Estado, no Distrito Federal ou no Território, em que a associação tiver sede, instituição nas condições indicadas, o que remanescer do seu patrimônio deve ser se entregue à Fazenda do Estado, do Distrito Federal ou da União (**art. 61, § 2º**).

2.3.7.2. Fundações

Como se viu, **fundações** *são acervos de bens, que recebem personalidade jurídica para realização de fins determinados de interesse público, de modo permanente e estável.*

O elemento marcante nas fundações é o patrimonial. Aqui não se tem propriamente uma reunião de pessoas com vistas a dada finalidade. Aqui se tem reunião de bens com vistas à consecução de objetivos não econômicos.

O Código Civil estabelece que a fundação somente poderá constituir-se para fins religiosos, morais, culturais ou de assistência. O Enunciado 8 das JDC/CJF é no sentido de que "a constituição da fundação para fins científicos, educacionais ou de promoção do meio ambiente está compreendida no Código Civil, art. 62, parágrafo único". O Enunciado 9 vai além e defende que o art. 62, parágrafo único, do CC "deve ser interpretado de modo a excluir apenas as fundações com fins lucrativos".

No entanto, a Lei 13.151/2015 alterou o Código Civil para dispor, no parágrafo único de seu art. 62, que a fundação **somente** poderá constituir-se para fins de: "assistência social; cultura, defesa e conservação do patrimônio histórico e artístico; educação; saúde; segurança alimentar e nutricional; defesa, preservação e conservação do meio ambiente e promoção do desenvolvimento sustentável; pesquisa científica, desenvolvimento de tecnologias alternativas, modernização de sistemas de gestão, produção e divulgação de informações e conhecimentos técnicos e científicos; promoção da ética, da cidadania, da democracia e dos direitos humanos; atividades religiosas."

O instituto está regulamentado nos arts. 62 a 69 do CC.

A criação de uma fundação depende, *grosso modo*, de um ato de dotação de bens (por testamento ou escritura pública), da elaboração do estatuto (com apreciação do Ministério Público) e do registro no Cartório das Pessoas Jurídicas.

Para criar uma fundação, seu **instituidor** fará, por **escritura pública ou testamento, dotação especial de bens livres**, especificando o fim a que se destina e declarando, se quiser, a maneira de administrá-la. Quando insuficientes para constituir a fundação, os bens a ela destinados serão, se de outro modo não dispuser o instituidor, incorporados em outra fundação que se proponha a fim igual ou semelhante.

Constituída a fundação por negócio jurídico entre vivos, o instituidor é obrigado a transferir-lhe a propriedade, ou outro direito real, sobre os bens dotados, e, se não o fizer, serão registrados, em nome dela, por mandado judicial.

As pessoas responsabilizadas pelo instituidor pela aplicação do patrimônio, tendo ciência do encargo, formularão logo o estatuto da fundação projetada, submetendo-o, em seguida, à aprovação da autoridade competente (o Ministério Público), com recurso ao juiz. Se o estatuto não for elaborado no prazo assinado pelo instituidor ou, não havendo prazo, em cento e oitenta dias, a incumbência caberá ao Ministério Público.

Velará pelas fundações o **Ministério Público do Estado** onde situadas. O Código Civil dispõe que, se a fundação funcionar no Distrito Federal ou em Território, caberá o encargo ao Ministério Público Federal. No entanto, na ADI 2.794-8, o STF entendeu que o dispositivo é inconstitucional, por violar as atribuições do Ministério Público do Distrito Federal. E a Lei 13.151/2015 veio a corrigir o problema introduzindo a regra de que "Se funcionarem no Distrito Federal ou em Território, caberá o encargo ao Ministério Público do Distrito Federal e Territórios" (art. 66, § 1º).

Se a fundação estender sua atividade por mais de um Estado, caberá o encargo, em cada um deles, ao respectivo Ministério Público.

Para que se possa **alterar o estatuto** da fundação, é mister que a reforma:

I. seja deliberada por **dois terços** dos indivíduos competentes para gerir e representar a fundação;

II. **não contrarie ou desvirtue o fim desta**;

III. seja **aprovada pelo órgão do Ministério Público** no prazo máximo de 45 (quarenta e cinco) dias, findo o qual ou no caso de o Ministério Público a denegar, poderá o juiz supri-la, a requerimento do interessado.

Quando a alteração não houver sido aprovada por **votação unânime**, os administradores da fundação, ao submeterem o estatuto ao órgão do Ministério Público, requererão que se dê ciência à minoria vencida para impugná-la, se quiser, em dez dias.

Tornando-se **ilícita**, **impossível** ou **inútil** a finalidade a que visa a fundação, **ou vencido o prazo de sua existência**, o órgão do Ministério Público, ou qualquer interessado, promover-lhe-á a **extinção, incorporando-se o seu patrimônio**, salvo disposição em contrário no ato constitutivo ou no estatuto, **em outra fundação**, designada pelo juiz, que se proponha a fim igual ou semelhante.

2.4. Domicílio

2.4.1. Conceito

Domicílio *é a sede jurídica da pessoa.*

O instituto do domicílio é de grande importância para o Direito. As pessoas fazem parte de diversas relações, de natureza civil, empresarial, processual, administrativa, tributária, eleitoral etc.; e, em todas essas, precisam ser encontradas para responder por suas obrigações. Esse ponto de referência é o domicílio, que vem do latim *domus,* que quer dizer "casa" ou "morada". O instituto está regulamentado nos arts. 70 a 78 do CC.

2.4.2. Domicílio da pessoa natural

O **domicílio da pessoa natural** *é local onde ela estabelece sua residência com ânimo definitivo.*

Repare que o domicílio da pessoa natural tem dois elementos, o **objetivo** (ato de fixação em determinado local) e o **subjetivo** (ânimo definitivo de permanência).

Não se deve confundir *morada* (local onde a pessoa natural se estabelece provisoriamente), *residência* (que, pressupondo maior estabilidade, é o lugar onde a pessoa natural se estabelece habitualmente) e *domicílio,* que requer *residência* com *ânimo definitivo.*

O **domicílio básico**, que é o local onde se estabelece a residência com ânimo definitivo, pode ser **modificado**, desde que a pessoa natural **transfira sua residência** com a **intenção manifesta de o mudar**. A prova da intenção resultará do que declarar a pessoa às municipalidades dos lugares, que deixa, e para onde vai, ou, se tais declarações não fizer, da própria mudança, com as circunstâncias que a acompanharem.

Caso a pessoa natural **tenha mais de uma residência**, considera-se domicílio *qualquer uma delas.* Trata-se do caso, por exemplo, daquele que reside numa cidade durante a semana e, em outra, nos finais de semana.

Caso a pessoa natural **não tenha residência habitual**, é domicílio *o lugar onde for encontrada* (*domicílio aparente ou ocasional*).

Quanto às **relações profissionais**, é **também** domicílio da pessoa natural *o local onde estas são exercidas.* Se a pessoa exercer profissão em lugares diversos, cada um deles constituirá domicílio para as relações que lhe corresponderem.

Tem **domicílio necessário**, ou seja, domicílio que não pode ser fixado por sua própria vontade, mas por vontade da lei, as seguintes pessoas: a) o **incapaz**, sendo seu domicílio o de seu representante ou assistente; b) o **servidor público**, sendo seu domicílio o local onde exerce permanentemente suas atribuições; c) o **militar**, sendo seu domicílio o local onde servir, e, sendo da Marinha ou da Aeronáutica, a sede do comando a que se encontrar imediatamente subordinado; d) o **marítimo**, sendo seu domicílio o do local onde o navio estiver matriculado; e) o **preso**, sendo seu domicílio o lugar em que cumprir a sentença.

Vale citar a Súmula 383 do Superior Tribunal de Justiça, pela qual "a competência para processar e julgar as ações conexas de interesse do menor é, em princípio, do foro do domicílio do detentor de sua guarda".

O **agente diplomático do Brasil**, que, citado no estrangeiro, alegar extraterritorialidade sem designar onde tem, no país, seu domicílio, poderá ser demandado no Distrito Federal ou no último ponto do território brasileiro onde o teve.

2.4.3. Domicílio das pessoas jurídicas

O domicílio da pessoa jurídica *é o local onde funcionarem as respectivas diretorias ou administrações, ou aquele eleito no estatuto.*

Caso tenha mais de um estabelecimento em lugares diferentes, cada um deles será considerado domicílio para os atos nele praticados.

Se a administração, ou diretoria, tiver a sede no estrangeiro, haver-se-á por domicílio da pessoa jurídica, no tocante às obrigações contraídas por cada uma das suas agências, o lugar do estabelecimento, sito no Brasil, a que ela corresponder.

Quanto às pessoas jurídicas de direito público, o domicílio é, da União, o Distrito Federal, dos Estados e Territórios, as respectivas capitais, e do Município, o lugar onde funcione a administração municipal.

2.4.4. Domicílio nos contratos

Admite-se nos contratos escritos que os contratantes especifiquem o domicílio onde se exercitem e cumpram os direitos e obrigações deles resultantes.

É possível, portanto, estabelecer o foro de eleição para a hipótese de se ingressar com ação judicial.

Em matéria de relação de consumo, caso o foro de eleição tenha sido fixado de modo a dificultar a defesa do aderente em juízo, pode o juiz declinar de ofício de sua competência, reconhecendo a ineficácia da cláusula de eleição de foro (art. 63, § 3º, do NCPC).

2.5. Bens

2.5.1. Conceito

Na acepção do Código Civil *bens são toda utilidade física ou ideal que sejam objeto de um direito subjetivo.*

Nesse sentido, não há como confundir *bens* com *coisas.* O primeiro abrange utilidades materiais e imateriais, ao passo que as coisas dizem respeito às utilidades materiais, corpóreas.

Dessa forma, há bens que não são coisas, tais como a honra e a imagem.

Os *bens* são vocacionados a ser *objetos* de uma *relação jurídica,* a qual também tem a *pessoa* como um de seus elementos.

2.5.2. Classificação dos bens

2.5.2.1. Bens considerados em si mesmos

2.5.2.1.1. Imóveis/móveis

Considerados em si mesmos, ou seja, analisados em seu aspecto intrínseco, os bens têm uma primeira classificação que leva em conta sua mobilidade ou não.

Saber se um bem é imóvel ou não é importante por diversos motivos. Por exemplo, bens imóveis só se adquirem pelo registro, ao passo que móveis, pela tradição. Ademais, os primeiros dependem de outorga uxória para alienação e os segundos, não. Os prazos para usucapião são distintos, sendo maiores em se tratando de bens imóveis. A hipoteca e o direito real de garantia incidem sobre imóvel, ao passo que o penhor, sobre móvel.

Bens imóveis *são aqueles que não podem ser transportados de um lugar para outro sem alteração de sua substância*. Por exemplo, um terreno. São bens **imóveis** os seguintes:

a) *imóveis por natureza*: o solo;

b) **imóveis por acessão**: tudo quanto se incorporar ao solo, natural ou artificialmente; aqui temos como exemplos de *bem imóvel por* **acessão natural** as árvores, frutos pendentes, pedras, fontes e cursos de água; já de *bens imóveis por* **acessão artificial** temos como exemplo as construções e as plantações, já que as últimas importam num atuar humano e não em nascimento espontâneo. Construções provisórias (que se destinam a remoção ou retirada), como os circos, parques de diversão, barracões de obra, entre outras, não são consideradas acessões. No Código Civil de 1916 havia ainda os bens imóveis por acessão intelectual, contudo tal modalidade foi extinta, nos termos do Enunciado 11 das JDC/CJF.

c) **imóveis por determinação legal**:

i) os **direitos reais sobre imóveis**, tais como a propriedade e a hipoteca;

ii) as **ações que asseguram direitos reais sobre imóveis**, tal como a ação reivindicatória;

iii) o **direito à sucessão aberta**, ou seja, o direito de herança, enquanto não tiver sido feita a partilha de bens, pouco importando a natureza dos bens deixados na herança; a renúncia de uma herança é, portanto, uma renúncia de bem imóvel, devendo ser feita mediante escritura pública ou termo nos autos (art. 1.806, CC) e autorização do cônjuge.

O Código Civil dispõe, ainda, que **não perdem o caráter de bens imóveis**:

a) as **edificações que, separadas do solo, mas conservando a sua unidade, forem removidas para outro local**; aqui se pode usar como exemplo casas pré-fabricadas, transportadas de um local para outro;

b) os **materiais provisoriamente separados de um prédio, para nele se reempregarem;** aqui se pode utilizar como exemplo parte de um telhado retirada para manutenção que depois será recolocada em seu lugar.

O atual Código Civil não faz referência aos imóveis por *acessão intelectual*, ou seja, àqueles bens que, mesmo não sendo imóveis, passavam a ser considerados como tal por vontade do proprietário da coisa. O instituto, previsto no Código anterior, era útil naquelas situações em que se queria unir um bem imóvel (uma fazenda, por exemplo) com bens nele empregados (tratores, máquinas, ferramentas etc.) para que tudo fosse considerado uma coisa só, o que repercutiria em caso de garantias, alienações e outros negócios. O atual Código não mais permite essa imobilização por vontade do dono e, em substituição, criou o instituto da *pertença*, que será visto logo adiante.

Bens móveis *são os passíveis de deslocamento sem alteração de sua substância*. Por exemplo, um livro. São bens móveis os seguintes:

a) **móveis por natureza**: os bens suscetíveis de remoção por força alheia, sem alteração da substância ou destinação econômico-social, ex.: um livro, um computador, alimentos, uma casa pré-fabricada, que, enquanto exposta à venda ou transportada, é um móvel também, porém, uma vez incorporada ao solo, passa a ser imóvel, permanecendo com essa natureza se for retirada do solo para ser incorporada em outro lugar, como se viu quando tratamos dos imóveis;

b) **semoventes**: também são móveis por natureza; a diferença é que esses bens são suscetíveis de movimento próprio, também sem que haja alteração da substância ou destinação econômico-social. Ex.: um cachorro.

c) **móveis por determinação legal:**

i) as **energias que tenham valor econômico**, como a energia elétrica;

ii) os **direitos reais sobre objetos móveis**, como o penhor;

iii) as **ações correspondentes a direitos reais sobre objetos móveis**, como a reintegração de posse em relação a bens móveis;

iv) os **direitos pessoais de caráter patrimonial**, como os créditos em geral, o fundo de comércio, as quotas e ações de sociedades e os direitos de autor;

v) as **ações sobre direitos pessoais de caráter patrimonial**, como a ação indenizatória;

d) **móveis por antecipação**: são os bens incorporados ao solo, mas com a intenção de separá-los e convertê-los em móveis, como as árvores destinadas ao corte e os frutos ainda não colhidos.

Não perdem o caráter de bens móveis os **materiais destinados a alguma construção enquanto não forem empregados**, como os materiais que acabam de ser comprados em uma loja de materiais de construção.

Readquirem a qualidade de bens móveis os provenientes da **demolição** de algum prédio. No caso da demolição, que é diferente daquela situação em que os bens serão reempregados no imóvel, os objetos de demolição (portas, batentes, azulejos etc.) voltam a ser móveis.

Os **navios** e as **aeronaves** são bens móveis. Porém, podem ser imobilizados para fins de hipoteca, que é direito real de garantia sobre imóveis (v. art. 1.473, VI e VII, do CC, bem como o art. 138 da Lei 7.656/1986 – Código Brasileiro de Aeronáutica).

2.5.2.1.2. Fungíveis/infungíveis

Bens fungíveis *são os móveis que podem ser substituídos por outros da mesma espécie, qualidade e quantidade*. Ex.: dinheiro.

Repare que, para ser fungível, o bem precisa, em primeiro lugar, ser *móvel*. Ademais, deve ser daquele tipo de móvel que pode ser substituído por outro da mesma espécie, qualidade e quantidade. Um quadro pintado por um renomado pintor, por exemplo, não pode ser considerado fungível, dada a impossibilidade de sua substituição por outro equivalente. O mesmo se pode dizer de uma casa, que, por se tratar de bem imóvel, é, nos termos da lei, infungível, **ressalvada** disposição convencional entre as partes em sentido contrário.

Bens infungíveis *são os imóveis ou os móveis que não podem ser substituídos por outros da mesma espécie, qualidade e quantidade*. Exs.: uma casa e uma obra de arte.

Essa classificação é útil, pois há contratos que só recaem sobre bens fungíveis (ex.: mútuo). E outros que só recaem sobre bens infungíveis (ex.: comodato). Ademais, para a compensação de dívidas, é necessário que estas sejam líquidas, vencidas e fungíveis. A expressão fungibilidade também aparece para classificar as obrigações e em matéria de ações possessórias e recursos, quando se admite o conhecimento de uma ação ou um recurso por outro.

2.5.2.1.3. Consumíveis/inconsumíveis

Bens consumíveis *são os móveis cujo uso importa sua destruição ou os destinados à alienação*. Ex.: alimentos em geral.

Repare que, para ser consumível, o bem precisa, em primeiro lugar, ser móvel. Ademais, deve ser daquele tipo de móvel que, uma vez usado, destrói-se imediatamente, como é o caso dos alimentos. Também são considerados consumíveis, para fins legais, os bens que forem destinados à alienação. Isso porque, uma vez alienados, também não têm mais utilidade para o vendedor.

Bens inconsumíveis *são os imóveis ou os móveis cujo uso não importa sua destruição e que não esteja destinado à alienação*. Ex.: uma obra de arte que ornamenta a casa de alguém, um carro, uma casa.

Essa classificação é útil, pois os bens consumíveis não podem ser objeto de usufruto. Se o forem, configurando-se o *usufruto impróprio*, o usufrutuário, ao final, deve devolver o equivalente.

Ademais, o CDC adotou classificação semelhante, que divide os bens em **duráveis** e **não duráveis**. Os primeiros ensejam reclamação por vícios em até 90 dias, ao passo que os segundos, em até 30 dias (art. 26 do CDC).

2.5.2.1.4. Divisíveis/indivisíveis

Bens divisíveis *são os que se podem fracionar sem alteração da substância, boa diminuição de valor ou prejuízo do uso a que se destinam*. Ex.: quantia em dinheiro.

Tais bens, mesmo sendo fisicamente divisíveis, podem tornar-se indivisíveis por disposição de *lei* ou por *vontade das partes*.

Bens indivisíveis *são os que, caso fracionados, sofrem alteração da substância, boa diminuição de valor ou prejuízo ao uso a que se destinam, bem como os que, em virtude da lei ou da vontade das partes, receberam essa qualificação*.

Os bens podem ser indivisíveis pelas seguintes causas: a) **por natureza**, como o animal, um carro, uma obra de arte; b) **por determinação legal**, como as servidões prediais (art. 1.386 do CC), a hipoteca (art. 1.421 do CC), o direito dos coerdeiros até a partilha (art. 1.791, CC) e a impossibilidade de desmembramento de lote cuja área seja inferior a 125 m² (art. 4º, II, da Lei 6.766/1979); c) **por vontade das partes**, por convenção que torna coisa comum indivisa por prazo não superior a 5 anos, suscetível de prorrogação (art. 1.320, § 1º, do CC).

Essa classificação é útil em matéria de cumprimento das obrigações em que houver mais de um devedor ou credor. Caso a prestação seja indivisível, mesmo que não haja solidariedade entre os devedores, cada um deles responderá pela dívida por inteiro (art. 259, CC). A classificação também tem relevância quando há um condomínio sobre um dado bem e se deseja extinguir esse condomínio. Se a coisa for divisível, a extinção será mais simples. Já, se for indivisível, diferente será o procedimento para a divisão (arts. 1.320 e 1.322 do CC).

2.5.2.1.5. Singulares/Coletivos

Bens singulares *são os bens que, embora reunidos, se consideram de per si, independentemente dos demais*. Ex.: são singulares, quando considerados em sua individualidade, um boi, uma árvore, um livro etc. Já se cada um deles for considerado agregado a outros, formando um todo, ter-se-á bens coletivos ou uma universalidade de fato. Assim, temos bens coletivos num rebanho de gado, numa floresta e numa biblioteca, respectivamente.

Os bens singulares podem ser de duas **espécies**:

a) *singulares simples*, quando suas partes, da mesma espécie, estão ligadas pela própria natureza (um boi, p. ex.);

b) *singulares compostos*, quando suas partes se acham ligadas pela indústria humana (uma casa, p. ex.).

O Código Civil anterior conceituava os **bens coletivos** ou **universais** como *aqueles que se encaram agregados em um todo*. Tais bens consistem na reunião de vários bens singulares, que acabam formando um todo com individualidade própria. Os bens coletivos são chamados também de universais ou de universalidades. Há duas espécies de universalidades:

a) *universalidades de fato*, que consistem na pluralidade de bens singulares que, pertinentes à mesma pessoa, tenham destinação unitária (exs.: rebanho e biblioteca); os bens que formam essa universalidade podem ser objeto de relações jurídicas próprias; assim, pode-se destacar um boi do rebanho e vendê-lo isoladamente;

b) *universalidade de direito*, que consiste no complexo de relações jurídicas de uma pessoa, dotadas de valor econômico (exs.: herança, patrimônio, fundo de comércio, massa falida etc.); a diferença entre a universalidade de fato e a de direito é que a primeira se forma a partir da vontade do titular, ao passo que a segunda decorre da lei, que pode, em determinados casos, criar alguns obstáculos à alienação em separado de partes desse todo.

2.5.2.2. Bens reciprocamente considerados

2.5.2.2.1. Principais/acessórios

Considerados em si mesmos, ou seja, analisados um em comparação com outro, os bens podem ser principais e acessórios.

Saber se um bem é principal ou acessório é importante, pois o acessório segue o principal. O contrário, não. E isso pode ter várias repercussões, como em matéria de formação, validade e extinção dos negócios jurídicos.

A doutrina aponta as seguintes relações entre o bem principal e o bem acessório: a) a natureza do acessório tende a ser a mesma do principal, tendo em vista o princípio da gravitação; assim, sendo o solo bem imóvel (por natureza), a árvore também o é (por acessão); b) o acessório acompanha o principal em seu destino, salvo disposição legal ou convencional em contrário; c) o proprietário do principal é proprietário do acessório.

Bens principais *são os bens que existem por si, ou seja, independentemente da existência de outros bens*. São exemplos o solo e um contrato de locação etc. Os bens principais têm existência própria, autônoma.

Bens acessórios *são aqueles cuja existência depende da existência de outro, do principal*. São exemplos uma árvore (que depende da existência do solo) e um contrato de fiança locatícia (que depende de um contrato de locação).

São **espécies de bens acessórios**:

a) os produtos: *utilidades da coisa que não se reproduzem*, por exemplo, os recursos minerais; são utilidades que se retiram da coisa, diminuindo-lhe a quantidade, porque não se reproduzem periodicamente, como pedras, metais etc.; o Código Civil dispõe que, apesar de ainda não separados do bem principal, os produtos podem ser objeto de negócio jurídico; assim, o dono de um sítio pode vender um caminhão de areia (produto) desse imóvel, mesmo antes de separar a areia do local;

b) os frutos: *utilidades que se reproduzem, podendo ser civis, naturais ou industriais*. Exs.: juros e alugueres (frutos civis), frutos de uma árvore (frutos naturais) e produção de uma fábrica (frutos industriais); quanto ao seu estado, os frutos podem ser *pendentes* (enquanto unidos à coisa que os produziu), *percebidos ou colhidos* (depois de separados da coisa que os produziu), *estantes* (os separados e armazenados ou acondicionados para venda), *percipiendos* (os que deviam ser, mas não foram colhidos e percebidos) e os *consumidos* (os que não existem mais porque foram utilizados); o Código Civil também dispõe que, apesar de ainda não separados do bem principal, os produtos podem ser objeto de negócio jurídico;

Obs.: saber o que é e o que não é produto e fruto, e a situação em que cada fruto se encontra é relevante principalmente em matéria possessória; o possuidor de boa-fé que venha a perder a coisa possuída tem direitos diferentes em relação a esses bens, comparado com o possuidor de má-fé, matéria vista no tópico de Direito das Coisas;

c) as pertenças: *são bens móveis que, não constituindo partes integrantes de outros bens, estão destinados a estes de modo duradouro*. São exemplos os móveis de uma casa e os tratores e equipamentos de uma fazenda. Repare que os bens citados a) são **móveis**, b) **não estão integrados na coisa** de modo que sua retirada comprometesse sua substância, e c) **são bens destinados de modo duradouro** à casa e à fazenda. As pertenças, como se percebe, são bens acessórios. E os bens acessórios, como regra, seguem o bem principal. Assim, em tese, a venda de uma fazenda importaria também na venda dos tratores e equipamentos da fazenda. No entanto, o atual Código Civil resolveu regulamentar o instituto das pertenças justamente para excepcionar essa regra. O art. 94 diz que os negócios jurídicos que digam respeito ao principal **não abrangem as pertenças**. No entanto, o próprio Código Civil dispõe que as pertenças seguirão o principal **caso** haja *disposição de lei, de vontade* ou *circunstancial* em contrário. Assim, vendida uma fazenda, os tratores não fazem parte desse negócio. Vendida uma casa, os móveis dela também não acompanham a venda. No entanto, se a lei dispuser o contrário, se as partes convencionarem o contrário (ex.: vende-se uma fazenda com "porteira fechada") ou se as circunstâncias em que o negócio estiver sendo feito der a entender que as pertenças acompanharão o bem principal, a regra de que a pertença não segue o principal fica excepcionada; o STJ decidiu que o equipamento de monitoramento acoplado a um caminhão por alguém que financiou o caminhão em contrato de alienação fiduciária é considerado pertença e pode ser retirado por aquele que financiou o veículo e tem que devolvê-lo porque não mais consegue pagar o financiamento (REsp 1.667.227-RS, DJe 29.06.2018);

d) as benfeitorias: *são melhoramentos feitos em coisa já existente*. Por exemplo, um novo quarto construído numa casa já pronta. Diferem das acessões, que consistem na criação de coisa nova, como é o caso de uma casa construída num terreno vazio. As benfeitorias têm as seguintes espécies: i) **voluptuárias** (*são as de mero deleite – não aumentam o uso habitual do bem, ainda que o tornem mais agradável ou sejam de elevado valor*), ii) **úteis** (*são as que aumentam ou facilitam o uso do bem*) e iii) **necessárias** (*são as indispensáveis à conservação do bem ou a evitar que este se deteriore*). Não se consideram benfeitorias os melhoramentos ou acréscimos sobrevindos ao bem sem a intervenção do proprietário, possuidor ou detentor. O instituto da benfeitoria se diferencia do instituto da pertença, pois a primeira passa a ser parte integrante da coisa. Assim, vendido o bem principal, a benfeitoria nele realizada, apesar de ser bem acessório, acompanhará o bem principal, ao contrário do que acontece ordinariamente com a pertença. Saber a natureza da benfeitoria (se voluptuária, útil ou necessária) também é relevante em matéria de Direito das Coisas, pois também há tratamento diferenciado acerca dos direitos que têm os possuidores de boa e de má-fé em relação à coisa que perderam. Em matéria de desapropriação o tema também é pertinente, pois, uma vez feito o decreto expropriatório, o expropriado não terá mais direito a indenizações decorrentes de benfeitorias que fizer posteriormente na coisa, salvo se se tratar de benfeitoria necessária, em qualquer caso, e se se tratar de benfeitoria útil autorizada pelo Poder Público.

2.5.2.3. Bens públicos

Essa temática é desenvolvida em Direito Administrativo, para onde remetemos o leitor.

2.6. Fatos Jurídicos

2.6.1. Fato jurídico em sentido amplo

Em sentido amplo, **fato jurídico** *é todo acontecimento natural ou humano que produz efeito jurídico*, ou seja, qualquer acontecimento que se dê no mundo fenomênico que gere uma consequência jurídica é considerado fato jurídico. Assim, se alguém jogar uma pedra em outra pessoa causando dano a esta, certamente se está diante de um fato jurídico, pois o acontecimento (jogar uma pedra causando dano) gera como consequência jurídica o dever de indenizar. Por outro lado, caso alguém pegue nas mãos uma pedra e a devolva ao chão, jogando-a, não haverá consequência jurídica alguma, caracterizando-se o que se convencionou chamar de **fato simples**.

O fato jurídico pode ser de variadas espécies. Confira:

1. **Fato jurídico em sentido estrito:** *é o acontecimento natural que produz efeitos jurídicos.* Exs.: nascimento, morte, decurso do tempo, raio, temporal etc. O fato jurídico em sentido estrito pode ser tanto um fato ordinário (como a morte natural e o decurso do tempo) como um fato extraordinário (como um tufão numa dada localidade);

2. **Ato jurídico:** *é o acontecimento humano que produz efeitos jurídicos.* O ato jurídico em sentido estrito pode ser dividido em duas espécies, quais sejam, os atos ilícitos e os atos lícitos:

2.1. **Atos ilícitos:** *são os atos humanos contrários ao Direito, que produzem efeitos jurídicos não queridos pelo agente.* Exemplo de ato ilícito é o atropelamento de A por B, tendo A agido com imprudência. Esse acontecimento terá como efeito o surgimento de um dever por parte de A de indenizar B, efeito certamente não querido por A;

2.2. **Atos lícitos:** *são os atos humanos conformes ao Direito, que geram efeitos jurídicos normalmente queridos pelo agente.* Os atos lícitos podem ser divididos em três espécies, quais sejam, os atos jurídicos em sentido estrito, os negócios jurídicos e os atos-fatos jurídicos:

a) **Atos jurídicos em sentido estrito (não negocial):** *são simples comportamentos humanos, voluntários, conscientes e conformes ao Direito, cujos efeitos jurídicos são predeterminados pela lei.* Aqui, não há liberdade de escolha por parte do agente dos efeitos jurídicos que resultarão de seu comportamento. São exemplos de ato jurídico em sentido estrito a tradição (entrega da coisa), o reconhecimento de um filho, o perdão, a confissão, a mudança de domicílio, a ocupação, o achado de um tesouro, a notificação etc. Para ilustrar as características do instituto, tomemos o exemplo do reconhecimento de um filho. Esse ato humano é voluntário, consciente e conforme ao Direito. Porém, os efeitos que dele decorrem (por exemplo, quanto ao estado familiar e o dever de prestar alimentos) não podem ser negociados pelo agente. Não é possível, por exemplo, reconhecer um filho desde que os alimentos sejam fixados até determinado valor. Aqui há mera atuação da vontade, mera intenção. Costumam, por fim, ser potestativos;

b) **Negócio jurídico:** *são declarações de vontade qualificadas, cujos efeitos são regulados pelo próprio interessado.* Aqui, há liberdade de escolha por parte daquele ou daqueles que praticam o ato. Os agentes declaram sua vontade e têm poder de negociar os efeitos jurídicos que nascerem de sua declaração. São exemplos o testamento (negócio jurídico unilateral) e o contrato de compra e venda (negócio jurídico bilateral). Nos dois casos, os agentes têm como estipular as condições dos atos praticados. Vigora nos negócios jurídicos o princípio da liberdade negocial. Os efeitos jurídicos dos atos praticados não estão predeterminados na lei, como ocorre no ato jurídico em sentido estrito. Os efeitos jurídicos são negociados e estipulados pelos próprios interessados, respeitando a lei, é claro;

c) **Atos-fatos jurídicos:** *são simples comportamentos humanos conformes ao Direito, mas desprovidos de intencionalidade ou consciência (voluntariedade) quanto aos efeitos jurídicos que dele resultarão.* Ex.: quando uma criança ou algum outro absolutamente incapaz *acha um tesouro*, independente do elemento volitivo, ou seja, da intenção de procurar e de ficar dono do bem, o Direito atribuirá metade dos bens achados a essas pessoas (art. 1.264 do CC). Aqui, o direito leva em conta apenas o *ato material* de achar, pouco importando o elemento volitivo. É por isso que se fala em ato-fato, uma vez que o comportamento fica entre o *ato* (por ser humano) e o *fato* (da natureza, por não serem relevantes a consciência e a vontade).

Passaremos, agora, ao estudo dos **negócios jurídicos**, começando por sua classificação.

2.6.2. Classificação dos negócios jurídicos

2.6.2.1. Quanto ao número de vontades para a formação

Unilaterais *são negócios que se aperfeiçoam com uma única manifestação de vontade.* Ex.: testamento e renúncia de herança. Podem ser receptícios (a vontade deve se tornar conhecida do destinatário para produzir efeitos – ex.: revogação de mandato) ou não receptícios (conhecimento por parte de outras pessoas é irrelevante – ex.: testamento, confissão de dívida).

Bilaterais *são os negócios que se aperfeiçoam com duas manifestações, coincidentes sobre o objeto.* Ex.: contratos em geral. O fato de existir mais de uma pessoa em cada um dos dois polos contratuais não faz com que o ato deixe de ser bilateral.

Plurilaterais *são os negócios que envolvem mais de duas partes ou polos.* Ex.: contrato de sociedade com três ou mais sócios.

2.6.2.2. Quanto às vantagens

Gratuitos *são os negócios em que apenas uma das partes aufere benefícios.* Ex.: doação sem encargo.

Onerosos *são negócios em que todos os contratantes auferem vantagens e também encargos.* Ex.: compra e venda.

Bifrontes: *são tipos de negócios que podem ser gratuitos ou não, de acordo com a vontade das partes.* Ex.: mútuo, depósito e mandato. Os contratos citados podem ou não ser objetos de remuneração em favor do mutuante, do depositante e do mandante. Caso haja remuneração o contrato será um negócio jurídico oneroso. Caso não haja, o contrato será um negócio jurídico gratuito. Deve-se tomar cuidado para não confundir classificação dos negócios jurídicos com a classificação dos contratos. Na Parte Geral, estudam-se as classificações dos negócios jurídicos apenas.

2.6.2.3. Quanto à autonomia

Principais *são os negócios que existem independentemente da existência de outros.* Ex.: contrato de locação de imóvel.

Acessórios *são os negócios cuja existência depende da de outro, o negócio principal.* Ex.: o contrato de fiança locatícia.

Os negócios acessórios seguem a sorte dos negócios principais. Assim, se um contrato principal é considerado nulo e se extingue, o contrato de fiança também ficará extinto. O contrário não acontece, ou seja, o negócio acessório não determina a sorte do negócio principal.

2.6.2.4. Quanto à forma

Solenes (formais) *são os negócios que devem obedecer à forma prescrita em lei.* Ex.: escritura, se envolver compra e venda de imóvel; aliás, se essa compra e venda for de valor superior a 30 salários mínimos, será necessária escritura pública. Ressalta-se, contudo que, conforme Enunciado 289 JDC/CJF,

o valor de 30 salários mínimos constante no art. 108 do Código Civil brasileiro, em referência à forma pública ou particular dos negócios jurídicos que envolvam bens imóveis, é o atribuído pelas partes contratantes, e não qualquer outro valor arbitrado pela Administração Pública com finalidade tributária.

Se a forma for exigida como condição de *validade* do negócio jurídico (ex.: escritura para a venda de imóveis) a sua falta torna o negócio jurídico nulo, por se tratar de formalidade *ad solemnitatem*. Mas, se determinada forma tiver por objetivo apenas a *prova* do ato (ex.: registro do compromisso de compra e venda no Registro de Imóveis), estar-se-á diante de formalidade *ad probationem tantum* e sua falta não gera a nulidade do ato, mas apenas sua ineficácia perante terceiros. Há casos especiais em que, como base no princípio da primazia da vontade, o descumprimento das formalidades legais do ato não gerará a sua nulidade. É o que se dá com determinados vícios de forma no testamento, se mantida a higidez da manifestação de vontade do testador (REsp 1.677.931-MG, Rel. Min. Nancy Andrighi, por unanimidade, julgado em 15.08.2017, DJe 22.08.2017).

Não solenes *são os negócios de forma livre.* Aliás, no Direito Privado, a regra é a liberdade das formas. Ou seja, quando a lei não impuser determinada forma para a prática de um negócio, os interessados poderão escolher a forma que mais lhe aprouverem, tais como a forma verbal, escrita etc.

2.6.3. Reserva mental

O atual Código Civil inovou em relação ao Código anterior ao regulamentar o instituto da reserva mental.

De acordo com este instituto, "a manifestação de vontade subsiste ainda que o seu autor haja feito a reserva mental de não querer o que manifestou, salvo se dela o destinatário tinha conhecimento" (art. 110).

A reserva mental é, na verdade, a emissão de uma declaração de vontade não querida em seu íntimo, tendo por objetivo enganar o destinatário dessa declaração de vontade.

Um exemplo pode aclarar a regra. Imagine que "A" manifeste perante "B" que emprestará a este determinada quantia em dinheiro, sendo que "A", no seu íntimo, faz uma reserva no sentido de que não fará o tal empréstimo. Essa situação pode se dar, por exemplo, numa situação de crise financeira de "B", que diz que irá se suicidar, caso não consiga um empréstimo.

Pois bem, o Código Civil dispõe que essa reserva mental feita por "A" não afeta a declaração de vontade que fez. Ou seja, a reserva mental feita é **irrelevante para o direito**.

Todavia, na hipótese de o destinatário da manifestação da vontade (no caso, "B") ter ciência dessa reserva mental (no caso, saiba que "A", no seu íntimo, não tem intenção declarada), o Código Civil dispõe que a manifestação de vontade de "A" **é como se não existisse e não precisa ser cumprida**. Tal solução se dá, pois, nesse caso, como "B" está ciente da reserva, não está sendo enganado e, portanto, não precisa da proteção legal.

2.6.4. Representação

Quando alguém tiver de praticar um negócio jurídico, pode praticar sozinho ou por meio de um representante. O representante é, então, aquele que atua em nome do representado.

Os **requisitos** e os **efeitos** da **representação legal** (que decorre da lei) são os estabelecidos nas normas respectivas; os da **representação voluntária** (que decorre de acordo entre as partes) são os da Parte Especial deste Código.

Assim, o estudo específico dos vários tipos de representação, que vai da representação legal que os pais fazem de seus filhos à representação que ocorre em relação às pessoas jurídicas e à representação em virtude de mandato, deve ser feito nas disposições pertinentes previstas no Código Civil e em outras leis.

Porém, a Parte Geral do Código, nos arts. 115 a 120, traz regras acerca da representação, regras essas que ora serão estudadas.

Os poderes de representação, como se sabe, podem ser conferidos por lei (representação legal) ou pelo interessado (representação voluntária).

No entanto, o representante, quando atua, é obrigado a demonstrar que é legítimo representante sob pena de, não o fazendo, responder pelos atos cometidos com excesso. Confira: "O representante é obrigado a provar às pessoas, com quem tratar em nome do representado, a sua qualidade e a extensão de seus poderes, sob pena de, não o fazendo, responder pelos atos que a estes excederem" (art. 118).

Essa regra faz com que o representante tenha todo interesse em ser bem transparente com as pessoas com quem contratar, para que estas, posteriormente, não possam alegar algo em seu desfavor. Além disso, compete ao representante apenas atuar nos limites de seus poderes.

Nesse sentido, o Código Civil assegura que "a manifestação de vontade pelo representante, nos limites de seus poderes, produz efeitos em relação ao representado" (art. 116 do CC). Ou seja, desde que o representante aja segundo os limites em que pode atuar, o representado, seja qual for o negócio praticado, fica vinculado à manifestação de vontade proferida pelo representante junto a terceiros.

Todavia, há negócios que o representante, mesmo tendo praticado nos limites dos poderes que tinha, não pode praticar, pelo fato de a lei trazer uma presunção de que esse tipo de negócio pode ser prejudicial ao representado.

O primeiro caso é dos negócios feitos pelo representante em **conflito de interesses** com o representado. Há casos em que o representante pratica atos em nome do representado, no qual há um interesse do representante que, se atendido, acabará prejudicando o representado. Tal se dá, por exemplo, quando um vizinho dá procuração a outro vizinho para que este vote em nome do primeiro numa assembleia condominial, e, numa das deliberações da assembleia, o procurador é chamado a votar sobre se o responsável pelo ressarcimento com gastos decorrentes de infiltração no prédio é ele, o representante, ou seu vizinho, o representado. Caso os outros vizinhos que participaram da votação tenham ciência de que o que está sendo votado está em conflito de interesses, o voto deste contra o vizinho representado deverá ser anulado. Confira, a respeito, o teor do art. 119 do CC: "É anulável o negócio concluído pelo representante em conflito de interesses com o representado, se tal fato era ou devia ser do conhecimento de quem com aquele tratou. Parágrafo único. É de cento e oitenta dias, a contar da conclusão do negócio ou da cessação da incapacidade, o prazo de decadência para pleitear-se a anulação prevista neste artigo."

Outro caso polêmico é o do chamado **contrato consigo mesmo**, em que o representante, em nome do representado, faz um contrato deste consigo mesmo. Por exemplo, "A" é representante de "B" e resolve comprar um imóvel de "B", usando a procuração que ele deu para si. O contrato terá como partes "A" e "B", mas "A" estará atuando, ao mesmo tempo, em nome próprio e como representante de "B". O Código Civil repudia esse tipo de situação e só permite o contrato consigo mesmo nos casos em que a **lei** o admite expressamente (p. ex., para alienar determinado bem, por determinado preço – art. 685 do CC) e também nos casos em que o **representante autorizar** previamente esse tipo de contratação. Confira, a respeito, o art. 117 do Código Civil: "Salvo se o permitir a lei ou o representado, é anulável o negócio jurídico que o representante, no seu interesse ou por conta de outrem, celebrar consigo mesmo. Parágrafo único. Para esse efeito, tem-se como celebrado pelo representante o negócio realizado por aquele em quem os poderes houverem sido subestabelecidos".

O parágrafo único do art. 117 trata da hipótese em que "A" recebe procuração de "B" e substabeleceu poderes de representação a "C". Nesse caso, se "A" celebrar contrato, em nome próprio, com "B", representado por "C", a lei considera que "A" está celebrando contrato consigo mesmo, afinal de contas "C" foi escolhido por "A" para esse intento, que se presume fraudulento.

Em suma, o contrato consigo mesmo (autocontrato) é vedado como regra, só se admitindo quando a lei permitir ou quando o representado expressamente o autorizar. A proibição, aliás, também existe no Código de Defesa do Consumidor (art. 51, VIII).

2.6.5. Planos da existência, da validade e da eficácia do negócio jurídico

O negócio jurídico pode ser analisado nos planos da existência, da validade e da eficácia.

O **plano da existência** tem em mira verificar os **elementos** necessários para que um negócio jurídico se repute **existente** no mundo jurídico.

Uma vez existente um negócio jurídico, é caso de perquirir acerca do **plano da validade**, no qual se verifica se o negócio está ou não **conforme à ordem jurídica**.

Mas não basta. Muitas vezes um negócio jurídico *existe* e é *válido*, porém ainda não produz *efeitos*. Por isso, há de se investigar acerca do **plano da eficácia**, no qual se analisa se o negócio jurídico está ou não **produzindo efeitos**.

Nossa tarefa, agora, é analisar os três planos, começando pelo plano da existência.

2.6.6. Elementos de existência do negócio jurídico

São elementos de existência do negócio jurídicos os seguintes: *manifestação de vontade, finalidade negocial e idoneidade do objeto*.

2.6.6.1. Manifestação de vontade

A vontade manifestada é pressuposto básico para que um negócio exista. Naturalmente, para que haja manifestação de vontade, faz-se necessária a presença de um *agente emissor* dessa vontade, daí porque é desnecessária a indicação desse elemento, assim como também entendemos desnecessária a indicação do elemento *forma*, uma vez que o elemento manifestação de vontade pressupõe a existência de uma dada forma.

A **manifestação de vontade** pode ser **expressa**, **tácita** e **presumida**.

A **manifestação expressa** é aquela que se realiza pela palavra *falada* ou *escrita*, ou por *gestos*, explicitando a intenção do agente.

A **manifestação tácita** é aquela que se revela pelo *comportamento* do agente. Exemplo de manifestação tácita é o fato de alguém, diante de uma doação com encargo ofertada por outrem, nada dizer a respeito, mas logo em seguida recolher imposto de transmissão por doação, comportamento esse que demonstra ter concordado com a oferta, operando a manifestação tácita de vontade.

A **manifestação presumida** é aquela que decorre de presunções legais. A diferença entre a manifestação tácita e a presumida é que esta decorre de situações regulamentadas expressamente pela lei, como as previstas nos arts. 322, 323, 324, 539 e 1.807 do CC. Um exemplo é a situação em que o doador fixa prazo para o donatário declarar se aceita ou não a liberalidade. Desde que o donatário, ciente do prazo, não faça dentro dele a declaração, entender-se-á que aceitou, se a doação não for sujeita a encargo (art. 539 do CC).

Resta a dúvida se o **silêncio**, por si só, pode importar anuência, que é um tipo de manifestação de vontade. O Código Civil, em seu art. 111, dispõe que o silêncio importa anuência, quando as circunstâncias ou os usos o autorizarem, e não for necessária a declaração de vontade expressa. Dessa forma, não basta mero silêncio para que se entenda ter havido manifestação de vontade tácita. É necessário que haja outras circunstâncias ou comportamentos (ou mesmo alguma disposição legal, como o art. 539 do CC) que levem à conclusão de anuência. Ademais, é necessário que o negócio não seja daqueles que reclamam declaração de vontade expressa.

2.6.6.2. Finalidade negocial

A simples existência de uma manifestação de vontade não garante que estamos diante de um negócio jurídico.

Como se viu, não há como confundir o ato jurídico em sentido estrito com o negócio jurídico. Este se diferencia daquele exatamente pela existência de uma finalidade negocial.

Isso porque negócios jurídicos *são aquelas declarações de vontade qualificadas, cujos efeitos são regulados pelo próprio interessado*. Os agentes declaram sua vontade e têm poder de negociar os efeitos jurídicos que nasceram de sua declaração.

Assim, o reconhecimento de um filho, por exemplo, não é um negócio jurídico, pois não tem fim negocial. Ao contrário, um testamento e um contrato são negócios jurídicos, pois têm fim negocial. Nos dois casos, os agentes têm como estipular as condições dos atos praticados. Vigora nos negócios jurídicos o princípio da liberdade negocial, como se viu.

2.6.6.3. Objeto idôneo

De nada valerá haver uma declaração de vontade se esta não recair sobre algum objeto. Ademais, também não é suficiente que a declaração recaia sobre um objeto que não tenha pertinência ao negócio que se deseja fazer.

2.6.7. Pressupostos de validade do negócio jurídico

São pressupostos de validade do negócio jurídico os seguintes: *manifestação de vontade livre, agente emissor da vontade capaz, legitimação, objeto lícito, possível e determinável, obediência à forma, quando prescrita em lei, inexistência de outras hipóteses de nulidade e anulabilidade.*

2.6.7.1. Manifestação de vontade livre

A existência de uma manifestação de vontade é requisito de existência do negócio jurídico. Mas a existência de uma manifestação de vontade *livre* é requisito de validade do negócio jurídico.

Assim, negócios praticados por alguém mediante erro, dolo ou coação são negócios inválidos, por não se configurar, em tais casos, vontade livre.

A coação moral irresistível (ex.: ameaça de matar alguém que não praticar um negócio jurídico) gera a invalidade do negócio jurídico. Já a coação física irresistível (ex.: pegar à força o dedo polegar de alguém com o fito de fazer a pessoa "assinar" um contrato com sua digital) não chega sequer a configurar uma manifestação de vontade, de modo que se está diante de um negócio inexistente, e não diante de um negócio inválido.

2.6.7.2. Agente capaz

Não basta que o agente tenha expressado vontade livre. Para que o negócio jurídico seja válido, é necessário que o agente tenha capacidade de fato, ou seja, capacidade de exercício.

Caso um absolutamente incapaz pratique um negócio jurídico por si só, ou seja, sem que o faça por meio de seu representante, ter-se-á uma nulidade absoluta. Já caso um relativamente incapaz pratique um negócio jurídico sozinho, ou seja, sem a presença de seu assistente, ter-se-á uma nulidade relativa.

2.6.7.3. Legitimação

Não basta a capacidade geral para que o ato seja válido. O agente também deve ter aptidão específica para a prática do ato que deseja. Nesse sentido, alguém casado pelo regime de comunhão parcial e com filhos não poderá alienar um imóvel a um dos filhos sem a autorização dos outros e do cônjuge, por carecer de legitimação.

2.6.7.4. Objeto lícito, possível e determinável

Objeto lícito é aquele que não contraria o direito como um todo. Aqui, analisa-se se não há alguma norma no sistema jurídico que considera ilícito dado objeto.

Objeto possível é aquele possível jurídica e fisicamente. A possibilidade jurídica diz respeito à inexistência de alguma proibição direta do Código Civil. A possibilidade física diz respeito à possibilidade, ainda que difícil, de o objeto ser reproduzido no mundo fenomênico.

2.6.8. Pressupostos de eficácia do negócio jurídico

2.6.8.1. Inexistência de termo suspensivo pendente

Termo suspensivo é o evento futuro e certo que condiciona o início dos efeitos do contrato. Por exemplo, um contrato de locação que traz uma cláusula estabelecendo que o locatário só poderá adentrar o imóvel após dez dias de sua celebração.

2.6.8.2. Inexistência de condição suspensiva pendente

Condição suspensiva é o evento futuro e incerto que condiciona o início dos efeitos do contrato. Por exemplo, um contrato de doação que prevê que o donatário só será proprietário da coisa se vier a se casar com determinada pessoa.

2.6.9. Elementos acidentais do negócio jurídico

2.6.9.1. Condição

Cláusula acertada pelas partes que subordina o efeito do negócio jurídico a evento futuro e incerto. Espécies:

a) condição suspensiva: *a que subordina a eficácia inicial do ato a sua implementação.* Ex.: "se você se casar, começarei a te pagar uma pensão";

b) condição resolutiva: *a que faz com que o ato deixe de produzir efeitos.* Ex.: "se você se casar, deixarei de te pagar a pensão".

Condições proibidas: as contrárias à lei, à ordem pública e aos bons costumes; as que privam o ato de todos os efeitos (perplexas); as que sujeitam o negócio ao puro arbítrio de uma das partes (as puramente potestativas é que são proibidas – ex.: pagarei se quiser; as simplesmente potestativas podem ser válidas – ex.: doarei se fores bem em sua apresentação); as físicas (nenhum ser humano seria capaz) ou juridicamente (proibida na lei) impossíveis. Todas elas tornam o negócio nulo. As condições impossíveis, quando resolutivas, têm-se por inexistentes.

Regras finais: reputa-se verificada a condição se maliciosamente retardada pela parte a quem prejudica. Por outro lado, reputa-se não verificada a condição se maliciosamente levada a efeito por quem dela aproveita.

2.6.9.2. Termo

É a data acertada à qual fica subordinado o efeito do negócio jurídico. Ou seja, é o dia em que começa ou em que se extingue a eficácia do negócio jurídico. O termo convencional consiste em evento futuro e certo. Mas a data exata pode ser certa (se definida) ou incerta (ex.: dia da morte).

2.6.9.3. Encargo (ou modo)

Cláusula acessória às liberalidades pela qual se impõe uma obrigação ao beneficiário. Considera-se não escrito o encargo ilícito ou impossível, salvo se constituir o motivo determinante da liberalidade, quando invalida o negócio jurídico.

2.6.10. Defeitos do negócio jurídico (geram sua anulabilidade – ato anulável)

2.6.10.1. Erro ou ignorância

O erro ou ignorância pode ser **conceituado** como *o engano cometido pelo próprio agente.* O instituto está previsto nos arts. 138 a 144 do CC.

Para tornar o ato anulável, o erro deve ser:

a) substancial (essencial): quanto à sua natureza, seu objeto, suas qualidades;

b) escusável.

c) real: o prejuízo deve ser a causa determinante do negócio.

Exemplo de erro é a situação em que alguém pensa estar fazendo um contrato de doação, mas está fazendo uma compra e venda.

O erro acidental (relativo a questões secundárias) não gera a anulabilidade do ato.

A respeito do erro, o Código Civil traz, ainda, as seguintes regras:

a) o falso motivo só vicia a declaração de vontade quando expresso como razão determinante;

b) a transmissão errônea da vontade por meios interpostos é anulável nos mesmos casos em que o é a declaração direta;

c) O erro de indicação da pessoa ou da coisa, a que se referir a declaração de vontade, não viciará o negócio quando, por seu contexto e pelas circunstâncias, se puder identificar a coisa ou pessoa cogitada;

d) o erro de cálculo apenas autoriza a retificação da declaração de vontade;

e) o erro não prejudica a validade do negócio jurídico quando a pessoa, a quem a manifestação de vontade se dirige, oferecer-se para executá-la na conformidade da vontade real do manifestante.

2.6.10.2. Dolo

O dolo pode ser **conceituado** como *o erro provocado pela parte contrária ou por terceiro, por meio de expediente malicioso*. O instituto está previsto nos arts. 145 a 150 do Código Civil.

Exemplo de dolo é a adulteração de quilometragem de veículo, feita pelo vendedor, em prejuízo do comprador.

Para tornar o ato anulável o dolo deve ser:

a) essencial;

b) com malícia;

c) determinante;

d) não recíproco.

O dolo acidental também não enseja a anulação do ato, mas enseja a reparação por perdas e danos, circunstância que não acontece no caso de erro acidental.

A respeito do dolo, o Código Civil traz, ainda, as seguintes regras:

a) nos negócios jurídicos bilaterais, o silêncio intencional de uma das partes a respeito de fato ou qualidade que a outra parte haja ignorado constitui omissão dolosa, provando-se que sem ela o negócio não se teria celebrado;

b) pode também ser anulado o negócio jurídico por dolo de terceiro se a parte a quem aproveite dele tivesse ou devesse ter conhecimento; em caso contrário, ainda que subsista o negócio jurídico, o terceiro responderá por todas as perdas e danos da parte a quem ludibriou;

c) o dolo do representante legal de uma das partes só obriga o representado a responder civilmente até a importância do proveito que teve; se, porém, o dolo for do representante convencional, o representado responderá solidariamente com ele por perdas e danos;

d) se ambas as partes procederem com dolo, nenhuma pode alegá-lo para anular o negócio ou reclamar indenização.

2.6.10.3. Coação

A coação pode ser **conceituada** como *a ameaça que constrange alguém à prática de um negócio*. O instituto está previsto nos arts. 151 a 155 do Código Civil.

Exemplo de coação é o contrato assinado por alguém mediante ameaça de morte.

Para tornar o negócio anulável, a ameaça deve ser:

a) da parte que aproveita ou de terceiro, com conhecimento daquela;

b) determinante;

c) grave: veem-se aspectos subjetivos das partes;

d) injusta: mal prometido não é exercício regular de direito; se for, a ameaça não é injusta;

e) iminente;

f) relativa ao paciente, sua família ou seus bens.

Se a coação disser respeito a pessoa não pertencente à família do paciente, o juiz, com base nas circunstâncias, decidirá se houve coação.

A respeito da coação, o Código Civil traz, ainda, as seguintes regras:

a) ao apreciar a coação, ter-se-ão em conta o sexo, a idade, a condição, a saúde, o temperamento do paciente e todas as demais circunstâncias que possam influir na gravidade dela;

b) não se considera coação a ameaça do exercício normal de um direito, nem o simples temor reverencial;

c) vicia o negócio jurídico a coação exercida por terceiro se dela tivesse ou devesse ter conhecimento a parte a que aproveite e esta responderá solidariamente com aquele por perdas e danos;

d) subsistirá o negócio jurídico se a coação decorrer de terceiro sem que a parte a que aproveite dela tivesse ou devesse ter conhecimento; mas o autor da coação responderá por todas as perdas e danos que houver causado ao coacto.

2.6.10.4. Estado de perigo

O estado de perigo pode ser **conceituado** como *a assunção de obrigação excessivamente onerosa com o intuito de salvar a si ou a alguém de sua família de grave dano conhecido da outra parte*. O instituto está previsto no art. 156 do CC.

Exemplo de estado de perigo é a exigência de cheque-caução em hospital.

O ato cometido em situação de estado de perigo é anulável. Mas há corrente doutrinária que entende que o ato deveria ser válido, determinando-se apenas o ajuste das prestações.

2.6.10.5. Lesão

A lesão pode ser **conceituad**a como *a assunção de prestação manifestamente desproporcional ao valor da prestação oposta por premente necessidade ou inexperiência*. O instituto está previsto no art. 157 do CC.

Exemplo de lesão é a compra de imóvel que vale R$ 500 mil por R$ 100 mil, por inexperiência de quem vende. Outro exemplo é a venda de um apartamento por 40% do seu preço de mercado para pagar resgate de sequestro não conhecido da outra parte.

O STJ reconhece a configuração do instituto em contrato no qual o advogado, aproveitando-se de desespero do cliente, firmou contrato pelo qual sua remuneração seria de 50% do benefício econômico gerado pela causa (REsp 1.155.200, DJ 02.03.2011).

O instituto requer a configuração de dois **elementos** para se caracterizar:

a) elemento objetivo: prestação manifestamente desproporcional;

b) elemento subjetivo: premente necessidade ou inexperiência.

Quanto ao requisito subjetivo "inexperiência", o Enunciado 410 das Jornadas de Direito Civil traz o seguinte entendimento: "art. 157: A inexperiência a que se refere o art. 157 não deve necessariamente significar imaturidade ou desconhecimento em relação à prática de negócios jurídicos em geral, podendo ocorrer também quando o lesado, ainda que estipule contratos costumeiramente, não tenha conhecimento específico sobre o negócio em causa."

O instituto não incide quanto a atos unilaterais, pois há de se comparar a existência de duas prestações.

Na lesão, não há necessidade de existir: a) situação de perigo; b) conhecimento da situação pela outra parte.

O ato praticado mediante lesão é anulável. Porém, o negócio pode ser mantido se a parte prejudicada receber uma compensação.

2.6.10.6. Fraude contra credores

A fraude contra credores **dá-se com** *a transmissão de bens ou remissão de dívidas feitas pelo devedor já insolvente ou por elas reduzido à insolvência*. O instituto está previsto nos arts. 158 a 165 do CC.

São **requisitos** da fraude contra credores os seguintes:

a) consilium fraudis: conluio fraudulento (elemento subjetivo); nos negócios gratuitos, o conluio é presumido; nos negócios onerosos, a existência de ações contra o alienante configuram-no;

b) evento danoso: prejuízo (elemento objetivo);

c) ação própria: pauliana ou revocatória.

Confira as diferenças entre a **fraude contra credores** e a **fraude à execução:** a) vício social X ato atentatório da Justiça; b) depende de ação própria X reconhecimento na própria execução; c) gera anulação do negócio X gera ineficácia do negócio perante o credor.

A respeito da fraude contra credores, o Código Civil traz, ainda, as seguintes regras:

a) se o adquirente dos bens do devedor insolvente ainda não tiver pagado o preço e este for, aproximadamente, o corrente, desobrigar-se-á depositando-o em juízo, com a citação de todos os interessados; se inferior, o adquirente, para conservar os bens, poderá depositar o preço que lhes corresponda ao valor real;

b) a ação poderá ser intentada contra o devedor insolvente, a pessoa que com ele celebrou a estipulação considerada fraudulenta, ou terceiros adquirentes que hajam procedido de má-fé;

c) o credor quirografário que receber do devedor insolvente o pagamento da dívida ainda não vencida ficará obrigado a repor, em proveito do acervo sobre que se tenha de efetuar o concurso de credores, aquilo que recebeu;

d) presumem-se fraudatórias dos direitos dos outros credores as garantias de dívidas que o devedor insolvente tiver dado a algum credor;

e) presumem-se, porém, de boa-fé e valem os negócios ordinários indispensáveis à manutenção de estabelecimento mercantil, rural, ou industrial, ou à subsistência do devedor e de sua família;

f) anulados os negócios fraudulentos, a vantagem resultante reverterá em proveito do acervo sobre que se tenha de efetuar o concurso de credores; se esses negócios tinham por único objeto atribuir direitos preferenciais, mediante hipoteca, penhor ou anticrese, sua invalidade importará somente na anulação da preferência ajustada.

g) Somente os credores do devedor que já o eram ao tempo do ato é que podem pleitear a anulação deste.

2.6.11. Atos nulos

São atos **nulos** os seguintes (art. 166 do CC):

a) os celebrados por pessoa absolutamente incapaz;

b) os de objeto ilícito, impossível ou indeterminável;

c) os que tiverem motivo determinante, comum a ambas as partes, ilícito;

d) os que não revestirem a forma prescrita em lei;

e) os que preterirem alguma solenidade que a lei considere essencial para sua validade;

f) os que tiverem por objeto fraudar lei imperativa;

g) os que a lei taxativamente declarar nulo, ou proibir-lhe a prática, sem cominar sanção;

h) o negócio jurídico simulado, mas subsistirá o que se dissimulou, se válido for na substância e na forma.

Qualquer interessado ou o MP, quando cabível, pode alegar a nulidade e o juiz pode pronunciá-la de ofício (art. 168 do CC).

O negócio nulo não pode ser convalidado pelo decurso do tempo e também não é suscetível à confirmação pela vontade das partes (art. 169 do CC), salvo situações excepcionais devidamente justificadas por outros valores de maior expressão protegidos pela lei.

A sanção de nulidade opera de pleno direito. Assim, a ação judicial respectiva resulta em sentença de natureza declaratória, com eficácia *ex tunc*.

Quanto à **simulação**, essa pode ser de duas espécies:

a) absoluta: *quando não se quer negócio algum* (ex.: divórcio simulado para fugir de responsabilidade civil);

b) relativa: *quando se encobre um negócio querido.*

Na simulação relativa, temos as seguintes situações:

i) **negócio simulado:** *o que se declara, mas não se quer. O negócio simulado é nulo*. Ex.: doação de um imóvel;

ii) **negócio dissimulado:** *o que se pretende de verdade. O negócio dissimulado pode ser mantido, desde que válido na forma e na substância.*

2.6.12. Atos anuláveis

São atos **anuláveis** os seguintes (art. 171 do CC):

a) os praticados por relativamente incapaz;

b) os com defeito (erro, dolo, coação, estado de perigo, lesão ou fraude contra credores);

c) outros previstos em lei, como no caso de falta de legitimação.

O negócio anulável pode ser confirmado pelas partes, inclusive tacitamente (caso já tenha sido cumprido com ciência do vício), salvo direito de terceiro.

Só os interessados podem alegar a anulabilidade.

O prazo decadencial para pleitear a anulação é de 2 anos, como regra. Todavia, para anulação nos casos "a" e "b", o prazo é de 4 anos.

A sanção de anulabilidade não opera de pleno direito, dependendo de provocação da parte interessada. Assim, a sentença respectiva tem natureza constitutiva e eficácia *ex nunc*.

2.6.13. Anulabilidade X Nulidade

Para fechar o tema das invalidades no Código Civil, faz-se necessário fazer uma análise comparativa entre os institutos da anulabilidade e da nulidade. Confira a comparação, que traz, primeiro, informação sobre a anulabilidade e, depois, sobre a nulidade:

a) interesse envolvido: privado x público;

b) legitimidade para alegar: só interessados x interessados, MP e juiz de ofício;

c) possibilidade confirmação: admite x não admite;

d) consequência do decurso do tempo: convalesce (em regra: 2 anos) x não convalesce;

e) ação cabível: anulatória x declaratória de nulidade;

f) efeitos da sentença: não retroage (*ex nunc*) x retroage (*ex tunc*);

g) possibilidade de aproveitamento: pela *convalidação* x pela *conversão* em outro ato.

2.6.14. Interpretação dos negócios jurídicos

Confira as principais regras de interpretação do negócio jurídico:

a) "Nas declarações de vontade se atenderá mais à intenção nelas consubstanciada do que ao sentido literal da linguagem" (art. 112);

b) "Os negócios jurídicos devem ser interpretados conforme a boa-fé e os usos do lugar de sua celebração" (art. 113, *caput*);

c) "A interpretação do negócio jurídico deve lhe atribuir o sentido que: (Incluído pela Lei 13.874, de 2019)

I – for confirmado pelo comportamento das partes posterior à celebração do negócio;

II – corresponder aos usos, costumes e práticas do mercado relativas ao tipo de negócio;

III – corresponder à boa-fé;

IV – for mais benéfico à parte que não redigiu o dispositivo, se identificável;

V – corresponder a qual seria a razoável negociação das partes sobre a questão discutida, inferida das demais disposições do negócio e da racionalidade econômica das partes, consideradas as informações disponíveis no momento de sua celebração (art. 113, § 1º);

d) "As partes poderão livremente pactuar regras de interpretação, de preenchimento de lacunas e de integração dos negócios jurídicos diversas daquelas previstas em lei" (art. 113, § 2º);

e) "Os negócios jurídicos benéficos e a renúncia interpretam-se estritamente" (art. 114).

2.7. Prescrição e decadência

2.7.1. Prescrição

2.7.1.1. Conceito

É a causa extintiva da pretensão por seu não exercício no prazo estipulado pela lei. Diz respeito às ações condenatórias.

2.7.1.2. Características

a) parte que se beneficia só pode renunciar ao direito após o decurso do prazo (art. 191 do CC);

b) prazos não podem ser alterados por convenção (art. 192 do CC);

c) pode-se reconhecê-la em qualquer grau de jurisdição (art. 193 do CC);

d) relativamente incapaz e PJ têm ação contra responsáveis por ela (art. 195 do CC);

e) prescrição iniciada contra uma pessoa continua a correr contra o seu sucessor (art. 196 do CC).

f) A exceção prescreve no mesmo prazo em que a pretensão.

2.7.1.3. Não corre prescrição

a) entre os cônjuges, na constância da sociedade conjugal; tendo em vista a finalidade legal, essa regra deve se estender também aos companheiros; vale salientar que a separação de fato por longo período afasta a regra de impedimento da fluência da prescrição entre cônjuges prevista no art. 197, I, do CC/2002 e viabiliza a efetivação da prescrição aquisitiva por usucapião (STJ, REsp 1.693.732-MG, DJe 11/05/2020);

b) entre ascendentes e descendentes, durante o poder familiar;

c) entre tutelados ou curatelados e seus tutores ou curadores, durante a tutela ou curatela;

d) contra os incapazes de que trata o art. 3º;

e) contra os ausentes do País em serviço público da União, dos Estados ou dos Municípios;

f) contra os que se acharem servindo nas Forças Armadas, em tempo de guerra;

g) pendendo condição suspensiva;

h) não estando vencido o prazo;

i) pendendo ação de evicção.

2.7.1.4. Interrompem a prescrição (uma única vez)

a) o despacho do juiz, mesmo incompetente, que ordenar a citação, se o interessado a promover no prazo e na forma da lei processual;

b) o protesto, nas condições do item antecedente;

c) o protesto cambial;

d) a apresentação do título de crédito em juízo de inventário ou em concurso de credores;

e) qualquer ato judicial que constitua em mora o devedor;

f) qualquer ato inequívoco, ainda que extrajudicial, que importe reconhecimento do direito pelo devedor.

Observações:

a) a prescrição interrompida recomeça a correr da data do ato interruptivo ou do último ato do processo que a interrompeu;

b) a prescrição pode ser interrompida por qualquer interessado;

c) a interrupção da prescrição por um credor não aproveita aos outros; semelhantemente, a interrupção operada contra o codevedor, ou seu herdeiro, não prejudica aos demais coobrigados (art. 204);

d) exceção: interrupção por um credor solidário aproveita aos outros, assim como a interrupção efetuada contra o devedor solidário envolve os demais e seus herdeiros;

e) a interrupção operada contra um dos herdeiros do devedor solidário não prejudica os outros herdeiros ou devedores senão quando se trate de obrigações e direitos indivisíveis (acessório não segue o acessório);

f) a interrupção produzida contra o principal devedor prejudica o fiador (acessório segue o principal).

2.7.1.5. Prazos

2.7.1.5.1. Geral

A prescrição ocorre em 10 anos quando a lei não lhe haja fixado prazo menor (art. 205 do CC). Um exemplo se dá em relação à pretensão indenizatória decorrente do inadimplemento contratual. De acordo com o STJ, esta pretensão fica sujeita ao prazo prescricional decenal (10 anos – art. 205 do Código Civil), se não houver previsão legal de prazo diferenciado. Assim, não se aplica a regra de 3 anos de prescrição relativa às reparações civis (art. 206, § 3º, V), pois essa regra diz respeito à responsabilidade civil extracontratual ou aquiliana (STJ, EREsp 1.281.594-SP, DJe 23/05/2019).

2.7.1.5.2. Especiais (art. 206 do CC)

a) 1 ano: pretensão de hotéis, segurado contra segurador (pedido de pagamento suspende prazo), tabeliães, peritos etc.; quanto ao seguro de saúde não se deve confundir essa situação com o pedido de reembolso despesas médico-hospitalares alegadamente cobertas pelo contrato de plano de saúde (ou de seguro saúde), mas que não foram adimplidas pela operadora, pedido esse cujo prazo prescricional é decenal (de 10 anos, portanto), na forma da regra geral o subitem anterior (REsp 1.756.283- DJe 03/06/2020);

b) 2 anos: prestação de alimentos, a partir dos vencimentos;

c) 3 anos: alugueres, ressarcimento por enriquecimento sem causa, reparação civil, seguro obrigatório (ex. DPVAT) etc.

d) 4 anos: pretensão relativa à tutela, da prestação de contas;

e) 5 anos: cobrança de dívidas líquidas constantes de instrumentos; pretensão de profissionais liberais, contado da conclusão dos serviços; pretensão do vencedor para haver do vencido o que despendeu em juízo.

2.7.2. Decadência

2.7.2.1. Conceito

É a causa extintiva do direito potestativo pelo seu não exercício no prazo estipulado pela lei.

Diz respeito às ações constitutivas.

2.7.2.2. Características

a) salvo disposição legal, não se aplicam os casos de impedimento, suspensão e interrupção (art. 207 do CC);

b) não corre prazo decadencial contra absolutamente incapaz (art. 208 do CC);

c) é nula a renúncia à decadência legal (art. 209 do CC), mas a decadência convencional pode ser alterada;

d) o juiz deve conhecer de ofício decadência legal (art. 210 do CC);

e) pode-se reconhecê-la a qualquer tempo (art. 211 do CC);

f) "o prazo decadencial para o ajuizamento da ação rescisória prorroga-se para o primeiro dia útil seguinte, caso venha a findar no recesso forense, sendo irrelevante a controvérsia acerca da natureza do prazo para ajuizamento da ação, se prescricional ou decadencial, pois, em ambos os casos, o termo *ad quem* seria prorrogado (EREsp 667.672-SP, DJe 26.06.2008). Desse modo, na linha do precedente da Corte Especial e outros precedentes do STJ, deve-se entender cabível a prorrogação do termo *ad quem* do prazo prescricional no caso" (STJ, REsp 1.446.608-RS, j. 21.10.2014).

3. DIREITO DAS OBRIGAÇÕES

3.1. Introdução

3.1.1. Conceito

Obrigação *é o vínculo jurídico que confere ao credor (sujeito ativo) o direito de exigir do devedor (sujeito passivo) o cumprimento de determinada* prestação *positiva ou negativa.*

3.1.2. Elementos

3.1.2.1. Sujeitos

Trata-se do elemento subjetivo. De acordo com esse elemento, toda obrigação tem duas classes de sujeitos, o ativo (credor) e o passivo (devedor) (**devedor**).

3.1.2.2. Objeto

Aqui temos o elemento objetivo. Toda obrigação requer um objeto, ou seja, uma *conduta humana* a ser cumprida. O objeto pode ser dividido em dois. O objeto imediato, que será dar, fazer ou não fazer. Já o objeto mediato será "o que" se vai dar, fazer ou não fazer. Por exemplo, quem tem uma dívida de R$ 500 está diante de uma obrigação cujo objeto imediato é "dar" e o objeto mediato é "dinheiro". Para que o negócio seja válido, seu objeto (tanto o imediato como o mediato) deve ser lícito, possível jurídica e fisicamente, e determinável (art. 166, II, do CC). Assim, se um contrato estipular a obrigação de entregar a herança de pessoa viva, esse negócio será nulo, pois seu objeto é impossível juridicamente.

3.1.2.3. Vínculo jurídico

Não basta a existência de sujeitos e de um objeto para que se constitua uma obrigação. Se duas pessoas estiverem simplesmente conversando e uma delas estiver com um livro nas mãos, não terá se formado obrigação alguma. Agora, se essas pessoas combinarem a venda do livro, aí sim ter-se-á criado um vínculo jurídico, com obrigações para as duas partes, inclusive. Um fica obrigado a entregar o livro; o outro, a pagar um preço.

3.1.3. Fontes das obrigações

Como seu viu, para se criar uma obrigação não bastam sujeitos e objeto. Há de se ter um fato jurídico apto, ou seja, um acontecimento do mundo fenomênico que faça nascer a obrigação. Quais seriam, então, essas fontes das obrigações? Em última análise, a lei é sempre a fonte, pois é ela que estabelecerá os fatos que fazem nascer uma obrigação. Mas que tipos de fatos a lei considera aptos para nascer uma obrigação?

São fontes de obrigações os *atos ilícitos* (geram obrigações de indenizar, normalmente), os *contratos* (geram obrigações variadas, como entregar uma coisa, pagar um preço), as *declarações unilaterais de vontade* (vide a respeito a promessa de recompensa, a gestão de negócios, o pagamento indevido e o enriquecimento sem causa) e *outros fatos ou situações rotuladas especificamente pela lei* (como a obrigação de pagar tributo, a obrigação de pagamento de alimentos a parentes e a obrigação de indenizar por fato de terceiro).

3.2. Classificação das Obrigações

3.2.1. Quanto à possibilidade de exigência

3.2.1.1. Obrigação civil

É aquela que pode ser exigida por meio de ação judicial. São exemplos a obrigação de entregar uma coisa, na compra venda, e a obrigação de pagar alugueres, na locação.

3.2.1.2. Obrigação natural

É aquela que não pode ser exigida por meio de ação judicial, mas, caso cumprida voluntariamente, não pode ser repetida. Ou seja, o devedor não é obrigado a cumpri-la, mas, se o fizer, o credor não é obrigado a devolver o que recebeu. A retenção (*soluti retentio*) é único efeito da obrigação natural. São exemplos as obrigações relativas a dívidas prescritas (art. 882 do CC) e dívidas de jogo (art. 814 do CC). *Vide* também art. 564, III, do CC. A obrigação natural diz respeito a uma dívida inexigível, portanto, não passível de compensação.

3.2.2. Quanto à extensão

3.2.2.1. Obrigação de resultado

É aquela em que o devedor se compromete a atingir determinado fim, sob pena de responder pelo insucesso. São exemplos a obrigação do vendedor de entregar a coisa vendida, a obrigação do transportador de levar o passageiro são e salvo ao destino e a obrigação do cirurgião plástico em cirurgias de natureza estética.

3.2.2.2. Obrigação de meio

É aquela em que o devedor se compromete a empregar seus conhecimentos e técnicas com vistas a alcançar determinando fim, pelo qual não se responsabiliza. São exemplos as obrigações dos médicos e dos advogados. Tais profissionais se obrigam a fazer o melhor, mas não se obrigam, por exemplo, a curar, no primeiro caso, e a ganhar uma ação, no segundo.

Essa classificação é importante em matéria de responsabilidade civil contratual.

3.2.3. Quanto aos elementos acidentais

3.2.3.1. Obrigação pura e simples

É aquela que produz efeitos normalmente, por não estar sujeita a condição, termo ou encargo.

3.2.3.2. Obrigação condicional

É aquela cujos efeitos estão subordinados a evento futuro e incerto.

3.2.3.3. Obrigação a termo

É aquela cujos efeitos estão subordinados a evento futuro e certo.

3.2.3.4. Obrigação com encargo ou modal

É aquela que estabelece um gravame a ser cumprido pelo credor.

3.2.4. Quanto ao momento do cumprimento

3.2.4.1. Obrigação de execução instantânea ou momentânea

É aquela que se cumpre imediatamente após a sua constituição. Um exemplo é a obrigação de pagamento à vista.

3.2.4.2. Obrigação de execução diferida

É aquela que se cumpre em um só ato, mas em momento futuro. Por exemplo, quando se combina que a entrega será feita 60 dias após a constituição da obrigação.

3.2.4.3. Obrigação de execução continuada, periódica ou de trato de sucessivo

É aquela que se cumpre por meio de atos reiterados e protraídos no tempo. Um exemplo é a obrigação de pagar parcelas de um financiamento.

Essa classificação é importante para efeito de aplicação da regra da imprevisão (arts. 317 e 478 do CC).

3.2.5. Quanto à liquidez

3.2.5.1. Obrigação líquida

É aquela cujo objeto está determinado. Por exemplo, quando alguém se obriga a pagar R$ 500. Está-se diante de uma obrigação líquida.

3.2.5.2. Obrigação ilíquida

É aquela cujo objeto não está determinado. Por exemplo, quando alguém atropela uma pessoa, que sofre danos materiais diversos e morais. De início, a obrigação de indenizar não é líquida.

Essa classificação é importante em matéria de configuração da mora (o art. 397 do CC considera em mora, de pleno direito, o devedor que descumpre obrigações positivas e líquidas); de compensação (o art. 369 dispõe que esta só é possível entre dívidas vencidas, de coisas fungíveis e líquidas); e de imputação do pagamento (o art. 352 exige, para que o devedor indique a dívida que está pagando, que esta seja vencida e líquida).

3.2.6. Quanto à existência por si só

3.2.6.1. Obrigação principal

É aquela que existe por si só. São exemplos as decorrentes do contrato de compra e venda (de entregar uma coisa e de pagar um preço).

3.2.6.2. Obrigação acessória

É aquela cuja existência depende da existência da principal. São exemplos a multa (cláusula penal) e juros de mora.

Essa classificação é importante para efeito de aplicação da seguinte regra: "o acessório segue o principal". Por exemplo, a nulidade do principal leva à nulidade do acessório. O contrário não ocorre, claro. Nosso Código acolhe tal regra em vários dispositivos, como nos arts. 92, 184, 233 e 364.

3.2.7. Quanto à natureza do direito

3.2.7.1. Obrigação correspondente a direito pessoal

É aquela travada diretamente entre pessoas, em que o patrimônio do devedor fica sujeito ao seu cumprimento.

3.2.7.2. Obrigação correspondente a direito real

É aquela em que todas as pessoas ficam sujeitas a respeitar a relação entre uma pessoa e uma coisa. Também é chamada de *ônus real*.

3.2.7.3. Obrigação propter rem

É aquela à qual o titular de direito sobre uma coisa, exatamente por estar nessa situação jurídica, fica sujeito. Trata-se de uma obrigação híbrida. Recai sobre uma pessoa (direito pessoal), mas por força de um direito real. São exemplos a obrigação do possuidor de uma coisa de não prejudicar a segurança, o sossego e a saúde de um prédio vizinho (art. 1.277 do CC), a obrigação dos donos de imóveis confinantes de concorrerem para as despesas de tapumes divisórios (art. 1.297, § 1º, do CC), a obrigação de um condômino de contribuir para as despesas de conservação da coisa (art. 1.315 do CC), a obrigação do titular da coisa de arcar com os débitos tributários a ela pertinentes (art. 130 do CTN). Repare, no caso das despesas condominiais e tributárias, que o novo proprietário da coisa, tenha ou não dado causa à dívida contraída para o seu uso, fica sujeito ao seu pagamento, com possível penhora da coisa com vistas à satisfação do crédito. É por isso que a obrigação também é denominada *ambulatorial*.

3.2.8. Quanto aos seus elementos

3.2.8.1. Obrigação simples

É aquela que só tem um sujeito ativo, um sujeito passivo e um objeto. Por exemplo, a obrigação de "A" entregar um carro a "B".

3.2.8.2. Obrigação composta ou complexa

É aquela que tem mais de um sujeito ativo, de um sujeito passivo ou de um objeto. Por exemplo, obrigações com vários credores ou com vários devedores (pluralidade subjetiva). Nesses casos podem-se ter obrigações divisíveis, indivisíveis ou solidárias, o que será visto a seguir. Outro exemplo é a obrigação de "A" entregar a "B" uma casa e um carro, ou uma casa ou um carro (pluralidade objetiva). No primeiro caso temos obrigação cumulativa (ou conjuntiva). No segundo, obrigação alternativa (ou disjuntiva).

3.3. Modalidades das obrigações

3.3.1. Obrigação de dar

3.3.1.1. Conceito

É aquela de entregar ou restituir uma coisa. Na compra e venda, temos a *entrega* da coisa. No comodato, a *restituição*. Essas duas formas de dar são espécies do gênero *tradição*.

No nosso direito, só se adquire a propriedade de uma coisa móvel com a *tradição*, de modo que, enquanto essa não se der, o devedor da coisa (vendedor) permanece proprietário dela. Isso gera as seguintes consequências (art. 237 do CC): a) a coisa perece para o dono (*res perit domino*); b) os melhoramentos e acrescidos na coisa até a tradição beneficiam o dono, que poderá exigir aumento no preço.

3.3.1.2. Regras para o caso de perecimento da coisa (perda total)

a) *se ocorrer antes da tradição ou pendente condição suspensiva, sem culpa do devedor*, resolve-se a obrigação retornando as partes ao estado anterior. Por exemplo, se, por força maior, um carro a ser entregue pelo vendedor tem perda total em virtude de uma inundação. Eventual valor pago pelo comprador será devolvido pelo vendedor. No caso de pender condição suspensiva a situação é a mesma. Um exemplo é a disposição "se passar no vestibular, te dou este carro". Se antes da aprovação no vestibular o carro perecer sem culpa do devedor, a obrigação ficará resolvida. *Vide* art. 234 do CC;

b) *se ocorrer antes da tradição ou pendente condição suspensiva, com culpa do devedor*, o credor tem direito a receber o equivalente em dinheiro, mais perdas e danos. Por se exemplo, se, por imprudência do vendedor, esse, após ter vendido ou prometido carro, envolve-se em batida com perda total do veículo. Terá de devolver ao comprador o dinheiro que eventualmente receber, além de indenizá-lo por perdas e danos. No caso daquele que recebeu a promessa, terá de dar a ele o equivalente em dinheiro, mais perdas e danos. *Vide* arts. 234 e 236 do CC;

c) *se ocorrer antes da tradição e a obrigação for de restituir*, a obrigação ficará resolvida. São casos como o dever de restituir que cabe ao comodatário e ao depositário. Como se viu, a coisa perece para o dono, ou seja, o comodante e o depositando suportarão a perda. Todavia, se aquele que recebeu a coisa para restituir agir com culpa, responderá pelo equivalente em dinheiro, mais perdas e danos. Muitas vezes, inclusive, a culpa é presumida. Vide arts. 235 e 236 do CC;

d) *se ocorrer após a tradição*, o problema é do credor, pois a coisa perece para o dono. Mas há exceções. Por exemplo, se a coisa vier a perecer por já estar com problema quando da sua entrega (ex.: cavalo com moléstia respiratória). O devedor responderá por esse vício redibitório.

3.3.1.3. Regras para o caso de deterioração da coisa (perda parcial)

Um exemplo de deterioração da coisa é a perda do estepe do carro. As regras são semelhantes. Se não houver culpa do devedor, a obrigação fica resolvida, ressalvada a possibilidade de o credor ficar com a coisa, com abatimento no preço (art. 235 do CC). Já se houver culpa do devedor, poderá o credor exigir o equivalente em dinheiro mais perdas e danos, ou aceitar a coisa no estado, mais perdas e danos (art. 236). Quanto à deterioração da coisa nas obrigações de restituição, o credor a receberá no estado em que se encontre. Já se houver culpa do devedor, este responderá pelo equivalente, mais perdas e danos (art. 240).

3.3.1.4. Coisa certa ou incerta

A coisa incerta há de ser pelo menos determinável, de modo que a lei exige a indicação, pelo menos, do **gênero** e da **quantidade** da coisa. Se faltar um ou outro, o objeto será indeterminável. Então, se for indicado que a coisa é "laranja" e que a quantidade é "50 quilos" não haverá problema. A qualidade será determinada quando houver a escolha das laranjas pelo devedor. Esse, todavia, não pode escolher a de pior qualidade. Deve escolher pelo menos a de meio-termo. A escolha da coisa também tem o nome de **concentração** e, salvo estipulação em contrário, compete ao devedor. Feita a escolha e cientificado o credor, acaba a incerteza, a coisa torna-se certa, determinada. Antes da escolha, não pode o devedor alegar perda ou deterioração da coisa (art. 246 do CC), pois o gênero nunca perece (*genuns nunquam perit*). Ficaria estranho mesmo dizer que não há laranjas e que a obrigação não pode ser cumprida. Se o devedor não as possui mais, que as consiga com terceiro. Só se pode fazer esse tipo de alegação se se tratar de gênero limitado, ou seja, restrito a certo lugar. Por exemplo, quando se combina de entregar laranjas de certo sítio e elas não existirem mais.

3.3.2. Obrigação de fazer

3.3.2.1. Conceito

É aquela em que o devedor presta atos ou serviços.

3.3.2.2. Espécies

a) personalíssima (*intuitu personae*, infungível ou imaterial), em que só o devedor pode cumprir a obrigação, seja porque assim se estabeleceu (o contrato diz que o devedor cumprirá pessoalmente a obrigação), seja porque sua própria natureza impede a substituição do devedor (por exemplo, na contratação de um cantor para um show ou de um artista plástico para fazer uma escultura);

b) impessoal (fungível ou material), em que não é necessário que o devedor cumpra pessoalmente a obrigação, ou seja, para o credor o importante é que o objeto seja prestado, ainda que por terceiro.

Há também obrigação de fazer no contrato preliminar (*pacto de contrahendo*), que é aquele em que se faz uma promessa de fazer contrato futuro. É o caso do compromisso de compra e venda, por exemplo.

3.3.2.3. Regras em caso de não cumprimento da obrigação de fazer

a) *Se a obrigação for personalíssima e se tornar impossível sem culpa do devedor*, ficará resolvida (art. 248 do CC). Por exemplo, se o cantor não conseguir chegar a tempo ao show por ter ficado preso na estrada em virtude de deslizamento de terra na pista (*impossibilidade*);

b) *se a obrigação for personalíssima e se tornar impossível por culpa do devedor*, ficará transformada em obrigação de indenizar por perdas e danos (art. 248). Por exemplo, se o cantor sair com muito atraso para fazer o show e não chegar a tempo (*impossibilidade*);

c) *se a obrigação for personalíssima e houver recusa do devedor*, ficará transformada em obrigação de indenizar por perdas e danos (art. 247). Por exemplo, se o cantor, por vontade própria, avisar, a uma semana do show, que não irá comparecer para a apresentação (*recusa*). Repare que, nesse caso, a obrigação ainda não se tornou impossível. A solução dada pelo CC para o caso (perdas e danos) não é a única. O CC parte do pressuposto de que não se pode constranger fisicamente o devedor a cumprir a obrigação. Por outro lado, o NCPC, no art. 499, dispõe que a obrigação somente se converterá em perdas e danos se o autor o requerer ou se impossível a tutela específica ou a obtenção de tutela pelo resultado prático correspondente. No caso, sem forçar fisicamente o devedor, é possível valer-se de instrumento de coação indireta, a cominação de multa diária (*astreinte*) para fazê-lo cumprir a obrigação. Nesse sentido é também o art. 84 do CDC. Ou seja, há duas saídas para o caso: c1) pleitear a transformação da obrigação de fazer em obrigação de indenizar perdas e danos; c2) exigir judicialmente o cumprimento da obrigação, por meio de demanda cominatória, sem prejuízo de indenização por demais perdas e danos;

d) *se a obrigação for impessoal e se tornar impossível sem culpa do devedor*, ficará resolvida (art. 248 do CC). Por exemplo, se o eletricista não puder comparecer para fazer um reparo nas instalações elétricas de uma casa de show por ter ficado preso na estrada que dá acesso ao local em virtude de deslizamento de terra na pista;

e) *se a obrigação for impessoal e se tornar impossível por culpa do devedor*, ficará transformada em obrigação de indenizar por perdas e danos (art. 248). Por exemplo, se o eletricista não puder comparecer para fazer um reparo nas instalações elétricas de uma casa de show por ter saído com muito atraso e não chegar a tempo;

f) *se a obrigação for impessoal e houver recusa ou mora do devedor*, o credor tem três opções: f1) pleitear a transformação da obrigação de fazer em obrigação de indenizar perdas e danos; f2) exigir judicialmente o cumprimento da obrigação, por meio de demanda cominatória, sem prejuízo de indenização por demais perdas e danos; f3) fazer executar a obrigação por terceiro à custa do devedor (art. 249 do CC). A novidade está na terceira possibilidade, pois o atual Código faculta ao credor, em caso de urgência, executar ou mandar executar o fato independentemente de autorização judicial, sendo depois ressarcido (art. 249, parágrafo único). Por exemplo, se um encanador é contratado para comparecer num determinado dia para consertar um vazamento numa casa e, passado tal dia, e mesmo já tendo recebido, ele não comparecer e a casa ficar inundada ou na iminência de sê-lo, pode o credor contratar outro encanador, ressarcindo-se depois com o primitivo contratado;

g) *se a obrigação for de emitir declaração de vontade*, o credor poderá se aproveitar do disposto no art. 501 do NCPC. Se se tratar de imóvel, cabe a ação de adjudicação compulsória (Dec.-lei 58/1937; Lei 649/1949; Lei 6.766/1979).

3.3.3. Obrigação de não fazer

3.3.3.1. Conceito

É aquela em que o devedor deve se abster de praticar um ato ou uma atividade. Também é chamada de *obrigação negativa* ou *obrigação de abstenção*. São exemplos a obrigação de não construir acima de certa altura ou de não divulgar determinado segredo.

3.3.3.2. Regras para o caso de não cumprimento da obrigação de não fazer, ou seja, caso se faça o que se combinara não fazer

a) *Se a obrigação se tornar impossível sem culpa do devedor*, ficará resolvida (art. 250 do CC). Tal ocorre quando se tornar impossível a abstenção do ato. Por exemplo, se alguém que se obrigou a não construir um muro for obrigado pelo Município a fazê-lo;

b) *se a obrigação se tornar impossível por culpa do devedor*, ficará transformada em obrigação de indenizar por perdas e danos (art. 248, por analogia);

c) *se o devedor praticar o ato a cuja abstenção se obrigara*, o credor terá duas opções: c1) pleitear a transformação da obrigação de não fazer em obrigação de indenizar por perdas e danos; c2) exigir judicialmente o cumprimento da obrigação, por meio de demanda cominatória, sem prejuízo de indenização por demais perdas e danos;

d) *se o devedor praticar o ato por culpa sua*, ficará transformada em obrigação de indenizar por perdas e danos (art. 248, por analogia).

3.3.4. Obrigação alternativa

3.3.4.1. Conceito

É a aquela que tem dois ou mais objetos e que se extingue com a prestação de um deles. Há previsão de mais de um objeto, mas o devedor se exonera cumprindo apenas um deles. Por exemplo, uma pessoa se obriga a entregar seu carro ou sua moto. Entregando um ou outro, está exonerado da obrigação.

3.3.4.2. Escolha

Compete ao devedor como regra (*favor debitoris*). Mas as partes podem estipular que a escolha compete ao credor ou a terceiro. A escolha só se considera feita após comunicação à parte contrária. O não exercício do direito de escolha no prazo acarreta decadência para o seu titular.

3.3.4.3. Impossibilidade de uma das prestações

Subsiste o débito em relação à(s) outra(s). Se houver culpa do devedor e a escolha couber ao credor, caso esse tenha interesse na obrigação que se impossibilitou, terá direito ao valor dela com perdas e danos.

3.3.4.4. Impossibilidade de ambas as prestações

Se não houver culpa do devedor, a obrigação será extinta. Se houver culpa e competir a ele a escolha, pagará o valor da que se impossibilitou por último, mais perdas e danos; e se competir ao credor a escolha, esse poderá reclamar o valor de qualquer das obrigações, mais perdas e danos.

3.3.4.5. Obrigação alternativa x obrigação facultativa

Na segunda, existe faculdade para o devedor de substituir o objeto da prestação. Por exemplo, uma pessoa se obriga a entregar seu carro, podendo substituí-lo pela entrega de sua moto. A diferença é que se trata de obrigação simples (só tem um objeto). Se o carro perecer, a obrigação fica extinta. O credor só pode exigir o cumprimento da obrigação principal.

3.3.5. Obrigações divisíveis e indivisíveis

3.3.5.1. Conceito de obrigação divisível

É aquela em que cada um dos devedores só está obrigado a cumprir sua cota-parte da dívida e cada um dos credores só pode exigir sua parte do crédito. Por exemplo, se "A" e "B" (devedores) devem R$ 1.000,00 a "C" (credor), "A" está obrigado a pagar R$ 500 para "C".

3.3.5.2. Conceito de obrigação indivisível

É aquela em que, por conta da impossibilidade de divisão do objeto, cada devedor está obrigado pela totalidade da prestação e cada credor pode exigi-la por inteiro. Por exemplo, se "A" e "B" (devedores) devem um carro a "C", esse pode exigir de "A" ou de "B" a coisa, independentemente de cada um ser responsável por parte do débito. Aquele que cumprir a obrigação sub-roga-se no direito do credor em relação aos outros coobrigados. Se houver mais de um credor, o devedor deverá a todos conjuntamente. A indivisibilidade pode ser das seguintes espécies: a) física ou natural (ex.: animal vivo); b) legal (ex.: menor fração de imóvel rural); c) por motivo econômico (ex.: pedra preciosa); e d) por motivo determinante do negócio (ex.: terreno adquirido para construção de um shopping). A obrigação indivisível difere da solidária, pois, caso a primeira se converta em perdas e danos, cada devedor ficará obrigado apenas pela sua cota-parte.

3.3.6. Obrigação solidária

3.3.6.1. Conceito

É aquela em que há mais de um credor ou mais de um devedor, cada um com direito, ou obrigado, à dívida toda. Por exemplo, se "A" e "B" (devedores) devem R$ 1.000,00 a "C" e "D", os últimos podem exigir, juntos ou isoladamente, os R$ 1.000,00 integrais só de "A" ou só de "B". A solidariedade pode recair só sobre os devedores (solidariedade passiva), só sobre os credores (solidariedade ativa) ou sobre ambos os polos (solidariedade mista).

3.3.6.2. Formação da obrigação solidária

A solidariedade não se presume. Ela decorre da lei (solidariedade legal) ou da vontade das partes (solidariedade convencional).

3.3.6.3. Solidariedade ativa

É aquela em que qualquer um dos credores pode exigir sozinho a totalidade da obrigação junto ao devedor. Por exemplo, os titulares de uma conta-corrente. Eles são credores solidários dos valores depositados, podendo exigir do banco a entrega de todo o numerário. O devedor pode se exonerar da dívida pagando-a a qualquer dos credores. No entanto, se já tiver sido demandado por algum deles (é necessário citação), só poderá a esse pagar em razão do princípio da prevenção. O credor que tiver recebido a prestação responderá perante os outros. Com a morte do credor solidário, desaparece a solidariedade em relação aos herdeiros isoladamente considerados. Se a prestação for convertida em perdas e danos, subsiste a solidariedade.

3.3.6.4. Solidariedade passiva

É aquela em que cada um dos devedores pode ser demandado a cumprir a totalidade da obrigação junto ao credor. Com a morte de um dos devedores solidários, só se pode cobrar de um herdeiro, isoladamente, a quota correspondente ao seu quinhão hereditário. Se houver impossibilidade da obrigação por culpa de um dos devedores, todos continuam solidários pelo valor da coisa em dinheiro, mas pelas perdas e danos só responde o culpado. Se houver inexecução da obrigação, todos respondem pelos juros solidariamente, mas o culpado deverá ressarcir os demais. As defesas comuns (ex.: prescrição) podem ser alegadas por qualquer devedor solidário. Já as defesas pessoais (ex.: erro, coação) só podem ser alegadas pelo devedor a que disserem respeito. O credor pode renunciar à solidariedade total (em relação a todos os devedores) ou parcialmente (em relação a um deles, por exemplo). O devedor que tiver pagado a obrigação terá direito de regresso contra os demais. A presunção é a de que as cotas de cada devedor são iguais. Se um dos codevedores for insolvente, sua quota será dividida igualmente por todos.

3.3.6.5. Aspectos processuais

No processo de conhecimento, cabe ao devedor solidário valer-se do chamamento ao processo. Já no processo de execução, quando couber, é possível alegar o benefício de ordem, que é a faculdade de o executado indicar à penhora bens livres de outro devedor solidário.

3.4. Transmissão das obrigações

3.4.1. Introdução

O tema diz respeito à alteração no aspecto subjetivo da obrigação, no caso a substituição dos sujeitos que ocupam um dos polos da relação obrigacional. Aqui, não se fala em alteração nos demais elementos da obrigação (objeto e vínculo).

3.4.2. Cessão de crédito

3.4.2.1. Conceito

É o negócio jurídico bilateral pelo qual o credor transfere a outrem, a título oneroso ou gratuito, os seus direitos na relação obrigacional. Há três figuras: o cedente (credor que transmite o crédito), o cessionário (terceiro que recebe o crédito) e o cedido (o que continua devedor).

3.4.2.2. Limites materiais

Como regra, qualquer crédito pode ser objeto de cessão, salvo por impossibilidade decorrente: a) da natureza da obrigação (ex.: alimentos de direito de família); b) da lei (ex.: crédito penhorado); e c) da convenção com o devedor (*pacto de non cedendo*).

3.4.2.3. Forma

Como regra, cabe qualquer forma admitida em lei. Todavia, se a cessão tiver por objeto direito que só pode ser transmitido por escritura pública, há de se obedecer esta forma (ex.: cessão de direitos hereditários).

3.4.2.4. Eficácia perante terceiros

Para que tenha eficácia frente a terceiros, a cessão deverá ser feita por instrumento público ou por instrumento particular com as formalidades da procuração e com registro no Cartório de Títulos e Documentos.

3.4.2.5. Eficácia perante o devedor cedido

Para tanto, a cessão depende de notificação do devedor ou de sua ciência manifestada por escrito. Antes da notificação, o devedor pode pagar ao cedente, exonerando-se da dívida. Depois, só se exonera se pagar ao cessionário. É no momento da ciência da cessão que o devedor deve alegar as exceções pessoais de que disponha em relação ao cedente, como a compensação, sob pena de se presumir que delas tenha aberto mão.

3.4.2.6. Responsabilidade do cedente

Se a cessão for a título oneroso, o cedente fica responsável pelo seguinte: a) pela existência do crédito quando da cessão; b) pela sua qualidade de credor; e c) pela validade da obrigação. Já se for a título gratuito, o cedente só responde pela existência do crédito se tiver procedido de má-fé. Em qualquer caso, só haverá responsabilidade pelo débito se o cedente tiver assumido expressamente a responsabilidade pela solvência do cedido. Nesse caso teremos a cessão pro solvendo, e a responsabilidade é apenas pelo que o cedente tiver recebido do cessionário, acrescido de juros e despesas com a cessão.

3.4.3. Assunção de dívida (cessão de débito)

3.4.3.1. Conceito

É o negócio jurídico bilateral pelo qual um terceiro (assuntor) assume a posição de devedor. O que ocorre é tão somente a substituição no plano passivo, sem que haja extinção da dívida, de modo que não se confunde com a novação subjetiva passiva, em que nasce uma obrigação nova.

3.4.3.2. Espécies

a) Expromissão: *é o contrato entre o credor e o terceiro, pelo qual esse assume a posição de novo devedor, sem a participação do devedor originário;*

b) Delegação: *é o contrato entre o devedor originário (delegante) e o terceiro (delegatário), com a concordância do credor.*

3.4.3.3. Efeitos

a) Liberatórios: o devedor originário fica desvinculado do pagamento da dívida. Essa é a regra;

b) cumulativos: o devedor originário continua vinculado, servindo a assunção de reforço da dívida, com solidariedade entre os devedores. A doutrina também chama a hipótese de adesão, coassunção ou adjunção à dívida. Trata-se de caso que depende de convenção expressa. Essa hipótese não se confunde com a fiança, pois o novo devedor responde por dívida própria.

3.5. Adimplemento e extinção das obrigações

3.5.1. Introdução

As obrigações podem ser extintas de dois modos. O modo satisfatório ocorre quando o credor recebe a prestação ou tira algum proveito. A satisfação pode ser direta (ex.: pagamento) ou indireta (ex.: compensação). O modo não satisfatório ocorre quando a obrigação fica extinta sem qualquer proveito para o credor (ex.: remissão, prescrição, novação etc.).

3.5.2. Pagamento

3.5.2.1. Conceito

É o efetivo cumprimento da prestação. O termo "pagamento" vale para designar o cumprimento de qualquer modalidade obrigação (de dar, fazer ou não fazer).

3.5.2.2. Elementos essenciais

a) Existência de obrigação que justifique o pagamento, sob pena de se tratar de pagamento indevido, possibilitando repetição de indébito;
b) intenção de pagar (*animus solvendi*), sob pena de se tratar de pagamento por engano, também possibilitando repetição;
c) cumprimento da prestação;
d) presença de sujeito que paga (*solvens*);
e) presença daquele a quem se paga (*accipens*).

3.5.2.3. Quem deve pagar

Qualquer interessado na extinção da obrigação pode pagar. Assim, além do devedor, pode pagar o terceiro interessado, ou seja, aquele que poderia ter seu patrimônio atingido caso a dívida não fosse paga (ex.: fiador, avalista, sócio, adquirente de imóvel hipotecado etc.). Nesse caso, o *solvens* (terceiro interessado) fica sub-rogado nos direitos do credor originário. Já o pagamento feito por terceiro não interessado (por interesse moral ou afetivo, por exemplo), em nome próprio, apenas autoriza esse a reembolsar-se do que pagar, sem sub-rogação nos direitos do credor. A obrigação original fica extinta, nascendo obrigação nova. Se o terceiro não interessado agir em nome do devedor, terá feito uma liberalidade, ficando a obrigação resolvida, sem direito de regresso em face daquele. Por fim, é importante destacar que, se o devedor tinha meios de impedir a cobrança do credor, o terceiro que pagar sem sua autorização não terá direito a qualquer reembolso.

3.5.2.4. A quem se deve pagar

O pagamento deve ser feito ao credor, ao seu representante ou aos seus sucessores. O pagamento feito a qualquer outra pessoa não tem efeito liberatório. O devedor, apesar de poder acionar quem receber indevidamente, continuará obrigado ao pagamento. Porém, há situações em que o pagamento feito a terceiro desqualificado tem valor: a) se houver ratificação pelo credor; b) se reverter em proveito do credor; c) se for feito de boa-fé ao credor putativo, ou seja, àquele que parecia, objetivamente, ser o credor (ex.: herdeiro aparente). De outra parte, há situações em que o pagamento feito ao credor não terá valor: a) se for feito ao credor incapaz de dar quitação, salvo se reverteu em seu proveito; b) se o devedor tiver sido intimado da penhora e mesmo assim pagar ao credor.

3.5.2.5. Objeto do pagamento

O pagamento deve coincidir com a coisa devida. Assim, o credor não é obrigado a receber prestação diversa da pactuada, ainda que mais valiosa. Da mesma forma, só se pode constranger o credor a receber o todo, não em partes. As dívidas em dinheiro deverão ser pagas no vencimento, em moeda corrente (real) e pelo valor nominal. Quanto ao valor nominal, a própria lei admite a convenção de aumento progressivo de prestações sucessivas, dando força à ideia de dívida de valor (e não de dívida de dinheiro). O reajuste automático de prestação tem o nome de cláusula de escala móvel. A Lei 10.192/2001 considera nula de pleno direito a estipulação de reajuste em periodicidade inferior a um ano. Também se admite a revisão da obrigação "quando, por motivos imprevisíveis, sobrevier desproporção manifesta entre o valor da prestação devida e o do momento de sua execução" (art. 317 do CC). Adotou-se a teoria da imprevisão. Outrossim, são nulas as convenções de pagamento em ouro ou em moeda estrangeira. A ideia é preservar o curso forçado da moeda nacional. Há exceções no Dec.-Lei 857/1969 e na Lei 6.423/1977 (ex.: importação e exportação). Presumem-se a cargo do devedor as despesas com o pagamento e a quitação. Sobre a quitação ampla, geral e irrevogável efetivada em acordo extrajudicial o STJ consolidou o entendimento de que, "em regra, deve ser presumida válida e eficaz, não se autorizando o ingresso na via judicial para ampliar verbas indenizatórias anteriormente aceitas e recebidas. Contudo, em determinadas situações particulares, a jurisprudência aponta para adoção de solução distinta, como nas hipóteses de acréscimo da incapacidade parcial apurada em laudo médico posterior, seguro obrigatório pago a menor e expurgos inflacionários não pagos em restituição de reserva de poupança. No caso, o acordo foi celebrado em data muito próxima à do acidente, não havendo conhecimento da integralidade do prejuízo sofrido. Nota-se, portanto, situação excepcional que justifica a restrição da plena validade do ato de quitação (Informativo 671; AgInt no REsp 1.833.847-RS, DJe 24/04/2020).

3.5.2.6. Lugar do pagamento

É aquele onde o devedor deve cumprir a obrigação e o credor exigir seu cumprimento. A regra é o domicílio do devedor (dívida quesível ou *quérable*). Mas por motivo legal, convencional ou circunstancial é possível que a obrigação tenha de ser cumprida no domicílio do credor (dívida portável ou *portable*). Se o pagamento consistir na tradição de um imóvel ou em prestações relativas a imóvel, far-se-á no lugar onde estiver situado o bem. Será válido o pagamento feito em lugar diverso se houver motivo grave que justifique isso e não haja prejuízo para o credor. Vale ressaltar que o pagamento reiteradamente feito em outro lugar faz presumir que o credor renunciou à previsão respectiva feita em contrato. Trata-se da aplicação do princípio da boa-fé objetiva e da eticidade, por meio dos institutos da *supressio*, consistente na possibilidade de supressão de uma obrigação contratual pelo não exercício pelo credor, gerando uma legítima expectativa no devedor de que essa abstenção se prorrogará no tempo, e da *surrectio*, consistente na obtenção de um direito que não existia, face à reiterada prática de conduta diversa pelas partes.

3.5.2.7. Tempo do pagamento

Salvo disposição legal ou contratual em contrário, pode o credor exigir imediatamente o pagamento. O credor poderá cobrar a dívida antes do vencimento se: a) o devedor cair em falência ou concurso de credores; b) os bens do devedor, hipotecados ou empenhados, forem penhorados em execução por outro credor; c) cessarem, ou se tornarem insuficientes, as garantias do débito, fidejussórias ou reais, e o devedor, intimado, negar-se a reforçá-las.

3.5.3. Pagamento em consignação

3.5.3.1. Conceito

Forma especial de pagamento, por meio de depósito judicial ou em estabelecimento bancário, cabível quando houver mora do credor ou risco para o devedor na realização do pagamento direto. Serve para a entrega de qualquer objeto, só não se admite para a obrigação de fazer ou não fazer. Se for feito por processo de conhecimento, a sentença tem natureza declaratória. Para que o devedor fique exonerado da obrigação, a consignação deve cumprir os mesmos requisitos exigidos para a validade do pagamento quanto às pessoas, ao objeto, modo, tempo e lugar. O depósito em estabelecimento bancário só é admitido quando a prestação for em dinheiro.

3.5.3.2. Cabimento

a) Se o credor não puder, ou, sem justa causa, recusar receber o pagamento, ou dar quitação na devida forma;

b) se o credor não for, nem mandar receber a coisa no lugar, tempo e condição devidos;

c) se o credor for incapaz de receber, for desconhecido, declarado ausente, ou residir em lugar incerto ou de acesso perigoso ou difícil;

d) se ocorrer dúvidas sobre quem deva legitimamente receber o objeto do pagamento;

e) se pender litígio sobre o objeto do pagamento.

3.5.4. Pagamento com sub-rogação

3.5.4.1. Conceito

É a operação pela qual a dívida se transfere a terceiro que a pagou, com todos os seus acessórios. Tem-se aqui uma sub-rogação subjetiva, uma vez que há troca de devedor. Extingue-se a obrigação com relação ao credor original. Por outro lado, transferem-se ao novo credor todos os direitos, ações, privilégios e garantias do primitivo em relação à dívida.

3.5.4.2. Espécies

a) Legal ou automática: *é a que opera de pleno direito*, em favor:

a1) do credor que paga a dívida do devedor comum; aqui temos um devedor com dois credores, sendo que um desses paga o outro para evitar o fim do patrimônio do devedor, por exemplo;

a2) do adquirente do imóvel hipotecado, que paga o credor hipotecário, bem como do terceiro que efetiva o pagamento para não ser privado de direito sobre o imóvel;

a3) do terceiro interessado, que paga a dívida pela qual era ou podia ser obrigado, no todo ou em parte;

b) convencional: *é a que decorre da vontade das partes* e que se verifica nos seguintes casos:

b1) quando o credor recebe o pagamento de terceiro e expressamente lhe transfere todos os seus direitos;

b2) quando terceira pessoa empresta ao devedor a quantia precisa para solver a dívida, sob a condição de ficar o mutuante sub-rogado nos direitos do credor satisfeito. Ex.: contratos de mútuo pelo Sistema Financeiro da Habitação.

3.5.5. Imputação do pagamento

3.5.5.1. Conceito

É a indicação ou determinação da dívida a ser quitada quando uma pessoa obrigada por dois ou mais débitos, líquidos e vencidos, da mesma natureza e com o mesmo credor só pode pagar um deles.

3.5.5.2. Regra geral

Cabe ao devedor indicar, no ato do pagamento, qual dívida deseja saldar.

3.5.5.3. Ausência de indicação pelo devedor

Nesse caso, o credor fará a indicação por meio da quitação. Se a indicação não for feita, dar-se-á a imputação legal:

a) o pagamento será imputado primeiro nos juros vencidos e depois no capital;

b) o pagamento será imputado primeiro nas dívidas vencidas há mais tempo;

c) se todas forem vencidas no mesmo tempo, imputa-se na mais onerosa;

d) se todas forem iguais, imputa-se proporcionalmente.

Por fim, é importante trazer à colação a orientação fixada pela Súmula 464 do STJ: "a regra de imputação de pagamentos estabelecida no art. 354 do CC não se aplica às hipóteses de compensação tributária".

3.5.6. Dação em pagamento

3.5.6.1. Conceito

É o acordo de vontades por meio do qual o credor aceita receber prestação diversa da que lhe é devida. Na dação o que é alterado na relação obrigacional é apenas o objeto, sendo que credor e devedor permanecem os mesmos. Por exemplo, uma pessoa devia R$ 1.000,00 e combina com o credor que pagará com a entrega de uma bicicleta. Trata-se de contrato real, pois só se aperfeiçoa com a tradição. Se for determinado o preço da coisa dada em pagamento, as relações entre as partes regular-se-ão pelas normas do contrato de compra e venda.

3.5.6.2. Efeitos

Extingue a obrigação original. Todavia, se houver evicção, ficará restabelecida a prestação primitiva, ficando sem efeito a quitação dada.

3.5.7. Novação

3.5.7.1. Conceito

É a criação de obrigação nova para extinguir a anterior. Trata-se, ao mesmo tempo, de causa extintiva e geradora de obrigações. Decorre da vontade dos interessados, não da lei.

3.5.7.2. Requisitos de validade

a) Existência de obrigação anterior: assim, não podem ser objeto de novação obrigações nulas ou extintas. Todavia, sujeitam-se a novação as obrigações anuláveis, haja vista que esta pode ser confirmada pela novação;

b) constituição de nova dívida: há de ser algo efetivamente novo e válido. Se a nova dívida for nula será restabelecida a obrigação anterior;

c) intenção de novar ou *animus novandi*: o CC aduz que o ânimo de novar pode ser expresso ou tácito, porém deve ser *inequívoco*. Se assim não o for a segunda obrigação simplesmente confirma a primeira. Trata-se de requisito subjetivo, muitas vezes de difícil demonstração, mormente no que tange à forma tácita. Assim, o ideal é que a manifestação seja exarada de forma expressa para que não restem dúvidas.

3.5.7.3. Espécies

a) objetiva ou real: quando houver modificação no próprio objeto da obrigação. Por exemplo, substitui-se obrigação em dinheiro para obrigação de não fazer;

b) subjetiva ou pessoal: quando houver substituição de um dos sujeitos da obrigação anterior; não se confunde com a cessão de crédito e a assunção de dívida, pois na novação o vínculo anterior é extinto e cria-se um novo. Pode ser:

b1) **ativa:** quando houver substituição do credor, formando-se nova dívida entre devedor e terceiro;

b2) **passiva:** quando houver substituição do devedor. Será chamada novação por expromissão quando o devedor é substituído sem o seu consentimento; se for por ordem do devedor, chama-se delegação, sendo necessária a anuência do credor.

c) mista ou subjetiva-objetiva: quando, ao mesmo tempo, houver substituição do objeto e de algum dos sujeitos da obrigação anterior.

3.5.8. Compensação

3.5.8.1. Conceito

É a extinção das obrigações entre duas pessoas que são, ao mesmo tempo, credora e devedora uma da outra. As obrigações ficam extintas até onde se compensarem. Por exemplo, se "A" deve R$ 1.000,00 a "B" e este, R$ 800 a "A", pela compensação, a segunda obrigação fica extinta, remanescendo uma dívida de R$ 200 de "A" para "B".

3.5.8.2. Espécies

a) Legal: é a que decorre da lei, automaticamente. Nesse caso, o devedor poderá alegar a compensação na contestação (exceção de compensação) ou em embargos do devedor. Por se tratar de questão dispositiva, o juiz não pode pronunciá-la de ofício, salvo em relação a honorários advocatícios fixados na própria sentença;

b) Convencional: é a que decorre da vontade das partes.

3.5.8.3. Requisitos da compensação legal

a) Reciprocidade das obrigações; a exceção é a situação do fiador, que poderá opor compensação de crédito do devedor para com o credor;

b) prestações líquidas e vencidas; dívida prescrita não pode ser oposta, pois, de acordo com o art. 190 do CC, a exceção prescreve no mesmo prazo que a pretensão;

c) coisas fungíveis; ou seja, as coisas a serem compensadas devem ser do mesmo gênero e qualidade.

3.5.8.4. Impedimentos à compensação

Tanto a vontade (impedimento convencional) como a lei (impedimento legal) podem estabelecer restrições à compensação. São casos de impedimento legal:

a) se uma das dívidas provier de furto, roubo ou esbulho (atos ilícitos);

b) se uma das dívidas se originar de comodato (bem infungível), depósito (bem infungível) ou alimentos (crédito incompensável);

c) se uma das dívidas for de coisa não suscetível de penhora (bem fora do comércio);

d) se a compensação se der em prejuízo de terceiros (boa-fé objetiva).

Em relação a débitos fiscais, a legislação especial é que trata do tema.

3.5.9. Confusão

Confusão é a extinção da obrigação pela reunião, em uma única pessoa, das qualidades de credora e devedora na relação jurídica. A confusão pode ser total ou parcial. O processo será extinto, sem julgamento de mérito. Um exemplo é um herdeiro que recebe de herança um crédito contra si mesmo.

3.5.10. Remissão das dívidas

Consiste na exoneração da dívida do devedor, por liberalidade do credor. A lei exige concordância do devedor. Assim, trata-se de negócio jurídico bilateral. A remissão não pode prejudicar terceiros. Se isso ocorrer, pode ser configurada a fraude contra credores. A remissão pode ser expressa, tácita (ex.: quitação total após pagamento parcial) ou presumida (ex.: devolução voluntária do título).

3.6. Inadimplemento das obrigações

3.6.1. Introdução

Nem sempre a obrigação é cumprida como estipulado entre o credor e o devedor. Nesses casos, fala-se em inadimplemento, que pode ser absoluto (ou definitivo) ou relativo (ou mora). Aliás, o descumprimento de deveres acessórios, anexos e instrumentais (decorrentes do princípio da boa-fé objetiva) também podem configurar o inadimplemento.

O **inadimplemento absoluto** *ocorre na hipótese de o credor estar impossibilitado de receber a prestação devida, seja porque é impossível o cumprimento, seja porque a prestação já não lhe é útil*. Será total quando a prestação por inteiro não puder ser cumprida e parcial se apenas uma parte da prestação não puder ser cumprida. O critério para distinguir o inadimplemento absoluto da mora não é só a impossibilidade da prestação. Também ocorre o primeiro quando a prestação já não for útil ao credor. Assim, se o vestido de uma noiva chega após o casamento, não se tem simples mora, mas inadimplemento absoluto. O descumprimento de obrigação de não fazer acarreta, sempre, inadimplemento absoluto, uma vez que não há mais como cumprir o que foi combinado.

O **inadimplemento relativo** *ocorre na hipótese em que ainda for possível e útil a realização da prestação, apesar da inobservância do tempo, do lugar e da forma devidos*. No exemplo anterior, caso o vestido de noiva devesse ser entregue vinte dias antes do casamento, mas isso só ocorrer dez dias antes do evento, estar-se-á diante de mora, não de inadimplemento absoluto. A distinção entre a primeira e o segundo é importante, pois esse enseja cobrança de perdas e danos, sem direito à prestação, ao passo que aquela enseja cobrança de perdas e danos, bem como da própria prestação.

O **inadimplemento culposo** (absoluto ou relativo) faz com que o devedor tenha de responder por perdas e danos, juros, atualização monetária e honorários de advogado (caso tenha sido contratado um). É importante consignar que, na responsabilidade civil contratual ou negocial, a culpa é presumida. Assim, se alguém deixar de cumprir uma obrigação contratual, presume-se que agiu com culpa. Basta o credor fazer a prova do inadimplemento, não sendo necessário que prove algum fato imputável ao devedor. Esse só fica exonerado da responsabilidade se demonstrar alguma excludente, como o caso fortuito ou de força maior ou a culpa exclusiva de terceiro. Já na responsabilidade civil extracontratual subjetiva (culposa), o credor é que tem o ônus da prova da culpa do causador do dano. Nos contratos benéficos ou gratuitos, aquele que pratica a liberalidade só responde se agir com dolo. Assim, na doação pura e simples, o doador só responde pela impossibilidade de entrega da coisa doada caso tenha agido com dolo (ex.: se tiver destruído a coisa).

O **inadimplemento fortuito** não gera, em princípio, obrigação de indenizar. Segundo o art. 393 do CC, o devedor não responde pelos prejuízos resultantes do caso fortuito ou força maior, salvo se expressamente houver por eles se responsabilizado. Assim, só haverá responsabilidade no fortuito se o devedor assumir essa obrigação.

Dívida x responsabilidade: não se deve confundir as duas. A primeira é o elemento pessoal (*Schuld*), ao passo que a segunda, o patrimonial (*Haftung*). Um devedor, enquanto estiver em dia, tem uma dívida. Quando incorrer em inadimplência, passa a ter uma responsabilidade, ou seja, todos os seus bens passam a ser a garantia do pagamento da dívida, salvo bens impenhoráveis. O Direito coloca à disposição do credor meios para que este consiga satisfazer de modo específico seu crédito. Não sendo possível isso, a obrigação converte-se em perdas e danos, ficando o patrimônio do devedor sujeito a esse pagamento.

3.6.2. Mora
3.6.2.1. Conceito

Quanto ao devedor, consiste no não pagamento, e quanto ao credor, na não aceitação do pagamento no tempo, lugar e forma devidos. É importante ressaltar que a diferença entre mora e inadimplemento absoluto é que, na primeira, a obrigação ainda pode ser cumprida.

3.6.2.2. Mora do devedor (mora solvendi ou debitoris)
3.6.2.2.1. Espécies

a) Mora *ex re* (ou de pleno direito): *é aquela em que o fato que a ocasiona está previsto objetivamente na lei*. Assim, a mora é automática. Basta que ocorra o fato para que se configure a mora. Ex.: quando a obrigação tem data de vencimento. O CC estabelece que "o inadimplemento da obrigação, positiva e líquida, no seu termo, constitui de pleno direito em mora o devedor" (art. 397 do CC). Trata-se das chamadas obrigações impuras, em que se aplica a regra do *dies interpellat pro homine*. Outra regra de mora automática é a seguinte: "nas obrigações provenientes de ato ilícito, considera-se o devedor em mora, desde que o praticou" (art. 398 do CC);

b) mora *ex persona* (ou por ato da parte): *é aquela que depende de providência por parte do credor para que se caracterize*. Por exemplo, a que depende de interpelação judicial ou extrajudicial, protesto ou mesmo citação do devedor. Aliás, caso ainda não esteja configurada a mora num dado caso, a citação válida terá sempre esse efeito segundo o art. 240 do CPC. O CC estabelece que "não havendo termo, a mora se constitui mediante interpelação judicial ou extrajudicial" (art. 397, parágrafo único). Trata-se das chamadas obrigações perfeitas, em que, por não haver vencimento, a mora depende de notificação. Mas há casos em que, mesmo havendo termo (vencimento) estabelecido, a lei determina que a mora só se configurará após notificação extrajudicial ou judicial. É o caso dos compromissos de compra de venda e da alienação fiduciária em garantia. Outro exemplo dessa regra está na Súmula 616 do STJ, pela qual "A indenização securitária é devida quando ausente a comunicação prévia do segurado acerca do atraso no pagamento do prêmio, por constituir requisito essencial para a suspensão ou resolução do contrato de seguro". Também é exemplo disso a notificação de uma denúncia vazia (notificação premonitória) em contrato de locação que estiver vigendo por prazo indeterminado, já que, sem essa notificação, não cabe ação de despejo (REsp 1.812.465-MG, DJe 18/05/2020).

Ressalta-se que a cobrança de encargos e parcelas indevidas ou abusivas impede a caracterização da mora do devedor (Enunciado 354 JDC/CJF).

3.6.2.2.2. Pressupostos

a) Exigibilidade da prestação; ou seja, termo vencido ou condição suspensiva implementada;

b) inexecução culposa; assim, se o devedor conseguir provar que a inexecução ocorreu por caso fortuito ou força maior, fica excluída a mora;

c) viabilidade do cumprimento tardio; ou seja, não se estará diante de mora se a inexecução da obrigação tornar inútil ao credor seu cumprimento posterior; nesse caso tem-se inadimplemento absoluto.

Vale observar que a "simples propositura da ação de revisão de contrato não inibe a caracterização da mora do autor" (Súmula 380 do STJ).

3.6.2.2.3. Efeitos

Caracterizada a mora, o credor tem duas opções:

a) exigir o cumprimento da obrigação, mais o pagamento de todos os prejuízos que a mora causar, incluindo perdas e danos, juros, atualização monetária e honorários de advogado;

b) enjeitar a prestação, exigindo a satisfação de todas as perdas e danos, caso a prestação, devido à mora, tornar-se inútil aos seus interesses.

Obs.: estando o devedor em mora, esse responderá, inclusive, pela impossibilidade da prestação. Trata-se do efeito que a doutrina chama de perpetuação da obrigação (*perpetuatio obligationis*). O devedor responde mesmo que a impossibilidade decorra de caso fortuito ou de força maior. Só não responderá se provar que o dano teria ocorrido mesmo que tivesse cumprido a prestação a termo (*exceção de dano inevitável*).

3.6.2.3. Mora do credor (mora accipiendi ou credendi)

3.6.2.3.1. Pressupostos

a) Vencimento da obrigação; o credor não é obrigado a receber antes do tempo; todavia, se o vencimento já tiver ocorrido e o credor não quiser receber, estará configurada sua mora, independentemente de culpa do credor; se não houver vencimento, o devedor deverá notificar para constituição em mora;

b) efetiva oferta da prestação pelo devedor ao credor;

c) recusa injustificada em receber; assim, não se configura a mora se o credor tem justo motivo para não aceitar o pagamento, como no caso de haver diferença entre o que deveria ser cumprido e o que é oferecido.

Obs.: o ônus da prova da mora do credor é do devedor. É por isso que o devedor deve propor ação de consignação em pagamento, exonerando-se da obrigação e evitando a incidência de penalidades e indenizações.

3.6.2.4. Purgação da mora

É a atitude voluntária da parte que tem por finalidade sanar o cumprimento defeituoso da obrigação pelo seu efetivo adimplemento. O devedor em mora deve oferecer a prestação mais a importância dos prejuízos decorrentes do dia da oferta. O credor em mora deve oferecer o recebimento, sujeitando-se aos efeitos da mora até a mesma data.

3.6.3. Perdas e danos. Características

a) Incidem quando há inadimplemento obrigacional;

b) dependem da existência de dano;

c) incluem os *danos emergentes* (o que efetivamente se perdeu) e os *lucros cessantes* (o que razoavelmente se deixou de lucrar);

d) incluem os danos materiais (ou patrimoniais) e os danos morais (ou de natureza extrapatrimonial);

e) só incluem os prejuízos efetivos e os lucros cessantes por efeito direto e imediato (nexo de causalidade entre os danos sofridos pelo credor e o inadimplemento do devedor);

f) quando se trata de dívida em dinheiro, as perdas e danos incluem os *danos emergentes* (a própria prestação + atualização monetária + custas e honorários de advogado) e os *lucros cessantes* (juros de mora); o juiz pode conceder *indenização suplementar*, quando for provado que os juros de mora não cobrem o prejuízo e não houver pena convencional;

g) os juros de mora são contados desde a citação; isso não ocorre nas indenizações por ato ilícito e nos casos de mora *ex re*.

Acerca dos lucros cessantes, o STJ decidiu que "o atraso na entrega do imóvel enseja pagamento de indenização por lucros cessantes durante o período de mora do promitente vendedor, sendo presumido o prejuízo do promitente comprador" (EREsp 1.341.138-SP, DJe 22.05.2018).

3.6.4. Juros legais

A lei usa a expressão juros legais no capítulo que trata dos juros moratórios. Como se sabe, juros moratórios são aqueles que têm caráter indenizatório pelo retardamento no cumprimento da obrigação. Esses juros também têm caráter punitivo. Não se deve confundir os juros moratórios com os juros remuneratórios (ou compensatórios). Esses são devidos como forma de remunerar o capital emprestado (ex.: taxa de juros do cheque especial). A lei estabelece as seguintes regras para os juros moratórios:

a) as partes podem convencionar os juros moratórios no percentual de até 12% ao ano;

b) se as partes não convencionarem os juros moratórios, estes serão fixados "segundo a taxa que estiver em vigor para a mora do pagamento de impostos devidos à Fazenda Nacional", ou seja, segundo a taxa Selic; o STJ vem entendendo que se aplica a taxa Selic, não incidindo, cumulativamente, correção monetária, uma vez que ela já embute essa correção (EResp 727.842/SP, DJ 20.11.2008).

c) ainda que não se alegue prejuízo, o devedor é obrigado ao pagamento de juros moratórios, inclusive quando não se deve dinheiro, fixando-se, nesse caso, valor pecuniário para o cálculo dos juros devidos.

3.6.5. Cláusula penal

3.6.5.1. Conceito

É a obrigação acessória que incide caso uma das partes deixe de cumprir a obrigação principal. Por exemplo, fixa-se o pagamento de uma multa de 10% caso o aluguel não seja pago em dia. Decorre de convenção entre as partes. Essa cláusula pode ser estipulada tanto para a mora como para o inadimplemento absoluto.

3.6.5.2. Finalidades

a) **meio de coerção:** trata-se incentivo ao fiel cumprimento da obrigação;

b) **prefixação de perdas e danos:** ou seja, independentemente de provar a existência de danos, o credor pode exigi-la do devedor em caso de não cumprimento da obrigação.

3.6.5.3. Indenização suplementar

Como regra, a cláusula penal é *substitutiva* (ou *disjuntiva*), ou seja, o credor não poderá pedir indenização suplementar. Todavia, caso haja previsão de que a cláusula penal é apenas uma indenização mínima, o credor poderá pedir a complementação, hipótese em que teremos a *clausula penal cumulativa*.

Amenizando um pouco a regra, o Enunciado 430 das Jornadas de Direito Civil entende que, em se tratando de contrato de adesão, não há necessidade de convenção prevendo a possibilidade de indenização suplementar caso o valor do dano supere o valor da cláusula penal. Nesse sentido, confira: "art. 416, parágrafo único: no contrato de adesão, o prejuízo comprovado do aderente que exceder ao previsto na cláusula penal compensatória poderá ser exigido pelo credor independentemente de convenção".

Por sua vez, o STJ lembra que "a doutrina amplamente majoritária anota a natureza eminentemente indenizatória da cláusula penal moratória quando fixada de maneira adequada. Diante desse cenário, havendo cláusula penal no sentido de prefixar, em patamar razoável, a indenização, não cabe a cumulação posterior com lucros cessantes" (REsp 1.498.484-DF, DJe 25/06/2019).

3.6.5.4. Espécies

a) compensatória: *é a estipulada para a hipótese de total inadimplemento da obrigação*; nesse caso, o credor só poderá exigir a multa, uma vez que a prestação já não pode mais ser cumprida;

b) moratória ou compulsória: *é a estipulada para evitar o retardamento culposo no cumprimento da obrigação ou para dar segurança especial a uma cláusula determinada*; nesse caso, o credor poderá exigir a prestação e a multa.

3.6.5.5. Limites da cláusula penal

a) valor: a multa não pode exceder o valor da obrigação principal, ou seja, seu valor máximo é de 100%. Já no CDC, a multa é de até 2% sobre o valor da prestação no fornecimento de crédito; a Lei de Usura limita a multa em 10% para os contratos de mútuo; a legislação que regula compromissos de compra e venda de imóveis também a limita em 10%; em relação às despesas de condomínio, a taxa máxima é de 2%;

b) redução equitativa: se a obrigação principal tiver sido cumprida em parte, ou se o montante da penalidade for manifestamente excessivo, a penalidade deve ser reduzida equitativamente pelo juiz (art. 413 do CC).

3.6.6. Arras ou sinal

3.6.6.1. Conceito

É o bem entregue por um dos contratantes a outro como confirmação do contrato e princípio de pagamento. Trata-se de pacto acessório e contrato real (só se aperfeiçoa com a entrega do dinheiro ou da coisa).

3.6.6.2. Espécies

a) confirmatórias: *são as utilizadas para confirmar o negócio*. Se quem pagar as arras desistir do contrato, ficará sem elas em favor da outra parte. Já se quem recebeu as arras desistir do contrato, deverá devolvê-las em dobro, com atualização monetária, juros e honorários de advogado. As arras confirmatórias servem de prefixação das perdas e danos. Se os prejuízos superarem seu valor, pode-se pedir indenização suplementar;

b) penitenciais: *são as utilizadas para a prefixação das perdas e danos, no caso de qualquer das partes desistir do contrato*. A regra é igual à das arras confirmatórias. A diferença é que aqui não cabe pedido de indenização suplementar.

4. DIREITO DOS CONTRATOS

4.1. Conceito, natureza jurídica, existência, validade, eficácia, formação, estipulação em favor de terceiro e promessa por fato de terceiro e contrato com pessoa a declarar

4.1.1. Conceito de contrato

Contrato *é o acordo de vontades para o fim de adquirir, resguardar, modificar ou extinguir direitos*, conforme lição de Clóvis Bevilaqua. Trata-se de uma das fontes humanas geradoras de obrigações. As outras são: a) as declarações unilaterais da vontade; b) os atos ilícitos. Esse conceito abrange tanto os contratos principais como os acessórios. O Direito Romano distinguia *contrato* de *convenção*. Essa era o gênero, que tinha como espécies o *contrato* e o *pacto* (hoje chamado contrato acessório).

4.1.2. Natureza jurídica do contrato

O contrato tem a seguinte natureza jurídica:

a) é fato jurídico (e não fato simples), pois o contrato é um acontecimento que gera *efeitos jurídicos*;

b) é fato jurídico em sentido amplo (e não fato jurídico em sentido estrito), pois o contrato é um fato jurídico *humano* e não da natureza;

c) é ato lícito (e não ato ilícito), pois o contrato produz efeitos *desejados* pelo agente;

d) é negócio jurídico (e não ato jurídico em sentido estrito), pois o contrato tem *fim negocial*, de regulamentar uma dada situação, não se tratando de mera intenção, como a escolha de um domicílio;

f) é negócio jurídico bilateral ou plurilateral (e não negócio jurídico unilateral), pois a *formação* de um contrato depende de mais de uma vontade, e não de apenas uma, como o testamento.

4.1.3. Existência, validade e eficácia

O negócio jurídico pode ser avaliado em três planos: da existência, da validade e da eficácia.

O **plano da existência** analisa os requisitos necessários para a *formação* do contrato. Não preenchidos quaisquer dos elementos de existência do contrato, o acontecimento sequer tem repercussão na esfera jurídica. Por exemplo, se uma pessoa não autoriza outra a prestar um serviço de manutenção de seu carro, o contrato respectivo não se formou, não existe na esfera jurídica.

O **plano da validade** analisa os requisitos necessários para que o contrato *não sofra as sanções* de nulidade ou de anulabilidade, sanções essas que podem impedir que o contrato produza efeitos.

O **plano da eficácia** analisa os momentos em que o contrato regular *inicia e termina a produção de seus efeitos*.

4.1.3.1. Elementos de existência do contrato

4.1.3.1.1. Exteriorização de vontade

Consiste na manifestação de vontade expressa ou tácita. A manifestação expressa *é aquela exteriorizada de modo inequívoco*. Pode ser verbal, escrita ou gestual. A manifestação tácita *é aquela que decorre de um comportamento*. Por exemplo, uma pessoa recebe uma proposta para ganhar um bem em doação e, sem nada dizer, recolhe o imposto de transmissão de bens, aceitando tacitamente a doação.

4.1.3.1.2. Acordo de vontades (consentimento)

Consiste na coincidência de vontades no sentido da formação do contrato. Assim, para existir um contrato, não basta a exteriorização de uma vontade. São necessárias duas vontades coincidentes. Não se admite, portanto, a existência do autocontrato ou contrato consigo mesmo. O que pode haver é que um mandatário celebre contrato figurando, de um lado, em nome do mandante e, de outro, em nome próprio. Por exemplo, "A" celebra um contrato com "B", sendo que "A" recebeu uma procuração de "B" para atuar em nome desse. Não é sempre que o Direito autoriza uma situação dessas. O art. 117 do CC, inclusive, dispõe que, "salvo se o permitir a lei ou o representado, é anulável o negócio jurídico que o representante, no seu interesse ou por conta de outrem, celebrar consigo mesmo".

4.1.3.1.3. Finalidade negocial

Consiste na vontade de regulamentar uma dada relação jurídica, o que difere da simples intenção manifestada por uma determinada vontade. Assim, quem celebra um contrato de compra e venda busca regulamentar uma dada relação jurídica, celebrando um *negócio jurídico*. Já aquele que muda de domicílio manifesta apenas uma intenção, sem buscar a regulamentação de uma relação jurídica em especial.

4.1.3.1.4. Apreciação pecuniária

Consiste na existência de um elemento econômico no acordo de vontades. A patrimonialidade é considerada, pela doutrina, como ínsita a todo e qualquer tipo de contrato, ainda que existente apenas no caso de descumprimento do dever principal.

4.1.3.1.5. Elementos especiais

Há determinados contratos que exigem, para sua formação, a presença de outros elementos. É o caso dos contratos reais, que exigem, para a sua existência, a entrega da coisa. Por exemplo, o mútuo (empréstimo de coisa fungível) só passa a existir quando há tradição.

4.1.3.2. Pressupostos de validade do contrato

4.1.3.2.1. Vontade livre

Consiste na vontade externada sem vícios. O pressuposto não é preenchido, por exemplo, se a vontade resulta de erro, dolo ou coação, situações em que o contrato será considerado anulável (art. 171, II, CC).

4.1.3.2.2. Capacidade das partes

Consiste na aptidão genérica para, pessoalmente, praticar os atos da vida civil. O incapaz, para que seja parte de um contrato válido, deve ser assistido (se relativamente incapaz) ou representado (se absolutamente incapaz), sob pena de o ato ser anulável (art. 171, I, do CC) ou nulo (art. 166, I, do CC), respectivamente.

4.1.3.2.3. Legitimação das partes

Consiste na aptidão específica para a prática de certos atos da vida civil. O cônjuge que aliena bem imóvel sem a anuência de seu consorte, salvo no regime de separação absoluta, não tem legitimação. O ato por ele praticado é considerado anulável (art. 1.647, I, c/c art. 1.649, do CC).

4.1.3.2.4. Obediência à forma, quando prescrita em lei

Trata-se de requisito que só incidirá se houver forma imposta por lei. Se a lei civil nada dispuser sobre a forma, essa será de livre escolha das partes. Normalmente, um contrato de compra e venda de móvel não requer forma especial; já um contrato de compra e venda de imóvel sempre requer forma especial, no caso a forma escrita. Aliás, se o imóvel for de valor superior a 30 salários mínimos, a forma é ainda mais especial, uma vez que é exigida escritura pública. A desobediência à forma torna o contrato nulo (art. 166, IV, do CC), salvo se se tratar de forma estabelecida em lei apenas para efeito probatório.

4.1.3.2.5. Objeto lícito, possível e determinável

Tanto o objeto *imediato*, ou seja, a obrigação de dar, fazer ou não fazer, como o objeto *mediato* da obrigação, isto é, o bem econômico sobre o qual ele recai (coisa ou serviço), devem respeitar tais imposições. **Objeto lícito** *é aquele que não atenta contra a ordem jurídica como um todo*. Um exemplo de contrato com objeto ilícito é o contrato de sociedade para a exploração de prostituição. **Objeto possível juridicamente** *é aquele que não está proibido expressamente pela lei*. Um exemplo de contrato impossível juridicamente é o que trata de herança de pessoa viva (art. 426 do CC). **Objeto determinável** *é aquele indicado ao menos pelo gênero e pela quantidade*. O contrato com objeto ilícito, impossível ou indeterminável é considerado nulo (art. 166, II, do CC).

4.1.3.2.6. Inexistência de configuração de outras hipóteses legais de ato anulável ou nulo

Além dos casos mencionados, a lei estabelece outras hipóteses que geram invalidade. São exemplos de ato anulável os casos de **fraude contra credores** (arts. 158 e ss. do CC) e de ato nulo os **contratos que tiverem como objetivo fraudar lei imperativa** (ex.: contratos que violarem o princípio da função social) e os que **a lei taxativamente declarar nulo, ou proibir a sua prática, sem cominar sanção** (art. 166, VI e VII, do CC).

4.1.3.3. Pressupostos de eficácia do contrato

4.1.3.3.1. Inexistência de termo suspensivo pendente

Termo suspensivo *é o evento futuro e certo que condiciona o início dos efeitos do contrato*. Por exemplo, um contrato de locação que traz uma cláusula estabelecendo que o locatário só poderá adentrar ao imóvel após dez dias de sua celebração.

4.1.3.3.2. Inexistência de condição suspensiva pendente

Condição suspensiva *é o evento futuro e incerto que condiciona o início dos efeitos do contrato*. Por exemplo, um contrato de doação que prevê que o donatário só será proprietário da coisa se vier a se casar com determinada pessoa.

4.1.4. Formação dos contratos

4.1.4.1. Introdução

Antes de se formar, o contrato passa por uma fase, a fase pré-contratual, que também é chamada de fase de puntuação, de tratativas ou de negociações preliminares. Em seguida, as partes podem fazer um contrato preliminar (que é aquele que acerta a celebração de um contrato futuro), podem fazer um contrato definitivo ou podem não fazer contrato algum.

Portanto, há de se separar bem três situações: a) fase de negociações preliminares à formação do contrato; b) contrato preliminar; c) contrato definitivo.

A fase de negociações preliminares não gera, como regra, obrigações entre aqueles que negociam. Todavia, a doutrina e a jurisprudência evoluíram no sentido de dar mais responsabilidade aos envolvidos nessa fase. Com base no princípio da boa-fé, vem se entendendo que, se na fase das negociações preliminares forem criadas fortes expectativas em um dos negociantes, gerando inclusive despesas de sua parte, o outro negociante deverá responder segundo a chamada responsabilidade pré-contratual, instituto jurídico que se aplica apenas à fase de negociações preliminares, daí o nome "pré-contratual". Nesse sentido, vale transcrever trecho da obra de Maria Helena Diniz sobre o assunto: "todavia, é preciso deixar bem claro que, apesar de faltar obrigatoriedade aos entendimentos preliminares, pode surgir, excepcionalmente, a responsabilidade civil para os que deles participam, não no campo da culpa contratual, mas no da aquiliana. Portanto, apenas na hipótese de um dos participantes criar no outro a expectativa de que o negócio será celebrado, levando-o a despesas, a não contratar com terceiro ou a alterar planos de sua atividade imediata, e depois desistir, injustificada e arbitrariamente, causando-lhe sérios prejuízos, terá, por isso, a obrigação de ressarcir todos os danos. Na verdade, há uma responsabilidade pré-contratual, que dá certa relevância jurídica aos acordos preparatórios, fundada não só no princípio de que os interessados deverão comportar-se de boa-fé, prestando informações claras e adequadas sobre as condições do negócio (...), mas também nos arts. 186 e 927 do Código Civil, que dispõem que todo aquele que, por ação ou omissão, dolosa ou culposa, causar prejuízo a outrem fica obrigado a reparar o dano" (*Curso de Direito Civil Brasileiro*, vol. 3, 26ª ed., São Paulo: Saraiva, p. 42, 2010).

Nada obstante, entre a fase de tratativas e a celebração do contrato em si, há atos com consequência jurídica relevante. Tais atos são a "oferta" e a "aceitação", essenciais à formação do contrato.

4.1.4.2. Oferta, proposta ou policitação

A oferta pode ser **conceituada** como *a declaração de vontade pela qual o proponente (policitante) leva ao conhecimento do oblato os termos para a conclusão de um contrato*.

Para que vincule, a oferta deve ter os seguintes **requisitos**:

a) seriedade: não pode ser brincadeira;

b) clareza: não pode ser ambígua;

c) completude: deve indicar todos os aspectos essenciais do contrato (preço e coisa);

d) com destinatário: deve ser dirigida a alguém ou ao público.

O **efeito** da oferta é *obrigar* o proponente aos seus termos, **salvo se**:

a) o contrário dela resultar;

b) a natureza ou as circunstâncias levarem a outra conclusão;

c) seus termos evidenciarem a falta de obrigatoriedade.

Ademais, a oferta **deixa de ser obrigatória** nos seguintes casos (art. 428 do CC):

a) *se feita sem prazo à pessoa presente, não for imediatamente aceita*; considera-se presente a pessoa que contrata por telefone ou outro meio semelhante; cuidado, pois, no CDC, o orçamento, caso não estipule prazo de validade, terá prazo de 10 dias;

b) *se feita sem prazo a pessoa ausente, tiver decorrido tempo suficiente para chegar a resposta ao conhecimento da outra parte (prazo moral)*; é exemplo de ausência a oferta feita por e-mail ou correspondência;

c) *se feita com prazo a pessoa ausente, não tiver sido expedida a resposta no tempo estipulado*;

d) *se houver retratação anterior ou simultânea à chegada da proposta ao conhecimento da outra parte*.

4.1.4.3. Aceitação

A aceitação pode ser **conceituada** como *a adesão integral do oblato à proposta formulada*.

Para que a aceitação leve à formação do contrato são necessários os seguintes **requisitos** (arts. 431 e 432 do CC):

a) deve ser expedida no prazo;

b) não deve conter adições, restrições ou modificações;

c) deve ser expressa.

A aceitação **tácita** só se admite se há costume entre as partes (art. 111 do CC) ou nos casos legais (ex.: silêncio do donatário em face de doação oferecida por alguém – art. 539 do CC).

Uma vez que a aceitação foi feita cumprindo os requisitos legais, seu **efeito** jurídico será a criação do vínculo contratual.

No entanto, o vínculo não será criado nos seguintes casos:

a) se houver retratação (art. 433 do CC); nesse caso, a retratação deve chegar ao conhecimento do proponente junto ou antes da aceitação;

b) se, embora expedida a tempo, por motivo imprevisto, a aceitação chegar tarde ao conhecimento do proponente (ex.: por problema nos correios), conforme art. 430 do CC; nesse caso, o proponente ficará liberado, mas deverá comunicar imediatamente o fato ao aceitante, sob pena de responder por perdas e danos.

4.1.4.4. Teorias sobre o momento da conclusão dos contratos entre ausentes

De acordo com o **sistema da informação (ou cognição)**, o contrato se forma no momento em que o policitante toma conhecimento da aceitação pelo oblato. O problema é que nunca se sabe exatamente quando isso ocorre.

Já o sistema da **agnição (declaração)** contempla as seguintes **espécies**:

a) declaração propriamente dita: o contrato se forma assim que se faz a declaração de aceitação, ou seja, assim que o oblato escreve a resposta com a aceitação; o problema é que essa resposta pode ser rasgada logo em seguida;

b) recepção: o contrato se forma no momento em que o proponente recebe a declaração de aceitação; também é complicada essa espécie, pois não há como o aceitante ter certeza do momento em que o proponente recebe a declaração de aceitação;

c) expedição: o contrato se forma no momento em que a declaração de aceitação é expedida; essa espécie é mais aceita, pois traz um dado mais objetivo; ademais, está prevista expressamente no *caput* do art. 434 do CC.

Porém, os contratos não se formarão nos seguintes casos (art. 434 do CC):

a) se houver retratação da aceitação;

b) se for estipulado prazo para chegar à aceitação e essa não chegar;

c) se for estipulado que o proponente deseja esperar a resposta (recepção).

Quanto ao contrato eletrônico, não há previsão expressa a respeito no Código Civil. Porém, a doutrina aponta que ele se forma com a recepção (Enunciado JDC/CJF 173).

4.1.5. Estipulação em favor de terceiro (arts. 436 a 438 do CC)

A estipulação em favor de terceiro pode ser **conceituada** como *o contrato pelo qual uma pessoa (estipulante) convenciona em seu próprio nome com outra (promitente) uma obrigação a ser prestada em favor de terceiro (beneficiário).*

São exemplos desse contrato o seguro de vida, a doação com encargo em favor de terceiro e os divórcios consensuais, nos quais se fazem estipulações em favor de filhos.

Esse contrato tem as seguintes características:

a) é uma exceção ao princípio da relatividade dos contratos;

b) contraentes devem ter capacidade de fato, mas, quanto aos beneficiários, basta que tenham capacidade de direito e legitimação (ex.: o concubino de alguém casado não tem legitimidade para ser beneficiário de contrato de seguro estipulado por esse);

c) o estipulante pode substituir o beneficiário, ou seja, o terceiro designado no contrato, independentemente da sua anuência e da do outro contratante;

d) o estipulante pode exigir o cumprimento da obrigação estipulada em favor de terceiro;

e) ao terceiro, em favor de quem se estipulou a obrigação, também é permitido exigi-la, ficando, todavia, sujeito às condições e normas do contrato, se a ele anuir.

4.1.6. Promessa de fato de terceiro (arts. 439 e 440 do CC)

A promessa de fato de terceiro pode ser **conceituada** como *o contrato pelo qual uma das partes se compromete a conseguir o consentimento de terceiro para a prática de um ato.*

Um **exemplo** desse tipo de promessa é uma produtora de eventos prometer que um cantor fará um show.

O **objeto** desse tipo de contrato é a *obrigação de conseguir o consentimento do outro*. Trata-se, então, de obrigação de *fazer*, do tipo obrigação de *resultado*.

O **descumprimento** do contrato pelo promitente gera perdas e danos. Não é possível fazer execução específica, pois é uma obrigação que envolve ato de terceiro, não havendo como obrigar o terceiro a cumprir o que não acertou.

Todavia, o promitente não terá de arcar com perdas e danos nos seguintes casos:

a) se a prestação se tornar impossível (ex.: pelo falecimento do cantor);

b) se o promitente tiver se obrigado a conseguir a anuência de seu cônjuge e, por conta do descumprimento, o cônjuge ficar sujeito ao pagamento das perdas e danos (ex.: promitente promete conseguir que a esposa assine contrato de fiança).

Quanto à situação do **terceiro**, há duas possibilidades:

a) num primeiro momento, o terceiro não tem obrigação alguma, pois não prometeu nada a ninguém;

b) porém, caso o terceiro venha a anuir com a promessa feita pelo promitente, o terceiro passa a ser devedor único, ao passo que o promitente, devedor primário, ficará liberado.

4.1.7. Contrato com pessoa a declarar (arts. 467 a 471 do CC)

O contrato com pessoa a declarar pode ser **conceituado** como *o contrato pelo qual uma pessoa (nomeante) reserva-se a faculdade de indicar outra (nomeado) para adquirir os direitos e assumir as obrigações respectivas.*

Esse contrato é muito comum em leilões de objeto de grande valor. Nesses casos, o verdadeiro comprador, não querendo revelar sua identidade, combina que uma outra pessoa irá fazer os lances e arrematar a coisa, podendo, depois, indicar o verdadeiro comprador para a assinatura dos documentos definitivos.

Em matéria de compromisso de compra e venda esse tipo de cláusula também é comum. Por exemplo, alguém faz um compromisso de compra e venda para comprar um terreno e consegue uma cláusula contratual pela qual o promitente vendedor, uma vez pagas todas as parcelas, deverá passar o imóvel em nome do compromissário comprador ou em nome de pessoa por esse indicada. Tal também ocorre quando um particular vende um carro numa loja de veículos, ficando estipulado que o carro será passado para o nome da pessoa indicada pela loja de automóveis. Nesses dois últimos exemplos, esse tipo de cláusula é utilizada para diminuir despesas com tributos e outras obrigações.

Essa **indicação deve ser comunicada** à outra parte no prazo de cinco dias da conclusão do contrato se outro não tiver sido estipulado.

A **aceitação** da pessoa nomeada deve cumprir os seguintes **requisitos**: a) deve ser expressa; b) deve se revestir da mesma forma que as partes usaram para o contrato originário.

Uma vez **aceita a nomeação**, a pessoa nomeada adquire os direitos e assume as obrigações decorrentes do contrato, a partir do momento em que esse foi celebrado, ou seja, a aceitação **retroage** à data do contrato originário.

Porém, se a **nomeação não for aceita**, o contrato **permanece** entre os contratantes originários.

Aliás, o contrato permanecerá entre contratantes originários nos seguintes casos:

a) se não houver indicação (nomeação) de alguma pessoa no prazo fixado;

b) se não houver aceitação pelo nomeado;

c) se for indicado um incapaz;

d) se for indicado um insolvente no momento da nomeação.

4.2. Princípios dos contratos

4.2.1. Princípio da autonomia da vontade

É aquele que assegura a liberdade de contratar, consistente na escolha entre celebrar ou não um contrato e na faculdade de escolher com quem, o que e como contratar.

A Lei 13.874/2019 (Lei da Liberdade Econômica) introduziu um novo dispositivo para reforçar o princípio da autonomia da vontade, criando uma presunção relativa de paridade e simetria nos contratos civis empresariais, com o nítido objetivo de frear o exagero nas modificações contratuais judiciais com base em outros princípios do CC. Confira:

"Art. 421-A. Os contratos civis e empresariais presumem-se paritários e simétricos até a presença de elementos concretos que justifiquem o afastamento dessa presunção, ressalvados os regimes jurídicos previstos em leis especiais, garantido também que:

I – as partes negociantes poderão estabelecer parâmetros objetivos para a interpretação das cláusulas negociais e de seus pressupostos de revisão ou de resolução;

II – a alocação de riscos definida pelas partes deve ser respeitada e observada; e

III – a revisão contratual somente ocorrerá de maneira excepcional e limitada."

4.2.2. Princípio da força obrigatória (obrigatoriedade, intangibilidade)

É aquele pelo qual o contrato faz lei entre as partes. Esse princípio decorre do anterior e estabelece a ideia de *pacta sunt servanda*. Em virtude dele, as partes são obrigadas a cumprir o combinado e não podem modificar unilateralmente o contrato.

4.2.3. Princípio da relatividade

É aquele pelo qual os efeitos dos contratos só são produzidos entre as partes. Decorre do princípio da autonomia da vontade.

4.2.4. Princípio da função social dos contratos

Aquele que só legitima e protege contratos que objetivam trocas úteis, justas e não prejudiciais ao interesse coletivo. Na lei, essa ideia decorre do artigo 421, *caput*, do CC: "A liberdade contratual será exercida nos limites da função social do contrato". Tal princípio é inspirado na diretriz de sociabilidade do atual Código Civil, que, traduzida para o plano contratual, impõe que o ele seja instrumento de adequado convívio social.

A Lei 13.874/2019 (Lei da Liberdade Econômica) inseriu um parágrafo no art. 421, com o objetivo de frear o exagero nas modificações contratuais judiciais com base nesse princípio. Confira a regra: "Nas relações contratuais privadas, prevalecerão o princípio da intervenção mínima e a excepcionalidade da revisão contratual"

Dessa forma, há de se casar a ideia de que os contratos precisam ser úteis, justos e não prejudiciais aos contratantes, como a ideia de que o Judiciário deve intervir num contrato apenas quando estritamente necessário ("intervenção mínima" e "excepcionalidade da revisão contratual"). Na verdade, o princípio da autonomia da vontade já era suficiente para concluirmos que a intervenção judicial deveria ser excepcional, mas a lei hoje é explícita nesse sentido.

Consequências do princípio:

a) Os contratos devem ser **úteis**, ou seja, devem ser de interesse das partes. Assim, não é útil o contrato que estabelece a venda casada, em que um comerciante, por exemplo, é obrigado a adquirir cervejas e refrigerantes, quando seu interesse é apenas adquirir refrigerantes;

b) os contratos devem ser **justos**, ou seja, devem ser equilibrados. O contrato deve ser meio de negociação sadia de interesses e não meio de opressão. As cláusulas não podem ser abusivas, leoninas. Esse princípio impõe respeito à solidariedade, à justiça social e à dignidade da pessoa humana. Assim, não é justo o contrato que estabelece prestações exageradas ou desproporcionais, como, por exemplo, o contrato que estabelece que um contratante fica exonerado de qualquer responsabilidade pelo serviço prestado ou que estabelece que o comprador deve renunciar à indenização por benfeitorias necessárias que fizer no imóvel que tiver de ser devolvido.

c) os contratos devem **respeitar o interesse coletivo**, ou seja, não podem prejudicar os interesses difusos e coletivos, tais como o direito ao meio ambiente ecologicamente equilibrado. O próprio art. 170 da CF dispõe que um dos princípios da ordem econômica é a defesa do meio ambiente. A ideia central aqui é a promoção de um *desenvolvimento sustentável*.

O juiz, diante dessa cláusula geral, deverá se valer das *regras de experiência* e das *conexões sistemáticas*, ou seja, da utilização de regras previstas em outros diplomas legislativos que estabeleçam valores concernentes ao equilíbrio contratual.

Caso um juiz se depare com uma situação que fere frontalmente esse princípio, ele deve em primeiro lugar buscar corrigir essa situação intervindo o mínimo possível no contrato. Mas, no limite, é possível modificar cláusulas contratuais, anular cláusulas contratuais, anular o próprio contrato, sem prejuízo de estipular ressarcimentos e indenizações.

4.2.5. Princípio da boa-fé objetiva

Aquele que impõe aos contratantes guardar em todas as fases que envolvem o contrato o respeito à lealdade.

Consequências do princípio:

a) Os contratantes devem ser **leais**, ou seja, devem agir com honestidade, retidão, respeito, cuidado e probidade.

b) deve-se analisar a conduta dos contratantes segundo os parâmetros da **boa-fé objetiva**, ou seja, o que se entende como atitude de boa-fé na sociedade. Trata-se da concepção ética de boa-fé e não da concepção individual, subjetiva, de boa-fé. Assim, não se verifica o que pensa um dos contratantes sobre o que é agir de boa-fé. Verifica-se o que pensa a sociedade sobre isso. O juiz, diante dessa cláusula geral, também deverá se valer das *regras de experiência* e das *conexões sistemáticas*, ou seja, da utilização de regras previstas em outros diplomas legislativos que estabeleçam valores concernentes à boa-fé.

Exemplo de aplicação prática do princípio é o trazido no Enunciado 432 das Jornadas de Direito Civil, *in verbis*: "art. 422: Em contratos de financiamento bancário, são abusivas cláusulas contratuais de repasse de custos administrativos (como análise do crédito, abertura de cadastro, emissão de fichas de compensação bancária etc.), seja por estarem intrinsecamente vinculadas ao exercício da atividade econômica, seja por violarem o princípio da boa-fé objetiva".

O princípio se aplica desde a fase das tratativas contratuais, passando pela fase de celebração, execução, extinção e até após o contrato. E o juiz também usará o princípio para interpretar, corrigir e até declarar nulas uma cláusula contratual ou todo o contrato se, depois de todo esforço interpretativo, não puder mantê-lo.

O princípio da boa-fé objetiva também é fundamentado, hoje, na imposição de reparação de danos originados na fase pré-contratual. Com efeito, quando pessoas estão em tratativas para celebrar um contrato, mas tal tratativa é de tal monta que gera expectativa legítima de que o contrato vá ser concluído, havendo rompimento das tratativas e prejuízo material a alguma das partes, de rigor, em homenagem ao princípio da boa-fé objetiva, o reconhecimento da responsabilidade civil em desfavor da parte infratora.

O princípio da boa-fé objetiva também faz com que fique vedado às partes comportamento contraditório, ou seja, o chamado *venire contra factum proprium*, fazendo valer o dever de confiança e lealdade entre as partes.

O STJ entendeu não ser aplicável o instituto como forma de exoneração das responsabilidades contratuais da seguradora pelo fato de o segurado estar embriagado. Confira a Súmula 620, pela qual "A embriaguez do segurado não exime a seguradora do pagamento da indenização prevista em contrato de seguro de vida".

4.3. Classificação dos contratos

4.3.1. Quanto aos efeitos (ou quanto às obrigações)

4.3.1.1. Contratos unilaterais

São aqueles em que há obrigações para apenas uma das partes. São exemplos a doação pura e simples, o mandato, o depósito, o mútuo (empréstimo de bem fungível – dinheiro, p. ex.) e o comodato (empréstimo de bem infungível). Os três últimos são unilaterais, pois somente se formam no instante em que há entrega da coisa (são contratos reais). Entregue o dinheiro, por exemplo, no caso do mútuo, esse contrato estará formado e a única parte que terá obrigação será o mutuário, a de devolver a quantia emprestada (e pagar os juros, se for mútuo feneratício).

4.3.1.2. Contratos bilaterais

São aqueles em que há obrigações para ambos os contratantes. Também são chamados de sinalagmáticos. A expressão "sinalagma" confere a ideia de reciprocidade às obrigações. São exemplos a prestação de serviços e a compra e venda.

4.3.1.3. Contratos bilaterais imperfeitos

São aqueles originariamente unilaterais, que se tornam bilaterais por uma circunstância acidental. São exemplos o mandato e o depósito não remunerados. Assim, num primeiro momento, o mandato não remunerado é unilateral (só há obrigações para o mandatário), mas, caso esse incorra em despesas para exercê-lo, o mandante passará também a ter obrigações, no caso a de ressarcir o mandatário.

4.3.1.4. Contratos bifrontes

São aqueles que originariamente podem ser unilaterais ou bilaterais. São exemplos o mandato e o depósito. Se for estipulada remuneração em favor do mandatário ou do depositário, estar-se-á diante de contrato bilateral, pois haverá obrigações para ambas as partes. Do contrário, será unilateral, pois haverá obrigações apenas para o mandatário ou para o depositário.

Importância da classificação: a classificação é utilizada, por exemplo, para distinguir contratos em que cabe a exceção de contrato não cumprido. Apenas nos contratos bilaterais é que uma parte pode alegar a exceção, dizendo que só cumpre a sua obrigação após a outra cumprir a sua. Nos contratos unilaterais, como só uma das partes tem obrigações, o instituto não se aplica. Isso vale tanto para a inexecução total (hipótese em que se alega a *exceptio non adimplecti contractus*) como para a inexecução parcial (hipótese em que se alega a *exceptio non rite adimplecti contractus*), previstas no art. 476 do CC, e ainda para a exceção de insegurança, prevista no art. 477 do CC.

4.3.2. Quanto às vantagens

4.3.2.1. Contratos gratuitos

São aqueles em que há vantagens apenas para uma das partes. Também são chamados de benéficos. São exemplos a doação pura e simples, o depósito não remunerado, o mútuo não remunerado e o comodato.

4.3.2.2. Contratos onerosos

São aqueles em que há vantagens para ambas as partes. São exemplos a compra e venda, a prestação de serviços, o mútuo remunerado (feneratício) e a doação com encargo.

Não se deve confundir a presente classificação com a trazida anteriormente e achar que todo contrato unilateral é gratuito e que todo contrato bilateral é oneroso. Como exemplo de contrato unilateral e oneroso pode-se trazer o mútuo feneratício.

Importância da classificação: a) os institutos da evicção e dos vícios redibitórios somente são aplicados aos contratos onerosos; b) na fraude contra credores, em se tratando de contratos gratuitos celebrados por devedor insolvente ou reduzido à insolvência, o *consilium fraudis* é presumido. Nos contratos onerosos, por sua vez, tal *consilium* deve ser provado; c) na responsabilidade civil, essa se configura por mera culpa de qualquer das partes em contratos onerosos, ao passo que, nos contratos gratuitos, quem detém o benefício só responde se agir com dolo; d) na interpretação dos contratos, essa será estrita (não ampliativa) nos contratos gratuitos ou benéficos.

4.3.3. Quanto ao momento de formação

4.3.3.1. Contrato consensual

É aquele que se forma no momento do acordo de vontades. São exemplos a compra e venda e o mandato. Nesse tipo de contrato, a entrega da coisa (tradição) é mera execução.

4.3.3.2. Contrato real

É aquele que somente se forma com a entrega da coisa. São exemplos o comodato, o depósito e o mútuo. Nesses contratos a entrega da coisa é requisito para a formação, a existência do contrato.

4.3.4. Quanto à forma

4.3.4.1. Contratos não solenes

São aqueles de forma livre. São exemplos a compra e venda de bens móveis, a prestação de serviços e a locação. A regra é ter o contrato forma livre (art. 107 do CC), podendo ser verbal, gestual ou escrito, devendo obedecer a uma forma especial apenas quando a lei determinar.

4.3.4.2. Contratos solenes

São aqueles que devem obedecer a uma forma prescrita em lei. São exemplos a compra e venda de imóveis (deve ser escrita, e, se de valor superior a 30 salários mínimos, deve ser por escritura pública), o seguro e a fiança.

A forma, quando trazida na lei, costuma ser essencial para a validade do negócio (forma *ad solemnitatem*). Porém, em algumas situações, a forma é mero meio de prova de um dado negócio jurídico (forma *ad probationem tantum*).

4.3.5. Quanto às qualidades pessoais dos contratantes

4.3.5.1. Contratos impessoais

São aqueles em que a prestação pode ser cumprida, indiferentemente, pelo devedor ou por terceiro. Em obrigações de dar, por exemplo, não importa se é o próprio devedor ou terceiro quem cumpre a obrigação, mas sim que essa seja cumprida.

4.3.5.2. Contratos personalíssimos

São aqueles celebrados em razão de qualidades pessoais de pelo menos um dos contratantes, não podendo a respectiva prestação ser cumprida por terceiro. Também são chamados de contratos *intuitu personae*. Geralmente, nesse tipo de contrato, há obrigações de fazer. Os elementos confiança, qualidade técnica e qualidade artística são primordiais. São exemplos a contratação de um pintor renomado para realizar uma obra de arte e a contratação de um cantor para se apresentar numa casa de espetáculos. Nesses dois exemplos, a *pessoalidade* é da natureza do contrato. Entretanto, é possível que, por vontade dos contratantes, fique estipulado o caráter personalíssimo desse.

Importância da classificação: a) em caso de não cumprimento da obrigação, em se tratando de contrato impessoal, o credor tem, pelo menos, duas opções, quais sejam, mandar executar a obrigação por terceiro à custa do devedor ou simplesmente requerer indenização por perdas e danos; no caso de contrato personalíssimo, todavia, a obrigação não cumprida se converte em obrigação de pagar perdas e danos, já que só interessa seu cumprimento pelo devedor e não por terceiro; b) em caso de falecimento do devedor, em se tratando de contrato impessoal, a obrigação fica transmitida aos herdeiros, que deverão cumpri-la nos limites das forças da herança; no caso de contrato personalíssimo, por sua vez, o falecimento do devedor antes de incorrer em mora importa a extinção do contrato, não transferindo as obrigações respectivas aos herdeiros daquele. De acordo com o STJ, em razão da natureza personalíssima do contrato entre o cliente e o advogado, "não é possível a estipulação de multa no contrato de honorários para as hipóteses de renúncia ou revogação unilateral do mandato do advogado, independentemente de motivação, respeitado o direito de recebimento dos honorários proporcionais ao serviço prestado" (REsp 1.346.171-PR, DJe 07.11.2016).

4.3.6. Quanto à existência de regramento legal

4.3.6.1. Contratos típicos (ou nominados)

São os que têm regramento legal específico. O CC traz pelo menos vinte contratos típicos, como a compra e venda, a doação e o mandato. Leis especiais trazem diversos outros contratos dessa natureza, como o de locação de imóveis urbanos (Lei 8.245/1991), de incorporação imobiliária (Lei 4.561/1964) e de alienação fiduciária (Decreto-Lei 911/1969).

4.3.6.2. Contratos atípicos (ou inominados)

São os que não têm regramento legal específico, nascendo da determinação das partes. Surgem da vida cotidiana, da necessidade do comércio. São exemplos o contrato de cessão de clientela, de agenciamento matrimonial, de excursão turística e de feiras e exposições. Apesar de não haver regulamentação legal desses contratos, o princípio da autonomia da vontade possibilita sua celebração, observados alguns limites impostos pela lei. O art. 425 do CC dispõe que "é lícito às partes estipular contratos atípicos, observadas as normas gerais fixadas neste Código". Assim, as pessoas podem criar novas figuras contratuais, desde que respeitem os seguintes preceitos do CC: os da parte geral (ex.: o objeto deve ser lícito, possível e determinável) e os da teoria geral das obrigações e dos contratos (ex.: deve atender ao princípio da função social dos contratos). De qualquer modo, nesse tipo de contrato as partes devem trazer maiores detalhes acerca de seu regramento, dada a inexistência de regulação legal da avença.

4.3.6.3. Contratos mistos

São os que resultam da fusão de contratos nominados com elementos particulares, não previstos pelo legislador, criando novos negócios contratuais. Exemplo é o contrato de exploração de lavoura de café, em que se misturam elementos atípicos com contratos típicos, como a locação de serviços, a empreitada, o arrendamento rural e a parceria agrícola.

4.3.7. Quanto às condições de formação

4.3.7.1. Contratos paritários

São aqueles em que as partes estão em situação de igualdade, podendo discutir efetivamente as condições contratuais.

4.3.7.2. Contratos de adesão

São aqueles cujas cláusulas são aprovadas pela autoridade competente ou estabelecidas unilateralmente sem que *o aderente possa modificar ou discutir substancialmente seu conteúdo*. Exemplos: contratos de financiamento bancário, seguro e telefonia. A lei estabelece que a inserção de uma cláusula no formulário não desnatura o contrato, que continua de adesão.

Importância da classificação: Os contratos de adesão têm o mesmo regime jurídico dos contratos paritários, mas há algumas diferenças pontuais. Se o contrato de adesão for regido pelo Direito Civil, há duas regras aplicáveis: a) as cláusulas ambíguas devem ser interpretadas favoravelmente ao aderente (art. 423 do CC); b) a cláusula que estipula a renúncia antecipada do aderente a direito resultante da natureza do contrato é nula (art. 424 do CC). Já se o contrato de adesão for regido pelo CDC, há duas regras peculiares a esse contrato (art. 54 do CDC): a) os contratos de adesão admitem cláusula resolutória, mas essas são alternativas, cabendo a escolha ao consumidor, ou seja, é ele quem escolhe se deseja purgar a mora e permanecer com o contrato ou se prefere a sua resolução; b) as cláusulas limitativas de direito devem ser redigidas com destaque, permitindo sua imediata e fácil identificação, sendo que o desrespeito a essa regra gera a nulidade da cláusula (art. 54, § 4º, c/c o art. 51, XV, do CDC).

4.3.8. Quanto à definitividade

4.3.8.1. Contratos definitivos

São aqueles que criam obrigações finais aos contratantes. Os contratos são, em sua maioria, *definitivos*.

4.3.8.2. Contratos preliminares

São aqueles que têm como objeto a realização futura de um contrato definitivo. Um exemplo é o compromisso de compra e venda. Os contratos preliminares devem conter os requisitos essenciais do contrato a ser celebrado, salvo quanto à forma. Assim, enquanto a compra e venda definitiva de um imóvel deve ser por escritura pública, o compromisso de compra e venda pode ser por escritura particular. Além disso, o contrato preliminar deve ser levado a registro para ter eficácia perante terceiros. Assim, um compromisso de compra e venda não precisa ser registrado para ser válido, mas sem a formalidade não há como impedir que um terceiro o faça antes, pois, não registrando, carregará esse ônus. De qualquer forma, o compromissário comprador, uma vez pagas todas as parcelas do compromisso, tem direito à adjudicação compulsória, independentemente da apresentação do instrumento no Registro de Imóveis. O compromissário deve apenas torcer para que alguém não tenha feito isso antes. As regras sobre contrato preliminar estão nos artigos 462 e 463 do CC:

a) consequência imediata do contrato preliminar: desde que não conste cláusula de arrependimento, qualquer das partes pode exigir a celebração do contrato definitivo, assinalando prazo à outra. É importante ressaltar que, em matéria de imóveis, há diversas leis impedindo a cláusula de arrependimento;

b) consequência mediata do contrato preliminar: esgotado o prazo mencionado sem a assinatura do contrato definitivo, a parte prejudicada pode requerer ao Judiciário que supra a vontade do inadimplente, conferindo caráter definitivo ao contrato preliminar, salvo se a isso se opuser a natureza da obrigação.

4.3.9. Quanto ao conhecimento prévio das prestações

4.3.9.1. Contrato comutativo

É aquele em que as partes, de antemão, conhecem as prestações que deverão cumprir. Exs.: compra e venda, prestação de serviços, mútuo, locação, empreitada etc. A maior parte dos contratos tem essa natureza.

4.3.9.2. Contrato aleatório

É aquele em que pelo menos a prestação de uma das partes não é conhecida de antemão. Ex.: contrato de seguro.

4.3.10. Quanto ao momento de execução

4.3.10.1. Contratos instantâneos

São aqueles em que a execução se dá no momento da celebração. Um exemplo é a compra e venda de pronta entrega e pagamento.

4.3.10.2. Contratos de execução diferida

São aqueles em que a execução se dá em ato único, em momento posterior à celebração. Constitui exemplo a compra e venda para pagamento em 120 dias.

4.3.10.3. Contratos de trato sucessivo ou de execução continuada

São aqueles em que a execução é distribuída no tempo em atos reiterados. São exemplos a compra e venda em prestações, a locação e o financiamento pago em parcelas.

Importância da classificação: para efeito de discernir que tipo de contrato está sujeito à regra da imprevisão. Tal instituto, previsto nos arts. 478 a 480 do CC, só é aplicável aos contratos de execução diferida e de execução continuada, visto que não se pode conceber que uma prestação possa se tornar excessivamente onerosa por um fato novo em contratos em que a execução se dá no mesmo instante de sua celebração.

4.4. Onerosidade excessiva

4.4.1. Introdução

A Primeira Guerra Mundial trouxe sérias consequências à execução dos contratos, principalmente os de longo prazo. Isso fez com que ganhasse força a ideia de que está implícita em todo pacto uma cláusula pela qual a obrigatoriedade de seu cumprimento pressupõe a inalterabilidade da situação de fato que deu origem à sua formação. Tratava-se da chamada cláusula *rebus sic stantibus* ("enquanto as coisas estão assim"). Enquanto as condições fáticas existentes quando da celebração do contrato estiverem inalteradas, as disposições desse serão obrigatórias. Modificadas tais condições, causando desequilíbrio entre os contratantes, há de se alterar suas disposições. No Brasil, houve certa resistência a essa ideia, uma vez que o país acabara de ganhar um novo Código Civil (o de 1916), que não fazia referência ao assunto. Isso fez com que a ideia do *rebus sic stantibus* acabasse sendo aceita desde que os novos fatos fossem extraordinários e imprevisíveis, daí porque entre nós ganhou o nome de Teoria da Imprevisão. Mesmo assim, era só uma teoria. Algumas leis até trataram da questão, mas sempre de modo pontual. São exemplos a Lei de Alimentos, a Lei de

Locações e a Lei de Licitações e Contratos Administrativos. Sobreveio o Código de Defesa do Consumidor, que inovou ao permitir a revisão contratual por onerosidade excessiva, independentemente de fato imprevisível. E em 2003, com a entrada em vigor do atual CC, previu-se para qualquer contrato regido pelo Direito Civil o instituto da "resolução por onerosidade excessiva", contudo novamente vinculada à ocorrência de fatos imprevisíveis. Como se verá, o CC adotou um nome infeliz ("resolução"), pois, em caso de onerosidade excessiva por fato imprevisível, deve-se, em primeiro lugar, buscar a revisão contratual e não a extinção do contrato.

4.4.2. Requisitos para aplicação da regra da imprevisão

O CC exige o seguinte para que se tenha direito à revisão ou à resolução do contrato:

a) o contrato deve ser de execução continuada ou diferida;

b) a prestação de uma das partes deve se tornar excessivamente onerosa;

c) a outra parte deve ficar com extrema vantagem;

d) o desequilíbrio deve ser decorrência de acontecimentos extraordinários e imprevisíveis.

O primeiro requisito é óbvio, pois num contrato de execução instantânea não há tempo para que a prestação fique excessivamente onerosa.

O segundo requisito impõe que a perda seja razoável. Pequenas perdas não possibilitam a revisão contratual.

O requisito de extrema vantagem para a outra parte vem sendo atenuado pela doutrina. Em virtude do princípio da função social dos contratos, basta que uma das partes fique com a prestação excessivamente onerosa para que possa pleitear a revisão contratual.

Por fim, exige-se acontecimento extraordinário e imprevisível. O requisito afasta acontecimentos ordinários, como é o caso da inflação. O problema é que, no mundo moderno e na realidade brasileira, quase tudo é previsível e quase tudo acontece com uma certa frequência. A inflação é previsível. O aumento do dólar também. Assim, num primeiro momento, somente situações extremas, como a guerra ou a ocorrência de uma catástrofe causada pela natureza, preencheriam o requisito. Isso fez com que a doutrina flexibilizasse a regra, apontando que os "motivos imprevisíveis" que autorizam a revisão contratual podem estar relacionados tanto com uma causa imprevisível (guerra, ciclone etc.) como um resultado imprevisível (o quanto aumenta o dólar, por exemplo).

4.4.3. Consequência da configuração do instituto

O devedor poderá pedir em juízo a resolução do contrato, retroagindo os efeitos da sentença para a data da citação (art. 478 do CC). Trata-se de consequência extremamente radical e que fere os princípios da conservação dos contratos, da função social, da boa-fé objetiva e da proibição de exercício abusivo dos direitos, bem como das disposições dos arts. 317 e 480 do CC. Assim, deve-se buscar, em primeiro lugar, a revisão contratual, que só não será efetivada se for inviável, para só então partir-se para a resolução do contrato.

Se a parte prejudicada ingressar diretamente com pedido de resolução do contrato, o art. 479 do CC dispõe que a medida poderá ser evitada se o réu se oferecer a modificar equitativamente as condições do pacto. O juiz analisará se a proposta é ou não equitativa, verificando se há ou não boa-fé dos contratantes.

4.4.4. Revisão no CDC

O CDC não exige fato extraordinário e imprevisível para que haja o direito de revisão contratual. Basta um fato superveniente que gere uma excessiva onerosidade (art. 6º, V, do CDC). Nesse particular, é bom lembrar que não se deve confundir o direito de *revisão* com o de *modificação contratual*. Essa existirá quando a cláusula contratual for originariamente desproporcional, ou seja, quando já nascer abusiva; e aquela existirá quando o contrato nascer equilibrado e se tornar excessivamente oneroso.

4.4.5. Revisão na locação de imóvel urbano

A revisão do aluguel requer apenas dois requisitos: a) aluguel fora do valor de mercado; b) 3 (três) anos de vigência do contrato ou de acordo anterior (arts. 19, 68, 69 e 70, da Lei do Inquilinato).

4.5. Evicção

4.5.1. Conceito

É a perda da coisa adquirida onerosamente, em virtude de decisão judicial ou administrativa que a atribui a outrem por motivo anterior à aquisição. A expressão vem do latim *evincere*, que significa ser vencido. O exemplo comum é daquele que adquire onerosamente um bem de quem não é dono, vindo a perdê-lo por uma ação movida pelo verdadeiro proprietário da coisa. Quem aliena direito sobre o bem tem, assim, o dever de garantir que era seu titular e que a transferência o atribuirá realmente ao adquirente. Trata-se da garantia quanto a defeitos do direito, diferente da garantia concernente aos vícios redibitórios, que diz respeito ao uso e gozo da coisa. O instituto da evicção tem três personagens, quais sejam, o **alienante** (aquele que transferiu o direito sobre a coisa, e que não era seu verdadeiro titular), o **evicto** (aquele que adquiriu o direito sobre a coisa, mas foi vencido numa demanda promovida por terceiro, verdadeiro titular de tal direito) e o **evictor** ou **evencente** (terceiro reivindicante da coisa, que vence a demanda que promoveu contra o adquirente).

4.5.2. Incidência

O instituto incide tanto na perda da posse como na perda do domínio sobre a coisa; a perda pode ser parcial ou total; deve se tratar de contrato oneroso; a garantia subsiste mesmo na compra feita em hasta pública; a privação da coisa, configuradora da evicção, pode se dar tanto por decisão judicial, como por decisão administrativa.

4.5.3. Garantia

Ocorrendo a evicção, o evicto se voltará contra o alienante para fazer valer os seguintes direitos:

a) de *restituição integral do preço ou das quantias pagas*; o preço será o do valor da coisa na época em que se evenceu;

b) de *indenização dos frutos que tiver sido obrigado a restituir*;

c) de *indenização pelas despesas dos contratos e pelos prejuízos que diretamente resultarem da evicção;* assim, as despesas contratuais com escritura pública, registro e imposto de transmissão, bem como qualquer outra que decorra diretamente da perda da coisa, como a correção monetária e os juros, deverão ser indenizadas;

d) de *ressarcimento das custas judiciais e dos honorários do advogado por ele constituído;*

e) de *pagamento das benfeitorias necessárias ou úteis que fizer, não abonadas pelo reivindicante.*

Observação: no caso de a evicção ser parcial, mas considerável, como na hipótese de o evicto perder setenta por cento do bem que comprou, ele terá duas opções. Além de poder pedir a restituição da parte do preço correspondente ao desfalque sofrido, pode optar pela rescisão do contrato, com a devolução total do preço pago. Deve-se deixar claro, todavia, que, além de parcial, deve ser considerável a evicção (art. 455).

Segundo o STJ, "a pretensão deduzida em demanda baseada na garantia da evicção submete-se ao prazo prescricional de três anos" (REsp 1.577.229-MG, DJe 14.11.2016).

4.5.4. Possibilidades de alteração da garantia

4.5.4.1. Possibilidades

Segundo o art. 448 do CC, é facultado às partes, desde que por cláusula expressa, reforçar, diminuir ou excluir a responsabilidade pela evicção.

Assim, pode-se estipular expressamente que, em caso de evicção, o adquirente terá direito à devolução do preço com um acréscimo de cinquenta por cento, por exemplo, punição que reforça a garantia.

Pode-se também diminuir e até excluir a responsabilidade pela evicção, estipulando-se expressamente que, em caso de perda da coisa, o adquirente não terá direito à devolução do preço por inteiro (diminuição) ou do valor total pago (exclusão).

Entretanto, o art. 449 do CC dispõe que, mesmo havendo cláusula excluindo a garantia contra evicção (a chamada cláusula genérica de exclusão ou cláusula de irresponsabilidade), se esta vier a ocorrer, o evicto ainda assim terá direito ao pagamento do preço pago pela coisa, salvo se tiver ciência do risco da evicção e assumido expressamente esse risco. Há, portanto, dois tipos de exclusão estabelecidos em lei: a exclusão parcial e a exclusão total.

4.5.4.2. Exclusão parcial

Dá-se quando há mera cláusula que exclui a garantia (ex.: fica excluída a garantia que decorre da evicção). Neste caso, o evicto continuará tendo direito à devolução do preço pago pela coisa, ficando excluídos somente os demais direitos que decorrem da evicção (indenização dos frutos, despesas, prejuízos, sucumbência e benfeitorias). Tal limitação da autonomia da vontade decorre da necessidade de dar guarida ao princípio do não enriquecimento sem causa. Aqui temos uma *cláusula genérica de exclusão da garantia.*

4.5.4.3. Exclusão total

Dá-se quando presentes três requisitos. O primeiro deles consiste na a) existência de uma cláusula de exclusão da garantia, como aquela dada anteriormente como exemplo. Além disso, é necessário que b) o evicto tenha ciência do risco da evicção, como na hipótese em que é informado que corre uma demanda reivindicatória promovida por terceiro em face do alienante. Por fim, é imprescindível que, ciente do risco de perda da coisa, c) o evicto o tenha assumido, vale dizer, é necessário assunção do risco por parte do adquirente. Trata-se da chamada *cláusula específica de exclusão da garantia.* O art. 449 do CC não impõe textualmente que os dois últimos requisitos (ciência e assunção do risco da evicção) estejam expressos numa cláusula contratual, de modo que se pode admitir sua comprovação de outra forma.

4.5.5. Requisitos para exercer a garantia que decorre da evicção

a) *perda total ou parcial* do domínio, da posse ou do uso da coisa alienada;

b) *onerosidade da aquisição*, salvo a doação para casamento com certa e determinada pessoa;

c) *inexistência de cláusula de irresponsabilidade.* Caso exista, só se terá direito ao preço pago.

d) *anterioridade do direito do evictor.* O alienante não responderá se o direito do evictor sobre a coisa só se der após sua transferência ao adquirente.

e) *denunciação da lide ao alienante.* Segundo o revogado art. 456 do CC, "para poder exercer o direito que da evicção lhe resulta o adquirente notificará do litígio o alienante imediato, ou qualquer dos anteriores, quando e como lhe determinarem as leis do processo". Tal notificação se dá por meio da denunciação da lide (art. 70, I, do antigo CPC, atual art. 125, I, do NCPC). Ao sofrer a ação por parte de terceiro, deveria o adquirente denunciar da lide ao alienante para que este possa conhecer da demanda e coadjuvá-lo na defesa do direito. Na vigência do dispositivo revogado ficava a dúvida se, não feita a denunciação da lide, teria o evicto algum direito. Num primeiro momento a resposta seria negativa, eis que tanto o CC quanto o antigo CPC dispunham que tal notificação (ou denunciação) era obrigatória para "poder exercer o direito que da evicção resulta". A explicação para tal obrigatoriedade, sob pena de perda do direito, encontrava-se no fato de que o alienante não pode sofrer os efeitos de uma demanda da qual não teve ciência. Nada obstante, no plano do direito processual, tem-se entendido que a obrigatoriedade existe para que se possa exercitar o direito de regresso no próprio processo. O STJ entende que a obrigatoriedade da denunciação é tão somente para exercer o direito de regresso no mesmo processo, não impedindo que se ingresse com ação autônoma em seguida, para o fim de fazer valer diante do alienante os direitos que decorrem da evicção, entendimento que encontra arrimo no princípio que veda o enriquecimento sem causa. A revogação do art. 456 do CC junto com o texto do NCPC sobre a denunciação da lide, dispondo que ela agora é "admissível" (e não mais "obrigatória") reforçam o entendimento que o STJ já tinha a respeito, tornando o requisito em questão apenas necessário quando se quiser aproveitar o próprio processo originário para resolver a questão.

4.6. Vícios redibitórios

4.6.1. Conceito

São problemas ocultos presentes em coisas recebidas em virtude de contrato comutativo, que as tornam impróprias ao uso a que são destinadas ou lhes diminuam o valor. O instituto está previsto nos arts. 441 a 446 do CC. São exemplos um carro com motor ruim e um apartamento com infiltração, vícios que o comprador nem sempre pode perceber. O fundamento do instituto é o princípio da garantia quanto à coisa. Não se deve confundir o instituto dos vícios redibitórios com o do erro e do dolo. O vício é um problema na coisa, ao passo que o erro e o dolo são problemas na vontade. Além disso, o vício possibilita a redibição do contrato ou o abatimento no preço, ao passo que o erro e o dolo ensejam a anulação do contrato.

4.6.2. Requisitos para a configuração do instituto

a) prejuízo sensível ao uso ou ao valor da coisa;

b) problema imperceptível à diligência ordinária do adquirente (vício oculto);

c) problema já existente ao tempo da entrega da coisa;

d) contrato oneroso e comutativo.

4.6.3. Efeitos

Configurado o vício, o adquirente poderá ingressar com uma das seguintes ações (denominadas ações edilícias):

4.6.3.1. Ação redibitória

É aquela que objetiva a rescisão do contrato. Nesta ação pede-se a extinção do contrato, com a devolução do valor recebido e o pagamento das despesas do contrato. Se o alienante sabia do vício, o adquirente pode também pedir indenização por perdas e danos.

4.6.3.2. Ação estimatória (quanti minoris)

É aquela que tem por finalidade a obtenção do abatimento do preço.

Observação: o prazo para ingressar com as ações acima é decadencial, uma vez que nos dois casos estamos diante de prazo previsto na Parte Especial do CC, bem como de pretensões de natureza constitutiva (rescisão e modificação do contrato, respectivamente).

4.6.4. Prazo para ingressar com a ação

a) se a coisa for móvel: 30 dias.

b) se a coisa for imóvel: 1 ano.

4.6.5. Termo a quo

Conta-se o prazo da (do):

4.6.5.1. Data da entrega efetiva

Quando o adquirente não estava na posse da coisa.

4.6.5.2. Data da alienação

Quando o adquirente estava na posse da coisa. Nesse caso, o prazo fica reduzido à metade.

4.6.5.3. No momento em que o adquirente tiver ciência do vício

Quando este, além de oculto, só poderá ser conhecido mais tarde, dada a sua natureza. Neste caso, a lei estipula um prazo máximo para *ciência* do vício. Esse prazo é de 180 dias para móvel e de 1 ano para imóvel. Assim, se uma pessoa comprar um carro com esse tipo de vício e vier a descobri-lo 170 dias depois, cumpriu o primeiro prazo, qual seja, o prazo de 180 dias para a tomada de ciência do problema na coisa. Em seguida, começará o segundo prazo, o de *garantia* para ingressar com uma das ações mencionadas. No caso, o prazo será de 30 dias, por se tratar de móvel. Mas, se a pessoa só tem ciência do vício 190 dias após a aquisição, o *prazo para ciência* do vício terá terminado, ficando prejudicado o direito. Nessa hipótese, nem se começa a contar o *prazo de garantia*.

Confira a respeito o seguinte acórdão do STJ: "Quando o vício oculto, por sua natureza, só puder ser conhecido mais tarde (art. 445, § 1º, CC), o adquirente de bem móvel terá o prazo de trinta dias (art. 445, *caput*, do CC), a partir da ciência desse defeito, para exercer o direito de obter a redibição ou abatimento no preço, desde que o conhecimento do vício ocorra dentro do prazo de cento e oitenta dias da aquisição do bem." (REsp 1.095.882-SP, DJ 19.12.2014).

4.6.6. Garantia contratual

O CC estabelece que "não correrão os prazos da garantia legal na constância da garantia contratual" (art. 446). Isso significa que, havendo garantia voluntária (ex.: até a próxima Copa do Mundo), primeiro se conta o prazo dela, para só depois se contar o prazo da garantia legal. Todavia, a lei dispõe que, havendo garantia voluntária (= a garantia contratual), o adquirente deve denunciar eventual defeito que a coisa tiver ao alienante no prazo de 30 dias após seu descobrimento, sob pena de decadência. Ou seja, a lei dá com uma mão (diz que os prazos de garantia voluntária e legal devem ser somados), mas tira com a outra (estabelece um procedimento diferente, que obriga o adquirente a avisar a ocorrência do defeito ao alienante 30 dias após essa descoberta), prazo independente do de garantia. Aqui temos o chamado "prazo de aviso". De qualquer forma, nunca haverá decadência em prazo menor que o próprio prazo de garantia legal (30 dias para móvel e 1 ano para imóvel).

4.6.7. Vício redibitório no CC X Vício no CDC

Abaixo elencamos 11 (onze) diferenças básicas entre o vício redibitório (instituto do Código Civil) e o vício (instituto do CDC):

a) O CC trata de vícios em coisas; o CDC, de vício em produto ou serviço;

b) No CC, o vício tem de ser oculto; no CDC, pode ser oculto ou aparente;

c) No CC, a doutrina exige sensível prejuízo; no CDC, não há essa exigência;

d) No CC, a garantia é de 30 dias para móvel e de 1 ano para imóvel; no CDC, de 90 dias para produto durável e de 30 dias para produto não durável;

e) No CC, o termo *a quo* do prazo pode ser as datas da entrega (vício oculto simples), da alienação (adquirente já na posse da coisa) e da ciência do vício (vício oculto de conhecimento tardio); no CDC, as datas da entrega (vício aparente) e da ciência do vício (vício oculto);

f) No CC, há prazo máximo para tomar ciência de vício oculto de conhecimento tardio (180 dias para móvel e 1 ano para imóvel) e prazo para avisar o defeito quando há garantia contratual (30 dias); no CDC, não existem tais prazos;

g) No CC, o prazo de garantia é para entrar com ação redibitória ou estimatória; no CDC, é para pedir o conserto da coisa aos fornecedores (o fornecedor terá 30 dias para consertar), salvo se a coisa for essencial ou o conserto puder comprometê-la, quando se autoriza pedir diretamente outra coisa;

h) No CC, o prazo de garantia não se suspende, nem se interrompe; no CDC, com a reclamação (comprovada) pedindo o conserto da coisa, o prazo de garantia fica suspenso, voltando a correr com a recusa em consertar, quando então o prazo restante passa a ser para entrar com uma ação contra o fornecedor;

i) No CC, cabem as ações redibitória (extinção do contrato) e estimatória (abatimento do preço); no CDC, as ações redibitória, estimatória e a ação para substituição do produto por outro da mesma espécie;

j) No CC, o adquirente só tem direito a perdas e danos se o alienante sabia do vício; no CDC, todo dano deve ser indenizado, independentemente da ciência do vício pelo fornecedor (responsabilidade objetiva);

k) No CC, é possível diminuir ou excluir a garantia, se houver circunstância justificável; no CDC, só é possível a limitação da garantia e, mesmo assim, se o consumidor for pessoa jurídica.

4.7. Extinção dos contratos

4.7.1. Execução

Esta é a forma normal de extinção dos contratos. Na compra e venda a execução se dá com a entrega da coisa (pelo vendedor) e com o pagamento do preço (pelo comprador).

4.7.2. Invalidação

O contrato anulável produz seus efeitos enquanto não for anulado pelo Poder Judiciário. Uma vez anulado (decisão constitutiva), o contrato fica extinto com efeitos "ex nunc". Já o contrato nulo recebe do Direito uma sanção muito forte, sanção que o priva da produção de efeitos desde o seu início. A parte interessada ingressa com ação pedindo uma decisão declaratória, decisão que deixa claro que o contrato nunca pode produzir efeitos, daí porque essa decisão tem efeitos "ex tunc". Se as partes acabaram cumprindo "obrigações", o juiz as retornará ao estado anterior.

4.7.3. Resolução

Confira as hipóteses de extinção do contrato pela resolução:

4.7.3.1. Por inexecução culposa

É aquela que decorre de culpa do contratante. Há dois casos a considerar:

a) se houver cláusula resolutiva expressa (pacto comissório), ou seja, previsão no próprio contrato de que a inexecução deste gerará sua extinção, a resolução opera de pleno direito, ficando o contrato extinto. Presente a cláusula resolutiva expressa, o credor que ingressar com ação judicial entrará apenas com uma ação declaratória, fazendo com que a sentença tenha efeitos *ex tunc*. A lei protege o devedor em alguns contratos, estabelecendo que, mesmo existindo essa cláusula, ele tem o direito de ser notificado para purgar a mora (fazer o pagamento atrasado) no prazo estabelecido na lei.

b) se não houver cláusula resolutiva expressa, a lei estabelece a chamada **"cláusula resolutiva tácita"**, disposição que está implícita em todo contrato, e que estabelece que o seu descumprimento permite que a outra parte possa pedir a resolução do contrato. Neste caso, a resolução dependerá de interpelação judicial para produzir efeitos, ou seja, ela não ocorre de pleno direito. Repare que não basta mera interpelação extrajudicial. Os efeitos da sentença judicial serão "ex nunc".

É importante ressaltar que a parte lesada pelo inadimplemento (item *a* ou *b*) tem duas opções (art. 474 do CC): a) pedir a resolução do contrato; ou b) exigir o cumprimento do contrato. Em qualquer dos casos, por se tratar de inexecução culposa, caberá pedido de indenização por perdas e danos. Se houver cláusula penal, esta incidirá independentemente de prova de prejuízo (art. 416 do CC). Todavia, uma indenização suplementar dependerá de convenção no sentido de que as perdas e os danos não compreendidos na cláusula penal também serão devidos.

4.7.3.2. Por inexecução involuntária

É aquela que decorre da impossibilidade da prestação. Pode decorrer de caso fortuito ou força maior, que são aqueles fatos necessários, cujos efeitos não se consegue evitar ou impedir. Esta forma de inexecução exonera o devedor de responsabilidade (art. 393 do CC), salvo se este expressamente assumiu o risco (art. 393 do CC) ou se estiver em mora (art. 399 do CC).

4.7.3.3. Por onerosidade excessiva

Conforme vimos, no caso de onerosidade excessiva causada por fato extraordinário e imprevisível, cabe revisão contratual. Não sendo esta possível, a solução deve ser pela resolução do contrato, sem ônus para as partes. A resolução por onerosidade excessiva está prevista no art. 478 do CC.

4.7.4. Resilição

4.7.4.1. Conceito

É a extinção dos contratos pela vontade de um ou de ambos contratantes. A palavra-chave é *vontade*. Enquanto a resolução é a extinção por inexecução contratual ou onerosidade excessiva, a resilição é a extinção pela vontade de uma ou de ambas as partes.

4.7.4.2. Espécies

a) bilateral, *que é o acordo de vontades para pôr fim ao contrato* (**distrato**). A forma para o distrato é a mesma que a lei exige para o contrato. Por exemplo, o distrato de uma compra e venda de imóvel deve ser por escritura, pois esta é a forma que a lei exige para o contrato. Já o distrato de um contrato de locação escrito pode ser verbal, pois a lei não exige documento escrito para a celebração de um contrato de locação. É claro que não é recomendável fazer um distrato verbal no caso, mas a lei permite esse procedimento.

b) unilateral, *que é a extinção pela vontade de uma das partes* (**denúncia**). Essa espécie de resilição só existe por exceção, pois o contrato faz lei entre as partes. Só é possível a denúncia unilateral do contrato quando: i) houver previsão contratual ou ii) a lei expressa ou implicitamente autorizar. Exemplos: em contratos de execução continuada com prazo indeterminado, no mandato, no comodato e no depósito (os três últimos são contratos feitos na base da confiança), no arrependimento de compra feita fora do estabelecimento comercial (art. 49 do CDC) e nas denúncias previstas na Lei de Locações (arts. 46 e 47 da Lei 8.245/1991). A lei exige uma formalidade ao denunciante. Este deverá notificar a outra parte, o que poderá ser feito extrajudicialmente. O efeito da denúncia é "ex tunc". Há uma novidade no atual CC, que é o "aviso prévio legal". Esse instituto incide se alguém denuncia um contrato prejudicando uma parte que fizera investimentos consideráveis. Nesse caso, a lei dispõe que a denúncia unilateral só produzirá efeitos após um prazo compatível com a amortização dos investimentos (art. 473, parágrafo único).

4.7.5. Morte

Nos contratos impessoais, a morte de uma das partes não extingue o contrato. Os herdeiros deverão cumpri-lo segundo as forças da herança. Já num contrato personalíssimo (contratação de um advogado, contratação de um cantor), a morte da pessoa contratada extingue o contrato.

4.7.6. Rescisão

A maior parte da doutrina encara a rescisão como gênero, que tem como espécies a resolução, a resilição, a redibição etc.

4.8. Compra e venda

4.8.1. Introdução

Na fase primitiva da civilização havia apenas troca ou permuta de objetos. Isso porque não havia denominador comum de valores. Em seguida, algumas mercadorias passaram a ser utilizadas como padrão monetário (ouro, prata, cabeça de gado). Aliás, cabeça de gado chamava *pecus*, o que deu origem à palavra pecúnia. Até que surgiu o papel-moeda, que é um elemento representativo de um padrão monetário. Isso possibilitou grande circulação de riqueza, tornando o contrato de compra e venda o mais comum dos contratos.

4.8.2. Conceito

É o contrato pelo qual um dos contratantes (vendedor) se obriga a transferir o domínio de coisa corpórea ou incorpórea, e outro (comprador), a pagar-lhe certo preço em dinheiro ou valor fiduciário equivalente. Ou seja, um dá uma coisa (um alimento, um móvel, um eletrodoméstico) e o outro dá dinheiro ou outro valor fiduciário (cheque, por exemplo). Perceba que compra e venda não transfere a propriedade da coisa, mas apenas obriga uma das partes a transferir a coisa a outro.

4.8.3. Sistemas

Quanto aos efeitos dos contratos de compra e venda, existem três:

4.8.3.1. Francês

Nesse sistema o contrato tem o poder de transferir o domínio da coisa. Ou seja, celebrado o contrato de compra e venda, independentemente da tradição (na coisa móvel) ou do registro (na coisa imóvel), a propriedade dela já é do comprador.

4.8.3.2. Romano

Nesse sistema o contrato apenas cria obrigações. O descumprimento do contrato gera perdas e danos.

4.8.3.3. Brasileiro

Adotamos o sistema romano, com poucas exceções. Assim, o contrato de compra e venda gera obrigações e não transferência direta da propriedade.

4.8.4. Classificação

O contrato de compra e venda é bilateral, consensual, oneroso, comutativo e não solene (salvo os direitos reais sobre imóveis).

4.8.5. Elementos

4.8.5.1. Consentimento

a) deve recair sobre uma coisa e um preço (elemento de existência);

b) deve recair sobre a natureza do contrato e sobre o objeto (elemento de validade); não recaindo, pode-se estar diante de erro ou dolo;

c) deve ser livre e espontâneo (elemento de validade); não o será se houver coação;

d) deve surgir de agente capaz (elemento de validade).

4.8.5.2. Preço

a) deve ter peculiaridade (ser ou representar dinheiro), seriedade (ser verdadeiro, real, sob pena de ser simulação) e certeza (certo ou determinável);

b) a lei admite o preço segundo: i) acordo entre os contratantes; ii) arbítrio de terceiro escolhido pelas partes; iii) tabelamento oficial; iv) taxa de mercado ou bolsa em certo dia e lugar; v) índices ou parâmetros (p. ex.: valor do petróleo);

c) a lei admite, excepcionalmente, convenção de venda sem fixação de preço, desde que essa seja a intenção das partes, hipótese em que se considera o tabelamento oficial ou o preço corrente das vendas habituais do vendedor;

d) o preço é livre, mas existem alguns temperamentos, que podem tornar o contrato anulável, como, por exemplo, em "Negócios da China" (aplicação do instituto da lesão – art. 157 do CC) e no estado de perigo (art. 156 do CC).

4.8.5.3. Coisa

a) pode ser corpórea (móveis e imóveis) ou incorpórea (ações, direito de autor, créditos);

b) deve ser existente, ainda que de modo potencial; se for inexistente por ter perecido (ex.: casa destruída), a venda é nula; se for sobre coisa futura sem assunção de risco, a venda é sob condição; se for coisa futura com assunção de risco, a venda é aleatória;

c) deve ser individuada, ou seja, determinada ou determinável; se for coisa incerta, deve ser indicada ao menos quanto ao gênero e à quantidade; o devedor escolherá, pelo menos, a de termo médio;

d) deve ser disponível, ou seja, alienável natural, legal e voluntariamente (não pode conter cláusula de inalienabilidade) e pertencente ao vendedor. Neste caso, não sendo o vendedor dono da coisa, a venda poderá ser convalidada se ele vier a adquiri-la posteriormente e estiver de boa-fé (art. 1.268 do CC).

4.8.6. Efeitos da compra e venda

4.8.6.1. Principais

a) gera obrigações recíprocas de entregar a coisa e pagar o preço;
b) gera responsabilidades por vícios redibitórios e pela evicção.

4.8.6.2. Secundários

a) responsabilidade pelos riscos da coisa: até a tradição, é do vendedor; se houver mora no recebimento, é do comprador; se for entregue ao transportador indicado ao vendedor, é do comprador;

b) responsabilidade pelos riscos do preço: até o pagamento, é do comprador; após o pagamento e em caso de mora em receber, é do vendedor;

c) responsabilidade pelas despesas de escritura e registro: é do comprador, salvo convenção diversa;

d) responsabilidade pela tradição: é do vendedor, salvo convenção diversa;

e) responsabilidade pelas dívidas pretéritas que gravam a coisa até a tradição: é do vendedor, salvo convenção diversa; se a obrigação for *propter rem*, o comprador terá direito de regresso contra o vendedor;

f) direito de retenção da coisa: até o pagamento, o vendedor não é obrigado a entregar a coisa, salvo nas vendas a crédito e convenção em contrário.

4.8.7. Limitações à compra e venda

4.8.7.1. Venda de ascendente a descendente

É anulável, salvo se houver consentimento dos outros descendentes e do cônjuge. A ideia é impedir vendas por preços mais baixos, prejudicando herdeiros. Repare que isso só ocorre na venda. A doação não precisa do consentimento. Porém, o donatário deverá colacionar os bens recebidos em vida, no inventário do doador, quando este falecer, salvo se houver dispensa disso.

4.8.7.2. Aquisição por pessoa encarregada de zelar pelos interesses do vendedor

É nula. Exemplos: aquisição pelo tutor, curador, administrador, juiz, servidor público etc.

4.8.7.3. Venda de fração ideal de coisa indivisível em condomínio

Os consortes terão direito de preferência. Um exemplo é de três pessoas donas de um mesmo imóvel. Caso uma delas queira vender sua parte, deverá oferecer às outras, que terão preferência na aquisição. Não respeitada tal preferência, o prejudicado poderá depositar o preço dentro de 180 dias da transmissão. Se os dois consortes prejudicados tiverem interesse na coisa, tem primazia o que tiver benfeitorias de maior valor na coisa, o que tiver maior quinhão e o que fizer o primeiro depósito, nessa ordem.

4.8.7.4. Venda entre cônjuges

Só é possível em relação a bens excluídos da comunhão.

4.8.8. Venda *ad mensuram*

4.8.8.1. Conceito

Aquela em que o preço estipulado é feito com base nas dimensões do imóvel. Ex.: alguém compra um terreno em que se deixou claro que os 360 m² têm o valor de R$ 50 mil.

4.8.8.2. Consequência

A área do imóvel deverá efetivamente corresponder às dimensões dadas.

4.8.8.3. Tolerância

A lei admite uma diferença de até 1/20 da área total enunciada.

4.8.8.4. Exclusão da tolerância

a) se houver exclusão expressa no contrato;
b) se o comprador provar que não teria realizado o negócio se soubesse da diferença.

4.8.8.5. Direitos do comprador

Poderá pedir o complemento da área (ação *ex empto* ou *ex vendito*). Não sendo possível, terá a opção entre pedir a resolução do contrato ou o abatimento proporcional do preço.

4.8.9. Venda *ad corpus*

4.8.9.1. Conceito

Aquela em que o imóvel é vendido como coisa certa e discriminada, sendo meramente enunciativa eventual referência às suas dimensões. Ex.: consta do contrato que a área tem mais ou menos 20.000 m².

4.8.9.2. Consequência

Pouco importa a área efetiva do imóvel. Não haverá complemento ou devolução do preço.

4.8.10. Retrovenda

4.8.10.1. Conceito

Cláusula pela qual o vendedor reserva-se o direito de reaver o imóvel que está sendo alienado, em certo prazo, restituindo o preço mais despesas feitas pelo comprador (art. 505 do CC). Ou seja, é aquela situação em que alguém vende um imóvel, mas assegura o direito de recomprá-lo em certo prazo, pelo mesmo preço da venda anterior. Infelizmente esse instituto é muito utilizado na agiotagem. O Judiciário vem reconhecendo a simulação quando o intuito da retrovenda é servir de garantia para uma dívida.

4.8.10.2. Direito de retrato

O prazo máximo para esse direito é de 3 anos. Trata-se de prazo decadencial.

4.8.11. Preferência

4.8.11.1. Conceito

Convenção em que o comprador se obriga a oferecer ao vendedor a coisa que aquele vai vender, para que este use seu direito de prelação na compra, tanto por tanto (art. 513). Por exemplo, é aquela situação em que alguém compra um andar de um prédio comercial para instalar sua empresa e, já pensando no futuro crescimento, estabelece com o vendedor, que é dono da sala vizinha, que quer preferência na aquisição da segunda sala, caso o vendedor queira vendê-la no futuro.

4.8.11.2. Exercício do direito

Havendo interesse em vender a coisa, o vendedor deverá notificar o titular do direito de preferência para que este diga se tem interesse em adquiri-la, no mínimo, pelo mesmo valor da proposta recebida pelo vendedor. Não havendo prazo estipulado, o titular do direito de preferência terá 3 dias, se a coisa for móvel, e 60 dias, se a coisa for imóvel, para manifestar-se, sob pena de decadência. O prazo máximo que pode ser convencionado para esse tipo de manifestação é de 180 dias, se a coisa for móvel, e de 2 anos, se imóvel.

4.8.11.3. Descumprimento do direito

A preferência contratual, se preterida, enseja apenas direito de o prejudicado pedir perdas e danos ao ofensor. Não há direito de perseguir a coisa. Por isso, não se deve confundir esse direito de preferência com outros direitos de preferência que decorrem da lei, que admitem a persecução da coisa, como no caso da preferência que existe entre coproprietários de um bem indivisível, quando um deles deseja vender sua fração ideal.

4.8.12. Contratos com incorporadoras e loteadoras (Lei 13.786/2018; altera as Leis 4.591/64 e 6.766/79)

4.8.12.1. Incidência

Sobre negócios que envolvam a aquisição de apartamentos, casas e terrenos, desde que comprados de incorporadoras ou de loteadores, aplicando-se quando o comprador ou promitente comprador ficar inadimplente e, assim, tiver que devolver o imóvel comprado e arcar com as consequências financeiras daí decorrentes.

4.8.12.2. Transparência contratual na incorporação imobiliária

Os contratos de compra e venda, promessa de venda, cessão ou promessa de cessão de unidades autônomas integrantes de INCORPORAÇÃO IMOBILIÁRIA serão iniciados por quadro-resumo, que deverá conter, entre outras obrigações legais, as seguintes disposições:

I – o preço total;

II – o valor da entrada e os percentuais sobre o valor total do contrato;

III – o valor da corretagem, condições de pagamento e a identificação precisa de seu beneficiário;

IV – a forma de pagamento do preço, com indicação clara dos valores e vencimentos das parcelas;

V – os índices de correção monetária aplicáveis ao contrato;

VI – as consequências do desfazimento do contrato, por distrato ou por resolução contratual por inadimplemento do adquirente ou do incorporador, com destaque negritado para as penalidades aplicáveis e para os prazos para devolução de valores; sendo que a efetivação dessas consequências dependerá de anuência prévia e específica do adquirente a seu respeito, mediante assinatura junto a essas cláusulas;

VII – as taxas de juros, se mensais ou anuais, se nominais ou efetivas, o seu período de incidência e o sistema de amortização;

VIII – as informações do direito de arrependimento previsto no art. 49 do CDC para contratos feitos fora de estabelecimento comercial.

4.8.12.3. Sanção pela falta de transparência

Caso o contrato não traga essas informações e as demais previstas em lei ele não será nulo ou passível de resolução imediatamente. Primeiro será concedido prazo de 30 dias para aditamento e saneamento da omissão, findo o qual, se não sanada, caracterizará justa causa para rescisão contratual por parte do adquirente.

4.8.12.4. Atraso do incorporador

A lei admite que incorporador atrase entrega do imóvel até 180 dias após o prazo fixado no contrato, desde que haja expressa menção dessa possibilidade no contrato.

Já se a entrega do imóvel ultrapassar esse prazo extra, poderá ser promovida pelo adquirente a resolução do contrato, sem prejuízo da devolução da integralidade de todos os valores pagos e da multa estabelecida, em até 60 dias corridos contados da resolução, corrigidos.

Importante: outra opção, caso o adquirente queira ficar com o imóvel, é receber, por ocasião da entrega da unidade, indenização de 1% do valor efetivamente pago à incorporadora, para cada mês de atraso, *pro rata die*, corrigido.

4.8.12.5. Inadimplemento do comprador

Nos casos em que o adquirente não quiser ou não puder prosseguir com o contrato, este pode ser desfeito por distrato ou resolução por inadimplemento, sendo que o adquirente fará jus à restituição das quantias que houver pagado ao incorporador, atualizadas. Porém, esse dinheiro que o adquirente receberá de volta terá os seguintes abatimentos:

I – da comissão de corretagem;

II – da pena convencional, sendo que tal multa não poderá exceder a 25% da quantia paga, não sendo necessário que o incorporador alegue prejuízo; quando a incorporação estiver submetida ao regime do patrimônio de afetação, a lei admite multa de até 50%; a jurisprudência até essa mudança legislativa somente aceitava retenção de multa de até 10% da quantia paga, tratando-se, assim, de uma importante modificação legal.

III – caso o adquirente já tenha recebido o imóvel, arcará ainda com: a) os impostos e condomínios ou contribuições do imóvel; b) o valor correspondente à fruição do imóvel, equivalente à 0,5% sobre o valor atualizado do contrato, *pro rata die*;

Importante: tais débitos do comprador poderão ser pagos mediante compensação com a quantia a ser restituída. Por outro lado, esses descontos e retenções estão limitados aos valores efetivamente pagos pelo adquirente, salvo em relação às quantias relativas à fruição do imóvel.

Cuidado: a lei também permite que as partes entrem num acordo sobre as condições para o desfazimento do contrato. Basta entrar num acordo e fazer um distrato.

4.8.12.6. Prazo para restituição

Como regra, a restituição de valores ao adquirente será realizada em parcela única, após o prazo de 180 dias, contado da data do desfazimento do contrato. Já quando a incorporação estiver submetida ao regime do patrimônio de afetação, a restituição se dará até 30 dias após o habite-se ou documento equivalente.

4.8.12.7. Exoneração da multa contratual

Quando o adquirente é quem dá causa ao desfazimento do contrato, a lei dá a ele a oportunidade de não ter que pagar a multa contratual (25% ou 50%). Basta que ele encontre um comprador substituto que o sub-rogue nos direitos e obrigações originalmente assumidos, com a devida anuência do incorporador e a aprovação dos cadastros e da capacidade financeira e econômica do comprador substituto.

4.8.12.8. Transparência contratual nos loteamentos

No que concerne aos LOTEAMENTOS, os contratos de compra e venda, cessão ou promessa de cessão também devem ser iniciados por quadro-resumo, que deverá conter regras semelhantes às da incorporação, como preço total a ser pago pelo imóvel, beneficiário da corretagem, forma de pagamento, correção, juros etc.

Importante: Há também aquela regra que concede prazo de 30 dias para o aditamento contratual para saneamento de omissões.

4.8.12.9. Inadimplemento do comprador nos loteamentos

Quanto à resolução contratual por culpa do adquirente, deverão ser restituídos os valores pagos por ele, atualizados, podendo ser descontados desses valores os seguintes itens:

I – o valor de eventual fruição do imóvel, até 0,75% sobre o valor atualizado do contrato, cujo prazo será contado a partir da data da transmissão da posse do imóvel ao adquirente até sua restituição ao loteador;

II – o montante devido por cláusula penal e despesas administrativas, inclusive arras ou sinal, limitado a um desconto de 10% do valor atualizado do contrato;

III – os encargos moratórios relativos às prestações pagas em atraso pelo adquirente;

IV – os débitos de impostos, contribuições condominiais e associativas;

V – a comissão de corretagem.

4.8.12.10. Prazo para restituição no loteamento

O pagamento da restituição ocorrerá em até 12 (doze) parcelas mensais, com início após o seguinte prazo de carência:

I – em loteamentos com obras em andamento: até 180 dias após o prazo previsto em contrato para conclusão das obras;

II – em loteamentos com obras concluídas: até 12 (doze) meses após a formalização da rescisão contratual.

Importante: para garantir que o loteador irá cumprir a lei e devolver as quantias pagas pelo adquirente, a lei estabelece que somente será efetuado um novo registro de um contrato de nova venda se for comprovado o início da restituição do valor pago pelo vendedor ao titular do registro cancelado na forma e condições pactuadas no distrato, dispensada essa comprovação nos casos em que o adquirente não for localizado ou não tiver se manifestado.

4.9. Contrato estimatório (venda em consignação)

O contrato estimatório pode ser **conceituado** como *aquele em que o consignante entrega bens móveis ao consignatário, para que este os venda, pagando àquele o preço ajustado, ou restitua a coisa ao consignante no prazo ajustado.*

Trata-se da famosa **venda em consignação**, muito comum nas vendas de carros, livros, joias, obra de arte, artesanato, bebidas. Atualmente, há muitas lojas de veículo consignado. O dono do veículo leva o automóvel à loja, deixando-o lá, em consignação, para que a loja tente vender o veículo. Uma vez vendido o veículo, o valor mínimo combinado será entregue ao dono do veículo, ficando o valor pago a mais com a loja de veículos.

A vantagem desse contrato é que o vendedor final (ex.: a loja de veículos) não precisa ter um grande capital de giro, pois não tem que comprar bens para revender.

Quanto à **coisa consignada**, há de se observar as seguintes regras:

a) não pode ser objeto de constrição em favor dos credores do consignatário, enquanto não pago integralmente o preço (art. 536 do CC); isso ocorre, pois o consignatário (ex.: loja de veículos consignados) não é dono da coisa, mas apenas a mantém para tentar vendê-la a terceiro;

b) não pode ser alienada pelo consignante antes de lhe ser restituída ou de ser comunicada restituição (art. 537 do CC); ou seja, o consignante (dono da coisa) deve respeitar a posição do consignatário; porém, o consignante pode pedir a coisa de volta, sendo que, uma vez restituída a coisa, o consignante poderá vendê-la a quem bem entender;

c) se não puder ser restituída, ainda que por fato não imputável ao consignatário, este deverá pagar o preço (art. 535 do CC); por exemplo, se o carro, que estava na loja de carros, vier a se perder, o consignatário (loja de veículos) deverá pagar o preço da coisa ao consignante (dono do carro).

Quanto à **classificação**, o contrato é *típico*, *bilateral*, *oneroso* e *real*.

O contrato estimatório tem, ainda, as seguintes **características**:

a) transfere-se a posse e o poder de disposição (e não a propriedade);

b) a propriedade continua com o consignante, até que seja vendida a terceiro ou adquirida pelo consignatário, mas o consignante não pode alienar a coisa antes de ser devolvida ou comunicada a sua restituição (art. 537 do CC);

c) o consignante fixa **preço de estima**, ou seja, o preço mínimo que ele deseja receber pela coisa consignada; esse preço deve ser abaixo do de mercado e o consignatário deve pagar esse preço, ficando com a diferença do valor pago a maior;

d) o consignatário, findo o contrato, pode devolver o bem, ficar com ele (pagando o preço estimado) ou vendê-lo a terceiro (pagando o preço estimado);

e) decorrido o prazo sem entrega da coisa pelo consignatário, cabe reintegração de posse;

f) o consignante, caso não receba o valor pela coisa vendida pelo consignatário, não deve acionar o terceiro, mas o consignatário.

Quanto ao **consignatário**, temos as seguintes regras:

a) tem poderes de posse e de disposição (ou seja, tem um *mandato* para vender a coisa);

b) tem por obrigação principal uma obrigação alternativa, qual seja, de vender a coisa, de ficar com a coisa ou de devolver a coisa no prazo combinado, sendo que, nos dois últimos casos, deve pagar o preço estimado;

c) tem por obrigação acessória arcar com as despesas de custódia e venda da coisa, salvo acordo entre as partes.

Quanto ao **consignante**, temos as seguintes regras:

a) tem poderes de fixar o preço de estima;

b) tem poder de propriedade compatível com o poder do consignatário; tem a posse indireta apenas, podendo retomar após o decurso do prazo; notificado o consignatário sem que este devolva a coisa, caberá reintegração de posse;

c) tem por obrigação não poder dispor da coisa no curso do contrato.

4.10. Doação

O contrato de doação pode ser **conceituado** como *o contrato em que uma pessoa, por liberalidade, transfere de seu patrimônio bens ou vantagens para o de outra, mediante aceitação desta* (art. 538 do CC).

Quanto à **classificação**, a doação é contrato:

a) gratuito: há vantagem apenas para uma das partes;

b) unilateral: há obrigação apenas para uma das partes, salvo na doação com encargo (contrato bilateral);

c) consensual: constitui-se com o mero acordo de vontades, não sendo necessária a entrega da coisa, ou seja, não é contrato *real*;

d) solene/formal: ou seja, há forma prescrita em lei, que deve ser obedecida; no caso, o art. 541, *caput*, e parágrafo único, do CC impõe forma escrita (pública ou privada), salvo bens móveis e de pequeno valor, se lhes seguir incontinenti a tradição.

São **características** do contrato de doação as seguintes:

a) a contratualidade: trata-se de contrato "inter vivos", não se confunde com o testamento, que é ato "causa mortis"; ademais, a doação gera direitos pessoais, direitos típicos de um contrato;

b) o "animus donandi": a doação depende da existência de intenção de praticar uma liberalidade;

c) a transferência de bens ou direitos do patrimônio do doador ao patrimônio do donatário; ou seja, é necessário que haja enriquecimento de um lado e empobrecimento de outro;

d) a necessidade de aceitação do donatário: ou seja, a doação não se aperfeiçoa enquanto beneficiário não a aceitar (art. 539 do CC); a aceitação pode ser das seguintes espécies:

d1) expressa: por exemplo, a feita no próprio instrumento de doação; na doação com encargo só cabe aceitação expressa;

d2) tácita: é aquela que decorre de comportamento do donatário; por exemplo, se o donatário recolhe imposto de transmissão, é sinal que aceitou tacitamente a doação;

d3) presumida: é aquela em que o doador fixa prazo para aceitação ou não da doação, sendo que o donatário é notificado das condições e do prazo para aceitação, deixando transcorrer o prazo "in albis".

No contrato de doação, há **casos particulares**, em que se têm regras específicas:

a) absolutamente incapaz: dispensa-se aceitação, se a doação for pura e simples (art. 543 do CC), já que, nesse tipo de doação, presume-se o benefício para o incapaz; porém, na doação com encargo, o representante legal deve aceitar ou não a doação;

b) nascituro: nesse caso a aceitação será feita pelo representante legal deste (art. 542 do CC);

c) doação em contemplação de casamento futuro: não pode ser impugnada por falta de aceitação; ficará sem efeito se o casamento não se realizar (art. 546 do CC).

Vejamos, agora, aos **requisitos especiais** da doação:

a) subjetivos:

Os **absoluta ou relativamente incapazes** não podem, em regra, doar, nem por seu representante.

Os **cônjuges** não podem doar sem autorização (salvo no regime de separação absoluta), salvo doações remuneratórias de móveis (serviço prestado), doações módicas, doações *propter nuptias* (art. 1.647, parágrafo único, do CC) e doação de bens próprios (salvo imóveis – art. 1.642, II, do CC).

O **cônjuge adúltero** não pode fazer doação a seu cúmplice, sob pena de anulabilidade.

Art. 550 do CC; aliás, "a doação do cônjuge adúltero ao seu cúmplice pode ser anulada pelo outro cônjuge, ou por seus herdeiros necessários, até dois anos depois de dissolvida a sociedade conjugal".

A doação entre **consortes** não é possível, se casados pelo regime de comunhão universal, mas é possível nos demais casos, sendo que essa doação importará em adiantamento do que cabe ao cônjuge donatário, na herança.

O falido não pode doar porque não está na administração da coisa, além do que a doação seria lesiva; é cabível, em alguns casos, a ação pauliana (fraude contra credores – art. 158 do CC).

O ascendente pode doar a **descendente**, mas tal doação importará em adiantamento da legítima (art. 544 do CC), devendo o valor da doação ser colacionado no inventário (arts. 2.002 do CC e 639 do NCPC), salvo se o doador, no instrumento de doação ou por testamento, dispensar a colação, dispondo que a doação está saindo da metade disponível (arts. 1.847, 2.005 e 2.006 do CC).

Cabe doação a **sociedade não constituída** (entidade futura), mas tal doação caducará se a entidade não for criada em dois anos da liberalidade (art. 554 do CC).

b) objetivos:

Só podem ser doadas as coisas *in commercio*; partes do corpo não podem ser doadas, portanto; salvo excepcionalmente, nos casos previstos em lei;

É também nula a **doação universal**, ou seja, a doação de todos os bens, sem reserva de parte do patrimônio ou renda suficiente para subsistência do doador (art. 548 do CC). A finalidade da regra é evitar a penúria do doador, garantindo-lhe a dignidade (art. 1º, III, da CF). É possível evitar a sanção de nulidade, fazendo-se reserva de usufruto em favor do doador.

É nula a doação inoficiosa, ou seja, de parte excedente à de que o doador poderia dispor em testamento no momento em que doa (art. 549 do CC), prejudicando os herdeiros necessários.

Essa regra vem se aplicando não só aos contratos de doação pura e simples, como nos de doação remuneratória. Confirma o entendimento do STJ a respeito: "a doação remuneratória, caracterizada pela existência de uma recompensa dada pelo doador pelo serviço prestado pelo donatário e que, embora quantificável pecuniariamente, não é juridicamente exigível, deve respeitar os limites impostos pelo legislador aos atos de disposição de patrimônio do doador, de modo que, sob esse pretexto, não se pode admitir a doação universal de bens sem resguardo do mínimo existencial do doador, tampouco a doação inoficiosa em prejuízo à legítima dos herdeiros necessários sem a indispensável autorização desses, inexistente na hipótese em exame" (REsp 1.708.951-SE, DJe 16/05/2019).

c) requisito formal:

A doação deve ser escrita, podendo ser verbal nos casos já mencionados.

Confira, agora, as **espécies** de doação:

a) pura e simples: é a doação feita por mera liberalidade, sem condição, termo, encargo ou outra restrição. Não perdem esse caráter as doações meritórias (p. ex., para um grande cientista) e a doação remuneratória ou gravada, no que exceder o valor dos serviços ou gravame.

b) modal ou com encargo (ou onerosa): é a doação em que o doador impõe ao donatário uma incumbência específica em benefício próprio (ex.: cuidar do doador), de terceiro (ex.: cuidar do tio doente do doador) ou do interesse geral (ex.: construir uma escola). Se o encargo for ilícito ou impossível, deve ser ignorado. Havendo encargo, é interessante que haja um prazo para o seu cumprimento. Não havendo, deve-se notificar o donatário, assinando prazo razoável para cumprir (art. 562 do CC). Podem exigir o cumprimento o doador, seus herdeiros, os beneficiários do encargo e o Ministério Público, neste caso, se o encargo for do interesse geral, desde que depois da morte do doador, sem que este tenha agido. Em caso de mora no cumprimento da obrigação, o doador pode, ainda, revogar a doação.

c) doação remuneratória: é a doação em que, sob aparência de liberalidade, há firme propósito do doador de pagar serviços prestados pelo donatário ou alguma vantagem que haja recebido deste. Não perde caráter de liberalidade no valor excedente ao valor dos serviços remunerados.

d) doação condicional: é a doação que produz ou deixa de produzir efeitos segundo evento futuro e incerto.

e) doação em forma de subvenção periódica: essa doação parece com a prestação de alimentos (art. 545 do CC), ficando extinta com a morte do doador, salvo se este dispôs de modo diverso, ou seja, que a subvenção periódica continuará.

f) doação com cláusula de reversão: é aquela doação em que o doador estipula a volta dos bens ao seu patrimônio se sobreviver ao donatário (art. 547 do CC). A venda da coisa, estando ainda vivo o doador, é anulável.

g) doação a termo: é aquela doação que tem termo final ou inicial. Ex.: pelo prazo de 10 anos.

h) doação conjuntiva: é a doação feita em comum a mais de uma pessoa. A lei presume que a doação é distribuída por igual. Haverá direito de acrescer, caso venha a faltar um dos donatários, apenas no caso de doação para marido e mulher, subsistindo na totalidade a doação para o cônjuge sobrevivo (art. 551 do CC).

Quanto à **revogação da doação**, pode ser por ingratidão ou por inexecução da obrigação.

Vejamos primeiro a revogação por **ingratidão**.

O art. 556 do CC dispõe que não se pode renunciar antecipadamente ao direito de revogar uma doação, por ingratidão.

Confira as **hipóteses** de **revogação da doação por ingratidão** (art. 557 do CC):

a) se o donatário atentou contra a vida do doador ou cometeu crime de homicídio doloso contra ele;

b) se cometeu contra ele ofensa física;

c) se o injuriou gravemente ou o caluniou;

d) se, podendo ministrá-los, recusou ao doador os alimentos de que este necessitava.

A revogação também é possível se as ofensas mencionadas se derem contra o cônjuge, ascendente, descendente, ainda que adotivo, ou irmão do doador (art. 558 do CC).

O prazo decadencial para ingressar com ação com vistas à revogação da doação é de 1 ano, contado da chegada ao conhecimento do doador o fato que autorizar a sua autoria (art. 559 do CC).

A **legitimidade ativa** para ingressar com essa ação é apenas do doador (trata-se de ação personalíssima), não se transmitindo aos herdeiros, que podem, no máximo, prosseguir na ação intentada pelo doador, caso este venha a falecer.

No caso de homicídio doloso a ação caberá aos herdeiros do doador, salvo perdão por parte deste (art. 561 do CC).

Já a **legitimidade passiva** para a ação visando à revogação da doação é do donatário.

A revogação por ingratidão não prejudica os direitos adquiridos por **terceiros**, nem obriga o donatário a restituir os frutos percebidos antes da citação válida; mas o sujeita a pagar os posteriores, e, quando não possa restituir em espécie as coisas doadas, a indenizá-la pelo meio-termo do seu valor (art. 563 do CC).

Não se revogam por ingratidão (art. 564 do CC):

a) as doações puramente remuneratórias;

b) as oneradas com encargo já cumprido;

c) as que se fizerem em cumprimento de obrigação natural;

d) as feitas para determinado casamento.

Passemos agora ao estudo da revogação da doação por **inexecução do encargo** se o donatário incorrer em mora (art. 562 do CC). Não havendo prazo para o cumprimento, o doador poderá notificar judicialmente o donatário, assinando-lhe prazo razoável para que cumpra a obrigação assumida. Podem exigir o cumprimento do encargo o doador, os herdeiros, os beneficiários do encargo e o Ministério Público (se o encargo for de interesse geral, depois da morte do doador, se este nada tiver feito – art. 553 do CC).

4.11. Empréstimo

O empréstimo é o gênero, que tem como espécies o *comodato* e o *mútuo*.

O empréstimo permite que alguém utilize coisa alheia, com o dever de restituir a coisa ao final.

4.11.1. Comodato

O comodato pode ser **conceituado** como *o empréstimo gratuito de coisas não fungíveis* (art. 579 do CC).

Outro conceito de comodato é o seguinte: *é o contrato pelo qual uma pessoa entrega a outra, gratuitamente, coisa não fungível para que a utilize e depois restitua*.

O comodato é um *empréstimo de uso*, já que a coisa é devolvida depois, ao passo que o mútuo é um *empréstimo de consumo*, já que a coisa (fungível) acaba sendo consumida, devolvendo-se o equivalente.

O comodato tem as seguintes **características**:

a) é unilateral: ou seja, gera obrigações apenas para o comodatário, já que é um contrato que se forma apenas com a entrega da coisa; acidentalmente, o comodato pode gerar obrigações para o comodante, hipótese em que se terá um contrato bilateral imperfeito;

b) é gratuito: ou seja, somente o comodatário aufere vantagens; se for estipulada remuneração, desfigura-se para aluguel; não desfigura o contrato a existência de pequeno encargo, como cuidar das plantas, dos pássaros, ou seja, não pode ser uma contraprestação;

c) é real: ou seja, perfaz-se com a tradição do objeto (art. 579, 2ª parte, do CC); na falta de entrega não se tem comodato, mas no máximo contrato preliminar (promessa de comodato);

d) é não solene: ou seja, não há forma especial para sua validade.

O comodato tem os seguintes **requisitos**:

a) subjetivos:

administradores de bens alheios, especialmente de incapazes (tutores, curadores), não podem dá-los em comodato, pois não seria administração normal a cessão gratuita do uso; nesses casos, o comodato só seria possível mediante autorização judicial;

não há necessidade de que o comodante seja proprietário da coisa dada em comodato; por exemplo, o usufrutuário pode dar a coisa em comodato; porém, o locatário não pode assim agir, sob pena de despejo.

b) objetivos:

Deve se tratar de coisa não fungível, podendo ser móvel ou imóvel.

Quanto à **duração**, o contrato de comodato tem as seguintes características:

a) é temporário; se fosse perpétuo, seria uma doação;

b) possibilidades:

b1) se não tiver prazo convencional (duração indeterminada), tem-se o comodato "ad usum" ou com "tempo presumido"; nesse caso presumir-se-lhe-á pelo tempo necessário para o uso concedido (art. 581 do CC); exs.: empréstimo para fazer um curso em São Paulo por 6 meses ou empréstimo de um trator para uma colheita; a retomada antes do prazo, nesse caso, só será possível em caso de necessidade imprevista e urgente reconhecida pelo juiz, como quando o comodante fique doente e precise fazer um tratamento na cidade onde se encontra o imóvel dado em comodato;

b2) se tiver prazo convencional certo, deve-se respeitá-lo; a retomada antes do termo final só será possível em caso de necessidade imprevista e urgente (art. 581 do CC).

Quanto às **obrigações do comodatário**, temos as seguintes:

a) como obrigação principal, deve *conservar* a coisa como se sua fosse (art. 582 do CC); não basta o cuidado elementar; correndo risco o objeto, o comodatário deve dar preferência à coisa comodada no salvamento (art. 583 do CC), mas não é necessário que arrisque a própria vida;

b) *não usar* a coisa, senão de acordo com o contrato ou a natureza dela (art. 582 do CC; não é possível cedê-la a terceiro, mudar a sua destinação (ex.: de residencial para comercial), sob pena de responsabilidade por perdas e danos;

c) arcar com as *despesas* normais com uso e gozo da coisa emprestada (ex.: limpeza, condomínio, tributos), não podendo recobrá-las do comodante (art. 584 do CC); porém, o comodatário não responde por despesas extraordinárias (ex.: infiltração, problemas na fundação), mas, se urgentes, deve reparar e depois cobrar do comodante;

d) restituir a coisa "in natura", o que deverá ser feito no prazo ajustado ou, na falta, quando lhe for reclamado, ressalvado o tempo necessário ao uso concedido (finalidade), ou, ainda, em caso de necessidade imprevista e urgente (art. 581 do CC); não restituída a coisa, deve-se constituir em mora o comodatário (por meio de notificação), com posterior ingresso com ação de reintegração de posse; constituído o comodatário em mora, este responderá, até restituir a coisa, pelo aluguel desta que for arbitrado pelo comodante (art. 582 do CC);

e) responder pelo dano à coisa, por culpa ou dolo; responderá também por caso fortuito ou de força maior se, correndo risco o objeto dado em comodato, salvar seus bens primeiro (art. 583 do CC) ou se estiver em mora (arts. 582 e 399 do CC);

f) responder solidariamente se houver mais de um comodatário simultaneamente sobre uma coisa (arts. 585 e 275 a 285, do CC).

São **obrigações do comodante**:

a) reembolsar o comodatário pelas despesas extraordinárias e urgentes que este fizer, ressalvado o direito de retenção em favor deste; porém, o comodante não tem obrigação de restituir as despesas normais e o valor das benfeitorias úteis e voluptuárias não autorizadas por ele;

b) indenizar o comodatário pelos vícios ocultos que escondeu dolosamente e não preveniu.

O comodato fica **extinto** nas seguintes hipóteses:

a) com o advento do termo convencionado;

b) pela resolução, por iniciativa do comodante, em caso de descumprimento de suas obrigações;

c) por sentença, a pedido do comodante, provada a necessidade imprevista e urgente;

d) pela morte do comodatário, se o contrato for "intuito personae"; ex.: morte de paralítico que recebeu cadeira de rodas;

e) pelo distrato;

f) pela alienação da coisa emprestada.

4.11.2. Mútuo

O mútuo pode ser **conceituado** como o *empréstimo de coisas fungíveis* (art. 586 do CC).

Trata-se de contrato pelo qual uma das partes transfere uma coisa fungível a outra, obrigando-se esta a restituir-lhe coisa do mesmo gênero, da mesma qualidade e na mesma quantidade.

Diferentemente do comodato, que é um empréstimo de uso, o mútuo é um empréstimo de consumo.

Um exemplo é o empréstimo de dinheiro, já que este é coisa fungível. O dinheiro emprestado será consumido pelo mutuário, que, mais tarde, devolverá a mesma quantia, mas não necessariamente o mesmo dinheiro que recebeu.

Outro exemplo é empréstimo de café que um vizinho faz para o outro. Quem recebe o café irá consumi-lo. Em seguida, deverá restituir o café, procurando comprar outro da mesma marca e na mesma quantidade emprestada.

Por conta dessa característica do mútuo (empréstimo de consumo), a doutrina aponta que esse contrato transfere a propriedade da coisa emprestada, o que pode ser visualizado com tranquilidade no exemplo do empréstimo de café. O café a ser devolvido em seguida será outro.

O mútuo tem as seguintes **características**:

a) é unilateral: ou seja, gera obrigações apenas para o mutuário; isso ocorre, pois o mútuo só se forma com a entrega da coisa, e, uma vez formado, somente o mutuário tem deveres;

b) é gratuito, se não houver remuneração para o mutuante; e é oneroso, se houver remuneração para o mutuante; o mútuo oneroso é denominado mútuo feneratício; em caso de mútuo destinado a fins econômicos (empréstimo de dinheiro feito em favor de uma empresa) presumem-se devidos juros (art. 591 do CC), vale dizer, presume-se que se trata de mútuo oneroso; mútuo destinado a fins econômicos é aquele não feito por amizade, cortesia ou espírito de solidariedade;

c) é real, pois somente passa a existir com a tradição da coisa; assim, o empréstimo de dinheiro somente se perfaz quando há a entrega do dinheiro; mesmo que já haja um contrato de mútuo assinado, enquanto não houver a entrega de dinheiro, o contrato não é considerado existente, tratando-se, nessa fase, de mera promessa de mutuar;

d) é não solene: ou seja, não se exige forma especial.

O mútuo tem os seguintes **requisitos**:

a) subjetivos:

o mutuante deve estar habilitado a obrigar-se;

o mutuário também deve estar habilitado; por exemplo, no caso de mútuo feito a pessoa menor, sem prévia autorização do representante legal, o valor emprestado não pode ser reavido nem do mutuário nem de seus fiadores (art. 588 do CC); trata-se de proteção contra a exploração gananciosa da sua inexperiência; porém, deixa-se de aplicar a pena nos seguintes casos (art. 589 do CC): i) se o representante ratificar posteriormente; ii) se o menor, ausente o representante, contrair empréstimo para seus alimentos habituais; iii) se o menor tiver bens ganhos com seu trabalho, de modo a que eventual execução futura não ultrapasse as forças do patrimônio do menor; iv) se o empréstimo reverter em benefício do menor; v) se o menor entre 16 e 18 anos tiver obtido o empréstimo maliciosamente (art. 180 do CC).

b) objetivos:

É necessário que a coisa seja fungível e de propriedade do mutuante.

Quanto à **duração**, o contrato de mútuo tem as seguintes características (arts. 590 e 592 do CC):

a) a restituição da coisa emprestada deve ser feita no prazo convencionado, que, inexistindo, dá ensejo às seguintes regras:

a1) se for produtos agrícolas: devolve-se até a próxima colheita;

a2) se for dinheiro: o prazo do mútuo será de 30 dias, pelo menos;

a3) se for outra coisa fungível: o mútuo se dará pelo período de tempo que declarar mutuante; ou seja, este, a todo tempo, poderá intimar o devedor para restituir no prazo razoável que estipular;

a4) se o mutuário sofrer notória mudança em sua situação econômica: pode-se exigir a restituição antes do vencimento (art. 590 do CC).

São **obrigações do mutuário:**

a) restituir o que recebeu, em coisas do mesmo gênero, qualidade e quantidade, no prazo estipulado (art. 586 do CC); é válida a cláusula de devolver a coisa equivalente ou seu valor no momento da restituição; em relações de consumo, a restituição total ou parcial do valor emprestado antes do prazo definido no contrato acarreta a redução proporcional dos juros e demais acréscimos (art. 52, § 2º, do CDC); não sendo possível a devolução do gênero, por causa não imputável ao devedor, substitui-se pelo equivalente pecuniário; indenização por perdas e danos só se houver culpa do mutuário;

b) pagar juros, se convencionados, ou se se trata de mútuo com fins econômicos; não se deve confundir os juros compensatórios (remuneração do capital) com os juros moratórios ou legais (pela mora); os juros legais são devidos desde a citação; quanto aos limites legais aos juros compensatórios, o art. 591 do CC estabelece que estes não podem exceder a taxa estipulada no art. 406 do CC (taxa dos juros legais), que é a Taxa Selic, a qual já contém correção monetária e juros; a capitalização de juros é vedada, salvo se feita anualmente e expressamente prevista em contrato (REsp 1.388.972-SC, DJe 13.03.2017); a cumulação de juros compensatórios com juros moratórios é possível, pois cada um tem sua origem, mas não é possível cumulá-los com comissão de permanência; todavia, a regra de limitação de juros e de proibição de capitalização de juros não se aplica às instituições financeiras, inclusive às administradoras de cartão de crédito (Medida Provisória 2.170-36/2001); o conceito de instituição financeira pode ser encontrado no art. 17 da Lei 4.595/1964 e na LC 105/2001); uma empresa varejista (que venda eletrodomésticos, por exemplo) não está autorizada a financiar mercadorias com taxa superior aos juros legais (arts. 406 e 591 do CC), por não ser uma instituição financeira (REsp 1.720.656-MG, DJe 07/05/2020); vale lembrar que muitas dessas lojas têm uma instituição financeira parceira, então é preciso ver se se trata mesmo de um financiamento da loja em si, que seria ilegal acima dos juros legais, ou se se trata uma instituição financeira parceira, situação em que juros acima do previsto no art. 406 do CC são admitidos.

c) pagar correção monetária, também chamada de cláusula de escala móvel; essa correção não se confunde com os juros; porém, quando aplicada a Taxa Selic, é importante observar que essa taxa já embute juros e correção monetária; porém, se os juros e a correção monetária forem estipulados especificamente, há de se tomar cuidado para que os juros estejam dentro dos limites (salvo instituição financeira), bem como se a correção monetária também está dentro dos limites, valendo salientar que a Lei do Plano Real (Lei 10.192/2001) considera nula a estipulação de correção monetária em periodicidade inferior a um ano;

d) responder pelos riscos da coisa desde a tradição (art. 587 do CC).

Em acréscimos às informações dadas sobre o mútuo praticado por **instituições financeiras** (item "b" acima vale trazer alguns entendimentos do STJ a esse respeito:

a) são inaplicáveis aos juros remuneratórios dos contratos de mútuo bancário as disposições do art. 591 c/c o art. 406 do CC/2002. (AgRg no AREsp 602087/RS, DJE 07.08.2015);

b) as instituições financeiras não se sujeitam à limitação dos juros remuneratórios estipulada na Lei de Usura (Decreto 22.626/1933) (AgRg no REsp 1543201/SC, DJE 09.10.2015);

c) as cooperativas de crédito e as sociedades abertas de previdência privada são equiparadas a instituições financeiras, inexistindo submissão dos juros remuneratórios cobrados por elas às limitações da Lei de Usura. (AgRg no REsp 1264108/RS, DJE 19.03.2015);

d) as empresas administradoras de cartão de crédito são instituições financeiras e, por isso, os juros remuneratórios por elas cobrados não sofrem as limitações da Lei de Usura. (Súmula 283/STJ) (AgRg no AREsp 387999/RS, DJE 12.02.2015);

e) É inviável a utilização da taxa referencial do Sistema Especial de Liquidação e Custódia – SELIC como parâmetro de limitação de juros remuneratórios dos contratos bancários (AgRg no AREsp 287604/RS, DJE 0.12.2014);

f) O simples fato de os juros remuneratórios contratados serem superiores à taxa média de mercado, por si só, não configura abusividade. (AgRg no AgRg no AREsp 602850/MS, DJE 11.09.2015);

g) É admitida a revisão das taxas de juros remuneratórios em situações excepcionais, desde que caracterizada a relação de consumo e que a abusividade (capaz de colocar o consumidor em desvantagem exagerada – art. 51, § 1°, do CDC) fique cabalmente demonstrada, ante às peculiaridades do julgamento em concreto. (AgRg no AREsp 720099/MS, DJE 11.09.2015);

h) Nos contratos bancários, na impossibilidade de comprovar a taxa de juros efetivamente contratada – por ausência de pactuação ou pela falta de juntada do instrumento aos autos –, aplica-se a taxa média de mercado, divulgada pelo Bacen, praticada nas operações da mesma espécie, salvo se a taxa cobrada for mais vantajosa para o devedor. (Súmula 530/STJ) (REsp 1545140/MS, DJE 05/10/2015; AgRg no REsp 1380528/RS, DJE 15.09.2015);

i) Nos contratos bancários, é vedado ao julgador conhecer, de ofício, da abusividade das cláusulas. (Súmula 381/STJ) (AgRg no REsp 1419539/RS, DJE 07.05.2015);

j) Os empréstimos com desconto em folha de pagamento (consignação facultativa/voluntária) devem limitar-se a 30% (trinta por cento) dos vencimentos do trabalhador, ante a natureza alimentar do salário e do princípio da razoabilidade. (AgRg no AREsp 435294/MG, DJE 08.10.2015);

k) Podem as partes convencionar o pagamento do Imposto sobre Operações Financeiras e de Crédito (IOF) por meio de financiamento acessório ao mútuo principal, sujeitando-o aos mesmos encargos contratuais. (AgRg no REsp 1532484/PR, DJE 11.09.2015);

l) É possível a cobrança de comissão de permanência durante o período da inadimplência, à taxa média de juros do mercado, limitada ao percentual previsto no contrato, e desde que não cumulada com outros encargos moratórios. (Súmula 472/STJ) (AgRg no AREsp 722857/PR, DJE 24.09.2015).

4.12. CONTRATOS COM INCORPORADORAS E LOTEADORAS

A Lei 13.786, publicada em 27.12.2018, e com entrada imediata em vigor imediatamente, disciplina a resolução de contratos por inadimplemento do adquirente de unidade imobiliária em incorporação imobiliária e também em parcelamento de solo urbano, alterando as leis 4.591/1964 e 6.766/1979.

Essa lei se dirige então a negócios que envolvam a aquisição de apartamentos, casas e terrenos, desde que comprados de incorporadoras ou de loteadores e é aplicada quando o comprador ou promitente comprador ficar inadimplente e, assim, tiver que devolver o imóvel comprado e arcar com as consequências financeiras daí decorrentes.

De acordo com a nova lei, os contratos de compra e venda, promessa de venda, cessão ou promessa de cessão de unidades autônomas integrantes de INCORPORAÇÃO IMOBILIÁRIA serão iniciados por quadro-resumo, que deverá conter, entre outras obrigações legais, as seguintes disposições:

I - o preço total;

II - o valor da entrada e os percentuais sobre o valor total do contrato;

III - o valor da corretagem, condições de pagamento e a identificação precisa de seu beneficiário;

IV - a forma de pagamento do preço, com indicação clara dos valores e vencimentos das parcelas;

V - os índices de correção monetária aplicáveis ao contrato;

VI - as consequências do desfazimento do contrato, por distrato ou por resolução contratual por inadimplemento do adquirente ou do incorporador, com destaque negritado para as penalidades aplicáveis e para os prazos para devolução de valores; sendo que a efetivação dessas consequências dependerá de anuência prévia e específica do adquirente a seu respeito, mediante assinatura junto a essas cláusulas;

VII - as taxas de juros, se mensais ou anuais, se nominais ou efetivas, o seu período de incidência e o sistema de amortização;

VIII - as informações do direito de arrependimento previsto no art. 49 do CDC para contratos feitos fora de estabelecimento comercial.

Caso o contrato não traga essas informações e as demais previstas em lei ele não será nulo ou passível de resolução imediatamente. Primeiro será concedido prazo de 30 dias para aditamento e saneamento da omissão, findo o qual, se não sanada, caracterizará justa causa para rescisão contratual por parte do adquirente.

A lei também protege o incorporador para atrasos de até 180 dias na conclusão do empreendimento após o prazo fixado no contrato, dispondo que havendo expressa menção dessa possibilidade no contrato não haverá direito à resolução contratual ou penalidade em favor do adquirente.

Já se a entrega do imóvel ultrapassar esse prazo, poderá ser promovida pelo adquirente a resolução do contrato, sem prejuízo da devolução da integralidade de todos os valores pagos e da multa estabelecida, em até 60 dias corridos contados da resolução, corrigidos.

Outra opção, caso o adquirente queira ficar com o imóvel é receber, por ocasião da entrega da unidade, indenização de 1% (um por cento) do valor efetivamente pago à incorporadora, para cada mês de atraso, **pro rata die**, corrigido.

Nos casos em que o adquirente não quiser prosseguir com o contrato este pode ser desfeito por distrato ou resolução por inadimplemento, sendo que o adquirente fará jus à restituição das quantias que houver pago ao incorporador, atualizadas. Porém esse dinheiro que o adquirente receberá de volta terá os seguintes abatimentos:

I - da comissão de corretagem;

II - da pena convencional, sendo que tal multa não poderá exceder a 25% da quantia paga, não sendo necessário que o incorporador alegue prejuízo; quando a incorporação estiver submetida ao regime do patrimônio de afetação, a lei admite multa de até 50%; a jurisprudência até essa mudança legislativa somente aceitava retenção de multa de até 10% da quantia paga, tratando-se, assim, de uma importante modificação legal.

III - caso o adquirente já tenha recebido o imóvel, arcará ainda com: a) os impostos e condomínios ou contribuições do imóvel; b) o valor correspondente à fruição do imóvel, equivalente à 0,5% (cinco décimos por cento) sobre o valor atualizado do contrato, **pro rata die**.

Tais débitos poderão ser pagos mediante compensação com a quantia a ser restituída.

Por outro lado, esses descontos e retenções estão limitados aos valores efetivamente pagos pelo adquirente, salvo em relação às quantias relativas à fruição do imóvel.

Como regra, a restituição de valores ao adquirente será realizada em parcela única, após o prazo de 180 dias, contado da data do desfazimento do contrato. Já quando a incorporação estiver submetida ao regime do patrimônio de afetação a restituição se dará até 30 dias após o habite-se ou documento equivalente.

Quando o adquirente é quem dá causa ao desfazimento do contrato, a lei dá a ele a oportunidade de não ter que pagar a multa contratual (25% ou 50%). Basta que ele encontre um comprador substituto que o sub-rogue nos direitos e obrigações originariamente assumidos, com a devida anuência do incorporador e a aprovação dos cadastros e da capacidade financeira e econômica do comprador substituto.

A lei também permite que as partes entrem num acordo sobre as condições para o desfazimento do contrato. Basta entrar num acordo e fazer um distrato.

No que concerne aos LOTEAMENTOS, os contratos de compra e venda, cessão ou promessa de cessão também devem ser iniciados por quadro-resumo, que deverá conter regras semelhantes às da incorporação, como preço total a ser pago pelo imóvel, beneficiário da corretagem, forma de pagamento, correção, juros etc.

Há também aquela regra que concede prazo de 30 dias para o aditamento contratual para saneamento de omissões.

E quanto à resolução contratual por culpa do adquirente, deverão ser restituídos os valores pagos por ele, atualizados, podendo ser descontados desses valores os seguintes itens:

I - o valor de eventual fruição do imóvel, até 0,75% sobre o valor atualizado do contrato, cujo prazo será contado a partir da data da transmissão da posse do imóvel ao adquirente até sua restituição ao loteador;

II - o montante devido por cláusula penal e despesas administrativas, inclusive arras ou sinal, limitado a um desconto de 10% do valor atualizado do contrato;

III - os encargos moratórios relativos às prestações pagas em atraso pelo adquirente;

IV - os débitos de impostos, contribuições condominiais e associativas;

V - a comissão de corretagem.

O pagamento da restituição ocorrerá em até 12 (doze) parcelas mensais, com início após o seguinte prazo de carência:

I - em loteamentos com obras em andamento: até 180 dias após o prazo previsto em contrato para conclusão das obras;

II - em loteamentos com obras concluídas: até 12 (doze) meses após a formalização da rescisão contratual.

Para garantir que o loteador irá cumprir a lei e devolver as quantias pagas pelo adquirente, a lei estabelece que somente será efetuado um novo registro de um contrato de nova venda se for comprovado o início da restituição do valor pago pelo vendedor ao titular do registro cancelado na forma e condições pactuadas no distrato, dispensada essa comprovação nos casos em que o adquirente não for localizado ou não tiver se manifestado.

Outra garantia para o adquirente é a de que, se ocorrer o cancelamento do registro por inadimplemento do contrato, e tiver sido realizado o pagamento de mais de 1/3 do preço ajustado, o oficial do registro de imóveis mencionará esse fato e a quantia paga no ato do cancelamento, e somente será efetuado novo registro relativo ao mesmo lote, mediante apresentação do distrato assinado pelas partes e a comprovação do pagamento da parcela única ou da primeira parcela do montante a ser restituído ao adquirente, ao titular do registro cancelado, ou mediante depósito em dinheiro à sua disposição.

5. RESPONSABILIDADE CIVIL

5.1. Introdução

Esse tema é dividido em duas partes. A primeira referente às pessoas que têm a obrigação de indenizar, bem como as hipóteses em que a indenização é devida. E a segunda referente à própria indenização, em temas como a extensão do valor da indenização e as características das indenizações por danos morais, materiais e estéticos.

Não se deve confundir o regime de responsabilidade civil previsto no Código Civil, com o regime previsto no Código de Defesa do Consumidor e em outras leis especiais em relação ao primeiro código. Se uma dada situação fática se caracterizar como relação de consumo, o que pressupõe a existência de um fornecedor, de um lado, e um consumidor destinatário final, de outro, aplica-se o regime do CDC, que é diferente do regime do Código Civil.

5.2. Responsabilidade subjetiva

5.2.1. Hipótese de incidência (art. 186)

De acordo com o art. 186 do Código Civil, aquele que, por ação ou omissão voluntária, negligência ou imprudência, violar direito e causar dano a outrem, ainda que exclusivamente moral, comete ato ilícito.

Essa é hipótese de incidência da responsabilidade subjetiva. Ou seja, aquele cuja conduta se subsumir na hipótese legal mencionada, que traz elementos subjetivos para se configurar (dolo ou culpa ou sentido estrito), terá de indenizar a pessoa que sofrer o dano respectivo.

Observe que o texto legal traz, assim, os seguintes pressupostos para configuração dessa responsabilidade:

conduta + culpa *lato sensu* (culpa *stricto sensu*/dolo) + nexo de causalidade + dano

a) Conduta humana comissiva ou omissiva; naturalmente que a omissão só será juridicamente relevante se o agente tinha o dever jurídico de agir, pois ninguém é obrigado a fazer ou deixar de fazer algo senão em virtude de lei;

b) Culpa *lato sensu*; ou seja, a presença de dolo (ação ou omissão voluntária, ou seja, intencional) ou culpa em sentido estrito, podendo esta se tratar de negligência (deixar de agir com cuidado), imprudência (agir sem cuidado) ou imperícia (falta de observância das regras técnicas);

c) Nexo de causalidade: é a relação entre a conduta do agente e ao dano experimentado pela vítima.

d) Dano: é o prejuízo efetivamente sofrido, podendo ser de ordem material, estética ou moral.

Repare que o elemento subjetivo (culpa ou dolo) deve ser preenchido e, o autor da ação tem o ônus de provar isso. Porém, há situações em que a jurisprudência presume a culpa do autor do dano, hipótese em que caberá a ele provar alguma excludente da sua responsabilidade. Veja um caso em que isso acontece: "Em ação destinada a apurar a responsabilidade civil decorrente de acidente de trânsito, presume-se culpado o condutor de veículo automotor que se encontra em estado de embriaguez, cabendo-lhe o ônus de comprovar a ocorrência de alguma excludente do nexo de causalidade." (REsp 1.749.954-RO, DJe 15/03/2019).

Exemplo atual de culpa ou dolo ensejador de responsabilidade civil é o do companheiro que com seu comportamento assume o risco de transmissão do vírus HIV à parceira. Nesse caso, ele responderá civilmente pelo dano, configurando a culpa (ou o dolo eventual) quando a pessoa transmissora do vírus da AIDS está ciente da alta probabilidade de contaminação, notadamente pelo comportamento de risco adotado, e ainda assim mantém relação sexual com sua parceira sem a prevenção adequada. "De fato, o parceiro que suspeita de sua condição soropositiva, por ter adotado comportamento sabidamente temerário (vida promíscua, utilização de drogas injetáveis, entre outros), deve assumir os riscos de sua conduta. Conclui-se, assim, que a negligência, incúria e imprudência ressoam evidentes quando o cônjuge/companheiro, ciente de sua possível contaminação, não realiza o exame de HIV (o Sistema Único de Saúde – SUS disponibiliza testes rápidos para a detecção do vírus nas unidades de saúde do país), não informa o parceiro sobre a probabilidade de estar infectado nem utiliza métodos de prevenção, notadamente numa relação conjugal, em que se espera das pessoas, intimamente ligadas por laços de afeto, um forte vínculo de confiança de uma com a outra" (REsp 1.760.943-MG, DJe 06/05/2019).

5.2.2. Consequência (art. 927)

Aquele que cometer ato ilícito, ou seja, aquele que praticar ato que se enquadra na hipótese de incidência mencionada, *fica obrigado a reparar dano*. Trata-se do dever de indenizar, previsto como consequência legal da prática de um ato ilícito, no bojo do art. 927 do CC.

5.3. Responsabilidade objetiva

Diferentemente da responsabilidade subjetiva, que depende de dolo ou de culpa em sentido estrito para se configurar, a responsabilidade objetiva se configura sem esses elementos subjetivos, bastando, assim, a presença dos seguintes requisitos: a) conduta humana; b) nexo de causalidade; c) dano.

Cada vez mais nosso ordenamento jurídico há hipóteses legais de responsabilidade objetiva, muitas delas inclusive previstas como regras específicas no próprio Código Civil. Também se verifica importantes hipóteses dessa responsabilidade nos direitos administrativo, ambiental e do consumidor, entre outros.

Confira, agora, casos em que se tem ou responsabilidade objetiva no Código Civil.

5.3.1 Casos previstos em lei

5.3.1.1. Produtos postos em circulação (art. 931)

De acordo com o art. 931 do CC, os empresários individuais e as empresas respondem independentemente de culpa pelos danos causados pelos **produtos** postos em circulação. Tem-se aqui típica responsabilidade objetiva. Um exemplo é o dano causados por insumo vendido a uma indústria. Repare que essa hipótese até se parece com a prevista nos arts. 12 e 14 do CDC, mas há diferença. A primeira é que no CDC a regra vale tanto para produto, como para serviço. E no CC só vale para produto. Outra diferença é que, em se tratando de uma relação regida pelo CC, somente empresários individuais e empresas respondem dessa forma, o mesmo não acontecendo se for outro tipo de pessoa, tais como meras pessoas naturais, pessoas jurídicas não empresariais e entes despersonalizados.

5.3.1.2. Responsabilidade pelo fato de 3º (arts. 932 e 933)

Aqui tem-se a chamada responsabilidade **indireta**. Trata-se daquela situação em que alguém não fez nada, mas acaba respondendo pelo ato de alguém que causou um dano a outrem, daí porque se fala em responsabilidade pelo fato de terceiro. Nesses casos, cujas hipóteses já serão vistas, o verdadeiro causador do dano geralmente pode responder por este, mas a lei permite que se acione um responsável no seu lugar.

Vejamos as hipóteses:

a) Pais por filhos menores sob sua autoridade e companhia; para o STJ, a emancipação voluntária não exclui responsabilidade do pai;

b) Tutor e curador nos mesmos casos;

c) Empregador por empregados, no exercício do trabalho; para o STF, é presumida a culpa do patrão (Súmula 341); para o STJ, o tomador de serviço não responde por empresa terceirizada;

d) Dono de hotel por hóspedes;

e) Partícipe de crime, sem ganho, até o limite de sua participação.

5.3.1.3. Dono ou detentor de animal (art. 936)

De acordo com o art. 936 do CC, o *dono ou detentor* do animal ressarcirá o dano por este causado, se não provar culpa da vítima ou força maior.

De acordo com o Enunciado 452 JDC/CJF, a responsabilidade no caso é objetiva, admitindo duas excludentes, quais seja, culpa exclusiva da vítima e força maior.

5.3.1.4. Prédio em ruína (art. 937)

De acordo com o art. 937 do CC, *o dono de edifício ou construção responde pelos danos que resultarem de sua ruína se esta provier de falta de reparos, cuja necessidade fosse manifesta.*

5.3.1.5. Coisas caídas ou lançadas (art. 938)

De acordo com o art. 938 do CC, *aquele que habitar prédio, ou parte dele, responde pelo dano proveniente das coisas que dele caírem ou forem lançadas em lugar indevido.*

5.3.2. Atividade de risco (art. 927, parágrafo único)

Também se tem hipótese de responsabilidade objetiva no CC a decorrente da atividade de risco. Todavia, pela sua importância, de rigor tratar em item separado.

Com efeito, o art. 927, parágrafo único, do CC dispõe que *quando a atividade normalmente desenvolvida pelo autor do dano implicar, por sua natureza, risco para os direitos de outrem, haverá obrigação de reparar o dano, independentemente de culpa.*

Importante consignar que a expressão "direitos de outrem" abrange não apenas a vida e a integridade física, mas também outros direitos, de caráter patrimonial ou extrapatrimonial (Enunciado 555 JDC/CJF).

Um exemplo dessa situação é um acidente com um helicóptero particular, matando terceiros. Repare que não há uma relação de consumo no caso, de modo que não se aplica a responsabilidade objetiva prevista no CDC. Porém, em se tratando o ato de andar de helicóptero uma conduta que, por sua natureza, traz riscos para terceiros, a responsabilidade no caso é objetiva e sequer é necessário que o autor da ação indenizatória tenha de provar que houve dolo ou culpa em sentido estrito no caso.

De acordo com os Enunciados 38 e 448 do JDC/CJF, configura-se o risco quando a atividade causar a pessoa determinada um ônus maior do que aos demais membros da coletividade ou sempre que a atividade normalmente desenvolvida, mesmo sem defeito e não essencialmente perigosa, induza, por sua natureza, risco especial e diferenciado aos direitos de outrem, salientando-se que são critérios de avaliação desse risco, entre outros, a estatística, a prova técnica e as máximas de experiência.

Seguem mais exemplos da aplicação dessa modalidade de responsabilidade objetiva, baseada na teoria do risco criado:

a) dano causado em passageiro de trem decorrente de ato de vandalismo que resulta no rompimento de cabos elétricos de vagão de trem; em virtude da aplicação dessa teoria, o ato de vandalismo não exclui a responsabilidade da concessionária/transportadora, pois cabe a ela cumprir protocolos de atuação para evitar tumulto, pânico e submissão dos passageiros a mais situações de perigo (REsp 1.786.722-SP, DJe 12/06/2020);

b) falecimento de advogado nas dependências do fórum, por disparos de arma de fogo efetuados por réu em ação criminal; trata-se de omissão estatal em atividade de risco anormal (REsp 1.869.046-SP, DJe 26/06/2020);

c) acerca da responsabilidade civil objetiva e acidente de trabalho, o STF exarou importantíssima decisão no sentido de que o art. 927, parágrafo único, do CC é compatível com o art. 7º, XXVIII, da CF, sendo constitucional a responsabilização objetiva do empregador por danos decorrentes de acidentes de trabalho nos casos especificados em lei ou quando a atividade normalmente desenvolvida, por sua natureza, apresentar exposição habitual a risco especial, com potencialidade lesiva, e implicar ao trabalhador ônus maior do que aos demais membros da coletividade. (RE 828040/DF, j. em 12.3.2020).

5.3.3. Ato ilícito por abuso de direito (art. 187)

Outro caso importante de responsabilidade objetiva, apesar de se ter um ato definido pela lei como "ato ilícito" (tradicionalmente associado com a responsabilidade subjetiva), é o da responsabilidade por abuso de direito.

De acordo com o art. 187 do CC, "*também comete ato ilícito o titular de um direito que, ao exercê-lo, excede manifestamente os limites impostos pelo seu fim econômico ou social, pela boa-fé ou pelos bons costumes*".

E, como se sabe, quem comete ato ilícito, tem o dever de reparar o dano.

Porém, repare que na definição de abuso de direito a lei em momento algum exige conduta dolosa ou culposa em sentido estrito daquele que propicia o dano, de modo que a doutrina aponta que se tem, no caso, responsabilidade objetiva, conforme já mencionado.

O abuso de direito também é chamado de **ato emulativo.**

Como exemplos dessa conduta, temos os seguintes:

excesso na liberdade de informação;

excesso no exercício da propriedade (direito de vizinhança);

excesso na legítima defesa.

Acerca da temática do abuso de direito, confira, ainda, os seguintes enunciados das Jornadas de Direito Civil:

a) 413 – Art. 187: Os bons costumes previstos no art. 187 do CC possuem natureza subjetiva, destinada ao controle da moralidade social de determinada época, e objetiva, para permitir a sindicância da violação dos negócios jurídicos em questões não abrangidas pela função social e pela boa-fé objetiva.

b) 414 – Art. 187: A cláusula geral do art. 187 do Código Civil tem fundamento constitucional nos princípios da solidariedade, devido processo legal e proteção da confiança, e aplica-se a todos os ramos do direito.

5.4. Excludentes de responsabilidade em geral

As excludentes de responsabilidade são as hipóteses previstas expressa ou implicitamente na lei que afastam a responsabilidade civil, ou seja, o dever de indenizar. Confira-se:

5.4.1. Legítima defesa

Consiste naquela situação atual ou iminente de injusta agressão a si ou terceiro, propiciando que o agente use dos meios necessários para repelir essa agressão. Um exemplo é aquela situação em que uma pessoa atira em outro que está apontando contra si uma arma de fogo e ameaçando atirar. Naturalmente que o agente que agir em legítima defesa terá sua responsabilidade afastada, salvo se agir com excesso, pelo qual responderá.

5.4.2. Exercício regular de direito

Consiste na conduta de alguém que, mesmo causando um prejuízo a outrem, é considerada regular pela lei, não se enquadrando em hipótese de legítima defesa ou de estado de necessidade. Por exemplo, se você protestar um devedor que não lhe pagar um título protestável, naturalmente estará causando um prejuízo ao devedor, mas este não terá direito de ser indenizado pelo simples fato de você estar atuando no exercício regular de um direito.

5.4.3. Estrito cumprimento de dever legal

Consiste na conduta de alguém que tem o dever legal de atuar, mesmo causando um dando a outrem. Um exemplo é o do policial que prende alguém em flagrante pela prática de um crime. Naturalmente que a pessoa que está sendo presa sofre um prejuízo, mas não se trata de um dano indenizável.

5.4.4. Estado de necessidade

Consiste em deteriorar ou distribuir coisa alheia, ou mesmo em causar uma lesão a uma pessoa, *a fim de remover perigo iminente*. A lei considera que esse ato *será legítimo quando as circunstâncias o tornarem absolutamente necessário, não excedendo os limites do indispensável para a remoção do perigo*. Porém, se o terceiro atingido não for o causador do perigo, o agente responde perante esse terceiro, com direito de ação regressiva contra verdadeiro culpado pela situação que o levou a agir premido do estado de necessidade. Um exemplo é o seguinte: "A", fechado por "B", desvia carro, batendo em um terceiro ("C") para não atropelar alguém; "A", apesar do estado de necessidade, responderá perante o terceiro ("C"), podendo ingressar com ação de regresso contra "B", culpado por tudo.

5.4.5. Caso fortuito ou de força maior

Consiste no fato necessário, cujos efeitos não são passíveis de se evitar ou impedir (art. 393, parágrafo único, do CC). Um exemplo é de um tornado de grande expressão ou de um terremoto, que venha a causar danos a certas pessoas.

De acordo com o Enunciado 443 das Jornadas de Direito Civil, "o caso fortuito e a força maior somente serão considerados como excludentes da responsabilidade civil quando o fato gerador do dano não for conexo à atividade desenvolvida".

Por conta disso, para o STJ, roubo em posto de gasolina é considerado força maior, excluindo a responsabilidade do estabelecimento. Já roubo em agência bancária é evento previsível e esperado em se tratando desse tipo de atividade (bancária), não caracterizando, assim, força maior, ou seja, não afastando a responsabilidade de indenizar por parte do banco.

Outro entendimento importante é o fixado na Súmula 479 do STJ: "As instituições financeiras respondem objetivamente pelos danos gerados por fortuito interno relativo a fraudes e delitos praticados por terceiros no âmbito de operações bancárias". Outro exemplo é o seguinte: "a concessionária de transporte ferroviário pode responder por dano moral sofrido por passageira, vítima de assédio sexual, praticado por outro usuário no interior do trem" (REsp 1.662.551-SP, DJe 25.06.2018).

Um caso importante diz respeito aos roubos à mão armada ocorridos em estacionamento de estabelecimentos comerciais. Nessa situação, de acordo com o caso concreto, haverá um tipo de solução. Confira o entendimento do STJ a respeito (EREsp 1.431.606-SP, DJe 02/05/2019):

a) roubo em estacionamento pago: nesse caso, tem-se fortuito interno (interno ao contrato oneroso que se tem), então o estabelecimento deve arcar com a indenização;

b) roubo em estacionamento gratuito: nesse caso, tem-se fortuito externo, então o estabelecimento deve arcar com a indenização; um exemplo é um roubo à mão armada que ocorre no estacionamento externo e gratuito oferecido por um restaurante *fast food*;

c) roubo em estacionamento gratuito de grandes shoppings, de hipermercados ou de estabelecimento que venda a ideia de segurança: nesse caso o STJ entende que esses estabelecimentos respondem pelos assaltos à mão armada praticados contra os clientes pelo fato de esses locais oferecerem a legítima expectativa de segurança ao cliente em troca dos benefícios financeiros indiretos decorrentes desse acréscimo de conforto aos consumidores; trata-se de uma interpretação extensiva da Súmula 130 do STJ, que se aplica apenas a furtos.

5.4.6. Culpa exclusiva da vítima

Consiste em dano casado exclusivamente por conduta da vítima deste, sem que haja qualquer tipo de liame necessário entre a conduta de terceiros e o dano causado. Ex.: alguém se joga na frente de um carro e é atropelado.

Vale observar que se o caso envolver a chamada culpa concorrente (ou seja, ao mesmo tempo há culpa da vítima e do ofensor), não se estará diante de excludente de responsabilidade, mas apenas de uma hipótese de alteração do valor da indenização.

5.4.7. Fato de terceiro

Consiste em dano causado exclusivamente por conduta de terceiro, sem que haja qualquer tipo de liame necessário entre a conduta de alguém que se deseja imputar e o dano causado. Ex.: arremesso de pedra em ônibus, ferindo passageiro (STJ). Vale salientar que a extinção da punibilidade criminal não acarreta exoneração da responsabilidade, salvo negativa de autoria ou do fato.

5.5. Sujeitos passivos do direito à indenização

5.5.1. Autores e coautores da ofensa

5.5.2. Responsáveis indiretos

a) Responsáveis por atos de terceiros (arts. 932 e 933);

b) Súmula STJ 130: a **empresa responde, perante o cliente, pela reparação de dano/furto em seu estacionamento;**

c) Súmula STF 492: empresa **locadora** de veículos responde civil e solidariamente com o locatário pelos danos por este causados a terceiro, no uso do carro locado;

d) Súmula STJ 132: a ausência de registro da transferência não implica responsabilidade do antigo dono resultante de acidente que envolva o **veículo alienado**.

5.5.3. Solidariedade

Se a ofensa tiver mais de um autor, todos responderão solidariamente pela reparação (art. 942).

Um exemplo de solidariedade está na Súmula STJ 221: são civilmente responsáveis pelo ressarcimento de dano, decorrente de publicação pela imprensa, tanto o autor do escrito quanto o proprietário do veículo de divulgação.

Porém, essa súmula não se aplica em relação aos provedores de internet e redes sociais. Nesse sentido, se um usuário de rede social posta conteúdo ofensivo a terceiro, este não poderá pedir indenização por danos materiais e morais junto à empresa provedora daquele portal. Tal empresa só poderá ser acionada se, mesmo após ter sido comunicada a respeito da mensagem ofensiva, não a tiver excluído.

Outro exemplo de solidariedade é o trazido pelo STJ, no REsp 343.649, quando se decidiu que, quem permite que terceiro conduza seu veículo, é responsável solidário pelos danos culposamente causados por este.

5.6. Sujeitos ativos do direito à indenização

5.6.1. Vítima direta

Ex.: aquele que sofreu o acidente.

5.6.2. Vítima indireta

Ex.: os familiares próximos da vítima do acidente.

Tem-se no caso danos morais **reflexos** ou por **ricochete**. Neste passo, ressalta-se que no plano patrimonial, a manifestação do dano reflexo ou por ricochete não se restringe às hipóteses previstas no art. 948 do Código Civil (Enunciado n. 560 JDC/CJF).

Trata-se do *préjudice d'affection,* pois o instituto é fundado no princípio da afeição.

O STJ admite o dano indireto, sendo comum fixar-se indenização por danos morais em favor de pessoas muito próximas da vítima de um homicídio, tais como pais, filhos, irmãos, cônjuge e companheiro.

5.7. Reparação dos danos

5.7.1. Regra

De acordo com o art. 942 do Código Civil, "Os bens do responsável pela ofensa ou violação do direito de outrem ficam sujeitos à reparação do dano causado; e, se a ofensa tiver mais de um autor, todos responderão solidariamente pela reparação".

Repare que essa regra vale para qualquer tipo de responsabilidade civil, seja ela objetiva ou subjetiva.

Uma vez fixada essa vinculação entre os bens do responsável pela ofensa e o direito do ofendido em ver o seu dano reparado, de rigor entender como se fixará a indenização.

A primeira regra a ser considerada é a seguinte: a indenização mede-se pela extensão do dano. Parece óbvio, mas é regra fundamental. Trata-se do princípio da reparação integral dos danos. Exemplo de aplicação prática do princípio é a Súmula 281 do STJ, que impede a tarifação do dano moral.

Todavia, há exceções a essa regra, que serão vistas agora.

5.7.2. Exceções ao princípio da reparação integral

a) Se houver **excessiva desproporção** entre a *gravidade da culpa* e o *dano* o juiz pode reduzir equitativamente a indenização (art. 944, parágrafo único);

b) Se houver **culpa recíproca**, a indenização será *proporcional*, levando em conta os graus de culpa;

c) O **incapaz** responde *subsidiária* e *equitativamente*.

Neste último caso responde subsidiariamente, pois só terá a obrigação de indenizar se o seu responsável não responder ou não dispuser de meios. E responde **equitativamente,** pois, caso o incapaz responda, o valor da indenização não poderá privá-lo do necessário para a sua subsistência. Um exemplo de situação que abarca os dois requisitos é caso de um incapaz rico, cujo curador não tenha meios para responder. Adotou-se na hipótese a **Teoria do Patrimônio Mínimo**, de modo a garantir sempre um patrimônio para o incapaz, criando a **Responsabilidade Mitigada e Subsidiária**. Por fim, importante mencionar que há entendimento doutrinário no sentido de que pais, tutores e curadores também se beneficiam dessa limitação quando o pagamento da indenização puder prejudicar a subsistência do incapaz (Enunciado CJF 39).

5.7.3. Espécies de danos

5.7.3.1. Dano material

O dano a material pode ser classificado nas seguintes espécies:

a) danos emergentes: *o que efetivamente se perdeu;* ex.: conserto do veículo, medicamentos, tratamentos;

b) lucros cessantes: *o que razoavelmente se deixou de lucrar;* ex.: renda que profissional liberal deixa de auferir por ficar 30 dias sem trabalhar;

c) decorrente da **"Perda de uma Chance":** aquele decorrente da possibilidade de buscar posição jurídica mais vantajosa que **muito provavelmente** ocorreria; ex.: voo atrasado a impedir posse de aprovado em concurso. De acordo com o Enunciado 444 das Jornadas de Direito Civil, "a responsabilidade civil pela perda de chance não se limita à categoria de danos extrapatrimoniais, pois, conforme as circunstâncias do caso concreto, a chance perdida pode apresentar também a natureza jurídica de dano patrimonial. A chance deve ser séria e real, não ficando adstrita a percentuais aprioristicos". O STJ reconheceu a aplicabilidade dessa teoria no seguinte caso: "Tem direito a ser indenizada, com base na teoria da perda de uma chance, a criança que, em razão da ausência do preposto da empresa contratada por seus pais para coletar o material no momento do parto, não teve recolhidas as células-tronco embrionárias. No caso, a criança teve frustrada a chance de ter suas células embrionárias colhidas e armazenadas para, se eventualmente fosse preciso, fazer uso delas em tratamento de saúde. (...) Essa chance perdida é, portanto, o objeto da indenização" (REsp 1.291.247-RJ, J. em 19.08.2014).

5.7.3.2. Dano estético

Consiste em modalidade de dano própria das situações de alteração corporal que causa desagrado e repulsa, tais como cicatrizes, marcas e aleijões. Sobre esse dano o STJ editou a Súmula 387, dispondo o dano estético é cumulável com o dano moral.

5.7.3.3. Dano moral

O dano moral, que será adiante visto com mais vagar, além de cumulável com o dano estético, conforme visto, é cumulável com o dano material, conforme Súmula 37 do STJ.

5.7.4. Na demanda antes de vencida a dívida (art. 939)

Nesse caso o credor ficará obrigado a i) esperar o tempo que faltava para o vencimento; ii) descontar os juros correspondentes, embora estipulados; iii) pagar as custas em dobro.

5.7.5. Na demanda por dívida já paga (art. 940)

Nesse caso o credor ficará obrigado a pagar ao devedor o dobro do que houver cobrado.

5.7.6. Na demanda com pedido maior que o devido (art. 940)

Nesse caso o credor ficará obrigado a pagar ao devedor o equivalente do que dele exigir. Porém, há uma **excludente**: as penas previstas nos arts. 939 e 940 não se aplicarão quando o autor **desistir** da ação antes de contestada a lide, salvo ao réu o direito de haver indenização por algum prejuízo que prove ter sofrido.

5.7.7. Homicídio (art. 948)

Nesse caso, os familiares que ingressarem com ação contra o ofensor para requerer:

a) despesas com tratamento da vítima, seu funeral e o luto da família (ex.: médico + enterro + dano moral);

b) alimentos às pessoas a quem o morto os devia, levando-se em conta a duração provável da vida da *vítima*, tratando-se da famosa "pensão".

5.7.8. Lesão à saúde (art. 949)

Nesse caso, a vítima pode ingressar com ação contra o ofensor para requerer:

a) despesas do tratamento e dos lucros cessantes até ao fim da convalescença, além de prejuízos provados (art. 949);

b) se resultar defeito impedindo o ofendido de exercer profissão ou diminuindo sua capacidade de trabalho, a indenização incluirá pensão correspondente à importância do trabalho para quem se inabilitou ou da depreciação sofrida (art. 950);

c) o prejudicado, se preferir, poderá exigir que a indenização seja arbitrada e paga de uma só vez, em vez de pensão.

O disposto nos arts. 948 a 950 aplica-se ao caso de danos causados no exercício de atividade profissional.

5.7.9. Esbulho (art. 952)

Nesse caso, a vítima pode ingressar com ação contra o ofensor para requerer:

a) havendo usurpação ou esbulho do alheio, indenização, que abrange: i) valor das deteriorações; ii) lucros cessantes;

b) faltando a coisa, reembolsa-se o equivalente pelo preço ordinário e de afeição, desde que este não supere àquele.

5.7.10. Injúria, difamação e calúnia (art. 953)

Nesse caso, a vítima pode ingressar com ação contra o ofensor para requerer:

a) indenização, que consistirá na reparação do dano que delas resulte ao ofendido.

b) se o ofendido não puder provar prejuízo material, o juiz fixará, equitativamente, o valor da indenização.

5.7.11. Ofensa à liberdade pessoal (art. 954)

Nesse caso tem-se dano causado por cárcere privado e prisão ilegal (por denúncia falsa ou má-fé). A indenização consistirá no pagamento das perdas e danos que sobrevierem ao ofendido, e, se este não provar prejuízo, juiz fixará equitativamente o valor da indenização.

5.8. Dano moral

5.8.1. Conceito

Consiste na **ofensa ao patrimônio moral** de pessoa, tais como o nome, a honra, a fama, a imagem, a intimidade, a credibilidade, a respeitabilidade, a liberdade de ação, a autoestima, o respeito próprio e a afetividade.

5.8.2. Sujeitos passivos do dano moral

a) Pessoas naturais; ex.: atropelamento da esposa de alguém, causando morte;

b) Pessoas jurídicas (Súmula 227 do STJ), sendo que, nesse caso, o dano moral advém da ofensa à honra **objetiva** da pessoa jurídica. A honra objetiva consiste na reputação, no conceito que a sociedade possui acerca do sujeito; ex.: difamação do nome de um restaurante da cidade; já no caso do condomínio é diferente; este, por ser uma massa patrimonial, não possui honra objetiva apta a sofrer dano moral (REsp 1.736.593-SP, DJe 13/02/2020);

c) Coletividade: o STJ está dividido sobre essa possibilidade, apesar de haver disposição legal expressa acerca do cabimento de indenização por dano moral em caso de danos coletivos ou difusos (art. 6º, VII, do CDC).

5.8.3. Prova do dano moral

a) Pessoa natural: a simples lesão ao patrimônio moral da pessoa natural caracteriza o dano moral, não sendo necessário prova da ocorrência desse dano; ex.: mãe não precisa demonstrar que sentiu morte do filho; na inexecução de um contrato não existe tal presunção;

b) Pessoa jurídica: o fato lesivo deve ser devidamente demonstrado para caracterizar o dano moral (Enunciado 189/CJF).

c) Dano moral *in re ipsa*: para o STJ, determinadas condutas geram dano moral, sem necessidade de demonstração ou prova da ocorrência deste, mesmo quando a vítima for pessoa jurídica; por exemplo, a inscrição indevida em cadastro de inadimplentes e a publicação não autorizada da imagem de pessoa, com fins econômicos ou comerciais (Súmula STJ 403). Porém, o dano moral *in re ipsa* não se configura nos acidentes de veículos automotores sem vítimas (REsp 1.653.413-RJ, DJe 08.06.2018).

5.8.4. Exemplos de casos em que cabe dano moral

Súmula STJ 388
A simples devolução indevida de cheque caracteriza dano moral.

Súmula STJ 370
Caracteriza dano moral a apresentação antecipada de cheque pré-datado.

Súmula STJ 227
A pessoa jurídica pode sofrer dano moral.

Outros casos são os seguintes: a) de abandono afetivo; vide, por exemplo, STJ, REsp 1.159.242, j. 24.04.2012; b) de ocultação da verdade, por cônjuge, quanto à paternidade biológica; vide, por exemplo, STJ, REsp 922.462, j. 04.04.2013. Na mesma decisão em que se reconheceu a responsabilidade do cônjuge infiel, afastou-se a responsabilidade do cúmplice ("amante"). c) abandono material (REsp 1.087.561-RS, Rel. Min. Raul Araújo, por unanimidade, julgado em 13.06.2017, DJe 18.08.2017).

5.8.5. Exemplos de casos em que não cabe dano moral

Súmula STJ 385
Anotação irregular em cadastro de crédito não gera dano moral se já existe legítima inscrição.

Informativo 350 STJ
Descumprimento de contrato, por si só, não gera dano moral.

Outro caso em que não cabe dano moral é aquele em que um produto é comprado e, por ter problema, precisa ir ao conserto, sendo certo que esse mero dissabor, salvo situações excepcionais, não enseja indenização por dano moral.

5.8.6. Critérios para fixação da indenização

Nessa difícil tarefa o juiz deve ter em vista que a condenação por danos morais atende um critério reparador à vítima ao mesmo tempo que deve ter cunho pedagógico-punitivo ao autor da lesão. Não obstante a existência de tais parâmetros, o tema sobre a fixação do *quantum* indenizatório ainda é bastante controvertido na jurisprudência e costuma levar em conta parâmetros como os seguintes:

a) Reflexos pessoais e sociais da ação ou omissão;
b) Possibilidade de superação física ou psicológica;
c) Extensão e duração dos efeitos da ofensa;
d) Situação social, política e econômica dos envolvidos;
e) Condições em que ocorreu a ofensa ou prejuízo moral;
f) Intensidade do sofrimento ou humilhação;
g) Grau de dolo ou culpa;
h) Existência de retratação espontânea;
i) Esforço efetivo para minimizar a ofensa;
j) Perdão, tácito ou expresso.

5.8.7. Valores médios fixados pelo STJ

a) falecimento: R$ 200 mil em favor de filhos, pais, cônjuges, companheiros e irmãos;

b) lesão grave, gerando incapacidade irreversível: R$ 150 mil em favor da vítima direta, R$ 50 mil em favor de pais ou cônjuge e R$ 10 mil para irmão;

c) prisão indevida: R$ 100 mil;

d) publicação de notícia inverídica: R$ 22,5 mil;

e) recusa em cobrir tratamento médico: R$ 20 mil;

f) protesto indevido: R$ 10 mil;

g) cancelamento injustificado de voo: R$ 8 mil.

Ressalta-se, contudo, que trata-se apenas de valores médios, pois consoante Enunciado 550 JDC/CJF a quantificação da reparação por danos extrapatrimoniais não deve estar sujeita a tabelamento ou a valores fixos.

Vale citar que o STJ vem **reformando** decisões que fixam indenização em valor não aproximado dos valores médios por ele praticados.

5.8.8. Encargos de condenação

a) correção monetária: é devida desde a data da fixação da indenização por dano moral (sentença ou acórdão); segundo a Súmula 362 do STJ, "A correção monetária do valor da indenização do dano moral incide desde a data do arbitramento";

b) juros moratórios: são devidos desde a data do evento danoso (Súmula STJ 54);

c) honorários: incidem também sobre o valor fixado a título de danos morais.

5.9. Pensão segundo o STJ

Seguem alguns parâmetros para a fixação de pensão em caso de falecimento no âmbito do STJ:

5.9.1. Falecimento de pai/mãe, com filhos menores

Pensão devida até 25 anos do filho, quando presumidamente este terá concluído sua formação.

5.9.2. Falecimento de cônjuge ou companheiro

Pensão devida até quando a vítima fizesse 70 anos.

5.9.3. Falecimento de filho menor em família de baixa renda

Pensão devida desde quando a vítima tivesse 14 anos, até quando fizesse 65 anos; valor cairá à metade quando vítima fizesse 25, pois se presume que teria contraído família e não mais poderia ajudar tanto os pais.

5.9.4. Falecimento de filho maior que ajudava família

Pensão devida vitaliciamente à família, diminuindo o valor quando a vítima fizesse 25 anos.

5.9.5. Encargos de condenação

a) **correção monetária:** é devida desde o evento danoso;

b) **juros moratórios:** são devidos desde a data do evento danoso (Súmula STJ 54);

c) **honorários:** incidem sobre as parcelas vencidas e 12 parcelas vincendas.

5.10. Cumulação de indenização por danos materiais ou morais com pensão previdenciária

A jurisprudência do STJ é pacífica no sentido de que "o benefício previdenciário é diverso e independente da indenização por danos materiais ou morais, porquanto, ambos têm origens distintas. Este, pelo direito comum; aquele, assegurado pela Previdência. A indenização por ato ilícito é autônoma em relação a qualquer benefício previdenciário que a vítima receba" (AgRg no AgRg no REsp 1.292.983-AL, DJe 07.03.2012) (REsp 776.338-SC, J. 06.05.2014).

6. DIREITO DAS COISAS

6.1. Introdução

Para formar uma relação jurídica são necessários três elementos: a) *sujeitos de direito*, b) *bens* e um c) *fato* que faça nascer a relação. Para visualizarmos esses três elementos, vamos imaginar um contrato de compra e venda, que é uma das principais relações jurídicas de que trata o Direito. Esse contrato requer a existência de um vendedor e de um comprador (*sujeito de direito*), de uma coisa de expressão econômica (*bem*) e de um acordo de vontade sobre o preço da coisa (*fato que faz nascer a relação jurídica*).

A Parte Geral do Direito Civil trata da capacidade dos *sujeitos de direito*. Cuida ainda das classificações e do regime jurídico básico dos *bens*. E também cuida de trazer regulamentação básica acerca dos *fatos e negócios jurídicos*.

O Direito das Obrigações e o Direito Contratual focam na relação jurídica obrigacional formada. Tratam principalmente dos direitos e deveres das *pessoas* que entabulam negócios jurídicos. Repare que o objetivo maior aqui é regulamentar **direitos pessoais**, ou seja, *direitos e deveres entre pessoas determinadas, em que uma pode exigir uma prestação da outra*.

Já o Direito das Coisas tem como objetivo maior regulamentar relações jurídicas em que o elemento marcante é uma coisa corpórea (a posse, por exemplo), bem como relações que estabeleçam **direito reais**, que *são direitos que estabelecem um poder jurídico, direto e imediato, do titular sobre a coisa, com exclusividade e contra todos*.

Em suma, no Direito das Coisas estuda-se a **posse** (de bens móveis ou imóveis) e os **direitos reais**, ou seja, aqueles direitos que se têm sobre uma coisa, com exclusividade e contra todos (propriedade, superfície, servidão, usufruto, uso, habitação, penhor, hipoteca e anticrese).

Nossa primeira tarefa será tratar da posse para em seguida tratar dos direitos reais sobre coisas móveis e imóveis.

6.2. Posse

6.2.1. Conceito de posse

É o exercício, pleno ou não, de algum dos poderes inerentes à propriedade (art. 1.196 do CC). É a *exteriorização da propriedade*, ou seja, a *visibilidade da propriedade*. Os poderes inerentes à propriedade são *usar*, *gozar* e *dispor* da coisa, bem como *reavê-la* (art. 1.228). Assim, se alguém estiver, por exemplo, *usando* uma coisa, como o locatário e o comodatário, pode-se dizer que está exercendo *posse* sobre o bem.

6.2.2. Teoria adotada

Há duas teorias sobre a posse. A primeira é a **Teoria Objetiva** (de Ihering), para a qual a posse se configura como a mera *conduta de dono*, pouco importando a apreensão física da coisa e a vontade de ser dono dela. Já a segunda, a **Teoria Subjetiva** (de Savigny), entende que a posse só se configura se houver a apreensão física da coisa (*corpus*), mais a vontade de tê-la como própria (*animus domini*). Nosso CC adotou a Teoria Objetiva de Ihering, pois não trouxe como requisito para a configuração da posse a apreensão física da coisa ou a vontade de ser dono dela, mas apenas que se tenha uma conduta de proprietário. Assim, uma pessoa que paga os impostos de um sítio e coloca um caseiro para cuidar da área, mesmo não tendo apreensão física sobre a coisa por inteiro e que não tenha em sua cabeça um ânimo de dono, exerce posse, pois sua conduta revela uma conduta de proprietário, ou seja, uma exteriorização da propriedade.

6.2.3. Detenção

É aquela situação em que alguém conserva a posse em nome de outro e em cumprimento às suas ordens e instruções. É muito importante entender o instituto da detenção, pois ele traz exceções ao conceito de posse. Um exemplo típico é o do caseiro. Quem olhasse de longe poderia chegar à conclusão de que um caseiro exerce posse sobre um imóvel de que cuida. Em geral, caseiros usam e cuidam da coisa, exteriorizando um dos poderes da propriedade. Todavia, o próprio art. 1.198 do CC exclui do conceito de posse a situação em que se encontra um detentor. Assim, o caseiro em relação a imóvel de que cuida e o funcionário público em relação aos móveis da repartição têm mera *detenção* sobre a coisa, não recebendo os direitos típicos daquele que exerce *posse*.

6.2.4. Classificação da posse

6.2.4.1. Posse direta e indireta

Quanto ao campo de seu exercício (art. 1.197 do CC).

a) **posse indireta:** *é aquela exercida por quem cedeu, temporariamente, o uso ou o gozo da coisa a outra pessoa*. São exemplos as exercidas pelo locador, nu-proprietário, comodante e depositante. O possuidor indireto ou mediato pode se valer da proteção possessória.

b) **posse direta:** *é aquela exercida por quem recebeu o bem, temporariamente, para usá-lo ou gozá-lo, em virtude de direito pessoal ou real*. Vale lembrar que o possuidor direto ou imediato também pode se valer de proteção possessória, inclusive contra o proprietário da coisa que exerça a posse indireta e que perturbe a sua posse.

6.2.4.2. Posse individual e composse

Quanto à simultaneidade de seu exercício (art. 1.199 do CC).

a) posse individual: *é aquela exercida por apenas uma pessoa.*

b) composse: *é a posse exercida por duas ou mais pessoas sobre coisa indivisa.* São exemplos a posse dos cônjuges sobre o patrimônio comum e dos herdeiros antes da partilha. Na composse *pro diviso* há uma divisão de fato da coisa.

6.2.4.3. Posse justa e injusta

Quanto à existência de vícios objetivos (art. 1.200 do CC).

a) posse justa: *é aquela que não for violenta, clandestina ou precária.* Assim, é justa a posse não adquirida pela força física ou moral (não violenta), não estabelecida às ocultas (não clandestina) e não originada do abuso de confiança por parte de quem recebe a coisa com o dever de restituí-la (não precária). Perceba que os vícios equivalem, no Direito Penal, aos crimes de roubo, furto e apropriação indébita.

b) posse injusta: *é aquela originada do esbulho.* Em caso de violência ou clandestinidade, a posse só passa a existir após a cessação da violência ou da clandestinidade (art. 1.208 do CC). Já em caso de precariedade (ex.: um comodatário passa a se comportar como dono da coisa), a posse deixa de ser justa e passa a ser injusta diretamente. É importante ressaltar que, cessada a violência ou a clandestinidade, a posse passa a existir, mas o vício que a inquina faz com que o Direito a considere injusta. E, mesmo depois de um ano e dia, a posse continua injusta, só deixando de ter essa característica se houver aquisição da coisa, o que pode acontecer pela usucapião, por exemplo. A qualificação de posse injusta é relativa, valendo apenas em relação ao anterior possuidor da coisa. Em relação a todas as outras pessoas, o possuidor injusto pode defender a sua posse.

6.2.4.4. Posse de boa-fé e de má-fé

Quanto à existência de vício subjetivo (art. 1.201 do CC).

a) posse de boa-fé: *é aquela em que o possuidor ignora o vício ou o obstáculo que impede a aquisição da coisa.* É de boa-fé a posse daquele que crê que a adquiriu de quem legitimamente a possuía. Presume-se de boa-fé o possuidor com **justo título**, ou seja, *aquele título que seria hábil para transferir o direito à posse, caso proviesse do verdadeiro possuidor ou proprietário da coisa.*

b) posse de má-fé: *é aquela em que o possuidor tem ciência do vício ou do obstáculo que impede a aquisição da coisa.* A posse de boa-fé pode se transmudar em posse de má-fé em caso de ciência posterior do vício. A citação para a demanda que visa à retomada da coisa tem o condão de alterar o caráter da posse.

Obs.: saber se a posse de alguém é de boa-fé ou de má-fé interfere no direito à indenização pelas benfeitorias feitas, no direito de retenção, no direito aos frutos, no prazo de prescrição aquisitiva (usucapião), na responsabilidade por deterioração da coisa etc.

6.2.4.5. Posse nova e velha

Quanto ao tempo da posse.

a) posse nova: *é aquela de menos de ano e dia.*

b) posse velha: *é aquela de mais de ano e dia.* Essa classificação, prevista no CC anterior, não tem correspondente no atual CC.

Não se deve confundir esse conceito com os de **ação de força nova** (que é a ação possessória promovida dentro de ano e dia da turbação ou do esbulho) e **ação de força velha** (que é a ação possessória promovida após ano e dia do esbulho). Esses conceitos decorrem do art. 558 do NCPC, que estabelece que na ação de força velha o autor da demanda não poderá se valer do rito especial possessório, que prevê a concessão de liminar. Deve o interessado ingressar com ação pelo procedimento comum, nada impedindo, todavia, que seja beneficiado com tutela de urgência, preenchidos seus requisitos, conforme vem entendendo o STJ.

6.2.4.6. Posse natural e jurídica

Quanto à origem.

a) posse natural: *é a que decorre do exercício do poder de fato sobre a coisa.*

b) posse civil ou jurídica: *é que decorre de um título*, não requerendo atos físicos ou materiais.

6.2.5. Aquisição da posse

6.2.5.1. Conceito

Adquire-se a posse desde o momento em que se torna possível o exercício, em nome próprio, de qualquer dos poderes inerentes à propriedade (art. 1.204).

6.2.5.2. Aquisição originária

É aquela que não guarda vínculo com a posse anterior. Ocorre nos casos de: **a) Apreensão,** *que consiste na apropriação unilateral da coisa sem dono* (abandonada – *res derelicta*, ou de ninguém – *res nullius*) *ou na retirada da coisa de outrem sem sua permissão* (cessadas a violência ou a clandestinidade); **b) Exercício do direito**, como no caso da servidão constituída pela passagem de um aqueduto em terreno alheio; **c) Disposição**, que consiste em alguém dar uma coisa ou um direito, situação que revela o exercício de um poder de fato (posse) sobre a coisa.

6.2.5.3. Aquisição derivada

É aquela que guarda vínculo com a posse anterior. Nesse caso, a posse vem gravada dos eventuais vícios da posse anterior. Essa regra vale para a sucessão a título universal (art. 1.206 do CC), mas é abrandada na sucessão a título singular (art. 1.207 do CC). Ocorre nos casos de **tradição**, *que consiste na transferência da posse de uma pessoa para outra, pressupondo acordo de vontades.* A tradição pode ser de três tipos:

a) Tradição real: *é aquela em que há a entrega efetiva, material da coisa.* Ex.: entrega de um eletrodoméstico para o comprador. No caso de aquisição de grandes imóveis não há necessidade de se colocar fisicamente a mão sobre toda a propriedade, bastando a referência a ela no título. Trata-se da chamada ***traditio longa manu***.

b) Tradição simbólica: *é aquela representada por ato que traduz a entrega da coisa.* Exemplo: entrega das chaves de uma casa.

c) Tradição consensual: é aquela decorrente de contrato, de acordo de vontades. Aqui temos duas possibilidades. A primeira é a ***traditio brevi manu***, *que é aquela situação em que um possuidor em nome alheio passa a possuir a coisa em nome próprio.* É o caso do locatário que adquire a coisa. Já a segunda é o **constituto possessório**, *que é aquela situação* em que um possuidor em nome próprio passa a possuí-la em nome de outro, adquirindo a posse indireta da coisa. É o caso do dono que vende a coisa e passa a nela ficar como locatário ou comodatário.

6.2.6. Perda da posse

6.2.6.1. Conceito

Perde-se a posse quando cessa, embora contra a vontade do possuidor, o poder sobre o bem. É importante ressaltar, quanto ao ausente (no sentido de não ter presenciado o esbulho), que este só perde a posse quando, tendo notícia desta, abstém-se de retomar a coisa ou, tentando recuperá-la, é violentamente repelido (art. 1.224).

6.2.6.2. Hipóteses de perda posse

a) Abandono: *é a situação em que o possuidor renuncia à posse, manifestando voluntariamente a intenção de largar o que lhe pertence;* ex.: quando alguém atira um objeto na rua;

b) Tradição com intenção definitiva: *é a entrega da coisa com o ânimo de transferi-la definitivamente a outrem;* se a entrega é transitória, não haverá perda total da posse, mas apenas perda temporária da posse direta, remanescendo a posse indireta;

c) Destruição da coisa e sua colocação fora do comércio;

d) Pela posse de outrem: nesse caso a perda da posse se dá por esbulho, podendo a posse perdida ser retomada.

6.2.7. Efeitos da posse

Aquele que exerce posse tem uma série de direitos. Esses direitos vão variar de acordo com o tempo de posse (usucapião), o fato de ser de boa-fé ou não, dentre outras variáveis. Confira-se os efeitos:

6.2.7.1. Percepção dos frutos

Quando o legítimo possuidor retoma a coisa de outro possuidor, há de se resolver a questão dos frutos percebidos ou pendentes ao tempo da retomada. De acordo com o caráter da posse (de boa ou de má-fé) haverá ou não direitos para aquele que teve que entregar a posse da coisa. Antes de verificarmos essas regras, vale trazer algumas definições.

6.2.7.1.1. Conceito de frutos

São utilidades da coisa que se reproduzem (frutas, verduras, filhotes de animais, juros etc.). Diferem dos **produtos**, que *são as utilidades da coisa que não se reproduzem* (minerais, por exemplo).

6.2.7.1.2. Espécies de frutos quanto à sua natureza

a) civis (como os alugueres e os juros), b) naturais (como as maçãs de um pomar) e c) industriais (como as utilidades fabricadas por uma máquina).

6.2.7.1.3. Espécies de frutos quanto ao seu estado

a) pendentes (são os ainda unidos à coisa que os produziu); b) percebidos ou colhidos (são os já separados da coisa que os produziu); c) percebidos por antecipação (são os separados antes do momento certo); d) percipiendos (são os que deveriam ser colhidos e não o foram); e) estantes (são os já separados e armazenados para fim de venda); f) consumidos (são os que não existem mais porque foram utilizados).

6.2.7.1.4. Direitos do possuidor de boa-fé

Tem direito aos frutos que tiver percebido enquanto estiver de boa-fé (art. 1.214).

6.2.7.1.5. Inexistência de direitos ao possuidor de boa-fé

Não tem direito às seguintes utilidades: **a)** aos frutos pendentes quando cessar a sua boa-fé; **b)** aos frutos percebidos antecipadamente, estando já de má-fé no momento em que deveriam ser colhidos; **c)** aos produtos, pois a lei não confere esse direito, como faz com os frutos. De qualquer forma, é importante ressaltar que nos casos dos itens "a" e "b", apesar de ter que restituir os frutos colhidos ou o seu equivalente em dinheiro, terá direito de deduzir do que deve as despesas com a produção e o custeio.

6.2.7.1.6. Situação do possuidor de má-fé

Este responde por todos os frutos colhidos e percebidos, bem como pelos que, por sua culpa, deixou de perceber, desde o momento em que se constituiu de má-fé. Todavia, tem direito às despesas de produção e custeio (art. 1.216 do CC), em virtude do princípio do não enriquecimento sem causa.

6.2.7.2. Responsabilidade por perda ou deterioração da coisa

Quando o legítimo possuidor retoma a coisa de outro possuidor, também há de se resolver a questão de eventual perda ou destruição da coisa, bem como de eventual deterioração ou degradação da coisa, que passa a ter seu valor diminuído.

6.2.7.2.1. Responsabilidade do possuidor de boa-fé

Não responde pela perda ou deterioração às quais não der causa (art. 1.217 do CC).

6.2.7.2.2. Responsabilidade do possuidor de má-fé

Como regra, responde pela perda ou deterioração da coisa, só não tendo esse dever se provar que de igual modo esses acontecimentos se dariam, caso a coisa estivesse com o reivindicante dela (art. 1.218 do CC). Um exemplo de exoneração da responsabilidade é a deterioração da coisa em virtude de um raio que cai sobre a casa.

6.2.7.3. Indenização por benfeitorias e direito de retenção

Outra questão importante de se verificar quando o legítimo possuidor retoma a coisa de outro possuidor é a de eventual benfeitoria feita pelo segundo. De acordo com o caráter da posse (de boa ou de má-fé) haverá ou não direitos para aquele que teve que entregar a posse da coisa. Antes de verificarmos essas regras, é imperativo trazer algumas definições.

6.2.7.3.1. Conceito de benfeitorias

São os melhoramentos feitos em coisa já existente. São bens acessórios. Diferem da **acessão**, que *é a criação de coisa nova.* Uma casa construída no solo é acessão, pois é coisa nova, já uma garagem construída numa casa pronta é benfeitoria, pois é um melhoramento em coisa já existente.

6.2.7.3.2. Espécies de benfeitorias

a) benfeitorias necessárias são as que se destinam à conservação da coisa (ex.: troca do forro da casa, em virtude do risco de cair); b) benfeitorias úteis são as que aumentam ou facilitam o uso de uma coisa (ex.: construção de mais um quarto numa casa pronta); c) benfeitorias voluptuárias são as de mero deleite ou recreio (ex.: construção de uma fonte luminosa na entrada de uma casa).

6.2.7.3.3. Direitos do possuidor de boa-fé

Tem direito à **indenização** pelas benfeitorias necessárias e úteis que tiver feito, podendo, ainda, levantar as benfeitorias voluptuárias, desde que não deteriore a coisa. A indenização se dará pelo valor atual da benfeitoria. Outro direito do possuidor de boa-fé é o de retenção da coisa, enquanto não for indenizado por benfeitorias úteis e necessárias que tiver realizado na coisa (art. 1.219 do CC). Significa que o possuidor não é obrigado a entregar a coisa enquanto não for ressarcido. O direito deve ser exercido no momento da contestação da ação que visa à retomada da coisa, devendo o juiz se pronunciar sobre a sua existência. Trata-se de um excelente meio de coerção para recebimento da indenização devida. Constitui verdadeiro direito real, pois é direito que não se converte em perdas e danos. Segundo o STJ, nos contratos de locação, é válida a cláusula de renúncia à indenização das benfeitorias e ao direito de retenção (REsp 1411420/DF, REPDJE 01.02.2016). Ademais, aplicam-se, por analogia, os direitos de indenização e retenção previstos no art. 35 da Lei de Locações às acessões edificadas no imóvel locado (REsp 1411420/DF, REPDJE 01.02.2016).

6.2.7.3.4. Direitos do possuidor de má-fé

Tem direito apenas ao ressarcimento das benfeitorias necessárias que tiver feito, não podendo retirar as benfeitorias voluptuárias (art. 1.220 do CC). Trata-se de uma punição a esse possuidor, que só é ressarcido pelas benfeitorias necessárias, pois são despesas que até o possuidor legítimo teria que fazer. O retomante escolherá se pretende indenizar pelo valor atual ou pelo custo da benfeitoria. O possuidor de má-fé não tem direito de retenção da coisa enquanto não for indenizado pelas benfeitorias necessárias que eventualmente tiver realizado.

6.2.7.4. Usucapião

A posse prolongada, e que preenche outros requisitos legais, dá ensejo a outro efeito da posse, que é a aquisição da coisa pela usucapião.

6.2.7.5. Proteção possessória

A posse também tem por efeito o de gerar direito de o possuidor defendê-la contra a perturbação e a privação de seu exercício, provocadas por terceiro.

6.3. Direitos reais
6.3.1. Conceito de direito real

É o poder, direto e imediato, do titular sobre a coisa, com exclusividade e contra todos. Perceba que esses direitos envolvem os seguintes elementos: a) sujeito ativo, que pode ser qualquer pessoa; b) sujeito passivo, que é toda a coletividade, ou seja, todos nós temos que respeitar os direitos reais das pessoas; em caso de violação do direito real, passa-se a ter um sujeito passivo determinado; c) bem: é a coisa de expressão econômica sobre a qual o titular do direito tem poder; d) poder direto e imediato sobre a coisa. O direito real difere do direito pessoal, pois este gera uma relação entre pessoas determinadas (princípio da relatividade) e, em caso de sua violação, converte-se em perdas e danos. No direito real, ao contrário, seu titular pode perseguir a coisa sobre a qual tem poder, não tendo que se contentar com a conversão da situação em perdas e danos.

6.3.2. Princípios do direito real
6.3.2.1. Princípio da aderência

Aquele pelo qual se estabelece um vínculo entre o sujeito e a coisa, independentemente da colaboração do sujeito passivo. No direito pessoal, o vínculo depende da colaboração de pelo menos duas pessoas, ou seja, o gozo do direito depende da intermediação de outra pessoa.

6.3.2.2. Princípio do absolutismo

Aquele pelo qual os direitos reais são exercidos contra todos ("erga omnes"). Por exemplo, quando alguém é proprietário de um imóvel, todos têm que respeitar esse direito. Daí surge o *direito de sequela* ou o *jus persequendi*, pelo qual, violado o direito real, a vítima pode perseguir a coisa, em vez de ter de se contentar com uma indenização por perdas e danos.

6.3.2.3. Princípio da publicidade (ou visibilidade)

Aquele pelo qual os direitos reais só se adquirem depois do registro do título na matrícula (no caso de imóvel) ou da tradição (no caso de móvel). Por ser o direito real oponível *erga omnes*, é necessária essa publicidade para que sejam constituídos. Os direitos pessoais, por sua vez, seguem o consensualismo, ou seja, basta o acordo de vontades (o consenso) para que sejam constituídos.

6.3.2.4. Princípio da taxatividade

Aquele pelo qual o número de direitos reais é limitado pela lei. Assim, por acordo de vontades não é possível criar uma nova modalidade de direito real, que são *numerus clausus*. São direitos que afetam terceiros, daí a necessidade de previsão legal. Os direitos pessoais, por sua vez, não são taxativos, podendo ser criados pelas partes interessadas (art. 425 do CC), daí porque são chamados *numerus apertus*.

6.3.2.5. Princípio da tipificação

Aquele pelo qual os direitos reais devem respeitar os tipos existentes em lei. Assim, o acordo de vontades não tem o condão de modificar o regime jurídico básico dos direitos reais.

6.3.2.6. Princípio da perpetuidade

Aquele pelo qual os direitos reais não se perdem pelo decurso do tempo, salvo as exceções legais. Esse princípio se aplica ao direito de propriedade. Os direitos pessoais, por sua vez, têm a marca da transitoriedade.

6.3.2.7. Princípio da exclusividade

Aquele pelo qual não pode haver direitos reais, de igual conteúdo, sobre a mesma coisa. Por exemplo, o nu-proprietário e o usufrutuário não têm direitos iguais quanto ao bem objeto do usufruto. No caso de condomínio (duas ou mais pessoas proprietárias de um bem), cada uma tem porção ideal na coisa, exclusivas e distintas.

6.3.2.8. Princípio do desmembramento

Aquele que permite o desmembramento do direito matriz (propriedade), constituindo-se direitos reais sobre coisas alheias. Ou seja, pelo princípio é possível desmembrar um direito real (propriedade, por exemplo) em outros direitos reais (uso, por exemplo).

6.3.3. Espécies de direito real

Propriedade, superfície, servidão, usufruto, uso, habitação, direito do promitente comprador de imóvel, penhor, hipoteca e anticrese.

6.4. Propriedade

6.4.1. Características gerais

6.4.1.1. Conceito

É o direito real que faculta ao seu titular (o proprietário) os poderes de usar, gozar e dispor da coisa, bem como de reavê-la de quem quer que injustamente a possua ou detenha (art. 1.228 do CC).

6.4.1.2. Função social da propriedade

O direito de propriedade deve ser exercido em consonância com as suas finalidades econômicas e sociais e de modo que sejam preservados, de conformidade com o estabelecido em lei especial, a flora, a fauna, as belezas naturais, o equilíbrio ecológico e o patrimônio histórico e artístico, bem como evitada a poluição do ar e das águas (art. 1.228, § 1º).

6.4.1.3. Vedação ao abuso de direito

São defesos os atos que não trazem ao proprietário qualquer comodidade, ou utilidade, e sejam animados pela intenção de prejudicar outrem (art. 1.228, § 2º).

6.4.1.4. Extensão física da propriedade do solo

Abrange a do espaço aéreo e subsolo correspondentes, em altura e profundidade úteis ao seu exercício. Todavia, essa propriedade não abrange os recursos minerais (salvo os de emprego imediato na construção civil, desde que não submetidos a transformação industrial) e os potenciais de energia hidráulica (arts. 1.229 e 1.230).

6.4.2. Formas de aquisição da propriedade imóvel

A propriedade imóvel pode ser adquirida por diversas formas. O modo corrente é a aquisição pelo **registro** do título (escritura de compra e venda, escritura de doação) na matrícula. É possível também a aquisição pela **usucapião**, pela **acessão**, pela **sucessão** *causa mortis* e pela **desapropriação**.

6.4.2.1. Registro na matrícula do imóvel

6.4.2.1.1. Conceito

Consiste no ato de registrar o título translativo da alienação do imóvel (escritura de compra e venda ou de doação) na matrícula existente no Registro de Imóveis (art. 1.245 do CC).

6.4.2.1.2. Momento da aquisição da propriedade imóvel

No Direito Brasileiro, a propriedade imóvel não se adquire com o contrato de compra e venda ou de doação. Enquanto o contrato não for registrado na matrícula do imóvel, o comprador não adquirirá a propriedade do bem (art. 1.245, § 1º, do CC). Isso porque o Brasil adotou o sistema romano-germânico. No sistema francês, a propriedade imóvel é adquirida no momento da conclusão do contrato de compra e venda ou de doação.

6.4.2.1.3. Presunção de veracidade do Registro Público

Nosso Direito estabelece a presunção de veracidade nas informações constantes do Registro de Imóveis. Assim, enquanto não há ação para a decretação da invalidade do registro, e o respectivo cancelamento, o adquirente continua a ser considerado dono do imóvel (art. 1.245, § 2º, do CC).

6.4.2.1.4. Início dos efeitos do registro

O registro é eficaz desde o momento em que se apresentar o título ao oficial do registro e este prenotar no protocolo. Esse efeito só não existirá se o interessado tiver de complementar a documentação apresentada e não o fizer no prazo de trinta dias (art. 1.246 do CC; art. 188 da Lei de Registros Públicos).

6.4.2.2. Usucapião

6.4.2.2.1. Conceito

É a forma de aquisição originária da propriedade, pela posse prolongada no tempo e o cumprimento de outros requisitos legais. A usucapião também é chamada de prescrição aquisitiva. Essa forma de aquisição da propriedade independe de registro no Registro de Imóveis. Ou seja, cumpridos os requisitos legais, o possuidor adquire a propriedade da coisa. Assim, a sentença na ação de usucapião é meramente declaratória da aquisição da propriedade, propiciando a expedição de mandado para registro do imóvel em nome do adquirente, possibilitando conhecimento de todos da nova situação. A aquisição é originária, ou seja, não está vinculada ao título anterior. Isso faz com que eventuais restrições que existirem na propriedade anterior não persistam quanto ao novo proprietário.

6.4.2.2.2. Requisitos

São vários os requisitos para a aquisição da propriedade pela usucapião. Vamos enumerar, neste item, apenas os requisitos que devem ser preenchidos em todas as modalidades de usucapião, deixando os requisitos específicos de cada modalidade para estudo nos itens abaixo respectivos. Os requisitos gerais são os seguintes:

a) posse prolongada no tempo: não basta mera detenção da coisa, é necessária a existência de posse, e mais, de posse que se prolongue no tempo, tempo esse que variará de acordo com o tipo de bem (móvel ou imóvel) e outros elementos, como a existência de boa-fé, a finalidade da coisa etc.;

b) posse com *animus domini*: não basta a mera posse; deve se tratar de posse com ânimo de dono, com intenção de proprietário; essa circunstância impede que se considere a posse de um locatário do bem, como hábil à aquisição da coisa;

c) posse mansa e pacífica: ou seja, posse sem oposição; assim, se o legítimo possuidor da coisa se opôs à posse, ingressando com ação de reintegração de posse, neste período não se pode considerar a posse como mansa e pacífica, como sem oposição;

d) posse contínua: ou seja, sem interrupção; não é possível computar, por exemplo, dois anos de posse, uma interrupção de um ano, depois mais dois anos e assim por diante; deve-se cumprir o período aquisitivo previsto em lei sem interrupção.

6.4.2.2.3. Usucapião extraordinário – Requisitos

a) tempo: 15 anos; o prazo ficará reduzido para 10 anos se o possuidor houver estabelecido no imóvel a sua moradia habitual, ou nele realizado obras ou serviços de caráter produtivo (art. 1.238, *caput* e parágrafo único, do CC);

b) requisitos básicos: posse "mansa e pacífica" (sem oposição), "contínua" (sem interrupção) e com "ânimo de dono".

6.4.2.2.4. Usucapião ordinário – Requisitos

a) tempo: 10 anos; o prazo ficará reduzido para 5 anos se preenchidos dois requisitos: a) se o imóvel tiver sido adquirido onerosamente com base no registro constante do respectivo cartório; b) se os possuidores nele tiverem estabelecido a sua moradia ou realizado investimentos de interesse social e econômico (art. 1.242, *caput* e parágrafo único, do CC);

b) requisitos básicos: posse "mansa e pacífica" (sem oposição), "contínua" (sem interrupção) e com "ânimo de dono";

c) boa-fé e justo título: como o prazo aqui é menor, exige-se do possuidor, no plano subjetivo, a boa-fé, e no plano objetivo, a titularidade de um título hábil, em tese, para transferir a propriedade.

6.4.2.2.5. Usucapião especial urbano – Requisitos

a) tempo: 5 anos (art. 1.240 do CC);

b) requisitos básicos: posse "mansa e pacífica" (sem oposição), "contínua" (sem interrupção) e com "ânimo de dono";

c) tipo de imóvel: i) área urbana; ii) tamanho de até 250 m2;

d) finalidade do imóvel: utilização para a moradia do possuidor ou de sua família;

e) requisitos negativos: i) que o possuidor não seja proprietário de outro imóvel urbano ou rural; ii) que o possuidor não tenha já sido beneficiado pelo direito ao usucapião urbano.

De acordo com o STJ, "não obsta o pedido declaratório de usucapião especial urbana o fato de a área do imóvel ser inferior à correspondente ao "módulo urbano" (a área mínima a ser observada no parcelamento de solo urbano por determinação infraconstitucional). Isso porque o STF, após reconhecer a existência de repercussão geral da questão constitucional suscitada, fixou a tese de que, preenchidos os requisitos do artigo 183 da CF, cuja norma está reproduzida no art. 1.240 do CC, o reconhecimento do direito à usucapião especial urbana não pode ser obstado por legislação infraconstitucional que estabeleça módulos urbanos na respectiva área em que situado o imóvel (dimensão do lote)" (RE 422.349-RS, DJe 27.05.2016).

O STJ também decidiu que a destinação de parte do imóvel para fins comerciais não impede o reconhecimento da usucapião especial urbana sobre a totalidade da área (REsp 1.777.404-TO, DJe 11/05/2020). A área pleiteada, naturalmente, precisa ser utilizada para a moradia do requerente ou de sua família, mas não se exige que esta área não seja produtiva, especialmente quando é utilizada para o sustento próprio dessa família.

6.4.2.2.6. Usucapião urbano coletivo – Requisitos

a) tempo: 5 anos (art. 10 da Lei 10.257/2001 – Estatuto da Cidade);

b) requisitos básicos: posse "mansa e pacífica" (sem oposição), "contínua" (sem interrupção) e com "ânimo de dono";

c) tipo de imóvel: a) área urbana; b) tamanho superior a 250 m2;

d) finalidade do imóvel: tratar-se de núcleo urbano informal cuja área total dividida pelo número de possuidores seja inferior a 250 m^2 por possuidor (Lei 13.465/17);

e) requisitos negativos: i) que o possuidor não seja proprietário de outro imóvel urbano ou rural; ii) que seja impossível identificar o terreno ocupado por cada possuidor.

6.4.2.2.7. Usucapião especial rural – Requisitos

a) tempo: 5 anos (art. 1.239 do CC);

b) requisitos básicos: posse "mansa e pacífica" (sem oposição), "contínua" (sem interrupção) e com "ânimo de dono";

c) tipo de imóvel: i) área de terra em zona rural; ii) tamanho de até 50 hectares;

d) finalidade do imóvel: i) utilização para a moradia do possuidor ou de sua família; ii) área produtiva pelo trabalho do possuidor ou de sua família;

e) requisito negativo: a terra não pode ser pública.

6.4.2.2.8. Usucapião especial urbana familiar – Requisitos (introduzida pela Lei 12.424/2011)

a) tempo: 2 anos (art. 1.240-A do CC);

b) requisitos básicos: posse "mansa e pacífica" (sem oposição), "contínua" (sem interrupção) e com "ânimo de dono";

c) tipo de imóvel: a) área urbana; b) tamanho de até 250 m2;

d) finalidade do imóvel: utilização para a moradia do possuidor ou de sua família;

e) tipo de posse: posse direta, com exclusividade;

f) requisito específico: imóvel cuja propriedade o possuidor dividia com ex-cônjuge ou ex-companheiro que tenha abandonado o lar;

g) requisitos negativos: i) que o possuidor não seja proprietário de outro imóvel urbano ou rural; ii) que o possuidor não tenha já sido beneficiado pelo direito ao usucapião urbano;

h) consequência: o possuidor abandonado adquire o domínio integral do imóvel.

Confira agora alguns Enunciados das Jornadas de Direito Civil sobre a usucapião especial urbana familiar:

a) "498 – A fluência do prazo de 2 (dois) anos previsto pelo art. 1.240-A para a nova modalidade de usucapião nele contemplada tem início com a entrada em vigor da Lei 12.424/2011";

b) "499 – A aquisição da propriedade na modalidade de usucapião prevista no art. 1.240-A do Código Civil só pode ocorrer em virtude de implemento de seus pressupostos anteriormente ao divórcio. O requisito "abandono do lar" deve ser interpretado de maneira cautelosa, mediante a verificação de que o afastamento do lar conjugal representa descumprimento simultâneo de outros deveres conjugais, tais como assistência material e sustento do lar, onerando desigualmente aquele que se manteve na residência familiar e que se responsabiliza unilateralmente pelas despesas oriundas da manutenção da família e do próprio imóvel, o que justifica a perda da propriedade e a alteração do regime de bens quanto ao imóvel objeto de usucapião";

c) "500 – A modalidade de usucapião prevista no art. 1.240-A do Código Civil pressupõe a propriedade comum do casal e compreende todas as formas de família ou entidades familiares, inclusive homoafetivas";

d) "501 – As expressões "ex-cônjuge" e "ex-companheiro", contidas no art. 1.240-A do Código Civil, correspondem à situação fática da separação, independentemente de divórcio";

e) "502 – O conceito de posse direta referido no art. 1.240-A do Código Civil não coincide com a acepção empregada no art. 1.197 do mesmo Código".

6.4.2.3. Posse pro labore (desapropriação privada)

O atual CC criou nova hipótese que dá ensejo à aquisição forçada da propriedade. Essa hipótese prevê, de um lado, que o possuidor que sofra a reivindicação da coisa tenha utilizado esta em obras e serviços de relevante interesse social e econômico, e que, de outro, tenha interesse em pagar indenização para o proprietário da área. Tanto a doutrina como a jurisprudência já se manifestaram no sentido de que esta modalidade de desapropriação é constitucional (Enunciado 82 JDC/CJF).

6.4.2.3.1. Conceito

Consiste no direito de o possuidor de extensa área permanecer/adquirir compulsoriamente a coisa, pagando justa indenização ao proprietário do imóvel, desde que preenchidos os demais requisitos legais.

6.4.2.3.2 Requisitos

a) posse ininterrupta por mais de 5 anos; b) boa-fé do possuidor; c) extensa área; d) considerável número de possuidores; e) realização de obras e serviços considerados pelo juiz de interesse social e econômico relevante. Perceba que, diferentemente da usucapião coletiva, a desapropriação privada não requer moradia, mas requer boa-fé e pagamento de justa indenização.

6.4.2.3.3. Operacionalização

Por ocasião da reivindicação da coisa, os interessados deverão requerer ao juiz a fixação de justa indenização devida ao proprietário, que, paga, ensejará registro da sentença no Registro de Imóveis para o fim de atribuir a propriedade aos possuidores (art. 1.228, §§ 4º e 5º).

6.4.2.4. Acessão

6.4.2.4.1. Conceito

É modo originário de aquisição da propriedade, pelo qual fica pertencendo ao proprietário tudo quanto se une ou se incorpora ao seu bem (art. 1.248 do CC).

6.4.2.4.2. Espécies

a) natural: consiste na união do acessório ao principal advinda de acontecimento natural (formação de ilhas, aluvião, avulsão e abandono);

b) artificial (industrial): resulta de trabalho humano.

6.4.2.4.3. Requisitos

a) conjunção entre duas coisas, até então separadas;

b) caráter acessório de uma das duas, em confronto com a outra; uma é principal (coisa acedida) e a outra, acessória (coisa acedente).

6.4.2.4.4. Princípios básicos para a solução de problemas quando o acessório vem de terceiro

a) princípio de que o acessório segue o principal: assim, normalmente o dono da coisa principal fica com a coisa acessória vinda do bem de terceiro.

b) princípio do não enriquecimento sem causa: faz com que, sempre que possível, o proprietário prejudicado tenha direito à indenização pela incorporação de coisa sua a um bem de outra pessoa.

6.4.2.4.5. Formação de ilhas em rios não navegáveis (art. 1.248, I, do CC, e art. 23 do Código de Águas)

a) conceito: *depósito paulatino de materiais (trazidos pela corrente) ou rebaixamento de águas, deixando descoberta e a seco parte do fundo ou do leito.*

b) titularidade: a área de terras formada passa a ser do proprietário ribeirinho, a depender de sua formação.

c) ilha formada no meio do rio: passa a pertencer aos proprietários ribeirinhos fronteiros, na proporção de suas testadas.

d) ilha formada entre a linha que divide o álveo: quando a ilha se forma na metade mais próxima a uma das margens, esta pertencerá ao proprietário ribeirinho do lado da formação.

e) ilha formada pelo desdobramento de um novo braço do rio: nesse caso, os proprietários das margens que perderam o braço serão donos da área.

6.4.2.4.6. Aluvião (art. 1.250 do CC)

a) conceito: *acréscimo natural e imperceptível de terras às margens dos rios.* Ocorre quando a terra vai se depositando em uma margem do rio, formando um novo pedaço de terra. A doutrina denomina aluvião imprópria aquela situação em que esse pedaço de terra se forma pelo afastamento de águas, que descobrem parte do álveo, ou seja, parte da área coberta pelas águas.

b) **titularidade:** essa nova área de terra passa a ser do proprietário dos terrenos marginais, na proporção de suas testadas.

6.4.2.4.7. Avulsão (art. 1.251 do CC)

a) **conceito:** *deslocamento de uma porção de terra de um prédio a outro por força natural violenta.*

b) **consequências:** i) o dono do outro prédio adquire propriedade do acréscimo se indenizar ou não houver reclamação em 1 ano; ii) se não houver o pagamento da indenização reclamada, o dono do prédio deve aquiescer na remoção do acréscimo.

6.4.2.4.8. Abandono de álveo (art. 1.252 do CC)

a) **conceito:** *é o rio que seca ou que se desvia em virtude de fenômeno natural.* O álveo é a superfície coberta pelas águas, de modo que o abandono de álveo é a seca do rio, que fica descoberto, abandonado.

b) **titularidade:** a área formada pertencerá aos proprietários ribeirinhos das duas margens, ficando, cada um, proprietário até o local onde se tinha a linha média do álveo.

6.4.2.4.9. Acessões artificiais

a) **conceito:** *são as que resultam de um comportamento humano.* São exemplos as construções e as plantações.

b) **características:** i) dá-se de móveis a imóveis; ii) a acessão existente em terreno presume-se feita pelo proprietário e à sua custa, até prova em contrário; iii) fazendo ou não a acessão, como regra, o proprietário do bem principal fica dono do acessório (da acessão); iv) não pode haver enriquecimento sem causa.

c) **acessão em terreno próprio com elementos alheios:** por exemplo, planta em seu terreno com semente alheia; nesse caso o proprietário do terreno adquire a propriedade da semente, mas deve pagar ao dono do material o seu valor, bem como pagar perdas e danos, se agiu de má-fé (art. 1.254 do CC).

d) **acessão com elementos próprios em terreno alheio:** por exemplo, uma pessoa planta sementes suas no terreno de alguém ou edifica com materiais próprios no terreno de outrem; nesse caso, o proprietário das sementes ou dos materiais os perde para o proprietário do terreno, tendo direito de indenização pelo valor dos elementos, caso esteja de boa-fé. Se o valor da acessão exceder consideravelmente o valor do terreno e aquele que plantou ou edificou estiver de boa-fé, este poderá adquirir a propriedade do solo se pagar indenização (art. 1.255 do CC).

e) **construção em solo próprio, que invade solo alheio:** é o caso de alguém que constrói em terreno próprio, mas que acaba por invadir parte de terreno alheio. A lei permite que o construtor de boa-fé que invadiu área de até um vigésimo do solo alheio fique dono da parte invadida, desde que o valor da construção exceda o dessa parte e que pague indenização que represente o valor da área perdida e a desvalorização da área remanescente. O possuidor de má-fé só terá o mesmo direito na hipótese de não ser possível demolir a porção invasora sem grave prejuízo à sua construção, desde que paguem indenização correspondente a dez vezes o valor que pagaria se estivesse de boa-fé. Para o caso de construções que excedam um vigésimo do terreno alheio, o invasor de má-fé pagará indenização em dobro, ao passo que o possuidor de boa-fé tem direito de adquirir a área invadida se também pagar o valor que a invasão acrescer à sua construção (arts. 1.258 e 1.259).

6.4.3. Perda da propriedade imóvel

6.4.3.1. Alienação

6.4.3.1.1. Conceito

Consiste na venda, na doação, na troca ou na dação em pagamento.

6.4.3.1.2. Efeitos

Os efeitos da perda da propriedade são subordinados ao registro do título translatício no Registro de Imóvel (art. 1.275, parágrafo único, do CC).

6.4.3.2. Renúncia

6.4.3.2.1. Conceito

Ato unilateral pelo qual o proprietário declara expressamente o seu intuito de abrir mão da coisa. Tem como condição não acarretar prejuízos a terceiro.

6.4.3.2.2. Efeitos

Os efeitos da perda da propriedade dependem do registro do ato renunciativo, que deverá se consubstanciar numa escritura pública (art. 108 do CC) ou num termo judicial (art. 1.806 do CC – herança).

6.4.3.3. Abandono

6.4.3.3.1. Conceito

Ato unilateral pelo qual o proprietário se desfaz da coisa, a partir de conduta que revela não mais querer conservá-la em seu patrimônio.

6.4.3.3.2. Presunção absoluta da intenção de abandonar

O atual CC presumiu o abandono de forma absoluta na hipótese de o proprietário da coisa a) cessar os atos de posse sobre ela e b) deixar de satisfazer os ônus fiscais (deixar de pagar o IPTU ou o ITR). Nesse caso, não se encontrando o imóvel na posse de outrem, deverá ser arrecadado como bem vago, passando, três anos depois, à propriedade do Município onde se encontrar, se se tratar de imóvel urbano, ou à propriedade da União, se se tratar de imóvel rural.

6.4.3.4. Perecimento do imóvel

6.4.3.4.1 Conceito

Consiste na sua destruição por ato voluntário ou involuntário. Exemplo do primeiro caso é o incêndio proposital. E, do segundo, o raio, o furacão e o terremoto.

6.4.3.4.2. Efeitos

Em última análise, o dono da construção ou da plantação continua proprietário do solo.

6.4.3.5. Desapropriação

6.4.3.5.1. Conceito

Consiste no despojamento compulsório do proprietário do imóvel por parte do Poder Público, que fica obrigado a pagar justa indenização.

6.4.3.5.2. Efeitos

A desapropriação só se consuma com o pagamento integral da indenização devida. Até este momento, o Poder Público poderá desistir da aquisição da área. Não desistindo e havendo o pagamento da indenização, o juiz determina o registro da sentença respectiva no Registro de Imóveis.

6.4.3.6. Outras hipóteses

Também se perde a propriedade pela usucapião, pela dissolução da sociedade conjugal, pela sentença em ação reivindicatória, pelo implemento de condição resolutiva, pelo confisco (art. 243 da CF) e pela desapropriação privada (art. 1.228, §§ 4º e 5º, CC), dentre outros casos.

6.4.4. Aquisição da propriedade móvel

6.4.4.1. Ocupação

6.4.4.1.1. Conceito

Modo de aquisição originário da propriedade de coisa móvel e sem dono, por não ter sido ainda apropriada ("res nullius") ou por ter sido abandonada ("res derelicta") (art. 1.263 do CC).

6.4.4.1.2. Ocupação x Descoberta

A descoberta difere da ocupação, por se referir a coisa perdida pelo seu proprietário. O regime jurídico da **descoberta** determina que aquele que ache coisa alheia perdida há de restituí-la ao dono ou legítimo possuidor. Se não o encontrar, entregará a coisa achada à autoridade competente. Aquele que restituí terá direito a uma recompensa não inferior a 5% do seu valor, e à indenização pelas despesas que houver feito, se o dono não preferir abandoná-la. Decorridos sessenta dias da divulgação da notícia pela autoridade por imprensa ou edital, não se apresentando quem comprove a propriedade da coisa, será esta vendida em hasta pública e, deduzidas do preço as despesas, mais a recompensa do descobridor, pertencerá o remanescente ao Município onde se achou o objeto perdido. Sendo a coisa de pequeno valor, o Município poderá dá-la a quem a achou (art. 1.233 a 1.237 do CC). A doutrina chama a recompensa pela entrega da coisa de "achádego" e o descobridor de "inventor".

6.4.4.2. Achado do tesouro

6.4.4.2.1. Conceito de tesouro

Consiste no depósito antigo de coisas preciosas, oculto e de cujo dono não haja memória (art. 1.264 do CC).

6.4.4.2.2. Conceito do achado do tesouro

Consiste na descoberta casual desse depósito antigo.

6.4.4.2.3. Consequências possíveis

a) será dividido por igual entre o proprietário do prédio e aquele que achar a coisa; b) pertencerá por inteiro ao proprietário do prédio se foi quem achou, se foi quem determinara a pesquisa para encontrá-lo ou se achado por terceiro não autorizado a procurar; c) havendo enfiteuse, este terá o direito que corresponde ao proprietário da coisa.

6.4.4.3. Usucapião

6.4.4.3.1. Conceito

Modo originário de aquisição da propriedade pela posse prolongada da coisa. Também se aplicam à usucapião de bem móvel as regras dos arts. 1.243 e 1.244 do CC.

6.4.4.3.2. Usucapião ordinário

Requer posse ininterrupta e sem oposição por três anos, além de boa-fé e justo título (art. 1.260 do CC).

6.4.4.3.3. Usucapião extraordinário

Requer apenas posse ininterrupta e sem oposição por cinco anos (art. 1.261 do CC).

6.4.4.4. Tradição

6.4.4.4.1. Conceito

Consiste na entrega da coisa móvel ao adquirente, com a intenção de lhe transferir o domínio, em razão de título translativo da propriedade. Aqui, vale a mesma observação feita para a aquisição de bens imóveis pelo registro na matrícula, ou seja, vale lembrar que o simples acordo de vontades (contrato) não transfere a propriedade da coisa móvel, sendo necessária a tradição, que é o que dá visibilidade, publicidade ao negócio, daí o fato de o Direito estabelecer que só ela tem o condão de transferir a propriedade (art. 1.267 do CC).

6.4.4.4.2. Espécies de tradição

Vide aquisição e perda da posse (itens 6.2.5 e 6.2.6).

6.4.4.4.3. Tradição por quem não é proprietário

Nesse caso, não há alienação da propriedade, exceto se forem preenchidos os seguintes requisitos: a) a coisa for oferecida ao público (em leilão público ou estabelecimento comercial); b) a coisa for transferida em circunstâncias tais que, ao adquirente de boa-fé, pareça que o alienante é dono da coisa. Outra possibilidade de o negócio valer é o vendedor adquirir posteriormente a propriedade, estando o adquirente de boa-fé (art. 1.268 do CC).

6.4.4.4.4. Tradição decorrente de negócio nulo

O CC dispõe que não transfere a propriedade a tradição, quando tiver por título um negócio nulo. Um exemplo é a entrega de um bem vendido por um absolutamente incapaz (art. 1.268, § 2º, do CC).

6.4.4.5. Especificação

6.4.4.5.1. Conceito

É modo de aquisição da propriedade pela transformação de coisa móvel em espécie nova, em virtude de trabalho ou indústria do especificador, desde que não seja possível reduzi-la à forma primitiva (art. 1.269 do CC). Um exemplo é o trabalho feito por artesão em matéria-prima da qual não é dono. O fundamento do instituto é a valorização do trabalho e da função social da propriedade.

6.4.4.5.2. Requisitos

a) bem móvel; **b)** matéria-prima alheia; **c)** impossibilidade de retorno ao estado anterior.

6.4.4.5.3. Consequências

a) especificador de boa-fé: vira proprietário da coisa se o valor da coisa especificada exceder consideravelmente o da matéria-prima; deve indenizar o prejudicado; se o valor da coisa especificada não exceder o da matéria-prima, o possuidor de boa-fé tem direito de ser indenizado.

b) especificador de má-fé: a coisa especificada pertencerá ao dono da matéria-prima, sem direito de indenização em favor do especificador.

6.4.4.6. Confusão/Comissão/Adjunção

6.4.4.6.1. Incidência dos institutos

Nas situações em que coisas pertencentes a pessoas diversas se mesclarem, sem possibilidade de separá-las (art. 1.272, § 1º, do CC).

6.4.4.6.2. Confusão

É a mistura entre coisas líquidas. Ex.: água e álcool.

6.4.4.6.3. Comissão

É a mistura entre coisas secas ou sólidas. Ex.: açúcar e farinha.

6.4.4.6.4. Adjunção

É a justaposição de coisas, sem possibilidade de destacar acessório do principal. Ex.: duas coisas coladas.

6.4.4.6.5. Consequências

a) se for possível a separação: não haverá problema, bastando a entrega de cada coisa ao seu proprietário;

b) se não for possível a separação ou esta exigir gasto excessivo: nasce um condomínio forçado, cabendo, a cada um, quinhão proporcional ao valor da coisa que entrou para a mistura.

c) se uma das coisas for principal: o dono dela ficará proprietário de tudo, indenizando os outros.

d) se a mescla foi operada de má-fé: aquele que estiver de boa-fé decidirá se pretende ou não ficar com a coisa, assegurado, em qualquer caso, o direito de receber uma indenização.

6.5. Condomínio

6.5.1. Conceito

É o direito de propriedade de mais de uma pessoa sobre a mesma coisa, cabendo a cada uma delas a totalidade dos poderes inerentes ao domínio, sendo que o exercício desses poderes é limitado pelos direitos dos demais (art. 1.314 do CC).

6.5.2. Direitos e exercício dos direitos

No plano qualitativo, todos os condôminos podem usar, reivindicar e gravar a coisa, bem como alhear parte ideal dela; por outro lado, não podem alterar a destinação da coisa e dar posse a estranhos; já no plano quantitativo, os condôminos devem dividir as despesas proporcionalmente, deliberar sobre a administração da coisa pela maioria e dividir os frutos na proporção de seus quinhões.

6.5.3. Classificação

6.5.3.1. Quanto à origem

a) convencional (voluntário): *é o resultante do acordo de vontades*, como a aquisição conjunta de um bem; **b) incidental (eventual):** *é o resultante de causas alheias à vontade dos condôminos*, como a herança deixada para vários herdeiros; **c) forçado (legal):** *é o resultante de imposição da ordem jurídica, como consequência do estado de indivisão da coisa*, como as paredes, cercas, muros e valas.

6.5.3.2. Quanto à forma

a) *pro diviso*: *é aquele em que a comunhão existe juridicamente, mas não de fato, dado que cada condômino exerce atos sobre parte certa e determinada do bem;* **b) *pro indiviso*:** *é aquele em que a comunhão existe de fato e de direito.*

6.5.4. Quota ideal

6.5.4.1. Conceito

É a fração que, no bem indiviso, cabe a cada consorte. Repare que o direito recai sobre o bem todo, mas com algumas limitações quantitativas em relação a alguns poderes de proprietário.

6.5.4.2. Consequências

a) possibilita o cálculo do montante das vantagens e ônus atribuíveis a cada um dos comunheiros;

b) possibilita direitos plenos (de usar e reivindicar, por exemplo) e direitos limitados (aos frutos, à repartição de despesas e a deliberações);

c) a fração deve estar no título; no silêncio, presumem-se iguais os quinhões.

6.5.5. Direitos dos condôminos

6.5.5.1. Usar da coisa conforme sua destinação e sobre ela exercer todos os direitos compatíveis com a indivisão

Assim, não é possível impedir ou atrapalhar o uso por parte do outro, nem mudar a destinação do bem, muito menos dar posse, uso ou gozo a estranhos, sem autorização dos demais.

6.5.5.2. Reivindicar os bens de terceiros

O condômino pode ingressar sozinho com a ação reivindicatória ou reintegratória de posse.

6.5.5.3. Alhear ou gravar sua parte

A alienação deve respeitar o direito de preferência em favor dos demais condôminos (art. 504 do CC); já o gravame (instituição de hipoteca, por exemplo) só incidirá sobre a parte ideal pertencente ao condômino.

6.5.5.4. Direito de pedir a divisão

6.5.6. Deveres dos condôminos

1. **Concorrer para as despesas** de conservação e divisão da coisa, na proporção de sua parte.
2. **Responder pelas dívidas** contraídas em proveito da comunhão, presumindo-se o rateio na proporção dos quinhões.
3. **Responder pelos frutos** que percebeu da coisa e pelo **dano** que lhe causou.

6.5.7. Extinção do condomínio

6.5.7.1. Regra geral

A todo tempo será lícito ao condomínio exigir a divisão da coisa comum (art. 1.320 do CC).

6.5.7.2. Exceções

a) existindo pacto de não dividir, cujo prazo máximo é de cinco anos, suscetível de prorrogação posterior; b) pela vontade do doador ou do testador; c) por determinação judicial, se houver graves razões aconselhando.

6.5.7.3. Meios

a) Coisa divisível: divide-se fisicamente, de acordo com os quinhões.

b) Coisa indivisível: a) verifica-se se um dos consortes tem interesse em adjudicar tudo para si, com a concordância de todos; não sendo possível, b) vende-se e reparte-se o apurado, sendo que há direito de preferência do condômino em relação a estranhos. É importante ressaltar que as regras do direito de preferência em caso de venda voluntária de fração ideal (art. 504 do CC) são diferentes das regras do mesmo direito em caso de divisão forçada (art. 1.322 do CC).

6.5.8. Administração do condomínio

6.5.8.1. Escolha do administrador

A maioria escolherá o administrador, que pode ser estranho ao condomínio (art. 1.323 do CC).

6.5.8.2. Poderes do administrador

Este não poderá praticar atos que exigem poderes especiais, como alienar, por exemplo.

6.5.8.3. Quorum para deliberações

Estas serão tomadas pela maioria absoluta; a maioria será calculada pelo valor dos quinhões. Em caso de empate, decidirá o juiz, a requerimento de qualquer condômino, ouvidos os outros (art. 1.325, §§ 1º e 2º, do CC).

6.5.9. Condomínio edilício

6.5.9.1. Conceito

É o condomínio caracterizado pela existência de uma propriedade comum ao lado de uma propriedade privativa (art. 1.331 do CC). Nesse caso temos a) *unidades autônomas*, tais como apartamentos, escritórios, salas, lojas e garagens; e b) *partes comuns*, tais como o terreno, a estrutura do edifício, o telhado, os corredores, as escadas, as áreas de lazer.

6.5.9.2. Natureza

É um sujeito de direito despersonificado, já que a lei autoriza sua atuação em juízo, bem como a contratação de serviços e de funcionários.

6.5.9.3. Instituição

Ocorre com o a) **Ato de Instituição**, que discrimina e individualiza as unidades, e nasce de ato *inter vivos* ou de testamento, registrado no Registro de Imóveis (art. 1.332, *caput* e I, do CC); b) **Convenção**, que, aprovada por 2/3 das frações ideais, traz os direitos e deveres dos condôminos, devendo ser também registrada no Registro Imobiliário para ser oponível contra terceiros. c) **Regulamento** (ou Regimento Interno), que consiste no documento que completa a convenção, tecendo minúcias sobre o funcionamento do condomínio edilício. O quórum para alteração do regimento interno do condomínio edilício pode ser livremente fixado na convenção (Enunciado 248 JDC/CJF). A alteração da convenção depende do voto de 2/3 dos condôminos.

6.5.9.4. Estrutura interna do condomínio

a) Unidades autônomas: nenhuma unidade pode ser privada de saída para a via pública; o proprietário pode alugar, ceder ou gravar sua unidade, independente de autorização dos outros condôminos, que também não têm direito de preferência na aquisição da unidade do vizinho; o direito de preferência só existe no caso de o condômino resolver alugar sua garagem a estranhos; para efeitos tributários, cada unidade é prédio isolado; vale salientar que, de acordo com a alteração promovida pela lei 12.607/2012 junto ao art. 1.331, § 1º, do CC, os abrigos para veículos só poderão ser alienados ou alugados a pessoas estranhas ao condomínio se houver autorização expressa na convenção de condomínio;

b) Áreas comuns: cada consorte pode utilizá-las sem dano, incômodo ou embaraço aos demais; são insuscetíveis de divisão e de alienação.

6.5.9.5. Deveres e sujeições dos condôminos

a) contribuir para as despesas na proporção de sua fração ideal, salvo disposição em contrário na convenção, não podendo votar na assembleia se não estiver quite;

b) pagar juros de 1% ao mês e multa de até 2% caso não pague sua contribuição; quanto à multa, o Enunciado 505 das Jornadas de Direito Civil entende que "é nula a estipulação que, dissimulando ou embutindo multa acima de 2%, confere suposto desconto de pontualidade no pagamento da taxa condominial, pois configura fraude à lei (Código Civil, art. 1336, § 1º), e não redução por merecimento";

c) não alterar a fachada;

d) preservar o sossego, a salubridade, a segurança e os bons costumes;

e) pagar multa correspondente até o quíntuplo do valor atribuído à contribuição para as despesas condominiais, se não cumprir reiteradamente os seus deveres perante o condomínio, conforme a gravidade das faltas e a reiteração, independentemente das perdas e danos que se apurem, mediante deliberação de três quartos dos condôminos restantes. O condômino ou o possuidor que, por seu comportamento antissocial gerar incompatibilidade de convivência com os demais condôminos ou possuidores poderá ser compelido a pagar multa de até dez vezes o valor de sua contribuição, de acordo com as disposições legais e convencionais aplicáveis ao caso concreto; o Enunciado 508 das Jornadas de Direito Civil entende que "verificando-se que a sanção pecuniária mostrou-se ineficaz, a garantia fundamental da função social da propriedade (arts. 5º, XXIII, da CRFB e 1.228, § 1º, do CC) e a vedação ao abuso do direito (arts. 187 e 1.228, § 2º, do CC) justificam a exclusão do condômino antissocial, desde que a ulterior assembleia prevista na parte final do parágrafo único do art. 1.337 do Código Civil delibere a propositura de ação judicial com esse fim, asseguradas todas as garantias inerentes ao devido processo legal.

Seguem algumas decisões jurisprudenciais do STJ a respeito:

a) o prazo prescricional aplicável à pretensão de cobrança de taxas condominiais é de cinco anos, de acordo com art. 206, § 5º, I, do Código Civil (AgInt no AREsp 883973/DF, DJE 20.06.2016);

b) havendo compromisso de compra e venda não levado a registro, a responsabilidade pelas despesas de condomínio pode recair tanto sobre o promitente vendedor quanto sobre o promissário comprador, dependendo das circunstâncias de cada caso concreto. (AgInt no AREsp 733185/SP, DJE 01.06.2016);

c) as cotas condominiais possuem natureza *proptem rem*, razão pela qual os compradores de imóveis respondem pelos débitos anteriores à aquisição (AgRg no AREsp 215906/RO, DJE 28.03.2016);

d) é possível a penhora do bem de família para assegurar o pagamento de dívidas oriundas de despesas condominiais do próprio bem (AgRg no AgRg no AREsp 198372/SP, DJE 18.12.2013);

e) "o condomínio, independentemente de previsão em regimento interno, não pode proibir, em razão de inadimplência, condômino e seus familiares de usar áreas comuns, ainda que destinadas apenas a lazer. Isso porque a adoção de tal medida, a um só tempo, desnatura o instituto do condomínio, a comprometer o direito de propriedade afeto à própria unidade imobiliária, refoge das consequências legais especificamente previstas para a hipótese de inadimplemento das despesas condominiais e, em última análise, impõe ilegítimo constrangimento ao condômino (em mora) e aos seus familiares, em manifesto descompasso com o princípio da dignidade da pessoa humana" (REsp 1.564.030-MG, DJe 19.08.2016).

f) "acerca da regulamentação da criação de animais pela convenção condominial, podem surgir três situações: a) a convenção não regula a matéria; b) a convenção veda a permanência de animais causadores de incômodos aos demais condôminos e c) a convenção proíbe a criação e guarda de animais de quaisquer espécies. Na primeira hipótese, o condômino pode criar animais em sua unidade autônoma, desde que não viole os deveres previstos nos arts. 1.336, IV, do CC/2002 e 19 da Lei n. 4.591/1964. Se a convenção veda apenas a permanência de animais causadores de incômodos aos demais moradores, a norma condominial não apresenta, de plano, nenhuma ilegalidade. Contudo, se a convenção proíbe a criação e a guarda de animais de quaisquer espécies, a restrição pode se revelar desarrazoada, haja vista determinados animais não apresentarem risco à incolumidade e à tranquilidade dos demais moradores e dos frequentadores ocasionais do condomínio. O impedimento de criar animais em partes exclusivas se justifica na preservação da segurança, da higiene,

da saúde e do sossego. Por isso, a restrição genérica contida em convenção condominial, sem fundamento legítimo, deve ser afastada para assegurar o direito do condômino, desde que sejam protegidos os interesses anteriormente explicitados" (REsp 1.783.076-DF, DJe 24/05/2019).

6.5.9.6. Administração do condomínio

a) Exercício: dá-se pelo síndico, cujo mandato é de até dois anos, permitida a reeleição.

b) Competência do síndico: representa ativa e passivamente o condomínio, em juízo ou fora dele; pode ser condômino ou pessoa natural ou jurídica estranha.

c) Assembleia: a Geral Ordinária tem por objeto aprovar, por maioria dos presentes, o orçamento das despesas, a contribuição dos condôminos e a prestação de contas. Já a Extraordinária é convocada pelo síndico ou por 1/4 dos condôminos.

d) Quórum: salvo quando exigido quórum especial, as deliberações da assembleia serão tomadas, em primeira convocação, por maioria dos votos dos condôminos presentes que representem pelo menos metade das frações ideais. Em segunda votação, a assembleia poderá deliberar por maioria dos votos presentes. Depende da aprovação de 2/3 dos votos dos condôminos a alteração da convenção. A mudança de destinação do edifício depende da unanimidade.

6.5.9.7. Condomínio de lotes

A Lei 13.465/2017 introduziu o art. 1.358-A no Código Civil, o qual estabeleceu que pode haver, em terrenos, partes designadas de lotes que são propriedade exclusiva e partes que são propriedade comum dos condôminos.

Essa disposição é importante para regularizar os chamados "condomínios fechados de casas", cuja ausência de uma melhor regulamentação em lei federal propiciou que alguns municípios proibissem esse tipo de condomínio, gerando enormes problemas a empreendedores e pessoas que querem morar num condomínio fechado de casas.

Além de resolver de vez essa questão, permitindo esse tipo de condomínio, que pode ser ou não fechado, essa lei também resolveu uma outra questão, que é acerca de qual lei deve ser aplicar na relação entre os moradores desse condomínio. No caso, a nova lei estabeleceu expressamente que se aplica, no que couber, ao condomínio de lotes o disposto sobre condomínio edilício no Código Civil, respeitada a legislação urbanística.

De acordo com a nova lei, a fração ideal de cada condômino poderá ser proporcional à área do solo de cada unidade autônoma, ao respectivo potencial construtivo ou a outros critérios indicados no ato de instituição.

Por fim, a lei também estabeleceu que, para fins de incorporação imobiliária, a implantação de toda a infraestrutura ficará a cargo do empreendedor.

6.5.10. Condomínio em Multipropriedade

A Lei 13.777, publicada em 21 de dezembro de 2018, regulamentou um instituto muito comum nos Estados Unidos e que já se tentava praticar no Brasil há algum tempo, mas com muitas dificuldades, em razão da ausência de regulamentação legal da matéria, que, por envolver direitos reais, reclama previsão em lei, em função do princípio da taxatividade de direitos dessa natureza.

Apesar de haver algumas decisões judiciais admitindo essa prática, a insegurança jurídica decorrente fez com que a questão fosse levada ao processo legislativo e, enfim, agora temos uma lei regulamentando com detalhe essa matéria.

A nova lei veio sem período de *vacatio legis*, de modo que entrou em vigor imediatamente com a sua publicação.

Esse novo instituto com previsão em nosso Código Civil, tem o nome de **condomínio em multipropriedade** e pode ser conceituado como "o regime de condomínio em que cada um dos proprietários de um mesmo imóvel é **titular de uma fração de tempo**, à qual corresponde a faculdade de uso e gozo, com exclusividade, da totalidade do imóvel, a ser exercida pelos proprietários de forma alternada" (art. 1.358-C do Código Civil; g.n.).

Em outras palavras, o instituto consiste na existência de vários proprietários de um mesmo imóvel, mas, cada um deles, proprietário de uma fração de tempo de uso e gozo exclusivo da totalidade desse imóvel.

Trata-se, assim, de um compartilhamento de propriedade no tempo, daí porque o instituto também é conhecido pelo nome de ***time-sharing***.

Um exemplo concreto aclarará mais a sua importância prática.

Imagine que você deseja ter uma casa na praia, mas saiba de antemão que só terá interesse em usar essa casa uma vez por ano, pelo período de 1 mês. Nesse caso você pode adquirir a propriedade dessa fração de tempo de 1 mês por ano do imóvel e, no período destinado à sua fração de tempo, você terá direito ao uso e gozo exclusivo daquele imóvel.

Quanto aos outros 11 meses de fração de tempo daquele imóvel é possível que haja mais 11 proprietários ou *até mais de 11 proprietários* com períodos menores, ou mesmo *menos de 11 proprietários* com períodos maiores. Tudo vai depender do tamanho de cada fração de tempo estabelecida para aquele único imóvel.

Vale dizer que a lei estabelece apenas um requisito quanto à **duração de cada fração de tempo** nesse condomínio, qual seja, cada uma delas será de, no mínimo, 7 dias, seguidos ou intercalados, e poderá ser:

"I – fixo e determinado, no mesmo período de cada ano;

II – flutuante, caso em que a determinação do período será realizada de forma periódica, mediante procedimento objetivo que respeite, em relação a todos os multiproprietários, o princípio da isonomia, devendo ser previamente divulgado; ou

III – misto, combinando os sistemas fixo e flutuante." (art. 1.358-E)".

O § 2º do art. 1.358-E acrescenta que "todos os multiproprietários terão direito a uma mesma quantidade mínima de dias seguidos durante o ano, podendo haver a aquisição de frações maiores que a mínima, com o correspondente direito ao uso por períodos também maiores".

O que vai definir o tamanho da fração de tempo de cada proprietário é o **tamanho do investimento** que ele está disposto a fazer. Quem investir mais conseguirá adquirir uma fração de tempo maior ou mesmo várias frações de tempo de um mesmo imóvel.

De qualquer forma, **cada fração de tempo instituída é indivisível**, não sendo possível que se tente no futuro buscar a sua divisão (art. 1.358-E, *caput*).

De rigor dizer ainda que o **imóvel objeto da multipropriedade também é indivisível**, não se sujeitando a ação de divisão ou de extinção de condomínio, bem como que esse imóvel inclui as instalações, os equipamentos e o mobiliário destinados a seu uso e gozo (art. 1.358-D).

Bom, imagine agora que uma incorporadora tenha um imóvel à venda e deseja fazer essa venda no regime do novo instituto. Ela, como instituidora desse condomínio em multipropriedade, fará essa instituição por **testamento** ou **escritura** registrados no cartório de imóveis, devendo constar do ato a duração dos períodos de cada fração de tempo (art. 1.358-F).

Essa mesma incorporadora poderá estabelecer quantas frações de tempo ela deseja vender em relação ao imóvel, valendo lembrar que cada fração de tempo deve ter no mínimo 7 dias, que equivale a 1 semana.

Partindo dessa fração mínima de 7 dias e considerando que 1 ano tem 52 semanas, imaginemos, hipoteticamente, que a incorporadora institua e coloque à venda 52 frações de tempo em relação a um imóvel. Em qualquer caso, uma mesma pessoa poderá comprar mais de uma fração de tempo. E mesmo que uma pessoa só acabe por comprar todas as frações de tempo, a multipropriedade não se extinguirá automaticamente (art. 1.358-C, parágrafo único), pois pode ser que essa pessoa queira no futuro vender parte das frações de tempo que tem ou mesmo alugar ou dar em comodato uma parte delas.

Mas voltando ao exemplo, imagine ainda que uma pessoa tenha comprado uma fração de tempo de 7 dias desse imóvel. Essa pessoa é a proprietária dessa fração de tempo, que pode ser de dias fixos do ano ou de dias flutuantes, respeitando a isonomia e também a critérios objetivos (um sorteio de dias, por exemplo). Uma vez proprietária dessa fração de tempo esse multiproprietário tem várias opções. Pode simplesmente ***usar e gozar*** por si mesmo o imóvel no período a que tem direito (art. 1.358-I, I). Pode também ***ceder*** a fração de tempo em locação ou comodato (art. 1.358-I, II). E pode até mesmo ***alienar*** e **onerar** essa fração de tempo (art. 1.358-I, III).

Vale salientar que a *transferência* do direito de multipropriedade e a sua produção de efeitos perante terceiros não depende da anuência ou cientificação dos demais multiproprietários, não havendo direito de preferência em favor dos demais multiproprietários, salvo se essa preferência tiver sido estabelecida no instrumento de instituição ou na convenção do condomínio em multipropriedade em favor dos demais multiproprietários ou mesmo do instituidor do condomínio em multipropriedade (art. 1.358-L, § 1º).

Uma vez instituído o condomínio em multipropriedade, há de estabelecer a **convenção de condomínio**, que trará, além de outras cláusulas que os multiproprietários estipularem, as seguintes disposições (art. 1.358-G):

I – os poderes e deveres dos multiproprietários, especialmente em matéria de instalações, equipamentos e mobiliário do imóvel, de manutenção ordinária e extraordinária, de conservação e limpeza e de pagamento da contribuição condominial;

II – o número máximo de pessoas que podem ocupar simultaneamente o imóvel no período correspondente a cada fração de tempo;

III – as regras de acesso do administrador condominial ao imóvel para cumprimento do dever de manutenção, conservação e limpeza;

IV – a criação de fundo de reserva para reposição e manutenção dos equipamentos, instalações e mobiliário;

V – o regime aplicável em caso de perda ou destruição parcial ou total do imóvel, inclusive para efeitos de participação no risco ou no valor do seguro, da indenização ou da parte restante;

VI – as multas aplicáveis ao multiproprietário nas hipóteses de descumprimento de deveres.

De acordo com o art. 1.358-H, o instrumento de instituição da multipropriedade ou a convenção de condomínio em multipropriedade poderá estabelecer o **limite máximo de frações de tempo no mesmo imóvel** que poderão ser detidas pela mesma pessoa natural ou jurídica, sendo que, em caso de instituição da multipropriedade para posterior venda das frações de tempo a terceiros, o atendimento a eventual limite de frações de tempo por titular estabelecido no instrumento de instituição será obrigatório somente após a venda das frações.

Além dos direitos de usar/gozar, ceder, alienar e onerar sua fração de tempo, o multipropritário também tem o **direito de participar e votar**, pessoalmente ou por intermédio de representante ou procurador, desde que esteja quite com as obrigações condominiais, em (art. 1.358-I, IV):

a) assembleia geral do condomínio em multipropriedade, e o voto do multiproprietário corresponderá à quota de sua fração de tempo no imóvel;

b) assembleia geral do condomínio edilício, quando for o caso, e o voto do multiproprietário corresponderá à quota de sua fração de tempo em relação à quota de poder político atribuído à unidade autônoma na respectiva convenção de condomínio edilício.

Confira agora as **obrigações do multiproprietário**, além daquelas previstas no instrumento de instituição e na convenção de condomínio em multipropriedade (art. 1.358-J):

I – pagar a contribuição condominial do condomínio em multipropriedade e, quando for o caso, do condomínio edilício, ainda que renuncie ao uso e gozo, total ou parcial, do imóvel, das áreas comuns ou das respectivas instalações, equipamentos e mobiliário;

II – responder por danos causados ao imóvel, às instalações, aos equipamentos e ao mobiliário por si, por qualquer de seus acompanhantes, convidados ou prepostos ou por pessoas por ele autorizadas;

III – comunicar imediatamente ao administrador os defeitos, avarias e vícios no imóvel dos quais tiver ciência durante a utilização;

IV – não modificar, alterar ou substituir o mobiliário, os equipamentos e as instalações do imóvel;

V – manter o imóvel em estado de conservação e limpeza condizente com os fins a que se destina e com a natureza da respectiva construção;

VI – usar o imóvel, bem como suas instalações, equipamentos e mobiliário, conforme seu destino e natureza;

VII – usar o imóvel exclusivamente durante o período correspondente à sua fração de tempo;

VIII – desocupar o imóvel, impreterivelmente, até o dia e hora fixados no instrumento de instituição ou na convenção de condomínio em multipropriedade, sob pena de multa diária, conforme convencionado no instrumento pertinente;

IX – permitir a realização de obras ou reparos urgentes.

X – conforme previsão que deverá constar da respectiva convenção de condomínio em multipropriedade, estar sujeito a: multa, no caso de descumprimento de qualquer de seus deveres; multa progressiva e perda temporária do direito de utilização do imóvel no período correspondente à sua fração de tempo, no caso de descumprimento reiterado de deveres.

XI – responsabilizar-se pelas despesas referentes a reparos no imóvel, bem como suas instalações, equipamentos e mobiliário, sendo essa responsabilidade de todos os multiproprietários, quando decorrentes do uso normal e do desgaste natural do imóvel; e exclusivamente do multiproprietário responsável pelo uso anormal, sem prejuízo de multa, quando decorrentes de uso anormal do imóvel.

De acordo com o art. 1.358-K, para os efeitos direitos e obrigações, são **equiparados aos multiproprietários** os promitentes compradores e os cessionários de direitos relativos a cada fração de tempo.

Quanto à **administração da multipropriedade**, a administração do imóvel e também de todas as suas instalações, equipamentos e mobiliário será de responsabilidade da pessoa indicada no instrumento de instituição ou na convenção de condomínio em multipropriedade, ou, na falta de indicação, de pessoa escolhida em assembleia geral dos condôminos (art. 1.358-M, *caput*).

Já quanto ao **administrador em si da multipropriedade**, a lei estabelece as seguintes atribuições a ele, além de outras previstas no instrumento de instituição e na convenção de condomínio (art. 1.358-M, § 1º):

I – coordenação da utilização do imóvel pelos multiproprietários durante o período correspondente a suas respectivas frações de tempo;

II – determinação, no caso dos sistemas flutuante ou misto, dos períodos concretos de uso e gozo exclusivos de cada multiproprietário em cada ano;

III – manutenção, conservação e limpeza do imóvel;

IV – não havendo disposição em contrário na convenção de condomínio, troca ou substituição de instalações, equipamentos ou mobiliário, inclusive:

a) determinar a necessidade da troca ou substituição;

b) providenciar os orçamentos necessários para a troca ou substituição;

c) submeter os orçamentos à aprovação pela maioria simples dos condôminos em assembleia;

V – elaboração do orçamento anual, com previsão das receitas e despesas;

VI – cobrança das quotas de custeio de responsabilidade dos multiproprietários;

VII – pagamento, por conta do condomínio edilício ou voluntário, com os fundos comuns arrecadados, de todas as despesas comuns.

Tudo o que escrevemos até agora vale tanto para condomínio em multipropriedade em imóvel em geral, como também para condomínio em multipropriedade relativos às unidades autônomas de condomínios edilícios, como são, por exemplo, os prédios de apartamentos residenciais.

Porém, para que um **condomínio edilício** adote o regime de multipropriedade em parte ou na totalidade de suas unidades autônomas, será necessário (art. 1.358-O):

I – previsão no instrumento de instituição do condomínio edilício; ou

II – deliberação da maioria absoluta dos condôminos, caso já instituído o condomínio edilício.

Vale salientar que as convenções dos condomínios edilícios, os memoriais de loteamentos e os instrumentos de venda dos lotes em loteamentos urbanos poderão limitar ou impedir a instituição da multipropriedade nos respectivos imóveis, vedação que também somente poderá ser *alterada* no mínimo pela maioria absoluta dos condôminos (art. 1.358-U).

Essa regulamentação é importante, pois muitos condomínios edilícios no Brasil proíbem a locação de imóveis por períodos curtos, inviabilizando, por exemplo, a locação via aplicativos como o "Airbnb".

Porém, instituída a multipropriedade num condomínio edilício, ao menos quanto às unidades desse condomínio que permitem esse regime, a princípio não haverá como se proibir a locação via "Airbnb", considerando que a até mesmo a propriedade do imóvel se dá em frações de tempo, com diversos proprietários e cessionários da fração de tempo se alternando, o que colocaria por terra o argumento usado para proibir locações via "Airbnb", no sentido de que a alta rotatividade de pessoas diferentes no imóvel atrapalha na tranquilidade e na segurança dos titulares das demais unidades do condomínio.

Aliás, é da essência do condomínio em multipropriedade essa rotatividade não só dos proprietários dessas frações de tempo, como também dos locatários dessas respectivas frações de tempo, sendo que uma das poucas limitações previstas na nova lei que atingirá diretamente a locação do imóvel via "Airbnb" é quanto a possibilidade de o regimento interno do condomínio edilício estipular o número máximo de pessoas que podem ocupar simultaneamente o imóvel no período correspondente a cada fração de tempo (art. 1.358-Q, V), limitação essa que nos parece inclusive bem razoável.

Bom, mas instituído o condomínio em multipropriedade num condomínio edilício, além da observância às regras da convenção de condomínio e instituição do condomínio previstas nos artigos 1.332 e 1.334 (típicas do condomínio edilício), e às regras do art. 1.358-G (típicas do condomínio em multipropriedade), **a convenção de condomínio edilício** deve ainda conter as seguintes regulamentações (art. 1.358-P):

I – a identificação das unidades sujeitas ao regime da multipropriedade, no caso de empreendimentos mistos;

II – a indicação da duração das frações de tempo de cada unidade autônoma sujeita ao regime da multipropriedade;

III – a forma de rateio, entre os multiproprietários de uma mesma unidade autônoma, das contribuições condominiais relativas à unidade, que, salvo se disciplinada de forma diversa no instrumento de instituição ou na convenção de condomínio em multipropriedade, será proporcional à fração de tempo de cada multiproprietário;

IV – a especificação das despesas ordinárias, cujo custeio será obrigatório, independentemente do uso e gozo do imóvel e das áreas comuns;

V – os órgãos de administração da multipropriedade;

VI – a indicação, se for o caso, de que o empreendimento conta com sistema de administração de intercâmbio, na forma prevista no § 2º do art. 23 da Lei 11.771, de 17 de setembro de 2008, seja do período de fruição da fração de tempo, seja do local de fruição, caso em que a responsabilidade e as obrigações da companhia de intercâmbio limitam-se ao contido na documentação de sua contratação;

VII – a competência para a imposição de sanções e o respectivo procedimento, especialmente nos casos de mora no cumprimento das obrigações de custeio e nos casos de descumprimento da obrigação de desocupar o imóvel até o dia e hora previstos;

VIII – o quórum exigido para a deliberação de adjudicação da fração de tempo na hipótese de inadimplemento do respectivo multiproprietário;

IX – o quórum exigido para a deliberação de alienação, pelo condomínio edilício, da fração de tempo adjudicada em virtude do inadimplemento do respectivo multiproprietário.

Já o **regimento interno** de condomínio edilício com multipropriedade, que poderá ser instituído por escritura pública ou por instrumento particular, deve prever o seguinte (art. 1.358-Q):

I – os direitos dos multiproprietários sobre as partes comuns do condomínio edilício;

II – os direitos e obrigações do administrador, inclusive quanto ao acesso ao imóvel para cumprimento do dever de manutenção, conservação e limpeza;

III – as condições e regras para uso das áreas comuns;

IV – os procedimentos a serem observados para uso e gozo dos imóveis e das instalações, equipamentos e mobiliário destinados ao regime da multipropriedade;

V – o número máximo de pessoas que podem ocupar simultaneamente o imóvel no período correspondente a cada fração de tempo;

VI – as regras de convivência entre os multiproprietários e os ocupantes de unidades autônomas não sujeitas ao regime da multipropriedade, quando se tratar de empreendimentos mistos;

VII – a forma de contribuição, destinação e gestão do fundo de reserva específico para cada imóvel, para reposição e manutenção dos equipamentos, instalações e mobiliário, sem prejuízo do fundo de reserva do condomínio edilício;

VIII – a possibilidade de realização de assembleias não presenciais, inclusive por meio eletrônico;

IX – os mecanismos de participação e representação dos titulares;

X – o funcionamento do sistema de reserva, os meios de confirmação e os requisitos a serem cumpridos pelo multiproprietário quando não exercer diretamente sua faculdade de uso;

XI – a descrição dos serviços adicionais, se existentes, e as regras para seu uso e custeio.

Outro ponto interessante sobre a instituição da multipropriedade em condomínio edilício é que a lei, dada a complexidade das relações daí advindas, determina que nesse caso necessariamente haverá um **administrador profissional** para o condomínio (art. 1.358-R), sendo que a duração do contrato de administração será livremente convencionada.

Vale ressaltar que o administrador do condomínio será nesse caso também o administrador de todos os condomínios em multipropriedade de suas unidades autônomas, tratando-se do mandatário legal de todos os multiproprietários, exclusivamente para a realização dos atos de gestão ordinária da multipropriedade, incluindo manutenção, conservação e limpeza do imóvel e de suas instalações, equipamentos e mobiliário.

Considerando a possibilidade de haver esse tipo de regime jurídico em *flats* ou mesmo em hotéis com regime de condomínio, o administrador pode ser ou não um prestador de serviços de hospedagem.

Na hipótese de **inadimplemento**, por parte do multiproprietário, da obrigação de custeio das despesas ordinárias ou extraordinárias, é cabível, na forma da lei processual civil, a **adjudicação** ao condomínio edilício da fração de tempo correspondente (art. 1.358-S). Essa previsão pode facilitar muito o ressarcimento do condomínio em caso de inadimplência reiterada de cotas condominiais.

Outra previsão interessante é a possibilidade de o multiproprietário **renunciar de forma translativa** a seu direito de multipropriedade em favor do condomínio edilício (art. 1.358-T), desde que esteja em dia com as contribuições condominiais, com os tributos imobiliários e, se houver, com o foro ou a taxa de ocupação.

6.6. Direitos reais de fruição

6.6.1. Introdução

Os direitos reais sobre coisas alheias podem ser de gozo ou fruição (superfície, servidão, usufruto, uso, habitação), de garantia (penhor, hipoteca, anticrese) ou de aquisição (compromisso de compra e venda). Os direitos reais estudados neste capítulo consistem no desmembramento do direito de propriedade para permitir que o beneficiário do direito use e/ou goze da coisa alheia.

6.6.2. Superfície

6.6.2.1. Conceito

Direito real pelo qual o proprietário concede a outrem, por tempo determinado, gratuita ou onerosamente, a faculdade de construir ou de plantar em seu terreno (art. 1.369 do CC, e arts. 21 a 24 da Lei 10.257/2001).

6.6.2.2. Instituição

Mediante escritura pública devidamente registrada no Registro de Imóvel; não é possível por meio de testamento.

6.6.2.3. Direitos do proprietário do solo (fundieiro ou concedente)

a) pode receber quantia (à vista ou parceladamente), caso se combine a onerosidade do direito de superfície; o nome do pagamento é "solarium";

b) pode adquirir a construção ou a plantação, extinto o direito, independentemente de indenizar o superficiário, salvo convenção em contrário;

c) tem direito de preferência na alienação do direito de superfície.

6.6.2.4. Direitos do superficiário

a) pode plantar ou construir no terreno; não se autoriza obra no subsolo, salvo se inerente ao objeto da concessão;

b) pode transferir o direito a terceiros, e, por morte, a herdeiros; não há a figura do laudêmio, comissão devida ao dono da coisa, na enfiteuse;

c) tem direito de preferência na alienação do imóvel.

6.6.2.5. Deveres do superficiário

a) deve pagar o "solarium", se onerosa;

b) responde pelos encargos e tributos incidentes sobre o imóvel.

c) deve manter a destinação para o qual foi prevista.

6.6.2.6. Extinção

a) pela consolidação, que ocorre pela fusão, na mesma pessoa, do direito de superfície e do direito de propriedade; b) por ter se dado destinação diversa da estabelecida pelo bem; c) pelo advento do termo; d) pela renúncia do superficiário; e) pelo distrato; f) pelo perecimento do bem gravado; g) pelo não uso do direito de construir, no prazo convencionado; h) pela desapropriação do solo ou do direito.

6.6.2.7. Diferenças em relação à enfiteuse

Esta se constitui por testamento; o enfiteuta tem direito ao resgate da coisa, preenchidos requisitos legais; a enfiteuse confere todos os poderes inerentes ao domínio; a enfiteuse é perpétua, ao passo que a superfície é temporária; a enfiteuse prevê pagamento de laudêmio (comissão) ao proprietário, em caso de venda do direito.

6.6.2.8. Diferenças em relação ao direito de superfície do Estatuto da Cidade (EC)

Este vale para imóveis urbanos, ao passo que o do CC, para imóveis rurais; o previsto no EC pode ser por tempo determinado ou indeterminado; abrange o direito de usar o solo, o subsolo e o espaço aéreo; não limita o direito à feitura de construção ou plantação.

6.6.3. Servidão

6.6.3.1. Conceito

É o direito real de gozo que proporciona utilidade para o prédio dominante e grava o prédio serviente, que pertence a dono diverso (art. 1.378). Um exemplo é a servidão pela qual um prédio fica proibido de construir acima de certa altura, a fim de beneficiar outro. Outro exemplo é a servidão de passagem, em que um prédio que não tem entrada para a rua (prédio dominante) se beneficia com a possibilidade de utilização do prédio vizinho (prédio serviente) para passagem de pessoas e veículos. É importante ressaltar que o direito só recai sobre imóveis, bem como que não se liga a uma pessoa, mas a um prédio. O dono deste fica adstrito apenas pelo fato de ser proprietário da coisa. O imóvel que se beneficia com a servidão leva o nome de *dominante*, ao passo que o que recebe o gravame é chamado *serviente*.

6.6.3.2. Finalidade

Proporcionar valorização do prédio dominante, tornando-o mais útil, agradável ou cômodo. O instituto é muito utilizado para corrigir desigualdades naturais entre prédios ou para estabelecer padrões estéticos ou de comodidade entre imóveis.

6.6.3.3. Características do direito de servidão

a) **perpétuo:** tem duração indefinida, como regra. Mas é possível instituir servidão a termo ou com condição (servidão *ad tempus*).

b) **indivisível:** mesmo no caso de divisão do prédio dominante ou do prédio serviente, a restrição continua a gravar cada uma das partes do prédio serviente, salvo se a restrição perder sentido (art. 1.386 do CC).

c) **inalienável:** como a restrição é feita pela necessidade do prédio dominante, não há que se falar em transferência da restrição, por alienação, a outro prédio.

6.6.3.4. Classificação quanto ao modo de exercício

a) **servidões contínuas:** *são as que subsistem e se exercem independentemente de ato humano direto*. São exemplos as servidões de passagem de água (aqueduto), de energia elétrica (passagem de fios, cabos ou tubulações), de iluminação (postes) e de ventilação.

b) **servidões descontínuas:** *são as que dependem de ação humana atual para seu exercício e subsistência*. São exemplos a servidão de trânsito, de tirar água de prédio alheio e de passagem em prédio alheio. Essas servidões podem ser positivas ou negativas. Serão **positivas** quando o proprietário dominante tem direito a uma utilidade do serviente (exs.: servidão de passagem ou de retirada de água). Serão **negativas** quando o proprietário dominante tiver simplesmente o direito de ver o proprietário serviente se abster de certos atos (ex.: servidão de não edificar em certo local ou acima de dada altura).

6.6.3.5. Classificação quanto à exteriorização

a) **servidões aparentes:** *são as que se revelam por obras ou sinais exteriores, visíveis e permanentes*. São exemplos a servidão de trânsito e de aqueduto.

b) **servidões não aparentes:** *são as que não se revelam externamente*. São exemplos as de não construir em certo local ou acima de dada altura.

Obs.: a classificação é importante, pois somente as servidões aparentes podem ser adquiridas por usucapião (art. 1.379 do CC).

6.6.3.6. Classificação quanto à origem

a) **servidões legais:** *são as que decorrem de lei*. Ex.: passagem forçada.

b) **servidões materiais:** *são as que derivam da situação dos prédios*. Ex.: servidão para escoamento de águas.

c) **servidões convencionais:** *são as que resultam da vontade das partes*. Ex.: as constituídas por contrato ou testamento, com posterior registro no Registro de Imóveis.

6.6.3.7. Constituição das servidões

As servidões se constituem por **negócio jurídico** (contrato ou testamento) registrado no Registro de Imóveis; por **sentença judicial** (em ação de divisão, para possibilitar a utilização dos quinhões partilhados – arts. 596 e 597 do NCPC) e por **usucapião**.

6.6.3.8. Ações judiciais

a) **ação confessória:** *é a que visa ao reconhecimento da existência da servidão*; é promovida pelo dono do prédio dominante; b) **ação negatória:** *é a que visa à negativa da existência da servidão*; é promovida pelo dono do prédio serviente; c) **manutenção ou reintegração de posse:** *promovidas para reprimir algumas violações ao exercício da servidão*.

6.6.3.9. Extinção da servidão

a) pela **renúncia**; b) pela **cessação da utilidade**; c) pelo **resgate**, pelo dono do prédio serviente; d) pela **confusão** (dono dos dois prédios passa a ser uma pessoa só); e) pela **usucapião**, nas servidões aparentes; f) pelo **perecimento** da coisa; g) pelo **decurso do prazo ou da condição**; h) pela **desapropriação**.

6.6.3.10. Passagem forçada

a) **conceito:** *direito assegurado ao proprietário do prédio encravado (sem acesso para a via pública) de, mediante pagamento de indenização, constranger vizinho a lhe dar passagem* (art. 1.285 do CC).

b) **finalidade:** *atender a função econômica e social da propriedade*.

c) **sujeito passivo:** normalmente, é o proprietário contíguo; porém, se não for suficiente a colaboração deste, pode-se atingir o vizinho não imediato; procura-se o imóvel que mais natural e facilmente se preste à passagem.

d) **requisitos:** i) **encravamento natural**, que é aquele não provocado pelo dono do prédio encravado (ex.: não tem esse direito quem vendeu a área que possibilitava sua passagem, salvo contra quem tiver comprado a área – art. 1.285, § 2º, do CC); ii) **encravamento absoluto**, que é aquele em que não há outra saída, ainda que uma saída difícil e penosa; iii) **menor ônus possível ao serviente**, ou seja, procura-se a passagem junto ao vizinho cujo imóvel mais natural e facilmente se prestar ao intento, bem como a passagem que menos atrapalhe o vizinho no uso de seu imóvel; iv) **pagamento de indenização**, ou seja, o vizinho que tiver que dar a passagem deverá ser indenizado pelos danos que suportar com essa medida forçada.

e) **extinção:** a passagem forçada fica extinta i) no caso de abertura de estrada que passe ao lado da divisa do prédio encravado, bem como ii) no caso de a área encravada ser anexada a outra não encravada.

f) **diferenças entre "servidão de passagem ou de trânsito" e "passagem forçada":** a primeira decorre de negócio jurídico, ao passo que a segunda decorre da lei; a primeira nem sempre decorre de um imperativo (pode ser instituída apenas para mais comodidade ou facilidade), ao passo que a segunda decorre de um imperativo, já que se tem um prédio encravado; na primeira não se fala em indenização (pode até envolver pagamento, pois muitas vezes decorre de um contrato), já na segunda a indenização decorre da própria lei; a primeira está regulada no âmbito dos direitos reais, ao passo que a segunda, mesmo encerrando as características de direito real, está no âmbito do direito de vizinhança.

6.6.4. Usufruto

6.6.4.1. Conceito

É o direito real conferido a alguém de retirar temporariamente de coisa alheia os frutos e as utilidades que ela produz, sem alterar-lhe a substância (art. 1.390 do CC). Repare que o usufrutuário pode não só *usar* a coisa (por exemplo, habitar uma casa dada em usufruto), como também pode *fruir*, tirar os frutos da coisa (no mesmo exemplo, pode alugar a coisa para terceiro, tirando renda dela). O proprietário da coisa é chamado *nu-proprietário*, ao passo que o beneficiário do usufruto e denominado *usufrutuário*.

6.6.4.2. Características

a) temporário: o usufruto extingue-se no prazo ajustado ou com a morte do usufrutuário; no caso da pessoa jurídica, a lei traz com prazo máximo o de 30 anos do início do exercício do usufruto (art. 1.410, III, do CC).

b) direito real: diferente do comodato, que é um empréstimo de coisa infungível que gera mero direito pessoal, no usufruto tem-se um direito real, ou seja, um direito que é oponível *erga omnes*.

c) inalienável: não é possível ceder o <u>direito</u> ao usufruto; todavia, o mero <u>exercício do direito</u> ao usufruto pode ser transmitido, de modo gratuito ou oneroso (art. 1.393 do CC); assim, se "A" for titular de um usufruto, não poderá passar esse direito para "B". "A" será sempre o usufrutuário da coisa. Mas poderá passar o exercício desse direito, possibilitando, por exemplo, que "B" possa usar e fruir da coisa na qualidade de locatário dela, por exemplo. Em virtude da inalienabilidade do direito ao usufruto, não é possível penhorá-lo para vender o *direito ao usufruto* a terceiro. Todavia, pode o juiz penhorar o *exercício do direito ao usufruto*, por exemplo, nomeando um administrador para alugar a coisa a terceiro, de modo a gerar renda para pagamento da dívida exequenda. Quando a dívida toda tiver sido paga, será levantada a penhora sobre o *exercício do direito ao usufruto*, e o titular do *direito ao usufruto* volta a gozar integralmente da coisa.

6.6.4.3. Constituição do usufruto

O usufruto se constitui por **determinação legal** (ex.: a lei estabelece o usufruto dos pais sobre os bens do filho menor – art. 1.689, I, do CC); por **negócio jurídico** (contrato ou testamento) registrado no Registro de Imóveis; e por **usucapião**.

6.6.4.4. Objeto

O usufruto pode recair sobre a) um ou mais bens **móveis** ou **imóveis** (assim, pode recair até sobre títulos de crédito); ou sobre b) a totalidade ou parte de um **patrimônio**.

6.6.4.5. Classificação quanto à origem

a) usufruto legal: *é o que decorre da lei*. Ex.: dos pais em relação aos bens dos filhos menores;

b) usufruto convencional: *é o que decorre de negócio jurídico*. Ex.: o pai doa imóveis aos seus filhos, mas estipula que ficará com usufruto desses bens.

6.6.4.6. Classificação quanto à duração

a) usufruto temporário: *é o que tem prazo certo de vigência.*
b) usufruto vitalício: *é o que perdura até a morte do usufrutuário ou enquanto não sobrevier causa legal extintiva.*

6.6.4.7. Classificação quanto ao objeto

a) usufruto próprio: *é o que tem por objeto coisas inconsumíveis, cujas substâncias são conservadas, podendo ser restituídas ao nu-proprietário.*

b) usufruto impróprio: *é o que incide sobre bens consumíveis.* Com a extinção do usufruto, devolve-se coisa equivalente.

6.6.4.8. Classificação quanto aos titulares

a) usufruto simultâneo: *é o constituído em favor de duas ou mais pessoas, ao mesmo tempo, extinguindo-se gradativamente em relação a cada uma das que falecerem, salvo expressa estipulação de direito de acrescer.* Assim, a regra é que, instituído usufruto em favor de mais de duas pessoas, com o falecimento de uma delas, a sua parte não vai para quem continuar vivo. A parte da pessoa falecida só será acrescida aos que sobreviverem se houver estipulação expressa desse direito de acrescer (art. 1.411 do CC) ou no caso de legado de usufruto (art. 1.946 do CC).

b) usufruto sucessivo: *é o constituído em favor de uma pessoa, para que depois de sua morte transmita a terceiro. É vedado pela lei.*

6.6.4.9. Direitos do usufrutuário

a) de posse, uso, administração e percepção dos frutos da coisa;
b) de transferir o exercício do direito ao usufruto, gratuita ou onerosamente.

6.6.4.10. Deveres do usufrutuário

a) inventariar, antes de assumir o usufruto, os bens que receber, determinando o estado em que se acham; b) dar caução (fidejussória ou real) se lhe exigir o dono da coisa; se o usufrutuário não der caução, não poderá administrar a coisa; no caso de doação em que o doador reserva a si o usufruto da coisa doada (ex.: pai doa ao filho, mantendo o usufruto da coisa), não haverá obrigação de prestar caução; c) velar pela conservação dos bens e entregá-los, findo o usufruto; d) pagar as despesas ordinárias de conservação, bem como prestação e tributos devidos pela posse ou rendimento da coisa usufruída; e) dar ciência ao dono de qualquer lesão contra a posse da coisa, ou contra o direito do usufrutuário.

6.6.4.11. Extinção

O usufruto fica extinto com a) a renúncia ou desistência do direito; b) a morte do usufrutuário; c) o advento do termo final; d) a extinção da pessoa jurídica ou, se ela perdurar, após o decurso de 30 anos; e) a cessação do motivo que deu origem ao direito; f) a destruição da coisa (salvo se for consumível); g) a consolidação da propriedade e do usufruto na mesma pessoa; h) a culpa do usufrutuário prevista no art. 1.410, VII, do CC; i) pelo não uso, a não fruição da coisa.

6.6.5. Uso

6.6.5.1. Conceito

É o direito real que, a título gratuito ou oneroso, autoriza uma pessoa a retirar temporariamente de coisas alheias todas as utilidades para atender às suas próprias necessidades e às de sua família (art. 1.412 do CC). Repare que *direito real de uso* autoriza não só o uso da coisa, como também a percepção de frutos dela. Nesse sentido, é instituto que se aproxima do usufruto. A diferença é que o *usuário* não pode retirar os frutos além das necessidades próprias e de sua família. Essas necessidades serão avaliadas segundo a condição social e o lugar onde viver o *usuário*. É também chamado de *usufruto restrito*.

6.6.5.2. Características

É temporário, indivisível, intransmissível e personalíssimo (ou seja, deve ser exercido pessoalmente pelo *usuário* e sua família).

6.6.5.3. Objeto

O *uso* pode recair sobre bens móveis ou imóveis.

6.6.5.4. Constituição

Corre por negócio jurídico (contrato ou testamento), sentença judicial ou usucapião.

6.6.5.5. Regime jurídico

É o previsto acima, aplicando-se, no que couber, as disposições relativas ao usufruto.

6.6.6. Habitação

6.6.6.1. Conceito

É o direito real temporário de ocupar gratuitamente coisa alheia, para morada do titular e de sua família (art. 1.414 do CC). Perceba que é ainda mais restrito que o uso, pois só permite a *morada* do titular do direito e de sua família. Outra diferença é que é gratuito, ou seja, não há contrapartida em favor do dono da coisa.

6.6.6.2. Características

É temporário, indivisível, intransmissível, personalíssimo e gratuito.

6.6.6.3. Objeto

A habitação só pode recair sobre "casa", cujo conceito abrange apartamentos.

6.6.6.4. Constituição

Corre por negócio jurídico (contrato ou testamento) ou lei (*vide* art. 1.831 do CC – cônjuge sobrevivente).

6.6.6.5. Regime jurídico

É o previsto anteriormente, aplicando-se, no que couber, as disposições relativas ao usufruto. É importante ressaltar que o habitador não pode alugar ou emprestar a coisa, mas tão somente morar nela.

6.6.7. Laje

A lei 13.465/2017 inseriu no rol de direitos reais do Código Civil a laje, regulamentada nos arts. 1.510-A e seguintes.

Esse direito real consiste em o proprietário de uma construção-base ceder a superfície superior ou inferior de sua construção a fim de que o titular da laje mantenha unidade distinta daquela originalmente construída sobre o solo, contemplando o espaço aéreo ou o subsolo de terrenos públicos ou privados, tomados em projeção vertical, como unidade imobiliária autônoma, e não contemplando as demais áreas edificadas ou não pertencentes ao proprietário da construção-base.

Confira outras características desse direito real:

a) o titular do direito real de laje responderá pelos encargos e tributos que incidirem sobre a sua unidade;

b) os titulares da laje, unidade imobiliária autônoma constituída em matrícula própria, poderão dela usar, gozar e dispor;

c) é expressamente vedado ao titular da laje prejudicar com obras novas ou com falta de reparação a segurança, a linha arquitetônica ou o arranjo estético do edifício, observadas as posturas previstas em legislação local.

6.7. Direitos reais em garantia

6.7.1. Introdução

Como se viu, os direitos reais sobre coisas alheias podem ser de gozo ou fruição (superfície, servidão, usufruto, uso, habitação), de garantia (penhor, hipoteca, anticrese) ou de aquisição (compromisso de compra e venda). Os direitos reais estudados neste capítulo têm por objeto servir de garantia especial para o recebimento de créditos. Todo credor tem direito de cobrar a dívida do devedor, com penhora de bens deste para satisfação do crédito. Mas muitas vezes os credores têm interesse em convencionar segurança especial para o recebimento do crédito. Essa garantia pode ser pessoal (fidejussória) ou real. Exemplo de garantia pessoal é o aval ou a fiança. O problema é que essa garantia não é tão segura como a real, pois o fiador ou o avalista podem ficar sem patrimônio, caso em que o credor não terá como satisfazer o seu crédito. Já a garantia real, que será estudada agora, é muito mais segura, pois, independentemente de quem estiver com a coisa dada em garantia, o credor com garantia real poderá persegui-la para satisfação do seu crédito. Ou seja, a garantia real é muito mais eficaz, pois o bem dado em garantia fica vinculado ao pagamento da dívida. Como os direitos reais em garantia estão sempre ligados a uma dívida, sua natureza é de direitos reais *acessórios*.

6.7.2. Efeitos

Os direitos reais em garantia geram os seguintes efeitos:

a) direito de preferência: os credores hipotecários (de hipoteca) e pignoratícios (de penhor) têm preferência no pagamento de seus créditos, em relação a outros credores que não tiverem o mesmo direito (art. 1.422 do CC). Uma vez arrematada em juízo a coisa, o credor com garantia real receberá primeiro, e, havendo sobras, serão pagos os demais credores. Havendo mais de uma hipoteca, terá preferência aquele que tiver prioridade na inscrição, ou seja, aquele que tiver a garantia mais antiga.

b) direito de sequela: consiste no poder de o credor com garantia real perseguir e reclamar a coisa dada em garantia de qualquer pessoa.

c) direito de excussão: consiste no poder de promover a venda judicial da coisa dada em garantia, após o vencimento da dívida. Esse direito é diferente na anticrese.

d) indivisibilidade: o pagamento de uma ou mais prestações da dívida não importa em exoneração da garantia, salvo convenção entre as partes.

6.7.3. Requisitos para a validade da garantia

a) **Capacidade geral** para os atos da vida civil; b) **Capacidade especial para alienar**; c) **Legitimidade** (ex.: presença de outorga uxória); d) **Existência de bem suscetível de alienação** (ex.: não pode ser dado em garantia um bem público).

6.7.4. Requisitos para a constituição e a eficácia da garantia

a) **especialização**, que consiste na descrição pormenorizada do bem, do valor do crédito, do prazo para pagamento e da taxa de juros; b) **publicidade**, que consiste no Registro de Imóveis (para hipoteca, anticrese e penhor rural) ou no Registro de Títulos e Documentos (para penhor convencional).

6.7.5. Cláusula comissória

Consiste na estipulação que autoriza o credor a ficar com a coisa dada em garantia, caso a dívida não seja paga. Nosso direito proíbe essa cláusula, considerando nula estipulação nesse sentido. Assim, deixando o devedor de pagar em dia sua dívida, estará sujeito à execução judicial da coisa, e não à perda automática dela (art. 1.428 do CC). O objetivo da lei é evitar a agiotagem.

6.7.6. Penhor

Esse direito real em garantia recai sobre coisa **móvel** e fica constituído de acordo com a **tradição**, a transferência efetiva da posse da coisa ao credor (art. 1.431 do CC), que passa a ser depositário da coisa. No penhor rural, industrial, mercantil e de veículos as coisas empenhadas ficam na posse do devedor, que as deve guardar e conservar.

Por se tratar de contrato solene, deverá ser levado a registro, sendo que no penhor comum este se dará no Cartório de Títulos de Documentos.

Extingue-se o penhor extinguindo-se a obrigação, perecendo a coisa, renunciando o credor, com a confusão, com a adjudicação judicial, a remissão ou a venda da coisa empenhada.

6.7.7. Hipoteca

Esse direito real em garantia recai sobre os **imóveis** e seus acessórios, o domínio direto, o domínio útil, as estradas de ferro, os navios, as aeronaves, dentre outros. A hipoteca abrange as ações e melhoramentos feitos posteriormente no imóvel (arts. 1.473 e 1.474 do CC).

A hipoteca deve ser registrada no cartório do lugar do imóvel.

A lei considera nula a cláusula que proíbe o proprietário alienar a coisa, mas o adquirente terá de suportar a garantia que recai sobre o bem.

O dono do imóvel hipotecado pode constituir outra hipoteca sobre ele, mediante novo título, em favor do mesmo ou de outro credor, respeitada a prioridade da primeira hipoteca.

Extingue-se a hipoteca pela extinção da obrigação principal, pelo perecimento da coisa, pela resolução da propriedade, pela renúncia do credor, pela remição, pela arrematação ou adjudicação, e pela averbação do cancelamento do registro.

6.7.8. Anticrese

Pode-se conceituar a anticrese *como o direito real em garantia em que o devedor entrega imóvel ao credor, que recebe o direito de perceber os frutos e rendimentos da coisa, para compensação da dívida* (art. 1.506 do CC).

O credor anticrético pode administrar os bens dados em anticrese e fruir seus frutos e utilidades, mas deverá apresentar anualmente balanço, exato e fiel, de sua administração.

7. DIREITO DE FAMÍLIA

7.1. Introdução

7.1.1. Conceito de direito de família

O Direito de família pode ser **conceituado** como o *conjunto de normas que regulam o casamento, a união estável, a filiação, a adoção, o poder familiar (direito parental), os alimentos, a tutela e a curatela (direito assistencial protetivo)*.

Esse direito **rege** as seguintes relações familiares:

a) pessoais/afetivas, como os deveres entre os cônjuges (fidelidade), os conviventes e os pais e filhos (educação);

b) patrimoniais, como as que envolvem a sociedade conjugal (regime de bens);

c) assistenciais, como a assistência material entre cônjuges e entre pais e filhos, e tutor e tutelado.

Tais relações são protegidas em virtude de **interesses superiores** (família como "base da sociedade" – art. 226, *caput*, da CF) e não individuais, o que faz com que os princípios dos direitos meramente obrigacionais não possam ser aplicados diretamente em matéria de direito de família.

Em outras palavras, tendo em vista os direitos envolvidos, que não se resumem à questão patrimonial, envolvendo questões pessoais, afetivas e assistenciais, o direito de família reclama **regras próprias**, diferentes das regras típicas do direito obrigacional.

7.1.2. Objeto do direito de família

O objeto do direito de família é justamente a "**família**", que, em sua concepção *lata*, têm as seguintes espécies:

a) família matrimonial: decorrente do casamento;

b) família informal (natural): decorrente da união estável;

c) família monoparental: formada por qualquer dos pais e seus descendentes;

d) família substituta: decorrente de guarda ou tutela;

e) famílias plurais: abrange as uniões fundadas no afeto, tais como as famílias:

f) anaparental: sem pais; com parentes ou amigos; ex.: a jurisprudência entende que há bem de família em imóvel com duas irmãs (STJ, Resp. 57.606);

g) homoafetiva: decorrente de união de pessoas do mesmo sexo (ex.: o STF, na ADI 4.277 e ADPF 132, decidiu que a união estável pode ser constituída por pessoas do mesmo sexo);

h) eudemonista: baseada no afeto, mas com busca da felicidade individual (ex.: casal que tem um relacionamento livre ou aberto).

Vale salientar, quanto à **união estável homoafetiva**, que o STF, na ADI 4.277 e na ADPF 132, julgadas em 05.05.2011, tomou a seguinte decisão: pela procedência das ações e com efeito vinculante, no sentido de dar interpretação conforme a Constituição Federal **para excluir qualquer significado do artigo 1.723 do Código Civil que impeça o reconhecimento da união entre pessoas do mesmo sexo como entidade familiar**.

A decisão teve por **fundamento** o art. 3º, IV, da CF, que veda qualquer tipo de discriminação.

Como consequência, a união estável homoafetiva passa a ter a mesma regulamentação da união estável entre homem e mulher (deveres, alimentos, sucessões etc.; sobre o direito a alimentos no caso vide a decisão do STJ no REsp 1.302.467-SP, DJ 25.03.2015), o que faz com que se chegue à conclusão de que o instituto da conversão da união estável em casamento também possa se dar quanto às uniões estáveis homoafetivas, questão que ainda gera alguns debates, apesar de já ter ocorrido grande número de conversões de união estável homoafetiva em casamento.

Mais do que isso, há precedente do STJ, no sentido de que se pode admitir o casamento direto de pessoas do mesmo sexo, como forma de fazer valer a diretiva que o STF deu ao julgar as ações acima mencionadas. O dispositivo da decisão tem o seguinte teor: "dou provimento ao recurso especial para afastar o óbice relativo à diversidade de sexos e para determinar o prosseguimento do processo de habilitação de casamento, salvo se por outro motivo as recorrentes estiverem impedidas de contrair matrimônio".

Não bastasse, o Conselho Nacional de Justiça, invocando o posicionamento do STF e mencionada decisão do STJ resolveu editar a Resolução 175, de 14 de maio de 2013, dispondo ser "vedada às autoridades competentes a recusa de habilitação, celebração de casamento civil ou de conversão de união estável em casamento entre pessoas de mesmo sexo" (art. 1º). A resolução foi além e dispôs que "a recusa prevista no artigo 1º implicará a imediata comunicação ao respectivo juiz corregedor para as providências cabíveis" (art. 2º). Em outras palavras, a partir dessa decisão, os Cartórios competentes passaram a ser obrigados a proceder ao casamento civil de pessoas do mesmo sexo, e mais, tal casamento pode ser dar diretamente, ou seja, independentemente conversão da união estável em casamento.

Após essa resolução milhares de casamentos de pessoas do mesmo sexo foram e vem sendo realizados.

Todavia, é bom lembrar que o STF não deu seu posicionamento, ainda, tanto sobre a possibilidade de conversão da união estável homoafetiva em casamento, como sobre a possibilidade de casamento homoafetivo direto, limitando-se a reconhecer essa união como uma união estável com idêntica proteção que a união estável entre pessoas de sexo diverso.

De qualquer forma, acreditamos que dificilmente o STF irá rever as decisões tomadas pelo STJ e pelo CNJ, devendo prevalecer tais decisões e todos os casamentos que vêm sendo realizados. Mas é importante que o leitor acompanhe eventuais futuras decisões do STF a esse respeito do tema.

7.2. Princípios do Direito de Família

Conforme já visto, o direito de família reclama regulamentação peculiar, já que os interesses envolvidos não se limitam a questões patrimoniais. Nesse sentido, confira os princípios específicos desse direito:

a) dignidade da pessoa humana: previsto no art. 1º, III, CF, admite que até a pessoa solteira tenha direito à proteção do bem de família;

b) solidariedade familiar: previsto no art. 3º, I, CF, impõe dever de assistência moral, espiritual e material; aliás, por conta desse princípio, o STJ já reconheceu direito a alimentos na união estável mesmo antes da Lei de 8.971/1994, que admitiu pela primeira vez esse tipo de direito; outro exemplo de aplicação do princípio é o cabimento de pedido de alimentos até mesmo depois do divórcio, em casos excepcionais;

c) igualdade entre os filhos: previsto no art. 227, § 6º, CF, reconhece igualdade absoluta entre os filhos, havidos ou não do casamento, adotivos, ou nascidos por inseminação artificial;

d) igualdade entre cônjuges e companheiros: previsto art. 226, § 5º, CF, admite que o homem use o **nome** da mulher e peça **alimentos**; determina a igualdade na chefia familiar, mas admite tratamento diferenciado entre os consortes, em situações especiais, como as que envolvem a Lei Maria da Penha (Lei 11.340/2006);

e) não intervenção na família: previsto no art. 1.513 do CC e no art. 226, § 7º, da CF, assegura que o planejamento familiar é de livre decisão do casal, permitindo ao Estado que apenas colabore com esse planejamento, e nunca determine coisa alguma nessa seara;

f) maior interesse da criança, adolescente e jovem: previsto no art. 227 CF, admite até que a ordem cronológica dos interessados numa adoção seja quebrada, para que uma criança venha a ficar com alguém que esteja no final da fila, mas que tenha já a guarda da criança e esteja numa situação avançada de afetividade com esta;

g) princípio da paternidade responsável: estabelece que *o estado de filiação é personalíssimo, indisponível e imprescritível*, decorrendo do direito à convivência familiar; esse princípio tem por consequência a ideia de que a investigação de paternidade é imprescritível e de que o Estado deve agir na busca de quem é o pai de uma criança de mãe solteira; aliás, esse direito, às vezes, contrapõe-se ao direito de intimidade da mulher (liberdade de relacionamentos sexuais e sigilo de parceiros); a Lei 8.560/1992 impõe que o Juiz Corregedor do Registro Civil deve ouvir a mãe e pode ser que ela não queira falar, não havendo sanção jurídica para o silêncio da mãe sobre a paternidade de seu filho;

h) princípio da função social da família: previsto no art. 226 da CF, estabelece que a família é a base da sociedade, merecendo proteção especial do Estado, como se dá quando se institui bem de família ou quando se determina a união de cônjuges funcionários públicos, quando cada um está lotado numa localidade;

i) princípio da afetividade: estabelece que *a afeição é o fundamento maior das relações familiares*, tendo por **consequência** a **desbiologização da paternidade**, que faz com que se reconheça que o vínculo de paternidade é mais ligado ao afeto do que ao elemento biológico, o que fez criar o chamado novo parentesco civil, decorrente da parentalidade socioafetiva, baseada na posse do estado de filho.

Um exemplo do princípio da afetividade é o padrasto ter legitimidade para entrar com destituição de poder familiar do pai biológico ausente da criança criada pelo padrasto, ação essa preparatória de adoção.

Outro exemplo do último princípio é a decisão do STJ no sentido de que a pessoa que reconhece filho sabendo que não era filho seu não pode pedir cancelamento do registro, salvo prova de vício de consentimento. Essa decisão está na linha de pensamento do Enunciado 339 do CJF, que propõe não poder ser rompida a relação de paternidade em detrimento de filho.

Por fim, também é um exemplo o interessante o caso em que o STJ reconheceu que "é possível a inclusão de dupla paternidade em assento de nascimento de criança concebida mediante as técnicas de reprodução assistida heteróloga e com gestação por substituição, não configurando violação ao instituto da adoção unilateral" (REsp 1.608.005-SC, DJe 21/05/2019). Tratava-se de um caso de união homoafetiva, com reprodução assistida entre irmã, doadora, e pai biológico, com companheiro desejando o reconhecimento da paternidade dele também (dupla paternidade). Ficou reconhecida a parentalidade socioafetiva, com o devido registro no assento de nascimento.

7.3. Casamento civil

7.3.1. Conceito

O casamento pode ser **conceituado** como o *vínculo jurídico entre um homem e uma mulher, estabelecido mediante intervenção estatal, e que cria deveres de comunhão de vida (moral, espiritual e material) e constitui a família.*

Atualmente, a família não é criada somente pelo casamento. A diferença é que, com o casamento, passa a existir uma presunção absoluta de que o casal forma uma família.

O preço dessa presunção absoluta é justamente a necessidade de participação do Estado na criação desse vínculo, o que é feito por meio de autoridade investida em função delegada pelo Estado para esse fim.

7.3.2. Natureza jurídica

Há várias teorias para explicar a natureza jurídica do casamento. Confira:

a) Teoria Contratualista: *o casamento é um contrato civil especial*; essa teoria tem raízes no direito canônico; trata-se de uma teoria um pouco falha, pois não há como se aplicar as disposições gerais dos contratos para regulamentar o casamento, que reclama regras próprias;

b) Teoria Institucionalista: *o casamento é uma instituição social e jurídica própria, possuindo regras diferenciadas e de ordem pública*; de acordo com essa teoria o acordo de vontades (típico de um contrato) é só no momento inicial de escolha pelo casamento; em seguida, quem dita as regras é a lei, o que faz com que não se possa confundir o casamento com um contrato, já que neste a autonomia da vontade tem mais força; além disso, o contrato é sempre temporário, ao passo que o casamento é feito para durar, e não para ser temporário;

c) Teoria Eclética (ou mista): o casamento é um ato complexo, podendo ser considerado um contrato na sua formação, mas uma instituição no seu conteúdo.

A doutrina rejeita a Teoria Contratualista, de modo que as duas últimas teorias são as mais acolhidas.

7.3.3. Princípios do casamento

O casamento segue uma série de princípios, dentre os quais se destacam os seguintes:

a) liberdade na escolha do nubente;

b) solenidade do ato nupcial (garantem consentimento, publicidade e validade);

c) submissão a normas de ordem pública;

d) caráter permanente;

e) comunhão de vida exclusiva, a exigir fidelidade (art. 1.566, I).

7.3.4. Elementos de existência

Parte da doutrina entende que, quanto aos vícios, o casamento só pode ser *válido*, *nulo* ou *anulável*, não havendo que se falar em casamento *inexistente*. Esse é o caso, por exemplo, de Silvio Rodrigues.

Porém, há casos em que não há como se reconhecer um mínimo de juridicidade para se dizer que o casamento existe.

Isso fez com que a doutrina majoritária apontasse os chamados **requisitos de existência** do casamento, que são os seguintes:

a) diversidade de sexo (art. 1.514 do CC): "homem e mulher"; vale salientar que a questão vem sofrendo modificação, de maneira que remetemos o leitor ao item 7.1.2., letra "g";

b) consentimento (art. 1.514 do CC): "declaração de vontade de estabelecer vínculo conjugal";

c) declaração do juiz na celebração de que estão "casados" (art. 1.514 do CC).

Diferente do que ocorre quanto às nulidades e anulabilidades, não é necessário que a inexistência seja declarada em juízo, nem muito menos que se ingresse com ação ordinária para o reconhecimento da inexistência do casamento.

7.3.5. Impedimentos matrimoniais

7.3.5.1. Conceito

Os impedimentos matrimoniais podem ser conceituados como *as situações previstas e especificadas em lei, que, permanente ou temporariamente, proíbem o casamento.*

O rol de impedimentos matrimoniais é taxativo e inclui situações positivas ou negativas, de fato ou de direito, e físicas ou jurídicas.

A lei trata de forma diferenciada as chamadas "causas suspensivas", em relação aos chamados "impedimentos dirimentes públicos ou absolutos". Confira a seguir o que significa cada um desses institutos.

7.3.5.2. Causas suspensivas

As causas suspensivas podem ser **conceituadas** como *os fatos que suspendem o processo de celebração do casamento a ser realizado, se arguidos antes das núpcias, e que tornam o casamento irregular, se realizado, ensejando sanções aos nubentes.*

Por **exemplo**, caso o filho do curador de alguém deseje casar com a pessoa curatelada, e alguém legitimado denuncia isso antes do casamento, o casamento ficará suspenso até que cesse a relação de curatela e restem saldadas as respectivas contas. No entanto, se o casamento acabar se realizando, pelo fato de ninguém legitimado ter feito a denúncia, esse casamento receberá uma sanção, no caso, o regime de bens será obrigatoriamente o de separação de bens (art. 1.641, I, do CC).

Assim, há dois tipos de **consequências jurídicas** quando está presente uma causa suspensiva:

a) se o casamento ainda não tiver sido realizado, este ficará suspenso, até que a causa suspensiva deixe de existir;

b) se o casamento já tiver sido realizado, será considerado um casamento irregular, tem por sanção a obrigatoriedade do regime de separação de bens (art. 1.641, I, do CC).

São **legitimados** para arguir as causas suspensivas da celebração do casamento as seguintes pessoas: a) parentes em linha reta de um dos nubentes (consanguíneos e afins); b) colaterais até segundo grau (consanguíneos e afins), nos termos do art. 1.524 do CC.

O **prazo** para a arguição é de 15 dias, contados da afixação do edital de proclamas, publicado pelo oficial após a entrega da documentação em ordem pelos interessados em se casar.

A arguição exige **forma** escrita, apresentando o arguinte declaração escrita e assinada, instruída com as provas do fato alegado, ou com a indicação do lugar onde possam ser obtidas (art. 1.529 do CC).

Havendo impugnação, o oficial do registro dará aos nubentes **nota da oposição**, indicando os fundamentos, as provas e o nome de quem a ofereceu (art. 1.530 do CC). Podem os nubentes requerer prazo razoável para fazer prova contrária aos fatos alegados e promover as ações civis e criminais contra o oponente de má-fé.

Cumpridas as formalidades legais e verificada a inexistência de fato obstativo, o oficial do registro extrairá o **certificado de habilitação** (art. 1.531 do CC), que terá eficácia de 90 dias, contados da data em que foi extraído o certificado.

São **hipóteses** de casos suspensivos os seguintes:

a) o viúvo ou a viúva que tiver filho do cônjuge falecido, enquanto não fizer inventário dos bens do casal e der partilha aos herdeiros; o objetivo é evitar a confusão patrimonial de filhos com a nova sociedade conjugal; são sanções para o casamento realizado nessas circunstâncias a obrigatoriedade do regime de separação de bens (art. 1.641, I, do CC) e a hipoteca legal de seus imóveis em favor dos filhos (art. 1.489, II, do CC); os nubentes podem pedir ao juiz que não seja aplicada a sanção se provarem que não haverá prejuízo aos herdeiros (art. 1.523, parágrafo único, do CC);

b) a viúva, ou a mulher cujo casamento se desfez por ser nulo ou ter sido anulável, até 10 meses depois do começo da viuvez, ou da dissolução da sociedade conjugal; o objetivo é evitar confusão de sangue ("turbatio sanguinis"), conflito de paternidade; a sanção para o casamento realizado nessas circunstâncias é a obrigatoriedade do regime de separação de bens (art. 1.641, I, do CC); os nubentes podem pedir ao juiz que não seja aplicada a sanção se provarem que a viúva deu à luz filho no período ou que não está grávida (art. 1.523, parágrafo único, do CC);

c) o divorciado enquanto não houver sido homologada ou decidida a partilha dos bens do casal; o objetivo é evitar confusão patrimonial; a sanção para o casamento realizado nessas circunstâncias é a obrigatoriedade do regime de separação de bens (art. 1.641, I, do CC); os nubentes podem pedir ao juiz que não seja aplicada a sanção se provarem que não haverá prejuízo ao ex-cônjuge (art. 1.523, parágrafo único, do CC);

d) o tutor ou o curador e os seus descendentes, ascendentes, irmãos, cunhados ou sobrinhos, com a pessoa protegida, enquanto não cessar a tutela ou curatela e não estiverem saldadas as respectivas contas; o objetivo é evitar consentimento não espontâneo; a sanção para o casamento realizado nessas circunstâncias é a obrigatoriedade do regime de separação de bens (art. 1.641, I, do CC); os nubentes podem pedir ao juiz que não seja aplicada a sanção se provarem que não haverá prejuízo (art. 1.523, parágrafo único, do CC).

7.3.5.3. Impedimentos dirimentes públicos ou absolutos

7.3.5.3.1. Questões gerais

Conforme já visto, os impedimentos matrimoniais podem ser **conceituados** como *as situações previstas e especificadas em lei, que, permanente ou temporariamente, proíbem o casamento.*

A **consequência jurídica** do casamento realizado em hipótese em que está presente um impedimento matrimonial é a *invalidade* do casamento.

Qualquer pessoa capaz é **legitimada** para a oposição de impedimento, o que deve ser feito levando ao conhecimento do oficial perante o qual se processa a habilitação ou perante o juiz, os quais serão obrigados a declarar de ofício o impedimento, assim que tiverem conhecimento deste (art. 1.522, parágrafo único, do CC).

A constatação da existência de impedimentos tem os seguintes **efeitos**: a) impossibilita a obtenção do certificado de habilitação; b) adia o casamento, enquanto o impedimento persistir; c) torna nulo o casamento por ventura realizado (art. 1.548, II, do CC).

7.3.5.3.2. Impedimentos em espécie

7.3.5.3.2.1. Resultantes de parentesco

Não podem casar (art. 1.521, I a V, do CC):

a) os ascendentes com os descendentes, seja o parentesco natural ou civil; por exemplo, não é possível o casamento de pai com filho, ou de avô com neta;

b) os afins em linha reta; trata-se do parentesco que se estabelece entre um dos cônjuges ou companheiros e os parentes na linha reta do outro; repare que o impedimento por afinidade só existe quanto aos fins na linha reta; por exemplo, não podem casar o sogro com a nora, ou o padrasto com a enteada; vale lembrar que "na linha reta, a afinidade não se extingue com a dissolução do casamento ou união estável" (art. 1.595, § 2º, do CC); a união estável também gera o vínculo de afinidade (art. 1.595 do CC); já o cunhadio desaparece com o fim do casamento, sendo possível que ex-cunhados se casem;

c) o adotante com quem foi cônjuge do adotado e o adotado com quem o foi do adotante; por exemplo, imagine que "A" e "B", casados, venham a se separar; em seguida "A" adota "C"; pois bem, "B" e "C" não poderão se casar, embora não tenha se formado vínculo de afinidade entre eles;

d) os irmãos, unilaterais ou bilaterais; os irmãos são unilaterais quando têm apenas um dos pais em comum (serão irmãos consanguíneos se o pai é comum e uterinos se a mãe é comum); os irmãos são bilaterais quando têm os dois pais em comum, hipótese em que são chamados germanos; naturalmente, o impedimento também existe entre irmãos quando um deles é adotado;

e) entre colaterais até o terceiro grau inclusive; colaterais são os parentes que descendem de um tronco comum sem descenderem um do outro (vai até ancestral comum); repare que o impedimento vai até o 3º grau, de modo que primos, que são parentes em 4º grau, podem se casar; a regra do impedimento até o 3º grau traz uma exceção, que é o casamento de tios e sobrinhos, cujo impedimento é vencível segundo o Dec.-lei 3.200/1941; para tanto, é necessário que dois médicos atestem a sanidade, afirmando não ser inconveniente para a saúde deles e da prole o casamento; uma vez que não haja problema, nubentes recebem certificado pré-nupcial; o Enunciado CJF 98 entende que o decreto-lei em questão ainda está em vigor;

f) o adotado com o filho do adotante; essa regra é um pouco estranha, pois tais pessoas ("adotado" e "filho do adotante") já são considerados irmãos para todos os fins (art. 41, *caput*, do ECA), o que faz com que a regra seja desnecessária; aproveitando o ensejo, vale lembrar que o adotado desliga-se do vínculo com seus pais e parentes biológicos, salvo os impedimentos matrimoniais (art. 41, *caput*, do ECA).

7.3.5.3.2.2. Resultantes de vínculo

Não podem casar (art. 1.521, VI, do CC) **as pessoas casadas**.

Nossa lei proíbe a bigamia, que é considerada crime (art. 235 do CP). O conceito de família, no Direito brasileiro, tem base monogâmica.

Aquele que tiver interesse em casar e quiser fazê-lo de novo, deverá apresentar certidão de óbito, documento que revele a morte presumida (arts. 22 a 39 e 1.571, § 1º, do CC; quanto ao ausente, é necessário ter ocorrido a abertura da sucessão definitiva) ou registro da sentença do divórcio.

Aquele que é casado e se casa de novo, além de cometer crime, sujeita-se, ainda, à sanção de nulidade do segundo casamento (art. 1.548, II, do CC).

Por fim, vale salientar que não gera o impedimento a existência de casamento religioso não inscrito no registro civil (art. 1.515 do CC).

7.3.5.3.2.3. Resultantes de crime

Não podem casar (art. 1.521, VII, do CC) **o cônjuge sobrevivente com o condenado por homicídio ou tentativa de homicídio contra o seu consorte.**

O impedimento diz respeito a condutas dolosas, o que pode ser facilmente verificado pelo fato de a lei fazer referência à "tentativa", que reclama dolo.

A lei exige que haja condenação, o que exclui a situação daquele que ainda não tenha sido condenado, bem como absolvições e reconhecimento da prescrição.

Vale lembrar que a lei também considera crime "contrair casamento, conhecendo a existência de impedimento que lhe cause a nulidade absoluta" (art. 237 do CP).

7.3.6. Casamento nulo e casamento anulável

Os arts. 1.548 a 1.564 do Código Civil tratam do tema "invalidade do casamento".

O art. 1.548 do Código Civil estabelece o seguinte caso de **nulidade** do casamento:

o contraído por infringência de impedimento; aqui só entram os impedimentos dirimentes ou absolutos (art. 1.521 do CC), não entrando as causas suspensivas, uma vez que estas não tornam o casamento nulo, mas apenas irregular.

São **legitimados** para a ação de nulidade os interessados e o Ministério Público (art. 1.549 do CC). São interessados o cônjuge, o ascendente, os descendentes, os irmãos, os filhos do leito anterior, os colaterais sucessíveis e os credores.

A sentença tem **natureza declaratória**, ou seja, reconhece uma situação já ocorrida, daí por que tem eficácia *ex tunc*, retroagindo seus efeitos à data da celebração do casamento.

De qualquer maneira, o casamento nulo pode produzir **alguns efeitos**. O art. 1.561 do CC dispõe que, embora nulo ou anulável, o casamento produz todos os efeitos até a data da sentença em relação aos filhos. Em relação aos cônjuges, o casamento só produzirá esses efeitos em favor daquele que estava de boa-fé, ou seja, daquele que ignorava o impedimento matrimonial.

Já o art. 1.550 do Código Civil estabelece os seguintes casos de **anulabilidade** do casamento:

a) de quem não completou a idade mínima para casar (idade núbil); aqui temos os menores de 16 anos (absolutamente incapazes), porém, não se anulará o casamento de que resultou gravidez (art. 1.551 do CC); além disso, o menor que não atingiu idade núbil poderá, após atingi-la, confirmar o casamento com a autorização de seus representantes ou com o suprimento judicial (art. 1.553 do CC); tem legitimidade para pedir a anulação do casamento, nesse caso, o próprio menor, seus representantes legais e seus ascendentes (art. 1.552 do CC), ação que deve ser ajuizada no prazo de 180 dias do dia que perfez idade, no caso da ação a ser promovida pelo menor, e da data do casamento, no caso de ação a ser promovida pelos demais legitimados (art. 1.560, § 1º, do CC); vale salientar que o art. 1.520 do CC foi modificado pela Lei 13.811/19. Antes, ele previa que: *"excepcionalmente, será permitido o casamento de* *quem ainda não alcançou a idade núbil (art. 1517), para evitar imposição ou cumprimento de pena criminal ou em caso de gravidez".* Agora a redação é a seguinte: *não será permitido, em qualquer caso, o casamento de quem não atingiu a idade núbil, observado o disposto no art. 1.517 deste Código".* Dessa forma, está terminantemente proibido permitir qualquer tipo de casamento antes dos 16 anos de idade, que é a idade núbil prevista no art. 1.517 do CC. A bem da verdade, depois das alterações previstas nas leis penais 11.106/2005, 12.015/2009 e 13.718/2018, a permissão do casamento antes dos 16 anos já tinha ficado inviável, conforme entendimento majoritário da doutrina. Mas, agora, não há mais dúvida alguma. O que não quer dizer que ficaram revogadas as hipóteses de convalidação do casamento previstas nos arts. 1.551 (em caso de gravidez) e 1.553 (reafirmação da intenção de se manter casado após a idade núbil, com o consentimento dos pais). Perceba bem a diferença: uma coisa é o casamento antes dos 16 anos não ser mais permitido em hipótese alguma, o que impede o Oficial de Registro e mesmo de o juiz de direito competente autorizar o casamento antes da idade núbil. Outra coisa é o casamento acabar por acontecer, mesmo diante dessa proibição, caso em que continua sendo anulável, e, depois de um tempo, não hora em que se for discutir a sua anulação, verificar-se a hipótese do art. 1.551 ou a hipótese do art. 1.553, casos em que caberá a sua convalidação.

b) do menor em idade núbil, quando não autorizado por seu representante legal; aqui temos alguém que já tem 16 anos, mas ainda não completou 18 anos; essas pessoas precisam de autorização do representante legal para casar; não a tendo, o casamento é anulável; o instrumento de autorização para casamento deverá ser transcrito na escritura antenupcial (art. 1.537 do CC); se houver discordância entre os responsáveis, ou entre o menor e os responsáveis, pode-se recorrer ao juiz, podendo este conceder o suprimento judicial, hipótese em que o regime de bens será obrigatoriamente o de separação de bens; os responsáveis (pais ou tutores) podem revogar o seu consentimento até a celebração do casamento (art. 1.518 do CC); a ação anulatória deve ser promovida em 180 dias; são legitimados para pedir a anulação do casamento o incapaz, ao deixar de sê-lo (contado o prazo do dia em que cessar a incapacidade) seus representantes legais (contado o prazo da data do casamento) e os herdeiros necessários (contado o prazo da morte do incapaz); de qualquer forma, há um óbice à anulação, qual seja, não se anulará o casamento quando à sua celebração houverem assistido os representantes legais do incapaz, ou tiverem, por qualquer modo, manifestado sua aprovação (art. 1.555, § 2º, do CC);

c) por vício da vontade consistente em erro essencial sobre a pessoa; considera-se erro essencial sobre a pessoa do outro cônjuge (art. 1.557 do CC): c1) o que diz respeito à sua identidade, sua honra e boa fama, sendo esse erro tal que o seu conhecimento ulterior torne insuportável a vida em comum ao cônjuge enganado (ex.: marido ou esposa garoto ou garota de programa); c2) a ignorância de crime, anterior ao casamento, que, por sua natureza, torne insuportável a vida conjugal (repare que não há necessidade de trânsito em julgado); c3) a ignorância, anterior ao casamento, de defeito físico irremediável que não caracterize deficiência ou de moléstia grave e transmissível, por contágio ou por herança, capaz de pôr em risco a saúde do outro cônjuge ou de sua descendência; o erro deve ser determinante, ou seja, de tal gravidade que, caso o cônjuge que se engana o conhecesse, não teria se casado; o erro deve, então, ser sobre fato anterior ao ato nupcial, desconhecido do cônjuge e que torne insuportável a vida em comum; vale salientar que o defloramento da mulher ignorado pelo marido não é mais causa de anulabilidade do casamento; a legitimidade para ingressar com a ação em tela é apenas do cônjuge que cometeu o erro, que terá três anos para ingressar com a ação respectiva, sendo que, caso se mantenha a coabitação após a ciência do erro, o casamento ficará convalidado, salvo nos casos de defeito físico irremediável que não caracterize deficiência e moléstia grave e transmissível (art. 1.559 do CC);

d) por vício da vontade consistente em coação; considera-se coação a situação em que o consentimento de um ou de ambos os cônjuges houver sido captado mediante fundado temor de mal considerável e iminente para a vida, saúde e a honra, sua ou de seus familiares; a ação de anulação deve ser promovida pelo próprio coacto (art. 1.559 do CC), no prazo de quatro anos a contar da celebração do casamento (art. 1.560, IV, do CC), mas a coabitação, havendo ciência do vício, convalida o casamento.

e) do incapaz de consentir ou manifestar, de modo inequívoco, o consentimento; deve-se tratar de incapacidade duradoura, em que se tem mero discernimento reduzido, pois, se não houver discernimento algum, há a hipótese de nulidade de casamento; o prazo para ajuizar a ação é de 180 dias, contados da celebração do casamento;

f) realizado pelo mandatário, sem que ele ou o outro contraente soubesse da revogação do mandato, e não sobrevindo coabitação entre os cônjuges; o prazo para ajuizar a ação é 180 dias, contados da data em que o mandante tiver conhecimento da celebração;

g) por incompetência da autoridade celebrante; cuidado, pois há três situações a considerar; se a incompetência for relativa, temos um casamento anulável; se a incompetência for absoluta (por exemplo, o casamento foi feito pelo Prefeito da cidade), o casamento é considerado inexistente, e se a autoridade celebrante é daquelas que exerce "função de fato" (ou seja, foi investida irregularmente na função, mas atua publicamente como juiz de casamento há um bom tempo, agindo de boa-fé), o casamento será considerado válido se registrado no Registro Civil (art. 1.554 do CC); o prazo para ingressar com ação é de dois anos, contados da celebração (art. 1.560, II, do CC).

Vale salientar que o Estatuto da Pessoa com Deficiência (Lei 13.146/2015) criou o § 2º para o art. 1.550 do Código Civil, com o seguinte teor: "A pessoa com deficiência mental ou intelectual em idade núbia poderá contrair matrimônio, expressando sua vontade diretamente ou por meio de seu responsável ou curador".

Por fim, vale a pena trazer **tabela com a diferença de regime jurídico** entre o regime de invalidade da Parte Geral do Código Civil e o regime de invalidade dos Casamentos:

INVALIDADE – PARTE GERAL	INVALIDADE – CASAMENTO
1) o ato nulo não produz efeito algum (arts. 166 e 167 do CC); 2) o ato nulo se conhece de ofício (art. 168, parágrafo único, do CC); os anuláveis dependem de provação de ação própria; 3) se o ato for nulo, qualquer interessado ou o Ministério Público são partes legítimas para a ação; se o ato for anulável, o rol de legitimados é mais restrito, normalmente admitindo que somente os interessados ou seus representantes ingressem com a respectiva ação; 4) não há foro privilegiado para as ações de invalidade; 5) não há segredo de justiça para as ações de invalidade; 6) não há, como regra, intervenção obrigatória do Ministério Público para as ações de invalidade.	1) o casamento nulo pode produzir alguns efeitos; 2) a decretação de invalidade depende de ação própria; 3) se o casamento for nulo, qualquer interessado ou o Ministério Público são partes legítimas para a ação (art. 1.549 do CC); se o casamento for anulável, o rol de legitimados é mais restrito, normalmente admitindo que somente o cônjuge ou seus representantes ingressem com a respectiva ação; 4) há segredo de justiça nas ações de invalidade de casamento (art. 189, II, do NCPC); 5) por envolver questão de estado, há obrigatoriedade de intervenção do Ministério Público nas ações de invalidade de casamento; 6) a ação de invalidade do casamento pode ser precedida de pedido de separação de corpos (art. 1.562 do CC), cabendo, também, pedido de alimentos provisionais; 7) não há mais recurso de ofício, também chamado de reexame necessário nas ações de invalidade de casamento (art. 496 do NCPC); 8) as sentenças nas ações de invalidade devem ser averbadas no livro de casamentos; 9) o efeito da ação de *nulidade* de casamento é *ex tunc*, ou seja, retroage à data da celebração (art. 1.563 do CC); já nas ações de anulação de casamento (casamento anulável) os efeitos são *ex nunc*.

7.3.7. Espécies de casamento

7.3.7.1. Casamento putativo

O casamento putativo pode ser **conceituado** como *aquele que, embora nulo ou anulável, foi contraído de boa-fé por um ou por ambos os cônjuges* (art. 1.561 do CC).

A **boa-fé** consiste na ignorância, ao tempo da celebração do casamento, da existência de impedimentos à união conjugal, podendo se tratar de erro de fato (ex.: não se sabe que duas pessoas que se casam são irmãos) ou erro de direito (ex.: não se sabe que é proibido o casamento entre tios e sobrinhos).

A boa-fé é **presumida**, mas admite prova em contrário.

A proteção que se dá ao cônjuge de boa-fé no casamento putativo também vem sendo estendida para aquele que sofre coação. Este, apesar de ter ciência do vício no casamento, merece proteção equivalente àquele que está de boa-fé, por uma questão de justiça.

A **sentença** que proclama a invalidade do casamento é o ato adequado para que se declare que o casamento é putativo. O juiz pode fazer tal declaração de ofício ou a requerimento das partes.

Uma vez reconhecido o casamento putativo, o casamento, mesmo nulo, **produzirá seus efeitos até o dia da sentença anulatória** (art. 1.561 do CC), ou seja, a sentença terá efeitos *ex nunc*.

Isso faz com que a anulação do casamento não afete direitos adquiridos até a data da decisão anulatória.

Assim, o cônjuge inocente (de boa-fé) adquire a meação dos bens do casal e permanece emancipado, caso tenha casado quando ainda não tinha 18 anos.

Os filhos ficam sempre com seus direitos preservados nos casamentos nulos ou anuláveis, pouco importando se seus pais estão ou não, os dois, de boa-fé.

Quando o casamento for anulado por culpa de um dos cônjuges, este incorrerá na perda de todas as vantagens havidas do cônjuge inocente e na obrigação de cumprir as promessas que lhe fez no contrato antenupcial (art. 1.564, I e II, do CC).

7.3.7.2. Casamento nuncupativo

O casamento nuncupativo é **conceituado** como *aquele contraído em situação de iminente risco de vida, sem possibilidade da presença da autoridade ou de seu substituto* (art. 1.540 do CC).

Nesse caso, o casamento será celebrado na presença de seis testemunhas, que com os nubentes não tenham parentesco em linha reta, ou, na colateral, até segundo grau.

A doutrina também denomina esse casamento como de "viva voz", ou "*in articulo mortis*" ou "*in extremis vitae momentis*", que significa "nos últimos momentos de vida".

Realizado o casamento, devem as testemunhas comparecer perante a autoridade judicial mais próxima, dentro de dez dias, pedindo que lhes tome por termo a declaração de:

a) que foram convocadas por parte do enfermo;

b) que este parecia em perigo de vida, mas em seu juízo;

c) que, em sua presença, declararam os contraentes, livre e espontaneamente, receber-se por marido e mulher.

Autuado o pedido e tomadas as declarações, o juiz procederá às diligências necessárias para verificar se os contraentes tinham ou não impedimentos matrimoniais ou causas suspensivas.

Verificada a idoneidade dos cônjuges para o casamento, assim o decidirá a autoridade competente, com recurso voluntário às partes.

Em seguida, o juiz mandará registrar a decisão no livro do Registro dos Casamentos, sendo que o assento assim lavrado retrotrairá os efeitos do casamento, quanto ao estado dos cônjuges, à data da celebração.

Serão dispensadas as formalidades apontadas se o enfermo convalescer e puder ratificar o casamento na presença da autoridade competente e do oficial do registro.

7.3.7.3. Casamento por procuração

O Código Civil admite o casamento por procuração (art. 1.542 do CC).

Porém, a procuração deve se dar por instrumento público e com poderes especiais, sendo que o mandato tem eficácia por até noventa dias.

A revogação do mandato não necessita chegar ao conhecimento do mandatário; mas, celebrado o casamento sem que o mandatário ou o outro contraente tivessem ciência da revogação, responderá o mandante por perdas e danos.

Só por instrumento público se poderá revogar o mandato.

7.3.7.4. Casamento em caso de moléstia grave

O casamento em caso de moléstia grave pode ser **conceituado** como *aquele realizado em caso de moléstia grave, estando um dos nubentes impedido de se locomover* (art. 1.539 do CC).

Esse casamento não se confunde com o nuncupativo. Primeiro porque, aqui, não há iminente perigo de vida, mas moléstia que apenas impede o nubente de se locomover. Segundo porque, aqui, há menos testemunhas que no casamento nuncupativo. E terceiro porque, aqui, não há necessidade de buscar apreciação judicial, diferente do que ocorre no casamento nuncupativo.

No casamento em caso de moléstia grave o juiz de casamentos irá celebrá-lo onde se encontrar o impedido, sendo urgente, ainda que à noite, fazendo-se necessário a presença de duas testemunhas que saibam ler e escrever.

A falta ou impedimento da autoridade competente para presidir o casamento suprir-se-á por qualquer dos seus substitutos legais e a do oficial do Registro Civil por outro *ad hoc*, nomeado pelo presidente do ato.

O termo avulso, lavrado pelo oficial *ad hoc*, será registrado no respectivo registro dentro de cinco dias, perante duas testemunhas, ficando arquivado.

7.3.7.5. Casamento perante autoridade diplomática ou consular

Esse casamento pode ser **conceituado** como *aquele constituído entre brasileiros e celebrado no estrangeiro, perante autoridades diplomáticas ou cônsules brasileiros* (art. 1.544 do CC).

Há uma formalidade a cumprir: o casamento deverá ser registrado em 180 dias, a contar da volta de um ou de ambos os cônjuges ao Brasil, no cartório do respectivo domicílio, ou, em sua falta, no 1º Ofício da Capital do Estado em que passarem a residir.

7.3.7.6. Casamento religioso com efeitos civis

Esse casamento pode ser **conceituado** como *aquele que, celebrado perante autoridade religiosa, cumpre os requisitos habilitatórios previstos na lei civil e é inscrito no Registro Público* (art. 1.515 do CC). O instituto também está presente no art. 226, § 2º, da CF, pela qual "o casamento religioso tem efeitos civis, nos termos da lei".

Na prática, esse casamento significa que os nubentes, em seguida ao casamento religioso, levam a documentação para demonstrar que cumprem os requisitos de habilitação para o casamento civil, bem como documentação que demonstra que casaram no religioso, para o fim de passarem a ser considerados também casados no regime civil.

A vantagem desse casamento é o fato de que não será necessária a celebração civil. Além disso, todos os efeitos civis retroagirão à data do casamento religioso.

Há duas possibilidades para a concretização desse registro:

a) habilitação civil anterior ao casamento religioso (art. 1.516, § 1º, do CC):

✓ faz-se habilitação civil;

✓ recebe-se certidão, da qual constará o prazo de eficácia da habilitação, que é de 90 dias da data em que for extraído o certificado;

✓ faz-se o casamento religioso dentro desse prazo;

✓ faz-se o registro civil dentro de 90 dias da realização do casamento religioso; trata-se de prazo decadencial, a ser cumprido mediante a comunicação do celebrante ao ofício competente, ou por iniciativa de qualquer interessado; ultrapassado esse prazo, o registro depende de nova habilitação.

✓ **b)** habilitação civil posterior ao casamento religioso:

✓ casa-se no religioso;

✓ faz-se a habilitação civil;

✓ dentro do prazo de eficácia da habilitação (90 dias), requer-se o registro, com prova do casamento religioso (certidão de casamento religioso tirada do registro eclesiástico).

7.3.8. Efeitos do casamento

7.3.8.1. Efeitos sociais

São efeitos sociais do casamento os seguintes:

a) a criação da família matrimonial, atendendo à vontade do art. 226 da Constituição Federal, que, apesar de proteger a família originada de outras fontes, tem interesse em que se facilite o casamento;

b) o estabelecimento do vínculo de afinidade entre cada cônjuge e os parentes do outro (art. 1.595 do CC);

c) a emancipação do consorte de menor idade (art. 5º, parágrafo único, II, do CC).

7.3.8.2. Efeitos pessoais

São efeitos pessoais do casamento os seguintes:

a) a fidelidade mútua (arts. 1.566, I, e 1.573, I, do CC), que implica no abstenção de cada consorte de praticar relações sexuais com terceiro; o adultério é considerado motivo suficiente para o reconhecimento da impossibilidade da vida em comum; de qualquer forma, a lei vem atenuando algumas regras em torno da questão da fidelidade para admitir o reconhecimento de filho adulterino no casamento (interpretação *a contrario sensu* do disposto no art. 1.611 do CC); porém, o filho havido fora do casamento, reconhecido por um dos cônjuges, não poderá residir no lar conjugal sem o consentimento do outro; outra flexibilização da lei diz respeito àqueles casos em que duas pessoas permanecem casadas, mas estão separadas de fato; nesse caso, o art. 1.723, § 1º, do CC admite que um dos separados de fato constitua união estável com terceiro, ainda que continue formalmente casado com o outro;

b) a coabitação (arts. 1.566, II, 1.511 e 1.797, I, do CC), que implica vida em comum, no domicílio conjugal, com convivência sexual; a coabitação admite que um dos cônjuges se ausente do domicílio para atender a encargos públicos, ao exercício de profissão, ou a interesses particulares relevantes; não há como exigir a coabitação em juízo, mas a sua falta deliberada enseja pedido de divórcio;

c) **a mútua assistência** (art. 1.566, III, do CC), implicando assistência material, moral e espiritual;

d) **o respeito e consideração mútuos** (arts. 1.566, V, e 1.573, III, do CC), que implica a sinceridade e o zelo pela honra e dignidade do outro;

e) **a igualdade de direitos e deveres entre marido e mulher** (art. 1.511 do CC e art. 226, § 5º, da CF), que implica a igualdade material e também a igualdade no exercício da direção de sociedade conjugal (arts. 1.567 e 1.570 do CC); marido e mulher devem atuar em colaboração, no interesse do casal e dos filhos; havendo divergência, qualquer dos cônjuges poderá recorrer ao juiz, que decidirá tendo em consideração àqueles interesses; se estiver impedido qualquer dos cônjuges, o outro exercerá com exclusividade a direção da família, cabendo-lhe a administração dos bens; os cônjuges são obrigados a concorrer, na proporção de seus bens e dos rendimentos do trabalho, para o sustento da família e a educação dos filhos, qualquer que seja o regime patrimonial; qualquer dos nubentes poderá adotar o sobrenome do outro (art. 1.565, § 1º, do CC);

f) **o sustento, a guarda e a educação dos filhos** (art. 1.566, IV, do CC); esse efeito impõe o regular exercício do poder familiar, que é um poder-dever (art. 1.634 do CC), o que inclui o dever de assistir e representar seus filhos (art. 1.690 do CC); *sustento* significa prover a subsistência material (alimentos, vestuário e medicamentos); *guarda* significa ter os filhos em sua companhia, vigiá-los e reclamá-los de qualquer que injustamente os possua; *educar* significa prover a educação moral (exigir que lhe prestem obediência, respeito e serviços próprios da idade), intelectual e fisicamente (de acordo com condições econômicas e sociais), tudo com carinho, dedicação e amor, sob pena de suspensão ou destituição do poder familiar (arts. 1.637 e 1.638 do CC), sem prejuízo do dever de arcar com alimentos (art. 1.696 do CC).

7.3.8.3. Efeitos patrimoniais

São efeitos patrimoniais do casamento os seguintes:

a) **cria a sociedade conjugal**, que será delineada de acordo com o regime de bens (direitos, deveres e restrições);

b) **estabelece o direito sucessório** em favor do cônjuge sobrevivente, que é herdeiro necessário (art. 1.845 do CC); aliás, o cônjuge sobrevivente pode ingressar na primeira classe em alguns casos (art. 1.829 do CC); o cônjuge só não será herdeiro em caso de já ter havido, ao tempo da morte do outro, separação judicial ou de fato há mais de 2 anos, salvo se não há culpa do sobrevivente (art. 1.830 do CC); outro direito do cônjuge sobrevivente é o direito real de habitação relativamente ao imóvel destinado à residência da família (art. 1.831 do CC);

c) **pais devem administrar bens do filho menor**, não podendo dispor destes;

d) **impõe o dever de alimentar entre os cônjuges e em favor dos filhos**;

e) **institui o bem de família** (Lei 8.009/1990 e art. 1.711 do CC).

7.4. Bem de família

7.4.1. Questões gerais

Existem duas regulamentações para o bem de família. A primeira delas está prevista na Lei 8.009/1990 e trata do bem de família legal, que é aquele que decorre da própria lei, sem necessidade de qualquer medida por parte dos beneficiários. A segunda regulamentação se encontra nos arts. 1.711 e seguintes do Código Civil e diz respeito ao bem de família voluntário, que é aquele destinado por ato de vontade dos cônjuges, mediante escritura pública ou testamento.

7.4.2. Bem de família voluntário

A **aplicação** desse instituto se dá quando o casal ou a entidade familiar possuir vários imóveis utilizados como residência e não desejam que a impenhorabilidade recaia sobre o de menor valor.

Imagine um casal com duas residências, uma de R$ 200 mil e outra de R$ 300 mil. A Lei 8.009/1990 garante a eles a impenhorabilidade de uma das residências, no caso a de menor valor (art. 5º da Lei 8.009/1990), salvo se outro imóvel tiver sido registrado.

É nessa hora que entra em campo o Código, que regula o bem de família voluntário. Esse casal poderá, por meio de escritura pública ou testamento, dispor que o imóvel de R$ 300 mil é o imóvel a ser protegido pelo bem de família, e toda a regulamentação nesse sentido está nos arts. 1.711 a 1.722 do Código Civil.

A **instituição** do bem de família voluntário, conforme mencionado, deve se dar por *escritura pública* ou *testamento*, lavrados pelos cônjuges ou pessoas de outra entidade familiar.

O terceiro poderá igualmente instituir bem de família por testamento ou doação, dependendo a eficácia do ato da aceitação expressa de ambos os cônjuges beneficiados ou da entidade familiar beneficiada.

Para constituição do bem de família, é necessário, ainda, *registro* de seu título no Registro de Imóveis (art. 1.714 do CC).

O bem de família voluntário pode se **estender**, no máximo, a 1/3 do patrimônio líquido da entidade familiar.

O bem de família consistirá em **prédio residencial urbano ou rural**, com suas pertenças e acessórios, destinando-se em ambos os casos a domicílio familiar, e poderá abranger **valores mobiliários**, cuja renda será aplicada na conservação do imóvel e no sustento da família.

A **consequência** da instituição do bem de família é a isenção de execução por dívidas posteriores à sua instituição, salvo as que provierem de *tributos* relativos ao prédio, ou de despesas de *condomínio* (art. 1.715 do CC).

O **prazo** de isenção de proteção do bem de família durará enquanto viver um dos cônjuges, ou, na falta destes, até que os filhos completem a maioridade (art. 1.716 do CC).

A dissolução da sociedade conjugal não extingue o bem de família. Porém, dissolvida a sociedade conjugal pela morte de um dos cônjuges, o sobrevivente poderá pedir a extinção do bem de família, se for o único bem do casal.

Extingue-se, igualmente, o bem de família com a morte de ambos os cônjuges e a maioridade dos filhos, desde que não sujeitos a curatela.

7.4.3. Bem de família legal

A Lei 8.009/1990 é uma lei de ordem pública que, por si só, qualifica determinados bens como bens de família, independentemente de qualquer outra providência por parte dos interessados.

Uma vez que um bem é qualificado como bem de família, tal bem passa a ser considerado **impenhorável**, ressalvadas algumas exceções legais.

Confira os **requisitos** para um bem ser considerado bem de família legal:

a) deve se tratar de imóvel residencial;
b) deve se tratar de imóvel próprio do casal ou da entidade familiar.

A impenhorabilidade **compreende** o imóvel sobre o qual se assentam a construção, as plantações, as benfeitorias de qualquer natureza e todos os equipamentos, inclusive os de uso profissional, ou *móveis que guarnecem a casa*, desde que quitados.

Quanto aos móveis que guarnecem a casa estão protegidos o televisor, a geladeira, o sofá, o dormitório, dentre outros. Mas não estão protegidos os automóveis, as obras de arte e os adornos suntuosos.

Se se tratar de um imóvel locado, apenas os móveis que guarnecem a casa serão considerados impenhoráveis.

A **consequência** da instituição do bem de família é a isenção da impenhorabilidade desses bens quanto a dívidas civis, comerciais, fiscais, previdenciárias ou de outra natureza, contraídas pelos beneficiários desse instituto.

Porém, a lei estabelece exceções, em que bens de família serão considerados penhoráveis. Confira:

a) pelo titular do crédito decorrente do financiamento destinado à construção ou à aquisição do imóvel, no limite dos créditos e acréscimos constituídos em função do respectivo contrato;
b) pelo credor de pensão alimentícia, resguardados os direitos, sobre o bem, do seu coproprietário que, com o devedor, integre união estável ou conjugal, observadas as hipóteses em que ambos responderão pela dívida (nova redação dada pela Lei 13.144/2015);
c) para cobrança de impostos, predial ou territorial, taxas e contribuições devidas em função do imóvel familiar;
d) para execução de hipoteca sobre o imóvel oferecido como garantia real pelo casal ou pela entidade familiar;
e) por ter sido adquirido com produto de crime ou para execução de sentença penal condenatória a ressarcimento, indenização ou perdimento de bens;
f) por obrigação decorrente de fiança concedida em contrato de locação. Referida hipótese foi objeto de certa polêmica no passado, pois sustentava-se que a penhora do único imóvel do fiador feriria o direito constitucional à moradia. Contudo, atualmente os tribunais superiores tem se posicionado pela constitucionalidade do dispositivo.

A jurisprudência entende que a cobrança de débitos condominiais está contida na exceção trazida no item "d" mencionado.

Outra exceção trazida na lei é a seguinte (art. 4º): não se beneficiará do bem de família legal aquele que, sabendo-se insolvente, adquire de má-fé imóvel mais valioso para transferir a residência familiar, desfazendo-se ou não da moradia antiga. Neste caso, poderá o juiz, na respectiva ação do credor, transferir a impenhorabilidade para a moradia familiar anterior, ou anular-lhe a venda, liberando a mais valiosa para execução ou concurso, conforme a hipótese.

Quando a residência familiar constituir-se em imóvel rural, a impenhorabilidade restringir-se-á à sede de moradia, com os respectivos bens móveis, e, nos casos do art. 5º, XXVI, da Constituição, à área limitada como pequena propriedade rural.

Vale informar, ainda, que o STJ é pacífico, hoje, no sentido de que pessoa solteira também recebe a proteção do bem de família. Confira, a esse respeito, a Súmula 364 do STJ: "o conceito de impenhorabilidade de bem de família abrange também o imóvel pertencente a pessoas solteiras, separadas e viúvas".

Outro entendimento importante a respeito do tema é fixado na Súmula 486 do STJ: "É impenhorável o único imóvel residencial do devedor que esteja locado a terceiros, desde que a renda obtida com a locação seja revertida para a subsistência ou a moradia da sua família".

O STJ também exarou interessante entendimento sobre a proteção do bem de família quando o imóvel se encontra no nome da empresa do sócio devedor: "A impenhorabilidade do bem de família no qual reside o sócio devedor não é afastada pelo fato de o imóvel pertencer à sociedade empresária. A jurisprudência do STJ tem, de forma reiterada e inequívoca, pontuado que a impenhorabilidade do bem de família estabelecida pela Lei 8.009/1990 está prevista em norma cogente, que contém princípio de ordem pública, e a incidência do referido diploma somente é afastada se caracterizada alguma hipótese descrita em seu art. 3º (EREsp 182.223-SP, Corte Especial, DJ 7/4/2003). Nesse passo, a proteção conferida ao instituto de bem de família é princípio concernente às questões de ordem pública, não se admitindo sequer a renúncia por seu titular do benefício conferido pela lei, sendo possível, inclusive, a desconstituição de penhora anteriormente feita" (EDcl no AREsp 511.486-SC, DJe 10.03.2016).

Por fim, o STJ tem afastado a proteção legal ao bem de família, quando se configura tentativa de fraude à execução, caracterizando abuso de direito. Confira a seguinte decisão: "Deve ser afastada a impenhorabilidade do único imóvel pertencente à família na hipótese em que os devedores, com o objetivo de proteger o seu patrimônio, doem em fraude à execução o bem a seu filho menor impúbere após serem intimados para o cumprimento espontâneo da sentença exequenda. De início, cabe ressaltar que o STJ tem restringido a proteção ao bem de família com o objetivo de prevenir fraudes, evitando prestigiar a má-fé do devedor. (...) Trata-se de sopesar a impenhorabilidade do bem de família e a ocorrência de fraude de execução. Assim, é preciso considerar que, em regra, o devedor que aliena, gratuita ou onerosamente, o único imóvel, onde reside a família, está, ao mesmo tempo, dispondo da proteção da Lei 8.009/1990, na medida em que seu comportamento evidencia que o bem não lhe serve mais à moradia ou subsistência. Do contrário, estar-se-ia a admitir o *venire contra factum proprium*" (REsp 1.364.509-RS, J. 10.06.2014).

O STF reafirmou a possibilidade de penhora de bem de família de propriedade do fiador de uma locação. Porém, estabeleceu que "não é penhorável o bem de familiar do fiador, no caso de contratos de locação comercial" (RE 605709/SP, j. em 12.06.2018).

7.5. Regime patrimonial do matrimônio (Direito Patrimonial)

7.5.1. Conceito

O regime patrimonial do matrimônio pode ser **conceituado** como o *conjunto de normas aplicáveis às relações e interesses econômicos resultantes do casamento*.

Trata-se do estatuto patrimonial dos consortes.

A lei não permite que os cônjuges disponham livremente sobre esse assunto, devendo estes aceitar o regime de bens que a lei estabelece como regra (regime da comunhão parcial de bens) ou pactuar um dos outros regimes previstos e regulamentados exaustivamente na lei civil.

7.5.2. Princípios

São princípios do direito patrimonial dos cônjuges os seguintes:

a) variedade de regime de bens; há quatro tipos de regime, quais sejam, comunhão universal, comunhão parcial, separação de bens e participação final dos aquestos;

b) liberdade dos pactos antenupciais (arts. 1.639, 1.640, parágrafo único, 1.655 e 1.641, I a III, do CC), podendo os cônjuges, como regra, escolher o regime que lhes convém, não estando adstritos aos regimes tipificados, podendo, assim, combiná-los entre si (art. 1.639 do CC); porém, há limites para isso; os cônjuges devem respeitar preceitos de ordem pública e também os fins e a natureza do matrimônio; dessa forma, não poderão retirar do regime de bens os deveres inerentes ao casamento, nem muito menos privar um ao outro do poder familiar, da igualdade, e também não poderão alterar a vocação hereditária; o princípio da liberdade dos pactos antenupciais cede para alguns casos em que a lei obriga o regime de separação de bens (art. 1.641 do CC), tais como no casamento contraído com causa suspensiva, no casamento de alguém que dependa de suprimento judicial e no casamento de pessoa maior de 70 anos (alterado pela Lei 12.344/2010); quanto à última exceção (casamento de maior de 70 anos) parte da doutrina entende que essa norma fere os princípios da dignidade da pessoa humana e da igualdade;

c) mutabilidade justificada do regime adotado (art. 1.639, § 2º, do CC), sendo admissível a alteração do regime de bens, mediante autorização judicial em pedido motivado de ambos os cônjuges, apurada a procedência das razões invocadas e ressalvados os direitos de terceiros; o STJ entende que essa alteração é possível inclusive para os casamentos ocorridos antes da entrada em vigor do atual Código Civil, em função do princípio da igualdade; de qualquer maneira, a modificação de regime de bens depende de autorização judicial (com intervenção do MP, para evitar o abuso de ascendência), de pedido motivado de ambos os cônjuges e de apuração da procedência das razões invocadas (para evitar fraude ou dano), ficando ressalvados, sempre, os direitos de terceiros;

d) formalidade, valendo salientar que o pacto antenupcial (arts. 1.653 a 1.657 do CC) é *contrato solene, realizado antes do casamento, por meio do qual as partes dispõem o regime de bens que vigorará no matrimônio* (art. 1.639, § 1º, do CC); o pacto deve ser celebrado por meio de escritura pública, sob pena de nulidade (art. 1.653 do CC), com posterior registro em livro especial no registro imobiliário do domicílio do casal, como requisito de eficácia perante terceiros; o pacto antenupcial será considerado ineficaz se o casamento não lhe seguir (art. 1.653 do CC); caso os nubentes concordem com o regime que a lei recomenda – o regime de comunhão parcial – bastará que estes reduzam a termo a opção pela comunhão parcial (art. 1.640, parágrafo único, do CC), não sendo necessária a elaboração de escritura pública.

e) imediata vigência na data da celebração do casamento.

7.5.3. Disposições comuns aos variados regimes de bens

Cada regime de bens (comunhão parcial, comunhão universal etc.) tem as suas peculiaridades. Porém, todos os regimes de bens têm, em comum, as seguintes regras:

O cônjuge **pode livremente**, sem autorização do outro (arts. 1.642 e 1.643 do CC):

a) praticar todos os atos de disposição e de administração necessários ao desempenho de sua profissão, salvo alienar ou gravar de ônus real os bens imóveis;

b) administrar os bens próprios;

c) desobrigar ou reivindicar imóveis gravados ou alienados sem o seu consentimento ou sem suprimento judicial;

d) demandar a extinção de fiança, doação ou aval realizados pelo outro cônjuge sem o seu consentimento; porém, o terceiro, prejudicado com a sentença favorável ao autor, terá direito regressivo contra o cônjuge, que realizou o negócio jurídico, ou seus herdeiros (art. 1.646 do CC);

e) reivindicar bens comuns doados ou transferidos pelo outro cônjuge ao concubino, salvo se o bem tiver sido adquirido pelo esforço comum destes ou se o casal estiver separado de fato por mais de 5 anos; aliás, segundo o art. 550 do CC, a doação do cônjuge adúltero ao seu cúmplice pode ser anulada pelo outro cônjuge, ou por seus herdeiros necessários, até dois anos depois de dissolvida a sociedade conjugal;

f) comprar, inclusive a crédito, as coisas necessárias à economia doméstica; por exemplo, pode o cônjuge fazer compras em supermercado sem autorização do outro;

g) obter, por empréstimo, as quantias que a aquisição dessas coisas possa exigir; aliás, as dívidas contraídas para esses fins obrigam solidariamente ambos os cônjuges (art. 1.644 do CC);

h) praticar atos que não lhes forem vedados expressamente; por exemplo, dispor por testamento bem imóvel próprio ou doar bem móvel particular, como um carro pertencente só a um dos cônjuges.

Por outro lado, o cônjuge **não pode**, sem a autorização do outro, salvo regime de separação absoluta (art. 1.647 do CC):

a) alienar ou gravar de ônus real os bens imóveis; nesse caso, falta legitimação ao cônjuge; tais bens, os imóveis, são considerados bens de raiz, ou seja, bens importantes para a família, de modo que a lei vai exigir o consenso do casal para a alienação ou o gravame sobre tais bens;

b) pleitear, como autor ou réu, acerca desses bens ou direitos; por exemplo, na ação reivindicatória será necessária a presença de ambos os cônjuges, diferente do que ocorre em mera ação possessória ou em ações relacionada à locação, pois não há direito real nesses casos;

c) prestar fiança ou aval; havendo violação dessa norma, apenas o cônjuge que não tiver autorizado o ato tem legitimidade para pedir a anulação deste; ademais, pode esse cônjuge ingressar com embargos de terceiro para excluir sua meação de eventual penhora, salvo quando a dívida tiver sido contraída com vistas a atender as necessidades da economia doméstica, ou seja, quando a dívida for contraída em proveito da família; quanto ao tema, a Súmula 332 do STJ fixou o entendimento de que "a fiança prestada sem autorização de um dos cônjuges implica a ineficácia total da garantia";

d) fazer doação de bens comuns ou que possam integrar futura meação; assim, o cônjuge não pode doar bens que pertencem aos dois, sem autorização do outro; também não pode doar bens que integrarão futura meação (isso acontece no regime de participação final dos aquestos); no entanto, essa regra tem uma exceção, que é no caso da doação remuneratória; assim, um cônjuge não precisa de autorização do outro para doar bens comuns quando essa doação tem por objetivo remunerar alguém que tenha prestado um serviço para o cônjuge doador, como uma doação feita a um dentista que tiver tratado, sem cobrar, o cônjuge doador; ademais, são válidas as doações nupciais feitas aos filhos quando casarem ou estabelecerem economia separada.

O problema é que há casos em que um cônjuge se recusa a autorizar o outro cônjuge a cometer um dos atos citados, gerando uma situação de conflito entre os dois.

Nesses casos, é possível que o **juiz supra a outorga**, quando a denegação de autorização se dê sem justo motivo. Um exemplo é a situação de uma família sem dinheiro para pagar as mínimas contas, mas que mantém uma casa de praia que sequer é frequentada. Nesse caso, o juiz, a pedido de um dos cônjuges, pode autorizar a venda do imóvel, ainda que o outro cônjuge não concorde com isso.

Também é cabível o suprimento da outorga pelo juiz se for impossível que um dos cônjuges conceda a outorga (art. 1.648, *caput*, do CC), como no caso deste estar em coma, sem que haja curador nomeado para responder por seus atos.

Resta saber agora qual é a **consequência jurídica** da prática de um ato sem autorização do cônjuge. O art. 1.649 do CC estabelece que, nesses casos, o ato praticado será considerado anulável, podendo o outro cônjuge (ou seus herdeiros) pleitear a anulação até dois anos do fim da sociedade conjugal. Porém, a aprovação posterior do ato, feita por instrumento público ou por instrumento particular autorizado, torna o ato válido, e, portanto, não mais passível de anulação.

Vale salientar que, quando um dos cônjuges não puder exercer a administração dos bens que lhe incumbe, segundo o regime de bens, caberá ao outro (art. 1.651):

a) gerir os bens comuns e os do consorte;

b) alienar os bens móveis comuns;

c) alienar os imóveis comuns e os móveis ou imóveis do consorte, mediante autorização judicial.

Outra regra geral importante é a que dispõe que o cônjuge que estiver na posse dos bens particulares do outro será para com este e seus herdeiros responsável (art. 1.652):

a) como usufrutuário, se o rendimento for comum;

b) como procurador, se tiver mandato expresso ou tácito para os administrar;

c) como depositário, se não for usufrutuário, nem administrador.

7.5.4. Regime de comunhão parcial

Esse regime pode ser **conceituado** como *aquele em que se comunicam os bens que sobrevierem ao casal, na constância do casamento, salvo exceções legais* (art. 1.658 do CC).

Esse regime é o estabelecido pela lei, quando os nubentes não quiserem aderir a outro regime de bens.

Nesse regime, **excluem-se da comunhão** (art. 1.659 do CC):

a) os bens que cada cônjuge possuir ao casar e os sub-rogados em seu lugar;

b) os bens recebidos na constância do casamento, por doação ou sucessão, e os sub-rogados em seu lugar;

c) bens adquiridos com valores exclusivamente pertencentes a um dos cônjuges em sub-rogação dos bens particulares;

d) as obrigações anteriores ao casamento;

e) as obrigações provenientes de atos ilícitos, salvo reversão em proveito do casal;

f) os bens de uso pessoal, os livros, os instrumentos da profissão, desde que não integrem fundo de comércio ou patrimônio de sociedade da qual pertença o consorte;

g) os proventos do trabalho pessoal de cada cônjuge;

h) as pensões, os meio-soldos (metade do soldo que o Estado paga ao militar reformado), os montepios (pensão de instituto de previdência) e outras rendas semelhantes;

i) os bens cuja aquisição tiver por título causa anterior ao casamento (art. 1.661 do CC), por exemplo, os reivindicados antes do casamento, com sentença depois; ou o dinheiro recebido depois do casamento, mas relativo à venda feita antes deste.

Entram na comunhão (art. 1.660 do CC):

a) os bens adquiridos onerosamente na constância do casamento, ainda que em nome de um dos cônjuges; presunção: presumem-se adquiridos na constância do casamento os bens móveis, salvo prova em contrário (art. 1.662 do CC);

b) os bens adquiridos por fato eventual, com ou sem concurso de trabalho ou despesa anterior; por exemplo, os bens ganhados em loteria, ou por aluvião ou avulsão;

c) os bens recebidos por doação, herança ou legado em favor de ambos;

d) as benfeitorias em bens particulares de cada cônjuge; presumem-se feitas com esforço comum;

e) os frutos dos bens comuns e particulares, percebidos na constância ou pendentes ao tempo em que cessar a comunhão.

Outro tema importante é quanto à sujeição dos bens comuns (pertencentes a ambos os cônjuges) e dos bens particulares (pertencentes a apenas um dos cônjuges), a certas dívidas.

Nesse sentido, **os bens comuns respondem** (art. 1.664 do CC) pelas obrigações contraídas pelo marido/mulher para atender aos encargos da família, às despesas de administração e às despesas decorrentes da lei.

Por outro lado, **os bens comuns não respondem** (art. 1.666 do CC) pelas dívidas contraídas pelo cônjuge na administração de seus bens particulares; por exemplo, na contratação de advogado.

Quanto aos **bens particulares, estes podem responder**:

a) pelas dívidas da compra ou do empréstimo feitos quanto às coisas necessárias à economia doméstica em virtude da solidariedade;

b) pelas dívidas contraídas na administração dos bens particulares;

c) pelas dívidas em geral contraídas por seu proprietário.

7.5.5. Regime de comunhão universal

Esse regime pode ser **conceituado** como *aquele que importa a comunicação de todos os bens presentes e futuros dos cônjuges e suas dívidas passivas, salvo exceções legais* (art. 1.667 do CC).

Nesse regime, **excluem-se da comunhão** (art. 1.668 do CC):

a) os bens recebidos por doação ou herança com cláusula de incomunicabilidade e os sub-rogados em seu lugar; porém, é bom lembrar que a cláusula de incomunicabilidade prevista em testamento deve ser devidamente motivada, devendo haver justa causa, se disser respeito aos bens da legítima (art. 1.848 do CC);

b) bens gravados de fideicomisso e o direito do herdeiro fideicomissário, antes de realizada a condição suspensiva; nesses casos, temos direitos provisórios ou eventuais, de modo que não há mesmo como entrarem na comunhão;

c) as dívidas anteriores ao casamento, salvo as despesas com seus aprestos (exs.: preparativos, enxoval e outras despesas para o casamento) ou se reverterem em proveito comum (ex.: imóvel residencial do casal);

d) as doações antenupciais feitas para um dos cônjuges ao outro com cláusula de incomunicabilidade;

e) os bens de uso pessoal, os livros e os instrumentos de profissão; os proventos do trabalho pessoal de cada cônjuge, as pensões, meio-soldos, montepios e outras rendas semelhantes.

Por outro lado, **entram na comunhão**:

a) todos os outros bens presentes e futuros dos cônjuges, inclusive os frutos (doados com incomunicabilidade) dos bens não comunicáveis percebidos ou vencidos na constância – art. 1.669 do CC;

b) todas as dívidas passivas, salvo as invalidadas; aqui não entram somente as dívidas que geraram proveito da família ou que se refiram a bens comuns; aqui entram todas as dívidas passivas;

c) as despesas com os aprestos do casamento;

d) as despesas anteriores ao casamento que se reverterem em proveito comum (ex.: o apartamento comprado para o casal).

Extinta a comunhão e efetuada a divisão do ativo e do passivo, cessará a responsabilidade de cada um dos cônjuges para com os credores do outro (art. 1.671 do CC).

Por fim, há de se ressaltar que se deve aplicar ao regime de comunhão universal o disposto para o regime da comunhão parcial, quanto à *administração* dos bens.

7.5.6. Regime de participação final nos aquestos

Esse regime pode ser **conceituado** como *aquele em que cada cônjuge possui patrimônio próprio, e lhe cabe, à época da dissolução da sociedade conjugal, direito à metade dos bens adquiridos pelo casal onerosamente na constância do casamento* (art. 1.672 do CC).

Trata-se de um regime misto. Durante a sociedade conjugal, assemelha-se ao regime de separação total de bens. Dissolvida a sociedade conjugal, equivale ao regime de comunhão parcial.

Nesse regime, **excluem-se da comunhão**:

a) os bens que cada um possuía ao casar e os adquiridos, a qualquer título, na constância do casamento (art. 1.673 do CC);

b) as dívidas contraídas por um dos cônjuges, antes ou depois do casamento; porém, as dívidas contraídas após o casamento, que tiverem revertido em proveito do outro entrarão na comunhão (art. 1.677 do CC).

Quanto à **administração** e à **disposição** de bens durante o casamento, temos as seguintes regras:

a) cada cônjuge *administra* livremente seus bens particulares (art. 1.673, parágrafo único, do CC);

b) cada cônjuge *aliena* livremente seus bens *móveis* particulares (art. 1.673, parágrafo único, do CC);

c) por *pacto antenupcial*, pode-se convencionar que cada cônjuge *aliena* livremente seus bens *imóveis* particulares (art. 1.656 do CC); ou seja, a regra é não haver esse direito em favor dos cônjuges, mas a lei admite que o pacto antenupcial atribua aos cônjuges a possibilidade de alienar livremente seus bens particulares;

d) quanto às demais restrições previstas no art. 1.647 do CC e não mencionadas no item acima, devem ser obedecidas pelos que optaram pelo regime de participação final nos aquestos; assim, nenhum cônjuge pode, sem autorização do outro, prestar fiança ou aval (art. 1.647, III, do CC).

Quanto aos **efeitos patrimoniais da dissolução da sociedade conjugal**, deve-se seguir o seguinte procedimento:

a) calcula-se o *montante dos aquestos existentes*, ou seja, dos bens onerosamente adquiridos na constância do casamento (art. 1.674 do CC); vale salientar que a lei presume que os bens móveis tenham sido adquiridos durante o casamento, salvo prova em contrário;

b) em seguida, *exclui-se* dessa soma de patrimônios próprios os bens *anteriores* ao casamento (e os sub-rogados em seu lugar), os bens que cada cônjuge tiver recebido por *sucessão* (ex.: herança) ou *liberalidade* (ex.: doação), e as *dívidas* relativas a esses bens;

c) em seguida, *computa-se* o valor das *doações* feitas por um dos cônjuges, sem a necessária autorização do outro; nesse caso o bem poderá ser reivindicado pelo cônjuge prejudicado ou por seus herdeiros, ou declarado no monte partilhável, por valor equivalente ao da época da dissolução (art. 1.675 do CC);

d) em seguida, *computa-se* o valor dos *bens alienados em detrimento da meação* ou reivindica-se tais bens (art. 1.676 do CC); a lei está fazendo referência aos bens alienados indevidamente (por exemplo, por falta de autorização do outro cônjuge);

e) feitas tais contas, chega-se ao montante dos aquestos à data em que cessou a convivência, seja por separação, divórcio ou morte (art. 1.683 do CC);

f) procede-se à divisão desse montante, ficando metade para cada um dos cônjuges (meação); a lei propõe a divisão desses bens em natureza; porém, não sendo possível nem conveniente essa divisão, calcular-se-á o valor de alguns ou de todos para reposição em dinheiro ao cônjuge não proprietário; não sendo possível a reposição em dinheiro, serão avaliados e, mediante autorização judicial, alienados tantos bens quantos bastarem (art. 1.684, *caput*, e parágrafo único, do CC).

O Código Civil estabelece, ainda, que as dívidas de um cônjuge, quando superiores à sua meação, não obrigam ao outro ou aos seus herdeiros (art. 1.686 do CC).

Por fim, a lei é expressa no sentido de que o direito à meação **não** é renunciável, cessível ou penhorável na vigência do regime matrimonial (art. 1.682 do CC). Trata-se de uma proteção ao cônjuge, que, numa situação qualquer de vulnerabilidade, poderia renunciar a direito muito importante para a sua subsistência. Há de se tomar cuidado, pois a meação, em si, é impenhorável, porém não são impenhoráveis os bens que a compõem.

7.5.7. Regime de separação de bens

Esse regime pode ser **conceituado** como *aquele em que os bens permanecerão sob a propriedade, administração e fruição exclusiva de cada um dos cônjuges, que os poderá livremente alienar ou gravar com ônus real* (art. 1.687 do CC).

O regime de separação típico é *absoluto*, não comportando limitação quanto à propriedade exclusiva de cada cônjuge. Todavia, nada impede que, por pacto antenupcial, os nubentes instituam um regime de separação *limitada* de bens.

O atual Código Civil **aumentou os poderes** de cada cônjuge sobre o seu patrimônio exclusivo. Isso se deu, pois o art. 1.647 do CC estabelece algumas limitações aos cônjuges (exs.: não podem, sem autorização do outro, alienar imóveis, prestar fiança e aval etc.), mas tais limitações não se aplicam aos que estão num regime de separação absoluta de bens (art. 1.647, *caput*, do CC).

Por outro lado, ambos os cônjuges devem **contribuir** para as despesas do casal na proporção dos rendimentos de seu trabalho e de seus bens, salvo estipulação em contrário em pacto antenupcial.

Normalmente, o regime de separação de bens se dá por vontade dos nubentes, sendo instituído por meio de pacto antenupcial (separação voluntária de bens).

Porém, há casos em que o regime de separação de bens é obrigatório, ou seja, em que a lei não dá outra alternativa aos nubentes, que devem, necessariamente, submeter-se a esse regime, que a doutrina costuma chamar de "separação legal de bens". Confira os casos:

a) quanto às pessoas que o contraírem com inobservância das **causas suspensivas** da celebração do casamento;

b) quanto à pessoa **maior de 70 anos**;

c) quanto a todos os que dependerem, para casar, de **suprimento judicial**.

Quanto as causas previstas nos itens 'a" e "c", a obrigatoriedade da separação de bens não impede a alteração do regime caso tenha sido superada a causa que a tiver imposto.

Nos casos de separação legal de bens, era muito comum ocorrer situações de grande injustiça, como no caso de um casal criar um bom patrimônio com esforço comum, mas os bens acabarem por ficar no nome de um dos cônjuges apenas. Nesses casos, findo o casamento, o cônjuge sem bens em seu nome ficava totalmente ao relento, o que não era correto.

Por conta disso, a jurisprudência passou a entender que aquestos (bens onerosamente adquiridos na constância do casamento) deveriam ser divididos entre os cônjuges. Nesse sentido, confira a Súmula 377 do STF: "no regime de separação legal de bens, comunicam-se os adquiridos na constância do casamento". O STJ decidiu, todavia, que, "caberá ao interessado comprovar que teve efetiva e relevante (ainda que não financeira) participação no esforço para aquisição onerosa de determinado bem a ser partilhado com a dissolução da união (prova positiva)" (Informativo 628; EREsp 1.623.858-MG, DJe 30.05.2018).

Tal medida não deve ser tomada em relação aos casados pelo regime de separação voluntária de bens. O Superior Tribunal de Justiça vem reafirmando a necessidade de se respeitar a vontade dos cônjuges no sentido de separar os patrimônios de cada qual. No entanto, em casos excepcionalíssimos, de enorme injustiça, pode-se admitir a participação patrimonial de um cônjuge sobre determinado bem do outro, como no caso a seguir transcrito: "o regime jurídico da separação de bens voluntariamente estabelecido é imutável e deve ser observado, admitindo-se, todavia, excepcionalmente, a participação patrimonial de um cônjuge sobre bem do outro, se efetivamente demonstrada, de modo concreto, a aquisição patrimonial pelo esforço comum, caso dos autos, em que uma das fazendas foi comprada mediante permuta com cabeças de gado que pertenciam ao casal." (STJ, REsp 286.514/SP, j. 02.08.2007).

7.6. Dissolução da sociedade conjugal

7.6.1. Emenda Constitucional 66/2010

A redação antiga do art. 226, § 6º, da CF dispunha que "o casamento civil pode ser dissolvido pelo divórcio, após prévia separação judicial por mais de um ano nos casos expressos em lei, ou comprovada separação de fato por mais de dois anos".

Havia, então, duas espécies de divórcio, quais sejam:

a) o divórcio-conversão, que exigia mais de um ano de separação judicial, para que pudesse ser requerido;

b) divórcio-direto: que exigia mais de 2 anos de separação de fato, para que pudesse ser requerido.

No entanto, a EC 66/2010 modificou a redação do dispositivo citado, para o fim de dispor o seguinte:

"O casamento pode ser dissolvido pelo divórcio".

Ou seja, o divórcio, agora, pode ser feito sem aguardar-se período de tempo e sem prévia separação judicial.

Ademais, tudo isso pode ser feito em Cartório Extrajudicial, com presença de advogado, desde que sem filhos menores. Caso as questões referentes aos filhos menores já tiverem sido resolvidas prévia e judicialmente, o tabelião de notas poderá lavrar escrituras públicas de dissolução conjugal.

A inexistência de menção à separação judicial no texto constitucional faz com que esse instituto possa ser considerado não recepcionado pela nova ordem constitucional. No entanto, para quem não pensa assim, pode-se dizer que o instituto da separação judicial cairá em desuso ou terá muito pouco uso, pois, se duas pessoas não querem mais ficar casadas, por que fariam, primeiro, a separação judicial, para depois fazer o divórcio, se podem, agora, passar direto para o divórcio, sem necessidade de esperar tempo algum, já que não há mais requisito temporal na Constituição Federal? De qualquer forma, a questão ainda encontra certa divergência no ordenamento, haja vista que o Conselho Federal de Justiça já se manifestou contra a extinção da separação, *in verbis*: A Emenda Constitucional 66/2010 não extinguiu o instituto da separação judicial e extrajudicial (Enunciado 514 JDC/CJF).

O fato é que o chamado divórcio-relâmpago já pegou e vem sendo a tônica, agora, quando um casal não quer mais manter o casamento.

Nesse sentido, vale informar que o Conselho Nacional de Justiça, chamado a se manifestar sobre assunto, alterou a sua Resolução 35, para admitir o divórcio extrajudicial mesmo que não cumpridos os prazos de 2 anos de separação de fato (antigo divórcio-direto) e de 1 ano de separação judicial (antigo divórcio-conversão), não entrando no mérito se ainda existe a possibilidade de alguém preferir, antes do divórcio, promover separação judicial.

Na prática, a EC 66/2010 vem sendo aplicada normalmente pelos Cartórios Extrajudiciais, para permitir o divórcio direto, sem necessidade de cumprir os prazos mencionados, tudo indicando que o instituto da separação judicial venha, como dito, no mínimo, a cair em desuso ou em pouquíssimo uso.

7.6.2. Hipóteses de dissolução da sociedade conjugal e do casamento

Antes da mudança na Constituição Federal fazia mais sentido a distinção entre as hipóteses de dissolução da sociedade conjugal e as hipóteses de dissolução do casamento.

A dissolução da sociedade conjugal se dá nos seguintes casos (art. 1.571 do CC):

a) pela morte de um dos cônjuges;

b) pela nulidade ou anulação do casamento;

c) pela separação judicial;

d) pelo divórcio.

Já a dissolução do casamento, isto é, do vínculo matrimonial propriamente dito, se dá nas seguintes hipóteses (art. 1.571, § 1º, do CC):

a) pela morte de um dos cônjuges (inclusive presunção quanto ao ausente – abertura da sucessão definitiva);

b) pela nulidade ou anulação do casamento;

c) pelo divórcio.

Depois da EC 66/2010, a tendência é não mais se buscar a separação judicial, mas sim o divórcio diretamente, o que fará com que se extinga, ao mesmo tempo, a sociedade conjugal (e, portanto, os deveres conjugais e o regime patrimonial) e o casamento (o vínculo matrimonial).

7.6.3. Divórcio consensual

Quando um casal tem interesse comum em se divorciar, está-se diante de hipótese de divórcio consensual. Conforme já escrito, com a EC 66/2010, esse casal não tem de esperar tempo algum, nem mesmo se submeter a prévia separação, para conseguir o divórcio. Basta que ingresse em juízo com esse pedido, ou que faça tal requerimento em cartório extrajudicial, se não houver filhos incapazes e desde que se façam representar por advogado, para que o divórcio aconteça.

Resta saber se é possível pedir o divórcio consensual no curso do primeiro ano de casamento. Para alguns doutrinadores isso não é possível, pois mesmo para a mera separação consensual a lei exige que se trate de duas pessoas casadas há mais de um ano (art. 1.574 do CC), quanto mais para o divórcio, que é providência mais forte. No entanto, entendemos que, como não há limitação nesse sentido no novo texto constitucional, não há que se cumprir esse requisito, apesar de pensarmos, no plano pessoal, que é absolutamente temerário duas pessoas se casarem e já buscarem a separação logo no primeiro ano de casamento, sem buscar, por mais tempo, meios de se entender como casal.

7.6.4. Divórcio não consensual

Situação diversa é aquela em que um quer se divorciar, e o outro, não. A jurisprudência vinha atenuando os rigores quanto aos requisitos para que alguém buscasse em juízo a separação de outrem, para o fim de entender que o simples fato de alguém buscar a separação já demonstra a impossibilidade da comunhão de vida, não sendo necessário que também demonstre grave violação dos deveres do casamento.

Esse entendimento decorre do fato de que há um princípio maior envolvido na temática, que é o princípio da liberdade.

Todavia, quem assim agisse, buscando a separação mesmo contra a vontade do outro, estaria sujeito às sanções cabíveis àquele que é o causador do fim do relacionamento, como perder o nome de casado e receber alimentos apenas para a sua subsistência.

Pois bem. Se assim o era com a separação judicial, também deve ser com relação ao divórcio relâmpago. O princípio da igualdade fará com que aquele que não mais deseje ficar casado tenha direito de ingressar com ação contra o outro cônjuge, para o fim de pedir o divórcio forçado, mas arcando com as consequências dessa sua ação, como as mencionadas no parágrafo anterior.

De qualquer forma, recomenda-se a leitura do disposto nos arts. 1.571 a 1.582 do Código Civil, pois algumas regras relativas à separação judicial podem aparecer num exame, ainda que, para nós, esse instituto não faça mais sentido hoje.

Por outro lado, faz-se necessário aguardar as decisões judiciais que se tomarão a respeito desse assunto a partir de agora, tratando-se de tema ainda muito aberto e que não deveria, ao menos em nossa opinião, ser objeto de certas perguntas em provas e exames neste momento.

7.7. União Estável

A união estável tem **natureza jurídica** de entidade familiar (art. 226, § 3º, da CF).

O **conceito tradicional** de união estável é o seguinte: *consiste na convivência pública, contínua e duradoura entre um homem e uma mulher, com o objetivo de constituição de família* (art. 1.723 do CC).

Todavia, esse conceito, hoje, deve levar em conta o posicionamento do STF acerca da **união estável homoafetiva**. Com efeito, o Excelso Pretório, na ADI 4.277 e na ADPF 132, julgadas em 05.05.2011, tomou a seguinte decisão: pela procedência das ações e com efeito vinculante, no sentido de dar interpretação conforme a Constituição Federal *para excluir qualquer significado do artigo 1.723 do Código Civil que impeça o reconhecimento da união entre pessoas do mesmo sexo como entidade familiar.*

O *decisum* teve por **fundamento** o art. 3º, IV, da CF, que veda qualquer tipo de discriminação.

Como consequência, a união estável homoafetiva passa a ter a mesma regulamentação da união estável entre homem e mulher (deveres dos companheiros, alimentos, sucessões). Aliás, há até quem entenda que o instituto da conversão da união estável em casamento também possa se dar quanto às uniões estáveis homoafetivas, questão que ainda vai gerar muito debate, pois tal entendimento significaria dizer que é possível não só a união estável homoafetiva, como também o casamento homoafetivo.

Na prática, algumas conversões de união estável homoafetiva em casamento já foram autorizadas pelo Poder Judiciário, mas a questão ainda não chegou a ser conhecida pelo STF, que, por enquanto, só assegurou a possibilidade de haver uma união estável entre pessoas do mesmo sexo.

Em relação ao **histórico** da união estável, nosso direito passou por várias fases. Num primeiro momento não havia direito algum para quem estivesse numa relação dessas, mas apenas restrições. Em seguida, passou-se a denominar esse tipo de relação como "concubinato", passando a jurisprudência, aos poucos, a conferir certos direitos, principalmente à concubina. Confira, nesse sentido, a Súmula 380 do STF: "comprovada a existência da sociedade de fato entre os concubinos, é cabível sua dissolução judicial com a partilha do patrimônio adquirido pelo esforço comum".

Sobreveio a Constituição de 1988, que, em seu art. 226, § 3º, estabeleceu que, "para efeito de proteção do Estado, é reconhecida a união estável entre o homem e a mulher como entidade familiar, devendo a lei facilitar sua conversão em casamento".

Com o advento da Constituição de 1988, a terminologia mudou. Passou-se a usar a expressão "união estável", reservando a expressão "concubinato" para as relações estáveis entre duas pessoas impedidas de se casar. Por exemplo, "A" e "B" são casados, mas "B" mantém "C" como amante, não estão cumpridos os requisitos de uma união estável. Nesse caso, entre "B" e "C" tem-se um concubinato, que não gera os direitos da união estável.

Em seguida veio a Lei 8.971/1994, que regulamentou o *conceito* de união estável (exigindo cinco anos ou existência de filho comum), os *direitos sucessórios* (usufruto de parte de bens deixados pelo companheiro e herança, na falta de ascendentes ou descendentes do companheiro falecido) e direito à *metade* de certos bens em caso de falecimento do companheiro (companheiro sobrevivente passa a ter direito à metade dos bens resultantes de atividade decorrente do esforço comum).

Dois anos depois adveio a Lei 9.278/1996, mudando o *conceito* de união estável (sem exigir requisito temporal, mas apenas a convivência duradoura, pública e contínua, de homem e mulher, com o objetivo de constituir família). Quanto aos direitos, estabelece o direito à meação, já na constância da união estável, de certos bens; estabelece o direito de administração comum dos bens comuns; estabelece o direito a alimentos em caso de dissolução da sociedade conjugal; estabelece o direito real de habitação sobre o imóvel de residência da família, em caso de falecimento do companheiro; estabelece regra sobre a conversão da união estável e casamento; e institui o segredo de justiça para as ações e a vara de família como juízo delas.

Por fim, adveio o **atual Código Civil**, que, em seus arts. 1.723 a 1.727, estabelece uma série de regras sobre a união estável. Confira:

a) quanto ao *conceito* desta, manteve o conceito trazido pela Lei 9.278/1996;

b) quanto aos impedimentos, estabelece que a união estável não se configura quando ocorrerem os *impedimentos* para o casamento; no entanto, caso alguém seja casado, mas separado de fato ou judicialmente, nada impede que esse alguém constitua uma união estável; repare que a existência de *causas suspensivas* não impede a configuração da união estável;

c) estabelece os deveres dos companheiros (lealdade, respeito e assistência, guarda, sustento e educação dos filhos);

d) estabelece o regime de comunhão parcial de bens (igual ao casamento);

e) estabelece regra sobre a conversão da união estável em casamento;

f) estabelece o conceito de concubinato ("relações não eventuais entre o homem e a mulher, impedidos de casar").

O art. 1.790 do CC trata dos direitos sucessórios do companheiro, estabelecendo que "a companheira ou o companheiro participará da sucessão do outro, quanto aos bens adquiridos onerosamente na vigência da união estável, nas condições seguintes: a) se concorrer com filhos comuns, terá direito a uma quota equivalente à que por lei for atribuída ao filho; b) se concorrer com descendentes só do autor da herança, tocar-lhe-á a metade do que couber a cada um daqueles; c) se concorrer com outros parentes sucessíveis, terá direito a um terço da herança; d) não havendo parentes sucessíveis, terá direito à totalidade da herança.

Porém, o STF declarou inconstitucional esse art. 1.790 do CC, que estabelecia uma diferenciação entre os regimes sucessórios entre cônjuges e companheiros, devendo-se aplicar a ambos o regime estabelecido no art. 1.829 do CC (RE 646721/RS, rel. Min. Marco Aurélio, red. p/ o ac. Min. Roberto Barroso, j. 10.05.2017).

O Código Civil também estabelece que é possível ingressar com ação de dissolução de união estável, podendo o companheiro ingressante, comprovando a necessidade, requerer previamente cautelar de separação de corpos (art. 1.562 do CC).

Outra regra sobre a união estável encontra-se no art. 1.595, § 2º do CC, pelo qual "na linha reta, a afinidade não se extingue com a dissolução do casamento ou da união estável".

Quanto aos **requisitos** da configuração da união estável, são os seguintes:

a) inexistência de impedimento para o casamento, ressalvada a situação de alguém casado, que esteja separado de fato ou judicialmente (STJ, AgRg nos EDcl no AgRg no AREsp 710780/RS, DJE 25.11.2015); o STJ também entende que não é possível o reconhecimento de união estáveis simultâneas (AgRg no AREsp 609856/SP, DJE 19/05/2015), além de estar sendo mais duro com o chamado concubinato, ao assentar entendimento segundo o qual não há possibilidade de se pleitear indenização por serviços domésticos prestados com o fim do casamento ou da união estável, tampouco com o cessar do concubinato, sob pena de se cometer grave discriminação frente ao casamento, que tem primazia constitucional de tratamento (AgRg no AREsp 770596/SP, DJE 23.11.2015);

b) diversidade de sexos: esse requisito está superado após a decisão do STF mencionada, que admite a união estável entre pessoas do mesmo sexo (união homoafetiva);

c) continuidade das relações sexuais: requisito implícito;

d) convivência duradoura: estabilidade na relação;

e) convivência pública: notoriedade de afeições recíprocas; pode ser convivência notória, porém discreta, limitada ao conhecimento de amigos, familiares e vizinhos; não requer publicidade, mas não pode se tratar de uma relação absolutamente secreta;

f) objetivo de constituir família: não se configura simplesmente pelo fato de suas pessoas dividirem despesas; também não é necessário que se queira ter filhos; mas há necessidade de formar uma parceria de natureza afetivo-amorosa com caráter duradouro. Segundo o STJ, "o fato de namorados projetarem constituir família no futuro não caracteriza união estável, ainda que haja coabitação", vez que "a coabitação entre namorados, a propósito, afigura-se absolutamente usual nos tempos atuais, impondo-se ao Direito, longe das críticas e dos estigmas, adequar-se à realidade social. Por oportuno, convém ressaltar que existe precedente do STJ no qual, a despeito da coabitação entre os namorados, por contingências da vida, inclusive com o consequente fortalecimento da relação, reconheceu-se inexistente a união estável, justamente em virtude da não configuração do *animus maritalis* (REsp 1.257.819-SP, Terceira Turma, DJe 15.12.2011)" (REsp 1.454.643-RJ, DJe 10.03.2015).

A **prova** da união estável pode se dar de variadas maneiras, tais como pela certidão de nascimento de filho comum, certidão de casamento religioso, contrato de locação de imóvel residencial, declaração de dependência no INSS/IR, contrato de plano de saúde, correspondência, fotos e recibos; testamento etc.

Caso os companheiros queiram um reconhecimento formal de sua relação, mas não seja o caso de ingressar com ação de dissolução de união estável, podem ingressar com uma ação declaratória de existência de união estável ou com ação de justificação judicial (art. 381, § 5º, do NCPC).

As novas disposições do Código Civil sobre união estável valem para uniões em curso quando de sua entrada em vigor, respeitadas, naturalmente, situações jurídicas já consolidadas com base na lei anterior.

Quanto aos **deveres pessoais**, os companheiros devem obedecer aos seguintes deveres:

a) lealdade e respeito: a fidelidade está implícita;

b) assistência: tanto a moral como a material (dever alimentar);

c) guarda, sustento e educação dos filhos.

A coabitação não é dever absoluto, não sendo sequer necessária à caracterização da união estável, conforme entendimento do STF (Súmula 382).

Quanto ao **regime patrimonial**, temos as seguintes regras:

a) os companheiros poderão estabelecer o regime patrimonial de sua relação, o que deve ser feito mediante contrato escrito; não é necessário que se trate de uma escritura pública, podendo ser mero escrito particular; no entanto, é muito comum que esse documento seja produzido em Cartório de Títulos e Documentos, como forma de se garantir o arquivamento de uma cópia do documento em registro público; todavia, "não é lícito aos conviventes atribuírem efeitos retroativos ao contrato de união estável, a fim de eleger o regime de bens aplicável ao período de convivência anterior à sua assinatura" (STJ, REsp 1.383.624-MG, DJ 12.06.2015), pois nem no casamento isso é possível;

b) caso não haja contrato escrito especificando as regras do regime patrimonial entre os companheiros, aplicar-se-á às relações patrimoniais, no que couber, o regime de comunhão parcial de bens (art. 1.725 do CC); ou seja, não será necessário verificar quais bens foram adquiridos com o esforço comum dos companheiros, como se fazia no passado, adotando-se o regime jurídico da comunhão parcial de bens, pelo qual, como regra, comunicam-se os bens adquiridos na constância da união estável; dessa forma, são incomunicáveis os bens particulares adquiridos anteriormente à união estável ou ao casamento sob o regime de comunhão parcial, ainda que a transcrição no registro imobiliário ocorra na constância da relação (REsp 1324222/DF, DJE 14.10.2015); é também consequência direta desse regime o entendimento do STJ segundo o qual a valorização patrimonial dos imóveis ou das cotas sociais de sociedade limitada, adquiridos antes do início do período de convivência, não se comunica, pois não decorre do esforço comum dos companheiros, mas de mero fator econômico (REsp 1349788/RS, DJE 29.08.2014); porém, quanto aos frutos desses bens (ex: dividendos, lucros e alugueres) a regra é outra, entendendo o STJ que a incomunicabilidade do produto dos bens adquiridos anteriormente ao início da união estável (art. 5º, § 1º, da Lei 9.278/1996) não afeta a comunicabilidade dos frutos, conforme previsão do art. 1.660, V, do Código Civil de 2002. (REsp 1349788/RS, DJE 29.08.2014);

c) na união estável de pessoa maior de setenta anos (art. 1.641, II, do CC/02), impõe-se o regime da separação obrigatória, sendo possível a partilha de bens adquiridos na constância da relação, desde que comprovado o esforço comum (EREsp 1171820/PR, DJE 21.09.2015).

Por fim, vale trazer à tona os principais **efeitos jurídicos** da união estável:

a) gera o direito a alimentos (arts. 1.694 e 1.708 do CC);

b) gera direito à sucessão do outro, nos termos do art. 1.790 do CC, já mencionado;

c) estabelece o regime de comunhão parcial de bens, salvo contrato escrito entre os companheiros (art. 1.725 do CC);

d) confere direito real de habitação sobre o imóvel de residência da família, em caso de falecimento do companheiro (art. 7º, parágrafo único, da Lei 9.278/1996); tal direito favorece o companheiro sobrevivente enquanto sobreviver ou não constituir nova união ou casamento; isso porque o STJ entende que o companheiro sobrevivente tem esse direito sobre o imóvel no qual convivia com o falecido, ainda que silente o art. 1.831 do atual Código Civil (REsp 1203144/RS, DJE 15.08.2014); por outro lado, não subsiste o direito real de habitação se houver copropriedade sobre o imóvel antes da abertura da sucessão ou se, àquele tempo, o falecido era mero usufrutuário do bem (STJ, REsp 1184492/SE, DJE 07.04.2014);

e) permite que o convivente tenha direito de usar o nome do outro (art. 57 da Lei 6.015/1973);

f) assegura ao companheiro a condição de dependente para os fins legais (ex.: imposto de renda; benefício previdenciário);

g) outorga ao companheiro o direito de continuar a locação, havendo morte do outro (art. 11, I, da Lei 8.245/1991);

h) obriga os companheiros a declarar a existência de união estável nos instrumentos com terceiros, sob pena de configurar má-fé; nessa linha é também a seguinte decisão do STJ: "A invalidação da alienação de imóvel comum, fundada na falta de consentimento do companheiro, dependerá da publicidade conferida à união estável, mediante a averbação de contrato de convivência ou da decisão declaratória da existência de união estável no Ofício do Registro de Imóveis em que cadastrados os bens comuns, ou da demonstração de má-fé do adquirente" (REsp 1.424.275-MT, DJ 16.12.2014);

i) permite o uso de tutela provisória para afastar o outro do lar (art. 297 do NCPC e art. 1.562 do CC);

j) permite a adoção;

k) legitima o companheiro prejudicado a ingressar com embargos de terceiro para excluir sua meação de eventual penhora indevida;

l) faculta aos companheiros o direito de pleitear a conversão da união estável em casamento, mediante pedido destes ao juiz e assento no Registro Civil (art. 1.726 do CC);

m) impõe aos companheiros os deveres especiais previstos no art. 1.724 do CC (lealdade, respeito etc.).

7.8. Alimentos

Os alimentos podem ser **conceituados** como *a prestação que podem alguns parentes, os cônjuges ou os companheiros pedir uns aos outros, consistentes no necessário para que uma pessoa possa viver, fixada segundo a necessidade do reclamante e a possibilidade da pessoa obrigada.*

Não se deve **confundir** *alimentos* como *dever de sustento*, já que o segundo se dá quando se está na companhia daquele que precisa de auxílio. Assim, o pai que mora com o filho menor tem *dever de sustento* em relação a este. Já o pai que não mora com o filho menor tem o *dever de prestar alimentos* ao filho.

Os alimentos podem ser assim **classificados**:

a) quanto à natureza

naturais (necessários): destinados à satisfação das necessidades primárias da vida (comer, vestir, habitar) indispensáveis à subsistência (art. 1.694, § 2º, do CC);

civis (côngruos): destinados a manter a condição social, inclusive educação, do alimentando (art. 1.694 do CC). Como consequência direta disso o STJ entende que a base de cálculo da pensão alimentícia fixada sobre o percentual do vencimento do alimentante abrange o décimo terceiro salário e o terço constitucional de férias, salvo disposição expressa em contrário. (AgRg no AREsp 642022/RS, DJE 20.10.2015). Vale destacar que é possível a fixação da pensão alimentícia com base em determinado números de salário mínimo (AgRg no AREsp 031519/DF, DJE 11.09.2015).

b) quanto à causa jurídica

legais (legítimos): decorrem da lei (ex.: devidos pelo parentesco, casamento ou companheirismo);

voluntários: decorrem de declaração de vontade *inter vivos* ou *causa mortis*; um exemplo é o legado de alimentos, estipulado em testamento;

indenizatórios (ressarcitórios): são os resultantes de responsabilidade civil.

Essa classificação é importante, pois a prisão civil do alimentante, admitida pelo art. 5º, LXVII, da CF só cabe quanto aos alimentos legais, não sendo admitida nos demais casos.

c) quanto à finalidade

definitivos (regulares): são os de caráter permanente, fixados pelas partes ou por decisão judicial definitiva; tais alimentos podem, todavia, ser revistos se sobrevier mudança nas possibilidades ou nas necessidades (art. 1.699 do CC);

provisórios: são os fixados liminarmente na ação de alimentos de rito especial (Lei 5.478/1968); essa ação reclama prova pré-constituída (prova de parentesco ou da obrigação de alimentos), devendo o juiz, ao despacho do pedido, fixar alimentos provisórios (art. 4º);

provisionais (*ad litem*): são os fixados em medida cautelar, preparatória ou incidental, de ação de separação judicial, de divórcio, de nulidade ou anulação do casamento ou de alimentos, inclusive os gravídicos;

d) quanto ao momento a partir do qual são devidos

atuais: postulados a partir do ajuizamento da ação;

futuros: devidos a partir da sentença;

pretéritos: no Brasil não são devidos, pois pessoa, bem ou mal, conseguiu sobreviver, não havendo como entrar com ação para a fixação de alimentos, pedindo que sejam pagos alimentos para período anterior à sua fixação.

A *obrigação alimentar* tem as seguintes **características**:

a) é transmissível, já que a obrigação de prestar alimentos transmite-se aos herdeiros do devedor, na forma do art. 1.694 do CC (art. 1.700 do CC), respeitados os limites das forças da herança; repare que é a própria obrigação que se transmite, e não apenas as eventuais prestações atrasadas; por exemplo, se alguém deve alimentos a uma ex-esposa, e esse alguém vem a falecer, a obrigação alimentar permanece e os herdeiros do falecido deverão continuar arcando com a pensão alimentícia, no limites das forças da herança.

b) é divisível e comum, ou seja, a obrigação alimentar não é solidária, como regra, de modo que, havendo mais de um devedor, cada qual responde por sua cota-parte (STJ Resp. 50.153-9/94); como se sabe, a solidariedade não se presume, decorrendo da lei ou da vontade; e a lei não estabelece a solidariedade em matéria de obrigação alimentar; assim, se dois avós (paterno e materno) devem alimentos em favor de um neto, cada qual será obrigado a pagar a sua cota-parte, não sendo possível exigir a obrigação por inteiro de apenas um dos devedores; aliás, caso apenas um devedor seja acionado em juízo, este poderá chamar os demais devedores a integrar a lide (art. 1.698 do CC); de qualquer forma, há um caso em que a obrigação alimentar é solidária; trata-se da obrigação alimentar de vida em favor do idoso (art. 12 da Lei 10.741/2003);

O *direito aos alimentos* tem as seguintes **características**:

a) é personalíssimo, pois é um direito que só existe pela necessidade do alimentando, não podendo ser transferido a terceiro;

b) é incessível, pois o crédito de alimentos não pode ser objeto de cessão a terceiro; porém, as prestações atrasadas (vencidas) são consideradas créditos comuns, podendo ser cedidas (art. 1.707 do CC);

c) é impenhorável, pois é direito fundamental, relacionado à sobrevivência da pessoa, não podendo ser afetado por constrição judicial (art. 1707 do CC);

d) é incompensável, ou seja, não é passível de compensação, que é meio de extinção de obrigação; tal regra se encontra no art. 1.707 do CC; de qualquer forma, é possível a compensação de prestações alimentares quando houver adiantamentos dessas prestações (RT 616/147) e, em outros casos excepcionais, para que não haja enriquecimento sem causa (REsp 982.857/RJ, *DJe*

03.10.2008); porém, segundo o STJ, não é possível a compensação dos alimentos fixados em pecúnia com parcelas pagas *in natura* (AgRg no AREsp 586516/SP, DJE 31.03.2016), salvo em casos excepcionais como a dedução na pensão alimentícia fixada exclusivamente em pecúnia das despesas pagas "in natura", com o consentimento do credor, referentes a aluguel, condomínio e IPTU do imóvel onde residia o exequente (REsp 1.501.992-RJ, DJe 20.04.2018);

e) é irrepetível, ou seja, uma vez pagos, não podem ser reclamados de volta, não importando sua natureza; isso se dá porque, uma vez prestados os alimentos, presume-se que estes serão consumidos; de qualquer forma, pode-se pedir devolução dos alimentos se houver novo casamento do alimentando e o desconto em folha demorou a cessar; ademais, caso alguém tenha pagado alimentos a filho que, posteriormente, descobre não ser seu, não haverá possibilidade de pedir de volta os alimentos prestados ao alimentando, mas nada impede que o alimentante ingresse com ação de ressarcimento de danos em face do pai biológico da criança; vale ressaltar que o STJ admite ação de exigir de contas ajuizada pelo alimentante, em nome próprio, contra a genitora guardiã do alimentado para obtenção de informações sobre a destinação da pensão paga mensalmente, desde que proposta sem a finalidade de apurar a existência de eventual crédito ou preparar ação revisional de aluguel (REsp 1.814.639-RS, DJe 09/06/2020). Nesse caso o objetivo é apenas de apurar malversação, mas não enseja repetição de indébito.

f) é intransacionável, pois, já que o direito a alimentos é indisponível e personalíssimo, não há como considerá-lo passível de transação (art. 841 do CC); por conta disso, esse direito não pode ser objeto de juízo arbitral; todavia, há de se tomar cuidado com a questão terminológica, pois a lei não admite transação quanto ao direito aos alimentos em si, e não em relação ao *quantum* (ao valor) da prestação alimentar, já que o valor pode ser negociado;

g) é imprescritível, ou seja, o direito de pedir alimentos não tem prazo para se exercer; todavia, uma vez que uma pensão alimentícia já está fixada, o direito de cobrar prestações vencidas prescreve, e isso acontece no prazo de 2 anos, contados da data em que cada prestação vencer (art. 206, § 2º, do CC – antes era 5 anos), isto é, a prescrição ocorre mensalmente; então, não se deve confundir o direito de pedir alimentos (que é imprescritível) com a pretensão de cobrar prestações alimentares vencidas (que prescreve em 2 anos da data em que cada prestação vencer);

h) é irrenunciável, ou seja, o direito a alimentos não pode ser objeto de disposição, já que guarda relação com o próprio direito à vida, que é direito fundamental e de ordem pública; todavia, é possível *deixar de exercer o direito a alimentos* (art. 1.707 do CC), situação que não se confunde com a renúncia ao direito a alimentos, pois, no primeiro caso, deixa-se de pedir alimentos por um tempo, ao passo que a renúncia é definitiva, de modo que não pode se dar; outra exceção diz respeito à renúncia a prestações atrasadas, que também é admitida, por se tratar de meros créditos vencidos e não exercidos; sobre o tema, vale lembrar a Súmula 379 do STF, pela qual "no acordo de desquite não se admite renúncia aos alimentos, que poderão ser pleiteados ulteriormente, verificados os pressupostos legais"; se em algum documento aquele que tem direito a alimentos escrever que "renuncia" aos alimentos, deve-se entender que se trata de uma dispensa provisória destes, salvo se o cônjuge tenha sido aquinhoado com bens e rendas suficientes para sua manutenção, não sabendo conservá-los;

i) é atual, ou seja, é exigível imediatamente; por conta disso, é possível até pedir a prisão civil do devedor, em certos casos, como meio coativo bastante eficaz para que os alimentos sejam pagos. Confira decisões do STJ a esse respeito:

✓ O débito alimentar que autoriza a prisão civil do alimentante é o que compreende as três prestações anteriores ao ajuizamento da execução e as que se vencerem no curso do processo, nos termos do art. 528, § 7º, do NCPC (HC 312551/SP, DJE 11.05.2016);

✓ O atraso de uma só prestação alimentícia, compreendida entre as três últimas atuais devidas, já é hábil a autorizar o pedido de prisão do devedor, nos termos do artigo 528, § 3º, do NCPC (AgRg no AREsp 561453/SC, DJE 27.10.2015);

✓ O pagamento parcial da obrigação alimentar não impede a prisão civil do devedor (HC 350101/MS, DJE 17.06.2016);

✓ A real capacidade econômico-financeira do alimentante não pode ser aferida por meio de *habeas corpus* (HC 312551/SP, DJE 11.05.2016).

Em virtude da pandemia causada pelo coronavírus (covid-19), admite-se, excepcionalmente, a suspensão da prisão dos devedores por dívida alimentícia em regime fechado (HC 574.495-SP, DJe 01/06/2020) ou no máximo a prisão domiciliar (HC 561.257-SP, DJe 08/05/2020).

Confira, agora, os **pressupostos da obrigação alimentar**:

a) necessidade do reclamante: a necessidade se dá quando não se tem bens suficientes, nem se pode prover, pelo seu trabalho, à própria mantença (art. 1.695 do CC); por exemplo, por se tratar de filho em idade de formação escolar, ou pelo fato de alguém estar doente ou em idade avançada; é importante ressaltar que, quando a necessidade dos alimentos se der por culpa de quem os pleiteia, os alimentos serão apenas os indispensáveis à *subsistência* (art. 1.694, § 2º, do CC);

b) possibilidade da pessoa obrigada: a obrigação alimentar só atinge quem tem possibilidade de prestar alimentos, não atingindo, portanto, quem possui somente o necessário à sua subsistência, salvo os que decorrem do poder familiar, pois, nesse caso, os pais devem dar um jeito para prestar alimentos. No entanto, a mera constituição de nova família pelo alimentante não acarreta a revisão automática da quantia estabelecida em favor dos filhos advindos de união anterior, devendo-se observar a realidade no caso concreto (AgRg no AREsp 452248/SP, DJE 03.08.2015).

O fato de os alimentos terem como pressupostos a necessidade do alimentando e a possibilidade do alimentante permite até mesmo diferenças nos valores de alimentos entre dois filhos de um mesmo pai ou mãe. Basta que haja uma diferença na necessidade desses dois filhos (por exemplo, um deles tem uma doença seríssima, com altos custos) ou que haja diferença nas possibilidades (por exemplo, um filho tem uma mãe ou pai que tem mais condições que a mãe ou pai do outro filho, gerando cotizações diferentes entre mães e pais nas duas situações). Nesse sentido confira a jurisprudência do STJ (REsp 1.624.050-MG, DJe 22.06.2018).

Quanto aos **meios** ou **modalidades** de prestação alimentar, confira as espécies (art. 1.701 do CC):

a) própria: fornecimento, em casa, de hospedagem e sustento, mais educação, quando menor;

b) imprópria: pagando pensão periódica – juiz pode intervir – art. 1.701, parágrafo único, do CC.

Quanto às **pessoas obrigadas** a prestar alimentos, temos as seguintes:

a) ascendentes, em favor dos descendentes (ex.: pai deve para filho);

b) descendentes, em favor dos ascendentes (ex.: filho deve para o pai);

c) cônjuges;

d) companheiros;

e) irmãos.

O STJ entende que o rol de responsáveis é taxativo, de modo que outros parentes não têm o dever alimentar. Nesse sentido, já se decidiu que as tias não devem alimentos aos sobrinhos (STJ, REsp 1.032.846, j. 18.12.2008).

Confira, agora, as **regras sobre a ordem preferencial** da obrigação alimentar em relação a ascendentes, descendentes e irmãos (arts. 1.696 a 1.698 do CC):

a) num primeiro momento, a obrigação recai sobre *pais* e *filhos* entre si (reciprocamente);

b) na falta destes, a obrigação cabe aos demais *ascendentes*, na ordem de sua proximidade; por exemplo, na falta do pai, o avô deve alimentos para o neto;

c) na falta de ascendentes, a obrigação cabe aos *descendentes*, na ordem da sucessão; por exemplo, se um pai não tem mais um ascendente para arcar com alimentos em seu favor, poderá pedir alimentos para seu filho, preenchidos os pressupostos da obrigação alimentar;

d) na falta de descentes, a obrigação cabe aos irmãos, unilaterais ou bilaterais (germanos), sem distinção ou preferência;

e) se o parente, que deve em primeiro lugar, não estiver em condições de suportar totalmente o encargo, serão chamados a concorrer os de grau imediato; por exemplo, se o pai não tem condições de arcar com o valor mínimo necessário para a subsistência de seu filho, pode-se chamar o seu pai (avô da criança) para arcar com o complemento do encargo; cuidado, pois a responsabilidade dos avós não é direta, mas subsidiária e complementar; assim, não se pode querer acionar os avós diretamente, só porque estes têm melhores condições; deve-se acionar primeiramente o pai ou a mãe da criança e, caso estes se virem impossibilitados de prestá-la, total ou parcialmente, somente aí pode ser intentada a ação contra os avós (progenitores), para que estes arquem com toda a pensão ou com o complemento desta, respectivamente (STJ, AgRg no REsp 1358420/SP, DJE 21.03.2016). Da mesma forma, o falecimento do pai do alimentando não implica a automática transmissão do dever alimentar aos avós. É orientação do STJ que a responsabilidade dos avós de prestar alimentos é subsidiária, e não sucessiva. Essa obrigação tem natureza complementar e somente exsurge se ficar demonstrada a impossibilidade de os genitores proverem os alimentos de seus filhos (REsp 1.249.133-SC, DJe 02.08.2016). De acordo com a Súmula 596 do STJ, "A obrigação alimentar dos avós tem natureza complementar e subsidiária, somente se configurando no caso de impossibilidade total ou parcial de seu cumprimento pelos pais".

Interessante o conteúdo do Enunciado 341 JDC/CJF ao prever que a relação socioafetiva pode ser elemento gerador de obrigação alimentar.

Vale ressaltar que, sendo várias as pessoas obrigadas a prestar alimentos, todas devem concorrer na proporção dos respectivos recursos, e, intentada ação contra uma delas, poderão as demais ser chamadas a integrar a lide (art. 1.698 do CC).

Quanto aos alimentos devidos aos filhos, em tese, os valores são devidos até que o filho atinja a maioridade. No entanto, o STJ entende que o cancelamento da pensão não é automático quando se atinge a maioridade (Súmula 358 do STJ: o cancelamento de pensão alimentícia de filho que atingiu a maioridade está sujeito à decisão judicial, mediante contraditório, ainda que nos próprios autos. É necessário verificar se a necessidade ainda existe, sendo que, caso o filho esteja ainda em período de estudos, a pensão será mantida até o fim destes, salvo se o filho já mantém economia própria. Segundo esse tribunal é devido alimentos ao filho maior quando comprovada a frequência em curso universitário ou técnico, por força da obrigação parental de promover adequada formação profissional. (AgRg nos EDcl no AREsp 791322/SP, DJE 01.06.2016).

Quanto aos alimentos entre cônjuges, a orientação jurisprudencial atualmente é no sentido de que devem ser fixados, quando efetivamente cabíveis, "por tempo determinado, sendo cabível o pensionamento alimentar sem marco final tão somente quando o alimentado (ex-cônjuge) se encontrar em circunstâncias excepcionais, como de incapacidade laboral permanente, saúde fragilizada ou impossibilidade prática de inserção no mercado de trabalho. Precedentes citados: REsp 1.290.313-AL, Quarta Turma, DJe 07.11.2014; REsp 1.396.957-PR, Terceira Turma, DJe 20.06.2014; e REsp 1.205.408-RJ, Terceira Turma, DJe 29.06.2011". (REsp 1.496.948-SP, DJe 12.03.2015). Ou seja, os alimentos devidos entre ex-cônjuges devem ter caráter excepcional, transitório e devem ser fixados por prazo determinado, exceto quando um dos cônjuges não possua mais condições de reinserção no mercado do trabalho ou de readquirir sua autonomia financeira (REsp 1370778/MG, DJE 04.04.2016).

Verifique, agora, os **meios para assegurar o pagamento** da pensão alimentícia:

a) ação de alimentos, para reclamá-los (Lei 5.478/1968);

b) execução por quantia certa (art. 528, § 1º, do NCPC);

c) penhora em vencimentos (art. 833, IV, do NCPC);

d) desconto em folha de pagamento da pessoa obrigada (art. 529 do CPC);

e) prisão do devedor (art. 21 da Lei 5.478/1968, e art. 528, § 3º, do NCPC).

Vale lembrar que o Ministério Público tem legitimidade ativa para ajuizar ação/execução de alimentos em favor de criança ou adolescente, nos termos do art. 201, III, da Lei 8.069/1990 (STJ, REsp 1327471/MT, DJE 04.09.2014). De acordo com a Súmula 594 do STJ, "O Ministério Público tem legitimidade ativa para ajuizar ação de alimentos em proveito de criança ou adolescente independentemente do exercício do poder familiar dos pais, ou do fato de o menor se encontrar nas situações de risco descritas no art. 98 do Estatuto da Criança e do Adolescente, ou de quaisquer outros questionamentos acerca da existência ou eficiência da Defensoria Pública na comarca".

Na execução de alimentos também é possível o protesto (art. 526, § 3º, do NCPC) e a inscrição do nome do devedor nos cadastros de proteção ao crédito (STJ, REsp 1469102/SP, DJE 15.03.2016).

Quanto à possibilidade de **revisão (redução ou majoração)** da pensão alimentícia, bem como de sua **exoneração**, o Código Civil traz a seguinte disposição: "se, fixados os alimentos, sobrevier mudança na situação financeira de quem os supre, ou na de quem os recebe, poderá o interessado reclamar ao juiz, conforme as circunstâncias, exoneração, redução ou majoração do encargo" (art. 1.699 do CC).

7.9. Relações de parentesco

7.9.1. Disposições gerais sobre as relações de parentesco

São **parentes em linha reta** as pessoas que estão umas para com as outras na relação de ascendentes e descendentes. Assim, são parentes em linha reta o filho, o pai, o avô etc. (art. 1.591 do CC).

São **parentes em linha colateral ou transversal**, até o quarto grau, as pessoas provenientes de um só tronco, sem descenderem uma da outra (art. 1.592 do CC). Assim, são parentes em linha colateral os tios, sobrinhos, primos etc. O limite é o quarto grau, de modo que os filhos dos primos de alguém não são parentes desse alguém para fins da lei civil.

Quanto às **espécies** de parentesco, este pode ser **natural** ou **civil**, conforme resulte de consanguinidade ou outra origem (art. 1.593 do CC). Essa disposição vem sendo utilizada pela doutrina e pela jurisprudência para justificar parentesco com base em critérios não biológicos, como o parentesco decorrente do vínculo socioafetivo.

O parentesco socioafetivo, tão comentado hoje no Direito de Família, faz com que os conceitos trazidos aumentem ainda mais, para incluir no conceito de família relações socioafetivas que se enquadram no conceito de posse no estado de filho. Um exemplo é a relação em que uma pessoa ("A") se casa com outra ("B") que já tem um filho ("C"), sendo que, no dia a dia, "A" acaba assumindo e exercendo o papel duradouro de pai de "C". Tal relação revela a chamada *posse no estado de filho*, fazendo com que passe a existir relação de parentesco entre "A" e "C".

Essa discussão, hoje, não é mais de caráter puramente doutrinário. Trata-se de questão que encontra fundamento legal no Código Civil e que, amplamente aceita pela doutrina, já vem sendo aplicada pela jurisprudência.

No plano legal, o art. 1.593 do Código Civil, mencionado, é que justifica essa conclusão.

O fato de a lei civil aceitar que o parentesco civil resulte de "outra origem" faz com que a lei abra campo para que tal outra origem possa se fundar na afinidade com os parentes do cônjuge, na adoção, na reprodução assistida heteróloga e também na afetividade com a pessoa com a qual alguém firmar relação de pai e filho.

Nesse sentido, no plano doutrinário, confira os Enunciados 103 e 256, das Jornadas de Direito Civil, do Conselho da Justiça Federal:

> "103. Art. 1.593: O Código Civil reconhece, no art. 1.593, outras espécies de parentesco civil além daquele decorrente da adoção, acolhendo, assim, a noção de que há também parentesco civil no vínculo parental proveniente quer das técnicas de reprodução assistida heteróloga relativamente ao pai (ou mãe) que não contribuiu com seu material fecundante, quer da **paternidade socioafetiva, fundada na posse do estado de filho.**" (g.n.)

> "256. Art. 1.593: A posse do estado de filho (**parentalidade socioafetiva**) constitui modalidade de **parentesco civil.**"(g.n.)

No plano jurisprudencial, o parentesco civil socioafetivo vem sendo aceito pelo Superior Tribunal de Justiça. Confira:

> "Reconhecimento de filiação. Ação declaratória de nulidade. Inexistência de relação sanguínea entre as partes. Irrelevância diante do vínculo socioafetivo. – O reconhecimento de paternidade é válido se reflete a existência duradoura do vínculo socioafetivo entre pais e filhos. A ausência de vínculo biológico é fato que por si só não revela a falsidade da declaração de vontade consubstanciada no ato do reconhecimento. A relação socioafetiva é fato que não pode ser, e não é, desconhecido pelo Direito. Inexistência de nulidade do assento lançado em registro civil. – O STJ vem dando prioridade ao critério biológico para o reconhecimento da filiação naquelas circunstâncias em que há dissenso familiar, onde a relação socioafetiva desapareceu ou nunca existiu. Não se pode impor os deveres de cuidado, de carinho e de sustento a alguém que, não sendo o pai biológico, também não deseja ser pai socioafetivo. A *contrario sensu*, se o afeto persiste de forma que pais e filhos constroem uma relação de mútuo auxílio, respeito e amparo, é acertado desconsiderar o vínculo meramente sanguíneo, para reconhecer a existência de filiação jurídica. – Recurso conhecido e provido" (REsp 878.941/DF, Rel. Ministra Nancy Andrighi, Terceira Turma, julgado em 21.08.2007, *DJ* 17.09.2007, p. 267).

> "Será possível o reconhecimento da paternidade socioafetiva após a morte de quem se pretende reconhecer como pai.". (REsp 1.500.999-RJ, DJe 19.04.2016).

Diferente é a situação de alguém que pensa ser pai de uma criança nascida na constância de uma união estável, tornando-se pai registral da criança, mas em seguida descobre por exame de DNA que não é pai e deixa de manter contato com a criança. Nesse último caso, o STJ entende que é cabível a desconstituição da paternidade registral (REsp 1.330.404-RS, DJ 19.02.2015).

Por outro lado, a paternidade biológica também tem sido bastante valorizada mesmo quando o filho não tenha tido vínculo socioafetiva com os pais biológicos. Nesse sentido confira a seguinte decisão do STJ:

> "Direito civil. Direito ao reconhecimento de paternidade biológica. O filho tem direito de desconstituir a denominada "adoção à brasileira" para fazer constar o nome de seu pai biológico em seu registro de nascimento, ainda que preexista vínculo socioafetivo de filiação com o pai registral" (REsp 1.417.598-CE, DJe 18.02.2016).

Segundo o STJ, "em princípio, basta que haja o reconhecimento voluntário e desprovido de vícios acerca da relação construída pelo afeto, amor e companheirismo entre as pessoas envolvidas para que exista, por consequência, o reconhecimento da relação familiar fundada na socioafetividade".

Porém, apesar de o ato de reconhecimento ser, em regra, unilateral, não é menos verdade que a doutrina igualmente aponta que o art. 1.614 do CC/2002 excepciona essa regra geral, exigindo o consentimento na hipótese em que se pretenda reconhecer o filho maior.

> "Assim, não se pode reconhecer a existência de maternidade socioafetiva post mortem sem o consentimento do filho maior, o que é impossível, uma vez que este é falecido, devendo ser respeitadas a memória e a imagem póstumas de modo a preservar sua história. Sob qualquer fundamento ou

pretexto, seria demasiadamente invasivo determinar a retificação do registro civil de alguém, após a sua própria morte, para substituir o nome de sua mãe biológica pela mãe socioafetiva ou, ainda, para colocá-la em posição de igualdade com a sua genitora" (REsp 1.688.470-RJ, Rel. Min. Nancy Andrighi, por unanimidade, julgado em 10.04.2018, DJe 13.04.2018).

Dando continuidade ao estudo do parentesco, o art. 1.594 do CC ensina como se deve contar os **graus de parentesco**: "contam-se, na linha reta, os graus de parentesco pelo número de gerações, e, na colateral, também pelo número delas, subindo de um dos parentes até ao ascendente comum, e descendo até encontrar o outro parente".

Outro tema importante é o do **vínculo de afinidade**. De acordo com o Código Civil, cada cônjuge ou companheiro é aliado aos parentes do outro pelo vínculo da afinidade (art. 1.595). Porém, o parentesco por afinidade limita-se aos ascendentes, aos descendentes e aos irmãos do cônjuge ou companheiro. Assim, o primo da esposa de alguém não é parente por afinidade desse alguém. Por fim, vale lembrar que, na linha reta, a afinidade não se extingue com a dissolução do casamento ou da união estável. Ou seja, sogra e genro nunca poderão se casar. Mas cunhado e cunhada poderão se casar.

7.9.2. Da filiação

Tema relevante em matéria de relação de parentesco é o da filiação.

De acordo com o art. 1.596 do CC, "os filhos, havidos ou não da relação de casamento, ou por adoção, terão os mesmos direitos e qualificações, proibidas quaisquer designações discriminatórias relativas à filiação". Esse dispositivo está a garantir o **princípio da igualdade** entre os filhos previsto no art. 227, § 6º, da CF.

Outra questão importante diz respeito à presunção de filiação. Essa presunção existe quando há um casamento. Porém, o art. 1.597 do CC traz regras específicas sobre o assunto, pelas quais presumem-se concebidos na constância do casamento os filhos:

a) nascidos cento e oitenta dias, pelo menos, *depois* de estabelecida a convivência conjugal;

b) nascidos nos trezentos dias subsequentes à dissolução da sociedade conjugal, por morte, separação judicial, nulidade e anulação do casamento;

c) havidos por fecundação artificial homóloga, mesmo que falecido o marido; homóloga é a fecundação com material genético vindo do marido e da mulher;

d) havidos, a qualquer tempo, quando se tratar de embriões excedentários, decorrentes de concepção artificial homóloga. Finda a sociedade conjugal, na forma do art. 1.571, essa regra somente poderá ser aplicada se houver autorização prévia, por escrito, dos ex-cônjuges para a utilização dos embriões excedentários, só podendo ser revogada até o início do procedimento de implantação desses embriões (Enunciado 107 JDC/CJF);

e) havidos por inseminação artificial heteróloga, desde que tenha prévia autorização do marido; heteróloga é a fecundação com material genético vindo da mulher e de um terceiro (doador do material genético); para que o filho nascido nessas condições seja presumido do marido da mãe, é necessário autorização deste quanto ao procedimento feito por sua mulher.

A filiação materna ou paterna pode resultar de casamento declarado nulo, ainda mesmo sem as condições do putativo (art. 1.617 do CC).

A prova da impotência do cônjuge para gerar, à época da concepção, **ilide** a presunção da paternidade (art. 1.599 do CC).

Por outro lado, **não basta** o adultério da mulher, ainda que confessado, para ilidir a presunção legal da paternidade (art. 1.600 do CC). Além disso, não basta a confissão materna para excluir a paternidade (art. 1.602 do CC).

Cabe ao marido o **direito de contestar** a paternidade dos filhos nascidos de sua mulher, sendo tal ação imprescritível (art. 1.601 do CC). Contestada a filiação, os herdeiros do impugnante têm direito de prosseguir na ação. Contudo, essa ação não é cabível se a filiação tiver origem em procriação assistida heteróloga, autorizada pelo marido nos termos do inc. V do art. 1.597, cuja paternidade configura presunção absoluta (Enunciado 258 JDC/CJF). Ademais, o conhecimento da ausência de vínculo biológico e a posse de estado de filho obstam a contestação da paternidade presumida (Enunciado 520 JDC/CJF).

A filiação prova-se pela certidão do termo de nascimento registrada no Registro Civil (art. 1.603 do CC). No fato jurídico do nascimento, mencionado no art. 1.603, compreende-se, à luz do disposto no art. 1.593, a filiação consanguínea e também a socioafetiva (Enunciado 108 JDC/CJF). Ninguém pode vindicar estado contrário ao que resulta do registro de nascimento, salvo provando-se erro ou falsidade do registro (art. 1.604 do CC).

Na falta, ou defeito, do termo de nascimento, poderá provar-se a filiação por qualquer modo admissível em direito (art. 1.605 do CC):

a) quando houver começo de prova por escrito, proveniente dos pais, conjunta ou separadamente;

b) quando existirem veementes presunções resultantes de fatos já certos.

A restrição da coisa julgada oriunda de demandas reputadas improcedentes por insuficiência de prova não deve prevalecer para inibir a busca da identidade genética pelo investigando (Enunciado 109 JDC/CJF).

A ação de prova de filiação compete ao filho, enquanto viver, passando aos herdeiros, se ele morrer menor ou incapaz (art. 1.606 do CC). Se iniciada a ação pelo filho, os herdeiros poderão continuá-la, salvo se julgado extinto o processo.

7.9.3. Do reconhecimento dos filhos fora do casamento

No item anterior vimos como funciona a presunção de filiação quando se estão no bojo de um casamento.

Resta estudar agora o reconhecimento de filhos fora do casamento.

A maternidade da criança é algo sobre o que não há dúvida, pois o hospital atesta quem é mãe de uma dada criança. Porém, a paternidade, quando o pai não é casado com a mãe da criança, depende de reconhecimento da filiação por esse pai.

O art. 1.607 do CC dispõe que o filho havido fora do casamento pode ser reconhecido pelos pais, conjunta ou separadamente.

Esse reconhecimento é ato muito sério, daí porque a lei o considera **irrevogável**, ainda que tenha sido feito em testamento (art. 1.610 do CC). Não bastasse, são ineficazes a condição e o termo apostos ao ato de reconhecimento do filho (art. 1.613 do CC).

Em se tratando de **filho maior**, este não pode ser reconhecido sem o seu consentimento, e o menor pode impugnar o reconhecimento, nos quatro anos que se seguirem à maioridade, ou à emancipação (art. 1.614 do CC).

O reconhecimento pode ser feito das seguintes **formas**:

a) no registro do nascimento;

b) por escritura pública ou escrito particular, a ser arquivado em cartório;

c) por testamento, ainda que incidentalmente manifestado;

d) por manifestação direta e expressa perante o juiz, ainda que o reconhecimento não haja sido o objeto único e principal do ato que o contém.

Quanto ao **momento** em que o reconhecimento pode se dar, este pode preceder o nascimento do filho ou ser posterior ao seu falecimento, se ele deixar descendentes.

Porém, há casos em que alguém reconhece um filho fora do casamento, mas esse alguém é casado com outra pessoa. Nesse caso, a lei permite o reconhecimento, mas dispõe que o filho havido fora do casamento, reconhecido por um dos cônjuges, não poderá residir no lar conjugal sem o consentimento do outro (art. 1.611 do CC).

O filho reconhecido, enquanto menor, ficará sob a guarda do genitor que o reconheceu, e, se ambos o reconhecerem e não houver acordo, sob a de quem melhor atender aos interesses do menor (art. 1.612 do CC).

Caso não haja reconhecimento espontâneo pelos pais, é possível que se ingresse com ação de investigação, cuja sentença que julgar procedente produzirá os mesmos efeitos do reconhecimento, mas poderá ordenar que o filho se crie e eduque fora da companhia dos pais ou daquele que lhe contestou essa qualidade (art. 1.616 do CC).

Sobre a questão, vale citar a Súmula 301 do STJ, pela qual "em ação investigatória, a recusa do suposto pai a submeter-se ao exame de DNA induz presunção *juris tantum* de paternidade".

Quanto à questão da maternidade, uma vez que esta constar do termo do nascimento do filho, a mãe só poderá contestá-la provando a falsidade do termo, ou das declarações nele contidas (art. 1.608 do CC).

7.9.4. Do poder familiar

O poder familiar é um **direito-poder** dos pais em relação aos **filhos menores** (art. 1.630 do CC). No passado, esse poder tinha o nome de pátrio poder.

Esse poder é exercido por **ambos os pais**, sendo que, caso haja divergência entre esses, qualquer deles pode recorrer ao juiz para a solução do desacordo.

Na falta ou impedimento de um deles, o outro exercerá o poder familiar com exclusividade.

Esse poder faz com que os pais tenham os seguintes **direitos/responsabilidades** em relação aos filhos menores (art. 1.634 do CC, com novas redações introduzidas pela Lei 13.058/2014):

a) dirigir-lhes a criação e educação;

b) exercer a guarda unilateral ou compartilhada nos termos do art. 1.584 do CC;

c) conceder-lhes ou negar-lhes consentimento para casarem;

d) conceder-lhes ou negar-lhes consentimento para viajarem ao exterior;

e) conceder-lhes ou negar-lhes consentimento para mudarem sua residência permanente para outro Município;

f) nomear-lhes tutor por testamento ou documento autêntico, se o outro dos pais não lhe sobreviver, ou o sobrevivo não puder exercer o poder familiar;

g) representá-los judicial e extrajudicialmente até os 16 (dezesseis) anos, nos atos da vida civil, e assisti-los, após essa idade, nos atos em que forem partes, suprindo-lhes o consentimento;

h) reclamá-los de quem ilegalmente os detenha;

i) exigir que lhes prestem obediência, respeito e os serviços próprios de sua idade e condição.

Caso os pais não estejam mais juntos, o poder familiar dos dois **continua existindo**. Porém, há que se verificar como ficará a guarda.

A Lei 13.058/2014 alterou disposições do Código Civil (arts. 1.583, 1.584, 1.585 e 1.634) e trouxe importante novidade nesse terreno.

Essa lei estabelece que a regra, agora, é a guarda compartilhada dos pais em relação aos filhos. Confira o disposto no § 2º do art. 1.584 do Código Civil: "Quando não houver acordo entre a mãe e o pai quanto à guarda do filho, encontrando-se ambos os genitores aptos a exercer o poder familiar, será aplicada a guarda compartilhada, salvo se um dos genitores declarar ao magistrado que não deseja a guarda do menor". Repare que a regra é a guarda compartilhada, regra essa que só cederá, segundo a lei, em três casos: a) se houver acordo dos pais em sentido contrário; b) se o juiz verificar que somente um dos genitores está apto a exercer o poder familiar, (o STJ exige que essa declaração se dê prévia ou incidentalmente à ação de guarda, por meio de decisão judicial – REsp 1.629.994-RJ, DJe 15.12.2016); c) se um dos genitores declarar ao juiz que não deseja a guarda do menor. Não ocorrendo qualquer dessas hipóteses, o juiz determinará que a guarda seja compartilhada, o que impõe que as decisões do dia a dia do filho devam ser decididas por ambos os pais, bem como que, sempre que possível e conveniente para os filhos, a residência também seja compartilhada, morando os filhos com os dois pais alternadamente. Quanto a este último ponto (residência compartilhada) é possível que, dados os contornos do caso concreto, a residência não seja alternada, remanescendo a guarda compartilhada em todos os demais aspectos que não digam respeito à residência em si e devendo se fazer valer a regra legal de que "o tempo de convívio com os filhos deve ser dividido de forma equilibrada com a mãe e o pai, sempre tendo em vista as condições fáticas e os interesses dos filhos".

No caso de não haver guarda compartilhada, o pai ou mãe que não detém a guarda não participa de todas as decisões do dia a dia do filho, mas permanece com o direito de supervisionar os interesses do filho e, para possibilitar essa supervisão, qualquer dos genitores será parte legítima para solicitar informações e/ou prestação de contas, objetivas ou subjetivas, em assuntos ou situações que direta ou indiretamente afetem a saúde física e psicológica e a educação de seus filhos (art. 1.583, § 5º).

Por fim, voltando à guarda compartilhada, vale elencar as demais regras introduzidas pela Lei 13.058/2014:

"Art. 1.584.
(...)
§ 3º Para estabelecer as atribuições do pai e da mãe e os períodos de convivência sob guarda compartilhada, o juiz, de ofício ou a requerimento do Ministério Público, poderá basear-se em orientação técnico-profissional ou de equipe interdisciplinar, que deverá visar à divisão equilibrada do tempo com o pai e com a mãe.
§ 4º A alteração não autorizada ou o descumprimento imotivado de cláusula de guarda unilateral ou compartilhada poderá implicar a redução de prerrogativas atribuídas ao seu detentor.
§ 5º Se o juiz verificar que o filho não deve permanecer sob a guarda do pai ou da mãe, deferirá a guarda a pessoa que revele compatibilidade com a natureza da medida, considerados, de preferência, o grau de parentesco e as relações de afinidade e afetividade.
§ 6º Qualquer estabelecimento público ou privado é obrigado a prestar informações a qualquer dos genitores sobre os filhos destes, sob pena de multa de R$ 200,00 (duzentos reais) a R$ 500,00 (quinhentos reais) por dia pelo não atendimento da solicitação."

"Art. 1.585. Em sede de medida cautelar de separação de corpos, em sede de medida cautelar de guarda ou em outra sede de fixação liminar de guarda, a decisão sobre guarda de filhos, mesmo que provisória, será proferida preferencialmente após a oitiva de ambas as partes perante o juiz, salvo se a proteção aos interesses dos filhos exigir a concessão de liminar sem a oitiva da outra parte, aplicando-se as disposições do art. 1.584."

Quanto ao poder familiar, este se **extingue** nos seguintes casos:

a) pela morte dos pais ou do filho;

b) pela emancipação do filho;

c) pela maioridade;

d) pela adoção;

e) por decisão judicial, nos casos de perda do poder familiar.

É importante que fique claro que o pai ou a mãe que contrai novas núpcias, ou estabelece união estável, não perde, quanto aos filhos do relacionamento anterior, os direitos ao poder familiar, exercendo-os sem qualquer interferência do novo cônjuge ou companheiro.

A **suspensão** do poder familiar se dará quando o pai ou a mãe (art. 1.637 do Código Civil):

a) abusarem de sua autoridade;

b) forem condenados criminalmente em sentença cuja pena exceda a dois anos de prisão.

Já a **perda** do poder familiar se dará quando o pai ou a mãe (art. 1.638 do Código Civil):

a) castigarem imoderadamente o filho;

b) deixarem o filho em abandono;

c) praticarem atos contrários à moral e aos bons costumes;

d) incidirem, reiteradamente, no abuso de autoridade.

e) entregar de forma irregular o filho a terceiros para fins de adoção. (Incluído pela Lei 13.509/2017).

Vale salientar que a Lei 13.715/2018 estabeleceu mais hipóteses de perda do poder familiar, ao introduzir um parágrafo único no art. 1.638, que dispõe que também perderá por ato judicial o poder familiar aquele que:

I – praticar contra outrem igualmente titular do mesmo poder familiar:

a) homicídio, feminicídio ou lesão corporal de natureza grave ou seguida de morte, quando se tratar de crime doloso envolvendo violência doméstica e familiar ou menosprezo ou discriminação à condição de mulher;

b) estupro ou outro crime contra a dignidade sexual sujeito à pena de reclusão;

II – praticar contra filho, filha ou outro descendente:

a) homicídio, feminicídio ou lesão corporal de natureza grave ou seguida de morte, quando se tratar de crime doloso envolvendo violência doméstica e familiar ou menosprezo ou discriminação à condição de mulher;

b) estupro, estupro de vulnerável ou outro crime contra a dignidade sexual sujeito à pena de reclusão.

Além disso, verificada a hipótese de maus-tratos, opressão ou abuso sexual impostos pelos pais ou responsáveis, a *autoridade judiciária* poderá determinar, como **medida cautelar**, o *afastamento* do agressor da moradia comum, com fixação provisória de alimentos de que necessitem a criança ou adolescente dependente do agressor (art. 130 do Estatuto da Criança e do Adolescente).

Desvios e problemas decorrentes de culpa grave reiterada ou de dolo no exercício do poder familiar pelos pais devem ensejar suspensão do poder familiar e até perda do poder familiar, neste caso se configuradas as hipóteses do art. 1.638 do Código Civil.

Merece a aplicação das sanções os pais que utilizam o filho para atividades ilícitas, como as relacionadas ao tráfico ou a prostituição infantil. Tais casos revelam quase ausência total de valores positivos por parte dos pais, e, tudo indica, por parte dos filhos também, a justificar as medidas drásticas apontadas.

As sanções de suspensão e perda do poder familiar vêm sendo aplicadas também nos casos em que pais deixam de cuidar e de educar seus filhos, ainda que não tenha acontecido resultado lesivo visível num primeiro momento.

Outro caso que justifica a aplicação das medidas de suspensão e perda do poder familiar é o que decorre da chamada *alienação parental*.

A chamada Síndrome da Alienação Parental (SAP), também conhecida pela sigla em inglês PAS, recebeu esse nome de Richard Gardner, e consiste na situação em que o pai ou a mãe de uma criança a treina para romper os laços afetivos com o outro genitor, criando fortes sentimentos de ansiedade e temor em relação ao outro genitor. Exemplos de atuação nesse sentido são: a) exclusão do outro genitor da vida dos filhos; b) interferência nas visitas do outro genitor; c) ataque à relação entre filho e o outro genitor; d) ataque à imagem do outro genitor.

É importante não confundir a alienação parental com a síndrome, que pode ou não decorrer desta. A **alienação parental** é o afastamento do filho de um dos genitores, provocado pelo outro. Já a **síndrome da alienação parental** são as consequências emocionais e comportamentais que atingem a vítima da alienação parental.

Há estudos que revelam que 80% dos filhos de pais divorciados já sofreram algum tipo de alienação parental.

Porém, somente em caso mais graves é cabível a suspensão e até a perda do poder familiar. A esse respeito, *vide* o seguinte precedente, relatado pela brilhante Desembargadora do Tribunal de Justiça do Rio Grande do Sul, Desembargadora Maria Berenice Dias:

> "Destituição do poder familiar. Abuso sexual. Síndrome da alienação parental. Estando as visitas do genitor à filha sendo realizadas junto a serviço especializado, não há justificativa para que se proceda a destituição do poder familiar. A denúncia de abuso sexual levada a efeito pela genitora, não está evidenciada, havendo a possibilidade de se estar frente à hipótese da chamada síndrome da alienação parental. Negado provimento" (TJRS, AI 70015224140, j. 12.07.2006).

Além da alienação parental, há outro caso de grave descumprimento de dever de educação familiar. Trata-se da situação em que o pai ou a mãe não se relacionam com o filho, não cumprindo minimamente o dever de amparo afetivo, moral e intelectual. A situação vem sendo chamada doutrinariamente de **abandono afetivo** ou **abandono moral**.

Pais que assim agem estão sujeitos à perda do poder familiar por praticarem a conduta descrita no art. 1.638, II, do Código Civil.

Confira decisão do Superior Tribunal de Justiça destituindo mãe do poder familiar por conta de abandono afetivo:

> "Direito civil. Pátrio poder. Destituição por abandono afetivo. Possibilidade. Art. 395, inciso II, do Código Civil [de 1916] c/c art. 22 do ECA. Interesses do menor. Prevalência. – Caracterizado o abandono efetivo, cancela-se o pátrio poder dos pais biológicos. Inteligência do art. 395, II do Código Bevilacqua, em conjunto com o art. 22 do Estatuto da Criança e do Adolescente. Se a mãe abandonou o filho, na própria maternidade, não mais o procurando, ela jamais exerceu o pátrio poder." (REsp 275.568-RJ, rel. Humberto Gomes de Barros, j. 18.05.2004).

Por outro lado, fica também a discussão sobre que outras sanções ou consequências são cabíveis. No caso, a maior discussão é se cabe ou não reparação civil no caso.

O Superior Tribunal de Justiça, que não aceitava a tese de que cabe condenação ao pai ao pagamento de indenização por danos morais, mudou de posição. Confira:

> "Civil e processual civil. Família. Abandono afetivo. Compensação por dano moral. Possibilidade.
>
> 1. Inexistem restrições legais à aplicação das regras concernentes à responsabilidade civil e o consequente dever de indenizar/compensar no Direito de Família.
>
> 2. O cuidado como valor jurídico objetivo está incorporado no ordenamento jurídico brasileiro não com essa expressão, mas com locuções e termos que manifestam suas diversas desinências, como se observa do art. 227 da CF/1988.
>
> 3. Comprovar que a imposição legal de cuidar da prole foi descumprida implica em se reconhecer a ocorrência de ilicitude civil, sob a forma de omissão. Isso porque o *non facere*, que atinge um bem juridicamente tutelado, leia-se, o necessário dever de criação, educação e companhia – de cuidado – importa em vulneração da imposição legal, exsurgindo, daí, a possibilidade de se pleitear compensação por danos morais por abandono psicológico.
>
> 4. Apesar das inúmeras hipóteses que minimizam a possibilidade de pleno cuidado de um dos genitores em relação à sua prole, existe um núcleo mínimo de cuidados parentais que, para além do mero cumprimento da lei, garantam aos filhos, ao menos quanto à afetividade, condições para uma adequada formação psicológica e inserção social.
>
> 5. A caracterização do abandono afetivo, a existência de excludentes ou, ainda, fatores atenuantes – por demandarem revolvimento de matéria fática – não podem ser objeto de reavaliação na estreita via do recurso especial.
>
> 6. A alteração do valor fixado a título de compensação por danos morais é possível, em recurso especial, nas hipóteses em que a quantia estipulada pelo Tribunal de origem revela-se irrisória ou exagerada.
>
> 7. Recurso especial parcialmente provido. (REsp 1159242/SP, Rel. Ministra Nancy Andrighi, Terceira Turma, julgado em 24.04.2012, *DJe* 10.05.2012)."

8. DIREITO DAS SUCESSÕES

8.1. Sucessões em Geral

8.1.1. Introdução

A **sucessão** *causa mortis* pode ser **conceituada** como *a transmissão de um patrimônio em razão da morte de seu titular*.

São **espécies de sucessão** *causa mortis* as seguintes:

a) testamentária: é a que se verifica quando o destino dos bens se dá por disposição de última vontade do próprio autor da herança, manifestada por meio de testamento;

b) legítima, legal ou **"ab intestato":** é regulada pela lei de forma supletiva; ou seja, quando não há testamento ou quando este for parcial, tiver sido declarado nulo ou tiver caducado.

Quanto aos seus **efeitos**, há os seguintes tipos de sucessão:

a) a título universal: quando o sucessor (herdeiro) recebe todo o patrimônio do defunto ou uma fração da universalidade que este patrimônio representa;

b) a título singular: quando o sucessor (legatário) é contemplado com bem certo e individualizado, ou com vários bens determinados, só existe por testamento.

Já a **herança** pode ser **conceituada** como *o patrimônio deixado pelo morto, formado não só pelos bens materiais do falecido, mas também os seus direitos (créditos ou ações) e suas obrigações*.

A herança é considerada bem **imóvel**, além de bem **indivisível**, equivale a um condomínio, antes da partilha.

Os **fundamentos** da sucessão hereditária são os seguintes:

a) propriedade: há necessidade de os bens permanecerem com titulares, de modo que a propriedade possa continuar sendo (ou possa vir a ser) aproveitada, atendendo à sua função social (continuidade);

b) família: é conveniente não se deixar desamparadas pessoas bem próximas ao falecido, como filhos (presumida necessidade); ademais, é oportuno deferir às pessoas presumida ou efetivamente ligadas com afeição ao *de cujus* o patrimônio deste, de modo a propiciar-lhes melhor condição material de vida (presumida afeição);

c) liberdade: esse princípio é a favor da possibilidade de escolha do destino do patrimônio formado pelo autor da herança, dentro dos limites legais (liberdade); o princípio é exercido pela elaboração de um testamento.

8.1.2. Abertura da sucessão

O **momento** da abertura da sucessão é o da morte do "de cujus". A morte natural é comprovada pela certidão passada pelo oficial. Nos demais casos, faz-se necessária uma decisão judicial.

A abertura da sucessão tem as seguintes **consequências**:

a) os herdeiros sucessíveis sobrevivos recebem, sem solução de continuidade, a propriedade e a posse dos bens do defunto (art. 1.784 do CC); a exceção se dá quanto ao legatário (aquele que recebe um bem certo por meio de testamento); nesse caso, desde a abertura da sucessão, a coisa passa a pertencer a este, salvo se pender condição suspensiva; porém, não se defere de imediato a ele a posse da coisa (art. 1.923, *caput*, e § 1º, do CC);

b) faz iniciar o prazo de 2 meses para a instauração do inventário (art. 611 do NCPC).

O momento da sucessão também é relevante para a aferição da lei aplicável a esta. No caso, o art. 1.787 do CC dispõe que regula a sucessão e a legitimação para suceder a lei vigente ao tempo de sua abertura. Vale ressaltar que os princípios legais que regem a sucessão e a partilha não se confundem: a sucessão é disciplinada pela lei em vigor na data do óbito; a partilha deve observar o regime de bens e o ordenamento jurídico vigente ao tempo da aquisição de cada bem a partilhar (STJ, REsp 1118937/DF, DJE 04.03.2015).

Quanto ao **lugar**, a sucessão abre-se no lugar do último domicílio do falecido (art. 1.785 do CC).

8.1.3. Leis aplicáveis

Lei material: inicialmente importante ter em mente que bens localizados fora do território nacional serão inventariados fora do Brasil. Logo, essa competência escapa da jurisdição brasileira. A lei material é aquela que vai indicar quem é o herdeiro, quanto ele vai herdar, em qual proporção, concorrendo com quem. Normalmente é o Código Civil, mas nem sempre.

Regra de ouro: Para bens situados no Brasil, a lei material que será aplicada para reger a sucessão do falecido é a *lei do domicílio do de cujus*, ainda que este domicílio seja no exterior (art. 10 da LINDB). Ex: cidadão brasileiro, deixa uma casa no Brasil e seu último domicílio foi a Venezuela. Tendo em vista que há bens no Brasil, necessariamente esse bem terá de ser inventariado sob nossas regras processuais em território brasileiro. Porém o Código Civil a ser aplicado será o Venezuelano. Essa regra, todavia, comporta exceção: caso o cidadão tenha deixado esposa e filhos de nacionalidade brasileira, aplicar-se-á a lei mais favorável a estes. O juiz comparará a lei do domicílio do *de cujus* com a lei brasileira e escolherá a mais benéfica ao cônjuge e aos filhos (art. 10, § 1º, da LINDB).

Como visto, a lei material em linhas gerais indica quem serão os herdeiros. Obtida essa resposta, num segundo momento é necessário verificar se esse herdeiro/legatário possui *capacidade sucessória* para herdar aquele patrimônio. Para tanto, será necessário que se verifique a lei do domicílio do herdeiro/legatário (art. 10, § 2º, da LINDB). Ex: cidadão Paraguaio deixa um bem no Brasil. Seu último domicílio era o Chile e deixou um filho na nacionalidade Chilena que mora na Suíça. Vejamos: 1) o inventário tramitará no Brasil, pois o bem está no Brasil; 2) O Código Civil aplicável será o Chileno, pois o Chile foi o último domicílio do *de cujus*. Por meio dessa Lei encontraremos o herdeiro, no caso o filho; 3) Para saber se esse filho pode receber essa herança, ou seja, se tem capacidade sucessória para tanto deve-se consultar do Código Civil Suíço.

Lei processual: é a lei que vem efetivar as diretrizes do direito material. Define o foro competente para o ajuizamento da ação de inventário. Abre-se a sucessão no *lugar do último domicílio do falecido*. Havendo mais de um domicílio, ou não havendo domicílio fixo aplica-se as regras do art. 70 e seguintes do CC e art. 48 do NCPC. Por tratar-se de regra de competência territorial, temos um caso de competência relativa. Assim, caso o *de cujus* tenha bens em outro local que não o do seu último domicílio, havendo a concordância de todos os herdeiros, é possível que a ação tramite em local diverso.

8.1.4. Herança e sua administração

O **objeto** da sucessão hereditária é a **herança**, ou seja, o *patrimônio do falecido, constituído pelo conjunto de direitos e obrigações que se transmitem com a morte do "de cujus"*.

Todavia, há direitos e obrigações que não se transmitem: a) direitos personalíssimos (ex.: poder familiar, direitos políticos, obrigação de fazer infungível – art. 247 do CC); b) uso, usufruto e habitação.

A herança tem as seguintes **características**:

a) natureza imobiliária: para efeitos legais, a sucessão aberta é um *imóvel* (art. 80, II do CC); como consequência, para a cessão da herança é necessário escritura pública (art. 1.793 do CC) e autorização do cônjuge, salvo se casados no regime da separação absoluta de bens;

b) indivisibilidade: o direito dos coerdeiros quanto à propriedade e à posse da herança não pode ser dividido até a partilha (art. 1791, parágrafo único, do CC); como consequência, observa-se as normas relativas ao condomínio forçado; assim, cada condômino pode reivindicar tudo sozinho; além disso cada condômino deve colaborar com a conservação da coisa;

c) unidade: a herança defere-se como um todo unitário, ainda que vários sejam os herdeiros (art. 1.791, *caput*, do CC); dessa forma, não é possível dividir a herança em vários espólios; todavia, com a partilha cessa o estado de indivisão retroativamente, formando-se o quinhão hereditário de cada herdeiro. União estável é exceção.

No que diz respeito à cessão da herança, somente é cabível a cessão da **quota** hereditária (fração ideal na herança), e mesmo assim só por escritura pública. Na hipótese de o herdeiro resolver ceder apenas o ***direito*** **que possui sobre um bem certo e determinado**, ter-se-á uma cessão ineficaz, só produzindo efeitos se, após a partilha, o bem em questão por ventura vier a ser atribuído ao herdeiro que fez a disposição.

Deve-se respeitar o direito de preferência dos coerdeiros (art. 1.794 do CC); se mais de um herdeiro quiser a coisa, entre eles se distribui o quinhão cedido (art. 1.795, parágrafo único, do CC), na proporção das respectivas quotas hereditárias; o coerdeiro a quem não se der conhecimento da cessão poderá, depositado o preço, haver para si a cota cedida a estranho, se o requerer até 180 dias após a transmissão. Se o herdeiro for casado, é necessária a autorização do cônjuge, já que a herança é considerada imóvel enquanto estiver aberta (art. 80, II, do CC)

É importante ressaltar que o herdeiro **não responde por encargos superiores às forças da herança**. Incumbe-lhe, porém, a prova do excesso, salvo se houver inventário que a escuse, demonstrando o valor dos bens herdados (art. 1.792 do CC).

A Lei determina que a administração da herança caberá, sucessivamente (art. 1.797 do CC):

a) ao cônjuge ou companheiro, se com o outro convivia ao tempo da abertura da sucessão;

b) ao herdeiro que estiver na posse e administração dos bens, e, se houver mais de um nessas condições, ao mais velho;

c) ao testamenteiro;

d) à pessoa de confiança do juiz, na falta ou escusa das indicadas nos incisos antecedentes, ou quando tiverem de ser afastadas por motivo grave levado ao conhecimento do juiz.

8.1.5. Vocação hereditária

Tem bastante relevância para o direito das sucessões a **capacidade para suceder**, que pode ser conceituada como *a aptidão da pessoa para receber bens deixados pelo "de cujus"*.

Não se trata da capacidade civil genérica, mas da legitimação da pessoa para receber bens por sucessão *causa mortis*.

Deve-se verificar a capacidade para suceder no momento em que se verifica a abertura da sucessão.

Na **sucessão legítima**, tem legitimidade para suceder as seguintes pessoas: a) já nascidas; ou b) já concebidas no momento da abertura da sucessão (art. 1.798 do CC).

Na **sucessão testamentária**, tem legitimidade para suceder as seguintes pessoas:

a) os filhos, ainda não concebidos, de pessoas indicadas pelo testador, desde que vivas estas ao abrir-se a sucessão;

b) as pessoas jurídicas já constituídas no momento da morte do testador;

c) as pessoas jurídicas, cuja organização for determinada pelo testador sob a forma de fundação.

Não tem capacidade para suceder as seguintes pessoas (art. 1.801 do CC):

a) a pessoa que, a rogo, escreveu o testamento, nem o seu cônjuge ou companheiro, ou os seus ascendentes e irmãos.

b) as testemunhas do testamento;

c) o concubino do testador casado, salvo se este, sem culpa sua, estiver separado de fato do cônjuge há mais de cinco anos.

d) o tabelião, civil ou militar, ou o comandante ou escrivão, perante quem se fizer, assim como o que fizer ou aprovar o testamento.

São **nulas** as disposições testamentárias em favor de pessoas **não legitimadas** a suceder, ainda quando simuladas sob a forma de contrato oneroso, ou feitas mediante interposta pessoa (art. 1.802 do CC). Para esse fim, presumem-se pessoas interpostas os ascendentes, os descendentes, os irmãos e o cônjuge ou companheiro do não legitimado a suceder. Por exemplo, se o testador deixa bens para o filho de sua concubina, essa disposição será nula, pois o filho é descendente da concubina, caracterizando a proibição de usar interposta pessoa para burlar a regra que a ilegitima para a sucessão.

O testador só poderá testar em favor do filho do concubino quando se tratar de um filho seu também (art. 1.803 do CC).

8.1.6. Aceitação da herança

A **aceitação da herança** pode ser **conceituada** como *o ato jurídico unilateral pelo qual o herdeiro, legítimo ou testamentário, manifesta livremente sua vontade de receber a herança ou o legado que lhe é transmitido*.

Uma vez **aceita** a herança, torna-se **definitiva** sua transmissão ao herdeiro, **desde a abertura da sucessão**.

Por outro lado, quando o herdeiro **renuncia** à herança, a transmissão tem-se por **não verificada** (art. 1.804 do CC).

Confira, agora, as **espécies de aceitação**:

a) expressa: se resulta de manifestação escrita do herdeiro (art. 1.805 do CC);

b) tácita: se resulta de comportamento próprio da qualidade de herdeiro (art. 1.805 do CC); por exemplo, pela tomada de providências, por parte do herdeiro, para fazer a cessão onerosa da herança; ou pela postura de cobrar devedores da herança; segundo o STJ, "o pedido de abertura de inventário e o arrolamento de bens, com a regularização processual por meio de nomeação de advogado, implicam a aceitação tácita da herança" (REsp 1.622.331-SP, DJe 14.11.2016);

c) presumida: decorrente do silêncio do herdeiro após ser instado pelo juiz, provocado por interessado, após 20 dias da abertura da sucessão (art. 1.807 do CC);

d) aceitação pelos credores: caso o herdeiro prejudique seus credores, renunciando a uma herança, os próprios credores poderão aceitar a herança, em nome do renunciante (art. 1.813 do CC); a habilitação dos credores se fará no prazo de 30 dias seguintes ao conhecimento do fato; pagas as dívidas do renunciante, prevalece a renúncia quanto ao remanescente, que será devolvido aos demais herdeiros.

O Código Civil estabelece as seguintes **limitações** à aceitação da herança:

a) não se pode aceitar a herança **parcialmente**, **sob condição** ou **a termo** (art. 1.808 do CC);

b) a aceitação é **irrevogável** (art. 1.812 do CC).

O herdeiro, chamado, na mesma sucessão, a mais de um quinhão hereditário, sob títulos sucessórios diversos, pode livremente deliberar quanto aos quinhões que aceita e aos que renuncia (art. 1.808, § 2º, do CC).

Falecendo o herdeiro, antes de aceitar, essa prerrogativa passa aos seus herdeiros, salvo condição suspensiva pendente (art. 1.809 do CC). Se o herdeiro morre antes do advento da condição suspensiva ele não adquire o direito à herança, haja vista que a condição suspensiva não confere direito adquirido, mas apenas direito eventual. Assim, descabida a possibilidade de aceitação pelos herdeiros.

8.1.7. Renúncia da herança

A **renúncia da herança** pode ser **conceituada** como *o ato jurídico unilateral pelo qual o herdeiro declara expressamente* *que não aceita a herança ou legado a que tem direito* (art. 1.806 do CC).

São **requisitos** da renúncia os seguintes:

a) capacidade jurídica do renunciante;

b) forma prescrita em lei: instrumento público ou termo judicial (art. 1.806 do CC);

c) inadmissibilidade de condição ou termo (art. 1.808 do CC);

d) não realização de ato equivalente à aceitação, já que a aceitação é irrevogável (art. 1.812 do CC);

e) impossibilidade de repúdio parcial (art. 1.808 do CC).

A renúncia da herança tem os seguintes **efeitos**:

a) considera-se que a transmissão da herança não foi verificada (art. 1.804, parágrafo único, do CC);

b) os herdeiros do renunciante não o representarão (art. 1.811 do CC);

c) a parte do renunciante será acrescida à dos outros herdeiros da mesma classe e, sendo ele o único desta, devolve-se aos da classe subsequente (art. 1.810 do CC);

d) a renúncia é irrevogável (art. 1.812 do CC);

e) se houve verdadeira renúncia, o renunciante não haverá de pagar imposto de transmissão de bens *causa mortis*; porém, se deu-se o nome de renúncia algo que, na verdade, é a cessão da herança para alguém, haverá de ser pago imposto de transmissão.

8.1.8. *Excluídos da sucessão por indignidade*

A **exclusão da sucessão por indignidade** pode ser **conceituada** como *a pena civil que priva do direito à herança herdeiros ou legatários que cometerem atos graves contra o autor da herança ou pessoa próxima a ele, taxativamente enumerados em lei*.

Tal exclusão **opera-se** da seguinte maneira: a) verifica-se se um herdeiro ou legatário cometeu algum dos atos que a lei considera de indignidade enquanto o autor da herança era vivo; b) os legitimados devem ingressar com ação judicial visando a que o juiz reconheça a indignidade e aplique a pena, no prazo previsto na lei.

Repare que o autor da herança não tem participação alguma no processo de exclusão do indigno da herança.

São causas de **exclusão** da sucessão as seguintes condutas de herdeiros ou legatários (art. 1.814 do CC):

a) quando houverem sido autores, coautores ou partícipes de homicídio doloso ou tentativa deste contra a pessoa de cuja sucessão se tratar: seu cônjuge, seu companheiro, seu ascendente, seu descendente; repare que deve se tratar de crime contra a vida; deve-se tratar, ainda, de crime doloso; não é necessária a prévia condenação criminal; um exemplo, a situação de uma filha que mata ou manda matar os pais;

b) quando houverem acusado caluniosamente em juízo autor da herança (denunciação caluniosa – art. 339 do CP) ou incorrerem em crime contra a honra deste, ou de seu cônjuge ou companheiro;

c) quando por violência ou meios fraudulentos atentarem contra a liberdade de testar do autor da herança de dispor livremente de seus bens por ato de última vontade; por exemplo, um herdeiro constranger o testador a fazer algo, ou impedi-lo de revogar o testamento etc.

Quanto à declaração jurídica de indignidade, esta não opera de pleno direito, devendo ser declarada por sentença proferida em ação ordinária.

A **legitimidade** para propor essa ação é daquele que tiver **legítimo interesse**. Por exemplo, o coerdeiro, o legatário e o fisco, na falta de sucessores. No caso do inciso I do art. 1.814 (herdeiros ou legatários que houverem sido autores, coautores ou partícipes de homicídio doloso, ou tentativa deste, contra a pessoa de cuja sucessão se tratar, seu cônjuge, companheiro, ascendente ou descendente), o Ministério Público também tem legitimidade para demandar a exclusão do herdeiro ou legatário (regra incluída no art. 1.815 do CC pela Lei 13.532/2017).

A exclusão do herdeiro ou legatário ficará prejudicada se o autor da herança, por meio de testamento ou documento autêntico, reabilitar o indigno (art. 1.818 do CC).

O prazo decadencial para o ingresso da ação é de 4 anos contados da abertura da sucessão (art. 1.815 do CC). Não é possível a propositura dessa ação enquanto o autor da herança ainda estiver vivo.

São *pessoais* os **efeitos** da exclusão da herança ou do legado por indignidade. Assim, o excluído é considerado *como se morto fosse* (art. 1.816 do CC), podendo seus descendentes representá-lo na herança do falecido.

São válidas as alienações onerosas de bens hereditários a terceiros de boa-fé e os atos de administração legalmente praticados pelo herdeiro, antes da sentença de exclusão; mas aos herdeiros subsiste, quando prejudicados, o direito de demandar-lhes perdas e danos.

O excluído da sucessão é obrigado a restituir os frutos e rendimentos que dos bens da herança houver percebido, mas tem direito a ser indenizado das despesas com a conservação destes.

A **deserdação** é instituto semelhante à indignidade, porém com ela não se confunde. A deserdação é *o ato unilateral do testador, que se aperfeiçoa com êxito em ação ordinária proposta por interessado, que exclui da sucessão herdeiro necessário, por testamento, motivado em causas taxativamente previstas em lei*. As causas são as mesmas da indignidade (art. 1.962 do CC), mais ofensa física, injúria grave, relações ilícitas no âmbito familiar (com a madrasta, padrasto, enteado etc.) e desamparo em alienação mental ou grave enfermidade.

A deserdação só atinge os *herdeiros necessários*, ao passo que a exclusão por indignidade atinge qualquer herdeiro ou legatário.

A deserdação deve ser feita por testamento, o qual é obrigado a expor expressamente a declaração da sua causa (art. 1.964 do CC).

Além disso, o interessado deverá ingressar com ação para provar a causa da deserdação, no prazo de 4 anos, a contar da data da abertura do testamento.

8.2. Sucessão legítima

8.2.1. *Direito de representação*

O **direito de representação** pode ser **conceituado** como *a convocação legal de parentes do falecido a suceder em todos os direitos em que ele sucederia se vivo fosse* (art. 1.851 do CC).

A finalidade do direito de representação é preservar a equidade, reparando a perda sofrida pelo representante, pela morte prematura do representado.

São **requisitos** para o exercício do direito de representação os seguintes:

a) haver o representado falecido antes do autor da herança;

b) dar-se a representação só na linha reta (art. 1.833 do CC – "ad infinitum") e na linha transversal em benefício dos sobrinhos (filhos do irmão falecido – art. 1.840 do CC);

c) descender o representante do representado.

São **efeitos** do direito de representação os seguintes:

a) os representantes herdam exatamente o que caberia ao representado se vivo fosse e sucedesse (art. 1.854 do CC); ou seja, herdam por estirpe, e não por cabeça;

b) o quinhão do representado partir-se-á por igual entre os representantes (art. 1.855 do CC);

c) a quota que os representantes receberem não responde por débitos do representado (já que não entrou no seu patrimônio), mas só por débitos do "de cujus";

d) mas representantes terão que trazer à colação bens recebidos em doação por representado;

e) o direito de representação só se opera na sucessão legítima, nunca na testamentária.

8.2.2. Ordem de vocação hereditária (art. 1.829 do CC)

De acordo com o art. 1.829 do Código Civil, a sucessão legítima defere-se na seguinte ordem:

I. **aos descendentes, em concorrência com o cônjuge sobrevivente**

Porém, estão fora da primeira classe os seguintes cônjuges sobreviventes:

a) casados sob o regime da comunhão universal;

b) casados sob o regime da separação obrigatória de bens (separação legal, e não a separação convencional);

c) casados sob regime da comunhão parcial, quando o autor da herança não houver deixado bens particulares;

De outra parte, está dentro da primeira classe o cônjuge sobrevivente casados sob os regimes de separação convencional de bens (STJ, REsp 1.382.170-SP, DJ 26.05.2015) e de comunhão parcial, quando o autor da herança houver deixado bens particulares. Nessa última hipótese (cônjuge sobrevivente casado sob o regime de comunhão parcial deixando bens particulares, o STJ entende que essa concorrência com os descendentes somente se dará quanto aos bens particulares do acervo hereditário. Confira:

"Direito civil. Sucessão *Causa mortis* e regime de comunhão parcial de bens.

O cônjuge sobrevivente casado sob o regime de comunhão parcial de bens concorrerá com os descendentes do cônjuge falecido apenas quanto aos bens particulares eventualmente constantes do acervo hereditário. O art. 1.829, I, do CC estabelece que o cônjuge sobrevivente concorre com os descendentes do falecido, salvo se casado: i) no regime da comunhão universal; ou ii) no da separação obrigatória de bens (art. 1.641, e não art. 1.640, parágrafo único); ou, ainda, iii) no regime da comunhão parcial, quando o autor da herança não houver deixado bens particulares. Com isso, o cônjuge supérstite é herdeiro necessário, concorrendo com os descendentes do morto, desde que casado com o falecido no regime: i) da separação convencional (ou consensual), em qualquer circunstância do acervo hereditário (ou seja, existindo ou não bens particulares do falecido); ou ii) da comunhão parcial, apenas quando tenha o *de cujus* deixado bens particulares, pois, quanto aos bens comuns, já tem o cônjuge sobrevivente o direito à meação, de modo que se faz necessário assegurar a condição de herdeiro ao cônjuge supérstite apenas quanto aos bens particulares. Dessa forma, se o falecido não deixou bens particulares, não há razão para o cônjuge sobrevivente ser herdeiro, pois já tem a meação sobre o total dos bens em comum do casal deixados pelo inventariado, cabendo a outra metade somente aos descendentes deste, estabelecendo-se uma situação de igualdade entre essas categorias de herdeiros, como é justo. Por outro lado, se o falecido deixou bens particulares e não se adotar o entendimento ora esposado, seus descendentes ficariam com a metade do acervo de bens comuns e com o total dos bens particulares, em clara desvantagem para o cônjuge sobrevivente. Para evitar essa situação, a lei estabelece a participação do cônjuge supérstite, agora na qualidade de herdeiro, em concorrência com os descendentes do morto, quanto aos bens particulares. Assim, impõe uma situação de igualdade entre os interessados na partilha, pois o cônjuge sobrevivente permanece meeiro em relação aos bens comuns e tem participação na divisão dos bens particulares, como herdeiro necessário, concorrendo com os descendentes. A preocupação do legislador de colocar o cônjuge sobrevivente na condição de herdeiro necessário, em concorrência com os descendentes do falecido, assenta-se na ideia de garantir ao cônjuge supérstite condições mínimas para sua sobrevivência, quando não possuir obrigatória ou presumida meação com o falecido (como ocorre no regime da separação convencional) ou quando a meação puder ser até inferior ao acervo de bens particulares do morto, ficando o cônjuge sobrevivente (mesmo casado em regime de comunhão parcial) em desvantagem frente aos descendentes. Noutro giro, não se mostra acertado o entendimento de que deveria prevalecer para fins sucessórios a vontade dos cônjuges, no que tange ao patrimônio, externada na ocasião do casamento com a adoção de regime de bens que exclua da comunhão os bens particulares de cada um. Com efeito, o regime de bens tal qual disciplinado no Livro de Família do Código Civil, instituto que disciplina o patrimônio dos nubentes, não rege o direito sucessório, embora tenha repercussão neste. Ora, a sociedade conjugal se extingue com o falecimento de um dos cônjuges (art. 1.571, I, do CC), incidindo, a partir de então, regras próprias que regulam a transmissão do patrimônio do *de cujus*, no âmbito do Direito das Sucessões, que possui livro próprio e específico no Código Civil. Assim, o regime de bens adotado na ocasião do casamento é considerado e tem influência no Direito das Sucessões, mas não prevalece tal qual enquanto em curso o matrimônio, não sendo extensivo a situações que possuem regulação legislativa própria, como no direito sucessório". (REsp 1.368.123-SP, DJe 08.06.2015).

É importante observar que o cônjuge sobrevivente não tem direito à herança se, no momento da morte, estava separado judicialmente ou de fato por mais de dois anos, salvo prova, neste caso, de que a convivência se tornara impossível sem a culpa dele.

Se o cônjuge sobrevivente concorrer com os descendentes, seu quinhão será, em princípio, igual ao que couber a cada um deles por cabeça, mas a quota do cônjuge sobrevivente não poderá ser menor do que ¼ da herança, caso seja ascendente dos herdeiros com quem concorrer (art. 1.832 do CC).

II. aos ascendentes, em concurso com o cônjuge

O cônjuge terá direito a 1/3 da herança, se concorrer com ambos os pais do *de cujus*; e à metade, se concorrer com um só deles, ou com ascendentes de outro grau (ex.: avós).

III. ao cônjuge sobrevivente

Na falta de descendentes e de ascendentes, o cônjuge sobrevivente terá direito a toda a herança, sem qualquer distinção quanto ao regime de bens.

IV. aos colaterais

Primeiramente são chamados os irmãos do morto (pode haver representação dos filhos de irmão falecido). Depois, os sobrinhos. Os tios só serão convocados quando não existir sobrinho algum. Na falta de tios, chama-se os colaterais de quarto grau (primos, tios-avós e sobrinhos-netos).

8.2.3. Sucessão dos descendentes

A sucessão dos descendentes se dá da seguinte forma:

a) **por cabeça**, "per capita" ou por direito próprio (todos são do mesmo grau): a herança é dividida em partes iguais, de acordo com o número de herdeiros;

b) **por estirpe ou por direito de representação**: quando concorrem descendentes de graus diferentes.

Por exemplo: "A" tem 3 filhos ("B", "C" e "D"); "B" morre antes de "A" e deixa 2 filhos ("B1" e "B2"), que serão os representantes de "B"; "C" e "D" recebem 1/3 da herança; "B1" e "B2", 1/6 cada.

Ou seja, o quinhão do representado (pré-morto, indigno ou deserdado) é dividido entre os representantes ("B1 e "B2").

Não existe direito de representação na linha ascendente. Na colateral, só é deferido em favor dos sobrinhos do morto, quando concorrerem com os irmãos deste (art. 1.853 do CC).

8.2.4. Sucessão do companheiro

O companheiro sobrevivente, embora seja herdeiro legítimo, não é *necessário* (ao contrário do cônjuge sobrevivente).

De acordo com o art. 1.790, participará da sucessão do outro, quanto aos bens adquiridos onerosamente na vigência da união estável, nos seguintes termos:

I. se concorrer com filhos comuns, terá direito a uma quota equivalente à que por lei for atribuída ao filho;

II. se concorrer com descendentes só do autor da herança, tocar-lhe-á a metade do que couber a cada um deles;

III. se concorrer com outros parentes sucessíveis, terá direito a um terço da herança;

IV. não havendo parentes sucessíveis, terá direito à totalidade da herança.

Porém, o STF declarou inconstitucional esse art. 1.790 do CC, que estabelecia uma diferenciação entre os regimes sucessórios entre cônjuges e companheiros, devendo-se aplicar a ambos o regime estabelecido no art. 1.829 do CC (RE 646721/RS, rel. Min. Marco Aurélio, red. p/ o ac. Min. Roberto Barroso, j. 10.05.2017).

Os fundamentos da decisão foram: a) não pode haver hierarquização entre famílias; b) violação da igualdade; c) violação da dignidade da pessoa humana; d) proibição à proteção deficiente; e) vedação ao retrocesso.

O STJ também decidiu que na falta de descendentes e ascendentes, será deferida a sucessão por inteiro ao cônjuge ou companheiro sobrevivente, não concorrendo com parentes colaterais do *de cujus* (REsp 1.357.117-MG, DJe 26.03.2018). Esse entendimento também faz cair por terra a regra do inciso III acima. A justificativa foi a seguinte: "Incialmente, é importante ressaltar que no sistema constitucional vigente, é inconstitucional a distinção de regimes sucessórios entre cônjuges e companheiros, devendo ser aplicado em ambos os casos o regime do artigo 1.829 do CC/2002, conforme tese estabelecida pelo Supremo Tribunal Federal em julgamento sob o rito da repercussão geral (RE 646.721 e 878.694). Além disso, a Quarta Turma, por meio do REsp 1.337.420-RS, rel. Min. Luis Felipe Salomão, DJe 21.09.2017 (Informativo 611), utilizou como um de seus fundamentos para declarar a ilegitimidade dos parentes colaterais que pretendiam anular a adoção de uma das herdeiras que, na falta de descendentes e de ascendentes, o companheiro receberá a herança sozinho, exatamente como previsto para o cônjuge, excluindo os colaterais até o quarto grau (irmãos, tios, sobrinhos, primos, tios-avós e sobrinhos-netos). Nesse sentido, os parentes até o quarto grau não mais herdam antes do companheiro sobrevivente, tendo em vista a flagrante inconstitucionalidade da discriminação com a situação do cônjuge, reconhecida pelo STF. Logo, é possível concluir, com base nos artigos 1.838 e 1.839, do CC/2002, que o companheiro, assim como o cônjuge, não partilhará herança legítima, com os parentes colaterais do autor da herança, salvo se houver disposição de última vontade, como, por exemplo, um testamento".

8.2.5. Herdeiros necessários

São **herdeiros necessários** os *descendentes*, os *ascendentes* e o *cônjuge* (art. 1.845 do CC). Repare que o *companheiro* não é considerado herdeiro necessário.

Os herdeiros necessários têm uma **vantagem**, qual seja: pertence a eles, de pleno direito, a metade dos bens da herança, constituindo a *legítima*.

Calcula-se a **legítima** sobre o valor dos bens existentes na abertura da sucessão, abatidas as dívidas e as despesas do funeral, adicionando-se, em seguida, o valor dos bens sujeitos a colação (art. 1.847 do CC).

A legítima, a princípio, **não pode ser gravada** pelo autor da herança. Todavia, **se houver justa causa**, declarada no testamento, pode o testador estabelecer cláusula de inalienabilidade, impenhorabilidade e de incomunicabilidade sobre os bens da legítima (art. 1.848 do CC). Mediante autorização judicial e havendo justa causa, podem ser alienados os bens gravados, convertendo-se o produto em outros bens, que ficarão sub-rogados nos ônus dos primeiros.

O STJ tem mitigado ainda mais regra, permitindo o próprio desfazimento da cláusula de inalienabilidade, preenchidos certos requisitos: "o atual Código Civil, no art. 1.848, passou a exigir que o instituidor da inalienabilidade, nos casos de testamento, indique expressamente uma justa causa para a restrição imposta, operando verdadeira inversão na lógica existente sob a égide do CC de 1916. Há de se exigir que o doador manifeste razoável justificativa para a imobilização de determinado bem em determinado patrimônio, sob pena de privilegiarem-se excessos de proteção ou caprichos desarrazoados. Segundo a doutrina, "o que determina a validade da cláusula não é mais a vontade indiscriminada do testador, mas a existência de justa causa para a restrição imposta voluntariamente pelo testador. Pode ser considerada justa causa a prodigalidade, ou a incapacidade por doença mental, que diminuindo o discernimento do herdeiro, torna provável que esse dilapide a herança". Nesse contexto, o ato intervivos de transferência de bem do patrimônio dos pais aos filhos configura adiantamento de legítima e, com a morte dos doadores, passa a ser legítima propriamente dita. Não havendo justo motivo para que se mantenha congelado o bem sob a propriedade dos donatários, todos maiores, que manifestam não possuir interesse em manter sob o seu domínio o imóvel, há de se cancelar as cláusulas que o restringem" (REsp 1.631.278-PR, DJe 29/03/2019).

Com relação à outra metade da herança (metade disponível), o autor da herança pode destiná-la a todos àqueles que têm capacidade para suceder. Aliás, se o testador deixar a algum herdeiro necessário sua parte disponível, ou algum legado, esse herdeiro não perderá o direito à legítima.

Para excluir da sucessão os herdeiros colaterais, basta que o testador disponha de seu patrimônio sem os contemplar, pois tais herdeiros, por não serem herdeiros necessários, não têm a eles reservado a legítima.

8.3. Sucessão testamentária

A **sucessão testamentária** pode ser **conceituada** como *aquela que decorre de expressa manifestação de última vontade, em testamento ou codicilo.*

Por meio do testamento, o testador pode fazer disposições patrimoniais e não patrimoniais. Neste passo, além de poder dispor sobre os seus bens, poderá reconhecer filhos, nomear tutor, reabilitar o indigno, tecer orientações sobre o seu funeral, criar fundação etc.

Extingue-se em 5 anos o **prazo para impugnação de sua validade**, a partir de seu registro.

São **características** do testamento as seguintes:

a) é personalíssimo: ou seja, não pode ser feito por procurador;

b) é negócio jurídico unilateral, ou seja, aperfeiçoa-se com única declaração de vontade;

c) é proibido o testamento conjuntivo ou de mão comum ou mancomunado, já que a lei veda o pacto sucessório, tendo em vista a revogabilidade do testamento;

d) é negócio jurídico solene, gratuito, revogável, *causa mortis* (só tem efeito após a morte do testador).

Quanto à **capacidade para testar**, é conferida aos plenamente capazes e aos maiores de 16 anos, sem necessidade de assistência.

São **formas ordinárias** de testamento as seguintes:

a) testamento público: *é o escrito por tabelião, de acordo com as declarações do testador, que pode se servir de notas, devendo ser lavrado o instrumento e lido em voz alta pelo primeiro ao segundo e a 2 testemunhas (ou pelo testador na presença dos demais), com posterior assinatura de todos.* É dever do tabelião atestar a sanidade mental do testador. O documento deve ser lavrado em língua portuguesa. Caso o tabelião não entenda o idioma do testador, deverá se valer de tradutor público. Pode ser escrito manualmente ou mecanicamente, bem como ser feito pela inserção de declaração de vontade em partes impressas de livro de notas, desde que rubricadas todas as páginas pelo testador, se mais de uma; o surdo deverá ler ou designar quem o leia, se não souber; ao cego só se permite testamento público, que lhe será lido duas vezes (pelo tabelião e uma testemunha); o analfabeto só pode utilizar essa forma;

b) testamento cerrado (secreto ou místico): *é o escrito pelo testador ou outra pessoa (a seu rogo) e por aquele assinado, desde que aprovado pelo tabelião, que o recebe na presença de 2 testemunhas, com a declaração pelo testador de que se trata de seu testamento e quer que seja aprovado, lavrando-se auto de aprovação, que deve ser lido, em seguida, ao testador e às testemunhas, assinando todos;* deve-se cerrar e coser o instrumento aprovado; ao final, entrega-se ao testador e lança-se no livro local a data em que o testamento foi aprovado e entregue. Note que no testamento cerrado o tabelião não tem conhecimento do conteúdo do testamento. Sua função é apenas a de aprová-lo, seguindo as formalidades legais. Esse testamento pode ser escrito em língua nacional ou estrangeira; quem não saiba (analfabeto) ou não possa (cego) ler, não pode utilizá-lo; o surdo-mudo pode, desde que escreva todo o seu teor a mão e o assine; o juiz só não o levará em consideração se achar vício externo que o torne eivado de nulidade ou suspeito de falsidade;

c) testamento particular (hológrafo): Trata-se de testamento elaborado pelo próprio testador, sem a presença do tabelião. *Pode ser escrito de próprio punho ou mediante processo mecânico, devendo ser lido e assinado por quem o escreveu, na presença de pelo menos três testemunhas, que o devem subscrever.* Morto o testador, o testamento deverá ser levado à juízo, com a citação dos herdeiros legítimos. As testemunhas também serão intimadas. O testamento apenas será confirmado se as testemunhas estiverem de acordo sobre o fato da disposição, ou ao menos sobre a sua leitura perante elas e reconhecerem as próprias assinaturas, bem como a do testador. Caso alguma testemunha falte, por morte ou ausência, se pelo menos uma delas o reconhecer, o testamento poderá ser confirmado, se o juiz entender que há prova suficiente de sua veracidade. Apenas em circunstâncias excepcionais o testamento particular sem testemunhas pode ser confirmado pelo juiz, desde que tenha sido escrito de próprio punho e assinado pelo testador. Atualizando a norma ao mundo digital, o STJ decidiu que é válido o testamento particular que, a despeito de não ter sido assinado de próprio punho pela testadora, contou com a sua impressão digital (REsp 1.633.254-MG, DJe 18/03/2020).

Já o **codicilo** trata-se de ato de última vontade destinado a disposições de pequeno valor. Toda pessoa capaz de testar poderá, mediante escrito particular seu, datado e assinado, fazer disposições especiais sobre seu enterro, sobre esmolas de pouca monta a certas e determinadas pessoas, ou, independentemente, aos pobres de certo lugar, assim como legar móveis, roupas ou joias, de pouco valor, de seu uso pessoal, e ainda nomear ou instituir testamenteiros.

Revoga-se o codicilo por outro (expressamente) ou por testamento posterior, de qualquer natureza, que não o confirme ou modifique.

São **testamentos especiais:** os marítimos, aeronáuticos e militares, sendo utilizados em situações emergenciais.

Quanto às **disposições testamentárias**, consistem em regras interpretativas do testamento, que apenas serão aplicadas caso a vontade do falecido não tenha sido manifestada de forma clara a inconteste. Quando a cláusula testamentária for suscetível de interpretações diferentes, prevalecerá a que melhor assegure a observância da vontade do testador. Confira algumas regras:

a) regras proibitivas:

✓ não cabe nomeação de herdeiro a termo (salvo nas disposições fideicomissárias), considerando-se não escrita a fixação de data ou termo;

✓ não cabe disposição com condição captatória (é proibido o pacto sucessório);

✓ é nula a cláusula que se refira a pessoa incerta, cuja identidade não se possa averiguar.

b) regras permissivas:

✓ a nomeação pode ser pura e simples, quando não haja qualquer condição ou ônus;

✓ a nomeação pode ser feita sob condição suspensiva ou resolutiva, desde que lícitas e possíveis, ou mediante encargo (para certo fim ou modo), que pode ser exigido do beneficiário, não se falando em revogação pelo descumprimento, salvo se expressamente prevista pelo testador, e, ainda, por certo motivo.

São **anuláveis** as disposições testamentárias inquinadas de **erro, dolo ou coação**. Extingue-se em quatro anos o direito de anular a disposição, contados de quando o interessado tiver conhecimento do vício.

Instituto importante em matéria de sucessão testamentária é o do **legado**. Este pode ser **conceituado** como a *coisa certa e determinada deixada a alguém (legatário), por testamento ou codicilo*. O legado pode ser de coisas, crédito, quitação de dívida, alimentos, usufruto, imóvel, dinheiro, renda ou pensão vitalícia.

A aquisição do legado é diferente da regra geral da aquisição da herança, que se dá com a *saisine*. Isso porque, aberta a sucessão, o legatário adquire apenas a propriedade de coisa, se esta for coisa certa, existente no acervo. No entanto, se tratar de coisa incerta (escolhe-se a de qualidade média), só adquire essa coisa quando da partilha. Quanto à posse, o legatário não tem como exigi-la imediatamente. Poderá apenas pedi-la aos herdeiros, que verificarão quanto à possibilidade, não podendo obtê-la por sua própria autoridade. Os frutos, todavia, pertencem ao legatário desde a morte do testador, salvo o de dinheiro, que decorre da mora.

Outro tema relevante na sucessão testamentária é o da **caducidade**. Segundo o Código Civil, um testamento deixa de produzir efeitos pela nulidade, pela revogação ou pela caducidade, que se dá pela falta do objeto (modificação substancial feita pelo testador, alienação da coisa, evicção ou perecimento) ou pela falta do beneficiário (por exclusão, renúncia, falta de legitimação ou morte – não há direito de representação).

Questão bastante interessante é relativa ao **direito de acrescer**, temática que se coloca quando o testador contempla vários beneficiários, deixando-lhes a mesma herança ou coisa, em porções não determinadas, e um dos concorrentes vem a faltar.

Nesse caso, não havendo substituto designado pelo testador, será acrescido ao quinhão dos coerdeiros ou colegatários conjuntamente contemplados o quinhão daquele que vem a faltar, salvo se estes têm cotas hereditárias determinadas.

Confira um exemplo em que caberá o direito de acrescer: "deixo o imóvel X a Fulano e Beltrano". Vindo a faltar Fulano, Beltrano ficará com a parte do primeiro, pelo direito de acrescer.

No entanto, esse direito não se aplica no seguinte caso: "deixo metade do imóvel X a Fulano e metade do imóvel X a Beltrano". Nesse caso, vindo a faltar Fulano, e não havendo substituto para ele, sua cota vai aos herdeiros legítimos.

Falando em substituto, o instituto da **substituição** pode ser **conceituado** como *a indicação de certa pessoa para recolher a herança ou legado, caso o nomeado venha a faltar*.

A substituição pode ser **vulgar** ou **fideicomissária:**

a) substituição vulgar e recíproca: é a que se verifica quando o testador nomeia um herdeiro ou legatário para receber a quota que caberia àquele que não quis ou não pôde receber; é *recíproca* quando os herdeiros ou legatários são nomeados substitutos uns dos outros.

b) substituição fideicomissária: é aquela em que o testador (fideicomitente) institui alguém como fiduciário para ser seu herdeiro ou legatário e receber a herança ou legado quando for aberta a sucessão, mas estabelece que seu direito será resolvido, em favor de outrem (fideicomissário), por razão de sua morte, após determinado prazo, ou depois de verificada certa condição.

O art. 1.952 do Código Civil só permite a substituição fideicomissária em favor dos não concebidos ao tempo da morte do testador. Caso o fideicomissário contemplado no testamento já tenha nascido quando da abertura da sucessão, a lei determina que o direito de propriedade dos bens abrangidos pelo testamento seja a ele transmitida imediatamente, mas o fiduciário terá direito de usufruto sobre tais bens, até que seja verificada a condição ou o termo estabelecido no testamento.

O art. 1.959 do Código Civil considera nulos os fideicomissos além de segundo grau.

Outro tema relevante é o da **revogação do testamento**.

Segundo o art. 1.969 do Código Civil, "o testamento pode ser revogado pelo mesmo modo e forma como pode ser feito."

Dessa forma, o testamento deve ser revogado por outro testamento.

A revogação pode ser das seguintes espécies: a) *expressa* (ou *direta*); b) *tácita* ou *indireta* (ex.: o novo testamento tem disposições incompatíveis com o anterior); c) *total*; d) *parcial*; e) real (quando o testamento cerrado ou particular for destruído com o consentimento do testador).

Já o **rompimento do testamento** consiste na ineficácia deste pelo fato de o testador não ter conhecimento da existência de herdeiros necessários seus, quando da elaboração do testamento.

O art. 1.973 do Código Civil dispõe que "sobrevindo descendente sucessível ao testador, que não o tinha ou não o conhecia quando testou, rompe-se o testamento em todas as suas disposições, se esse descendente sobreviver ao testador".

Por fim, vale uma palavra acerca de instituto que vem sendo objeto de muitas controvérsias atualmente, o chamado "testamento vital", documento que estabelece disposições sobre o tipo de tratamento de saúde, ou não tratamento, que a pessoa deseja no caso de não ter condições de manifestar a sua vontade.

A doutrina, calcada no princípio da dignidade da pessoa humana, vem entendendo que é válida essa declaração de vontade, desde que expressa em documento autêntico (vide, por exemplo, o Enunciado 528 do CJF).

8.4. Inventário e partilha

O inventário e a partilha visam à divisão dos bens deixados pelo "de cujus". Para tanto, procede-se à apuração do quinhão de cada herdeiro, seguindo-se à partilha de bens.

Havendo testamento ou interessado incapaz, proceder-se-á ao inventário judicial. Porém, se todos forem capazes e concordes, poderá fazer-se o inventário e a partilha por **escritura pública**, a qual constituirá título hábil para o registro imobiliário.

As modalidades e procedimentos do inventário são regulados pela lei processual civil.

Tema relevante em sede de inventário é o dos **sonegados**.

A **sonegação** pode ser conceituada como *a ocultação dolosa dos bens da herança, ou sujeitos à colação*.

A consequência dessa conduta é a perda do direito que o sonegador teria sobre os bens sonegados. Porém, o reconhecimento desse comportamento e a perda desse direito dependem de ação própria.

Outro instituto relevante em matéria de inventário e partilha é o da **colação**. Esta pode ser **conceituada** como *a restituição ao monte do valor das liberalidades recebidas do autor da herança por seus descendentes, a fim de nivelar as legítimas*.

O autor da herança pode, por meio de testamento ou no próprio título da liberalidade, **dispensar** o beneficiário do ato da colação, dispondo que a liberalidade está saindo da parte disponível de sua herança.

Está dispensado de colacionar o descendente que, ao tempo da realização da doação, não seria chamado à sucessão na qualidade de herdeiro necessário (p. ex.: neto que recebe quando o avô tem filhos vivos).

Os ascendentes não são obrigados a colacionar.

O objeto da colação é o *valor* das doações certo ou estimativo, que lhes atribuir o ato de liberalidade. Em complemento, o Enunciado 119 JDC/CJF: ensina que: *Para evitar o enriquecimento sem causa, a colação será efetuada com base no valor da época da doação, nos termos do caput do art. 2.004, exclusivamente na hipótese em que o bem doado não mais pertença ao patrimônio do donatário. Se, ao contrário, o bem ainda integrar seu patrimônio, a colação se fará com base no valor do bem na época da abertura da sucessão, nos termos do art. 1.014 do CPC [art. 639 do NCPC], de modo a preservar a quantia que efetivamente integrará a legítima quando esta se constituiu, ou seja, na data do óbito (resultado da interpretação sistemática do art. 2.004 e seus parágrafos, juntamente com os arts. 1.832 e 884 do Código Civil)*.

Apenas as doações é que deverão ser trazidas à colação, não estando sujeitos a esta os *gastos ordinários* do ascendente com o descendente, tais como: despesas com educação, estudo, sustento, vestuário, saúde, casamento, ou os feitos no interesse da defesa do filho em processo-crime, pouco importando, neste último caso, o desfecho do processo, ou seja, se houve absolvição ou condenação.

Segundo o STJ, "O filho do autor da herança tem o direito de exigir de seus irmãos a colação dos bens que receberam via doação a título de adiantamento da legítima, ainda que sequer tenha sido concebido ao tempo da liberalidade" (REsp 1.298.864, DJ 29.05.2015).

Por outro lado, nem toda liberalidade do autor da herança impõe colação. Confira o seguinte entendimento do STJ: "a utilização do imóvel decorre de comodato e a colação restringe-se a bens doados a herdeiros e não a uso e ocupação a título de empréstimo gratuito, razão pela qual não se vislumbra ofensa ao art. 2.002 do Código Civil. Com efeito, não se pode confundir comodato, que é o empréstimo gratuito de coisas não fungíveis, com a doação, mediante a qual uma pessoa, por liberalidade, transfere do seu patrimônio bens ou vantagens para o de outra. Somente a doação tem condão de provocar eventual desequilíbrio entre as quotas-partes atribuídas a cada herdeiro necessário (legítima), importando, por isso, em regra, no adiantamento do que lhe cabe por herança. Já a regra do art. 2.010 do Código Civil dispõe que não virão à colação os gastos ordinários do ascendente com o descendente, enquanto menor, na sua educação, estudos, sustento, vestuário, tratamento nas enfermidades, enxoval, assim como as despesas de casamento, ou as feitas no interesse de sua defesa em processo-crime. À luz dessa redação, poderia haver interpretação, a *contrario sensu*, de que quaisquer outras liberalidades recebidas pelos descendentes deveriam ser trazidas à colação. No entanto, o empréstimo gratuito não pode ser considerado "gasto não ordinário", na medida em que a autora da herança nada despendeu em favor de uma das herdeiras a fim de justificar a necessidade de colação" (REsp 1.722.691-SP, DJe 15/03/2019).

2. Direito Processual Civil

Luiz Dellore

INTRODUÇÃO: SISTEMA PROCESSUAL À LUZ DO CÓDIGO DE PROCESSO CIVIL DE 2015 (LEI 13.105/2015 E POSTERIORES ALTERAÇÕES)

Em março de 2015 foi publicada a **Lei 13.105/2015**, o **Código de Processo Civil** (CPC), que entrou em vigor um ano depois.

Como em relação a qualquer diploma legislativo importante, apenas após a pacificação de alguns temas por parte dos tribunais superiores é que haverá o mínimo de certeza em relação a determinados assuntos – e ainda estamos construindo isso, já existindo algumas definições, mas ainda muitas dúvidas.

No mais, vale destacar que já ocorreram diversas alterações no Código (Lei 13.256/2016, Lei 13.363/2016, Lei 13.465/2017, 13.793/2019 e 13.894/2019). Além disso, algumas outras leis, ainda que não tratem especificamente ao CPC, apresentam relação com o processo – como a Lei 13.728 e a Lei 13.994/2020, que tratam dos Juizados Especiais).

CPCO CPC é dividido em *Parte Geral e Parte Especial*, além de contar com um *Livro Complementar* (para as disposições transitórias).

A **Parte Geral do CPC** se aplica a *todos os processos e procedimentos* e regula questões como princípios (Livro I), regras de competência (Livro II), juiz e partes (Livro III), forma do ato processual (Livro IV), tutela provisória (Livro V) e formação, suspensão e extinção do processo (Livro VI). Ela vai dos arts. 1º ao 317. Assim, se algum **tema estiver regulado na Parte Geral**, pode-se concluir que isso *se aplica não só ao processo de conhecimento, mas também ao processo de execução e aos recursos*. CPC

A **Parte Especial do CPC** é dividida em **três livros**: I – processo de conhecimento e cumprimento de sentença; II – processo de execução e III – processo nos tribunais e meios de impugnação das decisões; ela vai dos arts. 318 ao 1.044. CPCCPC

No **Livro I da Parte Especial**, o *Título I* regula o **Processo de Conhecimento**, especificamente o *procedimento comum* (não mais se fala em rito ordinário, pois *deixa de existir o rito sumário*). Trata da petição inicial e da defesa do réu, passando pelas provas e audiências, para chegar até a sentença e a coisa julgada. Vai do art. 319 ao 512. O *Título II* regula o **Cumprimento da Sentença** (ou seja, o adimplemento do título executivo judicial) e a defesa desse devedor, via impugnação. Vai do art. 513 ao 538. Por fim, *Título III* regula os **procedimentos especiais**. Vai do art. 539 e 770.

O **Livro II da Parte Especial** regula o **Processo de Execução**. É o tema que menos alteração sofreu no CPC em relação ao Código anterior – mas, ainda assim, há algumas importantes inovações, como a possibilidade de *penhora de salário*. As regras, que regulam tanto a postulação do exequente como do executado (defesa por meio dos embargos à execução), vão do art. 771 ao 925.

Já o **Livro III da Parte Especial**, em seu *Título I* regula a tramitação dos **processos nos tribunais**, abordando as atribuições do relator (*deixa de existir a figura do revisor*) e como se dará o julgamento colegiado. O regramento vai do art. 926 ao 993. Por sua vez, o *Título II* trata do importante tema dos *recursos*, compreendendo os arts. 994 ao 1.044.

Após essas duas partes, há ainda o **Livro Complementar** (fora da Parte Geral ou Especial) trata das *regras de transição*, ou seja, as *disposições finais e transitórias* (revogações e direito intertemporal). O assunto é tratado do art. 1.045 ao 1.072. Trata-se de um Código, portanto, menor que o anterior, que tinha 1.220 artigos.

Sugere-se ao leitor que, ao estudar, sempre leve em consideração essa análise do Código do ponto de vista macro, a partir desses seus livros e títulos. Tendo a visão do todo, fica mais fácil compreender cada um dos temas.

Feita essa introdução a respeito do CPC, passa-se à análise do processo civil brasileiro à luz desse diploma legal – que ainda pode ser considerado novo.

1. TEORIA GERAL DO PROCESSO CIVIL (PARTE GERAL DO CPC)

1.1. Lide e Formas de solução da lide

1.1.1. Introdução

O homem vive em sociedade e necessita dos mais diversos bens, que não existem em número suficiente para todos – ou seja, são escassos. Diante disso, há conflitos entre as pessoas que compõem a sociedade para a obtenção de determinados bens. Para tentar regular a vida em sociedade, surgem regras de comportamento (direito positivo).

Porém, a existência de regras não é suficiente para evitar ou eliminar todos os conflitos que podem surgir. Nessas situações, caracteriza-se a *insatisfação* – que é um fator de instabilidade. Ou seja, para se manter a paz social, os *conflitos, litígios ou lides devem ser eliminados*.

1.1.2. Lide

A **lide** é a *pretensão qualificada pela resistência*, conforme clássica definição do autor italiano Carnelutti.

Já que a lide é um fator antissocial, deve ser pacificada. Se os litigantes não observam espontaneamente as regras de comportamento (*normas primárias*), então deverá haver a aplicação de sanções (*normas secundárias*).

1.1.3. Formas de solução da lide

A evolução da solução da lide, ao longo da história, pode ser assim sintetizada:

(i) Autotutela: *imposição da decisão por uma das partes, especialmente pela força.*

(ii) Autocomposição: *um ou ambos os litigantes abrem mão da sua pretensão.*

(iii) Arbitragem facultativa: *os litigantes, espontaneamente, buscam um terceiro de sua confiança para decidir a lide (normalmente o ancião ou líder religioso).*

(iv) Arbitragem obrigatória: *o Estado impõe a obrigação de se solucionar a lide via um árbitro, vedando a autotutela.*

(v) Jurisdição: *poder estatal de aplicar o direito em relação a uma lide.*

(vi) ADRs: da sigla em inglês, *formas alternativas de decisão da lide.*

1.1.4. ADR (alternative dispute resolution – formas alternativas de solução da lide) ou MASC (meios alternativos de solução de conflitos)

Nos últimos anos – e especialmente com o CPC – há um estímulo no Brasil aos **métodos alternativos** de solução da lide, dentre os quais se destacam:

a) conciliação: *o conciliador busca o consenso entre os litigantes e tem uma postura propositiva, sugerindo soluções para as partes.* Tem previsão no CPC.

b) mediação: *o mediador busca o consenso entre os litigantes e tem uma postura de induzir que as próprias partes encontrem a solução.* Após longo período sem regulamentação legal, passou a ser *previsto no CPCCPC* e, também, *na Lei 13.140/2015* (diploma aprovado após o CPCCPC, mas com vigência anterior – e que tem *alguns conflitos com o Código*).

c) arbitragem: *as partes estabelecem que a decisão da lide será proferida por um árbitro privado, que conheça a matéria em debate e não por um juiz do Poder Judiciário.* Uma vez que haja a opção pela arbitragem, não é possível a utilização da jurisdição. É prevista pela *Lei 9.307/1996, que sofreu importantes reformas com a Lei 13.129/2015.* Não se deve confundir a moderna arbitragem (ADR / MASC) com a arbitragem facultativa mencionada no tópico anterior.

Um ponto comum às ADRs é que não há decisão judicial. Uma forma de distinguir as três figuras é a seguinte:

✓ o **mediador** é *terceiro* que busca o acordo entre as partes, *mas sem sugerir a solução* (CPCCPC, art. 165, § 3º), sendo a mediação destinada a situações em que há prévio contato entre as partes (como questões de família ou vizinhança);

✓ o **conciliador** é *terceiro* que busca o acordo entre as partes, *sugerindo a solução* (CPCCPC, art. 165, § 2º), *sendo a conciliação mais adequada para situações em que não havia prévio contato entre as partes (como nas indenizações, tal qual um acidente de veículo);*

✓ o **árbitro** é *terceiro* que irá *decidir a lide, cuja decisão independerá da vontade das partes em acolhê-la (Lei 9.307/1996, art. 31).*

Os métodos alternativos de solução da lide têm sido muito estimulados. Nesse sentido, o CNJ editou a Resolução 125, cuja ementa é a seguinte "Dispõe sobre a Política Judiciária Nacional de tratamento adequado dos conflitos de interesses no âmbito do Poder Judiciário e dá outras providências". E, com o CPC-CPC (que prevê uma *audiência de conciliação e mediação praticamente obrigatória*), a Lei 13.140/2015 (Lei da Mediação) e a Lei 13.129/2015 (que alterou a Lei de Arbitragem), o panorama é que haverá ainda mais estímulo a esses métodos de solução, inclusive para desafogar a jurisdição que está absolutamente abarrotada. Para aprofundar a distinção entre conciliação e mediação, conferir item 1.4.8. abaixo, momento em que se trata da figura do conciliador e do mediador.

Vale destacar ainda que, em virtude do uso da tecnologia, começa-se a falar, ao lado de ADR, de ODR (*Online Dispute Resolution*), ou seja, as ADRs realizadas não de forma presencial, mas por meio virtual, com o auxílio da internet.

Por fim, ainda que a nomenclatura consagrada mencione o termo **alternativo** para essa forma de solução de conflitos, há quem prefira falar que esses seriam os métodos **preferenciais**, ao passo que a solução do litígio pela *jurisdição* é que deveria ser considerada *alternativa*.

1.2. Jurisdição e competência

1.2.1. Conceito de jurisdição: poder estatal de aplicar o direito (decidir) em relação a um caso concreto (lide).

A jurisdição é exercida pelos juízes, que são escolhidos pelo próprio Estado. Apesar de a jurisdição ser una e indivisível, como função estatal, existem algumas classificações.

1.2.2. Divisão da jurisdição conforme a lide debatida (matéria objeto do conflito)

Por questões de conveniência e melhor divisão do trabalho, não é todo juiz do Brasil que irá julgar toda e qualquer causa. Entende-se que é conveniente uma divisão conforme a lide em discussão.

Desta forma, há uma especialização conforme a matéria debatida em juízo. Assim, há diversos ramos da jurisdição. No atual sistema constitucional brasileiro, a divisão existente é a seguinte:

Ordinária (comum)	Federal (CF, art. 109, I)
	Estadual (CF, art. 125)

Extraordinária (especializada)	Eleitoral (CF, art. 118)
	Trabalhista (CF, art. 111)
	Penal Militar (CF, art. 122)

Conforme a lide discutida em juízo, um dos ramos do Poder Judiciário será o competente para apreciar a causa em detrimento dos demais.

A partir da natureza da lide debatida, deve-se analisar se a questão é da competência de uma das três Justiças Especializadas (Eleitoral, Trabalhista ou Penal Militar). Se não for, conclui-se se tratar de causa de competência da Justiça Comum (Federal ou Estadual).

Na Justiça Comum, deve-se analisar se algum ente federal é parte do processo (CF, art. 109, I: União, autarquias ou empresas públicas federais): se for, a competência será da Justiça Federal; se não for, a competência será da Justiça Estadual

– que, portanto, é a residual. Mas, ainda assim, é a que tem a maior quantidade de causas e juízes.

1.2.3. Conceito de competência

É a medida, parcela, parte da jurisdição. Ou seja, apesar de todo juiz ser investido na jurisdição, *cada magistrado tem uma parcela, um pedaço da jurisdição*, para julgar determinadas causas. Isto é a competência.

1.2.4. Divisão da competência

Existem diversos critérios para a classificação da competência. Aqui destacamos os mais relevantes.

1.2.4.1. Em relação ao juiz brasileiro ou juiz estrangeiro

Há **competência concorrente** quando o *juiz brasileiro e o juiz de outro país podem tratar da matéria* (CPCCPC, arts. 21 e 22). Isso ocorre nas seguintes situações:

(i) réu, qualquer que seja a sua nacionalidade, domiciliado no Brasil;

(ii) obrigação tiver de ser cumprida no Brasil;

(iii) o fundamento da demanda seja fato ocorrido ou de ato praticado no Brasil.

(iv) ação de alimentos, se o autor for domiciliado ou residente no Brasil ou se o réu tiver algum vínculo no Brasil (bens, renda ou benefícios econômicos);

(v) ação envolvendo relação de consumo, e o consumidor for domiciliado ou residente no Brasil (compras pela internet se inserem aqui).

(vi) ação em que as partes se submetem à jurisdição nacional (ou seja, quando há o processo no Brasil e não há impugnação pelo réu, *ainda que não se esteja diante de uma das hipóteses anteriores*).

Nestes casos, a decisão estrangeira, para ser executada no Brasil, deve inicialmente passar pelo procedimento de **homologação de decisão estrangeira (CPCCPC, arts. 960 e ss.)**, procedimento de competência *exclusiva do STJ* (CPCCPC, art. 960, § 2º e CF, art. 105, I, "i").

Excepcionalmente, a **decisão estrangeira de tutela de urgência**, poderá ser executada no Brasil, via carta rogatória, *pelo próprio juiz competente para cumprir tal medida de urgência, sem a homologação do STJ*, (CPCCPC, art. 960, § 4º).

Além disso, fala-se em **competência exclusiva** quando *somente o juiz brasileiro pode tratar da matéria* (CPCCPC, art. 23). Verifica-se nas seguintes hipóteses:

(i) ações relativas a imóveis situados no Brasil;

(ii) ações relativas à sucessão hereditária, para proceder à confirmação de testamento particular e ao inventário e à partilha de bens situados no Brasil, ainda que o autor da herança seja de nacionalidade estrangeira ou tenha domicílio fora do território nacional. Nesses casos, *sempre terá de existir um processo perante um juiz brasileiro*;

(iii) em *divórcio, separação judicial ou dissolução de união estável, para* proceder à *partilha de bens situados no Brasil*, ainda que o titular seja de nacionalidade estrangeira ou tenha domicílio fora do território nacional. Nesses casos, tal qual no anterior, sempre terá de existir um processo perante um juiz brasileiro.

O art. 25 do CPCCPC inova ao afirmar *não competir à Justiça brasileira* o julgamento da demanda quando houver **cláusula de eleição de foro exclusivo estrangeiro em contrato internacional**, arguida pelo réu na contestação. Tal regra, por certo, *não se aplica nos casos de competência internacional exclusiva.*

Além disso, os arts. 26 e ss. do CPCCPC tratam da **Cooperação Internacional**. Há diversos novos dispositivos sobre o tema, no sentido do *cumprimento de uma decisão estrangeira do Brasil ou o contrário*. O tema será regido por tratado do qual o Brasil é signatário. Devem ser observadas algumas *premissas, para que uma decisão proferida no exterior possa ser cumprida no Brasil ou vice-versa:*

(i) devido processo legal no Estado requerente;

(ii) igualdade de tratamento entre nacionais e estrangeiros, residentes ou não no Brasil, assegurada a assistência judiciária aos necessitados;

(iii) publicidade, salvo nos casos de segredo de justiça;

(iv) autoridade central, para recepção e transmissão de pedidos de cooperação;

(v) espontaneidade na transmissão de informações a autoridades estrangeiras.

A **autoridade central** é o *órgão administrativo responsável por dar andamento às atribuições referentes à cooperação internacional*. Na ausência de previsão específica, *no Brasil será realizada pelo Ministério da Justiça* (CPCCPC, art. 26, § 4º).

São três os **instrumentos de cooperação jurídica internacional**: *auxílio direto, carta rogatória e homologação de decisão estrangeira* (esta última já mencionada acima).

O **auxílio direto** é *modalidade simplificada de cooperação internacional*, na qual é desnecessária qualquer análise pelo STJ (CPCCPC, art. 28). Como exemplo, requerimento de informações a respeito do andamento de processos judiciais no Brasil (CPCCPC, art. 30, I).

A **carta rogatória** (*exequatur* – possibilidade de cumprimento da ordem estrangeira no Brasil) tramitará perante o STJ e terá natureza de jurisdição contenciosa, de modo que deve observar o princípio do devido processo legal. Contudo, é vedada a revisão do mérito da decisão estrangeira no Brasil (CPCCPC, art. 36).

1.2.4.2. Tipos e espécies de competência:

A questão é regulada pelo CPCCPC, arts. 62 e 63.

Os dois *tipos* são a **competência absoluta**, *fundada em interesse público, que não pode ser alterada por vontade das partes*, e a **competência relativa**, *fundada no interesse das partes, e que pode ser alterada se estas assim quiserem*.

Como *espécies da competência absoluta* há:

✓ **(i) competência em razão da matéria:** *Justiça Federal, Estadual ou Trabalhista? Vara Cível, Criminal ou Família?*

✓ **(ii) competência em razão da pessoa: o fato de a** *União* **participar do litígio influencia na fixação da competência? (A menção específica à competência em razão da pessoa é inovação do CPCCPC).**

✓ **(iii) competência em razão da função** ou **competência hierárquica:** *competência originária em 1º grau (regra) ou em* *grau superior? (Exceção, como em casos de foro por prerrogativa de função).*

Em relação ao item ii, se houver participação de *ente federal no processo* (União, empresa pública federal, autarquia federal, fundação federal e ainda conselhos de fiscalização profissional, como a OAB), a causa deverá ser julgada pela Justiça Federal – salvo nas exceções constitucionais (CF, art. 109, I, parte final).

Assim, não são julgadas pela Justiça Federal as sociedades de economia mista, ou seja, as empresas que têm capital da União e privado, especialmente com ações na Bolsa de Valores. Assim, Petrobrás e Banco do Brasil (sociedades de economia mista) são julgadas pela Justiça Estadual, ao passo que Caixa Econômica Federal e Correios (empresas públicas) são julgados na Justiça Federal. Mas, considerando a especialidade, (i) tratando-se de ação discutindo questões trabalhistas contra essas empresas, a competência será da Justiça do Trabalho e (ii) sendo caso de falência ou recuperação judicial, a competência sempre será da Justiça Estadual.

Em relação à *discussão entre Justiça Federal e Estadual*, duas súmulas do STJ foram reproduzidas no art. 45 do CPCCPC: (i) cabe ao juiz federal apreciar se há necessidade de participação do órgão federal (Súmula 150/STJ) e (ii) se o ente federal for excluído, deve o juiz federal devolver o processo ao juiz estadual, e não suscitar conflito de competência (Súmula 224/STJ).

No caso das três espécies de competência absoluta, ainda que haja contrato entre as partes escolhendo que a lide será solucionada por outro órgão judiciário, isso não será aceito pelo juiz (exatamente porque se trata da competência absoluta, em que não há liberdade das partes para alterá-la).

Como espécies da competência relativa há:

✓ **(i) competência territorial**: *São Paulo ou Rio de Janeiro? Belo Horizonte ou Curitiba?*

✓ **(ii) competência em razão do valor**: *Juizado Especial ou Vara tradicional da Justiça Estadual?*

Nestes casos, diferentemente do que se expôs em relação à competência absoluta, é possível se falar em **foro de eleição**: *podem as partes optar, em contrato, por um órgão judiciário situado em comarca distinta daquela prevista em lei como a territorialmente competente*. Exatamente porque esta competência se funda no interesse das partes.

No tocante à **competência em razão do valor**, apesar de se tratar de incompetência relativa, no sistema brasileiro atual não há espaço para contrato entre as partes a seu respeito. *A única possibilidade que se tem é a escolha, pelo autor, do JEC ou da vara tradicional da Justiça Estadual. Curioso é apontar que o CPCCPC, tendo a oportunidade de ter alterado a regulamentação quanto à competência em razão do valor, não o fez.*

Das espécies acima indicadas, as mais debatidas em Concursos Jurídicos são a competência em razão da matéria (que antes do CPCCPC englobava, também, os debates quanto a competência em razão da pessoa) e a competência territorial.

Conforme o tipo de competência (absoluta ou relativa), há distinções em relação às consequências para o processo. E isso é importante especialmente em relação às **situações de incompetência**. Além disso, importante modificação do CPCCPC é que, a partir de agora, a **forma de arguir a incompetência** é *sempre a mesma*, seja incompetência absoluta ou relativa.

No quadro a seguir, verificam-se as distinções entre os tipos de competência (absoluta e relativa) em relação a três situações: (i) se o juiz pode se reconhecer como incompetente de ofício, (ii) como a parte pode alegar a incompetência e (iii) caso a parte não alegue a incompetência no momento esperado, qual a consequência para o processo. Vejamos o quadro a seguir:

Tipo de competência/ Distinções	Conhecimento de ofício pelo juiz (ou a parte precisa provocar?)	Forma de arguição pelo réu	Consequências da não arguição
Absoluta	Sim, de ofício (CPCCPC, art. 64, § 1º)	Preliminar de contestação (CPCCPC, art. 64)	Pode ser alegada / conhecida a qualquer tempo e grau de jurisdição (CPCCPC, art. 64, § 1º) Após coisa julgada, cabe rescisória (CPCCPC, art. 966, II)
Relativa	Não, a parte precisa provocar* (CPCCPC, art. 65)	Preliminar de contestação (CPCCPC, art. 64) CPC	Prorrogação da competência (CPCCPC, art. 65)

Em regra, o juiz deve *conhecer de ofício a incompetência absoluta* e *não pode conhecer de ofício a incompetência relativa* (Nesse sentido, STJ, Súmula 33: "A incompetência relativa não pode ser declarada de ofício").

Contudo, em relação ao **conhecimento de ofício da incompetência relativa pelo juiz**, há uma **exceção** (CPCCPC, art. 63, § 3º– por isso o asterisco no quadro acima). Tratando-se de situação em que há *eleição de foro, com cláusula abusiva, poderá o juiz de ofício declarar que a cláusula é ineficaz*, remetendo os autos ao juízo do foro do domicílio do réu. Como exemplo (mas não a única situação*), em relação de consumo, cláusula de eleição de foro em prejuízo do consumidor*.

Como já mencionado, o CPCCPC unificou a forma de se arguir a incompetência: a parte ré sempre deverá se valer da contestação, alegando essa defesa em preliminar.

Alegada a incompetência, deverá a parte autora se manifestar, por força do contraditório. Acolhida a incompetência, os autos serão remetidos ao juiz competente; rejeitada a incompetência, os autos permanecerão perante o mesmo juízo. Dessa decisão, pelo CPC (art. 1.015), *não cabe agravo de instrumento*. Em relação à *incompetência absoluta*, a jurisprudência *aceitará o agravo de instrumento* (interpretando o rol do art. 1.015 como de "taxatividade mitigada" – vide item relativo ao agravo de instrumento)

Ainda em relação à incompetência absoluta, o § 3º do art. 64 do CPCCPC regula o que ocorre com decisões proferidas por magistrado que posteriormente se dá por incompetente de forma absoluta: (i) em regra, serão *conservados os efeitos da decisão já proferida* pelo juiz, até nova decisão do juiz competente; (ii) excepcionalmente, poderá ser revogada a decisão, *pelo próprio juiz que a prolatou*, ao reconhecer sua incompetência.

No tocante a não arguir a incompetência, é conveniente debater o **conceito de preclusão**: trata-se da *perda de uma faculdade processual pela parte*. Ou seja, a parte poderia ter realizado algum ato processual, mas não o fez – e, assim, perdeu a possibilidade de fazê-lo.

Como a incompetência absoluta pode ser alegada a qualquer tempo e grau de jurisdição, percebe-se que não há a preclusão. E, inclusive, após a formação da coisa julgada, ainda é possível se utilizar a ação rescisória pelo prazo de dois anos contados do trânsito em julgado (CPCCPC, arts. 966, II e 975, *caput*).

Por outro lado, se a parte não impugnar a incompetência relativa no prazo da contestação (como preliminar), não será possível realizar essa alegação posteriormente. Portanto, percebe-se que a incompetência relativa preclui. Denomina-se **prorrogação da competência** o fenômeno pelo qual *o juiz antes relativamente incompetente passa a ser relativamente competente, diante da ausência de alegação de incompetência territorial*. Somente ocorre a prorrogação no tocante à incompetência relativa.

1.2.5. Critérios para fixação da competência territorial

O CPC e leis extravagantes bem regulam a fixação da competência territorial.

No tocante à competência para o ajuizamento, existem *duas regras gerais e diversas exceções* (CPCCPC, arts. 48 e 53).

As **regras gerais** são as seguintes:

(i) na hipótese de **direito pessoal** ou **direito real sobre móveis**, a competência para o julgamento da causa será o *foro do domicílio do réu* (CPCCPC, art. 46).

(ii) tratando-se de **direito real sobre imóveis**, competente para julgar a lide será o *foro do local da coisa* (CPCCPC, art. 47).

Em relação ao art. 46 do CPCCPC, existem algumas situações adicionais previstas no dispositivo legal. Se o *réu tiver mais de um domicílio*, "será demandado no foro de qualquer deles"; se tiver *domicílio incerto ou desconhecido*, "será demandado onde for encontrado ou no foro do domicílio do autor"; caso *não tenha domicílio ou residência no Brasil*, a ação "será proposta no foro do domicílio do autor", sendo que *se também o autor residir fora do Brasil*, a ação "será proposta em qualquer foro"; se houver litisconsórcio passivo com *réus com domicílios distintos*, o autor poderá optar por qualquer dos foros; a *execução fiscal* será proposta no foro do domicílio / residência do réu ou no lugar onde for encontrado (CPCCPC, art. 46, §§ 1º a 5º).

Já em relação ao art. 47 do CPC, apesar de se tratar de competência territorial (e, portanto, em regra passível de modificação pela vontade das partes), o § 1º traz casos em que **não cabe foro de eleição**: "O autor pode optar pelo foro do domicílio do réu ou de eleição, **se o litígio não recair** sobre *direito de propriedade, vizinhança, servidão, divisão e demarcação de terras e nunciação de obra nova*". Por sua vez, o § 2º destaca que a ação possessória imobiliária será proposta no foro da situação da coisa.

Assim, nesses casos, obrigatoriamente a competência será do local do imóvel, *não se admitindo a modificação por vontade das partes*. Trata-se, nesses casos, por opção legislativa, de *competência absoluta*, mesmo que envolva território.

Ademais, como já exposto, *além destas duas regras gerais* (arts. 46 e 47 do CPCCPC), existem diversas **exceções** tanto no próprio CPCCPC como em leis extravagantes.

No CPCCPC, o tema é tratado nos arts. 48 e 53:

✓ no **inventário, partilha, arrecadação, cumprimento de disposições de última vontade ou impugnação de partilha extrajudicial**: foro do *último domicílio do falecido* – mesmo foro competente para todas as ações em que o espólio for réu (CPCCPC, art. 48);

✓ porém, se o falecido **não possuía domicílio certo**, competente será o *foro da situação dos bens imóveis* (CPCCPC, art. 48, parágrafo único, I); se existiam bens imóveis em lugares diferentes, o *foro de qualquer desses bens* (CPCCPC, art. 48, parágrafo único, II); ou, se não houver bens imóveis, *foro de qualquer dos bens do espólio* (CPCCPC, art. 48, parágrafo único, III);

✓ nas demandas em que o **ausente for réu**: *foro de seu último domicílio* (CPCCPC, art. 49);

✓ quando o **réu for incapaz**: *foro do domicílio de seu representante ou assistente* (CPC, art. 50);

✓ no momento em que a **União for autora**: seção judiciária (termo para foro na Justiça Federal) do *domicílio do réu* (CF, art. 109, § 1º e CPCCPC, art. 51);

✓ quando a **União for ré**, há 3 possíveis foros, cuja escolha é do autor (*foros concorrentes*): (a) domicílio do autor, (b) local do ato ou fato que deu origem à demanda ou onde está a coisa objeto do litígio, (c) Distrito Federal (CF, art. 109, § 2º e CPCCPC, art. 51, parágrafo único).

✓ quanto ao Estado ou DF, aplicam-se as mesmas regras relativas à União – sendo possível o ajuizamento, quando o Estado for réu, não no DF, mas na capital do respectivo Estado (CPCCPC, art. 52);

✓ no **divórcio (e ações correlatas quanto à vida em comum)**: a) foro do *domicílio do guardião do filho incapaz;* b) se não houver filho incapaz, do último domicílio do casal; c) se nenhum morar no último domicílio, no do réu (CPCCPC, art. 53, I). E não se trata de foros concorrentes (ou seja, livre escolha do autor em qualquer dos 3, mas sim há ordem de preferência). O fato é que **não** existe mais a previsão legal de *foro da mulher*, como existia no sistema anterior; além disso, se houver **violência doméstica e familiar** (aplicação Lei Maria da Penha), a competência será o *domicílio da vítima* (previsão inserida pela Lei 13.894/2019);

✓ na **ação de alimentos**: foro do domicílio de *quem pleiteia alimentos* (CPCCPC, art. 53, II);

✓ na ação envolvendo **estatuto do idoso** (Lei 10.741/2003), na residência do idoso (CPCCPC, art. 53, III, *e*);

✓ na ação **indenizatória relativa à serventia notarial ou de registro**, na *sede do próprio cartório extrajudicial* (CPCCPC, art. 53, III, *f*);

✓ nas ações de **reparação de danos**, no *lugar do ato ou fato* (CPC, art. 53, IV, *a*);

✓ nas indenizações decorrentes de **acidente de veículo (inclusive aeronave) ou dano decorrente de delito**: foro do *local do fato* ou do *domicílio do autor* (CPC, art. 53, V);

✓ nas lides envolvendo **relações de consumo**: foro do *domicílio do consumidor* (CDC, art. 101, I);

✓ nas **ações de despejo**, se não houver foro de eleição: foro do *local do imóvel* (Lei 8.245/1991, art. 58, II).

Como se pode perceber, em muitas dessas situações de exceção, o legislador buscou facilitar o acesso à justiça para a parte mais fraca, ou seja, para a parte **hipossuficiente** (salvo em relação ao tabelião ou registro). Assim, inverteu a regra de que é competente o foro do domicílio do réu.

Contudo, vale destacar que, como se está diante de competência territorial (relativa) e como essas exceções servem para facilitar a postulação em juízo para os autores, nada impede que o autor ajuíze a causa no domicílio do réu.

Se a **União ou ente federal intervier**, haverá a *remessa do processo ao juízo federal* – salvo se for recuperação judicial, falência, insolvência, acidente do trabalho, causa de competência da justiça eleitoral ou do trabalho (CPC, art. 45, I e II).

1.2.6. Exemplos de fixação de Justiça e foro competentes

Para concluir este tópico, vale analisar alguns exemplos de fixação de competência, tanto em relação à competência em razão da matéria e pessoa, como em relação à competência territorial.

a) batida de carro entre particulares, ocorrida em São Paulo, autor domiciliado em Santos e réu domiciliado em Campinas:

Justiça Estadual, foro competente: São Paulo ou Santos (CPC, art. 53, V);

b) batida de carro entre uma ambulância da Secretaria de Saúde do Estado do Rio de Janeiro e um particular, ocorrida no Rio de Janeiro, autor domiciliado em Niterói:

Justiça Estadual, foro competente: Rio de Janeiro ou Niterói (CPC, art. 53, V);

c) batida de carro entre uma ambulância do Ministério da Saúde e um particular, ocorrida em Belo Horizonte, autor domiciliado em Betim:

Justiça Federal (CF, art. 109, I), foro competente: Belo Horizonte ou Betim (CPC, art. 53, V);

d) usucapião de imóvel situado em São José dos Pinhais, possuidor e proprietários particulares, domiciliados em Curitiba:

Justiça Estadual, foro competente: São José dos Pinhais (CPC, art. 47);

e) despejo por falta de pagamento de imóvel situado em Recife, locador domiciliado em Olinda, locatário domiciliado em Recife:

Justiça Estadual, foro competente: Recife (Lei 8.245/1991, art. 58, II – local do imóvel, salvo se houver foro de eleição);

f) reclamação trabalhista de empregado da Caixa Econômica Federal (empresa pública federal com sede no DF), que reside e trabalha em Manaus:

Justiça do Trabalho, foro competente: Manaus. Apesar de a reclamada ser ente federal, a justiça especializada atrai a competência em relação à Justiça Comum (CF, art. 109, I, parte final e CPC, art. 45, II);

g) ação indenizatória de danos morais de empregado contra sua empregadora. Empregado domiciliado e empresa sediada em Vitória:

Justiça do Trabalho, foro competente: Vila Velha. Apesar de o dano moral ser um instituto típico do direito civil e não da área trabalhista, a competência é da Justiça do Trabalho (CF, art. 114, VI e CPC, art. 45, II);

h) acidente do trabalho em que o acidentado pleiteia uma diferença em relação ao que é pago pelo INSS a título de auxílio-acidente. Acidente ocorrido na Comarca de Imbituba/SC, que não tem Justiça Federal (subseção judiciária mais próxima: Florianópolis):

Justiça Estadual, foro competente: Imbituba. Apesar do INSS ser Federal, no acidente do trabalho, por previsão constitucional, considerando o objetivo de facilitar o acesso à justiça do acidentado, a competência é da Justiça Estadual – com recurso julgado pelo TJ (CF, art. 109, I, parte final e CPC, art. 45, I);

i) acidente do trabalho em que o acidentado pleiteia danos morais afirmando que o acidente somente ocorreu por culpa do seu empregador. Acidente ocorrido em Porto Alegre:

Justiça do Trabalho, foro competente: Porto Alegre. A jurisprudência do STF fixou a competência da Justiça do Trabalho para se pleitear danos decorrentes de acidente do trabalho em face do empregador (CF, art. 114, VI – STF, CC 7204, j. 29.06.2005 e CPC, art. 45, I).

1.2.7. Alterações da competência após o ajuizamento da demanda

A regra prevista na legislação processual, acerca da modificação da competência, é a **perpetuatio jurisdictionis**, ou seja, *a competência é fixada no momento do registro ou distribuição da inicial, sendo irrelevantes as posteriores alterações que porventura ocorram* (CPC, art. 43). Contudo, por questões de celeridade e conveniência, algumas vezes é possível que haja a modificação da competência.

Assim, em regra, se o réu mudar de endereço durante o trâmite do processo, não haverá redistribuição da causa.

Porém, o próprio art. 43 do CPC, que prevê a *perpetuatio*, traz *exceções*: haverá a redistribuição se (i) houver supressão do órgão judiciário perante o qual tramitava a causa ou (ii) houver alteração da competência absoluta (matéria, pessoa ou hierarquia/função).

Assim, se uma vara for extinta ou se mudar a competência da vara (de vara cível para vara de família), aí será possível a redistribuição da causa.

Por sua vez, a competência pode ser alterada se houver **conexão** (*duas ou mais demandas que têm a mesma causa de pedir ou o pedido* – CPC, art. 55) ou **continência** (*duas ou mais demandas em que há identidade de partes e de causa de pedir, mas o pedido de uma é mais amplo que o das demais* – CPC, art. 56).

A **consequência da conexão** é a *reunião dos processos*, para que haja julgamento conjunto. A finalidade é (i) evitar decisões contraditórias e (ii) prestigiar a economia processual. Porém, **só haverá a reunião** de processos *se ambos estiverem* *no mesmo grau de jurisdição* (CPC, art. 55, § 1º – exatamente como previsto na Súmula 235 do STJ).

Inova o CPC ao trazer *situações concretas e afirmar que nelas há conexão* (**conexão legal** – CPC, art. 55, § 2º). Somente há 2 hipóteses de conexão legal no Código: (i) execução de título executivo extrajudicial e processo de conhecimento relativo à mesma dívida e (ii) execuções fundadas no mesmo título executivo.

Outra inovação do CPC é a possibilidade de **reunião de processos semelhantes**, *mesmo que não haja conexão* (CPC, art. 55, § 3º). Contudo, a regulamentação dessa situação foi muito sucinta, sem maiores explicações de quais os requisitos ou vedações para que isso ocorra. Porém, *não parece ser possível aplicar esse dispositivo às "ações de massa"* (situações que se repetem às centenas ou milhares no país), pois o sistema prevê o incidente de resolução de demandas repetitivas para solucionar esses casos (CPC, art. 976 e ss.).

Como **consequência da continência** (CPC, art. 57), pode haver (i) a *reunião dos processos* (pelos motivos já expostos em relação à conexão) ou (ii) a *extinção de um deles* (inovação na legislação). O critério para verificar se deve haver reunião ou extinção consta da legislação: a) se a **ação que tiver o pedido mais amplo** *for ajuizada antes* (ou seja, o pedido continente), a demanda posterior é uma repetição, em grau menor. Sendo assim, haverá a *extinção do segundo processo*; b) se a **ação menos abrangente for anterior**, a ação continente, que trará mais argumentos e pedido mais amplo, não poderá ser extinta, caso em que *haverá a reunião*.

Se a situação de conexão ou continência determinar a *reunião das demandas*, a **prevenção** é que *determinará qual o juízo responsável pelo julgamento de ambas as demandas*, ou seja, o juiz que primeiro tiver tido contato com a lide é que julgará as causas conexas ou continentes. O **critério de prevenção** eleito pelo CPC é o seguinte: a *prevenção sempre será apurada pela distribuição ou registro* (CPC, art. 59)

Utiliza-se o **conflito de competência** se *um ou mais juízes entenderem que são competentes ou incompetentes para julgar a mesma causa* (CPC, art. 66). O conflito será usado se houver dúvida entre dois ou mais juízes a respeito de quem deverá julgar a causa (por força de conexão, continência, prevenção, acessoriedade).

O conflito pode ser suscitado pelo juiz, MP ou partes (CPC, art. 951). O conflito pode ser **negativo** (os dois juízes entendem que são *incompetentes* para julgar a causa) ou **positivo** (os dois juízes entendem que são *competentes* para julgar a causa).

O conflito é decidido pelo Tribunal que seja hierarquicamente superior aos dois juízes envolvidos no conflito. Ou seja:

✓ se o conflito for entre o juiz de direito da 1ª Vara Cível do Rio de Janeiro e o juiz de direito da 2ª Vara Cível de Niterói, competente para julgar o conflito será o TJRJ;

✓ se o conflito for entre o juiz da 1ª Vara Federal do Rio de Janeiro e o juiz de direito da 2ª Vara Cível de Niterói, competente para julgar o conflito será o STJ.

1.3. Princípios processuais

Os **princípios** são a *base na qual se assenta qualquer ramo do Direito, permeando toda sua aplicação. Dão ao sistema um aspecto de coerência e ordem*. Assim, os princípios processuais dão coerência e lógica ao sistema processual.

Existem princípios na Constituição e na legislação infraconstitucional. O CPC, além de trazer novos princípios processuais, optou por *positivar, no âmbito infraconstitucional, diversos princípios que antes eram somente constitucionais*. A repetição de princípios processuais constitucionais no âmbito do CPC acaba por *impedir que se discuta*, no âmbito do STF, via recurso extraordinário, os princípios processuais civis. Isso porque a jurisprudência do STF é firme ao apontar que não cabe RE para discutir "violação reflexa" à Constituição: se há algum dispositivo violado do ponto de vista infraconstitucional, só existe eventual violação à CF de forma reflexa, e isso não pode ser discutido pela via do RE.

Os artigos iniciais do CPC tratam dos princípios processuais – sob a nomenclatura de **"normas fundamentais do processo civil"**. A seguir, serão analisados os princípios do processo civil brasileiro – tanto os previstos na CF, quanto os previstos no CPC (bem como os que estão previstos em ambos os diplomas). Além disso, ao final deste tópico serão analisados dispositivos legais que também estão inseridos no tópico inicial do CPC, ainda que não sejam tecnicamente princípios.

1.3.1. Princípio do acesso à justiça (inafastabilidade do controle jurisdicional)

O **princípio do acesso à justiça** garante que *o jurisdicionado, diante de uma lide, poderá buscar a solução via jurisdição, sendo indevidas quaisquer limitações à possibilidade de se acionar o Judiciário*. É previsto na CF, art. 5º, XXXV: "a lei não excluirá da apreciação do Poder Judiciário lesão ou ameaça a direito". E também no CPC, art. 3º: "não se excluirá da apreciação jurisdicional ameaça ou lesão a direito".

Como subprincípio decorrente do acesso à justiça, o CPC aponta que o "Estado promoverá, sempre que possível, a solução consensual dos conflitos" (art. 3º, § 2º), destacando o forte incentivo à conciliação e à mediação no novo sistema processual (a mediação prevista tanto no CPC como na Lei 13.140/2015 – sendo que existem algumas incompatibilidades entre os dois diplomas).

Um exemplo de limitação do acesso à justiça seria a dificuldade de a parte pobre arcar com as custas do processo. Para tanto, de modo a garantir o acesso à justiça, há a previsão da assistência jurídica (CF, art. 5º, LXXIV, e art. 98 e ss. do CPC).

Por fim, destaque-se que houve discussão se a arbitragem (forma de ADR, como já visto) violaria o acesso à justiça, já que veda a possibilidade de discussão da lide perante o Judiciário. Prevalece a posição de que, diante da opção das partes pela arbitragem, não há violação ao princípio (STF, SE 5206 AgR, Tribunal Pleno, j. 12.12.2001, *DJ* 30.04.2004). Para reforçar esse entendimento, o art. 3º, § 1º, do CPC expressamente aponta que é "permitida a arbitragem, na forma da lei" (Lei 9.307/1996, alterada pela Lei 13.129/2015).

1.3.2. Princípio do devido processo legal

Este é um princípio pelo qual muito dos demais princípios são extraídos. É previsto na CF, art. 5º, LIV: "ninguém será privado da liberdade ou de seus bens sem o devido processo legal". Para o processo civil, é certo que o princípio se refere à perda de bens.

O princípio se aplica a diversas situações (há alta abstração) e indica as condições mínimas para o trâmite do processo.

Pode-se definir o **princípio do devido processo legal** como o *princípio que determina que o Estado-juiz não deve agir de qualquer forma, mas sim de uma forma específica, prevista em lei (regras previamente estabelecidas)*. E, sem essa forma, não é possível à parte perder seus bens em virtude de um processo judicial. Tanto o autor como o réu são beneficiários do princípio.

Mais recentemente, doutrina e jurisprudência têm falado em **devido processo legal formal** (conceito acima exposto) e, também, em **devido processo legal substancial** (ou **material**), o qual *assegura que uma sociedade só será submetida a leis razoáveis* (também denominado princípio da razoabilidade das leis).

1.3.3. Princípio da ampla defesa

O **princípio da ampla defesa** é a *garantia de qualquer réu de ter plenas condições de apresentar seus argumentos de defesa*. Pode ser entendido como o princípio do acesso à justiça sob a perspectiva do réu. É positivado no art. 5º, LV, da CF: "aos litigantes (...) são assegurados o contraditório e ampla defesa, com os meios e recursos a ela inerentes".

O dispositivo constitucional faz menção a "recursos" inerentes à ampla defesa. Não se deve entender o termo em seu sentido técnico processual (ato que busca revisão de uma decisão judicial), mas sim como meios para que a defesa seja plenamente exercitada.

Porém, a ampla defesa não significa que tudo aquilo que o réu pretende alegar ou provar deve ser levado em consideração. O juiz deve analisar a pertinência e a conveniência das provas e das alegações.

1.3.4. Princípio do contraditório

O **princípio do contraditório** pode ser assim definido: *quando uma parte se manifesta, a outra também deve ter a oportunidade de fazê-lo*. É positivado no art. 5º, LV, da CF, reproduzido no tópico acima.

Trata-se de um binômio: "informação e possibilidade de manifestação". O primeiro é indispensável; o segundo é opcional, ou seja, não haverá violação ao princípio se a parte, ciente (informada), não se manifestar.

Além da previsão constitucional, o contraditório é encontrado no CPC, em dois dispositivos.

O art. 9.º traz a visão clássica de o juiz não decidir sem ouvir a parte contrária, salvo exceções previstas no parágrafo único, como no caso de tutela de urgência.

Assim, em casos de urgência, a concessão de alguma medida pelo juiz antes da manifestação da parte contrária *não importa em violação ao princípio* – desde que, posteriormente, a outra parte seja ouvida. Este seria o pedido de liminar *inaudita altera parte* (sem que se ouça a outra parte). Não é que o contraditório não existe, ele é apenas diferido (adiado) para um momento seguinte, considerando a urgência do caso concreto.

O art. 7º do CPC preceitua que a igualdade (vide item 1.3.6) é uma das formas pelas quais se atinge o efetivo contraditório.

1.3.4.1. Princípio da vedação de decisões surpresa

Inova o CPC ao trazer, no art. 10, o contraditório sob outro ângulo: da *impossibilidade de o juiz decidir sem que tenha dado às partes oportunidade de se manifestar*. Mesmo que se trate de matéria que possa ser apreciada de ofício. Trata-se da **vedação de "decisões surpresa"**.

Como exemplo, se o juiz for reconhecer a prescrição, ainda que possa fazer isso de ofício, *terá antes de ouvir a parte a respeito desse tema*. Se assim não proceder, haverá uma decisão surpresa, o que é vedado por este dispositivo.

Assim, o binômio (vide item acima) passa a ser um **trinômio**: informação + possibilidade de manifestação + **resposta do Judiciário**. Trata-se do **contraditório efetivo** previsto no CPC.

A ideia da vedação de prolação de decisão surpresa é permitir que a parte apresente argumentos para afastar a tese que possivelmente seria acolhida – ou seja, para efetivamente ter a *oportunidade de convencer o magistrado*, antes da prolação da decisão (*visão mais moderna do princípio do contraditório*).

Debate-se qual seria a amplitude da aplicação desse princípio. Para **todas as situações**, deve o juiz antes ouvir as partes? Ou para algumas não há necessidade? O Código, por exemplo, parece apontar como desnecessário ouvir a parte autora antes de julgar liminarmente improcedente o pedido (CPC, art. 332 – vide item 2.2.3.2). Em encontro de juízes, a ENFAM (Escola Nacional de Formação e Aperfeiçoamento de Magistrado) editou enunciado afirmando que, no caso de incompetência absoluta, não há necessidade de ouvir a parte (Enunciado 4: Na declaração de incompetência absoluta não se aplica o disposto no art. 10, parte final, do CPC/2015). Resta verificar como se sedimentará a jurisprudência do STJ.

Para alguns autores, isso nada mais é que o princípio do contraditório. Porém, como o próprio CPC o aponta em dispositivo que não o do contraditório, é importante conhecer as duas facetas do tema.

Por fim, vale destacar que, inegavelmente, a aplicação do princípio faz com que o *processo demore mais* – o que poderia trazer algum conflito com o princípio da razoável duração do processo – vide item 1.3.10.

1.3.5. Princípio do juiz natural (princípio da vedação do tribunal de exceção)

O **princípio do juiz natural** preceitua que o *órgão julgador competente para determinada causa deve existir e ser conhecido antes de ocorrido o fato a ser julgado*. É previsto no art. 5º da CF, em dois incisos: "XXXVII – não haverá juízo ou tribunal de exceção" e "LIII – ninguém será processado nem sentenciado senão pela autoridade competente".

Assim, o juiz natural é o juiz competente previsto em lei (Constituição e Códigos) para julgar a lide em abstrato, antes mesmo de sua ocorrência.

O objetivo do princípio é garantir a *imparcialidade* do julgador, a qual é usualmente deixada de lado quando se cria um tribunal *ad hoc* (para determinado ato, após a sua ocorrência).

Não se deve confundir o juiz natural com a identidade física do juiz (princípio processual que existia no CPC/1973 e não mais existe no CPC).

1.3.6. Princípio da isonomia (princípio da igualdade)

Pelo **princípio da isonomia** *o juiz deve tratar, no âmbito do processo, as partes da mesma forma*. Há previsão na CF, art. 5º, *caput* ("Todos são iguais perante a lei") e no CPC, art. 7º (o qual prevê que o juiz deve assegurar "às partes paridade de tratamento em relação ao exercício de direitos e faculdades processuais"). A igualdade deve ser observada em todos os aspectos do processo.

Assim, prevê o princípio que o Judiciário deve tratar os litigantes da mesma forma, sem que haja benefícios em prol de um e em detrimento do outro. Como exemplo, os prazos processuais devem ser os mesmos tanto para o autor como para o réu.

Contudo, por vezes a própria legislação cria situações processuais distintas entre os litigantes. E isso se justifica pela necessidade de se equilibrar a posição entre as partes, em virtude de uma prévia desigualdade, ou seja, o princípio da igualdade também significa tratar desigualmente os desiguais – na medida de suas desigualdades (ex.: isenção de custas somente para a parte hipossuficiente).

1.3.7. Princípio da proibição de provas ilícitas

O princípio da **proibição da prova ilícita** deixa claro que "são inadmissíveis, no processo, as provas obtidas por meios ilícitos" (CF, art. 5º, LVI). O valor que se busca proteger é a intimidade das pessoas (também protegida na CF, art. 5º, X).

Se uma prova ilícita for levada ao processo, esta não deverá ser levada em conta pelo magistrado no momento do julgamento.

Derivada uma prova lícita de uma inicialmente ilícita, o entendimento majoritário é de que persiste a nulidade (esta é a denominada **teoria do fruto da árvore envenenada**).

1.3.8. Princípio da publicidade

O **princípio da publicidade** prevê que *os atos processuais e a tramitação do processo devem ser, em regra, públicos*. É previsto no art. 93, IX, da CF: "todos os julgamentos dos órgãos do Poder Judiciário serão públicos (...)". No CPC, há repetição desse comando no art. 11 e também menção à publicidade no art. 8º.

Porém, não se trata de um princípio absoluto, já que há situações em que o processo pode ser sigiloso. E isso é previsto na própria CF, no art. 5º, LX: "a lei só poderá restringir a publicidade dos atos processuais quando a defesa da intimidade ou o interesse social o exigirem".

Assim, em certos casos – como nas discussões envolvendo direito de família –, tendo em vista a defesa da intimidade, o processo não será público para terceiros, em virtude do **segredo de justiça** (CPC, arts. 11 e 189).

1.3.9. Princípio da motivação (princípio da fundamentação)

Pelo **princípio da motivação** *toda decisão proferida pelo Poder Judiciário deverá ser fundamentada, explicada, motivada pelo magistrado que a profere*. É positivado na CF, art. 93, IX: "todos os julgamentos dos órgãos do Poder Judiciário serão públicos, e fundamentadas todas as decisões (...)". Tal qual na CF, o CPC prevê no art. 11 a publicidade e a fundamentação das decisões.

A finalidade é que as partes saibam a razão pela qual seus argumentos foram aceitos ou, principalmente, negados.

Inclusive de modo a se ter condições de impugnar a decisão, via recurso. Caso não haja motivação, a decisão será nula.

Merece destaque, no CPC, a forma pela qual a motivação das decisões judiciais é tratada. O art. 489, § 1º, aponta situações em que **não há** *adequada motivação*. Por esse dispositivo, não são fundamentadas decisões (sentença, acórdão ou interlocutória) que (i) se limitem à *indicação, à reprodução ou à paráfrase de ato normativo*, sem explicar sua relação com a causa ou a questão decidida; (ii) empreguem *conceitos jurídicos indeterminados*, sem explicar o motivo concreto de sua incidência no caso; (iii) invoquem motivos que se *prestariam a justificar qualquer outra decisão*; (iv) *não enfrentem todos os argumentos deduzidos no processo* capazes de, em tese, *infirmar (afastar) a conclusão adotada pelo julgador*; (v) se limitem a *invocar precedente ou enunciado de súmula*, sem demonstrar que o *caso sob julgamento se ajusta àqueles fundamentos*; (vi) *deixarem de seguir súmula ou jurisprudência* invocadas pela parte, *sem demonstrar a existência de distinção no caso em julgamento ou a superação do entendimento*. A respeito do tema, vide item 2.3.7.1.

1.3.10. Princípio da duração razoável do processo (princípios da economia e da celeridade)

O **princípio da duração razoável do processo** foi inserido na Constituição pela EC 45/2004 (Reforma do Judiciário). Nos termos do art. 5º, LXXVIII, "a todos, no âmbito judicial e administrativo, são assegurados a razoável duração do processo e os meios que garantam a celeridade de sua tramitação".

E, no CPC, está previsto no art. 4º. A inovação no Código é que *há menção específica à satisfação*, o que sinaliza que o princípio não se restringe apenas à fase de conhecimento, mas também ao cumprimento de sentença e execução.

É a expressão positivada dos princípios implícitos da economia processual e da celeridade (parte da doutrina trata estes dois princípios como sinônimos).

Para os que entendem existir diferença, o **princípio da economia processual** busca *um processo econômico não só em relação ao tempo, como também recursos humanos, recursos materiais, custos etc.* Já quando se fala em **princípio da celeridade**, *a ideia é um processo que não tenha uma duração prolongada*.

1.3.11. Princípio do duplo grau de jurisdição

Como não se tem previsão explícita (pois não previsto na CF ou na legislação infraconstitucional), há quem entenda não se tratar de um princípio. Contudo, a posição majoritária é que se trata de um *princípio implícito*, que decorre do devido processo legal e, também, da previsão de recursos e tribunais no sistema processual-constitucional brasileiro.

O **princípio do duplo grau de jurisdição** pode ser definido como a *possibilidade de reexame de uma decisão judicial, por um outro órgão jurisdicional, usualmente superior*.

Contudo, reconhece-se que em algumas hipóteses o princípio pode ser excepcionado. Como exemplos, podem ser apontados os acórdãos proferidos em causas de competência originária do STF (ex.: ADI – Ação Direta de Inconstitucionalidade). A questão é mais complexa no âmbito processual penal, pois há previsão do duplo grau no Pacto de San José da

Costa Rica (Convenção Americana sobre Direitos Humanos); porém, não há essa previsão para o processo civil.

1.3.12. Princípio da inércia (princípio dispositivo)

O **princípio da inércia** determina que, *para a atuação do Judiciário visando a solucionar uma lide, há necessidade de manifestação da parte interessada*. Ou seja, o Judiciário fica inerte até que seja provocado pelo autor. O princípio está previsto no art. 2º do CPC e tem por objetivo garantir a imparcialidade do juiz. Mas o mesmo artigo preceitua que, uma vez retirado o Judiciário da inércia, aí o processo tramita por impulso oficial.

Apesar de a *regra* ser o Judiciário inerte, existem algumas *exceções* no sistema, em que a própria legislação afirma que o juiz poderá agir *de ofício* (ou seja, sem provocação da parte). Por exemplo, ao apreciar matérias de ordem pública, como vícios processuais (CPC, art. 485, § 3º) – porém, reitere-se que, mesmo nesses casos, deverá ser dada à parte a oportunidade de se manifestar, para evitar a prolação de decisão-surpresa (vide item 1.3.4.1 acima).

1.3.13. Princípio da congruência (princípio da adstrição do juiz ao pedido ou da correlação)

Como decorrência do princípio dispositivo, há o **princípio da congruência**, o qual aponta que *o juiz apenas pode conceder o que foi pedido pela parte*. É previsto nos arts. 141 e 492 do CPC.

Se o Judiciário somente pode se movimentar se provocado pela parte (princípio dispositivo), é certo que tal Poder não deve conceder algo além do que foi pleiteado pela parte.

Se o juiz conceder algo fora do que foi pedido, fala-se em decisão *extra petita* (a parte pede dano material e o juiz concede dano moral). Se o juiz conceder algo além do que foi pedido, fala-se em decisão *ultra petita* (a parte pede R$ 10 mil de dano moral e o juiz concede R$ 20 mil de dano moral). Nesses dois casos, há nulidade da decisão.

1.3.14. Princípio do convencimento motivado do juiz (livre convencimento?)

O **princípio do convencimento motivado** regula a avaliação das provas existentes nos autos e está previsto no art. 371 do CPC. Assim, *o juiz não está vinculado a qualquer prova em específico, mas ao conjunto probatório como um todo – contudo, ao decidir, terá de indicar os motivos que deram base a seu convencimento*.

Ou seja, uma prova não vale mais que a outra. E um exemplo claro disto é que o juiz não está vinculado à conclusão do perito no laudo pericial (CPC, art. 479). Porém, reitere-se, deverá fundamentar o porquê de não acolher ou acolher determinada prova. Relembre-se que o princípio da motivação (item 1.3.9 acima) já aponta esta necessidade.

No CPC/1973, este princípio era denominado de **livre convencimento motivado**. No CPC, como se percebe, houve a supressão da palavra "livre". Alguns autores sustentam que essa alteração legislativa *muda a forma de apreciação da prova pelo juiz*; outros afirmam que *não houve qualquer alteração*, pois o juiz sempre terá de apreciar a prova e, com base nas especificidades do caso concreto e sua percepção, julgar (pois o julgador não é uma máquina, mas um ser humano). Independentemente desse debate, o importante é conhecer que houve a alteração legislativa quanto ao princípio.

1.3.15. Princípio da oralidade

O **princípio da oralidade** é aquele que *estimula a realização dos atos processuais por meio verbal; ou seja, mediante a realização de audiências*. Para que se compreenda este princípio, é de se entender que a **finalidade da oralidade** é *aproximar o juiz das partes e das provas*, o que se verificar a partir de alguns *subprincípios*.

No CPC, houve uma sensível redução da oralidade em relação ao que era previsto no CPC/1973 (exatamente porque, no sistema anterior, a jurisprudência acabou por afastar do cotidiano forense alguns aspectos da oralidade).

Houve, por exemplo, a *supressão do princípio da identidade física do juiz*, que determinava que o juiz que produziu a prova era o juiz que deveria julgar a causa.

Em relação à *audiência* será *conduzida por mediador ou conciliador*, quando se tratar do *ato inaugural* (CPC, art. 334, § 1º). Porém, prevê o CPC que o juiz poderá determinar o comparecimento das partes em juízo, para "inquiri-las sobre os fatos da causa" (art. 139, VIII), o que demonstra que o CPC ainda prevê o contato entre juízes e partes e prova (**princípio da imediatidade**).

Assim, não houve a total abolição da oralidade, mas sua mitigação. Além da imediatidade, podemos apontar que permanece no CPC:

a) princípio da concentração: a *instrução deve ser reduzida a um número mínimo de audiências* (**audiência una – CPC, art. 365), e a um rápido julgamento após o término da instrução (30 dias, segundo o CPC, art. 366);**

b) princípio da irrecorribilidade das interlocutórias: na linha do acima exposto, deve-se *evitar que, a cada interlocutória, o processo seja suspenso*. Assim, apenas algumas situações de interlocutórias, devidamente previstas em lei, é que poderão ser impugnadas por agravo de instrumento (CPC, art. 1.015).

1.3.16. Princípio da boa-fé (lealdade processual)

O processo acarreta sempre a manifestação de ambas as partes (vide princípio do contraditório). É certo que a ida ao Judiciário decorre da existência da lide, o que muitas vezes significa um grau acentuado de animosidade entre os litigantes. Contudo, o processo em si não pode ser um local de conflito.

Daí o **princípio da boa-fé**, que *busca evitar uma atuação desleal ou fraudulenta das partes e de seus advogados, no âmbito do processo, prevendo sanções processuais para quem assim atue*. Apesar do foco do princípio ser as partes, aplica-se, também, a todos que atuam no processo (CPC, art. 5º).

Como expressão do princípio pode-se destacar a existência da **litigância de má-fé**, *figura processual que prevê multa à parte que agir contra a boa-fé ou deslealmente no processo* (CPC, arts. 80 e 81).

A parte (autor, réu, terceiro) é considerada litigante de má-fé *quando* (CPC, art. 80):

✓ I – deduzir pretensão ou defesa contra texto expresso de lei ou fato incontroverso;

✓ II – alterar a verdade dos fatos;

✓ III – usar do processo para conseguir objetivo ilegal;

✓ IV – opuser resistência injustificada ao andamento do processo;

✓ V – proceder de modo temerário em qualquer incidente ou ato do processo;

✓ VI – provocar incidentes manifestamente infundados;

✓ VII – interpuser recurso com intuito manifestamente protelatório.

A condenação em litigância de má-fé importa, conforme art. 81 do CPC, em:

(i) *multa entre 1% e 10% do valor corrigido da causa*; se o valor da causa for irrisório ou inestimável, a multa poderá ser de até 10 salários mínimos (CPC, art. 81, § 2º);

(ii) *indenização* à parte contrária pelos danos sofridos, honorários advocatícios e despesas. Essa indenização será desde logo fixada pelo juiz ou, se não for possível, liquidada por arbitramento, nos próprios autos – *inexistindo limite legal para o seu valor*.

A imposição da pena por litigância de má-fé poderá ser imposta **de ofício ou a requerimento da parte** (CPC, art. 81), sendo revertida para a parte contrária (CPC, art. 96).

Se houver litisconsórcio entre os litigantes de má-fé, haverá condenação de forma proporcional ou mesmo de forma solidária, se os litigantes se coligaram para lesar a parte contrária (CPC, art. 81, § 1º).

Figura *análoga* à litigância de má-fé é o "**ato atentatório à dignidade da Justiça**".

É previsto na parte geral do CPC, para duas das condutas esperadas das partes (previstas no art. 77, deveres das partes):

✓ - cumprir com exatidão as decisões jurisdicionais, de natureza provisória ou final, e não criar embaraços à sua efetivação (inc. IV);

✓ - não praticar inovação ilegal no estado de fato de bem ou direito litigioso (inc. VI).

Assim, entendeu o CPC que essas duas *condutas são mais graves que as demais*. Assim, são qualificadas de ato atentatório à dignidade da justiça (não litigância de má-fé), sendo aplicável *multa de até 20% do valor da causa*, que será *revertida ao Estado* e não à parte contrária (art. 77, §§ 2º e 3º). Não se cumula a multa por ato atentatório com a multa por litigância de má-fé, mas é possível que haja a cumulação com outras multas processuais (art. 77, § 4º).

Além disso, prevê o CPC o **ato atentatório à dignidade da justiça no processo de execução** (aplicado analogicamente para o cumprimento de sentença), para quando o executado (CPC, art. 774):

✓ I – frauda a execução;

✓ II – se opõe maliciosamente à execução, empregando ardis e meios artificiosos;

✓ III – dificulta ou embaraça a realização da penhora;

✓ IV – resiste injustificadamente às ordens judiciais;

✓ V – intimado, não indica quais são e onde se encontram os bens sujeitos à penhora e os respectivos valores, nem exibe prova da propriedade.

Se o executado assim proceder, o juiz poderá aplicar **multa de até 20% do valor atualizado do débito** objeto da execução, sem prejuízo de outras sanções, sendo que a *multa reverterá em proveito do* **exequente** e será exigível na própria execução (CPC, art. 774, parágrafo único).

Ou seja, (i) na parte geral há multa por litigância de má-fé e ato atentatório, com valores distintos (até 10% e até 20%, respectivamente), (ii) nada impede que na execução haja multa por má-fé e ato atentatório e (iii) o destinatário da multa por ato atentatório à dignidade da justiça é distinto em relação à parte geral (Estado) ou na execução e cumprimento de sentença (parte contrária).

1.3.17. Princípio da cooperação

O art. 6º do CPC inova ao prever o **princípio da cooperação**, destacando que *todos os sujeitos do processo devem "cooperar entre si para que se obtenha, em tempo razoável, decisão de mérito justa e efetiva"*. Qual seria efetivamente o significado desse novo princípio?

Não há dúvida de que apresenta alguma correlação com o princípio da boa-fé, acima exposto. Do ponto de vista das partes, a cooperação poderia ser vista como um limite ao contraditório, no sentido de não se ter um contraditório nocivo, que viole a boa-fé. É certo que cooperar *não pode significar que um advogado tenha de abrir mão da estratégia de atuar em prol de seu cliente*.

Como exemplos, (i) saneamento compartilhado, em que as partes apontam quais são os pontos controvertidos (CPC, art. 357, § 3º), (ii) dever de exibição de documentos (CPC, art. 396 e ss.), (iii) dever de manter endereço (inclusive *e-mail*) atualizado perante o Judiciário (CPC, art. 246, § 1º) e (iv) de uma forma geral, a possibilidade de se definir o procedimento da demanda, por meio do negócio jurídico processual (o NJP, previsto no CPC, art. 190 – vide item 1.7.2).

Do ponto de vista do juiz, o princípio seria o dever de cooperar com a parte, informando e esclarecendo-a antes de proferir alguma decisão.

Como exemplos, (i) a vedação de decisão-surpresa, prevista no art. 10 do CPC (e já analisada no item 1.3.4.1 acima), (ii) a necessidade de decisão quanto à distribuição do ônus da prova antes da instrução (CPC, art. 357, III) e (iii) o dever de o magistrado indicar qual ponto da inicial deve ser emendado, não cabendo apenas se falar "emende a inicial" (CPC, art. 321).

1.3.18. Princípios relacionados às nulidades

É importante que, no processo, haja a observância de formas, de maneira que se garanta segurança aos litigantes (princípio do devido processo legal). Contudo, dúvida não há de que a observância irrestrita das formas engessa o andamento do processo (em violação ao princípio da razoável duração do processo).

Neste contexto é que se inserem os princípios relacionados às nulidades (isso porque a inobservância de forma, a rigor, acarreta a nulidade do ato processual, ou seja, sua repetição).

Merecem destaque os seguintes princípios:

a) princípio da instrumentalidade das formas, pelo qual *ainda que a forma prevista em lei não seja observada, o juiz considerará válido o ato se, realizado de outro modo, alcançar-lhe a finalidade* (CPC, art. 277). Logo, *só haverá nulidade se houver prejuízo* (regra do *pas de nullitè sans grief* – CPC, art. 282, § 1º).

b) princípio da causalidade: *decretada a nulidade de um ato, os que dele decorrerem também devem ser reconhecidos como nulos* (CPC, art. 281).

c) princípio da conservação: *não há nulidade dos atos posteriores que sejam independentes daquele que foi anteriormente anulado* (CPC, art. 283).

1.3.19. Princípio da eventualidade

O processo tem por finalidade a solução da lide e deve seguir sempre com essa finalidade. Nesta linha, para evitar demora na tramitação do processo (princípio da razoável duração do processo), fala-se em **preclusão**. Ou seja, em regra, o processo não pode voltar para uma fase anterior.

Assim, o **princípio da eventualidade** aponta que *a parte, no momento em que se manifestar, deverá trazer todos os argumentos e pedidos possíveis, visto que, em regra, não é possível fazê-lo em momento posterior*.

Para ilustrar, vale trazer o exemplo da contestação, em que réu deverá apresentar *todos* seus argumentos de defesa, ainda que contraditórios (CPC, art. 336).

1.3.20. Outros princípios mencionados nos artigos iniciais do CPC

Em um contexto de trazer para o CPC cláusulas gerais – que permitem ao juiz uma margem de discricionariedade (e, assim, maior liberdade no julgar) – o art. 8º do Código destaca que o juiz, ao decidir, deverá observar o ordenamento jurídico (leis), mas observando os *fins sociais* e as *exigências do bem comum*, promovendo a *dignidade da pessoa humana* e observando a *proporcionalidade* e a *razoabilidade*.

Esse mesmo art. 8º do CPC destaca que o juiz deverá observar os princípios da *legalidade* (CF, art. 5º, II), da *publicidade* (CF, art. 93, IX – já tratado no item 1.3.8 acima) e da *eficiência* (CF, art. 37, *caput*). Ou seja, mais três princípios constitucionais reproduzidos no CPC – sendo que a publicidade é reforçada no art. 11, em conjunto com o *princípio da motivação* (também presente na CF, art. 93, IX e igualmente já visto no item 1.3.9 supra).

1.3.21. Regra do julgamento cronológico

Finalizando a parte inicial do CPC (que trata das normas fundamentais, ou seja, a parte principiológica), mas não se tratando tecnicamente de um princípio, há a previsão de **julgamento das demandas em ordem cronológica** (art. 12).

Este é um dos dispositivos já alterados no Código (Lei 13.256/2016), sendo importante conhecer a modificação.

A redação original era a seguinte: "Os juízes e os tribunais **deverão** obedecer à ordem cronológica de conclusão para proferir sentença ou acórdão.".

Considerando essa previsão, uma vez que a causa fosse à *conclusão para julgamento*, deveria ser *observada essa ordem cronológica de conclusão para prolação das **sentenças***: primeiro teria de ser sentenciada a causa mais antiga, para somente depois ser sentenciada a causa mais recente.

Também *nos tribunais* deveria ser observada essa regra, considerando a conclusão para prolação de **acórdão.**

Contudo, com a alteração legislativa, a redação do artigo ficou a seguinte: Art. 12. Os juízes e os tribunais *atenderão*, *preferencialmente*, à ordem cronológica de conclusão para proferir sentença ou acórdão.

Ou seja: de um **comando para o julgador** (*deverão obedecer*) passou-se para uma mera **sugestão ao magistrado** (*atenderão, preferencialmente*). Portanto, não haverá qualquer consequência se a ordem cronológica não for observada.

De qualquer forma, o dispositivo não foi revogado, de modo que haverá essa **preferência** para o julgamento em ordem cronológica, no tocante às *sentenças e aos acórdãos*. Mas isso **não se verifica**, por falta de previsão legal, às *decisões interlocutórias* (de 1º grau) e às *decisões monocráticas* de relator (no âmbito dos tribunais).

Pelo Código, em cada uma das varas de juízes ou gabinetes de desembargadores ou de ministros, deverá ser elaborada uma **lista com a ordem dos processos** que estão conclusos para decisão final (CPC, art. 12, § 1º). Essa lista deverá estar *disponível não só na vara ou gabinete, mas também na internet* (e, por certo, demandará considerável tempo dos servidores do cartório para sua elaboração) – do ponto de vista prático, poucas são as varas e tribunais que adotam essa lista, sendo isso realizado especialmente em cartórios onde há autos eletrônicos, e isso já é feito pelo sistema.

Não há *previsão, no CPC de consequência ou qualquer penalidade caso a ordem cronológica não seja observada* (há previsão de processo disciplinar contra o escrevente se esse servidor não *publicar* as decisões em ordem cronológica – CPC, art. 153, § 5º). Em tese, seria possível representação perante a Corregedoria local ou CNJ. Em virtude da ausência de sanção processual, é possível vislumbrar que esse dispositivo não será efetivamente aplicado em muitos órgãos do Judiciário. Mas, para fins de exames, o texto legal deve ser conhecido.

O próprio CPC traz diversas **exceções à ordem cronológica**: são pelo menos *29 hipóteses, divididas em 9 incisos*. Ou seja, nesses diversos casos, a ordem cronológica não precisará ser observada. Destacamos aqui as principais situações em que isso ocorre (CPC, art. 12, § 2º):

✓ homologação de acordo,

✓ julgamento de causas massificadas (seja em julgamento de recursos repetitivos ou incidente de resolução de demandas repetitivas),

✓ sentença sem resolução do mérito (art. 485),

✓ decisão monocrática do relator, no âmbito dos tribunais (art. 932),

✓ julgamento de embargos de declaração e agravo interno;

✓ preferências legais, como no caso de idoso;

✓ metas do CNJ;

✓ situações de urgência.

Contudo, é de se reiterar que, como o julgamento em ordem cronológica é *opcional*, esses incisos acabam tendo pouca relevância prática.

1.4. Partes, procuradores, sucumbência e justiça gratuita, Juiz, Conciliador e Mediador, Ministério Público, Defensoria Pública e Fazenda Pública em juízo

1.4.1. Partes e capacidades

Para que se saiba quem pode figurar como parte no âmbito do Poder Judiciário, é necessário que se conheça as diversas capacidades existentes:

a) capacidade de ser parte: *pode ser parte em um processo judicial quem tem a possibilidade de ser titular de direitos – assim, trata-se de conceito ligado à personalidade jurídica* (CC, art. 1º).

Apesar disso, para resolver questões de ordem prática, a legislação processual por vezes concede capacidade de ser parte a entes despersonalizados. É, por exemplo, o caso do espólio, que é representado pelo inventariante (cf. CPC, art. 75, V, VI, VII e XI). Uma situação concreta que gerou muita polêmica foi pacificada com a edição da Súmula 525 do STJ: "A Câmara de Vereadores não possui personalidade jurídica, apenas personalidade judiciária, somente podendo demandar em juízo para defender os seus direitos institucionais".

Como se percebe, ou há ou não há capacidade de ser parte, não sendo possível falar em correção dos polos da relação processual no caso de incapacidade de ser parte – o processo será extinto.

b) capacidade processual *(legitimatio ad processum): é a capacidade de figurar no processo judicial por si mesmo, sem o auxílio de outrem.*

Não se deve confundir esta figura com a condição da ação *legitimidade de parte (legitimatio ad causam)*, adiante enfrentada.

A regra do CPC (art. 71) é que os absolutamente incapazes (CC, art. 3º) devem ser representados, ao passo que os relativamente incapazes (CC, art. 4º) devem ser assistidos.

Há de se atentar que o Estatuto da Pessoa com Deficiência (Lei 13.146/2015) alterou o Código Civil, especificamente para passar a prever que pessoas com deficiência não são incapazes.

Para exemplificar: uma criança tem capacidade de ser parte (pode pleitear alimentos, por exemplo), mas não pode figurar, sozinha, no processo. Assim, não tem capacidade processual, devendo estar acompanhada para que haja a supressão de sua incapacidade processual. Diferentemente da incapacidade de ser parte, a incapacidade processual pode ser suprida (CPC, art. 76).

Por sua vez, há algumas pessoas que, apesar de não serem incapazes à luz da legislação civil, têm restrições em sua capacidade processual. É a hipótese dos *litigantes casados*.

Em regra, não há qualquer distinção entre solteiros e casados. A *exceção* envolve as **ações reais imobiliárias**, *salvo no caso do regime* de separação total de bens (CPC, art. 73). Neste caso, ou há litisconsórcio ou há autorização do cônjuge para se ingressar em juízo – via outorga uxória (prestada pela esposa ao marido) ou outorga marital (prestada pelo marido à esposa). A inovação do CPC se refere à expressa *menção à união estável* (art. 73, § 3º) – o que já era admitido pela jurisprudência. A lei prevê a necessidade de participação do companheiro *apenas quando constar dos autos a informação de que existe união estável* – isso de modo a evitar atitudes de má-fé, no sentido de trazer essa informação para os autos após anos de tramitação do processo, de modo a acarretar a nulidade do processo.

O legislador assim previu considerando que a discussão envolvendo direitos reais imobiliários em tese pode influenciar toda a família. É uma visão que dá maior valor ao bem imóvel que se justificava na década de 1970, mas não na segunda década do século XXI (mas não houve alteração no CPC).

c) capacidade postulatória: *é a capacidade plena de representar as partes em juízo; a capacidade de falar, de postular perante os órgãos do Poder Judiciário*. Em regra, o advogado é o titular da capacidade postulatória (CPC, art. 103).

Porém, há casos em que a lei concede capacidade postulatória à própria parte – mas isso não impede a postulação por meio de um advogado. As situações são as seguintes:

✓ Juizados Especiais Cíveis, nas causas de até 20 salários mínimos (Lei 9.099/1995, art. 9º) – e, também, Juizado Especial Federal e Juizado da Fazenda Pública Estadual (nesses casos, diante da omissão legislativa, o entendimento majoritário é que não há a limitação de 20 salários, sendo cabível a atuação da parte sem advogado até o teto desses juizados, regulados pela Lei 10.259/2001 e Lei 12.153/2009, respectivamente);

✓ ação de alimentos (Lei 5.478/1968, art. 2º);

✓ *habeas corpus*;

✓ reclamações trabalhistas (CLT, art. 791), cabendo lembrar que essa capacidade, para o TST, não é irrestrita (Súmula 425 do TST: "O *jus postulandi* das partes, estabelecido no art. 791 da CLT, limita-se às Varas do Trabalho e aos Tribunais Regionais do Trabalho, não alcançando a ação rescisória, a ação cautelar, o mandado de segurança e os recursos de competência do Tribunal Superior do Trabalho").

A prova de que houve a outorga de poderes ao advogado se dá pelo contrato de mandato, cujo instrumento é a procuração (vide item 1.4.4 abaixo).

Existindo **vício de capacidade que possa ser sanado**, inicialmente o juiz deverá determinar a *correção* da falha (CPC, art. 76, *caput*). Se não houver a correção da falha, existem *consequências distintas*, conforme o grau de jurisdição e o polo da parte.

Caso o vício não seja sanado e o **processo estiver em 1º grau**, existem *3 possibilidades* (CPC, art. 76, § 1º): (i) *extinção* do processo *sem resolução de mérito* (art. 485, IV), se o vício tivesse de ser *sanado pelo autor*; (ii) *revelia* (art. 344), se o vício tivesse de ser *sanado pelo réu*; (iii) *exclusão do processo ou revelia*, se o vício tivesse de ser *sanado por terceiro* (terceiro no polo ativo: exclusão do processo; terceiro no polo passivo: revelia).

Caso o vício não seja sanado e o **processo estiver no tribunal** (intermediário ou superior), existem 2 possibilidades (CPC, art. 76, § 2º): (i) *não conhecimento* do recurso, se o vício tivesse de ser *sanado pelo recorrente*; (ii) *desentranhamento das contrarrazões*, se o vício tivesse de ser *sanado pelo recorrido*. Assim, não mais poderá ser aplicado o entendimento de tribunal superior de impossibilidade de correção de procuração (vício de capacidade postulatória) no âmbito do STJ ou STF.

1.4.2. Alteração das partes após o ajuizamento da demanda (sucessão processual)

Em regra, *realizada a citação, descabe a alteração do pedido ou da causa de pedir; consequentemente, impede-se a modificação das partes* (CPC, art. 329).

Contudo, existem algumas *exceções*. Dá-se o nome **sucessão processual** à *alteração das partes em um processo judicial* (CPC, art. 108). Não deve ser confundida com a **substituição processual**, que *importa em pleitear direito alheio em nome próprio* (CPC, art. 18).

Um exemplo de sucessão processual é a hipótese de *falecimento* de uma das partes (CPC, art. 110) quando – após a suspensão do processo (CPC, art. 313, I) – o sucessor ingressará nos autos para assumir a posição processual do falecido. Isso ocorrerá mediante um procedimento especialmente denominado *habilitação* (CPC, art. 687).

Outro exemplo em que pode ocorrer a sucessão é a *alienação de objeto litigioso*. Neste caso, quem adquire o bem poderá ingressar no processo no lugar da parte que alienou o bem – desde que haja consentimento da parte contrária (CPC, art. 109, § 1º). Se não houver o consentimento, o adquirente poderá intervir no processo como assistente litisconsorcial do alienante (CPC, art. 109, § 2º).

1.4.3. Curador especial

O CPC prevê, para determinados casos, a figura de um **curador especial**. Trata-se de um *advogado nomeado pelo juiz para postular em nome de determinada parte que apresenta uma situação de hipossuficiência*.

Deverá existir a curatela especial nas seguintes situações (CPC art. 72):

(i) *incapaz sem representante legal* (inova o CPC ao esclarecer que a curatela durará *enquanto subsistir a incapacidade*);

(ii) ao *réu preso*, que for revel (ou que venha a ser preso durante a fluência do prazo de contestação – STJ, REsp 1.032.722/PR, 4.ª T., j. 28.08.2012, *DJe* 15.10.2012, **Informativo/STJ** 503) e

(iii) ao réu revel citado por edital ou por hora certa (ou seja, *citação ficta*).

Em regra, compete à própria parte buscar o seu advogado. Mas, nesses casos, diante de alguma dificuldade (*situação de hipossuficiência*), o magistrado é quem providencia o patrono (que recebe o nome de curador especial), em observância aos princípios da ampla defesa e do contraditório.

1.4.4. Mandato

Como visto acima, a parte usualmente será representada em juízo por um advogado. O *contrato que regula a relação cliente – advogado é o* **mandato**. A **procuração** é o *instrumento do mandato e prova que a parte é representada pelo advogado*.

Em regra, ao apresentar qualquer manifestação, o advogado já junta ao processo a procuração. Contudo, em *situações de urgência*, é possível que o advogado pleiteie alguma providência jurisdicional sem a apresentação da procuração, requerendo prazo para tanto – de 15 dias, prorrogáveis por mais 15 dias (CPC, art. 104).

√ A **procuração geral para o foro** (procuração com a cláusula *ad judicia*) permite que o advogado realize os principais atos do processo.

√ Para *situações específicas*, há necessidade de constar da procuração os *poderes especiais*, que são os seguintes (CPC, art. 105):

(i) receber citação,
(ii) confessar,
(iii) reconhecer a procedência do pedido,
(iv) transigir,
(v) desistir,
(vi) renunciar ao direito sobre o qual se funda a ação,
(vii) receber,
(viii) dar quitação,
(ix) firmar compromisso e
(x) assinar declaração de hipossuficiência econômica.

Inova o CPC ao determinar que da procuração conste o *nome, número de inscrição e endereço da sociedade de advogados* – se o advogado fizer parte de alguma, por certo (CPC, art. 105, § 3º). Além disso, a procuração, salvo previsão em sentido contrário constante do próprio instrumento, é eficaz por toda a tramitação do processo, inclusive o cumprimento de sentença (CPC, art. 105, § 4º).

1.4.4.1. Formas de extinção do mandato

A legislação civil prevê o **término do mandato** nas seguintes hipóteses (CC, art. 682):

(i) renúncia ou revogação;

(ii) morte ou interdição das partes (seja cliente ou advogado);

(iii) mudança de estado que inabilite o mandante a conferir poderes (como uma alteração societária que altere quem, na empresa, possa outorgar mandato) ou o mandatário para exercê-los (perda da capacidade postulatória pelo advogado, que pode ocorrer por força de uma suspensão perante a OAB, dentre outras razões);

(iv) pelo término do prazo ou pela conclusão do negócio.

A **renúncia** é o *ato pelo qual o advogado deixa de representar o cliente*. Pode o advogado "renunciar ao mandato a qualquer tempo, *provando (...) que comunicou a renúncia ao mandante*, a fim de que este nomeie substituto" (CPC, art. 112). Ou seja, se não houver a comprovação no processo de que houve a ciência ao cliente, a renúncia não será válida. Mas, mesmo que comprovada a ciência da renúncia, *o advogado continuará a representar o mandante nos autos por 10 dias*, de modo a não lhe causar prejuízo (CPC, art. 112, § 1º). Porém, se houver *mais de um advogado com poderes* e só houver a *renúncia de um* dos advogados, não há necessidade processual de comunicar a renúncia.

Por outro lado, a **revogação** é o *ato pelo qual o cliente desconstitui o advogado da sua função de mandatário*. Do ponto de vista processual, o CPC não traz a necessidade de o cliente (mandante) comprovar que deu ciência ao advogado (mandatário) da revogação. Pela lei processual, a parte que revoga o mandato deve, no mesmo ato, constituir novo advogado (CPC, art. 111). Contudo, à luz da ética profissional, o novo mandatário deve dar ciência ao anterior de que está assumindo a causa.

Havendo **morte do advogado**, sua **interdição** ou a **perda de sua capacidade postulatória**, é fácil concluir que haverá um defeito de representação, já que o cliente não terá quem o represente dotado de capacidade postulatória. Nesse caso, *o processo será suspenso* (CPC, art. 313, I) e o juiz concederá *prazo de 15 dias para que seja nomeado novo advogado* pelo cliente, sob pena de extinção (se a morte envolver o patrono do autor) ou revelia (se em relação ao advogado do réu). É o que prevê o CPC, art. 313, § 3º.

Por fim, caso não se verifique qualquer uma das hipóteses acima indicadas, com o término do processo (trânsito em julgado e arquivamento), também há a extinção do mandato.

1.4.5. Sucumbência e honorários sucumbenciais

O **ônus da sucumbência** é *a condenação ao pagamento das despesas (custas processuais, honorários periciais e outras) e honorários advocatícios, pela parte vencida*, ou seja, os honorários estão incluídos no ônus de sucumbência. Tem previsão no CPC, art. 85.

Ainda que o advogado atue em causa própria e seja o vencedor, há a condenação na sucumbência.

O CPC traz diversas inovações quanto aos honorários (o art. 85 é o que mais tem parágrafos no CPC, são 19).

São devidos honorários *não só na ação principal*, mas também (CPC, art. 85, § 1º):

✓ na reconvenção;
✓ no cumprimento de sentença, provisório ou definitivo;
✓ na execução, resistida ou não, e
✓ nos recursos, cumulativamente ao fixado em 1º grau.

Os honorários serão *fixados*, em 1º grau, entre *10% e 20%*. A **base de cálculo** será (i) o valor da *condenação* ou – inovação – (ii) do *proveito econômico* ou (iii) do *valor atualizado da causa* (art. 85, § 2º). Esse critério se aplica mesmo ao caso de improcedência de pedido. Se o *valor da causa for muito baixo* ou o *proveito econômico irrisório*, o juiz fixará os honorários de *forma equitativa* (CPC, art. 85, § 8º) – ou seja, fixará os honorários em quantia superior, considerando as especificidades do caso concreto.

Nas causas em que a **Fazenda Pública for parte**, a fixação dos honorários observará critérios legais e percentuais de modo escalonado, entre 10%/20% até 1%/3%. Quanto maior a base de cálculo, menor o percentual. Por exemplo:

(i) mínimo de 10% e máximo de 20% sobre o valor da condenação/proveito econômico obtido até 200 salários mínimos;

(ii) mínimo de 8% e máximo de 10% sobre o valor da condenação/proveito econômico obtido entre 200 e 2.000 salários (art. 85, § 3º) – e assim sucessivamente.

Importante novidade é a **fixação de honorários em grau recursal**. O tribunal, ao julgar o recurso, *majorará os honorários fixados anteriormente*, levando em conta o trabalho adicional realizado em grau recursal. Assim, se em primeiro grau foi fixado o montante de 10% da condenação a título de honorários, o tribunal poderá fixar mais 5% quando do julgamento do recurso. Contudo, será *vedado*, no cômputo geral da fixação de honorários devidos ao advogado do vencedor, *ultrapassar os limites estabelecidos para a fase de conhecimento*, ou seja, o teto de 20%, quando esse for o critério a ser aplicado (art. 85, § 11).

A lei é omissa em apontar **quais recursos** admitirão a sucumbência recursal. Será, sem dúvidas, cabível na maior parte dos recursos, como a apelação, o recurso especial e o recurso extraordinário. Contudo, há algumas dúvidas que terão de ser solucionadas pela jurisprudência.

Usualmente *não haverá* sucumbência recursal no **agravo de instrumento**, pois a previsão legal aponta a *majoração de* honorários, o que significa dizer que, somente se houver fixação em 1º grau haverá aumento em 2º grau. E, no caso de decisão interlocutória, em regra não haverá fixação de honorários em 1º, pois a decisão é de questão incidente. Porém, no caso de **julgamento antecipado parcial de mérito**, haverá fixação de honorários em 1º grau e, se houver, recurso (e cabível agravo de instrumento), então existirá a majoração dos honorários (vide, a respeito do tema, item 2.3.5.3). Da mesma forma, no caso de **exclusão de litisconsórcio**, haverá fixação de honorário e, no caso de agravo, haverá a majoração dos honorários.

Em relação à fixação dos honorários recursais nos **embargos de declaração**, a tendência é pelo seu não cabimento, tendo em vista as características específicas desse recurso. Nesse sentido, já existem decisões do STJ (vide EDcl no AgInt no REsp 1573573; RJ; Terceira Turma; Rel. Min. Marco Aurélio Bellizze; DJe 08/05/2017). Mas vale destacar que há decisões do STF entendendo como *cabível a sucumbência recursal* nos embargos de declaração (RE 929925 AgR-ED/RS, rel. Min. Luiz Fux, 7.6.2016, informativo 829/STF). Porém, por se tratar de matéria infraconstitucional, a última palavra, nesse particular, será do STJ.

Quanto ao **agravo interno**, temos o mesmo cenário: STJ afirmando que descabe a sucumbência recursal (mesmo julgado acima) e STF dizendo que cabe (AG. REG. no ARE N. 938.519-GO; Rel. Min. Marco Aurélio, Informativo STF 830).

Assim, em síntese:

✓ o STJ vem dizendo que que NÃO cabe sucumbência recursal em (i) embargos de declaração, (ii) agravo interno e (iii) recurso em que na origem não houve fixação de honorários (EDcl no AgInt no REsp 1.573.573/RJ);

✓ o STF tem algumas decisões distintas, reconhecendo sucumbência recursal em embargos de declaração e agravo interno.

Vale lembrar que a matéria é infraconstitucional, de modo que a última palavra acerca do tema é do STJ.

Os honorários fixados em grau recursal são *cumuláveis* com multas e outras sanções processuais (§ 12).

O CPC reafirma que os *honorários constituem direito do advogado* e têm *natureza alimentar*, sendo titulares dos mesmos privilégios de créditos oriundos da legislação trabalhista (art. 85, § 14). Apesar disso, a Corte Especial do STJ decidiu, pela "impossibilidade da penhora de salário de credor para pagamento de honorários advocatícios" (REsp 1.815.055).

O § 14 do art. 85 do CPC, inovando, *veda a compensação dos honorários* advocatícios em caso de *sucumbência parcial*, promovendo a superação da Súmula 306 do STJ ("Os honorários advocatícios devem ser compensados quando houver sucumbência recíproca, assegurado o direito autônomo do advogado à execução do saldo sem excluir a legitimidade da própria parte").

Se a decisão transitada em julgado for *omissa quanto ao direito aos honorários* ou seu valor, será cabível *ação autônoma* para sua definição e cobrança (art. 85, § 18); a previsão gera a *superação da parte final da Súmula 453 do STJ* ("Os honorários sucumbenciais, quando omitidos em decisão transitada em julgado, não podem ser cobrados em execução ou em ação própria").

✓ Vale frisar que as *Súmulas 306 e 453* ainda **não foram canceladas** pelo STJ, embora não sejam mais aplicadas.

Advogados públicos *perceberão honorários sucumbenciais nos termos da lei* (art. 85, § 19). Assim, salvo regras específicas de determinadas carreiras da advocacia pública (que já recebem honorários de sucumbência), *enquanto não houver edição de lei específica, não haverá o pagamento dos honorários.* Decidiu o STF que essa previsão é constitucional (ADI 6053).

No caso de **sucumbência mínima**, a responsabilidade pela sucumbência será na íntegra do outro litigante (art. 86, parágrafo único).

Se houver **litisconsórcio**, haverá o *pagamento dos honorários pelos vencidos*, devendo a sentença distribuir expressamente quanto cada parte arcará. Contudo, se a *sentença for omissa* – e não houver embargos de declaração quanto ao ponto – então haverá *solidariedade entre todos os vencidos.* Trata-se de interessante inovação prevista no § 2º do art. 87.

No caso de **transação**, se não houver previsão de *quem arca* com as despesas, estas serão *divididas igualmente* (art. 90, § 2º). Se a transação ocorrer antes da sentença, haverá dispensa do pagamento de eventuais custas remanescentes (art. 90, § 3º).

Se o réu **reconhecer a procedência do pedido** e, ao mesmo tempo, **cumprir a obrigação** que reconheceu, haverá redução dos honorários pela metade. Trata-se de mais uma situação envolvendo desconto nos honorários sucumbenciais para estimular o cumprimento da obrigação (e esta novidade do CPC – art. 90, § 4º).

1.4.6. Justiça Gratuita

No sistema anterior, a questão relativa à justiça gratuita era tratada fora do CPC, na Lei 1.060/1950. No CPC, o assunto passa a ser regulado no próprio Código.

O assunto é regulado dos arts. 98 ao 102 do CPC. Apesar disso, não houve a total revogação da Lei 1.060/1950 (vide art. 1.072, III, do CPC).

O CPC regula a **concessão e revogação da gratuidade de justiça**, que é a *isenção de custas e despesas, para os que têm insuficiência de recursos.*

Distingue-se a justiça gratuita da **assistência judiciária gratuita** (que é a *prestação de serviços jurídicos no Judiciário* – ou seja, a indicação do advogado, principalmente a cargo da Defensoria Pública – vide item 1.4.10 abaixo) da **assistência jurídica** (que é a *prestação completa de serviços jurídicos ao necessitado* – não só a prestação jurisdicional, mas também esclarecimento de eventuais dúvidas; vide CF, art. 5º, LXXIV).

Nada impede que uma parte que contrata *advogado particular* pleiteie e receba a gratuidade de justiça (CPC, art. 99, § 3º).

O CPC afirma que a gratuidade de justiça *engloba não só as taxas e custas*, mas também (i) honorários do *perito*, (ii) exame de DNA e *outros exames* necessários no caso concreto, (iii) depósito para *interposição de recurso ou propositura de ação rescisória* e (iv) valores devidos a *cartórios extrajudiciais* em decorrência de registros ou averbações necessários à efetivação da decisão judicial (art. 98, § 1º).

Contudo, *não estão incluídas* na gratuidade eventuais multas processuais impostas ao beneficiário da justiça gratuita (art. 98, § 4º).

Se o beneficiário da justiça gratuita **não tiver êxito na causa** (seja figurando do lado ativo ou passivo da demanda), *deverá ser condenado a arcar com os honorários advocatícios da parte contrária* (art. 98, § 2º). Mas somente será possível executar os honorários se, no *prazo de 5 anos*, o credor demonstrar que o beneficiário está com *condições financeiras* aptas a responder pelo débito (art. 98, § 3º).

A gratuidade de justiça é **direito da parte**, seja *pessoa física ou jurídica* (art. 98). Porém, *só a pessoa física tem presunção* na afirmação da hipossuficiência econômica (art. 99, § 3º), devendo a pessoa jurídica provar sua situação econômica (exatamente como previsto na Súmula 481 do STJ, editada ainda à luz do CPC anterior: "Faz jus ao benefício da justiça gratuita a pessoa jurídica com ou sem fins lucrativos que demonstrar sua impossibilidade de arcar com os encargos processuais)".

A justiça gratuita pode ser **requerida a qualquer momento** (CPC, art. 99): (i) na petição inicial; (ii) na contestação; (iii) na petição de ingresso de terceiro e (iv) no recurso. Ou seja, cabe pleitear a gratuidade em qualquer momento do processo – mesmo durante a tramitação da causa em primeiro grau, após a inicial e antes do recurso.

Se o requerimento de gratuidade for formulado *quando da interposição do recurso*, o recorrente *não terá de recolher o preparo* – não sendo possível se falar em deserção até eventual decisão do relator que indeferir e determinar o recolhimento das custas (CPC, art. 99, § 7º).

Quanto ao **critério para a concessão da gratuidade**, a lei não traz critérios objetivos, tratando-se de decisão que ficará a cargo do magistrado, conforme o caso concreto. O CPC apenas traz o *direito à gratuidade no caso de "insuficiência de recursos para pagar as custas, despesas processuais e honorários advocatícios"* (CPC, art. 98).

Não é possível ao juiz indeferir de plano a gratuidade (CPC, art. 99, § 2º). Se o magistrado não estiver convencido da presença dos requisitos, deverá determinar que a parte *comprove sua situação* de hipossuficiência econômica.

Inova o CPC ao prever a concessão de **justiça gratuita parcial**, que pode se configurar de duas formas distintas: (i) reconhecimento da *gratuidade para alguns dos atos do processo* ou apenas a *redução de parte das despesas* (CPC, art. 98, § 5º) e (ii) *parcelamento de despesas*, "se for o caso" (CPC art. 98, § 6º). O Código, porém, não traz qualquer *critério* para a aplicação dessas duas novas figuras.

Concedida a gratuidade, pode a parte contrária **impugnar a concessão da justiça gratuita**. Inicialmente, haverá a discussão do tema *perante o próprio juiz que concedeu o benefício* (e não por recurso), *nos próprios autos.* Assim, deferido o pedido, a parte contrária *poderá oferecer impugnação na contestação, na réplica, nas contrarrazões* de recurso ou, nos casos de pedido superveniente ou formulado por terceiro, por meio de *petição simples*, a ser apresentada no prazo de 15 dias (CPC, art. 100).

Da decisão que *aprecia a impugnação*, cabe **recurso** (CPC, art. 101). Assim: (i) se o juiz *indeferir a gratuidade* pleiteada por qualquer das partes, o recurso cabível será o *agravo de instrumento*; (ii) se a *impugnação* à justiça gratuita *for acolhida*, o recurso cabível será o *agravo de instrumento*; (iii) se o magistrado decidir quanto à gratuidade (para deferi-la ou não, seja relacionada à impugnação ou não) *na própria sentença*, o recurso cabível será a *apelação*.

Transitada em julgado a decisão que revogou a gratuidade, a parte que teve o benefício cassado deverá *recolher todas as despesas do processo*, em prazo fixado pelo juiz (CPC, art. 102). *Caso não haja o recolhimento*, se o ex-beneficiário for o *autor*, o processo será *extinto*; se for o *réu*, não haverá o deferimento de qualquer ato requerido por essa parte até que haja o pagamento (CPC, art. 102, parágrafo único) – dispositivo de duvidosa constitucionalidade.

1.4.7. Juiz (poderes, impedimento e suspeição)

O CPC, em relação aos **poderes do juiz**, em parte repete o CPC/1973 (ao destacar que o juiz deve assegurar *igualdade de tratamento às partes*, velar pela *duração razoável do processo*, reprimir *ato contrário à dignidade da justiça* e tentar a *autocomposição entre as partes*). Mas existem algumas novidades, com destaque para as seguintes (CPC, art. 139):

(i) possibilidade de (a) *dilação dos prazos processuais* e (b) *alteração da ordem de produção das provas*, considerando o caso concreto (a dilação de prazos só pode ser determinada antes de encerrado o prazo regular);

(ii) possibilidade de determinar *medidas coercitivas* para assegurar o cumprimento de *ordem judicial*, inclusive nas ações que tenham por objeto *prestação pecuniária* (ou seja: é possível se cogitar de multa-diária para uma obrigação de pagar). Além disso, a doutrina começa a debater se seria possível, com base no art. 139, IV do CPC, a **atipicidade das medidas executivas** mais incisivas. Ou seja, a possibilidade de o juiz, diante da ineficiência da penhora e mesmo da multa, aplicar outras medidas, como por exemplo a retenção de carteira de motorista e de passaporte – tema que terá de ser definido pelos tribunais. Por exemplo, o STJ, no 1º caso que enfrentou o assunto, decidiu que (i) cabe HC para impugnar a decisão que determina a retenção de passaporte (mas não de CNH ou cartão de crédito) e (ii) é ilegal a retenção do passaporte em decisão judicial não fundamentada e que não observou o contraditório (RHC 97.876-SP, Informativo 631/STJ);

(iii) possibilidade de o juiz determinar o *suprimento de pressupostos processuais* e o *saneamento de outros vícios processuais*;

(iv) quando *diante de diversas demandas individuais repetitivas*, pode o juiz oficiar o MP, a Defensoria Pública e outros legitimados *para que se promova a ação coletiva*.

Como não poderia deixar de ser, busca o CPC que o magistrado seja imparcial – bem como seus auxiliares, pois não só o magistrado pode ser parcial, mas outros partícipes do processo (CPC, art. 148). Assim, seguem existindo as figuras do **impedimento e suspeição**.

São hipóteses de *impedimento* do juiz (CPC, art. 144):

I – atuar em processo que antes *interveio como mandatário da parte, perito, MP* ou prestou depoimento como testemunha;

II – atuar em processo em *outro grau de jurisdição, se antes proferiu decisão*;

III – atuar em processo no qual *estiver postulando* (como defensor, advogado ou MP) *cônjuge, companheiro ou parente até o terceiro grau*;

IV – atuar em processo quando *ele próprio, cônjuge ou companheiro, ou parente (consanguíneo ou afim) até o terceiro grau for parte*;

V – atuar em processo quando for *sócio ou membro da direção de pessoa jurídica que for parte no processo*;

VI – atuar em processo quando for herdeiro presuntivo, donatário ou empregador de qualquer das partes;

VII – atuar em processo que for *parte instituição de ensino com a qual tenha relação de emprego ou decorrente de contrato de prestação de serviços*;

VIII – polêmica inovação, quando for parte *cliente do escritório de advocacia de seu cônjuge, companheiro ou parente, consanguíneo ou afim, em linha reta ou colateral, até o terceiro grau inclusive*, mesmo que patrocinado por advogado de outro escritório;

IX – quando o magistrado for autor de demanda contra a parte ou seu advogado.

São hipóteses de *suspeição* do juiz (CPC, art. 145):

I – o magistrado que for *amigo íntimo ou inimigo* das *partes ou de seus advogados*;

II – o magistrado que *receber presentes* de pessoas que tiverem interesse na causa, que *aconselhar alguma das partes* acerca do objeto da causa ou que *subministrar meios para atender às despesas do litígio*;

III – quando *qualquer das partes for sua credora ou devedora*, de seu cônjuge ou companheiro ou de parentes destes, em linha reta até o terceiro grau, inclusive;

IV – se for *interessado no julgamento* do processo em favor de qualquer das partes.

Cabe, ainda, a suspeição por *motivo de foro íntimo* (CPC, art. 145, § 1º).

Quanto à **forma** de se apontar a parcialidade do juiz e de seus auxiliares, , no prazo de 15 dias a partir do conhecimento do fato, *a parte deve alegar o impedimento ou a suspeição, em petição específica dirigida ao juiz do processo*. Nessa peça, será indicado o fundamento da recusa quanto ao magistrado e poderá haver juntada de documentos e indicação de testemunhas (CPC, art. 146).

Se o juiz não se declarar impedido ou suspeito, o incidente será encaminhado ao tribunal, e haverá o sorteio de um relator, que poderá conceder efeito suspensivo ou não (CPC, art. 146, § 2º).

1.4.8. Conciliador e Mediador

Considerando o grande estímulo que o CPC dá às formas alternativas de solução dos conflitos (ADR, especialmente conciliação e mediação – vide item 1.1.4. acima), é certo que a figura do conciliador e mediador ganha força no Código. Assim, inova o CPC ao trazer uma seção específica para esses profissionais (arts. 165 a 175).

✓ **Conciliadores e mediadores** são *profissionais alheios ao conflito, cuja intervenção imparcial busca permitir que as partes cheguem ao consenso*. Como já exposto no item 1.1.4, o **mediador** é *terceiro que busca o acordo entre as partes, mas sem sugerir a solução, atuando preferencialmente nos casos em que houver vínculo anterior entre as partes, como no direito de família* (CPC, art. 165, § 3º), ao passo que o **conciliador** é *terceiro que busca o acordo entre as partes, sugerindo a solução, atuando preferencialmente nos caos em que não houver vínculo anterior entre as partes, como em acidentes de veículos* (CPC, art. 165, § 2º).

Considerando as especificidades de cada situação, a mediação pode ser desenvolvida *em mais de uma sessão*, ao passo que a conciliação, em regra, se realiza com *uma reunião*.

Contudo, não há vedação para que haja mais de uma audiência para a conciliação.

A mediação não era regulada no CPC/1973 (que só tratava da conciliação), mas é prevista no CPC e, também, na Lei 13.140/2015 (que é posterior ao CPC, mas cuja *vacatio* é menor). Apesar de existirem *pontos comuns*, há *distinções entre as duas leis*, o que já é objeto de polêmica.

Prevê a legislação a criação dos **centros judiciários de solução consensual de conflitos**, ou "Cejuscs" (CPC, art. 165, Lei 13.140/2015, art. 24 e Resolução CNJ 125/2010, art. 8º). Esses centros serão "responsáveis pela *realização de sessões e audiências de conciliação e mediação e pelo desenvolvimento de programas* destinados a auxiliar, orientar e *estimular a autocomposição*" (CPC, art. 165).

A composição e a organização dos centros serão definidas em cada tribunal, observando-se as normas do CNJ (CPC, art. 165, § 1º; Lei 11.340/2015, art. 24, parágrafo único). Assim, há espaço para se reconhecer as especificidades de cada local.

São **princípios da mediação e da conciliação** a *independência*, a *imparcialidade*, a *autonomia da vontade*, a *confidencialidade*, a *oralidade*, a *informalidade* e a *decisão informada* (CPC, art. 166). Por sua vez, a Lei 13.140/2015, prevê que a mediação será orientada pelos seguintes princípios (art. 2º): I – *imparcialidade* do mediador; II – *isonomia* entre as partes; III – *oralidade*; IV – *informalidade*; V – *autonomia da vontade* das partes; VI – *busca do consenso*; VII – *confidencialidade*; VIII – *boa-fé*. A seguir, são analisados os princípios mais relevantes.

Pelo **princípio da independência**, os *conciliadores e mediadores devem atuar de forma autônoma*, sem subordinação, vinculação ou influência de pessoas ou órgãos. Pode o mediador ou conciliador recusar, suspender ou interromper a sessão se ausentes as condições necessárias para seu bom desenvolvimento (Resolução CNJ 125/2010, anexo III, art. 1º, V).

A **imparcialidade**, tal qual em relação ao juiz, representa a *ausência de comprometimento de qualquer ordem em relação aos envolvidos no conflito*. Na Resolução CNJ 125/2010, imparcialidade é o dever de agir com ausência de favoritismo, preferência ou preconceito, assegurando que valores e conceitos pessoais não interfiram no resultado do trabalho – jamais sendo possível aceitar qualquer espécie de favor ou presente (Resolução CNJ 125/2010, anexo III, art. 1º, IV).

A **autonomia da vontade** é a *intenção manifestada por pessoa capaz, com liberdade*. A Resolução 125/2010 do CNJ reconhece ser a autonomia da vontade o dever de respeitar os diferentes pontos de vista dos envolvidos, assegurando-lhes que cheguem a uma decisão voluntária e não coercitiva com liberdade para tomar as próprias decisões (Anexo III, art. 2º, II).

Pelo **princípio da decisão informada**, a parte deve ser *plenamente informada quanto aos seus direitos em relação à sessão consensual* (Resolução 125/2010 do CNJ, anexo III, art. 1º, II). Porém, mediadores e conciliadores *não devem atuar como advogados de qualquer das partes*, por força da imparcialidade acima exposta.

A **confidencialidade** é fundamental para que as *partes possam negociar com tranquilidade e transparência*, contando com a *garantia de que o que disserem não será usado contra eles posteriormente*. Assim, se infrutífera a conciliação ou mediação, a *proposta formulada na audiência não deverá constar no termo* – salvo se houver acordo entre as partes (CPC, art. 166, § 1º).

Caso haja violação da confidencialidade, *essa prova deverá ser considerada ilícita*.

Ainda que a doutrina aponte qual seria o caminho para as sessões consensuais, há *flexibilidade no procedimento*, inclusive considerando a **informalidade** dos métodos alternativos (CPC, art. 166, § 4º). Como exemplo, a possibilidade de o mediador se reunir com as partes, *em conjunto ou separadamente* (Lei 13.140/2015, art. 19).

O CPC prevê a necessidade de **duplo cadastramento**, ou seja, o *profissional* (pessoa física) ou *câmaras privadas de conciliação e mediação* (pessoa jurídica) deverão se inscrever em *cadastro nacional* e, também em *cadastro perante o TJ ou TRF* que atuarão (CPC, art. 167).

Quanto à **capacitação mínima**, o conciliador ou mediador deverá realizar um "*curso realizado por entidade credenciada, conforme parâmetro curricular definido pelo CNJ em conjunto com o Ministério da Justiça*" (CPC, art. 167, § 1º). Em relação ao mediador, a lei própria exige que o profissional seja *pessoa capaz graduada há pelo menos dois anos em curso de ensino superior* de instituição reconhecida pelo Ministério da Educação (Lei 11.340/2015, art. 11).

Além disso, a lei permite que haja **concurso público para mediadores e conciliadores judiciais**. Escolhido o profissional, o tribunal remeterá ao diretor do foro os dados necessários para que seu nome passe a *constar da respectiva lista a ser observada na distribuição alternada e aleatória*, respeitado o princípio da igualdade dentro da mesma área de atuação profissional (CPC, art. 167, § 2º). A Lei de Mediação **não se refere a concurso**, mas ao cadastramento de mediadores pelos tribunais e ao custeio das despesas pelas partes (Lei 13.140/2015, arts. 12 e 13)

No cadastro deverão ser informados todos os *dados relevantes para a atuação do profissional*, como o número de processos de que participou, o sucesso ou insucesso da atividade, a matéria sobre a qual versou a controvérsia e outros dados que o tribunal julgar relevantes (CPC, art. 167, § 3º). O objetivo é que, a partir desses dados, que serão classificados sistematicamente e publicados ao menos anualmente pelos tribunais, possa haver *conhecimento da população, realização de estatísticas e avaliação dos meios consensuais e dos profissionais* (CPC, art. 167, § 4º).

O conciliador e o mediador *podem ser advogados*. Porém, onde estiverem cadastrados, estarão **impedidos** *para a advocacia nos juízos em que desempenham suas funções* (CPC, art. 167, § 5º). Vale destacar que essa restrição *não consta* na Lei 13.140/2015.

Pode o tribunal optar por estruturar **quadro próprio de conciliadores e mediadores** (ou seja, não de terceiros cadastrados), a ser **preenchido por concurso público de provas e títulos** (CPC, art. 167, § 6º).

Em linha com a liberdade das partes quanto ao procedimento (vide, adiante, o negócio jurídico processual), o Código permite que as **partes escolham o facilitador** (seja o conciliador, mediador ou câmara privada de meios consensuais – CPC, art. 168), sendo que o *escolhido poderá ou não estar cadastrado no tribunal* (CPC, art. 168, § 1º). Se não houver esse acordo, então haverá *distribuição aleatória entre os profissionais cadastrados no tribunal* (CPC, art. 168, § 2º). Vale esclarecer que a legislação permite, se recomendável à luz das especificidades do caso concreto, a designação de *mais de um mediador ou conciliador* (CPC, art. 168, § 3º).

Quanto à **remuneração**, o facilitador será remunerado pelo *trabalho realizado, conforme tabela fixada pelo tribunal, a partir de parâmetros do CNJ* (CPC, art. 169). Apesar disso, o próprio Código prevê a possibilidade de **trabalho voluntário** (CPC, art. 169, § 1º). Além disso, será exigida **atuação gratuita de pessoas jurídicas**; se uma câmara privada se cadastrar para atuar mediante remuneração, deverá suportar percentual de atuações gratuitas como contrapartida de seu credenciamento (CPC, art. 169, § 2º).

Considerando a necessária imparcialidade, o **mediador ou conciliador pode ser impedido** (CPC, art. 148, II, sendo que as hipóteses de impedimento, tratadas no tópico acima, estão no art. 144). Nesse caso, o próprio facilitador deverá informar isso ao coordenador do Cejusc, que procederá a nova distribuição (CPC, art. 170). Se o impedimento se verificar *depois de já iniciado o procedimento*, este será interrompido, para nova distribuição (CPC, art. 170, parágrafo único). Não há menção, neste art. 170, à *suspeição* do mediador ou conciliador. Contudo, há menção no art. 173, II (ao tratar da atuação indevida do conciliador) e na Lei 13.140/2015, que aponta serem *aplicáveis ao mediador as hipóteses legais de impedimento e suspeição do juiz* (art. 5º). Portanto, dúvida não há quanto à aplicação do impedimento e suspeição aos conciliares e mediadores.

Também para garantir a imparcialidade, a legislação cria **impedimento para o conciliador ou mediador exercer a advocacia**, para as *partes litigantes, no prazo de 1 ano contado do término da última audiência em que atuaram* (CPC, art. 172). De se destacar que o tema não foi tratado no Estatuto da OAB dentre os impedimentos, o que pode gerar debates quanto à sua legalidade (Lei 8.906/1994, art. 28).

A legislação ainda prevê uma **impossibilidade temporária para o exercício da função** (por questões de saúde, férias ou quaisquer outras razões). Nesse caso, o conciliador ou mediador informará o fato ao centro, para evitar *novas distribuições* e morosidade (CPC, art. 171).

A **exclusão de conciliadores e mediadores** é prevista para aquele *facilitador que atuar indevidamente*. O Código tipifica as seguintes situações (CPC, art. 173):

I – agir com *dolo ou culpa* na condução da conciliação ou da mediação ou violar os deveres decorrentes do art. 166, §§ 1º e 2º (princípios acima analisados);

II – atuar em procedimento de mediação ou conciliação, apesar de *impedido ou suspeito*.

A apuração dessas faltas será realizada por meio de procedimento administrativo, sendo cabível o afastamento cautelar do facilitador pelo juiz, pelo prazo de 180 dias (CPC, art. 173, §§ 1º e 2º).

A União, Estados, DF e Municípios poderão criar câmaras de mediação e conciliação com atribuições relacionadas à solução consensual de **conflitos no âmbito administrativo**, para (i) dirimir conflitos entre órgãos e entes da própria administração, (ii) conciliação em conflitos envolvendo o ente estatal e (iii) celebração de TAC – termo de ajustamento de conduta (CPC, art. 174 e Lei 13.140/2015, art. 32).

1.4.9. Ministério Público

O **Ministério Público**, **MP** ou *Parquet* é *instituição permanente, essencial à função jurisdicional e destinada à preservação dos valores fundamentais do Estado* (defesa da ordem jurídica, regime democrático e interesses sociais – CF, art. 127).

A Constituição Federal (art. 128) divide o MP em MPE (Ministério Público Estadual – atua perante a Justiça Estadual) e MPU (Ministério Público da União). O MPU compreende o MP Federal (atua perante o STF, o STJ e a Justiça Federal) e, também, MP do Trabalho (Justiça do Trabalho), MP Militar (Justiça Militar da União) e MPDFT (Distrito Federal e Territórios).

No que interessa para o processo civil, pertinente à atuação do MPE e do MPF, as carreiras são assim divididas:

Órgão	1º grau	2º grau	Chefia
MPE	Promotor de Justiça	Procurador de Justiça	Procurador-Geral de Justiça
MPF	Procurador da República	Procurador Regional da República	Procurador-Geral da República

A atuação do MP em um processo judicial pode se dar de duas formas:

✓ parte em que o MP postula como qualquer autor, principalmente no âmbito coletivo, mediante a ação civil pública (defesa do consumidor, meio ambiente, educação, criança, idoso, patrimônio público etc.);

✓ fiscal da ordem jurídica (*custos legis*), em que o MP se manifesta opinando e verificando se o interesse da coletividade em debate está sendo adequadamente analisado pelo Judiciário. Esta atuação se dá em processos individuais e coletivos; mas, se o MP não for autor de uma demanda coletiva, obrigatoriamente atuará como fiscal da ordem jurídica (no CPC/1973 o termo utilizado era "fiscal da lei", por vezes ainda utilizado).

O MP atuará "na defesa da ordem jurídica, do regime democrático e dos interesses e direitos sociais e individuais indisponíveis" (CPC, art. 176) e, especificamente como fiscal da ordem jurídica, se manifestará nas seguintes hipóteses (CPC, art. 178):

I – em demandas que envolvam interesse público ou social (ou seja, basicamente as que envolvam a participação de um ente estatal ou em que a lide interesse à coletividade);

II – em demandas que envolvam interesses de incapazes;

III – em litígios coletivos pela posse de terra rural ou urbana;

Vale destacar que o CPC *não prevê* a atuação do MP em discussões envolvendo *estado da pessoa e direito de **família*** (poder familiar, tutela, curatela, interdição, casamento, declaração de ausência e disposições de última vontade) – salvo se se tratar de interesse de menor, pois aí será incapaz (inc. II).

A não manifestação do MP quando ele deveria ter sido ouvido acarreta a nulidade do processo (CPC, art. 279).

Em relação às **prerrogativas processuais** do MP, há o direito de ser intimado pessoalmente e a existência de prazos em dobro (CPC, art. 180) – salvo se a legislação trouxer prazo específico para o MP (CPC, art. 180, § 2º).

Apesar da existência de prazo diferenciado, se após o decurso do prazo fixado pelo juiz não houver a manifestação do MP quando estiver atuando como fiscal da ordem jurídica (e, portanto, não apresentar seu parecer), o juiz determinará o prosseguimento dos autos mesmo sem a manifestação ministerial (CPC, art. 180, § 1º).

1.4.10. Defensoria Pública

A **Defensoria Pública** é instituição destinada à *"orientação jurídica, a promoção dos direitos humanos e a defesa dos direitos individuais e coletivos dos necessitados, em todos os graus, de forma integral e gratuita"* (CPC, art. 185 – vide, também, CF, art. 134).

Trata-se, assim, da instituição encarregada de prestar *assistência jurídica integral e gratuita aos cidadãos financeiramente hipossuficientes*.

A Defensoria, para realizar sua função institucional de maneira adequada, goza de *vantagens (prerrogativas) processuais*, as quais devem ser observadas em qualquer processo e grau de jurisdição.

Dentre as principais **prerrogativas processuais**, destacam-se as seguintes:

(i) *intimação pessoal do defensor* (CPC, art. 186, § 1º). Pela lei específica da Defensoria, a **intimação** será necessariamente para o próprio defensor, *por entrega dos autos com vista* (LC 80/1994, art. 44, I).

(ii) *prazo em dobro* para manifestação nos processos judiciais (CPC, art. 186 e LC 80/1994: art. 44, I). Essa regra diz respeito a *todos os prazos processuais* (cuja inobservância poderia ensejar na preclusão) – inclusive para *escritórios de prática de faculdades ou outras entidades* que prestem assistência jurídica mediante convênio com a Defensoria (CPC, art. 186, § 2º).

Porém, *não se aplica o prazo em dobro* às situações *de direito material* (prescrição e decadência). Também não se aplica a hipóteses em que houver previsão legal expressa de prazo para a Defensoria (CPC, art. 186, § 4º).

A pedido da Defensoria, pode o juiz determinar a intimação da parte assistida, quando o ato processual depender de providência específica da parte (CPC, art. 186, § 2º) – regra que se justifica pelo fato de, muitas vezes, o defensor ter dificuldade de contato com o assistido.

Além disso, a Defensoria é responsável pelo exercício da **curadoria especial** (CPC, art. 72, parágrafo único e LC 80/1994, art. 4º, XVI).

No âmbito do processo civil, como já visto (item 1.4.3 acima), o juiz dará curador especial **(i)** ao incapaz, se não tiver representante legal, ou se os interesses deste colidirem com os daquele, enquanto durar a incapacidade; **(ii)** ao réu preso, bem como ao revel citado por edital ou com hora certa, enquanto não for constituído advogado (CPC, art. 72). Ressalte-se que, nesses casos, *não é necessária a comprovação da incapacidade econômica* para que haja a atuação da Defensoria Pública.

1.4.11. Fazenda Pública em juízo e Advocacia Pública

Por **Fazenda Pública** entenda-se o *Estado em juízo*. No conceito incluem-se a *União, os Estados, os Municípios, o Distrito Federal e as respectivas autarquias e fundações*, excluindo-se as empresas públicas e as sociedades de economia mista (cuja natureza é de pessoa jurídica de direito privado e, portanto, sujeitam-se à disciplina processual destinada às *entidades privadas*).

Na qualidade de instituição que está em juízo postulando em nome do Estado (zelando pelo interesse público), ostenta situação processual diferenciada, seja no polo ativo ou passivo. O CPC prevê regras processuais específicas para a Fazenda e, também, tem capítulo para a Advocacia Pública.

1.4.11.1. Prazos processuais diferenciados

A Fazenda Pública dispõe de **prazo** em *dobro para todas as suas manifestações processuais (CPC, art. 183)*.

Isto se aplica em qualquer procedimento (comum ou especial) e qualquer processo (conhecimento ou execução). A prerrogativa só não aplicará quando houver regra específica fixando prazo próprio *(CPC, art. 183, § 2º)*, como no caso dos Juizados Especiais, em que os prazos para a Fazenda Pública são todos especificamente previstos em lei (Lei 10.259/2001, art. 9º e Lei 12.153/2009, art. 7º).

1.4.11.2. Citação

A citação, de uma forma geral, será analisada mais adiante nesta obra. Apenas se diga, no momento, que quando a **Fazenda Pública for ré**, *a citação ocorrerá por oficial de justiça, não sendo possível sua realização por correio (CPC, art. 247, III)*.

A citação da União, dos Estados, do DF, dos Municípios e de suas respectivas autarquias e fundações de direito público: o ato citatório deverá ser realizado *perante o órgão de Advocacia Pública* responsável pela representação judicial de tais entes (CPC, art. 242, § 3º).

Ainda, a Lei 11.419/2006, que dispõe sobre a informatização do processo judicial, prevê a possibilidade de a citação da Fazenda ocorrer por **meio eletrônico**, *desde que o ente público tenha se cadastrado previamente no Poder Judiciário*, devendo os autos ser disponibilizados na íntegra para o citando (arts. 2º, 5º e 6º da lei em questão). Avançando no assunto, o CPC destaca que União, Estados, DF, Municípios e entidades da administração indireta deverão manter cadastro nos sistemas de processo eletrônico, para que recebam citação por correio eletrônico (CPC, art. 246, § 2º).

Portanto, em **autos físicos**, a citação da Fazenda será por *oficial de justiça, perante a Procuradoria*; em **autos eletrônicos**, onde houver citação por *correio eletrônico*, esse será o meio de citação da Fazenda.

1.4.11.3. Custas e honorários

A Fazenda Pública está *dispensada do pagamento* das **custas** e dos **emolumentos** (que ostentam natureza tributária e cuja dispensa encontra fundamento na confusão como causa excludente da obrigação), mas *não do pagamento* das **despesas em sentido estrito** (que se destinam a remunerar terceiros cuja responsabilidade é auxiliar a atividade do Estado-juiz, como por exemplo, os *honorários do perito judicial* – Súmula 232 do STJ: "A Fazenda Pública, quando parte no processo, fica sujeita à exigência do depósito prévio dos honorários do perito").

Quanto aos **honorários advocatícios**, o CPC traz diversas inovações em relação à Fazenda, especialmente trazendo uma situação de escalonamento dos honorários (percentual menor quanto maior for o valor da causa ou conteúdo econômico da demanda – CPC, art. 85, § 3º). O assunto já foi enfrentado no item 1.4.5 acima.

1.4.11.4. Dispensa de pagamento de preparo e do depósito da ação rescisória

São *dispensados de preparo os recursos interpostos pela Fazenda Pública* (CPC, art. 1.007, § 1º), a qual também se encontra liberada de depósito prévio recursal, quando exigido (art. 1º-A da Lei 9.494/1997).

A Fazenda também não tem de recolher o *depósito de 5% para ajuizamento da ação rescisória* (CPC, art. 968, § 1º – dispositivo que dispensa o recolhimento "À União, aos Estados, ao Distrito Federal, aos Municípios, às suas respectivas autarquias e fundações de direito público, ao Ministério Público, à Defensoria Pública e aos que tenham obtido o benefício de gratuidade da justiça").

1.4.11.5. Remessa necessária

Em regra, para que haja a apreciação da causa por parte do Tribunal, necessária a interposição de recurso (vide capítulo 5). Porém, para resguardar o interesse público, *mesmo que não haja recurso, a decisão desfavorável à Fazenda será examinada pelo 2º grau.* É esta a figura da **remessa necessária** (CPC, art. 496), que não tem natureza recursal.

Importante consignar que isso não impede que haja o recurso por parte da Fazenda. Assim, (i) se houver recurso, o Tribunal o analisará – e, também, caso algo não tenha sido impugnado, o reexame necessário; (ii) se não houver o recurso, haverá exclusivamente a análise do reexame necessário.

Assim, em síntese, a eficácia da sentença de mérito está condicionada à confirmação da decisão pelo Tribunal de segundo grau, nas seguintes hipóteses:

✓ sentença proferida contra a União, os Estados, o Distrito Federal, os Municípios, e as respectivas autarquias e fundações de direito público (CPC, art. 496, I);

✓ sentença que julgar procedentes, no todo ou em parte, os embargos à execução fiscal (CPC, art. 496, II).

Porém, **não haverá remessa necessária** quando:

(i) a *condenação, ou o proveito econômico obtido, for de valor certo e líquido* inferior a (CPC, art. 496, § 3º): (a) 1000 salários mínimos, para a União e entes federais, (b) 500 salários mínimos, para Estados, DF e respectivos entes, bem como capitais dos Estados e (c) 100 salários mínimos, para os demais municípios e respectivos entes;

(ii) a *sentença estiver fundada em forte precedente jurisprudencial*, a saber (CPC, art. 496, § 4º): (a) súmula de tribunal superior, (b) acórdão proferido em recurso repetitivo, (c) entendimento firmado em incidente de resolução de demandas repetitivas ou assunção de competência; (d) entendimento constante em orientação vinculante firmada no âmbito do respectivo ente público ("súmula administrativa" da AGU, por exemplo).

1.4.11.6. Tutela provisória contra a Fazenda Pública

Existem **restrições legais quanto ao uso dos provimentos de urgência em face da Fazenda Pública**.

O CPC, como se verá adiante, trata da tutela de urgência e tutela da evidência sob o título de "tutela provisória". Considerando a visão restritiva da concessão de medidas sumárias contra a Fazenda, muito possivelmente a jurisprudência irá firmar-se no sentido de que as *restrições existentes aplicam-se a todas as espécies de tutelas provisórias.*

Os óbices à concessão de medidas de urgência contra a Fazenda estão especificados no art. 1º da Lei 8.437/1992 e art. 1º da Lei 9.494/1997, e se refere *tanto à tutela antecipada* (CPC, art. 303) quanto à *tutela específica das obrigações de fazer* (CPC, art. 497).

Em síntese, não se afigura cabível a tutela antecipada contra a Fazenda Pública nos seguintes casos:

(a) quando providência semelhante não puder ser concedida em ações de mandado de segurança, em virtude de vedação legal (art. 1º da Lei 8.437/1992); ou seja, que tenha por objeto a compensação de créditos tributários, a entrega de mercadorias e bens provenientes do exterior, a reclassificação ou equiparação de servidores públicos e a concessão de aumento ou a extensão de vantagens ou pagamento de qualquer natureza (art. 7º, § 2º, da Lei 12.016/2009);

(b) quando impugnado ato de autoridade sujeita, na via de mandado de segurança, à competência originária de Tribunal (art. 1º, § 1º, da Lei 8.437/1992), o que, todavia, não se aplica aos processos de ação popular e de ação civil pública (art. 1º, § 2º, da Lei 8.437/1992);

(c) quando esgotar, no todo ou em qualquer parte, o objeto da ação (art. 1º, § 3º, da Lei 8.437/1992);

(d) quando o objeto for a compensação de créditos tributários ou previdenciários (art. 1º, § 5º, da Lei 8.437/1992 e Súmula 212 do STJ: "A compensação de créditos tributários não pode ser deferida em ação cautelar ou por medida liminar cautelar ou antecipatória").

Apesar dessas limitações legais, a *jurisprudência admite a concessão de tutela antecipada contra a Fazenda em situações de extrema urgência* para a parte, como no caso de pedidos de remédios não concedidos no sistema de saúde e necessários à sobrevivência do autor.

1.5. Litisconsórcio e intervenção de terceiros

1.5.1. Litisconsórcio

Entende-se por **litisconsórcio** a *situação em que há pluralidade de partes na relação jurídica processual em qualquer dos polos*.

Justifica-se o litisconsórcio considerando que a lide pode envolver não apenas a parte "A" de um lado e a parte "X" do outro, mas sim as partes "A" e "B" contra as partes "X" e "Y".

Não se deve confundir o litisconsórcio com o processo coletivo. No litisconsórcio, há pluralidade de partes, todas devidamente indicadas; no processo coletivo um autor coletivo formula algum pedido em prol de uma coletividade de pessoas (determinadas, determináveis ou indetermináveis, conforme o caso).

No que se refere ao litisconsórcio, o CPC não trouxe mudanças.

Existem diversas *classificações* envolvendo o litisconsórcio, sendo que as provas de concursos jurídicos usualmente indagam exatamente a respeito de tais divisões.

1.5.1.1. Classificação quanto ao polo da relação processual

Em relação ao polo em que os litisconsortes se encontram, é possível se falar em:

(i) litisconsórcio passivo: aquele em que *existem, no mesmo processo, dois ou mais réus*;

(ii) litisconsórcio ativo: verifica-se quando *há, no mesmo processo, dois ou mais autores*;

(iii) litisconsórcio misto ou **recíproco**: situação na qual, *ao mesmo tempo, há mais de um autor e mais de um réu*.

Como se percebe, não há maiores dificuldades em relação a esta classificação. A base legal para estas situações encontra-se no CPC, art. 113, *caput*.

1.5.1.2. Classificação quanto ao momento de formação do litisconsórcio

Existem dois momentos em que o litisconsórcio pode ter início:

(iv) litisconsórcio originário ou **inicial**: aquele *formado desde o início da demanda, já indicado na petição inicial*;

(v) litisconsórcio superveniente, incidental ou **ulterior**: o qual é *formado em momento posterior ao início da demanda*.

O litisconsórcio superveniente usualmente se verifica por força de uma determinação de emenda da inicial por parte do juiz.

1.5.1.3. Classificação quanto à necessidade de existência do litisconsórcio

A classificação que ora se apresenta responde à seguinte indagação: em determinado caso, é *obrigatória* a existência do litisconsórcio para que o processo tenha sua tramitação válida? Conforme a resposta, haverá:

(vi) litisconsórcio facultativo: situação na qual *há pluralidade de litigantes por opção das partes* (ou seja, apesar de existir, o litisconsórcio *não é obrigatório* para a validade do processo);

(vii) litisconsórcio necessário: situação na qual *há pluralidade de litigantes porque a lei ou a relação jurídica objeto do litígio assim determinam* (ou seja, o litisconsórcio *é obrigatório* sob pena de extinção do processo sem resolução do mérito).

Para facilitar a compreensão, vale apresentar exemplos.

Dois vizinhos de um mesmo condomínio assinam a mesma operadora de TV a cabo. Por força de problemas da empresa, há cobrança indevida, inscrição em cadastros restritivos de crédito e cancelamento do sinal. É *possível* que ambos ingressem em juízo com uma única ação indenizatória? Sim. Mas é *obrigatório* que assim procedam? Não.

O exemplo trata de uma situação de *litisconsórcio facultativo*. Nos termos do CPC, art. 113, essa modalidade de litisconsórcio é possível nas seguintes situações:

I – comunhão de direitos ou obrigações em relação à lide;

II – conexão pelo pedido ou pela causa de pedir;

III – afinidade de questões por ponto comum de fato ou de direito.

Contudo, a experiência mostrou que um *litisconsórcio ativo facultativo com muitos autores não é conveniente* para a tramitação de um processo. Isso porque há dificuldades tanto para o juiz organizar o processo como para o réu se defender. Imagine que o problema com a TV a cabo envolve todos os 300 apartamentos de um condomínio com vários edifícios. Seria complicada a tramitação de uma demanda com inúmeros autores.

Denomina-se **(viii) litisconsórcio multitudinário, plúrimo** ou **múltiplo** *o grande número de litisconsortes ativos facultativos em um processo judicial*. Neste caso, o Código permite que o *juiz desmembre o processo*, criando *vários outros com um número menor de autores*. Aponta o CPC que o juiz pode assim proceder, no processo de conhecimento (inclusive liquidação e cumprimento de sentença) ou execução, quando o elevado número de litisconsortes "comprometer a rápida solução do litígio ou dificultar a defesa" (CPC, art. 113, § 1º). Se o réu requerer o desmembramento ao juiz, será *interrompido o prazo para contestar*, que reiniciará quando da intimação da decisão judicial a respeito da limitação do litisconsórcio multitudinário (CPC, art. 113, § 2º).

Outro exemplo: autor ingressa em juízo pleiteando a usucapião de um terreno cuja proprietária, no registro de imóveis, é uma mulher casada. Nesse caso, o polo passivo *deverá trazer*, obrigatoriamente, o cônjuge. Isso porque em demandas envolvendo direitos reais imobiliários, a lei assim determina (CPC, art. 73, § 1º, I). Se o marido não estiver no polo passivo, o juiz determinará a emenda da inicial. Se não for cumprida a determinação do juiz, *o processo será extinto, sem resolução do mérito* (CPC, art. 115, parágrafo único). Ou seja, a participação do litisconsorte é *obrigatória* para a normal tramitação do processo. Este segundo exemplo, portanto, é de uma situação de *litisconsórcio necessário* (CPC, art. 114).

Quando **não observado o litisconsórcio necessário**, as consequências estão no art. 115 do CPC: (i) se o litisconsórcio for *necessário unitário* (vide item abaixo), haverá total nulidade da sentença, com a devolução dos autos para a origem para que haja a integração (mediante citação) dos litisconsortes necessários; (ii) se o litisconsórcio for *necessário simples*, a decisão proferida será válida, mas apenas ineficaz em relação a quem não integrou a relação processual.

1.5.1.4. Classificação quanto à necessidade de mesma decisão para os litisconsortes

Uma vez existente o litisconsórcio, a pergunta que se faz a seguir é: a decisão a ser proferida no processo tem de ser a mesma para os litisconsortes? Conforme a resposta, teremos:

(ix) litisconsórcio comum ou **simples**: situação na qual *a decisão de mérito não necessariamente será a mesma para os litisconsortes*;

(x) litisconsórcio unitário: situação na qual *a decisão de mérito deverá ser a mesma para os litisconsortes, invariavelmente* (CPC, art. 116).

Vale destacar que, no litisconsórcio simples, a decisão judicial *poderá* ou não ser a mesma – o juiz terá liberdade para julgar o pedido procedente para um e improcedente para o outro, ou mesmo procedente ou improcedente para ambos. Como exemplo, vale imaginar uma demanda indenizatória em virtude de um "engavetamento" em que dois motoristas que sofreram o dano acionam, em um único processo (litisconsórcio ativo) o réu, causador do acidente. Conforme a prova dos autos, poderá o juiz julgar o pedido procedente para ambos ou procedente para um e improcedente para o outro.

Já no litisconsórcio unitário, ao contrário, uma vez que determinada decisão for proferida para um, *obrigatoriamente também o será no mesmo sentido para o outro* – seja pela procedência ou improcedência. Basta visualizar, a título de exemplo, uma demanda em que o MP ingressa em juízo pleiteando a anulação de um casamento. Ora, é certo que a decisão para a esposa e para o marido terá de ser a mesma (CPC, art. 116). Não há como o casamento ser nulo para um e não o ser para o outro cônjuge. Outro exemplo de litisconsórcio unitário envolve uma situação em que se busca a anulação de um contrato de compra e venda, sendo que os vendedores são 2 (cônjuges). Ou se anula a compra e venda para ambos, ou não se anula; não há como se ter decisões distintas quanto à anulação da contratação celebrada.

Os litisconsortes serão considerados como **litigantes distintos**. Porém, inova o CPC ao afirmar que isso *não se aplica no litisconsórcio unitário*, momento em que os "atos e as omissões de um não prejudicarão os outros, mas os poderão beneficiar" (CPC, art. 117).

1.5.1.5. Litisconsórcio facultativo é sempre simples? E litisconsórcio necessário é sempre unitário?

Em regra, o litisconsórcio facultativo é simples. Da mesma forma, *em regra*, o litisconsórcio necessário é unitário. Para ilustrar, basta analisar os exemplos mencionados nos tópicos anteriores, que fazem parte da regra.

Contudo, não estamos diante de sinônimos. Assim, nem todo litisconsórcio facultativo é simples. E nem todo litisconsórcio unitário é necessário. Há exceções.

Há situações nas quais o **litisconsórcio é necessário e simples**: ou seja, *precisa existir o litisconsórcio, mas a decisão pode ser distinta para os litisconsortes* (ex.: usucapião de área que compreende mais de um imóvel no cartório de imóveis, sendo que são distintos os proprietários de cada uma delas).

E há casos em que o **litisconsórcio é facultativo e unitário**: ou seja, *não precisa existir o litisconsórcio, mas, já que existe, a decisão tem de ser a mesma para os litigantes* (ex.: dois condôminos ingressam em juízo pleiteando a anulação de determinada reunião de condomínio).

1.5.2. Intervenção de terceiros

A **intervenção de terceiro**, como se depreende do próprio nome, *permite que terceiro (ou seja, alguém que não é o autor ou o réu) passe a participar da relação processual*. A finalidade da intervenção é a economia processual: considerando que já existe uma lide em debate, aproveita-se para discuti-la em todos os aspectos, inclusive naquele envolvendo terceiro.

1.5.2.1. Mudanças no CPC

O CPC trouxe **importantes inovações** para as intervenções de terceiro.

No CPC/1973 existiam 5 intervenções de terceiro (assistência, oposição, nomeação, denunciação e chamamento).

No CPC:

(i) *oposição deixou de ser intervenção de terceiro* e passou a ser procedimento especial (CPC, art. 682 e ss. – vide item 3.10.),

(ii) houve *inserção do incidente de desconsideração da personalidade jurídica* (CPC, arts. 133 a 137) e do *amicus curiae* (CPC, art. 138), e

(iii) *nomeação à autoria deixou de existir*, cabendo agora ao réu, ao alegar ilegitimidade, apontar quem é o efetivo réu (CPC, art. 339).

Assim, **o réu, na contestação, ao alegar ilegitimidade passiva**, *deverá indicar quem deveria figurar como réu, desde que tenha conhecimento dessa informação*. Se assim não fizer, terá de arcar com as *despesas processuais* e *indenizar o autor* pelos prejuízos decorrentes da falta de indicação. Trata-se de algo totalmente novo no sistema.

Voltando às intervenções de terceiro, existem duas *modalidades* de intervenção no sistema processual:

✓ **intervenção espontânea**: aquela em que *o terceiro, que está fora do processo, espontaneamente busca seu ingresso em uma determinada demanda*;

✓ **intervenção provocada**: aquela na qual *uma das partes litigantes (autor ou réu) busca trazer o terceiro para o processo*.

No CPC:

a) são intervenções espontâneas: (i) assistência; e (ii) *amicus curiae*.

b) são intervenções provocadas: (i) denunciação; (ii) chamamento; (iii) incidente de desconsideração da personalidade jurídica e (iv) *amicus curiae*.

Como se percebe, a intervenção do *amicus curiae* pode ser espontânea ou provocada.

1.5.2.2. Assistência

Na **assistência**, o *terceiro busca seu ingresso no processo para auxiliar o assistido* (seja o autor, seja réu).

Contudo, para que a assistência seja possível, é necessário existir **interesse jurídico**, e não meramente interesse econômico ou moral (CPC, art. 119).

Para entender o que significa interesse jurídico, basta verificar se *a decisão judicial proferida na demanda proposta entre "A" e "B" irá influenciar a esfera jurídica de "C"*. Se a resposta for positiva, haverá interesse jurídico e, portanto, será admitida a assistência. Se o interesse não for jurídico, *talvez* possa ser hipótese (dependendo de quem for o terceiro e das especificidades da causa) de ingresso como *amicus curiae*.

Para visualizar o exposto, basta imaginar um despejo entre locador e locatário – sendo que existe sublocação. Se houver a decretação do despejo, a esfera jurídica do sublocatário estará sendo violada – daí a existência do interesse jurídico para justificar a figura da assistência.

Por outro lado, analisando a discussão judicial envolvendo o título de um campeonato, dois clubes de futebol litigam para saber quem deve ficar com tal troféu. Um torcedor, por mais fanático que seja, não terá a sua *esfera jurídica* alterada se a taça permanecer ou não com seu time. Assim, nesse caso não existiria interesse jurídico capaz de permitir o uso da assistência.

Logo, reitere-se, cabe a assistência quando houver interesse jurídico do terceiro. Contudo, há uma *exceção*. Tratando-se de causa que interesse à União, há lei permitindo a assistência mesmo que exista apenas interesse econômico (Lei 9.469/1997, art. 5º, parágrafo único). É a chamada **assistência anômala ou anódina**.

Quanto ao **cabimento**, a assistência cabe em *qualquer procedimento e em todos os graus de jurisdição*, mas o assistente receberá o processo no estado em que ele se encontra. Ou seja, não se voltará a uma fase anterior para que o assistente possa realizar algum ato (CPC, art. 119, parágrafo único). Como a assistência está inserida na parte geral do Código, é de concluir que, a partir do CPC, também será admitida no processo de execução.

Quanto ao **procedimento**, o terceiro atravessará uma petição pleiteando seu ingresso no feito. Se a parte contrária do assistido ou mesmo o assistido não concordarem com o pedido de ingresso do assistente, caberá *impugnação*, sem suspender o processo– a ser ofertada em 15 dias (prazo agora é maior – CPC, art. 120). Além disso, pode *o juiz, de plano, rejeitar o ingresso do assistente*, especialmente se clara a ausência de interesse jurídico (CPC, art. 120, parte final).

Da decisão quanto ao ingresso do assistente é cabível o **recurso** de *agravo de instrumento* (CPC, art. 1.015, IX).

Existem duas modalidades de assistência:

1) assistência simples ou **adesiva** (CPC, arts. 121 a 123): *o assistente não dispõe da lide, ou seja, o assistente não pode ir além do que fizer o assistido*. Assim, se o assistido não recorrer, não pode o assistente fazê-lo; não pode o assistente se opor à desistência ou reconhecimento do pedido assistido.

A decisão a ser proferida irá influenciar a relação jurídica existente entre assistente e assistido. É o exemplo do sublocatário.

O assistente simples não é parte, por isso não é coberto pela coisa julgada, mas por uma estabilização distinta denominada *justiça da decisão*, que eventualmente poderá ser afastada (CPC, art. 123).

2) assistência litisconsorcial (CPC, art. 124): *o assistente dispõe da lide, ou seja, o assistente pode ir além do que fizer o assistido*. Logo, se não houver recurso do assistido, poderá o assistente recorrer; se o assistido desistir do processo, pode prosseguir o assistente.

A decisão a ser proferida irá *influenciar a relação jurídica entre o assistente e a parte contrária do assistido*. Como exemplo, uma ação possessória envolvendo um imóvel que é um condomínio; se houver o ajuizamento por parte de apenas um dos condôminos, o outro poderá ingressar no feito como assistente litisconsorcial.

O art. 124 afirma expressamente que o assistente litisconsorcial é "litisconsorte da parte principal". Assim, diferentemente do assistente simples, o *assistente litisconsorcial é parte* (litisconsórcio superveniente). Poderia ter sido desde o início, mas não o foi.

1.5.2.3. Denunciação da lide

A **denunciação da lide** tem por finalidade *fazer com que terceiro venha a litigar em conjunto com o denunciante e, se houver a condenação deste, o denunciado irá ressarcir o prejuízo do denunciante*.

Ou seja, como se pode perceber é, na realidade, uma *ação de regresso* – a qual tramita em conjunto com a ação principal.

No CPC, diferentemente do Código anterior, a denunciação **é admissível** (art. 125, *caput*). Assim, se a denunciação for indeferida, não for proposta ou não for permitida, não há qualquer problema: *sempre será possível utilizar ação autônoma* (CPC, art. 125, § 1º).

Pela legislação (CPC, art. 125), duas são as hipóteses em que é cabível a denunciação:

(i) o *comprador pode denunciar o vendedor* na hipótese de *evicção* (CC, art. 447 – ou seja, se "A" vende para "B" um imóvel e, posteriormente, "C" ingressa em juízo contra "B" afirmando que o imóvel é seu, "B" pode denunciar "A" – que terá de indenizar "B" se o pedido de "C" for procedente e a denunciação for acolhida).

(ii) o réu pode denunciar *aquele que tem obrigação de indenizar, por força de lei ou contrato* (o exemplo típico é o réu em uma ação indenizatória acionar sua seguradora).

Em relação à denunciação na evicção, há novidade: o sistema passa a **vedar sucessivas denunciações da lide**, dentro do mesmo processo. No CPC, só é possível a denunciação do alienante imediato (ou seja, quem vendeu) e de mais uma. Logo, somente são possíveis duas denunciações nos mesmos autos.

No exemplo acima, "B" pode denunciar "A" (que foi quem lhe vendeu o imóvel) e "A" poderá (em *única denunciação sucessiva*) denunciar "Z", que foi quem lhe vendeu. Mas, "Z" não poderá denunciar "X", que foi de quem ele adquiriu o bem. Mas poderá se valer, como visto, de *ação autônoma*.

Cabe a **denunciação pelo autor**, realizada na *petição inicial*, hipótese em que o denunciado *pode passar a ser litisconsorte ativo do denunciante e aditar a inicial* (CPC, art. 127).

A **denunciação pelo réu** (a mais comum) é realizada na *contestação*. E o CPC prevê três possibilidades (art. 128):

(i) *denunciado contesta o pedido do autor* (nesse caso, a demanda principal terá de um lado o autor e, do outro, em litisconsórcio, o denunciante [réu original] e o denunciado);

(ii) *denunciado revel em relação à denunciação*, ou seja, o denunciado se abstém de contestar a denunciação (nessa hipótese, para o denunciado, há revelia em relação à denunciação e o denunciante, réu na ação principal, poderá (a) prosseguir normalmente com a sua defesa apresentada na ação principal ou (b) abrir mão dessa defesa na ação principal e prosseguir apenas com a busca da procedência da denunciação, de modo a transferir para o denunciado a provável condenação da ação principal);

(iii) *denunciado confessa o alegado na ação principal*, ou seja, o denunciado admite como verdadeiros, os fatos narrados pelo autor na petição inicial da ação principal (nesse caso, surge a possibilidade de o denunciante (a) prosseguir normalmente com a sua defesa apresentada na ação principal ou (b) abrir mão dessa defesa na ação principal, para prosseguir apenas com a busca da procedência na ação de regresso).

O CPC/1973 *previa a suspensão* do processo quando determinada a citação do denunciado. Não há essa previsão no CPC. Portanto, o processamento da denunciação **não suspende o processo**.

A **sentença**, ao final, julgará o pedido e a denunciação ao mesmo tempo. Se o *denunciante for vencido na ação principal*, passa o juiz à análise da denunciação (CPC, art. 129). Se o *denunciante for vencedor* na ação principal, então a denunciação não será analisada, por falta de interesse de agir – mas haverá custas e honorários *em favor do denunciado* (CPC, art. 129, parágrafo único – inovação do CPC).

Assim, no caso de procedência da ação e denunciação do réu, tem-se que *a sentença condena o réu a ressarcir o autor e também condena o denunciado a ressarcir o denunciante*. Nessa situação, pode o autor requerer o **cumprimento da sentença contra o denunciado**, nos limites da condenação na ação de regresso (CPC, art. 128, parágrafo único). Por sua vez, no tocante à denunciação e contrato de seguro, a questão consta da Súmula 537 do STJ: "Em ação de reparação de danos, a seguradora denunciada, se aceitar a denunciação ou contestar o pedido do autor, pode ser condenada, direta e solidariamente junto com o segurado, ao pagamento da indenização devida à vítima, nos limites contratados na apólice".

1.5.2.4. Chamamento ao processo

O **chamamento ao processo** tem por finalidade *fazer com que terceiros (outros devedores solidários) venham a litigar em conjunto com o chamante*. A *principal distinção* entre o chamamento e a denunciação é que *neste não há a necessidade de se provar que o terceiro também é responsável pelo débito* (diferentemente da denunciação, em que há uma verdadeira ação de regresso). Ou seja, aceito o chamamento, já é certo que haverá responsabilização do chamado.

As hipóteses de cabimento do chamamento são as seguintes (CPC, art. 130):

(i) do devedor principal (afiançado), quando apenas o fiador tiver sido colocado no polo passivo (situação frequente, na qual o fiador chama o locatário que não pagou o aluguel);

(ii) dos demais fiadores, quando apenas um fiador tiver sido colocado no polo passivo (basta pensar, também, dois fiadores no contrato de locação, mas apenas um é acionado);

(iii) dos demais devedores solidários, quando apenas um tiver sido colocado no polo passivo.

Como se pode perceber das três hipóteses, *o chamante é responsável pelo débito, mas também existem outros responsáveis* (devedores solidários, fiadores, devedor principal).

Só cabe o **chamamento pelo réu**, e a intervenção deverá ser apresentada pelo réu na contestação (CPC, art. 131).

Se o chamamento for deferido pelo juiz, o chamado terá de ser citado. E deve o *réu-chamante providenciar as diligências necessárias* para esse ato processual (como, por exemplo, pagamento de custas ou retirada de carta precatória para distribuição). A inércia do réu-chamante acarretará a revogação da decisão que determinou o chamamento. Concede o CPC o prazo de *30 dias* para o réu providenciar a citação (*mesma comarca*) e *2 meses para comarcas distintas* (art. 131, parágrafo único). Eventual falha ou morosidade no serviço forense, por óbvio, não poderá prejudicar a parte interessada.

A sentença que julgar *procedente o pedido* em face do réu-chamante também será título executivo para que aquele que pagar o débito possa exigi-lo do devedor principal ou dos demais codevedores, na proporção que couber a quem pagou (CPC, art. 132).

Exemplo: determinada obrigação tem dois devedores solidários. Apenas "A" é colocado no polo passivo. "A" – mesmo sendo responsável pela dívida na sua totalidade – chama "B" para que venha também a figurar no polo passivo. Se "A" for condenado e pagar todo o débito, poderá executar "B" para receber metade do valor pago (se for essa a proporção da garantia de cada um prevista no contrato).

1.5.2.5. Incidente de desconsideração da personalidade jurídica

Como já mencionado, o **incidente de desconsideração da personalidade jurídica** é novidade no CPC. Trata-se do *procedimento necessário para que permita a desconsideração da personalidade jurídica*. É cabível em todas as fases do processo de conhecimento, no cumprimento de sentença e na execução de título executivo extrajudicial (CPC, art. 134). O incidente é usado tanto na desconsideração da personalidade da pessoa jurídica, para se chegar aos bens do sócio, como também na desconsideração da personalidade do sócio, para se chegar nos bens da pessoa jurídica (a chamada **desconsideração inversa** – CPC, art. 133, § 2º).

O requerimento do incidente de desconsideração deverá demonstrar o *preenchimento dos requisitos legais para a desconsideração* (a saber: CDC, 28 ou CC, 50). Considerando que o CPC se aplica subsidiariamente ao processo do trabalho, a rigor técnico o incidente deveria ser *também aplicado na Justiça do Trabalho* (resta saber como será a jurisprudência trabalhista, mas a tendência é que não se aplique).

A instauração do incidente *suspenderá o processo* (CPC, art. 134, § 2º).

O CPC prevê que, instaurado o incidente, o sócio ou a pessoa jurídica serão *citados para se manifestar* e requerer as provas cabíveis em até 15 dias (CPC, art. 135).

Concluída a instrução, se necessária, o incidente de desconsideração da personalidade jurídica será resolvido por *decisão interlocutória*, de modo que cabível *agravo de instrumento* (CPC, art. 1.015, IV); se a decisão for proferida pelo *relator*, caberá *agravo interno* (CPC, art. 136).

É possível que, desde a *petição inicial do processo de conhecimento já se pleiteie a desconsideração* da personalidade jurídica. Nesse caso, não haverá necessidade de incidente, pois o tema será debatido no próprio processo principal. Assim, portanto, não será o caso de suspensão do processo (CPC, art. 134, § 3º).

Acolhido o pedido de desconsideração, eventual alienação ou oneração de bens será considerada **fraude de execução e**, portanto, será *ineficaz em relação ao requerente* (CPC, art. 137).

1.5.2.6. Amicus curiae

O CPC passa a regular a figura do **amicus curiae ou "amigo da Corte"**. A proposta é que este *terceiro, defendendo uma posição institucional* (que não necessariamente coincida com a das partes) *intervenha para apresentar argumentos e informações proveitosas à apreciação da demanda*.

O magistrado, considerando a *relevância da matéria, a especificidade do tema objeto da demanda ou a repercussão social da controvérsia*, poderá, *por decisão irrecorrível*, de ofício ou a requerimento das partes – ou de quem pretenda ser o *amicus curiae* – solicitar ou admitir a participação de pessoa natural ou jurídica, órgão ou entidade especializada, com representatividade adequada, no prazo de *15 dias de sua intimação* (CPC, art. 138).

Seria possível, então, se falar em *amicus curiae* em todos os graus de jurisdição e processos? E mesmo em demandas individuais ou somente coletivas?

Considerando a redação do art. 138 (que não faz restrição) e a localização do tema no CPC (parte geral), é de se concluir pelo amplo cabimento do *amicus* – desde que uma causa relevante, tema que tenha especificidade ou repercussão social da controvérsia (ou seja, situações um tanto quanto subjetivas).

E, pelo Código, essa decisão quanto ao ingresso do amigo da corte seria *irrecorrível*.

Vale destacar que o interesse do amigo da Corte *não é jurídico*, mas institucional, moral, político, acadêmico, intelectual ou outro. O interesse jurídico, como já visto, refere-se ao ingresso do assistente no processo.

O *amicus* não era previsto no CPC/1973, mas já era previsto em leis específicas, e utilizado no controle concentrado de constitucionalidade no STF e no *julgamento de recursos repetitivos* (hipótese expressamente mencionada no CPC – art. 138, § 3º).

O grande objetivo do *amicus curiae* é **qualificar o contraditório**.

Admitido o amigo da Corte, o juiz definirá quais são seus **poderes** (CPC, art. 138, § 2º). A lei apenas prevê que o *amicus curiae* não poderá recorrer, salvo para *embargar de declaração* e no caso de julgamento do incidente de *resolução de demandas repetitivas*, quando, portanto, admissíveis outros recursos (CPC, art. 138, §§ 1º e 3º).

1.6. Pressupostos processuais, elementos da ação e condições da ação

1.6.1. Introdução

Como já visto, pelo princípio da inércia, o Poder Judiciário só atua se provocado. E a forma de provocar o Estado é mediante o **processo**, que é o *instrumento que o Estado coloca à disposição dos litigantes para solucionar a lide (administrar justiça)*.

Por sua vez, já que a autotutela em regra é vedada, é direito da parte poder acionar o Judiciário. Assim, **ação** é o *direito que as partes têm ao processo*.

Esses conceitos usualmente não são pedidos em provas de concursos jurídicos, mas sua compreensão é importante para que se tenha a base para entender os três temas objeto deste tópico – os quais são usualmente perguntados em conjunto, apesar de serem institutos distintos.

1.6.2. Pressupostos processuais

A análise dos processos e dos procedimentos existentes no CPC será realizada mais adiante, no próximo capítulo, por questões didáticas.

No momento, analisa-se a figura dos **pressupostos processuais**, que *são requisitos que devem estar presentes para que o processo tenha seu início (pressupostos de existência) e desenvolvimento (pressupostos de validade) de forma regular*.

Conforme o autor consultado, há variação entre a classificação dos pressupostos processuais. Optamos por seguir a nomenclatura existente no CPC, que fala em *pressupostos de constituição e de desenvolvimento válido e regular do processo* (CPC, art. 485, IV).

Assim:

✓ **pressupostos de existência**: são *aqueles sem os quais não é possível sequer se falar em processo* (jurisdição, citação, capacidade postulatória e petição inicial);

✓ **pressupostos de validade**: *são aqueles necessários para que o processo seja válido e regular* (petição inicial apta, citação válida, capacidade processual do autor, competência do juízo e imparcialidade do juiz).

Nestas situações, ausentes os pressupostos de existência ou validade, o processo será extinto, sem resolução do mérito (novamente, CPC, art. 485, IV).

Contudo, há também os **pressupostos negativos**, que *são aqueles requisitos que, uma vez presentes, acarretam a extinção do processo sem resolução de mérito* (CPC, art. 485, V). Seriam a litispendência (CPC, art. 337, §§ 1º a 3º), coisa julgada (CPC, art. 337, § 4º) e perempção (CPC, art. 486, § 3º). E, para alguns autores, também a convenção de arbitragem (CPC, art. 337, X).

1.6.3. Elementos identificadores da ação

Os **elementos identificadores da ação** ou **elementos identificadores da demanda** são *elementos que permitem concluir que uma ação é idêntica ou semelhante à outra. São as partes, causa de pedir e pedido* (CPC, art. 319, II, III e IV).

Para que se compreenda melhor tais elementos, cabe uma breve explicação:

✓ **partes**: *autor e réu na relação jurídica processual*;

✓ **causa de pedir**: *fatos e fundamentos jurídicos pelos quais o autor ingressa em juízo*;

✓ **pedido**: *objetivo da parte quando busca o Judiciário*.

A importância concreta dos elementos identificadores é (i) verificar se uma ação é idêntica à outra e (ii) saber o que ocorrerá diante de ações idênticas ou semelhantes.

Se houver a **tríplice identidade** – ou seja, *mesmas partes, causa de pedir ou pedido* –, haverá *litispendência ou coisa julgada* (CPC, art. 337, §§ 1º a 4º).

A **litispendência** se verifica quando *estão em trâmite, ao mesmo tempo, duas ações idênticas*; a **coisa julgada** ocorre *quando a primeira ação idêntica já transitou em julgado*. Nestes casos, haverá a extinção do segundo processo, sem resolução do mérito (CPC, art. 485, V).

Em outras palavras, *a partir da análise dos elementos da ação é que se poderá verificar se há pressupostos processuais negativos* – e por isso é que há alguma dificuldade na compreensão do tema.

De seu turno, se houver semelhança entre duas demandas, fala-se em *conexão* ou *continência* – o que acarreta a reunião dos dois processos para julgamento conjunto. O tema já foi antes debatido (item 1.2.7 supra).

1.6.4. Condições da ação

Para que haja a apreciação do mérito (solução da lide), é necessário que estejam presentes tanto os pressupostos processuais como as condições da ação.

As **condições da ação** podem ser definidas como os *requisitos para que uma ação possa existir e ser processada perante o Judiciário*. Ou seja, o direito de ação não é irrestrito, mas sim *condicionado* pelas condições de ação – trata-se de uma disciplina do direito de agir, para que o Judiciário não se manifeste a respeito de demandas que seriam absolutamente inviáveis.

No CPC/1973, três eram as condições da ação. No CPC, são duas – seguindo a evolução do pensamento do autor italiano LIEBMAN, que inicialmente defendia três, mas posteriormente passou a defender duas condições da ação (houve supressão da possibilidade jurídica do pedido).

Assim, pelo CPC, art. 485, VI, são condições da ação:

✓ **legitimidade de partes**: *coincidência/identidade entre as partes na relação jurídica processual e na relação jurídica material* (para o processo judicial do divórcio [relação material], são partes legítimas no processo o marido e a mulher);

✓ **interesse de agir**: *necessidade e adequação do provimento jurisdicional pleiteado* (se ainda não houve o vencimento de uma dívida, não há falta de pagamento e, então, não há *necessidade* de se buscar o Judiciário; se o autor utiliza um processo ou procedimento indevido em relação ao pedido formulado, fala-se em *inadequação*);

A **carência da ação** (CPC, art. 337, XI) é a *ausência de uma das condições da ação*. Nesta situação, *o autor será carecedor da ação*. Diante disso, o processo será extinto sem resolução do mérito (CPC, art. 485, VI).

Em relação às mudanças existentes no CPC, vale destacar:

✓ a situação que antes era configurada como *possibilidade jurídica do pedido* (como um pedido de usucapião de área pública, vedado pelo sistema), poderia ser hoje qualificada como de falta de interesse de agir – ou seja, o fim dessa condição da ação *não significa que o sistema passe a permitir pedidos impossíveis*;

✓ o Código deixa de trazer as expressões "condição da ação" ou "carência da ação", de modo que alguns autores sustentam que isso não mais existe no processo brasileiro (e que seriam pressupostos processuais); porém, considerando a força da tradição, isso segue sendo utilizado na jurisprudência (e pedido em provas de concursos).

1.7. Dos atos processuais

1.7.1. Da forma dos atos processuais

A questão relativa à forma do ato processual envolve duas forças opostas: (i) necessidade de forma para garantia da sociedade (decorrente do devido processo legal) *versus* (ii) evitar que o processo se reduza a mera observância de formas (o que se pretende afastar com o princípio da instrumentalidade das formas).

Forma é aquilo que dá *eficácia e validade ao ato ao processual*, o que se consegue com a observância do **tempo, lugar e modo** referente a tal ato (ou seja: onde, quando e como é realizado o ato processual). Não observada a forma prevista em lei, haverá a nulidade do ato processual.

Tal qual no Código anterior, o CPC prevê o **princípio da liberdade das formas** (art. 188: os *atos processuais independem de forma determinada*, salvo quando a lei a exigir) e **instrumentalidade das formas** (art. 188, parte final: são válidos os atos que, realizados de outro modo, *preencham a finalidade essencial e, também, art. 276*). Assim, só há nulidade se houver prejuízo, conforme brocardo *pas de nullité sans grief* (não há nulidade sem prejuízo – art. 282, § 1º).

Em linha com a instrumentalidade, e inovando em relação ao previsto no sistema anterior, o CPC prevê que, caso o MP não seja ouvido em processo que deveria intervir, **somente após** a manifestação do MP quanto à *existência ou a inexistência de prejuízo* é que decretara a nulidade.

Tem-se, portanto, no Código, a chamada **primazia do mérito**: a nulidade somente será reconhecida em último caso; sempre que possível, a causa será julgada no mérito (CPC, art. 282, § 2º. Quando puder decidir o mérito a favor da parte a quem aproveite a decretação da nulidade, o juiz não a pronunciará nem mandará repetir o ato ou suprir-lhe a falta). Isso se verifica tanto em 1º grau quanto na parte recursal.

Além disso, quem deu causa à nulidade não pode dela se beneficiar, ou seja, alegá-la e ter a nulidade a partir de algo que provocou (art. 276). Isso seria "alegar a própria torpeza".

Reafirmando o princípio da publicidade (CPC, art. 8º), o art. 189 destaca que os atos processuais são públicos, mas há processos que tramitam em **segredo de justiça**:

(i) quando o *"interesse público ou social"* assim exigirem;

(ii) nas causas de *direito de família* (casamento, separação de corpos, divórcio, separação, união estável, filiação, alimentos e guarda de crianças e adolescentes);

(iii) em processos nos quais constem dados protegidos pelo *direito constitucional à intimidade*;

(iv) relativos à *arbitragem* e cumprimento de carta arbitral – desde que haja confidencialidade comprovada em juízo.

Inova o Código ao prever que, mesmo nos processos que tramitam em segredo de justiça, o *terceiro que demonstra interesse jurídico* na causa pode requerer ao juiz "certidão do dispositivo da sentença", e da partilha de bens decorrentes de divórcio ou separação (art. 189, § 2º).

1.7.2. Negócio Jurídico Processual (NJP) e calendarização

Prevê o CPC a ampla realização do **negócio jurídico processual**, que permite a *alteração procedimental*. Se o processo debater *direitos que admitam autocomposição*, é lícito às *partes plenamente capazes estipular mudanças no procedimento* para ajustá-lo às especificidades da causa e *convencionar sobre seus ônus, poderes, faculdades e deveres processuais* (CPC, art. 190). Isso pode ser definido antes (em cláusula contratual que tratar da solução de eventuais conflitos) ou durante o processo (por contrato ou petição conjunta nos autos).

Em síntese: *as partes poderão, de comum acordo, alterar o procedimento para o julgamento de sua causa*.

O juiz, de ofício ou a requerimento, *controlará a validade das convenções sobre procedimento*, recusando-lhes aplicação em casos de nulidade, inserção abusiva em contrato de adesão (o que, portanto, tende a afastar o NJP de relações de consumo) ou situações em que uma parte se encontre em manifesta situação de vulnerabilidade (CPC, art. 190, parágrafo único). A dúvida, aqui, é saber *quais os limites do NJP* celebrado entre as partes. Isso somente será efetivamente definido pela jurisprudência do STJ, após diversos debates.

Como **exemplos** de NJP podem ser cogitados:

✓ escolha de *foro de eleição* onde tramitará a demanda (o que já existia no sistema anterior; a única hipótese em que isso já acontecia);

✓ *não realização da audiência* de conciliação ou mediação (art. 334);

✓ *estipulação acerca do ônus da prova*, de modo distinto do que previsto em lei (art. 373, *caput* e § 3º);

✓ escolha do perito e sua remuneração, bem como dos quesitos (art. 471).

Na prática ainda é relativamente pequeno o número de NJPs celebrados. Porém, do ponto de vista doutrinário há muita discussão, sendo que diversos **enunciados do CJF** (Conselho da Justiça Federal) foram editados acerca do tema. Assim, a probabilidade de que isso seja perguntado é bastante grande, de modo que reproduzimos aqui alguns dos enunciados relativos a NJP *aprovados nas Jornadas de Direito Processual do CJF*:

ENUNCIADO 16 – As disposições previstas nos arts. 190 e 191 do CPC poderão aplicar-se aos procedimentos previstos nas leis que tratam dos juizados especiais, desde que não ofendam os princípios e regras previstos nas Leis n. 9.099/1995, 10.259/2001 e 12.153/2009.

ENUNCIADO 17 – A Fazenda Pública pode celebrar convenção processual, nos termos do art. 190 do CPC.

Enunciado 112: A intervenção do Ministério Público como fiscal da ordem jurídica não inviabiliza a celebração de negócios processuais.

Enunciado 113: As disposições previstas nos arts. 190 e 191 do CPC poderão ser aplicadas ao procedimento de recuperação judicial.

Enunciado 114: Os entes despersonalizados podem celebrar negócios jurídicos processuais.

Enunciado 115: O negócio jurídico processual somente se submeterá à homologação quando expressamente exigido em norma jurídica, admitindo-se, em todo caso, o controle de validade da convenção.

Além disso, CPC inova ao prever, na sequência, o **"calendário processual"** (art. 191). Isso significa que *as partes e o juiz podem, de comum acordo, fixar calendário para a prática de atos processuais*. Quando isso ocorrer, tal calendário *vincula as partes e o juiz*, e os prazos nele previstos somente serão modificados em casos excepcionais e devidamente justificados (CPC, art. 191, § 1º). No mais, considera-se *dispensada a intimação das partes* para a prática de ato processual ou a realização de audiência cujas datas tiverem sido designadas no calendário (CPC, art. 191, § 2º).

Ou seja, se as partes estipularem no calendário que o prazo para apresentação de quesitos é a data "x" e a audiência será realizada na data "y", não haverá necessidade de intimação para esses atos processuais.

1.7.3. Dos pronunciamentos do juiz (atos do juiz)

A **sentença** é definida como o pronunciamento pelo qual o juiz, com ou sem resolução de mérito, finda a fase cognitiva do procedimento comum ou extingue a execução (CPC, art. 203, § 1º).

A **decisão interlocutória** é considerada todo pronunciamento judicial de *natureza decisória* que não se enquadra na definição de sentença (CPC, art. 203, § 2º). Ou seja, um critério por exclusão, em relação à sentença.

Os **despachos** são os demais pronunciamentos do juiz praticados no processo, de ofício ou a requerimento (CPC, art. 203, § 3º). Ou seja, um critério por exclusão, em relação à sentença e interlocutória.

O **acórdão** é o julgamento colegiado do tribunal (CPC, art. 204).

O CPC também prevê **a decisão monocrática do relator** (CPC, art. 932, III, IV e V), que é a decisão proferida por desembargador ou ministro (membro de tribunal, portanto), mas de forma individual, apenas pelo relator.

Os despachos, as decisões interlocutórias, o dispositivo das sentenças e a ementa dos acórdãos serão **publicados no Diário de Justiça Eletrônico** (CPC, art. 205, § 3º). E por certo que isso também se refere à monocrática, mas o legislador foi omisso no artigo em questão – quanto a ela, se houver ementa poderá ser apenas a ementa publicada; caso contrário, deverá ser publicada a decisão na íntegra.

1.7.4. Do tempo dos atos processuais

Os atos processuais devem ser realizados nos **dias úteis, das 6h às 20h** (CPC, art. 212). Diferentemente do CPC/1973, não há mais necessidade de *autorização do juiz* para realizar as citações, intimações e penhoras "no período de férias forenses, onde as houver, e nos feriados ou dias úteis *fora do horário estabelecido neste artigo*" (CPC, art. 212, § 2º). Porém, deve ser respeitada a inviolabilidade do domicílio à noite (CF, art. 5º, XI).

São **feriados**, além dos declarados em lei, "os sábados, os domingos e os dias em que não haja expediente forense" (CPC, art. 216).

Se o processo não for eletrônico, a petição deverá "ser protocolada no horário de funcionamento do fórum ou tribunal" (CPC, art. 212, § 3º). Sendo processo eletrônico, o ato pode ser realizado a qualquer hora do dia (CPC, art. 213).

1.7.5. Dos prazos

Existem importantes novidades no CPC quanto aos prazos.

Se o **prazo não estiver previsto em lei**, *o juiz determinará em quanto tempo* deverá ser realizado determinado ato processual, levando em conta a "complexidade do ato" (CPC, art. 218, § 1º). Se o juiz não determinar prazo, este será de *5 dias* (CPC, art. 218, § 3º).

Em relevante inovação para afastar um dos aspectos mais nocivos da "jurisprudência defensiva", o CPC prevê que o **ato praticado antes do início do prazo será tempestivo** (art. 218, § 4º). Ou seja, o advogado pode recorrer antes da publicação da decisão, sem risco de que se fale em intempestividade.

A **contagem de prazos** teve mudanças significativas:

(i) na contagem de *prazo em dias*, estabelecido por lei ou pelo juiz, *apenas os dias úteis serão computados* (CPC, art. 219) – sendo que essa previsão somente se aplica aos **prazos processuais** e não aos prazos de direito material, como os prescricionais (CPC, art. 219, parágrafo único).

A dúvida é saber quais são os prazos processuais, pois existem algumas situações polêmicas, como o prazo para pagar (no cumprimento de sentença e na execução). A respeito desse tema, houve a edição do Enunciado 89 das Jornadas do Conselho da Justiça Federal: "Conta-se em dias úteis o prazo do *caput* do art. 523 do CPC" (ou seja, no cumprimento de sentença o prazo para pagamento deve ser contado em dias úteis – nesse sentido, também já há um precedente do STJ: REsp 1.693.784).

Outro debate é se nos Juizados Especiais, no processo penal e processo do trabalho também terão a contagem de prazos dessa forma.

No CPP, há previsão de contagem de prazo em dias corridos, assim se aplica essa forma de prazo.

Na CLT, em alteração posterior ao CPC (a reforma da CLT), há previsão expressa de contagem de prazos processuais também em dias úteis (art. 775 da CLT, com a alteração da Lei 13.467/2017).

No âmbito dos Juizados, após muita polêmica, foi aprovada lei apontando que o prazo também é em dias **úteis** (Lei 13.728/2018, que inclui artigo na Lei 9.099/1995: "Art. 12-A. Na contagem de prazo em dias, estabelecido por lei ou pelo juiz, *para a prática de qualquer ato processual*, inclusive para a interposição de recursos, computar-se-ão *somente os dias úteis*").

Assim, a regra é termos prazos em **dias úteis**, salvo quando houver **expressa previsão em sentido inverso**, como no *CPP* e nos procedimentos relativos ao *ECA* (Lei 8.069/90, art. 152, § 2º, com a redação dada pela Lei n. 13.509/2017).

(ii) haverá *suspensão de curso do prazo entre 20 de dezembro e 20 de janeiro*, período no qual não poderão ocorrer audiências – exatamente para que o advogado possa usufruir alguns dias de descanso e férias (CPC, art. 220). Apesar de prazos suspensos nesse período, pela lei o Poder Judiciário deverá seguir em funcionamento (CPC, art. 220, § 1º).

A **forma de contagem de prazo** é que inicialmente há a *disponibilização* no diário oficial, depois *publicação* no próximo dia útil, com a exclusão do dia do início e inclusão do dia do término (CPC, art. 224) – lembrando que somente há contagem nos dias úteis (art. 219).

Também há previsão de **prazos para magistrados e auxiliares**. O juiz proferirá: despachos em até 5 dias; decisões interlocutórias em 10 dias e sentenças em 30 dias (CPC, art. 226). Em qualquer grau de jurisdição, havendo motivo justificado, o juiz pode exceder, por igual tempo, os prazos a que está submetido (CPC, art. 227).

É mantida a previsão de **prazo em dobro para litisconsortes com advogados distintos** (art. 229). A novidade é a menção do CPC quanto ao prazo em dobro para todas as manifestações e "em qualquer juízo ou tribunal, independentemente de requerimento". Contudo, *não se aplica* a regra do prazo em dobro *nos processos eletrônicos* (CPC, art. 229, § 2º).

1.7.6. Da comunicação dos atos processuais

O CPC prevê a existência de 4 cartas (art. 237). Três já existentes no sistema anterior: **carta precatória** (*realização de atos entre comarcas distintas*), **carta rogatória** (*realização de atos entre países distintos*), **carta de ordem** (*realização de atos entre graus de jurisdição distintos* – do tribunal para o 1º grau, por exemplo). E uma novidade: **carta arbitral** (*realização de atos entre órgão do Poder Judiciário e juízo arbitral*).

Caso exista *sentença de mérito favorável ao réu que transitar em julgado antes da citação*, deverá o escrivão comunicar o resultado do julgamento ao réu (CPC, art. 241).

Citação é o ato pelo qual o *réu, executado ou interessado é convocado para integrar a relação processual* (CPC, art. 238).

A citação poderá ser feita por **5 formas**: correio, oficial de justiça, escrivão, edital ou meio eletrônico (CPC, art. 246).

A *citação por correio será a regra*, salvo nas ações de estado, quando o citando for incapaz, pessoa de direito público ou residir em local não atingido pelo serviço postal (CPC, art. 247, I, II, III e IV). Também *não se realizará a citação por correio* se o autor, desde a petição inicial, requerer, *de forma justificada*, que ela seja feita de outra forma (CPC, art. 247, V).

A *citação por escrivão ou chefe de secretaria* ocorrerá se o citando comparecer em cartório (CPC, art. 246, III).

Há inovação em relação à **forma de citação das empresas**: com *exceção de microempresas e empresas de pequeno porte*, as empresas públicas e privadas deverão manter *cadastro nos sistemas de processo em autos eletrônicos*, para efeito de recebimento de citações e intimações, que serão efetuadas preferencialmente por esse meio (CPC, art. 246, § 1º).

Se a **citação for para pessoa jurídica**, e não for por meio eletrônico, será *válido o ato* se a carta for entregue (i) a pessoa com *poderes de gerência* ou (ii) a funcionário *responsável pelo recebimento de correspondências*. Ou seja, a entrega para o porteiro, aceita pela jurisprudência, passa a ser prevista também no CPC (art. 248, § 2º).

Com regras distintas do decidido pela jurisprudência do STJ à luz do sistema anterior, o CPC prevê especificamente a **citação de pessoas físicas em condomínios** edilícios ou loteamentos com controle de acesso. Nesses casos, será válida a citação entregue a *funcionário da portaria* responsável pelo recebimento de correspondência; porém, o porteiro poderá *negar-se a recebê-l*a se declarar, por escrito e sob as penas da lei, que o destinatário da correspondência está ausente (CPC, art. 248, § 4º).

A **citação por oficial de justiça** (ou mandado) será realizada quando não possível a citação por correio ou quando esta for infrutífera (CPC, art. 249).

Muda o número de diligências necessárias à **citação por hora certa**: quando, por *duas vezes*, o oficial de justiça tiver procurado o citando em seu domicílio ou residência sem o encontrar, deverá, havendo suspeita de ocultação, intimar qualquer pessoa da família ou, em sua falta, qualquer vizinho de que, no dia útil imediato, voltará a fim de efetuar a citação na hora que designar (CPC, art. 252).

Por sua vez, na *citação por hora certa referente a moradores de condomínios* edilícios ou loteamentos com controle de acesso, será válida a intimação feita a funcionário da portaria responsável pelo recebimento de correspondência (CPC, art. 252, parágrafo único).

A **citação por edital** será feita (CPC, art. 256): (i) quando *desconhecido ou incerto o citando*; (ii) quando *ignorado*, incerto ou inacessível *o lugar em que se encontrar o citando* e (iii) nos demais casos expressos em lei (por exemplo, se o país recusar o cumprimento de carta rogatória – CPC, art. 256, § 1º).

Para fins de citação por edital, o citando será considerado em local ignorado ou incerto quando *infrutíferas as tentativas de localização do réu*. E isso ocorre inclusive mediante requisição pelo juízo de informações sobre seu *endereço nos cadastros de órgãos públicos ou de concessionárias de serviços públicos* (CPC, art. 256, § 3º).

Importante inovação é a **publicação do edital na internet e não mais em jornal**. Tanto na *página do próprio tribunal*, quanto na *plataforma de editais do CNJ* (CPC, art. 257, II).

Apesar dessa previsão de publicação do edital na internet, *poderá o juiz*, conforme as peculiaridades da comarca, determinar a publicação do edital *também em "jornal local de ampla circulação"* ou *"outros meios"* (CPC, art. 257, parágrafo único).

A parte que requerer citação por edital, alegando *dolosamente* a ocorrência das circunstâncias autorizadoras para sua realização, incorrerá em *multa de 5 salários mínimos* (CPC, art. 258).

Afirma o Código ser necessária a publicação de editais em três hipóteses (art. 259): I – na ação de usucapião de imóvel; II – nas ações de recuperação ou substituição de título ao portador; III – em qualquer ação em que seja necessária, por determinação legal, a provocação, para participação no processo, de interessados incertos ou desconhecidos.

Intimação é o ato pelo qual se dá ciência a alguém dos atos do processo (CPC, art. 269).

Pode o **próprio advogado promover a intimação do advogado da parte contrária**, *por meio do correio*, juntando aos autos *cópia do ofício de intimação e do aviso de recebimento*; o ofício de intimação deverá ser instruído com *cópia do despacho, da decisão ou da sentença* (CPC, art. 269, §§ 1º e 2º). Cabe também a *intimação da Fazenda Pública* dessa forma – devendo a intimação ser enviada para o órgão de Advocacia Pública responsável pela representação judicial do respectivo ente (CPC, art. 269, § 3º).

Sempre que possível (ou seja, se já houver tecnologia nesse sentido), as intimações serão realizadas por meio eletrônico (CPC, art. 270).

Além de seguir existindo a intimação em nome do advogado, será possível requerer a **intimação em nome da sociedade de advogados** inscrita na OAB – seja em conjunto com o nome do advogado, seja apenas em nome da sociedade (CPC, art. 272, §§ 1º e 2º).

Conforme jurisprudência sedimentada do STJ no sistema anterior, se houver **requerimento expresso para publicação em nome de determinado profissional**, as intimações deverão trazer o nome desse patrono, *sob pena de nulidade* (CPC, art. 272, § 5º).

1.8. Da tutela provisória

1.8.1. Visão geral do tema no CPC

Em uma das mais incisivas mudanças do novo sistema processual, o CPC muda consideravelmente o panorama em relação às **situações de urgência**. Vale destacar, desde logo, que diversas são as dúvidas e polêmicas, sendo que muitas questões somente serão pacificadas pelo STJ, depois de alguns anos de debates.

Antes, **tutela antecipada e processo cautelar** eram tratados em *livros separados* e eram *requeridos de maneiras distintas* (nos mesmos autos e em autos apartados, respectivamente). Agora, ainda que haja distinção entre as duas, ambas as formas de se tutelar a urgência estão *no mesmo livro* e com *mecanismo de se requerer bem semelhante*.

Sob a denominação **tutela provisória** o CPC reuniu o *regramento referente à tutela de urgência e à tutela de evidência* (esta última, inovação).

Nas disposições gerais relativas ao assunto, consta que a "**tutela provisória** pode ter por fundamento *urgência ou evidência*" (CPC, art. 294).

Assim, **tutela provisória é gênero**, dentro do qual existem *duas espécies*: **tutela de urgência e tutela de evidência**. De seu turno, a espécie *tutela de urgência* se divide em duas subespécies: tutela de urgência **cautelar** e tutela de urgência **antecipada** (art. 294, parágrafo único). Vejamos no quadro:

Gênero	Espécies	Subespécies
Tutela provisória	Tutela de urgência	Tutela cautelar
		Tutela antecipada
	Tutela de evidência	--

A **distinção** entre a tutela cautelar e a tutela antecipada está na sua finalidade: a tutela cautelar busca *resguardar* o resultado do processo, ou seja, evitar o perecimento do bem ou do direito objeto de discussão até que o processo termine (tutela *acautelatória*); já a tutela antecipada busca *satisfazer* o direito da parte, desde logo, antes do término do processo (tutela *satisfativa*). Do ponto vista teórico é possível vislumbrar claramente a distinção; porém, na prática, a questão é subjetiva e há rica divergência (pois é possível que o advogado entenda a retirada de nome de cadastro restritivo é uma medida acautelatória, mas o juiz entenda que isso é medida satisfativa).

A **tutela de urgência** (qualquer delas) poderá ser *requerida em caráter antecedente ou incidental* (CPC, art. 294, parágrafo único). A tutela antecedente é aquela pleiteada *antes – ou em conjunto – com o pedido principal* formulado pela parte. Já a incidental é pleiteada *depois de já existir o processo principal*, mediante simples petição.

No caso da **concessão em caráter antecedente**, teremos algo *semelhante com a antiga cautelar preparatória*, com recolhimento de custas, mas *sem se falar em processo em apartado*. Tudo será pleiteado nos mesmos autos, de forma concomitantemente o pedido principal e o pedido de urgência, ou apenas o pedido de urgência.

Em relação à **tutela de urgência incidental**, o *procedimento passa a ser bem simples*: em processo que já tramita, basta apresentar uma *petição apontando os requisitos e requerendo uma medida de urgência*. Sem custas (CPC, art. 295), cópias de autos ou qualquer outra formalidade.

O juiz poderá determinar as medidas que considerar adequadas para **efetivar a tutela provisória**, que observará, no que couber, as *normas referentes ao cumprimento provisório da sentença* (CPC, art. 297, *caput*, e parágrafo único).

Na **decisão** que conceder, negar, modificar ou revogar a tutela provisória *o juiz motivará seu convencimento de modo claro e preciso* (CPC art. 298).

1.8.2. Da tutela de urgência

São **requisitos da tutela de urgência**: a) elementos que evidenciem a *probabilidade do direito*; b) *perigo de dano* ou risco ao resultado útil do processo (CPC, art. 300). Assim, tem-se uma *coincidência de requisitos entre a cautelar e a antecipação de tutela* (subespécies da espécie tutela de urgência, como já visto). Não há mais menção aos termos *fumus boni iuris* (fumaça do bom direito) e *periculum in mora* (perigo da demora); de qualquer forma, pela tradição, é possível concluir que continuarão a ser utilizados no cotidiano forense.

Para deferir a tutela de urgência o juiz poderá, conforme o caso, exigir **caução** real ou fidejussória idônea para ressarcir danos que a outra parte possa vir a sofrer, podendo a *caução ser dispensada se a parte economicamente hipossuficiente não puder oferecê-la* (CPC, art. 300, § 1º). Ou seja, ficará a critério do juiz, caso a caso, determinar a prestação de caução ou não.

A **concessão** da tutela de urgência poderá se verificar *liminarmente* ou após *audiência de justificação prévia*, quando se poderá fazer prova dos requisitos para sua concessão (CPC, art. 300, § 2º). Ou seja, ficará a critério do juiz, caso a caso, designar essa audiência ou não.

Tal qual no sistema anterior, há dispositivo **vedando a concessão de tutela antecipada** ("tutela de urgência de natureza antecipada") se **houver perigo de irreversibilidade** (CPC, art. 300, § 3º). *Ou seja, não se concede a tutela de urgência antecipada se a situação não puder voltar ao que era antes (ao status quo ante).*

Porém, no sistema anterior, a jurisprudência temperava essa regra. Isso porque há muitas situações em que, *ainda que haja o risco de irreversibilidade, se não concedida a antecipação de tutela, haverá o risco de perecimento de um direito de grande relevância* (como, por exemplo, o direito à vida). É o que alguns denominam de **irreversibilidade recíproca** (não é um termo usual na jurisprudência, mas já foi utilizado por bancas examinadoras em provas anteriores).

Nesses casos, o juiz deve avaliar qual o direito que deve prevalecer e, se o caso, *conceder a antecipação de tutela, ainda que irreversível*, com base nos princípios da proporcionalidade e razoabilidade. É a posição dominante formada à luz do Código anterior e que, possivelmente, seguirá no CPC. Como exemplo, o debate relativo a questões de saúde, como se percebe do seguinte trecho de julgado do STJ:

> "*É possível a antecipação da tutela, ainda que haja perigo de irreversibilidade do provimento, quando o mal irreversível for maior*, como ocorre no caso de não pagamento de pensão mensal destinada a custear tratamento médico da vítima de infecção hospitalar, visto que a falta de imediato atendimento médico causar-lhe-ia *danos irreparáveis de maior monta do que o patrimonial*" (STJ, REsp 801.600/CE, DJe 18.12.2009).

Como já apontado em tópico anterior (item 1.4.11.6 acima), existem diversas **restrições quanto à concessão de tutela antecipada contra o Estado** (Lei 9.494/1997, art. 1º) – o que deve ser lido, à luz do CPC, como **vedação à tutela provisória**. Contudo, exatamente como em relação à irreversibilidade, *a situação vem sendo mitigada pela jurisprudência*.

Assim, quando envolver direito à vida e à saúde, admite-se a concessão de tutela antecipada mesmo em face da Fazenda Pública, como se percebe do seguinte julgado, ao se manifestar a respeito do art. 1º da Lei 9.494/1997: "(...) o referido artigo deve ser interpretado de forma restritiva, *de modo a não existir vedação legal à concessão de antecipação dos efeitos da tutela contra a Fazenda Pública nas hipóteses em que envolvam o pagamento de verba de natureza alimentar*, como ocorre no presente caso" (STJ, AgRg no REsp 726.697/PE, DJe 18.12.2008).

A **tutela de urgência cautelar** pode ser efetivada mediante *arresto, sequestro, arrolamento de bens, registro de protesto contra alienação de bem* e qualquer outra medida idônea para asseguração do direito (CPC, art. 301).

Temos, aqui, uma grande dificuldade: qual o **requisito e procedimento para essas medidas cautelares**? A lei é absolutamente omissa. Frise-se que essa é a **única menção** às antigas cautelares nominadas do CPC/1973. Assim, há total *ausência de regulamentação dessas medidas* – que, mencionadas expressamente, poderão seguir sendo utilizadas (especialmente arresto e sequestro, as mais frequentes no cotidiano forense).

Diante da ausência de regulamentação legal, o *procedimento será bem aberto*, cabendo ao juiz decidir não só o mérito (requisitos para sua concessão), mas também a forma de tramitação (efetivamente, o procedimento).

A **tendência**, é que *seguem sendo aplicados os requisitos e procedimentos previstos no CPC/1973*.

Descabe discorrer a respeito do sistema revogado. De qualquer forma, considerando a omissão legislativa, apenas destaca-se, aqui, a principal distinção entre o arresto, sequestro e arrolamento (repita-se, à luz do Código anterior):

a) arresto:

✓ utilizado por um *credor qualificado* (com título executivo ou outro documento representativo da dívida) em face de um *devedor desqualificado* (que busca se ausentar ou alienar bens para ficar sem patrimônio);

✓ tem por finalidade *evitar a dilapidação do patrimônio*, de modo que o requerente tenha êxito numa futura execução de quantia certa (isto é, que ainda existam bens penhoráveis);

✓ tem por objeto *qualquer bem* do requerido;

✓ o arresto tende a se converter, na sequência da demanda, em *penhora*;

b) sequestro:

✓ utilizado quando houver *disputa a respeito da posse ou propriedade de um bem*;

✓ tem por finalidade *evitar o perecimento de determinado bem*, de modo que o requerente tenha êxito numa futura execução de entrega de coisa certa;

✓ tem por objeto um *bem específico* do requerido;

✓ o sequestro tende a se converter, na sequência da demanda, em *depósito*;

c) arrolamento:

✓ utilizado quando houver *disputa a respeito da posse ou propriedade de bens indeterminados*;

✓ tem por finalidade *evitar o perecimento de tais bens*, além de se saber *quais são* e quantos são os bens em disputa;

✓ ou seja, é instrumento próximo ao sequestro. A distinção entre as duas cautelares é que, no sequestro, sabe-se exatamente qual bem se quer proteger; no arrolamento, *quer-se saber quais são os bens, além de protegê-los*;

✓ tem por objetivo *arrolar* (obter um rol, uma relação) *e proteger* um conjunto de bens na posse do requerido (como em casos de direito de família e entre sócios).

Efetivada a tutela de urgência (cautelar ou antecipatória) e **posteriormente reformada**, deverá o *autor reparar o dano processual causado ao réu* (CPC, art. 302), com a indenização fixada preferencialmente nos mesmos autos (CPC, art. 302, parágrafo único).

1.8.2.1. Do procedimento da tutela antecipada antecedente

A **tutela antecipada antecedente** vem prevista para os casos em que a urgência for *anterior ou contemporânea (conjunta) à propositura da ação*. Nessas hipóteses, a petição inicial *pode limitar-se ao requerimento da tutela antecipada* e à indicação do pedido de tutela final com a exposição da lide, do direito que se busca realizar e do perigo de dano ou risco ao resultado útil do processo (CPC, art. 303). Sendo essa a escolha do autor, haverá *recolhimento de custas* e o *valor da causa* deverá levar em consideração o *pedido de tutela final*, e não apenas o valor relativo à antecipação de tutela (CPC, art. 303, § 4º).

Ou seja, **pode se pedir somente a tutela antecipada** indicando a petição *qual será o pedido principal* – que não mais será uma "ação principal", pois o pedido será elaborado posteriormente, nos mesmos autos. Haverá, posteriormente, um complemento da petição inicial.

Se concedida a tutela antecipada antecedente, o autor deverá **aditar a petição inicial** para complementar sua argumentação, juntar novos documentos e confirmar o pedido de tutela final, em 15 dias ou outro prazo maior que o juiz fixar (CPC, art. 303, § 1º, I). No aditamento, *não haverá* a necessidade de recolhimento de *novas custas* (CPC, art. 303, § 3º). Feito o aditamento, o réu será *citado para comparecer à audiência de conciliação ou de mediação* (CPC, art. 303, § 1º, II); não havendo acordo, somente aí haverá o início do prazo para contestação (CPC, art. 303, § 1º, III).

Se o autor não aditar a petição inicial para elaborar o pedido principal, haverá a *extinção do processo sem resolução do mérito* (CPC, art. 303, § 2º).

Se a **tutela antecipada for indeferida,** o juiz determinará a *emenda da inicial*, em *5 dias, sob pena de extinção do processo sem resolução do mérito* (art. 303, § 6º). Atenção para esse *prazo de 5 dias*, que é um dos poucos prazos do CPC de poucos dias – e, inclusive, bem inferior ao prazo de aditamento no caso de concessão da liminar (15 dias ou mais, como exposto acima).

Importante – e polêmica – inovação do CPC é a previsão de **estabilização da tutela antecipada**: a *tutela antecipada concedida se tornará estável se da decisão que a conceder não for interposto recurso* (CPC, art. 304). Já debate a doutrina se a menção a "recurso" deve ser entendida como o *uso do agravo ou se é possível se interpretar que seria qualquer impugnação à decisão judicial concessiva da antecipação de tutela* – inclusive a própria contestação. Por cautela, até que haja a definição do tema pelo STJ, o mais seguro é interpretar "recursos" exatamente da forma técnica que consta no CPC (ou seja, *embargos de declaração e/ou agravo de instrumento*).

Uma vez estabilizada a antecipação de tutela, o *processo será extinto* e qualquer das partes poderá **ingressar com novo processo judicial** para *rever, reformar ou invalidar a tutela antecipada estabilizada* em até 2 anos contados da ciência da decisão extintiva (CPC, art. 304, §§ 1º, 2º e 5º). Assim, se não houver essa ação para afastar a estabilidade da tutela antecipada, estaríamos diante de **coisa julgada?** Pelo Código, não, pois se afirma que a decisão que concede a tutela *não fará coisa julgada* (CPC, art. 304, § 6º), mas sim que há **estabilidade dos efeitos da tutela antecipada**, que só será *afastada por decisão na demanda que buscar alterar a tutela estabilizada*. Também já diverge a doutrina a respeito de a estabilização ser ou não coisa julgada.

Do cotejo dos arts. 303 e 304 percebe-se uma **incongruência quanto à estabilização da antecipação de tutela**. De um lado, o CPC afirma que, *não realizado o aditamento*, o processo será *extinto* (art. 303, § 2º). Do outro, afirma o Código que *só há estabilização* se não houver recurso do réu e *aditamento do autor* (art. 304, § 1º). O tema já é polêmico.

Uma *possível interpretação* é entender que, **não havendo recurso do réu** contra a decisão que concede a tutela antecipada, há **2 opções ao autor:** (i) *aditar a inicial* – e, assim, não haverá a estabilização da tutela antecipada, mas o prosseguimento do processo ou (ii) *não aditar a inicial* – hipótese em que não haverá a extinção, mas sim a estabilização da tutela antecipada (e, eventualmente, poderá o autor ingressar com nova medida judicial para pleitear o pedido principal).

Para melhor compreensão, vale exemplificar. Pensemos uma inscrição indevida em cadastro restritivo de crédito. Tutela provisória de urgência antecipada requerida de forma antecedente (apenas a exclusão de cadastro restritivo), apontando como futuro pedido principal indenização por danos morais. **Tutela antecipada deferida para excluir o nome do cadastro restritivo de crédito**. Possibilidades:

(i) *réu agrava* e *autor não adita* a inicial: *não há estabilização* da tutela antecipada e o processo será *extinto sem resolução do mérito*;

(ii) *réu agrava* e *autor adita* a inicial, pleiteando danos morais: não há estabilização da tutela antecipada e o processo prosseguirá;

(iii) *réu não agrava* e *autor não adita* a inicial: *estabilização da tutela antecipada* (no sentido de a inscrição ser indevida) e *extinção do processo*, com mérito (procedência do pedido de tutela antecipada). Se o autor quiser pleitear danos morais, poderá, mas por meio de nova demanda.

A tutela antecipada **conservará seus efeitos** enquanto não revista, reformada ou invalidada por decisão de mérito (art. 304, § 3º).

1.8.2.2. Do procedimento da tutela cautelar antecedente

No tópico anterior, houve a análise da tutela antecipada antecedente. Neste tópico, analisa-se a outra tutela de urgência que pode ser requerida de forma antecedente: a **tutela cautelar antecedente**.

Neste caso, a *petição inicial* da ação que buscar tal tutela *indicará a lide e seu fundamento*, a *exposição sumária do direito* que visa assegurar e o *perigo de dano* ou risco ao resultado útil do processo (CPC, art. 305). Também deverá existir valor da causa e recolhimento de custas (interpretação que decorre do CPC, art. 308, *caput*, parte final).

Se o autor assim quiser, o *pedido principal pode ser formulado juntamente com o pedido de tutela cautelar* (CPC, art. 308, § 1º). Exatamente como previsto para a tutela antecipada antecedente.

Se o juiz entender que o **pedido tem natureza antecipada**, deverá observar o *regramento relativo à tutela antecipada* (CPC, art. 305, parágrafo único). Ou seja, é a **fungibilidade entre as tutelas de urgência**. Contudo, *não há artigo específico no* *sentido inverso*, quanto à antecipação de tutela. Assim, não há previsão legal de possibilidade de o juiz receber a antecipação de tutela como cautelar. Mas resta verificar como será a jurisprudência em relação ao tema (no sistema anterior, da mesma forma só existia previsão de fungibilidade da antecipada para a cautelar, mas a jurisprudência admitia a fungibilidade de mão dupla). De qualquer forma, é certo que **somente há estabilização da tutela antecipada (que tem natureza** *satisfativa*) **e não da tutela cautelar** (que busca apenas *resguardar* o direito debatido) – afinal, incongruência falar que algo acautelatório se estabilize.

No caso da tutela cautelar antecedente, o réu será **citado para contestar** em *5 dias* (CPC, art. 306). Trata-se de um *prazo curto*, que não é a regra no CPC. Se não houver contestação, haverá **revelia**, com a presunção de veracidade dos fatos narrados, afirmando o Código que o juiz deverá *decidir em 5 dias* (CPC, art. 307). Se houver contestação, o trâmite da demanda será pelo **procedimento comum** do processo de conhecimento (CPC, art. 307, parágrafo único).

Efetivada a tutela cautelar, o *pedido principal terá de ser formulado pelo autor no prazo de 30 dias*, caso em que será apresentado nos *mesmos autos* em que já deduzido o pedido cautelar (CPC, art. 308). O complemento da demanda, em relação ao pedido principal, *não demandará novas custas processuais* (CPC, art. 308) e será possível *aditar a causa de pedir* (CPC, art. 308, *caput* e § 2º).

Apresentado o pedido principal, as *partes serão intimadas para comparecer à audiência de conciliação ou mediação*; não havendo autocomposição, o prazo para contestação terá fluência a partir desse momento (CPC, art. 308, §§ 3º e 4º).

Cessa a eficácia da tutela cautelar antecedente se (CPC, art. 309):

I – não houver a *apresentação do pedido principal* em 30 dias;

II – a tutela cautelar não for *efetivada* em 30 dias;

III – o *pedido principal for improcedente* ou o *processo for extinto sem mérito*.

Se isso ocorrer, somente será possível formular novo pedido se houver novo fundamento (nova causa de pedir).

Em regra, o **indeferimento do pedido cautelar não obsta a formulação do pedido principal**. A exceção se refere à hipótese em que *reconhecida a prescrição e decadência na análise do pedido cautelar* (CPC, art. 310). Ou seja, nesse caso a coisa julgada do processo cautelar terá de ser observada no processo principal.

1.8.3. Da tutela da evidência

A **tutela da evidência** busca resguardar um *direito evidente*; ou seja, é uma *tutela provisória que não depende de urgência* (exatamente por isso não é denominada de tutela de urgência, a outra espécie de tutela provisória).

A **tutela da evidência será concedida**, *independentemente* da demonstração de *perigo de dano ou de risco ao resultado útil do processo*. O Código a prevê em **4 situações** (art. 311):

I – ficar caracterizado *abuso do direito de defesa* ou manifesto propósito protelatório da parte (tutela de evidência **penalizadora da má-fé**);

II – *as alegações de fato puderem ser comprovadas apenas documentalmente* e houver *tese firmada em julgamento de casos repetitivos ou súmula vinculante* (tutela de evidência fundada em **tese firmada em tribunal superior**);

III – se tratar de *pedido reipersecutório fundado em prova documental* adequada do *contrato de depósito*, caso em que será decretada a ordem de entrega do objeto custodiado sob cominação de multa (tutela de evidência em **contrato de depósito**);

IV – a petição inicial for instruída com *prova documental suficiente dos fatos constitutivos do direito do autor, a que o réu não oponha prova* capaz de gerar dúvida razoável (tutela de evidência **fundada em prova incontroversa**).

Afirma o Código que nos casos dos incs. II e III será possível a **concessão liminar** da tutela de evidência (art. 311, parágrafo único).

Exemplo, ainda que não haja uma situação de perigo grave, a tese debatida é tão firme que já consta de súmula vinculante; nesse caso, o autor não deve aguardar o término do processo para usufruir o seu pedido (tutela de evidência fundada em tese firmada em tribunal superior – que poderá ser concedida em caráter liminar).

1.8.4. Síntese da tutela provisória no CPC

Como se sabe, a resposta do Poder Judiciário a um pedido formulado pelo autor não é imediata. Contudo, há situações nas quais não é necessário aguardar o término do processo para que o Judiciário conceda o pleiteado pela parte. É para isso que se pleiteia uma "**liminar**", ou seja, *uma decisão no início do processo*.

No CPC, o tema é tratado sob o título **tutela provisória**.

A tutela provisória pode ser concedida com base na **urgência**: *antecipação de tutela* e *cautelar*. Do ponto de vista formal, ambas são pleiteadas da mesma forma: ou *durante o processo* de conhecimento que já tramita (**incidentalmente**) ou mesmo *antes de se debater o pedido principal* (tutela de urgência **antecedente**). É possível, também, pedi-las *junto com o pedido principal*, na mesma petição inicial. *Não* se pede em **processo apartado**. Se a tutela de urgência for pleiteada de forma antecedente, há necessidade de se **aditar a petição inicial**, para se *formular o pedido principal*, sob pena de extinção.

Mas qual a **distinção entre antecipação de tutela e cautelar**?

A **finalidade da cautelar** *é resguardar o pedido principal* (caráter *conservativo* – visa a evitar o perecimento do direito).

A **finalidade da antecipação de tutela** *é, desde logo, antecipar os efeitos de uma futura decisão de mérito* (caráter *satisfativo* – já se quer a fruição do direito).

Apesar de na teoria ser simples diferenciar o cabimento de cada uma (*distinção entre assegurar e satisfazer*), na prática há dificuldades. Tanto porque cada juiz pode ter um entendimento, como porque há situações que podem ser enquadradas nas duas hipóteses.

Diante disso, haveria **fungibilidade entre as tutelas de urgência**, ou seja, entre cautelar e antecipação de tutela? O CPC apenas prevê que o pedido cautelar possa ser apreciado, pelo juiz, como de tutela antecipada (CPC, art. 305, parágrafo único). Mas, diante de somente essa previsão, pode existir também o contrário, ou seja, o juiz receber um *pedido cautelar* *como se fosse tutela antecipada*? No CPC/1973, a jurisprudência entendia que a fungibilidade era de mão dupla (ou seja, fungibilidade nos dois sentidos). No CPC, o tema ainda esta em aberto. De qualquer forma, é certo que **apenas a tutela antecipada pode ser estabilizada**, e não o pedido cautelar (art. 304). Por essa razão, se a parte pleitear uma tutela antecipada e o juiz a receber como tutela cautelar, não será possível sua estabilização. Mas, novamente, resta verificar como será a jurisprudência quanto ao tema.

Por fim, além da tutela provisória fundada na urgência, o CPC inova ao trazer a tutela provisória (antes da sentença, em cognição sumária) *fundada no direito evidente*: **tutela de evidência**. Há 4 hipóteses em que isso é cabível, sendo que em duas delas é possível a *concessão liminar*. A **finalidade da tutela de evidência** é *inverter o ônus do tempo do processo*: se já existe direito razoavelmente plausível em favor do autor, por que haveria necessidade de se aguardar a sentença para sua fruição? Essa é a ideia da tutela da evidência.

1.9. Formação, suspensão e extinção do processo (parte geral)

O presente tópico trata da formação, suspensão e extinção do processo em relação a todos os processos e procedimentos. Cada um dos processos (conhecimento e execução) terá especificidades, especialmente em relação à extinção.

1.9.1. Formação

Como já visto, a *jurisdição é inerte (princípio dispositivo)*, razão pela qual a parte deve provocar o Judiciário para que tenha início o processo (CPC, art. 2º).

A regra constante da parte inicial do art. 312 é a seguinte: "considera-se proposta a ação quando a petição inicial for protocolada (...)". Porém, para o réu, somente surtem os efeitos da formação após a sua citação. Vide art. 240 quanto aos efeitos da citação para o réu

De qualquer forma, há a **formação do processo** *no momento em que a petição inicial é protocolada em juízo*.

Assim, são **requisitos de constituição da relação processual**:

✓ *petição inicial escrita em português* (CPC, art. 192);
✓ *subscrita por advogado ou defensor público*; e
endereçada a juiz.

1.9.2. Suspensão do processo

Apesar de os princípios da celeridade e da duração razoável do processo permearem todo o sistema processual, por vezes se faz necessária a **suspensão do processo**, ou seja, *a paralisação do trâmite processual*.

Não obstante, qualquer que seja a hipótese de suspensão, *atos urgentes podem ser praticados durante o período em que o processo está suspenso* – salvo se houver alegação de *impedimento ou suspeição* do juiz (CPC, art. 314).

É importante consignar que suspensão do processo é algo distinto da suspensão ou interrupção do prazo processual.

É necessária previsão legal para que haja a suspensão do processo, sendo que o Código prevê diversas situações para tanto.

O principal dispositivo que trata do tema é o art. 313 do CPC, que traz as seguintes **hipóteses de suspensão**:

(i) Pela *morte ou perda da capacidade processual* de qualquer das *partes*, de seu representante legal ou de seu procurador.

O autor, quando falece, deixa de deter capacidade de ser parte. Um idoso que é interditado perde sua capacidade processual. Um advogado que é desligado dos quadros da OAB não é mais dotado de capacidade postulatória. Nestes três exemplos, o processo não pode prosseguir. Mas preferível à extinção de plano é a *suspensão*, *até que a incapacidade seja solucionada*.

Contudo, se a falha não for suprida, sendo em relação ao autor, o processo será extinto sem mérito; sendo em relação ao réu, será decretada a revelia (CPC, art. 313, § 3º). Inova o CPC ao apontar que, no caso de óbito da parte, se não houver habilitação, o juiz determinará a suspensão de ofício e buscará que haja o ingresso dos herdeiros (CPC, art. 313, § 2º).

(ii) Por *convenção das partes*.

Se as partes estão em vias de celebrar um acordo para pôr fim ao processo, o prosseguimento do feito pode dificultar as negociações. Daí a conveniência de suspender o processo.

Contudo, o *prazo máximo para que o processo fique suspenso é de seis meses* (CPC, art. 313, § 4º). Após tal período, o processo deverá retomar seu curso;

(iii) Quando houver *arguição de impedimento ou suspeição*.

Lembrando que não há mais a figura da exceção, se a parte impugnar a imparcialidade do juiz (ou de outro auxiliar do juízo), é conveniente que se aguarde a decisão dessa questão com a suspensão do processo.

(iv) Quando for admitido o *incidente de resolução de demandas repetitivas*.

O IRDR (art. 976) é uma das grandes novidades do CPC. Quando ele for admitido, para que se decida a questão repetitiva, impõe-se a suspensão de todos os outros processos que discutam a mesma tese jurídica. A rigor, o prazo máximo de suspensão é de 1 ano, mas eventualmente poderá esse prazo ser majorado (CPC, art. 980, parágrafo único).

(v) Quando a *sentença de mérito depender do julgamento de outra causa ou de prova requisitada a outro juízo*, ou seja, quando houver *prejudicialidade externa*.

Ao se falar em prejudicialidade, significa dizer que *antes da solução da questão principal* (o pedido, aquilo que deverá ser apreciado pelo juiz), *deve ser solucionada a questão prejudicial em debate em outro processo*. O objetivo da suspensão pela prejudicialidade externa é evitar que haja a prolação de decisões conflitantes.

No que diz respeito à suspensão decorrente de prova a ser produzida em outro juízo, o exemplo é a *expedição de carta precatória para oitiva de testemunha*. Ou seja, o processo "principal" fica sobrestado até que a prova em questão seja produzida.

Considerando a morosidade que isso acarreta, houve alteração legislativa: apenas quando se tratar de prova "imprescindível" é que a carta terá o condão de suspender o processo (CPC, art. 377).

Por fim, o processo só poderá ficar suspenso pela alínea V pelo prazo máximo de 1 ano (CPC, art. 313, § 4º);

(vi) Por motivo de *força maior*.

Para fins deste inciso, deve-se entender por força maior a situação imprevisível, alheia à vontade das partes e do juiz que torne impossível a realização de determinado ato processual. Se isso ocorrer, o processo estará suspenso e, consequentemente, prorrogados os prazos para realização daquele ato processual. Como exemplo da segunda década do século XXI, as fortes chuvas que destruíram diversos fóruns em cidades do Sudeste do Brasil.

(vii) Quando se discutir em juízo *questão decorrente de acidentes e fatos da navegação de competência do Tribunal Marítimo*.

O Tribunal Marítimo é órgão administrativo que aprecia questões relativas ao Direito Marítimo (tema que ganha prestígio no CPC). Assim, se houver o debate de acidente marítimo em apreciação perante o Tribunal Marítimo, eventual processo judicial sobre esse tema deverá ser suspenso. Trata-se, portanto, de mais uma situação de prejudicialidade externa (como no inc. V). Não há previsão legal de prazo máximo de suspensão, mas por uma interpretação teleológica, também deve ser aplicado o prazo máximo de 1 ano (CPC, art. 313, § 4º).

(viii) Quando do *nascimento ou adoção de filho*, sendo a mãe ou o pai a *única advogada ou advogado* da causa. Trata-se de inovação decorrente da Lei 13.363/2016.

Essa previsão consta dos incisos IX e X do art. 313 do CPC. Assim, haverá a suspensão do processo quando houver parto ou adoção. Porém, não se trata de algo automático e que ocorre em todas as situações de paternidade ou maternidade.

Para que haja a suspensão do processo, (i) o pai ou mãe devem ser o *único(a)* patrono(a) do processo, (ii) deve ser *apresentada nos autos* a certidão de nascimento para comprovar o parto ou o termo judicial que tenha concedido a adoção e (iii) deve o advogado(a) ter *notificado o cliente* a respeito do tema.

O prazo de suspensão é diferenciado entre pai e mãe: 30 dias para a mulher e 8 dias para o homem.

1.9.3. Extinção do processo

O processo em determinado momento terá de chegar a seu final. *O término do processo se dará pelas mais diversas razões.* É o que se denomina de **extinção do processo**.

Termina o CPC sua parte geral falando de extinção do processo, e que ela **se dará por sentença** (art. 316). Porém, as hipóteses de sentença com e sem resolução de mérito (*conhecimento*) ou quando cabe a extinção na *execução* estão previstas apenas na parte especial (arts. 485, 487 e 924).

Em linha com o princípio da cooperação e do contraditório, destaca o CPC que, **antes de proferir decisão sem resolução de mérito**, o juiz deverá *conceder prazo* à parte para que, se possível, corrija o vício que acarretaria a extinção (CPC, art. 317).

2. PROCESSO DE CONHECIMENTO

2.1. Processos e procedimentos

O processo mais regulamentado no Código é o processo de conhecimento, que será analisado neste capítulo.

Mas, para que se entenda bem o tema, é necessário, inicialmente, realizar uma breve análise dos conceitos de processo, procedimento e rito.

✓ **Processo** é o *instrumento que o Estado coloca à disposição dos litigantes para solucionar a lide (administrar justiça)*.

✓ **Procedimento** é a *forma, modo, maneira pela qual o processo se exerce*.

✓ **Rito** é a *forma, modo, maneira pela qual o procedimento se desenvolve*. No CPC, deixa de ter relevância esta subclassificação de rito – pois não mais existem os ritos sumário e ordinário, como se verá abaixo.

Ou seja, são três conceitos correlacionados, porém distintos.

2.1.1. Processos no CPC

O CPC conhece 2 tipos de processos (cf. Livro I e II da Parte Especial do Código):

a) Processo de conhecimento (tutela cognitiva): *há crise de certeza, ou seja, não se sabe quem tem razão até que o juiz decida. Visa a uma sentença de mérito, que decidirá a lide.*

Por sua vez, o processo de conhecimento pode ser classificado conforme o pedido formulado, o provimento pretendido ou a sentença obtida, da seguinte forma:

(i) pedido condenatório: impõe ao réu uma obrigação de pagar, dar, fazer, não fazer etc.;

(ii) pedido constitutivo (positivo ou negativo): constitui, modifica ou extingue uma relação jurídica (na constitutiva positiva, há a constituição de uma relação jurídica; na constitutiva negativa, há a extinção de uma relação jurídica);

(iii) pedido declaratório (positivo ou negativo): declara a (in)existência de uma relação jurídica.

Ainda, para alguns, há ainda o pedido **mandamental** e **executivo** *lato sensu,* que podem ser vistos como uma variação do pedido condenatório. Nesses pedidos, não há necessidade de novo processo para executar a decisão judicial, mas haverá a sequência do procedimento, seja por uma ordem do juízo para alguém cumprir a obrigação (tutela *mandamental*), seja com atos realizados pelo próprio Judiciário, os chamados atos de sub-rogação (tutela *executiva lato sensu*).

b) Processo de execução (tutela satisfativa): *há crise de adimplemento, ou seja, já se sabe quem tem razão, mas não há a satisfação do direito do credor por parte do devedor. Para ser utilizado, é necessário título executivo e inadimplemento.*

Como se vê, no CPC **o processo cautelar foi extinto** (e existia no CPC/1973). No atual Código, a cautelar (não mais processo autônomo) pode ser requerida de forma antecedente ou junto com a petição inicial (vide capítulo 1.8, a respeito da tutela provisória).

2.1.2. Procedimentos no CPC

Como já exposto, procedimento é a forma pela qual o processo se desenvolve. Cada processo terá seus próprios procedimentos.

No CPC, o panorama é o seguinte:

a) No *processo de conhecimento*, há os seguintes procedimentos:

(i) comum, *que é o procedimento-padrão, a ser utilizado na maior parte das causas* (CPC, art. 318);

(ii) especial, *que apresenta distinções em relação ao procedimento comum, de modo a decidir a lide de forma mais ade-*

quada (CPC, Título III do Livro I da Parte Especial, art. 539 e ss., além de leis extravagantes).

O procedimento comum (que é o procedimento padrão, o mais amplo e usual), é aplicado de forma subsidiária aos procedimentos especiais e também ao processo de execução (art. 318, parágrafo único).

b) No *processo de execução*, não há um procedimento comum e outros especiais. O que existem são **diversos tipos de procedimentos**, *cada um correspondente a cada uma das diversas espécies de execução* (alimentos, entrega de coisa, contra a Fazenda etc.).

No tocante ao **procedimento comum do processo de conhecimento,** há importante *mudança* em relação ao que existia no CPC/1973. No Código anterior, o procedimento comum *se dividia no rito ordinário e sumário*. No CPC, houve a **extinção do rito sumário**; sendo assim, **não mais se justifica a existência de um rito ordinário.** Logo, no CPC somente existe, *no processo de conhecimento, procedimento comum* (art. 318 e ss.) *e especial* (art. 539 e ss.).

Diante do exposto, é possível apresentar o seguinte quadro síntese em relação ao CPC:

Processo	Procedimento
1) Conhecimento	1.1) Comum; 1.2) Especial.
2) Execução	2.1) pagar quantia; 2.2) fazer ou não fazer; 2.3) alimentos etc. (Diversos, conforme a espécie de obrigação).

2.1.3. Procedimentos no processo de conhecimento

Considerando o panorama geral exposto, é possível analisar os procedimentos no processo de conhecimento:

(i) procedimento comum: *é a base, a norma que se aplica de forma subsidiária aos demais.*

É o procedimento regulado com mais vagar pelo CPC, é o mais completo, com maior número de atos (inicial, contestação, réplica etc.) e fases mais facilmente distinguíveis (postulatória, saneadora, instrutória, decisória e cumprimento de sentença);

(ii) procedimentos especiais: *surgem diante da impossibilidade de solução a determinados problemas pelo procedimento comum. A finalidade é adequar o procedimento ao direito material debatido.*

As diferenças, em relação ao procedimento paradigma (comum), são previstas em lei e podem estar nos prazos, na previsão de liminar, na modificação/concentração das fases processuais etc.

2.1.4. Distinção concreta entre os procedimentos

Para visualizar a distinção entre os diversos procedimentos, cabe apresentar exemplos.

Basta visualizar um **pedido condenatório**, que pode tramitar:

✓ pelo procedimento *comum*;

✓ pelo procedimento *especial* (condenação a pagar alimentos).

Procedimento comum (trâmite em 1º grau) – possível algumas variações
1) inicial;
2) audiência de conciliação ou mediação (CPC, art. 334);
3) contestação, em 15 dias (CPC, art. 335).
4) réplica, em 15 dias (CPC, art. 351)
5) saneamento (CPC, art. 357);
6) audiência de instrução (CPC, art. 358);
7) alegações finais/memoriais (CPC, art. 364);
7) sentença (passível de recurso).

Procedimento especial – alimentos (Lei 5.478/1968, trâmite em 1º grau)
1) inicial
2) audiência de conciliação, instrução e julgamento: – tentativa de conciliação; – apresentação de contestação; – produção de provas; – alegações finais.
3) sentença – que inclusive poderá ser proferida na própria audiência (passível de recurso, que será recebido só no efeito devolutivo).

Como se percebe da análise dos dois trâmites, as diferenças de procedimento são eminentemente práticas e perceptíveis de verificação a partir da análise do passo a passo procedimental das demandas.

2.2. Formação, suspensão e extinção do processo de conhecimento

Uma vez verificada a distinção entre processo e procedimento, é possível verificar como todos os processos de conhecimento (independentemente do procedimento) se formam e chegam a seu término. Aqui se retoma o que inicialmente foi exposto em relação a todos os processos (parte geral, item 1.9).

2.2.1. Formação do processo de conhecimento

✓ *Não há significativas distinções entre a formação de qualquer processo e o processo de conhecimento. Assim, vide item 1.9.1.*

2.2.2. Suspensão do processo de conhecimento

Idem acima. Vide Item 1.9.2.

2.2.3. Extinção do processo de conhecimento

✓ No tocante à formação, suspensão e extinção do processo, o ponto em que há distinção entre a parte geral (muito genérica) e a parte especial (específica) é este, relativo à **extinção do processo**.

✓ Tal qual no sistema anterior, o CPC separa a **extinção sem resolução do mérito** (por *questões formais*) e a **extinção com resolução do mérito** (em que há a composição da lide, com o *pedido efetivamente apreciado*). Curioso é destacar que a parte geral para expressamente em **extinção** do processo, por sentença (art. 316), mas os artigos específicos que tratam do tema no processo de conhecimento não se referem nem à extinção, nem à sentença.

2.2.3.1. Decisão sem resolução do mérito

A decisão sem resolução do mérito (CPC, art. 485) em regra, *extinguirá* o processo. Porém, se houver mais de um pedido ou litisconsorte, e houver decisão sem mérito em relação a tal pedido ou parte, então não haverá extinção do processo, pois prosseguirá a relação processual em relação ao outro pedido ou parte. Por isso é que o CPC não se refere à extinção no *caput* do artigo que trata da hipótese em que o juiz não resolve o mérito.

São hipóteses de **decisão sem resolução do mérito**:

(i) *indeferimento da inicial* (CPC, art. 330; o § 1º traz casos de *inépcia da inicial*).

Nas hipóteses em que o *vício da petição inicial for sanável*, deverá o juiz determinar *sua emenda* (CPC, arts. 317 e 321). Contudo, (i) se, mesmo após a determinação, *não houver a emenda* ou (ii) *se o vício for grave e não admitir correção*, então haverá o indeferimento da inicial e *o magistrado extinguirá o processo, sem resolução do mérito*.

(ii) *o processo ficar parado* por mais de um ano por *negligência das partes*.

Este inciso retrata o *abandono do processo por ambos* os litigantes;

(iii) *autor abandona* a causa por mais de 30 dias.

Já este inciso retrata o *abandono do autor*.

Nos 2 casos de abandono (incs. II e III), *as partes devem ser intimadas pessoalmente, antes da decisão sem mérito* (CPC, art. 485, § 1º). A providência se justifica por força de hipóteses como, por exemplo, a morte do advogado sem ciência do cliente. Se houver a decisão sem mérito por abandono de ambas as partes, as *custas do processo* serão pagas proporcionalmente pelas partes; se for abandono do autor, o autor arcará integralmente com custas e honorários (CPC, art. 485, § 2º).

Se o *réu já tiver apresentado a contestação*, a extinção pelo abandono do autor depende de requerimento do réu (CPC, art. 485, § 6º).

(iv) *falta de requisitos de constituição* ou *validade* do processo.

Haverá extinção do processo *se não estiverem presentes os pressupostos processuais de existência e validade* (tema já antes tratado – cf. item 1.6.2 supra);

(v) *perempção, litispendência* e *coisa julgada*.

A litispendência e a coisa julgada (CPC, art. 337, §§ 1º a 4º) já foram analisadas no item 1.6.3. A **perempção** é a *situação na qual, se o autor provocar a extinção do processo por 3 vezes por força do abandono, o juiz, no 4º ajuizamento extinguirá o processo sem resolução do mérito* – nesse caso, porém, será possível à parte alegar em defesa seu direito (CPC, art. 486, § 3º).

(vi) falta de legitimidade ou interesse processual (*carência de ação*).

A *falta de uma das condições da ação* já foi antes analisada (item 1.6.4);

(vii) *convenção de arbitragem ou* reconhecimento de *competência pelo juízo arbitral*.

Se as partes celebraram contrato no qual estipulam que, *diante da lide, a solução será pela via da arbitragem, a causa não pode ser decidida pelo Poder Judiciário*, mas sim por um árbitro (Lei 9.307/1996). Daí a extinção sem resolução de mérito. Inova o CPC ao mencionar reconhecimento da competência pelo juiz arbitral; ou seja, o árbitro, ao reconhecer sua competência para apreciar determinada lide, acaba por esvaziar a competência do Poder Judiciário.

(viii) *autor desiste* da ação.

A desistência é distinta da renúncia (CPC, art. 487, III, "c"). *A primeira, por ser sem mérito, admite a repropositura da mesma ação. A segunda, por ser com mérito, forma coisa julgada e impede a repropositura*. Assim, o autor *desiste do processo*, ao passo que *renuncia ao direito*.

A partir do momento em que é *oferecida a contestação pelo réu, a desistência do autor depende da concordância do réu* (CPC, art. 485, § 4º). Além disso, define o CPC que a desistência *só é admitida até a sentença* – afinal, com a sentença, ou a parte recorre ou se submete à decisão, não mais sendo possível a desistência do processo (CPC, art. 485, § 5º).

(ix) ação for *intransmissível*.

Se o direito discutido em juízo for **intransmissível** (basicamente as hipóteses de direito personalíssimo), *o falecimento da parte* (o suposto titular do direito) *não permite que haja a sucessão da posição jurídica processual*. O grande exemplo é o divórcio; assim, com a morte de uma das partes, extingue-se o processo de divórcio e passa a parte sobrevivente a ser viúva.

Em todos os incisos do art. 485 do CPC ora apresentados, *a sentença é terminativa*, ou seja, processual, não decide a lide. Assim, **em regra, admite-se a repropositura da ação**. Porém, se a extinção se deu por litispendência, indeferimento, falta de pressupostos ou condição da ação ou convenção de arbitragem, a propositura da nova ação depende da correção do vício que causou a extinção anteriormente (CPC, art. 486, § 1º). Contudo, para a repropositura ou nova propositura, é necessário o recolhimento das custas e honorários do processo anterior (CPC, art. 486, § 2º).

A relação do art. 486, § 1º leva à confirmação de que *não cabe a repropositura no caso de coisa julgada e perempção*.

Se for **possível ao juiz apreciar o mérito a favor do réu** (item abaixo), mas também houver um *argumento capaz de levar o processo à extinção sem mérito*, deverá o juiz apreciar o mérito (CPC, art. 488). Trata-se de uma opção do Código que prestigia a decisão do mérito – pois essa resolve a lide e é coberta pela coisa julgada.

Por fim, vale destacar que houve supressão de inciso em relação ao CPC/1973: no Código anterior, havia também a previsão de extinção do processo sem mérito no caso de *confusão* entre autor e réu (**confusão** se verifica *quando as duas partes da relação processual se encontram em uma única parte na relação jurídica de direito material*. Como não é lícito alguém litigar contra si mesmo, o processo deve ser extinto. Como exemplo, a fusão de duas empresas que estavam litigando). A supressão não significa que seja possível a parte litigar contra si mesmo

– mas sim que a extinção se dará por outro motivo – como a falta de interesse de agir superveniente (art. 485, VI).

2.2.3.2. Decisão com resolução do mérito

O art. 487 do CPC contém 3 incisos e **5 situações de decisão de mérito**. Apesar disso, apenas na hipótese prevista no *inc. I é que há efetivamente decisão do juiz*, aceitando ou não o pedido apresentado pelas partes. Nas demais hipóteses, o magistrado simplesmente se manifesta a respeito de uma situação que, pelo Código, também tem o condão de resolver o mérito.

Não se trata de extinção do processo, pois, a rigor, após a sentença haverá o prosseguimento do feito, com a fase de cumprimento de sentença. Além disso, na nova sistemática do Código, cabe também a decisão parcial de mérito (CPC, art. 356, vide item 2.3.5.3).

São **hipóteses em que há resolução do mérito** (CPC, art. 487):

(i) juiz julga *procedente ou improcedente* o pedido do autor na inicial ou do réu, na reconvenção.

É a conclusão esperada – e mais frequente – de um processo judicial.

Além disso, o sistema prevê a improcedência liminar do pedido, ou seja, a hipótese em que, sem a citação do réu, o pedido já é julgado improcedente. Isso já existia no Código anterior, mas passou por modificações no CPC. **Não existe a procedência liminar do pedido**, pois isso importaria em *violação do contraditório e da ampla defesa*. O que pode haver diante de um direito muito plausível é a concessão de tutela de evidência (vide item 1.8.3. acima), mas não sentença de procedência.

Cabe a **improcedência liminar** nos seguintes casos (CPC, art. 332):

a) quando o pedido contrariar *súmula* do STJ, STF – e também do Tribunal de Justiça, quanto a direito local;

b) decisão proferida em *recurso repetitivo* (STF ou STJ), incidente de resolução de demandas repetitivas ou incidente de assunção de competência;

c) quando o juiz verificar, desde logo, prescrição ou decadência (CPC, art. 332, § 1º).

Apelando o autor contra a sentença de improcedência liminar, o juiz poderá se retratar em 5 dias; caso o faça, o processo seguirá; se não, determinará a citação do réu para apresentar contrarrazões em 15 dias (CPC, art. 332, §§ 3º e 4º). Não interposta apelação contra a sentença de improcedência liminar, o réu será intimado do trânsito em julgado da sentença (CPC, art. 332, § 2º).

(ii) juiz reconhece a *decadência* ou a *prescrição*.

Transcorrido determinado lapso temporal, não será mais lícito à parte buscar o Judiciário para satisfazer sua pretensão – com isso ocorre a consumação da **prescrição e decadência**. Vale destacar que o juiz pode conhecer de ofício da prescrição, antes mesmo da contestação do réu (como visto no item "c" logo acima); mas, fora esse caso, por força do princípio da vedação de decisões surpresa, deverá o juiz ouvir as partes antes de reconhecer a prescrição ou decadência (CPC, art. 487, parágrafo único).

Este tema é usualmente objeto de questões de concursos, com respostas erradas: *prescrição e decadência importam em extinção com resolução do mérito*. Foi uma opção legislativa para que a sentença fosse coberta pela *coisa julgada*;

(iii) *réu* reconhece a *procedência do pedido (seja na ação ou reconvenção)*.

Reconhecimento do pedido é a *concordância do réu com o pedido formulado pelo autor*. É importante destacar que *não se trata de revelia* (ausência de contestação), mas sim de submissão à pretensão do autor;

(iv) as partes *transigem*.

É a hipótese de *acordo entre as partes*. Como se sabe, a **transação** *envolve concessões recíprocas para encerrar o litígio*, ou seja, cada parte cede um pouco de sua pretensão e resistência;

(v) autor *renuncia ao direito* sobre que se funda a ação.

Como já exposto em relação ao art. 485, é *fundamental que se diferencie a desistência* (CPC, art. 485, VIII) *da renúncia* (CPC, art. 487, III, "c"). A desistência atinge o direito processual, acarreta a extinção sem mérito e assim permite uma nova propositura da mesma ação. Já na **renúncia** *o autor abre mão de sua pretensão, o ato atinge o direito material*. E isso acarreta a extinção com mérito, a sentença é coberta pela coisa julgada e assim não cabe a repropositura.

As três últimas hipóteses estão inseridas no art. 487, III, dispositivo que se refere à **homologação** por parte do juiz. Assim, não há propriamente decisão (como no inc. I), mas sim homologação de uma solução decorrente da atuação das partes.

As hipóteses ora enfrentadas, em que há *análise do mérito*, importam em **decisão definitiva** (CPC, art. 487). Com o *trânsito em julgado de uma decisão definitiva*, tem-se a *coisa julgada material* (CPC, art. 502).

2.3. Procedimento comum

Como já acima exposto, este é o procedimento-padrão, a base dos demais processos e procedimentos e que, portanto, encontra a maior regulação por parte do CPC.

2.3.1. Hipóteses de utilização do procedimento comum

Será utilizado o procedimento comum por *exclusão*: se não for hipótese de algum procedimento especial (previsto no CPC ou em lei extravagante), então este será o utilizado.

Trata-se, portanto, do procedimento residual.

2.3.2. Petição inicial e seus requisitos

Os **requisitos da petição inicial** estão previstos no CPC, art. 319.

Diante da clareza, vale reproduzir o artigo:

Art. 319. A petição inicial *indicará*:

I – o juízo a que é dirigida (*endereçamento*);

II – os nomes, os prenomes, o estado civil, a existência de união estável, a profissão, o número de inscrição no Cadastro de Pessoas Físicas ou no Cadastro Nacional da Pessoa Jurídica, o endereço eletrônico, o domicílio e a residência do autor e do réu (*qualificação*);

III – o fato e os fundamentos jurídicos do pedido (*causa de pedir*);

IV – o pedido com as suas especificações (*pedido*);

V – o *valor da causa*;

VI – as provas com que o autor pretende demonstrar a verdade dos fatos alegados (*provas*);

VII – a opção do autor pela realização ou não de audiência de conciliação ou de mediação (*interesse na audiência inaugural*).

Em relação ao sistema anterior, destaca-se o seguinte:

✓ *deixa* de ser requisito da inicial o **requerimento de citação do réu**. Mas, claro, se o advogado quiser colocar esse requisito (especialmente para indicar a forma de citação) não haverá qualquer problema;

✓ quanto à **qualificação** das partes, o autor *deverá indicar na petição inicial mais dados*: a existência de união estável e o endereço eletrônico de autor e réu;

✓ caso não disponha dos **dados necessários para qualificar de modo completo o réu**, o autor poderá, na petição inicial, *requerer ao juiz diligências para que isso seja obtido* (CPC, art. 319, § 1º).

✓ o autor deverá indicar **se quer ou não a audiência inaugural de conciliação ou mediação**;

✓ nas hipótese de **revisão de contratos bancários** (art. 330, § 2º), há previsão específica: "Nas ações que tenham por objeto a *revisão de obrigação* decorrente de empréstimo, de financiamento ou de alienação de bens, o autor terá de, *sob pena de inépcia*, discriminar na petição inicial, dentre as obrigações contratuais, *aquelas que pretende controverter, além de quantificar o valor incontroverso do débito*". E, nesse caso, o *incontroverso terá de continuar a ser pago* (§ 3º).

O projeto aprovado pelo Congresso previa a possibilidade de **conversão de ação individual em coletiva**, quando se estivesse diante de uma demanda que pudesse ter um potencial de repetição. Porém, o dispositivo foi *vetado* (art. 333). Ainda que vetado, pode ser objeto de alguma pergunta em provas de concursos jurídicos, por isso é feita menção do tema. Apesar do veto à conversão da ação individual em coletiva, permaneceu no sistema a previsão de o **juiz poder oficiar algum ente legitimado para ajuizar ação coletiva**, quando vislumbrar *multiplicidade de causas*. A previsão está no art. 139, X, destacando ser **poder do juiz**, quando se deparar com diversas *demandas individuais repetitivas*, oficiar o *Ministério Público, a Defensoria Pública e outros legitimados* para, se for o caso, promover a propositura da ação coletiva respectiva.

Os requisitos ora analisados são previstos para a *inicial do procedimento comum*. Mas, como já dito, também se aplicam aos *demais processos e procedimentos*, com algumas diferenças.

Se a **petição inicial não trouxer algum dos requisitos**, o juiz determinará a *emenda da inicial* (CPC, arts. 317 e 321). Contudo, se o autor não proceder à emenda, haverá o *indeferimento da inicial*, com a extinção do processo sem resolução do mérito (CPC, art. 485, I). Por sua vez, **se o vício da inicial for grave** e sequer permitir a emenda, poderá o magistrado *desde logo extinguir o processo* (CPC, art. 330). Nessas situações, fala-se em **indeferimento liminar da inicial**, hipóteses em que o processo é extinto sem resolução do mérito e *sem haver a citação do réu*.

Também é possível se falar em **improcedência liminar da inicial**, situação na qual *o pedido é julgado improcedente (portanto, decisão de mérito), sem a citação do réu* (o assunto já foi tratado no item 2.2.3.2 acima).

Descabe a procedência liminar do pedido, pois é necessário o contraditório e ampla defesa do réu (porém, o sistema prevê a figura da tutela de evidência, como já enfrentado).

Considerando os diversos **requisitos da petição inicial**, na sequência será feita a análise de alguns dos requisitos com mais vagar (daqueles que não foram analisados em outros momentos).

2.3.2.1. Causa de pedir

Causa de pedir: na terminologia do CPC, *são os fatos e fundamentos jurídicos do pedido* (Por que o autor pede em juízo determinada providência?). Não basta a indicação da relação jurídica (por exemplo, locação), mas sim os *fatos* que dão base ao que se busca em juízo (como a falta de pagamento do contrato de locação, para se buscar o despejo). Essa é a chamada **teoria da substanciação**, adotada no Brasil.

Observemos que não se deve confundir **fundamentos jurídicos** (consequência jurídica pretendida pelo autor, decorrente dos fatos narrados) com **fundamentos legais** (base legal, artigos de lei).

A causa de pedir é integrada *apenas pelos fundamentos jurídicos*. Assim, ainda que a parte mencione determinados artigos na inicial, poderá o juiz julgar com base em outros dispositivos – desde que não altere os fatos ou fundamentos jurídicos levados aos autos pelo autor.

Para que haja a **alteração da causa de pedir** após o ajuizamento da inicial, deve ser observado o seguinte (CPC, art. 329):

(i) até a citação: *permitido, sem qualquer restrição*, bastando uma petição do autor;

(ii) após a citação: permitido, *desde que o réu concorde* (hipótese em que haverá possibilidade de manifestação do réu, no prazo mínimo de 15 dias, sendo possível requerimento de prova suplementar);

(iii) após o saneamento do processo: *inadmissível*.

Essa é exatamente a **mesma regra em relação à alteração do pedido** após o ajuizamento.

2.3.2.2. Pedido

Pedido: *é aquilo que o autor pede quando aciona o Judiciário*.

O **pedido deve ser certo** (art. 322) **e determinado** (art. 324).

A **certeza do pedido** diz respeito ao verbo, à *providência jurisdicional*. Ou seja, fazer menção, no pedido, a condenar, declarar ou constituir.

Ainda que a parte não peça, compreende-se no pedido (CPC, art. 322, § 1º – o que por alguns é chamado de *pedido implícito*):

(i) *juros legais*;

(ii) *correção monetária*;

(iii) verbas de *sucumbência*, ou seja, custas e honorários;

(iv) *prestações sucessivas* que se vencerem durante o processo, enquanto durar a obrigação (CPC, art. 323);

(v) *multa diária* (astreintes), na tutela específica das obrigações de fazer, não fazer ou entregar coisa (CPC, art. 536, *caput* e § 1º).

Interpretação do pedido: inovando em relação ao Código anterior (que apontava que o pedido deveria ser interpretado de forma *restritiva*), o CPC prevê que o pedido vai ser *interpretado conforme "o conjunto da postulação e observará o princípio da boa-fé"* (art. 322, § 2º). Ou seja, o juiz terá mais margem para interpretar o pedido: não só com base naquilo que estiver ao final da petição inicial, no tópico "do pedido", mas também na peça como um todo.

A **determinação do pedido** diz respeito ao complemento, ao *bem da vida*. Ou seja, ao se pedir a condenação (certeza do pedido), indicar de *quanto* se quer a condenação.

Apesar de a regra ser a determinação do pedido, o CPC admite a formulação de **pedido genérico**, em hipóteses específicas (art. 324, § 1º):

I – nas *ações universais*, se o autor não puder individuar os bens demandados (ações que envolvem *um conjunto de bens, uma universalidade*, tais como o espólio, uma biblioteca, a massa falida. Basta imaginar um filho buscando o patrimônio de um pai falecido. O autor ingressará com uma petição de herança [réus *condenados* a entregar ao autor seu quinhão – pedido certo], mas não conseguirá delimitar *o valor exato dos bens correspondentes ao seu quinhão*, pois não se sabe o *quantum debeatur*);

II – quando *não for possível determinar*, desde logo, as *consequências do ato ou do fato* (como exemplo, um acidente envolvendo a explosão de um botijão de gás em um restaurante. O cliente poderá ter de ficar meses em tratamento médico. Mesmo antes de ficar totalmente recuperado, o cliente já poderá ingressar em juízo contra o restaurante. E os danos, porém, ainda não podem ser determinados de modo definitivo);

III – quando a determinação do objeto ou do valor da condenação *depender de ato que deva ser praticado pelo réu* (o exemplo típico para esta situação é a *prestação de contas*: conforme as contas prestadas, será possível verificar se há e quanto é o valor a ser pago).

Tomando posição em relação a uma polêmica doutrinária, o CPC deixa clara a **impossibilidade de indenização por dano moral como pedido genérico**, o que era admitido pela jurisprudência do STJ no Código anterior (considerando ser uma situação em que "não era possível determinar, desde logo, as consequências" do ato ou fato, inc. II). O CPC aponta que, na demanda indenizatória, *inclusive a fundada em dano moral*, o valor da causa será a *quantia pretendida* (art. 292, V); com isso, não se mostra mais possível pleitear o dano moral sem indicar, na inicial, o valor pretendido. Porém, apesar da clareza do texto legal, há na doutrina quem discorde dessa posição (sustentando ser ainda possível o pedido genérico no dano moral), mas o STJ ainda não se manifestou acerca do tema.

O sistema admite a **cumulação de pedidos**, ou seja, a elaboração de *mais de um pedido, mesmo que não conexos, em face do mesmo réu*. Será possível a **cumulação** quando (CPC, art. 327, § 1º):

1) os pedidos forem *compatíveis*;

2) competente o *mesmo juízo*;

3) adequado o *mesmo procedimento* (ou utilização do procedimento comum, sem prejuízo do uso de "técnicas processuais diferenciadas previstas nos procedimentos especiais" para um dos pedidos cumulados, desde que não haja incompatibilidade com o procedimento comum).

A legislação permite o **pedido alternativo**, *que é aquele em que o autor formula dois pedidos para ver acolhido um, indistintamente*. Pede-se a entrega do bem comprado ou o dinheiro de volta (CPC, art. 325 – o devedor pode cumprir a prestação de mais de um modo), sem preferência por parte do autor. Se qualquer dos pedidos for acolhido, estará satisfeito o autor.

O **pedido subsidiário** se verifica quando *o autor formula um pedido principal e, somente se este não puder ser acolhido, formula um pedido subsidiário/eventual*. Pede-se o cumprimento do contrato como pedido principal e, somente se isso não for possível, pleiteia-se indenização por perdas e danos (CPC, art. 326). Aqui há, portanto, preferência por parte do autor – que somente estará totalmente satisfeito se for acolhido o pedido principal.

A doutrina também fala em **pedido sucessivo** (não previsto na legislação), quando há cumulação de pedidos, mas *o segundo pedido depende, do ponto de vista lógico, do acolhimento do primeiro*. Assim, numa investigação de paternidade cumulada com alimentos, somente após o acolhimento do pedido de reconhecimento da paternidade é que se pode cogitar de concessão do pedido de alimentos.

Em relação à **modificação do pedido**, repete-se o acima exposto quanto à causa de pedir (CPC, art. 329):

(i) até a citação: *permitido, sem qualquer restrição*, bastando uma petição do autor;

(ii) após a citação: permitido, *desde que o réu concorde* (hipótese em que haverá possibilidade de manifestação do réu, no prazo mínimo de 15 dias, sendo possível requerimento de prova suplementar);

(iii) após o saneamento do processo: *inadmissível*.

2.3.2.3. Provas

Prova: o objetivo da prova *é influir no convencimento do juiz quanto aos fatos trazidos pelas partes* (CPC, art. 369).

Cabe relembrar que, pela Constituição, *provas ilícitas são inadmissíveis* (CF, art. 5º, LVI).

O **momento principal de produção de prova oral** é a *audiência de instrução* (CPC, art. 361). Tratando-se de *documentos, já na inicial e contestação devem ser juntados*.

A regra é que *somente os fatos devem ser provados*, mas não o direito (há *exceção* prevista no CPC, art. 376: o juiz poderá determinar que a parte prove "direito municipal, estadual, estrangeiro ou consuetudinário").

Fato incontroverso (aquele que *não é objeto de impugnação pela parte contrária*) e **fato notório** (aquele que é de *conhecimento comum dos litigantes*) *independem de prova* (CPC, art. 374).

Da mesma forma, *aquilo que ordinariamente ocorre* – as chamadas **máximas de experiência** – também não precisa ser provado (CPC, art. 375). Como exemplo, a culpa num acidente de veículo, com base no que ordinariamente ocorre, é do veículo que está atrás.

O **momento de requerer a produção das provas** é na *inicial e na contestação*. O *juiz irá decidir a respeito de qual prova será produzida* no *saneamento* (CPC, art. 357, II: fixação dos pontos controvertidos a respeito dos quais haverá prova). Além disso, *cabe ao juiz deferir provas de ofício* (CPC, art. 370).

O CPC contempla previsão sobre a **prova emprestada**: o juiz *poderá admitir o uso* de prova produzida em outro processo, atribuindo-lhe o *valor que considerar adequado, observado o contraditório* (art. 372).

No CPC/1973, havia o princípio do *livre convencimento motivado* do juiz. No CPC, há o **princípio do convencimento motivado**, pois fala-se em "razões da formação" do convencimento, mas sem a menção a "livre" (art. 371): "O juiz apreciará a *prova constante dos autos*, independentemente do sujeito que a tiver promovido, e *indicará na decisão as razões da formação de seu convencimento*" (a respeito da supressão do "livre", vide item 1.3.14. acima).

Quanto ao **ônus da prova**, *em regra, é de quem alega*.

Assim, compete:

✓ **ao autor**, provar *o fato constitutivo do seu direito* (CPC, art. 373, I);

✓ **ao réu**, provar *o fato impeditivo, modificativo ou extintivo do direito do autor* (CPC, art. 373, II).

Inovação do Código é a previsão da **distribuição dinâmica do ônus da prova** (ou carga dinâmica do ônus da prova), mecanismo que já vinha sendo aplicado pela jurisprudência e debatido pela doutrina mesmo antes do CPC.

Em casos previstos em lei ou diante de peculiaridades da causa relacionadas: (i) à impossibilidade ou excessiva *dificuldade de cumprir o encargo de provar* ou (ii) à *maior facilidade de obtenção* da prova do fato contrário, *poderá o juiz atribuir o ônus da prova de modo diverso por meio de decisão fundamentada*, caso em que deverá dar à parte a oportunidade de se desincumbir do ônus que lhe foi atribuído (CPC, art. 373, § 1º).

Em linha com a carga dinâmica, vale destacar, como exemplos, nas **relações de consumo**, em que é possível a *inversão do ônus da prova*, desde que presente a hipossuficiência do consumidor ou verossimilhança da alegação (CDC, art. 6º, VIII).

Se o autor não se desvencilhar de seu ônus: *improcedência do pedido*, sendo vedada a repropositura, diante da coisa julgada que se forma (CPC, art. 487, I).

2.3.2.3.1. Meios de provas

No tocante aos **meios de prova**, o Código traz os seguintes:

(i) *ata notarial* (CPC, art. 384);

(ii) *depoimento pessoal* (CPC, art. 385);

(iii) *confissão* (CPC, art. 389);

(iv) *exibição de documento ou coisa* (CPC, art. 396);

(v) *documental* (CPC, art. 405);

(vi) *testemunhal* (CPC, art. 442);

(vii) *pericial* (CPC, art. 464); e

(viii) *inspeção judicial* (CPC, art. 481).

A seguir, segue análise dos principais aspectos de cada um dos meios de prova.

(i) ata notarial

A ata notarial é meio de prova que não existia no CPC/1973, apesar de já ser utilizado no cotidiano forense. Sua previsão é conveniente para não haver dúvidas quanto à sua utilização.

Realizada em cartório extrajudicial (e, por isso, dotada de fé pública), a ata notarial serve para a produção de prova em uma situação *em que a prova possa desaparecer* (como para provar o conteúdo de páginas da internet, que podem ser alteradas ou excluídas posteriormente; a ata certifica o que foi visualizado naquele momento em que se acessou determinada página).

A ata notarial poderá atestar ou documentar a *existência e o modo de existir de algum fato*. É possível que *imagem ou som gravados* em arquivos eletrônicos constem da ata notarial (CPC, art. 384, parágrafo único).

Começa-se a se discutir a realização de ata notarial via novas tecnologias, como no caso de *blockchain* – mas não há qualquer previsão legal acerca disso.

(ii) Depoimento pessoal

É o *interrogatório das partes*, seja o *autor ou o réu* (CPC, art. 385).

Existem *limitações ao dever de depor em juízo*, como em situações de sigilo ou autoincriminação (CPC, art. 388) – que **não se aplicam** em causas de estado e de direito de família (CPC, art. 388, parágrafo único).

O depoimento pessoal é *requerido pelo juiz ou pela parte contrária* (CPC, art. 385, *caput*). Assim, não é requerido *pelo próprio depoente*.

Pode ocorrer, no depoimento pessoal, a **pena de confesso**: se a *parte não comparecer* ou, comparecendo, *recusar-se a responder* o que lhe for perguntado, *presumir-se-ão confessados os fatos contra ela* alegados (CPC, art. 385, § 1º).

No momento da colheita da prova, *quem ainda não depôs não pode ficar na sala de audiência* ouvindo o outro depoimento pessoal (CPC, art. 385, § 2º).

A parte depoente *não pode ler suas respostas*, mas é permitido levar *breves anotações* (CPC, art. 387). A parte não presta compromisso de dizer a verdade – e, assim, não há crime se a parte mentir (não existe no Brasil o crime de perjúrio).

O depoimento pessoal da parte que residir em comarca, seção ou subseção judiciária diversa daquela onde tramita o processo poderá ser **colhido por meio de videoconferência** ou outro recurso tecnológico de transmissão de sons e imagens em tempo real, o que poderá ocorrer, inclusive, *durante a realização da audiência de instrução e julgamento* (CPC, art. 385, § 3º).

Dúvida que surgirá é se o depoimento pessoal das partes será feito **mediante reperguntas** (como no Código anterior) **ou mediante perguntas dos próprios advogados** – como é a novidade em relação à prova testemunhal (CPC, art. 459). Como não há previsão do tema na seção própria do depoimento pessoal, é de se concluir que a forma de inquirição será a mesma da prova testemunhal – ou seja, perguntas formuladas pelos advogados e não pelo juiz.

(iii) Confissão

Entende-se por **confissão** a *situação na qual a parte admite a verdade de um fato contrário ao seu interesse* (CPC, art. 389).

A confissão pode ser *judicial ou extrajudicial*.

A **confissão judicial** pode ser:

✓ *real*, ou seja, efetivamente aconteceu; ou

✓ *ficta*, quando resulta de sanção por alguma recusa da parte.

A **confissão judicial real** pode ser:

✓ *espontânea*, quando realizada *pelo próprio confitente*, sem provocação; ou

✓ *provocada*, quando obtida mediante *interrogatório*.

Assim, percebe-se que a confissão pode ocorrer por meio *documental* ou no *depoimento pessoal*.

(iv) Exibição de documento ou coisa

Pode o *juiz determinar que seja exibido determinado documento ou coisa* (CPC, arts. 396 e 401).

O destinatário da ordem pode ser:

✓ *o réu* (CPC, art. 396). Se o réu estiver com o documento/coisa e não o exibir, *admitem-se como verdadeiros os fatos que o requerente queria provar* com o que seria exibido (CPC, art. 400).

✓ *terceiro* (CPC, art. 401). Se terceiro estiver com o documento/coisa e não o exibir, o *juiz poderá determinar apreensão*, inclusive com força policial, sendo que o terceiro incorrerá no crime de desobediência (CPC, art. 403, parágrafo único).

Inova o Código ao permitir que o juiz adote medidas coercitivas (tais como multa diária) para que se obtenha o documento ou coisa (CPC, art. 400, parágrafo único) – diferentemente da jurisprudência quanto ao tema à luz do CPC/1973 (Súmula 372 do STJ).

(v) Prova documental

O **momento de produção** da prova documental é *na inicial e na contestação* (CPC, art. 434).

Fora estes momentos, só podem ser juntados (CPC, art. 435):

a) *documentos novos* (prova de fatos posteriores aos narrados à inicial);

b) documentos para *rebater documentos produzidos pela parte contrária*.

Toda vez que um *documento for juntado, a parte contrária deverá ter a oportunidade de se manifestar, em 15 dias* (CPC, art. 437, § 1º).

Se uma das partes entender que o documento é falso, deverá **arguir a falsidade** – na contestação, réplica ou em petição simples, 15 dias após a juntada do documento (CPC, art. 430).

Apresentado o documento por uma das partes, se a outra não o *impugnar no momento seguinte* (arguição de falsidade na contestação, réplica ou simples petição, como visto acima), há *preclusão* e considera-se autêntico o documento (CPC, art. 411, III).

Em relação à reprodução realizada por **foto, vídeo ou áudio**, o CPC afirma que isso é válido (art. 422). Mas trata-se de presunção relativa, pois é certo que a parte contrária pode impugnar esse documento.

Tratando-se de **foto digital ou obtida na internet**, *deverá ser apresentada a "autenticação mecânica", que deve ser interpretado como (i) o arquivo digital que traz a foto ou (ii) o arquivo e as informações da página na internet de onde essa foto foi retirada. Tratando-se de foto obtida na internet, ainda é possível se realizar a ata notarial (art. 384).*

Se a foto estiver em **jornal ou revista impressa**, *deverá ser juntado aos autos o original onde apareceu essa foto. Contudo, muitas vezes isso pode ser insuficiente para eventual perícia – e talvez seja necessária a apresentação do próprio arquivo eletrônico (existente junto à imprensa), conforme o caso concreto. E o juiz, por certo, terá poderes para isso.*

O § 3º do art. 422 destaca que o **e-mail**, *para fins de prova, equipara-se a fotografia. Assim, deverá ser juntada a "autenticação eletrônica" (arquivo eletrônico e não só a mensagem impressa, para fins de eventual perícia). Mas o dispositivo não trata da força probante do e-mail (como o CPC fez com o telegrama), mas sim dos aspectos formais para aceitação da prova. E cabe sempre lembrar que o juiz tem o convencimento motivado (art. 371).*

(vi) Prova testemunhal

É o *interrogatório de terceiros, que não são parte no processo* (CPC, art. 442).

A parte deve apresentar *rol de testemunhas* no saneamento (CPC, art. 357, §§ 4º e 5º).

Há a apresentação do rol de testemunhas para (i) permitir que haja a *intimação das testemunhas* se as partes assim requererem e (ii) para que a *parte contrária saiba*, antes da audiência, *quem são as testemunhas*.

Cada parte poderá apresentar *até 10 testemunhas*, mas o juiz pode dispensar *mais do que 3 sobre o mesmo fato* (CPC, art. 357, § 6º), sendo possível, conforme a complexidade da causa, limitar o número de testemunhas (CPC, art. 357, § 7º).

Após a apresentação do rol, só cabe a **substituição da testemunha** que (CPC, art. 451):

✓ *falecer*;

✓ por *enfermidade* não tiver condições de depor; ou

✓ que mudou de endereço e *não foi encontrada pelo oficial de justiça*.

Em regra, a **testemunha será ouvida em juízo**, perante o juiz da causa, na audiência de instrução. Porém, pode haver (i) *produção antecipada de prova* (art. 381), (ii) oitiva por *carta* (precatória, rogatória ou de ordem – art. 453, II) ou ainda, inovação do CPC, (iii) oitiva por *videoconferência* – que pode até mesmo ocorrer durante a própria audiência de instrução (art. 453, § 1º).

Inovação do CPC está no art. 455: compete ao **próprio advogado intimar a testemunha** para que compareça em juízo, e isso será feito via carta com aviso de recebimento, pelos *correios*. Se não houver o envio do AR pelo advogado e a testemunha não comparecer, presume-se sua *desistência*. Se o advogado preferir, pode apenas comunicar a testemunha por outros meios – mas, se a testemunha se ausentar, também se presume a desistência.

Contudo, ainda permanece a possibilidade de **intimação da testemunha pelo Judiciário** (CPC, § 4º do art. 455): (i) se frustrada a intimação via AR (ou se, desde logo, o juiz assim determinar), (ii) quando a testemunha for servidor público, (iii) quando a testemunha for arrolada pelo MP ou Defensoria ou (iv) quando a testemunha for autoridade.

A testemunha, *no início do depoimento*, presta o **compromisso de dizer a verdade** (CPC, art. 458), sendo que existe o *crime de falso testemunho* caso a testemunha falte com a verdade (CP, art. 342).

Quanto ao **procedimento da oitiva**, serão ouvidas primeiro as testemunhas que foram arroladas pelo *autor*, depois pelo *réu*. E uma testemunha não ouve o depoimento da outra. Porém, há inovação: é possível que o juiz, em comum acordo com as partes, *altere a ordem de oitiva das testemunhas*, qualquer que seja a ordem (CPC, art. 456, parágrafo único).

Quanto à **indagação das testemunhas**, deixa de existir o modelo das *reperguntas* (em que o advogado pergunta ao juiz, que então formula a repergunta para a testemunha) e passa o *advogado a formular as perguntas diretamente para o depoente* (CPC, art. 459). Isso já consta do art. 212 do CPP, por força de reforma de 2008.

As perguntas são inicialmente formuladas pelo advogado que arrolou a testemunha e, posteriormente, pelo outro advogado. Pode o juiz (i) formular perguntas, antes ou depois das partes e (ii) indeferir as perguntas que forem impertinentes, repetição de outra ou quiserem induzir a resposta.

Pode o juiz determinar a oitiva da **testemunha referida** (mencionada por uma das testemunhas ouvidas) ou realização de acareação entre testemunhas ou entre testemunha e parte. Inova o CPC ao esclarecer que a *acareação poderá ser feita por videoconferência*– por reperguntas do juiz e não por perguntas diretas dos advogados (art. 461).

Não podem ser testemunhas as pessoas (CPC, art. 447):

a) **incapazes**, ou seja:

✓ o *interdito* por enfermidade mental;

✓ o que, acometido por retardamento mental, ao tempo em que *ocorreram os fatos, não podia discerni-los*; ou não está habilitado a transmitir as percepções;

✓ o *menor de 16 anos*;

✓ o *cego e o surdo*, quando a *ciência do fato depender dos sentidos* que lhes faltam;

b) **impedidas**, a saber:

✓ o *cônjuge, o companheiro, o ascendente e o descendente* em qualquer grau, ou colateral, até o terceiro grau;

✓ o que é *parte* na causa;

✓ o que *intervém em nome de uma parte* (tutor, representante legal da pessoa jurídica ou o advogado que assista ou tenha assistido as partes);

c) **suspeitas**, que são:

✓ o *inimigo* da parte, ou o seu *amigo* íntimo;

✓ o que tiver *interesse no litígio*.

Se necessário, *pode o juiz ouvir essas pessoas,* mas não como testemunhas e sim como *informantes*, que não prestam compromisso (CPC, art. 447, §§ 4º e 5º).

Se o juiz aceitar ouvir uma testemunha que não deveria ser ouvida, o advogado da parte contrária poderá apresentar a **contradita**, *que é exatamente a alegação de que a testemunha é incapaz, suspeita ou impedida* (CPC, art. 457, § 1º).

(vii) **Prova pericial**

A **prova pericial** consiste em *exame, vistoria ou avaliação* (CPC, art. 464) e é utilizada *quando há a necessidade de conhecimentos técnicos a respeito de qualquer disciplina – salvo direito* (CPC, art. 464, § 1º, I).

De início, já se esclareça que há **três possibilidades de perícia** no CPC: (i) *prova técnica simplificada* (art. 464, § 2º), (ii) perícia *comum* (arts. 465 e ss.) e (iii) perícia *consensual* (art. 471).

Como já visto, houve importante **alteração quanto à escolha do perito**. Deverá o juiz escolher os peritos a partir de um *cadastro mantido pelo tribunal* (CPC, art. 156, § 1º). Somente se não houver profissional cadastrado para o local onde está a vara é que haverá livre escolha pelo juiz (§ 5º) – sempre devendo ser escolhido profissional que tenha conhecimento técnico para a perícia.

Permite o CPC a possibilidade de substituição da perícia por **prova técnica simplificada**, quando o "ponto controvertido for de menor complexidade" (art. 464, § 2º). Contudo, o Código não especifica o que seja esse ponto de menor complexidade, de modo que isso terá de ser verificado no caso concreto. Como exemplo, podemos cogitar o de um *tablet* com um problema e a verificação do que causou esse problema (defeito ou mau uso); isso, em tese, seria algo mais simples que permitiria a substituição.

A prova técnica simplificada é uma *perícia mais informal* que conta apenas com o *depoimento verbal do especialista* (esse é o termo utilizado pelo CPC, e não perito) sem a necessidade de formalizar quesitos, assistente técnico ou apresentação de laudo escrito (art. 464, § 3º). O especialista poderá realizar apresentação ao prestar os esclarecimentos ao juiz (art. 464, § 4º), sendo que sua oitiva ocorrerá na audiência de instrução ou em outra audiência designada pelo juiz especificamente para ouvi-lo.

Em situação complexa que demande conhecimentos técnicos de mais de uma área do conhecimento, pode o juiz nomear **mais de um perito** e podem as partes indicar mais de um assistente técnico (art. 475 do CPC).

Existem inovações no **procedimento da perícia**.

De início, diante da *necessidade de prova pericial*, deverá o juiz nomear um *perito especialista no objeto da perícia*, fixando prazo para apresentação do laudo (CPC, art. 465).

Após a **nomeação do perito**, as partes terão o prazo de 15 para se manifestarem, quanto (i) impedimento ou suspeição do perito, (ii) indicação de assistente técnico e (iii) apresentação de quesitos.

Após essa manifestação, será a vez do perito falar nos autos, em 5 dias, momento em que (i) formulará *proposta de honorários*, (ii) *apresentará seu currículo*, principalmente demonstrando sua especialização na área objeto da perícia e (iii) indicará seus *contatos profissionais*, inclusive correio eletrônico, para ser intimado.

A seguir, nova manifestação das partes, no prazo de 5 dias, para que digam a respeito dos honorários sugeridos pelo perito.

Com essas informações, o **juiz fixará os honorários periciais** e determinará o pagamento da quantia. A responsabilidade pelo pagamento é de *quem requereu a perícia* ou de ambas as partes (metade para cada), se (a) a prova for determinada de ofício ou (b) a perícia foi requerida pelo autor e pelo réu. Em regra, apenas após o pagamento integral dos honorários é que terá início a confecção do laudo. Inova o CPC ao permitir o **pagamento de metade antes da perícia** e a outra metade somente após a apresentação do laudo e prestados os esclarecimentos (art. 465, § 4º). Isso será requerido pelas partes e decidido pelo juiz.

Inovação quanto aos honorários periciais é a previsão de sua *redução*, pelo juiz, caso a perícia seja inconclusiva ou deficiente (art. 465, § 5º).

Se a perícia for realizada por *carta precatória*, é possível que o perito e assistentes técnicos sejam definidos apenas no juízo de destino (art. 465, § 6º). Como exemplo, a situação em que será realizada a perícia para avaliar um imóvel em Comarca distante 500 km do juízo de origem. Muito melhor, por certo, a nomeação de perito no juízo deprecado.

O **perito deve ser imparcial**, mas não os assistentes técnicos, que são de confiança das partes (CPC, art. 466). Assim, *há impedimento e suspeição para o perito*, mas não para os assistentes. Porém, isso não significa que os assistentes podem agir de má-fé, podendo ser penalizados se isso ocorrer.

Caso requerido pelas partes, admite-se que o *perito ou assistente técnico preste esclarecimentos em audiência*. Para isso, as perguntas a serem respondidas pelo perito devem ser formuladas na *forma de quesitos* (CPC, art. 477, § 3º).

Considerando o princípio do convencimento motivado, *o juiz não está vinculado ao laudo pericial* (CPC, art. 479) e pode, quando entender que a questão não está bem esclarecida, determinar a realização de *nova perícia* (CPC, art. 480).

Fundada na maior liberdade que o Código dá às partes de definirem o procedimento, existe a **perícia consensual** (CPC, art. 471).

Somente é possível o uso da perícia consensual se: (i) as partes forem *capazes* e (ii) o litígio puder ser revolvido por *acordo* entre as partes. Ao requererem essa modalidade de perícia, as partes já deverão indicar: (a) o *perito* (escolhido de comum acordo pelas partes, sem interferência do juiz), (b) os *assistentes técnicos*, (c) *data e local* da realização da perícia e (d) *quesitos* que deverão ser respondidos pelo perito. Uma vez apresentado o requerimento de perícia consensual, o juiz poderá deferir ou indeferir o pleito.

O Código é expresso ao destacar que a perícia consensual é efetiva prova pericial (art. 471, § 3º), *não sendo caso de uma perícia consensual e perícia usual* ao mesmo tempo.

Inova o CPC ao prever os **requisitos do laudo pericial** (art. 473):

a) relatório, que é a exposição do objeto da perícia,

b) fundamentação, que é composta da análise técnica do perito somada à indicação do método utilizado e justificativa de sua escolha (inclusive em relação a ser um método usualmente utilizado nessa área do conhecimento),

c) conclusão, com a resposta a todos os quesitos deferidos pelo juiz.

Concluído o laudo, o perito deverá protocolá-lo em juízo. A seguir, as *partes e assistentes técnicos poderão se manifestar no prazo comum de 15 dias*. Existindo alguma dúvida, terá o perito mais 15 dias para esclarecer os pontos levantados nas manifestações. Após os esclarecimentos periciais, se ainda existir alguma dúvida, as partes poderão requerer novos esclarecimentos (formulando novos quesitos), que serão prestados na audiência de instrução (art. 477).

(viii) Inspeção judicial

A **inspeção** é meio de prova no qual *o juiz vai ao local dos fatos inspecionar pessoas ou coisas, a fim de se esclarecer sobre determinada questão que interesse à decisão da causa* (CPC, art. 481).

A lei parte da premissa que, em determinadas hipóteses, *somente a observação pessoal é que poderá subsidiar a tomada de decisão* (CPC, art. 483). Assim, o juiz irá até onde se encontra a pessoa ou coisa.

É possível que o *juiz seja acompanhado por peritos* (CPC, art. 482) e *pelas partes* (CPC, art. 483, parágrafo único).

2.3.2.4. Citação

Citação é o *ato pelo qual o réu (ou quem está no polo passivo) é convocado para integrar a relação processual* (CPC, art. 238). Assim, uma vez realizada a citação válida do réu no processo, não haverá nova citação dessa parte, no mesmo processo. Pelo CPC, não é requisito da petição inicial (era requisito no CPC/1973).

Não se deve confundir a citação com outras figuras.

A **intimação** é o *ato pelo qual se dá ciência a alguém dos atos e termos do processo* (CPC, art. 269). Assim, tanto o réu como o autor (como terceiros) podem ser intimados diversas vezes em um processo.

Inova o CPC ao permitir que o *advogado promova a intimação do advogado da parte contrária*, enviando pelo correio, com aviso de recebimento, carta (**ofício de intimação**) *com cópia da decisão judicial a que se quer dar ciência* à parte contrária (CPC, art. 269, §§ 1º e 2º).

No mais, a **notificação** *é procedimento especial de jurisdição voluntária utilizado para manifestar qualquer intenção de modo formal* (CPC, art. 726).

Portanto, no processo civil, apenas a citação e a intimação são *formas de comunicação de ato processual*.

O CPC conhece 5 **modalidades de citação**:

(i) citação por *correio*, que é a *regra* e poderá ocorrer para qualquer comarca do país (CPC, art. 247).

O carteiro entregará ao citando carta registrada e colherá a assinatura do réu no recibo (aviso de recebimento – AR). A respeito do tema, a Súmula 429 do STJ, editada com base no sistema anterior: "A citação postal, quando autorizada por lei, exige o aviso de recebimento";

Tratando-se de **pessoa jurídica**, será válida a entrega da carta (i) a *pessoa com poderes de gerência geral* ou (ii) a *funcionário responsável pelo recebimento de correspondências* – que é o mais comum (CPC, art. 248, § 2º).

Em relação a **pessoas físicas**, inova o Código, que *não acolhe entendimento do STJ quanto ao tema*: em *condomínios edilícios* ou *loteamentos com controle de acesso*, será válida a entrega da carta a *funcionário da portaria responsável pelo recebimento de correspondência*, que poderá recusar o recebimento, se declarar, por escrito, sob as penas da lei, que o *destinatário da correspondência está ausente* (CPC, art. 248, § 4º).

(ii) citação por *oficial de justiça* ou *por mandado*, que é a forma de citação mais segura, pois realizada por servidor público que tem fé pública. Será realizada *quando a lei assim determinar* (maior segurança), por *opção do autor* ou quando *infrutífera a citação por correio* (CPC, art. 249).

São hipóteses em que a lei determina a **citação obrigatoriamente por oficial de justiça** (CPC, art. 247):

✓ ações de *estado* (principalmente estado familiar – direito de família, por ser hipótese de direito indisponível);

✓ citando pessoa *incapaz*;

✓ citando *pessoa de direito público* (Fazenda Pública);

✓ local *não atendido pela entrega domiciliar de correspondência*;

✓ quando o *autor, justificadamente, requerer de outra forma*.

Há alteração em relação ao Código anterior, com a supressão da menção ao *processo de execução*; ou seja, o CPC *permite a citação no processo de execução por correio*.

A **citação por hora certa** é *citação realizada por oficial de justiça*, mas com algumas características específicas. Quando o *oficial tiver "suspeita de ocultação" do réu* e, por **2 (duas)** vezes, não encontrá-lo em seu endereço, *informará que voltará no dia útil imediato, em hora designada, e fará a citação a qualquer pessoa da família ou, se não houver, qualquer vizinho* (CPC, art. 252) e, se o réu residir em condomínio edilício ou loteamento com controle de acesso, na pessoa do porteiro (CPC, art. 252, parágrafo único).

No dia marcado, o *oficial de justiça retornará e, caso não encontre o réu, fará a citação por hora certa*, ainda que o réu esteja se ocultando em outra cidade. A citação será considerada realizada mesmo que o terceiro se ausente ou recuse a receber a citação (CPC, art. 253, §§ 1º e 2º).

Realizada a citação por hora certa, será enviada ao réu carta, telegrama ou *e-mail* informando a realização do ato citatório (CPC, art. 254).

(iii) citação por *edital* ocorre quando (i) *desconhecido ou incerto o citando*, (ii) *ignorado*, incerto ou inacessível *o lugar onde está o citando* (CPC, art. 256).

No caso de *réu no exterior*, se o *país de destino recusar o cumprimento da rogatória*, considera-se lugar inacessível e, assim, permitida a citação por edital (CPC, art. 256, § 1º).

No caso de ser *inacessível o lugar em que se encontrar o réu*, a notícia de sua citação será divulgada também pelo *rádio*, se na comarca houver emissora (CPC, art. 256, § 2º).

O *réu será considerado em local ignorado ou incerto* se infrutíferas as tentativas de sua localização, inclusive mediante requisição pelo juízo de informações sobre seu endereço nos *cadastros de órgãos públicos ou de concessionárias de serviços públicos*, como empresas de telefonia, bancos, receita federal, justiça eleitoral (CPC, art. 256, § 3º).

A citação por edital tem os seguintes **requisitos** (CPC, art. 257):

I – a *afirmação do autor* ou a *certidão do oficial* informando a presença de uma das hipóteses que autorize essa modalidade de citação;

II – a *publicação do edital na internet*, na página do tribunal local e do CNJ, devendo isso ser certificado nos autos (*poderá o juiz determinar a publicação do edital em jornal local* ou *outros meios*, considerando as peculiaridades da comarca);

III – a determinação do *prazo* (entre 20 e 60 dias), fluindo da data da publicação única ou, havendo mais de uma, da primeira;

IV – a advertência de que será *nomeado curador especial em caso de revelia*.

Tanto a *citação por hora certa* como a *citação por edital* são, na verdade, *situações de ficção jurídica de que a citação se realizou, com a ciência do réu*. Por isso são hipóteses de **citação ficta**. Nesses casos, se o réu for revel, para garantir o contraditório, deverá ser *nomeado curador especial* (CPC, art. 72, II), isto é, ainda que sem contato como réu, um advogado apresentará contestação, buscando defender a pessoa que foi citada de forma ficta. Nesta hipótese, cabe a *contestação por negativa geral* (CPC, art. 341, parágrafo único).

Se o autor **requerer dolosamente a citação do réu por edital** (ou seja, sem que presentes suas hipóteses autorizadoras), lhe será aplicada multa de 5 vezes o salário mínimo, que reverterá para o citando (CPC, art. 258).

No mais, prevê o CPC a publicação de editais de citação nas seguintes hipóteses (art. 259):

I – na ação de *usucapião* de imóvel;

II – na ação de *recuperação ou substituição de título ao portador*;

III – em qualquer ação em que seja necessária, por determinação legal, a provocação, para participação no processo, de *interessados incertos ou desconhecidos*.

(iv) citação por *meio eletrônico*, realizada por correio eletrônico ou outra forma de comunicação eletrônica. É regulada pela Lei 11.419/2006.

Não muito utilizado no sistema anterior, o CPC busca dar grande estímulo a este meio citatório. Tanto é que determina que **todas as empresas** (salvo ME e EPP), privadas e públicas, bem como a **Fazenda Pública** (União, Estados e Municípios, além de entes da administração direta) deverão manter "*cadastro nos sistemas de processo em autos eletrônicos*, para efeito de recebimento de *citações e intimações*, as quais serão *efetuadas preferencialmente por esse meio*".

(iv) citação pelo *escrivão ou chefe de secretaria*. Pouco comum, utilizada para a hipótese em que o citando comparecer em cartório.

Os **efeitos da citação** encontram-se no CPC, art. 240:

a) induz *litispendência*;

b) torna a *coisa litigiosa*;

c) constitui *em mora o devedor*; e

d) *interrompe a prescrição*.

2.3.2.5. Valor da causa

Valor da causa: *toda* demanda cível, seja de jurisdição contenciosa ou voluntária, ação ou reconvenção, terá *valor certo da causa* (CPC, art. 291).

A *fixação* do valor da causa é realizada por dois critérios:

✓ **fixação legal ou obrigatória**: a atribuição do valor *já foi previamente definida pelo legislador*.

✓ **fixação voluntária**: como não há previsão legal para fixar o valor da causa, este será *livremente fixado a partir de uma estimativa do autor*.

As hipóteses de fixação legal estão no CPC, art. 292:

(i) na *ação de cobrança de dívida*, a soma monetariamente corrigida do principal, dos juros e de eventuais outras penalidades, até a propositura da ação;

(ii) na ação que tiver por objeto a existência, validade, cumprimento, modificação, resolução, resilição ou rescisão de *ato jurídico*, o *valor do ato ou de sua parte controvertida (*hipótese de discussão relativa a contrato);

(iii) na *ação de alimentos*, a soma de *12 prestações mensais* pedidas pelo autor;

(iv) na ação de *divisão, de demarcação e de reivindicação*, o valor de avaliação da área ou do bem objeto do pedido;

(v) na ação *indenizatória*, **inclusive a de** *dano moral*, **o valor pretendido** (portanto, pela letra da lei não **mais cabe dano moral como pedido genérico**, sem se especificar, na inicial, o valor que se quer receber – vide item 2.3.2.2.);

(vi) havendo *cumulação de pedidos*, a quantia correspondente à *soma dos valores* de todos eles;

(vii) sendo *alternativos os pedidos*, o de *maior valor*;

(viii) se houver também *pedido subsidiário*, o valor do *pedido principal*.

Quando se tratar de *relação continuativa* com *prestações vencidas e vincendas*, o valor da causa deverá *levar em conta ambas*, da seguinte forma (CPC, art. 292, §§ 1º e 2º):

✓ *soma das prestações vencidas e vincendas se a obrigação tem tempo inferior a um ano* (ex.: o contrato é de 10 meses. Há débito de 2 parcelas e ainda faltam 5. O valor da causa será a soma das 2 já vencidas mais as 5 restantes = 7 parcelas);

✓ *soma das parcelas vencidas mais 1 ano* das prestações vincendas se a *obrigação for por tempo indeterminado ou durar mais de um ano* (ex.: não foram pagas 2 prestações e ainda faltam 20; nesse caso, o valor da causa considerará as 2 vencidas mais 12 vincendas = 14 parcelas).

Também há hipótese de fixação legal em legislação extravagante. O principal exemplo é a Lei do Inquilinato (Lei 8.245/1991), que prevê, na *ação de despejo*, o valor da causa em *12 vezes o valor mensal do aluguel* (art. 58, III).

Se o **valor da causa estiver errado**, o *juiz poderá corrigi-lo de ofício* (não mais determinando que o autor emende a inicial), inclusive intimando o autor para que recolha as custas faltantes (CPC, art. 292, § 3º).

Para **impugnar o valor da causa**, há simplificação: deixa de existir a peça específica para isso e passa a ser cabível a discussão do tema em *preliminar de contestação* (CPC, art. 293).

A **importância do valor da causa** é *processual e fiscal*:

(i) no *Juizado Especial Cível* é determinante para a fixação da competência (até 40 salários mínimos) e também para a obrigatoriedade ou não de advogado (até 20 salários a própria parte é dotada de capacidade postulatória);

(ii) é base de cálculo para *multas e outras penas* impostas pelo juiz (como litigância de má-fé);

(iii) *pode ser o parâmetro para a fixação dos honorários do advogado* (CPC, art. 85, §§ 2º e 6º);

(iv) do ponto de vista fiscal, o valor da causa *é a base de cálculo para o pagamento das custas*.

2.3.3. Audiência de conciliação ou de mediação

Na mais relevante **alteração procedimental do procedimento comum**, o CPC prevê a designação de uma **audiência inaugural de conciliação ou mediação**, a ser *conduzida, onde houver, por conciliador ou mediador* (CPC, art. 334, § 1º). A respeito de quem é o conciliador ou mediador (e informações adicionais quanto à mediação e conciliação), vide item 1.4.8.

As previsões do CPC quanto ao tema, **no tocante à mediação**, terão de ser *compatibilizadas com a Lei da Mediação* (Lei 13.140/2015, lei posterior ao CPC, mas que entrou antes em vigor).

Estando *em termos a petição inicial* (observância dos requisitos acima expostos) e *não sendo caso de improcedência liminar*, o **juiz designará audiência de conciliação ou mediação** com *antecedência mínima de 30 dias*, devendo ser *citado o réu pelo menos 20 dias antes* (CPC, art. 334). Ou seja, pelo Código, é uma audiência que ocorrerá na maior parte das vezes.

É possível, se o caso concreto assim demandar, **mais de uma audiência consensual** que terá de ser realizada, no máximo, até *2 meses da data de realização da primeira* (CPC, art. 334, § 2º).

Pelo CPC, **somente não haverá a audiência de conciliação ou mediação** nas seguintes hipóteses (art. 334, § 4º):

I – se *ambas as partes manifestarem*, expressamente, *desinteresse* na composição consensual;

O *autor* deixará clara essa vontade na *petição inicial* (CPC, art. 319, VII) e o *réu*, em *petição própria para isso, 10 dias antes da audiência* (CPC, art. 334, § 5º).

II – quando *não se admitir a autocomposição* – como, por exemplo, nos casos envolvendo a Fazenda Pública em que não for possível acordo, tratando-se de direito indisponível (como uma discussão tributária ainda não pacificada na jurisprudência).

A Lei de Mediação **não prevê** *hipótese em que a audiência de mediação não ocorra*. Porém, na Lei 13.140/2015, há previsão do princípio da autonomia (art. 2º, V) – de modo que, eventualmente, será possível sustentar a não realização da audiência com base nesse princípio.

Do ponto de vista prática, diversos juízes, no Brasil inteiro, não estão designando essas audiências, muitas vezes afirmando a falta de estrutura para sua realização. Mas, frise-se, não há base legal para isso.

Em polêmica previsão, o **não comparecimento injustificado da parte à audiência conciliatória** é considerado *ato atentatório à dignidade da justiça* e sancionado com *multa de até 2% da vantagem econômica pretendida ou do valor da causa*, revertida em favor da União ou do Estado (CPC, art. 334, § 8º).

Vale destacar que essa previsão somente faz menção à *conciliação*. Além disso, na Lei de Mediação não há previsão de multa para a ausência. Resta verificar se a jurisprudência fará a distinção entre as duas figuras (audiência de conciliação e de mediação) e, especialmente, como será a interpretação relativa à multa.

As partes deverão comparecer à audiência de conciliação ou mediação **acompanhadas por advogado** (CPC, art. 334, § 9º), sendo possível a **constituição de representante**, desde que *com poderes para negociar* (CPC, art. 334, § 10).

Pelo Código, a **pauta das audiências de conciliação e mediação** será organizada de modo a respeitar o *intervalo mínimo de 20 minutos* entre o início de cada audiência (CPC, art. 334, § 12).

Será possível a realização da **audiência de conciliação ou mediação por meio eletrônico** (CPC, art. 334, § 7º).

Se houver acordo nessa audiência, será reduzido a termo e homologado por sentença (CPC, art. 334, § 11). A Lei de Mediação prevê que, se o **conflito for solucionado pela mediação antes da citação do réu**, *não serão devidas custas judiciais finais* (art. 29).

Não realizado o acordo, terá início o prazo para contestação.

2.3.4. Defesa do réu

O tema foi objeto de profundas modificações no CPC.

Antes, o réu, citado, poderia apresentar uma série de peças para se defender (exceções e impugnações). Há importante **simplificação**, sendo basicamente cabível a contestação.

2.3.4.1. Contestação

A **contestação** é a *resistência do réu ao pedido do autor*.

O réu poderá oferecer **contestação**, no **prazo de 15 dias**, *contado* a partir (CPC, art. 335):

I – da *audiência de conciliação/ mediação*, ou da última sessão de conciliação, quando qualquer parte não comparecer ou, comparecendo, não houver autocomposição;

II – do *protocolo do pedido de cancelamento da audiência de conciliação/mediação* apresentado pelo réu, quando ambas as partes tiverem manifestado desinteresse na via consensual;

III – da *juntada* aos autos do mandado ou carta de citação, nos demais casos.

Pelo **princípio da eventualidade**, *toda matéria de defesa*, ainda que contraditória, *deve ser alegada* na contestação, sob pena de *preclusão* (CPC, art. 336).

Contudo, há *exceções*. Tratando-se de *matéria de ordem pública* (como condições da ação e pressupostos processuais), cabe a alegação em momento posterior (portanto, não há preclusão – CPC, art. 485, § 3º).

Decorrente do princípio da eventualidade, há o **ônus da impugnação específica** (CPC, art. 341). Ou seja, *se determinado fato não for especificamente impugnado, presume-se que seja verdadeiro*.

Portanto, em regra, não cabe a **contestação por negativa geral** (situação em que o réu simplesmente afirma que "tudo que está na inicial não é verdadeiro", sem trazer sua versão aos fatos). A *exceção* é a contestação apresentada pelo *defensor público, advogado dativo e curador especial* (CPC, art. 341, parágrafo único).

A **defesa do réu**, na contestação, pode ser de *mérito* ou *processual*.

A **defesa de mérito** (CPC, art. 336 e 341) *impugna os fatos e é baseada na relação jurídica de direito material*.

Pode tanto ser a *resistência às alegações da inicial* (negam-se os fatos) ou a apresentação de *fato impeditivo, modificativo ou extintivo do direito do autor* (apresenta-se um fato que afasta a pretensão do autor – CPC, art. 350).

Como exemplo de **fato impeditivo**, a *incapacidade do contratante*; como exemplo de **fato modificativo**, a *compensação*, e como exemplo de **fato extintivo**, o *pagamento*.

A apresentação de *defesa de mérito busca a improcedência do pedido* (prolação de sentença em que há resolução do mérito – CPC, art. 487, I).

Já a **defesa processual** (CPC, arts. 337, 485 e 330) *impugna a relação de direito processual, ou seja, aspectos formais-burocráticos da causa* (pressupostos processuais e condições de ação). Como é *anterior ao mérito*, costuma também ser denominada **preliminar**.

A alegação de uma *defesa processual* pode acarretar:

✓ a *extinção do processo sem resolução de mérito*, desde que haja a respectiva previsão no CPC, art. 485 (ex.: litispendência: art. 337, V, c/c art. 485, V);

✓ a *possibilidade de correção da falha* (emenda) sob pena de extinção (ausência de recolhimento de custas: art. 337, XII, c/c art. 330, I);

✓ a *alteração do juízo que julgará a causa* (incompetência absoluta: art. 337, II).

Defesas processuais trazidas pelo Código, que o réu irá alegar antes de discutir o mérito (preliminarmente – CPC, art. 337):

I – *vício de citação*;

II – *incompetência absoluta e relativa* (**novidade** *no CPC, quanto à relativa*);

III – *incorreção do valor da causa* (**novidade** *no CPC*);

IV – *inépcia da inicial* (CPC, art. 330, § 1º);

V – *perempção*;

VI – *litispendência*;

VII – *coisa julgada*;

VIII – *conexão (apesar da ausência de menção na lei, também a continência – curioso que o CPC não corrigiu essa omissão)*;

IX – *incapacidade de parte, defeito de representação, falta de autorização (incapacidade: criança sem representação; defeito de representação: falta de procuração do advogado nos autos; falta de autorização: há casos em que o cônjuge precisa de autorização para litigar – CPC, art. 73)*;

IX – *convenção de arbitragem*;

XI – *ausência de legitimidade de parte ou interesse processual (no sistema anterior, falava-se em* **carência de ação***, possivelmente o termo carência seguirá sendo utilizado e pedido em provas de concursos jurídicos)*;

XII – falta de *caução* ou *prestação prevista em lei (como principal exemplo de prestação prevista em lei, a ausência de recolhimento de custas)*;

XIII – *indevida concessão de gratuidade de justiça* (**novidade** *no CPC*).

Como se percebe, *diversos argumentos de defesa já foram analisados em momentos anteriores*. Seja ao se discutir condições da ação e pressupostos processuais, seja ao se tratar das hipóteses de extinção do processo sem mérito. Isso demonstra que o processo civil é um sistema, em que *inicial, contestação e decisão estão conectadas*.

O CPC inova ao apontar preliminares que antes existiam.

Mas, o Código também muda o sistema anterior em relação à **reconvenção**. Antes, em peça apartada; agora, na própria contestação. A reconvenção é o *pedido formulado pelo réu, contra o autor, nos próprios autos do processo*.

Assim, no CPC, o réu deverá formular, *na própria contestação, pedido contra o autor* (CPC, art. 343) – bastando abrir um tópico específico para isso na peça de defesa (preliminar, mérito e reconvenção).

Oferecida a reconvenção pelo réu, o *autor será intimado*, na pessoa do seu advogado, para apresentar resposta (contestar) em 15 dias (CPC, art. 343, § 1º).

Uma vez apresentada, a reconvenção passa a ser **autônoma** *em relação à ação*; assim, a desistência ou extinção da ação não obsta o prosseguimento da reconvenção (CPC, art. 343, § 2º).

A reconvenção pode ser proposta com *litisconsórcio passivo* – contra o autor e terceiro; ou em *litisconsórcio ativo* – pelo réu e terceiro (CPC, art. 343, §§ 3º e 4º).

Apresentada a reconvenção, haverá a **anotação no distribuidor**, de modo que se saiba que o *autor é réu na reconvenção*, para fins de expedição de *certidão negativa de feitos judiciais* (CPC, art. 286, parágrafo único).

2.3.4.2. Alterações em relação ao CPC/1973

Como se percebe do tópico anterior, inúmeras são as mudanças na defesa do réu em relação ao sistema do Código anterior. A banca examinador tem feito uma série de questões em relação a esse tema. Por isso, para facilitar, este tópico é uma síntese daquilo que mudou.

Deixa de existir no CPC:

(i) a exceção de incompetência relativa: o tema passa a ser alegado em *preliminar de contestação* (CPC, art. 337, II).

(ii) a exceção de impedimento e suspeição: o tema passa a ser alegado em *petição específica para isso*, sem maiores formalidades ou necessidade de autuação em apartado (CPC, art. 146) – mas há a suspensão do processo (CPC, art. 313, III).

(iii) a ação declaratória incidental, pois a *questão prejudicial será coberta pela coisa julgada* (CPC, art. 503, § 1º).

(iv) a impugnação ao valor da causa: a matéria será *alegada na própria contestação*, em preliminar (CPC, arts. 293 e 337, III).

(v) a impugnação à justiça gratuita: a gratuidade será impugnada *nos próprios autos*, na próxima peça que a parte impugnante apresentar, após a concessão da gratuidade (CPC, art. 100).

(vi) a reconvenção como peça autônoma, que agora será apresentada como um tópico da própria contestação (CPC, art. 343);

(vii) a nomeação à autoria: Se o réu alegar, na contestação, que é *parte ilegítima* e tiver conhecimento de quem é a parte legítima, *deverá indicar isso na defesa*, sob pena de arcar com as despesas processuais e indenizar o autor pelos prejuízos (CPC, art. 339).

Por sua vez, quando houver essa **indicação do réu correto**, poderá o autor, em 15 dias, *alterar a petição inicial para promover a troca de réus* (CPC, art. 338). Nesse caso, haverá pagamento de *honorários* entre 3% e 5% do valor da causa, *em favor do advogado do réu excluído* (CPC, art. 338, parágrafo único).

2.3.4.3. Revelia

Como já visto, o princípio do contraditório pode ser traduzido em um binômio: informação e possibilidade de manifestação. Assim, é obrigatório que o réu seja citado para, querendo, contestar.

Mas, o que é obrigatório é a *oportunidade de contestar*. Portanto, para a validade do processo, *não é obrigatória a existência de contestação*.

Nesse contexto, há a **revelia**, que é a *ausência de contestação* (CPC, art. 344).

As **consequências** ou **efeitos** da revelia são:

(i) a *presunção de veracidade* dos fatos alegados pelo autor (CPC, art. 344) e

(ii) os *prazos contra o revel* sem advogado nos autos fluirão da *data de publicação da decisão no diário oficial* (CPC, art. 346 – trata-se de **inovação** do CPC o comando para se publicar).

Assim, numa investigação de paternidade, se o réu for revel, por se tratar de direito indisponível, *ainda assim haverá necessidade de dilação probatória* (DNA). E, diante de dois réus, se um contestar, *em relação à matéria que for comum à defesa dos dois*, o fato será controvertido e, portanto, haverá *necessidade de prova*.

Contudo, há *exceções* em relação aos dois efeitos da revelia:

Assim, **não haverá presunção de veracidade**, mesmo que haja ausência de contestação, se (CPC, art. 345):

I – houver *litisconsórcio passivo* e algum dos réus *contestar*;

II – o litígio versar sobre *direitos indisponíveis*;

III – a petição inicial não trouxer *instrumento que a lei considere indispensável à prova do ato*;

IV – as *alegações* de fato do autor forem *inverossímeis* ou forem *contraditórias* com a prova dos autos (**novidade** do CPC).

A partir do momento em que o revel constituir advogado, então seu *patrono será normalmente* **intimado das decisões pelo diário oficial**. Pode, a qualquer tempo, o revel nomear advogado – mas isso não importará em qualquer repetição de ato, pois o processo é recebido "no estado em que se encontrar" (CPC, art. 346, parágrafo único).

Além disso, inova o Código ao apontar que será **lícita a produção de provas pelo revel**, desde que o réu nomeie advogado a tempo de praticar os "atos processuais indispensáveis" à produção da prova (CPC, art. 349).

Assim, o réu revel tem, no CPC, muito mais direitos processuais que no Código anterior.

2.3.4.4. Síntese da defesa do réu

Em importante simplificação quanto ao que existia no CPC/1973, o réu pode, no prazo da contestação:

1) arguir o impedimento ou suspeição do juiz

2) contestar, momento em que poderá:

a) utilizar de intervenções de terceiro provocadas (denunciar da lide, chamar ao processo, requerer a desconsideração da personalidade jurídica ou o ingresso de *amicus curiae*);

b) apresentar diversas preliminares, dentre as quais a ilegitimidade, com possibilidade de *indicação do réu correto*;

c) discutir o mérito, via defesa direta ou indireta.

Dessas manifestações, apenas o impedimento ou suspeição **suspendem o processo**.

2.3.5. Providências preliminares e julgamento conforme o estado do processo

2.3.5.1. Visão geral

No procedimento comum, após a inicial e contestação, os autos voltam para o juiz verificar qual deve ser o desenrolar do processo. Conforme as alegações realizadas no processo, é possível que algumas **providências preliminares** sejam tomadas.

É o que se verifica no caso de *necessidade de produção de prova* (CPC, arts. 348 e 349) ou *contestação* que traga matéria de *mérito* (CPC, art. 350) ou *processual* (CPC, art. 351).

Assim, após a manifestação do réu em defesa, é possível que as partes sejam instadas a se manifestar a respeito da produção de provas e/ou a apresentar réplica.

Depois de cumpridas as providências preliminares, ou caso estas não sejam necessárias, então procederá o juiz ao **julgamento conforme o estado do processo** (CPC, art. 353).

Assim, antes do início da fase instrutória, o juiz deve verificar se estão presentes os requisitos para que se verifique uma dessas quatro situações: (i) *extinção do processo*, (ii) *julgamento antecipado do mérito*, (iii) *julgamento antecipado parcial do mérito* e (iv) *saneamento e organização do processo*.

2.3.5.2. Providências preliminares

Como acima exposto, são duas (no CPC/1973, havia também a previsão de ação declaratória incidental, extinta no CPC – vide item 2.3.4.2 supra):

a) especificação de provas (CPC, arts. 348 e 349). É cabível em 2 hipóteses:

(i) o juiz deve determinar a produção de provas pelo *autor* quando, apenas da *ausência de contestação*, não houver a *presunção de veracidade* e o autor ainda não tiver requerido as provas;

(ii) o juiz aceitará a produção de provas *pelo réu* que, mesmo *revel*, ingresse nos autos com advogado a tempo de realizar os atos relativos à produção de provas (como, por exemplo, apresentar rol de testemunhas tempestivamente).

Como já visto, há casos em que a ausência de contestação não acarreta a presunção de veracidade – como nos casos de *direito indisponível* (CPC, art. 345).

b) réplica (CPC, arts. 350 e 351): de modo a *garantir o contraditório*, o autor apresentará sua manifestação em relação aos argumentos e documentos apresentados pelo réu na contestação.

O prazo para réplica foi *ampliado*. Se o réu alegar *fato impeditivo, modificativo ou extintivo* do direito do autor, este será ouvido no prazo de 15 dias, permitindo-lhe o juiz a produção de prova.

Do mesmo modo, caso o *réu alegue qualquer das matérias preliminares* (previstas no art. 337), o juiz determinará a oitiva do autor no prazo de 15 dias, permitindo-lhe a produção de prova.

Vale destacar que o termo "réplica" não consta nos artigos ora analisados, apesar de aparecer em 3 dispositivos do CPC (arts. 100, 430 e 437).

Verificando a existência de **irregularidades ou de vícios sanáveis**, o juiz determinará sua correção em *prazo não superior a 30 dias* (CPC, art. 352).

2.3.5.3. Julgamento conforme o estado do processo

Findas as providências preliminares, o juiz deverá apreciar se o processo tem condições de prosseguir ou se já é possível a prolação de sentença. É o julgamento de que ora se trata.

No CPC/1973, eram 3 formas; agora, são **4**: (i) extinção do processo, (ii) julgamento antecipado do mérito, (iii) julgamento antecipado parcial do mérito (**novidade**) e (iv) saneamento e organização do processo.

a) extinção do processo (CPC, art. 354)

Se presente uma das hipóteses do art. 485 do CPC (ou seja, *defesa processual*), o magistrado proferirá *sentença terminativa* (extinção sem resolução do mérito).

Se não ocorrer nenhuma das hipóteses de sentença terminativa (CPC, art. 485), deverá o juiz analisar se está presente alguma das *hipóteses previstas no art. 487, II e III*. Se isso ocorrer, também o feito já será sentenciado – mas sentença *com resolução de mérito*.

Relembrando, as hipóteses do art. 487 em questão são as seguintes:

✓ prescrição e decadência;

✓ transação;

✓ renúncia à pretensão formulada na ação;

✓ reconhecimento da procedência do pedido.

Acerca da extinção do processo, vide também item 1.9.3. acima.

b) julgamento antecipado do mérito ou do pedido (CPC, art. 355 – no CPC/1973, julgamento antecipado da lide)

Se não for o caso de extinção (art. 354), passa o magistrado a analisar a possibilidade de **julgamento antecipado do mérito** (art. 355), que *é a decisão de mérito em que o juiz acolhe ou rejeita o pedido (CPC, art. 487, I), sem dilação probatória* (daí o "*antecipado*" do julgamento).

O **julgamento antecipado é permitido** nas seguintes hipóteses (CPC, art. 355):

(i) quando *não houver a necessidade de produção de outras provas* além das já constantes nos autos – ou seja, (a) a questão de *mérito for unicamente de direito*, ou, (b) sendo de *direito e de fato, não houver necessidade de outra prova além da documental*;

(ii) quando ocorrer *à revelia e houver presunção de veracidade*.

Assim, nessas hipóteses, sinaliza a lei que *a causa já reúne elementos suficientes para o seu julgamento*, sendo desnecessária a produção de provas;

c) julgamento antecipado parcial do mérito (CPC, art. 356 – novidade do CPC)

O CPC contempla a possibilidade de serem proferidas *decisões parciais quanto aos pedidos formulados pelo autor*, ao prever o **julgamento antecipado parcial do mérito**.

O juiz decidirá parcialmente o mérito quando um ou mais dos pedidos formulados ou parcela deles (art. 355):

I – mostrar-se *incontroverso*;

II – estiver em condições de imediato julgamento (*julgamento antecipado do mérito*, como acima analisado).

Ou seja, se houver um *pedido de dano moral cumulado com dano material*, e o juiz entender que o dano moral já tem os seus requisitos previstos sem a necessidade de prova oral, mas que o dano material demanda perícia, o juiz deverá: (i) proferir **decisão parcial quanto ao dano moral**, já julgando procedente o pedido e (ii) determinar a **instrução quanto ao dano material**. Trata-se de inovadora previsão legislativa.

Para evitar dúvidas, afirma o CPC que o **recurso** cabível da decisão que *julga parcialmente o mérito é o agravo de instrumento* (CPC, art. 356, § 5º).

A parte poderá **liquidar ou executar**, desde logo, a *obrigação reconhecida na decisão que julgar parcialmente o mérito*, independentemente de caução, *ainda que haja recurso interposto* contra ela (art. 356, § 2º). *Com o trânsito em julgado* da decisão, a execução será *definitiva* (art. 356, § 3º).

d) saneamento e organização do processo (CPC, art. 357)

O CPC busca reforçar o **saneamento do processo**, ou seja, o momento em que *o juiz "limpa" o processo das questões formais burocráticas, de modo a partir para a instrução do feito*.

Assim, *não sendo o caso* de extinção do processo ou julgamento antecipado da lide (total ou parcial), o juiz proferirá *decisão de saneamento e de organização do processo* para (CPC, art. 357):

I – resolver as *questões processuais pendentes*, se houver;

II – delimitar as *questões de fato* sobre as quais recairá a *atividade probatória*, especificando os meios de prova admitidos;

III – definir a distribuição do *ônus da prova*;

IV – delimitar as *questões de direito relevantes* para a decisão do mérito;

V – designar, se necessário, *audiência de instrução e julgamento*.

Realizado o saneamento do processo, as partes terão o direito de pedir **esclarecimentos** ou solicitar ajustes no prazo comum de *5 dias*, findo o qual a decisão se torna estável (CPC, art. 357, § 1º).

Inova o CPC ao prever que as partes poderão apresentar ao juiz, para homologação, a **delimitação consensual** sobre as *questões de fato* sobre as quais recairá a prova e as *questões de direito* relevantes para a decisão de mérito. Esse acordo, uma vez *homologado, vinculará as partes e o juiz* (CPC, art. 357, § 2º).

Outra novidade é o **saneamento compartilhado**: se a causa apresentar *complexidade* em matéria de fato ou de direito, o juiz deverá designar *audiência para que o saneamento seja feito em cooperação com as partes*. Nesse caso, o juiz convidará as partes a *esclarecer suas alegações* (CPC, art. 357, § 3º). Se essa audiência for designada, esse será o momento para se apresentar o **rol de testemunhas** (CPC, art. 357, § 5º).

Se não houver a audiência de saneamento compartilhado, mas tiver sido determinada a produção de **prova testemunhal**, o juiz fixará *prazo comum não superior a 15 dias* para que as partes apresentem **rol de testemunhas** (CPC art. 357, § 4º). O número máximo de testemunhas será 10, sendo 3, no máximo, para a prova de cada fato (CPC, art. 357, § 6º). Apesar disso, será possível a **limitação do número de testemunhas pelo juiz** levando em conta a *complexidade da causa* e dos *fatos individualmente considerados* (CPC, art. 357, § 7º).

Caso determine a produção de **prova pericial**, o juiz deverá *nomear perito* especializado no objeto da perícia, e, se possível, estabelecer, desde logo, *calendário* para sua realização (CPC, art. 357, § 8º).

Pelo CPC, as **pautas de audiência** deverão ser preparadas com *intervalo mínimo de 1 hora* entre as audiências (CPC, art. 357, § 9º).

2.3.6. Audiência de instrução

Não sendo hipótese de *julgamento antecipado da lide* e se houver *prova a ser produzida em audiência*, será designada **audiência de instrução e julgamento** (CPC, art. 358 e ss.).

No início da audiência (antes da instrução), o juiz tentará a *conciliação, mesmo que antes tenha se utilizado algum método de solução consensual* (CPC, art. 359).

Quanto ao **poder de polícia** do juiz para organizar a audiência, cabe ao magistrado (CPC, art. 360):

I – manter a *ordem* e o decoro na audiência;

II – ordenar que se *retirem da sala de audiência* os que se comportarem inconvenientemente;

III – requisitar, quando necessário, *força policial*;

IV – tratar com *urbanidade* as partes, os advogados, os membros do Ministério Público e da Defensoria Pública e qualquer pessoa que participe do processo;

V – *registrar em ata*, com exatidão, *todos os requerimentos* apresentados em audiência.

A **ordem das provas**, na audiência de instrução, é, *preferencialmente*, a seguinte (CPC, art. 361):

(i) oitiva do *perito e dos assistentes técnicos* para esclarecimentos, a partir de quesitos antes formulados (destaque-se que o laudo já terá sido elaborado previamente);

(ii) *depoimento pessoal das partes*; primeiro do autor, depois do réu (é proibido, a quem ainda não depôs, assistir ao interrogatório da outra parte – CPC, art. 385, § 2º);

(iii) oitiva de *testemunhas*; primeiro do autor, depois do réu.

Enquanto **estiver ocorrendo depoimentos** (do perito, assistentes técnicos, partes ou testemunhas), *não poderão os advogados e o Ministério Público intervir ou apartear, sem licença do juiz* (CPC, art. 361, parágrafo único).

Pode ocorrer o **adiamento da audiência** nas seguintes situações (CPC, art. 362):

(i) *convenção* das partes;

(ii) *impossibilidade de comparecer*, por *motivo justificado*, relativa a *qualquer pessoa* que dela deva necessariamente participar;

(iii) *atraso injustificado* do início da audiência, em tempo *superior a 30 minutos* do horário marcado.

Havendo **antecipação ou adiamento da audiência**, o juiz, de ofício ou a requerimento da parte, determinará a *intimação dos advogados* ou da sociedade de advogados para ciência da nova designação (CPC, art. 363).

Ao **final da audiência**, as partes apresentam *alegações finais orais*, ou por escrito (*memoriais*), em *prazo sucessivo de* 15 dias, sendo garantido o acesso aos autos *(CPC, art. 364, caput e § 2º)*.

O **prazo para a prolação de decisão** é ao *final da audiência ou 30 dias* (CPC, art. 366).

A **audiência poderá ser integralmente gravada** em imagem e em áudio, em meio digital ou analógico, desde que assegure o rápido acesso das partes e dos órgãos julgadores, observada a legislação específica. A gravação também *poderá ser realizada diretamente por qualquer das partes*, independentemente de autorização judicial (CPC, art. 367, §§ 5º e 6º).

Por fim, prevê o Código que a **audiência será pública**, ressalvadas as exceções legais de segredo de justiça (CPC, art. 368).

2.3.7. Sentença, coisa julgada e ação rescisória

2.3.7.1. Sentença

S**entença**, de maneira didática, pode ser entendida *como o ato em que juiz aprecia o pedido em 1º grau de jurisdição*. A sentença pode ser com ou sem resolução de mérito (CPC, arts. 485 e 487).

Pela redação do Código (art. 203, § 1º), sentença é "o pronunciamento por meio do qual o juiz, com fundamento nos arts. 485 e 487, põe fim à *fase cognitiva do procedimento comum*, bem como *extingue a execução*".

Porém, nos arts. 485 e 487 o CPC *não faz menção à sentença*, pois o novo sistema permite que uma *decisão interlocutória também aprecie o mérito*.

Quanto às situações de decisão com e sem mérito, o tema já foi enfrentado nos itens 2.2.3.1 e 2.2.3.2 supra.

São **elementos para a sentença**: *relatório, fundamentação e dispositivo* (CPC, art. 489).

Uma das grandes inovações – e polêmicas – do CPC é a **exigência de melhor motivação das decisões**. Diverge a doutrina quanto à conveniência do dispositivo. E, de modo geral, a magistratura critica a inovação. Trata-se de tema ligado ao princípio da fundamentação das decisões (vide item 1.3.9 acima).

Não será considerada fundamentada a *decisão* (seja interlocutória, sentença ou acórdão – e, ainda que não haja menção expressa na lei, deve-se incluir nessa relação também a decisão monocrática) que (CPC, art. 489, § 1º):

I – se *limitar a indicar*, reproduzir ou parafrasear *ato normativo*, sem explicar sua relação com a causa ou a questão decidida;

II – empregar *conceitos jurídicos indeterminados* sem explicar a causa concreta de sua incidência;

III – invocar motivos que se prestariam a *justificar qualquer outra decisão*;

IV – não enfrentar *todos os argumentos deduzidos no processo* capazes de, em tese, infirmar a conclusão adotada;

V – se limitar a *invocar precedente* ou enunciado de súmula, sem identificar seus fundamentos determinantes nem demonstrar que o caso se ajusta àqueles fundamentos;

VI – *deixar de seguir enunciado de súmula*, jurisprudência ou precedente invocado pela parte, sem demonstrar a existência de distinção no caso ou a superação do entendimento.

Além disso, no caso de **colisão entre normas**, "o juiz deve *justificar o objeto e os critérios gerais da ponderação efetuada*, enunciando as razões que autorizam a interferência na norma afastada e as premissas fáticas que fundamentam a conclusão" (CPC, art. 489, § 2º).

Se essa nova fundamentação da decisão **não for observada**, cabíveis *embargos de declaração* (CPC, art. 1.022, parágrafo único, II). Contudo, ainda que a sentença esteja com vício de fundamentação, se o processo estiver em **condições de imediato julgamento**, deverá o tribunal *desde logo decidir o mérito* – ao invés de anular a decisão e determinar a prolação de nova por parte do juiz de origem (CPC, art. 1.013, § 3º, IV).

Do ponto de vista prático, a alteração legislativa pouco alterou a realidade brasileira em relação à fundamentação; mas, como se sabe, em provas de concursos, a resposta deve ser dada de acordo com a previsão legislativa.

A sentença deve *refletir o pedido* formulado pela parte na inicial sob pena de ser *viciada* (CPC, art. 141 e 492):

✓ se o juiz conceder *além do que foi pedido* (foi pleiteado R$ 10 mil de danos e o juiz concedeu R$ 15mil), haverá julgamento *ultra petita*;

✓ se o juiz conceder algo *diferente do que foi pedido* (a parte pediu dano moral, o juiz concedeu dano material), haverá julgamento *extra petita*;

✓ se o juiz conceder *aquém do que foi pedido* (a parte formulou pedidos cumulados: danos materiais e danos morais, mas o juiz somente aprecia o dano material pleiteado), haverá julgamento *infra petita* (ou *citra petita*).

A decisão condenatória produz **hipoteca judiciária** (CPC, art. 495, § 1º), ou seja, a *possibilidade de averbar a sentença na matrícula do imóvel* – para que terceiros tenham ciência dessa situação ao eventualmente cogitar de adquirir o bem. Constituída a hipoteca, que não depende de ordem expressa do juiz, garante ao credor "o direito de preferência, quanto ao pagamento, em relação a outros credores, observada a prioridade no registro". (CPC, art. 495, § 4º). Porém, se houver *reforma ou invalidação dessa decisão*, o autor responderá, independentemente de culpa, pelos *danos* decorrentes da constituição da garantia (CPC, art. 495, § 5º).

Em relação à **tutela específica**, o CPC (art. 497 e ss.) em grande parte repete o Código anterior (art. 461 e ss.).

Assim, na ação que tenha por objeto a **prestação de fazer ou de não fazer**, o juiz concederá a *tutela específica ou determinará providências que assegurem a obtenção de tutela* pelo resultado prático equivalente (CPC, art. 497).

Na concessão da *tutela específica* destinada a inibir a prática, a reiteração ou a continuação de um *ilícito*, ou a sua remoção, é irrelevante a demonstração da ocorrência de dano ou da existência de culpa ou dolo (CPC, art. 497, parágrafo único). Ou seja, o réu não pode apontar a inexistência de culpa para não ser compelido a cumprir uma determinada prática.

Somente haverá **conversão da obrigação em perdas e danos** (CPC, art. 499) se:

(i) o *autor* assim requerer;

(ii) for *impossível a tutela específica* ou a obtenção de tutela pelo resultado prático equivalente.

Caberá **indenização por perdas e danos** independentemente da multa fixada para *compelir o réu ao cumprimento específico da obrigação* (CPC, art. 500). Logo, não há *bis in idem* na *astreinte e na indenização*, pois as naturezas são distintas.

A multa periódica (**astreinte**) *independe de requerimento da parte* e poderá ser aplicada em *qualquer momento* (na tutela provisória ou na sentença no processo de conhecimento, ou na fase de execução). A multa deve ser *suficiente e compatível* com a obrigação e que se determine prazo razoável para cumprimento do preceito (CPC, art. 537).

A *multa* poderá, de ofício ou a requerimento da parte, ser *alterada pelo juiz*, seja quanto ao valor ou periodicidade – e inclusive ser *excluída* (CPC, art. 537, § 1º). Ou seja, **não há**

preclusão quanto à multa, conforme já definido pela jurisprudência do STJ.

E essa **modificação da multa** poderá ocorrer quando (CPC, art. 537, § 1º):

I – se tornar *insuficiente ou excessiva*;

II – o obrigado demonstrou *cumprimento parcial superveniente da obrigação* ou justa causa para o descumprimento.

De modo a evitar debates jurisprudenciais, o CPC expressamente define que o **beneficiário da multa** é o *credor / exequente* (CPC, art. 537, § 2º), e não o Estado.

2.3.7.2. Coisa julgada

Coisa julgada é definida, no CPC, como a *imutabilidade e indiscutibilidade da decisão de mérito não mais sujeita a recurso* (CPC, art. 502).

Imutabilidade e indiscutibilidade não são sinônimos, mas tampouco são definidos pela lei, de modo que seus conceitos são objeto de divergência doutrinária.

Imutabilidade é a *impossibilidade de nova análise de uma lide já antes julgada e com trânsito em julgado*, o que se atinge com a *extinção do segundo processo, sem mérito*.

Já a **indiscutibilidade** é a *impossibilidade de se rediscutir, em 2ª demanda* semelhante à primeira (não idêntica, pois aí seria imutabilidade) aquilo que foi decidido com força de coisa julgada na 1ª demanda (algo que se verifica com mais frequência em relações jurídicas continuativas ou sucessivas).

Divide-se a coisa julgada em duas espécies:

▪**coisa julgada formal:** é a imutabilidade da sentença, no próprio processo em que foi prolatada, não admitindo mais reforma (atinge qualquer sentença – inclusive as sentenças terminativas, processuais). Uma vez transitada em julgado a decisão, cabe a repropositura (CPC, art. 486). Contudo, se a extinção for por litispendência, inépcia da inicial, arbitragem, falta de pressupostos processuais ou condições da ação, somente será admitida a repropositura se houver a correção do vício (CPC, art. 486, § 1º);

▪**coisa julgada material:** é a verdadeira coisa julgada, a imutabilidade e indiscutibilidade da sentença não só no processo em que foi proferida – mas também para qualquer outro processo (atinge somente as decisões com julgamento de mérito).

Muda o CPC os **limites objetivos da coisa julgada** (*qual parte* da decisão é coberta pela coisa julgada), antes, abrangendo apenas a questão principal. Agora, *há coisa julgada também quanto à resolução de questão prejudicial*, decidida *expressa e incidentemente* no processo, se:

I – dessa resolução *depender o julgamento do mérito*;

II – a seu respeito tiver havido *contraditório prévio e efetivo*, não se aplicando no caso de revelia;

III – o juízo tiver *competência em razão da matéria* e da pessoa para resolvê-la como questão principal (art. 503, § 1º).

Por isso, não há, no CPC, a previsão da *ação declaratória incidental* (CPC/1973, art. 325), que existia no sistema anterior. Mas nada impede que se formule uma ação declaratória para pleitear que a questão prejudicial seja apreciada, de modo que não existirá dúvidas quanto à formação da coisa julgada. Nesse sentido, o Enunciado 35/CJF: *Considerando os princípios do acesso à justiça e da segurança jurídica, persiste o interesse de agir na propositura de ação declaratória a respeito da questão prejudicial incidental, a ser distribuída por dependência da ação preexistente, inexistindo litispendência entre ambas as demandas (arts. 329 e 503, § 1º, do CPC).*

Não haverá a extensão da coisa julgada se no processo houver *restrições probatórias* ou *limitações à cognição* que impeçam o aprofundamento da análise da questão prejudicial (art. 503, § 2º).

Essa inovação já traz *polêmicas*.

Muda o CPC também os **limites subjetivos da coisa julgada** (*quem* é atingido pela coisa julgada). Quanto ao tema, o CPC/1973 destacou que a *coisa julgada não beneficiaria nem prejudicaria* terceiros. No CPC, afirma o art. 506 que a sentença **não prejudica** terceiros. Contudo, a parte inicial deste dispositivo destaca que a sentença "faz coisa julgada às partes entre as quais é dada". Também já debate a doutrina o real alcance dessa modificação – mesmo se algum. Resta aguardar a jurisprudência. Acerca do tema, o Enunciado 36/CJF: *O disposto no art. 506 do CPC não permite que se incluam, dentre os beneficiados pela coisa julgada, litigantes de outras demandas em que se discuta a mesma tese jurídica.*

O art. 508 do CPC traz a previsão da **eficácia preclusiva da coisa julgada** (princípio do *deduzido e dedutível*): com o trânsito em julgado "considerar-se-ão deduzidas e repelidas todas as alegações e as defesas que a parte poderia opor assim ao acolhimento como à rejeição do pedido".

Uma vez transitada em julgado a decisão e tendo esta sido coberta pela coisa julgada, há ainda possibilidade de impugnação. Trata-se da ação rescisória (CPC, art. 966).

2.3.7.3. Ação Rescisória (AR)

2.3.7.3.1. Finalidade e cabimento

A **finalidade da AR** é *rescindir decisão de mérito transitada em julgado*. Assim, trata-se de uma *revisão da coisa julgada* em hipóteses expressamente previstas na legislação.

É possível, conforme o caso, não só *a rescisão do julgado* (**juízo rescindente**), mas também que *seja proferida uma nova decisão* (**juízo rescisório**).

Decisões que podem ser impugnadas por AR:

✓ *sentença*;

✓ *decisão interlocutória*, que tenha apreciado o mérito da causa;

✓ *acórdão*, proferido por Tribunal de 2º grau ou Tribunal Superior;

✓ *decisão monocrática*, proferida por relator no Tribunal e que tenha julgado o mérito.

Percebe-se, então, que *qualquer decisão que apreciar o mérito de maneira final* poderá ser impugnada por AR. Trata-se de *inovação* em relação ao sistema anterior, o que pode ser percebido a partir do *caput* do art. 966, o qual destaca que a **decisão de mérito**, *transitada em julgado*, pode ser rescindida (no sistema anterior, falava-se em sentença e acórdão).

Cabimento da AR. As decisões que admitem **o uso da rescisória** estão especificamente previstas em lei (CPC, art. 966):

I – proferidas por *juiz corrupto (prevaricação, concussão ou corrupção)*;

II – proferidas por *juiz impedido* ou *juízo absolutamente incompetente*;

III – resultarem de *dolo ou coação da parte vencedora* ou de *colusão* entre as partes;

IV – que *ofenderem coisa julgada* anteriormente formada;

V – que *violem manifestação norma jurídica*;

VI – fundadas em *prova falsa* – seja apurada em processo crime, seja demonstrada na própria rescisória;

VII – quando o autor, após o trânsito em julgado, obtiver *prova nova*;

VIII – fundadas em *erro de fato verificável* do exame dos autos;

Quanto às hipóteses de cabimento, merece destaque o seguinte:

(i) deixa de ser cabível AR fundada na *invalidação de confissão, desistência ou transação* (art. 485, VIII, do CPC/1973). Para tentar diminuir os *debates quanto ao cabimento da AR ou da ação anulatória*, o CPC estipula que os "atos de disposição de direitos, praticados pelas partes ou por outros participantes do processo e homologados pelo juízo, bem como os atos homologatórios praticados no curso da execução, estão *sujeitos à anulação*, nos termos da lei" (art. 966, § 4º). Ou seja, utiliza-se, nesse caso, a anulatória (ajuizada em 1º grau) e não a rescisória.

(ii) admite-se **AR para impugnar decisão processual** (não de mérito) que *impeça nova propositura da demanda ou a admissibilidade de recurso* (CPC, art. 966, § 2º);

(iii) é possível a **AR fundada em um capítulo da decisão** (CPC, art. 966, § 3º).

2.3.7.3.2. Prazo

Prazo decadencial para ajuizamento da AR: *2 anos, contados do trânsito em julgado* da última decisão proferida no processo (CPC, art. 975).

A menção a "última decisão" parece adotar a jurisprudência do STJ quanto ao tema, definida antes do CPC.

Imaginemos o trânsito em julgado de um *capítulo da sentença* em 1º grau e de outro capítulo da decisão no Tribunal. Nesses casos, haveria *mais de um prazo para ajuizamento da AR*? O STJ pacificou a questão, afirmando que era *somente um prazo* e contado do *trânsito da última decisão*. A questão foi definida na Súmula 401: "O prazo decadencial da ação rescisória *só se inicia quando não for cabível qualquer recurso do último pronunciamento judicial*".

Se o dia final do prazo expirar em dia não útil (férias, recesso, feriados ou dia sem expediente forense), o prazo será prorrogado até o 1º dia útil subsequente (CPC, art. 975, § 1º), como já pacificado pelo STJ no sistema anterior.

O **termo inicial de AR fundada em prova nova** (CPC, art. 966, VII), *não será o trânsito em julgado*, mas sim a *data de "descoberta da prova nova"*. Porém, nesse caso, será observado o *prazo máximo de 5 anos*, contado do trânsito em julgado da última decisão proferida no processo (CPC, art. 975, § 2º). Portanto, o próprio Código traz uma situação de prova nova com prazo superior a 2 anos do trânsito.

Os defensores da tese da **relativização da coisa julgada** (ou coisa julgada inconstitucional) buscam desconstituir a coisa julgada mesmo após o prazo de 2 anos. Para esses, em *casos graves, situações repugnantes*, quando em jogo a *dignidade da pessoa humana*, deveria ser aceita a AR mesmo após o prazo previsto em lei.

Como exemplos:

(i) a situação em que se decidiu a investigação de paternidade quando ainda não existia o DNA. E, hoje, com esse exame, percebe-se que a decisão judicial não refletiu a realidade (a tese já foi acolhida pelo STJ e STF – neste último, com julgado com repercussão geral, RE 363.889);

(ii) os casos em que há decisão condenando a Fazenda Pública a indenizar alguém em valores elevados e, posteriormente, descobre-se que a condenação era indevida (como numa desapropriação milionária em que, depois do prazo da AR, descobre-se que a área já era do ente expropriante). Neste aspecto, segue a divergência jurisprudencial, mas há precedentes favoráveis à relativização.

Com a inovação do art. art. 975, § 2º acima analisada, resta verificar se o prazo máximo da relativização passará a ser de 5 anos – o que será definido pela jurisprudência.

2.3.7.3.3. Competência

Trata-se de ação **competência originária** *dos Tribunais*.

Se ajuizada para atacar *sentença ou decisão interlocutória*, sempre será *competente o Tribunal de 2º grau*.

Se for atacar *acórdão de Tribunal*, o *próprio Tribunal (de 2º grau ou Superior)* julgará a AR.

Porém, se *o Tribunal Superior* se limitou a *não conhecer do recurso*, daí a *competência é do Tribunal de 2º grau*.

Ou seja, tratando-se de acórdão a ser rescindido, a *competência é do último Tribunal que apreciou o mérito da causa*.

Inova o CPC ao prever que, se for **reconhecida a incompetência de determinado tribunal** para o julgamento da AR, o *autor será intimado para emendar a inicial*, adequando ao outro tribunal que se entender competente (art. 968, § 5º). A inovação é relevante para evitar que haja extinção e, assim, decadência na repropositura (o que muito ocorria no sistema anterior).

2.3.7.3.4. Petição inicial e procedimento

A **petição inicial da AR** deve observar o art. 968 c/c art. 319 do CPC e deve trazer:

✓ endereçamento (*tribunal*);

✓ partes (*partes, terceiro prejudicado ou MP* – CPC, art. 967);

✓ causa de pedir (fundada no *art. 966 do CPC*);

✓ pedido (*rescisão* [juízo rescindente] e, eventualmente, *nova decisão* [juízo rescisório] – CPC, art. 968, I);

✓ valor da causa;

✓ além de custas, deve haver recolhimento de **5% sobre o valor da causa**, que reverterá à parte ré em caso de improcedência (CPC, art. 968, II), existindo teto de *1000 salários mínimos* (CPC, art. 968, § 2º). Contudo, *não necessita ser recolhido* pela União, Estados, Municípios, autarquias e fundações ligadas a esses entes, MP, Defensoria e beneficiários da gratuidade de justiça (CPC, art. 968, § 1º).

A AR tem **procedimento especial** (CPC, art. 966 e ss.) e tem o seguinte trâmite:

Procedimento especial da AR (ressalvadas as distinções, o CPC determina a observância do procedimento comum –art. 970, parte final)
1) inicial diretamente no Tribunal;
2) citação; – cabe tutela provisória para obstar o cumprimento de sentença (CPC, art. 969).
3) contestação (prazo: 15 a 30 dias – CPC, art. 970);
4) instrução (pode ser realizada por carta de ordem para o órgão que proferiu a decisão rescindenda– CPC, art. 972);
5) após a instrução, memoriais no prazo de 10 dias, sucessivamente às partes (CPC, art. 973);
6) decisão (acórdão); – cabe, conforme o resultado da ação, embargos de declaração, REsp e RE do acórdão que julga a AR.

2.3.7.4. Liquidação de sentença

A **liquidação** se insere no *processo de conhecimento* e é a última atividade *antes que tenha início a fase de cumprimento de sentença*. É principalmente utilizada para *título executivo judicial*, mas também é possível sua utilização para o título executivo extrajudicial.

Pelo CPC, somente há **2 modalidades de liquidação**: *por arbitramento* e *pelo procedimento comum* (denominada, no sistema anterior, de liquidação por artigos).

A **liquidação por cálculo** *deixou de ser tratada como modalidade de liquidação no CPC*. Contudo, é necessária a *indicação do valor exato a ser executado* (apresentação da **memória de cálculo atualizada**) para o início do cumprimento de sentença (CPC, art. 509, § 2º). Portanto, no CPC a liquidação por cálculo não demanda um incidente prévio de liquidação, o que é necessário nas demais formas de liquidação.

A **liquidação por arbitramento** será utilizada quando "determinado pela sentença, convencionado pelas partes ou exigido pela natureza do objeto da liquidação" (CPC, art. 509, I). Será realizada por *documentos juntados pelas partes* (produzidos fora dos autos e submetidos posteriormente ao contraditório) ou, se o juiz entender insuficiente para chegar ao valor do dano, por *perícia* (CPC, art. 510). No sistema anterior, somente era admitida a perícia.

A **liquidação pelo procedimento comum** ocorrerá quando "houver *necessidade de alegar e provar fato novo*" (CPC, art. 509, II), ou seja, será possível ampla produção probatória (por documentos, testemunhas ou perícia). Nessa hipótese, discute-se um *fato novo nunca debatido no processo*.

Para diferenciar as duas liquidações: na liquidação pelo procedimento comum, como visto, o fato novo não foi debatido no processo, ao passo que na liquidação por arbitramento discute-se fato já antes debatido no processo de conhecimento – porém, à época, não houve necessidade ou conveniência de se apurar o prejuízo decorrente de tal fato.

Para exemplificar:

(i) queda de material de uma construção, atingindo pessoa que passava na rua. Pedido genérico de condenação (para pagamento de *todos* os danos decorrentes dessa situação) e sentença ilíquida. Na liquidação, pede-se o pagamento da fisioterapia. Isso não foi debatido no processo, de modo que se trata de fato novo, cabível a **liquidação pelo procedimento comum**.

(ii) queda de um poste em fazenda, matando um animal. Pedido genérico de condenação para lucros cessantes (tudo que aquele animal poderia ter produzido em vida) e sentença ilíquida. Na liquidação, aponta-se qual seria, em média, o tempo útil de vida do animal e quais seriam os valores daí decorrentes. Algo que já foi mencionado desde o início do processo, mas que antes da verificação da responsabilidade do réu, talvez não fosse conveniente fazer. No caso, **liquidação por arbitramento** – seja por documentos (laudos realizados fora dos autos) ou por perito designado pelo juiz.

3. PROCEDIMENTOS ESPECIAIS (TÍTULO III DO LIVRO I DA PARTE ESPECIAL DO CPC)

3.1. Visão geral

Como já exposto, o CPC conhece 2 processos (conhecimento e execução).

No **processo de conhecimento**, existem *dois procedimentos*: comum e especial (não mais existe a subdivisão, no procedimento comum, em rito ordinário e sumário).

O **procedimento é especial** quando apresentar *algo de distinto do procedimento comum*.

Em síntese, a divisão procedimental no processo de conhecimento é a seguinte:

(i) procedimento comum: *é a base, a tramitação que se aplica de forma subsidiária a todos os processos e procedimentos*;

(ii) procedimentos especiais: *surgem diante da impossibilidade de solução de determinados problemas pelo procedimento comum. A finalidade é adequar o procedimento ao direito material debatido.*

As diferenças dos procedimentos especiais, em relação ao procedimento paradigma (comum), são previstas em lei e podem estar nos prazos, na previsão de liminar, na modificação/concentração das fases processuais etc.

Mas é importante destacar que *não há apenas um procedimento especial*. São diversos procedimentos especiais, cada qual com alguma distinção em relação ao procedimento padrão.

Assim, diante de uma lide que deve ser solucionada via processo de conhecimento, **deve-se inicialmente verificar se existe algum procedimento especial**.

Se existir, deverá ser utilizado referido procedimento. Se não existir, parte-se para o procedimento comum.

Assim, **a escolha do procedimento é feita por exclusão**:

1º) verificar se há *procedimento especial*; se não houver, parte-se para;

2º) *procedimento comum*.

Portanto, é importante que **bem se conheça quais são os procedimentos especiais** – e são diversos. Há procedimentos especiais no CPC e também em leis extravagantes.

No CPC, há procedimentos especiais de **jurisdição contenciosa** e procedimentos especiais **de jurisdição voluntária**. Fora do CPC, diversas leis extravagantes preveem procedimentos especiais.

3.1.1. Jurisdição contenciosa e voluntária

Consoante visto desde o início, a base para que exista o processo é a lide.

Contudo, há situações nas quais, mesmo sem a lide, há necessidade de se acionar o Judiciário. Nestes casos, fala-se em *jurisdição voluntária* por oposição à *jurisdição contenciosa*.

Assim:

✓ **jurisdição contenciosa**: *existe conflito entre as partes, o Judiciário atuará para compor a lide* (refere-se a tudo o quanto já foi exposto ao longo dos capítulos);

✓ **jurisdição voluntária** ou **graciosa**: não há lide, trata-se de verdadeira *administração pública, via Judiciário, de interesses privados*.

A respeito das distinções entre jurisdição voluntária e contenciosa, cabe apresentar o seguinte quadro:

Jurisdição contenciosa	Jurisdição voluntária (CPC, art. 719)
Existe lide	Inexiste lide
Existem partes (CPC, art. 77)	Existem interessados (CPC, art. 720)
Juízo de legalidade estrita (CPC, art. 140, parágrafo único)	Juízo de equidade (CPC, art. 723, parágrafo único)

No sistema anterior, havia previsão legal no sentido de a *sentença da jurisdição voluntária não fazer coisa julgada* (CPC/1973, art. 1.111). Esse dispositivo *não foi repetido no CPC*, de modo que, como já apontado por parte da doutrina no sistema anterior, é de se concluir que a **decisão da jurisdição voluntária é coberta pela coisa julgada**, tal qual ocorre com a decisão da jurisdição contenciosa.

De qualquer forma, se houver alteração do quadro fático (modificação da causa de pedir), será possível a propositura de nova demanda – exatamente porque **não haverá a tríplice identidade** que configura a existência de demandas idênticas.

3.1.2. Procedimentos especiais no CPC

Há novidades nos procedimentos especiais, em relação ao sistema anterior.

De início, apresenta-se um panorama geral de como o tema é tratado no CPC:

Título III – Dos Procedimentos Especiais

Capítulo I – Da Ação de Consignação em Pagamento

Capítulo II – Da Ação de Exigir Contas

Capítulo III – Das Ações Possessórias

Capítulo IV – Da Ação de Divisão e da Demarcação de Terras Particulares

Capítulo V – Da Ação de Dissolução Parcial de Sociedade

Capítulo VI – Do Inventário e da Partilha

Capítulo VII – Dos Embargos de Terceiro

Capítulo VIII – Da Oposição

Capítulo IX – Da Habilitação

Capítulo X – Das Ações de Família

Capítulo XI – Da Ação Monitória

Capítulo XII – Da Homologação do Penhor Legal

Capítulo XIII – Da Regulação de Avaria Grossa

Capítulo XIV – Da Restauração de Autos

Capítulo XV – Dos Procedimentos de Jurisdição Voluntária

Seção I – Disposições Gerais

Seção II – Da Notificação e da Interpelação

Seção III – Da Alienação Judicial

Seção IV – Do Divórcio e da Separação Consensuais, da Extinção Consensual de União Estável e da Alteração do Regime de Bens do Matrimônio

Seção V – Dos Testamentos e dos Codicilos

Seção VI – Da Herança Jacente

Seção VII – Dos Bens dos Ausentes

Seção VIII – Das Coisas Vagas

Seção IX – Da Interdição

Seção X – Disposições Comuns à Tutela e à Curatela

Seção XI – Da Organização e da Fiscalização das Fundações

Seção XII – Da Ratificação dos Protestos Marítimos e dos Processos Testemunháveis Formados a Bordo

Em síntese, em relação ao sistema anterior há procedimentos especiais que foram mantidos (como possessórias e monitórias), outros que foram excluídos (como ação de depósito e ação de nunciação de obra nova) e outros incluídos (como dissolução parcial de sociedade, ações de família e procedimentos relativos ao direito marítimo).

Outra exclusão como procedimento especial que merece destaque é da **ação de usucapião** (que, portanto, passa a seguir o procedimento comum), mas que passa a ser prevista a possibilidade de **usucapião extrajudicial** (CPC, art. 1.071 – vide item 3.6 abaixo).

No mais, além dos procedimentos especiais previstos no Código, há outros previstos em legislação extravagante (como ação de alimentos, mandado de segurança e os processos coletivos de uma forma geral).

É certo que inviável a análise, nesta obra, considerando sua finalidade e por limitações de espaço, de **todos os procedimentos especiais existentes no sistema processual brasileiro.**

Assim, opta-se por apresentar aqui **os procedimentos especiais mais utilizados** e aqueles que têm a **maior probabilidade de estarem nas provas de concursos jurídicos** – considerando as *provas anteriores* e o *momento de transição* entre Códigos que vivemos.

Mas a **sugestão ao leitor** é que ao menos faça a *leitura do texto seco do CPC*, entre os arts. 539 a 770 (artigos que tratam dos procedimentos especiais no Código).

Assim, a seguir, passa-se à análise de **alguns** procedimentos especiais em espécie. Iniciando por procedimentos previstos no CPC para, a seguir, tratar de procedimentos especiais previstos em legislação extravagante.

3.2. Ações possessórias

Na legislação civil, o **possuidor** é definido como *quem "tem de fato o exercício (...) de algum dos poderes inerentes à propriedade"* (CC, art. 1.196).

Quando a *causa de pedir* de uma demanda **tiver por base a posse**, estaremos diante de uma *ação possessória*.

Quando a *causa de pedir* de uma demanda **tiver por base a propriedade**, estaremos diante de uma *ação petitória*. Dentre as petitórias, há a ação de imissão na posse e a reivindicatória (que buscam a obtenção da *posse a partir de sua propriedade*), que seguem o procedimento comum, pois não há previsão específica dessas demandas no CPC.

Assim, somente as possessórias é que têm um procedimento especial. Vale destacar que, em grande parte, há repetição do Código anterior no CPC, em relação às possessórias.

O CPC prevê **3 ações possessórias**:

(i) reintegração de posse, no caso de *esbulho* (*perda* da posse);

(ii) manutenção de posse, no caso de *turbação* (*perturbação* da posse, sem perdê-la);

(iii) interdito proibitório (*ameaça* de ser molestado na posse).

O **procedimento das possessórias é** *distinto* por que:

a) possibilidade de liminar:

Cabe *liminar na possessória* (CPC, arts. 558 e 562) na hipótese de posse nova (ou seja, de *menos de ano e um dia*). Não se trata de uma tutela provisória (CPC, art. 294), mas sim de uma liminar com requisitos distintos: *prova da posse e tempo da moléstia*;

b) fungibilidade das ações possessórias:

Em virtude do *dinamismo dos fatos* em relação à posse, mesmo se o autor ajuizar uma determinada ação e a situação for (ou se transformar) em outra, *desde que provados os fatos, deverá o juiz conceder a proteção possessória* (CPC, art. 554).

c) audiência de justificação:

Se o juiz não se convencer, pelos documentos, a respeito da *concessão ou não da liminar*, deverá ser **designada audiência de justificação** para formar a convicção (CPC, art. 562).

A **petição inicial** da possessória deve trazer a (i) posse do autor, (ii) moléstia ocorrida em relação à posse e (iii) data da turbação ou esbulho (CPC, art. 561). A inicial pode **cumular pedidos**, além da proteção da posse, (i) condenação em perdas e danos, (ii) indenização dos frutos, (iii), imposição de medida de apoio (tal como multa) para (a) evitar nova violação à posse e (b) para que haja cumprimento da tutela provisória ou final (CPC, art. 555).

Na **contestação**, pode o réu *formular pedido em face do autor*, em relação a: (i) perdas e danos e (ii) própria proteção possessória (CPC, art. 556 – o que será feito pela reconvenção, na própria contestação).

Traz o CPC novidades quanto às possessórias envolvendo **litígio coletivo pela posse** ou propriedade de imóvel.

Na possessória em que figure no **polo passivo grande número de pessoas**, serão feitas a *citação pessoal dos ocupantes* encontrados no local e a *citação por edital dos demais*, determinando-se a intimação do MP e, se envolver pessoas em situação de hipossuficiência econômica, da Defensoria Pública. Para tal citação pessoal, o oficial de justiça *procurará os ocupantes no local por uma vez*, citando-se por edital os que não forem encontrados (CPC, art. 554, § 2º). O juiz deverá determinar que se dê **ampla publicidade** da existência dessa ação e dos prazos processuais, podendo, para tanto, valer-se de *anúncios em jornal ou rádio locais*, da publicação de cartazes na região do conflito e de outros meios (CPC, art. 554, § 3º).

Além disso, quando o *esbulho ou a turbação afirmado tiver ocorrido há mais de ano e dia*, o juiz, antes de apreciar o pedido de liminar, deverá designar *audiência de mediação* a realizar-se em até 30 dias (CPC, art. 565).

Se **concedida, mas não executada a liminar** possessória no prazo de 1 ano a contar da data de distribuição, caberá ao juiz designar *audiência de mediação* com a presença do Ministério Público (CPC, art. 565, §§ 1º e 2º).

O juiz poderá comparecer à área objeto do litígio (**inspeção judicial**) quando sua *presença se fizer necessária à efetivação da tutela jurisdicional* (CPC, art. 565, § 3º). Essa prova pode ser realizada de ofício, mas também, por certo, requerida pelas (CPC, art. 481).

Os **órgãos responsáveis pela política agrária e pela política urbana** da União, Estado e Município onde se situe a área objeto do litígio, *poderão ser intimados para a audiência*, a fim de se manifestarem sobre seu interesse no processo e sobre a existência de possibilidade de solução para o conflito possessório (CPC, art. 565, § 4º).

3.3. Ação monitória

A **ação monitória** é *procedimento mais célere para os casos em que autor dispõe de prova escrita sem eficácia de título executivo, que traduza obrigação de (i) pagar quantia, (ii) entregar coisa móvel ou imóvel ou (iii) adimplir obrigação de fazer ou não fazer* (CPC, art. 700).

Assim, no CPC há ampliação do cabimento da monitória, para incluir a entrega de coisa imóvel e obrigação de fazer e não fazer.

Não é possível a utilização do processo de execução, por *falta de título executivo*, mas *já há prova escrita* de onde decorre o dever de pagar, de entregar coisa ou de obrigação de fazer.

Por **prova escrita sem eficácia de título** deve-se entender:

(i) aquele *produzido pelo réu ou que tenha sua participação*; mas "o que interessa, na monitória, é a possibilidade de formação da convicção do julgador a respeito de um crédito, e não a adequação formal da prova apresentada a um modelo predefinido" (STJ, REsp 925.584/SE, 4.ª T., j. 09.10.2012, *DJe* 07.11.2002, Informativo 506);

(ii) também a *prova oral documentada*, produzida de forma antecipada (CPC, art. 700, § 1º).

Havendo **dúvida quanto à idoneidade de prova** documental apresentada na inicial, o juiz *intimará o autor para, querendo, emendar a petição inicial*, adaptando-a ao procedimento comum (CPC, art. 700, § 5º). A inovação do CPC busca evitar que se discuta o cabimento da monitória, para se focar na análise do mérito.

Na **petição inicial** da monitória, incumbe ao autor indicar, conforme o caso (CPC, art. 700, § 2º), sob pena de indeferimento (CPC, art. 700, § 4º):

I – a *importância devida* (com *memória de cálculo*);

II – o *valor atual da coisa* reclamada;

III – o *conteúdo patrimonial em discussão* ou o proveito econômico perseguido.

Cabe **monitória contra a Fazenda Pública** (CPC, art. 700, § 6º e Súmula 339 do STJ). Sendo ré a Fazenda Pública, não apresentada defesa, serão aplicadas as *regras do reexame necessário*, observando-se a seguir, no que couber, o cumprimento de sentença (CPC, art. 701, § 4º).

Na monitória, admite-se a **citação por qualquer meio** permitido para o procedimento comum (CPC, art. 700, § 7º e Súmula 282 do STJ, especificamente quanto à permissão de citação por edital).

Na monitória **cabe a reconvenção**, mas é vedado o oferecimento de *reconvenção à reconvenção* (CPC, art. 702, § 6º e Súmula 292 do STJ).

Além disso, com base na jurisprudência do STJ (formada no sistema anterior), não é necessário, na **monitória fundada em cheque prescrito**, tratar do negócio que deu origem ao débito. Nesse sentido, *Súmula 531 do STJ*: "Em ação monitória fundada em cheque prescrito ajuizada contra o emitente, é dispensável a menção ao negócio jurídico subjacente à emissão da cártula".

Sendo evidente o direito do autor, o juiz deferirá a **expedição de mandado** de pagamento, de entrega de coisa ou para execução de obrigação de fazer ou de não fazer, concedendo ao réu *prazo de 15 dias* para o *cumprimento e o pagamento de honorários* advocatícios de *5% do valor atribuído à causa* (CPC, art. 701).

Haverá a **constituição do título executivo judicial**, independentemente de qualquer formalidade, *se não realizado o pagamento e não apresentados embargos*, observando-se, no que couber, o procedimento do cumprimento de sentença (CPC, art. 701, § 2º); verificada tal hipótese, **cabe ação rescisória** da decisão de *deferimento da expedição do mandado de pagamento* (CPC, art. 701, § 3º).

Admite-se, na ação monitória, o pedido de **parcelamento da dívida** previsto no art. 916 do CPC (art. 701, § 5º).

Os **embargos à ação monitória** (contestação da monitória) podem se fundar em *matéria passível de alegação como defesa no procedimento comum* (CPC, art. 702, § 1º).

Quando o réu alegar que o autor pleiteia quantia superior à devida, deverá declarar de imediato o valor que entende correto, apresentando demonstrativo discriminado e atualizado da dívida. Se não o fizer, os embargos serão liminarmente rejeitados, se esse for o seu único fundamento, e, se houver outro fundamento, os embargos serão processados, mas o juiz deixará de examinar a alegação de excesso (CPC, art. 702, §§ 2º e 3º).

O autor será **intimado para responder aos embargos** no prazo de *15 dias* (CPC art. 702, § 5º);

A *critério do juiz*, os **embargos serão autuados** em *apartado*, se parciais, constituindo-se de pleno direito o título executivo judicial em relação à parcela incontroversa (CPC, art. 702, § 7º).

Cabe **apelação** contra a sentença que *acolhe ou rejeita os embargos* (CPC, art. 702, § 9º).

Os embargos monitórios **somente suspendem a ação monitória até o julgamento de primeiro grau**. Daí porque pode se concluir que, de forma distinta da regra geral de duplo efeito no CPC, o *recurso de apelação da sentença da monitória será recebido sem efeito suspensivo* (CPC, art. 702, § 4º). Resta verificar se esse será mesmo o entendimento jurisprudencial.

O juiz condenará ao pagamento de **multa de até 10% sobre o valor da causa** nos seguintes casos (CPC, art. 702, § 10):

a) se o *autor propuser, indevidamente e de má-fé*, a monitória; multa em favor do réu;

b) se o réu opuser *embargos de má-fé*; multa em favor do autor.

3.4. Ações de família

O CPC cria um capítulo próprio para regular o procedimento das **ações familiares**, para as demandas contenciosas de *divórcio, separação, reconhecimento e extinção de união estável, guarda visitação e filiação*.

Em linha com o novo sistema processual, o CPC afirma que nessas ações "todos os esforços serão empregados para a solução consensual da controvérsia, devendo o juiz dispor do auxílio de profissionais de outras áreas de conhecimento para a mediação e a conciliação" (CPC, art. 694).

Cabe a **suspensão do processo** enquanto os litigantes se submetem a *mediação extrajudicial* ou *atendimento multidisciplinar* (CPC, art. 694, parágrafo único). A Lei de Mediação vai além, afirmando que a *suspensão se impõe* (Lei 13.140/2015, art. 16) e que é *irrecorrível a decisão que suspende o processo*, apesar de ser possível o deferimento de *medidas urgentes* mesmo durante a suspensão (Lei 13.140/2015, art. 16 §§ 1º e 2º).

Mas a *grande novidade procedimental quanto às ações de família* é a previsão de que a **citação do réu**, para a audiência de conciliação ou mediação, será realizada **sem cópia da petição inicial** (contrafé). O *mandado conterá apenas os dados necessários à audiência*, sendo assegurado ao réu o direito de examinar o conteúdo da inicial a qualquer tempo, em cartório (CPC, art. 695, § 1º). A Lei de Mediação **não traz previsão nesse sentido**. Há dúvidas quanto à constitucionalidade desse dispositivo. Resta verificar como será a jurisprudência.

A **citação** para a ação familiar será feita na *pessoa do réu* e deve ocorrer com *antecedência mínima de 15 dias da data da audiência* de mediação ou conciliação (CPC, art. 695, §§ 2º e 3º).

Na **audiência**, as partes devem estar acompanhadas de *advogado* (CPC, art. 695, § 4º). Na **mediação extrajudicial**, não há essa obrigatoriedade, mas é *mera opção* (Lei 13.140/2015, art. 10).

O **MP** somente intervirá quando houver *interesse de incapaz*, e deverá ser *ouvido previamente à homologação de eventual acordo* (CPC, art. 698).

Quando houver, no processo, discussão sobre fato relacionado a **abuso ou a alienação parental**, o juiz, ao tomar o depoimento do incapaz, deverá estar *acompanhado por especialista* (CPC, art. 699).

3.5. Divórcio, separação e extinção de união estável consensuais (jurisdição voluntária)

Como exemplo de jurisdição voluntária, há o **divórcio consensual**. De início, cabe recordar que, desde a EC 66/2010, a rigor, não haveria mais a necessidade de se falar em separação, visto que é possível *desde logo partir-se para o divórcio*. Contudo, o CPC optou por seguir utilizando o termo **separação consensual**.

Assim, se marido e mulher não mais querem continuar casados, se estão de acordo a respeito de bens e alimentos, ou seja, se não há nenhuma pendência, *inexiste lide*. Contudo, ainda assim há necessidade de participação estatal no divórcio.

Se não houver filhos menores (ou nascituro), será inclusive possível que se vá a um cartório extrajudicial para se proceder ao *divórcio via escritura pública*, devendo os cônjuges estar assistidos por advogado (CPC, art. 733). A escritura *independe de homologação* judicial e é título hábil para qualquer *ato de registro*, bem como para *levantamento de importância depositada em instituições financeiras* (CPC, art. 733, § 1º).

Não obstante, se assim preferirem ou **se houver filhos menores**, será realizado um divórcio consensual *perante o Judiciário* (CPC, art. 731).

A legislação prevê requisitos mínimos para a petição do divórcio e separação consensuais, que será instruída com certidão de casamento e eventual pacto antenupcial, bem como assinada por ambos os cônjuges (CPC, art. 731):

(i) a *descrição e partilha dos bens* comuns;

(ii) a *pensão alimentícia* entre os *cônjuges*;

(iii) o acordo relativo à *guarda dos filhos incapazes e visita*;

(iv) a *contribuição para criar e educar os filhos (alimentos)*.

Diante da inexistência de lide, é possível que um único advogado postule em favor de ambos os cônjuges.

Assim, mediante a *verificação dos requisitos* previstos em lei, o *juiz homologará o divórcio* e a sentença será levada aos registros civis (CPC, art. 733).

A lei processual **deixa de prever a audiência de ratificação** que constava no sistema anterior.

O **mesmo procedimento** se aplica para a *extinção de união estável consensual* (CPC, art. 732) e para *mudança de regime de bens de casamento* (CPC, art. 734).

Quanto à **alteração do regime de bens do casamento** o juiz, ao receber a petição inicial, determinará a *intimação do Ministério Público* e a *publicação de edital* que divulgue a pretendida alteração de bens, somente podendo *decidir depois de 30 dias* da publicação do edital (CPC, art. 734, § 1º). Os cônjuges podem propor ao juiz *meio alternativo de divulgação da alteração do regime de bens*, a fim de resguardar direitos de terceiros (CPC, art. 734, § 2º).

3.6. Ação de usucapião

A **usucapião** *é uma das formas de aquisição originária da propriedade, quando há o exercício da posse por determinado tempo* (CC, arts. 1.238 a 1.244).

Para que seja reconhecida a usucapião, é necessária a conjugação de 4 elementos:

(i) *posse ininterrupta*, isto é, a posse vem sendo exercida ao longo dos anos sem que tenha ocorrido sua perda em algum momento (admite-se a soma das posses dos antecessores com a finalidade de obter o tempo exigido pela lei);

(ii) *posse incontestada*, que implica o exercício pacífico da posse, sem oposição;

(iii) o possuidor esteja com *ânimo de dono*, exteriorizando atos condizentes à figura do proprietário;

(iv) o *decurso do tempo* exigido em lei.

a) Espécies de usucapião:

(i) extraordinária (CC, art. 1.238): independe de título ou de boa-fé, basta o exercício manso, pacífico e ininterrupto da posse por 15 (quinze) anos (CC, art. 1.238, parágrafo único. O prazo será de dez anos se o possuidor houver estabelecido no imóvel a sua moradia habitual, ou nele realizado obras ou serviços de caráter produtivo);

(ii) ordinária (CC, art. 1.242): depende de justo título e boa-fé, quando o possuidor estabeleceu sua moradia habitual ou realize serviços de caráter produtivo, pelo prazo de 10 (dez) anos (CC, art. 1.242, parágrafo único. O prazo para a aquisição será de cinco anos quando o imóvel for adquirido onerosamente, com base no registro em cartório, cancelado posteriormente, desde que o possuidor tenha estabelecido moradia);

(iii) especial rural (CC, art. 1.239): o prazo é de 5 (cinco) anos quando o possuidor morar no imóvel rural ou o utilizar para a produção de seu trabalho, não possuir outro imóvel em seu nome e a área não exceda a 50 hectares;

(iv) especial urbana (CC, art. 1.240): o prazo é 5 (cinco) anos, para área de até 250 metros quadrados, desde que o possuidor não seja proprietário de outro imóvel e utilize para moradia;

(v) coletivo (Lei 10.257/2001, art. 10 – Estatuto da Cidade): o prazo para aquisição da propriedade coletiva é de 5 (cinco) nos casos em que a área, com mais de 250 metros quadrados, esteja ocupada por população de baixa renda com destinação para moradia, não sendo possível identificar os terrenos ocupados por cada família e não havendo proprietários de outros imóveis;

(vi) familiar (CC, art. 1.240-A): o prazo para o ex--cônjuge ou companheiro adquirir a propriedade do imóvel urbano, de até 250 metros quadrados, que dividia com o parceiro até o abandono, é de 2 (dois) anos, desde que permaneça utilizando o imóvel para moradia, ininterruptamente e sem oposição.

Havia previsão de procedimento especial no CPC/1973 para a ação de usucapião. Porém, isso não foi repetido no CPC. Logo, o procedimento passa a ser o comum.

Porém, ainda que o procedimento seja o comum, há algumas especificidades no procedimento da ação de usucapião, como por exemplo a publicação de edital, para que terceiros eventualmente tenham ciência da existência desse processo (art. 259, I) – exatamente como o procedimento especial antes existente previa.

Contudo, há importante inovação, não no âmbito judicial, mas no extrajudicial.

O art. 1.071 do CPC **altera a Lei de Registros Públicos** (Lei 6.015/1973), para inserir o art. 216-A, que trata da **usucapião extrajudicial** (a Lei 11.977/2009 já trazia a possibilidade de usucapião reconhecida em cartório, no caso do art. 183 da CF).

Assim, agora há **opção** entre o pedido extrajudicial de usucapião e via jurisdicional. Pode a parte optar por formular o pedido **diretamente no cartório do registro de imóveis da comarca em que se situa o imóvel** usucapiendo. Não há menção a tamanho ou utilização do imóvel.

O interessado deverá apresentar **requerimento** ao cartório competente, instruindo-o com *diversos documentos*: (i) *ata notarial* atestando o tempo de posse, (ii) *planta e memorial descritivo* assinado por profissional legalmente habilitado, (iii) *certidões negativas* dos distribuidores da comarca da situação do imóvel e do domicílio do requerente, (iii) justo título ou outros documentos que demonstrem *origem da posse*, continuidade, natureza e tempo, tais como o pagamento dos impostos e taxas incidentes sobre o imóvel.

Se a planta (item ii acima) não tiver a assinatura de qualquer um dos titulares de direitos registrados ou averbados na matrícula do imóvel usucapiendo ou na matrícula dos imóveis confinantes, o titular será notificado pelo registrador competente, pessoalmente ou pelo correio com aviso de recebimento. Feita a notificação, o titular terá o prazo de 15 dias para manifestar consentimento expresso, interpretado o **silêncio como concordância** (art. 216-A, § 2º importante *novidade* inserida pela Lei 13.465/2017).

O oficial de registro de imóveis dará **ciência** à União, ao Estado, ao Município, para que se manifestem, em quinze dias, sobre o pedido; tal comunicação será feita pessoalmente, pelo oficial de registro de títulos e documentos, ou por correio, com aviso de recebimento (art. 216-A, § 3º).

Para que **terceiros interessados tenham ciência** e possam se manifestar em até 15 dias, o oficial de registro de imóveis promoverá a *publicação de edital em jornal de grande circulação*, onde houver (art. 216-A, § 4º).

Se não houver impugnações, estando a documentação em ordem, não havendo pendência de diligências e constando a concordância expressa dos titulares de direitos reais e de outros direitos registrados ou averbados na matrícula do imóvel e na matrícula dos imóveis confinantes, o *oficial de registro de imóveis registrará a aquisição do imóvel com as descrições apresentadas*, sendo permitida a abertura de matrícula, se for o caso (art. 216-A, § 6º).

Se o **pedido extrajudicial for rejeitado**, isso *não impedirá o ajuizamento de ação de usucapião* (art. 216-A, § 9º).

3.7. Ação de exigir contas

No Código anterior havia a "ação de prestação de contas", que poderia ser proposta tanto por quem poderia exigir como por quem deveria prestar as contas. No CPC, **deixa de existir** procedimento especial *para quem pretende prestar as contas*. Por isso a nova legislação altera o nome para "**ação de exigir contas**".

Quem afirmar ser titular do direito de exigir contas requererá a citação do réu para que as *preste ou ofereça contestação no prazo de 15 dias* (CPC, art. 550).

Se as *contas forem prestadas*, o autor terá também 15 dias para se manifestar (CPC, art. 550, § 2º).

Na **petição inicial**, o autor especificará as *razões pelas quais exige as contas*, instruindo a peça com *documentos comprobatórios dessa necessidade*, se existirem.

A **impugnação das contas** apresentadas pelo réu deverá ser fundamentada e *especificar o lançamento questionado* (CPC, art. 550, caput e § 3º).

A decisão que julgar **procedente o pedido** condenará o réu a *prestar as contas no prazo de 15 dias*, sob pena de não lhe ser lícito impugnar as que o autor apresentar (art. 550, § 5º).

Apresentando o réu as contas, o feito terá prosseguimento. **Se o réu não fizer isso**, o *autor as apresentará* no prazo de 15 dias, podendo o juiz determinar a realização de exame pericial, se necessário (CPC, art. 550, § 6º).

As contas do réu serão **apresentadas na forma adequada**, especificando-se as *receitas*, a aplicação das *despesas* e os investimentos, se houver (CPC, art. 551).

Se o autor apresentar impugnação específica e fundamentada, o juiz estabelecerá prazo razoável para que o réu apresente os documentos justificativos dos lançamentos individualmente impugnados (art. 550, § 1º).

3.8. Ação de divisão e demarcação de terras particulares

Em grande parte, houve repetição do procedimento da ação divisória e demarcatória.

Merecem destaque as seguintes **modificações**:

✓ retiradas as regras relativas ao *trabalho de campo dos técnicos*.

✓ possibilidade de realização da *divisão e demarcação por escritura pública*, desde que todos os interessados sejam maiores, capazes e estejam de acordo (CPC, art. 571).

✓ tratando-se de imóvel georreferenciado, com averbação no registro de imóveis, pode o juiz *dispensar a realização de prova pericial* (CPC, art. 573).

A **ação demarcatória pode ser cumulada com reintegração de posse**, porque, além de julgar procedente o pedido determinando o traçado da linha demarcanda, a sentença proferida na ação demarcatória *determinará a restituição da área invadida*, se houver, declarando o domínio ou a posse do prejudicado, ou ambos (CPC, art. 581, parágrafo único).

A **citação** dos réus será feita por *correio*, mas também há previsão de *publicação por edital* (CPC, art. 576).

Quanto à **prova**, antes de proferir a sentença, o *juiz nomeará um ou mais peritos* para levantar o traçado da linha demarcanda (CPC, art. 579).

Na **ação de divisão**, o juiz nomeará *um ou mais peritos para promover a medição do imóvel* e as operações de divisão deverão observar a legislação especial que dispõe sobre a identificação do imóvel rural (CPC, art. 590). O **perito** deverá indicar *diversas informações* (as vias de comunicação existentes, as construções e as benfeitorias, com a indicação dos seus valores e dos respectivos proprietários e ocupantes, as águas principais que banham o imóvel e quaisquer outras informações que possam concorrer para facilitar a partilha – CPC, art. 590, parágrafo único).

As partes serão ouvidas sobre o cálculo e o plano da divisão no **prazo comum** de *15 dias*. Após, o juiz deliberará a partilha (CPC, art. 596).

3.9. Da ação de dissolução parcial de sociedade

Inova o CPC ao regular procedimento para **dissolução parcial de sociedade**.

A ação de dissolução parcial de sociedade pode ter por **pedido** (CPC, art. 599):

I – a *resolução da sociedade* empresária contratual ou simples em relação ao sócio falecido, excluído ou que exerceu direito de retirada ou recesso; **e**

II – a *apuração de haveres do sócio falecido*, excluído ou que exerceu direito de retirada ou recesso; **ou**

III – *somente a resolução ou a apuração de haveres*.

A ação pode ter por objeto também a *sociedade anônima de capital fechado* quando demonstrado, por acionista(s) que representem 5% ou mais do capital social, que não pode preencher o seu fim (CPC, art. 599, § 2º).

Em relação à **legitimidade**, a ação de dissolução parcial de sociedade pode ser proposta (CPC, art. 600):

I – pelo *espólio do sócio falecido*, quando a totalidade dos sucessores não ingressar na sociedade;

II – pelos *sucessores*, após concluída a partilha do sócio falecido;

III – pela *sociedade*, se os sócios sobreviventes não admitirem o ingresso do espólio ou dos sucessores do falecido na sociedade, quando esse direito decorrer do contrato social;

IV – pelo *sócio que exerceu o direito de retirada ou recesso*, se não tiver sido providenciada, pelos demais sócios, a alteração contratual consensual formalizando o desligamento, depois de transcorridos 10 dias do exercício do direito;

V – pela *sociedade*, nos casos em que a lei não autoriza a exclusão extrajudicial;

VI – pelo *sócio excluído*.

Também o *cônjuge ou companheiro do sócio* cujo casamento, união estável ou convivência terminou poderá requerer a apuração de seus haveres na sociedade, que serão pagos à conta da quota social titulada por este sócio (CPC, art. 600, parágrafo único).

Quanto ao **procedimento**, os sócios e a sociedade serão citados para, *no prazo de 15 dias, concordar com o pedido ou apresentar contestação* (CPC, art. 601). Em interessante inovação, afirma o CPC que a **sociedade não precisa ser citada** se *todos os seus sócios forem citados*; mas, ainda assim, ficará *sujeita aos efeitos da decisão e à coisa julgada* (CPC, art. 601, parágrafo único).

Em síntese, o pedido da ação poderá compreender (i) *dissolução parcial* da sociedade, (ii) *apuração de haveres* e (iii) pedido de *indenização compensável com o valor dos haveres* a apurar (CPC, art. 602).

Se houver manifestação expressa e unânime pela **concordância da dissolução**, o juiz a *decretará*, passando-se imediatamente à fase de *liquidação* (CPC, art. 603). Nesse caso, *não haverá condenação em honorários advocatícios* de nenhuma das partes, e as custas serão rateadas segundo a participação das partes no capital social (CPC, art. 603, § 1º).

Se houver **contestação**, observar-se-á o *procedimento comum*, mas a liquidação da sentença seguirá o procedimento especial ora em análise (CPC, art. 603, § 2º).

Em relação à **apuração dos haveres** (ou seja, o valor que terá de ser recebido pelo sócio que deixa a sociedade), o juiz (CPC, art. 604):

I – fixará a *data da resolução* da sociedade;

II – definirá o *critério de apuração dos haveres*, a partir do disposto no contrato social;

III – nomeará o *perito*.

O juiz determinará à sociedade ou aos sócios que nela permanecerem que *deposite em juízo a parte incontroversa dos haveres devidos*, sendo que o depósito poderá ser *desde logo levantando* pelo ex-sócio, espólio ou sucessores (CPC, art. 604, §§ 1º e 2º).

Quanto à **data da resolução da sociedade**, esta será (CPC, art. 605):

I – no caso de *falecimento* do sócio, a do *óbito*;

II – na *retirada imotivada*, o *sexagésimo dia seguinte ao do recebimento*, pela sociedade, da *notificação do sócio retirante*;

III – no *recesso*, o dia do recebimento, pela sociedade, da *notificação do sócio dissidente*;

IV – na *retirada por justa causa* de sociedade por prazo determinado e na exclusão judicial de sócio, a do *trânsito em julgado da decisão que dissolver a sociedade*; e

V – na *exclusão extrajudicial*, a data da assembleia ou da reunião de sócios que *a tiver deliberado*.

Se o contrato social for omisso, o juiz definirá, como critério de apuração de haveres, o *valor patrimonial apurado em balanço* de determinação, tomando-se por referência a *data da resolução* e avaliando-se bens e direitos do ativo, tangíveis e intangíveis, a preço de saída, além do passivo também a ser apurado de igual forma (CPC, art. 606). Em todos os casos em que seja necessária a realização de perícia, a nomeação do perito recairá preferencialmente sobre especialista em avaliação de sociedades (CPC, art. 606, parágrafo único).

A *data da resolução e o critério de apuração* de haveres podem ser *revistos pelo juiz*, a pedido da parte, a qualquer tempo antes do início da perícia (CPC, art. 607).

Até a data da resolução, integram o *valor devido* ao ex-sócio, ao espólio ou aos sucessores a *participação nos lucros ou os juros sobre o capital próprio* declarados pela sociedade e, se for o caso, a remuneração como administrador (CPC, art. 608) porém, *após a data da resolução*, o ex-sócio, o espólio ou os sucessores terão direito apenas à *correção monetária* dos valores apurados e aos *juros contratuais ou legais* (CPC, art. 608, parágrafo único).

Uma vez apurados, os haveres do sócio retirante serão *pagos conforme disciplinar o contrato social* e, no caso de omissão do contrato social, conforme § 2º do art. 1.031 do CC (CPC, art. 609).

3.10. Da Oposição

Como já exposto, no CPC/1973 a oposição era intervenção de terceiros (vide 1.5.2.1.). Inova o CPC ao classificá-la como procedimento especial.

Apesar dessa modificação topológica, seu **cabimento** segue o mesmo previsto no sistema anterior: *quem pretender*, no todo ou em parte, *a coisa ou o direito sobre que controvertem autor e réu* poderá, até ser proferida a sentença, *oferecer oposição* contra ambos (CPC, art. 682).

Como grande exemplo, uma situação em que A e B litigam afirmando que são titulares de determino bem imóvel; se C entende que ele é o efetivo titular, ingressa com a oposição contra A e B, em litisconsórcio passivo necessário. Assim, o **opoente litiga contra todos**.

O **procedimento** também não sofreu alterações em relação ao sistema anterior:

√ a oposição deve seguir os requisitos de uma petição inicial – que é, pois se trata de ação (CPC, art. 683);

√ a oposição será *distribuída por dependência*;

√ os opostos serão *citados pessoa de seus advogados*, para contestar em 15 dias (CPC, art. 683, parágrafo único).

✓ a oposição será *apensada aos autos* e tramitará *simultaneamente* à ação originária, sendo ambas julgadas pela mesma sentença (CPC, art. 685);

✓ se a oposição for proposta *após o início da audiência de instrução*, o juiz suspenderá o curso do processo ao fim da produção das provas, salvo se concluir que a unidade da instrução atende melhor ao princípio da duração razoável do processo (CPC, art. 685, parágrafo único).

O juiz, ao sentenciar, se for o caso de julgar ambas ações ao mesmo tempo, apreciará *inicialmente a oposição* – que é prejudicial em relação ao pedido original, constante da ação (CPC, art. 686). Afinal, retomando o exemplo anterior, se o juiz reconhecer que o oponente C é o titular do bem imóvel, por óbvio que prejudicado o pedido de A contra B quanto à titularidade do mesmo bem.

A oposição é tema bastante pedido nas provas de concursos, especialmente junto com intervenções de terceiro.

3.11. Dos procedimentos de Direito Marítimo

O CPC/1973 não tratava do Direito Marítimo. O CPC tem uma série de dispositivos a respeito do tema (inclusive um objeto de veto). O tribunal marítimo não é órgão jurisdicional, mas sua atuação passa a ser chancelada pelo CPC, nos 2 procedimentos ora analisados – um deles de jurisdição contenciosa (há lide); outro de jurisdição voluntária (sem lide). Considerando a sua atuação limitada, resta verificar o quanto as bancas de concursos indagarão a respeito do tema; por óbvio que é muito mais plausível uma questão a respeito do tema em Estado que seja banhado pelo mar (especialmente o RJ, onde é a sede do Tribunal Marítimo) do que em Estado que não tem mar, como MG.

3.11.1. Regulação de Avaria Grossa (jurisdição contenciosa)

O procedimento se refere a situações envolvendo *acidente de navios*.

A maior parte dos problemas relativos a acidentes de navios é resolvida consensualmente. Porém, se houver uma situação *sem acordo*, cabível a *regulação da avaria grossa*.

Assim, quando *inexistir consenso* acerca da nomeação de um regulador de avarias, o juiz de direito da **comarca do primeiro porto onde o navio houver chegado**, provocado por *qualquer parte interessada*, nomeará um *regular de notório conhecimento* (CPC, art. 707).

O regulador declarará justificadamente se os *danos são passíveis de rateio* na forma de avaria grossa e exigirá das partes envolvidas a apresentação de garantias idôneas para que possam ser *liberadas as cargas* aos consignatários (CPC, art. 708).

As partes deverão apresentar nos autos os *documentos necessários à regulação da avaria grossa* em prazo razoável a ser fixado pelo regulador (CPC, art. 709).

Oferecido o regulamento da avaria grossa, dele terão *vista as partes pelo prazo comum de 15 dias*, e, não havendo impugnação, o regulamento será *homologado por sentença* (CPC, art. 710, § 1º). Se houver impugnação ao regulamento, o juiz *decidirá no prazo de 10 dias*, após a oitiva do regulador (CPC, art. 710, § 2º).

3.11.2. Da ratificação dos protestos marítimos e dos processos testemunháveis formados a bordo (jurisdição voluntária)

Outra inovação relativa ao Direito Marítimo é a ratificação dos protestos marítimos e dos processos testemunháveis formados a bordo (*lançamentos de informações realizadas no livro marítimo denominado "Diário da Navegação"*).

Todos os protestos e os processos testemunháveis formados a bordo e lançados no livro Diário da Navegação *deverão ser apresentados pelo comandante ao juiz de direito do primeiro porto, nas primeiras 24 horas de chegada da embarcação, para sua ratificação* judicial (CPC, art. 766).

A petição inicial conterá a *transcrição dos termos lançados no livro Diário da Navegação* e deverá ser instruída com cópias das páginas que contenham os termos que serão ratificados, dos documentos de identificação do comandante e das testemunhas arroladas, do rol de tripulantes, do documento de registro da embarcação e, quando for o caso, do manifesto das cargas sinistradas e a qualificação de seus consignatários, traduzidos, quando for o caso, de forma livre para o português (CPC, art. 767).

A petição inicial deverá ser *distribuída com urgência* e encaminhada ao juiz, que ouvirá, sob compromisso a ser prestado no mesmo dia, *o comandante e as testemunhas* em número mínimo de 2 e máximo de 4, que deverão comparecer ao ato independentemente de intimação (CPC, art. 768).

Aberta a audiência, o juiz mandará apregoar os consignatários das cargas indicados na petição inicial e outros eventuais interessados, nomeando para os ausentes curador para o ato (CPC, art. 769).

Inquiridos o comandante e as testemunhas, o juiz, convencido da veracidade dos termos lançados no Diário da Navegação, em audiência, *ratificará por sentença o protesto ou o processo testemunhável* lavrado a bordo, dispensado o relatório (CPC, art. 770). Independentemente do trânsito em julgado, o juiz determinará a *entrega dos autos ao autor* ou ao seu advogado, mediante a apresentação de traslado (CPC, art. 770, parágrafo único).

3.12. Mandado de segurança individual

A partir deste tópico, passa-se à análise de alguns procedimentos especiais previstos fora do CPC.

O **mandado de segurança** *é o instrumento adequado para proteger direito líquido e certo não amparado por* habeas corpus *ou* habeas data, *quando o responsável pela ilegalidade ou abuso de poder for autoridade pública ou agente de pessoa jurídica no exercício de atribuições do Poder Público* (Lei 12.016/2009, art. 1º).

O direito líquido é certo é aquele que independe de outra prova que não a documental.

O prazo para impetração do mandado de segurança é decadencial de 120 (cento e vinte) dias contados da ciência do ato impugnado (Lei 12.016/2009, art. 23). A decadência se refere ao uso do instrumento, sendo possível o ajuizamento da demanda pelas vias ordinárias até a prescrição da pretensão.

Procedimento:

1) Petição inicial: deverá demonstrar a ofensa ao direito líquido e certo, indicando a autoridade coatora do ato;
2) Liminar: é possível a concessão de liminar (Lei 12.016/2009, art. 7º, III) – sendo que existem restrições à concessão de liminares contra a Fazenda Pública (Lei 9.494/1997);
3) Após prestadas as informações pela autoridade coatora, o MP será ouvido (Lei 12.016/2009, art. 12);
4) Se a sentença for concessiva da ordem, há reexame necessário (Lei 12.016/2009, art. 14, § 1º).

Vale destacar que a Lei 13.676/2018 alterou a Lei 12.016/2009 para permitir a realização de **sustentação oral**, quando da apreciação do **pedido liminar em MS**. Trata-se do art. 16, que na nova redação prevê o seguinte: "Art. 16. Nos casos de competência originária dos tribunais, caberá ao relator a instrução do processo, sendo assegurada a defesa oral na sessão do julgamento do mérito ou do pedido liminar".

3.13. Ação de despejo por falta de pagamento

O inadimplemento do inquilino quanto à obrigação de pagar os aluguéis autoriza o ajuizamento da *ação de despejo*. Essa ação pode ainda ser cumulada com a cobrança dos aluguéis e acessórios da locação (Lei 8.245/1991, art. 62, I).

Portanto, a **legitimidade ativa** é do locador, enquanto que a **legitimidade passiva** recai sobre o inquilino e seus fiadores (quanto a esses, em relação à cobrança, não quanto ao despejo em si).

O foro competente para o ajuizamento da ação é da situação do imóvel, salvo se houver cláusula de foro de eleição no contrato (Lei 8.245/1991, art. 58, II).

Procedimento:

1) Petição inicial: deverá fazer prova do contrato de locação e das parcelas vencidas e não pagas pelo locatário, através de demonstrativo de débito;
2) Citação do réu: o réu pode contestar (negando o direito constitutivo do autor) ou purgar a mora (com o objetivo de evitar a rescisão do contrato) no prazo de 15 dias contados da citação;
2.a) o depósito efetuado como purgação da mora admite complementação, em caso de insuficiência (Lei 8.245/1991, art. 62, III);
3) Sentença: com o julgamento de procedência da ação será expedido mandado de despejo, que conterá o prazo de 30 (trinta) dias para a desocupação voluntária. Se após a notificação do decurso do prazo o inquilino permanecer no imóvel, na realização do despejo poderá ser utilizada a força (Lei 8.245/1991, art. 65).

A dúvida é se, com o CPC, haverá a audiência de conciliação e mediação (art. 334) na ação de despejo. A resposta tende a ser negativa, considerando o procedimento próprio da ação de despejo. Contudo, resta verificar como será a jurisprudência a respeito do tema.

3.14. Juizados Especiais

Atualmente existem três Juizados, que compõem um *sistema*.

No âmbito da Justiça Estadual existe o **Juizado Especial Cível** (Lei 9.099/1995), uma *opção* (em relação à Justiça Comum Estadual) para os litigantes com causas de *até 40 salários mínimos*.

De seu turno, na área federal, há o **Juizado Especial Federal** (Lei 10.259/2001), que tem *caráter obrigatório* para o julgamento das demandas com valor *até 60 salários mínimos*, bem como a aplicação subsidiária da Lei 9.099/1995.

E, também na esfera estadual, há o **Juizado da Fazenda Pública Estadual** (Lei 12.153/2009), para o julgamento de causas com valor de *até 60 salários mínimos* – sendo que, *onde estiver instalado, terá caráter obrigatório*. A lei teve sua vigência a partir de junho de 2010 e prevê que os juizados *devem ser instalados em até 2 anos*.

Mas, afinal, **o que são os Juizados?**

Trata-se tanto de (i) um *procedimento distinto* do comum previsto no CPC, como também (ii) a criação de uma *estrutura paralela* em relação à usual formatação da Justiça (em 2º grau, Colégio Recursal e não Tribunal).

Assim, é certo que haverá distinção em relação ao procedimento de causas perante os Juizados e causas perante a Justiça tradicional. Tanto é assim que no capítulo de recursos foi aberto um tópico específico para recursos nos Juizados.

3.14.1. JEC (Lei 9.099/1995)

Os Juizados buscam **a simplificação e a desburocratização do processo** (art. 2º).

Nesta linha, a inicial será mais simples que o CPC, art. 319. São **requisitos da inicial** (art. 14, § 1º):

(i) *qualificação* das partes;

(ii) fatos e fundamentos de forma *sucinta*;

(iii) *pedido e valor*.

Podem ser **autores no JEC** (art. 8º, § 1º):

✓ pessoas físicas *capazes*;

✓ *ME, EPP e microempreendedores individuais*;

✓ Organização da Sociedade Civil de Interesse Público (*OSCIP*);

✓ *sociedades de crédito ao microempreendedor*.

No tocante à capacidade postulatória, a própria parte é dotada nas *causas até 20 salários mínimos*, não havendo necessidade de advogado (art. 9º).

Não podem ser réus (art. 8º, *caput*):

✓ *incapaz*;

✓ *preso*;

✓ *pessoas jurídicas de direito público*;

✓ *massa falida*;

✓ *insolvente civil*;

Causas que **não são admitidas no JEC** (art. 3º, § 2º):

✓ *família* (alimentos e estado);

✓ *fiscal*;

✓ *falência*;

✓ interesse do *Estado*.

Visando à simplificação, há **institutos do CPC vedados no JEC**:

✓ intervenção de *terceiros* (art. 10 – salvo o incidente de desconsideração da personalidade jurídica);

✓ citação por *edital* (art. 18, § 2º);
✓ *reconvenção* (art. 31 – admite-se pedido contraposto);
✓ *ação rescisória* (art. 59).

O **procedimento do JEC** é:

1) inicial;
2) audiência de conciliação (que pode ser por meio eletrônico);
3) audiência de instrução (apresentação de contestação/oitiva de testemunhas e depoimento pessoal, se for o caso/alegações finais);
4) sentença (passível de recurso para o Colégio Recursal) que não poderá ser ilíquida (art. 38, parágrafo único);
5) após trânsito em julgado: formação do título – cumprimento de sentença perante o próprio JEC (art. 52).

Como já exposto, houve polêmica quanto à contagem do prazo nos Juizados, mas agora superada, pois há lei que expressamente prevê a contagem em **dias úteis**. Trata-se do art. 12-A da L. 9.099/1995, inserido pela Lei 13.728/2018: "Art. 12-A. Na contagem de prazo em dias, estabelecido por lei ou pelo juiz, para a prática de qualquer ato processual, inclusive para a interposição de recursos, computar-se-ão *somente os dias úteis*". Esse dispositivo aplica-se a **todos os Juizados**.

Por fim, outra alteração legislativa previu expressamente a realização de **audiências por meio eletrônico** nos Juizados (Art. 22, § 2º da Lei 9.099/1995, incluído pela Lei 13.994/2020: "É cabível a *conciliação não presencial* conduzida pelo Juizado mediante o emprego dos recursos tecnológicos disponíveis de transmissão de sons e imagens em tempo real, devendo o resultado da tentativa de conciliação ser reduzido a escrito com os anexos pertinentes").

3.14.2. JEF (Lei 10.259/2001) e JEFP (Lei 12.153/2009)

Aplica-se de forma subsidiária aos demais Juizados a Lei 9.099/1995.

Além do procedimento, o destaque para o JEF e o JEFP é que no polo passivo encontram-se entes estatais. No **JEF**, *entes públicos federais*; no **JEFP**, *entes públicos estaduais e municipais*.

Outro destaque é que o pagamento não é feito por precatório, mas sim por requisição de pequeno valor, *muito mais ágil*.

Quanto ao **procedimento**:

JEF
1) inicial;
2) audiência de conciliação e instrução OU; 2a) contestação em 30 dias e, se necessário, audiência de instrução;
3) sentença (passível de recurso para o Colégio Recursal);
4) após trânsito em julgado: formação do título – pagamento será efetuado em 60 dias, independentemente de precatório (requisição de pequeno valor – "RPV" – art. 17).

JEFP
1) inicial;
2) audiência de conciliação (com supervisão do juiz – art. 16);
3) audiência de instrução;
4) sentença;
5) após trânsito em julgado, formação do título – execução perante o próprio juizado. – quanto à execução, poderá ser por "obrigação de pequeno valor", em até 60 dias, ou precatório (art. 13): lei específica de cada ente estipulará até qual quantia será via OPV e a partir de qual valor será por precatório. – o art. 13, § 3º, estipula que, na ausência de lei, serão os seguintes valores para pagamento via OPV: (i) 40 salários mínimos, quanto aos Estados e ao Distrito Federal; (ii) 30 salários mínimos, quanto aos Municípios. – se não houver o pagamento da OPV no prazo, será possível o sequestro de renda pública, dispensada a oitiva da Fazenda (art. 13, § 1º).

3.14.3. Recursos nos Juizados

O sistema recursal dos Juizados é distinto em relação ao previsto no CPC. O assunto será tratado no item 5.3. abaixo.

3.15. Ação de alimentos (processo de conhecimento)

Considerando a **urgência na prestação de alimentos**, para a sobrevivência de quem deles necessita, é certo que *o procedimento-padrão seria insuficiente*.

Daí o procedimento previsto na *Lei 5.478/1968 para o processo de conhecimento,* bem como o *CPC, art. 538 para o cumprimento de sentença e art. 911 para o processo de execução.*

Trata-se, portanto, de um **procedimento mais concentrado** que o comum:

1) inicial;
2) alimentos provisórios (art. 4º);
3) audiência de conciliação, instrução e julgamento (art. 9º): – tentativa de conciliação; – apresentação de contestação; – produção de provas; – alegações finais.
3) sentença – que inclusive poderá ser proferida na própria audiência (art. 11, parágrafo único).

O art. 4º da Lei 5.478/1968 prevê a figura dos **alimentos provisórios**, que serão concedidos pelo juiz até mesmo de ofício no momento em que determina a citação do réu.

Cabe esclarecer que a lei em questão somente pode ser utilizada quando se estiver diante de **dever alimentar pré-constituído** (ou seja, paternidade, cônjuge, companheiro).

Se não se tratar dessa hipótese, não cabe o uso do célere procedimento previsto na Lei 5.478/1968. Então terá de ser utilizado o *procedimento comum*. É, por exemplo, o que ocorre com a *investigação de paternidade*.

Portanto, **não cabe**, na *investigação de paternidade, a figura dos alimentos provisórios.* Mas, para resguardar a parte, cabe **tutela de urgência para os alimentos,** *desde que presentes os requisitos* (CPC, art. 300 – elementos que evidenciem *a pro-*

babilidade do direito e o perigo de dano ou ao resultado útil do processo).

É certo que é mais fácil obter os alimentos provisórios (pois decorrem de prova pré-constituída) do que alimentos via tutela de urgência (pois dependem de prova).

Em relação à execução e cumprimento de sentença, o assunto é regulado no próprio CPC (vide item 4.5 abaixo).

3.16. Normas processuais presentes em outras leis extravagantes

Além dos procedimentos especiais acima analisados, cabe, por fim, destacar alguns aspectos processuais em determinadas leis com relevo no cenário jurídico. Não se trata de diplomas eminentemente processuais, mas que trazem regras processuais que são relevantes.

3.16.1. Código de Defesa do Consumidor

O CDC, do ponto de vista processual, traz normas que se prestam à tutela individual e coletiva.

Quanto à tutela coletiva, o tema será brevemente tratado no capítulo final desta obra.

Quanto à tutela individual, arrolamos a seguir os principais aspectos:

✓ *principiologia*: **acesso à justiça** e **assistência jurídica** aos necessitados (arts. 4º, 5º e 6º do CDC);

✓ **inversão do ônus da prova** (art. 6º, VIII, do CDC): para sua aplicabilidade, exige (i) verossimilhança das alegações do consumidor e (ii) hipossuficiência. Vale destacar que o CPC trata da carga dinâmica do ônus da prova (vide item 2.3.2.3. e prevê que o juiz deve esclarecer às partes se for ocorrer a inversão do ônus da prova, definindo isso na decisão saneadora (CPC, art. 373, § 1º). Assim, parece superada a divergência antes existente de ser o ônus da prova *regra de produção de prova* (também chamada de regra de procedimento, pela qual o juiz deverá, antes da produção da prova, destacar de quem é o ônus) ou *regra de julgamento* (somente quando proferindo a sentença, na análise das provas, é que o juiz observará se é hipótese de inversão do ônus); com o CPC, a tendência é se afirmar que prevalece a 1ª corrente.

✓ **descabimento de arbitragem de forma compulsória** (art. 51, VII, do CDC): são *abusivas* cláusulas que determinem a utilização compulsória da arbitragem;

✓ **tutela específica das obrigações de fazer ou não fazer** (art. 84 do CDC): é a presença, no âmbito do CDC, da situação prevista no art. 497 do CPC. A multa prevista no art. 500 poderá ser fixada de ofício (AgRg no Ag 546.698/RS, Rel. Min. Fernando Gonçalves);

✓ **má-fé processual** (art. 87 do CDC): *não pode ser presumida e deve ser cabalmente comprovada.* Seus efeitos, uma vez verificada sua ocorrência, serão aplicados com base no art. 80 e ss. do CPC;

✓ **vedação da denunciação à lide** (art. 88 do CDC): descabe, nas demandas envolvendo consumo, a denunciação da lide. *O fundamento é evitar a morosidade processual e se buscar a reparação efetiva e integral dos danos causados ao consumidor.* Majoritariamente, entende-se que as modalidades de intervenção de terceiros não podem ser deferidas em prejuízo do consumidor (AgRg no Ag 184.616/RJ, Rel. Min. Nancy Andrighi);

✓ **competência do foro do domicílio do consumidor** (art. 101, I, do CDC): nas ações de indenização amparadas na responsabilidade civil do fornecedor, o feito poderá ser ajuizado, *a critério do consumidor, em seu domicílio ou no do fornecedor.* Será nula a cláusula de foro de eleição que importe em dificuldade de acesso ao Poder Judiciário.

3.16.2. Estatuto da Criança e do Adolescente

O ECA (Lei 8.069/1990), do ponto de vista processual civil, também merece algumas considerações:

✓ **acesso à justiça** (art. 141 do ECA): toda criança ou adolescentes terá acesso à Defensoria Pública, Ministério Público e Poder Judiciário, por qualquer de seus órgãos. Vale destacar, porém, que isso não significa a desconsideração das regras de capacidade existentes no sistema;

✓ **capacidade processual** (art. 142 do ECA): assim como previsto no CC, os absolutamente incapazes serão representados e os relativamente incapazes serão assistidos em juízo;

✓ **criação de varas especializadas**: a lei prevê a criação de *varas especializadas e exclusivas da infância e da juventude* (art. 145 do ECA), nas quais haverá isenção de custas e emolumentos, ressalvada a hipótese de litigância de má-fé (art. 141, § 2º, do ECA). A competência territorial será determinada (art. 147 do ECA): (i) pelo domicílio dos pais ou responsável (inciso I); (ii) pelo lugar onde se encontre a criança ou adolescente, à falta dos pais ou responsável (inciso II).

✓ **competência das varas especializadas, no âmbito processual civil**: (i) adoção e seus incidentes (art. 148, III, do ECA); (ii) ações civis fundadas em interesses individuais, difusos ou coletivos afetos à criança e ao adolescente (art. 148, IV, do ECA); (iii) *quando a criança ou o adolescente estiverem sob medida de proteção* (previstas no art. 98 e ss. do ECA) também caberá à justiça da infância e juventude: (a) conhecer de pedidos de guarda e tutela; (b) conhecer de ações de destituição do poder familiar, perda ou modificação da tutela ou guarda; (c) suprir a capacidade ou o consentimento para o casamento; (d) conhecer de pedidos baseados em discordância paterna ou materna, em relação ao exercício do poder familiar; (e) conceder a emancipação, nos termos da lei civil, quando faltarem os pais; (f) designar curador especial em casos de apresentação de queixa ou representação, ou de outros procedimentos judiciais ou extrajudiciais em que haja interesses de criança ou adolescente; (g) conhecer de ações de alimentos; (h) determinar o cancelamento, a retificação e o suprimento dos registros de nascimento e óbito;

✓ **aplicação subsidiária do CPC, inclusive em relação a recursos** (arts. 152 e 198 do ECA): os procedimentos regulados no ECA terão aplicação subsidiária das normas previstas na legislação processual pertinente, também no tocante aos recursos, observadas as seguintes adaptações: (i) os recursos serão interpostos *independentemente de preparo*; (ii) *em todos os recursos*, salvo nos embargos de declaração, *o prazo para o MP e para a defesa será sempre de 10 (dez) dias*; (iii) os recursos terão preferência de julgamento e dispensarão revisor (que, de modo geral, deixou de existir no CPC; (iv) antes de determinar a remessa dos autos à superior instância, no caso de apelação, ou do instrumento, no caso de agravo, a autoridade judiciária proferirá despacho fundamentado, mantendo ou reformando a decisão, no prazo de cinco dias; (v) mantida a decisão apelada ou agravada, o escrivão remeterá os autos ou o instrumento à superior instância dentro de vinte e quatro horas, independentemente de novo pedido do recorrente; se a reformar, a remessa dos autos dependerá de pedido expresso da parte interessada ou do Ministério Público, no prazo de cinco dias, contados da intimação.

Além disso: (i) a sentença que deferir a adoção produz *efeito desde logo*, embora sujeita a *apelação, que será recebida exclusivamente no efeito devolutivo*, salvo se se tratar de *adoção internacional ou se houver perigo de dano irreparável ou de difícil reparação ao adotando*; (ii) a sentença que *destituir ambos ou qualquer dos genitores do poder familiar* fica sujeita a apelação, que deverá ser recebida apenas no efeito devolutivo; (iii) os recursos nos procedimentos de adoção e de destituição de poder familiar, em face da relevância das questões, serão processados com *prioridade absoluta*, devendo ser imediatamente distribuídos, ficando vedado que aguardem, em qualquer situação, oportuna distribuição, e serão colocados em mesa para julgamento sem revisão e com parecer urgente do ministério público; (iv) o relator deverá colocar o processo em mesa para julgamento no prazo máximo de 60 (sessenta) dias, contado da sua conclusão; (v) o MP será intimado da data do julgamento e poderá na sessão, se entender necessário, apresentar oralmente seu parecer.

Por sua vez, inova o CPC ao apontar a preferência de trâmite dos processos envolvendo o ECA, de modo a se tentar imprimir maior velocidade a esses processos (art. 1.048, II). Além disso, ainda com foco na celeridade, o ECA foi alterado para prever expressamente os **prazos em dias corridos** em *todos os procedimentos* fundados nessa lei (Lei 8.069/90, art. 152, § 2º, com a redação dada pela Lei 13.509/2017).

3.16.3. Estatuto do Idoso

O Estatuto do Idoso (Lei 10.741/2003) também tem normas processuais, a seguir expostos os principais pontos:

✓ **varas especializadas** (art. 70 do EI): a lei prevê a criação de varas especializadas e exclusivas do idoso;

✓ **prioridade na tramitação do processo** (art. 71 do EI): a partir dos *60 (sessenta) anos de idade*, a parte terá prioridade na tramitação processual. O benefício deve ser requerido pela parte, mediante documento probatório da idade. Contudo, há entendimento no sentido de que o benefício pode ser concedido de ofício por se tratar de norma de ordem pública. Essa previsão é repetida no CPC (art. 1.048, I);

✓ **competência** (art. 80 do EI): as causas envolvendo direitos de idosos deverão ser propostas no próprio domicílio do idoso – e o artigo afirma que isso se trata de *competência absoluta*, ressalvada a competência da Justiça Federal e a competência originária dos tribunais superiores. O CPC traz regra de competência no mesmo sentido (art. 53, III, "e").

4. PROCESSO DE EXECUÇÃO E CUMPRIMENTO DE SENTENÇA

4.1. Visão geral e pontos em comum entre execução e cumprimento

Como já exposto, o CPC tem dois processos: conhecimento e execução.

Porém, a parte final do processo de conhecimento envolve o cumprimento de sentença (que é o adimplemento do título judicial). Assim, o cumprimento de sentença é tratado no Livro I da Parte Especial, ao passo que o processo de execução é tratado no Livro II da Parte Especial.

Contudo, existem **inúmeras semelhanças** entre cumprimento de sentença e execução. Por isso, por questões didáticas e para facilitar o estudo, opta-se por tratar dos dois assuntos em sequência, e não separadamente, como consta do CPC.

A fase de **cumprimento de sentença**, inserida no final do processo de conhecimento (Título II do Livro I da Parte Especial do CPC), regula o *inadimplemento de uma obrigação decorrente de uma decisão judicial* (ou, de forma mais ampla, de um *título executivo judicial*).

Por sua vez, o **processo de execução** (Livro II da Parte Especial do CPC) regula o *inadimplemento de uma obrigação decorrente de um título executivo extrajudicial*.

Portanto, o panorama é o seguinte:

Forma de execução	Requisitos
Processo de execução (Livro II da Parte Especial do CPC – processo autônomo)	Inadimplemento + Título executivo extrajudicial
Cumprimento de sentença (Livro II da Parte Especial do CPC – parte final do processo de conhecimento)	Inadimplemento + Título executivo judicial

Essas são as premissas para que se entenda o quadro executivo do processo civil brasileiro. Apesar de serem sistemas distintos, por vezes *o procedimento* a ser observado no processo de execução e na fase de cumprimento de sentença é o mesmo. Daí a necessidade de muita atenção para não confundir um sistema com o outro.

No mais, **aplica-se o procedimento de um ao outro**, de forma *subsidiária*. Nesse sentido:

(i) Art. 513. O cumprimento da sentença será feito segundo as regras deste Título, *observando-se, no que couber e conforme a natureza da obrigação, o disposto no Livro II da Parte Especial* deste Código (ou seja, aplica-se ao cumprimento de sentença as regras da execução);

(ii) Art. 771. Este Livro regula o procedimento da *execução fundada em título extrajudicial*, e suas disposições aplicam-se, também, no que couber, aos procedimentos especiais de execução, *aos atos executivos realizados no procedimento de cumprimento de sentença*, bem como aos efeitos de atos ou fatos processuais a que a lei atribuir força executiva. Parágrafo único. *Aplicam-se subsidiariamente à execução as disposições do Livro I da Parte Especial* (ou seja, este artigo afirma que se aplica ao cumprimento de sentença as regras da execução e vice-versa).

Portanto, são **requisitos necessários para a execução e para o cumprimento de sentença** o *inadimplemento* e o *título executivo*. Vale destacar que, na nomenclatura do CPC, o termo utilizado é **exigibilidade da obrigação** e não inadimplemento (CPC, art. 786).

De seu turno, se houver *inadimplemento*, mas *não houver título executivo*, não cabe a execução. No caso, terá de ser utilizado o **processo de conhecimento** (com diversas opções de procedimento, conforme o caso).

Por sua vez, se *não houver inadimplemento,* mas houver *título executivo,* tampouco cabe a execução. No caso, a rigor, *terá de se esperar* até que haja o *vencimento do título* e eventual inadimplemento (basta imaginar uma nota promissória com data futura). Contudo, caso o devedor, antes do vencimento do título, passe a alienar seu patrimônio, então se estará diante de uma *situação de urgência,* sendo cabível a tutela de urgência cautelar (no caso, o *arresto* – CPC, art. 301).

Vale destacar uma importante inovação do CPC: **se existir título executivo extrajudicial**, mas a parte tiver alguma *dúvida* quanto à sua liquidez, certeza ou exigibilidade, é **possível optar pelo processo de conhecimento**. É a previsão do art. 785: A existência de título executivo extrajudicial *não impede a parte de optar pelo processo de conhecimento,* a fim de obter título executivo judicial.

Conforme o **tipo de obrigação**, haverá um *procedimento distinto* para tramitar a execução ou cumprimento de sentença. E aqui mais um ponto em comum entre as duas modalidades.

São **procedimentos do processo de execução**:

(i) para a *entrega de coisa*

(ii) das obrigações de *fazer ou de não fazer*

(iii) por *quantia certa*

(iv) *contra a Fazenda Pública*

(v) de *alimentos*

São **procedimentos da fase de cumprimento de sentença**:

(i) de obrigação de *pagar quantia,*

(ii) de obrigação de prestar *alimentos,*

(iii) de obrigação de pagar quantia certa pela *Fazenda Pública,*

(iv) que reconheça a exigibilidade de *obrigação de fazer, de não fazer ou de entregar coisa.*

Assim, ainda que, em número, haja distinção, a divisão é exatamente a mesma.

4.2. Processo de execução

4.2.1. Princípios da execução

É certo que, em regra, *os princípios processuais do processo* (vistos na parte geral) **também se aplicam à execução**.

Como exemplo: devido processo legal, contraditório, ampla defesa, lealdade e boa-fé, publicidade, motivação etc.

Contudo, existem **princípios específicos** do processo executivo.

4.2.1.1. Princípio do título executivo

O **princípio do título executivo** significa que a *atividade executiva demanda existência de prévio título,* no qual se reconhece a existência de uma obrigação.

E o título pode decorrer de *atos jurisdicionais anteriores* (título executivo judicial) ou de documento reconhecido pela lei como capaz de dar início à execução (título executivo extrajudicial).

Ou seja: sem título, não há execução.

Dessa afirmação tem-se que *nulla executio sine titulo* (nula a execução se não houver título).

A base legal para o princípio está no art. 798, I, "a" do CPC: Ao propor a execução, incumbe ao exequente: I – instruir a petição inicial com: *a)* o título executivo extrajudicial.

Cabe destacar que, considerando a previsão de tutela provisória no sistema processual, há quem afirme ser possível uma "**execução sem título permitida**" – ou seja, a existência de *atos executivos mesmo sem a efetiva formação do título.* Contudo, a posição majoritária é no sentido de que os atos executivos decorrentes da tutela de urgência têm previsão legal. Assim, *o título seria a decisão antecipatória* (em regra, por meio de decisão interlocutória).

4.2.1.2. Princípio da taxatividade dos títulos executivos

Só é *título executivo o documento expressamente previsto em lei.* Esse é o **princípio da taxatividade dos títulos executivos.**

Não é possível às partes – ainda que credor e devedor assim entendam – *criar um título executivo que não esteja previsto em lei.*

Contudo, vale destacar que a legislação prevê uma considerável *liberdade em relação à criação de título* – como, por exemplo, quanto à confissão de dívida a partir de um documento assinado pelo devedor e duas testemunhas (CPC, art. 784, III).

Alguns ainda apontam a existência do princípio da **tipicidade dos títulos executivos**. A distinção seria no sentido de, além de estar previsto em lei, o *título deve preencher os requisitos exigidos pela lei.*

A justificativa para a existência do princípio da taxatividade (e / ou da tipicidade) é que o executado deve ter a segurança de saber se está participando – ou não – da formação de um título executivo.

4.2.1.3. Princípio do resultado / da efetividade da execução forçada

O processo executivo é voltado para a satisfação do direito do exequente. E o *objetivo do processo é entregar ao exequente,* na medida do possível, *tutela idêntica a que obteria mesmo sem o processo.*

Assim, interessa ao exequente a obtenção do bem da vida pretendido – e não a substituição por dinheiro. Este é o **princípio do resultado** ou da **efetividade da execução forçada.**

Contudo, vale destacar que, por vezes – especialmente pensando em uma obrigação de fazer – *talvez não seja possível a opção pretendida (a tutela específica),* de modo que, então, a possibilidade que resta é a conversão dessa obrigação em perdas e danos (dinheiro). Nesse sentido, o CPC, art. 499: A obrigação *somente será convertida em perdas e danos se o autor o requerer ou se impossível a tutela específica* ou a obtenção de tutela pelo resultado prático equivalente.

4.2.1.4. Princípio da atipicidade dos meios executivos

O **princípio da atipicidade** (ou da **concentração dos poderes de execução**) destaca que o juiz tem um *rol exemplificativo de poderes para se atingir o resultado da execução* (vide princípio do resultado, tratado acima).

Como exemplo, próprio para a **tutela específica**: CPC, art. 536, § 1º: (...) o juiz poderá determinar, *entre outras medidas*, a imposição de multa, a busca e apreensão, a remoção de pessoas e coisas, o desfazimento de obras e o impedimento de atividade nociva, podendo, caso necessário, requisitar o auxílio de força policial.

A menção a "entre outras medidas" é que se refere à atipicidade. No CPC/1973, isso somente era permitido para a tutela específica das obrigações de fazer, não fazer e entrega de coisa.

Porém, inova o CPC ao afirmar que **também para a obrigação de pagar** existe a possibilidade de aticipidade dos meios executivos. É a previsão do art. 139, IV, ao apontar que o juiz poderá "*determinar todas as medidas indutivas, coercitivas, mandamentais ou sub-rogatórias* necessárias para assegurar o *cumprimento de ordem judicial*, inclusive nas ações que *tenham por objeto prestação pecuniária*". A respeito da atipicidade na jurisprudência, vide item 1.4.7. acima.

4.2.1.5. Princípio da menor onerosidade

O **princípio da menor onerosidade** é um dos mais importantes da execução, e busca *proteger o executado*.

Sem dúvidas deve a execução permitir que se atinja o adimplemento do título executivo (princípio do resultado).

Contudo, *isso não pode ser feito a qualquer custo. Assim, o princípio visa a proteger o executado contra atos que sejam excessivos para a satisfação do direito do exequente, de modo que o executado fique em situação muito desfavorável*. Como exemplo, a previsão de *impenhorabilidade do bem de família*.

O princípio está positivado no CPC, art. 805: Quando por vários meios o exequente puder promover a execução, *o juiz mandará que se faça pelo modo menos gravoso para o executado*.

Porém, inova o CPC ao apontar, também, uma postura ativa do executado para que haja a aplicação do princípio da menor onerosidade: não basta ao executado buscar a aplicação do princípio, mas ele deve também indicar alternativas para que a execução prossiga. É a previsão do parágrafo único do art. 805: Ao executado que alegar ser a medida executiva mais gravosa *incumbe indicar outros meios mais eficazes e menos onerosos*, sob pena de manutenção dos atos executivos já determinados. Importante inovação que traz o equilíbrio entre a defesa do executado e a efetividade da execução.

4.2.1.6. Princípio da disponibilidade

Na execução busca-se a *satisfação do direito do exequente*, o que se atinge por uma série de atos (penhora, avaliação, expropriação etc.). Portanto, não se discute se o executado deve ou não. Logo, *o resultado do processo* **somente beneficia ao exequente**, *mas não ao executado*.

Nessa perspectiva, a *disponibilidade de quem está no polo ativo* (**princípio dispositivo** – parte dispõe da lide) *no processo executivo é ainda maior* do que no processo de conhecimento.

No processo de conhecimento, como visto, para o autor desistir do processo após a apresentação da contestação, o réu deve concordar (CPC, art. 485, § 4º).

Na execução, *o exequente pode desistir do processo independentemente da apresentação de defesa do executado*.

Assim, pelo **princípio da disponibilidade**, *pode o exequente, sem qualquer interferência do executado* (CPC, art. 775):

(i) prosseguir com a execução por completo;

(ii) desistir dela por completo;

(iii) desistir de alguns atos executivos.

Porém, em relação à **defesa do executado** (seja via embargos à execução ou impugnação ao cumprimento de sentença), a regra é um pouco distinta, assemelhando-se ao que se verifica no processo de conhecimento. (CPC, art. 775, parágrafo único). Assim, na desistência da execução, observar-se-á o seguinte:

a) serão extintos os embargos e impugnação que versarem apenas sobre questões processuais, pagando o exequente as custas e os honorários advocatícios;

b) nos demais casos, a extinção dependerá da concordância do impugnante ou embargante.

4.2.1.7. Princípio da patrimonialidade

Pelo **princípio da patrimonialidade** tem-se que *a execução atinge o patrimônio da pessoa, e não a própria pessoa*.

Os bens do executado é que são os responsáveis pela satisfação do direito do exequente – e não seu corpo. Afinal, a execução é voltada para a satisfação do direito do exequente (*princípio do resultado / efetividade*), mas é preciso que se respeite os direitos fundamentais do executado (*princípio da menor onerosidade*).

Nesse sentido, a **vedação da prisão civil por dívida**, salvo em relação ao devedor de alimentos (Súmula Vinculante 25: É ilícita a prisão civil de depositário infiel, qualquer que seja a modalidade de depósito).

O debate que se tem hoje, pós-CPC, é o de como conjugar a menor onerosidade e patrimonialidade com a atipicidade das medidas executivas, especialmente em relação a medidas como restrição ao direito de dirigir ou retenção de passaporte. A jurisprudência já começa a delinear a questão (vide item 1.4.7.).

4.2.2. Legitimidade de parte

Tal qual se fala em legitimidade no processo de conhecimento, isso se verifica *também no processo de execução*.

A **regra** é no sentido de a *parte legítima ativa ser o credor da obrigação*, ao passo que a *parte legítima passiva ser o devedor*.

4.2.2.1. Legitimidade ativa

A **legitimidade ativa para a execução** é tratada no art. 778 do CPC.

A *classificação* é a seguinte:

a) Legitimidade ativa ordinária, que pode ser:

    a.1) primária ou originária;

    a.2) derivada ou superveniente.

b) Legitimidade ativa extraordinária

Na legitimidade **ordinária**, o *exequente vai a juízo em nome próprio, postular direito próprio*.

Na legitimidade **extraordinária** (admissível apenas nos casos previstos em lei), o *exequente vai a juízo em nome próprio postular direito de outro*.

Na legitimidade ativa ordinária **primária**, *a obrigação foi constituída em favor do credor que consta no título, ou a quem a lei atribui o título*.

De seu turno, na legitimidade ativa ordinária **derivada**, a obrigação *foi constituída em favor de um credor, mas houve ato de transmissão para um novo credor* (seja de título extrajudicial ou judicial).

O art. 778, *caput*, do CPC trata da legitimidade *ativa ordinária primária*:

Art. 778. Pode promover a execução forçada *o credor a quem a lei confere título executivo.*

Ocorre em qualquer título de crédito, como um cheque.

Mas, também, verifica-se em relação ao advogado e seus honorários sucumbenciais. Isso porque a legislação aponta que o advogado é titular dos honorários de sucumbência. Lei 8.906/1994, art. 23:

Os honorários incluídos na condenação, por arbitramento ou sucumbência, pertencem ao advogado, tendo este direito autônomo para executar a sentença nesta parte (...).

Porém, é possível à própria parte exequente, em nome próprio, executar os honorários do advogado (o que é frequente no cotidiano forense).

Nesse caso: *legitimidade ativa extraordinária* (parte pleiteando, em seu próprio nome, o direito de seu advogado).

O art. 778, § 1º, do CPC trata da legitimidade *ativa ordinária derivada*:

§ 1º Podem *promover a execução forçada ou nela prosseguir, em sucessão* ao exequente originário: (...) II – *o espólio*, os herdeiros ou os sucessores do credor, sempre que, por morte deste, lhes for transmitido o direito resultante do título executivo;

Ou seja, situação típica de falecimento do pai e sequência da execução pelo filho; contudo, não se aplica a direitos personalíssimos.

Além disso, há outros incisos:

III – o cessionário, quando o direito resultante do título executivo lhe foi transferido por *ato entre vivos*;

A distinção deste inciso em relação ao II é que, no anterior, o ato de transferência do crédito é *mortis causa*.

IV – o sub-rogado, nos casos de sub-rogação legal ou convencional.

A situação típica deste inciso é a do fiador que paga a dívida, para então assumir a mesma posição jurídica do credor originário, em relação ao devedor principal.

Em relação à legitimidade ativa *extraordinária*, uma das principais situações diz respeito à atuação do MP. Tanto que é a previsão legislativa constante do CPC.

§ 1º Podem promover a execução forçada ou nela prosseguir, em sucessão ao exequente originário:

I – o Ministério Público, nos casos previstos em lei.

4.2.2.2. *Legitimidade passiva*

A **legitimidade passiva** para a execução, de forma análoga ao exposto quanto à ativa, pode ser dividida em ordinária **primária** e ordinária **derivada ou superveniente**. Considerando o princípio do título, *não se fala em legitimidade extraordinária passiva*.

A legitimidade passiva *primária* trata da situação mais usual. Nesse sentido:

Art. 779. A execução pode ser promovida contra:
I – o *devedor*, reconhecido como tal no título executivo."

Já a legitimidade passiva derivada se verifica quando há a transmissão da obrigação do devedor originário para outrem, em hipóteses previstas em lei.

"**Art. 779** (...):
II – o *espólio, os herdeiros ou os sucessores do devedor.*"

Contudo, vale destacar que, tratando-se de obrigação personalíssima, isso não se transmite aos herdeiros do falecido.

"**Art. 779** (...) III – o *novo devedor*, que assumiu, *com o consentimento do credor, a obrigação* resultante do título executivo;"

Como se percebe, a "cessão do débito" (*assunção da dívida por terceiro) depende do consentimento do credor* (e a cessão do crédito, porém, *independe do consentimento do devedor*).

"**Art. 779** (...) IV – o *fiador do debito constante em título extrajudicial;*"

O inciso trata do garantidor do direito do exequente em juízo.

"**Art. 779** (...) V – o responsável *titular do bem vinculado por garantia real* ao pagamento do débito";

Existindo bem que tenha garantia real, ainda que haja a transferência, o ônus segue a coisa (característica do direito real)

"**Art. 779** (...) VI – o responsável tributário, assim definido em lei".

Hipótese em que a legislação tributária cria a obrigação para terceiro que não necessariamente o devedor original.

4.2.2.3. *Intervenção de terceiros na execução*

Em relação às **intervenções de terceiros**, o entendimento majoritário, no sistema anterior, era de não ter cabimento na execução (salvo a assistência).

Considerando que o CPC coloca as intervenções de terceiro na parte geral, agora seriam **cabíveis quaisquer intervenções no processo de execução** – especialmente o incidente de desconsideração da personalidade jurídica. Mas resta verificar como será a jurisprudência a respeito disso.

4.2.3. *Responsabilidade patrimonial*

Não se deve confundir *legitimidade com responsabilidade*.

A **responsabilidade patrimonial** ou **executiva** se refere ao *patrimônio que será invadido em virtude do processo de execução*.

É *possível* que haja coincidência entre as figuras, mas *não necessariamente o devedor é o responsável patrimonial*.

O **executado**:

✓ é legitimado passivo para a execução,

✓ pode ter seu patrimônio invadido,

✓ tem responsabilidade executiva.

É a situação de **responsabilidade patrimonial primária**.

É o mais usual, em que o *próprio executado tenha responsabilidade patrimonial*. E isso se refere aos seus bens "presentes e futuros" (CPC, art. 789) – enquanto não verificada a prescrição.

Mas também existe a **responsabilidade patrimonial secundária**. Nesse caso, desde que previsto em lei, *admite-se a sujeição de bens de terceiro à execução judicial* (principal artigo: CPC, 790).

Cabe destacar que a responsabilidade executiva é uma situação de *sujeição que independe da vontade da parte*, mas sim *da lei*.

O texto legal tem a seguinte redação:

"**Art. 790.** São sujeitos à execução os bens:

I – do **sucessor a título singular**, tratando-se de execução fundada em *direito real ou obrigação reipersecutória*.

II – do **sócio**, nos termos da lei;

III – do **devedor**, ainda que *em poder de terceiros*;

IV – do **cônjuge ou companheiro**, nos casos em que *seus bens próprios* ou de sua meação *respondem pela dívida*.

V – *alienados ou gravados* com ônus real em **fraude à execução**;

VI – cuja *alienação ou gravação* com ônus real tenha sido *anulada em razão* do reconhecimento, em ação autônoma, de **fraude contra credores**;

VII – do responsável, nos casos de **desconsideração da personalidade jurídica**.

Por fim, cabe analisar a responsabilidade dos **herdeiros**. O tema é regulado no CPC, art. 796:

"**Art. 796.** O espólio responde pelas dívidas do falecido; mas, feita a partilha, *cada herdeiro responde por elas na proporção da parte que na herança lhe coube.*"

Assim, se o devedor contrai a dívida e falece, a *responsabilidade executiva poderá recair sobre patrimônio do espólio*, se ainda houver inventário pendente. Mas **não se herda dívida** e não se fala em responsabilidade secundária dos herdeiros. Os herdeiros só pagam com base naquilo que eventualmente perceberam a título de sucessão.

4.2.4. Dos requisitos necessários para qualquer execução

Retomando o exposto anteriormente, são requisitos necessários para se realizar qualquer execução autônoma:

(i) inadimplemento / exigibilidade: *devedor não satisfaz a obrigação certa, líquida e exigível prevista no título executivo* (CPC, art. 786);

(ii) título executivo extrajudicial: *documento que traduz uma obrigação e permite a propositura do processo de execução* (CPC, art. 784).

Somente cabe o processo de execução autônomo quando *existirem ambos os requisitos*.

Além disso, a execução deve estar fundada em **título de obrigação líquida, certa e exigível** (CPC, art. 783).

O processo de execução *busca a satisfação do crédito do exequente*. Mas essa satisfação deve respeitar o executado. Daí a legislação prever expressamente o **princípio da menor onerosidade** (vide CPC, art. 805 e item 4.2.1.5 acima).

4.2.5. Do título executivo extrajudicial

Os títulos executivos extrajudiciais estão previstos no CPC, art. 784:

(i) *títulos de crédito* (letra de câmbio, nota promissória, duplicata, debênture e cheque);

Contudo, não há total identidade entre títulos de crédito e executivo: existem títulos de crédito que não são títulos executivos e existem títulos executivos que não são títulos de crédito.

(ii) *escritura pública ou outro documento público assinado pelo devedor*;

(iii) *documento particular assinado pelo devedor e por 2 testemunhas* (um dos mais usuais no cotidiano forense);

(iv) *instrumento de transação* referendado pelo MP, Defensoria Pública, advocacia pública, advogado das partes ou conciliador / mediador credenciado por tribunal;

(v) os *contratos com garantia real* (hipoteca, penhor, anticrese) e *contratos garantidos com caução*

(vi) *contrato de seguro de vida em caso de morte*;

(vii) o *crédito decorrente da enfiteuse*, ou seja, *foro* (pensão anual paga ao senhorio – CC/1916, art. 678) e *laudêmio* (compensação dada ao senhorio quando da alienação do domínio útil do imóvel – CC/1916, art. 683);

(viii) o *crédito, documentalmente comprovado, decorrente de aluguel de imóvel*, e *acessórios* (taxas e despesas de condomínio);

Este inciso (que não prevê a necessidade de duas testemunhas, como no inc. II) permite a *execução de crédito de aluguel de imóvel não pago*, bem como de *encargos*, tais como IPTU, luz, condomínio – desde que comprovados documentalmente e com os acessórios previstos em contrato.

(ix) a *CDA* (certidão de dívida ativa), ou seja, os créditos tributários devidos à União, aos Estados, ao Distrito Federal e Territórios, e aos Municípios;

(x) o *crédito referente ao condomínio (contribuições ordinárias ou extraordinárias de condomínio edilício), previstas na respectiva convenção ou aprovada em assembleia, desde que documentalmente comprovada*;

Cabe destacar que, em relação ao *condomínio*, trata-se de inovação como título executivo, pois no sistema anterior isso demandava *processo de conhecimento do condomínio contra o condômino inadimplente* (e era uma das hipóteses de utilização do rito sumário).

(xi) a *certidão expedida por cartório extrajudicial (serventia notarial ou de registro), relativa a emolumentos e despesas devidas pelos atos cartoriais, conforme tabelas estabelecidas em lei*.

São também executivos outros títulos mencionados em leis esparsas (CPC, art. 784, XII). Como exemplos:

✓ TAC – termo de ajustamento de conduta (Lei 7.347/1985, art. 5º, § 6º);

✓ decisão do TCU que determine pagamento de quantia (CF. art. 71, § 3º);

✓ cédula de crédito bancário (CCB – Lei 10.931/2004, art. 28: "seja pela soma nela indicada, seja pelo saldo devedor demonstrado em planilha de cálculo, ou nos extratos da conta-corrente").

Como se percebe da leitura do rol acima, *os títulos executivos extrajudiciais são criados sem a participação do Poder Judiciário*.

A origem é a vontade das partes, desde que observados os requisitos previstos na legislação. Assim, uma confissão de dívida assinada somente pelo devedor, apesar de ser prova documental, não é título executivo. Já uma confissão de dívida assinada pelo devedor e por duas testemunhas é título executivo (CPC, art. 784, III).

A legislação admite a **cumulação de execuções**. Ou seja, *é lícito ao exequente, sendo o mesmo executado, cumular várias execuções, mesmo que em títulos diferentes, desde que o juiz seja competente e o procedimento seja o mesmo* (CPC, art. 780).

É conveniente destacar que a *sentença arbitral não é título executivo extrajudicial*, visto que não se encontra nos incisos do mencionado art. 784 (vide item 4.3.2 infra).

4.2.6. Das diversas espécies de execução

Conforme o **tipo de obrigação inadimplida**, a execução terá um *trâmite diferenciado*. Assim, não há uma única, mas sim *diversas espécies de execução*, sendo que cada uma dessas espécies terá um *procedimento próprio*.

Abaixo, indicamos as **espécies de execução previstas no CPC**, destacando como se *dá seu início*, visto que é exatamente neste momento da tramitação que se percebe a distinção entre elas. Além disso, há execuções previstas em leis extravagantes, como a execução fiscal (Lei 6.830/1980).

É certo que a espécie mais relevante é a execução de quantia certa (obrigação de pagar), em que o executado é citado para pagar, sob pena de penhora; por isso, esta modalidade de execução será tratada com maior atenção.

Mas, antes de analisar as diversas execuções, vejamos os pontos comuns a todas as execuções.

4.2.6.1. Dos requisitos de todas as execuções

Porém, o CPC aponta alguns **requisitos que se referem a qualquer execução**.

A petição inicial deve ser **instruída** com (CPC, art. 798, I):

(i) o *título executivo* extrajudicial;

(ii) o *demonstrativo do débito atualizado* até a data de propositura da ação (no caso de *execução por quantia certa*);

O **demonstrativo de débito** tem novos requisitos (CPC, art. 798, parágrafo único): o *índice de correção monetária* adotado; a *taxa de juros* aplicada; os *termos inicial e final de* incidência do índice de correção monetária e da taxa de juros utilizados; a *periodicidade da capitalização* dos juros, se for o caso; a especificação de *desconto obrigatório* realizado.

(iii) a *prova* de que se verificou a *condição ou ocorreu o termo*, se for o caso;

(iv) a *prova*, se for o caso, de que *adimpliu a contraprestação* que lhe corresponde ou que lhe assegura o cumprimento.

No mais, a petição inicial deve **indicar** (CPC, art. 798, II):

a) a *espécie de execução* de sua preferência, quando por mais de um modo puder ser realizada;

b) os *nomes completos do exequente e do executado* e seus *números de inscrição* no Cadastro de Pessoas Físicas ou no Cadastro Nacional da Pessoa Jurídica;

c) os *bens suscetíveis de penhora*, sempre que possível.

Deve ainda o exequente requerer a **intimação de terceiros** que possam ter *alguma relação com o bem penhorado* (CPC, art. 799, que menciona o *credor hipotecário*, titular do usufruto, promitente comprador ou vendedor, superficiário, sociedade em caso de penhora de quota etc.). Ainda, se o exequente assim requerer, deverá a petição inicial trazer o pedido de **tutela de urgência** (CPC, art. 799, VIII).

Existindo **falha na inicial** (incompleta ou sem documentos indispensáveis, como o demonstrativo de débito), o juiz determinará a *emenda*, no prazo de 15 dias, sob pena de indeferimento (CPC, art. 801).

Se a inicial estiver em termos, o juiz determinará a **citação** (CPC, art. 802), o que interrompe a prescrição (que retroage à data da propositura da ação – CPC, art. 802, parágrafo único). Vale relembrar que a citação na execução poderá ser realizada pelo *correio*.

4.2.6.1.1. Da prescrição intercorrente

Inova o CPC ao expressamente prever a **prescrição intercorrente** (o que antes era admitido pela jurisprudência, mas sem previsão legal).

Prevê o CPC que a execução será *suspensa se o executivo não possuir bens penhoráveis* (CPC, art. 921, III). Nesse caso, o processo ficará suspenso pelo prazo de 1, durante o qual se suspenderá a prescrição (art. 921, § 1º).

Após esse prazo, se ainda não existirem bens penhoráveis, o processo será arquivado (art. 921, § 2º). Se forem encontrados bens, haverá o desarquivamento (art. 921, § 3º). *Passado o prazo de 1 ano* sem manifestação do exequente, então **começa a correr o prazo da prescrição intercorrente** (art. 921, § 4º).

Ocorrido o prazo da prescrição, após oitiva das partes, o juiz poderá, mesmo de ofício, reconhecer a prescrição intercorrente e extinguir o processo (art. 921, § 5º e 924, V).

Existem diversas questões ainda em aberto na jurisprudência quanto à prescrição intercorrente no CPC. Porém, já se vislumbra posicionamento do STJ, em recurso repetitivo, sobre alguns pontos relativos à prescrição intercorrente envolvendo a Fazenda Pública, à luz da Lei de Execução Fiscal (Lei 6.830/1980). O entendimento merece atenção, já que é um bom indicativo de como esse Tribunal deve interpretar o CPC. No REsp 1.340.553 foram fixadas as seguintes teses:

"1) O prazo de um ano de suspensão previsto no artigo 40, parágrafos 1º e 2º, da lei 6.830 tem início automaticamente na data da ciência da Fazenda a respeito da não localização do devedor ou da inexistência de bens penhoráveis no endereço fornecido;

2) Havendo ou não petição da Fazenda Pública e havendo ou não decisão judicial nesse sentido, findo o prazo de um ano, inicia-se automaticamente o prazo prescricional aplicável, durante o qual o processo deveria estar arquivado sem baixa na distribuição, na forma do artigo 40, parágrafos 2º, 3º e 4º, da lei 6.830, findo o qual estará prescrita a execução fiscal;

3) A efetiva penhora é apta a afastar o curso da prescrição intercorrente, mas não basta para tal o mero peticionamento em juízo requerendo a feitura da penhora sobre ativos financeiros ou sobre outros bens;

4) A Fazenda Pública, em sua primeira oportunidade de falar nos autos (artigo 278 do Código de Processo Civil), ao alegar a nulidade pela falta de qualquer intimação dentro do procedimento do artigo 40 da LEF, deverá demonstrar o prejuízo que sofreu (por exemplo, deverá demonstrar a ocorrência de qualquer causa interruptiva ou suspensiva da prescrição)".

4.2.6.2. Da execução para entrega de coisa

Prevista no CPC, art. 806 e ss., é utilizada diante do *inadimplemento de uma obrigação de entregar*, conforme previsto no título executivo extrajudicial. É também denominada de **tutela específica das obrigações**, exatamente porque se busca que o executado *cumpra especificamente a obrigação de entregar a que se comprometeu*.

O executado é citado para, dentro de 15 dias, *entregar a coisa*. Cabe a fixação de multa diária (*astreinte*) para o caso de não haver a entrega (CPC, art. 806, § 1º). Ou seja, a forma de se compelir o executado a entregar a coisa é a *astreinte*.

Se a coisa já tiver sido alienada, será expedido mandado contra o terceiro adquirente, que somente será ouvido após o depósito da coisa (CPC, art. 808).

4.2.6.3. Da execução de obrigação de fazer e de não fazer

Prevista no CPC, art. 814 e ss., é utilizada diante do *inadimplemento de uma obrigação de fazer ou não fazer*, prevista em título executivo extrajudicial. É também denominada de **tutela específica das obrigações**, exatamente porque se busca que o executado *cumpra especificamente a obrigação de fazer a que se comprometeu*.

O executado é citado para *fazer ou não fazer algo*, no prazo que o juiz fixar, se não houver previsão no título (CPC, art. 815).

O juiz, ao despachar a inicial, fixará **multa** por período de atraso e data a partir do qual será devida (CPC, art. 814). Ou seja, a forma de se compelir o executado a fazer ou deixar de fazer algo é a *astreinte*. Se o título já tiver previsão do valor da multa, o juiz poderá reduzi-lo, se for excessivo (CPC, art. 814, parágrafo único).

Se no prazo fixado o executado não satisfizer a obrigação, *poderá o exequente requerer* que (i) *seja a obrigação realizada por terceiro à custa do executado* ou (ii) converter a obrigação de fazer em *indenização* (CPC, arts. 816 e 817). E isso nos próprios autos da execução, sem a necessidade de um novo processo.

Já ao executado cabe *cumprir a obrigação* ou apresentar *embargos à execução*, que não dependem de penhora (CPC, art. 914).

4.2.6.4. Da execução contra a Fazenda Pública

Prevista no CPC, art. 910, é utilizada diante do *inadimplemento de uma obrigação de pagar, em que o devedor é a Fazenda Pública* (União, Estados, Municípios e suas autarquias e fundações – ou seja, pessoas jurídicas de direito público).

Assim, entes estatais com personalidade jurídica de direito privado não se inserem no conceito. Portanto, *empresas públicas e sociedades de economia mista são executadas pelo regime geral*, possuindo patrimônio próprio e penhorável.

A execução poderá ser fundada em título executivo judicial ou extrajudicial. No sistema anterior, havia alguma dúvida quanto à possibilidade de execução de título extrajudicial contra a Fazenda, afastada pela Súmula 279 do STJ: "*É cabível execução por título extrajudicial contra a Fazenda Pública*".

Quanto ao título extrajudicial, há *apenas o art. 910*, cujo § 3º remete aos arts. 534 e 535 do CPC (vide item *4.3.3.1* abaixo). Além disso, aplica-se o art. 100 da CF.

O ente estatal é citado para *apresentar embargos, no prazo de 30 dias* (art. 910, *caput*). Nos embargos, poderá a Fazenda apresentar **qualquer matéria de defesa**, que poderia ser alegada no processo de conhecimento (art. 910, § 2º). Assim, os embargos da Fazenda não apresentam distinção procedimental quanto aos embargos em geral (CPC, art. 914 e ss.).

Não há penhora, já que *bens públicos são impenhoráveis* (CPC, art. 833, I e CC, art. 100).

Não opostos embargos ou transitada em julgado a decisão que os rejeitar, o pagamento se dará mediante **precatório** (CF, art. 100), que *é a requisição de pagamento de dívida judicial que o Tribunal encaminha ao órgão estatal devedor*.

A depender da natureza do débito (se dívida alimentícia ou não – CF, art. 100, § 1º), este será ou não pago com preferência sobre os demais, destacando-se que as **obrigações ou requisições de pequeno valor** (OPV ou RPV) não se submetem ao regime dos precatórios.

Assim, os precatórios se classificam em:

1) Comuns: são expedidos por ordem própria e decorrem de verbas que não são diferenciadas.

2) De natureza alimentícia (CF, art. 100, § 1º): compreendem aqueles *decorrentes de salários, vencimentos, proventos, pensões e suas complementações, benefícios previdenciários e indenizações por morte ou por invalidez*, fundadas em responsabilidade civil, em virtude de sentença judicial transitada em julgado.

3) Alimentícios de pessoas idosas (60 anos ou mais) **ou que possuem doença grave** (CF, art. 100, § 2º): além de alimentícios tais quais os anteriores, há a característica específica do credor.

4) RPV ou OPV: nesse caso, o pagamento deve ser prontamente realizado pela Fazenda, *sem necessidade de precatório*.

4.2.6.5. Da execução de alimentos

Ainda que se trate de uma obrigação de pagar, há um procedimento próprio para a execução dos alimentos, considerando que o direito em questão é necessário à sobrevivência do credor.

Há distinção entre a execução de título extrajudicial (arts. 911 a 913) e o cumprimento de sentença de alimentos (art. 528 a 533).

Contudo, como há pontos em comuns, o assunto será tratado em conjunto, em tópico próprio (item *4.5.* abaixo).

4.2.7. Da execução de quantia certa

Esta é a espécie de execução mais utilizada no cotidiano forense, é a mais regulada pelo CPC, suas regras aplicam-se de forma subsidiária às demais espécies de execução (especialmente no tocante à expropriação de bens) e, também, esta é a *mais pedida em provas de concursos jurídicos*. Assim, será a execução analisada com mais vagar.

No CPC/1973 havia a *execução de quantia certa contra devedor solvente* (a que agora é analisada) e a *execução de quantia contra devedor insolvente* (a "falência civil"), que **não é regulada pelo CPC**. O art. 1.052 do CPC destaca que, até edição de lei específica, as execuções contra devedor insolvente *serão reguladas pelas regras do CPC/1973* (ou seja, não é todo o CPC/1973 que deixará de ser aplicado).

4.2.7.1. Petição inicial

Diante do *inadimplemento* e de um *título executivo extrajudicial que traga obrigação de pagar*, será utilizada a **execução por quantia certa** (CPC, art. 829).

A petição inicial do processo de execução segue a lógica da inicial do processo de conhecimento, com os seguintes requisitos:

(i) endereçamento (CPC, art. 319, I)

A **competência para ajuizar a execução** (CPC, art. 781) é ampla, sendo possível a propositura no *foro do domicílio do executado, foro de eleição constante do título ou foro da situação dos bens* que serão penhorados.

(ii) qualificação das partes (CPC, art. 319, II)

A **legitimidade para a execução** é apurada a partir da análise do título executivo extrajudicial;

(iii) demonstração do *inadimplemento / exigibilidade da obrigação* e da *existência de título* (CPC, art. 319, III)

São **documentos essenciais** à propositura da execução o *título executivo* e o *demonstrativo de débito*;

(iv) valor da causa (CPC, art. 319, V)

Nos termos do CPC, art. 292, I, o valor da causa será a *quantia pleiteada na execução*.

Quando admitida a execução, é permitido ao credor **dar publicidade a respeito da existência da execução**. Para tanto, o exequente poderá obter *certidão*, com identificação das partes e valor da causa, "*para fins de averbação no registro de imóveis, de veículos ou de outros bens sujeitos a penhora, arresto ou disponibilidade*" (CPC, art. 828). *Essa averbação não impede a alienação do bem, mas dá ciência a terceiros, os quais não poderão alegar desconhecimento a respeito da execução.*

Estando em termos a petição inicial, o juiz determinará a *citação do executado*, que poderá ser feita por correio.

Se o executado não for encontrado, será realizada nova diligência pelo oficial de justiça e, se o caso, haverá citação por hora certa ou por edital.

Há uma situação específica: se o *oficial de justiça não encontrar o executado*, mas *encontrar bens passíveis de penhora*, será possível a constrição de bens. Contudo, *não se trata de penhora*, que somente pode ser realizada após a citação (vide tópico abaixo).

Essa constrição é o **arresto executivo ou pré-penhora** (não confundir com a cautelar de arresto), previsto no art. 830 do CPC: A jurisprudência admite que esse arresto seja feito por *meio eletrônico* (*on-line* – STJ, REsp 1.370.687-MG, Informativo 519 do STJ).

4.2.7.2. Penhora

No caso de execução de quantia, se não houver o pagamento do débito, haverá a **penhora**, que *é a constrição judicial de bem do executado, capaz de garantir o pagamento do débito exequendo*. Uma vez efetivada a penhora, a avaliação do bem será realizada pelo oficial de justiça (CPC, art. 870).

O devedor responde pela execução com seus *bens presentes e futuros* (CPC, art. 789). Ou seja, se durante a tramitação do processo o devedor adquirir algum bem, será possível a penhora.

Pode o exequente, já na inicial do processo de execução, *indicar os bens do executado que devem ser penhorados* (CPC, art. 829, § 1º), que serão penhorados – salvo se outros forem *indicados pelo executado* e aceitos pelo juiz, diante da *demonstração de que a constrição será menos onerosa e não trará prejuízo ao exequente*.

Poderá o juiz determinar que o *executado indique quais são, onde estão e quanto valem os bens passíveis de penhora*, sob pena de ato atentatório à dignidade da justiça, que acarreta a imposição de multa (CPC, art. 774, V).

Efetivada a penhora, será nomeado um **depositário** (e, como já exposto, não há mais a prisão do depositário infiel). E o *depositário só será o executado se o exequente concordar ou nos casos de difícil remoção do bem* (CPC, art. 840, § 2º).

Se o oficial, *ao tentar citar o devedor, não encontrá-lo, mas encontrar bens penhoráveis* poderá **arrestar tais bens** (CPC, art. 830). Não se trata de penhora, visto que esta somente pode ocorrer após a citação e se não houver o pagamento do débito. Uma vez efetivado o arresto e não encontrado o devedor, o credor deverá providenciar sua citação por edital. Após tal ato, *o arresto será convertido em penhora* (CPC, art. 830, § 3º). Não se deve confundir esse arresto do processo executivo com o arresto cautelar, pois são figuras distintas.

Pode o exequente requerer a **penhora *on-line* de bens do executado** (CPC, art. 854 e ss.). Porém, há inovações no procedimento.

Inicialmente, após requerimento do exequente, o juiz, *sem dar ciência ao executado*, determinará às instituições financeiras que *tornem indisponíveis ativos financeiros* do executado (CPC, art. 854). O juiz deverá cancelar, em 24 horas, eventual *indisponibilidade excessiva* (CPC, art. 854, § 1º).

Efetivada a indisponibilidade, o executado será intimado e terá prazo de 5 dias para comprovar que (§ 2º e 3º):

I – as quantias tornadas indisponíveis são impenhoráveis;

II – ainda remanesce indisponibilidade excessiva de ativos financeiros.

Somente *após essa manifestação* é que haverá **efetivamente a penhora**, e então a instituição financeira deverá transferir o montante penhorado para conta à disposição do juízo (§ 5º).

Assim, a penhora *on-line* somente ocorrerá **após a citação**; já o arresto executivo do art. 830 (inclusive *on-line*), ocorrerá **antes da citação** (REsp 1.370.687-MG, informativo 519 do STJ).

No mais, o CPC ainda prevê expressamente a **penhora** de:

✓ *créditos* (art. 855);

✓ *quotas ou ações de sociedades* (art. 861 – inovação);

✓ *empresa*, outros *estabelecimentos e semoventes* (art. 862; inovação quanto aos semoventes);

✓ *percentual de faturamento* de empresa (art. 866);

✓ *frutos e rendimentos* de coisa móvel ou imóvel (art. 867 – o que era *usufruto* de bem móvel ou imóvel no sistema anterior).

4.2.7.2.1. Impenhorabilidades

O sistema brasileiro tem diversas **impenhorabilidades**, *situações nas quais, por força de lei, a penhora não é permitida, com o fim de proteger o executado e a sociedade.*

A Lei 8.009/1990 trata da *impenhorabilidade do bem de família*, apontando ser impenhorável o imóvel destinado à residência, bem como os móveis que o guarnecem (art. 1º e parágrafo único).

Mas há exceções à impenhorabilidade, previstas na própria lei. Dentre outras, merecem destaque as seguintes situações nas quais se admite a penhora (Lei 8.009/1990, art. 3º):

> "III – pelo credor de pensão alimentícia, resguardados os direitos, sobre o bem, do coproprietário que, com o devedor, integre união estável ou conjugal (inclusão da ressalva quanto ao cônjuge pela Lei 13.144/2015);
>
> IV – para cobrança de impostos, predial ou territorial, taxas e contribuições devidas em função do imóvel familiar;
>
> VII – por obrigação decorrente de fiança concedida em contrato de locação."

Vale destacar que o inc. I do art. 3º da Lei 8.009/1990, que previa a possibilidade de penhora do bem de família em virtude de créditos de trabalhadores da própria residência, foi *revogado* pela LC 150/2015 (Lei do Trabalho Doméstico).

De seu turno, o CPC trata do tema no art. 833, trazendo diversas impenhorabilidades:

(i) os *bens inalienáveis* e os declarados, por ato voluntário, não sujeitos à execução (exemplo dos *bens públicos*);

(ii) os *móveis*, pertences e utilidades domésticas que guarnecem a *residência do executado* – salvo os de *elevado valor* e os *supérfluos* (os não utilizados para as necessidades de um médio padrão de vida);

(iii) os *vestuários* e os *bens de uso pessoal* do executado – salvo se de *elevado valor*;

(iv) os *salários*, remunerações, aposentadorias e pensões de uma forma geral – *salvo* para pagamento de *pensão alimentícia* e quando o valor mensal percebido for **superior a 50 salários mínimos** (CPC, art. 883, § 2º – inovação relevante que afasta o paradigma da total impenhorabilidade do salário); apesar da expressa previsão de penhora de salário apenas acima desse valor, existem decisões do STJ em sentido diverso – inclusive da própria Corte Especial (EREsp 1582475, em que se decidiu caber a penhora de salário desde que a quantia que sobrar for suficiente para um confortável nível de vida); atenção pois esse julgado pode ser objeto de prova – e ainda que tenha sido proferido com base no Código anterior, já foi feita menção ao CPC;

(v) os *instrumentos* necessários ao *exercício da profissão* (livros, ferramentas etc. – salvo se tais bens tenham sido *objeto de financiamento e estejam vinculados em garantia* a negócio jurídico ou quando *respondam por dívida de natureza alimentar, trabalhista ou previdenciária* – § 3º);

(vi) o *seguro de vida*;

(vii) os *materiais necessários para obras em andamento*, salvo se essas forem penhoradas;

(viii) a *pequena propriedade rural*, desde que trabalhada pela família;

(ix) os *recursos públicos* recebidos por instituições privadas para aplicação compulsória em *educação, saúde ou assistência social*;

(x) *até o limite de 40 salários mínimos*, a quantia depositada em *caderneta de poupança* (para o STJ, qualquer aplicação e não só a poupança – REsp 1.230.060-PR, informativo 547 do STJ; incidindo as mesmas acima mencionadas em relação ao salário, visto acima);

(xi) os *recursos do fundo partidário*, recebidos por partido político;

(xii) os *créditos* oriundos de *alienação de unidades imobiliárias sob regime de incorporação*, vinculados à execução da obra.

4.2.7.3. Procedimento da execução por quantia certa

A finalidade desta espécie de execução é expropriar bens do executado para satisfazer o crédito do exequente.

Na sequência, é apresentado o procedimento desta modalidade de execução:

1) Inicial é instruída com: – título executivo extrajudicial (CPC, art. 798, I, *a*); e – demonstrativo do débito atualizado (CPC, art. 798, I, *b*).
2) Estando em termos a inicial, o juiz: – fixa, no despacho inicial, *honorários de 10%* sobre o valor da causa. Se houver o pagamento em 3 dias, os *honorários serão reduzidos à metade* (art. 827, § 1º). Se houver embargos protelatórios, honorários majorados para 20% (§ 2º); – determina a *citação do executado*, para *pagar o débito em 3 dias*, contados da citação. (CPC, art. 829); – se não houver pagamento, haverá a *penhora e avaliação*, por oficial de justiça (CPC, art. 870) – dos bens indicados pelo exequente; salvo se o executado indicar bens que configurem situação menos onerosa a ele e que não traga prejuízo ao exequente (CPC, art. 829, § 1º e 2º). 2.1) Recebida a petição inicial executiva, poderá o exequente obter *certidão da execução* (identificadas as partes e valor da causa), para "averbação no registro de imóveis, de veículos ou de outros bens sujeitos a penhora, arresto ou indisponibilidade" (CPC, art. 828). Quando isso for efetivado, deverá ser *comunicado ao juízo* (§ 1º). Se for realizada penhora no valor total da dívida, o exequente deverá providenciar, em 10 dias, o *cancelamento das averbações* dos bens não penhorados (§ 2º). Se o exequente assim não fizer, o *juiz fará de ofício* (§ 3º). No caso de averbação indevida ou não cancelada, caberá indenização por *perdas e danos* (§ 5º).
2.2) Além disso, cabe a inscrição do devedor em cadastro restritivo de crédito. A previsão está no art. 782 do CPC. – § 3º. A requerimento da parte, o juiz *pode determinar a inclusão do nome do executado em cadastros de inadimplentes*. – § 4º A *inscrição será cancelada imediatamente se for efetuado o pagamento*, se for *garantida a execução* ou se a *execução for extinta* por qualquer outro motivo. Além disso, prevê o CPC que o mesmo se aplica ao cumprimento de sentença definitivo de título judicial (CPC, art. 782, § 5º).

3) Se o oficial de justiça não encontrar o executado: *arresto executivo* dos bens (art. 830) que, segundo jurisprudência do STJ, poderá ser *on-line*.
A citação pode ser feita por *correio* (CPC, art. 247). E há menção específica à *citação por hora certa e edital* (CPC, art. 830, § 1º e 2º).
O executado, *reconhecendo o crédito do exequente* e comprovando o *depósito de 30%* do valor devido, pode requerer o *parcelamento do restante em 6 vezes* (com juros e correção). Com isso, renuncia ao direito de embargar (CPC, art. 916).

4) Após a citação, cabem embargos.

5) Não suspensa a execução ou rejeitados os embargos: tentativa de alienação do bem penhorado (CPC, art. 875).

6) **Prosseguindo a execução, haverá a tentativa de expropriação do bem penhorado**, que poderá ocorrer de três maneiras, na seguinte ordem:
(i) adjudicação ao exequente, *em que o próprio exequente receberá o bem como forma de pagamento*, pelo valor da avaliação (CPC, art. 876);
(ii) alienação por iniciativa particular, *em que o exequente tentará alienar o bem para quem não é parte no processo* (CPC, art. 880); ou
(iii) leilão judicial eletrônico ou presencial, *alienação realizada no bojo do processo judicial* (CPC, art. 881).

7) A *primeira opção* é a *adjudicação* por parte do exequente, *pelo preço da avaliação*. Se não houver êxito nessa, passa-se às demais. Se, ao final, não houver êxito, há nova oportunidade para adjudicar, podendo ser requerida nova avaliação (CPC, art. 878).

8) A *segunda opção* é a *alienação por iniciativa particular*, mediante *requerimento do exequente*, também pelo valor da avaliação, por conta própria ou corretor ou leiloeiro credenciados perante o Judiciário (CPC, art.880).

9) **Se não houver êxito nas hipóteses anteriores, haverá** *leilão, preferencialmente presencial (CPC, art. 882)*.
A definição do *preço mínimo do bem no leilão, condições de pagamento e garantia* serão definidas pelo juiz (CPC, 885).
Será **preço vil** (e, portanto, não poderá ser aceito) o preço inferior ao mínimo estipulado pelo juiz ou, não tendo sido fixado preço mínimo, o preço inferir a 50% do valor da avaliação (CPC, art. 891, parágrafo único).
Será publicado edital com todas as informações do bem, inclusive data do 1º e 2º leilões – o 2º para o caso de não haver interessados no 1º (CPC, art. 886, V).
Não podem oferecer lance algumas pessoas, dentre as quais o juiz e demais servidores na localidade onde servirem, leiloeiros e advogados (CPC, art. 890). Portanto, o próprio *exequente pode oferecer lance*.

10) *Expropriado o bem* (seja pela adjudicação, alienação ou arrematação), é possível ao executado impugnar a expropriação, via ação autônoma (CPC, art. 903, § 4º).
Portanto, **deixam de existir os embargos de 2ª fase (embargos à arrematação/adjudicação)** e passa a ser cabível uma ação autônoma par desconstituir a expropriação, em que o arrematante será litisconsorte necessário.

11) Ao final, **extinção** da execução.
CPC, art. 924. Extingue-se a execução quando:
I – a petição inicial for indeferida;
II – a obrigação for satisfeita;
III – o executado obtiver, por qualquer outro meio, a extinção total da dívida;
IV – o exequente renunciar ao crédito;
V – ocorrer a prescrição intercorrente.

4.2.8. Da defesa do executado: embargos

A defesa do executado, na execução de título executivo extrajudicial, dá-se via **embargos do devedor** ou **embargos à execução**.

Os embargos correspondem a um *processo de conhecimento*, com trâmite por um *procedimento especial* (CPC, art. 914 e ss.). Na execução, em regra, não se discute defesa. Assim, a defesa é por petição inicial, em processo autônomo – distribuído por dependência.

Não há necessidade de **garantir o juízo** para embargar (CPC, art. 914).

Matérias que podem ser alegadas nos embargos (CPC, art. 917):

(i) *inexequibilidade do título* ou *inexigibilidade da obrigação*;

(ii) *penhora incorreta* ou *avaliação errônea*;

(iii) *excesso de execução* ou *cumulação indevida* de execuções;

(iv) *retenção por benfeitorias* necessárias ou úteis, nos casos de *entrega de coisa certa*;

(v) *incompetência absoluta ou relativa do juízo da execução*;

(vi) *qualquer matéria de defesa*, visto que **ainda não houve prévia manifestação do Poder Judiciário**.

Há **excesso de execução** quando (CPC, art. 917, § 2º):

(i) o exequente pleiteia *quantia superior à do título*;

(ii) recai sobre coisa diversa daquela declarada no título;

(iii) processa-se de modo diferente do que foi determinado na sentença;

(iv) o exequente, *sem cumprir a prestação* que lhe corresponde, *exige o adimplemento da prestação do devedor*;

(v) *o exequente não prova que a condição se realizou*.

Caso se alegue **excesso de execução com base em quantia superior à devida**, o *embargante deverá indicar o valor que entende correto*, com demonstrativo de cálculo, *sob pena de rejeição liminar dos embargos ou não consideração desse argumento* (CPC, art. 917, § 4º).

4.2.8.1. Prazo para embargar

O prazo para embargar é de *15 dias*, contado da *juntada aos autos do mandado de citação* da execução ou da juntada do AR (CPC, arts. 915 e 231, I e II).

Diferentemente do que ocorre no processo de conhecimento:

✓ se houver *mais de um executado*, o prazo será contado *individualmente, salvo na hipótese de cônjuges* ou companheiros, quando o prazo será contado a partir da juntada do comprovante de citação do último (CPC, art. 915, § 1º);

✓ ainda que existam litisconsortes com advogados distintos, *não haverá aplicação do prazo em dobro* do art. 229 do CPC (CPC, art. 915, § 3º).

Como já mencionado, no prazo para embargar pode o executado reconhecer que deve depositar 30% do valor devido e requerer o parcelamento do restante em 6 parcelas mensais (CPC, art. 916).

4.2.8.2. Efeito suspensivo nos embargos

Em regra, os embargos não terão efeito suspensivo; ou seja, mesmo quando apresentados os embargos, prossegue normalmente a execução (CPC, art. 919).

Contudo, poderá o juiz, a requerimento do embargante, conceder **efeito suspensivo aos embargos** quando (CPC, art. 919, § 1º):

✓ presentes os requisitos para a *tutela provisória*;

✓ garantida a execução por penhora, depósito ou caução.

Ou seja: os embargos não dependem de penhoras, mas o efeito suspensivo depende.

No mais, ainda que concedido o efeito suspensivo, isso *não impedirá a penhora ou avaliação* dos bens (CPC, art. 919, § 5º).

Da decisão que negar a concessão de efeito suspensivo aos embargos à execução caberá a interposição de agravo de instrumento (CPC, art. 1.015, X – STJ, Informativo 617).

4.2.8.3. Procedimento dos embargos à execução

Trata-se de processo de conhecimento que tramita por procedimento especial (CPC, art. 914 e ss.):

1) Citado, o executado pode (a) parcelar a dívida, (b) permanecer silente ou (c) embargar, em 15 dias. **2) Inicial:** – **é distribuída** *por dependência* à execução e será *autuada em apartado* (CPC, art. 914, § 1º); – será instruída com *cópias* das peças relevantes presentes na execução (CPC, art. 914, § 1º); – *independe de penhora* (CPC, art. 914). 2.1) O juiz **rejeitará liminarmente** os embargos quando (CPC, art. 918): – intempestivos – no indeferimento ou improcedência liminar – se protelatórios (* ato atentatório à dignidade justiça)
3) *Em regra*, os embargos *não são recebidos no efeito suspensivo* (CPC, art. 919). *3.1) Somente* será atribuído efeito suspensivo (com a suspensão de quaisquer atos executivos) se estiverem *presentes, ao mesmo tempo, os seguintes requisitos* (CPC, art. 919, § 1º): **(i)** *garantia do juízo* (penhora, depósito ou caução); **(ii)** requisitos da tutela de urgência (*relevantes alegações* e perigo de dano). A concessão do efeito suspensivo *não impede a penhora* nem avaliação dos bens (CPC, art. 919, § 5º).
3) Recebidos os embargos, réu nos embargos (embargado) poderá se *manifestar em 15 dias* (CPC, art. 920).
4) *Se necessário, haverá* **dilação probatória**. Caso contrário, julgamento antecipado do mérito (CPC, art. 920, II)
5) *Decisão mediante* **sentença** da qual caberá apelação Embargos protelatórios são penalizados com *multa por ato atentatório à dignidade da justiça* (CPC, art. 918, parágrafo único).

4.2.9. Da defesa de terceiro no processo de execução: embargos de terceiro

Se há execução entre "A" e "B" e o executado entende que a penhora ou o valor são indevidos, a defesa se dá via embargos à execução, como visto acima.

Contudo, é possível que na execução entre "A" e "B" ocorra a penhora de bem de "C". Neste caso, a defesa se dá via **embargos de terceiro**.

4.2.9.1. Cabimento

Os **embargos de terceiro** são utilizados *quando há turbação ou esbulho por ato judicial* (penhora, depósito, arresto etc.) *de bem daquele que não é parte no processo*, seja processo de execução, de conhecimento ou cautelar.

Os embargos podem ser utilizados por quem tem *propriedade e posse* (senhor e possuidor) ou apenas por quem tem *posse* (possuidor).

Cabe também a *utilização pelo cônjuge* para defesa de sua *meação* (CPC, art. 674, § 2º, I).

4.2.9.2. Procedimento

Trata-se de *processo de conhecimento* que tramita por *procedimento especial* (CPC, art. 674 e ss.). Distribuídos por dependência, são autuados em apartado (CPC, art. 676).

Quanto ao **prazo, não há um termo específico** (CPC, art. 675):

✓ sendo constrição ocorrida **em** *processo de conhecimento*, **não há prazo** específico, sendo possível a oposição dos embargos *até o trânsito em julgado da sentença*;

✓ sendo constrição ocorrida em *processo de execução ou cumprimento de sentença, até 5 dias após a adjudicação, alienação ou arrematação, mas antes da assinatura da respectiva carta*.

Será **réu nos embargos de terceiro** a *parte que pleiteou e/ou que teve proveito com a constrição judicial* (CPC, art. 677, § 4º). No tocante à **sucumbência**, assim preceitua a Súmula 303 do STJ: "Em embargos de terceiro, *quem deu causa à constrição indevida deve arcar com os honorários advocatícios*".

Deverá o embargante *provar a posse ou propriedade e a qualidade de terceiro*, juntando documentos e indicando testemunhas (CPC, art. 677).

Se o juiz entender que está *provada a posse ou propriedade*, poderá *suspender as medidas constritivas sobre o bem litigioso* (CPC, art. 678), podendo determinar a prestação de caução, salvo se a parte for economicamente hipossuficiente (CPC, art. 678, parágrafo único).

O embargado poderá apresentar *contestação* no prazo de *15 dias*, a partir daí se seguirá o procedimento comum (CPC, art. 679).

Ao final, o juiz proferirá sua sentença.

4.3. Cumprimento de sentença

4.3.1. Dos requisitos necessários para o cumprimento de sentença

Retomando o já explanado acima, são requisitos necessários para o cumprimento de sentença:

(i) inadimplemento / exigibilidade: *o não cumprimento espontâneo da obrigação fixada na sentença* (CPC, art. 786);

(ii) título executivo judicial: *documento que traduz uma obrigação e permite o início da fase de cumprimento de sentença* (CPC, art. 515).

Somente cabe o cumprimento de sentença quando *existirem ambos os requisitos*.

4.3.2. Do título executivo judicial

Os títulos executivos judiciais estão previstos no CPC, art. 515:

(i) as *decisões proferidas no processo civil* (obrigação de pagar quantia, obrigação de fazer, não fazer, entregar coisa – destaque para a menção à **decisão** e não mais *sentença*, considerando a nova sistemática do CPC, com a possibilidade de diversas decisões de mérito ao longo do procedimento);

(ii) a *decisão homologatória de autocomposição judicial*;

(iii) a *decisão homologatória de autocomposição extrajudicial de qualquer natureza*;

O inc. II e o inc. III são iguais? Não. No inc. II, há demanda na qual se formula pedido e, depois, há o acordo. No inc. III, não há demanda prévia, e as partes apenas celebram o acordo e o submetem à homologação do juiz (e o acordo pode, eventualmente, não passar pelo Judiciário e poderá ser título executivo extrajudicial).

(iv) o *formal e a certidão de partilha*, quanto aos participantes do processo de inventário (inventariante, herdeiros e sucessores);

(v) o *crédito do auxiliar da justiça (custas, emolumentos ou honorários aprovados por decisão judicial – isso era, no CPC/1973, título executivo extrajudicial)*;

(vi) a *sentença penal condenatória transitada em julgado*;

(vii) a *sentença arbitral*;

(viii) a *sentença estrangeira homologada pelo STJ*;

(ix) a *decisão interlocutória estrangeira, após exequatur do STJ*;

Na redação aprovada pelo Legislativo, havia um inciso X: seria título judicial o "acórdão proferido pelo Tribunal Marítimo quando do julgamento de acidentes e fatos da navegação" (trata-se de um órgão administrativo e não jurisdicional). Contudo, o dispositivo foi vetado.

Dos títulos executivos judiciais, vale destacar que:

✓ como se percebe do inc. VII, a **sentença arbitral**, que é a *decisão proferida por um árbitro no bojo da arbitragem*, apesar de *não ter a intervenção do Judiciário* (se há arbitragem, não se manifesta o Judiciário) é considerada título judicial;

✓ a atividade do árbitro se restringe apenas à fase de conhecimento. Para a execução forçada (no caso, cumprimento de sentença), apenas o Estado pode ingressar no patrimônio do executado;

✓ nas hipóteses de decisões proferidas fora do Judiciário (sentença arbitral, penal ou estrangeira), *não houve prévia manifestação do juízo cível*, razão pela qual haverá necessidade de **citação do devedor** para o cumprimento de sentença – isso porque o processo de conhecimento foi realizado (i) perante árbitro, (ii) Judiciário estrangeiro ou (iii) Judiciário brasileiro no âmbito penal (CPC, art. 515, § 1º);

✓ já em relação aos *demais casos*, como já houve um *processo perante o juízo cível*, haverá necessidade apenas de **intimação do devedor** para o cumprimento de sentença.

4.3.3. Das diversas espécies de cumprimento de sentença

Tal qual exposto em relação ao processo de execução, conforme o *tipo de obrigação prevista no título executivo judicial*, será *variável a forma do cumprimento de sentença*.

Conforme o CPC:

✓ tratando-se de *obrigação de fazer, não fazer e entregar coisa*, deve ser observado o art. 536 e ss. (análogo à execução de título extrajudicial – vide itens 4.2.6.2 e 4.2.6.3);

✓ tratando-se de *obrigação de pagar alimentos*, deve ser observado o art. 538 e ss. (vide item 4.5 infra);

✓ tratando-se de *obrigação de pagar quantia pela Fazenda*, deve ser observado o art. 534 e s., que será analisado abaixo.

✓ tratando-se de *obrigação de pagar*, deve ser observado o art. 523 e ss., que será analisado abaixo.

4.3.3.1. Do cumprimento de sentença de obrigação de pagar quantia pela Fazenda Pública

Inova o CPC ao prever e regular o procedimento do **cumprimento de sentença contra a Fazenda** (inclusive sendo *aplicável de forma subsidiária ao procedimento de execução* contra a Fazenda – item 4.2.6.4 supra). No sistema anterior, apenas havia a execução contra a Fazenda, mesmo em relação a título judicial.

Contudo, apesar de se aplicar o cumprimento de sentença, **não se aplica à Fazenda a multa** para o *não pagamento em 15 dias* (art. 534, § 2º).

O art. 534 do CPC regula a petição que dá início ao cumprimento, que deverá trazer um **completo demonstrativo de débito**, que conterá: (i) o *nome completo* e o *número de inscrição no Cadastro de Pessoas Físicas ou no Cadastro Nacional da Pessoa Jurídica do exequente*; (ii) o índice de *correção monetária* adotado; (iii) os *juros* aplicados e as respectivas taxas; (iv) o *termo inicial e o termo final dos juros e da correção* monetária utilizados; (v) a *periodicidade da capitalização* dos juros, se for o caso; (vi) a especificação dos *eventuais descontos obrigatórios* realizados. Trata-se de demonstrativo igual ao que deve ser apresentado na execução e no cumprimento de sentença.

Se houver mais de um exequente, cada um deverá apresentar seu próprio demonstrativo (art. 534, § 1º).

Em relação à defesa pela Fazenda, o ente estatal será *intimado*, na pessoa do seu representante judicial, por carga, remessa ou meio eletrônico, para, querendo, **impugnar o cumprimento de sentença**, no prazo de *30 dias* (CPC, art. 535).

Podem ser alegadas as seguintes matérias (CPC, art. 535):

I – *falta ou nulidade da citação* se, na fase de conhecimento, o processo correu à *revelia*;

II – *ilegitimidade* de parte;

III – *inexequibilidade* do título ou *inexigibilidade* da obrigação;

IV – *excesso de execução* ou *cumulação indevida* de execuções;

V – *incompetência absoluta ou relativa* do juízo da execução;

VI – *qualquer causa modificativa ou extintiva da obrigação*, como pagamento, novação, compensação, transação ou prescrição, desde que *supervenientes ao trânsito em julgado da sentença*.

Existe **restrição para a matéria de defesa** a ser alegada considerando a *coisa julgada* que se formou no processo de conhecimento. Por isso, somente matéria posterior ao trânsito.

Se não houver impugnação ou for rejeitada a impugnação (CPC, art. 535, § 3º):

I – expedir-se-á, por intermédio do presidente do tribunal, *precatório* em favor do exequente;

II – por ordem do juiz, dirigida à autoridade na pessoa de quem o ente público foi citado para o processo, o pagamento de *obrigação de pequeno valor* será realizado no *prazo de 2 meses* contado da entrega da requisição, mediante depósito na agência de banco oficial mais próxima da residência do exequente.

Se houver impugnação parcial, caberá execução da parte não impugnada (CPC, art. 535, § 4º).

4.3.4. Do cumprimento de sentença para obrigação de pagar

4.3.4.1. Competência e natureza da execução

Como já exposto, a fase de cumprimento de sentença é a fase final do processo de conhecimento com pedido condenatório.

A **competência para a fase de cumprimento de sentença** é prevista no CPC, art. 516:

(i) *tribunais*, nas causas de sua *competência originária*;

(ii) *juízo que processou a causa no primeiro grau*.

(iii) *juízo cível competente*, no caso de *sentença penal condenatória, arbitral ou estrangeira* (a rigor, o domicílio do executado)

Poderá o *exequente, em II e III, optar* pelo juízo do *local onde se encontram bens* sujeitos à expropriação OU pelo do *atual domicílio do executado* – casos em que o credor requererá a remessa dos autos ao novo juízo competente (CPC, art. 516, parágrafo único).

Em relação à **natureza do cumprimento**, conforme a *estabilidade do título executivo*, é possível que o cumprimento de sentença seja provisório ou definitivo.

Utiliza-se o **cumprimento definitivo** quando se tratar de *decisão transitada em julgado ou não mais passível de impugnação, como a sentença arbitral*.

Já a **execução provisória** é utilizada quando (i) *a decisão ainda não transitou em julgado, e o recurso interposto não foi recebido no efeito suspensivo*; ou seja, somente é dotado de efeito devolutivo e (ii) na *tutela provisória*.

Nesse sentido, art. 520: *O cumprimento provisório da sentença impugnada por recurso desprovido de efeito suspensivo* será realizado da mesma forma que o cumprimento definitivo, sujeitando-se ao seguinte regime: (...)

E não se refere apenas à sentença, nos termos do art. 519: Aplicam-se as disposições relativas ao *cumprimento da sentença, provisório* ou definitivo, e à *liquidação*, no que couber, *às decisões que concederem tutela provisória*.

Como no cumprimento provisório há possibilidade de alteração da decisão exequenda, há *regras especiais* para seu prosseguimento (CPC, art. 520):

(i) corre por *iniciativa e responsabilidade do exequente*, que se obriga, se a sentença for reformada, a *reparar os danos* que o executado haja sofrido;

(ii) exigência de *caução* para: a) levantamento de dinheiro, e b) atos que importem transferência de posse ou alienação de propriedade.

É possível que a **caução seja dispensada** (CPC, art. 521) desde que:

(i) o *crédito for alimentar, qualquer que seja sua origem*;

(ii) o exequente demonstrar *estado de necessidade*;

(iii) pender o agravo contra decisão de inadmissão do REsp ou RE com base em repetitivo (art. 1.042, II e III);

(iv) a decisão a ser provisoriamente cumprida estiver em consonância com firme decisão de tribunal (*súmula ou repetitivo*).

Como são situações distintas (não complementares), é de se concluir que os **requisitos não são cumulativos**.

Ainda que presente alguma das situações que dispensem a caução, ela poderá ser mantida, se sua dispensa puder resultar "manifesto risco de grave dano de difícil ou incerta reparação" (CPC, art. 521, parágrafo único).

4.3.4.2. Penhora e expropriação de bens

No tocante à penhora (e impenhorabilidades) e à expropriação dos bens (adjudicação, alienação por iniciativa particular e hasta pública), *aplica-se integralmente ao cumprimento de sentença as regras previstas para o processo de execução* (cf. item 4.2.7.2 supra).

4.3.4.3. Procedimento da fase de cumprimento de sentença de pagar quantia

Da mesma forma que a execução de quantia é a mais frequente, também o *cumprimento de sentença para pagar quantia* é o mais usual no cotidiano forense, o mais regulado pelo CPC e o mais pedido nas provas de concursos jurídicos.

O procedimento está previsto no art. 523 e ss. do CPC.

1) Proferida decisão condenatória e não havendo pagamento espontâneo pelo réu, o *autor requererá o início do cumprimento de sentença* (art. 523).
1.1) Esse requerimento deverá ser *instruído com completa memória do débito*, bem como já indicar bens (art. 524) – sendo possível requerer a penhora *on-line*.
2) Intimado o réu, se não houver *pagamento no prazo de 15 dias, incidirá multa e honorários*, no valor de 10% cada (art. 523, § 1º).
2.1) Na falta de pagamento, haverá *penhora e avaliação* de bens necessários à satisfação do débito (art. 523).
3) Poderá o executado apresentar *impugnação* (art. 525).
4) Se a impugnação não suspender o cumprimento de sentença ou, ao final, for rejeitada, ocorrerá a alienação do bem penhorado.

5) **Expropriação de bens segue as regras da execução de título extrajudicial:** – adjudicação pelo credor; – alienação por iniciativa particular; – leilão.
6) A seguir, a extinção da fase de cumprimento de sentença. Aplicação subsidiária: – destas regras para o cumprimento provisório (*Art. 527. Aplicam-se as disposições deste Capítulo ao cumprimento provisório da sentença, no que couber*); – das regras do processo de execução para o cumprimento de sentença (art. 513).

Uma questão que foi objeto de grande polêmica é **termo inicial do prazo de 15 dias para pagamento, sob pena de multa de 10%**: a partir da intimação do executado ou do trânsito em julgado da decisão? A lei anterior era omissa.

O *caput* do art. 523 do CPC é claro: o início do prazo depende da intimação do executado (essa foi a posição a que chegou o STJ, no REsp 940.274/MS, *DJe* 31.05.2010). Porém, não especificou o legislador se esse prazo seria em *dias úteis ou corridos*; ou seja, se o prazo de pagamento é processual ou de direito material (CPC, art. 219, parágrafo único). A doutrina está dividida – em meu entender, é prazo processual, por trazer consequência para o processo (logo, o prazo é em dias úteis). Resta verificar qual será a posição do STJ a respeito do tema.

Outra questão polêmica: cabe a regra do parcelamento da dívida na execução (CPC, art. 916 ao cumprimento de sentença? No sistema anterior, a jurisprudência do STJ admitia (REsp 1.264.272-RJ, Informativo 497 do STJ). Contudo, o art. 916, § 7º foi expresso ao **vedar o parcelamento para o cumprimento de sentença**. Resta verificar se a legislação realmente será cumprida pela jurisprudência.

4.3.5. Da defesa do devedor no cumprimento de sentença

4.3.5.1. Da impugnação

A **impugnação** é a *defesa do executado prevista no CPC para a fase de cumprimento de sentença*.

O **prazo** para impugnar é de 15 dias, contados a partir do término do prazo de 15 dias para pagamento voluntário (item acima).

A regra está prevista no art. 525 do CPC:

Transcorrido *o prazo previsto no art. 523* sem o pagamento voluntário, *inicia-se o prazo de 15 (quinze) dias para que o executado* (...) *apresente, nos próprios autos, sua impugnação*.

Há **prazo em dobro** no caso de litisconsortes com advogados distintos (CPC, art. 525, § 3º).

Inova o CPC em relação ao prazo e, também, em relação à peça ser sempre nos **mesmos autos**, bem como quanto à **desnecessidade de penhora para impugnar** (CPC, art. 525, *caput*).

Considerando que o cumprimento de sentença tem por base um título executivo judicial e, assim, *já houve prévia manifestação do Poder Judiciário*, há **restrição quanto à matéria** a ser alegada na impugnação. Não se pode discutir novamente o mérito (se a quantia a ser paga é ou não devida), pois aí haveria *violação à coisa julgada*.

Assim, **somente as seguintes matérias podem ser alegadas na impugnação** (CPC, art. 525, § 1º):

(i) *falta ou nulidade da citação*, se na fase de conhecimento o processo correu à *revelia*;

(ii) *ilegitimidade* **de parte;**

(iii) *inexigibilidade do título* ou *inexigibilidade da obrigação*

(iv) *penhora incorreta* ou *avaliação errônea*;

(v) *excesso de execução* ou *cumulação indevida* de execuções (aqui se aplica tudo quanto foi *antes exposto* a respeito do tema nos embargos à execução; inclusive deverá o impugnante *declarar de imediato o valor que entende correto*, sob pena de rejeição liminar da impugnação – CPC, art. 525, §§ 4 e 5º).

(vi) *incompetência absoluta ou relativa do juízo da execução;*

(vii) qualquer *causa impeditiva, modificativa ou extintiva da obrigação* (pagamento, compensação, transação etc.), desde que *superveniente à sentença* (porque se anterior à sentença, isso já está protegido pela coisa julgada).

Considera-se também **inexigível** o *título judicial fundado em lei declarada inconstitucional pelo STF*, seja em controle difuso ou concentrado (CPC, art. 525, § 12), sendo que a decisão do STF deve ser anterior ao trânsito em julgado da decisão exequenda (§ 14) – se a decisão for posterior, deverá ser utilizada a rescisória, cujo prazo será contado a partir do trânsito em julgado da decisão do STF (§ 15).

4.3.5.1.1. Do procedimento da impugnação

O procedimento da impugnação é o seguinte:

1) Findo o prazo de 15 dias para pagar, o executado pode impugnar (CPC, art. 525).
2) **Somente algumas matérias** podem ser *alegadas na impugnação* (CPC, art. 525, § 1º). 2.1) Cabe rejeição liminar se impugnação (i) intempestiva ou (ii) no excesso de execução, não houver indicação do valor.
3) Em *regra*, a impugnação **não suspende** o cumprimento de sentença (CPC, art. 525, § 6º). Contudo, poderá ser **concedido o efeito suspensivo**, desde que presentes, *ao mesmo tempo*: (i) *fundamentos da impugnação forem relevantes*; e (ii) prosseguimento do cumprimento possa causar ao executado *grave dano de difícil ou incerta reparação*.
4) **A impugnação será autuada nos mesmos autos (CPC, art. 525,** *caput*).
5) Recebida a impugnação, deve ser aberta vista ao impugnado, para exercer o contraditório, no prazo de 15 dias (não há previsão legal nesse sentido)
6) *Se necessário*, **dilação probatória.**
7) Após instrução ou se esta desnecessária: **decisão do juiz, que poderá colocar fim ao cumprimento (se acolher integralmente a impugnação que entender nada ser devido) ou não (se rejeitada, total ou parcialmente, ou se for impugnação parcial – pois aí prossegue a fase de cumprimento).** 7.1) Sendo assim, variável o recurso cabível, conforme a extinção do cumprimento ou não (apelação ou agravo de instrumento).

4.4. Da exceção de pré-executividade

Não há previsão no Código a respeito desta defesa – seja no anterior, seja no CPC. Trata-se de criação jurisprudencial e doutrinária.

Em síntese, a **exceção de pré-executividade** ou de **não executividade** (ou ainda **objeção de executividade**) busca *permitir a defesa do devedor sem que haja a penhora*. No sistema anterior, sem penhora, não cabia a defesa do executado.

Cabe a exceção em situações nas quais *há grave vício no cumprimento de sentença, em relação à matéria a respeito da qual o juiz poderia se manifestar de ofício*, tais como:

✓ ausência de uma das *condições da ação*;

✓ ausência de *pressupostos processuais*;

✓ *prescrição*.

Só cabe a exceção se o *vício for flagrante* e for *desnecessária a dilação probatória*.

Porém, em 2006 para os embargos à execução e no CPC para a impugnação, **a defesa do executado independe de penhora**. Assim, a rigor, não mais haveria interesse no uso da exceção de pré-executividade.

Contudo, se a defesa não foi utilizada (intempestiva) ou foi usada sem que determinado argumento tenha sido apresentado? Se o argumento for de ordem pública, cabe a sua alegação extemporânea?

Vejamos o que diz o CPC (itálicos nossos). "Art. 803. É nula a execução se:

I – o título executivo extrajudicial não corresponder a obrigação certa, líquida e exigível;

II – o executado não for regularmente citado;

III – for instaurada antes de se verificar a condição ou de ocorrer o termo.

Parágrafo único. *A nulidade de que cuida este artigo* será pronunciada pelo juiz, de ofício ou a requerimento da parte, *independentemente de embargos à execução*."

Ora, esse parágrafo aponta o uso de defesa sem embargos, por simples petição – ou seja, exatamente a ideia da exceção de pré-executividade. Assim, ainda que o CPC não mencione seu nome, essa defesa segue sendo possível no novo sistema, para as situações graves da execução.

Além das 3 situações mencionadas no art. 803, cabe ainda a exceção para prescrição, desde que seja reconhecível de plano (STJ, REsp 915.503/PR, 4.ª T., j. 23.10.2007, *DJ* 26.11.2007).

4.5. Da execução e cumprimento de sentença de alimentos

Como antes exposto, existem diversos pontos em comum quanto à execução e cumprimento de alimentos. Por isso, o tema será tratado em conjunto, neste momento.

Inicialmente, haverá a análise dos institutos que se aplicam a ambos os tipos de títulos; após, haverá a análise procedimento separada.

4.5.1. *Disposições comuns à execução e ao cumprimento*

O **crédito alimentar** é diferenciado, pois dele decorre a *sobrevivência do alimentando* (dever de prover do alimentante).

Por isso, há a consequência de **prisão civil** do devedor de alimentos, no caso de "inadimplemento voluntário e inescusável de obrigação alimentar" (CF, art. 5º, LXVII).

A respeito da **prisão**, indaga-se:

1) Em qual **regime** ocorre a prisão?

Art. 528 (...) § 4º A prisão será cumprida em *regime fechado*, devendo o preso ficar *separado dos presos comuns*.

2) A prisão **afasta o débito**?

Art. 528 (...) § 5º O *cumprimento da pena não exime o executado do pagamento* das prestações vencidas e vincendas.

3) Qual **período de débito** permite a prisão?

Foi inserido no CPC o que já constava da Súmula 309 do STJ (prisão civil somente em relação às últimas três parcelas).

Art. 528 (...) § 7º O débito alimentar que *autoriza a prisão civil* do alimentante é o que compreende *até as 3 (três) prestações anteriores* ao ajuizamento da execução e *as que se vencerem no curso do processo*.

Portanto, somente é possível executar os **alimentos sob pena de prisão** em relação às *últimas 3 prestações mensais*. Quanto às *demais parcelas vencidas*, executa-se os **alimentos sob pena de penhora.**

E vale lembrar que, apesar da previsão constitucional de *prisão civil em duas hipóteses* (dívida alimentar e depositário infiel – CF, art. 5º, LXVII), o STF pacificou que **não cabe a prisão do depositário infiel** (Súmula Vinculante 25: É ilícita a prisão civil de depositário infiel, *qualquer que seja a modalidade do depósito*).

Inova o CPC ao prever o **protesto** da decisão que fixa de alimentos:

Art. 528, § 1º. Caso o executado, no prazo referido no *caput*, não efetue o pagamento, não prove que o efetuou ou não apresente justificativa da impossibilidade de efetuá-lo, *o juiz mandará protestar* o pronunciamento judicial, aplicando-se, no que couber, o disposto no art. 517.

Assim, antes mesmo da prisão civil, o juiz *determinará o protesto da decisão* que fixou os alimentos.

O CPC já prevê o protesto de qualquer decisão (art. 517).

Porém, há distinções entre o protesto da decisão de alimentos e das demais:

(i) nas outras decisões condenatórias, há *necessidade de trânsito em julgado*;

(ii) nas demais decisões condenatórias, o protesto é feito *a requerimento da parte*; no caso dos alimentos, é *determinado de ofício pelo juiz*.

Outra novidade é a possibilidade de **desconto de até 50% dos vencimentos** do executado:

Art. 529, § 3º Sem prejuízo do *pagamento dos alimentos vincendos*, o débito objeto de execução pode ser *descontado dos rendimentos ou rendas* do executado, *de forma parcelada*, nos termos do *caput* deste artigo, contanto que, *somado à parcela devida, não ultrapasse cinquenta por cento de seus ganhos líquidos*.

Assim, se um devedor de alimentos passa a receber salário, poderá haver, além do desconto em folha das parcelas mensais, um desconto adicional em relação às parcelas devidas.

Quanto ao **procedimento,** no CPC há 4 possibilidades. A distinção se dá em relação ao **tipo de título** (*judicial ou extrajudicial*) e **tempo de débito** (*pretérito ou recente*):

4.5.2. Cumprimento de sentença de alimentos

Tratando-se de título executivo judicial (sentença de alimentos), é possível que existam dois procedimentos:

(i) cumprimento de sentença, sob pena de prisão (arts. 528 a 533): para débitos recentes, *executado intimado pessoalmente para pagar, em 3 dias*;

(ii) cumprimento de sentença, sob pena de penhora (art. 528, § 8º): para débitos pretéritos, *executado intimado para pagar, em 15 dias, sob pena de multa de 10% (art. 523)*;

Em relação à **defesa no cumprimento de sentença**:

(i) sendo procedimento **sob pena de prisão**, o executado deverá pagar, provar que pagou ou apresentar *justificativa de alimentos*, apontando motivos que justifiquem o inadimplemento (CPC, art. 528, § 1º). Porém, somente será aceita a justificativa de fato "que gere a impossibilidade absoluta de pagar justificará o inadimplemento" (§ 2º).

(ii) sendo procedimento **sob pena de penhora**, cabível será a *impugnação*, sem qualquer especificidade.

4.5.3 Execução de alimentos

Tratando-se de título executivo extrajudicial (escritura pública ou outro título extrajudicial de alimentos), também é possível que existam dois procedimentos:

(iii) execução de alimentos, fundada em título executivo extrajudicial, **sob pena de prisão**, para débitos recentes (arts. 911 e 912): *executado será citado para pagar, em 3 dias (art. 528)*;

(iv) execução de alimentos, fundada em título executivo extrajudicial, **sob pena de penhora**, para débitos pretéritos (art. 913): *executado será citado para pagar, em 3 dias (art. 829)*.

Em relação à **defesa na execução** de alimentos:

✓ quanto ao exposto em (iii) acima (sendo o procedimento **sob pena de prisão**), cabível também a *justificativa de alimentos*, tal qual no cumprimento de sentença (art. 911, parágrafo único. Aplicam-se, no que couber, os §§ 2º a 7º do art. 528).

✓ quanto ao exposto em (iv) acima (sendo o procedimento **sob pena de penhora**): cabíveis os *embargos*, sem qualquer especificidade.

4.6. Outros conceitos relacionados ao processo de execução

Estes temas são usualmente pedidos em provas de concursos jurídicos.

4.6.1. Fraudes

Diante da *alienação de bens que poderiam ser objeto de penhora*, fala-se em fraudes:

a) fraude à execução: é a *ineficácia de alienação feita pelo devedor após a citação em processo – de conhecimento ou execução –, que possa levá-lo à insolvência* (CPC, art. 792).

A Súmula 375 do STJ pacificou que: "O reconhecimento da fraude à execução depende do registro da penhora do bem alienado ou da prova de má-fé do terceiro adquirente".

Para ser reconhecida a fraude à execução, *não há necessidade de uma nova ação judicial;* o reconhecimento será requerido no bojo do processo que já tramita e no qual já houve a citação. Assim, se o réu, citado no processo judicial, alienar seus bens a ponto de ficar sem patrimônio, poderá ser reconhecida a fraude;

A hipótese mais frequente é a seguinte:

"Art. 792. A alienação ou a oneração de bem é considerada fraude à execução:

(...)

IV – quando, *ao tempo da alienação* ou da oneração, *tramitava contra o devedor ação capaz de reduzi-lo à insolvência;*"

Mas não é a única hipótese

"Art. 792. A alienação ou a oneração de bem é considerada fraude à execução:

I – quando sobre o bem pender *ação fundada em direito real* ou com pretensão reipersecutória, desde que a pendência do processo tenha sido *averbada* no respectivo registro público, se houver;

II – quando tiver sido *averbada, no registro do bem, a pendência do processo de execução*, na forma do art. 828;

III – quando tiver sido averbado, no registro do bem, *hipoteca judiciária* ou outro ato de constrição judicial originário do processo onde foi arguida a fraude;"

Como exemplo, uma demanda reivindicatória em que se pleiteia determinado imóvel. O réu aliena o imóvel durante a tramitação desse processo.

Se o resultado da demanda for:

1) extinção sem resolução de mérito – não há problema;

2) improcedência – não há problema

3) procedência – problema: autor tem direito à propriedade, mas o bem foi alienado. Nesse caso, pode-se falar em fraude, nos termos do inc. I do art. 792.

Além disso, o inc. V do art. 792 fala "nos demais casos expressos em lei". Um dos exemplos é a alienação após o incidente de desconsideração da personalidade jurídica (arts. 133 e 792, § 3º).

Traz o CPC algumas **inovações** quanto à fraude à execução:

✓ afirma o Código, tal qual já reconhecia a doutrina, que a alienação em fraude é **ineficaz** quanto ao exequente (art. 792, § 1º);

✓ no caso de aquisição de bem *não sujeito a registro*, o **terceiro adquirente tem o ônus** de provar que adotou as cautelas necessárias para a aquisição do bem, mediante a *exibição das certidões pertinentes*, obtidas no domicílio do vendedor e no local onde se encontra o bem (§ 2º).

✓ **antes de declarar a fraude** à execução, o juiz deverá *intimar o terceiro adquirente*, que poderá se defender via *embargos de terceiro, no prazo de 15 dias* (§ 4º).

b) fraude contra credores: é a *alienação realizada pelo devedor, que o levará à insolvência, com finalidade de prejudicar o credor em eventual processo judicial* (CC, arts. 158 e ss.).

Ocorre *antes da citação em qualquer processo judicial*. Tem como **requisitos** o *eventum damni* (dano – reduzir o devedor à insolvência) e o *consilium fraudis* (fraude – prejudicar o credor).

Há necessidade de um processo judicial (*ação pauliana*), em que serão litisconsortes passivos quem alienou e quem adquiriu o bem.

Trata-se de demanda que tramita pelo procedimento comum ordinário, que necessita de prova dos dois requisitos para que seja reconhecida a fraude e o juiz determine que a situação volte ao *status quo ante* (ou seja, que o bem deixe a esfera do terceiro e volte à do alienante – para que seja possível, no processo oportuno, ser objeto de penhora).

Vale destacar que somente há legitimidade do credor quirografário (CC, art. 158) e somente é possível o ajuizamento por quem já era credor quando da alienação (CC, art. 158, § 2º).

4.6.2. Remição e remissão

Estas figuras podem acarretar a extinção da execução. Mas são distintas, o que, usualmente, acarreta dúvidas:

(i) remissão da dívida: *perdão da dívida pelo credor* (CC, art. 385), hipótese que acarreta a extinção da execução (CPC, art. 924, IV);

(ii) remição da execução: *liberação total da execução em virtude do pagamento, antes da adjudicação, alienação ou arrematação* (CPC, art. 826), hipótese que também acarreta a extinção da execução (CPC, art. 924, II).

Perceba-se que a *remição depende do pagamento total da execução*. Assim, **não há remição envolvendo um bem específico**.

Se estiver para ser adjudicado ao credor *um determinado bem*, poderão pessoas ligadas ao devedor obter a liberação daquele bem específico.

Ou seja, *poderão adjudicar, nas mesmas condições do credor, o cônjuge, ascendente e descendente do executado*, bem como o credor com garantia real ou outros credores que tenham penhorado o bem (CPC, art. 876, § 5º).

Havendo mais de um interessado, haverá licitação; para a mesma oferta, *a preferência será do cônjuge / companheiro, ascendente e descendente, nessa ordem* (CPC, art. 876, § 6º).

5. RECURSOS E PROCESSOS NOS TRIBUNAIS

5.1. Teoria Geral dos Recursos

O tema recursos é muito frequente em diversas bancas de concursos.

Inicialmente será apresentada uma visão geral dos recursos (ou seja, a teoria geral dos recursos) para, depois, tratar-se especificamente de cada um deles.

É importante ter a visão do todo, bem como dos recursos excluídos no CPC, visto que as perguntas da banca podem tratar de vários recursos ao mesmo tempo (e mesmo de recursos do sistema anterior) – e não apenas de um aspecto específico de determinado recurso.

5.1.1. Conceito

Recurso, na linha da definição do saudoso Professor Barbosa Moreira, é o "remédio voluntário e idôneo a ensejar, dentro do mesmo processo, a reforma, a invalidação, o esclarecimento ou a integração da decisão judicial impugnada".

A existência dos recursos decorre dos princípios processuais da ampla defesa, do contraditório e do duplo grau de jurisdição.

Pelo **princípio da taxatividade**, *somente a lei pode prever quais são os recursos* – que são os previstos no CPC, art. 994.

Da soma do conceito de recurso e do princípio da taxatividade, é possível concluir que:

a) a remessa necessária não é recurso.

A **remessa necessária (reexame necessário no CPC/1973)** é a *situação na qual a sentença é contrária à Fazenda Pública (União, Estados, Municípios e suas autarquias e fundações) e, mesmo sem recurso, a decisão de 1º grau tem de ser confirmada pelo Tribunal* (CPC, art. 496).

Só não haverá a remessa necessária se (CPC, art. 496, §§ 3º e 4º):

✓ (i) quando a *condenação ou proveito econômico for de valor certo e líquido inferior* a (a) 1.000 salários mínimos para a União, autarquias e fundações federais; (b) 500 salários mínimos para os Estados, o Distrito Federal, autarquias e fundações de direito público estaduais e os Municípios que forem capitais dos Estados; (c) 100 salários mínimos para todos os demais Municípios e autarquias e fundações de direito público municipais;

(ii) quando a *sentença estiver fundada* em (a) súmula de tribunal superior; (b) acórdão proferido pelo STF ou pelo STJ em julgamento de recursos repetitivos; (c) entendimento firmado em incidente de resolução de demandas repetitivas ou de assunção de competência; (d) entendimento coincidente com orientação vinculante firmada no âmbito administrativo do próprio ente público, consolidada em manifestação, parecer ou súmula administrativa.

b) ações de impugnação autônomas não são recursos.

As **ações de impugnação autônomas,** *apesar de impugnarem decisões judiciais, assim o fazem mediante a instauração de uma nova relação processual*, ou seja, *não se trata da mesma relação processual na qual a decisão foi proferida*.

Como exemplos, a *ação rescisória* (que busca desconstituir a coisa julgada – CPC, art. 966), o mandado de segurança e o *habeas corpus* contra decisão judicial. Nessas três situações, há a instauração de uma nova relação processual;

c) pedido de reconsideração não é recurso.

O **pedido de reconsideração** é a *petição na qual a parte, uma vez que um pleito seu não foi atendido, busca a reconsideração por parte do juiz*. No cotidiano forense é utilizado com frequência pelos advogados, mas, como não está previsto no art. 994, não é recurso.

Assim, não modifica em nada o prazo para interposição do recurso cabível. Ou seja: se o juiz indeferir a tutela de urgência e a parte apresentar pedido de reconsideração, esta peça *não alterará* o prazo para interposição do agravo de instrumento.

5.1.1.1. Incidentes e ações previstas nos tribunais (CPC)

Além disso, os seguintes *incidentes* e *ações* que tramitam nos tribunais e estão previstos no Livro III da Parte Geral do CPC também não são recursos:

(i) incidente de arguição de inconstitucionalidade (CPC, art. 948): considerando o sistema difuso-concreto brasileiro, qualquer juiz pode declarar a inconstitucionalidade de um diploma legal, incidentalmente no processo (como questão prejudicial).

Mas quando isso ocorrer no âmbito dos tribunais há necessidade de decisão da maioria dos membros do tribunal, em obediência à "cláusula de reserva de plenário" (CF, art. 97 e Súmula Vinculante 10).

(ii) conflito de competência (CPC, art. 951): quando *dois ou mais juízes se considerarem competentes ou incompetentes para julgar uma mesma causa*, cabe o conflito de competência (vide item 1.2.7 acima).

O conflito será suscitado no Tribunal, e o relator determinará a manifestação dos juízos envolvidos. Se um juiz for o suscitante, poderá somente ser ouvido o suscitado (art. 954).

Pode o relator designar um dos juízes para decidir, em caráter provisório, as questões urgentes.

Se já houver jurisprudência dominante, cabe o julgamento do conflito de forma monocrática (art. 955, parágrafo único).

(iii) homologação de decisão estrangeira (CPC, art. 960): a decisão estrangeira, para ingressar no sistema processual brasileiro, depende de *prévia homologação perante o STJ*. Isso porque é necessário verificar se a decisão estrangeira pode ser aqui aplicada, considerando as regras de competência internacional concorrente e exclusiva (vide item 1.2.4.1 acima), não se admitindo a homologação de decisão em caso de competência exclusiva do juiz brasileiro (CPC, art. 964). Por isso, eventualmente cabe *decisão homologatória parcial* (CPC, art. 961, § 2º).

Inova o CPC ao prever que também a **decisão interlocutória estrangeira** pode ser homologada, via carga rogatória (CPC, art. 960, § 1º) – inclusive a que concede medida de urgência (CPC, art. 962). Também há previsão de homologação de **decisão arbitral estrangeira** (CPC, art. 960, § 3º).

A decisão estrangeira de **divórcio consensual não precisa ser homologada no STJ**, cabendo a *qualquer juiz apreciar a validade da decisão estrangeira*, quando o tema por submetido perante o Judiciário brasileiro (CPC, art. 961, §§ 5º e 6º).

São **requisitos** para a homologação da decisão estrangeira (CPC, art. 963):

I – ser proferida por *autoridade competente*;

II – ser *precedida de citação regular*, ainda que verificada a revelia;

III – ser *eficaz no país em que foi proferida*;

IV – *não ofender a coisa julgada brasileira*;

V – estar acompanhada de *tradução oficial*, salvo disposição que a dispense prevista em tratado;

VI – não conter manifesta *ofensa à ordem pública*.

(iv) incidente de resolução de demandas repetitivas (IRDR – CPC, art. 976): trata-se de uma das principais inovações do CPC, busca a *racionalidade e igualdade na apreciação de processos de massa, em que se debata o mesmo tema repetitivo*. Assim, busca maior agilidade e rapidez em causas repetitivas.

O **IRDR será instaurado** quando houver, simultaneamente (CPC, art. 976): I – efetiva *repetição de processos que contenham controvérsia sobre a mesma questão unicamente de direito*; II – *risco de ofensa à isonomia e à segurança jurídica*.

Não será cabível o IRDR quando um dos tribunais superiores (STF ou STJ), no âmbito de sua respectiva competência, *já tiver afetado recurso repetitivo* para definição de tese sobre questão de direito material ou processual repetitiva (CPC, art. 976, § 4º).

Admitido o incidente, o relator (CPC, art. 982):

I – *suspenderá os processos pendentes, individuais ou coletivos*, que tramitam no Estado ou na região, conforme o caso;

II – poderá *requisitar informações* a órgãos em cujo juízo tramita processo no qual se discute o objeto do incidente, que as prestarão em 15 dias;

III – intimará o *MP* para, querendo, manifestar-se em até 15 dias.

O relator *ouvirá partes e interessados*, que no prazo comum de 15 dias, poderão requerer juntada de documentos e diligências necessárias para a elucidação da questão de direito controvertida (CPC, art. 983).

O julgamento, realizado perante o órgão previsto no regimento interno como responsável pela uniformização de jurisprudência do tribunal, deverá **ocorrer em até um ano** (CPC, arts. 978 a 980). **Se não for julgado em até 1 ano**, *cessa a suspensão dos demais processos* – salvo se o relator decidir em sentido contrário (CPC, art. 980, parágrafo único).

Julgado o incidente, a tese jurídica será aplicada (CPC, art. 985):

I – a *todos os processos* individuais ou coletivos que versem sobre *idêntica questão de direito* e que tramitem *na área de jurisdição do tribunal*, inclusive àqueles que tramitem nos *juizados especiais* do respectivo Estado ou região;

II – aos *casos futuros que versem idêntica questão de direito* e que venham a tramitar no território de competência do tribunal, salvo hipótese de revisão.

Não observada a tese adotada no IRDR, além do recurso cabível, será possível o uso de *reclamação* (CPC, art. 985, § 1º).

Do julgamento do mérito do incidente *caberá recurso extraordinário ou especial* (CPC, art. 987), que será recebido no efeito suspensivo, sendo presumida a repercussão geral para o RE (CPC, art. 987, § 1º). Da decisão do IRDR será admitido *recurso do amicus curiae* (CPC, art. 138, § 3º).

Apreciado o **mérito do recurso por tribunal superior**, a tese jurídica adotada será *aplicada em todo o território nacional a todos os processos* individuais ou coletivos que versem sobre idêntica questão de direito (CPC, art. 987, § 2º).

(v) incidente de assunção de competência (IAC – CPC, art. 947): novidade no sistema, este incidente é cabível quando o julgamento de recurso, de remessa necessária ou de processo de competência originária envolver *relevante questão de direito, com grande repercussão social, sem repetição em múltiplos processos* (art. 947).

Ou seja, o órgão para fixação de jurisprudência do tribunal avocará o julgamento de determinado recurso, tal qual ocorre com o IRDR, mas sem se tratar de questão de massa. Vale pensar em uma situação que cause grande repercussão e que seria originariamente julgada por uma câmara ou turma, mas que se entenda conveniente já ser julgada por um órgão do tribunal composto por mais magistrados, mas que não *exista a repetição de processos* a justificar o uso do IRDR. Como exemplo, a discussão a respeito de ser cabível ou não agravo de instrumento nas ações de recuperação judicial: existe uma divergência relevante, mas não existe um número suficiente para que se esteja diante de uma ação repetitiva.

O relator proporá, de ofício ou a requerimento, que seja o recurso, a remessa necessária ou o processo de competência originária julgado pelo órgão colegiado que o regimento indicar. Reconhecido o interesse público, o órgão colegiado apreciará o incidente e o acórdão proferido vinculará todos os juízes e órgãos fracionários (§ 3º). Aplica-se o IAC quando ocorrer *relevante questão de direito* a respeito da qual seja *conveniente a prevenção ou a composição de divergência* entre câmaras ou turmas do tribunal (§ 4º).

O debate que poderá surgir é se o IAC importaria na violação do juiz natural, pois poderia haver, desde logo, o julgamento por parte de um determinado órgão que já se sabe, de antemão, a composição (especialmente se for o órgão especial ou corte especial o responsável regimental pelo julgamento). Mas isso não tem impedido tribunais de instaurarem e julgarem IACs.**(vi) reclamação** (CPC, art. 988): trata-se de *ação*, não de recurso, que ganha relevo no âmbito do CPC. Já é prevista em diversos outros diplomas, como a Lei 8.038/1990, art. 13 e ss. com a finalidade de preservar a autoridade de tribunal.

O CPC, a reclamação é o meio cabível para (art. 988):

I – *preservar a competência* do tribunal;

II – garantir a *autoridade das decisões* do tribunal;

III – garantir a *observância de decisão do STF* em controle concentrado de constitucionalidade e súmula vinculante;

IV – garantir a *observância de acórdão proferido em julgamento de IRDR* ou em incidente de *assunção de competência*.

Ou seja, será **possível utilizar a reclamação**, para qualquer tribunal (intermediário ou superior):

a) se a *competência ou decisão* de tribunal não for observada;

b) se a decisão de *ADIN, ADC, ADPF, súmula vinculante, IRDR e IAC* não forem observadas;

*CPC*Por sua vez, **não será admitida a reclamação** (CPC, art. 988, § 5º):

a) proposta *após o trânsito em julgado* da decisão reclamada (de modo que, além da reclamação, *deverá ser utilizado o recurso cabível*);

b) proposta para garantir a *observância de acórdão de recurso extraordinário com repercussão geral* reconhecida ou de acórdão proferido em *RE ou REsp repetitivos*, quando **não esgotadas as instâncias ordinárias**.

Porém, apesar desta última previsão do Código – de cabimento de reclamação se REsp repetitivo não for observado, desde que esgote as instâncias ordinárias – foi decidido que "não cabe reclamação para o controle da aplicação de entendimento firmado pelo STJ em recurso especial repetitivo" (Rcl 36.476).

Ou seja: pelo CPC, se a tese fixada em um repetitivo não fosse observada por um acórdão do Tribunal intermediário, seria possível interpor o REsp e, em conjunto, a reclamação. Com essa decisão do STJ, **isso não é possível**.

Vale destacar que:

(i) como se trata de uma decisão vinculante, o candidato deve se atentar para isso, pois pode ser pedido em provas de concurso;

(ii) resta verificar se o STF irá efetivamente aceitar reclamação contra decisão proferida em RE repetitivo (a jurisprudência do STF ainda é instável em relação a isso).

Ao **despachar a reclamação**, o relator (CPC, art. 989):

I – *requisitará informações* da autoridade a quem for imputada a prática do ato impugnado, que as prestará em 10 dias;

II – se necessário, *ordenará a suspensão do processo* ou do ato impugnado para evitar dano irreparável;

III – determinará a *citação do beneficiário da decisão impugnada*, que terá prazo de 15 dias para apresentar sua *contestação*.

Ao final, julgando **procedente a reclamação**, o tribunal *cassará a decisão exorbitante* de seu julgado ou *determinará medida adequada à solução da controvérsia* (CPC, art. 992).

5.1.2. Finalidade dos recursos

Como já visto, o recurso impugna a decisão judicial e três são as possíveis finalidades de um recurso: invalidação, reforma e integração.

a) invalidação ou **anulação da decisão**: *caso a decisão impugnada não tenha observado a forma processual prevista para determinado ato, deverá ser anulada*. Portanto, a decisão será retirada do mundo jurídico e haverá a repetição do ato anulado pelo juiz de origem.

Assim, a decisão será viciada em virtude de um erro procedimental (*error in procedendo*), defeito de forma que macula a sua validade. O vício de forma ocorre porque uma norma de natureza processual não foi observada (como, por exemplo, a manifestação do MP quando uma das partes for menor).

b) reforma da decisão: *caso a decisão impugnada não tenha aplicado a correta solução para lide, deverá ser reformada*. Isto é, o Tribunal já proferirá uma decisão que substituirá a anterior.

Assim, a decisão será viciada não em relação à forma, mas sim quanto ao conteúdo, ao mérito, à lide, ou seja, houve um erro de julgamento (*error in judicando*). Em tal situação, o Tribunal reformará a decisão;

c) integração da decisão: *caso a decisão impugnada seja obscura, contraditória ou omissa cabem esclarecimentos ou complementos – ou seja, a integração da decisão*.

Neste caso, o próprio órgão prolator da decisão (e não um órgão superior) é que irá complementá-la. Os embargos de declaração são o recurso típico para a integração de uma decisão.

Além disso, o CPC destaca também outra função dos recursos: a de **uniformização da jurisprudência**. Nesse sentido, os arts. 926 e 927 são relevantes para buscar uma *valorização e vinculação da jurisprudência aos precedentes*.

Nesse sentido, os tribunais deverão dar *publicidade aos seus precedentes*, organizando-os por questão jurídica decidida e divulgando-os, preferencialmente, na rede mundial de computadores (CPC, art. 927, § 5º).

Os tribunais devem **uniformizar sua jurisprudência** e mantê-la *estável, íntegra e coerente* (CPC, art. 926).

Para tanto, juízes e tribunais *observarão* (CPC, art. 927):

I – as decisões do STF em *controle concentrado* de constitucionalidade;

II – os enunciados de *súmula vinculante*;

III – os acórdãos em *incidente de assunção de competência* ou de *resolução de demandas repetitivas* e em julgamento de *recursos extraordinário e especial repetitivos*;

IV – os enunciados das *súmulas do STF* em matéria constitucional e do *STJ* em matéria infraconstitucional; (ou seja, todas as súmulas, agora, deverão ser observadas)

V – a orientação do *plenário ou do órgão especial* aos quais estiverem vinculados.

Considera-se **julgamento de casos repetitivos**, que poderão enfrentar questões de direito *material ou processual*, a decisão proferida em (CPC, art. 928:

I – incidente de resolução de demandas repetitivas (*IRDR*);

II – recursos *especial e extraordinário repetitivos*.

A **alteração de tese jurídica** adotada em enunciado de súmula ou em julgamento de casos repetitivos poderá ser *precedida de audiências públicas* e da participação de pessoas, órgãos ou entidades que possam contribuir para a rediscussão da tese (art. 927, § 2º). E, caso haja mudança da orientação jurisprudencial, os tribunais superiores poderão *modular os efeitos da alteração*, considerando razões de interesse social ou segurança jurídica (CPC, art. 927, § 3º) – ou seja, mudar a jurisprudência, mas apenas a partir determinado momento. A mudança de jurisprudência observará a *necessidade de fundamentação adequada e específica*, considerando os princípios da segurança jurídica, da proteção da confiança e da isonomia (art. 927, § 4º).

5.1.3. Enumeração dos recursos existentes no processo civil brasileiro

São recursos no processo civil (CPC, art. 994):

I – apelação (CPC, art. 1.009);

II – agravo de instrumento (CPC, art. 1.015);

III – agravo interno (CPC, art. 1.021);

IV – embargos de declaração (CPC, art. 1.022);

V – recurso ordinário constitucional (ROC – CPC, art. 1.027, e CF, art. 102, II, e 105, II);

VI – recurso especial (REsp – CPC, art. 1.029, e CF, art. 105, III);

VII – recurso extraordinário (RE – CPC, art. 1.029, e CF, art. 102, III);

VIII – **agravo em recurso especial ou extraordinário** (CPC, art. 1.042);

IX – embargos de divergência (CPC, art. 1.043).

Além destes, há ainda a modalidade de **recurso adesivo** para alguns dos acima arrolados (CPC, art. 997, § 1º):

✓ apelação adesiva;

✓ RE adesivo;

✓ REsp adesivo.

Por fim, é de se destacar que existem algumas distinções em relação ao JEC (vide último item deste capítulo 5).

5.1.4. Cabimento de cada recurso

Para cada espécie de decisão judicial a lei processual prevê um determinado recurso. E apenas um recurso. Este é **princípio da unirrecorribilidade ou unicidade**: *para cada decisão só cabe um tipo de recurso.*

Assim, não é possível, ao mesmo tempo, para uma mesma decisão e com a mesma finalidade, utilizar-se de apelação e agravo.

Para saber o cabimento de cada recurso, a regra mais fácil é analisar a natureza da decisão: *conforme a natureza da decisão impugnada, determina-se o recurso cabível.*

Para tanto, é necessário que se saiba quais são as possíveis decisões que o Poder Judiciário pode proferir. E isso é variável conforme o grau de jurisdição.

O sistema processual diferencia as decisões proferidas por um juiz de 1º grau das decisões proferidas no âmbito dos Tribunais intermediários – seja Tribunal de Justiça (TJ – Justiça Estadual), Tribunal Regional Federal (TRF – Justiça Federal) ou Tribunais Superiores (STJ e STF).

Em 1º grau de jurisdição, *três são as possíveis decisões de um juiz* (CPC, art. 203):

a) sentença (§ 1º): *decisão que põe fim à fase de conhecimento em 1º grau de jurisdição, resolvendo o mérito (CPC, art. 487) ou não (CPC, art. 485);*

b) decisão interlocutória (§ 2º): *decisão que soluciona questão incidente, mas não põe fim ao processo – ou seja, que não é sentença;* e

c) despacho (§ 3º): *decisão que simplesmente dá andamento ao processo, sem ser dotada de efetivo caráter decisório por não resolver qualquer ponto controvertido – ou seja, o que não é sentença nem interlocutória.*

A partir da identificação das decisões, fica mais simples compreender o cabimento dos recursos:

✓ da *sentença* cabe *apelação* (CPC, art. 1.009);

✓ da *decisão interlocutória,* cabe *agravo de instrumento,* nas hipóteses previstas em lei (CPC, art. 1.015 – agravo retido deixa de existir);

✓ do *despacho* não cabe recurso, trata-se, portanto, de *decisão irrecorrível* (CPC, art. 1.001).

Destaca se que esta apresentação é apenas uma visão geral, já que o estudo de cada recurso, individualmente, será feito adiante, inclusive o problema relativo ao cabimento do agravo de instrumento.

No âmbito dos **Tribunais,** *duas são as possíveis decisões de um desembargador (TJ ou TRF) ou Ministro (STJ ou STF):*

d) acórdão: *decisão colegiada, proferida por três ou mais julgadores* (CPC, art. 204);

e) decisão monocrática: *decisão proferida por apenas um julgador (relator), possível em hipóteses específicas* (CPC, art. 932, III, IV e V).

É certo que o relator poderá proferir decisões monocráticas sem efetiva carga decisória ("despacho"). Porém, a lei não traz essa previsão legal em relação aos atos proferidos nos Tribunais. Assim, a rigor técnico, temos apenas em decisão monocrática e acórdão no âmbito dos Tribunais.

Quando um recurso é distribuído ao Tribunal, é sorteado um **relator,** *julgador que será o responsável pela elaboração do relatório e, na sessão de julgamento, lerá aos demais julgadores o seu relatório e voto.* Assim, é a figura central no julgamento colegiado.

Deixa de existir o revisor, magistrado que, no sistema anterior, após o estudo do caso pelo relator, também analisava o processo. Assim, além do relator, em um tribunal intermediário, *outros dois magistrados também votarão*, mas sem acesso prévio aos autos (salvo pedido de vista): o **segundo** e o **terceiro** magistrados.

Na redação original do CPC, seria possível o julgamento de recursos (e processos de competência originária) que não admitem sustentação oral por meio eletrônico, ou seja, de forma colegiada mas sem passar por sessão pública de julgamento. Porém, o dispositivo (art. 945) foi **revogado** pela Lei 13.256/2016.

Quando o recurso tiver *clara falha processual* ou quando a *matéria já estiver pacificada, poderá o relator julgar sem a participação dos pares*: esta é a **decisão monocrática**. 3 são os possíveis resultados do julgamento monocrático:

✓ **não conhecer** do recurso inadmissível, prejudicado ou que não tenha impugnado os fundamentos da decisão recorrida (CPC, art. 932, III);

✓ **conhecer e negar provimento** ao recurso que for contrário à jurisprudência dominante (CPC, art. 932, IV);

✓ **conhecer e dar provimento** ao recurso, após a possibilidade de contrarrazões, se a decisão recorrida for contrária a jurisprudência dominante (CPC, art. 932, V).

Pela redação do art. 932, IV e V, *somente será possível o julgamento monocrático de mérito* se houver (i) *súmula* do STF, STF ou tribunal local (portanto, seja súmula vinculante do STF ou não); (ii) *acórdão* dos tribunais superiores em *RE ou REsp repetitivos* e (iii) decisão em incidente de resolução de demandas repetitivas ou incidente de assunção de competência (*IRDR ou IAC*). No sistema anterior, para o julgamento monocrático bastava *jurisprudência dominante*, a critério do relator. Assim, pelo texto legal, houve **diminuição da possibilidade de julgamento monocrático** – mas, na prática, isso não vem sendo observado, de modo que seguem as decisões monocráticas mesmo sem existir a jurisprudência firmada em caso repetitivo (e o STJ chegou até mesmo a editar uma súmula para permitir o julgamento monocrático com base em qualquer precedente; trata-se da Súmula 568/STJ: "O relator, monocraticamente e no Superior Tribunal de Justiça, poderá dar ou negar provimento ao recurso *quando houver entendimento dominante acerca do tema*".

Diferenciado um acórdão de uma decisão monocrática, novamente fica mais simples a compreensão dos recursos cabíveis:

(i) de *decisões monocráticas* cabe:

✓ *agravo interno* – no sistema anterior também conhecido por "legal" ou "regimental" (CPC, art. 1.021);

✓ *agravo em recurso especial e em recurso extraordinário* (CPC, art. 1.042, com cabimento restrito).

Lembrando que, no caso de decisão monocrática sem carga decisória ("despacho"), não haverá interesse recursal para impugnar essa decisão;

(ii) de *acórdãos* cabem os demais recursos (ou seja, que *não são cabíveis de decisão de 1º grau ou de monocrática*):

✓ Recurso ordinário (ROC – CPC, art. 1.027);

✓ Recurso especial (REsp – CPC, art. 1.029);

✓ Recurso extraordinário (RE – CPC, art. 1.029); e

✓ Embargos de divergência (EREsp ou ERE – CPC, art. 1.043).

Reitera-se que aqui apenas se traz uma visão geral, já que o estudo de cada recurso, individualmente, será feito adiante.

Além disso, há recurso **cabível de qualquer ato judicial com carga decisória**: *embargos de declaração* (CPC, art. 1.022 – obscuridade, omissão, contradição e erro material).

5.1.4.1. Síntese do cabimento dos recursos no processo civil

De modo a sintetizar o cabimento de cada um dos recursos, tal qual acima indicado, cabe apresentar um quadro:

Grau de jurisdição	Decisão	Recurso cabível
1º grau	Sentença	– Apelação
1º grau	Decisão interlocutória	– Agravo de instrumento (nos casos do art. 1.015)
1º grau	Despacho	– Irrecorrível
2º grau ou grau Superior	Decisão monocrática	– Agravo interno – Agravo em REsp e em RE
2º grau ou grau Superior	Acórdão	– REsp – RE – ROC – Embargos de divergência
* Todos	* Qualquer uma com carga decisória (menos despacho)	* Embargos de declaração

Como é possível perceber, os *embargos de declaração* assumem uma *função distinta* no sistema recursal: como servem para *esclarecer* uma decisão, podem ser utilizados para *qualquer tipo delas*.

Mas não cabe de uma sentença, ao mesmo tempo, apelação e embargos de declaração. Inicialmente a parte deverá ingressar com embargos de declaração e, depois, se ainda houver necessidade, ingressará com a apelação. Trata-se do princípio da unirrecorribilidade, como já visto.

E o cabimento de cada recurso é bem especificado na legislação processual. Assim, salvo algumas poucas situações, não há dúvida a respeito de qual o recurso cabível. Daí não ser positivado, em nosso país, o **princípio da fungibilidade recursal** – que *é a possibilidade do recebimento de um recurso por outro, quando houver dúvida objetiva a respeito de qual é o recurso cabível para determinada situação*.

Reitere-se: tal princípio *não está previsto na lei* e somente é admitido pela jurisprudência em pouquíssimas situações, nas quais haja divergência a respeito do recurso cabível, na doutrina e na jurisprudência. Apesar de não positivar a fungibilidade como princípio, o CPC prevê ao menos 3 situações de *recebimento de um recurso pelo outro* (sem, contudo, mencionar o termo fungibilidade): (i) embargos de declaração recebidos como agravo interno (art. 1.024, § 3º), (ii) recurso especial recebido como extraordinário (art. 1.032) e (iii) recurso extraordinário recebido como especial (art. 1.033).

Uma situação que ainda provoca erros no cotidiano forense e em provas de concursos jurídicos – mas que *não* permite o uso da fungibilidade, já que pacificada na jurisprudência e na doutrina – é a *exclusão de um litisconsorte do processo*: se "A" ingressa em juízo em face de "B" e "C" e o juiz exclui "C" da relação processual, alegando ser ele parte ilegítima, qual a natureza da decisão? Sentença ou interlocutória? E qual o recurso cabível? Apelação ou agravo?

Conforme firme jurisprudência, como o processo prossegue entre "A" e "B", não houve extinção. Assim, é cabível o *agravo* (STJ, AgRg no REsp 1.204.587/MG, *DJe* 04.02.2011). Corroborando esse entendimento, o art. 1.015, VII, do CPC destaca caber *agravo de instrumento* da decisão que *exclui litisconsorte*.

5.1.4.2. Cabimento do recurso adesivo

O recurso pode ser interposto na sua modalidade principal ou, quando cabível, na sua modalidade adesiva. Nos termos do art. 997, § 2º, II, do CPC, cabe o recurso adesivo para a apelação, REsp e RE.

O **recurso principal** *é aquele interposto pela parte no prazo previsto, sem se preocupar com a conduta da parte contrária*. Não havendo o total acolhimento do que foi pleiteado (ou seja, sucumbência), *cada parte pode interpor seu recurso de forma independente*.

Já o **recurso adesivo** *é aquele interposto fora do prazo originalmente previsto; se "A" recorreu de forma principal, mas "B" não, este terá uma segunda chance: no prazo das contrarrazões poderá interpor recurso adesivo*. Só cabe em caso de *sucumbência recíproca* (ou seja, cada parte perdeu um pouco).

Para bem entender o recurso adesivo, é necessária a compreensão do **princípio da vedação da *reformatio in pejus***, ou seja, *vedação da reforma para pior em desfavor do recorrente, no âmbito de apenas um recurso por ele interposto*. Assim, em regra, o Tribunal não pode, ao apreciar o recurso interposto por "A" (sendo que "B" não recorreu), piorar sua situação. Assim, *se apenas uma das partes recorreu, sua situação ou é melhorada ou é mantida*. A vedação da *reformatio in pejus* decorre do princípio da inércia. Contudo, a jurisprudência afirma que, caso se trate de *matéria de ordem pública*, será *possível ao Tribunal analisar a questão*, sem que isso importe em *reformatio in pejus* (STJ, EDcl nos EDcl no REsp 998.935/DF, 3.ª T., *DJe* 04.03.2011).

Para ilustrar o exposto, vale um exemplo: "A" ingressa em juízo pleiteando indenização por danos materiais de R$ 10 mil. O juiz concede R$ 5 mil a título de danos. Podem autor e réu apelar de forma autônoma (porque ambos sucumbiram, ainda que parcialmente – CPC, art. 997). Mas, se somente "A" apelar pleiteando a majoração da indenização, o Tribunal somente poderá manter em R$ 5 mil ou aumentar a condenação – nunca diminuir (*reformatio in pejus*). Contudo, se no prazo de resposta da apelação "B" apresentar *apelação adesiva* (em peça apartada à das contrarrazões – CPC, art. 997, § 1º), *poderá o Tribunal também diminuir a indenização*.

É importante destacar que a admissibilidade do recurso adesivo vincula-se à do recurso principal. Ou seja: se o principal não for conhecido por intempestividade ou houver a desistência do recurso, também não será conhecido o recurso adesivo (CPC, art. 997, § 2º, III).

5.1.5. Juízo de admissibilidade e juízo de mérito

O recurso pode ser objeto de duas análises: inicialmente, uma análise da *admissibilidade recursal* e, se esta for positiva, passa-se à análise do *mérito recursal*.

No **juízo de admissibilidade** *será verificado se estão presentes os requisitos formais para que o recurso seja analisado* (requisitos de admissibilidade, semelhante à verificação das condições da ação e pressupostos processuais em 1º grau).

Se tais requisitos estiverem *ausentes*, o recurso **não será conhecido** ou *não será admitido*.

Por outro lado, uma vez *presentes os requisitos*, então o recurso **será conhecido** ou *admitido*.

Somente se conhecido o recurso passa-se à próxima fase, que é o **juízo de mérito**, ou seja, *a efetiva análise da impugnação realizada pelo recorrente em seu recurso*.

No mérito recursal é que haverá a análise dos erros da decisão impugnada, isto é, do *error in procedendo* (erro no processamento) e/ou do *error in judicando* (erro no julgamento).

O resultado do juízo de mérito pode ser pelo **provimento** ou **não provimento** do recurso.

Em *síntese*: inicialmente há o *conhecimento* (admissão) do recurso para que depois seja analisado o mérito (objeto) recursal, com o *provimento* ou *não provimento*. Assim, a ausência dos pressupostos ou requisitos de admissibilidade leva ao *não conhecimento* ou à *não admissão* do recurso – e, se isso ocorrer, *não se fala em provimento ou desprovimento*.

5.1.5.1. Requisitos de admissibilidade recursal

Há grande divergência na doutrina a respeito da classificação dos requisitos de admissibilidade recursal – mas, pelo foco desta obra, não é viável a análise das diversas classificações. Uma das mais aceitas (e já perguntada em *provas de concursos jurídicos*) é a divisão dos requisitos de admissibilidade em *intrínsecos e extrínsecos*. Assim, será esta a classificação aqui apresentada.

Os **requisitos intrínsecos** (ou **pressupostos intrínsecos**) *se referem à própria decisão impugnada*. Ou seja, são *verificados considerando-se conteúdo e forma de uma decisão judicial*. Há de se analisar a decisão judicial para apurar esses requisitos. Três são os requisitos intrínsecos: *cabimento, legitimidade recursal* e *interesse recursal*.

Por outro lado, os **requisitos extrínsecos** (ou **pressupostos extrínsecos**) *se referem a fatores externos à decisão judicial impugnada*. Assim, *para sua verificação, não se leva em conta a decisão em si*. Os requisitos extrínsecos são os seguintes: *tempestividade, preparo, regularidade formal e inexistência de fato impeditivo ao direito de recorrer*.

Do acima exposto, percebe-se que são sete os requisitos de admissibilidade. Na sequência, haverá a análise de cada um deles.

(i) cabimento: *o recurso interposto deverá ser aquele previsto na lei para a impugnação do tipo de decisão atacada*. É o que já foi exposto no item 5.1.4.1 acima.

Se for interposto agravo de uma sentença, o recurso não será conhecido por não ser o cabível.

Traçando um paralelo com as condições da ação, este requisito pode ser entendido como a *possibilidade jurídica* de interposição do recurso conforme a decisão.

(ii) legitimidade para recorrer: *o recurso somente poderá ser interposto por quem tem legitimidade recursal, ou seja, partes, MP e terceiro prejudicado* (CPC, art. 996).

O MP pode recorrer seja na condição de parte, seja como fiscal da lei. O terceiro prejudicado, quando afetado por uma decisão, pode recorrer: trata-se de intervenção de terceiros na fase recursal.

Se o filho do autor ingressar com recurso para impugnar uma decisão, o recurso não será conhecido por ausência de legitimidade para recorrer.

Traçando um paralelo com as condições da ação, este requisito pode ser entendido como a *legitimidade de parte na esfera recursal*.

(iii) interesse em recorrer: *o recorrente só tem necessidade na interposição do recurso quando houver perdido (ou seja, quando houver sucumbência)*.

Há sucumbência ainda que a parte tenha decaído de mínima parte do pedido. Assim, se o autor pediu 100 e recebeu 99,99, há sucumbência e, portanto, interesse recursal.

Logo, se o pedido foi julgado totalmente improcedente e o réu recorrer, o recurso não será conhecido por falta de interesse recursal – já que não houve qualquer sucumbência de sua parte, salvo se não tiver ocorrido condenação dos honorários e custas em favor do réu (mas aí haverá sucumbência).

Traçando um paralelo com as condições da ação, este requisito pode ser entendido como o *interesse de agir na esfera recursal*.

(iv) tempestividade: *interposição do recurso no prazo fixado em lei*. Será considerado intempestivo o recurso interposto fora do prazo previsto na legislação processual.

Há situações em que o prazo recursal é em dobro:

✓ para o MP, Fazenda Pública e Defensoria (CPC, arts. 180, 183 e 186);

✓ para os litisconsortes com advogados distintos (CPC, art. 229).

Se houver interposição de agravo no prazo de 20 dias, o recurso não será conhecido pela intempestividade – salvo se estivermos diante de alguma das hipóteses acima indicadas.

Em regra, os recursos no CPC terão **prazo de 15 dias**; como *exceção, os embargos de declaração*, cujo prazo é de 5 dias (CPC, art. 1.003, § 5º).

Quanto ao recurso remetido pelo correio, será considerada como data de interposição a *data da postagem* (CPC, art. 1.003, § 4º).

Compete ao *recorrente* demonstrar, no *ato da interposição do recurso*, a ocorrência de feriado local (CPC, art. 1.003, § 6º). A respeito do tema, a Corte Especial do STJ já decidiu que "ou se comprova o feriado local no ato da interposição do respectivo recurso, ou se considera intempestivo o recurso" (AREsp 957821)

Ainda em relação à comprovação de feriado, em movimento típico de "jurisprudência defensiva", o STJ vem entendendo que feriados não expressamente previstos em lei – ainda que absolutamente notórios – devem ser comprovados, sob pena de intempestividade. Nesse sentido: "O dia do servidor público (28 de outubro), a segunda-feira de carnaval, a quarta-feira de cinzas, os dias que precedem a sexta-feira da paixão e, também, o dia de Corpus Christi – não são feriados nacionais, sendo imprescindível a comprovação de suspensão do expediente forense na origem" (AgInt no REsp n. 1.715.972/MA, Relator Ministro Mauro Campbell Marques, Segunda Turma, DJe 18/5/2018).

Afastando jurisprudência defensiva que antes existia no STJ, agora o Código expressamente prevê que é tempestivo o *recurso interposto antes da publicação da decisão* judicial impugnada (CPC, art. 218, § 4º).

(v) preparo: *a interposição de alguns recursos depende do pagamento de custas e porte de remessa e retorno (custo do correio), sob pena de deserção*.

Em processo eletrônico, não há porte de remessa e retorno (CPC, art. 1007, § 3º).

Se houver recolhimento *a menor*, cabe a complementação do preparo, no prazo de 5 dias; se mesmo após a concessão de prazo não houver o complemento, então o recurso será deserto (CPC, art. 1.007, § 2º).

Se não houver *nenhum recolhimento*, haverá a possibilidade de pagamento do preparo e porte, *em dobro*, sob pena de não será conhecido pela deserção (inovação do CPC, art. 1.007, § 4º). Contudo, nesse caso do pagamento em dobro, não será possível a complementação do preparo (CPC, art. 1.007, § 5º).

Caso haja erro no preenchimento da guia de custas, não poderá se falar em deserção, devendo o relator intimar o recorrente para sanar o vício, em 5 dias (CPC, art. 1.007, § 7º).

(vi) inexistência de fato impeditivo ao direito de recorrer: este requisito, diferentemente dos demais, é negativo – assim, *se houver algum fato impeditivo, o recurso não será conhecido*.

Existem três fatos impeditivos:

a) desistência: *uma vez interposto, pode a parte, a qualquer momento e sem a concordância da parte contrária, desistir do recurso* (CPC, art. 998). Havendo a desistência, prevalecerá a decisão que foi impugnada pelo recurso que posteriormente foi objeto da desistência.

Contudo, a desistência não impede a análise da questão que já tenha sido reconhecida para julgamento via REsp ou RE repetitivos **(CPC, art. 998, parágrafo único).**

b) renúncia: *antes da interposição do recurso, podem as partes (ou uma das partes) renunciar ao direto de recorrer, também sem a necessidade de concordância da parte contrária* (CPC, art. 999).

A diferença entre a renúncia e a desistência é que, na primeira, ainda não houve a interposição do recurso; na segunda, isso já ocorreu.

c) aquiescência (concordância): *a concordância decorre de um ato incompatível com a vontade de recorrer* (CPC, art. 1.000). Pode ser expressa ou tácita.

Se, ao ser prolatada uma sentença condenatória, o réu prontamente realizar o pagamento, isso significa concordância com a decisão. Assim, se posteriormente vier a ser interposto recurso, *não será conhecido pela aquiescência*.

Se, após a prolação de uma sentença, o autor apresentar petição afirmando que abre mão do direito de recorrer e, posteriormente, interpuser apelação, *o recurso não será conhecido pela renúncia*.

Se, após a prolação de uma sentença e interposição da apelação, a parte recorrente peticionar afirmando que não mais quer a análise do recurso, *este não será conhecido pela desistência*.

(vii) regularidade formal: *este é um requisito de admissibilidade que não se insere em nenhum dos outros antes expostos e que se refere a aspectos formais envolvendo os recursos*. Existem requisitos gerais, iguais para todos os recursos, bem como requisitos específicos, variando conforme os recursos.

Como exemplos de requisitos gerais, a apresentação do recurso em petição escrita, em português, assinada pelo advogado, além da existência de impugnação que tenha relação com a decisão recorrida. Como exemplo de requisitos específicos, a juntada das cópias necessárias para instruir o agravo de instrumento.

Assim, se um agravo de instrumento for interposto sem as peças necessárias, o recurso não será conhecido por falta de regularidade formal.

A regularidade formal diz respeito aos requisitos formais que não se inserem em nenhum dos outros requisitos de admissibilidade acima expostos.

No CPC/1973, *em regra, havia preclusão consumativa* quanto aos requisitos de admissibilidade: ou seja, se a parte interpusesse o recurso sem determinado requisito, usualmente, não seria possível a correção da falha e o recurso não seria conhecido.

Há importante alteração nesse ponto no CPC. Pelo art. 938, § 1º, **constatada a ocorrência de vício sanável**, inclusive que possa ser conhecido de ofício, o relator determinará a *correção da falha*, no próprio tribunal ou em 1º grau. O CPC não explicita o que seria o *vício sanável*, mas uma interpretação sistemática e pautada no acesso à justiça leva à conclusão de que, considerando os 7 requisitos de admissibilidade acima expostos, somente a intempestividade e existência de fato impeditivo ao direito de recorrer não poderiam ser sanados.

5.1.6. Efeitos da interposição dos recursos

Uma vez interposto o recurso e recebido pelo magistrado, este indicará em quais *efeitos o recurso será recebido*.

Os *dois principais efeitos* são o devolutivo e o suspensivo. Mas parte da doutrina aponta a existência de outros requisitos – e aqui apresentaremos o que já foi objeto de pergunta em provas anteriores de concursos jurídicos.

a) efeito suspensivo: *impede que a decisão judicial surta seus efeitos imediatamente*. Portanto, apesar da prolação de uma decisão judicial a favor de uma das partes, o efeito suspensivo impede que os efeitos de tal decisão sejam desde logo observados. Assim, se uma sentença condena o réu a pagar R$ 10 mil e há interposição da apelação, o efeito suspensivo impede a efetiva execução da quantia.

Como *regra*, os recursos **não possuem efeito suspensivo**, não impedindo a eficácia da decisão (CPC, art. 995). Contudo, sempre será possível pleitear ao relator a atribuição de efeito suspensivo, se (i) houver risco de dano grave e (ii) ficar demonstrada a probabilidade de provimento do recurso (CPC, art. 995, parágrafo único).

b) efeito devolutivo: *é a possibilidade de nova discussão da matéria impugnada por parte do Poder Judiciário* (a "devolução" não é ao mesmo juiz que prolatou a decisão recorrida, mas sim ao Judiciário).

Como se pode concluir, todos os recursos são dotados de efeito devolutivo.

A regra do efeito devolutivo é que o Tribunal somente irá apreciar o que foi objeto de apelação. Assim, se houve sentença condenando a pagar danos morais e materiais e o réu somente apela dos danos morais, usualmente o Tribunal somente apreciará a questão dos danos morais – até por força do princípio da vedação da *reformatio in pejus*, como já visto.

Contudo, tratando-se de matérias que o juiz pode conhecer *de ofício*, será possível a *atuação do Tribunal mesmo sem provocação da parte*. Como exemplo, as condições da ação. Portanto, na hipótese acima, mesmo que a apelação apenas trate dos danos morais, se o desembargador entender que alguma parte é legítima, poderá assim concluir, extinguindo o processo;

c) efeito translativo: como visto acima, a base do efeito devolutivo é o princípio dispositivo. O Tribunal só aprecia o que a parte impugnar no recurso. Porém, por vezes o Tribunal pode ir além (como no exemplo acima, exatamente por força de matérias que podem ser conhecidas de ofício pelo Tribunal).

Para alguns autores, como Nelson Nery Jr., esse seria o **efeito translativo** do recurso, ou seja, *a possibilidade de que o Tribunal aprecie algumas questões não apresentadas na impugnação da parte*;

d) efeito expansivo: o mesmo autor indicado no trecho anterior reconhece também a existência do **efeito expansivo** do recurso, o que significa dizer que, por vezes, *a apreciação do recurso pode acarretar uma decisão mais abrangente que seu próprio objeto*. Como exemplo, o fato de o recurso de um dos litisconsortes unitários, uma vez provido, aproveitar ao outro litisconsorte (CPC, art. 1.005).

Tanto o *efeito translativo* como o *efeito expansivo* podem ser interpretados como *variações do efeito devolutivo*. Porém, como já exposto, por vezes as provas de concursos jurídicos mencionam textualmente esses dois efeitos. Mas, no texto legal, não há menção a esses termos.

5.2. Recursos em espécie

5.2.1. Apelação

5.2.1.1. Cabimento

Cabe apelação de *sentença*, qualquer que seja o *procedimento*, seja *sentença definitiva* (mérito – CPC, art. 487) ou *sentença terminativa* (sem resolução de mérito – CPC, art. 485).

Portanto, só cabe de *decisão proferida por juiz de 1º grau*.

Da sentença proferida no JEC cabe recurso inominado (Lei 9.099/1995, art. 41).

5.2.1.2. Prazo/custas

O prazo para apelar é de *15 dias* (CPC, art. 1.003, § 5º). Da mesma forma, é de 15 dias o prazo para responder ao recurso (contrarrazões de apelação – CPC, art. 1.010, § 1º).

Há custas.

5.2.1.3. Efeitos

Há, como em todos os recursos, efeito devolutivo.

Em regra, há o *efeito suspensivo* (CPC, art. 1.012).

As *exceções*, nas quais não há o efeito suspensivo, estão previstas em lei – tanto no CPC (art. 1.012, § 1º, incisos) como em legislação extravagante:

(i) sentença que homologa divisão ou demarcação;

(ii) sentença que condena a pagar alimentos;

(iii) sentença que extingue sem resolução de mérito ou julga improcedente os embargos à execução;

(iv) sentença que julga procedente o pedido de instituição de arbitragem;

(v) sentença que confirma, concede ou revoga a tutela provisória;

(vi) sentença que decreta a interdição;

(vii) sentenças previstas na Lei de Locação, como a que decreta o despejo (Lei 8.245/1991, art. 58, V).

Nesses casos, publicada a sentença, poderá a parte interesse pleitear o cumprimento provisório depois da publicação da sentença (CPC, art. 1.012, § 2º), sendo que o apelante poderá formular eventual pedido de concessão de efeito suspensivo, diretamente no tribunal (§ 3º).

5.2.1.4. Processamento (interposição/julgamento)

A seguir será apresentada a tramitação de uma apelação, desde sua interposição em 1º grau até a conclusão do julgamento, no Tribunal. Vale esclarecer que o processamento da apelação é a base do processamento dos demais recursos.

5.2.1.4.1. Em 1º grau

A apelação é *interposta em 1º grau* (juízo *a quo*), em petição que deverá trazer (CPC, art. 1.010) o nome e a qualificação das partes, exposição do fato e do direito, razões do pedido de reforma ou de decretação de nulidade (*error in judicando* e *error in procedendo*) e pedido de nova decisão.

O juiz intimará o apelado para apresentar contrarrazões e, se houver apelação adesiva, também intimará o apelante para as contrarrazões (CPC, art. 1.010, §§ 1º e 2º).

Não haverá juízo de admissibilidade e o juiz remeterá o processo ao tribunal. Portanto, *não cabe o não conhecimento pelo juiz* de origem nem a indicação de *quais são os efeitos do recurso de apelação*.

Em regra, ao receber a apelação, *o juiz não pode reconsiderar a sentença*. Contudo, há *exceções*:

(i) tratando-se de *indeferimento da inicial* (CPC, art. 331), ou seja, quando *houver grave vício processual na inicial, que sequer permita a emenda*; e

(ii) tratando-se de qualquer extinção sem resolução de mérito (CPC, art. 485, § 7º), portanto, a hipótese mencionada no item anterior (art. 485, I), também está inserida nesta previsão; e

(iii) tratando-se de *improcedência liminar* (CPC, art. 332, § 3º), ou seja, quando *já houver jurisprudência pacífica contrária ao pedido do autor*.

Somente nestes casos, *poderá o juiz reconsiderar a sentença, determinando a citação do réu e o* normal prosseguimento da causa. *Caso não haja a reconsideração* por parte do juiz, os autos serão encaminhados ao Tribunal. Se ainda não tiver havido a citação do réu (sempre nos casos i e iii e às vezes no caso ii), apenas *após a citação do réu*, para apresentar contrarrazões do recurso, é que os autos irão ao Tribunal (CPC, arts. 331, § 1º e 332, § 4º).

5.2.1.4.2. No Tribunal

Uma vez remetida a apelação ao Tribunal, será *distribuída a um relator* (desembargador que ficará responsável pela principal análise do recurso). Essa distribuição será realizada imediatamente (CPC, art. 1.011) – ou seja, ainda que não venha a ser julgada desde logo, já se saberá quem é o relator responsável pela causa (CF, art. 93, XV).

Como já exposto, sendo a hipótese de vício processual ou de jurisprudência dominante (CPC, art. 932), *poderá o relator decidir a apelação monocraticamente*, seja para não conhecer, seja para conhecer e dar ou negar provimento. Não sendo a hipótese de julgamento monocrático, *o relator elaborará relatório e voto*, para julgamento pelo órgão colegiado (CPC, art. 1.011). Reitere-se que não mais há a necessidade de envio prévio para outro desembargador (o revisor, no sistema anterior).

Quando o recurso estiver em condições de julgamento (afirma o CPC que será em 30 dias – art. 931), o relator enviará os autos, já com relatório, para a secretaria do tribunal. O presidente do órgão julgador designará *dia para julgamento*, devendo ser a pauta publicada no diário oficial, para ciência das partes e interessados (CPC, art. 934). Deve haver prazo mínimo de 5 dias entre a publicação da pauta e a sessão de julgamento (CPC, art. 935).

No dia da sessão de julgamento, a ordem será a seguinte (CPC, art. 937):

✓ leitura do relatório pelo relator;

✓ se assim quiserem, sustentação oral dos advogados das partes, cabível não só na apelação, mas também nos seguintes recursos: ROC, REsp, RE, embargos de divergência, ação rescisória, MS (inclusive na apreciação colegiada da liminar – inovação da Lei 13.676/2018), reclamação e agravo de instrumento interposto contra interlocutórias que versem sobre tutela provisória – sustentação essa que poderá ser feita via videoconferência (§ 4º); portanto, **não cabe sustentação oral** no agravo interno, embargos de declaração e parte dos agravos de instrumento (vale destacar que, na versão aprovada no congresso, era **admissível** a *sustentação em agravo interno interposto de decisão monocrática que julgou apelação, recurso ordinário, REsp ou RE* – porém, o dispositivo foi **vetado**);

✓ leitura do voto do relator;

✓ voto do segundo e terceiro magistrados.

Se algum dos magistrados não estiver em condições de proferir o voto (dúvida quanto ao julgamento), poderá **pedir vista** – ou seja, *retirar de julgamento o recurso para estudo, retomando-o futuramente*.

Pelo Código, o prazo de vista é de 10 dias, após o qual o recurso será reincluído em pauta na sessão seguinte à data da inclusão (CPC, art. 940). Poderá o relator pedir prorrogação de prazo por mais 10 dias (§ 1º). Passado esse prazo, *o presidente do órgão julgador requisitará o processo* para julgamento na próxima sessão. Se o magistrado que pediu vista ainda não se sentir habilitado a votar, o presidente convocará *substituto para proferir voto* (§ 2º). Resta verificar se, na prática forense, esse procedimento será observado ou se será ignorado nos tribunais (como ocorreu com qualquer outra tentativa de limitar prazo de vista).

Se houver voto vencido, deverá necessariamente ser declarado e considerado parte do acórdão, inclusive para fins de prequestionamento (CPC, art. 941, § 3º). E, nesse caso, ainda que não mais existam embargos infringentes, deverá haver o prosseguimento do julgamento (CPC, art. 942, vide item 5.2.10.2 infra).

Se o acórdão não for publicado no prazo de 30 dias contados da data da sessão do julgamento (e isso pode ocorrer com a demora na revisão e liberação do voto pelo relator), as notas taquigráficas do julgamento serão publicadas, independentemente de revisão, e substituirão o acórdão (CPC, art. 944). Competira ao presidente do órgão julgador (turma, câmara, seção ou pleno / órgão especial) lavrar as "conclusões e a ementa" e mandar publicar o acórdão (CPC, art. 944, parágrafo único).

O tribunal apreciará a matéria impugnada pela parte, na apelação (efeito devolutivo – CPC, art. 1.013). Porém, poderá o tribunal julgar todas as questões suscitadas e discutidas no processo, ainda que não tenham sido solucionadas, *desde que relativas ao capítulo impugnado* (CPC, art. 1.013, § 1º).

A **teoria da causa madura** é ampliada no Código. Ou seja, se o processo estiver em condições de imediato julgamento, o tribunal *deve decidir desde logo o mérito* quando (CPC, art. 1.013, §§ 3º e 4º):

I – reformar *sentença sem resolução de mérito*;

II – decretar a *nulidade da sentença por não ser ela congruente* com os limites do pedido ou da causa de pedir (ou seja, decisão *extra ou ultra petita*);

III – constatar a *omissão no exame de um dos pedidos*, hipótese em que poderá julgá-lo (ou seja, decisão *infra petita*);

IV – decretar a *nulidade de sentença por falta de fundamentação* (portanto, se a sentença não observar a exaustiva fundamentação, a rigor, não haverá a volta ao 1º grau para nova fundamentação, mas sim o julgamento de mérito perito pelo tribunal).

V – se reformada *sentença que reconheça a decadência ou a prescrição*, o tribunal, se possível, *julgará desde logo o mérito*, sem determinar o retorno do processo ao juízo de primeiro grau.

Em relação à teoria da causa madura, a dúvida que se coloca é se essa previsão viola o princípio do duplo grau. A jurisprudência responde de forma negativa, sempre lembrando que (i) cabe recurso dessa decisão e (ii) que o princípio do duplo grau, em algumas situações, pode ser afastado.

O exposto neste tópico, acerca do julgamento da apelação no Tribunal, traz a base de como um recurso é julgado em 2º grau – assim, o procedimento ora exposto não se aplica apenas à apelação.

5.2.1.5. Apelação adesiva

Conforme já exposto, cabe o recurso adesivo quando houver *sucumbência recíproca*. Assim, se a sentença for de parcial procedência, autor e réu poderão *apelar de forma autônoma*.

Mas, *se apenas uma das partes apelar de forma autônoma*, a outra pode, no prazo das contrarrazões, apresentar **apelação adesiva**. O objetivo da apelação adesiva é *tentar melhorar a situação do apelante adesivo* quando do julgamento pelo Tribunal (a qual somente poderia piorar no julgamento da apelação da outra parte, em virtude da vedação da *reformatio in pejus*).

A apelação adesiva apresenta *todos os requisitos de admissibilidade*, tal qual a apelação principal. A única distinção envolve o prazo de interposição: em vez de 15 dias contados da intimação da sentença, são 15 dias contados a partir da intimação para apresentação de contrarrazões à apelação da parte contrária – ou seja, no prazo para responder à apelação, poderá a parte interpor sua apelação adesiva.

Outra distinção entre a apelação adesiva e a autônoma diz respeito à admissibilidade. No caso de duas apelações autônomas, cada qual terá sua admissibilidade apreciada separadamente. Em outras palavras, se a apelação do autor for deserta, não será conhecida, se a apelação do réu tiver as custas recolhidas, será conhecida.

Já no caso da apelação adesiva, sua *admissibilidade dependerá da admissibilidade da apelação principal*. Ou seja, inicialmente há o juízo de admissibilidade da apelação principal e, somente se esta for conhecida, haverá o juízo de admissibilidade da apelação adesiva. É certo que, conforme a observância ou não dos requisitos de admissibilidade, *pode ser conhecida a principal e não conhecida a adesiva*.

Contudo, *o inverso não pode ocorrer*. Se por qualquer razão a *apelação principal não for conhecida, não será conhecida a apelação adesiva* (CPC, art. 997, § 2º, III). Assim, se a apelação principal for deserta, a apelação adesiva não será conhecida – ainda que traga corretamente as custas. Outro exemplo: interpostas as apelações principal e adesiva, se o apelante principal desistir da sua apelação, nenhuma das duas apelações será processada.

5.2.2. Agravo de instrumento

No sistema anterior, além do instrumento, havia o retido, que ora deixa de existir (vide item 5.2.10.1 infra).

A respeito do cabimento de agravo no JEC (Lei 9.099/1995), consultar o último tópico deste capítulo.

5.2.2.1. Cabimento

Cabe agravo de instrumento de *decisão interlocutória* (CPC, art. 203, § 2º), proferida por magistrado de 1º grau.

Contudo, inova o CPC ao apresentar um **rol taxativo de hipóteses de cabimento** do agravo. Assim, somente caberá agravo de instrumento das decisões interlocutórias que versem sobre (CPC, art. 1.015):

I – *tutelas provisórias*;

II – *mérito* do processo;

III – rejeição da alegação de *convenção de arbitragem*;

IV – *incidente de desconsideração da personalidade jurídica*;

V – rejeição do *pedido de gratuidade* da justiça ou acolhimento do pedido de sua revogação;

VI – *exibição ou posse de documento ou coisa*;

VII – *exclusão de litisconsorte*;

VIII – rejeição do pedido de *limitação do litisconsórcio*;

IX – admissão ou inadmissão de *intervenção de terceiros*;

X – concessão, modificação ou revogação do *efeito suspensivo aos embargos à execução*;

XI – *redistribuição do ônus da prova* nos termos do art. 373, § 1º;

XII – inciso vetado;

XIII – *outros casos* expressamente referidos em lei (como exemplos, a decisão que extingue apenas parte do processo e a decisão de julgamento antecipado parcial o mérito – respectivamente, CPC, arts. 354, parágrafo único e 356, § 5º).

Também cabe AI contra decisões interlocutórias proferidas na *liquidação de sentença*, no *cumprimento de sentença*, na *execução* e no procedimento especial do *inventário* (CPC, art. 1.015, parágrafo único).

Pelo CPC, somente nessas hipóteses caberia o agravo de instrumento. Porém, existem **outras situações relevantes** (como a incompetência, especialmente a absoluta) que ficaram de fora do rol de cabimento do AI. Para esses casos, debate a doutrina *se cabível agravo de instrumento de forma ampliativa* (portanto, o rol não seria taxativo) ou se seria o uso de *mandado de segurança*. A jurisprudência definirá a questão. Até o momento, a questão segue polêmica: alguns tribunais aceitam o AI (entendo que o rol do art. 1.015 é exemplificativo), outros aceitam o mandado de segurança (como sucedâneo de recurso) e alguns, bem restritivos, não aceitam nenhuma das opções. O primeiro precedente do STJ foi no sentido de *ampliar* o cabimento do agravo, para permitir seu uso em outras hipóteses (REsp 1.679.909). Porém, considerando a grande polêmica, o STJ afetou um recurso especial para ser julgado como repetitivo, ainda pendente de julgamento.

5.2.2.2. Prazo/custas

O prazo para interposição do agravo de instrumento é de *15 dias* (CPC, art. 1.003, § 5º). Da mesma forma, é de 15 dias o prazo para responder ao recurso (contraminuta ou contrarrazões de agravo de instrumento – CPC, art. 1.019, II).

Há possibilidade de cobrança de custas e porte de retorno (CPC, art. 1.017, § 1º), sendo que isso é regulamentado no âmbito de cada Tribunal (no âmbito da Justiça Federal, é cobrado em todas as regiões; na Justiça Estadual, a maioria dos Estados cobra). Para fins de concursos jurídicos, a posição mais segura é entender pela *existência de custas de preparo*.

5.2.2.3. Efeitos

Há, como em todos os recursos, efeito devolutivo.

Em regra, não há o *efeito suspensivo*. Mas, poderá o relator, se presentes os requisitos, atribuir *efeito suspensivo ou antecipação de tutela recursal*. Apesar da omissão da lei (CPC, art. 1.019, I) é de se entender que são os requisitos usuais da tutela provisória (boa fundamentação e perigo da demora).

Cabe o **efeito suspensivo** *se a decisão de 1º grau for positiva*, ou seja, se o juiz conceder a liminar pleiteada pelo autor, *o réu agrava de instrumento pleiteando a suspensão dos efeitos daquela decisão*.

Por sua vez, cabe a **antecipação de tutela recursal** *se a decisão de 1º grau for negativa*. Ou seja, se o juiz negar a liminar pleiteada pelo autor, *o autor agrava de instrumento pleiteando a concessão da antecipação de tutela recursal*. Seria o denominado "efeito suspensivo ativo", *terminologia não técnica*, que por vezes é utilizada no cotidiano forense e em provas de concursos jurídicos.

5.2.2.4. Processamento (interposição/julgamento)

O agravo de instrumento é interposto *diretamente no Tribunal*. Trata-se do *único* recurso interposto diretamente no juízo *ad quem* (CPC, art. 1.016).

A petição do agravo deve trazer (CPC, art. 1.016):

I – os nomes das *partes*;

II – a exposição do *fato e do direito*;

III – as *razões do pedido de reforma ou de invalidação* da decisão e o próprio *pedido*;

IV – o *nome e o endereço completo dos advogados* constantes do processo.

O agravante desde logo se dirige ao Tribunal. Assim, para que se saiba qual a discussão, o recurso deverá trazer *cópias do processo*. Exatamente essas cópias é que *formam o instrumento*, que dá nome ao recurso (ainda que os autos sejam eletrônicos).

Existem **cópias necessárias ou obrigatórias** e **cópias facultativas**. São as seguintes (CPC, art. 1.017):

I – *obrigatoriamente*, com cópias da *petição inicial*, da *contestação*, da *petição que ensejou a decisão agravada*, da própria *decisão agravada* (para que se saiba qual a decisão recorrida), da *certidão da respectiva intimação* ou outro documento oficial que comprove a *tempestividade* e das *procurações* outorgadas aos advogados do agravante e do agravado (para que se saiba se o advogado do agravante tem poderes e quem é o advogado do agravado que deverá ser intimado para responder ao agravo);

II – com *declaração de inexistência de qualquer dos documentos referidos no inciso I*, feita pelo advogado do agravante, sob pena de sua responsabilidade pessoal;

III – *facultativamente*, com *outras peças* que o agravante reputar úteis.

No sistema anterior, caso não fossem juntadas cópias necessárias, não era possível a correção do instrumento e o recurso não seria conhecido. No CPC, **se faltar alguma cópia obrigatória** – ou existir outro vício sanável – o relator deverá intimar o agravante para que corrija o recurso (CPC, arts. 932, parágrafo único e 1.017, § 3º).

O agravo é interposto diretamente no Tribunal, de modo que o juiz de origem não tem ciência da interposição do recurso. Por isso, **poderá** o agravante requerer a juntada, no juízo de origem, da petição do agravo interposto e da relação de documentos que o instruíram (CPC, art. 1.018). Quando o juiz de 1º grau receber essa petição, poderá reconsiderar a decisão agravada (juízo de retratação), caso em que o agravo de instrumento será considerado prejudicado (CPC, art. 1,018, § 1º).

Frise-se que a juntada do agravo na origem é uma **opção** do agravante, tratando-se de *processo eletrônico*.

Se os autos forem físicos, a juntada do agravo na origem é um **dever**, cabendo ao agravante providenciar a juntada do recurso na origem, *no prazo de 3 dias* (CPC, art. 1.018, § 2º). Caso o agravante não cumpra essa providência, desde que *alegado e provado pelo agravado*, o recurso não será conhecido (CPC, art. 1.018, § 3º). Assim, não poderá o agravo não ser conhecido pela falta da observância pelo relator, de ofício – isso *depende da provocação* *do agravado*. A lógica dessa previsão é que o agravado tem de ter ciência do agravo de instrumento perante o juízo de origem, não sendo obrigado a se locomover ao tribunal para ter ciência de qual o teor do recurso (ou seja, se o processo for eletrônico, não há essa necessidade – daí a distinção proposta pelo legislador entre autos físicos e eletrônicos).

O agravo de instrumento será distribuído a um relator, que poderá proceder da seguinte forma (CPC, art. 1.019):

✓ **julgar de forma monocrática**, *não conhecendo ou conhecendo e negando provimento ao recurso* (CPC, art. 932, III e IV) – se houver grave vício processual ou jurisprudência pacífica contra o agravante;

✓ conceder, liminarmente, **efeito suspensivo ou antecipação de tutela recursal**;

✓ intimar o agravado para apresentar resposta, em 15 dias;

✓ determinar a intimação do MP, para se manifestar em 15 dias.

Não há mais a previsão de pedir *informações ao juiz de origem* ou *conversão do agravo de instrumento em retido* (exatamente porque não mais existe o agravo retido).

Após a manifestação do agravado, poderá o relator: (i) julgar monocraticamente, para dar provimento ao recurso (CPC, art. 932, V) ou (ii) elaborar voto para julgamento colegiado, pautando o recurso. Pelo Código, o agravo deve julgado em até 1 mês contado da intimação do agravado (CPC, art. 1.020).

5.2.3. Embargos de declaração

5.2.3.1. Cabimento

Cabem **embargos de declaração** (CPC, art. 1.022) de *qualquer pronunciamento judicial com caráter decisório* (sentença, decisão interlocutória, decisão monocrática e acórdão).

O recurso se presta a complementar uma decisão judicial que contenha *obscuridade, omissão, contradição ou erro material*.

Decisão **obscura** *é aquela que não é clara, que não permite a correta compreensão de seus termos*.

Decisão **omissa** *é aquela na qual o juiz não se manifesta a respeito de questão ou pedido que ele deveria se manifestar*.

Decisão **contraditória** *é aquela que apresenta em seu bojo duas afirmações inconciliáveis*.

Erro material é a *situação na qual haja alguma informação impertinente à lide em análise* (como o nome errado na parte)

Nestes casos, há vício na decisão, a qual precisa ser aclarada, complementada e esclarecida. E isso deve ser realizado *pelo próprio órgão que prolatou a decisão*.

O CPC traz algumas situações que, por força de lei, já são consideradas como de **omissão** (CPC, art. 1.022, parágrafo único):

I – deixe de se manifestar sobre *tese firmada em julgamento de casos repetitivos ou em incidente de assunção de competência* aplicável ao caso sob julgamento;

II – incorra em qualquer das *condutas descritas no art. 489, § 1º* (*fundamentação exaustiva da sentença*).

5.2.3.2. Prazo/custas

Os embargos de declaração serão opostos em *5 dias* (CPC, art. 1.023). Trata-se do único recurso cujo prazo não é de 15 dias. Caso existam litisconsortes com advogados distintos, há prazo em dobro (CPC, art. 229 e 1.023, § 1º).

Se houver necessidade de contraditório nos embargos (vide item 5.2.3.4 abaixo), o prazo também será de 5 dias (CPC, art. 1.023, § 2º).

Não há preparo (CPC, art. 1.023, parte final).

5.2.3.3. Efeitos

Há, como em todos os recursos, efeito devolutivo. E, neste caso, haverá a devolução não só ao Judiciário como *ao próprio órgão prolator* da decisão embargada.

Quanto ao *efeito suspensivo*, o CPC afastou polêmica antes existente: não há efeito suspensivo (CPC, art. 1.026).

Além disso, opostos os declaratórios, haverá a *interrupção do prazo para interposição do outro recurso cabível* para impugnar a decisão, *para ambas as partes* (CPC, art. 1.026). A interrupção do prazo significa que há novo prazo para recorrer, na íntegra.

Logo, diante da prolação de uma sentença de parcial procedência, se o autor embarga de declaração no 5º dia do prazo, há a interrupção do prazo para apelar tanto do autor quanto do réu. Ou seja, quando da decisão dos embargos, haverá novo prazo de 15 dias para ambas as partes apelarem.

5.2.3.4. Processamento (interposição/julgamento)

Os embargos de declaração são *opostos perante o órgão prolator da decisão embargada* (juiz ou relator no âmbito dos Tribunais). O recurso será julgado exatamente por tal órgão (CPC, art. 1.024, *caput* e § 1º), ou seja, tratando-se de embargos de declaração, *os juízos a quo e ad quem são o mesmo*.

Pelo CPC, os embargos devem ser julgados pelo juiz em 5 dias (art. 1024) e devem ser apresentados em mesa pelo relator, na sessão subsequente (art. 1.024, § 1º).

Tratando-se de *declaratórios opostos de decisão monocrática*, os embargos deverão ser julgados *apenas pelo relator*, novamente de forma unipessoal. Contudo, caso se entenda que os embargos buscam reformar a decisão embargada, será possível ao relator *converter os declaratórios em agravo interno*, mas intimando previamente o recorrente para complementar as razões recursais (CPC, art. 1.024, §§ 2º e 3º), para julgamento colegiado.

Não cabe a utilização, ao mesmo tempo, de embargos de declaração e de outro recurso. Portanto, diante de uma sentença, inicialmente a parte deve opor declaratórios para, somente após a decisão dos embargos, interpor a apelação. Assim é, pois (i) não se sabe se haverá ou não a modificação da sentença (o que pode alterar o interesse recursal); e (ii) por força do princípio da unirrecorribilidade recursal.

Portanto, em síntese, o processamento dos embargos de declaração será o seguinte:

✓ oposição pela parte recorrente;

✓ apreciação dos embargos pelo próprio órgão prolator da decisão embargada;

✓ com a publicação da decisão dos embargos, recomeça a correr o prazo recursal para ambas as partes.

A rigor, o objetivo dos embargos é esclarecer a decisão. Contudo, excepcionalmente, haverá efetivamente uma *mudança da decisão*. Nestes casos, fala-se em *efeitos infrin-*

gentes ou *modificativos* dos embargos de declaração. Nessa situação, deverá o embargado ser intimado para exercer o contraditório, no prazo de 5 dias (CPC, art. 1.023, § 2º). Trata-se de inovação legislativa que acolhe a jurisprudência pacífica do STJ. Ou seja, havendo a *possibilidade de efeitos infringentes*, deverá ser exercido o contraditório, com a apresentação de *contrarrazões de embargos de declaração*, para garantir a igualdade entre as partes e evitar a prolação de decisão surpresa.

É possível que, diante de uma sentença, uma das partes apele e a outra embargue de declaração. Nesse caso, *se houver modificação da sentença pelos embargos*, a parte que apelou poderá *complementar ou alterar suas razões recursais*, nos limites da modificação da decisão, no prazo de 15 dias (CPC, art. 1.024, § 4º). Contudo, se os embargos não forem providos e a sentença permanecer a mesma, *não haverá necessidade de ratificação da apelação, que será conhecida independentemente de qualquer motivo* (CPC, art. 1.024, § 5º – dispositivo que afasta a Súmula 418 do STJ).

Outra possibilidade de utilização dos embargos é para fins de *prequestionamento* em relação aos recursos especial e extraordinário. Logo, se o acórdão é omisso no tocante aos dispositivos de lei apontados como violados, cabem declaratórios para que haja a manifestação do Tribunal nesse sentido. Inova o CPC ao afirmar que a *simples oposição dos declaratórios já supre o requisito* do *prequestionamento*, ainda que os declaratórios sejam inadmitidos ou rejeitados (CPC, art. 1.025).

Por fim, se o recurso for utilizado de forma protelatória, há previsão de multa de 2% sobre o valor da causa. No caso de reiteração de declaratórios protelatórios, a multa é majorada para 10% – e para a interposição de qualquer outro recurso há a necessidade de recolhimento da multa, salvo se o recorrente for a Fazenda ou beneficiário da justiça gratuita, que recolherão o valor ao final do processo (CPC, art. 1.026, §§ 2º e 3º). Se já tiverem sido rejeitados e considerados protelatórios 2 declaratórios, não se admitirá novo recursos de embargos (CPC, art. 1.026, § 4º).

5.2.4. Recurso ordinário (recurso ordinário constitucional)

5.2.4.1. Cabimento

O **recurso ordinário** tem um cabimento bem específico (CPC, art. 1.027): é apenas cabível de acórdão denegatório de ação constitucional (mandado de segurança, *habeas corpus*, *habeas data*, mandado de injunção) originária de Tribunal.

Cabe, portanto, de *decisão não concessiva da ordem* de ações propostas diretamente nos Tribunais, e será julgado pelo STJ ou STF. Como tem previsão constitucional (CF, art. 102, II e 105, II), é também denominado de recurso ordinário constitucional. Caso a *decisão seja concessiva, não caberá ROC*, mas sim outro recurso para Tribunal Superior (REsp ou RE).

A hipótese mais comum de cabimento de ROC para o STJ é a de decisão denegatória de HC ou MS de competência originária do TJ ou TRF (CF, art. 105, II, *a* e *b*). Já a hipótese mais frequente de ROC para o STF ocorre no momento em que é denegado HC ou MS de competência originária dos Tribunais Superiores (CF, art. 102, II, *a*).

Há, ainda, *outra hipótese, pouco frequente, de cabimento de ROC* (CPC, art. 1.027, II, *b*): causas em que forem partes, de um lado, Estado estrangeiro ou organismo internacional e, do outro, Município ou pessoa residente ou domiciliada no País. *Tais causas tramitam, em 1º grau, perante a Justiça Federal* (CF, art. 109, II) e o *ROC será julgado pelo STJ*. Assim, da sentença proferida nesse processo, caberá ROC, a ser julgado pelo STJ. E da interlocutória, caberá agravo de instrumento, igualmente julgado pelo STJ (CPC, art. 1.027, § 1º). Ou seja, excepcionalmente, não haverá julgamento por Tribunal de 2º grau, mas somente pelo 1º grau da Justiça Federal e o recurso ordinário ou agravo, pelo STJ.

5.2.4.2. Prazo/custas

No âmbito cível, o prazo para interposição do recurso ordinário é de *15 dias* (CPC, art. 1.003, § 5º). Da mesma forma, é de 15 dias o prazo para responder ao recurso (contrarrazões de recurso ordinário – CPC, art. 1.028, § 2º).

Há necessidade de *custas* (STJ, RMS 29.228/SE, 2.ª T., j. 26.05.2009, *DJe* 04.06.2009).

Tratando de *recurso ordinário de decisão denegatória de HC* (ainda que interposto de hipótese de prisão civil, como no caso de alimentos não pagos), o prazo de interposição é de *5 dias* (Lei 8.038/1990, art. 30), não havendo custas de preparo.

5.2.4.3. Efeitos

Há, como em todos os recursos, efeito devolutivo.

Não há efeito suspensivo.

5.2.4.4. Processamento (interposição/julgamento)

A tramitação do ROC tem por modelo a *tramitação da apelação*, inclusive em relação à *teoria da causa madura* (CPC, art. 1.027, § 2º).

O recurso ordinário será interposto na origem (CPC, art. 1.028, § 2º) e, após as contrarrazões, será remetido para o Tribunal de destino (juízo *ad quem* – STJ ou STF), independentemente de juízo de admissibilidade (CPC, art. 1.028, § 3º).

A competência para julgamento será:

✓ do *STJ*, no caso de acórdão denegatório *proferido nos TJs ou TRFs*;

✓ do *STF*, no caso de acórdão denegatório *proferido por Tribunais Superiores*.

O ROC garante o duplo grau de jurisdição de decisão denegatória de ações constitucionais.

Por fim, para afastar eventuais dúvidas, cabe esclarecer que, se um *mandado de segurança for impetrado em 1º grau* e for negado por sentença, *cabe apelação* a ser julgada pelo Tribunal de 2º grau. Mas, se a *competência originária desse mandado de segurança for de Tribunal de 2º grau, caberá recurso ordinário para o STJ*.

5.2.5. Agravos de 2º grau

De decisões monocráticas proferidas no âmbito dos Tribunais (por desembargadores ou Ministros), é cabível agravo, em duas modalidades: **agravo interno** e **agravo em recurso especial e em recurso extraordinário**. Cada um dos recursos será analisado de forma separada.

5.2.5.1. Agravo interno (regimental ou legal)

5.2.5.1.1. Cabimento

Cabe **agravo interno** de *decisão monocrática proferida por relator de recurso* (CPC, art. 1.021). No sistema anterior, por ausência de nomenclatura específica, era também chamado de *agravo regimental ou agravo legal*. Com a opção legislativa de nominá-lo, a tendência é a *prevalência do nome agravo interno*.

Já se apontou que é possível ao relator, diante de erro processual ou jurisprudência pacífica, decidir monocraticamente o recurso (CPC, art. 932, III a V – vide item 5.1.4 acima). Também é possível ao relator apreciar, de forma unipessoal, uma tutela de urgência. *Contra essas decisões monocráticas é que cabe o agravo interno.*

Com a interposição do agravo, provido ou não o recurso, *a decisão monocrática irá se transformar em decisão colegiada (acórdão).*

5.2.5.1.2. Prazo/custas

O prazo para interposição do agravo interno de *15 dias* (CPC, art. 1.003, § 5º). Há contrarrazões (inovação do CPC), a ser apresentada também em 15 dias (CPC, art. 1.021, § 2º).

Não há custas na maioria dos Estados e no âmbito da Justiça Federal (mas, em alguns tribunais estaduais, há previsão de custas).

5.2.5.1.3. Efeitos

Há, como em todos os recursos, efeito devolutivo.

Não há o efeito suspensivo.

5.2.5.1.4. Processamento (interposição/julgamento)

A interposição do recurso é bem simples e segue o procedimento previsto no regimento interno dos Tribunais (CPC, art. 1.021). *Não há necessidade de cópias* (instrumento) ou *qualquer outra formalidade.*

O recurso é interposto nos próprios autos (por isso *agravo interno*), *dirigido ao relator* que proferiu a decisão monocraticamente. Deverá o argumento *impugnar especificadamente os fundamentos da decisão agravada*, sob pena de não conhecimento do recurso (CPC, art. 1.021, § 1º).

Deverá ser aberta vista ao agravo, para apresentar contrarrazões, no prazo de 15 dias (CPC, art. 1.021, § 2º), sendo que no sistema anterior, não havia previsão (no Código ou nos regimentos internos dos tribunais) nesse sentido.

Se o *relator reconsiderar* (revogando a decisão monocrática), o recurso antes interposto volta a ter sua tramitação normal (CPC, art. 1.021, § 2º). Assim, se uma apelação foi julgada monocraticamente e o relator reconsiderar, haverá o processamento normal da apelação para um julgamento colegiado.

Caso o relator não reconsidere, o recurso será *pautado,* para *julgamento colegiado e prolação de acórdão.*

Inova o CPC, quanto ao agravo interno, para:

✓ vedar que o relator, ao julgar o agravo interno, apenas se limite a reproduzir os fundamentos da decisão agravada (CPC, art. 1.021, § 3º);

✓ se o agravo interno for declarado *inadmissível ou improcedente em votação unânime,* **deverá** ser imposta multa, em decisão fundamentada, entre 1% e 5% do valor atualizado da causa; a interposição de qualquer outro recurso fica condicionado ao depósito prévio da multa – salvo para a Fazenda e beneficiário da justiça gratuita, que recolherão a multa ao final do processo (CPC, art. 1.021, §§ 4º e 5º).

Logo, pelo CPC, se for proferida decisão monocrática e a parte interpuser o agravo interno, para esgotar as vias ordinárias e poder, depois, valer-se do especial, já haverá multa e necessidade de seu recolhimento para ser possível o especial.

5.2.5.2. Agravo em recurso especial e em recurso extraordinário

5.2.5.2.1. Cabimento

O estudo do cabimento deste recurso demanda maior atenção. O sistema era um no âmbito do CPC/1973, houve **profunda alteração no Código aprovado no Congresso,** mas, ainda durante a *vacatio legis,* houve **nova alteração legislativa** (Lei 13.256/2016) para que se **voltasse ao que existia no CPC/1973.**

A modificação quanto a este recurso está ligada à admissibilidade do recurso especial e extraordinário. No âmbito do CPC/1973, a admissibilidade do REsp e RE era feita na origem (vide idem 5.2.6 a seguir). E, da decisão que não admitia esse recurso, cabia *agravo nos próprios autos, na tentativa de "destrancar" (ou "fazer subir") o recurso para tribunal superior.* Na versão original do CPC/2015, a admissibilidade não mais era feita na origem (mas diretamente no Tribunal Superior), de modo que o agravo em recuso especial e em recurso extraordinário tinha um cabimento bem mais restrito que antes, basicamente restrito às situações envolvendo recursos repetitivos (acerca do tema, vide item 5.2.8 abaixo). Mas, com a Lei 13.256/2016, a admissibilidade voltou para o Tribunal de origem, de modo que o agravo em recurso especial e em recurso extraordinário se prestam a "destrancar" ou "fazer subir" para o tribunal superior o recuso não admitido.

Ou seja, o cabimento do agravo em recurso especial e extraordinário no CPC/2015 é o mesmo do antigo agravo nos próprios autos (CPC/1973), com algumas modificações quanto ao seu trâmite.

Assim, caberá o agravo quando o tribunal de origem, por seu presidente ou vice-presidente, **inadmitir recurso extraordinário ou recurso especial**, *salvo* quando fundada na aplicação de entendimento firmado em regime de *repercussão geral ou em julgamento de recursos repetitivos* (CPC, art. 1.042): Em relação à situação decidida com base em repetitivo, vide item 5.2.8 infra.

Também é utilizado no âmbito processual penal e no processo do trabalho (em relação ao recurso de revista).

No sistema processual anterior, no cotidiano forense, o nome mais comum para esse recurso era "agravo de decisão denegatória" – que não constava da lei. Assim, é possível que esse nome siga sendo usado no dia a dia.

5.2.5.2.2. Prazo/custas

O prazo para interposição do agravo em REsp ou RE é de *15 dias* (CPC, art. 1.003, § 5º). Da mesma forma, é de 15 dias o prazo para responder ao recurso (contraminuta ou contrarrazões de agravo – CPC, art. 1.042, § 3º).

Não há custas (CPC, art. 1.042, § 2º).

5.2.5.2.3. Efeitos

Há, como em todos os recursos, efeito devolutivo.

Não há o *efeito suspensivo*. Eventualmente, em casos de urgência, é possível a concessão de efeito suspensivo ao REsp e RE, mas não ao agravo.

5.2.5.2.4. Processamento (interposição/julgamento)

O agravo será *interposto no Tribunal de origem*, endereçado ao órgão responsável pelo processamento do recurso especial e extraordinário (presidência ou vice-presidência, conforme o regimento interno de cada tribunal) e que prolatou a decisão agravada (CPC, art. 1.042, § 2º).

Não há necessidade de qualquer documento, porque se está recorrendo nos próprios autos, que já traz todas as peças do processo.

O agravado será intimado para apresentar resposta e – caso não haja retratação (ou seja, a admissibilidade que antes foi negativa passe a ser positiva) – *os autos serão remetidos ao Tribunal Superior*, para apreciação do agravo (CPC, art. 1.042, § 4º). Se houver retratação, os autos serão remetidos para o Tribunal Superior, para apreciação do REsp ou RE (e não do agravo).

Se forem dois recursos concomitantes (REsp e RE) e ambos não forem admitidos, deverá o recorrente interpor **dois agravos** (CPC, art. 1.042, § 6º). Nesse caso, os autos primeiro irão para o STJ (§ 7º) e, depois, se ainda for o caso de julgamento do agravo em RE, para o STF (§ 8º).

No Tribunal Superior, será possível o julgamento do agravo em conjunto com o próprio REsp e RE – hipótese em que será possível sustentação oral (CPC, art. 1.042, § 5º).

Quanto ao julgamento do agravo, será observado tanto o CPC (que permite até mesmo o julgamento monocrático – art. 932, III, IV e V), bem como o regimento interno do STJ e do STF.

5.2.6. Recurso especial (REsp)

5.2.6.1. Cabimento

Cabe **recurso especial** *de acórdão que violar legislação infraconstitucional ou quando Tribunais diversos derem interpretação distinta a um mesmo dispositivo legal infraconstitucional* (CF, art. 105, III e CPC, art. 1.029).

Destaca-se que é cabível o REsp pela **divergência externa** e não pela divergência interna, ou seja, deve-se apontar o *dissenso jurisprudencial em relação a outro Tribunal* e não no próprio Tribunal. Nesse sentido, caso se ingresse com o REsp de um julgado do TJSP, *não cabe apontar que o próprio TJSP tem posição divergente* ao do acórdão recorrido (Súmula 13 do STJ: A divergência entre julgados do mesmo tribunal não enseja recurso especial) – mas sim que a decisão do TJSP diverge da de qualquer outro Tribunal do país, inclusive o próprio STJ ou mesmo o TRF da 3ª Região (Tribunal Regional Federal situado em São Paulo).

Para o cabimento do REsp, o acórdão *não* deve admitir outros recursos, ou seja, *não cabe REsp de decisão monocrática* (será cabível o REsp após o agravo regimental). Portanto, só cabe REsp quando **esgotados os demais recursos**.

Na hipótese de o acórdão violar, ao mesmo tempo, dispositivo do CPC e da CF, serão **cabíveis, simultaneamente, recurso especial e recurso extraordinário**. Porém, cada recurso irá atacar matérias distintas: *REsp, a violação à legislação infraconstitucional; RE, a violação à Constituição.*

Nesse caso de interposição conjunta, os autos serão *remetidos ao STJ*; se o relator do recurso especial considerar prejudicial o recurso extraordinário, em decisão irrecorrível sobrestará o julgamento e remeterá os autos ao STF. Se o *relator do recurso extraordinário*, em decisão irrecorrível, rejeitar a prejudicialidade, devolverá os autos ao STJ para o julgamento do recurso especial (CPC, art. 1.031, §§ 2º e 3º).

5.2.6.2. Prazo/custas

O prazo para interposição do REsp é de *15 dias* (CPC, art. 1.003, § 5º). Da mesma forma, é de 15 dias o prazo para responder ao recurso (contrarrazões de REsp – CPC, art. 1.030).

Há *custas* (Lei 11.636/2007).

5.2.6.3. Outros requisitos de admissibilidade

Além dos requisitos de admissibilidade usualmente existentes, o REsp tem também outros requisitos. E isso se justifica porque se trata de um recurso cuja finalidade não é simplesmente rediscutir a causa (como ocorre na apelação), mas discutir a *unidade da interpretação da legislação infraconstitucional*.

Assim, com o REsp o STJ busca *evitar a regionalização do direito*. Exatamente por isso **não se discute matéria fática** em tal recurso, mas apenas *matéria de direito* (Súmula 5 do STJ: A simples interpretação de cláusula contratual não enseja recurso especial; Súmula 7 do STJ: A pretensão de simples reexame de prova não enseja recurso especial).

Ou seja, não será conhecido REsp que discuta se determinado fato ocorreu ou não. Debate-se no REsp, *à luz de determinados fatos já fixados* no Tribunal de origem, *qual o direito aplicável*.

Apesar de não ser possível discutir fato, o REsp permite a **discussão de matéria de mérito ou processual**. Cabe, portanto, o recurso tanto por *violação ao CC* (ou CDC ou Lei de Locação etc.) como por *violação ao CPC*.

Para que bem se delimite a discussão da matéria de direito, é também requisito do REsp o **prequestionamento**, que *é a apreciação do artigo de lei pelo Tribunal* a quo *durante o julgamento do acórdão recorrido*. Ou seja, é o debate, pelos julgadores de origem, dos dispositivos apontados como violados no REsp (Súmula 282 do STF: É inadmissível o recurso extraordinário, quando não ventilada, na decisão recorrida, a questão federal suscitada).

Assim, *se o Tribunal de origem não tiver se manifestado sobre determinado dispositivo legal apontado como violado no REsp, não terá ocorrido o prequestionamento*.

Para bem se entender a questão, vale mencionar um exemplo. Diante de uma sentença de improcedência, o autor recorre e, em sua apelação, destaca que houve a violação de determinado artigo do CC. *Na própria apelação, requer a expressa manifestação do Tribunal a respeito daquele dispositivo legal para fins de prequestionamento.* Se o Tribunal não se manifestar a respeito do dispositivo, não haverá prequestionamento. Nesse caso, *pode a parte se valer dos embargos de declaração,* apontando *omissão* no acórdão quanto à análise do dispositivo legal apontado como violado. E, como já antes visto, pelo CPC, acolhido ou não os embargos de declaração, o **prequestionamento ficto** *estará realizado* (CPC, art. 1.025). Fica, portanto, superada a posição do STJ pacificada no sistema anterior (Súmula 211 do STJ: Inadmissível recurso especial quanto à questão que, a despeito da oposição de embargos declaratórios, não foi apreciada pelo Tribunal *a quo*).

Em importante inovação, afirma o art. 1.029, § 3º que o STJ poderá "*desconsiderar vício formal de recurso tempestivo ou determinar sua correção, desde que não o repute grave*". Ou seja, é uma oportunidade que se dá para que o mérito recursal seja apreciado – resta verificar qual a amplitude que a jurisprudência dará à expressão **vício formal grave**.

5.2.6.4. Efeitos

Há, como em todos os recursos, efeito devolutivo.

Não há, em regra, o *efeito suspensivo*.

Contudo, é possível que se tente atribuir *efeito suspensivo ao REsp. A previsão está no* CPC, art. 1.029, § 5º – dispositivo cuja redação original foi alterada pela Lei 13.256/2016). A petição requerendo o efeito suspensivo será dirigida:

I– ao *STJ*, no período compreendido entre a *publicação da decisão de admissão do recurso e sua distribuição*, ficando o relator designado para seu exame prevento para julgá-lo;

II – ao *relator no STJ*, se já distribuído o recurso;

III – ao presidente ou ao vice-presidente do *tribunal recorrido*, no período compreendido entre a *interposição do recurso e a publicação da decisão de admissão* do recurso, assim como no caso de o *recurso ter sido sobrestado*, por força de recurso repetitivo.

Tem-se, portanto, no que se refere à competência, basicamente a reprodução, no CPC, daquilo que foi sedimentado na jurisprudência do STF, à luz do CPC/1973 (Súmula 634/STF: Não compete ao Supremo Tribunal Federal conceder medida cautelar para dar efeito suspensivo a recurso extraordinário que ainda não foi objeto de juízo de admissibilidade na origem. Súmula 635/STF: Cabe ao Presidente do Tribunal de origem decidir o pedido de medida cautelar em recurso extraordinário ainda pendente do seu juízo de admissibilidade).

5.2.6.5. Processamento (interposição/julgamento)

O REsp é interposto no *Tribunal de origem*, endereçado à presidência ou vice-presidência, conforme o regimento interno próprio de cada tribunal (CPC, art. 1.029). Deve a petição recursal indicar (i) exposição do *fato e do direito*, (ii) demonstração do *cabimento* e (iii) *razões do pedido* de reforma ou invalidação da decisão recorrida.

Tratando-se de REsp fundado em *dissídio jurisprudencial* (divergência em relação a julgado de outro Tribunal – CF, art. 105, III, *c*), obrigatoriamente terá de ser instruído com o *acórdão paradigma* (a decisão do outro Tribunal). A *divergência é comprovada* mediante certidão, cópia ou citação do repositório de jurisprudência oficial (inclusive em mídia eletrônica), ou ainda via *reprodução do julgado disponível na internet*, com indicação da fonte (art. 1.029, § 1º). Deverá o recorrente mencionar as *circunstâncias que identifiquem ou assemelhem os casos confrontados* (o chamado "**cotejo analítico**" entre o acórdão recorrido e paradigma).

Nesse REsp fundado em dissídio jurisprudencial, é muito comum o recurso não ser admitido ao argumento de "situações fáticas distintas" entre os acórdãos. Por causa disso, inicialmente foi incluído o § 2º ao art. 1.029 do CPC ("Quando o recurso estiver fundado em dissídio jurisprudencial, é vedado ao tribunal inadmiti-lo com base em fundamento genérico de que as circunstâncias fáticas são diferentes, sem demonstrar a existência da distinção"). Contudo, com a Lei 13.256/2016, **esse parágrafo foi revogado**.

Interposto o REsp, a *parte contrária é intimada* para apresentar as contrarrazões, em 15 dias (CPC, art. 1.030). Em tal peça é possível impugnar não só o mérito, mas também a admissibilidade do recurso. Com as razões e contrarrazões do REsp, o recurso estará pronto para sua admissibilidade.

Em relação à **admissibilidade do REsp**, há de se ter bastante atenção, pois a questão passou por *diversas alterações*:

(i) no âmbito do CPC/1973, a admissibilidade do REsp e RE era feita na origem, ou seja, pela presidência do Tribunal intermediário;

(ii) na versão original do atual CPC (Lei 13.105/2015), a admissibilidade não mais seria feita na origem, mas apenas e diretamente no STJ;

(iii) com a **Lei 13.256/2016**, a admissibilidade *voltou para o Tribunal de origem*, sendo que, no caso de inadmissão do REsp, **cabível o agravo em recurso especial** para *tentar que o REsp seja admitido* (como exposto no item 5.2.5.2 acima).

Ao proceder à admissibilidade, existem **diversas possibilidades** ao desembargador que a realiza (inovações da Lei 13.256/2016), a saber (art. 1.030).

I – **negar seguimento** a recurso especial interposto contra acórdão que esteja em conformidade com entendimento do STJ, proferido com base em julgamento de *recursos repetitivos*;

II – **encaminhar o processo ao órgão julgador** (a turma ou câmara que proferiu o acórdão), para realização do *juízo de retratação*, se o acórdão recorrido divergir do entendimento do STJ proferido com base em julgamento de *recursos repetitivos* (ou seja, depois da prolação do acórdão, houve a decisão do repetitivo no STJ);

III – **sobrestar o recurso** que versar sobre *controvérsia de caráter repetitivo* ainda *não decidida* pelo STJ;

IV – **selecionar o recurso como representativo de controvérsia**, para que venha a ser *julgado como repetitivo* pelo STJ;

V – proceder à **admissibilidade do REsp**, e, no caso de **admissão,** *remeter o recurso ao STJ*, desde que: a) o recurso ainda *não tenha sido submetido* ao regime de *julgamento de recursos repetitivos*; b) *o recurso tenha sido selecionado como representativo da controvérsia*; ou c) *o tribunal recorrido tenha refutado o juízo de retratação*.

Dessas **decisões monocráticas** acima arroladas, é possível **recorrer** (art. 1.030, §§ 1º e 2º):

(i) tratando-se de **inadmissão** por ausência de requisito de admissibilidade (inciso V), cabe *agravo em recurso especial* (art. 1.042, já exposto no item 5.2.5.2);

(ii) tratando-se de decisão *relativa a recurso repetitivo* (**negar seguimento**, inciso I ou **sobrestar**, inciso III), cabe *agravo interno* (art. 1.021), a ser julgado perante o próprio tribunal de origem, sem que haja possibilidade – pela legislação – de se chegar ao tribunal superior.

Como se percebe, é um sistema complexo, com diversas possibilidades de julgamento e variação quanto aos recursos (e, pelo Código, somente recorríveis as decisões acima indicadas).

No mais, uma vez o REsp no STJ, se o ministro relator entender que o *recurso especial versa sobre questão constitucional*, concederá *prazo de 15 dias* para que o recorrente *demonstre a repercussão geral e se manifeste sobre a questão constitucional*; cumprida a diligência, o relator remeterá o recurso ao STF que, em juízo de admissibilidade, poderá devolvê-lo ao STJ (CPC, art. 1.032). Ou seja, tem-se uma situação de conversão do recurso especial em recurso extraordinário (e existe também a previsão no sentido inverso – vide item 5.2.7.5 abaixo).

Não mais existe a figura do *REsp retido, que* existia no sistema anterior.

5.2.7. Recurso extraordinário (RE)

O RE apresenta uma série de similitudes em relação ao REsp. Assim, grande parte do que foi acima exposto também aqui se aplica.

5.2.7.1. Cabimento

Cabe **recurso extraordinário** de *acórdão que violar a Constituição* (CF, art. 102, III e CPC, art. 1.029).

Há uma situação posterior à EC 45/2004 à qual se deve atentar: nos termos do art. 102, III, *d*, da CF, *cabe RE de acórdão que julgar válida* **lei local contestada em face de lei federal**. A tendência, diante dessa situação, seria afirmar que caberia o REsp (e era assim antes da EC 45/2004). Mas houve a alteração porque a *competência legislativa* (que disciplina a solução do problema) *é prevista na Constituição*.

Para o cabimento do RE, o acórdão não deve admitir outros recursos, ou seja, não cabe RE de acórdão que admita infringentes ou de decisão monocrática. Portanto, tal qual ocorre quanto ao REsp, só cabe RE quando **esgotados os demais recursos**.

Na hipótese de o acórdão violar, ao mesmo tempo, dispositivo do CPC e da CF, serão **cabíveis, simultaneamente, recurso especial e recurso extraordinário**. Porém, cada recurso irá atacar matérias distintas: *REsp, a violação à legislação infraconstitucional; RE, a violação à Constituição*.

Nesse caso de interposição conjunta, os autos serão *remetidos ao STJ*; se o relator do recurso especial considerar prejudicial o recurso extraordinário, em decisão irrecorrível sobrestará o julgamento e remeterá os autos ao STF. Se *o relator do recurso extraordinário*, em decisão irrecorrível, rejeitar a prejudicialidade, devolverá os autos ao STJ para o julgamento do recurso especial (CPC, art. 1.031, §§ 2º e 3º).

5.2.7.2. Prazo/custas

O prazo para interposição do RE é de *15 dias* (CPC, art. 1.003, § 5º). Da mesma forma, é de 15 dias o prazo para responder ao recurso (contrarrazões de RE – CPC, art. 1.030).

Há custas (tabela divulgada pelo STF).

5.2.7.3. Outros requisitos de admissibilidade

Tal qual o REsp, também o RE tem distinções quanto à admissibilidade. Assim, além dos requisitos de admissibilidade usualmente existentes, o RE tem também outros requisitos. E isso se justifica porque se trata de um recurso cuja finalidade não é simplesmente rediscutir a causa (como ocorre, por exemplo, na apelação), mas sim buscar o *respeito e a unidade na interpretação da Constituição.*

Ou seja, com o RE, busca o STF *zelar pela supremacia da Constituição*, por isso **não se discute matéria fática** em tal recurso, mas apenas *matéria de direito*. Mas o RE permite a **discussão de matéria de mérito ou processual**, isto é, cabe o recurso tanto por *violação a norma processual ou norma material contida na Constituição.*

Também há a necessidade de **prequestionamento**, nos moldes do já debatido quando se tratou do tema no REsp.

Igualmente ao já exposto para o REsp, o art. 1.029, § 3º prevê que o STF poderá *"desconsiderar vício formal de recurso tempestivo* ou determinar sua correção, desde que *não o repute grave"*. Ou seja, é uma oportunidade que se dá para que o mérito recursal seja apreciado – resta verificar qual a amplitude que a jurisprudência dará à expressão **vício formal grave**.

Por fim, a partir da EC 45/2004 (CF, art. 102, § 3º), há um novo requisito de admissibilidade específico para o RE: a **repercussão geral da questão constitucional**. Por esse requisito, *o STF somente conhecerá um RE que seja relevante não só para as partes, mas para a sociedade como um todo (ou seja, a existência de questões relevantes do ponto de vista econômico, político, social ou jurídico, que ultrapassem os interesses subjetivos da causa).*

Isso significa que o STF não irá se manifestar a respeito de uma "briga de vizinhos". O tema está regulado, do ponto de vista infraconstitucional, no CPC pelos arts. 1.035.

A **competência** para apreciar a existência da repercussão geral é *exclusiva do STF*. O recurso *não será conhecido se 2/3 (dois terços) dos Ministros do STF* (8 dos 11) entenderem pela *ausência da repercussão geral*. A decisão sobre a presença da repercussão é irrecorrível (CPC, art. 1.035, *caput*).

O recorrente deverá demonstrar, em preliminar do RE, a existência da repercussão geral (CPC, art. 1.035, § 2º).

A repercussão geral decorre de lei (ou seja, há *repercussão geral presumida*) se o acórdão recorrido (CPC, art. 1.035, § 3º):

I – *contrariar súmula ou jurisprudência dominante* do STF;

II – tenha reconhecido a *inconstitucionalidade de tratado ou de lei federal*, nos termos do art. 97 da Constituição Federal.

Além dessas duas situações, na versão original do CPC, havia ainda menção a repercussão geral presumida quando a decisão tivesse sido proferida *"em julgamento de casos repetitivos"* – mas esse inciso foi **revogado** por força da Lei 13.256/2016.

Reconhecida a repercussão geral, o relator determinará a *suspensão de todos os processos*, individuais ou coletivos, que tratem daquele tema, em todo o país (CPC, art. 1.035, § 5º). Prevê o Código que o recurso que tiver a repercussão geral reconhecida deverá ser "julgado no **prazo de 1 ano**" (§ 9º). Contudo, se não ocorrer o julgamento do RE com repercussão geral em 1 ano, *não há qualquer consequência prevista na lei* (na versão original do CPC, o § 10º previa que cessaria a suspensão dos processos passado esse prazo de 1 ano – porém, o dispositivo foi **revogado** pela Lei 13.256/2016).

Negada a repercussão geral, a presidência do tribunal intermediário *negará seguimento aos recursos extraordinários sobrestados na origem que versem sobre matéria idêntica* (art. 1.035, § 8º).

5.2.7.4. Efeitos

Há, como em todos os recursos, efeito devolutivo.

Não há, em regra, o *efeito suspensivo*.

Quanto à concessão de efeito suspensivo, a regra é a mesma do REsp: é possível que haja a atribuição de efeito suspensivo ao RE, sendo a competência variável (vide item 5.2.6.4 acima).

5.2.7.5. Processamento (interposição/julgamento)

O processamento do RE é igual ao do REsp (vide item 5.2.6.5 acima):

✓ interposto no *Tribunal de origem*, endereçado à Presidência (CPC, art. 1.029);

✓ a parte contrária terá prazo de 15 dias para apresentar contrarrazões, podendo impugnar o mérito e a admissibilidade do RE (CPC, art. 1.030);

✓ o CPC inicialmente previa a admissibilidade apenas no destino, mas a Lei 13.256/2016 devolveu a admissibilidade à origem (vide, novamente, item 5.2.6.5).

Ao proceder à admissibilidade, existem **diversas possibilidades** ao desembargador que a realiza (inovações da Lei 13.256/2016), a saber (art. 1.030).

I – **negar seguimento** a RE que discuta questão à qual o *STF não tenha reconhecido a existência de repercussão geral* ou a RE interposto contra acórdão que esteja em *conformidade com entendimento do STF proferido no regime de repercussão geral* ou a RE interposto contra acórdão que esteja em conformidade com *entendimento do STF* proferido no julgamento de *recursos repetitivos*;

II – **encaminhar o processo ao órgão julgador** (a turma ou câmara que proferiu o acórdão), para realização do *juízo de retratação*, se o acórdão recorrido divergir do entendimento do STF proferido nos regimes de *repercussão geral ou de recursos repetitivos* (ou seja, depois da prolação do acórdão, houve a decisão do repetitivo no STJ);

III – **sobrestar o recurso** que versar sobre controvérsia de *caráter repetitivo* ainda não decidida pelo STF;

IV – **selecionar o recurso como representativo de controvérsia** constitucional, para *julgamento como repetitivo*;

V – proceder à **admissibilidade do RE**, e, no caso de **admissão**, *remeter o recurso ao STF*, desde que: a) o recurso ainda *não tenha sido submetido* ao regime de *repercussão geral* ou *de recursos repetitivos*; b) o *recurso tenha sido selecionado como representativo da controvérsia*; ou c) o tribunal recorrido tenha *refutado o juízo de retratação*.

Dessas **decisões monocráticas** acima arroladas, é possível **recorrer** (art. 1.030, §§ 1º e 2º):

(i) tratando-se de **inadmissão** por ausência de requisito de admissibilidade (inciso V), cabe *agravo em recurso especial* (art. 1.042, já exposto no item 5.2.5.2);

(ii) tratando-se de decisão *relativa a recurso repetitivo* (**negar seguimento**, inciso I ou **sobrestar**, inciso III), cabe *agravo interno* (art. 1.021), a ser julgado perante o próprio tribunal de origem, sem que haja possibilidade – pela legislação – de se chegar ao tribunal superior.

Como se percebe, é um sistema complexo, com diversas possibilidades de julgamento e variação quanto aos recursos (e, pelo Código, somente recorríveis as decisões acima indicadas).

No mais, uma vez o RE no STF, se o relator considerar como **reflexa a ofensa à Constituição** afirmada no recurso extraordinário, por pressupor a revisão da interpretação de lei federal ou de tratado, *o tribunal remeterá o recurso ao STJ para julgamento como recurso especial* (CPC, art. 1.033). Trata-se da conversão do RE em REsp. Nesse caso, não há necessidade de se intimar o recorrente para emendar seu recurso (o que existe no caso de conversão do REsp para o RE – vide item 5.2.6.5 acima).

Deixou de existir o *RE retido*.

5.2.8. REsp e RE repetitivos

Considerando a *massificação das causas* e a necessidade de *segurança jurídica e isonomia*, foram buscadas alternativas para a racionalidade do sistema processual. Assim, em reforma do CPC/1973, surgiu o REsp repetitivo.

No CPC, REsp e RE repetitivos são regulados da mesma forma.

Assim, **REsp repetitivo** e **RE repetitivo** (CPC, arts. 1.036 a 1.041) se prestam a tutelar situações em que *houver multiplicidade de recursos com fundamento em idêntica questão de direito. Sendo este o caso, os recursos mais representativos serão **afetados para julgamento como repetitivo**, ficando os demais suspensos. A decisão a ser proferida pelo tribunal superior nesse recurso repetitivo servirá como base para os demais recursos que estavam suspensos.*

E, como já visto, essa decisão deverá ser **observada pelos demais magistrados** (CPC art. 927, III); caso não seja, será possível a *utilização da reclamação* (CPC, art. 988, II e § 5º, II).

De forma simplificada, a tramitação de um repetitivo observa a seguinte ordem:

(i) escolha dos recursos representativos (somente recursos com a presença de todos os requisitos de admissibilidade)

(ii) decisão de afetação, com suspensão de outros processos análogos (que discutam a mesma tese jurídica)

(iii) julgamento do repetitivo

(iv) aplicação e observância do precedente em relação aos demais processos que envolvam a mesma tese jurídica.

Se, dentre os **recursos sobrestados**, houver *algum que seja intempestivo*, o interessado pode requerer que esse recurso seja inadmitido. Diante disso, o recorrente será ouvido, em 5 dias e, a seguir, haverá decisão do presidente. Se a decisão não afastar a afetação, cabe o agravo interno, para o próprio tribunal (CPC, art. 1.036, § 3º, com a redação da Lei 13.256/2016).

Feita a escolha dos recursos, o *relator, no tribunal superior*, (i) identificará qual a questão a ser submetida, (ii) sobrestará todos os processos que versem sobre a questão, em todo país (não só recursos, mas qualquer demanda, individual ou coletiva), (iii) poderá requisitar o envio, pelos tribunais, de um recurso representativo da controvérsia (ou, ele mesmo, escolher outros recursos, já existentes no Tribunal Superior, independentemente da escolha pelo tribunal de origem).

Prevê o Código que o recurso repetitivo deverá ser "julgado no **prazo de 1 ano**" (CPC, art. 1.037, § 4º). Contudo, se não ocorrer o julgamento do repetitivo em 1 ano, *não há qualquer consequência prevista na lei* (na versão original do CPC, o § 5º previa que cessaria a suspensão dos processos passado esse prazo de 1 ano – porém, o dispositivo foi **revogado** pela Lei 13.256/2016).

Após a **decisão de afetação**, o relator poderá (CPC, art. 1.038):

I – *solicitar ou admitir amicus curiae*

II – designar *audiência pública*

III – requisitar *informações aos tribunais*

Em relação aos **processos sobrestados** (CPC, art. 1.037, §§ 8º a 13):

a) haverá a *intimação das partes*;

b) as partes podem pedir *prosseguimento de seu recurso* com fundamento em *distinção*

c) se *indeferido esse pedido de afastar o sobrestamento*, caberá agravo de instrumento (se processo estiver em 1º grau) ou agravo interno (se o processo estiver no Tribunal).

Julgado o recurso repetitivo, ocorrerá o seguinte em relação aos recursos sobrestados (CPC, arts. 1.039 a 1.041):

I – se o recurso sobrestado for REsp ou RE e estiver na origem: (a) inadmissão dos recursos (se a tese for contrária à fixada no repetitivo) ou reexame pela Câmara ou Turma (se a tese fixada for no sentido do pleiteado pelo recorrente);

II – se a causa for sobrestada antes desse momento processual, o juiz ou relator deverão *aplicar a tese definida*, sob pena de *reclamação*;

III – haverá, ainda, a *comunicação a órgãos, entes ou agências* com atribuição para *fiscalizar o cumprimento* da decisão proferida no repetitivo. Assim, por exemplo, se houver um repetitivo contra banco, o BACEN será oficiado para fiscalizar a obrigação imposta pela decisão judicial.

Por fim, o **julgamento do repetitivo ainda permite**:

(i) a *desistência nos sobrestados em 1º grau, sem concordância do réu* (só haverá isenção de custas e honorários se a desistência ocorrer antes da citação); e

(ii) autoriza *julgamento liminar de improcedência*, dispensa *remessa necessária* e permite o *julgamento monocrático pelo relator*.

5.2.9. Embargos de divergência

5.2.9.1. Cabimento

Os **embargos de divergência** são utilizados somente no âmbito do STJ e STF, após o julgamento do REsp ou do RE. Assim, *são cabíveis quando o acórdão proferido no julgamento do REsp/RE divergir do julgamento proferido por outro órgão colegiado do próprio Tribunal* (CPC, art. 1.043).

Portanto, a finalidade é *pacificar internamente as divergências de entendimento*.

Assim, quando do julgamento de algum REsp, se o STJ já tiver julgado de alguma outra maneira a questão, por algum outro órgão interno do Tribunal, serão cabíveis os embargos de divergência. O mesmo se diga quando do julgamento de um RE pelo STF.

Na redação original do CPC havia um aumento nas hipóteses de cabimento dos embargos de divergência, admitindo o recurso também no tocante à *admissibilidade do recurso* (e não só mérito) e também, nos processos de competência originária, de quaisquer julgados que divergissem do tribunal (ou seja, poderia haver divergência entre reclamação e REsp). Contudo, a **Lei 13.256/2016 revogou** essas duas inovações, que constavam dos incisos II e IV do art. 1.043.

Em síntese, o cabimento ficou da seguinte forma (CPC, art. 1.043, I e III):

a) em recurso extraordinário ou em recurso especial, *divergir do julgamento de qualquer outro órgão do mesmo tribunal*, sendo os acórdãos, embargado e paradigma, *de mérito*;

b) em recurso extraordinário ou em recurso especial, *divergir do julgamento de qualquer outro órgão do mesmo tribunal*, sendo um *acórdão de mérito* e *outro que não tenha conhecido do recurso*, embora tenha apreciado a controvérsia;

Cabe o recurso para discutir teses firmadas entre dois recursos, de órgão internos distintos – seja de matéria processual ou material (CPC, art. 1.043, § 2º). Cabe ainda o recurso de julgado da *mesma turma*, se tiver havido *mudança na composição* (CPC, art. 1.043, § 3º).

O recurso é previsto em um único artigo no CPC, comparado com os demais recursos, não é muito frequente, seja no cotidiano forense ou em provas de concursos jurídicos – na maior parte das vezes, as bancas colocam este recurso como uma resposta errada, para *confundir o candidato* em relação a outros recursos.

5.2.9.2. Prazo/custas

O prazo para interposição dos embargos de divergência é de *15 dias* (CPC, art. 1.003, § 5º). Da mesma forma, é de 15 dias o prazo para responder ao recurso (contrarrazões de embargos de divergência) – o CPC não prevê tal prazo, mas essa é a praxe nos regimentos internos e, ainda, é o prazo por força do princípio da isonomia entre os litigantes.

Há necessidade de *custas* (STJ, Lei 11.636/2007 e STF, RISTF, art. 57 e Tabela B de custas).

5.2.9.3. Efeitos

Há, como em todos os recursos, efeito devolutivo.

Não há efeito suspensivo, tal qual ocorre com o REsp e o RE.

Além disso, a interposição do recurso no STJ interrompe o prazo para interposição do RE, por qualquer das partes (CPC, art. 1.044, § 1º).

5.2.9.4. Processamento (interposição/julgamento)

Os embargos de divergência são endereçados ao próprio relator do recurso. Após a vista à parte contrária para contrarrazões, haverá o julgamento.

O art. 1.044 do CPC dispõe que o procedimento dos embargos de divergência seguirá o previsto nos regimentos internos dos Tribunais (RISTJ, arts. 266 e 267; RISTF, arts. 330 a 336).

5.2.10. Recursos que deixaram de existir no CPC

Buscando simplificar o sistema, o CPC extinguiu dois recursos que existiam no sistema anterior. Contudo, na verdade não se trata de uma extinção plena, mas sim uma transformação envolvendo os recursos.

Por essa razão, especialmente no início da vigência, vale visualizar o que foi extinto e qual a modificação realizada, pois isso pode ser objeto de questões em provas de concursos jurídicos.

5.2.10.1. Agravo retido

No sistema do CPC/1973, ao lado do agravo de instrumento, havia também o agravo retido para impugnar decisões interlocutórias. No Código anterior, tratando-se de decisão interlocutória, *a regra era o cabimento do agravo retido*, pois somente cabia o agravo de instrumento em hipóteses de urgência.

E, se a parte não interpusesse o agravo retido, haveria preclusão quanto àquela decisão interlocutória. Por isso, o agravo retido era utilizado para *evitar a preclusão*.

No CPC, **deixa de existir o agravo retido**. Assim, proferida uma decisão interlocutória não agravável de instrumento, se a parte não fizer nada, *não haverá preclusão*. Mas, após a prolação da sentença, *em preliminar de apelação ou de contrarrazões de apelação, a questão deverá ser impugnada – sob pena de preclusão* (ou seja, a preclusão dessa interlocutória não ocorrerá em 15 dias após sua publicação, mas somente após o prazo de apelação da sentença – por isso parte da doutrina fala em *preclusão elástica*).

A questão vem assim regulada no CPC.

Art. 1.009, § 1º As *questões resolvidas na fase de conhecimento, se a decisão a seu respeito não comportar agravo de instrumento*, não são cobertas pela preclusão e devem ser *suscitadas em preliminar de apelação*, eventualmente interposta contra a decisão final, *ou nas contrarrazões*.

5.2.10.2. Embargos infringentes

No sistema do CPC/1973, cabiam *embargos infringentes de acórdão não unânime que reformasse decisão de mérito, no bojo de apelação ou rescisória*. Ou seja, quando houvesse uma decisão "m.v." (maioria de votos, "2x1") seria possível a utilização dos infringentes.

Existiam muitas *divergências quanto ao cabimento dos embargos infringentes*, de modo que, em um primeiro momento de tramitação do Código, o recurso simplesmente deixou de existir. Mas, ao final da tramitação, a ideia de *voto vencido justificar novo julgamento voltou*. Não como recurso, mas como técnica de julgamento.

Assim, deixa de existir o recurso de embargos infringentes. Porém, se houver **voto vencido no momento do julgamento de apelação** (não de agravo), o *julgamento não termina*. Diante de um 2x1, serão convocados novos desembargadores, para que haja nova sessão de julgamento, com 5 desembargadores (os 3 que inicialmente votaram, mais 2 magistrados). Inclusive, se no órgão julgador houver número suficiente de magistrados, poderá o julgamento prosseguir a mesma sessão.

Portanto, mesmo sem vontade da parte, de ofício, haverá novo julgamento do recurso, inclusive com possibilidade de novas sustentações orais.

A inovação dessa técnica de julgamento vem assim prevista no CPC:

> "**Art. 942.** Quando o *resultado da apelação for não unânime*, o julgamento terá *prosseguimento em sessão a ser designada com a presença de outros julgadores*, que serão convocados nos termos previamente definidos no regimento interno, em *número suficiente para garantir a possibilidade de inversão do resultado inicial*, assegurado às partes e a eventuais terceiros o *direito de sustentar oralmente suas razões* perante os novos julgadores.
>
> § 1º *Sendo possível, o prosseguimento do julgamento dar-se-á na mesma sessão*, colhendo-se os votos de outros julgadores que porventura componham o órgão colegiado."

5.3. Recursos nos Juizados Especiais

5.3.1. Visão geral

Até o tópico anterior houve a apresentação dos recursos previstos no CPC. No âmbito dos Juizados Especiais, porém, existe sensível distinção no que diz respeito aos recursos – o que justifica, portanto, um tópico específico para enfrentar o tema.

Contudo, neste momento não se apresenta exatamente o que são os Juizados Especiais (para tanto, conferir o item 3.14 supra, quando se tratou de procedimentos especiais).

De qualquer forma, apenas é necessário esclarecer que hoje existem três Juizados Especiais Cíveis, a saber:

✓ Juizado Especial Cível (causas cíveis entre particulares, até 40 salários mínimos – Lei 9.099/1995);

✓ Juizado Especial Federal (causas cíveis com ente federal como réu até 60 salários mínimos – Lei 10.259/2001); e

✓ Juizado Especial da Fazenda Pública (causas cíveis com entes estatais estaduais e municipais como réus, até 60 salários mínimos – Lei 12.153/2009).

Considerando o objetivo de *celeridade*, o sistema recursal dos Juizados é bem mais *simples* do que o previsto no CPC. E há alguma distinção entre o JEC e os demais Juizados, como se verá a seguir.

5.3.2. JEC (Lei 9.099/1995)

Considerando a Lei 9.099/1995 e a Constituição, no JEC existem três recursos:

✓ recurso inominado;

✓ embargos de declaração; e

✓ recurso extraordinário.

A Lei 9.099/1995 prevê *recurso para impugnar a sentença*. Diante da ausência de nome, a doutrina e a jurisprudência passaram a denominá-lo de **recurso inominado** (art. 41), a ser interposto no *prazo de 10 dias* (art. 42), dependendo de *preparo* (art. 42, § 2º), em regra, *somente com efeito devolutivo* (art. 43).

Quanto ao *processamento* do recurso inominado, é *semelhante ao da apelação*. Após o recebimento, será aberta vista à parte contrária para *contrarrazões* e então o recurso será encaminhado ao **Colégio Recursal**, *órgão que é composto de juízes de 1º grau e que, de forma colegiada, decidirão o recurso*.

No mais, segundo entendimento majoritário, não cabe o recurso na modalidade adesiva, por falta de previsão legal.

Das decisões de 1º e 2º grau do Juizado cabem **embargos de declaração** (art. 48), no prazo de *5 dias* (art. 49).

O art. 1.064 do CPC alterou o art. 48 da Lei 9.099/1995 para *deixar as hipóteses de cabimento dos declaratórios, no JEC, iguais às do Código de Processo* (antes dessa alteração, era possível também embargar no caso de *dúvida*).

Outra alteração promovida pelo CPC (art. 1.065) foi apontar que, também no JEC, os embargos de declaração *interrompem o prazo para os outros recursos* (antes, a Lei 9.099/1995 previa a suspensão).

Portanto, as alterações que o CPC fez na Lei 9.099/1995 foram para **igualar o regime dos embargos de declaração** no JEC e CPC – o que é excelente, pois não se justificam as decisões antes existentes.

No JEC é admissível, também, o **recurso extraordinário**, *se o acórdão do Colégio Recursal violar a Constituição* (CF, art. 102, III) – com todos os requisitos e formas como já acima exposto.

Por outro lado, **não cabe no JEC**, por falta de previsão legal:

✓ *agravo ou qualquer recurso contra decisões interlocutórias*. Em alguns Estados, em casos de urgência, admite-se o agravo (como em São Paulo). Mas o entendimento que prevalece (e, portanto, o *mais seguro para provas de concursos jurídicos* – também constante do FONAJE, Enunciado 15: "Nos Juizados Especiais não é cabível o recurso de agravo, exceto nas hipóteses dos artigos 544 e 557 do CPC") é pelo *não cabimento do agravo*, com a admissão, em situações excepcionais, do *mandado de segurança*; esse enunciado faz referência ao CPC/1973;

✓ *recurso especial*. Mesmo que uma decisão do Colégio Recursal viole legislação federal ou jurisprudência do STJ, não será cabível o REsp (neste sentido, Súmula 203 do STJ: "Não cabe recurso especial contra decisão proferida por órgão de segundo grau dos Juizados Especiais").

Contudo, diante de dificuldades que essa situação causou no cotidiano forense, inicialmente se admitiu a *reclamação para o STJ*, de modo a impugnar decisões do Colégio Recursal em claro confronto com a jurisprudência do Tribunal (STF, EDcl no RE 571.572/BA, Tribunal Pleno, j. 26.08.2009, *DJe* 27.11.2009 e Resolução STJ 12/2009). Mas, com a vigência do CPC (e aumento do uso da reclamação), o STJ editou nova resolução, determinando a competência da reclamação para os TJs (Resolução 3/2016). Isso *até que se crie, no JEC, um incidente de uniformização de jurisprudência* (vide item abaixo).

5.3.3. JEF (Lei 10.259/2001) e JEFP (Lei 12.153/2009)

As leis que criaram o JEF e o JEFP, no tocante aos recursos, são muito semelhantes.

A base recursal é a mesma já prevista no JEC (*a Lei 9.099/1995 é aplicada de forma subsidiária*). Assim, tal qual acima exposto, *são cabíveis*:

✓ recurso inominado;

✓ embargos de declaração; e

✓ recurso extraordinário.

Mas, além disso, há a previsão de:

✓ **recurso de decisão interlocutória** (ou seja, **agravo** – apesar de a Lei não fazer menção a este nome), *desde que se trate de tutela de urgência* (Lei 10.259/2001, arts. 4º e 5º; e Lei 12.153/2009, arts. 3º e 4º);

✓ **incidente ou pedido de uniformização**, *a ser utilizado caso haja divergência entre os diversos Colégios Recursais ou entre estes e o STJ* (Lei 10.259/2001, art. 14; e Lei 12.153/2009, art. 18). Mas vale destacar que o incidente, apesar de impugnar acórdão de Colégio Recursal, *não tem natureza recursal*.

5.3.4. Interação entre CPC e Juizados

Do exposto em relação aos Juizados, percebe-se que estamos diante de sistemas distintos (inclusive considerando a necessidade de uso da reclamação, conforme exposto no item 5.3.2 acima).

Porém, o CPC, em alguns pontos, busca aproximar os 2 sistemas:

✓ **a tese firmada no IRDR** *também deverá ser observada perante os Juizados*, qualquer deles (CPC, art. 985, I, parte final);

✓ aplica-se o **incidente de desconsideração da personalidade jurídica** *aos Juizados Especiais* (CPC, art. 1.062).

Porém, não há previsão quanto à aplicação de diversos dispositivos do CPC aos Juizados, o que será decidido paulatinamente pela jurisprudência. Como exemplo de dúvida, a *contagem de prazos em dias úteis*. Até recentemente, não havia previsão de como seriam contados os prazos nos Juizados (situação que gerou bastante polêmica e decisões com entendimentos conflitantes em todo o país). Entretanto, com a edição da Lei 13.728/2018 foi estabelecida a contagem dos prazos somente em dias úteis (inserindo o art. 12-A na Lei 9.099/1995). Considerando a aplicação subsidiária da Lei 9.099/95 no âmbito dos JEFs e dos JEFPs, não há mais espaço para dúvida.

6. REVOGAÇÕES E VIGÊNCIA

Vale ainda tecer alguns comentários a respeito de algumas previsões constantes das disposições finais e transitórias.

Ao entrar em vigor, as disposições do CPC **se aplicam desde logo aos processos pendentes**, observado o ato jurídico processual perfeito – ou seja, o que já foi realizado não terá de ser refeito (direito intertemporal).

Fica, portanto, **revogado o CPC/1973** (CPC, art. 1.046).

Apesar da aplicação imediata do CPC, as disposições relativas ao **rito sumário e procedimentos especiais revogados** *serão aplicadas* às ações propostas até o início da vigência do Código, *desde que ainda não tenham sido sentenciadas* (CPC, art. 1.046, § 1º).

Enquanto não editada lei específica, **as execuções contra devedor insolvente** (procedimento não previsto no CPC) seguirão o *previsto no CPC/1973*, arts. 748 e ss. (portanto, apesar do Código revogado, seguirá sendo aplicado nesse ponto).

Além disso, o CPC prevê a **prioridade de tramitação** para alguns processos:

(i) em que figure como parte ou interessado (a) **idoso** (pessoa com idade igual ou superior a 60 anos) ou (b) pessoa portadora de **doença grave** (o que estiver previsto art. 6º, inciso XIV, da Lei 7.713/1.988);

(ii) **regulados pelo ECA**;

(iii) em que figure como parte a **vítima de violência doméstica e familiar**, conforme previsto na Lei Maria da Penha (inclusão pela Lei 13.894/2019).

O art. 1.072 traz a **revogação de inúmeros artigos de diversos diplomas legislativos**, com destaque para revogações no *Código Civil* (8 artigos, dentre os quais o art. 456), Lei 1.060/1950 – *Lei da Justiça Gratuita* (8 artigos), Lei 8.038/1990 – *Lei dos Recursos* (11 artigos) e Lei 5.478/1968 – *Lei de Alimentos* (3 artigos).

Em relação ao término da *vacatio legis* e efetivo **início da vigência do CPC**, o art. 1.045 destaca que o Código entra em vigor "após decorrido *1 (um) ano da data de sua publicação oficial*". A sanção ocorreu em 16.03.2015, ao passo que a publicação no *D.O.U.* se deu em 17.03.2015. A partir daí, houve divergência quanto à efetiva vigência do Código.

Prevaleceu o entendimento de que o Código entrou em vigor no dia 18.03.2016, após manifestação administrativa do STJ e do CNJ.

7. VISÃO GERAL DO PROCESSO COLETIVO

Para concluir, conveniente brevemente destacar alguns pontos relativos ao processo coletivo. Trata-se apenas de uma visão geral, sem que se aprofunde no tema, que não é enfrentado no CPC, mas em legislação extravagante.

7.1. Introdução

O CPC e o CPC tratam a lide do ponto de vista do *indivíduo* versus *indivíduo* (ou, eventualmente, vários autores contra vários réus, em litisconsórcio). É a *atomização* das demandas.

Na *sociedade de massas* em que vivemos, muitos conflitos passaram a ocorrer em grande quantidade, de forma análoga (consumidor, meio ambiente, idoso, criança etc.).

Assim, a solução clássica do CPC não *mais se mostra a adequada*: surge a necessidade de solução desses litígios de uma única vez, em uma demanda coletiva (tanto pela **economia processual**, como de modo a **evitar decisões contraditórias**). Daí se falar em *molecularização das demandas, em detrimento da atomização*.

Nesse contexto é que surge a tutela coletiva. Isso porque os institutos clássicos do CPC não se aplicam, da mesma forma, ao processo coletivo – especialmente do ponto de vista da **legitimidade, objeto (pedido) e coisa julgada**.

7.2. Conceito

Segundo Antonio Gidi: "Ação coletiva é a ação proposta por um *legitimado autônomo (legitimidade)*, em defesa de um *direito coletivamente considerado (objeto)*, cuja *imutabilidade do comando da sentença atingirá uma comunidade ou coletividade (coisa julgada)*".

7.3. Instrumentos para a tutela coletiva

1) Ação popular (Lei 4.717/1965).

Quando surgiu, não tinha a abrangência coletiva que hoje a ela se dá (não era vista como um instrumento de defesa dos direitos coletivos).

A *legitimidade ativa é do cidadão* (prova da cidadania é feita com *título de eleitor*).

Presta-se à *defesa do patrimônio público* (declaração de nulidade dos atos lesivos a qualquer ente ligado ao Estado).

É um *procedimento especial* por apresentar diversas distinções em relação ao procedimento comum ordinário:

✓ *prazo para contestar* de 20 dias, prorrogáveis por mais 20 (art. 7º, § 2º, IV);

✓ *coisa julgada* (art. 18)

✓ *duplo grau* no caso de *improcedência ou carência* (art. 19).

A decisão que reconhecer a lesividade de um ato ao patrimônio público beneficiará a toda a coletividade.

2) Ação civil pública (Lei 7.34719/85 – LACP).

Marca o *efetivo início* na defesa dos *interesses coletivos*. Pode ser utilizada para a defesa do:

(i) meio ambiente;

(ii) consumidor;

(iii) bens de valor artístico, estético, histórico, turístico e paisagístico.

Em relação aos direitos difusos, coletivos e individuais homogêneos dos consumidores, vale mencionar que o MP possui legitimidade ativa para atuar na defesa desses direitos, ainda que sejam decorrentes da prestação de serviço público (Súmula 601/STJ).

7.4. Distinção entre direitos difusos, coletivos e individuais homogêneos

A partir do CDC, é possível diferenciar as três categorias de direitos coletivos *lato sensu*:

(i) os **direitos difusos** são dotados de *natureza transindividual*, com destaque para a *indivisibilidade do bem jurídico* em litígio (CDC, art. 81, parágrafo único, I).

Os titulares *são pessoas indeterminadas e indetermináveis*, ligadas por *circunstâncias de fato* (não idênticas circunstâncias).

Se houver *solução para um*, haverá solução *para todos*.

Ex.: publicidade enganosa via TV ou jornal; direito a respirar ar puro; existência de um remédio perigoso no mercado.

(ii) os **direitos coletivos** (*stricto sensu*) também têm *natureza transindividual* e também há a *indivisibilidade do bem jurídico* em litígio (CDC, art. 81, parágrafo único, II).

Mas há um *número determinável de titulares*, ligados entre si ou com a parte contrária, *por uma relação jurídica base* (há um grupo, categoria ou classe de pessoas). Essa relação entre as pessoas *não nasce com a lesão*, mas é anterior.

Ao se atender o interesse de um dos titulares, por ser indivisível, irá atender a todos.

Ex.: advogados de determinada comarca com dificuldades de acesso ao fórum; membros de determinado sindicato em relação a um problema bancário; estudantes de uma mesma escola quanto às mensalidades.

(iii) os **direitos individuais homogêneos** têm *natureza individual*, há homogeneidade e o dano *decorre de origem comum* (CDC, art. 81, parágrafo único, III).

O titular é perfeitamente *individualizado e determinado*, trata-se de um *direito divisível*.

Assim, a *defesa coletiva é por conveniência*.

Ex.: consumidores que adquiriram o mesmo carro com defeito; pessoas que sofreram danos com a queda de um avião ou explosão de um *shopping*.

É de se destacar que **não há litispendência entre ação coletiva e ação individual**, porém, *se houver ciência da ação coletiva, o indivíduo deverá requerer a suspensão de seu processo, caso contrário não irá se beneficiar da decisão coletiva* (CDC, art. 104).

7.5. Coisa julgada

A coisa julgada no processo coletivo é *secundum eventum litis*, ou seja, *depende do resultado da demanda* (CDC, art. 103).

(i) Tratando-se de **direitos difusos**, a coisa julgada será *erga omnes* no caso de procedência, ou seja, a coisa julgada só terá *eficácia em relação a todos* (entes coletivos e indivíduos) se o pedido for julgado *procedente*.

Se for *improcedente por insuficiência de provas*, qualquer legitimado poderá intentar *outra ação, mediante nova prova*.

Se for improcedente, mas não por falta de provas, *outro legitimado não poderá ingressar em juízo*, mas será possível o *ajuizamento da ação individual* (CDC, art. 103, § 1º).

(ii) Tratando-se de **direitos coletivos**, a situação é semelhante aos direitos difusos.

A coisa julgada será *ultra partes*, mas *limitada* ao grupo, categoria ou classe. Assim:

✓ se *procedente*, atinge os *entes legitimados* para a ação coletiva e os *indivíduos pertencentes ao grupo*;

✓ se *improcedente por falta de provas*, é possível a propositura de nova ação coletiva por qualquer legitimado;

✓ se improcedente (desde que não por falta de provas) atinge os legitimados coletivos, *mas não impede a propositura de demandas individuais*.

(iii) Por fim, tratando-se de **direitos individuais homogêneos,** haverá coisa julgada *erga omnes* na hipótese de *procedência*.

No caso de improcedência (qualquer que seja a causa), o indivíduo, salvo se não tiver se habilitado como litisconsorte, *poderá propor ação individual*.

Outro ponto de relevo é a **abrangência territorial da decisão coletiva**. Apesar de o art. 16 da LACP afirmar que *o limite é a competência do órgão jurisdicional prolator da decisão*, a jurisprudência do STJ, apesar de ainda não sedimentada, *vem afastando essa regra*, dizendo que a abrangência é conforme o dano (ou seja, pode ser nacional).

7.6. Execução/cumprimento de sentença da tutela coletiva.

Diante da condenação em processo coletivo, *cada um dos indivíduos* (vítima ou sucessores) pode, com base na sentença coletiva, *habilitar-se para buscar a execução da quantia que lhe beneficia* (CDC, art. 97).

Também cabe a liquidação e a execução pelos legitimados coletivos, mas a jurisprudência, em regra, restringe-a para uma atuação subsidiária, caso não haja efetiva execução dos legitimados (CDC, art. 98).

Caso não existam habilitados em número suficiente em comparação com o tamanho do dano, pode existir a **execução em prol de um fundo** (fundo federal de direitos difusos ou fundos em cada um dos Estados) cujos *recursos serão aplicados em favor da coletividade*. É a denominada *fluid recovery* (recuperação fluída), prevista no art. 100 do CDC.

3. Direito Penal

Arthur Trigueiros

PARTE GERAL

1. CONSIDERAÇÕES INICIAIS SOBRE O DIREITO PENAL

1.1. Introdução ao Direito Penal

1.1.1. Considerações iniciais

Desde os primórdios da vida em sociedade, o homem passou a encontrar dificuldades de relacionamento, seja entre dois indivíduos, seja entre um indivíduo e um grupo, seja entre grupos distintos.

Por esse motivo, a criação do direito tornou-se um imperativo de sobrevivência harmônica, sem o qual o respeito ao próximo e as limitações dos direitos individuais constituiriam barreira intransponível ao regular desenvolvimento do corpo social.

Os conflitos, é certo, sempre existiram, em maior ou menor intensidade. Sem sombra de dúvida, a forma de litígio mais grave sempre foi aquela que envolveu bens jurídicos protegidos pelo **Direito Penal**. Em outras palavras, das formas de ilícito, **o mais grave deles é o penal**, já que ofende os direitos mais caros à sociedade, tais como: a vida, a honra, a liberdade, o patrimônio etc.

Daí o motivo de surgir o Direito Penal: para a proteção da sociedade contra os ilícitos de índole criminal.

1.1.2. Denominação

Inúmeras denominações surgiram para designar o ramo do direito responsável pelo estudo criminal, a saber: Direito Criminal, Direito Repressivo, Direito Punitivo, Direito Sancionador, Direito Protetor dos Criminosos, dentre outros.

Todavia, é de reconhecimento comum que o designativo mais aceito pelos doutrinadores é o Direito Penal. Tanto é assim que temos um Código Penal, um Código de Processo Penal, as Leis Penais Especiais...

Porém, na prática forense, deparamo-nos com as Varas Criminais, com as Varas de Execuções Criminais (VECs), destoando, portanto, da designação amplamente acolhida pelos juristas.

1.1.3. Definição/conceito

O *conceito* de Direito Penal é trazido, de maneira peculiar, por cada doutrinador que almeja traduzir da melhor forma esse ramo do direito.

Assim, Basileu Garcia já o definiu como o "conjunto de normas jurídicas que o Estado estabelece para combater o crime, através das penas e das medidas de segurança" (Instituições de Direito Penal).

Segundo Edgard Magalhães Noronha, "direito penal é o conjunto de normas jurídicas que regulam o poder punitivo do Estado, tendo em vista os fatos de natureza criminal e as medidas aplicáveis a quem os pratica" (**Direito Penal**, vol. 1).

Por fim, a magistral lição de José Frederico Marques, para quem o Direito Penal é o "conjunto de normas que ligam ao crime, como fato, a pena como consequência, e disciplinam também as relações jurídicas daí derivadas, para estabelecer a aplicabilidade das medidas de segurança e a tutela do direito e liberdade em face do poder de punir do Estado" (**Curso de Direito Penal**, vol. 1).

Em suma, o Direito Penal é o ramo do *direito público* cujo objeto corresponde às *infrações penais* e às *respectivas sanções*, aplicáveis aos infratores da lei penal.

1.1.4. Objetos de estudo do Direito Penal

Como já dissemos, são dois:

a) infrações penais; e

b) sanções penais.

Em matéria de infrações penais, o Brasil adotou o *critério dicotômico*, dividindo-as em *crimes ou delitos e contravenções penais*, definidos no art. 1º da Lei de Introdução ao Código Penal (LICP).

Em breves e singelas distinções, o crime (ou delito) é espécie de infração penal mais grave do que a contravenção penal (denominada, por tal motivo, de crime-anão por Nelson Hungria), punida pelo Estado, portanto, com menor rigor.

Não há, no Brasil, diferença entre os termos "crime" e "delito", considerados como sinônimos, o que não ocorria na antiguidade.

No tocante ao segundo objeto do Direito Penal, temos que as sanções penais são gênero do qual são espécies:

a) penas;

b) medidas de segurança.

No momento oportuno, estudaremos cada uma das espécies referidas. Por ora, é suficiente saber que as medidas de segurança somente são aplicadas àquelas pessoas que possuem algum problema mental, ao passo que as penas são exclusivas das pessoas dotadas de discernimento (total ou parcial), desde que maiores de 18 anos.

Aos menores de 18 anos (denominados pela lei de *inimputáveis*), não se pode aplicar pena, mas sim as regras específicas do Estatuto da Criança e do Adolescente (ECA – Lei 8.069/1990).

1.1.5. Diplomas normativos aplicáveis ao Direito Penal

Ao Direito Penal aplicam-se inúmeros diplomas normativos, a saber:

a) a Constituição Federal (especialmente a parte dos direitos e garantias fundamentais);

b) o Código de Processo Penal (ex.: regras aplicáveis à ação penal);

c) o Código Civil (ex.: conceitos como casamento e morte);

d) a Legislação de Direito Comercial (ex.: títulos de crédito, falência...);

e) a Legislação de Direito Tributário (ex.: crimes contra a ordem tributária);

f) as regras de Direito Internacional (tratados que versam sobre Direito Penal);

g) a Lei de Execuções Penais (especialmente no tocante às formas de cumprimento de pena) etc.

É importante registrar que o Direito Penal não se esgota num Código Penal, mas se serve de inúmeros outros diplomas normativos que o completam.

1.1.6. Ciências correlatas ao Direito Penal

Iremos mencionar apenas algumas ciências auxiliares ao Direito Penal:

a) medicina legal: conhecimentos médicos aplicáveis à solução e demonstração da ocorrência de crimes e suas causas (ex.: exames de corpo de delito);

b) psiquiatria forense: tem por objetivo aferir se o criminoso (agente), no momento do crime, tinha capacidade de entender o que estava fazendo;

c) polícia técnica ou científica: reunindo conhecimento de várias ciências, contribui para a descoberta de crimes e seus autores (ex.: engenharia química, genética...);

d) sociologia: analisa o crime como fenômeno social;

e) criminologia: busca estudar os processos de gênese da criminalidade e do criminoso.

1.1.7. Estrutura do Código Penal

O diploma legal básico do Direito Penal é exatamente o Código Penal.

Fundamentalmente, vem estruturado em 2 partes: a) **Parte Geral (arts. 1º a 120)**; e b) **Parte Especial (arts. 121 a 361)**.

A Parte Geral do Código Penal, como o nome diz, contém as *regras* sobre Direito Penal, aplicáveis de modo geral a todo crime (salvo se houver regra expressa em outras leis). Não existem, na parte geral do CP, *crimes*.

Já a Parte Especial do Código Penal contém, basicamente, *artigos que definem crimes e cominam penas*. Todavia, nem todo artigo desta parte específica diz respeito a crimes (existem, portanto, normas de índole não criminal, denominadas não incriminadoras).

1.1.8. O Direito Penal e as Leis Especiais

Com a evolução social e o surgimento de novos problemas e conflitos, torna-se impossível que um só diploma normativo regule todos os temas de interesse penal.

É verdade que o Código Penal é a "lei básica" do Direito Penal, mas podemos assegurar que se trata de uma pequena parte desse ramo do direito, já que existem centenas de leis que tratam do mesmo assunto, definindo crimes e cominando penas.

Apenas para exemplificar, podemos encontrar regras de Direito Penal nas seguintes leis:

a) Decreto-Lei 3.688/1941 – Lei das Contravenções Penais;

b) Lei 8.072/1990 – Lei dos Crimes Hediondos;

c) Lei 8.069/1990 – Estatuto da Criança e do Adolescente;

d) Lei 8.078/1990 – Código de Defesa do Consumidor;

e) Lei 9.503/1997 – Código de Trânsito Brasileiro;

f) Lei 9.605/1998 – Lei dos Crimes Ambientais;

g) Lei 8.137/1990 – Crimes tributários e contra as relações de consumo;

h) Lei 13.869/2019 – Lei do Abuso de Autoridade;

i) Lei 11.343/2006 – Lei de Drogas etc.

Embora existam, como já dissemos, centenas de leis de índole penal, o Código Penal aplica-se aos casos em que não houver disposição expressa em contrário (art. 12 do CP).

1.1.9. As escolas penais

Para os fins da presente obra, traremos algumas breves considerações sobre as Escolas Penais. Vamos aos estudos!

1.1.9.1. Escola Clássica

Nasceu no final do século XVIII, em reação ao totalitarismo do Estado Absolutista, durante o período do Iluminismo.

A Escola Clássica pautou-se nos estudos de *Beccaria*, sendo um de seus principais expoentes *Francesco Carrara*.

Utilizava-se o método racionalista e dedutivo (lógico).

Em regra, os pensadores desta escola eram jusnaturalistas.

Os pontos marcantes são: a) crime era visto como sendo um conceito meramente jurídico; b) predominava o livre-arbítrio; c) a função da pena era retributiva.

"Foi sob a influência dos pensamentos de Kant e Hegel que a concepção retribucionista do Direito Penal se desenvolveu. Ou seja, a única finalidade da pena consistia na aplicação de um mal ao infrator da lei penal. A sanção penal era, na verdade, um castigo necessário para o restabelecimento do Direito e da Justiça. (...) Em decorrência do ideal iluminista, prevaleceu a tendência de eliminar as penas corporais e os suplícios (...)" (MASSON, Cleber. *Direito Penal Esquematizado* – Parte Geral. Ed. Método, 2ª edição).

1.1.9.2. Escola Positiva

Surge o denominado Positivismo Criminológico.

Um dos principais expoentes da Escola Positiva, juntamente com Enrico Ferri e Rafael Garafalo, foi *Cesare Lombroso*, "por sua construção do 'criminoso nato', indivíduo essencialmente voltado à delinquência e passível de identificação anatômica" (CUNHA, Rogério Sanches. **Manual de Direito Penal**. Parte Geral. Editora JusPodivm).

Inicia-se a fase antropológica, com a aplicação do método experimental no estudo da criminalidade.

Para *Lombroso*, o homem não era livre em sua vontade, já que sua conduta era predeterminada por forças inatas e por características antropológicas. Inicia-se, assim, a fase antropológica, com a aplicação do método experimental no estudo da criminalidade.

Não há livre-arbítrio, já que o criminoso é um ser anormal, sob as óticas biológica e psicológica.

Por sua vez, na fase sociológica, *Ferri* passou a levar em conta fatores físicos, naturais e sociais, juntamente com características antropológicas do criminoso.

Por fim, na fase jurídica da Escola Positiva, *Garofalo* utilizou a expressão "Criminologia", conferindo aspectos estritamente jurídicos.

1.1.9.3. Correcionalismo penal

Para a Escola Correcionalista, preconizada por *Karl David August Röeder*, o crime não é um fato natural, mas uma criação da sociedade, onde o criminoso possui uma vontade reprovável.

A pena busca a ressocialização do criminoso, pois é instrumento de correção de sua vontade.

Desse modo, a sanção penal deve ser indeterminada, até que cesse a sua necessidade.

A finalidade da pena é a prevenção especial, já que se busca corrigir o criminoso.

"A Escola Correcionalista sustenta que o direito de reprimir os delitos deve ser utilizado pela sociedade com fim terapêutico, isto é, reprimir curando. Não se deve pretender castigar, punir, infligir o mal, mas apenas regenerar o criminoso". (...) "Modernamente, pode-se dizer que o correcionalismo idealizado por Röeder, transfundido e divulgado nas obras de Dorado Montero e Concépcion Arenal, teve em Luis Jiménez de Asúa seu maior entusiasta e o mais eficiente dos expositores, ao defender a ressocialização como finalidade precípua da sanção penal" (MASSON, Cleber. *Direito Penal Esquematizado* – Parte Geral. Ed. Método, 2ª edição).

1.1.9.4. Tecnicismo jurídico-penal

Aproxima-se da Escola Clássica.

Utilizou-se o método positivo, pois o Direito Penal estava restrito às leis vigentes, com conteúdo dogmático, sem qualquer caráter antropológico ou filosófico.

O Tecnicismo jurídico-penal caracterizava-se por se utilizar da exegese (para buscar o alcance e a vontade da lei), da dogmática (para a integração do Direito Penal, por meio da sistematização dos princípios) e da crítica (para propostas de reforma, como ocorre na política criminal).

1.1.9.5. A defesa social

Para a Escola da Nova Defesa Social, o crime desestabiliza a ordem social, motivo pelo qual o criminoso precisa cumprir uma pena, a fim de que seja adaptado socialmente.

Tal doutrina busca proteger a sociedade contra o crime.

Tem caráter humanista.

"O Estado não deve punir, pois sua função é melhorar o indivíduo. A causa da antissocialidade está na organização social. Contra ela o Estado deve operar preventivamente e não somente pela repressão. Os cárceres são inúteis e prejudiciais, devendo ser abolidos. As penas devem ser substituídas por medidas educativas e curativas. O violador da lei não perigoso pode ser perdoado, não necessitando sanção. A pena, como medida de defesa social, deve ser fixa ou dosada, não na base do dano, mas segundo a personalidade do agente" (MASSON, Cleber. *Direito Penal Esquematizado* – Parte Geral. Ed. Método, 2ª edição).

1.2. A EVOLUÇÃO HISTÓRICA DO DIREITO PENAL

1.2.1. Povos primitivos. Vingança divina

Na sociedade primitiva, a conduta do homem regulava-se pelo temor religioso ou mágico. Baseava-se no *totens*, divindades que influenciavam o comportamento das pessoas, em razão da crença da premiação ou do castigo, assumindo variadas formas (animal, vegetal ou fenômeno natural). Tais sociedades eram chamadas de totêmicas.

"Pelo fato de que para esses povos a lei tinha origem divina e, como tal, sua violação consistia numa ofensa aos deuses, punia-se o infrator para desagravar a divindade, bem como para purgar o seu grupo das impurezas trazidas pelo crime. Uma das reações contra o criminoso era a expulsão do grupo (desterro), medida que se destinava, além de eliminar aquele que se tornara um inimigo da comunidade e dos seus deuses e forças mágicas, a evitar que a classe social fosse contagiada pela mácula que impregnava o agente, bem como as reações vingativas dos seres sobrenaturais a que o grupo estava submetido" (MASSON, Cleber. *Direito Penal Esquematizado* – Parte Geral. Ed. Método, 2ª edição).

1.2.2. Vingança privada

A infração era vista como uma ofensa ao próprio grupo ao qual o ofensor pertencia. Assim, o ofendido ou qualquer pessoa do grupo – e não mais a divindade – voltava-se contra o ofensor, fazendo "justiça pelas próprias mãos", disseminando o ódio e provocando guerras, inexistindo qualquer proporção entre o delito praticado e a pena imposta.

Neste contexto, surge a Lei do Talião, adotado pelo Código de Hamurabi (Babilônia), pelo Êxodo (hebreus) e pela Lei das XII Tábuas (romanos).

1.2.3. Vingança pública

Nessa fase há um fortalecimento do Estado, tendo em vista que as autoridades competentes passam a ter legitimidade para intervir nos conflitos sociais. A pena assume um caráter público, tendo por finalidade a proteção do Estado Soberano. Um dos principais crimes era o da lesa-majestade, bem como aqueles que atingissem a ordem pública e os bens religiosos.

"Cabia a uma terceira pessoa, no caso o Estado – representante da coletividade e em tese sem interesse no conflito existente –, decidir impessoalmente a questão posta à sua análise, ainda que de maneira arbitrária. Nessa época, as penas ainda eram largamente intimidatórias e cruéis, destacando-se o esquartejamento, a roda, a fogueira, a decapitação, a forca, os castigos corporais e amputações, entre outras" (MASSON, Cleber. *Direito Penal Esquematizado* – Parte Geral. Ed. Método, 2ª edição).

1.2.4. Idade Antiga

1.2.4.1. Direito Penal grego

Conforme explicitado por Rogério Sanches Cunha, "na Grécia não existem escritos a propiciar análise aprofundada da legislação penal então existente, senão algumas passagens em obras filosóficas. Por meio dessas obras, pôde-se notar que o direito penal grego evoluiu da vingança privada, da vingança religiosa para um período político, assentado sobre uma base moral e civil" (**Manual de Direito Penal**. Parte Geral. Editora JusPodivm). Assim, passou-se a discutir o fundamento do direito de punir e a finalidade da pena.

1.2.4.2. Direito Penal romano

O Direito Penal era exclusivo do cidadão romano, excluindo-se as mulheres, os escravos e os estrangeiros. As decisões passaram a ser fundamentadas, gerando maior segurança jurídica, muito embora não existisse o princípio da reserva legal.

Passou-se a dividir os delitos em públicos – aqueles que envolviam a traição ou a conspiração política contra o Estado e o assassinato – e em privados – os demais. "O julgamento dos crimes públicos era atribuição do Estado, por meio de um magistrado, e realizado por tribunais especiais. A sanção aplicada era a pena capital. Já o julgamento dos crimes privados era confiado ao particular ofendido, interferindo o Estado apenas para regular o seu exercício" (MASSON, Cleber. *Direito Penal Esquematizado* – Parte Geral. Ed. Método, 2ª edição).

1.2.5. Idade Média

1.2.5.1. Direito Penal germânico

Neste período não havia leis escritas, sendo que o Direito Penal se pautava no direito consuetudinário. Posteriormente, adotou-se a Lei do Talião e o sistema da composição pecuniária, em que predominava a responsabilidade penal objetiva.

Isso porque, "o delinquente, quando sua infração ofendia os interesses da comunidade, perdia seu direito fundamental a vida, podendo qualquer cidadão matá-lo. Quando a infração atingia apenas uma pessoa ou família, o direito penal germânico fomentava o restabelecimento da paz social por via da reparação, admitindo também a vingança de sangue" (CUNHA, Rogério Sanches. **Manual de Direito Penal**. Parte Geral. Editora JusPodivm).

Adotou-se, ainda, o sistema de prova das ordálias ou juízos de deus, cuja prova da inocência se baseava em superstições e atos cruéis (ex.: caminhar sofre o fogo ou mergulhar em água fervente sem suportar ferimentos para que fosse provada a inocência do réu), o que gerava punições injustas.

1.2.5.2. Direito Penal canônico

É o Ordenamento Jurídico da Igreja Católica Apostólica Romana. Aplicava-se a religiosos e leigos, desde que os fatos tivessem conotação religiosa.

Importante ressaltar que o Direito Penal Canônico serviu para o procedimento de inquisição, no qual filósofos, cientistas e pensadores que divergissem do pensamento católico eram condenados a sanções cruéis.

A pena se destinava à cura do delinquente, buscando o seu arrependimento perante a divindade. "O cárcere, como instrumento espiritual de castigo, foi desenvolvido pelo Direito Canônico, uma vez que, pelo sofrimento e pela solidão, a alma do homem se depura e purga o pecado. A penitência visava aproximar o criminoso de Deus" (MASSON, Cleber. *Direito Penal Esquematizado* – Parte Geral. Ed. Método, 2ª edição).

1.2.6. Idade Moderna

Desenvolveu-se o período humanitário, durante o Iluminismo, no século XVIII, tendo como principal expoente o marquês de Beccaria, o qual escreveu a clássica obra "Dos delitos e das penas". Pugnava pela abolição da pena de morte, antecipando as ideias consagradas na Declaração Universal dos Direitos do Homem e do Cidadão.

Baseia seu pensamento no "contrato social" de Rousseau, sendo o criminoso reputado como violador do pacto social.

Preconiza que a pena deve ser legalmente prevista, já que o indivíduo tem o livre-arbítrio de praticar ou não um crime, estando consciente de seus atos e suas consequências.

Ainda, a pena deve ser proporcional, sendo as leis certas, claras e precisas.

"Finalmente, para que cada pena não seja uma violência de um ou de muitos contra um cidadão privado, deve ser essencialmente pública, rápida, necessária, a mínima possível nas circunstâncias dadas, proporcional aos delitos e ditadas pelas leis" (MASSON, Cleber. *Direito Penal Esquematizado* – Parte Geral. Ed. Método, 2ª edição).

Após o período Iluminista, surgiram as Escolas Penais.

1.3. Histórico do Direito penal brasileiro

Com o descobrimento do Brasil, a partir de 1500, passou a vigorar o Direito Lusitano.

Inicialmente, vigoravam as Ordenações Afonsinas (promulgadas em 1446 por D. Afonso V), as quais foram revogadas pelas Ordenações Manuelinas (promulgadas em 1514 por D. Manuel). Em ambas predominava a arbitrariedade do juiz, já que tais ordenações não definiam a quantidade da pena. Assim, esse período foi marcado pela crueldade das penas, bem como pela ausência dos princípios da legalidade e da ampla defesa.

Posteriormente surgiu o Código Sebastiânico, em razão da compilação de leis esparsas realizada por D. Duarte Nunes Leão.

Em substituição, surgiram as Ordenações Filipinas (promulgadas em 1603 pelo Rei Filipe II), as quais eram fundadas em preceitos religiosos, sendo que as penas continuavam a ser cruéis e desumanas, com arbitrariedade do juiz e ausência dos princípios da legalidade e da ampla defesa.

Com a Proclamação da Independência e com a Constituição de 1824, surgiu o Código Criminal do Império de 1830, de cunho penal protetivo e humanitário, com a primeira manifestação do princípio da personalidade da pena no Brasil.

Com a Proclamação da República, surgiu o Código Criminal da República de 1890.

Em 1934, com o escopo de compilar leis penais extravagantes, surge a Consolidação das Leis Penais – Consolidação de Piragibe (Dec. 22.213/1932).

Por fim, em 1942, surge o atual Código Penal (Decreto-lei 2.848/1940), o qual passou por uma reforma em sua parte geral, com o advento da Lei 7.209/1984.

2. DIREITO PENAL E SUA CLASSIFICAÇÃO. PRINCÍPIOS

2.1. Classificação do Direito Penal

2.1.1. Direito Penal objetivo e Direito Penal subjetivo

Segundo Guilherme de Souza Nucci (*Manual de Direito Penal*, 3ª ed., Ed. RT, p. 53-54), *direito penal objetivo* "é o corpo de normas jurídicas destinado ao combate à criminalidade, garantindo a defesa da sociedade".

Já *direito penal subjetivo* corresponde ao "direito de punir" do Estado, ante a violação do direito penal objetivo. Em outras palavras, praticada uma infração penal, surgiria o *jus puniendi* (direito de punir) estatal.

Essa segunda classificação é criticada por Aníbal Bruno, para quem a denominação de "direito penal subjetivo" desnatura a ideia de poder soberano do Estado em punir. Na realidade, não se trata de um simples "direito" de punir, mas sim *poder-dever* de punir, eis que é sua função coibir a criminalidade.

2.2. Princípios do Direito Penal

A palavra "princípio" é designativa de "origem", "fonte", "causa".

Assim, em matéria penal, temos que os princípios são regras explícitas ou implícitas inspiradoras da criação de regras jurídicas positivas e da aplicação do Direito Penal ao caso concreto.

Alguns princípios estão expressamente previstos na CF e em legislação infraconstitucional, ao passo que outros são implícitos, decorrem do sistema jurídico como um todo.

Vejamos alguns dos mais importantes:

a) Princípio da legalidade: previsto no art. 5º, inc. XXXIX, da CF, traduz a regra segundo a qual nenhum crime ou pena podem ser criados senão em virtude de lei. Vem repetido no art. 1º do CP, sob a rubrica "anterioridade penal";

b) Princípio da anterioridade: corolário do princípio da legalidade, expressa a garantia de que o cidadão não poderá ser criminalmente responsabilizado se a sua conduta não estiver expressa em lei anterior à prática do fato (não há crime sem *lei anterior* que o defina – art. 5º, XXXIX, da CF);

c) Princípio da retroatividade penal benéfica: em regra aplicam-se ao fato as leis vigentes à época de sua ocorrência (*tempus regit actum*). Ocorre que, em matéria penal, é possível que o agente seja beneficiado por leis anteriores ou posteriores ao fato criminoso que tenha praticado (art. 5º, XL, da CF). Impõe-se, aqui, o estudo da atividade da lei penal, que será posteriormente por nós analisada;

d) Princípio da personalidade ou da responsabilidade pessoal: previsto no art. 5º, XLV, da CF, expressa que a punição criminal jamais poderá passar da pessoa do condenado, afetando, por exemplo, seus parentes. Isso não significa que terceiros que não o próprio criminoso não devam arcar com a responsabilidade *civil* decorrente do ilícito;

e) Princípio da individualização da pena: não se pode criar uma "tabela fixa" de punição às pessoas que tenham praticado a mesma conduta criminosa. Deve-se garantir que cada um responda na exata medida de sua culpabilidade, conforme preconiza o art. 5º, XLVI, da CF. Foi com base nesse princípio que o STF, no julgamento do HC 82.959-SP, declarou inconstitucional o art. 2º, § 1º, da Lei 8.072/1990 (Lei dos Crimes Hediondos), que previa o regime integralmente fechado de cumprimento de pena;

f) Princípio da humanidade: embora criminosos, os agentes delitivos devem ser tratados de maneira digna, e não como seres inanimados (coisas). Embora tenham errado e devam responder por seus atos, devem ser tratados com um mínimo de humanidade. Daí porque a CF, em seu art. 5º, XLVII, veda as penas de morte (salvo em caso de guerra declarada), de caráter perpétuo, de trabalhos forçados, de banimento e as cruéis (castigos físicos, por exemplo);

g) Princípio da intervenção mínima: o Direito Penal deve intervir minimamente na esfera do indivíduo, já que a CF garante o direito à liberdade como uma regra a ser observada. Em maior ou menor grau, o Direito Penal é sinônimo de violência, embora institucionalizada. Daí porque esse ramo do direito deve ser encarado como de *ultima ratio*, e não de *prima ratio*. Em outras palavras, o legislador somente deve criar leis de índole penal quando não houver solução mais branda para proteger direitos. Se outros ramos do direito forem suficientes para coibir a violação às regras da sociedade, o direito penal não deverá intervir;

h) Princípio da fragmentariedade: como consequência da intervenção mínima, a fragmentariedade do Direito Penal significa que esse ramo do direito é apenas uma parcela, um fragmento do ordenamento jurídico, que somente deve se ocupar das situações mais graves que aflijam a sociedade. Em razão da força negativa que o Direito Penal pode tomar para aqueles que a ele se submeterem, deverá intervir minimamente. É o caso das infrações de trânsito, que não precisam ser sempre punidas pelo Direito Penal, sendo suficiente para disciplinar a conduta dos motoristas o Direito Administrativo (ex.: multas);

i) Princípio da insignificância ou bagatela: se o Direito Penal somente deve intervir em casos importantes/relevantes, não é admitido que atue diante de fatos insignificantes, de somenos importância. Se a conduta do agente lesar ou expuser a perigo de lesão infimamente bens jurídicos de terceiros, não deverá o Direito Penal ser aplicado ao caso concreto, sob pena de transformá-lo em conjunto de regras de *prima ratio*, e não de *ultima ratio*. Temos como exemplo o furto de um botão de camisa, ou de uma moeda de cinquenta centavos, ou de um arranhão no braço de um adulto. Se as lesões forem muito pequenas, não chegando, de fato, a atingir o bem jurídico protegido pela norma penal, não poderá o juiz condenar o agente, mas sim absolvê-lo. De acordo com a doutrina e jurisprudência majoritárias, o princípio da insignificância atua como causa de exclusão da tipicidade penal (material). Para o STF, a aplicação do princípio em comento exige a conjugação dos seguintes *vetores: a) mínima ofensividade da conduta; b) nenhuma periculosidade social da ação; c) reduzido grau de reprovabilidade do comportamento; e d) inexpressividade da lesão jurídica provocada* (STF, HC 98.152-MG, 2ª T., rel. Min. Celso de Mello, 19.05.2009). Questão interessante para concursos públicos é aquela que diz respeito à possibilidade – ou não – de aplicação da insignificância penal para réus reincidentes. Confiram-se os excertos a seguir:

Contrabando: princípio da insignificância e reincidência

"A 1ª Turma denegou *habeas corpus* em que se requeria a incidência do princípio da insignificância. Na situação dos autos, a paciente, supostamente, internalizara maços de cigarro sem comprovar sua regular importação. De início, assinalou-se que não se aplicaria o aludido princípio quando se tratasse de parte reincidente, porquanto não haveria que se falar em reduzido grau de reprovabilidade do comportamento lesivo. Enfatizou-se que estariam em curso 4 processos-crime por delitos de mesma natureza, tendo sido condenada em outra ação penal por fatos análogos. Acrescentou-se que houvera lesão, além de ao erário e à atividade arrecadatória do Estado, a outros interesses públicos, como à saúde e à atividade industrial interna. Em seguida, asseverou-se que a conduta configuraria contrabando e que, conquanto houvesse sonegação de tributos com o ingresso de cigarros, tratar-se-ia de mercadoria sob a qual incidiria proibição relativa, presentes as restrições de órgão de saúde nacional. Por fim, reputou-se que não se aplicaria, à hipótese, o postulado da insignificância – em razão do valor do tributo sonegado ser inferior a R$ 10.000,00 – por não se cuidar de delito puramente fiscal. O Min. Marco Aurélio apontou que, no tocante ao débito fiscal, o legislador teria sinalizado que estampa a insignificância, ao revelar que executivos de valor até R$ 100,00 seriam extintos." HC 100367/RS, rel. Min. Luiz Fux, 09.08.2011. (HC-100367) (Inform. STF 635)

Reincidência e princípio da insignificância

"Ante o empate na votação, a 2ª Turma deferiu *habeas corpus* impetrado em favor de condenado à pena de 10 meses de reclusão, em regime semiaberto, pela prática do crime de furto tentado de bem avaliado em R$ 70,00. Reputou-se, ante a ausência de tipicidade material, que a conduta realizada pelo paciente não configuraria crime. Aduziu-se que, muito embora ele já tivesse sido condenado pela prática de delitos congêneres, tal fato não poderia afastar a aplicabilidade do referido postulado, inclusive porque estaria pendente de análise, pelo Plenário, a própria constitucionalidade do princípio da reincidência, tendo em vista a possibilidade de configurar dupla punição ao agente. Vencidos os Ministros Joaquim Barbosa, relator, e Ayres Britto, que indeferiam o *writ*, mas concediam a ordem, de ofício, a fim de alterar, para o aberto, o regime de cumprimento de pena." HC 106510/MG, rel. orig. Min. Joaquim Barbosa, red. p/o acórdão Min. Celso de Mello, 22.03.2011. (HC-106510) (Inform. STF 620).

Outra questão relevante diz respeito à possibilidade – ou não – de aplicação do princípio da insignificância quando se está diante de crime perpetrado em detrimento da Administração Pública. Confira-se:

PRINCÍPIO. INSIGNIFICÂNCIA. ADMINISTRAÇÃO PÚBLICA.

"Na impetração, foi requerida a alteração da capitulação legal atribuída na denúncia, o que é inviável no *habeas corpus*, uma vez que exige o revolvimento do conjunto fático-probatório. No caso, a acusação descreve fato criminoso com todas as circunstâncias, satisfazendo os requisitos do art. 77 do CPPM. De acordo com a peça acusatória, os fatos revelam indícios suficientes para justificar apuração mais aprofundada do caso. Mesmo que a capitulação esteja equivocada, como alegam os impetrantes, o que somente será verificado na instrução criminal, a defesa deve combater os fatos indicados na denúncia e não a estrita capitulação legal, não havendo, assim, qualquer prejuízo ao exercício da ampla defesa e do contraditório. Quanto ao princípio da insignificância, a Turma entendeu não ser possível sua aplicação aos crimes praticados contra a Administração, pois se deve resguardar a moral administrativa. Embora o crime seja militar, em última análise, foi praticado contra a Administração Pública." Precedentes citados: HC 154.433-MG, *DJe* 20.09.2010, e HC 167.915-MT, *DJe* 13.09.2010. HC 147.542-GO, Rel. Min. Gilson Dipp, julgado em 17.05.2011. (Inform. STJ 473).

O STJ, em sua **Súmula 599**, assentou o entendimento de que o **princípio da insignificância é inaplicável aos crimes contra a Administração Pública**.

Ainda, releva trazer à baila entendimento do STF acerca da inaplicabilidade do princípio da insignificância para o crime de moeda falsa, tendo em vista o bem jurídico tutelado (fé pública). Vale a transcrição da ementa veiculada no Informativo 622 de referida Corte:

Princípio da insignificância e moeda falsa

"A 2ª Turma indeferiu *habeas corpus* no qual pretendida a aplicação do princípio da insignificância em favor de condenado por introduzir duas notas falsas de R$ 10,00 em circulação (CP, art. 289, § 1º). Na espécie, a defesa sustentava atipicidade da conduta em virtude do reduzido grau de reprovabilidade da ação, bem como da inexpressiva lesão jurídica provocada. Afastou-se, inicialmente, a hipótese de falsificação grosseira e considerou-se que as referidas cédulas seriam capazes de induzir a erro o homem médio. Aduziu-se, em seguida, que o valor nominal derivado da falsificação de moeda não seria critério de análise de relevância da conduta, porque o objeto de proteção da norma seria supraindividual, a englobar a credibilidade do sistema monetário e a expressão da própria soberania nacional." HC 97220/MG, rel. Min. Ayres Britto, 05.04.2011. (HC-97220) (Inform. STF 622).

Especificamente para concursos de Defensoria Pública, muito interessante o entendimento do STJ acerca da inexistência de um critério quantitativo fixo para o reconhecimento da insignificância penal:

INSIGNIFICÂNCIA. VALOR MÁXIMO. AFASTAMENTO.

"A Turma afastou o critério adotado pela jurisprudência que considerava o valor de R$ 100,00 como limite para a aplicação do princípio da insignificância e deu provimento ao recurso especial para absolver o réu condenado pela tentativa de furto de duas garrafas de bebida alcoólica (avaliadas em R$ 108,00) em um supermercado. Segundo o Min. Relator, a simples adoção de um critério objetivo para fins de incidência do referido princípio pode levar a conclusões iníquas quando dissociada da análise do contexto fático em que o delito foi praticado – importância do objeto subtraído, condição econômica da vítima, circunstâncias e resultado do crime – e das características pessoais do agente. No caso, ressaltou não ter ocorrido repercussão social ou econômica com a tentativa de subtração, tendo em vista a importância reduzida do bem e a sua devolução à vítima (pessoa jurídica)." Precedentes citados: REsp 778.795-RS, *DJ* 05.06.2006; HC 170.260-SP, *DJe* 20.09.2010, e HC 153.673-MG, *DJe* 08.03.2010. REsp 1.218.765-MG, Rel. Min. Gilson Dipp, julgado em 01.03.2011. (Inform. STJ 465)

Por fim, importante trazer à baila o entendimento do STF (RHC 133043/MT, julgado pela 2ª Turma, *DJe* de 20.05.2016) e do STJ (HC 333.195/MS, 5ª Turma, *DJe* de 26.04.2016) acerca da inaplicabilidade do princípio da insignificância no tocante às infrações penais praticadas em contexto de violência doméstica e familiar contra a mulher. A questão, agora, está pacificada com o advento da **Súmula 589 do STJ**: *É inaplicável o princípio da insignificância nos crimes ou contravenções penais praticados contra a mulher no âmbito das relações domésticas.*

j) Princípio da culpabilidade ou da responsabilidade subjetiva: não é possível que alguém seja punido se não houver atuado com dolo ou culpa. Em outras palavras, não se admite, como regra, em Direito Penal, a responsabilidade objetiva;

l) Princípio da taxatividade: não se admite, em Direito Penal, que as leis que criem crimes sejam muito genéricas (pouco detalhadas). Deve o legislador editar leis que veiculem crimes bem definidos, sem que se possam gerar dúvidas quanto à sua aplicação e alcance. Em suma: as leis penais devem ser claras e precisas. Trata-se de princípio dirigido especificamente ao legislador. É uma decorrência lógica do princípio da legalidade. Afinal, cabe à lei definir os crimes. Definir indica pormenorizar, detalhar;

m) Princípio da proporcionalidade: a sanção penal deve ser proporcional ao gravame causado pelo agente. Assim, deve existir uma proporcionalidade entre a conduta do agente e a resposta estatal que lhe será imposta. Para um crime de furto simples, atentaria contra a proporcionalidade a condenação de 15 anos de reclusão. O mesmo ocorreria se, para um estupro, o legislador fixasse pena de 2 meses de detenção, ou multa;

n) Princípio da vedação da dupla punição (*ne bis in idem*): constituiria abuso por parte do Estado se pudesse punir alguém, pelo mesmo fato, duas ou mais vezes. Assim, veda-se que alguém seja duplamente apenado (ou processado) pela mesma infração penal. Se "A" foi absolvido de um estupro, não poderá ser novamente processado caso sejam descobertas novas provas que o incriminam.

3. FONTES DO DIREITO PENAL

3.1. Fontes do Direito Penal

A origem de um ramo do direito, ou de normas jurídicas, corresponde ao conceito de *fonte*, que vem do latim *fons, fontanus* e *fontis*. Significa, portanto, etimologicamente, nascente, nascedouro ou manancial.

As fontes podem ser analisadas sob dois aspectos ou enfoques: a) origem legislativa das normas; b) conteúdos ou formas de manifestação das normas jurídicas.

Esses dois aspectos dão margem à criação da classificação das fontes em espécies:

a) fontes materiais, substanciais ou de produção; e
b) fontes formais, de cognição ou de revelação.

3.2. Espécies de fontes

3.2.1. Fontes materiais, de produção ou substanciais

Para essa espécie de fonte, leva-se em conta a *entidade criadora das normas jurídicas penais*. Assim, compete à *União* legislar sobre Direito Penal (art. 22, I, da Constituição Federal). Todavia, o parágrafo único do referido dispositivo constitucional permite que a União, mediante lei complementar, autorize os Estados a legislar em qualquer matéria nele prevista, inclusive direito penal. Porém, não se tem notícia de situação como esta.

Assim, as normas penais decorrem da atividade legislativa federal (União), em regra pela edição de leis ordinárias, que devem ser aprovadas pela Câmara dos Deputados e Senado Federal.

3.2.2. Fontes formais, de cognição ou de revelação

Para essa espécie de fonte, levam-se em conta os *meios de exteriorização das normas jurídicas*, ou seja, a forma pela qual surgem no ordenamento jurídico.

As fontes formais podem ser subdivididas em:

✓ **A) fonte formal direta ou imediata** = é a *lei* (aqui entendida em sua forma mais ampla, ou seja, como atividade legislativa do Poder Público). Temos como exemplos de fontes formais diretas do direito penal: a) Código Penal; b) Leis extravagantes em matéria penal (são as denominadas Leis Penais Especiais, tais como a Lei de Drogas, a Lei dos Crimes Hediondos, a Lei dos Crimes Ambientais etc.; c) Constituição Federal.

✓ **B) fonte formal indireta ou mediata** = *a) costumes; b) princípios gerais de direito; e c) atos administrativos.*

Os *costumes* constituem um conjunto de normas comportamentais, obedecidas pelas pessoas como se fossem obrigatórias. Podem influenciar diretamente o direito penal, como, por exemplo: conceito de *repouso noturno* como majorante no crime de furto.

Os *princípios gerais de direito* são regras éticas que inspiram a criação das normas e sua aplicação ao caso concreto. Esses princípios, evidentemente, não estão expressos no ordenamento jurídico.

Segundo Guilherme de Souza Nucci, um princípio geral de direito é o de que *ninguém pode beneficiar-se da própria torpeza ou má-fé*. Assim, se o juiz verificar que o réu está arrolando testemunhas em outros Estados apenas para que atinja a prescrição do crime, poderá fixar um prazo para o retorno de seus depoimentos (cartas precatórias). Se não retornarem, poderá julgar o acusado ainda assim, se perceber que sua finalidade era apenas aquela (arrolar testemunhas fora da comarca para que, em razão da demora, fosse reconhecida a prescrição).

Também compete à União (Presidente da República) celebrar *tratados e convenções internacionais* que eventualmente poderão dispor sobre Direito Penal. Temos como exemplo a Convenção Americana dos Direitos Humanos (Pacto de São José da Costa Rica – Decreto 678/1992), que, após referendado pelo Congresso Nacional, criou algumas garantias em matéria processual penal, dentre elas: a) direito de julgamento do réu por um juiz ou tribunal imparcial; b) vedação de mais de um processo pelo mesmo fato (*ne bis in idem*). O próprio Código de Processo Penal, em seu art. 1º, I, admite a aplicação de regras processuais oriundas de tratados e convenções internacionais.

Os tratados internacionais, após ingressarem no ordenamento jurídico, ganham *status* de lei ordinária, segundo entendimento do STF. Logo, também são fontes formais do processo penal, embora secundárias (**Curso de processo penal**, Ed. Saraiva – Edilson Mougenot Bonfim).

Por fim, os *atos administrativos* constituem, no mais das vezes, o complemento das chamadas *normas penais em branco*, assim denominadas aquelas cujos preceitos primários são incompletos. É o caso do art. 33 da Lei 11.343/2006 (Lei de Drogas), que traz o tipo penal de tráfico de drogas, sem, contudo, explicitar o que vem a ser "droga". Esta expressão, por não constar na lei, exige que o intérprete-aplicador do direito se socorra da Portaria 344/1998 da SVS/MS, que é, em suma, um ato administrativo.

3.2.3. A súmula vinculante e o Direito Penal

A Constituição Federal, em seu art. 103-A (inserido pela EC 45/2004), prevê a denominada *súmula vinculante*.

O STF poderá "de ofício ou por provocação, mediante decisão de dois terços de seus membros, após reiteradas decisões sobre matéria constitucional, aprovar súmula que, a partir de sua publicação na imprensa oficial, terá efeito vinculante em relação aos demais órgãos do Poder Judiciário e à administração pública direta e indireta, nas esferas federal, estadual e municipal".

A súmula vinculante veio a ser regulamentada pela Lei 11.417, de 19.12.2006.

Assim, poderá o STF, de acordo com o texto constitucional, editar súmulas em matéria penal com o intuito de uniformizar o entendimento sobre certos temas, dando maior celeridade à prestação jurisdicional. São elas, sem sombra de dúvida, fontes formais do Direito Penal.

4. INTERPRETAÇÃO DO DIREITO PENAL

4.1. Interpretação. Conceito

Segundo Mirabete, a interpretação "é o processo lógico que procura estabelecer a vontade da lei, que não é, necessariamente, a vontade do legislador".

Prossegue dizendo que "na interpretação da lei, deve-se atender aos fins sociais a que ela se dirige e às exigências do bem comum", nos termos do art. 5º da LINDB. Compreende-se nos imperativos do bem comum a tutela da liberdade individual. Deve-se lembrar que o art. 1º da LEP preconiza que o fim da pena é promover a integração social do condenado.

A ciência que se ocupa da interpretação da lei chama-se *hermenêutica*.

Em suma, interpretar é *buscar a finalidade e o alcance das leis*. Antecede, portanto, à aplicação da norma jurídica. Afinal, sem interpretá-la, impossível aplicá-la.

O brocardo latino *in claris cessat interpretatio* não tem razão, uma vez que, por mais simples que possa parecer uma norma jurídica, ela será objeto de interpretação.

4.2. Finalidades da interpretação

Segundo Edílson Mougenot Bonfim (*Curso de Processo Penal* – editora Saraiva), dois são os aspectos que conduzem o estudo da finalidade da interpretação. São eles:

a) Teoria subjetivista ou da vontade: para os que adotam essa teoria, o intérprete deverá buscar o conteúdo da vontade do *legislador*. Em outras palavras, ao interpretar a norma jurídica, deve-se tentar buscar a vontade do legislador, reconstruindo suas intenções (é a chamada *mens legislatoris*);

b) Teoria objetivista: deve o intérprete buscar não a vontade do legislador, mas a *vontade da própria norma*. Em razão do dinamismo social, por vezes a vontade do legislador, ao criar a lei, afasta-se de seu conteúdo com o passar do tempo. Em suma, a lei ganha "vida própria" com o decurso do tempo. Deve-se buscar, portanto, a *mens legis* (vontade da lei).

4.3. Espécies de interpretação

4.3.1. Sujeito

Quanto ao **sujeito** que realiza a interpretação, ela pode ser:

a) autêntica;

b) jurisprudencial;

c) doutrinária.

Considera-se *interpretação autêntica* aquela cuja origem é a mesma da norma interpretada (lei), portanto tem força vinculante. Afinal, se a interpretação (busca do alcance da lei) decorre da mesma fonte, obviamente deverá ser observada. Temos como exemplo o conceito de "casa", previsto no art. 150, § 4º, do Código Penal.

Considera-se *interpretação jurisprudencial* (ou judicial) aquela que decorre do entendimento dos tribunais acerca do alcance e finalidade de determinadas normas jurídicas. Lembre-se que jurisprudência corresponde a decisões reiteradas dos tribunais acerca de determinado tema, pacificando o entendimento. Deve-se ressaltar que tal forma interpretativa *não tem força vinculante*, ou seja, os juízes e tribunais não são obrigados a julgar de acordo com a jurisprudência. Porém, em se tratando de *súmula vinculante*, já dissemos que, como fonte do direito, será obrigatoriamente observada (*vide* art. 103-A da Constituição Federal e a EC 45/2004).

Considera-se *interpretação doutrinária* aquela proveniente do entendimento conferido por juristas às normas jurídicas. É a denominada *communis opinio doctorum*. Obviamente não tem força vinculante.

4.3.2. Meio empregado

Quanto ao **meio empregado**, a interpretação pode ser:

a) gramatical (literal);

b) teleológica.

Considera-se *interpretação gramatical* aquela decorrente da análise da "letra da lei", ou seja, de seu sentido no léxico. Em outras palavras, a lei é interpretada tal como decorre do vernáculo (conjunto de palavras componentes de uma língua). É o caso do termo "autoridade", previsto no art. 10, §§ 1º, 2º e 3º, do Código de Processo Penal, que indica para "autoridade policial". Igualmente, o termo "queixa", previsto no art. 41 do Código de Processo Penal, deve ser interpretado não em seu sentido literal, mas como petição inicial nos crimes de ação penal privada.

Considera-se *interpretação teleológica* aquela que se vale da lógica para que se busque o alcance e finalidade das leis. Assim, deve-se buscar não apenas a literalidade da norma, mas sua *finalidade*.

4.3.3. Resultados

Quanto aos **resultados** decorrentes da interpretação, temos:

a) declarativa;

b) restritiva;

c) extensiva.

Considera-se *interpretação declarativa* aquela que não exige do intérprete ir além ou aquém do texto legal fornecido. É o caso de interpretar a expressão "*casa habitada*", no art. 248

do Código de Processo Penal, entendendo-se como tal todo compartimento em que viva uma ou mais pessoas.

Considera-se *interpretação restritiva* aquela que exigirá do intérprete uma restrição ou redução ao alcance da lei, buscando sua real vontade.

Considera-se *interpretação extensiva* aquela em que o intérprete deve ampliar o alcance da norma jurídica, que disse menos do que deveria ter dito. É o caso, por exemplo, da interpretação a ser conferida ao delito de bigamia – art. 235 do CP (que, por óbvio, também pune o agente por poligamia) ou mesmo ao delito de outras fraudes – art. 176 do CP (que pune, também, a conduta daquela pessoa que toma refeição sem dispor de recursos para efetuar o pagamento não apenas em restaurantes, conforme enuncia a lei, mas em pensões, bares, boates...).

4.3.4. Outras classificações

Temos, ainda, a *interpretação progressiva*, que se verifica em razão da evolução da sociedade e do próprio Direito. Assim, algumas expressões constantes na lei devem ser interpretadas de acordo com a atualidade, como é o caso do chamado "Tribunal de Apelação", que hoje é o Tribunal de Justiça, ou o "Chefe de Polícia", atualmente interpretado como Secretário de Segurança Pública.

Fala-se, também, em *interpretação analógica*, que se verifica quando a lei, após uma enumeração casuística, fornece uma cláusula genérica, que, por similitude às anteriores, será extraída por analogia. É o caso do art. 6º, inciso IX, do Código de Processo Penal.

Por fim, Edílson Mougenot Bonfim (obra citada) trata da *interpretação conforme* (à Constituição). Trata-se da regra básica de que o texto constitucional é hierarquicamente superior às demais espécies normativas, razão pela qual estas devem ser interpretadas em harmonia (conforme, portanto) com a Carta Magna. Segundo Canotilho, jurista português, trata-se do *princípio da conformidade*, que determina ao intérprete que, ao ler um dispositivo legal, se forem possíveis duas ou mais interpretações, deverá adotar aquela que guardar compatibilidade com a Constituição Federal.

4.4. Analogia

Não se pode dizer que a analogia é uma forma de interpretação da lei penal, mas sim de autointegração do sistema. Em outras palavras, não havendo norma específica para regular um caso concreto, aplica-se uma norma incidente a outro caso, porém semelhante (análogo).

Consiste a analogia, portanto, em "criar uma norma penal onde, originalmente, não existe" (Guilherme de Souza Nucci – *Manual de Direito Penal* – Ed. RT, p. 82).

A doutrina majoritária defende a impossibilidade de se adotar a analogia em prejuízo do réu (denominada de analogia *in malam partem*), mas apenas para beneficiá-lo. Ademais, não se pode olvidar que o direito penal é fortemente regido pelo princípio da legalidade (*não há crime sem lei que o defina*), motivo pelo qual não se pode utilizar da analogia para criar situações não previstas em lei, de modo a prejudicar o agente delitivo.

Já o emprego da analogia em benefício do réu é largamente aceito pela doutrina e jurisprudência, mas apenas em casos excepcionais, também por força do princípio da legalidade. Nesse caso, denomina-se de analogia *in bonam partem* a situação em que é possível a criação de norma não prevista expressamente, com o escopo de beneficiar e até mesmo absolver o réu.

5. APLICAÇÃO DA LEI PENAL

5.1. Aplicação da lei penal

5.1.1. Considerações iniciais

Para o estudo da aplicação da lei penal, impõe-se o conhecimento de um princípio basilar do Direito Penal: o princípio da *legalidade*.

Expresso pelo brocardo latino *nullum crimen nulla poena sine praevia lege*, da lavra de Feurbach, a doutrina mais moderna costuma dividi-lo em dois subprincípios, a saber: **a) reserva legal**; **b) anterioridade**.

Antes de ingressarmos na análise do princípio da legalidade e seus desdobramentos, é importante ressaltar que referido princípio vem definido *no art. 5º, XXXIX, da Constituição Federal*, com a seguinte redação: "não há crime sem lei anterior que o defina, nem pena sem prévia cominação legal".

O *Código Penal*, em seu *art. 1º*, basicamente repete, *ipsis literis*, a redação do dispositivo constitucional mencionado, sob a rubrica "Anterioridade da lei".

Discordamos do *nomen juris* conferido ao disposto no art. 1º, do aludido diploma legal, na medida em que reflete apenas uma parcela do princípio da legalidade.

Com efeito, reza a Constituição Federal que "nenhum crime ou pena podem ser criados sem a existência de lei anterior que os defina e comine". Em outras palavras, a criação de crimes (infrações penais) e penas (espécie de sanção penal) depende da existência de *lei*. É aqui que encontramos o *princípio da reserva legal*: não há crime nem cominação de pena sem *lei*.

Todavia, não basta a existência de *lei* criando um crime e cominando uma pena. É indispensável que essa *lei* seja *anterior* ao fato praticado pelo agente. Aqui estudamos o princípio da anterioridade da lei penal: *crime somente é a conduta descrita em lei anterior ao seu cometimento*.

5.1.1.1. Lei penal x Norma penal

Lei penal e norma penal não se confundem.

a) Lei penal = é um enunciado legislativo;

b) Norma penal = é um comando normativo implícito na lei penal; é o que está "atrás" da lei penal.

Ex.: Lei penal – art. 155, CP – subtrair, para si ou para outrem, coisa alheia móvel; Norma penal – não furtarás.

5.1.1.2. Características da lei penal

a) **Generalidade** = incide sobre todas as pessoas, generalizadamente;

b) **Imperatividade** = a lei penal se impõe a todos (*erga omnes*), independentemente da vontade do destinatário;

c) **Exclusividade** = somente à lei se impõe a tarefa de definir crimes/contravenções;

d) **Impessoalidade** = a lei penal se projeta a fatos futuros, não se identificando pessoas determinadas. A doutrina menciona duas exceções: *abolitio criminis* e anistia.

5.1.1.3. Espécies de lei penal

a) **Incriminadora**: corresponde a todos os dispositivos normativos que descrevem condutas criminosas e cominam as respectivas penas. A lei penal incriminadora é dotada de **dois preceitos**, um primário e outro secundário.

No **preceito primário**, podemos identificar **dois tipos de comandos ou imperativos**: de **proibição** (não fazer algo) ou **mandamentais** (fazer algo).

b) **Não incriminadora:** são aquelas que não definem crimes e respectivas penas. Subdividem-se em:

b.1) **explicativas ou complementares** – fornecem dados ou parâmetros para a aplicação de outras normas (ex.: art. 327, CP);

b.2) **permissivas** – tornem lícitos determinados comportamentos típicos (ex.: art. 25, CP)

b.3) **exculpantes** – afastam a possibilidade de punição do agente (ex.: art. 27, CP)

5.1.1.4. Lei penal em branco

a) **Definição:** também chamada de lei cega ou aberta, é aquela cujo preceito primário é **incompleto**, mas com preceito secundário determinado. Referidas leis exigem um **complemento**, que pode ser da mesma natureza e hierarquia ou de natureza e hierarquia diversas.

b) **Classificação:** as leis penais em branco classificam-se em:

b.1) **Em sentido lato ou homogêneas, ou impróprias** = são aquelas cujo complemento provém de uma **fonte com a mesma hierarquia**, ou seja, a lei penal é complementada por outra lei. Ex.: art. 237 do CP (contrair casamento, conhecendo a existência de impedimento que lhe cause nulidade absoluta). Os impedimentos matrimoniais vêm descritos no Código Civil.

Comportam uma **subdivisão**:

b.1.1.) **homovitelinas** – o complemento provém da mesma instância legislativa (ex.: o art. 312, CP – crime de peculato – é praticado por funcionário público, cujo conceito é previsto no art. 327, CP)

b.1.2.) **heterovitelinas** – o complemento provém de instância legislativa diversa, ou seja, lei penal em branco e complemento não se encontram na mesma estrutura normativa. É o caso do art. 237 do CP.

b.2) **Em sentido estrito ou heterogêneas ou próprias** = são aquelas cujo complemento provém de fonte normativa diversa à lei. Ex.: art. 33 da Lei de Drogas (complemento é a Portaria 344/1998).

b.3) **Ao revés, ao inverso ou invertida** = são aquelas cujo preceito primário é completo, mas o preceito secundário é incompleto, fazendo remissão a outra lei. É o caso do genocídio (Lei 2.889/1956).

5.1.2. Características específicas da lei penal decorrentes do princípio da legalidade

O princípio da legalidade preleciona que o *crime* deve ser *definido* por lei. A palavra "definição" revela muito mais do que um simples "conjunto de palavras" previstas em uma lei.

Definir, no sentido ora estudado, significa delinear os contornos da conduta criminosa, pormenorizando-a ou, ao menos, conferindo todas as circunstâncias essenciais à caracterização do crime. Daí resultam algumas características peculiares da lei penal, a saber: a) a lei penal deve ser *certa*; b) a lei penal deve ser *minuciosa*.

Diz-se que a lei penal deve ser certa para que não crie situações em que seja difícil constatar o que quis dizer o legislador, tornando insegura a aplicação do diploma legal.

5.1.3. O tipo penal

Chama-se de *tipo penal* o "modelo legal de conduta" descrita em lei como proibida (imperativos de proibição) ou como necessária (imperativos de comando).

Assim, todos os crimes previstos, por exemplo, no Código Penal (arts. 121 e seguintes), vêm definidos em **tipos penais** (ex.: art. 121: "matar alguém"; art. 155: "subtrair, para si ou para outrem, coisa alheia móvel"; art. 317: "solicitar ou receber, para si ou para outrem, direta ou indiretamente, ainda que fora da função, ou antes de assumi-la, mas em razão dela, vantagem indevida, ou aceitar promessa de tal vantagem").

5.1.4. O que se entende por "lei"?

Dissemos que é o princípio da legalidade que rege o Direito Penal, sendo que a criação de crimes e cominação de penas depende da existência de lei.

Deve-se, aqui, entender por lei a *atividade que decorre do Poder Legislativo Federal* (afinal, a fonte material do Direito Penal é a União – art. 22, I, Constituição Federal).

Assim, podem criar crimes e cominar penas as seguintes espécies normativas:

a) **Lei Complementar**;

b) **Lei Ordinária**.

Lei Delegada, Medida Provisória, Decreto-legislativo e Resoluções *não podem criar crimes e cominar penas!*

5.1.5. O princípio da retroatividade benéfica (ou irretroatividade prejudicial)

5.1.5.1. Lei penal no tempo e sua aplicação

Considera-se **atividade** o fenômeno segundo o qual uma lei se aplica aos **fatos praticados durante o seu período de vigência**. Já **extra-atividade** é o fenômeno pelo qual uma lei será aplicada **fora do seu período de vigência**, incidindo sobre fatos praticados mesmo antes de sua entrada em vigor (**retroatividade**), ou mesmo após sua revogação (**ultra-atividade**).

Em regra, as leis penais são **ativas**, ou seja, somente serão aplicadas aos fatos praticados durante sua vigência (*tempus regit actum*). A **extra-atividade**, em matéria penal, somente é admitida em **situações excepcionais**.

O **art. 5º, XL, da CF**, prevê que a lei penal não retroagirá, **salvo para beneficiar o réu**. A partir daqui se estabelece o chamado **princípio da retroatividade benéfica** (ou irretroatividade prejudicial), que será o princípio-mestre para a solução do **conflito de leis penais no tempo**.

Como se viu, a CF manda que a lei benéfica retroaja em benefício do réu. Nesse compasso, é possível a ocorrência do chamado *conflito intertemporal de leis*, ou *conflito de leis penais no tempo*. Verifica-se quando duas ou mais leis penais, que tratam do mesmo assunto, mas de forma distinta, sucedem-se temporalmente. Pressupõe, portanto, uma **sucessão de leis penais**.

Assim, poderá o juiz deparar-se com situações em que a lei vigente à época do crime fosse uma, e, no momento de sentenciar, outra estivesse em vigor. Que lei deverá aplicar? Para tal questionamento, estuda-se o já mencionado *conflito de leis penais no tempo*, existindo quatro regras que o resolverão.

Quatro são as hipóteses, portanto, de conflitos:

a) *abolitio criminis*: também chamada *de lei posterior supressiva de incriminação* ou *lei abolicionista*. Pressupõe a edição de lei posterior que deixa de considerar o fato como crime (art. 2º do CP), por isso *retroagirá* em favor do réu, seja na fase de processo (ação penal) ou da execução penal, e mesmo após o trânsito em julgado;

b) *novatio legis in mellius*: é a *lei posterior mais benéfica (lex mitior)*, mantendo-se, no entanto, a incriminação. Poderá *retroagir* em benefício do réu em qualquer fase, mesmo após o trânsito em julgado (parágrafo único, art. 2º do CP);

c) *novatio legis in pejus*: é a lei posterior que, embora mantenha a incriminação, é *prejudicial* ao réu (*lex gravior*). Por isso, é *irretroativa*, aplicando-se a lei anterior mais benéfica, que terá a característica da *ultratividade*.

d) *novatio legis incriminadora*: é a lei que passa a considerar um fato criminoso. Por óbvio, não retroagirá, até porque a prática do fato, até então, não tem amparo legal.

CUIDADO – as leis processuais, conforme art. 2º do CPP, aplicam-se desde logo, ficando preservados os atos processuais praticados até então. Pouco importa se são benéficas ou prejudiciais ao réu. Em relação a elas, vigora o *tempus regit actum*. Situação diversa ocorre no Direito Penal. Lembre-se que se uma lei penal posterior ao fato for benéfica ao réu, haverá retroatividade dela; caso contrário, será irretroativa.

Relevante a questão acerca da **combinação de leis penais**. Esta pode se verificar quando o operador do direito constatar que, em sucessão de leis penais, há partes benéficas e prejudiciais, combinando, assim, as regras mais brandas de todas elas. Prevalece o entendimento de que tal procedimento não é admissível, sob pena de o juiz criar uma *lex tertia*, violando a tripartição de poderes. Nesse sentido, a **Súmula 501 do STJ**. Vigora a **teoria da ponderação unitária ou global** (ou se aplica a integralidade da lei, ou nada). O **STF** já enfrentou o assunto no **RE 596.152**, tendo havido empate, o que beneficiou o réu.

Sobre a **competência**, caberá ao juízo da fase de conhecimento aplicar a lei penal benéfica, ou, após o trânsito em julgado, ao juízo da execução penal (art. 66, I, LEP e Súmula 611, STF).

5.1.6. Leis excepcionais e temporárias

São leis com *vigência temporária*, também chamadas de leis intermitentes. São autorrevogáveis, sem necessidade de que lei posterior as revogue. Vêm descritas no artigo 3º do CP.

A *lei excepcional* é aquela que *vigora durante um período de exceção*, como, por exemplo, em período de guerra, calamidades etc. Quando cessar o período de exceção, as leis excepcionais serão revogadas automaticamente.

A *lei temporária* é aquela que contém, em seu próprio texto, o *período de vigência*. São leis "marcadas para morrer", com contagem regressiva de "vida" (vigência). Atingindo o termo final, cessará sua vigência. Claro exemplo de materialização de referida espécie de lei se verificou com a edição da Lei 12.663, de 5 de junho de 2012, denominada de "Lei Geral da Copa" (em razão da Copa do Mundo de 2014, realizada no Brasil). Os tipos penais previstos em referido diploma legal, nos termos do seu art. 36, terão vigência até o dia 31 de dezembro de 2014.

Em ambas as leis (excepcionais e temporárias), aplica-se a ultratividade, ou seja, ainda que revogadas, atingirão os agentes delitivos em momento ulterior à revogação (art. 3º do CP).

5.2. Conflito aparente de leis penais (ou conflito aparente de normas)

É possível que, apenas no *plano da aparência*, duas ou mais leis penais incidam sobre um mesmo fato. Na realidade, apenas uma delas deverá reger o ato praticado pelo agente. É o que se denomina *conflito aparente de leis ou conflito aparente de normas*.

Para a resolução desse conflito, quatro princípios serão utilizados:

a) princípio da especialidade: a lei especial prevalece sobre a geral. Será especial a lei que contiver todos os elementos da geral e mais alguns denominados especializantes. Ex.: homicídio (lei geral) e infanticídio (lei especial);

b) princípio da subsidiariedade: a lei primária prevalece sobre a subsidiária. Lei subsidiária é aquela que descreve um grau menor de violação de um mesmo bem jurídico integrante da descrição típica de outro delito mais grave. Ex.: lesão corporal (lei primária) e periclitação da vida ou saúde de outrem (lei subsidiária);

c) princípio da consunção ou absorção: o crime mais grave absorve outro menos grave quando este integrar a descrição típica daquele (quando for meio de execução de outro mais grave). É verificado em 3 hipóteses:

c.1) crime progressivo: dá-se quando o agente pretende, desde o início, produzir resultado mais grave, praticando sucessivas violações ao mesmo bem jurídico. Ex.: querendo matar, o agente dá golpes de taco de beisebol em todo o corpo da vítima até matá-la. Pratica, portanto, lesões corporais até chegar ao resultado morte;

c.2) crime complexo: é aquele composto de vários tipos penais autônomos. Prevalece o fato complexo sobre os autônomos. Ex.: para roubar, o agente furta o bem e emprega violência ou grave ameaça. Não responderá por furto, lesões corporais e/ou ameaça, mas só pelo roubo;

c.3) progressão criminosa: o agente, de início, pretende produzir resultado menos grave. Contudo, no decorrer da conduta, decide por produzir resultado mais grave, alterando, portanto, o dolo. Ex.: primeiro o agente pretendia lesionar e conseguiu seu intento. Contudo, após a prática das lesões corporais, decide matar a vítima, o que efetivamente faz. Nesse caso, o resultado final (mais grave) absorve o resultado inicial (menos grave).

c.4) fatos impuníveis: há os fatos anteriores (*ante factum*) impuníveis, quando funcionarem como meio de execução de crime mais grave, bem como os fatos posteriores (*post factum*) impuníveis, que se caracterizam por nova ofensa ao mesmo bem jurídico, após praticada a conduta pelo agente.

Atenta a doutrina, ainda, para o *princípio da alternatividade*, que, em verdade, não soluciona conflito aparente de normas, mas um *conflito interno* de normas. É o que ocorre nos *crimes de ação múltipla, de tipo alternativo misto ou de conteúdo variado*, que são aqueles formados por várias condutas típicas possíveis (vários verbos), tais como o art. 33 da Nova Lei de Drogas (tráfico de drogas), ou o art. 180, do CP (receptação). Se o agente praticar dois ou mais verbos do mesmo tipo penal, responderá por um único crime (ex.: Se "A" importar dez quilos de cocaína e vendê-los a "B", não responderá por dois tráficos de drogas, mas por um só crime de tráfico).

5.3. Aplicação da lei penal no tempo

O estudo da aplicação da lei penal no tempo responde às seguintes indagações: *Qual o momento do crime? Quando é que se considera praticado um crime?*

O art. 4º do Código Penal trata exatamente da aplicação da lei penal no tempo, ao prescrever: "Considera-se praticado o crime no **momento** da ação ou omissão, ainda que outro seja o **momento** do resultado".

Grifamos a palavra "momento" para demonstrar que referido dispositivo legal trata da aplicação da lei penal no *tempo*.

Acerca disso, a doutrina nos traz três teorias, a saber:

a) teoria da atividade: considera-se praticado o crime no momento da ação ou da omissão, pouco importando o momento do resultado;

b) teoria do resultado: considera-se praticado o crime no momento em que se verifica o resultado, independentemente do momento da ação ou omissão;

c) teoria mista ou da ubiquidade: considera-se praticado o crime tanto no momento da ação ou omissão, quanto no momento do resultado.

O Código Penal, em seu art. 4º, adotou a **teoria da atividade**, querendo o legislador, com isso, definir que o **tempo do crime** é o da *atividade do agente* (ação ou omissão), independentemente do momento em que o resultado ilícito se verificar.

Temos como exemplo o seguinte: "*A, em 10.03.2015, efetuou três disparos de arma de fogo contra B, que faleceu apenas em 17.03.2015, após uma semana na UTI*".

No exemplo citado, verificam-se dois momentos distintos: o dos disparos (*atividade*) e o da morte (*resultado*). Considera-se, de acordo com o art. 4º do Código Penal, praticado o homicídio (art. 121) **no momento dos disparos** (10.03.2015 – ação), e não no momento da morte da vítima (17.03.2015 – resultado).

A análise do tempo do crime é relevante para a aferição da **imputabilidade penal** (capacidade pessoal do agente para entender o caráter ilícito do fato – ex.: menoridade penal), bem como para a análise de **qual lei é mais ou menos benéfica para o agente** (princípio da irretroatividade prejudicial).

5.3.1. Relevância do art. 4º do CP

Analisar o tempo do crime terá relevância em diversos pontos. Confira-se:

A) Lei penal aplicável: a teoria da atividade vai influenciar, em caso de sucessão de leis penais, qual delas deverá ser aplicada.

B) Delimitação da responsabilidade penal: adotada a teoria da atividade, é possível definir exatamente a partir de qual momento o agente poderá ser responsabilizado criminalmente por seu comportamento. À luz do art. 27 do CP, que considera inimputável o menor de 18 anos, se determinada conduta criminosa for praticada (ação ou omissão) a partir do primeiro instante do dia em que completa 18 anos, o tempo do crime indicará a responsabilidade penal do agente.

B.1) Responsabilidade penal e crime permanente: em se tratando de crimes permanentes, ainda que a ação tenha se iniciado antes de o agente ter completado 18 anos, caso a consumação se protraia no tempo após o atingimento da maioridade penal, haverá responsabilização criminal.

B.2) Responsabilidade penal e crime continuado: em se tratando de crime continuado, entende-se que os fatos cometidos antes da maioridade penal seguirão o regramento do ECA. Somente as condutas posteriores à maioridade serão regradas pelo CP.

B.3) Circunstâncias do crime: determinados aspectos que influenciam na pena do agente serão influenciados pelo art. 4º do CP. É o caso, por exemplo, do art. 121, § 4º, parte final, do CP, que prevê a majoração da pena do homicídio caso a vítima seja menor de 14 anos ou maior de 60 anos. A idade da vítima deverá ser verificada ao TEMPO DO CRIME, e não ao tempo da CONSUMAÇÃO.

B.4) Influência do tempo do crime no prazo prescricional: o art. 115 do CP prevê redução do prazo prescricional pela metade se o agente, ao tempo do crime, for menor de 21 anos.

5.4. Aplicação da lei penal no espaço

5.4.1. Considerações iniciais

O estudo da **aplicação da lei penal no espaço** é relevante para que seja possível a **resolução de conflitos de soberania** entre dois ou mais países, especialmente quando um crime violar interesses deles, seja porque a conduta criminosa teve início no nosso território nacional e o resultado ocorreu em outro país, seja pelo fato de o início da execução do crime ter ocorrido no exterior e o resultado em nosso território nacional.

5.4.2. Princípios relacionados com a aplicação da lei penal no espaço

A doutrina nos traz cinco princípios relativos à aplicação da lei penal no espaço, apresentando, assim, a solução para possíveis conflitos entre dois ou mais países em matéria criminal. São eles:

a) princípio da territorialidade: versa que a lei nacional será aplicada aos fatos (crimes ou contravenções penais) praticados em território nacional (art. 5º do Código Penal);

b) princípio da nacionalidade: também denominado de princípio da personalidade, define que a lei penal de um país será aplicada ao seu cidadão, ainda que fora do território nacional;

c) **princípio da defesa**: também conhecido como princípio real ou princípio da proteção, dita que será aplicada a lei do país do bem jurídico lesado ou ameaçado de lesão, independentemente da nacionalidade do agente ou do local da infração penal;

d) **princípio da justiça penal universal**: também denominado de princípio universal, princípio da universalidade da justiça, ou princípio da justiça cosmopolita, designa que o sujeito que tenha praticado uma infração penal deverá ser punido pela justiça do local onde se encontre, ainda que tenha outra nacionalidade ou o interesse do bem jurídico lesionado seja de outro território;

e) **princípio da representação**: também conhecido como princípio da bandeira (lei da bandeira) ou do pavilhão, reza que o agente deverá ser punido por infração praticada no estrangeiro pelo país de origem de embarcações e aeronaves privadas, quando praticadas em seu interior, e desde que não tenha sido punido no país em que tenha praticado a infração penal.

O Brasil adotou, como regra, o **princípio da territorialidade**, ao prescrever: "Aplica-se a lei brasileira, sem prejuízo de convenções, tratados e regras de direito internacional, ao crime cometido no território nacional". Porém, também albergou os demais princípios, de maneira excepcional, no art. 7º do CP, que trata da extraterritorialidade da lei penal (aplicação da lei penal brasileira a crimes praticados no estrangeiro).

5.4.3. A territorialidade temperada e o art. 5º do CP

Como já dissemos anteriormente, o CP adotou, em seu art. 5º, o princípio da territorialidade, segundo o qual a lei brasileira será aplicada aos crimes cometidos em território nacional. Todavia, referido dispositivo legal não traduz uma territorialidade absoluta, mas relativa, ou *temperada*, como enuncia a doutrina. Quer-se dizer que, como regra, aos crimes praticados em território nacional, aplicar-se-á a lei local, ressalvadas as **convenções, tratados e regras de direito internacional**.

Importa ao leitor não confundir territorialidade com **intraterritorialidade**. Esta trata da aplicação da **lei estrangeira a crimes ocorridos no Brasil** (oposto da extraterritorialidade).

5.4.4. Conceito de território

O art. 5º do CP faz menção ao "território" nacional. E o que vem a ser **território**? Tal deve ser entendido em seu **sentido jurídico** como todo o *espaço terrestre, marítimo, aéreo* e *fluvial*, no qual a **soberania nacional** será amplamente exercida (salvo nos casos de tratados, convenções e regras de direito internacional!). Para fins didáticos, podemos distinguir o território nacional da seguinte forma:

a) **limites compreendidos pelas fronteiras nacionais**

b) **mar territorial brasileiro**: corresponde à faixa de 12 milhas contadas da faixa litorânea média (art. 1º, Lei 8.617/1993);

c) **espaço aéreo subjacente ao território físico e mar territorial**: vigora, aqui, o princípio da absoluta soberania do país subjacente (Código Brasileiro de Aeronáutica, art. 11; Lei 8.617/1993, art. 2º);

d) **aeronaves e embarcações (território ficto, por equiparação, por extensão ou flutuante)**: analisaremos no item a seguir.

No tocante às **embaixadas**, estas não são consideradas extensão do território que representam. De acordo com a Convenção de Viena, as embaixadas gozam de inviolabilidade. Porém, crimes nelas praticados estarão sujeitos à lei brasileira, eis que situadas em território nacional (salvo em caso de intraterritorialidade).

Importante estudarmos, ainda, o chamado **direito de passagem inocente**. Questiona-se: aplica-se a lei brasileira a um crime praticado a bordo de uma embarcação estrangeira privada que esteja somente de passagem por mar territorial brasileiro? De acordo com a **Lei 8.617/93**, em seu art. 3º, reconhece-se o **direito de passagem inocente** aos navios de todas as nacionalidades, desde que utilizem nosso mar territorial somente como caminho (passagem) para seu destino. Assim, se um crime for praticado a bordo dessa embarcação, embora tenha ocorrido em território nacional, não será aplicada a lei brasileira, desde que **não seja prejudicial à paz, boa ordem ou à segurança do Brasil**.

5.4.5. Conceito de território por equiparação (ou território ficto)

Os §§ 1º e 2º, ambos do art. 5º do CP, ampliando o conceito de território, prescrevem que, para efeitos penais, consideram-se como **extensão** do território nacional as **embarcações** e **aeronaves brasileiras**, de natureza **pública** ou a **serviço do governo brasileiro** onde quer que se encontrem, bem como as **aeronaves** e as **embarcações brasileiras, mercantes** ou de **propriedade privada**, que se achem, respectivamente, no **espaço aéreo correspondente** ou em **alto-mar**.

Ainda, as **aeronaves** ou **embarcações estrangeiras de propriedade privada**, mas que se achem aquelas em **pouso no território nacional** ou em **voo** no **espaço aéreo correspondente**, e estas em **porto** ou **mar territorial** brasileiros, serão consideradas, para efeitos penais, *território nacional*.

Em suma:

a) brasileiras públicas ou a serviço do governo brasileiro, onde quer que se encontrem;

b) brasileiras privadas, onde quer que se encontrem, salvo se em mar territorial estrangeiro ou sobrevoando território estrangeiro;

c) estrangeiras privadas, desde que em mar territorial brasileiro ou espaço aéreo correspondente.

5.4.6. Lugar do crime (art. 6º do CP)

Estudado o conceito de território nacional, o art. 6º do CP define o "lugar do crime", vale dizer, **onde** foi praticada a infração penal.

Impõe-se o alerta de que referido dispositivo não cuida de definir o **foro competente** para o julgamento do agente delitivo, questão tratada no estudo da **competência no processo penal** (arts. 69 e seguintes do CPP). Aqui, estudamos o **território** ou o **país** com soberania para aplicar sua legislação penal.

Assim, o art. 6º do CP somente é aplicado na hipótese de uma infração penal **ter início em nosso território nacional, e o resultado ocorrer em outro** (exterior), ou vice-versa. Tal situação é denominada pela doutrina como **crime à distância** ou de **espaço máximo**, que é aquele cuja execução se inicia em um país, mas o resultado é verificado em outro.

Voltando ao lugar do crime, a legislação pátria o definiu com base na **teoria mista** ou da **ubiquidade**, segundo a qual se considera como lugar do crime tanto o da ação ou omissão quanto o daquele em que se verificar o resultado. Ex.: "A" ministra veneno na xícara de café que "B" ingeriu em um trem, que partiu do Brasil rumo à Bolívia. Se "B" morrer na Bolívia, ainda assim o Brasil poderá aplicar a lei penal a "A". Se o contrário ocorresse ("A" tivesse envenenado "B" na Bolívia e o resultado morte se verificasse no Brasil), ainda assim nossa legislação poderia ser aplicada.

5.4.7. Extraterritorialidade (art. 7º do CP)

Por vezes, ainda que uma infração penal seja praticada fora do território nacional, a lei penal brasileira poderá ser aplicada ao agente que a tiver realizado, por força da denominada **extraterritorialidade**.

O art. 7º do CP distingue duas formas de extraterritorialidade: a incondicionada e a condicionada.

O **inciso I**, de referido dispositivo legal, cristaliza a **extraterritorialidade incondicionada**, segundo a qual a mera prática do delito em outro país que não o Brasil já é suficiente para provocar a aplicação da lei penal brasileira, independentemente de qualquer requisito. Assim, será o caso de ser aplicada a lei nacional, embora o crime tenha sido praticado no estrangeiro, ainda que o agente seja absolvido ou condenado no estrangeiro, aos crimes contra:

a) a vida ou a liberdade do Presidente da República;

b) o patrimônio ou a fé pública da União, do DF, de Estado, Território, Município, de empresa pública, sociedade de economia mista, autarquia ou fundação instituída pelo Poder Público;

c) a administração pública, por quem está a seu serviço;

d) de genocídio, quando o agente for brasileiro ou domiciliado no Brasil.

Já o inciso II do mesmo artigo traz-nos as hipóteses de **extraterritorialidade condicionada**, que, como o próprio nome diz, somente admitirá a aplicação da lei penal brasileira se satisfeitas algumas condições (definidas no § 2º). São os seguintes casos:

a) crimes que, por tratado ou convenção, o Brasil se obrigou a reprimir;

b) crimes praticados por brasileiro;

c) crimes praticados em aeronaves ou embarcações brasileiras, mercantes ou de propriedade privada, quando em território estrangeiro e aí não sejam julgados.

As **condições** para a aplicação da lei penal nos casos acima mencionados são:

a) entrar o agente no território nacional;

b) ser o fato punível também no país em que foi praticado;

c) estar o crime incluído entre aqueles pelos quais a lei brasileira autoriza a extradição;

d) não ter sido o agente absolvido no estrangeiro ou não ter aí cumprido a pena;

e) não ter sido o agente perdoado no estrangeiro ou, por outro motivo, não estar extinta a punibilidade, segundo a lei mais favorável.

Por fim, o § 3º, complementando o rol de condições para a aplicação da lei penal se o crime foi praticado fora do Brasil, determina que **nossa lei seja aplicada ao estrangeiro que tenha praticado crime contra brasileiro** no exterior, se:

a) não foi pedida ou negada a extradição;

b) houve requisição do Ministro da Justiça.

Trata o precitado art. 7º, § 3º, do CP, da denominada **extraterritorialidade hipercondicionada**.

5.5. Aplicação da lei penal com relação às pessoas (imunidades)

Em decorrência do disposto nos arts. 5º e 7º do CP, combinados com o art. 1º do CPP, em princípio, todas as regras de processo penal deverão ser aplicadas a qualquer pessoa que deva se submeter à jurisdição brasileira. Entretanto, a Constituição Federal e o art. 1º, I e II, do CPP arrolam as pessoas que, excepcionalmente, terão regras próprias para a verificação da sua culpabilidade. Tais regras são denominadas imunidades.

A imunidade é uma prerrogativa conferida a certas pessoas em virtude das atividades por elas desempenhadas como forma de garantir, assim, o livre exercício de suas funções. A imunidade pode ser *diplomática* ou *parlamentar*.

5.5.1. Imunidade diplomática

A imunidade diplomática é aplicada a qualquer delito praticado por agente diplomático (embaixador, secretários da embaixada, pessoal técnico e administrativo das representações), estendendo-se à sua família, a funcionários de organismos internacionais em serviço (exemplos: ONU, OEA) e quando em visita oficial. Trata-se de uma imunidade irrenunciável. Os chefes de Estados estrangeiros e os membros de sua comitiva também estão acobertados pela imunidade diplomática.

O agente diplomático não é obrigado a prestar depoimento como testemunha, salvo se o depoimento estiver relacionado com o exercício de suas funções.

5.5.2. Imunidade parlamentar

Essa espécie de imunidade garante ao parlamentar (deputado federal e senador) a ampla liberdade de palavra no exercício de suas funções (denominada imunidade material – art. 53, *caput*, da CF), bem como a garantia de que não possam ser presos, exceto em flagrante por delito inafiançável (art. 53, § 2º, 1ª parte, da Constituição Federal – é a denominada imunidade formal). Por decorrerem da função exercida e não da figura (pessoa) do parlamentar, não se admite a sua renúncia (é, portanto, irrenunciável).

Estende-se também (a imunidade material) aos vereadores se o crime foi praticado no exercício do mandato e na circunscrição do Município. Porém, referidos membros do Poder Legislativo não gozam de imunidade formal (também denominada processual ou relativa).

Resumindo:

✓ **Imunidade parlamentar (gênero)**:

a) *imunidade material* (absoluta) = deputados (federais e estaduais), senadores e vereadores (só nos limites do município);

b) *imunidade formal* (relativa ou processual) = deputados (federais e estaduais) e senadores (vereadores não a têm).

6. TEORIA GERAL DO CRIME

6.1. Teoria do Crime

6.1.1. Considerações iniciais

O estudo da denominada **Teoria do Crime** tem por objetivo destacar os aspectos jurídicos acerca deste fenômeno social que, infelizmente, assola a sociedade.

Para tanto, iniciaremos com as seguintes noções, a partir de agora enfrentadas.

6.1.2. Critério dicotômico

O Brasil, em matéria de **infração penal**, adotou o critério denominado pela doutrina de **dicotômico,** eis que aquela é gênero que comporta **duas espécies**, a saber:

a) crimes (ou delitos – são sinônimos); e

b) contravenções penais.

Em um primeiro momento, basta saber que, intrinsecamente, crimes e contravenções penais não guardam diferenças entre si. Não é demais lembrar que ambas as espécies de infrações penais dependem de **lei** para sua criação (princípio da legalidade – art. 5º, XXXIX, da Constituição Federal).

Aqui, o legislador, ao criar uma infração penal, deverá sopesar os bens jurídicos protegidos por ela e escolher se prefere criar um crime ou uma contravenção penal. De qualquer forma, importa destacar que esta é mais branda do que aquele, vale dizer, a resposta estatal pela prática do primeiro é mais rígida do que pela segunda.

Imperioso anotarmos alguns **pontos de diferenciação entre crimes e contravenções**:

a) as contravenções são apenadas com uma única espécie de pena privativa de liberdade, qual seja, a prisão simples, podendo, também, ser apenada, exclusivamente, com multa, enquanto que os crimes são punidos com outras espécies de penas privativas de liberdade (reclusão ou detenção);

b) a ação penal, nas contravenções, sempre é pública incondicionada, enquanto que os crimes podem ser de ação pública condicionada e ação privada;

c) a tentativa de contravenção não é punível;

d) as contravenções penais admitem erro de direito;

e) não se fala em extraterritorialidade da lei penal brasileira com relação às contravenções.

6.1.3. Conceitos de crime

Melhor ingressando no estudo da teoria do crime, faz-se necessária a colação de três conceitos ou concepções de crime definidas pela doutrina. São elas:

a) conceito material: crime é todo comportamento humano que **lesa** ou **expõe a perigo de lesão** bens jurídicos tutelados pelo Direito Penal. Trata-se de conceito que busca traduzir a essência de crime, ou seja, busca responder à seguinte indagação: o que é um crime?

b) conceito formal: crime corresponde à **violação da lei penal**. Em outras palavras, corresponde à relação de subsunção ou de concreção entre o fato e a norma penal incriminadora (ex.: Se "A" matar "B", terá violado a norma penal inserida no art. 121 do Código Penal);

c) conceito analítico: se se adotar a **concepção bipartida** (defendida por Damásio de Jesus, Julio Mirabete e Fernando Capez, por exemplo), crime é **fato típico e antijurídico.** Já se for adotada a concepção tripartida (defendida pela doutrina majoritária), **crime é fato típico, antijurídico e culpável**.

Partindo-se do pressuposto que crime é fato típico e antijurídico, a culpabilidade será elemento estranho à sua caracterização, sendo imprescindível sua análise apenas para que seja possível, verificada a reprovação da conduta praticada pelo agente, a aplicação de sanção penal ao infrator.

6.1.3.1. Teorias Tripartida e Bipartida

Influenciada fortemente pela Teoria Clássica, a **Teoria Tripartida** (ou Tripartite) sustenta que crime é a soma de **três elementos**, quais sejam, o fato típico, a antijuridicidade e a culpabilidade. Esta última, para a Teoria Clássica, era fundamental para definir que determinado comportamento seria considerado criminoso, pois somente na culpabilidade se analisava o dolo e a culpa.

Já a **Teoria Bipartida** (ou Bipartite), influenciada pela Teoria Finalista, sustenta que crime é a soma de **dois elementos**, quais sejam, o fato típico e a antijuridicidade. Como, para a Teoria Finalista, dolo e culpa migraram da culpabilidade para o fato típico, aquela deixou de ser um requisito constitutivo do crime, mas, sim, um pressuposto de aplicação da pena, tratando-se de um juízo de censurabilidade acerca do comportamento praticado pelo agente.

Somente no Brasil se cogita de uma Teoria Bipartida, como será melhor visto quando do estudo da CONDUTA.

6.2. Fato típico

O fato típico é o primeiro requisito do crime. Portanto, podemos afirmar que não existe crime se não houver um **fato típico**. E o que vem a ser isso?

Pode-se afirmar que fato típico é o **fato material** descrito em lei como **crime**.

A **estrutura** do fato típico é a seguinte:

a) conduta;

b) resultado;

c) nexo causal (ou de causalidade, ou, ainda, relação de causalidade);

d) tipicidade.

Conduta, resultado, nexo causal e tipicidade são os **elementos** do fato típico. Os três primeiros correspondem ao que denominamos de **fato material.** Já o último será o responsável pela **descrição** deste fato material em **lei**.

Em verdade, estudar o fato típico nada mais é do que estudar seus elementos constitutivos. Vamos a eles.

6.2.1. Teorias da Conduta

Antes de ingressarmos no estudo da conduta, como elemento do fato típico, relevante traçarmos um panorama acerca das diversas teorias que a explicam. Vamos a elas!

A) Teoria Clássica, Naturalista ou Causal: tem origem no tratado de Von Liszt. Defendida, no Brasil, por Nelson Hungria, Magalhães Noronha, Frederico Marques, Aníbal Bruno.

Essa teoria perdurou até meados do século XX, sob a influência das ciências físicas e naturais, bem como do positivismo jurídico.

Para essa teoria, a conduta nada mais é do que a exteriorização do movimento corporal ou a abstenção de um movimento, independentemente de qualquer finalidade. Assim, para que se impute um resultado, basta que o agente, com seu comportamento (ação ou omissão) dê CAUSA a ele. Daí falar-se em TEORIA CAUSALISTA.

Não se analisa, no momento em que praticada a conduta, o elemento volitivo (dolo ou culpa). Basta que a conduta perpetrada pelo agente provoque um resultado descrito em um tipo penal, que é puramente objetivo.

Para a Teoria Clássica, dolo ou culpa são analisados apenas na CULPABILIDADE, sendo seus elementos. Daí, para essa teoria, o crime ter como um de seus requisitos a culpabilidade (concepção tripartida).

Para os causalistas, pratica homicídio aquele que, embora dirigindo diligentemente, atropela pessoa que se joga na frente do automóvel, querendo esta se matar. Para essa teoria, o resultado é imputável ao agente pois por ele foi causado. Porém, somente não receberá sanção penal em razão de não ter agido com dolo ou culpa.

Em resumo, para a Teoria Clássica, é possível CONDUTA SEM DOLO OU CULPA.

B) Teoria neoclássica ou neokantista: são seus expoentes MAYER, FRANK e MEZGER. Para os neokantistas, diferentemente dos causalistas, que enxergavam que a conduta descrita no tipo penal era NEUTRA (objetiva), o tipo penal descreve uma conduta valorada negativamente. Assim, embora o tipo penal continuasse a trazer elementos objetivos, trazia uma carga valorativa (matar alguém não é neutro, mas algo valorativo negativo (LUIZ FLAVIO GOMES).

C) Teoria Finalista: seu maior expoente foi HANS WELZEL, conhecido como o "pai do finalismo". Para ele, toda conduta humana necessariamente é dirigida a uma finalidade. Assim, dolo e culpa saíram da culpabilidade e migraram para o fato típico (conduta). WELZEL não trouxe novos elementos para o crime, mas apenas os reorganizou. Para a Teoria Finalista, buscar conhecer se a conduta do agente é dolosa ou culposa é decisivo até para a própria tipificação penal. Falava-se que a Teoria Causalista era cega, enquanto que a Finalista era vidente. A grande contribuição da Teoria Finalista foi eliminar os elementos subjetivos da culpabilidade, tornando-a puramente valorativa. Para WELZEL, mesmo que o dolo e a culpa tenham migrado para o fato típico, o crime continuava a depender da conjugação de três elementos. Manteve, pois, a culpabilidade como elemento do crime (concepção tripartida). A crítica da teoria finalista diz respeito aos crimes culposos, em que o resultado não é desejado pelo agente. Mesmo assim, a finalidade continua a existir, mas ela não coincide com o resultado.

D) Teoria Social da Ação: baseada, também, na Teoria Finalista da Ação, a Teoria Social da Ação agrega um elemento novo, anotando que conduta somente assim será considerada se for "socialmente relevante", dominada ou dominável pela vontade. Assim, para os adeptos dessa teoria, ainda que um fato seja objetiva e subjetivamente típico, se o comportamento perpetrado pelo agente não atingir o senso de justiça, de normalidade ou de adequação social, não será considerado relevante para o Direito penal.

E) Teoria Funcionalista: leva em conta as FUNÇÕES do Direito Penal. Há duas vertentes:

* **FUNCIONALISMO RACIONAL-TELEOLÓGICO** (ou funcionalismo moderado)= preconizado por CLAUS ROXIN, para quem o Direito Penal teria por função precípua a proteção dos bens jurídicos. Assim, não basta a prática de um comportamento formalmente típico para a imputação de um resultado ao agente, sendo indispensável que atinja ao bem jurídico.

* **FUNCIONALISMO SISTÊMICO** (ou radical) = defendido por Gunther Jakobs, a função do Direito Penal não é a proteção dos bens jurídicos, mas assegurar a vigência da norma, mantendo a confiança dos cidadãos no "sistema". O Direito penal objetiva proteger a "firmeza das expectativas normativas diante de sua frustração". Para Jakobs, haverá crime com a infringência da norma. Se esta foi violada, o crime foi praticado.

6.2.2. A conduta como elemento do fato típico

Tem como clássica definição ser **todo comportamento humano, positivo ou negativo, consciente e voluntário, dirigido a uma finalidade específica** (se adotada a Teoria Finalista da Ação).

Evidentemente, não é possível imaginarmos crime sem conduta (*nullum crimen sine conducta*). É ela a responsável pelo "atuar" do homem, causador de uma lesão ou perigo de lesão ao bem jurídico tutelado pela norma penal incriminadora.

Diz-se que a conduta é um **comportamento humano** na medida em que somente o homem, ser racional que é, pode agir ou deixar de agir, causando com isso uma lesão ou ameaça de lesão ao bem da vida que o legislador tencionou proteger.

O que muito se discute é a possibilidade da prática de **crimes por pessoas jurídicas**, que são entes fictícios criados pela lei com o objetivo maior de separar o patrimônio dos sócios que as compõem com os da sociedade. Discussões à parte, a doutrina majoritária entende que pessoa jurídica somente pode praticar crimes ambientais, por força do art. 225, § 3º, da Constituição Federal, regulamentado pela Lei 9.605/1998 (Lei dos Crimes Ambientais).

Retornando ao conceito de conduta, a par de ser um comportamento humano, é certo que sua expressão no mundo fenomênico poderá decorrer de uma **ação** (daí o comportamento ser positivo, gerador dos **crimes comissivos**) ou de uma **omissão** (comportamento negativo, gerador dos crimes **omissivos**). Boa parte dos crimes é praticada mediante ação (que corresponde a um fazer, a um atuar positivamente). Excepcionalmente, quando o legislador expressamente previr, será possível que um crime seja praticado por uma inação, uma conduta negativa, uma omissão (ex.: omissão de socorro – art. 135 do Código Penal). Isso porque, como regra, uma inação, um não fazer, não gera qualquer efeito ("do nada, nada vem").

No tocante à **omissão**, esta pode ser de **duas espécies**:

a) omissão própria (*crimes omissivos próprios ou puros*) – vem descrita na lei. O dever de agir deriva da própria norma. Frise-se que os crimes omissivos próprios não admitem tentativa, visto que basta a omissão para o crime se consumar. Ex.: omissão de socorro (art. 135 do CP);

b) omissão imprópria (*crimes omissivos impróprios, impuros, espúrios ou comissivos por omissão*) – o agente tem o dever jurídico de agir para evitar um resultado. Não o fazendo, responderá por sua omissão (art. 13, § 2º, do CP). O agente somente responderá por crime omissivo impróprio se tiver o **dever de agir e puder** agir. Na *omissão imprópria*, o **dever jurídico de agir** do agente decorrerá de uma das seguintes situações:

i. quando tenha por **lei** obrigação de cuidado, proteção ou vigilância (ex.: dever dos pais de zelar pela integridade dos filhos, decorrente do poder familiar, expresso no Código Civil);

ii. quando, de **outra forma**, assumiu a responsabilidade de impedir o resultado, assumindo a posição de *garante* ou *garantidor* (ex.: enfermeira contratada para cuidar de pessoa idosa, tendo por incumbência ministrar-lhe medicamentos);

iii. quando, com o seu **comportamento anterior**, criou o risco da ocorrência do resultado. Trata-se do que a doutrina denomina de *dever de agir por ingerência na norma* (ex.: veteranos arremessam calouro em piscina, não sabendo este nadar. Terão o dever de salvá-lo, sob pena de responderem pelo resultado que não evitaram).

Em prosseguimento aos elementos da conduta, esta deve corresponder a um comportamento humano **consciente e voluntário**, ou seja, o indivíduo deve saber o que está fazendo, bem como ter liberdade locomotora para agir (ou deixar de agir). Portanto, excluirá a conduta (e, via de consequência, inexistirá fato típico) as seguintes situações mencionadas pela doutrina:

a) atos reflexos;
b) sonambulismo e hipnose;
c) coação física irresistível;
d) caso fortuito; e
e) força maior.

Por fim, à luz da teoria finalista da ação, adotada por boa parte da doutrina, ***não há conduta que não tenha uma finalidade***. O agir humano é sempre voltado à realização de algo, lícito ou ilícito.

6.2.3. Resultado

A consequência ou decorrência natural da conduta humana é o **resultado**. A doutrina costuma classificá-lo de duas formas: a) resultado naturalístico e; b) resultado normativo (ou jurídico).

Segundo Damásio E. de Jesus, **resultado naturalístico** é a modificação do mundo exterior provocada pela conduta. Em outras palavras, é a percepção dos efeitos do crime pelos sentidos humanos (ex.: morte, redução patrimonial, destruição de coisa alheia etc.). Todavia, nem todo crime acarreta um resultado naturalístico, como é o caso da violação de domicílio ou do ato obsceno, que não geram qualquer resultado perceptível pelos sentidos humanos. Daí a doutrina, considerando-se o resultado naturalístico, distinguir os crimes em três espécies:

a) crimes materiais (ou de resultado) – são os que exigem resultado (ex.: homicídio, furto, roubo);

b) crimes formais (ou de consumação antecipada) – são os que, embora possam ter um resultado, restarão caracterizados mesmo sem sua verificação (ex.: extorsão mediante sequestro – basta o arrebatamento da vítima para a consumação do crime, ainda que o resgate não seja pago pelos familiares);

c) crimes de mera conduta (ou de simples atividade) – como o próprio nome diz, são aqueles que não têm resultado naturalístico, que é impossível de acontecer (ex.: violação de domicílio e ato obsceno).

6.2.4. Nexo de causalidade

O nexo causal (ou de causalidade) corresponde ao terceiro elemento do fato típico.

Nada mais é do que o **elo entre a conduta praticada pelo indivíduo e o resultado dela decorrente**.

O art. 13, primeira parte, do Código Penal determina que "o resultado de que depende a existência do crime somente é imputável a quem lhe deu causa". Em outras palavras, somente é possível imputar (atribuir) a uma pessoa um resultado se este for **causado** por ela.

Considerando o conceito de **resultado naturalístico** (e o art. 13 do Código Penal somente pode ser aplicável aos crimes materiais!), este somente pode ser atribuído a alguém se for o seu causador.

6.2.4.1. Causas

Para o Direito Penal, não existe diferença entre causa ou condição. Enfim, tudo o que concorrer para a existência de um resultado será considerado causa. Daí a segunda parte do referido dispositivo legal salientar: "considera-se causa toda ação ou omissão sem a qual o resultado não se produziria".

Em matéria de nexo causal, o Código Penal adotou a chamada teoria da *conditio sine qua non*, ou **teoria da equivalência dos antecedentes**.

Todavia, embora tudo o que concorrer para o crime possa, em princípio, ser considerado causa, se esta for **superveniente** (à conduta do agente) e, **por si só, produzir o resultado**, este não poderá ser atribuído ao indivíduo, posto que a situação estará fora da linha de desdobramento normal da conduta. É caso de "A" que, querendo matar "B", atira em sua direção produzindo-lhe lesões corporais graves. Este é socorrido por uma ambulância que, em alta velocidade, colide com um caminhão, o que foi o efetivo motivo da morte de "B". Portanto, embora "B" tenha morrido somente pelo fato de estar em uma ambulância que o socorreu por força de disparo de arma de fogo desferido por "A", o que configuraria a causa de sua morte, o fato é que este evento acidental não pode ser atribuído ao atirador. Portanto, a solução dada pelo Código Penal é a de que o sujeito responderá apenas pelos atos até então praticados (tentativa de homicídio, no caso).

No caso de verificação de causa superveniente (art. 13, § 1º, do Código Penal), a doutrina aponta que o Código Penal adotou a **teoria da causalidade adequada**, e não da equivalência dos antecedentes.

Apenas para reforçar, nos crimes formais e de mera conduta, nos quais não se exige a ocorrência de resultado (naturalístico), não haverá que se falar em nexo causal, já que este é o elo entre a conduta e o **resultado**. Se referidos tipos de crimes não exigem resultado, evidentemente não existirá nexo causal.

Em resumo:

I. Causas dependentes: São aquelas que decorrem (dependem) diretamente da *conduta* do agente. Ex.: "A" atira em "B", que morre em razão da perfuração. A causa do resultado dependeu da conduta do agente;

II. Causas independentes: São aquelas que produzem o resultado, guardando alguma ou nenhuma relação com a *conduta* do agente. Subdividem-se em:

a) Absolutas (ou absolutamente independentes) = são aquelas que por si sós produzem o resultado, independentemente da conduta do agente. A consequência é que o agente não responderá pelo resultado. Ex.: "A" quer matar "B" envenenado. Para tanto, coloca veneno em sua comida. No entanto, antes de "B" comer, morre por ataque cardíaco. O agente, no máximo, responderá por tentativa de homicídio, desde que tenha iniciado a execução do crime;

b) Relativas (ou relativamente independentes) = são aquelas que por si só não produzem o resultado, sendo a conduta do agente decisiva para a sua produção. A consequência é que o agente responderá, em regra, pelo resultado. Ex.: "A", sabendo que "B" é portador de hemofilia (concausa), neste provoca uma lesão corporal, da qual advém a morte em razão de uma hemorragia. "A" responderá por homicídio, visto que sua conduta (lesão corporal), aliada à concausa (hemofilia), foi decisiva para o resultado naturalístico.

Exceção: **causas supervenientes relativamente independentes** que por si só produzem o resultado. O agente *não responderá pelo resultado*, mas, apenas, pelo que efetivamente causou (art. 13, § 1º, CP). Ex.: "A" atira em "B", querendo matá-lo. No entanto, "B", socorrido por uma ambulância, morre em virtude da explosão desta, envolvida em um acidente automobilístico. Se o acidente tiver sido a causa efetiva da morte de "B", este resultado não será imputado a "A", que somente responderá por tentativa de homicídio. Não se aplica, aqui, a teoria da *conditio sine qua non*, mas, sim, a **teoria da causalidade adequada,** segundo a qual causa é tudo aquilo apto e suficiente à produção de um resultado.

6.2.4.2. A teoria da imputação objetiva e o estudo do nexo de causalidade

A **teoria da imputação objetiva** surgiu como um corretivo ou uma limitação à relação de causalidade, somando-se a esta outros requisitos para que a imputação do resultado, mais do que um procedimento puramente lógico, baseado na teoria da *conditio sine qua non*, se afigure justo.

Coube a **Claus Roxin** trazer a teoria da imputação objetiva para o Direito Penal.

Sua **denominação** (teoria da imputação objetiva) pode causar alguma dúvida nos operadores do Direito. Em verdade, a teoria da imputação objetiva é uma **teoria da não imputação**, deixando mais rigorosa a relação de causalidade, em complementação à *conditio sine qua non*.

De acordo com Flavio Augusto Monteiro de Barros, há alguns **filtros limitadores** da teoria da *conditio sine qua non*, quais sejam, a causalidade física, a causalidade psíquica e a **imputação objetiva**.

Para a teoria em estudo, um resultado somente pode ser atribuído ao agente se este o houver provocado, ou seja, se tiver dado causa a ele (1º filtro), tendo agido com dolo ou culpa (2º filtro) e desde que, com seu comportamento, tenha criado um risco além do permitido (ou seja, um risco proibido).

Ou seja, ainda que o agente tenha criado um risco, dolosa ou culposamente, daí advindo um resultado, este só poderá ser a ele imputado se não for **socialmente tolerado**.

A teoria da imputação objetiva preconiza os seguintes **requisitos**:

1. não há imputação do resultado se a conduta do agente cria um **risco permitido ou socialmente tolerado** -- ex.: lesões sofridas em animais durante rodeio; pequenas lesões corporais durante atos sexuais consentidos;

2. não há imputação do resultado se o risco criado pelo agente não tiver sido a **efetiva causa do resultado**;

3. não há imputação do resultado quando este não estiver **abrangido pelo tipo penal**: o tipo penal não abrange as seguintes situações: autocolocação em risco (ex.: disputa em racha); heterocolocação consentida em perigo (ex.: terceiro pede carona a motorista nitidamente bêbado); conduta praticada por quem tem o dever específico de evitar o resultado (responsabilidade de terceiros).

Embora bastante interessante a teoria da imputação objetiva, é certo que no Brasil não conta, especialmente na jurisprudência, com grande acolhida, predominando a aplicação da teoria da *conditio sine qua non*.

6.2.5. Tipicidade

Finalmente, o último elemento do fato típico é a **tipicidade**. Antes de trazermos seu conceito, relevante traçarmos, ainda que em breves palavras, as chamadas **Fases da Tipicidade**:

a) Fase da independência: inspirada em Beling (1906), a tipicidade funcionava como um instrumento puramente descritivo, absolutamente independente da ilicitude e culpabilidade. Para essa fase, o tipo penal contemplava apenas elementos objetivos, razão por que era neutro;

b) Fase do caráter indiciário da ilicitude (ratio cognoscendi): protagonizada por Mayer (1915), referida fase deixa de representar apenas a neutralidade do tipo penal, que era puramente descritivo, passando este a ser um indício de ilicitude. Ou seja, praticado um fato típico, presume-se também ser ilícito, salvo se presente alguma causa excludente da antijuridicidade. A partir desta fase, o tipo penal passa a admitir elementos outros que não apenas objetivos, mas, também, normativos e subjetivos.

c) Fase da *ratio essendi*: para Mezger (1931), o tipo penal tinha função constitutiva da ilicitude. Em outras palavras, para se afirmar que determinado fato é típico, necessário analisar, previamente, sua ilicitude.

Prevalece o entendimento de que a tipicidade é um indício de antijuridicidade (fase da *ratio cognoscendi*).

Entende-se por **tipicidade** a relação de subsunção (adequação ou concreção) entre o fato concreto e a norma penal incriminadora. Em outras palavras, haverá **tipicidade penal** quando a ação ou omissão praticada pelo indivíduo tiver **previsão legal** (ex.: Se "A" mata "B", realizou o fato descrito no art. 121 do Código Penal; se "A" subtrair (furtar) o carro de "B", terá realizado o fato descrito no art. 155 do Código Penal).

Fala-se, também, em **tipicidade conglobante.** Criada por Eugenio Raul Zaffaroni, consiste na análise, para o juízo de tipicidade penal, do ordenamento jurídico de forma global (conglobada). Ou seja, um fato que seja formalmente típico, mas que não seja considerado ilícito, ou cujo comportamento seja permitido ou incentivado por outra norma jurídica, não entrará na esfera da tipicidade penal. É o caso, por exemplo, do médico que pratica uma intervenção cirúrgica, cortando pele e tecidos do paciente, comete um fato formalmente típico (lesão corporal), mas que obviamente não é antijurídico em razão do exercício regular de um direito (medicina). Importa registrar que a tipicidade na forma preconizada por Zaffaroni não encontra muitos adeptos no Brasil.

Em retomada, quando houver a descrição de uma conduta proibida em lei, estaremos diante do chamado **tipo penal,** é um **modelo legal e abstrato** daquela conduta que deve ou não ser realizada pelo agente.

É importante salientar que toda conduta realizada pelo homem deverá ser preenchida por um elemento subjetivo, qual seja o **dolo** ou a **culpa**.

Portanto, se um crime for doloso, significa que a conduta praticada pelo agente terá sido dolosa. Já se o crime for culposo, a conduta terá sido culposa.

Passaremos, mais adiante, ao estudo do dolo e da culpa. Porém, antes disso, é mister trazermos algumas explicações sobre as espécies de tipos penais e seus elementos.

6.2.5.1. Categorias de tipos penais

Os tipos penais são divididos em duas grandes categorias:
a) Tipos penais incriminadores (ou legais) = são aqueles que descrevem a figura criminosa ou contravencional, cominando as respectivas penas;
b) Tipos penais permissivos (ou justificadores, ou justificantes) = são aqueles que descrevem a forma pela qual a conduta humana será considerada lícita. Traduzem-se nas causas excludentes da ilicitude ou antijuridicidade (ex.: legítima defesa – art. 25, CP; estado de necessidade – art. 24, CP).

6.2.5.2. Elementos dos tipos penais incriminadores

Os tipos penais incriminadores ou legais podem conter os seguintes elementos:
a) Objetivos = também chamados de descritivos, são aqueles que traduzem as circunstâncias em que a conduta criminosa ou contravencional é praticada. São elementos que podem ser compreendidos de forma bastante simples, sem que se necessite de qualquer juízo de valor. Ex.: no homicídio, temos o verbo "matar", seguido da expressão "alguém". Esta é considerada elemento objetivo do tipo, visto que de fácil assimilação e compreensão;
b) Subjetivos = são aqueles que dizem respeito à intenção do agente. Nem todo tipo penal contém elementos subjetivos. Ainda que impropriamente, a doutrina diz que o elemento subjetivo do tipo é o "dolo específico", ou, ainda, o "especial fim de agir do agente". Ex.: no crime de furto, não basta ao agente agir com dolo na subtração da coisa alheia móvel, sendo imprescindível que atue com *animus rem sibi habendi,* ou seja, com a intenção de assenhorear-se definitivamente da coisa furtada;
c) Normativos = são aqueles que não conseguirão ser compreendidos sem a emissão de um juízo de valor. Os elementos normativos podem exigir uma compreensão puramente *jurídica* (**elementos normativos jurídicos**), traduzindo-se em expressão que são explicadas pelo direito (ex.: conceito de documento para fins de caracterização do crime de falsificação de documento), ou, ainda, extrajurídica (moral, cultural), redundando nos **elementos normativos extrajurídicos**. É o que ocorre, por exemplo, com o crime de ato obsceno. A expressão "obsceno" exige, para sua compreensão, um juízo de valor moral (extrajurídico).

Os tipos penais que somente contiverem elementos objetivos serão denominados de **tipos normais**. Já aqueles que contiverem elementos subjetivos e/ou normativos são chamados de **tipos anormais**.

6.2.5.3. Crime doloso

O conceito de dolo é bastante simples: corresponde à **vontade livre e consciente do sujeito ativo (agente) em realizar os elementos do tipo**.

O CP, art. 18, I, adotou, quanto ao dolo, a **teoria da vontade** e a **teoria do assentimento**. Diz-se o crime doloso quando o agente **quis** produzir o resultado (dolo direto) ou **assumiu o risco** de produzi-lo (dolo eventual).

Apenas para frisar, o dolo pode ser **direto**, quando o agente tem a vontade livre e consciente de produzir o resultado, ou **indireto**, que se subdivide em **eventual** (o agente assume o risco de produzir o resultado, não se importando que ele ocorra) e **alternativo** (o agente não se importa em produzir um ou outro resultado). O CP não tratou do dolo alternativo, mas, apenas, do eventual.

Quanto ao dolo direto, a doutrina nos traz a seguinte subdivisão:

a) dolo direto de 1º grau= verifica-se quando o agente quer diretamente produzir determinado resultado;

b) dolo direto de 2º grau= também chamado de dolo de **consequências necessárias**, verifica-se quando o agente, almejando alcançar determinado resultado (dolo direto de 1º grau), sabe, de antemão, que efeitos colaterais advirão de seu comportamento, produzindo outros resultados não queridos diretamente. Ex.: agente que, para matar seu desafeto com uma bomba, instalada no interior de seu veículo, sabe que o motorista irá, igualmente, morrer.

6.2.5.4. Crime culposo

O CP, art. 18, II, considera culposo o crime quando o agente dá causa ao resultado por **imprudência, negligência ou imperícia**. Essas são as **modalidades** de culpa.

Assim, um crime será considerado culposo quando o agente, *mediante uma conduta inicial voluntária, produzir um resultado ilícito involuntário, previsto ou não, decorrente da violação de um dever objetivo de cuidado.*

A **imprudência**, primeira modalidade de culpa, corresponde a um **agir perigosamente** (portanto, uma ação). A **negligência**, que corresponde à segunda modalidade de culpa, estará verificada quando o sujeito **deixar de fazer algo que deveria ter feito** (portanto, uma omissão). Por fim, a **imperícia** somente se verifica quando o sujeito realiza algo **sem aptidão técnica para tanto**. É a denominada **culpa profissional**.

O crime culposo apresenta os seguintes **elementos**:
a) conduta inicial voluntária (o agente age sem ser forçado);
b) quebra do dever objetivo de cuidado (o agente rompe o dever de cuidado ao agir com imprudência, negligência ou imperícia);

c) resultado involuntário (sobrevém da quebra do dever objetivo de cuidado em relação a um resultado não querido pelo agente);

d) nexo de causalidade (entre a conduta voluntária e o resultado involuntário deve existir relação de causalidade);

e) tipicidade (a forma culposa do delito deve estar expressamente prevista em lei – art. 18, parágrafo único, CP);

f) previsibilidade objetiva (terceira pessoa, que não o agente, dotada de prudência e discernimento medianos, conseguiria prever o resultado);

g) ausência de previsão (apenas na culpa inconsciente).

Ainda quanto à culpa, destacamos duas **espécies** ou **tipos**:

a) culpa consciente: é aquela em que o agente acredita sinceramente que o resultado não se produzirá, embora o preveja. É a exceção. Difere do **dolo eventual**, visto que neste o agente não só prevê o resultado, mas *pouco se importa com sua produção*, ou seja, consente com o resultado. Já na culpa consciente, ainda que o agente preveja o resultado, *acredita sinceramente que este não ocorrerá*;

b) culpa inconsciente: é aquela em que o agente não prevê o resultado, embora seja previsível. É a regra.

Por fim, no Direito Penal não existe **compensação de culpas**, critério que se verifica no Direito Civil. É possível, todavia, a **concorrência de culpas**, ou seja, duas ou mais pessoas concorrerem culposamente para a produção de um resultado naturalístico. Neste caso, todos responderão na medida de suas culpabilidades.

Impõe referir que os **crimes culposos não admitem tentativa**, visto que esta somente é compatível com os crimes dolosos. Afinal, nestes, o resultado decorre da vontade livre e consciente do agente, que o quer ou assume o risco de produzi-lo, o que não se verifica nos crimes culposos.

6.2.5.5. Crime preterdoloso (ou preterintencional)

É um misto de dolo e culpa. Há dolo na **conduta antecedente** e culpa no **resultado consequente**. Trata-se de uma das espécies de crimes qualificados pelo resultado (art. 19 do CP).

O crime preterdoloso também é chamado de **preterintencional**.

Pelo fato de o **crime preterdoloso** ser formado por um resultado culposo agravador (culpa no consequente), é **inadmissível a tentativa**. Se esta não é cabível para os crimes culposos, pela mesma razão é incompatível com os crimes preterdolosos, que necessariamente são materiais (exige-se o resultado naturalístico para sua produção).

6.3. Iter criminis

Todo crime passa (ou pode passar) por pelo menos **quatro fases**. Em latim, diz-se que o caminho percorrido pelo crime é o *iter criminis*, composto das seguintes etapas:

a) cogitação (fase interna);

b) preparação (fase externa);

c) execução (fase externa);

d) consumação (fase externa).

A **cogitação**, por ter relação direta com o aspecto volitivo (vontade) do agente, é impunível, correspondendo à **fase interna** do *iter criminis*. Em outras palavras, não se pode punir o simples **pensamento**, ainda que corresponda a um crime (ex.: "A" cogita matar "B", seu desafeto).

A **preparação**, primeira etapa da **fase externa** do *iter criminis*, corresponde, como o nome diz, à tomada de providências pelo agente para ser possível a realização do crime. Portanto, prepara todas as circunstâncias que antecedem à prática criminosa. Em regra, a mera preparação de um crime é impunível, na medida em que a infração penal toma corpo a partir do momento em que se inicia sua execução, saindo os atos da esfera do agente e ingressando na esfera da vítima. Por vezes o Código Penal, aparentemente, incrimina típicos atos preparatórios, como o crime de quadrilha ou bando (art. 288), cuja denominação, a partir do advento da "Nova Lei do Crime Organizado" (Lei 12.850/2013), passou a ser o de *associação criminosa*. É o que a doutrina denomina de **crimes obstáculos**, pois constituem verdadeiros obstáculos ao cometimento de outras infrações penais. Há uma antecipação da tutela penal para que se evite o cometimento de outros delitos.

A **execução** se verifica quando da prática do **primeiro ato idôneo e inequívoco**, hábil a consumar o crime. Trata-se, evidentemente, de **fase externa** do delito.

Por fim, a **consumação** é a última etapa do *iter criminis*, verificando-se de acordo com cada crime (material, formal, mera conduta...). Também pertence à **fase externa** do ilícito penal.

E como saber a diferenciação entre atos preparatórios e executórios?

Pois bem. O *iter criminis* somente passa a ter relevância penal quando o agente sai da etapa preparatória e inicia a executória. Mas quando é que se inicia a execução do crime? Três são os critérios trazidos pela doutrina:

a) critério material: quando iniciada a lesão ou perigo ao bem jurídico;

b) critério formal: quando iniciada a execução do verbo (ação nuclear) do tipo. É o que prevalece;

c) critério objetivo-individual: atos imediatamente anteriores à execução da conduta típica, mas voltados à realização do plano criminoso do agente.

6.3.1. Crime consumado

Nos termos do art. 14, I, CP, diz-se que o crime foi consumado quando **nele se reunirem todos os elementos de sua definição legal (tipo penal)**.

Porém, nem todos os crimes apresentam o mesmo momento consumativo. Confira-se:

a) **crimes materiais, culposos e omissivos impróprios** = consumam-se apenas com a produção do resultado naturalístico;

b) **crimes formais** = nestes, como o resultado é dispensável, a consumação irá ocorrer com a realização da conduta nuclear, sendo o resultado descrito no tipo mero exaurimento.

c) **crimes de mera conduta** = como não se fala em resultado naturalístico, a consumação será alcançada com a simples atividade descrita no tipo penal.

d) **crimes permanentes** = são aquelas cuja consumação se protrai no tempo. A consumação se verifica a cada instante, enquanto não cessada a conduta típica.

e) **crimes qualificados pelo resultado** = somente atingem a consumação com a produção do resultado agravador.

f) **crimes omissivos próprios** = por serem crimes de mera conduta, consumam-se com a simples inação prevista no tipo penal.

6.3.2. Crime tentado (conatus)

Nos termos do art. 14, II, CP, diz-se que o crime é tentado quando, iniciada sua execução, não se consumar por **circunstâncias alheias à vontade do agente**. Portanto, embora o sujeito ativo do crime a este dê início, revelando sua intenção (dolo), não conseguirá prosseguir em seu intento por circunstâncias estranhas à sua vontade (ex.: a vítima foge; a polícia impede a consumação do crime; populares não permitem o prosseguimento da infração penal).

O agente será punido com a mesma pena do crime consumado, mas reduzida de 1/3 a 2/3, adotando-se como critério para o *quantum* de diminuição a "*proximidade da consumação*" (quanto mais próximo o crime tiver chegado da consumação, menor será a redução).

Ainda, acolheu o Código Penal, em matéria de tentativa, a denominada **teoria objetiva**, segundo a qual não se pode punir o agente com o mesmo rigor (pena) em caso de consumação da infração. Contrapõe-se à **teoria subjetiva**, que preconizava que a punição pela tentativa deveria ser a mesma correspondente à do crime consumado.

Excepcionalmente, o crime tentado será punido com o mesmo rigor do consumado, tal como ocorre no art. 352 do CP (evasão de preso). É o que se denomina de *crime de atentado*.

Quanto ao *iter criminis* percorrido, a doutrina divide a tentativa nas seguintes espécies:

a) **tentativa imperfeita (ou inacabada)**: é aquela em que o agente é interrompido na execução do crime enquanto ainda o praticava, por circunstâncias alheias a sua vontade, não conseguindo esgotar todo o seu potencial ofensivo;

b) **tentativa perfeita (ou acabada, ou crime falho)**: é aquela em que o agente esgota toda sua potencialidade ofensiva, indo até o fim com os atos executórios. Contudo, o crime não se consuma por circunstâncias alheias à vontade do agente.

Quanto ao grau de lesividade, a tentativa subdivide-se em:

c) **tentativa branca (ou incruenta)**: é aquela em que o objeto material (pessoa ou coisa sobre a qual recai a conduta) não é atingido;

d) **tentativa vermelha (ou cruenta)**: é aquela em que o objeto material é atingido, mas mesmo assim o crime não se consuma.

Algumas infrações penais **não admitem tentativa**:

a) crimes culposos;

b) crimes preterdolosos;

c) contravenções penais (art. 4º da LCP);

d) crimes omissivos próprios;

e) crimes unissubsistentes;

f) crimes habituais;

g) crimes condicionados, em que a lei exige a ocorrência de um resultado (ex.: art. 122, CP);

h) crimes de atentado ou de empreendimento, cuja figura tentada recebe a mesma pena do crime consumado (ex.: art. 352, CP).

6.3.3. Desistência voluntária e arrependimento eficaz

São espécies da chamada **tentativa abandonada**. Vêm previstos no artigo 15 do CP. Constituem o que Franz von Liszt denominava de "**pontes de ouro**", eis que ao agente se projeta uma verdadeira "ponte" por meio da qual, se retornar, será beneficiado, não sendo punido sequer pela tentativa do crime inicialmente executado.

Aquele que, **voluntariamente**, desiste de prosseguir na execução do crime só responderá pelos atos **anteriormente praticados**. É a denominada **desistência voluntária**. O agente inicia a execução do crime, mas não o leva à consumação porque desiste voluntariamente de prosseguir no intento criminoso. Nesse caso, só são puníveis os atos até então praticados, sendo **atípica a tentativa do crime inicialmente visado**.

Já o agente que, **esgotando os atos executórios**, toma atitude e **impede** a consumação do crime, não responde pela tentativa do crime inicialmente visado, mas apenas pelos atos já praticados. Aqui há o **arrependimento eficaz, também chamado de resipiscência**. Caso o agente se arrependa, tentando impedir o resultado decorrente de sua conduta, mas este é verificado, o arrependimento terá sido **ineficaz**. A consequência é a mesma da desistência voluntária: a tentativa do crime inicialmente visado pelo agente é atípica, remanescendo apenas os atos que efetivamente haja praticado.

Em resumo:

I. Desistência voluntária:

a) início de execução do crime;

b) não consumação do crime;

c) ato voluntário do agente que abandona a execução

I.I. Consequência: **não responde pela tentativa** do crime inicialmente executado, mas, apenas, pelos **atos efetivamente praticados** (Ex.: "A", querendo matar "B", inicia a execução de um homicídio. Tendo efetuado um disparo, podendo efetuar outros, desiste de prosseguir em seu intento criminoso, abandonando o local. Se "B" não morrer, "A" responderá apenas por lesões corporais);

II. Arrependimento eficaz:

a) início de execução do crime;

b) não consumação do crime;

c) ato voluntário do agente que impede a consumação;

II.I. Consequência: **não responde pela tentativa** do crime inicialmente executado, mas, apenas, pelos **atos efetivamente praticados** (Ex.: "A", querendo matar "B", inicia a execução de um homicídio. Tendo efetuado todos os disparos, arrepende-se e socorre a vítima, levando-a ao hospital. Se "B" não morrer, "A" responderá apenas por lesões corporais).

6.3.3.1. Diferença entre desistência voluntária e arrependimento eficaz

Na **desistência voluntária**, o agente **não esgota todos os atos executórios** tendentes à consumação do crime. Já no **arrependimento eficaz**, o agente **pratica todos os atos executórios** aptos à consumação. No entanto, arrependido, pratica conduta suficiente a impedir a consumação.

Seja na desistência voluntária ou no arrependimento eficaz, caso a consumação ocorra, o agente responderá pelo crime em sua forma consumada. Nesse caso, de nada teria adiantado a desistência ou o arrependimento. Ambos devem ser **eficazes**.

6.3.4. Arrependimento posterior

Vem previsto no art. 16 do CP. Trata-se de uma "**ponte de prata**", eis que, embora não afastando a tipificação do comportamento do agente, ensejará a redução da pena. Pressupõe os seguintes **requisitos**:

a) crime cometido sem violência ou grave ameaça à pessoa;

b) reparação integral do dano ou restituição da coisa;

c) conduta voluntária – não se exige espontaneidade;

d) reparação do dano ou restituição da coisa até o recebimento da denúncia ou queixa – se for feito posteriormente, incidirá uma atenuante genérica, prevista no art. 65, III, do CP.

Trata-se de causa genérica de **diminuição de pena**. A intenção do legislador foi "premiar" o agente que, embora tenha cometido um crime, arrepende-se e procure minorar os efeitos do ilícito praticado.

Todavia, não se admite a incidência do instituto em comento em qualquer crime, mas apenas naqueles cometidos **sem violência ou grave ameaça à pessoa** (ex.: roubo, extorsão, extorsão mediante sequestro).

Aponta a doutrina, ainda, que a **reparação do dano** não pode ser parcial, mas sim **integral**. Se "A" causou um prejuízo de mil reais a "B", deve restituí-lo integralmente das perdas. Pode-se, em determinadas hipóteses, restituir-se a própria coisa (ex.: no furto de um DVD, por exemplo, pode-se devolvê-lo *in specie* ao seu dono). Neste caso, não poderá estar danificado, sob pena de o agente não ver sua pena reduzida.

Por fim, tencionou o legislador "premiar" o sujeito que repara o dano até determinado lapso temporal expressamente definido no art. 16 do Código Penal: até o **recebimento da denúncia ou queixa**. Se a reparação for **posterior** ao referido ato processual, o agente, quando da fixação de sua pena, terá direito apenas à incidência de uma **circunstância atenuante**, certamente **inferior à diminuição** prevista para o **arrependimento posterior** (se é que poderá incidir, já que, se a pena-base for fixada no piso legal, aponta a jurisprudência majoritária, bem como a doutrina, pela sua não aplicação, o que conduziria a pena aquém do mínimo legal).

Em determinados crimes, a reparação do dano poderá gerar efeitos outros que não a mera redução de pena. É o caso do peculato culposo (art. 312, § 3º, 1ª parte do CP), no qual a reparação do dano **antes da sentença irrecorrível** é **causa extintiva da punibilidade** e, **após referido ato decisório**, é causa de **diminuição da pena**, à base de 1/2 (art. 312, § 3º, 2ª parte, do CP).

6.3.5. Crime impossível

Vem previsto no art. 17 do CP. É também chamado de **tentativa impossível, tentativa inidônea, tentativa inadequada ou quase crime**.

É verificado quando a consumação do crime tornar-se impossível em virtude da **absoluta ineficácia do meio empregado** ou pela **impropriedade absoluta do objeto material do crime**.

Trata-se, segundo aponta a doutrina, de hipótese de **atipicidade da tentativa do crime inicialmente visado pelo agente**.

Como definiu o legislador, somente haverá crime impossível por força de duas circunstâncias:

a) ineficácia absoluta do meio: quando o agente valer-se de meio para a prática do crime que jamais poderia levar à sua consumação, estar-se-á diante de meio absolutamente ineficaz. É o caso de ser ministrada água, em um copo de suco, para matar a vítima, ou dose absolutamente inócua de substância apontada como veneno, que jamais causaria sua morte;

b) impropriedade absoluta do objeto: quando a ação criminosa recair sobre objeto que absolutamente não poderá sofrer lesão em face da conduta praticada pelo agente, estar-se-á diante de objeto absolutamente impróprio. É o caso de "A" que atira em "B", morto há duas horas, ou de uma mulher que pratica manobras abortivas (ex.: toma medicamento abortivo) não estando grávida.

Ressalva a doutrina, contudo, que, se a impropriedade for **relativa**, o agente responderá pela tentativa do crime que tiver iniciado, não havendo que se falar em crime impossível. É o caso de "A" que, querendo matar "B", coloca em sua comida quantidade de veneno insuficiente para a morte, mas cuja substância seria apta a provocá-la. Embora o meio para o homicídio tenha sido ineficaz, certo é que não o foi absoluta, mas sim relativamente impróprio, não se podendo afastar a tentativa (inocorrência da consumação por circunstâncias alheias à vontade do agente).

Como dito, somente a ineficácia **absoluta** do meio, ou a impropriedade **absoluta** do objeto, conduzirão ao reconhecimento do crime impossível. Nesse particular, o CP adotou a **teoria objetiva temperada**. Porém, para fins de concurso, importante que o candidato conheça todas as teorias acerca do instituto em comento. Analisemos cada uma delas:

a) **sintomática** = pelo fato de a conduta do agente demonstrar sua periculosidade, deverá lhe ser imposta uma medida de segurança (era a teoria adotada pelo CP antes da Reforma da Parte Geral em 1984);

b) **subjetiva** = há uma equiparação do crime impossível ao crime tentado, pelo fato de o agente haver demonstrado a intenção de praticar o crime e produzir determinado resultado, ainda que este não fosse passível de ser consumado;

c) **objetiva** = pelo fato de inexistir ofensa ao bem jurídico, o agente não merece punição. Subdivide-se em **objetiva pura**, quando não se punirá a tentativa quando o meio ou o objeto forem ineficazes (absoluta ou relativamente), e **objetiva temperada**, que considera como crime impossível apenas a ineficácia absoluta do meio e a impropriedade absoluta do objeto (é a adotada pelo CP).

6.3.5.1. Crime impossível por obra do agente provocador

Também conhecido por **delito putativo por obra do agente provocador**, ou **delito de ensaio** ou de **experiência**, verifica-se quando alguém induz ou instiga o agente à prática de uma infração penal, mas que, paralelamente, atua para tornar impossível a consumação. É o caso do **flagrante preparado**, ao qual se aplica a Súmula 145 do STF: "Não há crime, quando a preparação do flagrante pela polícia torna impossível a sua consumação".

6.4. Erro de tipo (art. 20 do CP)

Considera-se **erro** uma **falsa percepção da realidade**, um equívoco em que incorre o agente. Quando essa falsa percepção da realidade recair sobre uma **elementar** ou **circunstância do crime**, estaremos diante de **erro de tipo**; já quando o equívoco recair sobre a **ilicitude do comportamento**, haverá **erro de proibição**.

6.4.1. Espécies de erro de tipo

O erro de tipo pode ser de duas espécies:

a) **erro de tipo incriminador** = é aquele que recai sobre elementares ou circunstâncias do crime;

b) **erro de tipo permissivo** = é aquele que recai sobre os pressupostos fáticos de uma causa excludente da ilicitude (**descriminante putativa**).

6.4.1.1. Erro de tipo incriminador

No **erro de tipo incriminador**, como dito, o agente, por uma falsa percepção da realidade, se equivoca quanto a uma **elementar** típica, ou quanto a uma **circunstância** do crime. Considera-se **elementar** todo dado fundamental à caracterização do crime. Sua ausência acarreta a atipicidade total (eliminação da figura criminosa) ou parcial (transformação de um crime em outro). Já a **circunstância** é todo dado objetivo ou subjetivo de natureza acessória, ou seja, secundário, incapaz de influenciar na existência, em si, do crime, refletindo, porém, na pena (ex.: agravantes, qualificadoras, causas de aumento e diminuição).

O **erro de tipo incriminador** pode ser:

a) **essencial** = é aquele que recai sobre elementares ou circunstâncias do crime. No primeiro caso, o agente comete crime sem saber que assim age. No segundo, o agente desconhece que está incidindo em figura qualificada ou agravada do crime.

O **erro de tipo essencial** pode ser de duas formas:

invencível (inevitável, escusável ou desculpável) = o agente, embora tivesse empregado todas as cautelas, incidiria no erro, ou seja, não teria como evitá-lo. Nesse caso, haverá **exclusão do DOLO e da CULPA**. Se o erro invencível recair sobre elementar, não haverá crime (ausência de dolo ou culpa); se o erro invencível recair sobre circunstância (qualificadora, causa de aumento, agravante etc.), esta estará excluída.

vencível (evitável, inescusável ou indesculpável) = o agente poderia ter evitado o erro caso tivesse empregado maior cuidado no caso concreto, ou seja, seria possível evitá-lo. Haverá exclusão do dolo, mas caberá a punição do agente por culpa, se prevista esta forma para o crime.

b) **acidental** = é aquele que recai sobre dados acessórios do crime, não afastando a responsabilização do agente. Aqui, ele sabe que está praticando o crime. Essa modalidade de erro se materializa por uma das seguintes hipóteses:

- **Erro sobre o objeto** = o equívoco do agente recai sobre o objeto do crime. Pretende atingir determinado objeto, mas, por falsa percepção da realidade, atinge outro. Ex: "A" pretende furtar um colar de ouro, mas subtrai um colar de bronze.

- **Erro sobre a pessoa** = o equívoco do agente recai sobre a pessoa contra a qual pretende cometer o crime. Há uma confusão por parte do agente, que acaba lesionando pessoa diversa (vítima efetiva) da inicialmente visada (vítima virtual). Ex.: "A" pretende matar um artista famoso, mas, por erro, acaba matando seu sósia. De acordo com o art. 20, § 3º, CP, levar-se-ão em consideração as características da vítima visada, e não da vítima efetiva.

- **Erro na execução (aberratio ictus)** = o equívoco do agente recai na execução do fato pelo agente, geralmente por sua inabilidade ou pela ocorrência de alguma circunstância inesperada, atingindo pessoa diversa da pretendida. Daí também ser chamada de **desvio na execução** ou **erro no golpe**. Nesse caso, o agente responderá normalmente pelo crime, embora atinja pessoa diversa da pretendida, seguindo-se as mesmas regras do art. 20, § 3º, CP (art. 73, CP).

Há **duas espécies** de *aberratio ictus*:

a) **Com unidade simples ou resultado único** = nesse caso, o agente, por erro na execução, lesiona pessoa diversa da pretendida. Esta não é atingida, não sofre qualquer lesão;

b) **Com unidade complexa ou resultado duplo** = nesse caso, o agente, por erro na execução, atinge a vítima visada e, também, pessoa diversa da pretendida (terceiro). Nesse caso, o agente responderá pelos dois crimes, em concurso formal.

- **Resultado diverso do pretendido (aberratio criminis ou delicti)** = o agente, por acidente ou por erro na execução, atinge bem jurídico diverso do pretendido, vale dizer, comete, na prática, um crime diverso do que almejava. Não se confunde com a *aberratio ictus*, em que o agente atinge pessoa diversa da pretendida em razão de acidente ou erro nos meios de execução.

De acordo com o art. 74 do CP, o agente **responderá pelo resultado (diverso do pretendido) produzido**, que lhe será imputado a **título de culpa**, desde que tal forma esteja prevista em lei. Ex.: "A", querendo danificar a vitrine de uma loja, arremessa uma pedra, que, porém, atinge um pedestre, causando-lhe lesões corporais. Responderá por lesões corporais CULPOSAS, e não por tentativa de dano.

E se o resultado produzido não ensejar o reconhecimento de crime culposo? Ex: "A", pretendendo matar um pedestre, efetua um disparo em sua direção, mas erra o alvo, atingindo a vitrine da loja. Nesse caso, houve *aberratio criminis*. Porém, inexiste a forma culposa de dano (art. 163, CP), razão por que será ignorada a regra do art. 74 do CP, respondendo o agente por tentativa de homicídio. Assim não fosse, haveria impunidade.

- **Erro sobre o nexo causal (aberratio causae)** = dá-se quando o agente pretende alcançar um resultado mediante determinada relação de causalidade, mas, por erro, alcança sua finalidade mediante curso causal diverso do esperado, porém igualmente por ele produzido, razão pela qual responderá normalmente pelo crime. Ex.: "A", querendo matar "B" por afogamento, golpeia-o na cabeça quando este passava por uma ponte sobre um rio, arremessando-o para a água. Assim, a pretensão era a de que "B" morresse por asfixia (homicídio qualificado). Contudo, durante a queda, a vítima colide com os pilares da ponte, causando-lhe morte imediata por traumatismo craniano. "A", decerto, responderá por homicídio doloso, porém, a qualificadora da asfixia não incidirá, pois outra foi a causa da morte.

6.4.1.2. Erro de tipo permissivo

O **erro de tipo permissivo (art. 20, § 1º, CP)** corresponde às chamadas **descriminantes putativas**. Verificam-se quando o agente, por **erro**, **supõe presentes os pressupostos de fato de causas de exclusão da ilicitude**. A partir de então, fala-se em legítima defesa putativa, estado de necessidade putativo, estrito cumprimento de dever legal putativo e exercício regular de direito putativo.

Se o erro for **inevitável**, haverá afastamento do dolo e da culpa. Porém, se **evitável**, permanece o afastamento do dolo, mas o agente responderá por crime culposo (se previsto em lei). Fala-se, aqui, em culpa imprópria (assim chamada pois, em verdade, a conduta é dolosa, mas, em razão do erro, pune-se o agente a título de culpa). Admite tentativa.

Se o erro recair sobre a **existência** ou os sobre os **limites** de uma causa de justificação, estaremos diante de **descriminantes putativas por erro de proibição**, que afastará a culpabilidade. Fala-se, aqui, em **erro de proibição indireto ou erro de permissão**.

6.5. Antijuridicidade

6.5.1. Conceito

Corresponde a ilicitude a relação de **contradição entre a conduta praticada pelo agente e o ordenamento jurídico**. Assim, ilicitude (ou antijuridicidade) é a contrariedade entre o comportamento praticado pelo agente e aquilo que o ordenamento jurídico prescreve (proíbe ou fomenta).

É importante recordar que, pela concepção bipartida, crime é **fato típico e antijurídico**. Portanto, ausente a antijuridicidade, não há que se falar em crime.

6.5.2. Caráter indiciário da ilicitude

Diz a doutrina que a tipicidade é um indício de antijuridicidade. Em outras palavras, em princípio, todo fato típico é antijurídico (contrário ao direito). A isso se dá o nome de **caráter indiciário da ilicitude**.

Podemos dizer, portanto, que todo fato típico é, em regra, antijurídico. Somente não o será se estiver presente uma das causas excludentes da antijuridicidade, previstas no art. 23 do Código Penal.

Estudar a antijuridicidade é, portanto, estudar as causas que a excluem. Verificada qualquer delas, embora possa existir fato típico, não se cogitará da ocorrência de crime, que exige a presença de referido elemento.

6.5.3. Causas excludentes da antijuridicidade (ou ilicitude)

O art. 23 do Código Penal é bastante claro ao definir que "não há crime" se o fato for praticado em estado de necessidade, legítima defesa, estrito cumprimento de dever legal ou em exercício regular de um direito.

Portanto, inegavelmente a antijuridicidade é requisito indispensável à caracterização do crime. Tanto é verdade que, presente uma causa que a exclua, o próprio legislador apontou a inexistência de crime ("não há crime..." – art. 23, Código Penal).

Conforme já referimos, são causas de exclusão da ilicitude as hipóteses previstas em referido dispositivo legal, também chamadas de **causas justificantes ou excludentes da criminalidade**:

a) legítima defesa;

b) estado de necessidade;

c) estrito cumprimento do dever legal;

d) exercício regular de um direito.

6.5.3.1. Estado de necessidade (EN)

Traduz a ideia de um conflito de interesses penalmente protegidos. Contudo, diante de uma **situação de perigo**, permite-se o sacrifício de um bem jurídico para a proteção de outro, desde que haja **razoabilidade**.

Não sendo razoável exigir-se o sacrifício do bem efetivamente lesado (bem ameaçado é de valor inferior ao bem lesado), não se pode falar em **estado de necessidade**. Contudo, o **art. 24, § 2º**, do CP, prevê a possibilidade de **redução de pena** de **1/3 a 2/3**.

Assim, para que se possa validamente invocar o EN, são necessários os seguintes requisitos:

a) subjetivo: o agente que invoca o EN deve saber que sua conduta é voltada à proteção de um bem jurídico próprio ou alheio;

b) objetivos: são aqueles previstos no art. 24 do CP

(i) perigo atual (parte da doutrina também entende que o perigo **iminente** pode ensejar o EN). Este perigo pode derivar de conduta humana, ato animal ou eventos da natureza;

(ii) existência de ameaça a bem jurídico próprio (EN próprio) ou de **terceiro** (EN de terceiro);

(iii) perigo não causado pela vontade de quem invoca o EN – a doutrina admite que o perigo culposamente provocado por alguém não afasta a possibilidade de invocar o EN;

(iv) inexigibilidade de sacrifício do direito ameaçado – o bem jurídico que se pretende salvar do perigo deve ser de igual ou maior relevância do que aquele que será sacrificado;

(v) inexistência do dever legal de enfrentar o perigo – não pode invocar o EN aquela pessoa que, por força de lei, tiver o dever de enfrentar a situação de perigo (ex.: bombeiros e policiais).

6.5.3.1.1. EN próprio e de terceiro; EN real e putativo; EN defensivo e agressivo

Fala-se em **EN próprio** quando quem invocar a excludente da ilicitude em tela agir para salvaguardar direito próprio. Já se a excludente for invocada por pessoa que atuar para a salvaguarda de direito alheio, estaremos diante do **EN de terceiro**.

Diz-se que o **EN é real** quando os requisitos objetivos da causa excludente estão presentes no caso concreto. No entanto, será **putativo** se quem o invocar acreditar que se encontra amparado pela excludente (art. 20, § 1º, CP).

Finalmente, o **EN defensivo** dá-se quando o bem jurídico lesado pertence ao causador da situação de perigo. Será **agressivo** quando o bem jurídico lesado pertencer à pessoa diversa da causadora da situação de perigo.

6.5.3.1.2. Excesso no EN

Havendo excesso na excludente analisada, o agente responderá pelo resultado a título de dolo ou culpa.

6.5.3.2. Legítima defesa (LD)

A ideia da legítima defesa é vinculada à de *agressão injusta*. Assim, a pessoa que a invocar, para fazer cessar a agressão injusta, ataca bem jurídico alheio, repelindo o ataque a bem jurídico próprio ou de terceiro.

Contudo, primordial é que a pessoa que invocar a legítima defesa utilize moderadamente dos meios necessários, suficiente à cessação da agressão injusta a direito próprio ou de terceiro.

São necessárias duas ordens de requisitos:

a) subjetivo: ciência da situação de agressão injusta e a atuação voltada a repelir tal situação;

b) objetivos: são aqueles descritos no art. 25 do CP, a saber:

(i) **agressão injusta atual ou iminente** – a agressão sempre deriva de conduta humana, jamais de animal ou evento natural;

(ii) **direito próprio ou alheio agredido ou próximo de sê-lo** – admite-se a legítima defesa própria ou de terceiro;

(iii) **uso dos meios necessários** – para repelir a agressão injusta, atual ou iminente, a pessoa deverá valer-se dos meios indispensáveis à cessação da agressão;

(iv) **moderação no uso dos meios necessários** – ao escolher o meio (havendo mais de um deve-se optar pelo menos lesivo), a pessoa que invocar a legítima defesa deve ser moderada na sua utilização, atuando com razoabilidade.

6.5.3.2.1. LD própria ou de terceiro; LD real ou putativa; LD recíproca; LD sucessiva

Chama-se de **LD própria** aquela em que a pessoa que a invoca repele agressão injusta a direito ou bem jurídico próprio, ao passo que a **LD de terceiro** pressupõe que haja agressão a bem jurídico alheio e a pessoa rechace a agressão, defendendo, pois, um terceiro. Com a aprovação do *Pacote Anticrime* (Lei.13.964/2019), acrescentou-se ao art. 25 do CP um parágrafo único, que dispôs expressamente sobre a aplicabilidade da legítima defesa aos agentes de segurança pública que repelirem agressão ou risco de agressão a vítima mantida refém durante a prática de crimes. Fala-se, aqui, em **legítima defesa funcional**, que, a bem da verdade, não passa de uma legítima defesa de terceiro.

A **LD será real** quando, de fato, estiverem presentes os requisitos do art. 25 do CP, ao passo que será **putativa** se o agente, pelas circunstâncias de fato, acreditar que se encontra amparado pela legítima defesa (**art. 20, § 1º, CP**).

Quanto à **LD recíproca**, tal é **inviável em nosso ordenamento**, tendo em vista que é impossível que, ao mesmo tempo, uma pessoa esteja agredindo a outra injustamente e vice-versa. Ou uma está sendo agredida, e poderá invocar a LD, ou a outra estará sofrendo agressão, quando, então, poderá agir amparada pela excludente em apreço.

Finalmente, **LD sucessiva**, perfeitamente admissível, ocorre em caso de **excesso**. Assim, inicialmente, alguém é vítima de agressão injusta. Para tanto, passa a atacar o agressor. No entanto, utiliza-se imoderadamente dos meios necessários, excedendo-se no revide, deixando de ser agredido e passando a ser agressor.

6.5.3.3. Estrito cumprimento de um dever legal (ECDL) e exercício regular de direito (ERD)

As causas excludentes acima referidas não estão detalhadas no Código Penal. A explicação sobre seus conteúdos decorre de ensinamentos da doutrina e jurisprudência.

No tocante ao ECDL, geralmente esta é causa excludente da ilicitude invocada por **agentes públicos**, cujas condutas, muitas vezes, estão pautadas (e determinadas) por lei. É o caso, por exemplo, do policial, que tem o dever de prender quem se encontre em flagrante delito (art. 301 do CPP). Em caso de resistência, o uso da força poderá ocorrer, desde que nos limites do razoável. Nesse caso, terá atuado em ECDL para que efetive a prisão.

Já quanto ao ERD, temos a regra de que **podemos fazer tudo o que a lei permite ou não proíbe**. Assim, se agirmos de forma regular no exercício de um direito, ainda que isto seja tipificado em lei (fato típico), não será contrário ao direito (antijurídico).

É o caso, por exemplo, das **intervenções cirúrgicas** e das **práticas desportivas**.

6.5.4. Descriminantes putativas

É possível que alguém, pela análise das circunstâncias concretas, acredite que se encontre amparado por alguma das causas excludentes da ilicitude já vistas. Se, supondo sua existência por uma falsa percepção da realidade (erro), o agente viole bem jurídico alheio, ainda assim não responderá criminalmente pelo fato, desde que o erro seja plenamente justificado.

É o que vem previsto no art. 20, § 1º, do Código Penal.

Temos como clássico exemplo a **legítima defesa putativa** verificada por "A", inimigo de "B", quando este, prometendo-lhe a morte, enfiou, de repente, a mão em sua blusa, fazendo crer que iria sacar um revólver. Ato seguinte, "A", acreditando estar diante de uma agressão injusta iminente, saca uma arma e atira em "B", que, em verdade, iria tirar do bolso uma carta com pedido de desculpas.

Se o erro em que incorreu "A" for plenamente justificável pelas circunstâncias, terá incidido em erro de tipo permissivo (no caso, legítima defesa putativa), respondendo apenas por **homicídio culposo**.

Embora discutível a **natureza jurídica das descriminantes putativas**, prevalece o seguinte entendimento:

a) se o erro recair sobre os pressupostos fáticos de uma causa excludente da ilicitude, estaremos diante de um **erro de tipo** (permissivo). É o caso do agente que, acreditando piamente ser vítima de uma agressão injusta atual ou iminente, mata seu suposto agressor. Nesse caso, terá incidido em um erro de tipo permissivo, que irá recair sobre o pressuposto fático da excludente (no caso, a agressão injusta, indispensável ao reconhecimento da legítima defesa);

b) se o erro recair sobre a existência de uma causa excludente da ilicitude, configurar-se-á o **erro de proibição**. É o que se verifica quando o agente, crendo que sua conduta é permitida pelo direito (portanto, uma conduta que não seja antijurídica), pratica um fato típico. Nesse caso, faltará ao agente a potencial consciência da ilicitude, pelo que será afastada a culpabilidade; e

c) se o erro recair sobre os limites de uma causa excludente da ilicitude, igualmente restará configurado o **erro de proibição**. Ocorrerá nos casos em que o agente incidir em excesso (por exemplo, na legítima defesa, quando, após cessada a agressão injusta, o agente prosseguir no contra-ataque ao agressor original acreditando que ainda está agindo em LD).

As conclusões acima decorrem da adoção, pelo Código Penal, da teoria limitada da culpabilidade.

6.6. Culpabilidade

Trata-se de **pressuposto de aplicação da pena**. Se adotada a **concepção bipartida** (crime enquanto fato típico e antijurídico), não integra o conceito de crime, estando **fora de sua estrutura básica**.

Contudo, não sendo o agente culpável, é absolutamente inviável a inflição de pena. No entanto, mesmo ao **inculpável**, admissível será a aplicação de **medida de segurança** (ex.: ao inimputável por doença mental não se aplica pena, mas medida de segurança).

6.6.1. Culpabilidade e os sistemas ou teorias clássica, neoclássica e finalista

Importante situarmos a culpabilidade de acordo com as teorias da conduta. Afinal, estamos diante de institutos absolutamente correlacionados. Confira-se:

a) **Teoria clássica (Liszt-Beling-Radbruch)**: não era possível falar em crime sem culpabilidade, eis que esta continha o dolo e a culpa. Rechaçando a responsabilidade penal objetiva, a Teoria Clássica exigia a **vinculação psicológica** do agente com o fato por ele praticado, por meio do **dolo** e da **culpa**. Daqui extrai-se a denominada **teoria psicológica da culpabilidade**.

b) **Teoria neoclássica (Reinhard Frank)**: acrescentou à culpabilidade a ideia de **reprovabilidade**, que tinha como pressuposto o fato de o agente ser **imputável**, que tivesse agido com **dolo** ou **culpa** e que dele fosse **exigível comportamento diverso** do praticado. Aqui, extrai-se a **teoria psicológico-normativa** ou **normativa da culpabilidade**.

c) **Teoria finalista (Welzel)**: mantendo a mesma ideia da teoria neoclássica, qual seja, a de que a culpabilidade encerra um **juízo de reprovabilidade** do fato perpetrado pelo agente, **eliminou** dela o seu **aspecto psicológico**, eis que dolo e culpa migraram para o fato típico (conduta). Assim, a culpabilidade passa a ser **estritamente normativa**, composta de imputabilidade, potencial consciência da ilicitude e exigibilidade de conduta diversa. Fala-se, então, em uma **teoria normativa pura da culpabilidade**.

A teoria normativa pura se subdivide em **teoria limitada** e **teoria extremada** da culpabilidade. Ambas são idênticas, exceto com relação à natureza jurídica das discriminantes putativas.

Para a **teoria limitada da culpabilidade**, adotada pelo CP (item 17 da Exposição de Motivos da Parte Geral do CP), as **descriminantes putativas** podem se caracterizar como **erro de tipo** ou **erro de proibição**, ao passo que para a **teoria extremada**, as descriminantes putativas **sempre constituem erro de proibição**.

6.6.2. Elementos/requisitos que integram a culpabilidade

A culpabilidade é formada pelos seguintes elementos/requisitos:

a) **imputabilidade**;

b) **potencial consciência da ilicitude**;

c) **exigibilidade de conduta diversa**.

Os elementos acima são **cumulativos**. Em outras palavras, se algum deles "falhar" (leia-se: estiver ausente), ao agente não se poderá impor pena.

As situações em que os elementos da culpabilidade serão afetados (causas excludentes da culpabilidade) estão logo a seguir.

6.6.2.1. Causas excludentes da imputabilidade (primeiro elemento da culpabilidade)

São as seguintes:

a) **inimputabilidade** por doença mental ou desenvolvimento mental incompleto ou retardado – art. 26 do CP. Adotou-se o **critério biopsicológico**. Não basta a doença mental (**critério biológico**), sendo indispensável que, em razão dela, o agente no momento da ação ou omissão, seja inteiramente incapaz de **entender** o caráter ilícito do fato ou de **determinar-se de acordo com esse entendimento** (critério psicológico);

b) **menoridade** – o menor de 18 anos é penalmente inimputável. Trata-se de presunção absoluta. Aqui, o legislador adotou o **critério biológico** (não se leva em conta se o adolescente entendia o caráter ilícito do fato). O adolescente que praticar crime ou contravenção terá cometido ato infracional, de acordo com o art. 103 do ECA, apurado pela Vara da Infância e Juventude;

c) **embriaguez completa, decorrente de caso fortuito ou força maior** – art. 28, § 1º, CP. Apenas a embriaguez involuntária e completa retira a capacidade do agente de querer e entender, tornando-o inimputável. Se a embriaguez for incompleta, o agente será penalmente responsabilizado, porém, com possibilidade de pena reduzida. Acerca da embriaguez, o CP adotou a teoria da *actio libera in causa*. Se o agente deliberadamente (voluntariamente) ingeriu álcool ou substância com efeitos análogos, ainda que no momento da prática da infração não tenha capacidade de entendimento e autodeterminação, ainda assim será responsabilizado (art. 28, II, CP). Apenas se a embriaguez for involuntária, e desde que completa, ficará o agente isento de pena.

Pela relevância do item "b" acima, sem nos olvidarmos à finalidade precípua da presente obra, que é a de trabalharmos com os principais aspectos dos editais dos concursos, faremos algumas breves considerações acerca do ato infracional.

Primeiramente, o **ato infracional** corresponde à conduta prevista como **crime** ou **contravenção**, praticada por criança ou adolescente, nos termos do art. 103 do ECA. Caso o ato infracional seja praticado por **criança**, ser-lhe-á aplicada **medida de proteção**, pouco importando a gravidade da infração. Por outro lado, caso o ato infracional seja praticado por **adolescente**, a ele serão aplicadas **medidas socioeducativas**.

São **pressupostos** da aplicação da medida socioeducativa:

i) existência do fato;

ii) certeza da autoria;

iii) inescusabilidade da conduta.

Ainda, alguns **princípios** devem ser analisados pelo juiz para aplicação das medidas socioeducativas, a saber:

i) estrita legalidade

ii) princípio da proporcionalidade (art. 112, § 1º, do ECA)

iii) princípio da impossibilidade das medidas infamantes (art. 112, § 2º, do ECA)

iv) critério da cumulatividade (art. 113 do ECA)

v) princípio da substitutividade (art. 113 do ECA)

vi) Prescrição

As medidas socioeducativas podem ser:

a) de meio aberto; e

b) restritiva da liberdade.

Vejamos.

a) **Medidas socioeducativas de meio aberto:**

i) *prestação de serviços à comunidade* – nos termos do art. 117 do ECA, a prestação de serviços à comunidade consiste na realização de tarefas gratuitas de interesse geral, por período não excedente a seis meses, junto a entidades assistenciais, hospitais, escolas e outros estabelecimentos congêneres, bem como em programas comunitários ou governamentais. Importante ressaltar que as tarefas serão atribuídas conforme as aptidões do adolescente, devendo ser cumpridas durante jornada máxima de oito horas semanais, aos sábados, domingos e feriados ou em dias úteis, de modo a não prejudicar a frequência à escola ou à jornada normal de trabalho.

ii) *liberdade assistida* – a liberdade assistida pauta-se fundamentalmente na figura do orientador, cujo papel é o de promover o adolescente socialmente, conduzindo-o para a prática de boas condutas pessoais. A liberdade assistida não tem prazo determinado, mas deve ser aplicada por no mínimo 06 meses.

iii) *obrigação de reparar o dano* – a obrigação de reparar o dano tem como finalidade o ressarcimento da vítima ou, em não sendo possível, a compensação do dano.

b) **Medidas socioeducativas restritivas de liberdade:**

i) *regime de semiliberdade* – o regime de semiliberdade insere o adolescente em entidade que desenvolva o programa, com permissão para sua saída apenas nas hipóteses de trabalho ou estudo. A medida de semiliberdade pode ser aplicada desde o início ou como forma de transição para medidas socioeducativas em meio aberto.

ii) *internação* – internação significa a "reclusão" do adolescente em estabelecimento adequado e que desenvolva o programa. Há cerceamento total de sua liberdade de ir e vir. Nos termos do art. 227, § 3º, V, da CF os princípios que regem a medida socioeducativa de internação são: brevidade, excepcionalidade e respeito à condição peculiar.

6.6.2.2. Causa excludente da potencial consciência da ilicitude (segundo elemento da culpabilidade)

Apenas o **erro de proibição** (art. 21 do CP) é causa excludente da potencial consciência da ilicitude.

Um agente somente poderá sofrer pena se puder saber que sua conduta é profana, contrária ao direito, ainda que não saiba que se trata de crime ou contravenção penal. Afinal, ninguém pode escusar-se de cumprir a lei alegando ignorância (art. 3º da LINDB).

Assim, a depender das condições socioculturais do agente, poderá ele, de fato, desconhecer que sua conduta é errada, profana, contrária às regras usuais da sociedade. Nesse caso, se faltar potencial consciência da ilicitude, o agente ficará isento de pena.

Temos duas clássicas modalidades de erro de proibição:

a) **invencível, inevitável ou escusável**: aqui, é impossível que o agente pudesse superar o erro sobre a ilicitude do fato. Neste caso, ficará **isento de pena;**

b) **vencível, evitável ou inescusável**: nesse caso, se o agente tivesse sido um pouco mais diligente, poderia superar o erro. Responderá criminalmente, porém, com **pena reduzida de 1/6 a 1/3**.

Fala-se, ainda, nas seguintes espécies de erro de proibição:

c) **direto** = é aquele em que a falsa percepção da realidade em que incorre o agente recai diretamente sobre a proibição contida em um tipo incriminador (ex.: "A" acha na rua uma carteira, que pertence a "B", havendo, inclusive, um documento de identificação. Contudo, agindo de boa-fé, acredita que o que é "achado" não é "roubado"). Se o erro for inevitável, isentará de pena; se evitável, reduzirá de um sexto a um terço;

d) **indireto** = também chamado de **erro de permissão**, verifica-se quando a falsa percepção da realidade recai sobre um tipo penal permissivo (causa excludente da ilicitude). O agente tem conhecimento que sua conduta é errada, mas, no caso concreto, acredita agir amparado por causa de justificação. Estamos diante de descriminante putativa. Ex.: "A" agride a esposa que o traiu, crendo que, nesse caso, age no exercício regular de um direito. Se o erro for inevitável, isenta de pena; se evitável, reduz a pena.

e) **mandamental** = refere-se a comportamento omissivo. Os tipos omissivos traduzem imperativos de comando, ou seja, um mandamento, determinando a prática de determinada ação, sob pena de, quem não agir, responder criminalmente. Se o agente deixar de agir num determinado caso concreto, na **crença de que não deveria ou precisaria agir**, incidirá em erro de proibição mandamental. Ex.: "A" vê uma pessoa cair no chão e se machucar seriamente, mas acredita que não precisa socorrê-la, por não a conhecer ou ter qualquer relação de parentesco.

6.6.2.3. Causas excludentes da exigibilidade de conduta diversa (terceiro elemento da culpabilidade)

Somente será culpável a pessoa da qual se puder exigir uma conduta diversa da praticada, vale dizer, seu comportamento poderia ter sido de acordo com o direito, mas não foi. A **exigibilidade de conduta diversa**, inserida na culpabilidade por **Reinhard Frank**, funda-se no livre-arbítrio, ou seja, só será censurável o comportamento da pessoa que, tendo opção pelo "caminho da licitude", opta pelo "caminho da criminalidade". Por outro lado, se o agente não tiver outra escolha – se deixar de agir de determinada forma, sofrerá um mal ainda mais grave –, e praticar um injusto (fato típico e ilícito), não lhe sendo exigível outro comportamento que não o criminoso, não será passível de punição.

Todavia, há duas situações em que é *inexigível conduta diversa* da praticada pelo agente, a saber:

a) coação moral irresistível – art. 22 do CP – aqui, o agente (ou familiares ou pessoas muito próximas) é vítima de coação irresistível (não física, que afastaria a conduta, mas moral), não lhe sendo exigível conduta diversa da praticada. É o caso do gerente de banco cujos familiares são sequestrados. A libertação apenas ocorrerá se subtrair dinheiro do cofre do banco em que trabalha. Sabendo da senha, subtrai o montante e entrega aos sequestradores. Nesse caso, o gerente de banco ficará isento de pena, respondendo pelo crime os coatores (sequestradores);

b) obediência hierárquica a ordem não manifestamente ilegal – art. 22 do CP – nesse caso, será imprescindível a existência de uma relação de direito público entre superior hierárquico e subordinado. Este, por força da hierarquia, tem o dever de cumprir as ordens de seus superiores, sob pena de incorrer em falta disciplinar. Assim, se o subordinado receber ordem do superior hierárquico e cumpri-la, ficará isento de pena caso sua execução redunde na prática de um crime. Contudo, somente se a ordem não for *manifestamente ilegal* é que poderá socorrer-se da causa excludente da culpabilidade. Caso contrário, se cumprir ordem ilegal, responderá por sua ação ou omissão.

6.6.2.4. Emoção e paixão

De acordo com o art. 28, I, CP, a emoção e a paixão não excluem a culpabilidade. Entende-se por **emoção** uma forte e passageira perturbação da afetividade, enquanto que a **paixão** corresponde a um sentimento forte e duradouro.

Ambas **não excluem a culpabilidade**, mas podem atuar como circunstâncias do crime, influenciadoras da pena (ex.: homicídio privilegiado – art. 121, § 1º, CP).

6.7. Concurso de pessoas

6.7.1. Conceito

Concurso de pessoas, ou concurso de agentes, codelinquência ou concurso de delinquentes, consiste na *reunião consciente e voluntária, de duas ou mais pessoas, para a prática de infrações penais.*

Tem como requisitos (**PRIL**):

a) Pluralidade de agentes (cada pessoa tem comportamento próprio);

b) Relevância causal de cada uma das ações;

c) Identidade de fato (ou identidade de crime); e

d) Liame subjetivo ou vínculo psicológico entre os agentes (todos devem visar a um mesmo objetivo, um aderindo à conduta dos outros – não se exige, contudo, o ajuste prévio, ou seja, o acordo de vontades anterior à prática do crime).

A *falta do liame subjetivo* acarreta o que a doutrina chama de *autoria colateral*. Nesta, duas ou mais pessoas, desconhecendo a existência da(s) outra(s), praticam atos executórios com o mesmo objetivo. Nesse caso, não haverá concurso de agentes, sendo que cada um responderá pelos atos que cometeu. Havendo dúvida acerca de qual dos agentes deu causa ao resultado, mas sendo constatada a prática de atos executórios, cada qual responderá pela tentativa (ex.: homicídio). É a denominada *autoria incerta*.

6.7.2. Classificação dos crimes quanto ao concurso de pessoas

De acordo com o número de pessoas que concorram de qualquer modo para o crime, este pode receber os seguintes rótulos:

a) crimes unissubjetivos (ou monossubjetivos, ou de concurso eventual): são aqueles que podem ser perpetrados por um ou mais agentes, não fazendo o tipo penal qualquer distinção. Ex.: roubo, furto, estelionato, homicídio;

b) crimes plurissubjetivos (ou crimes coletivos, ou de concurso necessário): são aqueles que, para sua própria tipificação, exigem a presença de dois ou mais agentes delitivos. Ex.: associação criminosa (denominado de quadrilha ou bando antes do advento da Lei 12.850/2013), que exige, pelo menos, três pessoas (art. 288 do CP); rixa, que também exige um mínimo de três pessoas (art. 137 do CP); associação para o tráfico, a exigir, pelo menos, duas pessoas (art. 35 da Lei 11.343/2006).

6.7.3. Autoria

Existem três teorias acerca da autoria, a saber:

a) teoria material-objetiva (ou extensiva): autor é aquele que concorre com qualquer causa para o implemento de um resultado, e não só o que realiza o verbo-núcleo do tipo penal incriminador. Assim, não há distinção entre autor, coautor e partícipe;

b) teoria formal-objetiva (ou restritiva): autor é somente aquela pessoa que pratica a conduta típica descrita em lei (matar, subtrair, constranger...), executando o verbo-núcleo do tipo. Toda ação que não for propriamente a correspondente ao verbo do tipo será acessória. Contudo, se, de qualquer modo, concorrer para a prática do crime, a pessoa será considerada partícipe. **Esta é a teoria adotada pelo CP, mas com algumas críticas, por não abranger a autoria mediata;**

c) teoria normativa-objetiva (ou do domínio do fato): autor é aquele que tem o controle final do fato, ou seja, domina finalisticamente a empreitada criminosa. Enfim, é o "chefe", que determina cada passo do crime. Será partícipe aquele que colaborar com o autor, mas sem ter o domínio final do fato.

A teoria do domínio do fato consegue explicar a autoria mediata, motivo pelo qual deve ser agregada à teoria restritiva.

6.7.3.1. Autoria mediata

De acordo com a teoria do domínio do fato, **autor mediato** (ou indireto) *é aquele que "usa" alguém, por exemplo, desprovido de imputabilidade ou que atue sem dolo, para a execução de determinado comportamento criminoso. Em outras palavras, o autor mediato se vale de um executor material (autor imediato) como **instrumento para o cometimento do ilícito penal***. Nesse caso, o executor material do crime não responderá por nada.

Exemplo: uma pessoa, querendo matar outra, pede a um louco que a esfaqueie, o que é por este cumprido. O louco (executor material) não responderá pelo homicídio, mas apenas seu mandante.

A autoria mediata pode resultar das seguintes hipóteses:

a) *ausência de capacidade mental* da pessoa utilizada como instrumento (inimputável);

b) *coação moral irresistível*;

c) *provocação de erro de tipo escusável* (ex.: médico que quer matar paciente e determina que a enfermeira aplique uma injeção de "medicamento", mas que, na realidade, é veneno);

d) *obediência hierárquica* a ordem não manifestamente ilegal.

Em qualquer caso, responderá pelo crime não o executor deste (autor imediato ou direto), mas, sim, o autor mediato (ou indireto).

6.7.4. Formas do concurso de agentes

A participação, em sentido amplo, é assim dividida:

a) coautoria: será coautor aquele que, juntamente com o autor do crime, com ele colaborar diretamente, de forma consciente e voluntária, para a realização do verbo-núcleo do tipo. A coautoria pode ser *parcial*, quando cada um dos agentes realizar atos executórios diversos, mas que, somados, redundem na consumação do crime (ex.: enquanto "A" segura a vítima, com uma faca em sua barriga, "B" subtrai seus pertences. Ambos respondem por roubo, em coautoria), ou a coautoria pode ser *direta*, quando todos os agentes praticarem a mesma conduta típica (ex.: "A" e "B", cada um com um revólver, atiram na vítima "C". Serão coautores no homicídio);

b) participação: será partícipe aquele que não realizar o verbo-núcleo do tipo, mas, de qualquer modo, concorrer para o crime. A participação pode ser:

(i) moral: corresponde ao induzimento ou instigação do autor à prática de um crime;

(ii) material: corresponde ao auxílio.

Quanto à participação, adotou-se a **teoria da acessoriedade limitada**. Só será partícipe aquele que realizar conduta acessória (não realização do verbo-núcleo do tipo) a do autor e desde que esse pratique conduta típica e ilícita.

6.7.5. Teorias acerca do concurso de pessoas

São três:

a) teoria unitária (monista ou monística): ainda que duas ou mais pessoas realizem condutas diversas e autônomas, considera-se praticado um só crime (o mesmo, para todas). Contudo, o art. 29, § 1º, do CP, prevê a figura da *participação de menor importância*, que acarreta na diminuição da pena do agente. Já o art. 29, § 2º, também do CP, traz a figura da *cooperação dolosamente distinta*, segundo a qual o agente que se desviar do "plano original" e praticar crime diverso, por este responderá, enquanto que o coautor ou partícipe responderá pelo crime "originalmente combinado", sendo que sua pena poderá ser aumentada de metade caso o resultado mais grave fosse previsível. Pela relevância do tema, confira-se:

> **Concurso de Pessoas: Teoria Monista e Fixação de Reprimenda mais Grave a um dos Corréus**
>
> "Por reputar não observada a teoria monista adotada pelo ordenamento pátrio (CP, art. 29) – segundo a qual, havendo pluralidade de agentes e convergência de vontades para a prática da mesma infração penal, todos aqueles que contribuem para o crime incidem nas penas a ele cominadas, ressalvadas as exceções legais –, a Turma deferiu *habeas corpus* cassar decisão do STJ que condenara o paciente pela prática de roubo consumado. No caso, tanto a sentença condenatória quanto o acórdão proferido pelo tribunal local condenaram o paciente e o corréu por roubo em sua forma tentada (CP, art. 157, § 2º, I e II, c/c o art. 14, II). Contra esta decisão, o Ministério Público interpusera recurso especial, apenas contra o paciente, tendo transitado em julgado o acórdão da Corte estadual relativamente ao corréu. Assentou-se que o acórdão impugnado, ao prover o recurso especial, para reconhecer que o paciente cometera o crime de roubo consumado, provocara a inadmissível situação consistente no fato de se condenar, em modalidades delitivas distintas quanto à consumação, os corréus que perpetraram a mesma infração penal. Destarte, considerando que os corréus atuaram em acordo de vontades, com unidade de desígnios e suas condutas possuíram relevância causal para a produção do resultado decorrente da prática do delito perpetrado, observou-se ser imperioso o reconhecimento uniforme da forma do delito cometido. Assim, restabeleceu-se a repri-menda anteriormente fixada para o paciente pelo tribunal local." **HC 97652/RS, rel. Min. Joaquim Barbosa, 4.8.2009**. (HC-97652) (**Inform. STF** 554).

b) teoria pluralística: para esta teoria, cada agente responde por um crime, independentemente do outro. Excepcionalmente, o Código Penal adota exceções pluralísticas ao princípio monístico. É o caso do binômio corrupção ativa/corrupção passiva e aborto com o consentimento da gestante e o terceiro que o provocou;

c) teoria dualística: para esta teoria, há um crime para os autores e outro crime para os partícipes. Não foi adotada pelo CP.

Apenas para não haver dúvidas, o CP adotou a *teoria unitária* ou *monista*.

6.7.6. Comunicabilidade e incomunicabilidade de elementares e circunstâncias

Considerando que o CP adotou, como regra, a **teoria unitária** de concurso de pessoas, nada mais "justo" do que todos os agentes que concorrerem para o mesmo fato respondam pela mesma infração penal.

No entanto, em algumas situações, a imputação de um mesmo crime a duas ou mais pessoas pode soar estranho. É o caso de "A", em estado puerperal, durante o parto, auxiliada por "B", matar o próprio filho. Não há dúvidas de que "A" deverá responder por infanticídio (art. 123 do CP). E quanto a "B", responderá por qual delito? Também por infanticídio!

O mesmo ocorre quando "A", funcionário público, valendo-se dessa condição, apropria-se de um computador do Estado, por ele utilizado em seu dia a dia na repartição pública em que trabalha, cometendo, assim, o crime de peculato (art. 312 do CP). Se "B", particular (leia-se: não funcionário), auxiliar "A" em seu intento criminoso, responderá por qual delito? Também por peculato!

Assim, a regra do art. 30 do CP é a de que as **condições de caráter pessoal, somente quando elementares do tipo** (leia-se: dados essenciais à caracterização do crime), **comunicam-se aos coautores ou partícipes**.

Temos, pois, **três regras**, extraídas, ainda que implicitamente, do já citado dispositivo legal:

a) as elementares comunicam-se aos demais agentes (coautores ou partícipes), desde que conhecidas por estes;

b) as circunstâncias objetivas (reais ou materiais) comunicam-se aos demais agentes (coautores ou partícipes);

c) as circunstâncias subjetivas (de caráter pessoal) jamais se comunicam aos demais agentes (coautores ou partícipes) quando não forem elementares.

7. DAS PENAS

7.1. Penas

7.1.1. Conceito

Pena é a *consequência jurídica do crime*. A prática de qualquer ato ilícito, em nosso ordenamento jurídico, deve gerar uma sanção, sob pena de nenhuma pessoa ser desestimulada a delinquir. Na seara penal, não poderia ser diferente.

Importa lembrar que **pena** é *espécie de sanção penal*, ao lado das **medidas de segurança**.

7.1.2. Finalidades das penas

São três:

a) **retributiva**: é a retribuição do mal pelo mal;

b) **preventiva**: a cominação abstrata de uma pena impõe à coletividade um temor (prevenção geral) e sua efetiva aplicação ao agente delitivo tem por escopo impedir que venha a praticar novos delitos (prevenção especial);

c) **ressocializadora**: a imposição de pena tem por escopo a readaptação do criminoso à vida em sociedade.

7.1.3. Classificação ou espécies de penas

De acordo com o art. 32 do CP, as penas podem ser:

a) **privativas de liberdade** (PPL): restringem a plena liberdade de locomoção do condenado. São de 3 espécies: *reclusão, detenção e prisão simples*;

b) **restritivas de direitos** (PRD): são sanções *autônomas* que substituem as penas privativas de liberdade. Não são, como regra, cominadas abstratamente em um tipo penal incriminador;

c) **multa**: consiste no pagamento ao FUNPEN de quantia fixada na sentença e calculada em dias-multa (art. 49 do CP).

7.2. As penas privativas de liberdade (PPLs)

As PPLs se subdividem em:

a) **reclusão** (apenas para os crimes);

b) **detenção** (apenas para os crimes);

c) **prisão simples** (apenas para as contravenções penais).

Quem comete crime punido com **reclusão** poderá iniciar o cumprimento da pena em **regime fechado, semiaberto** ou, desde logo, **aberto**. Assim, não pode o candidato se equivocar e imaginar que o agente que comete crime punido com reclusão iniciará o cumprimento da pena, obrigatoriamente, em regime fechado. Trata-se de uma falsa impressão decorrente do próprio nome da PPL: reclusão. Ao falarmos em reclusão, vem à nossa mente a ideia do regime fechado. No entanto, reafirma-se, um delito punido com reclusão pode impor que o condenado inicie, desde logo, o cumprimento da pena em regime semiaberto ou até aberto.

Já para os crimes punidos com **detenção**, os regimes iniciais de cumprimento de pena podem ser o **semiaberto** ou o **aberto**. Assim, não se pode impor ao condenado por crime punido com detenção o regime inicial fechado.

Por fim, a **prisão simples**, espécie de PPL cabível **apenas** para as **contravenções penais**, será cumprida em regime **semiaberto** ou **aberto**, sem rigor penitenciário (art. 6º, *caput*, e § 1º, da LCP). Não há, pois, regime fechado para essa espécie de pena.

Em suma:

a) **Reclusão** = regime *fechado, semiaberto ou aberto;*

b) **Detenção** = regime *semiaberto ou aberto*;

c) **Prisão Simples** = regime *semiaberto ou aberto* (apenas para as contravenções penais).

Para a melhor compreensão das diferenças entre as espécies de PPLs, mister que se compreenda, primeiramente, que cada uma delas traz regras próprias quanto aos regimes penitenciários, o que já se viu no presente item. No entanto, para um aprofundamento do assunto, precisamos passar ao estudo dos regimes de cumprimento de pena, bem assim dos estabelecimentos penais em que eles serão cumpridos.

7.2.1. Regimes de cumprimento de pena (ou regimes penitenciários)

São três, a saber:

a) **Fechado**: somente pode ser o regime inicial fixado quando a pena privativa de liberdade cominada for de **reclusão**. Contudo, ainda que se trate de detenção, será possível o regime fechado a título de regressão de regime (o que será visto mais à frente). Será o regime inicial fechado indicado ao agente condenado a **pena superior a 8 (oito anos)**, *reincidente ou não*. Também será este o regime quando a pena aplicada for de reclusão, **superior a 4 (quatro) e inferior a 8 (oito anos) anos**, mas sendo o condenado *reincidente* (art. 33, § 2º, "b", CP). O regime fechado deve ser cumprido em **estabelecimentos penais de segurança máxima ou média** (art. 33, § 1º, "a", CP). De acordo com o art. 2º, § 1º, da Lei 8.072/1990 (Lei dos Crimes Hediondos), será o regime inicial fechado obrigatório a todos aqueles que cometerem crimes hediondos ou equiparados. Contudo, o **STF**, no julgamento do **HC 111.840**, em 2012, **declarou incidentalmente a inconstitucionalidade** do referido dispositivo legal, reconhecendo que até mesmo o regime inicialmente fechado não pode ser obrigatório, sob pena de ofensa ao princípio da individualização da pena (art. 5º, XLVI, CF). Em suma, até aos condenados por crimes hediondos ou equiparados admitir-se-ão os regimes semiaberto e aberto, desde que satisfeitos os requisitos legais;

b) **Semiaberto**: é o regime inicial mais gravoso dos crimes punidos com **detenção**. Também poderá ser imposto, desde logo, aos condenados punidos com delito apenado com **reclusão**. Será também escolhido quando a pena aplicada ao condenado for **superior a 4 (quatro) e inferior a 8 (oito) anos**, desde que *não seja reincidente* (art. 33, § 2º, "b", CP). Será cumprido em **colônia penal agrícola, industrial ou estabelecimento similar** (art. 33, § 1º, "b", CP);

c) **Aberto**: poderá ser imposto esse regime, desde logo, aos agentes condenados por crimes punidos com **reclusão** ou **detenção**, desde que a pena seja **igual ou inferior a 4 (quatro) anos** e que o condenado *não seja reincidente* (art. 33, § 2º, "c", CP). Será cumprido em Casa do Albergado ou estabelecimento adequado (art. 33, § 1º, "c", CP).

Perceba você que a **reincidência**, *independentemente da quantidade de pena*, imporá ao condenado, em princípio, o cumprimento da pena em regime inicial mais gravoso.

Em resumo:

I. Regime Fechado

a) cumprido em estabelecimento penal de segurança máxima ou média;

b) regime penitenciário mais gravoso para os crimes punidos com reclusão;

c) regime inicial obrigatório para os condenados por crimes hediondos ou equiparados (lembre-se, porém, do HC 111.840, julgado pelo STF em 2012, reconhecendo-se a inconstitucionalidade do regime inicialmente fechado obrigatório!);

d) será imposto quando a PPL for superior a 8 (oito) anos;

II. Regime Semiaberto

a) cumprido em colônia agrícola, industrial ou estabelecimento similar;

b) regime penitenciário mais gravoso para os crimes punidos com detenção (exceto se cometido por organizações criminosas, caso em que o regime inicial será fechado);

c) será imposto quando a PPL for superior a 4 (quatro) e não exceder a 8 (oito), desde que o condenado não seja reincidente;

III. Regime Aberto

a) cumprido em Casa do Albergado ou estabelecimento adequado;

b) regime penitenciário mais benigno, cabível desde logo tanto para os crimes punidos com reclusão ou detenção;

c) somente será fixado se o condenado tiver sido punido com PPL igual ou inferior a quatro anos e desde que não seja reincidente.

As regras acima devem ser adotadas como um **padrão**. No entanto, algumas circunstâncias poderão intervir no momento da fixação do regime inicial de cumprimento de pena, quais sejam:

a) Análise do art. 59 do CP (circunstâncias judiciais) = independentemente da quantidade de pena imposta, respeitadas, porém, as espécies de PPL (reclusão, detenção ou prisão simples), a culpabilidade, os antecedentes, a conduta social e a personalidade do agente, bem como os motivos, circunstâncias e consequências do crime e o comportamento da vítima, poderão ser levados em consideração pelo magistrado para a escolha do regime inicial de cumprimento de pena. A título de exemplo, ainda que "A" tenha praticado o crime de roubo com emprego de arma de fogo, que, em tese, poderia redundar em uma pena de reclusão de 5 (cinco) anos e 4 (quatro) meses, a depender do grau de reprovabilidade da conduta, o juiz poderá impor-lhe regime inicial fechado, ainda que, em princípio, a PPL superior a 4 (quatro) e inferior a 8 (oito) anos devesse gerar a imposição de regime semiaberto. Confira-se, por oportuno, o entendimento jurisprudencial:

FIXAÇÃO. PENA-BASE. SUPERIOR. MÍNIMO. CABIMENTO.

"A Turma reiterou o entendimento de que, conforme o grau de reprovabilidade da conduta e a existência de circunstâncias desfavoráveis, é cabível a fixação de regime mais severo aos condenados à pena inferior a oito anos desde que devidamente fundamentada a decisão. E considera-se devidamente fundamentada a sentença que estabeleceu regime fechado para o cumprimento de pena com base no nível de organização do bando criminoso, na quantidade de drogas e armamentos apreendidos, na nítida desproporção entre uma tentativa de homicídio realizada por meios de explosivos em estabelecimento jornalístico e sua motivação (veiculação de reportagem cujo conteúdo desagradou a um dos membros do grupo criminoso), no *modus operandis* do delito e na especial reprovação da vingança privada devido à tentativa de cerceamento da imprensa. Com esse entendimento, a Turma denegou a ordem." HC 196.485-SP, Rel. Min. Gilson Dipp, julgado em 01.09.2011. (Inform. STJ 482)

b) Súmulas 269 e 440 do STJ

✓ Súm. 269: "é admissível a adoção do regime prisional semiaberto aos reincidentes condenados a pena igual ou inferior a quatro anos se favoráveis as circunstâncias judiciais".

✓ Súm. 440: "fixada a pena-base no mínimo legal, é vedado o estabelecimento de regime prisional mais gravoso do que o cabível em razão da sanção imposta, com base apenas na gravidade abstrata do delito".

c) Súmulas 718 e 719 do STF

✓ Súm. 718: "a opinião do julgador sobre a gravidade em abstrato do crime não constitui motivação idônea para a imposição de regime mais severo do que o permitido segundo a pena aplicada".

✓ Súm. 719: "a imposição do regime de cumprimento mais severo do que a pena aplicada permitir exige motivação idônea".

Confira-se o excerto abaixo:

CIRCUNSTÂNCIAS JUDICIAIS DESFAVORÁVEIS. REGIME FECHADO.

"A Turma denegou a ordem de *habeas corpus* e reafirmou que as circunstâncias judiciais desfavoráveis – *in casu*, culpabilidade, circunstâncias do crime e maus antecedentes (duas condenações transitadas em julgado) – autorizam a adoção do regime inicial fechado para o cumprimento da reprimenda, ainda que o paciente tenha sido condenado à pena de cinco anos e oito meses de reclusão (homicídio tentado). Precedente citado: HC 126.311-SP, DJe 15.06.2009. HC 193.146-MG, Rel. Min. Napoleão Nunes Maia Filho, julgado em 24.05.2011". (Inform. STJ 474)

Por fim, cabe trazermos algumas regras sobre cada um dos regimes penitenciários:

a) Regras específicas do regime fechado

Conforme reza o artigo 34 do Código Penal, o condenado a cumprir pena em regime fechado será submetido inicialmente a exame criminológico a fim de que seja possível a classificação e individualização da pena.

Um dos deveres do preso no regime fechado é o trabalho durante o dia, recolhendo-se à noite a cela individual. Portanto, a ideia do legislador foi a de submeter o preso a um isolamento mais rigoroso.

Contudo, durante o dia trabalhará com os demais detentos em lugar comum. É admissível o trabalho externo do preso durante o cumprimento da pena em regime fechado em serviços ou obras públicas;

b) Regras do regime semiaberto

São semelhantes às regras do regime fechado, submetendo-se o condenado a trabalho em comum durante o dia em colônias penais agrícolas, industriais ou similares. É admissível o trabalho externo e também que os condenados frequentem cursos profissionalizantes. Durante a noite os condenados serão recolhidos às celas coletivas;

c) Regras do regime aberto

A ideia central deste regime é a de testar a autodisciplina do condenado e seu senso de responsabilidade. Será dever do condenado exercer trabalho, frequentar curso ou outras atividades autorizadas durante o dia, recolhendo-se à noite e nos dias de folga às casas do albergado.

7.2.2. Progressão de regime penitenciário

A legislação penal brasileira adota, atualmente, o **sistema progressivo** de penas (ou inglês, com algumas peculiaridades), materializado no art. 112 da LEP e art. 33, § 2º, do CP. Assim, a pessoa condenada a cumprir sua pena em determinado regime, desde que preenchidos alguns requisitos, poderá migrar para o mais benigno, até que, com o cumprimento total da pena, esta restará extinta.

Para que se admita a progressão de regime penitenciário, é necessária a satisfação de dois requisitos:

a) Objetivo = cumprimento de parte da pena privativa de liberdade;

b) Subjetivo = mérito do condenado.

O **requisito objetivo**, a depender da natureza do crime praticado, dos meios executórios, das condições pessoais do agente, poderá variar. Antes da aprovação do "Pacote Anticrime" (Lei 13.964/2019), havia as seguintes situações:

i) para os **crimes "comuns"**, o condenado deveria cumprir **1/6 (um sexto)** da pena para que pudesse migrar para o regime mais benigno;

ii) para os **crimes hediondos** (assim definidos no art. 1º da Lei 8.072/1990) e **equiparados** (tráfico de drogas, tortura e terrorismo), o condenado deveria cumprir **2/5 (dois quintos)** da pena, se **primário**, ou **3/5 (três) quintos** da pena, se **reincidente**.

Com o advento da precitada Lei 13.964/2019, que alterou substancialmente inúmeros dispositivos do Código Penal, Código de Processo Penal e Legislação Extravagante, a matéria relativa à progressão de regime sofreu substancial alteração.

Destarte, a partir do início de vigência da sobredita lei, que se deu em **23 de janeiro de 2020**, a progressão de regime prisional dependerá de o condenado ter cumprido:

I – 16% (dezesseis por cento) da pena, se o apenado for primário e o crime tiver sido cometido sem violência à pessoa ou grave ameaça;

II – 20% (vinte por cento) da pena, se o apenado for reincidente em crime cometido sem violência à pessoa ou grave ameaça;

III – 25% (vinte e cinco por cento) da pena, se o apenado for primário e o crime tiver sido cometido com violência à pessoa ou grave ameaça;

IV – 30% (trinta por cento) da pena, se o apenado for reincidente em crime cometido com violência à pessoa ou grave ameaça;

V – 40% (quarenta por cento) da pena, se o apenado for condenado pela prática de crime hediondo ou equiparado, se for primário;

VI – 50% (cinquenta por cento) da pena, se o apenado for:

a) condenado pela prática de crime hediondo ou equiparado, com resultado morte, se for primário, vedado o livramento condicional;

b) condenado por exercer o comando, individual ou coletivo, de organização criminosa estruturada para a prática de crime hediondo ou equiparado; ou

c) condenado pela prática do crime de constituição de milícia privada;

VII – 60% (sessenta por cento) da pena, se o apenado for reincidente na prática de crime hediondo ou equiparado;

VIII – 70% (setenta por cento) da pena, se o apenado for reincidente em crime hediondo ou equiparado com resultado morte, vedado o livramento condicional.

Doravante, inúmeros fatores contribuem para a quantidade de pena a ser cumprida pelo condenado para que se admita sua progressão ao regime mais benigno, a saber: (i) se o crime foi cometido com violência ou grave ameaça à pessoa; (ii) se o agente é primário ou reincidente, interessando saber, inclusive, se se trata de reincidência em crime perpetrado com ou sem violência ou grave ameaça à pessoa; (iii) se o crime é hediondo ou equiparado e, nestes casos, se o agente é primário ou reincidente em crimes dessa natureza, bem como se adveio o resultado morte etc.

Além das oito hipóteses de progressão de regime listadas detalhadamente nos incisos do art. 112 da LEP, a **Lei 13.769**, de 19 de dezembro de 2018, acrescentou ao referido dispositivo legal os §§ 3º e 4º, que tratam da denominada **progressão especial**. Trata-se, em verdade, do benefício da progressão de regime penitenciário, mas com previsão de requisitos específicos e destinatários certos, a saber: *mulher gestante ou que for mãe ou responsável por crianças ou pessoas com deficiência.* Assim, será deferida a progressão a referidas pessoas se satisfeitos, cumulativamente, os seguintes requisitos:

I – não ter cometido crime com violência ou grave ameaça a pessoa;

II – não ter cometido o crime contra seu filho ou dependente;

III – ter cumprido ao menos 1/8 (um oitavo) da pena no regime anterior;

IV – ser primária e ter bom comportamento carcerário, comprovado pelo diretor do estabelecimento;

V – não ter integrado organização criminosa.

Repise: às mulheres gestantes ou que forem mães ou responsáveis por crianças ou pessoas com deficiência, a progressão de regime, desde que satisfeitos os requisitos enunciados no art. 112, §3º, I, II, IV e V, da LEP, será deferida após o cumprimento de **1/8 (um oitavo)** da pena no regime anterior.

Importante registrar que a progressão especial será **revogada** caso haja cometimento de novo crime doloso ou falta grave (art. 112, §4º, da LEP).

Além dos requisitos objetivos já estudados, é indispensável que o condenado satisfaça o **requisito subjetivo**, qual seja, a **boa conduta carcerária**, assim comprovada em atestado emitido pela autoridade administrativa competente (diretor do estabelecimento penal), conforme enuncia o art. 112, §1º, da

LEP. Perceba que em caso de progressão especial, não bastará à mulher gestante ou mãe ou responsável por criança ou pessoa com deficiência ter tido bom comportamento carcerário, exigindo a LEP, ainda, que seja *primária e não tenha integrado organização criminosa*.

Ainda acerca das alterações promovidas pelo **Pacote Anticrime** (Lei 13.964/2019), o art. 112, §2º, da LEP, passou a dispor expressamente que a decisão do juiz que determinar a progressão de regime será sempre motivada e precedida de manifestação do Ministério Público e do defensor, procedimento que também será adotado na concessão de livramento condicional, indulto e comutação de penas, respeitados os prazos previstos nas normas vigentes.

Ainda, relevante anotar que o § 6º do art. 112 da LEP dispõe que o cometimento de **falta grave** durante a execução da pena privativa de liberdade **interrompe** o prazo para a obtenção da progressão no regime de cumprimento da pena, caso em que o reinício da contagem do requisito objetivo terá como base a pena remanescente.

Outro ponto relevante que se coloca, ainda acerca dos requisitos para a progressão de regime, é o seguinte: *exige-se que o condenado obtenha parecer favorável em exame criminológico?*

Desde a edição da Lei 10.792/2003, o exame criminológico, mencionado no art. 112 da LEP, deixou de ser requisito indispensável à progressão de regime. Assim, em uma leitura mais apressada do dispositivo legal, poder-se-ia concluir que jamais se poderia exigir aludido exame (perícia multidisciplinar) para a admissão do benefício.

Contudo, o STF, após editar a **Súmula vinculante 26**, passou a admitir a exigência de exame criminológico àqueles condenados por crimes hediondos, desde que as peculiaridades do caso indiquem que a medida é necessária. O mesmo se deu no âmbito do STJ, que editou a **Súmula 439**, que, em suma, prevê ser admissível o exame criminológico, desde que as peculiaridades do caso indiquem que seja necessário e desde que haja decisão motivada nesse sentido.

Portanto, podemos assim concluir: **como regra, não se exigirá o exame criminológico** como condição para a progressão de regime, **salvo se as peculiaridades do caso indicarem que sua realização seja necessária**, desde que haja **motivação idônea em decisão judicial**.

Com relação aos **crimes cometidos contra a administração pública** (ex.: peculato, art. 312 do CP), a progressão de regime, consoante determina o art. 33, § 4º, do CP, somente será admissível após o condenado haver **reparado o dano causado** ao erário ou devolvido o produto do ilícito cometido, com os devidos acréscimos legais.

No tocante aos **crimes hediondos e equiparados**, após o advento da Lei 11.464/2007, inspirada no julgamento, pelo STF, do HC 82.959-SP, no qual se declarou incidentalmente a inconstitucionalidade do regime integralmente fechado previsto, àquela ocasião, no art. 2º, § 1º, da Lei 8.072/1990, não mais se pode falar em vedação à progressão de regime. Apenas se imporá ao condenado o **regime inicialmente fechado**, admitindo-se a progressão após o cumprimento de 40% a 70% da pena, conforme art. 112, incisos V a VIII, da LEP,. Ressalte-se, porém, que o STF, ao julgar, em 2012, o **HC 111.840**, impetrado pela Defensoria Pública do Espírito Santo em favor de paciente condenado por tráfico de drogas, declarou, incidentalmente, a **inconstitucionalidade do regime inicial fechado obrigatório** aos condenados por crimes hediondos ou equiparados. Assim, a despeito da existência de norma impositiva do regime inicialmente fechado obrigatório (art. 2º, § 1º, da Lei 8.072/1990 – Lei dos Crimes Hediondos), pode-se sustentar, como visto, sua inconstitucionalidade, motivo pelo qual se poderá admitir regime inicial semiaberto ou até aberto aos condenados por crimes hediondos e equiparados.

A doutrina majoritária, bem assim a jurisprudência, objetam a ideia de uma **"progressão por salto"**, vale dizer, o condenado que cumpre pena no regime fechado migrar, diretamente, para o regime aberto, sem passar pelo semiaberto. É o que restou estampado, inclusive, na **Súmula 491 do STJ**: "é inadmissível a chamada progressão *per saltum* de regime prisional".

No entanto, em situações excepcionais, poderá ser admitido, na prática, o "salto" ao regime mais brando. É o que ocorre, por exemplo, com um condenado em regime fechado que já tenha satisfeito os requisitos para a progressão ao semiaberto e neste não haja vagas. A ineficiência estatal não pode ser um óbice à progressão de regime. Destarte, o condenado será transferido do regime fechado ao aberto, até que surja uma vaga no semiaberto, oportunidade em que será "realocado" à condição juridicamente correta.

A esse respeito, o STF editou a **Súmula vinculante 56**: "A falta de estabelecimento penal adequado não autoriza a manutenção do condenado em regime prisional mais gravoso, devendo-se observar, nessa hipótese, os parâmetros fixados no RE 641.320/RS" (STF. Plenário. Aprovada em 29/06/2016), Em resumo, podemos aduzir o seguinte[1]:

a) A falta de estabelecimento penal adequado não autoriza a manutenção do condenado em regime prisional mais gravoso;

b) Os juízes da execução penal podem avaliar os estabelecimentos destinados aos regimes semiaberto e aberto, para qualificação como adequados a tais regimes. São aceitáveis estabelecimentos que não se qualifiquem como "colônia agrícola, industrial" (regime semiaberto) ou "casa de albergado ou estabelecimento adequado" (regime aberto) (art. 33, § 1º, "b" e "c", do CP). No entanto, não deverá haver alojamento conjunto de presos dos regimes semiaberto e aberto com presos do regime fechado.

c) Havendo déficit de vagas, deverá determinar-se: (i) a saída antecipada de sentenciado no regime com falta de vagas; (ii) a liberdade eletronicamente monitorada ao sentenciado que sai antecipadamente ou é posto em prisão domiciliar por falta de vagas; (iii) o cumprimento de penas restritivas de direito e/ou estudo ao sentenciado que progride ao regime aberto.

d) Até que sejam estruturadas as medidas alternativas propostas, poderá ser deferida a prisão domiciliar ao sentenciado. STF. Plenário. RE 641320/RS, Rel. Min. Gilmar Mendes, julgado em 11.05.2016 (repercussão geral) (Info 825).

Importa registrar que o STJ, em sua **Súmula 534**, editada em 2015, consolidou o entendimento de que: "A prática de falta grave interrompe a contagem do prazo para a progressão de regime de cumprimento de pena, o qual se reinicia a partir do cometimento dessa infração" (REsp 1364192).

Por fim, de acordo com a **Súmula 493, também do STJ**, é inadmissível a fixação de pena substitutiva (art. 44, CP) como

---

1. Resumo extraído do sítio eletrônico ***Dizer o Direito*** (https://dizerodireitodotnet.files.wordpress.com/2016/08/sv-56.pdf).

condição especial ao regime aberto, medida muito utilizada por juízes da execução penal. Ora, não se pode admitir que um condenado, para progredir de regime prisional, seja submetido a mais uma pena, ainda que alternativa à prisão!

7.2.3. Regressão de regime penitenciário, remição e detração

A **regressão** de regime penitenciário é o oposto da **progressão**. Nosso sistema penitenciário é o progressivo. Contudo, o condenado poderá ser transferido de regime mais benigno para outro mais gravoso quando (art. 118 da LEP):

a) cometer crime doloso ou falta grave. Importante anotar o teor das **Súmulas 526 e 533 do STJ**, ambas editadas em 2015, respectivamente: "O reconhecimento de falta grave decorrente do cometimento de fato definido como crime doloso no cumprimento da pena prescinde do trânsito em julgado de sentença penal condenatória no processo penal instaurado para apuração do fato" e "Para o reconhecimento da prática de falta disciplinar no âmbito da execução penal, é imprescindível a instauração de procedimento administrativo pelo diretor do estabelecimento prisional, assegurado o direito de defesa, a ser realizado por advogado constituído ou defensor público nomeado" (**REsp 1.378.557**);

b) sofrer condenação por crime anterior, cuja pena, somada àquela que está sendo executada, supere o teto permitido para aquele regime em que estiver o condenado;

c) o condenado frustrar os fins da execução ou não pagar, podendo, a multa cumulativamente imposta;

d) o condenado submetido à vigilância indireta eletrônica (monitoração eletrônica) deixar de adotar os cuidados necessários com o equipamento, bem como não observar os deveres que lhe são inerentes (art. 146-C da LEP).

Admite-se a regressão do regime aberto, por exemplo, para o fechado, diretamente, o que não ocorre na progressão de regime, que não pode ser "por salto". Em outras palavras, admite-se a "regressão por salto", o que, como regra, não se pode admitir na progressão.

Ressalte-se que o condenado que esteja cumprindo pena por crime punido com **detenção**, muito embora esta espécie de PPL não admita, como regra, a imposição de regime inicial fechado, poderá regredir a este regime. Assim não fosse, quem cumprisse pena de detenção, caso cometesse, por exemplo, falta grave em regime semiaberto, não sofreria qualquer penalidade, o que serviria até de estímulo ao cometimento de transgressões disciplinares.

A **remição** é benefício a que o condenado faz jus, desde que esteja cumprindo a pena em *regime fechado* ou *semiaberto*, reduzindo-se sua pena em razão do trabalho ou do estudo. De acordo com o art. 126, § 1º, da LEP, alterado pela Lei 12.433, de 29.06.2011, com vigência a partir de sua publicação no dia seguinte, a contagem do prazo, para fins de remição, será feito da seguinte maneira:

a) 1 (um) dia de pena a cada 12 (doze) horas de frequência escolar – atividade de ensino fundamental, médio, inclusive profissionalizante, ou superior, ou ainda de requalificação profissional – divididas, no mínimo, em 3 (três) dias;

b) 1 (um) dia de pena a cada 3 (três) dias de trabalho.

O estudo, nos termos do art. 126, § 2º, da LEP, já com as alterações promovidas pelo diploma legal acima referido, poderá ser desenvolvido de forma presencial ou por metodologia de ensino a distância, sendo de rigor a certificação pelas autoridades educacionais competentes dos cursos frequentados.

Será perfeitamente possível a cumulação do trabalho e do estudo do preso para fins de remição (ex.: trabalho na parte da manhã e estudo à noite). Nesse caso, a cada 3 dias de estudo e trabalho, será recompensado com o abatimento de dois dias de pena.

Ainda, deve-se registrar que o preso impossibilitado, por acidente, de prosseguir no trabalho ou nos estudos, continuará a beneficiar-se com a remição (art. 126, § 4º, LEP).

Ao preso que, durante o cumprimento da pena, concluir o ensino fundamental, médio ou superior, desde que haja certificado expedido pelo órgão competente, terá acrescido 1/3 (um terço) às horas de estudo que serão utilizadas para a remição (art. 126, § 5º, LEP).

Em caso de falta grave, o juiz poderá revogar até 1/3 (um terço) do tempo remido, recomeçando a contagem a partir da data da infração disciplinar (art. 127, LEP). Assim, a Súmula Vinculante 9 do STF, que afirmava que o condenado perderia, em razão da falta grave, todos os dias remidos, está tacitamente revogada pela Lei 12.433/2011, que alterou a redação do art. 127 da LEP.

Por oportuno, e tratando-se de inovação, deve-se destacar que a remição, até o advento da já citada Lei 12.433/2011, somente era admissível aos condenados que cumprissem pena em regime fechado ou semiaberto, visto que o trabalho era requisito indispensável à progressão ao regime aberto. No entanto, acrescentado o estudo do preso como fator de remição, mesmo ao condenado que cumpra pena em regime aberto ou semiaberto, bem assim ao que usufrui do livramento condicional, poderá beneficiar-se da remição pela frequência a curso de ensino regular ou de educação profissional (a cada 12 horas de estudo, divididas em no mínimo três dias, verá descontado 1 dia de sua pena, ou, ainda, 1 dia do período de prova do livramento condicional).

Para que se implementem os novos comandos da LEP, a Lei 12.245/2010 determinou a **instalação de salas de aula** nos estabelecimentos penais, destinadas a **cursos do ensino básico e profissionalizante**.

Por fim, vale destacar o teor da **Súmula 562 do STJ**: "*É possível a remição de parte do tempo de execução da pena quando o condenado, em regime fechado ou semiaberto, desempenha atividade laborativa, ainda que extramuros*".

A **detração, por sua vez,** é o cômputo (ou desconto, ou abatimento), na pena privativa de liberdade ou na medida de segurança, do tempo de prisão provisória ou de internação, cumprida no Brasil ou no estrangeiro (art. 42, CP). Assim, aquele tempo em que o agente ficou preso ou internado cautelarmente será descontado, abatido do tempo definitivo de pena privativa de liberdade ou, no caso de medida de segurança, em seu tempo mínimo de duração. Importante registrar que, nos termos do art. 387, § 2º, do CPP, o tempo de prisão provisória será computado para fins de fixação do regime inicial de cumprimento de pena.

Questão bastante relevante para concursos públicos diz respeito à possibilidade – ou não – de uma prisão cautelar decretada ou mantida em determinado processo-crime ser utilizada como "abatimento" em outro processo-crime. Confira-se a posição consolidada da doutrina e jurisprudência estampada nos excertos a seguir:

DETRAÇÃO. CUSTÓDIA CAUTELAR.
"A Turma denegou a ordem de *habeas corpus* e reafirmou ser inviável aplicar o instituto da detração penal nos processos relativos a crimes cometidos após a custódia cautelar". Precedentes citados do STF: HC 93.979-RS, *DJe* 19.06.2008; do STJ: REsp 1.180.018-RS, *DJe* 04.10.2010; HC 157.913-RS, *DJe* 18.10.2010, e REsp 650.405-RS, *DJ* 29.08.2005. HC 178.129-RS, Rel. Min. Og Fernandes, julgado em 07.06.2011. (**Inform. STJ** 476)

DETRAÇÃO PENAL. CRIME POSTERIOR. PRISÃO CAUTELAR.
"A Turma denegou a ordem de *habeas corpus*, reafirmando a jurisprudência deste Superior Tribunal de ser inviável a aplicação da detração penal em relação aos crimes cometidos posteriormente à custódia cautelar. No *writ*, a Defensoria sustentava constrangimento ilegal na decisão de não concessão da detração ao paciente que permaneceu preso cautelarmente em outro feito criminal no período de 27.09.2006 a 07.09.2007 e buscava a detração da pena pela prática de crime perpetrado em 27.11.2007". Precedentes citados do STF: HC 93.979-RS, *DJe* 19.06.2008; do STJ: REsp 650.405-RS, *DJ* 29.08.2005; HC 157.913-RS, *DJe* 18.10.2010, e REsp 1.180.018-RS, *DJe* 04.10.2010. HC 197.112-RS, Rel. Min. Og Fernandes, julgado em 19.05.2011. (Inform. STJ 473)

7.2.4. Fixação das PPLs (dosimetria da pena)

Nosso CP, em seu art. 68, consagrou o denominado sistema trifásico de fixação de pena, idealizado pelo grande mestre penalista Nelson Hungria.

Como o próprio nome sugere, o magistrado, no momento em que for aplicar a pena ao agente, deverá fazê-lo em três etapas:

a) Primeira fase: análise das **circunstâncias judiciais** do art. 59 do CP. Aqui, o juiz irá verificar a *culpabilidade, os antecedentes, a conduta social, a personalidade do agente, os motivos, as circunstâncias e as consequências do crime*, bem como o *comportamento da vítima*, a fim de que se fixe a **pena-base**. Quanto aos maus antecedentes, é mister ressaltar que o STJ, ao editar a **Súmula 444**, assentou ser **vedada a utilização de inquéritos policiais e ações penais em curso para agravar a pena-base**. Isso, é certo, decorre do princípio constitucional da presunção de inocência (ou de não culpabilidade);

b) Segunda fase: análise das **circunstâncias atenuantes e agravantes genéricas** (previstas na Parte Geral do CP), que vêm indicadas, respectivamente, nos arts. 65, 66, 61 e 62, todos do CP.

As **circunstâncias atenuantes** previstas no art. 65 do CP são as seguintes:

I – ser o agente menor de 21 (vinte e um), na data do fato, ou maior de 70 (setenta) anos, na data da sentença;

II – o desconhecimento da lei;

III – ter o agente:

a) cometido o crime por motivo de relevante valor social ou moral;

b) procurado, por sua espontânea vontade e com eficiência, logo após o crime, evitar-lhe ou minorar-lhe as consequências, ou ter, antes do julgamento, reparado o dano;

c) cometido o crime sob coação a que podia resistir, ou em cumprimento de ordem de autoridade superior, ou sob a influência de violenta emoção, provocada por ato injusto da vítima;

d) confessado espontaneamente, perante a autoridade, a autoria do crime;

e) cometido o crime sob a influência de multidão em tumulto, se não o provocou.

O **art. 66 do CP** trata das atenuantes inominadas:

A pena poderá ser ainda atenuada em razão de circunstância relevante, anterior ou posterior ao crime, embora não prevista expressamente em lei.

As **circunstâncias agravantes** do art. 61 do CP são:

I – a reincidência;

II – ter o agente cometido o crime:

a) por motivo fútil ou torpe;

b) para facilitar ou assegurar a execução, a ocultação, a impunidade ou vantagem de outro crime;

c) à traição, de emboscada, ou mediante dissimulação, ou outro recurso que dificultou ou tornou impossível a defesa do ofendido;

d) com emprego de veneno, fogo, explosivo, tortura ou outro meio insidioso ou cruel, ou de que podia resultar perigo comum;

e) contra ascendente, descendente, irmão ou cônjuge;

f) com abuso de autoridade ou prevalecendo-se de relações domésticas, de coabitação ou de hospitalidade, ou com violência contra a mulher na forma da lei específica;

g) com abuso de poder ou violação de dever inerente a cargo, ofício, ministério ou profissão;

h) contra criança, maior de 60 (sessenta) anos, enfermo ou mulher grávida;

i) quando o ofendido estava sob a imediata proteção da autoridade;

j) em ocasião de incêndio, naufrágio, inundação ou qualquer calamidade pública, ou de desgraça particular do ofendido;

l) em estado de embriaguez preordenada.

O art. 62 do CP trata de **circunstâncias agravantes** que somente se aplicam em caso de concurso de pessoas. Vejamos:

I – promove, ou organiza a cooperação no crime ou dirige a atividade dos demais agentes;

II – coage ou induz outrem à execução material do crime;

III – instiga ou determina a cometer o crime alguém sujeito à sua autoridade ou não punível em virtude de condição ou qualidade pessoal;

IV – executa o crime, ou nele participa, mediante paga ou promessa de recompensa.

Havendo o concurso de circunstâncias atenuantes e agravantes, caberá ao juiz impor a pena que se aproxime do limite indicado pelas **circunstâncias preponderantes**, entendendo-se como tais as que resultam dos motivos determinantes do crime, da personalidade do agente e da reincidência (art. 67, CP). Há precedentes do STJ no sentido de que a **menoridade relativa** (agente maior de dezoito anos, mas menor de vinte e um) prevalece sobre as demais, inclusive sobre a reincidência. Na mesma Corte, também está pacificado o entendimento de que a confissão espontânea do réu compensa-se com a reincidência (REsp 1.341.370-MT, Terceira Seção, *DJe* 17.04.2013).

Finalmente, de acordo com a **Súmula 231 do STJ**, a incidência de circunstância atenuante não pode conduzir à redução da pena abaixo do mínimo legal. Por evidente, o mesmo se aplica às agravantes, que não podem conduzir ao aumento da pena acima do máximo legal.

c) **Terceira fase**: análise das causas de diminuição (minorantes) e aumento (majorantes) de pena. Podem ser genéricas, quando previstas na Parte Geral do CP, ou específicas, quando na Parte Especial ou legislação extravagante. São representadas por *frações ou índices multiplicadores* (1/6, 1/3, 1/2, 2/3; dobro; triplo. etc.).

Diversamente do que ocorre com as atenuantes e agravantes, as causas de diminuição e aumento de pena podem, respectivamente, conduzir à fixação de reprimenda **abaixo do mínimo ou acima do máximo** previsto em lei.

7.3. As penas restritivas de direitos (PRDs)

7.3.1. Características

Também conhecidas como *penas alternativas*, visto que são uma alternativa à pena de prisão, as PRDs são **autônomas**, eis que têm regras e princípios próprios, não podendo coexistir com as PPLs, bem como **substitutivas**, ou seja, substituem as PPLs impostas em sentença.

Cabe mencionar que o crime de porte de drogas para consumo pessoal, tipificado no art. 28 da Lei de Drogas (Lei 11.343/2006), prevê, já abstratamente, penas alternativas à prisão (advertência, prestação de serviços à comunidade e comparecimento a programa ou curso educativo), tratando-se de uma exceção à regra que dita que as PRDs têm caráter substitutivo.

7.3.2. Requisitos para a substituição da PPL por PRD

A PRD somente poderá substituir uma PPL imposta em sentença se preenchidos os seguintes **requisitos**, de **forma cumulativa**, previstos no art. 44, I a III, do CP:

A) **Requisitos objetivos:**

(i) crime cometido sem violência ou grave ameaça à pessoa;

(ii) que a PPL a ser substituída seja de até 4 (quatro) anos, e, quanto aos crimes culposos, qualquer que seja a quantidade de pena imposta;

B) **Requisitos subjetivos:**

(i) *réu não reincidente em crime doloso* (não se tratando de **reincidência específica**, ou seja, não tendo o agente sido condenado em virtude da prática do mesmo crime, até **será possível a substituição** da PPL por PRD, desde que a **medida seja socialmente recomendável** – art. 44, § 3º, CP);

(ii) *a culpabilidade, os antecedentes, a conduta social, a personalidade do agente, bem como os motivos e as circunstâncias do crime indiquem que a substituição é suficiente*. É o que se convencionou chamar de **princípio da suficiência**.

7.3.3. Espécies de PRDs

As PRDs estão previstas, em rol taxativo, no **art. 43 do CP**, a saber:

I – Prestação pecuniária (art. 45, § 1º, CP);

II – Perda de bens e valores (art. 45, § 3º, CP);

III – Prestação de serviços à comunidade ou a entidades públicas (art. 46, CP);

IV – Interdição temporária de direitos (art. 47, CP); e

V – Limitação de fim de semana (art. 48).

7.3.3.1. Prestação pecuniária

Consiste no **pagamento em dinheiro** à *vítima, a seus dependentes ou a entidade pública ou privada com destinação social*, de importância fixada pelo juiz, não inferior a **1 (um) salário mínimo**, nem superior a **360 (trezentos e sessenta) salários mínimos**. O valor será deduzido do montante de eventual ação de reparação civil, desde que coincidentes os beneficiários. A prestação pecuniária poderá ser substituída por prestação de outra natureza desde que haja aceitação, nesse sentido, do beneficiário (art. 45, § 2º, CP).

Diversamente do que ocorre com a pena de multa, que é considerada dívida de valor (art. 51 do CP), se o condenado não cumprir a prestação pecuniária imposta, esta será convertida em PPL, conforme se depreende da regra geral imposta no art. 44, § 4º, do CP.

7.3.3.2. Perda de bens e valores

Consiste no "confisco" (retirada compulsória) de bens e valores que componham o **patrimônio lícito** do condenado, em favor do FUNPEN (Fundo Penitenciário Nacional), ressalvada a legislação especial. Será correspondente, ao que for maior, ao **montante do prejuízo** causado ou ao **proveito** obtido pelo agente com a **prática do crime** (art. 45, § 3º, CP).

7.3.3.3. Prestação de serviços à comunidade ou a entidades públicas

Trata-se de PRD que impõe ao condenado o cumprimento de **tarefas gratuitas** em *entidades assistenciais, hospitais, escolas, orfanatos e outros estabelecimentos congêneres, em programas comunitários e estatais* (art. 46, *caput*, e §§ 1º e 2º, CP).

Somente é aplicável essa espécie de pena restritiva às **condenações que superarem 6 (seis) meses de PPL**.

As tarefas não poderão atrapalhar a jornada de trabalho normal do condenado, motivo pelo qual corresponderão a **1 (uma) hora de tarefa por dia de condenação** (art. 46, § 3º, CP). Em caso de a PPL substituída **superar 1 (um) ano**, o condenado poderá cumprir a prestação de serviços à comunidade ou entidades públicas em **tempo menor**, respeitado, é bom que se diga, período jamais **inferior à metade** da pena privativa de liberdade substituída (art. 46, § 4º, CP).

7.3.3.4. Interdição temporária de direitos

Esta espécie de PRD somente será imposta quando o crime **violar deveres inerentes a cargo, atividade, ofício ou função pública**.

São elas:

I. proibição para o exercício de cargo, função ou atividade pública, bem como mandato eletivo;

II. proibição do exercício de profissão, atividade ou ofício que dependam de habilitação especial, de licença ou autorização do poder público;

III. suspensão de CNH (somente para os crimes culposos de trânsito);

IV. proibição de frequentar determinados lugares (art. 47, CP); e

V. proibição de inscrever-se em concurso, avaliação ou exames públicos (inovação trazida pela Lei 12.550/2011).

7.3.3.5. Limitação de fim de semana

Consiste na obrigação de o condenado permanecer, por **5 (cinco) horas diárias**, aos **sábados e domingos**, em Casa do Albergado, para que ouça palestras ou realize atividades educativas e participe de cursos (art. 48, parágrafo único, CP).

7.3.4. Descumprimento das PRDs

Conforme enuncia o art. 44, § 4º, do CP, a pena restritiva de direitos **converte-se** em privativa de liberdade quando ocorrer o **descumprimento injustificado** da restrição imposta. Trata-se da conversão ou reconversão da PRD pela PPL.

É claro que antes da decretação da conversão/reconversão é mister a prévia oitiva do condenado, em respeito ao contraditório e ampla defesa.

Em caso de condenação a PPL por outro crime, o juiz da execução penal decidirá sobre a conversão, podendo deixar de aplicá-la se for possível ao condenado cumprir a pena substitutiva anterior. Trata-se de **conversão ou reconversão facultativa**, visto que, se for possível ao condenado prosseguir no cumprimento da PRD anterior e cumprir, concomitantemente, a nova PRD imposta pela prática de outro crime, não haverá razões para a conversão da primeira.

7.4. A pena de multa

A pena de multa é de cunho eminentemente **pecuniário**. Consiste no **pagamento de um certo montante** ao Fundo Penitenciário Nacional (FUNPEN), fixado em sentença e calculado em **dias-multa**.

7.4.1. Sistema de aplicação da multa

Conforme a doutrina nos ensina, a multa segue um **sistema bifásico**, visto que, primeiramente, será estabelecido o **número de dias-multa**, seguindo-se ao cálculo de seu **valor unitário**.

Assim, na primeira fase, o juiz fixará a quantidade da multa entre **10 (dez)** e **360 (trezentos e sessenta) dias-multa**. Em ato seguinte, fixará o valor de cada dia-multa, que não poderá ser inferior a **1/30 (um trigésimo)** do salário mínimo, nem superior a **5 (cinco)** vezes esse valor, levando-se em conta a **capacidade econômica do réu** (arts. 49 e 60, ambos do CP).

Se o magistrado entender que o poder econômico do réu poderá revelar **ineficácia** da sanção penal, o valor da multa poderá ser elevado até o **triplo** (art. 60, § 1º, CP).

7.4.2. Natureza jurídica e execução da multa

Conforme preconizava o art. 51 do CP, transitada em julgado a sentença condenatória, a **multa** seria considerada **dívida de valor**, aplicando-se-lhe as normas da legislação relativa à **dívida ativa da Fazenda Pública**, inclusive no que concerne às causas interruptivas e suspensivas da prescrição.

Referido dispositivo legal sofreu alteração redacional pelo Pacote Anticrime (Lei 13.964/2019), passando a dispor que transitada em julgado a sentença condenatória, a **multa** será **executada perante o juiz da execução penal** e será considerada **dívida de valor**, aplicáveis as normas relativas à dívida ativa da Fazenda Pública, inclusive no que concerne às causas interruptivas e suspensivas da prescrição.

Em essência, foi mantida a natureza da multa como uma **dívida de valor**, o que vale dizer, em outras palavras, que caso o condenado não a pague, esta não poderá ser convertida em PPL, visto que o CP a considera, repise-se, mera dívida de valor.

Prevalecia, antes do Pacote Anticrime, o entendimento doutrinário e jurisprudencial de que **a execução da pena de multa**, caso não ocorresse o pagamento voluntário no prazo de 10 (dez) dias após o trânsito em julgado da sentença condenatória (art. 50, CP), deveria ser promovida pela Procuradoria da **Fazenda Pública** federal ou estadual, a depender da competência jurisdicional (crimes federais ou estaduais), nas **Varas das Execuções Fiscais**. Nesse sentido, a *Súmula 521* do STJ: *"A legitimidade para execução fiscal de multa pendente de pagamento imposta em sentença condenatória é exclusiva da Procuradoria da Fazenda Pública"*. O STF, no julgamento da **ADI 3150**, inclusive havia firmado entendimento, por maioria de votos, de que a legitimidade ativa para executar multa penal seria do **Ministério Público, ficando, pois, superada, a referida Súmula**. Confira-se notícia extraída diretamente do sítio eletrônico de referida Corte[2]:

> *"Por maioria de votos, o Plenário do Supremo Tribunal Federal (STF) definiu que o Ministério Público é o principal legitimado para executar a cobrança das multas pecuniárias fixadas em sentenças penais condenatórias. Na sessão desta quinta-feira (13), os ministros entenderam que, por ter natureza de sanção penal, a competência da Fazenda Pública para executar essas multas se limita aos casos de inércia do MP.*
>
> *O tema foi debatido conjuntamente na Ação Direta de Inconstitucionalidade (ADI) 3150, de relatoria do ministro Marco Aurélio, e na 12ª Questão de Ordem apresentada na Ação Penal (AP) 470, de relatoria do ministro Luís Roberto Barroso. A controvérsia diz respeito ao artigo 51 do Código Penal, que estabelece a conversão da multa pecuniária em dívida de valor após o trânsito em julgado da sentença condenatória, e determina que a cobrança se dê conforme as normas da legislação relativa à dívida ativa. A Procuradoria-Geral da República ajuizou a ADI 3150 pedindo que o texto seja interpretado de forma a conferir legitimidade exclusiva ao MP para executar essas dívidas. A União, por sua vez, argumentou que a competência seria da Fazenda Pública.*

---

2. http://www.stf.jus.br/portal/cms/verNoticiaDetalhe.asp?idConteudo=398607. Acesso em 07 de janeiro de 2019.

O julgamento foi retomado com o voto do ministro Roberto Barroso, que reafirmou o entendimento apresentado na 12ª Questão de Ordem na AP 470 no sentido da procedência parcial da ADI 3150. Segundo ele, o fato de a nova redação do artigo 51 do Código Penal transformar a multa em dívida de valor não retira a competência do MP para efetuar sua cobrança. Ele lembrou que a multa pecuniária é uma sanção penal prevista na Constituição Federal (artigo 5º, inciso XLVI, alínea "c"), o que torna impossível alterar sua natureza jurídica por meio de lei. Ressaltou, também, que a Lei de Execuções Penais (LEP), em dispositivo expresso, reconhece a atribuição do MP para executar a dívida.

Segundo Barroso, o fato de o MP cobrar a dívida, ou seja, executar a condenação, não significa que ele estaria substituindo a Fazenda Pública. O ministro destacou que a condenação criminal é um título executivo judicial, sendo incongruente sua inscrição em dívida ativa, que é um título executivo extrajudicial. Reafirmando seu voto na 12ª Questão de Ordem na AP 470, o ministro salientou que, caso o MP não proponha a execução da multa no prazo de 90 dias após o trânsito em julgado da sentença, o juízo da vara criminal comunicará ao órgão competente da Fazenda Pública para efetuar a cobrança na vara de execução fiscal. "Mas a prioridade é do Ministério Público, pois, antes de ser uma dívida, é uma sanção criminal", reiterou.

Seguiram essa corrente os ministros Alexandre de Moraes, Rosa Weber, Luiz Fux, Cármen Lúcia, Ricardo Lewandowski e Dias Toffoli (presidente). Ficaram vencidos os ministros Marco Aurélio e Edson Fachin, que votaram pela improcedência da ADI por entenderem ser competência da Fazenda Pública a cobrança da multa pecuniária.

A ADI 3150 foi julgada parcialmente procedente para dar interpretação conforme a Constituição ao artigo 51 do Código Penal, explicitando que, ao estabelecer que a cobrança da multa pecuniária ocorra segundo as normas de execução da dívida pública, não exclui a legitimidade prioritária do Ministério Público para a cobrança da multa na vara de execução penal. A questão de ordem foi resolvida no sentido de assentar a legitimidade do MP para propor a cobrança de multa com a possibilidade de cobrança subsidiária pela Fazenda Pública."

Com a novel redação que a Lei 13.964/2019 deu ao art. 51 do CP, parece não mais haver dúvida acerca da legitimidade ativa do Ministério Público para promover a execução da pena de multa, tendo como juízo competente a Vara das Execuções Criminais, o que nos faz levar a crer que mesmo em caso de inércia ministerial, será impossível que a Procuradoria da Fazenda Pública promova a cobrança judicial, ficando superado, pois, o entendimento firmado pelo STF na precitada ADI 3150. Nesse sentido leciona Rogério Sanches, para quem "(...) *a Lei 13.964/2019 (Pacote Anticrime) alterou a redação do art. 51 do CP, que passou a prever expressamente a competência do juízo da execução penal, no qual, evidentemente, deve atuar o Ministério Público. Aboliu-se a legitimidade subsidiária da procuradoria da Fazenda Pública*" (Manual de Direito Penal, Parte Geral, p. 595, 8ª edição, Ed. Juspodivm).

Caso sobrevenha ao condenado doença mental, suspende-se a execução da pena de multa, conforme determina o art. 52 do CP.

8. CONCURSO DE CRIMES

8.1. Conceito

Concurso de crimes ocorre quando o(s) agente(s), mediante a prática de **uma ou várias condutas**, pratica(m) **dois ou mais crimes**. Pressupõe, portanto, **pluralidade de fatos**.

8.2. Espécies de concurso de crimes

Os arts. 69, 70 e 71 do CP trazem, respectivamente, o **concurso material**, o **concurso formal** e o **crime continuado**.

8.2.1. Concurso material (ou real)

Previsto no art. 69 do CP, resta caracterizado quando o agente, mediante **mais de uma ação ou omissão**, pratica **dois ou mais crimes, idênticos ou não**. Como consequência, serão aplicadas, cumulativamente, as penas privativas de liberdade em que haja incorrido.

Assim, são **requisitos do concurso material**: *pluralidade de condutas e pluralidade de crimes*.

Reconhecida essa espécie de concurso, o juiz, na sentença, fixará as penas de cada uma das infrações penais separadamente para, somente então, somá-las. Isso é importante para fins de análise de prazo prescricional, que corre separadamente para cada crime (art. 119 CP).

Aplica-se no concurso material o **sistema do cúmulo material** (soma das penas).

Caso o agente tenha praticado diversos crimes em concurso material ou real, e havendo penas privativas de liberdade distintas (reclusão e detenção, por exemplo), a execução ocorrerá primeiramente da mais grave (reclusão, *in casu*).

8.2.2. Concurso formal (ou ideal)

Previsto no art. 70 do CP, resta caracterizado quando o agente, mediante **uma só ação ou omissão**, pratica **dois ou mais crimes, idênticos ou não**, aplicando-se a pena mais grave, se distintas, ou, se idênticas, qualquer uma delas, mas, em qualquer caso, aumentada de 1/6 (um sexto) até 1/2 (metade).

São **requisitos**, portanto, **do concurso formal**: *unidade de conduta e pluralidade de crimes*.

A depender dos crimes cometidos, existem 2 (duas) espécies de concurso formal:

a) concurso formal homogêneo: verifica-se quando os crimes cometidos forem **idênticos** (ex.: dois homicídios culposos de trânsito, praticados mediante uma só ação imprudente do condutor do veículo automotor);

b) concurso formal heterogêneo: verifica-se na hipótese de o agente, mediante uma só ação ou omissão, praticar dois ou mais **crimes distintos** (ex.: dirigindo imprudentemente, o condutor do veículo mata um pedestre e provoca lesões corporais em outro).

Ainda, quanto ao desígnio do agente para o cometimento dos crimes, classifica-se o concurso formal em:

a) concurso formal perfeito (ou próprio – é a regra): dá-se quando o agente, mediante uma só ação ou omissão, pratica dois ou mais crimes, idênticos ou não, mas com **unidade de desígnio**. É o caso do atropelamento culposo de 3 (três) pessoas;

b) concurso formal imperfeito (ou impróprio): dá-se quando o agente, mediante uma só ação ou omissão, pratica dois ou mais crimes, mas com **pluralidade de desígnios** (mais de uma vontade). É o caso do homem que efetua um só disparo, matando cinco pessoas enfileiradas.

No primeiro caso (concurso formal perfeito), a pena será acrescida de 1/6 a 1/2, aplicando-se o chamado **critério ou sistema da exasperação**. O critério que se adotará para o *quantum* de aumento de pena é o do **número de crimes** cometidos pelo agente, e da seguinte forma: (i) dois crimes = +1/6; (ii) três crimes = +1/5; (iii) quatro crimes = +1/4; (iv) cinco crimes = +1/3. (v) seis ou mais crimes = +1/2.

Já em caso de concurso formal imperfeito, dada a pluralidade de desígnios, as penas serão somadas, aplicando-se o critério ou sistema do **cúmulo material**.

Se da **exasperação da pena** (1/6 a 1/2) decorrer pena **superior** àquela que seria verificada com a soma das penas, aplicar-se-á a regra do **cúmulo material benéfico**, ou seja, as penas serão somadas (art. 70, parágrafo único, CP). Afinal, a regra do concurso formal objetivo, em última análise, beneficia o réu: em vez de sofrer condenação por cada um dos crimes, responderá, na prática, pela pena de um deles, acrescida de 1/6 a 1/2. No entanto, se referida regra se afigurar prejudicial, as penas dos crimes serão somadas.

8.2.3. Crime continuado (ou continuidade delitiva)

Previsto no art. 71 do CP, resta configurado quando o agente, mediante **mais de uma ação ou omissão**, pratica **dois ou mais crimes da mesma espécie,** em que, pelas *circunstâncias de tempo, lugar, maneira de execução e outras semelhantes, devem os subsequentes ser havidos como continuação do primeiro*, hipótese em que será aplicada a pena de um só dos crimes, se idênticas, ou a mais grave, se diversas, aumentadas, em qualquer caso, de 1/6 (um sexto) a 2/3 (dois terços). Aplica-se, aqui, o **critério ou sistema da exasperação**.

O *quantum* de aumento de pena, à semelhança do concurso formal perfeito, variará de acordo com o número de crimes cometidos, a saber: (i) dois crimes = + 1/6; (ii) três crimes = +1/5; (iii) quatro crimes = +1/4; (iv) cinco crimes = +1/3. (v) seis crimes = +1/2; (vi) sete ou mais crimes = +2/3.

O art. 71, parágrafo único, do CP traz a regra do **crime continuado qualificado ou específico**, pela qual o juiz poderá aumentar a pena até o **triplo** na hipótese de terem sido cometidos **crimes dolosos com violência ou grave ameaça à pessoa, contra vítimas diferentes**. Todavia, deve-se observar, em qualquer caso, o cúmulo material benéfico (se a exasperação revelar-se prejudicial, as penas deverão ser somadas).

Como se vê da redação do art. 71, *caput*, do CP, a continuidade delitiva depende do reconhecimento de uma **tríplice semelhança** entre os crimes praticados, qual seja:

a) circunstâncias de tempo semelhantes: de acordo com a doutrina e jurisprudência majoritárias, entre um crime e outro não pode transcorrer lapso superior a 30 (trinta) dias;

b) circunstâncias de lugar semelhantes: os crimes devem ser perpetrados na mesma cidade ou cidades vizinhas (contíguas); e

c) modo de execução semelhante: os crimes devem ser praticados com um mesmo padrão (*modus operandi*).

Se não houver o preenchimento das três condicionantes acima, todas de **caráter objetivo**, não será possível o reconhecimento da continuidade delitiva.

Além disso, a jurisprudência do STJ está consolidada no sentido de que a configuração do crime continuado exige um **requisito subjetivo**, qual seja, um nexo de continuidade entre os delitos (*unidade de desígnios*). Confira-se a ementa a seguir:

Habeas corpus. *Penal. Pleito de unificação de penas aplicadas em crimes de roubo e de unificação de penas pela prática de crimes de estupro indeferido pelas instâncias ordinárias. Reconhecimento de reiteração criminosa em ambas as condutas delituosas. Inexistência dos requisitos necessários para o reconhecimento da continuidade delitiva. Decisão fundamentada do juízo das execuções e do tribunal de origem. Impropriedade da via eleita para reexame de provas. Precedentes. Ordem de* habeas corpus *denegada. 1. Para o reconhecimento da continuidade delitiva, exige-se, além da comprovação dos requisitos objetivos, a unidade de desígnios, ou seja, o liame volitivo entre os delitos, a demonstrar que os atos criminosos se apresentam entrelaçados. Ou seja, a conduta posterior deve constituir um desdobramento da anterior. 2. Se as instâncias ordinárias reconheceram que existe, de fato, a reiteração de delitos e a habitualidade na prática criminosa, mostra-se irrepreensível a conclusão de refutar a aplicação do art. 71 do Código Penal. Entender diversamente, outrossim, implicaria acurada avaliação probatória, o que, na angusta via do* habeas corpus, *não se admite. 3. Habeas Corpus denegado (HC 245.029/SP, Rel. Ministra Laurita Vaz, 5ª Turma, DJe 25.04.2013).*

8.3. Pena de multa em caso de concurso de crimes

De acordo com o art. 72 do CP, no concurso de crimes (material, formal ou continuado), as penas de multa serão aplicadas distinta e integralmente. Em outras palavras, independentemente do critério a ser adotado (exasperação ou cúmulo material), a pena de multa eventualmente fixada subsistirá para cada um dos crimes de forma integral.

8.4. Limite das penas (art. 75 do CP)

Nos termos do art. 5º, XLVII, "b", da CF, nenhuma pena terá caráter perpétuo, submetendo-se ao lapso temporal máximo de **40 (quarenta) anos, conforme nova redação dada ao art. 75 do CP pelo** *Pacote Anticrime* **(Lei 13.964/2019)**.

No entanto, na sentença condenatória, em virtude do concurso de crimes, o juiz poderá condenar o réu a uma pena superior aos referidos 40 (quarenta) anos. Imaginemos um *serial killer* condenado por 10 (dez) homicídios dolosos qualificados em concurso material. Ainda que tenha sido condenado à pena mínima (doze anos de reclusão) por cada um deles, a soma delas resultará em 120 (cento e vinte) anos de reclusão.

A condenação é perfeitamente possível no caso acima relatado. Contudo, em sede de execução penal, a pena deverá ser **unificada**, a fim de que se respeite o lapso temporal máximo de 40 (quarenta) anos, consoante determina o art. 75, *caput* e § 1º, CP.

Nas contravenções penais, o tempo máximo de prisão simples é de **5 (cinco) anos** (art. 10 da LCP).

Para evitar impunidade, o STF editou a Súmula 715, que determina que para a concessão de benefícios legais (livramento condicional e progressão de regimes), será levada em conta não a pena unificada na execução, mas a pena aplicada na decisão condenatória. Apenas para ilustrar: se o já mencionado *serial killer* foi condenado a cento e vinte anos, somente poderá obter a progressão de regime após o cumprimento de um percentual da pena total imposta. Não se levará em conta a pena unificada para atingir o limite máximo de execução (40 anos), mas sim a pena aplicada (120 anos).

9. SUSPENSÃO CONDICIONAL DA PENA (*SURSIS*)

9.1. Conceito de *sursis*

Sursis, do francês *surseoir*, consiste na suspensão da execução da pena privativa de liberdade imposta ao condenado mediante o cumprimento de certas **condições**. Daí ser chamado de **suspensão condicional da pena**.

9.2. Sistemas

São dois os sistemas de *sursis* mais conhecidos no mundo:

a) *probation system* (sistema anglo-americano): o juiz reconhece a culpabilidade do réu, mas não profere sentença condenatória, suspendendo o processo;

b) *franco-belga* (ou belga-francês, ou europeu continental): o juiz não só reconhece a culpabilidade como condena o réu. Todavia, preenchidas as condições impostas por lei, suspende a execução da pena. **É o sistema adotado pelo nosso CP.**

9.3. Concessão e audiência admonitória

O *sursis* é concedido pelo juiz na própria sentença. Haverá a condenação do réu a uma PPL, mas o juiz, no mesmo ato, desde que presentes os requisitos legais, concede a suspensão condicional da pena ao réu. Para tanto, será de rigor que, na hipótese, **não seja cabível a substituição da PPL por PRD ou por multa** (art. 77, III, do CP).

Transitada em julgado a sentença que impôs o *sursis*, o condenado será intimado a comparecer a uma audiência de advertência (também chamada de **admonitória**), oportunidade em que será avisado das condições impostas e alertado das consequências de seu descumprimento. Se o condenado não comparecer à audiência admonitória, o *sursis* será **cassado**, impondo-lhe, portanto, o cumprimento da PPL que lhe fora imposta.

9.4. Requisitos para o *sursis* (art. 77 CP)

São de duas ordens:

a) **objetivos:**

✓ (i) condenação a PPL não superior a 2 (dois) anos (em regra);

✓ (ii) impossibilidade de substituição da PPL por PRD.

b) **subjetivos:**

✓ (i) não ser reincidente em crime doloso (exceto se a condenação anterior foi exclusivamente à pena de multa – art. 77, § 1º, CP e Súmula 499 do STF);

✓ (ii) circunstâncias judiciais favoráveis (culpabilidade, antecedentes, conduta social e personalidade do agente, assim como os motivos e as circunstâncias do crime autorizarem a concessão do *sursis*).

9.5. Espécies de *sursis*

São 4 (quatro):

a) ***sursis* simples ou comum** (art. 77, CP): aplicável aos condenados, não reincidentes, a PPL não superior a 2 (dois) anos. Será cabível quando o condenado não houver reparado o dano, salvo se tiver comprovado a impossibilidade de fazê-lo e/ou as circunstâncias judiciais previstas no art. 59 do CP não lhe forem completamente favoráveis. É a regra. O período de prova, que será explicado mais à frente, será de 2 (dois) a 4 (quatro) anos;

b) ***sursis* especial** (art. 78, § 2º, CP): aplicável aos condenados, não reincidentes, a PPL não superior a 2 (dois) anos, desde que as circunstâncias judiciais do art. 59 do CP lhe sejam completamente favoráveis, bem como se houver reparado o dano, salvo impossibilidade justificada. Seus requisitos são mais rígidos do que para o *sursis* simples, mas as condições são mais brandas. O período de prova será de 2 (dois) a 4 (quatro) anos;

c) ***sursis* etário** (art. 77, § 2º, CP): aplicável aos condenados que contarem com mais de **70 (setenta) anos** de idade na data da sentença, cuja PPL imposta não seja superior a 4 (quatro) anos. Contudo, o período de prova será de 4 (quatro) a 6 (seis) anos;

d) ***sursis* humanitário** (art. 77, § 2º, CP): aplicável aos condenados a PPL não superior a 4 (quatro) anos, desde que o estado de saúde justifique a suspensão da pena (pacientes terminais). O período de prova será de 4 (quatro) a 6 (seis) anos.

9.5.1. Condições para o sursis

Para o ***sursis* simples**, impõem-se as seguintes **condições**:

(i) prestação de serviços à comunidade ou limitação de fim de semana (primeiro ano do período de prova – art. 78, § 1º, CP).

Para o ***sursis* especial**, impõem-se as seguintes **condições**, cumulativamente:

(i) proibição de frequentar determinados lugares;

(ii) proibição de se ausentar da comarca sem a autorização do juiz; e

(iii) comparecimento pessoal mensalmente para justificar as atividades exercidas.

Essas são as chamadas **condições legais**, ou seja, impostas pela lei. Há, ainda, as **condições judiciais**, nos termos do art. 79 do CP, que poderão ser impostas pelo juiz, além daquelas que a lei determinar.

Por fim, há as **condições legais indiretas**, que são aquelas causas ensejadoras da revogação do *sursis* (art. 81, CP), conforme veremos mais à frente.

9.5.2. Período de prova

É o lapso temporal dentro do qual o condenado beneficiado pelo *sursis* deverá **cumprir as condições impostas**, bem como demonstrar **bom comportamento**. É também denominado de **período depurador**.

Como já foi dito, o período de prova será de **2 (dois) a 4 (quatro) anos** nos *sursis* simples e especial, e de **4 (quatro) a 6 (seis) anos** nos *sursis* etário e humanitário.

9.5.3. Revogação do sursis

Poderá ser obrigatória (art. 81, I a III, CP) ou facultativa (art. 81, § 1º, CP).

Será **obrigatória a revogação** do *sursis* se:

(i) o beneficiário vier a ser condenado irrecorrivelmente por crime doloso;

(ii) não reparar o dano, salvo motivo justificado;

(iii) descumprir as condições do *sursis* simples.

Será **facultativa a revogação** do *sursis* se:

(i) o beneficiário vier a ser condenado irrecorrivelmente por contravenção ou crime culposo, salvo se imposta pena de multa;

(ii) descumprir as condições do *sursis* especial;

(iii) descumprir as condições judiciais.

9.5.4. Prorrogação do período de prova

Conforme reza o art. 81, § 2º, do CP, se o beneficiário estiver sendo processado por outro crime ou contravenção, considerar-se-á prorrogado o prazo da suspensão até o julgamento definitivo.

Ainda, o § 3º do precitado dispositivo legal aduz que, quando facultativa a revogação, o juiz pode, em vez de decretá-la, prorrogar o período de prova até o máximo, se este não foi o fixado.

9.5.5. Extinção da punibilidade

Com a expiração do prazo (período de prova) sem que tenha havido revogação, considerar-se-á extinta a pena privativa de liberdade suspensa (art. 82, CP).

10. LIVRAMENTO CONDICIONAL

10.1. Conceito

É a **libertação antecipada do condenado**, mediante o cumprimento de certas condições, pelo prazo restante da pena que deveria cumprir. Trata-se, segundo a doutrina, de **direito público subjetivo do condenado,** ou seja, não pode ser negado por mera discricionariedade do magistrado. Preenchidos os requisitos, deverá ser concedido.

A competência para a concessão do livramento condicional (LC), ao contrário do *sursis* (em regra), é do **juiz da execução penal**.

10.2. Requisitos para a concessão do LC

São de 2 ordens:

1) Objetivos:

✓ - condenação a PPL igual ou superior a 2 (dois) anos (art. 83 CP);

✓ - reparação do dano, salvo impossibilidade de fazê-lo (art. 83, IV, CP);

✓ - cumprimento de parte da pena (art. 83, I, II e V, CP):

a) mais de 1/3, para condenado de bons antecedentes e primário;

b) mais de 1/2, se o condenado for reincidente em crime doloso;

c) entre 1/3 e 1/2, se o condenado não for reincidente em crime doloso, mas tiver maus antecedentes;

d) mais de 2/3, nos casos de condenação por crime hediondo, prática de tortura, tráfico ilícito de entorpecentes e drogas afins, tráfico de pessoas e terrorismo, se o apenado não for reincidente específico em crimes dessa natureza.

2) Subjetivos:

✓ - bom comportamento durante a execução da pena, conforme enuncia a nova redação do art. 83, III, "a", do CP, alterado pelo *Pacote Anticrime*;

✓ - b) não cometimento de falta grave nos últimos 12 (doze) meses (art. 83, III, "b", CP, introduzido pela Lei 13.964/2019);

✓ - bom desempenho no trabalho que lhe foi atribuído (art. 83, III, "c", do CP);

✓ - aptidão para prover a própria subsistência mediante trabalho honesto (art. 83, III, "d", do CP);

✓ - prova da cessação de periculosidade para os condenados por crime doloso cometido com violência ou grave ameaça *(art. 83, parágrafo único, do CP)*

10.2.1. Condições para o LC

Podem ser:

a) Obrigatórias

✓ (i) obter o condenado ocupação lícita;

✓ (ii) comunicar periodicamente ao juiz sua ocupação;

✓ (iii) não mudar da comarca da execução sem prévia autorização;

b) Facultativas (ou Judiciais)

✓ (i) não mudar de residência sem comunicar o juízo;

✓ (ii) recolher-se à habitação em hora fixada;

✓ (iii) não frequentar determinados lugares;

c) Legais indiretas – ausências das causas geradoras de revogação do benefício.

10.2.2. Revogação do LC

Pode ser:

a) Obrigatória: condenação irrecorrível a PPL pela prática de crime havido **antes** ou **durante o benefício** (art. 86, I e II, CP);

b) Facultativa: condenação irrecorrível, por crime ou contravenção, à pena não privativa de liberdade ou se houver descumprimento das condições impostas (art. 87, CP).

10.2.3. Período de prova no LC

É o período em que o condenado observará as condições impostas, pelo prazo restante da PPL que havia para cumprir. Findo este período **sem revogação** do LC, o juiz **julgará extinta a punibilidade** do agente (art. 90, CP).

10.2.4. Prorrogação do período de prova

Se durante o período de prova o liberado (condenado) responder a ação penal por **crime** (e não contravenção penal!) **havido durante a vigência** do livramento condicional, deverá o juiz da execução penal prorrogar o período de prova até o trânsito em julgado, não podendo declarar extinta a punibilidade enquanto isso (art. 89, CP).

A prorrogação ora tratada **não é automática**, consoante doutrina e jurisprudência majoritárias, exigindo-se, pois, **decisão judicial** nesse sentido.

A ausência de *suspensão* ou *revogação* do livramento condicional *antes do término do período de prova* enseja a **extinção da punibilidade pelo integral cumprimento da pena**, consoante dispõe a **Súmula 617 do STJ**.

11. EFEITOS DA CONDENAÇÃO E REABILITAÇÃO

11.1. Conceito

Diz-se que são efeitos da condenação todas as consequências advindas de uma sentença penal condenatória transitada em julgado.

11.1.1. Efeitos da condenação

De forma bastante didática, a doutrina divide os efeitos da condenação em dois grandes grupos, a saber: **efeitos principais** e **efeitos secundários**.

11.1.2. Efeitos principais

Decorrem, como dito, de sentença penal condenatória transitada em julgado, resumindo-se à **imposição das penas**, sejam elas privativas de liberdade, restritivas de direitos ou multa.

Mister mencionar que os efeitos ora tratados são impostos aos **imputáveis** e **semi-imputáveis** que revelarem periculosidade, os quais serão condenados a uma pena reduzida (art. 26, parágrafo único, do CP), substituída por medida de segurança. Aos inimputáveis (art. 26, *caput*, do CP), aplicam-se as medidas de segurança, fruto de **sentença absolutória imprópria**.

Em suma, apenas a sentença condenatória gera, evidentemente, os efeitos da condenação, os quais não ocorrem na sentença absolutória.

11.1.3. Efeitos secundários

Os efeitos secundários podem ser de **natureza penal** ou **extrapenal**.

a) Efeitos secundários de natureza penal:

✓ (i) reincidência;

✓ (ii) impede a concessão do *sursis*;

✓ revoga o *sursis* se o crime for doloso;

✓ revoga o LC se o crime redundar em PPL;

✓ (v) aumenta o prazo da prescrição da pretensão executória etc.;

b) Efeitos secundários de natureza extrapenal:

b1. Genéricos – são automáticos, sem necessidade de constar da sentença (art. 91, CP):

i. torna certa a obrigação de reparar o dano, sendo que a sentença penal condenatória trânsita é título executivo no cível;

ii. confisco, pela União, dos instrumentos ilícitos e produtos do crime;

iii. suspensão dos direitos políticos (art. 15, III, CF);

b2. Específicos – não automáticos, devendo constar da sentença (art. 92, CP):

i. perda do cargo, função pública ou mandato eletivo em virtude da prática de crimes funcionais (pena igual ou superior a 1 ano) ou em crimes de qualquer natureza se a pena for superior a 4 anos;

ii. incapacidade para o exercício do poder familiar, da tutela ou da curatela nos crimes dolosos sujeitos à pena de reclusão cometidos contra outrem igualmente titular do mesmo poder familiar, contra filho, filha ou outro descendente ou contra tutelado ou curatelado, conforme nova redação dada ao inc. II do art. 92 do CP pela Lei 13.715/2018;

iii. inabilitação para dirigir veículo desde que o crime seja doloso e que o veículo tenha sido usado como instrumento do crime (difere da suspensão de CNH, nos delitos culposos de trânsito).

Com a aprovação do **Pacote Anticrime** (Lei 13.964/2019), incluiu-se ao CP o **art. 91-A**, que nos trouxe uma espécie de confisco do acréscimo patrimonial cuja origem não seja comprovadamente lícita, correspondente à diferença entre o valor do patrimônio do condenado e aquele que seria compatível com o seu rendimento lícito. Vejamos:

Art. 91-A. Na hipótese de condenação por infrações às quais a lei comine pena máxima superior a 6 (seis) anos de reclusão, poderá ser decretada a perda, como produto ou proveito do crime, dos bens correspondentes à diferença entre o valor do patrimônio do condenado e aquele que seja compatível com o seu rendimento lícito.

*§ 1º Para efeito da perda prevista no **caput** deste artigo, entende-se por patrimônio do condenado todos os bens:*

I – de sua titularidade, ou em relação aos quais ele tenha o domínio e o benefício direto ou indireto, na data da infração penal ou recebidos posteriormente; e

II – transferidos a terceiros a título gratuito ou mediante contraprestação irrisória, a partir do início da atividade criminal.

§ 2º O condenado poderá demonstrar a inexistência da incompatibilidade ou a procedência lícita do patrimônio.

§ 3º A perda prevista neste artigo deverá ser requerida expressamente pelo Ministério Público, por ocasião do oferecimento da denúncia, com indicação da diferença apurada.

§ 4º Na sentença condenatória, o juiz deve declarar o valor da diferença apurada e especificar os bens cuja perda for decretada.

§ 5º Os instrumentos utilizados para a prática de crimes por organizações criminosas e milícias deverão ser declarados perdidos em favor da União ou do Estado, dependendo da Justiça onde tramita a ação penal, ainda que não ponham em perigo a segurança das pessoas, a moral ou a ordem pública, nem ofereçam sério risco de ser utilizados para o cometimento de novos crimes.

Dada a exigência de provocação do Ministério Público para que o confisco em comento seja decretado (art. 91-A, §3º), bem como a necessidade de o juiz declarar o valor da diferença apurada e especificar os bens cuja perda tenha decretado (art. 91-A, §4º), temos para nós que se trata de efeito específico da condenação, vale dizer, não automático.

11.2. Reabilitação

É o instituto pelo qual o condenado terá **restabelecida parte dos direitos atingidos pela condenação**, assegurando **sigilo dos registros** sobre seu processo (arts. 93 a 95, CP).

Especificamente quanto ao sigilo, é verdade que o art. 202 da LEP (Lei 7.210/1984) assegura, de forma automática, o sigilo quanto à "folha de antecedentes" do condenado. Contudo, trata-se de efeito mais amplo, visto que qualquer autoridade judiciária, membro do Ministério Público ou autoridade policial terá acesso àquele antecedente. Já com a reabilitação, o sigilo será mais restrito, somente podendo ser "quebrado" por juiz criminal, mediante requisição.

11.2.1. Requisitos para a reabilitação

São **quatro** os requisitos para que o condenado obtenha sua reabilitação:

a) Decurso de dois anos do dia em que tiver sido extinta, de qualquer modo, a pena ou terminar sua execução;

b) Ter tido domicílio no país no prazo acima mencionado;

c) Demonstrar efetivamente constante bom comportamento público e privado; e

d) Ter ressarcido o dano, ou demonstrado a impossibilidade de fazê-lo, até o dia do pedido, ou que exiba documento comprobatório de que a vítima renunciou ao direito de ser indenizada ou que tenha havido novação da dívida.

11.2.2. Juízo competente para conceder a reabilitação

Compete ao juízo de 1º grau, e não ao da execução penal, como se poderia imaginar, a apreciação do pedido de reabilitação.

11.2.3. Revogação da reabilitação

A reabilitação poderá ser revogada se o reabilitado vier a ser condenado irrecorrivelmente, como reincidente, a pena que não seja de multa (art. 95, CP).

11.2.4. Possibilidade de novo pedido de reabilitação

Conforme preleciona o art. 94, parágrafo único, do CP, negada a reabilitação, poderá ela ser requerida novamente, a qualquer tempo, desde que o pedido seja instruído com novos elementos dos requisitos necessários.

Significa dizer que o indeferimento de um pedido de reabilitação não faz coisa julgada material, admitindo-se a renovação do pedido, desde que, desta feita, seja instruído com as provas necessárias à sua concessão.

12. MEDIDAS DE SEGURANÇA

12.1. Conceito

É **espécie de sanção penal** imposta pelo Estado a um **inimputável** ou **semi-imputável** com reconhecida periculosidade, desde que se tenha praticado um fato típico e antijurídico.

12.2. Natureza jurídica e objetivo

Como se viu no item anterior, a medida de segurança é **espécie do gênero sanção penal**. Não se trata de pena, que também é modalidade de sanção penal, visto que aquela pressupõe culpabilidade; já esta pressupõe periculosidade (prognóstico de que a pessoa portadora de um déficit mental poderá voltar a delinquir).

Diversamente das penas, que apresentam forte caráter retributivo, as medidas de segurança objetivam a **cura** do inimputável ou semi-imputável. Trata-se aqui de forte **aspecto preventivo**.

12.3. Sistema vicariante

Após a reforma da Parte geral do CP, que ocorreu com o advento da Lei 7.209/1984, adotou-se o **sistema vicariante**, pelo qual se aplica aos semi-imputáveis **pena reduzida** ou **medida de segurança**, desde que, neste último caso, verifique-se a periculosidade real mediante perícia. Antes de referida legislação, admitia-se a imposição de pena e medida de segurança àquelas pessoas que revelassem periculosidade. Era o **sistema do duplo binário**, substituído pelo vicariante.

Nada obstante seja inadmissível, sob pena de ofensa ao *ne bis in idem*, que o agente, por um mesmo fato, cumpra, conjuntamente, pena e medida de segurança, poderá ser submetido a ambas as espécies de sanções penais, desde que se trate de fatos distintos. Confira-se:

"Durante o cumprimento de pena privativa de liberdade, o fato de ter sido imposta ao réu, em outra ação penal, medida de segurança referente a fato diverso não impõe a conversão da pena privativa de liberdade que estava sendo executada em medida de segurança. Inicialmente, convém apontar que o sistema vicariante afastou a imposição cumulativa ou sucessiva de pena e medida de segurança, uma vez que a aplicação conjunta ofenderia o princípio do ne bis in idem, já que o mesmo indivíduo suportaria duas consequências em razão do mesmo fato. No caso em análise, evidencia-se que cada reprimenda imposta corresponde a um fato distinto. Portanto, não há que se falar em ofensa ao sistema vicariante, porquanto a medida de segurança refere-se a um fato específico e a aplicação da pena privativa de liberdade correlaciona-se a outro fato e delito. Decisão monocrática citada: HC 137.547-RJ, Rel. Min. Jorge Mussi, DJe 01.02.2013" (HC 275.635/SP, Rel. Min. Nefi Cordeiro, DJe 15.03.2016).

12.4. Natureza jurídica da sentença que impõe medida de segurança

A sentença que impõe medida de segurança, com fundamento no art. 26, *caput*, do CP, é denominada pela doutrina de **absolutória imprópria** (art. 386, VI, CPP). É **absolutória**, pois a inimputabilidade é **causa que isenta o réu de pena**; **imprópria**, pois a sentença, embora absolva o réu, impõe-lhe **sanção penal** (medida de segurança).

Já se estivermos falando de réu **semi-imputável** (art. 26, parágrafo único, do CP), o juiz proferirá **sentença condenatória**, seja para aplicar-lhe pena reduzida de um a dois terços, seja para substituí-la por medida de segurança.

12.5. Espécies de medidas de segurança

São duas:

a) detentiva: será imposta em caso de o crime cometido ser apenado com **reclusão** (crimes mais graves). Consiste na **internação** do inimputável ou semi-imputável em **hospital de custódia e tratamento psiquiátrico** ou em outro estabelecimento adequado;

b) restritiva: será imposta em caso de o crime cometido ser apenado com detenção, consistindo na sujeição do inimputável ou semi-imputável a **tratamento ambulatorial**. Todavia, adverte a doutrina que, no caso de pena de detenção, a escolha entre as medidas de segurança detentiva e restritiva deve ser guiada pelo grau de periculosidade do réu (MASSON, 2009).

12.5.1. Prazo de duração da medida de segurança

As medidas de segurança apresentam dois prazos de duração:

a) mínimo: variável de **1 (um) a 3 (três) anos**, conforme art. 97, § 1º, parte final, do CP. Ao término desse prazo, que deverá expressamente constar na sentença, o agente deverá ser submetido a exame de cessação de periculosidade;

b) máximo: pelo texto legal (art. 97, § 1º, CP), a medida de segurança poderia ser eterna, visto que seu prazo seria **indeterminado**. No entanto, o STF, à luz da regra constitucional que veda as **penas de caráter perpétuo**, convencionou que o prazo máximo de duração é de **30 (trinta) anos**. Já o STJ decidiu, com base no princípio da proporcionalidade e isonomia, que a duração da medida de segurança **não pode superar o limite máximo de PPL** cominada à infração penal. Tal posicionamento foi cristalizado na **Súmula 527** de referida Corte: "O tempo de duração da medida de segurança não deve ultrapassar o limite máximo da pena abstratamente cominada ao delito praticado." Trata-se de **posição mais garantista**, interessante para ser sustentada em **concursos de Defensoria Pública**.

A fim de complementarmos o tema em discussão, confira-se:

Medida de segurança e hospital psiquiátrico

"A 1ª Turma deferiu parcialmente *habeas corpus* em favor de denunciado por homicídio qualificado, perpetrado contra o seu próprio pai em 1985. No caso, após a realização de incidente de insanidade mental, constatara-se que o paciente sofria de esquizofrenia paranoide, o que o impedira de entender o caráter ilícito de sua conduta, motivo pelo qual fora internado em manicômio judicial. Inicialmente, afastou-se a alegada prescrição e a consequente extinção da punibilidade. Reafirmou-se a jurisprudência desta Corte no sentido de que o prazo máximo de duração de medida de segurança é de 30 anos, nos termos do art. 75 do CP. Ressaltou-se que o referido prazo não fora alcançado por haver interrupção do lapso prescricional em face de sua internação, que perdura há 26 anos. No entanto, com base em posterior laudo que atestara a periculosidade do paciente, agora em grau atenuado, concedeu-se a ordem a fim de determinar sua internação em hospital psiquiátrico próprio para tratamento ambulatorial". HC 107432/RS, rel. Min. Ricardo Lewandowski, 24.05.2011. (HC-107432) (Inform. STF 628)

MEDIDA. SEGURANÇA. DURAÇÃO.

"A Turma concedeu a ordem de *habeas corpus* para limitar a duração da medida de segurança à pena máxima abstratamente cominada ao delito praticado pelo paciente, independentemente da cessação da periculosidade, não podendo ainda ser superior a 30 anos, conforme o art. 75 do CP". Precedentes citados: HC 135.504-RS, *DJe* 25.10.2010; HC 113.993-RS, *DJe* 04.10.2010; REsp 1.103.071-RS, *DJe* 29.03.2010, e HC 121.877-RS, *DJe* 08.09.2009. HC 147.343-MG, Rel. Min. Laurita Vaz, julgado em 05.04.2011. (Inform. STJ 468)

12.5.2. Cessação de periculosidade

Ao término do prazo mínimo de duração da medida de segurança, deverá ser aferida a **cessação da periculosidade** do agente. Em outras palavras, deverá ser submetido a um **exame** a fim de que se constate se houve sua cessação. Em caso positivo, o juiz deverá determinar a **suspensão da execução da medida de segurança e** a desinternação (medida de segurança detentiva) ou liberação (medida de segurança restritiva) do indivíduo. Em caso negativo, a medida de segurança persistirá. Após essa primeira, anualmente novas perícias (exames de cessação de periculosidade) deverão ser realizadas.

Importa ressaltar que as referidas desinternação e liberação são **condicionais**, tal como ocorre com o livramento condicional, devendo o agente atentar às mesmas condições daquele benefício, nos termos do art. 178 da LEP.

12.5.3. Revogação da desinternação ou liberação

Considerando que a desinternação ou a liberação do agente serão condicionadas, é certo que, se antes do decurso de **1 (um) ano ele praticar fato indicativo de que a periculosidade persiste**, deverá retornar ao *status quo ante*, ou seja, a medida de segurança será **restabelecida**.

12.5.4. Desinternação progressiva

Embora não exista expressa previsão legal, a **desinternação progressiva** vem sendo admitida pela doutrina mais moderna e pela jurisprudência. Em síntese, consiste na **transferência** do agente do regime de internação em hospital de custódia e tratamento psiquiátrico para o **tratamento ambulatorial**, especialmente quando aquela espécie de medida de segurança se revelar desnecessária.

Assemelha-se a desinternação progressiva à progressão de regime penitenciário.

12.5.5. Possibilidade de conversão de PPL em medida de segurança

Se durante a execução da PPL sobrevier ao condenado **doença ou perturbação mental permanente**, o art. 183 da LEP determina que o juiz da execução penal, de ofício ou a requerimento do Ministério Público, da Defensoria Pública ou autoridade administrativa, **substitua a pena por medida de segurança,** persistindo pelo restante da pena que deveria ser cumprida.

Se estivermos diante de **doença ou perturbação mental transitória ou temporária**, aplicar-se-á o art. 41 do CP, que determina que seja o condenado recolhido a hospital de custódia e tratamento psiquiátrico ou estabelecimento adequado pelo prazo máximo de 30 (trinta) anos (posição do STF) ou pelo máximo da PPL cominada (posição do STJ), ou, ainda, por prazo indeterminado (art. 97, § 1º, parte final, CP).

13. PUNIBILIDADE E SUAS CAUSAS EXTINTIVAS

13.1. Conceito de punibilidade

É a possibilidade jurídica de se impor a um agente culpável uma pena. Não integra a punibilidade o conceito de crime, que, analiticamente, é fato típico e antijurídico (concepção bipartida). Importa ressaltar que, para a maioria dos doutrinadores, a punibilidade é mera consequência jurídica da prática de uma infração penal (crimes e contravenções penais).

13.2. Surgimento da punibilidade

A punibilidade existe em estado latente, ou seja, abstratamente, até que um agente pratique um crime ou uma contravenção penal. A partir deste momento, a punibilidade se transmuda para um direito de punir concreto (*jus puniendi* estatal), tendo por objetivo a imposição da pena.

13.3. Causas extintivas da punibilidade

Nem sempre após a prática de um fato típico e antijurídico, verificada a culpabilidade, o Estado poderá, automaticamente, impor a respectiva pena ao agente delitivo. Por vezes, ainda que o direito de punir em concreto surja, falecerá ao Estado a possibilidade de imposição ou de execução da pena.

É nesse momento que o exercício do direito de punir sofre restrições, dentre elas as causas extintivas da punibilidade, previstas, exemplificativamente, no art. 107 do CP.

13.3.1. Estudo das causas extintivas da punibilidade em espécie

Conforme dito alhures, as causas extintivas da punibilidade não se esgotam no art. 107 do CP, embora seja este dispositivo legal aquele que agrega as mais importantes delas. Vamos estudá-las!

13.3.1.1. Morte do agente (art. 107, I, CP)

Por evidente, com a morte do acusado no processo penal, a ação penal perderá seu objeto, qual seja, a pessoa do agente. Se todo o processo tem por escopo a aplicação de uma pena ao agente delitivo, com a morte deste, a persecução penal resta prejudicada.

Ademais, reza o art. 5º, XLV, da CF, que nenhuma pena passará da pessoa do condenado. Quer isso dizer que, diferentemente do processo civil, em que, proposta uma ação, se seu autor falecer, poderão os parentes sucedê-lo, salvo se se tratar de lide personalíssima, no processo penal isso não será possível. Em outras palavras, morto o acusado, não poderão seus parentes sofrer os efeitos de uma pena criminal. Todavia, a obrigação de reparar o dano e o perdimento de bens poderão se estender aos sucessores nos limites das forças da herança.

Assim, a morte do agente faz ser extinta a punibilidade. A prova da morte faz-se por certidão de óbito a ser juntada nos autos.

13.3.1.2. Anistia, graça ou indulto (art. 107, II, CP)

A **anistia** consiste na edição, pelo Congresso Nacional, de uma lei, de âmbito federal, capaz de promover a exclusão do crime imputado ao agente delitivo, atingindo todos os efeitos penais da condenação, subsistindo, contudo, os extrapenais (genéricos e específicos – arts. 91 e 92 do CP).

A anistia pode atingir crimes políticos (denominada *anistia especial*) ou crimes não políticos (*anistia comum*). Outrossim, poderá ser concedida antes (*anistia própria*) ou após o trânsito em julgado da sentença condenatória (*anistia imprópria*). Pode, por fim, ser *condicionada* (quando a lei anistiadora impuser algum encargo ao agente) ou *incondicionada* (quando nada exigir do criminoso para produzir efeitos).

A **graça** (denominada pela LEP de indulto individual) consiste no benefício por meio do qual o agente terá excluído o efeito principal da condenação, qual seja, a pena, remanescendo os efeitos penais e extrapenais (lembre-se de que, na anistia, subsistem apenas os extrapenais). Dependerá a graça de pedido do condenado, do MP, Conselho Penitenciário ou da autoridade administrativa (art. 187 da LEP) e será concedida mediante despacho do Presidente da República, que poderá delegar tal mister a Ministros de Estado (geralmente Ministro da Justiça), Procurador-Geral da República (PGR) e Advogado-Geral da União (AGU).

O **indulto**, diferentemente da graça, tem caráter coletivo, sendo concedido mediante decreto presidencial. Atingirá, também, os efeitos principais da condenação (penas), subsistindo os efeitos secundários de natureza penal e extrapenal. Nesse sentido, confira-se a **Súmula 631 do STJ**: "O indulto extingue os efeitos primários da condenação (pretensão executória), mas não atinge os efeitos secundários, penais ou extrapenais".

Graça e indulto devem ser concedidos somente após o trânsito em julgado da sentença condenatória, diferentemente da anistia, que poderá ser concedida antes ou após tal marco processual.

Insta registrar, por fim, o teor da **Súmula 535 do STJ**, editada em 2015: "A prática de falta grave não interrompe o prazo para fim de comutação de pena ou indulto" (**REsp 1364192**).

13.3.1.3. Abolitio criminis (art. 107, III, CP)

É a **lei posterior ao fato que deixa de considerá-lo como criminoso**. É também denominada de **lei supressiva de incriminação**, gerando, por ser **benéfica**, efeitos retroativos (*ex tunc*).

Com a *abolitio criminis*, que pode ocorrer durante a ação penal ou mesmo no curso da execução, será declarada extinta a punibilidade do agente, fazendo desaparecer todos os efeitos penais da condenação (inclusive a pena – efeito principal), remanescendo apenas os efeitos civis (ex.: obrigação de reparar o dano).

Ainda é mister ressaltar que somente haverá *abolitio criminis* se houver uma dupla revogação do crime: a) revogação do tipo penal (revogação formal); e b) revogação da figura típica (revogação material). Não basta, portanto, a simples revogação do tipo penal, sendo imprescindível que a figura criminosa tenha "desaparecido" do mundo jurídico. Tal não ocorreu, por exemplo, com o crime de atentado violento ao pudor. Embora a Lei 12.015/2009 tenha revogado o art. 214 do CP, a figura criminosa "constranger alguém, mediante violência ou grave ameaça, a praticar ou permitir que com ele se pratiquem atos libidinosos diversos de conjunção carnal" migrou para o art. 213 do CP (crime de estupro). Não houve, portanto, *abolitio criminis* no caso relatado, mas, sim, continuidade normativo-típica.

13.3.1.4. Decadência, perempção e prescrição (art. 107, IV, CP)

A **decadência** consiste na perda do direito de intentar a queixa ou oferecer a representação pelo decurso do prazo. Em regra, esse lapso temporal é de **6 (seis) meses**, contados do

conhecimento da autoria delitiva pelo ofendido, seu representante legal, ou CADI (cônjuge, ascendente, descendente ou irmão – art. 38, CPP e 103, CP).

A decadência é, portanto, instituto que se verifica somente nos crimes de ação penal privada ou pública condicionada à representação.

Importa ressaltar que o **prazo decadencial** tem **natureza penal**, vale dizer, é contado nos termos do art. 10 do CP (inclui-se o dia do começo e exclui-se o dia do vencimento). Trata-se, ainda, de prazo fatal, ou seja, é improrrogável, não se suspende ou se interrompe.

A **perempção** é a perda do direito de prosseguir com a ação penal em virtude de negligência ou desídia processual. Somente será cabível na ação penal privada propriamente dita (ou exclusivamente privada), já que, na ação privada subsidiária da pública, a perempção não acarretará a extinção da punibilidade em favor do querelado, mas a retomada da titularidade da ação pelo Ministério Público.

As causas de perempção vêm previstas no art. 60 do CPP, a saber:

i) abandono processual (mais de 30 dias sem andamento da ação pelo querelante);

ii) inocorrência de sucessão processual (no caso de falecimento do querelante, ou sobrevindo sua incapacidade, não se habilitarem no processo, em 60 dias, o CADI – cônjuge, ascendente, descendente ou irmão);

iii) falta de comparecimento injustificado a qualquer ato do processo em que a presença do querelante seja necessária;

iv) inexistência de pedido de condenação em alegações finais (a falta de apresentação delas também redunda em perempção); e

v) sendo o querelante pessoa jurídica, esta se extinguir sem deixar sucessor.

Com relação à **prescrição**, temos que esta consiste na **perda do direito de punir** (*jus puniendi*) ou **de executar a pena** (*jus punitionis*) do Estado **pelo decurso de determinado lapso de tempo previsto em lei.**

A prescrição, portanto, deve ser contada, salvo disposição especial em contrário, de acordo com a "tabela" do art. 109 do CP, que fixa o prazo prescricional mínimo de **3 (três) anos**, consoante nova redação dada ao inciso VI pela Lei 12.234/2010, e máximo de **20 (vinte anos) anos**, de acordo com a pena prevista para o crime. Insta ressaltar que o prazo prescricional tem **natureza penal**, motivo pelo qual conta-se nos termos do art. 10 do CP (inclui o dia do começo e exclui o do vencimento).

A prescrição comporta duas grandes espécies, quais sejam: **prescrição da pretensão punitiva (PPP)** e **prescrição da pretensão executória (PPE).**

Com relação à PPP, temos três possibilidades:

a) Prescrição da pretensão punitiva propriamente dita (ou pura) = rege-se nos termos do precitado art. 109 do CP. É calculada levando-se em conta o máximo da pena privativa de liberdade abstratamente cominada ao crime. Ex.: para o homicídio simples, cuja pena é de 6 a 20 anos, calcular-se-á a prescrição tomando por base a pena máxima cominada ao delito, qual seja, 20 anos. Comparando aquela quantidade de pena (20 anos) com a "tabela" do art. 109 do CP, verifica-se que a prescrição ocorrerá em 20 anos. É importante frisar que a prescrição pura deverá ser verificada enquanto não houver pena aplicada, ou seja, até momento anterior à sentença penal condenatória;

b) Prescrição da pretensão punitiva intercorrente (ou superveniente) = ocorre somente após a publicação da sentença penal condenatória, em que haverá uma pena fixada (pena em concreto, e não mais em abstrato, como na prescrição pura). Assim, se entre a publicação da sentença condenatória e o trânsito em julgado para a acusação decorrer lapso de tempo superior ao previsto no art. 109 do CP (aqui, frise-se, levamos em conta a pena aplicada!), ocorrerá a prescrição superveniente, rescindindo os efeitos da condenação. A previsão legal da prescrição intercorrente (ou superveniente) consta do art. 110, § 1º, do CP;

c) Prescrição da pretensão punitiva retroativa = pressupõe, sempre, a fixação de uma pena em concreto (sentença penal condenatória), tendo por pressuposto o trânsito em julgado para a acusação. Também aqui temos como parâmetro a tabela do art. 109 do CP. Importa ressaltar que, ao contrário da prescrição intercorrente, que se verifica após a sentença condenatória, a prescrição retroativa deve ser verificada em momento **anterior** à publicação da sentença, mas analisada, no máximo, até a denúncia ou queixa, consoante nova redação dada ao art. 110, § 1º, do CP. Daí ser chamada de **retroativa**. Frise-se que o STJ, ao editar a **Súmula 438**, pacificou o entendimento segundo o qual não se admite a extinção da punibilidade pela prescrição da pretensão punitiva com fundamento em pena hipotética, independentemente da existência ou sorte do processo penal. O que tratou, aqui, aludida Corte, foi de objetar a denominada "prescrição virtual", que levava em consideração uma condenação eventual do réu, com base em pena hipotética.

Temos, ainda, a **prescrição da pretensão executória (PPE)**, segunda espécie de prescrição, que não se confunde com a prescrição da pretensão punitiva. Enquanto esta é verificada *antes do trânsito em julgado* da condenação (conhecida por prescrição da ação), aquela somente pode ocorrer *após o trânsito em julgado*. Daí ser chamada de prescrição da pena.

Também na prescrição executória leva-se em conta a tabela do art. 109 do CP e a pena aplicada em concreto. Contudo, começará a fluir não do trânsito em julgado para ambas as partes processuais (acusação e defesa), mas a partir do trânsito em julgado para a acusação. Este é seu marco inicial. Se do trânsito em julgado para a parte acusatória e o efetivo trânsito em julgado para ambas as partes (defesa, portanto) transcorrer lapso de tempo superior ao correspondente à pena aplicada, opera-se a prescrição executória, não podendo mais o Estado executar a pena imposta ao agente delitivo na sentença.

Impõe ressaltar que o prazo prescricional admite situações em que será **interrompido**, ou seja, recomeçará sua contagem (art. 117, CP), bem como circunstâncias em que ficará **suspenso** (art. 116, CP).

No tocante às **causas interruptivas da prescrição**, vale citar quais são as hipóteses legais: I – pelo recebimento da denúncia ou da queixa; II – pela pronúncia; III – pela decisão confirmatória da pronúncia; IV – pela publicação da sentença ou acórdão condenatórios recorríveis; V – pelo início ou continuação do cumprimento da pena; VI – pela reincidência.

Interessante anotar a posição jurisprudencial (STF) acerca da interrupção da prescrição pelo recebimento da denúncia, ainda que o despacho que tenha recebido a prefacial acusatória tenha sido exarado por autoridade judiciária incompetente. Confira-se:

Prescrição: recebimento da denúncia e autoridade incompetente

"O recebimento da denúncia por magistrado absolutamente incompetente não interrompe a prescrição penal (CP, art. 117, I). Esse o entendimento da 2ª Turma ao denegar *habeas corpus* no qual a defesa alegava a consumação do lapso prescricional intercorrente, que teria acontecido entre o recebimento da denúncia, ainda que por juiz incompetente, e o decreto de condenação do réu. Na espécie, reputou-se que a prescrição em virtude do interregno entre os aludidos marcos interruptivos não teria ocorrido, porquanto apenas o posterior acolhimento da peça acusatória pelo órgão judiciário competente deteria o condão de interrompê-la". HC 104907/PE, rel. Min. Celso de Mello, 10.05.2011. (HC-104907) (Inform. STF 626)

No tocante às **causas suspensivas**, o art. 116 do CP, já com a redação que lhe foi dada pelo *Pacote Anticrime* (Lei 13.964/2019), dispõe que a prescrição não correrá: I – enquanto não resolvida, em outro processo, questão de que dependa o reconhecimento da existência do crime (são as causas prejudiciais); II – enquanto o agente cumpre pena no exterior; III – na pendência de embargos de declaração ou de recursos aos Tribunais Superiores (são os recursos excepcionais, de estrito direito, como os especial e extraordinário), quando inadmissíveis; e IV – enquanto não cumprido ou não rescindido o acordo de não persecução penal (vide art. 28-A, CPP). Importante anotar que, depois de passada em julgado a sentença condenatória, a prescrição não corre durante o tempo em que o condenado está preso por outro motivo.

Há, também, as situações previstas no art. 111, CP, que dizem respeito ao **termo inicial de contagem** da prescrição da pretensão punitiva, a saber: I – do dia em que o crime se consumou; II – no caso de tentativa, do dia em que cessou a atividade criminosa; III – nos crimes permanentes, do dia em que cessou a permanência; IV – nos de bigamia e nos de falsificação ou alteração de assentamento do registro civil, da data em que o fato se tornou conhecido; V – nos crimes contra a dignidade sexual de crianças e adolescentes, previstos no Código Penal ou em legislação especial, da data em que a vítima completar 18 (dezoito) anos, salvo se a esse tempo já houver sido proposta a ação penal.

O inciso V do art. 111 foi inserido pela Lei 12.650/2012, que inovou nosso ordenamento jurídico ao prever que não começará a correr a prescrição nos crimes contra a dignidade sexual de crianças e adolescentes antes de a vítima completar a maioridade penal, salvo se a ação penal há houver sido proposta. Assim, como exemplo, se uma criança de seis anos for estuprada, a prescrição somente começará a fluir a partir do dia em que completar dezoito anos (salvo, repita-se, se a ação penal já houver sido proposta antes disso, caso em que a prescrição começará a fluir, segundo entendemos, a partir do recebimento da denúncia).

Finalmente, importa destacar que o art. 115 do CP trata de situações em que o prazo prescricional será **reduzido pela metade**:

a) se o agente, à época do fato, contar com mais de dezoito anos, porém, menos de vinte e um anos;

b) se o agente, à época da sentença, for maior de setenta anos.

Pela relevância do tema, confira-se:

Prescrição e art. 115 do CP

"A causa de redução do prazo prescricional constante do art. 115 do CP (*"São reduzidos de metade os prazos de prescrição quando o criminoso era, ao tempo do crime, menor de vinte e um anos, ou, na data da sentença, maior de setenta anos"*) deve ser aferida no momento da sentença penal condenatória. Com base nesse entendimento, a 2ª Turma indeferiu *habeas corpus* em que se pleiteava o reconhecimento da prescrição da pretensão punitiva em favor de condenado que completara 70 anos entre a data da prolação da sentença penal condenatória e a do acórdão que a confirmara em sede de apelação". HC 107398/RJ, rel. Min. Gilmar Mendes, 10.05.2011. (HC-107398) (Inform. STF 626)

13.3.1.5. Renúncia do direito de queixa e perdão aceito (art. 107, V, CP)

Dá-se a **renúncia do direito de queixa** quando o ofendido, em **crime de ação penal privada**, toma determinada atitude incompatível com a vontade de ver o agente delitivo processado.

A renúncia poderá decorrer de **ato expresso** (ex.: mediante petição escrita e assinada) ou **tácito** (ex.: o ofendido passa a andar diariamente com seu ofensor).

É importante ressaltar que se a renúncia é o **ato unilateral** pelo qual o ofendido (ou seu representante legal, ou procurador com poderes especiais) dispõe do direito de oferecer a queixa-crime, tal só poderá ocorrer **antes do oferecimento da ação**. No curso desta terá vez o perdão do ofendido, que, frise-se, é ato bilateral.

No JECRIM (Juizado Especial Criminal), o recebimento de indenização (composição civil) em crimes de menor potencial ofensivo, de ação penal privada, importa em **renúncia tácita ao direito de queixa**, conforme art. 74 da Lei 9.099/1995, situação que já não se verifica com relação aos crimes "comuns" (leia-se: os que não são considerados infrações de menor potencial ofensivo), consoante prescreve o art. 104, parágrafo único, parte final, CP.

A renúncia ao direito de queixa quanto a um dos autores do crime, a todos os demais (se existirem) se estenderá, vendo todos eles extintas suas punibilidades (art. 49, CPP). Portanto, pode-se dizer ser a renúncia **indivisível**.

O **perdão do ofendido**, que somente pode ser admitido nos crimes de ação penal privada, diversamente da renúncia, é **ato bilateral**, visto que somente produz efeitos se for aceito. Será possível apenas após o início da ação penal, mas desde que antes do trânsito em julgado (art. 106, § 2º, CP). Consoante prevê o art. 51 do CPP, o perdão concedido a um dos querelados irá estender-se aos demais. Contudo, somente produzirá efeitos (leia-se: extinguirá a punibilidade) com relação àqueles que o aceitarem.

O perdão deve ser aceito pelo querelado no prazo de 3 (três) dias após ser cientificado (art. 58, *caput*, CPP). Se ficar silente no tríduo legal, a inércia implicará aceitação. Findo o prazo sem manifestação, ou tendo havido a aceitação do perdão, o juiz decretará extinta a punibilidade (art. 58, parágrafo único, CPP).

13.3.1.6. Retratação do agente nos casos em que a lei admite (art. 107, VI, CP)

Retratar-se é o mesmo que **desdizer**, ou, pedindo escusas pelo pleonasmo, "**voltar atrás**". Assim, em determinados crimes, a retratação do agente irá causar a extinção de sua punibilidade. É o que ocorre, por exemplo, com os crimes de calúnia e difamação (art. 143, CP), bem como com o falso testemunho (art. 342, § 2º, CP).

Indispensável que haja **expressa previsão legal** da admissibilidade da retratação.

13.3.1.7. Perdão judicial nos casos previstos em lei

O perdão judicial é causa extintiva da punibilidade aplicável apenas por magistrados (daí o nome perdão judicial). No entanto, não se trata de medida discricionária da autoridade judiciária, exigindo **expressa previsão legal** para sua aplicabilidade.

Em geral, identificamos o perdão judicial pela previsão, em lei, da seguinte expressão: "**o juiz poderá deixar de aplicar a pena**". É o que se vê, por exemplo, no art. 121, § 5º, do CP, que admite o perdão judicial em caso de homicídio culposo, situação em que o juiz poderá deixar de aplicar a pena se as consequências do crime atingirem o agente de forma tão grave que a imposição daquela se afigure desnecessária.

Conforme o entendimento do STJ, consagrado na Súmula 18, a sentença concessiva do perdão judicial tem natureza **declaratória** de extinção da punibilidade. Tanto é verdade que o art. 120 do CP prevê que o perdão judicial não será considerado para efeitos de reincidência.

PARTE ESPECIAL

1. CLASSIFICAÇÃO DOUTRINÁRIA DOS CRIMES. INTRODUÇÃO À PARTE ESPECIAL DO CP

1.1. Introdução aos crimes em espécie

Antes de ingressarmos no estudo propriamente dito dos crimes (Parte Especial do CP), entendemos ser necessário trazer à baila algumas classificações doutrinárias, bem como fazermos o resgate de alguns conceitos analisados no início do presente trabalho.

1.2. Classificação geral dos crimes

1.2.1. Com relação ao sujeito ativo

a) crime comum: é aquele que pode ser praticado por qualquer pessoa, não se exigindo nenhuma qualidade especial do agente delitivo (sujeito ativo). Ex.: homicídio (art. 121, CP);

b) crime próprio: é aquele que não pode ser praticado por qualquer pessoa, mas somente por aquelas que apresentem algumas qualidades específicas determinadas pela lei. O crime próprio admite coautoria e participação, desde que o terceiro tenha conhecimento da condição especial do agente (ex.: funcionário público). Ex.: peculato (art. 312, CP);

c) crime de mão própria: é aquele que, além de exigir qualidades especiais do sujeito ativo, demandam uma atuação pessoal, sendo incabível a coautoria. Trata-se de crime de atuação personalíssima, não podendo o agente ser substituído por terceiro. No entanto, é admissível a participação. Ex.: autoaborto (art. 124, CP).

1.2.2. Com relação aos vestígios do crime

a) crime transeunte: é aquele que, uma vez praticado, não deixa vestígios materiais. Ex.: injúria praticada verbalmente (art. 140, CP);

b) crime não transeunte: é aquele cuja prática deixa vestígios materiais. Ex.: homicídio praticado mediante disparo de arma de fogo (art. 121, CP).

1.2.3. Com relação ao momento consumativo

a) crime instantâneo: é aquele em que a consumação ocorre em um determinado momento, sem continuidade no tempo. Ex.: injúria verbal (art. 140, CP);

b) crime permanente: é aquele cuja consumação se prolonga no tempo por vontade do agente delitivo. Ex.: extorsão mediante sequestro (art. 159, CP);

c) crime instantâneo de efeitos permanentes: é aquele que se consuma num dado instante, mas seus resultados são irreversíveis. Ex.: homicídio (art. 121, CP).

1.2.4. Com relação à quantidade de atos

a) crime unissubsistente: é aquele cuja conduta dá-se por um só ato. Ex.: injúria verbal (art. 140, CP);

b) crime plurissubsistente: é aquele cuja conduta dá-se por dois ou mais atos executórios. Ex.: homicídio em que a vítima é diversas vezes esfaqueada (art. 121, CP).

1.2.5. Com relação à exposição de lesão ao bem jurídico

a) crime de dano: é aquele que, para atingir a consumação, exige um dano efetivo ao bem jurídico. Ex.: homicídio (art. 121, CP);

b) crime de perigo: é aquele que, para ser consumado, exige a mera probabilidade da ocorrência de dano. Pode ser crime de **perigo concreto** (presunção relativa), que exige a **demonstração efetiva** do perigo de lesão, ou **crime de perigo abstrato** (presunção absoluta), que não exige a demonstração da situação de perigo, que é presumida. Ex.: periclitação da vida ou saúde (art. 132, CP).

1.2.6. Com relação ao tipo de conduta

a) crime comissivo: é aquele praticado mediante um comportamento positivo, vale dizer, por ação. Ex.: roubo (art. 157, CP);

b) crime omissivo: é aquele praticado mediante um comportamento negativo, vale dizer, por omissão. Pode ser **omissivo próprio**, quando a própria lei prever o comportamento negativo (ex.: omissão de socorro – art. 135, CP), ou **omissivo impróprio**, quando o crime for cometido por alguém que tenha o dever jurídico de agir para impedir o resultado (art. 13, § 2º, CP). Ex.: a mãe que deixa de amamentar o filho recém-nascido responderá por homicídio – art. 121, c.c. art. 13, § 2º, "a", CP.

1.2.7. Outras classificações

a) crime vago: é aquele cujo sujeito passivo é um ente desprovido de personalidade jurídica. Ex.: tráfico de drogas (art. 33, Lei 11.343/2006);

b) crime habitual: é aquele que exige uma reiteração de atos que, reunidos, traduzem um modo de vida do sujeito ativo. Ex.: manter casa de prostituição (art. 229, CP);

c) crime material: também chamado de *crime causal*, é aquele que se caracteriza pela exigência de um resultado naturalístico (modificação do mundo exterior provocada pela conduta do agente) para a sua consumação. Assim, por exemplo, o homicídio (art. 121 do CP) somente se consuma com a morte da vítima; a sonegação fiscal prevista no art. 1º da Lei dos Crimes contra a Ordem Tributária (Lei 8.137/1990) somente se consumam quando o agente, empregando fraude, suprimir ou reduzir tributo ou contribuição social;

d) crime formal: também chamado de crime de consumação antecipada, é aquele que, para a sua caracterização (e consumação), não exige a ocorrência de um resultado naturalístico, ainda que este seja possível. É o que se verifica, por exemplo, com o crime de concussão (art. 316 do CP), que se consumará no momento em que o funcionário público exigir da vítima, em razão de sua função, uma vantagem indevida;

e) crime de mera conduta: também chamado de crime de simples atividade, se consumará, como o próprio nome sugere, com a prática do comportamento ilícito descrito no tipo penal, sendo impossível a ocorrência de um resultado naturalístico. É o que se verifica, por exemplo, com o crime de violação de domicílio (art. 150 do CP), bastando, para sua caracterização, que o agente delitivo ingresse ou permaneça em casa alheia sem o consentimento do morador.

1.3. Introdução à Parte Especial do Código Penal

O CP é dividido em dois Livros. O Livro I trata da Parte Geral, enquanto o Livro II traz a Parte Especial.

Na Parte Especial, a maior parte das normas tem natureza *incriminadora*, vale dizer, encerram descrições de **condutas típicas e as respectivas penas**. Todavia existem também, na mesma Parte Especial, *normas penais permissivas*, que são aquelas que autorizam alguém a realizar uma conduta típica, mas sem incriminá-lo posteriormente. É o caso do art. 128 do CP (aborto legal).

Por fim, a Parte Especial traz, ainda, *normas penais explicativas*, que são aquelas que **esclarecem outras normas ou limitam o âmbito de sua aplicação**. É o caso do art. 327 do CP, que encerra o conceito de funcionário público para fins de tipificação dos delitos previstos nos arts. 312 a 326.

Por essas considerações, verificamos que a Parte Especial não traz apenas crimes, mas também contém outras espécies de normas penais.

1.3.1. Normas penais incriminadoras

As normas penais incriminadoras são dotadas de duas partes, denominadas **preceitos**. O **preceito primário** da norma penal incriminadora diz respeito à *conduta descrita pelo legislador como criminosa* (ex.: art. 121: *matar alguém*). Já o **preceito secundário** traz a respectiva *pena cominada abstratamente ao delito* (ex.: Pena – *reclusão, de 6 a 20 anos*).

O preceito primário, quando for incompleto e depender de outra norma para ser completado, trará à cena a *norma penal em branco*. Já o preceito secundário jamais poderá ser incompleto. Afinal, não há crime sem pena!

1.3.2. Conceitos básicos para o estudo dos crimes

É importante para o estudo da Parte Especial o conhecimento de alguns conceitos básicos, a saber:

a) Objetos do crime

Dois podem ser os objetos de um crime:

✓ **objeto material** = *é a pessoa ou coisa sobre a qual recai a conduta típica*. Ex.: no furto (art. 155 do CP), é o bem subtraído; no homicídio (art. 121 do CP), é a vítima, a pessoa;

✓ **(ii) objeto jurídico** = *é o bem jurídico tutelado pela lei penal*. Ex.: no furto (art. 155 do CP), é o patrimônio móvel alheio; no homicídio (art. 121 do CP), é a vida humana extrauterina;

b) Sujeitos do crime

✓ **(i) sujeito ativo** = *é aquele que direta ou indiretamente pratica a conduta típica ou concorre para sua prática*. Ex.: "A" desfere um tiro em "B", praticando, pois, a conduta típica prevista no art. 121 do CP (matar alguém). Logo, "A" foi sujeito ativo do crime de homicídio, já que ele realizou a conduta descrita no tipo penal;

✓ **(ii) sujeito passivo** = *é aquele titular do bem jurídico lesado ou exposto a perigo de lesão*. Ex.: no exemplo acima, enquanto "A" foi sujeito ativo, "B" é o sujeito passivo do homicídio, já que é o titular do bem jurídico lesado, qual seja, a própria vida.

Quando o tipo penal incriminador não exigir nenhuma qualidade especial do sujeito ativo do crime, estaremos diante de um **crime comum**, ou seja, *aquele que pode ser praticado por qualquer pessoa*. Já se o tipo penal trouxer alguma qualidade específica do sujeito ativo do crime, sem a qual a conduta será atípica, estaremos diante de um **crime próprio** ou de **mão própria**. Essas duas classificações não se confundem. Enquanto o crime próprio pode ser praticado por duas ou mais pessoas ao mesmo tempo, em coautoria ou participação (ex.: peculato doloso – art. 312 do CP), o crime de mão própria admite apenas a participação, jamais a coautoria, já que se trata de crime de atuação pessoal (ex.: falso testemunho – art. 342 do CP);

c) Tipo objetivo

O tipo objetivo corresponde à descrição dos **elementos objetivos do tipo**;

d) Tipo subjetivo

Corresponde à descrição do **elemento subjetivo do crime**, qual seja, o dolo (crimes dolosos) ou a culpa (crimes culposos). O tipo subjetivo não se confunde com o **elemento subjetivo do tipo**, ou, como dizem alguns, "dolo específico". Nem todo tipo penal tem elemento subjetivo, visto ser este um "especial fim de agir do agente", tal como ocorre com o crime de furto (não basta o dolo na subtração da coisa alheia móvel, sendo necessário, ainda, um "especial fim de agir do agente", qual seja, o de subtrair a coisa "para si ou para outrem");

e) Consumação e tentativa

A consumação de um crime nem sempre é igual em todos os casos. Se o **crime for material**, *a consumação somente restará configurada com a ocorrência do resultado naturalístico*. Já se o **crime for formal** ou de **mera conduta**, *bastará a conduta do agente delitivo* (prática da ação ou omissão prevista em lei) para que se atinja o momento consumativo.

De outra borda, veremos mais à frente que nem todo crime admite tentativa, especialmente os culposos e os preterdolosos, ou, ainda, aqueles que somente se consumarem após a verificação de determinado resultado.

2. CRIMES CONTRA A VIDA

2.1. Homicídio (art. 121, do CP)

2.1.1. Considerações iniciais

Trata-se do mais grave crime previsto no Código Penal, não necessariamente na pena que lhe é cominada, mas no bem jurídico atacado pelo agente: **a vida humana**.

Corresponde, portanto, à conduta do agente de exterminar a vida humana extrauterina, agindo com vontade livre e consciente (no caso do homicídio doloso) de eliminá-la, embora seja possível a prática de tal delito por negligência, imprudência ou imperícia, situações configuradoras do homicídio culposo.

Vem o homicídio previsto no art. 121 do Código Penal, embora, especificamente em matéria de trânsito, o homicídio também venha previsto no Código de Trânsito Brasileiro (Lei 9.503/1997), desde que praticado culposamente. Isso porque a morte de alguém causada pelo agente, na condução de veículo automotor, querendo tal resultado, não configura delito de trânsito, aplicando-se, pois, o Código Penal.

2.1.2. Espécies de homicídio

O CP prevê seis **hipóteses/espécies de homicídio**, a saber:
a) homicídio doloso simples (previsto no *caput* do art. 121 do CP);
b) homicídio doloso privilegiado (previsto no § 1º);
c) homicídio doloso qualificado (previsto no § 2º);
d) homicídio culposo (previsto no § 3º);
e) homicídio culposo majorado (previsto no § 4º, 1ª parte);
f) homicídio doloso majorado (previsto no § 4º, 2ª parte e §§ 6º e 7º).

2.1.2.1. Homicídio doloso simples (art. 121, caput, CP)

Corresponde à forma básica do crime, vale dizer, ao tipo fundamental. É punido o agente que o praticar com a pena de 6 a 20 anos de reclusão.

O **sujeito ativo** do crime pode ser qualquer pessoa. Trata-se, portanto, de **crime comum** (pode, frise-se, ser praticado por qualquer pessoa).

Já o **sujeito passivo** do homicídio é o ser humano vivo, com **vida extrauterina**. Inicia-se a vida extrauterina quando tem início o parto, ou seja, com a ruptura do saco amniótico em que se encontrava o feto.

O **tipo objetivo**, ou seja, a **conduta típica**, consiste no verbo "matar", que significa eliminar, exterminar a vida humana da vítima cujo parto já teve início. Pouco importa se teria horas ou minutos de sobrevida. Caracteriza-se como homicídio a simples aceleração ou antecipação de uma morte futura, ainda que iminente.

Se a tentativa de eliminação recair sobre um cadáver, ocorrerá exemplo típico de **crime impossível**, dada a absoluta impropriedade do objeto, nos termos do art. 17 do CP.

A morte da vítima pode ser realizada por qualquer maneira, seja mediante uma ação (ex.: disparos de arma de fogo) ou omissão (ex.: mãe que deixa de alimentar o filho recém-nascido). Trata-se, portanto, de **crime de ação livre**. Dependendo da forma utilizada pelo agente para a prática do delito em tela, poderemos verificar hipóteses da modalidade qualificada (ex.: homicídio por meio de veneno, fogo, explosivo...). É possível matar até por meio de violência psíquica, como palavras de terror, susto etc.

O **tipo subjetivo** é o dolo, ou seja, o agente age, de forma livre e consciente, querendo a morte do agente (é o denominado *animus necandi*).

Consuma-se o crime com a morte do agente, pelo que o homicídio é doutrinariamente reconhecido como **material** (exige-se o resultado, portanto).

A **tentativa** é plenamente possível, já que o *iter criminis* é fracionável, tratando-se, pois, de delito plurissubsistente.

Frise-se que será considerado **hediondo** o homicídio doloso simples, desde que **praticado em atividade típica de grupo de extermínio**, ainda que por uma só pessoa (art. 1º, I, da Lei 8.072/1990 – Lei dos Crimes Hediondos). Trata-se do denominado **homicídio condicionado** (na modalidade simples, somente será considerado hediondo se preenchida a condição citada, qual seja, ter sido praticado em atividade típica de grupo de extermínio).

2.1.2.2. Homicídio doloso privilegiado (art. 121, § 1º do CP)

Previsto no § 1º, do art. 121, do CP, trata-se de crime cuja pena será reduzida de 1/6 a 1/3, por situações ligadas à motivação do crime.

Assim, considera-se **privilegiado** o homicídio quando o agente praticá-lo **impelido** (ou seja, tomado, dominado) por:
a) motivo de relevante valor social – é o motivo relacionado com os interesses de uma coletividade (daí ser mencionado o "valor social");
b) motivo de relevante valor moral – é o motivo relacionado com os interesses individuais do criminoso, tais como o ódio, misericórdia, compaixão. É o caso da eutanásia, que é punida no Brasil;
c) domínio de violenta emoção, logo em seguida a injusta provocação da vítima – trata-se de homicídio praticado pelo agente que se encontra com estado anímico bastante abalado (a emoção deve ser violenta, e não simplesmente passageira). No caso de violenta emoção, o agente atua em verdadeiro "choque emocional". O CP exige que a reação seja imediata à provocação da vítima, vale dizer, sem um interstício longo. Assim não fosse, o Direito Penal estaria privilegiando a vingança (a reação efetivada muito tempo após a provocação da vítima configura vingança, pensada e planejada).

Destaque-se que não bastará, para o reconhecimento do homicídio privilegiado, que o agente mate a vítima simplesmente por **motivo de relevante valor social ou moral**, sendo indispensável que aja **impelido**, ou seja, tomado, dominado por referidas motivações. O mesmo se pode dizer quando o homicídio for praticado por agente que estiver sob a **influência** (e não sob o *domínio*) **de violenta emoção**. Nesses casos, incidirão meras circunstâncias atenuantes genéricas, nos termos do art. 65, III, alíneas "a" e "c", do CP.

No caso de concurso de agentes, as "privilegiadoras" previstas no dispositivo legal analisado são incomunicáveis aos coautores e partícipes por se tratarem de circunstâncias de caráter pessoal não elementares do crime de homicídio.

Por fim, a natureza jurídica do privilégio é de causa especial/específica de diminuição de pena, incidente na terceira fase do esquema trifásico de sua aplicação.

2.1.2.3. Homicídio qualificado (art. 121, § 2º, do CP)

Vem previsto no art. 121, § 2º, do CP, sendo punido o agente com pena que varia entre 12 e 30 anos de reclusão. Cumpre ressaltar, desde logo, que todas as qualificadoras do homicídio o tornam crime hediondo (art. 1º, I, da Lei 8.072/1990).

São 7 as hipóteses de homicídio qualificado, a saber:

I. **mediante paga ou promessa de recompensa, ou por outro motivo torpe** – trata-se de qualificadora considerada de **caráter subjetivo**, já que ligada à motivação do agente para a prática do crime. Enquanto a "paga" pressupõe o prévio acertamento do agente com o executor da morte (ex.: entrega de dinheiro, bens suscetíveis de apreciação econômica ou mesmo vantagens econômicas, como promoções no emprego), a promessa de recompensa traduz a ideia de pagamento futuro, ainda que não se verifique de fato. Em matéria de concurso de agentes, fica evidente que a qualificadora em comento exige a intervenção de duas pessoas, pelo que configurada a situação de concurso necessário (delito plurissubjetivo, portanto): um mandante e um executor. Pela doutrina majoritária, ambos responderão com a mesma pena, ou seja, na forma qualificada (inclusive o mandante, que não executa a morte), por força do art. 30 do CP. Essa é a posição, por exemplo, já adotada pelo STJ: "*A qualificadora do homicídio mediante paga é elementar do tipo penal, estendendo-se também ao mandante do delito. Assim, não há falar em existência de constrangimento ilegal na comunicação ao paciente, autor intelectual do crime, da qualificadora prevista no inciso I, do § 2º do art. 121 do Código Penal – CP*" (HC 291604/ PI, Rel. Min. Ericson Maranho (desembargador convocado do TJ/ SP), *DJe* 22.10.2015). Porém, há corrente em sentido contrário, sustentando que a "paga ou promessa de recompensa" não são elementares do tipo penal, portanto, incomunicáveis, razão por que apenas o executor material do homicídio responderia pela forma qualificada. Tal posicionamento é interessante para ser defendido em provas de Defensoria Pública. Por fim, o motivo torpe significa um motivo vil, abjeto, repugnante, revelador da personalidade distorcida do agente. Tem-se, como exemplo, o caso de um homicídio praticado para recebimento de herança;

II. **por motivo fútil** – trata-se, também, de qualificadora de **caráter subjetivo**, já que vinculada à motivação do delito. É a morte provocada por um motivo de somenos importância, ínfimo, desproporcional, desarrazoado. É necessário que se demonstre a existência de um motivo "pequeno" para a morte, sob pena de, não sendo encontrado qualquer motivo para o crime, não restar configurada a qualificadora em comento. É exemplo de motivo fútil aquele causado por uma brincadeira da vítima, por um "tapinha nas costas", por uma refeição ruim servida ao agente;

III. **com emprego de veneno, fogo, explosivo, asfixia, tortura ou outro meio insidioso ou cruel, ou de que possa resultar perigo comum** – trata-se de qualificadora considerada de **caráter objetivo**, uma vez que não está vinculada à motivação do crime, mas sim ao modo/meio de execução de que se vale o agente para a sua prática. Considera-se "meio insidioso" aquele disfarçado, utilizado pelo criminoso "às escondidas", camuflando o futuro fato (ex.: remoção das pastilhas dos freios de um veículo);

IV. **à traição, de emboscada, ou mediante dissimulação ou outro recurso que dificulte ou torne impossível a defesa do ofendido** – trata-se de qualificadora de caráter objetivo, já que, igualmente ao inciso anterior, não está ligada aos motivos do crime, mas à forma como será praticado. Nas circunstâncias previstas nessa qualificadora, o agente se prevalece de situações que dificultam a defesa da vítima, como no caso da traição (o agente e a vítima já guardam alguma relação de confiança, o que possibilita a ação daquele – ex.: matar a namorada enquanto dorme). Já na emboscada, o agente age sem que a vítima o perceba, eis que se encontra escondido (tocaia). Por fim, a dissimulação consiste em ser utilizado algum recurso pelo agente que engane a vítima (ex.: uso de uma fantasia/disfarce; agenciador de modelos – foi o caso do "maníaco do parque");

V. **para assegurar a execução, a ocultação, a impunidade ou vantagem de outro crime** – trata-se de qualificadora de **caráter subjetivo**, uma vez que também está relacionada com a motivação do crime. *In casu*, o agente pratica o homicídio como forma de assegurar a **execução** de outro crime (conexão teleológica – ex.: para estuprar uma mulher famosa, o agente mata, antes de ingressar em seu quarto, o segurança da residência), ou ainda para a garantia da **ocultação, impunidade ou vantagem** de outro crime. Nesses três casos (ocultação, impunidade e vantagem), existe a denominada conexão consequencial, já que o agente primeiramente pratica outro crime para, somente então, cometer o homicídio. É hipótese de ocultação de crime antecedente a situação do funcionário público corrupto que, após receber vantagem indevida em razão da função pública que ocupa, mata o cinegrafista que filmou o momento do "suborno". Terá o agente matado alguém para ocultar delito antecedente. Verifica-se a situação da impunidade quando o agente não quer ocultar o crime, mas garantir que fique impune, como no caso de matar uma mulher após estuprá-la. Por fim, configura homicídio qualificado quando o agente pratica um homicídio como forma de assegurar a vantagem (os proveitos) de outro crime, como no caso de um roubador matar o comparsa para ficar com todo o produto do dinheiro subtraído de um banco;

VI. **contra a mulher por razões da condição de sexo feminino** – trata-se da nova modalidade qualificada de homicídio, denominada de *feminicídio*, incluída no CP pela Lei 13.104/2015. Estamos diante, importante registrar, de qualificadora de **caráter subjetivo**, nada obstante exista **divergência jurisprudencial a esse respeito**, havendo precedentes do STJ no sentido de se tratar de **qualificadora de caráter objetivo**, sendo compatível sua coexistência com a qualificadora do motivo torpe, de natureza subjetiva (HC 430.222/MG, julgado em 15/03/2018; REsp 1.707.113/MG, de Relatoria do Ministro Felix Fischer, publicado no dia 07.12.2017). Nos termos do novel § 2º-A do art. 121, considera-se que *há razões de condição de sexo feminino* quando o crime envolve *violência doméstica e familiar* ou *menosprezo ou discriminação à condição de mulher*.

Trata-se de qualificadora que, para sua configuração, exige uma violência baseada no gênero, ou seja, a violência perpetrada contra a vítima deverá ter por motivação a *opressão à mulher*. Importante registrar que o feminicídio também integra o rol dos crimes hediondos, ao lado das demais modalidades qualificadas de homicídio e modalidade simples (desde que praticada em atividade típica de grupo de extermínio, ainda que por uma só pessoa);

VII. **contra autoridade ou agente descrito nos arts. 142 e 144 da Constituição Federal, integrantes do sistema prisional e da Força Nacional de Segurança Pública, no exercício da função ou em decorrência dela, ou contra seu cônjuge, companheiro ou parente consanguíneo até terceiro grau, em razão dessa condição** – trata-se de mais uma qualificadora do homicídio, inserida no CP pela Lei 13.142/2015. Podemos denominar a novel situação de "**homicídio funcional**", visto que a circunstância em comento, para sua incidência, exigirá que o agente delitivo esteja ciente da condição especial da vítima ou de seus parentes, cônjuges ou companheiros. Estamos, aqui, diante de um crime próprio quanto ao sujeito passivo. Trata-se de qualificadora de natureza subjetiva, vinculada, portanto, à motivação delitiva. Tencionou o legislador punir mais gravemente o agente que elimina a vida de pessoas que, de forma geral, se dedicam ao combate à criminalidade.

Cabe consignar, ainda, que é possível a prática de **homicídio qualificado privilegiado (ou *homicídio híbrido*)**, situação compatível apenas com as **qualificadoras de caráter objetivo** (ex.: eutanásia praticada com emprego de veneno). Não se admitiria, até pela absoluta incompatibilidade, a coexistência de uma das "privilegiadoras", todas de caráter subjetivo, com as qualificadoras de igual roupagem (ex.: homicídio praticado por relevante valor moral qualificado pelo motivo fútil). Registre-se que o homicídio híbrido não será considerado hediondo.

Interessante, por fim, anotar a posição do então Min. Joaquim Barbosa (STF) acerca da incompatibilidade do dolo eventual com as qualificadoras relativas ao modo de execução do homicídio. Segue a notícia:

HC N. 95.136-PR – RELATOR: MIN. JOAQUIM BARBOSA

"*Habeas Corpus*. Homicídio qualificado pelo modo de execução e dolo eventual. Incompatibilidade. Ordem concedida.

O dolo eventual não se compatibiliza com a qualificadora do art. 121, § 2º, IV, do CP ("traição, emboscada, ou mediante dissimulação ou outro recurso que dificulte ou torne impossível a defesa do ofendido"). Precedentes. Ordem concedida". (Inform. STF 621) – noticiado no Informativo 618.

Dolo eventual e qualificadora: incompatibilidade

"São incompatíveis o dolo eventual e a qualificadora prevista no inc. IV do § 2º do art. 121 do CP ("§ 2º Se o homicídio é cometido: ... IV - à traição, de emboscada ou mediante dissimulação ou outro recurso que dificulte ou torne impossível a defesa do ofendido"). Com base nesse entendimento, a 2ª Turma deferiu *habeas corpus* impetrado em favor de condenado à pena de reclusão em regime integralmente fechado pela prática de homicídio qualificado descrito no artigo referido. Na espécie, o paciente fora pronunciado por dirigir veículo, em alta velocidade, e, ao avançar sobre a calçada, atropelara casal de transeuntes, evadindo-se sem prestar socorro às vítimas. Concluiu-se pela ausência do dolo específico, imprescindível à configuração da citada qualificadora e, em consequência, determinou-se sua exclusão da sentença condenatória". Precedente citado: HC 86163/SP (*DJU* de 03.02.2006). HC 95136/PR, rel. Min. Joaquim Barbosa, 01.03.2011. (HC-95136) (Inform. STF 618)

2.1.2.4. *Homicídio culposo (art. 121, § 3º, do CP)*

Previsto no art. 121, § 3º, do CP, é punido com detenção de 1 a 3 anos. Será verificado quando o agente não querendo ou não assumindo o risco, produzir a morte de alguém **por imprudência, negligência ou imperícia**.

2.1.2.5. *Homicídio majorado (culposo – art. 121, § 4º, do CP)*

Vem prevista no art. 121, § 4º, do CP, em sua 1ª parte, a situação de, no **homicídio culposo**, o *agente não observar regra técnica de profissão, arte ou ofício*, ou se o agente *deixa de prestar imediato socorro à vítima, não procura diminuir as consequências do seu ato, ou foge para evitar prisão em flagrante*.

Nesses casos, sua **pena será aumentada** em **1/3**. Verifique que a situação acima transcrita somente incidirá se o homicídio for *culposo*.

Ex.: "A", limpando um revólver, não verificou se estava municiado, ocasião em que, acionando o gatilho por engano, efetuou um disparo e acertou pessoa que passava próximo ao local. Em vez de socorrê-la imediatamente, foge do local temendo sua prisão.

2.1.2.6. *Homicídio majorado (doloso – art. 121, §§ 4º, 6º e 7º, do CP)*

No mesmo § 4º do art. 121 do CP, vem prevista a situação de o **homicídio doloso** ser praticado contra *pessoa menor de 14 ou maior de 60 anos*.

Nesses casos, a pena será aumentada também em 1/3, seja o homicídio simples, privilegiado ou qualificado.

Porém, **deverá o agente saber que a vítima conta com menos de 14 ou mais de 60 anos**, sob pena de ser punido objetivamente, vale dizer, sem a exata consciência da condição do sujeito passivo.

Ainda, o § 6º do art. 121 do CP, inserido pela Lei 12.720/2012, passou a prever aumento de pena de 1/3 até a 1/2 se o homicídio for praticado por milícia privada, sob o pretexto de prestação de serviço de segurança, ou por grupo de extermínio. Entende-se por "**milícia privada**" o grupo de pessoas que se instala, geralmente, em comunidades carentes, com o suposto objetivo de restaurar a "paz" e a "tranquilidade" no local, criando, com isso, verdadeiro "grupo paralelo de segurança pública". Já por "**grupo de extermínio**" entende-se a reunião de pessoas popularmente chamadas de "justiceiros", cujo objetivo é a eliminação de pessoas identificadas supostamente como "perigosas" ao corpo social.

Finalmente, no tocante ao **feminicídio** (art. 121, § 2º, VI, CP), a pena será aumentada de um 1/3 até a 1/2, conforme determina o art. 121, § 7º, do CP, com as alterações promovidas pela Lei 13.771, de 19 de dezembro de 2018, nos seguintes casos:

I – durante a gestação ou nos 3 (três) meses posteriores ao parto;

II – contra pessoa menor de 14 (catorze) anos, maior de 60 (sessenta) anos, com deficiência ou portadora de doenças degenerativas que acarretem condição limitante ou de vulnerabilidade física ou mental;

III – na presença física ou virtual de descendente ou de ascendente da vítima;

IV – em descumprimento das medidas protetivas de urgência previstas nos incisos I, II e III do caput do art. 22 da Lei nº 11.340, de 7 de agosto de 2006.

2.1.3. Perdão judicial

Trata-se de **causa extintiva da punibilidade**, conforme art. 107, IX, do CP.

Irá incidir quando as **consequências da infração atingirem o próprio agente de forma tão grave que a sanção penal se torne desnecessária**.

Assim verificando, o **juiz poderá (deverá) deixar de aplicar a pena**.

É o caso de um pai atingir o próprio filho por um disparo acidental de arma de fogo. As consequências para ele são tão gravosas que a maior pena é a perda do ente querido. O mesmo se diga se um pai, por imprudência, atropela o próprio filho, ao sair de sua garagem.

A **Súmula 18 do STJ**, tratando do perdão judicial, prescreve que "a sentença concessiva do perdão judicial tem natureza declaratória da extinção da punibilidade, não subsistindo qualquer efeito condenatório". Assim, a sentença do juiz, em caso de perdão judicial, **não tem natureza condenatória**, mas **declaratória**, pelo que não pode remanescer qualquer dos efeitos da condenação (ex.: obrigação de reparar o dano, reincidência, lançamento do nome do réu no rol dos culpados etc.).

2.2. Induzimento, instigação ou auxílio a suicídio ou a automutilação (art. 122 do CP)

2.2.1. Considerações iniciais

O Direito Penal não pune aquela pessoa que quer dar cabo de sua própria vida, mas sim o agente que induz, instiga ou auxilia alguém a praticar suicídio (também denominado de autocídio ou autoquíria). Em outras palavras, a atividade do suicida é atípica, já que, em regra, não se pode punir a destruição de um bem próprio, somente alheio (princípio da alteridade). Daí explicar-se que a autolesão é impunível, já que o agente pode fazer o que bem quiser de seu corpo (desde que não o faça para recebimento de seguro contra acidentes pessoais, o que configuraria fraude).

Embora o *nomen juris* do crime ora analisado seja de "induzimento, instigação ou auxílio" a suicídio (art. 122 do CP), não se trata de situação semelhante à participação, espécie de concurso de pessoas. Isso porque o partícipe é aquele que tem conduta acessória para a prática de um crime realizado por um executor do verbo do tipo (autor).

No caso em tela, **a participação do agente consiste na atuação principal**, e não acessória, como no caso do concurso de pessoas. Quem induzir, instigar ou auxiliar alguém a tirar sua própria vida será **autor** do crime e **não partícipe**.

Trata-se de crime contra a vida.

Com o advento da **Lei 13.968/2019**, passou-se a incriminar não somente a conduta daquele que induz, instiga ou auxílio alguém ao suicídio, mas, também, à **automutilação**, vale dizer, a autolesão intencional. Não nos parece, nesse caso, que se trata de crime contra a vida, mas, sim, contra a integridade corporal da vítima, à semelhança da lesão corporal.

2.2.2. Tipo objetivo

O CP prevê, em seu art. 122, o delito de "induzimento, instigação ou auxílio a suicídio ou a automutilação", com a seguinte redação:

"Induzir ou instigar alguém a suicidar-se ou a praticar automutilação ou prestar-lhe auxílio material para que o faça"..

Pena – reclusão, de 6 (seis) meses a 2 (dois) anos.

§ 1º Se da automutilação ou da tentativa de suicídio resulta lesão corporal de natureza grave ou gravíssima, nos termos dos §§ 1º e 2º do art. 129 deste Código:

Pena – reclusão, de 1 (um) a 3 (três) anos

§ 2º Se o suicídio se consuma ou se da automutilação resulta morte:

Pena – reclusão, de 2 (dois) a 6 (seis) anos.

§ 3º A pena é duplicada:

I – se o crime é praticado por motivo egoístico, torpe ou fútil;

II – se a vítima é menor ou tem diminuída, por qualquer causa, a capacidade de resistência.

§ 4º A pena é aumentada até o dobro se a conduta é realizada por meio da rede de computadores, de rede social ou transmitida em tempo real.

§ 5º Aumenta-se a pena em metade se o agente é líder ou coordenador de grupo ou de rede virtual.

§ 6º Se o crime de que trata o § 1º deste artigo resulta em lesão corporal de natureza gravíssima e é cometido contra menor de 14 (quatorze) anos ou contra quem, por enfermidade ou deficiência mental, não tem o necessário discernimento para a prática do ato, ou que, por qualquer outra causa, não pode oferecer resistência, responde o agente pelo crime descrito no § 2º do art. 129 deste Código.

§ 7º Se o crime de que trata o § 2º deste artigo é cometido contra menor de 14 (quatorze) anos ou contra quem não tem o necessário discernimento para a prática do ato, ou que, por qualquer outra causa, não pode oferecer resistência, responde o agente pelo crime de homicídio, nos termos do art. 121 deste Código.

Verifica-se, portanto, que o crime em tela pode ser cometido por três maneiras, que correspondem às condutas típicas (verbos do tipo):

a) induzir – nesse caso, o agente faz nascer na mente da vítima a ideia de praticar suicídio ou automutilação;

b) instigar – aqui, o agente apenas reforça a ideia, que já existia no espírito da vítima, de realizar o suicídio ou a automutilação;

c) auxiliar – trata-se da ajuda material para a concretização do suicídio ou da automutilação pela vítima. É o caso de fornecimento dos instrumentos para que ela ceife sua própria vida ou se autolesione (ex.: faca, revólver). Esse "auxílio" deve ter uma **relação acessória** com o suicídio ou automutilação e não positiva nos atos de execução, sob pena de o agente responder por homicídio ou lesão corporal (ex.: "A" empresta a "B" um revólver, e a seu pedido o "auxilia", apertando o gatilho. Terá, então, matado "B", situação configuradora do crime de homicídio).

O crime poderá ser praticado por ação ou mesmo por omissão (neste último caso, desde que o sujeito ativo tenha o dever jurídico de agir para evitar o resultado, o que configura a omissão imprópria).

2.2.3. Tipo subjetivo

É o dolo, ou seja, a vontade livre e consciente do agente em induzir, instigar ou auxiliar alguém a suicidar-se ou a automutilar-se.

Admite-se, inclusive, a forma eventual (dolo eventual), ou seja, o agente pode praticar o crime em tela, embora não querendo que a vítima se suicide ou se autolesione, assumindo o risco de que o faça. É o caso do pai que, sabendo das tendências suicidas da filha, a expulsa de casa, fazendo com que ela, desamparada, dê cabo de sua própria vida.

2.2.4. Sujeito passivo

É considerada vítima do crime a pessoa com um mínimo de discernimento e poder de resistência. Assim não sendo, estaremos diante de homicídio (ex.: o pai induz o filho de 4 anos de idade a pular da janela, eis que, com a capa do Super-Homem, conseguirá voar) ou de lesão corporal gravíssima. Em outras palavras, quanto à automutilação, a pessoa induzida ou instigada a praticá-la deverá ter um mínimo de discernimento para compreender a conduta do agente. Com efeito, preveem os §§ 6º e 7º do art. 122, incluídos pela Lei 13.968/2019, que se a vítima da figura descrita no §1º for menor de 14 anos, ou for portadora de enfermidade ou deficiência mental, ou, ainda, que não tenha o necessário discernimento para a prática do ato (vítima vulnerável), responderá o agente não pelo crime do art. 122, mas, sim, por lesão corporal gravíssima (art. 129, §2º). Ainda, se se tratar de vítima vulnerável induzida, instigada ou auxiliada ao suicídio ou automutilação, advindo o resultado morte, responderá o agente, conforme prevê o art. 122, §7º, pelo crime de homicídio.

2.2.5. Consumação e tentativa

Antes do advento da Lei 13.968/2019, que alterou radicalmente o crime em estudo, parte da doutrina dizia que não se admitia a tentativa, o que se extraía do preceito secundário do tipo: se o suicídio efetivamente ocorresse, a pena do sujeito ativo seria de 2 a 6 anos de reclusão; já se resultasse lesão corporal grave, seria de 1 a 3 anos de reclusão. Em outras palavras, o crime estaria consumado com a efetiva morte da vítima ou com a ocorrência de lesão corporal de natureza grave.

Já outros doutrinadores, como Cezar Bittencourt, admitiam a punição do crime a título de tentativa, que já havia sido prevista no próprio tipo penal (pena de 1 a 3 anos de reclusão). Tratava-se, segundo ele, de uma "tentativa qualificada", já que o agente do crime deveria ser punido com menor rigor quando a vítima não conseguisse tirar sua própria vida, mas sofresse, em decorrência da tentativa, lesões corporais de natureza grave.

De qualquer forma, se a vítima tentasse se matar, mas sofresse apenas lesões leves, o fato seria atípico.

Com a nova redação do art. 122 do CP, promovida pela já referida Lei 13.968/2019, alterou-se o panorama do momento consumativo, bem assim da configuração da tentativa.

Doravante, a consumação do induzimento, instigação ou auxílio ao suicídio ou a automutilação não mais está vinculada à ocorrência de um resultado material. Em outras palavras, estará consumado o crime com o simples induzimento, instigação ou auxílio prestado pelo agente à vítima, ainda que esta não elimine, efetivamente, a própria vida, ou não se autolesione. Trata-se, assim, em nosso entendimento, de crime formal.

Haverá tentativa se, por circunstâncias alheias à vontade do agente, a vítima, induzida, instigada ou auxiliada materialmente, não praticar qualquer comportamento atentatório à própria vida ou integridade corporal.

2.2.6. Causas de aumento de pena e qualificadoras

O § 3º prevê que a pena será duplicada (majorante) se o crime é praticado por motivo egoístico, torpe ou fútil (inciso I) ou se a vítima for menor, ou tiver diminuída, por qualquer causa, a capacidade de resistência (inciso II). Já o §4º impõe majorante que poderá resultar pena de até o dobro da cominada no caput se a conduta for praticada por determinados meios de comunicação (no caso, internet), ou em rede social ou em tempo real. Se o agente for líder ou coordenador de grupo ou rede virtual, sua pena será majorada de metade (§ 5º).As formas qualificadas vêm previstas nos §§ 1º e 2º. Vejamos as hipóteses: (i) se da automutilação ou da tentativa de suicídio resultar lesão corporal grave ou gravíssima; (ii) se o suicídio se consumar ou se a automutilação resultar morte. Parece-nos que as formas ora indicadas são preterdolosas, inexistindo, por parte do agente, dolo de produzir os resultados agravadores.

2.2.7. Competência jurisdicional

Com a mudança redacional do art. 122 do CP, notadamente pela inclusão da figura da automutilação, o crime em testilha deverá ser "cindido" para fins de delimitação da competência jurisdicional.

Assim, se o agente houver induzido, instigado ou auxiliado a vítima ao suicídio, estaremos diante de inegável crime contra a vida, de competência do Tribunal do Júri. Porém, se o comportamento do influenciador for voltado à automutilação, o bem jurídico tutelado não é a vida, mas a integridade física, razão por que sustentamos a competência do juízo singular (Vara Criminal comum).

2.3. Infanticídio (art. 123 do CP)

2.3.1. Considerações iniciais

Trata-se de crime doloso contra a vida.

Corresponde à eliminação, pela própria mãe, durante ou logo após o parto, do próprio filho, estando ela sob influência do estado puerperal.

Intrinsecamente, não há diferença entre o infanticídio e o homicídio. Afinal, ocorre a morte de alguém. Porém, esse "alguém" não é qualquer pessoa, mas o próprio filho da genitora, que é quem realiza os elementos do tipo penal.

2.3.2. Tipo objetivo

A conduta nuclear (verbo do tipo) é a mesma do homicídio, qual seja, **matar.** Ocorre, portanto, a eliminação da vida humana extrauterina. Indispensável é, portanto, que o nascente esteja vivo no momento da ação ou omissão da genitora.

Difere o infanticídio do homicídio por uma situação anímica em que se encontra o agente, vale dizer, a mãe: o estado puerperal.

Segundo Guilherme de Souza Nucci, "estado puerperal é aquele que envolve a parturiente durante a expulsão da criança do ventre materno. Há profundas alterações psíquicas e físicas, que chegam a transformar a mãe, deixando-a sem plenas condições de entender o que está fazendo. (...) O puerpério é o período que se estende do início do parto até a volta da mulher às condições de pré-gravidez" (*Manual de Direito Penal* – 3ª edição – editora RT – p. 621).

O tipo penal exige que a mãe esteja sob "influência" do estado puerperal. Que toda mãe passa pelo puerpério, isto é fato incontroverso. Porém, deve-se demonstrar que tal estado anímico tirou-lhe a plena capacidade de entendimento, levando-a a cometer o homicídio do próprio filho.

Ademais, o elemento cronológico do tipo ("durante o parto ou logo após") é algo a ser analisado, revelando que o legislador impõe reprimenda mais branda à mãe que matar o próprio filho quase que numa "imediatidade" ao parto (simultaneamente a este, ou logo após). Todavia, é possível que a acusação comprove que, mesmo transcorrido um lapso considerável de tempo, a mãe estivesse, ainda, sob influência do estado puerperal, o que não descaracterizaria o delito.

Porém, quanto mais tempo passar do parto, menor é a chance de que a mãe sofra com as alterações que o puerpério lhe acomete. Daí haver uma "inversão" do ônus da prova, no sentido de que caberá à defesa demonstrar, transcorrido tempo razoável do parto, que a mãe ainda se encontrava influenciada pela alteração anímica.

2.3.3. Tipo subjetivo

É o dolo, não sendo punida a modalidade culposa do infanticídio. Se tal situação ocorrer, poderá ser verificado o homicídio culposo, ainda que a mãe esteja sob influência do estado puerperal (é o posicionamento de Cezar Roberto Bittencourt).

Já Damásio de Jesus entende que a mulher, influenciada pelo estado puerperal, não tem a diligência normal que a todos se impõe, razão pela qual sequer por homicídio culposo poderia responder, caso viesse a matar o próprio filho por imprudência ou negligência. É que, explica o doutrinador, nesse caso, seria inviável a demonstração da ausência de prudência normal na mulher que, pelo momento peculiar de sua vida, padece de certo desequilíbrio psíquico.

2.3.4. Sujeitos do crime

O **sujeito ativo** do crime é a mãe (parturiente), que, influenciada pelo estado puerperal, mata o próprio filho. Trata-se, pois, de **crime próprio**.

Já o **sujeito passivo** é o recém-nascido (neonato) ou aquele que ainda está nascendo (nascente). Isso é extraído do próprio tipo penal: "durante o parto (nascente) ou logo após (neonato)".

Embora o estado puerperal seja algo típico da mulher que está em trabalho de parto ou que há pouco tempo a ele se submeteu, tal situação configura uma **circunstância pessoal**, que, por ser elementar, comunica-se aos coautores ou partícipes, nos termos do art. 30 do CP.

Se a mãe, por engano, influenciada pelo estado puerperal, dirige-se até o berçário do hospital e mata um bebê que não o seu filho, ainda assim responderá por infanticídio, já que presente um erro de tipo acidental (erro quanto à pessoa – art. 20, § 3º, do CP).

2.3.5. Consumação e tentativa

O crime de infanticídio exige, para sua consumação, a morte do neonato ou do nascente (crime material). Caso isso não ocorra, estaremos diante da tentativa.

2.4. Aborto (arts. 124 a 128 do CP)

2.4.1. Considerações iniciais

Por primeiro, cabe ressaltar que o termo "aborto" não corresponde à ação de se eliminar a vida de um feto, mas sim o resultado da ação criminosa. A lei trocou, conforme explica Rogério Sanches Cunha, *a ação pelo seu produto* (*Direito Penal* – Parte Especial – Ed. RT, p. 52). Melhor seria falar-se em "abortamento".

Assim, o "aborto" corresponde à eliminação do produto da concepção, tutelando a lei a **vida humana intrauterina**.

A lei trata de **5 (cinco) espécies** de aborto:

a) autoaborto (art. 124, 1ª parte, do CP);

b) aborto consentido (art. 124, 2ª parte, do CP);

c) aborto provocado por terceiro com o consentimento da gestante (art. 126 do CP);

d) aborto provocado por terceiro sem o consentimento da gestante (art. 125 do CP);

e) aborto qualificado (art. 127 do CP).

2.4.2. Autoaborto

Vem definido no art. 124, 1ª parte, do CP: "provocar aborto em si mesma...".

Trata-se de **crime de mão própria** (segundo Cezar Roberto Bittencourt, por exemplo), já que é a própria mãe quem irá realizar o abortamento, efetivando ela própria as manobras abortivas (ex.: ingestão de medicamentos abortivos; inserção, no útero, de agulhas ou curetas etc.). Admite-se, portanto, apenas a **participação** (conduta acessória), jamais a coautoria.

Se terceiro realiza manobras abortivas junto com a gestante, ela responderá por autoaborto e ele pelo crime do art. 126 do CP (aborto provocado por terceiro com o consentimento da gestante).

O **sujeito passivo** do crime é o feto (produto da concepção), ainda que, para a lei civil, não tenha personalidade jurídica (que se adquire com o nascimento com vida). Por esse motivo, alguns doutrinadores chegam a declarar que a vítima é a sociedade, já que o feto não é considerado "pessoa".

Consuma-se o crime com a morte do feto ou a destruição do produto da concepção, ainda que não seja expelido pelo corpo da mulher. Mesmo que o feto nasça com vida após as manobras abortivas, mas venha a morrer em decorrência de uma "aceleração do parto", a mãe responderá por autoaborto.

Admite-se a **tentativa**, já que se trata de crime material e plurissubsistente (vários atos).

2.4.3. Aborto consentido

Corresponde à 2ª parte do art. 124, do CP: "... ou consentir que outrem lho provoque".

Trata-se de conduta omissiva (a gestante permite que terceira pessoa pratique manobras abortivas, provocando a morte do feto ou do produto da concepção).

Também, aqui, o crime é de mão própria, cujo sujeito ativo é apenas a gestante. O terceiro responderá pelo crime do art. 126 do CP.

2.4.4. Aborto provocado por terceiro sem o consentimento da gestante (art. 125 do CP)

O crime, descrito no art. 125 do CP, consiste na ação de "provocar aborto" (tipo objetivo), havendo **dissenso real** (violência física) ou **presumido** (quando a gestante não é maior de 14 anos, ou é alienada ou débil mental, ou se o consentimento é obtido mediante fraude, grave ameaça ou violência – art. 126, parágrafo único, do CP).

Trata-se da forma mais grave de aborto, punida com 3 a 10 anos de reclusão.

O **sujeito ativo** pode ser qualquer pessoa (crime comum). Já o **sujeito passivo** é o feto ou produto da concepção e a gestante (dupla subjetividade passiva).

O crime é **material**, consumando-se com a morte do feto ou produto da concepção.

2.4.5. Aborto provocado por terceiro com o consentimento da gestante (art. 126 do CP)

O crime em tela vem descrito no art. 126 do CP, configurando nítida **exceção pluralística à teoria unitária**, eis que o agente responderá por crime diverso da gestante que consentiu com o aborto (art. 124, 2ª parte, do CP).

Em outras palavras, o provocador do aborto responderá pelo crime do art. 126, ao passo que a gestante que consentiu com tal ação responderá por aborto consentido (art. 124, 2ª parte, do CP).

Trata-se de **crime comum**, ou seja, pode ser praticado por qualquer pessoa.

O crime em tela somente estará configurado se houver **consentimento válido** da gestante, ou seja, se ausente qualquer das hipóteses do **parágrafo único do art. 126 do CP**. Se assim não ocorrer, responderá o agente pelo crime do art. 125 do CP (aborto sem consentimento da gestante), enquanto que a gestante ficará isenta de pena (se alienada ou débil mental, ou não maior de 14 anos, presumindo-se a invalidade de seu consentimento nesses casos).

Consuma-se o crime com a morte do feto/produto da concepção (crime material), admitindo-se a **tentativa**.

2.4.6. Aborto qualificado (art. 127 do CP)

A pena será aumentada em 1/3 caso a gestante sofra lesão corporal de natureza grave, resultando dos meios empregados para o aborto ou como sua consequência.

No caso de morte da gestante, as penas serão duplicadas.

O art. 127 do CP somente pode ser aplicado aos crimes previstos nos arts. 125 e 126, já que o art. 124 é próprio da gestante, não podendo ela ser mais gravemente punida se sofrer lesão corporal grave (a lei não pune a autolesão) ou morte (hipótese em que haverá extinção da punibilidade – art. 107, I, do CP).

A ocorrência de lesão corporal leve não acarreta a exacerbação da pena, eis que implicitamente vem prevista no tipo penal. Afinal, abortamento sem um mínimo de lesão é quase impossível.

Em qualquer hipótese (lesão corporal grave ou morte da gestante), o delito será preterdoloso, ou seja, o resultado agravador terá sido praticado pelo agente a título de culpa. Por se tratar de delito preterdoloso, não se admite tentativa, respondendo o agente, segundo Fernando Capez, pela forma consumada do crime, ainda que não ocorra o aborto, mas a gestante morra ou sofra lesão corporal grave.

Se quiser a morte ou lesão corporal grave na gestante, além do aborto, responderá o agente em concurso de crimes.

2.4.7. Aborto legal (art. 128 do CP)

O CP admite, em duas situações, a prática do aborto:

a) se a gravidez gerar risco de vida à gestante;

b) se a gravidez resultou de estupro, desde que a gestante consinta com o abortamento, ou, se incapaz, haja autorização do representante legal.

A primeira hipótese é denominada **aborto terapêutico ou necessário**, já que praticado para que não se sacrifique a vida da gestante, em risco por conta da gravidez.

Já a segunda hipótese é chamada de **aborto humanitário, sentimental ou ético,** eis que a lei admite que a mulher estuprada não leve a cabo uma gravidez cujo produto resulta de ato violento contra sua liberdade sexual.

Em qualquer caso, somente poderá realizar o abortamento o *médico*, conforme reza o art. 128, *caput*, do CP ("não se pune o aborto praticado por médico").

Se terceira pessoa, que não médico, realizar o aborto na primeira hipótese, poderá ser excluído o crime se a gestante correr perigo de vida atual, caracterizador do **estado de necessidade**.

No caso do **aborto humanitário**, é imprescindível que haja **autorização da gestante para sua prática, ou de seu representante legal**, caso incapaz. A lei não exige que o estuprador tenha sido irrecorrivelmente condenado, nem mesmo autorização judicial para que seja efetivado.

Todavia, na prática, é bom que o médico se cerque de alguns cuidados, como a exigência de boletim de ocorrência, declarações de testemunhas etc.

2.4.8. O aborto eugênico (feto anencefálico)

Não vem definida no CP a possibilidade de realizar o aborto se o feto possuir má formação ou mesmo anencefalia (ausência de tronco cerebral).

O STF, na ADPF 54 (Arguição de Descumprimento de Preceito Fundamental), decidiu pela possibilidade de realização do aborto do feto anencéfalo, desde que haja laudo médico dando conta da situação do feto. Entendeu-se que a vedação ao aborto, nesse caso, atentaria contra a dignidade humana, impondo à gestante um sofrimento desnecessário e cruel, visto que a anencefalia culminará, necessariamente, com a morte do feto. Pode-se, aqui, argumentar que a vida se encerra com a cessação da atividade encefálica, nos termos do art. 3º da Lei 9.434/1997, razão pela qual o fato (aborto de feto anencefálico) é atípico.

Interessante anotar que a ANADEP – Associação Nacional dos Defensores Públicos levou ao STF, por meio de ADI e ADPF propostas perante o STF, postulou a possibilidade de interrupção de gravidez em caso de feto acometido por microcefalia, haja vista a verdadeira epidemia de casos supostamente decorrentes da contaminação da gestante pelo vírus zika. A questão é tormentosa, havendo quem sustente ser inadmissível o aborto nesse caso, eis que não se trata de feto com vida inviável (a despeito das inúmeras complicações de saúde que poderão atingi-lo). Porém, importante registrar, a posição adotada pelo MPF foi no sentido da possibilidade da interrupção da gravidez, em contraposição ao parecer da AGU, que entende que o aborto, em caso de microcefalia, afronta o direito à vida.

Até o fechamento dessa edição não havia decisão do STF. Aguardemos!

2.4.9. A (des)criminalização do aborto até o terceiro mês de gestação

A 1ª Turma do STF, em polêmica decisão tomada no julgamento do HC 124306, em 29 de novembro de 2016, no qual se analisava a questão da prisão cautelar (preventiva) decretada em desfavor dos dois pacientes, denunciados pela prática dos crimes de aborto com o consentimento da gestante e associação criminosa (arts. 126 e 288 do CP), decidiu pela revogação do encarceramento dos acusados ante a ausência dos requisitos autorizadores da medida processual restritiva da liberdade, bem como em razão de a *criminalização do aborto ser incompatível com diversos direitos fundamentais, entre eles os direitos sexuais e reprodutivos e a autonomia da mulher, a integridade física e psíquica da gestante e o princípio da igualdade*.

Em voto-vista, o Min. Luís Roberto Barroso, seguido pela Min. Rosa Weber e Edson Fachin, sustentou: "*No caso aqui analisado, está em discussão a tipificação penal do crime de aborto voluntário nos artigos 124 e 126 do Código Penal, que punem tanto o aborto provocado pela gestante quanto por terceiros com o consentimento da gestante*". E prosseguiu dizendo que se deve dar interpretação conforme à Constituição aos arts. 124 e 126 do Código Penal para o fim de afastar a interrupção voluntária da gestação até o fim do primeiro trimestre de gravidez. Em verdade, por se tratar de norma anterior à CF, concluiu o Ministro que, "*como consequência, em razão da não incidência do tipo penal imputado aos pacientes e corréus à interrupção voluntária da gestação realizada nos três primeiros meses, há dúvida fundada sobre a própria existência do crime, o que afasta a presença de pressuposto indispensável à decretação da prisão preventiva*".

Os principais fundamentos invocados pela maioria da 1ª Turma do STF foram: (i) a criminalização do aborto antes de concluído o primeiro trimestre de gestação viola diversos direitos fundamentais da mulher (autonomia, o direito à integridade física e psíquica, os direitos sexuais e reprodutivos e a igualdade de gênero); (ii) a criminalização do aborto não observa, de forma suficiente, o princípio da proporcionalidade; (iii) a criminalização do aborto acarreta discriminação social e impacto desproporcional, especialmente às mulheres pobres.

Sustentou o Min. Barroso, ainda, que "*o aborto é uma prática que se deve procurar evitar, pelas complexidades físicas, psíquicas e morais que envolve. Por isso mesmo, é papel do Estado e da sociedade atuar nesse sentido, mediante oferta de educação sexual, distribuição de meios contraceptivos e amparo à mulher que deseje ter o filho e se encontre em circunstâncias adversas*".

Importante frisar que não se trata de decisão com efeitos vinculantes, até porque tomada em controle difuso de constitucionalidade. Também não reflete, necessariamente, o pensamento de toda a Corte, eis que tomada por órgão fracionário (1ª Turma). Porém, relevante nosso leitor ter conhecimento desse importante – e, repita-se, polêmico – precedente de nossa Excelsa Corte.

Tramita, também, perante o STF, a ADPF 442, movida pelo Partido Socialismo e Liberdade (PSOL), na qual "sustenta que a criminalização do aborto compromete a dignidade da pessoa humana e a cidadania das mulheres e afeta desproporcionalmente mulheres negras e indígenas, pobres, de baixa escolaridade e que vivem distante de centros urbanos, onde os métodos para a realização de um aborto são mais inseguros do que aqueles utilizados por mulheres com maior acesso à informação e poder econômico, afrontando também o princípio da não discriminação. Outro aspecto apontado como violado é o direito à saúde, à integridade física e psicológica das mulheres, e ainda o direito à vida e à segurança, "por relegar mulheres à clandestinidade de procedimentos ilegais e inseguros" que causam mortes evitáveis e danos à saúde física e mental. A legenda entende que o questionamento apresentado na ADPF deve ser analisado no contexto de um processo "cumulativo, consistente e coerente" do STF no enfrentamento da questão do aborto como matéria de direitos fundamentais. E cita, para demonstrar esse processo, a Ação Direta de Inconstitucionalidade (ADI) 3510, julgada em 2008, na qual a Corte liberou pesquisas com células-tronco embrionárias; a ADPF 54, em 2012, que garantiu às gestantes de fetos anencefálicos o direito à interrupção da gestação; e o Habeas Corpus (HC) 124306, em 2016, em que a Primeira Turma afastou a prisão preventiva de acusados da prática de aborto."[3]

3. LESÃO CORPORAL

3.1. Lesão corporal (art. 129 do CP)

3.1.1. Considerações iniciais

Embora o crime de lesões corporais atente contra a pessoa, não se trata de infração que ofenda a vida, mas a integridade física ou a saúde corporal.

Para que se verifique o crime em tela, é imprescindível que a vítima sofra uma efetiva alteração de seu corpo ou saúde, de modo a causar-lhe um dano. É importante mencionar que

---

3. Trecho extraído de notícia divulgada no sítio eletrônico do STF, datada de 08 de março de 2017. Confira-se em [http://www.stf.jus.br/portal/cms/verNoticiaDetalhe.asp?idConteudo=337860]

a causação de dor, por si só, é insuficiente à configuração de lesões corporais. É possível, inclusive, praticar este crime sem que se cause dor no ofendido (ex.: corte, contra a vontade da vítima, de seus cabelos).

3.1.2. Espécies de lesão corporal

A lesão corporal, vale frisar de início, pode ser praticada nas formas dolosa ou culposa, podendo ser classificada da seguinte forma:

a) leve (*caput*)
b) grave (§ 1º);
c) gravíssima (§ 2º);
d) seguida de morte (§ 3º);
e) privilegiada (§ 4º)
f) culposa (§ 6º)
g) majorada (§§ 7º, 10, 11 e 12)
h) qualificada pela violência doméstica (§ 9º)

3.1.3. Tipo objetivo

O CP prevê, em seu art. 129, o delito de "lesão corporal", com a seguinte redação: "ofender a integridade corporal ou a saúde de outrem".

Verifica-se, portanto, que o verbo do tipo (conduta típica) é *ofender*, que pressupõe causação de dano ao corpo (integridade corporal) ou à saúde (segundo Bento de Faria, "dano à saúde é a desordem causada às atividades psíquicas ou ao funcionamento regular do organismo" – *Código Penal Brasileiro Comentado* – Parte Especial – vol. 4, p. 67-68).

Embora um dano à integridade física ou à saúde alheia venha, de regra, acompanhado de dor, tal circunstância não consta como elementar do tipo penal em estudo, pelo que se torna dispensável no caso concreto.

Como já dissemos, a depender da intenção do agente, é possível que o corte de cabelo da vítima configure lesão corporal, o que, por certo, não causa dor.

A pluralidade de ofensas à integridade física ou à saúde de terceiro caracteriza *crime único* e não vários crimes (ex.: 1 ou 10 facadas na vítima, com a intenção de lesionar, caracteriza o mesmo delito – lesões corporais – e não dez crimes idênticos). Todavia, o magistrado, ao fixar a pena do agente, irá levar em conta a pluralidade de lesões provocadas na vítima (o art. 59 do CP, que trata da fixação da pena-base, determina ao magistrado, dentre outras circunstâncias, que analise a personalidade do agente, bem como as consequências do crime).

A ofensa à integridade corporal é de fácil entendimento: provocação de hematomas, equimoses, perfurações, quebradura de ossos etc.

Um pouco mais difícil de se avaliar é a ofensa à saúde, que, conforme já mencionamos, consiste no conjunto de atividades psíquicas ou o funcionamento regular dos órgãos. Assim, configurada estará uma lesão corporal se o agente provocar falta de ar na vítima (ex.: deitar-se em seu tórax; atirar um gás que cause irritação nasal) ou mesmo se redundar em vômitos (regular funcionamento do sistema digestivo – ex.: dar comida estragada ao ofendido).

Questão que se coloca na doutrina é a respeito do grau de disponibilidade do bem jurídico protegido pelo crime de lesão corporal: a integridade física ou a saúde. Seria ele disponível ou indisponível?

Para um entendimento mais ultrapassado, a integridade física e a saúde são indisponíveis, não cabendo qualquer consentimento da vítima como forma de exclusão do crime. Já para o entendimento mais moderno, encampado, inclusive, por Cezar Roberto Bittencourt (*Tratado de Direito Penal* – vol. 2, Ed. Saraiva), trata-se de bem relativamente disponível, vale dizer, o consentimento da vítima na produção de lesões é válida, desde que não contrarie os bons costumes e não se caracterize como algo extremamente grave.

Em outras palavras, a provocação de pequenas lesões, desde que contem com o consentimento do ofendido, não caracteriza crime de lesão corporal. É o caso de colocação de brincos e *piercings*. Quem o faz não comete crime!

E o médico que pratica cirurgia plástica, quebrando cartilagens (nariz, por exemplo), ou retirando ossos e tecidos, comete lesão corporal? Entende-se que não, visto que não tem o dolo de causar um *dano* à vítima, mas, ao contrário, de melhorar seu corpo ou saúde.

3.1.4. Tipo subjetivo

A lesão corporal pode ser punida por três formas: dolo, culpa e preterdolo.

A lesão corporal culposa vem prevista no art. 129, § 6º, do CP, ao passo que a preterdolosa típica é a lesão corporal seguida de morte (art. 129, § 3º, do CP), mas também admitida tal modalidade nas formas grave e gravíssima, conforme veremos a seguir.

De qualquer forma, na lesão dolosa, o agente tem a intenção (dolo direto) ou assume o risco de produzir um dano à integridade física ou à saúde de outrem. Age, portanto, com o chamado *animus laedendi*.

Se "A" atinge "B" com uma pedra, com a intenção de matá-lo (*animus necandi*), mas a morte não se verifica, responderá por tentativa de homicídio e não por lesão corporal dolosa consumada. Afinal, deve-se verificar a intenção do agente.

3.1.5. Sujeitos do crime

O sujeito ativo da lesão corporal pode ser qualquer pessoa (salvo no caso de violência doméstica, o que veremos mais à frente). Trata-se, em regra, de crime comum.

Adverte Rogério Sanches Cunha (*Direito Penal* – Parte Especial – Ed. RT) que, se o agressor for policial militar, caberá à Justiça Militar processá-lo pelas lesões corporais, sem prejuízo do delito de abuso de autoridade, que será de competência da Justiça Comum.

O Direito Penal não pune a autolesão, ou seja, se o agente ofender sua própria integridade física ou saúde, não poderá referido ramo do Direito intervir para puni-lo.

Porém, se alguém se vale de um inimputável (menor de idade), ou de alguém que tenha a capacidade de discernimento reduzida ou suprimida (doente mental, ébrio), determinando-lhe a causar em si próprio uma lesão, haverá situação de autoria mediata. Assim, quem induzir ou instigar a pessoa a praticar autolesão responderá pelas ofensas que se verificarem na vítima (ex.: "A" induz "B", embriagado, a cravar uma faca na própria mão, o que é feito. "A" é autor mediato da lesão corporal provocada por "B" em si mesmo).

Por fim, em algumas situações, o sujeito passivo do crime em estudo será especial, como é o caso da lesão corporal que causa aceleração do parto (lesão grave) ou aborto (lesão gravíssima), tendo por vítima a mulher grávida. O mesmo se pode dizer com relação ao § 7º do art. 129 do CP, que prevê causa de aumento de pena quando a vítima for menor de 14 ou maior de 60 anos.

3.1.6. Consumação e tentativa

A lesão corporal é crime material, vale dizer, somente se consuma com a efetiva ofensa à integridade corporal ou à saúde de outrem. Logo, é perfeitamente possível a tentativa quando se tratar de lesões dolosas, embora seja de difícil comprovação na prática (como condenar alguém por tentativa de lesões corporais graves ou gravíssimas?).

3.1.7. Lesão corporal dolosa leve

Vem prevista no art. 129, *caput*, do CP.

Estará caracterizada quando não se verificar qualquer das outras espécies de lesão corporal (grave, gravíssima, seguida de morte).

A pena é de detenção de 3 meses a 1 ano.

O art. 88 da Lei 9.099/1995, determina que a vítima represente (condição de procedibilidade da ação penal) quando se tratar de lesão corporal leve, sob pena de decadência, o que implicará a impossibilidade de o Ministério Público oferecer denúncia e a consequente extinção da punibilidade em favor do agente (art. 107, IV, do CP). Frise-se que se se tratar de lesão corporal praticada contra mulher, em **violência doméstica e familiar**, a teor do art. 41 da Lei 11.340/2006, a jurisprudência pacificou o entendimento de que não será aplicado o referido art. 88 da Lei do JECRIM, tratando-se, pois, de crime de **ação penal pública incondicionada**. Nessa esteira, o STJ, em junho de 2015, editou a **Súmula 536**, segundo a qual "a suspensão condicional do processo e a transação penal não se aplicam na hipótese de delitos sujeitos ao rito da Lei Maria da Penha".

O caráter residual da lesão corporal leve (tudo o que não configurar lesão grave, gravíssima ou seguida de morte) não comporta reconhecimento de adequação típica quando a ofensa à integridade corporal for levíssima (ex.: um microfuro provocado por "A" em "B", por meio de uma agulha; um arranhão de unha produzido por "A" em "B"). Aqui, é de ser aplicado o princípio da insignificância penal.

3.1.8. Lesão corporal grave

A pena para as situações previstas no § 1º do art. 129, do CP, varia de 1 a 5 anos de reclusão.

Será verificada tal espécie de lesão corporal quando:

a) resultar incapacidade para as ocupações habituais, por mais de 30 (trinta) dias: aqui, tal incapacidade pode ser física ou mental. Pressupõe que a vítima, em razão da ofensa à sua integridade corporal ou à sua saúde, não consiga, por lapso superior a 30 dias, realizar as tarefas do dia a dia, não necessariamente relacionadas com o trabalho (ex.: tomar banho, vestir-se sozinha, erguer peso, andar normalmente).

Deve-se ressaltar que a vergonha da vítima em realizar as suas ocupações habituais, em razão das lesões, não configura a qualificadora em análise. É o que ensina Damásio E. de Jesus. Exemplifica a situação da vítima que, ferida no rosto, tem vergonha de realizar suas ocupações habituais (trabalho) por mais de 30 dias.

Por fim, a comprovação da qualificadora em comento depende de um exame pericial complementar, a ser realizado no trigésimo dia subsequente ao dia do crime (art. 168, § 2º, do CPP);

b) resultar perigo de vida: tal qualificadora exige que, em razão da lesão causada à vítima, experimente ela um efetivo perigo de morte, com probabilidade concreta de ocorrência. Tal situação deve ser constatada em exame de corpo de delito, devendo o médico legista apontar qual foi o perigo causado ao ofendido, não bastando mencionar que as lesões causaram perigo de morte. Trata-se de qualificadora atribuída ao agente a título de preterdolo, eis que, quisesse ele o risco de morte da vítima, deveria responder por tentativa de homicídio;

c) resultar debilidade permanente de membro, sentido ou função: entende-se por membro todos os apêndices ligados ao corpo humano (braços, pernas, mãos, pés), responsável pelos movimentos. Já o sentido pode ser definido como tudo o quanto permita ao homem ter sensações (visão, audição, paladar, tato e olfato). Por fim, função é todo o complexo de órgãos responsáveis por atividades específicas em nosso organismo (sistema respiratório, circulatório, digestivo, reprodutivo).

A qualificadora estará presente se das lesões sofridas pela vida resultar a diminuição ou o enfraquecimento de membros, sentidos ou funções. Entende-se por debilidade não uma situação que se perdura para sempre, mas que seja de difícil ou incerta recuperação.

Pergunta-se: um soco na boca da vítima, do qual resulte a perda de 3 dentes, pode ser considerada lesão corporal grave? Resposta: depende do laudo pericial. A função mastigatória pode ser seriamente abalada pela perda de determinados dentes, mas de outros, não (ex.: queda do último dente molar);

d) se resultar aceleração de parto: se em decorrência das lesões, o agente provoca, em mulher grávida, a aceleração do parto (nascimento adiantado do feto), sem que disso haja a morte da criança, configurada estará a qualificadora em tela.

Indispensável que o agente, no momento de praticar as lesões na mulher, saiba do seu estado gravídico, sob pena de ser verificada responsabilidade objetiva, vedada no Direito Penal. Caso desconheça a gravidez da vítima, responderá por lesões corporais leves (desde que não se configure qualquer outra qualificadora).

3.1.9. Lesão corporal gravíssima

Vem prevista no § 2º, do art. 129, do CP, cuja pena varia de 2 a 8 anos de reclusão.

Temos as seguintes qualificadoras caracterizadoras dessa espécie de lesão corporal:

a) incapacidade permanente para o trabalho: diferentemente da lesão corporal grave da qual resulta incapacidade para as ocupações habituais por mais de trinta dias, aqui a vítima, em razão das lesões, ficará incapacitada (recuperação impossível ou sem previsão de cessação) para o trabalho.

A doutrina majoritária defende que a incapacidade deve ser para qualquer tipo de trabalho e não necessariamente para o desempenhado pela vítima antes de sofrer as lesões. Já para a doutrina minoritária, basta a incapacidade para o trabalho até então desempenhado para que se configure a qualificadora em comento;

b) enfermidade incurável: verifica-se essa qualificadora quando a vítima, em razão das lesões à sua saúde, adquire doença para a qual não exista cura. A transmissão da patologia, nesse caso, deve ser intencional (o agente deve querer que a vítima adquira enfermidade incurável).

Não importa se, anos após a transmissão da doença, a medicina tenha a cura. O que importa é que, no momento do crime, não havia tratamento para a enfermidade.

A doutrina entende, ainda, que a enfermidade que somente possa ser extirpada por intervenção cirúrgica configura a qualificadora, já que não se pode obrigar a vítima a se submeter a tais procedimentos difíceis ou a tratamentos incertos, ainda não implantados e testados exaustivamente pela medicina;

c) perda ou inutilização de membro, sentido ou função: perda de membro, sentido ou função pressupõe a amputação ou mutilação de um deles, ao passo que a inutilização corresponde à perda da sua capacidade, ainda que ligado ao corpo.

Assim, furar os 2 olhos da vítima configura a inutilização de um sentido (visão). Arrancar uma perna do ofendido, amputando-a, também configura a perda de um membro. Também configura a qualificadora em análise a amputação total ou parcial do pênis do homem (perda da função reprodutora).

No tocante aos órgãos duplos (olhos, rins, orelhas, pulmões), a supressão ou inutilização de apenas um deles acarreta debilidade permanente de membro, sentido ou função, que configura lesão corporal grave e não gravíssima (perda ou inutilização de membro, sentido, ou função);

d) deformidade permanente: trata-se de qualificadora ligada ao dano estético permanente, provocado pelas lesões corporais causadas pelo agente à vítima. Não é qualquer dano, ainda que perene, que se enquadrará na circunstância em análise. Deve ser um dano sério, capaz de gerar constrangimento à vítima e a quem a cerca.

Há quem sustente que a deformidade permanente deva ser analisada no caso concreto, diferenciando-se vítima a vítima (ex.: uma marca permanente no rosto de uma jovem Miss Universo ou no rosto de um indigente idoso desprovido de beleza);

e) aborto: se as lesões corporais provocarem a morte do feto, a título de preterdolo, configurada estará a qualificadora. Exige-se, por evidente, que o agente tenha conhecimento do estado gravídico da vítima e que não queria ou assumiu o risco de provocar-lhe o abortamento. Assim não sendo, responderá por aborto (art. 125 do CP).

Nos termos da Lei 13.142/2015, se qualquer das hipóteses de lesão corporal gravíssima forem cometidas contra autoridade ou agente descrito nos arts. 142 e 144 da Constituição Federal, integrantes do sistema prisional e da Força Nacional de Segurança Pública, no exercício da função ou em decorrência dela, ou contra seu cônjuge, companheiro ou parente consanguíneo até terceiro grau, em razão dessa condição, estaremos diante de **crime hediondo** (art. 1º, I-A, da Lei 8.072/1990).

3.1.10. Lesão corporal seguida de morte

Prevista no § 3º do art. 129, do CP, pressupõe que o agente atue com dolo na causação das lesões corporais e com culpa na produção do resultado agravador (morte).

O próprio tipo penal já exclui tal crime se o agente atuar querendo a morte da vítima ou assumindo o risco de produzi-la. Trata-se, portanto, de típico exemplo de crime preterdoloso.

Se o evento antecedente à morte não for lesão corporal, mas qualquer outra conduta (ex.: ameaça, vias de fato), não se verificará a lesão corporal seguida de morte, mas sim o homicídio culposo.

Impossível a modalidade tentada do crime em tela, eis que o resultado agravador, produzido a título de culpa, impede tal figura (afinal, a culpa é incompatível com a tentativa).

Nos termos da Lei 13.142/2015, se a lesão corporal seguida de morte for praticada contra autoridade ou agente descrito nos arts. 142 e 144 da Constituição Federal, integrantes do sistema prisional e da Força Nacional de Segurança Pública, no exercício da função ou em decorrência dela, ou contra seu cônjuge, companheiro ou parente consanguíneo até terceiro grau, em razão dessa condição, estaremos diante de **crime hediondo** (art. 1º, I-A, da Lei 8.072/1990).

3.1.11. Lesão corporal privilegiada

Nos mesmos termos já estudados no tocante ao homicídio, se o agente age por motivo de relevante valor moral ou social, ou sob o domínio de violenta emoção, logo em seguida a injusta provocação da vítima, o magistrado poderá reduzir a pena de um sexto a um terço.

3.1.12. Substituição da pena

Nos casos de lesão corporal privilegiada, poderá o juiz, não sendo grave, substituir a pena de detenção pela de multa. Também poderá fazê-lo quando houver lesões recíprocas.

3.1.13. Lesão corporal culposa

O art. 129, § 6º, do CP trata da lesão corporal culposa, punida com 2 meses a 1 ano de detenção.

Qualquer situação em que o agente atue com imprudência, negligência ou imperícia, causando ofensa à integridade corporal ou à saúde de outrem, será caracterizadora do crime em tela.

Por se tratar de crime culposo, inadmissível a tentativa.

Se a lesão corporal culposa for praticada na direção de veículo automotor, não será aplicado o CP, mas sim o CTB (Lei 9.503/1997, art. 303).

3.1.14. Lesão corporal majorada e perdão judicial

O art. 129, § 7º, do CP, bem assim o § 8º, recebem a mesma disciplina do homicídio culposo e doloso majorados e perdão judicial.

No tocante à majoração da pena em 1/3 (um terço) do crime em estudo, remetemos o leitor aos itens 2.1.2.5 e 2.1.2.6, *supra*.

3.1.15. Lesão corporal e violência doméstica

A Lei 10.886/2004 introduziu ao art. 129 o §§ 9º e 10, que receberam o nome de "violência doméstica".

Ocorre que a Lei 11.340/2006 (Lei Maria da Penha) alterou a pena da lesão corporal quando praticada com violência doméstica, que passou a ser de 3 meses a 3 anos de detenção (e não mais 6 meses a 1 ano de detenção!).

Assim, quando a lesão corporal for praticada contra ascendente (pais, avós), descendente (filhos, netos, bisnetos), irmão (colateral em segundo grau), cônjuge (pressupõe casamento), companheiro (união estável), ou com quem o agente conviva ou tenha convivido, ou prevalecendo-se ele das relações domésticas, de coabitação ou de hospitalidade, responderá pelo crime denominado "violência doméstica".

Saliente-se, por oportuno, que a figura típica ora analisada incidirá não apenas se a vítima for mulher, mas também para os homens. Afinal, os §§ 9º e 10 do art. 129 não fizeram distinção de gênero, tal como se tem na Lei Maria da Penha.

Nos termos da **Súmula 588 do STJ**, a prática de crime ou contravenção penal contra mulher com violência ou grave ameaça no ambiente doméstico impossibilita a substituição da pena privativa de liberdade por restritiva de direitos.

Também é importante anotar a inaplicabilidade do princípio da insignificância com relação às infrações praticadas contra a mulher no ambiente doméstico, conforme dispõe a **Súmula 589 do STJ**: "É inaplicável o princípio da insignificância nos crimes ou contravenções penais praticados contra a mulher no âmbito das relações domésticas".

3.1.16. Causa de aumento de pena

A Lei Maria da Penha inseriu mais um parágrafo ao art. 129, o de número 11, prevendo aumento da pena em um terço se, no caso de violência doméstica (§ 9º), for a vítima deficiente (física ou mental). Também, aqui, pouco importa se a vítima for homem ou mulher!

3.1.17. Lesão corporal praticada contra autoridade ou agente de segurança pública

A Lei 13.142/2015 acrescentou o § 12 ao art. 129 do CP, que passou a dispor que a pena da lesão corporal (dolosa, nas modalidades leve, grave, gravíssima ou seguida de morte) será majorada de um a dois terços quanto praticada contra autoridade ou agente descrito nos arts. 142 e 144 da Constituição Federal, integrantes do sistema prisional e da Força Nacional de Segurança Pública, no exercício da função ou em decorrência dela, ou contra seu cônjuge, companheiro ou parente consanguíneo até terceiro grau, em razão dessa condição.

Repise-se que se a lesão corporal de natureza gravíssima (art. 129, § 2º, CP) e a seguida de morte (art. 129, § 3º, CP) forem perpetradas contra as pessoas acima referidas, estaremos diante de crimes hediondos (art. 1º, I-A, da Lei 8.072/1990). Trata-se da denominada **lesão corporal funcional**.

4. CRIMES DE PERIGO INDIVIDUAL

4.1. Crimes de perigo. Considerações iniciais

O Código Penal, a partir do art. 130, passa a tratar dos denominados "crimes de perigo", nos quais o agente atua não com a intenção de causar um efetivo dano ao bem jurídico protegido pela norma penal incriminadora, mas apenas com **"dolo de perigo"**, vale dizer, pratica a conduta querendo causar um risco ao objeto jurídico do crime.

Dentre os chamados "crimes de perigo", a doutrina distingue os de:

a) **perigo abstrato**: a lei presume, de maneira absoluta, o perigo provocado pela conduta do agente, não se exigindo demonstração efetiva do risco causado pela conduta típica;

b) **perigo concreto**: a lei exige que se comprove, concretamente, o perigo provocado pela conduta do agente, sem o que o fato será atípico.

A doutrina penal mais comprometida com os postulados constitucionais chega a defender a inadmissibilidade dos crimes de perigo abstrato, na medida em que todo crime deve provocar uma lesão ou probabilidade efetiva de lesão ao bem jurídico protegido pelo tipo incriminador. Sustenta-se o adágio *nullum crimen sine injuria*, ou seja, não há crime sem lesão. Todavia, a jurisprudência dos tribunais superiores tem admitido os precitados crimes de perigo abstrato, tais como o porte ilegal de drogas e de armas.

4.2. Perigo para a vida ou saúde de outrem (art. 132 do CP)

4.2.1. Considerações iniciais

O art. 132 do CP pune a conduta do agente que simplesmente expõe a perigo direto e iminente a vida ou a saúde de outrem, tratando-se, pois de **crime de perigo concreto**.

Tenciona o legislador, portanto, proteger a vida ou saúde alheia não contra um risco efetivo, mas meramente potencial.

4.2.2. Tipo objetivo

A conduta típica corresponde ao verbo "expor", vale dizer, deve o agente, para praticar o crime em comento, colocar em risco/perigo efetivo, direto, a vida ou a saúde de outrem. Entende a doutrina que se deve colocar em perigo a vida ou saúde de pessoa ou pessoas **certas e determinadas**, não de uma coletividade.

Admite-se, inclusive, a prática do crime por conduta omissiva (ex.: o patrão que, explorando uma atividade de risco, não fornece aos empregados equipamentos para o trabalho, ficando os obreiros expostos a perigo de vida ou saúde direto e iminente).

Pelo fato de o tipo penal constar expressamente em seu preceito secundário que a pena é de 3 meses a 1 ano de detenção, se o fato não constitui crime mais grave, a doutrina denomina o crime em análise de **subsidiário**. Ou seja, somente restará configurado o crime de perigo para a vida ou saúde de outrem se não constituir meio de execução de infração mais gravosa (ex.: tentativa de homicídio; tentativa de lesão corporal).

Por esse motivo, ensina a doutrina que é **inadmissível o concurso de crimes** (ao menos entre o crime principal e o subsidiário – ex.: art. 132 e art. 121 c.c. art. 14, II, todos do CP), salvo se várias forem as vítimas do crime de perigo em tela (mediante mais de uma ação, o agente expõe a vida de várias pessoas determinadas a risco direto e iminente – *vide* art. 70 do CP).

4.2.3. Tipo subjetivo

O crime do art. 132 do CP é doloso. Lembre-se que, *in casu*, o dolo é de perigo, já que o agente não quer causar uma lesão efetiva à vida ou saúde de outrem, mas apenas colocá-las em risco direto e iminente (dolo de perigo e não dolo de dano!).

Não se admite a modalidade culposa do crime em estudo.

4.2.4. Sujeitos do crime

Qualquer pessoa pode ser autora do crime de perigo para a vida ou saúde de outrem, o mesmo valendo para a vítima.

Porém, ensina a doutrina que o sujeito passivo do delito deve ser pessoa certa e determinada e não uma coletividade (sob pena de restar configurado crime de perigo comum, previsto entre os arts. 250 a 259 do CP).

4.2.5. Consumação e tentativa

O crime atinge a consumação quando, com a conduta do agente, a vida ou a saúde da vítima é efetivamente posta em perigo direto e iminente.

Somente se admite a tentativa na forma comissiva do crime (ex.: "A", quando esticava o braço para atirar uma pedra na direção de "B", querendo apenas provocar um perigo à integridade corporal deste, é impedido por um transeunte).

Na modalidade omissiva, é inadmissível a tentativa.

4.2.6. Crime majorado

Nos termos do parágrafo único do art. 132 do CP, a pena é aumentada de 1/6 a 1/3 se a exposição da vida ou da saúde de outrem a perigo decorre do transporte de pessoas para a prestação de serviços em estabelecimentos de qualquer natureza, em desacordo com as normas legais.

Segundo Julio F. Mirabete, o espírito da lei foi o de proteger os boias-frias, que transitam em transportes sem o mínimo de segurança, em direta violação ao Código de Trânsito Brasileiro (arts. 26 a 67 e 96 a 113 – Lei 9.503/1997).

Todavia, não basta a mera violação de regras de segurança no transporte, sendo imprescindível que, em razão disso, os passageiros corram um risco efetivo de vida ou à saúde.

4.3. Abandono de incapaz (art. 133 do CP)

4.3.1. Considerações iniciais

Pretendeu o legislador, na edição do art. 133 do CP, proteger a integridade física e psíquica de determinadas pessoas, que, conforme o próprio *nomen juris* demonstra, são incapazes de, sozinhas, manterem íntegras a própria vida ou saúde.

4.3.2. Tipo objetivo

O verbo do tipo é "abandonar", ou seja, deixar ao desamparo, sem assistência. Assim, pratica o crime em tela o agente que abandona determinadas pessoas, incapazes de defender-se dos riscos resultantes de tal ato.

O crime pode ser praticado de maneira comissiva (mediante ação, portanto) ou omissiva (obviamente por omissão).

A questão que se coloca é o "tempo" do abandono. Por qual espaço de tempo o agente deve abandonar a vítima para que o crime esteja caracterizado? Responde a doutrina que deve ser por período "juridicamente relevante", ou seja, pelo tempo suficiente para que o sujeito passivo da conduta corra um risco efetivo de sua integridade física ou psíquica.

Por se tratar de crime de perigo concreto, deve-se comprovar o risco efetivo à vítima abandonada. Daí porque não configura o crime de abandono de incapaz a conduta daquela pessoa que abandona, por exemplo, a vítima, sendo que o local é rodeado de pessoas que podem prestar-lhe assistência (ex.: o filho abandona o pai, idoso e doente, ao lado de um hospital movimentado). Também não configura o crime se o agente abandona a vítima e aguarda que seja socorrida por terceiros.

4.3.3. Tipo subjetivo

O crime em tela é doloso, agindo o agente com a intenção de colocar a vítima em perigo, abandonando-a (dolo de perigo).

Se tiver o autor do delito a intenção de, mediante o abandono, provocar efetivo dano à integridade física ou à saúde da vítima, poderá responder por tentativa de homicídio, de lesão corporal, de infanticídio etc.

4.3.4. Sujeitos do crime

O *caput* do art. 133 do CP revela que o sujeito ativo do crime não pode ser qualquer pessoa, mas sim aquela que guardar alguma relação com a vítima: a) cuidado; b) guarda; c) vigilância; e d) autoridade.

Verifica-se que essas "qualidades" do sujeito ativo denotam uma obrigação que ele tem para com a vítima (deve dela cuidar, ser guardião, vigiar ou estar em posição de autoridade). Trata-se de verdadeiro "garantidor" do sujeito passivo, sendo o crime denominado **próprio.**

Já a vítima deve ser a pessoa que está sob os cuidados, a guarda, a vigilância ou a autoridade do sujeito ativo, de tal modo que dependa dela. Se do abandono sofrer riscos para a saúde ou integridade física, caracterizado estará o crime em comento.

4.3.5. Consumação e tentativa

O delito se consuma com o abandono da pessoa que deve estar sob o resguardo do sujeito ativo, independentemente de resultado naturalístico. Adverte-se que, se do abandono não advier um perigo concreto à vida ou saúde do sujeito passivo, não se configura o crime.

Admissível a tentativa se o crime for praticado por ação.

4.3.6. Formas qualificadas

O § 1º do art. 133 do CP traduz a forma qualificada do crime, punido com reclusão de 1 a 5 anos se, em razão do abandono, a vítima sofrer lesão corporal de natureza grave. O resultado agravador, nesse caso, é atribuído ao agente a título de culpa (trata-se de crime preterdoloso). Impossível que iniciasse o agente um crime com dolo de perigo e o encerrasse com dolo de dano (querendo as lesões corporais).

Se, em razão do abandono, a vítima morrer, a pena do agente será de 4 a 12 anos. Aqui, igualmente, o resultado agravador não pode ser imputado ao autor do crime a título de dolo, mas sim de culpa (crime preterdoloso).

4.3.7. Formas majoradas

As penas serão aumentadas em 1/3 se:

a) o abandono ocorre em lugar ermo: se o lugar em que o agente abandonar a vítima for pouco frequentado ou desabitado no momento do abandono, aumenta-se a pena, eis que a chance de o perigo se concretizar é mais elevado. Todavia, se o lugar for absolutamente inóspito (ex.: lugar com forte nevasca ou deserto), muito provavelmente a intenção do agente será de causar risco efetivo (e não meramente potencial) à vida ou saúde de pessoa sob seu resguardo;

b) se o agente é ascendente ou descendente, cônjuge, irmão, tutor ou curador da vítima: trata-se de pessoas que têm um maior dever de vigilância para com as vítimas (pai em relação ao filho, filho em relação ao pai, marido e mulher, irmãos, tutor para com o tutelado e o curador para com o curatelado). Não se admite analogia (ex.: agente que abandona mulher doente, vivendo com ela em união estável);

c) se a vítima é maior de 60 anos (majorante acrescentada pelo *Estatuto do Idoso* – Lei 10.741/2003): tal majorante tem plena razão para existir, eis que as pessoas com idade mais avançada têm maior dificuldade na sua própria defesa se abandonadas.

4.4. Omissão de socorro (art. 135 do CP)

4.4.1. Considerações iniciais

No delito que será objeto de comentário a partir de agora, tencionou o legislador punir a conduta daquela pessoa que demonstra insensibilidade perante terceiros que se vejam em situação de perigo, desde que possam agir sem risco à própria vida ou integridade corporal.

A todos existe um dever geral de solidariedade humana, conforme as palavras de Magalhães Noronha. Não se trata de conduta que a lei proíbe (em regra, os crimes se traduzem em condutas proibidas – ex.: matar, furtar, estuprar, roubar), mas que impõe um "fazer" (imperativo de comando).

Não se incrimina apenas a conduta daquela pessoa que, podendo agir, deixa de prestar assistência a determinadas pessoas, mas também aquela que, não podendo fazê-lo sem risco pessoal, deixa de pedir o necessário socorro à autoridade pública.

4.4.2. Sujeitos do crime

No tocante ao sujeito ativo, o crime é considerado **comum**, eis que qualquer pessoa pode praticar a conduta descrita no *caput* do art. 135 do CP.

Já as pessoas que deveriam ser assistidas pelo sujeito ativo, mas que não o foram, são:

a) criança abandonada ou extraviada;

b) pessoa inválida ou o ferido desamparado;

c) pessoa que se encontre em grave e iminente perigo.

Considera-se *criança abandonada*, segundo Rogério Sanches Cunha (*Direito Penal – Crimes contra a pessoa* – Ed. RT, p. 115), a que foi deixada sem os cuidados de que necessitava para a sua subsistência. Já *criança extraviada* é a que se perdeu, sem saber retornar à sua residência.

Pessoa inválida, ao desamparo, é aquela, segundo o mesmo autor, sem vigor físico, ou adoentada. Por fim, *pessoa que se encontre em grave e iminente perigo* é aquela que se vê diante de algum mal sério, de grandes proporções, prestes a se verificar.

4.4.3. Tipo objetivo

O crime em tela se verifica quando o agente "deixar de prestar assistência". Trata-se de *crime omissivo puro*, ou seja, o sujeito ativo responde por "nada fazer", sendo que a lei, como já dissemos anteriormente, impõe a todos um dever de solidariedade diante daquelas pessoas descritas no tipo penal (criança abandonada ou extraviada; pessoa inválida ou ferida ao desamparo; pessoa que se encontre em grave e iminente perigo).

A omissão caracterizadora do crime em comento pode ser praticada de duas formas:

1ª – o agente, podendo auxiliar as pessoas descritas no *caput* do art. 135 do CP, não o faz;

2ª – o agente, não podendo ajudá-las sem que sofra um risco pessoal, não solicita socorro à autoridade pública.

4.4.4. Tipo subjetivo

Trata-se de crime doloso, ou seja, o agente, agindo de forma livre e consciente, deixa de prestar socorro a determinadas pessoas em situações periclitantes, ou, não podendo fazê-lo, deixa de solicitar socorro à autoridade pública competente.

Segundo a doutrina, o dolo pode ser **direto** ou **eventual**.

Inexiste a modalidade culposa da omissão de socorro, situação que, se verificada no caso concreto, tornaria a conduta atípica (princípio da excepcionalidade do crime culposo).

4.4.5. Consumação e tentativa

Consuma-se o delito, esgotando-se o *iter criminis*, quando o agente efetivamente deixa de prestar assistência a quem a precisa ou não comunicar a autoridade pública competente. Enfim, *consuma-se o crime com a omissão do sujeito ativo*.

Por se tratar de crime omissivo próprio (ou puro), *inadmissível a tentativa*, por se tratar de *crime unissubsistente* (o *iter criminis* não é fracionável).

4.4.6. Forma majorada de omissão de socorro

O parágrafo único do art. 135 do CP pune mais gravosamente o agente que, em razão da omissão, provocar **lesão corporal de natureza grave** na vítima (aumenta-se de **metade** a reprimenda).

Já se resultar a **morte** do ofendido, a pena é **triplicada**.

Em ambas as hipóteses, o crime será **preterdoloso** (dolo na omissão e culpa no tocante ao resultado agravador – lesão corporal grave ou morte).

4.5. Condicionamento de atendimento médico hospitalar emergencial (art. 135-A do CP)

4.5.1. Considerações iniciais

Trata-se de nova figura típica inserida no CP pela Lei 12.653/2012, muito semelhante, em verdade, ao crime estudado anteriormente. Estamos, na prática, diante de uma nova modalidade de omissão de socorro, mas com elementares e características próprias. Vamos aos estudos!

4.5.2. Sujeitos do crime

O crime em tela, embora não haja expressa previsão na redação típica, será cometido por administradores ou funcionários do hospital, visto que a conduta será a de "*exigir* cheque-caução, nota promissória ou qualquer garantia, bem como o preenchimento prévio de formulários administrativos, como condição para o atendimento médico hospitalar emergencial".

Ora, emerge nítido que a exigência de "burocracias" e/ou de garantia antecipada de pagamento dos serviços hospitalares somente poderá ser feita por funcionários ou administradores do hospital, motivo pelo qual entendemos que se trata de um crime próprio, visto ser necessária uma qualidade especial do agente (ser funcionário ou administrador da entidade hospitalar).

4.5.3. Tipo objetivo

O crime em comento restará caracterizado quando o agente delitivo *condicionar* o atendimento médico hospitalar emergencial ao próprio paciente ou seus familiares, em caso de impossibilidade daquele, exigindo:

✓ *(i) cheque-caução* – trata-se de um título de crédito (ordem de pagamento à vista) emitido como garantia do pagamento dos serviços médicos e hospitalares prestados;

✓ *(ii) nota promissória* – trata-se, também, de um título de crédito (promessa futura de pagamento), dado como garantia do pagamento dos serviços médicos e hospitalares prestados;

✓ *(iii) qualquer garantia* – aqui, o legislador, em exercício de interpretação analógica, após enumeração casuística (cheque-caução e nota promissória), inseriu uma "cláusula genérica", a fim de garantir que haverá tipicidade penal se, por exemplo, o agente delitivo exigir, como condição do atendimento ao paciente, qualquer outra garantia, tais como endosso de uma duplicata ou letra de câmbio (Rogério Sanches Cunha – *Curso de Direito Penal*, vol. 2 – p. 156 – Ed. JusPodivm).

Repare que a "omissão de socorro" por parte do agente delitivo fica nítida: caso a exigência não seja atendida (cheque-caução, nota promissória ou qualquer outra garantia), não haverá a prestação do serviço médico hospitalar de emergência!

Frise-se que a simples exigência de garantia do pagamento dos serviços hospitalares e médicos de emergência será fato atípico quando não houver o condicionamento prévio ao atendimento do paciente.

4.5.4. Tipo subjetivo

O crime em comento é doloso, vale dizer, impõe que o agente delitivo, de forma livre e consciente, condicione ao paciente ou aos familiares deste o atendimento médico hospitalar emergencial à emissão de um cheque-caução, ou a assinatura de uma nota promissória ou qualquer outra garantia.

4.5.5. Consumação e tentativa

Haverá consumação do crime ora estudado no exato momento em que o agente fizer ao paciente, ou aos seus familiares, a exigência, condicionando o atendimento emergencial à entrega de um cheque-caução, ou à assinatura de uma nota promissória ou qualquer outra forma de garantia do pagamento dos serviços médicos hospitalares de emergência.

4.5.6. Formas majoradas

A pena, que é de 3 meses a 1 ano, e multa, será aumentada até o dobro se, em razão da omissão (negativa de atendimento médico hospitalar de emergência), resultar **lesão corporal grave** à vítima-paciente. Porém, se da negativa advier a **morte** do ofendido, a pena será aumentada até o triplo. Estamos, aqui, diante de figuras preterdolosas (dolo na negativa de atendimento e culpa na lesão corporal grave ou morte).

4.6. Maus-tratos (art. 136 do CP)

4.6.1. Considerações iniciais

Trata-se de crime que atenta contra a incolumidade física de determinadas pessoas descritas no tipo penal. Apenas a título de curiosidade, foi o Código de Menores, de 1927, que pela primeira vez tratou do delito de maus-tratos contra menores de 18 anos.

4.6.2. Sujeitos do crime

Conforme enuncia o tipo penal, o crime de maus-tratos não pode ser praticado por qualquer pessoa, mas apenas por aquelas que tenham alguma relação (de subordinação, diga-se de passagem) com a vítima.

Logo, pode-se afirmar que se trata de **crime próprio**, já que será praticado:

a) por quem exercer autoridade sobre alguém;

b) pelo guardião de alguém;

c) por quem exercer vigilância sobre alguém.

Ressalte-se que a relação existente entre sujeito ativo e passivo pode ser de direito público ou privado (ex.: o diretor do presídio e o detento; a mãe em relação ao filho).

Salienta-se que o crime é biпróprio, já que tanto do autor quanto da vítima são exigidas qualidades especiais (a vítima deve estar sob a autoridade, guarda ou vigilância de alguém).

4.6.3. Tipo objetivo

A conduta típica é a de "expor a perigo a vida ou a saúde" de determinadas pessoas (pessoa que esteja sob a guarda, autoridade ou vigilância do sujeito ativo do crime).

Portanto, exige-se que o agente inflija maus-tratos à vítima, mediante os seguintes meios executórios (o que transforma a figura ora estudada em crime de ação vinculada):

a) privação de alimentação (conduta omissiva);

b) privação de cuidados indispensáveis (conduta omissiva);

c) sujeição a trabalho excessivo (conduta comissiva);

d) sujeição a trabalho inadequado (conduta comissiva);

e) abuso dos meios de correção (conduta comissiva);

f) abuso dos meios de disciplina (conduta comissiva).

Enfim, o agente exporá a risco a vida ou a saúde da vítima, realizando umas das ações acima mencionadas, seja por omissão (letras "a" e "b"), seja por ação (letras "c" a "f").

Especialmente quanto ao abuso dos meios de correção e disciplina, adverte-se que o "guardião" (pai, mãe e família substituta) tem o direito de corrigir e impor disciplina ao que está sob sua guarda. O que pune a lei é o excesso nos meios de correção e disciplina, expondo, em razão disso, a vida ou a saúde da vítima a perigo de dano.

Importante registrar que o ECA (Lei 8.069/1990), alterado pela denominada "Lei da Palmada", recebeu, dentre outros, novo dispositivo (art. 18-A), assim redigido:

"**Art. 18-A.** A criança e o adolescente têm o direito de ser educados e cuidados sem o uso de castigo físico ou de tratamento cruel ou degradante, como formas de correção, disciplina, educação ou qualquer outro pretexto, pelos pais, pelos integrantes da família ampliada, pelos responsáveis, pelos agentes públicos executores de medidas socioeducativas ou por qualquer pessoa encarregada de cuidar deles, tratá-los, educá-los ou protegê-los. (Incluído pela Lei 13.010/2014)

Parágrafo único. Para os fins desta Lei, considera-se:

I – castigo físico: ação de natureza disciplinar ou punitiva aplicada com o uso da força física sobre a criança ou o adolescente que resulte em:

a) sofrimento físico; ou

b) lesão;

II – tratamento cruel ou degradante: conduta ou forma cruel de tratamento em relação à criança ou ao adolescente que:

a) humilhe; ou

b) ameace gravemente; ou

c) ridicularize."

O dispositivo acima transcrito, cremos, ainda causará muita discussão acerca dos limites do poder familiar e da condução da educação das crianças e adolescentes. Nada obstante, trata-se de uma boa "fonte" para que os operadores do Direito busquem aquilo que poderá ser considerado excessivo na disciplina e correção de menores de dezoito anos.

Atua o agente, no crime em comento (art. 136 do CP), não com dolo de dano, mas com dolo de perigo ao abusar desses meios.

Frise-se que, quando os maus-tratos se devem à correção, por exemplo, do próprio filho, excedendo-se os pais em tal situação, não responderão por lesões corporais se tiverem agido com *animus corrigendi*. Todavia, se a intenção for a de lesionar, responderão pelo referido delito.

Por fim, o abuso nos meios de correção deve ser apto a causar um perigo de dano à vida ou saúde da vítima, não restando configurado se causar apenas simples "vergonha" (ex.: a mãe, querendo "emendar" a filha, raspa-lhe os cabelos, em razão de ser "menina fácil").

4.6.4. Tipo subjetivo

O crime é doloso, exigindo-se do agente que atue com a consciência de que sua conduta expõe a risco a vida ou saúde da vítima, excedendo-se da normalidade.

Não se pune a forma culposa do crime.

4.6.5. Consumação e tentativa

Consuma-se o crime quando a vítima efetivamente sofrer um risco à sua integridade física (vida ou saúde).

As modalidades comissivas admitem tentativa, ao passo que as omissivas, não.

4.6.6. Formas qualificadas e majorada

Os §§ 1º e 2º do art. 136 do CP punem mais gravosamente o agente que, em razão dos maus-tratos, causa na vítima lesão corporal de natureza grave (1 a 4 anos de reclusão) ou morte (4 a 12 anos de reclusão).

Evidentemente que qualquer das qualificadoras aponta para a ocorrência de crime preterdoloso, atribuindo-se o resultado agravador (lesão corporal grave ou morte) ao agente a título de culpa. Assim não fosse, responderia por lesão corporal consumada ou homicídio.

Por fim, o § 3º do precitado artigo determina o aumento da pena em 1/3 se o crime for praticado contra menor de 14 anos (dispositivo acrescentado pelo ECA).

Se o crime for praticado contra idoso (mais de 60 anos), o crime não é o de maus-tratos do CP, mas o do Estatuto do Idoso (art. 99 da Lei 10.741/2003).

4.7. Rixa (art. 137 do CP)

4.7.1. Considerações iniciais

Considera-se rixa a briga ou a contenda travada entre mais de duas pessoas (no mínimo, portanto, três!), **sem que se possa identificar, de maneira individualizada, agressor e agredido**.

Embora possa parecer contraditório, na rixa o **sujeito ativo e o sujeito passivo se confundem** (agressor pode ser agredido e vice-versa).

Trata-se de crime que protege, a um só tempo, a **incolumidade física** dos próprios contendores, bem assim a **incolumidade pública**, que pode ser posta em xeque em uma briga generalizada.

4.7.2. Sujeitos do crime

Qualquer pessoa pode ser sujeito ativo do delito em questão.

Pela particularidade de exigir, no mínimo, três pessoas para que a conduta seja típica, temos um crime de **concurso necessário** (ou **plurissubjetivo**).

O sujeito passivo do crime pode ser o próprio participante da rixa, bem como terceiras pessoas que venham a se ferir com o tumulto.

4.7.3. Tipo objetivo

O crime de rixa, previsto no art. 137 do CP, prevê como conduta típica "participar da rixa", ou seja, **tomar parte** na contenda travada entre, pelo menos, três pessoas.

Pune-se o delito, em sua forma simples, com detenção de 2 meses a 1 ano, ou multa (trata-se de **infração penal de menor potencial ofensivo – Lei 9.099/1995**).

O delito que ora se comenta somente restará caracterizado se houver um tumulto generalizado, sem que se possa identificar/individualizar agressores e agredidos. Se houver tal possibilidade (constatação individual de cada contendor e agredido), tratar-se-á de lesões corporais recíprocas, não rixa.

Pode-se tomar parte na rixa diretamente (ou seja, sendo um dos rixosos), ou mediante participação moral (partícipe da rixa – art. 29 do CP), induzindo ou instigando os contendores a tomarem parte na briga generalizada.

A doutrina faz menção a dois tipos de rixa:

a) *ex proposito* – é a rixa preordenada, na qual dois ou mais grupos de contendores, de maneira prévia, ajustam a "briga" generalizada. Nesse caso, sendo possível a identificação de cada um, não se poderia falar em crime de rixa, mas de lesões corporais qualificadas;

b) *ex improviso* – é a rixa que ocorre sem um prévio ajuste, de inopino, subitamente. Para alguns doutrinadores, essa é a típica rixa.

4.7.4. Tipo subjetivo

O delito de rixa é doloso, mas não agem os rixosos com dolo de lesionar (dolo de dano), mas sim de causar perigo à integridade física de terceiros (**dolo de perigo**).

Trata-se, portanto, de mais um **crime de perigo**, segundo a doutrina, abstrato (presume-se o perigo, não se exigindo sua comprovação em concreto).

O terceiro que apenas ingressa na contenda para "separar" os rixosos, por falta de dolo, não responderá pelo crime, exceto se, durante sua intervenção, passar a agredir os partícipes do tumulto.

4.7.5. Consumação e tentativa

Consuma-se o crime com a efetiva participação do agente na contenda generalizada, trocando agressões com os demais partícipes do evento.

Segundo a doutrina majoritária, inadmissível a tentativa, já que o delito se consuma com o ingresso do contendor no tumulto, exaurindo-se a infração simultaneamente com o início da execução (delito unissubsistente e instantâneo).

Para outros, admite-se a tentativa apenas na rixa *ex proposito* (preordenada).

Ademais, se o tumulto sequer tivesse início, não ocorreria a forma tentada do delito, mas sim meros atos preparatórios.

4.7.6. Rixa qualificada

Conforme o parágrafo único do art. 137 do CP, se ocorrer morte ou lesão corporal de natureza grave, a pena será de 6 meses a 2 anos de detenção.

Trata-se de dispositivo que pune objetivamente (independentemente de comprovação de dolo ou culpa) o participante da rixa se do tumulto decorrer resultado mais grave do que simples vias de fato ou lesões corporais leves.

Em suma, ainda que o rixoso não tenha diretamente provocado a lesão corporal grave ou a morte de outro contendor, o só fato de participar do tumulto já será suficiente para receber reprimenda mais gravosa. Aqui, identifica-se um resquício da responsabilização penal objetiva.

Se um dos contendores for o que sofrer a lesão corporal grave, ele próprio responderá por rixa qualificada.

5. CRIMES CONTRA A HONRA

5.1. Crimes contra a honra (arts. 138 a 145, do CP). Considerações iniciais

A honra é bem jurídico constitucionalmente protegido, conforme se infere do art. 5º, X, da CF: "são invioláveis a intimidade, a vida privada, a honra e a imagem das pessoas, assegurado o direito a indenização pelo dano material e moral decorrente de sua violação".

A doutrina costuma dividir a honra sob dois aspectos: um objetivo e outro subjetivo.

Sob o enfoque objetivo, que dá ensejo à denominada **honra objetiva**, diz-se que se trata daquilo que terceiros pensam do sujeito. Em outras palavras, a honra objetiva condiz com o conceito que a pessoa goza de seu meio social (reputação).

Já no tocante ao aspecto subjetivo, do qual se origina a **honra subjetiva**, diz-se que se trata daquilo que a pessoa pensa de si própria, um sentimento sobre a própria dignidade.

Embora a doutrina costume diferenciar honra objetiva de subjetiva, é certo que não se pode tratá-las de forma estanque, eis que, por vezes, segundo adverte Rogério Greco, "uma palavra que pode ofender a honra subjetiva do agente também pode atingi-lo perante a sociedade da qual faz parte. Chamar alguém de mau-caráter, por exemplo, além de atingir a dignidade do agente, macula sua imagem no meio social" (*Curso de Direito Penal* – vol. 2 – Parte Especial – Ed. Impetus).

A distinção a que ora fazemos referência guarda importância apenas para a distinção dos três tipos penais incriminadores que serão doravante estudados (bem como os momentos consumativos): a **injúria** (que ofende a *honra subjetiva* da vítima), a **calúnia** e a **difamação** (ambas ofendendo a *honra objetiva* do sujeito passivo das condutas ilícitas).

5.2. Calúnia (art. 138 do CP)

5.2.1. Considerações iniciais

O art. 138 do CP prevê o crime de calúnia, que, como já dito anteriormente, ofende a **honra objetiva** da vítima, vale dizer, sua reputação e fama perante terceiros.

5.2.2. Tipo objetivo

A conduta típica é *caluniar*, ou seja, fazer uma falsa acusação, tendo o agente, com tal conduta, a intenção de afetar a reputação da vítima perante a sociedade.

O tipo penal em comento enuncia: "caluniar alguém, imputando-lhe falsamente fato definido como crime".

Guilherme de Souza Nucci (*Manual de Direito Penal – Parte Geral e Parte Especial* – 3ª ed., Ed. RT, p. 657), criticando a redação do art. 138 do CP, faz a seguinte ressalva: "portanto, a redação feita no art. 138 foi propositadamente repetitiva (fala duas vezes em '*atribuir*': caluniar significa *atribuir* e imputar também significa *atribuir*). Melhor seria ter nomeado o crime como sendo 'calúnia', descrevendo o modelo legal de conduta da seguinte forma: '*Atribuir a alguém, falsamente, fato definido como crime*'. Isto é caluniar".

Em suma, o crime de calúnia fica caracterizado quando o agente atribui, imputa a alguém, *falsamente*, fato definido como crime.

Deve o agente delitivo, portanto, imputar um **fato determinado**, e não genérico, sob pena de restar descaracterizada a calúnia, tipificando, eventualmente, a conduta prevista no art. 140 do CP (injúria). Exemplo de fato determinado: "João foi quem ingressou no Banco Real, na semana passada, e comandou o roubo à agência". Nesse caso, verifica-se a atribuição de um fato determinado (no espaço e no tempo), que somente configura o crime em comento se for falso.

Considera-se falso o fato atribuído à vítima se ele sequer ocorreu ou, tendo ocorrido, não teve como autor, coautor ou partícipe, o ofendido.

Se o agente atribuir à vítima fato definido como contravenção penal (ex.: "João é o dono da banca do jogo do bicho do bairro 'X', tendo recebido, somente na semana passada, mais de 300 apostas em sua banca"), não se configura o crime de calúnia, que pressupõe a falsa imputação de fato *criminoso*. No exemplo dado, poderíamos estar diante de uma difamação (art. 139 do CP).

5.2.3. Tipo subjetivo

O elemento subjetivo da conduta é o dolo, ou seja, a vontade livre e consciente do agente de atribuir a alguém, sabendo ser falso, um fato definido como crime.

Exige-se, ainda, o elemento subjetivo do tipo específico (dolo específico), qual seja, o *animus diffamandi*, a intenção de ofender a honra da vítima.

5.2.4. Sujeitos do crime

O **sujeito ativo** do crime pode ser qualquer pessoa, razão pela qual a calúnia é doutrinariamente qualificada como **crime comum**.

O **sujeito passivo** também pode ser **qualquer pessoa**.

Diverge a doutrina acerca da possibilidade de **pessoa jurídica** ser vítima de calúnia. Entende-se que sim, apenas em se tratando de **crimes ambientais**, nos quais a pessoa jurídica pode ser autora da conduta típica (*vide* Lei 9.605/1998).

Se a vítima for o Presidente da República e o crime tiver conotação política o fato será regulado pela Lei de Segurança Nacional (Lei 7.170/1983).

Antes do julgamento, pelo STF, da ADPF 130, no mês de abril de 2009, se o meio de dispersão da calúnia à sociedade fosse a imprensa (escrita ou falada), o delito seria aquele previsto na Lei de Imprensa (Lei 5.250/1967). Frise-se que referido diploma legal foi declarado não recepcionado pela nova ordem constitucional. Nesse sentido, confira-se parte da ementa do julgado:

> Arguição de descumprimento de preceito fundamental (ADPF). Lei de imprensa. Adequação da ação. Regime constitucional da "liberdade de informação jornalística", expressão sinônima de liberdade de imprensa. A "plena" liberdade de imprensa como categoria jurídica proibitiva de qualquer tipo de censura prévia.
> (...)
> 10. Não recepção em bloco da Lei 5.250 pela nova ordem constitucional.
> (...)
> 12. Procedência da ação. Total procedência da ADPF, para o efeito de declarar como não recepcionado pela Constituição de 1988 todo o conjunto de dispositivos da Lei Federal 5.250, de 09.02.1967.

Atualmente (leia-se: desde o julgamento da já citada ADPF 130), se o crime de calúnia for perpetrado por meio da imprensa, aplicar-se-ão as regras "comuns" do Código Penal.

5.2.5. Consumação e tentativa

Consuma-se o crime de calúnia no momento em que a falsa atribuição de fato criminoso **chegar ao conhecimento de terceiros** (ainda que a só uma pessoa), independentemente de a circunstância macular a honra da vítima.

Assim, ainda que, de fato, a reputação do ofendido não seja abalada, entende-se consumado o delito (trata-se, pois, de **crime formal**).

É **possível a tentativa** se, por exemplo, os atos executórios ocorrerem por escrito e os papéis caluniadores não chegarem ao conhecimento de terceiros.

5.2.6. Propalar ou divulgar a calúnia

O § 1º do art. 138 do CP também pune a conduta daquele que simplesmente propala ou divulga a falsa imputação de fato definido como crime, desde que saiba ser falsa.

Nesse caso, aquele que simplesmente repassar a calúnia estará, por óbvio, caluniando a vítima, eis que a ele estará atribuindo fato definido como crime, sabendo-o falso.

5.2.7. Calúnia contra os mortos

O § 2º do art. 138 do CP também pune a **calúnia contra os mortos**. Nesse caso, como as pessoas já morreram, as vítimas não serão propriamente elas, que já sequer contam com personalidade jurídica (que se encerra, para as pessoas naturais, com a morte), mas seus **familiares**.

5.2.8. Calúnia contra inimputáveis. É possível?

Aos adeptos da teoria tripartida de crime (**fato típico, antijurídico e culpável**), o inimputável por doença mental, desenvolvimento mental incompleto ou desenvolvimento mental retardado (art. 26 do CP), embora pratique os dois primeiros elementos do crime, é isento de pena, pelo que a culpabilidade estaria afastada. Em outras palavras, o "louco" não praticaria *crime*.

O mesmo se pode dizer com relação aos inimputáveis por idade (menores de dezoito anos), que não se submetem ao Código Penal, mas apenas à legislação específica (ECA).

Entende a maioria, entretanto, que contra os inimputáveis é possível a prática de calúnia, embora não possam *praticar crime*.

É que o legislador utilizou os termos "fato definido como crime", e não "prática de crime". Dessa forma, é possível que se atribua a um "louco", ou a um menor de idade, um *fato* definido em lei como crime (ex.: homicídio, aborto, roubo, furto etc.).

Concluindo, percebe-se que é possível, portanto, que inimputáveis, embora não pratiquem crime (em seu sentido técnico-jurídico), possam ser vítimas de calúnia.

5.2.9. Exceção da verdade

O § 3º do art. 138 do CP prevê o instituto da "exceção da verdade". Trata-se de um incidente processual, que deve ser obrigatoriamente enfrentado pelo magistrado antes da sentença final, visto que pode conduzir à absolvição do suposto agente delitivo.

A lei penal admite que a pessoa que atribui a terceiro fato definido como crime comprove a *veracidade* da imputação. Logo, se o crime de calúnia pressupõe a atribuição falsa de um fato definido como crime, a exceção (defesa) da verdade pode tornar a conduta atípica.

Assim, pode o autor da suposta calúnia provar que a pretensa vítima realmente praticou o fato definido como crime, razão pela qual a imputação seria verdadeira e não falsa.

Todavia, a lei previu algumas situações em que **a exceção da verdade é vedada**:

a) **inciso I** – se, constituindo o fato imputado crime de ação privada, o ofendido não foi condenado por sentença irrecorrível: aqui, se o crime for de ação privada e a vítima sequer intentou a competente queixa-crime, torna-se impossível que um terceiro, que não a própria vítima, queira provar a ocorrência de um crime que o diretamente interessado não teve interesse de demonstrar. Outra situação ocorre se o autor da calúnia atribui a alguém um fato definido como crime de ação privada e ainda não houve a condenação definitiva (irrecorrível);

b) **inciso II** – se o fato é imputado a qualquer das pessoas indicadas no n. I do art. 141: referido dispositivo faz alusão ao Presidente da República e a chefe de governo estrangeiro. Nesse caso, ainda que referidas pessoas houvessem praticado crime, o CP não admite sua comprovação. Há quem sustente que essa vedação à exceção da verdade viola o princípio constitucional da ampla defesa, entendimento que também comungamos;

c) **inciso III** – se do crime imputado, embora de ação pública, o ofendido foi absolvido por sentença irrecorrível: no caso em tela, se a Justiça já absolveu, de maneira irrecorrível, a vítima do crime de calúnia, não poderá o agente querer provar algo sobre o qual não mais cabe discussão (coisa julgada).

5.3. Difamação (art. 139 do CP)

5.3.1. Considerações iniciais

Trata-se de crime que atenta contra a **honra objetiva** da vítima, vale dizer, sua reputação e fama no meio social. É esse, portanto, o **objeto jurídico** do crime em comento.

5.3.2. Tipo objetivo

A conduta típica corresponde ao verbo do tipo **difamar**, que significa desacreditar uma pessoa, maculando sua reputação no meio social. Parecida com a calúnia, a difamação pressupõe que haja imputação de um **fato** (não definido como crime, mas que tenha a possibilidade de ofender a reputação da vítima).

O tipo penal, segundo Guilherme de Souza Nucci (op. cit., p. 659), também foi repetitivo, já que difamar significa exatamente imputar um fato "desairoso", silenciando a respeito da veracidade ou falsidade dele.

Em suma, difamar a vítima significa imputar-lhe fatos maculadores de sua fama (honra objetiva), ainda que verídicos (ex.: "João, todas as sextas-feiras, é visto defronte a um bordel, consumindo drogas e bebida alcoólica, na esquina da Rua 'X'").

5.3.3. Tipo subjetivo

É o dolo, ou seja, a vontade livre e consciente do agente em atribuir a alguém (ainda que verdadeiramente) fato ofensivo à reputação. Além disso, exige-se o elemento subjetivo do tipo (dolo específico), qual seja, o *animus diffamandi*.

5.3.4. Sujeitos do crime

A difamação pode ser praticada por qualquer pessoa, tratando-se, pois, de crime comum. A vítima também pode ser qualquer pessoa.

Antes do julgamento, pelo STF, da ADPF 130, no mês de abril de 2009, se o meio de dispersão da difamação à sociedade fosse a imprensa (escrita ou falada), o delito seria aquele previsto na Lei de Imprensa (Lei 5.250/1967). Frise-se que referido diploma legal foi declarado não recepcionado pela nova ordem constitucional. Nesse sentido, confira-se parte da ementa do julgado:

> Arguição de Descumprimento de Preceito Fundamental (ADPF). Lei de Imprensa. Adequação da ação. Regime constitucional da "liberdade de informação jornalística", expressão sinônima de liberdade de imprensa. A "plena" liberdade de imprensa como categoria jurídica proibitiva de qualquer tipo de censura prévia.
>
> (...)
>
> 10. Não recepção em bloco da Lei 5.250 pela nova ordem constitucional.
>
> (...)
>
> 12. Procedência da ação. Total procedência da ADPF, para o efeito de declarar como não recepcionado pela Constituição de 1988 todo o conjunto de dispositivos da Lei federal 5.250, de 09.02.1967.

Atualmente (leia-se: desde o julgamento da já citada ADPF 130), se o crime de difamação for perpetrado por meio da imprensa, aplicar-se-ão as regras "comuns" do Código Penal.

Questiona-se se a **pessoa jurídica pode ser vítima de difamação**. Entende-se, majoritariamente, que **sim**, eis que as empresas gozam de reputação no mercado. Em suma, as pessoas jurídicas têm uma imagem a ser preservada, pelo que sua "honra objetiva" pode ser maculada (ex.: "a empresa 'Y' trata muito grosseiramente seus empregados, especialmente o Joaquim, que foi escorraçado de seu posto de trabalho na semana passada").

Interessante para os concursos públicos que se conheça a posição do STF acerca de difamação perpetrada por advogado, que, de acordo com o art. 7º, § 2º, do Estatuto da OAB (Lei 8.906/1994) é imune por suas manifestações em juízo ou fora dele, desde que no exercício da profissão, a referido crime.

Confira-se:

> **Difamação e imunidade profissional de advogado**
>
> "A 1ª Turma, por maioria, denegou *habeas corpus* em que se pleiteava o trancamento da ação penal. Na espécie, a paciente – condenada pelo crime de difamação – teria ofendido a reputação de magistrada, desmerecendo a sua capacitação funcional, diante dos serventuários e demais pessoas presentes no cartório da vara judicial. De início, aduziu-se que as alegações de atipicidade da conduta e de inexistência de dolo não poderiam ser apreciadas nesta via, uma vez que, para chegar a conclusão contrária à adotada pelas instâncias ordinárias, seria necessário o reexame do conjunto fático-probatório, não admissível nesta sede. Em seguida, ponderou-se estar diante de fato, em tese, típico, ilícito e culpável, revestido de considerável grau de reprovabilidade. Ressaltou-se que o comportamento da paciente amoldar-se-ia, em princípio, perfeitamente à descrição legal da conduta que a norma visaria coibir (CP, art. 139). Desse modo, afirmou-se que não haveria falar em atipici-

dade da conduta. Ante as circunstâncias dos autos, reputou-se, também, que não se poderia reconhecer, de plano, a ausência do *animus difamandi*, identificado na sentença condenatória e no acórdão que a confirmara. No tocante à alegação de que teria agido acobertada pela imunidade conferida aos advogados, asseverou-se que seria inaplicável à espécie a excludente de crime (CP, art. 142), haja vista que a ofensa não teria sido irrogada em juízo, na discussão da causa. Acrescentou-se que a mencionada excludente não abrangeria o magistrado, que não poderia ser considerado parte na relação processual, para os fins da norma. Frisou-se, também, que a jurisprudência e a doutrina seriam pacíficas nesse sentido, na hipótese de ofensa a magistrado. O Min. Luiz Fux enfatizou que a frase proferida pela advogada encerraria uma lesão penal bifronte. Vencidos os Ministros Marco Aurélio, relator, e Dias Toffoli, que concediam a ordem. Aquele, para assentar a atipicidade da conduta da paciente sob o ângulo penal; este, porquanto afirmava que a difamação estaria expressamente imunizada pelo § 2º do art. 7º do Estatuto da Advocacia". HC 104385/SP, rel. orig. Min. Marco Aurélio, red. p/ o acórdão Min. Ricardo Lewandowski, 28.06.2011. (HC-104385) (Inform. STF 633).

5.3.5. Consumação e tentativa

Consuma-se o crime de difamação quando a ofensa à reputação da vítima chega ao conhecimento de terceiros (ainda que a uma só pessoa), independentemente de haver um resultado lesivo à sua fama. Trata-se, portanto, de crime formal, que independe de resultado naturalístico.

Admissível a tentativa, por exemplo, se a difamação for feita por escrito e não chegar ao conhecimento de terceiros por extravio dos papéis.

5.3.6. Exceção da verdade (parágrafo único)

Somente é admitida a exceção (defesa) da verdade se o agente tentar comprovar que o fato ofensivo à reputação de funcionário público foi efetivamente praticado se tiver relação direta com o exercício de suas funções.

Diz-se que a Administração Pública admite a exceção da verdade nesses casos pelo fato de que tem entre seus princípios informadores o da moralidade e o da eficiência.

Imagine que "A" imputa a "B", juiz de direito, o seguinte fato: "o Dr. 'B', juiz da vara criminal da cidade 'X', ao invés de presidir a audiência do dia 20.03.2015, na qual eu era advogado do autor, ficou bebendo no bar da esquina".

Se o juiz ingressasse com queixa-crime contra o advogado, dizendo-se vítima de difamação, poderia ele demonstrar a verdade do fato atribuído ao magistrado. Como dissemos, a lei tem o interesse de provar um fato desonroso atribuído a um funcionário público que o tenha praticado no exercício de suas funções. Quer-se, com isso, proteger a própria imagem da Administração Pública, que pode ser maculada por um funcionário que aja de maneira vexatória, já que sua imagem, querendo ou não, acaba sendo vinculada ao Poder Público.

5.4. Injúria (art. 140 do CP)

5.4.1. Considerações iniciais

Trata-se de crime que ofende a **honra subjetiva** da vítima, vale dizer, sua dignidade ou seu decoro ("autoimagem da pessoa, isto é, a avaliação que cada um tem de si mesmo" – Guilherme de Souza Nucci – op. cit., p. 661).

Portanto, o objeto jurídico do crime em estudo é a honra subjetiva, e não a objetiva, protegida pelos delitos de calúnia e difamação.

5.4.2. Tipo objetivo

Enquanto nos delitos de calúnia e difamação o agente imputa um fato (definido como crime, na primeira, ou ofensivo à reputação, na segunda), na injúria este não se verifica.

No crime previsto no art. 140 do CP, o agente ofende a vítima atribuindo-lhe uma **qualidade negativa**, infamante àquilo que ela pensa de si mesma, ofendendo sua autoestima.

5.4.3. Tipo subjetivo

Além do dolo (vontade livre e consciente de ofender a honra subjetiva da vítima), exige-se o elemento subjetivo do tipo, ou seja, o *animus injuriandi*, a intenção de, com sua fala, gesto ou escrito, lesar a autoestima do ofendido.

5.4.4. Sujeitos do crime

O sujeito ativo da injúria pode ser qualquer pessoa, tratando-se, pois, de crime comum.

Em tese, o sujeito passivo também pode ser qualquer pessoa. Dizemos "em tese" pelo fato de o crime em análise depender da ofensa à dignidade ou decoro da vítima. Em algumas circunstâncias, torna-se impossível que o ofendido entenda que sua autoestima foi ferida (ex.: crianças de tenra idade; doentes mentais sem capacidade de discernimento).

Lembremos que o crime pressupõe que a vítima se veja (e entenda) lesada em sua autoimagem, o que nem sempre é possível.

Não se admite crime de injúria contra pessoa jurídica, já que a honra subjetiva é própria de pessoas naturais e não de uma ficção legal.

Até mesmo aos "desonrados" é possível a configuração de injúria. Diz-se que sempre há uma gota de dignidade ou decoro a se resguardar, por mais "desonrada" que seja a pessoa (ex.: pode-se injuriar uma prostituta, ainda que se tente ofender sua autoimagem no que tange à atividade sexual).

5.4.5. Consumação e tentativa

Consuma-se o crime no momento em que a imputação de qualidades negativas **chega ao conhecimento da própria vítima**, e não de terceiros, como na calúnia e difamação.

Não se exige que a pessoa se sinta, de fato, ofendida, bastando a potencialidade lesiva da conduta, chamando-se o delito em estudo de **formal** (ex.: chamar alguém de verme fétido e imundo tem potencialidade de causar um dano à autoestima, ainda que, no caso concreto, não se verifique).

Admite-se a forma **tentada**, por exemplo, se a injúria for **por escrito** e o papel não chegar às mãos da vítima por extravio.

5.4.6. Exceção da verdade

Obviamente não é admitida. Seria absurdo, por exemplo, imaginar-se a prova de que a vítima é, de fato, um verme fétido e imundo.

Como no crime de injúria não se atribuem fatos, mas qualidades, torna-se impossível querer prová-las verdadeiras, diferentemente da calúnia e difamação (nelas se atribuem fatos, os quais podem não ter ocorrido).

5.4.7. Perdão judicial

Poderá o juiz deixar de aplicar a pena (perdão judicial – causa extintiva da punibilidade – v. art. 107, IX, do CP) nas seguintes hipóteses, previstas no § 1º do art. 140:

a) quando o ofendido, de forma reprovável, provocou diretamente a injúria (inc. I);

b) quando houver retorsão imediata, que consista em outra injúria (inc. II).

No primeiro caso, a vítima, dadas as provocações, cria no espírito do agente a raiva, combustível para que o injurie.

Na segunda hipótese, embora o agente injurie a vítima, esta revida imediatamente (logo após a injúria), de tal forma que também atribua ao seu "agressor inicial" um fato ofensivo à dignidade ou decoro. Com a devida vênia, aqui se aplica perfeitamente a famosa frase: "chumbo trocado não dói". Nesse caso, ninguém responderá por injúria, dada a incidência do perdão judicial, causa extintiva da punibilidade.

5.4.8. Injúria qualificada

5.4.8.1. Injúria real

Vem prevista no § 2º do art. 140 do CP. Ocorre quando o agente, valendo-se de lesões corporais ou vias de fato, tenciona não diretamente atingir a integridade corporal ou a saúde da vítima, mas atingir-lhe a dignidade ou o decoro.

Opta o agente, em vez de injuriar a vítima com palavras ou escritos, produzir-lhe um insulto de maneira mais agressiva (ex.: tapa no rosto; cusparada na face; empurrão diante de várias pessoas). Contudo, de tal situação, deve-se vislumbrar que a intenção do agente foi a de ofender a autoestima da vítima. Daí a palavra "aviltante" prevista na qualificadora ora analisada.

De qualquer modo, o legislador irá punir o agente pela violência de maneira autônoma (ex.: se do tapa, a boca da vítima fica machucada e sangra, além da injúria qualificada, irá responder o agente por lesão corporal leve). No tocante às vias de fato, a doutrina defende que serão absorvidas pelo crime contra a honra.

5.4.8.2. Injúria qualificada pelo preconceito de raça ou cor (ou injúria racial)

Prevista na primeira parte do § 3º do art. 140 do CP, restará configurada quando o agente, para injuriar a vítima, utilizar-se de elementos referentes à **raça**, **cor**, **etnia**, **religião** ou **origem**.

Assim, estaremos diante da qualificadora em comento se o agente, por exemplo, injuriar um judeu dizendo que "todo judeu é corrupto e mão de vaca", ou um negro dizendo que "todo negro é ladrão e desonesto".

Não se confunde a **injúria racial** com o crime de **racismo**, previsto na **Lei 7.716/1989**. Neste, a sujeição passiva é toda uma coletividade ou determinado grupo, ao passo que naquela há vítima certa, determinada.

Importante registrar que o STF, no julgamento dos embargos de declaração de decisão proferida em sede de Agravo Regimental no Recurso Extraordinário 983.531, do Distrito Federal, por meio de sua 1ª Turma, reconheceu a equiparação dos crimes de injúria racial e racismo e, em consequência, a **imprescritibilidade** e **inafiançabilidade** de referidos delitos.

5.4.8.3. Injúria qualificada contra idoso ou deficiente

Quando, para cometer a injúria, o agente ofender a vítima em razão de ser **pessoa idosa ou portadora de deficiência,** a pena será de 1 a 3 anos de reclusão, a mesma prevista para a injúria racial.

Tal proteção no CP foi inserida pelo Estatuto do Idoso.

Guilherme Nucci cita, como exemplo de injúria qualificada contra idoso ou deficiente, as seguintes situações: "não atendemos múmias neste estabelecimento" ou "aleijado só dá trabalho" (op. cit., p. 663).

5.5. Disposições gerais dos crimes contra a honra (arts. 141 a 145 do CP)

5.5.1. Formas majoradas

As penas são aumentadas de 1/3 se os crimes já estudados (calúnia, difamação ou injúria) forem praticados:

a) contra Presidente da República ou chefe de governo estrangeiro (inc. I, art. 141);

b) contra funcionário público, em razão de suas funções (inc. II, art. 141);

c) na presença de várias pessoas, ou por meio que facilite a divulgação da calúnia, da difamação ou da injúria (inc. III, art. 141);

d) contra pessoa maior de 60 (sessenta) anos ou portadora de deficiência, exceto no caso de injúria (inc. IV, art. 141).

Na última hipótese *supra*, excetuou-se a injúria pelo fato de o art. 140, § 3º, do CP, punir mais gravosamente a injúria contra pessoa idosa ou deficiente. Assim não fosse, estaríamos diante de inegável *bis in idem*. Prevalece, contudo, para os crimes de calúnia e difamação.

Por fim, o parágrafo único do art. 141 do CP menciona a aplicação de pena em dobro se o crime é cometido mediante paga ou promessa de recompensa. Trata-se de situação mais duramente punida pela lei, tendo em vista a torpeza do crime, demonstrada no fato de que o agente, por dinheiro ou sua mera expectativa, ofende a honra de terceiros.

5.5.2. Exclusão do crime

O art. 142 do CP traz algumas causas específicas de exclusão do crime (excludentes de ilicitude), apenas no tocante à **difamação e à injúria**, a saber:

a) a ofensa irrogada (atribuída, praticada) em juízo, na discussão da causa (limite material da excludente), pela parte ou por seu procurador (advogado);

b) a opinião desfavorável da crítica literária, artística ou científica, salvo quando inequívoca a intenção de injuriar ou difamar;

c) o conceito desfavorável emitido por funcionário público, em apreciação ou informação que preste no cumprimento do dever de ofício (ex.: certidão assinada por um escrivão, dando conta da existência dos maus antecedentes do réu).

Nos casos das letras "a" e "c", pune-se o terceiro que dá publicidade aos fatos ocorridos (parágrafo único do art. 142 do CP).

5.5.3. Retratação (art. 143 do CP)

Extingue-se a punibilidade daquela pessoa que atribuiu a alguém um falso fato definido como crime (calúnia) ou desonroso (difamação) se, até a sentença de 1º grau, retratar-se do que fez, vale dizer, "voltar atrás", desmentir-se.

Se o faz até a prestação jurisdicional ser efetivada em 1ª instância, o querelado (réu na ação penal privada) ficará isento de pena. Tal instituto tem por objetivo restabelecer a **honra objetiva** da vítima, que se vê, com a atitude do réu, "livre" da má reputação conferida pelo agente.

Antes do julgamento, pelo STF, da ADPF 130, no mês de abril de 2009, se o meio de dispersão da injúria à sociedade fosse a imprensa (escrita ou falada), o delito seria aquele previsto na Lei de Imprensa (Lei 5.250/1967). Frise-se que referido diploma legal foi declarado não recepcionado pela nova ordem constitucional. Nesse sentido, confira-se parte da ementa do julgado:

> Arguição de Descumprimento de Preceito Fundamental (ADPF). Lei de imprensa. Adequação da ação. Regime constitucional da "liberdade de informação jornalística", expressão sinônima de liberdade de imprensa. A "plena" liberdade de imprensa como categoria jurídica proibitiva de qualquer tipo de censura prévia.
>
> (...)
>
> 10. Não recepção em bloco da Lei 5.250 pela nova ordem constitucional
>
> (...)
>
> 12. Procedência da ação. Total procedência da ADPF, para o efeito de declarar como não recepcionado pela Constituição de 1988 todo o conjunto de dispositivos da Lei federal 5.250, de 09.02.1967.

Atualmente (leia-se: desde o julgamento da já citada ADPF 130), se o crime de injúria for perpetrado por meio da imprensa, aplicar-se-ão as regras "comuns" do Código Penal. Logo, não mais se pode admitir que a injúria praticada pela imprensa admita a retratação, o que era possível pelo art. 26 da Lei 5.250/1967, a qual, como se sabe, foi declarada não recepcionada pelo STF.

5.5.4. Pedido de explicações (art. 144 do CP)

Não havendo certeza da intenção do agente ao proferir impropérios contra alguém, poderá o suposto ofendido pedir explicações em juízo ao suposto ofensor, a fim de que se tenha certeza ou probabilidade de que tenha havido injúria, calúnia ou difamação.

Se o suposto ofensor não comparecer em juízo para prestar esclarecimentos, ou, a critério do juiz, não der as explicações de maneira satisfatória, poderá vir a ser criminalmente processado.

Exemplo seria dizer a uma mulher "extravagante", em uma roda de pessoas: "Fulana, você é uma mulher cara". Ora, essa frase poderia tanto significar que a mulher "cobra caro" em seus serviços, ou é uma pessoa dileta, querida. Havendo dúvidas, poderá a mulher formular pedido de explicações ao suposto agressor de sua honra.

5.5.5. Ação penal

Em regra, os crimes contra a honra (calúnia, difamação e injúria) exigem atuação da vítima, que deverá, no prazo legal, oferecer a competente queixa-crime. Trata-se, portanto, de crimes de **ação penal privada**.

Todavia, poderá a **ação ser pública** no caso de injúria real (praticada com violência ou vias de fato).

Já se o crime for praticado contra o Presidente da República ou chefe de governo estrangeiro, a ação será **pública condicionada à requisição do Ministro da Justiça.**

Em se tratando de crime contra a honra de funcionário público em razão de suas funções, a ação será **pública condicionada à representação**. Todavia, o STF, ao editar a Súmula 714, permite a legitimidade concorrente do ofendido, mediante queixa, e do Ministério Público, mediante denúncia, desde que haja representação, quando o crime for contra a honra de servidor público em razão do exercício de suas funções. Trata-se de entendimento jurisprudencial consolidado na mais alta corte de nosso país, embora seja nitidamente *contra legem*.

Por fim, a **injúria racial** (art. 140, § 3º, CP), igualmente, é crime de **ação penal pública condicionada à representação**.

6. CRIMES CONTRA A LIBERDADE PESSOAL

6.1. Constrangimento ilegal (art. 146 do CP)

6.1.1. Considerações iniciais

O art. 146 do Código Penal vem inserido no capítulo dos **crimes contra a liberdade pessoal**.

Segundo Rogério Sanches Cunha, "liberdade significa, em síntese, **ausência de coação**. Com esse conceito amplo, protege-se, neste capítulo, **a faculdade do homem de agir ou não agir, querer ou não querer, fazer ou não fazer aquilo que decidir, sem constrangimento**, prevalecendo a sua autodeterminação" (*Direito Penal* – Parte Especial – Ed. RT, p. 167).

No tocante ao crime de constrangimento ilegal, tencionou o legislador proteger o **livre arbítrio** do ser humano, que não pode ser compelido a fazer ou deixar de fazer alguma coisa senão em virtude de lei (v. art. 5º, II, da Constituição Federal).

6.1.2. Objeto jurídico

O art. 146 do Código Penal protege a liberdade individual da pessoa, que, como já dissemos, não pode ser obrigada a fazer ou deixar de fazer algo senão de acordo com sua própria vontade ou quando a lei dispuser em tal ou qual sentido.

6.1.3. Sujeitos do crime

O constrangimento ilegal é crime que pode ser praticado por qualquer pessoa. Logo, trata-se de **crime comum**.

Com relação ao **sujeito passivo**, diz-se que deve ser pessoa que possua capacidade de autodeterminação, ou seja, com capacidade de "decidir sobre os seus atos" (Rogério Sanches Cunha, op. cit., pág. 169).

Assim, não podem ser vítimas as pessoas de pouca idade, os loucos, os embriagados, já que não têm capacidade de "vontade natural".

6.1.4. Tipo objetivo

Estará configurado o crime de constrangimento ilegal quando o sujeito ativo "constranger" a vítima a fazer algo ou a não fazer algo, mediante violência, grave ameaça ou qualquer outro meio que reduza a capacidade de resistência.

Portanto, a conduta típica é "constranger", vale dizer, *obrigar, forçar, coagir*.

O legislador trouxe três hipóteses (meios executórios) de o crime em estudo ser praticado:

a) mediante violência: lesões corporais, vias de fato (é a denominada *vis corporalis* ou *vis absoluta*);

b) mediante grave ameaça: corresponde à violência moral (*vis compulsiva*), ou seja, à promessa de um mal injusto e grave;

c) mediante qualquer outro meio que reduza a capacidade de resistência da vítima: é o que se denomina de *violência imprópria*. Trata-se de meio executório subsidiário, que importe em uma redução da capacidade de autodeterminação ou resistência do ofendido. Exemplo disso é o uso da hipnose, de álcool ou substância de efeitos análogos, situações estas que excluiriam a maior chance de a vítima resistir à vontade do agente.

Salienta a doutrina que, se o constrangimento tiver por objetivo uma **pretensão legítima** do sujeito ativo, não se poderá falar em constrangimento ilegal, mas sim em **exercício arbitrário das próprias razões**, nos termos do art. 345 do Código Penal (ex.: "A", empregado de "B", demitido sem justa causa, ao ver que seu patrão não iria pagar seus direitos trabalhistas, mediante emprego de socos e pontapés, obriga-o a assinar um cheque com o exato valor das verbas rescisórias).

O sujeito ativo irá constranger, portanto, a vítima, mediante violência, grave ameaça ou qualquer outro meio que reduza sua resistência a:

a) fazer algo: pressupõe uma atuação não querida pelo ofendido, que é levado a realizar alguma coisa contra sua vontade. Ex.: viagem, dirigir veículo, escrever uma carta;

b) não fazer algo: pressupõe que o agente constranja a vítima a não fazer alguma coisa, ou a tolerar que o próprio sujeito ativo faça algo.

6.1.5. Tipo subjetivo

O elemento subjetivo da conduta é o dolo. Em outras palavras, o crime de constrangimento ilegal é doloso, não admitindo a modalidade culposa.

Age o agente sabendo que aquilo que constrange a vítima a fazer ou deixar de fazer é ilegítimo.

6.1.6. Consumação e tentativa

Consuma-se o crime em análise no instante em que a vítima faz ou deixa de fazer algo, atuando, portanto, contra sua vontade, em observância ao imposto pelo agente.

Admissível a tentativa se a vítima, coagida a fazer ou deixar de fazer algo, desatende à determinação do sujeito ativo.

6.1.7. Constrangimento ilegal e concurso com outros crimes

Se o sujeito ativo coage a vítima, mediante violência ou grave ameaça, a fazer algo considerado pela lei como crime, responderá pelo crime de constrangimento ilegal (art. 146 do Código Penal) em concurso com o outro delito praticado por aquela.

A depender da violência ou ameaça impingidas à vítima, poderá ficar caracterizada a **tortura**, prevista no art. 1º, I, "b", da Lei 9.455/1997.

Já se a coação à vítima for para que ela pratique contravenção penal, estaremos diante de concurso material entre o delito de constrangimento ilegal e a infração penal por ela praticada.

6.1.8. Aumento de pena

O § 1º do art. 146 do Código Penal prevê duas situações em que a pena será aplicada cumulativamente e em dobro:

a) se para a execução do crime se reúnem mais de três pessoas: nesse caso, se pelo menos quatro pessoas se reúnem para o cometimento do crime de constrangimento ilegal, dificultando ainda mais a possibilidade de resistência da vítima, o legislador entendeu por bem exacerbar a resposta penal, o que fez com acerto;

b) se para a execução do crime há emprego de armas: parte da doutrina exige que haja o efetivo emprego (uso) da arma para o cometimento do crime, não bastando o mero porte da arma. Deve-se entender por "arma" todo artefato, bélico ou não, com potencialidade lesiva (ex.: armas de fogo, facas, foices, machado, canivete etc.). Não se pode considerar como "arma" o simulacro de arma de fogo, ou seja, a réplica de brinquedo do artefato bélico, mormente com o cancelamento da Súmula 174 do STJ.

No caso do § 2º do art. 146 do Código Penal, diz-se que, além da pena do constrangimento ilegal, **serão aplicadas as correspondentes à violência** (leia-se: lesões corporais). Assim, será o caso de concurso material entre o art. 146 e o art. 129, ambos do Código Penal, somando-se, pois, as penas.

6.1.9. Causas de exclusão do crime

O § 3º do art. 146 do Código Penal traz duas situações em que não ficará configurado o crime de constrangimento ilegal. Entende-se majoritariamente que são duas as causas excludentes da antijuridicidade, a saber:

a) intervenção médica ou cirúrgica, sem o consentimento do paciente ou de seu representante legal, se justificada por iminente perigo de vida;

b) se a coação é exercida para impedir suicídio.

6.2. Ameaça (art. 147 do Código Penal)

6.2.1. Considerações iniciais

O crime de ameaça ofende, assim como o constrangimento ilegal, a liberdade pessoal da vítima, que, *in casu*, vê-se abalada com o prenúncio de um mal injusto e grave que lhe foi atribuído pelo sujeito ativo.

Pretendeu o legislador, portanto, punir a conduta que perturba a tranquilidade e a sensação de segurança da vítima, que deixa de ter sua autodeterminação (ir e vir, fazer ou não fazer) intocada.

6.2.2. Sujeitos do crime

Pode ser autor do delito em tela qualquer pessoa, tratando-se, pois, de **crime comum**.

Já a vítima deve ser pessoa certa e determinada com a capacidade de atinar para o mal injusto e grave que lhe tenha sido prometido. Quer-se dizer que somente pode ser sujeito passivo de ameaça a pessoa que possa reconhecer o caráter intimidatório do mal injusto e grave prenunciado pelo agente.

Não se admite, portanto, que se considere vítima de ameaça uma criança de tenra idade, sem a menor possibilidade de compreender a violência moral, bem como os doentes mentais, os ébrios ou pessoas indeterminadas. Ressalte-se que a lei prescreve "ameaçar *alguém*", do que se infere que somente pode ser pessoa certa e determinada.

6.2.3. Tipo objetivo

O verbo do tipo é "ameaçar", que significa intimidar, prometer um malefício.

O art. 147 do Código Penal descreve, como meios executórios do mal prometido, os seguintes:

a) palavra: pode-se ameaçar alguém por meio de palavras, faladas ou escritas;

b) escrito: são palavras graficamente materializadas;

c) gesto: são sinais feitos com movimentos corporais ou com o emprego de objetos;

d) qualquer outro meio simbólico: trata-se de hipótese residual, não abarcada pelas três situações anteriores.

Vê-se, portanto, que o crime em análise pode ser praticado por diversas formas, desde que aptas a amedrontar a vítima. Trata-se, pois, de crime de **ação livre**.

O mal prometido à vítima, segundo exige a lei, deve ser *injusto e grave*.

Não basta, portanto, a injustiça do malefício prometido, devendo ser grave. Também, não basta a gravidade do mal prometido, devendo ser injusto (ex.: prometer ao furtador de sua carteira que irá requerer instauração de inquérito policial).

A doutrina ensina, ainda, que o mal prometido deve ser iminente (prestes a ocorrer) e verossímil (crível). Não configuraria o crime de ameaça, por exemplo, prometer que irá pedir ao *diabo* que mate a vítima, ou que irá despejar toda a água dos oceanos em sua casa, para que morra afogada.

Deve a promessa de mal injusto e grave ser, repita-se, crível e apta a intimidar, ainda que a vítima, de fato, não se sinta intimidada. Nesse particular, estamos diante de **crime formal**.

6.2.4. Tipo subjetivo

É o dolo, ou seja, a vontade livre e consciente do agente em ameaçar a vítima, prometendo-lhe, mediante palavra, escrito, gesto ou qualquer outro meio, mal injusto e grave.

Ainda que o sujeito profira a ameaça, sabendo que não irá cumpri-la, caracterizado estará o crime em análise.

Inadmissível a modalidade culposa de ameaça.

Alerta a doutrina que o crime de ameaça exige seriedade de quem a profere, não se coadunando em momentos de cólera, raiva, ódio, enfim, desequilíbrio emocional.

Há quem sustente que a embriaguez do sujeito ativo retira a plena seriedade do mal injusto e grave prometido. Todavia, o art. 28, II, do Código Penal, prescreve que não exclui a imputabilidade a embriaguez. Portanto, o crime remanesceria, mesmo que o agente esteja embriagado.

6.2.5. Consumação e tentativa

A ameaça é crime que se consuma quando a vítima toma conhecimento do mal injusto e grave prometido pelo agente, ainda que com ele não se intimide. Trata-se, pois, de **crime formal**.

É possível a forma **tentada** do crime se praticado por **meio escrito**. Por palavras ou gestos, o delito é unissubsistente, não admitindo fracionamento no *iter criminis*.

6.2.6. Ação penal

O parágrafo único do art. 147 do Código Penal exige a representação da vítima para a instauração da *persecutio criminis in judicio*. Assim, sem a manifestação de vontade da vítima, no sentido de ver o agente processado, não poderá o Ministério Público dar início à ação penal.

Trata-se, portanto, de crime de **ação penal pública condicionada**.

6.3. Sequestro e cárcere privado (art. 148 do CP)

6.3.1. Considerações iniciais

Tutela o art. 148 do Código Penal a **liberdade de locomoção** do ser humano, vale dizer, seu livre-arbítrio, sua vontade de ir, vir ou permanecer onde bem entender, sem intromissão de quem quer que seja. Daí o crime em análise estar inserido no capítulo dos crimes contra a liberdade pessoal.

6.3.2. Sujeitos do crime

Pode ser **sujeito ativo** do crime **qualquer pessoa** (crime comum).

Já o sujeito passivo, segundo parte da doutrina, somente pode ser aquela pessoa que tenha a capacidade de ir e vir livremente, não se incluindo, em tese, os paralíticos, os portadores de doenças graves, ou aqueles que não tenham a compreensão do que vem a ser a privação de sua liberdade.

Todavia, Magalhães Noronha já advertiu que "a liberdade de movimento não deixa de existir quando se exerce à custa de aparelhos ou com o auxílio de outrem. Por outro lado, não é menos certo que o incapaz, na vida em sociedade, goza dessa liberdade corpórea, tutelada pela lei incondicional e objetivamente" (citação feita por Rogério Sanches Cunha, op. cit., p. 178).

Se o sujeito ativo do crime for **funcionário público**, no exercício de suas funções, poderá praticar **abuso de autoridade**, não sequestro (v. Lei 4.898/1965).

6.3.3. Tipo objetivo

A conduta típica corresponde ao verbo "**privar**", ou seja, reduzir à total ou parcial impossibilidade a liberdade de locomoção da vítima, que se vê, em maior ou menor grau, impedida de seu direito de ir e vir, não conseguindo se "desvencilhar do sequestrador sem que corra perigo pessoal" (Fernando Capez. *Curso de Direito Penal*, vol. 3, p. 305, ed. Saraiva).

A privação da liberdade da vítima, segundo o art. 148 do Código Penal, far-se-á mediante **sequestro** ou **cárcere privado**.

Na prática, sequestro e cárcere privado não ostentam diferenças relevantes, já que o agente responderá pelo crime em análise. Todavia, a doutrina cuidou de diferenciar ambas as formas de privação da liberdade da vítima.

Entende-se por **sequestro** a privação de liberdade que **não implica confinamento** da vítima (ex.: manter a pessoa em um apartamento, em uma casa, em uma chácara, sem que consiga se desvencilhar normalmente do sequestrador).

Já **cárcere privado** traduz a ideia de privação da liberdade da vítima em local fechado, havendo, portanto, **confinamento** (ex.: manter a vítima em um quarto, em uma solitária, em uma cela, em um buraco).

Podemos dizer, seja no tocante ao sequestro ou ao cárcere privado, que ambas as formas de privação da liberdade de locomoção da vítima implicam a existência de violência. A só privação da liberdade já configura forma de **violência**.

O **tempo de privação da liberdade** da vítima não vem previsto em lei como elementar do tipo. Porém, doutrina e jurisprudência divergem a respeito, entendendo-se que a curta privação já é suficiente à caracterização do crime, ou que, nesse caso, não se pode falar no tipo penal em comento.

6.3.4. Tipo subjetivo

Trata-se de crime doloso. Se a finalidade do agente na privação da vítima for o recebimento de alguma vantagem (dinheiro, por exemplo), estaremos diante do crime de extorsão mediante sequestro (art. 159 do Código Penal).

6.3.5. Consumação e tentativa

Consuma-se o crime no momento em que a vítima é privada de sua liberdade de locomoção, total ou parcialmente.

Trata-se de **crime permanente**, ou seja, somente tem fim quando cessar a privação da liberdade. Logo, admite-se a prisão em flagrante do sequestrador enquanto mantiver a vítima sequestrada ou em cárcere privado.

Admite-se a **tentativa**, já que o *iter criminis* é fracionável.

No caso de sobrevir **legislação mais rígida** a respeito do sequestro ou cárcere privado, impondo, por exemplo, pena mais gravosa ao agente que o cometer, será aplicada mesmo em prejuízo do réu. Isso porque estamos diante, como já dissemos, de **crime permanente**, que se protrai no tempo pela vontade do próprio agente.

Tal é o entendimento da Súmula 711 do STF: "a lei penal mais grave aplica-se ao crime continuado ou ao crime permanente, se a sua vigência é anterior à cessação da continuidade ou da permanência".

Pelo fato de o sequestro ou cárcere privado ser considerado **crime permanente** (repita-se: aquele cuja consumação se protrai no tempo por vontade do agente), nada mais justo do que o agente ser mais gravosamente punido por legislação superveniente ao momento em que a vítima foi arrebatada, se, ainda assim, a mantiver com sua liberdade restringida.

6.3.6. Formas qualificadas

O § 1º do art. 148 do Código Penal traz formas qualificadas do crime de sequestro ou cárcere privado, nas seguintes hipóteses:

a) se a vítima é ascendente, descendente, cônjuge do agente ou maior de 60 anos;

b) se o crime é praticado mediante internação da vítima em casa de saúde ou hospital;

c) se a privação da liberdade dura mais de 15 dias;

d) se o crime é praticado contra menor de 18 anos;

e) se o crime é praticado com fins libidinosos (inovação da Lei 11.106/2005).

Nos cinco casos acima, a pena será de 2 a 5 anos de reclusão.

Já na situação prevista no § 2º do mesmo artigo, a pena variará de 2 a 8 anos de reclusão se, em razão dos maus-tratos ou da natureza da detenção, a vítima experimentar **grave sofrimento físico ou moral**. A depender da intenção do agente, poderá ficar configurado o crime de tortura (Lei 9.455/1997).

6.4. Violação de domicílio (art. 150 do CP)

6.4.1. Considerações iniciais

Tencionou o legislador proteger a **inviolabilidade do domicílio**, constitucionalmente garantido no art. 5º, XI, da Carta Magna. A objetividade jurídica do crime em tela não é a proteção da posse ou da propriedade, mas da tranquilidade e da liberdade doméstica, punindo-se aquele que a perturbar.

6.4.2. Sujeitos do crime

O **sujeito ativo** do crime pode ser qualquer pessoa. Alerta a doutrina que o proprietário do bem imóvel também pode ser autor do crime de violação de domicílio se ingressar na casa habitada pelo inquilino sem o seu consentimento (protege-se, portanto, a tranquilidade doméstica e não a propriedade).

Sujeito passivo é o **morador**, a pessoa que ocupa o bem imóvel, não necessariamente o proprietário.

No caso de habitações coletivas, prevalece a vontade de quem proibiu o ingresso ou permanência de determinada pessoa no local (ex.: república de estudantes).

No caso de residências familiares, prevalece a vontade do dono (*dominus*) do imóvel. Em relação aos demais moradores, suas vontades valem nos limites de seus aposentos.

6.4.3. Tipo objetivo

Duas são as condutas típicas (verbos) caracterizadoras do crime de violação de domicílio:

a) entrar; ou

b) permanecer.

No **primeiro caso** (letra "a"), o agente **invade**, ingressa em casa alheia, seja em sua totalidade, seja em determinadas dependências. Já no **segundo caso** (letra "b"), o agente já se encontrava em casa alheia, mas, cessada a autorização para lá estar, **permanece contra a vontade da vítima**, deixando de se deslocar para fora do imóvel.

A entrada ou permanência do agente em casa alheia deve dar-se:

a) clandestinamente: o agente ingressa na casa da vítima sem que ela saiba ou perceba sua presença;

b) astuciosamente: o agente emprega alguma fraude (ex.: o agente ingressa ou permanece em casa alheia disfarçado de funcionário dos correios ou de companhia telefônica);

c) contra a vontade expressa de quem de direito: manifestação induvidosa, clara, do morador, que dissente com a entrada ou permanência do agente em sua casa;

d) contra a vontade tácita de quem de direito: manifestação implícita do morador de dissentir o ingresso ou permanência do agente em sua casa, o que se pode deduzir das circunstâncias.

Proíbe a lei, portanto, a perturbação doméstica, que pode se dar pelo ingresso ou permanência de alguém em casa alheia ou em suas dependências.

6.4.4. Tipo subjetivo

O crime que ora se estuda é doloso, não admitindo, portanto, a modalidade culposa.

6.4.5. Consumação e tentativa

A violação de domicílio é considerada pela doutrina como **crime de mera conduta**, do qual não se pode extrair um resultado naturalístico (modificação do mundo exterior provocada pelo ato). **Consuma-se**, portanto, no momento em que o agente entra completamente (e não apenas com parte do corpo) em casa alheia ou nela permanece contra a vontade de quem de direito. Nesse último caso, estaremos diante de um **crime permanente**.

Por se tratar de crime de mera conduta, inadmissível a tentativa, até mesmo pelo fato de o delito não permitir a ocorrência de resultado: ou se entra ou permanece em casa alheia ou, assim não sendo, não se pode falar em crime, sequer tentado.

6.4.6. Caráter subsidiário do crime de violação de domicílio

Se a violação de domicílio for meio de execução para a prática de crime mais grave, por este ficará absorvida (ex.: violação de domicílio para o furto de bens que guarnecem o imóvel).

6.4.7. Formas qualificadas

A violação de domicílio será punida de 6 meses a 2 anos de detenção, sem prejuízo da pena correspondente à violência, quando:

I. **for praticada durante a noite**: a palavra "noite" designa a inexistência de luz solar. Assim, pune-se com maior rigor o agente nessa hipótese, eis que a probabilidade de se consumar seu intento criminoso será maior, dada a menor vigilância sobre a casa nesse período;

II. **for praticada em lugar ermo**: se a violação de domicílio ocorre em local despovoado, a pena será maior, eis que a probabilidade de lesão ao bem jurídico é incrementada pelo fato de o local contar com poucos habitantes;

III. **se houver emprego de violência**: aqui, tanto física (empregada contra pessoa) quanto contra a própria coisa;

IV. **se houver o emprego de arma**: entende-se por "arma" tanto aquela previamente construída para o ataque (revólver, por exemplo) quanto o artefato que ostente potencialidade lesiva (faca, machado, facão, por exemplo);

V. **se o crime for praticado por duas ou mais pessoas.**

6.4.8. Causa de aumento de pena

O § 2º do art. 150 do Código Penal traz que a pena será aumentada em um terço se o crime for praticado por funcionário público, fora dos casos previstos em lei, ou com abuso de poder.

Fernando Capez entende que tal circunstância foi revogada pela Lei de Abuso de Autoridade (Lei 4.898/1965), por força do princípio da especialidade.

6.4.9. Exclusão do crime

Não se configura a violação de domicílio nas hipóteses previstas no § 3º do art. 150 do Código Penal, excluindo-se, portanto, a ilicitude da conduta praticada pelo agente.

São as hipóteses:

I. durante o dia, com observância das formalidades legais, para efetuar prisão ou outra diligência;

II. a qualquer hora do dia ou da noite, quando algum crime está sendo ali praticado, ou na iminência de o ser.

Além dessas hipóteses, **outras podem ser invocadas como forma de exclusão do crime em tela**: a legítima defesa, o estado de necessidade, o estrito cumprimento do dever legal, o exercício regular de direito (todas previstas no **art. 23 do Código Penal**), em caso de desastre ou para prestar socorro (estas duas últimas hipóteses vêm consagradas na Constituição Federal – **art. 5º, XI**).

6.4.10. Conceito de casa

Os §§ 4º e 5º do art. 150 do Código Penal, em típico exemplo de normas penais não incriminadoras explicativas, definem o conceito (positivo e negativo) de "casa" para fins de caracterização do crime de violação de domicílio.

7. CRIMES CONTRA O PATRIMÔNIO

7.1. Crime de furto (art. 155, do CP). Considerações iniciais

O crime de **furto**, previsto no art. 155 do CP, é a primeira figura inserida no Capítulo dos **crimes contra o patrimônio**, que se encerra com o art. 184 do mesmo diploma legal.

Trata-se de infração penal cuja **objetividade jurídica** é a **proteção do patrimônio alheio**, mais especificamente dos bens móveis alheios.

7.1.1. Tipo objetivo

O verbo do tipo (conduta típica) é **"subtrair"**, que corresponde à ação do agente de tirar alguma coisa da vítima, desapossá-la, apoderando-se dos bens a ela pertencentes.

A subtração exige, portanto, a **inexistência de consentimento da vítima**, já que o patrimônio é **bem jurídico disponível**, podendo ser suprimido por sua própria vontade.

Ainda, ressalta a doutrina que a subtração tem implícita em si a intenção do agente em se apoderar dos bens, seja para si, seja para outrem, de modo **definitivo**.

Atentam os doutrinadores, também, que a **subtração** abarca não só a retirada do bem da vítima sem o seu consentimento, mas a situação em que é entregue ao agente pelo ofendido, espontaneamente, e ele, sem permissão, retira-o da **esfera de vigilância** da vítima (ex.: "A", em uma loja, solicita um produto para manuseio, o que é feito por "B", vendedora. No entanto, sem o consentimento dela, "A" foge do local em poder do produto).

Ademais, não se exige, para a caracterização do furto, que a vítima esteja presente no momento da subtração. Em outras palavras, presenciando ou não a subtração, haverá o crime de furto.

Também configura elementar do tipo que a **coisa** subtraída seja **alheia** e **móvel**. Entende-se por "coisa" todos os bens suscetíveis de **apreciação econômica** (afinal, o furto protege o **patrimônio** alheio).

Outrossim, não basta que o agente subtraia um bem, devendo este pertencer, obviamente, a **terceira pessoa** (não se poderia cogitar de furto de coisa própria!).

Por fim, somente **bens móveis** podem ser objeto do crime em estudo, conforme determina a lei penal. Ainda que assim não estivesse previsto, se o furto pressupõe a retirada do bem da esfera de vigilância da vítima, somente os passíveis de mobilização é que podem ser literalmente "removidos", "retirados" de um local para outro. **Impossível, portanto, furto de bem imóvel.**

Se eventualmente a lei civil considera, por ficção, um bem móvel como imóvel, ainda assim poderão ser objeto material do crime em comento. Basta que possam ser transportados de um lugar a outro.

Até mesmo os animais (semoventes) podem ser objeto de furto, desde que tenham um proprietário (ex.: gados, cachorros etc.). Especificamente quanto ao furto de gado e outros semoventes, a doutrina o denomina de **abigeato, previsto, atualmente, como modalidade qualificada do crime em comento (art. 155, §6º, do CP).**

Coisas de uso comum não podem ser objeto de furto (ex.: água de rios, mares, ar), salvo se destacados de seu meio natural e exploradas por alguém (ex.: água encanada; gás).

Também não podem ser furtadas as **coisas que não têm ou nunca tiveram dono** (é a chamada *res nullius*). Igualmente ocorre com as **coisas abandonadas** (*res derelicta*), que nos termos da lei civil serão de propriedade de quem as encontrar (ex.: embora com alto valor econômico, se um cachorro *pit bull* for abandonado, não poderá ser objeto de furto se alguém o encontrar e o levar para sua casa).

O § 3º do art. 155 do CP **equipara a "coisa alheia"** a energia elétrica, bem assim outras formas de energia, o que veremos mais a frente.

E o cadáver, pode ser objeto de furto? Segundo aponta a doutrina, se ele pertencer a uma universidade, ou a um laboratório, por exemplo, terá apreciação econômica, podendo ser considerado objeto material do crime em análise. Em qualquer outra hipótese, a subtração de cadáver configurará o crime previsto no art. 211 do CP.

A **subtração de órgão humanos**, para fins de transplante, configura crime específico definido na **Lei 9.434/1997** (Lei de remoção de órgãos e tecidos).

7.1.2. Tipo subjetivo

Além do **dolo** (vontade livre e consciente do agente em subtrair coisa alheia móvel), exige-se o **elemento subjetivo do tipo** (**dolo específico**), vale dizer, o sujeito ativo deve ter a intenção de apoderar-se definitivamente do bem subtraído, ou de fazê-lo para que terceira pessoa dele se apodere em caráter definitivo.

O elemento subjetivo do tipo, no crime de furto, é denominado *de animus rem sibi habendi*. Em outras palavras, o agente deve subtrair o bem com o fim de **assenhoreamento definitivo**.

A exigência do "dolo específico" pode vir a desnaturar o crime de furto se o agente **subtrai o bem temporariamente, sem a intenção de ficar com ele indefinidamente**.

Assim, se o furtador subtrai um carro, por exemplo, com a simples intenção de utilizá-lo e posteriormente restituí-lo ao seu legítimo proprietário, estaremos diante de fato atípico, dada a inexistência do *animus rem sibi habendi*. Tal figura é denominada pela doutrina de **furto de uso**.

Para a configuração do furto de uso, há a necessidade de existirem dois requisitos:

a) subjetivo: intenção, *ab initio*, de utilizar temporariamente o bem subtraído, sem a intenção, portanto, de permanecer indefinidamente com ele;

b) objetivo: deve-se restituir a coisa subtraída com um interstício de tempo não muito longo (cláusula aberta), bem como em sua integralidade e sem danos.

Se a subtração de uma coisa alheia ocorrer para a superação de uma **situação de perigo**, nem mesmo podemos aventar furto de uso, mas sim de estado de necessidade, que afasta a criminalidade da conduta (**causa excludente da antijuridicidade**). É o caso, por exemplo, do *furto famélico*, que se caracteriza pela subtração de alimentos por uma pessoa para saciar a fome de seus filhos, em atual ou iminente estado de desnutrição.

7.1.3. Sujeitos do crime

O **sujeito ativo** do crime de furto pode ser qualquer pessoa, desde que não seja o proprietário ou possuidor da coisa subtraída (o tipo penal exige que a coisa subtraída seja **alheia**).

Se se tratar o furtador de **funcionário público**, no exercício das funções ou em razão delas, poderá praticar o crime de peculato (art. 312 do CP).

Já o **sujeito passivo** do crime de furto é o proprietário, possuidor ou detentor do bem subtraído. Poderá ser pessoa natural ou pessoa jurídica.

7.1.4. Consumação e tentativa

Predomina na jurisprudência, quanto ao momento consumativo do furto, a denominada **teoria da *amotio (apprehensio)***. Assim, para referida teoria, a consumação exige, além do contato, a apreensão da coisa alheia, independentemente do seu deslocamento, desde que a vítima não possa mais exercer o poder de livre disposição da coisa.

Segundo parte da doutrina, consuma-se o furto com a **inversão da posse do bem subtraído**. Não basta, portanto, a mera subtração da coisa alheia móvel, exigindo-se que o objeto seja, de fato, retirado da esfera de vigilância (ou de disponibilidade) da vítima, ainda que por breve espaço de tempo. Não se exige a posse mansa e pacífica da coisa furtada. É a posição, inclusive, do STJ e STF.

Logo, ocorrerá **tentativa** se o bem for subtraído da vítima e esta iniciar perseguição ao furtador, conseguindo reaver seu bem. A **inexistência de retirada do bem da esfera de disponibilidade da vítima** enseja o reconhecimento, pois, da tentativa de furto.

Doutrinariamente, o furto é denominado crime material já que para sua consumação é exigido o resultado naturalístico (retirada do bem da vítima e consequente redução patrimonial).

7.1.5. Crime impossível

Se a vítima não carregar nenhum objeto de valor consigo e o agente der início à execução do crime, abrindo, por exemplo, sua bolsa, sem nada encontrar, estaremos diante de **crime impossível (art. 17 do CP)**. Essa é a concepção de Celso Delmanto e Damásio de Jesus.

Já para Nelson Hungria e Heleno Fragoso, a inexistência de objeto material no momento do furto é questão *acidental* (circunstâncias alheias à vontade do agente), configurando-se a **tentativa**.

Importante anotarmos o teor da **Súmula 567 do STJ**: "*Sistema de vigilância realizado por monitoramento eletrônico ou por existência de segurança no interior de estabelecimento comercial, por si só, não torna impossível a configuração do crime de furto*". Portanto, não se pode falar, *a priori*, em crime impossível quando, por exemplo, o agente for monitorado por circuito interno de televisão durante a execução do furto.

7.1.6. Forma majorada (repouso noturno)

O § 1º do art. 155 do CP pune mais gravamente o furto praticado durante o **repouso noturno**.

Segundo a doutrina majoritária, somente se aplica a causa de aumento de pena em comento ao furto simples (*caput*), não incidindo nas demais modalidades.

Entende-se por repouso noturno o período de descanso das pessoas, o que deve ser interpretado de região a região. Há quem entenda que o período noturno vai das 18hs às 6hs, o que não deve ser o melhor conceito, eis que o conceito de "noite" melhor coaduna com ausência de luz solar.

Todavia, tencionou o legislador punir mais gravamente o furto cometido durante o período de descanso/repouso das pessoas. Tal situação deve ser interpretada no caso concreto, levando em conta as peculiaridades de cada região do Brasil (ex.: no meio rural, certamente o repouso noturno é bem mais cedo do que no meio urbano).

Não se deve confundir **repouso noturno** com **noite**, eis que, como já se disse, o crime deve ser cometido durante o *repouso* noturno, ou seja, nos momentos de menor vigília por parte das pessoas.

Na jurisprudência, bem assim para boa parte da doutrina, prevalece o entendimento de que a causa de aumento de pena em análise incide não somente se o furto for praticado em **casa ou suas dependências, mas, também, estabelecimentos comerciais ou mesmo em locais desabitados**. O que importa para a incidência da majorante é o **período** em que o delito é praticado e não as condições do local (se habitado, desabitado, se residencial ou comercial).

7.1.7. Forma privilegiada (furto privilegiado)

O § 2º do art. 155 do CP, cuja natureza jurídica é de **causa especial de diminuição de pena**, é denominado pela doutrina de **furto privilegiado**.

Incidirá quando o agente for **primário** (ausência de reincidência – art. 64, I, CP – **aspecto subjetivo**) e a coisa furtada for de pequeno valor (**aspecto objetivo**). Entende a doutrina e jurisprudência majoritárias como de **pequeno valor** o bem que não ultrapasse **um salário mínimo** no momento do crime.

Verificados os dois requisitos (primariedade e pequeno valor da coisa), o juiz poderá (em realidade, *deverá* – trata-se de direito subjetivo do acusado) **substituir a pena de reclusão pela de detenção, diminuí-la de um a dois terços ou aplicar somente a pena de multa**.

Dentre as opções grifadas, sem dúvida **a mais benéfica é a aplicação da *pena de multa***, eis que o seu descumprimento não poderá ensejar a restrição da liberdade do agente, mas ser cobrada como dívida de valor (*vide* art. 51 do CP).

Se o bem subtraído for de *ínfimo valor* (e não apenas de pequeno valor), pode-se sustentar a **insignificância penal**, por ausência de lesividade ao bem jurídico protegido pelo crime (ex.: furto de um botão de camisa ou de uma agulha em uma loja).

Frise-se que há diversas decisões dos Tribunais Superiores admitindo a incidência do privilégio mesmo para o furto qualificado, conforme será melhor visto no item a seguir.

7.1.8. Formas qualificadas

O § 4º do art. 155 do CP pune o crime de furto de 2 a 8 anos de reclusão nas seguintes hipóteses:

a) inciso I – se o furto for cometido com **destruição ou rompimento de obstáculo** à subtração da coisa (também chamado de furto por **efração**): deve haver, nessa hipótese, efetiva destruição daquilo que pode ser considerado como obstáculo à subtração do bem efetivamente visado (ex.: a janela de um carro; as portas de uma residência). Não configura a qualificadora em comento se a destruição ou o rompimento ocorre na própria coisa para a sua subtração (ex.: quebrar o vidro do carro para, posteriormente, subtraí-lo). Acerca da imprescindibilidade de perícia para a configuração da qualificadora em comento, confira o entendimento do STJ:

> **FURTO. ROMPIMENTO. OBSTÁCULO. PERÍCIA.**
> "A Turma reiterou que, tratando-se de furto qualificado pelo rompimento de obstáculo, de delito que deixa vestígio, torna-se indispensável a realização de perícia para a sua comprovação, a

qual somente pode ser suprida por prova testemunhal quando desaparecerem os vestígios de seu cometimento ou esses não puderem ser constatados pelos peritos (arts. 158 e 167 do CPP). No caso, cuidou-se de furto qualificado pelo arrombamento de porta e janela da residência, porém, como o rompimento de obstáculo não foi comprovado por perícia técnica, consignou-se pela exclusão do acréscimo da referida majorante". Precedentes citados: HC 136.455-MS, *DJe* 22.02.2010; HC 104.672-MG, *DJe* 06.04.2009; HC 85.901-MS, *DJ* 29.10.2007, e HC 126.107-MG, *DJe* 03.11.2009. HC 207.588-DF, Rel. Min. Og Fernandes, julgado em 23.08.2011. (Inform. STJ 481);

b) inciso II – se o furto for cometido com **abuso de confiança**, ou mediante **fraude, escalada ou destreza**: no primeiro caso (abuso de confiança), a vítima deve ter uma ligação com o agente delitivo (amizade, parentesco, relações profissionais), sob pena de não ficar caracterizada a qualificadora. O mero vínculo empregatício não a configura, exigindo-se do empregado *confiança* para o desempenho de determinada função, diminuindo, consequentemente, a vigilância do bem por parte do patrão.

O furto mediante fraude (segunda hipótese) exige que o agente se valha de um meio enganoso, de um artifício, capaz de reduzir a vigilância da vítima sobre o bem, o que permitirá sua subtração com menores dificuldades (o bem é subtraído da vítima sem que ela perceba). É o caso do falso funcionário de concessionárias de energia elétrica ou de empresa telefônica, que, sob o argumento de serem funcionários das citadas empresas, ingressam em casa alheia e subtraem bens que as guarneçam.

Por fim, a terceira hipótese é a do furto mediante escalada (utilização de via anormal para o ingresso em determinado lugar, exigindo um esforço incomum do agente – ex.: escalar muro de 5m e ingressar em casa alheia, subtraindo bens de seu interior) ou mediante destreza (é a habilidade que permite ao agente subtrair bens sem que a vítima perceba – ex.: punguista);

c) inciso III – se o furto for cometido com **emprego de chave falsa**. Entende-se como "chave falsa" a imitação da verdadeira (cópia executada sem autorização de seu dono) ou qualquer instrumento que faça as vezes da chave, mas que não seja ela, capaz de abrir fechaduras sem arrombamento (ex.: chave "mixa"). Se for utilizada a chave verdadeira, anteriormente subtraída do dono, não estaremos diante dessa qualificadora, mas, eventualmente, daquela em que se emprega fraude;

d) inciso IV – se o furto for cometido em **concurso de duas ou mais pessoas**. Nessa situação, basta que duas ou mais pessoas (ainda que uma ou mais sejam inimputáveis – ex.: doença mental ou menoridade) concorram para a subtração. O STJ já chegou a entender que, se um maior de dezoito anos e um menor de idade, juntos, cometerem um furto, não se configura a qualificadora, em razão da inimputabilidade deste último. Não concordamos, pois a lei exige a concorrência de *pessoas* e não de *imputáveis*. Importante anotar que se um imputável (maior de idade) cometer o furto em concurso com um menor (inimputável, portanto), responderá, também, pelo crime de corrupção de menores (art. 244-B, ECA). Por fim, ainda quanto à qualificadora em exame, decidiu o STJ ser inaplicável a majorante do roubo (aumento até a metade quando praticado em concurso de agentes) ao furto, caso em que a mesma circunstância (concurso de pessoas) tem o condão de dobrar a pena. A despeito da desproporcionalidade de tratamento,

referido Tribunal Superior assim decidiu: **Súmula nº 442**. *É inadmissível aplicar, no furto qualificado, pelo concurso de agentes, a majorante do roubo.*

Questão interessante diz respeito à possibilidade – ou não – da conjugação do furto qualificado (art. 155, § 4º, CP) com a figura do privilégio (art. 155, § 2º, CP), também chamado de **furto híbrido**. A despeito da disposição topográfica (para parte da doutrina, seria inviável o furto ser, concomitantemente, qualificado e privilegiado, visto que referido privilégio vem previsto no § 2º do art. 155, ao passo que as qualificadoras vêm dispostas mais "abaixo", vale dizer, no § 4º), a jurisprudência dos Tribunais Superiores admite a conjugação dos dispositivos em comento. Confira-se:

FURTO QUALIFICADO. PRIVILÉGIO. PRIMARIEDADE. PEQUENO VALOR. RES FURTIVA.

"A Seção, pacificando o tema, julgou procedente os embargos de divergência, adotando orientação de que o privilégio estatuído no § 2º do art. 155 do CP mostra-se compatível com as qualificadoras do delito de furto, desde que as qualificadoras sejam de ordem objetiva e que o fato delituoso não seja de maior gravidade. Sendo o recorrido primário e de pequeno valor a *res furtiva*, verificando-se que a qualificadora do delito é de natureza objetiva – concurso de agentes – e que o fato criminoso não se revestiu de maior gravidade, torna-se devida a incidência do benefício legal do furto privilegiado, pois presente a excepcionalidade devida para o seu reconhecimento na espécie". Precedentes citados do STF: HC 96.843-MS, *DJe* 23.04.2009; HC 100.307-MG, *DJe* 03.06.2011; do STJ: AgRg no HC 170.722-MG, *DJe* 17.12.2010; HC 171.035-MG, *DJe* 01.08.2011, e HC 157.684-SP, *DJe* 04.04.2011. EREsp 842.425-RS, Rel. Min. Og Fernandes, julgados em 24.08.2011. (Inform. STJ 481)

Importa anotar o teor da **Súmula 511 do STJ**, aprovada pela Corte em junho de 2014: "É possível o reconhecimento do privilégio previsto no § 2º do art. 155 do CP nos casos de crime de furto qualificado, se estiverem presentes a primariedade do agente, o pequeno valor da coisa e a qualificadora for de ordem objetiva".

O § 5º do art. 155 do CP comina pena de 3 a 8 anos se a subtração for de **veículo automotor que venha a ser transportado para outro Estado ou para o exterior**. Trata-se de qualificadora que leva em conta não o meio de execução do crime (como as definidas no § 4º), mas sim o resultado obtido com o furto.

Com o advento da Lei 13.330/2016, incluiu-se ao precitado art. 155 do CP mais uma qualificadora, qual seja, a do § 6º, que cuida do **abigeato**. Com efeito, será punido com reclusão de 2 a 5 anos o agente que subtrair **semovente domesticável de produção** (ex.: gado, porcos, galinhas, carneiros, ovelhas), ainda que abatido ou dividido em partes no local da subtração. Tencionou o legislador reprimir com mais severidade essa espécie de crime patrimonial, bastante comum em municípios onde predominam as práticas rurais.

Para a melhor compreensão dessa nova qualificadora, reputam-se bens semoventes aqueles que possuem movimento próprio, tais como os animais. Estes, por sua vez, serão domesticáveis de produção quando forem utilizados como rebanho e/ou produção, gerando algum retorno de índole econômica ao criador. Logo, não serão considerados objetos materiais do abigeato que ora tratamos os animais selvagens (ex.: ursos, leopardos, macacos etc.) e os animais domésticos não voltados à produção (ex.: o cachorro ou o gato de determinada pessoa).

7.1.8.1. Novas qualificadoras do furto (art. 155, §§ 4º-A e 7º, CP)

Cuidou o legislador, com a edição da Lei 13.654, de 23 de abril de 2018, de incluir ao CP, mais precisamente no seu art. 155, novas *formas qualificadas* de furto, a saber:

> § 4º-A A pena é de reclusão de 4 (quatro) a 10 (dez) anos e multa, se houver emprego de explosivo ou de artefato análogo que cause perigo comum.

Nesse caso, a pena será a mesma cominada ao roubo simples (art. 157, *caput*, do CP) se o agente, para furtar coisa alheia móvel, *empregar explosivo ou qualquer outro artefato semelhante* que cause perigo comum (ou seja, a uma coletividade). É o que se vê, usualmente, com furto de dinheiro em caixas eletrônicos, nos quais os criminosos se utilizam de explosivos (dinamites, por exemplo) para que consigam romper seus cofres e, então, subtrair as quantias lá existentes. Tal tipo de comportamento, além de causar alarma, coloca em risco não somente o patrimônio de instituições financeiras, mas, também, de proprietários ou possuidores de prédios vizinhos, bem como a incolumidade física das pessoas que se encontrem nas imediações no momento da explosão.

Interessante registrar que *antes* do advento dessa nova qualificadora, era possível a imputação de *dois crimes* aos agentes que praticassem comportamentos como os descritos acima, quais sejam, *furto qualificado pelo rompimento de obstáculo* (art. 155, § 4º, I, do CP) e *explosão* (art. 251, § 2º, do CP), ambos em concurso formal impróprio. Porém, com a alteração legislativa e a inclusão da qualificadora em comento, inviável se torna a imputação de dois crimes, aplicando-se uma única figura qualificada (no caso, art. 155, § 4º-A, do CP).

Imprescindível anotar que o **Pacote Anticrime** (Lei 13.964/2019) tornou **crime hediondo** o furto qualificado pelo emprego de explosivo ou artefato análogo, conforme dispõe o novel inciso IX, do art. 1º, da Lei 8.072/1990. Por se tratar de inovação prejudicial, é irretroativa.

Houve, também, a inclusão de mais uma qualificadora ao furto, que se deu com o novel § 7º do art. 155 do CP. Confira-se:

> § 7º A pena é de reclusão de 4 (quatro) a 10 (dez) anos e multa, se a subtração for de substâncias explosivas ou de acessórios que, conjunta ou isoladamente, possibilitem sua fabricação, montagem ou emprego.

Trata-se, aqui, da subtração do próprio explosivo ou de acessórios que possibilitem a fabricação, montagem ou emprego de engenhos explosivos, pouco importando sua efetiva utilização para outros fins.

Referidos comportamentos merecem forte repressão estatal, eis que, por evidente, alimentam o comércio clandestino de explosivos, viabilizando a prática de outros crimes, especialmente aquele descrito no precitado § 4º-A, do art. 155 do CP.

7.1.9. Equiparação de coisa alheia móvel

O § 3º do art. 155 do CP equipara a coisa alheia móvel, para fins de caracterização do crime de furto, a energia elétrica ou qualquer outra que tenha valor econômico.

Assim, a energia elétrica, ainda que impalpável, imaterial, é considerada "coisa alheia móvel", podendo, pois, ser objeto material do crime de furto. O mesmo se pode dizer com relação à energia solar, radioativa, genética (de animais reprodutores) etc., desde que tenham valor econômico.

Interessante o entendimento do STF acerca do "furto" de sinal de TV a cabo. Veja-se:

> **Furto e ligação clandestina de TV a cabo**
>
> "A 2ª Turma concedeu *habeas corpus* para declarar a atipicidade da conduta de condenado pela prática do crime descrito no art. 155, § 3º, do CP ("Art. 155 – Subtrair, para si ou para outrem, coisa alheia móvel: ... § 3º – Equipara-se à coisa móvel a energia elétrica ou qualquer outra que tenha valor econômico."), por efetuar ligação clandestina de sinal de TV a cabo. Reputou-se que o objeto do aludido crime não seria "energia" e ressaltou-se a inadmissibilidade da analogia *in malam partem* em Direito Penal, razão pela qual a conduta não poderia ser considerada penalmente típica". HC 97261/RS, rel. Min. Joaquim Barbosa, 12.04.2011. (HC-97261) (**Inform. STF** 623)

7.2. Roubo (art. 157, do CP). Considerações iniciais

O crime de **roubo**, previsto no art. 157 do CP, é um dos mais violentos ilícitos contra o patrimônio, já que, conforme veremos mais à frente, tem como elementares a violência ou a grave ameaça contra a vítima, que se vê acuada diante do roubador.

Trata-se de infração penal cuja **objetividade jurídica imediata** é a **proteção do patrimônio alheio**, mais especificamente dos bens móveis alheios. Todavia, também tutela, a um só tempo, a **liberdade individual** e a **integridade corporal**.

Por proteger, portanto, dois bens jurídicos (patrimônio e liberdade individual/integridade pessoal), a doutrina denomina o roubo de **crime pluriofensivo** (ofende mais de um bem).

A doutrina também aponta o roubo como um **crime complexo**, já que sua conformação típica pressupõe a existência de duas figuras que, isoladas, configuram crimes autônomos: **furto + violência** (vias de fato – contravenção penal; lesões corporais – crime) ou **furto + ameaça**.

7.2.1. Tipo objetivo

O verbo do tipo (conduta típica) é o mesmo do furto, qual seja, "subtrair", que corresponde à ação do agente de tirar alguma coisa da vítima, desapossá-la, apoderando-se dos bens a ela pertencentes.

A subtração exige, portanto, a **inexistência de consentimento da vítima**, já que o patrimônio é **bem jurídico disponível**, podendo ser suprimido pela sua própria vontade.

Ainda ressalta a doutrina que a subtração tem implícita em si a intenção do agente em se apoderar dos bens, seja para si, seja para outrem, de modo **definitivo**.

Três podem ser os meios de execução do roubo, tendentes à **subtração** de coisa alheia móvel:

a) **grave ameaça** – corresponde à **violência moral**, ou seja, a promessa, à vítima, de um mal injusto e grave;

b) **violência** – corresponde ao emprego de **força física** contra a vítima, seja por meio de vias de fato, seja mediante lesões corporais (leves, graves ou gravíssimas). A jurisprudência admite que mesmo fortes empurrões, efetuados com a finalidade de subtrair bens da vítima, são aptos a caracterizar o roubo. Porém, as "trombadas" leves, que somente objetivam um desvio de atenção da vítima, caracterizariam, se tanto, o delito de furto;

c) qualquer meio que reduza ou impossibilite a resistência da vítima – trata-se do emprego da **interpretação analógica** no tipo incriminador, cuja intenção é a de conferir maior proteção à vítima, **ampliando o espectro de incidência da norma penal**. São exemplos típicos o emprego de **narcóticos** ou **anestésicos** contra a vítima, tornando-a "presa fácil", já que, sob o efeito de referidas substâncias, sua capacidade de resistência à ação alheia fica bastante diminuída (ou até mesmo eliminada). Aqui, tem-se a denominada **violência imprópria**.

Também configura elementar do tipo que a **coisa** subtraída seja **alheia** e **móvel**. Entende-se por "coisa" todos os bens suscetíveis de **apreciação econômica** (afinal, o roubo, assim como o furto, protege o **patrimônio** alheio).

Outrossim, não basta que o agente subtraia um bem, devendo este pertencer, obviamente, a **terceira pessoa** (não se poderia cogitar de roubo de coisa própria!).

Por fim, somente **bens móveis** podem ser objeto do crime em estudo, conforme determina a lei penal. Ainda que assim não estivesse previsto, se o roubo pressupõe a retirada do bem da esfera de disponibilidade da vítima, somente os passíveis de mobilização é que podem ser literalmente "removidos", "retirados" de um local para outro. **Impossível, portanto, roubo de bem imóvel**.

Se eventualmente a lei civil considera, por ficção, um bem móvel como imóvel (ex.: navios e aeronaves), ainda assim poderão ser objeto material do crime em comento. Basta que possam ser transportados de um lugar a outro.

Até mesmo os animais (semoventes) podem ser objeto de roubo, desde que tenham um proprietário (ex.: gados, cachorros etc.).

7.2.2. Tipo subjetivo

Além do **dolo** (vontade livre e consciente do agente em subtrair coisa alheia móvel), exige-se o **elemento subjetivo do tipo** (**dolo específico**), vale dizer, o sujeito ativo deve ter a intenção de apoderar-se definitivamente do bem subtraído, ou de fazê-lo para que terceira pessoa dele se apodere em caráter definitivo.

O elemento subjetivo do tipo, no crime de roubo, é denominado de *animus rem sibi habendi*. Em outras palavras, o agente deve subtrair o bem com o fim de **assenhoreamento definitivo**.

A exigência do "dolo específico" pode vir a desnaturar o crime de roubo se o agente **subtrai o bem temporariamente, sem a intenção de ficar com ele indefinidamente**.

Assim, se o roubador subtrai um carro, por exemplo, com a simples intenção de utilizá-lo e posteriormente restituí-lo ao seu legítimo proprietário, estaremos diante de fato atípico, dada a inexistência do *animus rem sibi habendi*. Tal figura é denominada pela doutrina de **roubo de uso**, à semelhança do furto de uso. Contudo, trata-se de entendimento minoritário, seja na doutrina, seja na jurisprudência, pelo fato de se tratar de crime complexo, que ofende a integridade física ou a liberdade individual da vítima.

Se a subtração de uma coisa alheia ocorrer para a superação de uma **situação de perigo**, podemos invocar o estado de necessidade, que afasta a criminalidade da conduta (**causa excludente da antijuridicidade**), ainda que contra a vítima seja empregada violência ou grave ameaça. Nessa situação, embora típica, a conduta não será antijurídica. É o caso, por exemplo, de um agente que subtrai, mediante grave ameaça, o veículo da vítima, com o fim de levar o filho, à beira da morte, atingido por disparo de arma, ao hospital, já que, acionada a ambulância, esta não compareceu para a prestação de socorro.

7.2.3. Sujeitos do crime

O **sujeito ativo** do crime de roubo pode ser qualquer pessoa, desde que não seja o proprietário ou possuidor da coisa subtraída (o tipo penal exige que a coisa subtraída seja **alheia**).

Já o **sujeito passivo** do crime em tela é o proprietário, possuidor ou detentor do bem subtraído. Poderá ser pessoa natural ou pessoa jurídica. Admite-se, ainda, que **existam duas ou mais vítimas e a ocorrência de um só roubo**, na hipótese em que terceiros sejam atingidos pela violência ou grave ameaça, ainda que não sejam os donos do bem subtraído. Ex.: João aluga seu veículo a José, que, em determinado semáforo da cidade, é abordado e, mediante grave ameaça e violência física, vê o veículo ser subtraído pelos roubadores. No caso, João foi vítima do crime em razão do desfalque patrimonial sofrido e José por ter suportado a ação delituosa (meios executórios).

7.2.4. Consumação e tentativa

Apontam a doutrina e jurisprudência, basicamente, **duas** situações caracterizadoras da **consumação do roubo (próprio)**:

a) retirada do bem da esfera de vigilância da vítima, existindo a inversão da posse da *res*, à semelhança do que ocorre com o furto, obtendo o agente a posse mansa e pacífica da coisa subtraída;

b) com o apoderamento do bem subtraído, logo após empregar a violência ou a grave ameaça para consegui-lo. Nesse caso, não se exige a posse tranquila, havendo a consumação ainda que a polícia chegue ao local em seguida ao apoderamento da *res*. Trata-se da posição adotada pelo STF.

O STJ editou a **Súmula 582**, pacificando a adoção da segunda corrente, que, em suma, retrata a **teoria da *amotio*** ou da ***apprehensio***. Confira-se: "Consuma-se o crime de roubo com a inversão da posse do bem mediante emprego de violência ou grave ameaça, ainda que por breve tempo e em seguida à perseguição imediata ao agente e recuperação da coisa roubada, sendo prescindível a posse mansa e pacífica ou desvigiada."

Admissível, evidentemente, a **tentativa** do crime de roubo, seja pelo fato de o agente não ter obtido a posse tranquila do bem (primeira corrente – minoritária), seja porque não conseguiu apoderar-se do bem da vítima, ainda que haja empregado violência ou grave ameaça (segunda corrente, adotada pelo STJ e STF).

Para concursos de Defensorias Públicas, muito interessante a posição do STF que segue abaixo (diz respeito ao acompanhamento da ação delituosa por policiais, caracterizando-se a tentativa):

Roubo e momento consumativo

"A 1ª Turma, por maioria, deferiu *habeas corpus* para desclassificar o crime de roubo na modalidade consumada para a tentada. Na espécie, os pacientes, mediante violência física, subtraíram da vítima quantia de R$ 20,00. Ato contínuo, foram perseguidos e presos em flagrante por policiais que estavam no local do ato delituoso. Inicialmente, aludiu-se à pacífica jurisprudência da Corte no sentido da desnecessidade de inversão de posse mansa e pacífica do bem para haver a consumação do crime em comento. Entretanto, consignou-se que essa tese seria inaplicável às hipóteses em que a conduta fosse, o tempo todo, monitorada por policiais que se encontrassem no cenário do crime. Isso porque, no caso, ao obstar a possibilidade de fuga dos imputados, a ação da polícia teria frustrado a consumação do delito por circunstâncias alheias à vontade dos agentes ("*Art. 14. Diz-se o crime: ... II – tentado, quando, iniciada a execução, não se consuma por circunstâncias alheias à vontade do agente*"). Vencida a Min. Cármen Lúcia, por reputar que, de toda sorte, os réus teriam obtido a posse do bem, o que seria suficiente para consumação do crime". Precedente citado: HC 88259/SP (*DJU* de 26.05.2006). HC 104593/MG, rel. Min. Luiz Fux, 08.11.2011. (HC-104593) (Inform. STF 647).

Doutrinariamente, é bom que se diga, o roubo é denominado crime material, já que para sua consumação é exigido o resultado naturalístico (retirada do bem da vítima e consequente redução patrimonial).

Quanto ao momento consumativo do roubo impróprio, veremos no item próprio mais à frente.

7.2.5. *Espécies de roubo*

A doutrina aponta duas espécies ou tipos de roubo:

a) **roubo próprio** – é o previsto no art. 157, *caput*, do Código Penal;

b) **roubo impróprio** (ou **roubo por aproximação**) – é o estabelecido no § 1º do mesmo dispositivo legal. Trata-se de crime que, inicialmente, assemelha-se ao furto (subtração de coisa alheia móvel). Todavia, para a consumação, visando o agente a **assegurar a impunidade ou a garantia da subtração** da coisa, **emprega violência ou grave ameaça contra a vítima**.

No caso de roubo impróprio, há o entendimento de que se **consuma** com o efetivo **emprego da violência ou grave ameaça, não se admitindo a tentativa (Damásio de Jesus, por exemplo)**. Porém, há quem sustente ser admissível, sim, a tentativa de roubo impróprio, desde que o agente, após o apoderamento da coisa, não consiga, por circunstâncias alheias à sua vontade, empregar a grave ameaça ou a violência física. No mais, todas as características do roubo próprio são aplicáveis ao impróprio (sujeitos do crime, objeto jurídico, tipo objetivo, tipo subjetivo). Frise-se, porém, que, para o cometimento do roubo impróprio, é inadmissível o emprego de violência imprópria, admitida apenas no *caput* do art. 157 do CP, mas não em seu § 1º.

7.2.6. *Formas majoradas (causas de aumento de pena – art. 157, § 2º, do CP)*

O § 2º do art. 157 do CP pune mais gravosamente (exacerbação de **um terço à metade da pena**) o roubo nas hipóteses previstas em seus cinco incisos, a saber:

a) **inciso I – se a violência ou ameaça é exercida com emprego de arma**: neste caso, pune mais severamente o legislador o agente que se vale do emprego de um artefato que garanta maior facilidade para a subtração, reduzindo-se ainda mais as chances de a vítima resistir à agressão ao seu patrimônio.

Deve-se entender por arma tanto os artefatos previamente confeccionados para o ataque ou defesa (**arma própria** – ex.: revólver, espingarda, pistola, metralhadora etc.) quanto qualquer objeto que tenha potencialidade lesiva (**arma imprópria** – ex.: faca, machado, cutelo, foice, punhal etc.). No caso do emprego de arma de brinquedo, embora tenha esta chance de causar maior temor à vítima, não resultará em reconhecimento da circunstância ora estudada. Tanto é verdade que o STJ cancelou a antiga Súmula 174, pacificando-se o entendimento de que quis o legislador agravar a reprimenda do agente que se vale de uma *arma*, com **maior potencialidade ofensiva à vítima (aspecto objetivo)**, pouco importando o aspecto intimidativo (**aspecto subjetivo**). A exibição de arma de brinquedo em um roubo caracterizará, tão somente, a modalidade simples (art. 157, *caput*, do CP), já que sua exibição perfaz a elementar "grave ameaça". Acerca da (des)necessidade de apreensão da arma para a configuração da majorante em comento, confira-se a posição do STF e, na sequência, a do STJ:

HC N. 105.263-MG – RELATOR: MIN. DIAS TOFFOLI

Habeas corpus. **Penal. Sentença penal condenatória. Crime do art. 157, § 2º, inciso I, do CP. Incidência da majorante em razão do emprego da arma. Precedentes.**

1. Firmado nesta Corte Suprema o entendimento de que a incidência da majorante do inciso I do § 2º do art. 157 do Código Penal prescinde da apreensão da arma, se comprovado, por outros meios, o seu emprego. 2. *Habeas corpus* denegado. (**Inform. STF** 619);

ARMA. FOGO. INIDONEIDADE. PERÍCIA. OUTROS MEIOS. PROVA.

"A Turma, entre outras questões, reiterou o entendimento adotado pela Terceira Seção, com ressalva da Min. Relatora, de que é prescindível a apreensão e perícia de arma de fogo para a aplicação da causa de aumento de pena prevista no art. 157, § 2º, I, do CP, impondo-se a verificação, caso a caso, da existência de outras provas que atestem a utilização do mencionado instrumento. No caso, o magistrado de primeiro grau e a corte estadual assentaram a existência de prova pericial suficiente a demonstrar a inidoneidade da arma de fogo utilizada pelo réu, dada sua ineficácia para a realização dos disparos. Assim, a Turma concedeu a ordem a fim de afastar a causa de aumento prevista no art. 157, § 2º, I, do CP e reduziu a pena para cinco anos e quatros meses de reclusão a ser cumprida inicialmente no regime semiaberto, mais 13 dias--multa". HC 199.570-SP, Rel. Min. Maria Thereza de Assis Moura, julgado em 21.06.2011. (**Inform. STJ** 478);

Importante registrar que a Lei 13.654/2018, que também alterou o crime de furto, a ele incluindo novas qualificadoras, promoveu a revogação da causa de aumento de pena em análise, ou seja, desde então, se o agente, para roubar, empregasse uma arma imprópria ou arma branca (ex.: faca, martelo, machado, enxada etc.), não mais responderia por roubo majorado (art. 157, § 2º, I, CP), mas, sim, por roubo simples (art. 157, *caput*, CP). Tal modificação, evidentemente, foi benéfica ao réu, razão pela qual operou efeitos retroativos, atingindo roubos praticados antes do início da vigência de referida lei.

Somente o roubo com emprego de arma de fogo (arma própria), desde a precitada Lei 13.654/2018, teria a pena aumentada em 2/3 (dois terços), conforme art. 157, § 2º-A, do CP, que será melhor estudado adiante.

Ocorre que o *Pacote Anticrime* (Lei 13.964/2018) "devolveu" o emprego de arma branca ao rol das causas de aumento de pena do roubo, incluindo-a no art. 157, § 2º, VII. Portanto, desde o dia 23 de janeiro de 2020, data em que entrou em vigor referida alteração, praticar roubo com emprego de arma branca tornou-se crime majorado. Por se tratar de alteração prejudicial, não alcançará os fatos anteriores ao início de sua vigência.

b) inciso II – se há o concurso de duas ou mais pessoas: andou bem o legislador ao punir com maior rigor o roubo praticado por duas ou mais pessoas em concurso. Isto porque a vítima, diante de uma pluralidade de pessoas, terá menores chances de resistir à ação criminosa, ficando mais desprotegida. Pouco importa se, no "grupo", existirem pessoas maiores (imputáveis) ou menores de idade (inimputáveis). Tratou a lei de prever o concurso de duas ou mais **pessoas e não dois ou mais imputáveis.** Todavia, o STJ já proferiu entendimento no sentido de que o concurso de um maior de idade e um adolescente desnatura a causa de aumento de pena em estudo, eis que o Código Penal é um diploma normativo aplicado apenas aos imputáveis. Trata-se de posição isolada. Ainda, viável o reconhecimento da majorante em comento em concurso com o delito autônomo de associação criminosa (art. 288 do CP), haja vista que tutelam bens jurídicos distintos, não se aventando de *bis in idem* no caso;

c) inciso III – se a vítima está em serviço de transporte de valores e o agente conhece tal circunstância: trata-se de causa de aumento de pena que nitidamente visa a proteger as pessoas que se dedicam ao transporte de valores (bancos e joalherias, p. ex.). Exige-se, *in casu*, que o agente saiba que a vítima labora na área de transporte de valores (dolo direto), não se admitindo o dolo eventual (assunção do risco);

d) inciso IV – se a subtração for de veículo automotor que venha a ser transportado para outro Estado ou para o exterior: neste caso, é imprescindível que o veículo, de fato, saia dos limites de um Estado e ingresse em outro, ou saia do país e ingresse no exterior, transpondo as fronteiras;

e) inciso V – se o agente mantém a vítima em seu poder, restringindo sua liberdade: inserido pela Lei 9.426/1996, colocou-se um fim à celeuma que envolvia o roubo e a restrição de liberdade da vítima. Prevalece, hoje, o entendimento de que incide a causa de aumento de pena ora analisada se o agente, para a subtração dos bens, mantém a vítima privada de sua liberdade pelo espaço de tempo suficiente à consumação do roubo ou para evitar a ação policial. Todavia, se desnecessária a privação de liberdade do sujeito passivo, já tendo se consumado o roubo, é possível o concurso entre o roubo e o sequestro ou cárcere privado (art. 148 do Código Penal). Importante frisar que o *Pacote Anticrime* (Lei 13.964/2019) incluiu a majorante em comento no rol dos **crimes hediondos** (art. 1º, II, "a", da Lei 8.072/1990). Trata-se de inovação prejudicial, portanto, irretroativa.

7.2.6.1. Novas formas majoradas (causas de aumento de pena – art. 157, § 2º-A e §2º-B, do CP)

A **Lei 13.654/2018**, além das alterações promovidas no crime de furto (inclusão dos §§ 4º-A e 7º, no art. 155 do CP) e roubo (revogação do inciso I, do § 2º, do art. 157 do CP), acrescentou a este último mais um parágrafo. Vale a pena a transcrição:

§ 2º-A A pena aumenta-se de 2/3 (dois terços):

I – se a violência ou ameaça é exercida com emprego de arma de fogo;

II – se há destruição ou rompimento de obstáculo mediante o emprego de explosivo ou de artefato análogo que cause perigo comum.

No tocante ao inciso I, tal como já alertamos no item 7.2.6. *supra*, desde o advento da já citada Lei 13.654/2018, o roubo só teria a pena aumentada se praticado com emprego de arma própria, ou seja, **arma de fogo**. Haveria, aqui, majoração da pena em 2/3 (dois terços), tratando-se de alteração prejudicial se comparado ao cenário anterior à aludida lei alteradora. É que, antes da revogação do art. 157, § 2º, I, do CP, se o agente empregasse, para o roubo, qualquer tipo de arma (própria ou imprópria), sua pena seria aumentada de **1/3 (um terço)** a **1/2 (metade)**. Com o acréscimo ao art. 157 do § 2º-A ora estudado, o emprego de arma de fogo, como visto, ensejou o aumento da pena em **2/3 (dois terços)**, motivo pelo qual a modificação ora comentada é irretroativa, não alcançando fatos praticados antes de sua vigência.

Porém, importante registrar que ao juiz caberá, em caso de roubo com emprego de **arma imprópria** praticado antes das alterações promovidas pela Lei 13.654/2018, aplicar retroativamente o novel dispositivo legal, desclassificando a figura majorada (roubo com emprego de arma) para a forma **simples** (art. 157, *caput*, CP).

Como já anotamos anteriormente, o *Pacote Anticrime* (Lei 13.964/2019) restituiu ao art. 157, §2º, do CP, em seu novo inciso VII, o emprego de **arma branca** como causa de aumento de pena (de 1/3 a 1/2). Portanto, o emprego de arma, doravante, exigirá do aplicador do Direito a constatação da natureza da arma: (i) se **própria**, incidirá o aumento de pena do § 2º-A (**arma de fogo** – acréscimo de **2/3** à pena); (ii) se **imprópria**, incidirá a majorante do § 2º, VII (**arma branca** – acréscimo de **1/3 a 1/2**).

Outro ponto importante, no tocante ao emprego de arma de fogo, é enquadrá-la como de **uso restrito ou proibido**. É que o Pacote Anticrime (Lei 13.964/2019) incluiu nova majorante ao roubo, qual seja, o **§ 2º-B**, que definiu que a pena será aplicada em **dobro** àquela cominada para o roubo simples quando o agente, para a violência ou grave ameaça, empregar arma de fogo de uso **restrito** ou **proibido**.

Questão que certamente voltará à tona é a (des)necessidade de apreensão da arma de fogo para a configuração da causa de aumento. Como já trouxemos no item 7.2.6 supra, inclusive com transcrição de precedentes do STJ e STF, prevalece a tese da prescindibilidade da apreensão do artefato bélico, sendo suficientes outros meios de prova para a demonstração de seu emprego pelo roubador. Porém, a novel majorante exige que a arma de fogo seja de uso restrito ou proibido. Como saber a espécie de arma empregada sem sua apreensão? Assim, parece-nos que vozes surgirão no sentido da indispensabilidade da apreensão da arma de fogo para a majoração da pena na forma estabelecida pelo art. 157, § 2º-B, do CP.

Finalmente, também como resultado do *Pacote Anticrime* (Lei 13.964/2019), as figuras majoradas do roubo pelo emprego de arma de fogo (art. 157, §2º-A, I), bem como se a arma utilizada for de uso restrito ou proibido (art. 157, §2º-B), foram incluídas expressamente ao rol dos **crimes hediondos** (Lei 8.072/1990, art. 1º, II, "b"). A alteração é prejudicial, eis que o roubo majorado não era considerado crime hediondo, razão pela qual é irretroativa, somente alcançando os fatos praticados a partir de 23 de janeiro de 2020.

Quanto ao inciso II, tal como analisado no tocante à nova qualificadora do furto (art. 155, § 4º-A, CP), tencionou o legislador punir mais gravosamente o agente que, para roubar, promover a destruição ou rompimento de obstáculo mediante o emprego de **explosivo** ou **artefato análogo** que cause perigo comum. Assim, por exemplo, se para conseguir subtrair dinheiro do interior de um caixa eletrônico, o agente render o segurança da instituição financeira e utilizar uma dinamite para a explosão do equipamento, terá sua pena aumentada de 2/3 (dois terços).

7.2.7. Formas qualificadas (roubo qualificado)

O § 3º do art. 157 do CP elenca situações cuja natureza jurídica não é de **causas especiais de aumento de pena**, mas sim de **qualificadoras**.

Verificamos, pois, as seguintes hipóteses:

a) Se da violência resulta lesão corporal de natureza grave (art. 157, § 3º, I) – pena de reclusão de 7 a 15 anos, além da multa: neste caso, pune o legislador com maior rigor a intensificação, por parte do agente, de sofrimento físico à vítima da subtração, que suporta lesões corporais graves para ser despojada de seus bens. As **lesões corporais leves** serão absorvidas pelo roubo simples (art. 157, caput, do Código Penal), não configurando a qualificadora em comento. As lesões corporais graves poderão ser causadas a vítima a título de dolo ou culpa (neste último caso, a figura será preterdolosa). Com o advento da Lei 13.964/2018 (*Pacote Anticrime*), o roubo qualificado pela lesão corporal grave foi incluído ao rol dos **crimes hediondos** (art. 1º, II, "c", da Lei 8.072/1990). Até então, apenas o roubo qualificado pela morte (latrocínio) era hediondo. Trata-se de inovação prejudicial, portanto, irretroativa;

b) Se resulta morte (art. 157, §3º, II) – reclusão de 20 a 30 anos, sem prejuízo da multa: trata-se do denominado **latrocínio**, considerado **crime hediondo** pela Lei 8.072/1990 (art. 1º, II, "c"), daí advindo efeitos penais mais severos ao agente (insusceptibilidade de anistia, graça, indulto, progressão de regime mais demorada, livramento condicional mais demorado). A **morte da vítima** poderá ser **dolosa** ou **culposa** (neste caso, o resultado agravador configurará hipótese preterdolosa de latrocínio). No tocante à **tentativa de latrocínio**, podemos verificar **quatro situações**: 1ª) roubo e morte consumados – evidentemente haverá latrocínio consumado; 2ª) roubo e morte tentados – latrocínio tentado; 3ª) roubo tentado e morte consumada – latrocínio consumado (**Súmula 610 do STF**); 4ª) roubo consumado e morte tentada – latrocínio tentado (entendimento do STF). Se o agente, por erro na execução (*aberratio ictus*), mata o comparsa no roubo, tendo mirado a vítima, responderá por latrocínio. Por fim, ainda que a morte causada à vítima seja dolosa, o crime de latrocínio **não será julgado pelo Tribunal do Júri**, mas sim por juízo criminal comum, exatamente por se tratar de crime contra o patrimônio e **não contra a vida**. Por fim, confira-se a posição do STJ acerca da imputação a coautor de roubo seguido de morte da vítima, ainda que não tenha efetuado os disparos:

> **ROUBO ARMADO. DISPAROS. COAUTORIA.**
> "A Turma entendeu, entre outras questões, que o paciente condenado por roubo armado seguido de morte responde como coautor, ainda que não tenha sido o responsável pelos disparos que resultaram no óbito da vítima. Na espécie, ficou demonstrado que houve prévio ajuste entre o paciente e os outros agentes, assumindo aquele o risco do evento morte". Precedentes citados: REsp 622.741-RO, *DJ* 18.10.2004; REsp 418.183-DF, *DJ* 04.08.2003, e REsp 2.395-SP, *DJ* 21.05.1990. HC 185.167-SP, Rel. Min. Og Fernandes, julgado em 15.03.2011. (**Inform. STJ** 466)

7.3. Extorsão (art. 158, do CP)

7.3.1. Considerações iniciais

O crime de **extorsão**, previsto no art. 158 do CP, consiste em **constranger alguém**, mediante **violência** ou **grave ameaça**, e com o **intuito de obter** para si ou para outrem **indevida vantagem econômica**, a fazer, deixar de fazer ou tolerar que se faça algo.

Trata-se de infração penal cuja **objetividade jurídica imediata** é a **proteção do patrimônio alheio**, mais especificamente dos bens móveis alheios. Todavia, também tutela, a um só tempo, a **liberdade individual** e a **integridade corporal**.

Por proteger, portanto, dois bens jurídicos (patrimônio e liberdade individual/integridade pessoal), a doutrina denomina a extorsão de **crime pluriofensivo** (ofende mais de um bem jurídico), assim como ocorre com o roubo.

A doutrina também aponta a extorsão como um **crime complexo,** já que sua conformação típica pressupõe a existência de duas figuras que, isoladas, configuram crimes autônomos: **constrangimento ilegal + violência** (vias de fato – contravenção penal; ou lesões corporais – crime) ou **constrangimento ilegal + grave ameaça**.

7.3.2. Tipo objetivo

O verbo do tipo (conduta típica) é o mesmo do constrangimento ilegal, qual seja, "constranger", **coagir, obrigar** a vítima a fazer, deixar de fazer ou tolerar que se faça algo mediante violência ou grave ameaça. Todavia, enquanto no constrangimento ilegal busca-se a restrição da liberdade, na extorsão a finalidade é o locupletamento ilícito.

O constrangimento exige, portanto, a **inexistência de consentimento da vítima,** a qual é obrigada a fazer alguma coisa (ex.: entregar dinheiro, efetuar depósito bancário etc.), deixar de fazer algo (ex.: devedor que ameaça o credor para que ele não promova a execução) ou tolerar que se faça algo (ex.: tolerar o uso de um imóvel que lhe pertence sem cobrar aluguel).

Assim, a vítima pode ter uma conduta **comissiva** (fazer) ou **omissiva** (deixar de fazer ou tolerar), enquanto que o autor do crime de extorsão sempre realiza uma **ação** (constranger, mediante violência ou grave ameaça).

Dois podem ser os meios de execução da extorsão, para obtenção da indevida vantagem econômica, após o constrangimento da vítima:

a) grave ameaça – corresponde à **violência moral**, ou seja, a promessa, à vítima, de um mal injusto e grave;

b) violência – corresponde ao emprego de **força física** contra a vítima, seja por meio de vias de fato, seja mediante lesões corporais (leves, graves ou gravíssimas).

É oportuno frisar que, se a indevida vantagem econômica for obtida mediante **fraude, artifício ou ardil,** poderá restar configurado o crime de estelionato.

Também configura elementar do tipo que a obtenção da **indevida vantagem econômica** seja para **si** ou para **outrem**. Entende-se por "indevida vantagem econômica" toda vantagem suscetível de **apreciação econômica** (afinal, a extorsão, assim como o furto e o roubo, protege o **patrimônio** alheio).

7.3.3. Tipo subjetivo

Além do **dolo** (vontade livre e consciente do agente em constranger a vítima), exige-se o **elemento subjetivo do tipo** (**dolo específico**), vale dizer, o sujeito ativo deve ter a intenção de obter para si ou para outrem **indevida vantagem econômica**.

A exigência do "dolo específico" (**especial fim de agir**) pode vir a desnaturar o crime de extorsão. Se a intenção for a de obter vantagem econômica devida, o crime será o exercício arbitrário das próprias razões. Por outro lado, se a vantagem não for econômica, mas moral, o crime será o constrangimento ilegal; se sexual, poderá caracterizar crime contra a liberdade sexual (estupro, por exemplo).

7.3.4. Sujeitos do crime

O **sujeito ativo** do crime de extorsão pode ser qualquer pessoa, não se exigindo nenhuma qualidade especial (crime comum). Já o **sujeito passivo** do crime em tela é aquele que suporta diretamente a violência ou a grave ameaça, bem como o titular do patrimônio visado.

7.3.5. Consumação e tentativa

O crime de extorsão **consuma-se** no momento em que a **vítima faz, deixa de fazer ou tolera** que se faça algo. Ou seja, não basta o mero constrangimento da vítima, sendo imprescindível que haja uma ação ou omissão.

Entretanto, para a consumação do delito se dispensa a obtenção da indevida vantagem econômica (**Súmula 96, STJ**). A obtenção do enriquecimento ilícito constitui **exaurimento do crime**. Portanto, doutrinariamente, a extorsão é denominada **crime formal (ou de consumação antecipada)**, já que para sua consumação não é exigido o resultado naturalístico (obtenção da indevida vantagem econômica).

Há **tentativa** do crime de extorsão quando, apesar da exigência realizada pelo autor do delito, mediante o emprego de violência ou grave ameaça, a vítima não realiza a conduta que lhe fora exigida, por circunstâncias alheias à sua vontade.

Em suma, quando houver mera exigência, o crime será tentado. Mas se a vítima realizar o que lhe fora exigido, haverá crime consumado. E, por fim, se o agente obtiver a indevida vantagem econômica, haverá exaurimento do crime.

7.3.6. Espécies de extorsão

A extorsão pode ser:

a) simples: art. 158, *caput*, CP;

b) majorada: quando presente uma das causas de aumento de pena – art. 158, § 1º, do CP;

c) qualificada: art. 158, §§ 2º e 3º, do CP.

7.3.7. Formas majoradas (causas de aumento de pena – art. 158, § 1º, do CP)

O § 1º do art. 158 do CP pune mais gravosamente (exacerbação de **um terço à metade da pena**) a extorsão:

a) se cometida por duas ou mais pessoas: aplica-se aqui o que já fora explicitado no crime de roubo;

b) se cometida mediante o emprego de arma: de igual modo aplica-se o que já fora explicitado no crime de roubo, quanto ao conceito de arma.

7.3.8. Extorsão qualificada (art. 158, § 2º, do CP)

Há duas espécies de extorsão qualificada previstas no artigo 158, § 2º do Código Penal:

a) extorsão qualificada pela lesão corporal de natureza grave;

b) extorsão qualificada pelo resultado morte.

Tudo o que foi dito a respeito do roubo qualificado pela lesão grave ou morte (art. 157, § 3º, CP) aplica-se ao crime de extorsão qualificada. Frisa-se que as formas qualificadas de extorsão configuram **crimes preterdolosos**.

Como se verá mais adiante, há, ainda, outras formas qualificadas de extorsão, previstas no § 3º também do art. 158 do CP, que prevê que a pena será de reclusão de 6 a 12 anos, além da multa, se o crime é cometido com restrição da liberdade da vítima e essa condição é necessária para a obtenção da vantagem econômica (sequestro-relâmpago). Se resultar, porém, lesão corporal grave ou morte, as penas serão aquelas cominadas aos §§ 2º e 3º, respectivamente, do art. 159 do CP.

7.3.9. Diferença entre extorsão e roubo

Para a doutrina amplamente majoritária, a diferença havida entre os crimes acima referidos é que no roubo **o bem é retirado da vítima** enquanto que na extorsão ela própria é quem o **entrega ao agente**.

Assim, a principal distinção entre o crime de extorsão e o de roubo se faz pela colaboração da vítima. Se for **imprescindível a colaboração** para o agente obter a vantagem econômica, tem-se o **crime de extorsão**. No entanto, se for **dispensável a colaboração** da vítima, ou seja, mesmo que a vítima não entregue o bem o agente iria subtraí-lo, aí há o **crime de roubo**.

Há crime de roubo, portanto, quando o próprio agente subtraiu o bem ou quando o agente poderia ter subtraído, mas determinou que a vítima lhe entregasse o bem após empregar violência ou grave ameaça.

7.3.10. "Sequestro relâmpago" (art. 158, § 3º, do CP)

Essa distinção entre extorsão e roubo tinha relevância na doutrina quando se discutia sobre o denominado "sequestro relâmpago". Mas, com a Lei 11.923/2009, o legislador colocou fim à discussão, com a tipificação do art. 158, § 3º, CP.

Em verdade, o "sequestro relâmpago" é uma modalidade de crime de extorsão cometido mediante a **restrição da liberdade** da vítima (e não a privação total), necessária para a obtenção da vantagem econômica.

A **colaboração** da vítima se torna **imprescindível** para que ocorra a vantagem, como, por exemplo, no caso típico em que o agente aborda a vítima, restringindo-lhe a liberdade e a conduzindo até um caixa eletrônico para que efetue o saque de dinheiro, que somente será realizado com a utilização da senha do cartão bancário. A colaboração da vítima é indispensável, pois o agente não poderia adivinhar a senha do cartão, sem a qual não seria possível a realização do saque.

Outrossim, cumpre ressaltar que antes do advento do Pacote Anticrime (Lei 13.964/2019), havia discussão a respeito de ser ou não crime hediondo o "sequestro relâmpago" qualificado pela lesão corporal grave ou morte. Para uma corrente, não havia que se falar em hediondez, na medida em que o critério adotado pelo legislador foi o legal e, no caso, não se incluía a extorsão qualificada (art. 158, § 3º, CP) no rol taxativo do art. 1º da Lei 8.072/1990. Todavia, para outra corrente seria possível sustentar o tratamento mais rigoroso dos crimes hediondos, eis que o § 3º do art. 158, CP faz alusão ao art. 159, §§ 2º e 3º, do CP, o qual foi expressamente previsto na Lei dos Crimes Hediondos.

Porém, como dito, a **Lei 13.964/2019** promoveu diversas alterações na Lei dos Crimes Hediondos, tornando delito dessa natureza o sequestro-relâmpago, seja em sua forma básica (art. 158, §3º, 1ª parte), seja quando existentes resultados agravadores (art. 158, §3º, 2ª parte). Nesse sentido dispõe o art. 1º, III, da Lei 8.072/1990). Portanto, sequestro-relâmpago, doravante, sempre será crime hediondo.

7.4. Extorsão mediante sequestro (art. 159, do CP)

7.4.1. Considerações iniciais

Trata-se de crime previsto no art. 159, CP, modalidade de extorsão, qualificada, porém, pelo sequestro, consistente na **privação da liberdade** da vítima para o **fim de obter, para si ou para outrem, qualquer vantagem, como condição ou preço do resgate.**

Trata-se de **crime pluriofensivo**, em que são tutelados vários bens jurídicos: liberdade de locomoção, integridade física e patrimônio.

7.4.2. Tipo objetivo

O núcleo do tipo é **sequestrar,** o que significa privar a liberdade de **alguém** por tempo juridicamente relevante.

Muito embora o tipo penal faça alusão a "qualquer vantagem", prevalece o entendimento doutrinário no sentido de que a vantagem deve ser **econômica,** haja vista se tratar de crime contra o patrimônio. Caso a natureza da vantagem seja outra, poderá restar caracterizado o crime de sequestro (art. 148, CP).

Ainda, a jurisprudência exige que a vantagem, além de econômica, deve ser **indevida**, apesar da omissão do legislador. Isso porque, se a vantagem visada pelo sequestrador for devida, poderá configurar o exercício arbitrário das próprias razões (art. 345, CP), em concurso formal com o crime de sequestro (art. 148, CP).

7.4.3. Tipo subjetivo

Além do **dolo** (vontade livre e consciente de sequestrar a vítima), exige-se o **elemento subjetivo do tipo** (**dolo específico**), vale dizer, o sujeito ativo deve ter a intenção de obter para si ou para outrem **indevida vantagem econômica,** como condição ou preço do resgate.

7.4.4. Sujeitos do crime

O **sujeito ativo** pode ser qualquer pessoa (**crime comum**). De igual modo, o sujeito passivo pode ser qualquer pessoa, mas necessariamente deve ser **pessoa**. Ou seja, se houver o sequestro de um animal para o fim de se exigir resgate, não se caracterizará o crime de extorsão mediante sequestro, mas simplesmente o crime de extorsão (art. 158, CP). Será **sujeito passivo** tanto a pessoa que teve a sua liberdade de locomoção tolhida como aquela que sofreu a lesão patrimonial.

7.4.5. Consumação e tentativa

O crime se **consuma** com a **privação da liberdade**, ou seja, no momento em que há a captura da vítima, sendo que o **pagamento do resgate** (obtenção da indevida vantagem econômica) é mero **exaurimento** do crime. Daí dizer-se que se trata de **crime formal** (ou de consumação antecipada).

Ainda, trata-se de **crime permanente**, visto que, enquanto a vítima é privada de sua liberdade, a infração se consuma a cada instante, motivo pelo qual é admitida a **prisão em flagrante** a qualquer tempo.

A **tentativa** é **admissível**, desde que o agente já tenha iniciado os atos executórios do crime (privação da liberdade da vítima), o qual somente não se consumou por circunstâncias alheias à sua vontade.

7.4.6. Espécies de extorsão mediante sequestro

São **espécies** de extorsão mediante sequestro:

a) **simples**: art. 159, *caput*, CP;

b) **qualificada**:

b.1) art. 159, § 1º, CP:

b.1.1) se o sequestro dura mais de 24 horas;

b.1.2) se o sequestrado é menor de 18 anos ou maior de 60 anos;

b.1.3) se o crime é cometido por associação criminosa;

b.2) art. 159, § 2º, CP: se do fato resulta **lesão corporal de natureza grave**, dolosa ou culposa;

b.3) art. 159, § 3º, CP: se resulta **morte**, dolosa ou culposa.

Quanto às qualificadoras relativas à lesão corporal grave e à morte, cumpre salientar que somente serão aplicadas quando tais resultados ocorrerem na própria pessoa sequestrada. Se outra pessoa for atingida, haverá crime autônomo.

Como o legislador não restringiu, tais qualificadoras ocorrem tanto no caso de lesão corporal/morte dolosa como culposa, assim como ocorre com o latrocínio.

Ainda, se no caso concreto a conduta dos sequestradores se enquadrar em todos os parágrafos das qualificadoras mencionadas acima, a subsunção será feita no § 3º, cuja pena é maior e mais grave, sendo que as demais qualificadoras serão consideradas como circunstâncias judiciais, quando da fixação da pena-base pelo juiz.

Todas as espécies de extorsão mediante sequestro são consideradas **hediondas** (simples ou qualificadas).

7.4.7. Delação premiada na extorsão mediante sequestro

Se o crime é cometido em **concurso**, o concorrente que o **denunciar** à autoridade, **facilitando a liberação da vítima**, terá sua pena diminuída de **1/3 a 2/3** – art. 159, § 4º, CP. Portanto, trata-se de **causa especial de diminuição da pena**, sendo que o critério para a redução é a colaboração para a soltura da vítima, ou seja, a pena será diminuída proporcionalmente ao auxílio prestado pelo delator.

7.4.8. Diferença entre sequestro relâmpago e extorsão mediante sequestro

O "sequestro relâmpago", como já mencionado, é uma modalidade de crime de extorsão cometido mediante a **restrição da liberdade** da vítima (e não a privação total), necessária para a obtenção da indevida vantagem econômica.

Isso não se confunde com a também restrição da liberdade, que pode ser causa de aumento de pena do crime de **roubo** (art. 157, § 2º, V, CP), mas desde que realizada pelo tempo necessário para a abordagem da vítima e para que esta não delate o agente (e não como condição necessária para a obtenção da vantagem almejada pelo roubador).

Por sua vez, há que se distinguir da **extorsão mediante sequestro**, a qual se caracteriza pela **privação total da liberdade de locomoção** da vítima, a qual é capturada pelo agente, com o fim de obter, para si ou para outrem, qualquer vantagem (econômica e indevida) como condição ou preço do resgate.

7.5. Apropriação indébita (art. 168 do CP). Considerações iniciais

O crime de **apropriação indébita**, previsto no art. 168 do Código Penal, evidentemente é crime contra o patrimônio, já que inserido exatamente neste título do referido diploma legal.

Portanto, o **bem jurídico** tutelado pelo crime em comento é o direito de propriedade (patrimônio).

7.5.1. Tipo objetivo

O verbo do tipo (conduta típica) é "apropriar", indicando que o agente irá apoderar-se, assenhorear-se, fazer sua a coisa de outrem. Enfim, o sujeito ativo passa a portar-se como se fosse dono da coisa.

Diz-se que a **apropriação indébita** é crime que se aperfeiçoa por conta da quebra ou violação de uma **confiança**, já que a vítima entrega a coisa ao agente por livre e espontânea vontade. Ocorre que, em momento posterior ao recebimento da coisa, o agente **inverte seu ânimo sobre o bem**, passando a comportar-se com *animus domini*.

Assim, são requisitos para a configuração da apropriação indébita:

1º) entrega livre do bem pela vítima ao agente;
2º) a posse ou detenção do bem deve ser desvigiada;
3º) ao entrar na posse ou detenção do bem, o agente não deve, desde logo, querer dele apoderar-se ou deixar de restituí-lo ao dono.

Vê-se, pois, que na apropriação indébita a primeira atitude do agente não é banhada de má-fé, eis que recebe o bem sem a intenção inicial de tê-lo para si. Porém, ato seguinte à posse ou detenção, modifica seu ânimo sobre a coisa, passando a comportar-se como se dono fosse.

A doutrina aponta duas formas de execução da apropriação indébita:

a) comportamento do agente como se dono fosse: ato seguinte ao recebimento da coisa, o agente passa a ter atitude típica de dono, dispondo da coisa ou dela se utilizando como se lhe pertencesse. Trata-se da denominada **apropriação indébita propriamente dita**;

b) negativa ou recusa na restituição da coisa: quando o legítimo proprietário da coisa a pede de volta, o agente nega-se a restituí-la, caracterizando a chamada **negativa de restituição**.

7.5.2. Tipo subjetivo

Trata-se do dolo, ou seja, a vontade livre e consciente do sujeito de apoderar-se de bem (coisa) alheio, passando a comportar-se como se fosse dono.

Diz-se que o **dolo** somente deve ser **posterior** ao recebimento da coisa. Assim não sendo, estaremos diante de possível estelionato (ex.: "A" recebe dinheiro de "B" querendo, desde logo, obter o montante para si). A doutrina, neste caso, denomina *dolo subsequens*, ou seja, a intenção de apropriar-se da coisa deve ser subsequente/posterior ao seu recebimento.

Exige-se, ainda, o *animus rem sibi habendi*, configurador do elemento subjetivo do tipo (especial fim de agir do agente).

7.5.3. Sujeitos do crime

Quanto ao **sujeito ativo**, poderá sê-lo **qualquer pessoa** que tenha a posse ou a detenção do bem, recebido de maneira **lícita** (entregue voluntariamente pela vítima).

Já o **sujeito passivo** é quem sofre a **perda patrimonial** (proprietário, possuidor etc.).

7.5.4. Consumação e tentativa

Consuma-se a apropriação indébita com a **efetiva inversão do ânimo do agente sobre a coisa** entregue pela vítima. Trata-se de aspecto de difícil aferição por se tratar de intenção. Porém, estará consumada a infração, no caso de apropriação propriamente dita, quando o agente começar a portar-se como se dono da coisa fosse (ex.: venda do bem, locação, utilização etc.). Já na negativa de restituição, estará caracterizado o momento consumativo exatamente quando o agente negar-se a devolver o bem da vítima.

Admissível a **tentativa** na apropriação indébita **propriamente dita**, não sendo possível na **negativa de restituição**.

7.5.5. Causas majoradas

A pena será aumentada em 1/3 (um terço) quando:

a) o agente receber a coisa em depósito;

b) o agente receber a coisa na qualidade de tutor, curador, síndico, liquidatário, inventariante, testamenteiro ou depositário judicial;

c) o agente receber a coisa em razão de ofício, emprego ou profissão.

7.6. Estelionato (art. 171 do Código Penal). Considerações iniciais

Trata-se de crime contra o **patrimônio**, cuja objetividade jurídica é a proteção do patrimônio alheio.

Caracteriza-se o estelionato pela existência de uma **fraude**, pela qual o agente, valendo-se de artimanhas, ludibria o ofendido a entregar-lhe uma coisa, daí obtendo vantagem ilícita.

7.6.1. Tipo objetivo

No estelionato, o agente **obtém uma vantagem.** Assim, com o emprego de **fraude**, o sujeito ativo consegue alcançar uma vantagem **ilícita**.

O *caput* do art. 171 do Código Penal descreve em que pode consistir referida fraude. Poderá, portanto, o agente, para obter vantagem ilícita para si ou para outrem empregar:

a) artifício: é o uso, pelo agente, de objetos aptos a enganar a vítima (ex.: documentos falsos, roupas ou disfarces);

b) ardil: corresponde ao "bom de papo". É a conversa enganosa;

c) qualquer outro meio fraudulento: tudo o quanto puder ludibriar a vítima. Utilizou-se o legislador da interpretação analógica a fim de que outras condutas não escapem da tipicidade penal.

O agente, valendo-se do artifício, ardil ou qualquer outro meio fraudulento, induzirá a vítima ou irá mantê-la em erro, obtendo, com isso, vantagem ilícita.

Não haverá, aqui, **subtração** da coisa. Ao contrário, será ela entregue pela vítima ao agente mediante algum expediente fraudulento (artifício, ardil ou outra fraude), tendo ele, desde logo, a intenção de locupletar-se à custa alheia. Esta é a diferença maior entre o estelionato e a apropriação indébita.

Diz a doutrina que o estelionato é **crime material**, exigindo, portanto, que o agente obtenha vantagem ilícita, provocando um prejuízo material à vítima.

Apontam os juristas, ainda, que não se exige que o engodo seja crível pelo **homem médio**. Assim não fosse, as pessoas mais simples estariam desassistidas pela lei penal. Basta, portanto, que o artifício ou o ardil tenham sido suficientes a enganar a vítima.

7.6.2. Tipo subjetivo

É o **dolo**. Atua o agente, portanto, com a intenção, desde logo, de locupletar-se à custa da vítima, induzindo-a ou mantendo-a em erro.

7.6.3. Sujeitos do crime

O **sujeito ativo** é tanto o que emprega a fraude quanto o que aufere a vantagem ilícita.

Sujeito passivo será a pessoa que sofrer o prejuízo, ou ainda aquela que for enganada.

A vítima deve ser pessoa determinada. No caso de a conduta visar a vítimas indeterminadas, poderemos estar diante de crime contra a economia popular, definido na Lei 1.521/1951 (ex.: correntes, pirâmides, adulteração de combustíveis, de balanças etc.).

Se o sujeito passivo do estelionato for **pessoa idosa**, a pena será aumentada, consoante dispõe o art. 171, §4º, do CP, incluído pela Lei 13.228/2015.

7.6.4. Consumação e tentativa

Como já afirmado, o crime de estelionato é **material**, exigindo-se a verificação do resultado (obtenção da vantagem ilícita e prejuízo patrimonial à vítima).

Admissível a **tentativa** se a vítima não é enganada, de fato, pelo agente, ou, ainda que enganada, não sofre prejuízo patrimonial.

Diz-se que se o meio utilizado pelo agente for absolutamente inidôneo, não se pode cogitar de tentativa, mas sim **crime impossível** pela **ineficácia absoluta do meio**.

7.6.5. Concurso de crimes

Se o sujeito ativo, para empregar a fraude, falsifica títulos de crédito ou documentos, visando à obtenção de vantagem ilícita, poderá ser responsabilizado da seguinte maneira:

a) estelionato e falsificação, por violarem bens jurídicos distintos (patrimônio e fé pública), terão suas penas somadas (concurso material);

b) estelionato e falsificação serão atribuídos ao agente a título de concurso formal (mediante uma só ação, o sujeito praticou dois crimes);

c) a falsificação de documento, por ser crime mais grave, absorve o estelionato, de menor pena;

d) o estelionato, por ser crime-fim, absorve a falsificação (crime-meio), por conta do princípio da consunção. Este é o posicionamento do STJ, ao editar a Súmula 17: "quando o falso se exaure no estelionato, sem mais potencialidade lesiva, é por este absorvido".

7.6.6. Estelionato privilegiado

Previsto no § 1º do art. 171, terá o mesmo tratamento do furto privilegiado (pequeno valor e primariedade).

7.6.7. Formas assemelhadas

O § 2º do mesmo dispositivo legal traz outras seis hipóteses de estelionato, porém, com algumas especificidades:

a) quem vende, permuta, dá em pagamento, em locação ou em garantia coisa alheia como própria;

b) quem vende, permuta, dá em pagamento ou em garantia coisa própria inalienável, gravada de ônus ou litigiosa, ou imóvel que prometeu vender a terceiro, mediante pagamento em prestações, silenciando sobre qualquer dessas circunstâncias;

c) quem defrauda, mediante alienação não consentida pelo credor ou por outro modo, a garantia pignoratícia, quando tem a posse do objeto empenhado;

d) quem defrauda substância, qualidade ou quantidade de coisa que deve entregar a alguém;

e) quem destrói, total ou parcialmente, ou oculta coisa própria, ou lesa o próprio corpo ou saúde, ou agrava as consequências da lesão ou doença, com o intuito de haver indenização ou valor de seguro;

f) quem emite cheque sem suficiente provisão de fundos em poder do sacado ou lhe frustra o pagamento (ver Súm. 554 do STF).

7.6.8. Formas majoradas

Prevista no § 3º do art. 171 do Código Penal, a pena será aumentada de 1/3 (um terço) se o crime é cometido em detrimento de entidade de direito público (ex.: INSS) ou de instituto de economia popular, assistência social ou beneficência.

A pena será duplicada se o crime for perpetrado contra **pessoa idosa**, consoante dispõe o novel § 4º do art. 171 do CP, incluído pela Lei 13.228/2015.

7.6.9. Ação Penal

O *Pacote Anticrime* (Lei 13.964/2019) passou a dispor da ação penal no crime de estelionato. Até então, dado o silêncio da lei, a ação seria pública incondicionada. Contudo, a partir de 23 de janeiro de 2020, data da entrada em vigor das alterações promovidas por referido diploma legal, o estelionato tornou-se crime de ação penal pública *condicionada à representação*.

A despeito de estarmos diante de uma aparente mudança processual penal, a alteração se afigura benéfica para o réu, eis que se facilitou a extinção da punibilidade em razão, por exemplo, da decadência do direito de representação. Pode-se considerar, pois, a **natureza híbrida** da alteração (penal e processual). Assim, por se tratar de norma benéfica, deverá retroagir para alcançar fatos anteriores, exigindo-se a manifestação de vontade para que se viabilize a propositura da ação penal, caso ainda não intentada. Se já iniciado o processo-crime, a representação transformar-se-á em condição de prosseguibilidade, exigindo-se a intimação da vítima para que manifeste seu desejo de que a demanda prossiga.

Importante destacar, porém, que o **posicionamento acima indicado não é pacífico**. Com efeito, o Superior Tribunal de Justiça, no julgamento do **HC 573.093-SC** (em 09/06/2020) pela sua **5ª Turma**, entendeu que a retroatividade da representação no crime de estelionato não alcança aqueles processos cuja denúncia já tenha sido oferecida, tratando-se, aqui, de ato jurídico perfeito. Já a **6ª Turma** reconheceu a possibilidade de aplicação retroativa do Pacote Anticrime, inclusive aos processos em curso, aplicando-se analogicamente o art. 91 da Lei 9.099/95 para o fim de a vítima ser intimada a manifestar interesse no prosseguimento da persecução penal, sob pena de decadência (**HC 583.837**).

Excepcionalmente, a ação penal no crime de estelionato será **pública incondicionada**, conforme dispõem os incisos I a IV, do novel §5º do art. 171 do CP:

§ 5º Somente se procede mediante representação, salvo se a vítima for:

I – a Administração Pública, direta ou indireta;

II – criança ou adolescente;

III – pessoa com deficiência mental; ou

IV – maior de 70 (setenta) anos de idade ou incapaz.

7.7. Receptação (art. 180, do CP)
7.7.1. Tipo objetivo

O tipo previsto no art. 180 do CP é dividido em receptação própria (1ª parte) e imprópria (2ª parte).

Na receptação própria, o verbo do tipo (conduta típica) é **"adquirir, receber, transportar, conduzir ou ocultar"** em proveito próprio ou alheio, coisa que **sabe ser produto de crime**.

Já na receptação imprópria, o verbo do tipo (conduta típica) é **"influir"** para que terceiro, de boa-fé adquira, receba ou oculte coisa que sabe ser produto de crime. Assim, é possível dizer que o agente não é o receptador, mas o intermediário da atividade criminosa.

Caso o agente influa para que terceiro de boa-fé transporte ou conduza coisa que seja produto de crime, o fato será atípico, diante da omissão legislativa.

Tanto na receptação própria como na imprópria deve existir um crime antecedente, cujo objeto material coincidirá com o produto receptado.

Oportuno ressaltar que a receptação é punível, ainda que desconhecido ou isento de pena o autor do crime de que proveio a coisa, nos termos do art. 180, § 4º, do CP.

Interessante trazer à baila a posição do STJ acerca da receptação de folhas de cheque. Confira-se:

FOLHAS DE CHEQUE E OBJETO MATERIAL DO CRIME.
"A Turma, ao reconhecer a atipicidade da conduta praticada pelo paciente, concedeu a ordem para absolvê-lo do crime de receptação qualificada de folhas de cheque. Reafirmou-se a jurisprudência do Superior Tribunal de Justiça no sentido de que o talonário de cheque não possui valor econômico intrínseco, logo, não pode ser objeto material do crime de receptação". HC 154.336-DF, Rel. Min. Laurita Vaz, julgado em 20.10.2011. (Inform. STJ 485)

7.7.2. Tipo subjetivo

Trata-se do dolo direto, ou seja, a vontade livre e consciente do sujeito de "adquirir, receber, transportar, conduzir ou ocultar", em proveito próprio ou alheio (elemento subjetivo do tipo), coisa que sabe ser produto de crime, ou "influir" para que terceiro, de boa-fé, adquira, receba ou oculte.

Caso o agente não soubesse ser a coisa produto de crime, muito embora pudesse saber ou tivesse dúvida a respeito, poderá configurar o crime previsto no art. 180, § 3º, do CP (receptação culposa).

7.7.3. Sujeitos do crime

Quanto ao **sujeito ativo**, poderá sê-lo qualquer pessoa, exceto o coautor ou partícipe do crime antecedente. Trata-se, portanto, de **crime comum**.

Já o **sujeito passivo** é o mesmo do delito antecedente.

7.7.4. Consumação e tentativa

O delito se consuma no momento em que a coisa sai da esfera de disponibilidade da vítima (crime material) ou quando o agente influi para que terceiro de boa-fé adquira, receba ou oculte coisa produto de crime (crime formal).

É admissível a **tentativa**.

7.7.5. Receptação qualificada

§ 1º – Adquirir, receber, transportar, conduzir, ocultar, ter em depósito, desmontar, montar, remontar, vender, expor à venda, ou de qualquer forma utilizar, em proveito próprio ou alheio, no exercício de atividade comercial ou industrial, coisa que deve saber ser produto de crime: (Redação dada pela Lei 9.426/1996)

Pena – reclusão, de três a oito anos, e multa. (Redação dada pela Lei 9.426/1996)

§ 2º – Equipara-se à atividade comercial, para efeito do parágrafo anterior, qualquer forma de comércio irregular ou clandestino, inclusive o exercício em residência. (Redação dada pela Lei 9.426/1996)

Tal modalidade de receptação configura espécie de crime próprio, já que somente poderá ser praticado por aquele que exerce atividade comercial, inclusive clandestina.

Importante ressaltar que a forma qualificada traz outras condutas típicas distintas do *caput*, tais como ter em depósito, desmontar, montar, remontar, vender, expor à venda, ou de qualquer forma utilizar, em proveito próprio ou alheio.

Ainda, o § 1º do art. 180 do CP utiliza a expressão "deve saber", ao invés de "sabe", o que gerou grande discussão doutrinária e jurisprudencial.

Para alguns, somente abarcaria o dolo eventual, razão pela qual o agente que atua com dolo direto deve responder por crime menos grave (art. 180, *caput*, CP).

Em contrapartida, para outros, tal solução seria incongruente, motivo pelo qual o § 1º englobaria tanto o dolo direto como o eventual.

7.7.6. Receptação culposa

§ 3º – Adquirir ou receber coisa que, por sua natureza ou pela desproporção entre o valor e o preço, ou pela condição de quem a oferece, deve presumir-se obtida por meio criminoso: (Redação dada pela Lei 9.426/1996).

Pena – detenção, de um mês a um ano, ou multa, ou ambas as penas. (Redação dada pela Lei 9.426/1996).

São requisitos configuradores da receptação culposa: a) adquirir ou receber coisa; b) que por sua natureza ou pela manifesta desproporção entre o valor e o preço ou pela condição de quem a oferece; c) deva presumir ser obtida por meio criminoso.

7.7.7. Perdão judicial e privilégio

§ 5º – Na hipótese do § 3º, se o criminoso é primário, pode o juiz, tendo em consideração as circunstâncias, deixar de aplicar a pena. Na receptação dolosa aplica-se o disposto no § 2º do art. 155. (Incluído pela Lei 9.426/1996).

O perdão judicial é aplicável somente no caso de receptação culposa. Já no caso do privilégio, aplica-se o mesmo instituto previsto para o delito de furto, mas somente à receptação dolosa.

O § 2º do art. 155 do CP, cuja natureza jurídica é de **causa especial de diminuição de pena**, é denominado pela doutrina de **furto privilegiado**.

Incidirá quando o agente for **primário** (ausência de reincidência – art. 64, I, CP – **aspecto subjetivo**) e a coisa for de pequeno valor (**aspecto objetivo**). Entende a doutrina e jurisprudência majoritárias como de **pequeno valor** o bem que não ultrapasse **um salário mínimo** no momento do crime.

Verificados os dois requisitos (primariedade e pequeno valor da coisa), o juiz poderá (em realidade, DEVERÁ – trata-se de direito subjetivo do acusado) **substituir a pena de reclusão pela de detenção, diminuí-la de um a dois terços ou aplicar somente a pena de multa**.

Dentre as opções grifadas, sem dúvida **a mais benéfica é a aplicação da PENA DE MULTA**, eis que o seu descumprimento não poderá ensejar a restrição da liberdade do agente, mas ser cobrada como dívida de valor (*vide* art. 51 do CP).

Se o bem receptado for de **ÍNFIMO VALOR** (e não apenas de pequeno valor), pode-se sustentar a **insignificância penal**, por ausência de lesividade ao bem jurídico protegido pelo crime.

7.7.8. Causas de aumento de pena

§ 6º – Tratando-se de bens e instalações do patrimônio da União, Estado, Município, empresa concessionária de serviços públicos ou sociedade de economia mista, a pena prevista no *caput* deste artigo aplica-se em dobro. (Incluído pela Lei 9.426/1996).

Importante frisar que a causa de aumento de pena especial prevista no art. 180, § 6º, do CP faz alusão tão somente ao crime de receptação em sua forma fundamental, excluindo-se a sua aplicação quando se tratar de receptação qualificada ou culposa.

7.7.9. Ação penal

A ação penal é pública incondicionada, em regra.

7.7.10. Receptação de semovente domesticável de produção

Com o advento da Lei 13.330/2016, que incluiu ao art. 155 do CP mais uma qualificadora (§ 6º), optou o legislador por dispor, em tipo penal autônomo, acerca do crime de **receptação de semovente domesticável de produção** (art. 180-A, CP).

Assim, responderá pelo crime em comento aquele que adquirir, receber, transportar, conduzir, ocultar, tiver em depósito ou vender, com a finalidade de produção ou de comercialização, semovente domesticável de produção, ainda que abatido ou dividido em partes, que deve saber ser produto de crime.

Trata-se, evidentemente, de crime doloso. Diante da redação prevista no tipo penal ("... *que deve saber ser produto de crime*"), conclui-se que o agente poderá agir com dolo direto ou eventual.

A pena para essa modalidade de receptação é a mesma prevista para o furto de semovente domesticável de produção, qual seja, de 2 a 5 anos de reclusão.

7.8. Escusas absolutórias (arts. 181 a 183, do CP)

7.8.1. Conceito

As escusas absolutórias previstas nos arts. 181 e 182, CP são **imunidades penais** instituídas por razões **de política criminal**. A fim de que o Estado não interfira sobremaneira nas relações familiares, prevê o CP, em alguns casos, a **isenção de pena** àqueles que cometerem certos crimes contra o patrimônio (arts. 155 a 180, CP) em face de determinadas pessoas próximas.

Vejamos.

7.8.2. Imunidades penais absolutas (art. 181, do CP)

Haverá a **isenção** de pena do agente nos seguintes casos:

a) Crime cometido em prejuízo de **cônjuge**, na **constância da sociedade conjugal** (estende-se ao companheiro, por isonomia e analogia *in bonam partem*);

b) Crime cometido contra **ascendente** ou **descendente,** qualquer que seja o grau.

7.8.3. Imunidades penais relativas (art. 182, do CP)

As imunidades penais relativas, ou processuais, **não isentam de pena** o agente. Contudo, será de rigor a necessidade de **representação do ofendido** nos seguintes casos:

a) Crime cometido em prejuízo de **ex-cônjuge**;

b) Crime praticado entre irmãos; e

c) Crime cometido contra tio ou sobrinho, desde que exista coabitação.

7.8.4. Exceção às imunidades penais (art. 183, CP)

Não haverá incidência dos arts. 181 e 182, CP (imunidades penais absoluta e relativas) nos seguintes casos:

a) Se o crime for cometido com violência ou grave ameaça à pessoa;

b) Com relação ao terceiro que participa/concorre para o crime;

c) Se a vítima for idosa (idade igual ou superior a sessenta anos).

8. CRIMES CONTRA A DIGNIDADE SEXUAL

8.1. Nova nomenclatura (Lei 12.015/2009)

Com o advento da Lei 12.015/2009, o crime contra os costumes passou a se denominar **crime contra a dignidade sexual**.

Antes se falava em crime **contra os costumes**, pois era o comportamento sexual da sociedade que preocupava, ou seja, dizia respeito a uma ética sexual (comportamento mediano esperado pela sociedade quanto à atividade sexual). Com a alteração, passou-se a tutelar a **dignidade sexual** como um reflexo da pessoa humana e não somente da mulher. Isso porque a **dignidade humana** também gera um reflexo sexual.

8.2. Estupro (art. 213 do CP)

8.2.1. Considerações iniciais

Trata-se de crime que atenta contra a **liberdade sexual**. Desse modo, o bem jurídico tutelado é o direito fundamental de todo ser humano (e não apenas a mulher) de **escolher** o seu parceiro sexual e o **momento** em que com ele vai praticar a relação sexual.

8.2.2. Tipo objetivo

O verbo do tipo (conduta típica) é "constranger", que transmite a ideia de forçar ou compelir (fazer algo contra a sua vontade). É, em verdade, um constrangimento ilegal com uma finalidade específica, qual seja, a prática de um ato sexual.

Após a Lei 12.015/2009, o agente constrange alguém, mediante violência ou grave ameaça, a ter conjunção carnal ou a praticar ou a permitir que com ele se pratique outro ato libidinoso.

Assim, o agente constrange a vítima (homem ou mulher) à prática de **conjunção carnal**. Entende-se esta como a relação sexual "natural" entre homem e mulher. Diz-se, portanto, que o estupro exige, para sua configuração, que o homem introduza seu pênis na cavidade vaginal da mulher, total ou parcialmente.

Também será crime de estupro o **constrangimento** de alguém à prática de **ato libidinoso diverso da conjunção carnal**, ou ainda, que haja o constrangimento da vítima a **consentir que com ela seja praticada referida espécie de ato (antigo crime de atentado violento ao pudor)**.

Diz-se que o **ato libidinoso** é todo aquele que decorre da **concupiscência humana**. O ato diverso **da conjunção carnal** é, por exemplo, o coito anal, sexo oral, masturbação etc.

Todo estupro pressupõe o **dissenso da vítima**, ou seja, sua não concordância com o ato sexual.

A discordância decorre da prática de **violência (emprego de força física contra vítima) ou grave ameaça (promessa de um mal injusto e grave, passível de realização)** pelo agente. São estes os dois **meios executórios** do estupro.

Após a alteração, não há mais a violência presumida, antes prevista no art. 224, CP, o qual foi revogado expressamente pela Lei 12.015/2009. De igual modo foi revogado tacitamente o art. 9º da Lei dos Crimes Hediondos, o qual fazia alusão ao art. 224, CP.

Segundo parte da doutrina, o **uso de instrumentos mecânicos ou artificiais**, desde que acoplados ao pênis do estuprador, não desnaturam o delito em comento.

8.2.3. Tipo subjetivo

Trata-se do **dolo**, ou seja, a vontade livre e consciente do sujeito de constranger alguém a manter relacionamento sexual contra sua vontade.

A lei não exige o elemento subjetivo específico de satisfação da própria lascívia. Assim, também restaria configurado o crime de estupro por qualquer outro motivo (ex.: por vingança, para humilhar etc.).

8.2.4. Sujeitos do crime

Quanto ao **sujeito ativo**, antes da alteração somente era o homem, visto que exigia a conjunção carnal, que pressupõe a introdução total ou parcial do pênis (órgão sexual masculino) na vagina (órgão sexual feminino).

Já o **sujeito passivo, por consequência,** somente poderia ser a **mulher**. Era absolutamente errada a afirmação de que homem poderia ser estuprado.

Agora, o sujeito ativo e passivo pode ser qualquer pessoa, tanto o homem quanto a mulher (crime bicomum e não mais bipróprio).

8.2.5. Consumação e tentativa

Consuma-se o estupro com a introdução ou penetração (ainda que parcial) do pênis na cavidade vaginal da vítima. Ainda, em relação a outros atos diversos da conjunção carnal, consumam-se quando da sua realização.

Desse modo, classifica-se o estupro como sendo um crime material, cujo tipo penal prevê uma conduta (constranger alguém, mediante violência ou grave ameaça) e um resultado naturalístico (prática de conjunção carnal ou outro ato libidinoso diverso).

Admissível a **tentativa** se o agente não conseguir introduzir o membro viril na genitália feminina ou não consegue realizar qualquer outro ato sexual, por circunstâncias alheias à sua vontade.

8.2.6. Espécies de estupro

Há três espécies de estupro:
a) simples: art. 213, *caput*, CP;
b) qualificado:
b.1) art. 213, § 1º, CP:
b.1.1) se da conduta resulta lesão corporal de natureza grave (culposa);
b.1.2) se a vítima é menor de 18 anos ou maior de 14 anos;
b.2) art. 213, § 2º, CP: se da conduta resulta morte (culposa).

No caso das qualificadoras relativas à lesão corporal grave e morte, ambas são figuras **preterdolosas**, de acordo com entendimento majoritário na doutrina e jurisprudência. O estupro é doloso, mas o resultado agravador é culposo. Corrente minoritária entende que pode haver dolo ou culpa no resultado agravador;

c) majorado: arts. 226 e art. 234-A, do CP, tratam das causas de aumento de pena para o estupro, já com as alterações promovidas pela Lei 13.718/2018:

c.1) aumenta-se de 1/3 a 2/3, quando o crime é cometido mediante concurso de duas ou mais pessoas. Fala-se, aqui em **estupro coletivo**, cuja majorante foi acrescentada pela precitada Lei 13.718/2018 (art. 226, IV, "a", do CP);

c.2) aumenta-se de 1/3 a 2/3 se o crime for praticado para controlar o comportamento social ou sexual da vítima. Trata-se de nova majorante, prevista no art. 226, IV, "b", do CP, denominada de **estupro corretivo**. Tenciona o agente, ao estuprar a vítima, "corrigir" seu comportamento sexual ou social supostamente "incorreto" (ex.: "A" estupra "B", lésbica, para demonstrar-lhe que o correto é a relação heterossexual);

c.2) aumenta-se de 1/2, se o agente é ascendente, padrasto ou madrasta, tio, irmão, cônjuge, companheiro, tutor, curador, preceptor ou empregador da vítima ou por qualquer outro título tiver autoridade sobre ela (art. 226, II, do CP, com redação que lhe foi dada pela Lei 13.718/2018);

c.3) aumenta-se de 1/2 a 2/3, se do crime resulta gravidez (majorante ampliada pela Lei 13.718/2018). Trata-se de majorante prevista no art. 234-A, III, CP;

c.4) aumenta-se de 1/3 a 2/3, se o agente transmite à vítima doença sexualmente transmissível de que sabe ou deveria saber ser portador, ou se a vítima é idosa ou pessoa com deficiência (majorante ampliada pela Lei 13.718/2018). A causa de aumento em tela vem prevista no art. 234-A, IV, do CP. Exige-se, aqui, a efetiva transmissão da doença sexualmente transmissível.

8.2.7. Do antigo atentado violento ao pudor (art. 214 do CP)

O artigo 214, CP, foi formalmente revogado, tendo a sua conduta sido absorvida pelo art. 213, CP.

Como já ressaltado acima, o novo art. 213 é uma soma do antigo estupro ao revogado crime de atentado violento ao pudor. Assim, não há falar em *abolitio criminis* da conduta prevista no revogado crime sexual, na medida em que somente houve a revogação formal do tipo penal, mas não material, continuando o fato a ser típico, porém em outro tipo penal, qual seja, o de estupro, previsto no art. 213, CP (princípio da continuidade típico-normativa). Esse é o entendimento do STJ:

"Em respeito ao princípio da continuidade normativa, não há que se falar em abolitio criminis em relação ao delito do art. 214 do Código Penal, após a edição da Lei n. 12.015/2009. Os crimes de estupro e de atentado violento ao pudor foram reunidos em um único dispositivo" (HC 225.658/DF, Rel. Min. Rogério Schietti Cruz, *DJe* 02.03.2016).

8.3. Estupro de vulnerável (art. 217-A do CP)

8.3.1. Tipo objetivo

Aplica-se aqui tudo o que já fora explicitado ao delito de estupro.

8.3.2. Tipo subjetivo

De igual modo, aplica-se o que já fora explicitado ao delito de estupro.

8.3.3. Sujeitos do crime

Há importante ressalva a ser feita quanto ao sujeito passivo, qual seja, a de que somente as pessoas vulneráveis podem ser vítimas do crime de estupro de vulnerável. Entende-se por pessoa vulnerável: a pessoa menor de 14 anos (art. 217-A, *caput*, CP), enferma ou doente mental que não tenha o necessário discernimento para o ato sexual ou que, por qualquer outra causa, não possa oferecer resistência (art. 217-A, § 1º, CP).

Quanto à vítima menor de 14 (quatorze) anos, o **STJ**, por meio da **Súmula 593**, pacificou o entendimento segundo o qual o consentimento do ofendido para a prática do ato sexual é absolutamente indiferente para a caracterização do crime em comento, bem como a prévia experiência sexual. Confira-se: *"O crime de estupro de vulnerável configura com a conjunção carnal ou prática de ato libidinoso com menor de 14 anos, sendo irrelevante o eventual consentimento da vítima para a prática do ato, experiência sexual anterior ou existência de relacionamento amoroso com o agente."*

Registre-se, por oportuno, que a Lei 13.718/2018 acrescentou ao art. 217-A o § 5º, assim redigido: "As penas previstas no **caput** e nos §§ 1º, 3º e 4º deste artigo aplicam-se independentemente do consentimento da vítima ou do fato de ela ter mantido relações sexuais anteriormente ao crime."

No tocante à vulnerabilidade decorrente da idade, o STJ, conforme já mencionado anteriormente, sumulou o entendimento de que o eventual consentimento do ofendido não afasta o crime, bem como a existência de relacionamento amoro ou prévia experiência sexual.

Já com relação às demais hipóteses de vulnerabilidade, quais sejam, aquelas referentes aos portadores de enfermidade ou deficiência mental e àqueles que, por qualquer outra causa, não possam oferecer resistência, parece-nos que o legislador se equivocou.

No tocante às pessoas com deficiência mental, tal aspecto, de índole biológica, não poderá, por si só, atribuir-lhes a pecha de vulneráveis sexuais. É que o art. 6º, II, do Estatuto da Pessoa com Deficiência (Lei 13.146/2015), expressamente prevê que a deficiência não afeta a plena capacidade civil da pessoa, inclusive para **exercer direitos sexuais e reprodutivos**.

Assim, fazendo-se uma interpretação sistemática, e não meramente estanque do art. 217-A, § 5º, do CP, chegamos à conclusão de que os deficientes mentais somente serão considerados vulneráveis, do ponto de vista sexual, e, portanto, vítimas de estupro de vulnerável, quando, em razão da deficiência, não tiverem o necessário discernimento para a prática do ato sexual. Caso contrário, estar-se-á retirando dos deficientes mentais a liberdade sexual, ínsita à dignidade da pessoa humana, transformando seus eventuais parceiros em "estupradores de vulneráveis".

8.3.4. Consumação e tentativa

Aplica-se o que já foi dito ao estupro.

8.3.5. Espécies de estupro de vulnerável

Há três espécies de estupro de vulnerável:

a) **simples**: art. 217-A, *caput*, CP;

b) **qualificado**:

b.1) art. 217-A, § 3º, CP: se da conduta resulta lesão corporal de natureza grave (culposa);

b.2) art. 217-A, § 4º, CP: se da conduta resulta morte (culposa).

No caso das qualificadoras relativas à lesão corporal grave e morte, ambas são figuras **preterdolosas,** de acordo com entendimento majoritário na doutrina e jurisprudência. O estupro é doloso, mas o resultado agravador é culposo. Corrente minoritária entende que pode haver dolo ou culpa no resultado agravador;

c) **majorado**: arts. 226 e art. 234-A, do CP, tratam das causas de aumento de pena para o estupro, já com as alterações promovidas pela Lei 13.718/2018:

c.1) aumenta-se de 1/3 a 2/3, quando o crime é cometido mediante concurso de duas ou mais pessoas. Fala-se, aqui em **estupro coletivo**, cuja majorante foi acrescentada pela precitada Lei 13.718/2018 (art. 226, IV, "a", do CP);

c.2) aumenta-se de 1/3 a 2/3 se o crime for praticado para controlar o comportamento social ou sexual da vítima. Trata-se de nova majorante, prevista no art. 226, IV, "b", do CP, denominada de **estupro corretivo**. Tenciona o agente, ao estuprar a vítima, "corrigir" seu comportamento sexual ou social supostamente "incorreto" (ex.: "A" estupra "B", lésbica, para demonstrar-lhe que o correto é a relação heterossexual);

c.2) aumenta-se de 1/2, se o agente é ascendente, padrasto ou madrasta, tio, irmão, cônjuge, companheiro, tutor, curador, preceptor ou empregador da vítima ou por qualquer outro título tiver autoridade sobre ela (art. 226, II, do CP, com redação que lhe foi dada pela Lei 13.718/2018);

c.3) aumenta-se de 1/2 a 2/3, se do crime resulta gravidez (majorante ampliada pela Lei 13.718/2018). Trata-se de majorante prevista no art. 234-A, III, CP;

c.4) aumenta-se de 1/3 a 2/3, se o agente transmite à vítima doença sexualmente transmissível de que sabe ou deveria saber ser portador, ou se a vítima é idosa ou pessoa com deficiência (majorante ampliada pela Lei 13.718/2018). A causa de aumento em tela vem prevista no art. 234-A, IV, do CP. Exige-se, aqui, a efetiva transmissão da doença sexualmente transmissível.

Outrossim, cumpre ressaltar que o estupro, em todas as suas modalidades, é **hediondo** (simples, qualificado e de vulnerável).

8.3.6. Questões polêmicas

8.3.6.1. Concurso de crimes

Um dos grandes reflexos da alteração pela Lei 12.015/2009 nos crimes sexuais foi a caracterização do concurso de crimes.

Era pacífico na doutrina que, em havendo um ato de conjunção carnal e outro ato libidinoso diverso de conjunção carnal, no mesmo contexto fático, haveria concurso material entre as infrações.

Segundo o STF, pelo fato de o estupro e de o atentado violento ao pudor não pertencerem ao mesmo tipo penal, não eram considerados crimes da mesma espécie e, por conseguinte, não restaria caracterizada a continuidade delitiva entre eles, mas o concurso material de crimes. No mesmo sentido era o entendimento da 5ª Turma do STJ.

Outro era o entendimento da 6ª Turma do STJ, no sentido de que estupro e atentado violento ao pudor eram crimes da mesma espécie, pois ofendiam ao mesmo bem jurídico (liberdade sexual), o que ensejava a caracterização do crime continuado.

Todavia, com a junção das condutas em um tipo penal não seria mais cabível, em tese, sustentar a aplicação do concurso material, quando houvesse vários atos libidinosos em um mesmo contexto fático. Afastou também a discussão de ser impossível a continuidade delitiva.

Daí ter surgido outra discussão: se o art. 213, CP, é um tipo misto alternativo ou cumulativo.

Vem-se defendendo, tanto na doutrina quanto na jurisprudência, que se trata de um tipo misto alternativo. Consequentemente, aquele que constranger alguém a conjunção carnal e também a outro ato diverso da conjunção carnal, no mesmo contexto fático, responderá por um crime apenas. Somente haverá concurso material no caso de haver vítimas diversas ou contextos fáticos diversos, desde que não preenchidos os requisitos da continuidade delitiva.

Por outro lado, há quem sustente que se trata se um tipo misto cumulativo, ou seja, se houve atos libidinosos diversos, será aplicável o concurso material. Esse entendimento é corroborado pela 5ª Turma do STJ.

Tal discussão ainda não está pacificada na jurisprudência.

8.3.6.2. Aniversário de 14 anos

Outra questão polêmica que surgiu com o advento da Lei 12.015/2009 foi o enquadramento típico quando a vítima for estuprada no dia do seu aniversário de 14 anos.

Isso porque, segundo o art. 213, § 1º, CP, o crime de estupro será qualificado se a vítima for menor de 18 anos ou *maior* de 14 anos.

Já o art. 217-A, CP, preleciona que será estupro de vulnerável o fato de ter conjunção carnal ou praticar outro ato libidinoso com *menor* de 14 anos.

Pela mera interpretação literal, se a vítima for estuprada no dia do seu 14º aniversário, seria estupro simples.

Assim, a melhor interpretação, para se evitar injustiças por falha do legislador, é afastar a hipótese de estupro simples, pois no dia seguinte ao 14º aniversário já seria estupro qualificado, crime mais grave, gerando um contrassenso.

Portanto, deve-se considerar como sendo estupro qualificado ou estupro de vulnerável. Como se trata de analogia, a melhor opção é a primeira, cuja pena é menor e mais benéfica ao réu.

8.3.6.3. Ação penal

Até o advento da Lei 12.015/2009, consoante se depreendia da redação original do art. 225, *caput*, do CP, a ação penal era, em regra, **privada**. Dependia, porém, de **representação**, quando a vítima ou seus pais não pudessem prover às despesas do processo sem que isso causasse prejuízo à manutenção própria ou familiar, caso em que se exigia a representação como condição de procedibilidade (antigo art. 225, § 1º, I e § 2º, CP). Finalmente, a ação era pública **incondicionada** nos casos de abuso do poder familiar (antigo pátrio poder), ou da qualidade de padrasto, tutor ou curador.

Porém, quando das alterações promovidas pela precitada Lei 12.015/2009, a regra passou a ser a de que a ação penal nos crimes contra a dignidade sexual seria **pública condicionada à representação**. Excepcionalmente, a ação penal seria **pública incondicionada**, quando a *vítima fosse menor de 18 anos ou quando a pessoa fosse vulnerável, conforme o então art. 225, parágrafo único, do CP*. Porém, a **Lei 13.718/2018** alterou completamente o panorama. Doravante, a ação penal nos crimes contra a dignidade sexual tratados nos Capítulos I e II, do Título VI, da Parte Especial do CP, será **pública incondicionada**. Com esta alteração, não há mais a exigência de manifestação de vontade da vítima, cabendo à autoridade policial, ciente da prática de crime sexual, instaurar o inquérito policial de ofício, bem como ao Ministério Público oferecer a denúncia.

Com a modificação da natureza da ação penal, perde completamente o sentido anterior discussão doutrinária e jurisprudencial acerca do estupro qualificado pela lesão corporal grave e pela morte, que, pelo regime anterior, também, a rigor, dependeriam de representação da vítima. Em razão disso, o então Procurador-Geral da República ajuizou uma ADI (de n.º 4301) contra o art. 225, CP, para reconhecer a ofensa ao princípio da proporcionalidade, pela proteção insuficiente ao bem jurídico. Ou seja, a ação penal pública condicionada no crime sexual de estupro qualificado protegeria o bem jurídico de forma insuficiente e, em muitos casos, gerando até a impunidade (risco de extinção da punibilidade pela decadência do direito de representação). Com as alterações promovidas pela Lei 13.718/2018, a referida ADI perdeu seu sentido.

Também não há mais sentido em sustentar-se a aplicabilidade da **Súmula 608 do STF**, segundo a qual no estupro praticado com violência real, a ação penal é pública incondicionada. Referida Súmula, diga-se de passagem, é anterior até mesmo à CF/88, tendo sido editada quando a regra geral para os crimes sexuais (antigos crimes contra os costumes) era a ação penal ser privada. Agora, sendo os crimes contra a liberdade sexual e os crimes sexuais contra vulnerável de ação penal pública incondicionada, está superada a discussão acerca da incidência da aludida Súmula 608.

8.3.7. Novos crimes contra a dignidade sexual incluídos ao CP pelas Leis 13.718/2018 e 13.772/2018

A **Lei 13.718/2018**, além de promover algumas relevantes alterações no Título VI da Parte Especial do CP, como já analisamos nos itens antecedentes, cuidou de incluir duas novas figuras criminosas aos Capítulos I e II, quais sejam, a importunação sexual (art. 215-A) e a divulgação de cena de estupro ou de cena de estupro de vulnerável, de cena de sexo ou pornografia (art. 218-C).

Analisemos, brevemente, cada uma das infrações penais referidas.

8.3.7.1. Importunação sexual (art. 215-A do CP)

O novel dispositivo legal, introduzido ao CP pela Lei 13.718/2018 assim dispõe:

> Art. 215-A. Praticar contra alguém e sem a sua anuência ato libidinoso com o objetivo de satisfazer a própria lascívia ou a de terceiro:
>
> Pena – reclusão, de 1 (um) a 5 (cinco) anos, se o ato não constitui crime mais grave.

Veremos, adiante, os principais aspectos do tipo penal em comento.

a) **sujeitos do crime**: tanto autor como vítima poderão ser homem ou mulher. Basta analisar a expressão "alguém" contida no art. 215-A, denotando, pois, ausência de condição especial de agente e vítima. Estamos, portanto, diante de crime comum.

b) **conduta nuclear**: é praticar ato libidinoso. Assim, configura-se o crime quando o agente praticar atos com conotação sexual contra a vítima, sem o seu consentimento, com a finalidade de satisfazer a própria lascívia ou a de terceiro. É o caso, por exemplo, de homem que se masturba no interior de transporte coletivo, ejaculando em alguém. Houve, com o advento do art. 215-A do CP, a revogação do art. 61 da Lei das Contravenções Penais, que tipificava a contravenção de importunação ofensiva ao pudor. Doravante, aquilo que constituía mera contravenção, agora passa a ser crime. Não se trata, aqui, de abolitio criminis, mas de nítida continuidade normativo-típica.

c) **consumação e tentativa**: consuma-se a importunação sexual quando o agente, efetivamente, praticar o ato libidinoso contra a vítima, afrontando, assim, sua dignidade sexual. Será admissível a tentativa, por se tratar de infração plurissubsistente.

d) **subsidiariedade expressa**: o crime em comento é subsidiário, ou seja, somente se caracterizará quando a importunação sexual não constituir crime mais grave. É o que se vê no preceito secundário do art. 215-A: "reclusão, de 1 (um) a 5 (cinco) anos, se o ato não constitui crime ais grave". Portanto, se o agente praticar atos libidinosos contra a vítima, sem sua anuência, empregando grave ameaça ou violência, cometerá estupro (art. 213), ou, se se tratar de vítima vulnerável, ainda que com seu consentimento, estupro de vulnerável (art. 217-A).

8.3.7.2. Divulgação de cena de estupro ou de cena de estupro de vulnerável, de cena de sexo ou de pornografia (art. 218-C do CP)

Trata-se de nova figura criminosa prevista no art. 218-C do CP, introduzido pela Lei 13.718/2018. Confira-se:

> Art. 218-C. Oferecer, trocar, disponibilizar, transmitir, vender ou expor à venda, distribuir, publicar ou divulgar, por qualquer meio – inclusive por meio de comunicação de massa ou sistema de informática ou telemática -, fotografia, vídeo ou outro registro audiovisual que contenha cena de estupro ou de estupro de

vulnerável ou que faça apologia ou induza a sua prática, ou, sem o consentimento da vítima, cena de sexo, nudez ou pornografia: (Incluído pela Lei 13.718, de 2018).

Pena – reclusão, de 1 (um) a 5 (cinco) anos, se o fato não constitui crime mais grave.

Analisemos, a seguir, os principais aspectos do crime em testilha.

a) **sujeitos do crime**: poderá ser sujeito ativo qualquer pessoa, ou seja, homem ou mulher (crime comum). Igualmente, a vítima poderá ser qualquer pessoa (homem ou mulher). Importante registrar que se se tratar de pessoa que mantenha ou tenha mantido relação íntima de afeto com a vítima, a pena será majorada (art. 218-C, §1º, CP).

b) **condutas típicas**: o art. 218-C, caput, do CP, contém nove verbos (oferecer, trocar, disponibilizar, transmitir, vender, expor à venda, distribuir, publicar ou divulgar), tratando-se, pois, de **crime de ação múltipla** (tipo misto alternativo). Assim, caso o agente realize mais de um verbo no mesmo contexto fático, terá cometido crime único, porém, com possibilidade de majoração da pena-base pelo juiz.

c) **meios de execução**: o sujeito ativo poderá praticar qualquer dos verbos do tipo por **qualquer meio**, vale dizer, inclusive por meio de comunicação de massa ou sistema de informática ou telemática, como redes sociais, Whatsapp, Telegram, Messenger etc.

d) **objetos materiais**: a conduta do agente terá em mira **fotografias**, **vídeos** ou **outros registros audiovisuais** que contenham cena de estupro (art. 213 do CP) ou de estupro de vulnerável (art. 217-A do CP). Importante registrar que a divulgação de cenas de estupro de crianças e adolescentes menores de quatorze anos (que também são vulneráveis, de acordo com o art. 217-A, caput) configurará crime especial (arts. 241 ou 241-A do ECA). Portanto, somente a divulgação de cena de estupro de pessoas enfermas ou deficientes mentais que não tenham o necessário discernimento para a prática do ato, ou que por qualquer outra causa não possam oferecer resistência, constituirá crime do art. 218-C do CP. Também configura o crime em comento a dispersão de material que faça apologia ou induza a prática de estupro, como, por exemplo, vídeos em que alguém incite a prática de referido crime sexual. Finalmente, também praticará o crime aquele que divulgar cenas de sexo, nudez ou pornografia sem o consentimento da vítima. Aqui, não se fala em cenas de violência sexual (estupro ou estupro de vulnerável), mas, simplesmente, de cenas não autorizadas pela pessoa fotografada ou gravada. Assim, praticará crime o homem que, durante relação sexual com determinada mulher, gravá-la e posteriormente compartilhá-la em grupos ou redes sociais, sem a anuência da vítima.

e) **consumação e tentativa**: haverá consumação no momento da prática de qualquer um dos verbos do tipo. Alguns deles constituem crimes permanentes, como, por exemplo, nas modalidades "expor à venda", "disponibilizar" e "divulgar". Assim, enquanto as cenas estiverem disponíveis para acesso, o crime estará se consumando. Admissível a tentativa, exceto com relação à conduta de "oferecer". Uma vez ofertada a cena de estupro ou de nudez, o crime já estará consumado.

f) **formas majoradas**: a pena será aumentada de um a dois terços, conforme dispõe o art. 218-C, § 1º, se *o crime é praticado por agente que mantém ou tenha mantido relação íntima de afeto com a vítima ou com o fim de vingança ou humilhação*. Na primeira parte, pune-se com maior rigor o agente que tenha cometido o crime contra pessoa com a qual tenha mantido, ou ainda mantenha, relação íntima de afeto, como a decorrente de casamento, noivado, namoro prolongado. Na segunda parte, a punição será mais rigorosa quando o agente, independentemente de relação íntima pretérita com a vítima, tenha praticado o crime com finalidade específica (vingança ou humilhação). É o que se denomina de *revenge porn*, ou pornografia de vingança, que ocorre, geralmente, após o término de um relacionamento amoroso, quando uma das pessoas, por raiva pelo fim da relação, divulga cenas de nudez ou de sexo com a outra.

g) **exclusão da ilicitude**: nos termos do art. 218-C, § 2º, do CP, não há crime quando o agente pratica as condutas descritas no **caput** deste artigo em publicação de natureza jornalística, científica, cultural ou acadêmica com a adoção de recurso que impossibilite a identificação da vítima, ressalvada sua prévia autorização, caso seja maior de 18 (dezoito) anos.

8.3.7.3. Registro não autorizado da intimidade sexual (art. 216-B do CP)

A Lei 13.772, de 19 de dezembro de 2018, promoveu a inclusão de mais um crime contra a dignidade sexual, cujo *nomem juris* escolhido pelo legislador foi o de **registro não autorizado da intimidade sexual,** inserido no Capítulo I-A do Título VI da Parte Especial do Código Penal, denominado "Da exposição da intimidade sexual". Confira-se o novel tipo penal:

Art. 216-B. Produzir, fotografar, filmar ou registrar, por qualquer meio, conteúdo com cena de nudez ou ato sexual ou libidinoso de caráter íntimo e privado sem autorização dos participantes:

Pena – detenção, de 6 (seis) meses a 1 (um) ano, e multa.

Parágrafo único. Na mesma pena incorre quem realiza montagem em fotografia, vídeo, áudio ou qualquer outro registro com o fim de incluir pessoa em cena de nudez ou ato sexual ou libidinoso de caráter íntimo.

Analisemos a seguir os principais aspectos do crime em comento:

a) **sujeitos do crime**: poderá ser sujeito ativo qualquer pessoa, ou seja, homem ou mulher (crime comum). Igualmente, a vítima poderá ser qualquer pessoa (homem ou mulher). Trata-se, portanto, de um crime bicomum.

b) **condutas típicas**: o art. 216-B, caput, do CP, contém quatro verbos (produzir, fotografar, filmar ou registrar), tratando-se, pois, de **crime de ação múltipla** (tipo misto alternativo). Assim, caso o agente realize mais de um verbo no mesmo contexto fático, terá cometido crime único, porém, com possibilidade de majoração da pena-base pelo juiz. Perceba que, diferentemente do crime do art. 218-C, que pune, notadamente, a divulgação de cenas de sexo, o tipo em análise criminaliza a conduta do agente que, de maneira geral, capta indevidamente as cenas de nudez ou de atos sexuais ou libidinosos de caráter íntimo e privado. É certo que o anterior registro de cenas de nudez, não autorizadas pelos participantes, e posterior disponibilização delas em meios de comunicação (ex.: internet), acarretará, até porque perpetradas em contextos fáticos distintos, o reconhecimento de concurso material de crimes (arts. 216-B e 218-C, ambos do CP). Consideram-se cenas de nudez ou atos sexuais ou libidinosos de *caráter íntimo e privado* aquelas que ocorrem em locais onde a intimidade dos participantes se mantenha resguardada. A contrario sensu, caso uma relação sexual ocorra em um local público ou acessível ao público (ex.: praias, estacionamentos de shopping centers etc), a filmagem das cenas não configurará, ainda que sem autorização dos participantes, o crime sob enfoque, eis que a intimidade sexual não estará sendo efetivamente violada. Tencionou o legislador, obviamente, tutelar a intimidade sexual em ambientes privados.

c) **meios de execução**: o sujeito ativo poderá praticar qualquer dos verbos do tipo por **qualquer meio**. Em regra, os registros de imagens ocorrem por equipamentos eletrônicos, tais como câmeras fotográficas, filmadoras, ou, mais modernamente, até por *smartphones*.

d) **objetos materiais**: a conduta do agente terá em mira **cena de nudez** ou **ato sexual** ou **libidinoso** de **caráter íntimo e privado**. Não estamos, aqui, diferentemente do crime do art. 218-C do CP, diante e cenas de estupro ou estupro de vulnerável, mas de cenas de nudez ou de atos com conotação sexual praticados no âmbito íntimo e privado.

e) **consumação e tentativa**: haverá consumação no momento da prática de qualquer um dos verbos do tipo. Perfeitamente admissível a tentativa se, por circunstâncias alheias à vontade do agente, não conseguir fotografar, filmar, registrar ou produzir as cenas de nudez ou de atos sexuais ou libidinosos de terceiros.

8.3.8. Sigilo processual

O art. 234-B, CP prevê expressamente que deverá haver segredo de justiça em todos os processos relativos aos crimes sexuais.

9. CRIMES CONTRA A ORGANIZAÇÃO DO TRABALHO

9.1. Crimes contra a organização do trabalho (arts. 197 a 207, do CP). Objeto jurídico

O CP, implementando e materializando a proteção aos direitos sociais (especialmente os previstos nos arts. 6º a 8º da CF/1988), criminalizou condutas atentatórias à organização e normal desenvolvimento das atividades laborativas do trabalhador. Aqui reside o bem jurídico (ou objetividade jurídica) dos crimes que passaremos a analisar.

9.2. Competência para julgamento dos crimes contra a organização do trabalho

De acordo com a jurisprudência do STJ e STF, caberá à Justiça Estadual o conhecimento e julgamento das ações penais que identifiquem a lesão a interesse individual do trabalhador, ao passo que será da Justiça Federal a competência para analisar processos criminais que envolvam lesões a interesses coletivos dos obreiros.

9.3. Análise dos principais crimes contra a organização do trabalho

9.3.1. Atentado contra a liberdade de contrato de trabalho e boicotagem violenta (art. 198, do CP)

9.3.1.1. Considerações iniciais

Trata-se de crime que objetiva proteger a liberdade do trabalhador na escolha do trabalho que pretender executar, bem como a de manter a normalidade nas relações laborais. Temos, em verdade, duas situações (fatos típicos) distintas:

a) atentado contra a liberdade de contrato de trabalho; e

b) boicotagem violenta.

9.3.1.2. Conduta típica

Consiste em *constranger* alguém, mediante *violência* ou *grave ameaça*, a *celebrar contrato de trabalho*. Aqui estamos diante do *atentado contra a liberdade de contrato de trabalho*.

Ainda, estaremos diante da *boicotagem violenta* quando o agente constranger alguém, mediante violência ou grave ameaça, a não fornecer a outrem ou não adquirir de outrem matéria-prima ou produto industrial ou agrícola.

9.3.1.3. Elemento subjetivo do crime

É o dolo.

9.3.1.4. Consumação e tentativa

No caso da primeira figura (*atentado contra a liberdade de contrato*), estará consumada a infração quando ocorrer a **celebração do contrato** (seja de forma escrita ou oral).

Em se tratando de *boicotagem violenta*, haverá consumação no momento em que a **vítima deixar de fornecer ou adquirir o produto ou matéria-prima** da pessoa boicotada.

Cabível a tentativa nas duas figuras típicas.

9.3.2. Atentado contra a liberdade de associação (art. 199, do CP)

9.3.2.1. Considerações iniciais

Trata-se de crime que objetiva proteger a liberdade do trabalhador em *associar-se ou sindicalizar-se* (arts. 5º, XVII, e 8º, V, ambos da CF/1988).

9.3.2.2. Conduta típica

Consiste em *constranger alguém, mediante violência ou grave ameaça, a participar ou deixar de participar de determinado sindicato ou associação profissional*.

Assim, a vítima será compelida, mediante desforço físico ou grave ameaça, a associar-se ou deixar de associar-se a determinada associação profissional, ou, ainda, a participar, ou não, de determinado sindicato.

9.3.2.3. Elemento subjetivo do crime

É o dolo.

9.3.2.4. Consumação e tentativa

O crime em tela estará consumado no momento em que a vítima for impedida de participar de associação profissional ou de sindicato, ou, ainda, quando ela aderir a uma das duas entidades, filiando-se.

Cabível a tentativa.

9.3.3. Paralisação de trabalho, seguida de violência ou perturbação da ordem (art. 200, do CP)

9.3.3.1. Considerações iniciais

O crime que ora se analisa protege a liberdade de trabalho, que se vê violada em caso de suspensão do trabalho (*lockout*) ou abandono coletivo (greve ou parede).

Importante frisar que o art. 9º da CF dispõe ser "assegurado o direito de greve, competindo aos trabalhadores decidir sobre a oportunidade de exercê-lo e sobre os interesses que devam por meio dele defender".

Assim, a greve configura um exercício regular de direito. Contudo, a lei penal não permite que o exercício desse direito se faça de forma violenta contra pessoas ou coisas. Aqui haverá crime.

9.3.3.2. Conduta típica

Consiste em *participar de suspensão ou abandono coletivo de trabalho, praticando violência contra a pessoa ou contra coisa.*

Aqui, temos duas situações distintas:

✓ **participar de suspensão**, praticando violência contra a pessoa ou contra coisa: o sujeito ativo é o empregador, que é quem determina o *lockout*;

✓ **participar de abandono coletivo de trabalho**, praticando violência contra a pessoa ou contra coisa: o sujeito ativo é o trabalhador, que participa de movimento grevista e, para tanto, pratica violência. Nesse caso, exige-se que pelo menos 3 empregados estejam reunidos. Estamos diante de um crime *plurissubjetivo* (parágrafo único, art. 200).

Seja a greve legítima ou não, haverá crime (o legislador não diferenciou).

O legislador previu como único meio executório para o crime a prática de violência contra pessoa ou coisa. Se o agente delitivo valer-se da *grave ameaça, não estaremos diante do crime em tela, mas sim do art. 147 do CP*.

9.3.3.3. Elemento subjetivo do crime

É o dolo.

9.3.3.4. Consumação e tentativa

O crime em tela estará consumado no momento em que houver o emprego de violência durante o *lockout* ou a greve. Cabível a tentativa.

9.3.4. Paralisação de trabalho de interesse coletivo (art. 201, do CP)

9.3.4.1. Considerações iniciais

Trata-se de crime que não protege propriamente a organização do trabalho, mas sim o interesse coletivo voltado às obras públicas ou serviços públicos.

Há quem considere ter sido o crime do art. 201 do CP revogado pela Lei 7.783/1989, conhecida como "Lei de Greve", já que esta permite a greve mesmo de trabalhadores que atuem na prestação de serviços essenciais. Além disso, a CF, em seu art. 9º, não excepcionou o exercício do direito de greve nessas situações.

Todavia, para outra parte da doutrina, o crime permanece íntegro. Contudo, somente restará configurado quando a obra ou serviço de interesse público sejam essenciais para a preservação do interesse público.

9.3.4.2. Conduta típica

Consiste em *participar de suspensão ou abandono coletivo de trabalho, provocando a interrupção de obra pública ou serviço de interesse coletivo.*

Aqui, temos duas situações distintas:

✓ **participar de suspensão (*lockout*)**, provocando, com isso, a interrupção de obra pública ou serviço de interesse coletivo;

✓ **participar de abandono coletivo de trabalho (greve)**, provocando, igualmente, a interrupção de obra pública ou serviço de interesse coletivo.

9.3.4.3. Elemento subjetivo do crime

É o dolo.

9.3.4.4. Consumação e tentativa

O crime em tela estará consumado quando houver a efetiva interrupção da obra ou serviço de interesse público. Cabível a tentativa.

9.3.5. Frustração de lei sobre nacionalização do trabalho (art. 204, do CP)

9.3.5.1. Breves considerações

A doutrina mais abalizada entende que o art. 204 do CP *não foi recepcionado pela CF/1988*, na medida em que esta não faz diferenciação/discriminação entre brasileiros e estrangeiros para fim de preenchimento de postos de trabalho.

Todavia, à época em que o CP foi editado (1940), vigorava a CF/1937, que previa regra que *vedava a contratação de mais estrangeiros do que brasileiros nas empresas nacionais, o que foi repetido pela EC 1/1969*.

Porém, com a CF/1988, consagrou-se a *liberdade do exercício profissional* (art. 5º, XIII, CF). Assim, é inviável qualquer forma de discriminação, salvo quando a Lei Maior admitir.

Muito embora a CLT, em seus arts. 352 a 370, traga regras no sentido de ser garantido percentual de vagas para brasileiros, entende-se que não foram recepcionados pela Ordem Constitucional vigente.

9.3.6. Aliciamento para o fim de emigração (art. 206, do CP)

9.3.6.1. Considerações iniciais

Trata-se de crime cujo bem jurídico tutelado é o interesse do Estado em que permaneça no Brasil mão de obra, que, se levada para fora, poderá trazer danos à economia nacional.

9.3.6.2. Conduta típica

Consiste em *recrutar trabalhadores, mediante fraude, com o fim de levá-los para território estrangeiro*. Trata-se, pois, de conduta do agente que visa a atrair trabalhadores, com emprego de *fraude* (engodo/meios ardilosos), objetivando levá-los para fora do país.

Questões interessantes que se colocam são as seguintes:

1ª) **quantos trabalhadores devem ser aliciados para que o crime reste configurado?** R.: para Mirabete são exigidos pelo menos 3 trabalhadores. Já para Celso Delmanto, bastam 2 trabalhadores, tendo em vista que o tipo penal fala em "trabalhadores", no plural.

2ª) **qual o sentido da expressão "trabalhadores"?** R.: entende José Henrique Pierangelli que a expressão abrange não só os empregados, mas todos aqueles que desenvolvem *trabalhos lícitos*. Assim, se houver aliciamento de trabalhadores avulsos ou autônomos, estará configurado o crime.

9.3.6.3. Elemento subjetivo do crime

É o dolo. No entanto, exige-se um especial fim de agir, decorrente da expressão "com o fim de levá-los para território estrangeiro". Portanto, o crime estará configurado quando o agente agir com essa específica intenção. Caso contrário, o fato será atípico, por falta do elemento subjetivo do injusto ("dolo específico").

9.3.6.4. Consumação e tentativa

O crime em tela estará consumado quando houver o recrutamento fraudulento dos trabalhadores, ainda que, de fato, não saiam do território nacional. Estamos diante de um crime formal (não se exige o resultado).

Cabível a tentativa.

10. CRIMES CONTRA A FÉ PÚBLICA

10.1. Considerações gerais

O Capítulo III do Título X da Parte Especial do CP prevê os delitos de falsidade documental como espécies dos crimes contra a fé pública.

São chamados de *crimes de falso*, divididos em 2 categorias:
a) Falso material;
b) Falso moral (ou falsidade ideológica).

Em qualquer caso, o que se tutela é a fé pública, ou seja, a crença das pessoas na legitimidade dos documentos (públicos ou particulares).

10.2. Principais crimes contra a fé pública

10.2.1. Falsificação de documento público (art. 297, do CP)

10.2.1.1. Conduta típica

Consiste em *falsificar, no todo ou em parte, documento público, ou alterar documento público verdadeiro*.

Aqui, o legislador tutela a crença das pessoas quanto à legitimidade dos documentos públicos.

Duas são as condutas típicas possíveis:

a) falsificar, no todo ou em parte, documento público (contrafação);

b) alterar documento público verdadeiro (no todo ou em parte).

A primeira conduta típica pressupõe a formação total ou parcial de um documento público (contrafação). Assim, ou o agente cria um documento por inteiro, ou acresce dizeres, letras, símbolos ou números ao documento verdadeiro.

A segunda conduta típica pressupõe a existência prévia de um documento público verdadeiro, emanado de funcionário público competente. Contudo, o agente altera, modifica o conteúdo desse documento verdadeiro.

A título de exemplo:

i) (falsificar = contrafação): Gaio adquire uma máquina de xerox colorido de alta definição e passa a falsificar (criar, reproduzir enganosamente) carteiras de identidade (RG). Nesse caso, o RG é um documento público e a confecção deste configura o crime de falsificação de documento público, na modalidade "falsificar";

ii) (alterar = modificar): Gaio retira a fotografia de Tício de uma cédula de identidade (RG) e insere a sua. Nesse caso, ele modificou um documento público verdadeiro preexistente à sua conduta.

10.2.1.2. Conceito de documento público

Segundo a doutrina, *documento é toda peça escrita que condensa graficamente o pensamento de alguém, podendo provar um fato ou a realização de algum ato dotado de significação ou relevância jurídica*.

Para ser considerado "público", este documento deverá ser elaborado por um *funcionário público*.

Para configurar o crime de falsificação de documento público, a contrafação ou alteração deverá ser apta a iludir o homem médio. Se for grosseira, não há crime.

Se documento é uma "peça escrita", não configuram documento: escritos a lápis, pichação em muro, escritos em porta de ônibus, quadros ou pinturas, fotocópia não autenticada. É possível que uma tela seja documento, desde que haja algo escrito em vernáculo.

Os escritos apócrifos (anônimos) não são considerados documentos, por inexistir autoria certa.

10.2.1.3. Consumação e tentativa

Para que se atinja a consumação do crime em estudo, basta a mera falsificação ou alteração do documento público. Pouco importa se o documento falsificado ou alterado vem a ser utilizado.

Trata-se, pois, de *crime de perigo abstrato e formal*.

É possível a tentativa, tal como se vê, por exemplo, no caso de o agente ser surpreendido no momento em que começava a impressão de cédulas de identidade.

10.2.1.4. Materialidade delitiva

A comprovação do crime de falsificação de documento público, por deixar vestígios, exige a realização de exame de corpo de delito (art. 158 do CPP). Chama-se **exame documentoscópico**.

10.2.1.5. Tipo subjetivo

É o dolo.

10.2.2. Falsificação de documento particular (art. 298, do CP)

10.2.2.1. Conduta típica

Consiste em *falsificar, no todo ou em parte, documento particular ou alterar documento particular verdadeiro*.

Em que difere documento público do particular? R.: o documento particular é aquele que não é público ou equiparado a público. Em síntese, diferem um do outro pelo fato de o público emanar de funcionário público, enquanto que o particular, não.

São exemplos de documentos particulares: contrato de compra e venda por instrumento particular, nota fiscal, recibo de prestação de serviços etc.

Por desnecessidade de repetição, ficam reiteradas as demais considerações feitas no tocante ao crime anterior, com a diferença de o objeto material do presente delito ser, como dito, documento particular.

Lembre-se de que a falsificação, se grosseira, desnatura o crime, que pressupõe aptidão ilusória. Afinal, trata-se de crime contra a fé pública, que somente será posta em xeque se o documento falsificado for apto a enganar terceiros.

10.2.2.2. Consumação e tentativa

Idem quanto à falsificação de documento público.

10.2.2.3. Materialidade delitiva

Idem quanto à falsificação de documento público.

10.2.2.4. Tipo subjetivo

É o dolo.

10.2.3. Falsidade ideológica (art. 299, do CP)

10.2.3.1. Conduta típica

Consiste em *omitir, em documento público ou particular, declaração que dele devia constar, ou nele inserir ou fazer inserir declaração falsa ou diversa da que devia ser escrita, com o fim de prejudicar direito, criar obrigação ou alterar a verdade sobre fato juridicamente relevante*.

Na falsidade ideológica, como se vê acima, o documento (público ou particular) é materialmente verdadeiro, mas seu conteúdo é falso. Daí ser chamado de falsidade intelectual, falsidade moral ou ideal.

Quais são as condutas típicas?

a) *Omitir declaração que devia constar*: aqui, a conduta é omissiva. O agente deixa de inserir informação que devia constar no documento;

b) *Inserir declaração falsa ou diversa da que devia constar*: aqui, a conduta é comissiva;

c) *Fazer inserir declaração falsa ou diversa da que devia constar*: aqui, o agente vale-se de 3ª pessoa para incluir no documento informação falsa ou diversa da que devia constar.

Em qualquer caso, a falsidade deve ser idônea, capaz de enganar.

10.2.3.2. Tipo subjetivo

O crime é doloso. Contudo, o legislador disse: "... com o fim de prejudicar direito, criar obrigação ou alterar a verdade sobre fato juridicamente relevante". Trata-se de elemento subjetivo do tipo (dolo específico). Assim, não bastará o dolo, sendo indispensável a verificação do especial fim de agir do agente.

10.2.3.3. Consumação e tentativa

Consuma-se o crime com a simples omissão ou inserção direta (inserir) ou indireta (fazer inserir) da declaração falsa ou diversa da que devia constar, seja em documento público, seja em particular.

É possível tentativa nas modalidades inserir ou fazer inserir, visto que, na modalidade omitir, estaremos diante de crime omissivo próprio.

10.2.4. Uso de documento falso (art. 304, do CP)

10.2.4.1. Conduta típica

Consiste em *fazer uso de qualquer dos papéis falsificados ou alterados, a que se referem os arts. 297 a 302*. Aqui, o verbo-núcleo do tipo é "*fazer uso*", que significa usar, empregar, utilizar, aplicar.

Será objeto material do crime em análise qualquer dos papéis falsificados ou alterados previstos nos arts. 297 a 302 do CP.

São exemplos de prática do crime em comento:

a) uso de CNH falsa (documento público – art. 297);

b) uso de um instrumento particular de compra e venda falso (documento particular – art. 298);

c) uso de uma escritura pública que contenha uma declaração falsa (documento público com falsidade ideológica – art. 299);

d) uso de um atestado médico falso (falsidade de atestado médico – art. 302).

O tipo penal previsto no art. 304 do CP é chamado de *tipo remetido*. Isso porque o preceito primário da norma penal incriminadora será compreendido pela análise de outros tipos penais (... fazer uso de qualquer dos papéis dos *arts. 297 a 302* ...).

O crime de uso de documento falso é comum, ou seja, qualquer pessoa pode praticá-lo.

10.2.4.2. Tipo subjetivo

É o dolo.

10.2.4.3. Consumação e tentativa

Estará consumado no momento do efetivo uso. Há quem admita que o *iter criminis* possa ser fracionado, pelo que seria possível a tentativa.

Ressalte-se que o crime é formal, ou seja, basta a realização da conduta típica, independentemente da produção de um resultado naturalístico (prejuízo para o Estado ou para terceiros).

10.2.4.4. Uso de documento falso e autodefesa

Questão muito discutida diz respeito à possibilidade – ou não – de o agente valer-se de um documento falso para ocultar seu passado criminoso, ou, então, para tentar "despistar" autoridades policiais acerca de mandados de prisão. Parcela da doutrina e jurisprudência argumenta que referido expediente usado por agentes delitivos é fato atípico, visto que tal conduta estaria circunscrita à autodefesa (não se poderia compelir o agente a exibir o documento verdadeiro e ser preso).

Porém, essa não é a posição mais atual da jurisprudência. Confira:

> **USO. DOCUMENTO FALSO. AUTODEFESA. IMPOSSIBILIDADE.**
>
> "A Turma, após recente modificação de seu entendimento, reiterou que a apresentação de documento de identidade falso no momento da prisão em flagrante caracteriza a conduta descrita no art. 304 do CP (uso de documento falso) e não constitui um mero exercício do direito de autodefesa". Precedentes citados STF: HC 103.314-MS, *DJe* 08.06.2011; HC 92.763-MS, *DJe* 25.04.2008; do STJ: HC 205.666-SP, *DJe* 08.09.2011. REsp 1.091.510-RS, Rel. Min. Maria Thereza de Assis Moura, julgado em 08.11.2011. (Inform. STJ 487)

Mutatis mutandis, aplicável a Súmula 522 do STJ: "A conduta de atribuir-se falsa identidade perante autoridade policial é típica, ainda que em situação de alegada autodefesa".

11. CRIMES CONTRA A ADMINISTRAÇÃO PÚBLICA (ARTS. 312 A 327, DO CP)

11.1. Considerações iniciais

O Capítulo I do Título XI da Parte Especial do CP regula os crimes praticados por funcionário público contra a administração em geral. Assim, será sujeito ativo de qualquer dos crimes previstos nos arts. 312 a 326 do CP o *funcionário público*.

Importante anotar que a doutrina cuidou de classificá-los em dois grupos:

a) crimes funcionais próprios (ou puros, ou propriamente ditos) – são aqueles em que, eliminada a condição de funcionário público do agente delitivo, inexistirá crime (atipicidade penal absoluta). É o que se verifica, por exemplo, com o crime de prevaricação (art. 319 do CP);

b) crimes funcionais impróprios (ou impuros, ou impropriamente ditos) – são aqueles que, eliminada a condição de funcionário público do agente delitivo, este responderá por outro crime (atipicidade penal relativa). É o que ocorre, por exemplo, com o crime de peculato (art. 312 do CP). Se o agente não for funcionário público e se apropriar de coisa alheia móvel particular que estiver em sua posse, responderá por apropriação indébita (art. 168 do CP) e, não, peculato (art. 312 do CP).

11.2. Conceito de funcionário público (art. 327, do CP)

De acordo com o art. 327 do CP, "considera-se funcionário público, para efeitos penais, quem, embora transitoriamente ou sem remuneração, exerce cargo, emprego ou função pública".

Assim, de acordo com o *caput* do precitado dispositivo legal, é funcionário público aquele que exerce, embora transitoriamente ou sem remuneração:

a) Cargo público: é aquele criado por lei, em número determinado, com especificação certa, pago pelos cofres públicos (ex.: juiz, promotor, oficial de justiça, delegado de polícia ...);

b) Emprego público: pressupõe vínculo celetista (CLT) com a Administração Pública (ex.: guarda patrimonial de repartições públicas);

c) Função pública: conjunto de atribuições que a Administração Pública confere a cada categoria profissional (ex.: jurados, mesários eleitorais ...).

11.2.1. Conceito de funcionário público por equiparação

Preconiza o art. 327, § 1º, do CP: "equipara-se a funcionário público quem exerce cargo, emprego ou função em entidade paraestatal, e quem trabalha para empresa prestadora de serviço contratada ou conveniada para a execução de atividade típica da Administração Pública".

Equipara-se, pois, a funcionário público:

a) Quem exerce cargo, emprego ou função em **entidade paraestatal** (empresas públicas, sociedades de economia mista, fundações e os serviços autônomos – pessoas jurídicas de direito privado);

b) Quem trabalha para empresa **prestadora de serviço contratada ou conveniada** para a execução de **atividade típica da Administração Pública** (ex.: empresas de telefonia, transporte público, saúde, iluminação pública ...).

Será que médico conveniado pelo SUS, ainda que em hospital particular, é considerado funcionário público? Confira-se:

> **Médico conveniado pelo SUS e equiparação a funcionário público**
>
> "Considera-se funcionário público, para fins penais, o médico particular em atendimento pelo Sistema Único de Saúde – SUS, antes mesmo da alteração normativa que explicitamente fizera tal equiparação por exercer atividade típica da Administração Pública (CP, art. 327, § 1º, introduzido pela Lei 9.983/2000). Essa a orientação da 2ª Turma ao, por maioria, negar provimento a recurso ordinário em *habeas corpus* interposto por profissional de saúde condenado pela prática do delito de concussão (CP, art. 316). Na espécie, o recorrente, em período anterior à vigência da Lei 9.983/2000, exigira, para si, vantagem pessoal a fim de que a vítima não aguardasse procedimento de urgência na fila do SUS. A defesa postulava a atipicidade da conduta. Prevaleceu o voto do Min. Ayres Britto, relator, que propusera novo equacionamento para solução do caso, não só a partir do conceito de funcionário público constante do art. 327, *caput*, do CP, como também do entendimento de que os serviços de saúde, conquanto prestados pela iniciativa privada, consubstanciar-se-iam em atividade de relevância pública (CF, artigos 6º, 197 e 198). Asseverou que o hospital ou profissional particular que, mediante convênio, realizasse atendimento pelo SUS,

> equiparar-se-ia a funcionário público, cujo conceito, para fins penais, seria alargado. Reputou, dessa forma, não importar a época do crime em comento. Vencido o Min. Celso de Mello, que provia o recurso, ao fundamento da irretroatividade da *lex gravior*, porquanto a tipificação do mencionado crime, para aqueles em exercício de função delegada da Administração, somente teria ocorrido a partir da Lei 9.983/2000."
> RHC 90523/ES, rel. Min. Ayres Britto, 19.04.2011. (RHC-90523) (Inform. STF 624)

11.3. Dos crimes em espécie contra a Administração Pública

11.3.1. Peculato (art. 312, do CP)

11.3.1.1. Conduta típica

Consiste em *apropriar-se o funcionário público de dinheiro, valor ou qualquer outro bem móvel, público ou particular, de que tem a posse em razão do cargo, ou desviá-lo, em proveito próprio ou alheio.*

11.3.1.2. Espécies de peculato (art. 312, caput e §§ 1º e 2º, do CP)

a) Peculato-apropriação: "*apropriar-se* o funcionário público...";

b) Peculato-desvio: "... ou *desviá-lo*, em proveito próprio ou alheio ...";

c) Peculato-furto: "subtrair ou concorrer para que terceiro subtraia ...";

d) Peculato culposo: "se o funcionário concorre culposamente para o crime de outrem".

As duas primeiras espécies são denominadas de **peculato próprio**. Já o peculato-furto é chamado de **peculato impróprio**.

Apropriar-se significa "fazer sua a coisa de outra pessoa", invertendo o ânimo sobre o objeto. Nessa espécie de peculato próprio, o funcionário público tem a **posse** (ou mera detenção) do bem. Porém, passa a agir como se a coisa fosse sua (*animus domini*). Trata-se de verdadeira apropriação indébita, porém cometida por um funcionário público.

A referida posse deve ser em **razão do cargo**, obtida de forma lícita. Ex.: *apreensão de produtos objeto de contrabando. O policial condutor das mercadorias tem a detenção lícita destas, já que as apreendeu legalmente. Se, em dado momento, apropriar-se de um rádio, por exemplo, invertendo o ânimo sobre a coisa, pratica o crime de peculato-apropriação.*

Desviar significa empregar a coisa de forma diversa à sua destinação original. Assim, o funcionário, embora sem o ânimo de ter a coisa como sua (*animus domini*), emprega-a em destino diverso àquele que se propõe.

O art. 312, § 1º, CP, que trata do denominado **peculato-furto**, também denominado de **peculato impróprio,** assim prevê: "aplica-se a mesma pena, se o funcionário público, embora não tendo a posse do dinheiro, valor ou bem, o subtrai, ou concorre para que seja subtraído, em proveito próprio ou alheio, valendo-se de facilidade que lhe proporciona a qualidade de funcionário".

Aqui, o funcionário não tem sequer a posse ou detenção do dinheiro, valor ou bem móvel público ou particular. Deverá, porém, valer-se de alguma facilidade em virtude do cargo.

Duas são as condutas típicas com relação ao peculato-furto:

a) subtrair; ou

b) concorrer para que terceiro subtraia. Nesse caso, exige-se um *concurso necessário de pessoas*.

Por fim, no tocante ao peculato culposo, previsto no art. 312, § 2º, do CP, temos o seguinte: "se o funcionário concorre culposamente para o crime de outrem".

Assim, pressupõe o crime em questão:

a) Conduta culposa do funcionário público (imprudência, negligência ou imperícia);

b) Que terceiro pratique um crime doloso aproveitando-se da facilidade culposamente provocada pelo funcionário público.

11.3.1.3. Objeto material das espécies de peculato doloso (art. 312, caput e § 1º, do CP)

a) dinheiro: é o papel-moeda ou a moeda metálica de curso legal no país;

b) valor: é o título representativo de dinheiro ou mercadoria (ações, letras ...);

c) ou qualquer outro bem móvel, público ou particular: nesse caso, a lei tutela não só os bens móveis públicos, mas também aqueles pertencentes aos particulares, mas que estejam sob a custódia da Administração (ex.: veículo furtado apreendido em uma Delegacia de Polícia).

11.3.1.4. Reparação do dano no peculato culposo (art. 312, § 3º, do CP)

No caso do peculato culposo, a reparação do dano, se **precede à sentença irrecorrível, extingue a punibilidade**; se lhe é **posterior, reduz de metade a pena** imposta.

Haverá, portanto, reparação do dano quando o agente que praticou peculato culposo devolver o bem ou ressarcir integralmente o prejuízo suportado pela Administração Pública.

Inaplicável essa benesse a qualquer das espécies de peculato doloso (apropriação, desvio ou furto). No entanto, cabível será o arrependimento posterior, desde que preenchidos os requisitos do art. 16 do CP.

11.4. Peculato mediante erro de outrem (art. 313 do CP)

11.4.1. Conduta típica

Também chamado de **peculato-estelionato**, o crime em questão resta configurado quando o agente, no exercício de suas atividades, recebe dinheiro ou qualquer outra utilidade que lhe é entregue por **erro da vítima**, apropriando-se, ato seguinte, do numerário ou bem.

Trata-se de crime bastante semelhante ao estelionato, na medida em que o funcionário público, percebendo o erro espontâneo em que incidiu a vítima, aproveita-se de tal circunstância para, após receber dinheiro ou outra utilidade, deste apropriar-se.

Importa registrar que referido erro não pode ter sido provocado pelo agente, devendo, como dito, ser espontâneo, sob pena de restar caracterizado o crime de estelionato (art. 171 do CP).

11.4.2. Tipo subjetivo

É o **dolo**, ou seja, a vontade livre e consciente do agente de apropriar-se de dinheiro ou qualquer outra utilidade recebida da vítima, por erro desta.

11.4.3. Objeto jurídico

O bem jurídico tutelado pelo crime em comento é a moralidade da Administração Pública e, indiretamente, o patrimônio público ou particular.

11.4.4. Sujeitos do crime

Por evidente, o sujeito ativo do crime é o **funcionário público**, tratando-se, pois, de **crime próprio**.

Já o sujeito passivo pode ser o próprio **Estado** ou a **pessoa diretamente lesada** pela conduta praticada pelo agente.

11.4.5. Consumação e tentativa

Considerando a conduta nuclear (apropriar-se), o momento consumativo corresponde àquele em que o agente passar a comportar-se como se **dono** fosse do dinheiro ou utilidade recebida da vítima (*animus rem sibi habendi*), à semelhança da apropriação indébita.

É admissível a tentativa, visto tratar-se de crime plurissubsistente.

11.5. Inserção de dados falsos em sistema de informações (art. 313-A do CP)

11.5.1. Conduta típica

O crime em comento restará caracterizado quando o agente:

a) Inserir ou facilitar a inserção de dados falsos nos sistemas informatizados ou bancos de dados da Administração Pública;

b) Alterar ou excluir indevidamente dados corretos nos sistemas informatizados ou bancos de dados da Administração Pública.

No primeiro caso, o próprio agente fará a **inserção** dos dados falsos no sistema informatizado ou banco de dados da Administração, ou facilitará que terceira pessoa o faça. Portanto, a inserção poderá ser direta (pelo próprio agente) ou indireta (mediante a facilitação para que terceiro proceda à inserção).

No segundo caso, diferentemente do primeiro, inexistirá inclusão de dados falsos, mas, sim, a **alteração** ou **exclusão indevida** de dados corretos constantes dos sistemas informatizados ou bancos de dados da Administração.

Considerando que as condutas típicas recaem sobre dados em sistemas informatizados ou bancos de dados, convencionou-se denominar o crime em tela de **peculato eletrônico**.

11.5.2. Sujeitos do crime

O sujeito ativo deve ser o funcionário público autorizado a manejar os sistemas informatizados ou bancos de dados da Administração Pública. Estamos, aqui, diante de **crime próprio**.

Por evidente, o sujeito passivo do crime é o Estado, bem assim as pessoas diretamente lesadas com a inserção de dados falsos ou a indevida alteração ou exclusão de dados verdadeiros.

11.5.3. Tipo subjetivo

É o **dolo**, ou seja, a vontade livre e consciente do agente em realizar uma das ações nucleares (verbos do tipo). Porém, além do dolo, exige-se uma **finalidade específica** por parte do sujeito ativo, qual seja, a de obter, para si ou para outrem, vantagem indevida, ou causar dano.

Considerando-se a necessidade de um especial fim de agir do agente, deverá restar demonstrado o elemento subjetivo do tipo (ou elemento subjetivo do injusto), sob pena de atipicidade da conduta.

11.5.4. Consumação e tentativa

Tratando-se de crime **formal**, bastará que o agente pratique a conduta típica, a despeito de não se verificar a obtenção de vantagem indevida ou causação de dano a terceiro.

Entende-se ser admissível a tentativa.

11.6. Modificação ou alteração não autorizada de sistema de informações (art. 313-B do CP)

11.6.1. Conduta típica

Diferentemente do crime anteriormente estudado, cuja tutela recai sobre os **dados** em sistemas informatizados ou bancos de dados da Administração, o crime do art. 313-B do CP, procura resguardar o próprio **sistema informatizado** ou o **programa de informática**.

Restará caracterizado o delito em questão quando o agente:

a) Modificar; ou

b) Alterar o sistema de informações ou programa de informática.

Destarte, o agente modificará, como dito anteriormente, o próprio *software* e não os dados nele inseridos.

11.6.2. Objeto jurídico

O crime em análise tem por objetividade jurídica a proteção e a segurança dos sistemas de informações e programas de informática da Administração Pública.

11.6.3. Sujeitos do crime

O sujeito ativo é o funcionário público, assim considerada a definição prevista no art. 327, *caput* e § 1º, do CP. Diferentemente do crime anterior (art. 313-A), não se exige que o agente seja o funcionário autorizado a operar o sistema informatizado e o banco de dados. Logo, poderá cometer o crime em testilha **qualquer funcionário público**, autorizado ou não a ter acesso aos *softwares* da Administração. Trata-se, é bom que se diga, de **crime próprio**.

O sujeito passivo direto ou imediato é a Administração Pública, podendo, mediatamente, o particular ser vítima, desde que a modificação ou alteração do sistema ou programa de informática lhe acarrete algum prejuízo.

11.6.4. Tipo subjetivo

É o **dolo**, ou seja, a vontade livre e consciente do agente em modificar ou alterar o sistema de informações ou o programa de informática, desde que não tenha autorização para tanto.

Diferentemente do crime anterior (art. 313-A), que exige um especial fim de agir (finalidade de obtenção de vantagem indevida ou causação de dano), aqui bastará o dolo, **inexistindo**, pois, elemento subjetivo do tipo.

11.6.5. Consumação e tentativa

Atinge-se a **consumação** do crime em comento quando o agente logra êxito em modificar ou alterar o sistema de informações ou programa de informática. Cabível a **tentativa** se, iniciada a alteração ou modificação, o agente não atingir seu intento por circunstâncias alheias à sua vontade.

11.7. Extravio, sonegação ou inutilização de livro ou documento (art. 314 do CP)

11.7.1. Conduta típica

O tipo objetivo se traduz pela prática de um ou mais dos seguintes verbos:

a) Extraviar;

b) Sonegar; ou

c) Inutilizar.

Destarte, restará caracterizado o crime quando o agente **extraviar** (fizer desaparecer), **sonegar** (deixar de apresentar) ou **inutilizar** (tornar inútil, imprestável) um livro oficial ou qualquer documento que esteja sob a guarda da Administração Pública.

11.7.2. Tipo subjetivo

É o **dolo**, ou seja, a vontade livre e consciente do agente em extraviar, sonegar ou inutilizar livro ou documento que esteja sob sua guarda em razão do cargo.

A falta de zelo do agente com livros oficiais ou documentos sob a guarda da Administração Pública poderá caracterizar infração funcional, mas, não, crime. Afinal, **inadmissível** a **forma culposa**.

11.7.3. Sujeitos do crime

O sujeito ativo é o funcionário público responsável pela **guarda** do livro oficial ou documento.

O sujeito passivo direto ou imediato é o Estado e, indiretamente, o particular cujo documento estivesse sob a guarda da Administração Pública.

11.7.4. Consumação e tentativa

Nas modalidades "extraviar" e "inutilizar", o crime, considerado permanente, consuma-se com o efetivo extravio ou inutilização do livro oficial ou documento. Tratam-se de formas **comissivas**.

Já na modalidade "sonegar", considerada **omissiva**, visto que o agente deixa de apresentar o livro oficial ou documento quando lhe for requisitado ou solicitado, o crime se consuma quando o agente, intencionalmente, deixa de fazer a entrega ou exibição do objeto material.

Admissível a **tentativa** apenas nas **formas comissivas** (lembre-se que os crimes omissivos próprios ou puros não admitem tentativa!).

11.8. Emprego irregular de verbas ou rendas públicas (art. 315, do CP)

11.8.1. Conduta típica

Consiste em *dar às verbas ou rendas públicas aplicação diversa da estabelecida em lei*. Trata-se, portanto, de norma penal em branco (em sentido homogêneo), visto que, para a tipificação do delito, é indispensável que se verifique o conteúdo da lei (orçamentária ou especial). Assim, basta o emprego irregular das verbas ou rendas públicas, o que implica a alteração do destino preestabelecido na lei orçamentária ou qualquer outra lei especial.

O **objeto material** do crime em comento poderá ser:

a) **Verba pública**: fundos com destinação específica detalhada em lei orçamentária para atendimento de obras e/ou serviços públicos ou de utilidade pública;

b) **Renda pública**: receitas obtidas pela Fazenda Pública, independentemente da sua origem.

11.8.2. Tipo subjetivo

Aqui, é suficiente o *dolo*, ou seja, a vontade livre e consciente do agente (funcionário público) de dar destino diverso do prescrito em lei às verbas ou rendas públicas.

11.8.3. Consumação e tentativa

Consuma-se o crime no momento em que as verbas ou rendas públicas receberem destinação diversa daquela estabelecida em lei. Admissível, em tese, a tentativa, caso o agente não consiga empregá-las de forma diversa da determinada em lei.

11.9. Concussão (art. 316, do CP)

11.9.1. Conduta típica

Consiste em *exigir, para si ou para outrem, direta ou indiretamente, ainda que fora da função ou antes de assumi-la, mas em razão dela, vantagem indevida*.

Assim, a conduta nuclear é *exigir*, que significa ordenar, impor como obrigação. O funcionário público *ordena, para si ou para outrem*, de maneira *direta* (sem rodeios, face a face) ou *indireta* (disfarçadamente ou por interposta pessoa), que lhe seja entregue *vantagem indevida* (qualquer lucro, ganho, privilégio contrário ao direito).

Ao que se vê da descrição típica, essa vantagem pode ser exigida **fora da função**, ou mesmo **antes de assumi-la**, mas, sempre, **em razão dela** (o funcionário se prevalece da função).

A exigência não precisa, necessariamente, ser feita mediante ameaça. Basta que o sujeito passivo sinta-se atemorizado em virtude da própria função pública exercida pela autoridade (sujeito ativo), temendo represálias. É o que a doutrina chama de *metus publicae potestatis* (medo do poder exercido pelo funcionário público).

A mera insinuação do funcionário público em obter a vantagem indevida pode descaracterizar o crime, desde que a exigência não se faça de forma implícita.

Ainda, de acordo com a redação do *caput* do art. 316, a exigência pelo sujeito ativo poderá ocorrer mesmo que não esteja no exercício da função (ex.: férias, licença-prêmio, afastamento ...). Porém, é imprescindível que a exigência seja feita em razão da função exercida pela autoridade.

O *Pacote Anticrime* (Lei 13.964/2019) majorou a pena da concussão, até então punida com reclusão, de 2 a 8 anos. Aumentou-se a pena máxima cominada para 12 anos, nivelando-a com a corrupção passiva, que tinha pena variável entre 2 e 12 anos. Corrigiu-se, pois, uma distorção existente, eis que, inegavelmente, o comportamento do agente que comete concussão é mais gravoso, do ponto de vista da vítima, do que na corrupção passiva. Nesta, há solicitação da vantagem indevida; naquela, exigência.

11.9.2. Tipo subjetivo

É o dolo.

11.9.3. Consumação e tentativa

O crime de concussão estará consumado no momento em que a **exigência é feita**. É certo que a vítima deverá tomar conhecimento da exigência, seja por escrito, oralmente ou qualquer meio de comunicação. Se por escrito, caberá tentativa, caso ela não chegue ao destinatário por circunstâncias alheias à vontade do agente (se unissubsistente, será impossível o *conatus*).

Com isso, não é necessário que a vantagem exigida seja efetivamente recebida pelo funcionário público. Porém, se ocorrer, ter-se-á exaurido a concussão.

Trata-se, portanto, de **crime formal** ou de consumação antecipada

11.10. Excesso de exação (art. 316, § 1º, do CP)

11.10.1. Conduta típica

Verificar-se-á quando *o funcionário público exigir tributo ou contribuição social que sabe ou deveria saber indevido, ou, quando devido, empregar na cobrança meio vexatório ou gravoso, que a lei não autoriza.*

A conduta nuclear é a mesma da concussão: *exigir*. Todavia, aqui, a lei pune o funcionário que se **exceder na cobrança de uma exação** (dívida ou imposto). A norma penal fala em "tributo", abarcando os impostos, taxas e contribuição de melhoria, bem como a contribuição social e os empréstimos compulsórios (arts. 148 e 149 da CF).

Duas são as formas de cometimento do crime em questão:

a) Exigir tributo ou contribuição indevida – nesse caso, o sujeito passivo não está obrigado a recolhê-los, seja porque já pagou, ou porque a lei não exige, ou o valor cobrado é superior ao devido;

b) Emprego de meio vexatório ou gravoso na cobrança de tributo ou contribuição – nesse caso, o tributo ou contribuição são devidos. Contudo, o funcionário se vale de meios humilhantes ou muito onerosos para a cobrança da exação. É o que se chama de **exação fiscal vexatória.**

Importante anotar que se o agente for funcionário público da administração fazendária (ligada ao Fisco), restará caracterizado crime da lei especial (art. 3º da Lei 8.137/1990).

11.10.2. Tipo subjetivo

Em qualquer caso, exige-se o **dolo** (direto ou eventual), decorrente da expressão "que sabe ou deveria saber indevido ...".

11.10.3. Consumação e tentativa

Idem à concussão.

11.11 Corrupção passiva (art. 317, do CP)

11.11.1. Conduta típica

Consiste em *solicitar ou receber, para si ou para outrem, direta ou indiretamente, ainda que fora da função ou antes de assumi-la, mas em razão dela, vantagem indevida, ou aceitar promessa de tal vantagem.*

Três são, portanto, as ações nucleares:

a) *solicitar* = pedir, explícita ou implicitamente, requerer;

b) *receber* = obter, aceitar em pagamento;

c) *aceitar* = anuir, consentir em receber dádiva futura.

O **objeto material** da corrupção passiva é a **vantagem indevida** ou a **promessa** de *vantagem indevida*, que corresponde ao elemento normativo do tipo. Assim, o agente (funcionário público) *solicita, recebe* ou *aceita a promessa* de uma *vantagem indevida*, que pode ter *natureza econômica, patrimonial* ou até *moral*, desde que seja, repita-se, indevida, vale dizer, contrária ao direito ou mesmo aos bons costumes.

O funcionário público corrupto irá solicitar, receber ou aceitar a promessa de vantagem indevida para **praticar, deixar de praticar ou retardar um ato de ofício** contrariamente à lei. Literalmente, irá "vender" sua atuação, seja esta devida ou indevida.

Quando do julgamento da AP 470 pelo STF, conhecida como "**ação penal do mensalão**", referida Corte decidiu que o Ministério Público não precisará demonstrar ou identificar exatamente qual o "**ato de ofício**" (*assim considerado aquele que é de competência ou atribuição do funcionário público*) que seria omitido, retardado ou praticado irregularmente pelo acusado, bastando a demonstração de que, valendo-se da condição de funcionário, solicitou, recebeu ou aceitou promessa de vantagem indevida.

Só se fala em corrupção passiva se o funcionário público supostamente corrupto puder realizar determinado ato que seja de sua **competência**. Assim, a título de exemplo, se o diretor de presídio solicita dinheiro a um detento para conceder-lhe graça (indulto individual), ou anistia, e efetivamente recebe o montante, pratica corrupção? R.: não, visto que a concessão da graça é de competência do Presidente da República e a anistia depende da edição de lei federal. O diretor, no caso, não responderia por corrupção passiva, mas, certamente, por improbidade administrativa (Lei 8.429/1992).

Nada obstante o quanto sustentado acima, é de se trazer ao conhecimento do leitor que o **STJ**, no julgamento do **REsp 1745410**, interposto pelo Ministério Público Federal, reconheceu que não é indispensável, para a configuração de corrupção passiva, que a vantagem indevida solicitada, recebida ou cuja promessa tenha sido aceita tenha, como contrapartida, um ato que tenha relação direta com a competência funcional ou atribuição do agente. Basta, para tanto, que a função pública exercida pelo agente facilite a prática da conduta almejada, seja esta lícita ou ilícita.

Dependendo do momento em que a vantagem for entregue ao funcionário público, a corrupção passiva será considerada **antecedente** ou **subsequente**. Assim, se o funcionário público *receber a vantagem antes da ação ou omissão funcional*, teremos a *corrupção antecedente*. Já se o *recebimento da vantagem for após o ato funcional*, haverá a *corrupção subsequente*.

11.11.2. Tipo subjetivo

É o dolo.

11.11.3. Consumação e tentativa

O crime em estudo é **formal**, consumando-se quando a solicitação chega ao conhecimento de terceira pessoa ou quando há o recebimento ou a aceitação de promessa de uma vantagem indevida.

Destarte, não se exige que o agente, de fato, pratique, deixe de praticar ou retarde a prática de ato de ofício, sendo bastante, por exemplo, a mera solicitação da vantagem, já restando consumado o ilícito.

11.11.4. Corrupção passiva agravada (art. 317, § 1º, do CP)

A pena é aumentada de **um terço** se, em consequência da vantagem ou promessa, o funcionário retarda ou deixa de praticar qualquer ato de ofício ou o pratica infringindo dever funcional.

Em se tratando de crime formal, pouco importa, a princípio, que o agente, após receber a vantagem indevida ou a promessa de seu recebimento, pratique ou deixe de praticar ato funcional concernente a suas funções. Contudo, o legislador, aqui, pune mais severamente o *exaurimento da corrupção*.

11.11.5. Corrupção passiva privilegiada (art. 317, § 2º, do CP)

Restará configurada se o funcionário praticar, deixar de praticar ou retardar ato de ofício, com infração de dever funcional, **cedendo a pedido ou influência de outrem**.

Aqui, o agente não "vende" um ato funcional, não recebendo vantagem indevida. Na verdade, simplesmente atende a pedido de terceira pessoa.

11.12. Facilitação de contrabando ou descaminho (art. 318 do CP)

11.12.1. Conduta típica

O crime em comento restará caracterizado quando o agente **facilitar**, com a infração de dever funcional, a prática do contrabando ou descaminho.

A **facilitação** poderá decorrer de **ato comissivo** (ex.: o funcionário indica ao contrabandista uma rota sem fiscalização por autoridades alfandegárias) ou **omissivo** do funcionário (ex.: sabedor da existência de produtos contrabandeados na mala de um passageiro, o funcionário da Receita Federal o libera).

Importante registrar que com o advento da Lei 13.008, de 26.06.2014, alterou-se a redação original do art. 334 do CP, que tratava, simultaneamente, dos crimes de contrabando e descaminho, tipificando-os, adequadamente, em dois tipos penais autônomos.

Destarte, o delito de descaminho vem tratado no art. 334 do referido diploma legal, caracterizado pelo fato de o agente iludir, no todo ou em parte, o pagamento de direito ou imposto devido pela entrada, pela saída ou pelo consumo de mercadoria (trata-se de inegável crime contra a ordem tributária). Já o art. 334-A, também do Código Penal, tratando do crime de contrabando, enuncia que será responsabilizado aquele que importar ou exportar mercadoria proibida.

Perceba o candidato que não se confunde a facilitação de contrabando ou descaminho (art. 318 do CP), ora estudada, com os crimes de contrabando (art. 334-A do CP) e descaminho (art. 334 do CP). Naquele, o funcionário público incumbido de reprimir a prática do contrabando ou descaminho, facilita o seu cometimento, tratando-se de crime funcional (ou seja, praticado por funcionário público contra a Administração Pública); já nestes últimos, os agentes praticarão as condutas previstas nos já citados arts. 334 e 334-A, tratando-se de crimes cometidos por particulares contra a Administração Pública.

11.12.2. Objeto jurídico

Tutela-se a Administração Pública, seja para reprimir o contrabando ou o descaminho.

11.12.3. Tipo subjetivo

É o dolo, ou seja, a vontade livre e consciente do agente em facilitar, de forma positiva ou negativa, o contrabando ou descaminho.

11.12.4. Diferença entre contrabando e descaminho

Primeiramente, importa registrar que não são palavras sinônimas, como muitos poderiam pensar. Considera-se **contrabando** a importação ou exportação de produtos ou mercadorias proibidas, ao passo que o **descaminho** diz respeito a qualquer fraude capaz de iludir, total ou parcialmente, o Fisco, que deve arrecadar impostos de importação, exportação e consumo.

11.12.5. Sujeitos do crime

O sujeito ativo é o funcionário público incumbido de reprimir a prática do contrabando ou descaminho. É o caso, por exemplo, de funcionários da alfândega e da Polícia Federal em zonas de fronteira e aeroportos.

O sujeito passivo é o Estado.

11.12.6. Consumação e tentativa

O crime restará consumado quando o agente, efetivamente, facilitar, com infração a seu dever funcional, o contrabando ou descaminho.

Trata-se de **crime formal**, vale dizer, pouco importa para a consumação se o contrabando ou descaminho se efetivaram de fato.

Admissível a **tentativa** apenas se a facilitação se der por forma **comissiva**.

11.13. Prevaricação (art. 319, do CP)

11.13.1. Conduta típica

Consiste em *retardar ou deixar de praticar, indevidamente, ato de ofício, ou praticá-lo contra disposição expressa de lei, para satisfazer interesse ou sentimento pessoal*.

Assim, as condutas típicas possíveis são:

a) retardar: o funcionário não realiza o ato inerente a sua função no prazo legalmente estabelecido, ou deixa fluir prazo relevante para fazê-lo;

b) deixar de praticar: é a inércia do funcionário em praticar ato de ofício;

c) praticar ato de ofício contra disposição expressa de lei: aqui o agente pratica ato de ofício, porém, em sentido contrário àquilo que a lei prescreve.

O retardamento ou a não prática do ato funcional deverão ser **indevidos**, ou seja, não permitidos por lei. O crime em tela também poderá ocorrer quando o agente, embora não retarde e não deixe de praticar ato de ofício, faça-o *contra disposição expressa de lei*. Ou seja, o funcionário praticará um ato contrário aos seus deveres funcionais, em discordância com a lei.

11.13.2. Tipo subjetivo

O tipo exige, além do dolo, o elemento subjetivo do tipo (ou do injusto), qual seja, "para satisfazer interesse ou sentimento pessoal". Em qualquer das ações nucleares, o agente atua não para auferir uma vantagem indevida, mas por razões íntimas. É a chamada *autocorrupção*.

11.13.3. Consumação e tentativa

O crime se consuma no momento em que o funcionário público retardar, deixar de praticar ou praticar o ato de ofício contra disposição expressa da lei. Pouco importa se o agente alcança o que pretende, vale dizer, a satisfação de seu interesse ou sentimento pessoal.

Admissível a tentativa na forma comissiva (ação) do crime, correspondente à conduta de praticar ato de ofício contra disposição expressa da lei. Nas demais modalidades (retardar e deixar de praticar), que se traduzem em omissão, impossível o *conatus*.

11.13.4. Distinção com a corrupção passiva privilegiada

Embora a prevaricação (art. 319, CP) seja bastante semelhante à corrupção passiva privilegiada (art. 317, § 2º, CP), ambas não se confundem. Naquela, o agente pretende alcançar um interesse ou um sentimento pessoal (ex.: por amizade, o funcionário público deixa de praticar um ato de ofício); nesta, o agente simplesmente cede a influência ou pedido de outrem (ex: um Delegado de Polícia deixa de lavrar auto de prisão em flagrante contra o filho de um Promotor de Justiça após receber telefonema deste, que lhe pede que não prenda o rapaz, que ainda tem "futuro" pela frente. De fato, são situações (tipos penais) semelhantes, mas, frise-se, na prevaricação, o agente pratica, deixa de praticar ou retarda a prática de um ato de ofício em razão de amizade, raiva ou pena, por exemplo, ao passo que na corrupção passiva privilegiada, independentemente de qualquer interesse ou sentimento pessoal, simplesmente cede a influência ou pedido de outrem, demonstrando ser um "fraco" (além de corrupto, claro!).

11.13.5. Causa de aumento de pena

Para os crimes contra a Administração Pública praticados por funcionários públicos, a pena será aumentada da **terça parte** quando os autores forem ocupantes de **cargos em comissão** ou de função de **direção ou assessoramento** de órgão da administração direta, sociedade de economia mista, empresa pública ou fundação instituída pelo poder público (art. 327, § 2º, CP).

11.14. Prevaricação imprópria (art. 319-A do CP)

11.14.1. Conduta típica

Inserida no CP pela Lei 11.466/2007, a figura típica constante no art. 319-A do CP, vem sendo denominada pela doutrina de *prevaricação imprópria*, muito embora não tenha recebido *nomen juris*.

Restará caracterizada quando o agente (Diretor de Penitenciária e/ou agente público) **deixar** de cumprir seu dever de **vedar** ao preso o acesso:

a) a aparelho telefônico;

b) rádio; ou

c) similar.

Referidos equipamentos devem ser capazes de permitir a comunicação do preso com outros presos ou com o ambiente externo.

A título de observação, estamos diante de crime de **menor potencial ofensivo**, considerando que a pena varia de 3 (três) meses a 1 (um) ano de detenção.

11.14.2. Tipo subjetivo

É o **dolo,** inexistindo qualquer especial fim de agir por parte do agente. Porém, caso o agente deixe de vedar ao preso o acesso a aparelho de comunicação, recebendo, para tanto, vantagem indevida, responderá, por especialidade, pelo crime de corrupção passiva.

11.14.3. Sujeitos do crime

O sujeito ativo é o Diretor do estabelecimento penal ou qualquer outro agente que tenha o **dever de impedir** o acesso dos detentos a aparelhos de comunicação.

O sujeito passivo é o Estado.

11.14.4. Consumação e tentativa

Trata-se de **crime omissivo próprio ou puro**, consumando-se quando o agente, tendo o dever de impedir o acesso, pelo preso, a aparelhos de comunicação, rádio ou similar, não o faz.

Por se tratar de crime omisso próprio, **inadmissível a tentativa**.

Caso o agente (sujeito ativo) introduza o aparelho no sistema carcerário, responderá pelo crime do art. 349-A do CP.

11.15. Condescendência criminosa (art. 320 do CP)

11.15.1. Conduta típica

O crime em questão restará caracterizado de duas formas:

a) se o funcionário, por indulgência, **deixar de responsabilizar** subordinado que tenha cometido infração no exercício do cargo; ou

b) se o superior hierárquico, não tendo competência para punir o subordinado faltoso, **deixar de levar o fato ao conhecimento da autoridade competente**.

Perceba que o sujeito ativo deverá deixar de responsabilizar o subordinado, ou de levar o fato ao conhecimento da autoridade competente, por **indulgência**, vale dizer, por clemência ou tolerância indevida. Em suma, o superior hierárquico será condescendente com a infração cometida pelo subordinado. Daí o *nomem juris* do crime em estudo.

11.15.2. Tipo subjetivo

É o **dolo**, ou seja, a vontade livre e consciente do agente em deixar de responsabilizar o subordinado pela infração cometida no exercício do cargo, ou, faltando-lhe competência para tanto, deixar de comunicar o fato à autoridade competente.

Inadmissível a forma culposa.

Se a indulgência do superior hierárquico tiver algum **motivo específico**, como, por exemplo, a intensa amizade com o subordinado, poderá caracterizar-se o crime de prevaricação (art. 319 do CP), ou se o fizer em razão do recebimento de vantagem indevida, caracterizar-se-á corrupção passiva.

11.15.3. Sujeitos do crime

O sujeito ativo é o **funcionário público hierarquicamente superior** àquele que haja praticado a infração no exercício do cargo.

O sujeito passivo, por evidente, é o Estado.

11.15.4. Qual o tipo de infração penal deve ter sido cometida pelo subordinado?

Considerando que o tipo penal não fez qualquer distinção, limitando-se a falar em "infração", restam abrangidas as infrações administrativas ou penais cometidas pelo subordinado.

11.15.5. Consumação e tentativa

Tratando-se de **crime omissivo próprio ou puro**, o crime atingirá seu momento consumativo quando o superior hierárquico, depois de tomar conhecimento da infração cometida pelo subordinado, deixar de responsabilizá-lo ou de comunicar a autoridade competente para fazê-lo. Sustenta-se que a comunicação deve ser feita imediatamente.

Por estarmos diante de crime omissivo, **inadmissível a tentativa**.

11.16. Advocacia administrativa (art. 321 do CP)

11.16.1. Conduta típica

Caracteriza-se o crime em comento quando o agente **patrocinar**, direta ou indiretamente, **interesse privado** perante a Administração Pública, **valendo-se da qualidade de funcionário**.

Deve-se entender por "patrocinar" a conduta do agente de defender, postular ou advogar (aqui, não no sentido de "advocacia") interesses particulares (leia-se: interesses alheios) perante a Administração, valendo-se, para tanto, de sua qualidade de funcionário.

Assim, o agente, em razão de sua qualidade, utilizará da amizade ou de seu prestígio perante companheiros de trabalho ou outros funcionários para defender interesses alheios privados, sejam estes **legítimos ou ilegítimos**.

Perceba que o tipo penal é claro ao falar em "interesse privado", que não se confunde com *interesse particular*, vale dizer, do próprio funcionário público. Neste caso, não se configurará o crime em tela.

O patrocínio pelo funcionário público será de forma **direta** ou **indireta**, ou seja, pessoalmente ou por meio de terceira pessoa (interposta pessoa).

Importante anotar que se o agente for funcionário público da administração fazendária (ligada ao Fisco), restará caracterizado crime da lei especial (art. 3º da Lei 8.137/1990).

11.16.2. Tipo subjetivo

É o **dolo**, ou seja, a vontade livre e consciente do agente de patrocinar, direta ou indiretamente, interesse privado perante a Administração Pública, desde que se valha da condição de funcionário.

Não se exige qualquer finalidade específica (elemento subjetivo do tipo). Em outras palavras, a defesa de interesses privados pelo sujeito ativo não objetiva qualquer vantagem pessoal ou econômica.

11.16.3. Sujeitos do crime

O sujeito ativo é o funcionário público, tratando-se de **crime próprio**. Admissível, diga-se de passagem, o concurso de particular, nos termos do art. 30 do CP, desde que tenha ciência da qualidade de funcionário do agente.

Poder-se-ia imaginar que o sujeito ativo deva ser um "advogado", tendo em vista o *nomem juris* do crime (advocacia administrativa). Porém, como já se viu, o verbo "patrocinar" traduz o sentido de auxiliar, advogar ou defender algo.

O sujeito passivo é o Estado.

11.16.4. Consumação e tentativa

Consuma-se o crime em questão quando o agente praticar, efetivamente, qualquer ato que configure o patrocínio de interesse privado perante a Administração, independentemente da obtenção daquilo que for postulado. Trata-se, portanto, de **crime formal**.

Admite-se a **tentativa**.

11.16.5. Forma qualificada (art. 321, parágrafo único, do CP)

Se o interesse patrocinado pelo funcionário público for ilegítimo, a pena, ao invés de ser de 1 (um) a 3 (três) meses de detenção, passará a ser de 3 (três) meses a 1 (um) ano.

Em qualquer caso, estamos diante de **crime de menor potencial ofensivo**.

11.17. Violência arbitrária (art. 322 do CP)

11.17.1. Considerações iniciais

O crime de violência arbitrária, tipificado no art. 322 do CP, segundo sustenta a doutrina majoritária, foi tacitamente revogado pela Lei 4.898/1965 (Lei de Abuso de Autoridade), que tratou integralmente dos delitos praticados por autoridades públicas com abuso de poder.

No entanto, este não é o posicionamento, por exemplo, do STJ, que reconhece a perfeita vigência do dispositivo no CP. Nesse sentido: HC 48.083/MG, 5ª Turma, rel. Min. Laurita Vaz, j. 20.11.2007, *DJe* 07.04.2008.

Por essa razão, seguem, abaixo, os comentários acerca do crime em testilha.

11.17.2. Conduta típica

O delito em comento restará caracterizado se um funcionário público, no exercício da função ou a pretexto de exercê-la, **praticar violência**.

Destarte, como o próprio *nomen juris* sugere, o crime pressupõe uma violência arbitrária, vale dizer, desarrazoada, demonstradora de truculência do agente público.

11.17.3. Tipo subjetivo

É o **dolo**, ou seja, a vontade livre e consciente do agente em praticar violência arbitrariamente, seja no exercício da função, seja a pretexto de exercê-la.

11.17.4. Sujeitos do crime

O sujeito ativo, por evidente, é o **funcionário público**, seja o típico (art. 327, *caput*, do CP), seja o atípico ou por equiparação (art. 327, § 1º, do CP).

O sujeito passivo é o Estado e, mediatamente, o particular prejudicado com a conduta do agente.

11.17.5. Consumação e tentativa

A consumação ocorrerá quando o agente, efetivamente, empregar a violência. No preceito secundário do tipo penal há expressa menção de que a pena, de 6 (seis) meses a 3 (três) anos de detenção, será aplicada sem prejuízo daquela correspondente à violência.

Destarte, se da conduta do agente a vítima suportar lesões corporais ou mesmo morrer, haverá a soma das penas, até pelo fato de os bens jurídicos tutelados serem absolutamente distintos.

A tentativa é admissível.

11.18. Abandono de função (art. 323 do CP)

11.18.1. Conduta típica

O crime restará configurado se o agente **abandonar cargo público**, fora dos casos permitidos em lei.

O abandono pressupõe que se deixe o cargo por **prazo juridicamente relevante**, vale dizer, capaz de causar algum prejuízo à Administração Pública. Afinal, tutela-se o regular andamento da máquina administrativa.

Ainda, cabe ressaltar que o abandono deve ser de **cargo público**, muito embora o *nomem juris* do delito revele o abandono de **função**. Não se pode fazer interpretação ampliativa do tipo penal para alcançar o abandono de empregos públicos ou funções públicas. Afinal, o tipo penal é expresso ao prescrever o abandono de cargo!

11.18.2. Tipo subjetivo

É o **dolo**, ou seja, a vontade livre e consciente do agente em abandonar o cargo que ocupa na Administração, gerando, com isso, possibilidade de prejuízo à própria Administração e aos administrados.

Inadmissível a forma culposa por ausência de previsão legal.

11.18.3. Sujeitos do crime

O sujeito ativo é o funcionário público detentor de **cargo público**, não se podendo aplicar o art. 327 do CP, em sua inteireza.

O sujeito passivo é a Administração Pública.

11.18.4. Consumação e tentativa

O crime atingirá seu momento consumativo após o agente deixar seu cargo "ao léu", vale dizer, quando for verificada a **ausência injustificada** de seu posto na Administração Pública, desde que por **tempo juridicamente relevante** (assim considerado aquele suficiente a causar uma probabilidade concreta de dano).

Importante mencionar que **não se exige a causação de dano** à Administração, bastando que o abandono seja apto a provocá-lo. No entanto, caso ocorra **efetivo prejuízo**, estaremos diante do **tipo penal qualificado** (art. 323, § 1º, do CP). Ainda, se o abandono ocorrer em **faixa de fronteira** (até 150 quilômetros de largura ao longo das fronteiras terrestres), igualmente restará caracterizada a **forma qualificada** (art. 323, § 2º, do CP).

Inadmissível a tentativa, uma vez que o abandono é conduta omissiva. Ou seja, o agente deixa de fazer algo (*in casu*, de se manter no cargo e prestar o serviço que lhe é incumbido).

11.19. Exercício funcional ilegalmente antecipado ou prolongado (art. 324 do CP)

11.19.1. Conduta típica

O crime em questão configura-se nas seguintes hipóteses:

a) entrar o agente público **em exercício** de função pública **antes de satisfeitas as exigências legais**; ou

b) continuar o agente público a **exercê-la, sem autorização**, depois de saber oficialmente que foi **exonerado, removido, substituído ou suspenso**.

No primeiro caso, pune-se o *exercício funcional ilegalmente antecipado*, caracterizado quando o agente começa a praticar atos típicos de um funcionário público antes mesmo de satisfazer as exigências legais (ex.: posse, realização de exame médico de aptidão etc.).

Já no segundo caso estamos diante do *exercício funcional ilegalmente prolongado*, que se verifica quando o agente, mesmo após ter sido oficialmente comunicado de sua exoneração, remoção, substituição ou suspensão, prossegue no exercício de suas funções.

De acordo com a doutrina majoritária, o exercício ilegalmente prolongado pressupõe que o agente público tenha sido **pessoalmente comunicado** da cessação de suas atividades por um dos motivos previstos no tipo penal (exoneração, remoção, substituição ou suspensão), sob pena de não se caracterizar o crime.

11.19.2. Tipo subjetivo

É o **dolo**, vale dizer, a vontade livre e consciente do agente de ingressar no exercício funcional antes de satisfeitas as exigências legais, ou, após ter sido comunicado de sua exoneração, remoção, substituição ou suspensão, continuar a exercer suas anteriores funções, sem autorização para tanto.

Inadmissível a forma culposa por ausência de previsão legal.

11.19.3. Sujeitos do crime

É o funcionário público o sujeito ativo do crime em testilha, desde que se antecipe no exercício das funções ou a prolongue indevidamente. Se se tratar de particular que pratique atos típicos de funcionários públicos, o crime será o de usurpação de função pública (art. 328 do CP).

O sujeito passivo é o Estado.

11.19.4. Consumação e tentativa

Consuma-se o crime quando o agente pratica qualquer ato inerente à função que não poderia desempenhar, seja por falta dos requisitos legais para iniciá-la (exercício funcional ilegalmente antecipado), seja por prosseguir no exercício dela sem autorização (exercício funcional ilegalmente prolongado).

A tentativa é, em tese, admissível.

11.20. Violação de sigilo funcional (art. 325 do CP)

11.20.1. Conduta típica

O crime poderá ser praticado de duas maneiras:

a) se o agente **revelar fato** de que tem ciência **em razão do cargo**, e que deva permanecer em segredo;

b) se o agente **facilitar a revelação de fato** de que tem ciência **em razão do cargo**, e que deva permanecer em segredo.

No primeiro caso, o agente fará chegar ao conhecimento de terceiros, seja de forma escrita ou verbal, o fato de que tem ciência em razão do cargo, mas que deveria permanecer em segredo. Ainda, poderá caracterizar-se o crime quando o agente, de forma indireta, facilita a revelação do fato, adotando postura apta a gerar a disseminação do fato a terceiros.

Imprescindível para o reconhecimento do crime em comento que o agente público **tenha conhecimento do fato em razão do exercício do cargo**, sob pena de atipicidade, ainda que relativa (art. 154 do CP).

A violação de sigilo funcional é típico **crime subsidiário**, visto que somente restará caracterizado se a conduta não constituir crime mais grave. É o que emerge da parte final do preceito secundário do tipo penal. Assim, a título de exemplo, se o fato revelado puder ofender a segurança nacional, estaremos diante do crime previsto no arts. 13, 14 e 21 da Lei de Segurança Nacional (Lei 7.170/1983).

11.20.2. Tipo subjetivo

O crime é **doloso**, ou seja, deverá o agente agir de forma livre e consciente no sentido de revelar ou facilitar a revelação de fato que tenha ciência em razão do cargo, mas que esteja abarcado pelo segredo.

11.20.3. Sujeitos do crime

O sujeito ativo é o funcionário público que tenha conhecimento do fato que deve ser mantido em segredo, desde que a ciência se dê em razão do cargo.

O sujeito passivo é o Estado e, mediatamente, o particular prejudicado com a eventual revelação do fato.

11.20.4. Consumação e tentativa

O crime atingirá a consumação quando o fato chegar ao conhecimento de terceiro não autorizado a dele ter ciência. Não se faz necessária a ocorrência de prejuízo à Administração Pública ou a particular diretamente relacionado com o fato, tratando-se, aqui, de **crime formal**.

Entende-se ser admissível a **tentativa** apenas se a revelação do fato ou a facilitação de sua revelação ocorrer pela **via escrita**.

11.20.5. Formas equiparadas e qualificada

Também responderá pela violação de sigilo funcional o agente que (formas equiparadas):

a) permitir ou facilitar, mediante atribuição, fornecimento e empréstimo de senha ou qualquer outra forma, o **acesso de pessoas não autorizadas** a **sistemas de informações** ou **banco de dados da Administração Pública**;

b) se **utilizar**, indevidamente, de **acesso restrito**.

Ainda, em caso de a violação de sigilo funcional **acarretar dano** à Administração Pública ou a terceiro, restará caracterizada a **forma qualificada** do crime (art. 325, § 2º, do CP).

11.21. Violação do sigilo de proposta de concorrência (art. 326 do CP)

O crime definido no art. 326 do CP foi tacitamente revogado pela Lei Geral das Licitações (Lei 8.666/1993), que, em seu art. 94, cuida da conduta de devassar o sigilo de proposta apresentada em procedimento licitatório, ou proporcionar a terceiro o ensejo de devassá-la.

11.22. Princípio da insignificância nos crimes contra a Administração Pública

De acordo com a **Súmula 599 do STJ**, "o princípio da insignificância é inaplicável aos crimes contra a Administração Pública".

Tal entendimento repousa nas seguintes razões: os referidos crimes objetivam resguardar não apenas o patrimônio público, mas, também, a moralidade administrativa, cuja ofensa é imensurável.

Importa registrar, porém, que o STF tem precedentes em que admitiu a aplicação da insignificância penal em crimes funcionais. Nesse sentido: HC 107370, Rel. Min. Gilmar Mendes, julgado em 26.04.2011 e HC 112388, Rel. p/ Acórdão Min. Cezar Peluso, julgado em 21.08.2012.

LEGISLAÇÃO PENAL ESPECIAL

1. CRIMES HEDIONDOS (LEI 8.072/1990)

1.1. Questões constitucionais

Conforme enuncia o art. 5º, XLIII, da CF, "a lei considerará crimes inafiançáveis e insuscetíveis de graça ou anistia a prática da tortura, o tráfico ilícito de entorpecentes e drogas afins (Lei 11.343/2006), o terrorismo (Lei 13.260/2016) e os definidos como crimes hediondos (Lei 8.072/1990), por eles respondendo os mandantes, os executores e os que, podendo evitá-los, se omitirem".

Trata-se de verdadeiro **mandado de criminalização,** visto que o legislador constituinte determinou a edição de uma lei penal, qual seja, a Lei dos Crimes Hediondos, até então inexistente.

Conforme se extrai do texto constitucional, aos crimes hediondos incidem as seguintes **vedações**:

a) Fiança;

b) Anistia; e

c) Graça.

1.2. Critério adotado sobre crimes hediondos

Existem, basicamente, dois critérios sobre crimes hediondos: **legal** ou **judicial**.

✓ **Critério legal**: os crimes são enumerados na lei.

✓ **Critério judicial**: caberia ao juiz, no caso concreto, afirmar se o crime é ou não hediondo.

O Brasil adotou o critério legal para crimes hediondos, porque o legislador incumbiu-se de dizer quais são esses crimes.

Temos, pois, uma Lei dos Crimes Hediondos (Lei 8.072/1990).

1.3. Crimes hediondos em espécie

O **rol taxativo** dos crimes considerados hediondos consta no **art. 1º da Lei 8.072/1990**, já com as alterações promovidas pelo *Pacote Anticrime* (Lei 13.964/2019), a saber:

> I – homicídio (art. 121), quando praticado em atividade típica de grupo de extermínio, ainda que cometido por um só agente, e homicídio qualificado (art. 121, § 2º, I, II, III, IV, V, VI, VII e VIII);

> I-A – lesão corporal dolosa de natureza gravíssima (art. 129, § 2º) e lesão corporal seguida de morte (art. 129, § 3º), quando praticadas contra autoridade ou agente descrito nos arts. 142 e 144 da Constituição Federal, integrantes do sistema prisional e da Força Nacional de Segurança Pública, no exercício da função ou em decorrência dela, ou contra seu cônjuge, companheiro ou parente consanguíneo até terceiro grau, em razão dessa condição (incluído pela Lei 13.142/2015)

> II – roubo:
>
> *a)* circunstanciado pela restrição de liberdade da vítima (art. 157, § 2º, inciso V);
>
> *b)* circunstanciado pelo emprego de arma de fogo (art. 157, § 2º-A, inciso I) ou pelo emprego de arma de fogo de uso proibido ou restrito (art. 157, § 2º-B);
>
> *c)* qualificado pelo resultado lesão corporal grave ou morte (art. 157, § 3º);

> III – extorsão qualificada pela restrição da liberdade da vítima, ocorrência de lesão corporal ou morte (art. 158, § 3º);

> IV– extorsão mediante sequestro e na forma qualificada (art. 159, *caput*, e §§ 1º, 2º e 3º);

> V– estupro (art. 213, *caput***,** e §§ 1º e 2º);

> VI – estupro de vulnerável (art. 217-A, *caput***,** e §§ 1º, 2º, 3º e 4º);

> VII – epidemia com resultado morte (art. 267, § 1º);

> VII-B – falsificação, corrupção, adulteração ou alteração de produto destinado a fins terapêuticos ou medicinais (art. 273, *caput*, e § 1º, § 1º-A e § 1º-B, com a redação dada pela Lei 9.677, de 02.07.1998);

> VIII – favorecimento da prostituição ou de outra forma de exploração sexual de criança ou adolescente ou de vulnerável (art. 218-B, *caput*, e §§ 1º e 2º);

> IX – furto qualificado pelo emprego de explosivo ou de artefato análogo que cause perigo comum (art. 155, § 4º-A).

Ainda, de acordo com o parágrafo único, do precitado art. 1º da Lei, também com a redação alterada pela Lei 13.964/2019, consideram-se também hediondos, tentados ou consumados:

> I – o crime de genocídio, previsto nos arts. 1º, 2º e 3º da Lei nº 2.889, de 1º de outubro de 1956;

> II – o crime de posse ou porte ilegal de arma de fogo de uso proibido, previsto no art. 16 da Lei nº 10.826, de 22 de dezembro de 2003;

> III – o crime de comércio ilegal de armas de fogo, previsto no art. 17 da Lei nº 10.826, de 22 de dezembro de 2003;

> IV – o crime de tráfico internacional de arma de fogo, acessório ou munição, previsto no art. 18 da Lei nº 10.826, de 22 de dezembro de 2003;

> V – o crime de organização criminosa, quando direcionado à prática de crime hediondo ou equiparado.

1.4. Vedações penais e processuais aos crimes hediondos e outras particularidades

Art. 5º, XLIII, CF e art. 2º, da Lei 8.072/1990: são inafiançáveis e insuscetíveis de graça e anistia os crimes hediondos e os crimes equiparados a hediondos (tráfico de drogas, tortura e terrorismo – TTT). De acordo com a doutrina, embora não haja expressa previsão na CF, o indulto também é incabível;

Art. 2º, § 1º, da Lei 8.072/1990: os crimes hediondos e equiparados submetem-se, obrigatoriamente, à imposição de regime inicial fechado. No entanto, o STF, em 2012, reconheceu, incidentalmente, a inconstitucionalidade de referido dispositivo legal, no julgamento do HC 111.840. Logo, de acordo com referida decisão, o regime inicial fechado não pode ser o único cabível aos condenados por crimes hediondos ou equiparados. Assim, por exemplo, se alguém for condenado por tráfico de drogas (art. 33, *caput*, da Lei 11.343/2006) à pena mínima de 5 anos de reclusão, desde que primário, poderá iniciar o cumprimento da pena em regime semiaberto;

Art. 2º, § 2º, da Lei 8.072/1990: os crimes hediondos admitem progressão de regime, o que era vedado antes da edição da Lei 11.464/2007 e julgamento do HC 82.959-SP pelo STF. Assim, atualmente, a progressão de regime a esses crimes será admissível após o cumprimento dos percentuais previstos no art. 112 da LEP, com as alterações promovidas pelo Pacote Anticrime (Lei 13.964/2019). Aos condenados por crimes hediondos e equiparados em data anterior à Lei 11.464/2007, a progressão de regime deverá ser alcançada após o cumprimento de 1/6 da pena, nos termos da redação original do precitado art. 112 da LEP. Importante registrar que, com o advento da **Lei 13769/2018**, que instituiu a progressão especial às mulheres gestantes e mães ou responsáveis por crianças ou pessoas com deficiência, o benefício em questão será concedido após o cumprimento de 1/8 da pena, atendidos os demais requisitos listados no art. 112, §3º, da LEP;

Art. 83, CP – Livramento condicional: para os crimes hediondos e equiparados, admite-se a concessão de livramento condicional desde que o condenado tenha cumprido mais de 2/3 da pena e desde que não seja reincidente específico (condenação irrecorrível por crime hediondo ou equiparado e, posteriormente, prática de outro crime hediondo ou equiparado. É importante frisar que os crimes não precisam ser idênticos);

Prisão temporária – Lei 7.960/1989: prazo diferenciado para crime hediondo ou equiparado, qual seja, de 30 (trinta) dias, podendo ser prorrogado por mais 30 dias, em caso de comprovada e extrema necessidade.

Crimes equiparados a hediondos: Tráfico de drogas, Tortura e Terrorismo ("TTT"). São chamados de equiparados ou assemelhados, pois possuem o mesmo *status* constitucional, sendo todos tratados no art. 5º, XLIII, CF.

1.5. Estabelecimento penal para crimes hediondos ou equiparados

O art. 3º da Lei 8.072/1990 diz que caberá à **União** manter estabelecimentos penais de **segurança máxima**, destinada aos condenados com alta periculosidade, quando incorrer em risco à ordem pública a permanência deles em estabelecimentos comuns.

1.6. Crime de associação criminosa especial (art. 8º da Lei 8.072/1990)

Não se trata de crime hediondo, embora estabelecido nesta lei, e a prova disso é o rol taxativo do art. 1º da Lei 8.072/1990. O art. 8º faz alusão ao antigo crime de quadrilha (cujo *nomen juris* passou a ser o de *associação criminosa* com o advento da Lei 12.850/2013) previsto no art. 288, CP. É um crime contra a paz pública. No entanto, diversamente do CP, a Lei dos Crimes Hediondos prevê pena mais elevada se a associação for formada para a prática de crimes dessa natureza (hediondos ou equiparados).

Em suma:

Associação criminosa especial art. 8º, Lei 8.072/1990	Associação criminosa art. 288, CP
Pena de 3 a 6 anos	Pena de 1 a 3 anos
Não cabe substituição por pena restritiva de direitos se a pena privativa de liberdade superar 4 anos	Cabe substituição de pena privativa de liberdade por restritiva de direito, desde que preenchidos os requisitos legais
Não cabe *sursis processual*	Cabe *sursis processual*

1.6.1. Delação premiada ou traição benéfica no crime de associação criminosa especial

O parágrafo único art. 8º da Lei dos Crimes Hediondos consagra uma causa especial de diminuição de pena que será concedida ao condenado que delatar os demais comparsas (membros da associação) à autoridade pública. A pena será reduzida, pois, de um terço a dois terços se preenchidos os seguintes requisitos:

a) Delação de um ou mais dos componentes da associação para a autoridade pública (Delegado, Juiz, Ministério Público);

b) A delação deverá ser voluntária (o sujeito não poderá ser forçado a delatar), mas não precisa ser espontânea;

c) É necessária, em virtude da delação, a apuração da autoria dos demais integrantes e o desmantelamento da associação. Portanto, a delação deverá ser eficaz.

A redução da pena incide quanto ao *crime de associação* em comento (art. 8º da Lei 8.072/1990) e não com relação aos *crimes cometidos pela associação*.

1.7. Causas de aumento de pena quando houver violência presumida

O art. 9º da Lei 8.072/1990 previa que, se a vítima se encontrasse em situação de **violência presumida** (art. 224, CP – revogado), a pena seria aumentada da **metade** nos seguintes casos:

a) latrocínio (art. 157, § 3º, final, CP);

b) extorsão com morte (art. 158, § 2º, CP);

c) extorsão mediante sequestro (art. 159, CP);

d) estupro (art. 213, CP); e

d) atentado violento ao pudor (art. 214, CP – foi revogado).

Tendo em vista o **art. 224, CP** (violência presumida) ter sido **revogado** pela Lei 12.015/2009 (Lei dos Crimes contra a Dignidade Sexual), tacitamente está revogado o art. 9º da Lei 8.072/1990.

O que antes se chamava de violência presumida hoje equivale à vulnerabilidade do art. 217-A, *caput* e parágrafos, CP. A doutrina majoritária e o STJ entendem que o art. 9º está **revogado tacitamente** pela já citada Lei 12.015/2009.

2. LEI DE TORTURA (LEI 9.455/1997)

2.1. Aspectos constitucionais

O art. 5º, XLIII, da CF, ao fazer menção à tortura, crime que sequer era tipificado em lei, materializou-se em verdadeiro

mandado da criminalização, visto que, repita-se, não havia regulamentação no Brasil, em 1988, de aludido crime.

Em suma, a CF diz que a lei considerará inafiançáveis e insuscetíveis de graça ou de anistia a prática de **tortura**, tráfico de drogas, terrorismo e os crimes hediondos.

O crime de tortura é considerado **equiparado** ou **assemelhado** a **hediondo**.

2.2. Previsão legal

A tipificação penal da tortura foi criada no Brasil com a edição da **Lei 9.455/1997**. No entanto, já tínhamos a previsão da tortura como crime no art. 233, ECA, que cuidava apenas da prática de referida conduta contra crianças e adolescentes. Contudo, referido dispositivo foi revogado expressamente pela precitada Lei 9.455/1997, que passou a regulamentar por completo o tema.

2.3. Espécies de tortura

Vêm previstas no art. 1º da Lei 9.455/1997, a saber:

a) Tortura-prova: também chamada de persecutória;

b) Tortura-crime;

c) Tortura-racismo: também chamada de discriminatória;

d) Tortura-maus-tratos: também chamada de *tortura corrigendi*;

e) Tortura do preso ou de pessoa sujeita a medida de segurança;

f) Tortura imprópria;

g) Tortura qualificada;

h) Tortura majorada.

2.3.1. Regra

De forma geral, todas as espécies de tortura irão gravitar em torno de duas ideias: **sofrimento físico ou mental**.

A tortura pressupõe o núcleo do tipo *constranger*, o que será feito com o emprego de violência ou grave ameaça, causando sofrimento físico ou mental.

2.3.1.1. Tortura – prova

Também chamada de persecutória, vem prevista no art. 1º, I, "a", da Lei 9.455/1997. Neste caso, o torturador constrangerá a vítima, com emprego de violência ou grave ameaça, causando-lhe sofrimento físico ou mental, para o fim de que ela lhe preste **informação**, **declaração** ou **confissão**.

O **sujeito ativo** será qualquer pessoa, tratando-se de crime comum.

Dá-se a **consumação** com o sofrimento físico ou mental suportado pela vítima.

A tentativa é possível teoricamente, por ser a tortura um crime plurissubsistente, vale dizer, praticado mediante vários atos.

2.3.1.2. Tortura – crime

Vem prevista no art. 1º, I, "b", da Lei 9.455/1997. Neste caso, o torturador constrangerá a vítima, com emprego de violência ou grave ameaça, causando-lhe sofrimento físico ou mental, para que ela **pratique ação ou omissão de natureza criminosa**.

Vê-se, à evidência, que o crime praticado pela vítima somente o foi por **coação moral irresistível**. Neste caso, a vítima torturada ficará isenta de pena pelo crime praticado, respondendo o torturador (autor mediato) pelo crime por ela cometido (art. 22, CP). Assim, o agente (torturador) responderá pela tortura-crime, além do crime cometido pela vítima, em concurso material (art. 69, CP).

O **sujeito ativo** poderá ser qualquer pessoa, tratando-se, pois, de crime comum.

Alcança-se a **consumação** com o sofrimento físico ou mental suportado pela vítima.

2.3.1.3. Tortura – racismo

Também chamada de **tortura discriminatória**, vem prevista no art. 1º, I, "c", da Lei 9.455/1997. Aqui, o torturador constrangerá a vítima, com emprego de violência ou grave ameaça, causando-lhe sofrimento físico ou mental, **em razão de discriminação racial ou religiosa**.

Assim, duas são as hipóteses de discriminação tratadas no tipo penal: racial ou religiosa. Não se confunde essa espécie de tortura com os crimes de racismo previstos na Lei 7.716/1989. Confira-se:

Racismo – Lei 7.716/1989	Tortura racismo – Lei 9.455/1997
Praticado em razão de raça, cor, etnia, religião ou procedência nacional.	Praticada somente em razão de raça ou religião.
A vítima é privada de alguns direitos básicos em razão de raça, cor, etnia, religião ou procedência nacional.	A vítima é constrangida pelo torturador, sofrendo física ou mentalmente, em razão de discriminação racial ou religiosa.

Não se enquadra na tortura racismo o preconceito com relação à orientação sexual, visto que o tipo penal somente fala em "raça" ou "religião".

O **sujeito ativo** pode ser qualquer pessoa, tratando-se de crime comum.

Dá-se a **consumação** quando a vítima suporta o sofrimento físico ou mental.

2.3.1.4. Tortura – maus-tratos ou tortura corrigendi

Vem definida no art. 1º, II, da Lei 9.455/1997, consistindo em submeter alguém sob sua **guarda, poder ou autoridade**, com emprego de violência ou grave ameaça, a intenso sofrimento físico ou mental, como forma de aplicar **castigo pessoal** ou **medida de caráter preventivo**.

O sujeito passivo, nesse caso, será obrigatoriamente alguém que esteja sob a guarda, poder ou autoridade do torturador. Assim, estamos diante de crime próprio, visto que se exige uma qualidade especial do agente, qual seja, a de alguma "ascendência" sobre a vítima (guarda, poder ou autoridade).

Nessa modalidade de tortura, o objetivo do torturador é o de aplicar um **castigo pessoal** ou **medida de caráter preventivo**.

A **consumação** dá-se quando a vítima sofrer intensamente em seu aspecto físico ou mental. Trata-se de crime de dano, visto que deve haver efetiva lesão ao bem jurídico.

Difere essa espécie de tortura do crime de **maus-tratos**, previsto no art. 136, CP, visto ser este um crime de perigo, bastando a mera exposição a risco do bem jurídico. Já na tortura maus-tratos ocorre efetiva lesão ao bem jurídico (integridade física/psíquica da vítima).

2.3.1.5. Tortura do preso ou de pessoa sujeita a medida de segurança

Vem prevista no art. 1º, § 1º, da Lei 9.455/1997. Consiste em **submeter pessoa presa ou sujeita a medida de segurança** a um sofrimento físico ou mental, por meio da **prática de ato não previsto** ou **não autorizado por lei**. Assim, os atos praticados pelo torturador devem estar em *desacordo* com a lei.

O **sujeito ativo**, segundo predomina, deve ser agente público que tenha contato com o preso ou com a pessoa que está cumprindo medida de segurança, tratando-se, pois, de **crime próprio**.

O **sujeito passivo** será:

✓ **Preso**: provisório ou definitivo;

✓ **Pessoa submetida à medida de segurança**: inimputáveis ou semi-imputáveis com periculosidade.

2.3.1.6. Tortura imprópria

Vem prevista no art. 1º, § 2º, da Lei 9.455/1997. Consiste no ato daquele que se **omite** em face destas condutas (todas as espécies de tortura descritas), desde que tenha o **dever de evitá-las** ou de **apurá-las**.

O agente, tecnicamente, não praticou uma conduta típica de tortura, apenas se omitiu diante de seu dever de apurar ou de evitar referido crime, tendo este sido praticada por outrem.

Diversamente das demais espécies de tortura, a ora estudada é punida com detenção de um a quatro anos, motivo pelo qual sequer o regime inicial fechado será imposto ao agente. Por essa razão, entende-se, também, que o crime em questão **não é equiparado a hediondo**.

O **sujeito ativo** é aquele que tiver o **dever de evitar** ou o **dever de apurar** a tortura. Assim, será, em regra, o **funcionário público**.

Como estamos diante de um **crime omissivo**, não se admite tentativa.

2.3.1.7. Tortura qualificada

Vem prevista no art. 1º, § 3º, da Lei 9.455/1997.

A tortura será **qualificada**:

a) pela lesão corporal grave/gravíssima (art. 129, § 1º e § 2º, CP); ou

b) pela morte.

Em ambas as situações, estaremos diante de um **crime preterdoloso** (dolo na prática da tortura e culpa quanto ao resultado agravador – lesão corporal grave, gravíssima ou morte).

Não se confunde a tortura qualificada pela morte com o homicídio qualificado pela tortura, sendo esta um meio de execução utilizado para matar a vítima. Vejamos:

Homicídio qualificado pela tortura	Tortura qualificada pela morte
Pena de 12 a 30 anos	Pena de 8 a 16 anos.
Dolo de matar, ou seja, ânimo homicida.	Dolo de torturar, ou seja, causar sofrimento físico ou mental.
Resultado morte decorre de dolo.	Resultado morte decorre de culpa.
Tortura é um meio de execução.	A tortura é um fim em si mesma.
_____	Se o agente tortura e mata com dolo, ele responderá pelos dois crimes.
Julgado pelo Tribunal do Júri.	Julgado pela Justiça Comum.

2.3.1.8. Tortura majorada

Vem prevista no art. 1º, § 4º, da Lei 9.455/1997. Trata-se de causa obrigatória de aumento de pena (1/6 a 1/3), incidente nas seguintes situações:

a) Se o torturador for agente público;

b) Se a vítima for criança, adolescente, idoso, gestante ou deficiente físico/mental;

c) Se a tortura for praticada mediante sequestro. O sequestro não será crime autônomo, ele será enquadrado como majorante da pena.

2.3.2. Efeitos da condenação

Conforme reza o art. 1º, § 5º, da Lei 9.455/1997, a condenação pelo crime de tortura imporá ao agente a perda do cargo, função ou emprego público, bem como a interdição para seu exercício pelo dobro do prazo da pena aplicada.

Trata-se, é bom que se diga, de efeito obrigatório da condenação, que se subdivide em:

a) **Direto:** perda do cargo, emprego ou função;

b) **Indireto:** interdição de direitos, ou seja, a impossibilidade de ocupação de cargo, emprego, função, pelo dobro do prazo da pena aplicada.

Este efeito é automático, também chamado pela doutrina de não específico, não exigindo, pois, fundamentação específica em sentença.

2.3.3. Aspectos penais e processuais penais

De acordo com o art. 1º, § 6º, da Lei 9.455/1997, são inadmissíveis para os crimes de tortura a concessão de **fiança**, **graça** e **anistia**. Trata-se de mera repetição do quanto consta no art. 5º, XLIII, CF.

Muito embora a lei não vede o **indulto**, a concessão deste não é permitida de acordo com a jurisprudência majoritária.

Embora não se admita a concessão de liberdade provisória com fiança (crimes inafiançáveis), admissível pensar-se em deferimento de **liberdade provisória sem fiança**, desde que ausentes os requisitos autorizadores da prisão preventiva. Afinal, não se pode admitir prisão cautelar obrigatória no Brasil, sob pena de ofensa ao princípio constitucional da presunção de inocência (ou não culpabilidade).

Quanto ao **regime inicial de cumprimento de pena**, este será o fechado, exceto para a tortura imprópria. Admite-se, pois, progressão de regime penitenciário, desde que preenchidos os requisitos legais, seguindo-se, para tanto, as mesmas regras aplicáveis aos crimes hediondos (lembre-se: a tortura é crime equiparado a hediondo!).

Considerando que a tortura é crime equiparado a hediondo, entendemos, de todo, aplicável a decisão do STF acerca da **inconstitucionalidade do regime inicial fechado obrigatório (HC 111.840)**. Logo, mesmo para um torturador, será cabível, desde que preenchidos os requisitos legais, regime inicial semiaberto ou até aberto, a depender da quantidade de pena imposta.

No tocante ao **livramento condicional**, seguiremos o mesmo regramento para os crimes hediondos, vale dizer, admite-se a concessão do benefício em comento, desde que cumpridos mais de 2/3 da pena e desde que o réu não seja reincidente específico.

3. LEI DE DROGAS (LEI 11.343/2006)

3.1. Previsão legal

Os crimes envolvendo drogas vêm previstos na Lei 11.343/2006, que revogou expressamente a antiga "Lei de Tóxicos" (Lei 6.368/1976).

3.2. Questão terminológica

Embora a expressão possa parecer "chula", o adequado é que se fale em *droga*, e não mais *substâncias entorpecentes*, tal como previsto na legislação revogada.

3.2.1. Conceito de drogas

Droga é toda **substância capaz de causar dependência**, assim reconhecida em **lei ou listas atualizadas** pelo Executivo Federal (art. 1º, parágrafo único, Lei 11.343/2006).

Hoje, para buscarmos quais são as substâncias consideradas "drogas", devemos analisar o quanto se contém na **Portaria 344/1998 da SVS/MS** (Superintendência de Vigilância Sanitária do Ministério da Saúde). Esta portaria traz uma lista de substâncias entorpecentes, o que equivale às drogas. Trata-se de um ato infralegal, motivo pelo qual, toda vez que a lei mencionar a expressão "drogas", estaremos diante de uma **norma penal em branco em sentido estrito ou heterogêneo**, visto que o ato complementar (portaria) é de hierarquia diversa da norma complementada (lei ordinária federal).

3.3. Principais crimes da Lei de Drogas

3.3.1. Art. 28 – posse ilegal de droga para consumo pessoal

Primeiramente, é bom que se diga que o **uso** de droga é **fato atípico**, visto que o art. 28 não contempla a conduta de "usar ou fazer uso". Ainda que assim não fosse, a não criminalização do uso de drogas decorre do **princípio da alteridade**, segundo o qual o direito penal somente pode proteger condutas direcionadas à lesão de direitos alheios, no caso, à saúde pública (o crime em estudo viola a **saúde pública**).

Destarte, quem usa droga, trazendo-a consigo, não responderá propriamente pelo uso, mas sim pelo **porte**.

3.3.1.1. Condutas típicas

São as seguintes:

a) adquirir;

b) guardar;

c) ter em depósito;

d) transportar; ou

e) trazer consigo.

Estamos diante de um **tipo misto alternativo** ou, ainda, um **crime de ação múltipla**.

3.3.1.2. Objeto material do crime

É a **droga**, assim considerada com base na **Portaria 344/1998** da SVS/MS.

3.3.1.3. Penas

Diversamente do que acontece com todos os demais crimes, o delito de porte de drogas para consumo pessoal, fugindo à regra, estabelece **penas não privativas de liberdade**, já de forma abstrata, motivo pelo qual, em um primeiro momento, chegou-se a discutir sobre a eventual descriminalização das condutas típicas estudadas.

Temos, portanto, as **seguintes penas** cominadas ao art. 28:

a) Advertência sobre os efeitos da droga;

b) Prestação de serviços à comunidade; e

c) Medida educativa de comparecimento a programa ou curso educativo.

As penas poderão ser **alternativa** ou **cumulativamente** impostas. Poderá, pois, o juiz, aplicar as três penalidades cumulativamente, de acordo com o caso concreto.

Pacificou-se na jurisprudência o entendimento de que o crime em questão sofreu apenas uma **despenalização** ou **descarcerização** (redução da resposta penal diante da prática da infração). Não há que se falar, portanto, em descriminalização.

3.3.1.4. Tipo subjetivo

É o **dolo**, sem prejuízo do **especial fim de agir do agente** ("dolo específico"), qual seja, praticar uma das condutas típicas "para consumo pessoal".

3.3.1.5. Figura equiparada (art. 28, § 1º)

Equipara-se ao art. 28, *caput*, submetendo-se às mesmas penas, aquela pessoa que **semear**, **cultivar** ou **colher** plantas destinadas ao preparo de **pequena quantidade de drogas** para consumo pessoal.

A expressão "pequena quantidade de drogas" é o **elemento normativo** do tipo, exigindo-se uma valoração diante do caso concreto.

3.3.1.6. Prazo de duração das medidas coercitivas

No caso de imposição de pena alternativa de prestação de serviços à comunidade ou determinação de comparecimento a programas educativos, o período máximo de duração será de **até 5 meses**.

Impõe salientar que **não caberá privação de liberdade** pelo descumprimento das penas restritivas de direitos impostas pelo juiz na sentença. Em caso de descumprimento, duas são as medidas coercitivas:

a) Admoestação verbal;

b) Multa destinada ao Fundo Nacional Antidrogas.

Se o agente não comparecer em juízo para se submeter à admoestação verbal, será aplicada a multa, sucessivamente.

3.3.1.7. Reincidência no art. 28

Em caso de o réu ser reincidente específico (condenações pelo crime de porte de drogas para consumo pessoal), as penas restritivas de direitos poderão ser impostas pelo prazo de **até 10 meses** (art. 28, § 4º).

3.3.1.8. Prisão em flagrante

Não se imporá a prisão em flagrante do usuário para o crime do art. 28, consoante determina o art. 48, § 2º, da Lei 11.343/2006. A Lei de Drogas veda a chamada **prisão-lavratura**, que é a materialização de uma prisão em flagrante no respectivo auto. No entanto, a denominada prisão-captura é perfeitamente cabível, a fim de que o agente delitivo seja conduzido coercitivamente à Delegacia de Polícia, fazendo, com isso, cessar a atividade criminosa.

Aplicar-se-á ao art. 28 da Lei de Drogas o disposto na Lei 9.099/1995 (Lei dos Juizados Especiais Criminais), motivo pelo qual o crime em questão é considerado de **menor potencial ofensivo**.

3.3.1.9. Prescrição do crime do art. 28

Consoante reza o art. 30 da Lei 11.343/2006, o Estado perderá o direito de punir ou de executar a pena após o decurso de **2 (dois) anos**. Trata-se de regra especial, que prevalece sobre o art. 109 do CP (tabela do prazo prescricional).

3.3.2. Art. 33 – Tráfico de drogas

3.3.2.1. Condutas típicas

O art. 33, *caput*, da Lei 11.343/2006, consubstancia-se em tipo misto alternativo ou crime de ação múltipla, visto que formado por 18 (dezoito) verbos, a saber: *importar, exportar, remeter, preparar, produzir, fabricar, adquirir, vender, expor à venda, oferecer, ter em depósito, transportar, trazer consigo, guardar, prescrever, ministrar, entregar a consumo ou fornecer*.

Para concursos da área federal, importante anotar o teor da **Súmula 528 do STJ**, editada em 2015: "Compete ao juiz federal do local da apreensão da droga remetida do exterior pela via postal processar e julgar o crime de tráfico internacional".

3.3.2.2. Objeto material do crime

O objeto material é a droga, assim definida pela Portaria 344/1998 da SVS/MS.

Será que a quantidade de droga apreendida influencia na dosimetria da pena? Confira-se a posição do STF:

> **Dosimetria e quantidade de droga apreendida**
>
> "A 2ª Turma, em julgamento conjunto de *habeas corpus* e recurso ordinário em *habeas corpus*, reafirmou orientação no sentido de que a quantidade de substância ilegal entorpecente apreendida deve ser sopesada na primeira fase de individualização da pena, nos termos do art. 42 da Lei 11.343/2006, sendo impróprio invocá-la por ocasião da escolha do fator de redução previsto no § 4º do art. 33 da mesma lei, sob pena de *bis in idem*. Com base nesse entendimento, determinou-se a devolução dos autos para que as instâncias de origem procedam a nova individualização da pena, atentando-se para a adequada motivação do fator reducional oriundo da causa especial de diminuição". HC 108513/RS, rel. Min. Gilmar Mendes, 23.08.2011. (HC-108513)
>
> RHC 107857/DF, rel. Min. Gilmar Mendes, 23.8.2011. (RHC-107857) **(Inform. STF** 637)

3.3.2.3. Tipo subjetivo

É o **dolo**. Contudo, é necessário que a intenção do traficante seja a de **"entregar" a droga a consumo de terceiros**, diversamente do que ocorre com o art. 28 da Lei 11.343/2006, em que a intenção do agente é a de consumir a droga.

3.3.2.4. Consumação e tentativa

Pelo fato de o art. 33 trazer dezoito verbos no tipo, alguns deles são considerados **crimes instantâneos**, consumando-se com a só prática da conduta (ex.: importar, exportar, adquirir...). Já outras modalidades de tráfico são consideradas **permanentes**, motivo pelo qual a consumação se protrairá no tempo (ex.: expor à venda, ter em depósito, trazer consigo, guardar...).

Em tese, é admissível a **tentativa**, embora esta seja difícil, visto que, pelo fato de o crime ser de ação múltipla, provavelmente a infração já estará consumada.

3.3.2.5. Art. 33, § 3º – Cedente eventual

A doutrina vem chamando de **cedente eventual** a pessoa que oferecer droga eventualmente, sem objetivo de lucro, a pessoa de seu relacionamento, para juntos a consumirem. Trata-se de um tráfico privilegiado, visto que a pena é bastante menor do que a cominada para o tráfico previsto no *caput* do art. 33.

São **requisitos** para configuração do crime em questão:

✓ oferecer droga;

✓ caráter eventual;

✓ sem objetivo de lucro;

✓ a pessoa de seu relacionamento;

✓ para juntos a consumirem.

Neste caso, a pena será de 6 (seis) meses a 1 (um) ano de detenção, sem prejuízo das penas do art. 28.

Por ser punido com detenção, o crime é afiançável.

Trata-se, finalmente, de crime de **menor potencial ofensivo**. Em virtude de a pena máxima ser de (um) 1 ano, aplica-se a Lei 9.099/1995.

3.3.2.6. Art. 33, § 4º – Causa de diminuição de pena

Se preenchidos os requisitos abaixo, de forma cumulativa, o agente terá a pena reduzida de 1/6 (um sexto) a 2/3 (dois terços):

✓ ser o agente primário;
✓ de bons antecedentes;
✓ que não integre facção criminosa; e
✓ que não se dedique a atividades criminosas.

Trata-se do "traficante de primeira viagem".

A causa de diminuição de pena em comento não era prevista na antiga Lei de Tóxicos. Daí ser considerada *lex mitior* ou *novatio legis in mellius* – lei nova benéfica.

Por ser benéfica, deve ter **efeitos retroativos**. Assim, se o sujeito já estiver cumprindo pena, advindo lei nova benéfica, deverá esta retroagir para beneficiá-lo.

A **questão** que se coloca, contudo, é a seguinte:

✓ **(i) Lei antiga**: a pena do tráfico de drogas variava de 3 (três) a 15 (quinze) anos. Não havia causa de diminuição de pena;
✓ **(ii) Lei nova**: a pena do tráfico varia de 5 (cinco) a 15 (quinze) anos. Há causa de diminuição de pena (art. 33, § 4º);

Questão: esta causa de diminuição de pena (1/6 a 2/3) deverá retroagir e incidir sobre qual pena, caso o agente tenha praticado tráfico de drogas sob a égide da lei anterior? De 3 a 15 anos (pena antiga) ou de 5 a 15 anos (pena nova)?

Existem **dois posicionamentos**. São eles:

a) Primeira posição: a diminuição deverá incidir sobre a pena antiga, já que o traficante respondeu sob a égide da lei anterior. Esta posição adota aquilo que o STF, historicamente, sempre repudiou, qual seja, a combinação de leis penais no tempo;

b) Segunda posição: a diminuição incidirá sobre a pena nova. De acordo com esta posição, não é possível combinação de leis penais, pois violaria a tripartição de Poderes (o Judiciário estaria legislando).

Tanto o STF, quanto o STJ, proferiram decisões nos dois sentidos.

Em notícia extraída do sítio eletrônico desta última Corte, vê-se que a sua 3ª Seção pôs fim à celeuma instaurada desde a edição da Lei 11.343/2006 no que tange à possibilidade – ou não – de combinação de leis no tempo. Confira-se:

"No STJ, a Sexta Turma entendia ser possível a combinação de leis a fim de beneficiar o réu, como ocorreu no julgamento do HC 102.544. Ao unificar o entendimento das duas Turmas penais, entretanto, prevaleceu na Terceira Seção o juízo de que não podem ser mesclados dispositivos mais favoráveis da lei nova com os da lei antiga, pois ao fazer isso o julgador estaria formando uma terceira norma.

A tese consolidada é de que a lei pode retroagir, mas apenas se puder ser aplicada na íntegra. Dessa forma, explicou o Ministro Napoleão Nunes Maia Filho no HC 86.797, caberá ao "magistrado singular, ao juiz da vara de execuções criminais ou ao tribunal estadual decidir, diante do caso concreto, aquilo que for melhor ao acusado ou sentenciado, sem a possibilidade, todavia, de combinação de normas".

O projeto de súmula foi encaminhado pela Min. Laurita Vaz e a redação oficial do dispositivo ficou com o seguinte teor: "É cabível a aplicação retroativa da Lei 11.343, desde que o resultado da incidência das suas disposições, na íntegra, seja mais favorável ao réu do que o advindo da aplicação da Lei 6.368, sendo vedada a combinação de leis". (http://www.stj.jus.br/portal_stj/publicacao/engine.wsp?tmp.area=398&tmp.texto=111943 – acesso em 06.11.2013).

Destarte, com a edição da **Súmula 501 do STJ**, consolidou-se o entendimento segundo o qual é inadmissível a combinação de leis penais no tempo: "*É cabível a aplicação retroativa da Lei 11.343, desde que o resultado da incidência das suas disposições, na íntegra, seja mais favorável ao réu do que o advindo da aplicação da Lei 6.368, sendo vedada a combinação de leis*".

Nada obstante, pela relevância do tema, vale a pena a transcrição dos excertos abaixo, extraídos de Informativo do STF. Para quem se prepara para concursos públicos, nada melhor do que conhecer a posição da mais alta Corte (STF), muito embora, repita-se uma vez mais, o STJ tenha editado a precitada Súmula 501.

Tráfico de drogas e combinação de leis – 1

"O Plenário iniciou julgamento de recurso extraordinário em que se discute a aplicabilidade, ou não, da causa de diminuição de pena prevista no art. 33, § 4º, da Lei 11.343/2006 sobre condenações fixadas com base no art. 12, *caput*, da Lei 6.368/1976, diploma normativo este vigente à época da prática do delito. Na espécie, o Ministério Público Federal alega afronta ao art. 5º, XL, da CF ("*a lei penal não retroagirá, salvo para beneficiar o réu;*") ao argumento de que a combinação de regras mais benignas de dois sistemas legislativos diversos formaria uma terceira lei. O Min. Ricardo Lewandowski, relator, proveu o recurso para determinar que o juízo da Vara de Execuções Penais aplique, em sua integralidade, a legislação mais benéfica ao recorrido, no que foi acompanhado pelos Mins. Cármen Lúcia e Joaquim Barbosa. Inicialmente, ressaltou que a doutrina sempre esteve dividida quanto ao tema. Em sequência, entendeu não ser possível a conjugação de partes mais benéficas de diferentes normas para se criar uma terceira lei, sob penal de ofensa aos princípios da legalidade e da separação de poderes". **RE 596152/SP, rel. Min. Ricardo Lewandowski, 02.12.2010.** (RE-596152)

Tráfico de drogas e combinação de leis – 2

"Afirmou que a Constituição permitiria a retroatividade da lei penal para favorecer o réu, mas não mencionaria sua aplicação em partes. Consignou que a Lei 6.368/1976 estabelecia para o delito de tráfico de drogas uma pena em abstrato de 3 a 15 anos de reclusão e fora revogada pela Lei 11.343/2006, que cominou, para o mesmo crime, pena de 5 a 15 anos de reclusão. Enfatizou, assim, que a novel lei teria imposto reprimenda mais severa para aquele tipo penal e que o legislador se preocupara em diferenciar o traficante organizado do pequeno traficante. Acrescentou haver correlação entre o aumento da pena-base mínima prevista no *caput* do art. 33 da Lei 11.343/2006 e a inserção da causa de diminuição disposta em seu § 4º. Explicitou que, ao ser permitida a combinação das leis referidas para se extrair um terceiro gênero, os magistrados estariam atuando como legislador positivo. Ademais, ponderou que, dessa forma, poder-se-ia chegar à situação em que o delito de tráfico viesse a ser punido com pena semelhante às das infrações de menor potencial ofensivo. Concluiu que, se na dúvida quanto à legislação mais benéfica em determinada situação, dever-se-ia examinar o caso concreto e verificar a lei, que aplicada em sua totalidade, seria mais favorável". **RE 596152/SP, rel. Min. Ricardo Lewandowski, 02.12.2010.** (RE-596152)

Tráfico de drogas e combinação de leis – 3

"Em divergência, o Min. Cezar Peluso, Presidente, proveu o recurso, no que foi seguido pelo Min. Dias Toffoli. Reiterou o teor do voto proferido no julgamento do HC 95435/RS (*DJe* de 07.11.2008), no sentido de entender que aplicar a causa de diminuição não significaria baralhar e confundir normas, uma vez que o juiz, ao assim proceder, não criaria lei nova, mas apenas se movimentaria dentro dos quadros legais para uma tarefa de integração perfeitamente possível. Além disso, asseverou que se deveria observar a finalidade e a *ratio* do princípio, para que fosse dada correta resposta ao tema, não havendo como se repudiar a aplicação da causa de diminuição também a situações anteriores. Nesse diapasão, realçou, também, que a vedação de junção de dispositivos de leis diversas seria apenas produto de interpretação da doutrina e da jurisprudência, sem apoio direto em texto constitucional. Após, pediu vista o Min. Ayres Britto". **RE 596152/SP, rel. Min. Ricardo Lewandowski, 02.12.2010.** (RE-596152) (Inform. STF 611)

Tráfico de drogas e combinação de leis – 4

"O Plenário retomou julgamento de recurso extraordinário em que se discute a aplicabilidade, ou não, da causa de diminuição de pena prevista no art. 33, § 4º, da Lei 11.343/2006 sobre condenações fixadas com base no art. 12, *caput*, da Lei 6.368/1976, diploma normativo este vigente à época da prática do delito – v. Informativo 611. Em voto-vista, o Min. Ayres Britto acompanhou a divergência iniciada pelo Min. Cezar Peluso, Presidente, e desproveu o recurso. Aduziu que a expressão "lei" contida no princípio insculpido no art. 5º, XL, da CF ("*a lei penal não retroagirá, salvo para beneficiar o réu*") referir-se-ia à norma penal, considerada como dispositivo isolado inserido em determinado diploma de lei. No ponto, destacou que a discussão estaria na combinação de normas penais que se friccionassem no tempo, e não na mesclagem de leis. Afirmou, ademais, que a Constituição vedaria a mistura de normas penais que, ao dispor sobre o mesmo instituto legal, contrapusessem-se temporalmente. Nesse sentido, reputou que o fato de a Lei 11.343/2006 ter criado a figura do pequeno traficante, a merecer tratamento diferenciado – não contemplada na legislação anterior —, não implicaria conflito de normas, visto que a minorante seria inédita, sem contraposição a qualquer regra anterior. Após, pediu vista o Min. Luiz Fux". RE 596152/SP, rel. Min. Ricardo Lewandowski, 26.05.2011. (RE-596152) (Inform. STF 628)

Tráfico de drogas e combinação de leis – 5

"Em conclusão de julgamento, o Plenário, ante empate na votação, desproveu recurso extraordinário em que se discutia a aplicabilidade, ou não, da causa de diminuição de pena prevista no art. 33, § 4º, da Lei 11.343/2006 sobre condenações fixadas com base no art. 12, *caput*, da Lei 6.368/1976, diploma normativo este vigente à época da prática do delito – v. Informativos 611 e 628. Além disso, assentou-se a manutenção da ordem de *habeas corpus*, concedida no STJ em favor do ora recorrido, que originara o recurso. Na espécie, o recorrente, Ministério Público Federal, alegava afronta ao art. 5º, XL, da CF ("*a lei penal não retroagirá, salvo para beneficiar o réu*"), ao argumento de que a combinação de regras mais benignas de 2 sistemas legislativos diversos formaria uma terceira lei. Aduziu-se que a expressão "lei" contida no princípio insculpido no mencionado inciso referir-se-ia à norma penal, considerada como dispositivo isolado inserido em determinado diploma de lei. No ponto, destacou-se que a discussão estaria na combinação de normas penais que se friccionassem no tempo. Afirmou-se, ademais, que a Constituição vedaria a mistura de normas penais que, ao dispor sobre o mesmo instituto legal, contrapusessem-se temporalmente. Nesse sentido, reputou-se que o fato de a Lei 11.343/2006 ter criado a figura do pequeno traficante, a merecer tratamento diferenciado – não contemplada na legislação anterior – não implicaria conflito de normas, tampouco mescla, visto que a minorante seria inédita, sem contraposição a qualquer regra pretérita. Por se tratar de pedido de *writ* na origem e em vista de todos os atuais Ministros do STF terem votado, resolveu-se aplicar ao caso concreto o presente resultado por ser mais favorável ao paciente com fundamento no art. 146, parágrafo único, do RISTF ("*Parágrafo único. No julgamento de habeas corpus e de recursos de habeas corpus proclamar-se-á, na hipótese de empate, a decisão mais favorável ao paciente*"). Nesse tocante, advertiu-se que, apesar de a repercussão geral ter sido reconhecida, em decorrência da peculiaridade da situação, a temática constitucional em apreço não fora consolidada". RE 596152/SP, rel. orig. Min. Ricardo Lewandowski, red. p/ o acórdão Min. Ayres Britto, 13.10.2011. (RE 596152)

Tráfico de drogas e combinação de leis – 6

"O Min. Cezar Peluso, Presidente, frisou o teor do voto proferido pela 2ª Turma no julgamento do HC 95435/RS (*DJe* de 07.11.2008), no sentido de entender que aplicar a causa de diminuição não significaria baralhar e confundir normas, uma vez que o juiz, ao assim proceder, não criaria lei nova, apenas se movimentaria dentro dos quadros legais para uma tarefa de integração perfeitamente possível. Além disso, consignou que se deveria cumprir a finalidade e a *ratio* do princípio, para que fosse dada correta resposta ao tema, não havendo como se repudiar a aplicação da causa de diminuição também a situações anteriores. Realçou, ainda, que a vedação de convergência de dispositivos de leis diversas seria apenas produto de interpretação da doutrina e da jurisprudência, sem apoio direto em texto constitucional. O Min. Celso de Mello, a seu turno, enfatizou que o citado pronunciamento fora ratificado em momento subsequente, no julgamento de outro *habeas corpus*. Acresceu que não se cuidaria, na espécie, da denominada "criação indireta da lei". Ato contínuo, assinalou que, mesmo se fosse criação indireta, seria preciso observar que esse tema haveria de ser necessariamente examinado à luz do princípio constitucional da aplicabilidade da lei penal mais benéfica". RE 596152/SP, rel. orig. Min. Ricardo Lewandowski, red. p/ o acórdão Min. Ayres Britto, 13.10.2011. (RE-596152)

Tráfico de drogas e combinação de leis – 7

"De outro lado, o Min. Ricardo Lewandowski, relator, dava provimento ao recurso do *parquet* para determinar que o juízo da Vara de Execuções Penais aplicasse, em sua integralidade, a legislação mais benéfica ao recorrido, no que fora acompanhado pelos Mins. Cármen Lúcia, Joaquim Barbosa, Luiz Fux e Marco Aurélio. Ressaltava a divisão da doutrina acerca do tema. Entendia não ser possível a conjugação de partes mais benéficas de diferentes normas para se criar uma terceira lei, sob pena de ofensa aos princípios da legalidade e da separação de poderes. Afirmava que a Constituição permitiria a retroatividade da lei penal para favorecer o réu, mas não mencionaria sua aplicação em partes. Registrava que a Lei 6.368/1976 estabelecia para o delito de tráfico de drogas uma pena em abstrato de 3 a15 anos de reclusão e fora revogada pela Lei 11.343/2006, que cominara, para o mesmo crime, pena de 5 a 15 anos de reclusão. Evidenciava, dessa maneira, que a novel lei teria imposto reprimenda mais severa para aquele tipo penal e que o legislador se preocupara em diferenciar o traficante organizado do pequeno traficante. Acrescentava haver correlação entre o aumento da pena-base mínima prevista no *caput* do art. 33 da Lei 11.343/2006 e a inserção da causa de diminuição disposta em seu § 4º. Explicitava que, ao ser permitida a combinação das leis referidas para se extrair um terceiro gênero, os magistrados atuariam como legisladores positivos. Por fim, ponderava que se poderia chegar à situação em que o delito de tráfico fosse punido com pena semelhante às das infrações de menor potencial ofensivo. Concluía que, na dúvida quanto à legislação mais benéfica em determinada situação, dever-se-ia examinar o caso concreto e verificar a lei que, aplicada em sua totalidade, fosse mais favorável". RE 596152/SP, rel. orig. Min. Ricardo Lewandowski, red. p/ o acórdão Min. Ayres Britto, 13.10.2011. (RE-596152)

Tráfico de drogas e combinação de leis – 8

"O Min. Luiz Fux apontava afronta ao princípio da isonomia (CF, art. 5º, *caput*), pois a *lex tertia*, aplicada pelo STJ, conceberia paradoxo decorrente da retroação da lei para conferir aos fatos passados situação jurídica mais favorável do que àqueles praticados durante a sua vigência. Dessumia que a aplicação da retroatividade da lei "em tiras" consistiria em velada deturpação da nova percepção que o legislador, responsável por expressar os anseios sociais, manifestara sobre a mesma conduta. Indicava, ademais, violação a outros fundamentos da Constituição: o princípio da legalidade e a democracia. Criar-se-ia, com a tese por ele refutada, regra não prevista na lei antiga nem na lei nova, que não experimentaria do batismo democrático atribuído à lei formal. Destacava que a questão reclamaria, portanto, o que se denominara como "sistema da apreciação *in concreto*" em conjunto com o princípio da alternatividade, para resolver pela aplicação da lei antiga ou da lei nova, uma ou outra, integralmente. O Min. Marco Aurélio, por sua vez, aduzia que, com a Lei 11.343/2006, houvera, também, a exacerbação das penas relativas à multa. Assegurava que, naquele contexto, cuidara-se, para situações peculiares, de uma causa de diminuição da reprimenda, ao inseri-la no artigo. No aspecto, salientava que o parágrafo seria interpretado segundo o artigo. A razão de ser do preceito seria mitigar a elevação do piso em termos de pena restritiva da liberdade de 3 para 5 anos. Por esse motivo, entendia haver mesclagem de sistemas, ao se manter a pena da Lei 6.368/1976 adotando-se, contudo, a causa de diminuição que estaria jungida à cabeça do art. 33 da outra norma. Asseverava que, ao se proceder dessa maneira, colocar-se-ia em segundo plano o princípio unitário e criar-se-ia novo diploma para reger a matéria". RE 596152/SP, rel. orig. Min. Ricardo Lewandowski, red. p/ o acórdão Min. Ayres Britto, 13.10.2011. (RE-596152) (Inform. STF 644)

Por fim, importantíssimo registrar que a 3ª Seção do STJ, acompanhando a posição do STF, para o qual o tráfico privilegiado não pode ser considerado hediondo, sob pena de ofensa à proporcionalidade (HC 118.533/MS, Rel. Min. Cármen Lúcia, j. 23.06.2016), revisou seu anterior entendimento e **cancelou a Súmula 512**, aprovada em junho de 2014, que trazia a seguinte redação: "A aplicação da causa de diminuição de pena prevista no art. 33, § 4º, da Lei 11.343/2006 não afasta a hediondez do crime de tráfico de drogas".

Para reforçar a tese acima, o **Pacote Anticrime** (Lei 13.964/2019), ao promover alterações ao art. 112 da LEP, expressamente dispôs em seu novel §5º que, para fins de progressão de regime, não se considera hediondo ou equiparado o crime de tráfico de drogas previsto no § 4º do art. 33 da Lei nº 11.343, de 23 de agosto de 2006.

3.3.2.7. Vedações penais e processuais ao tráfico

De acordo com o art. 44 da Lei 11.343/2006, os crimes previstos nos arts. 33, *caput* e § 1º, 34 a 37, são:

a) Inafiançáveis;

b) Insuscetíveis de *sursis*, graça, indulto e anistia;

c) Insuscetível de liberdade provisória;

d) Impassíveis de conversão das penas privativas de liberdade por restritivas de direitos.

Tanto com relação à liberdade provisória, quanto com relação à impossibilidade de conversão de PPL por PRD para tráfico de drogas, o STF, em controle difuso (HC 97.256), reconheceu a inconstitucionalidade das vedações

Acerca da vedação à conversão de pena privativa de liberdade em restritiva de direitos, confira-se abaixo a posição da Suprema Corte:

Tráfico de drogas: "sursis" e substituição de pena por restritiva de direitos

"A 1ª Turma julgou prejudicado *habeas corpus* em que condenado à reprimenda de 1 ano e 8 meses de reclusão em regime fechado e 166 dias-multa, pela prática do crime de tráfico ilícito de entorpecentes (Lei 11.343/2006, art. 33), pleiteava a suspensão condicional da pena nos termos em que concedida pelo Tribunal de Justiça estadual. Em seguida, deferiu, de ofício, a ordem para reconhecer a possibilidade de o juiz competente substituir a pena privativa de liberdade por restritiva de direitos, desde que preenchidos os requisitos objetivos e subjetivos previstos na lei. A impetração questionava acórdão que, em 09.03.2010, ao dar provimento a recurso especial do *parquet*, não admitira o *sursis*, em virtude de expressa vedação legal. Consignou-se que, ao julgar o HC 97256/RS (*DJe* de 16.12.2010), o Supremo concluíra, em 01.09.2010, pela inconstitucionalidade dos arts. 33, § 4º; e 44, *caput*, da Lei 11.343/2006, ambos na parte em que vedavam a substituição da pena privativa de liberdade por restritiva de direitos em condenação pelo delito em apreço. Asseverou-se, portanto, estar superado este impedimento. Salientou-se que a convolação da reprimenda por restritiva de direitos seria mais favorável ao paciente. Ademais, observou-se que o art. 77, III, do CP estabelece a aplicabilidade de suspensão condicional da pena quando não indicada ou cabível a sua substituição por restritiva de direitos (CP, art. 44)". HC 104361/RJ, rel. Min. Cármen Lúcia, 03.05.2011. (HC-104361) (Inform. STF 625).

Quanto à vedação de *sursis*, contraditoriamente, a 1ª Turma do STF, que, como visto acima, reconheceu a inconstitucionalidade da vedação abstrata à conversão de pena privativa de liberdade por restritivas de direitos, negou a possibilidade, por maioria de votos, de concessão de referido benefício. Veja a seguir:

Tráfico ilícito de entorpecentes e suspensão condicional da pena

"A 1ª Turma iniciou julgamento de *habeas corpus* em que se pleiteia a suspensão condicional da pena a condenado pela prática do crime de tráfico ilícito de entorpecentes (Lei 11.343/2006, art. 33). O Min. Marco Aurélio, relator, denegou a ordem. Reputou não se poder cogitar do benefício devido à vedação expressa contida no art. 44 do referido diploma (*"Os crimes previstos nos arts. 33, caput e § 1º, e 34 a 37 desta Lei são inafiançáveis e insuscetíveis de sursis, graça, indulto, anistia e liberdade provisória, vedada a conversão de suas penas em restritivas de direitos"*), que estaria em harmonia com a Lei 8.072/1990 e com a Constituição, em seu art. 5º, XLIII (*"a lei considerará crimes inafiançáveis e insuscetíveis de graça ou anistia a prática da tortura, o tráfico ilícito de entorpecentes e drogas afins, o terrorismo e os definidos como crimes hediondos, por eles respondendo os mandantes, os executores e os que, podendo evitá-los, se omitirem"*). Após, pediu vista o Min. Dias Toffoli". HC 101919/MG, rel. Min. Marco Aurélio, 26.04.2011. (HC-101919) (Inform. STF 624)

Tráfico ilícito de entorpecentes e suspensão condicional da pena – 2

"Em conclusão de julgamento, a 1ª Turma denegou, por maioria, *habeas corpus* em que se pleiteava a suspensão condicional da pena a condenado pela prática do crime de tráfico ilícito de entorpecentes (Lei 11.343/2006, art. 33) – v. Informativo 624. Reputou-se não se poder cogitar do benefício devido à vedação expressa contida no art. 44 do referido diploma (*"Os crimes previstos nos arts. 33, caput e § 1º, e 34 a 37 desta Lei são inafiançáveis e insuscetíveis de sursis, graça, indulto, anistia e liberdade provisória, vedada a conversão de suas penas em restritivas de direitos"*), que estaria em harmonia com a Lei 8.072/1990 e com a Constituição, em seu art. 5º, XLIII (*"a lei considerará crimes inafiançáveis e insuscetíveis de graça ou anistia a prática da tortura, o tráfico ilícito de entorpecentes e drogas afins, o terrorismo e os definidos como crimes hediondos, por eles respondendo os mandantes, os executores e os que, podendo evitá-los, se omitirem"*). Vencido o Min. Dias Toffoli, que deferia a ordem ao aplicar o mesmo entendimento fixado pelo Plenário, que declarara incidentalmente a inconstitucionalidade do óbice da substituição da pena privativa de liberdade por restritiva de direito em crime de tráfico ilícito de droga". HC 101919/MG, rel. Min. Marco Aurélio, 06.09.2011. (HC-101919) (Inform. STF 639)

4. ESTATUTO DO DESARMAMENTO (LEI 10.826/2003)

4.1. Evolução legislativa

Inicialmente, o porte ilegal de arma era considerado contravenção penal, prevista no art. 19 da Lei de Contravenções Penais (Decreto-lei 3.688/1941). Com o tempo, o porte ilegal de arma passou a ser considerado crime, após a edição da Lei 9.437/1997. Hoje, o porte ilegal de armas continua sendo crime, regido, porém, pelo Estatuto do Desarmamento (Lei 10.826/2003).

4.2. Objetos materiais do Estatuto do Desarmamento

Os tipos penais previstos no Estatuto do Desarmamento (arts. 12 a 18) trazem, basicamente, os seguintes objetos materiais:

a) arma de fogo;

b) munição; e

c) acessórios.

Para os fins do presente trabalho, precisamos saber o quanto segue:

a) Armas de fogo, munições ou acessórios de **uso permitido**: são controlados pelo **SINARM (Sistema Nacional de Armas)**, gerido pela Polícia Federal;

b) Armas de fogo, munições e acessórios de uso **restrito**: são controlados pelo **Comando do Exército**.

4.3. Crimes em espécie (arts. 12 a 18)

✓ Art. 12 – posse irregular de arma de fogo, munição e acessório de uso permitido;

✓ Art. 13 – omissão de cautela;

✓ Art. 14 – porte ilegal de arma de fogo, munição e acessório de uso permitido;

✓ Art. 15 – disparo de arma de fogo;

✓ Art. 16 – posse ou porte ilegal de arma de fogo, munição e acessório de uso restrito;

✓ Art. 17 – comércio ilegal de arma de fogo, munição e acessório;

✓ Art. 18 – tráfico internacional de arma de fogo, munição e acessório.

4.3.1. Art. 12: posse irregular de arma de fogo, munição e acessório de uso permitido

✓ **Conduta típica:** *possuir* ou *manter* sob sua guarda;

✓ **Objetos materiais:** arma de fogo, munição e acessório de uso permitido;

✓ **Elemento normativo do tipo:** *sem autorização ou em desacordo com determinação legal ou regulamentar;*

✓ **Elementos modais:** *interior da residência ou dependências ou no local do trabalho;*

✓ **Sujeito ativo:** se a arma de fogo, munição e acessório for encontrado na **residência**, o sujeito ativo será o legítimo possuidor ou proprietário. Se a arma de fogo, munição e acessório for localizado no **local de trabalho**, é necessário que o sujeito ativo seja o responsável legal ou titular do estabelecimento. Estranhos que estejam na residência ou no local do trabalho responderão por crime mais grave, e não pelo art. 12. O Estatuto do Desarmamento autoriza que pessoas possuam armas de **uso permitido** ou em sua residência ou em seu local de trabalho, desde que preenchidos alguns requisitos (art. 4º).

No tocante a alguém poder possuir a arma de fogo, munição ou acessório de uso permitido no local de trabalho, somente poderá ter autorização o responsável legal ou titular da empresa.

O certificado do registro permite a posse e não o porte da arma de fogo, munição e acessório.

A posse se torna ilegal quando estiver dentro da casa ou local do trabalho arma de fogo, munição e acessório sem autorização.

Importante registrar a posição jurisprudencial acerca da posse de munição de uso permitido e de uso proibido em um mesmo contexto fático (STJ):

CRIME ÚNICO. GUARDA. MUNIÇÃO.

"O crime de manter sob a guarda munição de uso permitido e de uso proibido caracteriza-se como crime único, quando houver unicidade de contexto, porque há uma única ação, com lesão de um único bem jurídico, a segurança coletiva, e não concurso formal, como entendeu o tribunal estadual". Precedente citado: HC 106.233-SP, *DJe* 03.08/2009. HC 148.349-SP, Rel. Min. Maria Thereza de Assis Moura, julgado em 22.11.2011. (Inform. STJ 488)

Entendemos que, no caso acima, deverá o agente ser condenado pela posse de munição de uso restrito, considerado crime mais grave.

4.3.2. Art. 13 – omissão de cautela

✓ **Conduta típica:** deixar de observar as cautelas necessárias para impedir que menores de dezoito anos ou pessoas portadoras de deficiência mental se apoderem de arma de fogo;

✓ **Crime omissivo próprio**: trata-se de crime omissivo, que se aperfeiçoa pela prática de uma conduta negativa (deixar de observar...). Não se admite tentativa;

✓ **Crime culposo:** de acordo com a doutrina, trata-se de crime culposo, visto que a expressão "deixar de observar as **cautelas necessárias**" denota negligência, que é modalidade de culpa. Inadmissível a tentativa por estarmos diante de crime culposo;

✓ **Consumação:** no momento que houver o efetivo apoderamento da arma de fogo;

✓ **Objeto material:** somente arma de fogo. O tipo penal não menciona os acessórios e as munições. Qualquer que seja a arma de fogo o crime estará configurado, tendo em vista a omissão do legislador em dizer se a arma seria de uso permitido, restrito ou proibido.

4.3.2.1. Figura equiparada à omissão de cautela – art. 13, parágrafo único

Caso o dono ou responsável legal por empresa de segurança de transporte de valores tome conhecimento da perda, furto, roubo ou, de maneira geral, extravio de arma de fogo, munição e acessório, deverá registrar a ocorrência e comunicar à Polícia Federal.

Se aludidas providências não forem tomadas no prazo de 24 horas, o dono ou responsável legal por empresa de segurança e transporte de valores responderá pelas mesmas penas do *caput* do art. 13.

Em suma:

✓ **Sujeito ativo**: dono ou responsável legal por empresa de segurança e transporte de valores. Trata-se de crime próprio;

✓ **Crime omissivo próprio**: a conduta típica decorre de uma omissão do agente em comunicar o fato à Polícia Federal e registrar a ocorrência;

✓ **Objeto material**: arma de fogo, munição e acessório de uso permitido, restrito ou proibido;

✓ **Consumação**: após 24 horas da ciência do fato pelo dono ou responsável legal por empresa de segurança e transporte de valores. É doutrinariamente chamado de crime a prazo.

4.3.3. Art. 14 – porte ilegal de arma de fogo, munição e acessório de uso permitido

✓ **Condutas típicas**: portar, deter, adquirir, fornecer, receber, ter em depósito, transportar, ceder, ainda que gratuitamente, emprestar, remeter, empregar, manter sob guarda ou ocultar arma de fogo, acessório ou munição, de uso permitido, sem autorização e em desacordo com determinação legal ou regulamentar. Trata-se de crime de ação múltipla ou tipo misto alternativo.

✓ Não se confunde com o crime do art. 12 do Estatuto do Desarmamento, pois naquele caso o agente possui ou mantém em sua residência ou local de trabalho (intramuros), irregularmente, arma de fogo, acessório ou munição de uso permitido. No crime ora estudado, referidos objetos encontram-se fora da residência ou local de trabalho (extramuros);

✓ **Objetos materiais**: arma de fogo, acessório ou munição, todos de uso permitido;

✓ **Sujeito ativo**: é crime comum, qualquer pessoa pode cometer;

✓ **Sujeito passivo**: é a coletividade, a Segurança Pública.

Acerca da discussão se o porte de arma desmuniciada constitui ou não o crime em comento, predomina no STF o posicionamento de que estamos diante de **crime de mera conduta** e de **perigo abstrato**, pouco importando se arma está sem munição. Esta deve ser a posição para os concursos de Ministério Público.

No entanto, para concurso de ingresso à Defensoria Pública, trazemos abaixo a posição que poderá ser adotada, nada obstante seja francamente minoritária:

ARMA DESMUNICIADA. USO PERMITDO. ATIPICIDADE.

"Conforme o juízo de primeiro grau, a paciente foi presa em flagrante quando trazia consigo uma arma de fogo calibre 22 desmuniciada que, periciada, demonstrou estar apta a realizar disparos. Assim, a Turma, ao prosseguir o julgamento, por maioria, concedeu a ordem com base no art. 386, III, do CPP e absolveu a paciente em relação à acusação que lhe é dirigida por porte ilegal de arma de fogo de uso permitido, por entender que o fato de a arma de fogo estar desmuniciada afasta a tipicidade da conduta, conforme reiterada jurisprudência da Sexta Turma". Precedentes citados do STF: RHC 81.057-SP, *DJ* 29.04.2005; HC 99.449-MG, *DJe* 11.02.2010; do STJ: HC 76.998-MS, *DJe* 22.02.2010, e HC 70.544-RJ, *DJe* 03.08.2009. HC 124.907-MG, Rel. Min. Og Fernandes, julgado em 06.09.2011. (Inform. STJ 482)

4.3.3.1. Art. 14, parágrafo único – inafiançabilidade

De acordo com o dispositivo legal em comento, o crime previsto no *caput* é **inafiançável**, salvo se a arma estiver registrada em nome do agente. Todavia, no julgamento da ADI 3.112, o STF declarou a inconstitucionalidade do dispositivo. Portanto, o crime em questão **admite a concessão de fiança**.

4.3.4. Art. 15 – disparo de arma de fogo

✓ **Condutas típicas**: *disparar* arma de fogo ou *acionar* munição (não necessita da arma de fogo);

✓ **Objeto material**: não se faz distinção se a arma ou munição são de uso permitido, restrito e proibido;

✓ **Locais do disparo ou acionamento da munição**: lugar habitado ou em suas adjacências, em via pública ou em direção a ela. São chamados de *elementos modais do tipo* estes locais.

Assim, se o disparo ocorrer em local ermo, não se configura o crime do art. 15;

✓ **Crime subsidiário expresso**: somente se configura este crime se o disparo ou acionamento da munição não forem efetuados com a finalidade da prática de outro crime;

✓ **Concurso de crimes**: vários disparos no mesmo contexto = crime único, com a diferença de que a pena poderá ser aumentada. Vários disparos em contextos distintos haverá concurso de crimes.

4.3.4.1. Art. 15, parágrafo único – inafiançabilidade

De acordo com o dispositivo legal em comento, o crime previsto no *caput* é inafiançável. Todavia, no julgamento da ADI 3.112, o STF declarou a inconstitucionalidade do dispositivo. Portanto, o crime em questão **admite a concessão de fiança**.

4.3.5. Art. 16 – posse ou porte ilegal de arma de fogo, munição e acessório de uso restrito

✓ **Condutas típicas**: possuir, deter, portar, adquirir, fornecer, receber, ter em depósito, transportar, ceder, ainda que gratuitamente, emprestar, remeter, empregar, manter sob sua guarda ou ocultar arma de fogo, acessório ou munição de uso restrito, sem autorização e em desacordo com determinação legal ou regulamentar;

✓ **Objetos materiais**: arma de fogo, munição e acessórios de uso restrito;

✓ **Elementos normativos**: as condutas devem ser praticadas *sem autorização e em desacordo com determinação legal ou regulamentar* (registro/porte);

✓ **Quem controla as armas de uso restrito e proibido?** R.: é o Comando do Exército.

4.3.5.1. Figuras equiparadas – art. 16, §1º

O §1º do art. 16, com as alterações promovidas pelo *Pacote Anticrime* (Lei 13.964/2019), assim dispõe:

> *Nas mesmas penas incorre quem:*
>
> *I – suprimir ou alterar marca, numeração ou qualquer sinal de identificação de arma de fogo ou artefato;*
>
> *II – modificar as características de arma de fogo, de forma a torná-la equivalente a arma de fogo de uso proibido ou restrito ou para fins de dificultar ou de qualquer modo induzir a erro autoridade policial, perito ou juiz;*
>
> *III – possuir, deter, fabricar ou empregar artefato explosivo ou incendiário, sem autorização ou em desacordo com determinação legal ou regulamentar;*
>
> *IV – portar, possuir, adquirir, transportar ou fornecer arma de fogo com numeração, marca ou qualquer outro sinal de identificação raspado, suprimido ou adulterado;*
>
> *V – vender, entregar ou fornecer, ainda que gratuitamente, arma de fogo, acessório, munição ou explosivo a criança ou adolescente; e*
>
> *VI – produzir, recarregar ou reciclar, sem autorização legal, ou adulterar, de qualquer forma, munição ou explosivo.*

Notadamente com relação ao inciso IV, usualmente cobrado nos concursos públicos, seguem algumas ponderações. Vejamos:

Condutas típicas: portar, possuir, adquirir, transportar ou fornecer arma de fogo com *numeração, marca ou qualquer outro sinal de identificação raspado, suprimido ou adulterado*;

✓ **Questões polêmicas a respeito deste crime**:

1. Arma de uso permitido obliterada (adulterada), estando *no interior de residência ou local de trabalho*, configura o crime do art. 16, §1º, IV. Importa saber apenas que a arma está obliterada;

2. Portar arma de uso permitido obliterada configura o crime do art. 16. Não importa se a arma for de uso permitido, o que prevalece é a obliteração.

Importante ressaltar, a respeito do crime em comento, entendimento jurisprudencial do STJ que se consolidou acerca da data para considerar como crime a posse de arma de uso permitido com identificação raspada. Com efeito, quando da edição do Estatuto de Desarmamento, fixou-se o prazo de 180 dias, a partir da publicação da lei, para registro dessas armas "irregulares". Porém, os prazos foram prorrogados diversas vezes por leis posteriores. Assim, a 3ª Seção do STJ, após muita discussão em referida Corte, e nos Tribunais Estaduais, estabeleceu qual o prazo final da abolição criminal temporária (*abolitio criminis temporalis*) para o crime de posse de armas sem identificação e sem registro.

Em julgamento de recurso especial repetitivo, a referida Seção decidiu que é crime a posse de arma de fogo de uso permitido com numeração, marca ou qualquer outro sinal de identificação raspado, suprimido ou adulterado, praticada **após 23.10.2005**. Segundo a decisão, foi nesta data que a *abolitio criminis* temporária cessou, pois foi exatamente o termo final (*dies ad quem*) da prorrogação dos prazos previstos na redação original dos artigos 30 e 32 da Lei 10.826/2003.

O entendimento sob análise recebeu o seguinte enunciado: "**Súmula 513**: *A abolitio criminis* temporária prevista na Lei 10.826/2003 aplica-se ao crime de posse de arma de fogo de uso permitido com numeração, marca ou qualquer outro sinal de identificação raspado, suprimido ou adulterado, praticado somente até 23.10.2005".

4.3.5.2. Forma qualificada

O *Pacote Anticrime* (Lei 13.964/2019) incluiu uma qualificadora ao crime em comento, qual seja, aquela prevista no **§2º do art. 16** do Estatuto do Desarmamento. Assim, se o objeto material de uma ou mais condutas descritas no *caput* for **arma de fogo de uso proibido**, a pena será de reclusão de 4 a 12 anos.

4.3.5.3. Crime hediondo

A posse ou o porte ilegal de arma de fogo de uso restrito, com o advento da Lei 13.497/2017, foi incluída ao rol dos **crimes hediondos**, mais especificamente no art. 1º, parágrafo único, II, da Lei 8.072/1990 (com as alterações redacionais promovidas pelo *Pacote Anticrime*).

4.3.6. Art. 17 – comércio ilegal de arma de fogo, munição e acessório

✓ **Condutas típicas**: adquirir, alugar, receber, transportar, conduzir, ocultar, ter em depósito, desmontar, montar, remontar, adulterar, vender, expor à venda, ou de qualquer forma utilizar, em proveito próprio ou alheio, no exercício de atividade comercial ou industrial, arma de fogo, acessório ou munição, sem autorização ou em desacordo com determinação legal ou regulamentar. Trata-se de crime de ação múltipla ou tipo misto alternativo. A prática de mais de 1 verbo configura crime único;

✓ **Objetos materiais**: arma de fogo, munição e acessório de qualquer tipo, seja de uso permitido, restrito ou proibido;

✓ **Sujeito ativo**: pessoa que exerce atividade comercial ou industrial (envolvendo arma de fogo, munição e acessório).

Pena: com o *Pacote Anticrime* (Lei 13.964/2019), a pena, que era de reclusão, de 4 a 8 anos, foi majorada para 6 a 12 anos, além da multa.

✓ Trata-se, é bom dizer, de crime hediondo (art. 1º, parágrafo único, III, da Lei 8.072/1990), assim considerado após o advento da **Lei 13.964/2019**.

4.3.6.1. Equiparação a atividade comercial – art. 17, §1º

Equipara-se a atividade comercial *qualquer forma de prestação de serviços, inclusive o serviço exercido dentro de residência*. É uma norma de extensão.

✓ **Sujeito ativo**: qualquer pessoa pode praticar este crime se prestar o serviço de forma profissional ou não tão profissional.

4.3.6.2. Equiparação a comércio ilegal de arma de fogo – art. 17, §2º

O *Pacote Anticrime* incluiu ao art. 17 do Estatuto do Desarmamento uma figura equiparada ao comércio ilegal de arma de fogo (§2º). Assim, responderá pelo crime em estudo aquele que vender ou entregar arma de fogo, acessório ou munição, sem autorização ou em desacordo com a determinação legal ou regulamentar, a **agente policial disfarçado**, quando presentes elementos probatórios razoáveis de conduta criminal preexistente.

4.3.7. Art. 18 – tráfico internacional de arma de fogo, munição e acessório

✓ **Condutas típicas**: importar, exportar, favorecer a entrada ou saída do território nacional, a qualquer título, de arma de fogo, acessório ou munição, sem autorização da autoridade competente;

✓ **Objeto material**: arma de fogo, acessório ou munição (de uso permitido, restrito ou proibido, eis que a lei não fez qualquer distinção);

✓ **Elementos normativos do tipo**: sem autorização ou em desacordo com determinação legal ou regulamentar;

✓ **Competência de julgamento**: é da Justiça Federal, pois envolve fronteiras.;

✓ **Pena: antes do Pacote Anticrime (Lei 13.964/2019), era de reclusão, de 4 a 8 anos. Doravante, será de 8 a 16 anos, além de multa.**

✓ **Sujeito ativo**: nas modalidades importar e exportar, este crime pode ser cometido por qualquer pessoa, pois é crime comum. Nas modalidades favorecer a entrada ou saída, é crime próprio de funcionários públicos que tenham o dever de fiscalização em aduana.

✓ **Crime hediondo:** o Pacote Anticrime (Lei 13.964/2019) tornou o tráfico internacional de arma de fogo crime hediondo (art. 1º, parágrafo único, IV, da Lei 8.072/1990).

4.3.8. Art. 21 – vedação de liberdade provisória

Os crimes de porte ou posse ilegal, comércio ilegal e tráfico internacional de arma de fogo, munição e acessórios (art. 16, 17 e 18 do Estatuto) são **inafiançáveis e insuscetíveis de liberdade provisória**, consoante prevê o art. 21 do Estatuto do Desarmamento.

Todavia, a ADI 3.112, julgada pelo STF, reconheceu a **inconstitucionalidade** do precitado dispositivo legal. Portanto, desde que preenchidos os requisitos exigidos pelo CPP, admitir-se-á, em tese, a concessão de liberdade provisória aos crimes acima mencionados.

5. CRIMES DE TRÂNSITO – LEI 9.503/1997 – PRINCIPAIS ASPECTOS

5.1. Abrangência da Lei 9.503/1997

O Código de Trânsito Brasileiro (CTB) cuidou de tratar não apenas das infrações administrativas relativas às regras de circulação, mas, também, da parte criminal, que, doravante, será tratada em seus principais aspectos (arts. 291 a 312).

5.2. Aplicação subsidiária do Código Penal, Código de Processo Penal e Lei 9.099/1995

Confira-se a redação do art. 291 do CTB:

Art. 291. Aos crimes cometidos na direção de veículos automotores, previstos neste Código, aplicam-se as normas gerais do Código Penal e do Código de Processo Penal, se este Capítulo não dispuser de modo diverso, bem como a Lei 9.099, de 26.09.1995, no que couber.

§ 1º Aplica-se aos crimes de trânsito de lesão corporal culposa o disposto nos arts. 74, 76 e 88 da Lei 9.099, de 26.09.1995, exceto se o agente estiver:

I – sob a influência de álcool ou qualquer outra substância psicoativa que determine dependência;

II – participando, em via pública, de corrida, disputa ou competição automobilística, de exibição ou demonstração de perícia em manobra de veículo automotor, não autorizada pela autoridade competente;

III – transitando em velocidade superior à máxima permitida para a via em 50 km/h (cinquenta quilômetros por hora).

§ 2º Nas hipóteses previstas no § 1º deste artigo, deverá ser instaurado inquérito policial para a investigação da infração penal.

Vê-se que o legislador determinou a aplicação subsidiária dos Códigos Penal e Processo Penal aos crimes de trânsito sempre que o CTB não dispuser de modo diverso. Trata-se, evidentemente, da materialização do princípio da especialidade, vale dizer, aplicar-se-á a legislação "geral" (CP, CPP e Lei 9.099/1995) se nada for estipulado de modo diverso na legislação "especial" (*in casu*, a Lei 9.503/1997).

Especificamente no tocante ao crime de lesão corporal culposa na direção de veículo automotor (art. 303 do CTB), que é considerado de *menor potencial ofensivo* quando praticada pelo agente a conduta descrita no tipo básico ou fundamental, determinou-se a incidência dos institutos despenalizadores da Lei 9.099/1995 (arts. 74, 76 e 88 – composição civil, transação penal e necessidade de representação), exceto se presentes algumas das situações previstas no art. 291, § 1º, do CTB, quais sejam:

a) se o agente estiver sob a influência de álcool ou qualquer outra substância psicoativa que determine dependência;

b) se o agente estiver participando, em via pública, de corrida, disputa ou competição automobilística ("racha"), de exibição ou demonstração de perícia em manobra de veículo automotor, não autorizada pela autoridade competente; e

c) se o agente estiver transitando em velocidade superior à máxima permitida para a via em 50 km/h (cinquenta quilômetros por hora).

Destarte, nas situações adrede destacadas, a despeito de o agente haver praticado crime de menor potencial ofensivo (art. 303, *caput*, do CTB), não lhe será dado beneficiar-se dos institutos despenalizadores da Lei 9.099/1995, sendo o caso, inclusive, de instauração de inquérito policial, conforme determina o art. 291, § 2º, da lei em comento.

5.3. A medida cautelar do art. 294 do CTB

Reza o dispositivo que:

Art. 294. Em qualquer fase da investigação ou da ação penal, havendo necessidade para a garantia da ordem pública, poderá o juiz, como medida cautelar, de ofício, ou a requerimento do Ministério Público ou ainda mediante representação da autoridade policial, decretar, em decisão motivada, a suspensão da permissão ou da habilitação para dirigir veículo automotor, ou a proibição de sua obtenção.

Parágrafo único. Da decisão que decretar a suspensão ou a medida cautelar, ou da que indeferir o requerimento do Ministério Público, caberá recurso em sentido estrito, sem efeito suspensivo.

Trata-se de medica cautelar de suspensão ou proibição da permissão ou da habilitação para a condução de veículo automotor, que, por óbvio, exigirá o binômio *fumus boni iuris* e *periculum in mora*.

Nas palavras de Cláudia Barros Portocarrero, que endossamos, "entendemos que a aplicação da medida cautelar em estudo somente é possível nas hipóteses em que o legislador comina a suspensão ou proibição como pena, ou seja, nas hipóteses de estar o agente respondendo pelos crimes descritos nos arts. 302, 303 e 308" (*Leis Penais Especiais para Concursos* – 2010, Ed. Impetus, p. 243).

Frise-se que da decisão que houver decretado a medida em questão será cabível o manejo de recurso em sentido escrito (art. 581 do CPP), mas sem efeito suspensivo. Se for gritante o desacerto na decretação da medida cautelar, que é gravosa, visto que trará consequências gravosas aos condutores de veículos automotores, cremos viável a impetração de mandado de segurança para a atribuição de efeito suspensivo ao recurso.

Uma vez decretada a suspensão para dirigir veículo automotor ou a proibição de se obter a permissão ou a habilitação, deverá ser comunicada pela autoridade judiciária ao CONTRAN e ao órgão de trânsito estadual em que o indiciado ou réu for domiciliado ou residente (art. 295 do CTB). Trata-se de providência necessária à garantia da eficácia da medida, que seria inócua caso não houvesse a formal comunicação dos órgãos de trânsito.

5.4. Inadmissibilidade de prisão em flagrante e exigência de fiança

Nos termos do art. 301 do CTB, ao condutor de veículo, nos casos de acidentes de trânsito de que resulte vítima, não se imporá a prisão em flagrante, nem se exigirá fiança, se prestar pronto e integral socorro àquela.

Trata-se de regra extremamente salutar, visto que estimula a prestação de socorro às vítimas de acidentes automobilísticos, trazendo ao agente delitivo certa "tranquilidade" em permanecer no local do crime (ex.: lesão corporal culposa) prestando socorro. Porém, caso não o faça, impor-se-á, em tese, a prisão em flagrante.

5.5. Os principais crimes do CTB

Para os fins a que se destina esta obra, que garante ao candidato-leitor uma "super-revisão" dos tópicos dos editais de concursos, traremos comentários aos principais – e mais relevantes – crimes previstos no Código de Trânsito Brasileiro.

Vamos a eles!

5.5.1. Homicídio culposo (art. 302 do CTB)

Art. 302. Praticar homicídio culposo na direção de veículo automotor:

Penas – detenção, de dois a quatro anos, e suspensão ou proibição de se obter a permissão ou a habilitação para dirigir veículo automotor.

5.5.1.1. Diferença com o homicídio culposo previsto no art. 121, § 3º, do CP

O art. 302 em comento trata do homicídio culposo, figura que muito se assemelha àquela descrita no art. 121, § 3º, do CP. No entanto, embora ambos os tipos penais tratem de "homicídio culposo", não se confundem, a despeito de o evento "morte" estar presente nos dois casos.

É que na legislação especial – *in casu*, no CTB –, o agente mata a vítima "na direção de veículo automotor", ou seja, em situação especial se comparada ao Código Penal. Neste, o agente, por imprudência, negligência ou imperícia, mata alguém. Naquele, também por imprudência, negligência ou imperícia, o agente mata alguém, mas, como dito, "na direção de veículo automotor" (elemento especializante).

Embora tal diferenciação pareça inútil, visto que, em ambos os casos, o agente responderá por homicídio culposo, o fato é que o crime definido no CTB é punido com maior rigor (detenção, de *dois a quatro anos*, e suspensão ou proibição de se obter a permissão ou a habilitação para dirigir veículo automotor) do que aquele previsto no CP (detenção, de *um a três anos*).

Em síntese: a) se o agente matar alguém na condução de veículo automotor, responderá por homicídio culposo de trânsito (art. 302 do CTB); b) se a morte culposamente provocada pelo agente ocorrer em outras situações – que não na direção de veículo automotor –, aplicar-se-á o art. 121, § 3º, do CP.

5.5.1.2. Desnecessidade de a morte ocorrer em via pública

A despeito de o crime do art. 302 do CTB ser conhecido como "homicídio culposo de trânsito", transmitindo a ideia de que a conduta culposa perpetrada pelo agente deva ocorrer em via pública, o fato é que o tipo penal em testilha não exige tal condição.

Assim, exemplificando, responderá pelo crime em análise o agente que, imprudentemente, imprimindo velocidade excessiva em garagem de um prédio, atropelar e matar uma criança em referido local. Perceba que o comportamento delituoso não foi praticado em via pública, elementar inexistente no art. 302 do CTB. Contudo, a conduta foi perpetrada enquanto o agente se encontrava "na direção de veículo automotor".

Frise-se, ainda, que se um atropelamento ocorrer em via pública, mas estando o agente a conduzir um veículo de tração animal (ex: charrete), responderá pelo crime de homicídio culposo "comum", ou seja, aquele tipificado no art. 121, § 3º, do CP. Isto porque o comportamento ilícito não teria ocorrido "na direção de veículo automotor".

Em suma: pouco importa o local em que o crime de homicídio culposo tenha sido praticado. Imprescindível, para a incidência do CTB, é que a morte tenha sido provocada por imprudência, negligência ou imperícia do agente – modalidades de culpa – *na direção de veículo automotor*.

5.5.1.3. Tipo penal aberto

O crime de homicídio culposo (art. 302 do CTB) é aberto, ou seja, não há expressa previsão do comportamento do agente, bastando que pratique o crime *culposamente* na direção de veículo automotor.

Assim, caberá ao intérprete-aplicador do Direito, na análise do caso concreto, verificar se a conduta perpetrada pelo condutor do veículo violou o dever objetivo de cuidado (elemento do crime culposo), seja por imprudência, negligência ou imperícia.

5.5.1.4. A culpa consciente e o dolo eventual no homicídio praticado no trânsito

Questão tormentosa é aquela que diz respeito à tipificação do homicídio praticado no trânsito como doloso ou culposo. E, aqui, a diferenciação não é apenas relevante do ponto de vista teórico, mas, é claro, decisiva para uma adequada imputação criminal. Se se tratar de dolo – direto ou eventual –, o crime será grave e julgado pelo Tribunal do Júri. Já se culposo, a competência será do juízo singular, com consequências jurídico-penais muito mais reduzidas.

Não há dúvida de que se o agente se valer de um veículo automotor como instrumento para a prática de homicídio, responderá pela forma dolosa, aplicando-se o Código Penal. No entanto, a questão deixa de ser simples quando o homicídio praticado no trânsito ocorre quando o agente conduz o veículo automotor com excesso de velocidade. E, aqui, surge a questão: homicídio doloso ou culposo?

É sabido e ressabido que *dolo eventual* e *culpa consciente* têm um ponto de contato: em ambos, o resultado é previsível e previsto pelo agente. Porém, no primeiro caso, o agente não apenas prevê o resultado, mas, mais do que isso, assume o risco de produzi-lo, pouco se importando com sua ocorrência. Já no segundo caso, a despeito de o resultado ilícito ser previsível e previsto pelo agente, este, talvez por excesso de confiança, acredita sinceramente em sua inocorrência, não o aceitando. Aqui reside a distinção!

Especificamente no tocante ao homicídio praticado na direção de veículo automotor quando o motorista estiver embriagado, o STJ, por sua 6ª Turma, desclassificou para crime culposo a conduta de uma motorista que foi mandada ao Tribunal do Júri após acidente de trânsito que resultou morte. Segundo a Corte, no caso analisado, o ministro relator Rogério Schietti destacou que, apesar de a primeira instância e o TJSC apontarem, em tese, para o dolo eventual, devido ao possível estado de embriaguez da recorrente, não é admissível a presunção – quando não existem outros elementos delineados nos autos – de que ela estivesse dirigindo de forma a assumir o risco de provocar acidente sem se importar com eventual resultado fatal de seu comportamento.

Segundo o relator, as instâncias ordinárias partiram da premissa de que a embriaguez ao volante, por si só, já justificaria considerar a existência de dolo eventual. "Equivale isso a admitir que todo e qualquer indivíduo que venha a conduzir veículo automotor em via pública com a capacidade psicomotora alterada em razão da influência de álcool responderá por homicídio doloso ao causar, por violação a regra de trânsito, a morte de alguém", disse o ministro. Ainda, afirmou que "é possível identificar hipóteses em que as circunstâncias do caso analisado permitem concluir pela ocorrência de dolo eventual em delitos viários. Entretanto, não se há de aceitar a matematização do direito penal, sugerindo a presença de excepcional elemento subjetivo do tipo pela simples verificação de um fato isolado, qual seja, a embriaguez do agente causador do resultado." Tal entendimento foi materializado no julgamento do REsp 1689173.

5.5.1.5. Sujeitos do crime

O crime em comento poderá ser praticado por qualquer pessoa, tratando-se, pois, de crime comum ou geral.

O sujeito passivo direto será a vítima da conduta culposa perpetrada pelo agente. Já o sujeito passivo indireto será a coletividade, posta em risco em razão do comportamento perigoso do agente.

5.5.1.6. Objeto jurídico

Ora, tratando-se de homicídio culposo, o bem jurídico tutelado pelo legislador é a vida humana.

5.5.1.7. Consumação e tentativa

O crime em comento atingirá a consumação com a morte da vítima. Trata-se, pois, de crime material ou de resultado.

Considerando que o elemento subjetivo da conduta é a culpa, inviável o reconhecimento da tentativa.

5.5.1.8. Causas de aumento de pena e qualificadora

Nos termos do art. 302, § 1º, do CTB, a pena será majorada de um terço à metade nas seguintes situações:

I. *se o agente não possuir Permissão para Dirigir ou Carteira de Habilitação*: aqui, tencionou o legislador punir mais gravosamente aquele que não possui sequer a habilitação para a condução do veículo automotor. Entende-se caracterizada a causa de aumento, também, quando o condutor, embora habilitado para determinado tipo de veículo (ex.: veículo de passeio), esteja a conduzir outro (ex.: motocicleta), ocasião em que pratica o homicídio culposo;

II. *praticá-lo em faixa de pedestres ou na calçada*: haverá aumento da reprimenda apenas se for possível identificar o início e o fim da faixa de pedestres ou da calçada. É que, muitas vezes, em razão de omissão dos órgãos competentes, a faixa de pedestres, simplesmente, "deixa de existir", ficando absolutamente "apagada". O mesmo se pode dizer no tocante às calçadas, que, pela falta de manutenção, podem, na prática, simplesmente "desaparecer", dando a impressão de que se trata de "via pública". Ademais, não incidirá a majorante em comento se, em razão de acidente automobilístico, o veículo, por força de colisão, houver sido projetado para a calçada e, ali, ocorrer atropelamento fatal;

III. *deixar de prestar socorro, quando possível fazê-lo sem risco pessoal, à vítima do acidente*: aqui, a majorante somente incidirá se o condutor, em razão de seu comportamento imprudente, negligente ou imperito, der causa ao acidente, deixando de prestar socorro, caso possa fazê-lo, à vítima. No entanto, se se tratar de condutor que se envolver em acidente automobilístico, mas desde que não tenha sido o causador, responderá por crime autônomo (art. 304 do CTB), e não pelo homicídio majorado. Por fim, caso seja possível constatar que houver morte instantânea da vítima (ex.: em razão do atropelamento, a cabeça da vítima foi totalmente decepada do corpo), entendemos que a majorante não poderá incidir, pois o objetivo da lei – e do legislador – não poderia ser alcançado, qual seja, o de tentar preservar a vida da vítima;

IV. *no exercício de sua profissão ou atividade, estiver conduzindo veículo de transporte de passageiros*: repare que a majorante incidirá apenas se o agente for "condutor profissional", ou seja, que no momento do acidente esteja no desempenho de sua profissão ou atividade, e desde que se trate de veículo de transporte de passageiros. Assim, por exemplo, o motorista "familiar" (empregado doméstico), que, por excesso de velocidade, perde o controle da condução do veículo e colide com um poste, matando os passageiros (seus empregadores), não responderá por homicídio culposo majorado. Afinal, não estava conduzindo "veículo de transporte de passageiros", tal como exigido pela lei.

Também, criou-se com o advento da precitada Lei 12.971/2014, **forma qualificada** de homicídio culposo de trânsito (art. 302, § 2º, do CTB). Confira-se: "*§ 2º Se o agente conduz veículo automotor com capacidade psicomotora alterada em razão da influência de álcool ou de outra substância psicoativa que determine dependência ou participa, em via, de corrida, disputa ou competição automobilística ou ainda de exibição ou demonstração de perícia em manobra de veículo automotor, não autorizada pela autoridade competente: Penas – reclusão, de 2 (dois) a 4 (quatro) anos, e suspensão ou proibição de se obter a permissão ou a habilitação para dirigir veículo automotor.*"

Importante registrar, de início, que, em razão de *vacatio legis* expressamente prevista na lei citada, apenas a partir de 01.11.2014 a novel disposição gravosa poderia incidir diante de caso concreto.

Ainda, o dispositivo em comento difere do *caput* não no tocante à quantidade de pena, mas, sim, na espécie de pena privativa de liberdade. Isto porque o homicídio culposo simples (art. 302, *caput*, do CTB) é punido com **detenção** de 2 a 4 anos, ao passo que a forma qualificada em estudo é punida com **reclusão** de 2 a 4 anos.

Se incidente a qualificadora em testilha, inviável que o agente responda, concomitantemente, por homicídio culposo (art. 302, § 2º) e embriaguez ao volante (art. 306), sob pena de inegável *bis in idem*.

Ocorre que com o advento da Lei 13.281/2016, com início de vigência em novembro de 2016, operou-se a expressa revogação do § 2º do art. 302 em comento, razão por que extraímos duas consequências: (i) se o agente estiver na condução de veículo automotor sob efeito de álcool ou outra substância psicoativa que cause dependência, daí advindo alteração em sua capacidade psicomotora, e, nessa condição, praticar homicídio culposo de trânsito, responderá, em concurso, com o crime do art. 306 do CTB; (ii) se o agente estiver participando de "racha" e causar a morte de alguém, responderá pelo crime do art. 308, §2º, do CTB.

Em razão de toda a polêmica causada pela revogação do precitado § 2º do art. 302, o legislador entendeu por bem reincluir a "antiga qualificadora", mas nos seguintes termos: *§3º Se o agente conduz veículo automotor sob a influência de álcool ou de qualquer outra substância psicoativa que determine dependência: Penas – reclusão, de cinco a oito anos, e suspensão ou proibição do direito de se obter a permissão ou a habilitação para dirigir veículo automotor.*

Referido dispositivo foi incluído ao CTB pela Lei 13.546, de 19 de dezembro de 2017, com *vacatio legis* de 120 (cento e vinte) dias.

Perceba o leitor que com a novel qualificadora, não mais se cogita de concurso de crimes (homicídio culposo de trânsito e embriaguez ao volante).

5.5.1.9. *Perdão judicial no homicídio culposo de trânsito*

Considerando que o art. 291 do CTB autoriza a aplicação subsidiária do Código Penal aos crimes que define, será perfeitamente possível a aplicação do art. 121, § 5º, deste último *Codex*, caso, por exemplo, um pai, sem atentar aos espelhos retrovisores, atropele e mate o próprio filho, que brincava atrás do veículo.

Tratando-se de perdão judicial, a punibilidade será extinta, nos moldes do art. 107, IX, do CP.

5.5.1.10. *Constitucionalidade da pena de suspensão da CNH*

O STF decidiu ser constitucional a pena de suspensão de CNH ao motorista profissional que tenha cometido homicídio culposo na direção de veículo automotor, não havendo violação à liberdade de trabalho.

Por unanimidade, foi dado provimento ao RE 607107 na sessão de julgamento ocorrida em 12/02/2020 para restabelecer a condenação de primeira instância, eis que o TJMG, em recurso de apelação, havia excluído referida pena da sentença condenatória. A tese de repercussão geral fixada (Tema 486) foi a seguinte: "*É constitucional a imposição da pena de suspensão de habilitação para dirigir veículo automotor ao motorista profissional condenado por homicídio culposo no trânsito*".

5.6. Lesão corporal culposa (art. 303 do CTB)

Art. 303. Praticar lesão corporal culposa na direção de veículo automotor:

Penas – detenção, de seis meses a dois anos e suspensão ou proibição de se obter a permissão ou a habilitação para dirigir veículo automotor.

Parágrafo único. Aumenta-se a pena de um terço à metade, se ocorrer qualquer das hipóteses do § 1º do art. 302.

5.6.1. Diferença com o crime de lesão corporal culposa previsto no art. 129, § 6º, do CP

Tal como visto com relação ao homicídio culposo, a diferença da lesão corporal culposa definida no art. 303 do CTB e aquela tipificada pelo art. 129, § 6º, do CP é a de que, neste caso, o agente, por imprudência, negligência ou imperícia, produz lesões na vítima. Porém, caso o faça "na direção de veículo automotor", responderá de acordo com a legislação especial (*in casu*, o CTB).

Frise-se, também, que é desnecessário que o fato ocorra "em via pública", já que se trata de elementar não prevista no tipo penal em comento. Bastará, repita-se, que o agente provoque lesões corporais na vítima estando na condução de veículo automotor.

O crime tipificado no CTB é punido com detenção, de *seis meses a dois anos*, sem prejuízo da *suspensão ou proibição de se obter a permissão ou a habilitação para dirigir veículo automotor*, ao passo que a lesão culposa prevista no CP tem cominada a pena de detenção, de *dois meses a um ano*.

5.6.2. Tipo penal aberto

Igualmente ao homicídio culposo de trânsito, o crime de lesão corporal culposa (art. 303 do CTB) expressa-se por meio de tipo penal aberto, ou seja, não há expressa previsão do comportamento do agente, bastando que pratique o crime *culposamente* na direção de veículo automotor.

Assim, caberá ao intérprete-aplicador do Direito, na análise do caso concreto, verificar se a conduta perpetrada pelo condutor do veículo violou o dever objetivo de cuidado (elemento do crime culposo), seja por imprudência, negligência ou imperícia, daí produzindo lesões corporais à vítima.

5.6.3. A intensidade das lesões corporais: consequências jurídico-penais

Tratando-se de crime culposo, pouco importa se a conduta perpetrada pelo agente provocar à vítima lesões corporais de natureza leve, grave ou gravíssima. Não haverá, aqui, alteração na tipificação, tal como ocorreria se se tratassem de lesões corporais dolosas.

No entanto, com o advento da Lei 13.546, de 19 de dezembro de 2017, com *vacatio legis* de 120 (cento e vinte) dias, inseriu-se figura qualificada à lesão corporal culposa de trânsito, que se configurará no seguinte caso (art. 303, § 2º): A pena privativa de liberdade é de reclusão de dois a cinco anos, sem prejuízo das outras penas previstas neste artigo, *se o agente conduz o veículo com capacidade psicomotora alterada em razão da influência de álcool ou de outra substância psicoativa que determine dependência, e se do crime resultar lesão corporal de natureza grave ou gravíssima*.

Não se pode deslembrar que, por se tratar de crime culposo, desde que preenchidos os requisitos legais, será cabível a substituição da pena privativa de liberdade por restritiva de direitos (art. 44 do CP).

5.6.4. Causas de aumento de pena

Nos termos do art. 303, parágrafo único, do CTB, as majorantes incidentes sobre o homicídio culposo (art. 302, § 1º) são aplicáveis à lesão corporal culposa. Assim, remetemos o leitor aos comentários feitos no item 5.5.1.8 *supra*.

5.6.5. Consumação e tentativa

Tal como o homicídio culposo de trânsito, a lesão corporal culposa (art. 303 do CTB), por ser crime material ou de resultado, somente atingirá o momento consumativo quando a vítima, efetivamente, suportar os efeitos do comportamento do agente, vale dizer, quando da produção das lesões (resultado naturalístico).

Por se tratar de crime culposo, inadmissível o *conatus* (tentativa).

5.7. Omissão de socorro (art. 304 do CTB)

Art. 304. Deixar o condutor do veículo, na ocasião do acidente, de prestar imediato socorro à vítima, ou, não podendo fazê-lo diretamente, por justa causa, deixar de solicitar auxílio da autoridade pública:

Penas – detenção, de seis meses a um ano, ou multa, se o fato não constituir elemento de crime mais grave.

Parágrafo único. *Incide nas penas previstas neste artigo o condutor do veículo, ainda que a sua omissão seja suprida por terceiros ou que se trate de vítima com morte instantânea ou com ferimentos leves.*

5.7.1. Crime omissivo próprio

Semelhante ao crime de omissão de socorro tipificado no CP (art. 135), o CTB nos trouxe um crime omissivo próprio ou puro, tendo o legislador expressamente previsto um comportamento negativo do agente (*deixar de prestar imediato socorro à vítima*).

5.7.2. Possibilidade de agir: elementar típica

Da simples leitura do tipo penal, percebe-se que o crime em comento somente restará caracterizado se o agente, na ocasião do acidente, deixar de prestar imediato socorro à vítima, desde que possa fazê-lo. Em outras palavras, não haverá tipicidade penal na conduta do agente que, envolvido em acidente automobilístico, deixar de prestar imediato socorro à vítima por ter, também, ficado ferido em razão do infortúnio.

Perceba que a "possibilidade de agir" é essencial à caracterização do crime de omissão de socorro (art. 304 do CTB). E tal (im)possibilidade de atuação poderá ser verificada em dois casos:

a) se o agente envolvido no acidente deixar de prestar, *diretamente*, o socorro à vítima; ou

b) se o agente envolvido no acidente, embora não preste socorro imediato, *deixe de solicitar auxílio à autoridade pública*.

Logo, percebe-se que a prestação de socorro poderá ser imediata (atuação direta do agente, que socorrerá "pessoalmente" a vítima) ou mediata (atuação indireta do agente, que solicitará ajuda da autoridade pública para socorrer o ofendido).

5.7.3. Elemento subjetivo da conduta

O crime em tela é doloso, inexistindo possibilidade de punição a título de culpa em razão da ausência de expressa previsão legal.

5.7.4. Sujeitos do crime

A omissão de socorro é crime que tem como sujeito passivo a vítima do acidente de trânsito.

Já o sujeito ativo será o condutor que, envolvido em acidente automobilístico, não tiver sido o responsável pela sua ocorrência. Em outras palavras, autor do delito em tela é aquele que se envolveu diretamente com o acidente de trânsito, mas sem que o tenha provocado. Caso contrário, ou seja, se tiver sido o agente causador do acidente, responderá, em caso de morte, pelo crime do art. 302 do CTB, com a pena majorada pela omissão de socorro (art. 302, § 1º, III), ou, em caso de lesões corporais, pelo crime do art. 303, parágrafo único (aumento da reprimenda pela omissão na prestação do socorro).

Por fim, se uma pessoa que não tiver se envolvido no acidente deixar de prestar socorro às vítimas, responderá pelo crime do art. 135 do CP.

5.7.5. Se terceiros prestarem socorro à vítima?

Caso a omissão do agente na prestação de socorro à vítima seja suprida por terceiros, ainda assim restará caracterizado o crime ora analisado, consoante dispõe o art. 304, parágrafo único, do CTB.

5.7.6. Consumação e tentativa

A omissão de socorro restará consumada no instante em que o agente, podendo agir (prestar socorro mediato ou imediato), deixar de fazê-lo deliberadamente.

Por se tratar de crime omissivo próprio ou puro, inadmissível o reconhecimento da tentativa.

5.7.7. Caracterização do crime em caso de morte instantânea

Nos termos do art. 304, parágrafo único, do CTB, a omissão de socorro restará configurada ainda que se trate de vítima com morte instantânea.

Para concurso de Defensoria Pública, pode-se sustentar que se trata de verdadeiro crime impossível (absoluta impropriedade do objeto material). De quê adiantaria socorrer um cadáver?

Todavia, importante registrar que há entendimento jurisprudencial, inclusive do STF, no sentido da criminalidade do comportamento daquele que deixa de prestar socorro, mesmo em caso de morte instantânea. A explicação para tanto é a de que deve existir um "dever de solidariedade" no trânsito, desrespeitado em caso de omissão de socorro.

5.8. Embriaguez ao volante (art. 306 do CTB)

> **Art. 306.** Conduzir veículo automotor com capacidade psicomotora alterada em razão da influência de álcool ou de outra substância psicoativa que determine dependência: (Redação dada pela Lei 12.760/2012)
>
> Penas – detenção, de seis meses a três anos, multa e suspensão ou proibição de se obter a permissão ou a habilitação para dirigir veículo automotor.

5.8.1. Redação anterior e caracterização da embriaguez

Antes do advento da Lei 12.760/2012, a redação do art. 306 do CTB era a seguinte:

> Conduzir veículo automotor, na via pública, estando com concentração de álcool por litro de sangue igual ou superior a 6 (seis) decigramas, ou sob a influência de qualquer outra substância psicoativa que determine dependência.

Tal redação permitia a conclusão – correta, diga-se de passagem – de que, em razão de elemento "numérico" do tipo, qual seja, *seis decigramas* de álcool por litro de sangue, a tipificação da conduta dependeria de prova pericial capaz de atestar a embriaguez.

O parágrafo único do art. 306 do CTB preconizava que o Poder Executivo federal estipularia a equivalência entre distintos testes de alcoolemia, para efeito de caracterização do crime em comento. E tal ocorreu com o advento do Decreto 6.488/2008, que, em seu art. 2º, admitia como teste de alcoolemia aquele elaborado em aparelho de ar alveolar pulmonar (etilômetro, ou, vulgarmente, bafômetro), considerando como equivalente ao "elemento numérico do tipo" a concentração de álcool igual ou superior a *três décimos de miligrama por litro de ar expelido dos pulmões*.

Ora, se a embriaguez decorria da condução de veículo automotor com concentração de álcool por litro de sangue igual ou superior a seis decigramas, ou três décimos de miligrama por litro de ar alveolar, a única forma de o crime restar caracterizado seria a prova pericial, sem possibilidade de substituição. Afinal, frise-se, era elementar típica a concentração de álcool por litro de sangue do condutor do veículo automotor ou teste equivalente em etilômetro.

Como é sabido, ninguém poderá ser compelido a produzir prova contra si mesmo (*nemo tenetur se detegere*). Sob tal dogma, decorrente implicitamente das garantias fundamentais previstas no texto constitucional, a embriaguez ao volante tornou-se "crime natimorto".

5.8.2. Redação atual e caracterização da embriaguez ao volante

Com a redação dada ao art. 306 do CTB pela Lei 12.760/2012, aparentemente, a configuração do crime deixou de exigir a constatação de quantidade predeterminada de álcool por litro de sangue, tal como se verificava na redação anterior do tipo penal.

Atualmente, haverá crime, ao menos por uma análise apressada do tipo incriminador, sempre que o agente estiver conduzindo o veículo automotor, em via pública, com a capacidade psicomotora alterada em razão da influência de álcool ou outra substância psicoativa que determine dependência.

Confira, porém, os parágrafos acrescentados ao precitado dispositivo legal:

> § 1º As condutas previstas no *caput* serão constatadas por: (Incluído pela Lei 12.760/2012)
>
> I – concentração igual ou superior a 6 decigramas de álcool por litro de sangue ou igual ou superior a 0,3 miligrama de álcool por litro de ar alveolar; ou (Incluído pela Lei 12.760/2012)
>
> II – sinais que indiquem, na forma disciplinada pelo Contran, alteração da capacidade psicomotora. (Incluído pela Lei 12.760/2012)

§ 2º A verificação do disposto neste artigo poderá ser obtida mediante teste de alcoolemia ou toxicológico, exame clínico, perícia, vídeo, prova testemunhal ou outros meios de prova em direito admitidos, observado o direito à contraprova (Redação dada pela Lei 12.971/2014)

§ 3º O Contran disporá sobre a equivalência entre os distintos testes de alcoolemia ou toxicológicos para efeito de caracterização do crime tipificado neste artigo (Redação dada pela Lei 12.971/2014).

§ 4º Poderá ser empregado qualquer aparelho homologado pelo Instituto Nacional de Metrologia, Qualidade e Tecnologia – INMETRO – para se determinar o previsto no **caput**. (Incluído pela Lei 13.840, de 2019)

Assim, da análise do art. 306, § 1º, do CTB, verifica-se que a embriaguez ao volante restará configurada nas seguintes situações:

a) se o agente conduzir veículo automotor, em via pública, com concentração igual ou superior a seis decigramas de álcool por litro de sangue ou igual ou superior a três décimos de miligrama de álcool por litro de ar alveolar. Nesta primeira hipótese, entendemos que o teste de alcoolemia será imprescindível para que se afirme a ocorrência do crime, tendo em vista que as "elementares numéricas" persistem no tipo penal; ou

b) se o agente dirigir veículo automotor, em via pública, com alteração de sua capacidade psicomotora. Assim, estando o agente sob o efeito de drogas, por exemplo, responderá por embriaguez ao volante.

5.8.3. Regulamentação pelo CONTRAN

De acordo com a Resolução 432/2013 do CONTRAN, o crime de embriaguez ao volante poderá ser demonstrado nos seguintes casos, conforme dispõe seu art. 7º:

O crime previsto no artigo 306 do CTB será caracterizado por qualquer um dos procedimentos abaixo:

I – exame de sangue que apresente resultado igual ou superior a 6 (seis) decigramas de álcool por litro de sangue (6 dg/L);

II – teste de etilômetro com medição realizada igual ou superior a 0,34 miligrama de álcool por litro de ar alveolar expirado (0,34 mg/L), descontado o erro máximo admissível nos termos da "Tabela de Valores Referenciais para Etilômetro" constante no Anexo I;

III – exames realizados por laboratórios especializados, indicados pelo órgão ou entidade de trânsito competente ou pela Polícia Judiciária, em caso de consumo de outras substâncias psicoativas que determinem dependência;

IV – sinais de alteração da capacidade psicomotora obtido na forma do artigo 5º.

§ 1º A ocorrência do crime de que trata o *caput* não elide a aplicação do disposto no artigo 165 do CTB.

§ 2º Configurado o crime de que trata este artigo, o condutor e testemunhas, se houver, serão encaminhados à Polícia Judiciária, devendo ser acompanhados dos elementos probatórios.

Verifica-se, pois, que o crime em comento ficará caracterizado se a concentração de álcool por litro de sangue do condutor for igual ou superior a seis decigramas, ou igual ou superior a trinta e quatro decigramas por litro de ar alveolar, donde se conclui que, sem os testes de alcoolemia (exame de sangue ou etilômetro), inviável a aferição da embriaguez.

No entanto, tal como permite o art. 306, § 1º, II, do CTB, também haverá crime se o agente conduzir veículo automotor, em via pública, sob a influência de qualquer outra substância psicoativa que cause dependência, desde que presentes sinais de alteração da capacidade psicomotora.

Para este caso, dispõe o art. 5º da Resolução 432/2013 do CONTRAN:

Os sinais de alteração da capacidade psicomotora poderão ser verificados por:

I – exame clínico com laudo conclusivo e firmado por médico perito; ou

II – constatação, pelo agente da Autoridade de Trânsito, dos sinais de alteração da capacidade psicomotora nos termos do Anexo II.

§ 1º Para confirmação da alteração da capacidade psicomotora pelo agente da Autoridade de Trânsito, deverá ser considerado não somente um sinal, mas um conjunto de sinais que comprovem a situação do condutor.

§ 2º Os sinais de alteração da capacidade psicomotora de que trata o inciso II deverão ser descritos no auto de infração ou em termo específico que contenha as informações mínimas indicadas no Anexo II, o qual deverá acompanhar o auto de infração.

5.8.4. Uma análise crítica do art. 306 do CTB

Para concurso de Defensoria Pública, podemos – e devemos – sustentar que a embriaguez ao volante é crime de perigo abstrato de perigosidade real, nas palavras de Luiz Flávio Gomes (http://www.conjur.com.br/2013-fev-01/luiz--flavio-gomes-lei-seca-nao-sendo-interpretada-literalmente), não podendo ser interpretado com as amarras dos "elementos numéricos" ou "matemáticos" do tipo.

Parece-nos adequado sustentar que somente haverá crime, a despeito da quantidade de álcool por litro de sangue ser igual ou superior a seis decigramas, ou trinta e quatro decigramas por litro de ar alveolar, se o agente conduzir o veículo de maneira anormal, causando perigo à incolumidade pública.

O próprio tipo penal (art. 306, *caput*, do CTB) exige que, em razão do álcool ou substâncias psicoativas que causem dependência, o agente esteja com sua *capacidade psicomotora alterada*. Assim, caso esteja conduzindo o veículo, por exemplo, com concentração de álcool por litro de ar alveolar correspondente a quarenta decigramas, mas a direção esteja "normal", sem produzir qualquer perigo, não nos parece adequado concluir pela criminalidade do comportamento.

E, novamente, nos socorrendo dos ensinamentos de Luiz Flávio Gomes, destacamos: "Os operadores jurídicos, destacando-se os advogados, não podem se conformar com a interpretação automática e midiática do novo artigo 306. Se o legislador mudou de critério, modificando a redação da lei, não se pode interpretar o novo com os mesmos critérios procustianos da lei antiga. O poder punitivo estatal, aliado à propaganda midiática, está ignorando a nova redação da lei. Para ele, mudou-se a lei para ficar tudo como era antes dela, para que ela fique como era. Trata-se de uma postura malandra do poder punitivo estatal e da criminologia midiática (Zaffaroni: 2012a, p. 10 e ss.), que os intérpretes e operadores jurídicos não podem aceitar." (http://www.conjur.com.br/2013-fev-01/luiz--flavio-gomes-lei-seca-nao-sendo-interpretada-literalmente).

5.8.5. Consumação e tentativa

O crime em comento se consuma no momento em que o agente, em via pública, conduz veículo automotor na forma descrita no art. 306, *caput*, e § 1º, do CTB.

Tratando-se de crime plurissubsistente, a tentativa é admissível (ex.: o agente, após entrar totalmente embriagado em seu veículo, é impedido de sair do local por terceiros, que lhe tomam as chaves em razão da nítida alteração da capacidade psicomotora).

5.8.6. Concurso de crimes

Se o agente, dirigindo embriagado o veículo, praticar homicídio culposo, responderá apenas por este último crime, que, por ser de dano, e mais grave, absorverá o de perigo (embriaguez ao volante), menos grave.

Já se estivermos diante das lesões corporais culposas (art. 303 do CTB), por se tratar de crime menos grave, com pena menor do que a cominada para a embriaguez ao volante (art. 306), não haverá absorção, respondendo o agente pelo crime mais grave.

5.9. Participação em competição não autorizada. "Racha" (art. 308 do CTB)

> **Art. 308.** Participar, na direção de veículo automotor, em via pública, de corrida, disputa ou competição automobilística não autorizada pela autoridade competente, gerando situação de risco à incolumidade pública ou privada: (Redação dada pela Lei 12.971/2014)
>
> Penas – detenção, de seis meses a três anos, multa e suspensão ou proibição de se obter a permissão ou a habilitação para dirigir veículo automotor. (Redação dada pela Lei 12.971/2014)

5.9.1. Tipo objetivo

Estamos, aqui, diante de crime amplamente conhecido como "racha". O agente participará de competições automobilísticas, corridas ou disputas, sem autorização da autoridade competente, em via pública, gerando, com isso, situação de risco à incolumidade pública ou privada. Na redação anterior às mudanças implementadas ao CTB pela Lei 12.971/2014, o tipo penal mencionava "*dano potencial à incolumidade pública ou privada*". Com as alterações promovidas por aludido diploma legal, a intenção do legislador foi a de tornar evidente que o crime em tela é de **perigo abstrato**.

Percebe-se que o crime em comento somente restará caracterizado se ocorrer em "via pública". Assim, caso o "pega" ou o "racha" ocorra em lugares fechados, ou em propriedades privadas ou estradas particulares (ex.: estrada de terra que ligue a porteira da fazenda até a casa-sede), ausente estará a elementar típica. Ainda, com o advento da Lei 13.546, de 19 de dezembro de 2017, mais uma situação, até então configuradora de infração administrativa (art. 174 do CTB), foi inserida ao tipo penal em comento, qual seja, a de o agente **exibir ou demonstrar perícia em manobra de veículo automotor**, quando não autorizado pela autoridade competente, gerando situação de risco à incolumidade pública ou privada. Assim, cometerá o crime o motorista que der os denominados "cavalos-de-pau", ou, no caso de motocicletas, "empinando-as" e trafegando com uma só roda, desde que, repita-se, o façam em via pública e, desse comportamento, gerem situação de risco à incolumidade pública ou privada.

5.9.2. Crime de perigo concreto x crime de perigo abstrato

Extraía-se da redação típica original que o crime em testilha era de perigo concreto, visto ser necessária, até então, a efetiva demonstração de que a conduta perpetrada pelo agente expunha pessoas a situação de perigo.

Tal conclusão, como dito, decorria da própria leitura do tipo penal (art. 308 do CTB), que, em sua parte final, enunciava: "desde que resulte dano potencial à incolumidade pública ou privada".

Todavia, como dito no item antecedente, a alteração da redação do tipo penal pela Lei 12.971/2014 demonstrou a franca e clara intenção do legislador de "endurecer" o ordenamento jurídico-penal, reforçando a tutela criminal em matéria de trânsito. Destarte, pode-se sustentar, doravante, que a participação em "racha" é crime de **perigo abstrato**, bastando que a conduta praticada pelo agente seja capaz de gerar situação de risco à incolumidade pública ou privada (e não mais a causação de dano potencial).

5.9.3. Crime de médio potencial ofensivo

Antes da Lei 12.971/2014, considerando que a pena cominada variava de seis meses a dois anos de detenção, aplicáveis eram os ditames da Lei 9.099/1995, inclusive a transação penal (instituto despenalizador previsto no art. 76 de referido diploma legal).

Porém, com o advento de referido diploma legal alterador do CTB, aumentou-se a pena máxima cominada ao crime em testilha, tornando-o de **médio potencial ofensivo**.

5.9.4. Formas qualificadas

Com o advento da Lei 12.971/2014, dois parágrafos foram acrescentados ao art. 308 do CTB, *in verbis*:

> § 1º Se da prática do crime previsto no *caput* resultar lesão corporal de natureza grave, e as circunstâncias demonstrarem que o agente não quis o resultado nem assumiu o risco de produzi-lo, a pena privativa de liberdade é de reclusão, de 3 (três) a 6 (seis) anos, sem prejuízo das outras penas previstas neste artigo.
>
> § 2º Se da prática do crime previsto no caput resultar morte, e as circunstâncias demonstrarem que o agente não quis o resultado nem assumiu o risco de produzi-lo, a pena privativa de liberdade é de reclusão de 5 (cinco) a 10 (dez) anos, sem prejuízo das outras penas previstas neste artigo.

Em virtude da redação de referidos dispositivos, percebe-se claramente que o legislador previu formas preterdolosas do crime, ou seja, os resultados agravadores (lesão corporal grave – §1º e morte – §2º) decorrem de culpa do agente.

5.9.5. Penas restritivas de direitos e crimes do CTB

A Lei 13.281/2016 inseriu ao Código de Trânsito Brasileiro o art. 312-A, que dispõe sobre as penas restritivas de direitos aplicadas aos condenados por crimes tipificados em referido diploma legal. Confira-se:

Art. 312-A. Para os crimes relacionados nos arts. 302 a 312 deste Código, nas situações em que o juiz aplicar a substituição de pena privativa de liberdade por pena restritiva de direitos, esta deverá ser de prestação de serviço à comunidade ou a entidades públicas, em uma das seguintes atividades:

I – trabalho, aos fins de semana, em equipes de resgate dos corpos de bombeiros e em outras unidades móveis especializadas no atendimento a vítimas de trânsito;

II – trabalho em unidades de pronto-socorro de hospitais da rede pública que recebem vítimas de acidente de trânsito e politraumatizados;

III – trabalho em clínicas ou instituições especializadas na recuperação de acidentados de trânsito;

IV – outras atividades relacionadas ao resgate, atendimento e recuperação de vítimas de acidentes de trânsito.

Pela redação do *caput* do dispositivo legal em comento, infere-se que, preenchidos os requisitos do art. 44 do CP, ao juiz somente será dado substituir a pena privativa de liberdade por restritiva de direitos consistente em prestação de serviços à comunidade ou a entidades públicas, mas nas atividades expressamente delineadas nos incisos acima transcritos.

6. CRIMES CONTRA O CONSUMIDOR – LEI 8.078/1990

6.1. Crimes contra as relações de consumo

6.1.1. Breves considerações. Relação entre o CDC e a CF

O CDC, Lei 8.078/1990, constitui importante diploma legal criado para a defesa/proteção do consumidor, encontrando fundamento constitucional para sua existência: o art. 5º, XXXII ("O Estado promoverá, na forma da lei, a defesa do consumidor") e art. 170, V, ambos da CF ("A ordem econômica, fundada na valorização do trabalho humano e na livre-iniciativa, tem por fim assegurar existência digna, observados os seguintes princípios: (...) V – defesa do consumidor").

Destarte, cuidou o legislador infraconstitucional de implementar os ditames constitucionais, criando mecanismos legais para a facilitação da defesa do consumidor, não se podendo olvidar da característica de hipossuficiência que o torna digno de todo um sistema protetivo.

6.1.2. Conceitos básicos para a compreensão do Direito Penal do Consumidor

Para que se compreenda na integralidade o sistema penal protetivo do consumidor, mister que se conheça alguns conceitos e aspectos basilares a respeito do tema, a saber:

✓ Consumidor: é toda pessoa física ou jurídica que adquire e utiliza produto ou serviço como destinatário final. Também é possível equiparar-se a consumidor a coletividade de pessoas, ainda que indetermináveis, que haja intervindo nas relações de consumo (art. 2º e parágrafo único do CDC);

✓ Fornecedor: é toda pessoa física ou jurídica, pública ou privada, nacional ou estrangeira, bem como os entes despersonalizados, que desenvolvem atividades de produção, montagem, criação, construção, transformação, importação, exportação, distribuição ou comercialização de produtos ou prestação de serviços (art. 3º do CDC).

No tocante ao fornecedor, importa registrar que somente assim será considerado se desempenhar atividade mercantil ou civil de forma habitual, sob pena de restar descaracterizada a figura em apreço. Assim, a pessoa física ou jurídica que ocasionalmente fornece produto ou serviço, não fazendo desta atividade sua fonte de renda, não se insere no conceito de fornecedor, afastando-se, pois, a relação de consumo.

✓ Produto: é qualquer bem, móvel ou imóvel, material ou imaterial (art. 3º, § 1º, do CDC);

✓ Serviço: é qualquer atividade fornecida no mercado de consumo, mediante remuneração, inclusive as de natureza bancária, financeira, de crédito e securitária, salvo as decorrentes das relações de caráter trabalhista (art. 3º, § 2º, do CDC).

6.1.3. Características gerais dos crimes contra o consumidor definidos no CDC

Como regra, as infrações penais definidas no CDC trazem características comuns, quais sejam:

a) *sujeito ativo*: fornecedor;

b) *sujeito passivo*: a coletividade (sujeito passivo principal) e o consumidor (sujeito passivo secundário);

c) *objeto material*: produto ou serviço;

d) *objeto jurídico*: as relações de consumo (conotação coletiva);

e) *elemento subjetivo da conduta*: dolo (regra) ou culpa (poucos casos).

Importa destacar que os crimes contra as relações de consumo não se esgotam no CDC, podendo ser encontrados em outros diplomas normativos, como a Lei 8.137/1990 (Lei dos crimes contra a ordem tributária, econômica e relações de consumo). Isso, por vezes, gera conflito aparente de normas, geralmente resolvido pela aplicação do princípio da especialidade.

No momento, analisaremos os crimes contra as relações de consumo definidos especificamente no CDC.

6.2. Crimes no CDC

Ao todo, o Código de Defesa do Consumidor nos traz 12 (doze) tipos penais incriminadores, sem esgotar, é verdade, a proteção jurídico-penal, presente em outros diplomas legais (CP, Lei dos crimes contra a economia popular, Lei de Sonegação Fiscal etc.).

Prova disso é o que dispõe o art. 61 do CDC: "Constituem crimes contra as relações de consumo previstas neste Código, sem prejuízo do disposto no Código Penal e leis especiais, as condutas tipificadas nos artigos seguintes".

6.3. Crimes em espécie

6.3.1. Substância avariada (art. 62)

Embora esta figura típica originalmente viesse no art. 62 do CDC, foi este vetado pelo Presidente da República. Todavia, o que nele estava disposto foi basicamente repetido no art. 7º, IX, da Lei 8.137/1990, *verbis*: "Vender, ter em depósito para vender ou expor à venda ou, de qualquer forma, entregar matéria-prima ou mercadoria, em condições impróprias ao consumo".

O CDC, em seu art. 18, § 6º, define o que se entende por produtos impróprios para o consumo: I – os produtos cujos prazos de validade estejam vencidos; II – os produtos deteriorados, alterados, adulterados, avariados, falsificados, corrompidos, fraudados, nocivos à vida ou à saúde, perigosos ou, ainda, aqueles em desacordo com as normas regulamentares de fabricação, distribuição ou apresentação; III – os produtos que, por qualquer motivo, se revelem inadequados ao fim a que se destinam.

Passemos, pois, à análise do tipo penal em comento:

a) Sujeito ativo: fornecedor.

b) Sujeito passivo: coletividade (sujeito passivo imediato ou principal) e o próprio consumidor (sujeito passivo mediato ou secundário), caso o crime afete pessoa certa e determinada.

c) Condutas típicas: vender, ter em depósito para vender, expor à venda ou, de qualquer forma, entregar.

d) Objeto material: matéria-prima ou mercadoria em condições impróprias ao consumo. Aqui, trata-se de norma penal em branco, já que o conceito de "produtos impróprios para o consumo" vem previsto no art. 18, § 6º, do CDC, anteriormente reproduzido.

e) Elemento subjetivo da conduta: dolo e culpa (admite-se a modalidade culposa, de acordo com o art. 7º, parágrafo único, da Lei 8.137/1990, que pune o agente com pena reduzida de 1/3 ou de multa, igualmente reduzida, à quinta parte).

f) Classificação doutrinária: crime de mera conduta.

g) Consumação e tentativa: consuma-se o crime com a mera atividade, pouco importando a ocorrência de resultado lesivo. Logo, inadmissível a tentativa, por ser esta modalidade incompatível com os crimes de mera conduta.

Peculiaridade do crime: a doutrina dispensa a realização de perícia nos produtos apreendidos e ditos como impróprios para o consumo, pois se trata de crime de perigo abstrato, presumindo-se, pois, a ofensa ao bem jurídico tutelado (relações de consumo). Há precedentes do STJ (RESP 221.561/PR; RESP 472.038/PR) e STF (RT 781/516).

6.3.2. Omissão de dizeres ou sinais ostensivos sobre a nocividade ou periculosidade de produtos (art. 63)

Reza o *caput* do art. 63 do CDC: "Omitir dizeres ou sinais ostensivos sobre a nocividade ou periculosidade de produtos, nas embalagens, invólucros, recipientes ou publicidade". A pena é de detenção, de *6 meses a 2 anos e multa*.

Referido dispositivo decorre de regra inserida no CDC acerca da proteção à saúde e segurança dos consumidores, prevista especificamente no art. 9º: "O fornecedor de produtos e serviços potencialmente nocivos à saúde ou segurança deverá informar, de maneira ostensiva e adequada, a respeito de sua nocividade ou periculosidade, sem prejuízo da adoção de outras medidas cabíveis em cada caso concreto".

Vejamos cada item atinente ao tipo penal incriminador em comento:

a) Sujeito ativo: fornecedor.

b) Sujeito passivo: coletividade (sujeito passivo imediato ou principal) e o consumidor (sujeito passivo mediato ou secundário).

c) Conduta típica: omitir (clara sinalização de que o crime é OMISSIVO, mais precisamente, omissivo próprio ou puro).

d) Elementos normativos do tipo: nocividade e periculosidade. Trata-se de conceitos que devem ser valorados pelo magistrado, a fim de que afira se há adequação típica. Considera-se nocivo o produto que possa causar algum malefício ao consumidor, ao passo que a periculosidade do produto indica um conjunto de circunstâncias que se traduzem em um mal ou dano provável para alguém ou alguma coisa.

e) Elemento subjetivo: dolo (regra) e culpa (§ 2º – pena de 1 a 6 meses de detenção ou multa).

f) Consumação e tentativa: por se tratar de crime omissivo, bastará, é claro, a inatividade do agente para que se repute consumado. Por ser o crime em tela omissivo próprio, inadmissível a tentativa, por absoluta incompatibilidade.

6.3.3. Omissão na comunicação de nocividade ou periculosidade de produtos (art. 64)

Prescreve o art. 64 do CDC: "Deixar de comunicar à autoridade competente e aos consumidores a nocividade ou periculosidade de produtos cujo conhecimento seja posterior à sua colocação no mercado". A pena é de *detenção de 6 meses a 2 anos e multa*.

O art. 10 do CDC, bem assim seus parágrafos, tratam da vedação ao fornecedor de "colocar no mercado de consumo produto ou serviço que sabe ou deveria saber apresentar alto grau de nocividade ou periculosidade à saúde ou segurança". Tão logo tenha conhecimento da periculosidade que apresentem, "o fornecedor de produtos e serviços que, posteriormente à sua introdução no mercado de consumo" dela souber, "deverá comunicar o fato imediatamente às autoridades competentes e aos consumidores, mediante anúncios publicitários".

Vejamos o tipo penal em comento:

a) Sujeito ativo: fornecedor.

b) Sujeito passivo: coletividade (sujeito passivo imediato ou principal) e o consumidor (sujeito passivo mediato ou secundário).

c) Conduta típica: deixar de comunicar. Trata-se, é evidente, de crime omissivo próprio, dada a inatividade do sujeito ativo frente às autoridades competentes e consumidores acerca da informação de periculosidade e nocividade de produtos inseridos no mercado de consumo.

d) Elementos normativos do tipo: nocividade e periculosidade.

e) Elemento subjetivo da conduta: dolo (não há modalidade culposa).

f) Consumação e tentativa: por se tratar de crime omissivo próprio, bastará a mera inatividade do agente para restar caracterizado. Pelo fato de se tratar de conduta omissiva ("deixar de..."), impossível a tentativa.

6.3.4. Execução de serviço de alto grau de periculosidade (art. 65)

Preconiza o art. 65 do CDC: "Executar serviço de alto grau de periculosidade, contrariando determinação de autoridade competente". A pena é de *detenção de 6 meses a 2 anos e multa*.

Relevante é saber o que se entende por serviço de "alta periculosidade". Parte da doutrina entende que se trata de norma penal em branco, tendo em vista que não cuidou o tipo penal de especificar o que é serviço de alta periculosidade. Assim, aqueles assim reconhecidos por autoridades competentes (as sanitárias, via de regra), se executados em contrariedade ao disposto por referidas autoridades, configurarão o crime em tela. É o caso, por exemplo, de dedetização, que envolve o uso de produtos tóxicos. Tal tarefa é possível, desde que se observem as prescrições legais a respeito, tais como as previstas no Código Sanitário dos estados.

Vejamos o tipo penal incriminador de modo fracionado:

a) Sujeito ativo: fornecedor.

b) Sujeito passivo: coletividade (sujeito passivo imediato ou principal) e o consumidor (sujeito passivo mediato ou secundário).

c) Conduta típica: executar. Pela análise do verbo, é possível que se conclua que se trata de crime comissivo, vale dizer, deve o agente realizar uma ação, com as características descritas no tipo.

d) Elemento subjetivo da conduta: é o dolo (não há previsão de modalidade culposa).

e) Consumação e tentativa: não se exige, para sua configuração, resultado lesivo. Portanto, pode ser classificado como crime de mera conduta, sendo absolutamente desnecessário (quiçá impossível) o implemento de resultado naturalístico. Por ser crime comissivo, é, em tese, cabível a tentativa, muito embora seja de improvável verificação.

6.3.5. Afirmação falsa ou enganosa (art. 66)

O *caput* do art. 66 do CDC assim prescreve: "Fazer afirmação falsa ou enganosa, ou omitir informação relevante sobre a natureza, característica, qualidade, quantidade, segurança, desempenho, durabilidade, preço ou garantia de produtos ou serviços". A pena é de *detenção de 3 meses a 1 ano e multa*.

O crime em tela tenciona proteger as corretas informações que devem ser prestadas ao consumidor, nos moldes preconizados pelo art. 31 do CDC: "A oferta e apresentação de produtos ou serviços devem assegurar informações corretas, claras, precisas, ostensivas e em língua portuguesa sobre suas características, qualidades, quantidade, composição, preço, garantia, prazos de validade e origem, entre outros dados, bem como sobre os riscos que apresentam à saúde e segurança dos consumidores".

Ademais, o art. 6º, do mesmo diploma legal, que traz um rol dos direitos basilares do consumidor, afirma, em seu inciso III, que cabe ao fornecedor "a informação adequada e clara sobre os diferentes produtos e serviços, com especificação correta de quantidade, características, composição, qualidade, tributos incidentes e preço, bem como sobre os riscos que apresentem".

Vejamos o tipo penal em tela:

a) Sujeito ativo: fornecedor (*caput*) ou o patrocinador (§ 1º).

b) Sujeito passivo: coletividade (sujeito passivo imediato ou principal) e o consumidor (sujeito passivo mediato ou secundário).

c) Condutas típicas: fazer afirmação falsa ou enganosa ou omitir informação relevante. Na primeira conduta, verifica-se seu caráter comissivo, ao passo que, na segunda figura, identifica-se o caráter omissivo do crime em análise. Assim, seja por ação, fazendo afirmação falsa ou enganosa sobre produtos ou serviços, seja por omissão de informação relevante sobre estes, o agente incorrerá na figura penal estudada. Nas mesmas penas do *caput* incorrerá quem *patrocinar* a oferta.

d) Elemento subjetivo da conduta: dolo (*caput* e § 1º) ou culpa (§. 2º). Neste último caso, a pena será de detenção de *1 a 6 meses ou multa*.

e) Consumação e tentativa: na modalidade comissiva, admissível a tentativa, enquanto que na omissiva, por óbvio, não se a admite.

Peculiaridades do crime: a infração penal ora analisada, embora muito se assemelhe ao crime de estelionato, definido no art. 171 do CP, com este não se confunde. É que, para a configuração deste último, exige-se resultado lesivo ao patrimônio da vítima, enquanto que no código consumerista, basta a informação falsa ou enganosa, ou a mera omissão de informações relevantes sobre o produto ou serviço. Entende-se que, em caso de propaganda falsa ou enganosa, se a vítima experimentar prejuízo, haverá concurso material com estelionato, nos moldes do art. 69 do CP. Todavia, possível entender que a propaganda enganosa pode ser o meio empregado pelo agente para perpetrar o delito patrimonial, ficando por este absorvido, por força do princípio da consunção.

6.3.6. Publicidade enganosa (art. 67)

O art. 67 do CDC assim dispõe: "Fazer ou promover publicidade que sabe ou deveria saber ser enganosa ou abusiva". A pena é de *detenção de 3 meses a 1 ano e multa*.

Inegavelmente, o crime em tela protege o direito básico do consumidor de não receber ou ter acesso a "publicidade enganosa e abusiva, métodos comerciais coercitivos ou desleais, bem como práticas e cláusulas abusivas ou impostas no fornecimento de produtos e serviços", de acordo com o prescrito no art. 6º, IV, do CDC.

Analisemos o tipo penal incriminador em comento:

a) Sujeito ativo: é o publicitário, profissional cuja atividade é regida pela Lei 4.680/1965 e Decreto 57.690/1966.

b) Sujeito passivo: coletividade (sujeito passivo imediato ou principal) e o consumidor (sujeito passivo secundário ou mediato).

c) Condutas típicas: fazer ou promover. Ambas são formas comissivas de se perpetrar o crime, que pressupõe, portanto, uma ação no sentido de criar ou executar publicidade enganosa ou abusiva. Considera-se enganosa, nos termos do art. 37, § 1º, do CDC, "qualquer modalidade de informação ou comunicação de caráter publicitário, inteira ou parcialmente falsa, ou, por qualquer outro modo, mesmo por omissão, capaz de induzir em erro o consumidor a respeito da natureza, características, qualidade, quantidade, propriedades, origem, preço e quaisquer outros dados sobre produtos e serviços". Diz-se, ainda, abusiva, "a publicidade discriminatória de qualquer natureza, a que incite à violência, explore o medo ou a superstição, se aproveite da deficiência de julgamento e experiência da criança, desrespeita valores ambientais, ou que seja capaz de induzir o consumidor a se comportar de forma prejudicial ou perigosa à sua saúde ou segurança" (art. 37, § 2º).

d) Elemento subjetivo da conduta: é o dolo, tanto na forma direta (fazer ou promover publicidade que sabe), quanto na eventual (ou deveria saber). Não se admite, por falta de previsão legal, a modalidade culposa. Não se pode, ainda, interpretar que o "deveria saber" se enquadra em qualquer modalidade de culpa (imprudência, negligência ou imperícia), já que seria absurdo o legislador punir a conduta dolosa ou culposa com a mesma intensidade, já que ao *caput* aplica-se a pena de 3 meses a 1 ano de detenção, e multa.

e) Consumação e tentativa: doutrinariamente, diz-se que o crime em comento é formal, razão pela qual se reputará consumado com a mera publicidade enganosa, pouco importando a ocorrência de resultado lesivo. A tentativa é possível, já que se trata de crime comissivo (as condutas "fazer" ou "promover" são realizadas por ação do agente).

6.3.7. Publicidade capaz de induzir o consumidor (art. 68)

Reza o art. 68: "Fazer ou promover publicidade que sabe ou deveria saber ser capaz de induzir o consumidor a se comportar de forma prejudicial ou perigosa a sua saúde ou segurança". A pena cominada varia de *6 meses a 2 anos de detenção e multa*.

Trata-se de norma penal em branco, já que a tipicidade dependerá da análise do art. 37, § 2º, do CDC, que trata da publicidade abusiva (... *capaz de induzir o consumidor a se comportar de forma prejudicial ou perigosa à sua saúde ou segurança*).

O tipo penal em estudo tem a seguinte estrutura:

a) Sujeito ativo: é o profissional ligado à publicidade, que a promove de maneira enganosa ou abusiva. Trata-se, pois, de crime próprio.

b) Sujeito passivo: coletividade (sujeito passivo imediato ou principal) e o consumidor (sujeito passivo secundário ou mediato).

c) Condutas típicas: fazer ou promover (publicidade apta a induzir o consumidor a portar-se de forma prejudicial à saúde ou segurança).

d) Elemento normativo do tipo: publicidade apta a determinar que o consumidor passe a se portar de maneira perigosa à saúde ou segurança.

e) Elemento subjetivo da conduta: é o dolo, tanto na forma direta (sabe) quanto eventual (ou deveria saber).

f) Consumação e tentativa: consuma-se o crime em tela com a veiculação da publicidade enganosa ou abusiva que possa redundar em comportamento do consumidor perigoso à saúde ou segurança. A tentativa é admissível por ser tratar de crime plurissubsistente (composto de vários atos).

6.3.8. Omissão na organização de dados que dão base à publicidade (art. 69)

O art. 69 do CDC assim preleciona: "Deixar de organizar dados fáticos, técnicos e científicos que dão base à publicidade". A pena é de *detenção de 1 a 6 meses ou multa*.

Trata-se de crime que tutela a veracidade das informações que se destinam aos consumidores.

Assim, temos que:

a) Sujeito ativo: fornecedor ou publicitário.

b) Sujeito passivo: consumidor (diretamente/indiretamente) e a coletividade (direta/indiretamente).

c) Conduta típica: deixar de organizar. Trata-se de crime omissivo próprio.

d) Elemento subjetivo da conduta: é o dolo.

e) Consumação e tentativa: consuma-se o crime com a simples omissão (crime instantâneo). Impossível a tentativa, tendo em vista que os crimes omissivos não a admitem.

6.3.9. Emprego de peças ou componentes de reposição usados (art. 70)

O art. 70 do CDC prescreve: "Empregar, na reparação de produtos, peças ou componentes de reposição usados, sem autorização do consumidor". A pena é de *detenção de 3 meses a 1 ano e multa*.

Trata-se de infração penal que tutela o direito do consumidor de ver seus pertences reparados com peças originais e novas, salvo se anuir que assim não sejam, de acordo com o art. 21 do CDC.

Destarte, verifiquemos os seguintes itens:

a) Sujeito ativo: fornecedor.

b) Sujeito passivo: consumidor e coletividade.

c) Conduta típica: empregar, ou seja, usar, utilizar, aplicar. O fato será atípico se o consumidor autorizar que peças ou componentes usados sejam utilizados na reparação de produtos danificados. Portanto, o consentimento do ofendido, na espécie, torna atípica a conduta. Entende-se que a anuência provoca a exclusão da antijuridicidade, por se tratar de causa supralegal que torna lícita a conduta.

d) Elemento subjetivo da conduta: é o dolo. Não se admite a forma culposa. Portanto, se o fornecedor, por descuido (negligência), empregar no conserto de produto peças usadas, não praticará o crime em tela.

e) Consumação e tentativa: há quem sustente que o crime é de mera atividade, vale dizer, não se exige que o consumidor experimente prejuízo. Há quem diga que o crime em comento é de perigo abstrato, cujo prejuízo é presumido. Todavia, possível entender-se que o crime exige prejuízo ao consumidor, sob pena de estarmos diante de mero ilícito civil. Se se entender que o crime é material, admite-se a tentativa.

6.3.10. Cobrança vexatória (art. 71)

O art. 71 do CDC assim prevê: "Utilizar, na cobrança de dívidas, de ameaça, coação, constrangimento físico ou moral, afirmações falsas, incorretas ou enganosas ou de qualquer outro procedimento que exponha o consumidor, injustificadamente, a ridículo ou interfira com seu trabalho, descanso ou lazer". A pena cominada varia de *3 meses a 1 ano de detenção e multa*.

Trata-se de crime que vem a reforçar o direito do consumidor de não ser exposto a ridículo, nem submetido a qualquer tipo de constrangimento ou ameaça, *ex vi* do art. 42 do CDC.

Vejamos os elementos do tipo e sujeitos do crime:

a) Sujeito ativo: é o fornecedor (credor) ou quem, a seu mando, efetue a cobrança ao consumidor.

b) Sujeito passivo: coletividade e consumidor (devedor).

c) Conduta típica: utilizar (empregar, usar). Assim, verifica-se o crime quando o credor ou terceira pessoa, a seu mando, emprega meios vexatórios para a cobrança de dívida, tais como: ameaça, coação, constrangimento físico ou moral. Referidos meios são meramente exemplificativos, tendo em vista que o tipo penal admite uso da interpretação analógica (ou qualquer outro procedimento que exponha o consumidor a ridículo, ou interfira em seu trabalho, descanso ou lazer).

d) Elemento normativo do tipo: o meio utilizado para a cobrança deve ser indevido ou injustificado.

e) Elemento subjetivo da conduta: é o dolo. Não se admite a modalidade culposa, por ausência de previsão legal.

f) Consumação e tentativa: consuma-se o crime com a cobrança vexatória da dívida, de maneira injustificada. Diz-se que o crime é de mera conduta. Admissível a tentativa (ex.: cobrança por escrito, mas extraviada).

6.3.11. Impedimento de acesso às informações do consumidor (art. 72)

Reza o art. 72 do CDC: "Impedir ou dificultar o acesso do consumidor às informações que sobre ele constem em cadastros, banco de dados, fichas e registros". A pena é de *detenção de 6 meses a 1 ano ou multa*.

Trata-se de crime que vem a inserir no campo penal o disposto no art. 43 do mesmo código, que assim dispõe: "O consumidor, sem prejuízo do disposto no art. 86, terá acesso às informações existentes em cadastros, fichas, registros e dados pessoais e de consumo arquivados sobre ele, bem como sobre as suas respectivas fontes".

Vejamos o tipo penal em detalhes:

a) Sujeito ativo: qualquer pessoa responsável pelo controle das informações sobre o consumidor.

b) Sujeito passivo: coletividade e consumidor.

c) Condutas típicas: impedir (oferecer obstáculo) ou dificultar (estorvar, complicar).

d) Elemento subjetivo da conduta: é o dolo. Não se admite a modalidade culposa, por ausência de previsão legal.

e) Consumação e tentativa: consuma-se o crime com o impedimento ou dificuldade criada pelo agente ao acesso, pelo consumidor, de informações suas que constem em cadastros, bancos de dados, fichas e registros. Não se pode admitir a tentativa tendo em vista que a conduta "dificultar", por si só, basta à consumação do delito.

6.3.12. Omissão na correção de informações com inexatidões (art. 73)

O crime em tela vem previsto no art. 73 do CDC, *in verbis*: "Deixar de corrigir imediatamente informação sobre consumidor, constante de cadastro, banco de dados, fichas ou registros que sabe ou deveria saber ser inexata". A pena varia de *1 a 6 meses de detenção ou multa*.

A infração em comento tutela, a um só tempo, a honra e o crédito do consumidor, nos termos do art. 43, § 3º, do CDC: "O consumidor, sempre que encontrar inexatidão nos seus dados e cadastros, poderá exigir sua imediata correção, devendo o arquivista, no prazo de 5 dias úteis, comunicar a alteração aos eventuais destinatários das informações incorretas".

Vejamos os elementos do tipo e sujeitos:

a) Sujeito ativo: pessoa que deixa de corrigir a informação, desde que responsável para tanto.

b) Sujeito passivo: consumidor cuja informação deixou de ser corrigida.

c) Conduta típica: deixar de corrigir. Trata-se, por evidente, de crime omissivo próprio.

d) Elemento subjetivo da conduta: dolo direto ("sabe") ou eventual ("deveria saber").

e) Elemento normativo do tipo: a expressão imediatamente, prevista no tipo em tela, deve ser interpretada como passível de realização em até 5 dias.

f) Consumação e tentativa: com a mera omissão o crime estará consumado. Por se tratar de crime omissivo, inadmissível a tentativa.

6.3.13. Omissão na entrega de termo de garantia (art. 74)

O art. 74 do CDC assim prescreve: "Deixar de entregar ao consumidor o termo de garantia adequadamente preenchido e com especificação clara de seu conteúdo". A pena varia de *1 a 6 meses de detenção ou multa*.

O crime em comento protege a relação contratual havida entre consumidor e fornecedor, nos termos do art. 50, *caput*, e parágrafo único, do CDC: "A garantia contratual é complementar à legal e será conferida mediante termo escrito. Parágrafo único: O termo de garantia ou equivalente deve ser padronizado e esclarecer, de maneira adequada, em que consiste a mesma garantia, bem como a forma, o prazo e o lugar em que pode ser exercitada e os ônus a cargo do consumidor, devendo-lhe ser entregue, devidamente preenchido pelo fornecedor, no ato do fornecimento, acompanhado de manual de instrução, de instalação e uso de produto em linguagem didática, com ilustrações".

Vejamos os sujeitos do crime e elementos do tipo:

a) Sujeito ativo: fornecedor.

b) Sujeito passivo: consumidor e coletividade.

c) Conduta típica: deixar de entregar. Trata-se de crime omissivo próprio, que se configura pela falta de entrega ao consumidor do termo de garantia (contratual) devidamente preenchido e com especificações claras de seu conteúdo.

d) Elemento subjetivo da conduta: é o dolo. Não há modalidade culposa prevista.

e) Consumação e tentativa: o delito em questão se consuma com a omissão na entrega do termo de garantia. Por ser crime omissivo, impossível a tentativa.

6.4. Concurso de pessoas (art. 75)

O art. 75 do CDC, de acordo com a doutrina, encontra-se revogado pelo art. 11 da Lei 8.137/1990 (crimes contra a ordem tributária, econômica e relações de consumo).

De qualquer forma, o dispositivo é absolutamente dispensável, posto que seu conteúdo é semelhante ao art. 29 do CP.

6.5. Circunstâncias agravantes (art. 76)

A aplicação das circunstâncias alteradoras da reprimenda não impede que aquelas definidas no CP sejam aplicadas, desde que não configurem *bis in idem*.

6.6. Pena de multa (art. 77)

Por ser regra especial, aplica-se o CDC e não as prescrições acerca da pena de multa prevista no CP.

Por força do art. 77, "a pena pecuniária prevista nesta Seção será fixada em dias-multa, correspondente ao mínimo e ao máximo de dias de duração da pena privativa da liberdade cominada ao crime. Na individualização desta multa, o juiz observará o disposto no art. 60, § 1º, do Código Penal".

Referido dispositivo do CP permite ao juiz elevar a pena de multa até o triplo, se a capacidade econômica do réu for suficientemente boa a tal ponto de tornar ineficaz a pena pecuniária legalmente prevista.

6.7. Penas restritivas de direitos (art. 78)

Diferentemente do CP, as penas restritivas de direitos previstas no CDC não têm caráter substitutivo à privativa de liberdade, mas cumulativo (ou alternativo também).

Dado o princípio da especialidade, são penas restritivas de direitos aplicáveis aos crimes contra as relações de consumo: I – interdição temporária de direitos; II – publicação em órgãos de comunicação de grande circulação ou audiência, às expensas do condenado, de notícia sobre os fatos e a condenação; III – a prestação de serviços à comunidade.

Por ausência de previsão legal, as demais penas alternativas previstas no CP não se aplicam aos agentes que tenham praticado crimes previstos no CDC.

6.8. Fiança (art. 79)

De acordo com o art. 79 do CDC, o valor da fiança variará entre 100 a 200 mil vezes o valor do BTN. Porém, como este índice foi extinto em 01.02.1991, com valor então de CR$ 126,86, será utilizado como parâmetro, após atualizado, para pagamento da contracautela.

6.9. Assistente de acusação e ação penal subsidiária (art. 80)

Admite-se que intervenham como assistentes de acusação, nos crimes contra as relações de consumo, sem prejuízo das próprias vítimas diretas (consumidores), os legitimados previstos no art. 82, III e IV, do CDC, a saber:

> III – entidades e órgãos da administração pública, direta ou indireta, ainda que sem personalidade jurídica, especificamente destinados à defesa dos interesses e direitos protegidos pelo CDC;
>
> IV – as associações legalmente constituídas há pelo menos 1 ano e que incluam entre seus fins institucionais a defesa do consumidor.

Ademais, referidos legitimados também o serão para a propositura de ação penal privada subsidiária da pública, desde que haja inércia ministerial, nos termos do art. 5º, LIX, da CF, e art. 29 do CPP.

7. CRIMES FALIMENTARES – LEI 11.101/2005

7.1. Previsão legal e considerações iniciais

A Lei 11.101, de 09.02.2005, com *vacatio legis* de 120 dias, substituiu, integralmente, a antiga "Lei de Falências" (Decreto 7.661/1945). Com a nova lei, não há mais falar-se apenas em falência, mas, também, em recuperação judicial e extrajudicial, deixando de existir a "antiga" concordata.

Acerca da origem histórica da falência, fala-se que dizia respeito ao adimplemento das dívidas e seus instrumentos de garantia. Antigamente, garantia-se o pagamento de dívidas com castigos físicos, apreensão de bens do devedor pelo próprio credor, que os alienava e "quitava" a dívida.

Com o desenvolvimento da economia e das relações comerciais, tornou-se imprescindível a criação de mecanismos de proteção do crédito e das relações cliente-mercado, do que se extraiu a edição da Lei dos Crimes Falimentares. Na atualidade, torna-se um pouco equivocada a menção a "Crimes Falimentares", visto que crimes há que dependem não da sentença que declara a falência, mas daquela que concede recuperação judicial ou que homologa a recuperação extrajudicial. Todavia, por tradição, prossegue-se dizendo "Crime Falimentar".

7.2. Direito intertemporal e a problemática do conflito de leis penais no tempo

A antiga Lei de Falências (Decreto 7.661/1945), em diversos pontos, frente à nova lei, é considerada mais benéfica (*lex mitior*), especialmente no tocante às penas. Portanto, em alguns casos, configurar-se-á a *novatio legis in pejus* (nova lei prejudicial), razão pela qual, nesse ponto, será irretroativa.

Todavia, houve situações em que a nova lei (Lei 11.101/2005) operou a descriminalização de certas condutas, extirpadas do cenário jurídico. Nesse caso, havendo *abolitio criminis*, certamente a lei nova é benéfica, operando efeitos imediatamente (extinção da punibilidade – art. 107, III, CP).

Ainda, a Lei 11.101/2005 introduziu no ordenamento jurídico penal novas figuras típicas, até então inexistentes. Logo, por se tratar, nesse ponto, de *novatio legis* incriminadora, somente poderá gerar efeitos a partir de sua edição. Assim não fosse, estar-se-ia violando, a um só tempo, o princípio da reserva legal e da anterioridade.

Assim, concluímos o seguinte:

a) para crimes falimentares praticados sob a égide do Decreto 7.661/1945, mas que a persecução penal não tenha sido iniciada, ou, se iniciada, não havia se encerrado, deve-se analisar se a "nova lei" (Lei 11.101/2005) foi mais benéfica – caso em que irá operar-se a retroatividade – ou prejudicial – caso em que haverá a ultratividade da lei revogada;

b) para figuras criminosas inexistentes à época da vigência do Decreto 7.661/1945, evidentemente a tipicidade penal somente existirá a partir da edição da Lei 11.101/2005.

7.3. Crimes de dano e de perigo na Lei de Falências

Em sua maioria, os crimes falimentares serão considerados "crimes de perigo", tendo em vista que a conduta praticada pelo agente não precisará, de fato, causar lesão a um bem ou interesse, bastando que os ameacem de lesão.

Todavia, certos crimes exigirão efetivo dano ao bem jurídico protegido, sem o que não estará configurada a infração penal, ou estar-se-á diante da tentativa.

7.4. Classificação dos crimes falimentares quanto ao sujeito ativo

Alguns dos crimes falimentares são considerados *próprios*, levando-se em conta certa característica ostentada pelo sujeito ativo. São os chamados *crimes falimentares próprios* (arts. 168,

171, 172, 176 e 178 – o sujeito ativo será o devedor; art. 177 – sujeitos ativos: juiz, promotor, administrador judicial, perito, avaliador, escrivão, oficial de justiça ou leiloeiro).

Em outros casos, os crimes falimentares serão *impróprios ou comuns*, tendo em vista que qualquer pessoa poderá ser sujeito ativo. É o caso dos arts. 169, 170, 173, 174 e 175.

7.5. Classificação dos crimes falimentares levando-se em consideração o momento de realização dos atos executórios

a) *Crimes antefalimentares* (ou *pré-falimentares*): são aqueles cuja consumação ocorre em momento anterior (prévio) à declaração judicial da falência (sentença declaratória da falência). Também são assim denominados, após a entrada em vigor da Lei de Falências (Lei 11.101/2005), os crimes cometidos antes da sentença concessiva de recuperação judicial e da que homologa o plano de recuperação extrajudicial. São crimes antefalimentares os descritos nos arts. 168, 169, 172 e 178 da lei em comento.

b) *Crimes pós-falimentares*: são aqueles cuja consumação é verificada após a decretação da falência, da recuperação judicial ou extrajudicial. São assim considerados os crimes previstos nos arts. 168, 170, 171, 172, 173, 174, 175, 176, 177 e 178 da lei em análise.

7.6. Crimes concursais e condição objetiva de punibilidade

Os crimes falimentares são definidos como *crimes concursais*, visto que, para sua configuração, dependem do concurso de alguma causa estranha ao próprio Direito Penal. Assim, somente se pode cogitar de crime falimentar se concorrer uma outra causa (fato/ato jurídico).

Com efeito, o art. 180 da Lei de Falências assim dispõe: "A sentença que decreta a falência, concede recuperação judicial ou concede a recuperação extrajudicial de que trata o art. 163 desta Lei é condição objetiva de punibilidade das infrações penais descritas nesta Lei".

Logo, todos os crimes falimentares dependem da existência de uma condição exterior à conceituação legal (tipicidade penal), sob pena de não se cogitar de sua prática. Daí dizer-se que o crime falimentar é concursal, já que depende do concurso de uma causa externa, estranha ao Direito Penal, que é a sentença que decreta a quebra, ou que concede a recuperação judicial ou extrajudicial.

7.7. Unidade ou universalidade

Segundo Manoel de Pedro Pimentel (*Legislação penal especial*, Ed. RT, 1972), "unidade ou universalidade é o que caracteriza o crime falimentar. Cada crime falimentar é, em si mesmo, uma ação delituosa e basta a existência de um só para justificar a punição". Ainda, o mesmo mestre ensinou que "se várias forem as ações delituosas, passarão a ser consideradas como atos e a unidade complexa se transforma em uma universalidade, punindo-se o todo e não as partes, com uma só pena".

Portanto, prevalece o entendimento doutrinário (e jurisprudencial), que, concorrendo diversos fatos descritos como delitos falimentares, dá-se uma só ação punível, e não pluralidade de ações, visto tratar-se de crime de estrutura complexa, em que o comportamento dos falidos (ou em recuperação judicial ou extrajudicial) deve ser unificado. Enfim, a "pluralidade de crimes" será considerado de maneira universal, como se se tratasse de um só crime, composto de uma pluralidade de atos.

7.8. Investigação criminal na Lei de Falências

De acordo com o Decreto 7.661/1945, a investigação pela prática de crime falimentar era realizada pelo juízo universal da falência, vale dizer, pelo magistrado responsável pela decretação da quebra do empresário ou empresa.

Todavia, a doutrina criticava a disposição legal que previa tal procedimento, na medida em que o art. 144 da CF atribui à Polícia Judiciária a tarefa de investigar e apurar as infrações penais no âmbito dos Estados.

Com a nova Lei de Falências (Lei 11.101/2005), pôs-se um fim a esse absurdo. Hoje, a investigação de crimes falimentares é feita pela Polícia Judiciária, conforme se infere da leitura dos arts. 187 e 188, respeitando-se, assim, a CF/1988 e a indispensável separação entre o órgão julgador e aquele que apura a infração penal.

7.9. Ação penal nos crimes falimentares

De acordo com o art. 184 da Lei 11.101/2005, os crimes falimentares são de ação penal pública incondicionada. Ainda, em seu parágrafo único, que entendemos desnecessário, tendo em vista o disposto no art. 5º, LIX, da CF e art. 29 do CPP, há previsão de cabimento de ação penal privada subsidiária da pública, caso o Ministério Público não ofereça denúncia no prazo legal.

7.10. Crimes em espécie

Os crimes falimentares estão definidos nos arts. 168 a 178 da Lei 11.101/2005. Para os fins da presente obra, traremos, de forma objetiva, os principais aspectos de cada um deles.

7.10.1. Fraude a credores (art. 168)

Art. 168. Praticar, antes ou depois da sentença que decretar a falência, conceder a recuperação judicial ou homologar a recuperação extrajudicial, ato fraudulento de que resulte ou possa resultar prejuízo aos credores, com o fim de obter ou assegurar vantagem indevida para si ou para outrem.

Pena – reclusão, de 3 a 6 anos, e multa.

Este crime corresponde à antiga "falência fraudulenta" prevista no Decreto 7.661/1945.

a) Sujeito ativo: empresário, sócios, gerentes, administradores e conselheiros das sociedades empresárias.

b) Sujeito passivo: os credores.

c) Condutas típicas: corresponde à prática de ato fraudulento, cometido antes ou depois da falência, da recuperação judicial ou extrajudicial (trata-se, portanto, de crime antefalimentar e pós-falimentar). Assim, o autor do crime irá praticar qualquer ato contrário à lei (com fraude), visando, com sua conduta, lesionar os credores. O dano patrimonial, mesmo que não ocorra, não descaracteriza o crime.

d) Elemento subjetivo da conduta e do tipo: o crime é doloso. Exige-se um "especial fim de agir" (elemento subjetivo do tipo), decorrente da expressão "com o fim de...". Assim, o agente atua com a intenção de obter ou assegurar alguma vantagem indevida para si ou para terceira pessoa.

e) **Causas de aumento de pena:** nos termos do art. 168, § 1º, a pena aumenta-se de 1/6 (um sexto) a 1/3 (um terço), se o agente: I – elabora escrituração contábil ou balanço com dados inexatos; II – omite, na escrituração contábil ou no balanço, lançamento que deles deveria constar, ou altera escrituração ou balanço verdadeiros; III – destrói, apaga ou corrompe dados contábeis ou negociais armazenados em computador ou sistema informatizado; IV – simula a composição do capital social; V – destrói, oculta ou inutiliza, total ou parcialmente, os documentos de escrituração contábil obrigatórios. A pena será majorada de 1/3 (um terço) até metade em caso de "contabilidade paralela", ou seja, se o devedor manteve ou movimentou recursos ou valores paralelamente à contabilidade exigida pela legislação.

f) **Concurso de pessoas:** nos termos do art. 168, § 3º nas mesmas penas incidem os contadores, técnicos contábeis, auditores e outros profissionais que, de qualquer modo, concorrerem para as condutas criminosas descritas neste artigo, na medida de sua culpabilidade.

g) **Causa de diminuição ou de substituição de pena:** tratando-se de falência de microempresa ou de empresa de pequeno porte, e não se constatando prática habitual de condutas fraudulentas por parte do falido, poderá o juiz reduzir a pena de reclusão de 1/3 (um terço) a 2/3 (dois terços) ou substituí-la pelas penas restritivas de direitos, pelas de perda de bens e valores ou pelas de prestação de serviços à comunidade ou a entidades públicas (art. 168, § 4º).

7.10.2. Violação de sigilo empresarial (art. 169)

> **Art. 169.** Violar, explorar ou divulgar, sem justa causa, sigilo empresarial ou dados confidenciais sobre operações ou serviços, contribuindo para a condução do devedor a estado de inviabilidade econômica ou financeira.
>
> Pena – reclusão, de 2 a 4 anos, e multa.

Trata-se de *novatio legis* incriminadora. Ou seja, a figura típica em análise inexistia no Decreto 7.661/1945.

a) **Sujeito ativo:** qualquer pessoa (crime comum).

b) **Sujeito passivo:** o empresário (devedor).

c) **Condutas típicas:** Decorre da prática de um dos verbos – violar, explorar ou divulgar. Assim, comete o crime aquela pessoa que viola, explora ou divulga sigilo empresarial ou dados confidenciais referentes a operações e serviços. Com isso, o agente, se contribuir para a bancarrota do devedor, terá cometido o crime.

d) **Elemento subjetivo da conduta:** o crime é doloso.

7.10.3. Divulgação de informações falsas (art. 170)

> **Art. 170.** Divulgar ou propalar, por qualquer meio, informação falsa sobre devedor em recuperação judicial, com o fim de levá-lo à falência ou de obter vantagem.
>
> Pena – reclusão, de 2 a 4 anos, e multa.

Trata-se de *novatio legis* incriminadora, ou seja, a figura típica ora analisada inexistia na antiga legislação falimentar (Decreto 7.661/1945).

a) **Sujeito ativo:** qualquer pessoa (crime comum).

b) **Sujeito passivo:** o empresário (devedor) em recuperação judicial.

c) **Condutas típicas:** Decorre da prática de um dos verbos – divulgar ou propalar. Assim, comete o crime aquela pessoa que divulga ou retransmite informações inverídicas (falsas) sobre o empresário que esteja em recuperação concedida judicialmente. Com isso, o agente tenciona obter alguma vantagem ou levar o devedor à falência.

d) **Elemento subjetivo da conduta:** o crime é doloso. Exige-se, ainda, dolo específico (elemento subjetivo do tipo), consistente no especial fim do agente de levar o sujeito passivo à falência.

7.10.4. Induzimento a erro (art. 171)

> **Art. 171.** Sonegar ou omitir informações ou prestar informações falsas no processo de falência, de recuperação judicial ou de recuperação extrajudicial, com o fim de induzir a erro o juiz, o Ministério Público, os credores, a assembleia geral de credores, o Comitê ou o administrador judicial.
>
> Pena – reclusão, de 2 a 4 anos, e multa.

Trata-se de *crime de mera conduta*.

a) **Sujeito ativo:** qualquer pessoa (crime comum).

b) **Sujeito passivo:** o empresário (devedor) em recuperação judicial, extrajudicial ou o falido.

c) **Condutas típicas:** Decorre da prática de um dos verbos – sonegar ou omitir; prestar informações. Trata-se, portanto, de crime omissivo nas condutas sonegar ou omitir, e comissivo, na conduta de prestar informações falsas. Assim, comete o crime aquela pessoa que sonega (esconde) ou omite informações, bem como a que prestar falsas informações, no curso de um processo falimentar, tencionando induzir a erro o juiz, especialmente no tocante às informações relativas à "saúde financeira" do réu da ação.

d) **Elemento subjetivo da conduta:** o crime é doloso. Exige-se, ainda, dolo específico (elemento subjetivo do tipo), consistente no especial fim do agente de levar o juiz, o membro do Ministério Público, os credores, a Assembleia geral de credores, o comitê e o administrador judicial a erro.

7.10.5. Favorecimento de credores (art. 172)

> **Art. 172.** Praticar, antes ou depois da sentença que decretar a falência, conceder a recuperação judicial ou homologar o plano de recuperação extrajudicial, ato de disposição ou oneração patrimonial ou gerador de obrigação, destinado a favorecer um ou mais credores em prejuízo dos demais.
>
> Pena – reclusão, de 2 a 5 anos, e multa.

Trata-se de *crime pré-falimentar ou pós-falimentar*.

a) **Sujeito ativo:** o devedor (crime próprio). Porém, nos termos do art. 172, parágrafo único, da lei ora analisada, nas mesmas penas incorrerá o credor que, em conluio, possa beneficiar-se de ato previsto no *caput* do mesmo artigo.

b) **Sujeito passivo:** os credores.

c) **Conduta típica:** Decorre da prática de um ato de disposição ou oneração patrimonial. Trata-se, portanto, de crime pelo qual o agente (devedor), em detrimento da universalidade dos credores (*par conditio*), desvia bens que integram a massa falida diretamente a certos credores, violando a ordem de recebimento. O que faz o devedor é privilegiar um ou mais credores, em detrimento dos outros.

d) Elemento subjetivo da conduta: o crime é doloso.

7.10.6. Desvio, recebimento ou uso ilegal de bens (art. 173)

> **Art. 173.** Apropriar-se, desviar ou ocultar bens pertencentes ao devedor sob recuperação judicial ou à massa falida, inclusive por meio de aquisição por interposta pessoa.
> Pena – reclusão, de 2 a 4 anos, e multa.

a) Sujeito ativo: qualquer pessoa (crime comum), inclusive o devedor ou mesmo um credor.

b) Sujeito passivo: os credores lesados pela conduta.

c) Conduta típica: Decorre da prática de um dos verbos – apropriar, desviar ou ocultar. Assim, o agente que se apropriar (tomar para si), desviar (dar destinação diversa) ou ocultar (esconder) bens da massa falida, cometerá o crime em tela. Com uma das condutas, o agente irá causar prejuízo aos demais credores, por retirar do devedor ou da massa falida bens que eventualmente seriam reduzidos a dinheiro e distribuídos aos credores, de acordo com a classificação de seus créditos.

d) Elemento subjetivo da conduta: o crime é doloso.

7.10.7. Aquisição, recebimento ou uso ilegal de bens

> **Art. 174.** Adquirir, receber, usar, ilicitamente, bem que sabe pertencer à massa falida ou influir para que terceiro, de boa-fé, o adquira, receba ou use.
> Pena – reclusão, de 2 a 4 anos, e multa.

Trata-se de figura penal muito semelhante à receptação (art. 180 do CP). Alguns denominam o crime em tela de "receptação falimentar".

a) Sujeito ativo: qualquer pessoa (crime comum), inclusive o devedor ou mesmo um credor.

b) Sujeito passivo: os credores.

c) Conduta típica: Decorre da prática de um dos verbos – adquirir, receber, usar ou influir. Assim, o agente que praticar uma das condutas típicas cometerá o crime, já que o fez em desconformidade com as regras legais. A aquisição, recebimento e uso de bens pertencentes a uma massa falida exigem autorização judicial. Ainda, se o autor do crime influir terceiro de boa-fé a adquirir, receber ou usar bem da massa falida, também cometerá a infração em testilha.

d) Elemento subjetivo da conduta: o crime é doloso. Ou seja, exige-se que o agente tenha conhecimento da origem do bem (pertencente a uma massa falida).

7.10.8. Habilitação ilegal de crédito (art. 175)

> **Art. 175.** Apresentar, em falência, recuperação judicial ou recuperação extrajudicial, relação de créditos, habilitação de créditos ou reclamação falsas, ou juntar a elas título falso ou simulado.
> Pena – reclusão, de 2 a 4 anos, e multa.

Trata-se de figura penal que se assemelha a uma falsidade ideológica ou material (documental).

a) Sujeito ativo: qualquer pessoa (crime comum).

b) Sujeito passivo: os credores, o devedor e a administração pública.

c) Conduta típica: Decorre da apresentação de créditos ou habilitações falsas.

d) Elemento subjetivo da conduta: o crime é doloso. Consuma-se o crime mesmo se não houver prejuízo a qualquer pessoa. Trata-se, pois, de crime formal.

7.10.9. Exercício ilegal de atividade (art. 176)

> **Art. 176.** Exercer atividade para a qual foi inabilitado ou incapacitado por decisão judicial, nos termos da Lei.
> Pena – reclusão, de 1 a 4 anos, e multa.

Trata-se de figura penal que se assemelha a uma desobediência.

a) Sujeito ativo: devedor (crime próprio). É efeito da condenação por crime falimentar a inabilitação para o exercício de atividade empresarial, ou para cargos ou funções no conselho de administração, diretoria ou gerência de sociedades empresárias. Por isso, apenas o réu na ação falimentar que haja decretado a quebra é que poderá cometer o crime em tela.

b) Sujeito passivo: a coletividade (em especial a Administração Pública, já que sua decisão – inabilitação para ser empresário ou exercer certos cargos – está sendo desrespeitada).

c) Conduta típica: Decorre do exercício de atividade para o qual o agente foi inabilitado ou incapacitado por decisão judicial. Daí tratar-se de verdadeira desobediência à decisão judicial.

d) Elemento subjetivo da conduta: o crime é doloso.

7.10.10. Violação de impedimento (art. 177)

> **Art. 177.** Adquirir o juiz, o representante do Ministério Público, o administrador judicial, o gestor judicial, o perito, o avaliador, o escrivão, o oficial de justiça ou o leiloeiro, por si ou interposta pessoa, bens da massa falida ou de devedor em recuperação judicial, ou, em relação a estes, entrar em alguma especulação de lucro, quando tenham atuado nos respectivos processos.
> Pena – reclusão, de 2 a 4 anos, e multa.

a) Sujeito ativo: cometerá o crime em comento o juiz, o representante do Ministério Público, o administrador judicial, o gestor judicial, o perito, o avaliador, o escrivão, o oficial de justiça ou o leiloeiro. Trata-se, portanto, de crime próprio.

b) Sujeito passivo: a coletividade (Estado).

c) Conduta típica: Decorre da aquisição de bens da massa falida ou de devedor em recuperação judicial, por qualquer das pessoas previstas no tipo penal, desde que, é claro, tenham exercido alguma função ou múnus público no processo. Assim, inexistirá crime, por exemplo, de um juiz federal da Justiça do Trabalho que tenha adquirido um bem da massa falida apurada em processo falimentar em trâmite na Justiça Estadual comum.

d) Elemento subjetivo da conduta: o crime é doloso.

7.10.11. Omissão dos documentos contábeis obrigatórios (art. 178)

Art. 178. Deixar de elaborar, escriturar ou autenticar, antes ou depois da sentença que decretar a falência, conceder a recuperação judicial ou homologar o plano de recuperação extrajudicial, os documentos de escrituração contábil obrigatórios.

Pena – detenção, de 1 a 2 anos, e multa, se o fato não constitui crime mais grave.

a) Sujeito ativo: é o devedor.

b) Sujeito passivo: será o credor (sujeito passivo imediato) e a coletividade (sujeito passivo mediato).

c) Conduta típica: consiste no fato de o agente deixar de elaborar, escriturar ou autenticar, antes (crime pré-falimentar) ou depois da sentença que decretar a falência, conceder a recuperação judicial ou homologar plano de recuperação extrajudicial (crime pós-falimentar) os documentos de escrituração contábil obrigatórios. Trata-se, por evidente, de conduta omissiva. Logo, estamos diante de crime omissivo próprio ou puro, razão pela qual a tentativa é inadmissível.

d) Elemento subjetivo: é o dolo.

7.11. Efeitos da condenação por crimes falimentares

Nos termos do art. 181 da Lei 11.101/2005, temos que são efeitos da condenação:

I – a inabilitação para o exercício de atividade empresarial;

II – o impedimento para o exercício de cargo ou função em conselho de administração, diretoria ou gerência das sociedades sujeitas a esta Lei;

III – a impossibilidade de gerir empresa por mandato ou por gestão de negócio.

Referidos efeitos da condenação não são automáticos (portanto, estamos diante de *efeitos específicos*), devendo ser motivadamente declarados na sentença, e perdurarão até 5 (cinco) anos após a extinção da punibilidade, podendo, contudo, cessar antes pela reabilitação penal (art. 181, § 1º).

Nos termos do art. 181, § 2º, transitada em julgado a sentença penal condenatória, será notificado o Registro Público de Empresas para que tome as medidas necessárias para impedir novo registro em nome dos inabilitados.

7.12. Prescrição dos crimes falimentares

Nos termos do art. 182 da Lei 11.101/2005, a prescrição dos crimes falimentares reger-se-á pelas disposições do Decreto-Lei 2.848, de 07.12.1940 – Código Penal, começando a correr do dia da decretação da falência, da concessão da recuperação judicial ou da homologação do plano de recuperação extrajudicial. Portanto, o termo inicial do prazo prescricional é o implemento da condição objetiva de punibilidade, qual seja, a decretação da falência, da recuperação judicial ou extrajudicial.

Frise-se que a decretação da falência do devedor interrompe a prescrição cuja contagem tenha iniciado com a concessão da recuperação judicial ou com a homologação do plano de recuperação extrajudicial (art. 182, parágrafo único).

8. CRIMES AMBIENTAIS – LEI 9.605/1998

8.1. Aspectos constitucionais e legais

De início, cabe a transcrição do art. 225, *caput*, da CF:

Todos têm direito ao meio ambiente ecologicamente equilibrado, bem de uso comum do povo e essencial à sadia qualidade de vida, impondo-se ao Poder Público e à coletividade o dever de defendê-lo e preservá-lo para as presentes e futuras gerações.

No § 3º do sobredito dispositivo constitucional, lê-se que "as condutas e atividades consideradas lesivas ao meio ambiente sujeitarão os infratores, pessoas físicas ou jurídicas, a sanções penais e administrativas, independentemente da obrigação de reparar os danos causados".

Destarte, identifica-se na Lei Maior verdadeiro mandamento de criminalização. Ou seja, o legislador constituinte, em verdadeira "ordem" ao infraconstitucional, determinou que as condutas lesivas à qualidade ambiental sujeitarão os infratores a um tríplice sistema sancionatório: administrativo, civil e criminal.

Anos mais tarde, com o advento da Lei 9.605/1998, foram tipificadas condutas lesivas ao meio ambiente, dando-lhes conotação – e proteção – penal.

8.2. Breves linhas acerca das discussões doutrinárias sobre a responsabilidade penal das pessoas jurídicas por crimes ambientais

Considerando que o objetivo da presente obra é trazer ao leitor um "resumo" sobre os principais pontos dos editais de concursos públicos, traremos, brevemente, os pontos fulcrais acerca da responsabilização penal das pessoas jurídicas por danos causados ao meio ambiente.

Pois bem. As divergências doutrinárias cingem-se, basicamente, a duas linhas:

a) admissibilidade da responsabilidade penal da pessoa jurídica; e

b) inadmissibilidade da responsabilidade penal da pessoa jurídica.

O principal argumento para a *primeira corrente* é o de que a própria CF, em seu art. 225, § 3º, previu expressamente a responsabilidade penal da pessoa jurídica.

Já para a *segunda corrente*, as bases fundamentais da sistemática penal (responsabilidade subjetiva – condutas dolosas ou culposas; imposição de penas privativas de liberdade; vedação da responsabilidade objetiva; princípio da culpabilidade e personalização das penas) impossibilitam o reconhecimento de condutas criminosas perpetradas por pessoas jurídicas.

A tendência moderna é a da *aceitação* da responsabilização penal das pessoas jurídicas por crimes ambientais, afirmando-se que a moderna criminalidade exige mecanismos eficientes – e atualizados – de combate aos comportamentos lesivos aos direitos transindividuais, sendo necessário que o intérprete-aplicador do Direito se distancie de alguns "dogmas" criados na seara criminal, especialmente o de que apenas o "ser humano" pode cometer infrações penais. Ainda, sustenta-se que a pessoa jurídica deve, sim, responder por seus atos, sendo necessária uma adaptação da culpabilidade às suas características.

Nada obstante, doutrinadores de renome defendem a irresponsabilidade penal das pessoas jurídicas pela prática de crimes, dentre eles Luiz Regis Prado, Miguel Reale Junior, José Henrique Pierangelli e Claus Roxin (Alemanha). Sustenta-se que desde o Direito Romano já se afirmava que a sociedade não pode delinquir (*societas delinquere non potest*), bem como que a pessoa jurídica não tem "vontade", motivo pelo qual não pode ter um "comportamento delituoso". Também se afirma que a pessoa jurídica não tem a indispensável consciência, elemento constitutivo da conduta penalmente relevante, bem como que não é possível que se lhe impute um fato ilícito em razão de sua ausência de capacidade de entendimento e autodeterminação (imputabilidade). Por fim, diz-se que é inviável a imposição de penas privativas de liberdade às pessoas jurídicas. Para a corrente que admite a responsabilização criminal, afirma-se que o Direito Penal não se resume à aplicação de penas de prisão, sendo perfeitamente possível que se imponham aos entes morais penas restritivas de direitos e pecuniárias.

Assim, seguindo a corrente que reconhece a possibilidade de punição das pessoas jurídicas por crimes ambientais, foi editada a Lei 9.605/1998, que, em seu art. 3º, *caput*, e parágrafo único, prescreve que as pessoas jurídicas serão responsabilizadas administrativa, civil e penalmente conforme o disposto nesta Lei, nos casos em que a infração seja cometida por decisão de seu representante legal ou contratual, ou de seu órgão colegiado, no interesse ou benefício da sua entidade. Determina, ainda, que a responsabilidade das pessoas jurídicas não exclui a das pessoas físicas, autoras, coautoras ou partícipes do mesmo fato.

Para o STJ, "admite-se a responsabilidade penal da pessoa jurídica em crimes ambientais desde que haja a imputação simultânea do ente moral e da pessoa física que atua em seu nome ou em seu benefício, uma vez que não se pode compreender a responsabilização do ente moral dissociada da atuação de uma pessoa física, que age com elemento subjetivo próprio" (REsp 889.528/SC, rel. Min. Felix Fischer, j. 17.04.2007).

O entendimento acima sedimentava o **sistema paralelo de imputação**, também conhecido como **teoria da dupla imputação**. Para que o Ministério Público ofereça denúncia contra pessoa jurídica pela prática de crime ambiental, será indispensável que haja, também, a imputação de conduta a uma pessoa física que atue em seu nome ou em seu benefício.

Nada obstante, a 1ª Turma do STF, em análise de Agravo Regimental interposto pelo Ministério Público Federal nos autos do Recurso Extraordinário 548.181/PR, por maioria de votos, reconheceu a **desnecessidade da dupla imputação** para o reconhecimento da responsabilidade penal das pessoas jurídicas por crimes ambientais. Confira-se a ementa:

"*Agravo regimental em recurso extraordinário. Direito penal. Crime ambiental. Responsabilidade penal da pessoa jurídica. Condicionamento à identificação e à persecução da pessoa física. Tese do condicionamento da responsabilização penal da pessoa jurídica à simultânea identificação e persecução penal da pessoa física responsável, que envolve, à luz do art. 225, § 3º, da Carta Política, questão constitucional merecedora de exame por esta Suprema Corte. Agravo regimental conhecido e provido.*"

Embora não se trate de decisão tomada pelo Plenário da Excelsa Corte, trata-se de posicionamento que poderá influenciar a jurisprudência pátria, alterando-se o entendimento até então pacificado acerca do sistema da dupla imputação. Tanto é verdade que o próprio STJ tem precedente admitindo a desnecessidade da dupla imputação (RMS 39173/BA, 5ª Turma, Min. Reynaldo Soares da Fonseca, *DJe* de 13.08.2015).

8.3. Considerações gerais sobre os crimes ambientais

Para os fins da presente obra, iremos nos ater aos mais importantes aspectos dos principais crimes definidos na Lei 9.605/1998, que estão distribuídos da seguinte forma:

a) Crimes contra a fauna (arts. 29 a 37);

b) Crimes contra a flora (arts. 38 a 53);

c) Crimes de poluição e outros crimes ambientais (arts. 54 a 61);

d) Crimes contra o ordenamento urbano e o patrimônio cultural (arts. 62 a 65);

e) Crimes contra a administração ambiental (arts. 66 a 69-A).

Como dito, não esgotaremos todos os crimes ambientais. Porém, iremos abordar os principais e mais cobrados nos concursos públicos.

8.3.1. Dos crimes contra a fauna (arts. 29 a 37)

Todos os crimes previstos neste capítulo têm por objetividade jurídica a *fauna*, vale dizer, o conjunto de animais de qualquer espécie que viva naturalmente fora do cativeiro.

8.3.1.1. Crime do art. 29

> **Art. 29.** Matar, perseguir, caçar, apanhar, utilizar espécime de fauna silvestre, nativos ou em rota migratória, sem a devida permissão, licença ou autorização da autoridade competente, ou em desacordo com a obtida.
>
> Pena – detenção, de 6 meses a 1 ano, e multa.

a) Conduta típica: são os verbos-núcleos do tipo *matar, perseguir, caçar, apanhar* ou *utilizar*.

b) Objeto material: espécimes de fauna silvestre, nativos ou em rota migratória.

Entende-se por fauna o conjunto de animais próprios de uma região ou de um período geológico. *Espécimes nativas* são aquelas nascidas naturalmente em uma região. Já as *espécimes migratórias* são aquelas que mudam periodicamente de região (ex.: aves).

c) Elementos normativos do tipo: sem a devida permissão, licença ou autorização da autoridade competente, ou em desacordo com a obtida.

d) Consumação e tentativa: este crime estará *consumado* com a morte, perseguição, atos de caça, a captura ou a utilização dos espécimes, de forma indevida. É admissível a *tentativa* nas condutas de *matar e apanhar*, que exigem resultado (material). Já nos verbos *perseguir e caçar*, o crime será de mera conduta, não sendo possível a tentativa. Por fim, o verbo *utilizar* pressupõe a perseguição ou o ato de apanhar as espécimes, também não admitindo tentativa.

Será admissível o perdão judicial, que é causa extintiva da punibilidade (art. 107, IX, do CP), caso presente a hipótese descrita no art. 29, § 2º, da lei em comento. Assim, tratando-se de guarda doméstica da espécie silvestre, desde que não ameaçada de extinção (nos termos de ato normativo específico editado pela autoridade competente), a punibilidade do agente poderá ser extinta.

O art. 29, § 4º, I a VI, e § 5º, retrata causas de aumento de pena quando o crime for cometido: § 4º: I – contra espécie rara ou considerada ameaçada de extinção, ainda que somente no local da infração; II – em período proibido à caça; III – durante a noite; IV – com abuso de licença; V – em unidade de conservação; VI – com emprego de métodos ou instrumentos capazes de provocar destruição em massa; § 5º: se o crime decorre do exercício de caça profissional.

8.3.1.2. Crime do art. 30

> **Art. 30.** Exportar para o exterior peles e couros de anfíbios e répteis em bruto, sem a autorização da autoridade ambiental competente.
>
> Pena – reclusão, de 1 a 3 anos, e multa.

a) Conduta típica: tem base no verbo-núcleo do tipo, qual seja, *exportar*, que significa remeter para fora do país.

b) Objeto material: o objeto material do crime pode ser: *pele* (é o tecido menos espesso, que constitui o revestimento externo do corpo de animais) e *couro* (é a pele mais espessa, que reveste exteriormente o corpo de animais – ex.: couro de jacaré).

A pele ou o couro devem ser de anfíbios (vivem na terra e na água – ex.: rã, salamandras etc.) ou répteis (que se arrastam ao andar – ex.: cobras e crocodilos).

c) Consumação e tentativa: Para o crime em comento restar consumado, basta a remessa para o exterior das peles ou couros. Todavia, em razão de o *iter criminis* ser fracionável, admite-se a tentativa.

d) Competência: Tratando-se de delito transnacional (exportação para o exterior), a competência será da Justiça Federal.

8.3.1.3. Crime do art. 31

> **Art. 31.** Introduzir espécime animal no País, sem parecer técnico oficial favorável e licença expedida por autoridade competente.
>
> Pena – detenção, de 3 meses a 1 ano, e multa.

a) Conduta típica: introduzir, que significa fazer entrar ou penetrar.

b) Objeto material: o objeto material deste crime é animal "exótico", no sentido de estrangeiro, não nativo, proveniente ou oriundo de outro país.

c) Elemento subjetivo: o crime é doloso, pressupondo a vontade livre e consciente do agente em introduzir no Brasil espécime animal estrangeiro sem parecer técnico oficial e licença expedida por autoridade competente.

d) Consumação e tentativa: consuma-se com a introdução da espécime animal no país, desde que sem parecer técnico oficial favorável e licença expedida por autoridade competente. Admite-se a tentativa, desde que o último ato de execução seja praticado no estrangeiro, uma vez que, entrando em nossas fronteiras, o crime estará consumado.

8.3.1.4. Crime do art. 32

> **Art. 32.** Praticar ato de abuso, maus-tratos, ferir ou mutilar animais silvestres, domésticos ou domesticados, nativos ou exóticos.
>
> Pena – detenção, de 3 meses a 1 ano, e multa.

a) Condutas típicas: praticar (realizar, efetuar); abuso (uso errado, excessivo); maus-tratos (tratar com violência); ferir (provocar ferimentos); mutilar (cortar, decepar membros ou partes do corpo).

b) Objeto material: este crime pode ser praticado contra: animais silvestres (pertencentes à fauna silvestre); animais domésticos (vivem ou são criados em casa – ambiente humano); animais domesticados (animal silvestre que foi amansado – ex.: cavalos, gado etc.).

O crime em análise também pode ser praticado pelo agente que realizar *experiência dolorosa ou cruel em animal vivo, ainda que para fins didáticos ou científicos, quando existirem recursos alternativos* (art. 32, § 1º). Neste caso, não basta o dolo, mas o tipo exige um fim especial de agir, qual seja, para "fins didáticos ou científicos". O tipo, neste caso, somente se perfaz quando não existirem outros *"recursos alternativos"* (elemento normativo do tipo).

E com relação aos animais criados para abate: há crime? Entendemos que não, desde que o processo de morte seja indolor (ex.: gado de corte, galinhas, frangos, perus etc.). Nesse caso, a morte dos animais é socialmente aceita, sendo atípica.

O crime em tela será de dano nas modalidades *ferir e mutilar*, sendo de perigo nas modalidades *abuso e maus-tratos*.

8.3.1.5. Crime do art. 33

> **Art. 33.** Provocar, pela emissão de efluentes ou carreamento de materiais, o perecimento de espécimes da fauna aquática existentes em rios, lagos, açudes, lagoas, baías ou águas jurisdicionais brasileiras.
>
> Pena – detenção, de 1 a 3 anos, ou multa, ou ambas cumulativamente.

a) Conduta típica: *provocar*, que significa *causar, ocasionar, produzir*. Assim, o agente produz, pela emissão de efluentes (líquidos ou fluidos que emanam de um corpo, processo, dispositivo, equipamento ou instalação), o perecimento (morte) de espécimes aquáticas (ex.: peixes, crustáceos, moluscos, algas etc.).

O parágrafo único, do art. 33, traz, ainda, os seguintes crimes:

1) Causar degradação em viveiros, açudes ou estações de aquicultura de domínio público;

2) Exploração de campos naturais de invertebrados aquáticos e algas, sem licença, permissão ou autorização da autoridade competente;

3) Fundear (ancorar) embarcações ou lançar detritos de qualquer natureza sobre bancos de moluscos ou corais.

8.3.1.6. Crime do art. 34

> **Art. 34.** Pescar em período no qual a pesca seja proibida ou em lugares interditados por órgão competente.
>
> Pena – detenção, de 1 a 3 anos, ou multa, ou ambas cumulativamente.

a) Conduta típica: *pescar*, que significa retirar peixes da água. Porém, para efeitos da Lei dos Crimes Ambientais, *considera-se pesca todo ato tendente a retirar, extrair, coletar, apanhar, apreender ou capturar espécimes dos grupos dos peixes, crustáceos,* *moluscos e vegetais hidróbios, suscetíveis ou não de aproveitamento econômico, ressalvadas as espécies ameaçadas de extinção, constantes nas listas oficiais da fauna e da flora (art. 36).*

A pesca comercial, desportiva ou científica é, como regra, permitida (Dec.-lei 221/1967). O que é vedado é a pesca em período ou local proibidos por autoridade competente, ou, ainda, em certas quantidades ou por métodos considerados muito lesivos ao meio ambiente (IBAMA).

8.3.1.7. Crime do art. 35

> **Art. 35.** Pescar mediante a utilização de:
> I – explosivos ou substâncias que, em contato com a água, produzam efeito semelhante;
> II – substâncias tóxicas, ou outro meio proibido pela autoridade competente:
> Pena – reclusão, de 1 a 5 anos.

a) Conduta típica: *pescar*, aqui se entendendo a acepção constante do art. 36 da Lei 9.605/1998. Porém, a pesca será considerada criminosa se:

I. forem utilizados explosivos ou substâncias que produzam efeitos análogos aos de uma explosão;

II. substâncias tóxicas (são aquelas capazes de provocar envenenamento ou intoxicação – ex.: venenos e agrotóxicos).

8.3.1.8. Causas especiais de exclusão da ilicitude (art. 37)

> **Art. 37.** Não é crime o abate de animal, quando realizado:
> I – em estado de necessidade, para saciar a fome do agente ou de sua família;
> II – para proteger lavouras, pomares e rebanhos da ação predatória ou destruidora de animais, desde que legal e expressamente autorizado pela autoridade competente;
> III – Vetado;
> IV – por ser nocivo o animal, desde que assim caracterizado pelo órgão competente.

Esse dispositivo nos traz causas específicas de exclusão da antijuridicidade. Portanto, o abate de animal, quando realizado na forma prevista no tipo penal permissivo em análise, não caracterizará crime ambiental.

8.3.2. Dos crimes contra a flora (arts. 38 a 53)

Doravante, passaremos a tratar dos principais crimes contra a flora.

8.3.2.1. Crime do art. 38

> **Art. 38.** Destruir ou danificar floresta considerada de preservação permanente, mesmo que em formação, ou utilizá-la com infringência das normas de proteção:
> Pena – detenção, de 1 a 3 anos, ou multa, ou ambas as penas cumulativamente.

a) Conduta típica: se evidencia por três verbos nucleares do tipo, a saber: *destruir* (significa eliminar, por completo, devastar, desintegrar, arruinar totalmente); *danificar* (causar dano ou estrago parcial); *utilizar* (empregar, fazer uso) com infringência das normas de proteção. Aqui, o agente faz uso de floresta de preservação permanente com infração a normas de preservação. Trata-se de norma penal em branco, pois exige complemento, qual seja, exatamente as normas de preservação.

b) Objeto material: "floresta de preservação permanente", ainda que em formação. Entende-se por *floresta* uma formação vegetal geralmente densa, em que predominam as árvores ou espécies lenhosas de grande porte. À época em que editada a Lei 9.605/1998, eram consideradas "florestas" (atualmente denominadas de áreas) de *preservação permanente* todas as florestas e demais formas de vegetação natural relacionadas nos arts. 2º e 3º do "antigo" Código Florestal (Lei 4.771/1965), revogado pela Lei 12.651/2012, que tratou das áreas de preservação permanente (APP´s) nos arts. 4º e 6º.

c) Elemento subjetivo: o crime em tela é doloso. Todavia, nos termos do art. 38, parágrafo único, da lei em testilha, previu-se a possibilidade de o crime ser praticado culposamente, hipótese em que a pena será reduzida pela metade.

8.3.2.2. Crime do art. 39

> **Art. 39.** Cortar árvores em floresta considerada de preservação permanente, sem permissão da autoridade competente:
> Pena – detenção, de 1 a 3 anos, ou multa, ou ambas as penas cumulativamente.

a) Conduta típica: *cortar*, ou seja, derrubar pelo corte. Embora o tipo penal fale em cortar árvores (no plural), basta o corte de uma só, em floresta (leia-se: área) considerada de preservação permanente, para o crime em tela estar consumado.

b) Objeto material: corresponde às árvores em florestas consideradas de preservação permanente (em verdade, áreas de preservação permanente, assim definidas, atualmente, nos arts. 4º e 6º do "novo" Código Florestal – Lei 12.651/2012).

Árvore é toda planta lenhosa, cujo caule ou tronco, fixado no solo com raízes, é despido na base e carregado de galhos e folhas na parte superior. Para a botânica, somente se considera árvore se a planta tiver altura superior a sete metros. Abaixo disto, estaremos diante de arbustos.

c) Elemento normativo do tipo: consubstanciado na expressão "sem permissão da autoridade competente". Portanto, somente haverá crime se o corte de árvores em APP ocorrer sem permissão da autoridade competente.

8.3.2.3. Crime do art. 41

> **Art. 41.** Provocar incêndio em mata ou floresta:
> Pena – reclusão, de 2 a 4 anos, e multa.

a) Conduta típica: corresponde ao fato de o agente *provocar incêndio*, ou seja, causar, ocasionar fogo de grandes proporções. Entende-se, aqui, que o fogo deve atingir um grande número de árvores, mas não se exige que o incêndio queime toda a mata ou floresta; deverá atingir proporção relevante (análise do caso concreto – perícia).

b) Objeto material: pode ser a *mata* (formação vegetal constituída por árvores de pequeno e médio portes) ou a *floresta* (formação vegetal geralmente densa, em que predominam as árvores ou espécies lenhosas de grande porte).

c) Elemento subjetivo: o crime em tela é doloso. Todavia, admite-se a modalidade culposa (art. 41, parágrafo único – pena de detenção de seis meses a um ano, e multa), caso em que a tentativa será inadmissível.

8.3.2.4. Crime do art. 42

Art. 42. Fabricar, vender, transportar ou soltar balões que possam provocar incêndios nas florestas e demais formas de vegetação, em áreas urbanas ou qualquer tipo de assentamento humano:

Pena – detenção, de 1 a 3 anos, ou multa, ou ambas as penas cumulativamente.

a) Condutas típicas: são quatro: *fabricar* (manufaturar, produzir em fábrica); *vender* (alienar onerosamente); *transportar* (levar de um para outro lugar); *soltar* (deixar sair vagueando pelos ares).

Assim, *fabrica-se, vende-se, transporta-se* ou *solta-se balão* (invólucro de papel que, aquecido, sobe por força da expansão do ar, tendo fogo em sua base), provocando, com isso, risco potencial de incêndio em florestas e demais formas de vegetação, pouco importando se se trata de área urbana ou rural.

b) Objeto material: florestas e demais formas de vegetação integrantes da flora brasileira.

c) Elemento subjetivo: esse crime apresenta *dolo de perigo*, ou seja, o agente age de forma livre e consciente, não com a finalidade de causar efetivo resultado, mas apenas de colocar em perigo o bem jurídico tutelado pela norma penal incriminadora. Porém, exige-se a provocação de um *perigo concreto*, não bastando que o agente solte um balão. Deve-se demonstrar que, com referida conduta, alguma floresta ou outra forma de vegetação foi exposta a risco de incêndio. Trata-se, pois, de *crime de perigo concreto*.

8.3.2.5. Crime do art. 44

Art. 44. Extrair de florestas de domínio público ou consideradas de preservação permanente, sem prévia autorização, pedra, areia, cal ou qualquer espécie de minerais:

Pena – detenção, de 6 meses a 1 ano, e multa.

a) Conduta típica: corresponde à realização do verbo *extrair*, que significa tirar, retirar, sem prévia autorização (elemento normativo do tipo).

b) Objeto material: florestas de domínio público (são aquelas componentes do patrimônio de um dos entes federativos – União, Estados, Municípios e DF); florestas consideradas de preservação permanente (em verdade, aqui, o objeto material será qualquer área de preservação permanente – APP, assim identificada nos termos dos arts. 4º e 6º do Código Florestal – Lei 12.651/2012); pedra, areia e cal, ou qualquer espécie de minerais (interpretação analógica).

c) Consumação e tentativa: consuma-se o crime com a prática do verbo-núcleo do tipo, vale dizer, no momento em que o agente extrair pedra, areia, cal ou qualquer espécie de minerais, de florestas de domínio público ou de preservação permanente, sem prévia autorização. Por ser crime material, admite-se a tentativa.

8.3.2.6. Crime do art. 49

Art. 49. Destruir, danificar, lesar ou maltratar, por qualquer modo ou meio, plantas de ornamentação de logradouros públicos ou em propriedade privada alheia:

Pena – detenção, de 3 meses a 1 ano, ou multa, ou ambas as penas cumulativamente.

a) Condutas típicas: as ações nucleares, adiante analisadas, devem ser perpetradas em *logradouros públicos* (são os bens públicos de uso comum do povo, como, por exemplo, as ruas, praças, jardins) ou mesmo em *propriedades privadas alheias* (são os bens imóveis pertencentes a terceiras pessoas que não o próprio agente delitivo).

As *condutas típicas* são *destruir* (eliminar por completo), *danificar* (causar estrago parcial), *lesar* (mutilar) ou *maltratar* (tratar de maneira inadequada). Assim, cometerá o crime o agente que mutilar uma orquídea!

Neste crime, a conduta típica pode dar-se por *ação ou omissão dolosas*.

b) Objeto material: corresponde às *plantas de ornamentação*, assim consideradas aquelas usadas em áreas internas ou externas, para a simples decoração (ex.: samambaias, azaleias, crisântemos etc.).

c) Elemento subjetivo: o crime sob análise é doloso. Porém, nos termos do art. 49, parágrafo único, admissível a modalidade culposa. Destarte, a destruição, dano, lesão ou "maus-tratos" podem decorrer de imprudência, negligência ou imperícia por parte do agente delitivo. Entende-se que, nesse caso, a culpa deve derivar não de uma conduta comissiva (ação), mas sim de uma omissão. Exemplifiquemos: "A", jardineiro, por negligência, deixa de aguar plantas ornamentais de um jardim público, causando a morte das mesmas.

8.3.2.7. Crime do art. 51

Art. 51. Comercializar motosserra ou utilizá-la em florestas e nas demais formas de vegetação, sem licença ou registro da autoridade competente.

Pena – detenção, de 3 meses a 1 ano, e multa.

a) Conduta típica: *comercializar* (colocar no mercado), não sendo necessária a venda – crime de perigo; *utilizar* (fazer uso de), exigindo-se a efetiva utilização – crime de dano.

Assim, o agente comercializa ou utiliza motosserra, que é a serra dotada de motor elétrico ou a explosão, servindo para cortar ou serrar madeira. Somente haverá crime se a comercialização ou utilização ocorrer "sem licença ou registro da autoridade competente" (elemento normativo do tipo).

b) Objeto material: floresta e demais formas de vegetação.

Perceba que o legislador não exigiu que se tratem de "florestas de preservação permanente" (APP).

c) Consumação e tentativa: consuma-se o crime com a comercialização de motosserra ou sua simples utilização, sem licença ou registro da autoridade competente. Entende-se admissível a tentativa.

8.3.2.8. Crime do art. 52

Art. 52. Penetrar em Unidades de Conservação conduzindo substâncias ou instrumentos próprios para a caça ou para exploração de produtos ou subprodutos florestais, sem licença da autoridade competente.

Pena – detenção, de 6 meses a 1 ano, e multa.

a) Conduta típica: o tipo objetivo perfaz-se com as seguintes condutas: *penetrar* (entrar, adentrar) e *conduzir* (carregar, transportar).

Assim, o agente entra ou transporta, em unidades de conservação, substâncias químicas ou carrega instrumentos adequados para a caça de animais silvestres, ou para a exploração de produto florestal (é todo bem que uma floresta produz) ou subproduto florestal (ex.: lenha), *sem licença da autoridade competente* (trata-se de elemento normativo do tipo).

b) Objeto material: será qualquer Unidade de Conservação (UC), assim consideradas aquelas previstas nos arts. 40, § 1º, e 40-A, § 1º, ambos da Lei 9.605/1998. Portanto, o tipo penal em comento abarca qualquer espécie de UC, vale dizer, as de proteção integral e as de uso sustentável, na forma estabelecida na Lei 9.985/2000 (Lei do SNUC).

8.3.3. Dos crimes contra o ordenamento urbano e o patrimônio cultural (arts. 62 a 65)

Doravante, trataremos de alguns crimes contra o ordenamento urbano e o patrimônio cultural, destacando suas principais características.

8.3.3.1. Crime do art. 62

Art. 62. Destruir, inutilizar ou deteriorar:

I – bem especialmente protegido por lei, ato administrativo ou decisão judicial;

II – arquivo, registro, museu, biblioteca, pinacoteca, instalação científica ou similar protegido por lei, ato administrativo ou decisão judicial;

Pena – reclusão, de 1 a 3 anos, e multa.

a) Sujeito ativo: pode ser qualquer pessoa (crime comum), inclusive o proprietário do bem especialmente protegido.

b) Conduta típica: *destruir* (eliminar, arruinar por inteiro, totalmente); *inutilizar* (tornar algo inútil, inadequado aos fins a que se destina); *deteriorar* (é o mesmo que causar danos parciais).

c) Objeto material: são os seguintes:

1. *Bem especialmente protegido por lei, ato administrativo ou decisão judicial*: trata-se de qualquer objeto palpável, corpóreo, que conte com especial proteção legal, infralegal ou mesmo judicial (aqui, não se exige o trânsito em julgado, já que a lei nada disse) – inc. I;

2. *Arquivo*: é o conjunto de documentos;

3. *Registro*: é o livro ou repartição em que se faz o assentamento oficial de certos atos ou dados;

4. *Museu*: é o lugar que tem por escopo "eternizar" obras de arte, bens culturais, históricos, científicos ou técnicos;

5. *Biblioteca*: coleção de livros;

6. *Pinacoteca*: coleção de pinturas;

7. *Instalação científica*: local destinado ao estudo e desenvolvimento de determinada área da ciência;

8. *ou similar protegido por lei, ato administrativo ou decisão judicial*: aqui, o legislador valeu-se da interpretação analógica. Portanto, também configurará crime qualquer conduta lesiva ao patrimônio cultural brasileiro.

d) Objeto jurídico: é a *preservação do meio ambiente cultural* (patrimônio cultural brasileiro). Dispõe o art. 216 da CF que "*constituem o patrimônio cultural brasileiro os bens de natureza material e imaterial, tomados individualmente ou em seu conjunto, portadores de referência à identidade, à ação, à memória dos diferentes grupos formadores da sociedade brasileira, nos quais se incluem (...)*". No § 4º, do referido dispositivo, lê-se que "*os danos e ameaças ao patrimônio cultural serão punidos, na forma da lei*".

e) Elemento normativo: o tipo penal em testilha traz alguns *elementos normativos*, quais sejam, "especialmente protegido por lei, ato administrativo ou decisão judicial" e "ou similar protegido por lei, ato administrativo ou decisão judicial". Assim, haverá crime apenas se o agente destruir, deteriorar ou inutilizar, por exemplo, bens ou arquivos protegidos por lei, ato administrativo ou decisão judicial.

f) Elemento subjetivo: de regra, o crime em análise é doloso. Porém, admite-se a modalidade *culposa*, nos termos do art. 62, parágrafo único, da Lei 9.605/1998.

8.3.3.2. Crime do art. 63

Art. 63. Alterar o aspecto ou estrutura de edificação ou local especialmente protegido por lei, ato administrativo ou decisão judicial, em razão de seu valor paisagístico, ecológico, turístico, artístico, histórico, cultural, religioso, arqueológico, etnográfico ou monumental, sem autorização da autoridade competente ou em desacordo com a concedida:

Pena – reclusão, de 1 a 3 anos, e multa.

a) Conduta típica: consiste no fato de o agente *alterar*, ou seja, mudar, modificar, dar outra forma ao *aspecto ou estrutura de edificação ou local* protegido por lei, ato administrativo ou decisão judicial, sem autorização da autoridade competente, ou em desacordo com a obtida (elementos normativos do tipo).

Entende-se por *edificação* qualquer construção ou edifício e por *local* um determinado ponto ou lugar, desde que especialmente protegido por lei, ato administrativo ou decisão judicial. Todavia, não bastará isso para que se caracterize o crime em comento. Para a completa tipificação do crime, impõe-se que o edifício ou local alterado pelo agente tenha *valor paisagístico* (refere-se a uma vista, uma beleza natural), *ecológico* (refere-se ao meio ambiente), *turístico* (refere-se ao turismo e a atividade dos turistas de visitarem locais que despertem o interesse), *artístico* (refere-se às belas artes), *histórico* (refere-se a todo objeto de interesse da História), *cultural* (refere-se à cultura, a tudo aquilo que a criatividade humana produz), *arqueológico* (refere-se às antigas civilizações), *etnográfico* (refere-se às atividades de grupos humanos – etnografia) e *monumental* (refere-se a monumentos – obras grandiosas).

Os valores acima referidos são taxativos, não se admitindo interpretação analógica.

8.3.3.3. Crime do art. 64

Art. 64. Promover construção em solo não edificável, ou no seu entorno, assim considerado em razão de seu valor paisagístico, ecológico, artístico, turístico, histórico, cultural, religioso, arqueológico, etnográfico ou monumental, sem autorização da autoridade competente ou em desacordo com a concedida:

Pena – detenção, de 6 meses a 1 ano, e multa.

a) Conduta típica: é *promover*, ou seja, por em prática, executar. Assim, cometerá crime o agente que promover *construção* (toda obra ou elemento material que tenha por objeto a edificação de uma casa, um prédio etc.), pouco importando se a obra for ou não finalizada. Basta a construção dos alicerces para o crime estar consumado. Lembre-se que somente haverá crime se referida construção for empreendida em solo não edificável ou no seu entorno, desde que tenha valor paisagístico, ecológico, artístico, turístico, histórico, cultural, religioso, arqueológico, etnográfico ou monumental, e desde que se o faça *"sem autorização da autoridade competente ou em desacordo com a concedida"* (elementos normativos do tipo).

b) Objeto material: é o *solo não edificável*, vale dizer, a porção de terra em que é vedada qualquer edificação (construção, edifício), bem como em seu *entorno* (região que cerca o solo não edificável).

8.3.3.4. Crime do art. 65

Art. 65. Pichar ou por outro meio conspurcar edificação ou monumento urbano:

Pena – detenção, de 3 (três) meses a 1 (um) ano, e multa.

a) Condutas típicas: são expressas pelos seguintes verbos: *pichar* (é o mesmo que escrever palavras ou desenhos com tinta ou spray em paredes, muros ou monumentos urbanos); ou *conspurcar* (é o mesmo que sujar, manchar, por qualquer outro meio – ex.: atirar óleo enegrecido em paredes ou monumentos).

b) Objeto material: *edificação* (toda obra ou atividade de uma construção, ainda que inacabada); *monumento urbano* (uma obra grandiosa, que tenha por finalidade imortalizar a memória de uma pessoa ou fato relevante, em uma cidade).

Incorrerá na forma qualificada do crime em tela o agente que praticar qualquer das condutas típicas em monumento ou coisa tombada em virtude do seu valor artístico, arqueológico ou histórico, cominando-se a pena é de 6 (seis) meses a 1 (um) ano de detenção e multa (art. 65, § 1º).

Nos termos do § 2º do tipo penal em comento, não constitui crime a prática de grafite realizada com o objetivo de valorizar o patrimônio público ou privado mediante manifestação artística, desde que consentida pelo proprietário e, quando couber, pelo locatário ou arrendatário do bem privado e, no caso de bem público, com a autorização do órgão competente e a observância das posturas municipais e das normas editadas pelos órgãos governamentais responsáveis pela preservação e conservação do patrimônio histórico e artístico nacional.

Portanto, as "grafitagens", que são tão comuns nos centros urbanos, constituirão crime ambiental se inexistir consentimento do proprietário, locatário ou arrendatário, quando se tratar de bem privado, ou da autoridade competente, em se tratando de patrimônio público.

8.4. Da aplicação da pena nos crimes ambientais

O art. 6º da Lei dos Crimes Ambientais preconiza que, para imposição e gradação da penalidade, a autoridade competente observará:

I. a gravidade do fato, tendo em vista os motivos da infração e suas consequências para a saúde pública e para o meio ambiente;

II. os antecedentes do infrator quanto ao cumprimento da legislação de interesse ambiental;

III. a situação econômica do infrator, no caso de multa.

8.5. Penas restritivas de direitos

Conforme determina o art. 7º da Lei 9.605/1998, as penas restritivas de direitos são autônomas e substituem as privativas de liberdade quando:

I. tratar-se de crime culposo ou for aplicada a pena privativa de liberdade inferior a quatro anos;

II. a culpabilidade, os antecedentes, a conduta social e a personalidade do condenado, bem como os motivos e as circunstâncias do crime indicarem que a substituição seja suficiente para efeitos de reprovação e prevenção do crime.

Adverte o parágrafo único, do precitado dispositivo legal, que as penas restritivas de direitos a que se refere este artigo terão a mesma duração da pena privativa de liberdade substituída.

8.5.1. Espécies de penas restritivas de direitos

A Lei dos Crimes Ambientais prevê cinco espécies de penas restritivas de direitos, a saber (art. 8º):

I. *prestação de serviços à comunidade*: nos termos do art. 9º, consistirá na atribuição ao condenado de tarefas gratuitas junto a parques e jardins públicos e unidades de conservação, e, no caso de dano da coisa particular, pública ou tombada, na restauração desta, se possível.

II. *interdição temporária de direitos*: conforme determina o art. 10, são a proibição de o condenado contratar com o Poder Público, de receber incentivos fiscais ou quaisquer outros benefícios, bem como de participar de licitações, pelo prazo de cinco anos, no caso de crimes dolosos, e de três anos, no de crimes culposos.

III. *suspensão parcial ou total de atividades*: somente será aplicada quando estas não estiverem obedecendo às prescrições legais (art. 11);

IV. *prestação pecuniária*: consiste no pagamento em dinheiro à vítima ou à entidade pública ou privada com fim social, de importância, fixada pelo juiz, não inferior a um salário mínimo nem superior a trezentos e sessenta salários mínimos. O valor pago será deduzido do montante de eventual reparação civil a que for condenado o infrator (art. 12);

V. *recolhimento domiciliar*: baseia-se na autodisciplina e senso de responsabilidade do condenado, que deverá, sem vigilância, trabalhar, frequentar curso ou exercer atividade autorizada, permanecendo recolhido nos dias e horários de folga em residência ou em qualquer local destinado a sua moradia habitual, conforme estabelecido na sentença condenatória (art. 13).

8.5.2. Penas aplicáveis às pessoas jurídicas

Nos termos do art. 21 da Lei 9.605/1998, as penas aplicáveis isolada, cumulativa ou alternativamente às pessoas jurídicas, de acordo com o disposto no art. 3º, são:

I. multa;

II. restritivas de direitos;

III. prestação de serviços à comunidade.

Nos termos do art. 18 da lei sob análise, a *multa* será calculada segundo os critérios do Código Penal; se revelar-se ineficaz, ainda que aplicada no valor máximo, poderá ser aumentada até três vezes, tendo em vista o valor da vantagem econômica auferida.

Se admitida a responsabilização penal das pessoas jurídicas por crimes ambientais, aceita majoritariamente pela jurisprudência atual, impor-se-ão as seguintes *penas restritivas de direitos* (art. 22):

I. *suspensão parcial ou total de atividades*: art. 22, § 1º – será aplicada quando estas não estiverem obedecendo às disposições legais ou regulamentares, relativas à proteção do meio ambiente.

II. *interdição temporária de estabelecimento, obra ou atividade*: art. 22, § 2º – será aplicada quando o estabelecimento, obra ou atividade estiver funcionando sem a devida autorização, ou em desacordo com a concedida, ou com violação de disposição legal ou regulamentar;

III. proibição de contratar com o Poder Público, bem como dele obter subsídios, subvenções ou doações: art. 22, § 3º – não poderá exceder o prazo de dez anos.

A prestação de serviços à comunidade imposta às pessoas jurídicas consistirá em (art. 23):

I. custeio de programas e de projetos ambientais;

II. execução de obras de recuperação de áreas degradadas;

III. manutenção de espaços públicos;

IV. contribuições a entidades ambientais ou culturais públicas.

Finalmente, se a pessoa jurídica constituída ou utilizada, preponderantemente, com o fim de permitir, facilitar ou ocultar a prática de crime definido nesta Lei terá decretada sua liquidação forçada, seu patrimônio será considerado instrumento do crime e como tal perdido em favor do Fundo Penitenciário Nacional (art. 24).

8.5.3. Circunstâncias atenuantes e agravantes dos crimes ambientais (arts. 14 e 15)

Nos termos do art. 14 da Lei 9.605/1998, são circunstâncias que atenuam a pena:

I. baixo grau de instrução ou escolaridade do agente;

II. arrependimento do infrator, manifestado pela espontânea reparação do dano, ou limitação significativa da degradação ambiental causada;

III. comunicação prévia pelo agente do perigo iminente de degradação ambiental;

IV. colaboração com os agentes encarregados da vigilância e do controle ambiental.

Já o art. 15, do mesmo diploma legal, elenca as circunstâncias que agravam a pena, quando não constituem ou qualificam o crime:

I. reincidência nos crimes de natureza ambiental;

II. ter o agente cometido a infração:

a) para obter vantagem pecuniária;

b) coagindo outrem para a execução material da infração;

c) afetando ou expondo a perigo, de maneira grave, a saúde pública ou o meio ambiente;

d) concorrendo para danos à propriedade alheia;

e) atingindo áreas de unidades de conservação ou áreas sujeitas, por ato do Poder Público, a regime especial de uso;

f) atingindo áreas urbanas ou quaisquer assentamentos humanos;

g) em período de defeso à fauna;

h) em domingos ou feriados;

i) à noite;

j) em épocas de seca ou inundações;

l) no interior do espaço territorial especialmente protegido;

m) com o emprego de métodos cruéis para abate ou captura de animais;

n) mediante fraude ou abuso de confiança;

o) mediante abuso do direito de licença, permissão ou autorização ambiental;

p) no interesse de pessoa jurídica mantida, total ou parcialmente, por verbas públicas ou beneficiada por incentivos fiscais;

q) atingindo espécies ameaçadas, listadas em relatórios oficiais das autoridades competentes;

r) facilitada por funcionário público no exercício de suas funções.

8.5.4. O sursis na Lei dos Crimes Ambientais

A suspensão condicional da pena (*sursis*) recebeu tratamento com algumas peculiaridades na Lei 9.605/1998. Confira-se:

> **Art. 16.** Nos crimes previstos nesta Lei, a suspensão condicional da pena pode ser aplicada nos casos de condenação a pena privativa de liberdade não superior a três anos.

Lembre-se que no CP, o *sursis*, como regra, será cabível quando a pena privativa de liberdade for não superior a 2 (dois) anos, nos termos de seu art. 77, *caput*.

A verificação da reparação a que se refere o § 2º do art. 78 do Código Penal (condição para o *sursis* especial) será feita mediante *laudo de reparação do dano ambiental*, e as condições a serem impostas pelo juiz deverão relacionar-se com a proteção ao meio ambiente (art. 17 da Lei 9.605/1998).

8.5.5. Da ação e do processo penal na Lei dos Crimes Ambientais (arts. 26 a 28)

Nos termos do art. 26 da Lei 9.605/1998, todos os crimes ambientais são de *ação penal pública incondicionada*.

Nos crimes ambientais de menor potencial ofensivo, a proposta de aplicação imediata de pena restritiva de direitos ou multa, prevista no art. 76 da Lei 9.099, de 26.09.1995 (transação penal), somente poderá ser formulada desde que tenha havido a prévia composição do dano ambiental, de que trata o art. 74 da mesma lei, salvo em caso de comprovada impossibilidade (art. 27).

Finalmente, de acordo com o art. 28, as disposições do art. 89 da Lei 9.099, de 26.09.1995, aplicam-se aos crimes de menor potencial ofensivo definidos nesta Lei (leia-se: na Lei dos Crimes Ambientais), com as seguintes modificações:

I. a declaração de extinção de punibilidade, de que trata o § 5º do artigo referido no *caput*, dependerá de laudo de constatação de reparação do dano ambiental, ressalvada a impossibilidade prevista no inciso I do § 1º do mesmo artigo;

II. na hipótese de o laudo de constatação comprovar não ter sido completa a reparação, o prazo de suspensão do processo será prorrogado, até o período máximo previsto no artigo referido no *caput*, acrescido de mais um ano, com suspensão do prazo da prescrição;

III. no período de prorrogação, não se aplicarão as condições dos incisos II, III e IV do § 1º do artigo mencionado no *caput*;

IV. findo o prazo de prorrogação, proceder-se-á à lavratura de novo laudo de constatação de reparação do dano ambiental, podendo, conforme seu resultado, ser novamente prorrogado o período de suspensão, até o máximo previsto no inciso II deste artigo, observado o disposto no inciso III;

V. esgotado o prazo máximo de prorrogação, a declaração de extinção de punibilidade dependerá de laudo de constatação que comprove ter o acusado tomado as providências necessárias à reparação integral do dano.

4. Processo Penal

Márcio Rodrigues e Fernando Leal Neto

1. LINHAS INTRODUTÓRIAS[1]

Em termos jurídicos, a expressão Processo Penal apresenta, basicamente, dois significados: Processo Penal *como instrumento legitimador do direito de punir do Estado*; e Processo Penal (ou Direito Processual Penal) *como ramo da ciência jurídica*. Investiguemos melhor esses dois sentidos.

1.1. Processo Penal como instrumento legitimador do direito de punir do Estado

Praticada uma infração penal, surge para o Estado o direito de punir (*jus puniendi*) o infrator. Esse direito, no entanto, *não* se efetiva de maneira imediata, pois o Estado, para aplicar uma pena ao indivíduo, deve, *necessariamente*, valer-se de um *processo* disciplinado por princípios, garantias e normas previamente estabelecidas. O Processo Penal configura-se, assim, um instrumento legitimador do direito de punir do Estado, um instrumento que funciona como verdadeira garantia a todo acusado/investigado frente ao poder estatal.

1.2. Processo Penal como ramo da ciência jurídica

Como ramo da ciência do direito, pode-se fornecer, com Marques (2003, p. 16), o seguinte conceito de **Direito Processual Penal**: "*conjunto de princípios e normas que regulam a aplicação jurisdicional do direito penal, bem como as atividades persecutórias da Polícia Judiciária, e a estruturação dos órgãos da função jurisdicional e respectivos auxiliares*".

2. FONTES DO DIREITO PROCESSUAL PENAL

Por fontes do direito, entenda-se *tudo aquilo que contribui para o surgimento das normas jurídicas*. São tradicionalmente classificadas em:

2.1. Fontes materiais (substanciais ou de produção)

Trata-se aqui de verificar quem tem competência para produzir a norma jurídica. No caso do Direito Processual Penal, compete principalmente à União a produção das normas jurídicas. Porém, essa competência *não é* exclusiva, pois, em certos casos específicos, os *Estados Federados* e o *Distrito Federal* também poderão elaborar normas relacionadas ao Direito Processual Penal (*vide* arts. 22, I, e parágrafo único; e 24, XI, CF).

2.2. Fontes formais (de cognição ou de revelação)

São aquelas que *revelam a norma criada*. Classificam-se em:

a) **Fontes formais imediatas, diretas ou primárias:** compreendem as *leis* (CF, leis ordinárias, tratados e convenções etc.);

b) **Fontes formais mediatas, indiretas, secundárias ou supletivas:** compreendem *os princípios gerais do direito, a doutrina, o direito comparado, os costumes, a jurisprudência e a analogia*. Analisemos cada uma dessas fontes formais mediatas.

   b1) **Princípios gerais do direito** (art. 3º, CPP): *são postulados éticos que, embora não venham escritos no bojo do ordenamento jurídico, inspiram-no*. Ex.: "a ninguém é lícito alegar a sua própria torpeza";

   b2) **Doutrina:** *compreende a opinião dos doutos sobre os mais variados temas*. Tem significativa influência no processo legislativo, no ato de julgamento e no processo de *revelação* da norma;

   b3) **Direito comparado:** as *normas e os princípios jurídicos de outros países* podem, por vezes, fornecer subsídios importantes para a revelação da norma nacional também. Basta lembrar a influência que tem, por exemplo, o Direito europeu-continental em nosso Direito;

   b4) **Costumes** (art. 4º, LINDB): são *condutas praticadas de forma reiterada, em relação às quais se adere uma consciência de obrigatoriedade*. Fala-se em costume *secundum legem* (de acordo com a lei), *praeter legem* (supre lacunas legais) e *contra legem* (contrário à lei). Esta última espécie de costume é, em regra, *proibida* pelo Direito;

   b5) **Jurisprudência:** trata-se do *entendimento judicial reiterado sobre determinado assunto*. É uma importante fonte de *revelação* do direito. *Questão polêmica* é saber se as *súmulas vinculantes* (*vide* art. 103-A, CF, e Lei 11.417/2006) seriam fontes formais *imediatas* (equiparadas às *leis*, portanto) ou se seriam fontes formais apenas *mediatas* (equiparadas à doutrina, por exemplo). *Predomina* esta última posição (fonte formal mediata), sob o principal argumento de que a súmula vinculante não emana do Poder Legislativo, não podendo, portanto, ser equiparada à lei;

   b6) **Analogia** (art. 4º, LINDB): "*é uma forma de autointegração da lei*" (MIRABETE, 2002, p. 54). **Consiste** em utilizar *determinada norma (aplicável a um caso previsto pelo legislador) a uma outra situação semelhante que não foi prevista pelo legislador*. É a aplicação do brocardo "onde existe a mesma razão, deve-se aplicar o mesmo direito" (*ubi eadem ratio, ubi idem ius*). É admitida no Processo Penal (ver art. 3º, CPP), onde é possível, inclusive, *in malam partem* (em desfavor do réu). Cuidado para não confundir com o que ocorre no **Direito Penal** em sede de analogia. Lá (no Direito Penal), por conta do *princípio da reserva legal*, é *impossível* a analogia para prejudicar o réu;

c) Atenção para não confundir:

   c1) **Analogia e interpretação extensiva:** na **analogia**, não há norma reguladora do caso concreto, sendo, portanto, aplicada uma norma que rege caso semelhante. Ex.: ao oferecer a denúncia, caso o MP não formule a proposta de suspensão condicional do processo (art. 89, Lei 9.099/1995), pode o juiz,

---

1. O novo Código traz diversas inovações ao sistema processual brasileiro, que também produzirão impactos (seja por previsão expressa, seja por aplicação subsidiária) no âmbito do Processo Penal. Realizamos alguns comentários a respeito dos principais reflexos do NCPC no Processo Penal.

por analogia, invocar o art. 28, CPP (remessa ao Procurador-Geral de Justiça – PGJ). Na **interpretação extensiva**, *existe*, de fato, uma norma regulando o caso, porém, o alcance dessa norma é *limitado*, sendo necessária, portanto, a sua *extensão*. Ex.: cabe recurso em sentido estrito (RESE) da decisão que não recebe a denúncia (art. 581, I, CPP) e, por interpretação extensiva, também cabe RESE da decisão que não recebe o aditamento (acréscimo) à denúncia;

c2) Analogia e interpretação analógica: como dissemos, na **analogia** não há norma reguladora do caso concreto, sendo, portanto, aplicada uma norma que rege caso semelhante. Na **interpretação analógica**, *existe sim* norma reguladora do caso concreto. O que ocorre aqui é que a lei, após realizar uma enumeração *casuística* de situações, parte para uma formulação *genérica*, no desejo de que outras hipóteses similares sejam abrangidas. Ex.: art. 121, § 2º, IV, CP – "à traição, de emboscada, ou mediante dissimulação [enumeração casuística] *ou outro recurso que dificulte ou torne impossível a defesa do ofendido* [fórmula genérica]". (Incluímos e destacamos);

c3) Interpretação analógica e aplicação analógica: aquela, conforme vimos, é forma de *interpretação* da lei e ocorre quando esta, após realizar uma enumeração *casuística* de situações, parte para uma formulação *genérica*, no desejo de que outras hipóteses similares sejam abrangidas. Por outro lado, a **aplicação analógica** consiste no emprego da analogia (conforme conceituada anteriormente) e é forma de *autointegração* da lei.

3. INTERPRETAÇÃO DA LEI PROCESSUAL

Tradicionalmente, diz-se que a interpretação da lei consiste na *atividade de determinar o sentido e o alcance daquela* (*vide* arts. 5º, LINDB, e 3º, CPP). Porém, devemos nos afastar da ideia de que interpretar a lei é ato "mecânico", meramente formal ou neutro. Ao contrário, trata-se de atividade complexa, influenciada por uma sofisticada gama de fatores, cuja análise escaparia ao objetivo deste trabalho. Seja como for, pode-se adiantar que um dos aspectos que, sem dúvida, deve assumir proeminência na atividade interpretativa é a máxima efetividade dos direitos fundamentais, sobretudo no que tange à dignidade da pessoa humana.

Por outro lado, vale recordar com Mirabete (2001, p. 70), que a analogia, os costumes e os princípios gerais do direito *não se constituem* em interpretação (hermenêutica) da lei, mas, consoante vimos, em *fontes* desta. Em seguida, apresentaremos as espécies de interpretação da lei processual penal, conforme tradicionalmente trabalhada pela doutrina.

3.1. Quanto ao sujeito (ou a origem) que realiza a interpretação

3.1.1. *Autêntica ou legislativa*

É aquela *efetuada pelo próprio legislador*. Esta interpretação pode ser:

a) Contextual: quando *consta do próprio texto a ser interpretado*. Ex. n. 1: o próprio legislador do CP, após tratar dos crimes funcionais praticados por funcionário público (art. 312 a 326), fornece-nos, *no mesmo contexto*, o conceito de *funcionário público (art. 327 do CP)*. Ex. n. 2: o próprio legislador do CPP nos fornece o conceito de prisão em flagrante (art. 302);

b) Posterior à vigência da lei: quando a interpretação *também é realizada pelo legislador, mas em momento posterior à entrada da lei*. Ex.: a Lei 5.249/1967 conceituou, *posteriormente*, o significado da palavra representação contida na Lei 4.898/1965, que é anterior àquela.

Atenção: a **exposição de motivos** de um Código *não é considerada texto de lei*. Portanto, *não* se pode falar em interpretação *autêntica nesse caso*. Trata-se, assim, de interpretação *doutrinária* ou *científica* (veja o item logo abaixo).

3.1.2. *Doutrinária ou científica*

Trata-se de interpretação *dos dispositivos legais efetuada pelos estudiosos do Direito*.

3.1.3. *Jurisprudencial ou judicial*

É a interpretação que *juízes ou tribunais dão à norma*. Esse tipo de interpretação ganhou significativa importância com o advento das *súmulas vinculantes* (art. 103-A, CF).

3.2. Quanto aos meios (ou métodos) empregados na atividade de interpretação

3.2.1. *Gramatical, literal ou sintática*

Método interpretativo que *leva em conta o sentido literal das palavras contidas na lei* ("letra fria da lei"; interpretação "seca" da lei). Considerado um dos métodos mais *pobres/simples* de interpretação.

3.2.2. *Teleológica*

Busca-se a *finalidade, o "telos" da norma*.

3.2.3. *Lógica*

Quando o intérprete *se utiliza das regras gerais de raciocínio buscando compreender o "espírito" da lei e a intenção do legislador*.

3.2.4. *Sistemática*

A norma *não deve ser interpretada de forma isolada*. Ao revés, deve ser interpretada como *parte de um sistema jurídico* (BOBBIO, 1997, p. 19). A interpretação sistemática leva em conta, portanto, as relações entre a norma interpretada com o todo (*i. e.* com restante do ordenamento jurídico).

3.2.5. *Histórica*

Leva em conta o *contexto em que a norma foi elaborada*: os debates travados na época, as eventuais propostas de emenda, o projeto de lei etc.

3.3. Quanto aos resultados obtidos com a interpretação

3.3.1. *Declarativa ou declaratória*

Ocorre "*quando se conclui que a lei não pretendeu dizer nada além ou aquém do que está escrito*" (NICOLITT, 2010, p. 5). Nesse caso, o hermeneuta *apenas declara* o significado do texto.

3.3.2. Restritiva

Ocorre quando *a lei disse mais do que desejava*, devendo o intérprete *restringir* o seu alcance, a fim de conseguir atingir o seu real sentido.

3.3.3. Extensiva ou ampliativa

Aqui *a lei disse menos do que desejava*, devendo o intérprete *ampliar* o seu alcance (*vide* art. 3º, CPP).

3.3.4. Progressiva, adaptativa ou evolutiva

É aquela que, no decurso do tempo, *vai se adaptando aos novos contextos sociais, políticos, científicos, jurídicos* e *morais*, como forma de proporcionar uma maior *efetividade* aos dizeres do legislador.

4. LEI PROCESSUAL NO ESPAÇO, NO TEMPO E EM RELAÇÃO ÀS PESSOAS

4.1. Lei processual penal no espaço

Em regra, aplica-se a lei processual penal brasileira (CPP e legislação processual extravagante) às infrações penais praticadas em *território nacional* [2] *(locus regit actum)*. A isso se dá o nome de princípio da territorialidade da lei *processual penal* (art. 1º, CPP). Porém, há casos em que, mesmo que a infração tenha sido cometida *fora* do território nacional, se for hipótese de submissão à lei *penal* brasileira (*vide* art. 7º, CP), também, por via de consequência, será aplicada a lei *processual* penal pátria (MIRABETE, 2001, p. 59).

Por outro lado, o princípio da territorialidade *não é absoluto*, visto que, conforme revelam os próprios incisos do art. 1º, CPP, há situações em que a lei processual penal brasileira *não será* aplicada. Seguem casos *em que o CPP brasileiro não será aplicado*:

I – **tratados, convenções e regras de direito internacional**: a subscrição pelo Brasil de tratados, convenções e regras de direito internacional, com normas processuais próprias (específicas), afasta a jurisdição brasileira. Ex.: diplomata a serviço de seu país de origem que pratica crime no Brasil. Em razão de o Brasil ser signatário da Convenção de Viena sobre Relações Diplomáticas (*vide* Decreto 56.435/1965), não será aplicada ao caso a nossa legislação (material e processual);

II – **prerrogativas constitucionais do Presidente da República, dos ministros de Estado, nos crimes conexos com os do Presidente da República, e dos ministros do Supremo Tribunal Federal, nos crimes de responsabilidade**[3] **(Constituição, arts. 86, 89, § 2º, e 100**[4]**):** trata-se aqui da chamada **jurisdição política**, *i.e.*, certas condutas praticadas *por determinadas autoridades públicas (Presidente, Ministros etc.) não são apreciadas pelo Judiciário, mas pelo Legislativo*, seguindo-se, *não* o rito previsto no CPP, mas o disposto na Lei 1.079/1950, na CF, e no regimento interno do Senado (conferir o art. 52, I e II, CF);

III – **os processos da competência da Justiça Militar:** nesse caso, também *não se* aplica o CPP, mas o Código de Processo Penal *Militar* (DL 1.002/1969);

IV – **os processos da competência do tribunal especial (Constituição, art. 122, n. 17):** esse inciso encontra-se prejudicado, pois faz menção à Constituição de 1937, sendo que não há norma similar na CF/1988;

V – **os processos por crimes de imprensa:** também prejudicado este inciso, por dois motivos: a) a Lei de Imprensa (Lei 5.250/1967, art. 48) prevê a aplicação do *CPP*; b) o STF, em 2009 (ADPF 130-7 DF), declarou *não recepcionada* pela CF/1988 a Lei de Imprensa. Diante dessa decisão, aplica-se, atualmente, *o CP e o CPP* aos eventuais crimes contra a honra cometidos por meio da imprensa (e não mais a antiga Lei de Imprensa).

Há, ainda, conforme Nucci (2008, p. 130), outra exceção. Trata-se do Tribunal Penal Internacional (art. 5º, § 4º, CF). É que, embora cometido o crime no Brasil, havendo interesse do Tribunal Penal Internacional, o agente poderá ser entregue à *jurisdição estrangeira* (aplicando-se, também, a legislação processual penal estrangeira ao caso). Vale destacar que a jurisdição do TPI é subsidiária. Sendo assim, o "interesse" do TPI acontecerá quando o país não fizer valer a aplicação da lei penal interna, notadamente nos casos de crimes de guerra e contra a humanidade.

4.2. Lei processual penal no tempo

Para as *normas puramente processuais penais (que são aquelas que regulam aspectos ligados ao procedimento ou à forma dos atos processuais*, ex.: formas de intimação), aplica-se o princípio da aplicação imediata (*tempus regit actum* – art. 2º, CPP), *conservando-se*, no entanto, os atos processuais praticados sob a vigência da lei anterior. Em suma: aplica-se a norma imediatamente (inclusive aos processos em andamento), respeitando-se, porém, os atos que foram praticados sob a égide da lei anterior.

Agora, *que fazer* quando determinada lei – dita "processual" – possui aspectos processuais *e penais* (chamadas de leis processuais penais materiais, mistas ou híbridas)?

Neste caso, conforme entendimento de *majoritário* setor da comunidade jurídica,[5] *prevalece* o comando do art. 5º, XL, CF, sobre o princípio da aplicação imediata. Assim, o que determinará a aplicação imediata da lei híbrida é o seu conteúdo de direito material/substancial. Se o aspecto *penal* da lei híbrida for *benigno, retroagirá integralmente a lei*; já se for *maligno, não retroagirá*. Nos termos da Súmula 501, STJ, não é cabível a combinação das leis, fracionando as normas de natureza material e processual. Vamos a um exemplo. Determinada lei, além de tratar de novas formas de intimação das partes (aspecto processual – aplicação imediata, portanto), também criou, em seu bojo, uma nova causa de perempção da ação penal (art. 60, CPP). Ora, é inegável que este último

---

2. Considera-se praticada em território nacional a infração cuja ação ou omissão, ou resultado, no todo ou em parte, ocorreu em território pátrio (art. 6º, CP). Adota-se aqui a chamada teoria da ubiquidade ou mista.

3. Não se deve confundir a expressão "crimes de responsabilidade" com a noção comum que temos de crime. Isto porque os crimes de responsabilidade são, na verdade, *infrações político-administrativas* cujas penalidades costumam ser a perda do cargo ou a inabilitação temporária para o exercício de cargo ou função. Desse modo, não há penalidade de prisão ou multa nesses casos.

4. Estes dispositivos referem-se à Constituição brasileira de 1937.

5. Vide STJ, Ag Int no REsp 1378862/SC, 5ª Turma, *DJ* 01/08/2016 e AgRg nos EDcl no AREsp 775.827/RJ, 6ª Turma, *DJ* 21.06.2016.

ponto (perempção) possui *natureza penal*, uma vez que tem o condão de extinguir a punibilidade do acusado. Conclusão: nessa situação, devemos aplicar a regra do art. 5º, XL, CF, que prevê a retroatividade da lei mais benigna. Caso contrário, se o dispositivo penal fosse prejudicial ao acusado, nenhum aspecto da nova lei seria aplicável.

4.3. Lei processual penal em relação às pessoas

Em princípio, *a lei processual penal deverá ser aplicada a qualquer pessoa que venha a praticar uma infração em território nacional*. Porém, certas pessoas, em razão do *cargo* que ocupam, gozam, em determinadas situações, de imunidade penal e, por via de consequência, *processual penal também*. Vejamos.

4.3.1. Imunidades diplomáticas em sentido amplo

Chefes de Estado, representantes de governo estrangeiro, agentes diplomáticos[6] (embaixadores, secretários da embaixada, pessoal técnico e administrativo das respectivas representações, seus familiares e funcionários de organismos internacionais quando em serviço – ONU, OEA etc.)[7] estão, *em caráter absoluto*, *excluídos* da jurisdição penal dos países em que desempenham suas funções (*vide* Convenção de Viena sobre Relações Diplomáticas). Essas pessoas possuem, portanto, imunidade absoluta em relação à jurisdição penal, devendo ser processadas e julgadas pelo Estado que representam. Ademais, as *sedes diplomáticas* são *invioláveis*, não podendo "ser objeto de busca e apreensão, penhora e qualquer medida constritiva".[8]

Por outro lado, os *agentes consulares* (pessoas que não representam propriamente o Estado ao qual pertencem, mas atuam no âmbito dos interesses privados de seus compatriotas) possuem imunidade *apenas relativa* em relação à jurisdição criminal. É dizer: só *não* serão submetidos às autoridades brasileiras em relação aos atos praticados *no exercício das funções consulares*. Portanto, atos *estranhos* a esta função são, sim, apreciados pela jurisdição penal nacional (*vide* art. 43 da Convenção de Viena sobre Relações Consulares – Promulgada pelo Decreto 61.078/1967).

4.3.2. Imunidades parlamentares

Dividem-se em:

a) Imunidade material (*penal, absoluta ou, simplesmente, inviolabilidade*): abrange questões de *direito material* (penal e civil). Vem representada pelo art. 53, *caput*, da CF, que diz: "os Deputados e Senadores são invioláveis, civil e penalmente, por quaisquer de suas opiniões, palavras e votos"; Importante destacar que a configuração da imunidade material necessita que o ato praticado pelo parlamentar tenha relação *in officio* (com o exercício do mandato) ou *propter officium* (em razão do mandato). Nesse sentido, ver STF AP 1021/DF (Info. 17 1 21.08.2020);

b) Imunidade formal (*processual ou relativa*): abrange questões de ordem *processual penal*. São as seguintes as *imunidades formais* dos parlamentares federais:

b1) Prisão provisória: "desde a expedição do diploma, os membros do Congresso Nacional *não poderão* ser *presos*, *salvo em flagrante de crime inafiançável*. Nesse caso, os autos serão remetidos dentro de vinte e quatro horas à Casa respectiva, para que, pelo voto da maioria de seus membros, resolva sobre a prisão" (art. 53, § 2º, CF – destacou-se). Logo, o congressista *não pode* ser preso preventiva ou temporariamente. Só poderá ser preso em caso de flagrante por crime *inafiançável* ou por conta de sentença penal *transitada em julgado*;

b2) Possibilidade de sustação de processo criminal: "*recebida a denúncia* contra o Senador ou Deputado, por crime ocorrido após a diplomação, o Supremo Tribunal Federal dará ciência à *Casa respectiva*, que, por iniciativa de *partido político* nela representado e pelo *voto da maioria* de seus membros, poderá, até a decisão final, *sustar* o andamento da ação" (art. 53, § 3º, CF – destacou-se). Conferir também os §§ 4º e 5º deste mesmo artigo;

b3) Desobrigação de testemunhar: os parlamentares federais *não estão obrigados* a testemunhar sobre "informações recebidas ou prestadas em razão do exercício do mandato, nem sobre as pessoas que lhes confiaram ou deles receberam informações" (art. 53, § 6º, CF);

b4) Prerrogativa de foro: também chamada de **foro privilegiado**, significa que os parlamentares federais estão submetidos a *foro especial* (no caso, o STF – art. 53, § 1º, CF), em razão do cargo que exercem. Cabe ressaltar que o STF, em sede de medida cautelar na Rcl. 13286/2012, *DJ* 29.02.2012, aduziu não serem dotadas de natureza criminal as sanções tipificadas na LC 135/2010 e na LC 64/1990, deste modo, sendo descabida a prerrogativa de foro para parlamentares em tais casos. Seguindo a mesma lógica, em julgado recente, o Supremo consolidou o entendimento de que o foro por prerrogativa de função também não seria aplicável nos casos de ação de improbidade administrativa (Lei n. 8.429/92), devido à natureza civil da demanda (STF, Pet 3240/DF, Dje 22.08.2018). Ademais, entendeu a 1ª Turma do STF na AP 606 MG, *DJ* 18.09.2014, que a renúncia parlamentar, quando realizada após o final da instrução, não acarreta a perda de competência da referida Corte. No entanto, ocorrendo a renúncia anteriormente ao final da instrução, declina-se da competência para o juízo de primeiro grau[9]. A despeito de tal entendimento jurisprudencial da 1ª Turma do STF, na hipótese de não reeleição do parlamentar, não se afigura ser o caso de aplicação do mesmo posicionamento, devendo ocorrer o declínio da competência para o juízo de primeiro grau, vide Inq. 3734/SP, 1ª Turma, *DJ* 10.02.2015.

Ainda acerca do "foro privilegiado", relevante apontar a recente decisão do STF que consolidou a aplicação de interpretação restritiva quanto às normas constitucionais que estabelecem as hipóteses de foro por prerrogativa de função. No julgamento da Questão de Ordem na Ação Penal 937, julgada em 03 de maio de 2018, o STF entendeu que o foro privilegiado somente poderia ser aplicado aos crimes cometidos durante o exercício do cargo, desde que relacionados às funções desempenhadas. Isto é, passou-se a exigir dois requisitos cumulativos para a aplicação da norma, quais sejam: ser a infração penal praticada após a diplomação; a infração penal ter relação com o exercício das funções. Desse modo,

---

6. Em sentido estrito, diplomatas são "funcionários encarregados de tratar das relações entre o seu Estado e os países estrangeiros ou organismos internacionais" (AVENA, 2010, p. 74).

7. Op. cit. (2010, p. 76).

8. Op. cit. (2010, p. 76).

9. Nesse sentido: STF, AP 962/DF, j. 16.10.2018

não havendo a presença concomitante de ambas as condições, a competência do julgamento será da 1º instância.

Ademais, ainda no bojo da referida decisão, o Supremo fixou o momento em que a sua competência se tornaria definitiva, sendo este o fim da instrução processual.[10] Nesse sentido, após o despacho de intimação para apresentação das alegações finais (marco final da instrução), a competência do STF não mais será afetada em razão de o agente público vir a ocupar outro cargo ou deixar o cargo que ocupava, qualquer que seja o motivo (Informativo 900/STF, de 30 de abril a 4 de maio de 2018).[11]

Observações finais: as imunidades *materiais e formais* vistas aplicam-se *inteiramente* aos deputados estaduais (art. 27, § 1º, CF). Por outro lado, aos vereadores são aplicáveis *apenas* as imunidades *materiais* (penal e civil – vide art. 29, VIII), mas *não* as formais (processuais). É importante destacar, contudo, que a imunidade parlamentar não se estende ao corréu sem essa prerrogativa (Súmula 245, STF). O STF, em recente decisão, pontuou que, diferentemente das imunidades diplomáticas, as imunidades parlamentares não se estendem aos locais em que os parlamentares exercem suas funções. Desse modo, seria possível a um juiz da 1ª instância determinar a busca e apreensão nas dependências do Congresso Nacional, desde que o investigado não seja congressista (Informativo 945/STF, de 24 a 28 de junho de 2019).

5. SISTEMAS (OU TIPOS) PROCESSUAIS PENAIS

Ao longo da história, o Estado, para impor o seu direito de punir, utilizou-se de diferentes sistemas processuais penais, *que continham ora mais ora menos garantias em prol do indivíduo*. Nesse sentido, costuma-se apontar três espécies de sistemas (tipos históricos/ideais) processuais penais: acusatório, inquisitivo e misto.

5.1. Sistema acusatório

Tem como uma de suas principais características o fato de as *funções de acusar, julgar e defender estarem acometidas a órgãos distintos*. Além disso, essa espécie de sistema processual *contempla a ampla defesa, o contraditório, a presunção de inocência, a oralidade e a publicidade dos atos processuais, o tratamento isonômico das partes, a imparcialidade do julgador e a incumbência do ônus da prova às partes (e não ao juiz)*. Ademais, no *tipo de processo penal acusatório*, o sistema de *apreciação das provas* é o do *livre convencimento motivado* (ou *persuasão racional do juiz*), *i. e.*, o magistrado é *livre* para julgar a causa, mas deverá fazê-lo de forma *fundamentada (art. 93, IX, da CF)*. Há, por fim, *liberdade de prova*, ou seja,

em regra, admitem-se todos os meios de prova, inexistindo um valor previamente fixado para cada uma delas. Inexiste, assim, hierarquia, *a priori*, entre as provas – todas têm, a princípio, o mesmo valor; sendo todas potencialmente capazes de influenciar, de igual modo, o convencimento do magistrado.

5.2. Sistema inquisitivo (ou inquisitório)

De forma antitética ao acusatório, uma das características mais marcantes do sistema inquisitivo é a de *concentrar num mesmo órgão as funções de acusar, julgar e defender*. Ou seja, o órgão que acusa será o mesmo que, posteriormente, defenderá e julgará o indivíduo. Além disso, é *marcado por um processo escrito e sigiloso, pela inexistência de contraditório e ampla defesa, pela produção probatória realizada pelo próprio juiz-inquisidor* (e não pelas partes). Nesse sistema, o réu, na realidade, não é tratado como um *sujeito de direitos*, mas como um verdadeiro *objeto* da persecução penal. No que tange ao sistema de *apreciação das provas*, vigora a *íntima convicção* do julgador (leia-se: a fundamentação da decisão é desnecessária). Assim, o magistrado decide pautado num convencimento íntimo, sem oferecer quaisquer porquês, quaisquer razões para tanto. Por fim, no sistema inquisitivo, cada prova tem *valor previamente fixado* (chamado de *sistema da prova tarifada ou legal*), sendo que a *confissão* do acusado costuma ser considerada a *rainha das provas* (*i. e.*, prova máxima da culpabilidade do réu). Há, portanto, hierarquia entre as provas – cada uma delas possui seu valor previamente fixado pelo legislador.

5.3. Sistema misto (ou acusatório formal)

(Configura uma tentativa de *reunião dos dois sistemas anteriores*. Marcado por uma *instrução preliminar* (sigilosa, escrita e conduzida por um juiz que produz provas) e por uma *fase judicial* em que se assegura o contraditório, a ampla defesa, a publicidade etc.

Qual o sistema processual penal brasileiro? Apesar da polêmica que o tema encerra, *predomina* no âmbito da doutrina e jurisprudência (STF, ADI 5104MC/DF, *DJe* 30.10.2014, *v. g.*) que, tendo em vista os seguintes dispositivos constitucionais – arts. 129, I, 93, IX, 5º, XXXVII, LIII, LIV, LV, LVII – o Brasil teria adotado o **sistema acusatório**. Diversos informativos jurisprudenciais do STJ acolhem tal posicionamento, vide: Inf. 0577, 5ª e 6ª Turmas, do período de 20.02.2016 a 02.03.2016, Inf. 0565, da Corte Especial, do período de 01.07.2015 a 07.08.2015 e Inf. 0558, de 19.03.2015 a 06.04.2016, da Corte Especial. Vale lembrar que, no Brasil, as funções de acusar, defender e julgar são desempenhadas por órgãos distintos e independentes entre si (Ministério Público; Defensoria; e Magistratura), haja vista que o sistema ora em comento impõe a separação orgânica das funções concernentes à persecução penal, vide entendimento esposado pela 2ª Turma do STF no HC 115015/SP, *DJ* 12.09.2013. Porém, como diz Rangel (2008, p. 54), o sistema acusatório brasileiro *não é "puro"* (vide também STJ, HC 196421/SP, *DJe* 26.02.2014). Isto porque há diversas passagens em nosso ordenamento jurídico que representam verdadeiros *resquícios* de *sistema inquisitivo*, como, por exemplo, as que tratam da produção probatória *de ofício* pelo magistrado (art. 156, CPP, *v. g.*). Por outro lado, a criação do juiz das garantias pelo chamado "Pacote Anticrime" (L. 13.964/2019) trouxe um reforço ao sistema acusatório brasileiro. Isso porque a criação desse juiz busca,

---

10. O referido entendimento aplica-se, inclusive, nos casos de julgamento de crimes não relacionados ao cargo ou função desempenhada (Informativo 920/STF, de 15 a 19 de outubro de 2018).

11. Embora o posicionamento do STF tenha sido firmado na análise de crime praticado por parlamentar federal, o entendimento deve ser aplicado às demais hipóteses de competência de foro por prerrogativa de função. Nesse sentido: STF, Inq 4703 QO/DF, Dje 01.10.2018; STJ, Apn 857/DF e 866/DF, julgados em 20.06.2018. No entanto, no julgamento da Questão de Ordem na Apn 703/GO, em 01.08.2018, o STJ prorrogou a sua competência para julgar infração penal estranha ao exercício da função praticada por Desembargador diante da iminente prescrição do crime (Informativo 3630/STJ, de 31 de agosto de 2018).

dentre outras, evitar a contaminação do juiz da instrução pela fase investigativa (fase esta que costuma produzir material sem o crivo do contraditório e da ampla defesa). É esse o sentido da seguinte passagem: "Os autos que compõem as matérias de competência do juiz das garantias ficarão acautelados na secretaria desse juízo, à disposição do Ministério Público e da defesa, e não serão apensados aos autos do processo enviados ao juiz da instrução e julgamento, ressalvados os documentos relativos às provas irrepetíveis, medidas de obtenção de provas ou de antecipação de provas, que deverão ser remetidos para apensamento em apartado." (§ 3º, art. 3-C, CPP). Voltaremos a tratar do juiz das garantias mais adiante.

6. PRINCÍPIOS CONSTITUCIONAIS E PROCESSUAIS PENAIS

6.1. Devido processo legal

Oriundo do direito anglo-americano (*due process of law*), o princípio do devido processo legal vem expressamente previsto no art. 5º, LIV, CF com os seguintes dizeres: "*ninguém será privado da liberdade ou de seus bens sem o devido processo legal*". Perceba, desde já, leitor, que esse princípio deve ser encarado como uma espécie de fonte a partir da qual emanam diversas garantias e princípios processuais fundamentais. Assim, dizer que *ninguém será privado da liberdade ou de seus bens sem o devido processo legal* significa, em última análise, afirmar a necessidade de um processo prévio, informado pelo contraditório; ampla defesa; juiz natural; motivação das decisões; publicidade; presunção de inocência; direito de audiência; direito de presença do réu; e duração razoável do processo (BADARÓ, 2008, p. 36). Assim, pode-se afirmar que o Estado, para poder fazer valer o seu *jus puniendi*, deve rigorosamente respeitar *as regras do jogo* – compreendendo-se por esta expressão não apenas o respeito a aspectos procedimentais, mas também a todas as garantias e direitos expostos anteriormente. Por fim, é necessário notar que, em suma, busca-se com o *due process of law* assegurar ao acusado um processo penal efetivamente justo e equilibrado.

6.2. Presunção de inocência (estado de inocência ou não culpabilidade)

Expressamente previsto no art. 5º, LVII, CF, que diz: "*ninguém será considerado culpado até o trânsito em julgado de sentença penal condenatória*[12]", esse princípio estabelece uma presunção de inocência (*jurídica* e *relativa*) do acusado que só cede diante de um decreto condenatório definitivo.

Mas não é só, pois o princípio do estado de inocência tem grande impacto em, pelo menos, mais dois campos: no **ônus da prova** e na **prisão provisória** (cautelar ou processual). Vejamos.

No campo do **ônus da prova**, o referido princípio faz recair sobre a acusação o ônus de provar a culpa *lato sensu* do acusado. Trata-se, inclusive, de comando presente no CPP (*vide* art. 156, primeira parte). Desse modo, não cabe ao réu demonstrar a sua inocência (até porque goza do direito de permanecer calado – art. 5º, LXIII, CF), mas sim à acusação comprovar a culpa daquele. Caso a acusação não se desincumba desse ônus, *i.e.*, não logre êxito em provar cabalmente a culpa do réu, deverá ser aplicada a regra pragmática de julgamento do *in dubio pro reo*, absolvendo-se, por conseguinte, o acusado.

Ainda sobre o assunto, note o leitor que *prevalece* na comunidade jurídica o entendimento de que o ônus da prova se *reparte* entre a acusação e a defesa. À primeira (a acusação) incumbe provar a existência do fato e sua respectiva autoria, a tipicidade da conduta, o elemento subjetivo da infração (dolo ou culpa), bem como eventuais agravantes, causas de aumento e/ou qualificadoras alegadas. A defesa, por sua vez, tem o ônus de provar eventuais alegações que faça sobre excludentes de tipicidade, ilicitude e/ou culpabilidade, circunstâncias atenuantes e/ou causas de diminuição da pena.[13]

No campo da **prisão provisória**, o princípio do estado de inocência também desempenha um papel decisivo. Desde logo, advirta-se que o instituto da prisão provisória *não é incompatível* com o princípio do estado de inocência. Posto de outra forma: o princípio em questão não é absoluto. Atente-se que a própria Constituição previu a possibilidade de prisão provisória, por exemplo, no art. 5º, LXI – além do que, há na Magna Carta o princípio da segurança pública, que também torna possível falar em prisão decretada *antes do trânsito em julgado*.

Se não são incompatíveis, então como harmonizar esses institutos aparentemente antagônicos (prisão provisória e estado de inocência)? Na realidade, o princípio da presunção de inocência força-nos a assumir uma posição *contrária à banalização* da prisão provisória. Explica-se melhor. O referido princípio, ao propor que "*ninguém será considerado culpado até o trânsito em julgado de sentença penal condenatória*", força-nos a encarar a prisão provisória como medida *extrema, excepcional*. É dizer: só se prende alguém antes do trânsito em julgado se for absolutamente necessário. Esse princípio institui entre nós a **regra da liberdade**, leia-se: *em regra, o indivíduo deve ser conservado em liberdade, apenas se "abusar" desta (da liberdade) poderá vir a ser encarcerado*. Essa ideia foi reforçada pela Lei 12.403/2011 que, em diversas passagens, estabelece a prisão provisória como *ultima ratio – entendimento também firmado pelo* STF, no **HC 127186/PR, Info 783,** bem como no Inq. 3842, Ag. Reg. no segundo Ag. Reg. no Inquérito, *DJ*, 17.03.2015. Ademais, não é outro o entendimento do STJ, vide HC 353.167/SP, 6ª Turma, *DJ* 21.06.2016 e HC 330.283/PR, 5ª Turma, *DJ* 10.12.2015. Veremos o tema de forma mais detalhada oportunamente.

Nessa senda, uma pergunta pode aflorar na mente do leitor. Dissemos anteriormente que *só se prende alguém antes do trânsito em julgado se for absolutamente necessário*. Mas, *como saberei quando é necessária a prisão de alguém?* A resposta está na **prisão preventiva**. Colocado de outra forma: a

---

12. Sobre esta questão, o STF mudou, mais uma vez, a orientação jurisprudencial, declarando a constitucionalidade do art. 283, CPP, e fazendo prevalecer também a própria literalidade da CF/1988 (art. 5º, LVII). Por maioria, os Ministros entenderam pelo não cabimento da execução provisória da pena. Assim, a execução penal terá início após o trânsito em julgado de sentença penal condenatória. Nesse sentido, ver ADC's 43, 44 e 54. Informativo 958/STF, de 28 de outubro a 8 de novembro de 2019.

13. O pensamento, com a devida licença, é deveras equivocado. Sendo o crime um todo indivisível (fato típico, ilícito e culpável) é imperioso que a acusação prove cabalmente esse todo indivisível para que possa, assim, ver atendida a sua pretensão punitiva. Pensando dessa maneira estão, por exemplo: Afrânio Silva Jardim, Luiz Flávio Gomes, dentre outros.

comunidade jurídica elegeu a *prisão preventiva* (arts. 311 e ss., CPP) como *pedra de toque* para a demonstração de *necessidade* de prisão provisória (TOURINHO FILHO, 2010). A escolha não se deu ao acaso, pois é a preventiva que possui, dentre as demais modalidades de prisão, os requisitos mais *rígidos* para a sua decretação. Assim, para que alguém seja (ou permaneça) preso durante a persecução penal, é fundamental que os requisitos da preventiva estejam presentes, sob pena de ilegalidade da medida e, concomitantemente, de violação ao estado de inocência.

Diante do que foi dito no parágrafo anterior, pode-se afirmar que não há no Brasil qualquer modalidade de *prisão automática*. Ou seja: a) inexiste prisão (automática) decorrente de sentença condenatória recorrível ou decorrente de decisão de pronúncia; b) não se pode condicionar a interposição de recurso defensivo à prisão do réu (nem mesmo em sede de RE e RESP); c) não vale a "regra" de que aquele que ficou preso durante a instrução deverá ser conservado nesta condição no momento da sentença condenatória recorrível (consoante § 1º, art. 387, CPP e STJ, 5ª Turma, HC 271757/SP, *DJ* 25.06.2015). Em suma: ou os requisitos da preventiva se mostram concretamente presentes (devendo o juiz expô-los *fundamentadamente* em uma decisão) ou, do contrário, o réu, por imperativo constitucional (estado de inocência), deverá ser conservado em liberdade (regra da liberdade), ainda que esta liberdade se dê com algumas restrições (medidas cautelares pessoais substitutivas da prisão – conforme dispõem as Leis 12.403/2011 e 13.964/2019, a serem examinadas em ocasião oportuna).

Uma consideração derradeira: na fixação da pena-base e do regime prisional, os tribunais superiores[14] entendem que há ofensa ao estado de inocência considerar *maus antecedentes* os eventuais registros criminais do acusado (processos em andamento, por exemplo)[15]. Tais registros não podem, pois, ser valorados para aumentar a pena-base ou para exasperar o regime de cumprimento da pena. Ademais, aduziu o STJ a possibilidade de desconsideração das condenações anteriores para fins de maus antecedentes em hipóteses específicas da Lei 11.343/2006 (Lei de Drogas), vide Informativo nº 580, 02 a 13/04/2016, 6ª Turma. Ver também: Súmula 444 do STJ. Entretanto, há de se pontuar o entendimento do STJ no que se refere à possibilidade de utilização de inquéritos policias e ações penais em curso para afastar o benefício do tráfico privilegiado previsto no art. 33, § 4º da Lei 11.343/2006 (STJ, EREsp 1431091/SP, DJ 14.12.2016), por possibilitar a formação da convicção de que o réu se dedica a atividades criminosas.

Por fim, consulte-se a recente Súmula 636/STJ, que enuncia que "a folha de antecedentes criminais é documento suficiente a comprovar os maus antecedentes e a reincidência".

---

14. STF, Pleno, Julgamento do mérito da repercussão geral no RE 591054, DJ 26.02.2015 e HC 104266/RJ, DJ 26.05.2015 e STJ, HC 234.438/PR, 5ª Turma, DJ, 24.08.2016, HC 335.937/AC, 6ª Turma, DJ 29.06.2016 e HC 289895/SP, DJe 01.06.2015.

15. Necessário se faz ressaltar que o princípio da presunção de inocência não possui caráter absoluto, havendo hipóteses, aceitas pela jurisprudência, de abrandamento do referido princípio, a exemplo do posicionamento do STJ no sentido de que inquéritos e ações penais em curso poderiam demonstrar o risco de reiteração da conduta, de modo a fundamentar a decretação de prisão preventiva para garantia da ordem pública (STJ, RHC70698/MG, *DJe* 01.08.2016).

Atenção: O STF, no julgamento dos HC's 94620 e 94680, indicou possível mudança de orientação. A sessão do Pleno gerou confusão quanto ao resultado, motivo pelo qual a Suprema Corte apreciará o tema novamente, em breve.[16]

6.3. Inexigibilidade de autoincriminação e direito ao silêncio

No Processo Penal, o indivíduo goza do *direito de não se autoincriminar*. O reconhecimento deste direito decorre de uma *interpretação extensiva* dada pela comunidade jurídica brasileira à primeira parte do inciso LXIII, do art. 5º, CF, que diz: "*o preso será informado de seus direitos, entre os quais o de permanecer calado*". Tal dispositivo consagra entre nós o *direito ao silêncio*, que significa que *toda a vez que a fala do indivíduo (preso ou solto) puder incriminá-lo, este poderá conservar-se em silêncio, sem que se possa extrair qualquer consequência jurídica negativa dessa conduta*. Isto é assim porque, sendo o silêncio um *direito* do indivíduo, aquele que o exercita, sob pena de total contrassenso, não poderá sofrer qualquer tipo de prejuízo jurídico.

Nesse sentido, o STJ firmou entendimento de que a informação do direito de permanecer calado, uma vez fornecido de forma irregular, será causa de nulidade relativa, desde que haja a comprovação de prejuízo (STJ, RHC 67.730/PE, DJe 04.05.2016).

Dois momentos bastante comuns de incidência do direito ao silêncio são o ato do interrogatório do acusado (art. 185 e ss., CPP) e a oitiva do indiciado pelo delegado de polícia (art. 6º, V, CPP) – embora, note-se bem, o direito ao silêncio não se limita a esses dois momentos. Costuma-se afirmar que o direito ao silêncio incide em sua plenitude durante o chamado "interrogatório de mérito" (momento em que o juiz indaga o réu sobre a veracidade da acusação que recai sobre a sua pessoa. Confira-se o art. 187, *caput*, e seu § 1º, CPP). Com efeito, a doutrina majoritária costuma rechaçar a existência do direito ao silêncio no ato de qualificação do acusado, ato que precede o chamado "interrogatório de mérito". Assim, de acordo com a majoritária doutrina, quando indagado sobre a sua qualificação (nome, estado civil, endereço etc.) não pode o réu permanecer em silêncio. Não haveria aqui um "direito ao silêncio". Segundo os autores, caso permaneça em silêncio durante a sua qualificação, o réu poderá vir a responder pela contravenção penal prevista no art. 68 da Lei das Contravenções Penais (DL 3.688/1941), que diz: "Recusar à autoridade, quando por esta, justificadamente solicitados ou exigidos, dados ou indicações concernentes à própria identidade, estado, profissão, domicílio e residência". Ver também: decisões do STF nos ARE 870572 AgR, 1ª Turma, *DJ* 06.08.2015 e RE 640139 RG/DF, *DJe* 14.10.2011.

Por outro lado, vale notar a comunidade jurídica não parou por aí (direito ao silêncio), pois, partindo do art. 5º, LXIII, CF, reconheceu que, na realidade, o direito ao silêncio seria apenas um aspecto (uma das facetas) de um direito muito mais abrangente: o da não autoincriminação. Por este direito (não autoincriminação), assegura-se ao sujeito o poder de negar-se a *colaborar* com qualquer tipo de produção probatória que dele dependa, sem que qualquer prejuízo possa ser extraído dessa inércia (*nemo tenetur*

---

16. Disponível em: [http://jota.info/stf-muda-e-decide-que-inqueritos--em-curso-podem-ser-considerados-maus-antecedentes].

se detegere). Consequentemente, o indivíduo pode se negar a participar da reprodução simulada do crime (reconstituição do delito), como também se recusar a realizar qualquer exame cuja realização dependa do seu próprio corpo (bafômetro, grafotécnico, DNA, sangue etc. – as chamadas provas *invasivas*)[17].

O STF, em recente julgado, declarou a nulidade de "entrevista" realizada pela autoridade policial com o investigado, durante a busca e apreensão em sua residência, sem que tenha sido oportunizada a consulta prévia ao seu advogado e sem que tenha sido comunicado sobre o seu direito de permanecer em silêncio e não produzir provas contra si mesmo. Na opinião dos ministros, tratou-se de um "interrogatório travestido de entrevista", com violação do direito ao silêncio e não autoincriminação (Informativo 944/STF, de 10 a 14 de junho de 2019).

Assim, pelo que vimos, numa eventual sentença, o juiz jamais poderá valorar negativamente a inércia do acusado, usando fórmulas como: "quem cala consente", "quem não deve, não teme" etc.

6.4. Contraditório (bilateralidade da audiência ou bilateralidade dos atos processuais)

Expresso na CF (art. 5º, LV), consiste esse princípio no binômio: *ciência + participação*, ou seja, trata-se do *direito que possuem as partes de serem cientificadas sobre os atos processuais (ciência), como também do direito que possuem de se manifestar, de interagir (participação) sobre esses mesmos atos*. Um exemplo: finda a instrução processual, o juiz profere sentença sobre o caso. Nesta hipótese, as partes serão cientificadas (intimadas) dessa decisão (ciência), bem como poderão participar recorrendo do *decisium* (participação).[18] Com efeito, entende-se que essa dialética das partes torna o julgamento do acusado mais justo.

Contraditório diferido, retardado ou postergado: em certos casos, diante do *perigo de perecimento* de determinada prova considerada relevante, deve-se produzi-la de plano, *relegando--se o contraditório para um momento posterior* (daí o nome *postergado*). Exemplo: perícia sobre lesão corporal. Não fosse o exame realizado imediatamente, os vestígios, a depender da lesão, poderiam terminar desaparecendo e comprometer a materialidade delitiva (art. 158, CPP). Nesse caso, realiza-se o exame e, em momento posterior (no curso do processo), assegura-se o contraditório às partes, podendo estas se manifestar sobre a perícia anteriormente realizada.

Por outro lado, há casos em que o contraditório pode ser antecipado. Isto ocorre também por conta da possibilidade de *perecimento da prova*. Ex.: testemunha em estado terminal de saúde que presenciou o crime. Procede-se então à *produção antecipada de prova* (art. 225, CPP), assegurando-se, *antecipadamente*, o contraditório às "partes".[19] Sobre este ponto consultar a parte final do art. 155, CPP.

6.5. Ampla defesa

Assim como o contraditório, a ampla defesa está igualmente prevista no art. 5º, LV, CF. Significa *que o réu tem o direito de defender-se de uma acusação da forma mais ampla possível, podendo empregar todos os recursos cabíveis para o cumprimento desta finalidade*. No processo penal, a defesa só é ampla quando presentes os seus dois aspectos: autodefesa e defesa técnica.

A **autodefesa** *é facultativa*, realizando-a, portanto, o acusado se assim entender conveniente. Isto é assim – facultatividade da autodefesa – por conta do *direito ao silêncio* que possui o réu. Como este tem o direito de permanecer calado, por óbvio, só exerce a sua própria defesa se assim o desejar.[20]

A sua manifestação dar-se-á sob formas diversas, como o direito de audiência, o direito de presença ou o direito de postular pessoalmente. Exemplo do direito de audiência, momento dos mais marcantes, ocorre durante o interrogatório (art. 185, CPP). O direito de presença está materializado na possibilidade de comparecimento do acusado a todos os atos instrutórios. Por óbvio, não estamos falando em direito absoluto, uma vez que a presença do réu pode ser evitada em determinadas hipóteses, voluntariamente ou por ordem judicial, realizando o ato por videoconferência ou determinando a sua retirada. Por fim, o reconhecimento da capacidade postulatória do réu acontece de forma ampla, como a possibilidade de interposição de recursos (art. 577, *caput*, CPP), a impetração de *habeas corpus* (art. 654, *caput*, CPP) ou a propositura de ação de revisão criminal (art. 623, *caput*, CPP).

Já a **defesa técnica** *é absolutamente indispensável*. O réu deve, obrigatoriamente, contar com profissional habilitado atuando em juízo na defesa de seus interesses (seja ele defensor dativo, público ou constituído) – *vide* art. 261, CPP. Note o leitor que, se o acusado for **membro do Ministério Público**, não poderá promover a sua própria defesa técnica, pois esta é privativa do advogado regularmente inscrito na OAB (art. 28, II, Lei 8.906/1994). Vide ainda o HC 76671/RJ, *DJ* 10.08.2000 (STF).

Consulte-se, por fim, a Súmula 523, STF, que diz: "no processo penal, a falta da defesa constitui nulidade absoluta, mas a sua deficiência só o anulará se houver prova de prejuízo para o réu".[21]

6.6. Verdade real (material ou substancial)

Tradicionalmente, diz-se que o citado princípio impõe *certa postura* do juiz diante do processo penal. É que, conforme sustentam alguns, dada a indisponibilidade do bem jurídico tratado pelo processo penal (liberdade ambulatorial), o magistrado deve se esforçar ao máximo em desvendar o que realmente ocorreu – e não apenas se contentar com as provas eventualmente colacionadas pelas partes. Desse modo, diante

---

17. STF, HC 111567 AgR, 2ª Turma, *DJ* 30.10.2014 e HC 99289/RS, *DJ* 04.08.2011.STJ, AgRg no REsp 1497542/PB, 1ª Turma, *DJ* 24.02.2016.
18. Outro exemplo: art. 409, CPP.
19. Note o leitor que, como não há processo, não há que se falar propriamente em partes.
20. O direito à autodefesa, no entanto, não retira a tipicidade da conduta do agente que atribui falsa identidade perante autoridade policial com o objetivo de ocultar maus antecedentes. Nesse sentido, Súmula 522/STJ: "A conduta de atribuir-se falsa identidade perante autoridade policial é típica, ainda que em situação de alegada autodefesa".
21. Importante destacar também a Súmula 708, STF: "É nulo o julgamento da apelação se, após a manifestação nos autos da renúncia do único defensor, o réu não foi previamente intimado para constituir outro."

de eventual inércia das partes, deve o juiz produzir provas a fim de esclarecer a verdade dos fatos.

Ademais, *ainda dentro dessa visão tradicional*, é bastante comum opor o princípio da verdade real ao da "verdade formal". Tal oposição tem por base os diferentes bens jurídicos em jogo nos processos penal e civil. Argumenta-se que, como no processo civil os bens jurídicos são geralmente disponíveis, não há que se falar em verdade real, mas sim em verdade formal (ou ficta), querendo isto significar que o juiz cível deve se contentar com as provas trazidas pelas partes.

Essa visão tradicional do princípio da verdade real encontra respaldo no CPP (vide arts. 156 e 209, § 1º); na atual jurisprudência dos tribunais superiores (STF, ARE 666424 AgR, 1ª Turma, DJ 01.04.2013 e STJ, REsp 1440165/DF, DJe 29.05.2015, e HC 282322/RS, DJe 01.07.2014 e REsp 1658481/SP, DJ 29.06.2017). Outrossim, há recente contemporização ao princípio da verdade real, conforme atualizações oriundas da prática do STJ: Inf. 0577, 6ª Turma, 20.02 a 02.03.2016 e Inf. 0569, 6ª Turma, 17.09 a 30.09.2015.Porém, é preciso destacar que essa orientação "tradicional" do princípio da verdade real vem, cada vez mais, sendo criticada por significativo setor da doutrina.

Uma das principais críticas à verdade real é que, ao estimular o ativismo probatório por parte do juiz, termina-se violando a imparcialidade deste (deturpação da atividade judicante) e, no limite, afrontando o sistema acusatório pretendido pelo Constituinte de 1988.

Diante disso, melhor seria falar em *verdade processual (verdade apenas no processo)*, *verdade jurídica*, ou, como quer Pacelli (2015, p. 333), numa "certeza" exclusivamente jurídica, representada pela tentativa de reconstrução histórica dos fatos por meio de parâmetros estabelecidos pela lei.

6.7. Juiz natural

Decorre do art. 5º, LIII, CF, que diz: "*ninguém será processado nem sentenciado senão pela autoridade competente*". Em suma, significa que *o indivíduo só pode ser privado de seus bens ou liberdade se processado por autoridade judicial imparcial e previamente conhecida por meio de regras objetivas de competência fixadas por lei anteriormente à prática da infração*. Exemplo de violação ao juiz natural: o sujeito pratica um crime da competência da justiça estadual e termina sendo julgado pela justiça federal. O juiz federal, neste caso, não é o natural para a causa em questão.

Decorre desse princípio o fato de *não ser possível a criação de juízo ou tribunal de exceção, i. e., não pode haver designação casuística de magistrado para julgar este ou aquele caso* (art. 5º, XXXVII, CF).

Ademais, no âmbito processual penal, não é possível às partes acordarem para subtrair ao juízo natural o conhecimento de determinada causa.

Note bem: *não configura violação ao princípio do juiz natural:* a) a convocação de juiz de 1ª instância para compor órgão julgador de 2ª instância (STJ HC 332.511/ES, 5ª, Turma, DJ 24.02.2016); b) a redistribuição da causa decorrente da criação de nova Vara – com a finalidade de igualar os acervos dos Juízos (STJ HC 322.632/BA, 6ª Turma, DJ 22.09.2015 e HC 283173/CE, DJe 09.04.2015); c) a atração por continência do processo do corréu ao foro especial do outro denunciado – ex.: prefeito e cidadão comum praticam furto em concurso (Súmula 704, STF). Nesta situação, ambos serão julgados pelo TJ sem que se possa falar em violação ao juiz natural – art. 78, III, CPP; e d) a fundamentação *per relationem*, que ocorre quando o magistrado utiliza como motivação da sentença ou acórdão as alegações de uma das partes ou texto de algum precedente ou decisão anterior do mesmo processo (STJ HC 353.742/RS, 6ª Turma, DJ 16.05.2016).

É a motivação por meio da qual se faz remissão ou referência às alegações de uma das partes, a precedente ou a decisão anterior nos autos do mesmo processo.

6.8. Identidade física do juiz

Significado: *o magistrado que acompanhar a instrução probatória – logo, que tiver tido contato direto com as provas produzidas ao longo do processo – deverá ser o mesmo a proferir sentença*.

Antes de 2008, tal princípio existia apenas no Processo Civil (art. 132, CPC/1973), mas não no Processo Penal. Entretanto, hoje, após a reforma promovida pela Lei 11.719/2008, passou a ser expressamente adotado pelo Direito Processual Penal. Segue o teor do novo § 2º do art. 399, CPP: "*o juiz que presidiu a instrução deverá proferir a sentença*".

O princípio da identidade física do juiz não é, porém, absoluto. Há exceções. Desse modo, não viola o referido princípio: a) o interrogatório do réu por meio de carta precatória (STJ RHC 47.729/SC, DJ 01.08.2016); b) casos de convocação, licença, afastamento, promoção ou aposentadoria do juiz que presidiu a instrução de provas (STJ HC 306.560/PR, DJe 01.09.2015, AgInt no AREsp 852.964/AL, DJ 23.08.2016 e Informativo nº 494); c) o julgamento de embargos de declaração por outro juiz (STJ, HC 46408/SP, DJe 03.11.2009); e d) casos relacionados ao Estatuto da Criança e do Adolescente (STJ AgRg no AREsp 465.508/DF, DJ 26.02.2015 e HC 164369/DF, DJ 09.11.2011).

Ademais, conforme jurisprudência do STJ, se faz necessária a comprovação de prejuízo à parte, sobretudo no que tange aos princípios da ampla defesa e do contraditório, para que haja a nulidade do *decisum* prolatado por juiz diverso daquele que presidiu a instrução do feito (STJ, AgRg no AREsp306388/SC, *Dje* 01.06.2015).

6.9. Duplo grau de jurisdição

Significa que *as decisões judiciais são, em regra, passíveis de revisão por instâncias superiores através da interposição de recursos*. Além disso, o princípio estabelece a *impossibilidade de supressão de instância* (GRINOVER et. al., 2001), ou seja, em caso de anulação da decisão recorrida, não pode o tribunal ingressar no mérito da causa, se este não foi apreciado pelo juízo *a quo* (pela instância inferior).

Tal princípio não vem expressamente previsto no texto da CF. Porém, trata-se de *garantia materialmente constitucional*. Isto porque a Convenção Americana de Direitos Humanos (CADH – Pacto de San José da Costa Rica) – ratificada pelo Brasil por meio do Decreto 678/1992 – prevê em seu texto o referido princípio (art. 8º, 2, "h"). Note-se que para a melhor doutrina os direitos e garantias contidos nesse Pacto possuem *status* normativo de *norma materialmente constitucional* (PIOVESAN, 2011). É que, segundo essa autora, por força do art. 5º, § 2º, CF, todos os tratados de direitos humanos, independentemente do *quorum* de sua aprovação, são normas materialmente constitucionais. O STF, por outro lado, entende atualmente (ADI 5240 / SP, Julgamento 20.08.2015) que tratados e convenções internacionais com conteúdo de direitos humanos (como é o caso do Pacto de San José), uma vez ratificados, possuem caráter supralegal. Supralegal significa neste contexto: inferior à Constituição Federal, mas superior à legislação interna. Assim, os atos estatais infraconstitucionais que estiverem em dissonância com a norma supralegal devem ser suprimidos.

Por outro lado, o duplo grau não é um princípio absoluto. *Dentre outras*, segue uma exceção: competência originária do STF (*vide* art. 102, I, CF).

Ademais, por óbvio, a garantia do duplo grau não afasta a necessidade da parte observar corretamente os pressupostos recursais (ex.: prazo), sob pena de o recurso não ser conhecido.

6.10. Publicidade

Vem expresso na CF nas seguintes passagens: arts. 5º, LX; e 93, IX. Trata-se do *dever que tem o Judiciário de dar transparência aos seus atos*. A publicidade dos atos processuais é a *regra*. Porém, a própria CF autoriza a restrição da publicidade quando se mostrar necessária a *preservação da intimidade ou do interesse social*. Exemplos de restrição à publicidade: a) CF: arts. 93, IX, parte final, e art. 5º, LX; b) CPP: arts. 201, § 6º; 485, § 2º; 792, § 1º; c) CP: 234-B; e d) Lei 9.296/1996: art. 1º.

Um ponto relevante a ser tratado diz respeito ao posicionamento do STF quanto à aplicação da norma protetiva prevista no art. 234-B, CP, acima indicado, ao entender que o agente do fato delituoso não se constitui como destinatário da norma, mas somente a vítima. (STF, ARE1074786/RJ, *Dje* 26.10.2017).

6.11. Iniciativa das partes, demanda ou ação *(ne procedat judex ex officio)*

Significa que *cabe à parte interessada o exercício do direito de ação, uma vez que a jurisdição é inerte*. A propositura da ação penal incumbe, assim, ao MP (no caso de ação penal pública) ou à vítima (no caso de ação penal privada), sendo vedado ao juiz proceder de ofício nessa seara.

Notemos que tal princípio tem total ligação com o *sistema acusatório* (pretendido pelo Constituinte de 1988 – art. 129, I), que tem por uma de suas principais características a separação das funções de acusar e julgar.

Desse modo, *não foi recepcionado* pela CF o art. 26, CPP, o qual prevê que, no caso de contravenção penal, a ação penal será iniciada por portaria expedida pelo delegado ou pelo juiz (chamado de procedimento *judicialiforme*).

Não se deve confundir o princípio da *iniciativa das partes* com o do *impulso oficial*. Enquanto o primeiro determina que o exercício do direito de ação incumbe à parte interessada, o segundo (impulso oficial) estabelece que cabe ao juiz, de ofício, impulsionar o regular desenvolvimento do processo "até que a instância se finde" (MIRABETE, 2001, p. 49) – *vide* art. 251, CPP.

6.12. Igualdade processual (igualdade das partes ou paridade de armas)

As partes devem contar com tratamento igualitário e com oportunidades iguais. Decorre tal princípio do art. 5º, *caput*, CF (princípio da isonomia). Em certos casos, porém, quando justificável, admite-se o tratamento diferenciado da parte, a fim de ser promovida uma igualdade mais *substancial*. Trata-se aqui da antiga máxima: "tratar desigualmente os desiguais na medida de suas desigualdades". Seguem exemplos desse tratamento "desigual" à parte que objetivam uma igualdade mais *substancial* no âmbito do processo penal: *favor rei* (princípio segundo o qual os interesses da defesa prevaleçam sobre os da acusação – art. 386, VII, CPP); a revisão criminal é ação exclusiva da defesa; a Defensoria Pública possui prazos mais longos, contados em dobro, por força do art. 128, I, LC 80/1994, e do art. 5º, § 5º, Lei 1.060/1950 (Ver STF, ADI 2144, Tribunal Pleno, *DJ* 14.06.2016 e HC 81.019/MG, Info. 247); admite-se a prova ilícita *pro reo*, mas não a *pro societate* etc.

6.13. Imparcialidade do juiz

O juiz deve ser pessoa neutra, estranha à causa e às partes. O magistrado eventualmente interessado no feito – suspeito (art. 254, CPP) ou impedido (art. 252, CPP) – deve ser afastado.

6.14. Duração razoável do processo

Expressamente previsto no art. 5º, LXXVIII, CF, que diz: "*a todos, no âmbito judicial e administrativo, são assegurados a razoável duração do processo e os meios que garantam a celeridade de sua tramitação*" e na CADH, art. 8º, 1, consiste no *direito que as partes possuem de exigir do Estado que preste a jurisdição em tempo razoável*. Assim, as dilações indevidas devem ser banidas.

Representa, na atualidade, um dos maiores problemas/desafios do Judiciário mundial (inclua-se aí o brasileiro): assegurar uma prestação jurisdicional célere e de qualidade sem atropelar direitos e garantias fundamentais das partes.

É por conta desse princípio que os tribunais superiores, em diversas oportunidades, têm reconhecido a *ilegalidade da prisão provisória do acusado quando o processo apresenta demora injustificada* (v. g.: STF, HC140.312/PR, *Dje* 04.05.2017, STJ, HC 359.508/PE, DJ 01.09.2016 e HC 281741/SP, DJe 24.06.2015).

A crítica que significativo setor da comunidade costuma fazer é que a falta de um prazo claro e determinado para o fim do processo, aliada à ausência de sanção em caso de expiração desse mesmo prazo, tem o poder de reduzir significativamente a efetividade do referido princípio.

Inspirado por esse princípio, o legislador ordinário criou os seguintes parâmetros de prazo, cujo desrespeito, como dissemos antes, não produz nenhuma sanção jurídica automática: a) no rito ordinário, a instrução deverá ser concluída em 60 dias (art. 400, CPP); b) no júri, 90 dias (art. 412, CPP); c) no caso de processo que apure crime cometido por organização criminosa (art. 22, parágrafo único, Lei 12.850/2013), 120 dias (se o réu estiver preso), "prorrogáveis em até igual período, por decisão fundamentada, devidamente motivada pela complexidade da causa ou por fato procrastinatório atribuível ao réu"; dentre outros.

Entretanto, há que se pontuar que os tribunais superiores, a exemplo do STF, posicionam-se no sentido de que o princípio em exame não poderia ser analisado de *maneira isolada e descontextualizada das peculiaridades do caso concreto*, de modo que seria também necessário considerar a sobrecarga de processos em trâmite nos tribunais (STF, HC 143726/SP, *DJe* 22.05.2017; HC 158414/SE AgR, *Dje* 25.09.2018).

6.15. Obrigatoriedade de motivação das decisões judiciais

Expressamente previsto na CF (art. 93, IX), trata-se de um dos pilares das democracias contemporâneas. Significa que *toda decisão judicial necessita ser fundamentada, sob pena de nulidade*. A exigência de fundamentação possibilita um controle das partes e de toda a sociedade das razões de decidir do magistrado. Assim, se, por exemplo, um juiz decretar a preventiva do acusado sem fundamentar (*i. e.*: sem explicar concretamente os porquês da prisão), será possível impetrar HC por conta da nulidade da decisão.

Nesta seara, o STF possui jurisprudência consolidada no sentido de admitir a denominada fundamentação *per relationem*, já *definida anteriormente*. Assim como o STJ, a Suprema Corte entende que tal prática não ofende o disposto no art. 93, IX, CF (RHC 120351 AgR/ES, *DJe*18.05.2015).

Atenção: Não confundir fundamentação *per relationem* com a mera indicação de parecer ministerial ou de decisão anterior no processo. Nessa hipótese será nula a decisão, haja vista a carência de motivação (STF HC 214049/SP, *DJe* 10.03.2015).

7. JUIZ DAS GARANTIAS

7.1. Notas introdutórias

Das inovações mais importantes trazidas pelo chamado pelo "Pacote Anticrime" (L. 13.964/2019), o juiz das (ou de) garantias é, em linhas gerais, um instituto que visa a submeter a fase investigativa a um maior controle pelo Poder Judiciário e, consequentemente, fiscalizar mais efetivamente os direitos e garantias de suspeitos, indiciados e conduzidos. Somado a isso (e como veremos), o instituto procura aprofundar entre nós o sistema acusatório (sistema que, como vimos, prevê a separação entre as funções de acusar, julgar e defender) e, por tabela, reforçar a imparcialidade do juiz da instrução. Neste tópico, examinaremos sinteticamente as principais inovações trazidas por esse instituto, devendo porém o leitor estar atento ao fato de que até o fechamento desta edição a aplicação do instituto encontra-se suspensa por decisão monocrática do ministro Fux do STF (vide ADIs 6298 e 6299 MC/DF, 01/2020).

7.2. Conceito de juiz das garantias

Trata-se de um magistrado de carreira (concursado), como outro qualquer, cuja função principal é controlar a legalidade dos atos praticados no curso da investigação preliminar, zelando pelos direitos e garantias do suspeito, indiciado e conduzido (art. 3º-B, CPP). Tal juiz tem competência para atuar no âmbito das investigações preliminares (excetuados os casos de competência do JECRIM). A competência do juiz das garantias vai até o recebimento da denúncia, momento em que a competência do caso passará ao juiz da instrução (art. 3º-C, CPP).

7.3. Juiz das garantias e sistema acusatório

A lei que introduziu o juiz das garantias no CPP buscou impulsionar a estrutura acusatória do processo penal brasileiro. Conforme diz o art. 3º-A, CPP, "o processo penal terá estrutura acusatória, vedadas a iniciativa do juiz na fase de investigação e a substituição da atuação probatória do órgão de acusação". Assim, é clara a intenção do legislador de reforçar a separação entre funções de acusar, julgar e defender; e, mais especificamente, de separar as funções de investigação e julgamento. Ao menos dois dispositivos confirmam tal ideia. Primeiro, o art. 3º-D, caput, CPP, diz que o "juiz que, na fase de investigação, praticar qualquer ato incluído nas competências dos arts. 4º e 5º deste Código ficará impedido de funcionar no processo." E o § 3º, art. 3º-C, CPP, afirma que "os autos que compõem as matérias de competência do juiz das garantias ficarão acautelados na secretaria desse juízo, à disposição do Ministério Público e da defesa, e *não serão apensados aos autos do processo enviados ao juiz da instrução e julgamento*, ressalvados os documentos relativos às provas irrepetíveis, medidas de obtenção de provas ou de antecipação de provas, que deverão ser remetidos para apensamento em apartado" (destaques nossos). Tanto o primeiro dispositivo (art. 3º-D, caput, CPP), como a regra deste último artigo (de vedação de acesso aos elementos de investigação pelo juiz da instrução) visam a salvaguardar o contraditório, a ampla defesa, a imparcialidade do juiz da instrução e, de forma mais ampla, o sistema acusatório. Isso porque, como veremos mais adiante, os elementos produzidos no curso de uma investigação (ex.: depoimento de uma testemunha), embora possam servir para embasar uma ação penal, são imprestáveis para fundamentar uma sentença, uma vez que tais elementos não costumam se submeter ao crivo do contraditório e ampla defesa.

7.4. Competências do juiz das garantias

O art. 3º-B, CPP, estabelece uma lista (não exaustiva) de competências do juiz das garantias, a ser apresentada a seguir.

I – receber a comunicação imediata da prisão, nos termos do inciso LXII do caput do art. 5º da Constituição Federal.

Comentário: Segundo o art. 5, LXII, CF, "a prisão de qualquer pessoa e o local onde se encontre serão comunicados imediatamente ao juiz competente e à família do preso ou à pessoa por ele indicada". O magistrado competente para receber tal comunicação passa a ser o juiz das garantias. Este ficará responsável pelo controle da legalidade da prisão.

II – receber o auto da prisão em flagrante para o controle da legalidade da prisão, observado o disposto no art. 310 deste Código.

Comentário: de acordo com o art. 310, CPP, ocorrida a prisão em flagrante de alguém, os autos deverão, em 24h, ser encaminhados ao juiz das garantias que, por sua vez, deverá promover audiência de custódia com a presença do acusado, seu advogado constituído ou membro da Defensoria Pública e o membro do Ministério Público. Nesta audiência, o juiz das garantias decidirá de forma fundamentada pelo: (a) relaxamento da prisão (no caso de a prisão ser ilegal); (b) conversão do flagrante em prisão preventiva (quando presentes os requisitos da prisão preventiva estabelecidos pelo art. 312, CPP); ou (c) conceder liberdade provisória (no caso de o flagrante ser legal, mas de a sua conversão em preventiva se mostrar descabida).

III – zelar pela observância dos direitos do preso, podendo determinar que este seja conduzido à sua presença, a qualquer tempo.

Comentário: a CF e a legislação infraconstitucional estabelecem direitos para os presos (ex.: o direito ao silêncio). Nesse sentido, cabe ao juiz das garantias zelar por tais direitos, podendo determinar a condução do preso à sua presença a qualquer tempo a fim de verificar o fiel cumprimento àqueles direitos.

IV – ser informado sobre a instauração de qualquer investigação criminal.

Comentário: A informação obrigatória ao juiz das garantias sobre a instauração de investigação criminal permite àquele, ao mesmo tempo, controlar a legalidade dos atos de investigação e zelar pelos direitos e garantias dos suspeitos, indiciados e conduzidos.

V – decidir sobre o requerimento de prisão provisória ou outra medida cautelar, observado o disposto no § 1º deste artigo.

Comentário: notar que o § 1º ao qual se refere este inciso foi vetado.

VI – prorrogar a prisão provisória ou outra medida cautelar, bem como substituí-las ou revogá-las, assegurado, no primeiro caso, o exercício do contraditório em audiência pública e oral, na forma do disposto neste Código ou em legislação especial pertinente.

Comentário: notar que, como diz o dispositivo, no caso de prorrogação de prisão provisória ou de outra medida cautelar, tal decisão deverá passar pelo crivo do contraditório em audiência pública e oral.

VII – decidir sobre o requerimento de produção antecipada de provas consideradas urgentes e não repetíveis, assegurados o contraditório e a ampla defesa em audiência pública e oral.

Comentário: há casos específicos em que a produção de prova não pode aguardar a fase instrutória e precisa ser realizada o quanto antes já na fase de investigação preliminar. É o que ocorre com uma perícia em caso de estupro. Caso esse tipo de prova não seja produzida com brevidade, é bastante provável que os vestígios do crime desapareçam. Tal prova é chamada de não repetível e, sendo necessária a sua produção, será o juiz das garantias que irá decidir a respeito assegurando em qualquer caso o contraditório e a ampla defesa em audiência pública e oral. Notar ainda que esse tipo específico de prova, conforme diz o § 3º, art. 3º-C, CPP, será excepcionalmente remetida ao juiz da instrução.

VIII – prorrogar o prazo de duração do inquérito, estando o investigado preso, em vista das razões apresentadas pela autoridade policial e observado o disposto no § 2º deste artigo.

Comentário: o prazo de duração do inquérito, estando o indiciado preso, pode ser prorrogado uma única vez pelo juiz das garantias por até 15 dias, após o que, se ainda assim a investigação não tiver sido concluída, a prisão será imediatamente relaxada. Conforme estabelece o § 2º do art. 3º-B, CPP, a prorrogação depende de representação do delegado e de prévia ouvida do MP.

IX – determinar o trancamento do inquérito policial quando não houver fundamento razoável para sua instauração ou prosseguimento.

Comentário: quando uma investigação preliminar não tem o mínimo de elementos para existir, ela deve ser trancada (leia-se arquivada). Percebendo o juiz das garantias que esse é o caso, deverá determinar de ofício o trancamento (arquivamento) da investigação.

X – requisitar documentos, laudos e informações ao delegado de polícia sobre o andamento da investigação.

Comentário: Como fiscal da legalidade que é, o juiz das garantias poderá requisitar documentos, laudos e informações ao delegado a respeito do andamento da investigação.

XI – decidir sobre os requerimentos de:

a) interceptação telefônica, do fluxo de comunicações em sistemas de informática e telemática ou de outras formas de comunicação;

b) afastamento dos sigilos fiscal, bancário, de dados e telefônico;

c) busca e apreensão domiciliar;

d) acesso a informações sigilosas;

e) outros meios de obtenção da prova que restrinjam direitos fundamentais do investigado;

Comentário: o inciso em questão elenca uma série de requerimentos que podem ser realizados no curso da investigação. No passado, a apreciação de alguns destes requerimentos na fase investigativa (ex.: interceptação telefônica) tornava o juiz prevento (isto é, tornava o juiz competente para a instrução e julgamento). Com o advento do juiz das garantias, não mais. Conforme vimos enfatizando, o instituto do juiz das garantias veio para, dentre outras coisas, reforçar a divisão de papeis entre o magistrado que controla a legalidade da investigação e aquele que julga o caso. Essa divisão tem como um dos objetivos principais fomentar a imparcialidade do juiz de julgamento, evitando que se deixe influenciar pelos elementos de investigação (notoriamente inquisitivos e unilaterais).

XII – julgar o habeas corpus impetrado antes do oferecimento da denúncia.

Comentário: como afirmado antes, uma das funções principais do juiz das garantias é zelar pelos direitos e garantias do suspeito, indiciado ou conduzido. Caso haja violação desses direitos, poderá o interessado manejar o HC, sendo o juiz das garantias a figura competente para apreciá-lo.

XIII – determinar a instauração de incidente de insanidade mental.

Comentário: notando que o indiciado não está na plenitude de suas faculdades mentais, deve o juiz das garantias, de ofício ou a pedido, determinar a instauração do incidente de insanidade mental, na forma dos arts. 149 a 154, CPP.

XIV – decidir sobre o recebimento da denúncia ou queixa, nos termos do art. 399 deste Código.

Comentário: o juiz das garantias é competente para receber a denúncia ou queixa e determinar a citação do acusado, nos termos do art. 399, CPP. Superada esta fase, o juiz das garantias deverá remeter os autos ao juiz da instrução, valendo notar o seguinte: (a) como dissemos antes, em regra, os elementos da investigação preliminar não serão disponibilizados ao juiz da instrução. Eles ficarão acautelados na secretaria do juízo das garantias. Apenas em casos específicos, como na hipótese de provas não repetíveis (§ 3º, art. 3º-C, CPP), os elementos de investigação serão disponibilizados ao juiz da instrução; (b) por outro lado, as partes terão assegurado o amplo acesso aos autos acautelados na secretaria do juízo das garantias (§ 4º, art. 3º-C); e (c) as decisões tomadas pelo juiz das garantias não vinculam o juiz da instrução e julgamento. Este, após o recebimento da denúncia ou queixa pelo juiz das garantias, deverá reexaminar a necessidade das medidas cautelares em curso (ex.: prisão preventiva) no prazo máximo de 10 dias (§ 2º, art. 3º-C, CPP).

XV – assegurar prontamente, quando se fizer necessário, o direito outorgado ao investigado e ao seu defensor de acesso a todos os elementos informativos e provas produzidos no âmbito da investigação criminal, salvo no que concerne, estritamente, às diligências em andamento.

Comentário: como mencionado antes, o investigado e seu defensor terão amplo acesso aos elementos produzidos no âmbito da investigação preliminar. Exceção a essas regras são as diligências em andamento, como ocorre no caso de interceptação telefônica.

XVI – deferir pedido de admissão de assistente técnico para acompanhar a produção da perícia.

Comentário: o assistente técnico trata-se de especialista contratado pelo interessado (indiciado, vítima, MP, etc.), tendo a função de emitir parecer crítico sobre o exame elaborado pelo perito oficial. Quando o pedido para a admissão de assistente técnico ocorrer durante a investigação preliminar, será o juiz das garantias que decidirá a respeito.

XVII – decidir sobre a homologação de acordo de não persecução penal ou os de colaboração premiada, quando formalizados durante a investigação.

Comentário: Quando o acordo de delação premiada ou de não persecução penal ocorrer durante a investigação preliminar, a sua homologação será da competência do juiz das Garantias.

XVIII – outras matérias inerentes às atribuições definidas no caput deste artigo.

Comentário: como dito acima, trata-se de rol não taxativo. Assim, o juiz das garantias poderá decidir sobre outras matérias relacionadas à sua atuação.

Finalmente, segundo o art. 3º-F, caput, CPP, "o juiz das garantias deverá assegurar o cumprimento das regras para o tratamento dos presos, impedindo o acordo ou ajuste de qualquer autoridade com órgãos da imprensa para explorar a imagem da pessoa submetida à prisão, sob pena de responsabilidade civil, administrativa e penal". E o parágrafo único do mesmo dispositivo continua: "por meio de regulamento, as autoridades deverão disciplinar, em 180 dias, o modo pelo qual as informações sobre a realização da prisão e a identidade do preso serão, de modo padronizado e respeitada a programação normativa aludida no caput deste artigo, transmitidas à imprensa, assegurados a efetividade da persecução penal, o direito à informação e a dignidade da pessoa submetida à prisão".

Comentário: cabe ao juiz das garantias fiscalizar o cumprimento de regras que proíbem negociações entre autoridades e imprensa para explorar a imagem de presos. Trata-se de medida que, dentre outras coisas, busca preservar a imagem e dignidade da pessoa submetida à prisão, evitando assim usos sensacionalistas e degradantes.

7.5. Implementação do juiz das garantias

Há muitas questões sendo discutidas sobre a implementação do juiz das garantias, questões essas que fugiriam ao escopo deste trabalho. A seguir, indicamos apenas algumas normas gerais referentes à implementação do juiz das garantias.

Segundo o parágrafo único do art. 3º-C, CPP, "nas comarcas em que funcionar apenas um juiz, os tribunais criarão um sistema de rodízio de magistrados, a fim de atender às disposições" do instituto do juiz das garantias. Este dispositivo busca oferecer uma solução para as comarcas que só possuírem um único magistrado. Nestes casos, deve ser criado um sistema de rodízio para que um magistrado funcione como juiz das garantias enquanto o outro como juiz da instrução e julgamento.

Finalmente, o art. 3º-E, CPP, diz que "o juiz das garantias será designado conforme as normas de organização judiciária da União, dos Estados e do Distrito Federal, observando critérios objetivos a serem periodicamente divulgados pelo respectivo tribunal."

8. INQUÉRITO POLICIAL (IP)

8.1. Notas introdutórias

Para que a ação penal possa ser oferecida é indispensável que esteja previamente embasada em um mínimo de provas (aquilo que a doutrina costuma chamar de *justa causa* para a ação penal ou *suporte probatório mínimo*). Sem esses elementos mínimos, a inicial penal não deve ser oferecida e, se for, deverá ser rejeitada por parte do magistrado (art. 395, III, CPP).[22] Isso é assim porque se concebe o *processo penal* como algo notoriamente estigmatizante à pessoa. Dessa forma, os responsáveis pela acusação (MP e querelante)[23] devem necessariamente pautar suas ações penais em um mínimo de provas, procedendo com cautela nesse campo, evitando, assim, a formulação de acusações temerárias, infundadas.

Nesse contexto, o inquérito policial (IP) é uma das investigações preliminares (das mais famosas, diga-se de passagem) que podem fornecer subsídios à acusação para o oferecimento de ação penal. Entretanto, embora o IP seja uma das peças investigativas mais conhecidas, não é a única, uma vez que a ação penal também pode se fundamentar em: CPI (art. 58, § 3º, CF); investigação direta pelo MP;[24] investigação efetuada pelo próprio particular; investigação levada a cabo por tribunais (em caso de foro por prerrogativa de função do indiciado[25]); inquérito policial militar (IPM – art. 8º, CPPM); dentre outras. Estes exemplos são chamados de **inquéritos extrapoliciais ou não**

---

22. Ou, ainda, combatida por HC trancativo (art. 648, I, CPP).
23. Querelante é o nome que se dá à vítima (ou seu representante legal) quando promove a ação penal privada.
24. Conforme STJ, REsp 1525437/PR, 6ª Turma, *DJ* 10.03.2016 e **Informativo** 463, STJ (14 a 18 de fevereiro de 2011).
25. *Vide* STF: Inq 3983, Tribunal Pleno, *DJ* 12.05.2016 e Rcl 24138 AgR, Segunda Turma, *DJ* 14.09.2016, e **Informativo** 483, STF (8 a 11.10.2007).

policiais. Há, ainda, a possibilidade de outros procedimentos de investigação criminal serem conduzidos pela autoridade policial, nos termos da Lei 12.830/2013, § 1º do art. 2º.

Com efeito, nas próximas linhas examinaremos uma das investigações preliminares mais conhecidas: o *inquérito policial*. Porém, antes, cabe um esclarecimento: a expressão **persecução penal** (ou *persecutio criminis*) significa a soma das atividades de perseguição ao crime (investigação preliminar + ação penal).

8.2. Polícia administrativa (preventiva, ostensiva ou de segurança) e polícia judiciária (repressiva ou investigativa) – arts. 4º, CPP, e 144, CF

A polícia administrativa visa a *impedir* a prática de infrações penais. Exemplos: polícia militar, polícia rodoviária federal e polícia federal.

A judiciária, atuando *após* a prática delituosa, visa a *apurar* as infrações penais e suas respectivas autorias, assim como tem o papel de *auxiliar o Poder Judiciário* (cumprindo mandados de prisão, por exemplo) no desenrolar da persecução penal. Exemplos: polícia civil e polícia federal.[26]

O art. 2º da Lei 12.830/2013 considera que: "as funções de polícia judiciária e a apuração de infrações penais exercidas pelo delegado de polícia são de natureza jurídica, essenciais e exclusivas de Estado".

8.3. Conceito de inquérito policial

Conjunto de diligências realizadas pela autoridade policial (delegado) que tem por finalidade a apuração de uma infração penal e sua respectiva autoria, de modo a fornecer subsídios ao titular da ação penal (MP ou querelante) – art. 4º, *caput*, CPP.

8.4. Natureza jurídica

O IP tem natureza de **procedimento administrativo** *e não de processo*. Assim, não se trata de ato de jurisdição, mas de procedimento administrativo que *visa a tão somente informar (caráter informativo) o titular da ação penal (MP e querelante), fornecendo-lhe elementos para formar a sua opinião a respeito da infração penal e respectiva autoria.*

8.5. "Competência" (art. 4º, parágrafo único, CPP)

A "competência" (tecnicamente, atribuição, já que competência é termo relacionado à jurisdição) para presidir o IP é do *delegado de carreira* (bacharel em direito aprovado em concurso público – art. 3º, Lei 12.830/2013). Em regra, o delegado que preside o IP é aquele que atua no *local* (**circunscrição**[27]) onde o crime se consumou (**critério territorial** – *ratione loci*). Porém, caso exista uma *delegacia especializada* na Comarca (delegacia de homicídios, por exemplo), prevalecerá o **critério material** (*ratione materiae*) sobre o critério territorial. Nenhum problema nisso. Na última década também vêm sendo implementadas delegacias especializadas pelo **critério pessoal** (*ratione personae*), em razão da pessoa ofendida, a exemplo das delegacias do idoso e da mulher.

Ademais, conforme diz o art. 22, CPP, nas comarcas onde houver mais de uma circunscrição policial, o delegado com exercício em uma delas (em uma das circunscrições) poderá diligenciar nas demais, *independentemente de precatórias ou requisições*. Dentro de sua comarca de atuação, o delegado tem, portanto, "livre trânsito" para diligenciar nas várias circunscrições policiais.

A Lei 12.830/2013 (cuja leitura recomendamos) reforçou a ideia de que o delegado é o presidente do IP, trazendo ainda outras disposições importantes, dentre elas a questão da possibilidade de avocação do IP (ou de outra modalidade de investigação criminal conduzida pelo delegado): "o inquérito policial ou outro procedimento previsto em lei em curso somente poderá ser avocado ou redistribuído por superior hierárquico, mediante despacho fundamentado, por motivo de interesse público ou nas hipóteses de inobservância dos procedimentos previstos em regulamento da corporação que prejudique a eficácia da investigação" (art. 2º, § 4º).

8.6. Características do IP

8.6.1. Inquisitivo

Tradicional setor da comunidade jurídica costuma justificar que o caráter inquisitivo do IP é fundamental para o "sucesso" desse tipo de procedimento. Segundo dizem, o caráter inquisitivo confere ao IP o dinamismo que este tipo de procedimento requer. Pensamos, pelo contrário, que a manutenção desse tipo de discurso (e, pior, de práticas inquisitivas) em sede de procedimento investigativo tem sido um dos grandes responsáveis pela substancial erosão de legitimidade e confiabilidade no IP. Vale dizer, a insistência em um modelo predominantemente inquisitivo de investigação contribui para uma injustificável fratura entre o IP e o sistema de direitos e garantias da CF.

Diz-se que o inquérito policial é inquisitivo em razão, principalmente, dos seguintes motivos: (1) não há clara separação de funções (acusação, defesa e julgamento) no IP. Pelo contrário, o delegado acumula, em grande medida, as funções de "acusação" e "julgamento" (exacerbada discricionariedade), não sendo sequer possível arguir suspeição contra ele (*vide* art. 107, CPP). (2) Não há contraditório e ampla defesa em sede inquérito policial. Sobre esta segunda afirmação é preciso fazer alguns comentários importantes.

Primeiro, há procedimentos investigativos *que, em razão de lei, possuem previsão expressa de contraditório e ampla defesa*. Exemplos: inquérito para a decretação da expulsão de estrangeiro e inquérito que apura falta disciplinar de servidor público.[28]

Segundo, a nova redação do art. 7º da Lei 8.906/1994 (EOAB), alterada pela Lei 13.245/2016, trouxe uma inovação importante nesse campo. De acordo com o inc. XXI desse artigo, é direito do advogado: "assistir a seus clientes investi-

---

26. Note o leitor que a polícia federal tanto pode desempenhar o papel de polícia administrativa (evitando a prática de crimes) como de judiciária (auxiliando a justiça federal).

27. Circunscrição é o espaço territorial em que o delegado exerce suas atividades. Uma comarca pode estar dividida em várias circunscrições policiais.

28. A antiga Lei de Falências (DL 7.661/1945), que previa inquérito em contraditório e presidido por autoridade *judicial* (chamado de inquérito judicial), foi revogada pela Lei 11.101/2005. Hoje, não há mais contraditório em IP que investiga crime falimentar.

gados durante a apuração de infrações, sob pena de nulidade absoluta do respectivo interrogatório ou depoimento e, subsequentemente, de todos os elementos investigatórios e probatórios dele decorrentes ou derivados, direta ou indiretamente, podendo, inclusive, no curso da respectiva apuração: a) apresentar razões e quesitos". O dispositivo em questão passou prever que, sob pena de nulidade absoluta, o advogado tem direito de participar dos atos que investiguem seu cliente (interrogatório, depoimento, p. ex.), devendo também ser garantidos nessa situação o contraditório e a ampla defesa (formulação de quesitos pelo advogado, p. ex.).

O novo inc. XXI do art. 7 do EOAB (examinado acima) minimiza (mas não elimina) o forte caráter inquisitivo do IP (e das demais modalidades de investigação criminal). Dentre outras, uma questão que pode ser levantada aqui é se essa inovação do EOAB teria tornado obrigatórios, em todos os procedimentos investigativos (inquérito policial, inclusive): a presença de defensor (advogado ou defensor público); e a incidência dos princípios do contraditório e ampla defesa. Numa leitura literal (e pobre) do dispositivo, responderíamos que não, ou seja, o artigo não teria tornado obrigatórios, no âmbito de todos procedimentos investigativos, a presença de defensor e nem a incidência dos princípios do contraditório e ampla defesa. Esta, porém, como dissemos, seria uma interpretação pobre. Pensamos, pelo contrário, que o novo dispositivo torna obrigatórios, em todos os procedimentos investigativos: a presença de defensor (advogado ou defensor público); e a incidência de contraditório e ampla defesa. Acreditamos que esta última interpretação é a que mais se alinha com o sistema de direitos e garantias da CF. De todo modo, diante da divergência dos processualistas penais sobre esse tema, ainda não é possível marcar aqui uma posição dominante da doutrina sobre o assunto. O STF, porém, em recente análise sobre o tema, reforçou a natureza inquisitiva do inquérito policial, firmando o entendimento de que as alterações do art. 7º do EOAB reforçaram as prerrogativas da defesa técnica, sem, contudo, conferir ao advogado o direito subjetivo de intimação prévia e tempestiva do calendário de inquirições a ser definido pela autoridade policial (Informativo 933/STF, de 11 a 15 de março de 2019).

Similarmente, a L. 13.964/2019 estabeleceu que os "servidores vinculados às instituições dispostas no art. 144, CF, figurarem como investigados em inquéritos policiais, inquéritos policiais militares e demais procedimentos extrajudiciais, cujo objeto for a investigação de fatos relacionados ao uso da força letal praticados no exercício profissional, de forma consumada ou tentada, incluindo as situações dispostas no art. 23, CP, o indiciado poderá constituir defensor" (art. 14-A, caput, CPP). Segundo o § 1º deste mesmo artigo: "para os casos previstos no caput deste artigo, o investigado deverá ser citado da instauração do procedimento investigatório, podendo constituir defensor no prazo de até 48h a contar do recebimento da citação." E complementa o § 2º "esgotado o prazo disposto no § 1º deste artigo com ausência de nomeação de defensor pelo investigado, a autoridade responsável pela investigação deverá intimar a instituição a que estava vinculado o investigado à época da ocorrência dos fatos, para que essa, no prazo de 48h, indique defensor para a representação do investigado." Finalmente, o § 6º deste artigo afirma que: as disposições constantes deste artigo se aplicam aos servidores militares vinculados às instituições dispostas no art. 142, CF, desde que os fatos investigados digam respeito a missões para a Garantia da Lei e da Ordem."

Vale acrescentar ainda o seguinte. Embora o IP continue sendo um procedimento inquisitivo, isto não significa que o investigado, sob nenhum pretexto, possa ser tratado como uma espécie de objeto da investigação policial. O investigado, como qualquer outra pessoa, mantém sua condição de sujeito de direitos. Há direitos/garantias irrecusáveis ao investigado, como, p. ex., direito ao silêncio, possibilidade de impetrar de *habeas corpus* e mandado de segurança, etc.

Com o advento do juiz das garantias (anteriormente examinado), o controle sobre a legalidade da investigação preliminar e a observância dos direitos e garantias de suspeitos, indiciados e conduzidos o caráter inquisitivo do IP e ampla discricionariedade com que o delegado conduz esta investigação deverão sofrer uma redução. Isso porque um dos principais papéis do juiz das garantias é precisamente controlar a legalidade da investigação criminal, bem como zelar pelos direitos e garantias do indiciado (art. 3º-B, CPP).

8.6.2. *Dispensável (arts. 27 e 46, § 1º, CPP)*

Significa que *o IP não é um caminho necessário para o oferecimento da ação penal*. Segundo vimos anteriormente, esta (a ação) poderá se fundamentar em diversas outras investigações preliminares (CPI; investigação produzida por particular; peças de informação[29] etc.), que não o IP.

8.6.3. *Sigiloso*

Diferentemente do que ocorre no processo, no IP, consoante estabelece o art. 20, CPP, *não vige o princípio da publicidade*. Assim, *os atos do inquérito não são públicos* (não pode, por exemplo, uma pessoa do povo assistir à oitiva do indiciado na delegacia).

Esse sigilo, porém, *não alcança o MP, o juiz, o defensor público e o advogado do indiciado*.

No que tange ao defensor público, segundo a LC 80/1994, são prerrogativas dos membros da Defensoria Pública: "examinar, em qualquer repartição pública, autos de flagrantes, inquéritos e processos, assegurada a obtenção de cópias e podendo tomar apontamentos" (arts. 44, VIII; 89, VIII; e 128, VIII). Além disso, é uma das funções institucionais da Defensoria Pública: "acompanhar inquérito policial, inclusive com a comunicação imediata da prisão em flagrante pela autoridade policial, quando o preso não constituir advogado" (art. 4º, XIV).

No que tange ao advogado do investigado, estabelece o art. 7º, XIV, EOAB, alterado pela Lei 13.245/2016, que, dentre outros, é direito do patrono: "examinar, em qualquer instituição responsável por conduzir investigação, mesmo sem procuração, autos de flagrante e de investigações de qualquer natureza, findos ou em andamento, ainda que conclusos à autoridade, podendo copiar peças e tomar apontamentos, em meio físico ou digital". Este dispositivo, de forma bastante positiva, expandiu significativamente o direito de acesso do advogado aos autos de investigação, valendo notar os seguintes aspectos: (1) o dispositivo garantiu expressamente

---

29. As peças de informação podem ser definidas como *qualquer outra peça que não o IP que seja capaz de subsidiar elementos para o titular da ação penal*.

ao advogado o direito de acessar todo e qualquer procedimento investigativo (ex: procedimento investigativo realizado diretamente pelo MP, CPI etc.); e não apenas acesso ao IP. (2) Em regra, a apresentação de procuração por parte do advogado é desnecessária. Apenas nos procedimentos em que for decretado o sigilo (segredo de justiça), o acesso do advogado aos autos do procedimento investigativo dependerá de procuração emitida pelo investigado (*vide* art. 7º, XIV, § 10, EOAB). (3) Pode o advogado tomar apontamentos em meio físico ou digital, ou seja, agora é possível a utilização de recursos tecnológicos para efeito de registro do conteúdo das peças produzidas no procedimento investigativo, tais como telefone celular, scanner manual, etc.

Acrescente-se que o desrespeito ao direito de acesso do advogado aos autos de investigação (art. 7º, XIV, EOAB), assim como "o fornecimento incompleto de autos ou o fornecimento de autos em que houve a retirada de peças já incluídas no caderno investigativo, implicará responsabilização criminal e funcional por abuso de autoridade do responsável que impedir o acesso do advogado com o intuito de prejudicar o exercício da defesa, sem prejuízo do direito subjetivo do advogado de requerer acesso aos autos ao juiz competente" (vide § 12 do mesmo artigo).

Com efeito, cabe a pergunta: o acesso do defensor público ou do advogado do indiciado ao IP é ilimitado? A resposta está na Súmula vinculante 14, STF: "é direito do defensor, no interesse do representado, ter acesso amplo aos elementos de prova que, já documentados em procedimento investigatório realizado por órgão com competência de polícia judiciária, digam respeito ao exercício do direito de defesa". Nessa mesma linha, o art. 7º, § 11, EOAB, diz: "a autoridade competente poderá delimitar o acesso do advogado aos elementos de prova relacionados a diligências em andamento e ainda não documentados nos autos, quando houver risco de comprometimento da eficiência, da eficácia ou da finalidade das diligências."

Note, portanto, que o acesso do defensor público ou advogado abrange aqueles elementos de prova (atos de investigação) já produzidos, já documentados – não abrangendo, portanto, aqueles elementos sigilosos pendentes de produção. Explica-se com um exemplo. Decretada a interceptação telefônica do indiciado no curso do IP, por óbvio, o defensor daquele não será intimado dessa decisão e, muito menos, poderá participar da produção da prova, sob pena de total inutilidade da diligência. Entretanto, concluída a produção dessa prova (*i.e.*, efetuada a transcrição da conversa telefônica), terá o defensor amplo acesso às informações eventualmente obtidas contra o indiciado.

Essas ideias também foram reproduzidas na Lei que trata do crime organizado (Lei 12.850/2013). Ao prever a ação controlada da polícia (consistente em retardar a prisão em flagrante relativa à ação praticada por organização criminosa para que o flagrante se concretize no momento mais eficaz à formação de provas e obtenção de informações), dispõe que: "até o encerramento da diligência, o acesso aos autos será restrito ao juiz, ao Ministério Público e ao delegado de polícia, como forma de garantir o êxito das investigações" (§ 3º do art. 8º).

Ainda sobre o sigilo do IP, vale mencionar o novo parágrafo único, do art. 20, CPP, alterado pela Lei 12.681/2012, que diz: "nos atestados de antecedentes que lhe forem solicitados, a autoridade policial não poderá mencionar quaisquer anotações referentes à instauração de inquérito contra os requerentes". Ou seja, o sigilo aqui visa a proteger a pessoa do indiciado.

8.6.4. Indisponível

Ao delegado não é dado arquivar o IP (art. 17, CPP). Mesmo que a autoridade policial esteja convencida de que, por exemplo, o fato é atípico, deve, *necessariamente*, remeter os autos do IP ao titular da ação penal para que este possa decidir o que fazer com a investigação preliminar.

8.6.5. Discricionário

No âmbito do IP, *não há um procedimento rígido a ser seguido pela autoridade policial* (consoante se observa no processo). Ao contrário, o delegado, visando ao sucesso da investigação, tem *discricionariedade* para adotar as medidas e diligências que entender adequadas (*vide* arts. 6º e 7º, CPP; e o art. 2º, § 2º, Lei 12.830/2013). Prova dessa discricionariedade é o art. 14, CPP, que diz que o delegado pode ou não atender aos requerimentos de diligência solicitados pela vítima[30] e pelo indiciado. *Discricionariedade não significa, entretanto, arbitrariedade*. O delegado, obviamente, não é livre para agir como quiser. Trata-se, portanto, de uma discricionariedade dentro da legalidade (há que se respeitar as garantias e direitos fundamentais do indiciado e o ordenamento jurídico como um todo).

Ademais, embora não haja hierarquia entre magistrados, membros do MP e delegados, é oportuno recordar que as "solicitações" de diligências dos dois primeiros (juiz e MP) ao delegado, chamadas tecnicamente de requisição, têm, segundo a doutrina, conotação de *ordem*. Assim, não há aqui discricionariedade para o delegado, devendo, portanto, acatá-las (art. 13, II, CPP).

8.6.6. Escrito

O art. 9º, CPP, estabelece que todas as peças do IP serão reduzidas a escrito e rubricadas pela autoridade policial. Os atos realizados oralmente (oitiva do indiciado, por exemplo) deverão, igualmente, ser reduzidos a termo. Tudo isso visa a fornecer subsídios ao titular da ação penal. Embora consagrada a forma escrita do IP, lembre-se que a reforma de 2008 estabeleceu que, sempre que possível, deve-se lançar mão de outros mecanismos de apreensão das informações (audiovisual, por exemplo), como forma de conferir maior fidedignidade a esses atos (art. 405, § 1º, CPP).

8.6.7. Oficialidade[31]

O IP é presidido e conduzido por órgão *oficial* do Estado (polícia judiciária) – *vide* art. 144, § 4º, CF.

---

30. Conforme doutrina, a *única* diligência que o delegado está obrigado a acatar é o exame de corpo de delito (art. 158, CPP). Deixando vestígio a infração e solicitando a vítima o respectivo exame, deve a autoridade policial acatar esse requerimento.

31. A Lei 13.432/2017 tratou da atividade do detetive particular e trouxe, de forma expressa, a possibilidade desse profissional colaborar com a investigação policial, desde que expressamente autorizado pelo Delegado.

8.6.8. Oficiosidade

Em caso de crime de ação penal pública incondicionada, deve o delegado agir de ofício, instaurando o IP (art. 5º, I, CPP). Ou seja, deve a autoridade policial atuar independentemente de provocação de quem quer que seja. Por outro lado, nos crimes de ação penal privada e condicionada à representação, não pode o delegado agir (instaurar o IP) sem ser provocado pela vítima (ou seu representante legal) – art. 5º, §§ 4º e 5º, CPP.

8.7. Instauração ou início do IP (art. 5º, CPP)

8.7.1. Se o crime for de ação penal pública incondicionada (ex.: roubo – art. 157, CP)

O IP será instaurado:

a) De ofício pelo delegado (art. 5º, I): tomando conhecimento da prática de crime de ação penal pública *incondicionada* por meio de suas atividades rotineiras, deve o delegado *agir de ofício*, instaurando o IP[32]. O nome da peça inaugural do IP nesse caso é a **portaria**.[33] A doutrina costuma denominar essa hipótese de instauração do IP de ***notitia criminis***[34] (notícia do crime) **espontânea** (*de cognição direta ou imediata*) exatamente por conta da descoberta do crime se dar *espontaneamente* pelo delegado;

b) Por requisição de membro do MP ou da magistratura (art. 5º, II, primeira parte): igualmente, em se tratando de crime que se procede por meio de ação penal pública *incondicionada*, o IP poderá ser instaurado por meio de *requisição* de membro do MP ou da magistratura. Vale recordar que a *requisição* nesse contexto, conforme visto anteriormente, tem caráter de ordem para que o delegado instaure o IP. A doutrina costuma apelidar essa instauração do IP de ***notitia criminis* provocada** (*de cognição indireta ou mediata*). Isto porque o delegado toma conhecimento do crime por meio de *provocação* de membro do MP ou da magistratura. Nesse caso, a *peça inaugural* do IP será a própria requisição (MIRABETE, 2001, p. 84). Notar ainda que, entre os autores, há quem critique (com razão, segundo pensamos) a requisição de magistrado para instaurar o IP por vislumbrar burla ao sistema acusatório. O juiz não deve se envolver em atividade de persecução penal.

c) Por requerimento do ofendido (art. 5º, II, segunda parte):[35] a vítima de crime de ação penal pública *incondicionada* também poderá provocar a autoridade policial para fins de instauração de IP. Os autores também denominam essa hipótese de ***notitia criminis* provocada** (*de cognição indireta ou mediata*), visto que o delegado toma conhecimento do crime por meio de provocação do ofendido. Nessa situação, a peça inaugural do IP será o próprio *requerimento* (*op. cit.*, 2001, p. 84). No caso de *indeferimento* desse requerimento do ofendido, cabe *recurso administrativo* ao Chefe de Polícia (art. 5º, § 2º), que, hoje, é representado ou pelo Delegado-Geral de Polícia ou pelo Secretário de Segurança Pública, conforme a legislação de cada Estado Federado;

d) Por provocação de qualquer um do povo (art. 5º, § 3º): em caso de delito que se processe por via de ação penal pública *incondicionada*, qualquer pessoa pode provocar a autoridade policial para que instaure o IP. A doutrina nomeia essa hipótese de ***delatio criminis*** (delação do crime) **simples**. Nessa situação, a peça inaugural do IP será a *portaria* (*op. cit.*, 2001, p. 84);

e) Pela prisão em flagrante do agente: ocorrendo a prisão em flagrante do indivíduo que cometeu crime de ação penal pública incondicionada, instaura-se o IP, tendo este como peça inaugural o *auto de prisão em flagrante* (APF). Os autores costumam denominar essa hipótese de instauração do IP de ***notitia criminis* de cognição coercitiva**.

8.7.2. Se o crime for de ação penal pública condicionada à representação (ex.: ameaça – art. 147, CP) ou à requisição do Ministro da Justiça (ex.: crime contra a honra do Presidente da República – art. 145, parágrafo único, do CP)

O IP será instaurado por meio, respectivamente, da **representação** da vítima e da **requisição**[36] do Min. da Justiça. Sem as referidas autorizações (representação e requisição) não poderá o delegado instaurar o IP. A doutrina costuma apelidar essa situação de instauração do IP de ***delatio criminis* postulatória**.

8.7.3. Se o crime for de ação penal privada (ex. injúria simples – art. 140, caput, CP)

O IP só poderá ser instaurado por meio de **requerimento** da vítima (ou seu representante legal).

Observação final: no Brasil, a **denúncia anônima** (delação apócrifa ou *notitia criminis* inqualificada) é imprestável para, *isoladamente,* provocar a instauração de inquérito policial. A delação apócrifa (ex.: disque-denúncia) somente é admitida se for usada para *movimentar* os órgãos responsáveis pela persecução penal (apenas isto). Neste caso, tais órgãos deverão proceder com a máxima cautela (averiguações preliminares) e só instaurar inquérito policial caso descubram outros elementos de prova idôneos. Consultar os seguintes julgados do STF: HC 106152, Primeira Turma, *DJ* 24.05.2016 e HC 109598 AgR, Segunda Turma, *DJ* 27.04.2016 e HC 180709/SP, Segunda Turma, (Info. 976, 04 a 08.05.2020).

8.8. Vícios no IP

Tendo em vista que o IP possui natureza de procedimento *administrativo informativo* (e não de processo), alguns autores costumam dizer que *eventuais vícios que ocorram durante a investigação não têm o condão de contaminar a futura ação penal*[37]. Possíveis vícios do IP têm, normalmente, força apenas

---

32. Segundo o STJ, "é possível a deflagração de investigação criminal com base em matéria jornalística." (Informativo 652/STJ, de 16 de agosto de 2019).

33. "Peça singela, na qual a autoridade policial consigna haver tido ciência da prática do crime de ação penal pública incondicionada, declinando, se possível, o dia, lugar e hora em que foi cometido, o prenome e o nome do pretenso autor e o prenome e nome da vítima (...)" (MIRABETE, 2001, p. 84).

34. *Notitia criminis* é o conhecimento por parte do delegado, espontâneo ou provocado, de um fato aparentemente delituoso.

35. Tecnicamente, não se deve usar a expressão "dar uma queixa na delegacia". Isto porque "queixa", para o Processo Penal, é sinônimo de queixa-crime (ação penal privada). Assim, em sentido técnico, deve-se falar em "noticiar a prática de um crime" (notícia do crime).

36. Atenção: a requisição aqui *não tem* conotação de ordem, mas de mera autorização para o MP agir.

37. Nesse sentido, *vide* também STF, ARE 868516 AgR/DF, *DJe* 23.06.2015 e Informativo/824, de 2 a 6 de maio de 2016.

para produzir a *ineficácia do próprio ato inquinado (viciado)*. Exemplo: se, no curso do IP, o delegado prende ilegalmente o indiciado, a ação penal, ainda assim, poderá ser oferecida por seu titular. A prisão, entretanto, deverá ser declarada ilegal pelo Judiciário (ineficácia do ato prisional, no caso).

Entretanto, embora seja verdade que os eventuais vícios do IP não contaminam a ação penal, é também correto que a inicial acusatória *não pode estar amparada tão somente em elementos viciados*. Ocorrendo isto (ação penal só fundamentada em elementos viciados), é de se reconhecer a falta de justa causa (suporte probatório mínimo) para o oferecimento da inicial (art. 395, III, CPP).

8.9. Incomunicabilidade do indiciado preso

O art. 21, CPP, prevê que, a pedido do delegado ou do MP, o juiz poderá decretar a *incomunicabilidade* do indiciado preso.

Ficar incomunicável, nesse contexto, consiste na *limitação de comunicação do detido com outros presos e com o mundo exterior (familiares, por exemplo), podendo, tão somente, comunicar-se com o seu advogado, o magistrado, o MP, o delegado e demais funcionários responsáveis pela sua custódia*.

Com essa medida, busca-se, *v. g.*, evitar que o preso possa instruir terceiros a destruir material probatório.

Entretanto, segundo pensa a *majoritária* doutrina, o dispositivo em questão *não foi recepcionado pela CF*. Segue o porquê desse entendimento.

A Lei Maior, ao tratar do Estado de Defesa (situação em que diversas garantias individuais poderão ser suprimidas), estabelece expressamente que *o preso não poderá ficar incomunicável* (art. 136, § 3º, IV, CF). Ora, se é vedada a incomunicabilidade do preso num estado *alterado, anormal* (Estado de Defesa), com muito mais razão, também se deve vedá-la (a incomunicabilidade) num estado de absoluta normalidade (que é o tratado pelo art. 21, CPP).

8.10. Valor probatório do IP

Consoante vimos anteriormente, as provas produzidas no âmbito do IP objetivam, em regra, dar suporte à ação penal (caráter informativo do IP). Porém, cabe a pergunta: *pode o IP dar suporte também à sentença condenatória?* Em outros termos: *pode o juiz fundamentar um decreto condenatório em provas obtidas no IP?* Vejamos.

Conforme posicionamento firme da comunidade jurídica, as provas obtidas em sede de IP *não podem, **de modo exclusivo**, fundamentar uma sentença penal condenatória*.[38] Isso porque, como no IP não há contraditório, ampla defesa, bem como diversas outras garantias, uma condenação proferida nesses moldes (pautada *exclusivamente* em provas[39] obtidas na fase policial), configuraria violação frontal às garantias mais elementares do acusado. Aliás, não é o outro o comando da primeira parte do art. 155, CPP.

Nesse mesmo sentido, o STJ, em recente julgamento, entendeu que a decisão que pronuncia o acusado não poderá basear-se exclusivamente em elementos informativos colhidos no inquérito policial (Informativo 638/STJ, de 19 de dezembro de 2018).

Com efeito, embora o IP não possa funcionar como suporte *único* de um decreto condenatório, majoritário setor da doutrina e jurisprudência admitem que a peça investigativa possa ser valorada em caráter *supletivo* (*subsidiariamente*). Segundo dizem, quando as provas produzidas na fase policial forem renovadas ou confirmadas em juízo (em contraditório judicial, portanto) será sim possível valorar o IP para dar mais robustez à condenação.[40] Exemplo: o depoimento de uma testemunha prestado durante o IP e, posteriormente, renovado em juízo, atestando a autoria do acusado. Neste caso, poderá o magistrado, na sentença condenatória, valorar, além do testemunho prestado em juízo, o efetuado na polícia. Por conta disso, costuma-se dizer que o valor probatório do IP é *relativo* (depende de renovação/confirmação em juízo). Entretanto, tudo indica que, com o advento do juiz das garantias (art. 3º-A e seguintes, CPP), essa orientação tradicional irá mudar. É que, como vimos, tal instituto busca dentre outras coisas evitar que o juiz de instrução e julgamento tenha acesso aos elementos produzidos no curso da investigação criminal. Privilegia-se assim a imparcialidade do juiz da instrução e, por tabela, os princípios do contraditório, ampla defesa e o próprio sistema acusatório. Nesse sentido, recordemos o que diz o § 3º, art. 3º-C, CPP, que afirma que "os autos que compõem as matérias de competência do juiz das garantias ficarão acautelados na secretaria desse juízo, à disposição do Ministério Público e da defesa, e *não serão apensados aos autos do processo enviados ao juiz da instrução e julgamento*, ressalvados os documentos relativos às provas irrepetíveis, medidas de obtenção de provas ou de antecipação de provas, que deverão ser remetidos para apensamento em apartado" (destaques nossos). Em suma, a tendência é que, com o advento do juiz das garantias, a tradicional prática de valorar subsidiariamente os elementos do IP será vedada.

Mas não é só. Há certas provas que, mesmo sendo produzidas no curso do IP, dadas as suas peculiaridades, podem ser valoradas pelo juiz num decreto condenatório. Mirabete (2001, p. 79) afirma que tais provas possuem valor idêntico àquelas produzidas em juízo. São as chamadas **provas cautelares**, **não repetíveis** e **antecipadas**[41] (*vide* parte final do *caput* art. 155, CPP).

Prova cautelar *é aquela que necessita ser produzida em caráter de urgência para evitar o seu desaparecimento*. Exemplos: busca e apreensão e interceptação telefônica. Admite-se a valoração dessa prova em sentença condenatória, pois se entende que ela se submete ao chamado **contraditório diferido, retardado ou postergado**. Significa isto que, *apesar de*

---

38. Ver STF: RHC 122493 AgR, Segunda Turma, *DJ* 09.09.2015 e HC 119315/PE, *DJe* 13.11.2014.

39. Na realidade, alguns autores mencionam que, tecnicamente, sequer poderíamos dizer que, em sede de inquérito policial, há "provas". É que, faltando o contraditório, a ampla defesa, bem como um controle judicial sobre os elementos produzidos, não poderíamos falar em "provas", mas apenas em "atos de investigação", "atos de inquérito" ou "informações". Nesse sentido: Lopes Jr. (2003, p. 190).

40. Entretanto, há duras críticas a essa postura. Sobre o tema, consultar o nosso livro *Questões Polêmicas de Processo Penal*, Bauru: Edipro, 2011, tópico 2.4, oportunidade em que fizemos uma pesquisa minuciosa do assunto.

41. Os conceitos de prova cautelar, antecipada e não repetível, não são claros na doutrina, nem na lei (art. 155, CPP). Por isso, não se assuste o leitor se perceber certa inexatidão neles. O importante aqui é apreender os exemplos de cada um dos conceitos e entender quando o contraditório se antecipa e quando se postergar.

produzida no curso do inquérito, a prova, ao integrar o processo, poderá ser combatida pelas partes.

Prova não repetível *é aquela em que a renovação em juízo revela-se, praticamente, impossível.* Ex.: perícia sobre um crime de estupro. Caso esse exame não seja realizado de plano na fase policial, é quase certo que o vestígio da infração penal desaparecerá. Também vige aqui o chamado contraditório diferido.

Prova antecipada *é aquela que, por conta da ação do tempo, apresenta alta probabilidade de não poder ser mais realizada em juízo.* Ex.: o testemunho de uma pessoa bastante idosa. Nesse caso, conforme sustentam, deve-se fazer uso do instituto da produção antecipada de prova (art. 225 do CPP) a fim de assegurar às futuras partes a garantia do contraditório. Procedida à produção antecipada de prova, torna-se possível valorá-la em uma eventual sentença penal condenatória.

8.11. Providências que podem ser tomadas no curso do IP

No curso do IP, uma série de diligências podem ser tomadas pelo delegado com a finalidade de elucidar a eventual prática de uma infração penal e sua respectiva autoria (art. 2º, § 2º, Lei 12.830/2013). Tais providências constam dos arts. 6º e 7º, CPP, que, note-se bem, não são dispositivos taxativos, mas meramente exemplificativos. Abaixo, examinaremos algumas dessas principais medidas.[42]

8.11.1. Oitiva do indiciado (art. 6º, V, CPP)

Ao longo do IP, o delegado deverá ouvir o indiciado observando, no que for aplicável, as regras do interrogatório judicial (art. 185 e ss., CPP). Note o leitor que não serão aplicadas *todas* as regras do interrogatório judicial à oitiva do indiciado efetuada na polícia, mas apenas aquelas que não colidirem com a natureza inquisitorial do IP. Desse modo, a presença de defensor no momento da ouvida do indiciado (exigida no interrogatório judicial – art. 185, § 5º) é considerada dispensável na fase policial. É dizer, com ou sem a presença de defensor, que a oitiva do indiciado será realizada pelo delegado. Por outro lado, o direito ao silêncio deve ser totalmente assegurado nessa etapa pela autoridade policial. Seja como for, com o advento do juiz das garantias (art. 3-A e seguintes, CPP) há um reforço no que tange à observância dos direitos e garantias do indiciado.

Observações finais: a) o art. 15, CPP, encontra-se revogado pelo atual Código Civil. Ou seja, dispensa-se o curador para o chamado indiciado "menor" (que possui entre 18 e 21 anos). É que o vigente CC tornou os maiores de 18 anos plenamente capazes para os atos da vida civil (nova maioridade civil), sendo que ser ouvido na condição de indiciado não deixa de ser um ato da vida civil; b) O STF, em recente julgado, entendeu como inconstitucional a condução coercitiva do acusado para o interrogatório, de modo que a conduta que contrarie esse entendimento poderá ensejar a responsabilização disciplinar, civil e penal da autoridade e agente, bem como a responsabilidade civil do Estado. O Supremo modulou os efeitos da decisão, de forma que os interrogatórios anteriormente realizados não serão desconstituídos (Informativo 906/STF, de 11 a 15 de junho de 2018).

8.11.2. Realização do exame de corpo de delito (art. 6º, VII, CPP)

Quando a infração deixar vestígios (ex.: estupro, homicídio etc.), o delegado *não poderá* se negar a realizar o exame de corpo de delito, por ser este indispensável nessa situação (art. 158, CPP).[43]

8.11.3. Identificação do indiciado pelo processo datiloscópico (art. 6º, VIII, primeira parte, CPP)

A CF, em seu art. 5º, LVIII, garante que "o civilmente identificado não será submetido à identificação criminal, salvo nas hipóteses previstas em lei".

Identificar-se civilmente é apresentar qualquer documento capaz de precisar a sua identidade (carteira de motorista, RG, carteira funcional etc. – *vide* o art. 1º, Lei 12.037/2009), quando solicitado a fazê-lo pelos órgãos responsáveis pela perseguição penal.

Assim, via de regra, de acordo com a CF, basta o fornecimento de identificação civil para satisfazer a eventual necessidade de esclarecimento da identidade de alguém.

Excepcionalmente, porém, será necessária a realização de identificação criminal. Identificar alguém criminalmente significa submeter o indivíduo à coleta de material datiloscópico, fotográfico, dentre outros.

Dessa forma, o art. 6º, VIII, primeira parte, CPP, que trata da "identificação do indiciado pelo processo datiloscópico", como uma das providências possíveis a serem tomadas pelo delegado no curso do IP, precisa ser lido à luz da CF. O delegado não pode, de modo automático, realizar a identificação do indiciado pelo processo datiloscópico (identificação criminal) – segundo se poderia pensar a partir de uma leitura simplista do art. 6º, VIII, CPP. Ao contrário, somente deve proceder à identificação criminal do indiciado se ocorrer alguma das hipóteses excepcionais previstas no art. 3º, Lei 12.037/2009. Vejamos quais essas hipóteses:

> "**Art. 3º** Embora apresentado documento de identificação, poderá ocorrer identificação criminal quando:
>
> I – o documento apresentar rasura ou tiver indício de falsificação;
>
> II – o documento apresentado for insuficiente para identificar cabalmente o indiciado;
>
> III – o indiciado portar documentos de identidade distintos, com informações conflitantes entre si;
>
> IV – a identificação criminal for essencial às investigações policiais, segundo despacho da autoridade judiciária competente, que decidirá de ofício ou mediante representação da autoridade policial, do Ministério Público ou da defesa;
>
> V – constar de registros policiais o uso de outros nomes ou diferentes qualificações;

---

42. Para as provas de concurso, recomendamos a leitura *integral* desses dispositivos e não apenas dos tratados aqui. Selecionamos neste tópico apenas as diligências mais relevantes.

43. A Lei 13.721/2018 elencou alguns crimes em que a realização do exame de corpo de delito deverá ser prioridade, sendo eles aqueles que envolvam: violência doméstica e familiar contra a mulher; violência contra criança, adolescente, idoso ou pessoa com deficiência. Quanto ao assunto, ver tópico 12.2.1.

VI – o estado de conservação ou a distância temporal ou da localidade da expedição do documento apresentado impossibilite a completa identificação dos caracteres essenciais."

Vale notar que a Lei 12.654/2012, alterando a Lei de Identificação Criminal, estabeleceu que, em relação ao inciso IV, destacado antes, será possível, para fins de identificação criminal, coletar material biológico do indivíduo para a obtenção do perfil genético (DNA) deste (parágrafo único do art. 5º da Lei de Identificação Criminal).

Sobre o tema, destaque-se o seguinte.

Na hipótese de a coleta de material biológico ser autorizada pelo juiz, as informações do perfil genético serão armazenadas em banco de dados próprio ("Biobanco"), **sigiloso**, a ser gerenciado por uma unidade oficial de perícia criminal (Ex: IML ou instituto de criminalística) – art. 5º-A, seu § 2º e art. 7º-B.

As informações genéticas **não** poderão revelar traços somáticos ou comportamentais, admitindo-se uma **exceção**, que é a determinação de gênero – art. 5º-A, § 1º. A medida visa a evitar que se façam futuras relações entre práticas criminosas e a estrutura genética de indivíduos, dando margem a possíveis estudos discriminatórios (da área da neurocriminologia, p. ex.) que relacionem o crime a determinada etnia, faixa etária etc.

Ademais, destaque-se que o perfil genético do indivíduo permanecerá no banco de dados até a absolvição do acusado ou, em caso de condenação, até 20 (vinte) anos após o cumprimento da pena e mediante requerimento do interessado na exclusão – art. 7º-A.

Cabe, finalmente, destacar que o tema "coleta de material biológico para a obtenção de perfil genético" tem sido objeto de polêmica na doutrina. Dentre as diversas implicações de fundo ético que esse tipo de prática apresenta, um dos pontos criticados diz respeito à ofensa ao direito a não autoincriminação do indivíduo. Explica-se. Embora o material coletado tenha, *a priori*, a finalidade de promover a identificação criminal do indivíduo, é possível que esse material venha, futuramente, a ser utilizado contra o indivíduo como meio de prova. Os "Biobancos" passariam a servir como meios de prova, ultrapassando, portanto, a sua finalidade de mecanismo de identificação criminal. É por isso que vários autores afirmam que pode o acusado se negar a fornecer esse tipo de material, fazendo então valer o seu direito a não autoincriminação. O assunto ainda deverá ser bastante debatido, sendo que, certamente, chegará aos tribunais superiores. Esperemos.

Além do "Biobanco", o novo art. 7º-C, da Lei 12.037/2009, institui Banco Nacional Multibiométrico e de Impressões Digitais, vinculado ao Ministério da Justiça e Segurança Pública. O seu funcionamento dependerá de regulamentação posterior, mas o Banco destina-se ao armazenamento dos "registros biométricos, de impressões digitais e, quando possível, de íris, face e voz, para subsidiar investigações criminais federais, estaduais ou distritais" (§ 2º, art. 7º-C). Vale ressaltar que é expressamente vedada a sua utilização para fins diversos dos previstos na referida Lei (§§ 8º e 10º, art. 7º-C). Por fim, para que tenham acesso aos dados do Banco, a autoridade policial e o MP deverão requerer ao juiz competente e demonstrar a finalidade em favor de investigação criminal ou ação penal (§ 11, art. 7º-C).

8.11.4. Vida pregressa do indiciado (Art. 6º, IX, CPP)

São elementos que podem influir na fixação da pena em caso de condenação futura. Assim, poderão ser identificadas qualificadoras, causas de isenção de pena, privilégio ou circunstâncias por meio desta providência.

8.11.5. Informação sobre a existência de filhos (Art. 6º, X, CPP)

Trata-se de alteração introduzida pela Lei 13.257/2016, dentro das políticas públicas para crianças da primeira infância, que são aquelas até os 6 anos de idade (art. 2º, Lei 13.257/2016). Não obstante, as informações também dizem respeito a crianças de outras idades, adolescentes e dos filhos que possuam alguma necessidade especial.

Aqui é importante lembrar que há necessidade de uma rede integrada de acolhimento, com participação dos Conselhos Tutelares, MP, Polícia, Judiciário, Defensoria, etc.

8.11.6. Reprodução simulada ou reconstituição do crime (art. 7º, CPP)

Busca verificar a possibilidade de o crime ter sido praticado de certo modo. Não pode contrariar a moralidade, nem a ordem pública (é ofensiva a reconstituição de um estupro, por exemplo). Destaque-se que o indiciado *não está* obrigado a colaborar com essa diligência, uma vez que goza do direito a não autoincriminação. Porém, segundo defende significativa parcela da doutrina, mesmo que não colabore com a diligência, tem o indiciado, ainda assim, o dever de comparecimento (*vide* art. 260, CPP).

8.11.7. Indiciamento

Outra medida que pode ser tomada pelo delegado no curso do IP é o indiciamento do investigado. Indiciar significa que há nos autos do IP elementos sérios, razoáveis de que determinada pessoa (ou pessoas) cometeu, aparentemente, uma infração penal (ou várias infrações).

Perceba-se que o delegado deve agir com cautela aqui, vez que o indiciamento já produz um estigma naquele sobre quem esse ato recai. Logo, não pode ser um ato temerário, é preciso que existam, de fato, elementos no IP (atos de investigação) que apontem para a autoria e materialidade delitiva.

Foi promulgada uma lei (Lei 12.830/2013) que, dentre outras coisas, trata do indiciamento. Vejamos uma passagem sobre o assunto: "art. 2º, (...) § 6º O indiciamento, privativo do delegado de polícia, dar-se-á por ato fundamentado, mediante análise técnico-jurídica do fato, que deverá indicar a autoria, materialidade e suas circunstâncias[44]".

Note-se que há autoridades com prerrogativa de função que não podem ser indiciadas pelo delegado, p. ex: magistrados (art. 33, parágrafo único, LC 35/1979); membros do MP (arts. 18, parágrafo único, LC 75/1993, e 41, parágrafo único, Lei 8.625/1993); parlamentares federais. No que tange aos parlamentares federais, oportuno destacar que o STF entende

---

44. Ver: STJ, Informativo 0552, período de 17.12.2014, 5ª Turma. O magistrado não pode requisitar o indiciamento em investigação criminal. Isso porque o indiciamento constitui atribuição exclusiva da autoridade policial.

ser possível o seu indiciamento, desde que haja prévia autorização do Ministro Relator do IP, responsável pela supervisão do inquérito (a respeito, confira-se os seguintes julgados do STF AP 933 QO, 2ª Turma, DJ 03.02.2016 e Pet 3825 QO, DJ 04.04.2008). Além do Informativo 825 STF, de 9 a 13 de maio de 2016.

8.12. Prazo de conclusão do IP

8.12.1. Regra

Conforme o art. 10, CPP: se o indiciado estiver **preso**, 10 dias; se **solto,** 30 dias. Tanto o prazo do indiciado preso como o solto podem ser prorrogados. No primeiro caso, segundo diz o art. 3-B, § 2º, "se o investigado estiver preso, o juiz das garantias poderá, mediante representação da autoridade policial e ouvido o Ministério Público, prorrogar, uma única vez, a duração do inquérito por até 15 dias, após o que, se ainda assim a investigação não for concluída, a prisão será imediatamente relaxada." No caso de indiciado solto o prazo pode ser prorrogado desde que o caso seja de difícil elucidação e que haja pedido do delegado ao juiz nesse sentido, fixando este último o prazo de prorrogação (§ 3º do art. 10, CPP).

8.12.2. Prazos especiais de conclusão do IP

a) IP a cargo da polícia federal (art. 66, Lei 5.010/1966): se o indiciado estiver **preso**, 15 dias. Este prazo é prorrogável por mais 15 dias, desde que o delegado formule pedido fundamentado ao juiz, este o defira e que o preso seja apresentado ao magistrado. Se o indiciado estiver **solto**, 30 dias (também prorrogável na forma do § 3º do art. 10, CPP);

b) Lei de drogas (art. 51, Lei 11.343/2006): **preso**, 30 dias; **solto**, 90 dias. Ambos os prazos são duplicáveis por decisão judicial. Para que isso ocorra, é preciso que o delegado formule pedido fundamentado ao juiz e que o MP seja ouvido (art. 51, parágrafo único);

c) Crimes contra a economia popular (art. 10, § 1º, Lei 1.521/1951): indiciado **preso ou solto**, 10 dias. Prazo improrrogável em qualquer caso;

d) Inquérito militar (art. 20, *caput* e § 1º, CPPM): **preso**, 20 dias; **solto**, 40 dias. Este último podendo ser prorrogado por mais 20 dias pela autoridade militar superior.

8.13. Contagem do prazo de conclusão do IP

Embora não haja consenso na doutrina sobre o tema, *em relação aos inquéritos de investigado preso, prevalece* o entendimento de que o prazo de conclusão do IP possui *natureza processual*, devendo, portanto, ser contado na forma do art. 798, § 1º, CPP (exclui-se o dia do começo e inclui-se o dia final).[45] Exemplo: Fulano foi preso em flagrante no dia 06.04.2011 (quarta-feira). Como se trata de indiciado preso, pela regra do art. 10, CPP, o IP deverá ser concluído em 10 dias. Assim, seguindo a fórmula do art. 798, § 1º (prazo processual), a contagem dos 10 dias se iniciará no dia útil seguinte à prisão em flagrante (no caso, 7 de abril, quinta-feira). Por outro lado, o último dia do prazo *seria* 16 de abril (sábado). Como não há expediente forense no sábado, nem no domingo (e como o prazo é processual), haverá a prorrogação para o dia útil imediato (ou seja, 18 de abril, segunda-feira, se não for feriado). Conclusão: o último dia do prazo (*i. e.*, o último dia para que o delegado conclua o IP e o envie ao MP) será o dia 18 de abril (segunda-feira)[46].

8.14. Encerramento do IP

Ao encerrar o IP, a autoridade policial deverá elaborar minucioso relatório do que tiver sido apurado (arts. 10, §§ 1º e 2º, e 11, CPP).[47] Nesse contexto, vejamos algumas distinções entre o encerramento de um IP que teve por objeto um crime de ação pública e o que teve por objeto um crime de ação privada.

8.14.1. Crime de ação penal pública

Em se tratando de crime de ação penal pública, concluído o IP, a depender das normas estaduais aplicáveis à Comarca, deverá ser encaminhado a juízo (oportunidade em que ficará à disposição do MP) ou deverá ser encaminhado diretamente ao MP. De um jeito ou de outro, este órgão (o MP), ao receber os autos do inquérito, deverá tomar uma das 4 medidas seguintes: a) oferecer denúncia; b) requisitar novas diligências; c) arquivar a investigação; ou d) propor acordo de não persecução penal. Examinemos estas opções.

a) Oferecimento de denúncia: neste caso, significa que *o MP está satisfeito com a investigação realizada*. Ou seja, há suporte probatório mínimo (indício de autoria e de materialidade do crime) para o oferecimento da ação penal;

b) Requisição de novas diligências (art. 16, CPP): significa que *o MP não está satisfeito com o resultado da investigação, necessitando de ulteriores diligências*. Não é demais lembrar que a requisição do MP ao delegado tem caráter de ordem;

c) Arquivamento (art. 28, CPP): inicialmente, vale lembrar que a autoridade policial não pode arquivar o IP (art. 17, CPP). Por outro lado, o arquivamento do IP ou de elementos informativos similares passou por uma significativa mudança após a L. 13.964/2019. Entretanto, deve o leitor estar atento ao fato de que até o fechamento desta edição a aplicação do novo art. 28, CPP, encontra-se suspensa por decisão monocrática do ministro Fux do STF (ADIs 6298, 6299 MC/DF, de 01/2020). Seja como for, examinemos a mudança trazida pela L. 13.964/2019 nesse tocante.

Antes da L. 13.964/2019, o arquivamento se dava por meio de dupla manifestação: pedido do MP + homologação do juiz. Mais especificamente, a coisa se passava assim. Caso o MP não vislumbrasse suporte probatório mínimo para o oferecimento da denúncia, deveria requerer ao juiz o arquivamento da investigação criminal ou peças de informação. Este (o juiz), por sua vez, poderia homologar o arquivamento ou, discordando do pedido, enviá-lo à cúpula do MP para (re)análise. Esta cúpula, ao seu turno, poderia: ou insistir no arquivamento do

---

45. Contudo, como dissemos, o assunto é polêmico. Há respeitáveis autores que defendem a natureza penal desse prazo (contando-o, portanto, na forma do art. 10, CP).

46. Em sentido contrário: Távora e Alencar (2016, p. 152); e Lima (2015, p. 150). Para os autores mencionados, em se tratando de investigado preso, conta-se o prazo nos termos do art. 10, CP, e não há que se falar em prorrogação do prazo para o primeiro dia útil, pois as delegacias funcionam de forma ininterrupta, em regime de plantão.

47. Em regra, não é necessário ao delegado tipificar a conduta do indiciado no relatório. Porém, na Lei de Drogas, o art. 52, I, exige que o delegado tipifique a conduta do agente no relatório.

IP (hipótese em que o juiz estaria obrigado a acolhê-lo); ou requisitar novas diligências; ou oferecer denúncia (ele mesmo ou por meio de outro membro do MP). Após a L. 13.964/2019, essa dinâmica mudou substancialmente. Agora, não há mais o controle judicial sobre o arquivamento da investigação. O controle do arquivamento passa a ser realizado no próprio âmbito do MP, por instância com atribuição para tal. Assim, decidindo pelo arquivamento da investigação criminal, o MP deverá fundamentar tal orientação em peça própria, encaminhando esta à instância com atribuição para tal do próprio MP. Esta instância, por sua vez, irá exercer o controle sobre o arquivamento, concordando ou não com este. No caso de concordância, o arquivamento será homologado, a investigação arquivada e o juiz das garantias comunicado para respectiva baixa do controle (art. 3º-B, IV, CPP). No caso de a instância do MP discordar da proposta de arquivamento, poderá: (a) ela mesma, por meio de um de seus membros, oferecer a denúncia; (b) designar um novo membro do MP para o exercício da ação penal;[48] ou (c) requisitar novas diligências.

Uma outra novidade trazida pela L. 13.964/2019 a ser notada é que, ao optar pelo arquivamento, o MP deverá comunicar tal fato à vítima, ao investigado e à autoridade policial (art. 28, caput, CPP). Com efeito, "se a vítima, ou seu representante legal, não concordar com o arquivamento do inquérito policial, poderá, no prazo de 30 dias do recebimento da comunicação, submeter a matéria à revisão da instância competente do órgão ministerial, conforme dispuser a respectiva lei orgânica" (§ 1º do mesmo artigo). E o § 2º do mesmo dispositivo arremata: "nas ações penais relativas a crimes praticados em detrimento da União, Estados e Municípios, a revisão do arquivamento do inquérito policial poderá ser provocada pela chefia do órgão a quem couber a sua representação judicial."

A opção do MP pelo arquivamento pode amparar-se em diversos motivos. Exemplos: atipicidade da conduta do indiciado; desconhecimento da autoria do crime; inexistência de elementos mínimos de prova para denunciar o indiciado; ausência de representação (nos crimes que a exigem – *v.g.* ameaça, art. 147, CP); e mais recentemente o que o STF denomina ausência de base empírica idônea e de indicação plausível do fato delituoso a ser apurado (Inq 3847AgR/GO, *DJe* 08.06.2015). Trata-se da delação anônima sem qualquer elemento indiciário ou fático complementar ou uma notícia de internet sem que haja a devida descrição de um fato concreto.

Quanto ao tema, importante destacar a recente decisão do STF que determinou, de ofício, o arquivamento de inquérito diante do longo prazo de pendência da investigação sem que se reunisse indícios mínimos de autoria ou materialidade. No caso concreto, a PGR requereu a remessa dos autos do inquérito à 1ª instância, diante do fim do foro por prerrogativa de função do investigado. No entanto, o STF negou o pedido e determinou, de ofício, o arquivamento das investigações, já que as inúmeras diligências tentadas não obtiveram sucesso, de modo que o declínio para a 1ª instância seria fadada ao insucesso (Informativo 912/STF, de 20 a 24 de agosto de 2018).

Ainda a respeito das hipóteses de arquivamento do IP, note o leitor que o CPP não tratou expressamente do tema. Entretanto, esse Código, em seu art. 395, apresenta situações em que a denúncia será *rejeitada* pelo juiz. Ora, podemos concluir disso o seguinte: as hipóteses em que a denúncia deverá ser rejeitada pelo juiz (estabelecidas no art. 395) são exatamente os casos em que o MP não deverá oferecer denúncia, propondo, ao invés, o arquivamento do IP. Trata-se de interpretação *a contrario sensu* do art. 395.

Ademais, diante da mudança na dinâmica de arquivamento (em que não há mais controle judicial da manifestação do MP), pensamos que os dispositivos que previam recurso de ofício da decisão que arquiva o IP em casos de crime contra a economia popular e contra a saúde pública (art. 7º, Lei 1.521/1951) e recurso em sentido estrito da decisão que arquiva o IP em casos de contravenção de jogo do bicho e de aposta de corrida de cavalos fora do hipódromo (art. 6º, Lei 1.508/1951 c/c arts. 58 e 60, DL 6.259/1944) estão ambos prejudicados. Não há mais que se falar de controle judicial da manifestação de arquivamento.

Ressalte-se que, arquivado o IP, nada impede que o delegado proceda a *novas diligências*, visando a encontrar elementos mais contundentes acerca da autoria e/ou materialidade do delito. Agora, para que o MP possa oferecer a denúncia (depois de consumado o arquivamento do IP), é imprescindível a existência de *provas substancialmente novas*. Em resumo, temos então o seguinte: em regra, arquivado o IP, nada impede que o delegado proceda a novas diligências. Porém, para que haja a deflagração de ação penal, é preciso que o MP possua *provas substancialmente novas*. É assim que devem ser lidos o art. 18, CPP, e a Súmula 524, STF.

A regra, portanto, é: arquivado o IP, pode o delegado realizar novas diligências (art. 18, CPP) e o MP oferecer denúncia (se conseguir provas substancialmente novas – Súmula 524, STF)[49]. Porém, há casos em que a decisão de arquivamento faz **coisa julgada material**, impedindo, portanto, a reabertura do caso. *Já decidiram os tribunais superiores que não pode haver reabertura do caso na seguinte situação* (coisa julgada material): **arquivamento que tenha por base a atipicidade ou a extinção da punibilidade** –*vide* STF, **HC 100161 AgR/RJ, DJe 16.09.2011**. Além disso, destaque-se o seguinte julgado do STF, no qual o arquivamento de inquérito, a pedido do MP, em virtude da prática de conduta acobertada pela excludente de ilicitude do estrito cumprimento do dever legal (CPM, art. 42, III) não obstaria o desarquivamento diante de novas provas, deste modo, não haveria configuração de coisa julgada material (HC 125101, 2ª Turma, *DJ* 11.09.2015; HC 87395/PR, j. 23/03/2017)[50].

Vale registrar a divergência de entendimentos entre os tribunais superiores, uma vez que, o STJ, em decisão proferida no ano de 2014, entendeu que o arquivamento pela prática de ato acobertado por excludente de ilicitude formaria coisa

---

48. Há antiga polêmica na doutrina se o membro do MP designado pelo PGJ estaria ou não obrigado a oferecer denúncia. *Prevalece* o entendimento de que sim, *i. e.*, que o membro designado do MP atuaria como *longa manus* do PGJ, logo estaria obrigado a denunciar. Neste contexto, cabe enunciar o recente julgado do STF no qual restou consignado que "Cabe ao Procurador-Geral da República a apreciação de conflitos de atribuição entre órgãos do ministério público" (STF. Plenário. ACO 1567 QO/SP, rel. Min. Dias Toffoli, 17.8.2016).

49. Por novas provas o STJ entende "aquelas já existentes, mas não trazidas à investigação ao tempo em que realizada, ou aquelas franqueadas ao investigador ou ao Ministério Público após o desfecho do inquérito policial". RHC 27449/SP, *DJe* 16.03.2012. Ver também o HC 239899/MG, *DJe* 13.05.2014.

50. Ver Informativo 858, STF, de 20 a 24 de março de 2017.

julgada material impedindo o posterior desarquivamento (STJ, 6ª Turma, REsp791471, *DJe* 16.12.2014).

Ainda em relação ao tema arquivamento, há construções da doutrina e da jurisprudência que buscam conferir a natureza de arquivamento a certas situações práticas que veremos a seguir.

I – arquivamento implícito ou tácito: caracteriza-se quando o MP (ações penais públicas, portanto) "deixa de incluir na denúncia algum fato investigado ou algum dos indiciados, sem expressa manifestação ou justificação deste procedimento" e o juiz deixa de se manifestar em relação àquilo que foi omitido (JARDIM, 2001, p. 170). Pressupõe, portanto, a dúplice omissão: do MP, que oferece a denúncia sem incluir algum dos fatos (objetivo) ou dos indiciados (subjetivo) sem justificar o porquê;[51] e do juiz que dá seguimento ao trâmite, recebendo a denúncia. Ex.: imagine o leitor que 6 indivíduos são investigados acerca do delito de roubo. Concluído o inquérito e remetido ao MP, esse oferece a denúncia em face de 5 dos investigados sem fazer qualquer menção ao 6º deles. O juiz, ao analisar a denúncia, decide pelo seu recebimento. Nesse caso, haveria de se reconhecer o arquivamento implícito em relação ao último indiciado. Destaque-se, porém, que tal modalidade não tem sido acolhida pela jurisprudência[52] e pela maior parte da doutrina, especialmente pela ausência de previsão legal e por considerar que o pedido de arquivamento deverá ser explícito, por força do princípio da obrigatoriedade da ação penal pública.

Com o advento da L. 13.964/2019, a figura do arquivamento implícito (tal como a descrevemos acima) deverá perder a razão de ser. É que, como dissemos, o arquivamento não irá mais passar pelo controle judicial; ficando com o próprio MP o controle sobre tal manifestação.

II – arquivamento indireto: trata-se de construção do STF[53] para resolver o conflito entre o juiz e o MP quando esse último recusa atribuição para o feito. O MP (ao invés de oferecer a denúncia, requerer o arquivamento ou requisitar novas diligências), recusa a própria atribuição por entender que o juízo perante o qual oficia é incompetente para processar e julgar a causa. O juiz, discordando, deve interpretar a situação como uma manifestação indireta de arquivamento e remeter os autos ao órgão revisor do MP (PGJ ou Câmara de Coordenação e Revisão). Ex.: promotor, ao receber os autos do IP, entende que o crime praticado ofendeu interesse da União e, portanto, a ação penal é atribuição do MPF (cujo membro é o Procurador da República). Nesse caso, requer ao juiz perante o qual oficia a remessa dos autos ao órgão competente. Se o juiz discordar, entenderá a manifestação como pedido indireto de arquivamento e remeterá os autos para o PGJ. Perceba, portanto, que a questão gira em torno da divergência entre MP e juiz quanto à atribuição do órgão acusatório.

Assim como dissemos no caso do arquivamento implícito, pensamos que, com o advento da L. 13.964/2019, a figura do arquivamento indireto deverá perder a razão de ser. É que, como dissemos, o arquivamento não irá mais passar pelo controle judicial; ficando com o próprio MP (dentro da mesma instituição) o controle sobre tal manifestação.

d) Acordo de não persecução penal (ANPP), art. 28-A, CPP: aqui temos uma outra opção que se abre ao MP quando este órgão estiver diante de uma investigação criminal. O ANPP trata-se de mais uma novidade trazida pela L. 13.964/2019, configurando-se em um outro instrumento de justiça penal consensual, ao lado dos já utilizados: suspensão condicional do processo nos crimes cuja pena mínima seja igual ou inferior a um ano (art. 89, L. 9.099/1995) e transação penal nos crimes de menor potencial ofensivo (art. 76, L. 9.099/1995). Tal novidade vem na esteira da polêmica resolução 181/2017, alterada pela resolução 183/2018, do Conselho Nacional do Ministério Público (CNMP), que também previu a possibilidade de acordo de não persecução penal. Tal resolução foi polêmica, pois previu por meio de resolução, e não de lei (como seria o correto), a realização de acordo entre o MP e o investigado. Ademais, vale notar que, ao contrário do juiz de garantias e de outros aspectos do chamado "pacote anticrime" que foram suspensos por decisão monocrática do ministro Fux, o ANPP encontra-se em vigor. Eis o texto do art. 28-A, CPP, seguido de comentários nossos quando necessário.

Art. 28-A: "Não sendo caso de arquivamento e tendo o investigado confessado formal e circunstancialmente a prática de infração penal sem violência ou grave ameaça e com pena mínima inferior a 4 (quatro) anos, o Ministério Público poderá propor acordo de não persecução penal, desde que necessário e suficiente para reprovação e prevenção do crime, mediante as seguintes condições ajustadas cumulativa e alternativamente:"

Comentário: de acordo com o dispositivo, são requisitos para a realização do ANPP: (a) não ser hipótese de arquivamento; (b) ter o investigado confessado formal e circunstancialmente a prática de infração penal; (c) infração cometida sem violência ou grave ameaça; (d) pena mínima da infração inferior a 4 (quatro) anos; e (e) o MP considerar o ANPP medida necessária e suficiente à reprovação e prevenção do crime.

Primeiro ponto a ser notado é que tais requisitos são cumulativos e não alternativos. Outro ponto: o requisito (b) "ter o investigado confessado formal e circunstancialmente a prática de infração penal" é um dos sensíveis do ANPP. Tal ponto vem sendo debatido por alguns autores, sobretudo no que diz respeito à ofensa ao princípio do estado jurídico de inocência. Porém, até o fechamento desta edição, não há uma orientação dominante a esse respeito.

No caso de recusa do MP em oferecer o ANPP, o investigado poderá requerer a remessa dos autos à instância superior do MP. Esta, por sua vez, poderá: insistir na ação penal (negando, portanto, a realização do acordo); ou optar pelo ANPP, ocasião em que a própria instância superior elaborará o acordo ou então designará um outro membro do MP para fazê-lo. Nesse sentido, diz o § 14 do art. 28-A, CPP: "No caso de recusa, por parte do Ministério Público, em propor o acordo de não persecução penal, o investigado poderá requerer a remessa dos autos a órgão superior, na forma do art. 28 deste Código."

Por outro lado, os incisos do art. 28-A, CPP, estabelecem as condições às quais o investigado poderá ser submetido. Tais condições podem ser cumuladas ou aplicadas de forma

---

51. Ver nossas anotações sobre obrigatoriedade e indivisibilidade da ação penal pública no próximo Capítulo.
52. STF, HC 127011 AgR/RJ, DJe 21.05.2015 e STJ, Info. 0569, período 17/09 a 30/09/2015, 5ª Turma e Info. 0540, período 28.05.2014, 6ª Turma e HC 197886/RS, DJ 25.04.2012.
53. STF, HC 88877, 1ª Turma, DJ 27/06/2008 e Pet 3528/BA, DJ 03.03.2006. Ver também, no STJ, o AgRg nos EDcl no REsp 1550432/SP, 6ª TURMA, DJ 29/02/2016 e o CAt 222/MG, DJ 16.05.2011.

isolada. Sublinhe-se que, na elaboração do acordo, essas condições deverão ser bem ponderadas pelo MP, haja vista que eventuais excessos ou faltas poderão vir a ser confrontadas pelo juiz quando da homologação do acordo (vide § 5º deste mesmo dispositivo). Vamos às condições às quais o investigado poderá ser submetido:

I – reparar o dano ou restituir a coisa à vítima, exceto na impossibilidade de fazê-lo;

II – renunciar voluntariamente a bens e direitos indicados pelo Ministério Público como instrumentos, produto ou proveito do crime;

III – prestar serviço à comunidade ou a entidades públicas por período correspondente à pena mínima cominada ao delito diminuída de um a dois terços, em local a ser indicado pelo juízo da execução, na forma do art. 46, CP.

IV – pagar prestação pecuniária, a ser estipulada nos termos do art. 45, CP, a entidade pública ou de interesse social, a ser indicada pelo juízo da execução, que tenha, preferencialmente, como função proteger bens jurídicos iguais ou semelhantes aos aparentemente lesados pelo delito; ou

V – cumprir, por prazo determinado, outra condição indicada pelo Ministério Público, desde que proporcional e compatível com a infração penal imputada.

Por outro lado, o § 1º deste mesmo artigo afirma que "para aferição da pena mínima cominada ao delito a que se refere o caput deste artigo, serão consideradas as causas de aumento e diminuição aplicáveis ao caso concreto."

Já o § 2º estabelece hipóteses em que o ANPP **não** se aplica. São elas:

I – se for cabível transação penal de competência dos Juizados Especiais Criminais, nos termos da lei;

II – se o investigado for reincidente ou se houver elementos probatórios que indiquem conduta criminal habitual, reiterada ou profissional, exceto se insignificantes as infrações penais pretéritas;

III – ter sido o agente beneficiado nos 5 (cinco) anos anteriores ao cometimento da infração, em acordo de não persecução penal, transação penal ou suspensão condicional do processo. Vale notar que o descumprimento do ANPP, dentre outras coisas, também poderá obstar a proposta de suspensão condicional do processo (art. 89, L. 9.099/1995). Nesse sentido, o § 11 diz que "o descumprimento do acordo de não persecução penal pelo investigado também poderá ser utilizado pelo Ministério Público como justificativa para o eventual não oferecimento de suspensão condicional do processo".

IV – o ANPP também não se aplica aos crimes praticados no âmbito de violência doméstica ou familiar, ou praticados contra a mulher por razões da condição de sexo feminino, em favor do agressor.

Ademais, o § 3º estabelece que "o acordo de não persecução penal será formalizado por escrito e será firmado pelo membro do Ministério Público, pelo investigado e por seu defensor."

O § 4º, por sua vez, diz que "para a homologação do acordo de não persecução penal, será realizada audiência na qual o juiz deverá verificar a sua voluntariedade, por meio da oitiva do investigado na presença do seu defensor, e sua legalidade". Em regra, será o juiz das garantias o competente para conduzir essa audiência (vide art. 3º-B, XVII, CPP).

O juiz fará o controle da adequação e pertinência do ANPP, podendo inclusive se recusar a homologar o acordo quando notar neste alguma inconsistência. Nesse sentido, o § 5º afirma: "se o juiz considerar inadequadas, insuficientes ou abusivas as condições dispostas no acordo de não persecução penal, devolverá os autos ao Ministério Público para que seja reformulada a proposta de acordo, com concordância do investigado e seu defensor"; e o § 7º complementa: "o juiz poderá recusar homologação à proposta que não atender aos requisitos legais ou quando não for realizada a adequação a que se refere o § 5º deste artigo". Por outro lado, percebendo o juiz se tratar de caso de denúncia (exercendo função anômala e criticada pelos autores), deve remeter os autos ao MP para complementação das investigações ou o oferecimento da denúncia. É o que diz o § 8º: "recusada a homologação, o juiz devolverá os autos ao Ministério Público para a análise da necessidade de complementação das investigações ou o oferecimento da denúncia".

Uma vez homologado judicialmente o ANPP, o § 6º diz que "juiz devolverá os autos ao Ministério Público para que inicie sua execução perante o juízo de execução penal".

Por outro lado, conforme o § 9º, "a vítima será intimada da homologação do acordo de não persecução penal e de seu descumprimento".

No caso de descumprimento do ANPP, o § 10 determina que o MP "deverá comunicar ao juízo, para fins de sua rescisão e posterior oferecimento de denúncia".

Cumprido o ANPP, ele não figurará como antecedentes criminais, salvo para fins de avaliação de concessão do mesmo benefício (ANPP), para avaliação do cabimento de transação penal ou para avaliação do cabimento de suspensão condicional do processo. Nesse sentido o § 12, diz "a celebração e o cumprimento do acordo de não persecução penal não constarão de certidão de antecedentes criminais, exceto para os fins previstos no inciso III do § 2º deste artigo."

Similarmente, o § 13 estabelece que "cumprido integralmente o acordo de não persecução penal, o juízo competente decretará a extinção de punibilidade."

8.14.2. *Crime de ação penal privada*

Em se tratando de crime de ação penal privada, concluído o IP, deverá este ser encaminhado a juízo, oportunidade em que ficará à disposição da vítima – art. 19, CPP. Esta, tomando ciência da conclusão do IP, poderá adotar as seguintes medidas: a) oferecer a queixa-crime; b) requerer novas diligências; c) renunciar ao direito de ação; e d) permanecer inerte, deixando escoar o seu prazo de 6 meses para o oferecimento de queixa. Analisemos tais opções.

a) Oferecimento de queixa: significa que *a vítima deu-se por satisfeita com a investigação realizada, vislumbrando suporte probatório mínimo para o oferecimento de ação penal;*

b) Requerimento de novas diligências: ao contrário, *a vítima não se deu por satisfeita, necessitando de ulteriores diligências*. Note que incide aqui a *discricionariedade* do delegado, ou seja, pode este atender ou não as diligências solicitadas pela vítima (art. 14, CPP);

c) Renúncia ao direito de ação: o ofendido poderá renunciar ao seu direito de queixa, dando causa à extinção da punibilidade do agente (art. 107, V, CP). Note que se trata de ato unilateral da vítima (não depende da aceitação do indiciado para que possa concretizar seus efeitos);

d) Inércia: nesta situação, o ofendido deixa simplesmente escoar o seu prazo decadencial de 6 meses para o oferecimento de queixa (art. 38, CPP), resultando também na extinção da punibilidade do agente (art. 107, IV, CP).

Observação final: perceba o leitor que, tecnicamente, *não há* a figura do pedido de arquivamento em sede de ação penal privada (conforme vimos na ação penal pública). O ofendido não precisa requerer ao juiz o arquivamento do IP. Basta renunciar ao seu direito de ação ou mesmo deixar escoar o prazo de 6 meses para a queixa. De todo o modo, caso a vítima elabore um "pedido de arquivamento" ao magistrado, esse pedido será compreendido como renúncia expressa ao direito de ação.

8.15. Inquéritos extrapoliciais, não policiais ou investigações administrativas

Não obstante o disposto no art. 144, CF, que confere à polícia civil e à polícia federal a atribuição para investigar as infrações penais, a Carta Magna não o faz de modo a estabelecer exclusividade da função investigativa.

Desse modo, há autoridades não policiais que também possuem a prerrogativa de realizar investigação. Algumas dessas modalidades veremos a seguir.

8.15.1. Inquéritos parlamentares (art. 58, § 3º, CF)

As Comissões Parlamentares de Inquérito (CPI's) são criadas para *apuração de fato determinado e por prazo certo, sendo suas conclusões, se for o caso, encaminhadas ao Ministério Público para que promova a responsabilidade civil ou criminal dos infratores*.

Os parlamentares buscarão, por meio de sua atuação na CPI, colher elementos que permitam elucidar o fato determinado. Sendo assim, terão amplo espectro de atuação visando à coleta de documentos e dos depoimentos dos investigados e das testemunhas.

As CPIs possuem poderes inerentes às autoridades judiciais. Em razão disso, as pessoas convocadas a depor não podem, por exemplo, recusar o comparecimento e podem ser conduzidas coercitivamente.

As testemunhas deverão prestar o compromisso legal de dizer a verdade,[54] mas não estarão obrigadas a falar sobre fatos que a incriminem (direito ao silêncio – *nemo tenetur se detegere*).

Aos investigados, apesar da obrigatoriedade de comparecimento, são assegurados todos os direitos inerentes àqueles que são alvo de investigação. Alguns exemplos são o direito ao silêncio (evitando a autoincriminação); à assistência por advogado, com possibilidade de comunicação durante a inquirição; e a dispensa do compromisso legal de dizer a verdade. Para um aprofundamento em relação ao pensamento jurisprudencial sobre o tema, consultar o HC 119941/DF, *DJe* 29.04.2014 e MC HC 135286/DF, *DJe* 30.06.2016, ambos do STF.

Ao final do procedimento investigativo, os parlamentares deverão elaborar um relatório das investigações e, caso haja indícios dos fatos ilícitos, devem proceder à remessa ao MP, para que o *parquet* adote as providências cabíveis.

Exemplo do resultado de investigação realizada por CPI é a AP 470, STF, que julga diversos réus acusados de peculato, corrupção ativa, passiva, formação de quadrilha, entre outros, em fato divulgado pela mídia como "mensalão". As investigações foram realizadas pelos parlamentares e posteriormente remetidas ao MPF, que ofereceu a denúncia por meio do PGR.[55]

Por fim, vale ressaltar que o relatório da CPI, uma vez recebido, terá prioridade de trâmite sobre os demais atos, exceto em relação aos pedidos de *habeas corpus*, *habeas data* e mandado de segurança (art. 3º, Lei 10.001/2000).

8.15.2. Inquéritos por crimes praticados por magistrados ou membros do MP

Nos casos em que o investigado é magistrado ou membro do MP, a investigação será conduzida pelos órgãos da mais elevada hierarquia das respectivas carreiras.

Assim, quanto aos magistrados, a investigação caberá ao órgão especial competente para o julgamento (art. 33, parágrafo único, LC 35/1979 – LOMAN[56]).

Aqui, oportuna a crítica feita por Denilson Feitoza Pacheco (2009, p. 217) quanto à investigação realizada por órgão jurisdicional. Apesar de **não acolhida pela jurisprudência e também por respeitável parte da doutrina**, a tese defendida pelo autor é de que tal permissão revela-se incompatível com a separação dos poderes e o sistema acusatório.

Lembremos que a natureza do procedimento investigativo é administrativa e está dissociada da função jurisdicional, adstrita ao Poder Judiciário. Tal dissociação é característica da separação dos poderes, que divide as funções estatais entre os poderes da República: a) administrativa, para o Poder Executivo; b) legislativa, para o Poder Legislativo; e c) jurisdicional, para o Poder Judiciário. Portanto, a concentração de função inerente às autoridades policiais (investigação), de natureza administrativa, com a função jurisdicional ofenderia o princípio da separação de poderes.

De igual modo, reconhece a ofensa ao sistema acusatório em razão da investigação ser presidida pelo próprio órgão que a julgará.

Em relação aos crimes cometidos por membro do MP, estadual ou federal, também caberá à cúpula dos respectivos órgãos a presidência da investigação,[57] mas como não são titulares da função jurisdicional, e sim da administrativa, as críticas acima não são aplicáveis.

8.15.3. Inquérito por crimes praticados por autoridades com foro por prerrogativa de função

Diante da prática de crime por autoridade com foro por prerrogativa de função, não pode o delegado instaurar inquérito ou realizar o seu indiciamento, devendo remeter a investigação ao tribunal perante o qual a autoridade goza de foro privilegiado.

---

54. Veremos de forma detalhada quando tratarmos da prova testemunhal, mais à frente.
55. Procurador-Geral da República.
56. Lei Orgânica Nacional da Magistratura.
57. Art. 41, parágrafo único, Lei 8.625/1993 (MP estadual); e 18, parágrafo único, LC 75/1993 (MPF).

Ex.: deputado federal que é flagrado na prática de crime inafiançável pode ser preso em flagrante, mas a partir daí o STF deve ser comunicado, pois presidirá a investigação.

Caso o procedimento acima não seja observado, certamente será nulo o indiciamento ou o próprio inquérito. Ver STF, HC 117338 ED, 1ª Turma, *DJ* 21.06.2016 e Inq. 2411 QO, *DJe* 25.04.2008.

8.15.4. Investigação direta pelo MP (inquérito ministerial)

Falar em investigação direta pelo MP não significa dizer que o *parquet* presidirá o inquérito policial, pois estaria usurpando atribuição constitucional da polícia (art. 144, § 4º, CF).

Em verdade, os defensores dessa modalidade de investigação entendem que o MP pode realizar a colheita de provas reputadas essenciais para a deflagração da futura ação penal pública, da qual é titular exclusivo.

A investigação direta, portanto, *consiste na instauração de procedimento administrativo investigatório com o escopo de coletar elementos probatórios imprescindíveis para embasar uma eventual ação penal.* Trata-se de atividade complementar à da polícia.

Ex: uma testemunha procura o MP, diretamente, para revelar a sua versão acerca de determinado fato. Nesse caso, pode o MP instaurar o procedimento investigatório para colher o depoimento.

Em relação à sua admissibilidade, ainda há muita controvérsia.

Aqueles que defendem a possibilidade de investigação direta utilizam como principais argumentos:

a) À luz da teoria dos poderes implícitos,[58] se o MP detém o poder de promover exclusivamente a ação penal pública e de requisitar, em caráter irrecusável, a realização de diligências investigatórias ou a instauração de IP (art. 129, I e VIII, CF), não assiste razão à recusa de atribuição para atos investigativos. Em linguagem direta, significa dizer que "quem pode o mais, pode o menos";

b) O art. 144, CF, não estabeleceu exclusividade ou monopólio das investigações à polícia;

c) No direito comparado, a discussão atual diz respeito à titularidade da condução das investigações, se do promotor ou do juiz-instrutor, e não mais da exclusividade da polícia (BASTOS, Apud NICOLITT, 2010, p. 74);

d) Normas infraconstitucionais conduzem à possibilidade de atuação direta do MP, a exemplo do art. 26, Lei 8.625/1993.

Como síntese dos fundamentos acima, recomendamos a leitura do HC 195901/DF, *DJe* 17.09.2012, STJ.

No campo oposto, os fundamentos são os seguintes:

a) Ao MP cabe o controle externo da atividade policial e não a realização de investigação, que deve ser um poder/atribuição expresso no texto constitucional;

b) Ausência de previsão legal expressa;

c) A investigação sem previsão legal poderia acarretar arbitrariedades, a atuação direta na fase investigatória mitigaria a impessoalidade e afetaria o juízo crítico em relação ao oferecimento da denúncia.[59]

No âmbito jurisprudencial, o STJ possui posicionamento consolidado no sentido de reconhecer tal atribuição ao MP. Ver REsp 998249/RS, *DJ* 30.05.2012 e AgRg no REsp 1319736/MG, *DJe* 17.03.2015. O STF não possui posicionamento definitivo acerca do tema, pois o Plenário ainda não se manifestou. Entretanto, pelas decisões mais recentes da 1ª e 2ª turmas, o indicativo é também no sentido do reconhecimento do poder investigativo. Recomendamos a leitura dos seguintes julgados: **RHC 97926/GO, Info. 757 e AP 611/MG, *DJe* 10.12.2014.**

8.16. Infiltração de agentes (arts. 10 a 14, Lei 12.850/2013)

Trata-se da possibilidade de infiltração de agentes policiais (Polícia Civil ou Federal) em atividades de investigação relacionadas às organizações criminosas.

8.16.1. Autorização

Dependerá de autorização judicial (circunstanciada, motivada e sigilosa), mediante: a) prévia representação realizada pelo delegado de polícia, ouvido o MP, obrigatoriamente; ou b) requerimento formulado pelo MP, após manifestação técnica do delegado de polícia, quando solicitada no curso de inquérito policial – art. 10, *caput* e § 1º.

Tanto o requerimento do MP, quanto a representação do delegado para a infiltração de agentes conterá a demonstração da necessidade da medida, o alcance das tarefas dos agentes e, quando possível, os nomes ou apelidos das pessoas investigadas e o local da infiltração.

8.16.2. Cabimento

Admite-se a infiltração se houver indícios de atividades próprias de organização criminosa e se a prova não puder ser produzida por outros meios disponíveis. Verifica-se, portanto, a presença de 2 requisitos cumulativos: indício de atividade própria de organização criminosa e que NÃO haja outro meio para comprovar tal atuação – § 2º, art. 10.

8.16.3. Prazo

Nos termos do § 3º, art. 10, "a infiltração será autorizada pelo prazo de até seis meses, sem prejuízo de eventuais renovações, desde que comprovada sua necessidade". Verificamos, pela redação do dispositivo, que não há um limite de prazo para a infiltração, mas esta renovação ficará submetida à efetiva demonstração da sua necessidade.

8.16.4. Procedimento

O pedido de infiltração será distribuído ao juiz competente, mas de forma sigilosa, com o escopo de evitar qualquer

---

58. "A outorga de competência expressa a determinado órgão estatal importa em deferimento implícito, a esse mesmo órgão, dos meios necessários à integral realização dos fins que lhe foram atribuídos". Voto do Min. Celso de Mello na ADI 2797/DF, *DJ* 19.02.2006, STF.

59. Refutando tal concepção, a Súmula 234, STJ: "a participação de membro do Ministério Público na fase investigatória criminal não acarreta o seu impedimento ou suspeição para o oferecimento da denúncia.".

informação acerca da operação ou da identificação do agente a infiltrar – art. 12, *caput*.

Recebido o pedido, o juiz "decidirá no prazo de 24 (vinte e quatro) horas, após manifestação do Ministério Público na hipótese de representação do delegado de polícia, devendo-se adotar as medidas necessárias para o êxito das investigações e a segurança do agente infiltrado" – § 1º, art. 12.

Findada a diligência, o resultado da infiltração será um relatório circunstanciado elaborado pelo agente e que acompanhará a denúncia do MP, se for o caso. A partir desse momento será permitido o acesso pleno à defesa, preservada, contudo, a identidade do agente – § 2º, art. 12.

Se houver indícios concretos de que a integridade do agente infiltrado corre risco, a ação será imediatamente sustada pelo MP ou pelo delegado, que deverá dar ciência ao MP e ao juiz que autorizou o ato – § 3º, art. 12.

8.16.5. Atuação do agente

A atuação do agente durante o período de infiltração é uma questão que desperta polêmica. Há um limite tênue com relação aos seus direitos e à prática de atos ilícitos, criminosos, para assegurar a sua inserção na organização criminosa.

Assim, dispõe o art. 13 que: "o agente que não guardar, em sua atuação, a devida proporcionalidade com a finalidade da investigação, responderá pelos excessos praticados". Ademais, em se tratando da prática de crime no âmbito da infiltração, será apurada a inexigibilidade de conduta diversa, ou seja, não será punido o agente se não havia alternativa a não ser praticar determinado delito em razão da infiltração – parágrafo único.

Já o art. 14 estatui os direitos específicos do agente, todos no sentido de preservar a sua integridade física e moral. São eles:

I – recusar ou fazer cessar a atuação infiltrada;

II – ter sua identidade alterada, aplicando-se, no que couber, o disposto no art. 9º da Lei 9.807, de 13.07.1999, bem como usufruir das medidas de proteção a testemunhas;

III – ter seu nome, sua qualificação, sua imagem, sua voz e demais informações pessoais preservadas durante a investigação e o processo criminal, salvo se houver decisão judicial em contrário;

IV – não ter sua identidade revelada, nem ser fotografado ou filmado pelos meios de comunicação, sem sua prévia autorização por escrito.

9. AÇÃO PENAL

9.1. Conceito

Direito público subjetivo de pedir ao Estado-juiz a aplicação do Direito Penal objetivo a um caso concreto.

Com efeito, para que o indivíduo possa exercer regularmente o seu direito de ação, é preciso que observe (preencha) certas condições. E são exatamente essas condições que estudaremos na sequência.

9.2. Condições genéricas da ação

Conforme dito, a presença de tais condições visa a proporcionar o regular exercício do direito de ação. Assim, tais condições funcionam como requisitos para que, legitimamente, seja possível exigir o provimento jurisdicional do Estado.

Segundo LIMA (2015, p. 193), a teoria eclética aduz a existência do direito independe da existência do direito material, dependendo, de outro lado, do preenchimento de requisitos formais – que são as condições da ação. Tais condições, por sua vez, são aferidas à luz da relação jurídica material discutida no processo, não se confundindo com o mérito. Em verdade, são analisadas em caráter preliminar e, quando ausentes, culminam em sentença terminativa de carência da ação (CPC/1973, art. 267, VI e art. 485, VI, CPC/2015). No entanto, neste caso não há a formação de coisa julgada material, o que permite, pelo menos em tese, a renovação futura da demanda, desde que haja a correção do vício que ensejou a sentença sem resolução de mérito (CPC/1973, at. 268 e art. 486, § 1º, CPC/2015).

A despeito das enunciações da citada teoria, LIMA (2015, p. 193) chama a atenção para o surgimento de nova teoria na doutrina processual civil que acaba refletindo no processo penal, a saber, a teoria da asserção, segundo a qual a presença das condições da ação deve ser analisada judicialmente com base em elementos fornecidos pelo próprio autor em sede de petição inicial, os quais devem ser tomados como verdadeiro, sem nenhum desenvolvimento cognitivo.

Ademais, ressalte-se que a presença dessas condições deve ser examinada pelo juiz no momento do recebimento da inicial acusatória. Caso uma (ou várias delas) esteja ausente, será hipótese de rejeição da inicial penal (*vide* art. 395, CPP). Neste contexto, explana LIMA (2015, p. 194) que, em não havendo tal análise das condições da ação no momento da admissibilidade da inicial acusatória, há possibilidade do reconhecimento de nulidade absoluta do processo, em qualquer instância, com fundamento no art. 564, II, CPP – sendo que o dispositivo apenas se refere à ilegitimidade de parte, mas, analogicamente, também pode ser aplicado às demais condições da ação penal. Ainda há quem entenda, diante de tal situação, a possibilidade de extinção do processo sem julgamento de mérito, aplicando analogicamente o art. 267, VI, CPC/1973/ art. 485, VI, CPC/2015 c/c art. 485, § 3º, CPC/2015.

Examinemos, finalmente, as condições da ação penal.

9.2.1. Possibilidade jurídica do pedido

Primeiramente, é imprescindível que aquilo que está sendo pedido seja admitido pelo direito objetivo, ou seja, o pedido deve ter amparo na lei. Diante disso, podemos inferir que, se o fato narrado na inicial acusatória for notoriamente atípico, *i. e.*, não previsto na lei como infração penal, não será possível instaurar a ação penal por impossibilidade jurídica do pedido.

Cabe ressaltar, todavia, que a nova sistemática do novo diploma processual civil, que não mais referência a possibilidade jurídica do pedido como hipótese que gera decisão de inadmissibilidade do processo. Deste modo, vem se consolidando o entendimento praticamente majoritário até então de que o reconhecimento da impossibilidade jurídica do pedido opera como decisão de mérito, e não de inadmissibilidade. (LIMA, 2015, p. 195).

Há quem entenda, contudo, que de acordo com o CPC/2015, a despeito da extinção da possibilidade jurídica do pedido, não fez desaparecer as condições da ação. No entanto, tal categoria foi eliminada do nosso ordenamento jurídico, pois há apenas as possibilidades de serem as questões de mérito ou de admissibilidade, como informa LIMA (2015, p. 195).

9.2.2. Interesse de agir

Esse requisito implica verificação de que a pretensão formulada seja suficiente para satisfazer o interesse contido no direito subjetivo do titular (MIRABETE, 2006, p. 88). Esse interesse deve ser analisado sob 3 aspectos: necessidade; adequação; e utilidade.

a) Interesse-necessidade: tem por objetivo identificar se a lide pode ser solucionada extrajudicialmente, ou seja, se de fato é necessário o uso da via judicial para resolver o conflito. Na esfera penal, o interesse-necessidade é presumido, pois há vedação da solução extrajudicial dos conflitos penais (diferentemente do que ocorre no processo civil, por exemplo);

b) Interesse-adequação: aqui, deve-se fazer uma checagem se há adequação entre o pedido formulado e a proteção jurisdicional que se pretende alcançar. Será adequado o pedido quando, narrada uma conduta típica, o acusador requerer a condenação do réu, de acordo com os parâmetros do tipo incriminador, que estabelece a punição objetivamente adequada para cada delito (BONFIM, 2010, p. 181).

Porém, advirta-se que o *interesse-adequação* não possui capital importância no âmbito do processo penal, uma vez que o juiz pode se valer da *emendatio libelli* (art. 383, CPP) para corrigir eventual falha da acusação no tocante à classificação do crime e da pena a ser aplicada ao réu (PACELLI, 2015, p. 107-8);

c) Interesse-utilidade: só haverá utilidade quando for possível a realização do *jus puniendi* estatal (*i. e.*, quando for viável a aplicação da sanção penal). Se não é possível a punição, a ação será inútil. Ex.: ação penal por fato prescrito. De nada adiantará o exercício da ação penal se já estiver extinta a punibilidade do agente.

9.2.3. Legitimidade (ou legitimatio ad causam)

Diz respeito à pertinência subjetiva da ação. Os sujeitos devem ser legitimados para figurar na causa. Assim, a ação deve ser proposta somente pelo sujeito ativo pertinente e apenas contra aquele legitimado para figurar no polo passivo da causa.

No polo ativo da ação figura, em regra, o MP (art. 129, I, CF), já que a maioria das infrações penais tem a sua persecução por meio de ações penais públicas.

Nas ações privadas, o autor é o ofendido (a vítima), denominado querelante, que é pessoa física ou jurídica titular de um interesse.

Do lado oposto, no polo passivo, figura o réu (ações penais públicas) ou querelado (ações penais privadas).

Saliente-se que a CF prevê a possibilidade de responsabilização criminal da pessoa jurídica nas infrações penais praticadas em detrimento da economia popular, da ordem econômica e financeira (art. 173, § 5º, CF) e nas condutas lesivas ao meio ambiente (art. 225, § 3º, CF).

Importante dizer que a previsão no texto constitucional não conduz à automática inserção da pessoa jurídica no polo passivo, pois os dispositivos condicionam à previsão específica em lei ordinária. Nesse caso, o nosso ordenamento prevê a responsabilidade penal da pessoa jurídica apenas por danos ambientais (art. 3º, Lei 9.605/1998).

Ademais, nos tribunais superiores vinha sendo aplicada a teoria da dupla imputação, segundo a qual é imprescindível a imputação simultânea do ente moral (empresa) e da pessoa física responsável pela sua administração (STJ, RMS 37293/SP, *DJe* 09.05.2013). Sucede que há uma mudança no entendimento do STF, pois a Primeira Turma decidiu que "o art. 225, § 3º, CF não condiciona a responsabilização penal da pessoa jurídica por crimes ambientais à simultânea persecução penal da pessoa física em tese responsável no âmbito da empresa"[60]. Outrossim, também vem o STJ se afastando da tese da dupla imputação, vide AgRg no RMS 48.085/PA, 5ª Turma, *DJ* 20.11.2015 e AgRg no RMS 48.379/SP, 5ª, Turma, *DJe* 12.11.2015. Conclui, portanto, que inexiste imposição constitucional da dupla imputação (RE 548181/PR, *DJe* 06.08.2013).

9.2.4. Justa causa

Para o exercício da ação penal, não basta que o pedido seja juridicamente possível, que a ação seja necessária, adequada e útil, e proposta pelo legítimo titular em face do legítimo ofensor. A presença de todos esses requisitos será insuficiente se não existir lastro probatório mínimo quanto à autoria e prova da materialidade do fato. É o que estatui o art. 395, III, CPP.

A justa causa nada mais é do que o *fumus comissi delicti*, ou seja, *a identificação de que há elementos probatórios concretos acerca da materialidade do fato delituoso*[61] *e indícios razoáveis de autoria*. É essencial a presença desses elementos para justificar a instauração da ação penal e a movimentação do aparato estatal.

> Reflexos do Novo Código de Processo Civil
>
> O NCPC suprimiu a expressão "condições da ação" para determinar a extinção do processo, sem resolução do mérito e tampouco faz referência à possibilidade jurídica do pedido. Art. 485, IV, NCPC.
>
> Para Távora e Alencar (2015, p. 214), a supressão da expressão "condição da ação" não repercute na seara do Processo Penal porque o CPP prevê condições específicas para o exercício da ação penal, que torna os institutos distintos. Noutro sentido, a subtração da possibilidade jurídica do pedido terá reflexos na esfera processual penal. Vale ressaltar que, mesmo antes do NCPC, a delimitação da possibilidade jurídica do pedido no âmbito das ações penais já era controverso.
>
> Ainda de acordo com a doutrina, no entendimento de Lima (2015, p. 197), a impossibilidade jurídica do pedido passará a ser considerada no exame do mérito e não mais no juízo de admissibilidade da ação. Para o referido Autor, apenas a legitimidade e o interesse de agir serão considerados como condições da ação penal.

9.3. Condições específicas da ação penal

Para além das condições genéricas anteriormente analisadas (comuns a todas as modalidades de ação penal), certas ações penais exigem também condições específicas para que sejam propostas ou tenham efeito.

Condições de procedibilidade: estas condicionam o exercício da ação penal. Possuem caráter essencialmente processual e dizem respeito à admissibilidade da persecução penal. A

---

60. Ver também o Informativo nº 714, STF, de 5 a 9 de agosto de 2013.

61. A título de exemplo, ver decisão do STJ determinando o trancamento de ação penal, ante a manifesta atipicidade do fato, no HC RHC 70.596/MS, 5ª Turma, *DJ* 09.09.2016 e HC 326.959/SP, 5ª Turma, *DJ* 06.09.2016.

representação da vítima na ação penal pública condicionada à representação (crime de ameaça, *v. g.*), é uma condição de procedibilidade (condição específica desta ação penal). Sem ela, sequer é possível instaurar a ação penal.

Condições objetivas de punibilidade: *são aquelas condições estabelecidas em lei para que o fato seja concretamente punível* (GOMES, 2005, p. 87).

Podemos aqui citar dois exemplos de condições objetivas de punibilidade.

O primeiro é a sentença anulatória do casamento, que condiciona o exercício da ação penal no crime de induzimento a erro no matrimônio (art. 236, parágrafo único, CP).

Outro é a sentença que decreta a falência, a recuperação judicial ou extrajudicial nos crimes falimentares (art. 180, Lei 11.101/2005). Sem a decretação da falência ou da recuperação não será possível processar alguém por crime falimentar.

Importante destacar que o momento processual adequado para o juiz verificar o preenchimento de todas as condições da ação, genéricas ou específicas, é a fase de recebimento da denúncia ou da queixa (art. 395, II e III, CPP). Consiste o ato em um juízo sumário de admissibilidade da ação penal.

Atenção para não confundir as espécies anteriores com as **condições de prosseguibilidade**. Essas últimas, ao contrário, pressupõem a ação penal já instaurada, criando óbice à sua continuidade.

Exemplo ocorre nos casos em que o réu/querelado manifesta insanidade mental superveniente. Impõe-se a necessidade do agente recobrar a sanidade mental para que a ação penal tenha a sua regular continuidade. Enquanto não retomar a sanidade (condição de prosseguibilidade), o processo ficará paralisado e a prescrição correrá normalmente (art. 152, CPP).

9.4. Classificação da ação penal

A comunidade jurídica costuma classificar a ação penal tomando por base a legitimação ativa. Assim, a ação penal será pública quando a legitimação ativa pertencer ao MP e será privada quando a legitimação ativa pertencer à vítima. Façamos abaixo uma breve exposição sobre o tema para, na sequência, esmiuçarmos cada espécie de ação penal de per si.

a) Ação penal pública: é a encabeçada pelo MP. Pode ser:

I. **Incondicionada**: quando inexiste necessidade de autorização para que o MP possa agir (deflagrar a ação);

II. **Condicionada**: quando há necessidade de autorização (preenchimento de condição). Esta condição pode ser a representação da vítima (ex.: crime de ameaça) ou a requisição do Ministro da Justiça (ex.: calúnia contra o Presidente da República). Somente após o preenchimento da condição é que o MP estará autorizado a agir;

b) Ação penal privada: é a encabeçada pela própria vítima. Pode ser:

I – **Exclusivamente privada**: a característica fundamental aqui é que, no caso de incapacidade, morte ou ausência da vítima, o representante legal desta ou o CCADI,[62] conforme o caso, poderá ingressar com a ação penal. Ou seja, é possível que, em casos específicos, alguém, em lugar da vítima, ingresse com a ação penal. Ex.: imagine-se que uma vítima de injúria vem a falecer. Havendo prazo hábil, é possível que o CCADI venha a ingressar com a ação penal privada;

II – **Personalíssima:** a característica fundamental aqui é que, no caso de incapacidade, morte ou ausência da vítima, ninguém poderá ingressar/continuar com a ação penal. Assim, somente a vítima pode ingressar com a ação (personalíssima). Ex.: imagine-se que a vítima do crime previsto no art. 236, CP, vem a falecer. Nesse caso, ninguém poderá ingressar/prosseguir com a ação penal;

III – **Subsidiária da pública**: em caso de ação pública, quando o MP permanecer inerte nos prazos do art. 46, CPP, pode, excepcionalmente, a própria vítima do crime, ingressar com a ação penal. Ex.: num crime de roubo, pense-se que, nos prazos do art. 46, o MP permaneceu inerte. Diante dessa situação, pode a vítima do roubo ingressar com a ação penal privada subsidiária da pública.

Após essa sucinta apresentação das espécies de ação penal, aprofundemos cada uma delas, a começar pela ação penal pública, mais especificamente, pelos princípios que a regem.

9.5. Princípios que regem a ação penal pública

9.5.1. Obrigatoriedade ou legalidade processual

Significa que, *presentes os requisitos legais, as condições da ação, o Ministério Público está obrigado a patrocinar a persecução criminal, oferecendo a denúncia*. Não cabe ao órgão ministerial qualquer juízo de conveniência ou oportunidade quanto ao oferecimento da denúncia. Só pode o MP requerer (promover) o arquivamento se ocorrer uma das hipóteses dos arts. 395 e 397, CPP. Do contrário, será caso de denúncia.

Por outro lado, a doutrina costuma apontar que, no âmbito do JECRIM,[63] o princípio da obrigatoriedade sofre *mitigação (abrandamento)* – ou exceção, conforme preferem uns. É que, em se tratando de IMPO,[64] presentes os requisitos estabelecidos no art. 76, Lei 9.099/1995, deve o MP, em *vez de denunciar* (como normalmente faria), propor transação penal ao autor do fato. Assim, dizem os autores que, em relação às IMPO's, vigora o princípio da obrigatoriedade mitigada ou discricionariedade regrada.

Outras exceções mais recentes ao princípio da obrigatoriedade são a colaboração premiada, que veremos mais detalhadamente adiante e o acordo de leniência (também denominado de acordo de brandura ou de doçura).

Está previsto nos arts. 86 e 87, Lei 12.529/2011, e consiste no acordo celebrado entre o Conselho Administrativo de Defesa Econômica (CADE) e pessoas físicas ou jurídicas visando à efetiva colaboração nas investigações nos crimes contra a ordem econômica (Lei 8.137/1990), nos demais crimes diretamente relacionados à prática de cartel (Lei 8.666/1993), além daqueles previstos no art. 288, CP.

Sucede que esta colaboração precisa ser efetiva, ou seja, é imprescindível que dela resultem frutos para a persecução

---

62. Sigla para os seguintes legitimados, estatuídos pelo art. 31, CPP: Cônjuge/companheiro(a); ascendentes; descendentes; e irmãos. Vale ressaltar que a ordem de indicação deve ser observada no momento da atuação. É, pois, preferencial.

63. Juizado Especial Criminal – Lei 9.099/1995.
64. Infração de menor potencial ofensivo – art. 61, Lei 9.099/1995.

penal. Nesse sentido, os incisos I e II do art. 86, Lei 12.529/2011 impõem os seguintes resultados: I – identificação dos demais envolvidos na infração; II – obtenção de informações e documentos que comprovem a infração noticiada ou sob investigação.

A celebração do acordo enseja a suspensão do curso do prazo prescricional e o impede o oferecimento da denúncia com relação ao agente beneficiário da leniência (art. 87, Lei 12.529/2011). Ademais, o parágrafo único do referido dispositivo prevê a automática extinção da punibilidade pelo cumprimento do acordo pelo agente.

9.5.2. Indisponibilidade

Decorre do princípio da obrigatoriedade, mas não se confunde com esta, já que pressupõe a ação em andamento. Desse modo, uma vez proposta a ação penal, não pode o Ministério Público dela dispor (art. 42, CPP), ou seja, é vedada a desistência, não podendo, inclusive, dispor de eventual recurso interposto (art. 576, CPP).

Entretanto, o fato de o MP não poder desistir da ação penal não implica necessário pedido de condenação em qualquer hipótese. Na realidade, é possível que o órgão de acusação peça a absolvição na fase de memoriais/alegações finais orais, impetre *habeas corpus* em favor do réu e, até mesmo, recorra em favor deste.

Segundo a doutrina, o princípio da indisponibilidade também sofre mitigação (exceção). Nas infrações que possuem pena mínima de até 1 ano, preenchidos os demais requisitos legais (art. 89, Lei 9.099/1995), deve o MP, juntamente com a denúncia, propor a suspensão condicional do processo. Aceita esta proposta pelo autor do fato e havendo homologação pelo magistrado, o processo ficará suspenso por um período de 2 a 4 anos. Aponta, portanto, a doutrina que essa situação configura caso de mitigação do princípio da indisponibilidade.

9.5.3. Oficialidade

A persecução penal em juízo está a cargo de um órgão oficial, que é o MP.

9.5.4. Intranscendência ou pessoalidade

A ação só pode ser proposta em face de quem se imputa a prática do delito, ou seja, só pode figurar no polo passivo da ação penal quem supostamente cometeu a infração penal (e não os pais, parentes etc. do suposto autor do fato).

9.5.5. Indivisibilidade

Atenção: os Tribunais Superiores *não reconhecem a* **indivisibilidade** *como princípio reitor da ação penal pública, mas apenas da privada (STJ, RHC 67.253/PE, 6ª Turma, DJ 18.04.2016, APn 613/SP, Corte Especial, DJ 28.10.2015 e Info. 0562, período de 18 a 28.05.2015, 5ª Turma e STF, Inq 2915 ED, Tribunal Pleno, DJ 11.12.2013, HC 117589, DJe 25.11.2013 e RHC 111211, 1ª Turma, DJ 20.11.2012).*

Antes de aprofundarmos o assunto, cabe alertar que **indivisibilidade** significa que, em caso de concurso de pessoas, *a acusação não pode fracionar (dividir) o polo passivo da ação penal, escolhendo quem irá processar.*

Porém, como dito, por mais estranho que possa soar, o STF entende que tal princípio não é aplicável à ação pública. Motivos que levam a Corte Suprema a assumir essa posição:

I – O art. 48, CPP, ao tratar da indivisibilidade, só se referiu à ação privada e não à pública;

II – O MP pode deixar de denunciar alguns indivíduos a fim de recolher mais elementos contra estes ao longo do processo e, assim, aditar a denúncia.

O argumento do STF parece partir de uma errônea compreensão do princípio em tela. Crê o STF que, como pode ocorrer aditamento posterior à denúncia, é possível sim dividir a ação penal pública, logo, não haveria que se falar em indivisibilidade.

Porém, esse conceito de indivisibilidade não é preciso. Indivisibilidade não significa impossibilidade de aditamento posterior (como sugere o STF). Não é este o ponto. Indivisibilidade significa que a acusação não pode excluir arbitrariamente agentes do polo passivo da ação (apenas isto). É lógico que, em caso de inexistência de elementos suficientes para o oferecimento da denúncia em relação a algum agente, o MP deverá promover o arquivamento (explícito) em relação a este, sendo certo que, surgindo elementos ao longo do processo da participação de mais algum agente na infração penal, deverá promover o aditamento à denúncia.

Na realidade, a indivisibilidade da ação penal decorre do próprio princípio da obrigatoriedade. Preenchidos os requisitos legais todos os agentes deverão ser denunciados.

Apesar de nossos argumentos, não se esqueça da posição do STF assinalada anteriormente: incabível a *indivisibilidade na ação penal pública*.

9.6. Ação penal pública incondicionada

9.6.1. Conceito

Modalidade de ação penal que dispensa qualquer condicionamento para o seu exercício. É a regra em nosso ordenamento jurídico.

9.6.2. Titularidade

A CF/1988 estabeleceu o MP como o legitimado privativo para a acusação nas ações penais públicas (art. 129, I, CF). Diante disso, é importante lembrar a incompatibilidade do art. 26, CPP, com o referido dispositivo constitucional, que implica a não recepção do processo judicialiforme, também denominado ação penal *ex officio*, pelo nosso ordenamento constitucional.

Atenção: A recente Lei 13.718/2018 tornou todos os crimes contra a dignidade sexual processáveis mediante ação penal pública incondicionada.

9.7. Ação penal pública condicionada

9.7.1. Conceito

Modalidade de ação penal que exige certas condições para o seu exercício por parte do MP. Trata-se de opção de política criminal do Estado que, levando em conta a natureza do bem jurídico violado, deixa a cargo da vítima (ou do Min. da Justiça, conforme o caso) a autorização para que a ação penal possa ser instaurada pelo MP. Sem a autorização da vítima ou do Min. da Justiça, conforme o caso, o MP não pode deflagrar a ação penal.

Analisemos alguns importantes institutos da ação penal pública condicionada: representação da vítima e requisição do Ministro da Justiça.

9.7.2. Representação da vítima

Trata-se de autorização (anuência) dada pelo ofendido para que o MP possa deflagrar a ação penal. Conforme diz a doutrina, a representação configura uma *condição de procedibilidade* para instauração da persecução penal.

a) Características da representação

I – **Quem pode representar (legitimidade)?** Vítima (pessoalmente ou por procurador com poderes especiais) ou representante legal (caso a vítima seja menor de 18 ou doente mental – arts. 24 e 39, CPP). Acrescente-se ainda que o civilmente emancipado também necessita de representante legal no campo processual penal;

II – Havendo **discordância** entre a vítima menor de 18 (ou doente mental) e seu representante legal, haverá nomeação de curador especial –art. 33, CPP. Curador especial é qualquer pessoa maior de 18 anos e mentalmente sã que, analisando o caso concreto, decidirá livremente pela representação ou pela não representação. É, pois, quem dará o "voto de Minerva" em caso de celeuma entre a vítima e seu representante legal;

III – Vítima menor ou doente mental que **não possui representante legal**: também nessa situação entrará em cena a figura do curador especial que decidirá livremente pela representação ou pela não representação;

IV – No caso de **morte ou declaração de ausência da vítima,** poderão oferecer representação em lugar do ofendido, nesta ordem, o cônjuge (ou companheiro), o ascendente, o descendente e o irmão (CCADI) – art. 24, § 1º. Conforme a doutrina, trata-se de *substituição processual*, em que a pessoa (CCADI) atua em nome próprio, mas em defesa de interesse alheio (o do falecido ou ausente);

V – Em se tratando de **pessoa jurídica**, a representação deve ser feita por aquele que estiver designado no contrato ou estatuto social da empresa. Diante da inércia destes, os diretores ou sócios-gerentes também poderão representar (art. 37, CPP).

VI – **Prazo para a representação:** prazo decadencial de 6 meses *contados a partir do conhecimento da autoria da infração* (art. 38, CPP). Dizer que um prazo é decadencial significa que não se suspende, interrompe ou prorroga. A contagem desse prazo segue os parâmetros do art. 10, CP: inclui-se o dia do conhecimento da autoria e exclui-se o último dia.

Atenção que a contagem desse prazo se inicia a partir do conhecimento da autoria do crime (a partir do momento em que a vítima descobre quem é o autor do delito) e não da consumação da infração. Normalmente, o conhecimento da autoria se dá no mesmo instante da consumação do delito. Mas isto pode não ocorrer, já que, embora consumado hoje o crime, posso vir a descobrir apenas meses mais tarde quem foi o seu autor. Será, pois, a partir desta última data que se contará o prazo de 6 meses. Ex.: em 10.02.2010, Fulano foi vítima de ameaça (data da consumação do crime). Porém, Fulano teve conhecimento da autoria do crime que sofrera apenas em **02.02.2011**. Assim, Fulano terá até o dia **01.08.2011** para ingressar com a representação;

VII – **Ausência de rigor formal** (art. 39, CPP): não há formalismos no ato de representação. Esta pode ser realizada por escrito ou oralmente perante o delegado, o MP ou o juiz. Exemplo da informalidade que estamos tratando aqui: considera a jurisprudência que há representação no simples ato da vítima de comparecimento a uma delegacia para relatar a prática de um crime contra si.

Ademais, basta a vítima oferecer a representação uma única vez. Explica-se com um exemplo: após ter representado perante o delegado, não precisa a vítima, novamente, representar perante o MP para que esse possa agir;

VIII – **Destinatários:** delegado, MP ou juiz – art. 39, CPP.

IX – **Retratação:** é possível ao ofendido retratar-se ("voltar atrás") da representação ofertada anteriormente até o oferecimento da denúncia (*i. e.,* até o protocolo da denúncia em juízo) – art. 25, CPP, c/c o art. 102, CP. Após este prazo, não haverá mais como a vítima impedir a atuação do MP. No caso da Lei Maria da Penha (art. 16), é possível a retratação até o recebimento da denúncia[65];

X – **Eficácia objetiva da representação:** efetuada a representação contra um só agente, caso o MP vislumbre que outros indivíduos também contribuíram para a empreitada criminosa, poderá incluí-los na denúncia. É que a vítima, ao representar, está autorizando o MP a agir não só contra o agente objeto da representação, mas contra todos os outros possíveis participantes da prática delituosa. A representação incide sobre os fatos narrados pelo ofendido e não sobre os seus autores;

XI – **Inexistência de vinculação do MP:** a representação não vincula a *opinio delicti* do MP. Mesmo que a vítima represente (*i. e.*, autorize o MP a agir), o órgão acusador pode discordar do ofendido (oferecendo denúncia por crime diverso do contido na representação, por exemplo), ou, ainda, requerer o arquivamento da representação por não vislumbrar elementos acerca da materialidade e/ou da autoria delitiva no caso concreto;

XII – **Alguns exemplos de crime que se procede por meio de ação penal pública condicionada à representação:** ameaça (art. 147, CP); violação de correspondência comercial (art.152, CP); furto de coisa comum (art. 156, CP).

9.7.3. Requisição do Ministro da Justiça (MJ)

Para que o MP possa agir, certos crimes exigem a necessidade de autorização por parte do MJ. A requisição nada mais é do que um *ato de conveniência política a respeito da persecução penal*. Nessa hipótese, a possibilidade de intervenção punitiva está submetida inicialmente à discricionariedade do MJ.

a) Características da requisição do MJ

I – **Atenção**: a palavra requisição nesse contexto não tem conotação de "ordem" (como ocorre no caso de requisição de diligência do MP ao delegado). Ao contrário, como visto, trata-se de mera autorização do MJ para que o MP possa atuar. Logo, a requisição do MJ não vincula o entendimento do MP. Este poderá discordar do MJ (oferecendo denúncia por crime diverso do contido na requisição, p. ex), ou, ainda, requerer o arquivamento da requisição por não vislumbrar elementos acerca da materialidade e/ou da autoria delitiva no caso concreto;

---

65. AgRg no AREsp 828.197/SC, 6ª Turma, *DJ* 30.06.2016 e PET no RHC 44.798/RJ, 6ª Turma, *DJ* 16.11.2015.

II – **Quem pode requisitar (legitimidade)?** Ministro da Justiça;

III – **Destinatário da requisição:** MP (é dirigida ao chefe da instituição);

IV – **Prazo:** não há previsão legal. A requisição é possível enquanto o crime não estiver prescrito;

V – **Retratação:** não há previsão legal. Predomina na doutrina a impossibilidade de retratação da requisição.

VI – **Eficácia objetiva:** idem à representação;

VII – **Exemplo de crime que se procede por meio de ação penal pública condicionada à requisição:** crime contra a honra do Presidente da República (art. 145, parágrafo único, CP).

9.8. Ação penal privada

9.8.1. Conceito

É aquela modalidade de ação penal em que o legislador, por questão de política criminal, atribuiu a titularidade à vítima (querelante). Entendeu por bem o legislador atribuir a titularidade da ação penal à vítima nesses casos por entender que a violação à esfera de intimidade da vítima é superior ao interesse público em jogo. Assim, *grosso modo*, cabe à vítima optar por ingressar com a ação penal, expondo a sua intimidade em juízo, ou permanecer inerte.

9.8.2. Princípios que regem a ação penal privada

a) Oportunidade ou conveniência: fica à conveniência da vítima ingressar ou não com a ação penal (questão de foro íntimo). Inexiste obrigatoriedade aqui. Vale lembrar que a vítima não tem o dever de peticionar pela renúncia do direito de ação. Caso não queira processar o agente, basta deixar escoar o seu prazo decadencial de 6 meses. Não há, portanto, necessidade de pedido de arquivamento do IP;

b) Disponibilidade: o querelante dispõe do conteúdo material do processo. Assim, poderá desistir da ação penal intentada. Pode dar causa, por exemplo, à perempção (consultar o art. 60, CPP);

c) Indivisibilidade (arts. 48 e 49, CPP): em caso de concurso de agentes, o querelante está obrigado a oferecer a ação penal contra todos aqueles que praticaram o fato delituoso contra si. Busca-se com isso evitar que a ação seja usada como mecanismo de vingança privada (processando-se uns e outros não)[66].
O Ministério Público desempenha fundamental papel de fiscalização da indivisibilidade da ação privada (art. 48, CPP). Em caso de exclusão indevida de agente(s) por parte do querelante, conforme sustenta a doutrina, não deve o MP aditar (ele próprio) a queixa.[67] Deve, no prazo previsto pelo § 2º do art. 46 do CPP, provocar a vítima para que promova o aditamento. Caso a vítima insista na exclusão dos agentes, deve o MP requerer ao magistrado a extinção da punibilidade de todos os acusados (em razão da ocorrência de renúncia tácita nessa situação);

d) Intranscendência ou pessoalidade: a ação penal só pode ser intentada contra quem é imputada a prática da infração penal, ou seja, somente aquele que supostamente a praticou pode figurar como querelado.

9.8.3. Características da ação penal privada (mutatis mutandis, iguais as da representação)

I – **Quem pode ingressar com a ação penal privada (legitimidade)?** Em regra (art. 30), a vítima (pessoalmente ou por procurador com poderes especiais) ou o seu representante legal (no caso de vítima menor de 18 ou doente mental)[68]. Nota: o art. 34 está revogado pelo atual CC. Completados 18 anos (e estando na plenitude de suas faculdades mentais), apenas a vítima pode ingressar com a ação penal.

Ademais, a pessoa jurídica também pode ingressar com a ação penal privada. É o que diz o art. 37, CPP: "as fundações, associações ou sociedades legalmente constituídas poderão exercer a ação penal, devendo ser representadas por quem os respectivos contratos ou estatutos designarem ou, no silêncio destes, pelos seus diretores ou sócios-gerentes";

II – **Havendo discordância entre a vítima menor de 18 (ou doente mental) e seu representante legal:** haverá nomeação de curador especial – art. 33, CPP;

III – Vítima menor ou doente mental que **não possui representante legal**: também nessa situação entrará em cena a figura do curador especial que decidirá livremente pelo processo ou não processo;

IV – **No caso de morte ou declaração de ausência da vítima:** como já mencionado anteriormente, poderão suceder, nesta ordem, o cônjuge (ou companheiro), o ascendente, o descendente e o irmão (CCADI) – art. 31, CPP;

V – **Prazo:** 6 meses contados a partir do conhecimento da autoria da infração (art. 38, CPP).

9.8.4. Espécies de ação penal privada

O tema já foi apresentado anteriormente, porém agora iremos detalhá-lo um pouco mais.

a) Exclusivamente privada: é aquela em que a propositura/continuação da ação pode ser efetuada pela vítima ou, na impossibilidade desta (por morte, ausência ou doença mental), pelo representante legal/CCADI. Em suma, a ação penal exclusivamente privada admite o instituto da substituição processual (a pessoa atua em nome próprio, mas em defesa de interesse alheio), admite, pois, que, quando a vítima se encontra impossibilitada de agir/prosseguir com a ação, outras pessoas especificadas por lei a substituam. Representa a

---

66. Ver Informativo 813, STF, de 1º a 5 de fevereiro de 2016 e STF, Inq 3526/DF, j. 02.02.2016.

67. Na ação privada, o MP só pode aditar se for para correções formais (indicação do procedimento adequado, dia, hora e local do crime etc.).

68. A Primeira Turma do STF, reconheceu a legitimidade ativa *ad causam* da mulher de deputado federal para formalizar queixa-crime com imputação do crime de injúria, prevista no art. 140 do Código Penal, em tese perpetrada por senador contra a honra de seu marido. A querelante se diz ofendida pela declaração do querelado, no Twitter, na qual insinua que seu marido mantém relação homossexual extraconjugal com outro parlamentar. O Supremo reconheceu a legitimidade ativa em face da apontada traição. (Informativo 919, de 8 a 12 de outubro de 2018).

esmagadora maioria dos crimes de ação penal privada. É, pois, a ação penal privada por excelência. Ex.: imagine-se que uma vítima de injúria vem a falecer. Havendo prazo hábil, é possível que o CCADI venha a ingressar com a ação penal privada;

b) Personalíssima: somente a vítima pode ingressar com a ação. Ninguém, em seu lugar, pode agir. Logo, descabe a substituição processual. Há um único exemplo em nosso ordenamento jurídico: induzimento a erro essencial e ocultação de impedimento ao casamento (art. 236, CP). No caso deste crime, se a vítima, por exemplo, vier a falecer, não poderá o CCADI atuar em seu lugar. Haverá a extinção da punibilidade do querelado;

c) Subsidiária da pública (*queixa subsidiária*) – art. 29, CPP: em caso de ação pública, quando o MP permanecer inerte nos prazos do art. 46, CPP, pode, excepcionalmente, a própria vítima do crime ingressar com a ação penal. Ex.: num crime de roubo, pense-se que, nos prazos do art. 46, o MP permaneceu inerte. Diante desta situação, pode a vítima do roubo ingressar com a ação penal privada subsidiária da pública (ou simplesmente queixa subsidiária). A finalidade principal dessa ação é fiscalizar a atuação do Ministério Público, buscando, assim, evitar a desídia do Estado-acusação.

Note que "permanecer inerte" significa que o MP não fez absolutamente nada, *i. e.*, nos prazos do art. 46, CPP, não ingressou com a denúncia, não requisitou diligências e nem requereu o arquivamento. Não é possível ingressar com a queixa subsidiária quando o MP pediu o arquivamento ou quando requisitou diligências. Repita-se: só cabe a queixa subsidiária em caso de inércia total do MP (**STF, ARE 859251 ED-segundos, Tribunal Pleno,** *DJ* **09.11.2015**).

Prazo da queixa subsidiária: 6 meses contados a partir da consumação da inércia do MP. Atenção: são 6 meses a partir da consumação da inércia e não do conhecimento da autoria do crime.

Ademais, é oportuno frisar que a ação penal, apesar de assumida excepcionalmente pela vítima nesse caso, *não perde a sua* natureza pública. Isto significa que a ação penal permanece regida pelo princípio da indisponibilidade, motivo pelo qual o ofendido não poderá desistir da ação, dar causa à perempção (art. 60, CPP) ou mesmo perdoar o réu. Insista-se: apesar da mudança ocorrida no polo ativo da ação, esta permanece sob forte interesse público. Assim, a qualquer sinal de desídia/desistência por parte da vítima, retomará o MP a ação como parte principal. Aprofundemos o assunto a respeito dos poderes do MP na queixa subsidiária.

Na ação penal privada subsidiária da pública, o MP é verdadeiro interveniente adesivo obrigatório, pois será chamado a se manifestar em todos os termos do processo, sob pena de nulidade.

As suas **atribuições** estão enumeradas no art. 29, CPP, podendo o MP:

I – Aditar a queixa, acrescentando-lhe novos fatos/agentes;

II – Repudiar a queixa e oferecer denúncia substitutiva. Não pode o MP repudiar a queixa de forma arbitrária. Deve fundamentar porque o faz;

III – Intervir em todos os termos do processo;

IV – Fornecer elementos de prova;

V – Interpor recursos;

VI – A todo tempo, no caso de negligência do querelante, retomar a ação como parte principal.

9.8.5. Institutos da ação penal privada: renúncia, perdão e perempção

a) Renúncia ao direito de ação: é a *manifestação de vontade do querelante no sentido de não promover a ação penal.*

A renúncia somente é possível antes do ingresso da queixa. Trata-se de ato unilateral (não necessita da anuência do agente).

Pode se dar de forma expressa ou tácita (ex.: convívio íntimo entre vítima e seu ofensor).

É, ainda, ato irretratável e indivisível (no caso de existir pluralidade de querelados, por força do princípio da indivisibilidade, a renúncia em favor de um aproveitará os demais).

Gera a extinção da punibilidade do agente.

Por fim, admite-se qualquer meio de prova para atestá-la.

Consultar os arts. 49, 50 e 57, CPP;

b) Perdão do ofendido: somente possível após o ingresso da queixa, porém, antes do trânsito em julgado.

Trata-se de ato bilateral (para que produza efeitos depende da aceitação do querelado). É ato bilateral porque o querelado tem o direito de buscar a comprovação da sua inocência, objetivando a sentença absolutória e não a extintiva de punibilidade.

É importante dizer que o silêncio do querelado importa em anuência. Para ilustrar melhor a situação, há o exemplo de quando o querelante oferece o perdão nos autos e o querelado é notificado para dizer se concorda, no prazo de 03 dias. Decorrido o lapso temporal, o silêncio implicará concordância.

O perdão pode se dar de forma expressa ou tácita (idem à renúncia).

É irretratável e indivisível (no caso de existir pluralidade de querelados, por força do princípio da indivisibilidade, o perdão em favor de um aproveitará os demais).

Gera a extinção da punibilidade do agente.

Admite-se também qualquer meio de prova para atestá-la.

Consultar os arts. 51, 53 e 55 a 59, CPP;

c) Perempção: significa a desídia do querelante após a instauração do processo. O efeito desse desinteresse é a extinção da punibilidade, consoante estatuído pelo art. 107, IV, CP. Vejamos quando ela ocorre (análise do art. 60, CPP):

> "**Art. 60.** Nos casos em que somente se procede mediante queixa, considerar-se-á perempta a ação penal:
>
> I – quando, iniciada esta, o querelante deixar de promover o andamento do processo durante 30 dias seguidos;[69]
>
> II – quando, falecendo o querelante, ou sobrevindo sua incapacidade, não comparecer em juízo, para prosseguir no processo, dentro do prazo de 60 (sessenta) dias, qualquer das pessoas a quem couber fazê-lo, ressalvado o disposto no art. 36;

---

69. Em recente julgado, o STF reconheceu a ocorrência de perempção em razão da inércia do querelante no fornecimento do endereço de um dos querelados, o que culminou na extinção da punibilidade de todos os acusados. Nesse sentido, ver STF, Pet5230/AP, *Dje* 12.09.2017.

III – quando o querelante deixar de comparecer, sem motivo justificado, a qualquer ato do processo a que deva estar presente, ou deixar de formular o pedido de condenação nas alegações finais;

IV – quando, sendo o querelante pessoa jurídica, esta se extinguir sem deixar sucessor."

9.8.6. Custas processuais e honorários advocatícios (art. 806, CPP)

Em primeiro lugar, é importante dizer que a discussão diz respeito apenas às ações penais privadas propriamente ditas (exclusiva e personalíssima), excluindo, portanto, a subsidiária da pública (que mantém a natureza de ação penal pública).

Em regra, a parte que requer a diligência (querelante ou querelado) deverá recolher previamente o valor correspondente às custas processuais, sob pena de ser tida como renunciada a diligência requerida.

Por óbvio, há substanciais exceções, quais sejam: querelantes ou querelados comprovadamente pobres (art. 32, CPP); e Estados que não estabelecem custas processuais em processos de natureza criminal. Ver STJ, AgRg no REsp 1595611/RS, 6ª Turma, *DJ* 14.06.2016.

Nos casos de preparo do recurso em ação penal pública, o STF possui entendimento consolidado de que o pagamento só é exigível após o trânsito em julgado da sentença condenatória. Não será negado seguimento ao recurso, sob pena de ofensa à presunção de inocência e à ampla defesa (HC 95128/RJ, *DJe* 05.03.2010).

9.9. Temas especiais em ação penal

Para além da classificação convencional das ações penais, que acabamos de trabalhar nos itens anteriores, há uma série de peculiaridades legais e de construções doutrinárias e jurisprudenciais que devem ser aqui abordadas pela sua crescente presença em provas de concursos, em especial nas fases subjetiva e oral.

9.9.1. Ação de prevenção penal

Trata-se de ação penal destinada a aplicar medida de segurança ao acusado. Explica-se: toda ação penal requer a imposição de sanção penal, seja pena (aos réus imputáveis) ou medida de segurança (aos inimputáveis), mas essa modalidade é destinada **apenas** à aplicação de medida de segurança aos absolutamente incapazes.[70]

A denúncia, portanto, é oferecida visando à aplicação de medida de segurança por tratar-se de acusado inimputável.

9.9.2. Ação penal pública subsidiária da pública

Tal denominação é oriunda de construção doutrinária e decorre do art. 2º, § 2º, Dec.-lei 201/1967 (crimes praticados por prefeitos e vereadores). O dispositivo prevê a atuação do PGR nos casos em que a autoridade policial ou o MP estadual não atendam às providências para instauração de inquérito policial ou ação penal.

Em outras palavras, da inércia do MP estadual ou da autoridade policial civil surge a atribuição do PGR, chefe do Ministério Público Federal (MPF), para atuar no polo ativo da persecução.

A crítica pertinente a essa modalidade é que tal dispositivo não está em harmonia com a CF, que estabelece a independência funcional do MP estadual. O *parquet* estadual possui autonomia e deve ser visto como um órgão independente. Não há qualquer relação hierárquica entre os MP's estaduais e o MPF. Desse modo, a ação aqui estudada não foi recepcionada pela CF/1988.

9.9.3. Ação penal popular

Construção doutrinária a partir do art. 14, Lei 1.079/1950,[71] que define os crimes de responsabilidade praticados pelo Presidente da República (PR), Ministros de Estado, do STF, PGR, Governadores e Secretários estaduais.

Para a fração minoritária da doutrina que a admite, a pessoa que denunciar o PR assume o polo ativo da ação, que depende de autorização da Câmara dos Deputados e tramitará perante o Senado Federal, configurando, assim, uma terceira modalidade de ação penal.

Sucede que a doutrina majoritária entende que o referido dispositivo legal diz respeito tão somente à *delatio criminis* feita por qualquer do povo à Câmara dos Deputados, ou seja, ciente da prática de um crime de responsabilidade pelo PR, toda pessoa pode comunicar o fato formalmente à Casa Legislativa, que poderá, ou não, dar seguimento de acordo com a análise combinada dos arts. 51, I, e 86, CF.

Percebe-se, portanto, que o que a minoria entende ser uma modalidade de ação penal exercida por qualquer do povo na realidade é o reconhecimento de que todos podem denunciar à Câmara dos Deputados a prática de infração político-administrativa (crime de responsabilidade) pelas autoridades federais indicadas.

9.9.4. Ação penal adesiva

Acontece na hipótese em que houver conexão ou continência entre uma ação penal pública e uma ação penal privada. Essa situação implica dupla legitimação ativa na tutela de interesses conexos, quais sejam, do MP e do querelante, embora em ações penais distintas. A unificação das ações é facultativa, funcionando de modo similar ao litisconsórcio ativo facultativo do processo civil.

9.9.5. Ação penal secundária (legitimação secundária)

Acontece quando a lei estabelece um titular ou uma modalidade de ação penal para determinado crime, mas, mediante o surgimento de circunstâncias especiais, prevê,

---

70. Assim compreendidos nos termos do art. 26, CP: "o agente que, por doença mental ou desenvolvimento mental incompleto ou retardado, era, ao tempo da ação ou da omissão, inteiramente incapaz de entender o caráter ilícito do fato ou de determinar-se de acordo com esse entendimento".

71. Art. 14. "É permitido a qualquer cidadão denunciar o Presidente da República ou Ministro de Estado, por crime de responsabilidade, perante a Câmara dos Deputados."

secundariamente, uma nova espécie de ação penal para aquela mesma infração.

Ex: crimes contra a honra são, em regra, de ação privada, mas, no caso de ofensa à honra do Presidente da República, a própria lei estabelece que a ação penal é condicionada à requisição do MJ (art. 145, parágrafo único, CP).

Diz-se legitimação secundária porque há uma alteração ou condicionamento do polo ativo da ação penal. A ação penal pública transforma-se em ação penal privada ou a ação penal pública incondicionada torna-se condicionada.

9.9.6. Ação penal nos crimes contra a honra de funcionário público

A discussão desse tema justifica-se pelo excepcional tratamento conferido ao polo ativo da ação penal.

Quando um funcionário público, em razão do exercício da sua função (*propter officium*), é ofendido em sua honra, a ação penal decorrente do fato é pública condicionada à representação. É o regramento da parte final do parágrafo único, art. 145, CP.

Sucede que o STF, buscando ampliar os mecanismos de defesa da honra do servidor público, construiu entendimento que resulta em legitimidade ativa concorrente. Nesse sentido, diz a Súmula 714: "é concorrente a legitimidade do ofendido, mediante queixa, e do Ministério Público, condicionada à representação do ofendido, para a ação penal nos crimes contra a honra de servidor público em razão do exercício de suas funções".

A opção do servidor ofendido, portanto, é dúplice, cabendo a ele escolher a modalidade de ação que entender mais efetiva.

O que acontece quando o ofendido opta pela representação e o MP manifesta-se pelo arquivamento? Ao contrário do que acontece na ação privada subsidiária, em que o ofendido nada pode fazer, aqui ele pode oferecer a queixa-crime, desde que não tenha decorrido o prazo decadencial.[72] Lembremos que o caso é de **legitimação concorrente** (simultânea) e **não subsidiária** (supletiva), que pressupõe a inércia do MP.

O STF vem entendendo que se o funcionário público ofendido optar pela representação ao MP, haverá preclusão em relação à ação penal privada. Caberá, contudo, a ação penal privada subsidiária da pública se o MP não oferecer denúncia dentro do prazo e não requerer o arquivamento do IP (Inq 3438, 1ª Turma, *DJ* 10.02.2015 e HC 84659/MS, *DJ* 19.08.2005).

9.10. Inicial acusatória

9.10.1. Conceito

Peça inaugural da ação penal, contendo a imputação formulada pelo órgão legitimado para a acusação. Nas ações penais públicas (incondicionada e condicionada), cuja legitimidade ativa pertence ao MP, a peça é denominada denúncia. Nas ações privadas, cuja legitimidade pertence, em regra, à vítima, chama-se queixa-crime ou, simplesmente, queixa.

9.10.2. Requisitos comuns à denúncia e à queixa (art. 41, CPP).

Para que possa ser recebida pelo juiz e para que a defesa possa se realizar adequadamente, a inicial penal precisa observar certos requisitos, a saber:

a) Exposição (descrição) do fato criminoso com todas as suas circunstâncias: narrativa de um acontecimento que se encaixe perfeitamente a um tipo penal (preenchimento de todos os elementos do tipo penal). Deve-se descrever a conduta delitiva, o elemento subjetivo (dolo ou culpa), instrumentos do crime, mal produzido, motivos do crime, bem como qualquer circunstância que influa na caracterização do delito (qualificadoras, majorantes, agravantes etc.).

A ausência ou deficiência da exposição do fato criminoso com todas as suas circunstâncias enseja a rejeição por inépcia da inicial penal – art. 395, I, CPP. Nessa hipótese, a inépcia deve ser arguida até o momento anterior à prolação da sentença (art. 569, CPP).

Finalmente, perceba o leitor que a correta exposição do fato criminoso com todas as suas circunstâncias é de suma importância para direito de defesa do réu. Isto porque uma inicial mal elaborada, lacônica, prejudica inegavelmente o direito de defesa (o réu termina não sabendo ao certo do que está sendo acusado). Não se deve esquecer que, no processo penal, o acusado defende-se não da classificação legal dada ao crime, mas dos fatos a ele imputados. A seguir, analisaremos algumas situações práticas que dizem respeito à relevância da descrição adequada dos fatos na exordial acusatória:

I – Denúncia genérica (imputação genérica)

Há hipóteses em que o concurso de infratores torna difícil a individualização das respectivas condutas, da participação de cada um deles na infração penal. Vimos acima que o réu defende-se dos fatos imputados na peça acusatória, motivo pelo qual a descrição da conduta de cada um deles é essencial para o pleno exercício da defesa, do contraditório. Se a conduta não está delimitada, o acusado não pode formular a sua tese defensiva, contrapondo argumentos que demonstrem comportamento distinto daquele descrito na denúncia/queixa.

Por essa razão, a denúncia formulada de modo genérico não tem sido admitida em nossos tribunais e também pela doutrina.

Há, contudo, duas **exceções** construídas pelos tribunais superiores.

Nos crimes de autoria coletiva, que são os crimes societários e os multitudinários (derivado de multidão), em que uma coletividade de pessoas pratica diversas infrações penais, a pormenorização das condutas no momento da elaboração da denúncia é mais difícil. Exemplo de crime multitudinário: uma multidão de torcedores promove a depredação em estádio de futebol e arredores.

Admite-se uma descrição que permita a individualização da conduta, mas sem os aspectos minuciosos que seriam naturalmente exigidos. Destaque-se que a instrução probatória deverá demonstrar esses aspectos que ficaram de fora da peça inicial. Ver STF, HC 128435, 1ª Turma, *DJ* 16.11.2015 e HC 118891, 1ª Turma, 20.10.2015 e STJ, HC 469631, Dje 17.10.2018.

---

72. STF, Inq 2134, Tribunal Pleno, *DJ* 02.02.2007 e AgRInq 726/RJ, *DJ* 29.04.1994.

Quanto aos crimes societários, a questão não é tão pacífica. No STF, por exemplo, há certa divisão entre duas turmas. Vejamos.

Diz a 2ª Turma, no Inq 3644/AC, *DJe* 13.10.2014: "para a aptidão da denúncia por crimes praticados por intermédio de sociedades empresárias, basta a indicação de ser a pessoa física e sócia responsável pela condução da empresa". A turma reconhece que a mera indicação do vínculo societário basta para tornar apta a peça exordial.

Divergindo em parte, a 1ª Turma, no HC 122450/MG, *DJe* 20.11.2014, decidiu que "a denúncia, na hipótese de crime societário, não precisa conter descrição minuciosa e pormenorizada da conduta de cada acusado, sendo suficiente que, demonstrando o vínculo dos indiciados com a sociedade comercial, narre as condutas delituosas de forma a possibilitar o exercício da ampla defesa", vide, também, o HC 128435, 1ª Turma, *DJ* 16.11.2015 e HC 149328/SP, 1ª Turma, *DJe* 25.10.2017 Há, portanto, a necessidade de demonstrar o vínculo com a empresa e descrever a conduta individualizada dos acusados, embora sem pormenorização.

Percebe-se a divergência entre as turmas do STF.

E qual a posição do STJ? A referida Corte mitiga a exigência de descrição pormenorizada da conduta, mas entende que é necessária a demonstração de relação entre o acusado e o delito a ele imputado (AgRg no REsp 1474419/RS, *DJe* 10.06.2015). No entanto, é importante destacar aqui recente entendimento da 6ª Turma do STJ no RHC 71.019/PA, *DJ* 26.08.2016, segundo o qual: "Tem esta Turma entendido que, não sendo o caso de grande pessoa jurídica, onde variados agentes poderiam praticar a conduta criminosa em favor da empresa, mas sim de pessoa jurídica de pequeno porte, onde as decisões são unificadas no gestor e vem o crime da pessoa jurídica em seu favor, pode então admitir-se o nexo causal entre o resultado da conduta constatado pela atividade da empresa e a responsabilidade pessoal, por culpa subjetiva, de seu gestor". No mesmo sentido: RHC 39.936/RS, 6ª Turma, *DJ* 28.06.2016 e REsp 1579096, 6ª Turma, *DJe* 25.09.2017.

II – Denúncia alternativa (imputação alternativa)

Consiste na possibilidade de imputação de uma infração a várias pessoas ou de várias infrações a uma pessoa, sempre de modo alternativo.

Para melhor compreensão, é importante atentar para as espécies através dos exemplos abaixo.

Imputação alternativa subjetiva: acontece quando o órgão de acusação está em dúvida em relação à autoria (se "A" ou se "B" cometeu o crime) e oferece a denúncia/queixa contra um ou outro, alternativamente, acreditando que a instrução processual revelará quem, de fato, o cometeu. Incide, pois, sobre o sujeito ativo da infração penal (autor do fato).

Em síntese, na dúvida sobre o autor do crime, todos são incluídos na expectativa de que a instrução demonstre qual deles é o agente.

Imputação alternativa objetiva: nesse caso, a dúvida da acusação diz respeito à infração penal efetivamente cometida. Ex: se o MP não possuir elementos suficientes para concluir se um objeto foi subtraído com ou sem grave ameaça, oferecerá a denúncia por furto ou por roubo, alternativamente, considerando que a instrução processual certificará se houve violência ou grave ameaça à pessoa.

Do exposto sobre a imputação alternativa, podemos inferir que há clara impossibilidade de exercício da ampla defesa pelo acusado. Em uma hipótese, sequer há indícios consistentes sobre quem é o autor do fato. Na outra, não há ciência exata de qual fato está sendo imputado contra si. Ver STJ, HC 307842, *DJ* 27.11.2014 e REsp 399858/SP, *DJe* 24.03.2003;

b) Qualificação do acusado ou fornecimento de dados que permitam a sua identificação: deve a inicial penal trazer a qualificação do acusado (nome, estado civil, profissão etc.). Essa qualificação deve ser a mais completa possível a fim de se evitar o processo criminal em face de uma pessoa por outra.

Porém, caso não seja possível a obtenção da qualificação do acusado, será, ainda assim, viável o oferecimento da inicial penal, desde que se possa identificar fisicamente o réu. Nessa linha, confira-se o art. 259, CPP: "a impossibilidade de identificação do acusado com o seu verdadeiro nome ou outros qualificativos não retardará a ação penal, quando certa a identidade física. A qualquer tempo, no curso do processo, do julgamento ou da execução da sentença, se for descoberta a sua qualificação, far-se-á a retificação, por termo, nos autos, sem prejuízo da validade dos atos precedentes".

Assim, admite-se que a inicial penal seja oferecida com apenas características físicas marcantes do acusado, como: idade aproximada, altura aproximada, tatuagens, cicatrizes, marcas de nascença, cor de cabelo etc.;

c) Classificação do crime: após expor o fato criminoso com todas as suas circunstâncias, deve a inicial penal tipificar a conduta delituosa.

Lembre-se de que essa classificação dada pelo MP ou querelante não vinculará o juiz, que poderá, aplicando o art. 383, CPP (*emendatio libelli*), reconhecer definição jurídica diversa da narrada na inicial;

d) Rol de testemunhas: a indicação do rol de testemunhas é facultativa na inicial penal. Trata-se, portanto, de requisito facultativo. Porém, caso a acusação não o indique nessa ocasião, haverá a preclusão (*i. e.*, não poderá ser efetuado posteriormente);

Contudo, recente julgado do STJ permitiu que o Ministério Público emendasse a inicial acusatória, desde que antes da formação da relação processual, para incluir o rol de testemunhas, sob o argumento de que este seria um reflexo do princípio da cooperação processual e de que a posterior juntada não traria qualquer prejuízo à defesa (STJ, RHC 37587/SC, DJe 23.02.2016 e Informativo 577, STJ, de 20 de fevereiro a 2 de março de 2016).

e) Pedido de condenação: o pedido de condenação será, preferencialmente, expresso. Contudo, excepcionalmente, pode-se admiti-lo de modo implícito quando a sua dedução for possível a partir da leitura da imputação descrita na peça inicial;

f) Endereçamento: observando as regras de competência, a peça deverá indicar expressamente qual o órgão jurisdicional competente que conhecerá o caso;

g) Nome e assinatura do órgão acusador: ao final da peça, o órgão legitimado para a acusação deve identificar-se e assiná-la, sob pena de inexistência do ato. Entretanto, essa inexistência somente terá efeito se for impossível a identificação do autor no bojo da peça.

Atenção: É jurisprudência pacífica do STJ que "a propositura da ação penal exige tão somente a presença de indícios mínimos de autoria. A certeza, a toda evidência, somente será comprovada ou afastada após a instrução probatória, prevalecendo, na fase de oferecimento da denúncia o princípio do *in dubio pro societate*." (STJ, RHC 93363/SP, Dje 04.06.2018). Quanto à matéria, a 1ª Turma do STF, no julgamento do Inq 4506/DF, também se posicionou no mesmo sentido, ao afirmar que "No momento da denúncia, prevalece o princípio do *in dubio pro societate*." (Informativo 898/STF, de 16 a 20 de abril de 2018).

9.10.3. Requisito específico da queixa-crime (art. 44, CPP)

A queixa precisa vir acompanhada de procuração com poderes especiais. Esses "poderes especiais" (requisitos) consistem: no nome do querelado[73] e na menção do fato criminoso.[74] Tais poderes especiais têm a sua razão de ser, pois servem para "blindar" a pessoa do defensor. É dizer: em caso de denunciação caluniosa, quem responderá pelo crime será o querelante (que outorgou a procuração) e não o advogado.

9.11. Prazo para o oferecimento da denúncia

a) Regra (art. 46): estando o indiciado preso, tem o MP 5 dias para oferecer denúncia; estando solto, 15 dias;

b) Prazos especiais:

I – **Crime eleitoral:** indiciado preso ou solto, 10 dias (art. 357, CE);

II – **Tráfico de drogas:** indiciado preso ou solto, 10 dias (art. 54, III, Lei 11.343/2006);

III – **Abuso de autoridade:** indiciado preso ou solto, 48 horas (art. 13, Lei 4.898/1965);

IV – **Crimes contra a economia popular:** indiciado preso ou solto, 2 dias (art. 10, § 2º, Lei 1.521/1951);

c) Contagem do prazo para o oferecimento da denúncia: o tema não é pacífico, porém prevalece que se trata de prazo processual, devendo ser contado na forma do art. 798, § 1º, CPP; portanto, exclui-se o dia do começo, incluindo-se, porém, o do vencimento;

d) Consequências para o caso de descumprimento do prazo para oferecimento da denúncia:

I – Possibilidade de a vítima ingressar com a ação penal privada subsidiária da pública (art. 29, CPP);

II – Estando preso o indiciado, a prisão passará a ser ilegal, devendo ser imediatamente relaxada pelo juiz (art. 5º, LXV, CF);

III – Possibilidade de responsabilizar o MP por crime de prevaricação, se dolosa a conduta omissiva desse agente público (art. 319, CP).

9.12. Prazo para o oferecimento da queixa-crime

a) Regra: 6 meses (art. 38), contados a partir do conhecimento da autoria. Esse prazo possui natureza decadencial e, portanto, deve ser contado segundo o art. 10, CP, incluindo-se o dia do começo e excluindo-se o dia final. Justamente por se tratar de prazo decadencial, pode findar em feriado ou final de semana, não sendo prorrogado para o primeiro dia útil subsequente, tampouco sujeito a interrupção ou suspensão.

Atenção para os casos de **crime continuado** porque a contagem do prazo é feita isoladamente, considerando a ciência da autoria de cada uma das condutas cometidas.

b) Exemplos de prazo especial de queixa-crime:

I – **Crime de induzimento a erro essencial e ocultação de impedimento ao casamento** (art. 236, parágrafo único, CP): o prazo aqui também é decadencial e de 6 meses. Porém, a sua contagem se inicia com o trânsito em julgado da sentença de anulação do casamento;

II – **Crimes contra a propriedade imaterial que deixarem vestígios** (ex.: art. 184, CP): primeiro, é oportuno lembrar que, no caso de haver o crime contra a propriedade imaterial deixado vestígio, será imprescindível a inicial penal vir acompanhada de laudo pericial, sob pena de rejeição da peça acusatória (art. 525, CPP). Visto isso, vamos ao prazo da queixa.

Nessa espécie de delito, a vítima também conserva os 6 meses para ingressar com a queixa, contados a partir do conhecimento da autoria (até aqui nada de novo).

Porém, uma vez homologado o laudo pericial, terá a vítima apenas 30 dias para ingressar com a queixa, sob pena de decadência. Ex.: suponha-se que o conhecimento da autoria deu-se há 3 meses e o laudo pericial foi homologado na data de hoje. Pois bem, a partir de hoje terá a vítima 30 dias para ingressar com a queixa;

c) Consequência para a perda do prazo do oferecimento de queixa: extinção da punibilidade pela decadência (art. 107, IV, CP).

10. AÇÃO CIVIL *EX DELICTO*

10.1. Noções gerais

A prática de um crime, além de gerar para o Estado o direito de punir o infrator, pode acarretar prejuízo de ordem patrimonial à vítima, fazendo surgir para esta o direito de ser indenizada. Nesse sentido, estabelece o art. 91, I, CP: *são efeitos da condenação: I – tornar certa a obrigação de indenizar o dano causado pelo crime*.

A vítima pode optar por ingressar, desde logo, com a ação civil, assim como pode aguardar a sentença condenatória penal definitiva para então executá-la no cível. No primeiro caso, teremos a ação civil *ex delicto* (em sentido estrito), com natureza de ação de conhecimento, e, no segundo, teremos a execução *ex delicto (em sentido amplo)*. Porém, advirta-se, desde já, que vasto setor da comunidade jurídica não efetua essa divisão, lançando mão da denominação ação civil *ex delicto* em ambos os casos.

Optando pela ação civil *ex delicto* antes do trânsito em julgado, a competência para processar e julgar tal ação será definida de acordo com os arts. 46 a 53 do NCPC.

---

73. O art. 44, CPP, menciona nome do quere*lante*. Porém, a doutrina considera que houve erro de grafia quando da promulgação do CPP. Trata-se do nome do querelado.

74. Os tribunais superiores admitem, inclusive, que a menção ao fato criminoso pode ser resumida à indicação do dispositivo legal (STJ RHC 69.301/MG, 6ª Turma, *DJ* 09.08.2016).

> Reflexos do Novo Código de Processo Civil
>
> No art. 53, V, está mantida a possibilidade de escolha entre o domicílio da vítima e o local do fato para as ações de reparação de dano sofrido em razão de delito.
>
> Já em relação à execução da sentença penal transitada em julgado, o art. 516, parágrafo único, estatui que a escolha se dará entre o juízo do atual domicílio do executado, pelo juízo do local onde se encontrem os bens sujeitos à execução ou pelo juízo do local onde deva ser executada a obrigação de fazer ou de não fazer.

10.2. Hipóteses que autorizam a propositura da ação civil

Conforme dito, para ingressar em juízo com o pedido de ressarcimento do dano não é necessário o trânsito em julgado da sentença penal condenatória, em que pese o teor do art. 63, CPP. Conforme estabelece o art. 64, CPP: *sem prejuízo do disposto no artigo anterior, a ação para ressarcimento do dano poderá ser proposta no juízo cível, contra o autor do crime e, se for o caso, contra o responsável civil*.

Assim, segundo mencionado, ficam evidenciadas duas hipóteses para a propositura da ação civil *ex delicto*:

I – execução da sentença penal condenatória transitada em julgado (título executivo judicial), que deve ser precedida de liquidação para quantificação da indenização (art. 63, parágrafo único, CPP, e art. 515, VI, NCPC);

II – ação civil indenizatória para reparação do dano (intentada com o processo penal ainda em curso ou, mesmo, durante o IP – *vide* art. 64, parágrafo único, CPP).

A ação *ex delicto* de execução pode ser feita com base no valor mínimo fixado pelo juiz na sentença penal condenatória (art. 387, IV, CPP); ou, também, pode ser feita com base naquele valor mínimo *acrescido do montante apurado em liquidação da sentença penal condenatória*.

Por outro lado, apesar do comando do art. 387, IV, CPP, nem sempre será possível ao juiz penal fixar um *quantum* indenizatório na sentença, dadas a complexidade do caso e as limitações inerentes à competência material do magistrado penal.

A ação civil indenizatória, noutro giro, será proposta como ação de conhecimento, havendo instrução de forma ampla, mas sofre limitação quanto à matéria a ser apreciada, como veremos logo adiante.

10.3. As hipóteses de absolvição do art. 386, CPP, e a ação civil *ex delicto*

Se é correto dizer que a sentença penal condenatória definitiva torna certa a obrigação de indenizar pelo dano causado (art. 91, I, CP), em caso de *absolvição do réu* há certos fundamentos da sentença que irão inviabilizar o pedido de indenização. Analisemos, pois, as hipóteses de absolvição do art. 386, CPP, a fim de descobrir quando caberá ou não a ação civil *ex delicto*.

O juiz absolverá o réu quando (art. 386, CPP):

I – **Estiver provada a inexistência do fato** (arts. 386, I, e 66): se o fato não existiu no campo penal (que exige uma carga probatória muito maior que a do campo civil), com muito mais razão, também não existiu na seara cível. Este fundamento da sentença absolutória obsta, portanto, a propositura de ação civil *ex delicto*;

II – **Não houver prova da existência do fato** (art. 386, II): este fundamento da sentença absolutória não fecha as portas do cível. Note-se que a prova não foi suficiente para o campo penal (debilidade probatória), mas poderá sê-lo para o campo civil;

III – **Não constituir o fato infração penal** (art. 386, III): também não fecha as portas do cível. O ilícito não foi penal, mas poderá ser civil (art. 67, III, CPP);

IV – **Estiver provado que o réu não concorreu para a infração penal** (art. 386, IV, CPP): fecha as portas do cível. Se restou provado no campo penal que o réu não praticou qualquer conduta lesiva, automaticamente estará excluído do polo passivo de qualquer ação indenizatória;

V – **Não existir prova de ter o réu concorrido para a infração penal** (art. 386, V, CPP): não fecha as portas do cível, pois a prova da autoria do réu não foi suficiente para o campo penal (debilidade probatória), mas poderá ser suficiente para o campo civil;

VI – **Existirem circunstâncias que excluam o crime ou isentem o réu de pena, ou mesmo se houver fundada dúvida sobre a existência dessas circunstâncias** (art. 386, VI, CPP): o reconhecimento de excludente de ilicitude (legítima defesa, por exemplo) fecha, em regra, as portas do cível (arts. 188, I, CC, e 65, CPP). Excepcionalmente, porém, será possível a ação civil *ex delicto*, quando ocorrer:

a) Estado de necessidade agressivo, que é aquele que importa em sacrifício de bem pertencente a terceiro inocente. Ex.: buscando fugir de um desafeto, Fulano termina destruindo o veículo de terceiro inocente. Nesse caso, o terceiro inocente poderá acionar civilmente o causador do dano, restando a este promover ação de regresso contra quem provocou a situação de perigo (arts. 929 e 930, CC);

b) Legítima defesa em que, por erro na execução, atinge-se 3º inocente. Ex.: o indivíduo, defendendo-se de agressão injusta, termina acidentalmente atingindo 3º inocente. Nesse caso, o terceiro inocente poderá acionar civilmente o causador do dano, restando a este promover ação de regresso contra quem provocou a situação de perigo (art. 930, parágrafo único, CC);

c) Legítima defesa putativa ou imaginária, que se configura quando *o agente, por erro, acredita que está sofrendo ou irá sofrer uma agressão e revida, causando dano a outrem* (GRECO, v. I, 2005, p. 384), já que esta, em essência, não constitui legítima defesa autêntica ou real e por esse motivo não exclui a ilicitude da conduta. (STJ, Info. 0314, 3ª Turma, período 19 a 23.03.2007);

VII. **Não existir prova suficiente para a condenação:** não fecha as portas do cível, pois a prova não foi suficiente para o campo penal (debilidade probatória), mas poderá ser suficiente para o campo civil.

Ademais, também não fecha as portas do cível (art. 67, CPP):

a) o despacho de arquivamento do inquérito ou das peças de informação;

b) a decisão que julgar extinta a punibilidade.

10.4. Legitimidade ativa

Cabe à vítima (se maior e capaz) ou ao seu representante legal (se o ofendido for incapaz) a legitimidade para propor a ação civil *ex delicto*.

Nos casos de morte ou ausência da vítima, os seus herdeiros poderão figurar no polo ativo (art. 63, parte final, CPP).

Sendo vítima pobre, nos termos do art. 68, CPP, esta deve requerer ao MP a execução da sentença penal condenatória ou a propositura de ação civil indenizatória. O MP atuará como substituto processual do ofendido. Entretanto, importante dizer que o STF reconheceu a inconstitucionalidade progressiva do referido dispositivo. Explica-se. A Suprema Corte entendeu que a função de advocacia pública dos interesses individuais das pessoas economicamente hipossuficientes cabe à Defensoria Pública. Sucede que a implementação da Defensoria nos Estados ainda não foi plenamente concluída no Brasil, muito menos interiorizada, motivo pelo qual o MP poderá, temporariamente, figurar como substituto processual nas comarcas onde a Defensoria Pública ainda não tiver sido instalada (STF, **RE 341717 SP, 2ª Turma, *DJ* 05.03.2010 e AI 549750 ED/SP, *DJe* 02.03.2007**). Nesse sentido, o STJ consolidou o entendimento de que o reconhecimento da ilegitimidade do Ministério Público depende da intimação prévia da Defensoria Pública, tendo em vista evitar prejuízos à parte hipossuficiente que vinha sendo assistida pelo órgão ministerial. Isto é, nos locais em que a Defensoria Pública estiver em funcionamento e o Ministério Público ingressar com a ação civil, o magistrado, antes de reconhecer a ilegitimidade do MP, deverá intimar a Defensoria, para que esta se manifeste sobre o interesse de atuar na demanda (Informativo 592/STJ, de 19 de outubro a 8 de novembro de 2016).

10.5. Legitimidade passiva

A ação civil *ex delicto* deve ser proposta contra o autor do crime. Porém, em certos casos, é possível acionar solidariamente o responsável civil.

Exemplo de situação em que o responsável civil poderá ser instado a reparar o dano: imagine-se que Tício, na direção de um automóvel pertencente a Caio, causou o atropelamento de um transeunte. Pois bem, nesse caso, o motorista (Tício) responderá civil e penalmente, enquanto o proprietário do veículo (Caio) poderá ser incluído solidariamente no polo passivo da ação cível.

Entretanto, note-se que a inclusão no polo passivo do responsável civil *somente* acontecerá na ação indenizatória (ação civil *ex delicto* de conhecimento). Isto porque a execução da sentença penal condenatória só poderá ser efetuada contra a pessoa que sofreu a condenação (*i. e.*, contra o autor do crime).

10.6. Suspensão da ação civil *ex delicto*

À luz da concepção de unicidade da jurisdição, o objetivo da suspensão é evitar a proliferação de decisões contraditórias, haja vista a pendência de questão prejudicial na esfera penal. Sendo assim, as hipóteses de suspensão são as seguintes: a) quando a ação civil for proposta antes da ação penal; b) quando as ações civil e penal forem propostas simultaneamente perante os respectivos juízos.

No primeiro caso (quando a ação civil for proposta antes da ação penal), a suspensão poderá ser determinada pelo juiz até que seja proposta a ação penal. Entretanto, nos termos do art. 315, § 1º, NCPC, "*Se a ação penal não for proposta no prazo de 3 (três) meses, contado da intimação do ato de suspensão, cessará o efeito desse, incumbindo ao juiz cível examinar incidentemente a questão prévia*". Em suma, após suspensa a ação indenizatória, a ação penal deve ser proposta em até 30 dias após a intimação do ato de suspensão. Caso isso não aconteça, o juízo cível decidirá a questão e a ação indenizatória prosseguirá normalmente.

Reflexos do Novo Código de Processo Civil

De acordo com o art. 315, § 1º, o prazo de suspensão da ação cível será majorado dos atuais 30 (trinta) dias para 3 (três) meses.

Na segunda hipótese (ações, civil e penal, propostas simultaneamente perante os respectivos juízos), poderá haver sobrestamento pelo período máximo de 1 ano, consoante expressa previsão do art. 315, § 2º, NCPC: "*Proposta a ação penal, o processo ficará suspenso pelo prazo máximo de 1 (um) ano, ao final do qual aplicar-se-á o disposto na parte final do § 1º.*"

Por fim, diga-se que a suspensão da ação civil *ex delicto* é facultativa, apesar de algumas posições em contrário na doutrina. Esse entendimento decorre principalmente da redação do art. 64, parágrafo único, CPP, que diz: *intentada a ação penal, o juiz da ação civil **poderá** suspender o curso desta, até o julgamento definitivo daquela*. O verbo "poderá" está empregado no sentido de faculdade do magistrado. Trata-se, como defende Pacelli de Oliveira (2015, p. 186), de poder discricionário conferido ao juiz da esfera cível, que fará a análise da conveniência e oportunidade da suspensão da ação civil. Nessa linha, STJ, REsp 1443634/SC, 3ª Turma, *DJ* 12.05.2014 e REsp 401720, *DJ* 04.08.2003.

10.7. Prazo

O prazo prescricional para ingressar com a ação de execução civil *ex delicto* é de 3 anos (art. 206, § 3º, V, CC), contados a partir do trânsito em julgado da sentença penal condenatória, por força do disposto no art. 200, CC (STJ, AgRg no AREsp 496307/RS, *DJe* 16.06.2014).

Percebe-se, portanto, que a vítima que deseja a reparação civil do dano pode ingressar em juízo simultaneamente ou, em último caso, até 3 anos após o trânsito em julgado da sentença penal condenatória.

10.8. Revisão criminal e ação rescisória

Se houver ação de revisão criminal em trâmite e essa for julgada procedente, o título judicial deixa de existir, pois a sentença condenatória será desconstituída. Isso implica a inexistência de coisa julgada em desfavor do réu na esfera criminal (art. 622, CPP).

Alguns efeitos decorrerão do julgamento da ação de revisão criminal e afetarão a execução:

a) se a execução civil não teve início, não poderá acontecer;

b) se a execução teve início, será extinta por força do novo título judicial;

c) se o pagamento ocorreu, caberá ação de restituição do valor pago.

Se a ação civil foi proposta simultaneamente à ação penal e nessa última houve absolvição com base nas causas que "fecham as portas" da ação civil *ex delicto* (art. 386, I, IV e VI, CPP, com as ressalvas já feitas), caberá a propositura de ação rescisória, nos termos do art. 975, NCPC.

11. JURISDIÇÃO E COMPETÊNCIA

11.1. Noções básicas de jurisdição

Superada a fase de autotutela dos conflitos penais (exceção aqui para alguns casos excepcionais permitidos pela lei como, por exemplo, a legítima defesa), o Estado, *por meio da atividade jurisdicional*, avocou para si a pacificação desses conflitos, substituindo, assim, a vontade das partes.

Pode-se conceituar a jurisdição como o *poder-dever do Estado, exercido precipuamente pelo Judiciário, de aplicar o direito ao caso concreto por meio de um processo*. Ou ainda, jurisdição, do latim, significa *juris dictio* (*dizer o direito*).

11.2. Princípios que norteiam a atividade jurisdicional

11.2.1. Investidura

Significa que a jurisdição só pode ser exercida por magistrado, ou seja, aquele que está investido na função jurisdicional, empossado no cargo de juiz.

11.2.2. Indelegabilidade

Não pode um órgão jurisdicional delegar a sua função a outro, ainda que este também seja um órgão jurisdicional. Tal princípio, contudo, comporta exceções, como no caso de expedição de carta precatória e de carta rogatória e também na hipótese de substituição de um juiz por outro em situação de férias, aposentadoria etc. Examinaremos o tema mais adiante.

11.2.3. Juiz natural

Manifesta-se através de dois incisos do art. 5º, CF: LIII (*ninguém será processado nem sentenciado senão pela autoridade competente*); e XXXVII (*não haverá juízo ou tribunal de exceção*). Significa que *o indivíduo só pode ser privado de seus bens ou liberdade se processado por autoridade judicial imparcial e previamente conhecida por meio de regras objetivas de competência fixadas anteriormente à prática da infração.*

11.2.4. Inafastabilidade ou indeclinabilidade

Está contido no art. 5º, XXXV, CF: *a lei não excluirá da apreciação do Poder Judiciário lesão ou ameaça a direito*. À luz do monopólio da função jurisdicional pelo Poder Judiciário, nem mesmo a lei pode excluir de sua apreciação a lesão ou a ameaça a um direito.

11.2.5. Inevitabilidade ou irrecusabilidade

A jurisdição não está sujeita à vontade das partes, aplica-se necessariamente para a solução do processo penal. É, pois, decorrência da natureza obrigatória da solução jurisdicional para os conflitos na esfera penal.

Lembre-se de que na esfera cível há "equivalentes jurisdicionais" como a mediação e a arbitragem, que serão utilizados a depender da vontade das partes, mas o mesmo não ocorre no âmbito da justiça criminal em que a atividade jurisdicional, como vimos, é irrecusável.

11.2.6. Improrrogabilidade ou aderência

O exercício da função jurisdicional pelo magistrado somente pode ocorrer dentro dos limites que lhe são traçados pela lei, seja na abrangência territorial, seja pela matéria a ser apreciada.

11.2.7. Correlação ou relatividade

Aplicável à sentença, consiste na vedação ao julgamento *extra, citra* ou *ultra petita*. Dessa forma, impõe-se a correspondência entre a sentença e o pedido formulado na inicial acusatória.

11.2.8. Devido processo legal

O art. 5º, LIV, CF, prevê: *ninguém será privado da liberdade ou de seus bens sem o devido processo legal*. Significa, em última análise, afirmar a necessidade de um processo prévio, informado pelo contraditório; ampla defesa; juiz natural; motivação das decisões; publicidade; presunção de inocência; direito de audiência; direito de presença do réu; e duração razoável do processo (BADARÓ, 2008, p. 36).

11.3. Características da jurisdição

O exercício da atividade jurisdicional é marcado pelas seguintes características:

11.3.1. Inércia

A atuação inicial dos órgãos jurisdicionais depende de provocação da parte. É totalmente vedado ao juiz dar início à ação penal. A inércia dos órgãos jurisdicionais decorre do princípio *ne procedat judex ex officio* como também do sistema acusatório pretendido pelo Constituinte de 1988 (art. 129, I, CF).

11.3.2. Substitutividade

Com o fim da autotutela, coube ao Estado monopolizar a função de solucionar eventuais conflitos de interesses entre as pessoas. O Estado, por meio da jurisdição, passou, portanto, a *substituir* a vontade das partes.

11.3.3. Atuação do Direito

A atividade jurisdicional tem por objetivo aplicar o direito ao caso concreto, buscando, assim, restabelecer a paz social.

11.3.4. Imutabilidade

Na verdade, a imutabilidade se relaciona ao efeito do provimento final da atividade jurisdicional (*i. e.*, ao efeito da sentença). Significa que, após o trânsito em julgado da sentença, tornar-se-á imutável aquilo que ficou decidido pelo órgão julgador. Entretanto, é preciso estar atento que, no processo penal, somente a sentença absolutória definitiva é imutável (não podendo, portanto, haver a reabertura do caso). A imutabilidade não se aplica às sentenças condenatórias definitivas, uma vez que é possível impugná-las por meio de ação de revisão criminal (*vide* art. 621 e ss., CPP). Estudaremos melhor esse tema quando tratarmos de revisão criminal.

11.4. Competência

11.4.1. Compreendendo o tema

Todos os juízes possuem jurisdição (poder-dever de dizer o direito aplicável ao caso concreto).

Porém, a atividade jurisdicional se tornaria inviável caso todas as ações penais fossem concentradas na pessoa de um só juiz.

É nesse contexto que se insere o instituto da competência – como forma de *racionalizar, de tornar viável a prestação jurisdicional*. Dessa forma, é certo que todos os juízes possuem jurisdição (conforme dissemos anteriormente), porém, é igualmente verdadeiro que esses mesmos juízes só podem dizer o direito objetivo aplicável ao caso concreto dentro dos limites de sua competência. Competência é, pois, *a medida da jurisdição*. Com Karam (2002, p. 16), podemos arrematar dizendo que enquanto abstratamente todos os órgãos do Poder Judiciário são investidos de jurisdição, as regras de competência é que concretamente atribuem a cada um desses órgãos o efetivo exercício da função jurisdicional.

11.4.2. Critérios de fixação da competência

Os critérios de fixação da competência são parâmetros estabelecidos pela CF e pela legislação ordinária que objetivam definir o âmbito de atuação de cada um dos órgãos jurisdicionais (*i. e.*, quem julga o quê). Note-se, desde já, que os critérios abaixo não estão dissociados. Pelo contrário, para se definir o órgão julgador competente, faz-se necessário examinar tais critérios de modo integrado, já que, em diversas situações, um serve para complementar o outro.

A seguir, veremos sucintamente cada um desses critérios (apenas para que o nosso leitor se familiarize com o tema). Mais adiante, esse assunto será estudado com mais vagar.

a) Competência em razão da matéria (*ratione materiae*): este critério de fixação da competência leva em consideração a *natureza* (a matéri**a**) da infração praticada. Ex. 1: a Justiça Eleitoral é competente, *em razão da matéria*, para processar e julgar os crimes eleitorais. Ex. 2: o Tribunal do Júri é competente, *em razão da matéria*, para processar e julgar os crimes dolosos contra a vida (homicídio, *v. g.*);

b) Competência em razão da pessoa (*ratione personae*): este critério de fixação da competência leva em consideração a *relevância do cargo* ocupado por determinadas pessoas para definir qual o órgão competente para o processamento da infração penal. É a chamada *competência por prerrogativa de função* ou, também, *foro privilegiado*. Ex.: nos termos do art. 102, I, "b", CF, o STF tem competência para processar e julgar, nos crimes comuns, os parlamentares federais (deputados federais e senadores). Posto de outra forma: esses parlamentares, em caso de prática de crime comum, possuem foro por prerrogativa de função (ou foro privilegiado) perante o STF;[75]

c) Competência em razão do lugar (*ratione loci*): este critério de fixação da competência leva em consideração os seguintes aspectos: o *local onde ocorreu a consumação* do delito, bem como o *domicílio ou a residência do réu*. Ex.: tendo o crime de furto sido consumado na Comarca de Marília (SP), é lá que deverá ser processado e julgado – e não em Bauru (SP), *v. g.*;

d) Competência funcional: este critério de fixação da competência leva em consideração a *função* que cada um dos vários órgãos jurisdicionais pode vir a exercer num processo. Ex.: nas grandes comarcas, é comum que um juiz fique responsável pela fase de conhecimento do processo e outro pela fase de execução da pena.

A competência funcional, a seu turno, classifica-se em:

I – **Competência funcional por fase do processo:** implica repartição de competência a mais de um órgão julgador, cada qual atuando em determinada fase do processo. Em regra, um só juiz é que praticará os atos do processo. Porém, há situações em que os atos de um mesmo processo serão praticados por mais de um órgão julgador. Ex. (já dado anteriormente): nas grandes comarcas, é comum que um juiz fique responsável pela fase de conhecimento do processo e outro pela fase de execução da pena (*vide* arts. 65 e 66, LEP);

II – **Competência funcional por objeto do juízo:** cada órgão jurisdicional pode vir a exercer a competência sobre determinadas questões a serem decididas no processo. Ex.: a sentença no Tribunal do Júri. Na sentença no âmbito do Júri, os jurados são responsáveis pela absolvição ou condenação do acusado e o juiz-presidente é responsável pela aplicação (dosimetria) da pena (em caso de condenação, por óbvio). Há, assim, uma repartição de tarefas para cada órgão jurisdicional que leva em conta determinada questão específica a ser decidida no processo;

III – **Competência funcional por grau de jurisdição:** nesta modalidade de competência funcional, leva-se em conta a *hierarquia* (o escalonamento) jurisdicional determinada pela lei aos vários órgãos julgadores. Ex.: o TJ é o órgão julgador competente (competência funcional por grau de jurisdição) para conhecer e julgar eventual recurso de apelação interposto pela parte contra a sentença prolatada pela instância *a quo* (*i. e.*, pelo juiz de 1º grau).

11.4.3. Determinação do juízo competente

Atente o leitor que a determinação do juízo competente é tarefa das mais complexas. Conforme visto, são diversos os critérios que devem ser levados em consideração, podendo, inclusive, em certas situações, um preponderar sobre o outro (veremos esse ponto mais adiante).

Porém, ao longo do tempo, a doutrina buscou sistematizar melhor a questão da determinação do juízo competente, trilhando um raciocínio que parte de critérios mais genéricos para critérios mais específicos.

Dessa forma, para saber qual o juízo competente para processar e julgar determinado caso, deve-se, por exemplo, levar em conta:

I – Qual a justiça competente? É crime da competência da Justiça Comum (Federal ou Estadual) ou da Justiça Especial (Militar ou Eleitoral)?;

---

75. Conforme o posicionamento atual do STF, vale lembrar que o foro por prerrogativa de função somente se aplicará aos crimes praticados após a diplomação e que tenham relação como exercício do cargo.

II – É o acusado possuidor de foro por prerrogativa de função? Ex.: sendo o réu parlamentar federal, deverá ser processado e julgado pelo STF (prerrogativa de função);

III – Não sendo detentor de foro por prerrogativa de função, passa-se ao exame da competência territorial (local em que foi consumado o crime; ou domicílio ou residência do réu);

IV – Existe, no caso em questão, situação de conexão ou continência (que são critérios de modificação de competência, a serem examinados mais adiante)?

V – Por fim, passa-se ao exame da competência de juízo: qual é a vara, câmara ou turma competente? Há, por exemplo, vara especializada com competência para apreciar o caso?

Nas próximas linhas, examinaremos, de forma mais detalhada, os critérios de fixação da competência anteriormente expostos (competência em razão da matéria, por prerrogativa de função etc.).

11.4.4. Competência em razão da matéria (ratione materiae) ou em razão da natureza da infração penal

Conforme visto, este critério de fixação de competência leva em conta a natureza da infração penal praticada. A depender dessa (da matéria em jogo), será competente a Justiça Comum (Federal ou Estadual) ou a Justiça Especial[76] (Militar ou Eleitoral). Assim, temos que:

a) **A Justiça Eleitoral** (JE – arts. 118 a 121, CF, e Lei 4.737/1965) é competente em razão da matéria para julgar os crimes eleitorais. Ex.: calúnia cometida em período de campanha eleitoral será julgada pelo Tribunal Regional Eleitoral;

Em caso de conexão entre crimes da Justiça Comum e crimes eleitorais, caberá à Justiça Eleitoral o julgamento de ambos, sendo também desta Justiça a competência para analisar, caso a caso, a existência de conexão entre os delitos eleitorais e comuns e, não havendo, deve remeter à justiça competente (Informativo 933/STF, de 11 a 15 de março).

b) **A Justiça Militar** (JM – art. 124, CF) é competente *ratione materiae* para julgar os crimes militares definidos no art. 9º, CPM.

A competência da Justiça Militar comporta três exceções: o crime de abuso de autoridade (Lei 4.898/1965), conforme Súmula 172, STJ; o crime de tortura, por ausência de correspondência no Código Penal Militar (STJ, AgRg no CC 102.619/RS, Terceira Seção, DJ 30.04.2015, Info. 0436, 3ª Seção, período de 24 a 28.05.2010 e AgRg no AREsp 17.620/DF, 6ª Turma, *DJe* 06.06.2016; (STF, HC 117254, *DJ* 15.10.2014 e AI 769637 AgR-ED-ED/MG, *DJe* 16.10.2013); assim como os crimes dolosos praticados contra a vida de civil não são julgados pela JM Estadual[77] (art. 125, § 4º, CF).

Vale ressaltar, contudo, alteração introduzida pela Lei 12.432/2011, que modificou a redação do parágrafo único do art. 9º, CPM.[78] O referido dispositivo legal, em leitura combinada com o art. 303, CBA (Código Brasileiro de Aeronáutica),[79] introduz situação excepcional de manutenção da competência da Justiça Militar.

Trata-se das hipóteses de invasão irregular do espaço aéreo brasileiro e das medidas adotadas para a sua devida repressão. No caso mais extremo, após advertências e tentativas de pouso forçado, o piloto-militar está autorizado a destruir a aeronave, pois a prioridade é a preservação da segurança e da soberania nacionais.

Desse modo, se da conduta descrita resultar processo criminal em face do militar que efetuou o abate da aeronave, causando a morte dos seus ocupantes, **ainda que civis**, a **competência para processar e julgar será da Justiça Militar**.

Ademais, houve recente alteração na competência da Justiça Militar com a nova Lei 13.491, de 13 de outubro de 2017, que alterou o Código Penal Militar. A lei novel também teve como alvo o art. 9º do CPM, ao modificar o seu inciso II e acrescentar os §§ 1º e 2º. A inovação legislativa ampliou a competência da Justiça Militar ao prever que serão considerados crimes militares, em tempo de paz, "*os crimes previstos neste Código e os previstos na legislação penal, quando praticados*" conforme as alíneas, que não foram objeto de modificação. A redação anterior limitava a competência aos crimes tipificados no CPM. Nesse sentido, a ampliação da competência se torna clara ao vislumbrarmos que além dos crimes previstos no CPM, também estarão à cargo da JM os crimes comuns previstos na legislação penal comum e extravagante que sejam praticados nos moldes das alíneas do inciso II do art. 9º.

A JM encontra-se estruturada nos âmbitos Estadual e Federal:

I – **Justiça Militar Estadual** (art. 125, § 4º, CF): detém competência para processar e julgar os crimes militares praticados por policiais militares e bombeiros.

Por outro lado, a JM estadual não tem competência para julgar civil – mesmo que este cometa crime em concurso com um militar. Nesse sentido, consultar a Súmula 53, STJ.[80]

Ademais, nos termos da Súmula 75, STJ, em caso de crime de promoção ou facilitação da fuga de preso em estabeleci-

---

76. Para o estudo aqui empreendido, considera-se justiça especial aquela que tem competência criminal, mas cuja regulação ocorra por sistema legal próprio, autônomo, nos âmbitos material e processual.

77. Relevante apontar que com a novel Lei n. 13.491/2017, a Justiça Militar da União passou a ter competência para o julgamento de crimes dolosos contra a vida praticados por militar das Forças Armadas contra civil, se executados no contexto de suas funções, conforme específica o art. 9º §2º do Código Penal Militar.

78. "Os crimes de que trata este artigo quando dolosos contra a vida e cometidos contra civil serão da competência da justiça comum, **salvo quando praticados no contexto de ação militar realizada na forma do art. 303 da Lei 7.565, de 19.12.1986 – Código Brasileiro de Aeronáutica**."

79. "Art. 303. A aeronave poderá ser detida por autoridades aeronáuticas, fazendárias ou da Polícia Federal, nos seguintes casos: I – se voar no espaço aéreo brasileiro com infração das convenções ou atos internacionais, ou das autorizações para tal fim; II – se, entrando no espaço aéreo brasileiro, desrespeitar a obrigatoriedade de pouso em aeroporto internacional; III – para exame dos certificados e outros documentos indispensáveis; IV – para verificação de sua carga no caso de restrição legal (art. 21) ou de porte proibido de equipamento (parágrafo único do art. 21); V – para averiguação de ilícito. (...) § 2º Esgotados os meios coercitivos legalmente previstos, a aeronave será classificada como hostil, ficando sujeita à medida de destruição, nos casos dos incisos do *caput* deste artigo e após autorização do Presidente da República ou autoridade por ele delegada."

80. "Compete à Justiça Comum Estadual processar e julgar civil acusado de prática de crime contra as instituições militares estaduais".

mento prisional praticado por militar, a competência será da Justiça Comum Estadual e não da JM;

A competência territorial da Justiça Militar Estadual será a do local onde o policial estadual desempenha suas funções, mesmo que crime tenha se consumado em Estado diverso, conforme se depreende do enunciado da Súmula 78, STJ, nos seguintes termos: *"Compete à Justiça Militar processar e julgar policial de corporação estadual, ainda que o delito tenha sido praticado em outra unidade federativa"*.

II – Justiça Militar da União: detém a competência para julgar membros das Forças Armadas (Exército, Marinha e Aeronáutica) – art. 124, CF. A competência da JM da União, abrange inclusive, os crimes dolosos contra a vida praticados pelos militares das Forças Armadas contra civil, desde que praticados no contexto dos incisos I, II e III do art. 9º, § 2º, do CPM, conforme recentes mudanças implementadas pela Lei 13.491/2017. No entanto, caso o crime não se enquadre nas hipóteses previstas nos referidos incisos, a fixação da competência seguirá a regra geral, devendo ser julgado na Justiça Comum (Tribunal do Júri) – art. 9º, § 1º.

A JM da União pode, por sua vez, vir a processar e julgar civil quando este vier a praticar infração em concurso com membro das Forças Armadas.

Atenção: O STF editou a Súmula Vinculante 36 com o seguinte teor: *Compete à Justiça Federal comum processar e julgar civil denunciado pelos crimes de falsificação e de uso de documento falso quando se tratar de falsificação da Caderneta de Inscrição e Registro (CIR) ou de Carteira de Habilitação de Amador (CHA), ainda que expedidas pela Marinha do Brasil.*

A Suprema Corte entende que não se trata de crime militar por conta da natureza da atividade de arrais amador, que é civil. Nesse caso, há ofensa a serviço e interesse da União, motivo pelo qual a competência é da Justiça (Comum) Federal;

c) A Justiça (Comum) Estadual tem sua esfera de competência composta de forma residual. É determinada pela exclusão das demais (Justiça Comum Federal; Justiça Especial). Isto é, processa e julga o crime quando não se tratar de competência da Justiça Especial (Militar ou Eleitoral) nem da Justiça Comum Federal. Abarca a maioria das questões penais. Ex.: crime de incitação à discriminação cometido via internet, quando praticado contra pessoas determinadas e que não tenha ultrapassado as fronteiras territoriais brasileiras será julgado pela Justiça Estadual (STF, HC 121283, Info. 744). Outro exemplo diz respeito ao crime de disponibilizar ou adquirir material pornográfico envolvendo crianças ou adolescentes, que será da competência da Justiça Estadual se a troca de informação for privada (Whatsapp, chat de Facebook). Caso a postagem tenha sido em ambiente virtual de livre acesso, a competência será da Justiça Federal (STJ, CC 150564/MG, DJe 02.05.2017 e Info. 603). Em decisão recente, o STF, superando posicionamento fixado pelo STJ, entendeu pela competência da Justiça Estadual para julgar crime cometido por brasileiro no exterior e cuja extradição tenha sido negada. O Supremo, no bojo da decisão, asseverou que o fato de o delito ter sido praticado por brasileiro no exterior, por si só, não atrai a competência da Justiça Federal, devendo se enquadrar em alguma das hipóteses do art. 109, CF (Informativo 936, de 8 a 12 de abril de 2019).

d) A Justiça (Comum) Federal tem sua competência expressamente fixada no art. 109, CF. Costuma-se sustentar que tais dispositivos não são meramente exemplificativos, mas taxativos. Vejamos. Compete à Justiça Federal processar e julgar:

d1) Os crimes políticos (art. 109, IV, primeira parte): a definição de crime político encontra-se na Lei 7.170/1983. É aquele dirigido contra o Estado como unidade orgânica das instituições políticas e sociais, além de atentar contra a soberania nacional e a estrutura política;

d2) As infrações penais praticadas em detrimento de bens, serviços ou interesses da União ou de suas entidades autárquicas e empresas públicas, excluídas as contravenções (art. 109, IV, parte final). Examinemos de forma detalhada o presente tópico.

Primeiro, note-se que a JF julga apenas *os crimes* praticados "em detrimento de bens, serviços ou interesses da União (...)". As contravenções[81] penais foram expressamente excluídas da competência da JF. Assim, ainda que uma contravenção seja praticada contra um bem da União, não será julgada pela JF, mas pela Justiça Estadual. **Atenção**, todavia, para o HC 127011 AgR, Segunda Turma, DJ 21.05.2015 do STF, o qual aduziu que a exploração de peças eletrônicas utilizadas na confecção das máquinas "caça-níqueis", denominadas "noteiros", de procedência estrangeira e introduzidas clandestinamente no território nacional, atraem a competência da Justiça Federal.

Além disso, é oportuno fornecer ao nosso leitor uma noção mais precisa de bens, serviços ou interesses da União:

I – Bens: representam o patrimônio de um ente federal e a sua descrição está positivada no art. 20, I a XI, CF (bens da União);

II – Serviços: consistem na própria atividade do ente federal e sua finalidade. Para melhor compreensão prática, recomendamos a consulta ao informativo do STJ 572, Terceira Seção, 28.10 a 11.11.2015;

III – Interesse: possui conteúdo bastante amplo, podendo ser delimitado como aquilo que está ligado ao ente federal e lhe diz respeito. A título de exemplo, ver STF, HC 93938/SP, DJe 23.11.2011, RE 835558/SP, Dje 08.08.2017, bem como, os informativos do STJ de 555 e 527.

Em decisão recente, o STJ reconheceu a existência de interesse da União nas ações penais que versem sobre crimes praticados no exterior e que tenham sido transferidos para a jurisdição brasileira, por negativa de extradição, fixando a competência da Justiça Federal para o julgamento destas causas (Informativo 625/STJ, de 1º de junho de 2018).

Ainda, a lei menciona crimes praticados contra bens, serviços ou interesses da *União ou de suas entidades autárquicas e empresas públicas*. Vejamos um significado mais preciso para as expressões: *União, entidades autárquicas e empresas públicas*.

I – União: aqui tratada como a *pessoa jurídica de direito público interno, a Administração Direta*;

II – Autarquias: conceituadas no art. 5º, I, Dec.-lei 200/1967, como *"o serviço autônomo, criado por lei, com personalidade jurídica, patrimônio e receita próprios, para executar atividades típicas da Administração Pública, que requeiram, para seu melhor funcionamento, gestão administrativa e financeira descentralizada".* Ex.: BACEN (Banco Central); INSS;

---

81. No que se refere à competência para julgar contravenções, a exceção existe apenas nos casos em que o autor do fato possui prerrogativa de foro, que prevalecerá (STJ, Rp 179/DF, DJ 10.06.2002).

agências reguladoras etc. Neste contexto: (STJ, CC 134.747/ MT, Terceira Seção, *DJ* 21.10.2015);

III – Empresas públicas: estão definidas no art. 5º, II, Dec.-lei 200/1967, como a "*entidade dotada de personalidade jurídica de direito privado, com patrimônio próprio e capital exclusivo da União, criado por lei para a exploração de atividade econômica que o Governo seja levado a exercer por força de contingência ou de conveniência administrativa podendo revestir-se de qualquer das formas admitidas em direito*". Ex.: Correios; Caixa Econômica Federal.

Atenção: houve *omissão indevida do texto constitucional* a respeito das *fundações públicas*, definidas no art. 5º, IV, DL 200/1967. Porém, doutrina e jurisprudência construíram entendimento segundo o qual as fundações possuem natureza equiparada à autarquia (STJ, CC 113079/DF, *DJe* 11.05.2011). Desse modo, estão contidas entre os entes federais do dispositivo em comento. Logo, um crime contra, por exemplo, um bem de uma fundação pública federal é sim da competência da JF. Imperioso, todavia, observar o quanto enunciado no Info. 513, Terceira Seção, 06.03.2013, de acordo com o qual "segundo o entendimento do STJ, a justiça estadual deve processar e julgar o feito na hipótese de inexistência de interesse jurídico que justifique a presença da União, suas autarquias ou empresas públicas no processo, de acordo com o enunciado da súmula 150 deste Tribunal".

Por fim, ressalte-se que eventual crime praticado contra bens, serviços ou interesses de **sociedade de economia mista** (art. 5º, III, DL 200/1967) não será da competência da JF. A CF não a incluiu no rol de competência da JF. Eventual crime contra uma sociedade de economia mista será da competência da Justiça Estadual (*vide* Súmula 42, STJ). São exemplos de sociedades de economia mista federais o Banco do Brasil e a Petrobrás. Haverá exceção se ficar demonstrado interesse jurídico da União. Nesse caso, a competência será da JF, conforme precedente do STF (RE 614115 AgR/PA, Info. 759);

d3) também são da competência da JF os crimes previstos em tratados ou convenções internacionais, quando, iniciada a execução no país, o resultado tenha ou devesse ter ocorrido no estrangeiro, ou reciprocamente (art. 109, V, CF)[82]

São dois os elementos cruciais (concomitantes) aqui: internacionalidade (início da execução no Brasil ou o resultado tenham ocorrido no exterior) + crime previsto em tratado ou convenção internacional. Ex.: tráfico internacional de drogas (Vide STJ, CC 170464/MS, DJe 16.06.2020). Excluído o caráter internacional, a competência será da Justiça Estadual (Súmula 522, STF; e STJ, CC 171206/SP, DJe 16.06.2020). Idem (*i. e.*, competência da Justiça Estadual) se o crime não estiver previsto em tratado ou convenção internacional;

d4) as causas relativas a direitos humanos (art. 109, V-A, CF)

Esse dispositivo foi acrescentado pela EC 45/2004, criando em nosso ordenamento a possibilidade de federalização dos crimes contra os direitos humanos.

Com efeito, nesses casos, o Procurador-Geral da República, com a finalidade de assegurar o cumprimento de obrigações decorrentes de tratados internacionais de direitos humanos dos quais o Brasil seja parte, poderá suscitar, perante o Superior Tribunal de Justiça, em qualquer fase do inquérito ou processo, incidente de deslocamento de competência (IDC) para a Justiça Federal (art. 109, § 5º, CF).

Aqui, em qualquer fase do procedimento (inquérito ou fase judicial), se o IDC for julgado procedente, deve o processo ser remetido à Justiça Federal e todos os atos refeitos, conforme interpretação dos arts. 564, I, e 573, CPP. Se ocorrer durante o inquérito, as investigações realizadas pela polícia civil serão aproveitadas.

Conforme jurisprudência do STJ, para que exista o deslocamento é preciso comprovar a existência de obstáculos concretos na esfera estadual. Desse modo, "o incidente só será instaurado em casos de grave violação aos direitos humanos, em delitos de natureza coletiva, com grande repercussão, e para os quais a Justiça Estadual esteja, por alguma razão, inepta à melhor apuração dos fatos e à celeridade que o sistema de proteção internacional dos Direitos Humanos exige" (STJ, Info. 453, Terceira Seção, período de 25 a 29.10.2015; CC 107397/ DF, Info. 549; e IDC 3/GO, Terceira Seção, *DJ* 02.02.2015;

d5) os crimes contra a organização do trabalho (art. 109, VI, 1ª parte, CF)

Tais delitos estão tipificados nos arts. 197 a 207, CP. Entretanto, para que seja caso de competência da JF, é preciso que a conduta ofenda não apenas a individualidade do trabalhador, mas a própria organização geral do trabalho ou os direitos dos trabalhadores coletivamente considerados. Exs.: atentado contra a liberdade de associação – art. 199, CP; e a omissão de anotação do vínculo empregatício na CTPS (STJ CC 135200/ SP, *DJe* 02.02.2015 e CC 131.319/SP, DJ 11.09.2015 CC 154.345/ CE, *DJ* 21.09.2017).

d6) os crimes contra o sistema financeiro e contra a ordem econômico-financeira, nos casos determinados pela lei (art. 109, VI, parte final, CF)

Primeiramente, devemos destacar que o sistema financeiro é composto por instituições financeiras, públicas e privadas, bem como por pessoas a estas equiparadas (art. 1º e seu parágrafo único, Lei 7.492/1986).

Note o leitor que, em regra, para que seja hipótese de competência da JF são dois os requisitos estabelecidos pela CF.

É preciso que a conduta afete o sistema financeiro ou a ordem econômica e é necessário também que exista previsão expressa de competência da JF para o caso. Ex.: o art. 26, Lei 7.492/1986 (crimes contra o sistema financeiro) prevê expressamente a competência da JF.

Não é o que ocorre com os crimes contra a ordem econômica, pois as Leis 8.137/1990 e 8.176/1991 não possuem previsão a esse respeito. A regra, portanto, é que serão julgados pela justiça estadual, **exceto** nos casos em que houver ofensa a bens, serviços ou interesse dos entes federais. *Vide* STJ, CC 119.350/PR, Terceira Seção, *DJ* 04.12.2014; HC 76555/SP, *DJe* 22.03.2010; e CC 82961/SP, *DJe* 22.06.2009;

OBS: O STJ possui entendimento consolidado no sentido de que a captação de recursos por meio de "pirâmides financeiras" não configuram atividade financeira e, portanto, são condutas que enquadradas na esfera dos crimes contra a

---

82. Note-se que o dispositivo é claro ao mencionar "iniciada a execução do país", excluindo, assim, da competência da Justiça Federal, os crimes em que apenas os atos meramente preparatórios foram executados no Brasil. Nesse sentido, ver o recente julgado do STF no HC 105461/SP, *Dje* de 02.08.2016.

economia popular, sujeitos à competência da Justiça Estadual (CC 170392/SP, DJe 16.06.2020).

d7) compete também à JF processar e julgar o HC e o MS quando relacionados à matéria de sua competência (*art. 109, VII e VIII, CF*)

Para que a competência seja da Justiça Federal, a autoridade coatora deve estar sujeita à jurisdição federal ou a nenhuma outra;

d8) os crimes cometidos a bordo de navios ou aeronaves, ressalvada a competência da Justiça Militar (art. 109, IX, CF)

Desde já, atente-se que caso o crime seja cometido a bordo de navio ou de aeronave militar não será competente a JF, mas a JM.

Navio: embarcação de grande porte e com aptidão a viagens internacionais. Barcos a motor de pequeno porte não se enquadram nesse conceito. Logo, eventuais crimes praticados em barcos de pequeno porte não serão da competência da JF. Ver o julgado do STJ no CC 118.503/PR, *DJe* 28.04.2015.

Aeronave: aparelho manobrável em voo, que possa sustentar-se e circular no espaço aéreo, com autonomia, apto a transportar pessoas ou coisas.

O STJ possui entendimento no sentido de que balões de ar quente tripulado não se enquadram no conceito de "aeronave", de modo que os crimes ocorridos a bordo destes balões deverão julgados pela Justiça Estadual (Informativo 648/STJ, de 7 de junho de 2019).

Atenção: a competência da JF subsiste mesmo que o navio esteja atracado ou a aeronave esteja pousada. Assim, caso o crime seja praticado a bordo, por exemplo, de aeronave *pousada*, permanecerá competente a JF para o processo e julgamento do caso.

Por outro lado, não é demais recordar que a JF *não julga contravenção penal*. Desse modo, eventual contravenção praticada a bordo, por exemplo, de navio, não será da competência da JF, mas da competência da Justiça Estadual.

Ainda sobre os crimes cometidos a bordo de aeronaves e embarcações. Sabemos que a competência será, em regra, da Justiça Federal. Entretanto, em qual Seção Judiciária da JF tramitará a ação penal? Vejamos os casos (arts. 89 e 90, CPP):

I – viagens nacionais: se a viagem iniciar e terminar em território brasileiro, o juízo competente é o do local onde primeiro a aeronave pousar ou o navio atracar, após a ocorrência a infração;

II – viagens internacionais: competente é o juízo do local da chegada ou da partida;

d9) crimes relacionados ao ingresso ou à permanência irregular de estrangeiro (art. 109, X, CF)

O ingresso ou a permanência do estrangeiro, em si, não são tipificados como crime. A competência da JF refere-se aos crimes praticados com o objetivo de assegurar o ingresso ou a permanência do estrangeiro no Brasil. Ex.: falsificação de passaporte ou de visto;

d10) disputa por direitos indígenas (art. 109, XI, CF)

Para que a Justiça Federal seja competente, deve haver ofensa à cultura indígena ou a direitos seus, como as questões relacionadas ao território (STF, RE 419528/PR, *DJ* 09.03.2007 e STJ, HC 208.634/RS, 6ª Turma, *DJ* 23.06.2016).

Importante vislumbrar a abrangência de tais direitos, bem como o que não configura disputa por direitos indígenas, vide, respectivamente, RHC 117097, 2ª Turma, *DJ* 03.02.2014 e RE 844036 AgR, 2ª Turma, *DJ* 04.02.2016. Ademais, cumpre ressaltar o quanto enunciado pelo STJ acerca dos direitos indígenas, vide Info. 0527, Terceira Seção, do período de 09.10.2013, segundo o qual "compete à Justiça Federal – e não à Justiça Estadual – processar e julgar ação penal referente aos crimes de calúnia e difamação praticados no contexto de disputa pela posição de cacique em comunidade indígena", bem como o Info. 0508, Terceira Seção, de 05 a 12.11.2012, o qual aduziu ser "a competência da Justiça Federal para processar e julgar ações penais de delitos praticados contra indígena somente ocorre quando o processo versa sobre questões ligadas à cultura e aos direitos sobre suas terras".

O crime praticado por/contra silvícola, isoladamente considerado, é da competência da justiça comum estadual (Súmula 140, STJ).

11.4.5. Competência em razão da pessoa (por prerrogativa de função ou foro privilegiado)

Para o legislador, certas pessoas, em razão do cargo ou função que ocupam, devem ser julgadas por uma instância superior (considerada mais isenta de possíveis influências políticas/econômicas). É o que se chama de competência por prerrogativa de função, foro privilegiado ou, ainda, competência em razão da pessoa.

Por outro lado, cessado o cargo/função/mandato, o indivíduo volta a ser processado normalmente pelas instâncias ordinárias. Possui *caráter itinerante* a competência *ratione personae* (dura enquanto durar o cargo/função/mandato). Ex.: imagine-se um crime cometido antes do exercício do cargo e cuja ação penal teve início perante o juiz singular. Quando o réu assumir o cargo que esteja amparado por foro por prerrogativa de função, os autos deverão ser remetidos ao Tribunal competente. Após a cessação do exercício do cargo, se ainda estiver em curso a ação penal, esta será remetida de volta ao juízo singular.

Atenção: Relevante apontar o recente entendimento do STF que aplicou interpretação restritiva às normas constitucionais que tratam do foro por prerrogativa de função. Quanto ao tema, o Supremo consolidou o entendimento de que o "foro privilegiado" somente é aplicável aos crimes praticados após a diplomação e que tenham relação com o exercício das funções[83]. Ademais, ainda fixou o fim da instrução processual como marco definidor da prolongação da competência do Tribunal. Isto é, caso o acusado venha perder o cargo após o fim da instrução, os autos permanecerão no Tribunal, não sendo remetidos para a 1ª instância.[84]

O rol de situações de foro por prerrogativa de função encontra-se principalmente na CF. Porém, é possível, em certos casos, desde que não haja afronta à Lei Maior, a fixação dessa modalidade de competência por meio de Constituição

---

83. O STJ, privilegiando a independência e imparcialidade do órgão julgador, decidiu que será o tribunal competente para julgar desembargador por crime não relacionado às suas funções, quando a remessa dos autos à primeira instância implicar no seu julgamento por juiz de primeiro grau vinculado ao mesmo tribunal do desembargador (Informativo 639/STJ, de 1º de fevereiro de 2019). Ver também STF, Inq 4619 AgR, Dje 06.03.2019

84. Quanto à matéria, relevante a leitura do tópico 4.3.2 Imunidades Parlamentares, b.4 Prerrogativa de Foro.

Estadual[85] (será preciso observar um critério de simetria). Abaixo, examinaremos a competência *ratione personae* dos tribunais brasileiros.

a) Competência *ratione personae* do STF

I – Nas infrações penais comuns compete ao STF processar e julgar (art. 102, I, "b", CF): o Presidente; o Vice-Presidente; os membros do Congresso Nacional (deputados e senadores); os Ministros do STF; e o PGR (Procurador-Geral da República);

II – Nas infrações penais comuns e nos crimes de responsabilidade compete ao STF processar e julgar (art. 102, I, "c", CF): os membros dos Tribunais Superiores (STJ; TST; TSE; STM); os membros do TCU; os chefes de missão diplomática permanente; os Ministros de Estado; e os Comandantes das Forças Armadas. Note que, no caso destes dois últimos (Ministros de Estado e Comandantes das Forças Armadas), se praticarem crime de responsabilidade em conexão com o do Presidente da República ou com o Vice-Presidente, a competência será do Senado Federal (e não do STF) – *vide* art. 52, I, CF.

Com efeito, frise-se que, certas autoridades, embora não tenham sido mencionadas pelo art. 102, I, "c", CF (examinado anteriormente), terminaram, por força de Lei Federal (Lei 10.683/2003), sendo equiparadas a Ministros de Estado. São elas: o AGU; o Presidente do BACEN; o Chefe da Casa Civil; e o Controlador-Geral da União. Assim, essas autoridades, caso pratiquem infrações penais comuns ou crimes de responsabilidade, *também serão processadas e julgadas pelo STF*.

Noutro giro, destaque-se que crimes de responsabilidade são, na verdade, *infrações político-administrativas cujas penalidades costumam ser a perda do cargo ou a inabilitação temporária para o exercício de cargo ou função (previstos na Lei 1.079/1950)*. Ex.: ato do Presidente da República que atente contra a segurança interna do país;

b) Competência *ratione personae* do STJ

I – Nos crimes comuns, o STJ tem competência *ratione personae* para processar e julgar (art. 105, I, "a", CF): os Governadores dos Estados e do Distrito Federal;

II – Nos crimes comuns e de responsabilidade, o STJ tem competência *ratione personae* para processar e julgar: os Desembargadores dos TJs e do TJDFT; membros dos TCEs e TCDF; membros dos TRFs, TREs e TRTs; membros dos Conselhos ou TCMs; e os do MPU que oficiem perante os Tribunais (Procuradores Regionais da República, por exemplo);

c) Competência *ratione personae* do TRF

Nos crimes comuns e de responsabilidade, o TRF tem competência *ratione personae* para processar e julgar (art. 108, I, "a", CF): os juízes federais de sua área de jurisdição, incluindo aqueles da Justiça Militar e da Justiça do Trabalho; os membros do Ministério Público da União (inclusive os do MPDFT – conforme STJ, HC 67416/DF, *DJe* 10.09.2007). Neste contexto, firmou o STF o entendimento acerca da competência do TRF da 1ª Região para processar e julgar *habeas corpus* conta ato de membro do MPDFT: RE 467.923/DF, *DJ* 04.08.2006.

Há, contudo, exceção expressa quanto aos crimes eleitorais, ou seja, se uma das autoridades apontadas praticar crime eleitoral, a competência será da Justiça Eleitoral (e não do TRF).

No que tange aos crimes militares praticados por essas autoridades, o julgamento será perante o TRF por ausência de ressalva expressa da Constituição Federal;

d) Competência *ratione personae* do TJ

Nos crimes comuns e de responsabilidade, o TJ tem competência *ratione personae* para processar e julgar (art. 96, III, CF): os juízes estaduais e membros do MP dos Estados da sua esfera de jurisdição.

O **Prefeito**, por força do art. 29, X, CF, caso pratique crime comum, também deverá ser julgado pelo TJ. Agora, se praticar crime eleitoral ou federal, a competência passará, respectivamente, ao TRE e TRF (critério de simetria) – consultar Súmula 702, STF, e Súmulas 208 e 209, STJ.

O **Deputado estadual**, em razão do art. 27, § 1º, c/c art. 25, CF, caso pratique crime comum, também deverá ser julgado pelo TJ. Agora, se praticar crime eleitoral ou federal, a competência passará, respectivamente, ao TRE e TRF (critério de simetria).

Atenção: Conforme recente decisão do STF, apenas haverá a prorrogação do foro por prerrogativa de função no caso de reeleição, que ocorre quando o agente, de forma ininterrupta, assume o segundo mandato público. O mesmo não ocorre, entretanto, quando o agente é eleito para novo mandato após ter ficado sem ocupar a função pública (Informativo 940/STF, de 13 a 17 de maio de 2019 e Informativo 649/STJ, de 21 de junho de 2019).

11.4.6. Competência em razão do lugar (ratione loci)

Depois de verificar as regras de competência que levam em conta a natureza da infração e o eventual cargo que o agente ocupa, é momento de examinar a regra de fixação de competência que leva em conta o local em que o crime foi praticado (critério territorial).

a) Lugar da infração (art. 70, CPP)

Em regra, adota-se a **teoria do resultado**, ou seja, o local da consumação do crime será aquele onde a infração deverá ser processada.[86]_[87]

Nos crimes de homicídio, o STJ tem adotado a teoria da atividade, isto é, a competência será fixada pelo local da ação. O posicionamento da Corte baseia-se na necessidade de faci-

---

85. Súmula Vinculante 45 – A competência constitucional do Tribunal do Júri prevalece sobre o foro por prerrogativa de função estabelecido exclusivamente pela constituição estadual.

86. Atenção: no caso de IMPO, adota-se a teoria da atividade (e não do resultado), *i. e.*, a competência será fixada pelo local da ação ou omissão – *vide* art. 63, Lei 9.099/1995.

87. Atenção: *competência territorial da Justiça Federal*. A regra é a aplicação da teoria do resultado, mas a Justiça Federal não possui capilaridade suficiente, ou seja, ainda não está plenamente interiorizada no país. Sendo assim, se a comarca onde ocorreu o resultado não for sede de JF, seguir-se-á o disposto no art. 109, § 3º, parte final, CF, delegando-se a competência à Justiça Comum Estadual, para o processamento da causa em 1º grau, sendo o eventual recurso endereçado ao TRF (art. 109, § 4º, CF). Há, porém, exceção no art. 70, parágrafo único, Lei 11.343/2006 (Lei de Drogas), que determina que os crimes praticados nos Municípios que não sejam sede de vara federal serão processados e julgados na vara federal da circunscrição respectiva (e não na justiça comum estadual).

litar a colheita de provas e esclarecimento dos fatos (STJ, HC 95853/RJ, Dje 04.10.2012 e RHC 53020/RS, *Dje* 16.06.2015).

Tratando-se de tentativa, será competente o local onde o último ato de execução foi praticado.

Por outro lado, se, iniciada a execução no território nacional, a infração se consumar fora dele, a competência será determinada pelo lugar em que tiver sido praticado, no Brasil, o último ato de execução (art. 70, § 1º, CPP). Essa situação que acabamos de descrever é chamada pela doutrina de "crime à distância".

Ademais, quando o último ato de execução for praticado fora do território nacional, será competente o juiz do lugar em que o crime, embora parcialmente, tenha produzido ou devia produzir seu resultado (art. 70, § 2º, CPP). Note o leitor que essa hipótese trata-se de situação inversa à descrita anteriormente (art. 70, § 1º). Aqui, o último ato de execução se deu fora do Brasil, e a consumação, total ou parcial, ocorreu em território nacional.

Porém, em certas situações, pode ser que o local da consumação do crime seja impossível de precisar. Nestes casos, fixa-se a competência por **prevenção.**

Prevenção significa que o primeiro juiz a tomar conhecimento do fato irá se tornar competente (art. 83, CPP). Na prática, significa dizer que o primeiro juiz a receber a denúncia ou queixa será competente para a ação ou, na fase de IP, aquele que apreciar medidas cautelares inerentes ao futuro processo. Vide STJ, RHC 47956/CE, *DJe* 04.09.2014 e CC 87.589/SP, 3ª Seção, *DJ* 24.04.2009. Sobre esse ponto (prevenção do juiz em razão de decisão de recebimento da denúncia ou de apreciação de medidas cautelares), tudo indica que o instituto do juiz das garantias (art. 3-A e seguintes do CPP) irá varrer esse tipo de compreensão. É que, como vimos em tópico próprio sobre o assunto, o instituto buscou vedar o contato do juiz da instrução e julgamento com elementos de investigação (medidas cautelares, inclusive). A competência tanto para o recebimento da denúncia como para apreciar medidas cautelares durante a investigação será do juiz das garantias e não do juiz da instrução. Ademais, o juiz das garantias que vier a receber a denúncia ou apreciar uma medida cautelar não estará prevento para conduzir posterior ação penal. Pelo contrário, de acordo com a nova lei, estará impedido (vide arts. 3º-D e 3º-C, CPP).

Conforme os arts. 70, § 2º, e 71, CPP, fixa-se a competência por prevenção nas seguintes hipóteses:

I – Quando o crime ocorre na divisa entre duas comarcas ou for incerto o limite entre elas;

II – Em caso de crime continuado ou permanente praticado em território de duas ou mais "jurisdições" (comarcas, na verdade – o texto do CPP foi impreciso neste particular).

Consoante LIMA (2015, p. 546), são duas as condições para fixação da competência por prevenção, a saber: **a existência de prévia distribuição** – aduzindo que o art. 83 do CPP deve ser compreendido conjuntamente ao art. 75, parágrafo único do mesmo diploma, de modo que só se pode cogitar de prevenção de competência quando a decisão que a determina tenha sido precedida de distribuição, posto que não previnem a competência decisões de juízes plantonistas, nem as facultadas, em casos de urgência, a quaisquer dos juízes criminais do foro – e a apresentação da medida ou diligência de caráter cautelar ou contra cautelar encontrado nas hipóteses exemplificativas do parágrafo único do art. 75 do CPP, tais como concessão de fiança, conversão de prisão em flagrante em temporária, decretação de prisão preventiva ou temporária, pedidos de medida assecuratórias dos arts. 125 a 144-A do CPP, bem como pedidos de provas, como expedição de mandado de busca e apreensão (ver STJ – HC: 131937 SP 2009/0052844-8, 5ª Turma, *DJ* 19.04.2012), interceptação telefônica (ver STJ, HC 222.707/ES, 5ª, Turma, *DJ* 12.08.2016 ou quebra de sigilo bancário.

Cumpre observar, todavia, a dicção do enunciado de Súmula 706 do STF, segundo o qual "é relativa a nulidade decorrente da inobservância da competência por prevenção". Este entendimento, inclusive, vem sendo reiterado pelo STF, vide: HC 81.124/RS, 1ª Turma, *DJ* 05.09.2007.

b) Lugar do domicílio ou residência do réu (art. 72, CPP)

Trata-se de um critério subsidiário ao anterior. Não sendo conhecido o lugar da infração, será competente o foro do domicílio ou residência do réu. É oportuno, ainda, recordar os conceitos de domicílio e residência:

I – Domicílio deve ser entendido como o lugar onde a pessoa estabelece a sua residência com ânimo definitivo, ou, subsidiariamente, o local onde a pessoa exerce as suas ocupações habituais, o ponto central dos seus negócios;

II – Residência é aquele lugar onde a pessoa tem a sua morada, mas não há o ânimo definitivo.

Nessa situação (competência em razão do domicílio ou residência do réu), a competência será fixada pela prevenção se:

I – o réu tiver mais de uma residência;

II – não possuir residência certa;

III – for ignorado o seu paradeiro.

Atenção: em caso de ação penal exclusivamente privada, o querelante poderá optar entre propor a ação no local da consumação ou no domicílio do réu (art. 73, CPP);

c) Crimes praticados no exterior (art. 88, CPP)

Sendo o crime praticado no exterior, a competência será fixada de acordo com a última residência em território brasileiro, ou, caso nunca tenha residido aqui, na capital da República.

11.5. Competência absoluta *versus* competência relativa

Embora não haja na lei disposição expressa sobre o tema, a comunidade jurídica costuma dividir as espécies de competência em absoluta e relativa. Dessa distinção, importantes efeitos são extraídos. Vejamos.

a) Competência absoluta

I – A regra de competência absoluta é criada com base no interesse público;

II – É insuscetível de modificação pela vontade das partes ou do órgão julgador;

III – A incompetência absoluta é causa de nulidade absoluta, podendo ser arguida a qualquer tempo (inclusive de ofício pelo juiz), sendo que o prejuízo é presumido nesse caso;

IV – Exemplos de competência absoluta: *ratione personae, materiae* e competência funcional;

b) Competência relativa

I – As regras de competência relativa são criadas com base no interesse preponderante das partes;

II – Por ter natureza infraconstitucional, é possível sua flexibilização ou relativização, à luz do exame de determinada relação processual, bem como do interesse das partes. Exemplo disso é o que ocorre nas ações exclusivamente privadas, em que o querelante opta, no momento do oferecimento da queixa, pelo foro do lugar do crime ou o do domicílio/residência do querelado;

III – A incompetência relativa é causa de nulidade relativa. Logo, deve ser arguida pelas partes em momento oportuno (não pode o juiz de ofício fazê-lo), sendo que o prejuízo precisará ser demonstrado. Do contrário, haverá prorrogação[88] (modificação) da competência (*vide* STJ, AgInt no HC 187.760/MS, 6ª Turma, *DJ* 07.06.2016);

IV. Exemplo de competência relativa: competência territorial

11.6. Modificação da competência

É possível que em algumas situações seja necessária a modificação da competência visando à uniformidade dos julgados, à segurança jurídica e à economia processual.

Tais alterações não implicam ofensa ao princípio do juiz natural porque o órgão jurisdicional para o qual é modificada a competência preexiste à infração penal e não foi criado unicamente para julgá-la.

São exemplos de modificação da competência: a conexão, a continência e o instituto do desaforamento no Tribunal do Júri.

11.6.1. Conexão (art. 76, CPP)

É o nexo, o vínculo entre duas ou mais infrações que aconselha a junção dos processos, proporcionando ao julgador uma melhor visão sobre o caso. **A conexão pode ser classificada em:**

a) Conexão intersubjetiva *(art. 76, I, CPP):* ocorre quando duas ou mais infrações interligadas forem praticadas por duas ou mais pessoas. É denominada intersubjetiva justamente pela sua pluralidade de criminosos, sendo subdividida em três modalidades:

a1) *conexão intersubjetiva por simultaneidade:* são "várias infrações, praticadas ao mesmo tempo, por várias pessoas reunidas". Nesse caso, o liame se apresenta pelo fato de terem sido praticadas nas mesmas circunstâncias de tempo e espaço, simultaneamente, mas sem anterior ajuste entre os infratores. Ex.: torcida que, sem prévia combinação, após o rebaixamento do time, destrói o estádio de futebol;

a2) *conexão intersubjetiva concursal:* caracteriza-se quando vários indivíduos, previamente ajustados, praticam diversas infrações, em circunstâncias distintas de tempo e de lugar. Ex.: ataques do PCC à cidade de São Paulo;

a3) *conexão intersubjetiva por reciprocidade:* quando forem cometidas duas ou mais infrações, por diversas pessoas, mas umas contra as outras. O vínculo é caracterizado pela pluralidade de infrações penais praticadas e pela reciprocidade na violação de bens jurídicos. Ex.: confronto agendado por duas ou mais pessoas em que todas acabam sofrendo e provocando lesões corporais reciprocamente;

b) Conexão objetiva (art. 76, II, CPP): ocorre quando uma infração é praticada para facilitar ou ocultar outra, ou para conseguir impunidade ou vantagem. Aqui, há um vínculo relacionado à motivação do crime. Divide-se em:

b1) teleológica: quando uma infração é cometida para facilitar a prática de outra. Ex.: lesão corporal contra o pai de uma criança para sequestrá-la;

b2) consequencial: quando uma infração é cometida para conseguir a ocultação, impunidade ou vantagem de outra já praticada. Ex.: homicídio de testemunha para conseguir a impunidade de outro crime;

c) Conexão probatória ou instrumental (art. 76, III, CPP): ocorre quando a prova de uma infração influi na prova de outra. Ex.: a prova da existência do furto influi na prova da receptação.

11.6.2. Continência

Ocorre quando uma causa está contida na outra, sendo impossível separá-las. Explicando melhor, a continência pode ser compreendida como o vínculo que liga uma pluralidade de infratores a apenas uma infração ou a reunião em decorrência do concurso formal de crimes, em que várias infrações decorrem de uma conduta. **A continência classifica-se em:**

a) Continência por cumulação subjetiva (art. 77, I, CPP): ocorre quando duas ou mais pessoas estão sendo acusadas da mesma infração. Ex.: dois agentes sendo acusados de um roubo a banco;

b) Continência por cumulação objetiva (art. 77, II, CPP): **ocorre em todas as modalidades de concurso formal (art. 70, CP), incluindo a** *aberratio ictus* **(art. 73, 2ª parte, CP) e** *aberratio criminis* **(art. 74, CP). Ex: motorista dirigindo imprudentemente termina atropelando vários transeuntes.**

11.6.3. Foro prevalente

Caracterizada a conexão ou a continência, impõe-se a definição de qual o foro competente, ou seja, aquele perante o qual haverá a reunião de processos.

As regras de prevalência estão estabelecidas no art. 78, CPP. São elas:

a) Concurso entre crime doloso contra a vida e crime de competência da jurisdição comum ou especializada (art. 78, I)

Quando houver ligação entre crime doloso contra a vida e crime de competência da justiça comum a atração ocorrerá em favor do Tribunal do Júri. Em caso de IMPO,[89] prevalecerá a competência do Júri, mas deverá ser aberta a oportunidade da transação penal e a composição civil ao indivíduo (art. 60, *in fine*, Lei 9.099/1995).

Concorrendo crime doloso contra a vida e crime com processamento na justiça especializada (Eleitoral, Militar) impõe-se a separação dos processos. Ex.: homicídio e crime eleitoral. Haverá separação de processos. O Júri julgará o homicídio e a JE o crime eleitoral;

---

88. Pacheco (2009, p. 329) define a prorrogação da competência como: *a modificação na esfera de competência de um órgão jurisdicional, que seria abstratamente incompetente, mas se tornou concretamente competente com referência a determinado processo, em razão de um fato processual modificador.*

89. Infração de menor potencial ofensivo – art. 61, Lei 9.099/1995.

b) No concurso de jurisdições da mesma categoria (art. 78, II)

I – Preponderará a do lugar da infração à qual for cominada a pena mais grave.

Ex.: roubo consumado em São Paulo conexo com receptação cometida em Ribeirão Preto. Atração do foro de São Paulo, pois o roubo tem a pena em abstrato mais grave;

II – Prevalecerá a do lugar em que houver ocorrido o maior número de infrações se as respectivas penas forem de igual gravidade.

Ex.: furto em Belo Horizonte conexo com duas receptações em Governador Valadares. Competência do juízo de Governador Valadares, pois as infrações, isoladamente, possuem a mesma pena em abstrato (1 a 4 anos), mas o número de infrações foi maior em Governador Valadares;

III – Firmar-se-á a competência pela prevenção, nos outros casos.

Ex.: infrações de igual gravidade e quantidade;

c) No concurso de jurisdições de diversas categorias, predominará a de maior graduação (art. 78, III)

Quando acontecer de haver conexão ou continência entre delitos a serem processados em graus distintos, prevalecerá, em regra, a competência daquele de maior graduação. Ex.: Prefeito que comete crime em concurso com pessoa comum. Em regra, ambos serão julgados pelo Tribunal de Justiça em razão da continência por cumulação subjetiva (Súmula 704, STF).

Atenção: O plenário do STF firmou entendimento no sentido de que "o desmembramento de inquéritos ou de ações penais de competência do STF deve ser regra geral, admitida exceção nos casos em que os fatos relevantes estejam de tal forma relacionados que o julgamento em separado possa causar prejuízo relevante à prestação jurisdicional". (STF, Rcl 24138 AgR, 2ª Turma, *DJ* 14.09.2016 e Inq 3515 AgR/SP, Info. 735)

d) No concurso entre a jurisdição comum e a especial, prevalecerá esta (art. 78, IV)

Ex.: quando um crime eleitoral é conexo a crime comum haverá reunião dos processos e a competência para decidir a causa será da Justiça Eleitoral.

Atenção: a competência da Justiça Federal (justiça comum no âmbito da jurisdição penal) exerce o papel de justiça especial quando confrontada com a justiça comum estadual (competência residual). Sendo assim, havendo conexão entre um crime com ação penal perante a justiça estadual e outro na federal, esta última atrairá a competência para o julgamento dos processos (Súmula 122, STJ). Ex.: crime praticado a bordo de aeronave (JF) conexo com crime de competência da justiça estadual. Neste caso, a JF será competente para processar e julgar ambas as infrações. Exerce a JF, conforme dito, o papel de justiça especial diante da justiça estadual.

11.6.4. Separação de processos

Ainda que haja conexão ou continência, é possível que os processos tramitem separadamente.

a) Separação obrigatória (art. 79, CPP)

Impõe-se a separação dos processos nos seguintes casos:

a1) Concurso entre jurisdição comum e militar: por exemplo, crime de roubo conexo com crime militar. Haverá separação – *vide* Súmula 90, STJ;

a2) Concurso entre jurisdição comum e juízo de menores (art. 228, CF, c/c art. 104, Lei 8.069/1990 – ECA): não é possível reunir processos em que respondam um adulto, por infração penal, e um adolescente, por ato infracional. Haverá cisão;

a3) Doença mental superveniente: podemos citar como exemplo a situação em que três réus estão sendo processados e um deles passa a sofrer de insanidade mental. Haverá o desmembramento dos processos e o processo ficará suspenso quanto ao réu insano;

b) Separação facultativa (art. 80, CPP)

Poderá ocorrer nas seguintes hipóteses:

b1) quando as infrações forem praticadas em circunstância de tempo e lugar diferentes: a depender do caso, pode ser conveniente a separação dos processos para uma melhor colheita probatória;

b2) quando houver número excessivo de acusados: o grande número de acusados pode acarretar sério prejuízo à duração do processo, pois deve ser dada a oportunidade às oitivas de todas as testemunhas, à apresentação de provas por todos eles, bem como às suas defesas técnicas e interrogatórios. Assim, o juiz, à luz do caso concreto, poderá proceder à separação dos processos;

b3) quando surgir qualquer outro motivo relevante: a lei aqui não é específica, deixando, portanto, ao prudente arbítrio do juiz a decisão a respeito da separação de processos. De todo o modo, essa decisão deverá ser fundamentada.

11.7. Conflito de competência

Acontece quando dois ou mais juízes ou tribunais consideram-se competentes ou incompetentes para processar e julgar a causa.

Nesse sentido, duas são as possibilidades que veremos a seguir.

11.7.1. Conflito positivo (art. 114, I, primeira parte, CPP)

Ocorre quando dois ou mais órgãos jurisdicionais entendem ser competentes para processar e julgar a causa.

11.7.2. Conflito negativo (art. 114, I, segunda parte, CPP)

Quando dois ou mais órgãos jurisdicionais julgam-se incompetentes para apreciar a causa.

11.7.3. Competência para decidir o conflito

Mais uma vez servimo-nos da CF, onde estão localizadas as competências para dirimir os conflitos nas diversas esferas.

Por opção didática, apresentamos abaixo as hipóteses por tribunal:

a) STF (art. 102, I, "o") – possui competência para decidir os conflitos entre:

I – STJ e quaisquer tribunais. Ex: STJ x TRF;

II – Tribunais superiores. Ex: STJ x TSE;

III – Tribunais superiores e qualquer outro tribunal. Ex: TSE x TJ;

b) STJ (105, I, "d") – decide conflitos entre:

I – Quaisquer tribunais, exceto os superiores. Ex: TRF x TJ;

II – Tribunal e juízes não vinculados. Ex: TRF 1ª Região x juiz federal do TRF 5ª Região;

III – juízes vinculados a tribunais distintos. Ex: juiz federal x juiz estadual;

c) TRF (art. 108, I, "e") – decide conflitos entre juízes federais vinculados ao próprio tribunal;

d) TJ – pelo critério da simetria, compete-lhe julgar conflito de competência entre juízes estaduais a ele vinculados, abrangendo os magistrados da vara comum, dos juizados criminais, das turmas recursais etc. Ver os seguintes julgados a respeito: STF, RE 590409/RJ, *DJe* 29.10.2009; STJ EDcl no AgRg no CC 105796/RJ, *DJ* 30.09.2010.

11.8. Colegiado em primeiro grau de jurisdição (Lei 12.694/2012)

11.8.1. Compreendendo o tema

Quando um juiz singular tiver fundado motivo para temer por sua **integridade física** em virtude da atuação que vem desempenhando em **processo ou investigação** que examine crime(s) praticado(s) por **organização criminosa**, pode aquele magistrado instaurar um colegiado de juízes em primeiro grau a fim de praticar atos jurisdicionais de forma conjunta. A medida (instituição de colegiado em 1º grau) visa, portanto, retirar do juiz singular a responsabilidade exclusiva (despersonalização) por atos jurisdicionais que venha a praticar no curso de perseguição penal de crime(s) praticado(s) por organização criminosa.

A partir de 2020, também será possível que os Tribunais de Justiça e os Tribunais Regionais Federais instalem nas comarcas sede de circunscrição ou seção judiciária, mediante resolução, Varas Criminais Colegiadas com competência para o processo e julgamento de crimes relacionados a organizações criminosas armadas, do crime do art. 288-A, CP (Constituir, organizar, integrar, manter ou custear organização paramilitar, milícia particular, grupo ou esquadrão com a finalidade de praticar qualquer dos crimes previstos neste Código) e suas infrações conexas (art. 1º-A, I, II e III, Lei 12.694/2012).

Vejamos, a seguir, alguns pontos fundamentais sobre o tema.

a) Definição de organização criminosa

A Lei 12.694/2012 conceituou organização criminosa pela primeira vez em nosso ordenamento. Sucede que foi publicada a Lei 12.850/2013, que regula integralmente a definição e aspectos penais e processuais inerentes às organizações criminosas, revogando o dispositivo anterior. Nesse sentido, o art. 1º, § 1º, Lei 12.850/2013 conceitua organização criminosa como "a associação de 4 (quatro) ou mais pessoas estruturalmente ordenada e caracterizada pela divisão de tarefas, ainda que informalmente, com objetivo de obter, direta ou indiretamente, vantagem de qualquer natureza, mediante a prática de infrações penais cujas penas máximas sejam superiores a 4 (quatro) anos, ou que sejam de caráter transnacional".

b) Iniciativa

Conforme visto antes, a iniciativa para a formação do colegiado em 1º grau de jurisdição será do juiz singular, devendo este indicar "os motivos e as circunstâncias que acarretam risco à sua integridade física em decisão fundamentada, da qual será dado conhecimento ao órgão correicional", bem como dos TJ's e TRF's, por meio de resoluções (arts. 1º, § 1º, e 1º-A, Lei 12.694/2012).

c) Condições

c.1) Juiz singular: Existência de processo criminal ou mesmo de investigação a respeito de crime (excluídas as contravenções) imputado à organização criminosa.

Crimes com pena máxima superior a 4 anos. Aqui deverão ser levadas em conta as normas que resultem em redução ou majoração da pena, **excetuadas** as circunstâncias agravantes e as atenuantes.

Existência de razões concretas que apontem para risco à incolumidade física do magistrado. O mero receio não será suficiente para a aplicação da medida.

c.2) Varas Criminais Colegiadas: crimes pertinentes a organizações criminosas armadas; crime do art. 288-A, CP (Constituir, organizar, integrar, manter ou custear organização paramilitar, milícia particular, grupo ou esquadrão com a finalidade de praticar qualquer dos crimes previstos neste Código) e suas infrações conexas

d) Momento

Poderá o colegiado ser formado na fase de investigação (tendo aqui natureza preparatória), ou na fase processual, quando assumirá natureza incidental.

No caso da Vara Criminal Colegiada, por ter caráter de permanência na estrutura do Judiciário, será preexistente ao fato, funcionando de acordo com as regras convencionais de distribuição de processos ou de procedimentos de investigação que tenham como objeto os crimes indicados nesta Lei, Sendo assim, o magistrado, ao receber da distribuição o processo ou procedimento, deverá declinar da competência, remetendo à Vara Colegiada (§ 2º, art. 1º-A).

e) Indicação do ato (ou atos) a ser praticado

O juiz singular indicará qual ato (ou atos) que deverá ser praticado pelo colegiado. Embora a lei determine que o juiz deva indicar o ato (ou atos) a ser praticado, não há limite de atos aqui, podendo, portanto, o magistrado indicar quantos atos entender necessários.

O rol, de natureza exemplificativa, está indicado no art. 1º, I a VII, da Lei 12.694/2012.

I – decretação de prisão ou de medidas assecuratórias;

II – concessão de liberdade provisória ou revogação de prisão;

III – sentença;

IV – progressão ou regressão de regime de cumprimento de pena;

V – concessão de liberdade condicional;

VI – transferência de preso para estabelecimento prisional de segurança máxima; e

VII – inclusão do preso no regime disciplinar diferenciado.

No caso das Varas Criminais Colegiadas, a competência será para todos os atos jurisdicionais desde a fase de investigação até a execução da pena (§ 1º, art. 1º-A),

f) Composição

O colegiado será formado por 3 (três) juízes de primeiro grau. Um deles necessariamente será o juiz natural da causa, aquele que decidiu pela instituição do colegiado. Os demais serão definidos por sorteio eletrônico dentre todos os juízes de primeiro grau com competência criminal. Caso os juízes sorteados se encontrem em cidades diversas, "a reunião poderá ser feita pela via eletrônica" – art. 1º, § 5º, da Lei 12.694/2012. Estão excluídos da composição do colegiado os magistrados afastados das suas funções, os impedidos e os suspeitos. A citada Lei é silente quanto à composição da Vara Criminal Colegiada. Entendemos que esta será determinada por meio da resolução do tribunal que a instituir.

g) Comunicação

Após a decisão pela formação do órgão colegiado, o juiz deverá comunicar diretamente à corregedoria do tribunal ao qual estiver vinculado para a adoção das providências necessárias ao sorteio, bem como para fins de registro e controle administrativo.

h) Prazo

A sua duração dependerá da decisão que o instituiu, pois a competência do colegiado está limitada ao(s) ato(s) para o(s) qual(is) foi convocado. Havendo convocação para todo o processo, a sua atuação se dará até o exaurimento de todos os atos jurisdicionais de primeiro grau. Caso seja fracionada, a sua duração estará adstrita à prática do ato.

i) Decisões

As decisões deverão ser fundamentadas e assinadas por todos os membros do colegiado, **sem exceção**. As decisões serão tomadas com base na maioria dos votos, mas não haverá menção à divergência. O objetivo da medida é preservar os juízes com a desconcentração da responsabilidade pela atuação jurisdicional.

j) Sigilo das reuniões

"As reuniões poderão ser sigilosas sempre que houver risco de que a publicidade resulte em prejuízo à eficácia da decisão judicial" – art. 1º, § 4º, da Lei 12.694/2012.

Note-se que, para que seja justificado o sigilo, será necessário demonstrar que a publicidade pode concretamente afetar a eficácia da decisão judicial. Por esse motivo é que devem ser observados alguns requisitos, cumulativos, para a decretação do sigilo, a saber:

I – Decisão fundamentada com indicação da extensão da medida;

II – Indicação do risco de ineficácia da medida, condicionando o seu êxito ao sigilo prévio;

III – Acesso irrestrito do defensor público ou do advogado aos autos, inclusive aos documentos e atas produzidos durante os atos sigilosos.

11.8.2. Críticas

Há severas críticas ao instituto do colegiado em primeiro grau, notadamente em relação a dois aspectos: violação ao princípio do juiz natural; vedação à menção do voto divergente.

Em relação à violação do juiz natural, é possível sustentar a inconstitucionalidade do dispositivo porque a formação do colegiado se dá em momento posterior à prática do fato. Nessa linha de entendimento, estaríamos diante de órgão assemelhado a um tribunal/juiz de exceção. Por outro lado, a inovação trazida pelo novo art. 1º-A (Vara Criminal Colegiada) nos parece uma tentativa de correção, que poderá esvaziar naturalmente o instituto do colegiado de primeiro grau.

Por outro lado, podemos defender a interpretação conforme a Constituição a partir da estrita obediência a regramentos claros e prévios ao fato delituoso, quais sejam: permanência do juiz natural como membro do colegiado; decisão motivada em risco concreto à integridade física do juiz natural; e o sorteio eletrônico de dois juízes de primeiro grau com competência criminal. O STF já se manifestou em sentido parecido na ADI 4414, Info 667 (organização criminosa e vara especializada).

No que tange à vedação de menção a voto divergente, vislumbra-se 3 (três) possibilidades.

A primeira linha de argumentação parte da inconstitucionalidade plena do dispositivo em razão da ausência de publicidade dos fundamentos do voto divergente (art. 93, IX, CF). Importante dizer também que, com base nos fundamentos do voto divergente, o recurso da parte poderia ser melhor estruturado nos casos de condenação. Restaria, em última análise, certa restrição ao direito de recorrer.

O segundo aspecto diz respeito a um temperamento da crítica acima. Seria preservada a identidade do juiz que divergiu, mas o conteúdo do seu voto deveria ser publicizado pelas razões já expostas.

Por fim, uma terceira via segue o entendimento de que não se impõe a divulgação de voto divergente na sentença porque "a divulgação do voto divergente retiraria a eficácia do objetivo da lei que é a de diluir a responsabilidade, atribuindo-a conjuntamente a três membros. (...) o conhecimento do voto divergente não ampliaria para o acusado o seu direito de recorrer, pois não cabem contra as decisões do juízo de primeiro grau embargos de divergência ou de nulidade." (TÁVORA; ALENCAR. 2013. p. 275).

12. QUESTÕES E PROCESSOS INCIDENTES

12.1. Compreendendo o tema

Por vezes, surgem incidentes no curso do processo penal que, embora acessórios, afiguram-se relevantes para o deslinde da causa, devendo ser resolvidos antes da sentença final. Tais incidentes são classificados pelo CPP como: **questões prejudiciais** e **processos incidentes**

12.2. Questões prejudiciais (arts. 92 a 94, CPP)

12.2.1. Conceito

São as questões relacionadas ao direito material, penal ou extrapenal, mas que possuem ligação com o mérito da causa penal, motivo pelo qual se impõe a sua solução antes do julgamento do processo criminal. Ex.: Fulano está sendo processado pelo crime de bigamia e alega em sua defesa, entre outros aspectos, a invalidade do 1º casamento.

Da situação anteriormente indicada, identificamos como questão prejudicial a nulidade do 1º casamento, que tem natureza cível (extrapenal), e como questão prejudicada, ou seja, a que está condicionada à solução da prejudicial, o crime de bigamia. Se o casamento for nulo, não há que se falar em bigamia.

12.2.2. Classificação das questões prejudiciais

a) Quanto à matéria acerca da qual versam

a1) Homogêneas: *quando a questão prejudicial versa sobre matéria do mesmo ramo do Direito da questão principal*. Ex.: furto em relação à receptação, pois esta última pressupõe a procedência criminosa do bem;

a2) Heterogêneas: *quando pertencem a outro ramo do Direito que não o da questão principal*. Ex.: validade do casamento (cível) em relação ao crime de bigamia (penal).

Por sua vez, questões prejudiciais heterogêneas *quanto à necessidade do juiz penal suspender ou não o curso do processo criminal*, subdividem-se em:

I – Heterogêneas obrigatórias (necessárias ou devolutivas absolutas): o processo criminal será obrigatoriamente suspenso pelo juiz penal até que a questão prejudicial seja resolvida pelo juiz cível. Ocorre quando há questão prejudicial sobre o estado civil das pessoas (art. 92, CPP). Ex.: validade do 1º casamento (estado civil) e bigamia.

Atenção: nessa hipótese, não há prazo determinado para a suspensão (provas urgentes poderão ser produzidas, no entanto); sendo que o prazo prescricional ficará suspenso, por força do disposto no art. 116, I, CP;

II – Heterogêneas facultativas (devolutivas relativas): essa espécie está consubstanciada no art. 93, CPP. Nesse caso, embora haja uma questão prejudicial a ser resolvida no cível, o juiz penal não está obrigado a suspender o curso do processo criminal. Caso não o suspenda, o próprio juiz, na sentença, decidirá a prejudicial, que não terá efeito *erga omnes*. Ex.: crime de furto e discussão da propriedade do bem no juízo cível.

Atenção: a questão prejudicial não pode versar sobre o estado das pessoas, pois, se for este o caso, haverá suspensão obrigatória (art. 92, CPP). Para que seja possível a suspensão, é preciso que já haja ação cível em andamento (conforme redação do referido dispositivo).

12.2.3. Considerações sobre o procedimento

Como já visto, seja a questão prejudicial obrigatória ou facultativa, a suspensão do processo criminal poderá ser determinada de ofício pelo juiz ou via requerimento das partes, nos termos do art. 94, CPP, que preconiza: "a suspensão do curso da ação penal, nos casos dos artigos anteriores, será decretada pelo juiz, de ofício ou a requerimento das partes".

Dessa decisão que determina a suspensão do processo criminal cabe recurso em sentido estrito (RESE), cuja previsão consta do art. 581, XVI, CPP. No sentido contrário, ou seja, da decisão que indefere a suspensão, não há previsão de recurso.

É importante dizer, ainda, que uma vez suspenso o processo, e tratando-se de crime de ação penal pública, incumbirá ao Ministério Público promover a ação civil, na função de legitimado extraordinário (art. 92, parágrafo único, CPP, c/c art. 18, NCPC), ou atuar como fiscal da Lei (*custos legis*) para o fim de promover-lhe o rápido andamento, na forma prescrita pelo art. 93, § 3º, CPP c/c art. 178, NCPC.

> **Reflexos do NCPC:**
> O novo diploma legal mantém a intervenção do MP nas ações cíveis (arts. 178 e 179), mas amplia a sua esfera de atuação, que atualmente é de fiscal da lei, e passa a ser o de fiscal da ordem jurídica.
>
> Por fim, insta salientar que o prazo prescricional ficará suspenso enquanto a questão prejudicial não for resolvida (art. 116, I, CP).

12.2.4. Distinção entre questões prejudiciais e questões preliminares

Nesse momento, após vislumbrarmos os aspectos inerentes às questões prejudiciais, compete elucidar os traços diferenciais entre estas e as questões preliminares.

Pudemos compreender que as questões prejudiciais estão intimamente relacionadas ao mérito da causa e por tal razão devem ter a sua solução anterior à decisão definitiva.

Já as questões preliminares incidem diretamente sobre o processo e o seu desenvolvimento regular (NUCCI, 2008, p. 322). Não se confundem ou relacionam, portanto, com o mérito. Tal solução pode se dar nos autos da própria ação penal, como ocorre, por exemplo, com a alegação de nulidade formulada nos memoriais/alegações finais orais, ou por meio de processos incidentes, como veremos a seguir, de forma mais detalhada.

12.3. Processos incidentes

Assim como as questões prejudiciais, os processos incidentes também precisam ser resolvidos pelo juiz antes de decidir a causa principal. Enquanto as prejudiciais ligam-se ao mérito da questão principal, os processos incidentes dizem respeito ao processo (à sua regularidade formal), podendo ser solucionados pelo próprio juiz criminal.

12.3.1. Exceções (art. 95, CPP)

Trata-se de meio de defesa indireta, de natureza processual, que versa sobre a ausência das condições da ação ou dos pressupostos processuais. Subdividem-se em **exceções peremptórias**, *aquelas que objetivam a extinção do processo* (ex.: exceção de coisa julgada); e **exceções dilatórias,** *aquelas que objetivam apenas prolongar o curso do processo* (ex.: exceção de incompetência).

As exceções são processadas em apartado e, em regra, não suspendem o curso da ação penal (art. 111, CPP). Examinemos as modalidades de exceções:

a) Exceção de suspeição (arts. 96 a 107, CPP): visa a combater a parcialidade do juiz. Precede às outras exceções, pois, antes de qualquer coisa, é preciso haver um juiz imparcial.

a1) Hipóteses de suspeição do magistrado (art. 254, CPP): considera-se suspeito o juiz quando:

I – for amigo íntimo ou inimigo capital de qualquer das partes;

II – ele, seu cônjuge, ascendente ou descendente, estiver respondendo a processo por fato análogo, sobre cujo caráter criminoso haja controvérsia;

III – ele, seu cônjuge, ou parente, consanguíneo, ou afim, até o terceiro grau, inclusive, sustentar demanda ou responder a processo que tenha de ser julgado por qualquer das partes;

IV – tiver aconselhado qualquer das partes;

V – for credor ou devedor, tutor ou curador, de qualquer das partes;

V – se for sócio, acionista ou administrador de sociedade interessada no processo.

> **Reflexos do Novo Código de Processo Civil**
> Art. 145. Suspeição; Para Alencar e Távora (2015, p. 482-483), como o rol das hipóteses de suspeição previstas no CPP é exemplificativo, a única alteração relevante é a necessidade de fundamentação da declaração de suspeição por motivo de foro íntimo.

a2) Aspectos procedimentais da exceção de suspeição

O juiz poderá reconhecer a sua suspeição, de ofício, ou mediante requerimento das partes. Caso o magistrado a reconheça de ofício, remeterá os autos ao seu substituto legal, após intimação das partes.

Se apresentada por meio de exceção, o juiz, reconhecendo a suspeição, sustará a marcha do processo e mandará juntar aos autos a petição do recusante com os documentos que a instruíram, e, por despacho, declarar-se-á suspeito, ordenando a remessa dos autos ao substituto (*vide* arts. 97 e 99, CPP).

Não reconhecendo o juiz a suspeição, mandará autuar em apartado a petição, irá respondê-la em até 3 dias e remeterá os autos, em 24h, ao órgão competente para julgamento da exceção (art. 100, CPP).

Se o tribunal julgar procedente a suspeição, serão declarados nulos todos os atos praticados pelo juiz (art. 101, CPP).

Além da suspeição do magistrado, as partes poderão também arguir a suspeição do membro do MP, do perito, do intérprete, dos demais funcionários da Justiça e dos jurados (arts. 105 e 106, CPP). Nesse sentido, ver STF, AS 89/DF, DJ. 13.09.2017 e Info. 877, de 11 a 15 de setembro de 2017.

Recorde-se que não se pode opor suspeição às autoridades policiais nos atos do inquérito, embora estas devam declarar-se suspeitas quando houver motivo legal.

No que tange ao membro do MP, rememore-se que, de acordo com a Súmula 234, STJ: "a participação de membro do Ministério Público na fase investigatória criminal não acarreta o seu impedimento ou suspeição para o oferecimento da denúncia".

Da decisão que reconhecer a suspeição inexiste recurso. Nesse caso, a doutrina entende que os meios de impugnação cabíveis são o *habeas corpus* ou o *mandado de segurança*;

b) Exceção de incompetência (arts. 108 e 109, CPP): visa a corrigir a competência do juiz.

Com relação a essa modalidade de exceção, é preciso que as partes estejam atentas à natureza da competência, se absoluta ou relativa, pois, em se tratando desta última (relativa), caso não reconhecida de ofício pelo juiz[90] ou arguida oportunamente pela parte interessada, poderá ocorrer a preclusão. Assim, quando se tratar de incompetência territorial, cuja natureza é relativa, a exceção deve ser oposta no prazo de resposta à acusação, sob pena de convalidação.

Tratando-se de incompetência em razão da matéria, por prerrogativa de função ou funcional, todas de natureza absoluta, poderão ser arguidas a qualquer tempo, inclusive reconhecidas de ofício pelo juiz. Assim, não precisam ser arguidas por meio da exceção em comento.

Caso se trate de exceção de incompetência *relativa*, julgada procedente a exceção, serão anulados os atos decisórios, aproveitando-se os instrutórios.

Caso se trate de exceção de incompetência *absoluta*, julgada procedente a exceção, serão anulados todos os atos (decisórios e instrutórios). O processo será, pois, anulado *ab initio*.

Da decisão que acolhe essa exceção, cabe RESE (art. 581, II, CPP);

c) Exceção de ilegitimidade de parte (art. 110, CPP)

Abrange tanto a ilegitimidade *ad causam*, que é a titularidade para figurar nos polos ativo e passivo da causa, como a ilegitimidade *ad processum*, que é a capacidade para a prática de atos processuais.

Exemplo de ilegitimidade *ad causam*: MP que oferece denúncia em crime de ação privada. Como se sabe, a titularidade aqui é do ofendido e não do MP.

Exemplo de ilegitimidade *ad processum*: vítima menor que, desejando ingressar com queixa-crime, outorga procuração a advogado para o cumprimento dessa finalidade. A vítima menor não possui legitimidade *ad processum* porque lhe falta capacidade para a prática de atos processuais.

Por se tratar de matéria de ordem pública, a ilegitimidade de parte (*ad causam* ou *ad processum*) pode ser arguida a qualquer momento, pelas partes, ou reconhecida, de ofício, pelo juiz.

Da decisão que acolhe essa exceção, cabe RESE (art. 581, III, CPP).

d) Exceção de litispendência (art. 110, CPP)

Ocorre quando há duas ou mais ações em andamento com a mesma causa de pedir (fato-crime) e o mesmo réu.

Sendo matéria de ordem pública, pode ser arguida a qualquer tempo pelas partes ou reconhecida de ofício, pelo juiz.

Da decisão que acolhe essa exceção, cabe RESE (art. 581, III, CPP);

e) Exceção de coisa julgada (*exceptio rei judicatae* – art. 110, CPP)

Ocorre quando, proposta uma ação penal, já existir outra ação idêntica definitivamente julgada. Decorre da premissa de que ninguém pode ser julgado duas vezes pelo mesmo fato-crime.

Não confundir a exceção de coisa julgada com a exceção de litispendência. Nesta última, as ações idênticas *encontram-se em curso*. Naquela outra, uma das ações idênticas já foi julgada em definitivo.

Destaque-se que o manejo da exceção de coisa julgada refere-se à coisa julgada material (aquela que impede que qualquer outro juízo ou tribunal examine a causa já decidida) e não à coisa julgada formal (aquela que impede que o juízo da causa reexamine a decisão). É que, como cediço, neste último caso (CJ formal), o efeito de imutabilidade ocorre apenas dentro do próprio processo, sendo que, preenchidos os requisitos faltantes, será sim possível a repropositura da ação. Ex.: decisão de impro-

---

90. Há autores que entendem ser possível o reconhecimento *ex officio* da incompetência relativa, desde que o magistrado o faça até a fase de instrução ou do julgamento antecipado do mérito (respectivamente, OLIVEIRA, 2014, p. 302; e TÁVORA, 2014, p. 433).

núncia. Preenchidos os requisitos e desde que não prescrito o crime, será possível apresentar novamente a ação penal.

Da decisão que acolhe essa exceção, cabe RESE (art. 581, III, CPP).

11.3.2. Restituição de coisas apreendidas (arts. 118 a 124, CPP)

Em regra, os objetos apreendidos em decorrência do crime praticado, não sendo ilícitos e não havendo dúvidas quanto àquele que os reclama, serão devolvidos à pessoa pelo delegado ou pelo juiz, por meio de simples pedido de restituição.

Porém, se tais objetos importarem ao processo, não poderão ser restituídos até o trânsito em julgado da sentença (art. 118, CPP). Ex.: o veículo furtado no qual foi encontrada a vítima do homicídio não poderá ser devolvido ao legítimo proprietário enquanto não for periciado.

Há coisas, entretanto, que, mesmo com o trânsito em julgado, não serão restituídas (art. 91, II, CP). Ex.: o instrumento cujo uso é proibido. A arma pertencente ao exército – de uso proibido pelo civil – empregada na prática do crime não retornará ao réu, ainda que ele seja absolvido. A exceção desse confisco se dá em relação ao direito do lesado ou do terceiro de boa-fé, ou seja, se, na mesma situação, a arma proibida pertencia a um colecionador, essa será restituída a ele.

Com efeito, o *incidente de restituição* deverá ser instaurado toda vez que houver dúvida a respeito do direito do reclamante sobre a coisa.

a) Aspectos procedimentais do incidente de restituição de coisas apreendidas

A instauração do incidente será feita pelo juiz, de ofício, ou por meio de provocação do delegado ou do interessado, nos seguintes casos:

I – Dúvida quanto ao direito do reclamante sobre a coisa (art. 120, § 1º, CPP);

II – Quando os bens reclamados tiverem sido apreendidos com terceiro de boa-fé (art. 120, § 2º, CPP). Ex.: vítima do bem furtado e terceiro de boa-fé que estava investido na posse do bem no momento da apreensão. Nesse caso, o reclamante e o terceiro de boa-fé serão chamados para fazer prova do seu direito. Persistindo a dúvida sobre qual o verdadeiro dono do bem, o juiz remeterá as partes para o juízo cível, ordenando o depósito.

Nos pedidos de restituição, o Ministério Público **sempre** deverá ser ouvido (120, § 3º, CPP).

b) Recurso

Conforme o art. 593, II, CPP, cabe apelação da decisão que defere ou indefere a restituição de coisas apreendidas. Esse entendimento decorre da natureza da decisão que resolve o incidente. Como será visto no item sobre decisões judiciais, o ato judicial que soluciona o processo incidente tem natureza de decisão definitiva ou com força de definitiva. Nesse sentido, ver STJ: Info. 0522 e RMS 33274/SP, *DJe* 04.04.2011.

Atenção: No caso do perdimento dos bens determinado por sentença condenatória transitada em julgado, que ocorrerá sem prejuízo do que estabelece o art. 120, CPP, será realizado leilão público e, do valor apurado, será restituída a parte que couber ao lesado ou ao terceiro de boa-fé (art. 133 e § 1º, CPP).

12.3.3. Medidas assecuratórias (arts. 125 a 144-A, CPP)

São aquelas que visam a assegurar, de forma preventiva, a reparação dos danos à vítima e à coletividade em caso de futura sentença penal condenatória. Possuem, portanto, natureza acautelatória. Dividem-se em: sequestro, hipoteca legal, arresto e alienação antecipada.

a) Sequestro: conforme Nucci (2006, p. 324): é *medida assecuratória consistente em reter os bens imóveis e móveis do indiciado ou acusado, ainda que em poder de terceiros, quando adquiridos com o proveito da infração penal*. Ex.: imóvel adquirido pelo réu com valor proveniente do desvio de verba pública.

Examinemos abaixo algumas de suas características mais marcantes:

a1) Requisito para a realização do sequestro: indícios veementes da proveniência ilícita dos bens – art. 126;

a2) Momento: o sequestro poderá ser realizado no curso do processo, da investigação criminal (IP, por exemplo), ou até antes da fase investigativa – art. 127;

a3) Quem determina? O juiz, de ofício, ou a pedido do MP, do delegado, do ofendido ou de seus herdeiros – art. 127. Acrescente-se que o sequestro é medida deferida ***inaudita altera pars***, *i. e.*, a constrição do bem se dá independentemente de oitiva da pessoa cujo bem será atingido;

a4) Peça defensiva: realizado o sequestro, admitem-se embargos (peça defensiva) opostos por terceiro (ex.: pessoa que adquiriu o imóvel de boa-fé) ou pelo próprio réu (ex.: o bem foi, na verdade, adquirido de forma lícita) – arts. 129 e 130;

a5) Levantamento do sequestro: significa *a perda da eficácia da medida* (do sequestro). Vejamos as hipóteses. Ocorrerá o levantamento quando (art. 131):

I – a ação penal não for intentada no prazo de 60 dias, contado da data da conclusão da diligência;

II – terceiro, a quem tiverem sido transferidos os bens, prestar caução;

III – ocorrer a absolvição definitiva do réu ou a extinção da punibilidade deste (também definitiva);

IV – os embargos (vistos anteriormente) forem julgados procedentes;

a6) Destinação final do bem em caso de sentença condenatória definitiva: A nova redação introduzida pela Lei n. 13.964/2019 trouxe algumas alterações e maior detalhamento ao procedimento.

Como já mencionado, uma vez determinado o perdimento dos bens em sentença condenatória transitada em julgado, o magistrado, de ofício ou a pedido do interessado ou do MP, determinará a avaliação e a venda dos bens em leilão público (art. 133, PP). Do valor arrecadado nesse leilão, será recolhido ao Fundo Penitenciário Nacional aquilo que não couber ao ofendido (denominado lesado pela nova redação) ou ao terceiro de boa-fé (art. 133, §§ 1º e 2º, CPP).

Em determinadas hipóteses o juiz poderá, ainda, autorizar temporariamente a utilização do bem sequestrado, apreendido ou sujeito a qualquer medida assecuratória pelos órgãos de segurança pública instituídos pelo art. 144, CF, além do sistema prisional, do sistema socioeducativo, da Força Nacional de Segurança Pública e do Instituto Geral de Perícia. Para tanto, será imperiosa a configuração do interesse público na adoção da medida (art. 133-A, CPP). Assim, os referidos órgãos poderão adaptar e utilizar veículos para patrulhamento, equipamentos diversos para perícia, computadores, etc.

No caso da utilização de veículos, embarcações ou aeronaves, o juiz determinará à autoridade de trânsito ou ao órgão de registro e controle a emissão do certificado provisório de registro e licenciamento em favor do órgão público beneficiado (art. 133, § 3º, CPP).

Trata-se, em nossa visão, de medida positiva que pode garantir a utilização de bens móveis que estariam sujeitos à deterioração, em favor do interesse público. Cumpre, entretanto, aos órgãos/entidades de controle (CNJ, CNMP, Tribunais de Contas, etc.), fiscalizar a aplicação e execução de tais medidas para que sejam evitados eventuais desvios de finalidade, entre outros problemas com repercussão jurídica.

Por fim, é importante ressaltar que, uma vez consumado o perdimento dos bens em sentença condenatória definitiva, "o juiz poderá determinar a transferência definitiva da propriedade ao órgão público beneficiário ao qual foi custodiado o bem. Aqui permanece a ressalva de que o bem pode ir a leilão caso haja necessidade de reparação do ofendido ou de terceiro de boa-fé (art. 133, § 4º, CPP).

b) Hipoteca legal (art. 134, CPP): *recai sobre os bens imóveis de origem **lícita** do réu*. Visa a assegurar que o réu tenha patrimônio suficiente para ressarcir os danos experimentados pela vítima.

Examinemos abaixo algumas de suas **características mais marcantes**:

b1) Requisitos para a efetivação da hipoteca legal: certeza da infração (leia-se: prova da materialidade do fato imputado) e indícios suficientes de autoria – art. 134;

b2) Momento: sua decretação só é cabível durante o curso do processo, apesar da redação do art. 134, CPP, utilizar a expressão "indiciado" em seu bojo. A redação deste dispositivo é considerada equivocada pela majoritária doutrina;

b3) Quem pode requerê-la? Ofendido, seus herdeiros, ou o MP (quando o ofendido for pobre ou quando houver interesse da Fazenda Pública – sonegação fiscal, por exemplo) – *vide* arts. 134 e 142, CPP. Não pode o juiz decretá-la de ofício;

b4) Da decisão que defere ou indefere hipoteca legal, cabe apelação – art. 593, II, CPP;

b5) Em caso de absolvição definitiva ou de extinção da punibilidade definitiva, a hipoteca será cancelada – art. 141, CPP;

b6) Em caso de condenação definitiva, a vítima poderá executar no cível a hipoteca;

c) Arresto prévio ou preventivo (art. 136, CPP)

c1) Entendendo o tema: o processo de especialização de bens em hipoteca legal (tema visto anteriormente) é um procedimento demorado. Pois bem, "percebendo qualquer dos legitimados para a hipoteca que há possibilidade premente de o réu desfazer-se de seu patrimônio [transferência de bens a 3º, p. ex.], poderá promover, perante o juízo criminal em que tramita o processo penal contra o acusado, o pedido de **arresto preventivo**, demonstrando ao magistrado o *periculum in mora*" (AVENA, 2010, p. 439) (Incluiu-se).

Presentes os pressupostos legais dessa medida cautelar, poderá o juiz penal, de plano, determinar o arresto preventivo dos bens do réu, "medida esta que, inscrita no registro imobiliário, torna insuscetíveis de alienação os bens que constituem o seu objeto" (*op. cit.*, 2010, p. 439);

c2) Revogação do arresto preventivo: se, em 15 dias a partir da efetivação do arresto preventivo, não for promovido o processo de hipoteca legal dos bens constritos, haverá a revogação da medida (art. 136, parte final, CPP);

d) Arresto (arts. 137 a 144, CPP): *é uma medida semelhante à hipoteca legal, recaindo, porém, sobre **bens móveis** lícitos do agente*. Esta medida não deve ser confundida com o arresto preventivo (visto anteriormente). Podem ser objeto de arresto apenas os bens passíveis de penhora. O rol desses bens é residual, ou seja, parte-se da exclusão dos bens impenhoráveis, contidos no art. 649, CPC, e na Lei 8.009/1990. Excluídos os bens impenhoráveis ali enumerados, todos os demais estão sujeitos ao arresto.

Consoante entendimento do STF, para que seja decretada a medida do arresto, não é necessário que o réu esteja adotando atos concretos de desfazimento de bens, embora seja essencial a demonstração da plausibilidade do direito e o perigo da demora (Informativo 933/STF, de 11 a 15 de março de 2019).

Maiores considerações sobre o arresto do art. 137, CPP, são dispensadas, pois, no que diz respeito ao momento processual de requerimento, aos requisitos, à legitimidade para requerer, ao recurso cabível e ao seu levantamento, aplicam-se as mesmas disposições inerentes à hipoteca legal.

e) Alienação antecipada (art. 144-A, CPP): trata-se de medida destinada à preservação do valor de bens, móveis ou imóveis, que estejam sujeitos a depreciação ou deterioração, ou que tenham dificuldade de manutenção. Eis o procedimento a ser adotado nas hipóteses indicadas:

e1) os bens deverão ser vendidos pelo valor fixado na avaliação judicial ou por valor maior. Não alcançado o valor estipulado pela administração judicial, será realizado novo leilão, em até 10 (dez) dias contados da realização do primeiro, podendo os bens ser alienados por valor não inferior a 80% (oitenta por cento) do estipulado na avaliação judicial;

e2) o produto da alienação ficará depositado em conta vinculada ao juízo até a decisão final do processo, procedendo-se à sua conversão em renda para a União, Estado ou Distrito Federal, no caso de condenação, ou, no caso de absolvição, à sua devolução ao acusado;

e3) quando a indisponibilidade recair sobre dinheiro, inclusive moeda estrangeira, títulos, valores mobiliários ou cheques emitidos como ordem de pagamento, o juízo determinará a conversão do numerário apreendido em moeda nacional corrente e o depósito das correspondentes quantias em conta judicial;

e4) no caso da alienação de veículos, embarcações ou aeronaves, o juiz ordenará à autoridade de trânsito ou ao equivalente órgão de registro e controle a expedição de certificado de registro e licenciamento em favor do arrematante, ficando este livre do pagamento de multas, encargos e tributos anteriores, sem prejuízo de execução fiscal em relação ao antigo proprietário;

e5) o valor dos títulos da dívida pública, das ações das sociedades e dos títulos de crédito negociáveis em bolsa será o da cotação oficial do dia, provada por certidão ou publicação no órgão oficial.

12.3.4. Incidente de falsidade documental (arts. 145 a 148, CPP)

Visa a impugnar documento tido como inidôneo. A noção de documento, para efeito do incidente aqui tratado, é bastante ampla. Dessa forma, a gravação de áudio, vídeo etc. é considerada como documento para fins desse incidente.

a) **Momento de instauração desse incidente:** somente no curso do processo;

b) **Quem pode instaurá-lo?** Juiz (de ofício ou a pedido do MP, querelante ou acusado). O advogado, neste caso, precisará de procuração com poderes especiais para essa finalidade, visto que a imputação de falsidade de documento acostado aos autos importa, em regra, atribuição de prática delituosa (*vide* art. 146). Assim, o advogado para atuar numa hipótese dessa precisa estar "blindado" pela procuração por poderes especiais. Havendo crime de denunciação caluniosa pelo requerente, será este que responderá pelo crime e não o advogado;

c) **Recurso:** da decisão que julgar o incidente procedente ou improcedente, cabe RESE (art. 581, XVIII, CPP);

d) **A decisão sobre o incidente não faz coisa julgada em posterior processo civil ou criminal** – art. 148, CPP. Não haverá vinculação, portanto, de posterior processo civil ou criminal sobre o fato.

12.3.5. Incidente de insanidade mental (arts. 149 a 154, CPP)

Trata-se de incidente que visa a averiguar a higidez mental do réu/indiciado.

a) **Momento:** qualquer fase do processo ou do inquérito. Se realizado no curso do processo, provocará a suspensão deste. Porém, poderão ser realizadas diligências que possam ser prejudicadas pelo sobrestamento. Ex.: o depoimento de uma testemunha com enfermidade grave (risco de óbito). Anote-se, ainda, que, mesmo suspenso o processo, o prazo prescricional não se suspenderá;

b) **Quem pode instaurá-lo?** O juiz (de ofício, ou a requerimento do MP, do delegado, do curador[91], do defensor ou do CCADI do acusado);

c) **Requisito fundamental:** deve haver dúvida razoável sobre a sanidade mental do acusado/indiciado;

d) **Necessidade de nomeação de curador uma vez instaurado o incidente;**

e) **Perícia:** no âmbito da perícia de insanidade mental, será fundamental determinar se o réu era, ao tempo do crime, de fato, inimputável (art. 26, CP). Constatada a inimputabilidade, o processo seguirá com a presença do curador, podendo, inclusive, resultar na absolvição imprópria do acusado (aquela que absolve o réu, porém, aplica-lhe medida de segurança).

Por outro lado, se os peritos entenderem que a inimputabilidade se deu depois da prática da infração, o processo continuará suspenso até que o acusado se restabeleça – art. 149, § 2º, CPP. É o que se chama de inimputabilidade superveniente;

f) **Prazo:** O laudo pericial possui prazo de 45 dias para ser concluído. O prazo poderá ser mais elástico caso o perito demonstre a necessidade de maior tempo para a conclusão do laudo (art. 150, § 1º, CPP);

g) **Vinculação do magistrado:** no momento da sentença, não ficará o juiz vinculado à conclusão da perícia (art. 182, CPP). Entretanto, considerando que o magistrado não possui a habilitação técnica necessária para atestar a respeito da sanidade mental e capacidade de autodeterminação do réu, o laudo médico-legal será elemento indispensável para a formação da sua convicção (STJ, 1802845/RS, DJe 30.06. 2020);

h) **Doença mental no curso da execução penal:** aplica-se a substituição prevista no art. 183, LEP, *in verbis*: "*quando, no curso da execução da pena privativa de liberdade, sobrevier doença mental ou perturbação da saúde mental, o Juiz, de ofício, a requerimento do Ministério Público, da Defensoria Pública ou da autoridade administrativa, poderá determinar a substituição da pena por medida de segurança*[92]".

Por fim, cumpre dizer que não há recurso contra a decisão que instaura ou indefere o incidente de insanidade. Em hipótese de indeferimento absurdo, reconhece a doutrina a possibilidade de impetrar HC ou mesmo de ingressar com correição parcial.

Atenção: STJ, RHC 38499/SP, Info. 537 – "É ilegal a manutenção da prisão de acusado que vem a receber medida de segurança de internação ao final do processo, ainda que se alegue ausência de vagas em estabelecimentos hospitalares adequados à realização do tratamento". Ver ainda STJ, HC 300.976/SP, 6ª Turma, *DJ* 16.03.2015.

Ademais, segundo julgado do STF o "incidente de insanidade mental é prova pericial constituída em favor da defesa. Logo, não é possível determiná-lo compulsoriamente na hipótese em que a defesa se oponha à sua realização." (STF, HC 133078/RJ, DJe 22.09.2016 e Informativo 838, de 5 a 9 de setembro de 2016).

13. PROVA

13.1. Teoria geral da prova

13.1.1. Conceito

A palavra "prova" possui diversos significados, mas trabalharemos com apenas uma dessas acepções, segundo a qual prova é *todo elemento pelo qual se procura demonstrar a veracidade de uma alegação ou de um fato, buscando, com isso, influenciar o convencimento do julgador.*

13.1.2. Cuidado para não confundir

Objetivo da prova, objeto *da* prova e objeto *de* prova. Vejamos.

---

91. Curador é qualquer pessoa maior de 18 anos que esteja na plenitude de suas faculdades mentais.

92. Ver STJ, RHC 38499/SP, Info. 537 e HC 130.162/SP, 6ª Turma, *DJ* 15.08.2012.

a) objetivo (finalidade) da prova: a prova visa a convencer (influenciar) o juiz a respeito de determinado fato/argumento;

b) objeto *da* prova: são os fatos, principais ou secundários, que, por serem capazes de gerar dúvida no magistrado, precisam ser demonstrados (provados). Ex.: se o MP imputa a Fulano um homicídio, este fato será objeto *da* prova, *i. e.*, sendo necessária a demonstração (prova) da autoria e da materialidade pela acusação;

c) objeto *de* prova diz respeito ao que é e ao que não é necessário ser demonstrado. Explica-se melhor. Certos fatos não precisam ser provados, não sendo, portanto, objeto *de* prova. Vejamos quais são eles:

I – **fatos notórios:** não precisa ser demonstrado ao juiz que, por exemplo, no dia 25 de dezembro se comemora o Natal;

II – **fatos axiomáticos:** são os considerados evidentes. Ex.: não será preciso fazer exame interno no cadáver quando o falecimento tiver decorrido de decapitação. É que a decapitação é causa (fato axiomático) evidente da morte da pessoa. *Vide* art. 162, CPP;

III – **presunções absolutas:** não precisa ser demonstrado ao juiz que, por exemplo, o menor de 18 é inimputável, pois se trata de presunção legal absoluta (critério biopsicológico adotado pelo legislador);

IV – **fatos inúteis:** não tendo qualquer relevância para o processo, os fatos inúteis também não serão objeto *de* prova. Ex.: a religião da vítima, não tendo qualquer relação com o fato criminoso, não será objeto *de* prova, visto ser considerado fato inútil.

Observação em relação aos fatos incontroversos: fatos incontroversos são aqueles que não foram refutados pelas partes. Ex.: o MP imputa um furto a Fulano e este confessa inteiramente a prática deste crime (fato incontroverso). Porém, note-se que, no Processo Penal, o fato incontroverso também poderá ser posto em xeque pelo magistrado, que pode não admiti-lo como verdadeiro. O juiz, nessa situação, conforme aponta certo setor da doutrina, pode inclusive produzir prova de ofício, na tentativa de desvelar o que, de fato, ocorreu (art. 156, CPP). Assim, nesse particular, o Processo Penal distancia-se do Processo Civil, que, em termos de fatos incontroversos, dispensa, em regra, a necessidade de demonstração (*vide* art. 374, III, NCPC).

13.1.3. Sistemas de apreciação da prova pelo juiz

Dentre outros, a doutrina costuma apontar os seguintes sistemas de apreciação da prova pelo juiz:

a) Sistema da prova legal ou tarifada (certeza moral do legislador): nesse sistema, a lei estipula o valor de cada prova, estabelecendo inclusive hierarquias, engessando o julgador. Resquício deste sistema entre nós: parágrafo único do art. 155, CPP (o estado das pessoas deve ser provado de acordo com a lei civil. Assim, a filiação não pode ser provada por meio de prova testemunhal). Nesse sistema, era comum a confissão do réu ser considerada a "rainha das provas" (prova máxima da autoria);

b) Sistema da convicção íntima (ou certeza moral do julgador): o julgador decide com base na sua íntima convicção, sendo desnecessária a fundamentação. Vigora entre nós apenas em relação aos jurados no Tribunal Júri. Recorde-se que, no Júri, os 7 jurados (pessoas escolhidas do povo) decidem a sorte do acusado por meio de cédulas ("sim" e "não"), sem a necessidade de emitir qualquer tipo de fundamentação a respeito de sua decisão;

c) Sistema do livre convencimento motivado (ou persuasão racional do juiz): o juiz é livre para julgar. Porém, deve fazê-lo de forma fundamentada – art. 93, IX, CF. É a regra que vigora entre nós. A fundamentação das decisões judiciais é de capital importância, pois permite um *controle da racionalidade* da decisão do juiz pelas partes e pela própria sociedade (LOPES JR., 2010).

Observações: por força do princípio constitucional do contraditório, a apreciação das provas pelo magistrado deve, em regra, recair sobre os elementos produzidos em contraditório judicial (ao longo da instrução criminal). Impossível, portanto, uma condenação amparada exclusivamente em elementos obtidos na fase de investigação preliminar (inquérito policial). Isto porque tais elementos (chamados de "atos de investigação") não foram submetidos ao contraditório, ampla defesa etc. Assim, uma condenação prolatada nesses moldes afrontaria todos esses princípios constitucionais, padecendo, portanto, de nulidade absoluta.

Porém, cabem exceções aqui (ou seja, situações em que o juiz poderá sim pautar uma sentença condenatória em elementos colhidos no âmbito da investigação preliminar). São as chamadas provas cautelares, não repetíveis e antecipadas. Dois exemplos marcantes:

Ex.1: no curso do IP, caso uma testemunha esteja em estado grave de saúde, pode o juiz determinar a produção antecipada de prova (art. 225, CPP), permitindo às "partes"[93] o contraditório antecipado. Nesta situação, o testemunho colhido poderá ser normalmente valorado pelo juiz no momento da sentença, embora a prova tenha sido produzida em sede de IP.

Ex.2: em caso de crime de lesão corporal, deve-se realizar imediatamente o exame de corpo de delito, sob pena dos vestígios do crime desaparecem. Esta prova submete-se ao chamado contraditório diferido (retardado), *i. e.*, apesar de produzida na fase de IP, quando integra o processo, submete-se ao contraditório (diferido) das partes. Também nesta situação a prova poderá ser normalmente valorada pelo juiz na sentença.

Ainda sobre o tema, o STF, em recente julgado, ressaltou que o princípio do livre convencimento motivado faculta ao juiz o indeferimento de provas consideradas irrelevantes, impertinentes ou protelatórias. No entanto, entendeu como constrangimento ilegal o indeferimento de todas as testemunhas de defesa pelo juiz, considerando haver afronta ao devido processo legal (Informativo 901/STF, de 9 a 11 de maio de 2018).

Sobre tudo o que dissemos aqui, é oportuno o leitor consultar os arts. 155 e 400, § 1º, CPP.

13.1.4. Princípios da prova

a) Princípio da autorresponsabilidade das partes: diz respeito à conduta probatória das partes, que será determinante para o seu êxito ou fracasso ao final do processo. As partes devem suportar os efeitos da sua atividade ou da inatividade probatória;

---

93. Usamos "partes" entre aspas porque, tecnicamente, não há partes ainda, já que estamos em fase de IP.

b) Princípio da audiência contraditória: remete à dialeticidade do processo, à obrigatoriedade da produção da prova sob a égide do contraditório;

c) Princípio da aquisição ou da comunhão da prova: a prova, uma vez produzida, pertence ao processo e não à parte que a produziu. Desse modo, o depoimento da testemunha arrolada pela acusação poderá ser aproveitado pela defesa e vice-versa. Igualmente, se uma das partes resolver desistir de uma prova (ex: depoimento de testemunha arrolada em comum), a outra deverá ser ouvida para saber se tem interesse na dispensa ou na sua oitiva;

d) Princípio da oralidade: consiste na predominância da colheita probatória através da palavra falada. Ex: interrogatório; depoimentos das testemunhas; inquirição de peritos etc.;

e) Princípio da publicidade: os atos, em regra, devem ser públicos. Contudo, há diversas exceções, que serão analisadas pelo juiz, caso a caso, nos termos do art. 792, § 2º, CPP.

13.1.5. Ônus da prova (art. 156, CPP)

Aquele que alega algo tem o ônus de provar o que alegou. Desde logo, rememore-se que, em Processo Penal, o tema "ônus da prova" está intimamente ligado ao princípio do estado de inocência (já estudado anteriormente). É que o referido princípio faz recair sobre a acusação o ônus de provar a culpa *lato sensu* do acusado. Trata-se, inclusive, de comando presente no CPP (*vide* art. 156, primeira parte). Desse modo, não cabe ao réu demonstrar a sua inocência (até porque, para além do estado de inocência, goza do direito de permanecer calado – art. 5º, LXIII, CF), mas sim à acusação comprovar a culpa daquele. Caso a acusação não se desincumba desse ônus, *i. e.*, não logre êxito em provar cabalmente a culpa do réu, deverá ser aplicada a regra pragmática de julgamento do *in dubio pro reo*, absolvendo-se, por conseguinte, o acusado.

Ainda sobre o assunto, note o leitor que *prevalece* na comunidade jurídica o entendimento de que o ônus da prova se *reparte* entre a acusação e a defesa. À primeira (à acusação) incumbe provar a existência do fato e sua respectiva autoria, a tipicidade da conduta, o elemento subjetivo da infração (dolo ou culpa), bem como eventuais agravantes, causas de aumento e/ou qualificadoras alegadas. A defesa, por sua vez, tem o ônus de provar eventuais alegações que faça sobre excludentes de tipicidade, ilicitude e/ou culpabilidade, circunstâncias atenuantes e causas de diminuição da pena.

Por outro lado, embora o ônus da prova incumba primordialmente às partes, permite o CPP que o juiz produza provas de ofício (algo que é considerado, por vários autores, como ofensivo ao sistema acusatório pretendido pelo constituinte). Em todo o caso, conforme o art. 156, CPP, é facultado ao juiz:

I – ordenar, mesmo antes de iniciada a ação penal, a produção antecipada de provas consideradas urgentes e relevantes, observando a necessidade, adequação e proporcionalidade da medida;

II – determinar, no curso da instrução, ou antes de proferir sentença, a realização de diligências para dirimir dúvida sobre ponto relevante.

Para certo setor da doutrina, a produção probatória judicial deve ser cautelosa e supletiva, sob pena de ofensa ao sistema acusatório (transformando-se o juiz em órgão acusador).

13.1.6. Meios de prova e vedação à prova ilícita

Meio de prova é *tudo aquilo que "possa servir, direta ou indiretamente, à comprovação da verdade que se procura no processo: testemunha, documento, perícia" etc.* (TOURINHO FILHO, 2010, p. 555).

Os meios de prova não têm caráter taxativo no Processo Penal. Vale dizer, as partes poderão se valer não apenas daqueles meios de prova expressamente previstos no CPP (prova testemunhal, documental, perícias etc.), mas de todos os outros ao seu alcance (denominadas *provas inominadas*), desde que não sejam ilícitos.

Apesar de as partes possuírem amplo direito à prova (direito de tentar, por meio de provas, influenciar o convencimento julgador), este direito *não é*, logicamente, ilimitado, sendo vedada a utilização de prova ilícita (ex.: confissão mediante tortura). Diz a CF: *são inadmissíveis, no processo, as provas obtidas por meios ilícitos* (art. 5º, LVI).

É importante dizer que a doutrina construiu classificação considerando que **provas vedadas, proibidas ou inadmissíveis** *são aquelas cuja produção viole a lei ou os princípios inerentes ao direito material ou processual.*[94]

Com base no conceito acima, são estabelecidas como suas **espécies**: a) **prova ilícita**, que, conforme a atual definição do art. 157, *caput*, CPP, *é aquela obtida "em violação a normas constitucionais ou legais", ou seja, aquela que "viola regra de direito material, seja constitucional ou legal, no momento da sua obtenção"*[95] (ex: confissão obtida sob tortura); e b) **prova ilegítima**, violadora de normas e princípios de direito processual (ex: art. 159, § 1º, CPP).

Destaque-se que a classificação decorre da doutrina, pois a CF e a lei não fazem qualquer distinção, optando unicamente pela denominação "provas ilícitas".

Reconhecida a ilicitude da prova, deverá ser ela desentranhada dos autos por meio de decisão judicial.[96] Preclusa esta decisão, a prova deverá então ser inutilizada, também por meio

---

94. A 5ª Turma do STJ decidiu que "Sem consentimento do réu ou prévia autorização judicial, é ilícita a prova, colhida de forma coercitiva pela polícia, de conversa travada pelo investigado com terceira pessoa em telefone celular, por meio do recurso "viva-voz", que conduziu ao flagrante do crime de tráfico ilícito de entorpecentes". (STJ, HC 1630097/RJ, DJe 28.04.2017 e Informativo 603). Já o STF, no julgamento do HC 129678/SP, DJe 18.08.2017, entendeu que "A prova obtida mediante interceptação telefônica, quando referente a infração penal diversa da investigada, deve ser considerada lícita se presentes os requisitos constitucionais e legais". Isto é, caso haja autorização judicial para interceptação telefônica do réu para apurar a suposta prática de tráfico de drogas, e no bojo das gravações se descubra que o acusado foi autor de crime diverso, a prova obtida a respeito do novo crime descoberto será lícita (Informativo 869. STF, do período de 12 a 16 de junho de 2017). Ainda quanto ao tema, o STJ entendeu como ilícita a prova obtida por revista pessoal realizada por agentes de segurança privada, uma vez que somente autoridades judiciais, policiais e seus agentes estão autorizados a realizar buscas pessoais e domiciliares (Informativo 651/STJ, de 2 de agosto de 2019).

95. GOMES, Luiz Flávio. *Lei 11.690/2008 e provas ilícitas: conceito e inadmissibilidade.* Disponível em: [http://www.lfg.com.br]. Acesso em: 12.11.2014.

96. As peças processuais que fazem referência à prova declarada ilícita, contudo, não devem ser desentranhadas (Informativo 849/STF, de 28 de novembro a 2 de dezembro de 2016).

de decisão judicial (*vide* § 3º do art. 157, CPP). Além disso, a Lei n. 13.964/2019 inseriu o § 5º ao art. 157, estabelecendo que o "juiz que conhecer do conteúdo da prova declarada inadmissível não poderá proferir a sentença ou acórdão". Trata-se de dispositivo que pretende afastar qualquer possibilidade de contaminação do convencimento do magistrado pela prova obtida ou produzida em desconformidade com o sistema legal.

Ainda de acordo com o art. 157, § 1º, CPP, são igualmente consideradas ilícitas as provas que derivem da ilícita (chamadas de *ilícitas por derivação*).[97] Trata-se da adoção da teoria norte-americana *fruits of the poisonous tree* (frutos da árvore envenenada). Ex.: após obter uma confissão mediante tortura (prova ilícita), agentes policiais descobrem o local onde certa quantidade de droga estava escondida e a apreendem observando a lei (prova, em tese, lícita, que, por derivação, acaba se tornando igualmente ilícita).

Note bem que a descoberta do local onde a droga foi encontrada decorreu **diretamente** da confissão obtida ilicitamente. Daí surge a derivação.

No sentido oposto, há teorias destinadas a afastar a ilicitude das provas. Algumas são autônomas e outras buscam mitigar a teoria dos frutos da árvore envenenada.

As que optamos por denominar autônomas são aquelas fundadas na inexistência do nexo de causalidade entre a prova ilícita e a outra prova. Tal exceção nos parece óbvia, pois se inexiste nexo causal não há que se falar em derivação. São absolutamente independentes.

A origem das teorias está no direito estadunidense e algumas delas foram incorporadas de forma explícita ou implícita pelos §§ 1º e 2º, art. 157, CPP.

Analisaremos as duas que são notoriamente acolhidas a seguir.

a) Teoria da fonte independente (*independent source doctrine*)

Segundo teor do § 2º, art. 157, CPP, entende-se por fonte independente "*aquela que por si só, seguindo os trâmites típicos e de praxe, próprios da investigação ou instrução criminal, seria capaz de conduzir ao fato objeto da prova*".

Com a devida vênia, o conceito nacional não corresponde à sua origem norte-americana (*Bynum v. U.S.*, 1960). Ao contrário, o dispositivo legal utiliza a definição da teoria da descoberta inevitável.

Considera-se fonte independente aquela que não possui ligação causal e cronológica com a prova ilícita já produzida. Em decorrência disso, estará livre de qualquer vício e será aproveitada no processo. A independência reside, pois, na ausência do nexo causal entre as duas provas por e, em regra, dos momentos distintos em que foram colhidas.

Ex.: no crime de roubo, a busca e apreensão do bem subtraído, sem autorização judicial (ilícita e, portanto, inadmissível), não tem o condão de macular os depoimentos de testemunhas que presenciaram o roubo e que foram colhidos **antes ou simultaneamente** à apreensão. Logo, a materialidade e autoria da infração penal podem ser demonstradas mesmo com a desconsideração da busca e apreensão. Quanto ao tema, o STF entendeu que eventual nulidade de prova, em razão da inobservância da prerrogativa de foro, não se estende aos agentes que não se enquadrem nesta condição (Informativo 945/STF, de 24 a 28 de junho de 2019)[98];

b) Teoria da descoberta inevitável (*inevitable discovery exception*)

Aproveita-se a prova derivada da ilícita se esta seria obtida de qualquer maneira, por meio de diligências válidas na investigação, afastando-se o vício. A contaminação foi afastada porque as diligências conduziriam, inevitavelmente, à sua descoberta. A sua vinculação à prova ilícita foi meramente circunstancial.

Ex.: um indivíduo que cometeu homicídio e ocultou o corpo confessa o crime e o local onde deixou o cadáver, mas a confissão foi obtida ilegalmente. Porém, uma busca no local estava em andamento ou estava no planejamento da investigação e foi/seria suficiente para descobrir o corpo, ainda que não houvesse a confissão. A prova, portanto, deve ser admitida.

Atenção: É preciso deixar claro que o local onde está o corpo deve ser plausível para uma operação de busca ou varredura, ou seja, em local sujeito às diligências de praxe. A análise da inevitabilidade da descoberta será feita pelo magistrado à luz do caso concreto, num juízo de proporcionalidade marcado pela ponderação entre os bens jurídicos envolvidos. Ver STF, HC 91867/PA, *DJe* 20.09.2012 e STJ, Info. 0447, 6ª Turma, período de 13 a 17.09.2010 e HC 152.092/RJ, 5ª Turma, *DJ* 28.06.2010.

Finalmente, é preciso dizer que a comunidade jurídica tem amplamente aceito a prova ilícita quando utilizada em *prol do réu*. É que aqui se entende que o *status libertatis* do indivíduo deve suplantar a vedação à prova ilícita.

Reflexos do Novo Código de Processo Civil

Cooperação jurídica internacional para a produção de prova (arts. 26 a 41) – É fato que a cooperação internacional já acontece, tendo como base legal tratados plurilaterais e bilaterais. Por meio destes, os Estados signatários comprometem-se a facilitar os trâmites da persecução penal além das fronteiras nacionais.

A relevância do NCPC é introduzir na legislação infraconstitucional matéria que foi recepcionada pelo nosso ordenamento jurídico e que já vinha sendo aplicada no Brasil. Há, nesse sentido, uma regulação ampla da atividade de cooperação, com as hipóteses de cabimento, os limites e procedimentos que serão adotados pelo sistema de justiça brasileiro.

Prova emprestada – Os Tribunais Superiores admitem a utilização de prova emprestada no Processo Penal, desde que sejam observados o contraditório e a ampla defesa, ou seja, as partes precisam ter a oportunidade de analisar, manifestar, impugnar e/ou contestar a sua utilização ou o seu conteúdo (STJ HC 155149/RJ, Info. 432; e STF HC 114074/SC, *DJe* 27.05.2013).

O NCPC, em seu art. 372 vem positivar tal possibilidade, que pode ser aplicável subsidiariamente ao processo penal.

13.2. Provas em espécie

Passaremos, agora, a examinar as provas em espécie previstas no CPP, a começar pelo exame de corpo de delito.

---

97. Ver: STF, ARE 939172/RJ. DJe 10.04.2017.

98. Explica-se: caso juiz de 1ª instância venha a autorizar interceptação telefônica de 2 pessoas investigadas e uma delas seja Senador, a prova produzida será nula somente quanto ao parlamentar, uma vez que por este possuir prerrogativa de foro, a medida cautelar deveria ter sido autorizada pelo STF. Quanto ao investigado sem prerrogativa, a prova será válida.

13.2.1. Exame de corpo de delito, cadeia de custódia e das perícias em geral. Noções introdutórias

Primeiro, anote-se que, segundo Pacelli (2015, p. 426-427), a **prova pericial** é "uma prova técnica, na medida em que pretende certificar a existência de fatos cuja certeza, segundo a lei, somente seria possível a partir de conhecimentos específicos".

A produção da prova pericial deve seguir determinado procedimento desde o momento inicial até o encerramento do seu ciclo. Por esse motivo, entendemos ser mais didático explicar inicialmente como funciona a cadeia de custódia para depois adentrarmos na perícia em si.

13.2.1.1. Cadeia de custódia

Na definição trazida por Joseli Pérez Baldasso[99], a cadeia de custódia "é a aplicação de uma série de procedimentos destinados a assegurar a originalidade, a autenticidade e a integridade do vestígio, garantindo assim a idoneidade e transparência na produção da prova técnica" (TOCCHETTO, 2020, p. 4). A definição legal, contida no art. 158-A, diz que "Considera-se cadeia de custódia o conjunto de todos os procedimentos utilizados para manter e documentar a história cronológica do vestígio coletado em locais ou em vítimas de crimes, para rastrear sua posse e manuseio a partir de seu reconhecimento até o descarte."

Os novos dispositivos (arts. 158-A a 158-F, CPP) introduzidos pela Lei n. 13.964/2019 trazem para o CPP a procedimentalização da produção da prova técnica, que deve ser obedecida por todos os sujeitos que tenham contato (§§ 2º, art. 158-A, CPP), direto ou indireto, com o material probatório (TOCCHETTO, 2020, p. 4). Aqui cabe um alerta. A partir desse regramento legal, a inobservância do procedimento pode acarretar a nulidade da prova e, em algum grau, a responsabilização dos agentes que descumpriram as normas (art. 158-C, § 2º, CPP).

A cadeia de custódia tem início logo quando os agentes do Estado chegam ao local do crime ou têm o primeiro contato com o objeto da perícia (art. 158-A, § 1º, CPP). Nesse sentido, inclusive, o § 3º do dispositivo em comento traz para o corpo do CPP o conceito de vestígio, definido como "todo objeto ou material bruto, visível ou latente, constatado ou recolhido, que se relaciona à infração penal".

As etapas da cadeia de custódia são 10 (dez):

a) o **reconhecimento** (art. 158-B, I, CPP) do potencial interesse do objeto ou material bruto para a produção da prova pericial;

b) o **isolamento** (art. 158-B, II, CPP) do ambiente Imediato, mediato, que esteja relacionado aos vestígios e ao local do crime;

c) a **fixação** (art. 158-B, III, CPP), que consiste na "descrição detalhada do vestígio conforme se encontra no local de crime ou no corpo de delito, e a sua posição na área de exames" Ex.: fotografias, filmagens ou croqui. É indispensável a sua descrição no laudo pericial produzido pelo perito responsável pelo atendimento;

d) a **coleta** (art. 158-B, IV, CPP) do vestígio, de modo a preservar as suas características e natureza. A coleta deve ser feita preferencialmente por perito oficial (art. 158-C, *caput*, CPP);

e) o **acondicionamento** (art. 158-B, V, CPP) de cada vestígio coletado, que deve ser feito de modo individualizado (art. 158-D), conforme as características do objeto ou material. Ex.: sangue e ossos coletados não devem ser acondicionados conjuntamente;

f) o **transporte** (art. 158-B, VI, CPP) do vestígio (Ex.: do local da coleta ao laboratório de análises), que deve ser feito de modo a preservar as suas características originais, bem como o controle da sua posse;

g) o **recebimento** (art. 158-B, VII, CPP), que é a transferência da posse do vestígio entre agentes, deve ser devidamente documentado com informações que se refiram ao número do procedimento, unidade de polícia judiciária relacionada, local de origem, identificação de quem transportou e recebeu, entre outros aspectos;

h) o **processamento** (art. 158-B, VIII, CPP), que é o exame pericial em si, a ser realizado por peritos e sua conclusão formalizada pelo laudo pericial;

i) o **armazenamento** (art. 158-B, IX, CPP), ou seja, o ato referente à guarda, sempre nas condições adequadas à preservação, do objeto ou material que foi objeto da análise pericial. A guarda pode ter como finalidade uma contraperícia, o descarte ou novo transporte;

j) por fim, a última fase da cadeia é o **descarte** (art. 158-B, X, CPP), procedimento pelo qual é feita a liberação do vestígio em observância à legislação vigente ou a autorização judicial.

Em termos de estrutura, a Lei estabelece que os Institutos de Criminalística deverão ter uma central de custódia para a guarda e controle dos vestígios, sendo que a gestão estará necessariamente vinculada ao órgão central de perícia criminal oficial (art. 158-E e §§, CPP).

Entretanto, estabelece exceção no parágrafo único do art. 158-F, CPP, nos seguintes termos: "Caso a central de custódia não possua espaço ou condições de armazenar determinado material, deverá a autoridade policial ou judiciária determinar as condições de depósito do referido material em local diverso, mediante requerimento do diretor do órgão central de perícia oficial de natureza criminal". Da forma como está enunciado, não se trata de uma norma de transição. Ao dispor dessa forma, o Legislador possibilita que uma situação que deveria ser excepcional (falta de uma central de custódia adequada) seja a regra. É sabido que o investimento na polícia técnica não está entre as prioridades da segurança pública, então será preciso verificar ao longo do tempo se tal norma tratará, em verdade, da regra, e não da exceção.

13.2.1.2. Exame de corpo de delito

Ademais, vale notar que o **exame de corpo de delito** não se confunde com o **corpo de delito.** Enquanto este último significa o *conjunto de elementos sensíveis (rastros) deixados pelo fato criminoso*, aquele (o exame de corpo de delito) é a perícia realizada por especialista no corpo de delito (ou seja, é o exame realizado no conjunto de elementos sensíveis deixados pela prática da infração penal). Ademais, note-se que tal exame (de corpo de delito) só será realizado nos delitos *facti permanentis*

---

[99]. TOCCHETTO, Domingos. Balística Forense – Aspectos Técnicos e Jurídicos. 10 ed. Salvador: Juspodivm, 2010.

(aqueles que deixam resultados perceptíveis) e não nos *facti transeuntis* (que não deixam resultados perceptíveis).

Segundo ponto: não se deve confundir o exame de corpo de delito com as demais perícias. A falta do exame de corpo de delito gera a nulidade do processo. A falta das demais perícias influencia apenas no convencimento do julgador (podendo tornar o conjunto probatório dos autos mais frágil). Isto é assim porque o exame de corpo de delito refere-se à constatação dos vestígios resultantes da conduta do núcleo do tipo penal. Ex.: num homicídio, o exame de corpo de delito (a necropsia) relaciona-se diretamente com os vestígios resultantes da conduta do núcleo do tipo penal (matar alguém – art. 121, CP). Por outro lado, as demais perícias não pertencem ao corpo do delito (vestígios resultantes da conduta do núcleo do tipo penal), tendo apenas o papel de influenciar no convencimento do julgador. Ex.: imagine-se um exame de DNA realizado em determinado indivíduo, visando a estabelecer a autoria do crime. A perícia, neste caso, recai sobre o convencimento do magistrado a respeito da responsabilidade pela prática da infração, não estando relacionada com o núcleo do tipo penal.

Atenção: Quanto à matéria, houve recente inovação legislativa com a publicação de Lei 13.721/2018, que acrescentou o parágrafo único ao artigo 158 do CPP, prevendo a realização prioritária do exame de corpo de delito quando o crime envolver violência doméstica e familiar contra mulher ou violência contra criança, adolescente, idoso ou pessoa com deficiência.

a) Conceito de exame de corpo de delito: é a *perícia realizada por especialista nos elementos sensíveis do crime, podendo ser realizada em qualquer dia/hora (art. 161, CPP);*

b) Base legal: art. 158 e ss., CPP;

c) Obrigatoriedade: a lei prevê a obrigatoriedade do exame de corpo de delito nos casos de crimes que deixam vestígios (delitos *facti permanentis* – aqueles que deixam resultados perceptíveis). Inclusive, a eventual falta do referido exame não poderá ser suprida pela confissão do acusado. Veja:

> "**Art. 158.** Quando a infração deixar vestígios, será indispensável o exame de corpo de delito, direto ou indireto, não podendo supri-lo a confissão do acusado."

Ademais, não sendo realizado o exame (direto ou indireto), o processo será considerado nulo (art. 564, III, *b*, CPP);

d) Observações: I) no âmbito do JECRIM,[100] o exame de corpo de delito pode ser substituído por boletim médico ou prova equivalente (art. 77, § 1º, Lei 9.099/1995); **II)** no âmbito da Lei de Drogas, para que a autoridade possa lavrar o APF,[101] é preciso realizar um laudo (chamado de laudo de constatação ou provisório) que ateste a natureza e a quantidade da droga apreendida (art. 50, § 1º, Lei 11.343/2006). Este laudo será firmado por perito oficial ou, na falta deste, por pessoa idônea. No curso do processo, porém, deverá ser realizado um laudo definitivo sobre a natureza e a quantidade da droga apreendida (§ 2º);[102] **III)** na hipótese de crime contra a propriedade imaterial, estabelece o art. 525, CPP, que, no caso de haver o crime deixado vestígio, a queixa ou a denúncia não será recebida se não for instruída com o exame pericial dos objetos que constituam o corpo de delito; **IV)** conforme certo setor da doutrina, o exame de corpo de delito é o único caso em que o delegado de polícia não poderá negar à vítima a realização da diligência (*vide* arts. 14 e 184, CPP).

e) Modalidades do exame de corpo de delito (exame direto ou indireto):

Em regra, o exame de corpo de delito deve se dar de forma direta, ou seja, deve ser realizado diretamente sobre o corpo de delito (sobre os elementos sensíveis deixados pela prática do crime).

Porém, excepcionalmente, quando não for possível realizar o exame direto (em razão dos vestígios da infração terem desaparecido, por exemplo), será possível a realização do exame de corpo de delito de modo indireto (pautado em outras provas idôneas – testemunhal, documental etc.) – STF, HC 114567, *DJe* 07.11.2012, Info 684 e HC 152.092/RJ, 5ª Turma, *DJ* 28.06.2010. Ex.: imagine-se que o corpo da vítima de homicídio tenha sido ardilosamente retirado da cena do crime pelo autor da infração. Neste caso, permite a lei que o perito, baseando-se no depoimento de testemunhas, por exemplo, realize o exame de corpo de delito indireto, como forma de atestar a materialidade (existência) do crime (STJ, AgRg no REsp 1556961/RS, 5ª Turma, *DJ* 22.02.2016 e HC 170.507, *DJe* 05.03.2012, Inf. 491). Segue dispositivo sobre o tema:

> "**Art. 167.** Não sendo possível o exame de corpo de delito [**direto**], por haverem desaparecido os vestígios, a prova testemunhal poderá suprir-lhe a falta." (Incluímos).

Comentário: conforme visto, não só a prova testemunhal pode suprir o exame direto, mas outras igualmente idôneas, como a documental, por exemplo[103];

f) Quem realiza o exame de corpo de delito? O exame de corpo de delito e outras perícias serão realizados por **perito oficial, portador de diploma de curso superior** – art. 159, CPP.

E mais: nos termos do § 1º do art. 159, CPP, na falta de perito oficial, o exame será realizado por 2 pessoas idôneas, portadoras de diploma de curso superior preferencialmente na área específica do exame[104].

Tratando-se de perícia complexa que abranja mais de uma área de conhecimento especializado, poder-se-á designar a atuação de mais de um perito oficial, e a parte indicar mais de um assistente técnico (art. 159, § 7º, CPP).

Na Lei de Drogas, em seu art. 50, §§ 1º e 2º, é permitida a elaboração do laudo preliminar ou de constatação por apenas um perito, oficial ou não, sendo que ele não ficará impedido de participar da elaboração do laudo definitivo.

g) Formulação de quesitos e indicação de assistente técnico:

Segundo dispõe o § 3º do art. 159 do CPP, durante o curso da persecução penal, faculta-se ao MP, ao assistente de

---

100. Juizado Especial Criminal – Lei 9.099/1995.
101. Auto de prisão em flagrante.
102. Conforme STF, RHC 110429, *DJ* 06.03.2012, Inf. 657: "a juntada do laudo definitivo após sentença – não ocasiona a nulidade da sentença se demonstrada a materialidade delitiva por outros meios probatórios".

103. Ver STF, HC 136964/RS (Info. 967, 17 a 28.02.2020).
104. Ver STF, Súmula 361: "No Processo Penal, é nulo o exame realizado por um só perito, considerando-se impedido o que tiver funcionado, anteriormente, na diligência de apreensão". Note o leitor que o teor da Súmula enseja nulidade relativa e é aplicável aos peritos **não oficiais**.

acusação, à vítima, ao querelante e ao acusado a formulação de quesitos e a indicação de assistente técnico.

A formulação de quesitos tem como destinatário o perito oficial (ou, na falta deste, as duas pessoas portadoras de diploma de curso superior) e visa a acentuar o contraditório em torno dos exames periciais. São perguntas que podem ser elaboradas pelas pessoas indicadas (MP, acusado etc.) ao perito, buscando tornar mais clara a perícia realizada.

Por outro lado, o assistente técnico trata-se de especialista contratado por uma das pessoas indicadas (MP, acusado, vítima etc.), tendo a função de emitir parecer crítico sobre o exame elaborado pelo perito oficial. Atua a partir de sua admissão pelo juiz e após a conclusão do exame e da elaboração de laudo pelo perito oficial (§ 4º).

Consoante dispõe o § 6º do art. 159, "havendo requerimento das partes, o material probatório que serviu de base à perícia será disponibilizado no ambiente do órgão oficial, que manterá sempre sua guarda, e na presença de perito oficial, para exame pelos assistentes, salvo se for impossível a sua conservação".

Ademais, durante a persecução penal, quanto à perícia, é permitido às partes (§ 5º):

I – requerer a oitiva dos peritos para esclarecerem a prova ou para responderem a quesitos, desde que o mandado de intimação e os quesitos ou questões a serem esclarecidas sejam encaminhados com antecedência mínima de 10 dias, podendo apresentar as respostas em laudo complementar;

II – indicar assistentes técnicos que poderão apresentar pareceres em prazo a ser fixado pelo juiz ou ser inquiridos em audiência;

h) Valor de prova do exame de corpo de delito e das perícias em geral:

Tal qual as demais provas, o exame de corpo de delito e as perícias em geral possuem valor probatório relativo. Não vinculam o juiz. Confira-se:

> "Art. 182. O juiz não ficará adstrito ao laudo, podendo aceitá-lo ou rejeitá-lo, no todo ou em parte."

13.2.2. Interrogatório do acusado (art. 185 e ss., CPP)

a) Conceito: ato em que o acusado poderá, se quiser, apresentar sua versão dos fatos (exercer a sua autodefesa) perante a autoridade, vigendo plenamente neste momento o direito ao silêncio.

Nota: há quem utilize a palavra "interrogatório" para também designar o ato de oitiva (ouvida) do indiciado pelo delegado de polícia no curso do IP. Fala-se então em interrogatório policial (realizado na fase policial) e interrogatório judicial (em juízo). Neste tópico, examinaremos apenas o judicial (o policial já foi examinado quando tratamos do IP);

b) Natureza: tem prevalecido na doutrina de que se trata de um meio de prova e de defesa. Com Nucci (2006), podemos colocar a questão da seguinte maneira: o interrogatório é, fundamentalmente, um meio de defesa, visto que a CF confere ao réu o direito ao silêncio. Porém, se o réu quiser falar, aquilo que disser, poderá sim ser um meio de prova;

c) Momento: enquanto não houver trânsito em julgado, será possível realizar o interrogatório (bem como repeti-lo) de ofício ou a pedido fundamentado de qualquer das partes (art. 196, CPP). Não pode esse ato ser suprimido arbitrariamente pelo juiz (sob pena de violação à ampla defesa e consequente nulidade do processo);

d) Procedimento do interrogatório:

Primeiro, registre-se que a **presença** do defensor (constituído, dativo ou público) do acusado no ato do interrogatório é **indispensável**, gerando nulidade a sua eventual ausência. A figura do defensor é incontornável nesse momento, pois proporciona a efetivação da ampla defesa do acusado.

É igualmente imprescindível assegurar ao réu o **direito de entrevista prévia** com o seu defensor (*i. e.*, antes de iniciar o interrogatório), possibilitando, assim, que ambos tracem a melhor estratégia defensiva (art. 185, § 5º, CPP).

Ainda, o acusado deve ser alertado do seu **direito constitucional de permanecer calado** (inciso LXIII do art. 5º, CF). Assim, antes de iniciar o interrogatório, deve o juiz advertir o acusado a respeito desse direito (conferir o art. 186, CPP).[105]

Nota: em sede de "interrogatório" policial (oitiva do indiciado), predomina o entendimento de que a presença do defensor (bem como o direito de entrevista prévia entre este e o indiciado) é **dispensável**. Assim, não necessita o delegado aguardar a chegada do defensor do indiciado para iniciar a ouvida ("interrogatório") deste. Por outro lado, o direito ao silêncio tem aplicação total na oitiva do indiciado. Deve, portanto, a autoridade policial alertá-lo a respeito desse seu direito.

A seguir, vejamos como se dá o interrogatório do réu solto e do réu preso[106];

e) Interrogatório do réu que se encontra em liberdade: nessa situação, o interrogatório será realizado em juízo, ou seja, o réu deverá comparecer perante a autoridade judicial para ser interrogado;

f) Interrogatório do réu que se encontra preso (art. 185, CPP): aqui é preciso ter atenção.

I – Encontrando-se preso o acusado, o interrogatório, em regra, deverá ser realizado no próprio estabelecimento prisional em que estiver o acusado, em sala própria, desde que estejam garantidas a segurança do magistrado, do MP e dos auxiliares, bem como a presença do defensor e a publicidade do ato (§ 1º);

---

105. O STJ, HC 244.977, DJ 25.09.2012, Inf. 505, considerou ilícita a gravação de conversa informal entre policiais e o conduzido quando da lavratura do auto de prisão em flagrante, por não ter havido a prévia comunicação do direito de permanecer em silêncio. Posteriormente, considerou o STJ no Info. 543, 6ª Turma, período de 13.08.2014 que "Em processo que apure a suposta prática de crime sexual contra adolescente absolutamente incapaz, é admissível a utilização de prova extraída de gravação telefônica efetivada a pedido da genitora da vítima, em seu terminal telefônico, mesmo que solicitado auxílio técnico de detetive particular para a captação das conversas". Outrossim, restou consignado no RHC 48.397/RJ, DJ 16.09.2016, que a gravação de diálogo pelo cliente com seu advogado, para defesa de direito próprio, não configura prova ilícita ou violação ao sigilo profissional.

106. STF HC 121953/MG, Info. 750: O rito previsto no art. 400 do CPP – com a redação conferida pela Lei 11.719/2008 – não se aplica à Lei de Drogas, de modo que o interrogatório do réu processado com base na Lei 11.343/2006 deve observar o procedimento nela descrito (arts. 54 a 59).

II – Não sendo possível a realização no próprio estabelecimento prisional, o interrogatório será então realizado por videoconferência (§ 2º), *i. e.*, o juiz permanecerá no fórum e o acusado no presídio, empregando-se os meios tecnológicos necessários para assegurar a realização em tempo real do ato e a fidedignidade da imagem e som transmitidos. Esmiuçaremos mais abaixo essa modalidade de interrogatório;

III – Não sendo possível o interrogatório por meio de videoconferência, o preso será então conduzido a juízo (ao fórum) – com escolta policial (§ 7º);

g) Requisitos para a realização do interrogatório por meio de videoconferência

g1) Impossibilidade de o interrogatório ser realizado no presídio;

g2) Necessidade de decisão fundamentada do juiz, de ofício ou a requerimento das partes;

g3) Necessidade de atender a uma das seguintes finalidades:

I – prevenir risco à segurança pública, quando exista fundada suspeita de que o preso integre organização criminosa ou de que, por outra razão, possa fugir durante o deslocamento;

II – viabilizar a participação do réu no referido ato processual, quando haja relevante dificuldade para seu comparecimento em juízo, por enfermidade ou outra circunstância pessoal;

III – impedir a influência do réu no ânimo de testemunha ou da vítima, desde que não seja possível colher o depoimento destas por videoconferência, nos termos do art. 217, CPP;

IV – responder a gravíssima questão de ordem pública.

E mais:

g4) Da decisão que determinar a realização de interrogatório por videoconferência, as partes deverão ser intimadas com 10 (dez) dias de antecedência em relação à sua data de realização;

g5) No interrogatório realizado por videoconferência, o direito de prévia entrevista do réu com o seu defensor será também garantido por meio de acesso a canais telefônicos reservados para comunicação entre o defensor que esteja no presídio e o advogado presente na sala de audiência do Fórum, e entre este e o preso;

g6) A sala reservada no estabelecimento prisional para a realização de atos processuais por sistema de videoconferência será fiscalizada pelos corregedores e pelo juiz de cada causa, como também pelo Ministério Público e pela Ordem dos Advogados do Brasil;

h) Conteúdo do interrogatório

O interrogatório está dividido em duas partes (arts. 186 e 187, CPP):

h1) Interrogatório de qualificação do réu (perguntas sobre a pessoa do acusado): nessa primeira parte do interrogatório, o réu será perguntado sobre a sua residência, meios de vida ou profissão, oportunidades sociais, lugar onde exerce a sua atividade, vida pregressa, notadamente se foi preso ou processado alguma vez e, em caso afirmativo, qual o juízo do processo, se houve suspensão condicional ou condenação, qual a pena imposta, se a cumpriu e outros dados familiares e sociais (art. 187, § 1º).

Para muitos autores, o direito ao silêncio não abrange essa parte do interrogatório (NUCCI, 2006, por exemplo).

Atenção: O STJ sumulou entendimento de que a atribuição de falsa identidade perante autoridade policial é típica, ainda que feita em situação de autodefesa (Súmula 522);

h2) Interrogatório de mérito (perguntas sobre os fatos imputados ao acusado – art. 187, § 2º): nesta parte do interrogatório, o réu será perguntado sobre a acusação que recai sobre si. É comum o juiz iniciar essa etapa formulando a seguinte indagação ao réu: *é verdadeira a imputação que recai sobre si?*

O direito ao silêncio vige plenamente nessa parte do interrogatório. Inclusive, o juiz deverá informá-lo (o direito ao silêncio) ao réu, antes de iniciar o interrogatório de mérito (*vide* art. 186, CPP).

Atenção: segundo a melhor doutrina, o disposto no art. 198, CPP, que diz: "o silêncio do acusado não importará confissão, mas poderá constituir elemento para a formação do convencimento do juiz", não foi recepcionado pela CF por não se alinhar com direito ao silêncio e também está em manifesta contradição com a redação do parágrafo único do art. 186. Vale dizer, sendo o silêncio um direito, não pode haver interpretação jurídica negativa por parte do juiz dessa conduta do réu;

i) Questões finais:

I – **contraditório no momento interrogatório:** diz o art. 188, CPP: "após proceder ao interrogatório, o juiz indagará das partes se restou algum fato para ser esclarecido, formulando as perguntas correspondentes se o entender pertinente e relevante". Incide o contraditório no ato do interrogatório (podem as partes, após as perguntas do juiz, formularem as suas próprias ao acusado).

Essas perguntas[107] das partes devem ser feitas de acordo com o chamado sistema presidencialista, ou seja, as partes devem direcioná-las ao juiz e esse, por sua vez, as fará ao acusado.

No procedimento do júri (art. 474, § 1º, CPP), porém, as perguntas das partes poderão ser efetuadas diretamente ao réu (sem passar pela intermediação do juiz, portanto). Este modelo de perguntas diretas ao réu pelas partes chama-se sistema ***cross examination*** ou ***direct examination***. Note-se, por fim, que no júri, os jurados, caso queiram efetuar perguntas ao réu, devem seguir o sistema presidencialista, ou seja, intermediação das perguntas pelo juiz-presidente, conforme § 2º do art. 474, CPP.

II – **interrogatório de mais de um acusado:** art. 191, CPP. Havendo mais de um acusado, serão interrogados separadamente.

III – **momento do interrogatório:** Os tribunais superiores entendem que o art. 400, CPP, que prevê o interrogatório do réu como último ato da instrução, é aplicável no âmbito do processo penal militar e nos casos de incidência da Lei de Drogas. O mesmo ocorre no âmbito dos processos criminais que tramitam perante o STF e STJ, em que pese não tenha havido alteração no art. 7º da Lei 8.038/1990, lei que rege o procedimento nestes tribunais (Informativo 816/STF, de 29 de fevereiro a 4 de março de 2016, Informativo 918/STF, de 1 a 5 de outubro de 2018 e Informativo 609/STJ, de 13 de setembro de 2017.)

---

107. A doutrina costuma chamar as perguntas das partes ao réu e às testemunhas de "reperguntas".

13.2.3. Confissão

A confissão não é a "rainha das provas" no Processo Penal brasileiro. Tem valor relativo. Para que possa levar à condenação do réu, é preciso que esteja em harmonia com as demais provas do processo (art. 197, CPP).

Ademais, a confissão não tem força para substituir a obrigatoriedade do exame de corpo de delito nos crimes que deixam vestígios (*vide* art. 158, CPP).

O silêncio do réu no processo penal não importa em confissão presumida ou ficta. Não esquecer que o silêncio do réu é um direito, e, sendo um direito, não pode trazer consequência jurídica negativa para o acusado. Não valem as fórmulas: "quem cala consente"; "quem não deve não teme" etc. Por tudo isso, a parte final do art. 198, CPP, deve ser considerada inconstitucional.

a) Características da confissão (*vide* art. 200, CPP):

a1) divisibilidade: a confissão é divisível, *i. e.*, pode o juiz aceitá-la apenas em parte (pode aceitar apenas aquilo que lhe pareça mais verossímil);

a2) retratabilidade: o réu pode se retratar ("arrepender-se") da confissão prestada. Porém, a eventual retratação do réu não impede que o juiz, na sentença, valore livremente (desde que de forma fundamentada) a confissão anteriormente efetuada. O que queremos dizer é que, mesmo que ocorra a retratação da confissão, o juiz, ainda assim, poderá se apoiar na anterior confissão do acusado como modo de formar o seu convencimento sobre o caso;

a3) pessoalidade: apenas o réu pode realizar a confissão, sendo vedada a outorga de poderes ao seu defensor com essa finalidade.

a4) liberdade e espontaneidade: o acusado não pode ser compelido de forma alguma (física, moral ou psíquica) a confessar a prática do fato delituoso. Nesse sentido, vale a leitura do art. 1º, I, Lei 9.455/1997 (Lei de Tortura).

b) Classificação. A confissão pode ser:

b1) explícita: quando o acusado explicitamente confessa a prática do delito;

b2) implícita: quando determinada conduta do acusado puder, de forma inequívoca, ser compreendida como confissão. Ex.: réu que espontaneamente ressarcir a vítima;

b3) simples: quando o réu apenas confessa a prática do crime imputado, sem proceder a qualquer acréscimo ou modificação dos fatos;

b4) complexa: quando confessa a prática de mais de um fato delituoso;

b5) qualificada: quando confessa, porém invoca justificante ou dirimente. Ex.: confessa o crime, porém afirma que praticou o fato em legítima defesa;

b6) judicial: quando realizada em juízo (perante o magistrado);

b7) extrajudicial: quando realizada na delegacia ou perante outra pessoa que não o magistrado.

13.2.4. Perguntas ao ofendido (art. 201, CPP)

Sempre que possível, a vítima deverá ser chamada para ser ouvida no processo como forma de auxiliar a formação do convencimento do magistrado a respeito do caso concreto. O depoimento do ofendido tem valor de prova relativo (é uma prova como outra qualquer).

a) obrigatoriedade de comparecimento: "se, intimado para esse fim, deixar de comparecer sem motivo justo, o ofendido poderá ser conduzido à presença da autoridade" (§ 1º). Vê-se, portanto, que o ofendido pode ser conduzido coercitivamente à presença da autoridade, caso, intimado para depor, não compareça;

b) comunicações necessárias ao ofendido: "o ofendido será comunicado dos atos processuais relativos ao ingresso e à saída do acusado da prisão, à designação de data para audiência e à sentença e respectivos acórdãos que a mantenham ou modifiquem" (§ 2º).

Com efeito, essas "comunicações ao ofendido deverão ser feitas no endereço por ele indicado, admitindo-se, por opção do ofendido, o uso de meio eletrônico" (§ 3º).

É necessário providenciar ao ofendido, antes do início da audiência e durante a sua realização, espaço separado e reservado para aquele, como forma de evitar contato com o seu agressor (§ 4º).

"Se o juiz entender necessário, poderá encaminhar o ofendido para atendimento multidisciplinar, especialmente nas áreas psicossocial, de assistência jurídica e de saúde, a expensas do ofensor ou do Estado" (§ 5º).

Ademais, é dever do juiz adotar "as providências necessárias à preservação da intimidade, vida privada, honra e imagem do ofendido, podendo, inclusive, determinar o segredo de justiça em relação aos dados, depoimentos e outras informações constantes dos autos a seu respeito para evitar sua exposição aos meios de comunicação" (§ 6º).

Outra medida que pode ser adotada para viabilizar a oitiva do ofendido, preservando-lhe os direitos fundamentais, é a coleta do seu depoimento por videoconferência (art. 185, § 8º, CPP).

13.2.5. Prova testemunhal

a) Conceito: *testemunha é pessoa desinteressada que depõe no processo acerca daquilo que sabe sobre o fato;*

b) Características do depoimento da testemunha:

b1) oralidade (art. 204, CPP): o depoimento será prestado oralmente, não sendo permitido à testemunha trazê-lo por escrito. Porém, é possível consultar breves apontamentos.

Exceção à regra da oralidade: o Presidente e o Vice-Presidente da República, os presidentes do Senado Federal, da Câmara dos Deputados e do Supremo Tribunal Federal poderão optar pela prestação de depoimento por escrito, caso em que as perguntas, formuladas pelas partes e deferidas pelo juiz, ser-lhes-ão transmitidas por ofício – art. 221, § 1º, CPP;

b2) objetividade (art. 213, CPP): deve a testemunha responder objetivamente ao que lhe for perguntado;

b3) individualidade: cada testemunha indicada deve ser ouvida individualmente;

b4) incomunicabilidade: as testemunhas não podem se comunicar (art. 210, CPP);

b5) prestação de compromisso: normalmente, a pessoa arrolada para depor no processo deve, antes de iniciar o seu depoimento, prestar o compromisso de dizer a verdade perante o magistrado. O compromisso é, consoante definição legal do art. 203, CPP, a promessa, feita pela testemunha, sob palavra de honra, "de dizer a verdade do que souber e lhe for perguntado".

Certas pessoas, porém, estão dispensadas de prestar o referido compromisso (ex.: o pai do acusado), não sendo tecnicamente consideradas como "testemunha" por certo setor da doutrina. Tais pessoas (que não prestam o compromisso de dizer a verdade) são apelidadas pela doutrina de informantes ou declarantes.

Para esses autores, que fazem a distinção entre "testemunhas" (aquelas pessoas que têm o dever de prestar o compromisso de dizer a verdade) e "informantes" (as pessoas que depõem no processo, mas que, por lei, são dispensadas do referido compromisso), apenas as primeiras (as testemunhas, portanto) é que, em caso de falta com a verdade, responderiam pelo delito de falso testemunho (art. 342, CP):

> "**Art. 342.** Fazer afirmação falsa, ou negar ou calar a verdade, como testemunha, perito, contador, tradutor ou intérprete em processo judicial, ou administrativo, inquérito policial, ou em juízo arbitral:
>
> Pena – reclusão, de 1 (um) a 3 (três) anos, e multa."

Os informantes (aqueles que, por lei, não possuem o dever de prestar o compromisso de dizer a verdade), exatamente por não terem a obrigação de dizer a verdade, caso faltem com esta, não responderiam, segundo essa doutrina, pelo crime de falso testemunho.

Ressaltamos, porém, que há divisão de posicionamento dos **tribunais superiores.**

Em 2004 o STF não acatava essa distinção (HC 83254/PE, *DJe* **03.09.2004**). Para a Suprema Corte, nesta época, o compromisso do art. 203, CPP, seria mera formalidade, pouco importando se a pessoa prestou ou não o compromisso (*i. e.*, se é informante ou testemunha), pois, caso faltasse com a verdade, responderia sim pelo delito do art. 342, CP. Sustenta essa ideia porque, em suma, entende que o compromisso não é elementar do tipo penal (*i. e.*, a lei não menciona ser necessário o compromisso para configurar o delito em comento). No entanto, nota-se mudança de posicionamento, em virtude do consignado na AP 465, DJ 30.10.2014, no qual restou sedimentado que "o depoimento de informante não pode servir como elemento decisivo para a condenação, notadamente porque não lhes são exigidos o compromisso legal de falar a verdade".

Para o STJ, "o crime disposto no art. 342, CP é de mão própria, só podendo ser cometido por quem possui a qualidade legal de testemunha, a qual não pode ser estendida a simples declarantes ou informantes, cujos depoimentos, que são excepcionais, apenas colhidos quando indispensáveis, devem ser apreciados pelo Juízo conforme o valor que possam merecer". (HC 192659/ES, *DJe* 19.12.2011).

O tema, como se vê, é polêmico. Em se tratando de questão objetiva, sugerimos que o leitor analise o que pede a questão e siga a posição de cada um dos tribunais superiores. Já em caso de questão subjetiva, o mais recomendável é expor as duas correntes acima indicadas;

b6) obrigatoriedade: em regra, todas as pessoas arroladas como testemunha estão **obrigadas a depor** (art. 206, primeira parte, CPP). Porém, há especificidades aqui que precisam ser notadas.

I – Há **pessoas que estão dispensadas de depor** (art. 206, *in fine*, CPP). São elas: ascendente ou descendente, o afim em linha reta, o cônjuge (ainda que separado judicialmente ou divorciado), o companheiro (art. 226, § 3º, CF), o irmão e o pai, a mãe, ou o filho adotivo do acusado. Tais indivíduos só irão depor quando não for possível, por outro modo, obter-se ou integrar-se a prova do fato e de suas circunstâncias. Nesta hipótese, caso venham a depor não prestarão compromisso (serão considerados informantes);[108]

II – **Pessoas impedidas de depor** (art. 207, CPP): certas pessoas, em razão da função, ministério, ofício ou profissão que desempenham, têm o dever de guardar segredo. Exs.: padre, psicólogo, advogado. As pessoas impedidas de depor somente falarão no processo se, desobrigadas pela parte interessada, quiserem dar o seu testemunho;

b7) Perguntas das partes à testemunha: até bem pouco tempo atrás, adotávamos, como regra, o chamado *sistema presidencialista*. Segundo este, as partes deveriam formular perguntas à testemunha *por intermédio do juiz*. Exemplo: no curso da audiência, o MP, desejando inquirir a testemunha, deveria dirigir a sua pergunta ao magistrado. Este, por sua vez, deveria repetir a pergunta à testemunha.

Esse panorama foi sensivelmente modificado com a reforma de 2008 no CPP. Isto porque passamos a adotar, como regra, o sistema *direct* ou *cross examination* (art. 212, primeira parte, CPP). Por esse sistema, as partes passaram a poder perguntar diretamente à testemunha – sem a necessidade, portanto, de intermediação por parte do juiz.[109] Vale ressaltar que o magistrado pode realizar inquirição complementar sobre aqueles pontos que entender obscuros, não esclarecidos.

Em que pesem as alterações, destaque-se que o sistema presidencialista (perguntas à testemunha por intermédio do juiz) não foi entre nós totalmente banido. No rito do júri, desejando os *jurados* efetuar perguntas às testemunhas, deverão fazê-lo através do juiz-presidente, sendo vedada, assim, a indagação direta (art. 473, § 2º, CPP).

Por fim, chamamos a atenção do caro leitor para o posicionamento dos Tribunais Superiores quando da inobservância da ordem de inquirição insculpida no art. 212, CPP. Há o reconhecimento da nulidade relativa, desde que comprovado o prejuízo e requerido tempestivamente. Ver STJ, HC 315.252/MG, 5ª Turma, *DJ* 30.08.2016 e AgRg no AREsp 760.571/MT, 3ª Turma, *DJ* 12.08.2016.STF: HC 109051, 1ª Turma, *DJ* 21.10.2014 e RHC 110623, *DJe* 26.03.2012 e Informativo 885, de 13 a 24 de novembro de 2017;

c) Condução coercitiva: art. 218, CPP. Se, regularmente intimada, a testemunha deixar de comparecer sem motivo justificado, o juiz poderá requisitar à autoridade policial a sua apresentação ou determinar que seja conduzida por oficial de justiça, que poderá solicitar o auxílio da força pública.

E, ainda, nos termos do art. 219, CPP, "o juiz poderá aplicar à testemunha faltosa a multa prevista no art. 453

---

108. Apesar de que, conforme vimos anteriormente, os tribunais superiores consideram o compromisso uma mera formalidade, cuja dispensa não permite que a pessoa falte com a verdade.

109. O desrespeito ao que dispõe o art. 212 do CPP gera nulidade de caráter relativo, necessitando, portanto, da comprovação dos prejuízos para que seja reconhecida a invalidade do ato judicial (STJ, AgRg no REsp 1712039 / RO, Dje 09.05.2018).

[atualmente se trata do art. 442, CPP: 1 (um) a 10 (dez) salários mínimos], sem prejuízo do processo penal por crime de desobediência, e condená-la ao pagamento das custas da diligência". (Incluímos)

d) Número máximo de testemunhas por procedimento[110]

Ordinário e 1ª fase do júri: 8;

Plenário (2ª fase) do júri: 5;

Sumário: 5;

Sumaríssimo: 3;

Drogas: 5.

Observação: não se incluem nesse número as testemunhas referidas (que são aquelas que são mencionadas por outras testemunhas), os informantes e as pessoas que nada sabem (chamadas de testemunhas extranumerárias);

e) Depoimento agendado: algumas pessoas, em razão do cargo que ocupam, podem agendar (local, dia e hora) seu depoimento. Alguns exemplos: membros do MP (art. 18, II, "g", LC 75/1993; e art. 40, I, Lei 8.625/1993), membros do Congresso Nacional, Presidente da República, juízes etc. Recomenda-se a leitura do art. 221, CPP (rol não taxativo);

f) Testemunho de militares: sendo a testemunha um militar, deverá haver requisição ao superior hierárquico;

g) Testemunho de funcionários públicos: além da intimação pessoal do funcionário público é preciso comunicar o fato também ao chefe da repartição;

h) Oitiva de ofício pelo juiz e testemunhas referidas:

Nos termos do art. 209, CPP, o juiz, quando julgar necessário, poderá ouvir outras testemunhas, além das indicadas pelas partes:

> § 1º Se ao juiz parecer conveniente, serão ouvidas as pessoas a que as testemunhas se referirem.
>
> **Nota:** São as denominadas testemunhas referidas.
>
> § 2º Não será computada como testemunha a pessoa que nada souber que interesse à decisão da causa.
>
> **Nota:** São as denominadas testemunhas inócuas.

i) Presença ameaçadora do réu na audiência de oitiva da testemunha: quando a testemunha se sentir intimidada pela presença do réu em audiência, autoriza a lei, nessa situação, a realização de sua oitiva por meio de videoconferência. Sendo impossível o uso dessa tecnologia, deve então o réu ser retirado da sala de audiência enquanto a testemunha depõe (art. 217, CPP);

j) Testemunha que reside fora da comarca: pode a sua oitiva ser realizada por carta precatória ou videoconferência (art. 222, CPP).

Nesse contexto, vale a pena transcrever a Súmula 273, STJ: "intimada a defesa da expedição da carta precatória, torna-se desnecessária intimação da data da audiência no juízo deprecado".

Se a testemunha residir fora do país, a carta rogatória só será expedida se ficar provada a imprescindibilidade de seu depoimento, arcando o requerente com os custos da diligência (art. 222-A, CPP);

l) Testemunha e direito ao silêncio: quando o depoimento da testemunha puder incriminá-la, será possível a invocação do direito ao silêncio por aquela. O direito ao silêncio não incide apenas em relação àquele que está sendo submetido a uma persecução penal, mas a todo o indivíduo *que se encontre numa tal situação em que a sua fala possa vir a prejudicar-lhe penalmente*;

m) Contradita e arguição de defeito: são figuras distintas, apesar de o art. 214, CPP, não deixar isso muito claro. Vejamos primeiro o que diz o dispositivo:

> "**Art. 214.** Antes de iniciado o depoimento, as partes poderão contraditar a testemunha ou arguir circunstâncias ou defeitos, que a tornem suspeita de parcialidade, ou indigna de fé. O juiz fará consignar a contradita ou arguição e a resposta da testemunha, mas só excluirá a testemunha ou não lhe deferirá compromisso nos casos previstos nos arts. 207 e 208."

Em resumo, temos:

Contradita: ocorre em relação às pessoas proibidas de depor e no caso de depoimento que deve ser tomado sem compromisso;

Arguição de defeito: invoca-se quando a testemunha for indigna de fé ou suspeita de parcialidade. Visa a diminuir o "valor" do depoimento: amigo, inimigo etc.[111]

13.2.6. Reconhecimento de pessoas e coisas

Tem por escopo identificar o acusado, o ofendido ou testemunhas, podendo ser determinado no curso da investigação preliminar (pelo delegado) ou do processo (pelo juiz).

Existindo a possibilidade da pessoa que irá realizar o reconhecimento sentir-se intimidada pelo indivíduo a ser reconhecido, deve a autoridade providenciar que este não veja aquela (por meio de "espelho mágico", por exemplo). Porém, essa estratégia não poderá ser empregada em juízo (no curso do processo), nem no procedimento do júri, sob pena de ofensa à publicidade e à ampla defesa (art. 226, parágrafo único, CPP).

Conforme o CPP, havendo necessidade, o reconhecimento de pessoa será efetuado da seguinte forma (incisos do art. 226):

I – a pessoa que tiver de fazer o reconhecimento será convidada a descrever a pessoa que deva ser reconhecida;

II – a pessoa, cujo reconhecimento se pretender, será colocada, se possível, ao lado de outras que com ela tiverem

---

110. O STF, em recente julgado, entendeu como constrangimento ilegal o indeferimento de todas as testemunhas de defesa pelo juiz, considerando haver afronta ao devido processo legal (Informativo 901/STF, de 9 a 11 de maio de 2018).

111. STF, RHC 122279/RJ, Info. 754: "Ofende o princípio da não autoincriminação denúncia baseada unicamente em confissão feita por pessoa ouvida na condição de testemunha, quando não lhe tenha sido feita a advertência quanto ao direito de permanecer calada". Neste contexto, no Inq. 3983, entendeu o Pleno do STF, em 12.05.2016, que "à luz dos precedentes do Supremo Tribunal, a garantia contra a autoincriminação se estende às testemunhas, no tocante às indagações cujas respostas possam, de alguma forma, causar-lhes prejuízo (cf. HC 79812, Tribunal Pleno, *DJ* 16.02.2001)". Cabe notar que nos autos da AP 611, o STF através da 1ª Turma em 10.12.2014 entendeu, no que tange à vedação à autoincriminação do réu, que "o direito do réu ao silêncio é regra jurídica que goza de presunção de conhecimento por todos, por isso que a ausência de advertência quanto a esta faculdade do réu não gera, por si só, uma nulidade processual a justificar a anulação de um processo penal".

qualquer semelhança, convidando-se quem tiver de fazer o reconhecimento a apontá-la;

III – se houver razão para recear que a pessoa chamada para o reconhecimento, por efeito de intimidação ou outra influência, não diga a verdade em face da pessoa que deve ser reconhecida, a autoridade providenciará para que esta não veja aquela;

IV – do ato de reconhecimento lavrar-se-á auto pormenorizado, subscrito pela autoridade, pela pessoa chamada para proceder ao reconhecimento e por duas testemunhas presenciais.

Parágrafo único. O disposto no n. III deste artigo não terá aplicação na fase da instrução criminal ou em plenário de julgamento.

No que tange ao reconhecimento de coisas, o procedimento a ser adotado é, *mutatis mutandis*, o mesmo descrito anteriormente (*vide* art. 227, CPP).

Por fim, pertinente ao reconhecimento de pessoas por meio fotográfico, apesar de não ser um meio de prova vedado pela lei, é preciso atentar que se trata de mecanismo extremamente precário, sujeito a inúmeros equívocos. Deve, portanto, a autoridade proceder com a máxima cautela aqui (ou mesmo evitar esse meio de prova). Ver Informativo 946/STF, de 1º a 9 de agosto de 2019 e STF, RHC 117980/SP, *DJe* 23.06.2014.

13.2.7. Acareação

Acarear é pôr face a face pessoas que apresentaram depoimentos divergentes nos autos. Pode se dar entre testemunhas, acusados, ofendidos, entre acusado e testemunha, entre acusado e ofendido ou entre testemunha e ofendido (*vide* art. 229, CPP).

Consoante o parágrafo único desse dispositivo, os acareados serão indagados pela autoridade para que expliquem os pontos de divergências, reduzindo-se a termo o ato de acareação.

É possível também a acareação por meio de carta precatória quando as pessoas a serem acareadas estiverem em comarcas distintas (consultar o art. 230, CPP).

13.2.8. Prova documental

a) Conceito: de acordo com o art. 232, CPP, documentos são quaisquer escritos, instrumentos ou papéis, públicos ou particulares.

Atualmente, porém, em termos jurídicos, considera-se documento tudo aquilo capaz de demonstrar determinado fato. Ex.: áudio, vídeo etc. (documento em sentido amplo);

b) Requisitos:

São requisitos da prova documental: a verdade (a constatação do que está contido no documento) e a autenticidade (identificação de quem produziu o documento);

c) Algumas notas importantes sobre a prova documental:

c1) Ressalvadas algumas exceções legais, as partes poderão apresentar documentos em qualquer fase do processo – art. 231, CPP. Segue caso de restrição de apresentação da prova documental: apresentação de documentos em plenário do júri. Confira-se o seguinte dispositivo:

> "**Art. 479.** Durante o julgamento não será permitida a leitura de documento ou a exibição de objeto que não tiver sido juntado aos autos com a antecedência mínima de 3 (três) dias úteis, dando-se ciência à outra parte";

c2) O juiz poderá providenciar a juntada de documento que considerar relevante independentemente de requerimento das partes – art. 234, CPP;

c3) A letra e firma dos documentos particulares serão submetidas a exame pericial, quando contestada a sua autenticidade – art. 235, CPP;

c4) Os documentos em língua estrangeira, sem prejuízo de sua juntada imediata, serão, se necessário, traduzidos por tradutor público, ou, na falta, por pessoa idônea nomeada pela autoridade – art. 236, CPP.

> **Reflexos do Novo Código de Processo Civil**
>
> Os arts. 439 a 441 do novo diploma legal trazem a possibilidade de utilização de documentos eletrônicos como prova. Trata-se da incorporação da tecnologia ao processo. Dada a sua aplicação subsidiária no Processo Penal, é provável que seja incorporada pelo sistema de justiça criminal.
>
> Nesse sentido, vejamos o teor do art. 439: "a utilização de documentos eletrônicos no processo convencional dependerá de sua conversão à forma impressa e da verificação de sua autenticidade".

13.2.9. Indícios

a) Conceito: segundo o art. 239, CPP, *considera-se indício a circunstância conhecida e provada, que, tendo relação com o fato, autorize, por indução, concluir-se a existência de outra ou outras circunstâncias.*

Segundo a doutrina, indício não se confunde com presunção. Esta "*é um conhecimento fundado sobre a ordem normal das coisas e que dura até prova em contrário*" (PIERANGELLI *apud* MIRABETE, 2002, p. 317).

Tanto o indício como a presunção são provas indiretas, ou seja, a representação do fato a provar se faz por meio de uma construção lógica (MIRABETE, 2002, p. 316).

Embora os indícios e presunções possuam, em tese, o mesmo valor que as demais provas é preciso que o julgador os avalie com cautela.

13.2.10. Busca e apreensão

a) Conceito: trata-se não propriamente de um meio de prova (consoante sugere o CPP), mas de um meio de obtenção da prova (BADARÓ, 2008, t. I, p. 271), de natureza acautelatória e coercitiva, consistente no apossamento de objetos ou pessoas;

b) O que pode ser objeto de busca e apreensão? Os objetos sobre os quais podem recair a busca e apreensão encontram-se nos §§ 1º e 2º do art. 240, CPP. Enquanto o § 1º trata da busca domiciliar (realizada em domicílio), o § 2º trata da busca pessoal (realizada na própria pessoa). Analisemos esses parágrafos:

> "**Art. 240**, § 1º: Proceder-se-á à busca domiciliar, quando fundadas razões a autorizarem, para:"

a) prender criminosos.

Nota: salvo nos casos de prisão em flagrante, será necessária prévia ordem judicial para efetuar a busca e apreensão de criminosos. Não pode o delegado, portanto, determiná-la sem prévia ordem de um juiz, salvo se se tratar de flagrante delito;

b) apreender coisas achadas ou obtidas por meios criminosos;

c) apreender instrumentos de falsificação ou de contrafação e objetos falsificados ou contrafeitos;

d) apreender armas e munições, instrumentos utilizados na prática de crime ou destinados a fim delituoso;

e) descobrir objetos necessários à prova de infração ou à defesa do réu;[112]

f) apreender cartas, abertas ou não, destinadas ao acusado ou em seu poder, quando haja suspeita de que o conhecimento do seu conteúdo possa ser útil à elucidação do fato.

Nota: vale notar que, conforme determina o art. 5º, XII, CF, a comunicação por meio de carta é inviolável. A CF, inclusive, não previu exceções aqui (consoante fez no caso de comunicação telefônica). Apesar disso, o STF (MS: 25686 DF j. 14.03.2016 e HC 70814/SP, *DJ* 24.06.1994) e o STJ (HC 203371, *DJe* 17.09.2012, Inf. 496) já decidiram que o sigilo das correspondências não é absoluto, podendo sim, em certos casos, ser violado. Ver também: decisão do STJ sobre a quebra de sigilo de correio eletrônico – HC 315.220/RS, 6ª Turma, *DJ* 09.10.2015. Partindo desses julgados dos tribunais superiores, pensamos que, na falta de disciplina legal sobre o tema, para que se possa violar a correspondência de alguém, são necessários os mesmos requisitos da interceptação telefônica (art. 2º, Lei 9.296/1996), *i. e.*: necessidade de prévia ordem judicial, crime punido com reclusão etc.;

g) apreender pessoas vítimas de crimes;

h) colher qualquer elemento de convicção.

Nota: é oportuno salientar que a busca domiciliar, conforme impõe o art. 5º, XI, CF, deverá ser realizada, como regra, de dia e se houver **prévio mandado judicial**. Ver exceções relacionadas a crimes permanentes no STF (RE 603616/RO, DJe 10.05.2016). Assim, é inconstitucional o art. 241, CPP, quando afirma que, no caso de o próprio delegado realizar a busca domiciliar, será *desnecessário o mandado judicial*. Confira-se o dispositivo:

> "**Art. 241.** Quando a própria autoridade policial ou judiciária não a realizar pessoalmente, a busca domiciliar deverá ser precedida da expedição de mandado."

Desse modo, mesmo que a busca domiciliar seja realizada pela *própria autoridade policial*, o mandado judicial revela-se **indispensável**. Isto é assim porque o art. 5º, XI, da CF estabelece, de maneira expressa, a necessidade de mandado judicial para ingressar em casa alheia, *sem fazer exceção em relação à autoridade policial*. Acrescente-se que *a busca realizada no interior de veículo automotor não necessita de prévio mandado judicial, salvo se o veículo for utilizado como moradia (trailer, p. ex.)* – STJ, HC 216437, *DJe* 08.03.2013, Inf. 505.

Atenção: Segundo reiterada jurisprudência do Superior Tribunal de Justiça, por se tratar o tráfico de drogas de delito de natureza permanente, assim compreendido aquele em que a consumação se protrai no tempo, **não se exige a apresentação de mandado de busca e apreensão para o ingresso dos policiais na residência do acusado**, a fim de fazer cessar a atividade criminosa, conforme ressalva prevista no art. 5º, XI, da Constituição Federal (prisão em flagrante), HC 349.248/SP, 5ª Turma, DJ 19.05.2016 e HC 406536/SP, DJe 17.10.2017. Contudo, a 6ª Turma do STJ, em recente julgado, assinalou que "a mera intuição acerca de eventual traficância praticada pelo agente, embora pudesse autorizar abordagem policial em via pública para averiguação, não configura, por si só, justa causa a autorizar o ingresso em seu domicílio, sem o seu consentimento e sem determinação judicial" (STJ, REsp 1574681, *Dje* 30.05.2017). O mesmo posicionamento é adotado pela Corte no caso do crime de posse ilegal de arma de fogo (HC 349109/RS, *DJe* 06.11.2017). O informativo 976, STF, 13.05.20, parece fazer coro a esses entendimentos mais recentes do STJ sobre o tema, acrescentando que uma denúncia anônima não pode, por si só, sem outros elementos que a acompanhem, embasar medida de busca e apreensão de drogas em uma residência. Assim, podemos resumir esses últimos entendimentos jurisprudenciais da seguinte forma: mera intuição ou denúncia anônima não é suficiente para ingressar na residência de uma pessoa (ainda que se suspeite da prática de crime permanente no interior da casa). Do mesmo modo, mera intuição ou denúncia anônima não pode embasar medida de busca e apreensão.

Passemos, agora, ao exame da busca pessoal:

> "**Art. 240, § 2º:** Proceder-se-á à busca pessoal quando houver fundada suspeita de que alguém oculte consigo arma proibida ou algum dos objetos mencionados nas letras *b* a *f* e letra *h* do parágrafo anterior."

Conforme sublinha Badaró (2008, t. I, p. 274), a busca pessoal importa em restrição à garantia constitucional da intimidade (art. 5º, X, CF), incidindo sobre a pessoa humana, abrangendo o seu corpo, suas vestes (que é um provável meio de ocultação de coisa) e outros objetos que estejam em contato com o corpo da vítima (bolsas, mochilas etc.).

Assim como a busca domiciliar, a pessoal exige ordem prévia de juiz. Excepcionalmente, porém, admite-se a dispensa da ordem judicial no caso de prisão ou quando houver fundada suspeita de que a pessoa esteja na posse de arma proibida ou de objetos ou papéis que constituam corpo de delito, ou quando a medida for determinada no curso de busca domiciliar (art. 244, CPP).

É oportuno ainda frisar que a busca em mulher será feita por outra mulher, se não importar retardamento ou prejuízo da diligência (art. 249, CPP);

c) **Momento para proceder à busca e apreensão:** dada a urgência da medida, costuma a doutrina afirmar que busca e apreensão podem ocorrer inclusive antes da instauração do IP, durante o curso deste, durante o processo e, até mesmo, na fase de execução da pena;

d) **Quem pode determiná-la?** Pode ser determinada de ofício pela autoridade ou a requerimento das partes (art. 242, CPP);

e) **Mandado de busca:** o mandado deverá:

I – indicar, o mais precisamente possível, a casa em que será realizada a diligência e o nome do respectivo proprietário

---

112. Em caso de busca e apreensão de telefone celular, por determinação judicial, não há óbice para se adentrar ao conteúdo já armazenado no aparelho, porquanto necessário ao deslinde do feito, sendo dispensável nova autorização judicial para análise e utilização dos dados neles armazenados.(STJ, RHC 77232/SC, Dje 16.10.2017). Contudo, no caso de prisão em flagrante, mesmo sendo dispensável determinação judicial para apreensão do telefone celular, o conteúdo armazenado no aparelho está acobertado pelo sigilo telefônico, de modo que a autoridade policial não poderá ter acesso sem autorização judicial (STJ, RHC 67379 /RN, *Dje* 09.11.2016).

ou morador[113]; ou, no caso de busca pessoal, o nome da pessoa que terá de sofrê-la ou os sinais que a identifiquem;

II – mencionar o motivo e os fins da diligência;

III – ser subscrito pelo escrivão e assinado pela autoridade que o fizer expedir;

f) Emprego de força: em caso de resistência por parte do morador, é permitido o uso da força, podendo-se inclusive arrombar a porta e usar de força contra os demais obstáculos existentes (§§ 2º e 3º do art. 245, CPP). Estando ausente o morador, qualquer vizinho poderá ser intimado para assistir a diligência (§ 4º do art. 245, CPP);

g) Lavratura do auto: finda a diligência, os executores lavrarão auto circunstanciado, assinando-o com duas testemunhas presenciais (§ 7º do art. 245, CPP).

Nota: O STJ possui decisão no sentido de que somente autoridades judiciais, policiais e seus agentes estão autorizados a realizar buscas pessoais e domiciliares. No caso concreto, a Corte considerou como ilícitas as provas colhidas em revista pessoal realizada por agentes de segurança privada, concedendo *habeas corpus* ao condenado (Informativo 651/STJ, de 2 de agosto de 2019).

13.2.11. Meios de obtenção da prova na Lei do Crime Organizado (Lei 12.850/2013)

Esta Lei consolidou em nosso ordenamento a conceituação de organização criminosa e disciplinou uma série de meios de obtenção da prova.

13.2.11.1. Investigação e obtenção da prova (art. 3º)

No art. 3º estão elencados os meios de obtenção da prova admitidos durante a investigação, mas é importante lembrar que o rol **NÃO** é exaustivo, conforme ressalva feita no próprio *caput*.

a) Captação ambiental (art. 3º, II): conversa pessoal entre os interlocutores, ocorrida em determinado ambiente, que possibilita a um deles a colheita do conteúdo da conversa por determinados meios, tais como gravação de voz, fotografia, filmagem (NUCCI, V. 2, 2014, p. 687). Neste conceito não se incluem as comunicações realizadas por meio de telefone e carta (ver STJ: HC 161.780/PR, 5ª Turma, *DJ* 23.02.2016).

Validade da prova: A *priori*, todos têm o direito de gravar a própria conversa, motivo pelo qual não há que se falar em ilicitude da gravação, vide STF, AI 578858 AgR, 2ª Turma, *DJ* 28.08.2009.

É preciso ressaltar que a prova poderá ser utilizada em duas hipóteses, sob risco de serem reputadas ilícitas. São elas: para provar a inocência do acusado **ou** para provar a investida criminosa de um dos interlocutores (STF, RE 402717, 2ª Turma, *DJ* 13.02.2009 e AI 503617/PR, *DJ* 04.03.2005).

Nucci, por exemplo, defende que se o ambiente for local aberto e público (Ex: parques, praças, restaurantes, bares etc.) não é necessária prévia autorização judicial para que seja feito o registro da conversa por um dos interlocutores. No caso de local privado, porém, (EX: residências, escritórios, quarto de hotel etc.), impõe-se a prévia autorização judicial para que a coleta seja realizada por um dos interlocutores, não incluindo aí as comunicações realizadas por meio de telefone e carta (V.2, 2014, p. 687). Nesse sentido, ver: STF, ARE 1079951/SP, *Dje* 27.10.2017.

b) Interceptação ambiental: trata-se da captação ambiental da conversa feita por um terceiro, seguindo o mesmo regramento acima indicado, ou seja, se a conversa se der em ambiente privado será imprescindível autorização judicial prévia para a colheita do registro (STF, **Inq 2424/RJ, *DJe* 26.03.2010**).

A Lei n. 13.964/2019 introduziu disposições sobre a interceptação ambiental, denominada no texto da lei como captação ambiental. O novo art. 8º-A da Lei 9.296/1996 dispõe que é possível a captação quando "a prova não puder ser feita por outros meios disponíveis e igualmente eficazes; e houver elementos probatórios razoáveis de autoria e participação em infrações criminais cujas penas máximas sejam superiores a 4 (quatro) anos ou em infrações penais conexas" (art. 8º-A, I e II, Lei 9.296/1996). Em resumo, para que seja autorizada a captação, deverá o requerente (autoridade policial ou MP, vide *caput*, art. 8º-A) trazer elementos probatórios consistentes sobre a autoria e a participação da pessoa que será objeto da captação em infrações penais de maior gravidade. Além disso, também é necessário demonstrar que há uma impossibilidade, ou dificuldade extrema, da coleta de provas por outros meios. Além disso, no requerimento deverá ser indicado o local e forma de instalação do dispositivo de captação (art. 8º-A, §1º, Lei 9.9296/1996). Por fim, é importante destacar que a captação terá ciclos quinzenais de funcionamento, sendo que eventuais prorrogações somente ocorrerão por decisão judicial, que levará em consideração, concomitantemente, a sua indispensabilidade e que a atividade criminal seja permanente, habitual ou continuada (§ 3º, art. 8º-A).

c) Acesso a registros de ligações telefônicas e telemáticas, a dados cadastrais de bancos de dados públicos ou privados e a informações eleitorais ou comerciais (art. 3º, IV c/c art. 15)

Delegados e MP podem ter acesso a dados referentes à qualificação pessoal, filiação e domicílio/residência, sem necessitar de autorização judicial.

Desse modo, dados como o nome completo, RG, CPF, nomes dos pais e endereços residencial e comercial são de livre acesso às autoridades acima indicadas.

Os demais dados, a exemplo do conteúdo de e-mails, ligações telefônicas, entre outros, dependem de autorização judicial por estarem na esfera de intimidade do indivíduo.

Por outro lado, o art. 16 da Lei obriga empresas de transporte (aéreo, terrestre e marítimo) a armazenar dados de reservas e registros de viagens pelo prazo de 5 (cinco) anos e conceder acesso aos juízes, delegados e membros do MP, sem necessitar de ordem judicial.

Da mesma forma, o art. 17 faz o mesmo em relação aos registros de ligações de telefonia fixa e móvel. Há, contudo, recusa doutrinária à possibilidade de acesso aos dados sem autorização judicial.

d) Colaboração premiada (art. 4º)

Trata-se de instituto oriundo do direito norte-americano que tem como objetivo transacionar fração da pena a ser

---

113 É possível que juiz da 1ª instância determine a busca e apreensão nas dependências do Congresso Nacional, desde que o investigado não seja congressista (Informativo 945/STF, de 24 a 28 de junho de 2019). Na decisão, os ministros do Supremo pontuaram que as imunidades parlamentares, ao contrário das imunidades diplomáticas, não se estendem ao local onde os parlamentares exercem suas funções.

imposta a coautor ou partícipe de fato delituoso relacionado à atuação de organizações criminosas em troca de informações essenciais na investigação.

d1) Conceito: *técnica especial de investigação por meio da qual o coautor e/ou partícipe da infração penal, além de confessar seu envolvimento no fato delituoso, fornece voluntariamente aos órgãos responsáveis pela persecução penal informações objetivamente eficazes para a consecução de um dos objetivos previstos em lei, recebendo, em contrapartida, determinado prêmio legal* (LIMA, 2015, p. 760). O conceito legal, inserido no novo art. 3º-A, diz que a colaboração premiada é negócio jurídico processual e meio de obtenção de prova, que pressupõe utilidade e interesse públicos. Aqui temos mais a definição da sua natureza jurídica do que uma conceituação.

d2) Requisitos (art. 4º, I a V)

Em qualquer hipótese, como visto no conceito acima, a colaboração deve ser **voluntária** (não deve sofrer coação física ou moral)[114] e **efetiva** (deve propiciar resultados, como os previstos a seguir). São eles:

I. identificação dos demais coautores e partícipes da organização criminosa e das infrações penais por eles praticadas (delação premiada ou chamamento de corréu)

Nesta hipótese, além de confessar a própria participação, o colaborador fornece informações efetivas sobre a participação dos demais agentes da organização criminosa, bem como indica as infrações penais cometidas por todos eles.

II. revelação da estrutura hierárquica e da divisão de tarefas da organização criminosa

Nem todos os membros conhecem plenamente a estrutura da organização criminosa, de modo que a eficácia das informações nessa hipótese é mais restrita.

III. Prevenção de infrações penais decorrentes das atividades da organização criminosa

Trata-se de disposição abstrata, cuja eficácia é bastante questionável. A prevenção de crimes futuros dependerá, por exemplo, da desestruturação da organização criminosa.

IV. recuperação total ou parcial do produto ou do proveito das infrações penais praticadas pela organização criminosa

É o retorno das vantagens obtidas pela organização criminosa, com a restituição de bens e valores às vítimas, ao Estado.

V. localização de eventual vítima com a sua integridade física preservada

Diz respeito, em regra, à colaboração quando há extorsão mediante sequestro. Nesse caso, a eficácia da colaboração é evidente.

d3) Prêmio: é a contrapartida dada pelo Estado pela colaboração do acusado. Na atribuição, além da eficácia da colaboração, o juiz considerará a personalidade do colaborador, a natureza, as circunstâncias, a gravidade e a repercussão social do fato delituoso (art. 4º, § 1º).

Espécies (art. 4º, *caput*):

I. **Perdão judicial**: o juiz decreta a extinção da punibilidade quando a colaboração atingiu o seu máximo grau de eficácia para as investigações. Não há qualquer efeito condenatório.

II. **Substituição da pena privativa de liberdade por restritiva de direitos**: Há condenação, mas o juiz substitui a pena (art. 43, CP) considerando os efeitos razoáveis da colaboração do réu para as investigações.

III. **Redução de até 2/3 da pena**: na sentença, o juiz condena o réu, mas pode aplicar redução de acordo com o grau de colaboração do acusado. O teto desta redução é de 2/3 e se aplica quando a colaboração teve efeitos de baixa a moderada eficácia. Ver: STF, HC 129877/RJ, *Dje* 01.08.2017 e Informativo 861 de 10 a 21 de abril de 2017.

IV. **Não oferecimento da denúncia (§ 4º, I e II)**: o Ministério Público poderá deixar de oferecer denúncia se o colaborador não for o líder da organização criminosa **E** for o primeiro a prestar efetiva colaboração nos termos deste artigo. Os requisitos são concomitantes para a medida.

Trata-se de exceção ao princípio da obrigatoriedade da ação penal, uma vez que ensejará o arquivamento do IP. Renato Brasileiro (2014, p. 744) entende que o fundamento material do arquivamento seja, por analogia, o art. 87, parágrafo único, da Lei 12.529/2011, em que o cumprimento do acordo de colaboração premiada determina a extinção da punibilidade em relação ao colaborador.

d4) Legitimidade e momento procedimental do perdão judicial (art. 4º, § 2º): Caso não tenha sido previsto na proposta inicial de prêmio, o MP pode requerer a concessão do perdão judicial a qualquer tempo. O delegado só pode representar pelo perdão judicial durante o IP.

Na fase de inquérito, a manifestação pode se dar por três meios:

I. O delegado promove a representação, nos autos do IP, com manifestação favorável simultânea do MP, que posteriormente é direcionada ao juiz;

II. O delegado representa, nos autos do IP, com manifestação favorável posterior do MP, para então seguir até o juiz;

III. O MP, mesmo durante o inquérito, requer ao juiz a aplicação do perdão judicial.

d5) Procedimento (arts. 3º-B, 3º-C, 4º §§ 3º a 18)

I. **Início das negociações (*caput*, art. 3º-B):** Tem como marco o recebimento da proposta de acordo de colaboração. Ao mesmo tempo, tem como efeito a confidencialidade, que veda a divulgação tanto das tratativas iniciais quanto de documentos relacionados à sua formalização. O sigilo só pode ser levantado por decisão judicial. Trata-se de um grande desafio, pois é notório o vazamento de informações sigilosas dos acordos de delação no país.

II. **Proposta de colaboração (art. 3º-C, *caput*, e § 4º):** É uma peça jurídica que deve conter a descrição adequada dos fatos que serão objeto da colaboração, com todas as suas circunstâncias, além da indicação de provas e outros elementos de corroboração das suas informações. Deverá ser instruída com procuração com poderes específicos para dar início ao procedimento de tratativas da colaboração (a procuração pode ser firmada pessoalmente)

---

114. O juízo da Quinta Vara Federal Criminal na Seção Judiciária do Rio de Janeiro afastou o perdão judicial por entender que a colaboração do agente não teria sido espontânea. A exigência da espontaneidade da colaboração gerou discussão jurisprudencial, decidindo o STF, no julgamento do HC 129877/RJ, DJe 01.08.2017, que os vocábulos "voluntariedade" e "espontaneidade" são sinônimos.

III. **Indeferimento sumário (§ 1º):** É possível que a proposta de acordo de colaboração premiada seja sumariamente indeferida pelo MP, mas é imprescindível que essa negativa seja devidamente fundamentada e que o interessado em colaborar seja cientificado do indeferimento e suas razões.

IV. **Termo de confidencialidade (§ 2º):** Caso o MP entenda que deverá prosseguir com as tratativas para o acordo de colaboração, será necessária a assinatura do Termo de Confidencialidade pelas partes (celebrante – MP ou delegado –, o colaborador e seu advogado ou defensor público com poderes específicos – vide § 5º, art. 3º-B) . Além do efeito óbvio do sigilo, o referido termo vinculará os órgãos envolvidos na negociação.

V. **Suspensão do prazo de oferecimento da denúncia (art. 3º-B, § 3º, e art. 4º, § 3º):** O prazo para oferecimento de denúncia ou o processo, relativos ao colaborador, poderá ser suspenso por até 6 (seis) meses, prorrogáveis por igual período, até que sejam cumpridas as medidas de colaboração, suspendendo-se o respectivo prazo prescricional.

Por vezes, pode ser necessário aguardar o cumprimento de algumas diligências para confirmar as informações passadas pelo colaborador. Nesse caso, é possível suspender o prazo de oferecimento da denúncia por seis meses, inicialmente, e por igual período caso seja necessário.

Atenção: Nos termos do § 3º, art. 3º-B, não configuram, em regra, hipóteses de suspensão da investigação, o recebimento da proposta de colaboração ou a assinatura do Termo de Confidencialidade. Eventual acordo poderá estabelecer uma impossibilidade de aplicação de medidas cautelares ou assecuratórias penais, a exemplo de sequestro de bens, uso de tornozeleira eletrônica, entre outras.

O prazo prescricional fica suspenso durante o período.

VI. **Possibilidade de instrução do acordo (§ 4º):** É possível que seja realizada uma instrução com o fim de identificação ou complementação do objeto da colaboração, dos fatos narrados, sua definição jurídica, relevância, utilidade e interesse público. Caso ocorra na fase pré-processual, pela sistemática introduzida pela Lei n. 13.964/2019, deverá tramitar perante o Juiz das Garantias. Com a suspensão da vigência, contudo, estará vinculada ao juízo criminal competente. Caso haja uma negativa de celebração do acordo pelo celebrante (MP ou delegado), as provas e informações trazidas pelo colaborador não poderão ser utilizadas para outras finalidades (§ 6º, art. 3º-B). Trata-se aqui da proteção ao colaborador de boa-fé em face de eventual seletividade por parte do celebrante.

VII. **Imparcialidade do juízo (art. 4º, § 6º):** O juiz não participará das negociações realizadas entre as partes para a formalização do acordo de colaboração, que ocorrerá entre o delegado de polícia, o investigado e o defensor, com a manifestação do Ministério Público, ou, conforme o caso, entre o Ministério Público e o investigado ou acusado e seu defensor.

O Supremo Tribunal Federal, inclusive, possui entendimento no sentido de que o acordo de delação premiada constitui-se como ato insuscetível de imposição judicial, inexistindo direito líquido e certo a compelir o Ministério Público à celebração do acordo. Assim, a análise da conveniência e oportunidade para celebração do acordo está submetida à discricionariedade do órgão ministerial, não se subordinando ao escrutínio do Estado-juiz (Informativo 942/STF, de 27 a 31 de maio de 2019),

A referida Corte também já havia consolidado o entendimento de que delegado de polícia pode formalizar acordos de colaboração premiada na fase de inquérito policial, respeitadas as prerrogativas do Ministério Público, o qual deverá se manifestar, sem caráter vinculante, previamente à decisão judicial (Informativo 907/STF, de 18 a 22 de junho de 2018).

VIII. **Conteúdo do termo de acordo (art. 3º-C, § 3º, e art. 6º):** Nos termos dos dispositivos, o termo de acordo deverá conter a narração do colaborador sobre todos os fatos ilícitos para os quais concorreu e que tenham relação direta com os fatos investigados. Além disso, deverão constar o relato da colaboração e seus possíveis resultados; as condições da proposta do Ministério Público ou do delegado de polícia; a declaração de aceitação do colaborador e de seu defensor; as assinaturas do representante do Ministério Público ou do delegado de polícia, do colaborador e de seu defensor; e a especificação das medidas de proteção ao colaborador e à sua família, quando necessário.

IX. **Homologação do acordo (art. 4º, § 7º):** Uma vez celebrado, o acordo será autuado à parte e distribuído para apreciação do juiz competente, "o respectivo termo, as declarações do colaborador e cópia da investigação". O termo deverá ser encaminhado diretamente ao juiz, devidamente lacrado (art. 7º, § 1º), no prazo de 48 horas, que não é preclusivo. Após o recebimento, deverá o magistrado ouvir sigilosamente o colaborador, na presença do seu defensor. Para que seja homologado o acordo, serão considerados os seguintes aspectos, **simultaneamente**:

a) regularidade e legalidade: se todos os aspectos formais e materiais previstos na Lei foram observados;

b) adequação dos benefícios pactuados ao rol previsto no **caput** e nos §§ 4º e 5º do art. 4º: estabelece, expressamente, a vedação de benefício que viole o "critério de definição do regime inicial de cumprimento de pena do art. 33 do Decreto-Lei n. 2.848, de 7 de dezembro de 1940 (Código Penal), as regras de cada um dos regimes previstos no Código Penal e na Lei n. 7.210, de 11 de julho de 1984 (Lei de Execução Penal) e os requisitos de progressão de regime não abrangidos pelo § 5º deste artigo". Essa previsão decorre da constatação de que, por meio da celebração dos acordos de colaboração, havia uma subversão dos critérios legais para início do cumprimento da pena ou da progressão de regime prisional. Por meio desses acordos, alguns colaboradores vinham, por exemplo, progredindo do regime fechado para o domiciliar, sem cumprir os requisitos legais. Outros começavam o cumprimento da pena em regime semiaberto, mesmo com a expressa previsão legal de que o regime correto seria o fechado.

c) adequação dos resultados da colaboração aos resultados mínimos exigidos nos incisos I a V do **caput do art. 4º**: além dos aspectos da legalidade e regularidade indicados acima, o juiz deverá analisar se o acordo de colaboração realmente atende aos resultados mínimos, quais sejam: "a identificação dos demais coautores e partícipes da organização criminosa e das infrações penais por eles praticadas; a revelação da estrutura hierárquica e da divisão de tarefas da organização criminosa; a prevenção de infrações penais decorrentes das atividades da organização criminosa; a recuperação total ou parcial do produto ou do proveito das infrações penais praticadas pela organização criminosa; e a localização de eventual vítima com a sua integridade física preservada".

d) voluntariedade da manifestação de vontade: aqui ocorrerá o exame sobre a autonomia da vontade do colaborador, em especial quanto à espontaneidade da colaboração. Em nosso sentir, ao permitir a celebração de acordo por pessoas sujeitas a medidas cautelares, como a prisão preventiva, a Lei falha quanto ao objetivo enunciado. Não é razoável entender que um colaborador preso provisoriamente celebrou o acordo por livre e espontânea vontade.

Observações:

O colaborador deve ser acompanhado por defensor com poderes específicos desde o momento da proposta de colaboração até a homologação do acordo, para que sejam observadas todas as garantias constitucionais e legais inerentes ao regime democrático, a exemplo do direito ao silêncio, da ampla defesa, do contraditório, da vedação à autoincriminação etc.

A eficácia do acordo homologado está condicionada ao cumprimento dos deveres assumidos pelo colaborador (Informativo 870, STF, de 19 a 30 de junho de 2017).

O STF firmou entendimento no sentido de que, após a homologação, o acordo de delação premiada somente poderá ser revisto pelo plenário em caso de descumprimento dos termos pelo colaborador. Contudo, ressaltou que eventual ilegalidade descoberta, mesmo após a homologação, poderá levar à anulação de todo o acordo.

Ainda sobre o assunto, o STF entendeu que no caso de o delatado ser autoridade com prerrogativa de foro, a homologação da colaboração deve ser feita no Tribunal competente, com a participação do Ministério Público respectivo. No caso apreciado pelo STF, o delator trouxe à tona fatos criminosos praticados por Governador, que possui foro especial no STJ, de modo que somente esta Corte seria competente para homologar a colaboração, independentemente de o delator possuir ou não foro por prerrogativa de função (Informativo 895/STF, de 19 a 30 de março de 2018).

X. Rejeição da proposta (§ 8º): Se o juiz recusar a homologação do acordo por entender que este não atende aos requisitos legais, deverá devolvê-lo às partes para as adequações necessárias.

O juiz não participa da negociação em razão da necessidade de assegurar a sua imparcialidade, uma vez que fará o juízo de admissibilidade do acordo. No caso de eventual ajuste no termo, antes da Lei n. 13.964/2019 o juiz poderia fazer apenas limitados ajustes no que concerne à legalidade das disposições, mas não poderia adentrar às minúcias do conteúdo, sob pena de contaminação. Agora, justamente para assegurar que o juiz não tenha o seu convencimento maculado, nenhuma alteração ou ajuste poderá ser feito por ele.

XI. Providências posteriores (§ 9º): Depois de homologado o acordo, o colaborador poderá, sempre acompanhado pelo seu defensor, ser ouvido pelo membro do Ministério Público ou pelo delegado de polícia responsável pelas investigações. Em suma, a colaboração acontecerá, de fato, após a homologação do acordo.

XII. Retratação (§ 10): As partes podem retratar-se da proposta, caso em que as provas autoincriminatórias produzidas pelo colaborador não poderão ser utilizadas exclusivamente em seu desfavor.

Significa dizer que tudo o que foi confessado e indicado pelo colaborador não poderá ser utilizado contra ele no processo, embora possa ser aproveitado em relação aos demais investigados ou corréus.

XII. Da oitiva do colaborador (§ 12): Ainda que beneficiado por perdão judicial ou não denunciado, o colaborador poderá ser ouvido em juízo a requerimento das partes ou por iniciativa da autoridade judicial.

A partir de 2020, sempre que for ouvido, haverá o registro (**obrigatório**) dos atos de colaboração pelos meios ou recursos de gravação magnética, estenotipia, digital ou técnica similar, inclusive audiovisual, destinados a obter maior fidelidade das informações (§ 13).

Nos depoimentos que prestar, o colaborador renunciará, na presença de seu defensor, ao direito ao silêncio e estará sujeito ao compromisso legal de dizer a verdade (§ 14), ou seja, deverá ser esclarecido sobre o direito ao silêncio e a sua incompatibilidade com o acordo de colaboração, assim como deverá prestar juramento em relação à veracidade do seu depoimento.

As provas obtidas com a colaboração premiada poderão ser compartilhadas com outros órgãos e autoridades públicas, desde que haja delimitação dos fatos e respeito aos limites do acordo. O juiz homologador da colaboração é o competente para analisar as pretensões de compartilhamento (Informativo 922/STF, de 29 de outubro a 9 de novembro de 2018). Aqui temos mais uma questão para reflexão e acompanhamento no futuro. Caso o juiz das garantias venha a ter a sua vigência confirmada, será o competente para decidir acerca dos pedidos de compartilhamento de colaboração por ele homologada, mesmo que estejamos diante de processo já em curso?

XIII. Sentença (§ 11): A sentença levará em consideração os termos do acordo homologado e sua eficácia. Vale ressaltar também que o valor probatório das declarações do colaborador é diminuto, para não dizer nulo. É necessária a apresentação de provas e informações que as corroborem. Sendo assim, não poderão ser decretadas, recebidas ou proferidas: medida cautelar (real ou pessoal); denúncia ou queixa-crime; e sentença condenatória com fundamento **apenas** nas declarações de agente colaborador (§ 16).

XIV. Ampla defesa (§ 15): Como já informado anteriormente, em todos os atos de negociação, confirmação e execução da colaboração, o colaborador deverá estar assistido por defensor. Entendemos que a ausência de defensor acarreta nulidade absoluta do termo de colaboração.

Também foram inseridas novas disposições pela Lei n. 13.964/2019, em especial uma proteção ao **réu delatado**, nos seguintes termos: "Em todas as fases do processo, deve-se garantir ao réu delatado a oportunidade de manifestar-se após o decurso do prazo concedido ao réu que o delatou" (art. 4º, § 10-A). Em suma, o réu delatado deve ter a oportunidade de se manifestar após o delator em todas as fases do processo. Entendemos que a sua inobservância é hipótese de nulidade absoluta. Ademais, cf. o informativo STF 978, 27.05.20, o acesso por parte do delatado numa delação deve abranger somente documentos em que o delatado é de fato mencionado (requisito positivo), "excluídos os atos investigativos e diligências que ainda se encontram em andamento e não foram consubstanciados e relatados no inquérito ou na ação penal em trâmite (requisito negativo)".

XV. Colaboração na fase de execução penal (§ 5º): Se a colaboração for posterior à sentença, a pena poderá ser reduzida até a metade ou será admitida a progressão de regime ainda que ausentes os requisitos objetivos.

A exclusão dos requisitos objetivos mitiga o cumprimento de 1/6 da pena, que é aplicado à maioria dos condenados, ou ainda o de 2/5 ou 3/5 da pena, para os condenados por crimes hediondos. Nesse caso, permanece válido o requisito subjetivo, como o bom comportamento carcerário do colaborador.

A amplitude da medida permanece sem a devida consolidação, de modo que os tribunais brevemente serão instados a delimitar a real extensão do benefício na fase de execução penal.

XVI. Descumprimento e rescisão do acordo (art. 4º, §§ 17 e 18): Os novos dispositivos incluem duas possibilidades de desfazimento do acordo de colaboração, que denominou "rescisão", em razão da natureza jurídica explicitada (negócio jurídico processual). São elas: a) omissão dolosa sobre os fatos objeto da colaboração; e b) cessar o envolvimento do colaborador em condutas ilícitas relacionadas ao objeto da colaboração.

Na primeira hipótese é necessário identificar se a lacuna ou omissão sobre os fatos ocorreu por lapso de memória ou mera imprecisão, normalmente quando o objeto da colaboração ocorreu há muito tempo, dificultando uma lembrança precisa e minuciosa, ou também quando há uma complexidade de condutas/fatos que seja factível o esquecimento de alguns detalhes relevantes. Nesses casos, uma complementação da delação será necessária e suficiente para suprir a omissão. Por outro lado, caso seja verificada que a omissão ocorreu de forma consciente e deliberada, aí sim, estaremos diante da hipótese prevista no § 17.

No segundo caso, entendemos que o dispositivo é vago por falar em "pressuposição de cessar o envolvimento em conduta ilícita relacionada ao objeto da colaboração". Entendemos que a certeza acerca do envolvimento em tal conduta ilícita, que deverá ser dolosa, somente pode ocorrer após sentença condenatória definitiva, ou seja, a simples instauração de inquérito ou mesmo o oferecimento de denúncia não devem ter o condão de rescindir o acordo de colaboração. Não há espaço para pressuposições nessa esfera. Mas certamente o dispositivo será objeto de melhor sedimentação no futuro próximo, tanto pela doutrina, quanto pela jurisprudência.

Observação 1: Segundo julgado recente de STF, o descumprimento da colaboração não justifica, por si só, a decretação da prisão preventiva (STF, HC 138207/PR, DJe 26.06.2017, Info. 862 de 24 a 28 de abril de 2017, STF e Info. 609, STJ).

Observação 2: Serão nulas as cláusulas do acordo de colaboração que estipularem renúncia ao direito de impugnação da sua homologação (art. 4º, § 7º-B), ou seja, o direito à impugnação da decisão de homologação do acordo é irrenunciável.

d6) Direitos do colaborador (art. 5º): Novamente entendemos necessário destacar que o colaborador, ao depor, renunciará ao direito ao silêncio e prestará o compromisso de dizer a verdade. A renúncia ao silêncio também ocorre porque a informações fornecidas não poderão ser utilizadas contra si, pelo MP ou pelo delegado (art. 4º, § 14). Como forma de estimular a efetiva colaboração dos membros de organizações criminosas, a Lei estabeleceu alguns direitos peculiares.

São eles:

I. usufruir das medidas de proteção previstas na legislação específica;

II. ter nome, qualificação, imagem e demais informações pessoais preservadas;

III. ser conduzido, em juízo, separadamente dos demais coautores e partícipes;

IV. participar das audiências sem contato visual com os outros acusados;

V. não ter sua identidade revelada pelos meios de comunicação, nem ser fotografado ou filmado, sem sua prévia autorização por escrito;

VI. cumprir pena ou prisão cautelar em estabelecimento penal diverso dos demais corréus ou condenados.

e) Ação controlada (art. 8º)

e1) Noção: consiste em retardar a intervenção policial ou administrativa relativa à ação praticada por organização criminosa ou a ela vinculada, bem como nos crimes de lavagem ou ocultação de bens, direitos e valores (art. 8º, § 6º, Lei n. 9.613/1998), desde que mantida sob observação e acompanhamento para que a medida legal se concretize no momento mais eficaz à formação de provas e obtenção de informações. Ver a nossa explicação sobre o flagrante controlado.

e2) Procedimento (§§ 1º a 4º): o retardamento da intervenção policial ou administrativa será previamente comunicado ao juiz competente que, se for o caso, estabelecerá os seus limites e comunicará ao Ministério Público.

A comunicação será sigilosamente distribuída, de forma a não conter informações que possam indicar a operação a ser efetuada. O sigilo é fundamental para o êxito da operação.

Até o encerramento da diligência, o acesso aos autos será restrito ao juiz, ao Ministério Público e ao delegado de polícia, como forma de garantir o êxito das investigações.

Ao término da diligência, elaborar-se-á auto circunstanciado acerca da ação controlada.

e3) Repercussão internacional (art. 9º): caso seja necessário transpor fronteiras, o retardamento da intervenção policial ou administrativa somente poderá ocorrer com a cooperação das autoridades dos países que figurem como provável itinerário ou destino do investigado, de modo a reduzir os riscos de fuga e extravio do produto, objeto, instrumento ou proveito do crime.

No âmbito nacional, é uma sólida hipótese de repercussão interestadual, que pode resultar na atuação da PF pela necessidade de centralização das investigações, dos dados e da repressão uniforme.

f) Infiltração de agentes (art. 10 e ss.)

f1) Conceito: Trata-se de ação autorizada judicialmente, por meio da qual um agente policial disfarçado atua de forma regular, omitindo a sua identidade, como um membro de organização criminosa, se fazendo passar por criminoso, com o objetivo de identificar fontes de provas de crimes graves (NEISTEIN, 2006).

f2) Procedimento (§§ 1º a 5º): A infiltração de agentes de polícia em tarefas de investigação deve ser encaminhada ao juiz por meio de representação do delegado de polícia ou de requerimento do Ministério Público (após prévia manifestação técnica do delegado de polícia).

O requerimento do MP ou a representação do delegado conterão a demonstração da necessidade da medida, o alcance das tarefas dos agentes e, quando possível, os nomes ou apelidos das pessoas investigadas e o local da infiltração (art. 11).

O pedido de infiltração será sigilosamente distribuído, de forma a não conter informações que possam indicar a operação a ser efetivada ou identificar o agente que será infiltrado (art. 12).

Na hipótese de ser encaminhado pelo delegado, o juiz, ao decidir sobre a infiltração (prazo de 24 horas – art. 12, § 1º), deverá ouvir previamente o MP. A decisão terá o seu conteúdo circunstanciado, motivado e sigiloso, estabelecendo, ainda, limites da atuação do agente infiltrado (art. 13).

O STF, em recente julgado, declarou a ilicitude de infiltração policial e determinou o desentranhamento das provas, em razão da ausência de autorização judicial para a realização da medida (Informativo 932/STF, de 25 de fevereiro a 8 de março de 2019).

Será admitida a infiltração se houver indícios de infração penal de que trata o art. 1º|e se a prova não puder ser produzida por outros meios disponíveis.

A infiltração será autorizada pelo prazo de até 6 (seis) meses, sem prejuízo de eventuais renovações, desde que comprovada sua necessidade (art. 10, § 3º). Encerrado o prazo, relatório circunstanciado será apresentado ao juiz competente, que imediatamente cientificará o Ministério Público.

Nada obsta que no curso do inquérito policial, o delegado de polícia poderá determinar aos seus agentes, e o Ministério Público poderá requisitar, a qualquer tempo, relatório da atividade de infiltração (art. 10, § 5º).

Os autos contendo as informações da operação de infiltração acompanharão a denúncia do Ministério Público, quando serão disponibilizados à defesa, assegurando-se a preservação da identidade do agente (art. 12, § 2º). Trata-se de hipótese em que o contraditório é diferido ou postergado.

Havendo indícios seguros de que o agente infiltrado sofre risco iminente, a operação será sustada mediante requisição do Ministério Público ou pelo delegado de polícia, dando-se imediata ciência ao Ministério Público e à autoridade judicial. É imprescindível lembrar que a segurança do agente infiltrado deve estar em primeiro lugar, de modo que diante de sinais de perigo concreto ele deve ser retirado imediatamente da operação (art. 12, § 3º).

Há importante novidade legislativa quanto à matéria, uma vez que a Lei 13.441/2017 alterou o Estatuto da Criança e do Adolescente para prever a infiltração de agentes de polícia na internet com o fim de investigar crimes contra a dignidade sexual de criança e de adolescente. A Lei n. 13.94/2019 também trouxe essa possibilidade para o âmbito das organizações criminosas, conforme veremos a seguir. Por fim, a Lei de lavagem ou ocultação de bens, direitos e valores passou a prever a infiltração de agentes como uma forma de apuração dos delitos nela tipificados (art. 8º, § 6º, Lei n. 9.613/1998).

f3) infiltração virtual de agentes (art. 10-A e ss.): O novo dispositivo estabelece que a ação dos agentes infiltrados virtuais seguirá os requisitos do *caput* do art. 10, e terá como fim a investigação dos crimes previstos na Lei n. 12.850/2013, praticados por organizações criminosas. Para tanto, deverá restar demonstrada a necessidade concreta da infiltração, além da indicação do "alcance das tarefas dos policiais, os nomes ou apelidos das pessoas investigadas e, quando possível, os dados de conexão ou cadastrais que permitam a identificação dessas pessoas". Nesse sentido, o § 1º estabelece o que são considerados dados de conexão e dados cadastrais (recomendamos a leitura).

f3.1) Procedimento (§§ 2º a 7º e arts. 10-B e 10-D): Da mesma forma que na infiltração presencial, o delegado deverá representar ao juiz competente (**Atenção: ver o tópico Juiz das Garantias**) o pedido de infiltração, que será necessariamente remetido ao MP para manifestação (§ 2º).

O juiz poderá deferir a infiltração após a análise de dois aspectos: I – se há indícios de infração penal contida no art. 1º da Lei 12.850/2013; e II – se não há outro meio disponível para a produção das provas (§ 3º). Caso a resposta seja afirmativa para ambos os aspectos, será autorizada a infiltração.

A duração da medida será de até 6 (seis) meses, podendo ser renovada de forma reiterada até o seu limite, que é de 720 (setecentos e vinte dias). É importante enfatizar que qualquer renovação dependerá da demonstração concreta da sua necessidade (§ 4º).

Ao final da infiltração, seja por ter atingido os seus objetivos, seja pelo decurso do prazo, será elaborado um relatório circunstanciado da operação. O relatório e "todos os atos eletrônicos praticados durante a operação, deverão ser registrados, gravados, armazenados e apresentados ao juiz competente, que imediatamente cientificará o Ministério Público" (§ 5º).

É possível que, durante o IP ou durante a operação de infiltração, o delegado determine aos agentes a apresentação do relatório parcial da atividade de infiltração. O MP ou o juiz (**das garantias ou da instrução processual**) podem requisitar o relatório a qualquer tempo (§6º).

O próprio Legislador estabelece que a inobservância das normas contidas no artigo 10-A acarretará a nulidade da prova obtida por meio da infiltração virtual (§ 7º).

O art. 10-B institui o sigilo sobre a operação de infiltração, que caberá ao juiz que deferiu a medida, bem como ao delegado e ao MP. Vale ressaltar que no curso da operação somente essas autoridades deverão ter acesso aos autos da infiltração. (parágrafo único, art. 10-B).

O *caput* do art. 10-D traz uma desnecessária reiteração do § 5º, do art. 10-A, sobre o registro, gravação, armazenamento e encaminhamento dos atos eletrônicos da infiltração juntamente com o relatório circunstanciado. O seu parágrafo único, por outro lado, informa que os referidos atos "serão reunidos em autos apartados e apensados ao processo criminal juntamente com o inquérito policial", devendo ser assegurado o sigilo sobre a identidade do "agente policial infiltrado e a intimidade dos envolvidos."

14. SUJEITOS PROCESSUAIS

14.1. Conceito

São *as pessoas entre as quais se constitui, se desenvolve e se completa a relação jurídico-processual* (MIRABETE, 2001, p. 324). Ou, ainda: *são as diversas pessoas que, direta ou indiretamente, atuam no curso do processo, visando à prática de atos processuais.*

14.2. Sujeitos processuais principais (essenciais)

São aqueles cuja existência é essencial para que se tenha uma relação jurídica processual regularmente instaurada. Compreendem: o juiz, a acusação (MP ou querelante) e o réu.

14.3. Sujeitos processuais secundários (acessórios, colaterais)

São pessoas que, embora não imprescindíveis à formação do processo, nele poderão intervir com o escopo de formular determinada pretensão. Ex.: assistente de acusação.

Examinaremos abaixo alguns dos sujeitos processuais mais importantes.

14.4. Juiz

Conforme dispõe o art. 251, CPP, ao magistrado cabe assegurar a regularidade do processo e a ordem no curso dos atos processuais.

a) Prerrogativas (ou garantias): para que seja efetivo o exercício da atividade jurisdicional, a CF (art. 95) confere ao juiz algumas garantias, quais sejam:

a1) Vitaliciedade: consistente na impossibilidade de perda do cargo, salvo por sentença transitada em julgado. A vitaliciedade, no primeiro grau, só será adquirida após dois anos de exercício, dependendo a perda do cargo, nesse período, de deliberação do tribunal a que o juiz estiver vinculado e, nos demais casos (após os 2 anos de exercício), de sentença judicial transitada em julgado;

a2) Inamovibilidade: consiste na vedação de remoção do juiz, salvo por interesse público, nos termos do art. 93, VIII, CF;

a3) Irredutibilidade de subsídio: consiste na impossibilidade de redução da remuneração do juiz, ressalvado o disposto nos arts. 37, X e XI, 39, § 4º, 150, II, 153, III, e 153, § 2º, I, todos da CF.

Ademais, é fundamental que o juiz seja imparcial, ou seja, neutro em relação às partes e ao objeto do processo. A imparcialidade do juiz é, na verdade, dogma do próprio sistema acusatório pretendido pelo Constituinte de 1988.

Vejamos, agora, os casos de impedimento e suspeição do magistrado;

b) Impedimento: ocorre quando há interesse do juiz no objeto da demanda, afetando a própria jurisdição e provocando a inexistência do processo. Com efeito, são motivos de incapacidade objetiva do juiz. O impedimento deve ser reconhecido de ofício pelo juiz; não o fazendo pode qualquer das partes argui-lo, adotando-se o mesmo rito da suspeição – *vide* art. 112, parte final, CPP. Eis os casos de impedimento (considerados taxativos):

"**Art. 252.** O juiz não poderá exercer jurisdição no processo em que:

I – tiver funcionado seu cônjuge ou parente, consanguíneo ou afim, em linha reta ou colateral até o terceiro grau, inclusive, como defensor ou advogado, órgão do Ministério Público, autoridade policial, auxiliar da justiça ou perito[115];

II – ele próprio houver desempenhado qualquer dessas funções ou servido como testemunha;

III – tiver funcionado como juiz de outra instância, pronunciando-se, de fato ou de direito, sobre a questão;

IV – ele próprio ou seu cônjuge ou parente, consanguíneo ou afim em linha reta ou colateral até o terceiro grau, inclusive, for parte ou diretamente interessado no feito."

Como visto anteriormente, as hipóteses influem direta ou indiretamente no juízo de valor do magistrado sobre a causa em exame, colocando em risco a sua imparcialidade. Influem diretamente quando este já atuou, manifestou-se sobre os fatos anteriormente, ou tem interesse no deslinde da demanda (II, III e IV); indiretamente, quando algum parente ou cônjuge atua ou atuou no feito (I e IV).

No que tange a órgãos julgadores colegiados (Turma Recursal do JECRIM[116]; Câmara; ou Turma), estabelece o art. 253, CPP, que: *não poderão servir no mesmo processo os juízes que forem entre si parentes, consanguíneos ou afins, em linha reta ou colateral até o terceiro grau, inclusive.*

Por fim, o reconhecimento de impedimento pelo juiz, seja ele de ofício ou provocado, depende sempre de fundamentação.

> **Reflexos do Novo Código de Processo Civil**
>
> No que se refere às hipóteses de impedimento, mesmo sendo taxativo o rol do CPP, alguns autores entendem que as inovações trazidas pelo NCPC podem ser incorporadas ao Processo Penal, considerando a lacuna no CPP. Estão contidas no art. 144, NCPC. São elas: (...) III – quando nele estiver postulando, como **defensor público**, advogado ou membro do Ministério Público, seu cônjuge ou **companheiro**, ou qualquer parente, consanguíneo ou afim, em linha reta ou colateral, até o terceiro grau, inclusive; IV – quando for parte no processo ele próprio, seu cônjuge ou **companheiro**, ou parente, consanguíneo ou afim, em linha reta ou colateral, até o terceiro grau, inclusive; V – quando for sócio ou membro de direção ou de administração de **pessoa jurídica parte no processo**; VI – quando for herdeiro presuntivo, donatário ou empregador de qualquer das partes; VII – em que figure como parte instituição de ensino com a qual tenha relação de emprego ou decorrente de contrato de prestação de serviços; VIII – em que figure como parte cliente do escritório de advocacia de seu cônjuge, companheiro ou parente, consanguíneo ou afim, em linha reta ou colateral, até o terceiro grau, inclusive, mesmo que patrocinado por advogado de outro escritório; IX – quando promover ação contra a parte ou seu advogado.

c) Suspeição: ocorre quando o juiz não tem a necessária imparcialidade para julgar (por interesses ou sentimentos pessoais – *incapacidade subjetiva do juiz*). A imparcialidade é pressuposto de validade do processo. O juiz pode se dar por suspeito de ofício, não o fazendo as partes poderão recusá-lo.

Eis os **casos** de suspeição do juiz (a jurisprudência entende que o rol abaixo não é taxativo):

"**Art. 254.** O juiz dar-se-á por suspeito, e, se não o fizer, poderá ser recusado por qualquer das partes:"

I – se for amigo íntimo ou inimigo capital de qualquer deles;"

---

115 "A participação de magistrado em julgamento de caso em que seu pai já havia atuado é causa de nulidade absoluta, prevista no art. 252, I, do Código de Processo Penal (CPP)" (Informativo 940/STF, de 13 a 17 de maio de 2019).

116. Juizado Especial Criminal – Lei 9.099/1995.

O que é ser amigo íntimo para este dispositivo? É a convivência familiar (compadrio, apadrinhamento etc.). Não caracteriza suspeição a amizade superficial, o mero coleguismo, a mera convivência profissional etc.

Aplique-se tudo o que foi dito aqui, *mutatis mutandis*, à inimizade capital.

Ademais, a amizade íntima ou inimizade capital deve ser aferida em relação às partes em sentido material (réu e vítima) e não em relação ao promotor, advogado, que são partes instrumentais. Porém, nada impede que, inclusive em relação às partes instrumentais, o juiz se dê por suspeito por razão de foro íntimo, invocando, por analogia, o art. 145, § 1º, NCPC;

"II – se ele, seu cônjuge, ascendente ou descendente, estiver respondendo a processo por fato análogo, sobre cujo caráter criminoso haja controvérsia;"

Note-se que essa controvérsia se caracteriza ainda que se dê de forma minoritária.

Ademais, há quem defenda que esse dispositivo deva ser aplicado também ao companheiro(a) e não apenas ao cônjuge;

"III – se ele, seu cônjuge, ou parente, consanguíneo, ou afim, até o terceiro grau, inclusive, sustentar demanda ou responder a processo que tenha de ser julgado por qualquer das partes;"

Reconhece-se a suspeição aqui por conta da possível troca de favores que poderia ocorrer nessa situação;

"IV – se tiver aconselhado qualquer das partes;

V – se for credor ou devedor, tutor ou curador, de qualquer das partes;

VI – se for sócio, acionista ou administrador de sociedade interessada no processo."

Por outro lado, ressalte-se que não é possível o reconhecimento da suspeição quando a parte, deliberadamente, injuriar ou provocar situação que enseje a suspeição do magistrado (art. 256, CPP). A lei não pode premiar aquele que age mediante torpeza. Eventuais desentendimentos entre juiz e advogado não conduzem à suspeição, já que essa diz respeito à relação do juiz com as partes do processo e não com o advogado.

Finalmente, confira-se o teor do art. 255, que diz: "o impedimento ou suspeição decorrente de parentesco por afinidade cessará pela dissolução do casamento que lhe tiver dado causa, salvo sobrevindo descendentes; mas, ainda que dissolvido o casamento sem descendentes, não funcionará como juiz o sogro, o padrasto, o cunhado, o genro ou enteado de quem for parte no processo".

Cuidado para não confundir suspeição com impedimento:

Suspeição: vínculo subjetivo do juiz com as partes (ex.: amizade íntima do juiz com o réu) ou com o assunto discutido no processo (ex.: juiz figura como demandante em outro processo em que se discute o mesmo assunto). Em que pese a indicação de que ocorre a preclusão (art. 254, CPP), a doutrina entende que a suspeição do juízo é hipótese de nulidade absoluta e pode ser alegada a qualquer tempo. É motivo de incapacidade subjetiva. Deve ser reconhecida de ofício pelo juiz. Não o fazendo, qualquer das partes pode argui-la. Procedimento: art. 96 e ss., CPP;

Impedimento: fundamenta-se em razões de ordem objetiva (ex.: a advogada do feito é esposa do juiz). Afeta a própria jurisdição. Provoca a inexistência do processo. É motivo de incapacidade objetiva do juiz. Deve ser reconhecido de ofício pelo juiz, não o fazendo pode qualquer das partes argui-lo. Adota-se o mesmo rito da suspeição.

14.5. Ministério Público

De acordo com o art. 127, CF: "o Ministério Público é instituição permanente, essencial à função jurisdicional do Estado, incumbindo-lhe a defesa da ordem jurídica, do regime democrático e dos interesses sociais e individuais indisponíveis". O MP é, assim, responsável pela manutenção do equilíbrio jurídico da sociedade.

a) Natureza da instituição: conforme aponta certa doutrina, o MP integra o Estado, mas não está atrelado a nenhum dos Poderes. É, portanto, instituição *independente e fiscalizadora dos Poderes, desempenhando função essencial à justiça;*

b) Prerrogativas (ou garantias): as mesmas do magistrado, ou seja, vitaliciedade, inamovibilidade e irredutibilidade de subsídio;

c) Papel do MP no processo penal: possui função dúplice. Atua como órgão legitimado para a acusação, sendo o titular exclusivo das ações penais públicas (art. 129, I, CF), mas, acima de tudo, funciona, necessariamente, como fiscal da lei em todos os processos (art. 127, CF).

Em decorrência disso, não está o MP obrigado a oferecer a denúncia ou a pedir a condenação do acusado quando inexistirem elementos legais ou fáticos nos autos. Desse modo, se no momento da *opinio delicti* (elaboração da denúncia) entender o MP que não há fundamento para a ação penal, deverá manifestar-se pelo arquivamento do inquérito ou das peças de informação. Da mesma forma, se, ao final da instrução, verificar que não há motivo para a condenação do acusado, deve pugnar pela sua absolvição. O seu principal compromisso é com a observância da lei, dos valores constitucionais, motivo pelo qual a função de fiscal da lei está, inequivocamente, acima da função acusatória.

d) A atuação do MP na ação penal pública:

Atua como parte formal. Como dito, não é uma parte como outra qualquer, pois atua como fiscal da lei e tem compromisso, em última análise, com a promoção da justiça no processo penal. Não está, assim, adstrito ao pleito condenatório. Pode impetrar HC, MS, pedir a absolvição do acusado, recorrer em prol deste. Note-se que o MP sempre exerce a função de *custos legis*, mesmo quando é autor da ação;

e) A atuação do MP na ação penal privada

e1) Exclusivamente privada/personalíssima

Na ação privada, o MP atua como fiscal da lei. Pode aditar a queixa para, por exemplo, promover correções formais (indicação do procedimento adequado, dia, hora e local do crime etc.).

Dentre as funções que desempenha na ação privada, está a de velar por sua indivisibilidade. Assim, em caso de exclusão indevida de agente(s) pelo querelante, conforme sustenta certo setor da doutrina, não deve o MP aditar a queixa. Deve, no prazo previsto pelo § 2º do art. 46 do CPP, provocar a vítima para que esta promova o aditamento.

Em caso de sentença condenatória proferida contra o querelado, pode o MP, na função de *custos legis,* apelar pedindo a sua absolvição ou, noutro giro, apelar pedindo a exasperação da pena.

Sendo a sentença absolutória, entende-se que o MP não poderá apelar (buscando a condenação, p. ex.). É que vige aqui o princípio da oportunidade;

e2) Subsidiária da pública

A atuação do MP aqui é bem mais intensa, uma vez que embora essa ação penal seja encabeçada pela vítima, ela (a ação) continua a possuir notória natureza pública. Assim, é possível ao MP (art. 29, CPP):

I – Aditar a queixa para incluir novos fatos e/ou novos agentes (prazo de 3 dias – art. 46, § 2º, CPP);

II – Repudiar a queixa quando esta for, por exemplo, inepta, apresentando denúncia substitutiva;

III – Fornecer elementos de prova;

IV – Interpor recurso;

V – A todo tempo, retomar como parte principal em caso de negligência por parte do querelante.

f) Hipóteses de suspeição e impedimento do MP: tais hipóteses são, *mutatis mutandis,* as mesmas do juiz (consultar a exposição efetuada anteriormente).

Por outro lado, vale recordar a Súmula 234, STJ, que diz: *"a participação de membro do Ministério Público na fase investigatória criminal não acarreta o seu impedimento ou suspeição para o oferecimento da denúncia".* Não faria mesmo sentido restringir a participação do membro ministerial que atuou na fase de investigação, haja vista o papel do MP de titular da ação penal pública. Ademais, lembre-se de que as investigações criminais têm o MP como destinatário imediato;

g) Princípios que informam o MP (princípios institucionais)

g1) Unidade: consiste na integralidade do MP como instituição pública. Isto não provoca qualquer óbice em relação à distribuição das atribuições, já que é preciso fracioná-las para que se obtenha uma atuação mais eficiente de seus membros;

g2) Indivisibilidade: qualquer integrante do mesmo MP pode atuar no feito em curso sem a necessidade de designação específica. Essa atuação ocorre muito em comarcas situadas no interior dos Estados, quando, por exemplo, um promotor está em período de férias e outro, de comarca vizinha, assume temporariamente as suas atribuições. Não lhe será exigido qualquer ato específico de designação para aquele processo. Portanto, seus reflexos se dão predominantemente no âmbito endoprocessual, ou seja, no interior da relação processual;

g3) Independência funcional: O MP, no exercício das suas atribuições respectivas, não está subordinado a qualquer dos Poderes do Estado.

14.6. Querelante (vítima)

É o sujeito ativo da ação penal privada. O querelante atua como legitimado extraordinário, *i. e.,* age em nome próprio, defendendo interesse do Estado (que é o titular do direito de punir).

14.7. Assistente de acusação

É a vítima ou seu representante legal, ou, na falta destes, o CCADI, que se habilita para intervir como auxiliar acusatório do MP na ação penal pública (*vide* art. 268, CPP).

14.7.1. Quem pode habilitar-se como assistente de acusação?

Conforme visto, a vítima. Sendo esta incapaz, seu representante legal. Na falta da vítima (morte ou ausência) e de seu representante, poderão se habilitar como assistente o CCADI.

Por outro lado, frise-se que a lei não admite que o corréu, no mesmo processo, figure como assistente de acusação, haja vista ser também parte (art. 270, CPP).

14.7.2. Quando poderá habilitar-se o assistente?

A partir do recebimento da denúncia até o trânsito em julgado (arts. 268 e 269, CPP). Assim, não cabe o instituto da assistência na fase de IP e na fase de execução penal.

No procedimento do Júri, o assistente deverá requerer sua habilitação até 5 dias antes da data da sessão – art. 430, CPP.

Destaque-se que o assistente receberá a causa no estado em que esta se achar – art. 269, CPP. Isto visa a evitar dilações indevidas do processo (propositura de novas provas em fase inadequada, por exemplo).

Efetuado o pedido de habilitação como assistente, o juiz o remeterá ao MP para a manifestação deste órgão (art. 272, CPP). Após o parecer do MP, o juiz decidirá se admite ou não o requerimento de assistência.

Ainda, diz o art. 273, CPP, que "do despacho que admitir, ou não, o assistente, não caberá recurso, devendo, entretanto, constar dos autos o pedido e a decisão". Apesar do conteúdo deste artigo, tem entendido a doutrina que, em caso de indeferimento arbitrário, é cabível o mandado de segurança.

14.7.3. Faculdades processuais do assistente (o que pode ele fazer no curso do processo?)

Sobre o tema, sublinha o art. 271, CPP (considerado taxativo por certo setor da doutrina): "ao assistente será permitido propor meios de prova, requerer perguntas às testemunhas, aditar o libelo e os articulados, participar do debate oral e arrazoar os recursos interpostos pelo Ministério Público, ou por ele próprio, nos casos dos arts. 584, § 1º, e 598".

Esmiuçando esse dispositivo temos que ao assistente é facultado:

I – Propor meios de prova;

II – Realizar perguntas às testemunhas;

III – Aditar o libelo e os articulados. Este inciso está prejudicado no que tange ao libelo, pois não mais existe esta peça no procedimento do Júri;

IV – Participar de debate oral;

V – Arrazoar recursos interpostos pelo MP. Caso o MP recorra de alguma decisão no curso do processo, poderá o assistente colacionar as suas razões à impugnação ministerial;

VI – O assistente, previamente habilitado ou não, pode interpor (e arrazoar), autonomamente, recurso no caso de inércia recursal do MP nos seguintes casos: decisão de impronúncia (art. 584, § 1º); quando julgada extinta a punibilidade (art. 584, § 1º); e no caso de sentença absolutória (art. 598). Nesse sentido, ver: STF, HC 154076, j. 03.09.2019.

Destaque-se também a Súmula 210 do STF, que diz: "o assistente do Ministério Público pode recorrer, inclusive extraordinariamente, na ação penal, nos casos dos arts. 584, § 1º, e 598 do Código de Processo Penal".

Questão final: há **interesse** do assistente de acusação em interpor recurso de modo exclusivo (sem recurso do MP, portanto) para **agravar** a pena fixada ao réu?

I – Significativa parcela da **doutrina** entende que é **impossível** ao assistente de acusação apelar de modo exclusivo para **majorar** a punição imposta ao réu. Isto porque, sustentam esses autores, a vítima no processo penal brasileiro teria tão somente interesse em obter **reparação civil** dos danos causados pelo delito. Por esta razão, sendo prolatada a sentença penal **condenatória**, constituído, pois, o **título executivo judicial**, **cessaria**, desse ponto em diante, o interesse do ofendido, já que, como cediço, *a quantidade de pena aplicada não repercute na reparação civil*;

II – **De outro lado**, sustentando haver sim **interesse-utilidade**, está também considerável doutrina e a jurisprudência dos tribunais superiores (STJ, HC 99857/SP, DJe 19.10.2009). Para essa segunda corrente, é preciso reconhecer na figura do assistente de acusação mais do que um simples interesse de ser indenizado no campo cível, pois deve ele estar comprometido, também, com a justa aplicação da lei penal.

14.8. Acusado

O réu ocupa o polo passivo da relação processual penal. Por conta de um critério biopsicológico adotado pelo CP e pela CF, só pode ser acusado o maior de 18 anos.

Ainda no que concerne à idade do acusado, é importante destacar que as disposições dos arts. 15, 262 e 564, III, "c", CPP, foram tacitamente revogadas pelo Código Civil de 2002. Com o advento deste Código, estabelecendo a maioridade civil aos 18 anos, as disposições inerentes à nomeação de curador para o réu maior de 18 anos e menor de 21 anos perderam o sentido.

Por outro lado, recorde-se que, nas ações penais privadas, o réu recebe a denominação de querelado.

Ainda, a pessoa jurídica é admitida atualmente como ré nos crimes ambientais, sendo bastante controversa a aplicação da teoria da dupla imputação, segundo a qual a pessoa física que causou o dano deve integrar o polo passivo como corréu.

14.8.1. Direitos do acusado

Por ser a parte mais frágil da relação processual penal, ao acusado são garantidos diversos direitos, buscando-se, assim, dentre outras coisas, assegurar a ampla defesa e evitar abusos por parte do órgão de acusação e do Estado-juiz. Já examinamos grande parte desses direitos ao longo desse livro. Apenas para lembrar, listamos aqui alguns: direito ao silêncio; direito de entrevistar-se previamente com seu defensor antes do interrogatório; direito à defesa técnica; direito de ser considerado presumidamente inocente até o trânsito em julgado de sentença penal condenatória etc.

14.9. Defensor

É aquele que, possuindo capacidade postulatória, patrocina a defesa técnica do acusado.

Vale recordar que a defesa técnica no processo penal é obrigatória, sob pena de nulidade absoluta do processo (art. 261, CPP). Nesse sentido, STF, Súmula 523: "no processo penal, a falta da defesa constitui nulidade absoluta, mas a sua deficiência só o anulará se houver prova de prejuízo para o réu". Isso é assim porque o réu é reconhecidamente sujeito hipossuficiente na relação processual penal, necessitando de amparo técnico para o exercício de sua defesa (direito inalienável e irrevogável).[117]

Rememore-se também que, caso o acusado possua capacidade postulatória, poderá, querendo, exercer o autopatrocínio (autodefender-se), hipótese em que a presença de um defensor técnico poderá ser dispensada.

É oportuno transcrever o teor do art. 265, CPP, que diz: "o defensor não poderá abandonar o processo senão por motivo imperioso, comunicado previamente o juiz, sob pena de multa de 10 (dez) a 100 (cem) salários mínimos, sem prejuízo das demais sanções cabíveis. § 1º A audiência poderá ser adiada se, por motivo justificado, o defensor não puder comparecer. § 2º Incumbe ao defensor provar o impedimento até a abertura da audiência. Não o fazendo, o juiz não determinará o adiamento de ato algum do processo, devendo nomear defensor substituto, ainda que provisoriamente ou só para o efeito do ato".

Por questões didáticas, apresentaremos abaixo as denominações comumente utilizadas para o defensor:

I – Constituído (ou procurador): é o defensor constituído pelo acusado por meio de procuração ou, diretamente, por meio de indicação verbal no momento em que for ouvido pela primeira vez;

II – Defensor público: membro da Defensoria Pública, no contexto aqui trabalhado, atua na defesa dos interesses daqueles que não dispõem de recursos financeiros para arcar com as despesas de um advogado particular. A sua atuação, em regra, independe da constituição por meio de procuração, salvo nas hipóteses dos arts. 39 e 44, CPP.

A Defensoria goza de prerrogativas processuais (arts. 44, 89 e 128, todos da LC 80/1994). Algumas das prerrogativas são: a intimação pessoal de quaisquer atos, em qualquer processo ou grau, jurisdicional ou administrativo; a contagem em dobro dos seus prazos; o livre acesso nos estabelecimentos em que atuam; realização de vista pessoal dos autos; e a comunicação pessoal e reservada com os seus assistidos.

III – Defensor dativo: é o advogado nomeado pelo juiz ante a ausência de defensor constituído pelo réu e/ou de defensor público na comarca;

IV – Defensor *ad hoc*: é o advogado designado pelo juiz para atuar na prática de determinado ato do processo. Esta designação decorre da ausência de defensor constituído e/ou de defensor público no momento em que se necessita de um patrono para atuar/acompanhar certo ato.

---

117. O STF, em julgado recente, entendeu pela inexistência de nulidade processual no bojo de processo em que não houve alegações finais por abandono de causa, uma vez que a defesa técnica postulou a impronúncia e o órgão acusador postulou a condenação do réu justamente pelos fatos que constavam na pronúncia (Informativo 902/STF, de 14 a 18 de maio de 2018).

14.10. Servidores do Poder Judiciário

Também denominados servidores da justiça ou serventuários, são aquelas pessoas investidas em cargo público (funcionários públicos) com atuação no Poder Judiciário. Ex.: escrivão, oficial de justiça, entre outros que integram a estrutura cotidiana de funcionamento do Judiciário.

Com efeito, também estão sujeitos, no que couber, ao regime de suspeição e impedimento (por analogia) inerente aos juízes (art. 274, CPP). Dessa maneira, é possível, por exemplo, o afastamento de escrivão que possua interesse no feito para se evitar eventuais efeitos negativos sobre o andamento do processo.

14.11. Auxiliares do juízo

São aqueles que colaboram com o julgador quando este necessita de conhecimentos especializados em determinada área do saber humano. Ex.: perito e intérprete.

É oportuno destacar que os assistentes técnicos não são considerados auxiliares do juiz, pois possuem vínculo com as partes (art. 159, §§ 3º e 4º, CPP). São, pois, contratados pelas partes para oferecer parecer técnico sobre algum assunto.

14.11.1. Suspeição e impedimento:

Aplicam-se as regras de suspeição e impedimento (por analogia) relativas aos juízes ao perito e ao intérprete (arts. 280 e 281, CPP).

15. PRISÃO, MEDIDAS CAUTELARES E LIBERDADE PROVISÓRIA

A Lei 12.403/2011, que alterou o CPP, trouxe uma série de novidades para o universo da prisão provisória (cautelar ou processual) e da liberdade provisória, criando, ainda, diversas medidas cautelares pessoais diversas da prisão. Ao longo deste capítulo, analisaremos as mudanças trazidas pela nova lei.

15.1. Prisão: noções introdutórias

Prisão é a *supressão da liberdade de locomoção do indivíduo*. A doutrina costuma dividir a prisão em: **prisão-pena** (que é aquela que *decorre* de sentença penal condenatória *transitada em julgado*) e **prisão sem pena** (que é a que ocorre *antes* da uma sentença penal definitiva). São **espécies** de **prisão sem pena**: prisão civil e prisão provisória (cautelar ou processual). Examinemos brevemente cada uma delas.

15.1.1. Prisão civil

Atualmente, esta modalidade de prisão só existe para o devedor (voluntário e inescusável) de alimentos (art. 5º, LXVII, CF)[118], pois, com o advento da Súmula vinculante 25 do STF, passou-se a considerar "ilícita a prisão civil do depositário infiel, qualquer que seja a modalidade de depósito". Ademais, vale recordar que o Pacto de São José da Costa Rica, em seu art. 7º, § 7º, já previa: "ninguém deve ser detido por dívida".

15.1.2. Prisão provisória (cautelar ou processual)

Consiste no encarceramento cautelar do indivíduo (antes de sentença penal definitiva, portanto). Atualmente, são **espécies** de prisão provisória: *a prisão em flagrante, a prisão temporária e a prisão preventiva*. Note o leitor que *foram revogadas a prisão decorrente de sentença condenatória recorrível (antigo art. 594, CPP) e a prisão decorrente de pronúncia (antigo art. 408, § 1º, CPP)*. Isto porque as Leis 11.689/2008 e 11.719/2008, coroando contundente entendimento da comunidade jurídica, revogaram essas duas modalidades de prisão provisória. Mais adiante, estudaremos de forma mais detalhada as espécies de prisão provisória. Por ora, é importante ficar claro que, conforme determina o novo art. 300, CPP (alterado pela **Lei 12.403/2011**), as pessoas presas provisoriamente ficarão separadas das que já estiverem definitivamente condenadas, nos termos da lei de execução penal. O militar, por sua vez, preso em flagrante delito, após a lavratura dos procedimentos legais, será recolhido a quartel da instituição a que pertencer, onde ficará preso à disposição das autoridades competentes (parágrafo único do art. 300, CPP).

15.2. Prisão decorrente de *ordem judicial*

Inicialmente, convém transcrever o famoso art. 5º, LXI, CF, que diz: "ninguém será preso senão em flagrante delito ou *por ordem escrita e fundamentada de autoridade judiciária competente*, salvo nos casos de transgressão militar ou crime propriamente militar, definidos em lei" (grifo nosso). Com efeito, *salvo* os casos explicitados por esse dispositivo (prisão em flagrante, transgressão militar e crime propriamente militar) – e algumas outras hipóteses que veremos no tópico logo abaixo – *vige no Brasil a regra da necessidade de ordem judicial prévia para a imposição de prisão ao indivíduo.* Exemplos: sentença penal condenatória transitada em julgado, decisão pela preventiva etc.[119]

Pois bem, sendo o caso de prisão decorrente de ordem judicial (preventiva, por exemplo), o magistrado que decretou a prisão deverá expedir o competente mandado prisional. Segundo o art. 291, CPP, entende-se realizada a prisão por mandado quando "o executor, fazendo-se conhecer do réu, lhe apresente o mandado e o intime a acompanhá-lo". Há, porém, uma série de formalidades ligadas ao *mandado* que, na sequência, serão analisadas.

O art. 285, parágrafo único, CPP, por exemplo, estabelece que o mandado deverá: a) ser lavrado pelo escrivão e assinado pela autoridade (juiz); b) designar a pessoa, que tiver de ser presa, por seu nome, alcunha ou sinais característicos; c) mencionar a infração penal que motivar a prisão; d) declarar o valor da fiança arbitrada, quando afiançável a infração; e e) ser dirigido a quem tiver qualidade para dar-lhe execução.

---

118. Registre-se que recentemente, a 3ª Turma do STJ, em julgamento que não teve seu número divulgado em virtude do segredo de justiça decretado, entendeu que a prisão civil do alimentante só poderá ser aplicada em relação às três últimas parcelas da pensão, devendo o restante da dívida ser cobrado pelos meios ordinários. Disponível em: http://www.stj.jus.br/sites/STJ/default/pt_BR/Comunicação/noticias/Notícias/Terceira-Turma-reconhece-excesso-em-prisão-de--homem-que-deve-quase-R$-200-mil-de-pensão-à-ex-mulher.

119. Reforça essa ideia o novel art. 283, *caput*, do CPP, que, recentemente alterado pela Lei 13.964/2019, diz: "Ninguém poderá ser preso senão em flagrante delito ou por ordem escrita e fundamentada da autoridade judiciária competente, em decorrência de prisão cautelar ou em virtude de condenação criminal transitada em julgado.".

O art. 286, CPP, por sua vez, diz que "o mandado será passado em duplicata, e o executor entregará ao preso, logo depois da prisão, um dos exemplares com declaração do dia, hora e lugar da diligência. Da entrega deverá o preso passar recibo no outro exemplar; se recusar, não souber ou não puder escrever, o fato será mencionado em declaração, assinada por duas testemunhas".

Ademais, estabelece o art. 288, CPP, que ninguém poderá ser recolhido à prisão sem que o mandado seja exibido ao respectivo diretor do presídio ou carcereiro. Para tanto, o executor deverá entregar ao diretor ou carcereiro uma cópia assinada do mandado ou apresentar a guia expedida pela autoridade competente. De uma forma ou de outra, deverá ser passado recibo (até no próprio exemplar do mandado) com declaração de dia e hora da entrega do preso.

Noutro giro, de acordo com a alteração promovida pela Lei 12.403/2011 no CPP, o juiz, ao expedir o mandado de prisão, deverá providenciar o imediato **registro** desse documento em **banco de dados** mantido pelo Conselho Nacional de Justiça (CNJ) para essa finalidade (novo art. 289-A).

Estabelece o § 1º deste mesmo dispositivo (art. 289-A) que qualquer agente policial poderá efetuar a prisão determinada no mandado de prisão registrado no CNJ, *ainda que fora da competência territorial do juiz que o expediu*.

Mas não é só, pois o § 2º diz que mesmo que o mandado *não esteja registrado* no referido banco de dados do CNJ, *ainda assim será possível a prisão do indivíduo por parte de qualquer agente policial*. Entretanto, neste caso, o agente policial responsável pela prisão do sujeito deverá, primeiro, adotar as precauções necessárias para averiguar a autenticidade do mandado e, segundo, comunicar a prisão ao juiz que a decretou. O magistrado, por sua vez, ao ser comunicado da prisão que decretou, deverá providenciar, em seguida, o registro do mandado no mencionado banco de dados do CNJ.

Efetuada a prisão, esta será "imediatamente comunicada ao juiz do local de cumprimento da medida (leia-se: do local da captura) o qual providenciará a certidão extraída do registro do Conselho Nacional de Justiça e informará ao juízo que a decretou" – § 3º do art. 289-A, CPP.

Finalmente, ocorrida a prisão, o preso será informado de seus direitos, nos termos do inciso LXIII do art. 5º, CF (direito de permanecer calado, sendo-lhe assegurada a assistência da família e de advogado), e, caso o autuado não informe o nome de seu advogado, será comunicado o fato à Defensoria Pública – § 4º do art. 289-A, CPP.

Nessa última hipótese, a ausência de comunicação do flagrante em 24h ensejará a nulidade do flagrante, **exceto:**

a) se na comarca e adjacências **não houver Defensoria Pública**, como se depreende do **STJ, HC 186456/MG,** *DJe* **19.10.2011**: "no caso concreto, o juízo homologou a prisão em flagrante no prazo de 24 horas, nos termos do art. 306, CPP, razão por que não há falar em constrangimento ilegal. A não comunicação à Defensoria Pública se justificou pela ausência da instituição na localidade ou mesmo nas proximidades, denotando-se, assim, a impossibilidade de cumprimento do art. 306, § 1º, CPP". Cabe ressaltar que é assente na jurisprudência do STJ que "o Estado deverá suportar o pagamento dos honorários advocatícios ao defensor dativo nomeado pelo juiz ao réu juridicamente hipossuficiente, nos casos em que não houver Defensoria Pública instalada ou quando for insuficiente para atender à demanda da circunscrição judiciária", vide AREsp 697019 PR 2015/0089106-9, DJ 21.05.2015.

b) se houver a comunicação em prazo razoável, segundo entendimento do **STJ no RHC 25633/SP,** *DJe* **14.09.2009**, a seguir transcrito: "I – Na linha de precedentes desta Corte, não há que se falar em vício formal na lavratura do auto de prisão em flagrante se sua comunicação, mesmo tendo ocorrida a destempo da regra prevista no art. 306, § 1º, do CPP, foi feita em lapso temporal que está dentro dos limites da razoabilidade (precedentes). (...) Preso em 29.08.2008, sua prisão foi notificada à defensoria pública em 02.09.2008. Desse modo, em razão da regularidade da prisão em flagrante, entendo que o atraso na comunicação do órgão de defesa constitui-se em mera irregularidade que não tem o condão de ensejar o relaxamento de sua segregação". Ver também: RHC 27.067/SP, 5ª Turma, *DJ* 12.04.2010.

15.3. Prisão sem prévia ordem judicial

Em casos específicos, o indivíduo poderá ser preso *sem* a ordem prévia de um juiz. São eles:

15.3.1. Prisão em flagrante

Situação em que qualquer pessoa poderá efetuar a prisão do indivíduo sem a necessidade de prévia ordem judicial (*vide* art. 301, CPP). Sobre esta modalidade, aprofundaremos a abordagem mais adiante.

15.3.2. Transgressões militares ou crimes propriamente militares

A prisão aqui será decretada por autoridade militar (competência da Justiça Militar, portanto).

15.3.3. Prisão durante o Estado de Defesa e de Sítio (arts. 136, § 3º, I, e 139, II, CF, respectivamente)

São situações anômalas (guerra, por exemplo) em que autoridades *não judiciárias*, em certos casos, poderão decretar a prisão das pessoas.

15.3.4. Recaptura de réu evadido (art. 684, CPP)

Conforme Mirabete (2006, p. 1.788), qualquer pessoa poderá efetuar a prisão do acusado/condenado que se evadiu da cadeia.[120]

15.3.5. Prisão do réu por crime inafiançável sem a posse prévia de ordem judicial (art. 287, CPP)

Na verdade, nesse caso, os agentes policiais, no momento da captura do indivíduo praticante de crime inafiançável, sabem da existência de prévia ordem judicial expedida, porém, não a possuem no exato instante da prisão. Nessa situação, autoriza a lei que os agentes policiais efetuem a prisão do indivíduo sem a referida ordem judicial, desde que apresentem imediatamente o capturado ao juiz expedidor do mandado

---

[120]. Há, porém, quem afirme que este dispositivo estaria revogado por conta da revogação tácita de todo o Livro IV do CPP pela Lei de Execução Penal (7.210/1984).

para que seja realizada a audiência de custódia (**Atenção**: nova redação do dispositivo introduzida pela Lei n. 13.964/2019).

15.4. Uso de força e de algemas no momento da prisão

Sobre o **emprego de força** no momento da prisão (com ou sem ordem judicial), estabelece o CPP, no art. 284, que "não será permitido o emprego de força, salvo a indispensável no caso de resistência ou de tentativa de fuga do preso". E, mais adiante, no art. 292: "se houver, ainda que por parte de terceiros, resistência à prisão em flagrante ou à determinada por autoridade competente, o executor e as pessoas que o auxiliarem poderão usar dos meios necessários para defender-se ou para vencer a resistência, do que tudo se lavrará auto subscrito também por duas testemunhas".

Nesse sentido, a Lei 13.060/2014 estabelece as diretrizes para o uso da força priorizando os instrumentos de menor potencial ofensivo, que são definidos no art. 4º como "aqueles projetados especificamente para, com baixa probabilidade de causar mortes ou lesões permanentes, conter, debilitar ou incapacitar temporariamente pessoas".

Temos como exemplos desses instrumentos: *tasers*, algemas, gás lacrimogênio, balas de borracha, entre outros. São alternativas ao uso das armas de fogo, que são letais.

As diretrizes de uso desses instrumentos estão contidas no art. 2º, quais sejam: I – legalidade; II – necessidade; e III – razoabilidade e proporcionalidade.

Fica vedado o uso de arma de fogo nas seguintes situações:

I – contra pessoa em fuga que esteja desarmada ou que não represente risco imediato de morte ou de lesão aos agentes de segurança pública ou a terceiros;

II – contra veículo que desrespeite bloqueio policial em via pública, exceto quando o ato represente risco de morte ou lesão aos agentes de segurança pública ou a terceiros.

Por fim, importante destacar que esta Lei necessita de regulamentação pelo Poder Executivo no que tange à classificação e disciplina do uso dos instrumentos não letais (art. 7º).

Em resumo: só se deve empregar a força absolutamente necessária para efetuar a prisão do indivíduo, podendo os eventuais excessos das autoridades caracterizar abuso de autoridade, lesão corporal etc.[121]

Por outro lado, no que tange ao **uso de algemas**, a Súmula vinculante 11, STF, diz que: "só é lícito o uso de algemas em caso de resistência e de fundado receio de fuga ou de perigo à integridade física própria ou alheia, por parte do preso ou de terceiros, justificada a excepcionalidade por escrito, sob pena de responsabilidade disciplinar civil e penal do agente ou da autoridade e de nulidade da prisão ou do ato processual a que se refere, sem prejuízo da responsabilidade civil do Estado".

A utilização de algemas no Tribunal do Júri somente será possível caso seja absolutamente necessária à ordem dos trabalhos, à segurança das testemunhas ou à garantia da integridade física dos presentes, nos termos do § 3º da art. 474 do CPP. Nesse sentido, em julgado recente, a 6ª Turma do STJ anulou júri por conta do uso indevido de algemas (STJ, AgRg no AREsp 1053049/SP, *Dje* 02.08.2017).

Ainda quanto à matéria, importante apontar a introdução do parágrafo único ao art. 292, CPP que veda o uso de algemas em mulheres grávidas durante os atos médico-hospitalares preparatórios para a realização do parto e durante o trabalho de parto, bem como em mulheres durante o período de puerpério imediato.

Acrescente-se o seguinte julgado: STJ, HC 140718, *DJe* 25.10.2012, Inf. 506 – "não há nulidade processual na recusa do juiz em retirar as algemas do acusado durante a audiência de instrução e julgamento, desde que devidamente justificada a negativa" e HC 351.219/SP, 6ª Turma, *DJ* 30.06.2016.

15.5. Prisão e (in)violabilidade do domicílio

Estabelece o art. 5º, XI, CF, que: "a casa é asilo inviolável do indivíduo, ninguém nela podendo penetrar sem consentimento do morador, salvo em caso de flagrante delito ou desastre, ou para prestar socorro, ou, durante o dia, por determinação judicial". Dessa passagem extrai-se que é possível penetrar em casa alheia, sem o consentimento do morador, nas seguintes situações:

15.5.1. Durante o dia

Por meio de flagrante delito; para prestar socorro; em caso de desastre; e através de mandado judicial. A expressão "dia", segundo majoritária doutrina, compreende o período das 06h00 às 18h00.

15.5.2. Durante a noite

Por meio de flagrante delito; para prestar socorro; e em caso de desastre. Impossível, portanto, durante o período noturno, adentrar em casa alheia (seja a do próprio infrator, seja a de terceiros) para dar cumprimento a mandado judicial. Nesse ponto, oportuno transcrever o art. 293, CPP, que dispõe: "se o executor do mandado verificar, com segurança, que o réu entrou ou se encontra em alguma casa, o morador será intimado a entregá-lo, à vista da ordem de prisão. Se não for obedecido imediatamente, o executor convocará duas testemunhas e, sendo dia, entrará à força na casa, arrombando as portas, se preciso; sendo noite, o executor, depois da intimação ao morador, se não for atendido, fará guardar todas as saídas, tornando a casa incomunicável, e, logo que amanheça, arrombará as portas e efetuará a prisão. Parágrafo único. O morador que se recusar a entregar o réu oculto em sua casa será levado à presença da autoridade, para que se proceda contra ele como for de direito".[122]

---

121. Eventuais excessos praticados pelo indivíduo a ser preso poderão caracterizar: resistência (art. 329, CP); desobediência (art. 330, CP); ou mesmo evasão mediante violência contra a pessoa (art. 353, CP).

122. Algumas observações sobre este parágrafo único. O morador que não apresentar o infrator às autoridades, só será responsabilizado criminalmente (art. 348, CP, por exemplo) se: a) se tratar de prisão em flagrante desse último (infrator). É que, nesse caso, conforme a CF, a prisão pode ser realizada em casa alheia, de dia ou de noite, pelas autoridades, sem necessidade de concordância do morador; e b) se tratar de prisão por mandado judicial cumprida durante o dia. Nessa hipótese (durante o dia), como vimos, também é possível penetrar em casa alheia sem o consentimento do morador. Por outro lado, o morador não será responsabilizado se negar a entrada das autoridades para dar cumprimento a mandado judicial *durante a noite*. O morador, neste último caso, está amparado pela CF e, por isso, enquanto durar a noite, não sofrerá qualquer consequência jurídica negativa se negar-se a entregar o infrator.

Observações:

A expressão "casa", constante da passagem constitucional citada, possui ampla abrangência. Para o CP (art. 150, § 4º), o termo "casa" compreende: "I – qualquer compartimento habitado; II – aposento ocupado de habitação coletiva; III – compartimento não aberto ao público, onde alguém exerce profissão ou atividade". Para tornar mais claro, seguem alguns exemplos de "casa": estabelecimento comercial (STF, HC 106566, DJe 19.03.2015); escritório de contabilidade (STF HC 103325, DJe 30.10.2014 e HC 93050/RJ, DJe 01.08.2008); quarto de hotel ocupado (STF RHC 90376/RJ, DJe 18.05.2007); escritório de advocacia; consultório médico; quarto de pensão (NUCCI, 2006, p. 510). Por outro lado, para o CP, *não se* compreendem na expressão "casa" (art. 150, § 5º): "I – hospedaria, estalagem ou qualquer outra habitação coletiva, enquanto aberta, salvo a restrição do n. II do § 4º (*i. e.*: aposento *ocupado* de habitação coletiva); II – taverna, casa de jogo e outras do mesmo gênero".

A recente jurisprudência dos tribunais superiores vem entendendo que uma denúncia anônima, por si só, não autoriza a entrada da polícia na residência de uma pessoa sem ordem judicial, ainda que a polícia suspeite da prática de crime permanente no interior da residência. Vide informativo 666 STJ, 27.03.20.

15.6. Prisão do indivíduo que se encontra em Comarca diversa da do juiz que expediu a ordem

Nessa situação, a prisão se dará por carta precatória, devendo esta conter o inteiro teor do mandado prisional (art. 289, *caput*, CPP). Havendo *urgência,* o juiz poderá requisitar a prisão por qualquer meio de comunicação (fax, telefone, *e-mail*, telegrama etc.), do qual deverá constar o motivo da prisão, bem como o valor da fiança se arbitrada (*vide* § 1º do art. 289, alterado pela Lei 12.403/2011).[123]

Ademais, o § 2º desse mesmo dispositivo (art. 289) estabelece que "a autoridade a quem se fizer a requisição tomará as precauções necessárias para averiguar a autenticidade da comunicação".

Finalmente, o § 3º sublinha que "o juiz processante deverá providenciar a remoção do preso no prazo máximo de 30 dias, contados da efetivação da medida" (leia-se: da prisão). Ou seja, o preso deverá ser removido para o distrito da culpa (*i. e.*, para o local onde está sendo processado criminalmente).

15.7. Prisão em perseguição

O § 1º do art. 290, CPP, afirma que a perseguição ocorre quando o executor: a) avista o infrator e o persegue sem interrupção, embora depois o perca de vista; e b) sabe, por indícios ou informações fidedignas, que o infrator passou, há pouco tempo, em tal ou qual direção, pelo lugar em que o procure, vai a seu encalço (chama a doutrina esta situação de "encalço fictício").

Pois bem, quando em perseguição (seja por conta de flagrante delito seja por conta de ordem judicial), é perfeitamente possível realizar a prisão do sujeito em território de *outra Comarca* (sendo *desnecessária*, nesse caso, a expedição de carta precatória). Efetuada a captura nessa situação (Comarca diversa), o executor deverá apresentar imediatamente o capturado à *autoridade local* (leia-se: delegado, conforme Nucci, 2006, p. 576). Tratando-se de prisão em flagrante, incumbirá à autoridade do local da captura (delegado) lavrar o *auto* de prisão em flagrante, providenciando-se, posteriormente, a remoção do preso. Em caso de prisão por mandado judicial, capturado o infrator e apresentado à autoridade local (delegado), também deverá ocorrer a posterior remoção do preso para que fique à disposição do juiz que decretou a ordem.

Finalmente, o § 2º do art. 290 afirma que, quando as autoridades locais tiverem fundadas razões para duvidar da legitimidade da pessoa do executor ou da legalidade do mandado judicial apresentado, poderão pôr em custódia o réu, até que fique esclarecida a dúvida.

15.8. Prisão especial

Entendendo o tema: quis o legislador ordinário que determinadas pessoas, por conta do *cargo/função* que exercem, em caso de prisão *provisória* (flagrante, preventiva e temporária), ficassem segregadas em *estabelecimentos distintos* da prisão comum. A isso, convencionou-se chamar de "prisão especial".

A pessoa que faz jus a esse tipo de prisão deverá permanecer encarcerada em local distinto da prisão comum (§ 1º do art. 295, CPP). Inexistindo estabelecimento específico, o preso especial deverá ficar em cela separada dentro de estabelecimento penal comum (§ 2º). De um jeito ou de outro, "a cela especial poderá consistir em alojamento coletivo, atendidos os requisitos de salubridade do ambiente, pela concorrência dos fatores de aeração, insolação e condicionamento térmico adequados à existência humana" (§ 3º).

Sendo realmente impossível acomodar o preso especial em local apropriado, permite a Lei 5.256/1967 que, ouvido o MP, o juiz submeta o indivíduo à *prisão domiciliar*, oportunidade em que ficará detido em sua própria residência.

Além de ter direito a ficar segregado em local distinto da prisão comum, o preso especial também faz jus a não ser transportado juntamente com os presos comuns (§ 4º).

Mas *quem seriam essas pessoas com direito à prisão especial?* Há uma extensa lista de pessoas no arts. 295 e 296, CPP (cuja leitura recomendamos). Porém, esse rol não é exaustivo, visto que diversos outros indivíduos também gozam do direito à prisão especial. A título de exemplo, temos o defensor público (art. 44, III – DPU; art. 89, III – DPDFT; art. 128, III – DPE, todos da LC 80/1994, bem como os membros do MP e do MPU, respectivamente (art. 40, V, Lei 8.625/1993; art. 18, II, "e", LC 75/93) que, se presos provisoriamente, têm direito a serem recolhidos em sala de Estado Maior,[124] com instalações

---

123. Confirma essa ideia, o novo art. 299, CPP, alterado pela Lei 12.403/2011, que diz: "a captura poderá ser requisitada, à vista de mandado judicial, por qualquer meio de comunicação, tomadas pela autoridade, a quem se fizer a requisição, as precauções necessárias para averiguar a autenticidade desta".

124. "'Sala de Estado Maior' deve ser interpretada como sendo uma dependência em estabelecimento castrense, sem grades, com instalações condignas" (STF, Rcl 4713/SC, DJ 17.12.2007). **Cabe ressaltar que "O recolhimento da paciente em local não condizente com as características de sala de Estado Maior, previstas no art. 7º, V, da Lei 8.906/1994, está em descompasso com a jurisprudência desta Suprema Corte, que autoriza, à sua falta, a adoção de medida cautelar diversa", vide STF, HC 131555, 2ª Turma, *DJ* 28.03.2016".**

e comodidades condignas, garantida a sua privacidade, e, na sua falta, prisão domiciliar. Contudo, não terá direito ao recolhimento provisório em sala de Estado Maior o advogado que estiver suspenso dos quadros da OAB (STJ, Info. 591). Ver também o art. 84, § 2º, LEP.

O direito de permanecer preso em sala de Estado Maior é uma prerrogativa aplicável somente à prisão cautelar e não à prisão-pena. (STJ, HC 356158/SP, DJe 06.06.2016 e STF, RHC 155360, Dje 21.06.2018).

Observações finais: a) note o leitor que a prisão especial só tem cabimento enquanto não ocorrer o trânsito em julgado da sentença penal condenatória. Ocorrendo este, deve o preso ser encaminhado ao estabelecimento penal comum, *salvo, se, à época do fato, era funcionário da administração da justiça criminal*, caso em que, mesmo após a sentença definitiva, deverá permanecer *separado* dos demais presos (art. 84, § 2º, LEP); e b) apesar de apoiada por significativo setor da comunidade jurídica, a prisão especial, segundo pensamos, salvo no caso do art. 84, § 2º, LEP, configura vergonhosa ofensa ao princípio da isonomia (art. 5º, *caput*, CF). Ilustrativamente, recorde-se a prisão especial para "os diplomados em curso superior". O tratamento "especial" (elitista) aqui dispensado pauta-se, na verdade, no padrão social/cultural ao qual pertence o indivíduo (algo absurdo). Assim, somente os que conseguem acesso a um curso superior fazem jus a esse tratamento distinto (leia-se: desigual). Nesse sentido, consultar as afiadas críticas que Nucci (2006, p. 580) faz sobre o tema.

15.9. Prisão em flagrante (arts. 301 a 310, CPP)

15.9.1. Conceito

É a prisão que ocorre no momento em que uma infração penal está sendo cometida ("certeza visual do crime") ou pouco tempo depois de seu cometimento. Nessa modalidade de prisão, vale recordar, *dispensa-se* a necessidade de *ordem judicial* (art. 5º, LXI, CF).

15.9.2. Natureza

É *controversa* a natureza jurídica da prisão em flagrante. *Prevalece*, no entanto, o entendimento de que se trata de *ato complexo* (ato administrativo + ato processual). Explica-se. No ato da *captura*, a prisão em flagrante teria natureza *administrativa*. Por outro lado, no momento da *comunicação* do flagrante ao juiz competente (conforme impõe o art. 5º, LXII, CF), em caso de *manutenção* do ato prisional por parte deste, a prisão em flagrante passaria a ter natureza *processual* (cautelar) (TOURINHO FILHO, 2005, v. 1, p. 711).

15.9.3. Quem pode efetuar a prisão em flagrante (sujeito ativo – art. 301, CPP)?

a) Ocorrendo uma situação de flagrante delito, qualquer pessoa do povo poderá vir a efetuar a prisão do infrator. Veja que se trata de faculdade e não de obrigação. Da mesma forma, os agentes das guardas municipais. Apelida a doutrina essa hipótese de *flagrante facultativo;* e **b)** por outro lado, as autoridades policiais e seus agentes têm o *dever* de prender quem quer que se encontre em flagrante delito (chamado de *flagrante obrigatório ou compulsório*). Conforme acentua certa doutrina, esse dever de prender ocorre inclusive no período de *folga, licença ou férias* **do delegado e dos policiais, militares ou civis**.

15.9.4. Quem pode ser preso em flagrante (sujeito passivo)?

Em regra, todos. Porém, há certas especificidades aqui. Vamos a elas:

a) Presidente da República: não pode ser preso cautelarmente (nem em flagrante). O Presidente goza da mais ampla imunidade prisional em nosso país – só pode ser preso em virtude de sentença penal condenatória transitada em julgado (art. 86, § 3º, CF);

b) Diplomatas estrangeiros (ex.: embaixador): não podem ser presos em flagrante (art. 1º, I, CPP c/c a Convenção de Viena). *Também não podem (por extensão) ser presos em flagrante*: os familiares dos diplomatas, os funcionários de organizações internacionais em atividade (ONU, *v. g.*), os chefes de Estado em visita a território estrangeiro e os representantes de Estado quando em atividade no exterior. Os cônsules, a seu turno, possuem *imunidade restrita*. *Só não* podem ser presos em flagrante se estiverem no *exercício de suas funções*. Do contrário, quando em atividade *estranha* às funções, a prisão em flagrante será possível;

c) Senadores, Deputados Federais, Deputados Estaduais, membros do MP e da magistratura: *só podem ser presos em flagrante pela prática de crime inafiançável* (consultar: art. 53, § 2º, CF; art. 27, § 1º, CF; art. 40, III, Lei 8.625/1993; e art. 33, II, LC 35/1979). Atenção: os vereadores *podem normalmente ser presos em flagrante (mesmo por crime afiançável);*

d) Defensores Públicos: podem ser presos em flagrante, mas a prisão deverá ser imediatamente comunicada ao Defensor Público-Geral (art. 44, II – DPU; art. 128, II – DPE; art. 89, II – DPDFT; todos contidos na LC 80/1994).

e) Advogados (art. 7º, § 3º, EOAB): aqui, algumas distinções se mostram necessárias:

e1) Advogado que, no exercício da profissão (defendendo algum interesse que lhe foi confiado), pratica crime inafiançável: neste caso, é possível efetuar a prisão em flagrante. Porém, no momento da lavratura do auto de prisão (APF), deverá ser assegurada ao advogado a presença de um representante da OAB;

e2) Advogado que, no exercício da profissão, pratica crime afiançável: não é possível efetuar a prisão em flagrante nesse caso;

e3) Advogado que pratica crime (afiançável ou inafiançável) fora do exercício profissional (ex.: estupro): nesta hipótese, é possível efetuar a prisão do advogado, devendo, entretanto, comunicar-se o fato à seccional da OAB a qual pertença o patrono;

f) Período de eleição: diz o art. 236, Código Eleitoral, "nenhuma autoridade poderá, desde 5 (cinco) dias antes e até 48 (quarenta e oito) horas depois do encerramento da eleição, prender ou deter qualquer eleitor, salvo em flagrante delito ou em virtude de sentença criminal condenatória por crime inafiançável, ou, ainda, por desrespeito a salvo-conduto". Dentre outras coisas, podemos **concluir** dessa norma o seguinte: *durante o período compreendido entre 5 dias antes e 48h depois do encerramento da eleição, a* **prisão em flagrante do eleitor** *só será possível pela prática de crime inafiançável;*

g) Autor de infração de menor potencial ofensivo (IMPO): praticada uma IMPO e lavrado o termo circunstanciado (TC ou TCO) pelo delegado, caso o autor do fato se dirija imediatamente ao juizado ou assuma o compromisso de a ele comparecer, *não será preso em flagrante, nem se exigirá fiança* (art. 69, parágrafo único, JECRIM[125]). Portanto, o autor de uma IMPO só pode ser preso em flagrante se não se dirigir imediatamente ao juizado e nem se comprometer a comparecer posteriormente;

h) Indivíduo surpreendido na posse de drogas para consumo pessoal (art. 28, Lei 11.343/2006): conforme a atual Lei de Drogas, ao sujeito surpreendido nessas circunstâncias *não se imporá a prisão em flagrante*, "devendo o autor do fato ser imediatamente encaminhado ao juízo competente ou, na falta deste, assumir o compromisso de a ele comparecer, lavrando-se termo circunstanciado e providenciando-se as requisições dos exames e perícias necessários" (art. 48, § 2º). Caso haja a recusa por parte do indivíduo de comparecimento (imediato ou posterior), *não se poderá prendê-lo em flagrante* (como no caso anterior – letra "f");

i) Condutor de veículo que presta socorro à vítima (art. 301, CTB): nos casos de acidente de trânsito de que resulte vítima, não se imporá prisão em flagrante, nem se exigirá fiança se o condutor prestar pronto e integral socorro àquela;

j) Menores de 18 anos de idade:

j1) tratando-se de ato infracional (fato descrito como crime ou contravenção na legislação) praticado por criança (menor de 12 anos), *não se imporá a prisão em flagrante, devendo o infante, entretanto, ser apresentado ao Conselho Tutelar ou à Justiça da Infância e Juventude para aplicação da medida de proteção cabível* (consultar: arts. 101, 103, 105 e 136, I, ECA);

j2) Por outro lado, tratando-se de ato infracional praticado por adolescente (aquele que já atingiu 12 anos, porém menor de 18), *é possível a sua apreensão (não se usa a palavra prisão em flagrante), oportunidade em que deverá o menor ser encaminhado à autoridade policial* (art. 172 e ss., ECA).

15.9.5. Modalidades de prisão em flagrante

a) Flagrante próprio, propriamente dito, real ou verdadeiro (incisos I e II do art. 302, CPP): *ocorre quando o agente está cometendo a infração penal ou acaba de cometê-la*. Perceba o leitor que, neste último caso ("acaba de cometê-la"), há uma *relação de imediatidade* entre a prática do delito e a prisão do agente. Ex.: agente que, assim que termina de efetuar o roubo, é surpreendido pela polícia logo na porta da agência bancária;

b) Flagrante impróprio, irreal ou quase flagrante (inc. III): *ocorre quando o agente é perseguido logo após a prática da infração penal em situação que faça presumir ser ele o autor do fato*. Para a doutrina, a expressão "**logo após**" representa um espaço de tempo maior do que a "acaba de cometer" (do inciso anterior). "**Logo após**" *compreende o período necessário para a polícia (ou particular) chegar ao local do crime, colher informações e iniciar a perseguição do agente* (vide art. 290, § 1º, CPP). Ademais, note que a perseguição do agente pela polícia deve ser *ininterrupta* – caso ocorra interrupção, *não mais será possível efetuar a prisão em flagrante*. Outro ponto, *não existe o prazo de 24h* (comumente divulgado pela mídia) para "afastar" o flagrante. Enquanto durar a perseguição do agente (dias, semanas etc.) será possível a prisão em flagrante. Vamos a um exemplo: após o agente roubar o banco e fugir, o gerente da agência, ato contínuo, entra em contato com a polícia, que, após se dirigir ao local, inicia imediatamente a perseguição do indivíduo, culminando na prisão deste;

c) Flagrante presumido, ficto ou assimilado (inciso IV): *ocorre quando o agente é encontrado, logo depois, com instrumentos, armas, objetos ou papéis que façam presumir ser ele autor da infração*. A expressão-chave aqui é: "**encontrado logo depois**". Entende a doutrina que o lapso de tempo nessa situação é *ainda maior* do que o do inciso anterior ("logo após"). Atente o leitor que nessa modalidade de flagrante *não há perseguição*. O agente é, na verdade, encontrado *ocasionalmente* logo depois da prática do delito. Por fim, note-se que não há também um prazo fixo para a expressão "logo depois", devendo ser interpretado como *lapso razoável* (conforme STJ, HC 49898/SE, *DJe* 22.09.2008 e HC 157.017/MG, *DJe* 03.05.2010). Segue um exemplo: após roubar um banco e empreender fuga sem ser perseguido, o agente, momentos mais tarde, é abordado por policiais que realizavam rondas costumeiras numa praça. Neste instante, os policiais descobrem em poder do agente grande quantidade de dinheiro, além de carteiras e objetos de outras pessoas, fazendo presumir ser ele o autor da infração. Resultado: flagrante presumido;

d) Flagrante preparado ou provocado:[126] acontece quando o indivíduo é induzido ou instigado pela polícia (ou terceiros) a praticar o crime e, ao cometê-lo, é preso "em flagrante". O elemento-chave aqui é a figura do "**agente provocador**" – que estimula ou induz a prática do crime. Ao mesmo tempo em que se incita o indivíduo a delinquir, são tomadas todas as providências para impedir a consumação do crime. Essa modalidade de prisão, além de ser considerada *ilegal*, configura hipótese de **crime impossível** (Súmula 145, STF). Ex.: policial disfarçado solicita ao indivíduo certa quantidade de droga. Este, que não possuía previamente o entorpecente,[127] ao consegui-lo para o policial é preso em flagrante;[128]

e) Flagrante esperado: *ocorre quando o policial ou o particular, tomando conhecimento da prática de crimes em determinado local, fica a esperar que a conduta delituosa seja cometida para então efetuar a prisão*. Essa modalidade de prisão é *perfeitamente válida*. Exemplo: a polícia recebe a notícia de que determinado funcionário público está exigindo das pessoas quantia em dinheiro indevida para a prática de atos ligados ao seu ofício (art. 316, CP).[129] Os policiais, após se dirigirem ao local, aguardam (*sem interferir*) a prática do crime. Quando este ocorre, efetuam a prisão. Observe o leitor que a polícia *não provoca, não estimula* o agente, mas tão somente *aguarda* a conduta criminosa daquele para então efetuar a prisão em flagrante. Sobre o flagrante esperado, ver STJ: RHC 38.810/MG, *DJ* 18.11.2015;

---

125. Juizado Especial Criminal – Lei 9.099/1995.

126. Chamado por alguns, também, de delito putativo por obra do agente provocador, delito de ensaio ou de experiência.

127. Caso o indivíduo já trouxesse consigo a droga, poderia sim ser preso em flagrante, pois estaria praticando um crime permanente (trataremos desse tema mais adiante).

128. Conferir as afiadas críticas que Pacelli (2015, p. 540) efetua a essa modalidade de flagrante.

129. Exemplo comum (e infeliz) que já foi algumas vezes divulgado por emissoras de televisão.

f) Flagrante prorrogado, postergado, retardado, diferido ou ação controlada: conforme vimos, quando o sujeito ativo da prisão é o delegado ou seus agentes, há o dever de, *imediatamente*, prender em flagrante quem quer que se encontre nessa situação (art. 301, CPP). Ou seja, vislumbrada uma situação de flagrante delito, devem aquelas autoridades atuar *prontamente*. Porém, a lei, em certos casos (**crime organizado, tráfico de drogas e lei de lavagem de capitais**), faculta ao delegado e seus agentes *retardarem* a prisão em flagrante para que possam recolher mais provas e/ou capturar um maior número de infratores. A isso se chama de **flagrante prorrogado**. Na **Lei de Drogas** (art. 53, II, Lei 11.343/2006), esse atuar postergado *depende de autorização judicial e prévia oitiva do MP*. Na **Lei do Crime Organizado** (art. 8º, Lei 12.850/2013), o delegado, para poder proceder à ação controlada, precisará comunicar sigilosa e previamente a diligência ao juiz, que, se entender necessário, estabelecerá os limites da ação controlada e informará o fato ao MP – §§ 1º e 2º, art. 8º, Lei 12.850/2013. As diligências deverão ser autuadas em separado, com acesso permitido apenas ao juiz, MP e delegado, como forma de assegurar o êxito das investigações – § 3º. Vale ressaltar que o sigilo somente vigorará até o final das diligências. Além disso, a referida lei impõe ao delegado que, ao término da diligência, elabore auto circunstanciado acerca da ação controlada – § 4º. Na **Lei de Lavagem de Capitais** (art. 4º-B da Lei 9.613/1998), também se permite a ação prorrogada da polícia, desde que haja autorização judicial nesse sentido e que o MP seja ouvido.

Exemplo de flagrante prorrogado: a polícia tem informações de que um carregamento de produtos roubados chegará ao porto de Santos. Primeiro chega uma embarcação menor com apenas alguns integrantes da quadrilha. A polícia, no entanto, prefere aguardar o momento em que atracará um navio com os chefes do bando para então efetuar a prisão de todos.

Por fim, *não se deve confundir o flagrante postergado com o esperado*. Neste último, a polícia aguarda a prática de um crime de que tem notícia e age *imediatamente* quando o delito ocorre. No postergado, o crime foi praticado, porém a polícia aguarda o momento mais oportuno para efetuar a prisão (não atua de imediato).

Cabe ressaltar que, consoante o entendimento do STJ no Info. 570, período de 1 a 14.10.2015, "A investigação policial que tem como única finalidade obter informações mais concretas acerca de conduta e de paradeiro de determinado traficante, sem pretensão de identificar outros suspeitos, não configura a **ação controlada** do art. 53, II, da Lei 11.343/2006, sendo dispensável a autorização judicial para a sua realização";

g) Flagrante forjado: *ocorre quando o policial (ou terceiro) cria provas com o objetivo de incriminar uma pessoa inocente*. Ex.: policial que, numa *blitz*, deposita dentro do veículo do indivíduo certa quantidade de droga com a finalidade de prendê-lo "em flagrante". Em situações como essa é comum que o policial (ou particular) exija da pessoa vantagem em dinheiro para poder "livrá-la" do flagrante. Por óbvio, trata-se de prisão ilegal e aquele que assim procede responderá criminalmente por sua conduta. Sobre o flagrante forjado, ver STJ: RHC 38.810/MG, *DJ* 18.11.2015, no qual restou sedimentado que "no flagrante forjado a conduta do agente é criada pela polícia, tratando-se de fato atípico";

h) Flagrante por apresentação: *a apresentação espontânea do agente à polícia não provoca sua prisão em flagrante*. Ex.: há um crime de homicídio sendo investigado pelo delegado, cuja autoria permanece, até então, desconhecida. Certo dia, eis que se apresenta espontaneamente à polícia o autor do delito, confessando em minúcias a prática criminosa. Não é possível efetuar a prisão em flagrante nesse caso, pois a situação descrita não se amolda a nenhuma das figuras previstas no art. 302, CPP. O que poderá ocorrer é a posterior decretação de preventiva por parte do juiz (art. 311, CPP), mas nunca o flagrante;

i) Prisão para averiguação: neste caso, *prende-se a pessoa para averiguar-lhe a vida pregressa*. Não encontra qualquer respaldo no art. 302, CPP. Além de ser modalidade de prisão ilegal, configura crime de abuso de autoridade por parte da autoridade que assim procede (art. 3º, "a", Lei 4.898/1965).

15.9.6. A prisão em flagrante em relação a algumas espécies de crime

Em regra, a prisão em flagrante é cabível em relação a qualquer infração penal. Porém, há algumas espécies de delito que necessitam de um exame mais detido de nossa parte. Vejamos.

a) Flagrante em caso de crime permanente: crime permanente é *aquele cuja consumação se alonga no tempo*. Ex.: extorsão mediante sequestro. Enquanto o agente possui a vítima em seu domínio (em cativeiro, por exemplo), a consumação do delito se renova a cada instante, tornando possível a prisão em flagrante a qualquer momento (art. 303, CPP). Por outro lado, note sobre o tema que a recente jurisprudência dos tribunais superiores vem entendendo que uma denúncia anônima, por si só, não autoriza a entrada da polícia na residência de uma pessoa sem ordem judicial, ainda que a polícia suspeite da prática de crime permanente no interior da residência. Vide informativo 666 STJ, 27.03.20.

b) Flagrante em caso de crime habitual: habitual *é o delito que somente se consuma com a prática de reiterados atos por parte do agente, traduzindo, assim, um modo de vida criminoso*. Cada ato, isoladamente considerado, é considerado *atípico*. Ex.: exercício ilegal da medicina (art. 282, CP). *Prevalece na doutrina que não é possível a prisão em flagrante em caso de crime habitual*, visto que a autoridade (ou particular) só surpreenderia o agente praticando um ato isolado (atípico, portanto). Entretanto, há posição em sentido contrário, inclusive julgados antigos do STF (RHC 46115/SP, *DJ 26.09.1968*);

c) Flagrante em caso de crime continuado (art. 71, CP): o crime continuado **consiste** *na prática de vários crimes (da mesma espécie e em similar condições) que, por conta de uma ficção jurídica, resulta na aplicação de pena a um só crime acrescida de um sexto a dois terços*. Como são vários os crimes praticados na situação de continuidade delitiva, nada impede a prisão em flagrante em relação a qualquer deles (é o que alguns chamam de **flagrante fracionado**). *Não confundir* com a hipótese de crime habitual em que o ato isolado do agente é atípico. No crime continuado, o "ato isolado" do agente é típico, logo, cabível o flagrante;

d) Flagrante em caso de crime de ação penal privada e pública condicionada à representação: a prisão em flagrante nessas situações é *perfeitamente possível*, porém, a lavratura do respectivo auto (APF) *depende de manifestação da vítima*. Isto é assim porque, como nesses delitos a persecução penal é totalmente dependente da vontade/autorização da vítima, não faria sentido manter o agente encarcerado sem que houvesse manifestação de vontade do ofendido nesse sentido. Ex: No caso de crime de injúria racial (art. 140, § 3º, CP), crime de ação penal pública condicionada à representação, a captura e condução coercitiva do agente à delegacia serão perfeitamente possíveis, porém, a lavratura do APF *dependerá de autorização* (representação, no caso).

15.9.7. Formalidades ligadas à prisão em flagrante

a) Autoridade policial com atribuição para lavrar o auto de prisão em flagrante (APF): efetuada a captura do agente, deve-se apresentá-lo imediatamente ao delegado *do local onde ocorreu a prisão* (que não necessariamente é o mesmo em que foi praticada a infração), oportunidade em que será lavrado o APF (art. 290, CPP). Não havendo autoridade policial no local da captura, deverá o agente ser apresentado à do lugar mais próximo (art. 308, CPP);

b) Formalidades do APF: na ocasião do APF, o delegado deverá ouvir o condutor, colhendo-lhe a assinatura e entregando-lhe cópia do termo e recibo de entrega do preso. Em seguida, deverá ouvir as testemunhas (ao menos duas) que, porventura, tiverem acompanhado o condutor, bem como inquirir o agente sobre a imputação que lhe é feita, colhendo as assinaturas de todos e lavrando, ao final, o APF (art. 304, *caput*, CPP).

Das respostas do conduzido, restando fundada a suspeita de prática de crime, a autoridade mandará recolhê-lo à prisão, exceto no caso de prestar fiança, e prosseguirá nos atos do inquérito ou processo, se para isso for competente; se não o for, enviará os autos à autoridade que o seja (art. 304, § 1º, CPP).[130]

A falta de testemunhas da infração não impedirá a lavratura do APF; mas, nesse caso, com o condutor, deverão assiná-lo pelo menos duas pessoas que hajam testemunhado a apresentação do preso à autoridade (§ 2º).

Quando o conduzido se recusar a assinar, não souber ou não puder fazê-lo, o auto de prisão em flagrante será assinado por duas testemunhas que tenham ouvido sua leitura na presença deste (§ 3º).

Por outro lado, quando o crime for praticado *contra a própria autoridade* (policial ou judicial) *ou na presença desta*, estabelece o art. 307, CPP, que: "constarão do auto a narração deste fato, a voz de prisão, as declarações que fizer o preso e os depoimentos das testemunhas, sendo tudo assinado pela autoridade, pelo preso e pelas testemunhas e remetido imediatamente ao juiz[131] a quem couber tomar conhecimento do fato delituoso, se não o for a autoridade que houver presidido o auto".

Por fim, não é demais lembrar que, em caso de prisão em flagrante de militar, este, após a lavratura dos procedimentos legais, será recolhido a quartel da instituição a que pertencer, onde ficará preso à disposição das autoridades competentes (parágrafo único do art. 300, CPP);

c) Comunicações devidas por ocasião da prisão: efetuada a prisão em flagrante de alguém, impõe-se a *imediata comunicação* (**no prazo máximo de 24h**) ao juiz competente, ao MP, ao defensor do preso (constituído, dativo ou público[132]) e à família do preso (ou pessoa por ele indicad**a**) – *vide*: art. 5º, LXII, CF, e art. 306, *caput*, CPP, com redação alterada pela Lei 12.403/2011.

Essa comunicação da prisão em flagrante às autoridades se dá, normalmente, por meio de remessa do auto de prisão em flagrante (APF). Ou seja, a autoridade policial, após lavrar o APF, deverá encaminhá-lo, em até 24h, ao juiz, MP e defensor público.

Nesse *mesmo prazo (24h)*, caso o preso não possua advogado, será remetida cópia integral de todos os documentos à *Defensoria Pública* e, também, deverá ser entregue ao custodiado, mediante recibo deste, a chamada **nota de culpa** – *que se trata de um documento assinado pela autoridade, contendo o motivo da prisão, o nome do condutor e o das testemunhas* (*vide* art. 306, §§ 1º e 2º, CPP).

De acordo com o art. 310, CPP (alterado pela Lei n. 13.964/2019), o juiz, ao receber o APF, no prazo máximo de até 24 (vinte e quatro) horas após a realização da prisão, deverá promover audiência de custódia com a presença do acusado, seu advogado constituído ou membro da Defensoria Pública e o membro do Ministério Público. Ao final da audiência deverá adotar uma das seguintes medidas, **em decisão fundamentada**:

I – relaxar a prisão ilegal.

Haverá relaxamento da prisão (leia-se: soltura do indivíduo) quando o juiz, pela leitura do APF, perceber que a prisão do indivíduo se deu de modo ilegal (ex.: o juiz, analisando o APF, verifica que, na verdade, houve flagrante provocado, *i. e.*, prisão ilegal). O relaxamento de prisão deve se dar de ofício, independentemente de oitiva do MP (*vide* art. 5º, LXV, CF). Pelo § 4º, art. 310, CPP (inovação da Lei n. 13.964/2019), uma hipótese de ilegalidade da prisão em flagrante é a não realização da audiência de custódia no prazo estabelecido em seu *caput*. Assim, estabelece a norma: "transcorridas 24 (vinte e quatro) horas após o decurso do prazo estabelecido no *caput* deste artigo, a não realização de audiência de custódia sem motivação idônea ensejará também a ilegalidade da prisão, a ser relaxada pela autoridade competente, sem prejuízo da possibilidade de imediata decretação de prisão preventiva. Entendemos que a previsão de imediata prisão preventiva, contida na parte final, aparente contradição com a nova sistemática proposta, que prima pela excepcionalidade da prisão cautelar e busca assegurar um contraditório preliminar por meio da audiência de custódia;

II – converter a prisão em flagrante em preventiva, quando presentes os requisitos constantes do art. 312, CPP, e se revelarem inadequadas ou insuficientes as medidas cautelares diversas da prisão.

Segundo a melhor doutrina, para que a referida conversão em preventiva ocorra, é preciso a existência prévia de um requerimento do MP ou representação do delegado nesse sentido. Ou seja, segundo defendem esses autores, não pode o juiz, de ofício, decretar a preventiva na fase de investigação (necessária, portanto, uma prévia provocação fundamentada). Note-se ainda que, conforme a redação deste inciso II, a prisão preventiva só será cabível quando nenhuma das outras medidas

---

130. Desde a Lei n. 12.403/2011 não há mais a figura do indivíduo que se "livra solto" contida neste dispositivo.

131. Se o crime tiver sido cometido contra o juiz ou na presença deste, não haverá necessidade de remessa.

132. Defensor constituído é aquele contratado pelo acusado/indiciado. Defensor dativo é aquele que é nomeado ao réu pelo juiz quando o acusado não possui defensor contratado; ou quando o réu é pobre e não há defensoria pública organizada no local para prestar assistência jurídica ao acusado.

cautelares menos drásticas (ex.: recolhimento domiciliar no período noturno e nos dias de folga – art. 319, V) se mostrar mais adequada. Isto denota algo já enfatizado algumas vezes ao longo dessa obra (*vide* o tema "princípio do estado de inocência"): o caráter excepcional da preventiva. Com efeito, aqui o legislador, tanto em 2011, quanto em 2019, reforçou ainda mais essa visão, deixando a preventiva para hipóteses-limites (apenas quando realmente necessária). Há que se verificar, contudo, a exceção trazida pelo novo § 2º do art. 310, CPP, que estatui a negativa de liberdade provisória para pessoas reincidentes ou que fizerem parte de organização criminosa armada ou milícia. Nesse sentido, entendemos relevante a transcrição do dispositivo a seguir: "Se o juiz verificar que o agente é reincidente ou que integra organização criminosa armada ou milícia, ou que porta arma de fogo de uso restrito, deverá denegar a liberdade provisória, com ou sem medidas cautelares";

III – conceder liberdade provisória, com ou sem fiança.

Não sendo o caso de relaxamento da prisão em flagrante, nem de decreto da preventiva, o juiz deverá conceder a liberdade provisória (LP), com ou sem fiança, ao preso. Ex.: tendo o indivíduo sido preso em flagrante por furto simples (art. 155, CP – crime afiançável), não sendo o caso de relaxamento de prisão nem de preventiva, deve o juiz conceder-lhe a LP mediante o pagamento de fiança. A concessão de LP pode ser combinada com outras medidas cautelares pessoais diversas da prisão que o juiz entender pertinentes.

Se o juiz verificar, pelo auto de prisão em flagrante, que o agente praticou o fato nas condições constantes dos incisos I a III do *caput* do art. 23, CP [estado de necessidade, legítima defesa ou em estrito cumprimento de dever legal ou no exercício regular de direito], poderá, fundamentadamente, conceder ao acusado liberdade provisória, mediante termo de comparecimento a todos os atos processuais, sob pena de revogação (art. 310, § 1º, CPP).

Nesta situação, de forma similar à anterior, o juiz, ao consultar o APF, verificando que há indicativos de que o agente praticou o fato amparado em uma justificante (legítima defesa, por exemplo), "**deve**" conceder a LP (note que, apesar de o dispositivo falar em "poderá" conceder LP, trata-se, na verdade, de dever do magistrado. Preenchidos os requisitos, deve, portanto, o juiz conceder a LP – não se trata de mera faculdade, conforme se poderia erroneamente pensar). Perceba-se ainda que, no caso em tela, o dispositivo não menciona a necessidade de prestação de fiança. Assim, percebendo o juiz que o fato foi praticado sob o manto de uma justificante, deve conceder LP *independentemente da concessão de fiança* (ou melhor: o sujeito será solto sem pagar fiança, ficando obrigado, porém, a comparecer a todos os atos processuais, sob pena de revogação do benefício).

Observação final: A audiência de custódia foi introduzida originalmente pela Resolução 213/2015 do CNJ que dispõe sobre a audiência de custódia (ou audiência de apresentação), que assegura o direito de toda pessoa presa em flagrante delito, independentemente da motivação ou natureza do ato, ser obrigatoriamente apresentada, em até 24 horas da comunicação do flagrante, à autoridade judicial competente, e ouvida sobre as circunstâncias em que se realizou sua prisão ou apreensão.[133] A partir da Lei n. 13.964/2019, a audiência de custódia passa a ter previsão legal (art. 310 e ss., CPP) e, portanto, maior força normativa.

15.10. Prisão preventiva (arts. 311 a 316, CPP)

15.10.1. Conceito

Conforme tradicional doutrina, a prisão preventiva é *medida cautelar de cerceamento provisório da liberdade ambulatorial do indivíduo que, decretada por magistrado se presentes os requisitos legais, pode ocorrer durante o curso de uma investigação ou processo criminal.*

De acordo com o art. 311, CPP, a preventiva pode ser decretada *de ofício* pelo juiz *ou mediante requerimento do MP, do querelante, ou ainda, mediante representação*[134] *da autoridade policial* ao magistrado.

Com efeito, observe o leitor que, para não haver afronta ao princípio do estado de inocência (tema já examinado no item 6.2), a preventiva deve ser encarada como *medida excepcional*. É dizer: apenas em situações realmente necessárias essa modalidade de prisão deve ser decretada, visto estar em jogo o encarceramento de um indivíduo *que ainda não foi definitivamente condenado*.

Nesse sentido, o STF, no julgamento do HC 152676/PR, asseverou que a prisão cautelar não pode ser utilizada como instrumento de punição antecipada do réu, devido à sua natureza excepcional. No mesmo julgado, a Corte também ressaltou que a referida medida restritiva de liberdade deve basear-se em fatos concretos e não apenas hipóteses ou conjecturas (Info. 937/STF, de 8 a 19 de abril de 2019).

A Lei n. 12.403/2011 dava força a esse discurso (prisão preventiva como medida de exceção), mas a recente n. Lei n. 13.964/2019 avança ainda mais nesse sentido. Basta consultar alguns de seus artigos para constatar essa afirmação. Vejamos.

Primeiro, vimos anteriormente que o novo art. 310, II, CPP, sublinha que o juiz, quando da comunicação da prisão, só poderá decretar a preventiva caso outra medida cautelar menos drástica (ex.: recolhimento domiciliar no período noturno e nos dias de folga – art. 319, V) não seja mais adequada à espécie. Vê-se que o legislador, seguindo o princípio constitucional do estado de inocência (como não poderia deixar de ser), deixa a prisão preventiva para situações realmente extremas (STJ, HC 219101, *DJe* 08.05.2012, HC 361.751/SP, *DJe* 23.09.2016, bem como o Info. 495, período de 9 a 20.04.2012, no qual assentou que "a prisão preventiva é excepcional e só deve ser decretada a título cautelar e de forma fundamentada em observância ao princípio constitucional da presunção de inocência.

---

133. "A alegação de nulidade da prisão em flagrante em razão da não realização de audiência de custódia no prazo legal fica superada com a conversão do flagrante em prisão preventiva, tendo em vista que constitui novo título a justificar a privação da liberdade." (STJ, HC 444.252/MG, Dje 04.09.2018). Ainda sobre o assunto, decidiu o STF que o juiz da audiência de custódia possui competência apenas para analisar a regularidade da prisão, não havendo que se falar em decisão de mérito para efeito de coisa julgada. Nesse sentido, o STF entendeu que a decisão do juiz, na audiência de custódia, determinando o relaxamento da prisão em flagrante por atipicidade da conduta, não faz coisa julgada e não vincula o titular da ação penal, que poderá oferecer a denúncia e esta ser normalmente recebida pelo juiz (Info. 917/STF, de 24 a 28 de setembro de 2018).

134. Representação nesse contexto é sinônimo de pedido, solicitação.

Ademais, a Lei n. 13.964/2019, em mais duas outras passagens, enfatiza o caráter excepcional da preventiva. Confira-se o que dizem os §§ 4º a 6º do art. 282, CPP:

"§ 4º No caso de descumprimento de qualquer das obrigações impostas, o juiz, mediante requerimento do Ministério Público, de seu assistente ou do querelante, poderá substituir a medida, impor outra em cumulação, ou, **em último caso, decretar a prisão preventiva,** nos termos do parágrafo único do art. 312 deste Código. (grifo nosso).

Atenção: O leitor deve atentar para a nova redação do dispositivo, alterado pela Lei n. 13.964/2019. O juiz NÃO poderá mais impor medidas cautelares de ofício.

§ 5º O juiz poderá, de ofício ou a pedido das partes, revogar a medida cautelar ou substituí-la quando verificar a falta de motivo para que subsista, bem como voltar a decretá-la, se sobrevierem razões que a justifiquem.

§ 6º A prisão preventiva somente será determinada **quando não for cabível a sua substituição por outra medida cautelar**, observado o art. 319 deste Código, e o **não cabimento da substituição por outra medida cautelar deverá ser justificado de forma fundamentada nos elementos presentes do caso concreto, de forma individualizada**" (grifos nossos).

Finalmente, analisando-se os incisos I e II do novo art. 282, CPP, também chegamos à mesma conclusão: *a preventiva é medida extrema*. Segue:

"**Art. 282.** As medidas cautelares previstas neste Título [inclua-se aí a preventiva, a proibição de acesso ou frequência a determinados lugares, dentre outras] deverão ser aplicadas observando-se a:

I – **necessidade** para aplicação da lei penal, para a investigação ou a instrução criminal e, nos casos expressamente previstos, para evitar a prática de infrações penais;

II – **adequação** da medida à gravidade do crime, circunstâncias do fato e condições pessoais do indiciado ou acusado." (grifo nosso)

Ou seja, a preventiva, para ser decretada, precisa ser necessária e adequada ao caso concreto. Existindo uma outra medida cautelar, que não a preventiva, que atenda melhor à situação, deve o magistrado optar por aquela, visto ser menos drástica ao acusado. Segue o art. 282, CPP:

"§ 4º No caso de descumprimento de qualquer das obrigações impostas, o juiz, mediante requerimento do Ministério Público, de seu assistente ou do querelante, poderá substituir a medida, impor outra em cumulação, ou, **em último caso, decretar a prisão preventiva,** nos termos do parágrafo único do art. 312 deste Código. (grifo nosso).

Atenção: O leitor deve atentar para a nova redação do dispositivo, alterado pela Lei n. 13.694/2019. O juiz NÃO poderá mais impor medidas cautelares de ofício.

(...)

§ 6º A prisão preventiva somente será determinada **quando não for cabível a sua substituição por outra medida cautelar**, observado o art. 319 deste Código, e o **não cabimento da substituição por outra medida cautelar deverá ser justificado de forma fundamentada nos elementos presentes do caso concreto, de forma individualizada** " (grifos nossos).

Pois bem, feita essa breve exposição, veremos, logo a seguir, que a preventiva possui vários requisitos, divididos comumente pela doutrina em: pressupostos, fundamentos e condições de admissibilidade. Vamos a eles.

15.10.2. Pressupostos (art. 312, parte final, CPP)

Para se decretar a preventiva de alguém, faz-se inicialmente necessária a presença de três pressupostos *concomitantes*: prova da existência do crime, indício suficiente de autoria e perigo gerado pelo estado de liberdade do imputado.

a) Prova da existência do crime (ou *prova da materialidade delitiva*): consiste na *presença de elementos contundentes que demonstrem a existência da infração penal*. Ex.: no caso de um homicídio, o exame de corpo de delito será a prova da existência desse crime;

b) Indício suficiente de autoria: significa a *presença de elementos indiciários da autoria do crime*. Note que a lei não fala em *prova* da autoria, mas em *indício suficiente desta*. Assim, não é necessário demonstrar, de forma cabal, a autoria do delito, *bastando* apenas apresentar *elementos indiciários* nesse sentido. Apesar disso, esse indício deve ser sério, idôneo, ou, como diz o CPP, *suficiente* – e *não* meras conjecturas temerárias. Ex.: testemunhas que viram o agente adentrando na casa da vítima momentos antes dos disparos terem sido efetuados contra esta (indício suficiente de autoria).

c) perigo gerado pelo estado de liberdade do imputado : trata-se de inovação contida na parte final do *caput* do art. 312, CPP. A nova redação trazida pela Lei n. 13.964/2019 estabelece que o magistrado, na decisão que decretar a prisão preventiva deverá demonstrar concretamente o perigo que o imputado oferece em seu estado de liberdade[135] Segundo o informativo 968, STF, de 12.03.20, "a manutenção da prisão preventiva exige a demonstração de fatos concretos e atuais que a justifiquem. A existência desse substrato empírico mínimo, apto a lastrear a medida extrema, deverá ser regularmente apreciado [cf. determina o p. ún. do art. 316, CPP] por meio de decisão fundamentada".

15.10.3. Fundamentos da prisão preventiva (art. 312, primeira parte, CPP)

Neste tópico, examinaremos as *hipóteses que autorizam* essa modalidade de prisão. É importante dizer que **não** houve alteração de hipóteses pela Lei n. 13.964/2019. Essas hipóteses, advirta-se desde logo, são *alternativas* (e não concomitantes). Logo, *basta a presença de apenas uma delas* para que o requisito do *fundamento da prisão preventiva* esteja preenchido. Esses fundamentos formam aquilo que a doutrina costuma chamar de *periculum in mora* ou, mais tecnicamente, *periculum libertatis*.

a) Garantia da ordem pública: este é, sem dúvida, o fundamento mais polêmico da prisão preventiva. Como não há um conceito seguro (legal ou jurisprudencial) de "garantia da ordem pública", cria-se um cenário de instabilidade no país em matéria de liberdade ambulatorial – algo extremamente indesejável.[136] Porém, junto aos *tribunais superiores*, foi-nos

---

135. https://jus.com.br/artigos/78714/nota-sobre-prisao-preventiva-a--luz-da-lei-do-pacote-anticrime

136. Já publicamos dois trabalhos criticando o conceito "aberto" de "garantia da ordem pública". São eles: **Questões Polêmicas de Processo Penal**, Bauru: Edipro, 2011 (tópico 5.2); e "A prisão preventiva

possível extrair basicamente dois **significados** para a expressão. Assim, entende-se necessária a preventiva para a *garantia da ordem pública* quando:

a1) Há perigo de reiteração criminosa. Ex.: em caso de tráfico de drogas, já decidiu o STF que, se há elementos de prova que apontam para o agente como sendo um dos principais membros de uma quadrilha, deve ser decretada a preventiva como garantia da ordem pública. É que, consoante a Corte Suprema, permanecendo em liberdade o agente, há risco concreto de que este continue a comandar o esquema criminoso (STF, HC 84658/PE, *DJe* 03.06.2005 e HC 99676, 1ª Turma, *DJ* 14.05.2010). Ademais, o STJ entende que a reincidência do acusado autoriza a decretação da preventiva para evitar a reiteração delitiva (STJ, HC 412452/SP, DJe 28.11.2017);

a2) Em razão da periculosidade do agente, representada pelo *modus operandi violento/audaz + gravidade do crime*. Ex.: sujeito que aborda a vítima à luz do dia com um fuzil e a mantém durante longo período em cativeiro (STJ, HC 125924/CE, *DJe* 29.06.2005 e RHC 60.446/PB, 5ª Turma, *DJ* 06.09.2016, e STF, HC 111810, *DJe* 27.02.2014, HC 140273/PE, *DJe* 20.02.2017 e HC 157969MG, *Dje* 17.09.2018). Vejamos este caso do STF a justificar a prisão preventiva com base em tal fundamento de garantia da ordem pública pela periculosidade do agente: "*In casu*, a periculosidade do recorrente, a justificar sua segregação cautelar, restou cabalmente demonstrada pelo desprezo com a vida humana, visto que executou friamente a vítima já dominada e sem qualquer possibilidade de defesa, RHC 124796 1ª Turma, 23.08.2016".

Observação: em nosso sentir, os significados de garantia da ordem pública encontram-se logicamente associados ao pressuposto do perigo concreto gerado pelo estado de liberdade do agente.

Por outro lado, as Cortes Superiores brasileiras vêm decidindo que não cabe invocar "garantia da ordem pública" para fins de preventiva nos seguintes casos: gravidade abstrata do crime; clamor público (repercussão causada pelo crime); credibilidade do Poder Judiciário; e para proteger a integridade física do próprio agente (risco de linchamento, por exemplo).

Acerca da periculosidade do agente como requisito para decretação de prisão preventiva, é válida a leitura do Info. 0585, período de 11 a 30.06.2016, segundo o qual "**A prática de ato infracional durante a adolescência pode servir de fundamento para a decretação de prisão preventiva**, sendo indispensável para tanto que o juiz observe como critérios orientadores: a) a particular gravidade concreta do ato infracional, não bastando mencionar sua equivalência a crime abstratamente considerado grave; b) a distância temporal entre o ato infracional e o crime que deu origem ao processo (ou inquérito policial) no qual se deve decidir sobre a decretação da prisão preventiva; e c) a comprovação desse ato infracional anterior, de sorte a não pairar dúvidas sobre o reconhecimento judicial de sua ocorrência";

b) Garantia da ordem econômica: este fundamento padece do mesmo problema do anterior: o conceito *é vago*. Mesmo assim, diz-se que essa hipótese autorizadora da preventiva *visa a coibir ataques vultosos à ordem econômico-financeira nacional*. Os incisos do art. 20 Lei 8.884/1994 costumavam servir de balizas para aferir o abalo à ordem econômica. Eis um exemplo extraído de julgado do STJ (HC 16.3617/PE, *DJe* 17.12.2010): "em se considerando que a atividade delituosa [do agente] ocorria em larga escala, prejudicando a livre concorrência e trazendo considerável prejuízo ao erário", decretou-se a preventiva para garantia da ordem econômica. Não obstante a Lei 8.884/1994 tenha sido quase integralmente revogada pela Lei 12.529/2011, é certo que os incisos do art. 20 do texto anterior foram simplesmente trasladados para o art. 36 da nova legislação, do qual se recomenda a leitura.

O seguinte julgado do STJ demonstra a importância da boa fundamentação de tal requisito: "Quanto à necessidade de se obstar a reiteração delitiva e de garantia da ordem econômica, entendo que o Juízo de primeiro grau utilizou-se de argumentos genéricos, valendo-se da própria materialidade dos delitos imputados na ação penal e dos indícios de autoria, para justificar o decreto de prisão preventiva. "A mera indicação de circunstâncias que já são elementares do crime perseguido, nada se acrescendo de riscos casuísticos ao processo ou à sociedade, não justifica o encarceramento cautelar, e também não serve de fundamento à prisão preventiva a presunção de reiteração criminosa dissociada de suporte fático concreto" (RHC 63.254/RJ, 6ª Turma, *DJ* 19.04.2016);

c) Conveniência da instrução criminal: decreta-se a preventiva com base nesse fundamento *quando o réu está dificultando ou inviabilizando a produção de provas*. Exemplos: acusado que ameaça as testemunhas, suborna o perito, destrói provas etc. Note que, se a preventiva tiver sido decretada com base *apenas* nesse fundamento (conveniência da instrução criminal), quando esta (a instrução probatória) findar (e não existir outro motivo para manter preso o acusado), deve o juiz revogar a prisão, sob pena da custódia tornar-se ilegal (art. 316, CPP);

d) Assegurar a aplicação da lei penal: determina-se a prisão amparada nesse fundamento *quando o juiz tem notícias de que o indivíduo pretende fugir*, pondo em xeque, portanto, o cumprimento de eventual sentença condenatória a ser proferida. Ex.: no curso do processo, chegam ao juiz informações de que o réu, além de ter comprado passagem aérea para o exterior, está realizando a venda de todos os seus bens.

15.10.4. Condições de admissibilidade

Quais crimes/situações admitem a preventiva? Vejamos.

a) Crimes dolosos punidos com pena privativa de liberdade máxima superior a 4 anos (art. 313, I, CPP). Como a lei fala em "**crime doloso**", não cabe preventiva em relação a crime culposo, nem em face de contravenção penal (que não é crime no sentido estrito da palavra). Porém, não basta o crime ser doloso, é preciso que seja punido com pena privativa de liberdade máxima superior a 4 anos (ex.: roubo – art. 157, CP. A pena privativa de liberdade máxima do roubo é superior a 4 anos);

b) Condenado por outro crime doloso, em sentença transitada em julgado, ressalvado o disposto no inciso I do *caput* do art. 64, CP (art. 313, II, CPP). Trata-se aqui de hipótese de reincidência em crime doloso. Nesse caso, existe uma condenação definitiva anterior por crime doloso contra o agente e este, dentro do prazo de 5 anos, após o cumprimento (ou extinção) da pena, comete novo crime doloso. Explica-se com um exemplo: Fulano, em 05.01.2002, é condenado em definitivo por roubo (crime doloso). Em 05.01.2008, a pena termina

---

brasileira examinada à luz da filosofia política lockeana: um caso de ilegitimidade do poder estatal". Disponível em: [http://www.bocc.ubi.pt].

de ser cumprida. Pois bem, nos próximos 5 anos, contados a partir desta última data (05.01.2008), caso Fulano pratique novo *crime doloso*, poderá vir a ser preso preventivamente se os demais requisitos da preventiva também estiverem presentes;

c) O crime envolver violência doméstica e familiar contra a mulher, criança, adolescente, idoso, enfermo ou pessoa com deficiência, para garantir a execução das medidas protetivas de urgência (art. 313, III, CPP)[137]. Essa condição de admissibilidade da preventiva visa a dar maior efetividade às medidas protetivas previstas sobretudo nos arts. 22 a 24, Lei Maria da Penha (Lei 11.340/2006)[138]. Porém, conforme significativo setor da comunidade jurídica, para se decretar a preventiva nessa situação, além de se constatar o descumprimento da medida protetiva, faz-se necessário que a violência doméstica cometida se trate de crime doloso e que ao menos uma das hipóteses autorizadoras da preventiva esteja presente (garantia da ordem pública, conveniência da instrução criminal etc. – STJ HC 173454/DF, *DJe* 22.11.2010 e HC 355.466/SC, 5ª Turma, *DJ* 22.06.2016. Ex.: praticada lesão corporal dolosa em situação de violência doméstica contra a mulher e aplicada a medida de afastamento do lar ao agente (art. 22, II, Lei 11.340/2006), caso este venha descumprir a medida e, também, a instrução criminal se encontre ameaçada, pode o juiz vir a decretar-lhe a preventiva;

Comentários: é preciso cautela aqui, pois o dispositivo dá a entender que o simples descumprimento de uma medida protetiva ensejaria (automaticamente) a preventiva. Não é essa a melhor interpretação. Pode o magistrado valer-se de força policial, aplicação de multa etc., para dar efetividade às medidas protetivas, sem precisar decretar a preventiva. É preciso que um dos fundamentos estejam presentes.

d) Também será admitida a prisão preventiva quando houver dúvida sobre a identidade civil da pessoa ou quando esta não fornecer elementos suficientes para esclarecê-la, devendo o preso ser colocado imediatamente em liberdade após a identificação, salvo se outra hipótese recomendar a manutenção da medida (art. 313, § 1º, CPP);

Comentários:

Má redação do dispositivo;

Lembrar que a dúvida em relação à identidade civil poderá acarretar na identificação criminal (conforme dispõe o art. 3º da Lei 12.037/2009). Logo, não há que se falar em prisão automática.

A prisão aqui só caberia em situações excepcionais, como, p. ex.: negativa em identificar-se criminalmente.

Seja como for, uma vez identificado deverá ser colocado em liberdade imediatamente.

---

137. "A prática de contravenção penal, no âmbito de violência doméstica, não é motivo idôneo para justificar a prisão preventiva do réu." (Informativo 632/STJ, de 28 de setembro de 2018).

138. No que se refere às medidas protetivas previstas na Lei Maria da Penha, houve recente inovação legislativa com a publicação da Lei 13.641/2018 que tipificou como crime a conduta do agressor que descumpre tais medidas impostas pelo juiz. A Lei 13.827/2019 também alterou o regramento para concessão das medidas protetivas, permitindo que a medida de afastamento do lar seja concedida pelo Delegado de Polícia se o Município não for sede de comarca ou até mesmo pelo próprio policial, caso não haja Delegado no momento. Nesse sentido, ver o novo art. 12-C da Lei n. 11.340/2006.

O dispositivo não faz menção ao delito praticado. Por um critério de proporcionalidade, caberia apenas para crimes DOLOSOS. É preciso cautela aqui.

e) A prisão preventiva também poderá ser decretada em caso de descumprimento de qualquer das obrigações impostas por força de outras medidas cautelares (arts. 319 e art. 282, § 4º, CPP). Ex.: imagine-se que, no curso do processo, o juiz fixa ao acusado a obrigação de recolhimento domiciliar no período noturno e nos dias de folga (art. 319, V). Descumprida injustificadamente esta medida, será possível a decretação da preventiva.

Atenção: A Lei n. 13.964/2019 inseriu o § 2º no art. 313, CPP, que estabelece: Não será admitida a decretação da prisão preventiva com a finalidade de antecipação de cumprimento de pena ou como decorrência imediata de investigação criminal ou da apresentação ou recebimento de denúncia.

15.10.5. Resumo

Em suma, para se decretar a preventiva é preciso:

a) Presença *concomitante* dos *pressupostos autorizadores* (*indício suficiente de autoria + prova da materialidade + perigo concreto gerado pelo estado de liberdade do imputado*);

b) Presença de *pelo menos um* dos *fundamentos* (*garantia da ordem pública, da ordem econômica, aplicação da lei penal ou conveniência da instrução criminal*);

c) Que o crime/situação comporte a preventiva. Seguem os casos (*alternativos*):

c1) *crime doloso com pena privativa de liberdade máxima superior a 4 anos;*

c2) *reincidência em crime doloso;*

c3) *o crime envolver violência doméstica e familiar, para garantir a execução das medidas protetivas de urgência;*

c4) *houver dúvida sobre a identidade civil da pessoa ou quando esta não fornecer elementos suficientes para esclarecê-la;*

c5) *descumprimento de qualquer das obrigações impostas por força de outras medidas cautelares.*

OBSERVAÇÕES FINAIS:

I – O juiz não deve decretar a preventiva se perceber que o fato foi praticado sob o amparo de excludente de ilicitude (legítima defesa, por exemplo) – art. 314, CPP. Ao contrário, nessa situação, impõe-se a liberdade provisória (art. 310, § 1º, CPP);

II – O decreto de preventiva, como toda decisão judicial, necessita sempre ser motivado e fundamentado (arts. 315, CPP, e 93, IX, CF);

III – Até o trânsito em julgado, a prisão preventiva poderá ser revogada ou novamente decretada quantas vezes se mostrar necessária (art. 282, § 5º, CPP);

IV – O CPP não estabelece um prazo pelo qual o réu possa permanecer preso preventivamente, mas o novo parágrafo único do art. 316, CPP, estabelece que o órgão judicial que decretar a preventiva deverá "revisar a necessidade de sua manutenção a cada 90 (noventa) dias, mediante decisão fundamentada, de ofício, sob pena de tornar a prisão ilegal". Além disso, o acusado não pode ficar "anos a fio" preso à disposição do Estado. Quando este (o Estado – leia-

-se: juiz, MP etc.) der causa à lentidão do processo, será possível impetrar HC alegando a ilegalidade da prisão por excesso de prazo na instrução criminal (STJ, HC 173050/PB, *DJe* 21.02.2011 e HC 339934/MT, DJe 20.09.2016 e STF, HC 141583/RN, DJe 02/10/2017 e Info. 878, de 18 a 22 de setembro de 2017);

V – A pós o advento da Lei n. 13.964 /201 9, que altera o § 3º do art. 282, CPP, o juiz, antes de decidir a respeito da prisão preventiva do indivíduo, possibilitará, em homenagem ao princípio do contraditório, que a defesa se manifeste, no prazo de 5 (cinco) dias, sobre o pedido de prisão. A parte final do § 3º, adverte que em situações excepcionais de urgência ou de perigo, a manifestação defensiva poderá ser dispensada desde que "**justificados e fundamentados em decisão que contenha elementos do caso concreto que justifiquem essa medida excepcional**" (grifo nosso).

VI – Sentença condenatória recorrível e preventiva: segundo o atual § 1º do art. 387, CPP, "o juiz decidirá, fundamentadamente, sobre a manutenção ou, se for o caso, a imposição de prisão preventiva ou de outra medida cautelar, sem prejuízo do conhecimento de apelação que vier a ser interposta". Ou seja, podemos extrair a seguinte conclusão: caso o réu tenha permanecido preso ao longo do processo, não existe "manutenção automática de preventiva ou de outra medida cautelar" por ocasião de sentença condenatória recorrível. Será preciso, sempre, fundamentar a eventual manutenção da preventiva ou de outra medida cautelar. Não existindo mais motivo para a prisão (ou para a manutenção de outra medida cautelar), deverá o réu ser conservado em liberdade.

15.11. Prisão temporária (Lei 7.960/1989)[139]

15.11.1. Conceito

Trata-se de *prisão cautelar, com prazo de duração determinado, cuja decretação é apenas possível no âmbito do inquérito policial e se presentes os requisitos fixados pela lei.*

15.11.2. Características básicas

a) Diferentemente da preventiva, *a temporária não pode ser decretada de ofício pelo juiz*. Sua decretação depende de representação (pedido) da autoridade policial ou de requerimento do MP (art. 2º, Lei 7.960/1989). Quando for caso de representação do delegado, o juiz, antes de decidir, deverá ouvir o MP (§ 1º);

b) A leitura isolada do art. 1º da Lei 7.960/1989 indica que a temporária só seria cabível no curso do *IP*. Em geral, essa tem sido, há tempos, a prática do judiciário: reconhecer o cabimento da temporária apenas durante o IP. Porém, em razão da alteração do art. 283, CPP, pela Lei 12.403/2011 (**Atenção**: a nova redação dada pela Lei n. 13.964/2019 adota a nomenclatura prisão cautelar, que abrange todas as modalidades de prisão provisória, entre elas a temporária), há quem defenda que, desde então, passou a ser possível a decretação da temporária no curso do processo também. Vide: *Távora (201 6, p. 930 -1) e Brasileiro (2016, p. 862-3).*

c) Distintamente da preventiva, *a temporária possui prazo determinado* (art. 2º, Lei 7.960/1989). Em regra, o prazo da prisão temporária é de *5 dias prorrogável por mais 5* (note, portanto, que tal prazo se afina com o previsto no art. 10, CPP). Porém, sendo o *crime hediondo ou equiparado* ("t"ráfico de drogas, "t"ortura e "t"errorismo – vulgo "TTT"), o prazo da temporária será de até 30 dias, prorrogável por mais 30 em caso de extrema e comprovada necessidade (art. 2º, § 4º, Lei 8.072/1990).

15.11.3. Hipóteses de cabimento (incisos do art. 1º da Lei)

Inc. I: "quando imprescindível para as investigações do inquérito policial". A prisão amparada nesta hipótese *não pode* ser encarada como uma *mera conveniência do Judiciário* em manter o indiciado encarcerado. A temporária não pode, portanto, ser decretada de forma automática pelo juiz. É preciso demonstrar que a liberdade do investigado oferece *risco concreto ao êxito da investigação*. Ex.: indiciado que está destruindo as provas do crime, intimidando testemunhas. Ver STF, HC 105833/SP, *DJe* 22.03.2012 e STJ, HC 333.150/SP, 5ª Turma, *DJ* 26.10.2015, HC 414341/SP, DJe 27.10.2017;

Inc. II: "quando o indicado não tiver residência fixa ou não fornecer elementos necessários ao esclarecimento de sua identidade". *Mutatis mutandis,* idem ao que foi dito no inciso anterior. É preciso que a falta de residência fixa ou a ausência de elementos esclarecedores da identidade configurem um *risco concreto de fuga do indiciado;*

Inc. III: "quando houver fundadas razões, de acordo com qualquer prova admitida na legislação penal, de autoria ou participação do indiciado nos seguintes crimes": homicídio doloso; sequestro ou cárcere privado etc. (*recomenda-se a leitura de todas as alíneas contidas na lei*).

Pergunta: os incisos citados devem ser aplicados alternativa ou concomitantemente? R.: conforme majoritária doutrina, para ser possível a decretação da temporária deve-se combinar os incisos da seguinte forma: I + III ou II + III. Note então que o inciso III deve sempre estar presente, necessitando ser combinado, pelo menos, com o inciso I ou o II. Vamos a um exemplo: agente suspeito da prática de homicídio (inciso III). Chegam notícias de que ele está destruindo as provas do crime (inciso I). Cabe a temporária nesse caso.

Observações finais: I) a decisão pela temporária deverá ser fundamentada e prolatada dentro do *prazo de 24h*, contadas a partir do recebimento da representação do delegado ou do requerimento do MP (art. 2º, § 2º, Lei 7.960/1989); **II)** o juiz poderá, de ofício, ou a requerimento do MP e do advogado, determinar que o preso lhe seja apresentado, solicitar informações e esclarecimentos da autoridade policial e submeter o detido a exame de corpo de delito (§ 3º); **III)** decretada a temporária, será expedido o respectivo mandado de prisão, em duas vias, uma das quais será entregue ao indiciado e servirá como nota de culpa (§ 4º); **IV)** decorrido o prazo fixado de detenção, o indiciado deverá ser posto imediatamente em liberdade, salvo se já tiver sido decretada sua prisão preventiva (§ 7º); **V)** a manutenção da prisão temporária para além do prazo legal acarreta na responsabilização da autoridade por crime de abuso de autoridade (art. 4º, "i", Lei 4.898/1965); **VI)** o preso

---

[139]. Não confundir a expressão prisão temporária com prisão provisória. Esta última é gênero e é sinônimo de prisão cautelar e processual. A primeira (temporária), ao lado da preventiva e do flagrante, é espécie de prisão provisória.

provisório deve, obrigatoriamente, permanecer separado dos demais detentos (art. 3º, Lei 7.960/1989).

Em recente julgado, o STJ ressaltou a excepcionalidade da decretação da prisão temporária, afirmando que não se trata de "conveniência ou comodidade da cautela para o bom andamento do inquérito policial, mas de verdadeira necessidade da medida, aferida caso a caso", reputando como ilegal a prisão temporária mantida pelo Tribunal de Justiça do Estado do Ceará (STJ, RHC 77265/CE, DJe 02.10.2017).

15.12. Prisão domiciliar (art. 318, CPP)

Prevista anteriormente apenas no âmbito da Lei de Execução Penal (Lei 7.210/1984, art. 117) para condenados definitivos que se encontrassem cumprindo pena em regime aberto e em situações bastante específicas (ex.: condenado acometido de doença grave), a prisão domiciliar, a partir do advento da Lei 12.403/2011, passa a ser admitida expressamente também para os presos provisórios.

Segundo estabelece o art. 317, CPP, a prisão domiciliar consiste no recolhimento do indiciado ou acusado em sua residência, só podendo dela ausentar-se com autorização judicial.

Diz o novo art. 318 que o juiz poderá substituir a prisão preventiva pela domiciliar quando o agente for:

I – maior de 80 (oitenta) anos;

II – extremamente debilitado por motivo de doença grave; [140]

III – imprescindível aos cuidados especiais de pessoa menor de 6 (seis) anos de idade ou com deficiência;

IV – gestante;

V – mulher com filho de até 12 (doze) anos de idade incompletos;

VI – homem, caso seja o único responsável pelos cuidados do filho de até 12 (doze) anos de idade incompletos.

Nos termos do parágrafo único do dispositivo, para a substituição, o juiz exigirá prova idônea dos requisitos estabelecidos neste artigo.

Ainda sobre o tema prisão domiciliar, notar que, em dezembro de 2018, o CPP passou por uma importante alteração. A Lei n. 13.769/2018, dentre outras coisas, incluiu o art. 318-A, passando a permitir a substituição da prisão preventiva por prisão domiciliar da mulher gestante ou que for mãe ou responsável por crianças ou pessoas com deficiência, desde que aquela: I – não tenha cometido crime com violência ou grave ameaça à pessoa; II – não tenha cometido o crime contra seu filho ou dependente. [141]

A referida inovação legislativa (art. 318-A) transforma em lei parte significativa do entendimento que os tribunais superiores vinham tendo a respeito do tema, a saber. No informativo 891/STF, de 19 a 23 de fevereiro de 2018, o STF havia firmado a tese de que, em regra, estando a mulher grávida, puérperas, ou sendo mãe de criança (mãe de menores de 12 anos) ou de portador de deficiência, a prisão domiciliar deveria ser concedida. No entanto, segundo este mesmo tribunal, a prisão domiciliar não deveria ser aplicada aos crimes: **a)** praticados com violência ou grave ameaça; **b)** praticados contra descendentes; **c)** em casos excepcionais que devem ser fundamentados pelos juízes que denegarem o benefício. O STJ, por sua vez, no informativo 629/STJ, de 17.08.2018, acrescentou uma hipótese em que a concessão da prisão domiciliar também não deve ocorrer: **d)** quando o crime é praticado na própria residência da agente, onde convive com filhos menores de 12 anos.

Ademais, a Lei 13.769/2018 também promoveu a inclusão no CPP do art. 318-B. Este dispositivo estabelece que a substituição da preventiva pela domiciliar (seja a substituição prevista no art. 318, seja a no 318-A) poderá ser efetuada sem prejuízo de aplicação concomitante das medidas alternativas previstas no art. 319, CPP (medidas estas que serão examinadas logo a seguir). Em suma, é possível combinar a prisão domiciliar com medidas alternativas diversas da prisão desde que, é claro, haja compatibilidade entre ambas.

15.13. Medidas cautelares diversas da prisão (arts. 319 e seguintes do CPP)

15.13.1. Entendendo o tema

Atendendo finalmente a contundente reclame de certo setor da doutrina, a Lei 12.403/2011 criou outras medidas cautelares pessoais diversas da prisão.

Alguns autores – Aury Lopes Jr. (2010, v. 2, p. 132 e ss.), sobretudo – criticavam a antiga sistemática estabelecida pelo CPP de 1941 que, em matéria de medida cautelar pessoal, era considerada bastante "pobre", pois se pautava na clássica dicotomia "prisão cautelar ou liberdade provisória" – não existindo um meio-termo.

Grosso modo, ocorria que, diante de um determinado caso concreto, o juiz se via diante de dois extremos: ou determinava a prisão preventiva do indivíduo ou concedia-lhe a liberdade provisória. Essas duas medidas (preventiva e liberdade provisória), ambas extremas, terminavam, em diversas hipóteses, não se mostrando adequadas a atender as especificidades de uma enorme gama de situações. Isto porque, em diversos casos, tanto a preventiva se revelava uma medida excessivamente rigorosa, como a LP se mostrava demasiadamente branda. Era necessário, pois, serem criadas medidas cautelares que se situassem entre os extremos "prisão X liberdade provisória". E foi o que ocorreu com o advento da Lei 12.403/2011. Vejamos.

15.13.2. Medidas cautelares diversas da prisão (incisos do novo art. 319, CPP)

"I – comparecimento periódico em juízo, no prazo e nas condições fixadas pelo juiz, para informar e justificar atividades;

II – proibição de acesso ou frequência a determinados lugares quando, por circunstâncias relacionadas ao fato, deva o indiciado ou acusado permanecer distante desses locais para evitar o risco de novas infrações;

---

140. Nesse sentido, com base no art. 318, II do CPP, o STF concedeu a prisão domiciliar humanitária ao réu, "tendo em vista o alto risco de saúde, a grande possibilidade de desenvolver infecções no cárcere e a impossibilidade de tratamento médico adequado na unidade prisional ou em estabelecimento hospitalar" (Informativo 895/STF, de 19 a 30 de março de 2018).

141. Segundo STJ, é possível a concessão de prisão domiciliar à gestante, mãe ou responsável por criança ou pessoa com deficiência (HC 487.763/SP, Info. 647/STJ, de 24 de maio de 2019).

III – proibição de manter contato com pessoa determinada quando, por circunstâncias relacionadas ao fato, deva o indiciado ou acusado dela permanecer distante;

IV – proibição de ausentar-se da Comarca quando a permanência seja conveniente ou necessária para a investigação ou instrução;"

Comentário: a proibição de o réu se ausentar pode se referir à Comarca (como é o caso deste inciso) ou ao país (conforme prevê o art. 320, CPP). Neste último caso (proibição de ausentar-se do país) sublinha este dispositivo que essa restrição será comunicada pelo juiz às autoridades encarregadas de fiscalizar as saídas do território nacional, intimando-se o indiciado ou acusado para entregar o passaporte no prazo de 24h.

"V – recolhimento domiciliar no período noturno e nos dias de folga quando o investigado ou acusado tenha residência e trabalho fixos;

VI – suspensão do exercício de função pública ou de atividade de natureza econômica ou financeira quando houver justo receio de sua utilização para a prática de infrações penais;

VII – internação provisória do acusado nas hipóteses de crimes praticados com violência ou grave ameaça, quando os peritos concluírem ser inimputável ou semi-imputável (art. 26 do Código Penal) e houver risco de reiteração;"

Comentários: como se sabe, quando no curso do IP ou processo se suspeitar da saúde mental do indivíduo, deve-se proceder ao exame de insanidade mental previsto no art. 149 e ss., CPP. Nesse contexto, o inciso em exame estabelece que, caso o sujeito tenha praticado crime com violência ou grave ameaça e a perícia conclua por sua inimputabilidade ou semi-inimputabilidade, havendo risco de reiteração criminosa, poderá o juiz determinar a internação provisória do indivíduo (em hospital de custódia e tratamento psiquiátrico – art. 99, LEP). Algumas anotações a esse inciso são necessárias. Primeiro, o dispositivo fala em "peritos" ("quando os peritos concluírem (…)"). Porém, a expressão deve ser lida no singular. É que, com a reforma de 2008 ocorrida no CPP, passou-se a exigir apenas um perito oficial para a realização de exames periciais (*vide* art. 159, CPP). Outro ponto: o juiz não fica adstrito à conclusão da perícia sobre a saúde mental do indivíduo, conforme parece sugerir o inciso em comento. Recorde-se que o juiz não está, em nenhuma perícia, adstrito à conclusão do *expert* (consultar o art. 182, CPP).

"VIII – fiança, nas infrações que a admitem, para assegurar o comparecimento a atos do processo, evitar a obstrução do seu andamento ou em caso de resistência injustificada à ordem judicial;

IX – monitoração eletrônica."

Comentários: trata-se do uso de pulseiras ou tornozeleiras eletrônicas (GPS, por exemplo), visando a monitorar a rotina do acusado/indiciado. O uso desses artefatos para o monitoramento de condenados foi, no âmbito federal, instituído em 2010 por meio da Lei 12.258.

15.13.3. Notas sobre as medidas cautelares diversas da prisão

Cumpre salientar que, conforme dispõe o novo art. 282, § 1º, CPP, as medidas cautelares vistas anteriormente podem ser aplicadas isolada ou cumulativamente, devendo-se levar em conta a necessidade e adequação da medida às especificidades do caso concreto.

Por outro lado, segundo já afirmado anteriormente, as medidas cautelares diversas da prisão são preferíveis à preventiva. Ou seja, esta última, em homenagem ao estado de inocência, deve ficar relegada a situações realmente extremas. Não se tratando de situação que a justifique, deve o magistrado optar pela liberdade provisória combinada ou não com as medidas cautelares diversas da prisão visualizadas no item precedente.

Ainda, as medidas cautelares diversas da prisão "serão decretadas pelo juiz, a requerimento das partes ou, quando no curso da investigação criminal, por representação[142] da autoridade policial ou mediante requerimento do Ministério Público" (art. 282, § 2º, CPP). Com a redação introduzida pela Lei n. 13.964/2019, o juiz não mais poderá decretar de ofício.

Para a decretação de tais medidas, o juiz deverá observar o **contraditório,** permitindo que a defesa se manifeste, no prazo de 5 (cinco) dias, a respeito de eventual pedido formulado pela acusação ou pela autoridade policial. O contraditório aqui mencionado poderá ser **dispensado** em situação concreta de urgência ou de perigo de ineficácia da medida, devendo ser demonstrada concretamente, justificada e fundamentada em decisão do magistrado. Segue o texto da lei sobre o que estamos tratando neste parágrafo: "Ressalvados os casos de urgência ou de perigo de ineficácia da medida, o juiz, ao receber o pedido de medida cautelar, determinará a intimação da parte contrária, para se manifestar no prazo de 5 (cinco) dias, acompanhada de cópia do requerimento e das peças necessárias, permanecendo os autos em juízo, e os casos de urgência ou de perigo deverão ser justificados e fundamentados em decisão que contenha elementos do caso concreto que justifiquem essa medida excepcional. " (art. 282, § 3º, CPP). Ademais, é oportuno conferir as novas redações dos §§ 4º e 5º do art. 282, CPP (alterados pela Lei n. 13.964/2019), que, respectivamente, dizem:

"§ 4º No caso de descumprimento de qualquer das obrigações impostas, o juiz, mediante requerimento do Ministério Público, de seu assistente ou do querelante, poderá substituir a medida, impor outra em cumulação, ou, em último caso, decretar a prisão preventiva, nos termos do parágrafo único do art. 312 deste Código

§ 5º O juiz poderá, de ofício ou a pedido das partes, revogar a medida cautelar ou substituí-la quando verificar a falta de motivo para que subsista, bem como voltar a decretá-la, se sobrevierem razões que a justifiquem."

Por fim, cumpre salientar que, por força do § 1º do art. 283, CPP, as medidas cautelares citadas não se aplicam à infração a que não for isolada, cumulativa ou alternativamente cominada pena privativa de liberdade.

15.14. Liberdade provisória (LP)

15.14.1. Conceito e noções gerais

Trata-se de *instituto processual que busca colocar em liberdade o indivíduo que aguarda o desdobramento de uma persecução penal (investigação preliminar ou processo)* – vide art. 5º, LXVI, CF.

---

142. O termo representação aqui é sinônimo de pedido, solicitação, requerimento.

Primeiramente, deve-se notar que a LP busca colocar o indivíduo em liberdade combatendo uma prisão em flagrante *legal*. Assim, não há como confundi-la com o HC e com o pedido de relaxamento de prisão. Enquanto estas peças (HC e relaxamento) visam, dentre outras coisas,[143] a promover a soltura do sujeito, atacando uma prisão em flagrante *ilegal* (ex.: prisão para averiguação), a LP investe contra uma prisão em flagrante *legal*. Nesse sentido, poderíamos afirmar que o HC e o relaxamento (dentre outras coisas) questionam a *legalidade* de uma prisão, já a LP indaga sobre a *necessidade* de o indivíduo estar preso.

Aprofundando um pouco mais essa questão, note o leitor que *a LP representa um verdadeiro instrumento de efetivação do princípio do estado de inocência*. Explica-se. Vimos anteriormente que este princípio, dentre outras coisas, instituiu entre nós a *regra da liberdade* (em regra, o indivíduo deve responder a persecução penal em liberdade, somente sendo encarcerado em situações excepcionais – preventiva, por exemplo). Tendo isso em mente, podemos afirmar então que *a LP é um mecanismo de que dispõe a defesa do réu/indiciado para fazer valer essa regra da liberdade*. Com a LP, em última análise, questiona-se o juiz a respeito – não da legalidade –, mas da necessidade da prisão do sujeito. Em suma, é como se o defensor, por meio da LP, estivesse fazendo a seguinte pergunta ao magistrado: *"pois bem, não questiono a legalidade da prisão em flagrante de meu cliente; o que realmente desejo saber é se a prisão dele é de fato necessária?"*

E quando é necessária a prisão de alguém? Já respondemos a essa pergunta. Relembrando: a prisão de alguém se mostra necessária quando presentes os requisitos da preventiva (art. 311 e ss., CPP) – que é a modalidade de prisão escolhida como "pedra de toque" para a demonstração da necessidade (cautelaridade) da custódia de alguém.

Diante desse quadro, é possível afirmar, então, que *LP e preventiva são institutos antagônicos*. Enquanto a concessão da primeira (LP) representa a desnecessidade de o sujeito estar preso, o acolhimento da segunda (preventiva) significa exatamente o contrário: necessidade de segregação (*vide* STJ, HC 33.526/MS, *DJe* 14.06.2004).

Perceba-se, porém, que, consoante a nova sistemática inaugurada pela Lei 12.403/2011(*vide* art. 321, e 319, § 4º, ambos do CPP), mesmo que o juiz reconheça a desnecessidade da preventiva do indivíduo (concedendo-lhe, portanto, a LP), isto não significa que as medidas cautelares diversas da prisão (art. 319, CPP) não possam ser aplicadas concomitantemente à LP. Assim, é possível que o juiz, ao concedê-la, determine, por exemplo, ao réu, concomitantemente, o recolhimento domiciliar no período noturno e nos dias de folga (art. 319, V, CPP).

Em termos de prática penal, quando decretada a preventiva, a peça cabível não será a LP, mas o pedido de revogação de preventiva (formulado ao próprio juiz que a decretou) ou, em certos casos, o HC (ex.: decreto de preventiva não fundamentado).

Com efeito, a LP poderá ser alcançada pelo réu/indiciado *com ou sem* o pagamento (prestação) de fiança à autoridade. Ademais, obtida a LP (com ou sem fiança) o indivíduo terá que se sujeitar a certas obrigações (vínculos), como, por exemplo, a de não se ausentar por mais de 8 dias de sua residência, sem comunicar à autoridade o lugar onde será encontrado.

Doravante, estudaremos a LP, *com e sem fiança*, bem como as eventuais *obrigações* que podem ser impostas ao indivíduo em cada caso.

15.14.2. LP com fiança

a) Conceito de fiança: antes de tratarmos propriamente da LP com fiança, cabe a pergunta: *o que é fiança?* R.: trata-se de uma *garantia real ou caução, sempre definitiva,*[144] *cujo objetivo precípuo é assegurar a liberdade do indivíduo, podendo consistir em "depósito de dinheiro, pedras, objetos ou metais preciosos, títulos da dívida pública, federal, estadual ou municipal, ou em hipoteca inscrita em primeiro lugar"* (art. 330, CPP);

b) Crimes afiançáveis e inafiançáveis: note que a fiança é um instituto *totalmente atrelado à LP*. Assim, *não sendo o caso de decretação da preventiva*, paga-se a fiança e obtém-se a liberdade do réu/indiciado. Entretanto, ainda que soe óbvia a afirmação, deve-se atentar que *a fiança só tem cabimento se o crime pelo qual responde o acusado for afiançável*. Sendo *inafiançável* o delito, não será, portanto, possível prestar fiança para promover a soltura do acusado. Neste caso (crime inafiançável), conforme veremos mais abaixo, ainda assim será, em tese, possível obter a LP, *mas não por meio de pagamento de fiança*.

Pois bem, mas *o que são crimes afiançáveis?* Dizer apenas que são aqueles que comportam fiança seria insuficiente para os nossos propósitos. Precisamos de uma noção mais precisa. Na verdade, a lei (CPP) não nos diz quando um delito é afiançável, *mas apenas quando ele é inafiançável* (consultar arts. 323 e 324). Assim, concluímos pela *afiançabilidade* de uma infração *a contrario sensu* (por um critério de exclusão ou residual). Exemplo de crime *afiançável*: art. 155, *caput*, do CP. Vejamos abaixo a lista de *crimes inafiançáveis* para que então, *a contrario sensu*, possamos concluir quando a infração é afiançável.

b1) Infrações inafiançáveis no CPP

"**Art. 323.** Não será concedida fiança:

I – nos crimes de racismo;

II – nos crimes de tortura, tráfico ilícito de entorpecentes e drogas afins, terrorismo e nos definidos como crimes hediondos;

III – nos crimes cometidos por grupos armados, civis ou militares, contra a ordem constitucional e o Estado Democrático;"

Comentário: o CPP aqui nada mais fez do que reproduzir o que diz a CF a esse respeito (*vide* art. 5º, XLII, XLIII e XLIV).

Atenção: Acatando o posicionamento já adotado pelo STJ (STJ, AgRg no AREsp 734236/DF, Dje 02.03.2018), a 1ª Turma do Supremo Tribunal Federal, em recente decisão, entendeu pela equiparação dos crimes de racismo e injúria racial, e consequentemente, reconheceu a imprescritibilidade

---

143. Utilizamos a expressão "dentre outras coisas", pois é sabido que o HC não visa apenas a combater uma prisão em flagrante ilegal. Lembre-se, por exemplo, que há o HC preventivo em que o indivíduo não se encontra preso, mas na iminência de sê-lo. O que queremos dizer com isso é que o HC abarca outras situações que não apenas a da prisão em flagrante ilegal.

144. *Não há* mais entre nós a fiança provisória, em que o sujeito, para apressar o procedimento de soltura, oferecia determinado montante (pedra preciosa, por exemplo), que só seria avaliado posteriormente. Hoje, tudo é avaliado antecipadamente, por isso diz o CPP ser definitiva a fiança (art. 330, primeira parte).

e inafiançabilidade deste último (STF, Embargos de Declaração em AgRg em Rex 983.531, Dje 13.06.2018).

> "Art. 324. Não será, igualmente, concedida fiança:
>
> I – aos que, no mesmo processo, tiverem quebrado fiança anteriormente concedida ou infringido, sem motivo justo, qualquer das obrigações a que se referem os arts. 327 e 328 deste Código;"

Comentário: a "**quebra da fiança**" *ocorre quando o afiançado descumpre qualquer das obrigações que lhe foram impostas quando da concessão da fiança* (arts. 327, 328 e 341, CPP – trataremos do assunto de forma mais detalhado a seguir). Ex.: sujeito afiançado que, injustificadamente, não comparece a juízo quando chamado. **Consequências** da quebra injustificada da fiança: *perda de metade do valor caucionado para o Fundo Penitenciário Nacional; possibilidade de o juiz impor ao réu alguma(s) (das) medida(s) cautelar(es) do art. 319, ou mesmo de impor a preventiva ao acusado; e impossibilidade de, no mesmo processo, prestar nova fiança* (arts. 343, 346 e 324, I, CPP).

> "II – em caso de prisão civil ou militar;"

Comentário: no que tange à prisão por mandado do juiz cível (prisão civil), já vimos que, atualmente, esta modalidade de prisão só existe para o devedor (voluntário e inescusável) de alimentos (art. 5º, LXVII, CF), pois, com o advento da Súmula vinculante 25 do STF, passou-se a considerar: "ilícita a prisão civil do depositário infiel, qualquer que seja a modalidade de depósito". Pois bem, dessa forma, a prisão do alimentante inadimplente é inafiançável.

Do mesmo modo, a prisão militar também é inafiançável.

> "III – (revogado);
>
> IV – quando presentes os motivos que autorizam a decretação da prisão preventiva (art. 312)."

Comentário: conforme já mencionado anteriormente, LP e preventiva são institutos antagônicos. Presentes os motivos da preventiva não será possível a LP (com ou sem fiança). O dispositivo mencionado segue essa linha de raciocínio.

b2) Infrações inafiançáveis em lei extravagante:

Crime organizado: a Lei 12.850/2013, que revogou a Lei 9.034/1995, não contém vedação à fiança, motivo pelo qual a antiga disposição não mais subsiste. A questão agora está submetida ao regramento do art. 322, *caput* e seu parágrafo único, CPP.

Lavagem de dinheiro (Lei 9.613/1998): no caso de lavagem, havia previsão no art. 3º, mas o dispositivo foi revogado pela Lei 12.683/2012. Pois bem, estabelecido o que é fiança e quais são os delitos afiançáveis e inafiançáveis, estamos mais preparados para enfrentar algumas questões ligadas à *LP com fiança*. Vamos a elas:

c) Quem pode requerer o arbitramento da fiança (ou quem pode requerer a LP com fiança)? Além de a fiança poder ser concedida de ofício pela autoridade judicial ou policial, interpretando o art. 335, *caput*, CPP, inferimos que *o próprio acusado/indiciado pode requerer o arbitramento da fiança, assim como qualquer pessoa por ele*;

d) Até quando é possível requerer arbitramento de fiança? Desde a prisão em flagrante até o trânsito em julgado (art. 334, CPP);

e) Quem pode arbitrar a fiança? Em regra, o juiz. Porém, autoriza a lei, em determinados casos, que a autoridade policial arbitre a fiança. Vejamos:

I – **Autoridade policial:** poderá esta arbitrar fiança nos casos de infração cuja pena privativa de liberdade máxima não seja superior a 4 anos. Ex.: furto simples (art. 155, CP – pena máxima: 4 anos). Porém, em caso de recusa ou demora por parte da autoridade policial em conceder fiança, "o preso, ou alguém por ele, poderá prestá-la, mediante simples petição, perante o juiz competente, que decidirá em 48h" (art. 335, CPP);

II – **Juiz:** nos casos de infrações penais com pena máxima superior a 4 anos (ex.: roubo – art. 157, CP – pena máxima: 10 anos), a fiança será requerida ao juiz, que decidirá em 48h (parágrafo único do art. 322, CPP);

f) Desnecessidade de prévia oitiva do MP (art. 333, CPP): quando do pedido de arbitramento da fiança (seja para o juiz, seja para o delegado), a lei não exige a *prévia* oitiva do MP, dando-se-lhe vista *apenas após* a decisão;

g) Valor da fiança: os parâmetros para a autoridade fixar o valor da fiança vêm definidos no art. 325, CPP, a saber:

> "**Art. 325.** O valor da fiança será fixado pela autoridade que a conceder nos seguintes limites:
>
> I – de 1 (um) a 100 (cem) salários mínimos, quando se tratar de infração cuja pena privativa de liberdade, no grau máximo, não for superior a 4 (quatro) anos;
>
> II – de 10 (dez) a 200 (duzentos) salários mínimos, quando o máximo da pena privativa de liberdade cominada for superior a 4 (quatro) anos.
>
> § 1º Se assim recomendar a situação econômica do preso, a fiança poderá ser:
>
> I – dispensada, na forma do art. 350 deste Código;
>
> II – reduzida até o máximo de 2/3 (dois terços); ou
>
> III – aumentada em até 1.000 (mil) vezes."

h) Obrigações do afiançado (arts. 327, 328 e 341, CPP): prestada a fiança, o afiançado fica sujeito a algumas obrigações/restrições. São elas:

I – Dever de comparecimento perante a autoridade quando intimado para atos do inquérito e da instrução criminal e para o julgamento;

II – Proibição de mudança de residência, sem prévia permissão da autoridade competente;

III – Proibição de se ausentar por mais de 8 dias de sua residência, sem comunicar à autoridade o lugar onde poderá ser encontrado(a);

IV – Proibição de praticar nova infração penal dolosa;

V – Proibição de deliberadamente praticar ato de obstrução ao andamento do processo;

VI – Proibição de descumprir medida cautelar imposta cumulativamente com a fiança;

VII – Proibição de resistir injustificadamente a ordem judicial.

Descumprida injustificadamente qualquer uma dessas obrigações, ocorrerá a **quebra da fiança**, acarretando a *perda de metade do valor caucionado para o Fundo Penitenciário Nacional; na possibilidade de o juiz impor ao réu alguma(s) (das) medida(s) cautelar(es) do art. 319, CPP, ou mesmo de* *impor a preventiva ao acusado; e na impossibilidade de, no mesmo processo, prestar nova fiança* (arts. 343, 346 e 324, I, CPP).

i) Cuidado para não confundir

I – **Quebra da fiança:** acabamos de ver do que se trata (descumprimento das obrigações dos arts. 327, 328 e 341, CPP);

II – **Cassação da fiança** (arts. 338 e 339, CPP): ocorre quando *há equívoco na concessão da fiança por parte da autoridade* (ex.: juiz que, de forma equivocada, concede fiança ao praticante de crime hediondo – que é inafiançável). Ou quando *há inovação na classificação do delito*. Ex.: delegado concede fiança por crime de pena máxima de até 4 anos, porém, depois, o MP, na fase da denúncia, entende que o delito é, na verdade, inafiançável. **Consequências:** o valor cassado será integralmente devolvido ao acusado e este, a depender do caso, poderá a vir a ser submetido a alguma(s) (das) medida(s) cautelar(es) do art. 319, CPP, ou até mesmo, se necessário, à prisão preventiva;

III – **Perda da fiança** (arts. 344 e 345, CPP): *ocorre quando o réu é condenado em definitivo à pena privativa de liberdade e empreende fuga*. **Consequência:** *perda definitiva da totalidade do valor pago;*

IV – **Reforço da fiança:** significa que *o montante prestado a título de fiança é insuficiente (inidôneo), necessitando, pois, ser complementado (reforçado)*. Diz o art. 340, CPP, que o reforço da fiança será exigido quando: I – a autoridade tomar, por engano, fiança insuficiente; II – houver depreciação material ou perecimento dos bens hipotecados ou caucionados, ou depreciação dos metais ou pedras preciosas; III – for inovada a classificação do delito (explica-se esta última situação: em decorrência de nova classificação, o crime ainda é afiançável, porém, passa a ser mais grave, gerando a necessidade de reforço da fiança). **Consequência da não prestação do reforço:** a fiança será declarada *sem efeito* pelo juiz, oportunidade em que será devolvido integralmente o valor anteriormente prestado, podendo o réu vir a ser preso (parágrafo único do art. 340).

15.14.3. LP sem fiança

A LP pode ser alcançada pelo réu/indiciado não apenas por meio do pagamento de fiança. Desde que não seja caso de preventiva, é possível também alcançar o benefício (a LP) *sem a necessidade de prestar fiança à autoridade*. Trata-se da denominada LP *sem fiança*.

a) LP sem fiança quando o indivíduo for pobre (art. 350, CPP): quando a infração for afiançável, verificando o magistrado que o indivíduo não tem condições econômicas de prestar a fiança, "pode"[145] o juiz conceder a LP, independentemente do pagamento daquela (da fiança). Concedida a medida, ficará o sujeito submetido às *obrigações* dos arts. 327, 328 e 341 CPP (já estudadas anteriormente).

No caso de descumprimento de qualquer das obrigações impostas, o juiz (**Atenção:** a nova redação do §4º, art. 282, CPP, alterado pela Lei n. 13.964/2019, retira a possibilidade do juiz impor de ofício), mediante requerimento do MP, de seu assistente ou do querelante, poderá substituir a LP, poderá em cumulação, impor medida(s) cautelar(es) diversa(s) da prisão (art. 319, CPP), ou, em último caso, poderá decretar a prisão preventiva (consultar o art. 350, parágrafo único, c/c o art. 282, § 4º, ambos do CPP).

Observação: a *pobreza*, mencionada no art. 350, CPP, é a incapacidade de o indivíduo prestar a fiança sem prejudicar o seu sustento ou o de sua família – e não um eventual estado de indigência (conforme se poderia erroneamente pensar). Para prová-la, conforme Nucci (2006, p. 143), basta a mera declaração do indivíduo, não sendo mais necessário o (antigo) atestado de pobreza fornecido por delegado (art. 32, § 2º, CPP);

b) LP sem fiança do § 1º do art. 310, CPP: se, pela análise do auto de prisão em flagrante (APF), o juiz verificar que o agente praticou o fato nas condições constantes dos incisos I a III do art. 23, CP (estado de necessidade, legítima defesa, em estrito cumprimento de dever legal ou no exercício regular de direito), "poderá"[146], fundamentadamente, conceder ao sujeito liberdade provisória, *independentemente do pagamento de fiança*.

Concedida a LP com base no § 1º do art. 310, CPP, deve o indivíduo assinar termo de comparecimento a todos os atos processuais, sob pena de revogação do benefício.

O dispositivo é coerente, pois não faria mesmo sentido o juiz, após receber a comunicação do flagrante de um fato aparentemente *lícito*, manter o sujeito encarcerado. Isto porque, além de haver probabilidade de absolvição nessa situação, os requisitos da preventiva não se mostram presentes em tais hipóteses. Dessa forma, concede-se a LP *sem fiança*, devendo o sujeito comparecer a todos os atos do processo, sob pena de revogação do benefício.

É importante ainda notar que o dispositivo em análise *não faz distinção entre infração afiançável ou inafiançável*. Desse modo, *aplica-se a fórmula do § 1º do art. 310 tanto aos delitos afiançáveis como aos inafiançáveis*. Ex.: indivíduo é surpreendido em flagrante após praticar homicídio doloso qualificado contra Fulano (crime hediondo, logo inafiançável). Após a lavratura e encaminhamento do APF ao juiz, este nota que há indicativos sérios de que o fato foi cometido em legítima defesa (excludente de ilicitude). Nesta situação, o magistrado deverá conceder LP *sem fiança (§ 1º, art. 310, CPP)*, submetendo o sujeito à obrigação de comparecer aos atos do processo.

15.14.4. LP vedada

Há casos em que a lei veda o instituto da LP. Repare que, nessas situações, a proibição recai *não sobre a possibilidade de prestação de fiança* (inafiançabilidade), mas sobre o *próprio instituto da LP*. Assim, *não se deve confundir* inafiançabilidade com vedação à LP. Na inafiançabilidade, o que se obstaculiza é o pagamento de fiança para a obtenção de LP (ex.: crimes hediondos – art. 5º, XLIII, CF). Neste caso (inafiançabilidade), *ainda assim* será, em tese, possível a LP. Já na segunda situação (vedação à LP), veda-se mais do que a fiança, proíbe-se a própria LP. E é disto que trataremos agora.

Diversos autores formulam contundentes críticas à vedação de LP feita *aprioristicamente* pela lei. Motivos: a vedação à LP realizada *a priori* pela lei, além de retirar a oportunidade de o julgador examinar *caso a caso* o cabimento ou não do instituto, *burla o princípio do estado de inocência* – que, não nos

---

145. O verbo "poder" aí, empregado pelo CPP, não significa mera faculdade do juiz. Presentes os requisitos legais, deve o juiz conceder LP.

146. "Deverá", na verdade. Veja a nota logo acima.

esqueçamos, estabelece a regra da liberdade. Segundo dizem esses autores, há burla porque toda vez que a determinação de impossibilidade de LP é efetuada pela lei, cria-se, na realidade, uma modalidade de *manutenção automática da prisão em flagrante*. Explica-se. Basta o indivíduo "dar o azar" de ser preso em flagrante pela prática de crime cuja lei estabeleça vedação à LP – e que os prazos da fase policial e judicial sejam respeitados – para que permaneça encarcerado, *sem fundamentação judicial,* até o deslinde do processo.

É exatamente por conta dessas críticas que diversas das hipóteses de vedação à LP criadas nas últimas duas décadas pelo legislador ordinário têm sido declaradas inválidas pelos tribunais superiores e combatidas pela doutrina. Vejamos os casos:

a) **Estatuto do desarmamento** (Lei 10.826/2003): o STF (ADIN 3112-1, *DJe* 26.10.2007) declarou a *inconstitucionalidade* do art. 21 desta lei que vedava a LP para os crimes de posse ou porte ilegal de arma de fogo de uso restrito (art. 16), comércio ilegal de arma de fogo (art. 17) e tráfico internacional de arma de fogo (art. 18). **Conclusão:** atualmente, cabe LP para esses delitos. Ver também STJ: RHC 38.323/CE, *DJ* 09.10.2014;

b) **Crime organizado**: a Lei 12.850/2013, que revogou a Lei 9.034/1995, não mais contém óbice à concessão de LP aos agentes que tenham envolvimento com organização criminosa.

c) **Crimes hediondos, tortura e terrorismo:** a Lei dos Crimes Hediondos (Lei 8.072/1990) previa em seu art. 2º, II, vedação expressa à LP para os crimes hediondos, a tortura e o terrorismo. *Porém*, atendendo aos reclames da doutrina, em 2007, a *Lei 11.464 retirou a referida proibição*. Apesar disso, o STF, estranhamente, ainda possui decisões que, de modo automático, vedam a LP aos crimes hediondos (**confira-se a íntegra da decisão prolatada em 2013 pelo Pleno: HC 92932/SP,** *DJe* 25.09.2013). O principal argumento que apresentam é que a própria Constituição, ao estabelecer a inafiançabilidade para os crimes hediondos, impede, consequente e automaticamente, a possibilidade de LP para esse tipo de delito. Esse posicionamento do Supremo, conforme facilmente se percebe, é incoerente com as demais orientações do Tribunal sobre o assunto (vide o caso do tráfico de drogas,[147] p. ex.), e, mais que isso, afronta o estado de inocência. Acrescente-se ainda que, pouco tempo depois do julgamento realizado pelo pleno do STF (acima citado), a Primeira Turma da Suprema Corte *concedeu* LP a um crime hediondo (vide STF RHC 118200, *DJe* 12.11.2013 e HC 109236, 14.02.2012). O tema, portanto, como se vê permanece controverso dentro do próprio STF, restando talvez aguardar uma próxima decisão da composição plena daquela Corte sobre o assunto.

d) **Drogas (Lei 11.343/2006):** o art. 44 da lei veda a LP para os crimes tipificados nos arts. 33, *caput* e § 1º, e 34 a 37 desse mesmo diploma (tráfico, fabrico de instrumentos e associação para o tráfico). **Entretanto,** em 2012, o Pleno do STF (HC 104.339/SP, *DJe* 06.12.2012 e HC 133361, 27.05.2016), declarou a *inconstitucionalidade* do referido art. 44 da Lei de Drogas. Logo, segundo a atual orientação do Supremo sobre o tema, é sim possível a concessão de liberdade provisória para os crimes previstos nos arts. 33, *caput* e § 1º, e 34 a 37, da Lei de Drogas.

16. CITAÇÕES E INTIMAÇÕES

São atos de comunicação processual, destinados à cientificação das partes, testemunhas, entre outros, acerca do teor dos atos processuais já praticados ou mesmo para que certos atos sejam praticados por algum dos sujeitos processuais.

De acordo com a finalidade de cada ato, a doutrina promoveu a classificação dos atos de comunicação processual em algumas espécies: citações, intimações e notificações.

16.1. Citação

Ato de comunicação processual pelo qual se informa ao réu/querelado a existência de uma imputação (ação penal) contra si. Conforme dispõe o art. 363, CPP, a citação completa a formação do processo, *i. e.*, a relação triangular entre as partes e o juiz resta plenamente formada, possibilitando o contraditório e a dialética no processo.

Nesse sentido, ressalte-se ainda que a citação válida é um elemento de validade do processo, pois a ausência de citação acarreta sua nulidade absoluta, enquanto a deficiência do ato implica nulidade relativa.

Porém, a falta ou nulidade da citação será sanada se o réu comparecer espontaneamente antes da consumação do ato (ainda que para apontar a nulidade ou a falta) – art. 570, CPP. Apesar da redação deste dispositivo, há limites aqui, já que não pode ocorrer prejuízo à defesa réu. O STF, p. ex., já anulou uma sentença em que o acusado havia sido citado um dia antes de seu interrogatório. Reconheceu o Supremo, nessa oportunidade, manifesto prejuízo à ampla defesa (STF HC 109611 *DJe* 28.08.2013 e RHC 133945, *DJ* 01.08.2016).

16.1.1. *Espécies de citação*

a) **Citação real:** realizada na pessoa do réu, havendo certeza de que este tomou conhecimento da acusação. Modalidades:

a1) Citação real por mandado: cumprida por oficial de justiça dentro do território da Comarca onde o juiz exerce as suas funções. Conforme dispõe o art. 351: "a citação inicial far-se-á por mandado, quando o réu estiver no território sujeito à jurisdição do juiz que a houver ordenado". Se o acusado se encontrar em seu domicílio, pode ser realizada a qualquer dia e hora (salvo, à noite). Se o acusado estiver preso, a citação também será real por mandado (pessoal), sendo que o diretor do estabelecimento prisional será comunicado da futura audiência para a qual o réu for convocado.

O mandado de citação deverá conter todas as informações elencadas no art. 352, CPP (chamados de requisitos intrínsecos do mandado de citação), como: nome do juiz, nome do acusado ou as suas características físicas etc.

Além dos requisitos intrínsecos, há que se observar os requisitos extrínsecos da citação por mandado contidos no art. 357, CPP: leitura do mandado feita pelo oficial de justiça ao acusado; entrega da contrafé (cópia da peça inicial acusatória) etc.

Note-se que, no processo penal, a citação eletrônica só é admitida para as seguintes modalidades: carta precatória, rogatória ou de ordem (arts. 6º e 7º da Lei 11.419/2006).

---

[147]. Ver STF, HC 118533/MS, DJe 19.09.2016. A conduta do § 4º, art. 33, da Lei 11.343/2016 (tráfico de drogas privilegiado) não é crime hediondo.

a2) Citação real por carta precatória: quando o réu residir em outra Comarca – art. 353, CPP. Nesse caso, o juízo deprecante (do lugar onde tramita o processo) solicita ao juízo deprecado (lugar da residência do réu) que efetue a citação do acusado.

Peculiaridades da citação por precatória:

I – Se no juízo deprecado (aquele que irá cumprir a precatória), verificar-se que o réu se encontra em outra comarca, poderá ser encaminhada a precatória para a nova comarca (precatória itinerante);

II – Havendo urgência, a precatória poderá ser feita por via telegráfica (inclua-se aí o fax também);

a3) Citação real por carta rogatória: quando o réu residir fora do país ou em embaixadas ou consulados (sedes de legações estrangeiras). *Mutatis mutandis,* aplica-se a mesma razão da citação por precatória. No caso de citação por rogatória, haverá suspensão do prazo prescricional – art. 368, CPP. Caso se saiba que o réu se encontra no estrangeiro, mas em local incerto, a citação será por edital (ver abaixo).

a4) Citação real por carta de ordem: segundo Pacelli (2015, p. 617), "por carta de ordem deve-se entender a determinação, por parte de tribunal, superior ou não, de cumprimento de ato ou de diligência processual a serem realizados por órgãos da jurisdição da instância inferior, no curso de procedimento da competência originária daqueles".

Peculiaridades da citação real em relação a algumas pessoas:

I – Se o réu for militar, será citado por intermédio do chefe do respectivo serviço – art. 358, CPP;

II – Se for funcionário público, haverá necessidade de notificar o chefe de sua repartição – art. 359, CPP;

III – Se o réu estiver preso, deverá ser citado pessoalmente, por mandado – art. 360, CPP;

b) Citação ficta ou presumida: não sendo possível a citação real, proceder-se-á a citação ficta. Esta pode ser por edital ou por hora certa.

Razão de ser desse tipo de citação: para que o Estado não fique impossibilitado de exercer o seu *jus puniendi*.

b1) Por edital (art. 361, CPP): pressupõe que o réu tenha conhecimento da ação penal a partir da publicação do edital em veículo de comunicação periódico com circulação local e de sua notícia afixada na sede do juízo (Fórum). Vale frisar, no entanto, o seguinte julgado: STJ, HC 213600, *DJe* 09.10.2012, info 506 – "é nulo o processo a partir da citação na hipótese de citação por edital determinada antes de serem esgotados todos os meios disponíveis para a citação pessoal do réu".

Prazo do edital: 15 dias.

O art. 365, CPP, estatui os requisitos do edital de citação, sendo eles: nome do juiz que determinar a citação, nome do acusado ou seus sinais característicos, a indicação do dispositivo da lei penal infringido (Súmula 366, STF)[148] etc.

Neste contexto, cabe enunciar o entendimento do STJ segundo o qual "Por haver o réu tomado rumo ignorado logo após a prática do crime, **não é nula a citação por edital por suposta ausência de esgotamento dos meios para localização do citand**o, cuja atitude não pode implicar o atraso da prestação jurisdicional e condicionar a jurisdição à prévia procura de dados em empresas e órgãos públicos, sem perspectiva de êxito da diligência", vide RHC 52.924/BA, 6ª Turma, *DJ* 29.08.2016.

Ademais, nunca é demais ressaltar a jurisprudência pacífica do STJ asseverando que "A não localização do paciente, que deu ensejo à sua citação por edital, não se confunde com presunção de fuga", HC 253.621/MG, 6ª Turma, *DJ* 24.08.2016.

Atenção: a citação por edital não é admitida nos Juizados Especiais (art. 66, parágrafo único, Lei 9.099/1995). Caso o réu não seja encontrado para ser citado pessoalmente, haverá a remessa do processo ao juízo comum (adotando-se o rito sumário).

Citado por edital, se o réu não comparecer e nem constituir advogado, será determinada a suspensão do processo e do prazo prescricional, podendo o juiz determinar a produção antecipada das provas consideradas urgentes e, se for o caso, decretar preventiva – art. 366, CPP. Conforme alguns autores, (PACELLI, 2015, p. 623-4; TÁVORA, 2015, p. 987), este dispositivo não se aplica aos crimes de lavagem de dinheiro por força do disposto no art. 2º, § 2º, da Lei 9.613/1998.

Apesar de a lei não mencionar durante quanto tempo pode ficar suspenso o prazo prescricional, o STJ (Súmula 415) e a majoritária doutrina entendem que a suspensão da prescrição nesse caso deverá se dar pela pena máxima em abstrato fixada ao crime (art. 109, CP).

Ademais, ainda com base no art. 366, diz a Súmula 455, STJ: "a decisão que determina a produção antecipada de provas com base no art. 366 do CPP deve ser concretamente fundamentada, não a justificando unicamente o mero decurso do tempo".

> **Reflexos do Novo Código de Processo Civil**
>
> Finalmente, note-se que o art. 256 do NCPC, que trata da citação por edital, será usado de modo subsidiário aos dispositivos do CPP. Recomendamos, portanto, a leitura do referido art. 256.

b2) Por hora certa (art. 362, CPP): inovação introduzida na seara processual penal por meio da Lei 11.719/2008, essa modalidade de citação ficta[149] ocorre quando se verificar que o réu, deliberadamente, oculta-se para não ser citado. (STF, RE 635145/RS, DJe 13/09/2017 e Info. 833, de 1º a 5 de agosto de 2016).

Com a entrada do NCPC em vigor, a citação por hora certa passa a seguir o disposto nos arts. 252 e 253 daquele novo diploma, aos quais remetemos o leitor. Dentre outras coisas, notar que, de acordo com o art. 252, NCPC, o número de tentativas para a citação por hora certa passa de três para duas oportunidades.

Além disso, é importante destacar que o § 4º do art. 253 do NCPC, não tem aplicação ao processo penal. Diz esse dispositivo: "O oficial de justiça fará constar do mandado a advertência de que será nomeado curador especial se houver revelia". Na realidade, no âmbito do processo penal, realizada

---

148. Mister destacar que há divergência doutrinária no sentido de estabelecer como requisito do edital a descrição resumida do fato imputado, considerando a necessidade de possibilitar o exercício da ampla defesa.

149. Há quem entenda que a citação por hora certa se trata de modalidade de citação real – e não ficta. O tema não é pacífico, portanto.

a citação por hora certa, se o réu não comparecer, ser-lhe-á nomeado defensor dativo ou público, conforme o caso – e não curador especial, conforme diz o NCPC.

16.1.2. Revelia (art. 367, CPP)

No processo penal, os efeitos da revelia não guardam relação de similaridade com o âmbito processual civil. A ausência do acusado a qualquer dos atos processuais, sem justificativa, ou a mudança de endereço sem comunicação, têm como efeito a não intimação para os atos processuais seguintes[150]. Assim, não há que se falar em "confissão ficta", por exemplo, para o réu revel em processo penal.

O efeito da revelia apontado (não intimação do réu para os atos processuais futuros), obviamente, não se aplica ao defensor do acusado, pois, como sabemos, a defesa técnica no processo penal é imprescindível. Assim, ainda que o réu seja considerado revel, seu defensor, obrigatoriamente, deverá continuar a patrocinar seus interesses.

Ademais, outro efeito da revelia no processo penal é a quebra da fiança (art. 341, CPP).

Observações: I – ainda que revel, o réu deverá ser intimado da sentença em atenção ao princípio da ampla defesa (art. 392, CPP); II – o réu pode ingressar no processo a qualquer tempo, fazendo cessar os efeitos da revelia, mas sem alterações nos os atos já praticados. Participará do processo conforme o estado em que esse se encontra.

16.2. Intimações e notificações

São atos de comunicação processual dirigidos "às partes ou a qualquer outra pessoa que deva, de alguma forma, intervir na relação processual" (MOREIRA, 2010, p. 246).

Certo setor da doutrina costuma fazer a seguinte distinção:

16.2.1. Intimação

Ciência dada à parte ou outra pessoa de um ato já realizado – ato realizado no passado – ex.: intimação de uma sentença prolatada (passado). Intima-se *de* algo.

16.2.2. Notificação

Ciência dada para que a parte ou outra pessoa pratique um ato no futuro – ex.: notificação de testemunha para depor. Notifica-se *para* algo. O CPP, porém, não atenta para essa diferenciação, utilizando os termos indistintamente. Neste trabalho, portanto, falaremos tão somente em intimação. No caso do Ministério Público e da Defensoria Pública, a intimação deve ser pessoal, ou seja, a comunicação deve ser feita diretamente aos membros dessas instituições (art. 370, § 4º, CPP). Também o advogado dativo (nomeado pelo juiz) será intimado pessoalmente. No entanto, destacamos o seguinte julgado: "A intimação do defensor dativo apenas pela impressa oficial não implica reconhecimento de nulidade caso este tenha optado expressamente por esta modalidade de comunicação dos atos processuais, declinando da prerrogativa de ser intimado pessoalmente" (STJ, HC 311.676-SP, DJe 29.04.2015, Informativo 560). **Sobre o tema, ver o importante julgado do STJ: HC 358.943/SP,** *DJe* **06.09.2016.**

Em julgado recente, a 5ª Turma do STJ firmou entendimento no sentido de que a nomeação de defensor dativo não pode prescindir da intimação do réu para substituir o patrono inerte. No caso em espécie, o juízo *a quo*, diante da inércia do primeiro patrono constituído pelo réu, determinou a remessa dos autos à Defensoria Pública, não sendo oportunizado ao acusado o direito de nomear novo advogado de sua confiança, o que culminou na anulação da ação penal e desconstituição do trânsito em julgado da condenação (STJ, HC 389899/RO, *DJe* 31.05.2017).

Já o advogado constituído (pelo réu, pelo querelante, pelo querelado ou pelo assistente) será, em regra, intimado por meio de publicação oficial (Diário Oficial), incluindo, sob pena de nulidade, o nome do acusado. Caso não exista órgão de publicação oficial, a intimação deverá ser efetuada diretamente pelo escrivão, por mandado, ou via postal, com comprovante de recebimento, ou por qualquer outro meio considerado idôneo – 370, §§ 1º e 2º, do CPP.

Em hipótese de intimação por meio de carta precatória exige o art. 222, *caput*, CPP, sob pena de nulidade relativa (conforme Súmula 155, STF), que as partes sejam intimadas da expedição do documento, não sendo exigível que se lhes dê ciência da data marcada pelo Juízo deprecado para a realização do ato (vide Súmula 273, STJ).

A Lei 9.099/1995 (art. 67) dispõe que no JECRIM "a intimação poderá ser efetivada através de via postal (com AR ou mediante entrega na recepção, se se tratar de pessoa jurídica ou firma individual), por oficial de justiça (independentemente de mandado ou carta precatória), na própria audiência, ou, ainda, por qualquer outro meio idôneo de comunicação, como, por exemplo, o telefone" (MOREIRA, 2010, p. 265).

O cumprimento dos atos de comunicação processual deve ocorrer em dias úteis, com expediente forense, como se pode depreender, inclusive, do teor da Súmula 310, STF: *"quando a intimação tiver lugar na sexta-feira, ou a publicação com efeito de intimação for feita nesse dia, o prazo judicial terá início na segunda-feira imediata, salvo se não houver expediente, caso em que começará no primeiro dia útil que se seguir"*.

A ausência de intimação das partes poderá, a depender do caso, configurar até em nulidade absoluta por cerceamento defesa, por exemplo. Ainda, segundo o STF, HC 114.107, *DJe* 12.12.2012: "necessidade de intimação pessoal do réu é apenas da sentença condenatória e não do acórdão proferido em sede de apelação". Ver também a seguinte decisão do STF: "a nulidade do julgamento por ausência de intimação prévia da defesa para ciência da data de confecção do voto-vista dependeria de inequívoca demonstração de concreto prejuízo", HC 92932 ED, Tribunal Pleno, *DJ* 14.04.2016. Cabe ainda ressaltar que nos casos em que o réu vier a ser preso no curso do prazo da intimação por edital da sentença condenatória, esta intimação restará prejudicada, devendo ocorrer pessoalmente. (STJ, RHC 45584/PR, DJe 12/05/2016 e Info. 583).

Ainda quanto ao assunto, importa destacar a recente decisão do STF no sentido de que não haverá nulidade no caso de intimação expedida em nome de advogado falecido, quando o réu possui mais de um advogado constituído e não houve pedido da defesa para que todos os causídicos fossem inti-

---

150. Esta última parte, contudo, não se aplica à intimação da sentença, que é obrigatória.

mados. O mesmo não ocorreria, entretanto, caso o advogado falecido fosse o único constituído pelo acusado (HC 138097-SP, Info. 921/STF, de 22 a 26 de outubro de 2018).

17. SENTENÇA PENAL

Antes de tratarmos propriamente da sentença, vejamos uma tradicional divisão, apresentada por certo setor da comunidade jurídica, a respeito dos atos jurisdicionais.

Em regra, os atos jurisdicionais podem ser:

17.1. Despachos de mero expediente (ou ordinatórios)

São atos jurisdicionais de mero impulso do processo, sem carga decisória, portanto. Ex.: ato do juiz que designa data para a audiência de instrução e julgamento (art. 400, CPP). Os despachos de mero expediente são irrecorríveis. Porém, quando causarem tumulto ao processo ou forem abusivos, poderão ser atacados por correição parcial. Ex.: despacho do juiz que determina a oitiva das testemunhas indicadas pela defesa *antes* das arroladas pela acusação. Cabe, nesse caso, correição.

17.2. Decisões

Em sentido amplo, a palavra *decisão* significa todo o ato jurisdicional que possui carga decisória, produzindo, portanto, algum tipo de sucumbência. Tais atos destinam-se a solucionar incidentes processuais ou mesmo pôr termo ao processo. Exs.: sentença, decisão que decreta a preventiva etc. Várias decisões, por apresentarem certo grau de carga decisória (maior ou menor, a depender do caso), podem ser desafiadas por recurso. Exs.: a sentença é apelável; a decisão que rejeita a inicial penal é recorrível em sentido estrito etc.

As *decisões*, por sua vez, conforme tradicional classificação da doutrina, dividem-se em:

17.2.1. Decisões interlocutórias simples

"São as que dirimem questões emergentes relativas à regularidade ou marcha do processo, exigindo um pronunciamento decisório sem penetrar no mérito" (MIRABETE, 2001, p. 445). Essas decisões não encerram o processo nem qualquer fase do procedimento. Ex.: decisão que decreta a preventiva.

17.2.2. Decisões interlocutórias mistas

São aquelas que, julgando ou não o mérito, colocam fim ao procedimento ou a uma de suas fases. Dividem-se em:

a) **Decisões interlocutórias mistas terminativas:** são as que põem fim ao procedimento. Ex.: impronúncia, rejeição da denúncia;

b) **Decisões interlocutórias mistas não terminativas:** são as que põem fim a apenas uma etapa do procedimento. Ex.: a pronúncia põe termo à primeira fase do procedimento bifásico do Júri.

17.2.3. Decisões definitivas (ou sentenças)

São aquelas que põem fim ao processo, julgando o mérito da causa. Subdividem-se em:

a) **Sentença condenatória:** é aquela em que o juiz acolhe, ainda que parcialmente, a pretensão punitiva deduzida na inicial penal. Note o leitor que, no processo penal, em razão, dentre outros, do princípio do estado de inocência e do *in dubio pro reo*, o juiz só poderá condenar o acusado se estiver diante de um conjunto probatório (produzido em contraditório judicial) cabal. Impossível, portanto, uma condenação em meros indícios e/ou conjecturas frágeis. Em caso de prova frágil (ou como dizem alguns: em caso de dúvida), o caminho inarredável será a absolvição do réu, aplicando-se a regra pragmática de julgamento do *in dubio pro reo* (LOPES JR., 2010);

b) **Sentença absolutórias:** ao contrário, é aquela em que o juiz não acolhe a pretensão punitiva deduzida na inicial penal;

c) **Decisão terminativa de mérito ou declaratória extintiva da punibilidade:** é aquela em que o juiz, apesar de julgar o mérito, não condena e nem absolve o réu. Ex.: decisão que declara extinta a punibilidade do agente em decorrência de prescrição (art. 107, IV, CP).

Dada a importância que as sentenças condenatória e absolutória têm para o processo penal, iremos estudá-las com mais vagar nas próximas linhas. Porém, antes, vejamos os requisitos formais da sentença (comuns à absolutória e à condenatória).

17.3. Requisitos da sentença (art. 381, CPP)

Nota: a falta de qualquer desses requisitos provoca a nulidade absoluta da sentença (por descumprimento de formalidade essencial do ato – art. 564, IV, CPP).

Conforme entendimento do STJ, é válida a sentença proferida de forma oral na audiência e registrada em meio audiovisual, ainda que não haja a sua transcrição. A ausência de degravação completa da sentença penal condenatória não prejudica o contraditório ou a segurança do registro nos autos (HC 462253-SC, Info. 641/STJ, de 1º de março de 2019).

17.3.1. Relatório

Aqui o juiz deverá efetuar uma espécie de resumo dos acontecimentos mais importantes que se deram ao longo do processo. Deverá conter: os nomes das partes, a exposição sucinta da acusação e da defesa e demais ocorrências processuais relevantes.

Nota: no JECRIM[151] (art. 81, § 3º), dispensa-se o relatório.

17.3.2. Fundamentação ou motivação

É requisito geral de todas as decisões judiciais (art. 93, IX, da CF), sob pena de nulidade absoluta. **Como já vimos**, o juiz é livre para julgar, porém deve fazê-lo de forma fundamentada (princípio do **livre convencimento motivado ou persuasão racional do juiz**). A fundamentação é de suma importância, pois permite um *controle da racionalidade* da decisão do juiz pelas partes e pela própria sociedade (LOPES JR., 2010). A fundamentação permite, p. ex., que as partes verifiquem se o juiz considerou as suas teses e as provas que produziram. O direito à prova não se constitui apenas como direito de produzir prova, mas também como direito à valoração da prova pelo magistrado (GRINOVER *et. al.* 2001, p. 212 e ss.). Conforme o art. 371, CPP: "O juiz apreciará a

---
151. Juizado Especial Criminal – Lei 9.099/1995.

prova constante dos autos, independentemente do sujeito que a tiver promovido, e indicará na decisão as razões da formação de seu convencimento". Cabe salientar que não se exige fundamentação extensa, prolixa, podendo ser ela sucinta. O que não se admite é a ausência da fundamentação ou fundamentação deficiente. A sentença despida de qualquer fundamentação é chamada de *sentença vazia*. Por fim, vale consultar também o art. 489, § 1º, NCPC.

17.3.3. Dispositivo ou conclusão

É parte da sentença que contém o comando da decisão, o provimento final, de condenação ou de absolvição. Por óbvio, o dispositivo da sentença deve guardar relação com as razões de decidir (com a motivação).

Se condenatória a sentença, deverá a conclusão trazer o tipo penal no qual está incurso o acusado, a dosimetria da pena e o seu regime inicial de cumprimento.

Se absolutória, deverá a conclusão trazer o fundamento legal da absolvição (incisos do art. 386, CPP).

Observação Final: O juiz ao proferir a sentença condenatória nos casos de violência contra a mulher, praticados no âmbito doméstico ou familiar, pode fixar o valor mínimo indenizatório a título de dano moral, desde que haja pedido expresso da acusação ou da parte ofendida, ainda que não especificada a quantia e independentemente de instrução probatória (Informativo 621/STJ, de 6 de abril de 2018).

17.3.4. Autenticação

Consiste na aposição de assinatura do juiz, bem como da indicação do local e data em que a sentença foi proferida. A falta de assinatura torna a sentença inexistente.

Dadas as suas peculiaridades, analisemos a seguir a sentença absolutória (tema, de certa forma, já enfrentado também quando tratamos da ação civil *ex delicto*).

17.4. Sentença absolutória

Conforme dito, é a sentença que não acolhe a pretensão punitiva deduzida na inicial acusatória.

A sentença absolutória pode ser:

Própria: aquela que absolve o réu, importando em reconhecimento de sua plena inocência. É a absolvição por excelência. Ex.: juiz que, na sentença, reconhece que o acusado não participou do crime objeto do processo;

Imprópria: aquela que, apesar de absolver o réu, aplica-lhe medida de segurança, pois reconhece a inimputabilidade do acusado (doença mental) ao tempo do fato – art. 26, CP c/c o art. 386, VI, 2ª parte, e parágrafo único, III, CPP.

Analisemos a seguir os fundamentos da sentença absolutória contidos no art. 386, CPP. O juiz absolverá o réu quando:

I – **estiver provada a inexistência do fato**: aqui o juiz está seguro de que o fato relatado na inicial acusatória não aconteceu. Se o fato não existiu no campo penal (que exige uma carga probatória muito maior que a do campo civil), com muito mais razão também não existiu na seara cível. Este fundamento da sentença absolutória obsta, portanto, a propositura de ação civil *ex delicto*;

II – **não houver prova da existência do fato**: a acusação não logrou êxito em convencer o juiz a respeito da existência do fato-crime. Houve debilidade probatória. Sendo assim, aplica-se a regra pragmática de julgamento do *in dubio pro reo*, absolvendo-se, por conseguinte, o acusado. Este fundamento da sentença absolutória não fecha as portas do cível. Note-se que a prova não foi suficiente para o campo penal, mas poderá sê-lo para o campo civil;

III – **não constituir o fato infração penal**: é o reconhecimento da atipicidade do fato. Também não fecha as portas do cível. O ilícito não foi penal, mas poderá ser civil (art. 67, III, CPP);

IV – **estiver provado que o réu não concorreu para a infração penal**: aqui o juiz está seguro de que o réu não concorreu para a prática da infração penal (negativa da autoria). Fecha as portas do cível. Se restou provado no campo penal que o réu não praticou qualquer conduta lesiva, automaticamente estará excluído do polo passivo de qualquer ação indenizatória;

V – **não existir prova de ter o réu concorrido para a infração penal**: o juiz não está seguro da participação ou não do acusado na empreitada criminosa. A acusação não logrou êxito em convencer o juiz a respeito disso, havendo, portanto, debilidade probatória. Sendo assim, aplica-se a regra pragmática de julgamento do *in dubio pro reo*, absolvendo-se, por conseguinte, o acusado. Este fundamento da sentença absolutória não fecha as portas do cível. Note-se que a prova não foi suficiente para o campo penal, mas poderá sê-lo para o campo civil;

VI – **existirem circunstâncias que excluam o crime ou isentem o réu de pena** (arts. 20, 21, 22, 23, 26 e § 1º do art. 28, todos do Código Penal), ou **mesmo se houver fundada dúvida sobre sua existência:** já tratamos desta hipótese com detalhes quando estudamos a ação civil *ex delicto*. Vale apenas lembrar que o reconhecimento de excludente de ilicitude (legítima defesa, por exemplo) fecha, em regra, as portas do cível (arts. 188, I, CC, e 65, CPP);

VII – **não existir prova suficiente para a condenação**: para que seja imposta uma condenação ao acusado, é preciso que o juiz esteja convencido de que o fato existiu, foi típico, que o réu concorreu para essa infração penal e que não existiram, *in casu*, justificantes ou dirimentes. Desse modo, se o conjunto probatório não foi suficiente para gerar um juízo de certeza acerca da condenação, impõe-se a absolvição do acusado. Trata-se, mais uma vez, da aplicação da regra pragmática de julgamento do *in dubio pro reo*.

17.5. Princípio da correlação entre a acusação e a sentença

Segundo Badaró (2008, v. I, p. 309) significa que "deve haver uma identidade entre o objeto da imputação e o da sentença. Ou seja, o acusado deve ser julgado, sendo condenado ou absolvido, pelos fatos que constam da denúncia ou queixa". Dessa forma, descabem julgamentos *citra* (aquém do objeto da imputação), *ultra* (além do objeto da imputação) ou *extra* (diverso do objeto da imputação) *petita*.

Em suma, o princípio da correlação visa a impedir que o réu seja condenado por fato não contido na denúncia ou na queixa. Daí surge um questionamento: que fazer quando, no decorrer da instrução, verificar-se que ocorreu um equívoco na classificação legal (tipificação) do fato descrito; ou quando se vislumbrar que o fato inicialmente descrito não corresponde ao que foi demonstrado ao final da instrução? A resposta passa pelos institutos da *emendatio libelli* e *mutatio libelli*, a seguir examinados.

17.5.1. Emendatio libelli

Essa possibilidade está consubstanciada no art. 383, CPP, que diz: *"o juiz, sem modificar a descrição do fato contida na denúncia ou queixa, poderá atribuir-lhe definição jurídica diversa, ainda que, em consequência, tenha de aplicar pena mais grave"*.

Após a fase instrutória, ao apreciar o mérito da pretensão punitiva, é possível que o juiz perceba que a definição legal apresentada pela acusação não é adequada aos fatos descritos na inicial acusatória. Diante dessa situação, poderá o juiz, de ofício, proceder à correta capitulação legal dos fatos, retificando a inicial. Trata-se de medida que não interfere na defesa, pois, como diz a tradicional doutrina, o acusado se defende dos fatos descritos e não da definição legal contida na inicial acusatória. Vamos a um exemplo: denúncia narra um furto, mas o promotor, ao classificar a conduta, aponta o art. 157, CP (roubo). Na sentença, poderá o juiz corrigir a classificação legal para o art. 155, CP (furto) (BADARÓ, 2008, v. I, p. 310).

Perceba o leitor que o elemento-chave da *emendatio* é que o fato descrito na inicial penal é o mesmo que chega ao juiz no momento da sentença (o fato permanece inalterado). O que muda, portanto, é o enquadramento legal dado pelo juiz àquele (ao fato).

Assim, o STF, no julgamento do HC 129284/PE, j. 17.10.2017, entendeu ser irrelevante a menção expressa na denúncia de eventuais causas de aumento ou diminuição, desde que haja correlação entre o fato descrito na denúncia e o fato pelo qual foi condenado (Informativo 882, STF, do período de 16 a 20 de outubro de 2017). Dessa forma, o fato de o MP ajuizar ação penal contra o réu pela prática do crime de homicídio fundamentando apenas no art. 121, mas no bojo da descrição dos fatos narrar que o crime foi cometido por grupo de extermínio, não impede que o juiz no momento da sentença reconheça a incidência da causa de aumento prevista no § 6º do art. 121.

Por fim, vale ressaltar que o instituto da *emendatio libelli* pode ocorrer em segundo grau (Informativo 895/STF, de 19 a 30 de março de 2018). Porém, a retificação não pode resultar em pena mais grave se o recurso tiver sido exclusivo da defesa, uma vez que é vedada a *reformatio in pejus*.

17.5.2. Mutatio libelli (art. 384, CPP)

Aqui, ao contrário da hipótese anterior, "os fatos objeto do processo são alterados, com o que, normalmente, altera-se também a sua classificação jurídica" (BADARÓ, 2008, v. I, p. 311). Perceba o leitor, portanto, que na *mutatio* temos uma alteração dos fatos objeto do processo (este é o elemento-chave). Ex.: o promotor, na denúncia, narra um furto e, corretamente, rotula o fato no art. 155, CPP. Ocorre que, durante a instrução, surgem provas no sentido de que o arrebatamento dos bens da vítima se deu por meio de violência. Logo, estaríamos diante de um roubo e não de um furto. Perceba que não se trata de um novo fato típico, mas de **elemento ou circunstância** que não estavam presentes originalmente. Eles podem ser entendidos como *as circunstâncias elementares do delito, a prova de qualificadoras, causas de aumento e de diminuição da pena (circunstâncias legais)*.

Em decorrência desse novo cenário, o juiz deverá notificar o MP para que este proceda ao aditamento da denúncia no prazo de 5 dias (art. 384, parte final, CPP). Se o órgão ministerial não promover o aditamento, pode o juiz seguir o procedimento do art. 28, CPP, remetendo ao órgão revisor do MP para manifestação final. É importante dizer ainda que o juiz não poderá, de ofício, realizar a alteração da imputação, já que, agindo assim, estaria atuando como órgão acusador, violando, pois, o sistema acusatório.

Uma vez oferecido o aditamento pelo MP, deve o juiz, em observância ao contraditório e à ampla defesa, permitir que, em 5 dias, o acusado se manifeste.

Admitido o aditamento pelo juiz (com a manifestação defensiva do réu), deverá o juiz abrir novo prazo de 5 dias, para que as partes arrolem até 3 testemunhas. Ato contínuo, o juiz marcará dia e hora para a continuação da audiência de instrução e julgamento, com a inquirição das testemunhas eventualmente indicadas, novo interrogatório do réu, novos debates orais e, ao final, julgamento.

Por fim, frise-se que, nos termos da Súmula 453, STF, não cabe *mutatio libelli* em segundo grau.

17.6. Coisa julgada

17.6.1. Conceito e espécies

É o efeito de imutabilidade oriundo de uma decisão judicial sobre a qual não seja mais possível qualquer discussão. Na visão de Tourinho Filho, o seu fundamento político é a necessidade de pacificação social por meio da segurança jurídica relacionada à manutenção das decisões definitivas (2010, p. 843).

Na esfera penal, essa imutabilidade incide sobre as sentenças absolutórias, uma vez que a condenação pode ser revista a qualquer tempo, por meio da ação de revisão criminal (art. 621, CPP).

Quanto à extensão da imutabilidade, a coisa julgada deve ser entendida sob dois aspectos: formal e material. Aqui o magistério de Luiz Flávio Gomes é bastante elucidativo no que tange à sua compreensão prática.

Diz o referido jurista que "há duas espécies de coisa julgada: 1. Coisa julgada formal: impede que o juízo da causa reexamine a sentença [ou decisão]; 2. Coisa julgada material: impede que qualquer outro juízo ou tribunal examine a causa já decidida." (2005, p. 330).

Nessa linha de entendimento, em respeito à coisa julgada, o STJ fixou entendimento de que no caso de duas sentenças condenatórias contra o mesmo condenado, pelos mesmos fatos, deve prevalecer a condenação que primeiro transitou em julgado (RHC 69586-PA, Info. 642/STJ, de 15 de março de 2019).

17.6.2. Limites da coisa julgada

Como visto acima, a coisa julgada impõe limites à atividade de persecução penal. Tais limitações possuem natureza dúplice: objetiva e subjetiva.

a) Limites objetivos: estão previstos no § 2º, art. 110, CPP, *in verbis*: *"a exceção de coisa julgada somente poderá ser oposta em relação ao fato principal que tiver sido objeto da sentença"*. Os limites objetivos são, portanto, as imputações, os fatos principais considerados pelo juiz na sentença.

Desse modo, uma vez absolvido da acusação de roubo do carro da vítima "A", em determinado dia, e sob as condições ali descritas, o acusado não mais poderá ser processado pelos mesmos fatos sob outra qualificação, como furto, por exemplo;

b) Limites subjetivos: incidem sobre o acusado, sujeito passivo da ação penal.

O efeito de imutabilidade da sentença impede que ele seja processado duas vezes pelo mesmo fato, independentemente da natureza da sentença, seja absolutória, condenatória ou terminativa de mérito (ex: sentença de extinção da punibilidade).

18. PROCEDIMENTOS PENAIS

18.1. Conceito

Rito ou procedimento é a sucessão ordenada de atos processuais, dirigidos a um fim último: a sentença.

18.2. Classificação

No processo penal, o procedimento se divide em comum e especial (art. 394, CPP).

a) O procedimento comum compreende:

a1) o procedimento ordinário: aplicável aos crimes cuja pena máxima prevista seja igual ou superior a 4 anos de privação de liberdade;

a2) o procedimento sumário: aplicável aos crimes cuja pena máxima prevista seja inferior a 4 anos de privação de liberdade;

a3) o procedimento sumaríssimo, aplicável às IMPOs[152] (Lei 9.099/1995), ou seja, pena máxima até 2 anos;

No cálculo da pena máxima, devem ser considerados os seguintes pontos: as qualificadoras; os privilégios; as hipóteses de concurso de crimes; as causas de aumento (considerar a de maior aumento da pena) e de diminuição (considerar a de menor redução da pena). Estão excluídas do cálculo as circunstâncias agravantes e atenuantes, considerando a ausência de parâmetros legais a respeito do acréscimo ou de redução da pena (LIMA, 2015, p. 1417-18).

b) Procedimento especial (pode estar previsto dentro ou fora do CPP). Exemplos:

b1) Júri – art. 406 e ss., CPP;

b2) Drogas – Lei 11.343/2006;

b3) Crimes de funcionais (art. 513 e ss.); dentre outros.

É importante notar que, conforme determina o § 4º do art. 394, CPP, os institutos previstos nos arts. 395 a 397, que tratam respectivamente das causas de rejeição da denúncia, da resposta à acusação e da absolvição sumária, aplicam-se, em regra, a todo e qualquer procedimento de 1º grau.

No entanto, é necessário destacar que a absolvição sumária do art. 397, CPP (absolvição sumária antecipada), não se aplica ao procedimento do júri. Motivo: o rito do júri já possui possibilidade de absolvição sumária em momento específico (art. 415 do CPP), sendo, portanto, descabida a aplicação do art. 397 do CPP ao procedimento dos crimes dolosos contra a vida. Nesse sentido: Tourinho Filho (2010, p. 734) e Pacelli de Oliveira (2015, p. 641).

Ressalte-se também que as disposições do procedimento ordinário são aplicadas subsidiariamente aos procedimentos especial, sumário e sumaríssimo – § 5º do art. 394, CPP.

18.3. Etapas do procedimento ordinário (arts. 394 a 405)[153]

a) Oferecimento da inicial penal (indicação de até 8 testemunhas);

b) Recebimento ou rejeição da inicial.

Havendo rejeição cabe RESE (art. 581, I);

c) Citação (em caso de recebimento);

d) Resposta escrita à acusação;

e) Absolvição sumária ou, não sendo o caso desta, designação de audiência;

f) Audiência de instrução e julgamento (audiência una). Atos que compõem esta audiência:

f1) tomada das declarações do ofendido;

f2) oitiva das testemunhas arroladas pela acusação;

f3) oitiva das testemunhas arroladas pela defesa;

f4) esclarecimentos dos peritos (desde requerido pelas partes);

f5) acareações (se for o caso);

f6) reconhecimento de pessoas e coisas (se necessário);

f7) interrogatório do réu;

f8) requerimento de diligências últimas;

f9) alegações finais orais ou apresentação de memoriais;

g) Sentença (a ser proferida na própria audiência una ou posteriormente quando impossível a sua prolação em audiência).

18.3.1. Análise de algumas etapas importantes do procedimento ordinário

a) Hipóteses de rejeição da inicial penal (art. 395, CPP). Significa que o juiz considera inviável a acusação deflagrada por conta de um dos seguintes motivos:

I – Inépcia: desatendimento dos requisitos essenciais do art. 41, CPP. Ex.: denúncia lacônica – que não respeita o requisito da exposição do fato criminoso com todas as suas circunstâncias;

II – Falta de pressuposto processual ou condição para o exercício da ação penal. Ex.: de falta de pressuposto processual: litispendência (acusação do mesmo réu sobre o mesmo fato). Ex.: de falta de condição da ação: denúncia por fato prescrito (carece o MP de interesse neste caso);

---
152. Infração de menor potencial ofensivo – art. 61, Lei 9.099/1995.

153. Note, caro Leitor, que o art. 394-A, introduzido pela Lei 13.285/2016, estabelece que os processos que apurem a prática de crimes hediondos terão prioridade de tramitação em todas as instâncias, ou seja, inclusive no âmbito dos Tribunais Superiores.

III – **Ausência de justa causa:** é a 4ª condição genérica da ação. Falta de suporte probatório mínimo;

b) Resposta à acusação (arts. 396 e 396-A, CPP)

Uma vez citado, o réu possui 10 dias para apresentar sua primeira defesa no processo.

b1) Conteúdo da resposta: o acusado poderá arguir preliminares e alegar tudo o que interesse à sua defesa, oferecer documentos e justificações, especificar as provas pretendidas e arrolar testemunhas, qualificando-as e requerendo sua intimação, quando necessário.

Pode indicar até 8 testemunhas, sob pena de preclusão.

Obrigatoriedade: Não apresentada a resposta no prazo legal, ou se o acusado, citado, não constituir defensor, o juiz nomeará defensor para oferecê-la, concedendo-lhe vista dos autos por 10 (dez) dias. Note-se que a falta de resposta é causa de nulidade absoluta e, além disso, conforme o art. 265, CPP, o defensor que abandonar a causa sem a ocorrência de motivo imperioso comunicado previamente ao juiz, pode sofrer a aplicação de multa.

c) Possibilidade de absolvição sumária (art. 397, CPP): após a resposta à acusação, pode o juiz absolver sumariamente o réu quando verificar:

I – a existência manifesta de causa excludente da ilicitude do fato.

Ex.: legítima defesa;

II – a existência manifesta de causa excludente da culpabilidade do agente, salvo inimputabilidade.

Ex.: coação moral irresistível.

A ressalva da inimputabilidade nesse dispositivo tem razão de ser, pois lembre-se de que, no caso de reconhecimento de doença mental, será aplicada ao réu medida de segurança (que não deixa de ser uma pena). Logo, necessário o percurso do devido processo legal até a sentença final, não sendo possível absolvê-lo impropriamente nessa etapa;

III – que o fato narrado evidentemente não constitui crime.

Ex.: atipicidade da conduta;

IV – extinta a punibilidade do agente.

A redação do dispositivo foi infeliz. Tecnicamente, não se trata de absolvição. Ex.: morte do agente. Não se "absolve" o agente, mas declara-se extinta a sua punibilidade.

d) Algumas novidades/questões sobre a audiência una

I – Tentativa de concentração dos atos numa única audiência;

II – Incorporação do princípio da identidade física do juiz ao processo penal (art. 399, § 2º, CPP): o juiz que acompanhar a instrução probatória deverá ser o mesmo a proferir a sentença;

III – A ordem de oitiva das testemunhas respeitará o seguinte: primeiro, serão ouvidas as testemunhas indicadas pela acusação, depois, as pela defesa. Não se aplica esta ordem no caso de expedição de carta precatória;

IV – Perguntas formuladas diretamente às testemunhas pelas partes;

V – Interrogatório ao final da audiência. Conforme a melhor doutrina, o deslocamento do interrogatório para o final da audiência reforçou que, além de meio de prova, esse ato representa, inegavelmente, um meio de defesa;[154]

VI – Alegações finais (debates) orais: primeiro, acusação (20 min. prorrogável por mais 10), e, em seguida, a defesa, por igual tempo.

Existindo 2 ou mais acusados, o tempo das alegações orais será contado separadamente para cada um e, havendo assistente de acusação, ele fará sua sustentação por 10 minutos, logo após o MP, acrescentando-se igual tempo à manifestação da defesa.

O juiz poderá, considerada a complexidade do caso, o número de réus ou a necessidade de realizar diligências imprescindíveis, conceder às partes o prazo de 5 dias, sucessivamente, para a apresentação de memoriais (leia-se alegações finais escritas). Nessa hipótese, terá o magistrado o prazo de 10 dias para prolatar a sentença.

Quanto ao tema alegações finais, importa destacar recente decisão do STF no sentido de que o corréu delatado em acordo de colaboração premiada possui o direito de apresentar alegações finais após os delatores, sob pena de indubitável prejuízo à defesa (HC 157627-AgR/PR, Info. 949/STF, de 26 a 30 de agosto de 2019);

VII – Sentença em audiência: passa a ser a regra. Exceções (hipóteses em que a sentença não será prolatada em audiência): causa complexa; número elevado de réus; ou diligências imprescindíveis que impeçam a prolação da sentença em audiência. Nestas situações, não haverá alegações finais orais em audiência (as alegações serão escritas e apresentadas *a posteriori* – memoriais), como também não haverá prolação de sentença em audiência. *Vide* arts. 403 e 404, CPP.

Se os memoriais não forem apresentados pelo MP, será aplicado, por analogia, o art. 28, CPP. Para o querelante, impõe-se a perempção (art. 60, I, CPP);

VIII – Deve ser realizada a audiência una no prazo máximo de 60 dias (contados a partir do recebimento da inicial penal) – art. 400, *caput*, CPP.

18.4. Etapas do procedimento sumário – arts. 531 a 538, CPP

a) Oferecimento da inicial penal;

b) Recebimento ou rejeição da inicial;

c) Citação;

d) Resposta escrita à acusação;

e) Absolvição sumária ou designação de audiência;

f) Audiência de instrução e julgamento: declarações do ofendido; oitiva das testemunhas (acusação e defesa); esclarecimentos dos peritos; acareações; reconhecimento de pessoas e coisas; interrogatório; alegações finais orais; e sentença.

---

154. Os tribunais superiores entendem que o art. 400 do CPP, que prevê o interrogatório do réu como último ato da instrução, é aplicável no âmbito do processo penal militar e nos casos de incidência da Lei de Drogas (Informativo 816/STF, de 29 de fevereiro a 4 de março de 2016 e Informativo 609/STJ, de 13 de setembro de 2017.). O mesmo ocorre no âmbito dos processos criminais que tramitam perante o STF e STJ, em que pese não tenha havido alteração no art. 7º da Lei n.8.038/1990, lei que rege o procedimento nestes tribunais (AP 1027-DF, Info. 918/STF, de 1º a 5 de outubro de 2018).

Nota: trata-se de procedimento praticamente igual ao ordinário. Diferenças: a audiência una deve ser realizada em até 30 dias após o recebimento da inicial; limite de testemunhas: 5 (e não 8 como no ordinário).

18.5. Procedimento (comum) sumaríssimo (arts. 77 a 81, Lei 9.099/1995)

Aplicável às IMPOs (infrações penais de menor potencial ofensivo, que são aquelas cuja pena máxima é de até 2 anos – *vide* art. 61, Lei 9.099/1995). Vale lembrar que "no caso de concurso de crimes, a pena considerada para fins de fixação da competência do Juizado Especial Criminal será o resultado da soma, no caso de concurso material, ou a exasperação, na hipótese de concurso formal ou crime continuado, das penas máximas cominadas aos delitos; destarte, se desse somatório resultar um apenamento superior a 02 (dois) anos, fica afastada a competência do Juizado Especial" (STJ HC 143500 / PE, *DJe* 27.06.2011 e Rcl 27.315/SP, 3ª Seção, *DJe* 15.12.2015).

A exceção diz respeito ao art. 94, Lei 10.741/2003 (Estatuto do Idoso), que prevê a aplicação do procedimento para os crimes ali previstos, mesmo com o teto de 4 anos. O **STF** decidiu pela interpretação conforme do referido dispositivo, permitindo unicamente a adoção do procedimento sumaríssimo, mas sem a possibilidade de aplicação dos institutos despenalizadores da Lei 9.099/1995 (**ADI 3096/DF, *DJe* 03.09.2010**).

Ver o importante precedente do STF: "Interpretação que pretenda equiparar os crimes praticados com violência doméstica contra a mulher aos delitos submetidos ao regramento previsto na Lei dos Juizados Especiais, a fim de permitir a conversão da pena, não encontra amparo no art. 41 da Lei 11.340/2006. 3. Ordem denegada". (HC 129446, 2ª Turma, 06.11.2015).

18.5.1 Fases

a) Fase preliminar

I – lavratura do termo circunstanciado (TCO ou TC) e encaminhamento deste termo ao juizado (JECRIM);

II – audiência preliminar: presentes o autor do fato, vítima, respectivos advogados, responsável civil (se for o caso) e o MP, o juiz esclarecerá sobre a possibilidade da **composição civil dos danos** e da **transação penal** (aplicação imediata de pena não privativa de liberdade);

III – Não havendo conciliação na audiência preliminar, será facultado ao titular da ação oferecer inicial penal oral (rol de 3 testemunhas), passando-se à fase propriamente processual da Lei 9.099/1995;

a1) Algumas etapas importantes da fase preliminar:

I – **Composição civil** (art. 74, Lei 9.099/1995): visa a reparar os danos causados ao ofendido. Sendo homologada por sentença (decisão irrecorrível) pelo juiz, terá eficácia de título a ser executado no juízo cível.

i. Crime de ação penal privada: homologado o acordo pelo juiz, haverá renúncia ao direito de ação (queixa), ou seja, extinção da punibilidade. Não homologada a composição, poderá o ofendido ingressar com a queixa oral;

ii. Ação pública condicionada à representação: homologado o acordo, haverá renúncia ao direito de representação (extinção da punibilidade). Não homologada a composição, poderá o ofendido oferecer representação oral. O não oferecimento da representação na audiência preliminar não implica decadência do direito, que poderá ser exercido no prazo previsto em lei (art. 75, parágrafo único, Lei 9.099/1995);

iii. Ação pública incondicionada: a homologação do acordo não impede a propositura de transação e nem de denúncia pelo MP;

II – **Transação penal (art. 76, Lei 9.099/1995):** não sendo caso de arquivamento, o MP examinará a viabilidade de propor imediatamente a aplicação de pena restritiva de direitos ou multa (a ser especificada na proposta). Trata-se de mitigação do princípio da obrigatoriedade. É cabível a transação em relação a crime de ação penal privada. "Nesse caso, a legitimidade para formular a proposta é do ofendido, e o silêncio do querelante não constitui óbice ao prosseguimento da ação penal". STJ, Súmula 536: "A suspensão condicional do processo e a transação penal não se aplicam na hipótese de delitos sujeitos ao rito da Lei Maria da Penha".

III – **Não cabe a proposta pelo MP se ficar comprovado:**

i. ter sido o autor da infração condenado, pela prática de crime, à pena privativa de liberdade, por sentença definitiva.

Não impede se decorridos mais de 5 anos do cumprimento ou extinção da pena (art. 64, I, CP – prazo da reincidência);

ii. ter sido o agente beneficiado anteriormente, no prazo de cinco anos, pela aplicação de pena restritiva ou multa, nos termos deste artigo;

iii. não indicarem os antecedentes, a conduta social e a personalidade do agente, bem como os motivos e as circunstâncias, ser necessária e suficiente a adoção da medida.

IV – **A homologação da transação penal:**

i. não importará em reincidência, sendo registrada apenas para impedir novamente o mesmo benefício no prazo de cinco anos;

ii. não constará de certidão de antecedentes criminais;

iii. não terá efeitos civis, cabendo aos interessados propor ação cabível no juízo cível;

V – Conforme atual posicionamento do STF, em caso de descumprimento do acordo de transação penal, admite-se o oferecimento de denúncia por parte do MP ou a requisição de instauração do IP. Ver Súmula Vinculante 35: "A homologação da transação penal prevista no artigo 76 da Lei 9.099/1995 não faz coisa julgada material e, descumpridas suas cláusulas, retoma-se a situação anterior, possibilitando-se ao Ministério Público a continuidade da persecução penal mediante oferecimento de denúncia ou requisição de inquérito policial."

VI – Cumprida a transação, estará extinta a punibilidade do autor do fato.

Observação: o acusado não está obrigado a aceitar a proposta de transação penal. Pode rejeitá-la ou formular uma contraproposta. (TÁVORA, 2016, p. 1190);

b) Fase processual (procedimento sumaríssimo) – art. 77 e ss.:

b1) Audiência de instrução e julgamento:

I – Nova tentativa de composição civil e de transação penal (se não tiverem sido tentadas na audiência preliminar);

II – Defesa preliminar oral;

III – Recebimento ou rejeição da inicial;

IV – Oitiva da vítima e das testemunhas de acusação e de defesa;

V – Interrogatório;

VI – Debates orais;

VII – Sentença.

b2) Algumas particularidades da fase processual do sumaríssimo

I – A inicial penal é oral – art. 77, Lei 9.099/1995;

II – Pode-se dispensar o exame de corpo de delito se a materialidade do crime estiver aferida por boletim médico ou prova equivalente – art. 77, § 1º;

III– Não sendo encontrado o autor do fato para ser citado pessoalmente ou sendo complexa a causa, haverá o encaminhamento do processo ao juízo comum (seguindo-se doravante o procedimento sumário) – arts. 66 e 77, § 2º e 3º;

IV – A defesa no sumaríssimo é preliminar (antes do recebimento da ação e não posterior a esta, conforme ocorre no procedimento ordinário em que há a defesa escrita) – art. 81, Lei 9.099/1995;

V – Da rejeição da inicial cabe apelação (prazo 10 dias – art. 82) e não RESE (segundo ocorre nos demais procedimentos penais);

VI – No JECRIM, a sentença dispensa o relatório – art. 81, § 3º.

18.6. Suspensão condicional do processo (art. 89, Lei 9.099/1995)

18.6.1. Conceito

Trata-se de proposta efetuada pelo MP ao autor do fato (quando presentes certos requisitos) que suspende temporariamente o processo ao mesmo tempo em que impõe determinadas condições ao indivíduo (*sursis* processual). Visa a evitar a imposição de pena de prisão (é mais um dos institutos despenalizadores criados pela Lei 9.099/1995). STJ, Súmula 536: "A suspensão condicional do processo e a transação penal não se aplicam na hipótese de delitos sujeitos ao rito da Lei Maria da Penha".

18.6.2. Momento de proposta da suspensão condicional do processo

Oferecimento da denúncia.

18.6.3. Requisitos

a) Pena mínima do crime até 1 ano. Note que a suspensão condicional do processo se aplica não apenas às IMPOs, *mas a todo e qualquer crime que possua pena mínima de até 1 ano;*

b) O autor do fato não pode estar sendo processado, nem pode ter sido condenado por outro crime;[155]

c) A culpabilidade, os antecedentes, a conduta social e personalidade do agente, bem como os motivos e as circunstâncias devem se mostrar adequados à elaboração da proposta.

18.6.4. Duração

Período durante o qual o processo poderá ficar suspenso: de 2 a 4 anos.

18.6.5. Condições

Aceita a proposta pelo acusado e seu defensor, na presença do juiz, este, recebendo a denúncia, suspenderá o processo, submetendo o réu a período de prova, sob as seguintes condições:

I – reparação do dano, salvo impossibilidade de fazê-lo;

II – proibição de frequentar determinados lugares;

III – proibição de ausentar-se da comarca onde reside, sem autorização do juiz;

IV – comparecimento pessoal e obrigatório a juízo, mensalmente, para informar e justificar suas atividades;

V – o juiz poderá especificar outras condições a que fica subordinada a suspensão, desde que adequadas ao fato e à situação pessoal do acusado;

VI – a suspensão será revogada se, no curso do prazo, o beneficiário vier a ser processado por outro crime ou não efetuar, sem motivo justificado, a reparação do dano;

VII – a suspensão poderá ser revogada se o acusado vier a ser processado, no curso do prazo, por contravenção, ou descumprir qualquer outra condição imposta.

> Segundo informativo 668 STJ, 24.04.20, "o processamento do réu pela prática da conduta descrita no art. 28 da Lei de Drogas no curso do período de prova deve ser considerado como causa de revogação facultativa da suspensão condicional do processo". Ademais, a revogação da suspensão poderá ocorrer mesmo após o período de prova, desde que o fato (descumprimento das condições ou processado por outro crime ou contravenção) tenha ocorrido durante a sua vigência (informativo 574 STJ).

VIII – expirado o prazo sem revogação, o juiz declarará extinta a punibilidade.

IX – não correrá a prescrição durante o prazo de suspensão do processo;

X – se o acusado não aceitar a proposta, o processo prosseguirá em seus ulteriores termos;

XI – caso o MP não efetue a proposta, pode o juiz, por analogia, aplicar o art. 28, CPP, ao caso – Súmula 696, STF;

XII – o benefício da suspensão do processo não é aplicável em relação às infrações penais cometidas em concurso material, concurso formal ou continuidade delitiva, quando a pena mínima cominada, seja pelo somatório, seja pela incidência da majorante, ultrapassar o limite de 1 ano (Súmula 243, STJ).

18.6.6. Questão final

Veda-se a aplicação dos institutos despenalizadores da Lei 9.099/1995 nos seguintes casos:

I – Lei Maria da Penha (violência doméstica – art. 41, Lei 11.340/2006);

II – crimes militares.

18.7. Procedimento (especial) do júri

18.7.1. Princípios do júri (art. 5º, XXXVIII, CF)

a) Plenitude de defesa: a plenitude de defesa é considerada um *plus* à ampla defesa. Compreende a defesa técnica, a autodefesa e a *defesa metajurídica* (para além do direito). Pode-se,

---

155. Nesse sentido, o STF consolidou o entendimento de que a existência de ações penais em curso contra o denunciado impede a concessão do *sursis* processual (Informativo 903/STF, de 21 a 25 de maio de 2018).

por exemplo, pedir clemência aos jurados para que absolvam o réu (argumento metajurídico).

Note-se ainda que a defesa técnica é fiscalizada pelo juiz--presidente, conforme determina o art. 497, V, CPP. Caso o advogado do réu esteja desempenhando as suas funções de maneira insatisfatória, deve o juiz, em nome da ampla defesa (ou plenitude de defesa), desconstituí-lo, intimando o acusado para que nomeie outro defensor de sua preferência. Não o fazendo, o juiz então nomeará defensor público ao réu;

b) Sigilo das votações: após a instrução em plenário, os jurados serão encaminhados a uma sala secreta para decidirem a sorte do acusado. Neste momento, deverão responder sigilosamente às perguntas formuladas pelo magistrado (quesitos) por meio de cédulas contendo as palavras "sim" ou "não". Assim, tanto o local em que se dá a votação é sigiloso (sala secreta), como também a forma da votação é sigilosa, não podendo o jurado informar o seu voto às demais pessoas e nem se comunicar com os demais jurados sobre o caso que está *sub judice*. Ademais, deve o juiz-presidente evitar a unanimidade da votação. Significa isto que o juiz, no momento da leitura dos votos, ao atingir a maioria (4 votos, uma vez que são 7 jurados), deve interromper a leitura dos demais votos como forma de velar pelo sigilo das votações;

c) Soberania dos veredictos: significa que aquilo que os jurados decidirem não pode ser reformado pelo juiz-presidente e/ou por instância superior[156]. No máximo, será possível a anulação (mas não a reforma) do veredicto, em caso de decisão manifestamente contrária à prova dos autos (art. 593, III, *d*, CPP). Ainda assim, só caberá apelação por este motivo uma única vez;

d) Competência para julgar crimes dolosos contra a vida tentados ou consumados e seus conexos. Ou seja, homicídio doloso, infanticídio, aborto e instigação ao suicídio. Atenção: o júri não é competente para julgar latrocínio,[157] genocídio[158] e tortura, ainda que seguida de morte.

18.7.2. Características

a) Órgão colegiado heterogêneo: composto por um juiz togado (juiz-presidente) e 25 leigos, dos quais 7 serão sorteados para integrar o chamado Conselho de Sentença. Porém, avise-se, desde já, que para que a sessão seja instalada bastam 15 jurados;

b) Horizontal: inexiste hierarquia entre o juiz-presidente e os jurados;

c) Decisão por maioria de votos: não se exige a unanimidade.

Observação: as decisões do Júri são classificadas como decisões subjetivamente complexas porque emanam de órgão colegiado heterogêneo;

d) Rito escalonado (bifásico): possui duas fases:

d1) a 1ª chama-se juízo de admissibilidade, sumário da culpa ou *judicium accusationis*. Nesta fase, muito parecida com o rito ordinário, faz-se um juízo de admissibilidade da acusação. Vai da denúncia à pronúncia;

d2) a 2ª chama-se de juízo de mérito ou *judicium causae*. Esta é a fase mais "famosa" (plenário). Inicia-se com o oferecimento do rol de testemunhas pelas partes e encerra-se com o julgamento pelos jurados.

18.7.3. Primeira fase do júri (*judicium accusationis* ou sumário da culpa – arts. 406 a 412, CPP)

a) Oferecimento da inicial penal;

b) Recebimento ou rejeição;

c) Citação (em caso de recebimento);

d) Resposta à acusação;

e) Oitiva da acusação sobre preliminares e documentos apresentados na resposta;

f) Audiência de instrução: oitiva do ofendido (se possível), das testemunhas, esclarecimentos do perito, acareações, reconhecimento de pessoas e coisas, interrogatório do réu, debates orais, decisão (em audiência ou após 10 dias).

18.7.4. Decisões possíveis do juiz após os debates das partes

a) Pronúncia (art. 413, CPP): significa que o juiz entende viável a acusação. Esta merece ser submetida aos juízes naturais da causa (jurados). O juiz funciona aqui como um filtro.

a1) Requisitos (concomitantes): materialidade + indícios suficientes de autoria.

A fundamentação da pronúncia limitar-se-á à indicação da materialidade (existência) do fato e do reconhecimento de indícios suficientes de autoria ou de participação, devendo o juiz declarar o dispositivo legal em que julgar incurso o acusado e especificar as circunstâncias qualificadoras e as causas de aumento de pena – art. 413, § 1º, CPP.

Igual postura deve ter o juiz no que tange às eventuais teses defensivas ventiladas na 1ª fase do júri: não deve aprofundá--las. Não concordando com essas teses, deve apenas refutá-las genericamente.

A questão do excesso de linguagem: a linguagem da pronúncia deve ser sóbria, equilibrada, para não influenciar os jurados. O excesso de linguagem por parte do juiz (ex.: "reconheço categoricamente a prática de crime por parte de Fulano...") ensejará a nulidade da pronúncia.[159]

Pronúncia e crimes conexos: não deve o juiz adentrar no mérito dos eventuais crimes conexos. Pronunciando o réu pelo delito doloso contra a vida, deve o juiz pronunciar também o eventual crime conexo, sem adentrar, porém, no mérito deste (que será decidido pelos jurados). Não pode o juiz pronunciar

---

156. Recentes decisões do STF vinham utilizando o princípio da soberania dos veredictos para fundamentar a execução provisória da pena imposta pelo juiz presidente do Tribunal do Júri (HC 140449-RJ, Info. 922/STF, de 29 de outubro a 9 de novembro de 2018). Nesse sentido ver tópico 17.8.6. Entendemos que após o julgamento das ADC's 43, 44 e 54 pelo Plenário, restou afastada do nosso ordenamento a possibilidade de execução provisória da pena. Ver Info. **958/STF, de 28 de outubro a 8 de novembro de 2019.**

157. STF, Súmula 603: "A competência para o processo e julgamento de latrocínio é do juiz singular e não do Tribunal do Júri".

158. O STF consolidou o entendimento de que a competência nesse caso é da Justiça Federal, tendo em vista a natureza do bem jurídico violado. Ver RE 351487/RR, *DJ* 10.11.2006.

159. Ver STJ, REsp 1520955/MT, Dje 13/06/2017.

pelo crime doloso contra a vida e "absolver" o acusado pelo crime conexo;

a2) Natureza dessa decisão: decisão interlocutória mista não terminativa (encerra a fase de um procedimento, sem pôr fim ao processo).

Características:

I – Conforme sublinha majoritária doutrina, vigora na fase de pronúncia o princípio do *in dubio pro societate*. Significa isto que, nesta etapa, em vez do tradicional *in dubio pro reo*, a dúvida quanto à autoria resolve-se em favor da sociedade (acusação). Na verdade, quer dizer esse princípio (*in dubio pro societate*) que, havendo elementos (ainda que indiciários) que apontem para a autoria do réu, deve o juiz submetê-lo ao juiz natural da causa (ao Corpo de Jurados). Não é necessária prova cabal de autoria nessa fase, mas apenas provas sérias, razoáveis;[160]

Embora seja este o entendimento adotado na grande maioria das decisões dos tribunais pátrios, importante ressaltar recente decisão da 2ª Turma do STF que trouxe ponderações quanto à aplicação do princípio do *in dubio pro societate* na fase de pronúncia. O relator do caso, Min. Gilmar Mendes, teceu algumas críticas ao referido princípio, destacando a ausência de previsão legal e o efeito de desvirtuar as premissas racionais de valoração da prova, além de salientar a previsão constitucional do *in dubio pro reo*, o qual, portanto, deveria ser o princípio aplicado. Desse modo, a Turma firmou o entendimento de que "para a pronúncia, não se exige uma certeza além da dúvida razoável, necessária para a condenação. Contudo, a submissão de um acusado ao julgamento pelo Tribunal do Júri pressupõe a existência de um lastro probatório consistente no sentido da tese acusatória" (ARE 1067392-CE, Info. 935/STF, de 25 a 29 de março de 2019).

II – A pronúncia fixa os limites da imputação em plenário. Preclusa a pronúncia, não poderá a acusação inovar em plenário. Estará a acusação adstrita aos termos definidos na pronúncia;

III – Da pronúncia cabe RESE (art. 581, IV, CPP);

IV – Faz apenas coisa julgada formal (é a denominada preclusão *pro judicato*);

a3) Intimação da pronúncia:

Vejamos o que diz o atual texto do CPP (redação dada pela Lei 11.689/2008):

"**Art. 420.** A intimação da decisão de pronúncia será feita:

I – pessoalmente ao acusado, ao defensor nomeado e ao Ministério Público;

II – ao defensor constituído, ao querelante e ao assistente do Ministério Público, na forma do disposto no § 1º do art. 370 deste Código.

Parágrafo único. Será intimado por edital o acusado solto que não for encontrado". (grifo nosso).

Note que o novel legislador, ao não diferenciar crimes afiançáveis ou inafiançáveis para efeito de intimação da pronúncia (parágrafo único do art. 420 do CPP), permite que, em ambos os casos, seja possível a intimação por edital do réu não encontrado;

a4) Pronúncia e prisão do acusado:

Graças à reforma de 2008, a antiga fórmula do CPP que previa a prisão decorrente de pronúncia como forma autônoma de prisão cautelar não mais existe entre nós.

Atualmente, para o juiz decretar ou manter a prisão do acusado na fase de pronúncia, ele precisará vislumbrar os requisitos autorizadores da preventiva. Confira-se o seguinte dispositivo:

"**Art. 413.** (...) § 3º O juiz decidirá, motivadamente, no caso de manutenção, revogação ou substituição da prisão ou medida restritiva de liberdade anteriormente decretada e, tratando-se de acusado solto, sobre a necessidade da decretação da prisão ou imposição de quaisquer das medidas previstas no Título IX do Livro I deste Código".

b) Impronúncia (art. 414, CPP): significa que um dos requisitos (ou ambos) da pronúncia está ausente. Não se trata de absolvição, mas do reconhecimento por parte do juiz da inadmissibilidade da acusação formulada contra réu. Ex.: inexistência de prova suficiente da autoria pelo acusado; apenas meras conjecturas temerárias não são suficientes para pronunciar o réu.

Natureza dessa decisão? Decisão interlocutória mista terminativa (encerra o processo);

b1) Características:

I – Não faz coisa julgada material (art. 414, parágrafo único, CPP): enquanto não ocorrer a extinção da punibilidade, poderá ser formulada nova denúncia se houver prova substancialmente nova;

II – Recurso cabível: apelação (art. 416, CPP).

Atenção: despronúncia é a impronúncia que se alcança por meio de recurso. Ex.: o réu havia sido pronunciado e por conta de RESE da defesa a decisão foi reformada pelo tribunal (impronunciando, assim, o acusado em 2ª instância).

Impronúncia e crime conexo: decidindo o juiz pela impronúncia do réu, não poderá aquele julgar o eventual crime conexo. Deve aguardar o trânsito em julgado da impronúncia para só então remeter o processo referente ao crime conexo ao juiz competente ou julgá-lo se for ele quem detiver a competência;

c) Absolvição sumária (art. 415, CPP): o juiz deve estar seguro ao proferir esta decisão, pois está chamando para si o julgamento de uma causa que, em regra, competiria aos jurados. Trata-se, portanto, de decisão excepcional, pois o juiz retira dos jurados o poder de decidir o caso concreto. Deverá o juiz absolver sumariamente quando (incisos do art. 415):

"I – provada a inexistência do fato;

II – provado não ser o acusado o autor do fato;

III – o fato não constituir infração penal;

IV – demonstrada causa de isenção de pena ou exclusão do crime."

Ex: quando ficar categoricamente provado que o réu praticou o fato amparado por uma excludente de ilicitude.

Atenção: não pode o juiz absolver sumariamente o réu com base na inimputabilidade (doença mental ao tempo do fato – art. 26, CP), salvo se esta (a inimputabilidade) for a única tese defensiva. Recorde-se que o reconhecimento de inimputabilidade implica aplicação de medida de segurança ao réu. Por isso, caso haja tese defensiva subsidiária, é mais benéfico ao réu submetê-lo a Júri popular, pois pode, por exemplo, terminar sendo absolvido (o que é mais vantajoso).

---

160. Ver STJ, AgRg no REsp 1730559/RS, Dje 09.04.2019, AgRg no AREsp 1193119/BA, Dje 15.06.2018; STF, ARE 986566 AgR, Dje 30.08.2017.

Recurso cabível: apelação (art. 416, CPP);

d) Desclassificação (art. 419, CPP): ocorre quando o juiz entende que não ocorreu crime doloso contra a vida, não sendo, portanto, o Júri o órgão competente para conhecer o caso. Ao proferir essa decisão, não deve o juiz fazer incursão aprofundada no mérito do processo, sob pena de invadir a competência alheia. Deve limitar-se a analisar o fato do crime não ser doloso contra a vida. Desclassificada a infração, deve o juiz remeter o processo ao juiz competente – caso não seja ele próprio o magistrado indicado para o julgamento.

Recurso cabível: RESE (art. 581, II, CPP).

18.7.5 Procedimento da 2ª fase do júri (judicium causae)

a) Intimação das partes para, em 5 dias, indicarem testemunhas (até o limite de 5), apresentarem documentos e requererem diligências – art. 422, CPP;

b) Ordenadas as diligências necessárias para sanar eventuais nulidades no processo ou para esclarecer fatos que interessem ao julgamento da causa, o juiz efetuará o relatório do processo, designando data para a sessão de instrução e julgamento – art. 423, CPP;

c) Em data anterior à da sessão, serão sorteados e convocados 25 jurados dentre os alistados na lista anual – arts. 425 e 432, CPP

d) Para que a sessão de instrução e julgamento possa ser instalada, dos 25 jurados convocados, precisam estar presentes ao menos 15 – art. 463, CPP. Faltando este *quorum* mínimo, haverá sorteio de jurados suplentes e remarcação da data da sessão;

e) Advertência aos jurados sobre impedimentos, incompatibilidades, suspeição e incomunicabilidade – arts. 448, 449 e 466, CPP;

f) Sorteio de 7 jurados para a composição do Conselho de Sentença, podendo efetuar as partes até 3 recusas imotivadas – arts. 467 e 468, CPP

g) Exortação, compromisso e entrega de cópia de peças (decisão de pronúncia e eventuais decisões posteriores) – art. 472, CPP;

h) Instrução em plenário (art. 473, CPP):

h1) oitiva do ofendido (se possível) e das testemunhas. As perguntas às testemunhas serão realizadas de forma direta (sistema *direct examination*). Já os jurados perguntarão às testemunhas através do juiz (sistema presidencialista);

h2) Realização de acareação, reconhecimento de pessoas e coisas, esclarecimentos dos peritos;

h3) Possibilidade de leitura de peças desde que se refiram, exclusivamente, às provas colhidas por carta precatória e às provas cautelares, antecipadas ou não repetíveis. Busca-se com isso evitar a leitura, por exemplo, de peças inúteis;

i) Interrogatório do réu – art. 474. As partes poderão perguntar diretamente e os jurados, por intermédio do juiz. Não se permitirá o uso de algemas no acusado durante o plenário do júri, salvo se a medida for absolutamente necessária.

O Superior Tribunal de Justiça entendeu que "a condução do interrogatório do réu de forma firme e até um tanto rude durante o júri não importa, necessariamente, em quebra da imparcialidade do magistrado e em influência negativa dos jurados." (Informativo 625/STJ, de 1º de junho de 2018).

j) Debates orais – arts. 476 e 477, CPP:

j1) Acusação: 1h30 (2h30, havendo mais de um réu);

j2) Defesa: 1h30 (2h30, havendo mais de um réu);

j3) Réplica da acusação: 1h (2h, havendo mais de um réu);

j4) Tréplica da defesa: 1h (2h, havendo mais de um réu);

j5) Havendo assistente, ele falará após o Ministério Público. Se a ação for privada, o querelante terá a palavra antes do MP;

Nota: o STJ, em recente julgado, decidiu que diante das peculiaridades do Tribunal do Júri, o fato de ter havido sustentação oral em plenário por tempo reduzido não caracteriza, necessariamente, a deficiência da defesa técnica (Informativo 627/STJ, de 29 de junho de 2018).

k) Leitura e explicação dos quesitos em plenário – art. 484.

l) Recolhimento à sala especial para a votação dos quesitos a serem depositados em urna por meio de cédulas contendo "sim" ou "não" – art. 485, CPP;

m) Os quesitos serão formulados na seguinte ordem, indagando sobre:

I – a materialidade do fato;

II – a autoria ou participação;

III – se o acusado deve ser absolvido;

IV – se existe causa de diminuição de pena alegada pela defesa;

V – se existe circunstância qualificadora ou causa de aumento de pena reconhecidas na pronúncia ou em decisões posteriores que julgaram admissível a acusação.

18.7.6. Algumas observações sobre os quesitos

I – Constatando o juiz que a maioria foi atingida na resposta de um quesito (4 votos), não deve prosseguir com a leitura dos demais votos (homenagem ao sigilo das votações) – art. 483, §§ 1º e 2º, CPP;

II – Havendo mais de um crime ou mais de um acusado, os quesitos serão formulados em séries distintas – art. 483, § 6º, CPP

III – Se a resposta a qualquer dos quesitos estiver em contradição com outra ou outras já dadas, o presidente, explicando aos jurados em que consiste a contradição, submeterá novamente à votação os quesitos a que se referirem tais respostas. Se, pela resposta dada a um dos quesitos, o presidente verificar que ficam prejudicados os seguintes, assim o declarará, dando por finda a votação – art. 490, CPP

IV – Eventuais agravantes e atenuantes levantadas nos debates pelas partes não serão quesitadas, mas valoradas pelo juiz no momento da sentença – art. 492, I, *b*, CPP;

V – Sentença pelo juiz-presidente seguindo aquilo que tiver sido decidido pelos jurados. A dosimetria da pena é de responsabilidade do juiz, porém, sempre observando aquilo que decidiram os jurados (causas de aumento, qualificadoras etc.) – art. 492, CPP. Em seguida, haverá a lavratura da ata nos moldes do art. 494, CPP.

Atenção: se, durante a votação dos quesitos, os jurados desclassificarem o crime para outro não doloso contra a vida, caberá ao juiz togado proferir sentença em seguida, aplicando-se, quando for o caso (IMPO[161]), os institutos da Lei 9.099/1995 (*vide* art. 492, §§ 1º e 2º, CPP).

---

161. Infração de menor potencial ofensivo – art. 61, Lei 9.099/1995.

Ainda no que se refere ao rito do júri, necessário destacar relevante discussão sobre a possibilidade de execução provisória da condenação imposta pelo Tribunal do Júri após a leitura da sentença.

No âmbito legislativo, a Lei n. 13.964/2019 acrescentou alguns dispositivos sobre o tema no art. 492, entre eles:

a) alínea "e" do inciso I – que em sua parte final estabelece que "no caso de condenação a uma pena igual ou superior a 15 (quinze) anos de reclusão, determinará a execução provisória das penas, com expedição do mandado de prisão";

b) o § 3º – O presidente poderá, excepcionalmente, deixar de autorizar a execução provisória das penas de que trata a alínea *e* do inciso I do **caput** deste artigo, se houver questão substancial cuja resolução pelo tribunal ao qual competir o julgamento possa plausivelmente levar à revisão da condenação.

No âmbito jurisprudencial, havia até novembro de 2019 (anteriormente à nova Lei) uma divergência entre os tribunais superiores acerca da possibilidade de execução provisória da condenação imposta pelo Tribunal do Júri após a leitura da sentença. A 1ª Turma do STF, no julgamento do HC 118.770, em 07.03.2017, entendeu que "A prisão de réu condenado por decisão do Tribunal do Júri, ainda que sujeita a recurso, não viola o princípio constitucional da presunção de inocência ou não-culpabilidade." Em decisões mais recentes, a turma manteve o seu posicionamento, entendendo pela desnecessidade de se aguardar o julgamento de apelação ou qualquer outro recurso para a execução da pena, em razão do princípio da soberania dos veredictos (HC 140449-RJ, Info. 922/STF, de 29 de outubro a 9 de novembro de 2018). Em sentido oposto entenderam a 2ª Turma do STF, a 5ª Turma do STJ e a Presidente do STJ, em decisão monocrática, ao se posicionarem no sentido de que permitir a execução provisória da condenação do júri, independentemente do julgamento da apelação, seria o mesmo que possibilitar a execução provisória em primeiro grau, o que indubitavelmente, contrariaria a tese firmada em 2016[162] e violaria o princípio da presunção de inocência. Nesse sentido, ver: STF, HC 136.223, j. 25.04.2017; STJ, HC 438.088, j. 24.05.2018 e HC 458.249, j. 02.08.2018).

Sucede que o STF, em sessão realizada no dia 07.11.2019, julgou as ADC's 43, 44 e 54 e declarou a constitucionalidade **art. 283, CPP, no ponto em que impõe o trânsito em julgado da condenação para o início do cumprimento da pena (Info. 958/STF, de 28 de outubro a 8 de novembro de 2019; RHC 176357 AgR/RJ, DJe 13.02.2020, STF).** Sendo assim, para que seja executada a pena privativa de liberdade é necessária uma decisão condenatória definitiva, ou seja, impõe-se o trânsito em julgado para que tenha início a execução penal. Por essa razão, nos parece que o dispositivo em comento deverá, em breve, ser objeto do controle concentrado de constitucionalidade, com perspectiva de reconhecimento da sua inconstitucionalidade.

18.7.7. Desaforamento (art. 427, CPP)

Trata-se de instituto excepcional que pode ocorrer nos processos de competência do júri. *Grosso modo*, consubstancia-se na transferência do julgamento do réu para outra comarca em razão da ocorrência de alguma anormalidade na comarca originariamente competente, que está a dificultar/inviabilizar o julgamento da causa.

Fatos geradores do desaforamento:

a) Interesse de ordem pública.

b) Dúvida sobre a imparcialidade do júri. Sobre o tema, o STJ, no informativo 668, 24.04.20, decidiu que "a mera presunção de parcialidade dos jurados do Tribunal do Júri em razão da divulgação dos fatos e da opinião da mídia é insuficiente para o desaforamento do julgamento para outra comarca".

c) Segurança pessoal do acusado.

d) Excesso de serviço que acarrete atraso no julgamento do réu por 6 meses ou mais, contado a partir da preclusão da pronúncia. Para a contagem do prazo referido neste artigo, não se computará os adiamentos no interesse da defesa.

Momento processual (art. 427, § 4º, CPP): a redação do referido dispositivo estatui os momentos em que não será admitido o desaforamento. Fazendo a leitura inversa, inferimos que pode ser requerido: após o trânsito em julgado da decisão de pronúncia e antes do julgamento em plenário; e/ou após o julgamento, se anulado, apenas em relação a fato ocorrido durante ou após a sua realização, ou seja, nessa última hipótese é preciso, **cumulativamente**, que o julgamento seja anulado e que o fato ensejador do desaforamento tenha ocorrido durante ou após aquela sessão de julgamento.

Quem pode requerer? MP, assistente de acusação, o querelante, o acusado ou mediante representação do juiz.

A quem é dirigido? TJ ou TRF (conforme o caso).

Atenção que a oitiva prévia da defesa é obrigatória para que seja deferido o desaforamento, conforme se depreende do teor da Súmula 712 do STF.

18.7.8. Atribuições do juiz-presidente do Tribunal do Júri.

Vejamos o que diz o art. 497, CPP, a esse respeito:

"**Art. 497.** São atribuições do juiz presidente do Tribunal do Júri, além de outras expressamente referidas neste Código:

I – regular a polícia das sessões e prender os desobedientes;

II – requisitar o auxílio da força pública, que ficará sob sua exclusiva autoridade;

III – dirigir os debates, intervindo em caso de abuso, excesso de linguagem ou mediante requerimento de uma das partes;

IV – resolver as questões incidentes que não dependam de pronunciamento do júri;"

Ex.: decidir sobre eventual exceção de coisa julgada arguida pela parte.

"V – nomear defensor ao acusado, quando considerá-lo indefeso, podendo, neste caso, dissolver o Conselho e designar novo dia para o julgamento, com a nomeação ou a constituição de novo defensor."

No curso do processo penal, o juiz é o grande fiscal da ampla defesa, tendo poderes inclusive para desconstituir o defensor do réu, quando considerar este indefeso (art. 497, V, CPP). Este dispositivo, na visão de Grinover *et. al.* (2001), deve ser aplicado a todo e qualquer procedimento penal (e não apenas ao do júri).

---

162. A referida tese foi firmada no bojo do HC 126.292/STF em que se permitiu, por algum tempo, a execução provisória da pena após a condenação em 2ª instância.

Ademais, relevante apontar o dever do juiz-presidente de alertar os jurados para o fato de que não é possível a comunicação entre eles, tendo em vista assegurar a imparcialidade (art. 466, § 1º, CPP). Nesse sentido, em recente decisão, o STJ anulou júri em que um dos membros do conselho de sentença afirmou a existência de crime durante a fala da acusação, por reconhecer a quebra da incomunicabilidade (Informativo 630/STJ, de 31 de agosto de 2018).

18.7.9. A função do jurado

O serviço do júri é obrigatório.

Caso o jurado, injustificadamente, deixe de comparecer no dia marcado para a sessão ou retire-se antes de ser dispensado, será aplicada multa de 1 a 10 salários-mínimos, a critério do juiz, de acordo com a condição econômica daquele – art. 442, CPP. A eventual recusa ao serviço do júri fundada em convicção religiosa, filosófica ou política importará no dever de prestar serviço alternativo, sob pena de suspensão dos direitos políticos, enquanto não prestar o serviço imposto (art. 438, CPP).

Entende-se por serviço alternativo o exercício de atividades de caráter administrativo, assistencial, filantrópico ou mesmo produtivo, no Poder Judiciário, na Defensoria Pública, no Ministério Público ou em entidade conveniada para esses fins – art. 438, § 1º, CPP.

O juiz fixará o serviço alternativo atendendo aos princípios da proporcionalidade e da razoabilidade – § 2º.

Ademais, conforme estabelece o art. 439, CPP: "o exercício efetivo da função de jurado constituirá serviço público relevante, estabelecerá presunção de idoneidade moral".

Constitui também direito do jurado preferência, em igualdade de condições, nas licitações públicas e no provimento, mediante concurso, de cargo ou função pública, bem como nos casos de promoção funcional ou remoção voluntária – art. 440, CPP.

Por fim, nenhum desconto será feito nos vencimentos ou salário do jurado sorteado que comparecer à sessão do júri – art. 441, CPP.

17.7.10. Requisitos para ser jurado

a) maior de 18 anos;
b) nacionalidade brasileira;
c) notória idoneidade;
d) estar no gozo dos direitos políticos;
e) ser alfabetizado;
f) residir na comarca do julgamento;
g) estar na plenitude de suas faculdades mentais.

18.7.11. Pessoas isentas do serviço do júri (art. 437, CPP)

I – o Presidente da República e os Ministros de Estado;

II – os Governadores e seus respectivos Secretários;

III – os membros do Congresso Nacional, das Assembleias Legislativas e das Câmaras Distrital e Municipais;

IV – os Prefeitos Municipais;

V – os Magistrados e membros do Ministério Público e da Defensoria Pública;

VI – os servidores do Poder Judiciário, do Ministério Público e da Defensoria Pública;

VII – as autoridades e os servidores da polícia e da segurança pública;

VIII – os militares em serviço ativo;

IX – os cidadãos maiores de 70 (setenta) anos que requeiram sua dispensa;

X – aqueles que o requererem, demonstrando justo impedimento.

18.8. Procedimento (especial) dos crimes relacionados às drogas ilícitas

Com o advento da Lei 11.343/2006, houve a diferenciação entre o tratamento conferido aos que portam drogas ilícitas para o consumo próprio (art. 28) e aos que praticam as condutas de tráfico e assemelhadas (arts. 33 a 37).

18.8.1. Porte para consumo próprio

O procedimento está previsto no § 1º, art. 48, nos seguintes termos: "o agente de qualquer das condutas previstas no art. 28 desta Lei, salvo se houver concurso com os crimes previstos nos arts. 33 a 37 desta Lei, será processado e julgado na forma dos arts. 60 e seguintes da Lei 9.099/1995". Verifica-se, portanto, que o rito a adotar é o comum sumaríssimo, comportando alguns temperamentos.

Merece destaque o tratamento dado às hipóteses de transação penal, que ficam adstritas ao rol do art. 28, quais sejam: I – advertência sobre os efeitos das drogas; II – prestação de serviços à comunidade; e III – medida educativa de comparecimento a programa ou curso educativo. Importante dizer que o MP não poderá propor qualquer outra pena restritiva de direitos (TÁVORA; ARAÚJO; FRANÇA, 2013, p. 157).

Quanto à matéria, a 6ª Turma do STJ, por unanimidade, firmou o entendimento de que condenação prévia por porte de droga ilícita para consumo próprio, nos termos do art. 28 da Lei de Drogas, não constitui causa geradora de reincidência (STJ, REsp 1672654/SP, Dje 30.08.2018).

18.8.2. Tráfico e condutas assemelhadas

O MP, após recebidos os autos do IP, poderá oferecer a denúncia em até 10 (dez) dias, pouco importando se o acusado estiver preso ou solto. Uma vez ofertada, o procedimento a seguir obedecerá o seguinte *iter*:

I – juiz determina a notificação do denunciado para que apresente a defesa prévia escrita, obrigatória (art. 55, § 3º), tendo o prazo de 10 (dez) dias. A peça consiste em defesa preliminar e exceções (processadas em apartado), incluindo as questões preliminares, todas as razões de defesa que entender pertinentes, bem como a indicação dos meios de prova que pretende produzir. Pode arrolar até 5 (cinco) testemunhas – art. 55, § 1º.

Atenção: Não se fala em citação porque a relação processual não foi formada em razão da ausência do despacho de recebimento da denúncia.

II – Após apresentação da defesa, o juiz decidirá em até 5 (cinco) dias – § 4º. A decisão pode ter um dos seguintes conteúdos: a) recebimento da denúncia; b) rejeição da denúncia; c) determinar diligências.

III – Uma vez recebida a denúncia, deverá ser observado o disposto no art. 394, § 4º, CPP, motivo pelo qual deverá o juiz determinar a citação do réu para que apresente defesa escrita no prazo de 10 (dez) dias – arts. 396 e 396-A. Veja que a despeito do teor do art. 56, Lei 11.343/2006, vem prevalecendo o entendimento de que as disposições do rito ordinário (arts. 395 a 397, CPP) são aplicáveis também aos procedimentos especiais.

IV – Após o recebimento da peça defensiva, abre-se a possibilidade do juiz decidir pela absolvição sumária, nos termos do art. 397, cujas hipóteses foram trabalhadas no item referente ao procedimento comum ordinário.

V – Não vislumbrando hipótese de absolvição sumária, o juiz designará a data da Audiência de Instrução e Julgamento (AIJ). Vale ressaltar que a data da AIJ não poderá ocorrer em lapso superior a 30 (trinta) dias, exceto se houver necessidade de exame de verificação da dependência de drogas, quando o prazo máximo para designação é de 90 (noventa) dias – § 2º, art. 56.

VI – Nos termos do art. 57, a sequência da AIJ será a seguinte: interrogatório do réu, inquirição das testemunhas, debates orais começando pelo MP, seguido do defensor. Aqui prevalece a realização do interrogatório no início da audiência, em contraposição ao que acontece no rito ordinário. Nesse sentido, vide o STF HC 85.155/SP, *DJe* 15.04.2005.

VII – Por fim, encerrados os debates orais, o juiz decidirá em audiência ou em até 10 (dez) dias – art. 58. Aqui a peculiaridade diz respeito à destinação dada aos resíduos de drogas, que é a incineração. Inexistindo controvérsia quanto à natureza e quantidade da substância ou produto, ou mesmo quanto à regularidade do laudo, o juiz fixará uma quantidade mínima para preservação a título de contraprova.

19. NULIDADES

Entendendo o tema: nulidade é uma sanção imposta pelo Estado-juiz ao ato que não cumpriu as formalidades estabelecidas pela lei. Em sentido amplo, pode-se dizer que há um vício no ato praticado. A nulidade pode recair, a depender do caso, sobre um só ato ou sobre todo o processo.

19.1. Tradicional classificação do ato viciado

a) Irregularidade: o defeito aqui é sem maior importância. A desconformidade com o modelo legal é mínima. Não chega a prejudicar as partes. Produz eficácia. Ex.: sentença prolatada fora do prazo estipulado pela lei;

b) Nulidade relativa: o defeito não chega a resultar em patente prejuízo às partes. Há violação de norma infraconstitucional. O interesse é essencialmente privado, da parte. O defeito é sanável. O ato será anulado desde que arguido em momento oportuno pela parte interessada e demonstrado o efetivo prejuízo. Ex.: incompetência territorial. Embora o crime tenha sido consumado em João Pessoa (art. 70, CPP), por um equívoco, está sendo processado em Campina Grande (incompetência territorial); ou no caso de desrespeito ao que dispõe o art. 212 do CPP, que prevê que as partes devem formular as perguntas diretamente às testemunhas (STJ, AgRg no REsp 1712039/RO, Dje 09.05.2018).

c) Nulidade absoluta: o defeito é grave. Há interesse público aqui, uma vez que são violadas garantias decorrentes, direta ou indiretamente, da Constituição Federal. Não depende de provocação das partes, o juiz deve inclusive declará-la de ofício. Não há preclusão (insanável, portanto). O prejuízo é presumido. Ex.: sentença sem fundamentação – violação ao art. 93, IX, CF. Juiz que, sem fundamentar, condena o acusado; ou, ainda, juiz que, sem fundamentar, decreta a preventiva;

d) Inexistência: o vício é gravíssimo (trata-se de um não ato). Deve o ato apenas ser desconsiderado. Ex.: sentença proferida por quem não é juiz = ato inexistente.

19.2. Princípios aplicáveis às nulidades

a) Princípio do prejuízo *(pas de nullité sans grief*[163]*)*: Nenhum ato será declarado nulo se da nulidade não resultar prejuízo para a acusação ou para a defesa (art. 563, CPP);

b) Princípio instrumentalidade das formas: o ato será considerado válido se a sua finalidade for atingida. A finalidade vale mais do que a forma. Só se aplica esse princípio à nulidade relativa. A doutrina reconhece no art. 566, CPP, uma expressão desse princípio "não será declarada a nulidade de ato processual que não houver influído na apuração da verdade substancial ou na decisão da causa";

c) Princípio da conservação dos atos processuais: preservação dos atos não decisórios nos casos de incompetência do juízo (art. 567, CPP);[164]

d) Princípio do interesse: nenhuma das partes poderá arguir nulidade a que haja dado causa, ou para a qual tenha concorrido, ou referente à formalidade cuja observância só interesse à parte contrária (art. 565, CPP). A ninguém é dado se beneficiar da própria torpeza. Somente se aplica às nulidades relativas;

e) Princípio da causalidade ou contaminação: a nulidade de um ato, uma vez declarada, causará a dos atos que dele diretamente dependerem (art. 573, § 1º, CPP). Ao pronunciar a nulidade de um ato, o juiz deverá declarar quais outros atos serão afetados (§ 2º). Não basta o ato ser apenas posterior ao ato viciado; é preciso existir nexo causal entre eles.

f) Princípio da convalidação dos atos processuais: permite a convalidação ou ratificação de atos processuais eivados de vícios. Impõe-se a sua expressa previsão legal. Exs: arts. 568 a 570, CPP.

19.3. Momentos para as nulidades serem arguidas

No que tange às nulidades absolutas, em regra, podem ser arguidas a qualquer tempo.

Já as nulidades relativas devem ser arguidas em momento próprio (estabelecido pela lei). Do contrário (*i. e.*, não sendo arguidas em ocasião oportuna), serão convalidadas.

Análise do art. 571, CPP (este dispositivo trata do momento adequado para se arguir uma nulidade). Note-se que este artigo aplica-se, em regra, às nulidades relativas (que são sanáveis) e não às absolutas (que podem ser ventiladas a qualquer tempo). Ademais, adaptamos algumas das hipóteses

---

163. Do francês, significa que não há nulidade sem prejuízo.
164. Ver STF, HC 83.006/SP, *DJ* 29.08.2003 e HC 98373/SP, *DJe* 23.04.2010. As decisões reconhecem a possibilidade de ratificação dos atos decisórios mesmo nos casos de incompetência absoluta. Ver também: AI 858175 AgR, *DJ* 13.06.2013.

às recentes reformas do CPP. Vejamos. As nulidades deverão ser arguidas:

I – as da instrução criminal dos processos da competência do júri, dos processos de competência do juiz singular e dos processos especiais, na fase das alegações finais orais;

II – as do procedimento sumário, no prazo de resposta escrita à acusação, ou, se ocorridas após este prazo, logo depois da abertura da audiência de instrução;

III – as ocorridas após a pronúncia, logo depois de anunciado o julgamento e apregoadas as partes;

IV – as ocorridas após a sentença, preliminarmente nas razões de recurso ou logo após anunciado o julgamento do recurso e apregoadas as partes;

V – as do julgamento em plenário, em audiência ou sessão do tribunal, ou logo depois de ocorrerem;

VI – ocorrendo a nulidade durante a audiência ou julgamento de recursos nos tribunais, deverá ser alegada tão logo ocorra.

19.4. Nulidades em espécie. Análise do art. 564, CPP

Este dispositivo não é taxativo. O defeito que ataca o interesse público, mesmo não estando positivado no CPP, é caso de nulidade absoluta.

Nos termos do art. 564, CPP, a nulidade ocorrerá nos seguintes casos:

I – por incompetência, suspeição ou suborno do juiz.

Se for caso de incompetência territorial, a nulidade será relativa. Serão anulados somente os atos decisórios, devendo o processo ser remetido ao juiz competente.

Se for caso de incompetência em razão da matéria ou por prerrogativa de função[165], a nulidade será absoluta, sendo que todo o processo estará contaminado. Idem para os casos de suspeição ou suborno do juiz.

II – por ilegitimidade das partes

Se for caso de ilegitimidade para a causa (ex.: MP figurando como autor de ação privada), será hipótese de nulidade absoluta.

Se for o caso de defeito na representação da parte (ex.: falta de procuração), a nulidade será relativa (sanável, portanto) – art. 568, CPP;

III – por falta das fórmulas ou dos termos seguintes:

a) a denúncia ou a queixa e a representação e, nos processos de contravenções penais, a portaria ou o auto de prisão em flagrante.

A parte final desta alínea está revogada. A falta de inicial penal ou de representação da vítima (quando exigível), por óbvio, provoca a nulidade absoluta. O defeito da inicial ou da representação, a depender da gravidade, também gerará a nulidade absoluta. Ex.: denúncia que não expõe o fato criminoso com todas as suas circunstâncias;

b) falta do exame do corpo de delito nos crimes que deixam vestígios, ressalvado o disposto no art. 167, CPP.

Os crimes que deixam vestígios exigem a realização de exame de corpo de delito (direto). Porém, a falta do exame direto pode ser sanada, por exemplo, por prova testemunhal (exame indireto). A confissão, porém, não pode suprir a falta do exame direto (art. 158, CPP);

c) falta de nomeação de defensor ao réu presente, que o não tiver, ou ao ausente, e de curador ao menor de 21 anos.

A parte final do dispositivo está revogada pelo atual CC; não existe mais curador para réu/indiciado menor. Recorde-se que menor, para o CPP, é o indivíduo que possui entre 18 e 21 anos. Hoje, completados 18 anos de idade, a pessoa torna-se plenamente capaz para os atos da vida civil, dispensando-se, portanto, a figura do curador preconizada pelo CPP.

A ausência de defensor nas demais situações gera nulidade absoluta (viola a ampla defesa). No caso de a defesa ser deficiente, a nulidade é relativa (Súmula 523, STF).

d) falta da intervenção do MP em todos os termos da ação por ele intentada e nos da intentada pela parte ofendida, quando se tratar de crime de ação pública.

Conforme a doutrina, a falta de notificação do MP na ação pública gera nulidade absoluta. Já a falta de notificação do MP na ação privada subsidiária da pública provoca nulidade relativa;

e) falta ou defeito da citação, do interrogatório do réu, quando presente, e dos prazos concedidos à acusação e à defesa.

Falta ou defeito de citação será, em regra, caso de nulidade absoluta. Porém, tal nulidade poderá, excepcionalmente, ser sanada. Veja o que diz o art. 570, CPP, a esse respeito: "a falta ou a nulidade da citação, da intimação ou notificação estará sanada, desde que o interessado compareça, antes de o ato consumar-se, embora declare que o faz para o único fim de argui-la. O juiz ordenará, todavia, a suspensão ou o adiamento do ato, quando reconhecer que a irregularidade poderá prejudicar direito da parte".

A falta ou o defeito do interrogatório gera nulidade absoluta.

Falta de prazo às partes: dependendo do caso (da importância do ato) poderá ser absoluta (alegações finais orais) ou relativa (quesitos aos peritos);

f) falta da sentença de pronúncia, do libelo e da entrega da respectiva cópia, com o rol de testemunhas, nos processos perante o Tribunal do Júri.

A falta da pronúncia gera nulidade absoluta. A parte final está prejudicada (não existe mais o libelo);

g) falta da intimação do réu para a sessão de julgamento, pelo Tribunal do Júri, quando a lei não permitir o julgamento à revelia.

Deve ser lido de acordo com a reforma de 2008. Intimado o réu solto para a sessão plenária, caso não compareça, o julgamento poderá ser realizado à revelia (independentemente se afiançável ou inafiançável o delito) – art. 457, CPP. Em caso de réu preso, se este não solicitar dispensa, não poderá ser julgado à revelia – §§ 1º e 2º;

h) falta da intimação das testemunhas arroladas no libelo e na contrariedade, nos termos estabelecidos pela lei.

---

165. STJ, APn 295/RR, *DJe* 12.02.2015. Ver também a seguinte observação do STJ no AgRg no REsp 1518218/ES, 5ª Turma, *DJ* 26.08.2016) "o fato de o Desembargador-relator ter participado, em primeiro grau, de processo conexo, de cuja relação jurídica não consta o réu, não impede a sua atuação na presente Exceção de Incompetência, pois, conforme o art. 252, III, do CPP, entre as causas taxativamente previstas, só configura impedimento a anterior atuação dos magistrados no mesmo processo. Precedentes".

Deve ser lido conforme a reforma. Não há mais libelo. Hoje, trata-se do art. 422, CPP. Gera nulidade absoluta;

i) falta de pelo menos 15 jurados para a constituição do júri.

Configura nulidade absoluta. Acrescente-se, porém, que: "Não enseja nulidade a complementação do número regulamentar mínimo de 15 jurados, por suplentes do mesmo Tribunal do Júri" (STJ 34357 / SP, *DJe* 19.10.2009 e HC 227.169/SP, 5ª Turma, *DJ* 11.02.2015);

j) falta ou defeito no sorteio dos jurados do conselho de sentença em número legal e sua incomunicabilidade.

Configura nulidade absoluta;

k) falta ou defeito na elaboração dos quesitos e nas respectivas respostas.

Configura nulidade absoluta. Súmula 156, STF: "é absoluta a nulidade do julgamento, pelo júri, por falta de quesito obrigatório";

l) falta da acusação ou da defesa, na sessão de julgamento.

Configura nulidade absoluta (Súmula 523, STF). Quanto ao tema, em recente julgado, a 1ª Turma do STF decidiu que "A ausência de defensor, devidamente intimado, à sessão de julgamento não implica, por si só, nulidade processual." (HC 165534-RJ, Info. 950/STF, de 2 a 6 de setembro de 2019);

m) falta da sentença.

Configura nulidade absoluta;

n) falta de recurso de ofício, nos casos em que a lei o tenha estabelecido.

Não se trata propriamente de nulidade absoluta, mas de impedimento do trânsito em julgado da decisão até que ocorra a remessa necessária;

o) falta da intimação das partes quanto às decisões recorríveis.

Configura nulidade absoluta;

p) no Supremo Tribunal Federal e nos Tribunais de Justiça, falta do *quorum* legal para o julgamento.

Configura nulidade absoluta;

IV – por omissão de formalidade que constitua elemento essencial do ato.

Configura nulidade absoluta. Ex.: denúncia lacônica.

V – em decorrência de decisão carente de fundamentação.

Nulidade absoluta. Ex.: decisão que decreta a prisão preventiva indicando como fundamento a garantia da ordem pública de forma genérica, sem a devida correlação ao caso concreto (**Importante: ler nova redação do art. 315, § 2º, CPP**).

20. RECURSOS

20.1. Conceito de recurso

Meio jurídico pelo qual, dentro de uma mesma relação processual, impugna-se uma decisão que ainda não transitou em julgado, objetivando, com isso, o reexame do *decisum*.

Decorrem os recursos do princípio do duplo grau de jurisdição, adotado implicitamente pelo texto da nossa CF e explicitamente pela CADH.[166] Há, contudo, quem entenda que a afirmação do princípio seja fruto de política legislativa que tem inspiração nos ideais (liberdade, igualdade e fraternidade) da Revolução Francesa (TÁVORA, 2016, p. 1087-88).

20.2. Natureza jurídica

Embora exista polêmica sobre o tema no seio da comunidade jurídica, significativo setor da doutrina considera a natureza do recurso como um *desdobramento do direito de ação ou de defesa, i. e., o recurso dá continuidade à relação jurídica iniciada em primeira instância.*

20.3. Princípios que norteiam os recursos

a) Voluntariedade (art. 574, *caput*, primeira parte, CPP): os recursos são voluntários, i. e, dependem de manifestação de vontade da parte que queira ver a decisão reformada ou anulada. Inexiste, portanto, obrigatoriedade de recorrer. Cabe ressaltar que o MP, mesmo quando parte autora da ação penal, não está obrigado a recorrer, podendo, portanto, renunciar a este direito sem necessidade de fundamentar a sua renúncia. Perceba-se que o princípio da obrigatoriedade da ação penal não impõe ao MP a necessidade de recorrer. Porém, caso o MP assim o faça (interponha recurso), não poderá mais desistir do recurso interposto (art. 576, CPP), incidindo, aí sim, o princípio da indisponibilidade, que é corolário da obrigatoriedade.

Embora os recursos sejam voluntários, o mesmo art. 574 menciona que, em certos casos, o próprio magistrado deverá interpor "recurso" de sua decisão (é o chamado "recurso de ofício"). A doutrina critica veementemente a manutenção desse instituto em nosso ordenamento jurídico. Trata-se indubitavelmente de figura esdrúxula que merece ser banida do Processo Penal contemporâneo. Entretanto, tal instituto deve ainda ser considerado válido para os concursos públicos, tendo em vista o entendimento sobre o tema do STF (HC 88589/GO, *DJe* 23.03.2007) e STJ (REsp 767535/PA, *DJe* 01.02.2010), que continua defendendo a constitucionalidade desse expediente. Neste sentido, há recentes decisões do STF e também do STJ concedendo recurso de ofício, vide: "*Habeas corpus* concedido de ofício para declarar extinta a punibilidade do recorrente, em virtude da consumação da prescrição da pretensão punitiva (CP, art. 107, IV)", STF, RHC 129996, 2ª Turma, *DJ* 22.08.2016) e "O Supremo Tribunal Federal, por sua Primeira Turma, e a Terceira Seção deste Superior Tribunal de Justiça, diante da utilização crescente e sucessiva do *habeas corpus*, passaram a restringir a sua admissibilidade quando o ato ilegal for passível de impugnação pela via recursal própria, sem olvidar a possibilidade de concessão da ordem, de ofício, nos casos de flagrante ilegalidade. Esse entendimento objetivou preservar a utilidade e a eficácia do *mandamus*, que é o instrumento constitucional mais importante de proteção à liberdade individual do cidadão ameaçada por ato ilegal ou abuso de poder, garantindo a celeridade que o seu julgamento requer", STJ, HC 361.751/SP, *DJ* 23.09.2016.[167]

Numa tentativa de amenizar a estranha ideia de um juiz recorrer de sua própria decisão, certo setor da doutrina, acompanhado pelos tribunais superiores (*vide* os julgados que acabamos de transcrever), tem compreendido esse instituto não como "recurso" em sentido próprio, mas como uma *remessa obrigatória* (*reexame necessário* ou *duplo grau de jurisdição*

---

166. Convenção Americana de Direitos Humanos (Pacto de San José da Costa Rica).

167. Nesse sentido, ver também: STJ, Resp 1744898/RJ, Dje 31.08.2018.

obrigatório), sem a qual a decisão prolatada não transita em julgado (Súmula 423, STF).

Conclusão: o "recurso de ofício" continua sendo considerado constitucional para os tribunais superiores, entretanto, é compreendido por esses não como um recurso em sentido próprio, mas como uma condição para o trânsito em julgado da decisão (remessa necessária). O magistrado não precisa fundamentar o ato, mas apenas remeter a decisão ao tribunal após o término do prazo para os recursos voluntários. Ademais, dispensa-se a intimação das partes para oferecer contrarrazões (TÁVORA, 2017, p. 1334).

Seguem alguns os casos em que o juiz deve "recorrer" de sua própria decisão (recurso de ofício):

I – Sentença que concede HC (inc. I do art. 574): note-se que não caberá recurso de ofício quando for o tribunal que conceder o HC. É que o art. 574, I, CPP, menciona apenas "sentença" (1ª instância, portanto) e não "acórdão" (2ª instância);

II – Sentença que absolver desde logo o réu com fundamento na existência de circunstância que exclua o crime ou isente o réu de pena (inc. II do art. 574, CPP): note-se que, para a majoritária doutrina, este dispositivo foi revogado, tendo em vista a inexistência de previsão legal no art. 415, CPP. Porém, o STJ (REsp 767535/PA, *DJe* 01.02.2010 e HC 361.751/SP, 5ª Turma, *DJ* 23.09.2016) continua a entender pelo cabimento do recurso de ofício (mesmo em caso de absolvição sumária), posição esta mais segura para os concursos públicos;

III – Decisão que concede a reabilitação criminal (art. 746, CPP);

IV – Indeferimento liminar pelo relator, no âmbito de Tribunal, da ação de revisão criminal, quando o pedido não estiver suficientemente instruído (art. 625, § 3º, CPP);

V – Sentença de absolvição e a decisão que arquiva o IP nos crimes contra a economia popular e saúde pública (art. 7º, Lei 1.521/1950);

b) Taxatividade: para se recorrer de uma decisão é preciso que exista previsão expressa na lei a respeito do cabimento de tal recurso. Do contrário, a decisão será irrecorrível. Porém, a taxatividade não afasta a incidência do art. 3º, CPP, que prevê a possibilidade de interpretar as normas processuais penais extensivamente e de dar-lhes aplicação analógica. Ex.: cabe recurso em sentido estrito (RESE) da decisão que não recebe a denúncia (art. 581, I, CPP – taxatividade); mas também cabe o RESE da decisão que não recebe o aditamento à denúncia[168] (interpretação extensiva ao dispositivo);

c) Fungibilidade (permutabilidade ou conversibilidade dos recursos): não havendo erro grosseiro ou má-fé na interposição de um recurso (STJ, RCD no AgRg no AREsp 508550/RS, *DJe* 04.08.2014) e sendo atendido o prazo do recurso efetivamente cabível à espécie (STJ AgRg no AREsp 354968/MT, *DJe* 14.05.2014 e AgRg no AREsp 462.475/SP, *DJ* 11.04.2014), poderá o julgador aceitar o recurso equivocado como se fosse o correto (vide art. 579, CPP). Ex: existem algumas situações polêmicas na doutrina acerca do cabimento de RESE ou agravo em execução. Assim, imagine-se que a defesa interpôs o RESE, quando, em verdade, era cabível o agravo. Caso se vislumbre a boa-fé da parte e o prazo do recurso correto tenha sido respeitado, poderá ser aplicado ao caso o princípio da fungibilidade recursal, recebendo-se um recurso por outro. O STJ, em pacífica jurisprudência, vem aplicando o referido princípio ao receber como agravo regimental, os embargos declaratórios opostos contra decisão em *habeas corpus* (STJ, EDcl em HC 407579/SP, *DJe* 24.11.2017).

No contexto do princípio da fungibilidade recursal, importante se faz o conhecimento das novas teses do STJ, dentre elas: "Aplica-se o princípio da fungibilidade à apelação interposta quando cabível o recurso em sentido estrito, desde que demonstrada a ausência de má-fé, de erro grosseiro, bem como a tempestividade do recurso." Precedentes: AgInt no REsp 1532852/MG, *DJe* 22.06.2016; HC 265378/SP, *DJe* 25.05.2016; AgRg no AREsp 644988/PB, *DJe* 29.04.2016; HC 295637/MS, *DJe* 14.08.2014; AgRg no AREsp 71915/SC, *DJe* 23.05.2014; AgRg no AREsp 354968/MT, *DJe* 14.05.2014. (Vide Informativo de Jurisprudência 543);

d) Convolação: criação doutrinária destinada ao aproveitamento de recursos ou meios autônomos de impugnação, materializada por meio de duas situações:

I – Aproveitamento de uma modalidade recursal interposta adequadamente, mas que careça de algum pressuposto (tempestividade, forma, preparo, interesse ou legitimidade). Ex: HC é impetrado perante o TJ, mas a ordem é denegada. Na hipótese, são cabíveis o Recurso Ordinário Constitucional (ROC – art. 105, II, "a", CF) ou outro HC (art. 105, I, "c", CF), ambos para o STJ. A opção da defesa foi pelo ROC, mas este foi considerado intempestivo pelo STJ, que, no entanto, aproveita a mesma peça recursal e a recebe e conhece como se HC fosse (LIMA, 2015, p. 1619).

II – Aqui a lógica é aproveitar a espécie mais benéfica ao acusado, realizando a conversão para a via mais adequada. Ex: Defesa maneja revisão criminal que visa ao reconhecimento de nulidade absoluta do processo em razão da incompetência absoluta do juízo prolator da sentença. O TJ pode convolar a espécie para um HC, cujo rito é mais célere e, consequentemente, mais benéfico ao réu (LIMA, 2015, p. 1619).

O referido princípio diferencia-se do princípio da fungibilidade porque neste último há a interposição errônea de um recurso, enquanto a aplicação do princípio da convolação pressupõe o acerto na interposição (TÁVORA, 2017, p. 1337).

e) Vedação à *reformatio in pejus* (art. 617, CPP, e Súmula 160, STF): significa que *não pode a situação do réu sofrer qualquer piora na instância* ad quem, *caso apenas ele recorra da decisão judicial* (*i. e.*, sem interposição de recurso por parte da acusação e sem previsão de recurso de ofício para o caso[169]). Da impossibilidade de reforma para pior no caso de recurso exclusivo da defesa, dá-se também o nome de *efeito prodrômico da sentença*. Destaque-se, ainda, que, mesmo que se trate de matéria cognoscível de ofício pelo tribunal *ad quem* – como,

---

168. Aditar significa acrescer algo. Ex.: no curso do processo o MP descobre que colaborou para o crime outra pessoa além do sujeito denunciado. Deverá, neste caso, o MP promover o aditamento à denúncia (que nada mais é do que uma nova denúncia para, *in casu*, incluir o outro agente).

169. A reavaliação das circunstâncias judiciais em recurso de apelação penal, sem que ocorra aumento de pena, não viola o princípio da proibição da *reformatio in pejus* (HC 126457-PA, Info. 922/STF, de 29 de outubro a 9 de novembro de 2018). Assim, é possível que o tribunal de justiça, em sede de recurso, venha a adicionar ou substituir circunstâncias judiciais previstas na sentença, desde que não implique em agravamento da situação do réu.

por exemplo, uma hipótese de nulidade absoluta – não pode a instância superior reconhecê-la *ex officio* em prejuízo da defesa, caso esta (a defesa) não tenha ventilado a matéria em seu recurso. É que não se permite que o recurso do acusado sirva "de veículo para o reconhecimento de nulidade que prejudique a defesa". É esse o sentido da Súmula 160, STF, que diz: "é nula a decisão do tribunal que acolhe, contra o réu, nulidade não arguida no recurso da acusação, ressalvados os casos de recurso de ofício" (remessa necessária). Vamos às modalidades de *reformatio in pejus*:

I – **Direta** (ou simplesmente "princípio da vedação à *reformatio in pejus*"). Ex.: se a defesa foi a única a apelar da sentença (não houve, portanto, recurso da acusação; nem o chamado recurso "de ofício") não poderá o tribunal piorar a sua situação;

II – **Indireta**. Ex.: imagine-se que a defesa foi a única que apelou de uma sentença, conseguindo a anulação (cassação) desta por conta da existência de uma nulidade no referido *decisum*. Neste caso, o Tribunal, ao anular a sentença, irá determinar à instância *a quo* que profira outra. Pois bem, a nova sentença a ser prolatada não poderá ter a pena maior do que a fixada na sentença anulada, sob pena de se configurar em uma reforma para pior *indireta (por via oblíqua)* para o réu. Isto é, num primeiro momento a decisão foi favorável ao réu (pois conseguiu a anulação pretendida). Entretanto, num segundo momento, com a prolação da nova sentença, o réu termina sendo prejudicado por ter optado por recorrer (caso não tivesse recorrido, sua situação teria sido melhor). Esta situação (assim como a *reformatio in pejus* direta) é igualmente inaceitável. Veda-se, portanto, no Brasil tanto a *reformatio in pejus* direta como a indireta (vide Súmula 160 do STF e STJ, REsp 1311606/RN, *DJe* 09.06.2014 no AgRg no REsp 1449226/RN, 6ª Turma, *DJ* 03.08.2015).

Ainda sobre a proibição à *reformatio in pejus indireta*, cumpre esclarecer duas questões:

1ª questão: *a proibição da* reformatio in pejus *indireta se aplica também às decisões proferidas pelo Tribunal do Júri?* Explica-se melhor a pergunta. Caso uma decisão do Júri seja anulada pelo Tribunal *ad quem*, em razão dele ter reconhecido que os jurados julgaram de forma manifestamente contrária à prova dos autos (art. 593, III, "d", e § 3º, CPP), pode a decisão do novo corpo de jurados agravar a situação do acusado, ou aqui também se impõe a vedação à *reformatio in pejus* indireta? **Resposta:** há tradicional orientação defendendo que a regra da proibição à *reformatio in pejus* indireta não tem aplicação quando se trata de decisão proferida pelo Tribunal do Júri. Isso porque o princípio constitucional da soberania dos veredictos (art. 5º, XXXVIII, "c", da CF) prepondera nessa hipótese, não podendo a regra da reforma para pior limitar a atuação dos jurados, que são soberanos em suas decisões. Nessa linha: sólida jurisprudência do STJ (HC 19317/SP, *DJe* 19.05.2014) e majoritária doutrina (Grinover, Mirabete, Tourinho Filho, dentre outros).

Por outro lado, conforme assinala essa mesma corrente, somente seria possível falar em vedação à *reformatio in pejus* indireta no âmbito do Júri quando o novo corpo de jurados julgar da mesma forma que o júri anterior (mesmos fatos e circunstâncias). Nessa hipótese específica, o juiz togado, no momento da dosimetria da pena, ficaria atrelado ao máximo de reprimenda estabelecida no julgamento anterior, não podendo, portanto, piorar a situação do acusado. Nessa linha:

os autores acima citados; STJ (HC 108333/SP, *DJe* 08.09.2009 e HC 149.025/SP, 6ª Turma, *DJ* 07.08.2015) e STF (HC 73367/MG, *DJe* 29.06.2001).

Porém, necessário ressaltar que, desde 2009, o STF, alterando antiga posição sobre o assunto, passou a entender que o preceito da vedação à *reformatio in pejus* indireta se aplica *in totum* às decisões proferidas pelo Tribunal do Júri e não apenas quando os jurados reconhecerem os mesmos fatos e circunstâncias do julgamento anterior anulado – STF (RE 647302 ED/RS, *DJe* 19.11.2013). Um dos motivos apresentados pela Suprema Corte é que a regra fixada no art. 617, CPP (vedação à *reformatio in pejus*), seja na modalidade direta, seja na indireta, não comporta exceção (nem mesmo em relação ao Júri). Consolidando este entendimento, em dezembro de 2018, a 2ª Turma do STF reafirmou a aplicação do princípio *ne reformatio in pejus* indireta ao tribunal do júri, de modo que caso somente o réu recorra da sentença que o condenou e o tribunal venha a anular tal *decisum*, a nova sentença, sendo condenatória, não poderá ter pena superior à que foi aplicada na primeira (HC 165376-SP, Info. 927/STF, de 10 a 14 de dezembro de 2018). É preciso, pois, que o leitor fique atento às posições divergentes dos tribunais superiores sobre a temática em tela.

Ademais, em recente julgado, o ministro Edson Fachin, adotando uma interpretação ampliativa do instituto da *reformatio in pejus*, afirmou que o novo júri não poderá agravar a situação do condenado, inclusive no que se refere à fase da execução penal. Desse modo, asseverou que não apenas a pena baliza a condenação do réu, mas também outras circunstâncias como por exemplo, os prazos para progressão de regime, de modo que não seria possível que o novo julgamento reconhecesse a hediondez do crime, sem ter sido reconhecido no julgamento anterior (STF, HC 136768/SP, *DJe* 16.09.2016).

2ª questão: *a proibição da* reformatio in pejus *indireta se aplica no caso de decisão proferida por juiz absolutamente incompetente?* **Resposta:** para significativo setor da doutrina, a proibição da *reformatio in pejus* indireta não se aplica ao caso de decisão prolatada por juiz absolutamente incompetente. Principal motivo alegado: a sentença proferida por juiz absolutamente incompetente ofende, em última análise, o princípio do juiz natural, o que torna esse ato jurídico mais do que nulo, ou seja, inexistente. Assim, tratando-se a sentença prolatada por juiz absolutamente incompetente de ato jurídico inexistente, impossível que esse *decisum* produza qualquer efeito, inclusive o do *ne reformatio in pejus* indireta. *Porém, os tribunais superiores não compartilham dessa visão, pois, para eles, mesmo no caso de reconhecimento de incompetência absoluta, a nova decisão não poderá piorar a situação do réu que recorreu de modo exclusivo.* Nesse sentido: STF (HC 107731 Extn/PE, *DJ* 02.03.2012) e STJ (HC 151581/DF, *DJ* 13.06.2012).

Ainda sobre o tema "vedação à *reformatio in pejus*", destaque-se que prevalece na comunidade jurídica que, em caso de *recurso exclusivo da acusação*, é possível *a melhora* da situação do acusado pelo órgão *ad quem* (chama-se essa figura de *reformatio in mellius*). Isto porque se entende que, acima da vedação à *reformatio in pejus*, está o *status libertatis do* acusado. Dessa forma, conclui a doutrina que a proibição da *reformatio in pejus* (direta ou indireta) incidiria apenas quando se tratasse de recurso exclusivo da defesa (e não da acusação), uma vez que, neste último caso, seria possível sim a melhora da situação do réu de ofício pela instância superior.

Cabe enunciar, todavia, o que não configura "reformatio in pejus" para os tribunais superiores:

a) "...Considerando que incumbe ao Juiz zelar pelo correto cumprimento da pena (art. 66, VI, da Lei 7.210/1984), a Execução Penal submete-se ao impulso oficial, de modo que ajustes de ordem pública associados à efetivação da retribuição penal, como a alteração da data-base para progressão de regime em decorrência de outra condenação, podem ser validamente implementados pelo Juiz da Execução, ainda que sem pedido do Ministério Público, o que não gera preclusão ou implica violação à vedação da *reformatio in pejus*... (HC 130692 AgR,1ª Turma, 07.04.2016)".

b) "Não há que se cogitar da *reformatio in pejus*, pois o Tribunal de Justiça gaúcho, ao negar provimento ao recurso criminal defensivo, não reconheceu, em desfavor do recorrente, circunstância fática não reconhecida em primeiro grau, apenas fazendo sua reclassificação dentre os vetores previstos no art. 59 do Código Penal.. (RHC 119149, 1ª Turma, 06.04.2015)".

c) "A Execução Penal submete-se ao impulso oficial, de modo que ajustes de ordem pública associados à efetivação da retribuição penal, como a alteração da data-base para progressão de regime em decorrência de outra condenação, podem ser validamente implementados pelo Juiz da Execução, ainda que sem pedido do Ministério Público, o que não gera preclusão ou implica violação à vedação da *reformatio in pejus*.. (STF, HC 130692 AgR,1ª Turma, 08.04.2016)".

d) "Não acarretaram *reformatio in pejus* as razões do Tribunal de Justiça [...], que se valeu, para manter a vedação da incidência da causa especial de redução de pena prevista no § 4º do art. 33 da Lei de Drogas e o regime prisional mais gravoso, da prova produzida no processo e de questões judiciais já reconhecidas na sentença condenatória". (STF, HC 130070, 2ª Turma, *DJ* 01.03.2016).

e) "A jurisprudência desta Corte admite a suplementação de fundamentação pelo Tribunal que revisa a dosimetria e o regime de cumprimento de pena, sempre que não haja agravamento da pena do réu, em razão do efeito devolutivo amplo de recurso de apelação, não se configurando, nesses casos, a *reformatio in pejus*." (STJ, AgRg no HC 425361/SC, Dje 14.03.2018).

f) "O Juízo da Execução pode promover a retificação do atestado de pena para constar a reincidência, com todos os consectários daí decorrentes, ainda que não esteja reconhecida expressamente na sentença penal condenatória transitada em julgado". Segundo o STJ, não há que se falar em *reformatio in pejus* nessa situação. Informativo STJ 662, 31.01.20.

g) **Unirrecorribilidade (singularidade ou unicidade):** em regra, cabe apenas um recurso específico para atacar determinada decisão (art. 593, § 4º, CPP). Ex.: a sentença desafia recurso de apelação (art. 593, CPP). Porém, excepcionalmente, uma única decisão poderá desafiar mais de um recurso. Ex.: um mesmo acórdão pode violar, ao mesmo tempo, lei federal e a CF. Logo, atacável, simultaneamente, por recurso especial (REsp) e extraordinário (RE). Nesse sentido: "o princípio da unirrecorribilidade, ressalvadas as hipóteses legais, impede a cumulativa interposição, contra o mesmo *decisum*, de mais de um recurso. O desrespeito ao postulado da singularidade dos recursos torna inviável o conhecimento do segundo recurso, quando interposto contra o mesmo ato decisório, porquanto preclusa a via recursal" (STJ, AgRg no AREsp 189578/RJ, *DJe* 13.12.2013 e AgRg no AREsp 938.572/MG, 6ª Turma, *DJ*

29.08.2016: "Consoante o entendimento desta Corte Superior de Justiça, não se conhece da segunda apelação "em razão do princípio da unirrecorribilidade, também conhecido como da singularidade ou da unicidade, que não admite interposição simultânea de recursos pela mesma parte em face da mesma decisão, situação em que ocorre a preclusão consumativa" (REsp 799.490/RS, rel. Ministro Og Fernandes, Sexta Turma, *DJe* 30.05.2011). Súmula 568/STJ";

h) **Complementariedade:** significa "a *possibilidade de modificação do recurso em razão de modificação superveniente na fundamentação da decisão*" (LOPES JR., 2010, v. II, p. 481) (destacamos). Ex.: imagine-se que, após a sentença, a defesa apela e a acusação interpõe embargos declaratórios. Havendo mudança na sentença após o julgamento dos embargos, será possível à defesa *complementar* o recurso anteriormente apresentado. Para tanto, o prazo recursal será renovado.

20.4. Pressupostos (condições ou requisitos) recursais

Para se recorrer de uma decisão, faz-se necessário o preenchimento de certos pressupostos (objetivos e subjetivos). A satisfação de tais pressupostos é fundamental para que o órgão julgador, num primeiro momento, considere viável (admita) o recurso, a fim de que, num segundo momento, o mérito possa ser examinado. Antes de examinarmos tais pressupostos, é preciso que duas noções fiquem claras na mente do leitor, a saber:

Juízo de admissibilidade (de conhecimento ou de prelibação recursal): consiste *no exame dos pressupostos recursais (exs.: tempestividade, interesse recursal etc.) efetuado pelo órgão julgador competente quando da apresentação de um recurso por uma das partes*. A falta de um desses pressupostos inviabiliza o exame do mérito recursal. Destaque-se que, em regra, o juízo de admissibilidade é realizado tanto no órgão *a quo*, como no *ad quem*;

Juízo de mérito (de provimento ou de delibação recursal): consiste no *exame efetuado pelo órgão julgador competente do mérito do recurso interposto pela parte*. Notemos que, a depender do pedido formulado no recurso, o deferimento (provimento) desse poderá acarretar na reforma (total ou parcial) da decisão atacada ou em sua anulação (cassação). Um recurso só poderá ter o seu pedido provido ou desprovido se tiver previamente sido conhecido.

Finalmente, vamos aos pressupostos recursais objetivos e subjetivos.

20.4.1. Pressupostos objetivos

a) **Cabimento (previsão legal):** é preciso que o recurso possua previsão expressa em lei;

b) **Tempestividade:** é preciso interpor o recurso dentro do prazo previsto pela lei, prazo esse contado a partir da data de intimação da parte (*dies a quo*). Ademais, os prazos recursais são contínuos e peremptórios, não se interrompendo por férias, domingo ou feriado, salvo no caso previsto do § 4º do art. 798, CPP[170], que diz: "não correrão os prazos, se houver

---

170. A contagem de prazos no contexto de reclamações cujo ato impugnado tiver sido produzido em processo ou procedimento de natureza penal submete-se ao art. 798, CPP, isto é, os prazos serão contados de forma contínua (Rcl 23045-EDAgR, Informativo 939/STF, de 6 a 10 de maio de 2019).

impedimento do juiz, força maior, ou obstáculo judicial oposto pela parte contrária". Não se computa no prazo o dia do começo, incluindo-se, porém, o do vencimento. O prazo que terminar em dia não útil será prorrogado para o dia útil imediato. Vale ainda destacar que, "havendo dúvidas acerca da tempestividade do recurso, a solução mais adequada é em benefício do recorrente, admitindo-se o inconformismo interposto, preservando-se, assim, a garantia do duplo grau de jurisdição e a ampla defesa do acusado" (STJ, HC 152687/RS, *DJ* 01.09.2011). Importante o conhecimento do seguinte julgado do STJ, segundo o qual: "1. Esta Corte Superior pacificou entendimento no sentido de que a tempestividade recursal é aferida pelo protocolo da petição na Secretaria do Tribunal de origem, e não pela data da postagem na agência dos Correios, conforme se extrai da Súmula 216/STJ. 2. A partir do julgamento do AgRg no Ag 1.417.361/RS (*DJe* 14.05.2015), Relatora p/ acórdão Ministra Maria Thereza de Assis Moura, a Corte Especial passou a admitir, para fins de verificação da tempestividade recursal, a data do protocolo postal, desde que haja previsão em norma local" (AgRg no AREsp 719.193/MG, 5ª Turma, *DJ* 21.09.2016). No mesmo sentido, ver: STF, HC 143212/SP, DJe 26.06.2017.

Seguem alguns entendimentos sumulares sobre a matéria em exame:

> STF, 310: "quando a intimação tiver lugar na sexta-feira, ou a publicação com efeito de intimação for feita nesse dia, o prazo judicial terá início na segunda-feira imediata, salvo se não houver expediente, caso em que começará no primeiro dia útil que se seguir".
>
> STF, 710: "no processo penal, contam-se os prazos da data da intimação, e não da juntada aos autos do mandado ou da carta precatória ou de ordem".
>
> STF, 428: "não fica prejudicada a apelação entregue em cartório no prazo legal, embora despachada tardiamente".
>
> STJ, 216: "a tempestividade de recurso interposto no Superior Tribunal de Justiça é aferida pelo registro no protocolo da Secretaria e não pela data da entrega na agência do correio".
>
> STJ, 579: "não é necessário ratificar o recurso especial interposto na pendência do julgamento dos embargos de declaração quando inalterado o julgamento anterior".

Ademais, cumpre expor a recente tese constante da 66ª Jurisprudência em Teses do STJ, segundo a qual "A apresentação extemporânea das razões não impede o conhecimento do recurso de apelação tempestivamente interposto", oriunda dos seguintes precedentes: HC 281873/RJ, *DJe* 15.04.2016; RMS 25964/PA, *DJe* 15.12.2015; HC 269584/DF, *DJe* 09.12.2015; AgRg no Ag 1084133/PR, *DJe* 27.10.2015; AgRg no AREsp 743421/DF, *DJe* 07.10.2015; HC 220486/SP, *DJe* 31.03.2014. (Vide Informativo de Jurisprudência 261). Ainda quanto ao assunto, também se manifestou o STF: "Não é extemporâneo recurso interposto antes da publicação do acórdão." (Informativo 897/STF, de 9 a 13 de abril de 2018).

E, também, vale transcrever o art. 575, CPP: "não serão prejudicados os recursos que, por erro, falta ou omissão dos funcionários, não tiverem seguimento ou não forem apresentados dentro do prazo";

c) Regularidade formal: *deve-se interpor o recurso conforme a forma estabelecida por lei para que ele possa ser conhecido pelo órgão julgador.* Assim, enquanto alguns recursos devem ser interpostos exclusivamente por petição, outros admitem a interposição por termo nos autos (art. 578, CPP), como no caso de RESE (art. 587, CPP) e apelação (art. 600, CPP);

d) Inexistência de fatos impeditivos e extintivos: para que o recurso possa ser apreciado pelo órgão julgador é preciso ainda que certos fatos impeditivos e extintivos não se façam presentes. Ex.: caso a parte desista do recurso interposto, teremos um fato extintivo do recurso, logo, sua apreciação restará prejudicada;

d1) Impede a admissibilidade dos recursos: a renúncia ao direito de recorrer, ou seja, a manifestação de vontade, expressa ou tácita, da parte no sentido de que não pretende recorrer da decisão. Ex.: deixar escoar *in albis*[171] o prazo para interpor o recurso.

Nota: com a reforma promovida pela Lei 11.719/2008 no CPP, que, dentre outras coisas, revogou o art. 594, *o não recolhimento do réu à prisão não impede mais a admissibilidade do recurso*. Nesse sentido, consulte-se também a Súmula 347 do STJ.

Ainda sobre o tema, revela-se oportuno transcrever os seguintes entendimentos sumulares:

> STF, 705: "a renúncia do réu ao direito de apelação, manifestada sem a assistência do defensor, não impede o conhecimento da apelação por este interposta".
>
> STF, 708: "é nulo o julgamento da apelação se, após a manifestação nos autos da renúncia do único defensor, o réu não foi previamente intimado para constituir outro".

Uma interpretação possível que pode ser extraída dessas duas súmulas é: *deve prevalecer a vontade de recorrer (provenha esta vontade do defensor técnico ou do réu)*. Nesse sentido: "havendo discordância sobre a conveniência da interposição de recurso, deve prevalecer a manifestação de vontade quem optar por sua apresentação, quer provenha da defesa técnica ou da autodefesa" (STJ, HC 162071/SP, *DJe* 20.03.2012); e, também, Grinover *et. al.* (2011, p. 108). Porém, há que se ressaltar que esse entendimento não é pacífico, existindo orientação no sentido de que deve prevalecer, em qualquer situação, a vontade do defensor técnico, uma vez que este é quem pode melhor avaliar a vantagem prática no manejo do recurso. Neste contexto, ver a recente tese constante da 66ª Jurisprudência em Teses do STJ, segundo a qual, "Verificada a inércia do advogado constituído para apresentação das razões do apelo criminal, o réu deve ser intimado para nomear novo patrono, antes que se proceda à indicação de defensor para o exercício do contraditório", oriunda dos precedentes: HC 302586/RN, *DJe* 19.05.2016; HC 345873/SP, *DJe* 29.04.2016; HC 301099/AM, *DJe* 07.03.2016; HC 269912/SP, *DJe* 12.11.2015; RHC 25736/MS, *DJe* 03.08.2015; AgRg no HC 179776/ES, *DJe* 02.06.2014. (Vide Informativo de Jurisprudência 506);

d2) Fatos extintivos (obstam a apreciação de recurso já interposto): trata-se da desistência do recurso interposto.

Nota: Com a reforma promovida pela Lei 12.403/2011, que, dentre outras coisas, revogou o art. 595, CPP, a fuga do réu não obsta mais a apreciação do recurso interposto. Não há mais que se falar em deserção provocada pela fuga do réu. Mesmo que o réu fuja, o recurso será conhecido e apreciado pelo órgão julgador competente.

---

171. Decurso do prazo sem que o interessado se manifeste a respeito.

Saliente-se ainda que o instituto da desistência não se aplica ao MP, *i. e.*, não pode este órgão desistir do recurso por ele interposto (art. 576, CPP). Tal imposição decorre do princípio da indisponibilidade (já estudado) vigente na ação penal pública. Temos assim que: o MP não está obrigado a recorrer (princípio da voluntariedade recursal), porém, se o fizer, não poderá desistir do recurso interposto (princípio da indisponibilidade).

20.4.2. Pressupostos subjetivos

a) Interesse: somente a parte que possuir interesse na reforma/anulação da decisão poderá recorrer – art. 577, parágrafo único, CPP. O interesse decorre da sucumbência (total ou parcial). Assim, por exemplo, caso a parte tenha sido vencedora em todos os pontos sustentados, carecerá, em tese, de interesse recursal na reforma ou cassação da decisão prolatada;

Dissemos "em tese" porque há situações em que, mesmo sem a parte ter sucumbido, há interesse de manejar recurso. Vamos a um exemplo.

Em caso de sentença *absolutória*, há interesse de a *defesa* recorrer da decisão para alterar a sua fundamentação quando a motivação da sentença for daquelas que, embora absolvendo o réu, permita a ação cível contra esse. É o que ocorre quando o juiz absolve o réu por entender *que não existem provas suficientes contra ele* (art. 386, V, CPP). Note-se que as provas podem não ter sido suficientes para uma condenação penal (que exige, por sua própria natureza, um robusto material probatório), entretanto, nada impede que o interessado ingresse com ação cível contra o réu, haja vista que aquelas mesmas provas poderão ser ali suficientes para uma eventual condenação no campo cível. Assim, tendo em vista que esse tipo de absolvição (como é o caso da prevista no art. 386, V, CPP) não "fecha as portas do cível", é possível que o réu, mesmo que não tenha sucumbido, ingresse com recurso para *alterar a fundamentação da decisão que o absolveu*. Nessa linha: "o réu tem direito subjetivo para recorrer da sentença absolutória, com finalidade de modificar o fundamento legal da absolvição, firmada na insuficiência de provas para ver reconhecida a atipicidade do fato ou, então, não constituir sua conduta infração penal. O que justifica esse interesse recursal é o prejuízo que decorre dos efeitos indenizatórios diversos, dos fundamentos citados, na esfera civil, mormente na satisfação do dano *ex delicto*" (TAPR AP 150143 *DJ* 24.05.2001).

Vale ressaltar que a sentença que decreta a extinção da punibilidade pela prescrição da pretensão punitiva tem o condão de apagar **todos** os efeitos condenatórios. No entendimento dos Tribunais Superiores, tal fato enseja a ausência de interesse recursal, mesmo em relação ao manejo da apelação com vistas ao reconhecimento da atipicidade da conduta (STJ, APn 688/RO, *DJe* 04.04.2013 e AgRg no AREsp 638.361/SP, 5ª Turma, *DJ* 25.08.2015).

Noutro giro, algumas observações quanto ao interesse recursal do MP precisam ser feitas:

I – Sendo o MP o autor da ação penal, é possível que, em sede recursal, esse órgão recorra em benefício do acusado – seja requerendo a diminuição de pena, seja a absolvição do réu, seja qualquer outro benefício cabível. É que, por conta do conteúdo do art. 127, CF e do especial papel que o MP desempenha no processo penal, tem esse órgão ampla possibilidade de recorrer em benefício do réu. Tudo o que foi dito aqui se aplica, *in totum*, aos casos de ação penal privada subsidiária da pública (art. 29, CPP). Vale dizer, também nesse tipo de ação o MP detém ampla faculdade de recorrer em favor do réu;

II – No caso de ação penal privada (exclusivamente privada ou personalíssima), é possível ao MP recorrer em benefício do réu (requerendo a sua absolvição, p. ex.). Porém, sendo *absolutória a sentença*, *não poderá* o MP requerer a condenação do querelado. É que, em razão da natureza da ação penal, entende-se que prevalece o princípio da oportunidade, ficando, portanto, à conveniência do *querelante* decidir pelo recurso para tentar provocar o agravamento da situação do réu.

Por fim, vale acrescentar que, no que tange ao assistente de acusação, segundo orientação consolidada nos tribunais superiores, é-lhe possível, autonomamente, interpor recurso de apelação contra a sentença penal condenatória com o objetivo de exasperar a pena imposta ao réu (STJ, AgRg no REsp 1312044/SP, *DJe* 05/05/2014). Isso porque entende a jurisprudência que o assistente não tem apenas o interesse de obter o título executivo judicial (sentença condenatória) para, posteriormente, executá-lo, mas, também, tem o assistente interesse de ver aplicada ao réu uma pena justa, correta. Sobre o tema, ver também STJ, AgRg no REsp 1533478/RJ, 5ª Turma, *DJ* 26.08.2016: "Na linha do recente posicionamento desta Corte, "não obstante a existência de posicionamentos, no âmbito doutrinário e jurisprudencial, que questionam a própria constitucionalidade da assistência à acusação, o Supremo Tribunal Federal reconhece a higidez do instituto processual, inclusive com amplo alcance, admitindo sua projeção não somente para as hipóteses de mera suplementação da atividade acusatória do órgão ministerial, como pacificamente aceito pelos Tribunais em casos de inércia do *Parquet*, mas também para seguir o assistente da acusação atuando no processo em fase recursal, mesmo em contrariedade à manifestação expressa do Ministério Público quanto à sua conformação com a sentença absolutória (RMS n. 43.227/PE, Quinta Turma, Rel. Min. Gurgel de Faria, *DJe* 07.12.2015)";

b) Legitimidade: o recurso deve ser interposto por quem é parte na relação processual ou, excepcionalmente, por terceiros quando houver autorização legal expressa nesse sentido (ex.: art. 598, CPP). O CPP dispõe que, em regra, são legitimados para interpor recurso: o MP, o querelante, o réu (autonomamente) e o defensor do réu.

É importante perceber que, no processo penal, o réu, de forma autônoma, pode interpor recurso. Essa permissão visa a concretizar o princípio da ampla defesa, possibilitando ao próprio acusado (mesmo que não possua capacidade postulatória, mesmo que não seja advogado) interpor recurso. Porém, conforme entende a jurisprudência, caso o réu não possua capacidade postulatória (*i. e.*, não seja advogado, p. ex.), não poderá, autonomamente, apresentar as razões recursais. Apenas quem possui capacidade postulatória poderá apresentar as razões (STJ, AgRg no HC 179776/ES, *DJe* 02.06.2014).

Ademais, conforme dito antes, não são apenas as pessoas indicadas no art. 577 que poderão interpor recurso. Isso porque a lei, em situações específicas, faculta também a terceiros essa possibilidade. Nesse sentido, consultar o art. 598, CPP, que diz que a vítima (ou o CCADI[172]), diante de eventual inércia do MP, pode interpor recurso (mesmo que não tenha se habilitado anteriormente como assistente no processo) nos seguintes

---

172. CCADI = cônjuge, companheiro, ascendente, descendente ou irmão.

casos: decisão de impronúncia (art. 584, § 1º); quando julgada extinta a punibilidade (art. 584, § 1º); e no caso de sentença absolutória (art. 598).

Dê-se destaque ainda à Súmula 210, STF, que diz: "o assistente do Ministério Público pode recorrer, inclusive extraordinariamente, na ação penal, nos casos dos arts. 584, § 1º e 598 do CPP". Significa essa súmula que o assistente pode, de forma autônoma, interpor e arrazoar recurso extraordinário naqueles casos em que poderia recorrer autonomamente (indicados acima). Notemos que o teor dessa súmula, conforme aponta a doutrina (AVENA, 2011, p. 1102), aplica-se *in totum* ao recurso especial também.

20.5. Efeitos dos recursos

Os recursos podem ter os seguintes efeitos:

a) devolutivo: o recurso *devolve* a matéria recorrida à instância *ad quem*, bem como permite que a instância superior tome contato (e se pronuncie) sobre matéria passível de conhecimento de ofício pelo julgador (ex: falta de citação). Neste último caso, ainda que a matéria possa ser conhecida de ofício, caso prejudique o réu (e a acusação não a tenha abordado em recurso próprio), não poderá a questão ser apreciada pela instância superior. É esse o sentido da Súmula 160, STF: "é nula a decisão do tribunal que acolhe, contra o réu, nulidade não arguida no recurso da acusação, ressalvados os casos de recurso de ofício". Sobre o efeito devolutivo, observar a seguinte tese do STJ na 66ª Edição da Jurisprudência em Teses: "O efeito devolutivo amplo da apelação criminal autoriza o Tribunal de origem a conhecer de matéria não ventilada nas razões recursais, desde que não agrave a situação do condenado", precedentes: AgRg no HC 320398/MT, *DJe* 01.08.2016; AgRg no HC 347301/MG, *DJe* 13.06.2016; RHC 68264/PA, *DJe* 14.06.2016; AgRg no AREsp 804735/SP, *DJe* 30.03.2016; HC 279080/MG, *DJe* 03.02.2016; AgRg no HC 337212/SP, *DJe* 11.12.2015. (Vide Informativo de Jurisprudência 553);

b) suspensivo: não são todos os recursos que possuem efeito suspensivo. Este ocorre quando o recurso suspende a produção dos efeitos da decisão impugnada. Ex.: no caso de recurso contra a decisão de pronúncia, o julgamento do processo pelos jurados ficará suspenso até que se decida a respeito do recurso interposto (art. 584, § 2º, CPP). Notemos, ademais, que o recurso contra a sentença absolutória não possui efeito suspensivo. Desse modo, o réu, se preso estiver, deverá ser colocado em liberdade imediatamente, mesmo que, p. ex., a acusação tenha interposto recurso contra a referida absolvição – *vide* art. 596, CPP. Sobre o efeito suspensivo, importante destacar a recente Súmula 604 do STJ: "O mandado de segurança não se presta para atribuir efeito suspensivo a recurso criminal interposto pelo Ministério Público." Ainda nesta seara, a Lei n. 13.964/2019 excluiu, enquanto regra, o efeito suspensivo da apelação nas condenações do Tribunal do Júri que sejam iguais ou superiores a 15 (quinze) anos. É a disposição expressa contida no § 4º do art. 492, CPP, A partir de agora, a concessão de efeito suspensivo passa a ser medida de exceção, devendo ser requerida via incidente na própria apelação ou em petição em separado (§ 6º, art. 492, CPP). No requerimento, deverá ser demonstrado que a apelação: I – não tem o propósito protelatório; e II – levanta questão substancial que pode resultar na absolvição, na anulação da sentença, em novo julgamento ou na redução da pena para patamar inferior aos 15 anos (§ 5º, art. 492, CPP);

c) regressivo (ou diferido): trata-se da possibilidade de o próprio juiz se retratar da decisão que prolatou. No Processo Penal, tal efeito existe no RESE (recurso em sentido estrito – art. 589, CPP), no agravo em execução (art. 197, LEP – que segue o mesmo rito do RESE), na carta testemunhável e no agravo contra despacho denegatório de recurso especial e extraordinário;

d) extensivo, expansivo, iterativo ou extensão subjetiva do efeito devolutivo: pode ocorrer em caso de concurso de pessoas. Explica-se. Se um réu interpõe recurso fundado em motivo de caráter não exclusivamente pessoal (ex.: questionando a tipicidade da conduta), sendo provido o recurso, este aproveitará ao corréu que não tenha recorrido (art. 580, CPP).

Examinemos, agora, os **recursos em espécie**.

20.6. Recurso em Sentido Estrito (RESE)

Esse recurso busca atacar decisões interlocutórias que produzam algum tipo de gravame à parte. Conforme sublinha a doutrina, as hipóteses de cabimento de RESE (seja no CPP seja em lei extravagante) são taxativas (trata-se de um número restrito de situações, portanto). Porém, isso não impedirá, em alguns casos, o emprego de interpretação extensiva.

20.6.1. Previsão legal

O RESE tem previsão legal, sobretudo, no CPP (art. 581), porém há também hipóteses esparsas em legislação extravagante (ex.: art. 294, parágrafo único, Lei 9.503/1997 – CTB).

20.6.2. Efeitos

a) Devolutivo: o RESE devolve à apreciação do órgão julgador a matéria recorrida. A devolução fica restrita à matéria impugnada (o efeito devolutivo não é amplo, portanto);

b) Suspensivo: em regra, o RESE não possui efeito suspensivo. Exceções: RESE contra a decisão que denega a apelação ou que a julga deserta; contra a pronúncia; e contra a decisão que determina a perda ou a quebra da fiança. Nestes casos, há efeito suspensivo. Consulte-se o art. 584, CPP;

c) Regressivo: cabe juízo de retratação no RESE (art. 589, CPP): com a resposta do recorrido ou sem ela, o juiz poderá manter ou reformar a decisão. Mantendo, remeterá os autos ao órgão *ad quem*. Reformando a decisão, a parte contrária, que agora ficou prejudicada, poderá pedir a pronta remessa dos autos ao tribunal, desde que dessa nova decisão também caiba RESE.

20.6.3. Legitimidade

Em regra, podem interpor RESE o MP, o querelante, o réu e o defensor.

Quanto à vítima, só pode interpor RESE da decisão que declarar extinta a punibilidade do acusado (art. 584, § 1º, CPP).

No caso de decisão que inclui ou exclui o nome de jurado da lista geral, qualquer um do povo poderá interpor RESE (art. 581, XIV, CPP).

Atenção: Parte considerável da doutrina vem entendendo que tal dispositivo foi revogado tacitamente por força da nova redação do art. 426, § 1º, CPP, introduzida pela Lei 11.689/2008, que prevê a impugnação por meio de reclamação feita por qualquer do povo ao juiz presidente até o dia 10 de novembro de cada ano (TÁVORA, 2016, p. 1364; PACELLI, 2015, p. 983). No entanto, na dicção de LIMA (2015, p. 1674-1675), diante das constantes mudanças sofridas pela legislação processual penal nos últimos anos (v.g., Leis 11.689/2008, 11.690/2008, 11.719/2008 e 12.403/2011), não se revela razoável a estagnação das hipóteses de cabimento do RESE, sobretudo levando em consideração que o projeto de lei que versa sobre a mudança do título do CPP que cuida dos recursos ainda não foi aprovado pelo Congresso Nacional. Justifica o autor que isso ocorreria até mesmo para evitar a criação de desequilíbrio entre as partes, violando a paridade de armas, não se podendo admitir que a acusação fique privada de um instrumento para a impugnação de decisões proferidas por juiz de 1ª instância, se a defesa tem sempre a possibilidade de impetrar ordem de *habeas corpus*.

20.6.4. Formalidades e processamento do RESE

Pode ser interposto por meio de petição ou por termo nos autos – art. 578, CPP.

Se realizado por meio de petição (modo mais comum), o RESE deverá ser composto por duas peças:

I – Petição de interposição: endereçada ao próprio órgão prolator da decisão impugnada; com prazo, em regra, de 5 dias (contados a partir da prolação da decisão); essa peça compreende, em síntese, uma demonstração de insatisfação do recorrente diante da decisão impugnada;

II – Razões recursais: dirigidas à instância *ad quem*; com prazo de 2 dias (contados da intimação judicial para essa finalidade); são os fundamentos de fato e de direito do recurso. Note-se que as contrarrazões, se oferecidas pela parte, também devem observar o prazo de 2 dias.

No que tange ao processamento do RESE, em regra, este recurso será processado por instrumento (traslado). Isto significa que o interessado deverá providenciar a fotocópia de algumas peças fundamentais do processo, fazendo a juntada destas quando da interposição do recurso (ou das contrarrazões recursais) – art. 587, CPP.

Em contrapartida, o RESE não subirá por instrumento, mas nos próprios autos do processo, nas hipóteses delineadas pelo art. 583, CPP, a saber:

a) RESE contra decisão que não recebe a denúncia;

b) contra decisão que julga procedente as exceções, salvo a de suspeição;

c) contra a pronúncia;

d) contra a decisão que julga extinta a punibilidade do réu;

e) contra a decisão que concede ou nega o HC; e

f) quando não prejudicar o andamento do processo principal.

20.6.5. Prazos

a) Petição de interposição: 5 dias (art. 586, CPP). **Exceções:**

I – 20 dias (parágrafo único do art. 586) no caso de RESE contra a decisão que inclui ou exclui jurado da lista geral do Tribunal do Júri **(Ver ressalva no item 19.6.3)**;

II – 15 dias para a vítima não habilitada como assistente de acusação para interpor RESE contra declaração da extinção da punibilidade em caso de inércia do MP – art. 584, § 1º, c/c o art. 598, CPP.

Acrescente-se que, de acordo com a Lei 9.800/1999, pode-se interpor o recurso via fac-símile ou similar com apresentação dos originais no prazo de 5 dias. Ademais, vale lembrar o conteúdo da Súmula 216, STJ, que diz: "a tempestividade do recurso interposto no STJ é aferida pelo registro no protocolo da Secretaria e não pela data de entrega na agência do correio".

b) Razões recursais: 2 dias (art. 588, CPP).

Nota: após as razões do recorrente será dada vista ao recorrido para apresentar as suas contrarrazões recursais, cujo prazo será também de 2 dias.

20.6.6. Hipóteses de cabimento do art. 581, CPP

O rol do art. 581 é taxativo (o que não impede a interpretação extensiva em alguns casos).

É preciso estar atento a esse art. 581, pois diversos de seus incisos encontram-se prejudicados (em razão do cabimento do agravo em execução – art. 197, LEP – em lugar do RESE) ou mesmo revogados. Examinemos um a um os incisos do art. 581. Cabe RESE da decisão:

I – que não receber a denúncia ou a queixa.

Ex.: caso a inicial penal não seja formulada de acordo com o art. 41, CPP (exposição do fato criminoso, com todas as suas circunstâncias, qualificação do acusado ou esclarecimentos pelos quais se possa identificá-lo etc.), o juiz a rejeitará.[173]

A majoritária comunidade jurídica faz interpretação extensiva desse inciso I, dizendo que cabe também RESE da decisão que não recebe o aditamento à denúncia. Aditar significa acrescentar algo. Ex.: no curso do processo o MP descobre que colaborou para o delito outra pessoa além do sujeito denunciado. Deverá, neste caso, o MP promover o aditamento à denúncia (que nada mais é do que uma nova denúncia para, *in casu*, incluir o outro agente). Pois bem, efetuado o aditamento, caso o juiz rejeite esta peça, caberá RESE com base em interpretação extensiva do inciso I do art. 581, CPP.

Noutro giro, não cabe recurso da decisão que recebe a inicial penal (só da que rejeita). Em caso de recebimento, resta ao réu ingressar com eventual HC. Ex.: denúncia recebida sem suporte probatório mínimo. Cabe HC nesta situação para tentar trancar ("arquivar") a ação penal.

Note-se que, caso a acusação interponha RESE da decisão que rejeitar a denúncia, é necessário intimar a defesa para, querendo, oferecer contrarrazões. Trata-se de homenagem aos princípios da ampla defesa e contraditório. Não é outro o entendimento da Súmula 707, STF: "constitui nulidade a falta de intimação do denunciado para oferecer contrarrazões ao recurso interposto da rejeição da denúncia, não a suprindo a nomeação de defensor dativo".

Finalmente, em se tratando de JECRIM, o recurso cabível da decisão que rejeita inicial penal não é o RESE, mas **a apelação** (*vide* art. 82, Lei 9.099/1995);

II – que concluir pela incompetência do juízo.

Ex.: caso o juiz-presidente do Júri prolate decisão de desclassificação (art. 419, CPP), será cabível o RESE;

---

173. Há quem diferencie não recebimento de rejeição da inicial. Neste livro, seguiremos a majoritária corrente que usa as expressões não recebimento e rejeição como sinônimas.

III – que julgar procedentes as exceções, salvo a de suspeição.

O inciso refere-se às exceções de litispendência, incompetência, ilegitimidade de parte e coisa julgada. Ressalte-se que as decisões que rejeitam essas exceções são irrecorríveis. É que, no caso de rejeição, o próprio juiz remeterá a exceção ao tribunal – art. 103, § 3º, CPP.

Por outro lado, perceba-se que acolhida a decisão de suspição pelo próprio juiz excepto, não caberá recurso dessa decisão, daí porque a ressalva que faz a parte final do inciso;

IV – que pronunciar o réu.

Trata-se de caso clássico de cabimento de RESE. A pronúncia (art. 413, CPP) é a decisão que submete o acusado à 2ª fase do júri, julgando admissível a imputação formulada na denúncia pelo MP. Dessa decisão, cabe RESE.

V – que conceder, negar, arbitrar, cassar ou julgar inidônea a fiança, indeferir requerimento de prisão preventiva ou revogá-la, conceder liberdade provisória ou relaxar a prisão em flagrante.

Atenção: da decisão que decreta prisão preventiva, não cabe RESE, mas pedido de revogação da preventiva ou HC (conforme o caso, ex: decisão que decreta a preventiva sem estar fundamentada idoneamente). Da decisão que nega o pedido de relaxamento de prisão, não cabe RESE, mas HC;

VI – (revogado pela Lei 11.689/2008).

Nota: com a reforma promovida pela Lei 11.689/2008, a decisão de impronúncia e a sentença de absolvição sumária não desafiam mais o RESE. Agora, de acordo com o art. 416, CPP, o recurso cabível é o de apelação;

VII – decisão que julgar quebrada a fiança ou perdido o seu valor.

Exemplo de quebra da fiança: acusado afiançado que descumpre as obrigações dos arts. 327, 328 ou 341, CPP. Da decisão que julga quebrada a fiança, cabe RESE.

Exemplo de perda da fiança (arts. 344 e 345, CPP): réu condenado em definitivo à pena privativa de liberdade que empreende fuga. Da decisão que julgar perdida a fiança, cabe RESE;

VIII – decisão que decretar a prescrição ou julgar, por outro modo, extinta a punibilidade.

Ex.: caso o juiz declare nos autos a ocorrência de prescrição, caberá RESE desta decisão;

IX – decisão que indeferir o pedido de reconhecimento da prescrição ou de outra causa extintiva da punibilidade;

X – decisão que conceder ou negar a ordem de *habeas corpus*.

No caso de indeferimento de HC, vale lembrar que nada impede que outro HC possa ser impetrado a superior instância. Na realidade, na praxe forense é muito mais comum, na situação tratada por esse inciso, impetrar novo HC do que interpor RESE;

XI – decisão que conceder, negar ou revogar a suspensão condicional da pena.

Inciso prejudicado. A concessão ou negativa do *sursis* se dá no corpo da sentença (logo, o recurso cabível é a apelação, e não o RESE).

Por outro lado, a eventual revogação do *sursis* se dá no curso da execução da pena, logo, cabível o agravo em execução (art. 197, LEP) e não o RESE. Note-se que o agravo em execução é o recurso cabível contra as decisões proferidas no curso da execução penal pelo Juízo das Execuções Penais;

XII – decisão que conceder, negar ou revogar livramento condicional.

Prejudicado. Trata-se de decisão que se dá no curso da execução da pena. Cabível o agravo em execução (art. 197, LEP) e não o RESE;

XIII – decisão que anular o processo da instrução criminal, no todo ou em parte.

Ex.: juiz que reconhece a ilicitude da prova e a contaminação que esta provocou nas demais provas, anulando o processo. Dessa decisão, cabe RESE;

XIV – decisão que incluir jurado na lista geral ou desta o excluir.

Ver observação no item 19.6.3.

XV – decisão que denegar a apelação ou a julgar deserta.

Denegação = não conhecimento. Significa que a apelação não preencheu todos os pressupostos. Ex.: apelação interposta fora do prazo. Caso o juiz se depare com uma apelação extemporânea, irá denegá-la. Dessa decisão, cabe RESE como forma de tentar forçar a subida do recurso de apelação à instância superior.

Deserção. Ex.: falta de preparo do recurso. No que tange à deserção pela fuga do réu, é preciso notar que, após a reforma de 2008, a evasão do acusado não tem mais o condão de impedir o conhecimento do recurso;

XVI – decisão que ordenar a suspensão do processo, em virtude de questão prejudicial.

Ex.: juiz que determina a suspensão do processo criminal em razão de questão prejudicial no juízo cível (discussão sobre a posse da coisa furtada). Cabe RESE dessa decisão. O STJ, interpretando extensivamente o referido inciso, entendeu pela possibilidade de interposição de RESE em face de decisão que indefere a produção antecipada de provas (EREsp 1630121-RN, Info. 640/STJ, de 15 de fevereiro de 2019).

XVII – decisão que decidir sobre a unificação de penas.

Prejudicado. Trata-se de decisão tomada no curso da execução penal. Cabível o agravo em execução;

XVIII – decisão que decidir o incidente de falsidade documental;

XIX – decisão que decretar medida de segurança, depois de transitar a sentença em julgado;

Prejudicado. Trata-se de decisão que se dá no curso da execução da pena. Cabível o agravo em execução (art. 197, LEP);

XX – decisão que impuser medida de segurança por transgressão de outra.

Prejudicado. Cabe, na verdade, agravo em execução. Ex.: descumprimento do tratamento ambulatorial;

XXI – decisão que mantiver ou substituir a medida de segurança, nos casos do art. 774.

Prejudicado. O art. 774 foi tacitamente revogado. Não existe mais essa hipótese;

XXII – decisão que revogar a medida de segurança.

Prejudicado. Trata-se de decisão que se dá no curso da execução da pena. Cabível o agravo em execução (art. 197, LEP);

XXIII – decisão que deixar de revogar a medida de segurança, nos casos em que a lei admite a revogação.

Prejudicado. Trata-se de decisão que se dá no curso da execução da pena. Cabível o agravo em execução (art. 197, LEP);

XXIV – decisão que converter a multa em detenção ou em prisão simples.

Prejudicado. Desde 1996, é impossível no país a conversão da multa em pena privativa de liberdade (*vide* art. 51, CP). Não pode mais o juiz efetuar tal conversão.

XXV – decisão que negar homologação da proposta de acordo de não persecução penal, prevista no art. 28-A, CPP.

Inovação trazida pela Lei n. 13.964/2019.

Por fim, é imprescindível fazer referência às recentes teses jurisprudenciais do STJ acerca do RESE.

a) "Não cabe mandado de segurança para conferir efeito suspensivo ativo a recurso em sentido estrito interposto contra decisão que concede liberdade provisória ao acusado" Precedentes: HC 352998/RJ, *DJe* 01.06.2016; HC 349502/SP, *DJe* 04.05.2016; HC 315665/SP, *DJe* 15.04.2016; HC 347539/SP, *DJe* 18.04.2016; HC 348486/SP, *DJe* 31.03.2016; HC 341147/SP, *DJe* 02.03.2016. (INFO. 547) e HC 368906/SP, DJe 28/04/2017;

b) "A ausência de contrarrazões ao recurso em sentido estrito interposto contra decisão que rejeita a denúncia enseja nulidade absoluta do processo desde o julgamento pelo Tribunal de origem" Precedentes: HC 257721/ES, *DJe* 16.12.2014; HC 166003/ SP, *DJe* 15.06.2011; HC 142771/MS, *DJe* 09.08.2010; HC 108652/SC, *DJe* 10.05.2010; HC 118956/SP, *DJe* 08.06.2009;

c) "Aplica-se o princípio da fungibilidade à apelação interposta quando cabível o recurso em sentido estrito, desde que demonstrada a ausência de má-fé, de erro grosseiro, bem como a tempestividade do recurso." Precedentes: AgInt no REsp 1532852/MG, *DJe* 22.06.2016; HC 265378/SP, *DJe* 25.05.2016; AgRg no AREsp 644988/PB, *DJe* 29.04.2016; HC 295637/MS, *DJe* 14.08.2014; AgRg no AREsp 71915/SC, *DJe* 23.05.2014; AgRg no AREsp 354968/MT, *DJe* 14.05.2014. (INFO. 543);

d) "A decisão do juiz singular que encaminha recurso em sentido estrito sem antes proceder ao juízo de retratação é mera irregularidade e não enseja nulidade absoluta". Precedentes: HC 216944/PA, *DJe* 18.12.2012; HC 158833/ RS, *DJe* 29.06.2012; HC 177854/SP, *DJe* 24.02.2012; HC 88094/RJ, *DJe* 15.12.2008; AREsp 762765/BA *DJe* 01.07.2016; AREsp 385049/PE *DJe* 26.02.2016;

e) "Inexiste nulidade no julgamento da apelação ou do recurso em sentido estrito quando o voto de Desembargador impedido não interferir no resultado final". Precedentes: HC 352825/RS, *DJe* 20.05.2016; HC 309770/SP, *DJe* 16.03.2016; HC 284867/GO, *DJe* 02.05.2014; HC 130990/RJ, *DJe* 22.02.2010; REsp 1351484/SC *DJe* 05.08.2015;

f) "O acórdão que julga recurso em sentido estrito deve ser atacado por meio de recurso especial, configurando erro grosseiro a interposição de recurso ordinário em *habeas corpus*". Precedentes: RHC 42394/SP, *DJe* 16.03.2016; AgRg no RHC 37923/SP, *DJe* 12.12.2014; RHC 31733/SP, *DJe* 02.04.2014; AgRg no RHC 17921/PR, *DJe* 24.03.2008; RHC 22345/MA, *DJ* 07.02.2.08;

20.7. Apelação (arts. 593 a 603, CPP)

Trata-se de um dos mais importantes recursos, não apenas por ser um dos mais antigos, mas também por possuir o maior efeito devolutivo de todos (ampla possibilidade de discussão de toda a matéria de fato e de direito). A apelação tanto poderá provocar a reforma da decisão recorrida (caso em que o *decisum* será substituído por outro proferido pela instância *ad quem*), como também poderá provocar a anulação da decisão atacada (caso em que a instância *ad quem* determinará à *a quo* que outra decisão seja prolatada em lugar daquela anulada).

20.7.1. Efeitos

a) Devolutivo: a apelação possui o mais amplo efeito devolutivo dos recursos, com possibilidade de discussão de toda a matéria de fato e de direito. Porém, nada impede que o apelante delimite o tema que pretende discutir em segunda instância (é o que se chama de apelação parcial). De um jeito ou de outro, nada impede que o tribunal vá além da matéria impugnada, conhecendo de ofício outros pontos, desde que não prejudiciais à defesa. Reforça esta ideia a Súmula 160, STF, quando diz: "É nula a decisão do tribunal que acolhe, contra o réu, nulidade não arguida no recurso da acusação, ressalvados os casos de recurso de ofício";

b) Suspensivo: aqui é preciso distinguir a apelação da sentença condenatória da apelação da sentença absolutória.

A apelação interposta contra a sentença absolutória não tem efeito suspensivo. Explica-se: caso um réu que se encontre preso durante o curso do processo seja absolvido, deverá ser posto em liberdade automaticamente. Assim, mesmo que o MP interponha apelação contra a absolvição, este recurso *não suspenderá* o efeito da sentença absolutória de pôr o réu imediatamente em liberdade.

No caso de sentença condenatória, o art. 597, CPP, sublinha que há efeito suspensivo. Explica-se: condenado o acusado, caso seja interposta apelação pela defesa contra esta decisão, possuirá tal recurso efeito suspensivo no sentido de obstar os efeitos da condenação: prisão do réu; lançamento de seu nome no rol dos culpados etc. Não estamos querendo dizer com isso que não é possível a prisão do acusado no momento da sentença penal condenatória. Não é isto. É possível a prisão desde que presentes os requisitos da preventiva (prisão cautelar). O que não é possível é a prisão-pena (prisão-punição) enquanto não transitada em julgado a condenação. É por isso que se diz que a apelação suspende os efeitos da condenação;

Atenção: conforme já antecipado na parte geral dos recursos, a Lei n. 13.964/2019 estabeleceu o efeito suspensivo como exceção nas condenações iguais ou superiores a 15 (quinze) anos impostas pelo Tribunal do Júri. Recomendamos a leitura dos §§ 4º a 6º do art. 492, CPP.

c) Efeito iterativo, extensivo ou extensão subjetiva do efeito devolutivo (art. 580, CPP): pode ocorrer em caso de concurso de pessoas. Explica-se: se um réu interpõe recurso fundado em motivo de caráter não exclusivamente pessoal (ex.: questionando a tipicidade da conduta), sendo provido o recurso, este aproveitará ao corréu que não tenha recorrido. Contudo, é necessário pontuar as duas hipóteses que não legitimam a aplicação do dispositivo legal: a) quando o requerente da extensão não participa da mesma relação jurídico-processual daquele que foi beneficiado por decisão judicial da Corte, o que evidencia a sua ilegitimidade; b) quando se invoca extensão de decisão para outros processos que não foram examinados pela Corte, o que denuncia fórmula de transcendência dos motivos determinantes, não admitido pela jurisprudência do STF. (STF, HC 137728 EXTN/PR, DJ. 30.05.2017 e Info. 867, de 29 de maio a 02 de junho de 2017).

20.7.2. Legitimidade

Em regra, podem interpor o recurso de apelação: MP, querelante, réu ou defensor.

Quanto à vítima, habilitada ou não como assistente de acusação, poderá interpor apelação quando o MP permanecer inerte nos seguintes casos: decisão de impronúncia (art. 416 c/c o art. 584, § 1º, CPP); sentença absolutória (art. 598, CPP); e absolvição sumária (seja a do art. 415, CPP – júri; seja a do art. 397, CPP – ritos ordinário e sumário).

20.7.3. Formalidades da apelação

Pode ser interposta por petição ou termo nos autos – art. 578, CPP.

Se interposta por petição (modo mais comum), a apelação deverá vir composta por duas peças:

I – Petição de interposição: endereçada ao próprio órgão prolator da decisão impugnada; com prazo, em regra, de 5 dias; tendo como conteúdo, em suma, a demonstração de insatisfação do recorrente;

II – Razões recursais: dirigidas à instância *ad quem*; com prazo de 8 dias; são os fundamentos de fato e de direito do recurso.

20.7.4. Prazos

a) **Petição de interposição:** regra: 5 dias (art. 593, CPP). Perceba-se que a tempestividade é aferida da data da interposição da apelação e não de sua juntada pelo cartório – Súmulas, 320 e 428, STF;

a1) Exceções:

I – em caso de inércia do MP, 15 dias para a vítima não habilitada como assistente de acusação para interpor apelação contra: a decisão de impronúncia (art. 416 c/c o art. 584, § 1º, CPP); a sentença absolutória (art. 598, CPP); e a absolvição sumária – seja a do art. 415, CPP, seja a do art. 397, CPP. Confira-se ainda a Súmula 448, STF: "o prazo para o assistente recorrer, supletivamente, começa a correr imediatamente após o transcurso do prazo do Ministério Público";

II – 10 dias para apelar no JECRIM (art. 82, Lei 9.099/1995). Note-se que no JECRIM a petição de interposição e a de razões recursais não possuem prazos distintos, devendo ser apresentadas conjuntamente;

b) **Razões recursais:** 8 dias (art. 600, CPP).

Nota: após as razões do recorrente será dada vista ao recorrido para apresentar as suas contrarrazões recursais, cujo prazo será também de 8 dias.

20.7.5. Hipóteses de cabimento da apelação

Cabe apelação contra (art. 593, CPP):

I – as sentenças definitivas de condenação – art. 593, I;

II – as sentenças definitivas de absolvição (inclua-se aí a absolvição sumária antecipada do art. 397, CPP, e a absolvição sumária do júri do arts. 415 e 416, CPP) – art. 593, I;

III – as decisões definitivas ou com força de definitiva, quando não couber recurso em sentido estrito. Ex.: da decisão que cancela a hipoteca legal, cabe apelação. Trata-se de hipótese subsidiária de apelação a ser aferida em cada caso concreto – art. 593, II[174];

IV – da decisão de impronúncia – art. 416, CPP;

V – no JECRIM, da decisão que rejeita a inicial penal, da sentença absolutória e condenatória e da homologatória da transação penal (art. 82, Lei 9099/1995);

VI – das decisões do Tribunal do Júri, quando (art. 593, III, CPP):

a) ocorrer nulidade posterior à pronúncia.

Ex.: indeferimento arbitrário pelo juiz de produção de prova em plenário;

b) for a sentença do juiz-presidente contrária à lei expressa ou à decisão dos jurados.

Ex.: o juiz-presidente suprime uma qualificadora reconhecida pelos jurados. Neste caso, a instância *ad quem* terá poderes para retificar a sentença do juiz-presidente, aplicando a qualificadora indevidamente suprimida – art. 593, § 1º, CPP;

c) houver erro ou injustiça no tocante à aplicação da pena ou da medida de segurança.

Ex.: juiz-presidente que, na dosimetria da pena, fixa injustificadamente a pena base do réu no seu patamar máximo (= pena injusta). Neste caso, a instância *ad quem também* terá poderes para retificar a sentença do juiz-presidente, aplicando o direito ao caso concreto – art. 593, § 2º, CPP;

d) for a decisão dos jurados manifestamente contrária à prova dos autos.

Para que seja viável a apelação aqui é preciso que a decisão dos jurados tenha se dado de forma totalmente dissociada do conjunto probatório constante dos autos (ver informativo 969, STF, 19.03.20). Não será cabível essa apelação se os jurados tiverem amparado a sua decisão em provas (ainda que frágeis) constantes dos autos. A possibilidade de julgar com base em provas frágeis é um dos pontos mais criticados por certo segmento da doutrina (LOPES JR, p. ex), pois termina-se por aniquilar o princípio do estado de inocência, mais especificamente o *in dubio pro reo*.

Nessa situação, a instância *ad quem* (o tribunal) tem apenas poder para anular (cassar) a decisão do júri, determinando a realização de novo julgamento (por outros jurados). Em homenagem à soberania dos veredictos, não poderá aqui o tribunal reformar a decisão. Pode-se apenas, repita-se, cassá-la e dissolver o conselho de sentença (o corpo de jurados) a fim de que outro júri seja realizado.

---

174. Cabe enunciar recente entendimento do STJ, segundo o qual "É possível a interposição de apelação, com fundamento no art. 593, II, do CPP, contra decisão que tenha determinado medida assecuratória prevista no art. 4º, *caput*, da Lei 9.613/1998 (Lei de lavagem de Dinheiro), a despeito da possibilidade de postulação direta ao juiz constritor objetivando a liberação total ou parcial dos bens, direitos ou valores constritos (art. 4º, §§ 2º e 3º, da mesma Lei) (REsp 1.585.781-RS, Rel. Min. Felix Fischer, julgado em 28.06.2016, *DJe* 01.08.2016).

Atenção: só se pode apelar com base nesse motivo (decisão dos jurados manifestamente contrária à prova dos autos) uma única vez. Este comando atinge, inclusive, a parte contrária do processo, isto é, se uma parte apelar com base nesse fundamento, não poderá, posteriormente, a parte contrária (que não havia recorrido) apelar embasada no mesmo fundamento (STJ, HC 116913/RJ, *DJe* 07.02.2011). Entretanto, note-se bem, nada impede eventual apelação posterior (por qualquer uma das partes; e quantas vezes necessárias forem) com arrimo nas outras alíneas do art. 593, III (ex: decisão do juiz que desrespeita a decisão dos jurados – alínea "b"). Para ficar mais claro, vamos a um exemplo do que dissemos no início deste parágrafo. Se a decisão dos jurados for anulada pela instância *ad quem* com base no dispositivo em comento e o novo conselho de sentença decidir, mais uma vez, de forma manifestamente contrária à prova dos autos, não será possível apelar novamente com base nesse artigo (art. 593, III, "d"), nem mesmo se o "novo" recurso for de iniciativa da parte que não recorreu. Repita-se: só se pode invocar o dispositivo em questão uma única vez. Assim, em casos de "duplo julgamento contrário à prova dos autos pelos jurados" restará apenas aguardar o trânsito em julgado para, posteriormente, ingressar com revisão criminal. A situação retratada nesse parágrafo gera duras (e corretas) críticas à instituição do júri que, no Brasil, tornou quase "intocável" a famigerada soberania dos veredictos. Consultar nesse particular: Paulo Rangel (2010) e Lopes Jr. (2010, v. 2). Neste contexto, ver também: STJ, HC 346.919/ES, 6ª Turma, *DJ* 12.05.2016.

Note-se ainda que, segundo estabelece a Súmula 713, STF: "o efeito devolutivo da apelação contra decisões do Júri é adstrito aos fundamentos da sua interposição". Significa isto que, no júri, os fundamentos indicados na petição de interposição delimitam a extensão do recurso, não podendo as razões recursais ampliar, posteriormente, a abrangência da petição de interposição. Ressalva aqui apenas para o caso de matéria cognoscível de ofício favorável ao réu (nulidade absoluta) que, embora não tenha sido apontada pela defesa em sua petição recursal, poderá sim, ser apreciada pela instância *ad quem* – Súmula, 160, STF.

20.7.6. Observações finais

Quando cabível a apelação, não poderá ser usado o recurso em sentido estrito, ainda que somente de parte da decisão se pretenda recorrer – art. 593, § 4º, CPP. Ex.: imagine-se que, no corpo da sentença, o juiz decida revogar a prisão preventiva do réu. Caberá aqui apelação e não RESE (art. 581, V, CPP), conforme se poderia pensar.

No julgamento das apelações poderá o tribunal, câmara ou turma proceder a novo interrogatório do acusado, reinquirir testemunhas ou determinar outras diligências.

Também em sede de Apelação o STJ publicou uma série de teses a partir da sua jurisprudência, de modo que recomendamos fortemente ao caro Leitor a leitura atenta, inclusive dos precedentes invocados. Eis as teses:

a) "O efeito devolutivo amplo da apelação criminal autoriza o Tribunal de origem a conhecer de matéria não ventilada nas razões recursais, desde que não agrave a situação do condenado". Precedentes: AgRg no HC 320398/MT, *DJe* 01.08.2016; AgRg no HC 347301/MG, *DJe* 13.06.2016; RHC 68264/PA, *DJe* 14.06.2016; AgRg no AREsp 804735/SP, *DJe* 30.03.2016;

HC 279080/MG, *DJe* 03.02.2016; AgRg no HC 337212/SP, *DJe* 11.12.2015. (INFO. 553) e AgInt no AREsp 1.044.869/MS, DJe 25.05.2017;

b) "A apresentação extemporânea das razões não impede o conhecimento do recurso de apelação tempestivamente interposto". Precedentes: HC 281873/RJ, *DJe* 15.04.2016; RMS 25964/PA, *DJe* 15.12.2015; HC 269584/DF, *DJe* 09.12.2015; AgRg no Ag 1084133/PR, *DJe* 27.10.2015; AgRg no AREsp 743421/DF, *DJe* 07.10.2015; HC 220486/SP, *DJe* 31.03.2014. (INFO. 261);

c) "O conhecimento de recurso de apelação do réu independe de sua prisão. (Súmula 347/STJ)" Precedentes: HC 95186/MG, *DJe* 31.08.2015; HC 320034/MG, *DJe* 21.05.2015; HC 258954/RJ, *DJe* 10.11.2014; HC 199248/ SP, *DJe* 26.08.2014; HC 205341/CE, *DJe* 15.03.2013; HC 131902/SP, *DJe* 01.02.2012;

d) "O efeito devolutivo da apelação contra decisões do Júri é adstrito aos fundamentos da sua interposição. (Súmula 713/STF)". Precedentes: HC 266092/MG, *DJe* 31.05.2016; HC 272094/SC, *DJe* 15.02.2016; HC 179209/RJ, *DJe* 23.11.2015; HC 322960/GO, *DJe* 15.09.2015; HC 193580/RS, *DJe* 03.03.2015; HC 244785/MA, *DJe* 26.03.2014. (INFO. 475);

e) "Aplica-se o princípio da fungibilidade à apelação interposta quando cabível o recurso em sentido estrito, desde que demonstrada a ausência de má-fé, de erro grosseiro, bem como a tempestividade do recurso". Precedentes: AgInt no REsp 1532852/MG, *DJe* 22.06.2016; HC 265378/SP, *DJe* 25.05.2016; AgRg no AREsp 644988/PB, *DJe* 29.04.2016; HC 295637/MS, *DJe* 14.08.2014; AgRg no AREsp 71915/SC, *DJe* 23.05.2014; AgRg no AREsp 354968/MT, *DJe* 14.05.2014. (INFO. 543);

f) "O adiamento do julgamento da apelação para a sessão subsequente não exige nova intimação da defesa" Precedentes: HC 353526/SP, *DJe* 21.06.2016; HC 333382/SP, *DJe* 04.04.2016; HC 319168/SP, *DJe* 08.10.2015; HC 300034/SP, *DJe* 23.02.2015; REsp 1251016/RJ, *DJe* 27.11.2014; HC 203002/SP, *DJe* 24.11.2014;

g) "Inexiste nulidade no julgamento da apelação ou do recurso em sentido estrito quando o voto de Desembargador impedido não interferir no resultado final" Precedentes: HC 352825/RS, *DJe* 20.05.2016; HC 309770/SP, *DJe* 16.03.2016; HC 284867/GO, *DJe* 02.05.2014; HC 130990/RJ, *DJe* 22.02.2010; REsp 1351484/SC *DJe* 05.08.2015;

h) "O julgamento de apelação por órgão fracionário de tribunal composto majoritariamente por juízes convocados não viola o princípio constitucional do juiz natural". Precedentes: HC 324371/RN, *DJe* 27.05.2016; HC 179502/ SP, *DJe* 25.02.2016; HC 165280/SP, *DJe* 03.12.2014; HC 271742/SP, *DJe* 05.09.2014; AgRg no HC 280115/PA, *DJe* 02.09.2014; HC 236784/MA, *DJe* 17.03.2014. (INFO. 476). Ver também Repercussão Geral no STF, Tema 170;

i) "É nulo o julgamento da apelação se, após a manifestação nos autos da renúncia do único defensor, o réu não foi previamente intimado para constituir outro. (Súmula 708/STF)". Precedentes: HC 329263/BA, *DJe* 01.07.2016; HC 100524/PE, *DJe* 06.11.2015; HC 300490/MG, *DJe* 14.09.2015; HC 258339/MG, *DJe* 18.05.2015; HC 207119/SP, *DJe* 22.05.2014; RHC 37159/PA, *DJe* 08.05.2014 e HC 382357/SP, *DJe* 14.06.2017;

j) "A renúncia do réu ao direito de apelação, manifestada sem a assistência do defensor, não impede o conhecimento da apelação por este interposta. (Súmula 705/STF)" Precedentes: RHC 61365/SP, *DJe* 14.03.2016; HC 264249/SP, *DJe* 10.05.2013; HC 183332/SP, *DJe* 28.06.2012; HC 235498/SP, *DJe* 20.06.2012; HC 27582/SP, *DJe* 02.02.2009. (INFO. 99) e RHC 50739/SC, *DJe* 28.03.2017.

20.8. Embargos de declaração

20.8.1. Conceito

Recurso oponível contra a decisão (leia-se: sentenças, acórdãos ou decisões interlocutórias) que apresente ambiguidade, obscuridade, omissão ou contradição (arts. 382, 619 e 620, CPP). Visa, portanto, a tornar a decisão mais clara, mais precisa[175].

Alguns doutrinadores e operadores do Direito adotam denominações distintas para os embargos de declaração. Assim, aquele previsto no art. 382 é denominado de "embarguinhos", opostos perante o juiz de 1º grau, enquanto aquele estatuído pelo art. 619 é denominado de "embargos de declaração", oposto em face de acórdãos oriundos dos tribunais, câmaras ou turmas.

Reiteramos que se trata de mera divergência de denominação, pois tecnicamente são o mesmo instituto: embargos de declaração.

20.8.2. Interposição

Deve ser efetuada junto ao órgão que prolatou a decisão considerada defeituosa.

20.8.3. Prazo

I – Regra: 2 dias – art. 382, CPP.

II – Exceções: 5 dias – JECRIM (art. 83, Lei 9.099/1995); e ação penal originária no STF (art. 337, § 1º, Regimento Interno). Ver HC 91002 ED/RJ, *DJe* 22.05.2009.

Observações finais:

I – No caso de a decisão apresentar erros materiais (data equivocada, incorreção de grafia do nome da parte etc.), não é necessário à parte interpor de embargos de declaração. Pode o próprio julgador promover, de ofício, a correção; ou mesmo a parte poderá protocolizar uma simples petição nesse sentido;

II – Após o julgamento dos embargos, prevalece o entendimento de que o prazo para os demais recursos será integralmente devolvido às partes. Logo, os embargos *interrompem* o prazo recursal (STJ, AgRg no Ag 876449, *DJ* 22.06.2009 e EDcl nos EDcl no AgRg no AREsp 876.625/MG, *DJ* 12.09.2016). **Importante** destacar que a interrupção ocorre ainda que os embargos sejam considerados protelatórios (STJ, AgRg no REsp 1099875/MG, *DJe* 01.08.2011).

Por outro lado, no JECRIM, ocorre a interrupção do prazo recursal (vide: art. 83, § 2º, Lei 9.099/1995, com redação alterada pelo art. 1.066 do novo CPC).

Ainda no tocante à interrupção, importante destacar os seguintes julgados do STJ: a) Cumpre enunciar, ainda que: "Se a rejeição dos embargos de declaração não foi unânime, de ordinário não podem ser acoimados de protelatórios" (EDcl nos EDcl nos EDcl no REsp 1316694/PR, *DJ* 06.03.2015)"; b) "Posição de embargos declaratórios incabíveis. Não interrupção do prazo para a interposição de agravo. Agravo em recurso especial intempestivo" (AgRg no AREsp 898.781/MS, *DJe* 16.09.2016).

20.9. Embargos infringentes e de nulidade (art. 609, parágrafo único, CPP)

Trata-se de *recurso exclusivo da defesa* que, ao atacar a falta de unanimidade dos julgadores de 2ª instância, busca reverter a situação em favor do acusado. Explica-se melhor. Apontando a defesa a existência de divergência entre os julgadores de uma Turma ou Câmara Criminal que decidiu, por exemplo, o recurso de apelação do réu, os embargos em análise buscam reverter o cenário em prol do réu, tentando fazer com que os demais julgadores alterem a sua posição pretérita e passem a seguir o voto vencido (favorável ao acusado).

20.9.1. Requisitos para o cabimento

a) decisão de 2ª instância não unânime e desfavorável ao réu (2 votos a 1, por exemplo);

b) voto vencido de um dos julgadores favorável ao réu;

c) esse recurso só é cabível contra o acórdão que julgar a *apelação*, o *RESE* e, segundo já decidiu o STF (HC 65988/PR, *DJe* 18.08.1989), o *agravo em execução* (art. 197, LEP).

Notas:

Não será cabível esse recurso se a divergência dos julgadores se der apenas no tocante à fundamentação da decisão. Ex.: não cabem os embargos se um julgador divergir dos demais apenas quanto à fundamentação, sendo que a parte dispositiva (a conclusão) do acórdão foi idêntica à dos demais julgadores. Acrescente-se o seguinte informativo do STF: "A divergência estabelecida na fixação da dosimetria da pena não enseja o cabimento de embargos infringentes, haja vista se tratar de mera consequência da condenação. Com base nesse entendimento, o Plenário, por maioria, desproveu agravo regimental em que se arguia a viabilidade dos embargos infringentes na referida hipótese" (informativo 735, *DJe* 13.02.2014).

Os embargos ficam restritos à matéria divergente. Não poderão abranger, portanto, questões unânimes decididas pelos julgadores. Apesar disso, vale destacar o seguinte informativo do STF: há "o efeito translativo dos embargos infringentes, o que [significa] que o órgão julgador está investido do dever de conhecimento, de ofício, das questões de ordem pública, dentre as quais a prescrição penal" (informativo 737, *DJe* 27.2.2014.).

Vale também anotar as seguintes súmulas:

STJ, 207: "é inadmissível recurso especial quando cabíveis embargos infringentes contra o acórdão proferido no tribunal de origem".

STF, 293: "são inadmissíveis embargos infringentes contra decisão em matéria constitucional submetida ao plenário dos tribunais".

---

175. Súmula 356, STF: "O ponto omisso da decisão, sobre o qual não foram opostos embargos declaratórios, não pode ser objeto de recurso extraordinário, por faltar o requisito do prequestionamento". Significa dizer que o manejo dos embargos pode ocorrer para fins de prequestionamento. Vide LIMA (2015, p. 1722).

STF, 455: "da decisão que se seguir ao julgamento de constitucionalidade pelo Tribunal Pleno, são inadmissíveis embargos infringentes quanto à matéria constitucional".

Outra hipótese de inadmissibilidade de embargos infringentes diz respeito à oposição contra "julgado de Turma ou de Plenário em sede de *habeas corpus*, tendo em vista a falta de previsão regimental" (STF, HC 108.261-EI-AgR/RS, Tribunal Pleno, *DJe* 13.4.2012 e HC 113365 ED-EI-AgR, Tribunal Pleno, *DJ* 06.09.2016).

No entanto, em recente decisão, o Supremo entendeu que cabem embargos infringentes para o Plenário do STF contra decisão condenatória proferida em sede de ação penal de competência originária das Turmas do STF, mesmo diante da falta de previsão regimental. Nessa hipótese, o requisito de cabimento é a existência de 2 (dois) votos minoritários absolutórios em sentido próprio (Informativo 897/STF, de 16 a 20 de abril de 2018).

20.9.2. Espécies

I – os embargos infringentes atacam questão de mérito. Ex.: cabem infringentes contra o acórdão que por 2x1 condenou o réu. O voto vencido foi pela absolvição;

II – os embargos de nulidade buscam o reconhecimento de uma nulidade. Ex.: cabem embargos de nulidade contra o acórdão que não acolheu por 2x1 nulidade relativa à citação do réu. O voto vencido, favorável ao acusado, reconheceu a nulidade da citação.

Observação: nada impede a interposição de embargos infringentes e de nulidade simultaneamente (um só recurso) quando houver questões não unânimes (e favoráveis ao réu) de mérito e de nulidade.

20.9.3. Prazo

Dez dias da publicação do acórdão (art. 609, parágrafo único, CPP). A interposição deve ser feita perante o relator. As razões serão apresentadas ao tribunal simultaneamente à interposição (duas peças, portanto).

20.10. Carta testemunhável (arts. 639 a 646, CPP)

De acordo com o art. 639, CPP, trata-se de recurso residual (só podendo ser usado quando não existir outro recurso específico), cabível contra a decisão que não receber o recurso interposto pela parte ou que lhe obstaculizar o seguimento ao órgão *ad quem*.

20.10.1. Cabimento

I – da decisão que denegar o recurso;

II – da decisão que, embora tenha admitido o recurso, obste o seu seguimento para o órgão *ad quem*.

Interpretando-se sistematicamente o CPP, conclui-se que cabe carta testemunhável da decisão que denega ou obsta seguimento ao *agravo em execução* e ao *RESE*.

Atenção que a denegação da apelação desafia a interposição de RESE – art. 581, XV, CPP (e não de carta testemunhável). Agora se, nesta mesma situação, o RESE também for denegado, aí sim será cabível a carta testemunhável.

Note-se também que a interposição desse recurso é feita ao escrivão e não ao juiz (art. 640, CPP).

A carta testemunhável não possui efeito suspensivo (art. 646, CPP), significando isto, segundo dizem alguns autores (AVENA, 2011, p. 1182, p. ex.), que a interposição deste recurso não impede o prosseguimento do processo ou a eventual execução da sentença condenatória. Essa orientação, porém, é de duvidosa constitucionalidade, haja vista esbarrar no estado de inocência.

Como a carta testemunhável deve seguir o rito do recurso obstaculizado, caso ela (a carta) seja interposta contra a decisão que denegou ou negou seguimento ao agravo em execução ou RESE, haverá a incidência de efeito regressivo, uma vez que estes últimos recursos (agravo em execução e RESE) o possuem.

20.10.2. Prazo da carta testemunhável

O prazo para interposição do recurso é de 48h (art. 640, CPP)

20.11. Agravo em execução (art. 197 da LEP)

Cabível contra as decisões proferidas no curso da execução da pena pelo juízo da Execução Penal que causem algum gravame ao condenado ou ao submetido à medida de segurança.

20.11.1. Cabimento

O agravo em execução não possui cabimento taxativo como o RESE. A lei não enumera, portanto, as hipóteses de cabimento de agravo em execução. **Exemplos mais comuns:** decisão que nega a unificação das penas, a progressão de regime[176], a saída temporária, o livramento condicional etc.

20.11.2. Procedimento

Diante da falta de previsão legal, segue o mesmo rito e formalidades do RESE (vale a pena reler o que escrevemos anteriormente sobre esse recurso). Desse modo, o prazo é de 5 dias para a interposição (vide inclusive a Súmula 700, STF) e de 2 dias para apresentação de razões, admitindo-se, também, o juízo de retratação (efeito regressivo), tal qual sucede no RESE.

20.12. Recurso Ordinário Constitucional (ROC) em matéria criminal

Visa a assegurar o duplo grau de jurisdição a algumas situações específicas. O ROC pode ser manejado ao STJ ou ao STF, conforme o caso.

20.12.1. Cabimento de ROC para o STF – art. 102, II, CF

a) decisão denegatória dos tribunais superiores (STJ, TSE, STM) em única instância de HC ou mandado de segurança (MS) (...).

---

176. Aqui é importante trazer o recente entendimento do STF, segundo o qual "A Primeira Turma, em conclusão de julgamento e por maioria, reputou prejudicado pedido de "habeas corpus". Mas, concedeu a ordem, de ofício, para que o juízo da execução verificasse a possibilidade do reconhecimento da continuidade delitiva (CP, art. 71), com a consequente aplicação da Lei 12.015/2009, que unificou os delitos de estupro e atentado violento ao pudor — v. Informativo 803" (HC 100612/SP, rel. orig. Min. Marco Aurélio, red. p/ o acórdão Min. Roberto Barroso, 16.08.2016).

O dispositivo trata de casos de *competência originária* dos tribunais superiores que deneguem HC ou MS.

Ex.: prefeito julgado pelo TJ impetra HC contra este órgão ao STJ, sendo que esta Corte denega o HC. Cabe ROC neste caso.[177] Incabível o ROC contra as decisões dos tribunais superiores que acolham o HC ou MS.

Nesse sentido, sugerimos a leitura do seguinte trecho de julgado do STF: "Contra a denegação de *habeas corpus* por Tribunal Superior prevê a Constituição Federal remédio jurídico expresso, o recurso ordinário. Diante da dicção do art. 102, II, *a*, da Constituição da República, a impetração de novo *habeas corpus* em caráter substitutivo escamoteia o instituto recursal próprio, em manifesta burla ao preceito constitucional" (HC 128256, *DJ* 20.09.2016).

b) decisões relativas a crimes políticos: correspondem aos crimes previstos pela Lei de Segurança Nacional (Lei 7.170/1983), cuja competência é da JF (art. 109, IV, CF). Tendo em vista que a alínea em comento ("b" do inciso II do art. 102, CF) não menciona a necessidade de a decisão ser tomada em única ou última instância, conclui-se que, em caso de crime político, o 2º grau de jurisdição será sempre do Supremo Tribunal Federal, mediante interposição de ROC (nesse sentido: STF, RC 1468/RJ, *DJe* 16.08.2000).

O STF, a respeito do tema, vem admitindo a possibilidade de impetração de HC substitutivo do ROC (HC 122.268, *DJe* 04.08.2015; HC 112.836, *DJe* 15.08.2013; e HC 116.437, *DJe* 19.06.2013 e HC 130780, *DJ* 22.09.2016).

Ex.: Prefeito está sendo processado pelo TRF por crime político. Do acórdão, caberá ROC ao STF.

20.12.2. Cabimento do ROC para o STJ – art. 105, II, CF

a) Decisão denegatória de HC proferida por TRF ou TJ em única ou última instância.

Ex.: Fulano impetra HC ao TJ para trancar ação penal contra ele ingressada. O TJ denega a ordem. Cabe ROC ao STJ.

Ainda que a hipótese seja de denegação do HC por maioria de votos, continuará cabível o ROC. Descabem os infringentes porque este recurso não ataca acórdão de HC não unânime, mas apenas acórdãos não unânimes de RESE, apelação e agravo em execução.

Note o leitor que a alínea menciona "em única ou última instância", o que significa que tanto pode se tratar de um caso de competência originária do TJ/TRF, como pode se tratar de uma hipótese em que se tenha chegado ao TJ/TRF manejando o HC após se esgotarem as instâncias inferiores;

b) Decisão denegatória de MS proferida por TRF ou TJ em única instância.

Ex.: advogado impetra MS ao TJ contra juiz que o impediu de consultar os autos. Dessa decisão cabe ROC.

Usou a alínea a expressão "única instância", logo se refere a casos de MS de competência originária do TRF/TJ.

20.12.3. O processamento

O ROC é regido, conforme o caso, pelo regimento interno do STF e do STJ e pela Lei 8.038/1990.

A petição de razões deverá acompanhar a de interposição.

20.12.4. Prazos

I – 5 dias quando interposto contra a decisão que denegar o HC (ROC ao STF ou ao STJ). Consulte-se a Súmula 319, STF;

II – 5 dias quando interposto contra a decisão que denegar o MS (ROC ao *STF*);

III – 15 dias para a denegação de MS (ROC ao *STJ*).

IV – 3 dias para a decisão que envolva crime político (ROC ao STF) – art. 307, RISTF c/c 563, "a", e 565, CPPM.

20.13. Recurso Especial (REsp) e Extraordinário (RE)

Grosso modo, objetivam assegurar a autoridade na aplicação e interpretação da CF (RE) e das leis federais (REsp).

20.13.1. Noções necessárias

a) o RESP é endereçado ao STJ e, em resumo, visa a levar ao conhecimento desta Corte decisão, em única ou última instância, do TJ/TRF que afronte lei federal (infraconstitucional) ou que tenha dado interpretação diversa da que foi dada por outro tribunal. Note-se que não cabe RESP de decisão de Turma Recursal do JECRIM, pois este órgão julgador não é considerado tribunal – Súmula 203, STJ. Objetiva, portanto, esse recurso, homogeneizar a interpretação da lei federal pátria;

b) o RE visa a levar ao STF o conhecimento de qualquer decisão tomada em única ou última instância que implique em afronta à CF. Visa a garantir a ordem constitucional vigente. Perceba-se que como o texto da CF (art. 102, III) não menciona a expressão "Tribunal", mas apenas "causas decididas em única ou última instância", entende-se que por meio do RE, desde que atendidos aos demais requisitos, pode-se impugnar qualquer acórdão dos Tribunais, bem como decisão tomada por Turma Recursal do JECRIM;

c) ambos possuem fundamentação vinculada, discutem apenas questão de direito (e não matéria de fato ou reexame de prova), possuem o prazo de 15 dias e, para que sejam admitidos, exigem o esgotamento das vias ordinárias (*vide* Súmula 281, STF);

d) há previsão legal de efeito apenas devolutivo para esses recursos (art. 637, CPP). Apesar disso, a sentença condenatória não poderá ser executada sem o trânsito em julgado, devendo a prisão do réu, também nesta fase, ser orientada pelos requisitos da preventiva (conforme informativo 534 do STF);

e) como requisito de admissibilidade ambos exigem o prequestionamento. A questão a ser levada ao STF ou STJ deve ter sido previamente apreciada na decisão impugnada. Cabem, inclusive, embargos de declaração com o objetivo de forçar o prequestionamento da questão nas instâncias inferiores;

f) da decisão que denega (não conhece) o REsp ou o RE, cabe agravo de instrumento (art. 1.003, § 5º, CPC/2015), no prazo de 15 dias corridos para o STF ou STJ, conforme

---
177. Cabível também outro HC ao STF.

o caso. Necessário destacar que com a publicação do novo regramento processual civil, houve a revogação do art. 28 da Lei 8.038/1990 que previa o prazo de 5 dias para interposição do recurso, impondo, assim, a utilização da regra geral prevista no CPC. Contudo, no que se refere à contagem do prazo, há norma processual penal estabelecendo a contagem dos prazos de forma contínua, o que a afasta a contagem em dia útil prevista no CPC. (STF, ARE 993407/DF, DJe 05.09.2017 e Info. 845, STF, de 24 a 28 de outubro de 2016).

> **Reflexos do Novo Código de Processo Civil**
>
> O novel art. 1.070 estabelece que "É de 15 (quinze) dias o prazo para a interposição de qualquer agravo, previsto em lei ou em regimento interno de tribunal, contra decisão de relator ou outra decisão unipessoal proferida em tribunal".
>
> Tal redação, combinada com a revogação expressa do art. 28 da Lei 8.038/1990, pelo art. 1.072, IV, NCPC, implicou na modificação do prazo também no Processo Penal, uma vez que a Súmula 699 do STF tem fundamento no dispositivo que foi revogado desde março de 2016.

20.13.2. Cabe RE da decisão proferida em única ou última instância que (art. 102, III, CF)

a) contrariar dispositivo da CF. Abrange também a violação de princípio constitucional. É preciso que a violação a dispositivo/princípio constitucional seja *direta* – não cabe RE por violação reflexa, ou seja, a partir de violação de lei federal se conclui pela violação à CF (*vide* STF, ARE 807273 AgR/SC, *DJe* 27.06.2014). Ex.: viola diretamente a CF o acórdão que, em caso de roubo à empresa pública federal, cuja competência é da JF (art. 109, IV, CF) determina que o caso seja julgado pela Justiça Estadual. Ademais, também é pertinente conhecer, a *contrario sensu*, quando não cabe recurso extraordinário, vide STF, ARE 788019 AgR, *DJ* 29.09.2016: "A discussão acerca do momento de consumação do crime e, consequentemente, da aplicabilidade dos institutos da prescrição e da decadência passa necessariamente pela análise da legislação infraconstitucional pertinente (Código Penal e Código de Processo Penal), assim como por uma nova apreciação dos fatos e do material probatório constante dos autos, procedimentos inviáveis em sede de recurso extraordinário (Súmula 279/STF). Precedente" e ARE 948438 AgR, 23.09.2016: "Ausência de prequestionamento, incidência das súmulas 282 e 356. 5. Suposta violação aos princípios do devido processo legal, do contraditório e da ampla defesa e da presunção de inocência. A ofensa aos dispositivos apontados, caso existente, ocorreria de forma reflexa. Precedentes";

b) declarar a inconstitucionalidade de tratado ou lei federal. Ex.: cabe RE da decisão do TRF que, apreciando apelação do assistente de acusação (art. 268, CPP) e respeitando a reserva de plenário (*vide* art. 97, CF), declara inconstitucional a figura do assistente no Processo Penal (por reconhecer resquício de vingança privada nessa figura processual) e termina por denegar o recurso daquele. Cabe RE nesse caso;

c) julgar válida lei ou ato de governo local contestado em face da CF. Ex: diante de alegação de eventual conflito entre CF e uma lei municipal, o acórdão do TJ opta por esta última, entendendo que não há afronta ao texto constitucional. Cabe RE nessa situação;

d) julgar válida lei local contestada em face de lei federal. Ex: certa lei estadual (que afronta a CF) é reconhecida válida pelo TJ. Desafia RE essa hipótese.

Requisito de admissibilidade próprio do RE: além do prequestionamento, exige-se que o recorrente demonstre a repercussão geral das questões constitucionais discutidas no caso concreto (art. 102, § 3º, CF). Ou seja, é preciso demonstrar que a questão tem potencial para influenciar outros processos.

20.13.3. Cabe REsp da decisão proferida em única ou última instância pelos TRFs ou TJs que (art. 105, III, CF)

a) contrariar tratado ou lei federal, ou negar-lhes vigência. Ex. de cabimento: Condenado por crime funcional praticado em atividade, anteriormente à aposentadoria, que se deu no curso da ação penal, não é possível declarar a perda do cargo e da função pública de servidor inativo, como efeito específico da condenação. A cassação da aposentadoria, com lastro no art. 92, I, alínea "a", do CP, é ilegítima, tendo em vista a falta de previsão legal e a impossibilidade de ampliar essas hipóteses em prejuízo do condenado (STJ, REsp 1416477/SP, *DJe* 26.11.2014).

Vale lembrar que as súmulas dos tribunais superiores não se equiparam às leis para efeito de interposição do REsp. Ver STJ, AgRg no REsp 1246423, *DJe* **26.03.2013**;

b) julgar válido ato de governo local contestado em face de lei federal. Ex: em caso de eventual conflito entre lei federal e ato de governo estadual, o TJ termina por reconhecer a validade deste último. Desafia REsp;

c) der a lei federal interpretação divergente da que lhe haja atribuído outro tribunal. Neste caso, será preciso fazer prova da divergência mediante certidão do julgado, por exemplo.

21. AÇÕES AUTÔNOMAS DE IMPUGNAÇÃO

21.1. Habeas Corpus (HC)

21.1.1. Natureza jurídica

Embora o HC esteja incluído no Título do CPP que trata dos recursos e de, por vezes, parecer-se com um, na realidade, de recurso não se trata. Possui natureza de ação autônoma de impugnação (GRINOVER *et. al.*, 2001, p. 345). Dentre tantos motivos que refutam a natureza de recurso do HC, segue um que consideramos o mais contundente: o recurso pressupõe a existência de um processo. Pois bem, cabe HC inclusive fora do âmbito do processo. Ex.: cabe HC contra ato de particular. Explica-se. Imagine-se que um diretor de hospital não deixe o paciente sair enquanto este não pagar a conta. Cabe HC contra ato do diretor nessa situação, prescindindo-se, portanto, de um processo previamente instaurado – algo impensável no caso de recurso.

Ademais, saliente-se que o HC pode funcionar como *substitutivo* de um recurso específico cabível ao caso. Assim, se cabível um recurso específico e também o HC, o interessado poderá valer-se deste último. Por outro lado, cf. informativo 669, STJ, 08.05.20, o HC, "quando impetrado de forma concomitante com o recurso cabível contra o ato impugnado, será admissível apenas se for destinado à tutela direta da liberdade de locomoção ou se traduzir pedido diverso do objeto do recurso próprio e que reflita mediatamente na liberdade do paciente".

21.1.2. Bem jurídico tutelado pelo HC

O HC visa a combater a *ameaça* ou a *coação ilegal* à liberdade de locomoção (liberdade de ir, vir e ficar) do indivíduo.

Note o leitor, portanto, que, para além daquelas situações "clássicas" de coação ilegal efetiva à liberdade ambulatorial do sujeito (ex.: prisão para averiguação), o HC também tutela hipóteses de ameaça ilegal à liberdade de locomoção do indivíduo. Isto é assim porque a CF/1988 (art. 5º, LXVIII) expandiu significativamente o alcance do HC, permitindo que este remédio protegesse casos de ameaça ilegal à liberdade de locomoção. Compare abaixo o texto do CPP e da CF (este último bem mais amplo).

> **Art. 647, CPP:** "dar-se-á *habeas corpus* sempre que alguém sofrer ou se **achar na iminência** de sofrer violência ou coação ilegal na sua liberdade de ir e vir, salvo nos casos de punição disciplinar." (grifo nosso).
>
> **Art. 5º, LXVIII, CF:** "conceder-se-á *habeas corpus* sempre que alguém sofrer ou **se achar ameaçado** de sofrer violência ou coação em sua liberdade de locomoção, por ilegalidade ou abuso de poder". (grifo nosso).

Dessa forma, como o HC também se presta a combater ameaças ilegais à liberdade de locomoção, é perfeitamente possível a impetração desse remédio quando o sujeito se encontrar em liberdade. Ex.: réu em liberdade que responde a processo infundado (sem provas) por crime de furto. Cabe HC aqui para "trancar" a ação penal (leia-se: forçar o arquivamento desta). É preciso, portanto, desprender-se da ideia de que o HC só é cabível quando o indivíduo está preso ilegalmente. Falso. O HC é cabível toda vez que alguém estiver sofrendo uma coação ilegal à sua liberdade de locomoção (por óbvio), como, também, quando estiver *ameaçado* de sofrê-la.

Nota: Em recente julgado, o STF passou a reconhecer a possibilidade de impetração de *habeas corpus* coletivo conferindo maior amplitude ao remédio, com vistas a coibir ou prevenir lesões a direitos de grupos vulneráveis. Diante da inexistência de regramento específico, a Corte entendeu que deve ser aplicado, por analogia, o art. 12 da Lei 13.300/2016, que trata dos legitimados para o mandado de injunção coletivo. Desse modo, os legitimados para impetração do *habeas corpus* coletivo, são: o Ministério Público; a Defensoria Pública; o Partido Político com representação no Congresso Nacional; a organização sindical, entidade de classe ou associação legalmente constituída e em funcionamento há pelo menos 1 (um) ano. (STF, HC 143641/SP, Dje 09.10.2018).

O caso concreto que levou ao referido entendimento do Supremo foi o HC coletivo impetrado em favor de todas as mulheres submetidas à prisão cautelar no sistema penitenciário nacional, que ostentem a condição de gestantes, puérperas ou mães de crianças menores de 12 anos de idade[178].

21.1.3. Algumas restrições ao cabimento do HC

a) Prevê expressamente a CF que não cabe HC para atacar punição disciplinar militar (art. 142, § 2º, CF). Isto é assim porque os militares estão sujeitos a um tipo de hierarquia específica que recomenda o afastamento do HC para questionar o mérito da punição disciplinar.

Entretanto, não estamos aqui diante de uma regra absoluta. É que se a punição disciplinar apresentar certos vícios (exemplos: inexistência de previsão legal da punição aplicada; ou a autoridade militar que a aplicar for incompetente para tanto), caberá sim questionar a punição aplicada por meio de HC. Assim, conclui-se que é possível questionar, por meio de HC, eventuais *vícios de forma* da punição disciplinar militar (previsão legal e competência, por exemplo), porém, não é cabível questionar o *mérito* dessa punição (se ela é justa ou injusta, *v. g.*). Nesse sentido: STJ, HC 211002/SP, *DJe* 09.12.2011.

Oportuno, por outro lado, transcrever a Súmula 694, STF: "não cabe *habeas corpus* contra a imposição da pena de exclusão de militar ou de perda de patente ou de função pública";

b) Não cabe HC quando não houver, ao menos, ameaça à liberdade de locomoção do indivíduo. Ex.: se o sujeito está sendo processado de forma infundada (sem suporte razoável de provas) por crime apenado *apenas* com multa, não será possível impetrar HC para trancar a ação. Isto porque, desde 1996, não é possível converter a multa em pena privativa de liberdade (prisão) – art. 51, CP. Assim, inexistindo a possibilidade de encarceramento do acusado, perde o sentido a impetração de HC. Consulte-se a Súmula 695 do STF. Nessa mesma linha, não cabe HC para "para questionar a imposição de pena de suspensão do direito de dirigir veículo automotor" (STJ, HC 283.505-SP, *DJe* 21.10.2014, informativo 550 e HC 283.505/SP, 5ª Turma, *DJ* 29.10.2014); e nem mesmo para discutir ação penal que envolva o art. 28 da Lei de Drogas, por não prever pena privativa de liberdade (Informativo 887/STF, de 4 a 8 de dezembro de 2017).

c) Não cabe HC quando o caso demandar exame aprofundado de provas. É preciso lembrar que o HC possui um procedimento bastante simplificado. Não há instrução probatória (oitiva de testemunhas, exame pericial etc.). Em regra, será preciso, no momento da impetração do HC, demonstrar, de plano, a ilegalidade da prisão ou da ameaça de prisão (isto é, apresentar "prova pré-constituída"). Impossível o aprofundamento em material probatório, portanto (ex.: discussões acerca de legítima defesa, estado de necessidade etc.). A via estreita do HC não comporta esse tipo de discussão;

d) Ainda para a Suprema Corte, não se admite o manejo do HC para exame de nulidade cujo tema não foi trazido antes do trânsito em julgado da ação originária e tampouco antes do trânsito em julgado da revisão criminal (STF. RHC 124041/GO, *DJ* 30.08.2016).

e) Nesse contexto, também negou provimento a recurso ordinário em "habeas corpus" a Primeira Turma do STF, no qual se discutia nulidade de apelação, em face da ausência de contrarrazões da defesa e da intimação do defensor para o julgamento (RHC 133121/DF, DJe 30.08.2016).

f) Não cabe HC contra decisão monocrática proferida por Ministro do STF (Info. 865, STF, de 15 a 19 de maio de 2017) ou por Ministro do STJ (Info. 868, STF, de 5 a 19 de junho de 2017).

g) Não cabe HC para tutelar o direito à visita em presídio (STF, HC 128057/SP, j. 1º.08.2017 e Info. 871, de 31 de julho a 4 de agosto de 2017).

---
178. Nesse sentido, ver tópico 14.12.

h) Não cabe HC contra decisão condenatória transitada em julgado (STF, HC 143445 AgR/SP, Dje 19.02.2018 e HC 148631 AgR/PE, Dje 18.12.2017)[179]

Ademais, consoante entendimento do STF, "a superveniência de sentença condenatória que mantém a prisão preventiva prejudica a análise do *habeas corpus* que havia sido impetrado contra o título originário da custódia" (Informativo 897/STF, de 9 a 13 de abril de 2018).

21.1.4. Espécies de HC

a) preventivo: nesta situação, o indivíduo encontra-se na iminência de ser preso ilegalmente. Impetra-se o HC e pede-se aqui um documento chamado de "salvo-conduto" (livre trânsito), que blinda o sujeito contra a ameaça de prisão ilegal – art. 660, § 4º, CPP. Não basta o temor remoto de prisão ilegal. Para que seja cabível o HC preventivo, é preciso uma ameaça concreta (STJ, RHC 47424/PA, *DJe* 01.08.2014 e AgRg no HC 276.586/SP, *DJ* 03.08.2016), segundo o qual, "1. Nos termos do art. 5º, LXVIII, da Constituição Federal, o risco iminente e concreto de sofrer violência ou coação ao direito de ir e vir do indivíduo constitui requisito indispensável à utilização do *writ* preventivo. 2. Na hipótese, diante da falta de demonstração inequívoca de que o agravante está sofrendo, ou na iminência de sofrer, constrangimento ilegal, pois não foi dado cumprimento ao mandado de prisão expedido em seu desfavor e não há elementos concretos que demonstrem o fato de que, caso cumpra a ordem de recolhimento, será colocado em estabelecimento prisional inadequado, a impetração não merece ser deferida". Ex: pessoa suspeita da prática de furto é intimada pelo delegado a, em 5 dias, apresentar-se ao Instituto Criminalística a fim de submeter-se a perícia de confecção de imagens, sob pena de prisão (STJ, HC 179486/GO, *DJ* 27.06.2011). Cabe HC preventivo ao juiz;

b) liberatório ou repressivo: aqui a pessoa encontra-se presa ilegalmente. Impetra-se o HC e requer-se o alvará de soltura – art. 660, § 1º, CPP. Ex: delegado que, fora das situações de flagrante delito, prende o indivíduo para averiguar-lhe a vida pregressa. Cabe HC liberatório ao juiz;

c) suspensivo: nesta hipótese, foi expedido um mandado de prisão (ilegal) contra o sujeito. Impetra-se o HC e pede-se o contramandado de prisão, visando a neutralizar a ordem de prisão anteriormente expedida. Ex: juiz que, sem fundamentar, determina a prisão preventiva do réu. Cabe HC suspensivo ao TJ.

Nota: há diversas situações de cabimento de HC que escapam à tradicional classificação exposta acima. Isto é assim porque, como vimos, o texto amplo da CF (art. 5º, LXVIII) permite o cabimento do HC não só para atacar as coações ilegais efetivas ou as ameaças ilegais iminentes, mas, também, para combater casos de ameaças não iminentes em relação às quais se consegue, de plano, antever a possibilidade de uma prisão ilegal. Ex.: sujeito que responde, em liberdade, a processo por crime de furto (que, como se sabe, possui previsão de pena de prisão) perante órgão judicial absolutamente incompetente. Uma situação dessas não se enquadra propriamente em nenhuma das espécies de HC acima indicadas. Apesar disso, o *writ* é cabível, pois a situação se amolda ao texto constitucional. Portanto, em matéria de cabimento de HC, deve o leitor sempre ter em mente o marco fundamental estipulado pela CF – que é mais abrangente que o CPP e que as espécies doutrinárias antes apontadas.

21.1.5. Legitimidade ativa

Qualquer pessoa pode impetrar HC em nome próprio ou em nome de outrem (inclusive sem procuração). Assim, podem impetrar HC: pessoa jurídica; menor; doente mental; estrangeiro; enfim, não há restrições aqui. Note-se que não se exige capacidade postulatória para impetrar HC, não sendo necessário, portanto, fazê-lo por meio de advogado, por exemplo.

21.1.6. Legitimidade passiva

É possível impetrar HC contra ato de autoridade ou mesmo contra ato de particular. Exemplo deste último caso: diretor de hospital que não deixa o paciente sair do ambulatório enquanto este não quitar a conta com o hospital.

21.1.7. Notas sobre o endereçamento

Competência do juiz de 1ª instância: em regra, quando o coator for o delegado, o agente policial ou o particular;

Competência do TJ: em regra, quando coator for o promotor ou o juiz de 1ª instância.

Observação: quando a autoridade coatora for Turma Recursal (JECRIM), a competência para o HC será do TJ. Note-se que a Súmula 690, STF foi cancelada, competindo "ao Tribunal de Justiça julgar *habeas corpus* contra ato de Turma Recursal dos Juizados Especiais do Estado" (STF, HC 90905 AgR / SP, *DJe* 11.05.2007);

Competência da Turma Recursal: quando a autoridade coatora for o juiz do JECRIM;

Competência do TRF: quando a autoridade coatora for juiz federal ou procurador da república (MPF) – art. 108, I, *d*, CF;

Competência do STJ (art. 105, I, *c*, CF): quando o coator ou paciente for Governador, desembargador do TJ, TRF, TRE, TRT, membro do Tribunal de Contas do Estado ou do Município ou membro do MPU que oficie perante tribunais;

Competência do STF (art. 102, I, *d*, CF): quando o paciente for o Presidente da República, o Vice-Presidente, os membros do Congresso Nacional, os membros dos tribunais superiores e do Tribunal de Contas da União ou os chefes de missão diplomática de caráter permanente.

21.1.8. Análise do art. 648, CPP

Note-se que este artigo não é taxativo, mas exemplificativo. Encontram-se nele algumas das situações mais corriqueiras de cabimento de HC, porém, não são em "número fechado". Como já dissemos, a abrangência dada pela CF ao HC extrapola os casos indicados a seguir. De todo o modo, vejamos. A coação considerar-se-á ilegal:

I – quando não houver justa causa.

A justa causa destacada neste inciso possui 2 significados:

1º) falta de justa causa (*i. e.*, falta de fundamentação) para a ordem proferida. Ex.: decisão que, sem fundamentação, decreta a preventiva do réu. Cabe HC contra esta decisão;

---

179. Apesar de ser este o entendimento majoritário do STF e STJ, em 27.02.2018, a 2ª Turma do Supremo Tribunal Federal entendeu como cabível o manejo de *habeas corpus* em face de decisão judicial transitada em julgado, por ser mais célere e benéfica ao acusado (STF, RHC 146327/RS, Dje 16.03.2018).

2º) justa causa para a existência do processo ou da investigação. Ou seja, não há provas suficientes embasando a investigação ou o processo contra o réu. Ex.: ação penal sem provas mínimas de que o réu foi o autor do crime. Neste caso, será pedido o trancamento (leia-se: arquivamento forçado) da persecução penal por meio do HC;

II – quando alguém estiver preso por mais tempo do que determina a lei.

Ex.: excesso de prazo na prisão em flagrante (art. 10, CPP). Delegado que extrapola o seu prazo de 10 dias para concluir e encaminhar o IP. Cabe HC nesta situação;

III – quando quem ordenar a coação não tiver competência para fazê-lo.

Ex.: juiz federal que decreta a prisão preventiva de um indiciado que praticou um crime da competência da justiça estadual;

IV – quando houver cessado o motivo que autorizou a coação.

Ex.: imagine-se que, no curso do processo, foi decretada a preventiva do réu por conveniência da instrução criminal em razão de o acusado estar destruindo as provas do processo. Finda a instrução criminal, não havendo mais material probatório a ser produzido/destruído, torna-se desnecessária a manutenção do cárcere cautelar. Cabe HC nesta situação, pois o motivo pelo qual foi decretada a prisão não mais existe. Somente será possível a prisão do réu se pautada em outra hipótese autorizadora da preventiva (art. 312, CPP), mas não mais na "conveniência da instrução criminal";

V – quando não for alguém admitido a prestar fiança, nos casos em que a lei a autoriza.

Ex.: imagine-se que, no curso do processo, o juiz indefere arbitrariamente a concessão de fiança que era cabível no caso concreto. Cabe HC nesta situação;

VI – quando o processo for manifestamente nulo.

Ex.: imagine-se que o réu não citado está respondendo a processo por crime de furto. Conclusão: processo manifestamente nulo. Cabe HC para combater esta situação;

VII – quando extinta a punibilidade.

Ex.: imagine-se que o crime praticado pelo acusado já prescreveu. O juiz, ignorando esse fato, determina o seguimento do processo. Cabe HC neste caso.

Sobre o assunto, o STF consolidou o entendimento de que o *habeas corpus* pode ser utilizado para impugnar medidas cautelares de natureza criminal diversas da prisão. Este entendimento se justifica pelo fato de que se as medidas vierem a ser descumpridas, poderão ser convertidas em prisão, havendo, portanto, certo risco à liberdade de locomoção do acusado (Informativo 888/STF, de 11 a 19 de dezembro de 2017).

21.2. Revisão criminal (RC)

21.2.1. Previsão legal

Arts. 621 a 631, CPP.

21.2.2. Finalidades da revisão

Busca restabelecer o estado de dignidade e/ou de liberdade do condenado.

21.2.3. Natureza jurídica

Não se trata de recurso (apesar de assim considerado pelo CPP), mas de ação autônoma de impugnação.

21.2.4. Há revisão em prol da sociedade?

É ação exclusiva do réu. Não é aceita entre nós a revisão em favor da sociedade (*pro societate*). A vedação da revisão *pro societate* encontra respaldo expresso na CADH.[180] Ex.: após a absolvição definitiva do acusado surgem novas provas de sua culpa. Impossível, neste caso, a reabertura do caso.

Porém, é preciso destacar que o STF (HC 104998/SP, *DJe* 09.05.2011) permite a reabertura do caso pela acusação numa hipótese específica: quando a declaração da extinção da punibilidade do réu estiver embasada em certidão de óbito falsa. Ex.: acusado foragido que apresenta certidão de óbito falsa, culminando na declaração de extinção de sua punibilidade pelo juiz. Nesta situação, descoberta a falsidade (ou seja, sabendo-se que o réu, na verdade, está vivo), será, segundo o STF, possível reabrir o caso. Principal motivo dado pela Corte Suprema: não há formação de coisa julgada *em sentido estrito*. Logo, é cabível a reabertura (STJ: REsp 1324760/SP, *DJ* 18.02.2015).

21.2.5. Pressuposto para ingressar com a revisão criminal

Sentença penal condenatória transitada em julgado, não importando a natureza da pena aplicada (pecuniária ou privativa de liberdade), a sua quantidade, se já foi cumprida ou não, ou se é vivo ou morto o sentenciado. Note-se que cabe revisão criminal em prol de pessoa falecida, inclusive. Isto é assim porque, conforme visto, a revisão não visa apenas resgatar o *status libertatis* do sujeito, mas também o seu *status dignitatis*.

Obs. 1: Cabe RC contra a **sentença absolutória imprópria** transitada em julgado. Lembrando que sentença absolutória imprópria é aquela que absolve o réu, porém, aplica-lhe medida de segurança (reconhecimento de doença mental ao tempo do crime – art. 26, CP). Ex.: pense-se que, após o trânsito em julgado da sentença absolutória imprópria, surgem novas provas demonstrando que não foi o acusado o autor do crime. Cabe RC nesta situação.

Obs. 2: Cabe RC contra **sentença condenatória definitiva do júri**. Sabe-se que no júri vigora o princípio da soberania dos veredictos (aquilo que ficar decidido pelos jurados não pode ser reformado pelo juiz-presidente nem pela instância *ad quem*). Porém, acima desse princípio está a dignidade/liberdade do condenado. Logo, é cabível a revisão criminal mesmo em face de sentença condenatória definitiva oriunda do Júri.

21.2.6. Prazo

Não há prazo determinado para ingressar com a revisão (ver art. 622, *caput*, CPP). Cabe antes, durante ou depois da pena, em favor do vivo ou do morto. É preciso, no entanto, que tenha ocorrido o trânsito em julgado (requisito indispensável: certidão de trânsito em julgado da sentença).

---

180. Convenção Americana de Direitos Humanos (Pacto de San José da Costa Rica).

21.2.7. Legitimidade para ingressar com a revisão

I – O próprio condenado (independentemente de advogado);

II – Procurador legalmente habilitado (advogado). Obs.: Há entendimento (Tourinho, Mirabete e Muccio, por exemplo) de que pode ser qualquer pessoa, desde que munida de procuração;

III – C.C.A.D.I. (no caso de morto);

IV – MP – embora o tema seja polêmico, prevalece que é possível (Luiz Flávio Gomes e Muccio, por exemplo).

21.2.8. Hipóteses de cabimento (art. 621, CPP)

A revisão criminal tem fundamentação vinculada. Significa isto que somente se pode ingressar com a revisão em casos específicos previstos na lei. Logo, o art. 621, que trata das hipóteses de cabimento, não configura rol exemplificativo de situações, mas exaustivo. Vejamos. A revisão dos processos findos será admitida:

I – quando a sentença condenatória for contrária ao texto expresso da lei penal ou à evidência dos autos:

a) sentença contrária a texto expresso de lei penal: por "lei penal" entenda-se lei penal e processual penal. É preciso que a sentença tenha sido contrária a texto expresso de lei, pois, no caso de existir interpretação controvertida sobre o dispositivo legal, não cabe a revisão. Ex.: juiz que condena o acusado sem, no entanto, seguir o sistema trifásico para dosar a pena. Cabe RC;

b) sentença contrária à evidência das provas: é a condenação que não se ampara em nenhuma prova e não aqueles casos em que se têm provas favoráveis e contrárias ao réu, optando o juiz por estas últimas. Ex.: inexistindo qualquer prova da autoria do crime por parte do réu, o juiz mesmo assim o condena. Cabe RC;

II – quando a sentença condenatória se fundar em depoimentos, exames ou documentos comprovadamente falsos.

Fundamento da sentença: depoimento, exame ou documento comprovadamente falso. Ex.: condenação amparada em exame pericial falso. E se o julgador tiver condenado com base em outras provas não viciadas? Ainda assim cabe a RC? Aponta a doutrina que não, *i. e.*, caso o juiz tenha condenado com base em outras provas regulares (e não apenas amparado na prova falsa), não caberá RC;

III – quando, após a sentença, descobrirem-se novas provas de inocência do condenado ou de circunstância que determine ou autorize diminuição especial da pena.

a) Novas provas da inocência: Ex.: após a condenação definitiva do réu, vem a juízo pessoa que confessa categoricamente a prática do crime pelo qual o acusado foi condenado. Cabe RC;

b) Atenuante genérica (art. 65, CP) e causas de diminuição (gerais e especiais). Ex.: após condenação definitiva observa-se que o julgador não observou a atenuante referente à menoridade do réu quando da prática do crime. Cabe RC.

E no caso de lei nova mais favorável ao condenado? É necessário ingressar com RC? Não, basta peticionar nesse sentido ao juízo da Execução Penal. *Vide* Súmula 611, STF.

21.2.9. Competência

STF e STJ: julgam suas próprias condenações (em sede de competência originária) e aquelas por eles mantidas. Exemplo desta última situação: imagine-se que um processo, por meio de RE, chegou até a Corte Suprema. Caso, posteriormente, surja nova prova da inocência do réu, a eventual RC deverá ser ingressada no próprio STF, uma vez que este órgão manteve a condenação do acusado;

TRF: julgam suas próprias condenações (competência originária) e a dos juízes federais. Exemplo: desta última situação: juiz federal condenou o réu e não houve recurso desta decisão (trânsito em julgado). Posteriormente, surge prova da inocência do réu. Cabe RC endereçada ao TRF;

TJ: idem.

Atenção: podemos concluir da leitura deste item que o juiz de primeira instância nunca julga RC. Esta é sempre julgada por instância *ad quem* (TJ, TRF, STJ etc., conforme o caso).

Desnecessidade de recolhimento à prisão para ingressar com a RC: Súmula 393, STF: *"para requerer revisão criminal, o condenado não é obrigado a recolher-se à prisão"*;

Possibilidade de reiteração de pedido: art. 622, parágrafo único, CPP: *"não será admissível a reiteração do pedido, salvo se fundado em novas provas"*.

21.3. Mandado de Segurança em matéria criminal (MS)

21.3.1. Noções

Em essência, é ação de natureza cível (ação autônoma de impugnação). Utilizada em casos específicos no âmbito penal, funciona como verdadeiro sucedâneo recursal – é o que se chama de caráter residual ou subsidiário do MS.

21.3.2. Natureza

Ação autônoma de impugnação (não é recurso).

21.3.3. Base legal

Art. 5º, LXIX, CF e Lei 12.016/2009 (doravante: LMS).

21.3.4. Necessidade de o impetrante demonstrar que possui direito líquido e certo

Direito líquido e certo é aquele em relação ao qual não há dúvida de sua existência (demonstrável de plano). Prova documental pré-constituída. Descabe dilação probatória no âmbito do MS.

21.3.5. Autoridade coatora no MS

Apenas autoridade pública (descabe contra ato de particular); ou de pessoa investida em função pública.

Em caso de impetração pelo MP, no polo passivo da ação de MS deverá constar não apenas a autoridade coatora, mas também o réu, para que possa contestar. Ex: MS pelo MP quando da soltura "ilegal" do réu. Vide Súmula 701, STF.

21.3.6. Legitimidade ativa (impetrante) para o MS em matéria criminal

MP, querelante, assistente de acusação e réu. Há necessidade de capacidade postulatória.

21.3.7. Restrições ao uso do MS

Conforme a CF, o art. 5º, LMS e jurisprudência não cabe MS nas seguintes situações:

a) Ilegalidades relacionadas à liberdade de locomoção – não cabe MS, mas HC;

b) Para obtenção de informações de caráter pessoal ou retificação dessas informações em banco de dados – não cabe MS, mas *habeas data*;

c) Atos atacáveis por recurso administrativo com efeito suspensivo, independentemente de caução. Note-se que está prejudicada a Súmula 429, STF;

d) Decisão judicial atacável por recurso com efeito suspensivo. *Vide* Súmula 267, STF (que deve ser interpretada nesse sentido) e informativo STJ 667, 07.04.20.

e) Decisão judicial transitada em julgado. *Vide* Súmula 268, STF.

21.3.8. Hipóteses mais comuns de cabimento do MS em matéria criminal

Segundo Moreira (2010, p. 797), normalmente, o MS é mais usado pela acusação, uma vez que diversas afrontas a direitos do réu desafiam o HC. Vamos aos casos mais comuns:

a) Indeferimento arbitrário de habilitação como assistente de acusação – art. 273, CPP;

b) Indeferimento arbitrário de acesso do defensor aos autos do IP. Vide EOAB (art. 7º) e Súmula vinculante 14, STF. Cabe também reclamação ao STF, por violação à referida súmula vinculante;

c) Para trancamento de persecução penal temerária (IP ou processo) quando inexistir a possibilidade de cárcere. Ex: imagine-se um processo criminal cujo objeto seja uma infração penal punida apenas com multa. Neste caso, cabe MS para trancar a persecução penal. Notemos que descabe o HC neste caso, pois não há possibilidade de segregação à liberdade, já que a infração perseguida é punida apenas a título de multa;

d) Para assegurar a presença do defensor em algum ato do IP.

21.3.9. Renovação do pedido

É possível, desde que a decisão não tenha examinado o mérito e ainda não transcorrido o prazo decadencial – art. 6º, § 6º, LMS. Por outro lado, a decisão denegatória da segurança não impede a propositura de ação de cognição mais ampla – art. 19, LMS.

21.3.10. Recurso contra a decisão de MS

a) Contra a sentença do juiz de 1ª instância que conceder ou negar o MS cabe apelação (cível) – art. 14, LMS.

Observação: da sentença que concede o MS em 1ª instância cabe recurso de ofício – art. 14, § 1º, LMS;

b) Contra o acórdão do TJ/TRF é preciso atentar para cada situação específica:

I – Se denegatória a decisão, caberá ROC para o STJ (art. 105, II, *b*, CF);

II – Se concedida a segurança, caberá, conforme o caso, RESP ao STJ (art. 105, III, CF) ou RE ao STF (art. 102, III, CF);

c) Contra o acórdão dos tribunais superiores (STJ, TSE, TST ou STM, exceto o STF) é preciso também atentar para cada situação específica:

I – Se denegatória a decisão, cabe ROC para o STF (art. 102. II, *a*, CF);

II – Se concessiva, cabe, se for o caso, RE ao STF.

REFERÊNCIAS

ALENCAR, Rosmar Rodrigues; TÁVORA, Nestor. **Curso de direito processual penal**. 11. ed. Salvador: Juspodivm, 2016.

_____. **Curso de direito processual penal**. 11. ed. Salvador: Juspodivm, 2017.

ARAÚJO, Fábio Roque; FRANÇA, Bruno Henrique Principe; TÁVORA, Nestor. **Lei de drogas. Coleção leis especiais para concursos**. 2. ed. Salvador: Juspodivm, 2013.

AVENA, Norberto. **Processo penal esquematizado.** São Paulo: Método, 2010.

BADARÓ, Gustavo Henrique Righi Ivahy. **Direito processual penal.** São Paulo: Campus, 2008, 2009. t. I e II.

BONFIM, Edilson Mougenot. **Curso de processo penal.** 5. ed. São Paulo: Saraiva, 2010.

BRITO, Alexis Couto de. **Execução penal.** 2. ed. São Paulo: RT, 2011.

CHOUKR, Fauzi Hassan. *Código de processo penal. Comentários consolidados e crítica jurisprudencial*. 3. ed. Rio de Janeiro: Lumen Juris, 2009.

CUNHA, Rogério Sanches. **Execução penal para concursos.** 2. ed. Salvador: Juspodivm, 2013.

DUCLERC, Elmir. **Direito processual penal.** Rio de Janeiro: Lumen Juris, 2008.

GOMES, Luiz Flávio. **Direito processual penal.** São Paulo: RT, 2005.

GRECO FILHO, Vicente. **Manual de processo penal.** 8 ed. São Paulo: Saraiva, 2010.

_____. FERNANDES, Antonio Scarance; GOMES FILHO, Antonio. **Recursos no processo penal.** 3. ed. São Paulo: RT, 2002.

_____. GOMES FILHO, Antonio Magalhães; FERNANDES, Antonio Scarance; GOMES, Luiz Flávio. **Juizados especiais criminais.** 4. ed. São Paulo: RT, 2002.

GRINOVER, Ada Pellegrini. **As nulidades no processo penal.** 7. ed. São Paulo: RT, 2001.

JARDIM, Afrânio Silva. **Direito processual penal.** 9. ed. Rio de Janeiro: Forense, 2000.

KARAM, Maria Lúcia. **Competência no processo penal.** 3. ed. São Paulo: RT, 2002.

LIMA, Marcellus Polastri. **Manual de processo penal.** 4. ed. Rio de Janeiro: Lumen Juris, 2009.

LIMA, Renato Brasileiro de. **Manual de processo penal.** 3. ed. Salvador: Juspodivm, 2015.

LOPES JR., Aury. *Direito processual penal e sua conformidade constitucional.* 5. ed. Rio de Janeiro: Lumen Juris, 2010. V. I e II.

MIRABETE, Julio Fabbrini. **Código de processo penal comentado.** 11. ed. São Paulo: Atlas, 2006.

_____. **Processo penal.** 10. ed. São Paulo: Atlas, 2000.

MOREIRA, Rômulo Andrade. **Direito processual penal.** Rio de Janeiro: Forense, 2003.

_____. **Curso temático de direito processual penal.** 2. ed. Curitiba: Juruá, 2010.

NICOLITT, André. **Manual de processo penal.** 2. ed. Rio de Janeiro: Elsevier, 2010.

NUCCI, Guilherme de Souza. **Código de processo penal comentado.** 5. ed. São Paulo: RT, 2006.

_____. **Leis penais e processuais penais comentadas.** 8. ed. Rio de Janeiro: Forense, 2014. v. 1 e 2.

OLIVEIRA, Eugênio Pacelli de. **Curso de processo penal.** 19. ed. São Paulo: Atlas, 2015.

_____. FISCHER, Douglas. *Comentários ao código de processo penal.* 2. ed. Rio de Janeiro: Lumen Juris, 2011.

PACHECO, Denílson Feitoza. **Direito processual penal. Teoria crítica e práxis.** 4. ed. Rio de Janeiro: Impetus, 2006.

_____. _____. 6. ed. Rio de Janeiro: Impetus, 2009.

PEREIRA, Márcio. *Questões polêmicas de processo penal.* Bauru: Edipro, 2011.

RANGEL, Paulo. **Direito processual penal.** 13. ed. Rio de Janeiro: Lumen Juris, 2007.

TOURINHO FILHO, Fernando da Costa. **Código de processo penal comentado.** 9. ed. São Paulo: Saraiva, 2005. v. 1 e 2.

_____. **Manual de processo penal.** 13. ed. São Paulo: Saraiva, 2010.

5. Direito Constitucional

Bruna Vieira

1. INTRODUÇÃO

O estudo do Direito Constitucional é de fundamental importância para a vida do profissional do Direito, pois, além de ser o alicerce, a estrutura de todo o ordenamento jurídico, cada vez mais o sistema atua em prol da constitucionalização dos demais ramos do Direito. Isso significa que se não estudarmos a Constituição de forma minuciosa fatalmente encontraremos dificuldades de compreensão do Direito como um todo.

Sabemos que o Direito é uno e indivisível, mas que há, ainda que didaticamente, subdivisões em ramos para facilitar o estudo e a compreensão dos institutos jurídicos. Todos os ramos do Direito, como Direito Civil, Direito Penal, Direito Processual, Direito Tributário, dentre outros, submetem-se à Constituição Federal, fortalecendo a importância desse estudo.

Dentro dessas subdivisões acadêmicas, o Direito Constitucional pertence ao ramo do Direito Público (é o núcleo do Direito Público interno). Cientes de que a Constituição é *o fundamento de validade de todas as normas jurídicas*, inclusive das suas próprias normas, porque tem o dever de preservar a soberania do Estado que a promulgou, não seria adequado pensar de forma diversa. Incidiríamos em erro ao imaginar que o Direito Constitucional pudesse estar alocado no ramo do Direito Privado, geralmente destinado a cuidar dos interesses particulares, subjetivos.

Vale lembrar que "o Direito Constitucional não é apenas um sistema em si, mas uma forma – na verdade, a forma adequada – de ler e interpretar as normas dos demais ramos do Direito, isto é, todas as normas infraconstitucionais. Além disso, no caso brasileiro, em que vige uma Constituição especialmente analítica, nela se encontram os grandes princípios dos diferentes domínios jurídicos" (Barroso, Luís Roberto, **Curso de Direito Constitucional Contemporâneo**, 3ª edição, p. 74).

É importante ter em mente que o Direito Constitucional está totalmente relacionado com a ideia de poder. Dispõe o art. 1º, parágrafo único, da Constituição Federal que "todo poder emana do povo, que o exerce por meio de representantes eleitos ou diretamente". Desse modo, embora haja momentos em que o povo transfira o exercício desse poder a alguém, e isso só é possível porque a própria Constituição assim determina, o detentor do poder continua sendo ele, povo. A essa delegação dá-se o nome de democracia indireta.

O Brasil adotou um sistema misto, ou híbrido, de democracia, no qual existe a democracia direta, ou seja, o povo exercendo o poder que lhe é atribuído de forma direta, por exemplo, quando se inicia um projeto de lei a partir de manifestação popular; e a democracia indireta, aquela em que o exercício do poder do povo se dá por meio de representantes eleitos.

Em suma, podemos dizer que o exercício da democracia se externa de duas maneiras: por meio da democracia direta, ou participativa, e pela democracia indireta:

a) democracia direta ou participativa: aquela em que o povo exerce diretamente o poder que detém sem a necessidade de intermediários. Para tanto, vale-se de instrumentos previstos constitucionalmente, também chamados de mecanismos de democracia direta ou participativa, quais sejam: o plebiscito, o referendo, a iniciativa popular das leis e a ação popular;

b) democracia indireta: aquela em que o povo exerce seu poder por meio de representantes eleitos. Os governantes são eleitos para que exerçam o poder em nome daquele. É importante ressaltar um detalhe: o voto necessariamente deve ser direto, pois essa forma de votar está contida no inciso II, § 4º, do art. 60 da Constituição Federal, ou seja, é uma das cláusulas pétreas. Embora o voto seja direto, seu exercício é um exemplo de instrumento de democracia indireta. Indireta porque o povo, após eleger determinado governante de forma direta, indo efetivamente até à urna para votar, delega seu poder a quem elegeu. Nesse momento, quem concretamente passa a exercer o poder, em nome do povo, é o governante eleito.

2. HISTÓRICO DAS CONSTITUIÇÕES BRASILEIRAS

2.1. Primeira Constituição do Brasil – Imperial de 1824

A primeira Constituição do nosso país foi a Constituição do Império (ou Constituição Imperial), outorgada pelo imperador Dom Pedro I. O fato marcante que a antecedeu foi a Declaração de Independência do Brasil, ocorrida em 7 de setembro de 1822. Dom Pedro I, após ter dissolvido a Assembleia Constituinte, na qual havia representação de São Paulo, Santos e Taubaté, impôs, outorgou (de forma unilateral), essa Constituição. Tal fato ocorreu após um ano e meio da formalização da independência do Brasil, no dia 25 de março de 1824.

A Constituição de 1824, ou Constituição do Império, foi a que teve maior tempo de vigência. Perdurou até a Proclamação da República, que ocorreu em 1889, ou seja, vigorou por 65 anos.

A primeira Constituição foi a única monárquica e semirrígida. Todas as outras foram republicanas. A Constituição do Império foi a única que tivemos classificada como semirrígida porque o art. 178 dispunha: "é só constitucional o que diz respeito aos limites e atribuições respectivos dos poderes políticos, e os Direitos políticos e individuais do cidadão; tudo o que não é constitucional pode ser alterado, sem as formalidades referidas [nos artigos 173 a 177], pelas legislaturas ordinárias". O dispositivo citado deixava claro que a Constituição continha uma parte rígida (difícil de alterar) e outra flexível (processo de modificação mais simplificado).

Em relação à organização dos poderes, havia um quarto poder, chamado de moderador (sistema quadripartite). Portanto, além do executivo, legislativo e judiciário existia o moderador que, segundo Benjamin Constant, era um "fator de equilíbrio entre os demais poderes". Tinha por finalidade assegurar a independência e harmonia dos outros três. Ocorre que esse poder ficava totalmente nas mãos do chefe supremo da nação que, naquele momento, era o Imperador.

No tocante à organização do Estado, o que existiam eram apenas províncias desprovidas de autonomia. Os presidentes das províncias eram nomeados pelo Imperador, que podia exonerá-los no momento em que quisesse. Ele próprio fazia o juízo de conveniência e oportunidade. O Estado era unitário e o poder ficava centralizado nas mãos do Imperador.

Nessa época, havia no Brasil uma religião oficial, que era a Católica Apostólica Romana. O Brasil era um país que professava uma religião oficial (Estado Confessional). O art. 5º da Constituição do Império é que dava guarida a esse entendimento.

Outra peculiaridade da Constituição Imperial é que ela, em momento algum, instituiu um controle judicial de constitucionalidade, portanto, não era possível analisar se uma lei estava ou não de acordo com a Constituição.

É característica dessa época o sufrágio censitário. Nele exigia-se, para votar, a obtenção de renda mínima anual e, além disso, essa oportunidade só era dada aos homens. Mulheres eram proibidas de votar ou serem eleitas. Para um homem ser eleito, a renda por ele obtida era maior do que a exigida para ele simplesmente votar. Essa renda variava de acordo com o cargo: quanto mais alto, maior a renda a ser comprovada. É a denominada plutocracia (governo dos ricos).

2.2. Segunda Constituição do Brasil – Constituição de 1891

A força militar passou a ter relevância na política. Os militares rejeitavam a posição de subordinação ao antigo chefe supremo da nação, o Imperador. Foram eles que, no dia 15 de novembro de 1889, baniram a família imperial do nosso país e proclamaram a república.

Embora a Constituição de 1891 tenha sido a segunda do Brasil, foi a primeira republicana. Justamente por ter sido mudada a forma de governo, a manutenção de uma Constituição imposta por um Imperador passou a ser insustentável. Assim, foi preciso convocar uma Assembleia Nacional Constituinte para que fosse providenciada a feitura da nova Constituição.

Os representantes se reuniram no Rio de Janeiro e quem presidiu a Assembleia foi o paulista Prudente de Moraes. Votaram-na por meio de um processo de convenção e, sob a inspiração da Constituição norte-americana, foi promulgada a segunda Constituição do Brasil. A influência americana foi tanta que até o nome do Estado copiou-se: passamos a ser denominados "Estados Unidos do Brasil".

Com essa nova Constituição, o Estado, antes unitário, passou a ser um Estado Federal, caracterizado pela autonomia e pela verdadeira descentralização do poder.

Havia rígida separação de competências. Os estados ficavam com parcela da competência e a União com outra parcela. Os governadores dos estados passaram a ter poder. As antigas províncias foram suprimidas, em virtude da existência de Estados-membros que passaram a dispor de leis próprias e até de Constituições estaduais próprias.

O Estado não mais professava uma religião oficial. Ele, antes Estado Confessional, no qual a religião obrigatória e oficial era a Católica Apostólica Romana, transformou-se um estado leigo ou laico. A palavra que melhor se adequa ao estado leigo é a neutralidade. Havia considerável liberdade de culto. As pessoas podiam livremente escolher suas religiões e cultuá-las da maneira que desejassem.

Também deixou de existir, com a Constituição de 1891, o quarto poder, denominado moderador, consequência lógica e automática advinda do banimento da família imperial. Se não mais existia imperador, e ele era quem detinha, quem dominava esse quarto poder, não havia mais razão para sua existência. Foi neste momento que se instaurou a clássica tripartição de poderes políticos (poderes executivo, legislativo e judiciário), ou melhor, tripartições de funções, pois sabemos que o poder é uno e indivisível.

A Constituição de 1891 foi a que instituiu o Supremo Tribunal Federal (art. 55) e o primeiro sistema judicial de controle de constitucionalidade (controle difuso). Foi ainda a que ampliou os direitos individuais, trazendo, inclusive, pela primeira vez no ordenamento jurídico brasileiro, a previsão do remédio constitucional, hoje muito conhecido, denominado *habeas corpus* (art. 72, §§ 22).

2.3. Terceira Constituição do Brasil – Constituição de 1934

Getúlio Vargas assume o poder em 1930. Começa a dizer em seus discursos que em breve convocará uma Assembleia Constituinte para feitura de uma nova Constituição; o tempo decorre, mas Vargas não concretiza sua promessa. Por conta disso é realizada, em São Paulo, uma revolução, em 1932, conhecida como Revolução Constitucionalista.

Tal revolução, segundo o Prof. Augusto Zimmermann, "ainda que tenha se revelado um completo fracasso do ponto de vista militar (os seus líderes foram presos pelas forças governistas), foi um sucesso absoluto do ponto de vista político, porque Getúlio Vargas se sentiu forçado a consentir na elaboração de uma nova Constituinte, em 1933, que marcaria o retorno à normalidade constitucional" (*Curso de Direito Constitucional*, 4ª edição, p. 205).

Nossa terceira Constituição, elaborada por um processo de convenção (votação), teve grande influência da Constituição Alemã de Weimar, de 1919. Foi a primeira Constituição Social do Brasil. Entre suas características, destacamos as principais: a forma federativa de governo, a não existência de religião oficial, a tripartição dos poderes e as mais marcantes – a admissão do voto pela mulher e a introdução, no texto constitucional, de direitos trabalhistas.

A Constituição que teve menor vigência no nosso país foi esta, de 1934, porque em 1937 ocorreu o golpe militar que rompeu toda a ordem jurídica.

2.4. Quarta Constituição do Brasil – Constituição de 1937

À época de sua criação, havia ditadura em vários países (Alemanha, Itália e outros).

Getúlio Vargas, ainda mantido no poder, solicita a elaboração de uma nova Constituição a Francisco Campos. Por meio de um golpe de Estado, acaba outorgando a Constituição de 1937.

As principais regras trazidas pela nova Constituição tinham caráter ditatorial, impositivo. Como exemplo, podemos mencionar a concentração das funções legislativas e executivas, a supressão da autonomia dos estados-membros, a destituição dos governadores, com a consequente nomeação de interventores, e a criação de serviços de informações para que o Presidente controlasse o povo, o Poder Judiciário e, principalmente, a imprensa.

O argumento utilizado para a manutenção dessas normas preconizava que a expansão do fascismo e comunismo pelo mundo enfraquecia as instituições nacionais e que, portanto, impunha medidas duras para a manutenção do poder central, ainda que o pacto federativo não pudesse ser totalmente respeitado.

Em decorrência da doutrina e da enorme concentração dos poderes nas mãos do Presidente, da mesma forma que ocorria na Constituição da Polônia na época, a Constituição de 1937 passou a ser chamada, pejorativamente, de "Constituição polaca".

2.5. Quinta Constituição do Brasil – Constituição de 1946

Fruto da redemocratização do Brasil, em 18 de setembro de 1946, promulgou-se a quinta Constituição. Seu texto demonstrou claramente uma reação contra a ditadura e os regimes centralizadores. Por conta dos inúmeros acontecimentos mundiais, repudiando os sistemas totalitaristas, o presidente da época, Getúlio Vargas, não podia mais manter a ditadura.

Embora tentasse subterfúgios para se manter no poder, como a nomeação de seu irmão para a chefia da polícia de Guanabara, Vargas acabou sendo destituído por aqueles que temiam sua intenção de permanecer no cargo.

Em decorrência da destituição de Vargas, foi instalada nova Assembleia Constituinte. Nessa época, é eleito Eurico Gaspar Dutra como presidente e, em 1946, é promulgada a nova Constituição.

Em 1950, Vargas retorna como sucessor de Dutra e acaba suicidando-se em 1954. Nesse ano, Café Filho, Vice-Presidente, assume o poder.

2.6. Sexta Constituição do Brasil – Constituição de 1967

Em 31.03.1964, o Presidente da República, João Goulart (conhecido como "Jango"), foi derrubado por um golpe militar, pois fora acusado de estar envolvido com o "comunismo internacional"; era o começo da instalação da ditadura, que acabou em 1985.

A Constituição foi outorgada em 24.01.1967: em que pese alguns doutrinadores entenderem pela legitimidade do golpe e sustentarem a promulgação do texto, não é o posicionamento predominante.

A nova ordem constitucional preocupava-se especialmente com a Segurança Nacional, e diversos poderes foram concedidos à União e ao Poder Executivo. Foram emitidos Atos Institucionais que suprimiram paulatinamente os direitos e garantias individuais.

2.7. Sétima Constituição do Brasil ou Emenda Constitucional 1/1969

A Emenda Constitucional 1/1969 é considerada por parte da doutrina como uma nova Constituição. Foi outorgada pelos militares em 17.10.1969. O Congresso Nacional estava fechado. As eleições continuaram sendo indiretas. O mandato do presidente passou a ser de 5 anos e nova denominação foi dada ao texto. A Constituição do Brasil passou a ser chamada de Constituição da República Federativa do Brasil.

A EC 1/69 não foi assinada pelo Presidente da República Costa e Silva, que estava impossibilitado de governar por motivos de saúde, e nem por seu Vice, Pedro Aleixo, pois por meio do Ato Institucional 12 foi consagrado um governo de Juntas Militares que permitia que os Ministros da Marinha de Guerra, do Exército e da Aeronáutica Militar governassem enquanto o Presidente estivesse afastado.

2.8. Oitava Constituição do Brasil – Constituição de 1988

Em 05.10.1988, foi promulgada a Constituição da República Federativa do Brasil. Os membros da Câmara dos Deputados e do Senado Federal, convocados por meio da EC 26, formaram a Assembleia Nacional Constituinte e aprovaram o texto em dois turnos de votação, por maioria absoluta dos membros. É uma Constituição absolutamente voltada para a proteção dos direitos individuais dos cidadãos, sendo fruto de processo de transição do regime militar para o regime democrático.

3. CONSIDERAÇÕES PRELIMINARES

3.1. Elementos fundamentais

O Estado possui três elementos fundamentais, a saber: povo, território e soberania. *Povo* significa o conjunto de indivíduos ligados jurídica e politicamente ao Estado. Daí falar-se que povo é o elemento humano do Estado. *Território* traz um conceito jurídico contemplando a área na qual o Estado exerce efetivamente a supremacia e o poder que detém sobre bens e pessoas. Já *soberania pode ser vista sob dois aspectos: interno e externo. Pelo primeiro, o Estado é quem elabora as suas próprias normas, é quem comanda o país, portanto, dotado de autoridade máxima em seu território. O segundo significado diz respeito à igualdade que deve existir entre os países, independentemente de condições, espaço territorial, poder econômico etc. Aos Estados soberanos são dadas garantias como a não intervenção em assuntos internos e a independência nacional.*

3.2. Conceito de Constituição

Uma Constituição pode ser conceituada de diferentes modos tendo por base seus diversos significados. De acordo com José Afonso da Silva, "A Constituição é algo que tem, como forma, um complexo de normas (escritas ou costumeiras), como conteúdo, a conduta humana motivada pelas relações sociais (econômicas, políticas, religiosas etc.), como fim, a realização dos valores que apontam para o existir da comunidade, e, finalmente, como causa criadora e recriadora, o poder que emana do povo" (*Curso de Direito Constitucional Positivo*, 35ª Ed., p. 39).

Desse modo, vejamos os conceitos dados por grandes doutrinadores:

3.2.1. Concepção sociológica (Ferdinand Lassalle)

Sustentava esse autor que "os problemas constitucionais não são problemas de Direito, mas do poder; a verdadeira Constituição de um país somente tem por base os fatores reais e efetivos do poder que naquele país vigem e as constituições escritas não têm valor nem são duráveis a não ser que exprimam fielmente os fatores do poder que imperam na realidade social" (*A essência da Constituição*, p. 40).

Portanto, somente terá valia a Constituição se efetivamente expressar a realidade social e o poder que a comanda. Os fatores reais de poder são identificados, no nosso país, por exemplo, nos movimentos dos sem-terra, nas corporações militares e outras forças que delimitam o conteúdo da Constituição.

O autor citado também mencionava que "de nada serve o que se escreve numa folha de papel se não se ajusta à realidade, aos fatores reais de poder".

3.2.2. Concepção política (Carl Schmitt)

Em oposição a Lassale, Carl Schmitt defendeu o conceito de que a Constituição é a decisão política fundamental de um povo, visando sempre dois focos estruturais básicos – organização do Estado e efetiva proteção dos direitos fundamentais.

Para esse autor há divisão clara entre Constituição e lei constitucional. Na primeira, encontraríamos as matérias constitucionais, ou seja, organização do Estado e garantia dos direitos fundamentais, sempre com o objetivo de limitar a atuação do poder. Já as leis constitucionais seriam aqueles assuntos tratados na Constituição, mas que materialmente não teriam natureza de norma constitucional. Na verdade, esses assuntos nem deveriam constar da Constituição. Na nossa atual Carta Magna, visualizamos um exemplo no art. 242, § 2º, que determina que o Colégio Pedro II, localizado na cidade do Rio de Janeiro, será mantido na órbita federal. Esse dispositivo é uma norma apenas formalmente constitucional, pois está dentro da Constituição, mas não trata de matéria tipicamente constitucional.

As leis constitucionais, para Schmitt, como a mencionada no exemplo dado acima, formam o que se denomina Constituição formal, ou seja, apenas são consideradas normas constitucionais pelo fato de estarem alocadas na Constituição, por terem forma de Constituição.

A Constituição Federal de 1988, em seu art. 1º, trata da organização do Estado, enquanto o art. 5º dispõe sobre os direitos fundamentais. Se terminasse aqui, já seria suficiente para Schmitt denominá-la como uma verdadeira Constituição.

3.2.3. Concepção jurídica ou formal (Hans Kelsen e Konrad Hesse)

Hans Kelsen pensava de modo diverso, mencionava que o fundamento de validade da Constituição era encontrado na dimensão jurídica e não sociológica ou política.

Esse autor representava o ordenamento jurídico por meio de uma pirâmide, na qual a Constituição se encontrava no ápice e abaixo estavam todos os demais atos normativos. As leis ordinárias, complementares, delegadas e também as medidas provisórias, por terem como fundamento imediato de validade a Constituição, ficavam no segundo degrau da pirâmide. Já os regulamentos, portarias, decretos, entre outros, por se fundamentarem primeiro na lei e depois na Constituição, localizavam-se no terceiro degrau da pirâmide.

Portanto, juridicamente, a Constituição localiza-se no mais elevado degrau da pirâmide e é exatamente em decorrência disso que é fundamentada sua normatividade.

As normas infraconstitucionais (que são todas aquelas que se encontram nos degraus abaixo da Constituição) são submissas às regras determinadas pela Lei Maior e devem ser com ela compatíveis. A isso se deu o nome de relação de compatibilidade vertical.

Tal autor obteve reconhecimento mundial com a elaboração da obra "Teoria Pura do Direito", doutrina que propugna o conteúdo puro do direito, sem interferências de cunhos sociológico, político, valorativo ou econômico. A Constituição, conforme Kelsen, apresenta o aspecto lógico-jurídico, segundo o qual é a 'norma fundamental hipotética', ou seja, traz um comando que impõe obediência obrigatória e é tida como o verdadeiro sentido de justiça, e o aspecto jurídico-positivo, em que a Constituição é a norma positiva superior em que as demais regras jurídicas encontram os seus fundamentos de validade. Sua modificação deve observar um procedimento específico e solene.

3.2.4. Concepção culturalista

Segundo a essa corrente, a Constituição engloba todas as regras fundamentais advindas da cultura histórica e também "as emanadas pela vontade existencial da unidade política e regulamentadora da existência, estrutura e fins do Estado e do modo de exercício e limites do poder político" (J. H. Meirelles Teixeira, *Curso de Direito Constitucional*, p. 77 e 78)

3.3. Constitucionalismo e neoconstitucionalismo

Tradicionalmente, a doutrina faz uso da expressão constitucionalismo ou movimentos constitucionais em mais de um sentido. Vejamos os dois mais comuns.

A primeira concepção de **constitucionalismo** é utilizada para definir a ideologia que afirma que o poder político deve necessariamente ser limitado para que efetivamente sejam garantidos e prestigiados os direitos fundamentais. Nesse primeiro sentido, o movimento é considerado uma teoria normativa da política. A doutrina divide-o em constitucionalismo social e liberal, com base na maior ou menor intervenção do Estado nos interesses privados. Quando há grande intervenção do Estado no mundo privado, é conhecido como social e quando a intervenção é pequena, fala-se em constitucionalismo liberal.

A segunda concepção da expressão constitucionalismo teve origem numa reação contra o Estado Absolutista da Idade Moderna, por volta do século XVIII. A Revolução Francesa também é considerada um marco aqui. A ideia era frisar que a Constituição, além de estabelecer regras sobre organização do Estado, do poder, deveria fazer uma necessária modificação política e social, orientando as ações políticas e tendo atuação direta. Foi a partir deste momento que veio à tona o termo *supremacia constitucional*. A partir dessa concepção, passou a ser necessária a criação de constituições escritas, de origem popular, para efetivamente limitar o poder, organizar o Estado e garantir a proteção dos direitos individuais.

O **neoconstitucionalismo** ou novo/atual constitucionalismo toma por base a necessidade de se incorporar o denominado Estado Constitucional de Direito. A Constituição, portanto, deve efetivamente influenciar todo o ordenamento jurídico. Tudo deve ser analisado à luz da CF. Ela é o filtro que valida, ou não, as demais normas. Os valores constitucionais são priorizados, além das regras relacionadas à organização do Estado e do Poder. Princípios, como a dignidade da pessoa humana, passam a ter maior relevância. Há uma aproximação das ideias de direito e justiça. O Poder Judiciário, ao validar princípios e aos valores constitucionais, atribui a eles força normativa.

Sobre o Neoconstitucionalismo, é importante mencionar o conteúdo axiológico referente à promoção da dignidade humana e dos direitos fundamentais de Ana Paula de Barcellos:

"Do ponto de vista material, ao menos dois elementos caracterizam o neoconstitucionalismo e merecem nota: (i) a incorporação explícita de valores e opções políticas nos textos constitucionais, sobretudo no que diz respeito à promoção da dignidade humana e dos direitos fundamentais; e (ii) a expansão de conflitos específicos e gerais entre as opções normativas e filosóficas existentes dentro do próprio sistema constitucional."

3.4. Estrutura da Constituição Federal de 1988

A CF/1988 é composta das seguintes partes: preâmbulo, corpo das disposições permanentes, ato das disposições constitucionais transitórias e emendas constitucionais (de revisão e propriamente ditas).

3.4.1. Preâmbulo

A Constituição não começa pelo seu art. 1º, mas por um preâmbulo que dispõe: "Nós, representantes do povo brasileiro, reunidos em Assembleia Nacional Constituinte para instituir um Estado Democrático, destinado a assegurar o exercício dos direitos sociais e individuais, a liberdade, a segurança, o bem-estar, o desenvolvimento, a igualdade e a justiça como valores supremos de uma sociedade fraterna, pluralista e sem preconceitos, fundada na harmonia social e comprometida, na ordem interna e internacional, com a solução pacífica das controvérsias, promulgamos, sob a proteção de Deus, a seguinte CONSTITUIÇÃO DA REPÚBLICA FEDERATIVA DO BRASIL".

Há diversos princípios no preâmbulo constitucional, como a da igualdade, da liberdade, da solução pacífica das controvérsias etc. Tais comandos servem como diretrizes ideológicas, políticas e filosóficas que devem ser observadas pelo intérprete das normas constitucionais.

Todavia, embora o preâmbulo tenha de ser utilizado como alicerce, segundo o Supremo, ele não tem força normativa, não cria direitos e obrigações e não pode ser utilizado como parâmetro para eventual declaração de inconstitucionalidade. Por exemplo: uma lei que fira tão somente o preâmbulo constitucional não pode ser objeto de ação direta de inconstitucionalidade no STF e nem de outro mecanismo de controle de constitucionalidade.

Além disso, já definiu a Corte Maior (ADI 2076/AC, Rel. Min. Carlos Velloso) que o preâmbulo não é tido como norma de reprodução obrigatória pelas Constituições dos estados-membros.

3.4.2. Disposições duráveis/permanentes

O corpo das disposições duráveis é composto pelas normas constitucionais que, em regra, possuem maior durabilidade. Essa parte inicia-se no art. 1º e termina no art. 250 e é formada pelos seguintes títulos: Princípios Fundamentais, Direitos e Garantias Fundamentais, Organização do Estado, Organização dos Poderes, Defesa do Estado e das Instituições Democráticas, Tributação e Orçamento, Ordem Econômica e Financeira, Ordem Social e Disposições Constitucionais Gerais.

Para serem alteradas, é necessária a observância do processo legislativo das emendas constitucionais, previsto no art. 60 da Constituição.

3.4.3. Disposições transitórias

Denominado Ato das Disposições Constitucionais Transitórias (ADCT), tem por finalidade tratar de assuntos de direito intertemporal. O ADCT é composto de normas criadas para executarem um determinado papel que, sendo cumprido, passam a não ter mais utilidade. É por esse motivo que tais normas são conhecidas como de eficácia esgotada ou exaurida. Cumprido o encargo para o qual foram criadas, não possuem mais utilidade alguma.

Vale acrescentar que as disposições transitórias integram o texto constitucional, dependem da observância do processo legislativo das emendas constitucionais para serem alteradas, ficam ao final da Constituição e possuem numeração própria (artigos 1º ao 114). Isso é assim, pois não seria técnico deixar no corpo das disposições duráveis algo que, mais dia menos dia, não terá mais utilidade alguma.

Um exemplo de artigo do ADCT que já foi diversas vezes modificado por emenda constitucional é o 60. Recentemente revogado pela s e de Valorização dos Profissionais da Educação - Fundeb), já havia sido reescrito pelas emendas nº 14/96 e 53/06.

Vale lembrar que as normas constantes do ADCT possuem o mesmo grau de eficácia que as demais normas constitucionais.

3.4.4. Emendas constitucionais

As emendas integram a constituição e possuem duas naturezas distintas: emendas de revisão e emendas constitucionais propriamente ditas (ou apenas: emendas constitucionais). As primeiras foram feitas quando da revisão constitucional, em 1994. Em tal ano, seis emendas foram elaboradas (ECR 1 a 6). O art. 3º do ADCT determinava que a revisão, que se daria uma única vez, ocorresse após cinco anos da promulgação da Constituição, pelo voto da maioria absoluta dos membros do Congresso Nacional, em sessão unicameral. Atualmente, para se modificar formalmente a Constituição, só por meio das emendas constitucionais propriamente ditas, que podem ser feitas desde que sejam obedecidas às regras previstas no art. 60 da CF.

3.5. Supremacia constitucional

A noção de supremacia da Constituição talvez seja a mais importante de todo o estudo do Direito Constitucional. Pautado nesse entendimento, é possível verificar os motivos pelos quais os demais ramos, os atos normativos em geral e a atuação dos poderes estão limitados ao texto constitucional.

A Constituição Federal é a lei máxima do ordenamento jurídico brasileiro. É fundamento de validade de todos os demais atos normativos. Está no ápice da pirâmide normativa e determina as regras que devem ser observadas. Todas as normas infraconstitucionais devem guardar relação de compatibilidade com a Constituição.

Ressalta-se que o princípio da supremacia constitucional somente existe nos países que adotam Constituição do tipo *rígida*, ou seja, aquelas que possuem um processo de alteração mais complexo, mais solene, mais dificultoso que o processo de mudança dos demais atos normativos.

3.6. Princípios fundamentais (artigos 1º a 4º da CF)

O art. 1º da CF, após definir o Pacto Federativo, traz os *fundamentos* da República Federativa do Brasil, que são os seguintes:

I. Soberania;

II. Cidadania;

III. Dignidade da pessoa humana;

IV. Valores sociais do trabalho e da livre-iniciativa; e

V. Pluralismo político.

Os fundamentos equivalem aos principais valores e diretrizes adotados pelo Estado brasileiro. Com base neles é que a Constituição Federal de 1988 foi produzida.

Sem sombra de dúvida, podemos dizer que um fundamento de grande relevo é o que diz respeito à *dignidade da pessoa humana*. Para que o ser humano possua dignidade, deve a ele ser dado acesso a requisitos mínimos de uma vida digna como, por exemplo, alimentação, moradia, saúde, higiene, educação, lazer etc.

Para que as normas constitucionais sejam devidamente interpretadas é necessária a observância do princípio central que é o da dignidade.

Além disso, tal princípio é um fundamento da República Federativa do Brasil, previsto no inciso III do art. 1º da Constituição Federal.

A Súmula Vinculante n. 11 relaciona-se diretamente com esse princípio. Essa súmula restringe o uso de algemas aos casos de resistência e de fundado receio de fuga ou de perigo à integridade física própria ou alheia, por parte do preso ou de terceiros. Além disso, o uso deve, necessariamente, ser justificado por escrito, sob pena de responsabilidade disciplinar, civil e penal do agente ou da autoridade e de nulidade da prisão ou do ato processual a que se refere, sem prejuízo da responsabilidade civil do Estado.

Desse modo, é possível afirmar que o uso de algemas requer um juízo de ponderação da necessidade e só deve ser utilizado de forma excepcional.

O STF, em julgamento realizado pelo plenário, na ADI 3.510, declarou a constitucionalidade do art. 5º da Lei de Biossegurança (Lei 11.105/2005), por entender que as pesquisas com células-tronco embrionárias não violam o direito à vida ou o princípio da dignidade da pessoa humana.

A *soberania* é uma qualidade do Estado independente. Fala-se em soberania externa e interna. A primeira refere-se à representação dos Estados em âmbito internacional. A segunda é determinada pela demarcação da supremacia do Estado em relação aos seus cidadãos. É necessário mencionar que Estado Federal possui soberania e os entes federativos autonomia.

A *cidadania*, quando analisada como um dos fundamentos da República Federativa do Brasil, deve ser compreendida de forma abrangente, contemplando a possibilidade do exercício dos direitos fundamentais constitucionalmente assegurados, em especial, os relacionados ao trabalho, à educação e à saúde.

Para que o Estado cresça economicamente, identificou-se que os *valores sociais do trabalho e da livre-iniciativa* necessitavam ser compatibilizados. Assim, a Constituição de 1988 contemplou tais valores, focando sempre no desenvolvimento da ordem econômica do Estado. Vale acrescentar que a Lei 13.874/19 instituiu a Declaração de Direitos de Liberdade Econômica, estabelecendo normas de proteção à livre-iniciativa e ao livre exercício de atividade econômica, além de disposições sobre a atuação do Estado como agente normativo e regulador.

O *pluralismo político* prestigia a variedade de opinião, ideologia, liberdades, fazendo com que tais valores, ainda que diferentes e até mesmo opostos, convivam de forma harmônica. Esse pluralismo também indica que o processo de inclusão deve ser resguardado.

O art. 2º da CF trata da tripartição dos poderes, dispondo que são Poderes da União, independentes e harmônicos entre si, o Legislativo, o Executivo e o Judiciário.

Julgamento importante do STF relacionado ao art. 2º diz respeito a improcedência de pedido formulado em arguição de descumprimento de preceito fundamental (ADPF) em que se discutia a constitucionalidade da instauração de inquérito pelo Supremo, realizada com o intuito de apurar a existência de notícias fraudulentas (*fake news*), denunciações caluniosas, ameaças e atos que podem configurar crimes contra a honra e atingir a honorabilidade e a segurança do STF, de seus membros e familiares. A Corte declarou a constitucionalidade da Portaria GP 69/2019, que instaurou o referido inquérito, e a constitucionalidade do art. 43 do Regimento Interno do STF, que lhe serviu de fundamento legal. (...) assentou condicionantes no sentido de que o procedimento investigatório: seja acompanhado pelo Ministério Público; seja integralmente observado o Enunciado 14 da Súmula Vinculante; limite o objeto do inquérito a manifestações que, denotando risco efetivo à independência do Poder Judiciário (CF, art. 2º), pela via da ameaça aos membros do STF e a seus familiares, atentam contra os Poderes instituídos, contra o Estado de Direito e contra a democracia; e observe a proteção da liberdade de expressão e de imprensa nos termos da Constituição, excluindo do escopo do inquérito matérias jornalísticas e postagens, compartilhamentos ou outras manifestações (inclusive pessoais) na internet, feitas anonimamente ou não, desde que não integrem esquemas de financiamento e divulgação em massa nas redes sociais. [ADPF 572, rel. min. Edson Fachin, j. 17 e 18-6-2020, P, Informativo 982].

O art. 3º da CF contempla os objetivos fundamentais da República Federativa do Brasil. Percebam que os objetivos fundamentais não se confundem com os fundamentos. Estes vêm previstos no art. 1º, enquanto que aqueles, no art. 3º.

Os *objetivos fundamentais* do nosso país são os seguintes: I – construir uma sociedade livre, justa e solidária; II – garantir o desenvolvimento nacional; III – erradicar a pobreza e a marginalização e reduzir as desigualdades sociais e regionais; IV – promover o bem de todos, sem preconceitos de origem, raça, sexo, cor, idade e quaisquer outras formas de discriminação.

Ainda tratando do capítulo que cuida dos princípios fundamentais, a Constituição, em seu art. 4º, contempla aqueles que regem o país nas suas relações internacionais, dentre os quais se destacam: a independência nacional, a prevalência dos direitos humanos, a igualdade entre os Estados, a defesa da paz e a cooperação entre os povos para o progresso da humanidade.

4. ELEMENTOS DA CONSTITUIÇÃO

Nossa Constituição Federal trata de diversos assuntos. Com a finalidade de sistematizar e de organizar esses assuntos, a Norma Suprema uniu matérias afins e, a partir dessa união, foram contemplados doutrinariamente os elementos constituintes. O Prof. José Afonso da Silva é quem melhor faz a divisão clássica (*Curso de Direito Constitucional Positivo*, 35ª edição, p.44 e 45). Tendo por base a divisão feita por esse autor, podemos falar que os grupos de elementos são:

4.1. Elementos orgânicos

Contemplam as normas estruturais da Constituição. Englobam as normas de organização do Estado, organização do poder, o orçamento público e a tributação, as forças armadas e a segurança pública. Os temas mencionados se encontram nos capítulos II e III do título V e nos títulos III, IV e V da nossa Constituição Federal.

4.2. Elementos limitativos

Como o próprio nome menciona, são normas que existem para limitar o poder de atuação do Estado. As normas que definem os direitos e garantias fundamentais são as que melhor limitam o poder, pois, ao enunciar determinado direito a alguém, implícita e automaticamente, há o comando impondo ao Estado o dever de não invadir aquele direito constitucionalmente previsto. A exceção se dá em relação aos direitos sociais porque eles exigem condutas positivas do Estado, não possuem somente o mero caráter limitador do eventual exercício arbitrário do poder. Os elementos limitativos contemplam as normas que tratam dos direitos individuais e coletivos, direitos políticos e direito à nacionalidade, todas encontradas no título II da Constituição Federal.

4.3. Elementos socioideológicos

O nome desses elementos já nos encaminha para sua conceituação: podemos dizer que eles definem ou demonstram a ideologia adotada pelo texto constitucional. As normas que compõem os elementos socioideológicos são as que tratam dos direitos sociais, as que compõem a ordem econômica e financeira e a ordem social. Encontramos essas normas no capítulo II do título II e nos títulos VII e VIII da Constituição Federal.

4.4. Elementos de estabilização constitucional

As normas que se encontram nessa divisão são as que visam à superação dos conflitos constitucionais, ao resguardo da estabilidade constitucional, à preservação da supremacia da Constituição, à proteção do Estado e das instituições democráticas e à defesa da Carta Política. Citamos como exemplo as normas que tratam da intervenção federal e estadual (artigos 34 a 36 da CF), as normas que tratam dos estados de sítio e de defesa e as demais integrantes do título V da CF (com exceção dos capítulos II e III, porque eles integram os elementos orgânicos), as normas que tratam do controle de constitucionalidade e, ainda, as que cuidam do processo de emendas à Constituição.

4.5. Elementos formais de aplicabilidade

Formais, porque não possuem conteúdo material e de aplicabilidade, porque servem para auxiliar a efetiva aplicação das normas constitucionais. São normas orientadoras, como, por exemplo, o preâmbulo da Constituição, que não serve como paradigma para controle de constitucionalidade, mas estabelece princípios norteadores de todo ordenamento jurídico brasileiro.

Também se encontram nessa categoria as disposições transitórias, reguladoras do direito intertemporal. Essas normas estão contidas no ADCT (Ato das Disposições Constitucionais Transitórias), que é parte integrante da Constituição Federal, embora fique separado do corpo das normas permanentes e tenha numeração própria apenas por questão de técnica legislativa. Como as normas contidas no ADCT são normas transitórias, passageiras, assim que produzirem todos os efeitos que delas se esperam se esgotarão, não terão mais utilidade alguma. Desse modo, é razoável que fiquem fora do corpo de normas permanentes da Constituição. Para aclarar o exposto, é indicada a leitura dos arts. 3º e 4º do ADCT, que já produziram seus efeitos e que atualmente são normas de eficácia exaurida, esgotada, não mais têm utilidade alguma. Outro exemplo: a previsão constitucional da realização de um plebiscito para a escolha da forma de governo (República ou Monarquia) e o sistema de governo (Parlamentarismo ou Presidencialismo), cinco anos após a promulgação da Constituição de 1988 (art. 2º do ADCT).

O § 1º do art. 5º da Constituição Federal também é um elemento formal de aplicabilidade. Dispõe que "as normas definidoras dos direitos e garantias fundamentais têm aplicação imediata".

5. CLASSIFICAÇÃO DAS CONSTITUIÇÕES

As constituições são classificadas pela doutrina de diversas maneiras. Essas classificações visam à melhor compreensão da Constituição como um todo. Por exemplo, sabendo nós que a Constituição de 1988, quanto à sua extensão, foi classificada como prolixa, é possível imaginar que essa Constituição é extensa, longa, numerosa; diferente seria tivesse sido classificada como concisa (básica, breve). Nesse caso, mesmo que nunca tivéssemos visto a Constituição mencionada, já teríamos uma ideia de como ela seria. É justamente para isso que servem as classificações.

No entanto, é preciso lembrar que há muitas classificações feitas pela doutrina e, a partir de agora, abordaremos as mais relevantes.

5.1. Quanto à forma, as constituições podem ser classificadas em:

a) escritas – aquelas sistematizadas num único texto, criadas por um órgão constituinte. Esse texto único é a única fonte formal do sistema constitucionalista. Exemplo: Constituição Federal de 1988;

b) não escritas – aquelas cujas normas não estão sistematizadas e codificadas num único texto. São baseadas em textos esparsos, jurisprudências, costumes, convenções, atos do parlamento etc. Há várias fontes formais do direito constitucional no país de Constituição não escrita. Exemplo: Constituição Inglesa.

5.2. Quanto ao modo de elaboração, as constituições podem ser classificadas em:

a) **dogmáticas** – partem da aceitação de dogmas, considerados o núcleo de uma doutrina. A constituição dogmática necessariamente é uma constituição escrita. As constituições escritas pressupõem a aceitação de dogmas ou de opiniões sobre a política do momento. Exemplo: Constituição Federal de 1988;

b) **históricas ou costumeiras** – diferentemente das constituições dogmáticas que sempre são escritas, as constituições históricas devem ser não escritas. Resultam da formação histórica, dos fatos sociais, da evolução das tradições. Exemplo: Constituição Inglesa.

5.3. Quanto à origem, as constituições podem ser classificadas em:

a) **outorgadas** – aquelas elaboradas e impostas por uma pessoa ou por um grupo sem a participação do povo. As constituições outorgadas, na verdade, devem ser denominadas Cartas Constitucionais e não Constituições, pois a primeira denominação é a que corretamente designa a origem outorgada. A segunda nomenclatura diz respeito àquelas Constituições que tiveram como origem a democracia, foram promulgadas. Vale lembrar que muitos doutrinadores tratam essas expressões, Carta e Constituição, como sinônimas, embora não o sejam.

As Constituições outorgadas que tivemos no Brasil foram as seguintes:

✓ Constituição do Império de 1824 (o correto é Carta de 1824);

✓ Carta de 1937 (Vargas);

✓ Carta de 1967 (ditadura militar).

Há ainda aqueles que sustentam que a Emenda Constitucional n. 1/1969 deve ser considerada uma verdadeira Constituição outorgada, imposta pelo Comando Militar;

b) **promulgadas, populares ou democráticas** – são aquelas advindas de uma Assembleia Constituinte composta por representantes do povo. Sua elaboração se dá de maneira consciente e livre, diferentemente das Constituições outorgadas, que são criadas de forma imposta;

c) **cesaristas, plebiscitárias, referendárias ou bonapartistas** – são aquelas constituições que, embora elaboradas de maneira unilateral, impostas, após sua criação são submetidas a um referendo popular. Essa participação do povo não pode ser considerada democrática, pois apenas tem a finalidade de confirmar a vontade daquele que a impôs. Os nomes dados a essa Constituição têm por fundamento o caminho utilizado por Napoleão Bonaparte nos chamados plebiscitos napoleônicos.

5.4. Quanto à estabilidade ou processo de mudança, as constituições podem ser classificadas em:

a) **rígidas** – aquelas alteráveis somente por um processo mais solene, mais dificultoso que o processo de alteração das demais normas jurídicas. O exemplo que podemos dar é a Constituição Federal de 1988, na qual, em seu art. 60 (processo legislativo das emendas), encontramos o fundamento da rigidez constitucional;

b) **flexíveis** – aquelas modificáveis livremente pelo legislador, observando-se o mesmo processo de elaboração e modificação das leis;

c) **semirrígidas** – aquela Constituição que possui uma parte rígida e outra flexível. A parte rígida será alterável por um processo mais dificultoso que o das demais normas jurídicas e a parte flexível, alterável pelo mesmo processo de elaboração e modificação das leis. No Brasil, a única Constituição que tivemos classificada como semirrígida foi a de 1824. O art. 5º desta Constituição fundamentava seu caráter semirrígido;

d) **super-rígidas** – alguns doutrinadores sustentam que a Constituição de 1988 é classificada como super-rígida pelo fato de conter núcleos essenciais intangíveis (cláusulas pétreas – art. 60, § 4º, da CF).

Obs.: prevalece o entendimento de que a Constituição de 1988 é classificada como rígida.

5.5. Quanto à extensão as constituições podem ser classificadas em:

a) **concisas** – são as constituições sucintas, pequenas. Cuidam apenas de regras gerais, estruturais, do ordenamento jurídico estatal. O melhor exemplo de constituição concisa é a norte-americana, que contém apenas os princípios fundamentais e estruturais do Estado. A característica de uma Constituição concisa é o fato de ela ser mais estável que uma Constituição prolixa. A norte-americana, por exemplo, já conta com mais de 200 anos e foi emendada apenas 27 vezes;

b) **prolixas** – são as constituições longas, numerosas. Essas constituições não se restringem a tratar somente de normas materialmente constitucionais, normas estruturais, de organização do poder, de funcionamento do Estado. Cuidam de assuntos diversos, que poderiam certamente estar dispostos em legislações infraconstitucionais. São assim por pretenderem proteger institutos considerados importantes. O maior problema de uma constituição prolixa é que, por ser expansiva, torna-se muito mais instável do que a Constituição concisa.

O exemplo de Constituição prolixa é a nossa, Constituição Federal de 1988. Ela possui em seu corpo permanente 250 artigos e em pouco mais de 28 anos de vigência já foi alterada quase 100 vezes.

5.6. Quanto ao conteúdo as constituições podem ser classificadas em:

a) **materiais** – relacionam-se ao conteúdo criado para ser tratado especificamente numa constituição. São normas que cuidam de matéria constitucional. A matéria constitucional geralmente gira em torno do poder. Exemplificando, as normas que organizam o poder, que organizam o Estado e as que tratam dos direitos individuais são normas materialmente constitucionais.

Um exemplo de norma que, embora prevista na CF de 1988, **não** tem conteúdo materialmente constitucional, é o art. 242, § 2º, da CF que trata do Colégio Pedro II. Tal dispositivo determina que o Colégio localiza-se na cidade do Rio de Janeiro e é mantido na órbita federal;

b) formais – indicam o conjunto de regras dispostas formalmente na Constituição escrita. As normas inseridas na constituição, ainda que não tratem de matéria constitucional, como o exemplo do Colégio Pedro II acima mencionado, são normas formalmente constitucionais. O fato de estarem alocadas na constituição escrita dá a elas a força de norma constitucional. São regidas pelo princípio da supremacia constitucional e só podem ser alteradas pelo processo legislativo das emendas (art. 60 da CF).

É relevante que se diga que a Constituição Federal determina que o grau máximo de eficácia das normas decorre da forma e não da matéria. Isso significa dizer que o que importa realmente é se a norma está ou não inserida no texto da Constituição. Se tiver conteúdo constitucional, mas não estiver contemplada no Texto Maior, certamente terá menos eficácia que as normas lá inseridas.

6. FENÔMENOS QUE OCORREM COM A ENTRADA EM VIGOR DE UMA NOVA CONSTITUIÇÃO

6.1. Recepção

É o fenômeno jurídico pelo qual se resguarda a continuidade do ordenamento jurídico anterior e inferior à nova constituição, desde que se mostre compatível materialmente com seu novo fundamento de validade (justamente a nova constituição).

Para melhor compreensão, acompanhem o exemplo: é sabido que o fundamento de validade de uma lei é a constituição vigente. Dessa forma, imaginemos que tenha sido editada uma lei na época em que vigia a Constituição de 1969. A essa lei fora atribuído o n. 5.869/1973. Para que a lei mencionada fosse considerada válida, ela, necessariamente, teria que estar em conformidade com a Constituição de 1969, pois este era seu fundamento de validade. Em 1988, foi promulgada uma nova constituição, a Constituição da República Federativa do Brasil de 5 de outubro de 1988. Pergunta-se: a Lei n. 5.869/1973 continuou vigente, mesmo após a promulgação de uma nova Constituição? A resposta é depende. Se essa lei for materialmente compatível com a nova constituição sim, ela será preservada e passará a ter um novo fundamento de validade (que é a nova constituição). Agora, se a lei editada à época da vigência da antiga constituição se mostrar materialmente incompatível com a nova, ela não será recepcionada.

A lei referida no exemplo acima é o antigo Código de Processo Civil que, embora seja de 1973 e a nossa Constituição de 1988, vigorou até a edição do novo, ou seja, até 17 de março de 2016. Quando foi promulgada a Constituição de 1988, ocorreu o fenômeno da recepção em relação a todos os dispositivos do antigo CPC que, na época, se mostraram materialmente compatíveis com ela.

Outro fator importante a respeito do fenômeno da recepção é que não importa a roupagem originalmente assumida pela lei, o que se verifica é o conteúdo da norma e não a forma pela qual ela foi exteriorizada. O Código Tributário Nacional (CTN) é um exemplo disso. Na época de sua elaboração, foi editado como lei ordinária, mas, como a CF/1988, em seu art. 146, determinou que as normas gerais em matéria de legislação tributária fossem disciplinadas por lei complementar, ele foi por ela recepcionado como se lei complementar fosse. Hoje, para se alterar o CTN, é necessária uma lei complementar.

O Código Penal, quando de sua elaboração, foi criado como um Decreto-Lei (n. 2.848/1940). Entretanto, a Constituição de 1988 determinou que a matéria Direito Penal fosse regulamentada por lei ordinária. Desse modo, os dispositivos do Código que guardavam relação de compatibilidade material com a Constituição foram por ela recepcionados como lei ordinária. Atualmente, para alterar o CP, basta uma lei ordinária.

Outra lembrança relevante no tocante ao fenômeno da recepção é o fato de, após a promulgação da Constituição, serem editadas emendas constitucionais. As leis também devem guardar relação de compatibilidade material com o disposto nas emendas constitucionais? Sim, necessariamente as leis promulgadas antes ou mesmo depois da edição da Constituição devem ser materialmente compatíveis tanto com as normas advindas do poder constituinte ordinário quanto das decorrentes de emendas constitucionais. O fundamento para isto é que as emendas constitucionais, como o próprio nome indica, têm natureza de normas constitucionais. Estão, juntamente com as demais normas da Constituição, no ápice da pirâmide de Kelsen.

O princípio que fundamenta a utilização do fenômeno da recepção é o da continuidade das normas.

6.2. Desconstitucionalização

O fenômeno da desconstitucionalização tem origem francesa. É um instituto pouco usado na prática. No Brasil não utilizamos esse instituto porque a edição de uma nova Constituição produz o efeito de revogar por inteiro a antiga. A revogação total é denominada *ab-rogação*, já a parcial é conhecida como *derrogação*.

A antiga Constituição seria, valendo-nos do fenômeno da desconstitucionalização, recebida pelo novo ordenamento, ou seja, pela nova Constituição, com *status* de legislação infraconstitucional (seria recebida como se fosse lei). Esse fenômeno não é permitido no Brasil.

6.3. Repristinação

É o fenômeno jurídico pelo qual se restabelece a vigência de uma lei que foi revogada pelo fato de a lei revogadora ter sido posteriormente revogada. Tal instituto interessa não apenas ao Direito Constitucional, mas ao Direito como um todo. Terá ligação com o direito constitucional se estiver associado ao instituto da recepção.

Vamos ao exemplo: imaginemos três constituições. Constituição "A", Constituição "B" e Constituição "C". A primeira é a mais antiga. A Constituição "A" determinou que o assunto X, garantido por ela, fosse disciplinado por lei infraconstitucional. Na época, sobreveio a lei disciplinando o assunto X. Passado um tempo, foi editada nova constituição, a Constituição "B". Ela não mais tratou do assunto X. Portanto, a lei editada na vigência da Constituição "A", que serviria para regulamentar o assunto X, não foi recepcionada (foi revogada) pela Constituição "B". Passado mais um tempo, outra nova Constituição foi editada, a Constituição "C". Essa Constituição voltou a prever o assunto X. Nesse caso, a lei que regulamentava o assunto X, editada na vigência da Constituição "A", seria restabelecida pela nova Constituição simplesmente pelo fato dela prever novamente o assunto X? A resposta é não. No ordenamento jurídico brasileiro não há repristinação automática. Se o legislador, por ventura, quiser restabelecer a vigência de uma lei anteriormente revogada por outra, terá que fazê-lo expressamente, conforme dispõe o § 3º do art. 2º da Lei de Introdução às Normas do Direito Brasileiro (denominação dada pela Lei n. 12.376/2010 à antiga "LICC" – Lei de Introdução ao Código Civil).

6.3.1. Repristinação e o efeito repristinatório

A repristinação difere do denominado efeito repristinatório. A primeira, como mencionado, faz com que seja restabelecida a vigência de uma lei revogada, por conta da lei que a revogou também ter sido revogada por outra lei. Isso só pode ocorrer na hipótese de expressa previsão legal, conforme determina o art. 2º, § 3º, da Lei de Introdução às Normas do Direito Brasileiro – Lei 4.657/1942. O segundo, efeito repristinatório, decorre do controle abstrato de constitucionalidade das leis. Em regra, quando uma lei é declarada inconstitucional os efeitos dessa decisão retroagem à data da edição da lei (*ex tunc*). Desse modo, a lei que foi revogada por outra, que posteriormente foi declarada inconstitucional, pode voltar a produzir efeitos. Com a declaração de inconstitucionalidade da lei revogadora, todo o seu passado é apagado. É como se essa lei nunca tivesse existido e, portanto, não teria o poder de revogar outra norma. A antiga lei volta a produzir efeitos, pois a revogação advinda de uma norma inconstitucional não tem eficácia.

Vale lembrar que o art. 27 da Lei 9.868/1999 admite a modulação dos efeitos. Assim, ao declarar a inconstitucionalidade de lei ou ato normativo, e tendo em vista razões de segurança jurídica ou de excepcional interesse social, pode o Supremo Tribunal Federal, por maioria de dois terços de seus membros, restringir os efeitos daquela declaração ou decidir que ela só tenha eficácia a partir de seu trânsito em julgado ou de outro momento que venha a ser fixado. Nessa hipótese, como os efeitos retroativos da lei são modificados, não há mais a incidência do efeito repristinatório.

Outra situação em que o efeito repristinatório se manifesta decorre do art. 11, § 2º, da Lei 9.868/1999, o qual dispõe que a concessão da medida cautelar torna aplicável a legislação anterior acaso existente, salvo expressa manifestação em sentido contrário.

6.4. Mutação constitucional

A palavra mutação significa mudança. Também conhecida como interpretação constitucional evolutiva, a mutação constitucional tem relação não com o aspecto formal do texto constitucional, mas sim com a interpretação dada à Constituição. Não são necessárias técnicas de revisão ou reforma constitucional para que o fenômeno se opere. A mudança social, que se dá com o passar do tempo, já faz com que a interpretação seja modificada.

6.5. Vacatio Constitucionis

Pode ser conceituada como o período de transição entre uma Constituição e outra. Em regra, ao ser elaborada, promulgada e publicada, a nova Constituição entra em vigor imediatamente. Pelo fenômeno da *vacatio constitucionis*, que se assemelha ao instituto da *vacatio legis*, haveria um prazo, fixado pelo próprio poder constituinte, ou seja, por aqueles que estão elaborando a nova constituição, para que o texto constitucional entrasse em vigor. No Brasil as constituições, ao serem promulgadas e publicadas, já entram em vigor; não visualizamos aqui o fenômeno da *vacatio constitucionis*.

7. EFICÁCIA JURÍDICA DAS NORMAS CONSTITUCIONAIS E HERMENÊUTICA CONSTITUCIONAL

Eficácia jurídica é a aptidão que as normas têm para produzirem efeitos no mundo jurídico. Essa eficácia, por vezes, será graduada conforme a classificação das normas constitucionais.

Segundo a teoria clássica, as normas constitucionais podem ser classificadas em:

a) Normas constitucionais de eficácia plena;

b) Normas constitucionais de eficácia contida; e

c) Normas constitucionais de eficácia limitada.

7.1. Eficácia plena

As normas de eficácia *plena* são aquelas que, por si só, produzem todos os seus efeitos no mundo jurídico e de forma imediata. Não dependem da interposição do legislador para que possam efetivamente produzir efeitos. Além disso, a norma de eficácia plena não admite que uma norma infraconstitucional limite, reduza seu conteúdo.

São exemplos dessa espécie de norma os artigos: 1º – que trata dos fundamentos da República Federativa do Brasil; 2º – que trata da independência e harmonia que deve existir entre os poderes Legislativo, Executivo e Judiciário; 13 – que diz que a língua portuguesa é o idioma oficial do Brasil; 18, § 1º, que menciona que Brasília é a capital do Brasil, dentre outros.

7.2. Eficácia contida

Já as normas de eficácia *contida* são aquelas que produzem a integralidade de seus efeitos, mas que dão a possibilidade de outra norma restringi-los. Desse modo, até que outra norma sobrevenha e limite a produção de efeitos, a norma de eficácia contida é semelhante à norma de eficácia plena. O principal exemplo de norma de eficácia contida previsto na Constituição é o art. 5º, XIII, que diz que é livre o exercício de qualquer trabalho, ofício ou profissão, atendidas as qualificações profissionais que a lei estabelecer. Vejam que a Constituição, num primeiro momento, diz que há liberdade para o exercício da profissão, mas, num segundo, deixa aberta a possibilidade de o legislador infraconstitucional estabelecer qualificações. O Estatuto da OAB, Lei n. 8.906/1994, em seu art. 8º, IV e VII, estabelece a obrigatoriedade do bacharel em Direito de prestar e ser aprovado no exame de ordem e de prestar compromisso perante a OAB para exercer a profissão de advogado. A lei infraconstitucional (Estatuto da OAB) conteve a abrangência da norma constitucional prevista no art. 5º, XIII, da CF, no que tange ao exercício da advocacia.

7.3. Eficácia limitada

As últimas, segundo a classificação de José Afonso da Silva, são as normas de eficácia *limitada*, ou seja, aquelas que, para produzirem seus efeitos, dependem da atuação do legislador infraconstitucional, necessitam de regulamentação. Tais normas possuem aplicabilidade postergada, diferida ou mediata. Somente após a edição da norma regulamentadora é que efetivamente produzirão efeitos no mundo jurídico. São exemplos de normas constitucionais de eficácia limitada os artigos: 88 – que trata da criação e extinção de Ministérios e órgãos da Administração pública, devendo ser feitas por lei; 7º, XXVII – que trata da proteção do trabalhador em face da automação, para a qual também é necessária lei regulamentando o assunto; 102, § 1º – que cuida da Arguição de Descumprimento de Preceito Fundamental, hoje regulamentada pela Lei n. 9.882/1999.

Maria Helena Diniz também faz a classificação das normas constitucionais, só que com algumas peculiaridades. Vejamos essa classificação, pois é também bastante conhecida pela doutrina.

Tomando por base a produção de efeitos concretos, a mencionada autora diz que as normas constitucionais podem ser classificadas em:

a) normas supereficazes ou com eficácia absoluta;

b) normas com eficácia plena;

c) normas com eficácia relativa restringível; e

d) normas com eficácia complementável ou dependente de complementação legislativa.

As primeiras são aquelas em que não se pode tocar, nem mesmo por meio de emenda à Constituição. As normas com eficácia absoluta são encontradas no § 4º do art. 60 da CF, as denominadas cláusulas pétreas. Englobam a forma federativa de Estado, o voto secreto, direto, universal e periódico, a separação dos Poderes e os direitos e garantias individuais (que são espécies do gênero direitos fundamentais, como veremos adiante).

Já as normas com eficácia plena são as que contêm, em seu corpo, todos os recursos que as possibilitem produzir a integralidade de seus efeitos no mundo jurídico. Ainda que possam ser modificadas ou suprimidas por emendas constitucionais, estão aptas a produzirem todos os seus efeitos, sem a necessidade da interposição do legislador. Essa classificação é muito semelhante à que adota José Afonso da Silva, conforme analisado anteriormente. Alguns exemplos nós podemos visualizar nos artigos 14, § 2º, 17, § 4º, 22, 37, III, 155, todos da Constituição Federal.

Ainda analisando os critérios da Maria Helena Diniz, há as normas com eficácia relativa restringível. Elas equivalem às normas de eficácia contida na classificação de José Afonso da Silva. Desse modo, remeto à releitura do início do capítulo se a memória não lhes trouxer a lembrança desse conceito.

As últimas, segundo Maria Helena Diniz, são as normas com eficácia relativa complementável ou dependente de complementação legislativa. São as que, como o próprio nome indica, dependem necessariamente de lei para que possam efetivamente produzir efeitos positivos no ordenamento jurídico.

Para completar, trazemos a informação de que estas últimas normas que analisamos se subdividem em *programáticas e de princípio institutivo*. Estas são as que fazem a previsão da existência de um órgão ou instituição, mas que só passariam a existir no plano da realidade após a atuação do legislador infraconstitucional, quando da feitura da lei pertinente. Aquelas, programáticas, são as que trazem em seu corpo programas a serem, necessariamente, concretizados pelos governantes e órgãos estatais. Ainda que tais programas não tenham sido implementados, essas regras são dotadas de eficácia mínima, pois impedem, por exemplo, que sejam editadas leis contrárias aos comandos da Lei Maior. As Constituições marcadas pelas normas programáticas são conhecidas pela doutrina como Constituições dirigentes. Os exemplos que se seguem são: artigos 25, § 3º, 43, § 1º, 224, entre outros da CF – normas de princípio institutivo; artigos 211, 215, 226, § 2º da CF – normas programáticas.

Segundo Uadi Lammêgo Bulos, podemos falar também em normas de eficácia *exaurida* ou *esgotada*, que seriam as que, após produzir os efeitos que delas se esperam, não servirão mais para nada. Muitas das normas que constam do ADCT – Ato das Disposições Constitucionais Transitórias – possuem eficácia exaurida. Exemplo: o art. 2º, que determinava a realização, em 1993, de um plebiscito para definir a forma de Estado – república ou monarquia constitucional – e o sistema de governo, que poderia ser parlamentarismo ou presidencialismo. O eleitorado manteve, nesse plebiscito, a forma republicana e o sistema presidencialista.

7.4. Princípios de hermenêutica constitucional

As normas constitucionais devem ser interpretadas, ou seja, delas devem ser extraídas seus exatos sentidos. Interpretar significa aclarar o sentido de algo, fazendo com que o conteúdo seja devidamente explanado.

A hermenêutica é a técnica de interpretar, composta de mecanismos próprios como por exemplo, os métodos literal, sistemático, gramatical, histórico etc. Tais institutos são aplicáveis a todos os ramos do direito. Ocorre que a interpretação constitucional exige, pelo grau hierárquico que as normas constitucionais possuem no ordenamento jurídico brasileiro, mecanismos específicos, além dos tradicionalmente estudados.

Desse modo, para interpretar a Constituição é necessário valer-se dos seguintes **princípios**: unidade da Constituição, efeito integrador, máxima efetividade, harmonização ou concordância prática, força normativa da Constituição e correção funcional.

7.4.1. Unidade da Constituição

A Constituição deve ser analisada de forma integrada. Normas constitucionais formam um conjunto de regras que não devem ser vistas isoladamente. Sempre que possível, os comandos constitucionais não devem ser separados do todo.

É necessário que todos aqueles que interpretam a Constituição o façam de modo a impedir, ou pelo menos evitar, a existência de contradições com outras normas dispostas na própria Constituição.

Decorre também da ideia de unidade da Constituição o fato de não haver hierarquia formal entre as normas constitucionais.

7.4.2. Efeito integrador ou eficácia integradora

Tal princípio está relacionado com o primeiro e nos ensina que a análise dos conflitos jurídico-constitucionais deve se dar à luz dos critérios que beneficiam a integração política e social. A eficácia integradora reforça o princípio da unidade da Constituição.

7.4.3. Máxima efetividade

Técnica de interpretação constitucional também conhecida como eficiência ou interpretação efetiva, ela dispõe que as normas constitucionais devem ser interpretadas privilegiando sua maior eficiência. Por exemplo, quando se estiver diante de duas ou mais interpretações possíveis em relação a algum direito fundamental, deve-se optar por aquela que reflete a maior eficácia do dispositivo.

7.4.4. Harmonização ou concordância prática

Harmonizar significa colocar em harmonia, conciliar. É justamente esse o significado dessa técnica interpretativa. As normas constitucionais devem ser conciliadas para que possam coexistir sem que uma tenha de ser privilegiada em detrimento de outra.

Tal princípio também tem relação com o da unidade da constituição e com o princípio da igualdade, pois o todo é que deve ser analisado e de forma harmônica, evitando-se, ao máximo, a anulação de um direito por conta de outro. Vejam que a análise interpretativa deve ser feita *a priori* para que seja evitado esse sacrifício de um em detrimento de outro.

A concordância prática reforça a ideia de inexistência de hierarquia entre os princípios constitucionais.

7.4.5. Força normativa da Constituição

Pela força normativa, a interpretação constitucional deve priorizar a atualidade normativa do texto, fortalecendo tanto sua eficácia como sua permanência.

7.4.6. Correção funcional

Esse princípio interpretativo está relacionado com o sistema organizacional da Constituição. Por meio da correção funcional, conformidade funcional ou ainda princípio da justeza, aqueles que interpretam a Constituição devem se atentar fielmente às regras sobre separação dos poderes e repartição constitucional de competências.

7.4.7. Interpretação conforme a Constituição

A interpretação conforme a Constituição, como o próprio nome expressa, indica que as normas devem ser interpretadas de acordo com o que dispõe a Constituição Federal.

É, a um só tempo, mecanismo utilizado no controle de constitucionalidade, conforme veremos adiante, e técnica de interpretação da Constituição.

Tratando da "interpretação conforme" como técnica de interpretação, devemos lembrar que ela é utilizada quando estamos diante de normas que possuem mais de um significado. As conhecidas normas polissêmicas ou plurissignificativas.

Desse modo, se determinado dispositivo possui dois significados, o sentido que terá de ser atribuído à norma é o que encontra respaldo constitucional, devendo ser descartado aquele que vai de encontro ao Texto Maior, ou seja, aquele que vai contra a Constituição.

Cabe a observação de que o mecanismo da interpretação conforme a Constituição não dá ao intérprete a possibilidade de atuar como legislador, criando normas gerais e abstratas.

7.5. Métodos de interpretação da Constituição

Segundo Canotilho (J. J. Canotilho, *Direito constitucional e teoria da Constituição*, 6º Ed., p. 212 e 213), os métodos de interpretação são: *método jurídico ou hermenêutico-clássico, método tópico-problemático, método hermenêutico-concretizador, método científico-espiritual e o método normativo-estruturante*.

7.5.1. Método jurídico

De acordo com o método jurídico, a norma suprema é tida como uma lei e, portanto, a ela devem ser aplicados os mecanismos de interpretação convencional, quais sejam, literal, histórico, sistemático e teleológico. Ocorre que pelo grau de eficácia das normas constitucionais essa forma de interpretar seria insuficiente.

7.5.2. Método tópico-problemático

Segundo esse método, a interpretação, ao contrário do comumente aplicado, deve partir do caso concreto para a norma. Tem por fundamento os aspectos práticos e não o texto em si. É criticado pela doutrina, pois daria margem a diversas interpretações subjetivas. Tais condutas causariam insegurança jurídica e falta de limites.

7.5.3. Método hermenêutico-concretizador

Conforme ensinamentos de Canotilho, o método hermenêutico-concretizador enfatiza alguns aspectos da interpretação como os pressupostos subjetivos, pois cabe àquele que vai interpretar fazer uma análise primária de todo o texto constitucional, os pressupostos objetivos, por conta da atuação de mediador que o intérprete deve ter entre o texto constitucional e o caso prático. O objetivo desse método é, após a verificação do texto em seu conjunto e, portanto, de uma análise prévia, concretizar a aplicação da norma constitucional ao caso prático.

7.5.4. Método científico-espiritual

A análise interpretativa do texto constitucional não pode se ater às letras, deve levar em conta os verdadeiros valores que estão por trás das normas constitucionais.

7.5.5. Método normativo-estruturante

O texto literal deve ser analisado de acordo com a realidade social.

8. PODER CONSTITUINTE

Pode ser conceituado como o poder de estabelecer um novo ordenamento jurídico, por meio da criação de uma nova constituição ou pela modificação das regras existentes.

Toda e qualquer constituição é fruto de um poder maior que os poderes que ela própria instituiu. Por exemplo, citamos os poderes Executivo, Legislativo e Judiciário, todos *constituídos* pela Constituição. Esses, embora denominados desta forma, têm menos força que o poder que os instituiu, que é o *constituinte*. Este último, necessariamente, terá um titular e será composto por aqueles que exercitarão o poder, sempre em nome de seu titular.

Atualmente prevalece o entendimento de que o povo é o verdadeiro titular do poder. Esse posicionamento é respaldado pelo parágrafo único do art. 1º da CF, ao dispor que "todo o poder emana do *povo* que o exerce por meio de representantes eleitos ou direta ou indiretamente, nos termos desta Constituição".

Não podemos confundir titularidade com exercício do poder. O titular, como já mencionado, é sempre o povo. O exercente poderá ser uma Assembleia Constituinte (que é um órgão colegiado) ou um grupo de pessoas que se invistam desse poder. Essa distinção está diretamente relacionada com o processo de positivação da Constituição. No primeiro caso, ela advirá de uma convenção (votação); no segundo, de uma outorga (imposição).

8.1. Poder constituinte originário

O poder constituinte originário, genuíno, ou de primeiro grau, é aquele que cria a primeira constituição de um Estado ou a nova constituição de um Estado. No primeiro caso, é conhecido como poder constituinte *histórico*. Tem a função de instaurar e estruturar, pela primeira vez, o Estado. No segundo, é conhecido como poder constituinte *revolucionário*, porque ele rompe a antiga e existente ordem jurídica de forma integral, instaurando uma nova. Em ambos os casos, o poder constituinte impõe uma nova ordem jurídica para o Estado.

Podemos falar que esse poder é: inicial, autônomo, incondicionado e ilimitado.

É *inicial* porque não se fundamenta em outro poder que o anteceda. Nem mesmo a existência de um ato convocatório (Assembleia Constituinte para deliberar a respeito de uma nova constituição) retira essa característica do poder constituinte originário. Ele rompe integralmente a ordem jurídica precedente.

A *autonomia* do poder constituinte de primeiro grau é marcada pela opção do seu titular em escolher o conteúdo da nova constituição, aquele a quem o exercício do poder incumbe de determinar as regras autonomamente.

É também *incondicionado e ilimitado* porque esse poder não encontra condições, limitações, regras preestabelecidas pelo ordenamento jurídico anterior.

Por fim, é necessário lembrar que embora o poder constituinte originário seja considerado ilimitado essa concepção não é absoluta. Há, por exemplo, a determinação de que a atuação desse poder esteja vinculada a um território específico. É o que se denomina de limitação geográfica.

8.2. Poder constituinte derivado

O poder derivado, também denominado de instituído ou de 2º grau, como seu nome indica, decorre de algo. Fundamenta-se e decorre do poder que o criou, que é o constituinte originário.

Diferente do primeiro, o poder constituinte derivado é: secundário, não detém autonomia, é condicionado e limitado.

É secundário porque decorre do primeiro; limitado e condicionado, pois se sujeita às normas preestabelecidas por aquele que o criou.

É divido em:

✓ poder constituinte derivado reformador;

✓ poder constituinte derivado decorrente; e

✓ poder constituinte derivado revisor (atualmente não aplicável).

Vejamos cada um deles:

8.2.1. Poder constituinte derivado reformador

Depende necessariamente da existência do constituinte originário, porque dele deriva e é subordinado. Tem por finalidade a reforma, a alteração do texto constitucional. A CF/1988 é classificada como rígida e possui um processo de modificação específico.

O procedimento mencionado vem previsto no art. 60 da Constituição Federal. Por meio de emendas à Constituição é que o poder constituinte derivado *reformador* será exercido. Nos incisos I, II e III desse artigo, há o rol de legitimados para a propositura de emendas constitucionais, no qual encontramos: o Presidente da República; um terço, no mínimo, dos membros da Câmara dos Deputados ou do Senado Federal; e mais da metade das Assembleias Legislativas das unidades da Federação. Somente eles poderão efetuar proposta de emenda constitucional.

O § 2º do mesmo artigo trata do quórum para aprovação da emenda, que tem de ser de três quintos em cada casa, e ainda menciona que a emenda precisa, necessariamente, ser aprovada em dois turnos de votação.

Além disso, o poder constituinte originário traz, no § 4º do art. 60 da Constituição Federal, as chamadas cláusulas pétreas, ou núcleo material intangível, que são matérias que não podem ser suprimidas nem mesmo por meio do procedimento das emendas constitucionais.

Ademais, há previsão expressa na Constituição, trazida pelo poder constituinte originário, proibindo a edição de emendas constitucionais na vigência de intervenção federal ou dos estados de exceção (estado de sítio e estado de defesa).

O principal tema, no que tange ao poder constituinte derivado reformador, é o que cuida das limitações impostas pelo poder originário. Essa preocupação se dá pelo fato da possibilidade de existência de norma constitucional inconstitucional. Somente normas advindas do poder derivado é que poderão, eventualmente, ser declaradas inconstitucionais pelo Supremo Tribunal Federal. Tais limitações que foram citadas no parágrafo anterior serão analisadas detalhadamente no capítulo que trata das emendas constitucionais.

8.2.2. Poder constituinte derivado decorrente

É o poder que cada Estado tem de elaborar sua própria constituição, em virtude da sua capacidade de auto-organização. Tem previsão constitucional no art. 11 do ADCT e no art. 25 da Constituição Federal. O primeiro determinava que cada Assembleia Legislativa, com poderes constituintes, deveria elaborar a Constituição do seu Estado no prazo de um ano, contado da promulgação da Constituição Federal, sempre observados os princípios por ela estabelecidos. O segundo, art. 25 da CF, reforça a ideia de simetria constitucional, dispondo que os Estados-membros se organizam pelas leis e constituições que adotarem, sempre respeitando seus princípios.

Assim, os Estados, quando da elaboração de suas Constituições Estaduais, tiveram de ater-se aos preceitos estabelecidos na Constituição Federal, respeitando as limitações por ela impostas.

8.2.3. Poder constituinte derivado revisor

Hoje não há mais possibilidade de utilização desse poder. Segundo o art. 3º do ADCT, a revisão constitucional, portanto uma revisão apenas, teve de ser realizada após cinco anos da data da promulgação da Constituição, em sessão unicameral e pelo voto da maioria absoluta dos membros do Congresso Nacional.

Atualmente, para alterar a Constituição, somente pelo processo legislativo das emendas constitucionais previsto no art. 60.

Vejam que, no poder de revisão, não se exigiu o processo solene das emendas constitucionais (aprovação por 3/5 dos membros, nas duas casas e em 2 turnos), foi realizado uma única vez, em sessão unicameral e pelo voto da maioria absoluta dos membros. Seis emendas constitucionais de revisão foram fruto da manifestação desse poder (1 a 6/1994).

8.3. Poder Constituinte Supranacional

O poder constituinte supranacional pode ser definido como um poder que possui supremacia e que, por conta disso, seria dotado de capacidade para fazer com que as constituições dos diversos países se submetessem a ele.

Pedro Lenza, em *Direito Constitucional Esquematizado*, 17ª Ed., 2013, p. 212, dispõe que "o poder constituinte supranacional busca a sua fonte de validade na cidadania universal, no pluralismo de ordenamentos jurídicos, na vontade da integração e em um conceito remodelado de soberania".

Maurício Nadreiuolo Rodrigues, citado por Pedro Lenza na obra mencionada, afirma que o poder constituinte supranacional "faz as vezes do poder constituinte porque cria uma ordem jurídica de cunho constitucional, na medida em que reorganiza a estrutura de cada um dos Estados ou adere ao direito comunitário de viés supranacional por excelência, com capacidade, inclusive, para submeter as diversas constituições nacionais ao seu poder supremo. Da mesma forma, e em segundo lugar, é supranacional porque se distingue do ordenamento do ordenamento jurídico positivo interno assim como do direito internacional.

9. DIREITOS E GARANTIAS FUNDAMENTAIS – ASPECTOS GERAIS

Os direitos fundamentais são gênero do qual são espécies os direitos individuais, os direitos sociais e os direitos políticos.

O gênero *direitos fundamentais* é tratado pela doutrina com diversas nomenclaturas: direitos públicos subjetivos; liberdades públicas; direitos humanos; direitos do homem. Na doutrina internacionalista, há autores que fazem a seguinte diferença: a) direitos do homem – têm a ver com o direito natural, com a corrente jusnaturalista. São os direitos que estão além da regra positivada; b) direitos fundamentais – relacionam-se tipicamente com o direito constitucional. São os direitos positivados no ordenamento jurídico interno de determinado Estado. No Brasil, em especial, são aqueles direitos previstos no art. 5º da CF; e, por fim, c) direitos humanos – têm a ver com o direito internacional público. São, portanto, aqueles inseridos em normas consuetudinárias (no âmbito da comunidade internacional) e em tratados internacionais.

Vale observar o disposto no § 2º do art. 5º da CF: "os direitos e garantias expressos nesta Constituição não excluem outros decorrentes do regime e dos princípios por ela adotados, ou dos tratados internacionais em que a República Federativa do Brasil seja parte".

Por conta desse comando, o guardião da Constituição, Supremo Tribunal Federal, já afirmou reiteradas vezes que os direitos e garantias fundamentais não se esgotam no art. 5º da Lei Maior, podendo ser encontrados em diversos dispositivos inseridos na Constituição, como por exemplo, o sistema tributário constitucional, a partir do art. 145 da CF. Também podem ser encontrados em tratados internacionais, como a proibição da prisão do depositário infiel, prevista no pacto São José da Costa Rica. Atualmente, temos a Súmula Vinculante n. 25 do STF, que corroborou o texto do tratado mencionando que é ilícita a prisão civil de depositário infiel, qualquer que seja a modalidade do depósito. E a Súmula 419 do Superior Tribunal de Justiça – STJ, que trouxe disposição no mesmo sentido: "descabe a prisão civil do depositário judicial infiel".

Outra observação é a de que nenhum direito ou garantia individual pode ser retirado, suprimido do ordenamento jurídico brasileiro, por conta de serem considerados cláusulas pétreas, previstas no § 4º do art. 60 da CF. Mas tal vedação se refere apenas à supressão de direito; desse modo, a inclusão de novos direitos individuais é plenamente cabível. O exemplo, trazido pela EC 45/04, foi a inserção de um novo inciso ao rol do art. 5º, tornando constitucional o princípio da razoável duração do processo (art. 5º, LXXVIII, CF).

Embora os direitos fundamentais não possam ser suprimidos do texto constitucional, há situações em que poderá ocorrer a suspensão ou restrição temporária de tais direitos e garantias. Isso ocorrerá quando o país estiver passando por um dos denominados "estados de exceção", ou seja, na vigência de estado de defesa, de sítio (arts. 136 e 137 da CF) e intervenção federal.

No que se refere aos direitos sociais, além dos direitos trabalhistas previstos nos arts. 7º ao 10 da CF, é necessário mencionar que o Texto Maior trata de direitos relativos à educação, à saúde, à alimentação, à moradia, ao transporte, ao lazer, à segurança, à previdência social, à proteção à maternidade e à infância e à assistência aos desamparados. Tais direitos dependem de prestações positivas do Estado, geram custos, mas isso não significa que os governantes podem deixar de implementá-los. Ainda que seja alegada, por parte do Poder Público, a "reserva do possível", o Judiciário deve, diante do caso concreto, se valer do princípio da razoabilidade e verificar se esse argumento não está sendo utilizado pelos governantes apenas como de forma a se escusar da prestação efetiva desses direitos.

Além disso, as normas relativas aos direitos sociais, ainda que não completamente implementadas, têm o condão de servir de padrão interpretativo e de revogar aquilo que com ela colidir.

Vale ressaltar que o direito ao transporte foi acrescentado ao rol dos direitos sociais pela EC nº 90/15.

Ainda sobre o tema direitos sociais, é importante mencionar que a EC 72/13, estendeu aos trabalhadores domésticos os seguintes direitos dados aos trabalhadores urbanos e rurais: a) proteção contra despedida arbitrária ou sem justa causa; b) seguro-desemprego; c) fundo de garantia do tempo de serviço; d) garantia de salário-mínimo, quando a remuneração for variável; e) remuneração do trabalho noturno superior ao diurno; f) proteção do salário, constituindo crime sua retenção dolosa; g) salário-família; h) jornada de trabalho de oito horas diárias e quarenta e quatro semanais; i) adicional de serviço extraordinário; j) redução dos riscos inerentes ao trabalho; k) creches e pré-escolas para filhos e dependentes até seis anos de idade; l) reconhecimento dos acordos e convenções coletivas; m) seguro contra acidentes de trabalho; n) proibição de discriminação de salário, de função e de critério de admissão; o) proibição de discriminação em relação à pessoa com deficiência e p) proibição de trabalho noturno, perigoso ou insalubre a menores de dezesseis anos.

Sendo assim, além dos direitos ao salário mínimo, irredutibilidade de salários, 13º salário, repouso semanal remunerado, preferencialmente aos domingos, um terço a mais de salário nas férias; licenças maternidade e paternidade e aviso-prévio que já estavam assegurados no texto constitucional, a nova regra acrescenta outros.

9.1. Direitos fundamentais e suas gerações

Fala-se, na doutrina, em gerações ou dimensões dos direitos fundamentais. Isso se deve ao fato de o nascimento desses direitos ter se dado ao longo do tempo, de forma gradativa.

As gerações indicam normalmente o momento em que os direitos foram devidamente reconhecidos.

Cada dimensão comporta certos direitos, mas uma não exclui a outra. Esses direitos se somam e convivem de forma harmônica.

Os direitos previstos nas primeiras gerações já estão sedimentados, consolidados no ordenamento. Já os advindos das últimas gerações ainda são objeto de discussão e dúvida por parte da doutrina, justamente pelo fato de inovarem certos aspectos ainda não cristalizados na sociedade.

A classificação das gerações dos direitos fundamentais pode ser resumida da seguinte forma:

√ **1ª Geração**: consubstancia-se fundamentalmente nas *liberdades públicas*. A finalidade dessa dimensão foi limitar o poder de atuação do Estado, impondo a ele o dever de não intervenção, de abstenção. Por conta disso, tais direitos também são conhecidos pela doutrina como *direitos negativos*. As revoluções francesa e norte-americana influenciaram, e muito, no surgimento dos direitos individuais. Os direitos políticos também se encontram nessa dimensão;

√ **2ª Geração**: a revolução industrial europeia, ocorrida no século XVIII, pode ser tida aqui como um marco. Valores ligados à igualdade eram prestigiados. As lutas trabalhistas, visando a melhores condições, também. Diferentemente dos direitos de primeira geração, os de *segunda exigiram uma conduta positiva do Estado, uma ação propriamente dita e, por conta disso, também são chamados de direitos positivos*. Encontram-se assegurados, aqui, os chamados *direitos sociais*, ou seja, aqueles *relacionados ao trabalho, à educação e à saúde*;

√ **3ª Geração**: a partir da concepção de que o indivíduo faz parte de uma coletividade e que necessita, para a própria subsistência, de um ambiente saudável, equilibrado, é exigida a participação dos indivíduos na busca efetiva dos *direitos da coletividade* e não apenas dos direitos individuais. Encontram-se aqui os denominados direitos transindividuais que abarcam, por exemplo, o direito ao *meio ambiente ecologicamente equilibrado, os direitos do consumidor e o direito à paz*;

√ **4ª Geração**: para aqueles que sustentam a existência de uma quarta dimensão dos direitos fundamentais, são aqui mencionados os direitos relacionados à biogenética;

√ **5ª Geração**: para aqueles que sustentam a existência de uma quinta dimensão dos direitos fundamentais, são aqui mencionados os direitos relacionados à *internet*.

9.2. Diferença entre direitos e garantias

Os *direitos* são *vantagens conferidas às pessoas e que limitam o Estado em caso de atuação desgovernada*. São fundamentais aqueles inerentes ao ser humano. Para que o Estado não adentre em algo inerente à dignidade de cada um é que são estabelecidos os direitos fundamentais.

Já as *garantias* podem ser definidas como *mecanismos assecuratórios dos direitos* citados. Têm por objetivo garantir seu exercício e, ainda, sanar a lesividade quando os direitos não estiverem sendo respeitados. A garantia facilita a defesa do direito fundamental assegurado constitucionalmente. Para cada direito previsto, há uma garantia. Exemplo: a Constituição garante a liberdade de locomoção, que, sendo violada, poderá ser restaurada com o mecanismo assecuratório correspondente, que é o *habeas corpus*. Tal instrumento é um remédio constitucional, considerado espécie do gênero garantia.

9.3. Características dos direitos fundamentais

9.3.1. Universalidade

Significa que os direitos fundamentais são destinados a todas as pessoas, indistintamente. Não podem ser estabelecidos ou dirigidos a determinada pessoa, grupo ou categoria. A forma universal é a única admitida quando da aplicação desses direitos. Vale lembrar que tanto as pessoas naturais como as jurídicas são titulares de direitos e garantias fundamentais;

9.3.2. Historicidade

Significa que a formação dos direitos fundamentais se dá no decorrer da história. A origem desses direitos tem por base movimentos como o constitucionalismo. Sua evolução concreta é demonstrada ao longo do tempo. As conhecidas gerações ou dimensões dos direitos fundamentais se fundamentam especificamente nessa característica;

9.3.3. Limitabilidade ou caráter relativo

Significa que ainda que sejam considerados fundamentais, não são direitos absolutos. Não há direito absoluto. Na crise advinda do confronto entre dois ou mais direitos fundamentais, ambos terão de ceder. Às vezes será necessário fazer prevalecer um em detrimento do outro naquela situação específica. Um exemplo é o choque entre a liberdade de informação e o direito à vida privada. Até que momento a imprensa, a informação jornalística, deve ser prestigiada em detrimento da vida privada? Esse é um dos grandes questionamentos doutrinários e jurisprudenciais. Somente após análise do caso concreto é possível fazer apontamentos mencionando o que deve prevalecer;

9.3.4. Cumulatividade ou concorrência dos direitos fundamentais

Significa que os direitos fundamentais não se excluem, na verdade se somam. Para o exercício de um, não é necessário que outro seja eliminado. Como o próprio nome da característica indica, esses direitos são cumuláveis, podem ser exercidos de forma simultânea;

9.3.5. Irrenunciabilidade

Significa que ninguém pode recusar, abrir mão de um direito fundamental. O exercício desses direitos pode não ser efetivado por aquele que não o deseja, mas, ainda que não colocados em prática, pertencem ao seu titular. O Estado é o garantidor;

9.3.6. Irrevogabilidade

Significa que nem mesmo pelo processo de alteração da Constituição (emendas constitucionais) é possível revogar um direito fundamental. Essa afirmação é pacífica, no tocante aos direitos inseridos no texto constitucional pelo poder constituinte *originário*. Em relação aos trazidos pelo poder constituinte derivado reformador, ou seja, advindos de emendas à Constituição, a doutrina diverge, há quem sustente que podem sim ser revogados, desde que por meio de uma nova emenda. É o caso do princípio da celeridade processual, art. 5º, LXXVIII, que foi introduzido no ordenamento jurídico pela Emenda Constitucional n. 45;

9.3.7. Imprescritibilidade

Os direitos fundamentais, por serem inerentes à pessoa humana, não prescrevem. Os titulares desses direitos, mesmo que não os exerçam, não os perdem;

9.3.8. Indivisibilidade

Significa que os direitos fundamentais não podem ser vistos de forma isolada, são interdependentes.

9.4. Direitos fundamentais em espécie

Encontram-se previstos no art. 5º da CF e ao longo de todo o texto constitucional, além daqueles derivados do regime e dos princípios adotados pela nossa Carta Maior e, ainda, dos tratados internacionais de que o Brasil seja parte, nos termos do § 2º do art. 5º da CF, conforme já mencionado.

Vale lembrar que não há que se falar em hierarquia entre as normas definidoras dos direitos e garantias fundamentais e os demais comandos previstos na Constituição.

Direito à vida e à integridade: previsto no contexto do art. 5º, *caput*, estabelece que "todos são iguais perante a lei, sem distinção de qualquer natureza, garantindo-se aos brasileiros e aos estrangeiros residentes no país a inviolabilidade do direito à vida, à liberdade, à igualdade, à segurança e à propriedade". A jurisprudência da Corte Maior entende que aos estrangeiros não residentes no Brasil são também assegurados os direitos e as garantias fundamentais. Outro entendimento não seria coerente com uma das características desses direitos que é a universalidade.

Vale lembrar que, excepcionalmente, a CF admite a pena de morte em caso de guerra externa declarada, nos termos do art. 84, XIX (art. 5º, XLVII, "a").

O STF, ao julgar a ADI 3.4510, declarou que o art. 5º da Lei de Biossegurança (Lei 11.105/2005) é constitucional, autorizando, portanto, as pesquisas com células-tronco. A discussão era no sentido de que tais procedimentos violariam o direito à vida e princípio da dignidade da pessoa humana.

Outra decisão relevante da Corte Suprema (STF) é a relacionada ao feto anencéfalo. As mães que optam por interromper a gravidez de fetos anencefálicos e os médicos que executam tal ato não praticam crime. Os votos vencedores se pautaram no entendimento de que um feto que possui anencefalia é considerado natimorto e, por isso, a interrupção da gravidez nessa hipótese não é tida como aborto (ato considerado fato típico pelo Código Penal – arts. 124, 126 e 128, incisos I e II). Tal ensinamento é extraído do julgamento da ADPF n. 54-DF (Inform. STF 704).

Princípio da igualdade ou isonomia (art. 5º, I): homens e mulheres são iguais perante a lei, sem distinção de qualquer natureza. A realização efetiva da justiça busca o tratamento igual para os iguais, mas para tanto é preciso dar tratamento desigual aos desiguais, na exata medida da desigualdade; isso tem como objetivo a superação da igualdade meramente formal (perante a lei) e o alcance da igualdade material (real).

Sobre a igualdade material, podemos citar como exemplo a medida cautelar concedida na ADI 6039. O STF declarou a constitucionalidade da Lei Estadual 8.008/2018 do RJ a qual impõe a obrigatoriedade de que as crianças e adolescentes do sexo feminino vítimas de estupro sejam examinadas por perito legista mulher. Segundo a Corte, a especial proteção à mulher e o atendimento empático entre iguais evita a revitimização da criança ou adolescente, mulher, vítima de violência. [ADI 6.039 MC, rel. min. Edson Fachin, j. 13-3-2019, P, DJE de 1º-8-2019].

É decorrência do princípio da igualdade o entendimento da Suprema Corte de que o limite de idade para a inscrição em concurso público só se legitima em face do art. 7º, XXX, da Constituição, o qual proíbe diferença de salários, de exercício de função e de critérios de admissão por motivo de sexo, idade, cor ou estado civil, a não ser que esta desigualdade possa ser justificada pela natureza das atribuições do cargo a ser preenchido (Súmula n. 683 do STF).

Algumas Súmulas Vinculantes dizem respeito a esse princípio. De acordo com a Súmula Vinculante 44 (STF), "só por lei se pode sujeitar a exame psicotécnico a habilitação de candidato a cargo público. A Súmula Vinculante 43 determina que "É inconstitucional toda modalidade de provimento que propicie ao servidor investir-se, sem prévia aprovação em concurso público destinado ao seu provimento, em cargo que não integra a carreira na qual anteriormente investido". Também não se pode esquecer, quando o assunto é igualdade, do enunciado da Súmula Vinculante n. 13 o qual pôs fim ao nepotismo, vedando a possibilidade de contratação, sem concurso público, de parentes dos ocupantes dos Poderes Legislativo, Executivo e Judiciário.

Além disso, a Corte Maior já decidiu que o "O direito à igualdade sem discriminações abrange a identidade ou a expressão de gênero. A identidade de gênero é manifestação da própria personalidade da pessoa humana e, como tal, cabe ao Estado apenas o papel de reconhecê-la, nunca de constituí-la. A pessoa não deve provar o que é, e o Estado não deve condicionar a expressão da identidade a qualquer tipo de modelo, ainda que meramente procedimental. Com base nessas assertivas, o Plenário, por maioria, julgou procedente pedido formulado em ação direta de inconstitucionalidade para dar interpretação conforme a Constituição e o Pacto de São José da Costa Rica ao art. 58 da Lei 6.015/1973. Reconheceu aos transgêneros, independentemente da cirurgia de transgenitalização, ou da realização de tratamentos hormonais ou patologizantes, o direito à alteração de prenome e gênero diretamente no registro civil. O Colegiado assentou seu entendimento nos princípios da dignidade da pessoa humana, da inviolabilidade da intimidade, da vida privada, da honra e da imagem, bem como no Pacto de São José da costa Rica. Considerou desnecessário qualquer requisito atinente à maioridade, ou outros que limitem a adequada e integral proteção da identidade de gênero autopercebida. Além disso, independentemente da natureza dos procedimentos para a mudança de nome, asseverou que a exigência da via jurisdicional constitui limitante incompatível com essa proteção. Ressaltou que os pedidos podem estar baseados unicamente no consentimento livre e informado pelo solicitante, sem a obrigatoriedade de comprovar requisitos tais como certificações médicas ou psicológicas, ou outros que possam resultar irrazoáveis ou patologizantes. Pontuou que os pedidos devem ser confidenciais, e os documentos não podem fazer remissão a eventuais alterações. Os procedimentos devem ser céleres e, na medida do possível, gratuitos. Por fim, concluiu pela inexigibilidade da realização de qualquer tipo de operação ou intervenção cirúrgica ou hormonal". [ADI 4.275, rel. p/ o ac. Min. Edson Fachin, j. 01.03.2018, P, Informativo 892.]

Princípio da legalidade (art. 5º, II): ninguém será obrigado a fazer ou deixar de fazer alguma coisa senão em virtude de lei; tal regra pressupõe que o Poder Público não pode impor qualquer exigência às pessoas sem previsão legal.

Decorre de tal princípio a edição de três súmulas por parte do Supremo Tribunal Federal. A primeira é a 711 que dispõe que "a lei penal mais grave aplica-se ao crime continuado e ao permanente se a sua vigência é anterior à cessação da continuidade ou da permanência". A segunda, 686, diz respeito à exigência de exame psicotécnico para a habilitação de candidato a cargo público, que só poderá existir se houver lei disciplinando o assunto. E a terceira, 636, menciona que não cabe recurso extraordinário por contrariedade a esse princípio quando sua verificação pressuponha a revisão de interpretação dada a normas infraconstitucionais.

É importante mencionar que o princípio da legalidade não se confunde com o da reserva legal. O primeiro está previsto no art. 5º, inciso II, da CF e tem sentido amplo, abrangendo todas as espécies normativas, previstas no art. 59 da CF. Já o da reserva legal pressupõe somente a lei em sentido estrito, ou seja, lei ordinária ou complementar.

Liberdade de manifestação de pensamento (art. 5ª, IV): é livre a manifestação do pensamento, sendo proibido o anonimato.

De acordo com o STF, "a Democracia não existirá e a livre participação política não florescerá onde a liberdade de expressão for ceifada, pois esta constitui condição essencial ao pluralismo de ideias, que por sua vez é um valor estruturante para o salutar funcionamento do sistema democrático. A livre discussão, a ampla participação política e o princípio democrático estão interligados com a liberdade de expressão, tendo por objeto não somente a proteção de pensamentos e ideias, mas também opiniões, crenças, realização de juízo de valor e críticas a agentes públicos, no sentido de garantir a real participação dos cidadãos na vida coletiva. São inconstitucionais os dispositivos legais que tenham a nítida finalidade de controlar ou mesmo aniquilar a força do pensamento crítico, indispensável ao regime democrático. Impossibilidade de restrição, subordinação ou forçosa adequação programática da liberdade de expressão a mandamentos normativos cerceadores durante o período eleitoral. Tanto a liberdade de expressão quanto a participação política em uma Democracia representativa somente se fortalecem em um ambiente de total visibilidade e possibilidade de exposição crítica das mais variadas opiniões sobre os governantes. O direito fundamental à liberdade de expressão não se direciona somente a proteger as opiniões supostamente verdadeiras, admiráveis ou convencionais, mas também aquelas que são duvidosas, exageradas, condenáveis, satíricas, humorísticas, bem como as não compartilhadas pelas maiorias. Ressalte-se que, mesmo as declarações errôneas, estão sob a guarda dessa garantia constitucional. Ação procedente para declarar a inconstitucionalidade dos incisos II e III (na parte impugnada) do artigo 45 da Lei 9.504/1997, bem como, por arrastamento, dos parágrafos 4º e 5º do referido artigo". [ADI 4.451, rel. min. Alexandre de Moraes, j. 21-6-2018, P, DJE de 6-3-2019].

Direito de resposta (art. 5º, V): é assegurado o direito de resposta, proporcional ao agravo, além da indenização por dano material, moral ou à imagem.

Esse direito está totalmente relacionado com o que dispõe o art. 220 da CF, que trata da manifestação de pensamento, de informação e da vedação à censura política, ideológica ou artística.

Ocorre que o mencionado dispositivo deve ser aplicado em consonância com o art. 5º. No julgamento da ADPF n. 130, o Supremo menciona que o direito de resposta atua *a posteriori*, para inibir excessos, mas que as altas indenizações por danos morais ou materiais restringem a liberdade de imprensa e ferem o princípio da proporcionalidade. (**ADPF 130**, Rel. Min. Ayres Britto, julgamento em 30.04.2009, Plenário, *DJE* de 06.11.2009. **No mesmo sentido:** AI 787.215-AgR, Rel. Min. Cármen Lúcia, julgamento em 24.08.2010, Primeira Turma, *DJE* de 24.09.2010).

Princípio da liberdade religiosa (art. 5º, VI): o nosso país é considerado laico ou leigo (sem religião oficial); a CF garante o respeito à liberdade religiosa, que abrange a liberdade de crença e a liberdade de culto.

A Corte Maior ensina que "O Brasil é uma república laica, surgindo absolutamente neutro quanto às religiões." (ADPF 54, rel. min. Marco Aurélio, julgamento em 12-4-2012, Plenário, DJE de 30-4-2013). Fortificando essa liberdade, o art. 150, VI, "b", da CF traz imunidades tributárias aos templos de qualquer culto. O STF já decidiu que tais benefícios abrangem também os cemitérios, que são considerados extensões de entidades de cunho religioso (RE 578.562, Rel. Min. Eros Grau, julgamento em 21.05.2008, Plenário, *DJE* de 12.09.2008).

Determina o Supremo que "a liberdade religiosa não é exercível apenas em privado, mas também no espaço público, e inclui o direito de tentar convencer os outros, por meio do ensinamento, a mudar de religião. O discurso proselitista é, pois, inerente à liberdade de expressão religiosa. (...) A liberdade política pressupõe a livre manifestação do pensamento e a formulação de discurso persuasivo e o uso de argumentos críticos. Consenso e debate público informado pressupõem a livre troca de ideias e não apenas a divulgação de informações. O artigo 220 da Constituição Federal expressamente consagra a liberdade de expressão sob qualquer forma, processo ou veículo, hipótese que inclui o serviço de radiodifusão comunitária. Viola a Constituição Federal a proibição de veiculação de discurso proselitista em serviço de radiodifusão comunitária".[ADI 2.566, rel. p/ o ac. min. Edson Fachin, j. 16-5-2018, P, DJE de 23-10-2018].

Ainda sobre o tema, é relevante lembrar que o STF já decidiu que o discurso discriminatório criminoso somente se materializa após ultrapassadas três etapas indispensáveis. Uma de caráter cognitivo, em que atestada a desigualdade entre grupos e/ou indivíduos; outra de viés valorativo, em que se assenta suposta relação de superioridade entre eles; e, por fim, uma terceira, em que o agente, a partir das fases anteriores, supõe legítima a dominação, exploração, escravização, eliminação, supressão ou redução de direitos fundamentais do diferente que compreende inferior. A discriminação não libera consequências jurídicas negativas, especialmente no âmbito penal, na hipótese em que as etapas iniciais de desigualação desembocam na suposta prestação de auxílio ao grupo ou indivíduo que, na percepção do agente, encontrar-se-ia em situação desfavorável. Hipótese concreta em que o paciente, por meio de publicação em livro, incita a comunidade católica a empreender resgate religioso direcionado à salvação de adeptos do espiritismo, em atitude que, a despeito de considerar inferiores os praticantes de fé distinta, o faz sem sinalização de violência, dominação, exploração, escravização, eliminação, supressão ou redução de direitos fundamentais. Conduta que, embora intolerante, pedante e prepotente, se insere no cenário do embate entre religiões e decorrente da liberdade de proselitismo, essencial ao exercício, em sua inteireza, da liberdade de expressão religiosa. Impossibilidade, sob o ângulo da tipicidade conglobante, que conduta autorizada pelo ordenamento jurídico legitime a intervenção do direito penal. [RHC 134.682, rel. min. Edson Fachin, j. 29-11-2016, 1ª T, DJE de 29-8-2017.]

Por fim, a corte decidiu que "é constitucional a lei de proteção animal que, a fim de resguardar a liberdade religiosa, permite o sacrifício ritual de animais em cultos de religiões de matriz africana".[RE 494.601, rel. p/ o ac. min. Edson Fachin, j. 28-3-2019, P, DJE de 19-11-2019].

Liberdade de expressão (art. 5º, IX): é livre a expressão da atividade intelectual, artística, científica e de comunicação, independentemente de censura ou licença. Essa garantia abrange também o direito de opinião, de informação e de escusa de consciência.

Julgamentos importantes devem ser mencionados aqui. O primeiro advém Plenário do STF "ao referendar, com efeito vinculante e eficácia contra todos, decisão monocrática que, em arguição de descumprimento de preceito fundamental (ADPF), suspendeu os efeitos de atos judiciais ou administrativos emanados de autoridade pública que possibilitem, determinem ou promovam o ingresso de agentes públicos em universidades públicas e privadas, o recolhimento de documentos, a interrupção de aulas, debates ou manifestações de docentes e discentes universitários, a atividade disciplinar docente e discente e a coleta irregular de depoimentos desses cidadãos pela prática de manifestação livre de ideias e divulgação do pensamento em ambientes universitários ou em equipamentos sob a administração de universidades públicas e privadas e serventes a seus fins e desempenhos. (...) A finalidade do art. 37 da Lei 9.504/1997, que regulamenta a propaganda eleitoral e impõe proibição de alguns comportamentos em períodos que especifica, é a de impedir o abuso do poder econômico e político e de preservar a igualdade entre os candidatos no processo. A norma visa resguardar a liberdade do cidadão, o amplo acesso às informações, para que ele decida conforme sua livre convicção, sem cerceamento direto ou indireto a seu direito de escolha. A vedação por ela estabelecida possui a finalidade específica de lisura do processo eleitoral. O que não estiver dentro dos limites dessa finalidade e, diversamente, atingir a livre manifestação do cidadão não se afina com a teleologia da norma eleitoral nem com os princípios constitucionais garantidores da liberdade de pensamento, manifestação, informação, ensino e aprendizagem. Portanto, as providências judiciais e administrativas impugnadas na ADPF, além de ferir o princípio garantidor de todas as formas de manifestação da liberdade, desrespeitam a autonomia das universidades e a liberdade dos docentes e discentes. As condutas limitadas pelos atos questionados restringem não os direitos dos candidatos, mas o livre pensar dos cidadãos". [ADPF 548 MC REF, rel. min. Cármen Lúcia, j. 31-10-2018, P, Informativo 922].

O segundo julgamento importante é dado pelo RE 511.961, que declarou como não recepcionado pela Constituição o art. 4º, V, do Decreto-Lei 972/1969, que exigia diploma de curso superior para o exercício da profissão de jornalista.

O terceiro vem trazido na ADPF 130 ao considerar como não recepcionada toda a Lei de Imprensa (Lei 5.250/1967).

Por fim, a ADPF 187/DF (informativo 621 do STF), guarda relação com a denominada "marcha da maconha". O STF, em decisão unânime, autorizou a realização de manifestações favoráveis à descriminalização da droga. A livre expressão do pensamento e o direito de reunião protegem a realização dessas marchas. Algumas premissas, como a não incitação ao consumo de drogas, a não estimulação à prática de atos ilegais, a ausência de crianças e adolescentes e a proteção do Estado, por meio de cautelas que visam a evitar abusos, foram mencionadas pelos ministros quando decidiram favoravelmente à marcha.

Direito à privacidade e à preservação da imagem (art. 5º, X): são invioláveis a intimidade, a vida privada, a honra e a imagem das pessoas, assegurado o direito à indenização pelo dano material ou moral decorrente de sua violação.

Vale trazer a informação de que " Plenário do STF, por maioria, "referendou medida cautelar em ações diretas de inconstitucionalidade para suspender a eficácia da Medida Provisória 954/2020, que dispõe sobre o compartilhamento de dados por empresas de telecomunicações prestadoras de Serviço Telefônico Fixo Comutado e de Serviço Móvel Pessoal com a Fundação Instituto Brasileiro de Geografia e Estatística (IBGE), para fins de suporte à produção estatística oficial durante a situação de emergência de saúde pública de importância internacional decorrente do Coronavírus (Covid-19). A Constituição Federal confere especial proteção à intimidade, à vida privada, à honra e à imagem das pessoas ao qualificá-las como invioláveis, enquanto direitos fundamentais da personalidade, assegurando indenização pelo dano material ou moral decorrente de sua violação (art. 5º, X). O assim chamado direito à privacidade e os seus consectários direitos à intimidade, à honra e à imagem emanam do reconhecimento de que a personalidade individual merece ser protegida em todas as suas manifestações. A fim de instrumentalizar tais direitos, a CF prevê, no art. 5º, XII, a inviolabilidade do sigilo da correspondência e das comunicações telegráficas, de dados e das comunicações telefônicas, salvo, no último caso, por ordem judicial, nas hipóteses e na forma que a lei estabelecer para fins de investigação criminal ou instrução penal." [ADI 6.387 MC-Ref, ADI 6.388 MC-Ref, ADI 6.389 MC-Ref, ADI 6.390 MC-Ref e ADI 6.393 MC-Ref, rel. min. Rosa Weber, j. 6 e 7-5-2020, P, Informativo 976].

Princípio da inviolabilidade domiciliar (art. 5º, XI): casa é asilo inviolável do indivíduo, ninguém nela podendo penetrar sem consentimento do morador, salvo em caso de flagrante delito ou desastre, ou para prestar socorro, ou, durante o dia, por determinação judicial. Segundo a doutrina que adota a predeterminação do horário, entende-se como noite das 18 até às 6 horas; durante este horário somente é permitido ingressar em casa alheia em situações emergenciais e de urgência (desastre, flagrante delito, prestação de socorro).

O Supremo já decidiu que o mandado judicial de busca e apreensão em escritório de advocacia não pode ser expedido de modo genérico, mesmo sendo o advogado o investigado. Afirmou ainda que não se justifica e nem é jurídica a devassa indiscriminada em escritórios para recolher objetos que nada têm a ver com a causa. (HC 91.610, Rel. Min. Gilmar Mendes, julgamento em 08.06.2010, Segunda Turma, Informativo 590).

Além disso, de acordo com a jurisprudência do Supremo, os quartos de hotel fazem parte do conceito de casa e, portanto, são abrangidos pela garantia da inviolabilidade domiciliar (RHC 90.376, Rel. Min. Celso de Mello). Tal garantia se estende também, por exemplo, ao escritório de contabilidade que funcione no próprio domicílio.

Garantia do sigilo da correspondência (art. 5º, XII): é inviolável o sigilo de correspondência e das comunicações telegráficas, de dados e das comunicações telefônicas. A Lei 9.296/1996 permite, de forma excepcional, a interceptação telefônica para fins de investigação criminal ou instrução processual penal e desde que por ordem judicial (cláusula de reserva jurisdicional).

Antes da Lei 9.296/1996, o entendimento do STF era no sentido da não possibilidade de interceptação telefônica, mesmo que houvesse autorização judicial, em investigação criminal ou instrução processual penal, levando em conta a não recepção do art. 57, II, "e", da Lei 4.117/1962 (Código Brasileiro de Telecomunicações).

Depois, foram estabelecidos nortes e regras para a realização dessa interceptação, sendo, portanto, possível, observados os requisitos constitucionais e legais; tal procedimento não afeta o direito ao silêncio, segundo o STF. (HC 103.236, voto do Rel. Min. Gilmar Mendes, julgamento em 14.06.2010, Segunda Turma, *DJE* de 03.09.2010).

Vale lembrar que o Supremo admite que sejam utilizadas as gravações feitas na instrução processual penal como prova emprestada nos processos civil e administrativo.

Outra decisão em andamento no STF tem a ver com a possibilidade de o Banco Central do Brasil – Bacen fornecer ao Ministério Público, sem autorização judicial, dados bancários. No julgamento, o Min. Marco Aurélio, relator, "explicitou que se, de um lado a notícia da prática de crime seria dever de todo o cidadão e, com base maior, de entidade como o Bacen, de outro, o afastamento do sigilo de dados, consoante disposto no inciso XII do art. 5º da CF (é inviolável o sigilo da correspondência e das comunicações telegráficas, de dados e das comunicações telefônicas, salvo no último caso, por ordem judicial, nas hipóteses e na forma que a lei estabelecer para fins de investigação criminal ou instrução processual penal) somente se faria possível mediante ato de órgão judicial (HC 99223-Pr, rel. Min. Marco Aurélio, 06.11.2012 – Inform. STF 687).

Ainda sobre o sigilo bancário, se faz necessário mencionar que o Tribunal de Contas da União (TCU) não detém legitimidade para requisitar diretamente informações que importem quebra de sigilo bancário (HC 96986/MG, rel. Gilmar Mendes 15.0512 – Inform. STF 666).

Direito de exercer qualquer profissão (art. 5º, XIII): é livre o exercício de qualquer trabalho, ofício ou profissão, atendidas as qualificações profissionais que a lei estabelecer.

A Suprema Corte entende que "O art. 5º, XIII, da CR é norma de aplicação imediata e eficácia contida que pode ser restringida pela legislação infraconstitucional. Inexistindo lei regulamentando o exercício da atividade profissional dos substituídos, é livre o seu exercício." (MI 6.113-AgR, rel. min. Cármen Lúcia, julgamento em 22-5-2014, Plenário, DJE de 13-6-2014.)

Sendo assim, como existe lei regulamentadora (EOAB – Lei 8.906/94), a exigência de **aprovação prévia em exame da Ordem dos Advogados do Brasil (OAB)** para que bacharéis em direito possam exercer a advocacia foi **considerada constitucional pelo** Plenário do STF (RE n. 603.583). Os ministros, em decisão unânime, negaram provimento ao Recurso Extraordinário mencionado que impugnava a obrigatoriedade do exame. Vale lembrar que tal recurso teve repercussão geral reconhecida, de modo que a decisão será aplicada a todos os demais processos que possuam pedido idêntico.

Por outro lado, a Suprema Corte, ao julgar o RE n. 511.961/SP (Informativo 551), definiu que o exercício da atividade de jornalismo **não depende de prévia obtenção de diploma** universitário.

Também decidiu o STF (RE n. 414426/SC), que o **músico**, para exercer a sua atividade profissional, **não necessita de registro** em entidade de classe. O precedente adveio Santa Catarina. Um músico do respectivo estado ingressou com uma ação alegando na Justiça que só poderia atuar se estivesse vinculado à Ordem de Músicos do Brasil. O Supremo decidiu que não havia tal necessidade. A decisão, por se tratar de controle difuso, tem eficácia para o caso específico, mas os ministros decidiram que, ainda que de forma monocrática, essa será a solução adotada. Assim, se os estados continuarem exigindo, para o exercício da atividade de músico, o registro profissional, este será revertido quando chegar à Corte Suprema.

Direito de reunião (art. 5º, XVI): todos podem reunir-se pacificamente, sem armas, em locais abertos ao público, independentemente de autorização, desde que não frustrem outra reunião anteriormente convocada para o mesmo local, sendo apenas exigido prévio aviso à autoridade competente.

Segundo o Supremo, a liberdade de reunião e de associação para fins lícitos constitui uma das mais importantes conquistas da civilização. A restrição a esses direitos entraria em confronto com a vontade da Constituição (ADI 1.969, Rel. Min. Ricardo Lewandowski, julgamento em 28.06.2007, Plenário, *DJ* de 31.08.2007).

Além disso, se for violado o direito de reunião, a tutela adequada para resguardar tal direto se efetiva por meio do mandado de segurança.

Direito de associação (art. 5º, XVII a XXI): é plena a liberdade de associação para fins lícitos, vedada a de caráter paramilitar. A criação de associações e, na forma da lei, a de cooperativas independe de autorização, sendo inclusive vedada a interferência estatal em seu funcionamento. As associações só poderão ser compulsoriamente dissolvidas ou ter atividades suspensas por decisão judicial, exigindo-se, no primeiro caso, o trânsito em julgado. Ademais, ninguém poderá ser compelido a associar-se ou a permanecer associado. De acordo com o STF, "O direito à plena liberdade de associação (art. 5º, XVII, da CF) está intrinsecamente ligado aos preceitos constitucionais de proteção da dignidade da pessoa, de livre iniciativa, da autonomia da vontade e da liberdade de expressão. Uma associação que deva pedir licença para criticar situações de arbitrariedades terá sua atuação completamente esvaziada." (HC 106.808, rel. min. Gilmar Mendes, julgamento em 9-4-2013, Segunda Turma, DJE de 24-4-2013.)

A Corte já decidiu que "é constitucional a norma estadual que assegura, no âmbito da educação superior: (i) a livre criação e a auto-organização de centros e diretórios acadêmicos, (ii) seu funcionamento no espaço físico da faculdade, (iii) a livre circulação das ideias por eles produzidas, (iv) o acesso dos seus membros às salas de aula e (v) a participação em órgãos colegiados, em observância aos mandamentos constitucionais da liberdade de associação (CF/1988, art. 5º, XVII), da promoção de uma educação plena e capacitadora para o exercício da cidadania (CF/1988, art. 205) e da gestão democrática da educação (CF/1988, art. 206, VI). [ADI 3.757, rel. min. Dias Toffoli, j. 17-10-2018, P, DJE de 27-4-2020].

Além disso, o Supremo definiu que a obrigatoriedade do visto de advogado para o registro de atos e contratos constitutivos de pessoas jurídicas (art. 1º, § 2º, da Lei 8.906/1994) não ofende os princípios constitucionais da isonomia e da liberdade associativa (ADI 1.194, Rel. p/ o ac. Min. Cármen Lúcia, julgamento em 20.05.2009, Plenário, *DJE* de 11.09.2009).

Vale lembrar que a Súmula 629 do STF dispensa a autorização dos associados quando a entidade de classe impetrar mandado de segurança coletivo em favor deles próprios.

Direito de propriedade (art. 5º, XXII a XXV): é garantido o direito de propriedade, desde que ela atenda à sua função social (art. 5º, XXIII). Ressalta-se que há limites a esse direito, pois a lei estabelecerá o procedimento para *desapropriação* por necessidade ou utilidade pública, ou por interesse social, mediante justa e prévia indenização em dinheiro, ressalvados os casos previstos na própria CF. Além disso, no caso de iminente perigo público, a autoridade competente poderá *usar de propriedade particular*, assegurada ao proprietário indenização ulterior, se houver dano. É o caso da denominada requisição administrativa.

É decisão da Suprema Corte que o direito de propriedade não se revela absoluto. Está relativizado pela Carta da República – arts. 5º, incisos XXII, XXIII e XXIV, e 184 (MS 25.284, Rel. Min. Marco Aurélio, julgamento em 17.06.2010, Plenário, *DJE* de 13.08.2010).

Direito do autor (art. 5º, XXVII e XXIX): aos autores pertence o direito exclusivo de utilização, publicação ou reprodução de suas obras, transmissível aos herdeiros pelo tempo que a lei fixar. Escrito é qualquer texto expressado graficamente, seja em meio impresso, seja em meio eletrônico. Se o escrito for texto de obra literária, artística ou científica, haverá proteção especial na Lei 9.610/1998 (Lei de Direitos Autorais). Ademais, a lei assegurará aos autores de inventos industriais privilégio temporário para sua utilização, bem como proteção às criações industriais, à propriedade das marcas, aos nomes de empresas e a outros signos distintivos, tendo em vista o interesse social e o desenvolvimento tecnológico e econômico do País.

Dispositivo análogo ensejou a edição da Súmula 386 do Supremo que dispõe que "pela execução de obra musical por artistas remunerados é devido direito autoral, não exigível quando a orquestra for de amadores".

Vale acrescentar que o STF já definiu que "o direito autoral é um conjunto de prerrogativas que são conferidas por lei à pessoa física ou jurídica que cria alguma obra intelectual, dentre as quais se destaca o direito exclusivo do autor à utilização, à publicação ou à reprodução de suas obras, como corolário do direito de propriedade intelectual (art. 5º, XXII e XXVII, da Constituição Federal). *In casu*, a Lei 92/2010 do Estado do Amazonas estabeleceu a gratuidade para a execução pública de obras musicais e literomusicais e de fonogramas por associações, fundações ou instituições filantrópicas e aquelas oficialmente declaradas de utilidade pública estadual, sem fins lucrativos. Ao estipular hipóteses em que não se aplica o recolhimento dos valores pertinentes aos direitos autorais, fora do rol da Lei federal 9.610/1998, a lei estadual usurpou competência privativa da União e alijou os autores das obras musicais de seu direito exclusivo de utilização, publicação ou reprodução das obras ou do reconhecimento por sua criação. [ADI 5.800, rel. min. Luiz Fux, j. 8-5-2019, P, DJE de 22-5-2019].

Direito de herança (art. 5º, XXX e XXXI): é garantido o direito de herança. A sucessão de bens de estrangeiros situados no País será regulada pela lei brasileira em benefício do cônjuge ou dos filhos brasileiros sempre que não lhes seja mais favorável a lei pessoal do *de cujus*.

A capacidade para suceder é verificada no momento da abertura da sucessão (RE 162.350, Rel. Min. Octavio Gallotti, julgamento em 22.08.1995, Primeira Turma, *DJ* de 22.09.1995).

Direito do consumidor (art. 5º, XXXII): dispõe a Constituição que o Estado promoverá, na forma da lei, a defesa do consumidor; o Código de Defesa do Consumidor (Lei 8.078/1990) regulamentou este dispositivo.

O Supremo já decidiu que o CDC se aplica nos casos de indenização por danos morais e materiais por má prestação de serviço em transporte aéreo (RE 575.803-AgR, Rel. Min. Cezar Peluso, julgamento em 01.12.2009, Segunda Turma, *DJE* de 18.12.2009). *Vide também*: RE 351.750, Rel. p/ o ac. Min. Ayres Britto, julgamento em 17.03.2009, Primeira Turma, *DJE* de 25.09.2009.

Direito à informação (art. 5º, XXXIII): a Constituição garante que todos obtenham dos órgãos públicos informações de seu interesse particular, ou de interesse coletivo ou geral, com exceção daquelas cujo sigilo seja indispensável à segurança da sociedade e do Estado.

Vale lembrar que a Lei n. 12.527/2011 regulamentou o **acesso a informações** impondo às entidades públicas e aos órgãos da Administração Pública em geral, além das entidades privadas sem fins lucrativos que recebam, para realização de ações de interesse público, recursos públicos diretamente do orçamento ou mediante subvenções sociais, contrato de gestão, termo de parceria, convênios, acordo, ajustes ou outros instrumentos congêneres (art. 2º), o dever de autorizar ou conceder o **acesso imediato** à informação disponível.

De acordo com o § 1º do art. 11 da Lei nº 12.527/2011, caso não haja possibilidade da concessão do acesso imediato, o órgão ou entidade que receber o pedido deverá, em prazo não superior a 20 (vinte) dias: I – comunicar a data, local e modo para se realizar a consulta, efetuar a reprodução ou obter a certidão; II – indicar as razões de fato ou de direito da recusa, total ou parcial, do acesso pretendido; ou III – comunicar que não possui a informação, indicar, se for do seu conhecimento, o órgão ou a entidade que a detém, ou, ainda, remeter o requerimento a esse órgão ou entidade, cientificando o interessado da remessa de seu pedido de informação.

Tal prazo, conforme o § 2º do mesmo dispositivo, poderá ser prorrogado por mais 10 (dez) dias, mediante justificativa expressa, da qual será cientificado o requerente.

Como demonstrado, a lei tem por objetivo assegurar o direito fundamental de acesso à informação. Desse modo, a execução dos atos deve ser feita em conformidade com os princípios básicos da administração pública e com as seguintes diretrizes (art. 3º): I – observância da publicidade como preceito geral e do sigilo como exceção; II – divulgação de informações de interesse público, independentemente de solicitações; III – utilização de meios de comunicação viabilizados pela tecnologia da informação; IV – fomento ao desenvolvimento da cultura de transparência na administração pública; V – desenvolvimento do controle social da administração pública.

A proteção do direito à informação também encontra respaldo nas decisões do STF, por exemplo, a trazida pela Súmula Vinculante n. 14 que assegura o direito do defensor, sempre visando ao interesse do representado, de ter acesso amplo aos elementos de prova que, já documentados em procedimento investigatório realizado por órgão com competência de polícia judiciária, digam respeito ao exercício do direito de defesa.

Outra decisão importante do STF diz respeito à: "Homologação de Instrumento de Acordo Coletivo que prevê o pagamento das diferenças relativas aos Planos Econômicos Bresser, Verão e Collor II, bem como a não ressarcibilidade de diferenças referentes ao Plano Collor I. (...) Decisão do Supremo Tribunal Federal que assume o caráter de marco histórico na configuração do processo coletivo brasileiro, como forma de ampliação do acesso à Justiça, diante da disseminação das lides repetitivas no cenário jurídico nacional atual e da possibilidade de solução por meio de processos coletivos." [ADPF 165 Acordo, rel. min. Ricardo Lewandowski, j. 1º-3-2018, P, DJE de 1º-4-2020].

Além disso, o Supremo entende (ADI 3741, Rel. Min. Ricardo Lewandowski) que ofende o direito à informação e à liberdade de expressão lei que determine a proibição da divulgação de pesquisas eleitorais quinze dias antes do pleito.

Por fim, O STF determina que "(...) o parlamentar, na condição de cidadão, pode exercer plenamente seu direito fundamental de acesso a informações de interesse pessoal ou coletivo, nos termos do art. 5º, inciso XXXIII, da CF e das normas de regência desse direito". RE 865.401, rel. min. Marco Aurélio, j. 25-4-2018, P, DJE de 19-10-2018, Tema 832.

Princípio do livre acesso ao Judiciário (art. 5º, XXXV): a lei não excluirá da apreciação do Poder Judiciário lesão ou ameaça a direito. É o denominado princípio da inafastabilidade do controle jurisdicional.

De acordo com o STF: "(...) o tratamento adequado para a criança infratora é um desafio para a sociedade. A decisão do legislador de não aplicar medidas mais severas está em harmonia com a percepção de que a criança é um ser em desenvolvimento que precisa, acima de tudo, de proteção e educação, ou seja, trata-se de uma distinção compatível com a condição de maior vulnerabilidade e de pessoa em desenvolvimento, quando comparada a adolescentes e pessoas adultas. O legislador dispõe de considerável margem de discricionariedade para definir o tratamento adequado à criança em situação de risco criada por seu próprio comportamento. A opção pela exclusividade das medidas protetivas não é desproporcional; ao contrário, alinha-se com as normas constitucionais e internacionais. A atuação do conselho tutelar nesses casos de atos infracionais praticados por crianças não representa qualquer ofensa à Constituição nem viola a garantia da inafastabilidade da jurisdição. Nesse sentido, cumpre ressaltar que o conselho tutelar é um colegiado de leigos, assim como o tribunal do júri, previsto no inciso XXXVIII do art. 5º da CF. Trata-se de órgão que permite a participação direta da sociedade na implementação das políticas públicas definidas no art. 227 da CF, voltadas para a promoção e proteção da infância, em consonância com as mais atuais teorias de justiça, democracia e participação popular direta. A atuação do conselho tutelar não exclui a apreciação de eventuais demandas ou lides pelo Poder Judiciário, inexistindo, portanto, a alegada ofensa ao art. 5º, XXXV, da CF." [ADI 3.446, rel. min. Gilmar Mendes, j. 8-8-2019, P, Informativo 946].

Algumas súmulas editadas pelo Supremo decorrem do princípio da inafastabilidade do controle jurisdicional. Dispõe a de n. 667 que a taxa judiciária calculada sem limite sobre o valor da causa viola a garantia constitucional do acesso à justiça. A Súmula Vinculante n. 28 trata do depósito prévio como requisito de admissibilidade de ação judicial na qual se pretenda discutir a exigibilidade do crédito tributário, deixando claro que tal exigência é tida como inconstitucional.

Além disso, segundo o Supremo, "a garantia constitucional relativa ao acesso ao Judiciário – inciso XXXV do art. 5º da Carta de 1988 – é conducente a assentar-se, vencedora a parte, o direito aos honorários advocatícios. (...) A exclusão dos honorários advocatícios prevista no art. 29-C da Lei 8.036/1990 surge conflitante com a CF, com o princípio segundo o qual o cidadão compelido a ingressar em juízo, se vencedor, não deve sofrer diminuição patrimonial" (RE 384.866, rel. Min. Marco Aurélio, julgamento em 29.06.2012, Plenário, *DJE* de 23.08.2012).

Princípio da irretroatividade da lei (art. 5º, XXXVI): a lei não prejudicará o direito adquirido, o ato jurídico perfeito e a coisa julgada (segurança das relações jurídicas).

O inciso é curto, mas diversas ações judiciais decorrem da violação a esse princípio. Tanto é assim que posicionamentos diversos foram adotados e, por conta disso, muitas súmulas tiveram que ser editadas na intenção de sedimentar entendimentos jurisprudenciais. Vejamos:

Súmula Vinculante 9 – "O disposto no art. 127 da Lei 7.210/1984 (Lei de Execução Penal) foi recebido pela ordem constitucional vigente, e não se lhe aplica o limite temporal previsto no *caput* do art. 58."

Súmula Vinculante 1 – "Ofende a garantia constitucional do ato jurídico perfeito a decisão que, sem ponderar as circunstâncias do caso concreto, desconsidera a validez e a eficácia de acordo constante de termo de adesão instituído pela LC 110/2001."

Súmula 725 do STF – "É constitucional o § 2º do art. 6º da Lei 8.024/1990, resultante da conversão da Medida Provisória 168/1990, que fixou o BTN fiscal como índice de correção monetária aplicável aos depósitos bloqueados pelo Plano Collor I."

Súmula 678 do STF – "São inconstitucionais os incisos I e III do art. 7º da Lei 8.162/1991, que afastam, para efeito de anuênio e de licença-prêmio, a contagem do tempo de serviço regido pela Consolidação das Leis do Trabalho dos servidores que passaram a submeter-se ao regime jurídico único."

Súmula 654 do STF – "A garantia da irretroatividade da lei, prevista no art. 5º, XXXVI, da Constituição da República, não é invocável pela entidade estatal que a tenha editado."

Súmula 524 do STF – "Arquivado o inquérito policial, por despacho do juiz, a requerimento do promotor de justiça, não pode a ação penal ser iniciada, sem novas provas."

Súmula 343 do STF – "Não cabe ação rescisória por ofensa a literal disposição de lei, quando a decisão rescindenda se tiver baseado em texto legal de interpretação controvertida nos tribunais."

Súmula 239 do STF – "Decisão que declara indevida a cobrança do imposto em determinado exercício não faz coisa julgada em relação aos posteriores."

Importante lembrar que o STF decidiu que "O direito à previdência social constitui direito fundamental e, uma vez implementados os pressupostos de sua aquisição, não deve ser afetado pelo decurso do tempo. Como consequência, inexiste prazo decadencial para a concessão inicial do benefício previdenciário. É legítima, todavia, a instituição de prazo decadencial de dez anos para a revisão de benefício já concedido, com fundamento no princípio da segurança jurídica, no interesse em evitar a eternização dos litígios e na busca de equilíbrio financeiro e atuarial para o sistema previdenciário. O prazo decadencial de dez anos, instituído pela MP 1.523, de 28-6-1997, tem como termo inicial o dia 1º-8-1997, por força de disposição nela expressamente prevista. Tal regra incide, inclusive, sobre benefícios concedidos anteriormente, sem que isso importe em retroatividade vedada pela Constituição. **Inexiste direito adquirido a regime jurídico não sujeito a decadência.**" (RE 626.489, rel. min. Roberto Barroso, julgamento em 16-10-2013, Plenário, DJE de 23-9-2014, com repercussão geral.)

Princípio da reserva legal ou da legalidade penal (art. 5º, XXXIX): não há crime sem lei anterior que o defina, nem pena sem prévia cominação legal; tal princípio foi regulamentado pelo art. 1º do Código Penal.

O Supremo já decidiu, prestigiando o princípio da legalidade penal, que a incidência de duas circunstâncias qualificadoras não determina, necessariamente, a fixação de regime de pena mais gravoso do que o estabelecido na lei nem a vedação da substituição da pena privativa de liberdade por restritiva de direitos. Somente o legislador penal pode estabelecer proibições para a fixação do regime aberto de cumprimento da pena e para a substituição da pena. (RHC 100.810, Rel. Min. Joaquim Barbosa, julgamento em 02.02.2010, Segunda Turma, *DJE* de 12.03.2010).

Princípio da retroatividade benéfica (art. 5º, XL): a lei penal não retroagirá, salvo para beneficiar o réu. Nesse sentindo, preconiza o parágrafo único do art. 2º do Código Penal que, se a lei posterior de qualquer modo favorecer o agente, aplica-se aos fatos anteriores, ainda que decididos por sentença condenatória transitada em julgado.

Ocorre que há situações em que o Supremo entende de outra forma, por exemplo, a Súmula 711 determina que a lei penal mais grave seja aplicada ao crime continuado ou ao crime permanente se sua vigência é anterior à cessação da continuidade ou da permanência.

A aplicação da norma mais favorável, após o trânsito em julgado, é da competência do juízo das execuções penais, conforme nos ensina a Súmula 611 do STF.

Proibição de discriminação atentatória dos direitos e liberdades fundamentais (art. 5º, XLI): a lei punirá qualquer discriminação atentatória dos direitos e liberdades fundamentais.

Racismo – crime inafiançável e imprescritível (art. 5º, XLII): a prática do racismo constitui crime inafiançável e imprescritível, sujeito à pena de reclusão, nos termos da lei.

Importante decisão deve ser trazida aqui. "Em conclusão de julgamento, o Plenário, por maioria, julgou procedentes os pedidos formulados em ação direta de inconstitucionalidade por omissão (ADO) e em mandado de injunção (MI) para reconhecer a mora do Congresso Nacional em editar lei que criminalize os atos de homofobia e transfobia. Determinou, também, até que seja colmatada essa lacuna legislativa, a aplicação da Lei 7.716/1989 (que define os crimes resultantes de preconceito de raça ou de cor) às condutas de discriminação por orientação sexual ou identidade de gênero, com efeitos prospectivos e mediante subsunção. Prevaleceram os votos dos ministros Celso de Mello e Edson Fachin, relatores da ADO e do MI, respectivamente (Informativo 931). A corrente majoritária reconheceu, em suma, que a omissão do Congresso Nacional atenta contra a Constituição Federal (CF), a qual impõe, nos termos do seu art. 5º, XLI e XLII, inquestionável mandado de incriminação. Entendeu que as práticas homotransfóbicas se qualificam como espécies do gênero racismo, na dimensão de racismo social consagrada pelo Supremo Tribunal Federal (STF) no julgamento do HC 82.424/RS (caso Ellwanger). Isso porque essas condutas importam em atos de segregação que inferiorizam os integrantes do grupo de Lésbicas, Gays, Bissexuais e Transexuais (LGBT), em razão de sua orientação sexual ou de sua identidade de gênero. Considerou, ademais, que referidos comportamentos se ajustam ao conceito de atos de discriminação e de ofensa aos direitos e liberdades fundamentais dessas pessoas. Na ADO, o colegiado, por maioria, fixou a seguinte tese: 'Até que sobrevenha lei emanada do Congresso Nacional destinada a implementar os mandados de criminalização definidos nos incisos XLI e XLII do art. 5º da Constituição da República, as condutas homofóbicas e transfóbicas, reais ou supostas, que envolvem aversão odiosa à orientação sexual ou à identidade de gênero de alguém, por traduzirem expressões de racismo, compreendido este em sua dimensão social, ajustam-se, por identidade de razão e mediante adequação típica, aos preceitos primários de incriminação definidos na Lei 7.716, de 08-1-1989, constituindo, também, na hipótese de homicídio doloso, circunstância que o qualifica, por configurar motivo torpe (Código Penal, art. 121, § 2º, I, in fine); 2. A repressão penal à prática da homotransfobia não alcança nem restringe ou limita o exercício da liberdade religiosa, qualquer que seja a denominação confessional professada, a cujos fiéis e ministros (sacerdotes, pastores, rabinos, mulás ou clérigos muçulmanos e líderes ou celebrantes das religiões afro-brasileiras, entre outros) é assegurado o direito de pregar e de divulgar, livremente, pela palavra, pela imagem ou por qualquer outro meio, o seu pensamento e de externar suas convicções de acordo com o que se contiver em seus livros e códigos sagrados, bem assim o de ensinar segundo sua orientação doutrinária e/ou teológica, podendo buscar e conquistar prosélitos e praticar os atos de culto e respectiva liturgia, independentemente do espaço, público ou privado, de sua atuação individual ou coletiva, desde que tais manifestações não configurem discurso de ódio, assim entendidas aquelas exteriorizações que incitem a discriminação, a hostilidade ou a violência contra pessoas em razão de sua orientação sexual ou de sua identidade de gênero; 3. O conceito de racismo, compreendido em sua dimensão social, projeta-se para além de aspectos estritamente biológicos ou fenotípicos, pois resulta, enquanto manifestação de poder, de uma construção de índole histórico-cultural motivada pelo objetivo de justificar a desigualdade e destinada ao controle ideológico, à dominação política, à subjugação social e à negação da alteridade, da dignidade e da humanidade daqueles que, por integrarem grupo vulnerável (LGBTI+) e por não pertencerem ao estamento que detém posição de hegemonia em uma dada estrutura social, são considerados estranhos e diferentes, degradados à condição de marginais do ordenamento jurídico, expostos, em consequência de odiosa inferiorização e de perversa estigmatização, a uma injusta e lesiva situação de exclusão do sistema geral de proteção do direito". [ADO 26, rel. min. Celso de Mello e MI 4.733, rel. min. Edson Fachin, j. 13-6-2019, P, Informativo 944].

Tortura, tráfico e terrorismo (art. 5º, XLIII): a lei considerará crimes inafiançáveis e insuscetíveis de graça ou anistia a prática da tortura, o tráfico ilícito de entorpecentes e drogas afins, o terrorismo e os definidos como crimes hediondos, por eles respondendo os mandantes, os executores e os que, podendo evitá-los, se omitirem.

Vale lembrar que a Lei nº 13.260, de 16 de março de 2016, regulamentou o inciso XLIII do art. 5º da CF, disciplinando o terrorismo, tratando de disposições investigatórias e processuais e reformulando o conceito de organização terrorista, além de alterar as Leis nos 7.960, de 21 de dezembro de 1989, e 12.850, de 2 de agosto de 2013. Conforme determina o art. 2º da Lei nº 13.260/2016, o terrorismo consiste na prática por um ou mais indivíduos dos atos previstos neste artigo, por razões de xenofobia, discriminação ou preconceito de raça, cor, etnia e religião, quando cometidos com a finalidade de provocar terror social ou generalizado, expondo a perigo pessoa, patrimônio, a paz pública ou a incolumidade pública. O § 1º do mesmo dispositivo legal menciona que configuram atos de terrorismo: I - usar ou ameaçar usar, transportar, guardar, portar ou trazer consigo explosivos, gases tóxicos, venenos, conteúdos biológicos, químicos, nucleares ou outros meios capazes de causar danos ou promover destruição em massa; II – (VETADO); III - (VETADO); IV - sabotar o funcionamento ou apoderar-se, com violência, grave ameaça a pessoa ou servindo-se de mecanismos cibernéticos, do controle total ou parcial, ainda que de modo temporário, de meio de comunicação ou de transporte, de portos, aeroportos, estações ferroviárias ou rodoviárias, hospitais, casas de saúde, escolas, estádios esportivos, instalações públicas ou locais onde funcionem serviços públicos essenciais, instalações de geração ou transmissão de energia, instalações militares, instalações de exploração, refino e processamento de petróleo e gás e instituições bancárias e sua rede de atendimento; V - atentar contra a vida ou a integridade física de pessoa. A pena prevista é de reclusão, de doze a trinta anos, além das sanções correspondentes à ameaça ou à violência.

De acordo com a súmula vinculante nº 26 do STF: "para efeito de progressão de regime no cumprimento de pena por crime hediondo, ou equiparado, o juízo da execução observará a inconstitucionalidade do art. 2º da Lei 8.072, de 25 de julho de 1990, sem prejuízo de avaliar se o condenado preenche, ou não, os requisitos objetivos e subjetivos do benefício, podendo determinar, para tal fim, de modo fundamentado, a realização de exame criminológico."

Além disso, o plenário da Corte Maior, no julgamento do HC 104.339, declarou, incidentalmente, a inconstitucionalidade da vedação da liberdade provisória constante do art. 44, *caput*, da Lei 11.343/2006 (Lei de Drogas).

Ação de grupos armados (art. 5º, XLIV): constitui crime inafiançável e imprescritível a ação de grupos armados, civis ou militares, contra a ordem constitucional e o Estado Democrático.

Princípio da responsabilidade pessoal ou da personalidade ou (art. 5º, XLV): nenhuma pena passará da pessoa do condenado, podendo a obrigação de reparar o dano e a decretação do perdimento de bens ser, nos termos da lei, estendidas aos sucessores e contra eles executadas, até o limite do valor do patrimônio transferido.

Princípio da individualização das penas (art. 5º, XLVI): a lei regulará a individualização da pena e adotará, entre outras, as seguintes: a) privação ou restrição da liberdade; b) perda de bens; c) multa; d) prestação social alternativa; e) suspensão ou interdição de direitos.

De acordo com o STF, "A Lei 9.268/1996, ao considerar a multa penal como dívida de valor, não retirou dela o caráter de sanção criminal, que lhe é inerente por força do art. 5º, XLVI, c, da Constituição Federal. Como consequência, a legitimação prioritária para a execução da multa penal é do Ministério Público perante a Vara de Execuções Penais. Por ser também dívida de valor em face do Poder Público, a multa pode ser subsidiariamente cobrada pela Fazenda Pública, na Vara de Execução Fiscal, se o Ministério Público não houver atuado em prazo razoável (90 dias). [ADI 3.150, rel. p/ o ac. min. Roberto Barroso, j. 13-12-2018, P, DJE de 6-8-2019].

Vale trazer algumas súmulas e decisões do Supremo sobre a individualização das penas merecem ser lembradas. A primeira é a descrita na Súmula Vinculante nº 26 a qual determina que "para efeito de progressão de regime no cumprimento de pena por crime hediondo, ou equiparado, o juízo da execução observará a inconstitucionalidade do art. 2º da Lei 8.072, de 25 de julho de 1990, sem prejuízo de avaliar se o condenado preenche, ou não, os requisitos objetivos e subjetivos do benefício, podendo determinar, para tal fim, de modo fundamentado, a realização de exame criminológico."

A segunda vem disposta na Súmula 719, segundo a qual "a imposição do regime de cumprimento mais severo do que a pena aplicada permitir exige motivação idônea."

Por outro lado, conforme a Súmula 716, "admite-se a progressão de regime de cumprimento da pena ou a aplicação imediata de regime menos severo nela determinada, antes do trânsito em julgado da sentença condenatória".

Por fim, "a pena unificada para atender ao limite de trinta anos de cumprimento, determinado pelo art. 75 do Código Penal, não é considerada para a concessão de outros benefícios, como o livramento condicional ou regime mais favorável de execução." É o que determina o teor da Súmula 715 do STF.

Vale lembrar que "o Plenário do STF, no julgamento do HC 97.256, declarou, incidentalmente, a inconstitucionalidade da proibição de substituição da pena privativa de liberdade pela pena restritiva de direitos prevista nos arts. 33, § 4º, e 44, *caput*, da Lei 11.343/2006 (Lei de Drogas). A execução da expressão "vedada a conversão em penas restritivas de direitos" do § 4º do art. 33 da Lei 11.343/2006 foi suspensa pela Resolução 5/2012 do Senado Federal, nos termos do art. 52, X, da Constituição".

Princípio da humanidade (art. 5º, XLVII): o Texto Maior proíbe alguns tipos de pena, por ferirem o princípio da humanidade. Sendo assim, não haverá penas: a) de morte, salvo em caso de guerra declarada, nos termos do art. 84, XIX; b) de caráter perpétuo; c) de trabalhos forçados; d) de banimento e e) cruéis.

Sobre a pena de morte, o STF entende que "o ordenamento positivo brasileiro, nas hipóteses em que se delineia a possibilidade de imposição do *supplicium extremum*, impede a entrega do extraditando ao Estado requerente, a menos que este, previamente, assuma o compromisso formal de comutar, em pena privativa de liberdade, a pena de morte, ressalvadas, quanto a esta, as situações em que a lei brasileira – fundada na CF (art. 5º, XLVII, a) – permitir a sua aplicação, caso em que se tornará dispensável a exigência de comutação." (Ext 633, Rel. Min. Celso de Mello, julgamento em 28.8.1996, Plenário, DJ de 6.4.2001.) No mesmo sentido: Ext 1.201, Rel. Min. Celso de Mello, julgamento em 17.2.2011, Plenário, DJE de 15.3.2011.

Já em relação à pena de prisão perpétua, a Corte Maior entende que "houve revisão duas vezes da jurisprudência da Corte quanto à obrigatoriedade de o Estado requerente assumir compromisso de comutar pena de prisão perpétua em pena não superior à duração máxima admitida na Lei Penal do Brasil (trinta anos). Inicialmente reputava-se necessário o compromisso, passou a ser desnecessário e voltou a ser exigido a partir do julgamento da Ext 855.

Pena e o seu cumprimento (art. 5º, XLVIII): a pena será cumprida em estabelecimentos distintos, de acordo com a natureza do delito, a idade e o sexo do apenado.

Integridade física e moral do preso (art. 5º, XLIX): é assegurado aos presos o respeito à integridade física e moral.

A Súmula Vinculante 11 (STF) deve ser mencionada quando se trata de integridade do preso. Desse modo: "Só é lícito o uso de algemas em casos de resistência e de fundado receio de fuga ou de perigo à integridade física própria ou alheia, por parte do preso ou de terceiros, justificada a excepcionalidade por escrito, sob pena de responsabilidade disciplinar, civil e penal do agente ou da autoridade e de nulidade da prisão ou do ato processual a que se refere, sem prejuízo da responsabilidade civil do Estado."

Ressalta-se que "o enunciado da Súmula Vinculante 11 da Suprema Corte não é aplicável, face ao uso de algemas durante a sessão, máxime quando o julgamento pelo Tribunal do Júri se deu em data anterior à sua publicação." (ARE 653.964-AgR, Rel. Min. Luiz Fux, julgamento em 28.2.2012, Primeira Turma, DJE de 13.3.2012.)

Presidiárias, filhos e amamentação (art. 5º, L): às presidiárias serão asseguradas condições para que possam permanecer com seus filhos durante o período de amamentação.

Princípio do juiz natural (art. 5º, XXXVII e LIII): ninguém será processado nem sentenciado senão pela autoridade competente (a lei deve trazer regras objetivas de competência). É **vedada**, também, a **criação de tribunal de exceção**, que seria aquele que não faz parte do Poder Judiciário, constituído após um fato e para julgá-lo; o maior exemplo foi o Tribunal de Nuremberg. Esses dois incisos completam o princípio do juiz natural, garantindo a imparcialidade do Estado-juiz.

Dispõe a Súmula 704 do STF que não viola as garantias do juiz natural, da ampla defesa e do devido processo legal a atração por continência ou conexão do processo do corréu ao foro por prerrogativa de função de um dos denunciados.

Princípio do contraditório e da ampla defesa (art. 5º, LV): aos litigantes, em processo judicial ou administrativo, e aos acusados em geral, são assegurados o contraditório e a ampla defesa, com os meios e recursos a ela inerentes.

Vale lembrar que a Súmula Vinculante n. 3 do STF dispõe que "nos processos perante o Tribunal de Contas da União asseguram-se o contraditório e a ampla defesa quando da decisão puder resultar anulação ou revogação de ato administrativo que beneficie o interessado, excetuada a apreciação da legalidade do ato de concessão inicial de aposentadoria, reforma e pensão".

Outra súmula vinculante importante é a de n. 5 que determina que a falta de defesa técnica por advogado no processo administrativo disciplinar não ofende a Constituição. Tal súmula, por conta de seu caráter vinculante, tornou inaplicável o mandamento da Súmula 343 do STJ que dispunha de forma diversa.

Princípio do devido processo legal (art. 5º, LIV): ninguém será privado da liberdade ou de seus bens sem o devido processo legal. Este princípio abrange as seguintes garantias: direito a um órgão julgador imparcial, direito à ampla defesa, direito de igualdade entre as partes, direito ao contraditório e vedação ao uso de provas ilícitas.

A garantia constitucional mencionada sempre é trazida à tona nos julgamentos realizados pelo guardião da Constituição. Diversas súmulas já foram editadas pela Corte visando a fixar diretrizes na aplicação do devido processo legal.

Dentre os diversos julgamentos, destacam-se os seguintes entendimentos:

Súmula Vinculante 24 – "Não se tipifica crime material contra a ordem tributária, previsto no art. 1º, I a IV, da Lei 8.137/1990, antes do lançamento definitivo do tributo."

Súmula Vinculante 14 – "É direito do defensor, no interesse do representado, ter acesso amplo aos elementos de prova que, já documentados em procedimento investigatório realizado por órgão com competência de polícia judiciária, digam respeito ao exercício do direito de defesa."

"Sindicância. Acesso. Verbete 14 da Súmula Vinculante do Supremo. Inadequação. O Verbete 14 da Súmula Vinculante do Supremo não alcança sindicância administrativa objetivando elucidar fatos sob o ângulo do cometimento de infração administrativa."(Rcl 10.771-AgR, rel. min. Marco Aurélio, julgamento em 4-2-2014, Primeira Turma, DJE de 18-2-2014.)

Súmula 704 do STF – "Não viola as garantias do juiz natural, da ampla defesa e do devido processo legal a atração por continência ou conexão do processo do corréu ao foro por prerrogativa de função de um dos denunciados."

Súmula 547 do STF – "Não é lícito à autoridade proibir que o contribuinte em débito adquira estampilhas, despache mercadorias nas alfândegas e exerça suas atividades profissionais."

Súmula 323 do STF – "É inadmissível a apreensão de mercadorias como meio coercitivo para pagamento de tributos."

Súmula 70 do STF – "É inadmissível a interdição de estabelecimento como meio coercitivo para cobrança de tributo."

Além disso, o STF já decidiu que: "É inconstitucional, sob o ângulo da liberdade fundamental do exercício da profissão e do devido processo legal, preceito normativo a versar previsão de cancelamento automático do registro em conselho profissional, ante a inadimplência da anuidade, ausente prévia oitiva do associado" [RE 808.424, rel. min. Marco Aurélio, j. 19-12-2019, P, DJE de 30-4-2020, Tema 757].

Princípio da inadmissibilidade das provas ilícitas (art. 5º, LVI): são inadmissíveis, no processo, as provas obtidas por meios ilícitos. Prova ilícita, ou ilicitamente obtida, entende-se como a prova colhida com infração de normas ou princípios de direito material – sobretudo de ordem constitucional e as que delas derivarem (teoria dos frutos da árvore envenenada – adotada pelo STF).

O Supremo já decidiu, reiteradas vezes, que é lícita a gravação de conversa telefônica feita por um dos interlocutores, ou com sua autorização, sem ciência do outro, quando há investida criminosa deste último. (HC 75.338, Rel. Min. Nelson Jobim, julgamento em 11.03.1998, Plenário, *DJ* de 25.09.1998). No mesmo sentido: AI 578.858-AgR, Rel. Min. Ellen Gracie, julgamento em 04.08.2009, Segunda Turma, *DJE* de 28.08.2009; HC 74.678, Rel. Min. Moreira Alves, julgamento em 10.06.1997, Primeira Turma, *DJ* de 15.08.1997; RE 212.081, Rel. Min. Octavio Gallotti, julgamento em 05.12.1997, Primeira Turma, *DJ* de 27.03.1998.

Princípio da presunção de inocência (art. 5º, LVII): ninguém será considerado culpado até o trânsito em julgado de sentença penal condenatória.

O STF, no julgamento do HC 126.292, alterou a sua jurisprudência, pois admitiu a execução da pena após a condenação em segunda instância, ainda que não tenha havido o trânsito em julgado da ação penal. O fundamento para tanto repousa no fato do sistema processual e recursal brasileiro acabarem promovendo a impunidade e contribuindo para a não punição de crimes em tempo razoável. Há críticas quanto a essa decisão. As observações feitas em relação à Súmula Vinculante n. 11, que só admite o uso de algema em casos excepcionais, valem aqui, pois tais diretrizes também encontram abrigo no princípio da presunção de inocência.

Hipóteses de prisão civil (art. 5º, LXVII): não haverá prisão civil por dívida, salvo a do responsável pelo inadimplemento voluntário e inescusável de obrigação alimentícia e a do depositário infiel. O STF decidiu que é ilegal a prisão do depositário infiel, ou seja, a partir de agora, a única prisão por dívida admitida pela Corte é a decorrente de inadimplência de pensão alimentícia (*vide* Súmula Vinculante n. 25 do STF – e Súmula 419 do STJ).

Direito à assistência jurídica (art. 5º, LXXIV): o Estado prestará assistência jurídica integral e gratuita aos que comprovarem insuficiência de recursos.

Nesse sentido já decidiu o Supremo que "a omissão do Poder Judiciário sobre pedido de concessão do benefício da assistência judiciária não pode prejudicar a parte, especialmente quando não houver qualquer impugnação à concessão desse benefício" (RE 231.705-ED, Rel. Min. Joaquim Barbosa, julgamento em 29.09.2009, Segunda Turma, *DJE* de 29.10.2009).

Direito à celeridade processual (art. 5º, LXXVIII): regra trazida pela EC 45/2004 (reforma do poder judiciário) assegura a todos, no âmbito judicial e administrativo, a razoável duração do processo. Além disso, o dispositivo também menciona que devem ser resguardados meios que facilitem e garantam a celeridade processual.

Observação: segundo o Supremo Tribunal Federal, o duplo grau de jurisdição não está previsto expressamente na Constituição; trata-se de uma garantia implícita, decorrente do próprio sistema.

9.5. Remédios constitucionais

Com a finalidade de promover a garantia dos direitos fundamentais previstos na Constituição, previu-se a existência dos chamados "remédios constitucionais", institutos que têm a função de impedir a violação desses direitos constitucionais. Assim, para cada direito desrespeitado, cabe a utilização de um "remédio".

Os "remédios constitucionais" podem ser classificados em administrativos e judiciais de acordo com a esfera em que forem impetrados.

9.5.1. Remédios constitucionais administrativos (direito de petição e direito de certidão)

De acordo com o art. 5º, XXXIV, são a todos assegurados, independentemente do pagamento de taxas:

a) o direito de *petição* aos Poderes Públicos em defesa de direitos ou contra *ilegalidade ou abuso de poder*.

Nesse sentido, editou-se a Súmula Vinculante n. 21 a qual diz ser inconstitucional exigir depósito ou arrolamento prévios de dinheiro ou bens para admissibilidade de recurso administrativo;

b) a obtenção de *certidões* sem repartições públicas para *defesa de direitos e esclarecimento de situações de interesse pessoal.*

De acordo com o STF, "(...) Essa garantia fundamental não depende de concretização ou regulamentação legal, uma vez que se trata de garantia fundamental dotada de eficácia plena e aplicabilidade imediata. O direito à gratuidade das certidões, contido no art. 5º, XXXIV, *b*, da Carta Magna, também inclui as certidões emitidas pelo Poder Judiciário, inclusive aquelas de natureza forense. A Constituição Federal não fez qualquer ressalva com relação às certidões judiciais, ou àquelas oriundas do Poder Judiciário. Todavia, a gratuidade não é irrestrita, nem se mostra absoluta, pois está condicionada à demonstração, pelo interessado, de que a certidão é solicitada para a defesa de direitos ou o esclarecimento de situações de interesse pessoal. Essas finalidades são presumidas quando a certidão pleiteada for concernente ao próprio requerente, sendo desnecessária, nessa hipótese, expressa e fundamentada demonstração dos fins e das razões do pedido. Quando o pedido tiver como objeto interesse indireto ou de terceiros, mostra-se imprescindível a explicitação das finalidades do requerimento. " [ADI 2.259, rel. min. Dias Toffoli, j. 14-2-2020, P, DJE de 25-3-2020].

O direito à certidão, segundo o STF, "traduz prerrogativa jurídica, de extração constitucional, destinada a viabilizar, em favor do indivíduo ou de uma determinada coletividade (como a dos segurados do sistema de previdência social), a defesa (individual ou coletiva) de direitos ou o esclarecimento de situações. A injusta recusa estatal em fornecer certidões, não obstante presentes os pressupostos legitimadores dessa pretensão, autorizará a utilização de instrumentos processuais adequados, como o mandado de segurança ou a própria ação civil pública. O Ministério Público tem legitimidade ativa para a defesa, em juízo, dos direitos e interesses individuais homogêneos, quando impregnados de relevante natureza social, como sucede com o direito de petição e o direito de obtenção de certidão em repartições públicas." (RE 472.489-AgR, Rel. Min. Celso de Mello, julgamento em 29.04.2008, Segunda Turma, *DJE* de 29.08.2008). No mesmo sentido: RE 167.118-AgR, Rel. Min. Joaquim Barbosa, julgamento em 20.04.2010, Segunda Turma, *DJE* de 28.05.2010.

A Constituição assegurou que a Administração, na execução de suas funções precípuas, deve respeitar os direitos fundamentais do indivíduo, garantindo-lhe o direito a petição em caso de ilegalidade ou abuso de poder, de forma que a violação de um direito possa ser sanada pela própria Administração Pública. Garante também o direito de certidão, possibilitando à pessoa que faz uso desse direito tomar conhecimento de informações a seu respeito.

Segundo o Supremo, "é inconsistente a postulação que, apoiada no direito de petição, formula pedido que constitui, na realidade, verdadeiro sucedâneo, legalmente não autorizado, da ação rescisória, eis que já transitada em julgado a decisão impugnada. (...) A mera invocação do direito de petição, por si só, não tem o condão de permitir que a parte interessada, mediante utilização de meio impróprio, busque desconstituir o acórdão (*judicium rescindens*) e obter o rejulgamento da causa (*judicium rescissorium*), em situação na qual a decisão questionada – embora transitada em julgado – não se reveste da autoridade da coisa julgada em sentido material." (**AI 223.712-AgR-AgR**, Rel. Min. Celso de Mello, julgamento em 08.02-2000, Segunda Turma, *DJE* de 05.03.2010.)

Os direitos de petição e de obtenção de certidões *são gratuitos* e podem ser exercidos sem a assistência de um advogado, ou seja, *independem de capacidade postulatória*, uma vez que ocorrem em âmbito administrativo.

9.5.2. Remédios constitucionais judiciais

Essa classe de remédios é impetrada em via judicial.

São cinco os remédios constitucionais judiciais: *habeas corpus, habeas data*, mandado de injunção, ação popular e mandado de segurança. Cada um desses institutos tem como objetivo proteger um ou mais direitos fundamentais.

9.5.2.1. Habeas corpus (art. 5º, LXVIII, da CF)

É uma ação de natureza constitucional-penal que tem por finalidade a proteção da **liberdade de locomoção** contra abuso de poder ou ilegalidade. Tem por principal característica a informalidade.

Antigamente era utilizado não só para proteção da liberdade física, mas também contra qualquer ato que, de alguma forma, impedia ou restringia a locomoção em sentido amplo. Rui Barbosa e diversos constitucionalistas conferiam a esse remédio tanta amplitude que mencionavam que ele poderia ser utilizado mesmo quando não houvesse risco à liberdade de locomoção. Atualmente, só a liberdade de ir, vir e permanecer é resguardada pelo *habeas corpus*.

Foi a partir da Constituição de 1891 que esse remédio ganhou *status* constitucional. Hoje, vem previsto no capítulo que trata dos direitos fundamentais (art. 5º, LXVIII) do texto constitucional, que dispõe: "conceder-se-á 'habeas-corpus' sempre que alguém sofrer ou se achar ameaçado de sofrer violência ou coação em sua liberdade de locomoção, por ilegalidade ou abuso de poder".

Dessa forma, o *habeas corpus* visa a proteger o disposto no inciso XV do mesmo artigo, ou seja, a liberdade de locomoção. A todo indivíduo é assegurado o direito de ir, vir e permanecer. Sempre que este direito sofrer *violação, ou ameaça de violação*, o *habeas corpus* pode ser usado a fim de que seja revista a ofensa à liberdade de locomoção.

Súmulas do STF sobre o *habeas corpus*:

Súmula 723: "Não se admite a suspensão condicional do processo por crime continuado, se a soma da pena mínima da infração mais grave com o aumento mínimo de um sexto for superior a um ano."

Súmula 695: "Não cabe *habeas corpus* quando já extinta a pena privativa de liberdade."

Súmula 694: "Não cabe *habeas corpus* contra a imposição da pena de exclusão de militar ou de perda de patente ou de função pública."

Súmula 693: "Não cabe *habeas corpus* contra decisão condenatória a pena de multa, ou relativo a processo em curso por infração penal a que a pena pecuniária seja a única cominada."

Súmula 692: "Não se conhece de *habeas corpus* contra omissão de relator de extradição, se fundado em fato ou direito estrangeiro cuja prova não constava dos autos, nem foi ele provocado a respeito."

Súmula 431: "É nulo julgamento de recurso criminal, na segunda instância, sem prévia intimação ou publicação da pauta, salvo em *habeas corpus*."

Súmula 395: "Não se conhece de recurso de *habeas corpus* cujo objeto seja resolver sobre o ônus das custas, por não estar mais em causa a liberdade de locomoção."

Quanto ao momento no qual o *habeas corpus* é impetrado, pode ser classificado da seguinte forma:

a) **Preventivo ou salvo-conduto:** não é necessário que um indivíduo sofra, de fato, a violação em sua liberdade de locomoção para impetrar o *habeas corpus*. Basta que se sinta ameaçado (justificadamente) em seu direito de ir, vir e permanecer para que possa fazer uso desse "remédio", impedindo que seja restringida sua liberdade. Desse modo, o HC preventivo visa a resguardar o indivíduo contra a ameaça a sua liberdade de locomoção;

b) **Repressivo ou liberatório:** é cabível quando o direito fundamental já foi violado. A partir desde momento, a medida pode ser utilizada para reprimir a ofensa à liberdade de locomoção.

c) Suspensivo: é cabível quando a ordem de prisão já tenha sido expedida, mas o seu cumprimento ainda não fora efetivado. Nesse caso, o pedido a ser formulado é o contramandado de prisão.

Em síntese, se o *habeas corpus* é concedido em momento anterior à violação, este é preventivo; se concedido em momento posterior, é repressivo. Por fim, é suspensivo se já há ordem de prisão, mas ainda foi não cumprida.

Vale mencionar que é possível a concessão de *habeas corpus* **de ofício (independe de provocação)** pelo juiz, quando verificadas as hipóteses de restrição ilegal ou ameaça de violação à liberdade de locomoção.

A Constituição, em seu art. 142, § 2º, traz uma hipótese em que não é cabível a utilização do *habeas corpus*, que se dá no caso de **punições disciplinares militares**. Com isso, permite-se a existência de regras especiais de conduta, por vezes mais rígidas no âmbito militar, quando comparadas ao âmbito civil.

É necessário mencionar que o STF admite o *habeas corpus*, na hipótese acima mencionada, se a discussão for sobre a legalidade do procedimento aplicado e ou sobre a competência da autoridade responsável pela expedição da ordem.

Quanto à legitimação, o *habeas corpus* pode ser impetrado por qualquer interessado, independentemente de sua capacidade civil, sendo legítimo até mesmo ao menor de idade. A medida é gratuita e não necessita de assistência de um advogado, ou seja, independe de capacidade postulatória.

Embora o remédio heroico possa ser impetrado por qualquer pessoa, justamente pela relevância do bem jurídico protegido, a nomenclatura correta a ser utilizada é a seguinte:

✓ Legitimado ativo: impetrante
✓ Legitimado passivo: impetrado ou autoridade coatora
✓ Beneficiário: paciente

Ressalta-se que a figura do impetrante pode se confundir com a figura do paciente, pois o beneficiário do remédio pode ser ao mesmo tempo paciente e impetrante. Ex.: alguém ingressando com o HC em nome próprio.

Outra observação deve ser feita com base na decisão dada pela 1ª Turma do STF, no HC 88747 AgR/ES, no sentido de que não há possibilidade de impetração de *habeas corpus* em que o beneficiário seja pessoa jurídica, pois tal remédio protege a liberdade de locomoção.

Além disso, o STF já decidiu que o *habeas corpus* não é cabível para impugnar o pedido de retirada de informações veiculadas no sítio do Conselho Nacional de Justiça, pois não coloca em risco o direito à liberdade de locomoção física (HC n. 117.296-DF – Informativo 707, STF).

Cabe HC em varas cíveis?

Sim, se houver risco à liberdade de locomoção em decorrência de eventual decretação de prisão civil.

Competência para análise do *habeas corpus*

Em regra, a competência para o julgamento de *habeas corpus* é determinada em razão da pessoa que figura no polo passivo (a autoridade coatora) e daquele que figura como paciente.

O art. 102, I, alínea "d", da CF, diz que o *habeas corpus* será da competência originária do Supremo Tribunal Federal quando o paciente for, por exemplo, Presidente da República, Ministro de Estado, comandantes do exército, marinha e aeronáutica, entre outros.

9.5.2.2. *Habeas data* (art. 5º, LXXII, da CF)

De acordo com o inciso LXXII do art. 5º: "conceder-se-á *habeas data*:

a) para assegurar o conhecimento de informações relativas à pessoa do impetrante, constantes de registros ou bancos de dados de entidades governamentais ou de caráter público;

b) para a retificação de dados, quando não se prefira fazê-lo por processo sigiloso, judicial ou administrativo".

A ação tem como objetivo permitir ao interessado acesso às *informações a seu respeito*, presentes em banco de dados de caráter público. O banco de dados pode pertencer a entidades públicas ou privadas, mas, desde que tenha caráter público, o acesso é garantido. Assim, se entidade privada que visa à proteção ao crédito contiver registros ao qual se deseja ter acesso, cabe *habeas data* a fim de se ver o direito preservado.

Vale lembrar que, atualmente, existe o Cadastro Nacional de Adimplentes. As informações contidas nesse banco de dados também têm caráter público, portanto aplicam-se a elas as mesmas regras relativas ao *habeas data*.

Outra observação importante é a de que a ação de *habeas data*, por ter por objeto informações relativas à pessoa do impetrante, **não** pode ser impetrada em favor de terceiros. Desse modo, embora haja decisão do STJ admitindo a impetração de *habeas data* em favor de terceiro, prevalece o entendimento de que a ação não é cabível nessa hipótese.

Além disso, é entendimento pacífico que a ação de *habeas data* visa à proteção da privacidade do indivíduo contra abuso no registro e/ou revelação de dados pessoais falsos ou equivocados. O *habeas data, por outro lado,* não se revela meio idôneo para se obter vista de processo administrativo (HD 90-AgR, Rel. Min. Ellen Gracie, julgamento em 18.02.2010, Plenário, *DJE* de 19.03.2010).

A Constituição Federal assegura duas formas de acesso aos registros:

a) Conhecimento: deseja-se apenas estar ciente das informações contidas no banco de dados;

b) Retificação: sabe-se que a informação presente no banco de dados é incorreta e deseja-se que o registro seja corrigido.

Desde 1997, com a sanção da Lei n. 9.507, passou a ser prevista uma nova forma de acesso;

c) Complementação ou anotação: a informação está correta, porém incompleta. Deseja-se adicionar novos fatos relevantes ao registro a fim de que seja apresentado ao público de forma completa. Exemplo: existência de pendência judicial ou administrativa sobre o fato informado que possa modificar a informação ali constante.

Diferentemente do acesso comum ao Poder Judiciário, que pode ser provocado a qualquer momento, independentemente da existência de processo administrativo, o *habeas data* possui uma particularidade: *a ação só pode ser impetrada quando esgotada a via administrativa*. Assim, a medida poderá ser usada somente quando houver recusa por parte da entidade detentora do banco de dados em fornecer acesso às informações ou indeferimento do pedido. É necessário prova de tal recusa ou indeferimento para que se impetre o *habeas data*, sob pena de falta de interesse de agir e consequente indeferimento da petição por carência de ação (STJ, Súmula n. 2).

Sobre esse assunto, o art. 8º, parágrafo único, da Lei n. 9.507/1997 (que estabelece o procedimento do *habeas data*) determina que a inicial deva ser instruída com a recusa ao acesso às informações ou do decurso de mais de dez dias sem decisão; a recusa em fazer-se a retificação ou do decurso de mais de quinze dias, sem decisão; ou a recusa em fazer-se a anotação ou do decurso de mais de quinze dias sem decisão.

Já decidiu o STJ, no *Habeas Data* n. 149, que a informação incompleta equivale à recusa.

São legitimados para impetrar *habeas data* pessoas físicas ou jurídicas. A ação é gratuita, ou seja, isenta de custas, mas é necessária assistência de advogado para impetração.

Segundo a Suprema Corte, há hipóteses de não cabimento do "remédio" como, por exemplo, para pedir informações sobre autores de agressões contra o interessado (seria informação de terceiro).

Vale acrescentar que o Plenário do STF "referendou medida cautelar em ações diretas de inconstitucionalidade para suspender a eficácia do art. 6º-B da Lei 13.979/2020, incluído pelo art. 1º da Medida Provisória (MP) 928/2020, atos normativos que dispõem sobre as medidas para enfrentamento da emergência de saúde pública de importância internacional decorrente do novo coronavírus (Covid-19). (...) o princípio da transparência e o da publicidade são corolários da participação política dos cidadãos em uma democracia representativa. Essa participação somente se fortalece em um ambiente de total visibilidade e possibilidade de exposição crítica das diversas opiniões sobre as políticas públicas adotadas pelos governantes. A publicidade e a transparência são absolutamente necessárias para a fiscalização dos órgãos governamentais. (...) a publicidade específica de determinada informação somente poderá ser excepcionada quando o interesse público assim determinar. Salvo situações excepcionais, a Administração Pública tem o dever de absoluta transparência na condução dos negócios públicos, sob pena de desrespeito aos arts. 5º, XXXIII e LXXII, e 37, caput, da CF. [ADI 6.351 MC-Ref, ADI 6.347 MC-Ref e ADI 6.353 MC-Ref, rel. min. Alexandre de Moraes, j. 30-4-2020, P, Informativo 975].

9.5.2.3. Mandado de injunção

9.5.2.3.1. Lei nº 13.300, de 23 de junho de 2016

9.5.2.3.1.1. Introdução

Entrou em vigor, recentemente, a lei que disciplina o processo e o julgamento dos mandados de injunção individual e coletivo. Após quase 28 anos de sua previsão constitucional, o remédio finalmente foi regulamentado por norma infraconstitucional específica.

Antes disso, a impetração do mandado de injunção era realizada, de forma analógica, tomando por base as regras de procedimento previstas na lei que disciplina o mandado de segurança, Lei 12.16/2009. O Supremo Tribunal Federal já garantia a possibilidade da impetração da injunção desde 1989 (STF. Plenário. MI 107 QO, Rel. Min. Moreira Alves, julgado em 23.11.1989).

9.5.2.3.1.2. Finalidade

O mandado de injunção tem como objetivo atuar na inércia do legislador, ou seja, visa combater a omissão normativa que inviabiliza o **exercício dos direitos e liberdades constitucionais e das** prerrogativas inerentes à nacionalidade, à soberania e à cidadania. Alguns dos direitos previstos na CF/1988 podem ser exercidos somente após regulamentação em lei. Tratam-se das normas de eficácia limitada. O legislador tem obrigação imposta pela CF/1988 de regulamentar; entretanto, por inércia, não o faz. Com isso, o interessado fica impedido de exercer um direito garantido constitucionalmente.

Um exemplo é o que ocorre no inciso VII do art. 37 que determina que o direito de greve do servidor público deva ser exercido nos termos e nos limites definidos em lei específica.

Embora o direito tenha sido garantido pela CF/1988, até o presente momento nenhuma lei foi editada com o objetivo de regulamentá-lo, o que faz com que, tecnicamente, não seja possível exercê-lo. Em casos como esse, é cabível a impetração de mandado de injunção.

Vale lembrar que o STF, após decisão dada em sede de mandado de injunção, já reconheceu que o direito de greve aos servidores públicos pode ser exercido sem que haja a edição de lei específica. Para tanto, deve ser utilizada a lei de greve da iniciativa privada (Lei 7.783/1989), por analogia.

O remédio, portanto, visa combater a denominada "síndrome da inefetividade" das normas constitucionais que possuem eficácia limitada. O objetivo é a concretizar direitos fundamentais, com base no comando trazido pelo § 1º do art. 5º da CF que determina a aplicação imediata dos direitos e garantias fundamentais.

Vale acrescentar que no RE 970823 o STF reconheceu o cabimento do mandado de injunção para pleitear direito previsto em Constituição Estadual.

9.5.2.3.1.3. Previsão constitucional e legal

Dispõe o inciso LXXI do art. 5º da CF/1988 que: "conceder-se-á mandado de injunção sempre que a falta de norma regulamentadora **torne inviável o exercício dos direitos e liberdades constitucionais e das** prerrogativas inerentes à nacionalidade, à soberania e à cidadania".

A Lei 13.300, de 23 de junho de 2016, norma que disciplinou o processo e o julgamento dos mandados de injunção individual e coletivo, em seu art. 2º, determina que a concessão do mandado de injunção seja feita sempre que a falta **total ou parcial** de norma regulamentadora torne inviável o exercício dos direitos e liberdades constitucionais e das prerrogativas inerentes à nacionalidade, à soberania e à cidadania. O parágrafo único do mesmo dispositivo considera **parcial a regulamentação quando forem insuficientes as normas editadas** pelo órgão legislador competente.

A inovação trazida pela lei tem a ver com a possibilidade da impetração do remédio ainda que exista norma regulamentadora, caso tal regra se mostre insuficiente.

9.5.2.3.1.4. Legitimidade

9.5.2.3.1.4.1. Ativa

O art. 3º da nova lei determina que as pessoas naturais ou jurídicas que se afirmam titulares dos direitos, das liberdades ou das prerrogativas referidos no art. 2º podem impetrar o mandado de injunção. Vale lembrar que existe a possibilidade de substituição processual quando o remédio tiver sendo impetrado na forma coletiva, algo admitido expressamente no art. 12 da nova lei. A legitimidade ativa no mandado de injunção coletivo será analisada em tópico específico.

Passiva

No polo passivo do remédio, deve ser colocado o Poder, o órgão ou a autoridade com atribuição para editar a norma regulamentadora, conforme determina o mesmo art. 3º da lei.

9.5.2.3.1.5. Procedimento

O procedimento vem previsto nos arts. 4º a 8º da Lei 13.300/2016, mas, se tais regras não forem suficientes, o art. 14 da lei autoriza a aplicação subsidiária das normas do mandado de segurança, (2009) e do novo Código de Processo Civil.

De acordo com o art. 4º da lei, a petição inicial deverá preencher os requisitos estabelecidos pela lei processual, ou seja, aqueles previstos no art. 319 do novo CPC, e indicará, além do órgão impetrado, a pessoa jurídica que ele integra ou aquela a que está vinculado.

O § 2º do art. 4º da lei estudada determina que quando o documento necessário à prova do alegado encontrar-se em repartição ou estabelecimento público, em poder de autoridade ou de terceiro, havendo recusa em fornecê-lo por certidão, no original, ou em cópia autêntica, será ordenada, a pedido do impetrante, a exibição do documento no prazo de 10 (dez) dias, devendo, nesse caso, ser juntada cópia à segunda via da petição.

Por outro lado, se a recusa em fornecer o documento for do impetrado, a ordem será feita no próprio instrumento da notificação, de acordo com o § 3º do mesmo dispositivo legal.

Após o recebimento da inicial, algumas providências serão ordenadas, conforme determina o art. 5º da lei objeto de estudo: I – a notificação do impetrado sobre o conteúdo da petição inicial, devendo-lhe ser enviada a segunda via apresentada com as cópias dos documentos, a fim de que, no prazo de 10 (dez) dias, preste informações; II – a ciência do ajuizamento da ação ao órgão de representação judicial da pessoa jurídica interessada, devendo-lhe ser enviada cópia da petição inicial, para que, querendo, ingresse no feito.

Após o término do prazo para apresentação das informações, o Ministério Público será ouvido, devendo opinar em 10 (dez) dias, após o que, com ou sem parecer, os autos serão conclusos para decisão, conforme determina o art. 7º da lei.

Fora isso, se a petição inicial for manifestamente incabível ou manifestamente improcedente, determina o art. 6º da lei que ela será desde logo indeferida. O recurso para tanto vem previsto no parágrafo único desse mesmo art. 6º, de modo que contra a tal decisão caberá agravo, em 5 (cinco) dias, para o órgão colegiado competente para o julgamento da impetração.

9.5.2.3.1.6. Providências após o reconhecimento da mora legislativa

De acordo com o art. 8º da lei, três providências podem ser tomadas pelo judiciário, ao reconhecer o estado de mora legislativa. Sendo assim, a injunção será deferida para:

I – determinar **prazo razoável para que o impetrado promova a edição da norma** regulamentadora;

II – **estabelecer as condições em que se dará o exercício dos direitos, das liberdades ou das prerrogativas reclamados** ou, se for o caso, a**s condições em que poderá o interessado promover ação própria visando a exercê-los**, caso não seja suprida a mora legislativa no prazo determinado.

O parágrafo único do art. 8º da lei dispensa a determinação de prazo razoável para que o impetrado promova a edição da norma regulamentadora quando ficar comprovado que o impetrado deixou de atender, em mandado de injunção anterior, ao prazo estabelecido para a edição da norma.

9.5.2.3.1.7. Eficácia subjetiva

Determina o art. 9º da nova lei que a decisão terá eficácia subjetiva limitada às partes e produzirá efeitos até o advento da norma regulamentadora. Sendo assim, em regra, somente as partes que participaram do processo serão beneficiadas pela decisão e apenas até que sobrevenha a regulamentação legal.

Excepcionalmente poderá ser conferida eficácia *ultra partes* ou *erga omnes* à decisão, quando isso for inerente ou indispensável ao exercício do direito, da liberdade ou da prerrogativa objeto da impetração. É o que determina o § 1º do art. 9º da nova lei.

O § 2º do mesmo artigo determina que transitada em julgado a decisão, seus efeitos poderão ser estendidos aos casos análogos por decisão monocrática do relator.

Por fim, o indeferimento do pedido por insuficiência de prova não impede a renovação da impetração fundada em outros elementos probatórios, conforme dispõe o § 3º do art. 9º da lei estudada.

9.5.2.3.1.8. Mandado de injunção coletivo

Expressamente previsto na nova lei, o mandado de injunção coletivo, que já podia ser impetrado segundo o STF, possui agora os seguintes legitimados:

I – **o Ministério Público**, quando a tutela requerida for especialmente relevante para a defesa da ordem jurídica, do regime democrático ou dos interesses sociais ou individuais indisponíveis;

II – **o partido político com representação no Congresso Nacional**, para assegurar o exercício de direitos, liberdades e prerrogativas de seus integrantes ou relacionados com a finalidade partidária;

III – **a organização sindical, a entidade de classe ou a associação legalmente constituída e em funcionamento há pelo menos 1 (um) ano**, para assegurar o exercício de direitos, liberdades e prerrogativas em favor da totalidade ou de parte de seus membros ou associados, na forma de seus estatutos e desde que pertinentes a suas finalidades, dispensada, para tanto, autorização especial;

IV – **a Defensoria Pública**, quando a tutela requerida for especialmente relevante para a promoção dos direitos humanos e a defesa dos direitos individuais e coletivos dos necessitados, na forma do inciso LXXIV do art. 5º da CF/1988.

A novidade trazida pela lei nesse tópico diz respeito à possibilidade da impetração do remédio pelo Ministério Público e pela Defensoria Pública. A lei do mandado de segurança, utilizada para suprir a omissão de regulamentação do próprio mandado de injunção, pois não existia uma lei específica tratando desse remédio, não prevê como legitimados o Ministério Público e a Defensoria Pública.

Vale lembrar que os direitos, as liberdades e as prerrogativas protegidos por mandado de injunção coletivo são os pertencentes, indistintamente, a uma coletividade indeterminada de pessoas ou determinada por grupo, classe ou categoria, conforme determina o parágrafo único do art. 12 da Lei 13.300/2016.

A sentença no mandado de injunção coletivo, de acordo com o *caput* do art. 13 da Lei 13.300/2016, fará coisa julgada limitadamente às pessoas integrantes da coletividade, do grupo, da classe ou da categoria substituídos pelo impetrante, sem prejuízo do disposto nos §§ 1º e 2º do art. 9º, ou seja, poderá ser conferida eficácia *ultra partes* ou *erga omnes* à decisão, quando isso for inerente ou indispensável ao exercício do direito, da liberdade ou da prerrogativa objeto da impetração e transitada em julgado a decisão, seus efeitos poderão ser estendidos aos casos análogos por decisão monocrática do relator.

Por fim, para que os impetrantes de mandados de injunção individuais se beneficiem da impetração coletiva, eles deverão desistir da demanda individual no prazo de 30 (trinta) dias a contar da ciência comprovada da impetração coletiva. Tal impetração não induz litispendência em relação aos mandados de injunção individuais, conforme determina o parágrafo único do art. 13 da Lei 13.300/2016.

9.5.2.3.1.9. Revisão

De acordo com o art. 10 da lei, sem prejuízo dos efeitos já produzidos, a decisão poderá ser revista, a pedido de qualquer interessado, quando sobrevierem relevantes modificações das circunstâncias de fato ou de direito. O parágrafo único do mesmo dispositivo determina que a ação de revisão observará, no que couber, o procedimento estabelecido nesta Lei.

9.5.2.3.1.10. Norma regulamentadora superveniente

O que acontecerá se a lei regulamentadora for criada após a decisão? O art. 11 da lei responde esse questionamento, ao determinar que a norma regulamentadora superveniente produzirá efeitos *ex nunc* em relação aos beneficiados por decisão transitada em julgado, salvo se a aplicação da norma editada lhes for mais favorável. O parágrafo único do mesmo art. 11 determina que fica prejudicada a impetração se a norma regulamentadora for editada antes da decisão, caso em que o processo será extinto sem resolução de mérito.

9.5.2.3.1.11. Vigência

De acordo com o último dispositivo da lei, art. 15, a norma já entrou em vigor na data de sua publicação.

9.5.2.4. Ação popular

O inciso LXXIII do art. 5º da CF assegura que qualquer cidadão é parte legítima para propor ação popular que vise a anular ato lesivo ao patrimônio público ou de entidade de que o Estado participe, à moralidade administrativa, ao meio ambiente e ao patrimônio histórico e cultural, *ficando o autor, salvo comprovada má-fé, isento de custas judiciais e do ônus da sucumbência.*

De forma esquemática, conclui-se que a ação popular tem como objetivo proteger 3 elementos fundamentais:

1) o patrimônio público ou de entidade de que o Estado participe;

2) a moralidade administrativa;

3) o meio ambiente e o patrimônio histórico e cultural.

Com isso, o legislador constituinte pretende promover a cidadania, fazendo cada cidadão responsável pela fiscalização dos elementos protegidos pela ação popular.

Vale lembrar que a lei que regulamenta tal ação – c – traz algumas regras, como por exemplo, a de que a lesão à moralidade não pressupõe lesividade material, ou seja, não é necessário dano patrimonial para que a ação com fundamento na proteção à moralidade administrativa seja proposta.

Outra observação é a de que a ação popular não tem por objetivo a defesa do interesse individual e, além disso, não tem o condão de substituir a ação direta de inconstitucionalidade. Esta visa a anular ato normativo, que é abstrato, genérico e que encontra fundamento de validade direto na CF/1988.

De acordo com a Súmula 101 do STF, o mandado de segurança não substitui a ação popular.

Além disso, a Suprema Corte já decidiu: "Ação popular. Demarcação da terra indígena Raposa Serra do Sol. (...) A decisão proferida em ação popular é desprovida de força vinculante, em sentido técnico. Nesses termos, os fundamentos adotados pela Corte não se estendem, de forma automática, a outros processos em que se discuta matéria similar. Sem prejuízo disso, o acórdão embargado ostenta a força moral e persuasiva de uma decisão da mais alta Corte do País, do que decorre um elevado ônus argumentativo nos casos em se cogite da superação de suas razões" (Pet 3.388-ED, rel. min. Roberto Barroso, julgamento em 23-10-2013, Plenário, DJE de 4-2-2014.) É parte legítima para propor ação popular o *cidadão*, restringindo a proposição apenas àqueles que têm capacidade eleitoral ativa, ou seja, àqueles que já se alistaram e podem votar.

Ademais, vale ressaltar que, conforme a Súmula 365 do Supremo Tribunal Federal, pessoa jurídica não tem legitimidade para propor ação popular.

É bom lembrar que em caso de desistência ou absolvição de instância (ocorre quando o autor é desidioso, não dá andamento à ação), qualquer cidadão ou o Ministério Público podem prosseguir no polo ativo.

A ação popular é gratuita, salvo comprovação de má-fé, mas a assistência de advogado é necessária; depende, portanto, de capacidade postulatória.

9.5.2.5. Mandado de segurança

A Constituição de 1934 foi a primeira a prever expressamente a possibilidade da impetração de mandado de segurança. Depois disso, as Constituições que se seguiram trataram do tema, com exceção da de 1937 (da época de Getúlio Vargas).

O mandado de segurança pode ser conceituado como uma ação de natureza constitucional que tem por finalidade resguardar direito líquido e certo contra abuso de poder ou ilegalidade, praticado por autoridade pública ou por quem lhe faça as vezes, desde que tal direito não esteja protegido por *habeas corpus* ou *habeas data*.

Importante definição que deve ser trazida nesse momento é a de direito líquido e certo. Conforme ensinamento de Hely Lopes Meireles (*Mandado de Segurança*, 27ª Edição, p. 36 e 37), "direito líquido e certo é o que se apresenta manifesto na sua existência, delimitado na sua extensão e apto a ser exercitado no momento da impetração".

Em suma, líquido e certo é aquele direito em que há prova documental pré-constituída, que, de plano, é possível comprovar, não havendo necessidade de dilação probatória.

Para a proteção de tal direito cabe a impetração do mandado de segurança. Ele possui caráter **residual** e vem previsto no inciso LXIX e LXX do art. 5º da Constituição.

Desse modo, o mandado de segurança atua complementando a proteção dos direitos e garantias constitucionais quando nenhum outro remédio é cabível. Diz o inciso LXIX: "conceder-se-á mandado de segurança para proteger direito líquido e certo, não amparado por 'habeas corpus' ou 'habeas data', quando o responsável pela ilegalidade ou abuso de poder for autoridade pública ou agente de pessoa jurídica no exercício de atribuições do Poder Público".

Assim, não será cabível mandado de segurança para proteger o direito à liberdade de locomoção, pois esta proteção é feita pelo *habeas corpus*. Do mesmo modo, não cabe mandado de segurança para anular ato lesivo ao patrimônio público, pois esta requisição deve ser feita em via de ação popular.

Um exemplo de possibilidade de impetração desse remédio ocorre quando alguém, que não pretende efetuar o pagamento determinado imposto, por considerar que a lei que criou o mencionado tributo é inconstitucional ajuíza mandado de segurança.

Além da previsão constitucional, o mandado de segurança foi regulamentado pela Lei 12.016/2009 e por algumas súmulas.

Por exemplo, o art. 25 da mencionada lei determina que o não cabimento, no processo de mandado de segurança, de embargos infringentes e de condenação ao pagamento dos honorários advocatícios, sem prejuízo da aplicação de sanções no caso de litigância de má-fé. A súmula 512 do STF reafirma que não cabe condenação em honorários de advogado na ação de mandado de segurança.

Ainda, não é possível a impetração de mandado de segurança contra ato judicial passível de recurso ou correição (Súmula 267 do STF).

Outra Súmula do STF é a de número 266: "Não cabe mandado de segurança contra lei em tese."

Além das mencionadas, outras súmulas, editadas pela Suprema Corte, têm relevância quando se trata de mandado de segurança, quais sejam:

Súmula 510: "Praticado o ato por autoridade, no exercício de competência delegada, contra ela cabe o mandado de segurança ou a medida judicial."

Súmula 271: "Concessão de mandado de segurança não produz efeitos patrimoniais em relação a período pretérito, os quais devem ser reclamados administrativamente ou pela via judicial própria."

Súmula 270: "Não cabe mandado de segurança para impugnar enquadramento da Lei 3.780, de 12-7-1960, que envolva exame de prova ou de situação funcional complexa."

Súmula 269: "O mandado de segurança não é substitutivo de ação de cobrança."

Súmula 268: "Não cabe mandado de segurança contra decisão judicial com trânsito em julgado."

O não cabimento mencionado na súmula acima, também veio previsto no art. 5º da Lei 12.016/2009, além de outras impossibilidades de impetração desse remédio. Segundo o mencionado dispositivo, não se concederá mandado de segurança quando se tratar: I – de ato do qual caiba recurso administrativo com efeito suspensivo, independentemente de caução; II – de decisão judicial da qual caiba recurso com efeito suspensivo; III – de decisão judicial transitada em julgado. Determina ainda o § 2º do art. 1º da Lei que não cabe mandado de segurança contra os atos de gestão comercial praticados pelos administradores de empresas públicas, de sociedade de economia mista e de concessionárias de serviço público.

Súmula 101: "O mandado de segurança não substitui a ação popular."

São legitimadas para impetrar mandado de segurança pessoas físicas ou jurídicas. A ação não está isenta de custas perante o Poder Judiciário, e a assistência de advogado é necessária.

Vale acrescentar que o STF já decidiu que "o art. 14, § 2º, da Lei n. 12.016/2009, conferiu legitimidade recursal, não capacidade postulatória, à autoridade coatora, não havendo, pois, ofensa ao art. 133 da CRFB. [ADI 4.403, rel. min. Edson Fachin, j. 23-8-2019, P, DJE de 9-9-2019].

Sobre a legitimidade passiva, vale lembrar que o STJ decidiu, por maioria, "o Presidente do Tribunal de Justiça estadual que executa decisão proferida pelo CNJ não pode ser considerado autoridade coatora para fins de impetração de mandado de segurança. No caso, o presidente do tribunal determinou o afastamento dos titulares de serventias que extrajudiciais efetivados sem concurso público após a CF com base no Pedido de Providências n. 861 do CNJ. Sabe-se que, no mandado de segurança, a autoridade coatora é aquela que ordena a execução do ato impugnado e quem cumpre a ordem é o mero executor. Portanto, como o ato coator emanou do CNJ, o presidente do tribunal não tem legitimidade para figurar no polo passivo da ação mandamental. Assim, não cabe ao Judiciário substituir a autoridade erroneamente indicada na petição inicial como coatora, além do que, sendo o STF competente para o julgamento do *mandamus*, haveria indevida alteração da competência absoluta (RMS 30.561-GO, Rel. Teori Albino Zavascki, julgado em 14.08.2012. Inform. STJ 502).

Vale lembrar que, corroborando algo que já existia, a Lei n. 12.016/2009, em seu art. 23, traz o prazo decadencial de **120 dias** para que o sujeito ingresse com a ação de mandado de segurança, contados da ciência do ato impugnado. A constitucionalidade de tal prazo já foi questionada, mas o STF entendeu que o prazo é constitucional (Súmula 632).

Outro tema já sedimentado é no sentido de que o pedido de reconsideração feito na via administrativa não tem o condão de interromper o prazo para a impetração do mandado de segurança. É o que determina a Súmula 430 do STF. Com base na Súmula 625 do STF, controvérsia sobre matéria de direito não impede a concessão de mandado de segurança.

Vale lembrar que o art. 20 da Lei 12.016/2009 determina que os processos de mandado de segurança e os respectivos recursos tenham a prioridade sobre todos os atos judiciais, salvo *habeas corpus*.

Ainda tratando da lei do mandado de segurança, é importante verificar que a Lei 13.676 de 11 de junho de 2018 alterou a 12.016/2009 para permitir a **defesa oral do pedido de liminar** na sessão de julgamento do mandado de segurança. Sendo assim, a nova redação do o art. 16 da Lei 12.016/2009 determina que nos casos de competência originária dos tribunais, caberá ao relator a instrução do processo, sendo assegurada a **defesa oral** na sessão do julgamento do mérito **ou do pedido liminar**.

Além disso, de acordo com a Súmula 624 do STF, não cabe ao Pretório Excelso conhecer originariamente mandado de segurança contra atos de outros tribunais. Também, a Súmula 266 do STF determina que não é possível a impetração de mandado de segurança contra lei em tese.

A Constituição admite também a impetração de **mandado segurança coletivo**, conforme se verifica no inciso LXX do art. 5º da CF: "o mandado de segurança coletivo pode ser impetrado por:

a) partido político com representação no Congresso Nacional;

b) organização sindical, entidade de classe ou associação legalmente constituída e em funcionamento há pelo menos um ano, em defesa dos interesses de seus membros ou associados."

Entende o STF que a entidade de classe tem legitimação para o mandado de segurança, ainda quando a pretensão veiculada interesse apenas a uma parte da respectiva categoria (art. 21 da Lei 12.016/2009 e Súmula 630). Também é jurisprudência da Suprema Corte (Súmula 629) que a impetração de mandado de segurança coletivo por entidade de classe em favor dos associados independe de autorização deles.

De acordo com o Supremo, o mandado de segurança coletivo, quando impetrado pela Ordem dos Advogados do Brasil, deve ser proposto perante a Justiça Federal. Vale a leitura do julgado: "Presente a Ordem dos Advogados do Brasil – autarquia federal de regime especial – no polo ativo de mandado de segurança coletivo impetrado em favor de seus membros, a competência para julgá-lo é da Justiça Federal, a despeito de a autora não postular direito próprio" (RE 266.689-AgR, Rel. Min. Ellen Gracie, julgamento em 17.08.2004, *DJ* de 03.09.2004).

De acordo com o art. 22 da lei do mandado de segurança, quando o remédio for impetrado na modalidade coletiva, a sentença fará coisa julgada limitadamente aos membros do grupo ou categoria substituídos pelo impetrante. Desse modo, não produz efeitos *erga omnes*.

O § 1º do mesmo dispositivo determina que o mandado de segurança coletivo não induz litispendência para as ações individuais, mas os efeitos da coisa julgada não beneficiarão o impetrante a título individual se não requerer a desistência de seu mandado de segurança no prazo de 30 (trinta) dias a contar da ciência comprovada da impetração da segurança coletiva.

Outro tópico importante sobre o MS coletivo diz respeito à liminar. De acordo com o § 2º do art. 22 da Lei 12.016/2009 ela só poderá ser concedida após a audiência do representante judicial da pessoa jurídica de direito público, que deverá se pronunciar no prazo de 72 (setenta e duas) horas.

Por fim, ressaltamos que, de acordo com o art. 25 da lei do MS, não cabem, no processo de mandado de segurança, a interposição de embargos infringentes e a condenação ao pagamento dos honorários advocatícios, sem prejuízo da aplicação de sanções no caso de litigância de má-fé.

9.6. Nacionalidade

Nacionalidade pode ser conceituada como o vínculo de natureza jurídica e política que integra o indivíduo a um determinado Estado. Após isso, o sujeito passa a fazer parte do elemento pessoal do Estado e é denominado de nacional.

Os países são responsáveis pela elaboração das normas jurídicas que cuidam das formas de aquisição, perda e das espécies de nacionalidade. É atribuição de cada Estado definir quem são os seus nacionais.

É importante verificar-se os conceitos de povo, população, nação e cidadania:

a) Povo – é o conjunto de pessoas que tem o vínculo da nacionalidade com o Estado. É o conjunto de nacionais;

b) População – o conceito é demográfico. Pode ser conceituada como o conjunto de habitantes de cada território. Aqui se enquadram os nacionais e os estrangeiros. A diferença de população e povo é que no último só se inclui no conceito os nacionais, ou seja, natos ou naturalizados;

c) Nação – é o conjunto de pessoas ligadas por semelhanças, afinidades de etnia, costumes, idioma. Os nacionais se enquadram na definição de nação. Os estrangeiros não, pois cada país tem seus hábitos, costumes, cultura, tradição etc.;

d) Cidadania – a definição é taxativa, dá-se por meio de alistamento eleitoral; só o nacional pode ser detentor de direitos políticos. Portanto, diz-se que a nacionalidade é um requisito importante, mas não suficiente para a cidadania, haja vista a necessidade da obtenção do título de eleitor.

O Pacto São José da Costa Rica, tratado internacional sobre direitos humanos, reconhece o direito à nacionalidade como direito fundamental do indivíduo em seu art. 20.

Os nacionais são divididos em natos ou naturalizados. O § 2º do art. 12 da Constituição proíbe que existam diferenças entre brasileiros natos e naturalizados, com exceção dos casos em que ela própria faz distinção. Desse modo, as diferenças só serão admitidas se decorrentes do texto constitucional.

9.6.1. Nato e naturalizado: distinções

9.6.1.1. Cargos privativos (art. 12, § 3º, CF)

O § 3º do art. 12 traz o rol taxativo dos *cargos privativos* de brasileiro nato. São eles:

- ✓ Presidente e Vice-Presidente da República;
- ✓ Presidente da Câmara de Deputados;
- ✓ Presidente do Senado Federal;
- ✓ Ministro do Supremo Tribunal Federal;
- ✓ Carreira diplomática;
- ✓ Oficial das Forças Armadas;
- ✓ Ministro de Estado da Defesa.

Os cargos de Presidente, Vice, Presidente da Câmara, do Senado e Ministro do Supremo Tribunal Federal devem ser preenchidos por natos por conta de a Constituição não admitir que brasileiro naturalizado se torne Presidente da República. Dessa maneira, como esses indivíduos eventualmente ocuparão o cargo de Chefe do Poder Executivo, eles devem possuir nacionalidade brasileira originária, ou seja, devem ser natos.

Vale lembrar que o art. 89, VII, da CF determina que seis cadeiras do Conselho da República, órgão superior de consulta do Presidente da República, sejam preenchidas por cidadãos **brasileiros natos**, com mais de trinta e cinco anos de idade, sendo dois nomeados pelo Presidente da República, dois eleitos pelo Senado Federal e dois eleitos pela Câmara dos Deputados, todos com mandato de três anos, vedada a recondução. Desse modo, tais lugares também são destinados apenas a brasileiros natos.

Passemos então para as outras hipóteses de distinção entre brasileiros natos e naturalizados, admitidas pela constituição.

9.6.1.2. Impossibilidade de extradição de brasileiro nato (art. 5º, LI, CF)

O art. 5º, LI, da CF dispõe que "nenhum brasileiro será extraditado, salvo o naturalizado, em caso de crime comum, praticado antes da naturalização, ou de comprovado envolvimento em tráfico ilícito de entorpecentes e drogas afins, na forma da lei". Dessa maneira, somente o naturalizado poderá ser extraditado e desde que configure uma das hipóteses mencionadas.

Vale lembrar que de acordo com o art. 5º, LII, da CF, o Brasil não pode conceder a extradição de estrangeiro por crime político ou de opinião. Assim, se um sujeito é acusado da prática de crime político, não poderá ser extraditado, independentemente de sua nacionalidade.

9.6.1.3. Situação que gera perda da nacionalidade apenas ao naturalizado (art. 12, § 4º, I, CF)

O inciso I do § 4º do art. 12 da CF menciona que aquele que tiver sua naturalização cancelada por sentença judicial, em decorrência da prática de atividade nociva ao interesse nacional, perde sua nacionalidade.

9.6.1.4. Conselho da República: membros

Dentre as cadeiras destinadas às pessoas que fazem parte do Conselho da República, conforme o art. 89, inciso VII, da CF, seis são destinadas a brasileiros natos. Assim, esses lugares não poderão ser ocupados por naturalizados. O Conselho da República é um órgão de consulta do Presidente da República.

9.6.1.5. Empresa jornalística e de radiodifusão: propriedade

Dispõe o art. 222 da Constituição Federal que brasileiros naturalizados podem ser proprietários dessas empresas, desde que tenham adquirido a nacionalidade brasileira há mais de dez anos.

9.6.2. Formas de aquisição da nacionalidade brasileira: originária ou secundária

9.6.2.1. Nacionalidade originária, primária ou involuntária

É a que o indivíduo detém por meio do nascimento. Existem critérios para a atribuição dessa nacionalidade: o territorial (*ius soli*) e sanguíneo (*ius sanguinis*). A Constituição de 1988 adotou ambos, conhecido como critério misto. Assim, em alguns momentos utiliza-se do local de nascimento para identificar o nato e em outros do critério sanguíneo.

Há quatro situações em que o sujeito é considerado brasileiro nato, vejamos:

9.6.2.1.1. Art. 12, inciso I, alínea "a", da Constituição Federal (critério territorial)

A primeira situação é aquela em que são considerados brasileiros natos os *nascidos* no território da República Federativa do Brasil, ainda que de pais estrangeiros, desde que estes não estejam a serviço de seu país.

Desse modo, nasceu no Brasil é considerado brasileiro nato, com exceção do indivíduo que possua pais estrangeiros que estejam no Brasil a serviço do país de origem. Basta que um dos pais esteja a serviço do país de origem para que o filho nascido no Brasil *não* seja considerado brasileiro nato.

9.6.2.1.2. Art. 12, inciso I, alínea "b", da Constituição Federal (critério sanguíneo)

O dispositivo considera nato aquele nascido no estrangeiro, de pai ou de mãe brasileira, desde que qualquer deles esteja a serviço da República Federativa do Brasil.

A expressão "a serviço de seu país" deve ser interpretada de forma a favorecer o indivíduo, o significado é amplo. Um dos pais ou os dois devem estar em território estrangeiro, a serviço do Brasil (critério funcional).

9.6.2.1.3. Art. 12, inciso I, alínea "c", da Constituição Federal (primeira parte)

O dispositivo mencionado teve sua redação alterada pela EC 54/07.

A primeira parte menciona que são considerados brasileiros natos os indivíduos nascidos no estrangeiro, de pai ou mãe brasileira, desde que registrados na repartição brasileira competente (consular ou diplomática).

Essa hipótese constava do texto original da CF de 1988. Só que em 1994, após a revisão constitucional, foi suprimida. A revogação da norma se deu em virtude de problemas gerados pela regra, como a existência de muitos brasileiros natos espalhados pelo mundo que não tinham relação alguma com o Brasil. A tentativa de sanar tais problemas restou infrutífera, gerando outro problema pior que era a existência de apátridas.

Exemplo: um casal brasileiro faz uma viagem a passeio para a Itália. A mulher, grávida de 8 meses, passa mal e acaba tendo o filho na Itália. Esse indivíduo será considerado brasileiro, italiano, apátrida? Italiano não, pois na Itália o critério adotado para definir quem é considerado italiano é o *ius sanguinis*, somente filhos de pais italianos possuem a nacionalidade italiana. Será o sujeito, então, brasileiro? Não, porque os pais não estavam a serviço do Brasil, e sim numa viagem turística. Essa era uma hipótese em que a criança seria considerada um apátrida.

Por conta disso é que a EC 54/07, admite o registro desse indivíduo no consulado ou repartição diplomática competente, pondo fim à situação de apátrida; com o registro o sujeito será considerado brasileiro nato.

9.6.2.1.4. Art. 12, inciso I, alínea "c", da Constituição Federal (segunda parte)

Dispõe que são considerados brasileiros natos os indivíduos nascidos no estrangeiro, de pai brasileiro ou mãe brasileira, que venham a residir no Brasil e, uma vez atingida a maioridade, optem pela nacionalidade brasileira (três requisitos: residência no Brasil, maioridade e opção). Após o cumprimento dessas formalidades, o indivíduo detém a nacionalidade originária potestativa, isto é, o Brasil não possui competência para negar esse reconhecimento. Essa hipótese ocorrerá se os pais não tiverem registrado o filho em repartição brasileira competente.

Ressalta-se que a opção pela nacionalidade brasileira é ato personalíssimo, e, por conta disso, a Constituição exige a maioridade para a sua efetivação. Até esse momento é dada ao sujeito uma nacionalidade provisória.

9.6.2.2. Nacionalidade derivada, secundária, voluntária ou adquirida

É a que o indivíduo adquire, após o nascimento, por meio do processo de naturalização, por um ato voluntário. A pessoa manifesta sua intenção em se naturalizar, cumpre os requisitos previstos na Constituição e normas infraconstitucionais e faz o pedido de naturalização.

De forma discricionária, o Brasil concederá a nacionalidade o estrangeiro que formulou pedido de naturalização.

Conforme dispõe o art.64 da Lei 13.445/2017 (Lei de Migração), a naturalização poderá ser: ordinária, extraordinária, especial ou provisória. Vejamos:

a) Ordinária (art. 12, II, "a", da CF e art. 65 da Lei 13.445/2017 – Lei de Migração): obtida a partir da adoção dos procedimentos da Lei de Migração (art. 65). E, aos estrangeiros originários de países que falam a língua portuguesa, um ano de residência ininterrupta no Brasil e idoneidade moral. A naturalização ordinária será adquirida, portanto, após o preenchimento das condições previstas no citado art. 65 da Lei de Migração, quais sejam: I – ter capacidade civil, segundo a lei brasileira; II – ter residência em território nacional, pelo prazo mínimo de 4 (quatro) anos; III – comunicar-se em língua portuguesa, consideradas as condições do naturalizando; e IV – não possuir condenação penal ou estiver reabilitado, nos termos da lei. Além disso, o art. 66 da mesma norma traz a possibilidade da redução do prazo de residência fixado no inciso II do caput do art. 65 para, no mínimo, 1 (um) ano se o naturalizando preencher quaisquer das seguintes condições: ter filho brasileiro, ter cônjuge ou companheiro brasileiro e não estar dele separado legalmente ou de fato no momento de concessão da naturalização, haver prestado ou poder prestar serviço relevante ao Brasil ou recomendar-se por sua capacidade profissional, científica ou artística.

b) Extraordinária (art. 12, II, "b", da CF e art. 67 da Lei 13.445/2017): é aquela que decorre de largo lapso temporal de residência no país, a qual justifica a presunção de fortes vínculos com o Brasil. Os requisitos para tanto são: residência ininterrupta há mais de 15 anos e não possuir condenação criminal. Determina o art. 67 da Lei de Migração que a naturalização extraordinária será concedida a pessoa de qualquer nacionalidade fixada no Brasil há mais de 15 (quinze) anos ininterruptos e sem condenação penal, desde que requeira a nacionalidade brasileira.

c) Especial (arts. 68 e 69 da Lei 13.445/2017): de acordo com o art. 68 da citada lei, a naturalização especial poderá ser concedida ao estrangeiro que se encontre em uma das situações: I – seja cônjuge ou companheiro, há mais de 5 (cinco) anos, de integrante do Serviço Exterior Brasileiro em atividade ou de pessoa a serviço do Estado brasileiro no exterior; ou II – seja ou tenha sido empregado em missão diplomática ou em repartição consular do Brasil por mais de 10 (dez) anos ininterruptos. Os requisitos para a concessão da naturalização especial vêm previstos no art. 69 da mesma lei e são os seguintes: I – ter capacidade civil, segundo a lei brasileira; II – comunicar-se em língua portuguesa, consideradas as condições do naturalizando; e III – não possuir condenação penal ou estiver reabilitado, nos termos da lei.

d) Provisória (art. 70 da 13.445/2017): poderá ser concedida ao migrante criança ou adolescente que tenha fixado residência em território nacional antes de completar 10 (dez) anos de idade e deverá ser requerida por intermédio de seu representante legal. Essa naturalização provisória, de acordo com o parágrafo único do art. 70 da citada lei, poderá ser convertida em definitiva se o naturalizando expressamente assim o requerer no prazo de 2 (dois) anos após atingir a maioridade.

9.6.3. Competência

A disciplina do tema nacionalidade é dada apenas pela Constituição quando se tratar de nacionalidade originária (natos) e da Constituição Federal e da lei infraconstitucional federal quando a nacionalidade for do tipo derivada (naturalizados). Tem de ser lei federal, pois a atribuição legislativa é da União (art. 22, XIII, da CF).

Vale lembrar que medida provisória não pode dispor sobre nacionalidade, por conta do comando constitucional, previsto no art. 62, § 1º, I, *a*.

9.6.4. Perda da nacionalidade brasileira

As situações taxativas de perda da nacionalidade estão previstas no § 4º do art. 12 da Constituição. Existem situações aplicáveis ao nato e ao naturalizado e outras relacionadas apenas ao segundo. São as abaixo tratadas:

9.6.4.1. Cancelamento judicial da naturalização

Pode ocorrer o cancelamento da naturalização por condenação transitada em julgado, em virtude da prática de atividade nociva ao interesse nacional. Pouco utilizada. Vale lembrar que o parágrafo único do art. 75 da Lei de Migração determina que o risco de geração de situação de apatridia será levado em consideração antes da efetivação da perda da nacionalidade.

9.6.4.2. Aquisição voluntária de outra nacionalidade

A perda nessa hipótese é aplicável tanto ao brasileiro nato como ao naturalizado. Deve ocorrer após procedimento administrativo, no qual tenham sido assegurados a ampla defesa e o contraditório, sendo necessário um decreto do Presidente da República declarando a perda.

É importante lembrar que o § 4º, inciso II, alíneas "a" e "b" da Constituição Federal traz duas hipóteses de aquisição de nova nacionalidade, mas que não geram perda da brasileira:

a) quando há reconhecimento da nacionalidade *originária* pela lei estrangeira. Exemplo: a Itália reconhece originariamente como italianos os filhos e netos de italianos. Nesse caso o sujeito pode cumular as nacionalidades;

b) imposição de naturalização pela lei estrangeira como condição de permanência ou para o exercício dos direitos civis. Exemplo: os jogadores de futebol que residem no exterior e, como condição de permanência, o país impõe que se naturalizem.

Nas hipóteses explicitadas, ou seja, nos casos de cumulação de mais de uma nacionalidade, o indivíduo é chamado de polipátrida – muitas pátrias ou mais de uma pátria. Diferente, portanto, do apátrida, que é aquele que não possui nacionalidade. Frise-se que esta última situação está, atualmente, banida pela Declaração Universal dos Direitos do Homem.

Por fim, o tema reaquisição da nacionalidade é tratado no art. 76 da Lei 13.445/17 o qual dispõe que o brasileiro que, em razão do previsto no inciso II do § 4º do art. 12 da Constituição Federal, houver perdido a nacionalidade, uma vez cessada a causa, poderá readquiri-la ou ter o ato que declarou a perda revogado, na forma definida pelo órgão competente do Poder Executivo.

9.6.5. Portugueses residentes no Brasil

A Constituição Federal determina que, havendo reciprocidade em favor dos brasileiros que residam em Portugal, sejam atribuídos aos portugueses com residência permanente no Brasil os mesmos direitos inerentes aos brasileiros naturalizados.

Tal hipótese não configura naturalização; o português apenas possui os direitos atribuídos ao naturalizado. Para tanto, são necessários dois requisitos: que o português resida de forma permanente no Brasil; e que haja igual tratamento, ou seja, reciprocidade, aos brasileiros que estejam permanentemente residindo em Portugal.

O Estatuto da Igualdade, tratado internacional de amizade e cooperação entre Brasil e Portugal, regulamenta esse assunto, fixando, dentre outras, as regras sobre a inviolabilidade da nacionalidade originária, as facilidades em relação à expedição de documentos pessoais, a proibição da concessão de extradição de portugueses e brasileiros, exceto se o solicitante for o Governo da nacionalidade do indivíduo.

De acordo com o Supremo, "a norma inscrita no art. 12, § 1º, da Constituição da República – que contempla, em seu texto, hipótese excepcional de quase nacionalidade – não opera de modo imediato, seja quanto ao seu conteúdo eficacial, seja no que se refere a todas as consequências jurídicas que dela derivam, pois, para incidir, além de supor o pronunciamento aquiescente do Estado brasileiro, fundado em sua própria soberania, depende, ainda, de requerimento do súdito português interessado, a quem se impõe, para tal efeito, a obrigação de preencher os requisitos estipulados pela Convenção sobre Igualdade de Direitos e Deveres entre brasileiros e portugueses." (Ext 890, Rel. Min. Celso de Mello, julgamento em 05.08.2004, Primeira Turma, *DJ* de 28.10.2004.) No mesmo sentido: HC 100.793, Rel. Min. Marco Aurélio, julgamento em 02.12.2010, Plenário, *DJE* de 1º.02.2011.

9.7. Direitos políticos

Os direitos políticos podem ser conceituados como o grupo ou conjunto de normas que disciplinam a atuação da soberania popular. Estão previstos nos arts. 14, 15 e 16 da Constituição Federal. O fundamento dessas normas advém do art. 1º da citada Constituição. Seu *caput* define o pacto federativo, seus incisos trazem os fundamentos da República Federativa do Brasil e seu parágrafo único indica quem é o titular do poder, o povo. Consagra, portanto, a *soberania popular*.

A doutrina divide os direitos políticos em *positivos* e *negativos*. Os primeiros dizem respeito à possibilidade das pessoas de votarem e serem votadas, ou seja, de participar das eleições tanto como eleitoras quanto como candidatas. São também conhecidos como direito de sufrágio ou capacidade eleitoral ativa e passiva. Tal direito é exercido nas eleições e por meio das consultas populares (plebiscito e referendo). É considerado o núcleo dos direitos políticos. Os segundos, direitos políticos negativos, estão relacionados aos impedimentos, aos fatos que impossibilitam a participação no processo eleitoral. Englobam tanto as inelegibilidades como a privação dos direitos políticos que se dá com a perda ou suspensão desses direitos.

Analisaremos, em primeiro lugar, os direitos políticos positivos.

O exercício da soberania popular se dá de forma direta ou indireta. A forma indireta é aquela exercida por meio da democracia representativa, ou seja, por meio de representantes eleitos periodicamente; ao passo que a forma direta é a exercida mediante plebiscito, referendo e iniciativa popular das leis.

O plebiscito e o referendo são formas de consulta ao povo. As consultas visam à deliberação de matérias de grande relevância. A diferença entre os dois institutos diz respeito ao *momento* em que essa consulta é realizada.

No plebiscito, há a convocação do povo para se manifestar; a consulta à população sobre matéria de grande relevância se dá de forma *prévia*, ou seja, anteriormente à edição do ato normativo que tratará do assunto, podendo, ou não, autorizar o início do processo legislativo sobre o tema. O exemplo que temos é o que ocorreu em 1993, nos termos do art. 2º do ADCT, quando o povo foi convocado para decidir sobre a forma (república ou monarquia) e o sistema de governo (parlamentarismo ou presidencialismo). Naquele momento, o povo – titular do poder – decidiu que a forma de governo seria a república e o sistema continuaria sendo o presidencialismo. Vejam que a forma e o sistema de governo adotados no Brasil não são considerados cláusulas pétreas. Outro exemplo, aliás, um caso em que é imprescindível a realização da consulta popular prévia diz respeito à formação de novos Estados ou de novos Municípios. Sempre que se falar em incorporação, fusão ou desmembramento de Estados e Municípios, tais atos somente terão validade se esta for a vontade do povo, e isso será verificado após a realização prévia de um plebiscito (art. 18, §§ 3º e 4º, da CF).

Diferentemente ocorre no referendo. Aqui a consulta ao povo é *posterior* ao ato legislativo. O referendo é uma forma de o povo ratificar (confirmar), ou não, o ato legislativo produzido. No ano de 2000, tivemos um exemplo dessa forma de consulta popular quando houve a convocação do povo para decidir sobre a possibilidade, ou não, da comercialização de armas de fogo. Nesse momento, o povo optou por autorizar a comercialização, confirmando a validade do dispositivo legal previsto no Estatuto do Desarmamento.

Ressalta-se que é da competência exclusiva do Congresso Nacional, conforme art. 49, XV, da CF, autorizar referendo e convocar plebiscito.

Em síntese, o plebiscito é uma consulta popular que se dá de forma prévia, ao passo que o referendo se dá posteriormente à edição do ato normativo.

Os direitos políticos mantêm estrita relação com a cidadania. Aliás, ela é atributo para o exercício de tais direitos. Tecnicamente, *cidadão* é aquele que possui título de eleitor, que já efetuou seu alistamento eleitoral por meio de inscrição perante a Justiça Eleitoral e que está no gozo de seus direitos políticos, ou seja, não houve perda ou não está com esses direitos suspensos. Fala-se, portanto, que esse sujeito é dotado de capacidade eleitoral ativa.

O *alistamento eleitoral*, inscrição na Justiça Eleitoral, é *obrigatório* para os brasileiros maiores de 18 anos de idade. Para que não fique sujeito ao pagamento de multa, o brasileiro nato deve se alistar até um ano, contado da data em que completar 18 anos, ou seja, deve se inscrever perante a Justiça Eleitoral até os 19 anos de idade. Os naturalizados, para se livrarem da multa, também têm um ano, a contar da aquisição da nacionalidade brasileira, para efetivar o alistamento eleitoral.

Para os maiores de 16 e menores de 18, os maiores de 70 anos e os analfabetos, o alistamento eleitoral e o voto são *facultativos*, conforme dispõe o inciso II do § 1º do art. 14 da Constituição Federal.

O mesmo art. traz, em seu § 2º, algumas pessoas que são *inalistáveis* e que, portanto, não podem ser eleitores: os estrangeiros e os conscritos. Os últimos são aqueles convocados para prestar o serviço militar obrigatório; durante esse período, não podem se alistar. São incluídos aqui, de acordo com a Lei 5.292/1967, os dentistas, médicos, farmacêuticos e veterinários que prestarão o serviço após a conclusão da graduação. Tais pessoas, se já tiverem se alistado antes da prestação do serviço obrigatório, continuarão com a inscrição eleitoral, mas não poderão votar até que concluam o serviço militar obrigatório. Vale lembrar que dispositivo que trata dos inalistáveis, art. 14, § 2º, da CF, é considerado uma norma de eficácia plena, aplicabilidade direta, imediata e integral, tema já abordado no exame de ordem.

Por fim, se após o cumprimento do período obrigatório o indivíduo ocupar o serviço militar de natureza permanente, a Constituição determina que seja feito o alistamento eleitoral.

Além do alistamento, ou capacidade eleitoral ativa, existe a capacidade eleitoral passiva, ou *elegibilidade*, que compreende o direito de ser votado. Para que se adquira tal capacidade, é necessário o cumprimento de alguns requisitos. Conforme dispõe o § 3º do art. 14 da Constituição Federal, são condições de elegibilidade:

a) a nacionalidade brasileira;

b) o alistamento eleitoral;

c) o pleno exercício dos direitos políticos;

d) o domicílio eleitoral na circunscrição;

e) a filiação partidária (sobre esse tema, é importante ressaltar o STF, no julgamento das ADI 3.999 e 4.086, confirmou a constitucionalidade da Resolução 22.610/2007 do TSE, que trata do processo de perda de mandato eletivo por infidelidade partidária);

f) a idade mínima de: 18 anos para Vereador; 21 anos para Deputado Federal, Deputado Estadual ou Distrital, Prefeito, Vice-Prefeito e juiz de paz; 30 anos para Governador e Vice-Governador de Estado e do Distrito Federal; e 35 anos para Presidente e Vice-Presidente da República e Senador. Tais idades serão verificadas no momento da posse.

Quanto à *nacionalidade*, conclui-se que tanto o nato quanto o naturalizado são elegíveis, exceto em relação aos cargos de Presidente e Vice-Presidente, pois o § 3º do art. 12 da CF determina que tais cargos devem ser ocupados exclusivamente por brasileiros natos. Outra observação diz respeito àqueles que detêm a condição de portugueses equiparados: como a eles são atribuídos os direitos relativos aos brasileiros naturalizados, também não podem se candidatar aos cargos de Presidente e Vice-Presidente da República.

Fala-se que o sujeito está em *pleno exercício dos seus direitos políticos* quando ele pode não só votar, mas também ser votado. Tal plenitude é conhecida também como direito de sufrágio. Assim, fala-se que aquele que detém capacidade eleitoral ativa e passiva, ou seja, está em pleno exercício dos direitos políticos, possui o denominado direito de sufrágio.

Sabemos que, segundo a CF/1988, o sufrágio é universal, a capacidade eleitoral é dada a todos os nacionais, indiscriminadamente. Aliás, a universalidade é uma característica do voto que consta das cláusulas pétreas (art. 60, § 4º, II, da CF). Opõe-se ao sufrágio universal a forma restrita que seria aquela em que apenas sujeitos que possuíssem condição econômica favorável (voto censitário) ou que detivessem alguma capacidade especial é que poderiam votar. Tal forma é proibida pela Constituição. Nem por emenda constitucional poderá haver discriminações quanto ao exercício do direito de voto.

Partindo da premissa de que para ser elegível o indivíduo precisa deter capacidade eleitoral ativa e passiva, conclui-se que os inalistáveis (estrangeiros e conscritos, durante o serviço militar obrigatório) são também inelegíveis, pois lhes falta o primeiro requisito para a plenitude de seus direitos políticos, que é o direito de votar, isto é, a capacidade eleitoral ativa.

Outra condição de elegibilidade (capacidade eleitoral passiva), conforme já mencionado, é o domicílio eleitoral na circunscrição equivalente ao cargo que pretende. Ressalta-se que o Tribunal Superior Eleitoral considera domicílio eleitoral de forma ampla, mencionando que pode ser o local onde o candidato possui vínculos políticos, sociais, profissionais, econômicos e até comunitários. Desse modo, domicílio eleitoral difere do domicílio civil, previsto no art. 70 do Código Civil. Este último é considerado o lugar onde a pessoa estabelece sua residência com o ânimo definitivo.

Em relação à fidelidade partidária, algumas observações devem ser feitas, tendo em vista a promulgação da EC 91/16. Essa norma alterou a Constituição para estabelecer a **possibilidade, excepcional e em período determinado, de desfiliação partidária, sem prejuízo do mandato**. Determina o art. 1º da mencionada emenda que é facultado ao detentor de mandato eletivo desligar-se do partido pelo qual foi eleito nos trinta dias seguintes à promulgação desta Emenda Constitucional, sem prejuízo do mandato, não sendo essa desfiliação considerada para fins de distribuição dos recursos do Fundo Partidário e de acesso gratuito ao tempo de rádio e televisão.

Para melhor compreensão do assunto, se faz necessária uma análise mais aprofundada do tema. A *filiação partidária* é considerada pelo ordenamento jurídico maior como uma das condições de elegibilidade, de modo que para se candidatar o sujeito precisa demonstrar a sua filiação a um partido político (art. 14, § 3º, V, da CF).

A Lei 13.165, de 29 de setembro de 2015, ao alterar a Lei 9.096/1995 (Partidos Políticos), disciplinou especificamente o assunto **infidelidade partidária**, que, embora anteriormente não tratado expressamente na CF/1988 (antes da EC 91/2016), já tinha direcionamento em resolução do TSE e em decisões do STF e do TSE.

De acordo com o parágrafo único do art. 22-A da Lei 9.096/1995 (incluído pela Lei 13.165/2015), **perderá o mandato o detentor de cargo eletivo que se desfiliar, sem justa causa, do partido pelo qual foi eleito**. Consideram-se justa causa para a desfiliação partidária somente as seguintes hipóteses: I – mudança substancial ou desvio reiterado do programa partidário; II – grave discriminação política pessoal; e III – mudança de partido efetuada durante o período de trinta dias que antecede o prazo de filiação exigido em lei para concorrer à eleição, majoritária ou proporcional, ao término do mandato vigente.

É possível perceber que a terceira situação trazida pela lei (mudança de partido efetuada durante o período de **trinta dias** que antecede o prazo de filiação exigido em lei para concorrer à eleição, majoritária ou proporcional, ao término do mandato vigente) acabou admitindo que o candidato que já detém mandato eletivo e que pretende ser reeleito possa "trocar" de partido sem que isso gere perda do mandato. Para tanto, é necessário que ele apenas faça isso um mês antes do final do prazo estabelecido para a filiação partidária.

Voltando para a EC 91/16, observa-se que nova possibilidade de "troca" de partido político fora criada, sem que isso gere perda do cargo. O detentor de mandato eletivo agora tem a faculdade de desligar-se do partido pelo qual foi eleito nos trinta dias seguintes à promulgação desta Emenda Constitucional, sem prejuízo do mandato, não sendo essa desfiliação considerada para fins de distribuição dos recursos do Fundo Partidário e de acesso gratuito ao tempo de rádio e televisão. Sendo assim, aqueles que possuem mandato eletivo poderão desligar-se partido político que fazem parte até o dia 19 de março de 2016. É claro que se esses políticos quiserem participar das eleições de 2016, eles terão de se filiar a outro partido político dentro do prazo constitucionalmente estabelecido, qual seja, de até seis meses antes do pleito eleitoral.

É importante ressaltar que embora a EC 91/16 tenha autorizado a troca de partido político, ela vedou a utilização, pelo novo partido, dos recursos do fundo partidário e do tempo de acesso gratuito ao rádio e a TV. O antigo partido do político mantém o tempo para rádio e TV que lhe fora concedido, por conta do número de deputados que possuía e o tempo de acesso gratuito ao rádio e a TV. Em suma, há algumas diferenças entre as duas possibilidades de troca de partido político. A legalmente admitida, prevista no inciso III do parágrafo único do art. 22-A da Lei 9.096/1995 (incluído pela Lei 13.165/2015), admite a mudança de partido efetuada durante o período de trinta dias que antecede o prazo de filiação exigido em lei para concorrer à eleição, majoritária ou proporcional, ao término do mandato vigente. A mudança assegurada pela EC 91/2016 pode ser realizada apenas entre 19 de fevereiro de 2016 e 19 de março de 2016. Nesse período, o detentor de mandato eletivo poderá sair do partido pelo qual foi eleito sem perder o mandato por infidelidade partidária. Outra diferença é a de que a troca de partido prevista na lei é considerada como uma justa causa e, por ser assim, não geraria perda do mandato. A hipótese trazida pela EC 91/2016 é tratada, não como justa causa, mas como uma autorização **temporária** para sujeito se desligar do partido pelo qual ele foi eleito. Por ser temporária, só tem validade durante o período de 19 de fevereiro de 2016 e 19 de março de 2016. A situação trazida pela lei, ao contrário, tem caráter durável, de modo que também pode ser aplicada nas futuras eleições.

Dispõe o art. 60, § 4º, inciso II, da CF que o voto tem de ser direto, secreto, universal e periódico. Tomando por base as disposições trazidas, podemos dizer que o voto possui as seguintes características:

1) é ato **direto**: o eleitor não vota em alguém para que esse alguém escolha quem o representará, não há intermediários, vota-se diretamente naquele que o representará. O voto direto é cláusula pétrea, ou seja, nem mesmo pelo poder constituinte derivado reformador (por emenda constitucional) isso poderá ser modificado. Vale lembrar que, conforme já mencionado, embora o voto seja direito, seu exercício é um exemplo de democracia indireta, pois o povo delega seu poder para o governante eleito para que ele o represente;

2) é ato **secreto**: o exercício do direito de voto é algo sigiloso, a opção do sujeito sobre qual candidato escolheu ou escolherá não precisa ser externada. O voto secreto é cláusula pétrea, não pode ser suprimido do texto constitucional. De acordo com o Supremo o sigilo do voto é direito fundamental do cidadão. Assim, decidiu a Suprema Corte que a exigência legal do voto impresso no processo de votação, contendo número de identificação associado à assinatura digital do eleitor, vulnera o segredo do voto, garantia constitucional expressa. A garantia da inviolabilidade do voto põe a necessidade de se garantir ser impessoal o voto para garantia da liberdade de manifestação, evitando-se qualquer forma de coação sobre o eleitor. Vale acrescentar que o "Plenário do STF, por maioria, deferiu medida cautelar em ação direta de inconstitucionalidade para suspender, com eficácia ex tunc, o art. 59-A da Lei 9.504/1997, incluído pela Lei 13.165/2015 (Lei da Minirreforma Eleitoral), o qual determina que, na votação eletrônica, o registro de cada voto deverá ser impresso e depositado, de forma automática e sem contato manual do eleitor, em local previamente lacrado. (...) O ministro Alexandre considerou que o art. 59-A e o seu parágrafo único permitem a identificação de quem votou, ou seja, a quebra do sigilo, e, consequentemente, a diminuição da liberdade do voto. Cabe ao legislador fazer a opção pelo voto impresso, eletrônico ou híbrido, visto que a CF nada dispõe a esse respeito, observadas, entretanto, as características do voto nela previstas." [ADI 5.889, rel. p/ o ac. min. Alexandre de Moraes, j. 6-6-2018, P, Informativo 905.].

3) é ato **universal**: conforme já estudado, a capacidade eleitoral é dada a todos os nacionais, indiscriminadamente. A universalidade também consta das cláusulas pétreas;

4) é ato **periódico**: os governantes detêm mandatos por um período determinado. Assim, sempre que houver troca de governante, o povo deve ser chamado às urnas para exercer, de modo periódico, o direito de voto. A periodicidade do voto é uma das cláusulas pétreas;

5) é ato **personalíssimo**: significa que só pode ser exercido pela própria pessoa, não há possibilidade de se passar uma procuração para que outra pessoa vote em seu nome, o voto não pode ser efetivado por mandato;

6) é ato **obrigatório**: embora a obrigatoriedade do voto não seja considerada uma cláusula pétrea, ou seja, por emenda cons-

titucional, tal determinação pode ser modificada, enquanto não houver mudança nessa regra, o eleitor tem obrigação de ir até o local determinado e efetivamente votar. É claro que há a possibilidade de votar em branco ou anular seu voto, mas isso não significa que o sujeito possa deixar de comparecer fisicamente ao local, dia e horário determinados;

7) é **ato livre**: o conteúdo do voto é livre, por conta disso que as pessoas, além de poderem escolher em qual candidato votar, podem anular seu voto.

Passemos à análise dos direitos políticos negativos.

Os direitos políticos negativos dizem respeito às circunstâncias que impedem a participação no processo eletivo, são as inelegibilidades e a perda e suspensão dos direitos políticos.

Inelegibilidades: significam impedimentos relativos ou absolutos que atingem o direito de sufrágio, especificamente em relação à elegibilidade, à capacidade eleitoral passiva, ou seja, ao direito de ser votado.

Segundo o art. 14, § 4º, da CF são *absolutamente* inelegíveis os inalistáveis e os analfabetos. Os inalistáveis não podem se alistar, portanto, não votam. Se não podem o menos, que é votar, não poderão o mais, que é serem votados. Desse modo, é possível concluir que a inalistabilidade impede a elegibilidade, já que a primeira é pressuposto para aquisição da segunda.

Ocorre que o dispositivo menciona que também são inelegíveis os analfabetos. Vejam, eles detêm capacidade eleitoral ativa, os analfabetos podem votar, o que a Constituição proíbe é a elegibilidade. Assim, poderão votar, mas não poderão ser eleitos, pois não possuem capacidade eleitoral passiva, não são elegíveis.

Em suma, a inelegibilidade absoluta atinge os inalistáveis (estrangeiros e os conscritos, durante o serviço militar obrigatório) e os analfabetos.

Vale observar a seguinte decisão do Supremo: "as condições de elegibilidade (CF, art. 14, § 3º) e as hipóteses de inelegibilidade (CF, art. 14, § 4º a § 8º), inclusive aquelas decorrentes de legislação complementar (CF, art. 14, § 9º), aplicam-se de pleno direito, independentemente de sua expressa previsão na lei local, à eleição indireta para Governador e Vice-Governador do Estado, realizada pela Assembleia Legislativa em caso de dupla vacância desses cargos executivos no último biênio do período de governo." (ADI 1.057-MC, Rel. Min. Celso de Mello, julgamento em 20.04.1994, Plenário, *DJ* de 06.04.2001.) **No mesmo sentido**: ADI 4.298-MC, Rel. Min. Cezar Peluso, julgamento em 07.10.2009, Plenário, *DJE* de 27.11.2009.

Passemos ao estudo da inelegibilidade relativa.

As inelegibilidades *relativas* não têm relação específica com a pessoa que quer se candidatar, mas sim com fatores externos, ou ainda, com pessoas ligadas àquela que pretende disputar o pleito eleitoral. Como o próprio nome esclarece, são obstáculos relativos ao direito de ser votado. Em princípio, o sujeito é elegível, mas para determinados cargos ou funções, haverá impedimento.

Os motivos que levam à inelegibilidade relativa podem ser:

✓ funcionais (art. 14, §§ 5º e 6º, da CF);

✓ casamento, parentesco ou afinidade (art. 14, § 7º, da CF);

✓ legais (art. 14, § 9º, da CF);

✓ militares (art. 14, § 8º, da CF); e

✓ domicílio eleitoral.

Motivo funcional: o § 5º do art. 14 da CF traz a regra da reeleição dispondo que o Presidente da República, os Governadores de Estado e do Distrito Federal, os Prefeitos e quem os houver sucedido, ou substituído no curso dos mandatos, poderão ser reeleitos para um único período subsequente. Se o sujeito for reeleito após o término do primeiro mandato, será considerado inelegível para a próxima eleição. Verifica-se que há a impossibilidade de um terceiro mandato subsequente ao segundo. Tal proibição não impede que o sujeito ocupe o cargo de Chefe do Executivo por mais de duas vezes, apenas veda que essa ocupação se dê de forma sucessiva. Trata-se de hipótese de inexigibilidade por motivo funcional.

Sobre o art. 14, § 5º, da CF, é interessante notar o seguinte julgado do STF: "O instituto da reeleição tem fundamento não somente no postulado da continuidade administrativa, mas também no princípio republicano, que impede a perpetuação de uma mesma pessoa ou grupo no poder. O princípio republicado condiciona a interpretação e a aplicação do próprio comando da norma constitucional, de modo que a reeleição é permitida por apenas uma única vez. Esse princípio impede a terceira eleição não apenas no mesmo município, mas em relação a qualquer outro município da federação. Entendimento contrário tornaria possível a figura do denominado "prefeito itinerante" ou do "prefeito profissional", o que claramente é incompatível com esse princípio, que também traduz um postulado de temporiedade/alternância do exercício do poder. Portanto, ambos os princípios – continuidade administrativa e republicanismo – condicionam a interpretação e aplicação teleológicas do art. 14, § 5º, da CF. O cidadão que exerce dois mandatos consecutivos como o prefeito de determinado município fica inelegível para o cargo da mesma natureza em qualquer outro município da federação" (RE n. 637.485-RJ, de 1º de agosto de 2012, rel. Min. Gilmar Mendes).

Outra decisão sobre o tema reeleição, agora quanto a sua possibilidade, tem a ver com o vice-governador eleito duas vezes para o cargo de vice-governador. No segundo mandato de vice, sucedeu o titular. Certo que, no seu primeiro mandato de vice, teria substituído o governador. Possibilidade de reeleger--se ao cargo de governador, porque o exercício da titularidade do cargo dá-se mediante eleição ou por sucessão. Somente quando sucedeu o titular é que passou a exercer o seu primeiro mandato como titular do cargo. Inteligência do disposto no § 5º do art. 14 da CF." (RE 366.488, Rel. Min. Carlos Velloso, julgamento em 04.10.2005, Segunda Turma, *DJ* de 28.10.2005.) **No mesmo sentido**: AI 782.434-AgR, Rel. Min. Cármen Lúcia, julgamento em 08.02.2011, Primeira Turma, *DJE* de 24.03.2011.

Outra situação em que se verifica a inelegibilidade por motivo funcional é a constante no § 6º do art. 14 da CF que dispõe que, para concorrerem a outros cargos, o Presidente da República, os Governadores de Estado e do Distrito Federal e os Prefeitos devem renunciar aos respectivos mandatos até seis meses antes do pleito. É a denominada regra da *desincompatibilização*.

Vale lembrar que apenas para outros cargos eletivos, e não para uma futura reeleição, é que é exigida, do Chefe do Executivo, a desincompatibilização, ou seja, o afastamento temporário ou a renúncia nos seis meses que antecedem o pleito eleitoral.

Casamento, parentesco ou afinidade: o § 7º do art. 14 da CF dispõe que são inelegíveis no território de jurisdição do titular o cônjuge e os parentes consanguíneos ou afins até o segundo grau, ou por adoção, do Presidente da República, de Governador de Estado ou Território, do Distrito Federal, de Prefeito ou de quem os haja substituído dentro dos seis meses anteriores ao pleito, salvo se já titular de mandato eletivo e candidato à reeleição. Trata-se da denominada *inelegibilidade reflexa*.

Em suma, pela inelegibilidade reflexa as pessoas relacionadas ao prefeito não poderão ser candidatas a vereador ou prefeito no mesmo município. Aquelas que têm relação com o governador não poderão concorrer aos cargos de vereador, deputado estadual, deputado federal, senador ou governador do respectivo estado. E, por último, os ligados ao Presidente não poderão ser candidatos a qualquer cargo eletivo no país.

Vale lembrar que o Supremo Tribunal Federal editou a Súmula Vinculante n. 18, que determina que a dissolução da sociedade ou do vínculo conjugal, no curso do mandato, não afasta a inexigibilidade prevista no § 7º do art. 14 da CF. Desse modo, não adianta os governantes, durante seus mandatos, romperem suas relações matrimoniais para que seus futuros "ex-cônjuges" escapem da inexigibilidade reflexa.

Motivos legais: o § 9º do art. 14 da CF deixa claro que outros casos de inelegibilidade relativa poderão ser criados por meio de lei complementar. Assim, o rol de motivos previstos na CF é meramente exemplificativo.

Motivos militares: embora o § 8º do art. 14 da CF mencione que o militar alistável é também elegível, o art. 142, § 3º, V, do Texto Maior proíbe sua filiação a partido político enquanto estiver na ativa. Por conta disso, o Tribunal Superior Eleitoral decidiu que nesse caso é dispensável a filiação partidária, que será sanada pelo registro da candidatura feita pelo partido político.

Além disso, o militar, para ser elegível, deverá obedecer às seguintes regras:

1) se contar com **menos de 10** anos de serviço, deverá **afastar-se** da atividade;

2) se contar com **mais de 10** anos de serviço, será **agregado** pela autoridade superior e, **se eleito**, passará automaticamente, no ato da diplomação, para a **inatividade.**

Vale lembrar que o Supremo já decidiu que "diversamente do que sucede ao militar com mais de dez anos de serviço, deve afastar-se definitivamente da atividade o servidor militar que, contando menos de dez anos de serviço, pretenda candidatar-se a cargo eletivo." (RE 279.469, Rel. p/ o ac. Min. Cezar Peluso, julgamento em 16.03.2011, Plenário, *DJE* de 20.06.2011).

"Ficha limpa" – Lei Complementar n. 135/10

A Lei da "Ficha Limpa" teve origem por iniciativa popular, com mais de um milhão e meio de assinaturas; foi sancionada como Lei Complementar n. 135, no dia 4 de junho de 2010. Sua aprovação é fruto da mobilização de milhões de cidadãos e se tornou um marco fundamental para a democracia e a luta contra a corrupção e a impunidade no Brasil.

Em suma, a lei em comento altera a Lei Complementar n. 64, de 18 de maio de 1990, que estabelece, de acordo com o § 9º do art. 14 da Constituição Federal, casos de inelegibilidade, prazos de cessação e determina outras providências para incluir hipóteses de inelegibilidade que visam a proteger a probidade administrativa e a moralidade no exercício do mandato.

Entre outras restrições, a lei proíbe a candidatura de pessoas com condenação criminal por decisão colegiada da Justiça. Porém, a polêmica questão que girava acerca do tema, acalorando o debate, é se tal lei seria ou não constitucional. O Supremo entendeu que a referida lei é constitucional uma vez que o princípio da presunção de inocência só se aplica ao âmbito penal, enquanto que no direito eleitoral se aplica o princípio da prevenção, conforme entendimento de juristas como Fábio Konder Comparato e Celso Antônio Bandeira de Mello.

Ao analisar recurso de Jader Barbalho (PMDB-PA), segundo colocado na eleição para senador no Estado do Pará, o STF, mantendo a decisão do TSE, definiu que a lei já seria aplicada na eleição do ano de 2010, inclusive em todos os casos de políticos que renunciaram ao mandato para fugir de processo de perda da função.

Posteriormente, ao apreciar o recurso apresentado pelo ex-deputado estadual Leonídio Bouças (PMDB-MG), que havia sido impedido por conta de uma condenação advinda de uma ação de improbidade administrativa, o STF mudou o seu entendimento.

Com fundamento no art. 16 da Constituição Federal, que determina que a lei que alterar o processo eleitoral entra em vigor na data de sua publicação, **não se aplicando à eleição que ocorra até um ano da data de sua vigência** (princípio da anualidade) e em princípios basilares que resguardam o estado democrático de direito, como o da **segurança jurídica**, o STF decidiu que a lei **da ficha limpa vale a partir de 2012.**

Segundo a Corte Maior, "a elegibilidade é a adequação do indivíduo ao regime jurídico – constitucional e legal complementar – do processo eleitoral, razão pela qual a aplicação da Lei Complementar 135/2010 com a consideração de fatos anteriores não pode ser capitulada na retroatividade vedada pelo art. 5º, XXXV, da Constituição, mercê de incabível a invocação de direito adquirido ou de autoridade da coisa julgada (que opera sob o pálio da cláusula *rebus sic stantibus*) anteriormente ao pleito em oposição ao diploma legal retromencionado (...) **A razoabilidade da expectativa de um indivíduo de concorrer a cargo público eletivo, à luz da exigência constitucional de moralidade para o exercício do mandato (art. 14, § 9º), resta afastada em face da condenação prolatada em segunda instância ou por um colegiado no exercício da competência de foro por prerrogativa de função, da rejeição de contas públicas, da perda de cargo público ou do impedimento do exercício de profissão por violação de dever ético-profissional. A presunção de inocência consagrada no art. 5º, LVII, da Constituição Federal deve ser reconhecida como uma regra e interpretada com o recurso da metodologia análoga a uma redução teleológica, que reaproxime o enunciado normativo da sua própria literalidade, de modo a reconduzi-la aos efeitos próprios da condenação criminal (que podem incluir a perda ou a suspensão de direitos políticos, mas não a inelegibilidade), sob pena de frustrar o propósito moralizante do art. 14, § 9º, da Constituição Federal.** Não é violado pela Lei Complementar 135/2010 o princípio constitucional da vedação de retrocesso, posto não vislumbrado o pressuposto de sua aplicabilidade concernente na existência de consenso básico, que tenha inserido na consciência jurídica geral a extensão da presunção de inocência para o âmbito eleitoral. O direito político passivo (*ius honorum*) é possível de ser restringido pela lei, nas hipóteses que, *in casu*, não podem ser consideradas arbitrárias, porquanto se adequam à exigência constitucional da razoabilidade, revelando elevadíssima carga de reprovabilidade social, sob os enfoques da violação à moralidade ou denotativos de improbidade, de abuso de poder econômico ou de poder político. **O princípio da proporcionalidade resta prestigiado pela Lei Complementar 135/2010, na medida em que: (i) atende aos fins moralizadores a que se destina; (ii) estabelece requisitos qualificados de inelegibilidade e (iii) impõe sacrifício à liberdade individual de candidatar-se a cargo público eletivo que não supera os benefícios socialmente desejados em termos de moralidade e probidade para o exercício de referido *munus* público. O exercício do *ius honorum* (direito de concorrer a cargos eletivos), em um juízo de ponderação no caso das inelegibilidades previstas na Lei Complementar 135/2010, opõe-se à própria democracia, que pressupõe a fidelidade política da atuação dos representantes populares**. A Lei Complementar 135/2010 também não fere o núcleo essencial dos direitos políticos, na medida em que estabelece restrições temporárias aos direitos políticos passivos, sem prejuízo das situações políticas ativas. O cognominado desacordo moral razoável impõe o prestígio da manifestação legítima do legislador democraticamente eleito acerca do conceito jurídico indeterminado de vida pregressa, constante do art. 14, § 9º, da Constituição Federal. O abuso de direito à renúncia é gerador de inelegibilidade dos detentores de mandato eletivo que renunciarem aos seus cargos, posto hipótese em perfeita compatibilidade com a repressão, constante do ordenamento jurídico brasileiro (*v.g.*, o art. 53, § 6º, da Constituição Federal e o art. 187 do Código Civil), ao exercício de direito em manifesta transposição dos limites da boa-fé. A inelegibilidade tem as suas causas previstas nos §§ 4º a 9º do art. 14 da Carta Magna de 1988, que se traduzem em condições objetivas cuja verificação impede o indivíduo de concorrer a cargos eletivos ou, acaso eleito, de os exercer, e não se confunde com a suspensão ou perda dos direitos políticos, cujas hipóteses são previstas no art. 15 da Constituição da República, e que importa restrição não apenas ao direito de concorrer a cargos eletivos (*ius honorum*), mas também ao direito de voto (*ius sufragii*). Por essa razão, não há inconstitucionalidade na cumulação entre inelegibilidade e a suspensão de direitos políticos. A extensão da inelegibilidade por oito anos após o cumprimento da pena, admissível à luz da disciplina legal anterior, viola a proporcionalidade numa sistemática em que a interdição política se põe já antes do trânsito em julgado, cumprindo, mediante interpretação conforme a Constituição, deduzir do prazo posterior ao cumprimento da pena o período de inelegibilidade decorrido entre a condenação e o trânsito em julgado." (ADC 29; ADC 30 e ADI 4.578, Rel. Min. Luiz Fux, julgamento em 16.02.2012, Plenário, *DJE* de 29.06.2012).

Além disso, a Suprema Corte já definiu que: "É constitucional, à luz dos arts. 1º, I e parágrafo único, 5º, LIV, e 14, caput e § 9º, da Constituição da República, o § 3º do art. 224 do Código Eleitoral, com a redação dada pela Lei 13.165/2015, no que determina a realização automática de novas eleições, independentemente do número de votos anulados, sempre que o candidato eleito, em pleito majoritário, for desclassificado, por indeferimento do registro de sua candidatura, ou em virtude de cassação do diploma ou mandato." [RE 1.096.029, rel. min. Dias Toffoli, j. 4-3-2020, P, Informativo 968, RG, Tema 986.]

Privação ou restrição dos direitos políticos

Há duas formas de restringir os direitos políticos: temporária ou definitivamente. A primeira é denominada suspensão dos direitos políticos e a segunda é conhecida como perda de tais direitos.

Ressalta-se que a Constituição proíbe a cassação dos direitos políticos em seu art. 15 e admite, em algumas hipóteses, a perda e a suspensão, conforme analisaremos adiante.

É da competência do Poder Judiciário, conforme dispõe o inciso XXXV do art. 5º da CF, analisar e decidir as questões relacionadas à perda e suspensão dos direitos políticos.

As hipóteses de *suspensão* são as seguintes: a) incapacidade civil absoluta; b) condenação criminal transitada em julgado, enquanto durarem seus efeitos; e c) prática de atos de improbidade administrativa, conforme art. 37, § 4º, da CF.

De acordo com o STF, "a regra de suspensão dos direitos políticos, prevista no art. 15, III, da Constituição Federal, é autoaplicável e consequência imediata da sentença penal condenatória transitada em julgado, independentemente da natureza da pena imposta (privativa de liberdade, restritiva de direitos, suspensão condicional da pena, dentre outras hipóteses). [RE 601.182, voto do rel. p/ o ac. min. Alexandre de Moraes, j. 8-5-2019, P, DJE de 2-10-2019, Tema 370].

De outra parte, haverá *perda* dos direitos políticos: a) quando houver cancelamento da naturalização por sentença transitada em julgado; e b) quando houver recusa em cumprir obrigação a todos imposta ou prestação alternativa, segundo art. 5º, VIII, da CF. Nesta última hipótese, há quem entenda que é suspensão e não de perda dos direitos políticos, por conta do art. 4º, § 2º, da Lei 8.239/1991.

Nesse tópico, há decisão do Supremo no sentido de que a inelegibilidade tem as suas causas previstas nos §§ 4º a 9º do art. 14 da Carta Magna de 1988, que se traduzem em condições objetivas cuja verificação impede o indivíduo de concorrer a cargos eletivos ou, acaso eleito, de os exercer, **e não se confunde com a suspensão ou perda dos direitos políticos, cujas hipóteses são previstas no art. 15 da Constituição da República, e que importa restrição não apenas ao direito de concorrer a cargos eletivos (*ius honorum*), mas também ao direito de voto (*ius sufragii*).** Por essa razão, não há inconstitucionalidade na cumulação entre a inelegibilidade e a suspensão de direitos políticos." (ADC 29; ADC 30 e ADI 4.578, Rel. Min. Luiz Fux, julgamento em 16.02.2012, Plenário, *DJE* de 29.06.2012).

Outro tema relevante diz respeito ao mandato imperativo e ao *recall*. Pelo primeiro, os parlamentares só poderiam ser eleitos de acordo com a forma estabelecida pelo povo que, além de decidir a forma, deveria ser consultado sobre a manutenção ou a revogação de um mandato conferido a alguém. Já o *recall* seria um método de revogação popular do mandato, como por exemplo, se os governantes não honrassem seus projetos divulgados em campanha eleitoral. Ambos não existem no ordenamento jurídico brasileiro.

Princípio da anterioridade ou anualidade eleitoral: dispõe o art. 16 da CF que a lei que alterar o processo eleitoral entrará em vigor na data de sua publicação, não se aplicando à eleição que ocorra até um ano da data de sua vigência.

De acordo com o STF, informativo 707, "A importância fundamental do princípio da segurança jurídica para o regular transcurso dos processos eleitorais está plasmada no princípio da anterioridade eleitoral positivado no art. 16 da CF. O STF fixou a interpretação desse art. 16, entendo-o como uma garantia constitucional (1) do devido processo legal eleitoral,

(2) da igualdade de chances e (3) das minorias (RE 633.703). Em razão do caráter especialmente peculiar dos atos judiciais emanados do Tribunal Superior Eleitoral (TSE), os quais regem normativamente todo o processo eleitoral, é razoável concluir que a CF também alberga uma norma, ainda que implícita, que traduz o postulado da segurança jurídica como princípio da anterioridade ou anualidade em relação à alteração da jurisprudência do TSE. Assim, as decisões do TSE que, no curso do pleito eleitoral (ou logo após o seu encerramento), impliquem mudança de jurisprudência (e dessa forma repercutam sobre a segurança jurídica) não têm aplicabilidade imediata ao caso concreto e somente terão eficácia sobre outros casos no pleito eleitoral posterior" (informativo 707 do STF).

Desincompatibilização: os Chefes do Executivo (Presidente da República, Governadores de Estado e do Distrito Federal ou Prefeitos) que pretendam concorrer à próxima eleição, segundo o § 6º do art. 14 da CF, deverão renunciar aos respectivos mandatos até seis meses antes do pleito. Nesses casos, os governantes terão de se afastar dos seus cargos de forma definitiva. Vale lembrar que há casos em que será necessário apenas o licenciamento; por exemplo, nas hipóteses de agentes administrativos e autoridades policiais que pretendam disputar o pleito eleitoral.

Reaquisição dos direitos políticos: no caso de suspensão dos direitos políticos, se os motivos que levaram à suspensão não mais persistirem, haverá reaquisição. Já nas hipóteses de perda, é necessário fazer uma divisão: se a perda se deu em razão de cancelamento da naturalização, em virtude de atividade nociva ao interesse nacional reconhecida em sentença transitada em julgado, a reaquisição somente ocorrerá mediante ação rescisória; se a perda decorreu da recusa em cumprir obrigação a todos imposta, o sujeito poderá readquirir os direitos políticos se cumprir tal obrigação ou, na hipótese de serviço militar obrigatório, o cumprimento da prestação de serviço alternativo.

Partidos políticos

Os partidos políticos têm por função assegurar a autenticidade do sistema representativo, além de defender o estado democrático, os direitos e garantias fundamentais. Podemos considerá-los como o agrupamento de pessoas que possuem os mesmos ideais e objetivos e que pretendem assumir o poder para fazer valer tais preceitos.

Segundo o art. 17 da CF, é livre a criação, fusão, incorporação e extinção de partidos políticos, resguardados a soberania nacional, o regime democrático, o pluripartidarismo e os direitos fundamentais da pessoa humana. O mesmo dispositivo constitucional menciona que devem ser observados os seguintes preceitos: I – caráter nacional; II – proibição de recebimento de recursos financeiros de entidade ou governo estrangeiros ou de subordinação a estes; III – prestação de contas à Justiça Eleitoral; IV – funcionamento parlamentar de acordo com a lei.

Desse modo, verifica-se que o princípio da liberdade partidária não é ilimitado e irrestrito: há condições para criação, fusão, incorporação e extinção dos partidos políticos.

O pluripartidarismo ou pluralismo partidário prestigia a democracia moderna, fazendo com que o eleitor tenha acesso à diversidade de candidatos e a vários partidos políticos. Os preceitos eleitorais devem ser definidos de forma clara e objetiva para que todos os partidos, independentemente de serem pequenos ou grandes, tenham os mesmos direitos.

A Constituição assegura, ainda, no § 1º do art. 17 da CF, a autonomia dos partidos políticos, mencionando que eles definirão sua estrutura interna, organização e funcionamento e estabelecerão regras sobre escolha, formação e duração de seus órgãos permanentes e provisórios. Atenção especial deve ser dada ao mencionado parágrafo, pois sua redação foi alterada pela EC 97/17 a qual proibiu as coligações partidárias nas eleições proporcionais, estabeleceu normas sobre acesso dos partidos políticos aos recursos do fundo partidário e ao tempo de propaganda gratuito no rádio e na televisão, além de dispor sobre regras de transição.

Assim, o novo § 1º do art. 17 da CF, além de assegurar certa autonomia aos partidos, **mantém a possibilidade de coligações partidárias nas eleições que observam o sistema majoritário e proíbe nas eleições proporcionais**. Por fim, afirma a não obrigatoriedade de vinculação entre as candidaturas em âmbito nacional, estadual, distrital ou municipal, devendo seus estatutos estabelecer normas de disciplina e fidelidade partidária (quebra da verticalização constitucionalizada pela EC 52/06).

É importante frisar que os partidos políticos possuem natureza jurídica de direito privado, pois adquirem personalidade jurídica na forma da lei civil. Após tal aquisição, devem registrar seus estatutos no Tribunal Superior Eleitoral, conforme determina o § 2º do art. 17 da CF. Cumpridas essas formalidades, os partidos serão sujeitos de direito, podendo atuar em juízo.

O § 3º do art. 17 da CF, também com redação dada pela EC 97/17, estabelece regras para que os partidos políticos tenham o acesso aos **recursos do fundo partidário e ao tempo de propaganda gratuito no rádio e na televisão (direito de antena)**. Com a nova norma, apenas os partidos que se enquadrarem nas regras constitucionais abaixo descritas é que se beneficiarão de tais recursos. Quais sejam: I – que obtiverem, nas eleições para a Câmara dos Deputados, no mínimo, 3% (três por cento) dos votos válidos, distribuídos em pelo menos um terço das unidades da Federação, com um mínimo de 2% (dois por cento) dos votos válidos em cada uma delas; ou II – que tiverem elegido pelo menos quinze Deputados Federais distribuídos em pelo menos um terço das unidades da Federação.

Vale lembrar que o disposto acima só valerá a partir das eleições de 2030 (art. 3º da EC 97/2017). Até lá, para que os partidos tenham acesso aos recursos do fundo partidário e à propaganda gratuita no rádio e na televisão, eles deverão respeitar as seguintes **regras de transição**:

I – na legislatura seguinte às eleições de 2018 usufruirão de tais benefícios os partidos políticos que:

a) obtiverem, nas eleições para a Câmara dos Deputados, no mínimo, 1,5% (um e meio por cento) dos votos válidos, distribuídos em pelo menos um terço das unidades da Federação, com um mínimo de 1% (um por cento) dos votos válidos em cada uma delas; ou

b) tiverem elegido pelo menos nove Deputados Federais distribuídos em pelo menos um terço das unidades da Federação;

II – na legislatura seguinte às eleições de 2022, os que:

a) obtiverem, nas eleições para a Câmara dos Deputados, no mínimo, 2% (dois por cento) dos votos válidos, distribuídos em pelo menos um terço das unidades da Federação, com um mínimo de 1% (um por cento) dos votos válidos em cada uma delas; ou

b) tiverem elegido pelo menos onze Deputados Federais distribuídos em pelo menos um terço das unidades da Federação;

III – na legislatura seguinte às eleições de 2026, os que:

a) obtiverem, nas eleições para a Câmara dos Deputados, no mínimo, 2,5% (dois e meio por cento) dos votos válidos, distribuídos em pelo menos um terço das unidades da Federação, com um mínimo de 1,5% (um e meio por cento) dos votos válidos em cada uma delas; ou

b) tiverem elegido pelo menos treze Deputados Federais distribuídos em pelo menos um terço das unidades da Federação.

Ainda em relação às novas regras, o § 5º do art. 17 da CF, incluído pela EC 97/2017, determina que ao eleito por partido que não preencher os requisitos previstos no § 3º deste artigo é assegurado o mandato e facultada a filiação, sem perda do mandato, a outro partido que os tenha atingido, não sendo essa filiação considerada para fins de distribuição dos recursos do fundo partidário e de acesso gratuito ao tempo de rádio e de televisão.

Além disso, a Constituição menciona no § 4º do art. 17 da CF que é proibida a utilização, pelos partidos políticos, de organização paramilitar.

Por fim, vale a leitura de um recente julgamento dado pelo STF: "A CF optou pelo princípio democrático representativo, superando-se o caráter essencialmente intervencionista prevalecente no regime autoritário anterior. Dessa forma, garantiu no ordenamento jurídico-constitucional a liberdade dos partidos políticos de se formarem e se articularem, sem serem desconsideradas as características básicas de sua conformação legítima, como a imperatividade do caráter nacional das agremiações (controle quantitativo tido como cláusula de barreira lato sensu) e do cunho democrático de seus programas (controle qualitativo ou ideológico). (...) a liberdade na formação dos partidos há de se conformar ao respeito aos princípios democráticos, competindo à Justiça Eleitoral a conferência dos pressupostos constitucionais legitimadores desse processo, sem os quais o partido político, embora tecnicamente criado, não se legitima".[ADI 5.311, rel. min. Cármen Lúcia, j. 4-3-2020, P, Informativo 968.]

10. CONTROLE DE CONSTITUCIONALIDADE

10.1. Conceito

É o mecanismo de verificação da compatibilidade de um ato normativo em face da Constituição Federal. Todo o ordenamento jurídico brasileiro, ou seja, todas as regras existentes no Brasil devem guardar relação de compatibilidade vertical com o Texto Maior. Não sendo consonantes com o que preconiza a Constituição, devem ser banidas do ordenamento, por meio do instituto denominado controle de constitucionalidade.

10.2. Fundamento

O controle de constitucionalidade tem por fundamento o princípio da *Supremacia Constitucional*, o qual dispõe que as normas constitucionais estão no ápice da pirâmide hierárquica de Kelsen. Todas as normas infraconstitucionais encontram seu fundamento de validade na Constituição Federal. Desse modo, os atos normativos em geral, por estarem abaixo da Constituição, devem ser compatíveis com o ordenamento jurídico maior.

10.3. Objeto

Podem ser objeto de controle tanto os atos legislativos quanto os atos normativos. Os primeiros estão previstos no art. 59 da Constituição Federal. São eles: emendas constitucionais, leis complementares, leis ordinárias, medidas provisórias, decretos legislativos e resoluções. Os segundos, atos normativos ou administrativos, são os decretos, portarias etc.

É importante mencionar que o ato passível de controle, além de ser dotado de abstração e generalidade, tem de encontrar fundamento de validade diretamente na Constituição e não em norma infraconstitucional.

Além disso, segundo o STF, as normas advindas do poder de revisão (emendas constitucionais de revisão) também são passíveis de controle de constitucionalidade.

As súmulas vinculantes, ao contrário, não podem ser objeto de controle de constitucionalidade, pois não possuem caráter normativo (ADI 594/DF).

10.4. Formas de inconstitucionalidade

10.4.1. Por omissão

Verifica-se a inconstitucionalidade por omissão quando estamos diante de uma norma constitucional de eficácia limitada – aquela que depende de regulamentação por parte do legislador – e não há a edição dessa norma regulamentadora. Aquele que detém competência para elaborá-la não o faz, omite-se. Tal conduta é tida como inconstitucional, pois inviabiliza o exercício de um direito garantido constitucionalmente. Daí falar-se que estamos diante de uma omissão inconstitucional ou uma inconstitucionalidade por omissão.

Ressalta-se que, quando há um direito previsto na Constituição, em uma norma de eficácia limitada, implicitamente há um comando constitucional para que o legislador produza a devida regulamentação. Não é uma faculdade, mas uma ordem que, sendo descumprida, gera inconstitucionalidade. Exemplo: o art. 7º, XXVII, da Constituição prevê que a proteção dos trabalhadores em face da automação deve ser garantida, na forma da lei. É necessária a edição da referida lei para que o direito possa ser exercitado; enquanto não sobrevém a norma, fala-se que há inconstitucionalidade por omissão.

Outro exemplo é o direito de greve do servidor público, garantido constitucionalmente pelo inciso VII do art. 37. Dispõe tal comando que o direito de greve será exercido nos termos e nos limites definidos em lei específica. Há uma lei que regulamenta a greve para os empregados, ou seja, para as pessoas sujeitas ao regime celetista. Ocorre que para o servidor público ainda não há lei específica regulamentando a greve. Assim, pergunta-se: pode o servidor público fazer greve? Se sim, por quanto tempo? Quais os limites aplicáveis à greve no serviço público? O Supremo Tribunal Federal, ao analisar dois mandados de injunção impetrados por associações de servidores públicos, deu uma decisão inédita, determinando que enquanto não sobrevier a lei específica que tem por finalidade regulamentar a greve no serviço público, o servidor poderá fazer greve tomando por base as diretrizes estabelecidas pela lei geral de greve, ou seja, a lei que regulamenta a greve para os regidos pela CLT.

Analisaremos, mais adiante, as medidas judiciais cabíveis para sanar o problema gerado pela inconstitucionalidade por omissão que são: o mandado de injunção – meio em que se faz controle difuso de constitucionalidade (art. 5º, LXXI, da CF) – e a Ação Direta de Inconstitucionalidade por Omissão – mecanismo de controle abstrato de constitucionalidade (art. 103, § 2º, da CF).

A inconstitucionalidade por omissão pode se dar de duas formas: parcial ou total. Na primeira hipótese, a norma constitucional de eficácia limitada é regulamentada, mas apenas parcialmente, ou seja, o direito garantido constitucionalmente não foi regulamentado em sua plenitude. Na segunda, nenhuma norma foi produzida a fim de regulamentar o direito. Não existe sequer norma incompleta tratando do assunto, impossibilitando qualquer forma de efetivo exercício do direito.

10.4.2. Por ação

Verifica-se a inconstitucionalidade por ação quando a lei o ou ato normativo está em desacordo com a Constituição. A lei nasceu, mas emanada com vício de inconstitucionalidade. O ato do legislador de produzir uma norma em desacordo com a Carta Magna gera inconstitucionalidade por ação.

Aos três poderes pode ser atribuída tanto a inconstitucionalidade por ação quanto à por omissão.

A por ação pode ser: material ou formal.

10.4.2.1. Inconstitucionalidade material

Ocorre quando o conteúdo da norma fere as disposições e princípios trazidos pela Constituição. A matéria disciplinada pelo ato normativo está em desacordo com o ordenamento jurídico maior. Tal inconstitucionalidade pode se dar por violação às cláusulas pétreas – aquelas previstas no § 4º do art. 60 da Constituição: I – forma federativa de Estado; II – o voto direto, secreto, universal e periódico; III – a separação dos Poderes; e IV – os direitos e garantias individuais; ou quando viola um direito materialmente garantido pela Constituição. Exemplo: uma lei que estabeleça a pena de morte, pois a Constituição, em seu art. 5º, inciso XLVII, *a*, veda a imposição de tal penalidade.

10.4.2.2. Inconstitucionalidade formal

Ocorre quando é descumprido algum dos requisitos exigidos quando da elaboração de um ato normativo. As leis, ao serem produzidas, devem seguir um procedimento específico, denominado processo legislativo; se tal procedimento é violado, estamos diante de uma inconstitucionalidade formal. Aliás, o nome do instituto jurídico já nos ajuda a defini-lo, ou seja, a forma, o modo de elaboração é que é violado nessa modalidade de inconstitucionalidade.

Exemplo: um projeto de lei *complementar* aprovado pelo voto da maioria relativa é considerado formalmente inconstitucional, pois para que a lei complementar seja aprovada o quórum exigido, ao contrário do mencionado, é de maioria absoluta.

Outra hipótese de violação de regra de procedimento ocorre quando determinado projeto de lei, de iniciativa privativa, é instaurado, iniciado, por quem não detém competência para tanto; por exemplo, projeto de lei que disponha sobre a criação de cargos, funções ou empregos públicos na administração direta e autárquica ou aumento de sua remuneração iniciado por um Deputado. A competência para iniciar projeto de lei sobre esse tema é privativa do Presidente da República, conforme preconiza o art. 61, § 1º, II, *a*, da Constituição Federal.

Observação: parte da doutrina também fala em inconstitucionalidade formal "orgânica", que é a que ocorre quando há vício de iniciativa. O problema é de competência, o sujeito ou o órgão que iniciou um projeto de lei não era competente para tanto.

10.4.3. Inconstitucionalidade por arrastamento

De acordo com o STF (ADI 1923), é possível que seja declarada a inconstitucionalidade de dispositivos que, muito embora não tenham sido objeto de impugnação, estão relacionados com as normas declaradas inconstitucionais. Os preceitos não impugnados e que encontrem fundamento de validade na norma tida como inconstitucional serão, "por arrastamento", "por reverberação normativa", "por atração" ou "por inconstitucionalidade consequente de preceitos não impugnados", declarados inconstitucionais. É o que ocorre, por exemplo, com um regulamento de uma lei que teve sua aplicação afastada do ordenamento jurídico, após ser declarada inconstitucional pelo STF. A inconstitucionalidade por reverberação normativa é nomeada pela doutrina de diversas maneiras, conforme acima exemplificado.

Vale lembrar que no controle concentrado de constitucionalidade o Supremo, por não estar adstrito ao pedido, não deve submissão ao princípio da congruência ou da correlação.

10.4.4. "Inconstitucionalidade superveniente"

O Supremo não adota a teoria da inconstitucionalidade superveniente. As normas editadas antes da vigência da CF/1988 que não se mostrem de acordo com o texto não são recepcionadas ou meramente "revogadas". Nesse caso, utilizam-se as regras relativas ao direito intertemporal, em especial as atinentes ao fenômeno da recepção.

10.4.5. Bloco de constitucionalidade

É um instituto que tem por finalidade ampliar o padrão de controle de constitucionalidade. Tudo que é tido como conteúdo constitucional, até mesmo princípios e regras implícitas, integram o denominado bloco de constitucionalidade. Tal assunto possibilita a expansão dos preceitos constitucionais como liberdades públicas, direitos e garantias. Em sentido amplo, o bloco abrange princípios, normas, além de direitos humanos reconhecidos em tratados e convenções internacionais incorporados no ordenamento jurídico. De acordo com o Supremo, "a definição do significado de bloco de constitucionalidade – independentemente da abrangência material que se lhe reconheça – reveste-se de fundamental importância no processo de fiscalização normativa abstrata, pois a exata qualificação conceitual dessa categoria jurídica projeta-se como fator determinante do caráter constitucional, ou não, dos atos estatais contestados em face da Carta Política. – A superveniente alteração/supressão das normas, valores e princípios que se subsumem à noção conceitual de bloco de constitucionalidade, por importar em descaracterização do parâmetro constitucional de confronto, faz instaurar, em sede de controle abstrato, situação configuradora de prejudicialidade da ação direta, legitimando, desse modo – ainda que mediante decisão monocrática do Relator da causa (RTJ 139/67) – a extinção anômala do processo de fiscalização concentrada de constitucionalidade" (Informativo 295).

10.5. Classificação do controle de constitucionalidade

10.5.1. Quanto ao momento (preventivo ou repressivo)

Segundo essa classificação, o controle de constitucionalidade pode ser exercido de forma *prévia* ou *preventiva* e *posterior* ou *repressiva* à edição do ato normativo.

Será *prévio ou preventivo* quando o ato normativo impugnado ainda não estiver em vigor. O projeto de lei, e não a lei, é objeto de questionamento, é ele que tem sua constitucionalidade questionada. Exemplo: no trâmite do processo legislativo, há uma fase na qual o projeto é encaminhado ao Presidente da República para que ele o sancione ou o vete, a denominada deliberação executiva. Caso o projeto de lei seja vetado por razões de inconstitucionalidade, estaremos diante do *veto jurídico*, previsto no art. 66, § 1º, da Constituição Federal. Nessa hipótese o Presidente da República realiza controle preventivo de constitucionalidade.

Outro exemplo se dá na fase de deliberação legislativa, quando a Comissão de Constituição e Justiça (CCJ) analisa a constitucionalidade de um projeto de lei, expedindo parecer. Tal ato, em regra, tem natureza terminativa e a proposta de lei tida como inconstitucional será rejeitada e arquivada.

Excepcionalmente, o Poder Judiciário pode fazer controle preventivo de constitucionalidade, por exemplo, ao julgar mandado de segurança impetrado por parlamentares contra a continuidade de um processo legislativo em que esteja sendo deliberado assunto tendente a abolir uma das cláusulas pétreas. Segundo o Supremo, os deputados e senadores possuem o direito líquido e certo ao chamado devido processo legislativo. Por conta disso, podem impetrar mandado de segurança quanto há violação das regras procedimentais, ainda que o processo legislativo não tenha sido concluído. Vale lembrar que a impetração do remédio com esta finalidade específica é dada apenas aos congressistas.

Será *posterior ou repressivo (controle superveniente)* quando o ato normativo eivado de vício de inconstitucionalidade já tenha sido editado. A lei, a ser ou não declarada inconstitucional, já produz efeitos no mundo jurídico.

Normalmente quem faz controle repressivo de constitucionalidade é o Poder Judiciário e o faz pelas vias difusa e concentrada, tema que será abordado adiante. Vale destacar que a Constituição admite, de forma excepcional, que o Poder Legislativo também faça esse controle, por exemplo, na hipótese do art. 62, § 5º, da CF, em que ele rejeita medida provisória por considerá-la inconstitucional. Outra situação ocorre quando o Congresso Nacional susta, por meio de decreto legislativo, atos normativos do Poder Executivo que exorbitaram seu poder regulamentar ou excederam os limites da delegação legislativa, conforme disposição prevista nos arts. 49, V, 84, IV, e 68, todos da CF.

10.5.2. Quanto ao órgão competente (político ou judiciário)

O *controle político* é aquele realizado por alguém que não integra o Poder Judiciário. Exemplos: controle prévio realizado pelo Presidente da República ao vetar um projeto de lei inconstitucional; controle realizado pelas Comissões de Constituição e Justiça, no âmbito do Poder Legislativo.

Já o *controle judiciário* é aquele realizado por algum órgão do Poder Judiciário. Pode ser feito de duas maneiras: pela via difusa (via de exceção ou defesa) ou concreta (via de ação).

10.6. Controle difuso (via de exceção ou defesa)

É aquele realizado por qualquer juiz ou tribunal num caso concreto. Os magistrados, quando do julgamento de processos, podem fazer esse controle. É também denominado de controle incidental, pois a declaração de inconstitucionalidade se dá não de forma principal, mas incidentalmente, no processo. O pedido principal não é a declaração de inconstitucionalidade, mas um provimento jurisdicional num caso concreto, que depende da apreciação da constitucionalidade do ato normativo.

Exemplo: alguém não quer pagar um determinado imposto, pois acredita que a lei na qual o Fisco se baseia para cobrar tal tributo é inconstitucional. Desse modo, ingressa com uma ação perante o Judiciário para obter uma declaração de que não deve pagar o tributo. Vejam: o pedido principal é a declaração do não pagamento do tributo. A causa de pedir, ou seja, o fundamento do pedido é a declaração de inconstitucionalidade.

Outro exemplo admitido ocorre quando há controle incidental exercido por meio de uma ação civil pública. Nesse caso, segundo o Supremo, a declaração de inconstitucionalidade não será o pedido principal, mas apenas a causa de pedir e também não poderá ser o único objetivo da ação. Os efeitos serão, em regra, *inter partes*.

Embora a atribuição de fazer controle difuso seja dada a qualquer juiz ou tribunal, este último, ao fazê-lo, terá de observar o instituto previsto no art. 97 da Constituição Federal, denominado *cláusula de reserva de plenário*. Dispõe tal artigo que, se o controle de constitucionalidade for realizado por um tribunal, somente pela *maioria absoluta* dos seus membros ou dos membros do respectivo órgão especial é que poderá ser declarada a inconstitucionalidade de uma lei.

Vale lembrar o enunciado da Súmula Vinculante n. 10, que prevê a violação da cláusula de reserva de plenário pela decisão de órgão fracionário de tribunal que, embora não declare expressamente a inconstitucionalidade de lei ou ato normativo do poder público, afasta sua incidência, no todo ou em parte.

Isso significa que os órgãos fracionários de um determinado tribunal, por exemplo, as Turmas e as Câmaras, não poderão declarar, sozinhas, a inconstitucionalidade de uma norma. Para que o façam, é necessário o voto da maioria absoluta de seus membros ou de seu órgão especial, quando existir.

Desse modo, para que a questão seja analisada, a Turma ou a Câmara do Tribunal deverá afetar a matéria ao pleno, ou seja, remeter a questão para ser julgada pelo plenário ou órgão especial. Tal ato só não será dessa maneira quando a Turma ou Câmara já tiver se manifestado sobre a questão ou quando o Supremo Tribunal Federal já tiver decidido sobre a matéria. É o que dispõe o parágrafo único do art. 949 do NCPC. Ou seja, nessas situações os órgãos fracionários não precisarão remeter ao pleno ou ao órgão especial a arguição de inconstitucionalidade.

Os *efeitos* produzidos, em sede de controle difuso, são, em regra, segundo o art. 503 do NCPC, *inter partes*. Atingem somente as partes que participaram do processo. Se existirem pessoas em situação idêntica, elas próprias deverão ingressar com suas ações para que obtenham provimento jurisdicional semelhante.

Tais efeitos também são, em regra, *ex tunc,* ou seja, retroagem à data da expedição do ato normativo viciado. Diz-se "em regra", pois há um procedimento hábil para modificar esses efeitos. Dispõe o art. 52, X, da CF que compete privativamente ao Senado Federal *suspender*a execução, no todo ou em parte, de lei declarada inconstitucional por decisão definitiva do Supremo Tribunal Federal. Assim, pode o Supremo, após o trânsito em julgado da decisão, comunicar ao Senado os termos de sua deliberação para que ele, se desejar, edite uma resolução determinando a suspensão da execução da norma declarada inconstitucional a partir desse momento. Fazendo isso, os efeitos, que antes eram *inter partes* e *ex tunc,* passarão a ser *erga omnes,* ou seja, a lei ficará suspensa para todas as pessoas; e *ex nunc ou pro futuro,* isto é, terá efeitos a partir do momento da expedição da resolução.

Por fim, é possível, em sede de controle difuso, a aplicação analógica do art. 27 da Lei 9.868/1999, que determina que ao declarar a inconstitucionalidade de lei ou ato normativo, e tendo em vista razões de segurança jurídica ou de excepcional interesse social, poderá o Supremo Tribunal Federal, por maioria de dois terços de seus membros, restringir os efeitos daquela declaração ou decidir que ela só tenha eficácia a partir de seu trânsito em julgado ou de outro momento que venha a ser fixado.

10.7. Controle concentrado (via de ação)

O controle por via de ação é aquele exercido por meio de uma ação própria, em que o pedido principal é a declaração da inconstitucionalidade ou da constitucionalidade de uma lei ou ato normativo. É o controle abstrato da lei por meio de um processo que será julgado pelo STF. Assim, a Corte somente irá apreciar a lei em tese e não esta diante de um caso concreto.

Diferentemente ocorre no controle por via de exceção, em que o pedido principal não é a declaração de inconstitucionalidade ou de constitucionalidade, onde tais argumentos são utilizados apenas com o intuito de defesa, ou seja, o sujeito para ver seu pedido acolhido se defende alegando a inconstitucionalidade da norma.

O controle concentrado pode ser realizado por meio das seguintes ações: Ação Direta de Inconstitucionalidade (ADI) – genérica, por omissão e interventiva, Ação Declaratória de Constitucionalidade (ADC) e Arguição de Descumprimento de Preceito Fundamental (ADPF).

Segundo o Supremo, se os requisitos dessas ações forem cumpridos, é possível a aplicação do princípio da fungibilidade, podendo uma ser recebida como outra.

10.7.1. Ação Direita de Inconstitucionalidade – ADI

10.7.1.1. Conceito e objeto

A ADI está prevista no art. 102, I, "a", da CF e também na Lei n. 9.868/1999. É uma ação constitucional que tem por objetivo verificar se uma lei ou ato normativo *federal* ou *estadual* está em conformidade com o que dispõe a Constituição Federal. Assim, o objeto da ADI pode ser uma lei estadual ou federal, entendida em sentido amplo, abarcando todas as espécies legislativas previstas no art. 59 da CF, quais sejam, emendas constitucionais, leis complementares, leis ordinárias, leis delegadas, medidas provisórias, decretos legislativos e resoluções.

Vale lembrar que a causa de pedir na ADI é aberta, ou seja, o STF não está vinculado à fundamentação jurídica trazida pelo autor. A norma impugnada é analisada em face de toda a Constituição.

Além disso, uma norma revogada, de eficácia exaurida, ou que seja revogada quando a ADI estiver em andamento, por não produzir mais efeitos, faz com que a ação perca o objeto. O prosseguimento da ADI nessa hipótese ou a sua propositura, no caso de norma já revogada, não seria útil.

10.7.1.2. Legitimados

O art. 103 da Constituição Federal dispõe que são legitimados para propor a ação direta de inconstitucionalidade e a ação declaratória de constitucionalidade as seguintes pessoas ou órgãos:

I. o Presidente da República;

II. a Mesa do Senado Federal;

III. a Mesa da Câmara dos Deputados;

IV. a Mesa de Assembleia Legislativa ou da Câmara Legislativa do Distrito Federal;

V. o Governador de Estado ou do Distrito Federal;

VI. o Procurador-Geral da República;

VII. o Conselho Federal da Ordem dos Advogados do Brasil;

VIII. partido político com representação no Congresso Nacional;

IX. confederação sindical ou entidade de classe de âmbito nacional.

Dentre as pessoas e órgãos mencionados há os que possuem legitimidade *universal* ou neutra e os legitimados especiais, *temáticos* ou interessados, que são aqueles que precisam demonstrar *pertinência temática* ao ingressar com essas ações, ou seja, o conteúdo do ato deve ser pertinente aos interesses do legitimado, sob pena de carência da ação (falta de interesse de agir).

Devem vir acompanhadas de tal requisito as ações propostas pelos seguintes legitimados: a Mesa de Assembleia Legislativa ou da Câmara Legislativa do Distrito Federal (inciso IV); o Governador de Estado ou do Distrito Federal (inciso V); e confederação sindical ou entidade de classe de âmbito nacional (inciso IX). O Supremo já definiu que pertinência temática significa que a ação proposta pelo ente tem de estar de acordo com sua finalidade institucional.

Ainda quanto aos legitimados, é necessário observar a decisão do Plenário do Supremo, no julgamento da ADI 3.153-AgR, que retomou o entendimento de que as "associações de associações" de âmbito nacional possuem legitimidade para propor ação direta de inconstitucionalidade.

Por fim, de acordo com o STF, "descabe confundir a legitimidade para a propositura da ação direta de inconstitucionalidade com a capacidade postulatória. Quanto ao governador do Estado, cuja assinatura é dispensável na inicial, tem-na o procurador-geral do Estado." (ADI 2.906, Rel. Min. Marco Aurélio, julgamento em 1º.06.2011, Plenário, *DJE* de 29.06.2011).

10.7.1.3. Regras trazidas pela Lei Federal 9.868/1999

10.7.1.3.1. Possibilidade de cautelar em ADI (art. 10)

A cautelar numa ADI é uma decisão de caráter provisório e que tem por finalidade antecipar os efeitos que serão dados quando do julgamento do mérito da ADI. Para que seja concedida, a votação no STF tem que se dar pelo quórum de maioria absoluta. Sendo deferida, a consequência prática é a suspensão da execução da lei, objeto de questionamento no Supremo. Nesse caso, havendo legislação anterior à lei questionada, ela passará a ter aplicação até que sobrevenha a decisão de mérito. Essa situação está prevista no § 2º do art. 11 da Lei 9.868/1999 e é denominada pela doutrina de *efeito repristinatório*.

A medida cautelar tem eficácia *erga omnes* e efeito *ex nunc*, ressalvada a hipótese de a Corte entender que deve conceder eficácia *ex tunc* (retroativa).

Vale lembrar que se a cautelar for indeferida, isso não significa que a constitucionalidade da lei foi confirmada.

10.7.1.3.2. Possibilidade de participação do *amicus curiae*

Tal expressão significa literalmente amigo da corte. O § 2º do art. 7º da Lei 9.868/1999 traz a possibilidade do relator do processo, considerando a relevância da matéria e a representatividade dos legitimados, admitir a manifestação de outros órgãos ou entidades. Esta participação permitirá que a Corte profira uma decisão fundamentada não só com base técnica jurídica, mas também com subsídios específicos relacionados a outras áreas, como, por exemplo, a medicina, engenharia etc. O Supremo entende que a figura do *amicus curiae* tem por principal finalidade pluralizar o debate constitucional.

Um exemplo desta figura se deu quando do julgamento da possibilidade de utilização das células-tronco embrionárias para tratamento de doenças e pesquisas medicinais.

Por fim, de acordo com o Supremo (ADI 3615), o amigo da corte não pode interpor recursos, exceto se for discutir sobre a sua própria intervenção no processo.

10.7.1.3.3. Defesa promovida pelo Advogado-Geral da União

Em razão do princípio da presunção de constitucionalidade das leis, incumbe ao Advogado-Geral da União a defesa da lei ou ato normativo (curador especial). No entanto, caso haja decisão pela inconstitucionalidade proferida em controle na via de exceção pelo Pretório Excelso, este tem admitido que o AGU deixe de defender a lei em questão. A mesma regra, por conta do princípio da simetria, vale para o Procurador-Geral do Estado que também pode, nesse caso, deixar de defender a constitucionalidade da norma.

O Procurador-Geral da República será sempre ouvido na ADI, de acordo com o §1º do art. 103 da Constituição, após o AGU.

10.7.1.3.4. Possibilidade de realização de audiência pública

O art. 9º, § 1º, também da Lei n. 9.868/1999 autoriza que, em caso de necessidade de esclarecimento de matéria ou circunstância de fato ou de notória insuficiência das informações existentes nos autos, o relator requisite informações adicionais, designe perito ou comissão de peritos para que emita parecer sobre a questão, ou, ainda, realize *audiência pública* para ouvir depoimentos de pessoas com experiência e autoridade na matéria. As primeiras audiências públicas, algo inédito na Suprema Corte, ocorreram recentemente e tiveram origem quando da análise da possibilidade ou não do uso das células-tronco para pesquisas.

10.7.1.3.5. Votação

Os arts. 22 e 23 da Lei 9.868/1999 exigem que a decisão da ação direta de inconstitucionalidade seja efetivada por pelo menos seis ministros (maioria absoluta) e desde que presentes na sessão o mínimo de oito ministros.

10.7.1.3.6. Efeitos

Quando declarada a constitucionalidade, o efeito sempre será *ex tunc*, ou seja, retroage à data da edição do ato normativo. Já se houver declaração da inconstitucionalidade, em regra, também produzirá efeitos *ex tunc*. Todavia, por motivos de *segurança jurídica* ou de excepcional *interesse social*, o STF poderá conceder eficácia *ex nunc* (a partir do trânsito em julgado da decisão ou de outro momento que venha a ser fixado), ou, ainda, restringir os efeitos da decisão, mediante votação por maioria de 2/3 de seus membros. É denominada pela doutrina de *modulação dos efeitos da decisão*.

Ademais, a decisão sempre terá eficácia *erga omnes* e será vinculante aos órgãos do Poder Judiciário e à Administração direta e indireta, nas esferas federal, estadual e municipal.

Vale lembrar que pela **teoria da transcendência dos motivos determinantes** os fundamentos das decisões proferidas pelo Supremo em sede de controle de constitucionalidade também possuem efeito vinculante.

Frisa-se que a decisão é irrecorrível, não podendo nem ser objeto de ação rescisória; só é possível a utilização dos embargos de declaração.

Por fim, de acordo com o STF (Rcl 1880, Rel. Min. Maurício Correa), todos aqueles que demonstrarem ter sofrido prejuízo por conta de decisão judicial ou ato administrativo que colida com decisão definitiva dada em sede de controle concentrado poderão ingressar com **reclamação** no STF.

10.7.2. Ação Declaratória de Constitucionalidade – ADC

10.7.2.1. Conceito e objeto

A ADC também está prevista nos artigos 102, I, "a", e 103, I a IX, da CF e na Lei n. 9.868/1999. É uma ação constitucional que tem por objetivo verificar a constitucionalidade de uma lei ou ato normativo *federal*.

A dúvida que pode surgir é a seguinte: se as leis são presumidamente constitucionais, por que existe uma ação para declarar a constitucionalidade de uma norma? Exatamente por conta de tal presunção, a Lei 9.868/1999 traz em seu art. art. 14, III, a necessidade da observância de um requisito para a propositura dessa ação, qual seja, é imprescindível que haja *controvérsia judicial relevante* em relação à constitucionalidade da norma objeto de questionamento no Supremo. Sem a prova da existência de importante divergência jurisprudencial sobre a aplicação ou não de determinada norma a ADC não poderá ser conhecida.

Desse modo, ao ser editada uma norma, não há como, nos dias posteriores à edição, ingressar com tal ação, pois sequer houve tempo hábil para a existência de uma controvérsia judicial relevante – requisito indispensável para que a ação seja proposta.

Também se fala que a presunção de constitucionalidade de que todas as normas gozam é uma presunção relativa – *juris tantum*, ou seja, aquela que admite prova em contrário.

10.7.2.2. Legitimados

São os mesmos da ADI – art. 103 da CF. Todas as observações que foram feitas em relação aos legitimados universais e aos temáticos ou especiais servem aqui.

10.7.2.3. Possibilidade de cautelar em ADC

O art. 21 da Lei n. 9.868/1999 admite a cautelar em ADC, desde que concedida por decisão da maioria absoluta dos membros do Supremo Tribunal Federal. O efeito produzido pela decisão que acolhe a cautelar será o de suspender, por 180 dias, o julgamento de todos os processos que envolvam a aplicação da norma objeto de questionamento.

10.7.2.4. Defesa promovida pelo Advogado-Geral da União

Não há defesa pelo Advogado-Geral da União.

Observação: a doutrina menciona que a ADI e a ADC são ações de natureza dúplice, ambivalentes ou de sinais trocados porque a procedência em qualquer delas equivale à improcedência da outra.

O julgamento final de uma ADI, dando-a por procedente, faz com que a norma impugnada seja declarada inconstitucional. Agora, se uma ADI for julgada improcedente significa que a norma impugnada é declarada constitucional. Na ADC é o oposto; se ela for julgada procedente significa que a norma objeto de questionamento no Supremo é tida como constitucional. Já se for julgada improcedente a norma impugnada é declarada inconstitucional.

Por ser assim, a doutrina denomina tais ações de natureza dúplice, ambivalentes ou de sinais trocados. Quando uma for declarada procedente a outra, necessariamente, tem de ser declarada improcedente e vice-versa. Corroborando tal entendimento, o art. 24 da Lei Federal 9.868/1999 menciona que, proclamada a constitucionalidade, julgar-se-á improcedente a ação direta ou procedente eventual ação declaratória; e, proclamada a inconstitucionalidade, julgar-se-á procedente a ação direta ou improcedente eventual ação declaratória.

10.7.2.5. Efeitos

Valem aqui todos os comentários feitos sobre os efeitos da ADI, diante da natureza dúplice das ações.

10.7.3. Arguição de Descumprimento de Preceito Fundamental – ADPF

10.7.3.1. Conceito e objeto

A ADPF está prevista no art. 102, § 1º, da CF e na Lei n. 9.882/1999. É uma ação constitucional que tem por objetivo verificar se uma lei ou ato normativo viola um preceito fundamental previsto na Constituição. Tal ação surgiu com a finalidade de complementar o sistema de controle já existente.

O objeto da ADPF é o mais abrangente de todas as ações de controle concentrado. Desse modo, cabe tal ação quando uma lei ou ato normativo federal, estadual, municipal e ainda norma pré-constitucional, ou seja, normas editadas antes da vigência da constituição, violem preceitos fundamentais.

Vale lembrar que a impugnação de lei municipal em face da CF, em sede de controle concentrado, só pode ocorrer por meio de ADPF. Mas, em sede de controle difuso, a lei municipal eivada do vício de inconstitucionalidade pode ser levada ao Supremo por meio do recurso extraordinário.

Outra observação relevante é que esta ação admite o controle de normas de efeitos concretos (ADI 4048/MC).

10.7.3.2. Legitimados

São os mesmos da ADI e ADC, que estão no art. 103 da CF.

10.7.3.3. Peculiaridades da Lei 9.882/1999

10.7.3.3.1. Caráter subsidiário

Segundo o § 1º do art. 4º, a ADPF só será cabível quando não houver outro meio eficaz para sanar a lesividade. Havendo a possibilidade de solucionar o problema da violação da constituição por outro meio, inclusive com o ajuizamento de ADI ou ADC, será este outro meio que deverá ser utilizado.

10.7.3.3.2. Ausência de conceito de preceito fundamental

Não há uma definição legal de preceito fundamental. O Supremo Tribunal Federal que, ao conhecer das ADPFs propostas, determinará o que é e o que não é assim considerado.

10.7.3.3.3. Possibilidade de medida liminar

O art. 5º da Lei 9.882/1999 prevê a possibilidade de concessão de medida liminar, que será declarada pela maioria absoluta dos membros do STF.

O § 1º do mesmo dispositivo determina que em caso de extrema urgência ou perigo de lesão grave, ou ainda, em período de recesso, poderá o relator conceder a liminar, *ad referendum* do Tribunal Pleno.

10.7.3.3.4. Defesa do AGU

A Lei n. 9.882/1999 não exige a defesa do ato impugnado pelo Advogado-Geral da União.

O Procurador-Geral da República, quando não for o autor da ação, será ouvido.

10.7.3.3.5. Efeitos

Julgada a ação, far-se-á comunicação às autoridades ou órgãos responsáveis pela prática dos atos questionados, fixando-se as condições e o modo de interpretação e aplicação do preceito fundamental.

A decisão terá eficácia *erga omnes* e efeito vinculante relativamente aos demais órgãos do Poder Público.

10.7.4. ADI por omissão ou ADO

10.7.4.1. Conceito e objeto

A ADI por omissão está prevista no art. 103, § 2º, da CF e no Capítulo II-A da Lei n. 9.868/1999. Tal capítulo foi acrescentado pela Lei Federal 12.063 de 27 de outubro de 2009.

É uma ação constitucional que tem por objetivo sanar uma inconstitucionalidade por omissão ou, como também denominada, uma omissão inconstitucional.

Conforme já analisamos, as normas constitucionais podem ter eficácia plena, contida e limitada. A última, ou seja, aquela que depende de regulamentação para que o exercício do direito por ela garantido traz, implicitamente, um comando normativo para que o legislador infraconstitucional produza a norma regulamentadora. Quando ele não o faz, estamos diante de uma inconstitucionalidade por omissão. Fala-se que o legislador, nesta hipótese, encontra-se em mora, em atraso, pois não cumpre o comando constitucional de elaborar a norma para possibilitar o exercício de um direito constitucionalmente assegurado.

A omissão pode ser total ou parcial, conforme já estudado.

10.7.4.2. Legitimados

Segundo o art. 12-A da Lei 9.868/1999, podem propor ADI por omissão os mesmos legitimados à propositura da ação direita de inconstitucionalidade (genérica) e da ação declaratória de constitucionalidade. Desse modo, todas as observações feitas em relação aos legitimados no item da ADI genérica valem aqui.

10.7.4.3. Possibilidade de cautelar em ADI por comissão

Havendo excepcional urgência e relevância da matéria poderá ser concedida medida cautelar em sede de ADI por omissão. O Tribunal, pelo voto da maioria absoluta dos membros e após a audiência dos órgãos ou autoridades responsáveis pela omissão, é competente para conceder a cautelar. Sendo concedida será aberto o prazo de cinco dias para que os responsáveis pela omissão se manifestem. Vale lembrar que essa possibilidade foi trazida pela Lei 12.063 de 27 de outubro de 2009 que acrescentou, além de outros dispositivos, o art. 12-F à Lei 9.868/1999.

É importante ressaltar que a medida cautelar, quando estivermos diante de uma omissão parcial, fará com que seja suspensa a aplicação da lei ou do ato normativo impugnado. Tal medida também poderá resultar na suspensão de processos judiciais ou de procedimentos administrativos em andamento, ou ainda, numa outra providência fixada pelo próprio Tribunal.

10.7.4.4. Defesa do AGU

Não há defesa pelo Advogado-Geral da União, devido à ausência de norma.

O Procurador-Geral da República será ouvido apenas se o relator do processo considerar indispensável. Se isso ocorrer, deverá ser feito dentro do prazo de 3 dias, conforme § 2º do art. 12-F da Lei 9.868/1999.

10.7.4.5. Efeitos

Declarada a inconstitucionalidade por omissão, será dada ciência ao Poder competente para a adoção das providências necessárias e, em se tratando de órgão administrativo, para fazê-lo em 30 dias ou em prazo razoável a ser estipulado excepcionalmente pelo Tribunal, tendo em vista as circunstâncias específicas do caso e o interesse público envolvido (art. 12-H da Lei 9.868/1999).

10.8. Mecanismos de interpretação utilizados no controle de constitucionalidade

10.8.1. Interpretação conforme a constituição ou apenas "interpretação conforme"

É um mecanismo de interpretação utilizado pelo Supremo que tem por finalidade "salvar" a norma, não a declarando inconstitucional e consequentemente banindo-a do ordenamento jurídico brasileiro. Tem por fundamento o princípio da conservação ou da preservação das normas. Aqui, o Supremo fixa uma interpretação que deve ser seguida. Em vez de declarar a norma inconstitucional, determina que a lei é constitucional desde que interpretada de tal maneira. Há apenas uma interpretação possível para aquela norma, que é a fixada por ele quando da análise de sua constitucionalidade.

10.8.2. Declaração de inconstitucionalidade parcial sem redução de texto

Também é considerado um mecanismo de interpretação utilizado pelo Supremo que tem por finalidade "salvar" a norma.

Da mesma maneira que a interpretação conforme, na declaração parcial a Corte não declara a norma inconstitucional e retira-a do ordenamento jurídico, mas apenas declara que determinada interpretação (parte) dada à norma é inconstitucional.

Sabemos que uma lei pode ser interpretada de mais de uma maneira e que, às vezes, uma interpretação dada não está de acordo com o que diz a Constituição. É exatamente nessa hipótese que o STF se vale da declaração parcial sem redução de texto. Em vez de declarar a norma inconstitucional, determina que uma interpretação, dentre as diversas que possam existir, é inconstitucional. Assim, a declaração não é total e sim parcial, haja vista que há mais de uma interpretação para aquela lei.

É, ainda "sem redução de texto", pois a norma em si é preservada, o que é declarado parcialmente inconstitucional é a interpretação dada a ela. Também tem escopo no princípio da conservação ou preservação das normas.

10.8.3. Parcelaridade

Significa que o Supremo, ao analisar uma norma que esteja sendo impugnada por razões de inconstitucionalidade, pode declarar inconstitucional todo o seu conteúdo ou apenas parte dele. Exemplo: o Supremo, ao analisar a constitucionalidade do art. 7º, § 2º, do Estatuto da Ordem dos Advogados do Brasil, declarou inconstitucional apenas a expressão "desacato". Desse modo, pelo princípio da parcelaridade, o Supremo não fica adstrito ao texto de uma lei inteira ou um artigo, um inciso, um parágrafo ou uma alínea – pode entender que é inconstitucional apenas uma palavra, por exemplo. Diferentemente ocorre quando o Presidente da República veta uma lei. Nesse caso, somente poderá vetar juridicamente uma lei inteira ou um ou mais artigos, incisos, parágrafos ou alíneas. Não pode vetar apenas uma palavra, pois isso poderia fazer com que todo o sentido da lei fosse modificado.

10.8.4. Modulação dos efeitos produzidos pelo controle de constitucionalidade ou apenas "modulação de efeitos"

O nome do instituto já dá ideia do que venha a ser – modular significa mudar, alterar. Em regra, os efeitos produzidos no controle difuso são *inter partes* e *ex tunc*; no controle concentrado são *erga omnes*, vinculantes e *ex tunc*. A modulação serve justamente para que esses efeitos sejam modificados, conforme já estudado.

10.9. Controle de constitucionalidade estadual

O art. 125, § 2º, da CF traz a possibilidade de os Estados instituírem a representação de inconstitucionalidade de leis ou atos normativos estaduais ou municipais em face da Constituição Estadual. Trata-se do controle estadual de constitucionalidade das leis, que visa ao exame da compatibilidade formal e material das normas estaduais e municipais em face das Constituições Estaduais.

A ação de inconstitucionalidade deve ser proposta perante Tribunal de Justiça do Estado. Para tanto, deve haver previsão e regulamentação nas próprias Constituições Estaduais, que não poderão atribuir a legitimação para agir a um único órgão, de acordo com a parte final do art. 125, § 2º, da CF.

Caso a norma estadual ou municipal contrarie, simultaneamente, o disposto na Constituição Estadual e na Federal, o Tribunal não poderá se manifestar quanto à constitucionalidade ou não de tal norma em face da Constituição Federal, sob pena de usurpação de função, pois somente o STF pode fazer o controle em comento. Diferentemente ocorre se a norma tomada como padrão é dispositivo de reprodução obrigatória pelas Constituições Estaduais.

Desse modo, quando houver simultaneidade de ações (ação direta de inconstitucionalidade impugnando lei estadual perante o Supremo e o Tribunal de Justiça respectivo), a ação de âmbito estadual deve ter o seu curso suspenso até que a Corte Maior decida.

Destaca-se que não é possível a propositura de ADI e ADC de lei municipal em face da Constituição Federal, devendo o controle ser realizado por meio de ADPF ou via controle difuso.

Ademais, nos termos da Súmula 642 do STF, não cabe ADI perante o Pretório Excelso de lei do Distrito Federal decorrente de sua competência legislativa municipal.

11. ORGANIZAÇÃO DO ESTADO

11.1. Introdução

O Estado é formado por três elementos, quais sejam, o povo (indivíduos que habitam o mesmo local), o território (local que abriga os indivíduos) e a soberania.

Quanto à forma, fala-se que o Estado pode ser classificado em Unitário ou Federal. Unitário é aquele em que as capacidades legislativa, política e administrativa se concentram nas mãos de um único centro, de um único governo. A doutrina denomina os Estados Unitários, como Cuba e França, de Estados Simples. Já o Federal é aquele em que há repartição de competências e as capacidades mencionadas estão divididas em vários centros. É denominado pela doutrina de Estado Composto. O Brasil, a Alemanha e os Estados Unidos são alguns exemplos de Estado Federal ou Estado Composto.

A forma de governo é justamente a relação existente entre aqueles que governam e os que são governados. Por meio dela é que se verifica como é feita a instituição do poder. Fala-se em República ou Monarquia. Na primeira os governantes são eleitos, direta ou indiretamente, para que exerçam o poder por um período determinado. Já na segunda, monarquia, o poder advém da família, é vitalício e os governantes não precisam prestar contas para os governados.

Os sistemas de governo dizem respeito à maneira pela qual as funções legislativa, executiva e judiciária são relacionadas. No presidencialismo, além da independência entre os poderes, que são harmônicos entre si, o detentor do poder cumula as funções de chefe de Estado e chefe de governo. Normalmente nas repúblicas adota-se o presidencialismo. No parlamentarismo existe apoio e colaboração entre as funções e o poder é dividido. O presidente não cumula as funções de chefe de Estado e de governo, apenas chefia o Estado e delega a atribuição de cuidar do governo ao primeiro-ministro. Este, por sua vez, para comandar o país tem de ter o apoio do parlamento.

O art. 1º da Constituição dispõe que o Brasil é uma República Federativa, ou seja, tal dispositivo constitucional afirma que a forma federativa de Estado é a que foi adotada por nós. Além disso, o mesmo dispositivo nos ensina que somos um Estado republicano e democrático.

As pessoas políticas que integram a federação, segundo o art. 18, *caput*, da Constituição Federal, são: a União, os Estados-membros, o Distrito Federal e os Municípios.

Fortificando o pacto federativo e a autonomia dos entes que o compõem, o Supremo editou a Súmula 681, que dispõe que é inconstitucional a vinculação do reajuste de vencimentos de servidores estaduais ou municipais a índices federais de correção monetária.

De acordo com o art. 19, I, da CF, é vedado aos entes federativos estabelecer cultos religiosos ou igrejas, subvencioná-los, embaraçar-lhes o funcionamento ou manter com eles ou seus representantes relações de dependência ou aliança, ressalvada, na forma da lei, a colaboração de interesse público. Sobre esse tema, o STF já decidiu que: "o direito à liberdade de religião, como expectativa normativa de um princípio da laicidade, obsta que razões religiosas sejam utilizadas como fonte de justificação de práticas institucionais e exige de todos os cidadãos, os que professam crenças teístas, os não teístas e os ateístas, processos complementares de aprendizado a partir da diferença. O direito dos militares à assistência religiosa exige que o Estado abstenha-se de qualquer predileção, sob pena de ofensa ao art. 19, I, da CRFB. Norma estadual que demonstra predileção por determinada orientação religiosa em detrimento daquelas inerentes aos demais grupos é incompatível com a regra constitucional de neutralidade e com o direito à liberdade de religião". [ADI 3.478, rel. min. Edson Fachin, j. 20-12-2019, P, DJE de 19-2-2020].

11.2. União

No âmbito interno, é considerada pessoa jurídica de direito público, dotada de autonomia, pois detém tripla capacidade: a) auto-organização, b) autogoverno; e c) autoadministração. No âmbito internacional, a União tem por finalidade representar a República Federativa do Brasil, ou seja, tem por missão assegurar a soberania do país.

O art. 20 da Constituição Federal traz uma enumeração dos bens pertencentes à União, dentre eles estão, por exemplo, o mar territorial, os terrenos de marinha e seus acrescidos, os potenciais de energia elétrica, os recursos minerais, inclusive os do subsolo e as terras tradicionalmente ocupadas pelos índios. Vale lembrar que, conforme a Súmula 650 do STF, os incisos I e XI do art. 20 da CF, não alcançam terras de aldeamentos extintos, ainda que ocupadas por indígenas em passado remoto.

Ainda sobre o art. 20, o seu § 1º, (Redação da EC 102/2019) assegura, nos termos da lei, à União, aos Estados, ao Distrito Federal e aos Municípios a participação no resultado da exploração de petróleo ou gás natural, de recursos hídricos para fins de geração de energia elétrica e de outros recursos minerais no respectivo território, plataforma continental, mar territorial ou zona econômica exclusiva, ou compensação financeira por essa exploração.

Sobre o assunto, o STF já decidiu que: "os *royalties* são receitas originárias da União, tendo em vista a propriedade federal dos recursos minerais, e obrigatoriamente transferidas aos Estados e Municípios. (...) É constitucional a imposição legal de repasse de parcela das receitas transferidas aos Estados para os municípios integrantes da territorialidade do ente maior. [ADI 4.846, rel. min. Edson Fachin, j. 9-10-2019, P, *DJE* de 18-2-2020].

O art. 153 do mesmo diploma legal enumera os impostos de competência da União, ou seja, os impostos federais. São os seguintes: imposto de importação (II), imposto de exportação (IE), imposto de renda e proventos de qualquer natureza (IR), imposto sobre produtos industrializados (IPI), imposto sobre operações de crédito, câmbio e seguro, ou relativas a títulos ou valores mobiliários (IOF), imposto sobre a propriedade territorial rural (ITR) e o imposto sobre grandes fortunas (IGF).

O Poder Executivo da União é composto pelo Presidente da República, Vice-Presidente, Ministros, Conselho da República e Conselho de Defesa Nacional, conforme dispõem os arts. 76 a 91 da Constituição Federal.

Já o Poder Judiciário da União é tratado a partir do art. 101 até o 124 da Constituição. Dentre as matérias de competência dos juízes federais podemos destacar, conforme art. 109 da Constituição, as seguintes: as causas em que a União, entidade autárquica ou empresa pública federal forem interessadas na condição de autoras, rés, assistentes ou oponentes, exceto as de falência, as de acidentes de trabalho e as sujeitas à Justiça Eleitoral e à Justiça do Trabalho; os crimes políticos e as infrações penais praticadas em detrimento de bens, serviços ou interesses da União; as causas fundadas em tratados internacionais; os crimes cometidos a bordo de aeronaves, ressalvada a competência da justiça militar; e a disputa sobre direitos indígenas.

O Poder Legislativo da União é representado pelo Congresso Nacional (Câmara de Deputados e Senado Federal).

11.2.1. Competências da União

As competências da União podem ser de duas naturezas distintas:

11.2.1.1. Competências não legislativas

São também chamadas de competências administrativas ou materiais. Por meio delas é possível identificar o âmbito de atuação de cada ente federativo. Tais competências se dividem em exclusiva e comum.

A primeira, *exclusiva*, está prevista no art. 21 da Constituição Federal, o qual dispõe que compete à União, por exemplo, manter relações com Estados estrangeiros e participar de organizações internacionais; manter o serviço postal e o correio aéreo nacional; conceder anistia; permitir, nos casos previstos em lei complementar, que forças estrangeiras transitem pelo território nacional ou nele permaneçam temporariamente etc. Essas atribuições, dadas pela competência exclusiva, são *indelegáveis*, ou seja, somente a União poderá efetivá-las.

É importante ressaltar que o STF, em sessão plenária, no julgamento da ADPF 46, declarou como recepcionada pela Constituição de 1988 a Lei 6.538/1978, que dispõe sobre o monopólio da Empresa Brasileira de Correios e Telégrafos na exploração dos serviços postais, emprestando interpretação conforme à Constituição ao seu art. 42.

Desse modo, a Corte Suprema determina que "a CF confere à União, em caráter exclusivo, a exploração do serviço postal e o correio aéreo nacional (art. 21, X). O serviço postal é prestado pela Empresa Brasileira de Correios e Telégrafos (ECT), empresa pública, entidade da administração indireta da União, criada pelo Decreto-Lei 509, de 10.03.1969." (ADPF 46, Rel. p/ o ac. Min. Eros Grau, julgamento em 05.08.2009, Plenário, *DJE* de 26.02.2010).

A competência *comum*, também denominada de paralela, concorrente ou cumulativa, tem a ver com as atribuições dadas a todos os entes da federação (União, Estados, Distrito Federal e Municípios). O art. 23 da Constituição Federal traz o rol de assuntos que serão tratados pelas pessoas políticas mencionadas. O parágrafo único do mesmo artigo, com redação dada pela Emenda Constitucional n. 53 de 2006, dispõe que leis complementares fixarão normas para a cooperação entre a União, os Estados, o Distrito Federal e os Municípios, tendo em vista o equilíbrio do desenvolvimento e do bem-estar em âmbito nacional. Agora, se mesmo focadas no objetivo mencionado, houver conflito de competência entre elas, tal problema deverá ser sanado com base no princípio da preponderância ou prevalência do interesse.

11.2.1.2. Competências legislativas

A constituição atribui, a cada ente político, competência para elaborar leis. A União pode editar normas sobre diversos assuntos. Fala-se que tal competência pode ter três naturezas distintas: privativa, concorrente e residual.

O parágrafo único do art. 22 da Constituição Federal, ao tratar da competência legislativa *privativa*, diz que a União, por meio de lei complementar, poderá autorizar os Estados a legislar sobre questões específicas das matérias relacionadas neste artigo. Desse modo, a competência privativa é delegável.

Segundo a Súmula Vinculante 46, a definição dos crimes de responsabilidade e o estabelecimento das respectivas normas de processo e julgamento são da competência legislativa privativa da União.

Já foi decidido, também pela Suprema Corte, que: "a obrigatoriedade de equipar os ônibus utilizados no serviço público de transporte coletivo com dispositivos redutores de estresse para motoristas e cobradores. Inconstitucionalidade. Competência privativa da União para legislar sobre trânsito e transporte bem como sobre direito do trabalho." [ADI 3.671, rel. min. Gilmar Mendes, j. 21-2-2020, P, DJE de 20-3-2020].

Em relação à competência legislativa da União, de acordo com o STF, a competência para legislar sobre a **gratuidade dos estacionamentos em estabelecimentos privados**, como em instituições de ensino, **shopping**, mercados etc. é da **União**. O assunto se enquadra no art. 22, I, da CF, pois diz respeito ao **direito civil**, especificamente sobre o direito de **propriedade e suas limitações** (ADI 3.710/GO).

Outro tema que também é extraído do art. 22 da CF, assuntos da competência privativa da União, é a legislação sobre **trânsito** (art. 22, XI, CF). Desse modo, se uma lei estadual regulamentar serviço de **mototáxi**, essa lei será tida como inconstitucional por ter o Estado usurpado da competência legislativa federal.

De acordo com o STF, "a Lei Estadual 10.519/2015 do Estado da Paraíba. Bloqueio de aparelhos celulares pelas operadoras nas hipóteses de furto e roubo. Competência privativa da União para legislar sobre telecomunicações. (...) No caso dos autos, apesar de estar se discutindo a constitucionalidade do bloqueio de aparelhos celulares nas hipóteses de furto e roubo, resta claro que a finalidade da norma é justamente possibilitar o bloqueio de sinal de telecomunicações e/ou radiocomunicações (...).

[ADI 5.574, rel. min. Edson Fachin, j. 27-9-2019, P, DJE de 15-10-2019].

A competência *concorrente*, como o próprio nome menciona, é aquela em que mais de um ente político pode legislar. Está prevista no art. 24 da CF e são exemplos dessa competência a legislação sobre os seguintes temas: direito tributário, financeiro, penitenciário, econômico, urbanístico, educação, cultura, procedimentos em matéria processual, defesa dos recursos naturais etc. Nessas hipóteses a União edita normas gerais e os Estados e o Distrito Federal, normas específicas. Diz o § 3º do art. 24 da Constituição Federal que, inexistindo lei federal sobre normas gerais, os Estados terão competência legislativa plena, ou seja, editarão tanto normas gerais quanto normas específicas. É a denominada competência suplementar dos Estados. Já o § 4º do mesmo dispositivo nos ensina que a superveniência de lei federal sobre normas gerais **suspende** a eficácia da lei estadual no que com ela colidir. É importante ressaltar que a suspensão não se confunde com a revogação.

Desse modo, enquanto a lei geral não for editada, a lei estadual continua valendo, mas, após a edição, pela União, da lei que trata de normas gerais, a lei estadual fica com sua eficácia suspensa naquilo que lhe for contrário. Isso significa que, se a norma geral da União for revogada, a lei estadual volta a valer em sua plenitude, pois não terá mais sua eficácia suspensa. A norma da União, por ter sido revogada, não tem mais força de suspender a eficácia de outra lei.

De acordo com a ADI 2.875, Rel. Min. Ricardo Lewandowski, lei distrital que obriga os médicos públicos e particulares do Distrito Federal a notificarem a Secretaria de Saúde sobre os casos de câncer de pele não é inconstitucional, pois, a matéria, defesa da saúde, é de competência concorrente entre a União, Estados-membros e Distrito Federal.

A competência *residual* tem natureza tributária e é dada pela Constituição à União, conforme dispõe seu art. 154, I. Esse dispositivo menciona que a União poderá instituir, por meio de lei complementar, impostos não previstos no art. 153 – que define quais são os impostos federais – desde que sejam não cumulativos e não tenham fato gerador ou base de cálculo próprios dos determinados na Constituição Federal.

No campo do direito tributário também encontramos as competências tributárias expressas, que são as que cada ente da federação possui para criar seus impostos, e a competência tributária extraordinária, que é dada à União para instituir, na hipótese de iminência ou no caso de guerra externa, impostos extraordinários (art. 154, II, da Constituição Federal).

Ainda em relação ao tema competência legislativa da União, o STF, ao analisar a ADI 4.369 (Informativo 592), mencionou que o Estado de São Paulo, ao editar a Lei n. 13.854/2009, que proibia a cobrança de assinatura mensal de telefonia fixa, teria usurpado a competência privativa da União para dispor sobre telecomunicações (art. 22, IV, CF).

Desse modo, se somente a União é competente para disciplinar tal assunto, a lei paulista é tida como inconstitucional.

A Suprema Corte, conforme já mencionado, também já definiu pela manutenção do monopólio da União em relação às atividades postais prestadas pela Empresa Brasileira de Correios e Telégrafos (Informativo 554). Assim, os cartões postais, as cartas comerciais, pessoais e os denominados malotes devem ser transportados somente pelos Correios.

Além disso, o STF já decidiu que: "a competência para legislar sobre condições para o exercício de profissões é privativa da União. (...) Não cabe à lei estadual regular as condições para o exercício da profissão de músico, mesmo que a pretexto de garantir a livre atuação dos artistas.[ADI 3.870, rel. min. Roberto Barroso, j. 27-9-2019, P, DJE de 24-10-2019].

Por fim, o STF já decidiu que "Os Estados-membros e o Distrito Federal não dispõem de competência para legislar sobre horário de verão, eis que falece a qualquer ente federado competência legislativa para dispor sobre o seu próprio horário, considerada a dimensão nacional que qualifica essa particular atribuição que a Constituição da República outorgou, em regime de exclusividade, à União Federal, sob pena de entendimento em sentido contrário gerar a possibilidade anárquica de o Brasil vir a submeter-se a tantas horas oficiais quantas forem as unidades da Federação. [ADI 158, rel. min. Celso de Mello, j. 1º-8-2018, P, DJE de 28-8-2018].

11.3. Estados

Os Estados são pessoas políticas dotadas de autonomia. Tal autonomia é marcada pelo fato de a Constituição Federal determinar que os Estados devam elaborar suas próprias Constituições Estaduais. É claro que os princípios e as normas trazidas pela Constituição Federal devem servir de diretrizes para os Estados quando da elaboração de suas Constituições, ou seja, só podem elaborar Constituições que estejam de acordo com a Federal e com base nas suas diretrizes. Deve haver, necessariamente, um paralelismo entre a Constituição Federal e as Constituições Estaduais. Daí falar-se em *princípio da simetria*.

O art. 26 da Constituição traz quais são os bens pertencentes aos Estados. Dentre eles podemos destacar as terras devolutas não compreendidas entre as da União e as ilhas fluviais e lacustres também não pertencentes à União.

O Poder Executivo dos Estados é composto pelo Governador e Vice-Governador. Cada Estado elegerá seu governador e vice. O art. 28 da Constituição Federal nos ensina que o mandato dessas pessoas é de 4 anos, que as eleições ocorrem no primeiro domingo de outubro (1º turno) e no último domingo de outubro (2º turno, se houver), e que a posse se dá em primeiro de janeiro do ano subsequente.

Os §§ 3º e 4º do art. 18 da Constituição trazem regras sobre a criação e a extinção dos Estados. Fala-se em incorporação (ou fusão), subdivisão (ou cisão) e desmembramento. Para todas as hipóteses há alguns requisitos comuns e cumulativos. São os seguintes:

a) realização de um **plebiscito**: significa que a população interessada deve, necessariamente, aprovar, por meio de um plebiscito, a formação de um novo Estado. Somente após essa aprovação é que será possível que o segundo requisito seja verificado. Desse modo, fala-se que a realização do plebiscito é condição essencial à fase posterior.

b) existência de um projeto de **lei complementar**: a Lei n. 9.709/1998, que regulamentou as formas de execução da democracia direta (plebiscito, referendo e iniciativa popular das leis), determina que, após a aprovação pelo plebiscito, deve ser proposto um projeto de lei complementar que terá início ou na Câmara de Deputados ou no Senado Federal, ou seja, em qualquer das Casas do Congresso Nacional;

c) audiência nas Assembleias Legislativas: dispõe o § 2º do art. 4º da Lei n. 9.709/1998 que a Casa em que o projeto tenha iniciado deverá realizar a audiência para futura expedição de um parecer. É interessante lembrar que tal parecer é meramente opinativo, portanto não tem caráter vinculativo (art. 48, VI, da Constituição Federal). Assim, o processo pode continuar ainda que o parecer dado pelas Assembleias Legislativas tenha sido desfavorável à formação de um novo Estado. Vejam que isso não ocorre em relação ao resultado do plebiscito. Tal consulta tem sim caráter vinculativo, portanto é condição prévia para as demais fases;

d) aprovação por parte do Congresso Nacional: passadas as fases anteriores, o Congresso Nacional tem de aprovar o projeto de lei complementar. Para tanto, necessita do quórum de maioria absoluta, conforme determina o art. 69 da Constituição Federal. Essa aprovação e a eventual sanção do projeto, pelo Presidente da República, são atos discricionários. Nessa fase, nem a manifestação favorável dada durante a realização do plebiscito obriga o Legislativo a aprovar o projeto e o Executivo a sancioná-lo. O Presidente, ao decidir se sanciona ou veta o projeto, é quem avalia a conveniência e a oportunidade do ato, sempre pautado pelo interesse público.

Passemos à análise de cada uma das modalidades de criação e extinção de Estados:

11.3.1. Fusão

Ocorre quando dois ou mais Estados se incorporam geograficamente, formando um novo, diferente dos demais. Aqueles que se uniram, consequentemente, perderão suas personalidades originárias, desaparecerão. Exemplo: suponham que existam os Estados "x", "y" e "z" e que os três sejam incorporados. Após a união, nasce o Estado "w", fruto da junção dos três.

11.3.2. Cisão

Ocorre quando um Estado existente subdivide-se para formar dois ou mais Estados novos, que terão personalidades distintas. Desse modo, o Estado que foi subdividido não mais deterá personalidade, desaparecerá. Exemplo: suponha que exista o Estado "x" e que ele seja subdividido formando os Estados "w", "y" e "z". Vejam que o estado originário "x" desaparece para que outros três sejam criados.

11.3.3. Desmembramento

Ocorre quando um ou mais Estados destinam parte de seu território com a finalidade de formar um novo Estado ou Território ou ainda para se anexarem a outro.

Na hipótese de desmembramento, em regra, o Estado que destina parte de seu território não deixa de existir. Aliás, como o próprio conceito nos ensina, destina "parte", apenas parte de seu território. Foi exatamente o que ocorreu com o Mato Grosso em relação ao Estado do Mato Grosso do Sul e o Estado de Goiás em relação a Tocantins, conforme o art. 13 do Ato das Disposições Constitucionais Transitórias.

De acordo com o STF (ADI 2650 – Informativo 637), quando tiver de ser realizado o desmembramento de um Estado, é necessário que os dois territórios sejam ouvidos, tanto o da área desmembrada, como o da área remanescente.

11.3.4. Competência dos Estados

As competências dos Estados também podem ser legislativas ou não legislativas.

11.3.4.1. Competências não legislativas

Também chamadas de administrativas ou materiais, dividem-se em comuns e residuais.

A **comum** vem prevista no art. 23 da Constituição Federal e é dada indistintamente a todos as pessoas políticas, União, Estados, Distrito Federal e Municípios, e já fora objeto de estudo quando da análise da competência da União.

A **residual** é dada aos Estados para tratar de assuntos que não sejam da competência da União (art. 21 da CF), do Distrito Federal (art. 23 da CF) e dos Municípios (art. 30 da CF). É também chamada de competência remanescente ou reservada aos Estados e vem prevista no § 1º do art. 25 da Constituição Federal que menciona que "são reservadas aos Estados as competências que não lhe sejam vedadas por esta Constituição". Em suma: o resíduo, aquilo que sobra, que não é de atribuição de outro ente político, pode ser disciplinado pelos Estados.

11.3.4.2. Competências legislativas

Tema abordado quando analisamos as competências da União, momento em que também fizemos menção às dos Estados.

De qualquer forma, vale a leitura de julgado do STF segundo o qual: "O afastamento, por lei estadual, das exigências de revalidação de diploma obtido em instituições de ensino superior dos países membros do Mercosul para a concessão de benefícios e progressões a servidores públicos invade a competência privativa da União para legislar sobre diretrizes e bases da educação nacional (art. 22, XXIV, CRFB). Do mesmo modo, a extensão da possibilidade de utilização de títulos oriundos de instituições de ensino de países pertencentes ao Mercosul não validados no Brasil para além das atividades de docência e pesquisa vai de encontro ao estabelecido no Decreto 5.518/2005. [ADI 5.341, rel. min. Edson Fachin, j. 5-11-2019, P, DJE de 10-12-2019].

Nesse sentido: "compete à União legislar sobre 'diretrizes e bases da educação nacional' – artigo 22, inciso XXIV, da Constituição Federal –, incluída a disciplina relativa à confecção, emissão e registro de diplomas por instituições de ensino superior." [ADI 3.713, rel. min. Marco Aurélio, j. 15-5-2019, P, DJE de 7-6-2019].

11.4. Distrito Federal

Constitui ente político autônomo, dotado de capacidade de auto-organização, autogoverno, autoadministração e autolegislação. Diferente do que ocorre com os Estados, que são regidos por Constituições Estaduais, o Distrito Federal é regido por Lei Orgânica. Tal lei deve ser aprovada em dois turnos, com um intervalo mínimo de 10 (dez) dias, pelo voto de 2/3 da Câmara Legislativa do DF, conforme dispõe o art. 32 da Constituição Federal.

A característica do autogoverno é marcada pela eleição de Governador, Vice-Governador e Deputados Distritais, conforme dispõem os §§ 2º e 3º do art. 32 da Constituição.

11.4.1. Competência do Distrito Federal

O Distrito Federal cumula duas competências: pode legislar tanto sobre matérias reservadas aos Estados, como as atribuídas aos Municípios. É o que se depreende do § 1º do art. 32 da Constituição Federal.

11.5. Municípios

Os Municípios são entes políticos dotados de capacidade administrativa, política e de auto-organização. A primeira tem a ver com as competências legislativas e administrativas dadas aos Municípios. A capacidade política é determinada pela eleição direta do Prefeito, Vice-Prefeito e Vereadores. E a capacidade de auto-organização é marcada pelo fato de os Municípios serem regidos por suas próprias Leis Orgânicas Municipais, conforme dispõe o *caput* do art. 29 da Constituição Federal. Tais leis devem ser votadas em dois turnos, com um interstício (intervalo) mínimo de dez dias, e aprovadas pelo voto de 2/3 dos membros da Câmara Municipal.

A autonomia municipal deve ser respeitada sob pena de intervenção federal. Desse modo, se um Estado desrespeitar a autonomia municipal, conforme o art. 34, inciso VII, alínea "c", da Constituição Federal, caberá intervenção naquele Estado.

As regras sobre criação, incorporação, fusão e desmembramento de Municípios são trazidas pelo § 4º do art. 18 da Constituição Federal. É necessário:

a) uma lei complementar federal determinando o período e o procedimento para a criação, incorporação, fusão ou desmembramento do município;

b) divulgação de estudos de viabilidade municipal;

c) realização de consulta prévia às populações diretamente interessadas, por meio de plebiscito (art. 7º da Lei n. 9.709/1998)

– tal consulta somente ocorrerá se os estudos de viabilidade demonstrarem a possibilidade de criação, incorporação, fusão ou desmembramento do município; e

d) existência de lei estadual, dentro do período determinado pela lei complementar federal, desde que os requisitos anteriores tenham sido devidamente cumpridos.

Um ponto importante a ser lembrado é o trazido pela Emenda Constitucional n. 57 de 2008. Com essa emenda foi acrescentado o art. 96 ao Ato das Disposições Constitucionais Transitórias, que assim dispõe: "ficam convalidados os atos de criação, fusão, incorporação e desmembramento de Municípios, cuja lei tenha sido publicada até 31 de dezembro de 2006, atendidos os requisitos estabelecidos na legislação do respectivo Estado à época de sua criação". Esse dispositivo é na verdade um pedido ao Poder Legislativo para que elabore a tal lei complementar, exigida constitucionalmente, pois sem ela não há possibilidade de criação, fusão, incorporação e desmembramento de municípios. Desse modo, como muitos já haviam sido criados, sem a existência da lei complementar, eles foram convalidados para que a própria ordem constitucional não fosse posta em risco.

Vale lembrar que a EC 15/1996 deu nova redação ao § 4º do art. 18 da CF, modificando os requisitos constitucionais para criação, fusão, incorporação e desmembramento de municípios. Houve controle da constitucionalidade da atuação do poder constituinte de reforma, entretanto decidiu-se pela inexistência de afronta à cláusula pétrea da forma federativa do Estado, decorrente da atribuição, à lei complementar federal, para fixação do período dentro do qual poderão ser efetivadas a criação, a incorporação, a fusão e o desmembramento de Municípios. (ADI 2.395, Rel. Min. Gilmar Mendes, julgamento em 09.05.2007, Plenário, *DJE* de 23.05.2008). No mesmo sentido: ADI 2.381-MC, Rel. Min. Sepúlveda Pertence, julgamento em 20.06.2001, Plenário, *DJ* de 14.12.2001.

Além disso, é importante que a Súmula 646 do STF determina que "ofende o princípio da livre concorrência lei municipal que impede a instalação de estabelecimentos comerciais do mesmo ramo em determinada área".

Por fim, a EC 84, de 2 de dezembro de 2014 alterou o art. 159 da Constituição Federal para aumentar a entrega de recursos pela União para o Fundo de Participação dos Municípios, de modo que 1% (um por cento) do produto da arrecadação dos impostos sobre renda e proventos de qualquer natureza e sobre produtos industrializados, será destinado ao Fundo de Participação dos Municípios, devendo ser entregue no primeiro decêndio do mês de julho de cada ano.

11.5.1. Competência dos municípios

Podem ser comuns ou enumeradas. As primeiras são as que todos os entes políticos possuem, de acordo com o art. 23 da Constituição, conforme já analisado. Já as segundas, as enumeradas, encontram abrigo no art. 30 da Constituição e têm por finalidade, principalmente, tratar de assuntos de interesse local e suplementar à legislação federal e estadual, no que for cabível.

Vale lembrar que os municípios têm competência para fixar o horário de funcionamento de estabelecimento comercial conforme inteligência da Súmula Vinculante 38 (STF)

11.6. Territórios federais

Os territórios federais, conforme dispõe o § 2º do art. 18 da CF, pertencem à União. Somente por meio de lei complementar é que poderão ser criados, transformados em Estado ou reintegrados ao Estado de origem. É dessa maneira, porque os territórios não possuem autonomia política, apenas administrativa.

Frisa-se que atualmente *não* existem territórios federais no Brasil; os últimos que existiram foram extintos pelos artigos 14 e 15 do Ato das Disposições Constitucionais Transitórias. Os territórios de Roraima e Amapá foram transformados em Estados (art. 14 do ADCT) e o de Fernando de Noronha teve sua área incorporada ao Estado de Pernambuco (art. 15 do ADCT).

Os territórios, embora pertencentes à União, podem ser divididos em municípios. Se forem criados (os territórios), possuirão governador, nomeado pelo Presidente da República, após aprovação do Senado Federal, conforme dispõe o art. 84, XIV, da CF, e também poderão eleger quatro deputados federais, conforme determinação do § 2º do art. 45 da CF.

11.7. Intervenção federal e intervenção estadual

É possível extrair do texto constitucional que a regra é a autonomia das pessoas políticas. Desse modo, a União, os Estados, o Distrito Federal e os Municípios são independentes e autônomos, não podendo, como regra, um intervir no outro.

Já a intervenção é uma medida de exceção, consistente na supressão temporária das prerrogativas dos Estados e dos Municípios. Quando há intervenção, prevalece a vontade daquele que a concretizou, que poderá ser a União ou os Estados. Por ser medida de caráter excepcional (a regra é a não intervenção), somente poderá ser decretada nos casos taxativamente previstos na Constituição. Tem por principal finalidade assegurar o pacto federativo.

A intervenção federal somente pode se dar nos Estados e no Distrito Federal. Assim, não é correto afirmar que a União interveio num determinado município pertencente a um Estado. Em regra, somente um Estado pode intervir no município – intervenção estadual. O que poderá ocorrer é a União intervir num município que está localizado em um Território, mas isso só acontecerá se forem criados territórios federais, neles houver municípios e ainda se alguma hipótese de intervenção, taxativamente prevista na CF, estiver devidamente configurada.

Há duas formas de intervenção: a espontânea e a provocada. Será *espontânea* nas seguintes hipóteses:

I. para manter a integridade nacional;

II. para repelir invasão estrangeira ou de uma unidade da Federação em outra;

III. para pôr termo a grave comprometimento da ordem pública;

IV. para reorganizar as finanças da unidade da Federação que: a) suspender o pagamento da dívida fundada por mais de dois anos consecutivos, salvo motivo de força maior; b) deixar de entregar aos Municípios receitas tributárias fixadas na Constituição dentro dos prazos estabelecidos em lei.

Nesses casos, o Presidente da República age de ofício, sem a necessidade de provocação.

Há também os casos em que a intervenção federal será decretada após provocação. São hipóteses de *intervenção provocada* as seguintes:

I. para garantir o livre exercício de qualquer dos Poderes nas unidades da Federação. Nesse caso, se a coação for exercida contra os Poderes Executivos ou Legislativos dos Estados, a intervenção dependerá de solicitação do poder coagido ou impedido. Agora, se for exercida contra o Poder Judiciário, dependerá de requisição do STF;

II. para prover a execução de lei federal, ordem ou decisão judicial. Podemos desmembrar essa hipótese para melhor análise. Se houver desobediência à ordem ou decisão judiciária, a intervenção dependerá de requisição do STF, do STJ ou do TSE. Já para prover a execução de lei federal, a intervenção dependerá de requisição do STF, em caso de provimento de representação do Procurador-Geral da República;

III. para assegurar a observância dos *princípios constitucionais sensíveis,* que são os seguintes:

a) forma republicana, sistema representativo e regime democrático;

b) direitos da pessoa humana;

c) autonomia municipal;

d) prestação de contas da administração pública;

e) aplicação do mínimo exigido da receita resultante de impostos estaduais, compreendida a proveniente de transferências, na manutenção e desenvolvimento do ensino e nas ações e serviços públicos de saúde.

Nas hipóteses de violação a princípios constitucionais sensíveis, a intervenção deve ser antecedida por uma ação – **ADI Interventiva ou representação interventiva perante o STF**. É necessária a requisição do STF, após ter dado provimento à representação do Procurador-Geral da República, que se materializa por meio da ADI Interventiva.

A Lei 12.562/2011, ao regulamentar o inciso III do art. 36 da Constituição Federal, tratou do processo e julgamento da **representação interventiva** perante o Supremo Tribunal Federal. Assim, a ADI interventiva deve seguir o procedimento trazido por essa norma.

De acordo com o art. 2º, a representação deve ser proposta pelo Procurador-Geral da República, em caso de violação aos princípios referidos no inciso VII do art. 34 da Constituição Federal, ou de recusa, por parte de Estado-Membro, à execução de lei federal.

A inicial, apresentada em duas vias, deve conter: I – a indicação do princípio constitucional que se considera violado ou, se for o caso de recusa à aplicação de lei federal, das disposições questionadas; II – a indicação do ato normativo, do ato administrativo, do ato concreto ou da omissão questionados; III – a prova da violação do princípio constitucional ou da recusa de execução de lei federal; e IV – o pedido, com suas especificações (art. 3º da mencionada lei).

Conforme o art. 5º da Lei 12.562/2011, é possível pedido de liminar solicitando a determinação de que se suspenda o andamento de processo ou os efeitos de decisões judiciais ou administrativas ou de qualquer outra medida que apresente relação com a matéria objeto da representação interventiva. O STF poderá deferir tal pedido por decisão da maioria absoluta de seus membros.

Julgada a liminar ou após o recebimento da inicial, quando não houver pedido de liminar, o relator, de acordo com o art. 6º da Lei 12.562/2011, solicitará as informações às autoridades responsáveis pela prática do ato questionado, que as prestarão em até 10 (dez) dias.

Serão ouvidos também, sucessivamente, o Advogado--Geral da União e o Procurador-Geral da República, que deverão manifestar-se, cada qual, no prazo de 10 (dez) dias.

De acordo com os arts. 9º e 10 da Lei 12.562/2011, a decisão sobre a representação interventiva somente será tomada se presentes na sessão pelo menos 8 (oito) Ministros e a procedência ou improcedência do pedido pela manifestação de pelo menos 6 (seis) Ministros.

Caso o pedido seja julgado procedente, o Presidente do Supremo Tribunal Federal, publicado o acórdão, levá-lo-á ao conhecimento do Presidente da República para, no prazo improrrogável de até 15 (quinze) dias, dar cumprimento aos §§ 1º e 3º do art. 36 da Constituição Federal (art. 11 da Lei 12.562/2011).

Por fim, ressalta-se que a decisão é irrecorrível, sendo insuscetível de impugnação por ação rescisória (art. 11).

Voltando para a Constituição, os casos de intervenção provocada vêm previstos nos incisos IV, VI e VII do art. 34 da CF. Em tais situações, o Chefe do Executivo poderá agir de forma discricionária ou vinculada, conforme as peculiaridades de cada caso.

O decreto do Presidente da República, que concretizará a intervenção, deverá especificar a amplitude, o prazo e as condições de execução. Também deve constar a nomeação de um interventor, quando couber. O Congresso Nacional fará um controle político da intervenção, apreciando o ato em até 24 horas após sua edição. Se estiver em recesso, será feita convocação extraordinária, exceto nas hipóteses dos incisos VI e VII do art. 34 da CF.

Os casos de *intervenção estadual* também estão taxativamente previstos e são os seguintes:

I. quando deixar de ser paga, sem motivo de força maior, por dois anos consecutivos, a dívida fundada;

II. quando não forem prestadas as contas devidas, na forma da lei;

III. quando não tiver sido aplicado o mínimo exigido da receita municipal na manutenção e desenvolvimento do ensino e nas ações e serviços de saúde.

Nessas três situações mencionadas a intervenção estadual será espontânea;

IV. para assegurar a observância de princípios indicados na Constituição Estadual (depende de provimento de representação pelo Tribunal de Justiça);

V. para prover a execução de lei, de ordem ou de decisão judicial (depende de provimento de representação pelo TJ).

12. ORGANIZAÇÃO DOS PODERES

O art. 2º da Carta Magna consagra a regra da separação dos poderes: "são poderes da União, independentes e harmônicos entre si, o Legislativo, o Executivo e o Judiciário".

Para evitar os abusos cometidos pelos detentores do poder, ou seja, a concentração do poder nas mãos de uma única pessoa ou órgão, foi necessário dividir as funções estatais. Isso se consagrou por meio do sistema dos freios e contrapesos (*checks and balances*), que menciona que os três Poderes são autônomos e independentes, porém subordinados ao princípio da harmonia. Tal regra resulta na técnica em que o poder é contido pelo próprio poder, sendo, portanto, uma garantia do povo contra o arbítrio e o despotismo.

12.1. Poder Legislativo

Suas funções típicas são a legislativa, ou seja, *legislar*, fazer as leis, e *fiscalizar* a Administração Pública. Esta última é efetivada pelo Poder Legislativo, com o auxílio dos Tribunais de Contas que, vale lembrar, embora levem o nome de "Tribunal", são órgãos do Poder Legislativo. Há quem entenda que a função fiscalizatória seria atípica.

Na União, o Poder Legislativo é um órgão bicameral, pois é formado por duas casas legislativas – a Câmara de Deputados, que representa o povo, e o Senado Federal, que representa os Estados. A junção dessas duas casas forma o denominado Congresso Nacional, conforme dispõe o art. 44 da Constituição Federal.

Nos Estados, diferente do que ocorre na União, o Poder Legislativo é unicameral, pois é formado por apenas uma casa, que é a Assembleia Legislativa, conforme previsão do art. 27 da Constituição Federal.

No Distrito Federal, como nos Estados, o Poder Legislativo também é unicameral. O órgão legislativo do DF é denominado Câmara Legislativa. Nos Municípios o Poder Legislativo também é unicameral e é chamado de Câmara Municipal ou Câmara de Vereadores.

O funcionamento do Poder Legislativo é regido pelos artigos 57 e 44 da Constituição Federal. O art. 57 trata da *sessão legislativa*, que deve ser compreendida como o período de um ano de funcionamento do órgão. Diz o referido art. 57 que a sessão legislativa se inicia no dia 02 de fevereiro e vai até 17 de julho e depois reinicia-se no dia 1º de agosto e vai até o dia 22 de dezembro do mesmo ano.

O conceito de sessão legislativa difere do de *legislatura*, esta corresponde ao período de 4 (quatro) anos de funcionamento do Poder Legislativo, conforme disposto no parágrafo único do art. 44 da Constituição Federal.

Os períodos em que o Legislativo não funciona são denominados *recesso parlamentar*. Ocorrem do dia 18 de julho ao dia 31 do mesmo mês e do dia 23 de dezembro a 1º de fevereiro de cada ano (art. 57 da Constituição Federal, conforme redação dada pela EC n. 50, de 2006).

Sessão ordinária: dentro da sessão legislativa ocorrem diversas sessões ordinárias. Cada uma corresponde a um dia de funcionamento do Poder Legislativo. Para que os parlamentares participem da sessão ordinária, existe a *convocação* ordinária, que é o ato formal pelo qual eles são chamados a participar das sessões.

Sessão extraordinária: como o próprio nome menciona, extraordinariamente os parlamentares podem ser convocados; tais sessões ocorrem fora do período comum, ordinário, ocorrem fora do período destinado à sessão legislativa. Têm por finalidade a deliberação de uma matéria específica, conforme determina o § 7º do art. 57 da Constituição Federal.

O § 6º do mesmo art. traz as hipóteses de cabimento de convocação da sessão extraordinária, quais sejam:

a) pelo Presidente do Senado Federal, em caso de decretação de estado de defesa ou de intervenção federal, de pedido de autorização para a decretação de estado de sítio e para o compromisso e a posse do Presidente e do Vice-Presidente da República;

b) pelo Presidente da República, pelos Presidentes da Câmara dos Deputados e do Senado Federal ou a requerimento da maioria dos membros de ambas as Casas, em caso de urgência ou interesse público relevante, em todas as hipóteses com a aprovação da maioria absoluta de cada uma das Casas do Congresso Nacional.

12.1.1. Composição dos Poderes Legislativos

No âmbito federal, a Câmara de Deputados, representante do povo, conforme já mencionado, é composta por Deputados Federais em número proporcional à população de cada Estado e do Distrito Federal (art. 45, § 1º, CF). Cada Estado ou o DF terá no *mínimo 8 (oito)* e no *máximo 70* (setenta) deputados federais, com mandato de 4 (quatro) anos. Atualmente não existem territórios federais, mas como é possível sua criação, se existirem, poderão eleger quatro deputados.

Os deputados federais devem ser brasileiros (natos ou naturalizados), maior de 21 anos e estar no exercício dos direitos políticos.

O art. 51 do Texto Maior estabelece as competências privativas da Câmara dos Deputados; essas competências são exercidas, sem a sanção do Presidente da República, através de Resolução. Um exemplo vem previsto no inciso I que determina ser competência privativa da Câmara a autorização, por dois terços de seus membros, da instauração de processo contra o Presidente e o Vice-Presidente da República e os Ministros de Estado. Sobre o tema o STF já decidiu que: "Não há necessidade de prévia autorização da Assembleia Legislativa para o recebimento de denúncia ou queixa e instauração de ação penal contra Governador de Estado, por crime comum, cabendo ao STJ, no ato de recebimento ou no curso do processo, dispor, fundamentadamente, sobre a aplicação de medidas cautelares penais, inclusive afastamento do cargo." [ADI 5.540, rel. min. Edson Fachin, j. 3-5-2017, P, DJE de 28-3-2019.] = ADI 4.362, rel. p/ o ac. min. Roberto Barroso, j. 9-8-2017, P, DJE de 6-2-2018.

O Senado Federal representa os Estados e o Distrito Federal, segundo o art. 46 da Constituição Federal. Cada Estado e o Distrito Federal elegerão 3 Senadores, que terão mandato de oito anos, e a representação será renovada de quatro em quatro anos, alternadamente, por um e dois terços, conforme nos ensina os parágrafos do art. 46. Outra informação extraída do § 3º é a de que cada Senador será eleito com dois suplentes.

O senador deve ser brasileiro (nato ou naturalizado), maior de 35 anos e estar no exercício dos direitos políticos.

O art. 52 da Carta Magna traz as competências privativas do Senado Federal, que são exercidas sem a sanção do Presidente da República, por meio de Resolução. Um exemplo vem previsto no inciso I que determina a competência privativa do Senado para processar e julgar o Presidente e o Vice-Presidente da República nos crimes de responsabilidade, bem como os Ministros de Estado e os Comandantes da Marinha, do Exército e da Aeronáutica nos crimes da mesma natureza conexos com aqueles

Sobre esse assunto, o STF já definiu que: "Os agentes políticos, com exceção do Presidente da República, encontram-se sujeitos a um duplo regime sancionatório, de modo que se submetem tanto à responsabilização civil pelos atos de improbidade administrativa, quanto à responsabilização político-administrativa por crimes de responsabilidade. Não há qualquer impedimento à concorrência de esferas de responsabilização distintas, de modo que carece de fundamento constitucional a tentativa de imunizar os agentes políticos das sanções da ação de improbidade administrativa, a pretexto de que estas seriam absorvidas pelo crime de responsabilidade. A única exceção ao duplo regime sancionatório em matéria de improbidade se refere aos atos praticados pelo Presidente da República, conforme previsão do art. 85, V, da Constituição. O foro especial por prerrogativa de função previsto na Constituição Federal em relação às infrações penais comuns não é extensível às ações de improbidade administrativa, de natureza civil. Em primeiro lugar, o foro privilegiado é destinado a abarcar apenas as infrações penais. A suposta gravidade das sanções previstas no art. 37, § 4º, da Constituição, não reveste a ação de improbidade administrativa de natureza penal. Em segundo lugar, o foro privilegiado submete-se a regime de direito estrito, já que representa exceção aos princípios estruturantes da igualdade e da república. Não comporta, portanto, ampliação a hipóteses não expressamente previstas no texto constitucional. E isso especialmente porque, na hipótese, não há lacuna constitucional, mas legítima opção do poder constituinte originário em não instituir foro privilegiado para o processo e julgamento de agentes políticos pela prática de atos de improbidade na esfera civil. Por fim, a fixação de competência para julgar a ação de improbidade no 1º grau de jurisdição, além de constituir fórmula mais republicana, é atenta às capacidades institucionais dos diferentes graus de jurisdição para a realização da instrução processual, de modo a promover maior eficiência no combate à corrupção e na proteção à moralidade administrativa. [Pet 3.240 AgR, rel. p/ o ac. min. Roberto Barroso, j. 10-5-2018, P, DJE de 22-8-2018].

Por fim, verificamos que o sistema de eleição dos Deputados Federais e dos Senados são diferentes. Os primeiros seguem o *sistema proporcional,* que pretende consagrar o pluripartidarismo e a constante dialética entre ideais políticos diversos. Os segundos são eleitos pelo *sistema majoritário,* no qual se consideram eleitos os candidatos com maior número de votos.

12.1.2. Comissões

São subconjuntos de parlamentares organizados com o fim de tratar de um assunto específico. Podem ser:

12.1.2.1. Permanentes

Quando seu início se dá ao começo de cada legislatura. Analisa projeto de lei quanto a determinadas especificidades. Exemplo: Comissão de Constituição e Justiça (CCJ), que tem por função verificar a constitucionalidade do projeto de lei.

12.1.2.2. Provisórias ou temporárias

Quando um grupo de parlamentares se reúne provisoriamente para tratar de um assunto específico. Exemplo: comissão reunida para tratar do novo Código de Processo Civil e a Comissão Parlamentar de Inquérito (CPI).

12.1.2.3. Representativas

São aquelas reunidas durante o período de recesso parlamentar para que não sejam interrompidas as atividades do Congresso Nacional. Estão previstas no § 4º do art. 58 da Constituição.

12.1.2.4. Comissão Parlamentar de Inquérito – CPI

As CPIs encontram respaldo no § 3º do art. 58 da CF e têm por função apurar um *fato determinado*, por um *prazo certo*. São criadas no âmbito do Poder Legislativo, portanto são órgãos desse Poder e possuem natureza de comissão provisória ou temporária, pois, após ter sido apurado o fato, a comissão é desfeita.

A doutrina menciona que fato determinado é aquele em que é possível verificar seus requisitos essenciais. Por exemplo: não há como investigar de forma abstrata a corrupção no Brasil, tem de ser especificado o fato determinado para que o procedimento se inicie. O prazo certo, ou seja, aquele que tem início e fim, terá de ser fixado pelos regimentos internos das Casas, já que a CPI é uma comissão temporária e não permanente.

De acordo com o Supremo (HC 71.193/SP), a expressão "prazo certo" não impede prorrogações, desde que tais atos ocorram na mesma legislatura.

Essas comissões são formadas ou instaladas pelo requerimento de 1/3 dos membros. Podem ser criadas separadamente tanto pela Câmara de Deputados, quanto pelo Senado Federal ou, ainda, conjuntamente pelas duas casas. Nesse caso, teremos uma CPI mista, que será instalada após assinatura de 1/3 dos Deputados Federais e Senadores conjuntamente.

As CPIs têm poderes próprios das autoridades judiciais e não de autoridades policiais. Tomando por base a jurisprudência do STF, é possível concluir que elas podem:

1) convocar testemunhas, investigados e autoridades para prestarem esclarecimentos, mesmo que de forma coercitiva. Aliás, o art. 50 da CF determina que os Ministros de Estado ou quaisquer titulares de órgãos diretamente subordinados à Presidência da República devem comparecer para prestar informações, quando convocados, sob pena de responderem por crime de responsabilidade, na hipótese de ausência injustificada;

2) determinar a realização de certas perícias, necessárias à instrução da investigação;

3) determinar as buscas que sejam imprescindíveis à instrução da investigação;

4) quebrar sigilo fiscal, bancário, financeiro e telefônico (nessa última hipótese ocorrerá apenas a quebra em relação aos dados telefônicos, ou seja, as contas telefônicas). É imprescindível, segundo o Supremo, que o ato seja devidamente fundamentado e que haja efetiva necessidade para a da adoção da medida.

De outra parte, é possível verificar que a CPI possui limites, há assuntos que estão resguardados pela denominada cláusula de reserva jurisdicional, ou seja, somente por ordem judicial tais atos podem ser determinados, em especial as medidas restritivas de direito. Desse modo, as CPIs não podem:

1) determinar a quebra do sigilo das comunicações telefônicas, ou seja, a CPI não pode determinar a interceptação telefônica, pois, segundo o art. 5º, XII, da CF, somente para fins de investigação criminal ou instrução processual penal é que poderá haver tal diligência. Ressalta-se que o acesso às contas telefônicas (dados telefônicos) não se confunde com quebra de comunicação telefônica (que é a interceptação ou escuta). A primeira se inclui nos poderes da CPI, já a segunda é acobertada pela cláusula de reserva de jurisdição e, portanto, não cabe à CPI determiná-la.

Outro detalhe: o STF já afirmou que, embora haja a vedação mencionada, se a interceptação foi realizada num processo criminal e a CPI quer emprestar a prova lá produzida, para ajudar nas suas investigações, isso poderá ser feito;

2) determinar e efetivar a busca domiciliar, que também depende de ordem judicial, conforme dispõe o inciso XI do art. 5º da CF;

3) decretar a prisão, ressalvadas as hipóteses de flagrante delito, conforme inciso LXI da art. 5º da CF, pois nesses casos não só a CPI, mas qualquer um do povo pode prender. Dispõe o art. 301 do Código de Processo Penal que qualquer pessoa do povo poderá e as autoridades policiais e seus agentes deverão prender quem quer que seja encontrado em flagrante delito.

De acordo com o STF, em decisão monocrática, "a estratégia inquisitiva relativa às testemunhas que invocarem o direito constitucional ao silêncio – dispensa do depoimento – foi objeto de específica deliberação e subsequente encaminhamento de votação no âmbito daquele órgão investigativo colegiado. Não obstante seja imperativo o respeito, tanto na organização quanto na dinâmica das comissões parlamentares de inquérito, das prerrogativas e direitos inerentes ao mandato parlamentar, titularizados pelos seus membros e individualmente exercíveis e exigíveis, estes **não se confundem com aquelas prerrogativas e poderes que a Carta Política assegura às próprias comissões, na qualidade de órgãos colegiados.** A prerrogativa de solicitar depoimentos de qualquer autoridade ou cidadão (art. 58, § 2º, V) e os poderes de investigação próprios das autoridades judiciais (art. 58, § 3º) são outorgados pelo texto da Lei Maior às comissões parlamentares de inquérito, colegiados, e não aos seus membros individualmente considerados. Nessa medida, desde que preservada a integridade da premissa maior contida no Texto Constitucional, as questões vinculadas aos específicos arranjos normativos conformadores de tais institutos extravasam da dimensão estritamente constitucional e judicialmente tutelável da matéria. (...) a verificação de eventual afronta aos preceitos constitucionais invocados está ligada à prévia aferição da inobservância de normas regimentais do Congresso Nacional, a caracterizar, portanto, assunto *interna corporis* do Poder Legislativo." (MS 31.475, rel. min. Rosa Weber, decisão monocrática, julgamento em 07.08.2012, *DJE* de 10.08.2012).

Conforme a Suprema Corte (HC n. 100.341-AM), a existência de procedimento penal investigatório, em tramitação no órgão jurisdicional competente, não impede a realização de atividade apuratória por uma Comissão Parlamentar de Inquérito, ainda que seus objetos sejam correlatos, pois cada qual possui amplitude distinta, delimitada constitucional e legalmente, além de finalidades diversas.

No mesmo julgado, o STF definiu que a CPI pode estender o âmbito de sua apuração a fatos ilícitos ou irregulares que, no curso do procedimento investigatório, revelarem-se conexos à causa determinante da comissão.

Além disso, reiteradas vezes, a Suprema Corte tem garantido ao convocado a depor numa CPI o privilégio contra a autoincriminação, o direito ao silêncio e que possa comunicar-se com o seu advogado.

Sobre a utilização de documentos oriundos de inquérito sigiloso numa CPI, o Supremo também já decidiu pela possibilidade (HC 100.341, Rel. Min. Joaquim Barbosa, julgamento em 04.11.2010, Plenário, *DJE* de 02.12.2010).

Vale lembrar que a CPI não promove responsabilidades. Ao final das apurações, ela encaminha seus relatórios conclusivos ao Ministério Público para que este órgão, se entender pertinente, promova a responsabilização civil ou criminal dos investigados.

Vale acrescentar que o Supremo já definiu que: "As CPIs possuem permissão legal para encaminhar relatório circunstanciado não só ao Ministério Público e à AGU, mas, também, a outros órgãos públicos, podendo veicular, inclusive, documentação que possibilite a instauração de inquérito policial em face de pessoas envolvidas nos fatos apurados (art. 58, § 3º, CRFB/1988, c/c art. 6º-A da Lei 1.579/1952, incluído pela Lei 13.367/2016).[MS 35.216 AgR, rel. min. Luiz Fux, j. 17-11-2017, P, DJE de 27-11-2017].

Por último, cumpre mencionar que são cabíveis os remédios constitucionais, em especial mandado de segurança e *habeas corpus*, sempre que houver abusos no decorrer dos trabalhos realizados pelas comissões. A competência para o julgamento dessas ações dependerá da autoridade que pratica o ato abusivo. Se forem representantes do Congresso Nacional, o foro competente é o STF; se forem membros das Assembleias Legislativas ou da Câmara Legislativa do DF, o órgão destinado ao julgamento é o Tribunal de Justiça do respectivo Estado ou o Distrito Federal; e, se forem representantes de Câmara Municipal, o juiz de direito da Comarca respectiva é quem deverá julgar o remédio.

12.1.3. Imunidades

Os parlamentares possuem garantias em razão da função que exercem. Tais prerrogativas têm por finalidade resguardar a liberdade e a independência durante o exercício do mandato eletivo. Bem, se o objetivo é garantir a independência e a liberdade dos parlamentares no período em que exercem seus mandatos, é correto afirmar que elas só se iniciam com a diplomação do sujeito. Esse ato, realizado pelo Tribunal Eleitoral, tem por fim validar o processo eletivo e, após, autorizar a posse do parlamentar. Da mesma maneira, o término do mandato, que pode se dar de diversas maneiras, por exemplo, pelo transcurso do prazo, pela renúncia etc., faz com que as imunidades não sejam mais cabíveis.

De acordo com a Súmula 245 do STF a imunidade parlamentar não se estende ao corréu sem essa prerrogativa.

Também é importante ressaltar que o Supremo determina que a cláusula de inviolabilidade constitucional, que impede a responsabilização penal e/ou civil do membro do Congresso Nacional, por suas palavras, opiniões e votos, também abrange, sob seu manto protetor, as entrevistas jornalísticas, a transmissão, para a imprensa, do conteúdo de pronunciamentos ou de relatórios produzidos nas Casas Legislativas e as declarações feitas aos meios de comunicação social, eis que tais manifestações – desde que vinculadas ao desempenho do mandato – qualificam-se como natural projeção do exercício das atividades parlamentares." (Inq 2.332-AgR, Rel. Min. Celso de Mello, julgamento em 10.02.2011, Plenário, *DJE* de 1º.03.2011).

As imunidades podem ser de duas naturezas: material ou processual.

12.1.3.1. Imunidade material

Segundo o art. 53 da Constituição Federal, a imunidade material é aquela pela qual o parlamentar se torna inviolável civil e penalmente, por quaisquer palavras, opiniões e votos que proferir no curso de seu mandato. Todos os parlamentarem gozam de imunidade material.

Determina o STF que: "(...) o fato de o parlamentar estar na Casa legislativa no momento em que proferiu as declarações não afasta a possibilidade de cometimento de crimes contra a honra, nos casos em que as ofensas são divulgadas pelo próprio parlamentar na Internet. (...) a inviolabilidade material somente abarca as declarações que apresentem nexo direto e evidente com o exercício das funções parlamentares. (...) O Parlamento é o local por excelência para o livre mercado de ideias – não para o livre mercado de ofensas. A liberdade de expressão política dos parlamentares, ainda que vigorosa, deve se manter nos limites da civilidade. Ninguém pode se escudar na inviolabilidade parlamentar para, sem vinculação com a função, agredir a dignidade alheia ou difundir discursos de ódio, violência e discriminação. [PET 7.174, rel. p/ o ac. min. Marco Aurélio, j. 10-3-2020, 1ª T, Informativo 969.]

Em relação aos Vereadores há uma particularidade, qual seja, a imunidade material é limitada, restringe-se à circunscrição do Município, conforme dispõe o inciso VIII do art. 29 da Constituição Federal. Esse entendimento é, também, o adotado pela Suprema Corte: "a proteção constitucional inscrita no art. 29, VIII, da Carta Política estende-se – observados os limites da circunscrição territorial do Município – aos atos dos Vereadores praticados *ratione officii*, qualquer que tenha sido o local de sua manifestação (dentro ou fora do recinto da Câmara Municipal)" (HC 74.201/MG, Rel. Celso de Melo, RTJ, 169/969).

12.1.3.2. Imunidade processual

Está relacionada a garantias relativas à prisão do parlamentar e ao processo criminal que corra contra ele. Ressalta-se que esta imunidade contempla apenas os crimes praticados *após a diplomação* do parlamentar, conforme § 3º do art. 53.

Outra peculiaridade de extrema importância é a de que os Vereadores não são beneficiados por essa garantia, ou seja, não gozam da imunidade processual, mas somente da material.

Para melhor compreensão é necessário separar a garantia relativa à impossibilidade de *prisão* da relacionada ao *processo criminal*.

Em relação à *prisão*, a Constituição diz que os membros do parlamento não poderão ser presos, desde a diplomação, exceto nos casos de prisão em flagrante por crime inafiançável. Aliás, nesta hipótese, conforme dispõe o § 2º do art. 53 da CF, os autos deverão ser remetidos dentro de 24 horas à Casa respectiva para que, pelo voto da maioria de seus membros, ela resolva sobre a prisão. Assim, o órgão legislativo que o parlamentar integra é quem vai decidir se o manterá preso ou solto.

No tocante ao *processo criminal*, o § 3º do art. 53 da CF determina que, recebida a denúncia contra o Senador ou Deputado, por crime ocorrido **após a diplomação**, o Supremo Tribunal Federal dará ciência à Casa respectiva, que, por iniciativa de partido político nela representado e pelo voto da maioria de seus membros, poderá, até a decisão final, suspender o andamento da ação. Assim, se o crime for praticado por um Deputado, a Câmara de Deputados é que poderá suspender o curso da ação; se o crime for praticado por um Senador, será o Senado Federal o órgão competente para tanto. Vale ressaltar que a Casa terá de apreciar o pedido dentro do prazo improrrogável de 45 dias, contados do seu recebimento pela Mesa Diretora, conforme § 4º do mesmo dispositivo.

Desse modo, se os parlamentares decidirem pela suspensão dos processos, a prescrição das infrações penais que estavam sendo apuradas também ficará suspensa. É o que determina o § 5º do art. 53 da CF. Tal suspensão valerá enquanto durar o mandato eletivo.

12.1.4. Limitação ao dever de testemunhar

O art. 53, § 6º, da CF estabelece que os parlamentares não serão obrigados a testemunhar sobre informações recebidas ou prestadas em razão do exercício do mandato nem sobre as pessoas que lhes confiaram ou deles receberam informações.

12.1.5. Prerrogativa de foro

Além das imunidades, os Deputados e Senadores gozam de prerrogativa de foro para julgamento dos processos criminais em que estejam litigando. Isso quer dizer que, desde a expedição do diploma, os membros do Congresso Nacional serão submetidos a julgamento perante o Supremo Tribunal Federal (artigos 53, § 1º, e 102, I, "b", ambos da Constituição).

No âmbito estadual, em razão da isonomia, as Constituições Estaduais e a Lei Orgânica do Distrito Federal poderão atribuir aos Tribunais de Justiça respectivos a competência por prerrogativa de função para julgamento dos processos criminais contra Deputados estaduais e distritais, consoante os arts. 27, § 1º, e 32, § 3º, ambos da CF.

Em contrapartida, em nível municipal, os Vereadores não têm a prerrogativa de foro em razão da função, sendo processados e julgados perante a justiça comum, de primeiro grau, mesmo durante o curso dos seus mandatos.

12.1.6. Vedações

O art. 54 da CF enumera vedações impostas aos Deputados e Senadores, vejamos:

a) desde a *diplomação* não poderão os parlamentares:

✓ firmar ou manter contrato com pessoa jurídica de direito público, autarquia, empresa pública, sociedade de economia mista ou empresa concessionária de serviço público, salvo quando o contrato obedecer a cláusulas uniformes;

✓ aceitar ou exercer cargo, função ou emprego remunerado, inclusive os de que sejam demissíveis *ad nutum*, nas entidades constantes da alínea anterior;

b) desde a *posse* também não poderão os parlamentares:

✓ ser proprietários, controladores ou diretores de empresa que goze de favor decorrente de contrato com pessoa jurídica de direito público, ou nela exercer função remunerada;

✓ ocupar cargo ou função de que sejam demissíveis *ad nutum*, nas entidades referidas no primeiro item da letra "a";

✓ patrocinar causa em que seja interessada qualquer das entidades a que se refere o primeiro item da letra "a";

✓ ser titulares de mais de um cargo ou mandato público eletivo.

12.1.7. Perda do mandato

O art. 55 da CF enumera seis hipóteses de perda do mandato do parlamentar. Dentre essas situações, a doutrina distingue os casos de cassação e extinção do mandato. A cassação diz respeito à perda do mandato em virtude de o parlamentar ter cometido falta funcional; já a extinção relaciona-se com a ocorrência de ato ou fato que torne automaticamente inexistente o mandato, como, por exemplo, renúncia, morte, ausência injustificada etc.

Nos casos de cassação (*violação das proibições estabelecidas no art. 54 da CF, falta de decoro parlamentar e condenação criminal transitada em julgado* – **art. 55, I, II e VI**), **a perda do mandato será decidida pela Câmara dos Deputados ou pelo Senado Federal, por maioria absoluta, mediante provocação da respectiva Mesa ou de partido político representado no Congresso Nacional (art. 55, § 2º, da CF).**

Vale acrescentar que o STF já decidiu que: "(...) a perda do mandato nos casos de condenação criminal transitada em julgado, em se tratando de deputados e senadores, regrada pelo art. 55, § 2º, da Lei Maior, não é automática. (...) quando o mandato resulta do livre exercício da soberania popular, ou seja, quando o parlamentar é legitimamente eleito, falece ao Judiciário competência para decretar a perda automática de seu mandato, pois ela será, nos termos do art. 55, VI, § 2º, da Constituição, "decidida pela Câmara dos Deputados ou pelo Senado Federal, por voto secreto e maioria absoluta, mediante provocação da respectiva Mesa ou de partido político representado no Congresso Nacional, assegurada ampla defesa". Vê-se, pois, que o Texto Magno é claro ao outorgar, nesse caso, à Câmara dos Deputados e ao Senado a competência de decidir, e não meramente declarar, a perda de mandato de parlamentares das respectivas Casas. [AP 996, rel. Min. Edson Fachin, voto do min. Ricardo Lewandowski, j. 29-5-2018, 2ª T, DJE de 8-2-2019.] Vide AP 694, rel. min. Rosa Weber, j. 2-5-2017, 1ª T, DJE de 31-8-2017.

Além disso, a EC 76/13, alterou o § 2º do art. 55 e o § 4º do art. 66 da Constituição Federal, para abolir a votação secreta nos casos de perda de mandato de Deputado ou Senador e de apreciação de veto.

Nas outras três situações de extinção (*deixar de comparecer injustificadamente a 1/3 das sessões ordinárias em cada sessão legislativa, perder ou tiver suspensos os direitos políticos e por decisão da Justiça Eleitoral* – **art. 55, III, IV e V**), **a perda do mandato independe de votação da Casa, sendo declarada pela Mesa respectiva de ofício ou por provocação de qualquer de seus membros, ou de partido político representado no Congresso Nacional (art. 55, § 3º, CF).**

Frisa-se que em ambas as hipóteses é assegurada a ampla defesa.

12.1.7.1. Decoro parlamentar

Como visto acima, a quebra do decoro parlamentar, prevista no inciso II do art. 55 da CF, é uma das hipóteses de perda do mandato do parlamentar que depende de votação da Casa Legislativa e é caracterizada pelo abuso das prerrogativas parlamentares ou pela percepção de vantagens indevidas, além dos casos definidos nos respectivos Regimentos Internos de cada Casa Legislativa (art. 55, § 1º, CF).

De acordo com o STF, "Cassação de mandato de deputado federal. Quebra de decoro parlamentar. (...) A suspensão do exercício do mandato do impetrante, por decisão desta Corte em sede cautelar penal, não gera direito à suspensão do processo de cassação do mandato: ninguém pode se beneficiar da própria conduta reprovável. Inexistência de violação à ampla defesa ou de direito subjetivo a dilações indevidas.

[MS 34.327, rel. min. Roberto Barroso, j. 8-9-2016, P, DJE de 1º-8-2017]".

12.1.8. Processo legislativo

Para a criação de atos normativos, o art. 59 da CF determina um processo formal que deverá ser seguido pelos órgãos e pessoas que têm a função de elaborar as normas jurídicas, sob pena de, sendo violado, tornar a lei formalmente inconstitucional. As regras que integram o denominado processo legislativo vêm previstas nos artigos 59 a 69 da CF.

Vale lembrar que o Supremo já definiu que são de reprodução obrigatória pelas Constituições Estaduais e leis orgânicas as normas básicas relativas ao processo legislativo (ADI 805/RS, Rel. Min. Sepúlveda Pertence).

O procedimento de elaboração das normas normalmente obedecerá a três fases distintas: instrutória, constitutiva e complementar.

12.1.8.1. Fase instrutória

É composta da denominada *iniciativa* do projeto – o início do processo de construção de uma lei está condicionado a sua apresentação por alguém competente, possuidor de iniciativa legislativa. O rol dos órgãos e pessoas que podem deflagrar projetos de lei está estabelecido no art. 61 da CF e contempla: quaisquer membros ou Comissões do Congresso Nacional, do Senado Federal ou da Câmara dos Deputados; o Presidente da República; o Supremo Tribunal Federal; os Tribunais Superiores; o Procurador-Geral da República e até os cidadãos comuns.

Há alguns projetos, no entanto, que só podem ser iniciados pelo Presidente da República e, por simetria, nos âmbitos estaduais e municipais pelos governadores e prefeitos. Assim, de acordo com o § 1º do art. 61 da CF, são de iniciativa privada do Presidente da República as leis que: I – fixem ou modifiquem os efetivos das Forças Armadas; II – disponham sobre: a) criação de cargos, funções ou empregos públicos na administração direta e autárquica ou aumento de sua remuneração; b) organização administrativa e judiciária, matéria tributária e orçamentária, serviços públicos e pessoal da administração dos Territórios; c) servidores públicos da União e Territórios, seu regime jurídico, provimento de cargos, estabilidade e aposentadoria; d) organização do Ministério Público e da Defensoria Pública da União, bem como normas gerais para a organização do Ministério Público e da Defensoria Pública dos Estados, do Distrito Federal e dos Territórios; e) criação e extinção de Ministérios e órgãos da administração pública, observado o disposto no art. 84, VI; f) militares das Forças Armadas, seu regime jurídico, provimento de cargos, promoções, estabilidade, remuneração, reforma e transferência para a reserva.

Se um projeto de iniciativa privada do Presidente da República é iniciado por outro legitimado, ainda que o Presidente sancione tal projeto, ele continuará sendo inconstitucional, pois, segundo o STF, o **vício de iniciativa não é convalidado por posterior sanção presidencial**.

Sobre o tema o STF já decidiu que: "Legislação estadual paulista de iniciativa parlamentar que trata sobre a vedação de assédio moral na administração pública direta, indireta e fundações públicas. Regulamentação jurídica de deveres, proibições e responsabilidades dos servidores públicos, com a consequente sanção administrativa e procedimento de apuração. Interferência indevida no estatuto jurídico dos servidores públicos do Estado de São Paulo. Violação da competência legislativa reservada do chefe do poder executivo. Descumprimento dos arts. 2º e 61, § 1º, II, c, da constituição federal. [ADI 3.980, rel. min. Rosa Weber, j. 29-11-2019, P, DJE de 18-12-2019].

Vale lembrar que, de acordo com o § 1º do art. 64 da CF, o Presidente da República poderá solicitar urgência para apreciação de projetos de sua iniciativa.

Seguindo, quando os cidadãos deflagram o processo legislativo, estamos diante da *iniciativa popular das leis*, prevista no art. 61, § 2º, da CF, que exige, no âmbito federal, que o projeto seja subscrito por, no mínimo, um por cento do eleitorado nacional, distribuído pelo menos por cinco Estados, com não menos de três décimos por cento dos eleitores de cada um deles.

Conforme os arts. 61, § 2º, e 64, da CF, os projetos de lei apresentados pelo Presidente da República, pelo Supremo Tribunal Federal, pelos Tribunais Superiores e pelos cidadãos terão obrigatoriamente início na Câmara dos Deputados (casa iniciadora) e concluído no Senado Federal (casa revisora). Seguirá tramitação idêntica, iniciando-se na Câmara, se o projeto for apresentado pelo Procurador-Geral da República, de acordo com o art. 109, § 1º, VII, do Regimento Interno da Câmara dos Deputados. Essas são os projetos de iniciativa *extraparlamentar* ou iniciativa "fora das casas".

Em relação aos projetos de lei de iniciativa *parlamentar*, a regra é clara: iniciam-se nas casas que abrigam seus propositores. Se proposto por membro ou Comissão da Câmara, iniciam-se na Câmara; se por membro ou Comissão do Senado, no Senado Federal.

12.1.8.2. Fase constitutiva

É composta por deliberações que ocorrerão tanto no âmbito do Poder Legislativo (deliberação parlamentar) quanto no do Poder Executivo (deliberação executiva).

12.1.8.2.1. Deliberação parlamentar ou legislativa

Nessa fase os projetos passam por algumas comissões, em especial pela comissão temática, de acordo com o conteúdo do projeto, e pela comissão de constituição e justiça, que dará parecer terminativo quanto a sua constitucionalidade. Além disso, os projetos são deliberados e votados nesse momento.

Em relação às leis federais, essa deliberação ocorrerá de forma bicameral, ou seja, uma das casas será a iniciadora e a outra revisora. O projeto será debatido e votado em ambas. Primeiro na iniciadora e, se aprovado, terá o mesmo procedimento na casa revisora.

As discussões iniciam-se nas Comissões que abrangem a matéria tratada no projeto de lei, de acordo com o art. 58, § 2º, I, da CF.

Em seguida, o projeto é votado em plenário para aprovação da casa iniciadora. Após esse processo, conforme art. 65 da CF, o texto aprovado deve ser remetido à casa revisora, também para discussão e votação. Nessa fase, o projeto poderá ser rejeitado, aprovado ou emendado. Na primeira hipótese será arquivado; na segunda, deverá ser encaminhado ao Executivo para sanção ou veto; na terceira, havendo emendas apostas pela casa revisora, elas deverão ser enviadas à apreciação da casa iniciadora, que poderá concordar ou discordar, mas não criar subemendas nem modificar o novo texto.

Vale observar que, segundo o STF, o **retorno** do projeto de lei à casa iniciadora deve se dar **apenas quando houver alteração no sentido jurídico da norma**. Uma emenda que visa apenas corrigir uma impropriedade técnica ou aprimorar a redação do projeto de lei não precisa voltar à casa iniciadora.

Aprovado o projeto, a Casa na qual a votação foi concluída deve encaminhá-lo ao Presidente da República para que ele o sancione ou vete.

12.1.8.2.2. Deliberação executiva

O veto poderá ter por fundamento dois motivos: inconstitucionalidade (é o denominado veto jurídico) ou contrariedade ao interesse público (o chamado veto político), conforme art. 66, § 1º, da CF.

Após o veto, o Presidente da República tem 48 horas para comunicar seus motivos ao Presidente do Senado Federal (art. 66, § 1º, *in fine*), que colocará a matéria para ser apreciada e votada em sessão conjunta, podendo ser mantido ou rejeitado pelo Congresso Nacional, dentro de 30 dias contados de seu recebimento, conforme redação do § 4º do art. 66 da CF.

Ressalta-se que a **EC 76/13, retirou a expressão "escrutínio secreto" (voto secreto) do art. 66, § 4º, da CF.** Desse modo, para que o veto do Presidente seja derrubado é obrigatória a apreciação em sessão conjunta e o voto da maioria absoluta dos Deputados e Senadores.

Derrubado o veto, o projeto volta ao Presidente da República para sua promulgação, segundo o § 5º do art. 66 da CF. A situação é peculiar, pois, embora a opinião do Presidente tenha sido no sentido de vetar o projeto, ele terá de promulgá-lo. O § 7º do art. 66 da CF determina que se a lei não for promulgada dentro de quarenta e oito horas pelo Presidente da República, nos casos dos § 3º e § 5º, o Presidente do Senado a promulgará, e, se este não o fizer em igual prazo, caberá ao Vice-Presidente do Senado fazê-lo.

Se o veto for mantido, arquiva-se o projeto ou, se houver decisão da maioria absoluta dos membros de quaisquer das Casas (Câmara ou Senado), ele poderá ser submetido à nova votação, na mesma sessão (art. 67).

Sancionado o projeto de lei adentra-se à fase complementar. Tal dispositivo também prevê a sanção tácita do projeto caso o Presidente não se manifeste dentro do prazo de 15 dias (art. 66, § 3º, da CF).

12.1.8.3. Fase complementar

Essa fase compreende a *promulgação* e a *publicação* oficial do projeto de lei, ambas de competência do Presidente da República (art. 84, IV, CF). Promulgar significa ratificar o processo legislativo, validando a lei no ordenamento jurídico. É com a promulgação que a lei "cria vida jurídica".

Então a lei é publicada no Diário Oficial, ato que torna obrigatório seu cumprimento e vigora a presunção de conhecimento geral pelas pessoas. Contudo, sua eficácia está condicionada a *vacatio legis*, que é o período entre a publicação e a entrada em vigor da norma. Conforme o art. 1º da Lei de Introdução às Normas do Direito Brasileiro – LINDB, via de regra, em 45 dias a lei passa a vigorar em todo o território nacional e em três meses estabelece-se sua vigência no estrangeiro (art. 1º, § 1º, da LINDB). Esses prazos podem ser alterados (com supressão, redução ou ampliação) se dispostos na norma, conforme determina o art. 8º da Lei Complementar n. 95/1998.

Por fim, vale lembrar que o art. 67 da CF determina que o projeto de lei rejeitado só possa ser reapresentado, na mesma sessão legislativa, por iniciativa da maioria absoluta dos membros de quaisquer das casas do Congresso Nacional, ou seja, maioria absoluta Câmara dos Deputados (257 deputados federais) ou Senado Federal (41 senadores).

12.1.8.4. Espécies normativas

As espécies legislativas ou normativas estão enumeradas no art. 59 da Constituição Federal. São elas: *emendas constitucionais, leis complementares, leis ordinárias, leis delegadas, medidas provisórias, decretos legislativos e resoluções.*

12.1.8.4.1. Emendas constitucionais

Conforme já exposto, nossa Constituição é classificada, quanto ao seu processo de alteração, como rígida, ou seja, para ser modificada depende de um procedimento mais solene, mais dificultoso que o processo de alteração das demais normas, ditas infraconstitucionais. Sendo assim, o mecanismo hábil para que se altere uma norma constitucional não é uma lei, mas sim a emenda constitucional.

Existem limitações para o exercício do poder de reforma que são determinadas pelo poder constituinte originário. São elas:

a) Limitações procedimentais ou formais

Como o próprio nome indica, essas limitações têm a ver com a forma, com as regras previstas na Constituição para sua alteração. Esse processo é complexo e compreende quatro partes: iniciativa, quórum, promulgação e rejeição (art. 60 da CF).

Passemos à análise de cada uma delas. Para que se altere a Constituição é necessária que seja proposta uma PEC – proposta de emenda constitucional. Somente algumas pessoas detêm competência para *iniciar* esse projeto. São elas: um terço da Câmara dos Deputados ou do Senado Federal, Presidente da República e mais da metade das Assembleias Legislativas – manifestando-se, cada qual, pelo voto da maioria relativa de seus membros.

Iniciado o projeto, há outra limitação que é relativa ao quórum de votação. É imprescindível que o projeto seja aprovado nas duas Casas do Congresso Nacional (Câmara de Deputados e Senado Federal), em dois turnos, e pelo voto de 3/5 dos membros.

Sendo aprovada a PEC, para que efetivamente se transforme em emenda constitucional, ela precisa ser *promulgada* pelas Mesas da Câmara dos Deputados e do Senado Federal.

Há ainda outra limitação formal ou procedimental que se refere à *rejeição* da PEC. A proposta de emenda rejeitada ou havida por prejudicada não poderá ser objeto de nova proposta na mesma sessão legislativa. Assim, somente na próxima sessão legislativa é que os membros do Legislativo poderão colocar em pauta novamente uma PEC que tenha sido rejeitada.

Por fim, frise-se que essa limitação tem a ver apenas com a proposta de emenda e não com projeto de lei. Desse modo, não há impedimento para a deliberação, por emenda, de tema discutido em projeto de lei anteriormente rejeitado.

b) Limitações circunstanciais

Em determinadas circunstâncias, em situações de anormalidade, é proibida a edição de emendas constitucionais. Diz a Constituição que ela não poderá ser emendada na vigência de intervenção federal, de estado de defesa ou de estado de sítio (são os denominados "estados de exceção"). Nesses momentos, diz-se que a Constituição fica imutável.

c) Limitações materiais

Há algumas matérias que não poderão ser abolidas do texto constitucional, aliás, sequer poderão ser objeto de deliberação. O § 4º do art. 60 da Constituição traz as denominadas cláusulas pétreas ou núcleos essenciais intangíveis. O nome sempre nos ajuda a compreender o instituto jurídico. "Pétreas" vêm de pedra, algo tão consistente e rígido que é comparado a uma pedra. A outra nomenclatura utilizada pela doutrina também tem fundamento: núcleos, ou seja, apenas uma parte da constituição, um núcleo, é que é dotado dessa impossibilidade de supressão. Além disso, um núcleo essencial, ou seja, aquele relacionado com matérias tipicamente, essencialmente constitucionais, ou seja, as que giram em torno do poder. E mais, algo intangível é algo não modificável.

As denominadas cláusulas pétreas são as seguintes: forma federativa de Estado; o voto secreto, direto, universal e periódico; a separação dos Poderes; e os direitos e garantias individuais.

12.1.8.4.2. Leis complementares

As leis complementares se diferenciam das ordinárias por possuírem duas características. A primeira está relacionada ao quórum de aprovação. Para ser aprovada é necessário o voto da maioria absoluta (art. 69 da CF). A segunda diferença se dá quanto ao conteúdo disciplinado. Somente será exigida a aprovação por meio de lei complementar em relação às matérias que a Constituição expressamente exige.

Assim, quando a constituição trata de um assunto e menciona que tal assunto deve ser regulamentado por lei, sem qualificar essa lei como "complementar", diz-se que não é necessário o voto da maioria absoluta, ou seja, presume-se que é lei ordinária.

Por ser a lei complementar dotada das características mencionadas, alguns doutrinadores mencionam que há hierarquia entre ela e a lei ordinária, prevalecendo a complementar em relação à ordinária. Prevalece a segunda corrente que sustenta apenas a existência de âmbito de atuação diferente e quórum diferenciado, não havendo hierarquia entre ambas.

12.1.8.4.3. Leis ordinárias

Espécie normativa responsável pela edição de normas gerais e abstratas. A denominação ordinária vem de algo que é comum. Em âmbito federal será elaborada pelo Congresso Nacional, na esfera estadual pelas Assembleias Legislativas dos Estados e na municipal pelas Câmaras de Vereadores. Tudo que não for disciplinado por lei complementar deve ser tratado por lei ordinária. O quórum para sua aprovação é de maioria simples, ou seja, basta aprovação por maioria dos votos, desde que presente a maioria absoluta dos membros da Casa. O que se leva em conta para apurar a maioria simples é o número de parlamentares presentes na sessão.

12.1.8.4.4. Leis delegadas

São leis elaboradas pelo Presidente da República, quando ele exerce, atipicamente, a função legislativa. Segundo o art. 68 da CF, para que o Presidente elabore essa lei deve solicitar a delegação ao Congresso Nacional. O ato que formaliza a autorização dada pelo Legislativo é uma resolução que deve especificar o conteúdo e os termos de seu exercício.

A lei delegada é tida como uma delegação *externa corporis*, pois o Legislativo transmite a sua função a outro Poder. Configura exceção ao princípio da indelegabilidade.

Ressalta-se que, segundo o § 1º do art. 68 da CF, não podem ser objetos de delegação os atos de competência exclusiva do Congresso Nacional, os de competência privativa da Câmara dos Deputados ou do Senado Federal, a matéria reservada à lei complementar, nem a legislação sobre: I – organização do Poder Judiciário e do Ministério Público, a carreira e a garantia de seus membros; II – nacionalidade, cidadania, direitos individuais, políticos e eleitorais; III – planos plurianuais, diretrizes orçamentárias e orçamentos.

A resolução do Congresso também pode mencionar que o projeto de lei, elaborado pelo Presidente, passe por sua apreciação; nessa hipótese, conforme o § 3º do art. 68 da CF, a verificação se dará em votação única e o Congresso não poderá fazer emendas ao texto.

12.1.8.4.5. Medida provisória

A possibilidade de edição de medidas provisórias pelo Chefe do Executivo vem prevista no art. 62 da CF. Desse modo, havendo *relevância* e *urgência*, o Presidente da República poderá adotar medidas provisórias, com *força de lei*, devendo submetê-las imediatamente ao Congresso Nacional.

De acordo com o Supremo, os pressupostos da relevância e da urgência, embora conceitos jurídicos relativamente indeterminados e fluidos, mesmo expondo-se inicialmente à avaliação discricionária do Presidente da República, estão sujeitos, ainda que excepcionalmente, ao controle do Poder Judiciário, porque compõem a própria estrutura constitucional que disciplina as medidas provisórias, qualificando-se como requisitos legitimadores e juridicamente condicionantes do exercício, pelo Chefe do Executivo, da competência normativa primária. A Suprema Corte prossegue afirmando que a possibilidade de controle jurisdicional, mesmo sendo excepcional, apoia-se na necessidade de impedir que o Presidente da República, ao editar medidas provisórias, incida em excesso de poder ou em situação de manifesto abuso institucional, pois o sistema de limitação de poderes não permite que práticas governamentais abusivas venham a prevalecer sobre os postulados constitucionais que informam a concepção democrática de poder e de Estado, especialmente naquelas hipóteses em que se registrar o exercício anômalo e arbitrário das funções estatais (ADI 2213 MC, Min. Celso de Mello).

A votação da medida provisória, segundo § 8º do art. 62 da CF, terá início na Câmara dos Deputados que deverá, antes de deliberar sobre seu mérito, verificar se os pressupostos constitucionais da medida (relevância e urgência) foram atendidos. O mesmo vale para a votação no Senado Federal. É o que dispõe o § 5º do art. 62.

Além disso, a comissão mista de Deputados e Senadores deverá examinar e emitir parecer acerca das medidas provisórias, antes de serem apreciadas, em sessão separada, pelo plenário de cada uma das Casas do Congresso Nacional, conforme § 9º do art. 62.

Ressalta-se que há matérias, segundo o § 1º, inciso I, do art. 62 da CF, que *não* podem ser objeto de medida provisória. São as seguintes: a) nacionalidade, cidadania, direitos políticos, partidos políticos e direito eleitoral; b) direito penal, processual penal e processual civil; c) organização do Poder Judiciário e do Ministério Público, a carreira e a garantia de seus membros; d) planos plurianuais, diretrizes orçamentárias, orçamento e créditos adicionais e suplementares, ressalvado o previsto no art. 167, § 3º, da CF.

O inciso II do mesmo dispositivo constitucional menciona que também é vedada a edição de medida provisória que vise a detenção ou sequestro de bens, de poupança popular ou qualquer outro ativo financeiro, além das matérias reservadas à lei complementar e as já disciplinadas em projeto de lei aprovado pelo Congresso Nacional e pendente de sanção ou veto do Presidente da República.

De acordo com o § 3º do art. 167 da CF, a abertura de crédito extraordinário somente será admitida para atender a despesas imprevisíveis e urgentes, como as decorrentes de guerra, comoção interna ou calamidade pública, observado o disposto no art. 62. Ou seja, há possibilidade, **ainda que excepcional, de abertura de créditos extraordinários por meio de medida provisória.**

O prazo das medidas provisórias, contado a partir da publicação, é de 60 (sessenta) dias, prorrogável, uma única vez, por igual período (60 + 60). Esse prazo ficará suspenso durante o período de recesso do Congresso. Ressalta-se que a prorrogação ocorrerá se a medida não tiver sua votação encerrada nas duas Casas do Congresso dentro do prazo inicial de 60 dias, conforme § 7º do art. 62.

Não sendo convertidas em lei dentro desse período, conforme dispõe o § 3º do art. 62 da CF, as medidas *perderão sua eficácia*, desde a edição. Nessa hipótese, deve o Congresso Nacional, por meio de decreto legislativo, regulamentar as relações jurídicas formadas durante o período em que a medida vigorou.

Vale acrescentar que o STF já decidiu que: "Medida provisória não revoga lei anterior, mas apenas suspende seus efeitos no ordenamento jurídico, em face do seu caráter transitório e precário. Assim, aprovada a medida provisória pela Câmara e pelo Senado, surge nova lei, a qual terá o efeito de revogar lei antecedente. Todavia, caso a medida provisória seja rejeitada (expressa ou tacitamente), a lei primeira vigente no ordenamento, e que estava suspensa, volta a ter eficácia. [ADI 5.709, ADI 5.716, ADI 5.717 e ADI 5.727, rel. min. Rosa Weber, j. 27-3-2019, P, DJE de 28-6-2019].

Exceções à regra de perda de eficácia da medida provisória:

1ª Se o decreto legislativo, que disciplinaria as relações formadas durante a vigência da medida, não tiver sido editado até (60) sessenta dias após sua rejeição ou perda de eficácia, as relações jurídicas constituídas e decorrentes de atos praticados naquele período continuarão sendo regidas pela medida provisória, conforme dispõe o § 11 do art. 62;

De acordo com o STF: "o § 11 do art. 62 da Constituição visa garantir segurança jurídica àqueles que praticaram atos embasados na medida provisória rejeitada ou não apreciada, mas isso não pode se dar ao extremo de se permitir a sobreposição da vontade do Chefe do Poder Executivo sob a do Poder Legislativo, em situações, por exemplo, em que a preservação dos efeitos da medida provisória equivalha à manutenção de sua vigência. Interpretação diversa ofenderia a cláusula pétrea constante do art. 2º da Constituição, que preconiza a separação entre os Poderes. Quanto aos pedidos de licença para exploração de CLIA não examinados na vigência da Medida Provisória n. 320/2006, não havia relação jurídica constituída que tornasse possível a invocação do § 11 do art. 62 da Constituição para justificar a aplicação da medida provisória rejeitada após o término de sua vigência. Interpretação contrária postergaria indevidamente a eficácia de medida provisória já rejeitada pelo Congresso Nacional, ofendendo não apenas o § 11 do art. 62 da Constituição, mas também o princípio da separação dos Poderes. [ADPF 216, rel. min. Cármem Lúcia, j. 14-3-2018, P, DJE de 23-3-2020].

2ª Se o projeto de lei de conversão da medida provisória for aprovado, mas alterando o texto original, ela também permanecerá em vigor até que ele seja sancionado ou vetado, conforme § 12 do art. 62.

Vale lembrar que, segundo o STF, se houver previsão na Constituição do Estado e as limitações e princípios trazidos pela CF forem observados, poderá o Governador do respectivo Estado editar medidas provisórias.

12.1.8.4.5.1. Regime de urgência ou trancamento de pauta

A medida provisória, conforme já mencionado, tem prazo de validade de 60 dias. Ocorre que há outro prazo, que é de 45 dias, para que ela seja apreciada sem que cause prejuízos. Assim, se não for apreciada em até quarenta e cinco dias contados de sua publicação, entrará em regime de urgência, subsequentemente, em cada uma das Casas do Congresso Nacional, ficando sobrestadas todas as demais deliberações legislativas da Casa em que estiver tramitando até que seja concluída sua votação. É o que determina o § 6º do art. 62 da CF.

Frisa-se que é expressamente proibida a reedição de medidas provisórias na mesma sessão legislativa em que ela tenha sido rejeitada ou que tenha perdido sua eficácia por decurso de prazo, conforme § 10 do art. 62 da CF.

Por fim, o § 2º do mesmo dispositivo constitucional determina que a medida provisória que implique instituição ou majoração de impostos, exceto os previstos nos arts. 153, I, II, IV, V, e 154, II, só produzirá efeitos no exercício financeiro seguinte se houver sido convertida em lei até o último dia daquele em que foi editada.

12.1.8.4.6. Decreto legislativo

As matérias de *competência exclusiva* do Congresso Nacional, previstas no art. 49 da CF, devem ser normatizadas por meio de decreto legislativo. Exemplo: quando o Congresso Nacional quiser sustar os atos normativos do Poder Executivo que exorbitem o poder regulamentar, poderá fazê-lo por meio de decreto legislativo. Outro exemplo seria o Congresso autorizando a realização de um referendo ou convocando um plebiscito. Tais atos serão formalizados por decreto legislativo.

Exceção: o Congresso Nacional, ao delegar a competência legislativa ao Presidente da República para que ele elabore uma lei delegada, o faz por meio de *resolução* e não por decreto legislativo, pois a Constituição assim determina.

Vale lembrar que o Presidente do Senado Federal é quem promulga um decreto legislativo, não passando por deliberação executiva (sanção ou veto presidencial).

12.1.8.4.7. Resolução

Tem por finalidade normatizar as matérias *de competência privativa da Câmara de Deputados* (art. 51 da CF), do *Senado Federal* (art. 52 da CF) e, ainda, algumas atribuições do *Congresso* Nacional, por exemplo, a delegação ao Presidente da República para que ele edite lei delegada (art. 68, § 2º, da CF).

Quem promulga uma resolução é a Mesa da Casa Legislativa responsável por sua edição. Do mesmo modo que ocorre com o decreto legislativo, as resoluções não estão sujeitas a deliberação executiva (sanção ou veto presidencial).

Fiscalização contábil, financeira e orçamentária

Conforme dispõe o art. 70 da CF, a fiscalização contábil, financeira, orçamentária, operacional e patrimonial da União e das entidades da administração direta e indireta, quanto à legalidade, legitimidade, economicidade, aplicação das subvenções e renúncia de receitas, será exercida pelo Congresso Nacional, mediante controle externo, e pelo sistema de controle interno de cada Poder.

Todos os órgãos, pessoas, públicos ou privados, que utilizem, arrecadem, guardem, cuidem ou administrem o patrimônio público, têm o dever de prestar contas.

Para tanto, é necessária a realização de controle, que pode ser interno ou externo. O primeiro, como já mencionado, é aquele realizado pelo próprio poder. Já o controle externo é feito pelo Congresso Nacional com o auxílio do Tribunal de Contas da União, ao qual compete, dentre outras atribuições:

✓ apreciar as contas prestadas anualmente pelo Presidente da República.

✓ julgar as contas dos administradores e demais responsáveis por dinheiros, bens e valores públicos da administração direta e indireta, incluídas as fundações e sociedades instituídas e mantidas pelo Poder Público federal, e as contas daqueles que derem causa a perda, extravio ou outra irregularidade de que resulte prejuízo ao erário;

✓ realizar inspeções e auditorias de natureza contábil, financeira, orçamentária, operacional e patrimonial, nas unidades administrativas dos Poderes Legislativo, Executivo e Judiciário;

✓ fiscalizar a aplicação de quaisquer recursos repassados pela União mediante convênio, acordo, ajuste ou outros instrumentos congêneres, a Estado, ao Distrito Federal ou a Município;

✓ prestar as informações solicitadas pelo Congresso Nacional, por qualquer de suas Casas, ou por qualquer das respectivas Comissões, sobre a fiscalização contábil, financeira, orçamentária, operacional e patrimonial e sobre resultados de auditorias e inspeções realizadas;

✓ aplicar aos responsáveis, em caso de ilegalidade de despesa ou irregularidade de contas, as sanções previstas em lei;

✓ assinar prazo para que o órgão ou entidade adote as providências necessárias ao exato cumprimento da lei, se verificada ilegalidade;

✓ sustar, se não atendida, a execução do ato impugnado, comunicando a decisão à Câmara dos Deputados e ao Senado Federal;

✓ representar ao Poder competente sobre irregularidades ou abusos apurados.

De acordo com o art. 73 da CF, o Tribunal de Contas da União, integrado por nove Ministros, tem sede no Distrito Federal, quadro próprio de pessoal e jurisdição em todo o território nacional, exercendo, no que couber, as atribuições previstas no art. 96.

Sobre o tema, o STF já decidiu que: "Consideradas a autonomia e a independência asseguradas aos Tribunais de Contas pela Lei Maior, surge constitucional a limitação do padrão remuneratório dos auditores àqueles vinculados ao subsídio percebido por Conselheiro – cargo de maior hierarquia dentro dos órgãos." [ADI 3.977, rel. min. Marco Aurélio, j. 10-10-2019, P, DJE de 10-3-2020].

É necessário ressaltar, conforme dispõe a Súmula Vinculante n. 3 do STF, que nos processos perante o Tribunal de Contas da União asseguram-se o contraditório e a ampla defesa quando da decisão puder resultar anulação ou revogação de ato administrativo que beneficie o interessado, excetuada a apreciação da legalidade do ato de concessão inicial de aposentadoria, reforma e pensão.

Além disso, de acordo com a jurisprudência do Supremo, os Tribunais de Contas gozam de autogoverno, autonomia e iniciativa reservada quanto à instauração de processo legislativo que pretenda alterar a sua organização e funcionamento. Sendo assim, é tida como inconstitucional lei estadual de iniciativa parlamentar que vise a alterar ou revogar dispositivos que cuidem de preceitos como competências, formas de atuação e organização do órgão, constantes de leis orgânicas das Cortes de Contas Estaduais (ADI 4.418-MC, Rel. Min. Dias Toffoli).

Outra decisão relevante diz respeito à execução de multa aplicada por Tribunal de Contas Estadual segundo a qual "o estado-membro não tem legitimidade para promover execução judicial para cobrança de multa imposta por Tribunal de Contas Estadual à autoridade municipal, uma vez que a titularidade do crédito é do próprio ente público prejudicado, a quem compete a cobrança, por meio de seus representantes judiciais" (RE 580.943, rel. Min Ricardo Lewandowski, de 18.06.2013).

Conforme dispõe o § 3º do art. 71 da CF, que as decisões do Tribunal de Contas que decorram de imputação de débito ou multa valem como título executivo.

Além do exposto, deve o Tribunal de Contas enviar relatórios de suas atividades, trimestral e anualmente, ao Congresso Nacional.

Ressalta-se que, de acordo com o art. 130 da CF, o Tribunal de Contas possui Ministério Público próprio, que detém carreira diversa das que integram o MP da União e dos Estados.

É da competência originária do STF o processo e julgamento dos membros dos Tribunais de Contas da União e, do STJ, os processos relativos aos membros dos Tribunais de Contas Estaduais e do Distrito Federal (artigos 102, I, "c", e 105, I, "a", ambos da CF).

Vale lembrar que a Súmula 653 do STF determina que o Tribunal de Contas Estadual é composto por sete conselheiros dentre os quais quatro são escolhidos pela Assembleia Legislativa e três pelo Chefe do Executivo Estadual, cabendo a este indicar um dentre auditores, outro dentre membros do Ministério Público e um terceiro a sua livre escolha. Assim, verifica-se que a composição dos Tribunais de Contas Estaduais deve tomar por base a do Tribunal de Contas da União.

Em relação às contas municipais, duas regras devem ser lembradas: a de que elas ficarão, durante 60 dias, anualmente, à disposição de qualquer contribuinte, para exame e apreciação, o qual poderá questionar-lhes a legitimidade (art. 31, § 3º, da CF) e a de que é proibida a criação de Tribunais, Conselhos ou órgãos de Contas Municipais (art. 31, § 4º, da CF).

12.2. Poder Executivo

A função típica do Poder Executivo é a de administrar. No Brasil, como adotamos o sistema presidencialista de governo, o Chefe do Executivo cumula as atribuições de chefe de estado (representa a República Federativa do Brasil perante a comunidade internacional) e chefe de governo (comanda e administra o país no âmbito interno).

De forma atípica, o Chefe do Executivo realiza funções legislativas ao vetar ou sancionar uma lei, ao iniciar um projeto de lei, nas hipóteses de sua competência, e, ainda, ao editar medidas provisórias e leis delegadas.

Em todas as unidades federativas há o exercício do Poder Executivo. No âmbito federal, conforme art. 76 da CF, o Executivo é chefiado pelo Presidente da República, que se vale do auxílio dos Ministros de Estado. Para concorrer ao cargo de Presidente o sujeito precisa ser brasileiro nato e contar com mais de 35 anos (art. 14, § 3º, VI, "a", da CF). Já os Ministros que auxiliam o Chefe do Executivo são escolhidos e nomeados por ele, desde que contenham os seguintes requisitos: sejam brasileiros, maiores de vinte e um anos e estejam no exercício dos direitos políticos (art. 87 da CF).

Dentre os diversos ministros que auxiliam o Presidente da República, apenas um deles a Constituição exige que seja brasileiro *nato*, que é o Ministro de Estado da Defesa (art. 12, § 3º, VII). Os demais cargos de Ministros podem ser ocupados tanto por brasileiros natos quanto por naturalizados, conforme nos ensina os artigos 87 e 12, § 2º, ambos da CF.

No âmbito estadual, o Executivo é chefiado pelo Governador do Estado (art. 28 da CF). Tal cargo deve ser ocupado por um brasileiro que possua mais de 30 anos, segundo o art. 14, § 3º, VI, "b", da CF. Auxiliam o Chefe do Executivo estadual o Vice-Governador e os Secretários Estaduais. No Distrito Federal também é o Governador quem chefia o Executivo, valendo-se, para tanto, do auxílio dos seus Secretários Distritais (art. 32, § 2º, da CF).

No âmbito municipal, o Executivo é comandado pelo Prefeito, conforme art. 29, I, da CF. Para que alguém concorra ao cargo de Prefeito é necessário que seja brasileiro e que possua, pelo menos, 21 anos (art. 14, § 3º, VI, "c", da CF). O Vice-Prefeito e os Secretários municipais auxiliam diretamente os Prefeitos.

12.2.1. Mandato e sistemas eleitorais

Os Chefes do Executivo possuem um **mandato** de quatro anos, admitida uma reeleição para um único período subsequente (art. 14, § 5º, CF). Segundo o art. 77 da CF, a eleição do Presidente e do Vice-Presidente ocorre no primeiro domingo de outubro, em primeiro turno, e, havendo a necessidade de um segundo turno, ou seja, quando nenhum dos candidatos que participou do primeiro turno obtiver a maioria absoluta dos votos válidos, tal votação se dará no último domingo de outubro do ano anterior ao término do mandato presidencial vigente.

Conforme o § 3º do art. 77 da Constituição, os dois candidatos mais votados no primeiro turno concorrem à vaga.

Além disso, no âmbito dos municípios só haverá segundo turno se o número de eleitores for superior a duzentos mil (art. 29, II, da CF).

Quanto aos **sistemas eleitorais**, utiliza-se o *majoritário absoluto* no caso do Presidente da República (Chefe do Executivo Federal), dos Governadores de Estado (Chefes dos Executivos Estaduais), do Governador do DF (Chefe do Executivo Distrital) e dos Prefeitos de municípios com mais de 200 mil eleitores. Nessas hipóteses, após a votação, considerar-se-á eleito o candidato que obtiver a maioria absoluta dos votos válidos, em primeiro ou segundo turno, não sendo computados os votos em branco e os nulos (art. 77, § 2º, da CF).

Nos municípios que possuem até 200 mil eleitores, o sistema eleitoral é o *majoritário simples*. Há apenas um turno de votação, portanto, será eleito aquele que obtiver mais votos.

Vale acrescentar que a EC 107, de 2 de julho de 2020 adiou, em razão da pandemia da Covid-19, as eleições municipais de outubro de 2020 e os prazos eleitorais respectivos. De acordo com o art. 1º, as eleições municipais previstas para outubro de 2020 realizar-se-ão no dia 15 de novembro, em primeiro turno, e no dia 29 de novembro de 2020, em segundo turno, onde houver, observado o disposto no § 4º deste artigo que trata da possibilidade de designação de novas datas, em virtude das condições sanitárias do local.

A posse do novo governante ocorrerá no dia primeiro de janeiro do ano seguinte à sua eleição. O parágrafo único do art. 78 dispõe que passados dez dias da data fixada para a posse e o governante, salvo motivo de força maior, não tiver assumido o cargo, este será declarado *vago*.

As regras sobre sucessão e substituição do Presidente da República estão previstas nos artigos 79, 80 e 81 da CF e serão analisadas abaixo.

12.2.2. Sucessão

Nas hipóteses de sucessão presidencial, a ausência do Presidente se dá de forma definitiva, ou seja, ele sai do cargo e não volta mais. Os exemplos mais comuns são: morte do Presidente, afastamento em virtude de um processo de *impeachment*, invalidez permanente etc.

12.2.3. Substituição

Nas hipóteses de substituição presidencial, a ausência do Presidente se dá não de forma definitiva, mas de forma transitória, passageira, ou seja, ele sai e posteriormente retorna ao cargo. Isso ocorre, por exemplo, em virtude de um afastamento médico para eventual tratamento de doença ou se houverem sido suspensas suas funções em decorrência de um processo judicial etc. São as hipóteses em que o Presidente fica impedido de atuar.

Segundo o art. 80 da CF, o Presidente será substituído, em primeiro lugar, pelo Vice-Presidente, se ele também ficar impedido de assumir o cargo, será chamado ao exercício da Presidência da República o Presidente da Câmara, depois o Presidente do Senado e por último o Presidente do Supremo, sucessivamente. Vejam que na ordem de sucessão o Presidente da Câmara antecede o do Senado, pois este representa os Estados e aquele é quem representa o povo.

De acordo com o STF: "os substitutos eventuais do Presidente da República – o Presidente da Câmara dos Deputados, o Presidente do Senado Federal e o Presidente do Supremo Tribunal Federal (CF, art. 80) – ficarão unicamente impossibilitados de exercer, em caráter interino, a Chefia do Poder Executivo da União, caso ostentem a posição de réus criminais, condição que assumem somente após o recebimento judicial da denúncia ou da queixa-crime (CF, art. 86, § 1º, I). Essa interdição, contudo – por unicamente incidir na hipótese estrita de convocação para o exercício, por substituição, da Presidência da República (CF, art. 80) –, não os impede de desempenhar a chefia que titularizam no órgão de Poder que dirigem, razão pela qual não se legitima qualquer decisão que importe em afastamento imediato de tal posição funcional em seu órgão de origem. A *ratio subjacente* a esse entendimento (exigência de preservação da respeitabilidade das instituições republicanas) apoia-se no fato de que não teria sentido que os substitutos eventuais a que alude o art. 80 da Carta Política, ostentando a condição formal de acusados em juízo penal, viessem a dispor, para efeito de desempenho transitório do ofício presidencial, de maior aptidão jurídica que o próprio chefe do Poder Executivo da União, titular do mandato, a quem a Constituição impõe, presente o mesmo contexto (CF, art. 86, § 1º), o necessário afastamento cautelar do cargo para o qual foi eleito." [ADPF 402 MC-REF, rel. p/ o ac. min. Celso de Mello, j. 7-12-2016, P, DJE de 29-8-2018].

Vale lembrar que apenas o Vice-Presidente poderá ocupar o cargo da Presidência de forma definitiva. Os demais somente substituirão o Presidente de forma temporária, provisória. Determina o art. 81 da CF que, vagando os cargos de Presidente e de Vice, deverá ser realizada nova eleição, depois de aberta a última vaga. Tal pleito se dará de duas formas:

1º ocorrendo a vacância dos cargos de Presidente e Vice-Presidente da República nos dois primeiros anos do mandato presidencial, novas eleições diretas deverão ser feitas dentro do prazo de 90 dias, depois de aberta a última vaga (art. 81, *caput*, CF);

2º ocorrendo a vacância dos dois cargos (Presidente e Vice) nos últimos dois anos do mandato presidencial, o Congresso Nacional é que escolherá o novo Presidente e Vice-Presidente da República, por meio de uma eleição que se dará dentro do prazo de 30 dias depois de aberta a última vaga (art. 81, § 1º, CF). É importante destacar que é o único caso de *eleição indireta* previsto na Constituição Federal. É indireta e não direta, pois não será o povo quem escolherá o novo governante, mas sim seus representantes (Deputados Federais e Senadores). Haverá intermediários na escolha do novo Presidente e Vice.

Nas duas hipóteses os eleitos, segundo o § 2º do art. 81, cumprirão tão somente o período que falta para terminar o mandato de seus antecessores. É a hipótese do chamado mandato-tampão.

Lembramos que os casos de novas eleições, diretas ou indiretas, ocorrerão somente nos casos de vacância, ou seja, nos casos em que o Presidente e o Vice se afastam do cargo de forma definitiva.

De acordo com o STF: "O legislador ordinário federal pode prever hipóteses de vacância de cargos eletivos fora das situações expressamente contempladas na Constituição, com vistas a assegurar a higidez do processo eleitoral e a preservar o princípio majoritário. Não pode, todavia, disciplinar o modo de eleição para o cargo vago diferentemente do que estabelece a Constituição Federal. Inconstitucionalidade do § 4º do art. 224 do Código Eleitoral, na redação dada pela Lei 13.165/2015, na parte em que incide sobre a eleição para Presidente, Vice-Presidente e Senador da República, em caso de vacância, por estar em contraste com os arts. 81, § 1º e 56, § 2º do texto constitucional, respectivamente. É constitucional, por outro lado, o tratamento dado pela lei impugnada à hipótese de dupla vacância dos cargos de Governador e Prefeito. É que, para esses casos, a Constituição não prevê solução única. Assim, tratando-se de causas eleitorais de extinção do mandato, a competência para legislar a respeito pertence à União, por força do disposto no art. 22, I, da Constituição Federal, e não aos entes da Federação, aos quais compete dispor sobre a solução de vacância por causas não eleitorais de extinção de mandato, na linha da jurisprudência do STF. No tocante à exigência de trânsito em julgado da decisão que implica na vacância do cargo, prevista no art. 224, § 3º do Código Eleitoral, seus efeitos práticos conflitam com o princípio democrático e a soberania popular. Isto porque, pelas regras eleitorais que institui, pode ocorrer de a chefia do Poder Executivo ser exercida, por longo prazo, por alguém que sequer tenha concorrido ao cargo. Dessa forma, a decisão de última ou única instância da Justiça Eleitoral que importe o indeferimento do registro, a cassação do diploma ou a perda do mandato de candidato eleito em pleito majoritário, em regra, será executada imediatamente, independentemente do julgamento dos embargos de declaração." [ADI 5.525, rel. min. Roberto Barroso, j. 8-3-2019, P, DJE de 29-11-2019].

Além disso, dispõe o art. 83 da CF que o Presidente e o Vice-Presidente não poderão ausentar-se do país por período superior a 15 dias, salvo se tiverem autorização do Congresso Nacional, sob pena de perderem o cargo.

12.2.4. Atribuições do Presidente da República

O art. 84 da CF traz as competências do Chefe do Executivo, cuja enumeração é meramente exemplificativa. Tais atribuições são, em regra, indelegáveis. Apenas as previstas nos incisos VI, XII e XXV, primeira parte, podem ser delegadas. Dentre as competências previstas no dispositivo mencionado, destacam-se as seguintes:

12.2.4.1. Regulamentar normas

É de competência do Presidente, mediante decreto, sempre focado na fiel execução da lei, a regulamentação de normas.

Vale lembrar que o STF já definiu que "a exigência constitucional de lei formal para fixação do valor do salário mínimo está atendida pela Lei 12.382/2011. A utilização de decreto presidencial, definida pela Lei 12.382/2011 como instrumento de anunciação e divulgação do valor nominal do salário mínimo de 2012 a 2015, não desobedece ao comando constitucional posto no inciso IV do art. 7º. A Lei 12.382/2011 definiu o valor do salário mínimo e sua política de afirmação de novos valores nominais para o período indicado (arts. 1º e 2º). Cabe ao presidente da República, exclusivamente, aplicar os índices definidos legalmente para reajuste e aumento e divulgá-los por meio de decreto, pelo que não há inovação da ordem jurídica nem nova fixação de valor." (ADI 4.568, Rel. Min. Cármen Lúcia, julgamento em 03.11.2011, Plenário, *DJE* de 30.03.2012).

12.2.4.2. Relacionar-se com Estados estrangeiros, atuando no âmbito internacional

Cabe ao Presidente manter relações com os Estados estrangeiros; acreditar seus representantes diplomáticos; celebrar tratados, convenções e atos internacionais, sujeitos a referendo do Congresso Nacional; e permitir, nos casos previstos em lei complementar, que forças estrangeiras transitem pelo território nacional ou nele permaneçam temporariamente.

12.2.4.3. Nomear autoridades para ocuparem cargos

Ao Presidente é dada a atribuição de nomear e exonerar os Ministros de Estado (art. 84, I, CF); nomear, após aprovação pelo Senado Federal, os Ministros do Supremo Tribunal Federal e dos Tribunais Superiores, os Governadores de Territórios, o Procurador-Geral da República, o presidente e os diretores do banco central e outros servidores, quando determinado em lei (art. 84, XIV, CF); nomear os Comandantes da Marinha, do Exército e da Aeronáutica, promover seus oficiais-generais e nomeá-los para os cargos que lhes são privativos (art. 84, XIII, CF); nomear, observado o disposto no art. 73, os Ministros do Tribunal de Contas da União (art. 84, XV, CF); nomear os magistrados, nos casos previstos na Constituição, e o Advogado-Geral da União (art. 84, XVI, CF); e nomear membros do Conselho da República, nos termos do art. 89, VII.

De acordo com a Súmula 627 do STF, "no mandado de segurança contra a nomeação de magistrado da competência do presidente da República, este é considerado autoridade coatora, ainda que o fundamento da impetração seja nulidade ocorrida em fase anterior ao procedimento".

Além disso, segundo o Supremo, "estando o presidente da República de posse de lista tríplice destinada ao preenchimento de vaga de magistrado de TRT, podendo nomear, a qualquer momento, aquele que vai ocupar o cargo vago, configura-se a competência desta Corte para o julgamento do mandado de segurança que impugna o processo de escolha dos integrantes da lista, nos termos da jurisprudência do STF, consolidada na Súmula 627 desta Corte." (MS 27.244-QO, Rel. Min. Joaquim Barbosa, julgamento em 13.05.2009, Plenário, *DJE* de 19.03.2010).

12.2.4.4. Atuações no processo de formação das leis (processo legislativo)

O Presidente da República inicia projetos de lei e de emendas constitucionais, nos casos determinados pela Constituição. Também participa, quando da edição de leis, da fase deliberativa, vetando ou sancionando os respectivos projetos. O veto pode ser motivado por razões de interesse público (veto político) ou por inconstitucionalidade (veto jurídico). Além dessas atuações, ao promulgar e mandar publicar as leis, o Presidente atua no processo legislativo na fase complementar. E, por último, ao *editar medidas provisórias* (art. 84, XXVI, CF) e leis delegadas (art. 68 da CF), o Presidente está exercendo uma função atípica, nesse caso, a legislativa.

12.2.4.5. Atuações nos "estados de exceção"

Ao Chefe do Executivo é dada a atribuição de decretar o estado de defesa e o estado de sítio (art. 84, IX, da CF); decretar e executar a intervenção federal (art. 84, X, da CF); declarar guerra, no caso de agressão estrangeira, autorizado pelo Congresso Nacional ou referendado por ele, quando ocorrida no intervalo das sessões legislativas; e, nas mesmas condições, decretar, total ou parcialmente, a mobilização nacional (art. 84, XXI, da CF).

12.2.4.6. Direção superior da administração federal

Cabe ao Presidente da República exercer tal função, auxiliado pelos Ministros de Estado.

12.2.4.7. Disciplinar por meio de decreto

a) a organização e funcionamento da administração federal quando não implicar aumento de despesa nem criação ou extinção de órgãos públicos; e b) extinção de funções ou cargos públicos, quando vagos.

Nessas hipóteses, os decretos encontrarão fundamento de validade direto na CF. Por conta disso, tais normas são conhecidas como decretos autônomos.

Vale acrescentar o julgado do STF que já determinou que: '(...) considerado o princípio da separação dos poderes, conflita com a Constituição Federal a extinção, por ato unilateralmente editado pelo Chefe do Executivo, de órgãos colegiados que, contando com menção em lei em sentido formal, viabilizem a participação popular na condução das políticas públicas – mesmo quando ausente expressa 'indicação de suas competências ou dos membros que o compõem'. [ADI 6.121 MC, rel. min. Marco Aurélio, j. 13-6-2019, P, DJE de 28-11-2019].

12.2.4.8. Conceder indulto e comutar penas

É da competência do Chefe do Executivo conceder tais benefícios por meio da expedição de decreto.

O indulto é normalmente concedido nos finais de ano, quando da comemoração do natal. Segundo o Supremo, "a concessão do benefício do indulto é uma faculdade atribuída ao Presidente da República. Desse modo, é possível a imposição de condições para tê-lo como aperfeiçoado, desde que em conformidade com a CF." (AI 701.673-AgR, Rel. Min. Ricardo Lewandowski, julgamento em 05.05.2009, Primeira Turma, *DJE* de 05.06.2009).

Também, segundo a Corte Suprema, "o art. 5º, XLIII, da Constituição, que proíbe a graça, gênero do qual o indulto é espécie, nos crimes hediondos definidos em lei, não conflita com o art. 84, XII, da Lei Maior. O decreto presidencial que concede o indulto configura ato de governo, caracterizado pela ampla discricionariedade." (HC 90.364, Rel. Min. Ricardo Lewandowski, julgamento em 31.10.2007, Plenário, *DJ* de 30.11.2007). No mesmo sentido: HC 81.810, Rel. Min. Cezar Peluso, julgamento em 16.04.2009, Plenário, *DJE* de 07.08.2009.

A anistia, em regra, é aplicada aos crimes políticos e depende de lei. De acordo com o STF, "tal instituto configura ato político, com natureza política e, excepcionalmente, estende-se a crimes comuns, certo que, para estes, há o indulto e a graça, institutos distintos da anistia (CF, art. 84, XII)." (ADI 1.231, Rel. Min. Carlos Velloso, julgamento em 15.12.2005, Plenário, *DJ* de 28.04.2006).

12.2.4.9. Comandar as forças armadas

O Presidente da República comanda as forças armadas. Elas têm por finalidade a proteção militar do país e a defesa da ordem interna, além de protegerem a lei e atuarem de acordo com o que ela determina.

12.2.4.10. Convocar e presidir Conselhos

O Chefe do Executivo é quem convoca e preside o Conselho da República e o Conselho de Defesa Nacional.

12.2.4.11. Celebrar a paz

O Congresso Nacional pode autorizar o Presidente a celebrar a paz ou referendar uma determinação já formulada por ele.

12.2.4.12. Demais atribuições

Cabe ainda ao Chefe do Executivo enviar ao Congresso Nacional o plano plurianual, o projeto de lei de diretrizes orçamentárias e as propostas de orçamento previstas na Constituição; prestar, anualmente, ao Congresso Nacional, dentro de 60 (sessenta) dias após a abertura da sessão legislativa, as contas referentes ao exercício anterior; prover e extinguir os cargos públicos federais, na forma da lei; além de outras atribuições dispostas na Constituição.

Vale lembrar que o parágrafo único do art. 84 da CF dispõe que o Presidente poderá delegar aos Ministros de Estado, ao Procurador-Geral da República ou ao Advogado-Geral da União, desde que observados os limites traçados nas respectivas delegações, as seguintes atribuições:

a) disposição, por meio de decreto, sobre a organização e funcionamento da administração federal, quando **não** implicar aumento de despesa nem criação ou extinção de órgãos públicos (art. 84, VI, "a", CF) e sobre a extinção de funções ou cargos públicos, quando vagos (art. 84, VI, "b", CF).

b) concessão de indulto e comutação de penas (art. 84, XII, CF); e

c) provimento dos cargos públicos federais, na forma da lei (art. 84, XXV, primeira parte, CF).

Em suma, o Presidente pode delegar a atribuição de prover e a de desprover funções ou cargos públicos. Quanto à possibilidade de extinguir tais cargos, só poderá haver delegação quando as funções ou cargos públicos estiverem **vagos**.

De acordo com a Súmula 510 do STF, se o ato for praticado por autoridade no exercício de competência delegada, contra ela cabe o mandado de segurança ou a medida judicial.

Por fim, o STF firmou orientação no sentido da "legitimidade de delegação a ministro de Estado da competência do chefe do Executivo Federal para, nos termos do art. 84, XXV, e parágrafo único, da CF, aplicar pena de demissão a servidores públicos federais. (...) Legitimidade da delegação a secretários estaduais da competência do governador do Estado de Goiás para (...) aplicar penalidade de demissão aos servidores do Executivo, tendo em vista o princípio da simetria." (RE 633.009-AgR, Rel. Min. Ricardo Lewandowski, julgamento em 13.09.2011, Segunda Turma, *DJE* de 27.09.2011).

12.2.5. Responsabilidade do Presidente da República

Conforme dispõe o art. 86 da CF, o Chefe do Executivo federal pode ser responsabilizado pela prática de crime comum e por crime de responsabilidade. Pelo primeiro terá de responder perante o Supremo Tribunal Federal, já, pelo segundo, crime de responsabilidade, estará sujeito a julgamento perante o Senado Federal.

Vale acrescentar que: "a imunidade formal prevista nos arts. 86, *caput* e 51, I, da Constituição Federal tem por finalidade tutelar o regular exercício dos cargos de Presidente da República e de Ministro de Estado, razão pela qual não é extensível a codenunciados que não se encontram investidos em tais funções. Incidência da Súmula 245 do Supremo Tribunal Federal. [Inq 4.483 AgR e Inq 4.327 AgR-segundo, rel. min. Edson Fachin, j. 19-12-2017, P, DJE de 9-8-2018].

De acordo com o enunciado da **Súmula vinculante 46** a **definição dos crimes de responsabilidade** e o estabelecimento das respectivas normas de processo e julgamento são da competência legislativa da **União**. Vale lembrar que esse comando já vinha descrito na Súmula 722 do STF. Ocorre que, em 9 de abril de 2015, por unanimidade, a Suprema Corte, mediante a conversão da Súmula nº 722, aprovou a proposta da edição da **Súmula vinculante 46**. Sendo assim, o entendimento já consolidado na jurisprudência do STF, passou a ter efeito vinculante. Os atos que atentem contra a Constituição Federal, em especial contra a existência da União, contra o livre exercício dos poderes, contra o exercício dos direitos políticos, individuais e sociais, contra a segurança interna do País, contra a probidade na administração, contra a lei orçamentária e contra o cumprimento das leis e das decisões judiciais são considerados *crimes de responsabilidade*. A definição de tais crimes é dada pelo art. 4º da Lei n. 1.079/1950.

O procedimento para apuração e julgamento dos crimes praticados pelo Presidente, tanto dos crimes comuns quanto dos crimes de responsabilidade, obedece a um sistema bifásico no qual, em um primeiro momento, é necessária a autorização da Câmara dos Deputados (juízo de admissibilidade do processo), pelo voto de dois terços dos membros, conforme o *caput* do art. 86 da CF. Somente se a Câmara autorizar o julgamento é que haverá a segunda fase do procedimento bifásico, o julgamento propriamente dito. Fala-se que o Presidente possui imunidade formal no tocante à formação do processo, por conta da necessidade dessa autorização da Câmara. É necessário salientar que a imunidade mencionada não se aplica aos membros do Poder Legislativo.

Vale acrescentar que: "o juízo político de admissibilidade por dois terços da Câmara dos Deputados em face de acusação contra o Presidente da República, nos termos da norma constitucional aplicável (CRFB, art. 86, caput), precede a análise jurídica pelo Supremo Tribunal Federal, se assim autorizado for a examinar o recebimento da denúncia, para conhecer e julgar qualquer questão ou matéria defensiva suscitada pelo denunciado." [Inq 4.483 QO, rel. min. Edson Fachin, j. 21-9-2017, P, DJE de 13-6-2018].

Ao adentrarmos na segunda fase do procedimento bifásico, é necessário diferenciarmos crime comum de crime de responsabilidade, pois cada um obedece a um trâmite processual diferente.

Se o Presidente praticar um crime de natureza *comum*, ou seja, aqueles crimes previstos na legislação penal, conforme dispõem os artigos 86 e 102, I, "b", da CF, será processado e julgado, conforme já mencionado, perante o Supremo Tribunal Federal. Se a denúncia ou queixa for recebida pelo Supremo, o Presidente ficará suspenso de suas funções pelo prazo de 180 dias. Após esse período, se o processo ainda não tiver chegado ao fim, o Presidente deverá retomar suas funções (art. 86, § 1º, I, e § 2º, da CF).

Se o Presidente for condenado, além das sanções previstas na lei penal, poderá perder o cargo se a pena aplicada for privativa de liberdade por tempo igual ou superior a um ano e o crime for praticado com abuso de poder ou violação de dever para com a Administração Pública (art. 92, I, "a", do CP). Nessa hipótese a perda do cargo é um efeito da condenação criminal.

O § 3º do art. 86 nos ensina que, durante a vigência do mandato, se o Presidente praticar um crime comum, enquanto não houver sentença condenatória ele não poderá ser levado à prisão (imunidade formal no tocante às prisões de natureza cautelar). Desse modo, o Presidente não poderá ter restrita sua liberdade por nenhuma das modalidades de prisão cautelar, ou seja, não poderá ser preso em flagrante, preventiva ou provisoriamente, mesmo que presentes os requisitos para a decretação de tais custódias. Essas modalidades de prisão são decretadas de forma cautelar, isto é, sem que haja uma decisão condenatória transitada em julgado.

Vale lembrar que o STF já definiu, "no que concerne ao art. 86, § 3º e § 4º, da Constituição, na ADI 1.028, de referência à imunidade à prisão cautelar e à persecução penal como prerrogativa exclusiva do presidente da República, insuscetível de estender-se aos governadores dos Estados, que institucionalmente, não a possuem." (ADI 1.634-MC, Rel. Min. Néri da Silveira, julgamento em 17.09.1997, Plenário, *DJ* de 08.09.2000).

Em 2010, o Governador do Distrito Federal foi preso, o que corrobora a regra de que a imunidade relativa à prisão cautelar não se aplica aos demais Chefes do Executivo.

Também segundo o § 4º do art. 86 da CF, durante a vigência do mandato, o Presidente não poderá ser responsabilizado por atos estranhos ao exercício de suas funções. Dessa maneira, só responderá por crime comum perante o Supremo se o crime tiver ligação com o exercício das atividades presidenciais.

Assim, crimes comuns praticados pelo Presidente que não tenham relação com o exercício de suas funções só serão julgados após o fim do mandato, perante a justiça comum e não perante o Supremo Tribunal Federal.

Salienta-se, ainda, que o Chefe do Executivo federal, diferentemente dos parlamentares, não possui a denominada imunidade material, ou seja, não é inviolável por suas palavras, opiniões e votos durante o curso do mandato.

O Presidente pode ser responsabilizado não apenas pela prática de crime comum, mas também em virtude da prática de crime de responsabilidade. A natureza jurídica de tal delito é controvertida na doutrina, mas a maioria entende que é de infração político-administrativa. Se o *Presidente* praticar *crime de responsabilidade*, ou seja, aqueles descritos no art. 85 da CF e regulamentados pela Lei n. 1.079/1950, terá de se sujeitar ao chamado processo de *impeachment*.

Da mesma maneira que ocorre quando ele pratica um crime comum, é necessário o juízo de admissibilidade da Câmara. Somente após ter sido autorizado o julgamento do Presidente é que passaremos para a segunda fase do procedimento.

Nesse momento, o processo é instaurado no Senado Federal, que terá na presidência da sessão de julgamento o Presidente do Supremo Tribunal Federal (art. 52, parágrafo único, da CF). Ressalta-se que ao Senado não é dado juízo de discricionariedade; sendo o julgamento autorizado pela Câmara, o Senado tem de instaurar o processo.

São assegurados ao Presidente os princípios constitucionais da ampla defesa, contraditório e devido processo legal durante todo o trâmite do processo de *impeachment*.

Segundo o inciso II do § 1º do art. 86, a instauração do processo por crime de responsabilidade pelo Senado Federal faz com que o Presidente fique suspenso de suas funções. Se optarem por absolver o Presidente, o processo de *impeachment* será arquivado. Agora, para que o Chefe do Executivo federal seja condenado, é necessário o voto de dois terços dos membros da casa.

Vejam: o art. 86, § 1º, I e II, da CF determina dois momentos para o início da suspensão das funções do Presidente. Se o crime for comum, após o recebimento da denúncia ou queixa-crime pelo STF; se o crime for de responsabilidade, após a instauração do processo pelo Senado Federal.

As penas impostas, no caso de condenação do Presidente por crime de responsabilidade, são autônomas e aplicadas de forma cumulativa. São as seguintes: 1 – perda do cargo; 2 – inabilitação para o exercício de função pública por oito anos (art. 52, parágrafo único, da CF).

O julgamento dos Chefes do Executivo dos Estados, do Distrito Federal e dos Municípios é semelhante ao do âmbito federal. Vejamos.

Nos Estados e no Distrito Federal, os *Governadores* também podem ser responsabilizados por crimes comuns ou de responsabilidade. Pelos primeiros são julgados pelo Superior Tribunal de Justiça (art. 105, I, "a"). Pelos segundos são julgados pelo Tribunal de Justiça do Estado do qual são governantes. A composição desse Tribunal, especificamente para o julgamento do Governador, é dada pelo § 3º do art. 78 da Lei n. 1.079/1950, que determina que o órgão será presidido pelo Presidente do próprio Tribunal e composto por cinco Deputados Estaduais e cinco Desembargadores.

Nos Municípios, os *Prefeitos* estão também sujeitos à responsabilização por crimes comuns e de responsabilidade. Pela prática de crime comum, conforme inciso X do art. 29 da CF, os Chefes do Executivo municipal são processados e julgados pelo Tribunal de Justiça do Estado de que o Município faz parte. Por crimes de responsabilidade, os prefeitos poderão ser responsabilizados de duas maneiras: se o crime de responsabilidade for próprio, isto é, tipificado no art. 4º do Decreto-Lei 201/1967, a Câmara de Vereadores é quem fará o julgamento; já se for um crime de responsabilidade impróprio, ou seja, aqueles não de natureza política, mas penal tão somente, é o Tribunal de Justiça do Estado respectivo o órgão competente para julgamento (art. 1º do Decreto-Lei 201/1967). Por fim, se o crime praticado for eleitoral, a competência será do Tribunal Regional Eleitoral (arts. 29, X e 96, III, ambos da CF).

12.3. Poder Judiciário

Um dos importantes princípios que regem esse poder é o da **imparcialidade**. Significa que o juiz, ao analisar os processos que foram a ele submetidos, deve agir com neutralidade.

Além disso, a jurisdição, em regra, pressupõe a existência de uma lide. Ela é inerte, depende de provocação da parte interessada, e é dotada da característica da definitividade, ou seja, transitada em julgado e passado o prazo para a propositura de ação rescisória, a decisão não poderá mais ser modificada.

De acordo com o art. 93, I, da CF, o ingresso na carreira da magistratura, cujo cargo inicial será o de juiz substituto, se dá mediante aprovação em concurso público de provas e títulos, com a participação da OAB em todas as fases. Além disso, o bacharel em Direito tem de comprovar três anos de atividade jurídica para ingressar na magistratura. É a chamada "**quarentena de entrada**", instituto inserido na CF pela EC 45/2004 (reforma do Poder Judiciário).

Segundo o STF (ADI 3.460/DF), os três anos de atividade jurídica são contados da data de conclusão do curso, pois as atividades que terão de ser demonstradas são aquelas privativas do bacharel em Direito. Desse modo, os tempos de estágio, realizados durante o curso de direito, não são computados para esse fim.

O assunto mencionado foi objeto de regulamentação pela Resolução n. 75/2009 do Conselho Nacional de Justiça. O seu art. 59 menciona que pode ser computada como tempo de "atividade jurídica", dentre outras atividades, o efetivo exercício da advocacia, magistério superior, desde que predominantemente requeira a utilização de conhecimento jurídico, função de conciliador, mediador ou árbitro na composição de litígios etc.

12.3.1. Funções, órgãos e principais institutos

A Constituição Federal traz em seus artigos 92 ao 126 a organização do Poder Judiciário.

O Poder Judiciário tem como função típica a jurisdicional (solução de interesses por meio do devido processo legal). Realiza, de forma atípica, outras funções, como a de natureza *legislativa* (por exemplo, a elaboração do seu regimento interno) e de natureza *executivo-administrativa*, como a organização de suas secretarias.

Nos termos do art. 92 do Texto Maior, são órgãos do Poder Judiciário:

I – o Supremo Tribunal Federal;

I-A – o Conselho Nacional de Justiça; (Incluído pela EC 45, de 2004)

II – o Superior Tribunal de Justiça;

II-A – o Tribunal Superior do Trabalho; (Incluído pela EC 92, de 2016)

III – os Tribunais Regionais Federais e Juízes Federais;

IV – os Tribunais e Juízes do Trabalho;

V – os Tribunais e Juízes Eleitorais;

VI – os Tribunais e Juízes Militares;

VII – os Tribunais e Juízes dos Estados e do Distrito Federal e Territórios.

A **EC n. 73** /13 criou os Tribunais Regionais Federais da 6ª, 7ª, 8ª e 9ª Regiões. Ocorre que a Associação Nacional dos Procuradores Federais – ANPAF ajuizou ação direta de inconstitucionalidade, com pedido de medida liminar, contra a Emenda Constitucional 73/2013. Em decisão monocrática, a ação teve a medida cautelar deferida, o que acarretou a suspensão dos efeitos da EC 73/2013.

O Supremo Tribunal Federal, os Tribunais Superiores e o Conselho Nacional de Justiça têm sede na Capital Federal (Brasília) e os dois primeiros têm jurisdição em todo território nacional.

De acordo com a súmula 376 do STJ, compete à turma recursal processar e julgar o mandado de segurança contra ato de juizado especial.

Também, determina a Súmula Vinculante nº37 (STF) que não cabe ao Poder Judiciário, que não tem função legislativa, aumentar os vencimentos de servidores públicos sob o fundamento de isonomia.

12.3.1.1. Reforma do Poder Judiciário – EC nº 45/04

Vale lembrar que, em relação ao Poder Judiciário, os temas recorrentes em provas e exames são os atinentes à EC 45/2004 (reforma de Poder Judiciário) dentre os quais se destacam os seguintes:

a) inserção do inciso LXXVIII no art. 5º da CF – princípio da **razoável duração do processo ou celeridade processual** no âmbito judicial e administrativo. Configura uma ampliação do rol de direitos e garantias fundamentais;

b) criação de um novo órgão no poder judiciário: CNJ – **Conselho Nacional de Justiça** (art.103-B da CF);

c) fortificação do princípio da **imparcialidade**, pela criação de vedações aos membros da magistratura, como a proibição do exercício da advocacia no juízo ou tribunal ao qual se afastou pelo prazo de 3 anos;

d) criação de mais um requisito de admissibilidade ao recurso extraordinário: instituto da **repercussão geral**;

e) alterações nas **regras de competência**, em especial em relação à Justiça do Trabalho;

f) criação do instituto denominado **súmula vinculante** (art. 103-A da CF, regulamentado pela Lei n. 11.417/2006).

De acordo com o STF: "(...) a eleição para os cargos de cúpula dos tribunais, após a edição da EC 45/2004, é regida pelos respectivos regimentos internos, não mais subsistindo a remissão à Loman. (...) A disciplina inserida na CF, após a edição da EC 45/2004, todavia, inaugura uma nova lógica, que não tem na antiguidade critério exclusivo. A composição do órgão especial passa a ser ditada não apenas pela antiguidade, mas também pela eleição dentre os pares do plenário das cortes. Não há, no texto da CF, distinção praticada entre os integrantes do órgão especial e os demais componentes da corte que justifique impedimento a que estes últimos concorram aos cargos de cúpula." [ADI 3.976 e MS 32.451, rel. min. Edson Fachin, j. 25-6-2020, P, Informativo 983].

12.3.1.2. Súmula Vinculante

Dispõe a CF, em seu art. 103-A, que o Supremo Tribunal Federal, e só ele, poderá, de ofício ou por provocação, por exemplo, dos legitimados à propositura de ação direta de inconstitucionalidade (art. 103 da CF), aprovar súmula vinculante, mediante decisão de **dois terços** dos seus membros, após **reiteradas decisões** sobre **matéria constitucional**.

De acordo com o art. 3º da Lei 11.417/2006 (norma que regulamentou a súmula vinculante), são legitimados a propor a edição, a revisão ou o cancelamento de enunciado de súmula vinculante:

I. o Presidente da República;

II. a Mesa do Senado Federal;

III. a Mesa da Câmara dos Deputados;

IV. o Procurador-Geral da República;

V. Conselho Federal da Ordem dos Advogados do Brasil;

VI. o Defensor Público-Geral da União;

VII. partido político com representação no Congresso Nacional;

VIII. confederação sindical ou entidade de classe de âmbito nacional;

IX. a Mesa de Assembleia Legislativa ou da Câmara Legislativa do Distrito Federal;

X. Governador de Estado ou do Distrito Federal;

XI. os Tribunais Superiores, os Tribunais de Justiça de Estados ou do Distrito Federal e Territórios, os Tribunais Regionais Federais, os Tribunais Regionais do Trabalho, os Tribunais Regionais Eleitorais e os Tribunais Militares.

O § 1º do mesmo dispositivo indica que o Município poderá propor a edição, a revisão ou o cancelamento de enunciado de súmula vinculante, mas incidentalmente ao curso de processo em que seja parte, o que não autorizará a suspensão do processo.

Tal súmula, a partir da publicação na imprensa oficial, terá **efeito vinculante** em relação aos demais órgãos do Poder Judiciário e à administração pública direta e indireta, nas esferas federal, estadual e municipal. A súmula não vincula a função legislativa, ainda que exercida de forma atípica.

Desse modo, havendo descumprimento do mandamento trazido pela súmula vinculante, ou aplicação indevida, caberá **reclamação ao STF** que, julgando-a procedente, anulará o ato administrativo ou cassará a decisão judicial reclamada, e determinará que outra seja proferida com ou sem a aplicação da súmula, conforme o caso (art. 103-A, § 3º, da CF).

De acordo com os ensinamentos do Supremo: "**Não se admite reclamação** contra omissão da administração pública, sob fundamento de ofensa a súmula vinculante, **quando não demonstrado o esgotamento das vias administrativas**, conforme disposto no art. 7º, § 1º, da Lei 11.417/2006" (Rcl 14.343-AgR, rel. min. Teori Zavascki, julgamento em 27-2-2014, Plenário, DJE de 28-3-2014).

Além disso, cabe ao STF não só editar, como proceder a **revisão ou cancelamento da súmula**, na forma estabelecida em lei. Como mencionado anteriormente, a lei que regulamentou a súmula vinculante foi a de n. 11.417/2006.

É importante ressaltar ainda que o objetivo da súmula vinculante será a validade, a interpretação e a eficácia de normas determinadas, acerca das quais haja **controvérsia atual** entre órgãos judiciários ou entre esses e a administração pública que acarrete grave insegurança jurídica e relevante multiplicação de processos sobre questão idêntica (art. 103-A, § 1º, da CF).

Por fim, no procedimento de edição, revisão ou cancelamento de enunciado da súmula vinculante, o relator poderá admitir, por decisão irrecorrível, a **manifestação de terceiros** na questão, nos termos do Regimento Interno do Supremo Tribunal Federal (art. 3º, § 2º, da Lei n. 11.417/2006).

12.3.2. Estatuto da Magistratura

O art. 93 da Constituição Federal dispõe que cabe à *lei complementar*, de iniciativa do Supremo Tribunal Federal, dispor sobre o Estatuto da Magistratura (regulamentado pela Lei Complementar 35/1979), devendo observar os princípios constitucionais elencados nos respectivos incisos.

a) Ingresso na carreira (inc. I): o cargo de juiz substituto se dá mediante concurso público de provas e títulos, com a participação da OAB em todas as fases, sendo exigido do bacharel em direito no mínimo *três anos de atividade jurídica*;

b) Residência do juiz titular (inc. VII): o juiz titular deve *residir* na respectiva *comarca*, salvo se houver autorização do tribunal;

c) Remoção, disponibilidade e aposentadoria por interesse público (inc. VIII): o quórum para determinar a remoção, a disponibilidade ou a aposentadoria do magistrado por interesse público é de *maioria absoluta* do respectivo tribunal ou do Conselho Nacional de Justiça, assegurando-se ao juiz a ampla defesa;

d) Publicidade (inc. IX): todos os julgamentos dos órgãos do Poder Judiciário serão públicos, e fundamentadas todas as decisões, sob pena de nulidade, podendo a lei limitar a presença, em determinados atos, às próprias partes e a seus advogados, ou somente a estes, em casos nos quais a preservação do direito à intimidade do interessado no sigilo não prejudique o interesse público à informação;

e) Decisões administrativas dos Tribunais (inc. X): devem ser motivadas e tomadas em sessão pública, devendo as de natureza disciplinar ser tomadas pelo voto da maioria dos seus membros. Nesse item, vale anotar que o STF, no julgamento da ADI 4638, ressaltou que o respeito ao Poder Judiciário não poderia ser obtido por meio de blindagem destinada a proteger do voto público os juízes e o órgão sancionador, o que seria incompatível com a liberdade de informação e com a ideia de democracia. Determinou, portanto, que a Resolução 135/2011 do CNJ, ao prever a publicidade das sanções disciplinares e da sessão de julgamento, não extrapolara os limites normativos nem ofendera garantia da magistratura, visto que, a rigor, essas normas decorreriam diretamente da Constituição, sobretudo, posteriormente à edição da EC 45/04." (ADI 4.638-REF-MC, Rel. Min. Marco Aurélio, julgamento em 02.02.2012, Plenário, Informativo 653);

f) Composição do órgão especial (inc. XI): os Tribunais com número superior a 25 julgadores poderão constituir órgão especial com no mínimo 11 e no máximo 25 membros para exercício das atribuições administrativas e jurisdicionais, sendo a metade deles provida por antiguidade e a outra metade por eleição pelo tribunal pleno;

g) Férias forenses (inc. XII): a atividade jurisdicional será ininterrupta, sendo vedadas férias coletivas nos juízos e tribunais de segundo grau, nos quais deverão funcionar juízes em plantão permanente nos dias em que não houver expediente forense normal;

h) Número de juízes (inc. XIII): deve ser proporcional à demanda e à população da unidade jurisdicional;

i) Delegação de atos (inc. XIV): os servidores devem receber delegação para a prática de atos de administração e atos de mero expediente sem caráter decisório;

j) Distribuição de processos (inc. XV): deve ser imediata, em todos os graus de jurisdição

De acordo com o art. 93, III, da CF, o acesso aos tribunais de segundo grau far-se-á por antiguidade e merecimento, alternadamente, apurados na última ou única entrância. O STF, analisando tal dispositivo, em decisão plenária, concedeu mandado de segurança a fim de anular decreto de Presidente da República que, ao nomear magistrado para o cargo de juiz federal do TRF 2ª Região, preterira indicado pela terceira vez consecutiva em lista tríplice para promoção por merecimento. Na espécie, discutia-se se, na promoção de magistrado federal, por merecimento, que figurasse na lista por três vezes consecutivas ou cinco alternadamente, a Presidência da República disporia de discricionariedade ou estaria vinculada ao nome que constasse, de forma reiterada, na mencionada listagem – v. Informativo 672. Asseverou-se, em suma, que o Chefe do Poder Executivo teria que, obrigatoriamente, sufragar o nome do magistrado que figurasse no mencionado rol. Reputou-se que a inserção, nos moldes referidos, na lista de merecimento, aferível pelo próprio Tribunal, segundo os critérios constitucionais, seria direito subjetivo público encartado por garantia impostergável da magistratura, que diria respeito à própria independência do Poder Judiciário. Destarte, determinou-se fosse respeitada a regra contida no art. 93, II, a, da CF." (MS 30.585, rel. min. Ricardo Lewandowski, julgamento em 12.09.2012, Plenário, Informativo 679).

12.3.3. Quinto Constitucional

O quinto constitucional (art. 94 da CF) consiste na composição de um quinto (20%) dos Tribunais Regionais Federais e dos Tribunais de Justiça dos Estados por promotores de justiça e advogados de notório saber jurídico e de reputação ilibada, com mais de dez anos de efetiva atividade profissional.

Os órgãos de representação das respectivas classes indicarão uma lista sêxtupla. O Tribunal reduzirá esta para uma lista tríplice, encaminhando-a para o Chefe do Poder Executivo respectivo (Presidente da República, no caso dos Tribunais Regionais Federais, e Governador, na hipótese dos Tribunais de Justiça dos Estados), que terá 20 dias para a escolha e nomeação de um.

O STF, ao tratar da competência do Conselho Superior do Ministério Público para elaboração das listas sêxtuplas, determinou que: "embora sejam elegíveis para integrar o Conselho Superior do Ministério Público, nos termos do art. 14 da Lei 8.625/1993, apenas os Procuradores de Justiça, a escolha é realizada por meio de eleição em que votam membros de toda a classe, o que evidencia a representatividade do órgão. [ADI 4.134, rel. min. Edson Fachin, j. 18-10-2019, P, DJE de 2-12-2019].

Por fim, ressalta-se que o magistrado nomeado pelo quinto constitucional faz jus, desde logo, à sua vitaliciedade.

12.3.4. Garantias dadas aos membros do poder judiciário

O art. 95 da Constituição Federal assegura três garantias aos juízes, desembargadores e ministros, quais sejam:

a) Vitaliciedade: garante aos magistrados a manutenção no cargo, cuja perda somente se dá por sentença judicial transitada em julgado. Essa garantia é adquirida após dois anos do estágio probatório, em relação aos que foram aprovados em concurso público, ou no momento da posse, na hipótese daqueles que ingressaram pela regra do quinto constitucional ou foram nomeados para atuar nos Tribunais Superiores;

b) Inamovibilidade: atribui a garantia aos juízes de não serem removidos de um lugar para outro, sem prévio consentimento, exceto por motivo de interesse público, desde que pelo voto da maioria absoluta do tribunal ou Conselho Nacional de Justiça, assegurando-se a ampla defesa, conforme dispõe o art. 93, VIII, da CF;

c) Irredutibilidade de subsídio: esta garantia impede a redução dos subsídios, que é a forma de remuneração dos magistrados (ressalvado o disposto nos arts. 37, X e XI, 39, § 4º, 150, II, 153, III e 153, § 2º, I).

12.3.5. Vedações impostas aos membros do Poder Judiciário

O parágrafo único do art. 95 do Texto Maior traz cinco vedações. Vejamos:

a) vedação de exercício de outro cargo ou função, salvo uma de magistério;

b) proibição quanto ao recebimento, a qualquer título ou pretexto, de custas ou participação em processo;

c) vedação de dedicação à atividade político-partidária;

d) proibição do recebimento, a qualquer título ou pretexto, de auxílios ou contribuições de pessoas físicas, entidades públicas ou privadas, ressalvadas as previstas em lei;

e) proibição de exercício da advocacia antes de decorridos três anos do afastamento por aposentadoria ou exoneração no juízo ou tribunal do qual se afastou – denominada "quarentena de saída", não impede que o magistrado afastado possa advogar, mas tão somente que este não poderá exercê-lo no juízo ou tribunal do qual se afastou ou exonerou antes de decorridos três anos do encerramento de sua função.

12.3.6. Supremo Tribunal Federal

O Supremo Tribunal Federal tem como função principal a guarda da Constituição.

O art. 101 da Carta Maior regula a composição do STF dispondo que a Corte Maior é integrada por 11 Ministros, escolhidos pelo Presidente da República dentre brasileiros natos, que tenham entre 35 e 65 anos de idade, notório saber jurídico e reputação ilibada. Segundo o parágrafo único do referido dispositivo, compete ao Senado Federal aprovar a indicação do Presidente da República por maioria absoluta de votos.

Vale lembrar que como os cargos são de livre nomeação não se aplica a regra do quinto constitucional.

As competências do STF estão traçadas no art. 102 da CF. Cabe a tal Corte, por exemplo, processar e julgar, originariamente, a ação direta de inconstitucionalidade de lei ou ato normativo federal ou estadual e a ação declaratória de constitucionalidade de lei ou ato normativo federal.

Por fim, observa-se que, nos casos de impedimento do Presidente da República, integra o Presidente do STF a linha sucessória, conforme o art. 80 da CF.

12.3.7. Superior Tribunal de Justiça

O Superior Tribunal de Justiça compõe-se de, no mínimo, 33 Ministros, devendo sua composição obedecer aos seguintes percentuais:

a) um terço será composto por membros dos Tribunais Regionais Federais, indicados em lista tríplice pelo próprio Tribunal;

b) um terço será formado por membros dos Tribunais de Justiça dos Estados, indicados em lista tríplice pelo próprio Tribunal;

c) um terço será composto por advogados e promotores, indicados pela regra do quinto constitucional, estabelecida no art. 94 da CF (cabe aos respectivos órgãos de classe elaborar uma lista sêxtupla de representantes, cabendo ao STJ a indicação de uma lista tríplice dentre os apontados, enviando-a ao Presidente da República, que nomeará um dentre os três indicados). Por conta de ser destinado um terço das vagas aos advogados e promotores, em vez de "quinto constitucional", fala-se em "terço constitucional" ou "regra do terço".

Em qualquer das hipóteses descritas, incumbe ao Senado Federal aprovar por maioria absoluta a indicação do Presidente da República.

Em suma, os requisitos para o cargo de Ministro do STJ são os seguintes: (i) ser brasileiro nato ou naturalizado; (ii) ter entre 35 e 65 anos de idade; (iii) ter notório saber jurídico; (iv) ter reputação ilibada.

12.3.8. Conselho Nacional de Justiça

O art. 103-B, com redação dada pela EC 45/2004 e alterada pela EC 61/09, instituiu o Conselho Nacional de Justiça (CNJ), que tem por função a fiscalização do Poder Judiciário quanto ao cumprimento dos deveres funcionais dos juízes e à administração financeira desse poder. Ressalta-se que **o CNJ**, contudo, **não tem funções jurisdicionais.** É um órgão nacional que exerce uma espécie de controle interno e que possui competências em relação à justiça federal e à estadual.

O CNJ compõe-se de 15 membros, com mandato de dois anos (admissível somente uma recondução), sendo:

a) o Presidente do STF;

b) um Ministro do STJ, indicado pelo próprio Tribunal;

c) um Ministro do TST, indicado pelo próprio Tribunal;

d) um desembargador de Tribunal de Justiça, indicado pelo STF;

e) um juiz estadual, indicado pelo STF;

f) um juiz do TRF, indicado pelo STJ;

g) um juiz federal, indicado pelo STJ;

h) um juiz de Tribunal Regional do Trabalho, indicado pelo TST;

i) um juiz do trabalho, indicado pelo TST;

j) um membro do Ministério Público da União, indicado pelo PGR;

k) um membro do Ministério Público estadual, escolhido pelo PGR dentre os nomes indicados pelo órgão competente de cada instituição estadual;

l) dois advogados, indicados pelo Conselho Federal da OAB;

m) dois cidadãos, de notável saber jurídico e reputação ilibada, indicados um pela Câmara dos Deputados e um pelo Senado Federal.

Os membros do CNJ serão nomeados pelo Presidente da República, após a aprovação da escolha pelo Senado Federal, por votação de maioria absoluta (§ 2º do art. 103-B da CF).

Vale lembrar que a EC 61/2009 alterou o § 1º do art. em comento estabelecendo que a presidência do CNJ incumbe ao Presidente do STF e, nas suas ausências e impedimentos, ao Vice-Presidente da citada Corte.

É importante salientar que o CNJ – embora incluído na estrutura constitucional do Poder Judiciário – qualifica-se como órgão de caráter eminentemente administrativo, não dispondo de atribuições institucionais que lhe permitam exercer fiscalização da atividade jurisdicional dos magistrados e Tribunais (MS 27.148, Rel. Min. Celso de Mello, decisão monocrática, julgamento em 20.05.2010, *DJE* de 26.05.2010). No mesmo sentido: MS 28.611-MC, Rel. Min. Celso de Mello, decisão monocrática, julgamento em 08.06.2010, *DJE* de 14.06.2010.

Além disso, sabe-se que o CNJ é absolutamente incompetente, não obstante seja órgão de controle interno do Poder Judiciário, para intervir em processos de natureza jurisdicional.

Já decidiu o Supremo sobre a "impossibilidade constitucional de o CNJ (órgão de caráter eminentemente administrativo) fiscalizar, reexaminar e suspender os efeitos decorrentes de ato de conteúdo jurisdicional, como aquele que concede mandado de segurança. Precedentes do STF. Magistério da doutrina." (MS 28.611-MC, Rel. Min. Celso de Mello, decisão monocrática, julgamento em 08.06.2010, *DJE* de 14.06.2010).

Outra decisão relevante foi dada pelo Supremo no julgamento da (ADI 4.638-REF-MC, Rel. Min. Marco Aurélio, julgamento em 08.02.2012, Plenário). Nessa oportunidade, "o plenário concluiu julgamento de referendo em medida cautelar em ação direta de inconstitucionalidade ajuizada (...) contra a Resolução 135/2011 do Conselho Nacional de Justiça – CNJ." "Quanto ao art. 2º (...), o STF, por maioria, referendou o indeferimento da liminar. Consignou-se que o CNJ integraria a estrutura do Poder Judiciário, mas não seria órgão jurisdicional e não interviria na atividade judicante.

Este Conselho possuiria, à primeira vista, caráter eminentemente administrativo e não disporia de competência para, mediante atuação colegiada ou monocrática, reexaminar atos de conteúdo jurisdicional, formalizados por magistrados ou tribunais do país. Ressaltou-se que a escolha pelo constituinte derivado do termo 'Conselho' para a instituição interna de controle do Poder Judiciário mostrar-se-ia eloquente para evidenciar a natureza administrativa do órgão e para definir, de maneira precisa, os limites de sua atuação. Sublinhou-se que o vocábulo 'Tribunal' contido no art. 2º em tela revelaria tão somente que as normas seriam aplicáveis também ao CNJ e ao CJF." (ADI 4.638-REF-MC, Rel. Min. Marco Aurélio, julgamento em 02.02.2012, Plenário, Informativos 653 e 654).

Vale lembrar que as atribuições do CNJ estão previstas no § 4º do art. 103-B da CF, além das conferidas pelo Estatuto da Magistratura e, dentre elas, destacam-se as seguintes:

I. **zelar pela autonomia do Poder Judiciário** e pelo cumprimento do Estatuto da Magistratura, podendo expedir atos regulamentares, no âmbito de sua competência, ou recomendar providências;

II. zelar **pela observância do art. 37 da CF** e apreciar, de ofício ou mediante provocação, a legalidade dos atos administrativos praticados por membros ou órgãos do Poder Judiciário, podendo desconstituí-los, revê-los ou fixar prazo para que se adotem as providências necessárias ao exato cumprimento da lei, sem prejuízo da competência do Tribunal de Contas da União. Um exemplo de atuação do CNJ com base nesse dispositivo se deu com a edição da Resolução 7/2005, que vedou a prática de nepotismo em relação a todos os órgãos do Poder Judiciário;

III. **receber e conhecer das reclamações contra membros ou órgãos do Poder Judiciário**, inclusive contra seus serviços auxiliares, serventias e órgãos prestadores de serviços notariais e de registro que atuem por delegação do poder público ou oficializados, sem prejuízo da competência disciplinar e correicional dos tribunais, podendo avocar processos disciplinares em curso e determinar a remoção, a disponibilidade ou a aposentadoria com subsídios ou proventos proporcionais ao tempo de serviço e aplicar outras sanções administrativas, assegurada ampla defesa;

IV. **representar ao Ministério Público**, no caso de crime contra a administração pública ou de abuso de autoridade;

V. **rever**, de ofício ou mediante provocação, os *processos disciplinares* de juízes e membros de tribunais julgados há menos de um ano;

VI. **elaborar** semestralmente *relatório estatístico* sobre processos e sentenças prolatadas, por unidade da Federação, nos diferentes órgãos do Poder Judiciário;

VII. **elaborar relatório anual**, propondo as providências que julgar necessárias, sobre a situação do Poder Judiciário no País e as atividades do Conselho, o qual deve integrar mensagem do Presidente do Supremo Tribunal Federal a ser remetida ao Congresso Nacional, por ocasião da abertura da sessão legislativa.

Ressalta-se que não é da competência do CNJ julgar magistrados por crime de responsabilidade, até porque tal órgão não tem função jurisdicional.

O STF tem analisado várias questões relacionadas ao CNJ, dentre as quais se destacam as seguintes:

✓ o CNJ tem legitimidade para apuração administrativa de responsabilidades disciplinares dos membros da magistratura, nos casos de inércia, simulação investigatória, procrastinação indevida e/ ou incapacidade de atuação;

✓ o CNJ não pode, por conta do conteúdo nitidamente jurisdicional, suspender, fiscalizar e reexaminar decisão concessiva de mandado de segurança;

✓ o CNJ integra o Poder Judiciário, mas encontra-se hierarquicamente abaixo do Supremo Tribunal Federal.

Outro tema relevante que foi regulamentado pelo CNJ diz respeito à realização de concursos para a outorga de Delegações de Notas e de Registros. De acordo com o art. 236, § 3º, da CF o ingresso na atividade notarial e de registro depende de concurso público de provas e títulos, não se permitindo que qualquer serventia fique vaga, sem abertura de concurso de provimento ou de remoção, por mais de seis meses. A Resolução de n. 81 do CNJ, em seu art. 2º, determinou que os concursos sejam realizados semestralmente ou, por conveniência da Administração, em prazo inferior, caso estiverem vagas ao menos três deles delegações de qualquer natureza.

12.3.9. Tribunais Regionais Federais e Juízes Federais

São órgãos da Justiça Federal: os Tribunais Regionais Federais e os Juízes Federais, que estão regulamentados nos artigos 106 a 110 da Constituição Federal. A competência dos Tribunais Regionais Federais está no art. 108 e no art. 109 a dos juízes federais.

Embora já mencionado, vale lembrar que com a aprovação da EC n. 73/13, foram criados os Tribunais Regionais Federais da 6ª, 7ª, 8ª e 9ª Regiões. O TRF da 6.ª Região, com sede em Curitiba, tem jurisdição sobre os Estados de Santa Catarina e Mato Grosso do Sul. Além dele, também foram incluídos pela emenda os Tribunais Regionais Federais do Amazonas, Minas Gerais e Bahia.

Ocorre que, por conta do deferimento da cautelar na ADI 5710 - DF, os efeitos da EC 73/13 estão suspensos. Os principais argumentos utilizados para a declaração de inconstitucionalidade da emenda mencionada foram: 1) "a criação dos novos tribunais regionais federais irá afetar profundamente a carreira dos procuradores federais. Devido à competência da Justiça Federal (arts. 108 e 109 da Constituição), a União será obrigada a alocar seus procuradores para atuação nos quatro novos tribunais. Para a requerente, essa necessidade de alocação abrupta irá desorganizar a estruturação da carreira e a expectativa de seus integrantes quanto às remoções; 2) Há vício de iniciativa, na medida em que qualquer modificação da estrutura da Justiça depende de projeto de iniciativa do Supremo Tribunal Federal ou dos Tribunais Superiores (art. 96, II, a e d da Constituição), requisito que não poderia ser burlado nem sequer com o uso de emenda constitucional; 3) Inexiste prévia dotação orçamentária para criação dos novos tribunais, com custo estimado de R$ 922 milhões ao ano pelo Instituto de Pesquisas Econômicas Aplicadas – IPEA, além dos custos iniciais necessários para estruturação física e funcional desses órgãos jurisdicionais; 4) A obrigatoriedade de aplicação de recursos numa finalidade fixada sem a iniciativa própria viola a autonomia administrativa e orçamentária do Judiciário; 5) A criação de novos tribunais é medida ineficiente e irracional para resolver o problema da celeridade da prestação jurisdicional (os quatro tribunais serão responsáveis apenas por 5,3% do total da carga enfrentada pela Justiça Federal); 6) O descaso com os Juizados Especiais Federais será potencializado com a canalização inadequada de recursos para a segunda instância, de forma a prejudicar ainda mais o jurisdicionado que depende da Justiça para obter a prestação mais básica da União; 7) Há o risco de que a tolerância para com a criação de tribunais pela iniciativa do Legislativo crie precedente para algo mais gravoso à independência da Magistratura, a extinção de órgãos do Judiciário. h) A falta de previsão orçamentária impediria as mudanças necessárias para que os advogados públicos, essenciais à Justiça, pudessem defender os interesses da União perante esses tribunais".

Os Tribunais Regionais Federais compõem-se de, no mínimo, 7 juízes, recrutados, quando possível, na respectiva região e nomeados pelo Presidente da República dentre brasileiros com mais de 30 e menos de 65 anos, sendo:

a) um quinto dentre advogados com mais de 10 anos de efetiva atividade profissional e membros do Ministério Público Federal com mais de 10 anos de carreira;

b) os demais, mediante promoção de juízes federais com mais de cinco anos de exercício, por antiguidade e merecimento, alternadamente.

De acordo com o STF: "A interpretação lógico-sistemática dos arts. 93 e 107 da Constituição da República impõe ser inaplicável o limite etário de 65 anos aos magistrados de carreira, restringindo-o, apenas, aos candidatos oriundos do quinto constitucional, mercê de exercerem cargo isolado. Deveras, eventual imposição de idade máxima para eleição à vaga proveniente de aposentadoria por antiguidade de TRF constituiria verdadeira limitação à garantia da progressão na carreira de magistrado." [MS 33.939 AgR, rel. min. Luiz Fux, j. 13-4-2018, P, DJE de 21-5-2018].

Importante alteração trazida pela EC 45/04 foi a denominada "federalização", que estabelece a possibilidade do deslocamento de competência por violação de direitos humanos. De acordo com o § 5º do art. 109 da CF, nas hipóteses de *grave violação de direitos humanos*, o Procurador-Geral da República, com a finalidade de assegurar o cumprimento de obrigações decorrentes de tratados internacionais de direitos humanos dos quais o Brasil seja parte, poderá suscitar, perante o STJ, em qualquer fase do inquérito ou processo, incidente de deslocamento de competência para a Justiça Federal.

De acordo com o art. 107, § 2º, da CF os Tribunais Regionais Federais instalarão a justiça itinerante, com a realização de audiências e demais funções da atividade jurisdicional, nos limites territoriais da respectiva jurisdição, servindo-se de equipamentos públicos e comunitários.

O § 3º do mesmo dispositivo indica que os TRFs poderão funcionar de forma descentralizada constituindo Câmaras regionais, a fim de assegurar o pleno acesso do jurisdicionado à justiça em todas as fases do processo.

Além disso, determina o STF que: "Compete à Justiça comum o julgamento de conflito a envolver a incidência de contribuição previdenciária sobre complementação de proventos de aposentadoria." [RE 594.435, rel. min. Marco Aurélio, j. 24-5-2018, P, DJE de 3-9-2018, Tema 149].

Por fim, de acordo com a Súmula 428 do STJ, compete ao Tribunal Regional Federal decidir os conflitos de competência entre juizado especial federal e juízo federal da mesma seção judiciária.

12.3.10. Tribunais e Juízes do Trabalho

São órgãos da Justiça do Trabalho: o Tribunal Superior do Trabalho, os Tribunais Regionais do Trabalho e os Juízes do Trabalho, que estão regulados nos artigos 111 a 116 da Constituição Federal. O art. 114 estabelece a competência da Justiça do Trabalho. Sobre o art. 114, é importante o leitor conhecer o teor da Súmula Vinculante 53: "A competência da Justiça do Trabalho prevista no art. 114, VIII, da Constituição Federal alcança a execução de ofício das contribuições previdenciárias relativas ao objeto da condenação constante das sentenças que proferir e acordos por ela homologados."

De acordo com o art. 111-A, com redação dada pela EC nº 92/16, o Tribunal Superior do Trabalho compõe-se de 27 Ministros, escolhidos dentre brasileiros com mais de 35 e menos de 65 anos, **de notável saber jurídico e reputação ilibada**, nomeados pelo Presidente da República após aprovação pela maioria absoluta do Senado Federal, sendo:

a) um quinto dentre advogados com mais de 10 anos de efetiva atividade profissional e membros do Ministério Público do Trabalho com 10 (dez) anos de efetivo exercício, observado o disposto no art. 94;

b) os demais dentre juízes dos Tribunais Regionais do Trabalho, oriundos da magistratura da carreira, indicados pelo próprio Tribunal Superior.

Vale mencionar que a EC nº 92/16, além explicitar o Tribunal Superior do Trabalho como órgão do Poder Judiciário e alterar os requisitos para o provimento dos cargos de Ministros daquele Tribunal, modificou a sua competência. De acordo com o § 3º do art. 111-A, acrescentado pela mencionada emenda, ao Tribunal Superior do Trabalho foi dada a **competência para processar e julgar, originariamente, a reclamação para a preservação de sua competência e garantia da autoridade de suas decisões**. Os Tribunais Regionais do Trabalho compõem-se de no mínimo 7 juízes, recrutados, quando possível, na respectiva região, e nomeados pelo Presidente da República dentre brasileiros com mais de 30 e menos de 65 anos, sendo:

a) um quinto dentre advogados com mais de 10 anos de efetiva atividade profissional e membros do Ministério Público do Trabalho com mais de 10 anos de efetivo exercício, observado o disposto no art. 94;

b) os demais, mediante promoção de juízes do trabalho por antiguidade e merecimento, alternadamente.

De acordo com o Supremo (Súmula Vinculante n. 22), a Justiça do Trabalho é competente para processar e julgar as ações de indenização por danos morais e patrimoniais decorrentes de acidente de trabalho propostas por empregado contra empregador, inclusive aquelas que ainda não possuíam sentença de mérito em primeiro grau quando da promulgação da EC 45/04.

12.3.11. Tribunais Regionais Eleitorais e Juízes Eleitorais

São órgãos da Justiça Eleitoral: o Tribunal Superior Eleitoral, os Tribunais Regionais Eleitorais, os Juízes Eleitorais e as Juntas Eleitorais, que são regulamentados nos artigos 118 a 121 da Constituição Federal.

Segundo o art. 121 do Texto Maior, lei complementar disporá sobre a organização e competência dos tribunais, dos juízes de direito e das juntas eleitorais.

O Tribunal Superior Eleitoral compor-se-á, no mínimo, de sete membros, escolhidos:

a) mediante eleição, pelo voto secreto:

✓ três juízes dentre os Ministros do STF;

✓ dois juízes dentre os Ministros do STJ;

b) por nomeação do Presidente da República, dois juízes dentre seis advogados de notável saber jurídico e idoneidade moral, indicados pelo STF.

As decisões do Tribunal Superior Eleitoral são irrecorríveis, salvo as que contrariarem esta Constituição e as denegatórias de *habeas corpus* ou mandado de segurança, das quais caberá recurso para o STF.

Os Tribunais Regionais Eleitorais são previstos em todos os Estados e no Distrito Federal e funcionarão nas Capitais. Esses tribunais compor-se-ão:

a) mediante eleição, pelo voto secreto:

✓ de dois juízes dentre os desembargadores do Tribunal de Justiça;

✓ de dois juízes, dentre juízes de direito, escolhidos pelo Tribunal de Justiça.

b) de um juiz do Tribunal Regional Federal com sede na Capital do Estado ou no Distrito Federal, ou, não havendo, de juiz federal, escolhido, em qualquer caso, pelo Tribunal Regional Federal respectivo;

e) por nomeação, pelo Presidente da República, de dois juízes dentre seis advogados de notável saber jurídico e idoneidade moral, indicados pelo Tribunal de Justiça.

Os juízes dos tribunais eleitorais, salvo motivo justificado, servirão por dois anos, no mínimo, e nunca por mais de dois biênios consecutivos, sendo os substitutos escolhidos na mesma ocasião e pelo mesmo processo, em número igual para cada categoria.

12.3.12. Tribunais e Juízes Militares

São órgãos da Justiça Militar: o Superior Tribunal Militar e os Tribunais e Juízes Militares instituídos por lei, trazidos nos arts. 122 a 124 da Constituição Federal.

De acordo com o art. 124, compete à Justiça Militar processar e julgar os crimes militares definidos em lei. A lei disporá sobre a organização, o funcionamento e a competência da Justiça Militar.

O Superior Tribunal Militar compor-se-á de 15 Ministros vitalícios, nomeados pelo Presidente da República, depois de aprovada a indicação pelo Senado Federal, sendo:

a) três dentre oficiais-generais da Marinha (da ativa e do posto mais elevado da carreira);

b) quatro dentre oficiais-generais do Exército (da ativa e do posto mais elevado da carreira);

c) três dentre oficiais-generais da Aeronáutica (da ativa e do posto mais elevado da carreira);

d) cinco civis, que serão escolhidos pelo Presidente da República dentre brasileiros maiores de 35 anos, sendo:

✓ três advogados de notório saber jurídico e conduta ilibada, com mais de 10 (dez) anos de efetiva atividade profissional;

✓ dois, por escolha paritária, dentre juízes auditores e membros do Ministério Público da Justiça Militar.

12.3.13. Tribunais e Juízes dos Estados

Os Estados organizarão sua Justiça, observados os princípios estabelecidos nesta Constituição, e a competência dos tribunais será definida na Constituição do Estado, sendo a lei de organização judiciária de iniciativa do Tribunal de Justiça.

Mediante proposta do Tribunal de Justiça do Estado, a lei estadual pode criar a Justiça Militar estadual, constituída, em primeiro grau, pelos juízes de direito e pelos Conselhos de Justiça e, em segundo grau, pelo próprio Tribunal de Justiça, ou por Tribunal de Justiça Militar nos Estados em que o efetivo militar seja superior a vinte mil integrantes.

Compete à Justiça Militar estadual processar e julgar os militares dos Estados, nos crimes militares definidos em lei e as ações judiciais contra atos disciplinares militares, ressalvada a competência do júri quando a vítima for civil, cabendo ao tribunal competente decidir sobre a perda do posto e da patente dos oficiais e da graduação das praças.

Frisa-se que é *residual* a competência da Justiça Estadual, portanto, não sendo matéria de competência das justiças especializadas (Eleitoral, Trabalhista e Militar) nem da Justiça Federal, será da Estadual.

13. FUNÇÕES ESSENCIAIS À JUSTIÇA

As funções essenciais à justiça vêm previstas a partir do art. 127 da Constituição Federal. Os órgãos que têm por atribuição exercer tais funções não são chamados de poderes, não fazem parte dos três poderes, atuam ao lado do Executivo, Legislativo e Judiciário, mas não os compõem. Integram tais funções o Ministério Público, as Advocacias Públicas e Privadas e as Defensorias Públicas.

13.1. Ministério Público

O Ministério Público, segundo o art. 127 da Constituição Federal, constitui uma instituição de caráter permanente, que tem por função a defesa da ordem jurídica, do regime democrático e dos interesses sociais e individuais indisponíveis.

13.1.1. Princípios

Os princípios que regem a instituição do Ministério Público são: a unidade, a indivisibilidade e a independência funcional. Vejamos:

a) Unidade: os membros do Ministério Público integram um só órgão, sob uma mesma chefia do Procurador-Geral da República (área federal) e do Procurador-Geral de Justiça (área estadual);

b) Indivisibilidade: os membros do Ministério Público atuam somente e sempre em nome da toda a instituição;

c) Independência funcional: os membros do Ministério Público devem atuar em consonância com a lei e sua convicção, não estando sujeitos às imposições dos órgãos da administração superior da instituição.

Segundo o STF: "por força do princípio da unidade do Ministério Público (art. 127, § 1º, da CF), os membros do Ministério Público integram um só órgão sob a direção única de um só Procurador-Geral. Só existe unidade dentro de cada Ministério Público, não havendo unidade entre o Ministério Público de um Estado e o de outro, nem entre esses e os diversos ramos do Ministério Público da União." [ADPF 482, rel. min. Alexandre de Moraes, j. 3-3-2020, P, DJE de 12-3-2020].

Além de ser regido pelos princípios institucionais mencionados, o Ministério Público detém autonomia funcional e administrativa. Havendo dotação orçamentária e autorização legislativa, cabe a ele propor ao Poder Legislativo a criação e extinção de seus cargos e serviços auxiliares, os quais serão providos por concurso público.

O Supremo entende que: "A iniciativa legislativa prevista no art. 127, § 2º, da Constituição para a criação de cargos e serviços auxiliares, a política remuneratória e os planos de carreira do Ministério Público é privativa do procurador-geral de justiça, no âmbito estadual, e do PGR, na esfera federal." [ADI 1.757, rel. min. Alexandre de Moraes, j. 20-9-2018, P, DJE de 8-10-2018].

É de atribuição da instituição a elaboração de proposta orçamentária, sempre respeitados os limites estabelecidos na lei de diretrizes orçamentárias.

De acordo com o STF, "o Poder Judiciário tem por característica central a estática ou o não agir por impulso próprio (*ne procedat iudex ex officio*). Age por provocação das partes, do que decorre ser próprio do Direito Positivo este ponto de fragilidade: quem diz o que seja 'de Direito' não o diz senão a partir de impulso externo. Não é isso o que se dá com o Ministério Público. Este age de ofício e assim confere ao Direito um elemento de dinamismo compensador daquele primeiro ponto jurisdicional de fragilidade. Daí os antiquíssimos nomes de 'promotor de justiça' para designar o agente que pugna pela realização da justiça, ao lado da 'procuradoria de justiça', órgão congregador de promotores e procuradores de justiça. Promotoria de justiça, promotor de justiça, ambos a pôr em evidência o caráter comissivo ou a atuação de ofício dos órgãos ministeriais públicos. Duas das competências constitucionais do Ministério Público são particularmente expressivas dessa índole ativa que se está a realçar. A primeira reside no inciso II do art. 129 (...). É dizer: o Ministério Público está autorizado pela Constituição a promover todas as medidas necessárias à efetivação de todos os direitos assegurados pela Constituição. A segunda competência está no inciso VII do mesmo art. 129 e traduz-se no 'controle externo da atividade policial'. Noutros termos: ambas as funções ditas 'institucionais' são as que melhor tipificam o Ministério Público enquanto instituição que bem pode tomar a dianteira das coisas, se assim preferir." (HC 97.969, Rel. Min. Ayres Britto, julgamento em 1º.02.2011, Segunda Turma, *DJE* de 23.05.2011).

Outra decisão importante se deu no julgamento do ACO-AgR 1.233, em que o STF determinou que é da competência do Ministério Público Estadual agir nas hipóteses em que são averiguados atos de improbidade administrativa praticados por agentes públicos no âmbito de sociedade de economia mista federal.

13.1.2. Composição

O art. 128 da CF traz os órgãos que compõem o Ministério Público. Fala-se em Ministério Público da União, o qual engloba o MP Federal, o MP do Trabalho, o MP Militar e o MP do Distrito Federal e Territórios; e em MP Estaduais.

O Chefe do Ministério Público da União é o Procurador-Geral da República. O Presidente da República é quem o nomeia, após aprovação pela maioria absoluta dos membros do Senado Federal. Para tanto, deve o Procurador-Geral da República possuir mais de 35 anos e ser integrante da carreira do Ministério Público.

Após ser nomeado, cumprirá um mandato de dois anos, admitida a recondução. Durante o mandato, poderá ser destituído por iniciativa do Presidente da República, desde que haja autorização da maioria absoluta do Senado Federal.

O Chefe dos Ministérios Públicos dos Estados e do Distrito Federal e Territórios é o Procurador-Geral de Justiça. É atribuição dos membros dos citados Ministérios Públicos elaborarem lista tríplice, indicando os nomes, dentre integrantes da carreira, que possivelmente ocuparão o cargo de Procurador-Geral de Justiça. Feita tal lista, deve ser encaminhada ao Chefe do Executivo do respectivo Estado ou do Distrito Federal, pois a ele caberá a escolha e nomeação do novo Procurador. Do mesmo modo que ocorre no âmbito da União, o mandato do Procurador é de dois anos, admitida uma recondução.

De acordo com o art. 9º, § 4º, da Lei 8.625/1993 (Lei Orgânica Nacional do Ministério Público – LONMP), caso o Chefe do Poder Executivo não efetive a nomeação do Procurador-Geral de Justiça nos quinze dias que se seguirem ao recebimento da lista tríplice, será investido automaticamente no cargo o membro do Ministério Público mais votado para exercício do mandato.

A destituição do Procurador-Geral de Justiça dos Estados e do DF e Territórios será realizada na forma da lei complementar regulamentadora após a deliberação da maioria absoluta dos membros do Poder Legislativo respectivo.

Determina o § 5º do art. 128 da CF que leis complementares da União e dos Estados, cuja iniciativa é facultada aos respectivos Procuradores-Gerais, estabelecerão a organização, as atribuições e o estatuto de cada Ministério Público, observadas, relativamente a seus membros.

Sobre esse assunto o Supremo já decidiu que: "a Lei federal 8.625/1993 (Lei Orgânica Nacional do Ministério Público - LONMP) não pormenoriza a atuação dos Procuradores-Gerais de Justiça e dos Procuradores de Justiça em sede recursal e, por expressa dicção do caput de seu artigo 29, o rol de atribuições dos Procuradores-Gerais de Justiça não é exaustivo, de modo que as leis orgânicas dos Ministérios Públicos estaduais podem, validamente, ampliar ou densificar tais atribuições." [ADI 5.505, rel. min. Luiz Fux, j. 15-4-2020, P, DJE de 30-4-2020].

13.1.3. Funções institucionais

O art. 129 da CF traz as atribuições do Ministério Público, das quais se destacam as seguintes:

✓ promover, privativamente, a ação penal pública (art. 129, I);

✓ promover o inquérito civil e a ação civil pública para a tutela dos interesses difusos e coletivos (art. 129, III);

✓ promover a ação de inconstitucionalidade ou representação para fins de intervenção da União e dos Estados, nos casos previstos nesta Constituição (art. 129, IV);

✓ defender judicialmente os direitos e interesses das populações indígenas (art. 129, V).

13.1.4. Forma de ingresso na carreira

Em virtude de regra trazida pela Emenda Constitucional 45/04, além da aprovação em concurso público de provas e títulos, é exigida do bacharel em Direito a comprovação de três anos de atividade jurídica. É a denominada "quarentena de entrada".

13.1.5. Garantias

Os membros do Ministério Público gozam das mesmas garantias atribuídas aos membros do Poder Judiciário. São as seguintes:

a) **Vitaliciedade:** garante aos membros do Ministério Público a sujeição à perda do cargo somente por sentença judicial transitada em julgado. Esta garantia só é adquirida após dois anos do estágio probatório (art. 128, § 5º, I, "a");

b) **Inamovibilidade:** atribui a garantia aos membros do Ministério Público de não serem removidos, a não ser por motivo de interesse público, por voto da maioria absoluta do órgão colegiado competente, assegurando-se a ampla defesa (art. 128, § 5º, I, "b");

c) **Irredutibilidade de subsídios:** esta garantia impede a redução dos subsídios, que é a forma de remuneração dos membros do MP (ressalvado o disposto nos arts. 37, X e XI, 39, § 4º, 150, II, 153, III, e 153, § 2º, I), conforme o disposto na alínea "c" do § 5º do art. 128 da CF.

Sobre a garantia da vitaliciedade é importante mencionar o disposto no art. 12, X, da Lei 8.625/1993, que determina a competência do Colégio de Procuradores para deliberar, por iniciativa de um quarto de seus integrantes ou do Procurador-Geral de Justiça, que este ajuíze ação cível de decretação de perda do cargo de membro vitalício do Ministério Público, nos casos previstos nesta lei. Já o pedido de não vitaliciamento de membro do Ministério Público que não cumprir as exigências do estágio probatório, conforme o art. 17, III, da mesma lei, é feito pelo Corregedor-Geral ao Conselho Superior do Ministério Público.

13.1.6. Vedações

O inciso II do art. 128 da Constituição Federal traz as vedações aplicáveis aos membros do Ministério Público, quais sejam:

a) receber, a qualquer título e sob qualquer pretexto, honorários, percentagens ou custas processuais;

b) exercer a advocacia;

c) participar de sociedade comercial, na forma da lei;

d) exercer, ainda que em disponibilidade, qualquer outra função pública, salvo uma de magistério;

e) exercer atividade político-partidária;

f) receber, a qualquer título ou pretexto, auxílios ou contribuições de pessoas físicas, entidades públicas ou privadas, ressalvadas as exceções previstas em lei.

13.1.7. Conselho Nacional do Ministério Público (CNMP)

É órgão de fiscalização do Ministério Público que atua no controle da atuação administrativa e financeira da instituição e do cumprimento dos deveres funcionais de seus membros, com as atribuições definidas no § 2º do art. 130-A do Texto Maior.

Vale lembrar que o CNMP atua na esfera administrativa e só pode rever atos desta natureza, avaliando as questões de legalidade. Não cabe ao órgão adentrar o mérito.

Composição: o CNMP é integrado por 14 membros, nomeados pelo Presidente da República, após votação pela maioria absoluta do Senado Federal, para um mandato de dois anos, admitida uma recondução, oriundos do próprio Ministério Público, da Magistratura, da Advocacia e da sociedade (2 cidadãos de notável saber jurídico e reputação ilibada, indicados um pela Câmara dos Deputados e outro pelo Senado Federal).

13.2. Advocacia pública

As instituições representadas por advogados públicos integram o que chamamos de advocacia pública. Tais órgãos visam a defender os interesses do Estado em juízo e extrajudicialmente, bem como prestar consultoria e assessoramento jurídico.

13.2.1. Advocacia-Geral da União

Segundo o art. 131 da Constituição Federal, a União é representada judicial e extrajudicialmente pela Advocacia-Geral da União, cabendo-lhe também as atividades de consultoria e assessoramento jurídico do Poder Executivo. A atuação da AGU se dá de forma direta.

O ingresso na carreira depende da aprovação em concurso público de provas e títulos, conforme o § 2º do art. 131 do Texto Maior, salvo o cargo de chefia. Diferente do que ocorre com os concursos da Magistratura e do Ministério Público, em que é necessária a participação de membros da OAB, a Constituição não exige a participação da OAB nos concursos para as carreiras da AGU.

A instituição tem por chefe o Advogado-Geral da União, de livre nomeação pelo Presidente da República, dentre cidadãos maiores de 35 anos de notável saber jurídico e reputação ilibada. Salienta-se que o cargo em comento não precisa ser ocupado por integrantes da carreira, já que a nomeação se dá livremente pelo Chefe do Executivo.

13.2.2. Procuradoria-Geral do Estado

Os Procuradores do Estado e do Distrito Federal, além de representarem judicialmente as respectivas unidades federadas, prestam consultoria jurídica e assessoramento.

Igualmente como ocorre no modelo federal, o cargo de chefia é ocupado por pessoa de livre nomeação pelo Governador do Estado. No julgamento da ADI 2682/AP, de relatoria do Min. Gilmar Mendes, o Supremo definiu que "a forma de provimento do cargo de Procurador-Geral do Estado, não prevista pela Constituição Federal (art. 132), pode ser definida pela Constituição Estadual, competência esta que se insere no âmbito de autonomia de cada Estado-membro".

O ingresso na carreira, exceto o do cargo de chefia, conforme mencionado, depende de aprovação em concurso público de provas e títulos, com a participação da Ordem dos Advogados do Brasil em todas as suas fases.

É assegurada a estabilidade aos procuradores, depois de três anos de efetivo exercício, mediante aprovação em avaliação de desempenho perante os órgãos próprios. Isso após relatório circunstanciado das corregedorias (art. 132, parágrafo único, da CF).

Conforme a jurisprudência da Suprema Corte, no julgamento definitivo da ADI 175/PR, Rel. Min. Octavio Gallotti, "foi declarada a constitucionalidade do art. 56 e parágrafos do ADCT do Estado do Paraná, de 05.10.1989, que autorizou a permanência, em carreiras especiais criadas por lei, dos que já ocupavam com estabilidade, naquele momento, cargos e empregos públicos de advogados, assessores e assistentes jurídicos, para o exercício do assessoramento jurídico nos Poderes Executivo, Legislativo e Judiciário e da representação judicial das autarquias e fundações públicas. Os diplomas legais ora impugnados, ao reunirem numa única carreira os então ocupantes de empregos e cargos públicos preexistentes que já exerciam as mesmas funções de assessoramento jurídico ao Poder Executivo e de representação judicial das autarquias, nada mais fizeram do que atender ao comando expresso no mencionado art. 56 do ADCT paranaense, tratando-se, por certo, de hipótese de subsistência excepcional e transitória autorizada pelo art. 69 do ADCT da CF. A previsão de concurso público de provas e títulos para ingresso na nova carreira, contida no art. 5º da Lei estadual 9.422/1990, destinou-se, exclusivamente, àqueles que já eram, no momento de edição da norma constitucional transitória, ocupantes estáveis de cargos e empregos públicos de advogados, assessores e assistentes jurídicos e que viriam a preencher, mediante aproveitamento, os 295 cargos criados pelo art. 2º do mesmo diploma. Impossibilidade, na vacância, de provimento dos cargos da carreira especial de advogado do Estado do Paraná por outros servidores e, por conseguinte, de realização de novos concursos públicos para esse fim. Necessidade de obediência ao art. 132 da CF." (ADI 484, Rel. p/ o ac. Min. Ricardo Lewandowski, julgamento em 10.11.2011, Plenário, *DJE* de 1º.02.2012).

13.2.3. *Defensoria Pública*

Os defensores públicos têm por função institucional a orientação jurídica e a defesa, em todos os graus, dos necessitados, na forma do art. 5º, LXXIV, da Constituição.

De acordo com o art. 134 da CF, já com a redação dada pela EC 80/14, a Defensoria Pública é instituição permanente, essencial à função jurisdicional do Estado, incumbindo-lhe, como expressão e instrumento do regime democrático, fundamentalmente, a orientação jurídica, a promoção dos direitos humanos e a defesa, em todos os graus, judicial e extrajudicial, dos direitos individuais e coletivos, de forma integral e gratuita, aos necessitados, na forma do inciso LXXIV do art. 5º desta Constituição Federal.

Determina o STF que: "A relação entre a atuação da Defensoria Pública e a defesa do Estado Democrático de Direito, ademais, deflui da interpretação sistemático-teleológica das cláusulas da inafastabilidade da jurisdição e do devido processo legal em sua acepção substancial, eis que, por meio da Defensoria Pública, reafirma-se a centralidade da pessoa humana na ordem jurídico-constitucional contemporânea, deixando-se claro que todo ser humano é digno de obter o amparo do ordenamento jurídico brasileiro." [ADO 2, rel. min. Luiz Fux, j. 15-4-2020, P, DJE de 30-4-2020.]

A EC 80/14, além de dar nova redação ao art. 134 da CF e alterar outros dispositivos, acrescentou o § 4º ao art. 134, o qual indicou os **princípios institucionais** da Defensoria Pública, quais sejam: **a unidade, a indivisibilidade e a independência funcional**, aplicando-se também, no que couber, o disposto no art. 93 e no inciso II do art. 96 desta Constituição Federal.

Vale lembrar que a organização da Defensoria Pública da União e do Distrito Federal e dos Territórios se dá por lei complementar a qual prescreverá normas gerais para sua organização nos Estados, conforme dispõe o § 1º do art. 134 da CF.

Além disso, às Defensorias Públicas Estaduais são asseguradas autonomia funcional e administrativa e a iniciativa de sua proposta orçamentária dentro dos limites estabelecidos na lei de diretrizes orçamentárias e subordinação ao disposto no art. 99, § 2º, CF (art. 134, § 2º).

O ingresso na carreira depende de aprovação em concurso público de provas e títulos. É assegurada a seus integrantes a garantia da inamovibilidade e vedado o exercício da advocacia fora das atribuições institucionais.

De acordo com o Supremo, "a representação processual pela Defensoria Pública, *in casu*, Defensoria Pública da União, faz-se por defensor público integrante de seu quadro funcional, independentemente de mandato, ressalvados os casos nos quais a lei exija poderes especiais, consoante dispõe o art. 128, inciso XI, da LC 80/1994." (AI 616.896-AgR, voto do Rel. Min. Gilmar Mendes, julgamento em 14.06.2011, Segunda Turma, *DJE* de 29.06.2011).

Voltando às alterações das normas constitucionais que tratam do tema defensoria pública, é necessário acrescentar que a EC 69/12 alterou a redação dos artigos 21, 22 e 48 da Constituição Federal, para transferir da União para o Distrito Federal as atribuições de organizar e manter a Defensoria Pública do Distrito Federal.

Tal emenda, oriunda da proposta n. 445/2009, concede competência ao Distrito Federal para organizar e manter a sua Defensoria Pública. Com base na regra antiga, competia à União a organização e manutenção a Defensoria Pública do Distrito Federal. Além disso, também era atribuição da União a competência para legislar sobre essa instituição. Desse modo, o Distrito Federal não possuía autonomia quanto à Defensoria Pública, embora pudesse, com fulcro no art. 24, XIII, primeira parte, da CF, legislar sobre assistência jurídica, o que o fez, por exemplo, instituindo o CEAJUR – Centro de Assistência Jurídica gratuita. Com a aprovação da EC n. 69/12, a organização, manutenção da Defensoria Pública do Distrito Federal passou a ser de competência deste ente federativo e não mais da União. Foi excluída da competência da União a atribuição para organizar, manter e legislar sobre a Defensoria do Distrito Federal.

Além disso, a EC 74/13, acrescentou o § 3º ao art. 134, o qual estendeu as mesmas prerrogativas das Defensorias Públicas Estaduais à Defensoria Pública da União (DPU) e à do Distrito Federal. O § 2º do art. 134 da CF, assegura às Defensorias Públicas Estaduais (DPEs) autonomia funcional e administrativa e a iniciativa de sua proposta orçamentária dentro dos limites estabelecidos na Lei de Diretrizes Orçamentárias. O mesmo dispositivo não concedia tal autonomia e nem tal iniciativa à Defensoria Pública da União e do Distrito Federal. Com a alteração, portanto, ficam asseguradas às Defensorias Públicas da União, dos Estados e do Distrito Federal a autonomia funcional e administrativa e a iniciativa de sua proposta orçamentária dentro dos limites estabelecidos na lei de diretrizes orçamentárias.

Por fim, a EC 80/14 acrescentou o art. 98 ao ADCT determinando que o número de defensores públicos na unidade jurisdicional seja proporcional à efetiva demanda pelo serviço da Defensoria Pública e à respectiva população.

O § 1º do mencionado dispositivo determina que no prazo de 8 (oito) anos, a União, os Estados e o Distrito Federal contem com defensores públicos em todas as unidades jurisdicionais, observado o disposto no *caput* deste artigo.

E acrescenta, em seu § 2º, que durante o decurso do prazo previsto no § 1º deste artigo, a lotação dos defensores públicos ocorrerá, prioritariamente, atendendo as regiões com maiores índices de exclusão social e adensamento populacional.

13.3. Advocacia privada

Prescreve a Constituição da República em seu art. 133 que "o advogado é indispensável à administração da justiça, sendo inviolável por seus atos e manifestações no exercício da profissão, nos limites da lei".

O advogado é o bacharel em Direito e inscrito na Ordem dos Advogados do Brasil (art. 8º da Lei 8.906/1994 – EOAB).

De acordo com o art. 6º do diploma legal citado, não há hierarquia entre os advogados, magistrados e membros do Ministério Público, devendo haver consideração e respeito entre eles.

Ao advogado é assegurada a inviolabilidade material, tendo em vista que no exercício da atividade profissional não pode ser punido por seus atos ou manifestações, ainda que constituam injúria ou difamação, sem prejuízo das sanções disciplinares perante a OAB pelos eventuais excessos que cometer (art. 7º, § 2º, EOAB).

Em consagração à essencialidade da função do advogado, foi editada a Súmula Vinculante 14, a qual prolata que é direito do defensor, no interesse do representado, ter acesso amplo aos elementos de prova que, já documentados em procedimento investigatório realizado por órgão com competência de polícia judiciária, digam respeito ao exercício do direito de defesa.

Muito importante ainda esclarecer que a OAB, mesmo prestando serviço público federal, não consubstancia uma entidade da administração indireta. Não está, assim, sujeita ao controle da Administração, nem a qualquer das suas partes está vinculada. Essa não vinculação é formal e materialmente necessária. A OAB ocupa-se de atividades atinentes aos advogados, que exercem função constitucionalmente privilegiada, na medida em que são indispensáveis à administração da Justiça, conforme inteligência do art. 133 da Constituição Federal. É entidade cuja finalidade é afeita a atribuições, interesses e seleção de advogados. Não há ordem de relação ou dependência entre a OAB e qualquer órgão público (ADI 3.026, Rel. Min. Eros Grau, julgamento em 08.06.2006, Plenário, *DJ* de 29.09.2006).

14. ESTADOS DE EXCEÇÃO

Os estados de exceção (estado de sítio e de defesa) configuram situações de anormalidade institucional, momentos de crise em que o próprio texto constitucional autoriza que o Estado adote medidas de repressão, limitando algumas garantias fundamentais.

Tanto no estado da defesa como no estado de sítio é necessária a existência de uma comissão que tem por função o acompanhamento e a fiscalização das medidas tomadas durante este período de anormalidade. Tal comissão, designada pela Mesa do Congresso, após a oitiva dos líderes partidários, será composta por 5 (cinco) membros.

14.1. Estado de defesa

O estado de defesa é decretado para preservar ou prontamente restabelecer, em locais restritos e determinados, a ordem pública ou a paz social ameaçadas por grave e iminente instabilidade institucional ou atingidas por calamidades de grandes proporções na natureza.

O Presidente da República, após ouvir o Conselho da República e o Conselho de Defesa, é quem decreta o estado de defesa. Vale lembrar que esse decreto, obrigatoriamente, deve conter o tempo de duração da medida, que não será superior a 30 dias, prorrogável uma vez por igual período, também deve constar as áreas abrangidas e ainda as medidas coercitivas que vigorarão neste período, dentre as seguintes:

a) restrições aos direitos de reunião (ainda que em associações);

b) sigilo de correspondência, de comunicação telegráfica e telefônica;

c) ocupação e uso temporário de bens e serviços públicos (caso de calamidade).

O decreto deve ser encaminhado em 24 horas para o Congresso Nacional, com as respectivas justificativas, que, no prazo de 10 (dez) dias, deverá aprová-lo ou rejeitá-lo por maioria absoluta. Rejeitado o decreto, cessa de imediato o estado de defesa.

Caso o congresso esteja em recesso, será convocado, extraordinariamente, no prazo de 5 (cinco) dias.

Durante a vigência do estado de defesa, qualquer crime cometido contra o Estado deverá ser comunicado imediatamente ao juiz competente pelo executor da medida; o juiz poderá relaxar a prisão caso esta seja ilegal, sendo facultado ao preso requerer exame de corpo de delito.

A comunicação da prisão será acompanhada de declaração, pela autoridade competente, do estado físico e mental do detido no momento de sua prisão, que não poderá ser superior a 10 (dez) dias, salvo quando autorizada pelo juízo competente.

É importante ressaltar que é vedada a incomunicabilidade do preso.

14.2. Estado de sítio

O estado de sítio é decretado nas hipóteses de comoção grave de repercussão nacional, ineficácia do estado de defesa, declaração de estado de guerra ou resposta a agressão estrangeira armada.

Do mesmo modo que o estado de defesa, o de sítio é decretado pelo Presidente da República, desde que sejam ouvidos os Conselhos da República e de Defesa Nacional. Além disso, nesse caso, é necessária a prévia autorização do Congresso Nacional pelo voto da maioria absoluta.

Assim, diferentemente do que ocorre no estado de defesa, no estado de sítio o Presidente deve primeiro solicitar a autorização do Congresso Nacional e, sendo esta deferida, então decretar a medida.

Se o Congresso estiver em recesso e for solicitada essa autorização para decretar o estado de sítio, o Presidente do Senado Federal, de imediato, deve fazer a convocação extraordinária para que se reúnam dentro de 5 (cinco) dias e apreciem o ato, permanecendo em funcionamento até o término das medidas coercitivas.

O prazo de duração é de no máximo 30 (trinta) dias, prorrogáveis, por igual período, indefinidamente, mas sempre com a prévia autorização do Congresso Nacional.

Além do prazo, o decreto presidencial deve conter as normas necessárias a sua execução e as garantias constitucionais que ficarão suspensas tais como:

a) obrigação de permanência em localidade determinada;

b) detenção em edifício não destinado a acusados ou condenados por crimes comuns;

c) restrições relativas à inviolabilidade da correspondência, ao sigilo das comunicações, à prestação de informações e à liberdade de imprensa, radiodifusão e televisão, na forma da lei (obs.: dispõe a Constituição que a difusão de pronunciamentos de parlamentares efetuados em suas Casas Legislativas, desde que liberada pela respectiva Mesa, não se inclui dentre essas restrições);

d) suspensão da liberdade de reunião;

e) busca e apreensão em domicílio;

f) intervenção nas empresas de serviços públicos;

g) requisição de bens.

14.3. Disposições gerais

Ao término dos estados de defesa e sítio, os efeitos por eles produzidos cessarão, mas os ilícitos praticados pelos agentes e executores da medida poderão ser apurados para que sejam determinadas eventuais responsabilizações.

O Presidente da República, assim que cessarem os estados de exceção, deve relatar ao Congresso Nacional as medidas que foram tomadas durante o período de anormalidade especificando e justificando as providências tomadas, indicando as restrições aplicadas.

14.4. Segurança Pública

Determina o art. 144 da CF, a segurança pública, dever do Estado, direito e responsabilidade de todos, é exercida para a preservação da ordem pública e da incolumidade das pessoas e do patrimônio, através dos seguintes órgãos: I - polícia federal; II - polícia rodoviária federal; III - polícia ferroviária federal; IV - polícias civis; V - polícias militares e corpos de bombeiros militares; VI - **polícias penais federal, estaduais e distrital (acrescentada pela EC 104/19).**

Vale ressaltar que o STF, em sede de controle concentrado de constitucionalidade, já decidiu que: " (...) o rol de órgãos encarregados do exercício da segurança pública, previsto no art. 144, I a V, da CF, é **taxativo** e (...) esse modelo federal deve ser observado pelos estados-membros e pelo Distrito Federal." [ADI 2.575, rel. min. Dias Toffoli, j. 24-6-2020, P, Informativo 983.] Vide ADI 2.827, rel. min. Gilmar Mendes, j. 16-9-2010, P, DJE de 6-4-2011. Vide ADI 1.182, voto do rel. min. Eros Grau, j. 24-11-2005, P, DJ de 10-3-2006.

O § 5º-A do art. 144, acrescentado pela EC 104/19, trata das polícias penais informando que elas estão vinculadas ao órgão administrador do sistema penal da unidade federativa a que pertencem e que a elas cabe a segurança dos estabelecimentos penais.

Por fim, o § 6º do mesmo dispositivo, também com redação dada pela EC 104/19, determina que as polícias militares e os corpos de bombeiros militares, forças auxiliares e reserva do Exército subordinam-se, juntamente com as polícias civis e as polícias penais estaduais e distrital, aos Governadores dos Estados, do Distrito Federal e dos Territórios

15. ORDEM ECONÔMICA

Determina a Constituição que a ordem econômica tem por fundamento a valorização do trabalho humano e a livre-iniciativa, visando a assegurar a todos existência digna, conforme os ditames da justiça social.

Tais determinações estão previstas no final da Constituição, no capítulo da ordem econômica, que vai do art. 170 ao 192, mas decorre do início da Constituição, precisamente do art. 1º, inciso III, que trata da dignidade da pessoa humana.

A República Federativa do Brasil, Estado Democrático de Direito, é composta por diversos fundamentos, mas certamente o mais importante é a dignidade da pessoa humana.

Vale acrescentar que: "o princípio da livre-iniciativa, plasmado no art. 1º, IV, da Constituição como fundamento da República e reiterado no art. 170 do texto constitucional, veda a adoção de medidas que, direta ou indiretamente, destinem-se à manutenção artificial de postos de trabalho, em detrimento das reconfigurações de mercado necessárias à inovação e ao desenvolvimento, mormente porque essa providência não é capaz de gerar riqueza para trabalhadores ou consumidores. (...) São inconstitucionais as leis que obrigam supermercados ou similares à prestação de serviços de acondicionamento ou embalagem das compras, por violação ao princípio da livre-iniciativa (art. 1º, IV, e 170 da Constituição)." [RE 839.950, rel. min. Luiz Fux, j. 24-10-2018, P, DJE de 2-4-2020, Tema 525].

15.1. Princípios

O art. 170 do texto constitucional enumera os princípios que regem a ordem econômica. São os seguintes:

I. soberania nacional;

II. propriedade privada;

III. função social da propriedade;

IV. livre concorrência;

V. defesa do consumidor;

VI. defesa do meio ambiente;

VII. redução das desigualdades regionais e sociais;

VIII. busca do pleno emprego;

IX. tratamento favorecido para as empresas de pequeno porte constituídas sob as leis brasileiras e que tenham sua sede e administração no País.

Analisemos cada um deles.

15.1.1. Soberania nacional

Quando estudamos tal tema, temos de ter como pressuposto a ideia de não imposição, não subordinação entre os países. Cada um dos Estados detém capacidade para tomar decisões sobre seu próprio governo, não se submetendo a qualquer tipo de imposição determinada por outrem.

15.1.2. Propriedade privada

Tem como fundamento o fato de o Brasil ser um país capitalista. Antigamente, essa propriedade tinha caráter absoluto; atualmente não se pode mais pensar assim, pois há muitas limitações. A função social da propriedade é a principal delas. Não basta ser dono, tem de dar utilidade sob pena de uma série de sanções como, por exemplo, IPTU progressivo no tempo, desapropriação etc.

15.1.3. Função social da propriedade

Está prevista nos incisos XXII e XXIII do art. 5º e nos arts. 182, § 2º, e 186, todos da Constituição. Consubstancia uma limitação imposta ao direito de propriedade, garantido constitucionalmente. Quando não for cumprida a chamada função social poderão ser impostas penalidades, como por exemplo, o parcelamento ou edificação compulsórios e a desapropriação do imóvel. Desse modo, o direito à propriedade não é absoluto, para que o sujeito exerça plenamente esse direito, ele deve dar função social ao seu bem.

15.1.4. Livre concorrência

O Estado tem o dever constitucional de participar preventiva e repressivamente no mercado econômico, atuando de forma a banir qualquer tipo de abuso, dominação de empresas etc. A concentração de poder numa mesma empresa ou grupo de empresas não está de acordo com o texto constitucional, pois diminui a livre concorrência, gera menos renda e fere a existência digna e o princípio da igualdade.

De acordo com o art. 173 da CF, ressalvados os casos previstos nesta Constituição, a **exploração direta de atividade econômica pelo Estado só será permitida quando necessária aos imperativos da segurança nacional ou a relevante interesse coletivo**, conforme definidos em lei. O § 1º de mencionado dispositivo determina que a lei estabelecerá o estatuto jurídico da empresa pública, da sociedade de economia mista e de suas subsidiárias que explorem atividade econômica de produção ou comercialização de bens ou de prestação de serviços, dispondo sobre, por exemplo, licitação e contratação de obras, serviços, compras e alienações, observados os princípios da administração pública (inciso II).

Sobre esse tema o STF já decidiu, em sede de controle concentrado de constitucionalidade, que: "a alienação do controle acionário de empresas públicas e sociedades de economia mista exige autorização legislativa e licitação pública. A transferência do controle de subsidiárias e controladas não exige a anuência do Poder Legislativo e poderá ser operacionalizada sem processo de licitação pública, desde que garantida a competitividade entre os potenciais interessados e observados os princípios da administração pública constantes do art. 37 da Constituição da República" [ADI 5.624 MC REF, rel. min. Ricardo Lewandowski, j. 6-6-2019, P, DJE de 29-11-2019].

Dispõe o art. 173, § 4º, da Constituição que o abuso do poder econômico que vise à dominação de mercados, à eliminação da concorrência e ao aumento arbitrário dos lucros será reprimido, na forma da lei.

O § 5º do mesmo dispositivo determina que a lei estabeleça a responsabilidade das empresas nos atos praticados contra a ordem econômica e financeira e contra a economia popular, sujeitando-a às punições compatíveis com sua natureza e tudo isso sem prejuízo da responsabilidade individual dos dirigentes da pessoa jurídica.

É importante trazer aqui o enunciado da Súmula Vinculante 49 que trata do tema livre concorrência e dispõe que ofende tal princípio lei municipal que impede a instalação de estabelecimentos comerciais do mesmo ramo em determinada área.

15.1.5. Defesa do consumidor

Não só o lucro deve ser protegido, mas também a parte vulnerável que é, segundo o CDC, presumidamente, o consumidor. É princípio da ordem econômica também a promoção da sua defesa.

15.1.6. Defesa do meio ambiente

Vejam, assim como a defesa do consumidor, a proteção ao meio ambiente configura princípio básico da ordem econômica. Tamanha é a importância disso que a Constituição destinou um capítulo para tratar do meio ambiente.

É direito de todos e dever do Estado a existência de um meio ambiente ecologicamente equilibrado, bem como a sadia qualidade de vida. Desse modo, tanto o Poder Público como toda a população e as empresas têm o dever constitucional de preservá-lo para as presentes e futuras gerações.

O mercado não pode apenas fortalecer economicamente o país, tem também o dever de promover um desenvolvimento sustentável. É exemplo disso a regra trazida no inciso VI do art. 170 que dá tratamento diferenciado às empresas, conforme o impacto ambiental dos produtos e serviços que criam.

15.1.7. Redução das desigualdades regionais e sociais

Essa ordem decorre do art. 3º, III, da Constituição que, ao tratar dos objetivos fundamentais do Brasil, dispõe que um deles é erradicar a pobreza e a marginalização, além de reduzir as desigualdades sociais e regionais existentes.

15.1.8. Busca do pleno emprego

As empresas devem atuar e incentivar a busca pelo pleno emprego, satisfazendo as exigências da coletividade.

O STF determinou (em repercussão geral reconhecida com mérito julgado) que: "a proibição ou restrição da atividade de transporte privado individual por motorista cadastrado em aplicativo é inconstitucional, por violação aos princípios da livre-iniciativa e da livre concorrência; e no exercício de sua competência para regulamentação e fiscalização do transporte privado individual de passageiros, os Municípios e o Distrito Federal não podem contrariar os parâmetros fixados pelo legislador federal (CF/1988, art. 22, XI)." [RE 1.054.110, rel. min. Roberto Barroso, j. 9-5-2019, P, DJE de 6-9-2019, Tema 697].

Ainda sobre esse tema: "o motorista particular, em sua atividade laboral, é protegido pela liberdade fundamental insculpida no art. 5º, XIII, da Carta Magna, submetendo-se apenas à regulação proporcionalmente definida em lei federal, pelo que o art. 3º, VIII, da Lei Federal 12.965/2014 (Marco Civil da Internet) e a Lei Federal 12.587/2012, alterada pela Lei 13.640 de 26 de março de 2018, garantem a operação de serviços remunerados de transporte de passageiros por aplicativos. (...) A proibição legal do livre exercício da profissão de transporte individual remunerado afronta o princípio da busca pelo pleno emprego, insculpido no art. 170, VIII, da Constituição, pois impede a abertura do mercado a novos entrantes, eventualmente interessados em migrar para a atividade como consectário da crise econômica, para promover indevidamente a manutenção do valor de permissões de táxi." [ADPF 449, rel. min. Luiz Fux, j. 8-5-2019, P, DJE de 2-9-2019].

15.1.9. Tratamento favorecido para as empresas de pequeno porte

Um exemplo de concretização desse princípio é a lei que cuida das micro e pequenas empresas, Lei Complementar n. 123/06.

15.2. Atuação estatal no domínio econômico

A atividade econômica é exercida, em regra, independentemente de autorização, conforme dispõe o parágrafo único do art. 170 da Constituição.

Vale mencionar que, embora a iniciativa privada é quem efetivamente deve atuar no mercado, o Estado também atua na atividade econômica. Isso ocorre de forma residual, subsidiária. Assim, determina o ordenamento que o Estado participa quando há relevante interesse coletivo ou quando o exista imperativo de segurança nacional, como por exemplo, fabricação de material bélico.

O art. 177 do texto constitucional enumera atividades consideradas monopólio da União. Genericamente, são temas relacionados ao gás natural, petróleo e minérios. Segue a lista de atividades que constituem monopólio da União:

I. a pesquisa e a lavra das jazidas de petróleo e gás natural e outros hidrocarbonetos fluidos;

II. a refinação do petróleo nacional ou estrangeiro;

III. a importação e exportação dos produtos e derivados básicos resultantes das atividades previstas nos incisos anteriores;

IV. o transporte marítimo do petróleo bruto de origem nacional ou de derivados básicos de petróleo produzidos no País, bem assim o transporte, por meio de conduto, de petróleo bruto, seus derivados e gás natural de qualquer origem;

V. a pesquisa, a lavra, o enriquecimento, o reprocessamento, a industrialização e o comércio de minérios e minerais nucleares e seus derivados, com exceção dos radioisótopos cuja produção, comercialização e utilização poderão ser autorizadas sob regime de permissão, conforme as alíneas "b" e "c" do inciso XXIII do *caput* do art. 21 da Constituição Federal.

As disposições trazidas nos incisos I a IV podem ser repassadas, pela União, a empresas estatais ou privadas, desde que sejam respeitadas certas condições, conforme dispõe o § 1º do art. 177 da Constituição Federal.

16. ORDEM SOCIAL

A ordem social é disciplinada a partir do art. 193 da Constituição e aborda diversos assuntos como por exemplo, a seguridade social, a educação, a cultura, o desporto, o meio ambiente e a proteção à família, à criança, ao adolescente e ao idoso.

Conforme o art. 193 da CF, tal ordem tem como base o primado do trabalho e como objetivo o bem-estar e a justiça sociais.

Analisemos, então, os principais assuntos resguardados nesse capítulo da Constituição. São os seguintes: seguridade social, educação, cultura, desporto, meio ambiente e família.

16.1. Seguridade Social

A primeira observação a ser feita aqui é a de que a denominada seguridade social é composta por três assuntos importantes, quais sejam, a previdência social, a saúde e a assistência social. Hoje o sistema de previdência social é contributivo e não mais retributivo.

São princípios e objetivos que norteiam a seguridade social:

I. universalidade da cobertura e do atendimento;

II. uniformidade e equivalência dos benefícios e serviços às populações urbanas e rurais;

III. seletividade e distributividade na prestação dos benefícios e serviços;

IV. irredutibilidade do valor dos benefícios;

V. equidade na forma de participação no custeio;

VI. diversidade da base de financiamento;

VII. caráter democrático e descentralizado da administração, mediante gestão quadripartite, com participação dos trabalhadores, dos empregadores, dos aposentados e do Governo nos órgãos colegiados.

É possível observar que os recursos destinados à seguridade advirão de diversas fontes, como por exemplo, da folha de salário dos empregados, da receita ou do faturamento das empresas etc.

16.2. Saúde

A Constituição garante a todos o direito à saúde, atribuindo ao Estado o dever de prestá-la, valendo-se, para tanto, de políticas públicas sociais e econômicas. É missão do Estado buscar reduzir o risco de doenças, promovendo campanhas públicas de prevenção, vacinação, dentre outras.

Além disso, o acesso ao sistema único de saúde deve ser universal e igualitário, ou seja, não podem ser feitas imposições e distinções para que se promova o atendimento à saúde.

A regulamentação, a fiscalização, o controle e a execução das ações e serviços de saúde cabem ao Poder Público. A última pode ser prestada de forma direta pelo próprio Estado ou indiretamente pelo particular.

A LC 141/12, ao regulamentar o § 3º do art. 198 da CF, determinou valores mínimos a serem aplicados anualmente pela União, Estados, Distrito Federal e Municípios em ações e serviços públicos de saúde. Além disso, estabeleceu os critérios de rateio dos recursos de transferências para a saúde e as normas de fiscalização, avaliação e controle das despesas com saúde nas 3 (três) esferas de governo.

Por fim, o sistema único de saúde, financiado com recursos advindos do orçamento da seguridade social, da União, dos Estados, do Distrito Federal e dos Municípios e de outras fontes, é balizado pelas seguintes regras:

I. descentralização, com direção única em cada esfera de governo;

II. atendimento integral, com prioridade para as atividades preventivas, sem prejuízo dos serviços assistenciais; e

III. participação da comunidade.

16.3. Previdência social

Conforme mencionado, a previdência é estruturada pelo regime contributivo e a filiação a ela é obrigatória. É essa instituição que possui o denominado regime geral de previdência. Dispõe o art. 201 da Constituição que, respeitados os critérios que preservem o equilíbrio financeiro e atuarial, a previdência dará cobertura aos eventos de doença, invalidez, morte, idade avançada, desemprego involuntário, maternidade e prisão.

A concessão de aposentadorias por parte da previdência não pode adotar requisitos e critérios diferenciados, exceto em relação às atividades exercidas sob condições especiais; é o que se pode extrair do § 1º do art. 201 da CF.

Vale lembrar a regra de que os valores dos benefícios concedidos pelo Instituto Nacional de Seguridade Social (INSS), desde que substituam o rendimento do trabalho do segurado, não poderão ser inferiores ao salário mínimo vigente.

16.3.1. Aposentadoria – Regras constitucionais

a) **Aposentadoria por tempo de contribuição:** homens – 35 (trinta e cinco) anos de contribuição; mulheres – 30 (trinta) anos de contribuição;

b) **Aposentadoria por idade:** regra – homens 65 (sessenta e cinco) anos; mulheres – 60 (sessenta) anos;

c) **Trabalhadores rurais e trabalhadores em regime de economia familiar:** homens – 60 (sessenta) anos de idade; mulheres – 55 (cinquenta e cinco) anos de idade;

d) **Professores:** homens – 30 (trinta) anos de contribuição; mulheres – 25 (vinte e cinco) anos de contribuição, desde que exclusivamente no exercício do magistério na educação infantil, ensino fundamental e médio.

Vale ressaltar que a Constituição assegura também o regime de previdência privada para complementar o regime geral, devendo seguir, dentre outras, as seguintes diretrizes: facultatividade, autonomia, disciplina por meio de lei complementar e independência financeira.

Em relação ao regime de previdência aplicado aos servidores públicos é interessante mencionar que a EC 70,/12, alterou a Lei n. 10.887/2004 e, com isso, determinou que a União, Estados e Municípios, no prazo de cento e oitenta dias, façam uma revisão das aposentadorias por invalidez, concedidas a servidores públicos a partir de 1º de janeiro de 2004. Os reajustes não serão retroativos, os efeitos financeiros da revisão vão valer a partir da data de promulgação da emenda ("ex nunc").

Desse modo, o servidor aposentado por invalidez terá assegurado o salário que recebia quando em atividade. Pela regra anterior a aposentadoria por invalidez permanente significava proventos proporcionais ao tempo de contribuição.

Tal emenda concede paridade para as modalidades de aposentadorias, quais sejam, proporcional e integral e altera a forma de cálculo que passa a ser com base na remuneração do cargo efetivo que se der a aposentadoria, na forma da lei. A emenda só vale para quem ingressou no serviço público até o fim de 2003.

É importante mencionar a LC 142, de 08.05.2013, que regulamentou o § 1º do art. 201 da CF, no tocante à aposentadoria da pessoa com deficiência segurada do Regime Geral de Previdência Social – RGPS.

O § 1º do art. 201 da CRFB/ 88 determina que é proibida a adoção de requisitos e critérios diferenciados para a concessão de aposentadoria aos beneficiários do regime geral de previdência social, ressalvados os casos de atividades exercidas sob condições especiais que prejudiquem a saúde ou a integridade física e quando se tratar de segurados portadores de deficiência, nos termos definidos em lei complementar".

O trabalhador que tem deficiência física foi enquadrado em três níveis diferentes de comprometimento, quais sejam: deficiência grave, moderada e leve. Para a determinação do tempo reduzido de contribuição foi necessário o cruzamento dos critérios da condição física (graduação da deficiência) com o já determinado critério de gênero.

Por fim, de acordo com o art. 40, § 1º, II, da CF, alterado pela EC nº 88/15, o limite de idade para a aposentadoria compulsória do servidor público em geral, com proventos proporcionais ao tempo de contribuição, é de 70 (setenta) anos de idade, ou 75 (setenta e cinco) anos de idade, na forma de lei complementar (Lei Complementar nº 152, de 3 de dezembro de 2015).

Vale lembrar que a mesma emenda acrescentou o art. 100 ao ADCT, mencionando que até que entre em vigor a lei complementar de que trata o inciso II do § 1º do art. 40 da Constituição Federal, os Ministros do Supremo Tribunal Federal, dos Tribunais Superiores e do Tribunal de Contas da União aposentar-se-ão, compulsoriamente, **aos 75 (setenta e cinco)** anos de idade, nas condições do art. 52 da Constituição Federal."

16.4. Assistência social

Completando o que chamamos de "seguridade social" (saúde, previdência e assistência), cabe a análise da assistência social.

A primeira observação importante é que ela deve ser prestada a todos aqueles que dela necessitarem, de forma gratuita, independentemente de contribuição. As próprias verbas destinadas ao gênero seguridade social é que mantêm a assistência social.

Conforme o art. 203 da Constituição, são objetivos da assistência social:

I. a proteção à família, à maternidade, à infância, à adolescência e à velhice;

II. o amparo às crianças e adolescentes carentes;

III. a promoção da integração ao mercado de trabalho;

IV. a habilitação e reabilitação das pessoas portadoras de deficiência e a promoção de sua integração à vida comunitária;

V. a garantia de um salário mínimo de benefício mensal à pessoa portadora de deficiência e ao idoso que comprovem não possuir meios de prover a própria manutenção ou de tê-la provida por sua família. A Lei n. 8.742/1993, conhecida como

LOAS – Lei Orgânica da Assistência Social, é quem disciplina esse benefício.

Conforme mencionado, os recursos advindos da seguridade social são destinados também à assistência. Mas, além disso, ela será mantida por outras fontes, organizadas com base na descentralização político-administrativa e na participação popular. A formulação de políticas públicas e fiscalização de tais ações cabem ao Estado e à população.

O parágrafo único do art. 204 da Constituição faculta aos Estados e ao Distrito Federal a vinculação de programa de apoio à inclusão e promoção social até cinco décimos por cento de sua receita tributária líquida, vedada a aplicação desses recursos no pagamento de despesas com pessoal e encargos sociais, serviço da dívida ou qualquer outra despesa corrente não vinculada diretamente aos investimentos ou ações apoiados.

16.5. Educação

Direito de todos e dever do Estado, conforme o art. 206 da Constituição, devem ser promovidos com base nos seguintes princípios:

I. igualdade de condições para o acesso e permanência na escola;

II. liberdade de aprender, ensinar, pesquisar e divulgar o pensamento, a arte e o saber;

III. pluralismo de ideias e de concepções pedagógicas, e coexistência de instituições públicas e privadas de ensino;

IV. gratuidade do ensino público em estabelecimentos oficiais;

V. valorização dos profissionais da educação escolar, garantidos, aos das redes públicas, na forma da lei, planos de carreira, com ingresso exclusivamente por concurso público de provas e títulos;

VI. gestão democrática do ensino público, na forma da lei;

VII. garantia de padrão de qualidade;

VIII. piso salarial profissional nacional para os profissionais da educação escolar pública, nos termos de lei federal. Tal regra é fruto da EC 59/2009.

O inciso IV determina a gratuidade do ensino público em estabelecimentos oficiais. Por conta dessa disposição, foi editada pelo STF a Súmula Vinculante n. 12, que determina que a cobrança de taxa de matrícula nas universidades públicas viola o disposto no art. 206, IV, da CF.

O art. 209 da CF informa que o ensino é livre à iniciativa privada, desde que sejam atendidas as seguintes condições: I – cumprimento das normas gerais da educação nacional e II – autorização e avaliação de qualidade pelo Poder Público.

Além disso, o § 2º do art. 210 da CF determina que o ensino fundamental regular deve ser ministrado em língua portuguesa, assegurada às comunidades indígenas também a utilização de suas línguas maternas e processos próprios de aprendizagem.

Vale lembrar que, de acordo com o *caput* e § 4º do art. 211 da CF, os entes federados organizarão seus sistemas de ensino em regime de colaboração e definirão formas de colaboração, de **modo a assegurar a universalização do ensino obrigatório**.

Além disso, o Texto Maior divide as atribuições do seguinte modo: a) a **União** organizará o sistema federal de ensino e o dos Territórios, financiará as instituições de ensino públicas federais e exercerá, em matéria educacional, **função redistributiva e supletiva, de forma a garantir equalização de oportunidades educacionais e padrão mínimo de qualidade do ensino** mediante assistência técnica e financeira aos Estados, ao Distrito Federal e aos Municípios (art. 211, § 1º, da CF); b) os **Municípios atuarão prioritariamente no ensino fundamental e na educação infantil** (art. 211, § 2º, da CF); c) **os Estados e o Distrito Federal atuarão prioritariamente no ensino fundamental e médio** (art. 211, § 3º, da CF).

O § 5º do mencionado art. 211 determina que a educação básica pública atenderá prioritariamente ao ensino regular.

Vale lembrar que o acesso ao ensino obrigatório e gratuito é direito público subjetivo, conforme determina o § 1º do art. 208 da CF.

Além disso, o não oferecimento do ensino obrigatório pelo Poder Público, ou sua oferta irregular, importa responsabilidade da autoridade competente (art. 208, § 2º, da CF).

Em relação à verba destinada à concretização do direito fundamental social à educação, o *caput* do art. 212 da CF determina que a União deve aplicar, anualmente, nunca menos de dezoito, e os Estados, o Distrito Federal e os Municípios vinte e cinco por cento, no mínimo, da receita resultante de impostos, compreendida a proveniente de transferências, na manutenção e desenvolvimento do ensino.

Sobre esse tema, a EC nº 108 de 26 de agosto de 2020 acrescentou a letra A ao art. 212 da CF para instituir, em caráter permanente, o Fundo de Manutenção e Desenvolvimento da Educação Básica e de Valorização dos Profissionais da Educação (Fundeb). Essa emenda distribuiu o percentual do Imposto sobre Circulação de Mercadorias e Serviços (ICMS) aos municípios com melhoria na aprendizagem, aumentou a complementação de recursos distribuídos pela União e garantiu a participação da sociedade no planejamento das políticas sociais. Melhorar a qualidade da educação, investindo na manutenção, no desenvolvimento do ensino na educação básica e na remuneração condigna de seus profissionais, é o objetivo que essa emenda constitucional visa alcançar.

16.6. Cultura

É dever do Estado garantir o pleno exercício dos direitos culturais e o acesso às fontes da cultura nacional. Cabe a ele dar suporte e incentivar a valorização e difusão das manifestações culturais (art. 215 da CF).

São considerados patrimônio cultural brasileiro, além dos bens de natureza material e imaterial, tomados, as formas de expressão, os modos de criar, fazer e viver, as criações científicas, artísticas e tecnológicas, as obras, objetos, documentos, edificações e demais espaços destinados às manifestações artístico-culturais e os conjuntos urbanos e sítios de valor histórico, paisagístico, artístico, arqueológico, paleontológico, ecológico e científico (art. 216 da CF).

A promoção e a proteção do patrimônio cultural brasileiro é dever não apenas do Poder Público, mas também de toda a comunidade, conforme os ditames do § 1º do art. 216 da Constituição. São formas de proteção, dentre outras, o tombamento, a vigilância e os registros.

Vale lembrar que a EC n. 71/12, ao acrescentar o art. 216-A ao texto Constitucional, criou o **Sistema Nacional de Cultura** que tem por finalidade instituir um processo de gestão e promoção conjunta de políticas públicas de cultura, democráticas e permanentes, pactuadas entre os entes da Federação e a sociedade. Essas políticas objetivam promover o desenvolvimento humano, social e econômico com pleno exercício dos direitos culturais, além de prestigiar a transparência na aplicação de recursos para a cultura. Os entes terão maior autonomia, em regime de colaboração, e poderão integrar, articular e organizar a gestão neste setor.

Os princípios que regem o Sistema Nacional de Cultura, de acordo com o art. 216-A, § 1º, são: I – diversidade das expressões culturais; II – universalização do acesso aos bens e serviços culturais; III – fomento à produção, difusão e circulação de conhecimento e bens culturais; IV – cooperação entre os entes federados, os agentes públicos e privados atuantes na área cultural; V – integração e interação na execução das políticas, programas, projetos e ações desenvolvidas; VI – complementaridade nos papéis dos agentes culturais; VII – transversalidade das políticas culturais; VIII – autonomia dos entes federados e das instituições da sociedade civil; IX – transparência e compartilhamento das informações; X – democratização dos processos decisórios com participação e controle social; XI – descentralização articulada e pactuada da gestão, dos recursos e das ações; XII – ampliação progressiva dos recursos contidos nos orçamentos públicos para a cultura.

16.7. Desporto

De acordo com o art. 217 da CF, é dever do Estado apoiar práticas desportivas formais e não formais, como direito de cada um, observadas as seguintes regras: I – a autonomia das entidades desportivas dirigentes e associações, quanto a sua organização e funcionamento; II –a destinação de recursos públicos para a promoção prioritária do desporto educacional e, em casos específicos, para a do desporto de alto rendimento; III –o tratamento diferenciado para o desporto profissional e o não profissional; IV –a proteção e o incentivo às manifestações desportivas de criação nacional.

O § 1º do dispositivo citado determina que o Poder Judiciário apenas admita ações relativas à disciplina e às competições desportivas **após esgotarem-se as instâncias da justiça desportiva**, regulada em lei.

Desse modo, o Constituinte reconheceu a existência da justiça desportiva. Por outro lado, os processos por ela analisados possuem natureza administrativa, não transitam em julgado e podem, desde que tenham sido esgotadas as suas instâncias, ser apreciados pelo Poder Judiciário.

Por fim, a decisão final a ser dada pela justiça desportiva deve ocorrer em até o prazo máximo de sessenta dias, contados da instauração do processo, conforme determina o § 2º do art. 217 da CF.

16.8. Ciência, tecnologia e inovação (EC 85/2015)

A EC nº 85/15 alterou e adicionou dispositivos na Constituição Federal com a finalidade de atualizar o tratamento das atividades de ciência, tecnologia e inovação.

Sendo assim, o caput do art. 218 da CF determina que o Estado promova e incentive o desenvolvimento científico, a pesquisa, a capacitação científica e tecnológica **e a inovação**.

Para concretizar tais objetivos, o Estado deve estimular a articulação entre entes, públicos ou privados, nas diversas esferas de governo. Além disso, deve promover e incentivar a atuação no exterior das instituições públicas de ciência, tecnologia e inovação. É o que determina §§ 6º e 7º do art. 218 da CF.

Além disso, de acordo com o art. 219-B da CF, o Sistema Nacional de Ciência, Tecnologia e Inovação (SNCTI) será organizado em regime de colaboração entre entes, tanto públicos quanto privados, com vistas a promover o desenvolvimento científico e tecnológico e a inovação.

Por fim, a Lei nº 13.243, de 11 de janeiro de 2016, fortalecendo a EC 85/15, dispôs sobre estímulos ao desenvolvimento científico, à pesquisa, à capacitação científica e tecnológica e à inovação.

16.9. Meio ambiente

Todas as pessoas têm direito ao meio ambiente ecologicamente equilibrado, sendo obrigação de todos defendê-lo e preservá-lo para as presentes e futuras gerações.

A Constituição trata do tema no art. 225. Há diversas normas infraconstitucionais cuidando do assunto, em especial a Lei n. 9.605/1998, que dispõe sobre os crimes ambientais, possibilitando a responsabilização penal da pessoa jurídica, tema polêmico doutrinária e jurisprudencialmente.

16.10. Família

Dentre as principais regras constitucionais sobre o tema, é necessário observar as trazidas pelas Emendas Constitucionais n. 65 e 66, que são as seguintes: extensão ao jovem das proteções existentes às crianças e aos adolescentes e a possibilidade de divórcio direito, sem a necessidade da observância do prazo de dois anos contados da separação.

Sendo assim, a EC n. 65/2010 alterou a denominação do Capítulo VII do Título VIII da Constituição Federal e modificou o art. 227 da CF, para cuidar dos interesses da juventude e a EC n. 66/2010, emenda unicelular por conter apenas um artigo, promoveu a alteração do § 6º do art. 226 da CRFB/1988, suprimindo o requisito de separação judicial prévia, por mais de um ano ou a exigência de separação de fato por mais de dois anos, para a concessão do divórcio. Nos termos da legislação atual, portanto, nada impede que um casal contraia matrimônio em um dia e se divorcie logo após.

17. SISTEMA TRIBUTÁRIO NACIONAL

17.1. Definição de tributo

Conforme o art. 3º do Código Tributário Nacional: "Tributo é toda prestação pecuniária compulsória, em moeda ou cujo valor nela se possa exprimir, que não constitua sanção de ato ilícito, instituída em lei e cobrada mediante atividade administrativa plenamente vinculada."

Sendo assim, tributo é prestação pecuniária, é compulsório, é instituído por lei, é cobrado por lançamento e não é multa.

17.2. Espécies de tributos

Vigora em nosso ordenamento a teoria pentapartida (pentapartite ou quinquipartida), a qual diferencia 5 (cinco) espécies de exações: impostos, taxas, contribuição de melhoria, empréstimos compulsórios e contribuições.

O respectivo entendimento nos foi trazido por meio do voto do Ministro do STF Carlos Velloso, em 1°.07.1992, no RE n. 138. 284/CE (Pleno).

Passemos então ao breve estudo das espécies tributárias.

17.2.1. Impostos

São conhecidos como tributos não vinculados a uma prestação estatal. Possuem como fato gerador uma situação independente de qualquer atividade estatal específica, relativa somente à vida, patrimônio e atividades do contribuinte.

Todos os entes políticos, União, Estados, Distrito Federal e Municípios podem ser sujeitos ativos dessa espécie tributária.

17.2.2. Taxas

São tributos vinculados à ação estatal, relacionado à atividade pública e não a qualquer ação do particular. Podem ser cobradas em função do exercício do poder de polícia ou pela utilização, efetiva ou potencial, de serviços públicos específicos e divisíveis prestados ao contribuinte ou postos à sua disposição.

Vale lembrar que a Súmula Vinculante n. 19 determina que a taxa cobrada exclusivamente em razão de serviços públicos de coleta, remoção e tratamento ou destinação de lixo ou resíduos provenientes de imóveis, não viola o art. 145, II, da CF.

17.2.3. Contribuição de melhoria

Essa contribuição pressupõe uma obra pública (e não um serviço público) e depende da valorização do bem imóvel. Subordina-se ao princípio do custo-benefício, da capacidade contributiva do contribuinte e da equidade.

A cobrança de tal tributo se deve ao fato de que o Estado tem de ser indenizado por ter realizado uma vantagem econômica especial aos imóveis de certas pessoas, ainda que não a tenha querido.

Desse modo, se da obra pública decorre valorização mobiliária, é devida a cobrança da contribuição de melhoria que será cobrada, justamente, daqueles que se beneficiaram dessa valorização.

O fato gerador desse tributo é a valorização imobiliária decorrente de uma obra pública.

17.2.4. Empréstimos compulsórios

O empréstimo compulsório é um tributo federal em que a Constituição apresenta critérios materiais e formais para sua instituição. São pressupostos para sua cobrança: despesas extraordinárias decorrentes de calamidade pública, guerra externa ou sua iminência ou investimento público de caráter urgente e relevante interesse social (art. 148, I e II, CF).

17.2.5. Contribuições

O que caracteriza tal espécie tributária é que as contribuições financiam atividades de interesse público, beneficiando determinado grupo e, direta ou indiretamente, o contribuinte.

É possível visualizar aqui a ideia de parafiscalidade – o que quer dizer "aquele que fica ao lado do Estado", um "quase Estado", já que a contribuição parafiscal é devida a entidades que desempenham atividades especiais, paralelas às da Administração.

Conforme dispõe o art. 149 da CF, as contribuições federais são as seguintes: contribuições de interesse das categorias profissionais ou econômicas; contribuições de intervenção no domínio econômico e contribuições sociais.

17.3. Competência tributária

Nas palavras de Luciano Amaro, "competência tributária é a aptidão para criar tributos. (...) O poder de criar tributo é repartido entre os vários entes políticos, de modo que cada um tem competência para impor prestações tributárias, dentro da esfera que lhe é assinalada pela Constituição" (Amaro, Luciano. Direito Tributário Brasileiro, 14ª Edição, p. 93).

A competência tributária é política, irrenunciável, indelegável, intransferível e facultativa, uma vez que o ente político pode ou não exercê-la. Tal competência é classificada em: privativa, comum, cumulativa, especial e residual.

Vale lembrar que de acordo com o art. 151, III, da CF é vedada a denominada isenção heterônoma que é aquela em que um ente, que não detém a titularidade da competência tributária, concede isenção a outro.

17.3.1. Privativa

É o poder que todos os entes políticos têm para instituir os tributos enumerados pela própria Constituição Federal.

17.3.2. Comum

Refere-se aos tributos vinculados, quais sejam as taxas e contribuições de melhoria. A competência é comum uma vez que União, Estados, Municípios e Distrito Federal podem ser sujeitos ativos dos referidos tributos.

17.3.3. Cumulativa

Indica que a União tem competência para instituir impostos estaduais e municipais nos Territórios (art. 147 da CF), assim como compete ao Distrito Federal os impostos municipais e estaduais (art. 155 da CF).

17.3.4. Especial

Refere-se ao poder de instituir empréstimos compulsórios (art. 148 da CF) e contribuições especiais (art. 149 da CF).

17.3.5. Residual

É o poder de criar tributos diversos dos existentes, aqueles que podem ser instituídos sobre situações não previstas (artigos 154, I e 195, § 4º da CF).

17.4. Capacidade tributária ativa

As atribuições das funções de arrecadar ou fiscalizar tributos, ou de executar leis, serviços, atos ou decisões administrativas, em matéria tributária, podem ser delegadas de uma pessoa jurídica de direito público a outra.

Exemplo disso são as autarquias como CREA, CRC, CRECI etc., que recebem a atribuição de exigir um tributo (contribuição profissional) dos profissionais vinculados a estas entidades corporativas.

É, portanto, delegável, diferentemente da competência tributária.

17.5. Dos Princípios Gerais

A Constituição Federal traz em si os princípios norteadores do ramo tributário.

Os entes políticos poderão instituir impostos, taxas (em razão do exercício do poder de polícia ou pela utilização de serviços públicos específicos e divisíveis) e contribuição de melhoria decorrente de obras públicas.

Somente por meio de lei complementar:

✓ que se pode dispor sobre conflitos de competência em matéria tributária entre a União, os Estados, os Municípios e o Distrito Federal;

✓ regulam-se as limitações constitucionais ao poder de tributar;

✓ estabelecem-se normas gerais de Direito Tributário.

Ademais, para prevenir desequilíbrios da concorrência, lei complementar poderá estabelecer critérios especiais de tributação, sem prejuízo da competência de a União, por lei, estabelecer normas de igual objetivo.

É muito importante lembrar que a União por lei complementar poderá instituir empréstimos compulsórios:

✓ para atender a despesas extraordinárias, decorrentes de calamidade pública, de guerra externa ou sua iminência;

✓ no caso de investimento público urgente e de relevante interesse nacional (desde que não seja no mesmo exercício financeiro em que haja sido publicada a lei que os instituiu).

Compete exclusivamente à União instituir contribuições sociais, de intervenção no domínio econômico e de interesse das categorias profissionais ou econômicas, como instrumento de sua atuação nas respectivas áreas.

Vale ressaltar que os Municípios e o Distrito Federal poderão instituir contribuição para custeio do serviço de iluminação pública, observados princípios da legalidade e anterioridade.

17.6. Das Limitações do Poder de Tributar

O poder do Estado-Administração de tributar é disciplinado pelas normas de direito público, que, em sua atividade financeira, capta recursos materiais para manter sua estrutura e permitir ao cidadão-contribuinte os serviços que lhe compete.

Porém, há certos limites para que em sua função de arrecadar o Estado não se exceda. Nesse passo, determinados princípios devem ser respeitados. Vejamos:

I. Princípio da Legalidade Tributária

No plano do Direito Tributário, em defesa da ideia de segurança jurídica, ressalta-se o art. 150, I, CF/1988, o qual indica o princípio da legalidade tributária. Observe-o: "Art. 150 Sem prejuízo de outras garantias asseguradas ao contribuinte, é vedado à União, aos Estados, aos Municípios e ao Distrito Federal:

I – exigir ou aumentar tributo sem lei que o estabeleça. (...)"

Dessa forma, para ser instituído ou majorado (ou até reduzido) o tributo depende de lei. Este e tão somente este é o veículo normativo possível.

II. Princípio da Anterioridade Tributária

Este princípio tem duas facetas: a anterioridade anual ou comum (art. 150, III, "b", CF) e a anterioridade nonagesimal ou privilegiada (art. 150, III, "c", CF).

Tem como fundamento o sobreprincípio da segurança das relações jurídicas entre a Administração Pública e seus administrados, evitando que inesperadamente apareçam cobranças tributárias. É garantia individual do contribuinte.

III. Princípio da Isonomia Tributária

Expresso no art. 150, II, da Constituição Federal, este postulado veda o tratamento tributário desigual a contribuintes que se encontrem em situação de equivalência.

Assim como o *caput* do art. 5º da Constituição trata da igualdade de forma genérica, o supracitado artigo explora-o de forma específica ao ramo tributário.

IV. Princípio da Irretroatividade Tributária

O art. 150, III, "a", da Constituição Federal prevê expressamente tal princípio. Para Luciano Amaro, o que a Constituição pretende, obviamente, é vedar a aplicação da lei nova, que criou ou aumentou o tributo, a fato pretérito, que, portanto, continua sendo não gerador de tributo, ou permanece como gerador de menor tributo, segundo a lei da época de sua ocorrência (Amaro, Luciano. Direito Tributário Brasileiro, 14 Edição, p.118).

É isso que dá confiança e certeza na relação Fisco-contribuinte, uma vez que, se retroagissem leis cobrando tributos, insegura seria tal relação.

V. Princípio da Vedação ao Confisco

Tem se entendido que terá efeito confiscatório o tributo que exceder a capacidade contributiva do contribuinte. Entretanto, o art. 150, IV, da Constituição não traz critérios objetivos.

Sendo assim, cabe ao intérprete a tarefa de delimitar o "efeito de confisco", com base no conteúdo e alcance dos elementos descritos em cada caso concreto. Nesse passo, deve-se lembrar que proporcionalidade e razoabilidade são caracteres que devem ser levados em conta.

VI. Princípio da Não Limitação ao Tráfego de Pessoas e Bens

Segundo esse princípio (art. 150, V, da CF), as divisas municipais e estaduais não podem ser fatos geradores de quaisquer tributos (federais, estaduais ou municipais).

O tráfego de pessoas e bens tem proteção constitucional decorrente da unidade política do território brasileiro.

Ademais, já no art. 5º, XV, da Constituição Federal é prescrito que "é livre a locomoção no território nacional em tempo de paz, podendo qualquer pessoa, nos termos da lei, nele entrar, permanecer ou dele sair com seus bens".

17.7. Da Emenda Constitucional n. 108 de 26 de agosto de 2020

A EC 108/20 instituiu, em caráter permanente, o Fundo de Manutenção e Desenvolvimento da Educação Básica e de Valorização dos Profissionais da Educação (Fundeb). Além disso, distribuiu o percentual do Imposto sobre Circulação de Mercadorias e Serviços (ICMS) aos municípios com melhoria na aprendizagem, aumentou a complementação de recursos distribuídos pela União e garantiu a participação da sociedade no planejamento das políticas sociais. Melhorar a qualidade da educação, investindo na manutenção, no desenvolvimento do ensino na educação básica e na remuneração condigna de seus profissionais, é o objetivo que essa emenda constitucional visa alcançar.

17.8. Da Emenda Constitucional n. 107 de 2 de julho de 2020

A EC 107/20 adiou, em razão da pandemia da Covid-19, as eleições municipais de outubro de 2020 e os prazos eleitorais respectivos

17.9. Da Emenda Constitucional n. 106 de 7 de maio de 2020

A EC 106/20 instituiu o **regime extraordinário fiscal**, financeiro e de contratações para enfrentamento de calamidade pública nacional decorrente de pandemia. Sendo assim, durante a vigência de estado de **calamidade pública** nacional reconhecido pelo Congresso Nacional em razão de emergência de saúde pública de importância internacional decorrente de pandemia, a União adotará regime extraordinário fiscal, financeiro e de contratações para atender às necessidades dele decorrentes, somente naquilo em que a urgência for incompatível com o regime regular (art. 1º).

17.10. Da Emenda Constitucional n. 105 de 12 de dezembro de 2019

A EC 105/19 acrescentou o art. 166-A à Constituição Federal para autorizar a **transferência de recursos** federais a Estados, ao Distrito Federal e a Municípios mediante emendas ao projeto de lei orçamentária anual.

17.11. Da Emenda Constitucional n. 104 de 04 de dezembro de 2019

A EC 104/19 alterou o inciso XIV do *caput* do art. 21, o § 4º do art. 32 e o art. 144 da Constituição Federal, para criar as **polícias penais** federal, estaduais e distrital.

17.12. Da Emenda Constitucional n. 103 de 12 de novembro de 2019

A EC 103/19 alterou o sistema de **previdência social** e estabeleceu regras de transição e disposições transitórias.

17.13. Da Emenda Constitucional n. 102 de 26 de setembro de 2019

A EC 102/19 deu nova redação ao art. 20 da CF e alterou o art. 165, além do art. 107 do ADCT. Determina o § 1º do art. 20 da CF que é assegurada, nos termos da lei, à União, aos Estados, ao Distrito Federal e aos Municípios a **participação no resultado da exploração de petróleo ou gás natural, de recursos hídricos para fins de geração de energia elétrica e de outros recursos minerais** no respectivo território, plataforma continental, mar territorial ou zona econômica exclusiva, ou compensação financeira por essa exploração.

17.14. Da Emenda Constitucional n. 101 de 03 de julho de 2019

A EC 101/19 acrescentou o § 3º ao art. 42 da Constituição Federal para **estender aos militares dos Estados, do Distrito Federal e dos Territórios o direito à acumulação de cargos públicos** prevista no art. 37, inciso XVI.

17.15. Da Emenda Constitucional n. 100 de 26 de junho de 2019

A EC 100/19 alterou os arts. 165 e 166 da Constituição Federal para tornar **obrigatória a execução da programação orçamentária proveniente de emendas de bancada de parlamentares** de Estado ou do Distrito Federal.

18. DISPOSIÇÕES CONSTITUCIONAIS GERAIS

A EC 81/14 deu nova redação ao art. 243 da CF que autorizou a desapropriação de propriedades rurais e urbanas de qualquer região do País onde forem localizadas culturas ilegais de plantas psicotrópicas ou a exploração de trabalho escravo, sem qualquer indenização ao proprietário.

O mencionado dispositivo passa a vigorar com a seguinte redação: "Art. 243. As **propriedades rurais e urbanas** de qualquer região do País **onde forem localizadas culturas ilegais de plantas psicotrópicas ou a exploração de trabalho escravo** na forma da lei **serão expropriadas** e destinadas à reforma agrária e a programas de habitação popular, **sem qualquer indenização** ao proprietário e sem prejuízo de outras sanções previstas em lei, observado, no que couber, o disposto no art. 5º.

O parágrafo único da mesma norma determina que todo e qualquer bem de valor econômico apreendido em decorrência do tráfico ilícito de entorpecentes e drogas afins e da exploração de trabalho escravo será confiscado e reverterá a fundo especial com destinação específica, na forma da lei.

19. REFLEXOS DO NOVO CÓDIGO DE PROCESSO CIVIL

As normas constitucionais são consideradas alicerces do ordenamento jurídico brasileiro. Fundamentam e validam os comandos infraconstitucionais. Por conta disso, tais normas só permanecem válidas quando se apresentam de forma compatível com o texto constitucional.

Partindo dessa premissa, o novo CPC, antes de irradiar reflexos nos preceitos constitucionais, deve se mostrar harmônico com a CF/1988.

Logo no início, na exposição de motivos do novo CPC, fica clara a intenção do legislador de aproximar o código do texto constitucional. Vejamos: "Um sistema processual civil que não proporcione à sociedade o reconhecimento e a realização dos direitos, ameaçados ou violados, que têm cada um dos jurisdicionados, não se harmoniza com as garantias constitucionais de um Estado Democrático de Direito. Sendo ineficiente o sistema processual, todo o ordenamento jurídico passa a carecer de real efetividade. De fato, as normas de direito material transformam em pura ilusão, sem a garantia de sua correlata realização, no mundo empírico, por meio do processo".

Outra importante passagem mencionada na exposição de motivos do novo CPC faz menção ao saudoso Ministro SÁL-

VIO DE FIGUEIREDO TEIXEIRA que, em texto emblemático sobre a nova ordem trazida pela Constituição Federal de 1988, disse, acertadamente, que, apesar de suas vicissitudes, "nenhum texto constitucional valorizou tanto a 'Justiça', tomada aqui a palavra não no seu conceito clássico de 'vontade constante e perpétua de dar a cada um o que é seu', mas como conjunto de instituições voltadas para a realização da paz social" (O aprimoramento do processo civil como garantia da cidadania. In: FIGUEIREDO TEIXEIRA, Sálvio. *As garantias do cidadão na Justiça*. São Paulo: Saraiva, 1993. p. 79-92, p. 80).

Ainda na exposição de motivos no novo CPC preceitos constitucionais são fortificados, vejamos: "a coerência substancial há de ser vista como objetivo fundamental, todavia, e mantida em termos absolutos, no que tange à Constituição Federal da República. Afinal, é na lei ordinária e em outras normas de escalão inferior que se explicita a promessa de realização dos valores encampados pelos princípios constitucionais".

Ao adentrarmos especificamente aos artigos do novo CPC, verificamos que os doze primeiros tratam das normas fundamentais do processo civil, consideradas como um centro principiológico, o que ratifica e prioriza a constitucionalização do processo. Tendo em vista o atual Estado Constitucional de Direito, essa constitucionalização do processo passa a ser uma necessidade.

Sendo assim, o código reproduziu regras processuais previstas na CF/88. Princípios como o devido processo legal, contraditório e ampla defesa, acesso à justiça (inafastabilidade do controle jurisdicional), razoável duração do processo, proibição de prova ilícita, foram positivados no novo código. Isso fortalece o entendimento de que tais mandamentos possuem força normativa e vínculo direto com o novo CPC.

Como mencionado, a constitucionalização do processo foi priorizada no novo código. Alguns dispositivos devem ser mencionados, pois fazem menção direta ao texto constitucional. O novo CPC já começa, em seu art. 1º, determinando que **o processo civil seja ordenado, disciplinado e interpretado conforme os valores e as normas fundamentais estabelecidos na Constituição da República Federativa do Brasil.**

O art. 3º do novo CPC, reforçando mandamento constitucional, determina que não seja excluída da apreciação jurisdicional ameaça ou lesão a direito. Tal princípio, inafastabilidade do controle jurisdicional, como mencionado, já vinha disciplinado no CF/88, em seu art. 5º, XXXV, o qual impõe que a lei não exclua da apreciação do Poder Judiciário lesão ou ameaça a direito. Não há norma correspondente no antigo código.

Seguindo, o art. 4º do novo CPC, aproximando da linguagem constitucional, determina que as partes tenham o direito de obter em prazo razoável a solução integral do mérito, incluída a atividade satisfativa. A velha norma determinava que os juízes, ao dirigirem os processos, deveriam velar pela rápida solução do litígio. Prazo razoável é o que consta do art. 5º, LXXVIII, da CF. Tal inciso garante não apenas no âmbito judicial, mas também no administrativo, a razoável duração do processo e os meios que garantam a celeridade de sua tramitação. Outro dispositivo que reforça esse princípio é o art. 6º do novo CPC, o qual menciona que todos os sujeitos do processo devem cooperar entre si para que se obtenha, em tempo razoável, decisão de mérito justa e efetiva. Além disso, o sistema recursal simplificado previsto no novo ordenamento processual civil contribui para a existência de um processo mais rápido.

Ainda sobre os princípios processuais previstos na CF/88 e que foram disciplinados também no novo CPC devemos lembrar do contraditório e da ampla defesa. Determina o art. 5º, LV, da CF que aos litigantes, em processo judicial ou administrativo, e aos acusados em geral são assegurados o contraditório e ampla defesa, com os meios e recursos a ela inerentes. Três artigos do novo CPC são importantes aqui. O primeiro é o art. 7º que assegurada às partes paridade de tratamento em relação ao exercício de direitos e faculdades processuais, aos meios de defesa, aos ônus, aos deveres e à aplicação de sanções processuais, competindo ao juiz zelar pelo efetivo contraditório. O ordenamento jurídico anterior mencionava apenas igualdade de tratamento entre as partes. O segundo é o art. 9º que dispõe que não seja proferida decisão contra uma das partes sem que ela seja previamente ouvida. Não há artigo correspondente no antigo código. Por fim, o art. 10 do novo código determina que o juiz não pode decidir, em grau algum de jurisdição, com base em fundamento a respeito do qual não se tenha dado às partes oportunidade de se manifestar, ainda que se trate de matéria sobre a qual deva decidir de ofício. As partes devem ser ouvidas sempre. Novamente não há norma correspondente no velho código.

Outras normas relevantes dizem respeito ao controle de constitucionalidade. Os artigos 948 e 949, caput e parágrafo único, do novo CPC praticamente reproduziram o disposto nos artigos 480 e 481 do antigo regramento. Dispõe o art. 948 que arguida, em controle difuso, a inconstitucionalidade de lei ou de ato normativo do poder público, o relator, após ouvir o Ministério Público e as partes, submeterá a questão à turma ou à câmara à qual competir o conhecimento do processo. As partes sublinhadas foram acrescentadas, deixando clara a intenção do legislador de especificar o tipo de controle em que aplica-se a norma (controle difuso) e a necessidade de oitiva das partes antes da arguição de inconstitucionalidade ser submetida à turma ou câmara a qual competir o conhecimento do processo.

Avançando, o art. 949, I e II, do novo CPC determina o que ocorre após a análise prévia dessa arguição. Caso venha a ser rejeitada, à turma ou câmara a qual competir o conhecimento do processo prosseguirá o julgamento. Por outro lado, se a arguição de inconstitucionalidade for acolhida, a questão será submetida ao plenário do tribunal ou ao seu órgão especial, onde houver.

O parágrafo único do mencionado artigo apenas reproduz o descrito do art. 481, parágrafo único, do antigo código informando que os órgãos fracionários dos tribunais não submeterão ao plenário ou ao órgão especial a arguição de inconstitucionalidade quando já houver pronunciamento destes ou do plenário do Supremo Tribunal Federal sobre a questão.

Ainda sobre dispositivos relacionados ao controle de constitucionalidade, o art. 535, §5º, do novo CPC determina que quando a Fazenda Pública impugnar a execução, arguindo inexequibilidade do título ou inexigibilidade da obrigação, pode ser considerado também inexigível a obrigação reconhecida em título executivo judicial fundado em lei ou ato normativo considerado inconstitucional pelo Supremo Tribunal Federal, ou fundado em aplicação ou interpretação da lei ou do ato normativo tido pelo Supremo Tribunal Federal como incompatível com a Constituição Federal, **em controle de constitucionalidade concentrado ou difuso**.

Os § 6º, 7º e 8º do mesmo artigo trouxeram regras aplicáveis na hipótese da incidência do § 5º. Vejamos: a) nos efeitos da decisão do Supremo Tribunal Federal poderão ser modulados no tempo, de modo a favorecer a segurança jurídica (§ 6º do art. 535 do novo CPC), b) a decisão do Supremo Tribunal Federal referida no § 5o deve ter sido proferida antes do trânsito em julgado da decisão exequenda (§ 7º do art. 535 do novo CPC) e c) se a decisão referida no § 5o for proferida após o trânsito em julgado da decisão exequenda, caberá ação rescisória, cujo prazo será contado do trânsito em julgado da decisão proferida pelo Supremo Tribunal Federal (§ 8º do art. 535 do novo CPC). Não há normas correspondentes no antigo código.

Por fim, sobre as regras relativas à petição inicial e à contestação no novo CPC, os artigos que devem ser ressaltados são o 319, 321 e 335. O primeiro, ao tratar da inicial, acrescenta requisitos, como a necessidade de indicação da existência de união estável, a profissão, o número de inscrição no Cadastro de Pessoas Físicas ou no Cadastro Nacional da Pessoa Jurídica e o endereço eletrônico, além das tradicionais informações. O segundo, 321, aumento o prazo (de 10 para 15 dias) para que o autor emende ou complete a inicial e informa que o juiz deve indicar, com precisão, o que deve ser corrigido ou completado. O terceiro, art. 335, ao tratar da contestação, fixa e especifica momentos para a contagem do prazo.

6. Direito Administrativo

Wander Garcia

1. REGIME JURÍDICO-ADMINISTRATIVO

1.1. CONCEITO DE REGIME JURÍDICO

Regime jurídico pode ser conceituado como *o conjunto harmônico de princípios e normas que incidem sobre determinada categoria ou instituto de direito.*

No sentido mais amplo possível, há dois grandes regimes jurídicos, o de direito público e o de direito privado.

1.2. Direito público e direito privado

Costuma-se dividir o direito objetivo nessas duas grandes espécies. Tal divisão é feita tendo em vista a diferença de **regime jurídico**.

No **regime jurídico de direito público,** vigem dois princípios basilares, quais sejam, o da *supremacia do interesse público sobre o privado* e o da *indisponibilidade do interesse público*.

Pelo princípio da **supremacia do interesse público sobre o privado**, a relação entre o Estado e o particular é *vertical*, ou seja, há uma *hierarquia*. Isso se expressa em institutos como a *desapropriação*, da qual o particular não pode se esquivar, e as *cláusulas exorbitantes*, que permitem ao Poder Público modificar unilateralmente um contrato administrativo, independentemente da concordância do contratado.

Já pelo princípio da **indisponibilidade do interesse público**, o Estado fica obrigado a velar pela proteção incondicional e irrestrita dos bens e interesses do povo. Em virtude desse princípio, o agente público só pode fazer o que a vontade do povo (expressa na lei) permite, obedecendo-se ao *princípio da legalidade*. Além disso, tal princípio vai exigir que em todas as compras estatais se busquem as melhores condições, daí a necessidade de se fazer *licitação*. Os *bens públicos* são, ainda, inalienáveis, impenhoráveis e imprescritíveis.

No **regime jurídico de direito privado**, por sua vez, há dois princípios basilares, quais sejam, o da *igualdade* e o da *autonomia da vontade*.

Pelo **princípio da igualdade**, as pessoas estão numa relação *horizontal*, ou seja, não há uma hierarquia entre elas. Assim, ninguém pode tomar a propriedade do outro à força (*autotutela*). Um contratante não pode mudar unilateralmente um contrato independentemente da vontade da parte contrária.

Não se deve esquecer, todavia, que a igualdade supõe tratar os iguais igualmente e os desiguais desigualmente, de modo que em algumas situações, como no caso dos incapazes, algumas pessoas poderão ter mais direitos do que outras.

Pelo **princípio da autonomia da vontade**, as pessoas podem fazer tudo o que quiserem, salvo o que a lei proíbe. Assim, diferentemente do que ocorre com os agentes públicos, se não houver proibição legal, os particulares podem agir à vontade. Podem doar bens, podem comprar onde quiserem e o que quiserem.

E **como se sabe** se uma dada situação de fato será regida pelo direito público ou pelo direito privado?

As relações fáticas em que houver o Estado em **qualquer dos polos** serão regidas pelo direito público, salvo quando o Estado estiver se valendo, com a permissão legal, de um instituto de direito privado, como quando emite um cheque ou quando é locatário de um imóvel. No mais, ou seja, quando estiver celebrando um contrato, desapropriando, aplicando sanções ou atuando em suas demais tarefas, estará sendo regido pelos princípios e regras do direito público.

São ramos do Direito Público Interno os Direitos Constitucional, Administrativo, Tributário, Ambiental, Processual do Trabalho, Processual Civil, Processual Penal, Penal, entre outros. São ramos do Direito Público Externo o Direito Internacional Público, que regula as relações entre Estados e organismos internacionais, e o Direito Internacional Privado, que regula as relações entre pessoas ligadas a diferentes Estados.

As **demais relações**, ou seja, as relações entre particulares, ou aquelas em que o Estado atua em pé de igualdade com o particular, são regidas pelo direito privado.

O Direito Administrativo, que nos interessa na presente obra, tem, assim, **natureza jurídica** (também chamada de **taxinomia**) de Direito Público.

1.3. Conceito de Direito Administrativo

Vários critérios foram utilizados para tentar conceituar o Direito Administrativo.

O primeiro foi o critério do "Poder" (o direito administrativo regula a autoridade estatal), que se seguiu aos critérios do "Serviço Público" (o direito administrativo regula os **serviços públicos** em geral – **serviços públicos** em sentido amplo, portanto), do "Poder Executivo" (o direito administrativo regula a atividade do Poder Executivo), das "Relações Jurídicas" (o direito administrativo regula as relações entre a Administração e os administrados), "Teleológico" (o direito administrativo regula a atividade do Estado para cumprir os seus fins) e ao critério da "Administração Pública".

Nesse último critério, o Direito Administrativo é o conjunto de princípios que regem a Administração Pública. Trata-se do critério mais adotado entre os juristas.

1.4. Atividade administrativa

A Administração Pública tem deveres extremamente importantes para com a sociedade. Tais deveres englobam tarefas de *segurança*, de *fiscalização e controle* de condutas antissociais, de regulação e de oferecimento de *serviços essenciais*, como educação, saúde, energia elétrica, água, transporte, de fomento, dentre outros. Para que tais deveres sejam devidamente cumpridos é necessário que haja um regime jurídico diferenciado, um **regime jurídico de direito público**, que tem, conforme já visto, duas grandes marcas: a) supremacia do interesse público sobre o interesse privado; b) indisponibilidade do interesse público.

Porém, não se pode esquecer que o Poder Público age em **três grandes atividades**, quais sejam: a) *atividade legislativa*, de elaborar leis; b) *atividade administrativa*, de executar direta e concretamente a lei; c) *atividade jurisdicional*, de aplicar a lei, mediante provocação, com o fito de compor conflitos de interesse caracterizados por pretensões resistidas.

A *atividade legislativa* é objeto do Direito Constitucional, destacando-se o tema do "processo legislativo".

A *atividade jurisdicional* é objeto do Direito Processual (penal, civil, do trabalho etc.).

Já a *atividade administrativa* é objeto do Direito Administrativo. Esse ramo do Direito regula o chamado **regime jurídico administrativo**, que também pode ser definido como *o conjunto harmônico de princípios e normas que regem a Administração Pública, em sua função de realizar concreta, direta e imediatamente os fins desejados pelo Estado*.

É importante destacar que o Direito Administrativo rege toda e qualquer atividade da Administração, seja ela do Executivo, do Legislativo ou do Judiciário, já que os dois últimos poderes também exercem (atipicamente) atividades administrativas. Por exemplo, quando exercer o poder disciplinar sobre servidores ou fazer licitação para adquirir bens.

Assim, um membro do Poder Judiciário (magistrado) pratica tanto atos jurisdicionais (ex.: quando exara uma sentença) como atos administrativos (ex.: quando aplica uma advertência ao servidor do fórum).

Enfim, todos os poderes têm sua Administração Pública e, assim, praticam atos administrativos, inclusive o Poder Judiciário e o Poder Legislativo, que apesar de o fazê-lo atipicamente, atua, assim, em atividade administrativa.

1.5. Origem do Direito Administrativo

Só é possível falar-se em regime jurídico administrativo com o aparecimento do Estado de Direito, em que a lei passa a valer tanto para os administrados como para o administrador.

Tal se deu com o declínio dos regimes absolutistas, marcados pela vontade incontrastável dos soberanos, e que foi perdendo espaço, até se extinguir, após a Declaração dos Direitos do Homem e do Cidadão na França (1789) e a Declaração de Independência dos Estados Unidos (1796).

Os Estados de Direito, por sua vez, valeram-se da ideia de separação dos Poderes desenvolvida por Montesquieu (*O Espírito das Leis*, 1748), segundo o qual faz-se necessária a distribuição de tarefas entre órgãos distintos para que não haja a perniciosa concentração de poder numa pessoa só. Por outro lado, para que cada órgão que receba um poder não abuse deste, faz-se também necessário que haja um sistema de controle de um poder pelo outro.

A partir do aparecimento desses dois elementos – a) subordinação do Estado à lei (Estado de Direito) e b) divisão de tarefas entre órgãos estatais com sistema de controle de um pelo outro (Separação de Poderes) – tem-se os pressupostos para existência do Direito Administrativo.

1.6. Fontes do Direito Administrativo

Quando se pergunta "quais são as fontes do Direito", fica sempre a dúvida sobre a qual fonte a indagação se refere. Existem *fontes criadoras* do Direito (legislador, por exemplo). Há *fontes formais* do Direito (a lei, por exemplo). Há *fontes históricas* do Direito (fatos históricos marcantes que deram origem à modificação de uma lei).

As **fontes formais** do Direito podem ser divididas em duas espécies: principais e acessórias.

As **fontes *formais principais*** são: a lei, a analogia, o costume e os princípios gerais do direito. Como adotamos o sistema romano-germânico, de início, só a lei é fonte formal principal. Apenas em caso de lacuna é que se admite que o aplicador se valha da analogia, do costume e dos princípios gerais, nessa ordem, como fonte formal jurídica (art. 4º da LINDB).

Quanto ao costume, que consiste na **prática reiterada de determinado ato, com a convicção de sua obrigatoriedade jurídica**, não se confunde com a praxe administrativa que é a prática burocrática rotineira adotada na Administração, sendo que o primeiro é considerado fonte formal e o segundo não é considerado fonte do Direito Administrativo, apesar de se tratar de meio útil para resolver problemas administrativos, desde que atendido o princípio da legalidade.

Para completo entendimento do assunto, é importante destacar que, por lei, deve-se entender norma constitucional, lei ordinária, lei complementar, lei delegada, resolução legislativa, decreto legislativo e medida provisória.

Já as **fontes *formais secundárias ou acessórias*** são: os decretos, as resoluções administrativas, as instruções normativas, as portarias etc. São acessórias pois guardam obediência a uma fonte principal.

Doutrina e jurisprudência são consideradas, tradicionalmente, como *fontes não formais* ou *fontes indiretas* (mediatas). Isso porque trazem preceitos não vinculantes. São também consideradas *fontes meramente intelectuais* ou *informativas*.

Há de se fazer alguns temperamentos com relação à jurisprudência. Isso porque, apesar de um entendimento reiterado pelos tribunais não ter força de lei, a Emenda Constitucional 45/2004 estabeleceu que o Supremo Tribunal Federal poderá, após reiteradas decisões sobre matéria constitucional, aprovar súmula, que terá efeito vinculante e incidirá sobre a validade, a interpretação e a eficácia de normas determinadas acerca das quais haja controvérsia (art. 103-A da CF).

Tais súmulas, ainda que declarativas em relação ao que é Direito, poderão ser consideradas verdadeiras fontes formais, já que têm eficácia *erga omnes*.

1.7. Conceito de Administração Pública

O Estado tem três Poderes independentes e harmônicos entre si (Legislativo, Executivo e Judiciário). Porém, é por meio da **Administração Pública** que o Estado atua, tratando-se esta do aparelhamento necessário à realização de sua finalidade.

Em sentido *formal*, Administração Pública é o conjunto de órgãos instituídos para consecução dos fins do Governo (que é o comando, a iniciativa).

Em sentido *material*, é o conjunto das funções necessárias aos serviços públicos em geral.

E em sentido *operacional*, é o desempenho sistemático dos serviços estatais.

O fato é que a Administração é o instrumento de que se vale o Estado para pôr em prática as opções políticas do Governo.

Tal atuação se dará por intermédio de *entidades* (pessoas jurídicas), *órgãos* (centros de decisão) e de *agentes* (pessoas investidas em cargos, empregos e funções).

1.8. Sistemas de Controle Jurisdicional da Administração

Acerca do Sistemas de Controle Jurisdicional da Administração há duas espécies: a) o sistema do contencioso administrativo (sistema francês); b) o sistema judiciário (sistema inglês).

O Brasil adotou o segundo, ou seja, o sistema da jurisdição única, de maneira que compete apenas ao Poder Judiciário a jurisdição sobre o controle de atos administrativos postos em disputa.

Na Europa continental, por sua vez, há órgãos independentes e autônomos da própria Administração destinados a efetuar o controle dos atos administrativos. Trata-se da chamada *dualidade de jurisdição* (ou *contencioso administrativo*), em que um órgão exerce a jurisdição sobre os atos administrativos e o Poder Judiciário a exerce sobre os demais atos e fatos jurídicos. Na França, por exemplo, o Conselho de Estado é quem faz esse papel de exercer a jurisdição sobre atos administrativos, ficando o Judiciário responsável pelos demais conflitos de interesse. Quanto ao Conselho de Estado há os chamados tribunais administrativos, que se sujeitam a ele, que funciona como juízo de apelação, de cassação e até de juízo originário e único de determinados litígios administrativos.

Em suma, o Brasil adotou outro sistema, o anglo-americano, em que não existe essa dualidade, cabendo apenas ao Poder Judiciário exercer a jurisdição, de modo que é este que faz todo e qualquer controle jurisdicional sobre atos administrativos.

Como exceção, temos a possibilidade de um ato da Administração vir a ser apreciado por uma corte de arbitragem, mas nos casos taxativamente estabelecidos em lei, que, em verdade, se limitam a tratar de aspectos comerciais e técnicos não relacionados à determinações administrativas que busquem assegurar o interesse público. Por exemplo, o art. 23-A da Lei 8.987/1995 permite o uso de arbitragem em matéria de concessões de serviço público. Isso significa que, caso a Administração modifique o regulamento do serviço a ser prestado pela concessionária, aumentando os custos desta mas sem um aumento no mesmo patamar na remuneração da concessionária, esta poderá discutir a questão junto a uma corte arbitral, mas limitada à questão da remuneração, não podendo querer que uma corte arbitral discuta se foi de interesse público ou não a modificação no regulamento do serviço, discussão essa que, ressalvado o mérito administrativo, só poderá ser feita no âmbito do Poder Judiciário.

2. PRINCÍPIOS DO DIREITO ADMINISTRATIVO

2.1. Introdução

Princípios *são normas jurídicas de especial relevância e alta carga valorativa que, além de vincular, servem de vetor interpretativo a todos os destinatários do Direito.*

Os princípios gerais do Direito Administrativo decorrem de dois outros basilares, quais sejam, o da supremacia do interesse público sobre o privado e o da indisponibilidade do interesse público.

2.2. Princípios basilares do direito administrativo (supraprincípios ou superprincípios)

O princípio da **supremacia do interesse público sobre o interesse privado**[1] parte da ideia de que o fim do Estado é o bem comum, e não o individual. Assim, deve prevalecer o interesse público, o interesse comum, e não o interesse particular que cada um tem.

Essa supremacia pode ser verificada nas seguintes *prerrogativas* da Administração: a) presunção de legitimidade dos atos administrativos; b) prazos maiores no processo civil; c) prazo prescricional menor contra o Estado; d) imperatividade, exigibilidade, coercibilidade e autoexecutoriedade de boa parte dos atos administrativos, atributos esses que permitem a autotutela da Administração, que não precisa buscar o Poder Judiciário para a imposição de grande parte de seus atos.

A doutrina diferencia a chamada *supremacia estatal geral*, que incide sobre todas as pessoas, da *supremacia estatal especial*, que incide sobre as pessoas com quem o Estado tem relação jurídica específica. A submissão de todos nós às leis de trânsito é um exemplo da supremacia estatal geral. Já a submissão das concessionárias de serviço público às imposições do Poder Concedente é exemplo da supremacia estatal especial.

O princípio da **indisponibilidade do interesse público**, por sua vez, decorre da ideia de República (coisa de todos). Ele indica que os interesses públicos não podem ser objeto de disposição, devendo o Poder Público velar por sua proteção e promoção. A ordem jurídica trará o perfil do que é interesse público, cabendo à Administração Pública buscar seu atendimento. Decorrem desse princípio os seguintes: a) princípio da legalidade; b) princípio da isonomia; c) princípio da motivação; d) princípio da publicidade, dentre outros.

Passemos, agora, ao estudo dos demais princípios do Direito Administrativo, que, repita-se, são expressões dos dois acima referidos.

2.3. Princípios do Direito Administrativo em espécie

2.3.1. Princípio da legalidade

Esse princípio pode ser **conceituado** como *aquele pelo qual a Administração Pública só pode fazer o que a lei determinar ou permitir.*

---

1. Celso Antônio Bandeira de Mello define interesse público como o "interesse resultante do conjunto dos interesses que os indivíduos pessoalmente têm quando considerados em sua qualidade de membros da Sociedade e pelo simples fato de o serem" (*Curso de Direito Administrativo*, p. 59). Aliás, o interesse público pode ser primário (verdadeiro interesse público) ou secundário, interesse que diz respeito apenas à pessoa jurídica estatal (que não é verdadeiro interesse público), como o interesse de arrecadar mais tributos.
Hely Lopes Meirelles, por sua vez, entende por interesse público as "aspirações ou vantagens licitamente almejadas por toda a comunidade administrada, ou por uma parte expressa de seus membros" (*Direito Administrativo Brasileiro*, p. 81).

O princípio da legalidade está **previsto** expressamente no art. 37, *caput*, da CF.

Trata-se de princípio próprio do Estado de Direito. Aliás, o Direito Administrativo nasce justamente com o aparecimento desse tipo de Estado.

O princípio em questão afirma que a atividade administrativa é sublegal, devendo expedir comandos complementares à lei. É muito famosa a frase de Seabra Fagundes a respeito da legalidade: "administrar é aplicar a lei de ofício".

Na **prática**, isso significa que a Administração Pública não pode fazer coisa alguma sem que haja uma lei prévia dizendo que ela está autorizada ou tem a obrigação de fazê-la.

Recentemente, tomei conhecimento de um **exemplo** interessante: o Prefeito de uma determinada cidade resolveu baixar um ato administrativo determinando que todo o comércio local fechasse aos domingos, sem que houvesse lei alguma na cidade trazendo essa determinação. Tal conduta fere o princípio da legalidade, pois o Prefeito só poderia ter agido se houvesse uma lei municipal nesse sentido.

O Chefe do Poder Executivo tem o poder de regulamentar a lei, e não de fazer a própria lei. Nesse sentido, o art. 84, IV, da CF dispõe que o Presidente da República – e os demais Chefes do Executivo (Prefeito e Governador) – tem competência para expedir decretos e regulamentos para a fiel execução da *lei*. Esses decretos têm por objetivo explicar a lei e dizer como ela deverá ser cumprida.

Ou seja, no Brasil temos *regulamentos de execução de lei*, e não *regulamentos autônomos de lei*.

No exemplo dado, o Prefeito daquela cidade poderia baixar um regulamento para o fim de executar a lei que proíbe o comércio aos domingos, caso a lei existisse (regulamento de execução de lei). Mas não poderia criar a própria proibição do comércio por meio de um decreto (regulamento autônomo de lei).

O princípio da legalidade é tão forte que no Direito brasileiro há pouquíssimas **exceções**.

A primeira exceção diz respeito aos *regulamentos autônomos de lei*. O art. 84, VI, da CF criou duas exceções, em que o Chefe do Executivo poderá, por decreto, fazer algo que somente a lei poderia fazer: a) dispor sobre a organização e funcionamento da administração federal, quando não implicar aumento de despesa nem criação ou extinção de órgãos públicos; b) dispor sobre a extinção de funções ou cargos públicos, quando vagos.

Um exemplo da situação "a" é um Prefeito, por decreto, transformar uma secretaria municipal em outra secretaria municipal (ex.: transformar a secretaria de administração em secretaria de gestão pública). O que não é possível é extinguir ou criar um órgão público, mas transformar um órgão é plenamente possível.

Um exemplo da situação "b" é um Prefeito, por decreto, extinguir 30 cargos de telefonista da prefeitura, por estarem vagos esses cargos e não haver mais interesse em provê-los, em virtude da tecnologia dos sistemas de telefonia não mais requerer tantos cargos de telefonista numa repartição pública.

A segunda exceção ao princípio da legalidade é a *medida provisória* (art. 62, CF). Com efeito, a medida provisória, apesar de não ser *lei em sentido estrito*, tem *força de lei*.

Assim, é possível que uma medida provisória, mesmo que não haja lei sobre um dado assunto, inove na ordem jurídica e determine algo para a Administração Pública.

Parte da doutrina faz uma diferenciação entre a *legalidade* e a *reserva legal*. Há matérias que podem ser reguladas por lei e por medida provisória, hipótese em que se fala em obediência à legalidade. Há matérias que só podem ser reguladas por lei em sentido formal, hipótese em que se fala em obediência à reserva legal. As matérias mencionadas no parágrafo anterior obedecem ao princípio da reserva legal. Como exemplo, temos o direito penal, matéria que só pode ser regulada por lei, nunca por decreto ou medida provisória (art. 5º, XXXIX, CF).

Vale, também, diferenciar o princípio da legalidade para a Administração, com o **princípio da legalidade para o particular**. O primeiro está previsto no art. 37, *caput*, da CF, ao passo que o segundo, no art. 5º, II, da CF ("ninguém será obrigado a fazer ou deixar de fazer alguma coisa senão em virtude de lei"). O primeiro dispõe que a Administração só pode fazer o que a lei determinar ou permitir, enquanto que o segundo dispõe que o particular pode fazer o que bem entender, a não ser o que a lei proibir. Portanto, a Administração está amarrada, presa. Ela só pode fazer algo se a lei desamarrar e permitir que esse algo seja feito. Já o particular está livre, podendo fazer o que quiser. Ele só ficará impedido de fazer algo quando vier uma lei proibindo que ele o faça.

Por fim, importante darmos uma palavra sobre o **princípio da juridicidade**. Esse princípio pode ser visto como estágio evolutivo atual do princípio da legalidade, pois exige do administrador público atuação em conformidade não só com a lei, em sentido formal, mas com todo o direito; muito mais do que respeitar a *legalidade estrita*, o que se espera hoje é que o administrador atenda ao *Direito* como um todo, ou seja, busque uma decisão de acordo com a *juridicidade* ou *legitimidade*, daí a ideia de que, mais do que o respeito ao princípio da legalidade, o administrador tem que respeitar o princípio da juridicidade.

2.3.2. Princípio da impessoalidade

Esse princípio pode ser **conceituado** como *aquele que impõe tratamento igualitário às pessoas, respeito à finalidade e também a ideia de que os atos dos agentes públicos devem ser imputados diretamente à Administração Pública e nunca à pessoa do agente.*

O princípio da impessoalidade está **previsto** expressamente no art. 37, *caput*, da CF.

Repare que o princípio tem três comandos: a) *impõe igualdade de tratamento*; b) *impõe respeito ao princípio da finalidade*; c) impõe *neutralidade do agente*, que não pode fazer autopromoção.

Um exemplo de violação ao primeiro comando ("a") é o agente público, responsável para julgar a concessão de alvarás para construção, dar prioridade aos pedidos de alvará formulados por amigos seus em detrimento das demais pessoas que tiverem pedido o alvará em data anterior.

Um exemplo de violação ao segundo comando ("b") é o agente público usar um ato que tem uma finalidade legal "X" com o objetivo de atender a uma finalidade "Y", como ocorre quando se utiliza o ato "remoção" – cuja finalidade é organizar melhor as funções de agentes públicos ou transferir um agente público para outro local, a pedido deste – com a finalidade de punição.

Um exemplo de violação ao terceiro comando ("c") é um Prefeito determinar a utilização de um símbolo usado na sua campanha eleitoral em todas as obras da prefeitura. Tal situação é expressamente vedada pelo art. 37, § 1º, da CF, que dispõe que a publicidade oficial deverá ter caráter educativo, informativo ou de orientação social, dela não podendo constar nomes, *símbolos* ou imagens que caracterizem *promoção pessoal*.

O terceiro comando do princípio da impessoalidade também tem outros tipos de reflexo. Um deles é a possibilidade de reconhecer a validade de atos praticados por funcionário público irregularmente investido no cargo ou função sob o fundamento de que tais atos configuram atuação do órgão e não do agente público. Isso ocorre, pois, se todos os atos praticados pela Administração são *imputados* diretamente a esta (o agente público é neutro, ou seja, é um mero órgão da Administração), mesmo os atos praticados por alguém irregularmente investido em função pública poderão ser considerados válidos já que, em última análise, são atos da Administração e podem ser preservados se estiverem de acordo com as demais normas jurídicas.

2.3.3. Princípio da moralidade administrativa

Esse princípio pode ser **conceituado** como *aquele que impõe obediência à ética da Administração, consistente no conjunto de preceitos da moral administrativa, como o dever de honestidade, lealdade, boa-fé e probidade*.

O princípio está **previsto** expressamente no art. 37, *caput*, da CF.

O art. 11 da Lei 8.429/1992 (Lei de Improbidade Administrativa) juridiciza (torna jurídico) preceitos morais a serem seguidos, como a *honestidade* e a *lealdade* às instituições.

Todavia, a Constituição não determina que a moralidade exigida por seu art. 37, *caput*, esteja juridicizada. Aliás, se assim o fosse, bastaria a exigência de respeito ao princípio da legalidade. A Constituição também não está se referindo à moralidade comum, pois o art. 5º, LXXIII, da CF, ao tratar das hipóteses de cabimento de ação popular, é mais específico no tema e usa a expressão completa, qual seja, "moralidade administrativa", que é a moralidade no interior da administração e não no bojo da sociedade como um todo.

Assim, quando a Constituição exige, também, respeito à moralidade está impondo o dever de atendimento a moralidade administrativa (e não à moralidade comum), mas não está se referindo a uma moralidade juridicizada[2], mas a uma moralidade extraída da prática diária da boa administração. Ou seja, está-se exigindo um comportamento com respeito aos padrões éticos de boa-fé, decoro, lealdade, honestidade e probidade. Aliás, nesse sentido é o disposto no art. 2º, parágrafo único, IV da Lei 9.784/1999, no Código de Ética Profissional do Servidor Público Federal (Decreto 1.171/1994) e na Lei 8.112/1990.

São exemplos de atos que ferem o princípio da moralidade administrativa os seguintes: a) Prefeito e Câmara aumentam a remuneração dos agentes públicos em demasia a fim de se fortalecerem e de inviabilizarem economicamente a gestão posterior; b) Prefeito e Câmara geram grande diminuição de impostos para a gestão seguinte, com a mesma finalidade espúria mencionada; c) desapropriação realizada com o fim de prejudicar um inimigo político; d) uso de cartões corporativos do governo para gastos de ordem pessoal.

Não é necessária lesão ao erário para o desrespeito a esse princípio. Um prefeito que desapropria um imóvel com a finalidade de prejudicar um inimigo político estará sujeito à invalidação dessa desapropriação pela violação ao princípio da moralidade, mesmo que o imóvel fosse necessário mesmo e que não houvesse, então, prejuízo econômico com o ato.

2.3.4. Princípio da publicidade

Esse princípio pode ser **conceituado** como *aquele que impõe ampla divulgação dos atos oficiais, para conhecimento público e início dos efeitos externos*.

O princípio da publicidade está **previsto** expressamente no art. 37, *caput*, da CF.

O conceito apresentado revela que o princípio tem dois grandes **sentidos**: a) garantir que todos tenham conhecimento das coisas que acontecem na Administração Pública; b) garantir que os atos oficiais só tenham efeitos externos após sua publicação.

Com isso, os cidadãos em geral poderão exercer sua cidadania, questionando atos governamentais, solicitando o controle destes e até ingressando com ações contra atos que estejam em desacordo com a ordem jurídica. Da mesma forma, o Ministério Público e as demais pessoas legitimadas também terão elementos para fazer esse tipo de controle.

As pessoas individualmente prejudicadas também recebem a proteção do princípio da publicidade. Um exemplo é aquele que recebe uma multa de trânsito. Tal pessoa só terá de pagar a multa se receber uma notificação oficial no prazo previsto em lei. A notificação é, portanto, requisito de eficácia da multa aplicada. O art. 281, parágrafo único, II, da Lei 9.503/1993, dispõe que o auto de infração será arquivado e seu registro julgado insubsistente se não houver, no prazo máximo de 30 dias, notificação da autuação.

Nesse sentido, é importante reforçar a ideia de que a *publicidade* dos atos oficiais é requisito de **eficácia** dos atos administrativos, e não requisito de *existência* ou de *validade* destes.

Por outro lado, o princípio da publicidade tem **exceções**. Ou seja, há casos em que o interesse público justificará que determinados atos oficiais sejam deixados em sigilo, ainda que temporariamente.

Confira os casos em que se admite o sigilo dos atos oficiais: a) para a defesa da segurança da sociedade e do Estado; b) em investigações policiais; c) para o resguardo da inviolabilidade da intimidade, da vida privada, da honra e da imagem das pessoas.

A Lei 12.527/2011 regula o acesso à informação previsto no inciso XXXIII do art. 5º, da CF ("todos têm direito a receber dos

---

2. Vale dizer, todavia, que a doutrina *não é pacífica* sobre esse entendimento, ou seja, de que a noção de moralidade administrativa não depende da moralidade juridicizada. Celso Antônio Bandeira de Mello, por exemplo, entende, com base em estudo de Márcio Cammarosano, que "não é qualquer ofensa à moral social que se considerará idônea para dizer-se ofensiva ao princípio jurídico da moralidade administrativa" (*Curso de Direito Administrativo*. 26. Ed., p. 120). Em outro extremo, Maria Sylvia Zanella Di Pietro entende, fundamentada na lição de Manoel de Oliveira Franco Sobrinho, que "mesmo os comportamentos ofensivos da moral comum implicam ofensa ao princípio da moralidade administrativa" (*Direito Administrativo*. 25. ed., p. 79), ou seja, mesmo a imoralidade comum viola o princípio em questão.

órgãos públicos informações de seu interesse particular, ou de interesse coletivo ou geral, que serão prestadas no prazo da lei, sob pena de responsabilidade, ressalvadas aquelas cujo sigilo seja imprescindível à segurança da sociedade e do Estado").

Essa lei se aplica a todos os entes federativos. Por conta dela, houve um movimento muito amplo no sentido de os entes da Administração Pública passarem a divulgar pela internet a remuneração e o subsídio dos agentes públicos, por se tratar de obrigação que decorre dos termos da lei.

Essa lei trata também dos requisitos do pedido de acesso a informações aos órgãos e entidades estatais (arts. 10 a 14) e também das restrições de acesso à informação (arts. 21 a 31).

Uma regra fundamental da lei dispõe que "não poderá ser negado acesso à informação necessária à tutela judicial ou administrativa de direitos fundamentais" (art. 21).

A lei detalha melhor os casos em que cabe sigilo por motivo de segurança da sociedade e do Estado (art. 23), sigilo esse que varia entre 5, 15 e 25 anos (informações reservada, secreta e ultrassecreta, respectivamente), bem como os casos em que cabe sigilo por motivo de respeito à intimidade, vida privada, honra e imagem das pessoas, que poderão ter seu acesso restrito pelo prazo máximo de 100 anos (art. 31).

Por fim, vale lembrar que a propaganda oficial não pode caracterizar promoção pessoal (*vide* novamente o art. 37, § 1º, CF), devendo ser objetiva e com caráter informativo, educativo ou de orientação social.

2.3.5. Princípio da eficiência

Esse princípio pode ser **conceituado** como *aquele que impõe o dever de a Administração Pública atender satisfatoriamente às necessidades dos administrados, bem como de o administrador público fazer o melhor, como profissional, diante dos meios de que dispõe.*

Para José Afonso da Silva, eficiência significa fazer acontecer com racionalidade, o que implica medir os custos que a satisfação das necessidades públicas importa em relação ao grau de utilidade alcançado (*Curso de Direito Constitucional Positivo*, Ed. Malheiros). O ilustre autor completa a afirmação dizendo que o princípio da eficiência "orienta a atividade administrativa no sentido de conseguir os melhores resultados com os meios escassos de que se dispõe e a menor custo".

O princípio da eficiência está **previsto** no art. 37, *caput*, da CF, por força da EC 19/1998, que o introduziu expressamente na Constituição.

Porém, mesmo antes da EC 19/1998, já se falava na Constituição em controle interno dos Poderes para atender a eficiência (art. 74, II, CF), de modo que o princípio estava no mínimo implícito na redação original da Constituição.

Ocorre que, com a **Reforma do Estado**, ocorrida em 1998, percebeu-se a necessidade de trazer um princípio geral de eficiência. Tal reforma estava preocupada em diminuir o controle de meios (administração burocrática) e focar no controle de fins (administração gerencial), controle este que se volta para os resultados, ou seja, para a eficácia.

Para concretizar o princípio da eficiência, a EC 19/1998 também trouxe para o servidor público mais um requisito para adquirir a estabilidade, qual seja, o de que passe por uma *avaliação especial de desempenho*, sendo que, mesmo depois de adquiri-la, deverá se submeter a *avaliações periódicas de desempenho*, podendo ser exonerado, caso não seja aprovado em qualquer delas (art. 41, § 1º, III, da CF). Para a Administração, a EC em questão trouxe a possibilidade de realização de *contrato de gestão*, aumentando a autonomia dos órgãos e entidades públicos em troca da fixação de metas de desempenho a cumprir (art. 37, § 8º, CF).

2.3.6. Princípio da segurança jurídica

2.3.6.1. Considerações gerais

Esse princípio pode ser **conceituado** como *aquele que impõe a exigência de maior estabilidade nas relações jurídicas de forma a se atender ao interesse público.*

O princípio da segurança jurídica não está **previsto** expressamente na CF. Porém, está implícito no art. 5º, XXXVI, pelo qual a lei não pode prejudicar o direito adquirido, o ato jurídico perfeito e a coisa julgada.

No plano infraconstitucional, o princípio está previsto expressamente no art. 2º, *caput*, da Lei 9.784/1999.

O princípio da segurança jurídica tem as seguintes **consequências**:

a) decorre dele o dever de respeitar o direito adquirido, o ato jurídico perfeito e a coisa julgada (art. 5º, XXXVI, CF); exemplo de aplicação dessa regra foi a decisão do STF que impediu que nova norma do Ministério da Educação aumentasse os requisitos para a concessão de financiamento estudante pelo FIES em relação a estudantes que já vinham se beneficiando do financiamento (ADPF 341, J. 27.05.2015);

b) permite a convalidação de atos anuláveis, ou seja, de atos que podem ser repetidos sem o vício que os inquinava;

c) permite a conversão de atos nulos em atos de outra categoria, na qual serão válidos;

d) permite a manutenção de atos nulos expedidos há muito tempo, desde que haja excepcionalíssimo interesse público (ex.: loteamento popular antigo feito sem autorização administrativa);

e) proíbe a aplicação retroativa de nova interpretação por parte da Administração (inciso XIII do parágrafo único do art. 2º da lei acima referida); tal proibição visa a preservar a boa-fé, a confiança do administrado na Administração;

f) protege expectativas legítimas de promessas firmes. Ex.: permissão de uso de bem público dada pelo Estado com prazo determinado, que acaba sendo revogada antes do final do prazo; com base no princípio da proteção da confiança, é possível que o permissionário requeira em juízo que continue com a permissão ou que receba indenização pela quebra da confiança;

g) não gera direito adquirido a regime funcional ou contratual;

h) "a garantia da irretroatividade da lei, prevista no art. 5º, XXXVI, da Constituição da República, não é invocável pela entidade estatal que a tenha editado" (Súmula 654 do STF);

i) "os valores recebidos de boa-fé pelo servidor público, quando pagos indevidamente pela Administração Pública em função de interpretação equivocada de lei, não devem ser devolvidos" (STJ, AgRg no Ag 1.423.790, DJ 30.11.2012).

j) em atenção aos princípios da segurança jurídica e da confiança legítima, os Tribunais de Contas estão sujeitos ao prazo de cinco anos para o julgamento da legalidade do ato de concessão inicial de aposentadoria, reforma ou pensão, a contar da chegada do processo à respectiva Corte de Contas (Informativo STF 967).

A Lei de Introdução às Normas do Direito Brasileiro trouxe em 2018 inovações no Direito Administrativo e várias delas são regras que decorrem do princípio da segurança jurídica, impactando na aplicação prática desse princípio (arts. 23, 24, 26, 27 e 30 da LINDB):

– A decisão administrativa, controladora ou judicial que estabelecer interpretação ou orientação nova sobre norma de conteúdo indeterminado, impondo novo dever ou novo condicionamento, preverá regime de transição quando indispensável ao seu cumprimento adequado.

– A revisão quanto à validade de tais atos cuja produção já se houver completado levará em conta as orientações gerais da época, sendo vedado que, com base em mudança posterior de orientação geral, se declarem inválidas situações plenamente constituídas.

– Consideram-se orientações gerais as interpretações e especificações contidas em atos públicos de caráter geral ou em jurisprudência judicial ou administrativa majoritária, e ainda as adotadas por prática administrativa reiterada e de amplo conhecimento público.

– Para eliminar irregularidade, incerteza jurídica ou situação contenciosa na aplicação da lei, a autoridade administrativa poderá, após oitiva do órgão jurídico e, se o caso, após consulta pública, havendo relevante interesse geral, celebrar compromisso com os interessados, o qual só produzirá efeitos a partir de sua publicação oficial.

– A decisão do processo, nas esferas administrativa, controladora ou judicial, poderá impor compensação por benefícios indevidos ou prejuízos anormais ou injustos resultantes do processo ou da conduta dos envolvidos. Para prevenir ou regular a compensação, poderá ser celebrado compromisso processual entre os envolvidos.

– As autoridades públicas devem atuar para aumentar a segurança jurídica na aplicação das normas, inclusive por meio de regulamentos, súmulas administrativas e respostas a consultas, que terão caráter vinculante em relação ao órgão ou entidade a que se destinam, até ulterior revisão.

2.3.6.2. Coisa julgada, direito adquirido e ato jurídico perfeito

No tema aplicação da lei no tempo é, ainda, importante anotar que a lei nova, apesar de ter efeito imediato e geral, deve respeitar o ato jurídico perfeito, o direito adquirido e a coisa julgada (art. 6º da LINDB). A Constituição, em seu art. 5º, XXXVI, reforça o princípio ao dispor que "a lei não prejudicará o direito adquirido, o ato jurídico perfeito e a coisa julgada".

Trata-se do **princípio da irretroatividade da lei**.

A **coisa julgada** pode ser conceituada como a *qualidade da sentença de mérito de o seu comando ser imutável. Isso se dá com o trânsito em julgado da decisão.*

O **direito adquirido** é *aquele que já se incorporou ao patrimônio de seu titular, uma vez que preenchidos, sob a vigência da lei anterior, os requisitos para a aquisição do direito.* Para a LINDB, "consideram-se adquiridos assim os direitos que seu titular, ou alguém por ele, possa exercer, como aqueles cujo começo do exercício tenha termo prefixo, ou condição preestabelecida inalterável, a arbítrio de outrem" (art. 6º, § 2º).

O **ato jurídico perfeito** é *aquele já consumado segundo a lei vigente ao tempo em que se efetuou* (art. 6º § 1º, da LINDB).

A lei não pode *prejudicar* tais valores, mas pode *beneficiar*. É por isso que a lei penal que beneficia o acusado retroage (art. 5º, XL, da CF) e que a lei tributária também retroage em alguns casos (art. 106 do CTN).

Não se deve confundir *retroatividade* com *aplicabilidade imediata*. A lei não pode atingir, para prejudicar, fatos passados, mas pode ser aplicada de modo imediato para fatos que ocorrerem depois de sua vigência, ainda que relacionados com fatos anteriores.

Dessa forma, tirando as situações de aplicação imediata da lei, não se pode retroagir lei nova para prejudicar direito adquirido, coisa julgada e ato jurídico perfeito.

De qualquer forma, em se tratando de Direito Administrativo, é sempre possível que, respeitadas as hipóteses legais, haja desapropriação de um direito protegido por esses institutos, pagando-se, sempre, indenização prévia, justa em dinheiro.

2.3.6.3. Princípio da proteção à confiança legítima

O princípio da segurança jurídica pode ser considerado em dois aspectos: a) no aspecto objetivo, está ligado à irretroatividade das leis e das novas interpretações, e a finalidade é proteger o próprio sistema (endossegurança); b) no aspecto subjetivo, está ligado ao princípio da proteção à confiança legítima.

O princípio da proteção à confiança legítima foi criado pela jurisprudência alemã após a 2ª Guerra Mundial, período em que se buscou uma reação a atos que afetaram repentina e bruscamente os administrados.

De acordo com esse princípio, quando (1) o Estado expede um ato conclusivo capaz de gerar confiança no administrado, (2) levando este a praticar determinada conduta no sentido da expectativa criada pelo Estado, (3) este fica adstrito a manter a sua palavra mesmo se o ato for ilegal, (4) salvo má-fé do administrado.

Um exemplo interessante é a situação em que a administração outorga ao particular uma permissão de serviço público pelo prazo de 4 anos, tratando-se de prazo ideal para a amortização de investimentos pelo permissionário e recebimento de retorno compatível pelo seu trabalho, sendo que, dois anos depois, a permissão vem a ser revogada. Nesse caso, mesmo havendo previsão legal de que a permissão de serviço público é precária, podendo, assim, ser revogada a qualquer tempo independentemente de licitação, o fato é que o particular recebeu um ato conclusivo (permissão) que gerou a confiança legítima de que seria mantido até o final do período de 4 anos (por conta do prazo específico no documento, da necessidade de 4 anos para amortizações e lucros e da inexistência de má-fé pelo particular), devendo o estado manter sua promessa, sua palavra, não revogando a permissão antes do tempo. A aplicação do princípio da confiança fará com que o Estado tenha de voltar atrás na revogação do ato ou tenha essa revogação do ato anulada. Em o Estado demonstrando interesse público na anulação do ato, a aplicação do princípio determinará a condenação do Estado a pagar indenização pela perda antecipada da permissão pelo particular.

Uma vez violado princípio da proteção à confiança legítima, a correção dessa medida, pode, assim, dar-se por variados instrumentos. Pode ser o caso de anulação do ato que viola o princípio. Pode ser o caso de condenação do Estado no pagamento de indenização. Pode ser o caso de uma medida específica, como é o caso da determinação de nomeação de uma pessoa aprovada num concurso dentro das vagas previstas no edital, pois o STF, nesse tipo de caso, vem dizendo que o princípio da confiança é violado quando o edital prevê certo número de vagas num concurso público, mas os servidores aprovados dentro desse limite não vêm a ser nomeados.

2.3.7. Princípio da razoabilidade

Esse princípio pode ser **conceituado** como *aquele que impõe o dever de agir dentro de um padrão normal, evitando-se negligência e excesso e atuando de forma compatível entre os meios e fins previstos na lei.*

O princípio da razoabilidade não está expresso na Constituição Federal.

Porém, o art. 5º, LXXVIII, da CF, introduzido pela EC 45/2004, introduziu o direito à *razoável* duração do processo judicial e administrativo. A expressão "razoável", apesar de ligada à questão do processo célere, acaba trazendo à tona o valor da razoabilidade.

Assim, o princípio da razoabilidade continua implícito de modo geral na CF, mas pelo menos está expresso para fins de duração do processo no nosso Texto Maior.

Apesar disso, ele pode ser encontrado exposto em alguns textos infralegais, como o da Constituição do Estado de São Paulo (art. 111) e no art. 2º, *caput*, da Lei de Processo Administrativo Federal (Lei 9.784/1999).

Além do mais, o art. 2º, parágrafo único, VI, da Lei 9.784/1999 também acaba por tratar do princípio da razoabilidade ao trazer a seguinte obrigação à Administração em seus atos: "adequação entre meios e fins, vedada a imposição de obrigações, restrições e sanções em medida superior àquelas estritamente necessárias ao atendimento do interesse público".

São **exemplos** de violação ao princípio da razoabilidade os seguintes: a) demissão de um agente público, quando era suficiente uma suspensão; b) cumulação indistinta de todas as sanções por ato de improbidade administrativa, mesmo em casos mais leves, como de violação a princípios da administração; c) requisição administrativa de bens ou serviços em quantidade maior do que a necessária; d) dissolução de passeata pacífica por meio de arma de fogo.

O princípio somente tem **incidência** em relação a atos *discricionários*, não incidindo em relação a atos *vinculados*. Isso porque, quando um ato é vinculado, a Administração só tem uma opção de ato a ser praticado, não havendo que se falar em mais de uma possibilidade e, portanto, que o ato fere a razoabilidade. Porém, quando se tem um ato discricionário, existe mais de uma opção para o administrador, ocasião em que se poderá discutir se a atitude tomada está ou não de acordo com a razoabilidade.

Uma dúvida muito frequente é se o princípio da razoabilidade é sinônimo do **princípio da proporcionalidade**. Essa dúvida ganha ainda mais relevância pelo fato de o art. 2º, *caput*, da Lei 9.784/1999 dispor que a Administração deve respeitar a *razoabilidade* e também a *proporcionalidade*.

Há quem defenda que os dois princípios são sinônimos. Outros defendem que um está contido no outro. No caso, a proporcionalidade é medida da razoabilidade.

Na prática, costuma-se usar a expressão "proporcionalidade" para situações que envolvem quantidade. São situações em que se tem um "meio" (por exemplo, a possibilidade de aplicação de mais de um valor de multa) e "fim" (punir e prevenir que alguém cometa a infração). Por exemplo, se uma multa poderia variar de R$ 100 a R$ 1.000,00 e acaba sendo fixada em R$ 1.000,00, pode-se dizer, a depender da gravidade desta, que houve violação ao princípio da proporcionalidade.

A expressão "razoabilidade" acaba sendo utilizada para outras situações que não envolvem questão matemática, mas sim a busca de uma conduta igualitária da Administração. Por exemplo, se um Prefeito, mesmo diante do caos na área da saúde, resolver fazer uma obra para reformar a praça em frente ao hospital, em detrimento de maiores investimentos no próprio serviço de saúde, diz-se que houve violação ao princípio da razoabilidade. Nesse caso, o investimento na praça (que beneficia pessoas que nela brincam e passeiam) é discriminatório e desigual em relação à falta de investimento na saúde (considerando o caos em que se está e que a questão da saúde envolve o valor mais importante de todos, que é a vida)? Na análise dessa relação de congruência o princípio da razoabilidade orientará para a busca da medida mais igualitária e menos discriminatória.

Outras diferenças apontadas são as seguintes: a) quanto à origem, a razoabilidade se desenvolveu no direito anglo-saxônico (na Inglaterra, sob o prisma do devido processo legal em geral, trazido na Magna Carta; nos EUA, sob o prisma do devido processo legal substantivo), ao passo que a proporcionalidade, no direito germânico; b) quanto ao âmbito de incidência, o princípio da proporcionalidade é aplicado quando se está diante de uma relação em que há "meio" e "fim", ao passo que o da razoabilidade, quando se está diante de uma relação de "critério distintivo" e "medida tomada", em que se deve buscar a igualdade, ou seja, uma relação de congruência entre o "critério distintivo" e a "medida tomada"; b) quanto ao conteúdo valorativo, a razoabilidade de fundamento nas noções de racionalidade e equilíbrio (mais subjetivas) e a proporcionalidade, nas noções de adequação, necessidade e ponderação (mais objetivas).

Quanto ao princípio da proporcionalidade, o STF, no julgamento do RE 466.343-1, especificou que esse princípio, quando aplicado na restrição a direitos fundamentais, deve levar em conta os seguintes critérios:

a) adequação: eficácia do meio escolhido;

b) necessidade: uso do meio menos restritivo ou gravoso para atingir a finalidade, face ao indivíduo paciente;

c) proporcionalidade em sentido estrito: ponderação entre os benefícios alcançados com o ato e os danos por ele causados.

Quanto à ordem correta de aplicação do princípio, é a seguinte: primeiro analisa-se, de fato, se há colisão de direitos fundamentais; depois descreve-se o conflito identificando os pontos relevantes do caso e, por fim, faz-se o exame, sucessivo, da adequação, da necessidade e da proporcionalidade em sentido estrito.

Outro ponto importante, agora quanto ao princípio da razoabilidade, é que este costuma ser **usado contra** a Administração, mas, muitas vezes, o contrário também acontece.

Isso porque, de um lado, o princípio pode ser visto como um *dever-poder*, ou seja, antes de tudo os poderes públicos só se justificam como instrumento dos deveres públicos, daí porque não se deve agir nunca com excesso (sem razoabilidade) para atingir os deveres existentes. De outro lado, o princípio pode ser visto como um *poder-dever*, de modo que se deve respeitar a decisão discricionária de um agente público desde que ela seja aceitável (razoável), ainda que algumas pessoas não concordem com seu conteúdo.

De qualquer forma, e agora tratando dos dois princípios em tela, o fato é que são instrumentos essenciais na limitação dos excessos e abusos do Estado e devem ser invocados, sob qualquer dos nomes citados, para evitar que isso aconteça ou para fazer cessar ou reparar condutas estatais que desrespeitem esses valores.

A Lei de Introdução às Normas do Direito Brasileiro sofreu alteração em 2018 e uma das inovações é uma regra que decorre do princípio da razoabilidade: "nas esferas administrativa, controladora e judicial, não se decidirá com base em valores jurídicos abstratos sem que sejam consideradas as consequências práticas da decisão (art. 20, *caput*, LINDB)". A ideia é que o controle dos atos administrativos não seja feito considerando apenas as normas em tese, ou seja, o "mundo das ideias", mas sim levando em conta o "mundo fenomênico", no que se refere às consequências práticas da decisão. A norma foi editada após administradores públicos de todo o país se queixarem de algumas decisões tomadas por Tribunais de Contas e por órgão judiciários, que, em alguns casos, foram tomadas sem conhecimento e mesmo a avaliação das consequências que a decisão no mundo real, o que gerou muitas vezes a aplicação da lei em dissonância com os fins sociais a que ela se dirige. De qualquer forma, essa norma tem que ser compatibilizada com os demais princípios, especialmente o da legalidade, para que não a use como pretexto para evitar que um ato administrativo que fere a lei seja corrigido.

2.3.8. Princípio da motivação

Esse princípio pode ser **conceituado** como *aquele que impõe ao administrador público o dever de indicar, prévia ou contemporaneamente, os pressupostos de fato e de direito que determinam a decisão ou o ato, de forma explícita, clara e congruente.*

O princípio da motivação **não está previsto** expressamente no art. 37, *caput*, da CF.

Porém, o princípio pode ser encontrado para as decisões do Poder Judiciário e do Ministério Público (art. 93, IX, da CF c/c art. 129, § 4º, da CF), que devem ser devidamente fundamentadas, sob pena de nulidade.

Apesar de não haver previsão genérica do princípio da motivação na Constituição Federal, há na legislação infraconstitucional. O art. 2º, *caput*, da Lei 9.784/1999 faz referência expressa à motivação como princípio a ser obedecido por toda a Administração Direta e Indireta, de todos os poderes.

O princípio da motivação **decorre** do aparecimento do Estado de Direito, em que a única vontade que impera é a da lei e não a pessoal, de modo que a Administração tem de justificar seus atos. Ele é reforçado pelo princípio da moralidade e pela ampliação do acesso ao Judiciário, que também exigirão a motivação como forma de preservar a probidade administrativa e permitir que as pessoas possam impugnar atos da Administração em juízo.

Uma dúvida muito comum é se a obrigatoriedade de motivação é **regra** ou **exceção**. A pergunta tem pertinência, pois o art. 50 da Lei 9.784/1999 traz um rol de casos em que a motivação é necessária. Com isso, para alguns, ela só seria obrigatória quando a lei determinar.

Porém, não se deve esquecer que a motivação é um princípio e, como tal, é uma norma que tem hierarquia material em relação a algumas regras, como a prevista no art. 50 da Lei 9.784/1999. Não bastasse isso, o rol de casos em que a motivação é obrigatória é tão amplo que se pode afirmar: a regra é que os atos administrativos que afetem direitos devem ser motivados.

Assim, só não haverá o dever de motivar quando a lei expressamente o dispensar, como é o caso da nomeação e da exoneração para cargo em comissão, que são livres, ou seja, não dependem de motivação por aquele que comete tais atos.

Nos demais casos, a motivação é requisito de validade do ato administrativo atinente à *forma*.

Vale ressaltar, todavia, que, caso se esteja diante de *ato vinculado* e em situação cuja motivação seja óbvia, e ainda haja respeito aos demais requisitos de validade, este poderá ser mantido se demonstrada a ausência de prejuízo. Nessa hipótese, a motivação não deixa de ser obrigatória, podendo o servidor vir a ser responsabilizado por sua ausência, mas o ato pode ser mantido no mundo jurídico, desde que possa ser demonstrado que antecede à lei quanto aos demais aspectos.

Nos *atos discricionários*, por sua vez, a falta de motivação gera sua invalidação, sob pena de se permitir a invenção de motivos em momento posterior. Todavia, há entendimentos doutrinários e jurisprudenciais no sentido de que, excepcionalmente, é possível que um ato discricionário sem motivação possa ser convalidado, desde que a administração promova motivação posterior que demonstre de modo inquestionável o seguinte: a) que o motivo extemporaneamente alegado preexistia; b) que esse motivo era idôneo para justificar o ato; c) que o motivo foi a razão determinante da prática do ato (STJ, AgRg no RMS 40.427-DF).

A **motivação** *aliunde*, consistente na declaração de concordância com os fundamentos apresentados em outra manifestação anteriormente expedida, é admitida e largamente utilizada na Administração Pública. Ter-se-á por motivação do ato aquela à qual faz referência. Ex.: a autoridade expede um ato adotando como fundamento parecer que o precede.

Vale lembrar que, quando se tratar de decisões de órgãos colegiados ou de decisões orais, a motivação deve constar da respectiva ata ou termo escrito.

Por fim, a Lei de Introdução às Normas do Direito Brasileiro trouxe requisitos adicionais à motivação, estabelecendo que esta terá que demonstrar a necessidade e a adequação da medida imposta ou da invalidação de ato, contrato, ajuste, processo ou norma administrativa, inclusive em face das possíveis alternativas (art. 20, parágrafo único, LINDB).

2.3.9. Princípio da autotutela

Esse princípio pode ser **conceituado** como *aquele que impõe o dever de a Administração Pública anular seus próprios atos, quando eivados de vício de ilegalidade, e o poder de revogá-los por motivo de conveniência e oportunidade, respeitados os direitos adquiridos.*

O princípio da autotutela não está **previsto** expressamente no art. 37, *caput*, da CF.

Porém o princípio é muito conhecido e está previsto na Súmula 473 do STF e no art. 53 da Lei 9.784/1999.

Perceba-se que, diante de *ilegalidade*, fala-se em dever (ato vinculado) de anular. E que diante de motivo de *conveniência e oportunidade*, fala-se em poder (ato discricionário) de revogar. O nome do princípio remete à ideia de que a Administração agirá sozinha, ou seja, sem ter de levar a questão ao Poder Judiciário.

Um exemplo de aplicação da autotutela consiste em a Administração, tomando ciência da ilegalidade na concessão de uma licença para construir, promover sua anulação de ofício.

Outro exemplo consiste em a Administração, após ter concedido uma autorização para uso de um bem público para que uma comunidade feche uma rua por um dia para realizar uma festa local, revogar a autorização dada por conta da ciência de um fato novo que torna inconveniente a manutenção da autorização outorgada ao particular.

Outra aplicação prática do princípio está prevista na Súmula 611 do STJ, pela qual "desde que devidamente motivada e com amparo em investigação ou sindicância, é permitida a instauração de processo administrativo disciplinar com base em denúncia anônima, em face do poder-dever de autotutela imposto à Administração".

Tanto a anulação como a revogação poderão se dar independentemente de apreciação judicial.

2.3.10. Princípio do controle judicial dos atos administrativos

Esse princípio pode ser **conceituado** como *aquele que impõe que todo ato administrativo seja passível de controle por parte do Poder Judiciário, ainda que se trate de ato discricionário, desde que esse controle se atenha aos aspectos de legalidade, razoabilidade e moralidade.*

Tal controle se justifica tanto pelo fato de estarmos num Estado de Direito como porque existe o **princípio da universalidade da jurisdição**, pelo qual *a lei não excluirá da apreciação do Poder Judiciário lesão ou ameaça de lesão a direito* (art. 5º, XXXV, CF).

2.3.11. Outros princípios

A doutrina também aponta como princípios do Direito Administrativo os seguintes: **finalidade** (impõe à Administração que só pratique atos voltados ao interesse público), **especialidade** (ligado à descentralização administrativa, impõe que as pessoas jurídicas criadas pelo Estado – autarquias, por exemplo – atuem de acordo com a finalidade definida em lei), **controle ou tutela** (ligado ao anterior, impõe que a Administração Direta fiscalize os entes que tiver criado, com o objetivo de garantir a observância de suas finalidades legais), **continuidade** (impõe que os serviços públicos não sejam interrompidos), **responsabilidade do Estado** (impõe responsabilidade objetiva a este) tratando também dos princípios da **hierarquia**, do **interesse público**, da **ampla defesa** e do **contraditório**, entre outros.

3. PODERES DA ADMINISTRAÇÃO PÚBLICA

3.1. Considerações gerais

Os poderes têm *caráter instrumental*, uma vez que são os meios pelos quais a Administração busca atingir seu fim, qual seja, a proteção e promoção do interesse público.

Por conta disso, a doutrina costuma associar a ideia de poder à de dever, daí porque muitos autores dizem que a Administração tem, na verdade, um *poder-dever* ou um *dever-poder*, como prefere Celso Antônio Bandeira de Mello.

Enfim, os poderes conferidos à Administração só existem com o objetivo de atender seus **deveres** – dever de agir, dever de eficiência, dever de probidade e dever de prestar contas.

Considerando a importância dos poderes para atender os objetivos da Administração, esses são irrenunciáveis. Ademais, não se pode manejá-los sem que o agente tenha *competência* (ou teremos excesso de poder) ou, ainda que competente, quando se desvia da finalidade para a qual existe aquele ato (caso de desvio de poder).

3.2. Definições de Hely Lopes Meirelles

Hely Lopes Meirelles traz as seguintes definições dos poderes administrativos (*Direito Administrativo Brasileiro*. 26. ed. São Paulo: Malheiros. p. 109 a 123):

a) poder vinculado – "é aquele que o Direito Positivo – a lei – confere à Administração Pública para a prática de ato de sua competência, determinando os elementos e requisitos necessários à sua formalização";

b) poder discricionário – "é o que o Direito concede à Administração, de modo explícito, para a prática de atos administrativos com liberdade na escolha de sua conveniência, oportunidade e conteúdo";

c) poder hierárquico – "é o de que dispõe o Executivo para distribuir e escalonar as funções de seus órgãos, ordenar e rever a atuação de seus agentes, estabelecendo a relação de subordinação entre os servidores do seu quadro de pessoal";

d) poder disciplinar – "é a faculdade de punir internamente as infrações funcionais dos servidores e demais pessoas sujeitas à disciplina dos órgãos e serviços da Administração";

e) poder regulamentar – "é a faculdade de que dispõem os Chefes de Executivo (Presidente da República, Governadores e Prefeitos) de explicar a lei para sua correta execução, ou de expedir decretos autônomos sobre matéria de sua competência ainda não disciplinada por lei";

f) poder de polícia – "é a faculdade de que dispõe a Administração Pública para condicionar e restringir o uso e gozo de bens, atividades e direitos individuais, em benefício da coletividade ou do próprio Estado".

3.3. Poderes vinculado e discricionário

Repare que a diferença entre o **poder vinculado** e o **poder discricionário** é que, no primeiro, a lei deixa bem *determinados* os elementos e requisitos necessários à prática de um ato, ao passo que, no segundo, a lei confere *margem de escolha* para a Administração quanto à conveniência, a oportunidade e o conteúdo do ato.

No exercício de um ato ou poder vinculado, não será possível ao administrador público fazer apreciações pessoais, subjetivas, uma vez que está muito claro na lei *quando* deve agir e a *forma* desse agir. São atos vinculados os seguintes: concessão de aposentadoria voluntária e multa de trânsito por excesso de velocidade.

No exercício de um ato ou poder discricionário, é dado ao administrador público utilizar critério de conveniência e oportunidade para discernir *quando* deve agir ou a *forma* desse agir. Observe que não existe arbitrariedade ou liberdade total para Administração, mas sim *margem de liberdade* para que essa, no caso concreto, verifique a melhor providência a ser tomada.

Nesse sentido, todo ato discricionário tem uma parte vinculada, em que o agente estará adstrito ao que dispuser a lei. A *competência*, por exemplo, sempre é vinculada, já que a lei sempre determina quem é competente.

No entanto, Hely Lopes Meirelles entende que três requisitos dos atos administrativos são sempre vinculados: *competência, forma* e *finalidade* (interesse público). Ou seja, a competência discricionária é sempre *parcialmente vinculada*, não conferindo, assim, *total liberdade* para o agente público, mas apenas *margem de liberdade* para este.

Dessa forma, o *mérito* de um ato discricionário, ou seja, a margem de liberdade que remanesce ao agente público se situará nos requisitos *motivo* e/ou *objeto*.

O Judiciário não pode se imiscuir no *mérito* administrativo, sob pena de violação ao princípio da independência dos Poderes. Todavia, o Judiciário pode apreciar os seguintes aspectos de um ato discricionário: de *legalidade*, de *razoabilidade* e de *moralidade*.

São exemplos de atos discricionários os seguintes: a autorização de uso de bem público para que o particular realize um evento e a autorização para compra de uma arma (Lei 10.826/2003).

3.4. Poderes hierárquico e disciplinar

Repare que a diferença entre o poder hierárquico e o poder disciplinar é que o primeiro diz respeito ao dia a dia das relações de subordinação (escalonamento de funções, ordens, revisão de atos), ao passo que o segundo só atua quando houver um ilícito disciplinar, possibilitando à Administração a aplicação de sanções disciplinares.

O **poder hierárquico** é aquele conferido ao *agente público para organizar a estrutura da Administração e fiscalizar a atuação de seus subordinados, expressando-se na distribuição e orientação das funções, na expedição de ordens e na revisão dos atos dos demais agentes, numa relação de ampla subordinação.*

Esse poder se dá de *órgão* para *órgão* ou de *cargo* para *cargo*. Dessa forma, a hierarquia não se confunde com o controle (*supervisão ministerial* ou *tutela*), pois este se dá de *pessoa jurídica* para *pessoa jurídica*. A hierarquia confere amplos poderes ao órgão superior, ao passo que o controle somente permite que a entidade controladora fiscalize a controlada no que a lei dispuser e quanto a possíveis desvios de finalidade da entidade.

A delegação e a avocação são institutos muito ligados ao poder hierárquico e serão vistos no item 4.4.2.2.1.

O **poder disciplinar** é *aquele conferido ao agente público para aplicação de sanções ou penalidades aos demais agentes, dada a prática de uma infração disciplinar.*

Perceba que, em relação ao poder hierárquico, o poder disciplinar é mais específico, direcionando-se tão somente à atividade de punir ou não um agente por infração funcional, enquanto aquele é mais amplo, dizendo respeito à organização, orientação e revisão de atos.

Por outro lado, é bom salientar que o poder disciplinar não se dirige apenas sobre os servidores públicos. O conceito doutrinário desse poder engloba não só a atividade disciplinar dos agentes públicos, como também a que se dirige a outras pessoas que mantêm relação jurídica com a Administração, já que esse poder é a faculdade de punir internamente as infrações funcionais dos servidores e demais pessoas sujeitas à disciplina dos órgãos e serviços da Administração.

O poder disciplinar pode ser tanto vinculado como discricionário e depende do que dispuser a lei a respeito.

O ato decorrente do poder disciplinar deve ser devidamente motivado. Aliás, dois aspectos são muito importantes nesse poder: a) a necessidade de apuração da falta com contraditório e ampla defesa; b) o dever de motivar.

Mais à frente veremos outros elementos referentes ao processo administrativo disciplinar.

3.5. Poder regulamentar

Conforme já visto, o poder regulamentar pode ser **conceituado** como a *faculdade de que dispõem os Chefes de Executivo de explicar a lei para sua correta execução ou de expedir decretos autônomos sobre matéria de sua competência ainda não disciplinada por lei.*

Na **prática**, o poder regulamentar se dá pela edição de decretos regulamentares, ou seja, de decretos que explicam a lei, propiciando sua fiel execução.

Vamos a um **exemplo**. Imagine uma lei municipal que estabelece a proibição de emissão de ruído acima de determinado limite após as 22 horas. Esse tipo de lei costuma trazer a proibição em si, o limite de decibéis para os diferentes locais de um município (zonas residenciais, zonas comerciais, em frente a hospitais etc.) e a sanção aplicável em caso de descumprimento. Porém, tais leis não entram em detalhes sobre como serão aplicadas no plano concreto. É nessa hora que entra o regulamento. O Prefeito, por meio de um decreto, detalhará como a fiscalização deverá ser feita, que tipo de aparelho poderá aferir o limite de decibéis, além de outras regras necessárias à fiel execução da lei.

O poder regulamentar consiste justamente em o Chefe do Executivo emitir regulamentos com vistas à operacionalização do cumprimento da lei.

É por isso que o exercício desse poder não pode inovar na ordem jurídica, ou seja, criar direitos ou obrigações novos. Esse poder tem por objetivo apenas regulamentar o que a lei estabeleceu, não podendo passar por cima dela.

Conforme já visto quando estudamos o princípio da legalidade, só excepcionalmente são cabíveis *decretos autônomos de lei*, valendo citar os dois casos previstos no art. 84, VI, da

Constituição, em que um decreto poderá inovar na ordem jurídica, atentando, claro, aos limites estabelecidos no dispositivo.

No mais, a regra é que os decretos sejam *voltados à execução de lei*.

Passemos agora às **características** do poder regulamentar:

a) é exercido pelo *Chefe do Poder Executivo*;

b) é *indelegável*;

c) o meio utilizado para trazer ao mundo jurídico o regulamento é o *decreto* (ato-forma);

d) objetiva tão somente *propiciar a fiel execução da lei*, não podendo, como regra, ir além do que ela dispõe, ou seja, *não podendo inovar* na ordem jurídica;

e) o Congresso Nacional tem competência para sustar atos normativos do Executivo que exorbitem o poder regulamentar (art. 49, V, CF);

f) há leis que são de eficácia contida, por dizerem ser necessário regulamento para produzirem efeitos (condição suspensiva, portanto).

Não se deve confundir o **poder normativo** com o **poder regulamentar**. Aquele tem conceito mais amplo, que abrange tanto o poder regulamentar, como poder de editar outros atos normativos infralegais. O poder normativo pode ser exercido por outros agentes além do Chefe do Executivo (único que pode praticar o poder regulamentar). Por exemplo, exercem poder normativo um Ministro de Estado (art. 84, parágrafo único, da CF) e uma agência reguladora, tudo nos termos da lei e dos regulamentos.

3.6. Poder de polícia

3.6.1. Conceito de poder de polícia em sentido amplo

Conforme já vimos, o poder de polícia pode ser **conceituado** como *a faculdade de que dispõe a Administração Pública para condicionar e restringir o uso e gozo de bens, atividades e direitos individuais, em benefício da coletividade ou do próprio Estado*.

O conceito em tela **abrange** duas situações: a) as leis, que trazem as limitações administrativas aos direitos, à liberdade e à propriedade das pessoas; b) a polícia administrativa, consistente na atividade de fiscalizar a conformidade do comportamento das pessoas aos limites estabelecidos pela lei.

Portanto, o poder de polícia em sentido amplo abrange tanto a lei como a fiscalização com vistas a verificar se a aquela está sendo cumprida.

Vejamos um exemplo. Em matéria de trânsito, o Código de Trânsito Brasileiro é o instrumento que traz a *limitação administrativa*, ao passo que os agentes de trânsito exercem a fiscalização, a *polícia administrativa*.

3.6.2. Conceito de poder de polícia em sentido estrito (polícia administrativa)

A **polícia administrativa** pode ser **conceituada** como *a atividade da Administração Pública, expressa em atos normativos ou concretos, de condicionar a liberdade e a propriedade dos indivíduos aos ditames da lei, mediante ação fiscalizadora, ora preventiva, ora repressiva*.

A polícia administrativa é sempre sublegal, ou seja, atua no sentido de fazer com que a lei seja cumprida.

Para tanto, a polícia administrativa vale-se não só de atos concretos (ex.: multas) como também de atos normativos (ex.: regulamentos).

A tarefa primordial da polícia administrativa é impor um *não fazer* ("non facere"). Para tanto, os agentes administrativos atuarão *preventivamente* (ex.: fazendo vistorias) e *repressivamente* (ex.: aplicando sanções, apreendendo produtos, removendo veículos etc.).

Dessa forma, a polícia administrativa é essencialmente **negativa**, já que impõe um não fazer. Há casos, porém, em que será positiva, como quando o poder de polícia se dá para que o proprietário atue concretamente para atender à função social da propriedade.

3.6.3. Características da polícia administrativa

O poder de polícia em sentido estrito ou polícia administrativa tem as seguintes **características**:

a) provém privativamente de autoridade pública, ou seja, não é permitida sua delegação ao particular. A este somente é possível ser credenciado para **contribuir materialmente** com o poder de polícia, como no caso de empresa que controla radares fotográficos de trânsito, mas a declaração de vontade será, ao final, da autoridade pública, que, com base nesses elementos materiais, poderá aplicar ou não uma multa de trânsito; ou seja, o poder de polícia não pode ser delegado para entidade privada (STF, ADI 1.717/DF, DJ 29.03.2003), mas é possível que o particular receba (por contrato de prestação de serviço ou por credenciamento) a incumbência de colaborar, com atividades materiais, com a administração pública;

b) é imposto coercitivamente pela administração, independente da concordância do particular, sem necessidade de buscar o Poder Judiciário; Hely Lopes Meirelles denomina esse atributo de autoexecutoriedade;

c) abrange de forma genérica as atividades e a propriedade, diferentemente da servidão e da requisição administrativas, que abrangem atividades e pessoas *específicas*.

Por conta da generalidade do poder de polícia, seu exercício *não gera direito de indenização* em favor do particular. Ao contrário, seu exercício é fato que enseja a cobrança de uma *taxa* a ser paga pelo particular.

Parte da doutrina aponta que o poder de polícia é **discricionário**. Porém, isso nem sempre ocorre. Vai depender do texto da lei que cria a limitação administrativa. Se a lei é bem clara e objetiva sobre o que está proibido e sobre qual conduta o agente público deve tomar, como ocorre com boa parte das normas do Código de Trânsito, está-se diante de competência vinculada e não competência discricionária. Já se a lei traz conceito vago sobre a hipótese que enseja uma atuação, bem como possibilita que seja aplicada mais de uma sanção para o agente infrator, aí sim teremos uma competência discricionária.

Em outras palavras, a lei que estabelece o condicionamento à liberdade e à propriedade das pessoas (poder de polícia em sentido amplo) pode tanto trazer conceitos claros e objetivos, ensejando uma competência vinculada (ex.: "o recuo de frente dos imóveis residenciais deve ser de 4 metros"), como trazer conceitos fluidos e vagos e/ou mais de uma opção ao agente público, ensejando competência discricionária (ex.: "em caso de violação da presente lei, será aplicada multa de R$ 1.000,00 a R$ 5.000,00, de acordo com a gravidade da infração").

Por fim, resta saber se o poder de polícia possibilita que a Administração sempre **use a força** para fazer valer seus atos. Hely Lopes Meirelles chama esse atributo de "coercibilidade", ao passo que Celso Antônio Bandeira de Mello chama esse atributo de "autoexecutoriedade". Para Hely, a expressão "autoexecutoriedade" designa a simples possibilidade de a Administração fazer imposições ao particular, sem recorrer ao Judiciário, sendo a coercibilidade um *plus*, que permite o uso da força.

A possibilidade de a Administração impor comandos de não fazer sem buscar o Poder Judiciário é pacífica, decorrendo da imperatividade (na linguagem de Celso Antônio Bandeira de Mello) e da autoexecutoriedade (na linguagem de Hely Lopes Meirelles).

Já a possibilidade de a Administração, após ter imposto um comando, fazer o uso da força para fazer valer o comando (*autoexecutoriedade* para Celso Antônio e *coercibilidade* para Hely), não é a regra, mas a exceção em matéria de poder de polícia.

Com efeito, a Administração só pode usar a força para que faça valer suas determinações de polícia em caso de urgência ou quando a lei expressamente determinar. Do contrário, terá de buscar a prestação jurisdicional.

Assim, caso uma lei proíba ruídos acima de um dado limite e uma lanchonete, já autuada, continue gerando ruídos excessivos, a interdição do estabelecimento só será possível se a lei local expressamente prever tal possibilidade. Do contrário, o Município deverá ingressar com ação de interdição de estabelecimento.

Vale dizer que o STJ vem estabelecendo limites ao poder de polícia quando a Administração pretende utilizá-lo para cumprir finalidade arrecadatória. Confira-se a respeito as seguintes súmulas desse Tribunal:

> **Súmula STJ 510:** A liberação de veículo retido apenas por transporte irregular de passageiros não está condicionada ao pagamento de multas e despesas.

> **Súmula STJ 127:** É ilegal condicionar a renovação da licença de veículo ao pagamento de multa, da qual o infrator não foi notificado.

3.6.4. Polícia administrativa x polícia judiciária

Não se pode confundir a *polícia administrativa* (exs.: fiscalizações de vigilância sanitária, de trânsito e de construções), com a *polícia judiciária* (ex.: investigação feita pela polícia civil).

Tais polícias têm as seguintes **diferenças**:

a) a primeira age sobre *ilícitos administrativos*, ao passo que a segunda age sobre *ilícitos penais*;

b) a primeira age sobre *bens e pessoas*, ao passo que a segunda age sobre *pessoas*;

c) a primeira atua por *variados órgãos*, ao passo que a segunda atua pela *polícia civil* e pela *polícia federal*;

d) a primeira tem atuação *preventiva, repressiva e punitiva*, ao passo que a segunda costuma atuar *repressivamente*, voltada a investigar ilícitos penais;

e) a primeira é custeada por taxas, ao passo que a segunda, por impostos.

A polícia militar, por sua vez, faz o chamado *policiamento ostensivo*. Esse policiamento pode ser considerado uma espécie à parte de polícia. Porém, vários autores consideram a polícia militar como *polícia administrativa de segurança pública*.

A guarda municipal, de sua parte, tem por função a proteção municipal preventiva. É competência geral das guardas municipais a proteção dos bens, serviços e logradouros públicos municipais e instalações do Município (art. 4º, *caput*, da Lei 13.022/2014). São competências específicas das guardas municipais, dentre outras, respeitadas as competências dos órgãos federais e estaduais, prevenir e inibir, pela presença e vigilância, bem como coibir, infrações penais ou administrativas e atos infracionais que atentem contra os bens, serviços e instalações municipais; colaborar, de forma integrada com os órgãos de segurança pública, em ações conjuntas que contribuam com a paz social; exercer competências de trânsito que lhes forem conferidas; encaminhar ao delegado de polícia, diante de flagrante delito, o autor da infração, preservando o local do crime, quando possível e sempre que necessário (art. 5º da Lei 13.022/2014). Assim, verifica-se que as guardas municipais também exercem polícia administrativa, em geral relacionada à segurança pública.

3.6.5. Princípio da intranscendência das sanções administrativas e das medidas restritivas de direito

O art. 5º, XLV, da CF dispõe que "nenhuma pena passará da pessoa do condenado, podendo a obrigação de reparar o dano e a decretação do perdimento de bens ser, nos termos da lei, estendidas aos sucessores e contra eles executadas, até o limite do valor do patrimônio transferido".

Essa disposição constitucional alcança não só sanções penais, como também sanções administrativas.

3.6.6. Prazo para a ação punitiva (Lei 9.873/1999)

Praticado um ilícito administrativo, a Administração Pública passa a ter um prazo para exercer a **ação punitiva**.

De acordo com o art. 1º da Lei 9.873/1999, a ação punitiva da Administração Pública Federal, direta e indireta, prescreve em **5 (cinco) anos**. No entanto, quando o fato objeto da ação punitiva da Administração também constituir crime, a prescrição reger-se-á pelo prazo previsto na lei penal.

Esse prazo será contado dos seguintes **momentos**:

a) como regra: da prática do ato;

b) nas infrações permanentes ou continuadas: do dia em que tiver cessado.

É possível também que ocorra a **prescrição intercorrente**. Esta se dá quando o procedimento administrativo ficar parado por mais de 3 anos, pendente de julgamento ou despacho. Configurada a prescrição intercorrente, os autos serão arquivados de ofício ou mediante requerimento da parte interessada, sem prejuízo da apuração da responsabilidade funcional decorrente da paralisação, se for o caso.

Interrompe-se a prescrição da **ação punitiva**:

a) pela notificação ou citação do indiciado ou acusado, inclusive por meio de edital;

b) por qualquer ato inequívoco que importe apuração do fato;

c) pela decisão condenatória recorrível;

d) por qualquer ato inequívoco que importe em manifestação expressa de tentativa de solução conciliatória no âmbito interno da administração pública federal.

Suspende-se a prescrição durante a vigência de compromissos de cessação ou de desempenho.

Em matéria de trânsito há regra específica. Por conta de tal regra, o STJ é pacífico no sentido da indispensabilidade de uma primeira notificação quando da autuação da infração de trânsito, oportunizando-se, assim, o exercício do direito ao contraditório e à ampla defesa. A autoridade de trânsito terá o prazo de 30 dias para notificar o infrator para que se defenda. Não o fazendo no prazo legal, deverá o auto de infração ser arquivado e seu registro julgado insubsistente, a teor do art. 281, parágrafo único, inciso II, do CTB (STJ, REsp 951.915/RS).

Uma vez constituída uma sanção pecuniária decorrente da ação punitiva, começa a correr o prazo para a **ação de execução** da administração pública federal.

Esse prazo também é de 5 (cinco) anos, contados da constituição definitiva do crédito não tributário (art. 1º-A da Lei 9.873/1999).

Interrompe-se o prazo prescricional da **ação executória**:

a) pelo despacho do juiz que ordenar a citação em execução fiscal;

b) pelo protesto judicial;

c) por qualquer ato judicial que constitua em mora o devedor;

d) por qualquer ato inequívoco, ainda que extrajudicial, que importe em reconhecimento do débito pelo devedor;

e) por qualquer ato inequívoco que importe em manifestação expressa de tentativa de solução conciliatória no âmbito interno da administração pública federal.

3.6.7. Setores da polícia administrativa e competência

São **setores** comuns da polícia administrativa os seguintes: segurança pública; ordem pública; tranquilidade pública; higiene e saúde pública; defesa do consumidor; defesa do patrimônio estético, artístico, histórico e paisagístico; moralidade pública; economia popular; trânsito; meio ambiente etc.

Quanto à **competência** para o poder de polícia, Hely Lopes Meirelles traz a resposta: *"é competente para dada medida de polícia administrativa quem for competente para legislar sobre a matéria"*, ressalvada a competência dos Municípios para suplementar a legislação federal e a competência concorrente dos Estados.

4. ATOS ADMINISTRATIVOS

4.1. CONCEITO DE ATO ADMINISTRATIVO

O **ato administrativo** pode ser **conceituado** como *a declaração do Estado, ou de quem lhe faça as vezes, no exercício de prerrogativas públicas, destinada a cumprir direta e concretamente a lei.*

Repare que um ato jurídico só será ato administrativo se contiver os seguintes elementos:

a) presença do *Estado* ou de alguém que lhe faça as vezes, como é o tabelião e o registrador;

b) ato praticado com *prerrogativas públicas*, ou seja, com supremacia estatal em relação à outra parte ou ao destinatário do ato;

c) ato destinado a executar a lei no caso concreto, fazendo-o de ofício.

Assim, nem todo ato da Administração é ato administrativo. Caso não haja prerrogativas ou não se busque a execução da lei no caso concreto, não se terá um ato administrativo.

Confira alguns atos que são "atos da Administração", mas não "atos administrativos":

a) *atos regidos pelo Direito Privado.* Exs.: locação de prédio para uso do Poder Público; escritura de compra e venda; emissão de cheque; tais atos não têm os atributos (as qualidades e forças) do ato administrativo; vale ressaltar que os atos antecedentes dos citados devem obedecer ao Direito Público;

b) *atos materiais*: fatos administrativos. Exs.: cirurgia, ministração de aula, serviço de café, pavimentação; não há declaração, prescrição do Estado;

c) *atos políticos:* são os atos de governo, praticados com grande margem de discrição e diretamente em obediência à Constituição, no exercício de função pública. Exs.: indulto, iniciativa de lei, veto, sanção; são amplamente discricionários.

Por outro lado, há atos administrativos que não são praticados pelo Poder Executivo, como os da vida funcional do Poder Judiciário e do Poder Legislativo (contratação de servidores, licitação para obras e aquisições).

Os dirigentes de entidades da Administração Indireta e os executores de serviços delegados podem praticar atos que se equiparam a atos administrativos típicos, tornando-os passíveis de controle por meio de mandado de segurança e ação popular.

4.2. Perfeição, validade e eficácia

Os atos administrativos, que são espécies de atos jurídicos, também podem ser verificados segundos os planos da existência, da validade e da eficácia.

Para tanto, vale conhecer os seguintes conceitos:

a) **perfeição:** *situação do ato cujo processo formativo está concluído*; ato perfeito é o que completou o ciclo necessário à sua formação (plano da existência). Ex.: decisão administrativa que acaba de ser redigida e assinada pela autoridade;

b) **validade:** *adequação do ato às exigências normativas* (plano da validade). Ex.: a decisão administrativa mencionada (já existente, portanto), que esteja, também, de acordo com a lei;

c) **eficácia:** *situação em que o ato está disponível para produção de efeitos típicos* (plano da eficácia). Ex.: ato existente e válido, cuja condição suspensiva ou o termo que o acometia já se implementou, habilitando-o à produção de efeitos, situação que ocorre quando se autoriza o uso de bem público ao particular apenas 10 dias após a expedição do ato de autorização.

4.3. Silêncio administrativo

De acordo com o princípio da legalidade nem mesmo uma declaração expressa da Administração pode se dar sem que a lei permita ou determine tal declaração. Consequentemente, com o silêncio da Administração não poderia ser diferente.

Assim, apenas quando a lei expressamente atribuir algum efeito jurídico ao silêncio administrativo é que este produzirá algum efeito.

Nesse sentido, caso um particular faça um pedido para a Administração e a lei dispuser expressamente que a inexistência de resposta num certo prazo (silêncio) importa em aprovação do pedido, aí sim o silêncio terá efeito jurídico, no caso o de se considerar aprovada a solicitação feita.

Já se um particular faz um pedido e a lei nada dispuser a respeito do que acontece em caso de silêncio administrativo, o particular não poderá considerar atendido o pedido, por conta do aludido princípio da legalidade.

Nesse caso o particular tem o direito de buscar o Judiciário, para que este se pronuncie a respeito. Se havia prazo para manifestação da Administração sem que esta o tenha cumprido, configura-se hipótese de abuso de poder e o particular pode buscar o Judiciário sem maiores justificativas. Já se não havia prazo para a Administração se manifestar, o particular deve buscar o Judiciário alegando inobservância do princípio da razoável duração do processo (art. 5º, LXXVIII, da CF).

Em qualquer dos casos relatados no parágrafo acima, o particular pode, em se tratando de ato vinculado o que ele busca da Administração, pedir para que o juiz substitua a voz da Administração e ele mesmo já acate o pedido do administrado, tratando-se provimento constitutivo (de uma decisão administrativa) e que pode vir acompanhado de um provimento condenatório ou mandamental para cumprimento de obrigações de fazer por parte da Administração. Por outro lado, em se tratando de ato discricionário o que o particular busca junto à Administração, não poderá o juiz substituir a vontade da Administração, adentrando no mérito administrativo, devendo o juiz impor apenas que a Administração decida, o que se pode fazer mediante um provimento que estipule multa diária ou um provimento mandamental direcionado ao administrador público, que, caso descumpra a decisão, estará sujeito a responder por crime de desobediência à ordem legal de funcionário público (art. 330 do Código Penal)

4.4. Requisitos do ato administrativo

Hely Lopes Meirelles ensina que o ato administrativo tem os seguintes **requisitos**: *competência, forma, motivo, finalidade e objeto*.

Já Celso Antônio Bandeira de Mello prefere separar os **elementos de existência** (conteúdo, forma e pertinência à função administrativa) dos **pressupostos de validade** do ato administrativo (sujeito competente capaz e não impedido; motivo; requisitos procedimentais; finalidade; causa; formalização).

Nesse sentido, vale a pena trazer os dois entendimentos doutrinários.

4.4.1. Requisitos do ato administrativo segundo Hely Lopes Meirelles

Os cinco requisitos do ato administrativo para Hely Lopes Meirelles coincidem com os requisitos mencionados no art. 2º, parágrafo único, da Lei 4.717/1965 (Lei de Ação Popular).

O primeiro deles é a **competência**, que consiste na *medida da atribuição legal de cargos, órgãos ou entidades*.

São vícios de competência os seguintes: a) usurpação de função: alguém se faz passar por agente público sem o ser, ocasião em que o ato será inexistente; a) excesso de poder: alguém que é agente público acaba por exceder os limites de sua competência (ex.: fiscal do sossego que multa um bar que visita por falta de higiene); o excesso de poder torna nulo ato, salvo em caso de incompetência relativa, em que será considerado anulável; a) função de fato: exercida por agente que está irregularmente investido em cargo público, apesar de a situação ter aparência de legalidade; nesse caso, os atos praticados serão considerados válidos se houver boa-fé.

O segundo requisito é o **objeto**, que *é o conteúdo do ato, aquilo que o ato dispõe, decide, enuncia, opina ou modifica na ordem jurídica*.

O objeto deve ser lícito, possível e determinável, sob pena de nulidade. Ex.: o objeto de um alvará para construir é a licença.

O terceiro requisito é a **forma**, que consiste no conjunto de *formalidades necessárias para a seriedade do ato*. A seriedade do ato impõe: a) respeito à forma propriamente dita; b) motivação.

O quarto requisito é o **motivo**, que consiste no *fundamento de fato e de direito que autoriza a expedição do ato*. Ex.: o motivo da interdição de estabelecimento consiste no fato de este não ter licença (motivo de fato) e de a lei proibir o funcionamento sem licença (motivo de direito).

De acordo com a Teoria dos Motivos Determinantes, o motivo invocado para a prática do ato condiciona sua validade. Dessa forma, provando-se que o motivo é inexistente, falso ou mal qualificado, o ato será considerado nulo.

E o quinto requisito é a **finalidade**, que *é o bem jurídico objetivado pelo ato*. Ex.: proteger a paz pública, a salubridade, a ordem pública.

Cada ato administrativo tem uma finalidade.

O **desvio de poder (ou de finalidade)** *ocorre quando um agente exerce uma competência que possui, mas para alcançar finalidade diversa daquela para a qual foi criada*.

Não se deve confundir o *excesso de poder* (vício de sujeito) com o *desvio de poder* (vício de finalidade), espécies do gênero abuso de autoridade.

4.4.2. Elementos e pressupostos do ato administrativo segundo Celso Antônio Bandeira de Mello

4.4.2.1. Elementos de existência do ato administrativo

4.4.2.1.1. Conteúdo

Consiste no que o ato estabelece, dispõe, decide, enuncia, opina ou modifica na ordem jurídica. Trata-se do *objeto* a que se refere Hely Lopes Meirelles.[3] Ex.: quando alguém recebe um alvará para construir uma casa, o conteúdo desse ato é uma *licença*. Para que estejamos diante de um ato administrativo, o conteúdo deve ter *pertinência em relação à função administrativa*. Do contrário, teremos apenas um *ato jurídico* que não é o do tipo *ato administrativo*.

---

3. O objeto é trazido por Hely como requisito de validade do ato administrativo, devendo ser lícito, possível e determinado.

4.4.2.1.2. Forma

Trata-se do revestimento exterior do ato, do modo pelo qual esse revela sua existência. Basta ter um objeto e uma forma qualquer para que o ato exista. Se o ato vai ser válido ou não quanto a esse último aspecto, isso será visto no pressuposto *formalização*. São exemplos de forma as seguintes: escrita, verbal e gestual.

4.4.2.2. Pressupostos de validade do ato administrativo

4.4.2.2.1. Sujeito

É quem produz o ato. O sujeito deve ser **capaz**, **não impedido** e **competente** para que o ato seja válido.

Quanto à **capacidade**, o ato expedido por agente público que se torna *incapaz*, desde que preencha os demais requisitos legais e seja do tipo vinculado, será considerado válido, já que no Direito Administrativo o que importa é o atendimento do fim previsto em lei. No entanto, se um incapaz pratica um ato discricionário, esse ato será necessariamente inválido, pois não há como dar margem de liberdade a quem não tem capacidade civil.

Quanto aos casos de **impedimento** para atuar em processo administrativo, estes estão previstos no art. 18 da Lei 9.784/1999, valendo citar como exemplo o impedimento de um servidor que tenha interesse direto ou indireto em dada matéria que a ele seria submetida.

Com relação à **competência**, esta *é a medida do poder atribuído a cargo público, órgão público ou entidade da Administração*.

A competência só pode ser instituída pela *lei*, daí a frase de Caio Tácito de que "não é competente quem quer, mas quem pode, segundo a norma de Direito".

A competência é *intransferível* e *improrrogável* pela simples vontade do agente.

Porém, o exercício da competência pode ser delegado e avocado nos limites das normas que regulam a Administração Pública.

Confira os requisitos para a **delegação de competência** (arts. 12 a 14, Lei 9.784/1999):

a) órgão ou titular de cargo podem delegar;

b) desde que não haja impedimento legal;

c) desde que seja apenas parte da competência;

d) deve ser a outro órgão ou titular de cargo, mesmo que não subordinado hierarquicamente;

e) deve ser conveniente em razão de índole técnica, social, econômica, jurídica ou territorial;

f) pode ser de órgão colegiado ao respectivo presidente;

g) não podem ser delegados:

    g1) edição de ato normativo;

    g2) decisão de recurso administrativo;

    g3) matérias de competência exclusiva de órgão ou autoridade;

h) depende de publicação do ato de delegação no D.O.;

i) ato deve especificar matérias e poderes transferidos, a duração e objetivos da delegação e o recurso cabível;

j) é revogável a qualquer tempo;

k) decisões adotadas por delegação devem mencionar expressamente essa qualidade.

Quanto à **avocação** de competência, confira as regras previstas no art. 15 da Lei 9.784/1999:

a) é a passagem da competência de órgão hierarquicamente inferior para superior;

b) é temporária;

c) é excepcional, dependendo de motivos relevantes devidamente justificados.

Os atos expedidos por agente incompetente serão quase sempre nulos. São **vícios de competência** os seguintes:

a) usurpação de função: *consiste na situação em que alguém se faz passar por agente público sem o ser*; o ato será no mínimo nulo, mas, para a maioria dos doutrinadores, trata-se de ato inexistente;

b) excesso de poder: *ocorre na hipótese em que alguém que é agente público acaba por exceder os limites de sua competência*. Ex.: fiscal do sossego público que multa um bar que visita por falta de higiene; o ato será nulo, pois a incompetência é material, já que o fiscal deveria atuar na matéria "sossego público" e não na matéria "vigilância sanitária"; entende-se que, em se tratando de vício de *incompetência relativa* (territorial, por exemplo), o ato será anulável e não nulo;

c) função de fato: *é aquela exercida por agente que está irregularmente investido no cargo público, apesar da situação ter aparência legal*. O ato não será anulado se estiver conforme a lei quanto aos demais pressupostos, prevalecendo o princípio da segurança jurídica, dada a boa-fé e a aparência de legalidade. O agente, todavia, terá anulada sua nomeação, desligando-se da função que exercia[4].

4.4.2.2.2. Motivo

É o fato que autoriza ou exige a prática do ato. Se o motivo está previsto em lei, o ato é vinculado. Se não estiver previsto, o ato é discricionário. Voltando àqueles requisitos trazidos por Hely Lopes Meirelles, o *motivo*, para ele, consiste não só no fundamento de *fato*, mas também no de *direito*, que autoriza a expedição do ato. Na classificação que ora estudamos, *motivo* é tão somente o *fato* autorizador, enquanto que o fundamento de direito é o pressuposto de validade que veremos a seguir, que está dentro da *formalização*.

A chamada **teoria dos motivos determinantes** dispõe que *o motivo invocado para a prática do ato condiciona sua validade*. Se se provar que o motivo é inexistente, falso ou mal qualificado, o ato será nulo. Exs.: caso uma licitação seja revogada sob o único fundamento de que não há disponibilidade orçamentária, a prova da inexistência de tal situação torna o ato de revogação nulo; caso a exoneração de ocupante de um cargo em comissão tenha sido motivada em fato inexistente, ainda que a motivação não seja obrigatória no caso, o ato é considerado nulo.

---

4. Outro exemplo é o previsto no art. 1.554 do Código Civil: "subsiste o casamento celebrado por aquele que, sem possuir a competência exigida em lei, exercer publicamente as funções de juiz de casamentos e, nessa qualidade, tiver registrado o ato no Registro Civil".

Aliás, segundo o STJ, configura-se vício de legalidade a falta de coerência entre as razões expostas no ato e o resultado nele contido (MS 13.948, *DJe* 07.11.2012).

Não se deve confundir o motivo do ato (algo concreto, do mundo dos fatos – o motivo da apreensão de uma lotação, por exemplo, é a inexistência de autorização para circulação) com o motivo legal (fundamento legal, algo abstrato). Em suma, tal teoria dispõe que os atos administrativos, quando forem motivados, ficam vinculados aos motivos expostos, para todos os fins de direito. Os motivos devem, portanto, coincidir com a realidade, sob pena de o ato ser nulo, mesmo se a motivação não era necessária.

Distinção importante é a que se faz entre **motivo** e **móvel**. Motivo é o fato que autoriza o ato, enquanto móvel é a intenção, a vontade do agente. Se o ato é vinculado, não interessa o móvel do agente. Já se o ato é discricionário, o móvel viciado (ex.: por buscar uma perseguição política, como a desapropriação de imóvel de um inimigo político), ainda que atenda ao "fim legal", torna o ato nulo.

Também se faz relevante diferenciarmos **motivo** e **motivação**. O primeiro é o fato, enquanto o segundo integra a *formalização*[5] (pressuposto de validade do ato que se verá em seguida), consistindo a *motivação* na exposição do motivo de fato e da sua relação de pertinência com a fundamentação jurídica e com o ato praticado. Como regra, a motivação é obrigatória, só deixando de existir tal dever se a lei expressamente autorizar.

4.4.2.2.3. Requisitos procedimentais

São os outros atos jurídicos indispensáveis à prática do atual. Ex.: é necessário o concurso para que haja a nomeação; para que se conceda a licença, deve haver solicitação.

4.4.2.2.4. Finalidade

É o bem jurídico objetivado pelo ato. Ex.: proteger a paz pública, a salubridade, a ordem pública. Cada espécie de ato administrativo tem uma finalidade. Para cada fim a ser alcançado há um ato que será o instrumento para sua realização. Se alguém utiliza um ato administrativo para alcançar finalidade diversa daquela para o qual fora criado, este alguém estará cometendo um desvio de poder ou de finalidade.

Assim, o **desvio de poder ou desvio de finalidade** consiste em *o agente se servir de um ato administrativo para satisfazer finalidade alheia à sua natureza.* Esse tipo de conduta gera a nulidade do ato, conforme a Lei de Ação Popular.

Esse desvio pode se manifestar das seguintes formas:

a) quando o agente busca finalidade alheia ao interesse público, ex.: prejudicar inimigo, favorecer amigo;

b) quando o agente busca finalidade pública, mas alheia à categoria do ato que utiliza, ex.: *remove-se* alguém com a finalidade de punição, quando o correto seria aplicar uma *pena disciplinar*, como demissão, suspensão, advertência etc.

Vale destacar que não se deve confundir o *excesso de poder* (vício de sujeito, de competência) com o *desvio de finalidade ou desvio de poder* (vício de finalidade), os quais são espécies do gênero *abuso de autoridade*, que, aliás, é fundamento para que se ingresse com mandado de segurança (art. 5º, LXIX, CF).

4.4.2.2.5. Causa

É o vínculo de pertinência entre o motivo e o conteúdo do ato. Para que um ato administrativo atenda o pressuposto de validade *causa*, é necessário que haja correlação lógica entre o motivo e o conteúdo do ato em função de sua finalidade.

No âmbito da causa se examinam a *razoabilidade* e a *proporcionalidade*, que são vistas olhando o conteúdo do ato, o seu motivo e a intensidade necessária para atingir a finalidade.

Um exemplo de situação que não atende ao pressuposto de validade *causa* é a utilização de arma de fogo para dissolver uma passeata pacífica.

Não se deve confundir o *motivo* com a *causa*. O *motivo* é fundamento de fato e de direito que autoriza a prática do ato, não se confundindo com a *causa*, que é relação de adequação, de proporcionalidade entre o motivo invocado e o ato praticado. Ambos (motivo e causa) são requisitos ou pressupostos de validade do ato administrativo. Há problema no motivo quando o fato ou o direito invocados são falsos ou inadequados, respectivamente. Há problema na causa quando o ato praticado é desproporcional aos motivos invocados, em função da finalidade do ato.

4.4.2.2.6. Formalização

É a específica maneira pela qual o ato deve ser externado, incluindo o dever de motivação.

Assim, além de todo ato administrativo dever ser exteriorizado (o que requer uma forma qualquer), cumpre que seja de dado modo (específica forma). Ex.: o contrato oriundo de uma concorrência pública deve ser *escrito*. Mas não é só, para que o ato atenda ao pressuposto de validade *formalização*, é necessário que ele seja *motivado*, ou seja, que contenha a exposição do motivo de fato, do motivo de direito e do vínculo entre eles e o ato praticado.

Excepcionalmente, alguns aspectos de formalização podem ser irrelevantes à validade do ato. Nesses casos, tornam o ato apenas irregular. Por exemplo, quando há omissão de elemento relativo a simples padronização, como é o caso de uma certidão de objeto e pé expedida em papel não timbrado.

No entanto, como regra, a falta de motivação gera a nulidade do ato.

Por fim, vale lembrar que, enquanto no Direito Privado vige o princípio da liberdade das formas, no Direito Público a solenidade é a regra, de modo que a forma é substancial.

4.5. Atributos do ato administrativo

4.5.1. Noções gerais

Em primeiro lugar nunca se deve confundir os *requisitos*, *pressupostos* ou *elementos* do ato com os *atributos* (qualidades, prerrogativas) deste, tema de que cuidaremos agora.

Os atributos dos *atos administrativos* não existem, como regra, nos *atos jurídicos em geral* (do Direito Privado). A ordem jurídica dispensa tratamento diferenciado aos atos administrativos, já que eles, sendo instrumentos de atua-

---

5. A falta de motivação, portanto, é problema na *forma*. Já a situação em que se tem motivação, mas se invoca um motivo falso ou inexistente, é problema no *motivo* (vide teoria dos motivos determinantes).

ção da Administração Pública para realizar a proteção e a promoção do interesse público, devem ter prevalência sobre os outros, como condição de garantia desse interesse público almejado.

Assim, tais poderes não existem em benefício da Administração, mas se justificam como forma de prover o bem comum. Exprimem a supremacia do interesse público.

Vejamos tais *atributos* ou *notas peculiares* dos atos administrativos.

4.5.2. Atributos em espécie

4.5.2.1. Presunção de legitimidade

É a qualidade que reveste tais atos de se presumirem verdadeiros e conforme ao direito, até prova em contrário.

Perceba que o princípio traz duas presunções: a) de veracidade dos fatos; b) de legalidade do ato praticado.

Trata-se de presunção *juris tantum* (presunção relativa) de legitimidade e não de presunção *juris et de jure* (presunção absoluta). Um exemplo desse atributo é o ato que consta a omissão do particular de promover a limpeza de um terreno de sua propriedade e que determina sua feitura. Tal ato presume-se verdadeiro quanto à constatação da falta de limpeza e legal quanto à determinação dada. O particular fica com o ônus de provar o contrário.

A presunção de legitimidade decorre do princípio da legalidade, pois, como esse princípio informa toda a atuação administrativa, presume-se que a Administração tenha cumprido a lei, valendo lembrar que tal presunção admite prova em contrário.

A existência de tal presunção é interessante administrativamente falando, pois torna mais célere e eficiente a atividade administrativa. Isso porque a presunção de legitimidade dos atos administrativos autoriza a sua imediata execução, mesmo que tenham sido impugnados, salvo se se conseguir sua suspensão ou anulação administrativa ou judicial.

4.5.2.2. Imperatividade

É a qualidade pela qual os atos administrativos se impõem a terceiros, independentemente de sua concordância.

Esse atributo é também chamado de *poder extroverso*.

Essa qualidade do ato administrativo permite que a Administração mande no particular, independentemente de sua concordância.

Partindo do exemplo dado no item anterior, imperatividade significa que a Administração pode *determinar* que o particular faça a limpeza de seu terreno, sem que tenha de ter a concordância deste ou que tenha de buscar autorização do Poder Judiciário.

É importante deixar claro que nem todos os atos administrativos são dotados de imperatividade. Os atos enunciativos e negociais não têm esse atributo, já que esta qualidade é desnecessária à sua operatividade.

A lei é que vai dispor quais atos são dotados de imperatividade.

4.5.2.3. Exigibilidade

É a qualidade em virtude da qual a Administração pode compelir terceiros a cumprir o determinado, mediante coação indireta.

Aqui já se presume a constituição da obrigação (a imperatividade), com o *plus* de se poder impelir o terceiro à observância do dever, sem necessidade de se recorrer ao Poder Judiciário, por meio da aplicação de certas sanções, como multas e advertências. No Direito Francês é denominada *privilège du préalable*.

Continuando o exemplo dado nos itens anteriores, o atributo significa que, após o particular ter sido notificado para limpar seu terreno (imperatividade), pode a Administração, na inércia deste, aplicar uma *multa* (exigibilidade = coação indireta), a fim de compelir indiretamente o particular a cumprir o que fora determinado.

Repare que aqui há punição, mas não há desconstituição do ato ilegal.

4.5.2.4. Autoexecutoriedade

É a qualidade pela qual o Poder Público pode compelir materialmente o administrado, sem busca da via judicial, ao cumprimento da obrigação que impôs e exigiu.

Veja-se que a autoexecutoriedade é ainda mais forte que a exigibilidade, uma vez que a primeira admite que a Administração use da coação direta (coação material), que significa fazer uso da força.

No Direito Francês é denominada *privilège d'action d'office*.

Partindo do exemplo que vínhamos dando, a autoexecutoriedade significa que, depois de notificar o particular para limpar o terreno (imperatividade) e aplicar a multa (exigibilidade), a Administração pode, por si própria, invadir o terreno do particular, fazer a limpeza e mandar a conta dos custos de seu ato (autoexecutoriedade).

Outros exemplos desse atributo são a requisição de bens e serviços particulares, no caso de iminente perigo público, e dissolução de passeata com o uso da força, a fim de possibilitar a passagem de uma ambulância por uma via pública, a interdição de uma obra, a apreensão de mercadorias falsificadas, a apreensão do veículo por violação de certas normas de trânsito, entre outros.

Repare que aqui há sanção e também desconstituição do ato ilegal.

É bom deixar claro que a autoexecutoriedade não é atributo de todo ato administrativo. Trata-se de atributo excepcional, que existe nos seguintes casos:

a) quando a lei expressamente autorizar;

b) quando a medida for condição indispensável à eficaz garantia do interesse público;

c) quando a medida for urgente e não houver via judiciária de igual eficácia à disposição da Administração, ocasião em que se entende que a medida é permitida implicitamente pela lei.

Vale observar que Hely Lopes Meirelles chama de autoexecutoriedade a possibilidade de a Administração impor seus atos independentemente de pronunciamento do Poder Judiciário, chamando de **coercibilidade** a possibilidade de a Administração usar a força.

Parte da doutrina também denomina de executoriedade o que chamamos neste item de autoexecutoriedade.

Ademais, Hely Lopes Meirelles entende que a coercibilidade é a regra em matéria de atos da administração (e não exceção, como pensa a maior parte da doutrina), só não sendo possível ser utilizada quando a lei expressamente o proibir, como é o caso da cobrança de tributos e multas já impostos e não pagos, em que será necessário promover-se uma execução fiscal junto ao Poder Judiciário.

4.5.2.5. Tipicidade

Alguns doutrinadores, com destaque para Maria Sylvia Zanella Di Pietro, entendem que há, ainda, um quinto atributo do ato administrativo.

Trata-se do atributo da **tipicidade**, pela qual *o ato administrativo deve corresponder a figuras definidas previamente pela lei como aptas a produzir determinados resultados*.

Isso significa que os atos administrativos devem respeitar os tipos definidos na lei.

Para nós, todavia, o que se define por tipicidade nada mais é do que *pressuposto de validade* do ato administrativo e não *atributo* deste.

Com efeito, *atributos* são *prerrogativas* dos atos administrativos, e a tipicidade não nos parece uma prerrogativa do ato administrativo, mas o requisito de validade deste.

No entanto, em exames e concursos públicos, a tipicidade é tratada como atributo dos atos administrativos, de modo que fica a notícia de que, aparecendo o instituto, deve-se lembrar que a doutrina o trata como atributo do ato administrativo.

4.6. Formas de extinção dos atos administrativos

4.6.1. Cumprimentos de seus efeitos

Os atos administrativos *nascem, produzem seus efeitos* e se *extinguem* num determinado momento. O ideal é que os atos administrativos se extingam pelas vias naturais. E a via natural de extinção do ato administrativo é o cumprimento de seus efeitos. Uma vez que um ato administrativo cumpriu seu papel, produzindo os efeitos para os quais foi expedido, entende-se que o ato foi extinto. Como exemplo, temos uma autorização da Prefeitura para que seja feita uma festa na praça da cidade, autorização esta que ficará extinta no momento em que a festa terminar, uma vez que seus efeitos foram cumpridos.

4.6.2. Desaparecimento do sujeito ou do objeto sobre o qual recai o ato

Todo ato administrativo recai ou sobre um *sujeito* ou sobre um *objeto*. Por exemplo, a nomeação de um servidor público recai sobre um sujeito, no caso sobre a pessoa nomeada. Já o tombamento de um imóvel recai sobre um objeto, no caso o bem tombado.

Perceba que a razão de existir do ato administrativo nos dois exemplos citados é justamente a presença de uma pessoa, no primeiro caso, e de um objeto, no segundo caso.

Caso a pessoa ou o objeto venha a desaparecer, o ato administrativo correspondente perderá sua razão de ser e, consequentemente, será extinto.

Assim, no primeiro exemplo, morrendo o servidor nomeado, o ato administrativo de nomeação restará extinto, ocorrendo automaticamente a vacância do cargo. Da mesma forma, vindo a desaparecer o bem tombado (por um incêndio de grandes proporções, por exemplo), o ato administrativo de tombamento também ficará extinto.

4.6.3. Contraposição

A contraposição pode ser **conceituada** como a *extinção de um ato administrativo pela prática de outro antagônico ao primeiro*.

Um exemplo é o ato de *exoneração* de um servidor público. Tal ato, uma vez praticado, faz com que a *nomeação* do mesmo servidor, feita no passado, fique automaticamente extinta, já que a primeira (exoneração) é totalmente antagônica à segunda (nomeação).

4.6.4. Cassação

A cassação pode ser **conceituada** como a *extinção de um ato que beneficia um particular por este não ter cumprido os deveres para dele continuar gozando*.

Portanto, o **motivo** da cassação de um ato administrativo é o fato de seu beneficiário ter descumprido obrigações que foram estipuladas como contrapartida para que o interessado conseguisse se beneficiar desse ato.

Por exemplo, a pessoa que tem a permissão de uso de um bem público e que não vem pagando o preço público correspondente poderá vir a ter cassado o ato de permissão.

Outro exemplo diz respeito à autorização de porte de arma de fogo. Um dos deveres de quem tem o porte é não ser pego em estado de embriaguez ou sob efeito de entorpecentes. Assim sendo, caso o detentor de porte de arma seja pego numa dessas duas situações, terá a autorização correspondente cassada, nos termos do art. 10, § 2º, do Estatuto do Desarmamento – Lei 10.826/2003.

A cassação não se confunde com a revogação. Enquanto a primeira tem por motivo o descumprimento de obrigações pelo beneficiário do ato, a segunda tem por motivo a ocorrência de um fato novo não relacionado ao beneficiário que torna inconveniente ao interesse público a manutenção do ato.

A cassação também não se confunde com a anulação, pois nessa a extinção do ato se dá pela ocorrência de uma ilegalidade por ocasião de sua formação, ao passo que a cassação consiste numa ilegalidade praticada pelo beneficiário ocorrida depois da prática do ato administrativo. Enfim, na cassação, o ato, embora legítimo na sua origem e formação, torna-se ilegal na sua execução.

4.6.5. Caducidade

A caducidade pode ser **conceituada** como a *extinção de um ato porque a lei não mais o permite*. Trata-se de extinção por invalidade superveniente.

Um exemplo é a permissão de serviço público dada a alguém para exercer o transporte coletivo urbano por meio de *vans* ou peruas. Imaginemos que, depois de conferida a permissão, advenha uma lei municipal criando nova modelagem no serviço de transporte coletivo para o fim de abolir o transporte por meio de *vans*, admitindo apenas o transporte por meio de ônibus e micro-ônibus. Nesse caso, todas as permissões conferidas aos chamados perueiros ficarão extintas, pela ocorrência do instituto da caducidade.

Enfim, a caducidade nada mais é do que a extinção de um ato administrativo pela ilegalidade superveniente, ou seja, pelo fato de uma lei editada posteriormente à prática do ato não mais permitir que esse tipo de ato exista.

4.6.6. Revogação

A revogação pode ser **conceituada** como a *extinção de um ato administrativo legal ou de seus efeitos por outro ato administrativo pela ocorrência de fato novo que torna o ato inconveniente ou inoportuno, respeitando-se os efeitos precedentes (ex nunc)*.

Em suma, a revogação é extinção do ato administrativo por motivo de conveniência ou oportunidade.

Um exemplo disso é a revogação de um certame licitatório para a construção de uma praça temática pela ocorrência de fato novo consistente na abrupta diminuição da arrecadação de um município, fazendo com que não seja mais conveniente ao interesse público fazer gastos com a construção de praças, considerando as dificuldades econômicas que o município passou a ter.

Outro exemplo é a revogação da permissão de uso de bem público concedida a uma pessoa jurídica, pelo fato de um Município passar a ter interesse em utilizar o imóvel, para fins de atender, por exemplo, à demanda crescente por creches na cidade.

Repare, nos dois casos, que as situações narradas não contemplam ilegalidade alguma a propiciar a anulação, nem descumprimento de deveres pelo beneficiário do ato, a propiciar cassação, nem lei posterior incompatível com o ato, a propiciar a caducidade.

As situações narradas revelam que, após a expedição de um ato administrativo totalmente de acordo com a lei, aconteceram fatos novos que fizeram com que o interesse público se direcionasse para o fim de extinguir o ato, dando-se a esta extinção o nome de revogação.

O **sujeito ativo da revogação** é a *Administração Pública*, por meio de autoridade administrativa competente para o ato, podendo ser seu superior hierárquico. O Poder Judiciário nunca poderá revogar um ato administrativo, já que se limita a apreciar aspectos de legalidade deste e nunca aspectos de conveniência ou oportunidade. O Judiciário só poderá anular atos administrativos por ele mesmo praticados, como na hipótese em que um provimento do próprio Tribunal é revogado por este.

Quanto ao **objeto da revogação,** tem-se que essa recai sobre *o ato administrativo ou relação jurídica dele decorrente*, salientando-se que o ato administrativo deve ser *válido*, pois, caso seja inválido, estaremos diante de hipótese que enseja anulação. É importante ressaltar que não é possível *revogar* um ato administrativo já extinto, dada a falta de utilidade em tal proceder, diferente do que se dá com a *anulação* de um ato extinto, que, por envolver a retroação de seus efeitos (a invalidação tem efeitos *ex tunc*), é útil e, portanto, possível.

O **fundamento da revogação** é a *mesma regra de competência que habilitou o administrador à prática do ato que está sendo revogado*, devendo-se lembrar que só cabe falar-se em revogação nas hipóteses de ato discricionário.

Já o **motivo da revogação** é a *inconveniência ou inoportunidade* da manutenção do ato ou da relação jurídica gerada por ele. Isto é, o administrador público faz apreciação ulterior e conclui pela necessidade da revogação do ato para atender ao interesse público.

Quanto aos **efeitos da revogação**, essa suprime o ato ou seus efeitos, mas respeita aqueles que já transcorreram. Ou seja, opera-se da data da revogação em diante, não negando os efeitos operados ao tempo de sua vigência. Trata-se de eficácia *ex nunc*, portanto.

Quanto aos **limites ao poder de revogar**, a doutrina aponta que são atos irrevogáveis os seguintes: a) os que a lei assim declarar; b) os atos já exauridos, ou seja, que cumpriram seus efeitos; c) os atos vinculados, já que não se fala em conveniência ou oportunidade, dado que o agente só tem uma opção; d) os meros ou puros atos administrativos (exs.: certidão, voto dentro de uma comissão de servidores); e) os atos de controle; f) os atos complexos (praticados por mais de um órgão em conjunto); g) os atos que geram direitos adquiridos[6].

A doutrina administrativa observa que a jurisprudência reconhece como irrevogáveis os atos que geram *direitos subjetivos* para o destinatário, noção que, a nosso ver, deve estar compreendida na ideia de *direito adquirido*.

Quanto aos *atos gerais* ou *regulamentares*, estes são, por sua natureza, revogáveis em qualquer tempo e em quaisquer circunstâncias, respeitando-se os efeitos produzidos.

Tema relevante é o atinente à relação entre **revogação** e **indenização**. Por respeitar os efeitos precedentes (a revogação não retroage – *ex nunc*) e por não poder atingir direitos adquiridos, a *revogação legítima* não gera direito à indenização, salvo se envolver uma relação contratual.

Nada obstante, caso o Poder Público tenha a intenção de atingir efeitos passados (*ex tunc*), só lhe resta desapropriar o direito, indenizando por completo o particular, como no caso em que, após expedida uma licença para construir, decida a Administração alterar o traçado de via pública, o que impede a obra na forma aprovada.

No que concerne à **revogação da revogação** (ou revogação de um ato revocatório), no Direito Administrativo, diferente do que ocorre com as leis, entendemos, assim como Celso Antônio Bandeira de Mello, que é admitido o efeito repristinatório. Ou seja, revogado o ATO X pelo ATO Y e, em seguida, o ATO Y pelo ATO Z, fica restaurado o ATO X. Assim, a revogação de um ato revocatório de outro tem natureza constitutiva do primeiro. Porém, essa tese não é admitida por inúmeros doutrinadores, como José dos Santos Carvalho Filho e o saudoso Diógenes Gasparini, de acordo com os quais, também no Direito Administrativo, só é possível a repristinação por expressa disposição normativa.

4.6.7. Anulação (invalidação)

A anulação pode ser **conceituada** como a *extinção do ato administrativo ou de seus efeitos por outro ato administrativo ou por decisão judicial, por motivo de ilegalidade, com efeito retroativo (ex tunc)*.

Em suma, a anulação é extinção do ato administrativo por motivo de ilegalidade.

---

6. A Lei de Introdução às Normas do Direito Brasileiro, em seu art. 6º, § 2º, dispõe: "consideram-se adquiridos assim os direitos que o seu titular, ou alguém por ele, possa exercer, como aqueles cujo começo do exercício tenha termo prefixo, ou condição preestabelecida inalterável, a arbítrio de outrem".

Um exemplo é a anulação de uma permissão de uso de bem público para a instalação de uma banca de jornais por ter sido conferida sem licitação.

O **sujeito ativo da invalidação** pode ser tanto o *administrador público* como o *juiz*. A Administração Pública poderá invalidar de ofício ou a requerimento. Já o Poder Judiciário só poderá invalidar um ato por provocação ou no bojo de uma lide.

A possibilidade de o Poder Judiciário anular atos administrativos decorre do fato de estarmos num Estado de Direito (art. 1º, CF), em que a lei deve ser obedecida por todos. Decorre também do princípio da inafastabilidade da jurisdição ("a lei não excluirá da apreciação do Poder Judiciário lesão ou ameaça a direito" – art. 5º, XXXV, da CF) e da previsão constitucional do mandado de segurança, do *habeas data* e da ação popular, que só fazem sentido se se permitir que o Judiciário possa anular atos administrativos.

O **objeto da invalidação** é o ato administrativo inválido ou os efeitos de tal ato (relação jurídica). Por exemplo, quando se anula uma licitação, há de se anular a licitação em si e a relação jurídica dela decorrente, no caso o contrato administrativo.

O **fundamento** da anulação é o dever de obediência ao princípio da legalidade. Não se pode conviver com a ilegalidade. Portanto, o ato nulo deve ser invalidado.

O **motivo da invalidação** é a *ilegalidade* do ato e da eventual relação jurídica por ele gerada. Hely Lopes Meirelles diz que o motivo da anulação é a *ilegalidade* ou a *ilegitimidade* do ato, diferente da revogação, que tem por motivo a *inconveniência ou inoportunidade*. Fala-se em *ilegalidade* ou *ilegitimidade* do ato para ressaltar que a anulação deve ser feita não só quando haja violação frontal ao que dispõe o texto legal (ilegalidade), mas também quando haja abuso, por excesso ou desvio de poder, ou mesmo quando se viole princípios do Direito (ilegitimidade).

A Lei de Introdução às Normas do Direito Brasileiro trouxe em 2018 modificações importantes em matéria de Direito Administrativo e, no que diz respeito à invalidação de atos administrativos, criou duas regras:

a) a decisão que, nas esferas administrativa, controladora ou judicial, decretar a invalidação de ato, contrato, ajuste, processo ou norma administrativa deverá indicar de modo expresso suas consequências jurídicas e administrativas (art. 21, caput, da LINDB);

b) essa decisão deverá, quando for o caso, indicar as condições para que a regularização ocorra de modo proporcional e equânime e sem prejuízo aos interesses gerais, não se podendo impor aos sujeitos atingidos ônus ou perdas que, em função das peculiaridades do caso, sejam anormais ou excessivos (art. 21, parágrafo único, da LINDB).

O objetivo da primeira alteração é evitar que, havendo a anulações de atos, paire dúvidas e vazio sobre como ficarão as coisas dali para frente, evitando, assim, prejuízo ao interesse público (item "a"). Muitas vezes um contrato administrativo é anulado e não se define como ficará o serviço público em questão dali para frente, sendo que há casos em que não pode haver descontinuidade do serviço público, hipótese em que eventual anulação de um ajuste deve vir acompanhada de determinações sobre se tem efeito imediato ou se haverá um período de transição, por exemplo.

Já quanto à segunda inovação, a lei estabelece que, sempre que possível, deve-se buscar a regularização da situação de modo adequado aos envolvidos, sem excessos desnecessários e preservada a proporcionalidades das medidas cabíveis, preservando sempre o interesse público (item "b").

Quanto ao **prazo para que se efetive a invalidação**, Hely Lopes Meirelles diz que, em que pese a inclinação da doutrina para a ideia de que não há prazo para anulação do ato administrativo, a jurisprudência vem atenuando tal afirmativa para dizer que se deve manter atos ilegítimos praticados e operantes há longo tempo e que já produziram efeitos perante terceiros de boa-fé, de modo a fazer valer o princípio da segurança jurídica.

Na esfera federal, a Lei 9.784/1999 dispõe em seu art. 54: "o direito da Administração de anular os atos administrativos de que decorram efeitos favoráveis para os destinatários decai em cinco anos, contados da data em que foram praticados, salvo comprovada má-fé".

Nesse sentido, temos duas situações:

a) prazo para anular ato que beneficia alguém de boa-fé: 5 anos;

b) prazo para anular ato que beneficia alguém de má-fé: não há prazo, porém, em virtude do princípio da segurança jurídica há quem entenda que se deva aplicar ao caso o maior prazo previsto no Código Civil, que é de 15 anos (art. 1.238 – usucapião extraordinária). Vale lembrar, ainda, que a boa-fé é presumida, de modo que compete à Administração Pública que pretender anular o ato ou outro autor de ação para o mesmo fim (por exemplo, o autor popular e o Ministério Público) o ônus da prova.

Quanto ao termo *a quo* do prazo de 5 anos previsto para o primeiro caso, temos as seguintes situações:

a) regra: o prazo de 5 anos começa a correr da data em que o ato foi praticado;

b) no caso de atos com efeitos patrimoniais contínuos: o prazo de 5 anos começa a correr da percepção do primeiro pagamento.

O art. 54, § 2º, da Lei 9.784/1999 traz regra interessante, que tem o seguinte teor: "considera-se exercício do direito de anular qualquer medida de autoridade administrativa que importe impugnação à validade do ato".

Essa regra faz com que a decadência não se opere se, no curso dos cinco anos de prazo, a autoridade administrativa tome medida que importe impugnação à validade do ato.

É importante ressaltar que o prazo em questão é um prazo *decadencial* e não *prescricional*. Dessa forma, não incidem as regras de suspensão e interrupção da prescrição previstas no Código Civil.

Outro ponto importante é que a regra ora estudada está prevista na Lei de Processo Administrativo Federal, o que não impede que Municípios e Estados-membros estabeleçam regras sobre o prazo decadencial para anular atos administrativos, como é o caso do Estado de São Paulo, que, em sua Lei de Processo Administrativo, estabelece que o prazo decadencial para anular atos ilegais é de 10 (dez) anos, contados de sua produção (art. 10, I, da Lei Estadual 10.177/1998). Dessa forma, deve-se verificar, no âmbito de cada ente federativo, se existe lei estabelecendo prazo diferenciado para a anulação de atos administrativos ilegais. Caso não haja ato normativo local nesse sentido, aplicar-se-ão, por analogia, as regras previstas na Lei 9.784/1999.

Considerando o posicionamento do STF no MS 31.736/DF (j. em 10.09.2013), há de se tomar cuidado quanto ao início do prazo decadencial no caso de aposentadoria. Considerando que esta é considerada um ato complexo, que só se torna perfeito e acabado quando, após a aposentadoria ser deferida pela Administração, é confirmada pelo Tribunal de Contas respectivo, o prazo decadencial para anular uma ilegalidade numa aposentadoria concedida não se inicia do deferimento desta pela Administração, mas sim da data em que o Tribunal de Contas tiver aprovado ou não o ato. No caso julgado pelo STF a aposentadoria foi deferida pela Administração em 1992 e, apenas em 2012 o Tribunal de Contas analisou e decidiu por ilegalidades em seu cálculo. Porém, a aposentada, que já estava nessa qualidade desde 1992, não conseguiu anular a decisão do Tribunal de Contas, sob o argumento do transcurso do prazo de 5 anos para a anulação de atos que beneficiam terceiros de boa-fé. Isso porque, segundo o STF, esse prazo não chegou correr, já que o ato de aposentadoria só se aperfeiçoou em 2012 (e não em 1992), sendo que os 5 anos para anular alguma ilegalidade no ato como um todo só tem início em 2012. Por outro lado, o plenário do STF também assentou que, nesse tipo de caso, havendo boa-fé do servidor público que recebe valores indevidos a título de aposentadoria, só a partir da data em que for ela julgada ilegítima pelo órgão competente (no exemplo dado acima, em 2012) deverá ser devolvida a quantia recebida a maior após essa data (MS 26085, DJ 09.06.2011). Não se deve, todavia, confundir o reconhecimento de nulidades pelos Tribunais de Contas quanto a aposentadorias (que é um ato completo, ou seja, que só se forma quando o Tribunal de Contas a aprova), como o mesmo reconhecimento quando se tratar de outros tipos de atos não complexos, como uma promoção. Nesse último caso, após deferida a promoção, o Tribunal de Contas tem 5 anos para exercer o controle de legalidade dos atos administrativos (no caso, declarar a sua ilegalidade e determinar a sua anulação a tempo), contados da data em que a Administração deferiu a promoção (*vide*, a respeito: STF, MS 26404/DF, j. em 29.10.2009).

De rigor lembrar que a anulação de atos que geram uma relação jurídica constituída a pessoas não pode se dar simplesmente porque se verificou uma ilegalidade e se está dentro do prazo de 5 anos para que se dê. É necessário que se verifique se não é o caso de convalidação, bem como que se instaure o adequado procedimento e que se respeite às garantias constitucionais do **devido processo legal, da ampla defesa e do contraditório** (STF, AI 587487 AgR/RJ).

Por fim, ainda em relação decadência quinquenal para anular atos prevista na Lei 9.784/1999, o STJ entende que os atos administrativos praticados anteriormente ao advento da Lei 9.784/1999 estão sujeitos ao prazo decadencial de 5 anos, porém, contado da entrada em vigor da lei que estabeleceu esse prazo (9.784/1999), qual seja, 01.02.1999, e não da prática do ato (REsp 1.270.474-RN, j. em 18.10.2012).

No que concerne aos **efeitos da invalidação,** como o ato nulo já nasce com a sanção de nulidade, a declaração se dá retroativamente, ou seja, com efeito *ex tunc*. Invalidam-se as consequências passadas, presentes e futuras do ato, já que, do ato ilegal não nascem direitos. A anulação importa no desfazimento do vínculo e no retorno das partes ao estado anterior. Tal regra é atenuada em face dos terceiros de boa-fé. Assim, a anulação da nomeação de um agente público, por exemplo, surte efeitos em relação a este (que é parte da relação jurídica anulada), mas não em relação aos terceiros destinatários dos atos por este praticado, desde que tal ato respeite a lei quanto aos demais aspectos.

Tema relevante é o atinente aos **tipos de invalidade** ou **tipos de vícios dos atos administrativos** e os respectivos **meios de correção.**

A doutrina majoritária (corrente quaternária) entende que podem ocorrer os seguintes **vícios** nos atos administrativos:

a) atos administrativos **inexistentes**, que, de tão absurdos que são, sequer precisam ter declarada sua inexistência;

b) atos administrativos **nulos**, que devem ser anulados no prazo decadencial;

c) atos administrativos **anuláveis**, que podem ser convalidados, permanecendo na ordem jurídica;

d) atos administrativos **irregulares**, que são aqueles que contêm vício formal de pouca relevância, devendo permanecer na ordem jurídica.

Hely Lopes Meirelles defendia a ideia de que não havia, no Direito Administrativo, atos anuláveis, pois a anulabilidade é instituto do direito privado, em que se pode dispor de certos interesses. Para esse respeitado doutrinador, o ato administrativo ou era nulo ou era válido e só.

Confira, agora com mais detalhes, a definição dos tipos de vícios dos atos administrativos:

a) atos inexistentes: *são os que assistem ao campo do absurdo jurídico, do totalmente intolerável*; tais atos não produzem efeito algum. Exs.: instrução de um agente policial a outro para torturar um bandido; prática de usurpação de função, ou seja, conduta de alguém que se faz passar por agente público, praticando ato da alçada deste;

b) atos irregulares: *são aqueles que padecem de vícios formais irrelevantes, reconhecíveis de plano, em que há descumprimento de norma que tem por único objetivo impor padronização interna dos atos*; tais atos não devem ser invalidados. Ex.: certidão feita pela autoridade competente, mas em papel não timbrado;

c) atos nulos (nulidade absoluta): *são os que a lei assim declare ou aqueles sobre os quais a convalidação seja racionalmente impossível, pois, se o conteúdo fosse repetido, seria repetida a ilegalidade*[7]; a nulidade absoluta é grave, devendo o ato ser anulado, salvo se já tiver operado o prazo decadencial para tanto. Exs.: nomeação para cargo efetivo feita sem concurso público; contrato feito sem licitação, quando não incidia nenhuma hipótese de dispensa ou inexigibilidade desta;

d) atos anuláveis (nulidade relativa): *são os que podem ser repetidos sem o vício originário*; a nulidade relativa é vício de menor gravidade, sendo possível a convalidação do ato. Ex.: ato expedido por autoridade com incompetência territorial; ato praticado com particular relativamente incapaz; ato praticado mediante erro ou dolo.

---

7. Hely Lopes Meirelles diz que a nulidade pode ser *explícita* ou *virtual*. "É explícita quando a lei a comina expressamente, indicando os vícios que lhe dão origem; é virtual quando a invalidade decorre da infringência de princípios específicos do Direito Público, reconhecidos por interpretação das normas concernentes ao ato. Em qualquer destes casos, porém, o ato é ilegítimo ou ilegal e não produz qualquer efeito válido entre as partes, pela evidente razão de que não se pode adquirir direitos contra a lei." O art. 166, VII, do Código Civil traz as duas espécies de ato nulo referentes a essa classificação.

Vistos os vícios concernentes à questão da validade, passemos ao estudo dos **meios integradores da invalidade** ou **sanatória**.

A **convalidação (ou saneamento)** *é a supressão da invalidade de um ato pela expedição de outro, com efeitos retroativos*. Incide sobre os atos *anuláveis*, tornando-os válidos com efeito retroativo.

A convalidação só poderá ser feita se o ato puder ser repetido sem o vício que o inquinava ou se, apesar de se estar diante de ato com vício insanável, haja excepcional e patente interesse público na sua preservação. No primeiro caso, geralmente incide sobre vícios de sujeito (competência) e de forma (descumprimento de forma que não seja substancial), os quais, sanados, importam em convalidação do ato anterior, cuja maior vantagem é ter efeito retroativo, efeito que não existiria com a simples expedição de um novo ato, sem aproveitamento do anterior viciado.

Vejamos, agora, os **requisitos** que a doutrina aponta como essenciais para que seja possível a convalidação: a) possibilidade de o ato ser expedido novamente, sem o vício originário; b) prejuízo maior se não se mantiver o ato viciado; c) inexistência de prejuízo ao erário e a terceiro; d) boa-fé; e) inexistência de impugnação prévia do ato.

O art. 55 da Lei 9.784/1999 admite expressamente a convalidação, devendo a Administração, sempre que possível, optar por ela. Todavia, há uma hipótese em que a Administração poderá optar entre convalidar e não convalidar um ato anulável. Trata-se do caso em que se têm *atos discricionários praticados por autoridade incompetente*. Nesse caso, a autoridade que for a competente não fica obrigada a convalidar o ato viciado, dada a margem de liberdade que detém para praticá-lo.

A convalidação será chamada de *ratificação* nas hipóteses em que há vício de incompetência, não podendo incidir nos casos em que essa for outorgada com exclusividade ou em razão de matéria.[8]

Quanto ao vício de *forma*, a convalidação só será possível se essa não for essencial à validade do ato. Há de se lembrar que a forma abrange a forma propriamente dita (escritura pública, escritura particular, ato verbal etc.) e a motivação. Quanto à motivação, a sua ausência, caso se esteja diante de *ato vinculado* e em situação cuja motivação seja óbvia e passível de demonstração futura, verificando-se que houve respeito aos demais requisitos de validade do ato, este poderá ser mantido se demonstrada a ausência de prejuízo. Já quanto aos *atos discricionários*, a falta de motivação gera sua invalidação, sob pena de se permitir a invenção de motivos em momento posterior. Todavia, há entendimentos doutrinários e jurisprudenciais no sentido de que, excepcionalmente, é possível que um ato discricionário sem motivação possa ser convalidado, desde que a administração promova motivação posterior que demonstre de modo inquestionável o seguinte: a) que o motivo extemporaneamente alegado preexistia; b) que esse motivo era idôneo para justificar o ato; c) que o motivo foi a razão determinante da prática do ato (STJ, AgRg no RMS 40.427-DF).

Quanto ao *motivo* e à *finalidade*, fica difícil falar-se em convalidação. O mesmo se pode dizer quanto ao *objeto*. Neste caso, poderá caber a *conversão*, que é instituto jurídico que não se confunde com a *convalidação*.

Vejamos, agora, um *exemplo* de convalidação. Imagine a nomeação de um servidor feita por um Ministro de Estado, quando a competência era da alçada do Presidente da República, seguindo-se a delegação por parte deste para a referida nomeação. O ato originário contém vício (falta de competência), que pode ser sanado, pela convalidação, mediante *ratificação* do Presidente da República ou, após a delegação da competência, *confirmação* pelo Ministro de Estado.

A **conversão (ou sanatória)** *consiste no aproveitamento de um ato inválido, tornando-o ato de outra categoria, com efeito retroativo à data do ato original*.

A conversão incide sobre atos nulos, aproveitando-os em outra categoria de atos. A palavra-chave aqui é "aproveitar".

Diferentemente da convalidação, que mantém o ato na categoria de atos em que ele é praticado, na conversão aproveita-se o ato nulo para uma outra situação, para uma outra categoria de atos.

Um exemplo é a *permissão* de uso de bem público concedida sem licitação (permissão nula!), que acaba sendo convertida numa *autorização* de uso de bem público (outra categoria de ato!), que não requer licitação.

Outro exemplo é a nomeação de um agente público para um cargo de provimento *efetivo*, sem realização de concurso público, que acaba sendo convertida em nomeação para cargo em *comissão*, que não requer prévia aprovação em concurso público.

O instituto da conversão está previsto no Código Civil. Confira: "art. 170. Se, porém, o negócio nulo contiver os requisitos de outro, subsistirá este quando o fim a que visavam as partes permitir supor que o teriam querido, se houvesse previsto a nulidade".

Por fim, vale ressaltar que a conversão, assim como a convalidação, tem efeito retroativo, ou seja, ficam mantidos todos os atos praticados no período antecedente ao saneamento, salvo, naturalmente, se houver má-fé.

Não sendo possível a conversão ou a convalidação do ato, mas remanescendo clara a necessidade de mitigar consequências graves para o interesse público decorrentes da anulação do ato, a doutrina também discute a possibilidade de efetivar a **modulação dos efeitos anulatórios**, providência que, em matéria de controle de constitucionalidade, é bastante comum quando se declara a inconstitucionalidade de um ato normativo. Um exemplo é o caso de se anular o alvará de construção de um conjunto de quatro prédios construídos como habitação popular, quando as duas primeiras torres já tiverem sido erguidas. Pode ser que a melhor medida seja manter a integridade das duas primeiras torres já construídas, fazendo-se uma compensação em relação às demais torres a serem construídas, desde que o vício que gerou à anulação tenha relação com a medida mitigadora das novas torres, não sendo possível que tal modulação se dê, por exemplo, caso todas as torres (as já construídas e as por construir) estejam situadas em área de manancial, hipótese em que somente a demolição de tudo deve ser admitida.

4.7. Classificação dos atos administrativos

4.7.1. *Quanto à liberdade de atuação do agente*

Ato vinculado *é aquele em que a lei tipifica objetiva e claramente a situação em que o agente deve agir e o único*

---

8. Outra expressão pertinente, mas que não se confunde com a convalidação e a *ratificação*, é a *confirmação*, que consiste na renúncia ao poder de anular o ato ilegal, o que é diferente de sanar o vício do ato, corrigindo-o (convalidação).

comportamento que poderá tomar. Tanto a situação em que o agente deve agir como o comportamento que vai tomar são únicos e estão clara e objetivamente definidos na lei, de forma a inexistir qualquer margem de liberdade ou apreciação subjetiva por parte do agente público. Ex.: licença para construir, concessão de aposentadoria.

Ato discricionário *é aquele em que a lei confere margem de liberdade para avaliação da situação em que o agente deve agir ou para escolha do melhor comportamento a ser tomado.*

Seja na situação em que o agente deve agir, seja no comportamento que vai tomar, o agente público terá uma margem de liberdade na escolha do que mais atende ao interesse público. Neste ponto fala-se em *mérito administrativo*, ou seja, na valoração dos motivos e escolha do comportamento a ser tomado pelo agente.

Vale dizer, o agente público fará apreciação subjetiva, agindo segundo o que entender ser mais conveniente e oportuno ao interesse público.

Reconhece-se a discricionariedade nos seguintes casos, dentre outros:

a) quando a regra que traz a competência do agente traz *conceitos fluidos*, como *bem comum, moralidade, ordem pública* etc.;

b) quando a lei *não traz um motivo* que enseja a prática do ato, como, por exemplo, a que permite nomeação para cargo em comissão, de livre provimento e exoneração;

c) quando *há mais de uma opção* para o agente quanto ao momento de atuar, à forma do ato (ex.: verbal, gestual ou escrita), à sua finalidade ou ao conteúdo (ex.: possibilita-se que o agente público, diante de uma infração administrativa, escolha se deve fazer uma advertência, aplicar uma multa ou fazer uma apreensão).

A discricionariedade sofre alguns *temperamentos*, de modo a fazer com que a margem de liberdade seja a mais estreita possível e a preservar o princípio da legalidade. Confira:

a) todo ato discricionário é *parcialmente regrado ou vinculado*; a competência, por exemplo, é sempre vinculada; aliás, Hely Lopes Meirelles entende que a competência, a forma e a finalidade são sempre vinculadas, conforme vimos;

b) só há discricionariedade *nas situações marginais*, nas zonas cinzentas; assim, situações que envolvem certa subjetividade, mas encontram na sociedade quase que um consenso, não ensejam margem de liberdade para o agente público; por exemplo, caso o agente público encontre duas pessoas fazendo sexo no meio da rua, ainda que um ou outro possa achar que isso não é imoral, o fato é que é indubitável no pensamento médio que a conduta é imoral, fazendo com que o agente, em que pese estar diante de um conceito fluido ("moralidade pública"), deva agir reconhecendo a existência de uma situação de imoralidade; em suma, o temperamento em tela lembra a todos que a situação concreta (o colorido do caso concreto) diminui a margem de liberdade conferida ao agente público.

c) não há discricionariedade volitiva para a Administração na chamada "discricionariedade técnica"; esta se dá quando a solução de alguma controvérsia administrativa exija o conhecimento técnico especializado, como de um engenheiro ou de um médico; por exemplo, havendo dúvida sobre se algum imóvel está ou não em perigo de desabamento, na hipótese de um engenheiro chamado pela Administração para fazer a análise em questão concluir pelo risco de desabamento, não caberá à Administração invocar a discricionariedade para dizer que pensa diferente e que não vai determinar a interdição ou a demolição do bem, pois no caso tem-se discricionariedade técnica, em que a Administração fica vinculada à manifestação conclusiva do profissional que exarou seu entendimento técnico sobre a questão.

Questão muito importante quanto aos atos discricionários é saber se o Judiciário poderá apreciá-los.

A resposta a essa pergunta é positiva, ou seja, o Judiciário pode sim apreciar atos discricionários. Porém, só poderá fazê-lo quanto aos seguintes aspectos:

a) legalidade: todo ato discricionário é parcialmente *regrado* ou *vinculado* e, especificamente quanto a esse ponto, o Poder Judiciário poderá apreciar o ato discricionário; imagine uma competência que diga que "o Governador, em caso de falta grave, poderá suspender ou demitir o servidor público, mediante contraditório e ampla defesa"; trata-se de um ato discricionário, pois a expressão "falta grave" é bastante fluida, sem contar o fato de que o governador tem duas opções, "demitir" ou "suspender" o agente; porém, mesmo se tratando de um ato discricionário, há elementos vinculados nesse ato; um deles é a competência, pois só o Governador pode praticar o ato; outro é fato de que o governador só tem duas opções, de modo que, se tomar uma terceira medida (por exemplo, "demissão a bem do serviço público"), estará saindo dos limites do ato discricionário; além disso, o Governador é obrigado a garantir o contraditório e a ampla defesa; pois bem, se qualquer desses pontos vinculados do ato discricionário for desrespeitado, poderá o Judiciário, fazendo o controle de legalidade, anular o referido ato;

b) moralidade: todo ato discricionário está sujeito a cumprir o princípio da moralidade, que está previsto no art. 37, *caput*, da CF; assim, caso um ato discricionário fira a moralidade (por exemplo, a desapropriação do imóvel de um inimigo político de um Prefeito), poderá ser anulado pelo Poder Judiciário;

c) razoabilidade: todo ato discricionário está sujeito a cumprir o princípio da razoabilidade, que está previsto no art. 2º, *caput*, da Lei 9.784/1999; assim, caso um ato discricionário fira a razoabilidade ou a proporcionalidade (por exemplo, desapropria-se área bem maior do que a necessária para a implantação de um projeto da Administração), poderá ser anulado pelo Poder Judiciário. Em matéria de controle de políticas públicas frequentemente o Judiciário analisa a razoabilidade na eleição de prioridades feita pela Administração, determinando, muitas vezes, a implementação de políticas públicas determinadas pela Constituição e que eventualmente tiverem sido relegadas a segundo plano sem justificativa razoável. Nesses casos, costuma-se exarar sentença determinando que a Administração Pública adote providências administrativas e respectiva previsão orçamentária para implantação ou ampliação da política pública faltosa.

Em suma, o Judiciário pode sim apreciar um ato discricionário, mas apenas quanto aos aspectos de legalidade, razoabilidade e moralidade, não sendo possível a revisão dos critérios adotados pelo administrador (o *mérito administrativo*), se tirados de dentro da margem de liberdade a ele conferida pelo sistema normativo.

4.7.2. Quanto às prerrogativas da administração

Atos de império são os *praticados no gozo de prerrogativas de autoridade*. Ex.: interdição de um estabelecimento.

Atos de gestão são os *praticados sem uso de prerrogativas públicas, em igualdade com o particular, na administração de bens e serviços*. Ex.: contrato de compra e venda ou de locação de um bem imóvel.

Atos de expediente *são os destinados a dar andamento aos processos e papéis que tramitam pelas repartições, preparando-os para decisão de mérito a ser proferida pela autoridade*. Ex.: remessa dos autos a uma autoridade, para que esta tome uma decisão, conduta que tem o nome de "levar os autos à conclusão".

A distinção entre ato de gestão e de império está em desuso, pois era feita para excluir a responsabilidade do Estado pela prática de atos de império, de soberania. Melhor é distingui-los em atos regidos pelo *direito público* e pelo *direito privado*.

4.7.3. Quanto à formação da vontade

Atos simples *decorrem de um órgão, seja ele singular ou colegiado*. Ex.: nomeação feita pelo Prefeito; deliberação de um conselho ou de uma comissão.

Atos complexos *decorrem de dois ou mais órgãos, em que as vontades se fundem para formar um único ato*. Ex.: decreto do Presidente, com referendo de Ministros; para o STF, a aposentadoria de um servidor, como depende de deferimento da Administração e do Tribunal de Contas, também é ato complexo.

Atos compostos *decorrem de dois ou mais órgãos, em que a vontade de um é instrumental em relação à vontade de outro, que edita o ato principal*. Aqui existem dois atos pelo menos: um principal e um acessório. Um exemplo é a nomeação do Procurador-Geral da República, que depende de prévia aprovação pelo Senado. Outro exemplo são os atos que dependem de aprovação ou homologação. Não se deve confundir atos compostos com atos de um procedimento, vez que, enquanto os segundos são o encadeamento de atos tendentes ao ato principal, os primeiros resultam de dois ou mais órgãos e não têm por elemento marcante a sucessão de atos preparatórios de um ato final, diferentemente do procedimento.

4.7.4. Quanto aos efeitos

Ato constitutivo *é aquele em que a Administração cria, modifica ou extingue direito ou situação jurídica do administrado*. Exs.: permissões de serviço público e de uso de bem público, penalidades, revogação de atos, autorizações, dentre outros.

Ato declaratório *é aquele em que a Administração reconhece um direito que já existia*. Exs.: admissão, licença, homologação, isenção, anulação.

Ato enunciativo *é aquele em que a Administração apenas atesta dada situação de fato ou de direito*. Não produz efeitos jurídicos diretos. São juízos de conhecimento ou de opinião. Exs.: certidões, atestados, informações e pareceres.

4.7.5. Quanto à estrutura

Atos concretos *são aqueles que dispõem sobre uma única situação, sobre um caso concreto*. Ex.: exoneração de um agente público.

Atos abstratos *são aqueles que dispõem sobre reiteradas e infinitas situações*. Ex.: regulamento.

4.7.6. Outra classificação

Atos normativos *são aqueles que contêm comando geral da Administração Pública, com o objetivo de executar a lei*. Exs.: regulamentos (da alçada do Chefe do Executivo), instruções normativas (da alçada dos Ministros de Estado), regimentos, resoluções etc.

Atos ordinatórios *são aqueles que disciplinam o funcionamento da Administração e a conduta funcional de seus agentes*. Exs.: instruções (são escritas e gerais, destinadas a determinado *serviço público*), circulares (escritas e de caráter uniforme, direcionadas a determinados *servidores*), avisos, portarias (expedidas por chefes de órgãos – trazem determinações gerais ou especiais aos subordinados, designam alguns servidores, instauram sindicâncias e processos administrativos etc.), ordens de serviço (determinações especiais ao *responsável* pelo ato), ofícios (destinados às *comunicações* escritas entre autoridades) e despacho (contém *decisões* administrativas).

Atos negociais *são declarações de vontade coincidentes com pretensão do particular*. Exs.: licença, autorização e protocolo administrativo.

Atos enunciativos *são aqueles que apenas atestam, enunciam situações existentes*. Não há prescrição de conduta (determinações) por parte da Administração. Exs.: certidões, atestados, apostilas e pareceres.

Atos punitivos *são as sanções aplicadas pela Administração aos servidores públicos e aos particulares*. Exs.: advertência, suspensão e demissão; multa de trânsito.

4.8. Atos administrativos em espécie

4.8.1. Quanto ao conteúdo

Autorização *é o ato administrativo unilateral, discricionário e precário pelo qual a Administração faculta ao particular, em proveito deste, o uso privativo de bem público ou o desempenho de uma atividade, os quais, sem esse consentimento, seriam legalmente proibidos*. Exs.: autorização de uso de praça para realização de festa beneficente ou evento cultural; autorização para compra e registro ou para porte de arma. A autorização se baseia no poder de polícia, fazendo-se juízo de conveniência e oportunidade acerca da sua concessão ou não. Trata-se de ato *constitutivo*.

Licença *é o ato administrativo unilateral e vinculado pelo qual a Administração faculta àquele que preencha requisitos legais o exercício de uma atividade*. Exs.: licença para construir; licença para dirigir veículos automotores. A licença também se baseia no poder de polícia, havendo juízo de legalidade somente. Trata-se de ato *declaratório*, daí porque, enquanto na autorização se fala em interesses, na licença se fala em direitos subjetivos, pois cumpridos os requisitos para a licença o interessado tem direito de exigi-la, diferentemente do que acontece quanto à autorização.

Admissão é o *ato unilateral e vinculado pelo qual a Administração reconhece ao particular que preencha requisitos legais o direito à prestação de um serviço público*. Exs.: admissão de aluno em escola ou universidade pública; admissão de paciente em hospital; admissão de pessoa carente em programa de assistência social.

Permissão *é o ato administrativo unilateral, discricionário e precário, pelo qual a Administração faculta ao particular a execução de serviço público ou a utilização privativa de bem público, mediante licitação*. Exs.: permissão para taxista ou perueiro efetuar transporte remunerado de passageiros; permissão para que uma banca de jornal se instale numa calçada ou praça públicas. Vale lembrar que, por ser precária, pode ser revogada a qualquer momento sem que o particular tenha direito à indenização. Ademais, diferentemente da autorização, a permissão depende de licitação.

Concessão *é o ato bilateral (contrato) e não precário pelo qual a Administração faculta a uma pessoa jurídica a execução de serviço público ou a utilização privativa de bem público, mediante licitação na modalidade concorrência*. Exs.: concessão dada a uma empresa de ônibus para que efetue transporte remunerado de passageiros; concessão dada a um restaurante para que utilize espaço público num aeroporto. Por não ser precária, o particular tem direito de ver mantida a concessão. Todavia, caso haja interesse público na sua revogação, este prevalece sobre o do particular, o qual terá direito à indenização pela revogação da concessão, diferentemente do que ocorre na autorização e na permissão, que são atos precários, ou seja, passíveis de revogação sem direito à indenização em favor do interessado. Confira algumas diferenças entre a concessão e a permissão: a) a primeira só pode ser concedida a pessoa jurídica, ao passo que a segunda, a pessoa física ou jurídica; b) a primeira é contratual, ao passo que a segunda é precária, podendo ser revogada sem direito à indenização em favor do permissionário; c) a primeira deve ser concedida após licitação na modalidade concorrência, ao passo que a segunda pode ser concedida por meio de outras modalidades licitatórias; d) a primeira é formalizada mediante *contrato de concessão*, ao passo que a segunda, mediante *contrato de adesão*.

Credenciamento *é o ato ou contrato formal pelo qual a administração pública confere a um particular (pessoa física ou jurídica), normalmente sem prévia licitação, a prerrogativa de exercer certas atividades materiais ou técnicas, em caráter instrumental ou de colaboração com o Poder Público, a título oneroso, remuneradas, na maioria das vezes, diretamente pelos interessados*. Um exemplo de credenciamento é o ato que ocorre com as empresas de autoescola, que recebem credenciamento do Poder Público para a prática de certas atividades em colaboração com este (aulas, exames etc.), sem licitação e com cobrança dos interessados. Inexistindo viabilidade técnica de competição, está-se diante de hipótese de inexigibilidade (art. 25, *caput*, da Lei 8.666/1993). Assim, é inexigível a licitação nas hipóteses em que o credenciamento é aberto para outorga a todos os interessados habilitados, já que inexistente a possibilidade teórica de competição. Dessa forma, "sendo o credenciamento modalidade de licitação inexigível em que há inviabilidade de competição, ao mesmo tempo em que se admite a possibilidade de contratação de todos os interessados em oferecer o mesmo tipo de serviço à Administração Pública, os critérios de pontuação exigidos em edital para desclassificar a contratação de empresa já habilitada mostra-se contrário ao entendimento doutrinário e jurisprudencial esposado". (Informativo STJ 662; REsp 1.747.636-PR, DJe 09/12/2019).

Aprovação *é o ato unilateral e discricionário pelo qual se exerce o controle prévio ou posterior do ato administrativo*. A aprovação é um tipo de *controle* que analisa a *conveniência e a oportunidade* do ato controlado. Ex.: aprovação dada pelo Senado à indicação do Presidente para nomeação de Ministro para o Supremo Tribunal Federal. Em tese, o Senado pode rejeitar a indicação, não a aprovando, por considerá-la não conveniente, em vista de não ter o indicado reputação ilibada, por exemplo.

Homologação *é o ato unilateral e vinculado pelo qual se reconhece a legalidade de um ato administrativo*. A homologação é um tipo de *controle* que analisa apenas o *cumprimento das formalidades legais*, não entrando no mérito dos atos praticados. Ex.: homologação de uma licitação ou de um concurso público pela autoridade superior à comissão de licitação, autoridade essa que controlará exclusivamente a legalidade dos procedimentos, sem entrar no mérito dos julgamentos feitos.

Parecer *é o ato pelo qual órgãos consultivos da Administração emitem opinião técnica sobre assunto de sua competência*. Podem ser de três tipos: **facultativo** (o parecer é pedido se a autoridade quiser); **obrigatório** (a autoridade é obrigada a solicitar o parecer, em que pese não ser obrigada a acatá-lo) e **vinculante** (a autoridade é obrigada a solicitar o parecer e a acatar o seu conteúdo – ex.: parecer médico). O STF vem decidindo que o parecer jurídico que deve ser dado sobre minuta de editais, de contratos e de convênios é um parecer vinculante (MS 24.584), pois o art. 38, parágrafo único, da Lei 8.666/1993 dispõe que o setor jurídico deve *aprovar* tais minutas, o que revela que o parecer é verdadeira *decisão administrativa* e não mera opinião técnica. Dessa forma, havendo alguma ilegalidade, o parecerista responde como se fosse autor da minuta por ele aprovada, ficando sujeito, por exemplo, a multas pelo Tribunal de Contas e a ações populares, ações civis públicas e ações por improbidade administrativa, valendo lembrar, todavia, que a responsabilidade do agente público não é objetiva: depende de culpa ou dolo, nos casos de ressarcimento do erário, e de dolo em algumas modalidades de improbidade administrativa.

Visto *é o ato administrativo unilateral pelo qual a autoridade atesta a regularidade formal de outro ato administrativo*. Ex.: pedido de férias de um agente, que recebe o visto de seu chefe (o qual observa sua regularidade formal) antes deste encaminhar para o chefe subsequente apreciá-lo.

Protocolo administrativo *é o ato negocial pelo qual o Poder Público acerta com o particular a realização de determinado empreendimento ou atividade ou a abstenção de certa conduta*.

4.8.2. Quanto à forma

Decreto *é a forma de que se revestem os atos individuais ou gerais, emanados do Chefe do Poder Executivo*. Exs.: nomeação e exoneração de agentes públicos (atos individuais); regulamentos (atos gerais que têm por objeto proporcionar a fiel execução da lei – artigo 84, IV, CF). Não existe, como regra, *regulamento autônomo* em nosso direito, uma vez que ele sempre deve estar adstrito ao que dispõe uma lei, nunca podendo existir por si só; ou seja, no Brasil a regra é termos *regulamentos de execução de lei*. Como vimos, a EC 32/2001 modificou o artigo 84, VI, da CF, permitindo que o Presidente, por meio de decreto, disponha de matérias que somente a lei poderia dispor. Trata-se de situação que excepciona a regra no sentido de que não há regulamentos autônomos em nosso direito.

Resolução e portaria *são as formas de que se revestem os atos, gerais ou individuais, emanados de autoridades que* *não sejam o Chefe do Executivo*. Ex.: no Estado de São Paulo, a resolução é própria dos Secretários de Estado, enquanto as portarias são a forma de que se revestem os atos das autoridades até o Diretor de Serviço. Assim, em cada ente político se instituirá a forma que deve revestir os atos de cada autoridade. Importa lembrar, ainda, que as resoluções e portarias trarão, além de atos *individuais* próprios de tais autoridades, atos *gerais* consistentes em instruções para cumprimento das leis e regulamentos.

Circular *é o instrumento de que se valem as autoridades para transmitir ordens internas a seus subordinados.*

Despacho *é o ato administrativo que contém decisões das autoridades sobre assunto de interesse individual ou coletivo submetido à sua apreciação.* **Despacho normativo** é aquele que aprova uma decisão sobre assunto de interesse geral, ficando esta obrigatória para toda a administração, além de valer para todos que estiverem na mesma situação.

Alvará é *a forma pela qual a Administração confere licença ou autorização para a prática de ato ou exercício de atividade sujeita ao poder de polícia do Estado*. Exs.: alvará de construção (instrumento que confere e prova a licença); alvará para porte de arma (instrumento da autorização conferida).

4.9. Procedimento administrativo

Não se deve confundir o ato administrativo com o procedimento administrativo. O segundo *consiste na sucessão encadeada de atos que propiciam a formação do ato final objetivado pela Administração.*

Assim, um procedimento é uma sucessão de atos, não se confundindo com cada ato em si.

Na verdade, ficaria melhor falar-se em *processo administrativo* para designar a definição dada, reservando-se a expressão procedimento administrativo para designar o *rito* a ser seguido.

Porém, em Direito Administrativo a expressão *procedimento administrativo* acaba sendo usada para designar *processo administrativo*.

De qualquer forma, é bom lembrar que há processos administrativos típicos, como o processo disciplinar e o processo de licitação, cuja característica marcante é ter uma regulamentação específica em lei própria. Os processos administrativos que não tiverem regulamentação própria devem seguir o disposto na Lei de Geral de Processo Administrativo (Lei 9.784/1999).

5. ORGANIZAÇÃO DA ADMINISTRAÇÃO PÚBLICA

5.1. Considerações gerais

O Estado tem três Poderes independentes e harmônicos entre si (Legislativo, Executivo e Judiciário). Porém, é por meio da Administração Pública que o Estado atua, tratando-se esta do aparelhamento necessário à realização de sua finalidade.

Em sentido *formal*, Administração Pública é o conjunto de órgãos instituídos para consecução dos fins do Governo (que é o comando, a iniciativa).

Em sentido *material*, é o conjunto das funções necessárias aos serviços públicos em geral.

E em sentido *operacional*, é o desempenho sistemático dos serviços estatais.

Vale trazer também classificação formulada por Diogo de Figueiredo Moreira Neto, que classifica a Administração Pública, sob o critério da *natureza dos interesses*, em administração extroversa e introversa, e, sob o critério *subjetivo*, em direta e indireta (*Curso de Direito Administrativo*. 14. ed. Rio de Janeiro: Forense. p. 115 e ss.). Quanto à primeira classificação, enquanto a administração pública extroversa é finalística, pois ela é atribuída especificamente a cada ente político, cumprindo a divisão constitucional de competências, a administração pública introversa é instrumental, visto que é atribuída genericamente a todos os entes, para que possam atingir aqueles objetivos.

O fato é que, de qualquer forma a Administração, em qualquer caso, é o meio de que se vale o Estado para pôr em prática as opções políticas do Governo.

Tal atuação se dará por intermédio de *entidades* (pessoas jurídicas), *órgãos* (centros de decisão) e de *agentes* (pessoas investidas em cargos, empregos e funções).

5.2. Conceitos básicos sobre a organização da Administração Pública

O objetivo deste tópico é efetuar uma série de distinções e conceitos de grande valia para o estudo sistematizado do tema proposto.

A primeira distinção trata da relação entre a pessoa jurídica e os órgãos estatais.

As **pessoas jurídicas estatais** *são entidades integrantes da estrutura do Estado e dotadas de personalidade jurídica*, ou seja, de aptidão genérica para contrair direitos e obrigações.

Já os **órgãos públicos** *são centros de competência integrantes das pessoas estatais instituídos para o desempenho das funções públicas por meio de agentes públicos*. São, portanto, parte do corpo (pessoa jurídica).

Cada órgão é investido de determinada competência, dividida entre seus cargos.

Apesar de não terem personalidade jurídica, têm prerrogativas funcionais, o que admite até que interponham mandado de segurança, quando violadas (tal capacidade processual, todavia, só têm os órgãos independentes e os autônomos).

Todo ato de um órgão é imputado diretamente à pessoa jurídica da qual é integrante, assim como todo ato de agente público é imputado diretamente ao órgão ao qual pertence (trata-se da chamada "teoria do órgão", que se contrapõe à teoria da representação ou do mandato, conforme se verá no capítulo seguinte). Deve-se ressaltar, todavia, que a representação legal da entidade é atribuição de determinados agentes, como o Chefe do Poder Executivo e os Procuradores.

Tema importante acerca dos órgãos públicos é a sua **classificação**. Passemos, então, ao estudo da classificação dos órgãos, levando em conta os ensinamentos de Hely Lopes Meirelles.

Quanto à **posição**, os órgãos públicos podem ser:

a) órgãos *independentes*: são os originários da Constituição e representativos dos Poderes do Estado (Legislativo, Executivo e Judiciário); aqui estão todas as corporações legislativas, chefias de executivo e tribunais e juízo singulares;

b) órgãos *autônomos*: são os que estão na cúpula da Administração, logo abaixo dos órgãos independentes, tendo autonomia administrativa, financeira e técnica, segundo as diretrizes dos órgãos a eles superiores; aqui estão os Ministérios, as Secretarias Estaduais e Municipais, a AGU, dentre outros;

c) órgãos *superiores*: são os que detêm poder de direção quanto aos assuntos de sua competência, mas sem autonomia administrativa e financeira, tais como os gabinetes, as procuradorias judiciais, os departamentos, as divisões, dentre outros;

d) órgãos *subalternos*: são os que se acham na base da hierarquia entre órgãos, tendo reduzido poder decisório, com atribuições de mera execução, tais como as portarias e as seções de expediente.

Quanto à **estrutura**, os órgãos podem ser:

a) *simples* ou *unitários*: constituídos por um só centro de competência;

b) *compostos*: constituídos pelo conjunto de outros órgãos menores, com atividades-fim idênticas ou auxiliares. Ex.: Ministério da Saúde.

Quanto à **atuação funcional**, os órgãos podem ser:

a) *singulares* ou *unipessoais*: são os que atuam por um único agente. Ex.: Presidência da República;

b) *colegiados* ou *pluripessoais*: são os que atuam por manifestação conjunta da vontade de seus membros. Exs.: corporações legislativas, tribunais e comissões.

Outra distinção relevante para o estudo da estrutura da Administração Pública é a que se faz entre **desconcentração e descentralização**.

A **desconcentração** *é a distribuição interna de atividades administrativas, de competências*. Ocorre de *órgão* para *órgão* da entidade. Ex.: competência no âmbito da Prefeitura, que poderia estar totalmente concentrada no órgão Prefeito Municipal, mas que é distribuída internamente aos Secretários de Saúde, Educação etc.

Já a **descentralização** *é a distribuição externa de atividades administrativas, que passam a ser exercidas por pessoa ou pessoas distintas do Estado*. Dá-se de *pessoa jurídica* para *pessoa jurídica* como técnica de especialização. Ex.: criação de autarquia para titularizar e executar um dado serviço público, antes de titularidade do ente político que a criou. A descentralização pode ser de duas espécies:

a) na descentralização **por serviço**, a lei atribui ou autoriza que outra pessoa detenha a *titularidade* e a execução do serviço; repare que é necessária lei; aqui, fala-se em *outorga* do serviço;

b) na descentralização **por colaboração**, o contrato ou ato unilateral atribui à outra pessoa a *execução* do serviço; repare que a delegação aqui se dá por contrato, não sendo necessária lei; o particular colabora, recebendo a execução do serviço e não a titularidade deste; aqui, fala-se também em *delegação* do serviço e o caráter é transitório.

Há também outra distinção importante, relacionada à Administração Direta e Indireta.

A **Administração Direta** *compreende os órgãos integrados no âmbito direto das pessoas políticas (União, Estados, Distrito Federal e Municípios)*. Repare que todos os órgãos dos entes políticos fazem parte da Administração Direta, de modo que a prefeitura, a câmara de vereadores, os tribunais judiciais, os tribunais de contas, o ministério público, dentre outros, são parte integrante da administração, já que são órgãos, e não pessoas jurídicas criadas pelos entes políticos.

Já a **Administração Indireta** *compreende as pessoas jurídicas criadas pelo Estado para titularizar e exercer atividades públicas (autarquias, fundações públicas, agências reguladoras e associações públicas) e para agir na atividade econômica ou em atividades não típicas de Estado (empresas públicas, sociedades de economia mista, fundação privadas criadas pelo Estado e consórcios públicos de direito privado)*. Repare que a Administração Indireta é composta de pessoas jurídicas (e não de órgãos!) criados pelos entes políticos.

Outra classificação relevante para o estudo do tema em questão é a que segue.

As **pessoas jurídicas de direito público** *são os entes políticos e mais as autarquias e fundações públicas, uma vez que todas essas pessoas são criadas para exercer típica atividade administrativa, o que impõe que tenham, de um lado, prerrogativas de direito público, e, de outro, restrições de direito público, próprias de quem gere coisa pública*[9]. São espécies de pessoas jurídicas de direito público as seguintes: autarquias, fundações públicas, agências reguladoras e associações públicas (consórcios públicos de direito público).

As **pessoas jurídicas de direito privado estatais** *são as empresas públicas e as sociedades de economia mista, visto que são criadas para exercer atividade econômica, devendo ter os mesmos direitos e restrições das demais pessoas jurídicas privadas, em que pese tenham algumas restrições adicionais, pelo fato de terem sido criadas pelo Estado*. São espécies de pessoas jurídicas de direito privado estatais as seguintes: empresas públicas, sociedades de economia mista, fundações privadas criadas pelo Estado e consórcios públicos de direito privado.

Para fecharmos essa introdução, é necessário conhecermos também a distinção seguinte.

A **hierarquia** *consiste no poder que um órgão superior tem sobre outro inferior, que lhe confere, dentre outras prerrogativas, uma ampla possibilidade de fiscalização dos atos do órgão subordinado*.

O **controle (tutela** ou **supervisão ministerial)** *consiste no poder de fiscalização que a pessoa jurídica política tem sobre a pessoa jurídica que criou, que lhe confere tão somente a possibilidade de submeter a segunda ao cumprimento de seus objetivos globais, nos termos do que dispuser a lei*. Ex.: a União não pode anular um ato administrativo de concessão de aposentadoria por parte do INSS (autarquia por ela criada), por não haver hierarquia, mas pode impedir que o INSS passe a comercializar títulos de capitalização, por exemplo, por haver nítido desvio dos objetivos globais para os quais fora criada a autarquia. Aqui não se fala em *subordinação*, mas em *vinculação administrativa*.

Esses poderes todos se dão sobre as entidades da Administração Indireta em geral, ressalvada a condição das agências reguladoras, que têm maior autonomia, como se verá no item respectivo adiante.

---

9. *Vide* art. 41 do Código Civil. O parágrafo único deste artigo faz referência às *pessoas de direito público com estrutura de direito privado*, que serão regidas, no que couber, pelas normas do CC. A referência é quanto às fundações públicas, às quais aplicam-se as normas do CC apenas quando não contrariarem os preceitos de direito público.

5.3. Administração indireta

5.3.1. Autarquias

As autarquias podem ser **conceituadas** como as *pessoas jurídicas de direito público, criadas por lei específica, para titularizar atividade administrativa*. Realizam atividades próprias (típicas) da Administração Direta, as quais são passadas para as autarquias para agilizar, facilitar e principalmente especializar a prestação dos serviços públicos. O Dec.-lei 200/1967 define autarquia como "o serviço autônomo, criado por lei, com personalidade jurídica, patrimônio e receita próprios, para executar atividades típicas da Administração Pública, que requeiram, para seu melhor funcionamento, gestão administrativa e financeira descentralizada" (art. 5º, I).

São um prolongamento, um *longa manus* do Estado. Qualquer ente político (União, Estados-membros, Distrito Federal e Municípios) pode criar uma autarquia, desde que por lei específica e para realizar atividades típicas da Administração.

A autarquia deve ser criada por lei específica, lei essa que tem o poder de conferir personalidade jurídica a ela, não sendo necessário levar atos constitutivos ao Registro Público. Porém, a organização da autarquia se estabelece por decreto, que aprovará o regulamento ou o estatuto da entidade. A lei criadora da entidade tratará também do patrimônio inicial, já transferindo ou autorizando sua transferência, da entidade criadora para a entidade criada.

A expressão autarquia vem dos termos *autós* (= próprio) e *arquia* (=governo), o que nos ajuda a lembrar que a autarquia tem autonomia administrativa e financeira.

São exemplos de autarquia os seguintes entes: INSS, CADE, Banco Central, INCRA e USP.

Quando a autarquia tiver algumas diferenças em relação às autarquias tradicionais, diz-se que se está diante de autarquia de regime especial.

Vejamos as **características** das autarquias.

São dotadas de **capacidade administrativa**, ou seja, podem ser *titulares* de serviço público, mas o mesmo não acontece com as sociedades de economia mista e empresas públicas, por exemplo, que, no máximo, podem *executar* um serviço público. Ou seja, as autarquias podem receber *outorga do serviço* mais do que a mera delegação deste.

Isso significa que as autarquias poderão *regulamentar, fiscalizar* e *executar* o serviço público de que são titulares, podendo repassar o último (execução do serviço) ao particular, mediante concessão de serviço público.

Em outras palavras, as autarquias desempenham **atribuições típicas de Estado**. O Decreto-Lei 200/1967, em seu art. 5º, I, deixa claro que a autarquia só pode ser criada para exercer atividade típica da Administração, o que exclui sua criação para exercer atividade meramente econômica, por exemplo.

As autarquias possuem **autonomia (capacidade de autoadministração)**. Por serem *pessoas jurídicas* (e não *órgãos* da Administração Direta), são sujeitos de direitos e obrigações, e têm gestão administrativa e financeira própria. Não se trata, portanto, de autonomia em sentido político, já que estão sujeitas a controle das entidades maiores a que se vinculam, mas autonomia administrativa.

Por serem pessoas de direito público, as autarquias têm **responsabilidade objetiva** (art. 37, § 6º, da CF). Justifica-se esse tipo de responsabilização pelo fato de agirem em atividades típicas da Administração Direta. Aliás, as autarquias respondem diretamente por seus atos, não podendo a entidade criadora ser chamada a responder solidariamente. A entidade matriz só responderá *subsidiariamente*, ou seja, na falta de patrimônio suficiente da autarquia.

As autarquias têm um regime jurídico muito próximo ao dos entes políticos, dada a natureza de suas atividades. Trata-se do chamado **regime jurídico de direito público**, cujas regras são apresentadas a seguir.

Na relação com a Administração Direta, as autarquias estão sujeitas ao **controle** (*supervisão ministerial* ou *tutela*). A entidade criadora da autarquia tem o poder de influir sobre esta apenas para exigir o cumprimento dos objetivos públicos para os quais foi criada, e para que harmonize sua conduta à atuação administrativa global do Estado.

Perceba-se, portanto, que o controle não permite que a Administração Direta demita um servidor público de uma autarquia, por exemplo, ou invalide um contrato administrativo que esta tenha celebrado. O controle só poderá ser feito de forma global sobre os rumos que a autarquia tem tomado. A lei que cria a autarquia é que dará os contornos e a forma de exercício do controle.

Entre a entidade criadora e a autarquia há mera vinculação, ou seja, mero poder de correção finalística do serviço autárquico.

Esse controle pode se dar nas seguintes frentes: a) controle político (ex.: nomeação de seus dirigentes pelo Executivo); b) controle administrativo (ex.: supervisão ministerial quanto à correção finalística da autarquia); c) controle financeiro (pelo Tribunal de Contas e outros meios trazidos na lei).

No que concerne à relação com terceiros, as **prerrogativas administrativas** (não as políticas) do Estado são transmitidas às autarquias. Assim, as autarquias têm as seguintes prerrogativas ou sujeições:

a) expedem verdadeiros **atos administrativos**, com todos os *atributos* do ato administrativo, quais sejam, presunção de legitimidade, imperatividade, exigibilidade e autoexecutoriedade;

b) celebram contratos administrativos, regidos pela Lei 8.666/1993;

c) devem **licitar** para celebrar contratos, concessões e permissões;

d) devem promover **concurso público** para admissão de pessoal;

e) devem contratar pessoal pelo **regime estatuário**, como regra, salvo consórcio público de direito público; dada a natureza das atividades de uma autarquia (atividade administrativa, e não meramente econômica), o vínculo com seus agentes deve ser o de *cargo público*, criado por *lei* e regido pelo *estatuto* dos funcionários públicos, e não pela CLT, salvo para atribuições subalternas;

f) possuem **bens públicos**, portanto, bens inalienáveis, imprescritíveis e impenhoráveis; dessa forma, a execução de valores em face de uma autarquia deverá ultimar-se mediante a expedição de precatório;

g) possuem **imunidade de impostos sobre o patrimônio, renda e serviços** (art. 150, VI, "a", CF), quanto a atividades vinculadas às finalidades essenciais da pessoa e desde que não haja contraprestação ou pagamento de preços ou tarifas para o exercício;

h) possuem **prerrogativas processuais próprias** da Fazenda Pública, como recurso de ofício quando cabível (art. 10 da Lei 9.469/1997), prazo em dobro para manifestações processuais (art. 183, *caput*, do NCPC), juízo privativo da entidade estatal a que pertencem, ampliação do prazo para desocupação em caso de despejo; prescrição quinquenal de suas dívidas passivas, execução fiscal de seus créditos inscritos, dentre outras.

Nas relações internas, por serem pessoas jurídicas de direito público (sujeitas ao regime jurídico de direito público), devem respeitar as normas de direito financeiro (normas orçamentárias) e o regime de pessoal é o mesmo da Administração Direta, em que a regra é o regime estatutário.

5.3.2. Fundações públicas de direito público

As fundações públicas de direito público podem ser conceituadas como *autarquias que tomam como substrato um patrimônio personalizado*.

Enfim, tais fundações são autarquias, cujo elemento patrimonial é o mais relevante. Trata-se da personalização de um patrimônio, cujo objetivo é a titularização de uma atividade administrativa.

São exemplos dessas fundações a FUNAI, o IPEA, a FUNDAP e a FAPESP.

Tais autarquias tomam o nome de fundação, pois, aqui, o elemento patrimônio prepondera em detrimento do elemento humano, ocorrendo o inverso com a autarquia típica.

Quanto ao **regime jurídico**, é idêntico ao das autarquias, para o qual se remete o leitor.

Existem, todavia, algumas diferenças entre as autarquias e as fundações públicas.

A primeira delas já foi apontada: as fundações têm como elemento preponderante o patrimonial.

A segunda diz respeito à criação de tais entes. Parte da doutrina entende que tais entidades são *criadas por lei específica*, por se tratarem de verdadeiras autarquias (ex.: Maria Sylvia Zanella Di Pietro). Por outro lado, outra parte da doutrina entende que a fundação deve ter sua criação *autorizada por lei específica*. Isso significa que, autorizada por lei a criação de uma fundação, deve esta ser efetivamente criada com o registro de seus atos constitutivos no Cartório do Registro Civil das Pessoas Jurídicas. A razão dessa discórdia diz respeito ao texto do art. 37, XIX, da CF, que não esclarece se está fazendo referência às fundações públicas, às fundações privadas ou a ambas.

A última diferença reside no fato de que, no que concerne às fundações, a Constituição dispõe que lei complementar definirá as áreas de sua atuação (art. 37, XIX, CF), também havendo dissenso doutrinário sobre se o dispositivo está fazendo referência às fundações públicas de direito público, às fundações privadas criadas ou a ambas.

Não se pode confundir as fundações públicas com as fundações privadas criadas pelo Estado. Isso porque nada impede que o Estado crie fundações com personalidade de direito privado, sendo apenas necessário que haja autorização legal. Muitas vezes deseja-se criar uma pessoa jurídica, cujo elemento patrimonial terá caráter preponderante, para um fim de interesse público, mas que não trate de típica atividade administrativa.

Em tal hipótese, cria-se uma fundação privada, com regime jurídico de direito privado. Nesse caso haverá fiscalização por parte do Ministério Público, na forma da lei civil.

Portanto, o critério que diferencia uma *fundação pública de direito público* de uma *fundação privada criada pelo Estado* é a natureza da atividade da pessoa jurídica criada. Se se tratar de típica atividade administrativa, será uma fundação pública. Se não, uma fundação privada.

Uma fundação estatal criada para fiscalizar o meio ambiente certamente será uma fundação pública de direito público, recebendo o regime jurídico de uma autarquia, com as diferenças acima apontadas. Já uma fundação estatal criada para ser uma mera biblioteca pública, por não atuar em atividade típica de Estado, é uma fundação privada criada pelo Estado, recebendo o regime de direito privado, que será visto mais à frente.

5.3.3. Agências reguladoras

As agências reguladoras podem ser **conceituadas** como *autarquias sob regime especial, encarregadas do exercício do poder normativo e fiscalizador das concessões e permissões de serviço público, bem como do poder de polícia sobre certas atividades*.

A atual política de passar ao setor privado a execução dos serviços públicos, reservando ao Estado a regulamentação e fiscalização dos vários setores relativos a tais serviços, trouxe a necessidade de criar entes, com natureza de pessoa jurídica de direito público, para desempenhar tal papel de regulação e fiscalização, a fim de preservar o interesse dos usuários e da coletividade em geral.

Assim, foram criadas autarquias especiais, com o nome de agências reguladoras, que são as seguintes: ANEEL (regula e fiscaliza o setor de geração, transmissão e distribuição de energia elétrica), ANATEL (regula e fiscaliza o setor de telecomunicações), ANP (regula e fiscaliza as atividades econômicas exercidas pela Petrobras e outros concessionários do setor), ANVISA (regula e fiscaliza a produção e a comercialização, sob o aspecto da vigilância sanitária, de medicamentos, alimentos, cosméticos etc.), ANS (regula e fiscaliza o setor de saúde complementar), ANA (regula e fiscaliza as atividades decorrentes do aproveitamento dos recursos hídricos, bem como o direito de uso de água em rios da União – águas), ANTT (transportes terrestres), ANTAQ (transportes aquaviários), ANCINE (cinema), ANAC (aviação civil) e ANM (mineração).

A Lei 13.848/19 dispõe sobre a gestão, a organização, o processo decisório e o controle social das agências reguladoras, aplicando-se a estas e ressalvando o disposto nas leis especiais que trata de cada uma das agências (art. 2º, parágrafo único).

A **natureza especial** das agências reguladoras é caracterizada pelo seguinte: a) ausência de tutela ou de subordinação hierárquica b) autonomia funcional, decisória, administrativa e financeira; c) investidura a termo de seus dirigentes e estabilidade durante os mandatos (art. 3º, *caput*, da Lei 13.848/19).

A **autonomia administrativa** da agência reguladora é caracterizada pelas seguintes competências:

"I – solicitar diretamente ao Ministério da Economia:

a) autorização para a realização de concursos públicos;

b) provimento dos cargos autorizados em lei para seu quadro de pessoal, observada a disponibilidade orçamentária;

c) alterações no respectivo quadro de pessoal, fundamentadas em estudos de dimensionamento, bem como alterações nos planos de carreira de seus servidores;

II – conceder diárias e passagens em deslocamentos nacionais e internacionais e autorizar afastamentos do País a servidores da agência;

III – celebrar contratos administrativos e prorrogar contratos em vigor relativos a atividades de custeio, independentemente do valor."

A Lei 13.848/19 determina que "As agências reguladoras devem adotar práticas de gestão de riscos e de controle interno e elaborar e divulgar programa de integridade, com o objetivo de promover a adoção de medidas e ações institucionais destinadas à prevenção, à detecção, à punição e à remediação de fraudes e atos de corrupção" (art. 3º, § 3º).

O **regime jurídico** das agências reguladoras é igual ao das autarquias, com algumas peculiaridades, daí porque se diz que tais agências são *autarquias sob regime especial*, uma vez que, diferente das autarquias tradicionais, as leis que criaram as agências reguladoras trouxeram algumas diferenças em seu regime jurídico. Vejamos mais elementos dessa natureza especial das agências:

a) os dirigentes das agências reguladoras são nomeados pelo Presidente da República, com prévia *aprovação pelo Senado*;

b) os dirigentes das agências reguladoras têm *mandato fixo*, só podendo ser destituídos pelo cometimento de crime, improbidade administrativa ou descumprimento injustificado das políticas estabelecidas para o setor ou pelo contrato de gestão, situação que, em tese, confere maior isenção a tais agentes;

c) os ex-dirigentes das agências estão sujeitos à chamada "quarentena", ou seja, no período de tempo em que continuam vinculados à autarquia após o exercício do cargo, ficam impedidos de prestar serviços às empresas que estavam sob sua regulamentação ou fiscalização;

d) têm *poder normativo* reconhecido pela Constituição Federal (art. 21, XI), já que são *órgãos reguladores*; tal poder deve, todavia, ficar adstrito ao que dispuser as leis de criação dessas agências; dois pontos importantes sobre esse poder são (arts. 6º e 9º, *caput*, da Lei 13.848/19): d1) "A adoção e as propostas de alteração de atos normativos de interesse geral dos agentes econômicos, consumidores ou usuários dos serviços prestados serão, nos termos de regulamento, precedidas da realização de Análise de Impacto Regulatório (AIR), que conterá informações e dados sobre os possíveis efeitos do ato normativo"; d2) "Serão objeto de consulta pública, previamente à tomada de decisão pelo conselho diretor ou pela diretoria colegiada, as minutas e as propostas de alteração de atos normativos de interesse geral dos agentes econômicos, consumidores ou usuários dos serviços prestados".

Vale lembrar que a autonomia financeira de tais agências se dá não só com o aporte de verbas orçamentárias, como também em relação à cobrança de taxas pelo exercício do poder de polícia, além de multa por descumprimento de preceitos legais ou contratuais.

5.3.4. Agências executivas

A expressão "agências executivas" designa um *qualificativo atribuível a autarquias e fundações integrantes da Administração Federal, por iniciativa do Ministério Supervisor e com anuência do Ministério da Administração, à entidade que haja celebrado contrato de gestão com aquele e possua um plano estratégico de reestruturação e desenvolvimento institucional.*

Tal possibilidade de qualificação veio a partir da introdução do princípio da eficiência pela EC 19/1998.

De um lado, são dadas maiores autonomia e prerrogativas às autarquias e fundações que tiverem interesse em receber tal qualificativo e, de outro, são atribuídas metas de desempenho e eficiência a serem atingidas.

A existência do contrato de gestão e o cumprimento dos demais requisitos permitirão a qualificação em questão, habilitando a entidade a receber as vantagens previstas na lei.

Tal figura jurídica é trazida na Lei 9.649/1998 (vide o art. 51 e também o Decreto 2.487/1998).

A lei dispõe que a qualificação de agência executiva é feita pelo Presidente da República, após a iniciativa e a anuência previstas acima. Para que seja implementada é necessário ainda a celebração do chamado contrato de gestão, que fixará o plano estratégico de reestruturação e melhoria do desempenho da pessoa, contrato esse que tem prazo mínimo de um ano.

Uma das maiores vantagens conferidas às autarquias e fundações que receberem essa qualificação consiste na ampliação dos limites de isenção ao dever de licitar para as agências executivas (art. 24, XXIV, da Lei de Licitações): aumenta-se o valor para dispensa de licitação em seu âmbito para o montante de 20% do limite previsto para a utilização da modalidade convite.

5.3.5. Consórcios públicos

Com a edição da Lei 11.107/2005, duas novas pessoas jurídicas estatais foram criadas. Ambas têm o nome de *consórcio público*, mas uma é de direito público (associação pública) e outra é de direito privado (consórcio público de direito privado).

Tais consórcios consistem na *reunião de entes políticos* (União, Estados, DF e Municípios) para formação de *pessoas jurídicas* com vistas à *gestão associada de serviços públicos*.

Como antecedentes do assunto, podemos citar a Lei 8.080/1990, que assim dispunha: "art. 10. Os municípios poderão constituir consórcios para desenvolver em conjunto as ações e os serviços de saúde que lhes correspondam. § 1º Aplica-se aos consórcios administrativos intermunicipais o princípio da direção única, e os respectivos atos constitutivos disporão sobre sua observância" (...).

Na prática, os municípios acabavam montando associações civis, regidas pelo Código Civil.

Até que veio o disposto na nova redação do art. 241 da Constituição e, depois, a Lei 11.107/2005, possibilitando o aparecimento de consórcios públicos com regimes mais claros e definidos.

Os consórcios públicos têm por **finalidade mediata** a realização de objetivos de *interesse comum* dos entes políticos. Nesse sentido, os consórcios públicos diferem dos contratos, já que estes têm em mira a satisfação de interesses contrapostos das partes e não de *interesses comuns*. Ademais, os consórcios públicos são pessoas jurídicas, ao passo que os contratos não são pessoas jurídicas.

As **finalidades imediatas** dos consórcios podem ser das seguintes naturezas:

a) regulação e fiscalização de serviços públicos (art. 2º, § 3º, da Lei 11.107/2005), como a criação de uma agência reguladora de saneamento básico por parte de Estado e alguns Municípios;

b) mera prestação de serviço público (art. 1º, § 3º, da lei citada), como a criação de um hospital público por parte de vários Municípios (consórcio intermunicipal de saúde).

É importante ressaltar que o consórcio público não pode ter fins econômicos (art. 4º, IV), ou seja, não pode visar ao lucro. Dessa forma, os consórcios públicos de direito privado não poderão ser criados se for necessário investimento privado.

Vejamos com mais detalhe, agora, as duas **espécies** de consórcios públicos.

As **associações públicas** são criadas para exercer atividade típica de Estado. Assim, são pessoas de direito público, de natureza autárquica (art. 41, IV, do CC). Tais entidades integram a Administração Indireta de todos os entes consorciados (art. 6º, § 1º, da Lei 11.107/2005). Um exemplo de consórcio público dessa natureza (consórcio público de direito público) é a criação de uma pessoa jurídica por entes políticos em associação para a *fiscalização* do meio ambiente numa dada região.

Já os **consórcios públicos de direito privado** são criados para o exercício de atividades que não são exclusivas do Estado. Nesse sentido, são pessoas de direito privado estatais. Um exemplo de consórcio público dessa natureza é um hospital público criado por entes políticos em associação.

O **regime jurídico** das associações públicas segue o regime geral das pessoas de direito público, aplicando-se o regime especial da lei 11.107/2005 e, subsidiariamente, a legislação das associações civis (art. 15). A aplicação do regime geral das pessoas de direito público fará com que tais consórcios pratiquem atos administrativos, tenham bens públicos, contratem agentes públicos, como regra, pelo regime estatutário, dentre outras características do regime autárquico, já vistas no presente texto. A única diferença para uma pessoa jurídica de direito público típica é que há uma lei do ano de 2019 (Lei 13.822/19) que dispõe que o consórcio público de direito público contratará seus agentes pelo regime da CLT, e não pelo regime estatutário.

Já o regime dos consórcios públicos de direito privado segue o regime geral das pessoas privadas estatais, aplicando o regime especial da Lei 11.107/2005 e, subsidiariamente, a legislação das associações civis (art. 15). A aplicação do regime geral das pessoas de direito privado estatais fará com que tais consórcios pratiquem atos regidos pelo direito privado, tenham bens privados (portanto penhoráveis), contratem agentes públicos, como regra, pelo regime celetista, dentre outras características do regime de direito privado, a serem vistas no próximo item.

A **criação** dos consórcios públicos segue o seguinte trâmite:

1) Subscrição de Protocolo de Intenções entre os entes políticos, com os seguintes pontos:

a) denominação, finalidade, espécie, prazo e sede;

b) identificação dos consorciados e da área;

c) critérios de representação do consórcio;

d) regulamentação da assembleia geral; número de votos de cada consorciado (ao menos 1);

e) eleição e mandato do representante (Chefe do Executivo);

f) autorização e limites para a gestão associada de serviços públicos;

2) Publicação do Protocolo na imprensa oficial;

3) Ratificação do Protocolo por lei de cada ente;

4) Celebração do **Contrato de Consórcio Público** (art. 5º), que pode se dar por apenas parcela dos celebrantes do protocolo.

O início da personalidade dos consórcios públicos se dá da seguinte forma:

a) nas associações públicas, com a vigência das leis de ratificação do protocolo de intenções;

b) nos consórcios de direito privado, segundo a lei civil, ou seja, após o arquivamento do estatuto social no registro público competente.

Os entes consorciados devem fazer, ano a ano, um **Contrato de Rateio**, que terá por objetivo tratar dos recursos econômicos necessários para a manutenção do consórcio.

Por fim, vale ressaltar que a Lei 11.107/2005 introduziu a possibilidade de qualquer dos entes consorciados contratar entidade ou órgão pertencente a outro ente consorciado para a prestação de serviços públicos, tudo isso sem licitação, configurando uma nova espécie de dispensa (art. 24 da Lei 8.666/1993). Esse contrato, que se assemelha a um Contrato de Concessão de Serviço Público, tem o nome de **Contrato de Programa**.

5.3.6. Empresas estatais ou governamentais

As empresas estatais podem ser **conceituadas** como *pessoas jurídicas de direito privado especial, cuja criação se dá pelo Estado, autorizado por lei específica, com a finalidade de executar serviço público ou explorar atividade econômica não ligada a esse tipo de serviço, em caráter suplementar, desde que necessário aos imperativos da segurança nacional ou a relevante interesse coletivo.*

O § 1º do art. 173 da Constituição dispõe que "a lei estabelecerá o estatuto jurídico da empresa pública, da sociedade de economia mista e de suas subsidiárias que explorem atividade econômica de produção ou comercialização de bens ou de prestação de serviços"[10]. Essa lei somente veio ao nosso ordenamento jurídico no ano de 2016 (Lei 13.303/2016, publicada em 1º de julho de 2016), sendo que a empresa pública e a sociedade de economia

---

10. Tal estatuto trazido na lei deve dispor sobre:"I – sua função social e formas de fiscalização pelo Estado e pela sociedade; II – a sujeição ao regime jurídico próprio das empresas privadas, inclusive quanto aos direitos e obrigações civis, comerciais, trabalhistas e tributários; III – licitação e contratação de obras, serviços, compras e alienações, observados os princípios da administração pública; IV – a constituição e o funcionamento dos conselhos de administração e fiscal, com a participação de acionistas minoritários; V – os mandatos, a avaliação de desempenho e a responsabilidade dos administradores".

mista constituídas anteriormente à sua vigência deverão, no prazo de 24 (vinte e quatro) meses, promover as adaptações necessárias à adequação ao disposto na lei (art. 91), permanecendo regidos pela legislação anterior procedimentos licitatórios e contratos iniciados ou celebrados até o final desse prazo.

Partindo do texto constitucional mencionado, repare que tais entidades são criadas, então, para agir na atividade econômica, seja na área de produção ou comercialização de produtos (ex.: Petrobras), seja na prestação de serviços (ex.: Correios).

Deve ficar registrado, dessa forma, que tais empresas realizam típica atividade econômica e por isso têm regime jurídico de direito privado, de modo que não podem ser chamadas a titularizar serviço público, mas apenas para serem suas delegatárias, ou seja, apenas para a mera execução desse tipo de serviço.

Passemos à análise das características das empresas estatais:

a) possuem um **regime jurídico de direito privado**, ou seja, aquele próprio das empresas privadas, como determina a CF, inclusive no que tange aos direitos e obrigações do direito civil e comercial (**igualdade em contratos**, por exemplo), do direito do trabalho (regime de contratação será o da **CLT** e as controvérsias julgadas pela Justiça do Trabalho), do direito tributário (**não há imunidade tributária**) e do direito processual civil (**não têm prerrogativas** quanto aos prazos, custas e reexame necessário);

b) estão sujeitas à **responsabilidade civil subjetiva**, salvo quando prestarem serviço público, hipótese em que a responsabilidade será objetiva (art. 37, § 6º, da CF), ou quando incidir outro tipo de responsabilidade objetiva prevista em lei (ex.: matéria ambiental, relação de consumo, danos causados pela circulação de produtos e danos decorrentes do desenvolvimento de atividade de risco, conforme arts. 927, parágrafo único, e 931, ambos do Código Civil);

c) possuem **bens privados**, (art. 98, CC) bens esses que poderão ser utilizados, onerados, penhorados ou alienados na forma estatutária e independentemente de autorização legislativa especial, porque tal autorização está implícita na lei que autorizou a criação da empresa e lhe outorgou os poderes necessários para realizar suas atividades, como nos ensina Hely Lopes Meirelles; vale ressaltar que, no caso de a empresa estatal executar serviço público, os bens que estiverem afetados ao serviço não poderão ser penhorados, como decorrência do princípio da continuidade do serviço público;

d) devem observar regras de **governança corporativa**, de **transparência** e de estruturas, práticas de gestão de riscos e de controle interno, composição da administração e, havendo acionistas, mecanismos para sua proteção, na forma da Lei 13.303/2016, editada após a divulgação de novos escândalos de corrupção em empresas estatais, especialmente na Petrobras. Exemplos de instrumentos criados por essa lei com vistas a evitar problemas éticos são o dever de a estatal elaborar Código de Conduta e Integridade (art. 9º, § 1º) e a previsão de requisitos técnicos para a nomeação de membros da diretoria e o do Conselho de Administração, aí incluídas indicações de ordem estritamente política (art. 17).

Apesar das características apontadas acima, não se deve esquecer que as pessoas de direito privado estatais foram criadas pelo Estado, fazendo parte da Administração Indireta estatal. Dessa forma, o **regime jurídico de direito privado** delas é *especial*, sofrendo tais entidades sujeições que as empresas puramente privadas não têm:

a) devem promover concurso público para admissão de pessoal;

b) devem promover licitação para a celebração de contratos; trata-se agora de um tipo de licitação especial prevista na Lei 13.303/2016 (art. 28 e seguintes), e não mais da licitação prevista na Lei 8.666/93; a Lei 13.303/2016 traz regulamentação extensa e detalhada de tudo que envolve a licitação e os contratos das empresas estatais, de modo que a Lei 8.666/1993 não deve ser mais aplicada, salvo nas exceções trazidas na novel lei, como no caso de aplicação das normas penais previstas na Lei 8.666/1993 (art. 41);

c) são fiscalizadas pelo Tribunal de Contas;

d) obedecem aos princípios da Administração Pública e seus agentes são equiparados a funcionários públicos para efeitos penais e de improbidade administrativa;

e) os dirigentes de empresas estatais estão sujeitos ao mandado de segurança quando exerçam funções delegadas do Poder Público;

f) apesar de terem autonomia administrativa e financeira, sofrem o controle ou supervisão da entidade criadora, bem como condicionantes legais e constitucionais (*vide* artigo 169, § 1º, da CF);

g) seus agentes estão sujeitos ao teto salarial previsto no art. 37, XI, da CF, nos casos estabelecidos no § 9º do art. 37, não havendo tal submissão quando a empresa estatal não for dependente economicamente da entidade que a tiver criado;

h) seus agentes estão sujeitos à proibição de acumulação remunerada de cargos, empregos ou funções na Administração (art. 37, XVII, CF);

i) não estão sujeitas à falência (art. 2º, I, da Lei 11.101/2005).

Quanto à questão da imunidade tributária, a imunidade recíproca, que alcança as entidades autárquicas, não alcança, como se viu, as empresas estatais. Porém, há duas exceções, que uma empresa estatal tem o direito à imunidade recíproca. São elas:

a) quando a empresa estatal tem monopólio sobre certo serviço público, como os Correios e a Infraero; *vide* STF, RE 601.392;

b) quando a empresa estatal tem capital totalmente público ou praticamente todo público, tem função absolutamente pública e não concorre no mercado, por exemplo, porque não cobra por seus serviços; um exemplo foi um caso julgado pelo STF em que se reconheceu essa imunidade a um hospital federal, revestido da forma sociedade de economia mista, em que o capital era 99,9% federal e que atendia exclusivamente pelo Sistema Único de Saúde, ou seja, sem atuar no mercado (RE 580264, j. 16.12.2010); outro exemplo foi o reconhecimento dessa imunidade, também pelo STF, a uma sociedade de economia mista (Codesp) que presta o serviço de Administração Portuária, com controle acionário quase total da União (99,97%), sendo que a entidade, apesar de cobrar por seus serviços, não o faz com o intuito de lucro e não concorre com outras empresas privadas (RE 253.472/SP).

Quanto à criação, as empresas estatais dependem de **autorização de lei específica.**

Observe-se que, diferente da autarquia, que é *criada* por lei específica, as empresas estatais têm sua criação *autorizada* por lei específica, de maneira que tal criação só se efetiva com o arquivamento dos atos constitutivos da sociedade na Junta Comercial.

Qualquer um dos entes políticos pode criar uma empresa estatal. Vale salientar que também depende de autorização legislativa, em cada caso, a criação de subsidiárias de empresas estatais, assim como a participação de qualquer delas em empresa privada (art. 37, XX, CF). Assim, a Constituição exige que a autorização legislativa seja específica e se dê a cada vez que uma nova subsidiária é criada, usando no inciso a expressão "em cada caso".

No que concerne ao **objeto** das empresas estatais, a Constituição atual deixa claro que a sua criação só se justifica quando, excepcionalmente, o Estado tenha de agir na *atividade econômica*. Tais empresas poderão, por exemplo, ser concessionárias de serviço público (executam o serviço público, mas não são titulares deste, sob pena de terem de obedecer ao regime jurídico próprio das autarquias e fundações públicas). E também podem simplesmente agir em atividades econômicas que não importem em prestação de serviço público.

Sua atuação se dá em **atividade econômica suplementar**, não sendo possível que o Estado crie à vontade empresas estatais. Isso ocorre porque, como se sabe, a ordem econômica é fundada na livre-iniciativa, na propriedade privada e na livre concorrência, daí porque apenas excepcionalmente pode o Estado nela agir.

Nesse sentido, o art. 173 da CF determina que o Estado só poderá agir na atividade econômica em duas hipóteses:

a) quando houver *relevante interesse público*, como na fabricação de remédio caro para combater a AIDS;

b) quando houver *imperativo de segurança nacional*, como na fabricação de material bélico em caso de guerra.

Essas são as características das empresas estatais, valendo, portanto, tanto para as empresas públicas como para as sociedades de economia mista. Vejamos agora as diferenças entre esses dois tipos de ente.

As **empresas públicas** são empresas estatais com as seguintes peculiaridades:

a) constituídas por qualquer modalidade societária admitida (S/A, Ltda. etc.);

b) com capital social formado integralmente por recursos da União, dos Estados, do Distrito Federal e dos Municípios; sendo que "desde que a maioria do capital votante permaneça em propriedade da União, do Estado, do Distrito Federal ou do Município, será admitida, no capital da empresa pública, a participação de outras pessoas jurídicas de direito público interno, bem como de entidades da administração indireta da União, dos Estados, do Distrito Federal e dos Municípios" (art. 3º, parágrafo único, da Lei 13.303/2016); caso a União faça parte de uma empresa pública, a maioria do capital votante deve ser de sua propriedade da União (art. 5º do Dec.-lei 900/1969); no mais,

c) caso sejam da União, têm foro na Justiça Federal (art. 109, I e IV, da CF) na área cível e criminal, salvo quanto às contravenções penais, cujo julgamento é da competência da Justiça Comum;

d) são exemplos desse tipo de empresa a Caixa Econômica Federal, os Correios e o SERPRO.

As **sociedades de economia mista** são empresas estatais com as seguintes peculiaridades:

a) constituídas somente pela forma de sociedade anônima (S/A);

b) possuem necessariamente capital privado e público, sendo que a maioria das ações com direito a voto devem pertencer à União, aos Estados, ao Distrito Federal, aos Municípios ou a entidade da administração indireta;

c) a Justiça Comum é o foro próprio de tais sociedades mesmo sendo federais;

d) são exemplos desse tipo de empresa o Banco do Brasil, a Petrobras e a Sabesp.

5.4. Entes de cooperação (paraestatais)

5.4.1. Noções gerais

Tradicionalmente, a expressão "entidade paraestatal" era utilizada para designar não só aquelas entidades criadas pelo particular para fins de interesse público, como também as empresas estatais (sociedades de economia e empresa pública).

Porém, como as empresas estatais fazem parte da Administração Indireta, ou seja, não seguem paralelas ao Estado, mas são parte integrante deste, hoje a expressão "paraestatal", no âmbito doutrinário, designa tão somente aquelas entidades do terceiro setor, ou seja, os entes de cooperação do Estado.

De qualquer forma, é necessário tomar certos cuidados, pois ainda há muitas leis, que, por serem antigas, utilizam a expressão entidade paraestatal para se referirem também às empresas estatais.

A partir de tal observação, podemos **conceituar** as entidades paraestatais como *aquelas pessoas jurídicas de direito privado dispostas paralelamente ao Estado, executando atividade de interesse público*.

Vejamos, agora, quatro tipos de ente de cooperação (serviços sociais autônomos, organizações sociais, OSCIPs e simples organizações da sociedade civil).

5.4.2. Serviços Sociais Autônomos

Os **serviços sociais autônomos** *são pessoas jurídicas de direito privado, sem fins lucrativos, vinculadas a categorias profissionais e destinadas ao fomento de assistência social, educacional ou de saúde, podendo receber recursos públicos e contribuições parafiscais*. São entidades desse tipo o SESC, o SENAI, o SENAC e o SESI.

São **características** dessas entidades, que prestam serviços de interesse público, as que seguem:

a) são pessoas jurídicas de direito privado não criadas pelo Estado (são tão somente oficializadas, qualificadas como tal pelo Estado);

b) o regime de seus empregados é celetista;

c) não têm prerrogativas públicas, ou seja, não gozam de privilégios administrativos, fiscais e processuais;

d) nem estão diretamente submetidas à obrigatoriedade de realização de concurso público e licitação (STF, RE 789.874/DF, j. 17.09.2014), o que não exclui o dever de agirem de forma proba, devendo criar processos seletivos e de contratações que estejam em acordo com os princípios da impessoalidade, da moralidade e da eficiência, já que tais entidades manejam recursos públicos;

e) seus funcionários são equiparados a agentes públicos, sujeitos à prática de crimes funcionais e de ato de improbidade administrativa, já que gerem recursos públicos;

f) as ações movidas contra essas entidades devem ser julgadas, salvo interesse direto da União, na Justiça Comum e não na Justiça Federal (STF, RE 414375/SC);

g) seus dirigentes estão sujeitos a mandado de segurança, bem como cabe ação popular em caso de lesão ao patrimônio da entidade;

h) são obrigados a prestar contas junto ao Tribunal de Contas (art. 5.º, V, da Lei 8.443/1992);

i) os dirigentes dessas entidades são obrigados a juntar, à documentação correspondente à prestação de contas junto ao Tribunal de Contas, cópia da declaração de rendimentos e de bens, relativa ao período-base da gestão, de conformidade com a legislação do Imposto sobre a Renda (art. 4º da Lei 8.730/1993 e STJ, REsp 1.356.484-DF, j. 05.02.2013);

j) possuem estrutura de sociedades civis, associações e fundações privadas;

k) atribuída a qualificação de serviço social autônomo, a entidade passa a recolher contribuições parafiscais de associados e a ser destinatária de dotações orçamentárias;

l) por receberem auxílio público ficam sujeitas a controle finalístico e à prestação de contas para o Poder Público.

5.4.3. Organizações Sociais – OS (Lei 9.637/1998)

Já as **organizações sociais** são *entidades privadas, sem fins lucrativos, cujas atividades se dirigem ao ensino, pesquisa científica, desenvolvimento tecnológico, proteção e conservação do meio ambiente, cultura, saúde, qualificadas como tal por decisão do Ministro respectivo da atividade e do Ministro da Administração Federal e Reforma do Estado.*

A qualificação de uma entidade como organização social é um instrumento que permite a transferência de certas atividades de interesse público ao setor privado, sem necessidade de concessão ou permissão, tratando-se de nova forma de parceria com valorização do terceiro setor, possibilitando, de outra parte, maior controle sobre as entidades que recebem recursos públicos para fins coletivos.

O instituto das organizações sociais está regulamentado, no âmbito federal, na Lei 9.637/1998.

São exemplos de organizações sociais algumas Santas Casas de Misericórdia (hospitais privados filantrópicos), que receberam tal qualificação, celebraram contrato de gestão com a Administração Pública e vêm recebendo equipamentos, pessoal e dinheiro estatais para a prestação do serviço público de saúde para a população.

São **requisitos** para que seja atribuída a qualificação de organização social a uma entidade os seguintes:

a) não ter fins lucrativos, devendo os excedentes ser aplicados em suas atividades;

b) ter fim social de interesse coletivo;

c) ter conselho de administração como órgão superior, com presença de mais de 50% de representantes do governo e de entidades civis;

d) decisão dos Ministros indicados no conceito, qualificando a entidade.

Uma vez recebida a qualificação de organização social, a entidade poderá firmar contrato de gestão com o Poder Público, contrato este que fixará os termos da parceria, como as atividades a serem desempenhadas pela entidade e a colaboração a ser oferecida pelo Estado, que poderá consistir em aporte de bens públicos em permissão de uso, recursos do orçamento e até servidores públicos.

Os serviços contratados pelo Poder Público junto à organização social, a partir do contrato de gestão, não dependem de licitação, tratando-se de caso de dispensa de licitação previsto no art. 24 da Lei 8.666/1993.

A partir desse momento, a organização social deverá promover a publicidade de seus atos, estará sujeita ao controle do Tribunal de Contas e à verificação periódica do atendimento das metas a que tiver se submetido.

Assim como os serviços sociais autônomos, as organizações sociais não são obrigadas a promover concurso público para a admissão de seu pessoal, nem a promover licitação para a realização de contratos com terceiros, devendo, todavia, efetuar tais despesas mediante obediência aos princípios da impessoalidade, da moralidade e da eficiência.

Caso ocorra descumprimento, pela entidade, do contrato de gestão, apurado em processo administrativo com ampla defesa, será feita sua desqualificação, que importará em reversão (devolução) dos bens públicos que estavam sendo utilizados pela entidade privada.

O STF, em Ação Direta de Inconstitucionalidade, decidiu algumas questões em relação às organizações sociais, acolhendo em parte o pedido, para conferir interpretação conforme a Constituição à Lei 9.637/1998 e ao inciso XXIV do art. 24 da Lei 8.666/1993, para explicitar que: " a) o procedimento de qualificação das organizações sociais deveria ser conduzido de forma pública, objetiva e impessoal, com observância dos princípios do "caput" do art. 37 da CF, e de acordo com parâmetros fixados em abstrato segundo o disposto no art. 20 da Lei 9.637/1998; b) a celebração do contrato de gestão fosse conduzida de forma pública, objetiva e impessoal, com observância dos princípios do "caput" do art. 37 da CF; c) as hipóteses de dispensa de licitação para contratações (Lei 8.666/1993, art. 24, XXIV) e outorga de permissão de uso de bem público (Lei 9.637/1998, art. 12, § 3º) deveriam ser conduzidas de forma pública, objetiva e impessoal, com observância dos princípios do "caput" do art. 37 da CF; d) a seleção de pessoal pelas organizações sociais seria conduzida de forma pública, objetiva e impessoal, com observância dos princípios do "caput" do art. 37 da CF, e nos termos do regulamento próprio a ser editado por cada entidade; e e) qualquer interpretação que restringisse o controle, pelo Ministério Público e pelo Tribunal de Contas da União, da aplicação de verbas públicas deveria ser afastada" (ADI 1923, J. 16.04.2015).

As Organizações Sociais (OSs) não se confundem com as **Organizações da Sociedade Civil de Interesse Público (OSCIPs)**, regulamentadas pela Lei 9.790/1999.

a) As primeiras atuam em atividades em que o Estado deveria atuar (ex.: saúde, educação etc.), apesar de não se tratarem de atividades exclusivas do Estado, ao passo que as segundas atuam em atividades de utilidade pública, em relação às quais o Estado tem interesse de fomento, tais como promoção da segurança alimentar, da ética e da paz;

b) As OSCIPs, na verdade, são entidades que recebem o **fomento** do Estado, por exemplo, para defender os consumidores, os idosos, os homossexuais etc.;

c) As OSs são qualificadas mediante aprovação do Ministro supervisor e do Ministro da Administração Federal e Reforma do Estado, ao passo que as OSCIPs são qualificadas pelo Ministro da Justiça;

d) As OSs celebram com a Administração *contrato de gestão*, ao passo que as OSCIPs celebram *termo de parceria*.

5.4.4. Organizações da Sociedade Civil de Interesse Público – OSCIPs (Lei 9.790/1999)

Podem receber a qualificação de OSCIP pessoas jurídicas de direito privado, sem fins lucrativos, que atuem observando o princípio da universalização dos serviços, e cujos objetivos sociais tenham ao menos uma das seguintes finalidades (art. 3º da lei): "I – promoção da assistência social; II – promoção da cultura, defesa e conservação do patrimônio histórico e artístico; III – promoção gratuita da educação, observando-se a forma complementar de participação das organizações de que trata esta Lei; IV – promoção gratuita da saúde, observando-se a forma complementar de participação das organizações de que trata esta Lei; V – promoção da segurança alimentar e nutricional; VI – defesa, preservação e conservação do meio ambiente e promoção do desenvolvimento sustentável; VII – promoção do voluntariado; VIII – promoção do desenvolvimento econômico e social e combate à pobreza; IX – experimentação, não lucrativa, de novos modelos socioprodutivos e de sistemas alternativos de produção, comércio, emprego e crédito; X – promoção de direitos estabelecidos, construção de novos direitos e assessoria jurídica gratuita de interesse suplementar; XI – promoção da ética, da paz, da cidadania, dos direitos humanos, da democracia e de outros valores universais; XII – estudos e pesquisas, desenvolvimento de tecnologias alternativas, produção e divulgação de informações e conhecimentos técnicos e científicos que digam respeito às atividades mencionadas neste artigo; XIII – estudos e pesquisas para o desenvolvimento, a disponibilização e a implementação de tecnologias voltadas à mobilidade de pessoas, por qualquer meio de transporte".

A Lei 9.790/1999 estabelece, ainda, que a dedicação dessas entidades nessas finalidades pode ser tanto na execução direta de programas, como na prestação de serviços intermediários de apoio a outras organizações sem fins lucrativos e a órgãos que atue em áreas afins (art. 3º, parágrafo único).

As pessoas jurídicas interessadas na qualificação como OSCIP, além de não ter fins lucrativos e de atuar nas finalidades estabelecidas no art. 3º da referida lei, devem ainda atender aos requisitos estabelecidos no art. 4º da lei, relacionados aos componentes de resguardo da legalidade, da impessoalidade, da moralidade, da publicidade, da economicidade e da eficiência na atuação da entidade, bem como não se tratar de entidade não passível de qualificação, que são as seguintes (art. 2º da lei): "I – as sociedades comerciais; II – os sindicatos, as associações de classe ou de representação de categoria profissional; III – as instituições religiosas ou voltadas para a disseminação de credos, cultos, práticas e visões devocionais e confessionais; IV – as organizações partidárias e assemelhadas, inclusive suas fundações; V – as entidades de benefício mútuo destinadas a proporcionar bens ou serviços a um círculo restrito de associados ou sócios; VI – as entidades e empresas que comercializam planos de saúde e assemelhados; VII – as instituições hospitalares privadas não gratuitas e suas mantenedoras; VIII – as escolas privadas dedicadas ao ensino formal não gratuito e suas mantenedoras; IX – as organizações sociais; X – as cooperativas; XI – as fundações públicas; XII – as fundações, sociedades civis ou associações de direito privado criadas por órgão público ou por fundações públicas; XIII – as organizações creditícias que tenham quaisquer tipo de vinculação com o sistema financeiro nacional a que se refere o art. 192 da Constituição Federal".

Preenchidos os requisitos e apresentados os documentos de que trata o art. 5º da lei federal, compete ao Ministro da Justiça decidir sobre a possibilidade ou não da qualificação.

Uma vez qualificada como OSCIP, a entidade fica habilitada para a celebração, com o Poder Público, de Termo de Parceria (art. 9º), destinado à formação do vínculo de cooperação entre as partes, para o fomento e a execução das atividades de interesse público previstas no já referido art. 3º da lei.

O Poder Público não é obrigado a fazer parceria com a entidade que for qualificada como OSCIP.

A celebração de Termo de Parceria será precedida de consulta aos Conselhos de Políticas Públicas das áreas correspondentes de atuação existentes, nos respectivos níveis de governo. Assim, no âmbito da Secretaria de Educação ou da Secretaria de Assistência Social de dado Estado ou Município, por exemplo, deverá ser constituído o conselho respectivo, para o fim acima indicado.

O Termo de Parceria tratará, entre outras questões essenciais, do objeto, das metas e resultados, e da avaliação de desempenho das entidades respectivas (art. 10, § 2º).

É importante lembrar que as OSCIPs têm o dever legal de atender ao princípio da universalização dos serviços (art. 3º), atendendo, assim, a todos que procurarem a entidade, ressalvados os casos em que houver limitação máxima de pessoas pelo tipo de atendimento, ocasião em que se deve atender a todos dentro do limite de vagas existentes e segundo as metas acertadas com o Poder Público e com critérios de admissão que respeitem a impessoalidade e a moralidade.

Em função do princípio da legalidade, é necessário que os Estados, Distrito Federal e Municípios tenham lei local operacionalizando a realização de termo de parceria com as OSCIPs. Além de autorização que o Poder Público local qualifique e celebre termo de parceria com OSCIPs, a lei local pode estabelecer requisitos como tempo de existência da OSCIP, experiência na área de atuação, qualificações especiais para celebrar termo de parceria em determinadas atividades, entre outros requisitos.

Apesar de a lei federal não exigir licitação para a celebração de Termo de Parceria com OSCIPs, em respeito aos princípios da isonomia e da indisponibilidade do interesse público, faz necessário que cada ente regulamente procedimento com vistas a assegurar tais valores. Isso implica na previsão de chamamentos públicos, que tragam critérios os mais objetivos possíveis, para a escolha, dentre as entidades interessadas, da que melhor atende ao interesse público.

Vale lembrar que a Constituição Federal, regra matriz sobre o dever de licitar, não impõe licitação pública para "o fomento e a execução das atividades de interesse público" previstas na Lei 9.790/1999, mas apenas para a contratação de obras, prestação de serviços, alienações e compras da Administração Pública (art. 37, XXI).

Dessa forma, para atender à isonomia e à indisponibilidade do interesse cabe fazer seleção nos termos do regulamento local, que poderá instituir, por exemplo, procedimento de Chamamento Público ou de Concurso de Projetos para a hipótese, procedimento que agora está regulamento em lei geral sobre parcerias.

Um exemplo de OSCIP já implementada no setor é a Escola de Pais do Brasil – Seccional de Florianópolis, entidade sem fins econômicos, declarada de utilidade pública e credenciada pelo Ministério da Justiça como Organização da Sociedade Civil de Interesse Público – OSCIP, que organiza seminários, ministra cursos e ciclos de debates nas redes particular e pública de ensino, em empresas e centros comunitários e onde quer que se solicite sua atividade. Atua na prevenção e na busca por soluções de problemas ligados à família e à cidadania.

5.4.5. Organizações da Sociedade Civil – OSC (Lei 13.019/2014)

A Lei 13.019/2014, o chamado Marco Regulatório das Organizações da Sociedade Civil (MROSC), institui normas gerais para as parcerias entre a administração pública e organizações da sociedade civil, em regime de mútua cooperação, para a consecução de finalidades de interesse público e recíproco, mediante a execução de atividades ou de projetos previamente estabelecidos em planos de trabalho inseridos em termos de colaboração, em termos de fomento ou em acordos de cooperação. (art. 1º).

Essa lei veio em resposta à "CPI das ONGs", que constatou que havia um grande número de ONGs no país que trabalhavam de forma irregular, servindo, muitas vezes, de laranjas para o desvio de recursos públicos. A CPI constatou também que, mesmo em entidades que não eram de fachada, havia vários vícios na celebração e execução dos convênios (esse era o nome do instrumento utilizado para o acerto dessas parcerias com a Administração Pública, nome esse que agora não mais poderá ser utilizado para designar esse tipo de parceria), como a ausência de processo seletivo para a celebração do convênio, a ferir, muitas vezes, o princípio da impessoalidade, a ausência de instrumento adequado de prestação de contas e também a ausência de metas e de controle de resultados. Naturalmente que há muitas entidades seríssimas nesse setor, que, vale lembrar, é essencial para a consecução de atividades de interesse público em nosso País, mas já estava mais do que na hora de vir uma lei que pudesse sanear os vícios mencionados, além de tratar de outras questões de suma importância para esse tipo de parceria.

Antes de tratarmos com mais detalhe desse tipo de parceria, de rigor pontuar que essa lei se aplica às parcerias que envolvam ou não transferências de recursos financeiros, mas não se aplica às hipóteses previstas no art. 3º da lei, como, por exemplo, às transferências de recursos homologadas pelo Congresso Nacional ou autorizadas pelo Senado Federal naquilo em que as disposições dos tratados, acordos e convenções internacionais específicas conflitarem com a Lei.

Na prática, esse tipo de parceria acontece muito nas seguintes áreas: a) assistência social; b) educação; c) saúde; d) esporte; e) cultura; f) direitos humanos.

São exemplos as parcerias celebradas com entidades sem fins lucrativos (organizações da sociedade civil) para acolhimento de crianças sem família, para acolhimento de pessoas sem habitação, para realização de atividades com crianças e adolescentes em situação de risco no contraturno das aulas, atendimento a moradores de rua, acolhimento de idosos, apoio a famílias e indivíduos que vivenciam violação de direitos, dentre eles a violência física, psicológica, sexual, cumprimento de medidas socioeducativas em meio aberto, dentre outros.

Para que uma entidade possa realizar esse tipo de parceria há de atender aos seguintes requisitos:

a) enquadrar-se no conceito de organização da sociedade civil, que é a *entidade privada sem fins lucrativos que não distribua entre os seus sócios ou associados, conselheiros, diretores, empregados, doadores ou terceiros eventuais resultados, sobras, excedentes operacionais, brutos ou líquidos, dividendos, isenções de qualquer natureza, participações ou parcelas do seu patrimônio, auferidos mediante o exercício de suas atividades, e que os aplique integralmente na consecução do respectivo objeto social, de forma imediata ou por meio da constituição de fundo patrimonial ou fundo de reserva, bem como as demais entidades mencionadas nas alíneas "b" e "c" do inciso I do art. 2º da Lei 13.019/2014*;

b) ser regida por normas de organização interna que estabeleça o seguinte: i) objetivos voltados à promoção de atividades e finalidades de relevância pública e social; ii) que, em caso de dissolução da entidade, o respectivo patrimônio líquido seja transferido a outra pessoa jurídica de igual natureza que preencha os requisitos desta Lei e cujo objeto social seja, preferencialmente, o mesmo da entidade extinta; iii) escrituração de acordo com os princípios fundamentais de contabilidade e das Normas Brasileiras de Contabilidade; importante salientar que celebração de meros acordos de cooperação (aqueles acordos que não envolvam transferência de recursos), só será exigido o requisito "i" e que, quanto às entidades religiosas, estão dispensados os requisitos "i" e "ii".

c) possuir: no mínimo, um, dois ou três anos de existência, com cadastro ativo, comprovados por meio de documentação emitida pela Secretaria da Receita Federal do Brasil, com base no Cadastro Nacional da Pessoa Jurídica – CNPJ, conforme, respectivamente, a parceria seja celebrada no âmbito dos Municípios, do Distrito Federal ou dos Estados e da União, admitida a redução desses prazos por ato específico de cada ente na hipótese de nenhuma organização atingi-los; experiência prévia na realização, com efetividade, do objeto da parceria ou de natureza semelhante; instalações, condições materiais e capacidade técnica e operacional para o desenvolvimento das atividades ou projetos previstos na parceria e o cumprimento das metas estabelecidas.

A Administração Pública, por sua vez, deverá criar, caso não já tenha, Conselho de Política Pública ("para atuar como instância consultiva, na respectiva área de atuação, na formulação, implementação, acompanhamento, monitoramento e avaliação de políticas públicas"), Comissão de Seleção (órgão colegiado responsável pelo Chamamento Público, espécie de certame licitatório para a escolha da entidade) e a Comissão de Monitoramento e Avaliação (órgão colegiado destinado a avaliar as parcerias), conforme incisos IX, X e XI do art. 2º da Lei 13.019/2014.

Dentre os princípios e diretrizes a serem respeitados nesse tipo de parceria, destacam-se os da transparência, do controle social das ações públicas e da priorização do controle de resultados, tendências cada vez mais fortes no direito administrativo.

Conforme já comentado, os instrumentos a serem firmados com as organizações da sociedade civil não mais poderão ser chamados de convênio, que passam a ser apenas os acordos de mútua cooperação entre entes políticos. Agora os instrumentos firmados por essas entidades com o Poder Público passam a se chamar termo de colaboração e termo de fomento, usando-se sempre o nome "termo de colaboração", ficando reservado a nomenclatura "termo de fomento" para as parcerias decorrentes de planos de trabalho que foram propostos pelas organizações da sociedade civil (arts. 16 e 17 da Lei 13.019/2014). Importante consignar que a lei prevê também um instrumento com o nome de "acordo de colaboração", que é aquele que não envolve transferência de recursos financeiros.

Mas a celebração desses termos de colaboração e de fomento dependem de um processo seletivo, que tem o nome de chamamento público. Mas antes desse procedimento, é necessário que a Administração crie um Plano de Trabalho (art. 22 da Lei 13.019/2014), que será executado pela entidade vencedora do certame. A partir desse plano, faz-se um edital de chamamento, que, sempre que possível, deve estabelecer critérios e indicadores a serem seguidos (especialmente objetos, metas, custos e indicadores, quantitativos ou qualitativos, de avaliação de resultados (art. 23, parágrafo único, da Lei 13.019/2014), sendo que o grau de adequação da proposta aos objetivos específicos do programa ou ação em que se insere o objeto da parceria e, quando for o caso, ao valor da referência constante do chamamento público é critério obrigatório de julgamento (art. 27, *caput*, da Lei 13.019/2014). A lei prevê, ainda, a inversão de fases nesse procedimento, de modo que primeiro se faz a etapa competitiva e se ordena as propostas.

Uma vez finalizado o chamamento público e celebrado o termo de colaboração ou o termo de fomento, passa-se à execução desses termos, cujo grande destaque é a prestação de contas a ser feita pelo parceiro junto ao Poder Público. Nesse ponto, vale lembrar que, num termo de colaboração ou de fomento, não há relação de crédito e débito (não há obrigações recíprocas, mas sim repasse de recursos pelo Poder Público, para que sejam alocadas pelas entidades nos objetivos comuns acertados. Por isso é que a entidade parceira tem o dever de prestar contas, que se dará mediante a apresentação de dois relatórios (art. 66 da Lei 13.019/2014): a) Relatório de Execução do Objeto, voltado para as atividades desenvolvidas com vistas à execução do objetivo (ex: como se deu o atendimento às crianças, idosos etc.); b) Relatório de Execução Financeira, voltado à descrição das despesas e receitas efetivamente realizadas.

Com relação à prestação de contas financeira, importante ressaltar que a entidade não está obrigada a fazer licitação para a aquisição de produtos e serviços no mercado com o dinheiro recebido pelo Poder Público. Porém, é obrigado a gastar esses recursos com respeito aos princípios da legalidade, da moralidade, da boa-fé, da probidade, da impessoalidade, da economicidade, da eficiência, da isonomia, da publicidade, da razoabilidade e do julgamento objetivo e a busca permanente de qualidade e durabilidade.

Quanto ao prazo da parceria, a lei não traz limite, mas dispõe que deverá constar do termo de colaboração ou de fomento a vigência e as hipóteses de prorrogação (art. 42, VI). De qualquer forma, por analogia, entendemos que, em se tratando de serviços públicos contínuos, há de se admitir o limite máximo previsto na Lei 8.666/1993, que é total de 60 meses, já contidas as prorrogações ordinárias, sem prejuízo da prorrogação extraordinária prevista no art. 57, § 4º, da Lei 8.666/1993.

A lei prevê, ainda, sanções graves às seguintes pessoas: a) às entidades que executarem a parceria em desacordo com o plano de trabalho e com as normas da lei e legislação específica (art. 73); b) e aos agentes públicos e particulares beneficiários ou que concorrem pelo ato, pela prática de atos de improbidade administrativa, sendo que a lei cria diversos tipos novos de improbidade (art. 77).

Em termos de disposições transitórias, a lei só entrará em vigor para os Municípios em 1º de janeiro de 2017, salvo se ato administrativo local determinar a sua aplicação imediata.

Vale salientar que a Lei 13.019/2014 sofreu drásticas mudanças com a edição da Lei 13.204/2015 que alterou em diversos pontos, retirando, de um lado, boa parte das regras moralizadoras e importantes previstas na redação originária da lei, o que é lastimável, mas também tornando viável, de outro lado, a aplicação da lei em pontos que estavam confusos ou exagerados na redação originária, o que é salutar.

5.5. Ordem dos Advogados do Brasil – OAB

A natureza jurídica da OAB foi exaustivamente debatida pelo Supremo Tribunal Federal na ADI 3.026-4/DF.

A decisão proferida pelo STF na ADI mencionada anota que a OAB não é uma autarquia especial e não integra a Administração Indireta como outro tipo de pessoa jurídica, de modo que não se sujeita ao controle estatal.

Por outro lado, o STF reconhece que a OAB presta, sim, um *serviço público*.

Na prática isso significa que a OAB, de um lado, não é obrigada a fazer concursos públicos, licitações e a se submeter à fiscalização do TCU e ao regime estatutário dos agentes públicos, podendo contratar pelo regime celetista.

De outro lado, por ser um *serviço público*, a OAB pode fiscalizar os advogados e também tem direito a vantagens tributárias.

Na ementa do acórdão, o STF deixa claro que a OAB não é integrante da Administração Indireta, tratando-se de uma figura ímpar no País, no caso, um *Serviço Público Independente*.

O acórdão também conclui que a OAB não pode ser comparada às demais entidades de fiscalização profissional, pois não está voltada exclusivamente a finalidades corporativas, possuindo finalidade institucional.

6. AGENTES PÚBLICOS

6.1. CONCEITO DE AGENTES PÚBLICOS

Os agentes públicos podem ser **conceituados** como *os sujeitos que servem ao Poder Público como instrumentos de sua vontade, mesmo que o façam apenas ocasionalmente.*

Saber quem é agente público é importante para diversos fins, tais como verificação de cabimento de mandado de segurança em face de ato de dada autoridade, submissão a certas restrições de direito público, sujeição à aplicação especial da lei penal, sujeição à Lei de Improbidade Administrativa, sujeição à Lei de Abuso de Autoridade, dentre outras situações.

No entanto, as leis trazem diferentes conceitos de agente público para efeito de determinar quem está e quem não está a ela sujeito. Por exemplo, o conceito de agente público na Lei de Improbidade Administrativa é muito mais amplo que o conceito previsto no Código Penal.

Tal situação é plenamente possível, pois cada lei deverá definir quem está a ela sujeito.

De qualquer forma, o conceito trazido por nós é um conceito geral que pode ser aplicado independentemente das especificidades de cada lei.

6.2. Natureza da atuação dos agentes públicos

Neste item comumente são estudadas as teorias do *mandato*, da *representação* e da *presentação*.

A terceira teoria, qual seja, a de que a natureza da atuação do agente público perante o Poder Público é de *presentação*, é a mais adotada, dispensando a análise aprofundada das demais, pelos seguintes motivos:

a) a natureza transitória e revogável do mandato (teoria do mandato) não se coaduna com a estabilidade dos agentes públicos;

b) a representação (teoria da representação) é forma de integração da vontade dos incapazes, e o Estado não é incapaz;

c) na presentação, o Estado se faz presente por um de seus órgãos, um agente público, de modo que todos os atos são imputados diretamente a ele (Estado), teoria que se coaduna com a realidade.

A **teoria da presentação** fez com que se desenvolvesse a *teoria do órgão*, de acordo com a qual todo ato expedido por um agente público é imputado diretamente à Administração Pública.

De fato, quando um agente público pratica um ato, esse agente está se fazendo presente (presentando) como Estado. No fundo, quem pratica o ato é o próprio Estado, e não o agente público, que é um mero presentante deste.

Essa conclusão tem várias consequências, dentre as quais a de que, causado um dano a terceiro por conduta de agente estatal, o Estado responderá objetivamente, não sendo sequer possível que a vítima ingresse com ação diretamente em face do agente público, devendo acionar o Estado, que, regressivamente, poderá se voltar em face do agente público que tiver agido com culpa ou dolo (art. 37, § 6º, da CF).

6.3. Classificação dos agentes públicos

Segundo Celso Antônio Bandeira de Mello, os agentes públicos podem ser classificados da forma como vemos nos enunciados adiante.

Agentes políticos *são os titulares de cargos estruturais à organização política do país*. Seu vínculo com o Estado não é de natureza profissional, mas política. A relação jurídica com o Estado é estatutária (não contratual), descendendo da própria Constituição.

São exemplos de agentes políticos o Presidente da República, Governadores, Prefeitos, Senadores, Deputados, Vereadores, Secretários de Governo, Ministros de Estado.

Há controvérsia sobre a inclusão dos juízes e promotores na aludida espécie. Se se encarar como discrímen da classificação o fato de serem titulares de cargos estruturais no âmbito da organização política do País (e não no sentido de fazerem política, no sentido pejorativo da palavra), há de se chegar à conclusão de que tais agentes são, efetivamente, agentes políticos.

Servidores estatais *são todos aqueles que mantêm com as entidades da Administração Direta e Indireta, públicas ou privadas, relação de trabalho de natureza profissional em caráter não eventual, sob vínculo de dependência*. Subdividem-se em dois grupos:

a) servidores públicos: são aqueles servidores estatais que atuam junto ao ente político e respectivas pessoas de direito público (autarquias e fundações públicas); podem ser titulares de *cargo público* (regime estatutário), sendo esta a regra (exs.: escreventes, delegados e fiscais), ou de *emprego público* (regime celetista); no primeiro caso, terão o nome de *servidores titulares de cargo público*; no segundo, de *servidores empregados*, que são os admitidos para funções materiais subalternas, contratados por necessidades temporárias de excepcional interesse público ou remanescentes do regime anterior à CF/1988;

b) servidores de pessoas governamentais de direito privado: são os que atuam como empregados, sob regime trabalhista, nas empresas públicas e sociedades de economia mista.

Já os **particulares em colaboração com a Administração**, por sua vez, *são os que, sem perder a qualidade de particulares, exercem função pública, ainda que em caráter episódico*. Subdividem-se nos seguintes grupos:

a) requisitados para prestação de atividade pública. Exs.: jurados e mesários;

b) gestores de negócios públicos que atuam em situações de necessidade pública premente;

c) contratados por locação civil de serviços. Ex.: advogado contratado para sustentação oral;

d) concessionários e permissionários de serviços públicos, bem como delegados de função ou ofício público. Ex.: notários e tabeliães.

Outra classificação importante dos agentes públicos é a que os divide nas seguintes espécies:

Agentes políticos: *vide* correspondente acima.

Agentes administrativos: *vide* servidores estatais.

Agentes honoríficos: *cidadãos convocados para prestar, transitoriamente, serviço ao Estado, em razão de sua honorabilidade*. Não há remuneração. Ex.: mesários eleitorais, jurados do Tribunal do Júri.

Agentes delegados: *particulares que recebem delegação para executar atividade, obra ou serviço público, agindo em nome próprio e por sua conta e risco, mediante remuneração advinda do Estado ou dos usuários dos serviços*. Ex.: tabeliães, oficiais de registro, concessionários de serviço público.

Agentes credenciados: *particulares que recebem uma incumbência específica para representar a Administração*. São remunerados. Aqui a transitoriedade é maior que na espécie anterior. Ex.: advogado renomado contratado por Prefeitura para fazer sustentação oral num julgamento perante o Tribunal; advogado que tem convênio com o Estado para representar necessitados em juízo em nome destes.

Outra classificação possível, feita diante do texto constitucional, é a que divide os servidores públicos em: a) agentes políticos; b) servidores públicos em sentido estrito ou estatutários; c) empregados públicos; d) contratados por tempo determinado.

Por fim, vale dar uma palavra sobre os militares. Esses têm estatuto próprio, podendo ser considerados servidores estatutários também.

Porém, para alguns autores, como Maria Sylvia Zanella Di Pietro, os *militares* devem ser considerados uma espécie à parte de agentes públicos, dadas as peculiaridades de seu regime jurídico.

Assim, para quem tem esse entendimento, haveria quatro grandes grupos de agentes públicos: a) agentes políticos; b) servidores públicos; c) militares; d) particulares em colaboração com a Administração.

6.4. Espécies de vínculos: cargos, empregos e funções

6.4.1. Cargos públicos

Os cargos públicos podem ser **conceituados** como as *mais simples unidades de competência a serem exercidas por agente público, devendo ser criados por lei.*

Os cargos públicos são próprios das pessoas jurídicas de direito público. Além de serem criados por lei, qualquer alteração nas atribuições do cargo somente pode ocorrer por meio de lei formal (STF, MS 26.740-DF).

Os cargos públicos podem ser efetivos ou em comissão (esse será visto no próximo item). Os titulares de **cargos efetivos** (também chamados de servidores públicos) devem passar por concurso público, podem adquirir estabilidade e se submetem ao regime estatutário, daí porque tais cargos são reservados a agentes públicos em que o dever de isenção e a responsabilidade são grandes, o que não ocorre, por exemplo, na contratação de servidores temporários, que serão chamados para empregos públicos, como se verá.

É importante consignar, desde já, que a EC 19/1998 suprimiu a obrigatoriedade do regime jurídico único, supressão essa que está suspensa no momento por decisão do STF em ADI que questiona a ausência de votação no Congresso quanto a essa modificação.

De qualquer forma, a exigência de regime jurídico único, que consta da redação original do art. 39, *caput*, da CF, quer dizer apenas que não é possível haver mais de um estatuto de funcionário público para reger os servidores com **cargo público** na Administração Direta e Indireta. Há de existir um "único" estatuto de funcionário público no âmbito das pessoas jurídicas de direito público da administração direta e indireta de um dado ente federativo. Por exemplo, na esfera federal, não é possível que haja dois estatutos de servidores públicos (a Lei 8.112/1990 e uma outra lei), de modo a um estatuto servir para uma parte dos servidores e outro, para outra parte. A única exceção se dá quanto aos militares, que têm estatuto próprio. Outra possibilidade diz respeito à concorrência de um regime jurídico geral (no caso federal, a Lei 8.112/1990), com leis específicas tratando de alguma particularidade de uma carreira. Ademais, nada impede que as pessoas contratadas para um mero núcleo de encargo de trabalho (emprego) sejam regidas pela CLT.

Outro ponto importante acerca do regime jurídico dos servidores estatutários é que não é possível que estes celebrem acordos ou convenções coletivas e trabalho, pois a Administração Pública está sujeita ao princípio da legalidade, não se autorizando que se conceda por convenção ou acordo coletivo vantagens a servidores públicos, já que essas concessões dependem de lei de iniciativa do Executivo (art. 61, § 1º, II, "a" e "c", da CF) e de prévia dotação orçamentária (art. 169, § 1º, I e II, da CF). Vide a respeito a decisão proferida pelo STF na ADI 554/MT. A celebração de convenções e acordos coletivos de trabalho é direito exclusivo dos trabalhadores da iniciativa privada, sujeitos ao regime celetista (art. 7º, XXVI, da CF).

6.4.2. Funções públicas

Em sentido amplo, as funções públicas abrangem as funções em confiança, os estágios, as contratações temporárias (art. 37, IX, da CF) e a contratação de agentes de saúde e de combate a endemias (art. 198, § 4º, da CF).

De um lado, temos essas funções públicas em sentido amplo e, de outro, temos os *cargos públicos* e os *empregos públicos*.

Em sentido estrito, as funções públicas dizem respeito às *funções em confiança*, que podem ser conceituadas como *o conjunto de atribuições, criadas por lei, correspondente a encargos de direção, chefia e assessoramento, a serem exercidas exclusivamente por titular de cargo efetivo, da confiança da autoridade que as preenche.*

A função em confiança está prevista no art. 37, V, CF (não confundir com cargo em comissão, também previsto neste inciso, que pode ser preenchido por pessoas que não fizeram concurso público, que não são da carreira).

Assim, só quem já tem um cargo efetivo na Administração pode ser chamado para uma função de confiança (para ser chefe de uma seção, por exemplo).

A qualquer momento o servidor pode perder uma função em confiança, ocasião em que voltará a ocupar o cargo efetivo que antes detinha.

Enfim, quando uma determinada lei criar uma função de direção, chefia ou assessoramento e dispuser que só quem tem cargo efetivo poderá assumir essa função, estaremos diante de uma *função em confiança* e não diante de um *cargo em comissão*.

6.4.3. Empregos públicos

Os empregos públicos podem ser **conceituados** como *núcleos de encargos de trabalho, a serem preenchidos por contratados pelo regime jurídico celetista, contratual.*

O regime celetista tem por característica **maior rigidez** do que o regime estatutário. Isso porque um contrato faz lei entre as partes (*pacta sunt servanda*), ao passo que o Estatuto de Funcionário Público, que rege os detentores de cargo, é uma lei que pode ser modificada a qualquer momento sem que o agente público tenha direito adquirido ao regime funcional que tinha antes.

Outra diferença entre o regime celetista e o regime estatutário é a de que o primeiro **não admite a aquisição de estabilidade** como regra, ao passo que esse instituto é próprio aos regidos pelo regime estatutário que detenham cargo efetivo, o mesmo não acontecendo em relação aos estatutários que detêm cargo em comissão.

Apesar de o empregado público ter regime funcional celetista e submeter-se obrigatoriamente ao Regime Geral da Previdência Social, a admissão de pessoas para um emprego público depende de **concurso público**.

Outro ponto importante diz respeito aos **casos em que é possível utilizar o regime celetista**, ou seja, em que se permite a contratação de agentes públicos para um emprego público. Os casos são os seguintes:

a) pessoas jurídicas de direito privado estatais: todos os agentes serão contratados para emprego público, ou seja, pelo regime celetista;

b) pessoas jurídicas de direito público: serão contratados para emprego público, pelo regime celetista, aqueles que tiverem atribuições subalternas (ex.: telefonista, jardineiro etc.).

No último caso, os empregados públicos, apesar de serem celetistas, têm direito à estabilidade própria dos que têm cargos públicos, conforme vem decidindo a jurisprudência (Súmula 390 do TST).

Assim, um empregado público da União tem direito à estabilidade, ao passo que um empregado público do Banco do Brasil não tem esse direito.

Ainda nesse tema, existe grande discussão se a dispensa de empregado público em pessoa jurídica de direito privado estatal (por exemplo, no Banco do Brasil) precisa ser motivada.

Respondendo a essa pergunta o Tribunal Superior do Trabalho entende que a motivação é dispensável (TST, OJ-I 247). Todavia, a motivação faz-se necessária nos Correios, que, apesar de ser uma pessoa jurídica de direito privado estatal, por ter o monopólio de sua atividade, está submetido a várias sujeições das pessoas jurídicas de direito público, dentre elas àquela de motivar seus atos.

Não bastasse, o STF, além do que já se decidia em relação aos Correios, passou a decidir que, em se tratando de empresa pública ou sociedade de economia mista ***prestadoras de serviço público***, a dispensa depende de motivação em qualquer caso, pois tais empresas estatais não são como as estatais meramente exploradoras de atividade econômica, tendo, assim, um regime jurídico privado, mas com mais condicionantes públicos, como é o caso do dever de motivação em caso de dispensa de agentes públicos; confira: "em atenção, no entanto, aos princípios da impessoalidade e isonomia, que regem a admissão por concurso público, a dispensa do empregado de empresas públicas e sociedades de economia mista que prestam serviços públicos deve ser motivada, assegurando-se, assim, que tais princípios, observados no momento daquela admissão, sejam também respeitados por ocasião da dispensa; a motivação do ato de dispensa, assim, visa a resguardar o empregado de uma possível quebra do postulado da impessoalidade por parte do agente estatal investido do poder de demitir" (STF, RE 589.998, *DJ* 12.09.2013). Repare que essa regra não se aplica às empresas estatais meramente ***exploradoras de atividade econômica***.

6.5. Cargo público

6.5.1. Classificação quanto à posição

Isolados são os cargos que não estão subdivididos em classes. Então, não há promoção.

De carreira são os cargos subdivididos em classes. Cada classe indica uma promoção.

Quadro é o conjunto de todos os cargos, isolados e de carreira. A **carreira** é composta de **classes** (crescentes), que é o conjunto de cargos da mesma natureza de trabalho. Por fim temos os **cargos,** que são as menores unidades de competência. **Lotação** é o número de servidores que devem ter exercício em cada repartição.

No âmbito federal, por exemplo, há um quadro para cada unidade básica de organização, ou seja, tem-se um quadro para cada Ministério.

6.5.2. Classificação quanto à vocação de retenção dos ocupantes

Podem ser de **provimento em comissão** (de ocupantes provisórios – demissíveis *ad nutum*), de **provimento efetivo** (de ocupantes permanentes) e de **provimento vitalício** (permanentes com maiores garantias).

Cargos em comissão *são unidades de competência a serem preenchidas por servidores de carreira nos casos, condições e percentuais mínimos previstos em lei.*

Repare que é possível que tais cargos sejam preenchidos sem que o ocupante faça concurso público.

Outras características do cargo em comissão são as seguintes:

a) seu caráter é provisório, sendo ocupado por pessoas de confiança, que podem ser nomeadas e exoneradas livremente (*ad nutum*);

b) o regime funcional dos cargos em comissão é estatutário e não celetista; dessa forma, é o Estatuto de Funcionários Públicos que rege os servidores com cargo em comissão, estatuto esse que não se aplicará na parte que trata do direito à estabilidade, pois esse direito não existe em favor daqueles que detêm cargo em comissão;

c) o regime previdenciário dos ocupantes de cargo em comissão é o Regime Geral da Previdência Social e não o Regime Próprio de Previdência dos funcionários públicos, regime aplicável apenas aos servidores que detêm cargo efetivo;

d) só podem ser criados cargos em comissão para atribuições em que o elemento confiança é indispensável (para chefia, direção e assessoramento); o STF declara com frequência a inconstitucionalidade de leis que criam cargos em comissão para atribuições eminentemente técnicas, como as de cargos para médico, auditor, jornalista, psicólogo, enfermeiro, motorista etc. (v., p. ex., ADI 3602), deixando claro que esses cargos devem ser efetivos, providos, assim, por concurso público.

Vale ressaltar que, em que pese o art. 37, V, CF dispor que a nomeação para cargo em comissão é livre, podendo ser chamado quem nunca fez concurso público algum, a lei que criar cargos em comissão deverá trazer percentuais mínimos deles que devem ser providos por servidores de carreira.

Cargos de provimento efetivo são a regra em matéria de cargos públicos, dependendo de concurso público de provas ou de provas e títulos seu provimento.

Enquanto os cargos em comissão têm como marca a transitoriedade, os cargos efetivos têm por nota a permanência, daí a possibilidade de o servidor, preenchidos certos requisitos, auferir a estabilidade, que é o direito de não ser demitido, salvo se incidir em falta grave, apurada em processo administrativo, ou em consequência da avaliação periódica, assegurada a ampla defesa, dentre outras situações que veremos a seguir.

Cargos de provimento vitalício são aqueles cujo elemento permanência é ainda mais intenso, uma vez que seus ocupantes só podem perdê-lo por meio de sentença transitada em julgado. É atributo dos magistrados (art. 95, I, CF), membros do Ministério Público (art. 128, § 5º, I, "a", CF) e membros dos Tribunais de Contas (art. 73, § 3º, CF). Seu provimento pode ou não depender de concurso público. E a vitaliciedade ocorre após dois anos de exercício, se o ingresso foi por concurso (juízes e promotores), ou logo após a posse, se por indicação (Ministros dos Tribunais Superiores, por exemplo).

6.5.3. Provimento em cargo público

Consiste no ato de designação de alguém para titularizar cargo público. É da alçada do chefe do Poder, ou do Presidente ou Procurador-Geral, quanto ao Tribunal de Contas e ao Ministério Público, respectivamente. Pode haver delegação dessa competência.

Os provimentos podem ser de vários tipos, de acordo com a natureza da designação.

Nomeação *é o provimento autônomo de servidor em cargo público*. Por ela, determinada pessoa é designada para titularizar cargo público independentemente de ter tido algum vínculo com o cargo. Caso não compareça, a nomeação será declarada sem efeito.

Não se deve confundir a **nomeação** (designação) com a **posse**, que é ato seguinte, consistente na aceitação do cargo, em que ocorre o fenômeno da **investidura**. Com esta (a investidura) forma-se a relação jurídica funcional, marcando o início dos direitos e deveres funcionais, bem como as restrições, impedimentos e incompatibilidades. Na Lei 8.112/1990, o prazo para tomar posse é de 30 dias. Por fim, ocorrerá outra situação que é a **entrada em exercício**, que no âmbito federal deve-se dar até 15 dias após a posse. Como a posse já estabelece a relação jurídica, caso o agente não entre em exercício, não se pode tão somente nomear outra pessoa, devendo, antes, exonerar-se o agente faltoso. Mas se houver nomeação sem que o nomeado tome posse, basta que seja chamada a pessoa seguinte na classificação, pois a primeira nomeação será declarada sem efeito.

A Lei 8.112/1990 admite posse por **procuração específica** (art. 13, § 3º, da Lei 8.112/1990).

O art. 13 da Lei de Improbidade Administrativa (Lei 8.429/1992) dispõe que "a posse e o exercício de agente público ficam condicionados à apresentação de declaração dos bens e valores que compõem o seu patrimônio privado, a fim de ser arquivada no serviço de pessoal competente". Tal declaração deve abranger qualquer espécie de bem e valor patrimonial e, quando for o caso, abrangerá também os do cônjuge ou companheiro, dos filhos e de outros que sejam dependentes.

Deve ser anualmente atualizada e também na data em que o agente deixar o serviço público. Prescreve a lei, ainda, que será punido com demissão a bem do serviço público, sem prejuízo de outras sanções cabíveis, o agente que se recusar a prestar declarações de bens, dentro do prazo determinado, ou que as prestar falsamente.

Promoção (ou acesso) *é o ato de designação para titularizar cargo superior da própria carreira*. Consiste em ato de provimento derivado vertical. É feita pelo Chefe do Poder. No caso do Poder Executivo, seu Chefe (que age por decreto) pode delegá-la para o Ministro ou Secretário, que agirão por resolução ou portaria. É importante consignar a respeito da promoção que: "a União, os Estados e o Distrito Federal manterão escolas de governo para a formação e o aperfeiçoamento dos servidores públicos, constituindo-se a participação nos cursos um dos requisitos para a promoção na carreira, facultada, para isso, a celebração de convênios ou contratos entre os entes federados" (art. 39, § 2º, CF).

Readaptação *é o ato de designação para titularizar cargo compatível com a limitação física ou mental que advier ao agente público*. É uma espécie de transferência para um cargo compatível e com funções, escolaridade e vencimentos equivalentes. Caso o agente revele incapacidade permanente para o trabalho, conceder-lhe-á a aposentadoria por invalidez, não se falando em readaptação.

Reversão *é o ato de designação para que o aposentado volte a titularizar cargo, por não mais persistir o motivo da aposentadoria*. Pode ser de ofício ou a pedido. Não se deve confundir com a reversão ocorrida no campo das concessões de serviço público, pela qual os bens que o concessionário utilizava na prestação do serviço público passam ao Poder Público com a extinção da avença. A reversão a pedido depende de previsão legal.

No âmbito da Lei 8.112/1990 a reversão cabe em dois casos (art. 25): a) por invalidez, cessados os motivos da aposentadoria; b) no interesse da Administração, a pedido e em até 5 anos.

Aproveitamento *é o ato de designação do servidor que estava em disponibilidade para que volte a titularizar cargo público*. Trata-se do reingresso de servidor estável que se encontra em disponibilidade. Esta (a disponibilidade) é o ato pelo qual o Poder Público transfere para a inatividade remunerada servidor estável cujo cargo venha a ser extinto ou ocupado por outrem em decorrência de reintegração, com proventos proporcionais.

Reintegração *é ato de reinvestidura do servidor estável, quando invalidada sua demissão por decisão administrativa ou judicial*. Geralmente, a reintegração decorre de decisão judicial que declara nula a demissão do agente público. Reintegrado o servidor, terá direito ao ressarcimento de todas as vantagens perdidas no período em que esteve demitido.

Tema correlato com a reintegração é o que diz respeito à comunicabilidade da instância criminal e da esfera administrativa.

Como regra, as instâncias civil, administrativa e criminal são independentes. Porém a instância criminal produzirá efeitos nas demais quando importar em absolvição por inexistência do fato ou por negativa de autoria (art. 126 da Lei 8.112/1990). A mera absolvição criminal por falta de provas não é suficiente para que o agente público demitido na esfera administrativa leve essa sentença à Administração para pedir sua reintegração.

Essa só vai acontecer se a absolvição do agente demitido for por inexistência material do fato ou negativa de autoria.

Recondução *é o retorno do servidor estável ao cargo que antes titularizava, por ter sido inabilitado no estágio probatório de outro cargo ou por ter sido desalojado pela reintegração daquele cuja vaga ocupou*. A recondução, na primeira hipótese, depende de previsão expressa no estatuto local.

6.5.4. Investidura

A investidura *consiste na posse do cargo*.

Com a investidura, a relação jurídica fica efetivamente formada.

A partir de tal evento já há titularidade de cargo, ficando o agente sujeito a ser exonerado. Além disso, inicia-se uma série de deveres, tais como de: honestidade, imparcialidade, legalidade, lealdade, obediência (não estando o servidor obrigado a cumprir as ordens manifestamente ilegais), conduta ética, dentre outros.

Impedimentos e incompatibilidades também passam a existir, como o impedimento de contratar com a Administração ou a incompatibilidade com o exercício de certas atividades particulares, dentre outros.

Direitos também se iniciam, como o de exercício do cargo, dentre outros que serão vistos quando se tratar do sistema remuneratório.

6.5.5. Entrada em exercício

Consiste no efetivo exercício da atividade ligada ao cargo. Trata-se do início do desempenho das atribuições, com os consequentes efeitos remuneratórios e previdenciários.

6.5.6. Desinvestidura (vacância)

Consiste no desligamento do agente público correspondente à sua destituição do cargo, do emprego ou da função. Passemos à análise das hipóteses que geram a vacância.

Falecimento: a morte do agente torna vago o cargo, o emprego ou a função.

Aposentadoria: *a transferência para a inatividade remunerada*, seja ela voluntária, compulsória ou por invalidez, gera o desligamento do agente, a vacância, não podendo o servidor permanecer trabalhando no cargo que detinha. O agente público somente poderá cumular a aposentadoria com outra remuneração se for nomeado para um cargo em comissão ou se detiver mandato eletivo, respeitando, na somatória do que receber, o teto remuneratório respectivo. Essa regra também vale para aposentadorias pelo Regime Geral da Previdência quando o cargo público em questão está conectado com esse regime. Confira: "inadmissível que o servidor efetivo, depois de aposentado regularmente, seja reconduzido ao mesmo cargo sem a realização de concurso público, com o intuito de cumular vencimentos e proventos de aposentadoria" (STF, ARE 1234192 AgR/PR, j. em 16.6.2020).

Perda do cargo, emprego ou função: *é o desligamento em virtude de sentença judicial em ação penal ou de improbidade administrativa*. O art. 92, I, do Código Penal diz ser efeito da condenação a perda do cargo, emprego ou função se aquela consistir em prisão de 1 (um) ano ou mais em crime contra administração, ou se consistir em prisão por tempo superior a 4 (quatro) anos nos demais crimes. Tal efeito da condenação penal deve estar motivadamente declarado na sentença para incidir. Quanto à ação civil por ato de improbidade administrativa, a perda do cargo é sanção típica do reconhecimento da prática de ato ímprobo. Quantos aos militares oficiais, há as seguintes particularidades previstas no art. 142, § 3º, da CF: "VI – o oficial só perderá o posto e a patente se for julgado indigno do oficialato ou com ele incompatível, por decisão de tribunal militar de caráter permanente, em tempo de paz, ou de tribunal especial, em tempo de guerra".

Dispensa: *é o desligamento daquele admitido pelo regime da CLT sem que haja justa causa*. Conforme já mencionado, tal ato só deve ser motivado se se tratar de empregado público de pessoa jurídica de direito público e de empregados de empresa pública e sociedade de economia mista *prestadoras de serviço público*. Todavia, tais dispensas devem respeitar critérios gerais e igualitários, a fim de que se respeite a legalidade, a moralidade, a razoabilidade e a eficiência.

Demissão: *é o desligamento por justa causa quando há infração disciplinar*. Tem natureza punitiva, sancionatória, o que a difere da exoneração, própria para os desligamentos que não têm tal natureza. A demissão por infração disciplinar depende de processo administrativo em que se assegure ampla defesa, seja para servidores estáveis, seja para servidores que ainda estão em estágio probatório.

Exoneração: *é o desligamento a pedido ou de ofício, sempre com caráter não punitivo*. De ofício, pode ser *imotivada* (no caso dos titulares de cargo em comissão) ou *motivada*, nas hipóteses de não satisfação do estágio probatório (Súmula 21 do STF: "funcionário em estágio probatório não pode ser exonerado nem demitido sem inquérito ou sem as formalidades legais de apuração de sua capacidade"[11]) ou quando o agente não entrar em exercício.

A EC 19/1998 prevê mais duas hipóteses de exoneração motivada**.**

A primeira se dá em caso de **avaliação insatisfatória de desempenho.** Isso porque, a partir de tal emenda, é requisito para adquirir a estabilidade a aprovação em **avaliação *especial* de desempenho** (feita por comissão instituída para essa finalidade após os 3 anos de estágio probatório – art. 41, § 4º, CF) e, mesmo após adquirir-se a estabilidade, o servidor estará sujeito a **avaliações *periódicas* de desempenho** (procedimento que será regulamentado na forma de lei complementar, assegurada ampla defesa – art. 41, § 1º, III, CF), sendo que, não aprovado em qualquer dos dois tipos de avaliação, será exonerado.

---

11. A respeito do direito de defesa do servido em estágio probatório, confira as seguintes decisões: "O servidor público ocupante de cargo efetivo, ainda que em estágio probatório, não pode ser exonerado *ad nutum,* com base em decreto que declara a desnecessidade do cargo, sob pena de ofensa à garantia do devido processo legal, do contraditório e da ampla defesa. Incidência da Súmula 21 do STF." (STF, RE 378041/MG); "Firmou-se neste Superior Tribunal de Justiça a tese segundo a qual é desnecessária a instauração de processo administrativo disciplinar para exoneração de servidor em estágio probatório, sendo suficiente a abertura de sindicância em que observados o contraditório e a ampla defesa. Precedentes. 2. Afasta-se a alegação de cerceamento de defesa se assegurado, no processo administrativo que resultou na exoneração do servidor, o direito à ampla defesa e ao contraditório." (STJ, RMS 21.012/MT, DJe 23.11.2009)

Trata-se de exoneração e não de demissão porque não se trata de punição por infração, mas de desligamento por simples falta de aptidão. Quanto à avaliação periódica de desempenho, há outro dispositivo constitucional incidente que dispõe que a lei complementar estabelecerá *critérios e garantias especiais para a perda do cargo pelo servidor público estável que, em decorrência das atribuições de seu cargo efetivo, desenvolva atividades exclusivas de Estado. Na hipótese de insuficiência de desempenho, a perda do cargo somente ocorrerá mediante processo administrativo em que lhe sejam assegurados o contraditório e a ampla defesa* (art. 247, CF). Perceba-se que, para tal situação, a previsão é de processo administrativo e não apenas ampla defesa.

A segunda nova espécie de exoneração se dá **para atender limite de despesas com pessoal ativo e inativo** (art. 169, § 4º). A Lei de Responsabilidade Fiscal traz limites máximos de despesas com pessoal ativo e inativo, consistentes nos seguintes percentuais da receita corrente líquida: 50% (União) e 60% (Estados e Municípios). Em caso de superação desse limite, deve-se exonerar pessoal, consoante os critérios trazidos na Lei 9.801/1999, que estabelece a necessidade de se começar a tentativa de readequação dos gastos reduzindo em pelo menos 20% os cargos em comissão e as funções de confiança, passando à exoneração dos não estáveis, para só após exonerar servidores estáveis e, mesmo assim, desde que ato normativo motivado de cada um dos Poderes especifique a atividade funcional, o órgão ou unidade objeto da redução e traga os seguintes critérios combinados: menor tempo de serviço, maior remuneração e menor idade.

O servidor que perde cargo por esse motivo fará jus a indenização correspondente a um mês de remuneração por um ano de serviço. O cargo será extinto, vedada a criação de outro semelhante por pelo menos 4 anos.

Sobre o tema vacância de cargo, havia grande discussão quanto à existência de direito ao FGTS quando esta se desse por contratação de servidor público sem concurso público. O STF acabou por dirimir a questão, sob o fundamento de que se trata, na espécie, de efeitos residuais de fato jurídico que existira, não obstante reconhecida sua nulidade, considerando-se, assim, constitucional a disposição nesse sentido contida no art. 19-A da Lei 8.036/1990. Porém, o STF entende que, afora o direito aos salários e ao FGTS depositado, a inconstitucionalidade do ato não permite o pagamento, no caso, das verbas rescisórias relativas ao aviso-prévio, à gratificação natalina, às férias e respectivo terço, à indenização referente ao seguro-desemprego e à multa prevista na CLT (RE 705.140/RS, j. 28.08.2014).

6.6. Vedação ao nepotismo (Súm. Vinculante 13)

A Súmula Vinculante 13 do STF proíbe a contratação de parentes no âmbito dos três Poderes. Confira o teor da súmula, dividida em diversos pedaços, para que possa ser melhor compreendida:

a) "A nomeação de cônjuge, companheiro ou parente em linha reta, colateral ou por afinidade, até o 3º grau, inclusive, (...)

b) (...) da autoridade nomeante ou de servidor da mesma pessoa jurídica investido em cargo de direção, chefia ou assessoramento (...)

c) (...) para o exercício de cargo em comissão ou de confiança ou, ainda, de função gratificada (...)

d) (...) na administração pública direta e indireta em qualquer dos Poderes da União, dos Estados, do DF e dos Municípios, (...)

e) (...) compreendido o ajuste mediante designações recíprocas, (...)

f) (...) viola a Constituição Federal."

Repare que a proibição abrange tanto parentes consanguíneos como parentes por afinidade ("a"), até 3º grau, incluindo, ainda, o cônjuge e o companheiro.

Repare também que o parente que não pode ser nomeado ("b") é o parente de duas pessoas: da autoridade que faz a nomeação e de alguém que esteja investido em cargo em comissão naquele ente. Assim, parentes de quem assina as nomeações e parentes de alguém que já tenha um cargo em comissão num ente estatal estão impossibilitados de serem nomeados. Todavia, com relação a este último caso o STF parece ter relativizado a proibição, estabelecendo que a presunção relativa de nepotismo pode ser desfeita a partir da análise do caso concreto. Confira:

"Nomeação de servidor e nepotismo – Em conclusão de julgamento, a Segunda Turma, por maioria, reputou improcedente pedido formulado em reclamação na qual se discutia a prática de nepotismo em face de nomeação de servidor público. No caso, servidor público teria sido nomeado para ocupar o cargo de assessor de controle externo de tribunal de contas de Município. Nesse mesmo órgão, seu tio, parente em linha colateral de 3º grau, já exerceria o cargo de assessor-chefe de gabinete de determinado conselheiro — v. Informativo 796. A Turma observou que não haveria nos autos elementos objetivos a configurar o nepotismo, uma vez que a incompatibilidade dessa prática com o art. 37, "caput", da CF não decorreria diretamente da existência de relação de parentesco entre pessoa designada e agente político ou servidor público, mas da presunção de que a escolha para ocupar cargo de direção, chefia ou assessoramento fosse direcionada a pessoa com relação de parentesco com alguém com potencial de interferir no processo de seleção. Assim, em alguma medida, violaria o princípio da impessoalidade — princípio que se pretendera conferir efetividade com a edição do Enunciado 13 da Súmula Vinculante — vedar o acesso de qualquer cidadão a cargo público somente em razão da existência de relação de parentesco com servidor que não tivesse competência para selecioná-lo ou nomeá-lo para o cargo de chefia, direção ou assessoramento pleiteado, ou que não exercesse ascendência hierárquica sobre aquele que possuísse essa competência. Ressaltou que, na espécie, não haveria qualquer alegação de designações recíprocas mediante ajuste. Além disso, seria incontroversa a ausência de relação de parentesco entre a autoridade nomeante — conselheiro do tribunal de contas — e a pessoa designada. Ademais, ao se analisar a estrutura administrativa da Corte de Contas não se verificara a existência de hierarquia entre os cargos de chefe de gabinete da presidência e de assessor de controle externo. Vencido o Ministro Gilmar Mendes (relator)" (Rcl 18564/SP, j. 23.2.2016).

Outro ponto que merece ser ressaltado é que o impedimento de nomeação de terceiro é para o exercício de cargo em comissão ou de função de confiança no ente ("c"), nada impedindo que alguém preste um concurso público para cargo efetivo numa entidade em que um parente seu seja autoridade nomeante ou já tenha um cargo em comissão, sendo que, aprovado no concurso, o terceiro terá direito à nomeação para o cargo respectivo.

A proibição em tela não se dirige só à Administração Direta, atinge também toda a Administração Pública Indireta ("d").

A súmula também veda o nepotismo cruzado ("e"). Tal prática consiste em autoridades de entes diversos combinarem de um nomear o parente do outro. Esse tipo de ajuste recíproco tem claro objetivo de fraudar a proibição do nepotismo e é considerado prática vedada pela súmula vinculante.

Ao final, a súmula conclui dizendo que esse tipo de prática viola a Constituição, sendo certo que o STF fundou sua decisão no princípio da moralidade, previsto no art. 37, *caput*, da CF.

Apesar de o texto da súmula não indicar, o STF entende que a vedação ao nepotismo tem uma exceção, qual seja, a súmula não incide sobre a nomeação de servidores para cargo de natureza política. Confira decisão a respeito:

"Impossibilidade de submissão do reclamante, Secretário Estadual de Transporte, agente político, às hipóteses expressamente elencadas na Súmula Vinculante 13, por se tratar de cargo de natureza política. 2. Existência de precedente do Plenário do Tribunal: RE 579.951/RN, rel. Min. Ricardo Lewandowski, DJE 12.09.2008." (STF, Rcl 6.650 MC-AgR, DJ 21.11.2008)

Por fim, a regra que veda o nepotismo não impede que parentes sirvam sob a direção imediata de outro parente quando se está diante de servidores admitidos mediante prévia aprovação em concurso público para cargo efetivo (STF, ADI 524/ES, J. 20.05.2015).

6.7. Acessibilidade a cargos e empregos na Constituição

6.7.1. Oportunidade a brasileiros e estrangeiros

Segundo o art. 37, I, da CF, *"os cargos, empregos e funções públicas são acessíveis aos brasileiros que preencham os requisitos estabelecidos em lei, assim como aos estrangeiros, na forma da lei".*

Essa regra garante a possibilidade de que todos possam vir a ser agentes públicos (preenchidos certos requisitos, claro).

Repare que, enquanto a norma relativa aos brasileiros é de eficácia contida ou restringível (o que a faz produzir imediatamente efeitos, em que pese a lei poder restringi-los), a norma relativa aos estrangeiros é diferente, dando a ideia de ter eficácia limitada (o que a faz depender de uma lei para produzir efeitos).

Quanto aos brasileiros, a regra não faz distinção entre os natos e os naturalizados. Nada obstante, o § 3º do art. 12 da CF dispõe: "são privativos de brasileiro nato os cargos: I – de Presidente e Vice-Presidente da República; II – de Presidente da Câmara dos Deputados; III – de Presidente do Senado Federal; IV – de Ministro do Supremo Tribunal Federal; V – da carreira diplomática; VI – de oficial das Forças Armadas; VII – de Ministro de Estado da Defesa".

6.7.2. Requisitos de ingresso no serviço público

O texto constitucional, tal como configurado hoje, permite que sejam estabelecidos requisitos para o ingresso no serviço público.

Porém, para que tais requisitos estejam em acordo com a Lei Maior, é necessário que atendam ao seguinte:

a) estejam **previstos em lei** (art. 37, I, da CF); decretos, resoluções e outros instrumentos não são suficientes para inserir no edital a previsão de exame psicotécnico; deve ser lei em sentido formal (STF, AI 529.219 Agr, DJ 26.03.2010);

b) sejam **objetivos**, **científicos** e **pertinentes**, sob pena de violação ao princípio da isonomia (art. 5º, *caput*, da CF);

c) sejam passíveis de **recurso** e **impugnação**, sob pena de violação aos princípios do contraditório e da ampla defesa; *vide*, por exemplo, o REsp 1.046.586 (STJ).

Assim, requisitos ligados ao sexo, à idade, ao exame psicotécnico, dentre outros, são compatíveis com a Constituição, desde que atendam aos itens mencionados.

Nesse sentido, confira três súmulas do STF:

a) Súmula 683: "o limite de idade para a inscrição em concurso público só se legitima em face do art. 7º, XXX, da Constituição, quando possa ser justificado pela natureza das atribuições do cargo a ser preenchido"; segundo o STF, O limite de idade, quando regularmente fixado em lei e no edital de determinado concurso público, há de ser comprovado no momento da inscrição no certame, e não no momento da posse (ARE 840.592/CF, J. 23.06.2015);

b) Súmula 684: é inconstitucional o veto não motivado à participação de candidato a concurso público";

c) Súmula 686: só por lei se pode sujeitar a exame psicotécnico a habilitação de candidato a cargo público". Nesse sentido é também a Súmula Vinculante STF n. 44: "Só por lei se pode sujeitar a exame psicotécnico a habilitação de candidato a cargo público".

O STF e o STJ consideram não pertinentes, entre outros, os seguintes requisitos para o ingresso no serviço público:

a) exigência de prova física desproporcional à cabível habilitação aos cargos de escrivão, papiloscopista, perito criminal e perito médico-legista de Polícia Civil (STF, Ag. Reg. no RE 505.654-DF);

b) exigência de sexo masculino para concurso de ingresso em curso de formação de oficiais de polícia militar estadual, requisito que fere a isonomia, traduzindo-se em indevido discrímen de gênero (STF, RE 528.684/MS, j. 03.09.2013);

c) exigência que não haja inquérito penal ou ação penal não transitada em julgada contra o candidato, requisito que fere o princípio da presunção de inocência (STF, Ag. Reg. no ARE 713.138-CE); ou seja, "na fase de investigação social em concurso público, o fato de haver instauração de inquérito policial ou propositura de ação penal contra candidato, por si só, não pode implicar a sua eliminação" (STJ, AgRg no RMS 39.580-PE, j. 11.02.2014);

d) a exigência de que o candidato não tenha tatuagem, ressalvadas situações que violem valores constitucionais; confira: "Editais de concurso público não podem estabelecer restrição a pessoas com tatuagem, salvo situações excepcionais em razão de conteúdo que viole valores constitucionais (...). Entretanto, tatuagens que representassem obscenidades, ideologias terroristas, discriminatórias, que pregassem a violência e a criminalidade, discriminação de raça, credo, sexo ou origem, temas inegavelmente contrários às instituições democráticas, poderiam obstacularizar o acesso a função pública. Eventual restrição nesse sentido não se afiguraria desarrazoada ou desproporcional. Essa hipótese, porém, não seria a do recorrente que teria uma tatuagem tribal, medindo 14 por 13 cm." (STF, RE 898450/SP, j. 17.08.2016).

O STF também entendeu não recepcionado pela Constituição de 1988 o disposto no art. 10 da Lei 6.880/1980 que permitia que regulamentos da Marinha, do Exército e da Aeronáutica estipulassem requisitos de ingresso nas forças armadas. Com isso, o STF, ciente de que inúmeros concursos até o reconhecimento da não recepção estipularam limites de idade para o ingresso nas carreiras das Forças Armadas, acabou por modular os efeitos da decisão proferida no recurso extraordinário com reconhecimento de repercussão geral, para o fim de manter a validade dos editais e regulamentos dos concursos publicados até 31.12.2012 (RE 600.885-RS).

Há decisões do STJ no sentido de que "o candidato a cargo público federal pode ser eliminado em exame médico admissional, ainda que a lei que discipline a carreira não confira caráter eliminatório ao referido exame. Isso porque a inspeção de saúde é exigência geral direcionada a todos os cargos públicos federais (arts. 5º, VI, e 14 da Lei 8.112/1990), daí a desnecessidade de constar expressamente na lei que disciplina a carreira da qual se pretende o ingresso. Ademais, a referida inspeção clínica não se confunde com o teste físico ou psicológico, os quais são exigências específicas para o desempenho de determinados cargos e, portanto, devem possuir previsão legal em lei específica. Precedente citado: REsp 944.160-DF, Quinta Turma, DJe 06.12.2010." (STJ, AgRg no REsp 1.414.990-DF, j. 03.04.2014).

A Lei 13.872/19 estabeleceu importante direito às mulheres que prestam concurso público. Ela regulamenta o direito de as mães amamentarem seus filhos de até 6 (seis) meses de idade durante a realização de concursos públicos na administração pública direta e indireta dos Poderes da União.

No mais, há interessante súmula do STJ, que trata do **momento** em que se pode exigir comprovação de requisito relacionado ao exercício do cargo: *"o diploma ou habilitação legal para o exercício do cargo deve ser exigido na posse e não na inscrição para o concurso público"* (Súmula 266).

6.7.3. A jurisprudência e o exame psicotécnico

O STF e o STJ firmaram jurisprudência no sentido de que é possível exigir exame psicotécnico nos concursos públicos, com caráter eliminatório, desde que se atenda a três requisitos: a) previsão expressa do exame em lei formal; b) existência de critérios objetivos, científicos e pertinentes; c) recorribilidade. *Vide*, por exemplo, decisão do STJ no RMS 43.416-AC, j. 18.02.2014.

A **previsão expressa em lei formal** traz vários desdobramentos.

Em primeiro lugar, decretos, resoluções e outros instrumentos normativos não são suficientes para que se insira no edital a previsão de exame psicotécnico, devendo-se tratar de lei em sentido formal (STF, AI 529.219 Agr, DJ 26.03.2010). Isso porque o art. 37, I, da CF dispõe que somente a lei pode estabelecer requisitos para a acessibilidade a cargos, empregos e funções. Essa disposição deu ensejo à edição da Súmula 686 do STF ("só por lei se pode sujeitar a exame psicotécnico a habilitação de candidato a concurso público").

Em segundo lugar, a lei deve ser objetiva e específica quanto à exigência do citado exame, não sendo suficiente que faça referência a expressões como "submissão a exame de aptidão física e mental". Nesse sentido, o STF entende que a previsão contida na CLT (art. 168) não é suficiente para se exigir exame psicotécnico quanto a empregos públicos na Administração Pública (RE 559.069, DJ 12.06.2009). Da mesma forma, exames psicotécnicos em concursos da Magistratura vêm sendo corretamente impugnados, pelo fato de o art. 78 da Lei Orgânica da Magistratura não ser objetivo quanto à previsão de exame psicotécnico.

Os **critérios objetivos, científicos e pertinentes** também trazem vários desdobramentos.

Os tribunais superiores não entendem pertinente o chamado teste "profissiográfico", pelo qual se tenta verificar se o candidato tem perfil psicológico compatível com a profissão. De fato, esse tipo de teste tem caráter bastante subjetivo e ofende os princípios da igualdade e da impessoalidade. Uma coisa é verificar se alguém tem alguma patologia incompatível com a profissão desejada. Outra é verificar se alguém atende ao modelo ou perfil psicológico esperado para a profissão. Essa última tentativa é inconstitucional.

Outro desdobramento diz respeito à necessidade de o edital trazer os critérios do exame de modo claro e objetivo. Nesse sentido, as seguintes condutas são vedadas: a) simples previsão genérica de exame psicotécnico; b) previsão de exame psicotécnico, mas com mera informação de que este será feito segundo critérios científicos; c) previsão de exame psicotécnico, mas com critérios vagos e subjetivos, ainda que com descrições longas.

E quanto à **recorribilidade**, o edital deve prever, e a Administração deve respeitar, o seguinte: a) a necessidade do laudo trazer motivação adequada, especificando de modo claro, congruente, transparente e objetivo os fundamentos de sua conclusão; b) a necessidade do laudo ser entregue ao candidato logo em seguida à sua elaboração; c) a necessidade de prazo para a interposição de recurso, com oportunidade de apresentação de laudo divergente por outro profissional, contratado pelo candidato; d) a necessidade de julgamento do recurso, com apreciação específica e motivada sobre os pontos levantados pelo candidato. Sobre a recorribilidade, vale ler o AI 539.408 AgR, relatado pelo Min. Celso de Melo, do STF.

Vale ressaltar que os tribunais superiores vêm também entendendo que, quando houver violação ao primeiro requisito (previsão expressa em lei formal), o candidato estará dispensado de fazer o exame. Já quando houver violação ao requisito que determina a observância de critérios objetivos e de motivação, é necessário fazer novo exame (STJ, AgRg no Ag 1.291.819, DJ 21.06.2010), não ficando o candidato dispensado de fazê-lo, nem podendo este substituir o exame feito por outro exame realizado em concurso público diverso. Quanto aos demais requisitos, relacionados à previsão editalícia clara, científica e pertinente, entendemos que sua ausência macula a regra do edital correspondente, ficando o candidato dispensado do exame psicotécnico em atenção aos princípios da proteção da confiança e da segurança jurídica.

Por fim, caso o candidato prejudicado queira ingressar com o mandado de segurança, deverá promovê-lo no prazo de 120 dias contados da publicação do edital, se desejar impugnar as formalidades nele previstas (STJ, RMS 29.776, DJ 19.10.2009), ou no prazo de 120 dias do resultado do exame psicotécnico, se desejar impugnar aspectos relativos ao exame em si (STJ, AgRg no REsp 1.052.083, DJ 01.06.2009). De qualquer maneira, desejando ingressar com ação pelas vias comuns, o prazo para tanto é de 5 anos, contados do ato impugnado (STJ, REsp 984.946, DJ 29.11.2007).

6.7.4. Obrigatoriedade do concurso

O artigo 37, II, da CF tem o seguinte teor: *"a investidura em cargo ou emprego público depende de aprovação prévia em concurso público de provas ou de provas e títulos, de acordo com a natureza e a complexidade do cargo ou emprego, na forma prevista em lei, ressalvadas as nomeações para cargo em comissão declarado em lei de livre nomeação e exoneração".*

Esse dispositivo cria uma regra que determina a realização de concurso para a admissão de pessoal na Administração.

Todavia, como toda regra, essa também tem exceção. Não será necessário concurso público nas nomeações para cargo em comissão.

Da mesma forma, não há necessidade de promover concurso público nas contratações temporárias de excepcional interesse público, sendo suficiente que se faça mero processo seletivo.

6.7.5. Validade do concurso público

Segundo o art. 37, III, da CF, *"o prazo de validade do concurso público será de até dois anos, prorrogável uma vez, por igual período".*

Detalhe: a lei dispõe que a validade é de *até* 2 anos e não *de* dois anos. Ex.: se for fixado no edital como de um ano o prazo de validade do concurso, tal prazo poderá ser prorrogado, mas terá que ser *somente uma vez* e pelo *mesmo* período de um ano, de modo que, caso prorrogado, o prazo total do exemplo será de 2 anos de validade do concurso.

Os candidatos de um concurso não têm direito subjetivo à determinação de prorrogação do prazo de validade de um concurso. Trata-se de decisão discricionária da Administração. Porém, já se decidiu que, apesar de a Administração não estar obrigada a prorrogar o prazo de validade dos concursos, se novos cargos vierem a ser criados, durante esse prazo de validade, mostra-se de todo recomendável que se proceda a essa prorrogação (STF, RE 581.113-C).

6.7.6. Direitos do aprovado em concurso público

No passado, o aprovado em concurso público tinha apenas o direito de não ser *preterido* na ordem de classificação (art. 37, IV, da CF), lembrando que não há preterição na ordem de classificação quando a Administração nomeia candidatos menos bem colocados por força de ordem judicial (STF, Ag. Reg. no AI 698.618-SP). Dessa forma, a aprovação no concurso gerava ao candidato mera *expectativa de direito*, cabendo à administração a análise *discricionária* da conveniência ou não em nomear os candidatos aprovados.

Diante de alguns abusos, os tribunais começaram a reconhecer o direito à nomeação em situações em que a Administração Pública, no prazo de validade do concurso, *externava* de alguma maneira que tinha interesse em nomear novos servidores. Um exemplo eram as situações em que se abria *novo concurso* no prazo de validade do anterior ou em que se nomeava outro servidor (inclusive agentes terceirizados temporários: STF, Ag. Reg. no RE 739.426-MA; STJ, AgRg no RMS 33.893, DJ 30.11.2012) para exercer as *mesmas funções* do cargo para o qual o candidato fora aprovado.

Em seguida, o STF e o STJ passaram a entender também que o candidato aprovado em concurso tem *direito* de ser nomeado *no limite das vagas previstas no respectivo edital*, uma vez que a Administração, ao estabelecer o número de vagas, *vincula-se* a essa escolha e cria expectativa nos candidatos, impondo-se as nomeações respectivas, em respeito aos princípios da *boa-fé, razoabilidade, isonomia* e *segurança jurídica*. Vide, por exemplo, a didática decisão proferida pelo STF no RE 598.099.

É bom consignar que o STF até admite que a Administração deixe de nomear os aprovados no limite das vagas do edital se houver ato *motivado* demonstrando a existência de fato novo que torne inviável a nomeação. Tal ato, todavia, poderá ser controlado pelo Judiciário (RE 227.480, DJ 21.08.2009). De qualquer forma, na prática, será muito difícil que a Administração consiga justificar a existência de motivo que inviabiliza as nomeações, pois somente razões *pertinentes, novas, imprevisíveis* e *justificadas antes da impugnação de candidatos* à ausência de sua nomeação atendem ao princípio da *adequada motivação*. O STF, em outra decisão, resumiu assim os requisitos que devem estar previstos em conjunto para caracterizar essa situação excepcional: "a) superveniência, ou seja, vinculadas a fatos posteriores à publicação do edital; b) imprevisibilidade, isto é, determinadas por circunstâncias extraordinárias; c) gravidade, de modo a implicar onerosidade excessiva, dificuldade ou mesmo impossibilidade de cumprimento efetivo das regras editalícias; d) necessidade, traduzida na ausência de outros meios, menos gravosos, de se lidar com as circunstâncias" (RE 598.099, j. 10.08.2011).

A Administração também não será obrigada a nomear o servidor nessas condições caso o concurso tenha sido feito por conta da instalação de um novo órgão e esse órgão não vem a ser criado no período de validade do concurso (STF, RE 748.105 AgR/DF, j. 17.09.2013).

Feitas essas ressalvas, vale anotar outras características desse direito.

A primeira delas diz respeito ao efeito das *desistências* de outros candidatos nomeados no concurso. Por exemplo, alguém aprovado na 919ª posição, num concurso com 770 vagas previstas no edital, 633 nomeados e 150 desistências têm direito de ser nomeado? Segundo o STJ, a resposta é positiva. Isso porque as desistências devem ser *somadas* ao total de vagas previsto no edital. No caso (aliás, esse é um caso real – STJ, RMS 21.323, DJ 21.06.2010), somando-se as 770 vagas do edital com as 150 desistências dos nomeados, a administração pública fica obrigada a nomear até o classificado na 920ª posição.

A segunda característica diz respeito ao efeito da *criação de novas vagas* durante o prazo de validade do concurso. Nesse ponto, o STJ *não* vem reconhecendo o direito à nomeação daqueles que, com as novas vagas, estariam classificados no limite da somatória destas com as vagas do edital (AgRg no RMS 26.947, DJ 02.02.2009).

A terceira observação diz respeito a *efeito econômico* da não nomeação de um aprovado no limite das vagas do edital. Nessa seara, o STJ também não vem reconhecendo o direito à indenização pelo período pretérito à efetiva nomeação, pois entende não ser correto receber-se retribuição sem o efetivo exercício do cargo (AgRg no REsp 615.459/SC, DJe 07.12.2009). Todavia, quando há preterição na ordem de classificação, ou seja, quando alguém deixa de ser nomeado em favor de outro que está em pior classificação, o STJ entende devida a indenização, com pagamento de vencimentos retroativos à data da impetração judicial (MS 10.764/DF, DJ 01.10.2009).

A quarta observação diz respeito ao *momento adequado* para o ingresso com ação judicial visando à nomeação no limite das vagas do edital. Nesse ponto, ainda não há posição específica de nossos tribunais superiores. Mas há algumas pistas. O STJ entende que há interesse processual em se promover a ação ainda durante o prazo de validade do concurso (RMS 21.323, DJ 21.06.2010), o que permitiria, em nossa opinião, o ingresso da ação logo após a homologação do certame. E o mesmo STJ entende que também há interesse processual em promover a ação após o prazo de validade do concurso. Tratando-se de mandado de segurança, o STJ entende que o prazo decadencial de 120 se inicia da data que expirar a validade do concurso (AgRg no RMS 21.165/MG, DJ 08.09.2008).

De qualquer forma, o STF já decidiu que a posse dada a parte dos aprovados gera direito imediato de posse aos demais aprovados no limite das vagas do edital, seja nas vagas existentes, seja nas que vierem a vagar no prazo de validade do concurso (Ag. Reg. no AI 728.699-RS). Por exemplo, caso o edital preveja 40 vagas e, logo após a homologação do concurso, 25 aprovados sejam nomeados, os aprovados entre a 26a e a 40a colocações tem direito também de serem nomeados imediatamente.

Em suma, o fato é que o candidato a concursos públicos vem cada vez mais recebendo o apoio da jurisprudência dos tribunais superiores. E essa informação é útil não só para resolver questões que pedem o conhecimento dessas novidades, como também para que o candidato corra atrás dos seus direitos caso esses sejam violados.

6.7.7. Acesso a novas carreiras sem concurso público

Infelizmente, é muito comum a tentativa de burlar o instituto do concurso público, "promovendo" um servidor de uma carreira, para outra carreira, sem concurso público. Colocamos "promovendo" entre parêntesis, pois uma promoção só pode se dar dentro de uma carreira. Quando um servidor vai de uma carreira para outra carreira sem concurso, tem-se o que muitos chamam de acesso. O servidor passou num concurso para uma carreira "X" (carreira essa onde se esperar que terá promoções, mas dentro da própria carreira) e acaba sendo designado para uma carreira "Y", carreira totalmente diferente da primeira, sem concurso público. Por exemplo, o servidor entra numa carreira de "Técnico" e, sem concurso, consegue mudar para uma carreira de "Analista". Esse tipo de acesso a uma nova carreira é uma fraude, uma burla ao princípio do concurso público, pois o servidor prestou concurso para uma carreira (com grau de dificuldade e conteúdos diversos) e passa a outra carreira sem concursos e preterindo muitas pessoas que gostariam de prestar o concurso para essa segunda carreira, mas não têm essa oportunidade, por conta de servidores de outra carreira passarem para essa carreira diversa e que certamente teria muitos interessados se um concurso pra ela fosse aberto.

A Constituição de 1988 é clara: a investidura em cargo público efetivo depende de concurso (art. 37, II). Portanto, quando a Administração, mesmo diante de uma lei autorizativa, nomeia um servidor que estava num cargo "X" para um cargo "Y" sem concurso, está cometendo uma grande inconstitucionalidade, ferindo o princípio da acessibilidade aos cargos públicos, conforme julgou o STF, por exemplo, na ADI 917/MG (j. 06.11.2013), na qual se "julgou procedente pedido formulado em ação direta para declarar a inconstitucionalidade do §§ 1º ao 5º do artigo 27 da Lei 10.961/1992, do Estado de Minas Gerais, que dispõem sobre o acesso como forma de provimento dos cargos públicos naquela unidade federativa. Apontou-se que a norma impugnada permitiria que o procedimento de acesso viabilizasse a investidura em cargo de carreira diversa por meio de provimento derivado. Asseverou-se não haver base constitucional para manter na norma estadual o instituto do acesso a novas carreiras por seleções internas. Ponderou-se que essa forma de provimento privilegiaria indevidamente uma categoria de pretendentes que já possuía vínculo com a Administração estadual, em detrimento do público externo. Destacou-se que a norma estaria em antagonismo com o postulado da universalidade que, por imposição constitucional, deveria reger os procedimentos seletivos destinados à investidura em cargos, funções ou empregos públicos".

Vale observar que o STF, em outro caso no qual reconheceu a inconstitucionalidade da ascensão funcional, decidiu que não é possível que um servidor que tenha se beneficiado com essa ascensão, mas ainda não tenha uma situação sedimentada no novo cargo, invoque os princípios da segurança jurídica e da boa-fé para ficar no cargo novo, pois entendeu que é inviável invocar esses princípios no caso em que se pretende *o reconhecimento de uma nova posição jurídica incompatível com a Constituição e não a preservação de uma situação concreta sedimentada* (Ag. Reg. no RE 602.264-DF).

Ainda nesse sentido, o STF editou a Súmula Vinculante n. 43, que assim dispõe: "É inconstitucional toda modalidade de provimento que propicie ao servidor investir-se, sem prévia aprovação em concurso público destinado ao seu provimento, em cargo que não integra a carreira na qual anteriormente investido".

6.7.8. Direito à segunda chamada em teste de aptidão física

Esse tema que sofreu modificação na jurisprudência do STF, que agora entende que "os candidatos em concurso público não têm direito à prova de segunda chamada nos testes de aptidão física em razão de circunstâncias pessoais, ainda que de caráter fisiológico ou de força maior, salvo contrária disposição editalícia". Entendeu-se que não há ofensa ao princípio da isonomia e que o direito à segunda chamada poderia tornar o concurso infindável, além de gerar alto custo para a Administração. Por conta da mudança de posicionamento, e para que ficasse respeitado o princípio da segurança jurídica, atribuiu-se à decisão os efeitos da repercussão geral para o fim de assegurar a validade das provas de segunda chamada ocorridas até a data da conclusão do julgamento em questão (RE 630.733, j. 15.05.2013).

6.7.9. Direito à anulação de questões de concursos

Tema recorrente na jurisprudência é o direito do candidato de requerer a anulação de certas questões de concursos públicos. Geralmente, esse pedido é feito nas seguintes situações: a) quando a questão é formulada fora do conteúdo programático previsto no edital; b) quando a questão foi mal elaborada e apresenta problema no seu mérito.

A princípio, a jurisprudência do STF é no sentido de que o Judiciário é incompetente para substituir-se à banca examinadora de concurso público no reexame de critérios de correção das provas e de conteúdo das questões formuladas. Assim, quanto às alegações de que a questão está fora do conteúdo programático, por exemplo, basta que um tema esteja previsto de forma genérica no edital, para que, desde que haja um mínimo de conexão desse tema com o perguntado na questão que se deseja anular, para que Judiciário afaste a possibilidade de proceder à anulação da questão, mormente em mandado de segurança, que não permite dilação probatória (STF, MS 30.860/DF, j. 28.08.2012). E havendo dúvida sobre se uma questão foi corretamente elaborada ou não, o Judiciário deve evitar se substituir à banca examinadora.

Porém, o mesmo STF entende que, havendo erro grosseiro, o Judiciário pode ser reconhecer a ilegalidade. Um exemplo foi o caso em que questões de Direito Civil do concurso para Procurador da República foram anuladas pelo STF por restar patente sua ofensa ao que dispõe o Código Civil (MS 30.859/DF, 28.08.2012). Por outro lado, o STF também já decidiu que os critérios adotados por banca examinadora de concurso público não podem ser revistos pelo Judiciário (RE 632.853, J. 23.04.2015).

6.7.10. Cláusula de barreira

Outro tema recorrente é o da constitucionalidade ou não da chamada cláusula de barreira (ou afunilamento). Essa cláusula é aquela utilizada quando um concurso tem mais de uma fase e se estipula no edital que só serão corrigidas as provas da outra fase referente a um número determinado de candidatos aprovados. Por exemplo, o edital do concurso pode prever uma nota de corte e dizer que, dentre os que atingiram a nota de corte, apenas 200 candidatos passarão para a próxima fase do concurso.

O STF entende que esse tipo de condição de passagem para outra fase é norma de avaliação e de classificação a critério do organizador do exame, tratando-se, ainda, de cláusula que atinge a todos indistintamente, daí porque não se pode considerá-la discriminatória (MS 30195 AgR-DF, j. 26.06.2012). Vide, também, o RE 635.739/AL, j. 19.02.2014, pelo STF. Vide, também, o RE 635.739/AL, j. 19.02.2014, pelo STF.

6.7.11. Legitimação do Ministério Público para questionar itens de editais de concursos

Sobre esse tema, o STF entende que o Ministério Público tem legitimidade, pois lhe é conferido atuar, mesmo quando se está diante de interesse individual homogêneo, quando presente o interesse social (RE 216.443/MG, j. 28.08.2012). No caso mencionado, o Ministério Público estadual ajuizara ação civil pública em torno de concurso para diversas categorias profissionais de uma prefeitura, tendo questionado que a pontuação adotada privilegiaria candidatos os quais já integrariam o quadro da Administração Pública Municipal, circunstância que revela que a matéria cuidada na ação tinha a relevância exigida a justificar a legitimidade do Ministério Público estadual.

6.7.12. Direitos da pessoa com deficiência

Segundo o art. 37, VIII, da CF, *"a lei reservará percentual dos cargos e empregos públicos para as pessoas portadoras de deficiência e definirá os critérios para a sua admissão"*.

A respeito dessa regra, confira as seguintes decisões do STF:

"Recurso ordinário em mandado de segurança interposto de acórdão do Superior Tribunal de Justiça que entendeu ser plausível o cálculo da quantidade de vagas destinadas à específica concorrência de acordo com o número de turmas do curso de formação. Os limites máximo e mínimo de reserva de vagas para específica concorrência tomam por base de cálculo a quantidade total de vagas oferecidas aos candidatos, para cada cargo público, definido em função da especialidade. Especificidades da estrutura do concurso, que não versem sobre o total de vagas oferecidas para cada área de atuação, especialidade ou cargo público, não influem no cálculo da reserva. Concurso público. Provimento de 54 vagas para o cargo de Fiscal Federal Agropecuário. Etapa do concurso dividida em duas turmas para frequência ao curso de formação. Convocação, respectivamente, de 11 e 43 candidatos em épocas distintas. Reserva de quatro vagas para candidatos portadores de deficiência. Erro de critério. Disponíveis 54 vagas e, destas, reservadas 5% para específica concorrência, três eram as vagas que deveriam ter sido destinadas à específica concorrência. A convocação de quarto candidato, ao invés do impetrante, violou direito líquido e certo à concorrência no certame" (RMS 25.666, Rel. Min. Joaquim Barbosa, julgamento em 29.09.2009, Segunda Turma, DJE de 04.12.2009).

"A exigência constitucional de reserva de vagas para portadores de deficiência em concurso público se impõe ainda que o percentual legalmente previsto seja inferior a um, hipótese em que a fração deve ser arredondada. Entendimento que garante a eficácia do art. 37, VIII, da CF, que, caso contrário, restaria violado" (RE 227.299, Rel. Min. Ilmar Galvão, julgamento em 14.06.2000, Plenário, DJ de 06.10.2000). No mesmo sentido: RE 606.728-AgR, Rel. Min. Cármen Lúcia, julgamento em 02.12.2010, Primeira Turma, DJE de 01.02.2011.

Repare que o STF firmou as seguintes posições:

a) na reserva de vagas para deficientes (concorrência específica), esses só concorrem entre si;

b) para o cálculo do número de vagas reservadas, deve-se fazer o arredondamento "para cima" da fração.

Vale, por fim, trazer a seguinte decisão do STJ sobre a não caracterização de pessoa com deficiência para fins de aplicação das regras de acessibilidade a essa pessoa, quando se tratar de alguém com surdez unilateral: "Candidato em concurso público com surdez unilateral não tem direito a participar do certame na qualidade de deficiente auditivo. Isso porque o Decreto 5.296/2004 alterou a redação do art. 4º, II, do Decreto 3.298/1999 – que dispõe sobre a Política Nacional para Integração de Pessoa Portadora de Deficiência e excluiu da qualificação "deficiência auditiva" os portadores de surdez unilateral. Vale ressaltar que a jurisprudência do STF confirmou a validade da referida alteração normativa. Precedente citado do STF: MS 29.910 AgR, Segunda Turma, DJe 01.08.2011." (MS 18.966-DF, j. 02.10.2013). O STJ editou a Súmula 552 a respeito do tema: "O portador de surdez unilateral não se qualifica como pessoa com deficiência para o fim de disputar as vagas reservadas em concursos públicos.".

6.7.13. Vagas reservadas aos negros ("Cotas")

A Lei 12.990/2014 reservou aos negros 20% das vagas oferecidas nos concursos públicos para provimento de **cargos efetivos** e **empregos públicos** no âmbito da administração pública federal, das autarquias, das fundações públicas, das empresas públicas e das sociedades de economia mista controladas pela União (art. 1º).

Essa **reserva de vagas** obedece às seguintes regras (arts. 2º a 4º):

a) será aplicada sempre que o número de vagas oferecidas no concurso público for igual ou superior a 3 (três), sendo que, na hipótese de quantitativo fracionado para o número de vagas reservadas a candidatos negros, esse será aumentado para o primeiro número inteiro subsequente, em caso de fração igual ou maior que 0,5 (cinco décimos), ou diminuído para número inteiro imediatamente inferior, em caso de fração menor que 0,5 (cinco décimos);

b) constará expressamente dos editais dos concursos públicos, que deverão especificar o total de vagas correspondentes à reserva para cada cargo ou emprego público oferecido;

c) poderão concorrer a essas vagas candidatos negros, considerados como aqueles que se autodeclararem pretos ou pardos no ato da inscrição no concurso público, conforme o quesito cor ou raça utilizado pelo IBGE, sendo que, na hipótese de constatação de declaração falsa, o candidato será eliminado do concurso e, se houver sido nomeado, ficará sujeito à anulação da sua admissão ao serviço ou emprego público, após procedimento administrativo em que lhe sejam assegurados o contraditório e a ampla defesa, sem prejuízo de outras sanções cabíveis;

d) os candidatos negros concorrerão concomitantemente às vagas reservadas e às vagas destinadas à ampla concorrência, de acordo com a sua classificação no concurso, sendo que os candidatos negros aprovados dentro do número de vagas oferecido para ampla concorrência não serão computados para efeito do preenchimento das vagas reservadas; já no caso de desistência de candidato negro aprovado em vaga reservada, a vaga será preenchida pelo candidato negro posteriormente classificado;

e) na hipótese de não haver número de candidatos negros aprovados suficiente para ocupar as vagas reservadas, as vagas remanescentes serão revertidas para a ampla concorrência e serão preenchidas pelos demais candidatos aprovados, observada a ordem de classificação.

f) quanto à nomeação dos candidatos aprovados, esta respeitará os critérios de alternância e proporcionalidade, que consideram a relação entre o número de vagas total e o número de vagas reservadas a candidatos com deficiência e a candidatos negros;

A lei entrou em vigor na data de sua publicação e terá vigência pelo prazo de 10 (dez) anos (lei temporária), não se aplicando aos concursos cujos editais já tivessem sido publicados antes de sua entrada em vigor (art. 6º).

6.7.14. Contratação temporária

O art. 37, IX, da CF, traz a seguinte disposição: *"a lei estabelecerá os casos de contratação por tempo determinado para atender a necessidade temporária de excepcional interesse público"*.

Cada ente político poderá legislar para o fim de regulamentar o dispositivo acima transcrito.

A Lei 8.745/1993 traz, para a esfera federal, os casos em que cabe esse tipo de contratação, servindo de exemplo aquela em situação de calamidade pública, combate a surtos endêmicos ou para recenseamento. A lei em questão traz um *regime jurídico administrativo* próprio, que não se confunde com o *regime trabalhista* (celetista), a afastar a competência da Justiça Trabalhista.

Geralmente o prazo máximo de contratação é de 12 meses, findo o qual o contrato se extingue.

Permite-se, em algumas situações, prorrogação do contrato.

É importante relatar que não é possível prever a contratação temporária para a admissão de servidores para funções burocráticas ordinárias e permanentes. Assim, o STF entendeu inconstitucional lei do Estado do Rio Grande do Norte que criou contratação temporária para Defensor Público (ADI 3.700). Confira outra decisão do STF a respeito do tema: "Servidor público: contratação temporária excepcional (CF, art. 37, IX): inconstitucionalidade de sua aplicação para a admissão de servidores para funções burocráticas ordinárias e permanentes" (ADI 2.987).

O STF consolidou entendimento no sentido de que é necessária a conjugação de quatro requisitos para que se possa efetivar uma contratação temporária (ADI 3430/ES): **a)** os casos excepcionais devem estar previstos em lei de modo específico (com o texto legal especificando a contingência fática que, presente, justificaria a contratação) e não de modo genérico (dando ao Chefe do Executivo poderes amplos para definir os casos desse tipo de contratação); **b)** o prazo de contratação seja predeterminado; **c)** a necessidade seja temporária; e **d)** o interesse público seja excepcional.

A contratação temporária não exige concurso público, mas é necessário fazer um processo seletivo simplificado para garantir um mínimo de moralidade, devendo esse ser dispensado em situações justificadas, procedendo-se à análise de *curriculum*. Nesse sentido, confira a seguinte decisão do STF:

"A regra é a admissão de servidor público mediante concurso público: CF, art. 37, II. As duas exceções à regra são para os cargos em comissão referidos no inciso II do art. 37, e a contratação de pessoal por tempo determinado para atender a necessidade temporária de excepcional interesse público. CF, art. 37, IX. Nessa hipótese, deverão ser atendidas as seguintes condições: a) previsão em lei dos cargos; b) tempo determinado; c) necessidade temporária de interesse público; d) interesse público excepcional" (ADI 2.229).

Conforme mencionado, os contratados são regidos pelo regime *sui generis* estabelecido na lei citada, não sendo correto dizer que são contratados pelo regime celetista, já que eles têm um estatuto próprio.

Assim sendo, compete à Justiça Comum e não à Justiça do Trabalho julgar as controvérsias decorrentes dessa relação, conforme vem decidindo pacificamente o STF (ADI 3.395-MC-DF).

6.8. Direito de greve e de sindicalização

A Constituição de 1988, em sua redação original, contemplava o direito de greve no serviço público, mas o condicionava à edição de uma *lei complementar*.

Essa lei acabou não sendo editada e o STF, chamado a se pronunciar, decidiu, num mandado de injunção julgado nos anos 90, que o direito de greve do servidor era norma de eficácia limitada, não sendo ser exercido enquanto não fosse regulamentado.

Na ocasião, o STF se limitou a declarar a mora legislativa, adotando a teoria não concretista, pela qual o mandado de injunção não se presta a suprir lacunas legislativas, mas apenas a constatar a mora, quando esta existir.

Sobreveio a EC 19/1998, pela qual o direito de greve do servidor ficava mantido, sendo ser exercido nos termos e limites definidos em *lei específica* (art. 37, VII).

Outra década se passou sem a edição da tal lei específica. Até que, em 2007, o STF, rompendo com sua tradição em mandado de injunção, adotou a teoria concretista geral, julgando procedente novos mandados de injunção sobre o assunto (MIs 670/ES, 708/DF e 712/PA), para declarar *mora legislativa abusiva* e **conceder ao servidor o direito de exercer greve**, observados os preceitos da Lei 7.783/1989, que trata da greve na iniciativa privada.

A decisão resolveu preencher uma lacuna legislativa, com efeitos *erga omnes*, utilizando-se da analogia para determinar a utilização da lei referida até que adviesse a lei específica preconizada na Constituição.

A partir dessa decisão, começaram a surgir várias discussões sobre os contornos do direito de greve.

Sobre os **serviços que não podem ser objeto de greve**, além das proibições constitucionais relativas aos *militares das forças armadas* e aos *policiais militares* (art. 142, § 3º, IV, c/c art. 42, § 1º da CF), há entendimento do Min. Eros Grau no sentido de que *policiais civis* também não podem entrar em greve. Aliás, para esse Ministro, o direito de greve não é absoluto. Há serviços públicos em que a coesão social impõe que sejam prestados plenamente, em sua totalidade.

Nesse sentido, Eros Grau entende ser proibida a greve nos serviços de *segurança pública*, de *administração da Justiça*, de *arrecadação tributária* e de *saúde pública* (Recl 6.568, DJ 25.09.2009), posição que ainda não está pacificada no STF.

No STJ, por sua vez, vem se admitindo a greve nos mais variados setores, salvo os proibidos pela Constituição. No entanto, levando em conta os princípios da supremacia do interesse público e da continuidade do serviço público, esse tribunal vem, caso a caso, estipulando um **percentual mínimo** de pessoal a continuar trabalhando a fim de que não haja paralisação total dos serviços.

A título de exemplo, o STJ, considerando o período eleitoral, definiu em 80% o mínimo de servidores necessários na Justiça Eleitoral (Pet 7.933, DJ 08.06.2010). Para a Justiça Federal, fixou-se em 60% o mínimo de servidores em serviço (Pet 7.961, DJ 18.06.2010). E para os médicos peritos do INSS, determinou-se que 50% mantivessem o trabalho (Pet 7.985, DJ 25.06.2010).

Para fazer valer suas decisões o STJ vem fixando o pagamento de **multa** à entidade representante dos trabalhadores no caso de descumprimento de decisão relativa à greve. Trata-se de multa diária, que vem sendo fixada entre R$ 50 mil e R$ 100 mil para sindicatos de grande porte.

Outro ponto interessante diz respeito à possibilidade de **corte nos vencimentos** dos grevistas. No STJ, ainda há controvérsia a respeito. O posicionamento tradicional admite o corte (STJ, MS 15.272-DF). Mas há decisão no sentido de que, por se tratar de direito Constitucional do servidor e envolver verba alimentar, o corte prévio é proibido, devendo-se buscar a compensação dos dias paralisados sob pena de reposição ao erário dos vencimentos pagos (MC 16.744, DJ 10.05.2010). É bom lembrar que a Lei 8.112/1990 dispõe que só por lei e por mandado judicial é possível o desconto de vencimentos (art. 45). Ademais, ainda não foi instituído um Fundo de Greve, com contribuições para o exercício desse direito Constitucional. Nada impede, todavia, que se determine que o servidor grevista reponha, posteriormente, as horas não trabalhadas.

Por fim, vale lembrar que não é possível **exonerar ou demitir** servidor por ter participado de movimento grevista. Há várias leis no país dispondo que o servidor em estágio probatório que participar de greve deve ser exonerado. Tais leis ferem o direito constitucional de greve e o princípio da isonomia, segundo o STF (ADI 3.235, DJ 12.03.2010).

É importante ressaltar, ainda, que a Constituição veda a greve dos militares das Forças Armadas (art. 142, § 3º, IV, CF) e, por extensão, dos militares dos Estados-membros, do Distrito Federal e dos Territórios (art. 42, § 1º, CF).

Quanto ao direito de sindicalização, o art. 37, VI, da CF estabelece que *"é garantido ao servidor público civil o direito à livre associação sindical"*. Aqui também incide vedação aos militares (art. 142, § 3º, IV, CF).

6.9. Proibição de acumulação remunerada

A Constituição traz regra proibindo a acumulação remunerada de cargos públicos (art. 37, XVI).

Nada obstante, desde que haja compatibilidade de horários, admite-se a acumulação remunerada nos seguintes casos: a) de dois cargos de professor; b) um cargo de professor com outro, técnico ou científico; c) a de dois cargos ou empregos privativos de profissionais da saúde com profissões regulamentadas (alteração feita por força da EC 34/2001).

Quanto à **extensão da regra**, deve-se ressaltar que a proibição vale também para empregos e funções e abrange autarquias, fundações, empresas públicas, sociedades de economia mista, suas subsidiárias e sociedades controladas, direta ou indiretamente, pelo Poder Público.

Outros casos trazidos na Constituição de permissão de acumulação remunerada são os seguintes: a) magistrados e membros do Ministério Público: permite-se acumulação com um cargo ou função de professor (art. 95, parágrafo único, I, e art. 128, § 5º, II, "d", ambos da CF, respectivamente); b) vereador: pode acumular, mas desde que haja compatibilidade de horários (art. 38, III, CF); caso não haja tal compatibilidade, o eleito deve se afastar do cargo, emprego ou função que tinha, tendo a faculdade de escolher qual remuneração deseja receber como vereador, se a que detinha antes ou a prevista para o cargo eletivo; c) prefeito: não pode acumular, devendo afastar-se do cargo, emprego ou função que detinha, podendo optar pela remuneração (art. 38, II, CF); d) mandato eletivo federal, estadual e distrital: ficará afastado do cargo, emprego ou função anterior (art. 38, I, CF), sem poder optar pela remuneração.

Vale dizer que a EC 101/19 criou o § 3º junto ao art. 42 da CF, para dispor o seguinte: "Aplica-se aos militares dos Estados, do Distrito Federal e dos Territórios o disposto no art. 37, inciso XVI, com prevalência da atividade militar". Em virtude dessa norma, militares dos Estados, DF e Territórios (repare que militares da União estão fora da regra) também podem acumular cargos nas exceções determinadas no inciso XVI do art. 37. Porém, há um limite a mais para eles (além da compatibilidade de horários e dos casos em que a acumulação é cabível), que é o fato de que haverá sempre prevalência da atividade militar, o que faz com o que não se possa acumular o cargo militar com outro que tenha, por exemplo, uma carga de trabalho maior.

Nos casos de afastamento, o tempo de serviço do mandato será contado para todos os fins do cargo, emprego ou função originais (previdenciários, para concessão de quinquênios etc.), exceto promoção por merecimento.

A **finalidade** de tal regra é evitar que o exercício de várias funções possa comprometer a boa qualidade do serviço, atendendo também a critérios de moralidade (quanto aos cargos em comissão), bem como à necessidade de se permitir que outras pessoas possam ter oportunidade de acesso a cargos, empregos ou funções públicas. As exceções, por sua vez, visam a melhor aproveitar pessoas que tenham capacidade técnica e científica para dadas atribuições.

Vale salientar que, mesmo nos casos em que há permissão de acumulação remunerada de cargos públicos (casos que tem rol taxativo na Constituição), tem-se que cumprir ainda o requisito da **compatibilidade de horários**, dos dois cargos que se pretende acumular. Por conta disso o TCU decidiu no Acórdão 2.133/05 que o limite máximo de horas de trabalho nos dois cargos em que se pretende a acumulação é de 60 horas semanais, decisão fundamentada na presunção de que, mais do que isso, haveria comprometimento da qualidade do serviço. Todavia, o STJ tem decidido que esse limite não tem força normativa, nem há lei estabelecendo carga horária máxima, seja diária, seja semanal. Dessa forma, a compatibilidade de horários deve ser vista caso a caso, não se podendo presunção de que 60 horas é o máximo permitido por semana (REsp 1.767.955-RJ, DJe 03/04/2019).

Há de se ressaltar também que em qualquer dos casos de acumulação comentados neste item faz-se mister respeitar o disposto no inciso XI do art. 37 da Constituição quanto aos **tetos remuneratórios**. Assim sendo, a somatória dos valores recebidos em acumulação não pode ultrapassar o teto respectivo, sofrendo o agente um corte na folha de pagamento se tal ocorrer.

Diante das regras sobre proibição de acumulação remunerada de cargo, emprego ou função, confira-se a casuística do STF e do STJ a respeito do tema:

a) é vedada a acumulação dos cargos e remuneração de vereador e secretário municipal, sendo esta interpretação sistemática dos arts. 36, 54 e 56 da CF, bem como o princípio da separação dos Poderes (STF, RE 497.554/PR);

b) é vedada a acumulação dos cargos de médico com cargo de perito criminal da polícia civil na modalidade médico veterinário (STF, RE, 248.248);

c) é vedada a acumulação dos cargos de inspetor escolar com o de supervisor pedagógico, pois não diz respeito à exceção, que deve ser interpretada estritamente, em que se permite a acumulação de dois cargos de professor ou um técnico com um de professor (STF, RE 382.389);

d) é vedada a acumulação de dois cargos de jornalista (STF, RE 463.028);

e) é permitida a acumulação de cargo de médico militar com o de professor de instituição pública de ensino; primeiro porque o médico militar não desempenha função típica de militar, circunstância, que, se existisse, impediria a acumulação; segundo porque a Constituição admite a acumulação de cargo de *professor* com cargo *técnico ou científico*, sendo que o cargo de médico é considerado técnico ou científico, pois sua ocupação pressupõe formação em área especializado do conhecimento, dotada de método próprio (STJ, RMS 39.157);

Tema correlato é o da **acumulação de remuneração com aposentadoria**. Também, como regra, é proibida. Como exceção pode existir tal acumulação se os cargos da ativa e da inatividade forem cumuláveis entre si. Outra exceção importante é a que permite a acumulação da aposentadoria com a remuneração de um cargo em comissão ou de um mandato eletivo (art. 37, § 10, CF). Perceba que a regra que veda a percepção simultânea de proventos de aposentadoria com remuneração de cargo, emprego ou função diz respeito tão somente às aposentadorias especiais, ou seja, a dos ocupantes de cargos efetivos (art. 40, CF), a dos militares estaduais (art. 42, CF) e a dos militares das Forças Armadas (art. 142, CF). Essa acumulação não é vedada quando se trata de acumulação de proventos de aposentadoria com remuneração proveniente de contratação temporária (STJ, REsp 1.298.503, DJ 13.04.2015).

Porém, não se admite acúmulo tríplice de provimentos e vencimentos de professor, mesmo que decorrentes de aprovações em concursos públicos posteriores à vigência da EC 20/98 (STF: AI 545.424 AgRg, DJ de 25.03.2013; AI 529.499 AgR, DJ 17.11.2010).

6.10. Estabilidade e estágio probatório

O instituto da *estabilidade* está previsto no art. 41 da CF. A partir do texto constitucional, a doutrina aponta três requisitos para sua aquisição: a) nomeação para "cargo efetivo", em virtude de concurso público; b) "três anos de efetivo exercício" no cargo; c) aprovação em "avaliação especial de desempenho por comissão instituída para essa finalidade".

O primeiro requisito ("cargo efetivo") foi introduzido pela EC 19/1998. A redação anterior exigia apenas que o "servidor" fosse nomeado em virtude de concurso, não havendo referência ao cargo ser efetivo ou não, o que permitia que servidores celetistas em geral pudessem pleitear a estabilidade.

A atual redação, porém, parece ter deixado claro que somente servidores titulares de verdadeiros cargos efetivos teriam direito à estabilidade.

Porém, o TST, chamado a se manifestar sobre o tema, concluiu que os "servidores celetistas" das pessoas jurídicas de direito público (União, Estados, DF, Municípios, autarquias, fundações públicas, agências reguladoras e associações públicas) também têm direito à estabilidade, direito esse que só não existe para os celetistas das pessoas jurídicas de direito privado estatal, como a empresa pública e a sociedade de economia mista (Súmula 390 do TST).

Quanto ao segundo requisito ("três anos de efetivo exercício"), esse também foi alterado pela EC 19/1998. Na redação original exigiam-se dois anos de efetivo exercício. Essa redação fazia com que a Administração Pública estipulasse como estágio probatório o período de dois anos, porque esse estágio sempre foi considerado o tempo de efetivo exercício em que se verificaria se o servidor empossado tinha ou não aptidão para auferir a definitiva titularidade do cargo.

Ocorre que a Constituição foi alterada, aumentando o tempo de exercício para três anos, e os estatutos de funcionário público não acompanharam essa modificação. Exemplo disso é o próprio estatuto federal (Lei 8.112/1990). Isso fez com que os tribunais, num primeiro momento, decidissem que o prazo para estágio probatório é um e o prazo de efetivo exercício para adquirir a estabilidade é outro. Esse posicionamento tinha repercussão prática, pois há direitos que só existem após o fim do estágio probatório (ex.: direito de promoção) e, sendo esse mais curto, pessoas que ainda não tinham estabilidade poderiam gozar desses direitos após os dois anos de estágio.

O STF (STA 269 AgR, DJ 26.02.2010) e o STJ (MS 12.523/DF, DJ 18.08.2009) se posicionaram no sentido de que o período de estágio probatório deve coincidir com o período de efetivo exercício para a aquisição da estabilidade, no caso, ambos os períodos são de 3 anos e correm conjuntamente, pouco importando a redação do estatuto local.

Vale ressaltar que esses tribunais vêm entendendo que os períodos de estágio probatório e efetivo exercício ficam suspensos quando o servidor é afastado ou cedido para outro órgão (STJ, RMS 23.689, DJ 07.06.2010).

Ademais, para o STF (MS 22.744, DJ 26.11.2004) e para o STJ (RMS 23.689, DJ 07.06.2010), não pode o servidor em estágio probatório aposentar-se voluntariamente, uma vez que o estágio probatório constitui etapa final do processo seletivo para a aquisição da titularidade do cargo público.

Passando ao terceiro requisito para a estabilidade ("avaliação especial de desempenho por comissão instituída para essa finalidade"), o primeiro ponto exigido pelo STF (AI 623.854, DJ 23.10.2009) e pelo STJ (RMS 20.934, DJ 01.02.2010) é que seja um procedimento que não é de natureza disciplinar (não sendo necessário cumprir os requisitos do processo disciplinar), mas que assegure o devido processo legal, o que impõe observância do contraditório e da ampla defesa. Assim, exige-se que o servidor possa apresentar defesa, instruir o procedimento com provas e ter contra si exarada decisão devidamente motivada.

Outro direito do servidor é que a avaliação de desempenho ocorra no limite dos três anos de efetivo exercício. Isso significa que, após o transcurso desse prazo, sem a realização da avaliação, o servidor pode ser considerado estável, pois a desídia da Administração não pode ser a ele imputada, presumindo-se que o servidor teve reconhecida sua aptidão.

Após o transcurso dos três anos de efetivo exercício, o servidor pode até ser exonerado por inaptidão para o cargo, mas desde que a avaliação de desempenho tenha se dado durante o período de estágio probatório e a exoneração tenha sido motivada nas suas conclusões (STJ, RMS 23.504, DJ 02.08.2010).

Outro posicionamento diz respeito a quem deve proceder à avaliação de desempenho. Nesse sentido, o STJ entende que não há violação ao art. 41 da CF quando a chefia imediata promove a avaliação de desempenho do servidor, funcionando a Comissão de Avaliação como órgão revisor e como órgão emissor do parecer final do estágio probatório (RMS 23.504, DJ 02.08.2010).

Também já restou pacificado que o servidor que sai de um cargo numa dada administração (por exemplo, de policial militar) e vai para outro cargo na mesma administração (por exemplo, de policial civil) não pode aproveitar o estágio probatório anteriormente cumprido (STJ, RMS 20.934, DJ 01.02.2010).

Vale igualmente lembrar que os servidores em estágio probatório não podem sofrer restrições que não decorram explícita ou implicitamente da lei. Nesse sentido, o STF proíbe a discriminação dos não estáveis, caso lei ou ato normativo estabeleça que estes, se participarem de greve durante o estágio probatório, estão sujeitos à exoneração (ADI 3.235, DJ 12.03.2010). Servidor em estágio probatório tem, portanto, direito de greve.

Ficam, então, noticiadas as principais decisões sobre a estabilidade e o estágio probatório, devendo o candidato ficar atento a outras decisões, uma vez que o tema é corrente na jurisprudência.

6.11. Disponibilidade

É a colocação do servidor estável em inatividade remunerada, até seu adequado aproveitamento em outro cargo, com proventos proporcionais ao seu tempo de serviço.

Trata-se de direito do servidor, desde que estável, que ocorre nas seguintes situações: a) quando o cargo é extinto; b) quando o cargo é declarado desnecessário; c) quando um servidor é reintegrado e volta para o cargo para onde foi chamado um novo servidor, ficando este desalojado por não ter um cargo de origem, podendo, se já estável, ser colocado em disponibilidade.

É importante ressaltar que só tem esse direito quem já é estável (*vide* § 3º do art. 41 da CF). Nesse sentido, dispõe a Súmula 22 do STF que: "o estágio probatório não protege o funcionário contra a extinção do cargo".

Nunca se deve esquecer de que a CF é taxativa no sentido de que na disponibilidade a remuneração será proporcional ao tempo de serviço do agente. Antes da EC 19/1998, o STF entendia que era integral, portanto é bom saber que agora é proporcional.

A disponibilidade a que estão sujeitos os juízes e promotores não implica remuneração proporcional, sob pena de ofensa à vitaliciedade a que têm direito, de maneira que será integral a remuneração para essas situações.

6.12. Sistema remuneratório

Para que se possa entender o sistema remuneratório dos servidores públicos, de rigor verificar os seguintes conceitos:

a) remuneração (estipêndio/vencimentos): devida à grande massa de servidores, corresponde ao padrão fixado em lei (vencimento), mais vantagens pessoais;

b) salário: devido aos empregados públicos da Administração Direta e Indireta, vale dizer, àqueles regidos pela CLT;

c) subsídio: modalidade de remuneração fixada em parcela única e devida aos agentes políticos (art. 39, § 4º, CF: fala-se em membro de Poder, detentor de mandato eletivo, Ministros de Estado e Secretários Estaduais e Municipais), membros do

Ministério Público, aos Policiais (art. 144, § 9º, CF), Procuradores de Estado, Defensores Públicos, Procuradores da Fazenda Nacional e integrantes da Advocacia Geral da União (art. 135), bem como Ministros dos Tribunais de Contas. O § 8º do art. 39 da CF abre possibilidade de a remuneração dos servidores organizados em carreira ser também por subsídio, nos termos de lei. Vale ressaltar que no subsídio não se fala em vantagens pessoais, já que se trata de parcela única, vedado o acréscimo de qualquer gratificação, adicional, abono, prêmio, verba de representação ou outra espécie remuneratória, obedecido ao teto remuneratório constitucional. Entretanto, os direitos gerais dos servidores previstos no § 3º do art. 39 da CF permanecem.

d) adicionais: devidos por tempo de serviço ou função especial, que exige conhecimentos especializados ou um regime próprio de trabalho. O adicional se relaciona com o tempo (adicional de tempo) ou com a função (adicional de função – ex.: por dedicação integral, por nível universitário);

e) gratificações: devidas por condições personalíssimas ou por anormalidades no desempenho da função, com característica de precariedade. As gratificações se relacionam com o servidor (pessoal: por ter filho – salário família etc.) ou com o serviço (segurança, insalubridade ou onerosidade);

f) indenizações: mero ressarcimento de despesas efetuadas pelo agente no desempenho de atividade pública, não se incorporando na remuneração. Ex.: ajuda de custo (mudança), diárias (despesas para viagem a trabalho) e auxílio-transporte (condução para o trabalho).

A par dos conceitos acima, tem-se como fundamental também verificar os seguintes princípios e regras desse sistema:

a) proibição de efeito cascata: vantagens e gratificações não podem incidir umas sobre as outras. Nesse sentido, *vide* o inciso XIV do artigo 37 da CF: *"os acréscimos pecuniários percebidos por servidor público não serão computados nem acumulados para fins de concessão de acréscimos ulteriores".*

b) fixação por lei e revisão geral anual: *a remuneração e o subsídio somente poderão ser fixados ou alterados por lei específica, observada a iniciativa privativa em cada caso. Fica assegurada revisão geral anual, sempre na mesma data e sem distinção de índices.* O STF é pacífico no sentido de que não é possível que iniciativa ou emenda parlamentar disponha sobre o aumento de remuneração dos servidores, de iniciativa privativa do Executivo (arts. 61, § 1º, II, "a", e 63, I, ambos da CF), sendo que a fixação ou alteração de remuneração depende de lei específica (art. 37, X, da CF), ficando vedada a ainda que a lei estabeleça vinculação ou equiparação remuneratórias para efeito de remuneração de pessoal (art. 37, XIII, da CF), conforme se pode conferir na ADI 64/RO. No que diz respeito aos membros da polícia no Distrito Federal, o STF editou a Súmula Vinculante 39: "Compete privativamente à União legislar sobre vencimentos dos membros das polícias civil e militar e do corpo de bombeiros militar do Distrito Federal".

c) teto remuneratório: a EC 41/2003 modificou o inciso XI do art. 37 da CF, que antes trazia como teto único o subsídio dos Ministros do STF, estabelecendo um teto nacional existente também no subsídio mensal, em espécie, dos Ministros do STF, bem como subtetos. Na esfera da união vale o teto nacional para todos os Poderes. Nos Estados e DF tem-se como subtetos no âmbito do Executivo o subsídio do Governador, no âmbito do Legislativo o subsídio dos Deputados estaduais/distritais e no âmbito do Judiciário o subsídio dos Desembargadores do TJ, limitado este a 90,25% do subsídio dos Ministros do STF. A EC 47/2005 permite aos Estados e ao DF, por meio de emenda às respectivas constituições e Lei Orgânica, adotar como limite único o subsídio dos Desembargadores do TJ, não se aplicando a regra aos subsídios dos deputados estaduais e distritais e dos vereadores. Nos Municípios, o subteto é o subsídio do Prefeito. Estabeleceu-se, ainda, como subteto para os membros do MP, Procuradores e Defensores Públicos, o subsídio dos Desembargadores do TJ. Esse subteto vale também para os Procuradores Municipais (STF, RE 663696/MG, j. em 28.2.2019). Vale salientar que o valor do que deve estar sentido no teto abrange a remuneração e o subsídio, os proventos, pensões ou outra espécie remuneratória, percebidos cumulativamente ou não, incluídas as vantagens pessoais ou de qualquer outra natureza. Além disso, a regra do teto atinge os ocupantes de cargos, funções e empregos públicos da administração, direta, autárquica e fundacional, membros dos Poderes da União, dos Estados, do DF e dos Municípios, detentores de mandato eletivo e demais agentes políticos. Aplica-se também às empresas públicas e sociedades de economia mista e suas subsidiárias que receberem recursos da União, dos Estados, do Distrito Federal ou dos Municípios para pagamento de despesas de pessoal ou custeio em geral (art. 37, § 9º, CF).

Vale ressaltar que o STF vinha entendendo que "as vantagens pessoais percebidas antes da entrada em vigor da EC 41/2003 não se computam para fins de cálculo do teto constitucional" (MS 27565, j. 18.10.2011). Nesse caso, reconheceu-se a procurador da república aposentado o direito de, a partir da data da impetração, continuar a receber, sem redução, o montante bruto que percebia anteriormente à EC 41/2003, até a sua total absorção pelas novas formas de composição de seus proventos. Porém, o mesmo STF reconheceu a eficácia imediata do abate-teto sobre salários e proventos de servidores públicos ativos e inativos e a inclusão de vantagens pessoais no teto remuneratório, em decisão que entendeu por bem "fixar a tese de que o teto de remuneração estabelecido pela Emenda Constitucional 41/2003 é de eficácia imediata, submetendo às referências de valor máximo nela fixadas todas as verbas remuneratórias percebidas pelos servidores de União, estados e municípios, ainda que adquiridas sob o regime legal anterior" (RE 609.381, j. 02.10.2014).

d) proibição de vinculação ou equiparação: *é vedada a vinculação ou equiparação de quaisquer espécies remuneratórias para efeito de remuneração dos servidores*; o STF entende violada essa regra quando se vincula o reajuste de vencimentos ao incremento da arrecadação de ICMS (RE 218.874/SC) ou que vincula o reajuste do subsídio do governador ao reajuste concedido aos servidores (ADI 3491); o mesmo tribunal editou a Súmula Vinculante 37, tratando, ainda, da proibição de aumento de vencimentos dos servidores com fundamento na isonomia ("Não cabe ao Poder Judiciário, que não tem função legislativa, aumentar vencimentos de servidores públicos sob o fundamento de isonomia"); vide, a respeito, a decisão proferida pelo STF no RE 592.317/RJ, j. 28.08.2014;

e) irredutibilidade: *os subsídios e os vencimentos são irredutíveis* (art. 37, XV, CF); o STF entende que fere esse princípio o aumento na carga de trabalho do servidor sem o consequente aumento na remuneração (RE 255792/MG); entende também que o princípio é violado quando se desconta a remuneração de servidor afastado de suas funções por responder por processo penal em face da acusação de cometimento de crime funcional

(RE 482.006); entende ainda que a aplicação do teto remuneratório previsto na EC 41/2003 não fere direito adquirido nem o princípio da irredutibilidade, eis que que os excessos eventualmente percebidos fora dessas condições, ainda que com o beneplácito de disciplinas normativas anteriores, não estariam amparados pela regra da irredutibilidade, ressaltando, ademais, que o pagamento de remunerações superiores aos tetos de retribuição, além de se contrapor a noções primárias de moralidade, de transparência e de austeridade na administração dos gastos com custeio, representaria gravíssima quebra da coerência hierárquica essencial à organização do serviço público (RE 609.381, j. 02.10.2004);

f) proibição de indexação: o STF editou a Súmula Vinculante n. 42, com o seguinte teor: "É inconstitucional a vinculação do reajuste de vencimentos de servidores estaduais ou municipais a índices federais de correção monetária";

g) publicação obrigatória: "os Poderes Executivo, Legislativo e Judiciário publicarão anualmente os valores do subsídio e da remuneração dos cargos e empregos públicos" (art. 39, § 6º, CF).

h) direitos dos ocupantes de cargos públicos: o § 3º do artigo 39 da Constituição dispõe que se aplica aos servidores ocupantes de cargo público o disposto no art. 7º, IV, VII, VIII, IX, XII, XIII, XV, XVI, XVII, XVIII, XIX, XX, XXII e XXX.

Confira o disposto no incisos citados do art. 7º da CF: IV e VII (salário mínimo), VIII (décimo terceiro salário), IX (remuneração de trabalho noturno superior à do diurno), XII (salário-família ao trabalhador de baixa renda), XIII (jornada diária não superior a 8 horas e semanal não superior a 44 horas, facultadas compensações), XV (repouso semanal remunerado), XVI (hora extra superior em pelo menos 50% da hora normal), XVII (férias anuais, com 1/3 a mais de remuneração), XVIII (licença à gestante de 120 dias), XIX (licença-paternidade), XX (proteção do mercado de trabalho da mulher), XXII (redução dos riscos do trabalho) e XXX (proibição de diferença de salário, função ou admissão por discriminação).

6.13. Aposentadoria

Consiste na transferência para a inatividade remunerada, cumpridos certos requisitos. Vejamos os tipos de aposentadoria:

Por incapacidade permanente: deve ser invalidez permanente, sendo os proventos proporcionais ao tempo de contribuição, exceto se decorrente de acidente de trabalho, de doença profissional e de doença do trabalho. Nos termos da EC 103/19, deve-se tratar de incapacidade permanente para o trabalho, no cargo em que estiver investido, quando insuscetível de readaptação, hipótese em que será obrigatória a realização de avaliações periódicas para verificação da continuidade das condições que ensejaram a concessão da aposentadoria, na forma de lei do respectivo ente federativo.

Compulsória: aos 75 anos de idade, com proventos proporcionais ao tempo de contribuição. Antes a aposentadoria em questão se dava aos 70 anos. Porém, a EC 88/2015 estabeleceu que essa aposentadoria passava a se dar aos 75 anos para ministros do STF, dos Tribunais Superiores e do TCU, podendo o legislativo estender para as demais carreiras públicas essa regra, o que acabou sendo feito pelo Congresso Nacional (Lei Complementar 152/15), de modo que agora a aposentadoria compulsória se dá aos 75 anos para todos os cargos públicos.

Voluntária: a pedido do interessado.

Servidores Públicos da União

✓ Idade mínima: 62 anos (mulheres) e 65 anos (homens);

✓ Tempo mínimo de contribuição: 25 anos de contribuição, com o tempo mínimo de 10 anos de efetivo exercício no serviço público e 5 anos no cargo em que for concedida a aposentadoria.

Professores

✓ Idade mínima: 57 anos (mulheres) e 60 anos (homens);

✓ Tempo mínimo de contribuição: também 25 anos, com 10 anos no serviço público e 5 anos no cargo.

Policiais federais, rodoviários federais, agentes penitenciários federais e policiais civis do DF:

✓ Idade mínima: 55 anos (ambos os sexos);

✓ Tempo mínimo de contribuição: 30 anos, para ambos os sexos, com 25 anos no exercício da função.

Quanto ao valor do benefício de aposentadoria voluntária, quem cumpre os prazos mínimos de 62 anos para mulher ou 65 anos para homem, e 25 anos de contribuição, tem direito a 60% da média, com mais 2% a mais por ano que contribuir além de 20 anos de contribuição. Há regras de transição para quem já era servidor ao tempo da promulgação da reforma.

No âmbito dos Estados, do Distrito Federal e dos Municípios, a aposentadoria voluntária poderá se dar na idade mínima estabelecida mediante emenda às respectivas Constituições e Leis Orgânicas, observados o tempo de contribuição e os demais requisitos estabelecidos em lei complementar do respectivo ente federativo, mantidas as regras anteriores à EC 103/19 enquanto não promovidas alterações na legislação interna relacionada ao respectivo regime próprio de previdência social.

No caso de professor, este deve comprovar exclusivo e efetivo magistério na educação infantil/ensino fundamental/ensino médio. Nesse tema o STF entende que, "salientando que a atividade docente não se limita à sala de aula, e que a carreira de magistério compreende a ascensão aos cargos de direção da escola, o Tribunal, por maioria, julgou parcialmente procedente o pedido formulado para conferir interpretação conforme, no sentido de assentar que as **atividades mencionadas de exercício de direção de entidade escolar e as de coordenação e assessoramento pedagógico também gozam do benefício, desde que exercidas por professores**" (ADI 3.772/DF – g.n.).

Quanto à revisão dos benefícios previdenciários, determinou-se o fim da paridade com a remuneração dos servidores ativos, assegurando-se apenas o reajuste dos benefícios para preservar seu valor real, conforme critérios estabelecidos em lei (art. 40, § 8º, CF).

Ademais, é sempre bom lembrar que o STF é pacífico no sentido de que, não havendo redução dos proventos percebidos pelo inativo, não há inconstitucionalidade na lei que estabelece, para a carreira, o sistema de vencimento único, com absorção de outras vantagens remuneratórias (Ag. Reg. no RE 634.732/PR). Ou seja, alteração no regime da carreira na gera direitos aos servidores inativos, desde que não haja irredutibilidade. Por exemplo, "desde que mantida a irredutibilidade, o servidor inativo, embora aposentado no último patamar da carreira anterior, não tem direito adquirido de perceber proventos correspondentes aos da última classe da nova carreira reestruturada por lei superveniente" (RE 606.199, j. 09.10.2013). Porém, "as vantagens remuneratórias de caráter geral conferidas a servidores públicos, por serem genéricas, são extensíveis a inativos e pensionistas" (STF, RE 596.962/MT, j. 21.08.2014).

A lei não pode estabelecer contagem de tempo de contribuição fictício, como, por exemplo, dizer que férias não gozadas pelo servidor equivale a 3 meses de tempo de contribuição para efeito de aposentadoria.

Aliás, vale ressaltar que, hoje, o requisito não é mais *tempo de serviço*, mas *tempo de contribuição*.

Quanto ao ocupante exclusivamente de cargo em comissão (ou seja, aquele não seja servidor já com cargo efetivo), aplica-se as regras previdenciárias do regime geral de previdência (art. 40, § 13, da CF), e não as regras acima sobre o regime próprio de previdência do servidor público. Nesse sentido, não se aplica, por exemplo, a regra da aposentadoria compulsória a quem tenha cargo em comissão, de modo que uma pessoa com 80 ou 90 anos (e há casos disso) pode trabalhar no poder público num cargo em comissão.

Por fim, importante consignar que o STF editou a Súmula Vinculante 55, com o seguinte teor: "O direito ao auxílio-alimentação não se estende aos servidores inativos".

6.14. Processo administrativo disciplinar

É aquele destinado à apuração de faltas disciplinares, violação de deveres funcionais e imposição de sanções a servidores públicos.

6.14.1. Garantias e princípios

a) contraditório e ampla defesa: *"aos litigantes, em processo judicial ou administrativo, e aos acusados em geral são assegurados o contraditório e ampla defesa, com os meios e recursos a ela inerentes"* (art. 5º, LV, CF). *Vide* também a Lei 9.784/1999, aplicável subsidiariamente às leis federal e locais que tratam do processo disciplinar; vale salientar, que, apesar das inúmeras garantias contidas nesse princípio, o STF, na Súmula Vinculante 5, não entende que a falta de defesa técnica por advogado no processo disciplinar, por si só, ofenda o contraditório e a ampla defesa; ou seja, a falta de advogado não gera a presunção de desrespeito a esse princípio, se forem preservados os três elementos dessa garantia, que são os seguintes: "a) *o direito de manifestação* (que obriga o órgão julgador a informar à parte contrária dos atos praticados no processo e sobre os elementos dele constantes); b) *o direito de informação sobre o objeto do processo* (que assegura ao defendente a possibilidade de se manifestar oralmente ou por escrito sobre os elementos fáticos e jurídicos contidos no processo); e c) o direito de ver os seus argumentos contemplados pelo órgão incumbido de julgar (que exige do julgador capacidade de apreensão e isenção de ânimo para contemplar as razões apresentadas)" (STF, RE 434.059/DF);

b) juiz natural: *"ninguém será processado nem sentenciado senão pela autoridade competente"* (art. 5º, LIII, CF);

c) vedação da prova ilícita: *"são inadmissíveis, no processo, as provas obtidas por meios ilícitos"* (art. 5º, LVI, CF). Ex.: não é possível requerer a interceptação telefônica em processo administrativo disciplinar (Lei 9.296/1996); porém, o STJ admite a utilização dessa prova, em processo disciplinar, na qualidade de "prova emprestada", caso tenha sido produzida em ação penal, e desde que devidamente autorizada pelo juízo criminal e com a observância das diretrizes da Lei 9.296/1996 (MS 16.146, j. 22.05.2013); de acordo com a Súmula 591 do STJ, "é permitida a prova emprestada no processo administrativo disciplinar, desde que devidamente autorizada pelo juízo competente e respeitados o contraditório e a ampla defesa"; não se considera ilícita a prova quando feita pela própria vítima (interlocutor) de fiscal que exigia propina, bem como não se considera flagrante preparado (mas flagrante esperado) no caso em que a solicitação de dinheiro pelo fiscal se dera dias antes de sua prisão (quando não mais se dependia do flagrante para a configuração do delito) e a equipe policial apenas permaneceu alerta, sem instigar a atuação do fiscal (STJ, RMS 19.785); também não se consideram provas ilícitas "As informações obtidas por monitoramento de e-mail corporativo de servidor público não configuram prova ilícita quando atinentes a aspectos não pessoais e de interesse da Administração Pública e da própria coletividade, sobretudo quando exista, nas disposições normativas acerca do seu uso, expressa menção da sua destinação somente para assuntos e matérias afetas ao serviço, bem como advertência sobre monitoramento e acesso ao conteúdo das comunicações dos usuários para cumprir disposições legais ou instruir procedimento administrativo" (RMS 48.665-SP, DJe 5/2/2016).

d) direito ao silêncio, *in dubio pro reo*, **presunção de inocência e ônus da prova da Administração;** por conta do princípio da presunção de inocência, não é possível cortar remuneração preventivamente, mas é cabível o afastamento cautelar do agente; por conta do ônus da prova da Administração não é possível que esta simplesmente coloque o ônus da prova sobre o servidor e atue de modo tendencioso e direcionado a culpabilizá-lo (STJ, MS 10.906);

e) gratuidade: não se pode cobrar custas do agente público;

f) oficialidade: instaurado e desenvolvido de ofício pela Administração;

g) formalismo moderado: deve-se ter em mente a instrumentalidade das formas, respeitando sempre a ampla defesa e o contraditório; por conta disso, o STJ entende, por exemplo, que a prorrogação *motivada* do prazo para a conclusão dos trabalhos da comissão em processo administrativo disciplinar não acarreta, por si só, a nulidade do procedimento (MS 16.031, j. 26.06.2013); por conta disso, "o excesso de prazo para a conclusão do processo administrativo disciplinar não gera, por si só, qualquer nulidade no feito, desde que não seja prejuízo para o acusado. Isso porque não se configura nulidade sem prejuízo (*pas de nulité sans grief*)" (RMS 33.628-PE, j. 02.04.2013). Nesse sentido é a Súmula 592 do STJ;

h) motivação: a motivação já um imperativo decorrente do regime republicano, do princípio da inafastabilidade da jurisdição (sem a motivação, como se vai exercer esse direito, demonstrando ao Judiciário uma ilegalidade ou abuso de poder) e do princípio da moralidade administrativa, mas esse princípio (da motivação) é ainda mais importante quando se pratica atos que restringem ou interferem nos direitos de terceiro; em matéria disciplinar, então, é ainda mais importante que a Administração motive adequadamente seus atos, explicitando e explicando as razões de seu convencimento; porém, isso não quer dizer que a Administração tem o dever de fazer o exame detalhado de cada argumento trazido pelas partes (STF, Ag. Reg. no ARE 637.958-MG);

i) respeito aos demais princípios administrativos: o STJ determinou a anulação de demissão certa ocasião, por ofensa aos princípios da impessoalidade (art. 37, *caput*, da CF) e da imparcialidade (art. 18 da Lei 9.784/1999), pelo fato de o processo administrativo ter sido instaurado por um dos investigados e também pelo fato de uma das testemunhas também se tratar de investigado, tendo prestado depoimento sem o compromisso de dizer a verdade (MS 14.233, DF).

Já no **plano substancial**, além do respeito aos princípios e regras administrativos em geral, destaque-se a relevância de decidir consoante os princípios da **legalidade**, da **moralidade** e, mais do que nunca, da **razoabilidade** e da **proporcionalidade**. Quanto aos dois últimos princípios, o Judiciário tem, inclusive, anulado a aplicação de penas de demissão (determinando que a Administração aplique nova pena, mas agora proporcional), quando há violação à razoabilidade ou proporcionalidade (STJ, RMS 29.290-MG). O Judiciário também tem anulado penas disciplinares quando se demonstra que a autoridade apenadora comete desvio de finalidade, apenando o servidor por perseguição ou interesse de natureza diversa, mas não prevista em lei, por violação aos princípios da impessoalidade (e imparcialidade), moralidade e razoabilidade (STJ, MS 14.959-DF).

6.14.2. Incidência

O processo administrativo é obrigatório para as hipóteses em que são cabíveis sanções mais graves, tais como:

a) demissão;

b) perda do cargo;

c) suspensão por mais de 30 dias;

d) cassação da aposentadoria;

e) destituição de cargo em comissão como punição (diferente da livre exoneração).

6.14.3. Fases do processo administrativo

a) **Instauração**: por portaria, auto de infração, representação ou despacho da autoridade; vale salientar que, segundo a Súmula 641 do STJ, "A portaria de instauração do processo administrativo disciplinar prescinde da exposição detalhada dos fatos a serem apurados.

b) **Instrução**: produção de provas com participação do acusado;

c) **Defesa**: deve ser ampla e efetiva;

d) **Relatório**: elaborado pelo presidente da comissão (que deve ser formada por pessoas estáveis de cargo idêntico ou superior ao processado); trata-se de mera peça opinativa, não vinculando autoridade julgadora;

(As quatro fases anteriores também são chamadas de **inquérito**)

e) **Julgamento**: decisão final, que deve ser motivada e fundamentada pela autoridade competente, por exemplo, pelo Prefeito, Secretário dos Negócios Jurídicos. Vale salientar que o STJ entende que não é obrigatória a intimação do interessado para apresentar alegações finais após o relatório final do processo administrativo disciplinar, não havendo previsão legal nesse sentido (MS 18.090-DF, j. 08.05.2013).

Cabe recurso administrativo e ao Judiciário, que não adentra ao mérito do julgamento, mas ao respeito às formalidades, aos aspectos de legalidade. Em caso de anulação judicial da demissão, haverá reintegração do agente, com direito a indenização.

Sobre os prazos prescricionais previstos no art. 142 da Lei 8.112/90, confira a Súmula 635 do STJ: "Os prazos prescricionais previstos no art. 142 da Lei n. 8.112/1990 iniciam-se na data em que a autoridade competente para a abertura do procedimento administrativo toma conhecimento do fato, interrompem-se com o primeiro ato de instauração válido – sindicância de caráter punitivo ou processo disciplinar – e voltam a fluir por inteiro, após decorridos 140 dias desde a interrupção".

Ainda sobre o tema da prescrição confira outro entendimento do STJ, "O prazo prescricional previsto na lei penal se aplica às infrações disciplinares também capituladas como crime independentemente da apuração criminal da conduta do servidor" (MS 20.857-DF, DJe 12/06/2019).

6.14.4. Meios sumários

Sindicância: meio sumário de investigação, destinado à apuração preliminar de fatos com dois objetivos, que devem ser vistos no prazo de 30 dias:

a) **Aplicação de sanções menos severas**: multa, repreensão e suspensão de até 30 dias;

b) **Processo preparatório**: meio de convencimento para instauração de processo administrativo ou arquivamento da peça de instauração.

Verdade sabida: aquela testemunhada ou conhecida inequivocamente pelo superior hierárquico e que enseja sanção leve. Alguns estatutos admitem que a partir dela se imponha sanção, desde que se garanta ampla defesa ou contraditório. Porém, trata-se de instituto inconstitucional, pois há de sempre de se garantir contraditório e ampla defesa.

Termo de Declarações: servidor, confessando a falta, aceita a sanção aplicável, desde que não se exija processo disciplinar. Também é inconstitucional, pois sempre há de se garantir contraditório e ampla defesa.

O STF entende inconstitucional esses dois meios, sob o argumento de que não é "admissível que o Estado, em tema de restrição à esfera jurídica de qualquer cidadão e de seus servidores, exerça a sua autoridade de maneira abusiva ou arbitrária, de modo a desprezar, no exercício de sua atividade, o postulado da plenitude de defesa, visto que o reconhecimento da legitimidade ético-jurídica de qualquer medida imposta pelo Poder Público de que resultem, como no caso, consequências gravosas no plano dos direitos e garantias individuais exige a observância da garantia do devido processo" (ADI 2120/AM).

6.14.5. Sanções disciplinares

Normalmente, os estatutos dos funcionários públicos estabelecem as seguintes sanções disciplinares:

a) demissão;

b) demissão a bem do serviço público;

c) suspensão;

d) advertência, repreensão;

e) multa.

f) cassação da aposentadoria.

Porém, o estatuto local tem liberdade para estabelecer outros tipos de sanções disciplinares.

No caso da cassação da aposentadoria, é cabível quando se pratica, na atividade, falta disciplinar punível com demissão (STJ, MS 23.608-DF, DJe 05/03/2020), sem prejuízo de se fazer um acerto de contas entre a Administração e o servidor aposentado punido, em razão do caráter contributivo do benefício cassado.

6.14.6. Comunicabilidade de instâncias

A regra é a da independência das instâncias cível, administrativa e criminal. A absolvição ocorrida no juízo criminal somente se comunicará à instância administrativa se se tratar de "absolvição por negativa de autoria" ou de "absolvição por inexistência do fato", e nunca se for "absolvição por falta de provas".

De qualquer forma, o exercício do poder disciplinar pelo Estado não está sujeito ao encerramento da perseguição criminal, nem se deixar influenciar, como se viu, por eventual sentença absolutória nessa instância, salvo nos casos mencionados (STF, MS 23.190/RJ, j. 01.08.2013; STJ, MS 18.090-DF, j. 08.05.2013).

Deve-se acrescentar que, de acordo com a Súmula 18 do STF, *"pela falta residual, não compreendida na absolvição pelo juízo criminal, é admissível a punição administrativa do servidor público"*.

7. IMPROBIDADE ADMINISTRATIVA

7.1. Conceito de improbidade administrativa

É o ato de imoralidade qualificada pela lei que importa em enriquecimento ilícito do agente, prejuízo ao erário ou violação dos princípios da administração pública e que enseja, em processo judicial promovido pela pessoa jurídica lesada ou pelo Ministério Público, a aplicação das seguintes sanções: suspensão dos direitos políticos, perda da função pública, indisponibilidade dos bens, ressarcimento ao erário, perda de bens e valores acrescidos ilicitamente, multa civil e proibição de contratar com a administração pública ou dela receber benefícios. Tudo sem prejuízo das sanções penais, civis e administrativas.

Atualmente, o regime jurídico da improbidade está previsto na CF (art. 37, § 4º) e na Lei 8.429/1992 (Lei de Improbidade Administrativa).

7.2. Modalidades de improbidade administrativa

A Lei 8.429/1992 estabelece quatro modalidades de ato de improbidade administrativa.

A primeira modalidade é a de **enriquecimento ilícito (art. 9º)**. Essa modalidade consiste em o agente auferir vantagem patrimonial indevida em razão do exercício da atividade pública. São exemplos de improbidade nessa modalidade os seguintes: receber comissão, propina; utilizar bem ou funcionário públicos em proveito próprio; adquirir bens desproporcionais à renda, dentre outros.

O STJ é pacífico no sentido de que é necessário dolo para a configuração dessa modalidade.

A segunda modalidade é a de atos que causam **prejuízo ao erário (art. 10)**. Essa modalidade consiste em o agente, por ato doloso ou culposo, ensejar perda patrimonial, desvio, malbaratamento ou dilapidação dos bens das entidades. São exemplos de improbidade nessa modalidade os seguintes: permitir ou facilitar que bem público seja desviado para particular, ou que seja alienado por preço inferior ao de mercado; realizar operações financeiras sem observância das normas legais; conceder benefício fiscal sem observância da lei; frustrar licitação; ordenar ou permitir realização de despesas não autorizadas; dentre outros.

O STJ é pacífico no sentido de que essa modalidade pode se configurar tanto mediante conduta dolosa como mediante conduta culposa em sentido estrito (EREsp 875.163/RS, DJ 30.06.2010).

A terceira modalidade é que importa em **violação a princípios da Administração Pública (art. 11)**. Essa modalidade consiste em o agente violar dolosamente deveres de honestidade, imparcialidade, legalidade e lealdade às instituições. São exemplos de improbidade nessa modalidade os seguintes: praticar ato visando a fim proibido em lei ou diverso daquele previsto na regra de competência (desvio de finalidade), retardar ou deixar de praticar ato de ofício, revelar fato que deva permanecer em segredo, negar publicidade aos atos oficiais, deixar de prestar contas.

O STJ é pacífico no sentido de que é necessário dolo para a configuração dessa modalidade.

A jurisprudência do STJ afastou todas as teses de responsabilidade objetiva em qualquer das modalidades citadas.

E, nos casos em que se exige dolo, a jurisprudência desse tribunal esclareceu que se trata do *dolo genérico*, consistente na "vontade de realizar fato descrito na norma incriminadora" (REsp 765.212/AC, j. em 02.03.2010).

A quarta modalidade de ato de improbidade é a que importa em concessão ou aplicação indevida de benefício financeiro ou tributário (art. 10-A).

Uma inovação importante aconteceu em 2018, com a edição de novas regras na Lei de Introdução às Normas do Direito Brasileiro.

Tais regras certamente serão invocadas pelo acusado de improbidade para afastar a tipicidade na improbidade ou em outras leis sancionadoras de agentes públicos. Confira (arts. 22 e 28 da LINDB):

a) o agente público responderá pessoalmente por suas decisões ou opiniões técnicas em caso de dolo ou erro grosseiro. Essa regra, que só vale para **decisões** e **opiniões técnicas** (ex: de um procurador ou de um contador público), pode impactar na jurisprudência nos casos em que o agente público respondia mediante simples conduta culposa (negligência, imperícia ou imprudência);

b) na interpretação de normas sobre gestão pública, serão considerados os obstáculos e as dificuldades reais do gestor e as exigências das políticas públicas a seu cargo, sem prejuízo dos direitos dos administrados;

c) em decisão sobre regularidade de conduta ou validade de ato, contrato, ajuste, processo ou norma administrativa, serão consideradas as circunstâncias práticas que houverem imposto, limitado ou condicionado a ação do agente;

d) na aplicação de sanções, serão consideradas a natureza e a gravidade da infração cometida, os danos que dela provierem para a administração pública, as circunstâncias agravantes ou atenuantes e os antecedentes do agente;

e) as sanções aplicadas ao agente serão levadas em conta na dosimetria das demais sanções de mesma natureza e relativas ao mesmo fato.

Segue relação dos tipos de improbidade previstos na Lei 8.429/1992, com grifos e comentários nossos:

Dos Atos de Improbidade Administrativa que Importam **Enriquecimento Ilícito**

Art. 9º Constitui ato de improbidade administrativa importando enriquecimento ilícito **auferir qualquer tipo de vantagem patrimonial indevida em razão** do exercício de cargo, mandato, função, emprego ou atividade nas entidades mencionadas no art. 1º desta lei, **e notadamente**: *(a expressão "e notadamente revela que o rol abaixo é exemplificativo, de modo que o caput já traz um tipo genérico dessa modalidade; ademais, aqui se exige dolo e não é necessário que haja lesão ao erário).*

I – **receber**, para si ou para outrem, **dinheiro, bem móvel ou imóvel**, ou **qualquer outra vantagem econômica**, direta ou indireta, a título de comissão, percentagem, gratificação ou presente de quem tenha interesse, direto ou indireto, **que possa ser atingido ou amparado por ação ou omissão decorrente das atribuições do agente público**;

II – **perceber vantagem econômica**, direta ou indireta, **para facilitar** a aquisição, permuta ou locação de bem móvel ou imóvel, ou a contratação de serviços pelas entidades referidas no art. 1º por preço superior ao valor de mercado;

III – **perceber vantagem econômica**, direta ou indireta, **para facilitar** a alienação, permuta ou locação de bem público ou o fornecimento de serviço por ente estatal por preço inferior ao valor de mercado;

IV – **utilizar**, em obra ou serviço **particular**, veículos, máquinas, equipamentos ou material de qualquer natureza, de propriedade ou à disposição de qualquer das entidades mencionadas no art. 1º desta lei, bem como o trabalho de servidores públicos, empregados ou terceiros contratados por essas entidades; o STJ reconheceu que incide o dispositivo na utilização, por Prefeita, de procuradores municipais para defendê-la na Justiça Eleitoral em casos envolvendo uso indevido de dinheiro público e abuso de autoridade e do poder econômico quando candidata à reeleição (REsp 908.790-RN, j. em 20.10.2009); também foi reconhecida a aplicação do dispositivo num caso em que um Prefeito usou vinte funcionários públicos em horário de expediente na construção de casa para a sua moradia (STJ, REsp 867.146-SC);

V – **receber vantagem econômica de qualquer natureza**, direta ou indireta, **para tolerar** a exploração ou a prática de jogos de azar, de lenocínio, de narcotráfico, de contrabando, de usura ou de qualquer outra atividade ilícita, ou **aceitar promessa** de tal vantagem;

VI – **receber vantagem econômica de qualquer natureza**, direta ou indireta, **para fazer declaração falsa** sobre medição ou avaliação em obras públicas ou qualquer outro serviço, ou sobre quantidade, peso, medida, qualidade ou característica de mercadorias ou bens fornecidos a qualquer das entidades mencionadas no art. 1º desta lei;

VII – **adquirir**, para **si** ou para **outrem**, no exercício de mandato, cargo, emprego ou função pública, **bens de qualquer natureza cujo valor seja desproporcional à evolução do patrimônio ou à renda do agente público**;

VIII – **aceitar emprego, comissão ou exercer atividade de consultoria ou assessoramento** para pessoa física ou jurídica **que tenha interesse suscetível** de ser atingido ou amparado por ação ou omissão decorrente das atribuições do agente público, durante a atividade;

IX – **perceber vantagem econômica** para **intermediar** a liberação ou aplicação de verba pública de qualquer natureza;

X – **receber vantagem econômica de qualquer natureza**, direta ou indiretamente, **para omitir** ato de ofício, providência ou declaração a que esteja obrigado;

XI – **incorporar**, por qualquer forma, **ao seu patrimônio** bens, rendas, verbas ou valores integrantes do acervo patrimonial das entidades mencionadas no art. 1º desta lei;

XII – **usar**, **em proveito próprio**, bens, rendas, verbas ou valores integrantes do acervo patrimonial das entidades mencionadas no art. 1º da lei.

Vale ressaltar que o STJ entende que não há necessidade de lesão ao patrimônio público para a configuração de ato de improbidade que importante enriquecimento ilícito (REsp 1.412.214-PR, DJe 28.03.2016).

Dos Atos de Improbidade Administrativa que Causam **Prejuízo ao Erário**

Art. 10. Constitui ato de improbidade administrativa que causa lesão ao erário **qualquer ação ou omissão, dolosa ou culposa, que enseje** perda patrimonial, desvio, apropriação, malbaratamento ou dilapidação dos bens ou haveres das entidades referidas no art. 1º desta lei, e notadamente: *(repare que a modalidade se configura mediante conduta culposa ou dolosa)*

I – **facilitar ou concorrer** por qualquer forma **para a incorporação** ao patrimônio particular, de pessoa física ou jurídica, de bens, rendas, verbas ou valores integrantes do acervo patrimonial das entidades mencionadas no art. 1º desta lei;

II – **permitir ou concorrer** para que pessoa física ou jurídica privada **utilize** bens, rendas, verbas ou valores integrantes do acervo patrimonial das entidades mencionadas no art. 1º desta lei, **sem a observância das formalidades legais ou regulamentares aplicáveis à espécie**;

III – **doar** à pessoa física ou jurídica bem como ao ente despersonalizado, ainda que de fins educativos ou assistências, bens, rendas, verbas ou valores **do patrimônio de qualquer das entidades** mencionadas no art. 1º desta lei, **sem observância** das formalidades legais e regulamentares aplicáveis à espécie;

IV – **permitir ou facilitar** a alienação, permuta ou locação de bem integrante do patrimônio de qualquer das entidades referidas no art. 1º desta lei, ou ainda a prestação de serviço por parte delas, **por preço inferior ao de mercado**;

V – **permitir ou facilitar** a aquisição, permuta ou locação de bem ou serviço **por preço superior ao de mercado**;

VI – **realizar operação financeira** sem observância das normas legais e regulamentares ou aceitar garantia insuficiente ou inidônea;

VII – **conceder benefício administrativo ou fiscal** sem a observância das formalidades legais ou regulamentares aplicáveis à espécie;

VIII – **frustrar a licitude de processo licitatório ou de processo seletivo para celebração de parcerias com entidades sem fins lucrativos, ou dispensá-los indevidamente;** o

STJ afastou decisão que condenara agentes por improbidade neste tipo, ao fundamento de que o elemento subjetivo (culpa ou dolo) não foram comprovados, e dano ao erário, essencial para a configuração da modalidade, não aconteceu, em virtude de pagamento da quantia de R$ 50 mil pela Administração correspondeu efetivamente a uma prestação de serviço (REsp 1.038.777-SP, j. 03.02.2011);

IX – **ordenar ou permitir** a realização de despesas não autorizadas em lei ou regulamento;

X – **agir negligentemente na arrecadação de tributo ou renda**, bem como no que diz respeito à **conservação do patrimônio público**;

XI – **liberar verba pública** sem a estrita observância das normas pertinentes **ou influir** de qualquer forma para a sua aplicação irregular;

XII – **permitir, facilitar ou concorrer** para que **terceiro se enriqueça ilicitamente**; o STJ entende que a configuração do art. 10, XII, da Lei 8.429/1992 só é pertinente em caso de comprovada demonstração, nos autos, do nexo de causalidade entre o enriquecimento de terceiro e o prejuízo da Administração (REsp 842.428-ES);

XIII – **permitir que se utilize**, em obra ou serviço particular, veículos, máquinas, equipamentos ou material de qualquer natureza, de propriedade ou à disposição de qualquer das entidades mencionadas no art. 1º desta lei, bem como o trabalho de servidor público, empregados ou terceiros contratados por essas entidades.

XIV – **celebrar contrato ou outro instrumento** que tenha por objeto a prestação de serviços públicos por meio da gestão associada sem observar as formalidades previstas na lei;

XV – **celebrar contrato** de rateio de consórcio público sem suficiente e prévia dotação orçamentária, ou sem observar as formalidades previstas na lei.

XVI – **facilitar ou concorrer, por qualquer forma, para a incorporação, ao patrimônio particular de pessoa física ou jurídica, de bens, rendas, verbas ou valores públicos transferidos pela administração pública a entidades privadas** mediante celebração de parcerias, sem a observância das formalidades legais ou regulamentares aplicáveis à espécie;

XVII – **permitir ou concorrer para que pessoa física ou jurídica privada utilize bens, rendas, verbas ou valores públicos transferidos pela administração pública a entidade privada mediante celebração de parcerias**, sem a observância das formalidades legais ou regulamentares aplicáveis à espécie;

XVIII – **celebrar parcerias da administração pública com entidades privadas sem a observância das formalidades legais ou regulamentares aplicáveis à espécie**;

XIX – **agir negligentemente na celebração, fiscalização e análise das prestações de contas de parcerias firmadas pela administração pública com entidades privadas**;

XX – **liberar recursos de parcerias firmadas pela administração pública com entidades privadas sem a estrita observância das normas pertinentes ou influir de qualquer forma para a sua aplicação irregular.**

Dos Atos de Improbidade Administrativa Decorrentes de **Concessão ou Aplicação Indevida de Benefício Financeiro ou Tributário**

Art. 10-A. Constitui ato de improbidade administrativa qualquer **ação ou omissão para conceder, aplicar ou manter benefício financeiro ou tributário contrário** ao que dispõem o *caput* e o § 1º do art. 8º-A da Lei Complementar 116, de 31 de julho de 2003. (Incluído pela Lei Complementar 157, de 2016)

A Lei 13.019/2014, que trata do Marco Regulatório para Celebração de Parcerias com Organizações da Sociedade Civil, criou os incisos XVI a XXI e deu nova redação ao inciso VIII do art. 10 da Lei 8.429/1992, além criar o inciso VIII do art. 11 da mesma lei.

Dos Atos de Improbidade Administrativa que Atentam Contra os **Princípios da Administração Pública**

Art. 11. Constitui ato de improbidade administrativa que atenta contra os princípios da administração pública qualquer **ação ou omissão que viole os deveres** de honestidade, imparcialidade, legalidade, e lealdade às instituições, e notadamente: *(aqui se exige dolo e não se exige lesão ao erário)*

I – **praticar ato visando fim proibido em lei ou regulamento** ou diverso daquele previsto, na regra de competência; O STJ entendeu configurado o dispositivo em caso no qual um prefeito repassara a um hospital vultosa verba consignada no orçamento municipal em razão do incêndio sofrido pelo hospital; porém omitiu o caráter público de tal quantia e divulgou na imprensa que tratava-se de sua doação particular, daí porque foi condenado pela prática de improbidade à suspensão de seus direitos políticos por três anos e ao pagamento das custas processuais (REsp 884.083-PR); o STJ entendeu configurado o dispositivo e também o *caput* do art. 11 (neste caso, por violação aos princípios da moralidade, finalidade, legalidade e interesse público), em caso no qual vereadores de um município exigiram de seus assessores comissionados a entrega de percentual dos seus vencimentos para o pagamento de outros servidores não oficiais (assessores informais), bem como para o custeio de campanhas eleitorais e despesas do próprio gabinete (REsp 1.135.767-SP); O STJ enquadrou a tortura de preso custodiado em delegacia praticada por policial como ato que se enquadra nesta hipótese (REsp 1.177.910-SE, DJe 17.02.2016);

II – **retardar ou deixar de praticar, indevidamente, ato de ofício**; o STJ afastou a aplicação desse dispositivo a um caso em que agente público agiu com desídia e negligência, mas sem demonstração de que teria agido com dolo, ainda que eventual (REsp 875.163-RS, j. 19.05.2009);

III – **revelar fato ou circunstância** de que tem ciência em razão das atribuições e que deva permanecer em segredo;

IV – **negar publicidade aos atos ofic**iais;

V – **frustrar a licitude de concurso público**; o STJ entendeu não configurar o ilícito a contratação temporária de servidores e sua prorrogação sem concurso, quando amparadas em legislação local, a afastar o dolo genérico, essencial para a configuração dessa modalidade de improbidade (EDcl no AgRg no AgRg no AREsp 166.766-SE, j. em 23.10.2012); por outro lado, o STJ reconheceu a aplicação do dispositivo em caso no qual a contratação sem concurso se deu e ainda o agente público contratante postergou por 8 anos a eficácia do ato ímprobo (REsp 915.322-MG); da mesma forma, o STJ aplicou o dispositivo a agente que determinou a contratação de servidores para trabalhar em banco estatal, sem concurso, mediante manutenção de vários contratos de fornecimento de mão de obra, via terceirização de serviços; não se aplicou os arts. 9º e 10 da Lei 8.429/1992, por ausência de prova quanto a enriquecimento ilícito e a prejuízo ao erário, respectivamente, mas se aplicou o art. 11, por violação do dispositivo e também dos princípios da moralidade e da impessoalidade (REsp 772.241-MG); o STJ também aplicou o dispositivo e o *caput* do art. 11 em caso no qual um Prefeito, acompanhado de várias pessoas, foi a um clube local para participar de baile de carnaval de natureza privada; todavia, o porteiro advertiu-lhe que apenas ele e seus familiares poderiam adentrar o recinto; indignado, o Prefeito desferiu a ele e a outros uma série de impropérios e deixou o local, mesmo após a autorização dada pelo diretor social para o ingresso de todos e, não satisfeito, no seguinte dia, entendeu cassar a licença conferida ao clube e impedir suas festividades no último dia do carnaval, até mediante o expediente de cavar valetas nas ruas de acesso ao local; ao final, foi condenado a ressarcir o gasto com a abertura da valeta (sanção essa – de ressarcimento – rara de se aplicar quando se tem a modalidade do art. 11 da Lei 8.429/1992), a pagar multa de 10 vezes a sua remuneração e a ficar proibido de contratar com o Poder Público (REsp 897.499-SP);

VI – **deixar de prestar contas** quando esteja obrigado a fazê-lo;

VII – **revelar ou permitir que chegue ao conhecimento de terceiro**, antes da respectiva divulgação oficial, teor de medida política ou econômica capaz de afetar o preço de mercadoria, bem ou serviço;

VIII – descumprir as normas relativas à celebração, fiscalização e aprovação de contas de parcerias firmadas pela administração pública com entidades privadas;

IX – deixar de cumprir a exigência de requisitos de acessibilidade previstos na legislação.

O STJ reconheceu que configura a modalidade do art. 11 as seguintes condutas:

a) de professor da rede pública de ensino, que, aproveitando-se dessa situação assedia sexualmente seus alunos (REsp 1.255.120-SC, j. 21.05.2003);

b) de médico que emite laudo médico de sua competência em seu próprio benefício (AgRg no AREsp 73.968-SP, j. em 02.10.2012).

O STJ também afasta o reconhecimento de improbidade quando o agente público, mesmo cometendo uma ilegalidade, não tenha atuado, num sentido amplo, com imoralidade, desídia, desvio ético ou desonestidade. Afinal, a expressão improbidade significa desonestidade e, não havendo ofensa a esse bem jurídico, não há falar-se em responsabilidade por ato de improbidade administrativa. Um exemplo foi o de um Prefeito que permitiu o uso de um imóvel público a título precário, sem que houvesse lei autorizando (contrariando assim a lei orgânica local), para abrigar, sob a orientação de servidores em trabalho voluntário, crianças sujeitas a abusos e maus-tratos, durante a noite e finais de semana, pois à época não havia nem conselho tutelar no local (REsp 1.129.277-RS, j. em 04.05.2010). Reconheceu-se que o ato foi praticado com o intuito de assegurar direitos fundamentais a crianças e adolescentes e que a eventual ilegalidade na formalização não é suficiente para caracterizar ato de improbidade, sem prejuízo de que a questão seja corrigida.

7.3. Sanções ou penas pela prática de improbidade administrativa

A Lei 8.429/1992 estabelece as seguintes sanções para aquele que pratica o ato de improbidade (art. 12):

a) suspensão dos direitos políticos: de 8 a 10, de 5 a 8 e de 3 a 5 anos, para os arts. 9º, 10 e 11, respectivamente;

b) perda da função pública;

c) indisponibilidade dos bens (§ 4º do art. 37 da CF);

d) ressarcimento ao erário;

e) perda de bens e valores acrescidos ilicitamente;

f) multa civil: no valor de até 3 (três) vezes o valor do *acréscimo patrimonial* do agente, no caso do art. 9º; no valor de até 2 (duas) vezes o valor do *dano*, no caso do art. 10; e no valor de até 100 vezes a *remuneração percebida* pelo agente, no caso do art. 11;

g) proibição de contratar com a Administração Pública ou dela receber benefícios ou incentivos fiscais ou creditícios, direta ou indiretamente, ainda que por intermédio de pessoa jurídica da qual seja sócio majoritário, por 10, 5 e 3 anos, para os artigos 9º a 11, respectivamente.

Na hipótese prevista no art. 10-A (nova modalidade de improbidade) as sanções são: perda da função pública, suspensão dos direitos políticos de 5 (cinco) a 8 (oito) anos e multa civil de até 3 (três) vezes o valor do benefício financeiro ou tributário concedido (Incluído pela Lei Complementar 157/2016).

As quatro primeiras sanções foram criadas expressamente pela CF, enquanto as demais foram criadas pela Lei 8.429/1992.

Na fixação das penas previstas nesta Lei o juiz levará em conta a extensão do dano causado, assim como o proveito patrimonial obtido pelo agente.

A aplicação das sanções independe de dano ao erário (art. 21, I) e da aprovação ou rejeição de contas pelo órgão de controle interno ou Tribunal de Contas (art. 21, II).

Porém, **em casos em que não se demonstrar lesão ao erário**, como na contratação de servidores sem concurso ou de empresas sem licitação, mas que acabarem trabalhando ou prestando serviço, não cabe a aplicação da sanção de ressarcimento ao erário, não havendo dano, para que não haja enriquecimento sem causa da Administração, sem prejuízo da aplicação de outras sanções previstas no art. 12 da Lei 8.429/1992 (STJ, REsp 1.238.466-SP).

Quanto **à aprovação de contas pelo Tribunal de Contas**, a jurisprudência do STJ vem aplicando o dispositivo citado (REsp 593.522-SP), asseverando que a sua aprovação não inibe a atuação do Poder Judiciário para exame de sua legalidade e constitucionalidade, pois as cortes de contas municipais não exercem jurisdição e não têm atribuição para anular atos lesivos ao patrimônio público, visto que exercem função auxiliar ao Legislativo (art. 5º, XXXV, c/c o art. 71, X, §§ 1º e 2º da CF/1988).

No tocante à **cumulação das sanções previstas no art. 12 da Lei 8.429/1992**, o STJ entendeu que estas não podem ser cumuladas de modo indistinto, em obediência ao princípio da proporcionalidade (REsp 626.204/RS, DJ 06.09.2007).

Na prática, somente em casos gravíssimos, como de enriquecimento ilícito do agente (art. 9º), justifica-se a cumulação de todas as sanções previstas no art. 12.

Casos que envolvam violação a princípios (art. 11) e prejuízo ao erário (art. 10), desde que não dolosos, dão ensejo, normalmente, apenas a multa civil e ressarcimento do dano (AgRg no AgRg no Ag 1.261.659/TO, DJ 07.06.2010).

Por outro lado, reconheceu-se ser hipótese de aplicar a grave sanção de suspensão dos direitos políticos, mesmo em caso em que não havia enriquecimento ilícito do agente, num caso de contratação, por vereadores, de funcionários fantasmas (STJ, REsp 1.025.300).

Aliás, em matéria de aplicação das sanções, vale trazer à colação outro entendimento do STJ, esse no sentido de que a aplicação da sanção de demissão/perda do cargo, em caso de prática de ato de improbidade, não é competência exclusiva da autoridade judiciária, podendo ser feita pela autoridade administrativa, dada a independência das instâncias (AgRg no MS 15.054/DF, DJ 18.05.2010).

Ou seja, a aplicação das sanções por improbidade administrativa independe da aplicação de sanções nas esferas administrativa e penal, dada a independência das instâncias, claramente determinada no art. 12, *caput*, da Lei 8.429/1992. Assim, o fato de um agente público estar sofrendo um processo disciplinar que pode levá-lo à demissão não interfere na continuidade da ação de improbidade, que pode também levá-lo à perda do cargo.

7.4. Sujeitos do ato de improbidade administrativa

São **sujeitos passivos**, ou seja, podem ser vítimas do ato de improbidade as seguintes pessoas (art. 1º, *caput* e parágrafo único, da Lei 8.429/1992):

a) pessoas jurídicas de direito público e de direito privado integrantes da Administração Direta e Indireta;

b) empresa incorporada ao patrimônio público;

c) entidade para cuja criação ou custeio o Estado tenha contribuído ou contribua com mais de 50% do patrimônio ou da receita anual;

d) entidade para cuja criação ou custeio o erário haja concorrido ou concorra com menos de 50% do patrimônio ou da receita anual; nesse caso a *sanção patrimonial* fica limitada à repercussão do ilícito sobre a contribuição dos cofres públicos;

e) entidades que recebam subvenção, benefício ou incentivo, fiscal ou creditício, de órgãos ou empresas públicas (ressarcimento só da contribuição pública); nesse caso a *sanção patrimonial* também fica limitada à repercussão do ilícito sobre a contribuição dos cofres públicos.

São **sujeitos ativos**, ou seja, praticam atos de improbidade as seguintes pessoas (arts. 2º e 3º da Lei 8.429/1992):

a) *agentes públicos*, ou seja, todo aquele que exerce, ainda que transitoriamente ou sem remuneração, por eleição, nomeação, designação, contratação ou qualquer outra forma de investidura ou vínculo, mandato, cargo, emprego ou função nas entidades mencionadas acima como sujeitos passivos; aqui temos os chamados *agentes próprios* de improbidade;

b) aquele que *induziu* ou *concorreu* para a prática do ato (art. 3º);

c) particular *beneficiado*, direta ou indiretamente, pelo ato (art. 3º). Vale informar que o STJ tem entendimento de que "não é possível o ajuizamento de ação de improbidade administrativa exclusivamente em face de particular, sem a concomitante presença de agente público no polo passivo da demanda" (REsp 1.171.017-PA, j. 25.02.2014).

No tocante aos *sujeitos ativos* do ato de improbidade, o STF fixou entendimento de que os **agentes políticos** que respondam por crime de responsabilidade (exs.: Presidente, Ministros de Estado, desembargadores, entre outros) não estão sujeitos à incidência da Lei 8.429/1992 (RE 579.799, DJ 19.12.2008), dada a similitude das sanções nas duas esferas. No entanto, findo o mandato do agente político sujeito à aplicação da Lei de Crime de Responsabilidade (Lei 1.079/1950), é possível que este seja acionado com fundamento na Lei 8.429/1992, seja porque não haverá mais dupla sujeição a regimes que ensejam responsabilidade política, seja para que o agente público não fique impune. Esse foi o entendimento exarado pelo STF na AC 3585 AgR/RS.

Todavia, o STF não incluiu os Prefeitos nesse rol, apesar destes responderem por crime de responsabilidade (Rcl 6034, DJ 29.08.2008), sob o argumento de que apenas as autoridades com foro de prerrogativa de função para o processo e o julgamento por crime de responsabilidade, elencadas na Constituição Federal (arts. 52, I e II; 96, III; 102, I, "c"; 105, I, *a*, e 108, I, *a*, todos da CF/1988), não estão sujeitas a julgamento também na Justiça cível comum pela prática da improbidade administrativa (vide também o REsp 1.034.511-CE, j. 01.09.2009, do STJ), o que não é o caso do Prefeito.

Porém, há que não concorde com isso, por entender que não faz sentido que o Prefeito responda nas duas esferas (por crime de responsabilidade e por improbidade administrativa), com o mesmo tipo de consequência, já que essas duas esferas são bem semelhantes quanto às sanções cabíveis. E o caso foi considerado de repercussão geral, estando o STF para reapreciar em breve a questão.

Quanto aos sujeitos ativos impróprios de improbidade (art. 3º), o STJ já admitiu que uma ação de improbidade fosse mantida após a exclusão de agentes públicos do polo passivo da demanda, mesmo restando como réus, além da sociedade de economia mista na qual se deram os fatos, apenas particulares (REsp 1.138.523, j. 23.02.2010).

Quanto ao sucessor daquele que causar lesão ao patrimônio público ou se enriquecer ilicitamente, o art. 8º da Lei 8.429/1992, respeitando o princípio constitucional da intranscendência das sanções e restrições de direito (art. 5º, XLV, da CF), dispõe que aquele está sujeito às cominações desta lei, mas até o limite do valor da herança. No caso, o sucessor terá de suportar a perda de bens ou valores acrescidos ilicitamente ao patrimônio do falecido, o ressarcimento ao erário pelo ato cometido pelo falecido e a multa civil imposta ao falecido que tenha praticado o ato de improbidade, enfim, todas as sanções econômicas aplicadas a este, serão suportadas pelos sucessores do *de cujus*, nos limites das forças da herança, ou seja, os sucessores arcarão com esses valores até o valor da herança, não tendo obrigação de suportar com seu patrimônio pessoal anterior ao falecimento do sucedido, as dívidas deixadas por este.

7.5. Processo

São **legitimados ativos** o Ministério Público e a pessoa jurídica interessada (art. 17). Qualquer pessoa poderá representar à autoridade administrativa competente (ou ao MP) para instaurar investigação a fim de apurar a prática do ato (art. 14). Comissão processante dará ciência ao MP e ao Tribunal de Contas da existência de procedimento (art. 15). A Fazenda Pública, se for o caso, promoverá ações para complementação do ressarcimento do patrimônio público (art. 17, § 2º).

Caso a ação tenha sido promovida pelo MP, aplica-se o disposto no § 3º do art. 6º da Lei 4.717/1965, chamando-se a pessoa jurídica lesada para contestar, abster-se de contestar o pedido ou atuar ao lado do autor, de acordo com o interesse público (§ 3º do art. 17).

O Ministério Público, se não for parte, será obrigatoriamente fiscal da lei, sob pena de nulidade.

As **cautelares** previstas pela Lei 8.429/1992 são as seguintes:

a) **Sequestro (art. 16)**: havendo fundados indícios de responsabilidade. O pedido pode incluir investigação, exame e bloqueio de bens, contas bancárias e aplicações financeiras no exterior;

b) **Indisponibilidade de bens (art. 7º)**: recairá sobre bens que assegurem ressarcimento (arresto) e sobre o acréscimo patrimonial (pode ser sequestro);

c) **Afastamento do agente público (art. 20, parágrafo único)**: quando a medida for necessária à instrução processual, sem prejuízo da remuneração, podendo ser determinada pela autoridade judicial ou administrativa competente; o STJ é claro no sentido de que o afastamento cautelar do agente de seu cargo é excepcional e configura-se tão somente com a demonstração de um comportamento do agente público que, no exercício de suas funções ou em razão delas, importe efetiva ameaça à instrução processual (REsp 895.415-BA).

Apesar de não prevista na Lei de Improbidade, é cabível também a cautelar de exibição de documentos para fins de quebra do sigilo bancário ou fiscal do agente.

Quanto à medida cautelar de **indisponibilidade de bens**, tutela de urgência que visa garantir eventual condenação pecuniária resultante de improbidade administrativa, o STJ entende que tal medida pode alcançar bens adquiridos anteriormente à prática do ato de improbidade (REsp 839936/PR, DJ 01.08.2007), mesmo que se tratem de bem de família (REsp 806.301/PR, DJ 03.03.2008). Porém, o mesmo STJ já decidiu que "os valores investidos em aplicações financeiras cuja origem remonte a verbas trabalhistas não podem ser objeto de medida de indisponibilidade em sede de ação de improbidade administrativa", ressalva a penhora dos rendimentos dessa aplicação (REsp. 1.164.037-RS, j. 20.02.2014).

O STJ também entende que a decretação da medida prescinde da individualização de bens na petição inicial e requer apenas o *fumus boni juris*, estando o *periculum in mora* implícito na lei (REsp 1.177.290/MT, DJ 01.07.2010), sendo possível, inclusive, que seja determinada antes do recebimento da petição inicial da ação de improbidade (AgRg no REsp 1.317.653-SP, j. em 07.03.2013), em medida cautelar preparatória ou incidental, *inaudita altera pars*, ou seja, sem a oitiva da parte contrária (REsp 1.078.640-ES).

Por fim, o STJ determina que a medida só incide sobre as bases patrimoniais da futura sentença condenatória, incluído o valor de eventual multa civil (AgRg nos EDcl no REsp 637413/RS, DJ 21.08.2009), não podendo atingir todo o patrimônio do acusado de ato ímprobo, se não for necessário (AgRg no REsp 1.191.497-RS, j. 20.11.2012).

O **procedimento** previsto pela lei é o comum (art. 17), com notificação do requerido, antes do recebimento da inicial, para oferecer resposta por escrito no prazo de 15 dias (defesa preliminar), podendo o juiz rejeitar a ação se convencido da inexistência do ato, da improcedência da demanda ou da inadequação da via eleita (§ 8º).

O STJ ainda não se pacificou sobre a ausência de oportunidade para os réus apresentarem **defesa preliminar** antes do recebimento da inicial (art. 17, § 7º, da Lei 8.429/1992) constituir cerceamento de defesa que gera nulidade absoluta do processo desde sua origem. Há acórdãos nesse sentido (REsp 883.795/SP, DJ 26.03.2008), mas também há decisões no sentido de que a nulidade só existirá se houver demonstração do efetivo prejuízo (REsp 1.174.721/SP, DJ 29.06.2010).

Por fim, é importante ressaltar que a lei a lei vedava expressamente qualquer tipo de transação, acordo ou conciliação na ação por improbidade; porém, houve modificação e agora a lei autoriza "a celebração de acordo de não persecução cível, nos termos desta lei" (art. 17, § 1º, da Lei 8.429/92); também houve a introdução de dispositivo que prevê que, "havendo a possibilidade de solução consensual, poderão as partes requerer ao juiz a interrupção do prazo para a contestação, por prazo não superior a 90 dias" (art. 17, § 10-A).

Quanto à **competência** para o ajuizamento da ação de improbidade, não havendo disposição na lei a esse respeito, é de rigor valer-se do contido nas regras gerais sobre ações civis públicas, devendo prevalecer o disposto no artigo 2º da Lei 7.347/1985, que diz competente, de forma funcional (*rectius*: absoluta), o foro do local onde ocorrer o dano, com a peculiaridade de que nas causas em que a União, entidade autárquica ou empresa pública federal forem autoras, rés, assistentes ou oponentes, a competência será da Justiça Federal, junto ao juízo da seção judiciária que abranger a área em que se configurou o dano, dada a posição exarada pelo Supremo Tribunal Federal a respeito, a qual deu origem ao cancelamento da Súmula 183 do Superior Tribunal de Justiça.

No que pertine à existência de **foro por prerrogativa de função** na ação por improbidade, a questão acabou se esvaziando com a não submissão da maior parte dos agentes políticos à Lei 8.429/1992. No entanto, no caso do Prefeito, como a lei continua se aplicando a este, a questão é relevante. Nesse ponto, o STF declarou inconstitucional a alteração feita no art. 84, § 2º, do Código de Processo Penal, que estendia o foro privilegiado da esfera penal às ações de improbidade, que são consideradas ações cíveis (ADI 2.797, DJ 19.12.2006). Assim, as ações de improbidade contra os Prefeitos devem ser promovidas em primeira instância.

A **sentença** aplicará as sanções e determinará o pagamento ou a reversão dos bens, conforme o caso, em favor da pessoa jurídica (art. 18).

Vale ressaltar que a perda da função pública e a suspensão dos direitos políticos só produzirão efeitos com o trânsito em julgado da sentença condenatória (art. 20, *caput*).

7.6. Prescrição (art. 23)

No que diz respeito ao **prazo prescricional** para o exercício da pretensão de aplicar as sanções de improbidade administrativa, o STF entende que a pretensão é imprescritível quanto à sanção de ressarcimento do erário. O STF, ao interpretar o art. 37, § 5º, da CF, consagrou a seguinte tese: são imprescritíveis as ações de ressarcimento ao erário fundada na prática de ato doloso tipificado na Lei de Improbidade Administrativa (RE,

852475/SP, 08.08.2018). Repare que a imprescritibilidade tem os seguintes requisitos: a) é só em relação ao ressarcimento ao erário (não atingindo a aplicação das demais sanções da Lei de Improbidade, que têm o prazo prescricional mantido, nos termos das regras do parágrafo abaixo); b) depende do reconhecimento de que o ato praticado foi doloso; c) depende do reconhecimento de que o ato praticado é qualificado pela lei como ato de improbidade administrativa.

Quanto à aplicação das **demais sanções**, têm-se os seguintes prazos (art. 23): a) 5 anos: após o término do exercício do mandato, de cargo em comissão ou de função de confiança; b) no prazo da lei específica quanto à prescrição para faltas punidas com demissão a bem do serviço público, para os casos de cargo efetivo e emprego público (normalmente 5 anos contados da data do fato); c) até 5 anos da data da apresentação à administração pública da prestação de contas final pelas entidades referidas no parágrafo único do art. 1º da Lei 8.429/1992.

De acordo com a Súmula STJ 634, "ao particular aplica-se o mesmo regime prescricional previsto na Lei de Improbidade Administrativa para o agente público".

Resta saber qual regra deve ser aplicada quanto aos servidores detentores de cargo efetivo, mas que praticaram o ato em momento que estavam em cargos em comissão ou função de confiança. O STJ apreciou a questão e entendeu que se deveria aplicar a regra pertinente ao servidor efetivo (REsp 1.060.529/MG, DJe 18.09.2009), regra essa normalmente mais favorável ao agente público, uma vez que o termo *a quo* do prazo prescricional tem início logo após a prática do ato.

Nos casos de mais de um réu, entendeu-se que o prazo prescricional corre individualmente, de acordo com as condições de cada um (STJ, REsp 1.185.461/PR, DJ 17.06.2010).

E no caso de reeleição de Prefeito, entendeu-se que o prazo começa a fluir do término do segundo mandato (REsp 1.153.079/BA, DJ 29.04.2010).

Segundo o STJ, "Nas ações civis por ato de improbidade administrativa, interrompe-se a prescrição da pretensão condenatória com o mero ajuizamento da ação dentro do prazo de cinco anos contado a partir do término do exercício de mandato, de cargo em comissão ou de função de confiança, ainda que a citação do réu seja efetivada após esse prazo" (REsp 1.391.212-PE, j. 02.09.2014).

7.7. Disposições penais

A Lei 8.429/1992 tipifica, no âmbito penal, a seguinte conduta:

"Art. 19. Constitui crime a representação por ato de improbidade contra agente público ou terceiro beneficiário, quando o autor da denúncia o sabe inocente.

Pena: detenção de seis a dez meses e multa.

Parágrafo único. Além da sanção penal, o denunciante está sujeito a indenizar o denunciado pelos danos materiais, morais ou à imagem que houver provocado."

Para configurar o tipo, é necessário que alguém represente um terceiro acusando-o de ter cometido ato de improbidade que, na verdade, não fora cometido. É necessário que aquele que faz a representação (o autor da denúncia) saiba que o terceiro é inocente. Sem elemento o crime não se configura. E é até bom que assim o seja, para que as pessoas não tenham medo de representar contra terceiros por ato de improbidade. Somente aquele que está de má-fé (por saber que o terceiro é inocente) é que deve temer fazer uma representação nessas condições.

Interessante disposição é a prevista no parágrafo único do art. 19, que assevera que o autor da denúncia indevida está sujeito, ainda, a indenizar o denunciado pelos danos materiais, morais ou à imagem que houver provocado. Apesar de o dever de indenizar já ser uma consequência legal em desfavor de quem é condenado por cometer um crime que causa danos à esfera civil de alguém (o art. 91, I, do CP estabelece que é efeito da condenação "tornar certa a obrigação de indenizar o dano causado pelo crime"), a menção à indenização por danos morais e à imagem acaba por evidenciar à necessidade de indenizar todos os danos causados à vítima da representação.

Vale lembrar que, para apurar qualquer ilícito previsto nesta lei, inclusive o penal, o Ministério Público, de ofício, a requerimento de autoridade administrativa ou mediante representação formulada de acordo com o disposto no art. 14 da Lei 8.429/1992, poderá requisitar a instauração de inquérito policial, ou, no caso de ilícito não penal, a instauração de procedimento administrativo.

8. BENS PÚBLICOS

8.1. Conceito DE BENS PÚBLICOS

Bens públicos são aqueles pertencentes às pessoas jurídicas de direito público interno (art. 98 do CC), podendo ser móveis ou imóveis, corpóreos ou incorpóreos. Todos os outros bens são particulares, seja qual for a pessoa a que pertencerem (segunda parte do art. 98 em questão). Assim, bens pertencentes à União, Estados, DF, Municípios, autarquias, agências reguladoras, fundações públicas de direito público e consórcios públicos de direito público são sempre bens públicos. Mas os bens pertencentes às empresas públicas, sociedades de economia mista, fundações governamentais de direito privado e consórcios públicos de direito privado são bens privados, portanto, passíveis de penhora, usucapião e alienação. Com maior motivo ainda, os bens das pessoas naturais e das jurídicas não privadas são todos bens privados também.

Porém, há certos bens adquiridos por pessoas privadas que podem ser públicos. Isso ocorre quanto aos bens adquiridos pelos concessionários de serviço público que tiverem duas características: a) forem afetados ao serviço público; b) forem reversíveis ao final da concessão (art. 35, § 1º, da Lei 8.987/1995). *Vide* o caso, por exemplo, de uma torre de energia elétrica adquirido por uma concessionária da área. Finda a concessão, esses bens são revertidos ao patrimônio público, de modo que pode se dizer que o Poder Concedente (sempre pessoa de direito público) é proprietário com termo suspensivo de tais bens (*v.* art. 131 do CC e 18 da Lei 8.987/1995). O STJ entende que "O imóvel da Caixa Econômica Federal vinculado ao Sistema Financeiro de Habitação deve ser tratado como bem público, sendo, pois, imprescritível" (REsp 1.448.026-PE, DJe 21.11.2016).

Não se deve confundir o conceito de *bem público* com a noção de *domínio público* em sentido amplo, que abrange tanto os bens pertencentes ao Estado (bens públicos), como aqueles em relação aos quais sua utilização subordina-se às normas estabelecidas por este (bens particulares de interesse público) e ainda as coisas inapropriáveis individualmente, mas de fruição geral da coletividade (*res nullius*). Assim, tal ideia abrange tanto o domínio patrimonial (sobre os bens públicos) como o domínio eminente (sobre todas as coisas de interesse público), entendido esse como o poder político pelo qual o Estado submete à sua vontade todas as coisas de seu território, no ensinamento de Hely Lopes Meirelles. Em nome do domínio eminente é que são estabelecidas as limitações administrativas, as servidões etc.

8.2. CLASSIFICAÇÃO DOS BENS PÚBLICOS

Segundo sua destinação, os bens públicos podem ser classificados da seguinte forma (art. 99 do Código Civil):

a) bens de uso comum do povo (ou do domínio público): *são os destinados a uso público, podendo ser utilizados indiscriminadamente por qualquer do povo*. Ex.: mares, rios, estradas, ruas e praças. Não há direito de uso exclusivo ou privilégios na utilização de tais bens. Apesar de destinados ao uso indistinto de todos, podem assumir caráter gratuito ou oneroso, na forma da lei (art. 103 do CC: *"o uso comum dos bens públicos pode ser gratuito ou retribuído, conforme for estabelecido legalmente pela entidade a cuja administração pertencer"*). Ex.: zona azul, pedágio, ancoragem em portos;

b) bens de uso especial (ou do patrimônio administrativo indisponível): *são aqueles destinados à execução dos serviços públicos ou a servirem de estabelecimento para os entes públicos*. Ex.: edifícios onde estão as repartições públicas, equipamentos e veículos públicos; teatros, museus, universidades, bibliotecas, escolas públicas e hospitais; cemitérios e mercados públicos. Também são chamados de bens de uso especial aqueles que têm destinação específica, como museus, universidades, ou ainda aqueles utilizados pelos concessionários e permissionários do Poder Público;

c) bens dominicais[12] **(ou do patrimônio disponível)**: *são aqueles que não têm destinação específica, nem se encontram sujeitos ao uso comum do povo*. São bens que simplesmente integram o patrimônio do Estado e que, eventualmente, podem ser alienados. Ex.: terrenos de marinha, terras devolutas, prédios em renda etc. O CC não os trata como inalienáveis, dispondo que "podem ser alienados, observadas as exigências da lei" (art. 101), o que não quer dizer que podem ser objeto de penhora, visto que a execução contra as pessoas de direito público se faz, de acordo com o art. 100 da CF, mediante a expedição de precatório.

8.3. Afetação e desafetação

Em regra, todos os bens públicos ingressam no patrimônio público afetados por destinação específica.

Afetação *significa vinculação de um bem a uma destinação específica*. Decorre de um fato natural, da lei ou de ato administrativo. Uma avenida é afetada (destinada) à circulação de veículos e pessoas. O local onde fica uma repartição pública é afetado ao uso do Poder Público para consecução de seus fins.

Desafetação *consiste na retirada da destinação dada ao bem público, com o consequente ingresso do bem na categoria dos bens dominicais*. A desafetação só pode ocorrer em virtude de lei ou de ato administrativo decorrente de autorização legislativa.

8.4. REGIME JURÍDICO DOS BENS PÚBLICOS

Os bens públicos são gravados de uma série de condicionantes decorrentes do fato de pertencerem ao povo e de terem destinações voltadas à coletividade, direta ou indiretamente. Confira as regras decorrentes desse regime jurídico especial.

a) São **inalienáveis**, o que significa que não podem ser vendidos ou doados, salvo se passarem para a categoria de bens dominicais. São **requisitos para alienação**[13] **de bens imóveis:** (1) presença de interesse público devidamente justificado, (2) desafetação, (3) avaliação, (4) autorização legislativa e (5) licitação na modalidade concorrência. Em sendo bens móveis não serão necessárias a desafetação e a autorização legislativa. Há *dispensa de autorização legislativa* também na alienação de bens por pessoas de direito privado estatais. Há *dispensa de licitação*, se imóveis, em caso de dação em pagamento, doação ou venda para outro órgão ou ente público; permuta; investidura (aquisição de área pública isoladamente inaproveitável; a Lei 9.648/1998, que trouxe redação ao § 3º do art. 17 da Lei 8.666/1993, também considera investidura a "alienação aos legítimos possuidores diretos ou, na falta destes, ao Poder Público, de imóveis para fins residenciais construídos em núcleos urbanos anexos a usinas hidrelétricas, desde que considerados dispensáveis na fase de operação dessas unidades e não integrem a categoria de bens reversíveis ao final da concessão"); disposições em geral para programas habitacionais. No caso de bens móveis, a dispensa de licitação ocorre na doação social, na permuta, venda de ações, títulos e bens produzidos pelos entes e venda de materiais e equipamentos para órgãos e entes públicos.

Instituto próximo da questão ora tratada é a *legitimação de posse*, que consiste na transferência do domínio de terra devoluta ou área pública sem utilização para particular ocupante. O Estatuto da Terra traz a regulamentação da questão na esfera federal. Trata-se de transferência de domínio voluntária, ou seja, distinta da usucapião (não voluntária), que é vedada quanto aos bens públicos;

b) São **imprescritíveis**, o que significa que não são passíveis de usucapião (prescrição aquisitiva). O art. 183, § 3º, da CF dispõe que os imóveis públicos não serão adquiridos por usucapião. O art. 191, parágrafo único, da CF repete tal regra. O art. 102 do Código Civil também dispõe dessa forma, sem que traga a restrição de que se trate de bem imóvel, já que dispõe que "os *bens públicos* não estão sujeitos a usucapião" (g.n.)[14]; de acordo com a Súmula STJ 619, "A ocupação indevida de bem público configura mera detenção, de natureza precária, insuscetível de retenção ou indenização por acessões e benfeitorias";

c) Também são **impenhoráveis**, o que inclui a vedação de serem objeto de garantia. Isso decorre do fato de que os bens públicos devem estar disponíveis para que o Estado desenvolva suas atividades, o que não se coaduna com a entrega em garantia ou para penhora. A regra em questão não vale para os bens das pessoas jurídicas de direito privado estatais (sociedade de

---

12. José Cretella Júnior e José Cretella Neto diferenciam "bem dominical" de "bem dominial". Ensinam que "dominial é gênero, que abrange os três tipos de bens públicos, incluindo-se, entre estes tipos, o bem dominical, ou bem do patrimônio privado do Estado. Logo, dominial é gênero de que dominical é espécie".

13. *Vide* art. 17 da Lei 8.666/1993 (Lei de Licitações e Contratos).
14. *Vide* também a Súmula 340 do STF.

economia mista e empresas públicas), salvo se forem concessionárias de serviço público, hipótese em que apenas os bens afetados ao serviço serão impenhoráveis. A impossibilidade de oneração dos bens públicos encontra exceção nas operações de crédito por antecipação de receita (art. 167, IV, CF) e nos débitos com a União (art. 167, § 4º, CF).

A **execução contra o Estado** é feita por meio de precatório (art. 100 da CF). Os pagamentos das Fazendas serão feitos na **ordem cronológica de apresentação desses** (requisição do Presidente do Tribunal) e à conta do crédito respectivo, sem indicação dos casos ou pessoas. É **obrigatória a inclusão no orçamento** das entidades de direito público de verba para pagamento de débitos oriundos de sentença transitada em julgado, constante de precatório **apresentado até 1º de julho**, fazendo-se o **pagamento até o final do exercício seguinte**, em valor atualizado. **Exceções:** débitos alimentares e débitos de pequeno valor (valores distintos conforme capacidade do ente político), que seguem regra própria. Vale lembrar que o pagamento de precatório fora da ordem cronológica pode gerar sequestro (art. 100, § 6º, CF). O não pagamento, por sua vez, pode gerar pedido de intervenção no ente (art. 34, V, "a", e 35, I, CF).

Vale ressaltar que todos os bens públicos são impenhoráveis, inclusive os bens dominicais.

No entanto, há situações excepcionais em que os bens públicos podem ser objeto de constrição judicial.

O STJ vem admitindo a penhora de dinheiro público quando a Fazenda Pública não cumpre decisões judiciais que determinam o fornecimento de medicamentos e tratamentos na área da saúde.

A jurisprudência é calcada no postulado da proporcionalidade, fazendo com que, na ponderação entre a regra constitucional do precatório com os princípios constitucionais da dignidade da pessoa humana e da proteção integral da saúde, preponderem os dois últimos valores.

Ainda acerca da alienação de bens públicos, confira o seguinte entendimento do STF:

"EMPRESA PÚBLICA E SOCIEDADE DE ECONOMIA MISTA. Venda de empresa estatal e autorização legislativa – 2. Em conclusão de julgamento, o Plenário, em voto médio, referendou parcialmente medida cautelar anteriormente concedida em ação direta de inconstitucionalidade, para conferir ao art. 29, *caput*, XVIII, da Lei 13.303/2016 (1) interpretação conforme à Constituição Federal (CF), nos seguintes termos: i) a alienação do controle acionário de empresas públicas e sociedades de economia mista exige autorização legislativa e licitação; e ii) a exigência de autorização legislativa, todavia, não se aplica à alienação do controle de suas subsidiárias e controladas. Nesse caso, a operação pode ser realizada sem a necessidade de licitação, desde que siga procedimentos que observem os princípios da administração pública inscritos no art. 37 da CF (2), respeitada, sempre, a exigência de necessária competitividade (Informativo 942). O voto médio reproduziu o entendimento majoritário extraído dos pronunciamentos dos ministros em juízo de delibação" (ADI 5624 MC-Ref/DF, j. em 5 e 6.6.2019).

8.5. Formas de aquisição e uso dos bens públicos

8.5.1. Aquisição

Pode se dar por desapropriação ou por compra, a qual dependerá de prévia licitação, salvo os casos de dispensa e inexigibilidade. Adquire-se também por dação em pagamento, permuta, penhora e sucessão.

8.5.2. Uso dos bens públicos

a) uso livre: ocorre quanto aos bens de uso comum do povo, respeitando-se as leis e sem que haja exclusividade, ainda que momentânea;

b) autorização de uso: ato unilateral, discricionário e precário, em que se faculta uso em caráter episódico, no interesse do particular. Ex.: fechar rua para festa; circo; carga pesada;

c) permissão de uso: ato unilateral, discricionário e precário, no interesse coletivo, que faculta uso com maior permanência do bem público, mediante licitação. Ex.: banca de jornal, barracas, feiras, box em mercado municipal;

d) concessão de uso: contrato que transfere o uso por prazo certo para finalidade específica, mediante licitação. Não há precariedade, vale dizer, a revogação antes do prazo contratual gera direito à indenização. Ex.: restaurante ou lanchonete em aeroporto ou rodoviária;

e) concessão de direito real de uso: contrato pelo qual se transfere, como direito real, o uso remunerado ou gratuito de imóvel não edificado, mediante licitação. Serve para urbanização, industrialização e cultivo de terra (Dec.-lei 271/1967). O direito real confere mais estabilidade à concessão feita, que fica oponível até ao Poder Público, ressalvada a possibilidade de desapropriação;

f) concessão de uso especial (MP 2.220/2001); art. 183, p. 1º, da CF): como não se admite usucapião em bem público, nas hipóteses em que forem preenchidos os requisitos legais para a usucapião especial urbana até 22.12.2016, há direito do ocupante à concessão de uso especial, que se constitui administrativa ou judicialmente."

g) cessão de uso: consiste na atribuição gratuita da posse de um bem público de entidade ou órgão para outro, possibilitando ao cessionário a utilização nas condições estabelecidas no termo, por prazo certo ou indeterminado. Trata-se de ato de colaboração entre os entes públicos. Caso se trate de cessão externa, é necessária autorização legal.

Quando uma pessoa ocupa um bem público fora das situações mencionadas acima, está-se diante de uma ilegalidade. Um exemplo é um particular que invade um bem público e nele resolve construir um imóvel. Se o bem fosse privado, teríamos configurado o instituto da posse, mesmo se tratando de uma posse injusta. A posse, mesmo que injusta, pode gerar efeitos fortíssimos, como a usucapião e o direito à proteção possessória. Porém, em se tratando de bem público isso não ocorre. Não há que se falar em **posse** sobre bem público e, consequentemente, em *proteção possessória, retenção por benfeitorias* ou *usucapião*. Assim, o particular que ocupa nessas condições um bem público tem, segundo a doutrina e a jurisprudência, mera **detenção**. A detenção não gera efeito possessório algum e, assim, o Poder Público pode ingressar com ação de reintegração de posse e, mesmo se se tratar de ocupação antiga, o particular não poderá impedir que a Administração consiga uma liminar, sob alegação (do particular) de que tem uma posse antiga. Não havendo, posse, mas mera detenção, o particular não tem como defender a sua permanência no imóvel. Porém, caso o particular esteja exercendo atos típicos de posse em bem público do tipo dominical, o STJ entende que tem direito a proteção possessória em face de terceiro, também particular, com quem estiver em litígio (REsp 1.296.964-DF, DJe 07.12.2016).

Sobre essa questão da natureza da ocupação particular em área pública, a Súmula 619 do STJ tem o seguinte teor: "A ocupação indevida de bem público configura mera detenção, de natureza precária, insuscetível de retenção ou indenização por acessões e benfeitorias".

8.6. Espécies de bens na CF (da União)

8.6.1. Os que atualmente lhe pertencem e os que lhe vierem a ser atribuídos

8.6.2. Terras devolutas indispensáveis à defesa

São da União as terras devolutas indispensáveis à defesa:
a) das fronteiras, fortificações e construções militares;
b) das vias federais de comunicação;
c) da preservação ambiental, definidas em lei.

Terras devolutas são as terras vazias, sem proprietário ou não afetadas a nada, representando bem disponível estatal (art. 5º do Decreto-lei 9.760/1946). As da União são as voltadas à preservação ambiental e defesa de fronteiras, fortificações e vias federais de comunicação, definidas em lei (art. 20, II, da CF). São do Estado as que não forem da União e dos Municípios as atribuídas por aqueles às edilidades. A Lei 6.383/1976 trata da discriminação das terras devolutas da União, sob responsabilidade do INCRA, podendo ser administrativa ou judicial. O art. 29 da referida lei diz que o ocupante de terras públicas, quando as tenha tornado produtivas com o seu trabalho e o de sua família, fará jus à legitimação da posse de área contínua de até 100 hectares, preenchidos os requisitos legais.

Vale citar, ainda, a Lei 601/1850, que tem o seguinte teor: "Art. 3º São terras devolutas: § 1º As que não se acharem aplicadas a algum uso público nacional, provincial, ou municipal. § 2º As que não se acharem no domínio particular por qualquer título legítimo, nem forem havidas por sesmarias e outras concessões do Governo Geral ou Provincial, não incursas em comisso por falta do cumprimento das condições de medição, confirmação e cultura. § 3º As que não se acharem dadas por sesmarias, ou outras concessões do Governo, que, apesar de incursas em comisso, forem revalidadas por esta Lei. § 4º As que não se acharem ocupadas por posses, que, apesar de não se fundarem em título legal, forem legitimadas por esta Lei".

8.6.3. Terras tradicionalmente ocupadas pelos índios

São da União as terras tradicionalmente ocupadas pelos índios.

Os índios têm posse permanente e usufruto exclusivo das riquezas do solo, dos rios e dos lagos nelas existentes.

O aproveitamento dos demais recursos só se dará com autorização do Congresso Nacional, garantida a participação nos resultados.

8.6.4. Lagos e rios

São da União os lagos e rios:
a) de terrenos de seu domínio;
b) que banhem mais de um Estado;
c) que sirvam de limite com outros países;
d) que se estendam a território estrangeiro ou dele provenham, inclusive os terrenos marginais.

8.6.5. Terrenos de marinha

São da União os terrenos de marinha.

São aqueles formados pela porção de terras banhadas pelas águas dos rios navegáveis ou pelas águas do mar (art. 20, VII, da CF). O art. 2º do Decreto-lei 9.760/1946 os define como a faixa de 33 metros da linha do preamar médio de 1831 para a parte da terra. O particular que ocupar parte de terreno de marinha, mediante a devida outorga (enfiteuse ou aforamento, ou mesmo mero regime de ocupação), pagará à União taxa de Administração (art. 127 do Dec.-lei 9.760/1946). E caso o ocupante venha a transferir a terceiros, mediante alienação a título oneroso, esse direito sobre o bem (chamado "domínio útil"), deverá pagar o chamado laudêmio (art. 5º do Dec.-lei 2.398/1987). Aliás, o pagamento de laudêmio à União é devido não só quando há transferência do domínio ou de ocupação, seja para terceiros, seja para integralizar cotas de empresa, como também quando há transferência do direito a benfeitorias no bem (AgRg no AREsp 429.801/PE, DJe 25.02.2014). Aliás, no caso de irregularidade da ocupação, a União, independentemente de fazer a cobrança devida pela ocupação do bem, pode buscar a anulação dos registros da ocupação, podendo fazê-lo administrativamente (sem necessidade de ação judicial), "em razão do atributo da presunção de legitimidade e executoriedade do ato administrativo, justificando-se, inclusive, a inversão do ônus da prova a cargo dos" ocupantes (Resp 409.303-RS, DJ 14.10.2012).

8.6.6. Mar territorial

É da União o mar territorial, consistente na faixa de 12 milhas, contadas do litoral continental, sobre a qual o Estado exerce poderes de soberania (art. 20, VI, da CF e Lei 8.617/1993).

8.6.7. Recursos da zona econômica exclusiva

São da União os recursos da zona econômica exclusiva, que consiste na faixa de 12 a 200 milhas, sobre a qual o Estado exerce poderes de exploração dos recursos naturais do mar (art. 20, V, da CF e Lei 8.617/1993).

8.6.8. Recursos naturais da plataforma continental

São da União os recursos naturais da plataforma continental, que consiste no prolongamento natural das terras da superfície sob a água do mar, porção de terras submersas que apresentam a mesma estrutura geológica das terras do continente (art. 20, V, da CF e Lei 8.617/1993).

8.6.9. Ilhas

São da União as ilhas:
a) fluviais (de rios) e lacustres (de lagos) nas zonas limítrofes com outros países; as demais são dos Estados;
b) oceânicas (no oceano);
c) costeiras (próximas à costa), excluídas as de terceiros.

8.6.10. Recursos minerais, inclusive dos subsolos

São da União os recursos minerais, inclusive dos subsolos.

É assegurada a participação (ou compensação financeira) no resultado da exploração de petróleo, gás natural, potencial hídrico e outros recursos minerais, no respectivo território, plataforma continental, mar territorial e zona econômica exclusiva, em favor dos Estados, DF, Municípios e União, nos termos da lei (art. 20, § 1º, da CF).

9. INTERVENÇÃO DO ESTADO NA ORDEM ECONÔMICA E NO DIREITO DE PROPRIEDADE

9.1. Intervenção do Estado na propriedade privada

9.1.1. Introdução

A propriedade há de atender duas funções: a função individual, mais ligada aos interesses do proprietário; e à função social, ligada ao interesse da sociedade.

Para garantir que a propriedade atenda à sua função social, o Estado nela intervém com vista a preservar os seguintes valores:

a) uso seguro da propriedade: por exemplo, criando leis (Código de Obras) e fiscalizando seu cumprimento;

b) uso organizado da propriedade: por exemplo, criando leis de zoneamento e fiscalizando seu cumprimento;

c) uso legítimo da propriedade: por exemplo, criando leis que impõem o silêncio após dado horário e fiscalizando seu cumprimento;

d) uso social da propriedade: por exemplo, valendo-se dos institutos da desapropriação, servidão, requisição, ocupação temporária;

e) preservação do meio ambiente; por exemplo: valendo-se do instituto do tombamento.

O foco do estudo da intervenção na propriedade recairá sobre as limitações administrativas, exemplificadas nos itens "a" a "c", e também sobre os demais institutos mencionados como exemplos nos itens "d" e "e".

9.1.2. Limitação administrativa

É a imposição unilateral, geral e gratuita, que traz os limites dos direitos e atividades particulares de forma a condicioná-los às exigências da coletividade. Ex.: proibição de construir sem respeitar recuos mínimos; proibição de instalar indústria ou comércio em determinadas zonas da cidade; leis de trânsito, de obras e de vigilância sanitária; lei do silêncio.

A limitação administrativa pode ser de três tipos: *positiva* (ex.: imposição de construção de muro ou de limpar o imóvel), *negativa* (ex.: limitação da altura de uma obra) ou *permissiva* (ex.: permitir vistoria de imóvel pelo Poder Público).

Perceba-se a identidade entre a limitação administrativa e o poder de polícia. Enquanto o poder de polícia é a atividade condicionadora dos direitos aos seus limites, a limitação é o próprio limite que o particular deve observar e que o Poder Público deve levar em conta na sua atividade de poder de polícia.

Nem a limitação administrativa, nem a atividade de condicionamento dos direitos feita pelo Poder Público (poder de polícia), ensejarão indenização ao particular, visto que são imposições que atingem a todos igualmente, não prejudicando ninguém especificamente, mas apenas traçando os limites do direito que cada um de nós temos.

São diferenças entre limitação administrativa e servidão: a primeira não é ônus real, ao passo que a segunda é ônus real; aquela é gratuita (atingindo a todos), enquanto esta é onerosa (pois atinge um bem em particular); a limitação importa e traça deveres de não fazer (*non facere*), já a segunda em deveres de suportar (*pati*) – suportar é mais amplo que não fazer).

9.1.3. Requisição de bens ou serviços

É o ato pelo qual o Estado determina e efetiva a utilização de bens ou serviços particulares, mediante indenização ulterior, para atender necessidades públicas urgentes e transitórias, ou seja, em caso de iminente perigo público.

O **requisito** para requisição de *bens* está previsto na CF, em seu artigo 5º, XXV: *no caso de iminente perigo público, a autoridade competente poderá usar de propriedade particular, assegurada ao proprietário indenização ulterior, se houver dano.*

São situações de iminente perigo público uma inundação, um incêndio, a falta de alimento etc. Em caso de inundação, por exemplo, pode o Poder Público, para dar guarida àqueles que poderão ter sua casa invadida pela água, requisitar o ginásio de um clube particular para abrigo de tais pessoas. Após isso, o particular será indenizado.

O fundamento do instituto consiste no estado de necessidade pública. O artigo 22, inciso III, da CF, diz caber privativamente à União legislar sobre "requisições civis ou militares, em caso de iminente perigo público e em tempo de guerra". A requisição administrativa de bens e serviços é tratada pela Lei Delegada 4/1962 e pelo Decreto-lei 2/1966, enquanto que as requisições civis e militares em tempo de guerra estão reguladas pelo Decreto-lei 4.812/1942.

São **diferenças entre desapropriação e requisição** as seguintes: a desapropriação só se refere a *bens*, enquanto a requisição pode ser de *bens* ou *serviços;* a primeira é direcionada a *aquisição* do bem, ao passo que a segunda busca apenas seu *uso*, de forma que a desapropriação visa atender a necessidades *permanentes* e a requisição, a necessidades *transitórias;* a primeira depende de *acordo ou processo* para se efetivar, a segunda é *autoexecutável;* a desapropriação depende de *indenização prévia,* a requisição dá ensejo a *indenização posterior* desde que haja dano.

9.1.4. Ocupação temporária (ou provisória)

Consiste no direito de uso do Poder Público sobre um bem particular não edificado, de forma transitória, remunerada ou gratuita, com o objetivo de executar obras, serviços ou atividades públicas.

O artigo 36 do Decreto-lei 3.365/1941 (Lei de Desapropriação) prevê tal ocupação: *é permitida a ocupação temporária, que será indenizada, a final, por ação própria, de terrenos não edificados, vizinhos às obras e necessários à sua realização. O expropriante prestará caução, quando exigida.*

Quanto às diferenças entre a ocupação e a requisição, a primeira incide sobre bens, enquanto a segunda sobre *bens* e *serviços;* a requisição é típica de situações de urgência, enquanto a ocupação não tem essa característica necessariamente; o exemplo de ocupação mais comum (o trazido acima) prevê que ela só se dá sobre terrenos não edificados e mediante caução (se exigida), enquanto a requisição incide sobre qualquer bem e sem caução.

Em leis esparsas existem outros tipos de ocupação, como aquela destinada a fazer pesquisas acerca da existência de minérios em bens particulares, medida que evita uma desapropriação do bem com posterior ciência de que a suspeita de que havia minério no local era infundada.

9.1.5. Servidões administrativas

É o ônus real de uso imposto pela Administração a um bem particular, com objetivo de assegurar a realização de obras e serviços públicos, assegurada indenização ao particular, salvo se não houver prejuízo.

São exemplos de servidão os seguintes: instalação de linhas e torres de transmissão de energia elétrica em bem particular; servidão de aqueduto; e servidão para instalação de placas indicativas de ruas em imóveis particulares (nesse caso geralmente não haverá dano ao particular, não se podendo falar em indenização).

Institui-se tal ônus real tal qual a desapropriação para aquisição da propriedade de um bem. Há necessidade de ato declaratório da utilidade pública da servidão (art. 40 do Dec.-lei. 3.365/1941: *o expropriante poderá constituir servidões, mediante indenização **na forma desta lei***), com consequente tentativa de acordo para indenização, que, infrutífera, ensejará processo judicial para sua instituição. Assim, os *títulos* para instituição da servidão podem ser tanto o **acordo administrativo** como a **sentença judicial**. Após isso, um dos dois será **registrado** no Cartório Imobiliário, *constituindo*, finalmente, o direito real em tela.

A indenização segue a sorte daquela prevista para a desapropriação. A Súmula 56 do STJ tem o seguinte teor: *na desapropriação para instituir servidão administrativa são devidos juros compensatórios pela limitação do uso da propriedade*. O único cuidado que se deve ter ao ler a presente súmula é não confundir servidão com limitação administrativa.

São diferenças gerais entre a servidão administrativa e a servidão civil: a primeira é ônus real do Poder Público sobre a propriedade, enquanto a segunda é ônus real de um prédio (dominante) em face de outro prédio (serviente); aquela tem serventia pública (utilidade pública) e esta tem serventia privada (utilidade privada e bem certo).

9.1.6. Tombamento

O tombamento pode ser **conceituado** como o *ato do Poder Público que declara de valor histórico, artístico, paisagístico, turístico, cultural ou científico, bens ou locais para fins de preservação.*

O instituto está regulamentado no Dec.-lei 25/1937.

Quanto ao **objeto**, o tombamento pode alcançar tanto bens imóveis individualmente considerados (um prédio histórico), um conjunto arquitetônico (o Pelourinho, em Salvador), um bairro (o Centro do Rio de Janeiro), uma cidade (Ouro Preto) e até um sítio natural. Pode também alcançar bens móveis, como a mobília da casa de um personagem histórico, como Santos Dumont.

Admite-se o chamado *tombamento cumulativo*, que é o tombamento de um mesmo bem por mais de um ente político.

A **instituição** do tombamento pode ser *voluntária* (por requerimento do próprio dono da coisa) ou *contenciosa*. A última impõe a notificação do proprietário para, no prazo de 15 dias, impugnar, se quiser, a intenção do Poder Público de tombar a coisa. Uma vez concluído pelo tombamento, este será feito mediante inscrição do ato num dos quatro Livros do Tombo (Paisagístico, Histórico, Belas Artes e Artes Aplicadas). Em se tratando de imóvel, o ato também deve ser registrado no Registro de Imóveis.

É importante ressaltar que, com a notificação do proprietário, ocorre o *tombamento provisório*, que já limita o uso da coisa por seu dono.

Além de poder ser instituído por *ato administrativo*, o tombamento também pode advir de *ato legislativo* (por exemplo, o art. 216, § 5º, da CF, pelo qual "ficam tombados os documentos e sítios detentores de reminiscências históricas dos antigos quilombos") ou *ato judicial*. No terceiro caso, o juiz, diante de uma ação coletiva (ex.: ação popular ou ação civil pública), determina a inscrição do tombamento no Livro do Tombo.

Quanto aos **efeitos** do tombamento, temos, entre outros, os seguintes: a) o proprietário deverá conservar a coisa (se não tiver recursos, deve levar ao conhecimento do Poder Público, que fica autorizado legalmente a executar a obra); b) o proprietário não pode reparar, pintar ou restaurar a coisa, sem prévia autorização especial do Poder Público; c) os vizinhos não podem reduzir a visibilidade da coisa tombada, nem colocar anúncios sem prévia autorização especial; d) o bem tombado, se for um bem público, ou seja, pertencente a uma pessoa jurídica de direito público, é inalienável; e) o bem tombado não pode sair do País, salvo se por prazo curto, sem alienação, para fim de intercâmbio cultural e mediante autorização do Poder Público; g) o proprietário do bem tombado tem direito de ser indenizado, caso sofra restrição especial que o prejudique economicamente.

A Constituição traz uma norma especial sobre o tombamento do patrimônio cultural ao dispor que "ficam tombados todos os documentos e os sítios detentores de reminiscências históricas dos antigos quilombos" (art. 216, § 5º).

O Dec.-lei 25/1937 é de leitura obrigatória para se conhecer mais sobre o instituto do tombamento.

9.1.7. Expropriação (art. 243 da CF)

A expropriação pode ser **conceituada** como a retirada da propriedade de alguém sem o pagamento de indenização alguma.

O instituto é cabível nas seguintes **hipóteses** (art. 243 da CF, com nova redação dada pela EC 81/2014):

a) sobre propriedades rurais e urbanas de qualquer região do País onde forem localizadas culturas ilegais de plantas psicotrópicas ou a exploração de trabalho escravo na forma da lei;

b) sobre bem apreendido em decorrência de tráfico ilícito de entorpecentes e drogas afins e da exploração de trabalho escravo.

Os bens expropriados terão a seguinte **destinação**:

a) propriedades serão expropriadas e destinadas à reforma agrária e a programas de habitação popular, sem qualquer indenização ao proprietário e sem prejuízo de outras sanções previstas em lei;

b) o bem será confiscado e reverterá a fundo especial com destinação específica, na forma da lei.

Resta estudar agora a desapropriação, que consiste na retirada da propriedade de terceiro, mas mediante o devido pagamento.

9.1.8. Desapropriação

9.1.8.1. Fundamentação legal

O instituto da desapropriação está regulamentado nos seguintes diplomas: Constituição Federal – arts. 5º, XXIV, 182, § 3º, 184, 185 e 243; Decreto-lei 3.365/1941 (utilidade e necessidade pública), Lei 4.132/1962 (interesse social), Decreto-Lei 1.075/1970 (imissão provisória na posse em imóveis residenciais urbanos), Lei 8.257/1991 (glebas com culturas ilegais de plantas psicotrópicas), Lei 8.629/1993 (reforma agrária), Lei Complementar 76/1993 (rito sumário de contraditório especial para reforma agrária) e Lei 10.257/2001 (desapropriação por interesse social como instrumento de política urbana).

9.1.8.2. Direito material

Pode-se **conceituar** a desapropriação como o *procedimento pelo qual o Poder Público, fundado em necessidade pública, utilidade pública ou interesse social, compulsoriamente adquire para si um bem certo, em caráter originário, mediante indenização prévia, justa e pagável em dinheiro, salvo no caso de imóveis em desacordo com a função social da propriedade, hipóteses em que a indenização far-se-á em títulos da dívida pública.*

A desapropriação é expressão do princípio da supremacia do interesse público sobre o particular. É muito comum que entrem em choque dois interesses. De um lado, o Poder Público, interessado muitas vezes em utilizar um dado imóvel particular para, por exemplo, construir uma escola, um hospital ou uma repartição pública. De outro, o particular interessado em não alienar nem ceder um imóvel do qual é titular do direito de propriedade. Entre o interesse do Poder Público e o interesse do particular, prevalecerá o primeiro, ou seja, o Poder Público poderá exigir que o particular entregue o bem de sua propriedade, e, em troca, o particular terá direito de ser indenizado, indenização que será, em regra, prévia, justa e pagável em dinheiro.

A desapropriação é **forma originária de aquisição da propriedade**, não se vinculando, portanto, ao título anterior. Isso significa, por exemplo, que as dívidas do imóvel ficam sub-rogadas no preço pago pela desapropriação e não mais neste (art. 31 do Decreto-lei 3.365/1941). Ademais, mesmo que se tenha desapropriado imóvel de pessoa que não era seu dono, não haverá invalidade (ou seja, não há direito de reivindicação por terceiro – art. 35 do Decreto-lei 3.365/1941), ressalvado o direito de o verdadeiro dono se insurgir contra o que se supunha dono do imóvel.

A **competência para legislar** sobre desapropriação é privativa da União (art. 22, II, CF).

São **fases** da desapropriação a **declaratória**, em que o ente declara de utilidade pública determinada área a ser desapropriada, e a **executória**, em que são tomadas providências concretas para efetivar a manifestação de vontade anterior. Tenta-se, em primeiro lugar, fazer um acordo com o proprietário (desapropriação extrajudicial). Não sendo frutífera tal tentativa, ingressa-se com ação de desapropriação. Vale salientar que a Lei 13.867/19 criou o art. 10-B na Lei de Desapropriações (Dec.-lei 3.365/41), para dispor que, agora, cabe também opção pela **mediação** ou pela **via arbitral**, hipótese em que o particular indicará um dos órgãos ou instituições especializados em mediação ou arbitragem previamente cadastrados pelo órgão responsável pela desapropriação (poderá ser eleita câmara de mediação criada pelo poder público, nos termos do art. 32 da Lei 13.140/2015), sendo que a mediação seguirá as normas da Lei 13.140/2015, e, subsidiariamente, os regulamentos do órgão ou instituição responsável, ao passo que a arbitragem seguirá as normas da Lei 9.307/1996, e, subsidiariamente, os regulamentos do órgão ou instituição responsável.

A **competência para a primeira fase** (competência para declarar bem de utilidade pública ou interesse social) é dos entes políticos (União, Estados, DF e Municípios), do DNIT (Lei 10.233/2001) e da ANEEL (art. 10 da Lei 9.074/1995).

A **competência para a segunda fase** (competência para executar a desapropriação) é dos entes políticos, autarquias e fundações públicas; concessionárias de serviço público ou entes delegados pelo Poder Público, desde que autorizados expressamente pela lei ou pelo contrato (art. 3º do Decreto-lei 3.365/1941).

Quanto às providências práticas para iniciar a execução da desapropriação, o Decreto-lei 3.365/1941 determina o seguinte:

> "Art. 10-A. O poder público deverá notificar o proprietário e apresentar-lhe oferta de indenização.
>
> § 1º A notificação de que trata o *caput* deste artigo conterá:
>
> I – cópia do ato de declaração de utilidade pública;
>
> II – planta ou descrição dos bens e suas confrontações;
>
> III – valor da oferta;
>
> IV – informação de que o prazo para aceitar ou rejeitar a oferta é de 15 (quinze) dias e de que o silêncio será considerado rejeição;
>
> § 2º Aceita a oferta e realizado o pagamento, será lavrado acordo, o qual será título hábil para a transcrição no registro de imóveis.
>
> § 3º Rejeitada a oferta, ou transcorrido o prazo sem manifestação, o poder público procederá na forma dos arts. 11 e seguintes deste Decreto-Lei."

O **objeto** da desapropriação é qualquer bem (móvel ou imóvel, material ou imaterial, inclusive o espaço aéreo e o subsolo), exceto moeda corrente nacional (salvo moedas raras), pessoas e direitos personalíssimos. O objeto deve também ser existente, preciso, certo e possível. É cabível a desapropriação do espaço aéreo e do subsolo quando de sua utilização pelo Poder Público resultar prejuízo patrimonial ao proprietário do solo.

Bem público pode ser desapropriado. A União pode desapropriar de todos os entes, além dos particulares. Estados desapropriam dos Municípios e dos particulares. Municípios, só dos particulares. Quando a desapropriação se dá sobre bem público, além de se respeitar os limites acima, deve ser precedida de autorização legislativa.

Por fim, vale destacar que não é possível a autodesapropriação, ou seja, a desapropriação de bem da própria pessoa.

A **declaração de utilidade pública** consiste no ato pelo qual o Poder Público manifesta intenção de adquirir compulsoriamente determinado bem submetendo-o à sua força expropriatória. Deve-se identificar o *bem*, seu *destino* e o *dispositivo legal* que autoriza o ato. Faz-se por decreto, normalmente. O Poder Legislativo pode tomar a iniciativa, cabendo ao Executivo efetivá-la. Ao Poder Judiciário é vedado decidir se se verificam ou não os casos de utilidade pública (art. 9º do Dec.-lei 3.365/1941).

São **efeitos da declaração:** a) submete o bem à força expropriatória do Estado; b) **fixa o estado** dos bens, o que não significa que não possa ser vendido ou alterado (importante, pois o Estado deverá indenizar as benfeitorias necessárias efetuadas posteriormente; as benfeitorias úteis, por sua vez, só serão indenizadas pelo Estado se este autorizar sua realização; as voluptuárias nunca serão indenizadas); c) **confere ao Poder Público o direito de penetrar** no bem, com auxílio de força policial se o caso (art. 7º do Dec.-lei 3.365/1941 – tal efeito demonstra a autoexecutoriedade do Decreto); d) **dá início ao prazo de caducidade** da declaração.

A **caducidade da declaração** consiste na perda de sua validade pelo decurso do tempo sem que o Poder Público promova os atos concretos de expropriação, ficando inviabilizada a desapropriação. Nas hipóteses de desapropriação por **utilidade pública, o prazo de caducidade é de 5 anos** (art. 10 Decreto-lei 3.365/1941). No caso de desapropriação por **interesse social, a caducidade se dá após 2 anos** (art. 3º da Lei 4.132/1962). A desapropriação por interesse social se dá quando não se cumpre a função social da propriedade, sendo as demais por utilidade ou necessidade pública. Caso haja a caducidade, somente **decorrido 1 ano** poderá haver nova declaração sobre aquele bem.

Imissão provisória de posse é a transferência da posse do bem objeto de desapropriação para o expropriante, já no início da lide, concedida pelo Juiz, se o Poder Público declarar urgência e depositar, em Juízo, a favor do proprietário, importância fixada segundo critério legal.

A **indenização** será sempre **justa, prévia** e, como regra, em **dinheiro**. Mas quando não se atender à função social, seja em área urbana, seja em área rural, a desapropriação decorrente de tal situação implicará pagamento por títulos públicos, resgatáveis anual e sucessivamente. Vale dizer, em que pese o pagamento seja prévio, não será em dinheiro, mas em títulos resgatáveis anualmente. Vejamos as hipóteses de pagamento com títulos públicos:

Imóvel rural: a União é competente para desapropriá-lo quando o fundamento é o não atendimento à função social; o pagamento é feito em títulos da dívida agrária, com cláusula de preservação do valor real, resgatáveis em até 20 anos, a partir do segundo ano de emissão do título. Cuidado, pois as benfeitorias úteis e necessárias são indenizadas em dinheiro (art. 184, § 1º, da CF).

Imóvel urbano: o Município é o competente para desapropriá-lo quando o fundamento é o não atendimento à função social da propriedade (imóvel não edificado, subutilizado ou não utilizado). Depende de lei específica, para a área incluída no Plano Diretor, a exigência, nos termos de lei federal, de que o proprietário promova o adequado aproveitamento do imóvel, sob pena de, sucessivamente, determinar-se o parcelamento ou edificação compulsórios, instituir-se IPTU progressivo no tempo, para só depois, mantida a situação, efetivar-se a desapropriação. Nesse caso o pagamento será feito em títulos da dívida pública (de emissão previamente aprovada pelo Senado), resgatáveis em até 10 anos, em parcelas anuais, iguais e sucessivas, assegurados o valor real da indenização e os juros legais. Não há previsão de pagamento em dinheiro das benfeitorias, talvez porque geralmente não haverá benfeitoria alguma (art. 182 da CF).

Não há indenização (confisco): na expropriação de propriedades rurais e urbanas de qualquer região, onde forem localizadas culturas ilegais de plantas psicotrópicas ou a exploração de trabalho escravo, o mesmo ocorrendo com bens de valor econômico apreendidos em decorrência de tráfico ilícito de entorpecentes e drogas afins e da exploração de trabalho escravo. Há, portanto, o confisco de tais bens, que serão utilizados em projetos sociais (assentamentos, cultivos, instituições, recuperação, fiscalização etc.).

A **justa indenização** compreende o valor de mercado do imóvel, abrangendo os danos emergentes e os lucros cessantes do proprietário. Inclui juros moratórios, compensatórios, correção monetária e honorários advocatícios. Os juros moratórios, segundo a MP 2.183-56/2001, correm a partir de 1º de janeiro do exercício seguinte ao que o pagamento deveria ser feito. Os juros compensatórios são contados desde o momento da imissão antecipada na posse, pois, a partir daí, o proprietário não mais terá a disponibilidade do bem, devendo ser compensado por isso. A correção monetária é contada desde a realização do laudo pericial que fixa o valor do bem expropriado. Os honorários são fixados tendo por base de cálculo a diferença entre o oferecido pelo Poder Público e o fixado pelo Poder Judiciário.

Consuma-se a desapropriação com o pagamento da indenização, pois a Constituição diz que a desapropriação requer prévia (e justa) indenização. É importante saber qual o momento em que se consuma a desapropriação, a fim de concluir-se até quando o Poder Público pode dela desistir. Destarte, pode-se desistir da desapropriação até o último momento anterior ao do pagamento da indenização. Deve-se ressaltar que eventuais danos causados ao particular devem ser ressarcidos.

Desapropriação por zona *é aquela de área maior do que a necessária à realização de obra ou serviço, para abranger zona contígua a ela, tendo em vista* reservá-la *para o futuro ou revendê-la, se extraordinária valorização for decorrência da desapropriação a ser efetuada.* Ou seja, consiste em desapropriar área maior do que a necessária naquele momento, com a finalidade de garantir espaço para realização de obras no futuro ou com o objetivo de revender a área maior desapropriada, quando houver valorização muito grande do local, a fim de não causar enriquecimento sem causa ao antigo proprietário. A declaração de utilidade deve compreendê-las, mencionando qual é para revenda e qual será para o desenvolvimento da obra (art. 4º do Decreto-lei 3.365/1941). Parte da doutrina defende que o Poder Público deveria, no caso de valorização, cobrar o tributo contribuição de melhoria, já que se trata de alternativa menos gravosa ao proprietário, entendimento não compartilhado pela jurisprudência do STF.

Direito de extensão *consiste na faculdade do expropriado de exigir que na desapropriação se inclua a parte restante do bem que se tornou inútil ou de difícil utilização.* Deve ser exercido quando da realização do acordo administrativo ou no bojo da ação de desapropriação, sob pena de se considerar que houve renúncia.

Segundo o art. 20 do Dec.-lei 3.365/1941, a contestação somente poderá versar sobre dois pontos: a) vício do processo judicial; b) impugnação do preço. Qualquer outra questão deverá ser decidida por ação autônoma.

Quanto ao vício do processo judicial pode-se alegar, em preliminar, tanto defeitos processuais (ausência de pressupostos processuais) como aqueles relativos à ação (ausência de condição de ação).

Quanto à impugnação ao preço, o que se permite é discutir o *quantum* ofertado pelo Poder Público na sua petição inicial.

Por outro lado, pode o particular exercer o direito de extensão, ou seja, o direito *de exigir que na desapropriação se inclua a parte restante do bem que se tornou inútil ou de difícil utilização*, na própria contestação, apresentando outra avaliação do bem, abrangendo a integralidade do imóvel, e não apenas a parte incluída no plano de desapropriação, conforme entendimento do Superior Tribunal de Justiça.

O fundamento jurídico desse direito também é a norma constitucional que determina a fixação da justa indenização (art. 5º, XXIV). Isso porque, caso o expediente da desapropriação parcial com esvaziamento econômico da área remanescente não fosse impedido, a justa indenização, por vias transversas, estaria sendo prejudicada.

Não bastasse isso, há diversas outras normas repelindo esse tipo de conduta e conferindo ao prejudicado o direito de extensão. Por exemplo, há a Lei Complementar 76/1993, que dispõe sobre o procedimento sumário de desapropriação para fins de reforma agrária, e que contempla expressamente, em seu art. 4º, o direito de extensão.

Retrocessão *importa no direito do ex-proprietário de reaver o bem expropriado que não foi utilizado em finalidade pública*. O requisito aqui é o desvio de finalidade, a chamada tredestinação, utilizando-se o bem expropriado em fim não público. Não configura o instituto a utilização do bem em destinação distinta da prevista no decreto expropriatório, quando a nova finalidade for de interesse público.

9.1.8.3. Direito processual na desapropriação direta

9.1.8.3.1. Competência

O foro competente para o julgamento de ação de desapropriação é o da situação da área desapropriada. No caso da Justiça Federal, a regra permanece, ou seja, é competente o juízo federal onde se situa o imóvel objeto da demanda.

9.1.8.3.2. Legitimidade

a) Ativa: podem propor a ação de desapropriação as pessoas competentes para a fase de execução da desapropriação (vistas acima), ou seja, os entes políticos, as autarquias e as fundações públicas, as concessionárias de serviço público e os entes delegados pelo Poder Público também poderão, desde que autorizados expressamente por lei ou por contrato (art. 3º do Dec.-lei 3.365/1941);

b) Passiva: sofre a ação de desapropriação o proprietário do bem.

9.1.8.3.3. Petição inicial

A petição inicial conterá:

a) preenchimento dos requisitos previstos na legislação processual civil;

b) oferta do preço;

c) exemplar do contrato, ou do jornal oficial, em que foi publicado o decreto (serve cópia autenticada);

d) planta ou descrição do bem e suas confrontações.

9.1.8.3.4. Imissão provisória na posse

Muitas vezes, o Poder Público não tem como esperar o final da ação de desapropriação para adentrar no bem. As demandas sociais costumam ser urgentes. Nesses casos, o Poder Público pode pedir para ingressar imediatamente no imóvel. São necessários dois requisitos para a imissão provisória na posse (art. 15, *caput*, do Dec.-lei 3.365/1941), analisados abaixo.

Alegação de urgência: aqui, há três observações a serem feitas. A primeira, no sentido de que basta a mera alegação de urgência para que o requisito seja preenchido, ou seja, não é necessária a demonstração da urgência em juízo, por se tratar de questão de conveniência e oportunidade da administração pública; a segunda, no sentido de que essa alegação pode acontecer tanto no decreto expropriatório, como em momento posterior; e a terceira, no sentido de que a alegação de urgência não poderá ser renovada e obrigará o expropriante a requerer a imissão provisória dentro do prazo improrrogável de 120 dias.

Depósito imediato de quantia arbitrada pelo juiz, na forma da lei: aqui, há duas observações importantes a serem feitas. A primeira, no sentido de que não se busca, nessa fase, a fixação do real valor de mercado do imóvel que está sendo desapropriado; o que temos aqui são critérios estabelecidos pela lei para que o magistrado, num juízo preliminar, chegue a um valor razoável para determinar a imissão provisória na posse; a segunda observação é a de que existem duas regulamentações sobre a imissão provisória na posse:

a) regra (art. 15, § 1º, do Dec.-lei 3.365/1941): a imissão será autorizada mediante depósito que observe um dos seguintes critérios: a1) valor equivalente a, pelo menos, vinte vezes o valor locativo do imóvel; a2) valor venal do imóvel, desde que atualizado no ano fiscal anterior; a3) no caso de inexistência de atualização do venal do imóvel, o juiz fixará o valor do depósito observando a data da fixação do valor venal e a valorização ou desvalorização ocorridas posteriormente. Na prática, acaba sendo utilizado o valor venal atualizado. O STF emitiu a Súmula 652, dispondo ser constitucional a utilização dos critérios citados. O expropriado poderá levantar até 80% do valor depositado, após as providências do art. 34 do Dec.--lei 3.365/1941;

b) regra para desapropriação de prédios residenciais urbanos (arts. 1º a 4º do Dec.-lei 1.075/1970): a imissão será autorizada com o simples depósito do preço oferecido na petição inicial de desapropriação, todavia, caso o expropriado, em 5 dias da intimação da oferta, impugne o preço oferecido, o juiz, servindo-se de perito avaliador (caso necessário), fixará, em 48 horas, o valor provisório do imóvel; se o valor arbitrado for maior do que o oferecido na inicial pelo Poder Público, o juiz só admitirá a imissão provisória se este complementar o depósito para que esta atinja a metade do valor arbitrado. O expropriado poderá levantar a totalidade do valor depositado (ou seja, 50% do *preço depositado e complementado*) ou, quando o valor arbitrado for igual ou menor ao dobro do preço oferecido, é lícito ao expropriado optar por levantar 80% do *preço oferecido*.

9.1.8.3.5. Contestação

Segundo o art. 20 do Dec.-lei 3.365/1941, a contestação somente poderá versar sobre dois pontos: a) vício do processo judicial; b) impugnação do preço. Qualquer outra questão deverá ser decidida por ação autônoma.

Quanto ao vício do processo judicial pode-se alegar, em preliminar, tanto defeitos processuais (ausência de pressupostos processuais) como aqueles relativos à ação (ausência de condição de ação).

Quanto à impugnação ao preço, o que se permite é discutir o *quantum* ofertado pelo Poder Público na sua petição inicial.

É importante ressaltar que, caso o particular queira exercer o direito de extensão, ou seja, o direito *de exigir que na desapropriação se inclua a parte restante do bem que se tornou inútil ou de difícil utilização*, poderá fazê-lo na contestação, apresentando outra avaliação do bem, abrangendo a integralidade do imóvel, e não apenas a parte incluída no plano de desapropriação. Segundo o STJ, "o pedido e extensão formulado na contestação em nada ofende o art. 20 do Decreto-lei 3.365/1941" (Resp. 882.135/SC, DJ 17.05.2007, e Resp. 816.535/SP, DJ 16.02.2007).

O fundamento jurídico desse direito também é a norma constitucional que determina a fixação da justa indenização (art. 5º, XXIV). Isso porque, caso o expediente da desapropriação parcial com esvaziamento econômico da área remanescente não fosse impedido, a justa indenização, por vias transversas, estaria sendo prejudicada.

Além disso, há diversas outras normas repelindo esse tipo de conduta e conferindo ao prejudicado o direito de extensão. Por exemplo, há a Lei Complementar 76/1993, que dispõe sobre o procedimento sumário de desapropriação para fins de reforma agrária, e que contempla expressamente, em seu art. 4º, o direito de extensão. Para Carvalho Filho, "essas leis mais novas demonstram, à evidência, que o legislador nunca quis banir o direito de extensão do ordenamento jurídico. Ao contrário, restabeleceu-o expressamente em outras leis como que para indicar que em todos os casos de desapropriação, e presentes os mesmos pressupostos, é assegurado ao proprietário usar de seu direito de extensão". (*Manual de Direito Administrativo*, 18ª edição, Rio de Janeiro: Lumen Juris, p. 770, 2007).

Para Celso Antônio Bandeira de Mello pode-se discutir, ainda, no bojo da ação expropriatória, vícios na declaração de utilidade pública, inclusive desvio de finalidade: "se o proprietário puder objetivamente e indisputavelmente demonstrar que a declaração de utilidade pública não é um instrumento para a realização dos fins a que se preordena, mas um recurso ardiloso para atingir outro resultado, o juiz deverá reconhecer-lhe o vício e, pois, sua invalidade; cumpre que tal apreciação possa ser feita até mesmo na ação expropriatória, que, se assim não fora, de nada valeria ao particular demonstrar-lhe o vício posteriormente, pois, uma vez integrado o bem, ainda que indevidamente, ao patrimônio público – *ex vi* do art. 35 do Decreto-lei 3.365/1941 –, a questão resolver-se-ia por perdas e danos, donde ser ineficiente tal meio para garantir ao proprietário despojado a proteção estabelecida no art. 5º, XXIV, da Carta Magna" (*Curso de Direito Administrativo*, 24ª edição, São Paulo: Malheiros, pp. 866-7, 2007).

Cuidado, pois é excepcional a possibilidade de discutir a questão referida no parágrafo anterior, na ação de desapropriação. Como regra, esse tipo de questão deve ser objeto de ação própria.

9.1.8.3.6. Procedimento

Na fase judicial a desapropriação se desenvolve segundo o seguinte procedimento:

a) petição inicial, com os requisitos já mencionados, e eventual requerimento de imissão provisória na posse;

b) havendo requerimento de imissão provisória na posse, o juiz deve tomar as providências mencionadas (fixar valor para depósito e proceder à imissão na posse);

c) ao despachar a inicial o juiz deverá tomar duas providências: c1) determinar a citação do réu; c2) designar um perito de sua livre escolha para proceder à avaliação dos bens;

d) feita a citação, a ação seguirá o rito comum

9.1.8.3.7. Sentença

A sentença deverá tratar dos seguintes assuntos:

a) das impugnações processuais alegadas em preliminares;

b) do *quantum* indenizatório, que deverá ser fixado levando em conta o valor de mercado do bem (a Constituição fala em "justa indenização"), os danos emergentes e os lucros cessantes, a partir do livre convencimento do juiz em face das avaliações do perito e das argumentações das partes e de seus assistentes técnicos;

c) dos consectários legais, tais como juros compensatórios, juros moratórios, correção monetária, custas e despesas processuais e honorários advocatícios.

Sobre os valores principais e os consectários legais, no caso de desapropriação se efetivar, temos o seguinte:

a) valor de mercado do bem: o juiz deverá arbitrar quantia que corresponda ao valor do mercado do bem, com todas as benfeitorias que já existiam no imóvel antes do ato expropriatório; quanto às benfeitorias feitas posteriormente, serão pagas as necessárias e as úteis, estas quando realizadas com autorização do expropriante. Se houver desapropriação de parte de um imóvel, tornando a parte remanescente economicamente inviável, pode-se pedir indenização pelo valor total do bem, exercendo o chamado direito de extensão;

b) danos emergentes e lucros cessantes: aqui entram os valores que o juiz pode arbitrar para desmonte e transporte de equipamentos instalados e em funcionamento (art. 25, parágrafo único, do Dec.-lei 3.365/1941), os valores devidos ao proprietário da coisa que tiver fundo de comércio próprio no local (ponto comercial), os valores relativos à valorização ou depreciação de eventual área remanescente, pertencente ao réu (art. 27, *caput*, do Dec.-lei 3.365/1941), dentre outros; quanto aos lucros cessantes, deve-se tomar cuidado para que não haja cumulação indevida deles com juros compensatórios (STJ, Resp. 509.854/RS, DJ 17.04.2007);

c) juros compensatórios: esses juros são devidos quando o Poder Público promove a imissão provisória na posse do imóvel. Nessa circunstância, o expropriado poderá levantar parte do valor depositado em juízo, mas só receberá o valor total (de mercado) do seu bem após a sentença definitiva; é sobre a diferença entre o valor total do bem e o valor ofertado por ocasião da imissão provisória na posse da coisa que incidirão os juros compensatórios. São juros justos, pois o proprietário da coisa, ao se ver desprovido dela, deixa de poder auferir renda com o bem, sendo correto que receba juros compensatórios quanto a essa diferença. Assim, os juros compensatórios são **contados** da imissão na posse (art. 15-A do Dec.-lei 3.365/1941, acrescentado pela MP 2.183/2001). A medida provisória referida estabeleceu, também, que os juros compensatórios seriam "de até 6% (seis por cento) ao ano"; todavia, o STF, na ADI 2.332-2, retirou a eficácia da expressão "até" (ou seja, os juros compensatórios serão de exatos 6% ao ano) e também determinou que a base de cálculo dos juros compensatórios será a diferença eventualmente apurada entre 80% do preço ofertado em juízo e o valor do bem fixado na sentença (STF, ADI 2332/DF, 17.05.2018);

d) juros moratórios: esses juros são devidos quando há atraso, pelo Poder Público, do pagamento que deverá efetuar pela desapropriação. Como o pagamento, de regra, é feito por precatório, esse atraso só passa a existir "a partir de 1º de janeiro do exercício seguinte àquele em que o pagamento deveria ser feito, nos termos do art. 100 da Constituição" (art. 15-B do Dec.-lei 3.365/1941); o mesmo dispositivo estabelece que esses juros serão de 6% ao ano. Esse dispositivo não foi alterado pelo STF;

e) correção monetária: é contada desde a realização do laudo pericial que fixa o valor do bem expropriado;

f) custas e despesas processuais: são de responsabilidade do Poder Público os honorários periciais, no caso de o valor por ele oferecido ser majorado pelo magistrado;

g) honorários advocatícios: os honorários serão fixados entre 0,5 e 5% da diferença entre o valor oferecido pelo Poder Público e o valor fixado pelo Poder Judiciário (art. 27, § 1º, do Dec.-lei 3.365/1941, com a redação dada pela MP 2.183-56/2001), diferença que deve ser atualizada. No mesmo parágrafo do art. 27, havia previsão de que os honorários não poderiam ultrapassar os R$ 151 mil; todavia, na ADI 2.332-2 o STF também retirou eficácia da expressão, na havendo mais esse limite de R$ 151 mil. É importante ressaltar que na base de cálculo dos honorários advocatícios devem ser incluídas as parcelas devidas a título de juros moratórios e compensatórios, também devidamente atualizados, nos termos da Súmula 131 do STJ.

9.1.8.3.8. Recursos

Na desapropriação, cabem os recursos à moda do que ocorre nas ações de rito comum. Assim, a título de exemplo, da decisão interlocutória cabe agravo, ao passo que da sentença terminativa ou de mérito cabe apelação. Das decisões proferidas pelos Tribunais Estaduais ou Federais, cabem, por exemplo, recurso especial ou recurso extraordinário.

No que concerne aos efeitos do recurso de apelação, temos as seguintes regras (art. 28 do Dec.-lei 3.365/1941):

a) se interposta pelo expropriado: terá efeito apenas devolutivo;

b) se interposta pelo Poder Público: terá efeito devolutivo e suspensivo.

Por fim, é fundamental lembrar que, no caso de a sentença condenar a Fazenda Pública em quantia superior ao dobro da oferecida na petição inicial, ficará sujeita ao duplo grau de jurisdição.

9.1.8.3.9. Desistência da desapropriação

Conforme já escrito, pode-se desistir da desapropriação até o último momento anterior ao do pagamento da indenização.

Deve-se ressaltar que os danos causados ao particular devem ser ressarcidos. Assim, a desistência só se efetivará se o Poder Público: a) fizer o pedido antes de ultimada a desapropriação; b) ressarcir o expropriado de todos os danos que tiver; c) pagar as despesas processuais; d) devolver o bem. Porém, "é ônus do expropriado provar a existência de fato impeditivo do direito de desistência da desapropriação." (REsp 1.368.773-MS, DJe 02.02.2017).

Todavia, o STJ vem entendendo que há um quinto requisito que deve ser atendido, qual seja, o de que não tenha havido substanciais alterações no imóvel por parte do Poder Público, tornando impossível a restituição no estado em que se encontrava antes da imissão provisória (STJ, REsp 132.398/SP – Min. Hélio Mosimann, DJ 19.10.1998).

9.1.8.3.10. Intercorrências no pagamento da indenização fixada na sentença

A quantia fixada na sentença será paga por meio da expedição de precatório, ressalvadas as quantias definidas pela lei como de pequeno valor. Do valor fixado na sentença somente será abatido o montante que já tiver sido depositado por eventual imissão provisória na posse que tiver sido executada.

O pagamento por meio de precatório segue a sorte do art. 100, § 5º, da Constituição Federal: "é obrigatória a inclusão, no orçamento das entidades de direito público, de verba necessária ao pagamento de seus débitos oriundos de sentenças transitadas em julgado, constantes de precatórios judiciários, apresentados até 1º de julho, fazendo o pagamento até o final do exercício seguinte, quando terão seus valores atualizados monetariamente". Cabe ao Presidente do Tribunal que proferir a decisão exequenda determinar o pagamento integral (art. 100, § 6º, da CF).

Nos trâmites relativos ao pagamento dos precatórios podem ocorrer as seguintes intercorrências:

a) preterição da ordem cronológica: é o caso de um credor ter depositada a quantia a que tem direito antes de outro com ordem cronológica mais antiga; nesse caso, o credor mais antigo poderá ingressar com "pedido de sequestro da quantia necessária à satisfação do seu débito", que deve ser feito para o Presidente do Tribunal que tiver determinado a expedição do precatório;

b) não efetivação do depósito no prazo previsto no § 1º do art. 100 da CF: nesse caso, incidem as hipóteses dos arts. 34, V, "a", e 35, I, da CF, que permitem a intervenção da União nos Estados e dos Estados nos Municípios, quando deixar de ser paga, sem motivo de força maior, por dois anos consecutivos, a dívida fundada.

9.1.8.3.11 Pagamento integral

Efetuado o pagamento integral do valor da indenização, será expedido mandado de imissão na posse, valendo a sentença como título para registro no Registro de Imóveis.

9.1.8.4. Retrocessão

Infelizmente, é muito comum o Poder Público desapropriar um imóvel e não utilizá-lo posteriormente numa atividade de interesse público. Em algumas vezes, o Poder Público simplesmente não utiliza o imóvel. Em outras, utiliza, mas em atividades que não são de interesse público.

O Superior Tribunal de Justiça vem, em matéria de desapropriação, fazendo a distinção entre tredestinação lícita e tredestinação ilícita.

A tredestinação consiste na mudança de destinação de um imóvel desapropriado.

Como se sabe, quando se expede o decreto expropriatório, é necessário indicar a finalidade daquela desapropriação que se deseja fazer. Assim, indica-se no decreto se a finalidade é construir uma escola, construir um hospital, construir casas populares, alargar uma via pública etc. A tredestinação ocorre quando a Administração Pública, de posse do imóvel desapropriado, acaba utilizando-o em finalidade distinta da prevista inicialmente.

Ocorre que essa mudança de finalidade pode se dar para atender outra demanda de interesse público. Um exemplo dessa situação é a desapropriação de uma área para construir uma escola e depois acabar construindo um hospital. Nesse caso, tem-se a tredestinação lícita, não sendo possível questionar a desapropriação realizada e os atos subsequentes.

Outra possibilidade é a de a Administração mudar a finalidade da desapropriação realizada para o fim de atender uma demanda que não é de interesse público. Um exemplo é desapropriar uma área para construir uma escola e depois ceder essa área para um comerciante local montar uma loja de venda de automóveis. Nesse caso, tem-se a tredestinação ilícita, que autoriza a nulidade do ato consequente e a retomada da coisa pelo anterior proprietário, que tem o direito de retrocessão.

Nesses casos, fica a dúvida: o antigo proprietário poderá reivindicar o imóvel de volta, devolvendo os valores que tiver recebido, terá direito a uma mera indenização ou não terá direito algum?

Para responder a essa pergunta, temos que tratar do instituto da retrocessão.

Pelo conceito tradicional, **retrocessão** *importa no direito do ex-proprietário de reaver o bem expropriado que não foi utilizado em finalidade pública*. O requisito, como se viu, é o desvio de finalidade, a chamada tredestinação, utilizando-se o bem expropriado em finalidade não pública. Não configura o instituto a utilização do bem em finalidade distinta da prevista no decreto expropriatório, quando a nova finalidade for de interesse público.

A primeira regra sobre o assunto foi o art. 1.150 do CC/1916, cujo texto era imperativo: o Poder Público oferecerá o imóvel ao ex-proprietário, caso não tenha o destino que deu origem à desapropriação, pelo preço que o foi. Apesar da imperatividade do texto, dando a entender tratar-se de direito real do antigo proprietário, por estar o dispositivo no capítulo do direito pessoal de preferência, foi muito forte a corrente no sentido de que o direito do ex-proprietário era meramente pessoal.

Sobreveio o art. 35 do Decreto-lei 3.365/1941, cuja redação não permite a reivindicação do bem, após desapropriado. Com a entrada em vigor desse decreto-lei, ganhou força a tese de que a retrocessão tratava-se de mero direito pessoal do antigo proprietário.

Todavia, alguns acórdãos do STF também reconheceram o caráter de direito real do ex-proprietário.

O STJ, por sua vez, já há alguns anos entende tratar-se de direito real o direito do ex-proprietário, conforme se vê do seguinte acórdão: Edcl. no REsp 623.511/RJ, DJ 26.09.2005.

Há três temas bastante polêmicos que devem, ainda, ser aclarados.

O primeiro é concernente ao seguinte ponto: quando o imóvel não é utilizado em finalidade alguma pelo Poder Público, qual é o prazo para se considerar o bem não utilizado para fins de exercício do direito de retrocessão?

A resposta a essa pergunta depende da modalidade de desapropriação envolvida:

a) na desapropriação por interesse social, prevalece a tese de que o prazo é de 2 anos, visto que, segundo o art. 3º da Lei 4.132/1962, é o prazo para que o Poder Público adote "as providências de aproveitamento do bem expropriado";

b) na desapropriação para reforma agrária, o art. 16 da Lei 8.629/1993 estabelece o prazo de três anos, contados da data de registro do título translativo de domínio, para que o órgão expropriante destine a respectiva área aos beneficiários da reforma agrária;

c) na desapropriação por descumprimento da função social em imóvel urbano, o art. 8º da Lei 10.257/2001 dispõe que o Município tem o prazo de cinco anos para proceder ao adequado aproveitamento do imóvel, contado de sua incorporação ao patrimônio público;

d) na desapropriação por utilidade ou necessidade públicas, não há, na lei, prazo máximo para a ocupação do bem pelo Poder Público, prevalecendo a tese de que o prazo, então, será de 5 anos, mantendo-se a harmonia com o prazo de caducidade do decreto expropriatório, à moda do que acontece para esses dois prazos na desapropriação por interesse social.

O segundo ponto é relativo ao prazo para ingressar com a ação de retrocessão. Prevalece o entendimento de que se deve utilizar o prazo prescricional previsto para os direitos reais. Como o art. 205 do CC não faz distinção entre ações reais e pessoais, deve-se utilizar o prazo geral previsto no dispositivo, que é de 10 anos. Se o entendimento prevalecente fosse de que a retrocessão é direito pessoal, o prazo seria o previsto para ações indenizatórias contra o Poder Público.

O último ponto diz respeito à autonomia da ação que deverá ser aforada. Nesse sentido, é pacífico que se deve ingressar com ação própria, não sendo possível aproveitar a ação de desapropriação originária.

Por fim, é importante ressaltar que "ao imóvel desapropriado para implantação de parcelamento popular, destinado às classes de menor renda, não se dará outra utilização nem haverá retrocessão" (art. 5º, § 3º, do Dec.-lei 3.365/1941).

Confira acórdão do STJ reconhecendo o caráter real do direito de retrocessão, e, consequentemente, que o prazo prescricional respectivo é o das ações de natureza real:

"1. A jurisprudência desta Corte e do STF adotou corrente no sentido de que a ação de retrocessão é de natureza real e, portanto, aplica-se o art. 177 do CC/1916 e não o prazo quinquenal de que trata o Decreto 20.910/1932. 2. Recurso especial provido." (STJ, REsp 2006.01546994, DJ 14.03.2007).

9.1.8.5. Situação jurídica de terceiros

Há quatro tipos de terceiros que podem ter seus direitos afetados por uma desapropriação. Confira:

a) verdadeiro proprietário da coisa, que não consta como réu na ação de desapropriação: quanto a essa pessoa, incide o art. 35 do Dec.-lei 3.365/1941, que dispõe que "os bens expropriados, uma vez incorporados à Fazenda Pública, não podem ser objeto de reivindicação, ainda que fundada em nulidade do processo de desapropriação"; assim, o verdadeiro proprietário deve acionar aquele que recebeu a indenização e buscar a satisfação dos seus interesses por meio de perdas e danos, ou seja, o Poder Público, por adquirir de forma originária o bem objeto de expropriação, não sofre os efeitos da evicção;

b) credor do expropriado: quanto ao credor com garantia real, incide o art. 31 do Dec.-lei 3.365/1941, pelo qual "ficam sub-rogados no preço quaisquer ônus ou direitos que recaiam sobre o bem expropriado", ou seja, o credor com direito real sobre a coisa passará a ter direito real sobre a quantia depositada em juízo, operando-se, inclusive, o vencimento antecipado da dívida; já o credor sem garantia especial poderá pedir a penhora dos valores depositados em juízo;

c) locatário do expropriado: aquele que é locatário de um imóvel que está sendo desapropriado não tem direito de manter a locação. Esse contrato fica extinto e o locatário poderá pedir indenização do Poder Público pelos danos que tiver, por exemplo, pela perda do fundo de comércio (ponto comercial). O fundamento desse pedido é a responsabilidade objetiva do Estado pelos danos causados às pessoas e o deve ser deduzido em ação própria de indenização (art. 20 do Dec.--lei 3.365/1941);

d) vizinho do expropriado: segundo o art. 37 do Dec.-lei 3.365/1941, "aquele cujo bem for prejudicado extraordinariamente em sua destinação econômica pela desapropriação de área contígua terá direito a reclamar perdas e danos do expropriante".

9.1.8.6. Desapropriação indireta

Infelizmente, é comum que o Poder Público se aproprie de bem particular sem observância dos requisitos da declaração e da indenização prévia. O nome dessa situação é **desapropriação indireta**, que também pode ser conceituada como *a abusiva e irregular apropriação do imóvel particular pelo Poder Público, com sua consequente integração no patrimônio público, sem obediência às formalidades e cautelas do processo de expropriação e que abre ao lesado o recurso à via judicial para ser indenizado*.

Perceba que para configurar o instituto da desapropriação indireta não basta o mero apossamento administrativo, ou seja, não basta uma invasão do Poder Público, por seus agentes, em um imóvel particular. É necessário que haja uma invasão somada a uma utilização do bem numa situação de interesse público.

Um exemplo bem comum da desapropriação indireta é a utilização de uma área particular para construção de um trecho de uma estrada.

Apesar da abusividade do procedimento, o Poder Público tem direito de ser mantido no bem, preenchido o requisito de sua utilização em atividade de interesse público. O fundamento desse direito é o próprio art. 35 do Dec.-lei 3.365/1941, que assegura que "os bens expropriados, uma vez incorporados à Fazenda Pública, não podem ser objeto de reivindicação, ainda que fundada em nulidade do processo de desapropriação. Qualquer ação, julgada procedente, resolver-se-á em perdas e danos". Trata-se do princípio do fato consumado.

Também fundamentam o instituto o art. 5º, XXIV, da CF, e o art. 15, § 3º, do Decreto-lei 3.365/1941. O primeiro porque determina o pagamento de indenização justa quando ocorre desapropriação, o que deve ocorrer tanto para aquela que respeita as regras jurídicas e, principalmente, para aquelas feitas de modo abusivo e irregular. E o segundo dispositivo porque estabelece valer para a desapropriação indireta a disciplina dos juros compensatórios, em matéria de desapropriação, quando houver imissão provisória na posse.

O particular prejudicado tem direito de ingressar com ação de indenização por desapropriação indireta.

A legitimidade ativa para a demanda é do proprietário do imóvel. Por envolver a perda da propriedade, há decisões que entendem ter a ação natureza real, de modo que o cônjuge do proprietário deve participar da demanda (STJ, REsp 64.177, DJ 25.09.1995).

A legitimidade passiva da ação é da pessoa jurídica de direito público responsável pela incorporação do bem ao seu patrimônio.

Sob o argumento de que a ação se funda em direito real sobre o imóvel, há decisões do STF no sentido de que a competência é do foro do local onde ele se encontra (STF, RE 111.988). O STJ vem julgando nesse sentido (STJ, CC 46.771--RJ, DJ 19.09.2005).

O prazo prescricional para ingressar com a ação de indenização por desapropriação indireta, nos termos da Súmula 119 do STJ, é de 20 anos. O fundamento da súmula é que esse é o prazo para a usucapião extraordinária de bens imóveis, sob a égide do antigo Código Civil (arts. 550 e 551). Todavia, no atual CC, o prazo da usucapião extraordinária é de 15 anos, como regra, e de 10 anos, quando o possuidor houver estabelecido no imóvel sua moradia habitual, ou nele realizado obras ou serviços de caráter produtivo, conforme o art. 1.238 do CC.

A **indenização** deve abarcar os seguintes pontos:

a) valor de mercado do bem: observar o mesmo item da desapropriação direta; se houver desapropriação indireta de parte de um imóvel, tornando a parte remanescente economicamente inviável, pode-se pedir indenização pelo valor total do bem, exercendo o chamado direito de extensão;

b) danos emergentes e lucros cessantes: observar o mesmo item da desapropriação direta;

c) juros compensatórios: aqui, os juros compensatórios são devidos desde a ocupação do imóvel pelo Poder Público. Os juros incidirão sobre o total de indenização, uma vez que, diferente da desapropriação direta, não há diferença entre o valor fixado na sentença e o valor ofertado, pois aqui não se fala em valor ofertado; os juros, aqui, terão o mesmo percentual dos juros compensatórios na desapropriação direta, ou seja, serão de exatos 6% ao ano, nos termos do art. 15-A, § 3º, do Dec.-lei 3.365/1941, declarado constitucional pelo STF (ADI 2332/DF, 17.05.2018), ficando superada assim, a Súmula 618 do STF;

d) juros moratórios: esses juros são devidos quando há atraso, pelo Poder Público, do pagamento que deverá efetuar pela desapropriação. Como o pagamento, de regra, é feito por precatório, esse atraso só passa a existir "a partir de 1º de janeiro do exercício seguinte àquele em que o pagamento deveria ser feito, nos termos do art. 100 da Constituição" (art. 15-B do Dec.-lei 3.365/1941); o mesmo dispositivo estabelece que esses juros serão de 6% ao ano, mas ele não foi alterado pelo STF;

e) correção monetária: é contada desde a realização do laudo pericial que fixa o valor do bem expropriado;

f) custas e despesas processuais: são de responsabilidade do Poder Público os honorários periciais, inclusive quanto ao adiantamento das quantias para fazer frente a essas despesas (STJ, REsp 788.817, j. 19.06.2007);

g) honorários advocatícios: o Dec.-lei 3.365/1941 dispõe que, à moda do que ocorre na desapropriação direta, os honorários serão fixados entre 0,5 e 5% da diferença entre o valor oferecido pelo Poder Público e o valor fixado pelo Poder Judiciário (art. 27, §§ 1º e 3º, do Dec.-lei 3.365/1941, com a redação dada pela MP 2.183-56/2001); todavia, como não há diferença entre valor fixado pelo juiz e valor ofertado pelo Poder Público, já que este se apoderou do bem sem seguir os trâmites legais, devem incidir os honorários sobre o valor total da condenação, prevalecendo os parâmetros previstos na legislação processual civil, conforme lição de José Fernandes Carvalho Filho (*Manual de Direito Administrativo*, 18ª edição, Rio de Janeiro: Lumen Juris, 2007, p. 767). É importante ressaltar que na base de cálculo dos honorários advocatícios devem ser incluídas as parcelas devidas a título de juros moratórios e compensatórios, também devidamente atualizados, nos termos da Súmula 131 do STJ.

9.1.8.7. Desapropriação por não atendimento à função social da propriedade

Em área rural, a desapropriação-sanção deve atender às seguintes regras (art. 184 da CF):

a) União é quem tem competência para a desapropriação para reforma agrária pelo não cumprimento da função social da propriedade;

b) o pagamento será feito com títulos da dívida agrária, resgatáveis em até 20 anos, a partir do 2º ano de sua emissão;

c) as benfeitorias úteis e necessárias serão indenizadas em dinheiro;

d) não cabe desapropriação para reforma agrária: i) em caso de pequena e média propriedade rural se o proprietário não tiver outra; ii) em caso de propriedade produtiva.

Em área urbana, a desapropriação-sanção deve atender às seguintes regras (art. 182 da CF):

a) o Município desapropria o imóvel urbano que não estiver cumprindo a função social da propriedade;

b) o pagamento será feito com títulos da dívida pública, de emissão aprovada pelo Senado, resgatáveis em até 10 anos, em parcelas anuais, iguais e sucessivas;

c) o Estatuto da Cidade estabelece que o valor a ser apurado é o *valor venal* e não haverá *lucros cessantes*;

d) são requisitos para a aplicação do instituto os seguintes: i) lei federal, plano diretor municipal, lei municipal específica indicando áreas que devem ser utilizadas; ii) notificação para parcelamento, edificação ou utilização compulsória (1 ano para projeto e 2 anos para iniciar as obras); iii) IPTU progressivo por 5 anos, com alíquota de até 15%, no máximo dobrando a cada ano.

Cumpridos os requisitos mencionados, e permanecendo a propriedade sem cumprir a sua função social, o Município pode ingressar com ação de desapropriação-sanção.

10. RESPONSABILIDADE CIVIL DO ESTADO

10.1. Evolução histórica e teorias sobre a responsabilidade estatal

A responsabilidade patrimonial do Estado passou pelas seguintes fases:

a) fase da irresponsabilidade: nessa fase, o Estado não respondia por danos causados aos particulares, sob o argumento de que o poder soberano dos reis era divino, de modo que não era correto dizer que o rei errava ("the king can do no wrong");

b) fase civilista: nessa fase, o Estado passou a responder, mas apenas se o dano tivesse sido causado por *culpa ou dolo de um funcionário estatal*; assim, caso o motorista de uma Prefeitura, por exemplo, atropelasse alguém por conta de uma manobra imprudente, o Estado responderia civilmente pela respectiva indenização;

c) fase publicista: nessa fase, o Estado passou a responder civilmente mediante a aplicação de institutos jurídicos mais adequados às características estatais, ou seja, segundo princípios próprios do direito público, daí o nome de fase *publicista*; pertencem a essa fase a responsabilização estatal segundo dois fundamentos:

c1) culpa administrativa: aqui, o Estado responde se o dano tiver origem num *serviço defeituoso*; por exemplo, caso alguém sofra um acidente automotivo pelo fato de haver uma enorme cratera numa rua já há alguns meses, caracteriza-se o serviço estatal defeituoso e, consequentemente, a culpa administrativa a ensejar a responsabilidade civil do Estado. Repare que, aqui, o foco não é a culpa do *funcionário*, mas a culpa do *serviço*, também chamada de culpa anônima do serviço, pois não se analisa a conduta de alguém em especial, mas o desempenho do serviço público;

c2) risco administrativo: aqui, o Estado responde objetivamente pelos danos que causar, ou seja, basta que uma conduta estatal cause um dano indenizável a alguém para que o Estado tenha de responder civilmente, pouco importando se há culpa do funcionário ou se há culpa administrativa. Um exemplo é um policial atirar para se defender e a bala acabar atingindo um terceiro (a chamada "bala perdida"); nesse caso, pouco importa se o policial agiu com culpa ou não, respondendo o Estado objetivamente. O princípio maior que rege a Teoria do Risco Administrativo é o da igualdade, não sendo justo que a vítima sofra sozinha por conduta estatal que, em tese, beneficia a todos; a teoria em questão objetiva que haja igualdade nos ônus e encargos sociais.

A responsabilidade fundada no **risco administrativo** é a regra hoje no direito brasileiro, que, assim, impõe que o Estado responda objetivamente pelos danos que seus agentes causarem a terceiros (art. 37, § 6º, da CF).

A responsabilidade objetiva estatal tem como marco histórico o famoso Caso Blanco, em que uma menina fora atropelada por veículo público e ficou decidido que o Poder Judiciário (que analisava casos cíveis, com princípios próprios) não era o competente para conhecer da questão, mas sim o Conselho de Estado (que analisava casos afetos ao Poder Público), que deveria aplicar princípios próprios do direito público, como o da igualdade e da legalidade, que impõem a indenização ao particular que é lesado em detrimento de uma atividade de proveito à coletividade.

Por fim, é bom ressaltar que a responsabilidade objetiva no Brasil admite excludentes de responsabilidade do Estado, de modo que não adotamos a **Teoria do Risco Integral**, que não admite excludentes, mas a **Teoria do Risco Administrativo**, conforme mencionado, teoria essa que admite excludentes de responsabilidade.

A Teoria do Risco Integral vem sendo aplicada, sem controvérsia alguma, na responsabilidade por *dano nuclear*, seja o responsável pelo dano o Estado ou o particular. Além dos casos previstos na CF, o STF entende que lei infraconstitucional também pode estabelecer novos casos de responsabilidade estatal com risco integral (ADI-4976, J. 07.05.2014).

10.2. Modalidades de responsabilidade

Conforme vimos no item anterior, a responsabilidade do Estado, como regra, é objetiva, fundada no *risco administrativo*.

Porém, a jurisprudência vem reconhecendo que, em alguns casos, a responsabilidade estatal é subjetiva, fundada na *culpa administrativa*.

Assim sendo, pode-se dizer, hoje, que há duas modalidades de responsabilidade civil estatal.

A primeira modalidade é a **responsabilidade objetiva**. Trata-se da regra em matéria de responsabilidade do Estado, nos termos do art. 37, § 6º, da CF. A responsabilidade é objetiva em três situações:

a) por conduta comissiva do Estado: nesse caso pode-se dizer que o Estado causou materialmente um dano, já que atuou positivamente (comissivamente), o que faz incidir o texto do art. 37, § 6º, da CF, que não reclama conduta culposa ou dolosa para que o Estado responda civilmente por danos causados a terceiros; são exemplos de *condutas comissivas* a bala perdida de um policial, a agressão feita por agente público com arma da corporação, a transfusão de sangue contaminado com HIV em hospital público, a interdição indevida de um estabelecimento comercial, um acidente com um carro oficial dirigido de modo imprudente, dentre outros. O art. 37, § 6º, da CF estabelece que essa responsabilidade objetiva alcança as pessoas jurídicas de direito público (entes políticos, mais entidades com natureza autárquica) e as pessoas jurídicas de direito privado prestadoras de serviços públicos;

b) por atividade de risco estatal: nesse caso, temos situações em que não se sabe muito bem se o Estado age numa conduta comissiva ou omissiva; por exemplo, imagine um depósito de explosivos das Forças Armadas, que acaba por pegar fogo, gerando inúmeros danos na vizinhança. Perceba que pouco importa se a conduta estatal é comissiva ou omissiva, pois como a atividade de armazenar explosivos é uma atividade de risco, aplica-se o disposto no art. 927, parágrafo único, do Código Civil, para efeito de responsabilizar o Estado objetivamente; vale ressaltar que qualquer pessoa, de direito público ou de direito privado, responde objetivamente por danos causados por atividades de risco que pratiquem;

c) por condutas omissivas específicas: para o STF a responsabilidade estatal por condutas omissivas específicas é objetiva; ex: agressão física a aluno por colega em escola pública; por omissão no dever de fiscalizar, valendo salientar que, para que fique caracterizada a responsabilidade civil do Estado por danos decorrentes do comércio de fogos de artifício, é necessário que exista a violação de um dever jurídico específico de agir, que ocorrerá quando for concedida a licença para funcionamento sem as cautelas legais ou quando for de conhecimento do poder público eventuais irregularidades praticadas pelo particular (Informativo STF969); em geral, as situações do item "b" acima estão conectadas com este item "c"; por exemplo, acerca desse rompimento de um dever específico, o STJ entende que o Estado responde pelo falecimento de advogado nas dependências do fórum causado por disparos de arma de fogo efetuados por réu em ação criminal, por se tratar de omissão estatal em atividade de risco anormal, nos termos do art. 927, parágrafo único, do Código Civil (Informativo 674; REsp 1.869.046-SP, DJe 26.06.2020); na mesma decisão foi lembrado que "entre as atividades de risco "por sua natureza" incluem-se as desenvolvidas em edifícios públicos, estatais ou não (p. ex., instituição prisional, manicômio, delegacia de polícia e fórum), com circulação de pessoas notoriamente investigadas ou condenadas por crimes, e aquelas outras em que o risco anormal se evidencia por contar o local com vigilância especial ou, ainda, com sistema de controle de entrada e de detecção de metal por meio de revista eletrônica ou pessoal".

A segunda modalidade é a **responsabilidade subjetiva**. Trata-se de exceção em matéria de responsabilidade do Estado. A responsabilidade será subjetiva em três situações:

a) por conduta omissiva genérica do Estado: nesse caso não se pode dizer que o Estado causou materialmente um dano, pois uma omissão não é capaz de "causar" coisa alguma, situação que impede a aplicação da responsabilidade objetiva prevista no art. 37, § 6º, da CF, que se aplica quando o Estado, por seus agentes, "causa" um dano a terceiros; por outro lado, não é possível simplesmente aplicar o Código Civil nesse tipo de situação (omissiva), pois esse Código é fundado em princípios de Direito Privado, e a responsabilidade estatal deve ser fundada em princípios de Direito Público; assim sendo, em caso de conduta omissiva do Estado, esse responderá **subjetivamente**, mas com fundamento na **culpa administrativa** e não na culpa do funcionário público. A culpa administrativa ocorre quando se demonstra que o serviço é **defeituoso** (a chamada "falta do serviço"), ou seja, quando se demonstra que o serviço: i) não funcionou, ii) funcionou atrasado ou iii) funciona mal; tal apreciação é feita levando-se em conta o que legitimamente se espera do serviço estatal. São exemplos de condutas omissivas estatais que costumam gerar responsabilidade por envolver serviço defeituoso o não recapeamento de ruas pelo Poder Público, propiciando acidentes automobilísticos; a falta de limpeza de bueiros e córregos, propiciando alagamentos e deslizamentos de imóveis; a morte de detento ocasionada por outro detento, salvo casos em que seja impossível a tomada de providências do Estado para evitar a morte de um detento, hipótese em que fica rompido o nexo causal da sua omissão com o resultado danoso (STF, RE 841526/RS, j. 30.03.2016); a ausência de fiscalização ambiental pelo Estado, propiciando danos ambientais; a existência de animal em estrada, causando acidente; a falha no semáforo, causando acidente; o acidente em sala de aula de escola pública, machucando aluno; dentre outros. Todavia, a jurisprudência não costuma responsabilizar o Estado por atos causados por um fugitivo da prisão, que, tempos depois da fuga, comete crimes, causando danos a terceiros; por enquanto, o STF e o STJ vêm entendendo que a responsabilidade do Estado por omissão é subjetiva; vale ressaltar que o STF tem decisão no sentido de que a responsabilidade estatal por atos omissivos *específicos* é objetiva; um exemplo de caso de omissão específica do Estado é a agressão física a aluno por colega, em escola estadual, hipótese em que a responsabilidade estatal será objetiva, com base na Teoria do Risco Administrativo (STF, ARE 697.326 AgR/RS, DJ 26.04.2013); não se pode confundir uma *conduta omissiva genérica* (ex: o Estado não conseguir evitar todos os furtos de carros), com uma *conduta omissiva específica* (ex: o Estado ter o dever de vigilância sobre alguém e não evitar o dano); no primeiro caso, o Estado responde *subjetivamente*, só cabendo indenização se ficar provado que o serviço foi defeituoso (ex: um policial presencia um furto e nada faz); no segundo caso, o Estado responde *objetivamente*, não sendo necessário perquirir sobre se o serviço estatal foi ou não defeituoso;

b) por condutas omissivas ou comissivas de pessoas jurídicas de direito privado estatais exploradoras de atividade econômica: essas pessoas não são alcançadas pela responsabilidade objetiva prevista no art. 37, § 6º, da CF; dessa forma, a regulamentação de sua responsabilidade cabe ao direito privado e este, como regra, estabelece a responsabilidade civil subjetiva, em que a pessoa jurídica só responderá se um agente seu agir mediante conduta culposa ou dolosa (art. 186 do Código Civil). Todavia, o caso concreto pode envolver situação que gere responsabilidade objetiva, não pela Constituição Federal, mas pela legislação infraconstitucional; por exemplo, se a pessoa jurídica em tela causar dano em virtude de atividade de risco, responderá objetivamente (art. 927, parágrafo único, do CC); o mesmo acontecerá se se tratar de uma relação de consumo (por exemplo, a relação entre o Banco do Brasil e seus clientes);

c) quanto à responsabilidade civil do agente público: nesse caso, o próprio art. 37, § 6º, da CF estabelece que o agente público só responderá por danos causados a terceiros se agir com culpa ou dolo e, mesmo assim, apenas em ação regressiva movida pelo Poder Público, não sendo possível que a vítima ingresse com ação indenizatória diretamente contra o agente público que lhe causar dano.

10.3. Fundamentos da responsabilidade objetiva e motivos que a ensejam

São fundamentos da responsabilidade objetiva do Estado os princípios da **igualdade** e da **legalidade**.

De acordo com o princípio da *igualdade*, não é isonômico que uma pessoa sofra danos por obra do Estado, que age em favor de todas as outras pessoas, e não seja indenizada por isso.

O princípio da *legalidade*, por sua vez, não permite que o Estado haja de forma a causar danos às pessoas, pois isso é ilegal. Agindo assim, o Estado, fica, então, com a obrigação de reparar o dano.

Há quem complemente os fundamentos expostos neste estudo para dizer que a responsabilidade objetiva do Estado fundamenta-se, também, no princípio da **solidariedade social**, previsto no art. 3º da CF.

Quanto aos motivos que ensejam a responsabilidade objetiva estatal, a doutrina destaca que as funções estatais (ex.: atuação policial, realização de grandes obras etc.) ensejam danos mais intensos do que o normal, o que faz com que o Estado mereça um tratamento diferenciado, no sentido de responder efetivamente quando causá-los a terceiros.

O fato é que os deveres públicos colocam o Estado permanentemente obrigado a agir no mundo dos fatos. Não bastasse isso, o Estado possui o direito de usar a força, o que dá ensejo a maior causação de danos.

O administrado, por sua vez, não tem como se evadir dos perigos gerados pelo Estado, já que esse dita os termos de sua atividade.

Tudo isso faz com que somente a responsabilidade objetiva do Estado seja apta a garantir o efetivo ressarcimento a todas as pessoas sujeitas aos perigos causados pelo Poder Público.

10.4. Pressupostos ou requisitos da responsabilidade objetiva

Considerando os elementos vistos no item 10.2, é possível, agora, sistematizar os requisitos para que o Estado responda objetivamente.

Grosso modo, os requisitos são três: a) conduta comissiva (não é necessário que haja culpa ou dolo); b) dano indenizável; c) nexo de causalidade entre a conduta e o dano.

Adensando melhor essas ideias, temos como primeiro requisito da responsabilidade objetiva o seguinte: **fato ou ato de agente das pessoas jurídicas de direito público ou das pessoas privadas prestadoras de serviço público.**

Dois pontos devem ser ressaltados.

O primeiro, quanto ao fato de que as pessoas jurídicas de direito público, como também as pessoas jurídicas de direito privado prestadoras de serviço público (ex.: Correios), respondem objetivamente.

O segundo, quanto ao fato de que tais pessoas respondem pelos atos lesivos praticados por seus agentes contra terceiros, desde que esses agentes tenham agido "na qualidade de agentes públicos".

Assim, se um servidor público, no final de semana, vai a um bar e acaba se desentendendo com alguém, espancando esse alguém e gerando uma série de sequelas nele, o Estado não irá responder por esse ato, pois o agente público não atuou, no caso, na qualidade de agente público.

De qualquer forma, é bom ressaltar que, se um agente público usa a arma da corporação para causar um dano a alguém, mesmo que isso ocorra em período de folga, o Estado responderá objetivamente.

O segundo requisito – **dano indenizável** – requer que o dano causado a terceiro tenha os seguintes requisitos:

a) lesão a *direito* da vítima, vale dizer, à esfera juridicamente protegida do indivíduo;

b) dano *certo* (dano necessário, não apenas eventual), ***especial*** (dano que atinge pessoas em particular e não coletividade em geral) e ***anormal*** (dano que ultrapassa os problemas e dificuldades comuns da vida em sociedade; ex.: uma pequena fila numa repartição pública ou o pó de uma obra pública não configuram o dano anormal, não gerando indenização).

O terceiro requisito – **nexo de causalidade entre a conduta estatal e o dano** – impõe que haja um nexo entre o ato estatal e o dano causado a terceiro. O STF entende que não há nexo de causalidade quando um detento foge da prisão e, tempos depois, comete crimes ou com a ajuda de comparsas (STF,

AR 1.376). Todavia, houve um caso em que um presidiário, que já havia fugido sete vezes da prisão, acabou por estuprar um menor de 12 anos, caso esse que levou o STF a entender que havia nexo de causalidade, uma vez que, se a lei de execução penal tivesse sido corretamente aplicada, o preso estaria em regime fechado e não teria conseguido fugir pela oitava vez e cometido o crime (STF, RE 409.203).

Por fim, vale dizer que o STF entende que também é objetiva a responsabilidade do Estado quando este causa danos aos seus próprios agentes públicos (RE 435.444-RS).

10.5. Excludentes da responsabilidade do Estado

Conforme visto no item 10.1, o Brasil adota a Teoria do Risco Administrativo em matéria de responsabilidade do Estado e não a Teoria do Risco Integral.

Assim sendo, a responsabilidade do Estado admite excludentes.

Confira os casos em que se reconhece que a responsabilidade estatal ficará excluída: a) força maior (ex.: um tornado causa estragos em diversos imóveis de uma cidade); b) culpa exclusiva de terceiro; c) culpa exclusiva da vítima.

A culpa concorrente da vítima e do Estado não exclui a responsabilidade estatal, gerando apenas atenuação do *quantum* indenizatório.

10.6. Responsabilidade do agente público. Denunciação da lide do agente público que causou o dano e direito de regresso

O agente público, segundo o art. 37, § 6º, da CF, responde pelos danos que causar a terceiros, perante a pessoa com quem trabalha, se agir com culpa ou dolo.

Ou seja, os agentes públicos têm dupla proteção: a) a primeira é de só responder se agirem com culpa ou dolo; b) a segunda, de não poderem ser acionados diretamente pelo terceiro lesado.

Quanto ao primeiro ponto (item "a"), há uma inovação importante Lei de Introdução às Normas do Direito Brasileiro (LINDB), que certamente será invocada por alguns agentes públicos que forem chamados a reparar o erário por mero ato culposo, para se eximir dessa responsabilidade. De acordo com essa novidade, o agente público responderá pessoalmente por suas **decisões** ou **opiniões técnicas** apenas em caso de **dolo** ou **erro grosseiro**. Essa regra, que só vale para decisões e opiniões técnicas (ex: de um procurador ou de um contador público) e pode impactar na jurisprudência nos casos em que o agente público respondia mediante simples conduta culposa (negligência, imperícia ou imprudência).

O art. 37, § 6º, da CF, hierarquicamente inferior à LINDB, assegura ao Estado o direito de regresso em face do agente público que por ato doloso ou culposo causar dano a terceiro, na hipótese de o Estado restar obrigado a reparar o dano a esse terceiro. Repare que a norma constitucional em questão admite ato doloso e qualquer ato culposo, e não apenas atos culposos do tipo "erro grosseiro". Porém, não há norma constitucional dispondo da mesma maneira para as hipóteses em que o agente público causar dano direto ao Estado. Nesse sentido, os agentes públicos que estiverem sendo acionados por dano ao erário meramente culposo causado por uma decisão ou uma opinião técnica poderão, a depender do caso concreto, invocar a tese de que podem até ter agido de modo culposo, mas que não cometeram erro grosseiro. Ou seja, essa discussão sobre se há ou não *erro grosseiro* terá de ser feita no caso concreto.

Quanto a esse segundo aspecto da dupla proteção ao agente público (item "b"), fica, então, a notícia de que o terceiro lesado só poderá ingressar com ação diretamente contra o Poder Público. Em seguida, em ação de regresso, o agente público que tiver atuado com culpa ou dolo pode ser acionado pelo Poder Público para que este se ressarça dos prejuízos que teve de arcar por conta do agente público responsável pelo dano.

Assim, não cabe a responsabilidade "per saltum" da pessoa natural do agente público (STF, RE 327.904, rel. Min. Carlos Brito, j. em 15.08.2006 – Informativo 436), devendo o juiz julgar extinta, por ilegitimidade de parte, eventual ação promovida pelo terceiro lesado em face do agente público.

Resta saber se o Estado poderá, logo que acionado pelo terceiro lesado, denunciar da lide o agente público, criando demanda paralela a ser julgada em sentença única.

O Superior Tribunal de Justiça vem aceitando a denunciação da lide nesses casos. Porém, vem crescendo o entendimento de que a denunciação da lide somente é possível quando a causa de pedir trazida na ação de responsabilidade seja a narração de uma conduta culposa ou dolosa do agente público. Nesse caso, como a ação já é fundada na culpa, não há problema em se denunciar da lide o agente público, eis que a sua culpa já estará sendo discutida na demanda principal.

Porém, quando a petição inicial se funda, fática e juridicamente, na responsabilidade objetiva do Estado, parece-nos temerário que o juiz admita eventual denunciação da lide do Poder Público. Isso porque ela não se coaduna com a ideia de responsabilidade objetiva, que visa a uma indenização pronta e rápida que não aconteceria se pudesse ser chamado o agente público para responder, instaurando-se uma lide paralela, em que se tivesse que discutir sua culpa ou seu dolo.

Aliás, o STJ é pacífico no sentido de que a ação de denunciação da lide não importa na perda do direito do Estado de ingressar com ação de regresso contra o servidor, já que o Estado tem garantido o direito de se ressarcir na própria Constituição Federal (art. 37, § 6º, da CF).

Vale lembrar que, uma vez que o Estado arque com indenização em favor de terceiro e o agente público responsável pelo ato danoso tenha agido com culpa ou dolo, o Estado nem sempre terá de ingressar com ação de regresso, sendo possível, desde que haja concordância do agente público, desconto da indenização em folha de pagamento, na forma da lei, e desde que seja parceladamente, de modo a não comprometer a subsistência do agente e de sua família.

10.7. Responsabilidade das pessoas jurídicas prestadoras de serviço público

Conforme já visto, a responsabilidade dessas pessoas, nos termos do art. 37, § 6º, da CF, também é objetiva. Assim, as concessionárias de serviço público, por exemplo, nas áreas de água e esgoto, energia elétrica, telefonia, transporte público, dentre outras, respondem pelos danos que seus agentes causarem, independentemente de culpa.

É importante ressaltar que o STF vinha entendendo que a responsabilidade objetiva dos concessionários (prevista no art. 37, § 6º, da CF) só existiria em relação ao usuário do serviço e não em relação a terceiro não usuário, que sofre dano no contexto da prestação de um serviço público. O terceiro deveria buscar responsabilização da concessionária com fundamento em outras regras jurídicas.

No entanto, houve **mudança** na orientação jurisprudencial, para admitir a responsabilidade objetiva também em favor do não usuário do serviço público. Confira: "A responsabilidade civil das pessoas jurídicas de direito privado prestadoras de serviço público é objetiva relativamente a terceiros usuários e não usuários do serviço, segundo decorre do art. 37, § 6º, da Constituição Federal. II – A inequívoca presença do nexo de causalidade entre o ato administrativo e o dano causado ao terceiro não usuário do serviço público, é condição suficiente para estabelecer a responsabilidade objetiva da pessoa jurídica de direito privado" (STF, RE 591874).

O STF passou a entender que a expressão "terceiros", contida no dispositivo constitucional citado, inclui os terceiros não usuários do serviço público. Primeiro porque não há restrição redacional nesse sentido, não se podendo fazer interpretação restritiva do dispositivo constitucional. Segundo porque a Constituição, interpretada à luz do princípio da isonomia, não permite que se faça qualquer distinção entre os chamados "terceiros", usuários e não usuários do serviço público, uma vez que todos podem sofrer dano em razão da ação administrativa estatal. Terceiro porque os serviços públicos devem ser prestados de forma adequada e em caráter geral, estendendo-se, indistintamente, a todos os cidadãos, beneficiários diretos ou indiretos da ação estatal.

10.8. Responsabilidade das pessoas de direito privado estatais exploradoras de atividade econômica

O § 6º do art. 37 da Constituição Federal estabelece ser objetiva a responsabilidade das pessoas jurídicas de *direito público* e das pessoas jurídicas de *direito privado prestadoras de serviço público*.

Nesse sentido, pessoa jurídica de direito privado *exploradora de atividade econômica* não se enquadra na regra matriz da responsabilidade objetiva do Estado.

Ao contrário, tais entidades estão submetidas, como regra, ao regime jurídico próprio das empresas privadas, inclusive quanto às obrigações civis, o que inclui a responsabilidade civil (art. 173, § 1º, II, da CF), que, no Direito Privado, como regra, ainda é de natureza subjetiva.

Todavia, é bom ressaltar que o regime jurídico de direito privado, no que tange à responsabilidade civil, sofreu muitas transformações, deixando de ser calcado sempre na responsabilidade subjetiva e passando a trazer regras bastante abrangentes de responsabilidade objetiva.

Dessa forma, dependendo do tipo de relação jurídica existente entre as partes e dos contornos fáticos que envolveram a atuação da empresa estatal, pode-se caracterizar situação que enseja responsabilidade objetiva também. E isso não por conta do art. 37, § 6º, da Constituição, que não se aplica ao caso, mas por conta das próprias regras de Direito Privado.

Por exemplo, caso se configure, no caso concreto, relação de consumo ou hipótese de vítima equiparada a consumidor, a responsabilidade da empresa será objetiva. Outra possibilidade é de, apesar de a relação jurídica entre vítima e empresa ser regulada pelo Código Civil, configurar-se dano causado por atividade de risco (art. 927, parágrafo único, do CC) ou por circulação de produtos (art. 931 do CC), situações essas para as quais o atual Código Civil estabelece responsabilidade objetiva.

10.9. Responsabilidade por obra pública

Quando é o próprio Estado que executa uma obra por agentes públicos pertencentes aos quadros da própria Administração, não há dúvida alguma de que o Estado responde objetivamente por danos causados a terceiros.

A dúvida sobre se o Estado responde ou não existe quando a obra pública causadora de dano foi encomendada pelo Estado a uma empreiteira, ou seja, a um particular que tenha celebrado contrato administrativo com a Administração Pública.

A Lei 8.666/1993, que regula as licitações e os contratos administrativos, é clara ao dispor que o contratado é responsável pelos danos causados a terceiros, decorrentes de sua culpa ou dolo na execução do contrato (art. 70). O dispositivo também esclarece que tal responsabilidade não fica excluída ou reduzida pela fiscalização ou acompanhamento pelo órgão interessado.

Assim sendo, não há responsabilidade primária e solidária do Estado pelos danos causados por obras realizadas por empreiteira contratada deste.

Mas há duas situações em que o Estado poderá responder por conta de uma obra pública que tiver encomendado a um empreiteiro.

O primeiro caso diz respeito às situações em que os danos causados a terceiros são produzidos por motivo inerente à obra encomendada pelo Estado. São aquelas situações em que o contratado não age com culpa ou dolo, mas, em virtude de características próprias da obra, danos serão inevitáveis. Por exemplo, em caso de nivelamento de ruas, é praticamente inexorável a causação de danos, vez que casas à margem da via ficarão em nível mais baixo ou mais elevado que esta.

O segundo caso diz respeito à hipótese em que o contratado pela Administração, culpado pelos danos decorrentes da obra, não tem recursos para arcar com os ônus decorrentes da responsabilidade civil que carrega. Nesse caso, o Estado, por ser o patrocinador da obra e por agir em favor de toda a coletividade, deve indenizar os danos causados, socializando a sua reparação em favor daquele que sofreria sozinho caso não fosse indenizado. Tem-se, no caso, responsabilidade subsidiária do Estado.

10.10. Responsabilidade do tabelião e do registrador

O Ofício de Notas não é uma pessoa jurídica, mas sim uma estrutura organizada para a prestação de serviços notariais. Tal estrutura é organizada técnica e administrativamente pelo notário, que é uma pessoa física a quem é delegado o exercício da atividade notarial, mediante concurso público.

O notário exerce, então, função pública, sendo tratado pela doutrina como um particular em colaboração com o Poder Público. Trata-se, na verdade, de um agente público delegado, ou seja, de um agente público que recebe a delegação de um serviço público, que será prestado em nome próprio e por conta e risco do notário.

O artigo 22 da Lei 8.935/1994 teve sua redação alterada pela Lei 13.286/2016, constando agora que notários, registradores e seus substitutos e escreventes designados somente respondem se agirem mediante conduta culposa ou dolosa, o que se contrapõe ao entendimento jurisprudencial sedimentado anteriormente, calcado no texto constitucional, de que respondem de forma objetiva, ou seja, independentemente de culpa ou dolo.

O STF, enfrentando o texto desse novo dispositivo legal, acabou por mudar o seu posicionamento, para o fim de deixar claro que a responsabilidade do tabelião e do registrador é de natureza subjetiva, e não objetiva. Primeiro porque a Constituição Federal, no art. 36, § 6º, estaria fazendo referência apenas às pessoas *jurídicas* de direito privado prestadoras de serviço público quando trata da responsabilidade objetiva do Estado e de suas empresas concessionárias. E como o tabelião e o registrador são pessoas *físicas*, não entrariam automaticamente pela regra. Segundo porque reconheceram que o dispositivo do art. 22 da Lei 8.935/1994 é constitucional e claro quanto à responsabilidade subjetiva desses agentes públicos (RE 842846/RJ, j. 27.2.2019).

Ocorre que o STF não parou por aí. A mesma decisão também fixou o entendimento de que, por se tratarem de agentes públicos, não se pode acionar os tabeliães e registradores diretamente, em caso de dano causado ao particular. Deve-se acionar o Estado, que responde objetivamente nesses casos, e caso o Estado perca a ação ele poderá acionar regressivamente o tabelião ou o registrador, e mesmo assim apenas se esses agentes públicos tiverem agido com culpa ou dolo, já que a responsabilidades destes é subjetiva.

10.11. Responsabilidade por atos legislativos e jurisdicionais

O Estado não responde, como regra, pela edição de leis que prejudiquem alguém.

Tal regra só cede nas seguintes situações: a) se uma lei declarada inconstitucional causa danos ao particular; b) em caso de lei de efeito concreto causar dano a uma pessoa em particular (ex: criação de Parque Florestal em área privada).

O Estado também não responde, como regra, pela expedição de decisões que prejudiquem alguém. Como exceção temos: a) o caso de erro judiciário, que é aquele reconhecido em revisão criminal ou o decorrente de prisão de alguém além do tempo permitido; reconhecido o erro judiciário, a responsabilidade do Estado é objetiva, não sendo necessário demonstração de culpa ou dolo do magistrado responsável pelo caso (STF, RE 505393/PE); b) os casos em que o juiz responde pessoalmente por dolo, fraude, recusa, omissão ou retardamento injustificado de providências de seu ofício, nos termos do legislação processual civil; c) os casos de erro grave (ex: prisão de alguém sem qualquer envolvimento com o fato criminoso – *vide* o caso do "Bar Bodega" no Informativo 570 do STF – RE 385943/SP).

10.12. Responsabilidade por atos do Ministério Público

O Ministério Público não é pessoa jurídica, mas órgão da Administração Direta da União (Ministério Público da União – art. 128 da CF) e dos Estados-membros.

Assim, não tendo o Ministério Público personalidade jurídica, não há como responsabilizá-lo civilmente por seus atos.

Por outro lado, a responsabilidade do Estado é, como regra, objetiva, de modo que quando um órgão estatal causa um dano a terceiro, a pessoa jurídica estatal correspondente tem de responder, ressalvada a ação de regresso em face do agente público que tiver agido com culpa ou dolo, no caso, o membro do Ministério Público.

Esse é o posicionamento do STF (AI 552.366 AgR, DJ 28.10.2009).

10.13. Responsabilidade subsidiária

O Estado responde subsidiariamente pelos danos causados pelas seguintes pessoas que estiverem atuando em atividades que ele mesmo deveria prestar: a) pessoas jurídicas de direito público da Administração Indireta (autarquias, fundações públicas, agências reguladoras e associações públicas); b) pessoas jurídicas de direito privado prestadoras de serviço público; c) pessoas jurídicas de direito privado executoras de obra pública, por danos decorrentes dessa obra.

Há de se ressaltar que a responsabilidade subsidiária, para acontecer, depende da impotência econômica ou financeira da entidade estatal.

10.14. Prescrição

Até pouco tempo atrás não havia controvérsia alguma sobre qual era o prazo prescricional para o exercício da pretensão indenizatória em face do Estado.

Doutrina e jurisprudência eram uníssonas no sentido de que esse prazo era de 5 anos, nos termos do art. 1º do Decreto 20.910/1932, que regula a prescrição contra a Fazenda Pública.

Porém, com a entrada em vigor do atual Código Civil, que estabelece que o prazo prescricional para ações indenizatórias é de 3 anos (art. 206, § 3º, V), uma forte corrente passou a considerar que esse prazo também deveria ser aplicado às ações indenizatórias em face da Fazenda Pública. Isso porque o art. 10 do Decreto 20.910/1932 prevê que o prazo de 5 anos nele previsto "não altera as prescrições de menor prazo, constantes das leis e regulamentos, as quais ficam subordinadas às mesmas regras". Dessa forma, como o prazo previsto no Código Civil é, atualmente, um prazo "menor" do que o de 5 anos previsto no Decreto mencionado, dever-se-ia aplicar o prazo previsto no Código, fazendo com que a prescrição de ações de reparação civil em geral tivesse prazo de 3 anos contra a Fazenda Pública.

A questão hoje é bastante controversa.

Porém, o STJ, que estava bastante dividido, tem-se encaminhado no sentido de que o prazo continua de 5 anos (AgRg no Ag 1.364.269, DJ 24.09.2012). O argumento da primeira turma é no sentido de que o prazo de 5 anos é um prazo histórico, previsto em norma especial e igual a uma série de outros prazos de prescrição previstos para o exercício de pretensão indenizatória de outras naturezas em face do Estado (EResp 1.081.885/RR, rel. Hamilton Carvalhido, DJ 01.02.2011). Ao contrário, o prazo previsto no Código Civil é prazo destinado a regular as relações de Direito Privado.

Pra resolver de vez a questão, em recurso repetitivo restou estabelecido pelo STJ que as ações patrimoniais passivas ou ativas de que seja parte a Fazenda Pública regem-se pelo prazo prescricional previsto no Decreto 20.910/1932. Vale a pena replicar ementa a respeito do tema: "ADMINISTRATIVO. PROCESSUAL CIVIL. RESPONSABILIDADE CIVIL DO ESTADO. AÇÃO DE INDENIZAÇÃO CONTRA A FAZENDA PÚBLICA. PRAZO PRESCRICIONAL.DECRETO 20.910/1932. QUINQUENAL. TEMA OBJETO DE RECURSO REPETITIVO. SÚMULA 168/STJ. INCIDÊNCIA. 1. A jurisprudência desta Corte firmou-se no sentido de que a prescrição contra a Fazenda Pública é quinquenal, mesmo em ações indenizatórias, uma vez que é regida pelo Decreto 20.910/1932. (AgRg nos EAREsp 53471 / RS, relator Ministro Humberto Martins, 1ª Seção, j. 27.02.2013).

Há de se aguardar, agora, como se posicionará a jurisprudência em relação à responsabilização civil de *pessoas jurídicas* que causarem danos à Administração por condutas definidas na Lei 12.846, de 1º de agosto de 2013. Parece-nos que, de acordo com essa lei, a prescrição da pretensão do Poder Público de buscar a reparação civil no caso mencionado (de pessoa jurídica cuja conduta incida no art. 5º da lei), voltará a ser de 5 anos, nos termos de seu art. 25, *caput*. Apesar de a lei ter usado uma terminologia totalmente inadequada ("prescrição da infração"), parece-nos que dispositivo citado **não fez** distinção entre a aplicação de sanções civis (como a de reparação civil, que, inclusive, envolve verdadeiro prazo *prescricional*) e administrativas (que, em verdade, envolve prazo decadencial, apesar de ser comum a lei usar a palavra "prescrição" para abranger prazos decadenciais também), de modo que o prazo prescricional de 5 anos se aplicaria tanto às sanções civis, como às sanções administrativas para as pessoas jurídicas que praticarem condutas definidas no art. 5º da Lei 12.846/2013.

Ainda em relação à questão da prescrição, há dois casos específicos em que o prazo prescricional para a ação indenizatória está definido por existir regra especial estabelecendo tais prazos, sem que haja exceção quanto à sua aplicação. O primeiro é prazo para ingresso de ação indenizatória por desapropriação indireta (prazo prescricional de 10 anos) e o segundo é para ingresso de ação indenizatória por restrições decorrentes de atos do Poder Público (prazo prescricional de 5 anos – art. 10 do Dec.-lei 3.365/1941).

Por fim, de rigor lembrar que há três casos de imprescritibilidade da pretensão de reparação civil, quais sejam: a) ressarcimento do erário por dano causado por ato de improbidade doloso; b) ressarcimento de dano ambiental; c) ressarcimento de danos por perseguição política, prisão e tortura durante a ditadura militar. Quanto a esse último caso, *vide*, por exemplo, o AgRg no Ag 1.428.635, julgado pelo STJ em 02.08.2012.

Vale, também, uma palavra sobre o termo *a quo* da contagem do prazo prescricional.

No caso, esse prazo é contado da data do fato ou do ato lesivo. Todavia, caso o dano tenha sido causado por conduta considerada crime na esfera penal, o prazo prescricional começará a fluir a partir do trânsito em julgado da ação penal (STJ, AgRg no Ag 1383364/SC, DJ 25.05.2011).

10.15. Responsabilidade civil e administrativa de pessoas jurídicas (Lei 12.846/2013)

A Lei 12.846, de 1º de agosto de 2013, dispõe sobre a responsabilização **objetiva**, nas esferas administrativa e civil, de **pessoas jurídicas**, pela prática, por estas, de atos contrários à Administração Pública, **inclusive** atos contrários à Administração Pública estrangeira, ainda que cometidos no exterior (arts. 1º e 28).

Essa responsabilidade objetiva, todavia, somente se aplica quanto aos atos lesivos **definidos no art. 5º da Lei** (por exemplo: fraude à licitação), e desde que a pessoa que tenha cometido tais atos seja uma pessoa jurídica. As demais pessoas (pessoas físicas ou naturais) e os demais casos (ilícitos não previstos no art. 5º da Lei 12.846/2013), continuam regulamentados pelas leis existentes ao tempo da Lei 12.846/2013, podendo se tratar tanto de responsabilidade subjetiva (quando se aplicar o artigo 186 do Código Civil, por exemplo), como de responsabilidade objetiva (quando se aplicar os artigos 927, parágrafo único e 931 do Código Civil, também por exemplo).

Outro requisito para que haja a responsabilidade administrativa e civil da pessoa jurídica perante a Administração é que os atos lesivos respectivos tenham sido praticados em seu **interesse ou benefício**, ainda que não exclusivamente em seu interesse ou benefício (art. 2º).

As sanções administrativas podem ser aplicadas **sem intervenção do Judiciário** no caso de aplicação de *multa* e de *publicação extraordinária de decisão condenatória* (art. 6º). A multa variará de 0,1% a 20% do faturamento bruto da pessoa jurídica no último exercício anterior ao da instauração do processo administrativo, em valor nunca inferior à vantagem auferida. Quanto à publicação extraordinária de decisão condenatória, consiste em se determinar a publicação, às expensas da pessoa jurídica infratora, de extrato da decisão condenatória em meio de comunicação de grande circulação, em edital afixado pelo prazo mínimo de 30 dias no próprio estabelecimento ou no local da atividade, e no sítio eletrônico da pessoa jurídica.

Quanto às demais sanções administrativas previstas no art. 19 da Lei (que incluem o perdimento de bens, a suspensão ou interdição parcial de atividades, a dissolução compulsória da pessoa jurídica e a proibição de contratar com a Administração), bem como quanto à reparação civil, cabe ao Poder Público ingressar com **ação judicial**, para que o Judiciário promova a devida responsabilização. A ação em questão seguirá o rito da Lei de Ação Civil Pública (art. 21, *caput*), e pode ser ajuizada não só por meio das procuradorias dos entes públicos, como também pelo Ministério Público (art. 19, *caput*), sendo, que na omissão das autoridades administrativas, este poderá também pedir em juízo a aplicação das sanções previstas no art. 6º da Lei.

É importante ressaltar que a aplicação das sanções previstas na lei ora comentada **não afeta** os processos de responsabilização e aplicação de penalidades decorrentes dos atos de improbidade nos termos da Lei 8.429/1992 e de ilícitos alcançados pela Lei 8.666/1993 ou outras normas de licitação e contratos (art. 30).

Quanto à **decadência** ou **prescrição** para aplicar as sanções previstas na Lei, o prazo é de 5 anos, contados da data da ciência da infração ou, no caso de infração permanente ou continuada, do dia em que tiver cessado (art. 25). Na esfera administrativa ou judicial, a prescrição será interrompida com a instauração de processo que tenha por objeto a apuração da infração.

Outro ponto importante da lei, que deverá provocar mais efetividade na apuração dessas infrações, é a regulamentação do chamado **acordo de leniência** (art. 16). De acordo com o texto legal, "A autoridade máxima de cada órgão ou entidade pública poderá celebrar acordo de leniência com as pessoas jurídicas responsáveis pela prática dos atos previstos nesta Lei que colaborem efetivamente com as investigações e o processo administrativo, sendo que dessa colaboração resulte:

I – a identificação dos demais envolvidos na infração, quando couber;

II – a obtenção de informações e documentos que comprovem o ilícito sob apuração."

Vale ressaltar que o acordo de leniência somente poderá ser celebrado se preenchidos, cumulativamente, os seguintes requisitos:

"I – a pessoa jurídica seja a primeira a se manifestar sobre seu interesse em cooperar para a apuração do ato ilícito;

II – a pessoa jurídica cesse completamente seu envolvimento na infração investigada a partir da data de propositura do acordo;

III – a pessoa jurídica admita sua participação no ilícito e coopere plena e permanentemente com as investigações e o processo administrativo, comparecendo, sob suas expensas, sempre que solicitada, a todos os atos processuais, até seu encerramento."

Outro ponto importante é que o acordo de leniência celebrado pela autoridade administrativa terá os seguintes efeitos (art. 16, § 2º):

"A celebração do acordo de leniência isentará a pessoa jurídica das sanções previstas no inciso II do art. 6º e no inciso IV do art. 19 e reduzirá em até 2/3 (dois terços) o valor da multa aplicável."

É importante dizer que o acordo de leniência **não exime** a pessoa jurídica da obrigação de reparar integralmente o dano causado e **deve estipular** as condições necessárias para assegurar a efetividade da colaboração e o resultado útil do processo administrativo e quando estipular a obrigatoriedade de reparação do dano poderá conter cláusulas sobre a forma de amortização, que considerem a capacidade econômica da pessoa jurídica.

Por fim, seguem outras características desse acordo, previstas nos arts. 16 e 17:

a) "Os efeitos do acordo de leniência serão estendidos às pessoas jurídicas que integram o mesmo grupo econômico, de fato e de direito, desde que firmem o acordo em conjunto, respeitadas as condições nele estabelecidas" (§ 5º);

b) "A proposta de acordo de leniência somente se tornará pública após a efetivação do respectivo acordo, salvo no interesse das investigações e do processo administrativo" (§ 6º);

c) "Não importará em reconhecimento da prática do ato ilícito investigado a proposta de acordo de leniência rejeitada" (§ 7º);

d) "Em caso de descumprimento do acordo de leniência, a pessoa jurídica ficará impedida de celebrar novo acordo pelo prazo de 3 (três) anos contados do conhecimento pela administração pública do referido descumprimento" (§ 8º);

e) "A celebração do acordo de leniência interrompe o prazo prescricional dos atos ilícitos previstos nesta Lei." (§ 9º);

f) "A Controladoria-Geral da União – CGU é o órgão competente para celebrar os acordos de leniência no âmbito do Poder Executivo federal, bem como no caso de atos lesivos praticados contra a administração pública estrangeira" (§ 10);

g) "A administração pública poderá também celebrar acordo de leniência com a pessoa jurídica responsável pela prática de ilícitos previstos na Lei 8.666, de 21 de junho de 1993, com vistas à isenção ou atenuação das sanções administrativas estabelecidas em seus arts. 86 a 88" (art. 17).

Por fim, importante destacar que "os órgãos ou entidades dos Poderes Executivo, Legislativo e Judiciário de todas as esferas de governo deverão informar e manter atualizados, para fins de publicidade, no **Cadastro Nacional de Empresas Inidôneas e Suspensas – CEIS**, de caráter público, instituído no âmbito do Poder Executivo federal, os dados relativos às sanções por eles aplicadas, nos termos do disposto nos arts. 87 e 88 da Lei 8.666, de 21 de junho de 1993" (art. 23 – g.n.).

11. LICITAÇÃO PÚBLICA

11.1. Finalidades ou objetivos

A Administração Pública, para cumprir suas tarefas, **precisa realizar muitos contratos**. A maior parte deles envolve **aquisição** de bens, serviços e obras. Mas há também situações em que a Administração **aliena** bens ou faz **permissões e concessões**.

No entanto, é fundamental que a Administração Pública, previamente à contratação, siga um procedimento destinado a preservar certos princípios. Esse procedimento tem o nome de **licitação**.

A Lei 8.666/1993, em sua redação original, dispunha que a licitação tinha por finalidade atender aos seguintes objetivos (art. 3º, *caput*): a) garantir a observância do princípio da **isonomia**; b) garantir a seleção da proposta **mais vantajosa** para a administração.

A simples existência de um processo de licitação já evita que interessados em contratar com a Administração Pública sejam excluídos dessa possibilidade, o que preserva o princípio da igualdade. Além disso, a existência de concorrência entre interessados, por si só, já é capaz de obrigá-los a formular a mais vantajosa proposta possível, o que atende ao princípio da indisponibilidade do interesse público.

Mas como tais finalidades da licitação devem ser buscadas da maneira mais efetiva possível, não basta que a licitação seja procedimento obrigatório para contratações da Administração Pública. É necessário, também, que todas as regras do procedimento sejam direcionadas ao máximo atendimento desses objetivos.

Um exemplo de regra que visa a garantir o princípio da isonomia é a que veda a criação de requisitos de habilitação que não estejam dispostos no art. 27 e seguintes da Lei 8.666/1993.

Um exemplo de regra que visa a garantir a proposta mais vantajosa para a Administração é a que estabelece, na modalidade pregão, que os licitantes, depois de apresentadas suas propostas, terão oportunidade de fazer lances verbais com vistas a se chegar a melhor proposta possível (art. 4º, VIII, da Lei 10.520/2002).

A Lei 12.349/2010 alterou o art. 3º, *caput*, da Lei 8.666/1993, criando uma terceira finalidade para a licitação, qual seja: promover o **desenvolvimento nacional sustentável**.

Exemplo de regra que visa a promover o desenvolvimento nacional sustentável é a que estabelece que, em caso de empate, terão preferência as propostas relativas a bens e serviços produzidos no País (art. 3º, § 2º, II, da Lei 8.666/1993).

Em resumo, a licitação tem três finalidades: a) garantir a isonomia; b) garantir a proposta mais vantajosa para a administração; c) promover o desenvolvimento nacional sustentável.

11.2. Legislação

A **regra-matriz** da licitação encontra-se no art. 37, XXI, da Constituição Federal, *in verbis*: "ressalvados os casos especificados na legislação, as obras, serviços, compras e alienações serão contratados mediante processo de licitação pública que assegure igualdade de condições a todos os concorrentes, com cláusulas que estabeleçam obrigações de pagamento, mantidas as condições efetivas da proposta, nos termos da lei, o qual somente permitirá as exigências de qualificação técnica e econômica indispensáveis à garantia do cumprimento das obrigações".

Repare que a regra-matriz traz, pelo menos, os seguintes princípios licitatórios:

a) princípio da obrigatoriedade da licitação, pelo qual qualquer contrato deve ser por ela precedido, ressalvados os casos especificados na lei;

b) princípio da isonomia, pelo qual se deve assegurar "igualdade de condições a todos os concorrentes", bem como só se permitirá exigências de qualificação "indispensáveis à garantia do cumprimento das obrigações", de modo a garantir que interessados na licitação não sejam excluídos sem justa causa;

c) princípio da indisponibilidade, pelo qual só se permitirá exigências de qualificação "indispensáveis à garantia do cumprimento das obrigações", o que garante o maior número possível de licitantes, medida que tende a fazer com que haja maior concorrência e, consequentemente, melhores propostas;

d) princípio da proporcionalidade, também decorrente da ideia de que só se permitirá exigências de qualificação "indispensáveis à garantia do cumprimento das obrigações", o que faz com a Administração não faça exigências que não sejam estritamente necessárias para cumprir as finalidades do processo de licitação;

e) princípio do devido procedimento administrativo, pelo qual as contratações da Administração devem ser feitas mediante *processo* de licitação pública, o que faz com que fique reduzida a discricionariedade da Administração, que deve seguir ritos e regras previstos em lei.

Uma vez estabelecida a regra-matriz da licitação, a Constituição Federal tratou de dispor sobre quem tem **competência para legislar** nessa matéria. Nesse sentido, o art. 22, XXVII, da CF estabelece que compete privativamente à União legislar sobre "normas gerais de licitação e contratação, em todas as modalidades, para as administrações públicas diretas, autárquicas e fundacionais da União, Estados, Distrito Federal e Municípios, obedecido o disposto no art. 37, XXI, e para as empresas públicas e sociedades de economia mista, nos termos do art. 173, § 1º, III".

Assim, a CF elegeu a **União** como responsável, privativamente, pela edição de **normas gerais** sobre licitação.

Normas gerais sobre licitação *são aquelas que tratam de questões que reclamam tratamento homogêneo em todo o País*. Já as **normas especiais** sobre licitação *são aquelas que tratam de questões que requerem tratamento peculiar no âmbito do ente local ou aquelas que envolvam a operacionalização da aplicação da lei geral no ente local*.

Argumentando ofensa à competência da União, o STF entendeu inconstitucional uma lei do Distrito Federal que criava, no âmbito da licitação, restrições a empresas que discriminarem na contratação de mão de obra (ADI 3.670, DJ 18.05.2007). O Pretório Excelso também entendeu inconstitucional lei do estado do Rio Grande do Sul que criava, também no âmbito da licitação, preferência a licitantes que usassem *softwares* livres ou sem restrições proprietárias (ADI 3.059, DJ 20.08.2004).

Por outro lado, na ADI 927, o STF entendeu que as disposições da Lei 8.666/1993 que tratam da doação de bem imóvel e da permuta de bem móvel têm aplicação apenas à União, já que as questões relativas ao destino de bens públicos estão ligadas ao autogoverno dos demais entes políticos quanto ao seu patrimônio público, envolvendo questão de interesse local a justificar certas normas especiais por parte destes.

Outra decisão do STF a favor de lei local considerada constitucional em face da competência da União para editar normas gerais sobre licitação foi a que aprovou legislação municipal que proibia agentes políticos e seus parentes de contratar com o município. Asseverou-se que, diante das leis gerais da União, estados e municípios podem legislar para complementar tais normas e adaptá-las às suas realidades. O STF também assentou que a referida norma municipal foi editada com base no art. 30, II, da CF, e em homenagem aos princípios da impessoalidade e moralidade administrativa, bem como com prevenção a eventuais ao interesse público e ao patrimônio do município, sem restringir a competição entre os licitantes (RE 423560/M, j. 29.05.2012).

Outro ponto importante sobre o disposto no art. 22, XXVII, da CF é o fato de ter sido feita uma ressalva para as empresas públicas e sociedades de economia mista, que devem obedecer ao art. 173, § 1º, III, da CF, introduzida pela EC 19/1998.

Esse dispositivo tem o seguinte teor: "§ 1º A lei estabelecerá o estatuto jurídico da empresa pública, da sociedade de economia mista e de suas subsidiárias que explorem atividade econômica de produção ou comercialização de bens ou de prestação de serviços, dispondo sobre: (...) III – licitação e contratação de obras, serviços, compras e alienações, observados os princípios da administração pública."

Essa lei somente sobreveio no ano de 2016 (Lei 13.303/2016, que trata da licitação e dos contratos das empresas estatais nos arts. 28 e seguintes). Assim, durante mais de 20 anos as estatais tiveram que obedecer às normas da Lei 8.666/1993, sendo que agora devem obediência à Lei 13.303/2016, que traz regulamentação extensa e detalhada de tudo que envolve a licitação e os contratos das empresas estatais, de modo que a Lei 8.666/1993 não deve ser mais aplicada, salvo quanto à sua regra de transição (prazo de 24 meses para adaptação de regras e aplicação da lei anterior a licitações e contratos iniciados ou celebrados até o final desse prazo) e nas exceções trazidas na novel lei, como no caso de aplicação das normas penais previstas na Lei 8.666/93 (art. 41).

O art. 175 da CF também trata do instituto da licitação quando dispõe que a concessão e a permissão de serviços públicos devem se dar "sempre através de licitação".

Resta, agora, tecer umas palavras sobre a licitação na legislação infraconstitucional.

Nesse sentido, confira as principais leis que fazem referência ao instituto:

a) Lei 8.666/1993, a mais importante delas, traz normas gerais sobre licitações e contratos da Administração Pública;

b) Lei 10.520/2002, que trata da licitação na modalidade pregão; o Decreto 3.555/2000 regulamenta o procedimento do pregão na esfera federal; o Decreto 5.450/2005 define o procedimento a ser adotado no pregão eletrônico;

c) Lei Complementar 123/2006, que, em seus arts. 42 a 49-A, contém normas sobre licitação, favorecendo as microempresas e empresa de pequeno porte;

d) Lei 12.462/2011, que institui o Regime Diferenciado de Contratações Públicas – RDC;

e) Lei 11.488/2007, que, em seu art. 34, determina a aplicação da Lei Complementar 123/2006 às sociedades cooperativas;

f) Lei 8.987/1995, que trata da permissão e concessão de serviço público, inclusive quanto à licitação cabível à espécie;

g) Lei 11.079/2004, que trata das parcerias público-privadas, inclusive quanto à licitação cabível à espécie;

h) Lei 12.232/2010, que trata da licitação quanto aos contratos de serviços de publicidade;

i) Lei 9.472/1997, que estabelece novas modalidades licitatórias para a ANATEL, o pregão e a consulta (art. 54);

j) Lei 9.648/1998, que dispensa a licitação para a celebração de contratos de prestação de serviços com as organizações sociais;

k) Lei 11.107/2005 que, regulamentando os consórcios públicos, dobra o limite de valor para a contratação direta por essas entidades;

l) Lei 13.019/2014, com as alterações feitas promovidas pela Lei 13.204/2015, que, ao regulamentar a celebração de parcerias com organizações da sociedade civil, regulamenta o processo seletivo denominado "chamamento público", que tem por finalidade escolher a entidade que celebrará o respectivo termo de colaboração ou termo de fomento;

m) Lei 13.303/2016, que dispõe sobre o estatuto jurídico da empresa pública, da sociedade de economia mista e de suas subsidiárias, no âmbito da União, dos Estados, do Distrito Federal e dos Municípios.

11.3. Princípios da licitação

O art. 3º da Lei 8.666/1993 estabelece os seguintes princípios da licitação: a) legalidade; b) impessoalidade; c) moralidade; d) igualdade; e) publicidade; f) probidade administrativa; g) vinculação ao instrumento convocatório; h) do julgamento objetivo; e e) os princípios correlatos.

Para guardar, lembre-se de que há quatro princípios da Administração (legalidade, impessoalidade, moralidade e publicidade) mais os seguintes: igualdade (que já está no conceito de impessoalidade), probidade (que já está no conceito de moralidade), vinculação ao instrumento convocatório e julgamento objetivo. O princípio da eficiência não está expresso no art. 3º da Lei 8.666/1993, mas, naturalmente, aplica-se à licitação, já que está expresso na Constituição Federal (art. 37, *caput*).

O princípio da **legalidade** impõe que a Administração só faça, numa licitação, o que a lei determina ou autoriza. Assim, não pode a Administração desconsiderar o disposto na Lei 8.666/1993, criando, por exemplo, novas regras sobre dispensa de licitação, modalidades de licitação novas, tipos de licitação novos, dentre outras.

O princípio da **impessoalidade** impõe que a Administração trate os licitantes de modo igualitário, não promovendo perseguições ou favorecimentos indevidos. Esse princípio também impõe que seja respeitado o princípio da finalidade, o que faz com que a licitação não possa ser utilizada para outras finalidades que não as três que o instituto tem, quais sejam, garantir a isonomia, garantir a proposta mais vantajosa para a Administração e promover o desenvolvimento nacional sustentável.

O princípio da **igualdade**, contido no princípio da impessoalidade, tem efeito relevante no que diz respeito às restrições que a Administração faz a que certas pessoas contratem com ela. Ademais, o princípio também incide quando a Administração quer ter direitos adicionais aos que já estão estipulados como cláusulas exorbitantes. Por conta disso, a Administração não pode inventar novas cláusulas exorbitantes que não estejam expressamente permitidas em lei, sob pena de ferir não só o princípio da legalidade como também o da igualdade. Há casos, todavia, em que é possível restringir a participação de certas pessoas em procedimentos licitatórios, das cooperativas na licitação para a contratação de prestação de serviços com locação de mão de obra, quando o trabalho, por sua natureza, demandar necessidade de subordinação, ante os prejuízos que podem advir para a Administração Pública caso o ente cooperativo se consagre vencedor no certame e não cumpra suas obrigações (REsp 1.204.186, DJ 29.10.2012).

Os princípios da **moralidade** e da **probidade** impõem que a Administração Pública aja sempre de forma honesta, proba, leal e de boa-fé. O princípio impede, por exemplo, que haja favorecimento indevido a algum licitante, o que também é vedado pela aplicação do princípio da impessoalidade. Impede, também, que a Administração se valha de sua condição privilegiada para fazer exigências indevidas do licitante ou contratante. Certa vez tomei conhecimento de uma situação em que um órgão público, que deixou em aberto vários pagamentos a uma empresa fornecedora, condicionou a emissão de um atestado de cumprimento da obrigação por parte desta para apresentar declaração dando por quitados todos os débitos dos órgãos públicos. No caso, a fornecedora acabou aceitando essa situação surreal, pois precisava desse atestado para participar de outro certame licitatório. A conduta da Administração Pública, no caso, foi lastimável e merece total reprovação, pois viola o princípio da boa-fé objetiva, corolário do princípio da moralidade.

O princípio da **publicidade** impõe uma série de providências em matéria de licitação. Uma delas é a exigência de que seja publicado em diário oficial e em jornal de grande circulação aviso contendo o resumo dos editais, inclusive com indicação de onde os interessados poderão ler seu texto integral (art. 21 da Lei 8.666/1993). Outra exigência é a de que todas as compras feitas pela Administração sejam objeto de publicidade em órgãos de divulgação ou em quadro de avisos de amplo acesso público (art. 16 da Lei 8.666/1993). As contratações sem licitação (licitação dispensada, dispensabilidade e inexigibilidade) também serão objeto de publicação na imprensa oficial, no prazo de 5 dias, como condição de eficácia dos atos (art. 26 da Lei 8.666/1993). Será obrigatória audiência pública nas licitações cujo valor estimado for superior a R$ 150 milhões (art. 39 da Lei 8.666/1993). Além disso, a publicação resumida do instrumento de contrato ou de seus aditamentos na imprensa oficial, que é condição indispensável para sua eficácia, será providenciada pela Administração até o quinto dia útil do mês seguinte ao de sua assinatura, para ocorrer no prazo de vinte dias daquela data, qualquer que seja seu valor, ainda que sem ônus (art. 61, parágrafo único, da Lei 8.666/1993). Atos que afetem direitos dos licitantes serão publicados na imprensa oficial, caso os prepostos destes não estiverem presentes nos atos respectivos (art. 109, § 1º, da Lei 8.666/1993). Os Tribunais de Contas e os órgãos integrantes do sistema de controle interno poderão solicitar para exame, até o dia imediatamente anterior à data do recebimento das propostas, cópia do edital de licitação já publicado (art. 113, § 2º, da Lei 8.666/1993). Os órgãos da Administração poderão expedir normas relativas aos procedimentos operacionais a serem observados na execução das licitações, no âmbito de sua competência, observadas as disposições da Lei 8.666/1993, sendo que tais normas, após aprovação da autoridade competente, deverão ser publicadas na imprensa oficial (art. 115 da Lei 8.666/1993). As sociedades de economia mista, empresas e fundações públicas e demais entidades controladas direta ou indiretamente pela União editarão regulamentos próprios devidamente publicados, ficando sujeitas às disposições da Lei 8.666/1993. Os regulamentos mencionados, no âmbito da Administração Pública, após aprovados pela autoridade de nível superior à que estiverem vinculados os respectivos órgãos, sociedades e entidades, deverão ser publicados na imprensa oficial (art. 119 da Lei 8.666/1993).

Em que pese todo esse dever de publicidade, na modalidade de licitação convite não será necessária a publicação de aviso do edital na imprensa e em jornal de grande circulação. Aliás, nessa modalidade de licitação sequer há edital. O que existe é a elaboração de uma carta-convite, que será enviada a pelo menos três fornecedores, convidando-os a participar de licitação e oferecer proposta para a Administração. A publicidade à qual se reduz esse convite é a publicação desse instrumento convocatório em local apropriado da Administração (art. 22, § 3º, da Lei 8.666/1993).

O princípio da **vinculação ao instrumento convocatório** determina que, além das disposições legais, a Administração deve seguir, rigorosamente, os termos do edital ou do convite. Assim, todas as disposições do instrumento convocatório têm de ser seguidas, sejam as que tratam dos requisitos de habilitação e dos critérios de julgamento da licitação, sejam as que tratam dos termos em que serão celebrados o futuro contrato administrativo. No mesmo sentido do princípio da vinculação ao instrumento convocatório estão também as regras da "vinculação ao termo que dispensou ou declarou inexigível a licitação" e da "vinculação à proposta do licitante vencedor", nos termos do art. 55, XI, da Lei 8.666/1993 ("a vinculação ao edital de licitação ou ao termo que a dispensou ou a inexigiu, ao convite e à proposta do licitante vencedor"). Um exemplo de aplicação desse princípio foi a decisão do STJ que manteve decisão administrativa de excluir licitante de certame licitatório em virtude de atraso de dez minutos após o horário previsto no edital para o início da sessão (REsp 421.946-DF).

O princípio do **julgamento objetivo** se dirige a dois momentos da licitação. Primeiro quanto à estipulação dos critérios de julgamento. Nesse sentido, o art. 40, VII, da Lei 8.666/1993 impõe que o edital indique, obrigatoriamente, critério de julgamento, com disposições claras e parâmetros objetivos. Segundo, quanto ao julgamento em si, que será feito em momento posterior. Nesse sentido, "no julgamento das propostas, a Comissão levará em consideração os critérios objetivos definidos no edital ou convite", sendo "vedada a utilização de qualquer elemento, critério ou fator sigiloso, subjetivo ou reservado que possa ainda que indiretamente elidir o princípio da igualdade entre os licitantes" (art. 44, § 1º, da Lei 8.666/1993). Ademais, "o julgamento das propostas será objetivo, devendo a Comissão de licitação ou o responsável pelo convite realizá-lo em conformidade com os tipos de licitação, os critérios previamente estabelecidos no ato convocatório e de acordo com os fatores exclusivamente nele referidos, de maneira a possibilitar sua aferição pelos licitantes e pelos órgãos de controle" (art. 45 da Lei 8.666/1993). A lei está tão preocupada com o dever de julgamento objetivo que há vários outros dispositivos reforçando a sua necessidade: arts. 30, § 8º, 31, §§ 2º e 5º, 42, § 5º, 46, § 1º, I, § 2º, I, e § 3º, todos da Lei 8.666/1993.

11.4. Quem deve licitar?

O art. 1º, parágrafo único, da Lei 8.666/1993 responde à pergunta formulada neste item. Confira: "subordinam-se ao regime desta Lei, além dos órgãos da administração direta, os fundos especiais, as autarquias, as fundações públicas, as empresas públicas, as sociedades de economia mista e demais entidades controladas direta ou indiretamente pela União, Estados, Distrito Federal e Municípios".

Em resumo, pode-se dizer que estão sujeitos à Lei 8.666/1993 os seguintes entes:

a) os entes políticos (União, Estados, Distrito Federal e Municípios);

b) as pessoas jurídicas de direito público (autarquias, fundações públicas, agências reguladoras e associações públicas);

c) as pessoas jurídicas de direito privado estatais (empresas públicas, sociedades de economia mista, fundações privadas criadas pelo Estado e consórcios públicos de direito privado), devendo-se lembrar que, especificamente com relação às empresas públicas, sociedades de economia mista e suas subsidiárias, a licitação e os contratos são regidas agora pela Lei 13.303/2016;

d) as entidades controladas direta ou indiretamente pelos entes políticos;

e) os fundos especiais.

Repare que as entidades paraestatais, ou seja, entidades não criadas pelos Estados, mas que atuam em atividades de utilidade pública, não têm o dever de licitar.

Assim, não são obrigadas a licitar as entidades do Sistema "S", as Organizações Sociais (OS) e as Organizações da Sociedade Civil de Interesse Público (OSCIPs). Nesse sentido, confira a seguinte decisão do Tribunal de Contas da União (TCU): "é assente que as entidades do Sistema 'S' não estão obrigadas a seguir rigorosamente os ditames da Lei 8.666/1993, todavia têm que observar os princípios constitucionais gerais da Administração Pública" (TCU, Acórdão 88/08, DOU 01.02.2008).

Apesar de tais entidades não precisarem fazer a licitação segundo a Lei 8.666/1993, elas devem fazer seus gastos observando, dentre outros, os princípios da impessoalidade, da moralidade e da eficiência.

A OAB também não tem o dever de licitar. Na ADI 3.026-4, o STF decidiu que a OAB não é uma autarquia especial e não integra a Administração Indireta como outro tipo de pessoa jurídica, de modo que não se sujeita ao controle estatal. Por outro lado, o STF reconhece que a OAB presta, sim, um serviço público. Na prática isso significa que a OAB, de um lado, não é obrigada a fazer concursos públicos, **licitações** e a se submeter à fiscalização do TCU e ao regime estatutário dos agentes públicos, podendo contratar pelo regime celetista. De outro, por ser um serviço público, a OAB pode fiscalizar os advogados e também tem direito a vantagens tributárias. Na ementa do acórdão, o STF deixa claro que a OAB não é integrante da Administração Indireta, tratando-se de uma figura ímpar no País, no caso, um Serviço Público Independente. O acórdão também conclui que a OAB não pode ser comparada às demais entidades de fiscalização profissional, pois não está voltada exclusivamente a finalidades corporativas, possuindo finalidade institucional.

11.5. Contratação direta

11.5.1. Pressupostos da licitação

A Constituição Federal estabelece que a Administração deve, como regra, contratar apenas mediante licitação (art. 37, XXI, da CF). Todavia, o próprio dispositivo citado admite que a lei preveja situações em que a contratação poderá ser direta, ou seja, sem licitação.

Nesse sentido, a doutrina aponta os pressupostos para que a licitação se dê. Confira:

a) pressuposto lógico: para que seja possível a realização da licitação, deve existir pluralidade de objetos e de ofertantes; caso o objeto seja singular ou o fornecedor seja exclusivo, estará inviabilizada a licitação;

b) pressuposto jurídico: também será necessário que a realização da licitação seja conveniente ao interesse público. Ex.: não é de interesse público que o Estado que tenha uma empresa de Imprensa Oficial faça licitação para que seja escolhida outra empresa para publicar seu Diário Oficial, devendo contratar diretamente com aquela;

c) pressuposto fático: não fará sentido fazer-se a licitação acaso não compareça nenhum interessado.

11.5.2. Grupos de contratação direta

Há três grupos de contratação direta. Confira:

a) licitação dispensada (art. 17): relativa à alienação de bens públicos; a lei traz um rol taxativo desses casos; não há discricionariedade para a Administração, que, nos casos indicados, não deve fazer licitação;

b) dispensa de licitação (art. 24): o art. 24 traz os casos em que daria para fazer a licitação, mas a lei autoriza sua não realização; trata-se de rol taxativo de casos de dispensa; há discricionariedade para a Administração decidir se vai ou não realizar a licitação no caso concreto; a lei faculta a dispensa, sem obrigar que a Administração não realize a licitação;

c) inexigibilidade de licitação (art. 25): o art. 25 estabelece que, quando a licitação é inviável ("não tem como ser feita"), é hipótese de sua inexigibilidade; tal dispositivo traz um rol de casos de inviabilidade, mas se trata de um rol exemplificativo; aqui não há discricionariedade para a Administração, que, nos casos de inviabilidade, não deve fazer licitação.

11.5.3. Licitação dispensada

O art. 17 da Lei 8.666/1993 prevê diversos casos de licitação dispensada, tema visto na matéria "bens públicos". De qualquer forma, vale fazer a lembrança de alguns casos.

Quanto aos **imóveis**, a alienação depende de interesse público, *autorização legislativa*, avaliação e licitação, dispensada esta na:

a) dação em pagamento;

b) doação para Administração ou para programas sociais;

c) investidura (alienação a proprietário lindeiro de área remanescente ou resultante de obra pública inaproveitável isoladamente).

Quanto aos **móveis**, a alienação depende de interesse público, avaliação e licitação, dispensada esta na doação social, na permuta entre órgãos da Administração e outros casos.

11.5.4. Dispensa de licitação

O art. 24 estabelece trinta e quatro hipóteses de dispensa de licitação. Para facilitar a compreensão, classificaremos essas hipóteses em cinco grupos.

11.5.4.1. Em razão do valor (I e II)

a) contratos de até 10% do valor limite para o convite, ou seja:

R$ 15 mil para obras e serviços de engenharia (em valores atualizados, R$ 33 mil – vide Decreto 9.412/2018);

R$ 8 mil para compras e serviços (em valores atualizados, R$ 17,6 mil – vide Decreto 9.412/2018);

b) contratos de até 20% do valor limite para o convite, se feitos por consórcios públicos e agências executivas (§ 1º do art. 24), lembrando que quanto às empresas estatais tudo o que diz respeito a licitação, contratação direta e contrato agora está regulamentado em outra lei, no caso da Lei 13.303/2016.

Obs.: não é possível o **fracionamento** de contratações que possam ser feitas de uma só vez, para que não haja violação reflexa da lei.

11.5.4.2. Em razão de situações excepcionais

a) em caso de **guerra** ou **grave perturbação da ordem** (III) – ex.: greve;

b) em caso de **calamidade pública** ou **emergência** (IV):

ex.: desmoronamento de uma ponte;

somente para os bens/serviços relacionados à urgência;

por, no máximo, 180 dias, vedada prorrogação do contrato;

c) em caso de **licitação deserta** (V):

caso não haja interessados à licitação e esta não possa ser repetida sem prejuízo, mantidas as condições do edital.

Obs.: não se deve confundir **licitação deserta** com **licitação fracassada**; na última, aparecem interessados, mas esses ou são inabilitados ou são desclassificados, não cabendo dispensa, mas concessão de prazo para os licitantes apresentarem nova documentação;

d) quando a União tiver que intervir no **domínio econômico** para regular preços ou normalizar o abastecimento (VI);

e) em caso de **rescisão contratua**l, para conclusão do remanescente de obra; contrata-se o 2º melhor classificado nas condições oferecidas pelo vencedor do certame (XI).

11.5.4.3. Em razão do objeto

a) Para *compra* ou *locação* de **imóvel** pela Administração (X):

ex.: aluguel de imóvel para instalar uma creche municipal;

imóvel destinado a finalidade precípua da Administração;

imóvel com instalação/localização ideais para Administração;

imóvel com valor compatível com o de mercado;

b) Para *aquisição* ou *restauração* de **obras de arte** e **objetos históricos** (XV):

desde que de autenticidade certificada;

desde que compatível com finalidade do órgão.

11.5.4.4. Em razão da pessoa

a) na contratação de **instituição brasileira** de pesquisa, ensino, desenvolvimento institucional ou recuperação de preso, **com** inquestionável reputação ético-profissional e **sem** fins lucrativos (XIII):

ex: contratação da FGV para uma consultoria;

b) na contratação de serviços de **organizações sociais** para atividades contempladas no contrato de gestão (XXIV).

11.5.4.5. Outros casos

VII. quando as propostas apresentadas consignarem preços manifestamente superiores aos praticados no mercado nacional, ou forem incompatíveis com os fixados pelos órgãos oficiais competentes, casos em que, observado o parágrafo único [§ 3º] do art. 48 da Lei 8.666/1993 e, persistindo a situação, será admitida a adjudicação direta dos bens ou serviços por valor não superior ao constante do registro de preços, ou dos serviços;

VIII. para a aquisição, por pessoa jurídica de direito público interno, de bens produzidos ou serviços prestados por órgão ou entidade que integre a Administração Pública e que tenha sido criado para esse fim específico em data anterior à vigência da Lei 8.666/1993, desde que o preço contratado seja compatível com o praticado no mercado;

IX. quando houver possibilidade de comprometimento da segurança nacional, nos casos estabelecidos em decreto do Presidente da República, ouvido o Conselho de Defesa Nacional;

XII. nas compras de hortifrutigranjeiros, pão e outros gêneros perecíveis, no tempo necessário para a realização dos processos licitatórios correspondentes, realizadas diretamente com base no preço do dia;

XVI. para a impressão dos diários oficiais, de formulários padronizados de uso da administração, e de edições técnicas oficiais, bem como para prestação de serviços de informática a pessoa jurídica de direito público interno, por órgãos ou entidades que integrem a Administração Pública, criados para esse fim específico;

XIV. para a aquisição de bens ou serviços nos termos de acordo internacional específico aprovado pelo Congresso Nacional, quando as condições ofertadas forem manifestamente vantajosas para o Poder Público;

XVII. para a aquisição de componentes ou peças de origem nacional ou estrangeira, necessários à manutenção de equipamentos durante o período de garantia técnica, junto ao fornecedor original desses equipamentos, quando tal condição de exclusividade for indispensável para a vigência da garantia;

XVIII. nas compras ou contratações de serviços para o abastecimento de navios, embarcações, unidades aéreas ou tropas e seus meios de deslocamento quando em estada eventual de curta duração em portos, aeroportos ou localidades diferentes de suas sedes, por motivo de movimentação operacional ou de adestramento, quando a exiguidade dos prazos legais puder comprometer a normalidade e os propósitos das operações e desde que seu valor não exceda ao limite previsto na alínea "a" do inciso II do art. 23 da Lei 8.666/1993;

XIX. para as compras de material de uso pelas Forças Armadas, com exceção de materiais de uso pessoal e administrativo, quando houver necessidade de manter a padronização requerida pela estrutura de apoio logístico dos meios navais, aéreos e terrestres, mediante parecer de comissão instituída por decreto;

XX. na contratação de associação de portadores de deficiência física, sem fins lucrativos e de comprovada idoneidade, por órgãos ou entidades da Administração Pública, para a prestação de serviços ou fornecimento de mão de obra, desde que o preço contratado seja compatível com o praticado no mercado;

XXI. para a aquisição ou contratação de produto para pesquisa e desenvolvimento, limitada, no caso de obras e serviços de engenharia, a 20% (vinte por cento) do valor de que trata a alínea "b" do inciso I do *caput* do art. 23;[15]

XXII. na contratação de fornecimento ou suprimento de energia elétrica e gás natural com concessionário, permissionário ou autorizado, segundo as normas da legislação específica;

XXIII. na contratação realizada por empresa pública ou sociedade de economia mista com suas subsidiárias e controladas, para a aquisição ou alienação de bens, prestação ou obtenção de serviços, desde que o preço contratado seja compatível com o praticado no mercado;

XXV. na contratação realizada por Instituição Científica e Tecnológica – ICT ou por agência de fomento para a transferência de tecnologia e para o licenciamento de direito de uso ou de exploração de criação protegida;

XXVI. na celebração de contrato de programa com ente da Federação ou com entidade de sua administração indireta para a prestação de serviços públicos de forma associada nos

---

15. § 3º A hipótese de dispensa prevista no inciso XXI do *caput*, quando aplicada a obras e serviços de engenharia, seguirá procedimentos especiais instituídos em regulamentação específica. § 4º Não se aplica a vedação prevista no inciso I do *caput* do art. 9º à hipótese prevista no inciso XXI do *caput*.

termos do autorizado em contrato de consórcio público ou em convênio de cooperação;

XXVII. na contratação da coleta, processamento e comercialização de resíduos sólidos urbanos recicláveis ou reutilizáveis, em áreas com sistema de coleta seletiva de lixo, efetuados por associações ou cooperativas formadas exclusivamente por pessoas físicas de baixa renda reconhecidas pelo poder público como catadores de materiais recicláveis, com o uso de equipamentos compatíveis com as normas técnicas, ambientais e de saúde pública;

XXVIII. para o fornecimento de bens e serviços, produzidos ou prestados no País, que envolvam, cumulativamente, alta complexidade tecnológica e defesa nacional, mediante parecer de comissão especialmente designada pela autoridade máxima do órgão;

XXIX. na aquisição de bens e contratação de serviços para atender aos contingentes militares das Forças Singulares brasileiras empregadas em operações de paz no exterior, necessariamente justificadas quanto ao preço e à escolha do fornecedor ou executante e ratificadas pelo Comandante da Força;

XXX. na contratação de instituição ou organização, pública ou privada, com ou sem fins lucrativos, para a prestação de serviços de assistência técnica e extensão rural no âmbito do Programa Nacional de Assistência Técnica e Extensão Rural na Agricultura Familiar e na Reforma Agrária, instituído por lei federal;

XXXI. nas contratações visando ao cumprimento do disposto nos arts. 3º, 4º, 5º e 20 da Lei 10.973, de 2 de dezembro de 2004, observados os princípios gerais de contratação dela constantes;

XXXII. na contratação em que houver transferência de tecnologia de produtos estratégicos para o Sistema Único de Saúde – SUS, no âmbito da Lei 8.080, de 19 de setembro de 1990, conforme elencados em ato da direção nacional do SUS, inclusive por ocasião da aquisição destes produtos durante as etapas de absorção tecnológica;

XXXIII. na contratação de entidades privadas sem fins lucrativos, para a implementação de cisternas ou outras tecnologias sociais de acesso à água para consumo humano e produção de alimentos, para beneficiar as famílias rurais de baixa renda atingidas pela seca ou falta regular de água;

XXXIV. para a aquisição por pessoa jurídica de direito público interno de insumos estratégicos para a saúde produzidos ou distribuídos por fundação que, regimental ou estatutariamente, tenha por finalidade apoiar órgão da administração pública direta, sua autarquia ou fundação em projetos de ensino, pesquisa, extensão, desenvolvimento institucional, científico e tecnológico e estímulo à inovação, inclusive na gestão administrativa e financeira necessária à execução desses projetos, ou em parcerias que envolvam transferência de tecnologia de produtos estratégicos para o Sistema Único de Saúde – SUS, nos termos do inciso XXXII deste artigo, e que tenha sido criada para esse fim específico em data anterior à vigência desta Lei, desde que o preço contratado seja compatível com o praticado no mercado;

XXXV – para a construção, a ampliação, a reforma e o aprimoramento de estabelecimentos penais, desde que configurada situação de grave e iminente risco à segurança pública. (Incluído pela Lei 13.500, de 2017).

11.5.5. Inexigibilidade de licitação

O art. 25 da Lei 8.666/1993 dispõe que a licitação é inexigível quando houver **inviabilidade de competição.** O mesmo dispositivo apresenta um rol exemplificativo (três hipóteses) de casos em que existe tal **situação.**

11.5.5.1. Em caso de fornecedor exclusivo (I)

Por exemplo, quando há um único fornecedor de um medicamento. Outro exemplo é a contratação de serviço postal, que só pode ser feito pelos Correios, que tem o monopólio desse serviço.

A lei traz a seguinte disposição sobre esse caso de inexigibilidade: "para aquisição de materiais, equipamentos ou gêneros que só possam ser fornecidos por produtor, empresa ou representante comercial exclusivo, vedada a preferência de marca, devendo a comprovação de exclusividade ser feita através de atestado fornecido pelo órgão de registro do comércio do local em que se realizaria a licitação ou a obra ou serviço, pelo Sindicato, Federação ou Confederação Patronal, ou, ainda, pelas entidades equivalentes".

Trata-se de situação em que seria inútil licitar, dada a impossibilidade de competição.

Não se deve, todavia, confundir a exclusividade de produtor-vendedor com a exclusividade comercial. A primeira sempre gera a inexigibilidade. Já a segunda depende de se aferir a exclusividade do vendedor na praça de comércio em que se esteja realizando a licitação. Em caso positivo, estar-se-á em caso de inexigibilidade; se negativo, não.

No convite, considera-se como praça de comércio a localidade. Na tomada de preços, observando-se o registro cadastral. E na concorrência, o País.

Não se deve confundir, outrossim, fornecedor exclusivo com *preferência de marca*. Essa não é permitida pela Lei de Licitações, que só abre exceção quando se trata da dispensa de certame para aquisição de certos equipamentos pelas Forças Armadas, preenchidos os requisitos legais, a fim de manter a *padronização*.

11.5.5.2. Caso seja necessário contratar serviço singular (II)

Serviço singular é aquele serviço técnico *diferenciado*, não podendo se tratar de um serviço *comum*. Um exemplo é a necessidade de contratar uma consultoria para a modelagem de uma parceria público-privada, serviço que, efetivamente, é singular. Já a contratação de um escritório de advocacia para o ingresso com uma ação simples, como uma ação de revisão contratual, não envolve serviço singular, mas serviço comum, corrente.

Uma vez havendo necessidade de contratar um serviço singular, deve-se contratar *profissional com notória especialização*.

A lei traz a seguinte disposição sobre esse caso de inexigibilidade: *"para a contratação de serviços técnicos enumerados no art. 13 desta Lei, de natureza singular, com profissionais ou empresas de notória especialização, vedada a inexigibilidade para serviços de publicidade e divulgação"*.

Repare que a lei dispõe que não há possibilidade de contratar por inexigibilidade serviços de publicidade ou divulgação.

11.5.5.3. Na contratação de artista (III)

A lei traz a seguinte disposição sobre esse caso de inexigibilidade: "para contratação de profissional de qualquer setor artístico, diretamente ou através de empresário exclusivo, desde que consagrado pela crítica especializada ou pela opinião pública".

11.5.6. Formalidades para a contratação direta

As dispensas, as inexigibilidades e o retardamento previsto no art. 8º, parágrafo único, da Lei 8.666/1993 deverão ser feitos mediante os seguintes requisitos, conforme o caso (art. 26 da Lei 8.666/1993):

a) existência de um processo administrativo;

b) justificativa da não realização da licitação;

c) justificativa de preço – pesquisa de preço;

d) razão da escolha do fornecedor;

e) comunicação, em 3 dias úteis, à autoridade superior, para ratificação;

f) publicação da contratação, em 5 dias, para eficácia do ato.

11.5.7. Responsabilidade em caso de superfaturamento

O art. 25, § 2º, da Lei 8.666/1993 estabelece nos casos de inexigibilidade e em qualquer dos casos de dispensa, se comprovado superfaturamento, que respondem *solidariamente* pelo dano causado à Fazenda Pública o *fornecedor ou o prestador de serviços* e o *agente público* responsável, sem prejuízo de outras sanções legais cabíveis.

11.6. Fases da licitação

11.6.1. Fase interna

O procedimento licitatório importa numa sucessão de atos com vistas à escolha do vencedor do certame.

Essa sucessão de atos pode ser dividida, num primeiro momento, em duas grandes etapas, quais sejam: a fase interna e a fase externa da licitação.

A fase interna consiste no conjunto de preparativos feitos no interior da Administração, prévios à publicação do edital ou ao envio da carta-convite.

Dentre os principais atos da fase interna, destacam-se os seguintes:

a) *abertura de processo administrativo, devidamente autuado, protocolado e numerado;*

b) *solicitação de contratação com indicação sucinta do objeto,* ou seja, o órgão interessado indicará a necessidade de se fazer a compra, da contratação de serviço, da contratação de obra etc.;

c) *verificação acerca da existência de dotação orçamentária para a despesa,* ou seja, verifica-se se há previsão orçamentária para a contratação solicitada pelo órgão interessado;

d) *verificação do impacto orçamentário-financeiro,* ou seja, verifica-se se, no momento, há recursos financeiros disponíveis;

e) *autorização para abertura de licitação e designação de comissão especial de licitação, de leiloeiro ou de responsável pelo convite, de acordo com o caso;*

f) *realização de audiência pública, quando for o caso;* essa audiência é necessária quando o valor estimado para uma licitação ou conjunto de licitações com objetos similares (simultâneas ou sucessivas) for superior a R$ 150 milhões (são simultâneas aquelas que têm objetos similares e com realização prevista em intervalo de até 30 dias; são sucessivas aquelas com objetos similares, cujo edital da mais recente tenha data anterior a 120 dias do término do contrato resultante da licitação antecedente);

g) *elaboração ou finalização do texto da minuta do edital;*

h) *exame e aprovação da minuta do edital pela assessoria jurídica da Administração;* vale lembrar que o STF entende que o parecer da assessoria jurídica tem natureza jurídica de decisão (*parecer vinculante*), o que faz com que o assessor jurídico responda por qualquer irregularidade no edital que tiver aprovado;

i) *aprovação do edital;* ou seja, autoridade competente deverá apreciar a minuta e aprovar o edital.

Antes de passarmos para a fase externa da licitação, vale tratar um pouco sobre as pessoas que dirigirão os trabalhos numa licitação.

Nesse sentido, o art. 51 da Lei 8.666/1993 estabelece que a licitação será processada e julgada por comissão permanente ou especial de, *no mínimo, 3 (três) membros*, sendo pelo menos *2 (dois) deles* servidores qualificados pertencentes aos quadros *permanentes* dos órgãos da Administração responsáveis pela licitação. Ou seja, só um membro pode ser daqueles que têm cargo em comissão.

No caso de convite, a Comissão de licitação, excepcionalmente, nas pequenas unidades administrativas e em face da exiguidade de pessoal disponível, poderá ser substituída por servidor formalmente designado pela autoridade competente.

A Comissão para julgamento dos pedidos de inscrição em registro cadastral, sua alteração ou cancelamento será integrada por profissionais legalmente habilitados no caso de obras, serviços ou aquisição de equipamentos.

Os membros das Comissões de licitação responderão *solidariamente* por todos os atos praticados pela Comissão, salvo se posição individual divergente estiver devidamente fundamentada e registrada em *ata lavrada* na reunião em que tiver sido tomada a decisão.

A investidura dos membros das Comissões permanentes *não excederá a 1 (um) ano*, vedada a recondução da totalidade de seus membros para a mesma comissão no período subsequente.

No caso da modalidade *concurso*, o julgamento será feito por uma comissão especial integrada por pessoas de reputação ilibada e reconhecido conhecimento da matéria em exame, servidores públicos ou não.

11.6.2. Fase externa

Uma vez que a minuta do edital estiver aprovada, passa-se à fase externa da licitação, fase essa que tem os seguintes momentos:

11.6.2.1. Publicação do instrumento convocatório

Nessa etapa, temos duas possibilidades.

Se se tratar de licitação na modalidade **convite**, não há edital. O instrumento convocatório é a **carta-convite**, que deverá ser remetida a pelo menos 3 interessados, cadastrados ou não na Administração.

Repare que devem ser feitos, no mínimo, 3 convites. O ideal é fazer o maior número possível. Ademais, há de se convidar tanto pessoas cadastradas como pessoas não cadastradas na Administração.

Por fim, faz-se necessário afixar cópia da carta-convite em quadro de aviso da Administração.

Nas demais modalidades de licitação, o instrumento convocatório tem o nome de **edital**.

O edital é o *ato pelo qual são convocados os interessados e estabelecidas as condições que regerão o certame*, devendo **tratar**, obrigatoriamente, do seguinte (art. 40 da Lei 8.666/1993):

a) regras procedimentais: *modalidade* de licitação (*caput*); *objeto* do certame (I); onde estão as *informações* relevantes (IV, V e VIII); quais são as *datas* para recebimento dos envelopes com a documentação e a proposta e para início da abertura dos envelopes (*caput*); *forma de apresentação* das propostas (VI);

b) condições de participação: qualificação para participação na licitação (VI), em conformidade com os artigos 27 a 31; disciplina sobre a participação de consórcios no certame;

c) critérios de julgamento: *tipo* de licitação, tais como menor preço, melhor técnica etc. (*caput*); *critérios de avaliação* das propostas (VII); *padrão mínimo de qualidade*;

d) futuro contrato: *direitos* e *obrigações* de cada parte (pagamento, entrega e prazos); *prerrogativas extraordinárias* da Administração Pública; modos de *recomposição* da equação econômico-financeira (reajustes e revisões); hipóteses de *rescisão contratual*; *sanções* cabíveis e sua quantificação;

e) anexo: o edital deve trazer em anexo as especificações complementares e a minuta do futuro contrato a ser celebrado.

Qualquer modificação no edital exige divulgação pela mesma forma que se deu no texto original, reabrindo-se o prazo inicialmente estabelecido, exceto quando, inquestionavelmente, a alteração não afetar a formulação das propostas (art. 21, § 4º, da Lei 8.666/1993).

Os prazos estabelecidos para a apresentação da proposta pelo licitante serão contados a partir da última publicação do edital resumido ou da expedição do convite, ou ainda da efetiva disponibilidade do edital ou do convite e respectivos anexos, prevalecendo a data que ocorrer mais tarde (art. 21, § 3º, da Lei 8.666/1993).

O edital poderá ser impugnado. Essa **impugnação** obedece às seguintes regras (art. 41):

a) pode ser feita por um *interessado* e também por qualquer *cidadão*;

b) o prazo para o *cidadão* impugnar é até de *5 dias úteis* da data da abertura dos envelopes de habilitação, devendo a Administração julgar e responder à impugnação em até *3 dias úteis*;

c) o prazo para o *licitante* impugnar é até o 2º dia útil da data da abertura dos envelopes de habilitação ou da data da sessão de leilão.

A impugnação feita tempestivamente pelo licitante não o impedirá de participar do processo licitatório até o trânsito em julgado da decisão a ela pertinente.

A inabilitação do licitante importa preclusão do seu direito de participar das fases subsequentes.

Independentemente dos prazos para impugnação, nada impede que qualquer licitante, contratado ou pessoa jurídica ou física, represente para o Ministério Público, para o órgão de controle interno da Administração ou para o Tribunal de Contas acerca de irregularidades que encontrar (art. 113, § 1º).

A Administração Pública poderá, nos editais de licitação para a contratação de serviços, exigir da contratada que um percentual mínimo de sua mão de obra seja oriundo ou egresso do sistema prisional, com a finalidade de ressocialização do reeducando, na forma estabelecida em regulamento (art. 40, § 5º, incluído pela Lei 13.500/2017).

11.6.2.2.Habilitação

11.6.2.2.1.Conceito

A expressão "habilitação" ora é utilizada para designar um *procedimento* (uma série de atos, portanto), ora é utilizada para designar um *ato administrativo* só.

Na sua **acepção procedimental**, a habilitação *é o conjunto de atos destinados a apurar a idoneidade e a capacitação de um sujeito para contratar com a Administração Pública*.

Já na **acepção de ato administrativo**, a habilitação *é o ato pelo qual a Administração Pública decide se um sujeito é dotado da idoneidade necessária para a participação na licitação*.

Em termos práticos, essa fase licitatória tem por fim verificar se o interessado tem *idoneidade* e *capacitação* para vir a contratar com a Administração Pública. O foco aqui não é verificar qual interessado tem a melhor proposta comercial (isso é visto na fase de julgamento e classificação), mas se o interessado tem aptidão para vir a ser contratado pela Administração Pública.

A Constituição Federal, em seu art. 37, XXI, acaba por trazer duas disposições sobre a habilitação, que são as seguintes: a) "processo de licitação pública que assegure igualdade de condições a todos os concorrentes"; e b) processo de licitação em que só se permite "exigências de qualificação técnica e econômica indispensáveis à garantia do cumprimento das obrigações".

O princípio da igualdade admite certas restrições à participação de interessados na licitação. Um exemplo é uma licitação para fornecimento de combustível para uma Prefeitura, em que o edital estabelece que só poderão participar do certame postos de gasolina que estejam situados até 15 km do pátio de carros da Prefeitura. Trata-se de limitação lícita, pois, se um posto de gasolina muito distante ganhar o certame, a Prefeitura gastará muita gasolina para ir ao posto abastecer os carros.

No caso relatado, a restrição à participação tem pertinência. Porém, há várias situações em administrações públicas no País que criam restrições impertinentes e, portanto, violadoras do princípio da igualdade. Confira, a respeito, a seguinte decisão do STF: "LICITAÇÃO PÚBLICA. Concorrência. Aquisição de bens. Veículos para uso oficial. **Exigência de que sejam produzidos no Estado-membro**. Condição compulsória de acesso. Art. 1º da Lei 12.204/1998, do Estado do Paraná, com a redação da Lei 13.571/2002. Discriminação arbitrária. Violação ao princípio da isonomia ou da igualdade. Ofensa ao art. 19, II, da vigente Constituição da República. Inconstitucionalidade declarada. Ação direta julgada, em parte, procedente. Precedentes do Supremo. É inconstitucional a lei estadual que estabeleça como condição de acesso a licitação pública, para aquisição de bens ou serviços, que a empresa licitante tenha a fábrica ou sede no Estado-membro" (STF, ADI 3583, DJ 13.03.2008).

As exigências, além de atender à isonomia, devem estar previstas em lei (princípio da legalidade) e ser indispensáveis à garantia do cumprimento das obrigações pelo interessado. Confira decisão do Tribunal de Contas da União (TCU), que se deparou com exigência em edital não prevista em lei:

"Além disso, para a habilitação de interessado em participar de licitação só pode ser exigida a documentação exaustivamente enumerada nos arts. 27 a 31 da Lei de Licitações e Contratos, onde não há menção à necessidade de comprovação de que a empresa não tenha entre seus sócios participante de outra entidade que esteja em situação de inadimplência em contratação anterior com a Administração Pública." (TCU, Acórdão 991/06, DOU 26.06.2006).

11.6.2.2.2. Momento

Após a publicação do edital, segue-se um prazo para os interessados na licitação apresentarem dois envelopes para a Administração. O primeiro envelope é composto dos documentos que comprovam a *idoneidade* e a *capacitação* do licitante (documentos de habilitação) e o segundo traz documento com a proposta comercial do licitante (documentos de proposta).

A fase de habilitação consiste justamente em abrir o envelope contendo os documentos de habilitação e em verificar se o interessado atende às qualificações necessárias à participação no certame.

Resta saber em que momento isso deve ser feito, ou seja, quando é que ocorre a fase de habilitação.

Como **regra**, a habilitação ocorre logo após o recebimento dos dois envelopes mencionados e antes da abertura dos envelopes com a proposta (art. 43 da Lei 8.666/1993). Em outras palavras, a habilitação normalmente ocorre após a publicação do edital e antes da fase de julgamento e classificação.

O procedimento de habilitação envolve os seguintes atos:

a) os documentos poderão ser apresentados em *original*, por qualquer processo de *cópia autenticada* por cartório competente ou por *servidor da administração ou publicação em órgão da imprensa oficial* (art. 32);

b) os envelopes serão abertos e os documentos apreciados (art. 43, I);

c) os licitantes presentes e a comissão rubricarão todos os documentos (art. 43, § 2º);

d) os licitantes que demonstrarem os requisitos de qualificação serão habilitados;

e) os licitantes que não demonstrarem os requisitos de qualificação serão inabilitados;

f) caso não haja recurso por parte dos inabilitados, serão devolvidos a estes os envelopes fechados contendo as respectivas propostas; havendo recurso, os envelopes fechados só serão devolvidos quando e se o recurso for denegado (art. 43, II);

g) a inabilitação posterior de um licitante só poderá acontecer se houver fatos supervenientes ou se fatos que já ensejavam a inabilitação só forem conhecidos após o julgamento;

h) após a fase de habilitação, não cabe desistência de proposta, salvo por motivo justo decorrente de fato superveniente e aceito pela comissão (art. 43, § 6º);

i) se todos os licitantes forem inabilitados, a Administração poderá fixar aos licitantes o prazo de 8 dias úteis para a apresentação de nova documentação escoimada das causas referidas que levaram à inabilitação, facultada, no caso de convite, a redução deste prazo para três dias úteis (art. 48, § 3º).

Na **tomada de preços**, o momento da habilitação é um pouco diferente. Isso porque, nessa modalidade, só poderá participar da licitação aquele que já esteja previamente cadastrado ou que apresente os documentos para o devido cadastro até o 3º dia anterior à data do recebimento das propostas.

Assim, na tomada de preços temos a chamada *habilitação prévia* e não a *habilitação preliminar*, que é aquela que ocorre após o edital (e que é a regra, como vimos).

Num primeiro momento, só pode participar da tomada de preços quem já esteja previamente *cadastrado*, ou seja, que já tenha a documentação de habilitação já apresentada à Administração.

Os arts. 34 a 37 da Lei 8.666/1993 tratam dos registros cadastrais, que são muito comuns nos órgãos e entidades da Administração Pública que realizam frequentemente licitações. O registro cadastral deve estar permanentemente aberto aos interessados, devendo a unidade responsável proceder, no mínimo anualmente, ao chamamento público para a atualização dos registros existentes e ingresso de novos interessados, sendo autorizado que unidades administrativas utilizem registros cadastrais de outros órgãos ou entidades da Administração Pública.

O interessado que já tem registro cadastral receberá um documento cujo nome é "certificado de registro cadastral" (art. 32, § 2º, da Lei 8.666/1993), o qual será apresentado quando for participar de uma tomada de preços.

Já o interessado em participar de uma tomada de preços que não estiver previamente cadastrado tem a possibilidade de participar da licitação desde que atenda às condições exigidas para cadastramento até o 3º dia anterior à data do recebimento das propostas. Ou seja, publicado o edital de uma tomada de preços, o interessado deverá correr para conseguir seu cadastramento, nos termos dos arts. 34 a 37 da Lei 8.666/1993 e das demais regras locais, até o momento acima referido.

Caso a *comissão do certame* ou a *comissão de cadastramento*, no momento do recebimento dos envelopes com a proposta, não tenha tido tempo ainda de analisar se os documentos apresentados para cadastro são suficientes, deverá a comissão de licitação receber a proposta sob condição, vale dizer, condicionada à regularidade do cadastro solicitado, que será verificada em seguida. Nesse caso, procede-se de modo semelhante à concorrência, pois a comissão vai ter que parar e verificar a qualificação antes de abrir os envelopes das propostas, podendo marcar outra data para tanto, se for o caso.

Já quanto ao **convite**, ao **concurso**, ao **leilão** e ao **fornecimento de bens para pronta entrega**, pode-se dispensar, no todo ou em parte, a documentação dos arts. 28 a 31. Ou seja, na prática, seguem o critério de habilitação preliminar, mas, em alguns casos, pode a Administração dispensar todas ou algumas das exigências de qualificação. No entanto, a regularidade do interessado com a Seguridade Social é exigência de qualificação que não pode ser dispensada em hipótese alguma, nos termos do art. 195, § 3º, da CF.

Por fim, no **pregão** temos uma inversão de fases. Primeiro é aberto o envelope com as propostas comerciais, passando à existência de lances verbais e a uma negociação com o melhor classificado e depois é aberto o envelope com os documentos de habilitação do melhor classificado no certame (art. 4º, XII, da Lei 10.520/2002). Ou seja, primeiro vem a fase de julgamento e classificação e depois a de habilitação. Aqui, fala-se em **habilitação posterior**.

Em resumo, o momento da habilitação, em regra, é logo após a publicação do edital (*habilitação preliminar*), mas se dará antes do edital na tomada de preços (*habilitação prévia*) e após o julgamento e classificação no pregão (*habilitação posterior*).

11.6.2.2.3. Documentação a ser apresentada (qualificação)

O art. 27 da Lei 8.666/1993 dispõe que, nas licitações, exigir-se-á dos interessados, exclusivamente, documentação relativa a:

a) habilitação jurídica;

b) qualificação técnica;

c) qualificação econômico-financeira;

d) regularidades fiscal e trabalhista;

e) regularidade quanto ao trabalho de menores.

A **habilitação jurídica** consiste na *comprovação da existência de capacidade de fato e da titularidade de condições para contratar com a Administração Pública*. São exigidos, conforme o caso, os seguintes documentos (art. 28 da Lei 8.666/1993):

a) cédula de identidade;

b) registro comercial, no caso de empresa individual;

c) ato constitutivo, estatuto ou contrato social em vigor, devidamente registrado, em se tratando de sociedades comerciais, e, no caso de sociedades por ações, acompanhado de documentos de eleição de seus administradores;

d) inscrição do ato constitutivo, no caso de sociedades civis, acompanhada de prova de diretoria em exercício;

e) decreto de autorização, em se tratando de empresa ou sociedade estrangeira em funcionamento no País, e ato de registro ou autorização para funcionamento expedido pelo órgão competente, quando a atividade assim o exigir.

A **regularidade fiscal** *consiste na existência de inscrição nos cadastros públicos de contribuinte e na inexistência de débitos fiscais exigíveis*. São exigidos, conforme o caso, os seguintes documentos (art. 29 da Lei 8.666/1993):

a) prova de inscrição no Cadastro de Pessoas Físicas (CPF) ou no Cadastro Geral de Contribuintes (CGC);

b) prova de inscrição no cadastro de contribuintes estadual ou municipal, se houver, relativo ao domicílio ou sede do licitante, pertinente ao seu ramo de atividade e compatível com o objeto contratual;

c) prova de regularidade para com a Fazenda Federal, Estadual e Municipal do domicílio ou sede do licitante, ou outra equivalente, na forma da lei;

d) prova de regularidade relativa à Seguridade Social e ao Fundo de Garantia por Tempo de Serviço (FGTS), demonstrando situação regular no cumprimento dos encargos sociais instituídos por lei.

Há de se ressaltar que só se pode exigir do licitante a apresentação de inscrições e certidões pertinentes. Assim, uma empresa prestadora de serviço não é obrigada a apresentar demonstração de inscrição no Fisco estadual, nem certidão negativa de tributo estadual.

Da mesma forma, não se pode exigir certidões com requisitos formais que podem não ser uniformes nas mais variadas esferas administrativas brasileiras. Nesse sentido, confira a seguinte decisão do STJ: "A despeito da vinculação ao edital a que se sujeita a Administração Pública (art. 41 da Lei 8.666/1993), afigura-se ilegítima a exigência da apresentação de certidões comprobatórias de regularidade fiscal quando não são fornecidas, do modo como requerido pelo edital, pelo município de domicílio do licitante" (STJ, REsp 974854/MA, DJ 16.05.2008).

A **qualificação técnica** *consiste na idoneidade técnica para a execução do objeto licitado, mediante a demonstração de experiência anterior na execução de contrato similar e da disponibilidade de pessoal e de equipamentos indispensáveis*. Podem ser exigidos, conforme o caso, os seguintes documentos (art. 30 da Lei 8.666/1993):

a) registro ou inscrição na entidade profissional competente (capacidade genérica);

b) comprovação de aptidão para desempenho de atividade pertinente e compatível em características, quantidades e prazos com o objeto da licitação (capacidade específica);

c) indicação das instalações e do aparelhamento e do pessoal técnico adequados e disponíveis para a realização do objeto da licitação, bem como da qualificação de cada um dos membros da equipe técnica que se responsabilizará pelos trabalhos (capacidade operacional);

d) comprovação, fornecida pelo órgão licitante, de que recebeu os documentos e, quando exigido, de que tomou conhecimento de todas as informações e das condições locais para o cumprimento das obrigações objeto da licitação;

e) prova de atendimento de requisitos previstos em lei especial, quando for o caso.

As qualificações previstas nos itens "b" e "c" serão feitas por **atestados** fornecidos por pessoas jurídicas de direito público ou privado. Caso se trate de serviços ou obras, será necessário que os atestados sejam registrados nas entidades profissionais competentes.

A respeito da exigência de atestados, um exemplo é uma licitação para construir uma rodovia. Certamente, o edital exigirá, como qualificação técnica, dentre outros requisitos, que os licitantes apresentem atestado de que já fizeram obra semelhante, requisito indispensável para se aferir sua aptidão para executar a obra caso venha a ganhar a licitação. Por se tratar de obra, tal atestado deverá ser registrado na entidade profissional competente.

Quanto à capacitação técnico-profissional (pessoal técnico especializado), a exigência deve se limitar à comprovação do licitante de possuir em seu quadro permanente, na data prevista para entrega da proposta, profissional detentor de atestado de responsabilidade técnica por execução de obra ou serviço de características semelhantes, limitadas estas exclusivamente às parcelas de maior relevância e valor significativo do objeto da licitação, vedadas as exigências de quantidades mínimas ou prazos máximos. Tais profissionais deverão participar da obra ou serviço objeto da licitação, admitindo-se a substituição por profissionais de experiência equivalente ou superior, desde que aprovada pela administração.

Será sempre admitida a comprovação de aptidão por meio de certidões ou atestados de obras ou serviços similares de complexidade tecnológica e operacional equivalente ou superior.

É vedada a exigência de comprovação de atividade ou de aptidão com limitações de tempo ou de época ou ainda em locais específicos, ou quaisquer outras não previstas na Lei 8.666/1993 que inibam a participação na licitação.

As exigências mínimas relativas a instalações de canteiros, máquinas, equipamentos e pessoal técnico especializado, considerados essenciais para o cumprimento do objeto da licitação, serão atendidas mediante a apresentação de relação explícita e da declaração formal da sua disponibilidade, sob as penas cabíveis, vedadas as exigências de propriedade e de localização prévia.

Admite-se a exigência de experiência anterior: "é lícita cláusula em edital de licitação exigindo que o licitante, além de contar, em seu acervo técnico, com um profissional que tenha conduzido serviço de engenharia similar àquele em licitação, já tenha atuado em serviço similar. Esse entendimento está em consonância com a doutrina especializada que distingue a qualidade técnica profissional da qualidade técnica operacional e com a jurisprudência do STJ, cuja Segunda Turma firmou o entendimento de que 'não fere a igualdade entre os licitantes, tampouco a ampla competitividade entre eles, o condicionamento editalício referente à experiência prévia dos concorrentes no âmbito do objeto licitado, a pretexto de demonstração de qualificação técnica, nos termos do art. 30, II, da Lei 8.666/1993' (REsp 1.257.886-PE, j. 03.11.2011). Além disso, outros dispositivos do mesmo art. 30 permitem essa inferência. Dessa forma, o § 3º do art. 30 da Lei 8.666/1993 estatui que existe a possibilidade de que a comprovação de qualificação técnica se dê por meio de serviços similares, com complexidade técnica e operacional idêntica ou superior. Ainda, o § 10 do art. 30 da mesma lei frisa ser a indicação dos profissionais técnicos responsáveis pelos serviços de engenharia uma garantia da administração" (STJ, RMS 39.883-MT, Rel. Min. Humberto Martins, j. 17.12.2013).

Segundo o art. 30, § 8º, da Lei 8.666/1993, no caso de obras, serviços e compras de grande vulto, de alta complexidade técnica, poderá a Administração exigir dos licitantes a metodologia de execução, cuja avaliação, para efeito de sua aceitação ou não, antecederá sempre à análise dos preços e será efetuada exclusivamente por critérios objetivos.

Entende-se por licitação de alta complexidade técnica aquela que envolva alta especialização como fator de extrema relevância para garantir a execução do objeto a ser contratado, ou que possa comprometer a continuidade da prestação de serviços públicos essenciais.

O Tribunal de Contas da União (TCU), chamado a interpretar várias das disposições acima em caso concreto, exarou interessante decisão, que determinou à Administração Pública que:

"9.3.4. Abstenha-se de exigir comprovação de vínculo empregatício do responsável técnico de nível superior com a empresa licitante, uma vez que extrapola as exigências de qualificação técnico-profissional, definidas no art. 30, II e § 1º, da Lei 8.666/1993.

9.3.5. Abstenha-se de exigir, para a comprovação de qualificação técnico-operacional dos licitantes, os requisitos de propriedade e de localização prévia dos equipamentos a serem utilizados na obra, conforme o disposto no § 6º do art. 30 da Lei 8.666/1993.

9.3.6. Não exija, como requisito para habilitação dos licitantes, a apresentação de certificados de qualidade e outros documentos que não integrem o rol da documentação exigida por lei, para comprovação de capacidade técnica, nos termos do inciso II c/c o § 1º, ambos do art. 30 da Lei 8.666/1993, abstendo-se especialmente de exigir certificado do Programa Brasileiro de Qualidade e Produtividade de Habitat (PBQPH) – Nível A, aceitando-o, se for o caso, apenas como critério de pontuação técnica.

9.3.7. Abstenha-se de efetuar exigência de quantitativos mínimos de serviços nos atestados técnico-profissionais, para fins de qualificação técnico-profissional, ante a expressa vedação do art. 30, § 1º, I, da Lei 8.666/1993" (TCU Acórdão 608/08, Plenário, DOU 14.05.2008).

A **qualificação econômico-financeira** *consiste em o licitante ter recursos financeiros e situação econômica adequados à satisfatória execução do objeto da contratação.* Podem ser exigidos, conforme o caso, os seguintes documentos (art. 31 da Lei 8.666/1993):

a) balanço patrimonial e demonstrações contábeis do último exercício social, já exigíveis e apresentados na forma da lei, que comprovem a boa situação financeira da empresa, vedada a sua substituição por balancetes ou balanços provisórios, podendo ser atualizados por índices oficiais quando encerrado há mais de 3 (três) meses da data de apresentação da proposta;

b) certidão negativa de falência, concordata ou recuperação judicial expedida pelo distribuidor da sede da pessoa jurídica, ou de execução patrimonial, expedida no domicílio da pessoa física;

c) garantia, nas mesmas modalidades e critérios previstos no "caput" e § 1º do art. 56 da Lei 8.666/1993, limitada a 1% (um por cento) do valor estimado do objeto da contratação.

A exigência de *índices* limitar-se-á à demonstração da capacidade financeira do licitante para assumir compromissos caso seja contratado, vedada a exigência de valores mínimos de faturamento anterior, índices de rentabilidade ou lucratividade.

A Administração, nas *compras para entrega futura* e na *execução de obras e serviços*, poderá exigir capital mínimo ou patrimônio líquido mínimo, ou ainda as garantias previstas no § 1º do art. 56 da Lei 8.666/1993, como dado objetivo de comprovação da qualificação econômico-financeira dos licitantes e para efeito de garantia ao adimplemento do contrato a ser ulteriormente celebrado.

O capital mínimo ou o valor do patrimônio líquido a que nos referimos não poderá exceder a 10% (dez por cento) do valor estimado da contratação, devendo a comprovação ser feita relativamente à data da apresentação da proposta, na forma da lei, admitida a atualização para esta data por meio de índices oficiais.

Poderá ser exigida, ainda, a relação dos compromissos assumidos pelo licitante que importem diminuição da capacidade operativa ou absorção de disponibilidade financeira (dívidas do licitante!), calculada esta em função do patrimônio líquido atualizado e sua capacidade de rotação.

A comprovação de boa situação financeira da empresa será feita de forma objetiva, pelo cálculo de índices contábeis previstos no edital e devidamente justificados no processo administrativo da licitação que tenha dado início ao certame, vedada a exigência de índices e valores não usualmente adotados para correta avaliação de situação financeira suficiente ao cumprimento das obrigações decorrentes da licitação.

O Tribunal de Contas da União (TCU), chamado a interpretar questão atinente à qualificação econômico-financeira em caso concreto, exarou interessante decisão: "Os índices e seus valores devem ser fixados de modo a avaliar a capacidade financeira da empresa em cumprir com suas obrigações contratuais. Não é fazendo comparações com a capacidade econômico-financeira das maiores empresas do ramo (índices de liquidez geral e de liquidez corrente iguais ou superiores a 3,00) que se aferirá a capacidade econômico-financeira para a execução de determinado contrato. A obra em questão, devido a seu porte, não necessita da capacidade técnica, operacional e econômico-financeira de grandes construtoras, de grandes empresas de capital aberto, mas, antes, se destina a empresas locais e regionais de médio porte (TCU, Acórdão 1.899/06, Plenário, DOU 16.10.2006).

A **regularidade quanto ao trabalho de menores** consiste em o licitante cumprir o disposto no inciso XXXIII do art. 7º da CF, que proíbe o trabalho noturno, perigoso e insalubre a menor de 18 anos, bem como qualquer trabalho a menores de 16 anos, salvo na condição de aprendiz, a partir de 14 anos.

O licitante deve demonstrar essa qualificação por meio da apresentação de uma declaração de regularidade.

O descumprimento dessa regra, caso descoberto no futuro, ensejará a rescisão do contrato administrativo (art. 78, parágrafo único, XVIII, da Lei 8.666/1993).

Resta saber como fica o atendimento aos requisitos de habilitação quando um **consórcio** de empresas participa como licitante.

Em primeiro lugar, é importante dizer que o edital deve prever se é possível ou não a participação de um consórcio de empresas.

Caso o edital preveja essa possibilidade, há de determinar o seguinte aos consorciados:

a) que comprovem o *compromisso* público ou particular, subscrito pelos consorciados, de constituir formalmente o consórcio, caso venham a ser contratados; a constituição e o registro do consórcio serão feitos antes da celebração do contrato;

b) que indiquem a *empresa líder* do consórcio, que será responsável por este e deverá atender às condições de liderança previstas no edital, valendo salientar que somente empresa brasileira pode ser líder de consórcio;

c) que fica *proibida a participação* de empresa consorciada, na mesma licitação, por meio de mais de um consórcio ou isoladamente;

d) que ficam responsáveis *solidariamente* pelos atos praticados em consórcio, tanto na fase de licitação, quanto na de execução do contrato.

Resta saber, agora, quais regras regerão o cumprimento dos requisitos para a habilitação quando se tem um consórcio de empresas disputando a licitação. Confira:

a) cada consorciado deve apresentar os documentos de habilitação (arts. 28 a 31 da Lei 8.666/1993);

b) para efeito de qualificação técnica, admite-se o somatório dos quantitativos de cada consorciado, na proporção de sua respectiva participação;

c) para efeito de qualificação econômico-financeira, admite-se o somatório dos valores de cada consorciado, na proporção de sua respectiva participação;

d) pode a administração estabelecer, para o consórcio, um acréscimo de até 30% dos valores exigidos para licitante individual, inexigível este acréscimo para os consórcios compostos, em sua totalidade, por micro e pequenas empresas assim definidas em lei.

A **regularidade trabalhista** *consiste na inexistência de débitos inadimplidos perante a Justiça do Trabalho (Lei 12.440/2011).*

A prova dessa regularidade se dá pela CNDT (Certidão Negativa de Débitos Trabalhistas), expedida eletrônica e gratuitamente.

O interessado não obterá CNDT se em seu nome constar inadimplemento de obrigações estabelecidas em sentença transitada em julgado, acordos judiciais e acordos firmados perante o Ministério Público do Trabalho ou Comissão de Conciliação Prévia

Todavia, verificada a existência de débitos garantidos por penhora suficiente ou com exigibilidade suspensa, será expedida Certidão Positiva de Débitos Trabalhistas em nome do interessado com os mesmos efeitos da CNDT.

A CNDT certificará a empresa em relação a todos os seus estabelecimentos, agências e filiais e o seu prazo de validade é de 180 dias contados de sua emissão.

11.6.2.3. Julgamento e classificação

Essa fase consiste na *verificação objetiva da conformidade das propostas com os critérios previamente estabelecidos, bem como na ordenação da melhor para a pior para a Administração.*

Nessa fase, deve a Administração abrir os envelopes que contêm as *propostas comerciais* dos licitantes.

Vale lembrar que, aqui, as propostas também devem ser rubricadas pelos licitantes presentes e pela comissão (art. 43, § 2º, da Lei 8.666/1993).

As propostas devem ser analisadas, em primeiro lugar, quanto à sua aptidão. Havendo vícios na proposta, o licitante será desclassificado.

Confira os vícios que ensejam desclassificação:

a) vício formal: *consiste no descompasso da proposta com as regras e padrões estipulados no edital ou na lei*. Dentre os vícios formais está a existência de proposta que faz referência à proposta de outro (ex.: "a proposta da empresa é R$ 0,01 centavo mais barata que a proposta mais barata dos demais licitantes");

b) vício material: *consiste no descompasso da proposta com o objeto licitado*. Um exemplo é uma licitação para adquirir papel A4, mas que recebe uma proposta para papel A3;

c) vício quanto à exequibilidade: *consiste na existência de proposta de valor insuficiente para cobrir os custos do fornecedor*. Imagine uma licitação para comprar combustível, em que o fornecedor vencedor oferece o preço de R$ 1,39 para fornecer gasolina, tendo a Administração feito pesquisa de preço e encontrado como valor de mercado a quantia de R$ 2,90; ora, com um preço desses, ou a gasolina é roubada ou é "batizada"; esse preço é manifestamente inexequível. A lei exige que a proposta seja *manifestamente inexequível* para que seja desclassificada, devendo-se levar em conta os parâmetros estabelecidos no § 1º do art. 41 da Lei 8.666/1993;

d) outros vícios: não se admitirá proposta que apresente preços global ou unitários simbólicos, irrisórios ou de valor zero, incompatíveis com os preços dos insumos e salários de mercado, acrescidos dos respectivos encargos, ainda que o ato convocatório da licitação não tenha estabelecido limites mínimos, exceto quando se referirem a materiais e instalações de propriedade do próprio licitante, para os quais ele renuncie a parcela ou à totalidade da remuneração (art. 44, § 3º, da Lei 8.666/1993).

Quando todos os licitantes são inabilitados, quando todas as propostas forem desclassificadas, a Administração poderá fixar aos licitantes o prazo de 8 dias úteis para a apresentação de outras propostas escoimadas de vícios, facultada, no caso de convite, a redução deste prazo para 3 dias úteis.

Em seguida à verificação de vícios nas propostas, deve a Administração julgar aquelas consideradas aptas, procedendo-se, depois, à classificação das que forem aceitas.

Não se considerará qualquer oferta de vantagem não prevista no edital ou no convite, inclusive financiamentos subsidiados ou a fundo perdido, nem preço ou vantagem baseada nas ofertas dos demais licitantes.

O julgamento e a classificação variarão de acordo com o tipo de licitação (menor preço, maior lance, melhor técnica etc.), tema que será visto em item adiante.

11.6.2.4. Homologação

A homologação *é o ato pelo qual se examina a regularidade do procedimento licitatório.*

A autoridade competente (por exemplo, o Secretário Municipal de Administração) deve verificar a regularidade do procedimento e, estando este em ordem, deve homologar o certame licitatório.

11.6.2.5. Adjudicação

A adjudicação *é o ato pelo qual se atribui o objeto do certame ao vencedor da licitação.*

Como regra, a adjudicação é feita após a homologação (art. 43, VI, da Lei 8.666/1993).

Porém, na modalidade de licitação pregão, primeiro é feita a adjudicação e, depois, a homologação (art. 4º, XXI e XXII, da Lei 10.520/2002).

São efeitos da adjudicação os seguintes:

a) o direito de o adjudicatário não ser preterido, caso a Administração faça a contratação;

b) a vinculação do adjudicatário à proposta por ele feita;

c) a liberação dos demais licitantes para retirar documentos e levantar garantias.

Apesar da vinculação do adjudicatário, decorridos 60 (sessenta) dias da data da entrega das propostas, sem a convocação para a contratação, esse ficará liberado dos compromissos assumidos (art. 64, § 3º, da Lei 8.666/1993).

A recusa injustificada do adjudicatário em assinar o contrato, aceitar ou retirar o instrumento equivalente, dentro do prazo estabelecido pela Administração, caracteriza o descumprimento total da obrigação assumida, sujeitando-o às penalidades legalmente estabelecidas (art. 81 da Lei 8.666/1993).

11.7. Modalidades de licitação

11.7.1. Concorrência

A expressão "modalidades" significa "procedimento", "rito". Não se deve confundir *modalidade* de licitação (concorrência, tomada de preços, convite etc.) com *tipo* de licitação (menor preço, melhor técnica etc.). A primeira, como se viu, diz respeito ao *procedimento* a ser seguido pela Administração. O segundo diz respeito ao *critério de julgamento* a ser seguido pela Administração.

A concorrência pode ser **conceituada** como *a modalidade destinada a transações de grande vulto e a casos especiais elencados na lei, que permite a participação de qualquer interessado que, na fase inicial de habilitação, comprove possuir os requisitos mínimos de qualificação exigidos no edital.*

Essa modalidade tem **destinação obrigatória** para os contratos de:

a) grande vulto, ou seja, para *obras e serviços de engenharia* de valor superior a R$ 1,5 milhão (em valores atualizados, superior a R$ 3,3 milhões – vide Decreto 9.412/2018), e, quanto às *compras e demais serviços*, de valor superior a R$ 650 mil (em valores atualizados, superior a R$ 1,43 milhão – vide Decreto 9.412/2018);

b) compra de imóveis, de qualquer valor;

c) alienações de imóveis, de qualquer valor; vale salientar que também se admite o leilão para alienação de imóveis adquiridos em processos judiciais e por dação em pagamento (art. 19 da Lei 8.666/1993);

d) alienação de móveis, quando estes forem avaliados em valor superior a R$ 650 mil; se o valor for inferior a essa quantia, pode-se usar a modalidade tomada de preços ou leilão (art. 17, § 6º, da Lei 8.666/1993);

e) concessões de direito real de uso (art. 23, § 3º, da Lei 8.666/1993);

f) concessões de serviço público (art. 2º, II, da Lei 8.987/1995);

g) licitações internacionais, de qualquer valor; vale salientar que, nas licitações internacionais, é cabível também a tomada de preços, quando o órgão ou entidade dispuser de cadastro internacional de fornecedores, bem como convite, se não houver fornecedor do bem ou serviço no País (art. 23, § 3º, da Lei 8.666/1993);

h) aquisição de bens por sistema de registro de preços (art. 15, § 3º, I, da Lei 8.666/1993): vale salientar que o registro de preços também pode ser feito por meio da modalidade pregão (art. 11 da Lei 10.520/2002); o Sistema de Registro de Preços é um procedimento que a Administração pode adotar perante compras rotineiras de bens padronizados (ex.: material de escritório, medicamentos): presumindo que adquirirá tais bens múltiplas vezes, a Administração abre licitação, e aquele que oferecer a cotação mais baixa terá seus preços registrados para quando a Administração precisar; não se trata de modalidade de licitação, já que inclusive é precedida de uma (concorrência ou pregão), mas de procedimento a ser feito para situações de fornecimento contínuo.[16]

---

16. Cada registro valerá por um ano. O § 3º do art. 15 da Lei dispõe que o sistema de registro de preços será regulamentado por decreto, atendidas as peculiaridades regionais, observado o seguinte: I – seleção feita mediante concorrência; II – estipulação prévia do sistema de

Essa modalidade tem **destinação facultativa** para os casos em que couber modalidade licitatória de menor expressão, tais como tomada de preços e convite (art. 23, § 4º, da Lei 8.666/1993).

A concorrência tem como **principais características** as seguintes:

a) **prazos maiores:** o prazo mínimo entre a publicação do aviso do edital e o recebimento das propostas é de 30 dias, como regra, e de 45 dias se o contrato a ser celebrado contemplar o regime de empreitada integral ou quando a licitação for do tipo "melhor técnica" ou "técnica e preço" (art. 21, § 2º, I, "b", e II, "a", da Lei 8.666/1993); há de se lembrar que o prazo é contado da última publicação do aviso do edital; além disso, na contagem do prazo, deve-se excluir o dia do início e incluir o dia do vencimento (art. 110 da Lei 8.666/1993);

b) **universalidade:** a concorrência admite a participação de qualquer interessado que atenda, na fase inicial de habilitação preliminar, os requisitos de qualificação previstos no edital (art. 22, § 1º, da Lei 8.666/1993), ou seja, não é necessário que o interessado esteja previamente cadastrado para participar da concorrência, daí porque se fala em acesso universal ao certame; todavia, na fase de habilitação, aquele licitante que não cumprir os requisitos de qualificação será inabilitado;

c) **habilitação preliminar:** conforme já mencionado, a habilitação, na concorrência, é feita logo após a publicação do edital e antes do julgamento das propostas, daí porque se fala em *habilitação preliminar*, diferente da tomada de preços (*habilitação prévia*) e do pregão (*habilitação posterior*).

11.7.2. Tomada de preços

A tomada de preços pode ser **conceituada** como *a modalidade destinada a transações de médio vulto, que só permite a participação de interessados devidamente cadastrados ou que atendam às condições do cadastro até o 3º dia anterior à data do recebimento das propostas, observada a necessária qualificação* (art. 22, § 2º, da Lei 8.666/1993).

Essa modalidade tem **destinação prevista** para os contratos de:

a) **médio vulto,** ou seja, para *obras e serviços de engenharia* de valor até R$ 1,5 milhões (em valores atualizados, até R$ 3,3 milhões – vide Decreto 9.412/2018), e, quanto às *compras e demais serviços*, de valor até R$ 650 mil (em valores atualizados, até R$ 1,43 milhão – vide Decreto 9.412/2018);

b) **licitações internacionais,** quando o órgão ou a entidade dispuser de cadastro internacional de fornecedores, bem como convite, se não houver fornecedor do bem ou serviço no País (art. 23, § 3º, da Lei 8.666/1993).

Essa modalidade tem **destinação facultativa** para os casos em que couber o convite, modalidade licitatória de menor expressão (art. 23, § 4º, da Lei 8.666/1993).

Existe uma **proibição** muito séria, que tem em mira evitar fraudes na utilização das modalidades licitatórias.

É vedada a utilização da modalidade "tomada de preços" para parcelas de uma mesma obra ou serviço, ou ainda para obras e serviços da mesma natureza e no mesmo local que possam ser realizadas conjunta e concomitantemente, sempre que o somatório de seus valores caracterizar o caso de concorrência, exceto para as parcelas de natureza específica que possam ser executadas por pessoas ou empresas de especialidade diversa daquela do executor da obra ou serviço (art. 23, § 5º, da Lei 8.666/1993).

A ideia da lei é evitar fracionamentos de contratos para que se utilize tomada de preços quando caberia concorrência.

A tomada de preços tem como **principais características** as seguintes:

a) **prazos intermediários:** o prazo mínimo entre a publicação do aviso edital e o recebimento das propostas é de 15 dias, como regra, e de 30 dias quando a licitação for do tipo "melhor técnica" ou "técnica e preço" (art. 21, § 2º, II, "b", e III, da Lei 8.666/1993); há de se lembrar que o prazo é contado da última publicação do aviso do edital; além disso, na contagem do prazo, deve-se excluir o dia do início e incluir o dia do vencimento;

b) **prévio cadastro:** o interessado em participar da licitação deve já ter um registro cadastral, ou seja, deve ter um documento cujo nome é *certificado de registro cadastral* (art. 32, § 2º, da Lei 8.666/1993), documento esse que será apresentado por ele quando for participar da tomada de preços; caso o interessado não tenha cadastro prévio, poderá participar da licitação desde que atenda às condições exigidas para cadastramento até o 3º dia anterior à data do recebimento das propostas; ou seja, publicado o edital, o interessado deverá correr para conseguir seu cadastramento, nos termos dos arts. 34 a 37 da Lei 8.666/1993 e das demais regras locais, até o momento acima referido.

11.7.3. Convite

O convite pode ser **conceituado** como *a modalidade destinada a transações de menor vulto, na qual se deve convidar ao menos três interessados, cadastrados ou não, permitida a participação de outros interessados cadastrados que manifestarem interesse com antecedência de até 24 horas da data da apresentação das propostas* (art. 22, § 3º, da Lei 8.666/1993).

Essa modalidade tem **destinação** para os contratos de **menor vulto,** ou seja, para *obras e serviços de engenharia* de valor até R$ 150 mil (em valores atualizados, até R$ 330 mil – vide Decreto 9.412/2018), e, quanto às *compras e demais serviços*, de valor até R$ 80 mil (em valores atualizados, até R$ 176 mil – vide Decreto 9.412/2018).

Aqui também existe aquela séria **proibição**, que tem em mira evitar fraudes na utilização das modalidades licitatórias.

É vedada a utilização da modalidade "convite" para parcelas de uma mesma obra ou serviço, ou ainda para obras e serviços da mesma natureza e no mesmo local que possam ser realizadas conjunta e concomitantemente sempre que o somatório de seus valores caracterizar o caso de tomada de preços ou concorrência, exceto para as parcelas de natureza específica que possam ser executadas por pessoas ou empresas de especialidade diversa daquela do executor da obra ou serviço (art. 23, § 5º, da Lei 8.666/1993).

---

controle e atualização dos preços registrados; III – validade do registro não superior a 1 ano. O § 4º, por sua vez, assevera que a existência de preços registrados não obriga a Administração a firmar as contratações que deles poderão advir, ficando-lhe facultada a utilização de outros meios, respeitada a legislação relativa às licitações, sendo assegurado ao beneficiário do registro preferência em igualdade de condições.

A ideia da lei é evitar fracionamentos de contratos para que se utilize convite, quando caberia tomada de preços ou concorrência.

O convite tem como **principais características** as seguintes:

a) prazo menor: o prazo mínimo entre a publicação do aviso edital e o recebimento das propostas é de 5 dias *úteis*, contados da expedição do convite (art. 21, § 2º, IV, e § 3º, da Lei 8.666/1993); há de se lembrar que o prazo é contado da última publicação do aviso do edital; além disso, na contagem do prazo, deve-se excluir o dia do início e incluir o dia do vencimento;

b) publicidade reduzida: no convite, a publicidade se reduz à expedição de carta-convite a pelo menos três interessados e à afixação de cópia do convite no quadro de avisos da Administração Pública;

c) participação restrita a convidados ou cadastrados: confira as regras (art. 22, §§ 3º, 6º e 7º, da Lei 8.666/1993):

c1) devem ser convidados pelo menos três interessados, cadastrados ou não;

c2) se existir na praça mais de três interessados, a cada novo convite, deve-se chamar, no mínimo, um cadastrado que não tenha sido ainda convidado, até que todos os cadastrados sejam convidados;

c3) quando, por limitações do mercado ou manifesto desinteresse dos convidados, for impossível a obtenção do número mínimo de licitantes, pode-se convidar número menor, desde que haja a devida motivação, sob pena de repetição do convite;

c4) interessados em participar da licitação podem fazê-lo mesmo que não tenham sido convidados, desde que sejam cadastrados na repartição e que manifestem interesse até 24 horas da data da apresentação das propostas; é necessário, então, que o interessado faça um requerimento nesse prazo; a doutrina entende que só se pode exigir prévio cadastro desse interessado não convidado se a Administração tiver exigido habilitação no convite feito no caso concreto;

d) habilitação facultativa: a fase de habilitação não é obrigatória no convite, podendo ser dispensada no todo ou em parte (art. 32, § 1º, da Lei 8.666/1993); porém, a regularidade com a Seguridade Social deve sempre ser exigida, por força de determinação prevista na Constituição Federal (art. 195, § 3º, da CF);

e) direção dos trabalhos: a regra é que a licitação pelo convite seja dirigida por uma comissão de licitação, como nas modalidades concorrência e tomada de preços; porém, em pequenas unidades, pode substituí-la por servidor formalmente designado (art. 51, § 1º, da Lei 8.666/1993).

11.7.4. Concursos

O concurso pode ser **conceituado** como *a modalidade destinada à escolha de trabalho técnico, científico ou artístico, mediante prêmios ou remuneração ao vencedor* (art. 22, § 4º, da Lei 8.666/9193).

Essa modalidade tem **destinação** para a *premiação de trabalhos* técnicos (ex.: concurso para a escolha do melhor projeto arquitetônico), científicos (ex.: concurso para a escolha da melhor monografia jurídica) e artísticos (exs.: concursos para escolha de melhores hino, brasão da cidade, fotografia, poema etc.).

O concurso tem como **principais características** as seguintes:

a) prazo: o prazo mínimo entre a publicação do aviso do edital e o recebimento do trabalho pronto é de 45 dias; há de se lembrar que o prazo é contado da última publicação do aviso do edital; além disso, na contagem do prazo, deve-se excluir o dia do início e incluir o dia do vencimento; o prazo é grande, pois o interessado não vai entregar uma mera proposta, mas já entregará o trabalho pronto;

b) regulamento: o edital deve, no mínimo, fazer referência ao local onde está o regulamento do concurso; deve também indicar a qualificação exigida dos participantes (ex.: dizer que o concurso é só para os estagiários de uma Prefeitura); deve, ainda, traçar as diretrizes e a forma de apresentação do trabalho, bem como as condições de realização e os prêmios a serem dados ao(s) vencedor(es); se o objeto do concurso for um projeto (ex.: projeto arquitetônico), o vencedor deverá autorizar sua execução a qualquer tempo, segundo a conveniência da Administração;

c) habilitação facultativa: a fase de habilitação não é obrigatória no concurso, podendo ser dispensada no todo ou em parte (art. 32, § 1º, da Lei 8.666/1993);

d) julgamento: o julgamento será feito por uma comissão especial integrada por pessoas de reputação ilibada e reconhecido conhecimento da matéria em exame, servidores públicos ou não (art. 51, § 5º, da Lei 8.666/1993).

11.7.5. Leilão

O leilão pode ser **conceituado** como *a modalidade destinada à venda de bens móveis inservíveis, de produtos apreendidos ou penhorados, de imóveis adquiridos em processo judicial ou por dação em pagamento e de ativos, ações e outros direitos relacionados ao Programa Nacional de Desestatização*.

Essa modalidade tem **destinação** indicada no conceito, valendo salientar, quanto à desestatização, que essa é regulamentada na Lei 9.491/1997.

O leilão tem como **principais características** as seguintes:

a) prazo: o prazo mínimo entre a publicação do aviso do edital e a sessão de leilão é de 45 dias; há de se lembrar que o prazo é contado da última publicação do aviso do edital; além disso, na contagem do prazo, deve-se excluir o dia do início e incluir o dia do vencimento;

b) tipo de licitação: como o leilão visa à alienação de bens, o tipo licitatório cabível (critério de julgamento) é o de maior lance; esse deve ser igual ou superior ao valor da avaliação; os lances são verbais ou mediante procedimentos tecnológicos;

c) habilitação facultativa: a fase de habilitação não é obrigatória no leilão, podendo ser dispensada no todo ou em parte (art. 32, § 1º, da Lei 8.666/1993);

d) direção dos trabalhos: pode ser cometida a leiloeiro oficial ou a servidor designado pela Administração (art. 53 da Lei 8.666/1993).

11.7.6. Pregão

Essa modalidade de licitação não está prevista na Lei 8.666/1993, mas na Lei 10.520/2002. Trata-se de modalidade aplicável à Administração Pública Direta e Indireta de todos os entes políticos (União, Estados, DF e Municípios).

O pregão pode ser **conceituado** como *a modalidade destinada à aquisição de bens e serviços comuns, caracterizada pela inversão de fases, aumento dos momentos de competição, celeridade, oralidade e redução de exigências para a participação.*

Essa modalidade é **destinada** à aquisição de *bens e serviços comuns*.

Bens e serviços comuns são "aqueles cujos padrões de desempenho e qualidade possam ser objetivamente definidos no edital, por meio de especificações usuais no mercado" (art. 1º, parágrafo único, da Lei 10.520/2002).

Enfim, bens e serviços comuns são aqueles que têm especificações usuais no mercado.

São exemplos de *bens comuns* os seguintes: água mineral, combustível, material hospitalar, medicamentos, material de limpeza, móveis, veículos, computadores, dentre outros.

São exemplos de *serviços comuns* os seguintes: de digitação, de manutenção, de assinatura (de TV, revista e telefonia móvel), de copa, de garçom, de ascensorista, de lavanderia, de limpeza, de reprografia, de vigilância, dentre outros.

O fato é que, nos dias de hoje, quase tudo tem especificação usual no mercado e, portanto, quase tudo pode ser adquirido pela Administração mediante a modalidade pregão.

Aliás, é bom ressaltar que não há limitação de valor para aquisição mediante o pregão. Assim, até mesmo uma compra de milhões de reais, que ensejaria concorrência, pode ser feita pelo pregão.

A única exigência é que se trate de bens e serviços comuns.

Nada obstante, há situações que não ensejam o uso de pregão. Um exemplo é a contratação de uma obra. A *obra* não está no conceito nem de *serviço*, nem de *compra de bens*, para fins de licitação (art. 6º, I, II e III, da Lei 8.666/1993). Como regra, também não é possível a utilização de pregão para alienação de bens e para as locações imobiliárias.

Serviços de engenharia, ao contrário, desde que sejam serviços com especificações usuais no mercado, como o serviço de terraplenagem, podem ser contratados mediante pregão.

O pregão tem como **principais características** as seguintes (Lei 10.520/2002):

a) prazo: o prazo mínimo entre a publicação do aviso do edital e a data para a apresentação das propostas (data da sessão de pregão) é de *8 dias úteis* (art. 4º, V);

b) tipo de licitação: menor preço (art. 4º, X);

c) direção dos trabalhos: haverá um pregoeiro e a respectiva equipe de apoio, sendo que esta será integrada em sua maioria por servidores ocupantes de cargo efetivo ou emprego na Administração Pública (art. 3º, IV);

d) inversão de fases: primeiro vem a fase de *julgamento* e depois a de *habilitação*; primeiro vem a *adjudicação* e depois a *homologação* (art. 4º, VII, XII, XXI e XXII);

e) lances verbais: faz-se uma classificação provisória e depois selecionam-se as melhores propostas (1ª classificada mais propostas até 10% superiores, garantidas três propostas diferentes) para uma fase de lances verbais, com vistas a alcançar a proposta mais vantajosa para a Administração (art. 4º, VIII);

f) negociação do preço: o licitante que chegar à melhor proposta estará sujeito, ainda, a uma negociação de preço que o pregoeiro fará caso o proposto não atinja um valor aceitável (art. 4º, XI, XVI e XVII);

g) exigências vedadas: é vedada a exigência de *garantia da proposta*, de *aquisição de edital* por interessado e de pagamento de *taxas* (salvo de reprografia) (art. 5º);

h) redução das exigências de habilitação (art. 4º, XIII);

i) concentração dos atos do certame na sessão de pregão: faz-se tudo na sessão, inclusive a adjudicação do objeto do certame, se não houver recurso;

j) recurso único e oral (art. 4º, XVIII).

Quanto ao **procedimento** da fase externa do pregão, confira o passo a passo:

a) publicação do edital;

b) antes de iniciar a sessão pública, faz-se o credenciamento do licitante ou de seus representantes, que devem identificar-se e, conforme o caso, comprovar a existência de poderes para a formulação de propostas e para a prática de todos os demais atos inerentes ao certame;

c) aberta a sessão, os interessados apresentarão uma *declaração de habilitação* (declaração dando ciência de que cumprem os requisitos de habilitação) e entregarão os *envelopes contendo a proposta comercial*;

d) *abertura dos envelopes com a proposta comercial*;

e) *desclassificação* de eventuais propostas com vícios;

f) elaboração de *classificação provisória*;

g) *seleção das propostas* que passarão aos lances verbais; deve-se selecionar o 1º classificado (autor da oferta de valor mais baixo) e os autores das ofertas com preços até 10% superiores àquela; há de se garantir, no mínimo, três propostas diferentes; repare que não são três licitantes diferentes, mas três propostas de valor diferente, o que faz com que, muitas vezes, haja bem mais do que três licitantes nessa fase, bastando que haja licitantes com propostas de valor igual;

h) *início de nova disputa*, com *lances verbais* e sucessivos, até se chegar ao melhor lance possível;

i) *classificação definitiva*, levando em conta também os que não foram selecionados para os lances verbais, mas excluindo os que já foram desclassificados;

j) *negociação* com o autor da oferta de menor valor;

k) *exame da aceitabilidade* da proposta de menor valor;

l) *declaração da aceitabilidade da proposta* ou nova negociação com outro classificado;

m) *abertura do envelope de habilitação* da oferta com preço aceitável;

n) *saneamento de eventuais falhas* nos documentos de habilitação;

o) *declaração de habilitação* do licitante que tem preço aceitável ou exame sucessivo das ofertas subsequentes até apuração de uma aceitável e que atenda aos requisitos de habilitação;

p) *declaração do licitante vencedor*;

q) consulta aos licitantes sobre o interesse em apresentar *recurso*;

r) *adjudicação do objeto do certame ao vencedor na própria sessão de pregão*, caso não haja recurso; o recurso deve ser interposto na própria sessão de pregão (por meio do pregoeiro), apresentando-se o motivo; em seguida, a sessão ficará suspensa e o recorrente terá 3 dias para apresentar suas razões, seguindo-se o prazo de 3 dias para os demais licitantes se manifestarem;

s) *elaboração e subscrição da ata da sessão*;

t) *homologação do certame pela autoridade competente* (não é o pregoeiro, mas a autoridade superior) e publicação da decisão homologatória;

u) *empenho de despesa*;

v) *convocação do vencedor* para celebração do contrato; vale salientar que o prazo de validade das propostas é de 60 dias, se outro não estiver fixado no edital;

x) havendo recusa do adjudicatário, negociação com os próximos classificados, até que haja preço aceitável com condições de habilitação;

z) *celebração do contrato*.

Vale salientar que a Lei 10.520/2002 admite o pregão por meio eletrônico, cuja regulamentação se encontra no Decreto 5.450/2005 para o âmbito da União.

Esse decreto dispõe que o pregão eletrônico deve ser utilizado preferencialmente em relação ao pregão presencial.

Uma diferença básica do pregão eletrônico para o pregão presencial é o fato de que, no primeiro, o interessado deve estar previamente credenciado no SICAF – Sistema de Cadastramento Unificado de Fornecedores.

11.7.7. Vedação

Por fim, vale citar que é **vedada** a criação de outras modalidades de licitação ou a combinação das previstas em lei (art. 22, § 8º, da Lei 8.666/1993).

Assim, não é possível que qualquer dos entes da Administração Pública venha a criar uma nova modalidade de licitação, ou mesmo combinar modalidades para o fim de criar uma inédita modalidade licitatória.

Somente por meio de lei – e deve se tratar de uma lei federal, pois somente a União poderá legislar sobre normas gerais em matéria de licitação – é que é possível criar uma nova modalidade licitatória.

Um exemplo é o **pregão**, que foi criado pela Lei 10.520/2002.

Outro exemplo é a modalidade de licitação denominada **consulta**, que é exclusiva da Agência Nacional de Telecomunicações – ANATEL. O art. 54 da Lei 9.472/1997 estabelece que essa agência pode utilizar o procedimento da consulta mediante procedimentos próprios determinados por atos normativos expedidos pela agência, desde que não seja para a contratação de obras e serviços de engenharia.

11.8. Tipos de licitação

Não se deve confundir as *modalidades* de licitação (ou procedimentos licitatórios – concorrência, convite etc.) com *tipos* de licitação (ou critérios de julgamento – menor preço, melhor técnica etc.).

Feita tal observação, vejamos os tipos de licitação.

11.8.1. Menor preço

Esse tipo é o mais comum em matéria de licitação. Isso porque a Administração adquire muitos bens, e esse tipo é o adequado para as compras e aquisições estatais.

Esse tipo de licitação é compatível com as modalidades concorrência, tomada de preços, convite e pregão.

Devem ser desclassificadas as propostas com preço simbólico, irrisório, de valor zero ou impraticável, tanto para mais como para menos.

A lei diz que serão desclassificadas as propostas com preços manifestamente inexequíveis ou que não venham a ter demonstrada sua viabilidade por meio de documentação da coerência com os custos dos insumos e a produtividade.

Em caso de empate, têm preferência, sucessivamente, os bens e serviços:

a) produzidos no País;

b) produzidos ou prestados por empresas brasileiras;

c) produzidos ou prestados por empresas que invistam em pesquisa e desenvolvimento de tecnologia no País;

d) produzidos ou prestados por empresas que comprovem cumprimento de reserva de cargos prevista em lei para pessoa com deficiência ou para reabilitado da Previdência Social e que atendam às regras de acessibilidade previstas na legislação.

Permanecendo o empate, far-se-á um sorteio, em ato público, para o qual todos os licitantes serão convocados, vedado qualquer outro processo.

11.8.2. Maior lance ou oferta

Esse tipo de licitação é próprio para a alienação de bens móveis e imóveis e concessão de direito real de uso de bens públicos.

Esse tipo de licitação é compatível com as modalidades concorrência e leilão.

11.8.3. Melhor técnica e técnica e preço

Esses tipos de licitação são utilizados exclusivamente para *serviços de natureza predominantemente intelectual*, em especial na elaboração de projetos, cálculos, fiscalização, supervisão e gerenciamento, de engenharia consultiva em geral e, em particular, para elaboração de estudos técnicos preliminares e projetos básicos e executivos, bem como para contratação de bens e serviços de informática.

Quanto aos bens e serviços de informática cabe também o pregão (e não a concorrência, própria dos casos em que se usa o tipo melhor técnica), ressalvadas as aquisições em que a técnica é realmente importante e que os produtos não possam ser definidos por especificações usuais de mercado. Nesse sentido, o TCU tem o seguinte entendimento: "alerta ao DNIT no sentido de que as contratações para aquisição de bens e serviços de informática não precisam ser realizadas, necessariamente, sob a forma de licitação do tipo 'técnica e preço', podendo também ocorrer sob a forma de pregão, conforme já tratado pelo TCU em diversos julgados precedentes, a exemplo dos Acórdãos de 237/2009-P, 144/2008-P, 2.658/2007-P, 1.782/2007-P, 1.114/2006-P, 2.138/2005-P, 2.094/2004-P, 1.182/2004-P, 740/2004-P (com redação alterada pelo Acórdão 1.299/2006- P) e 313/2004-P (item 1.6.2, TC-019.930/2008-9, Acórdão 819/2009-Plenário)".

Excepcionalmente, utilizar-se-á esse tipo de licitação para fornecimento de bens, execução de obras ou prestação de serviços de grande vulto, quando dependentes de tecnologia sofisticada, desde que haja autorização expressa da autoridade de maior nível hierárquico da Administração promotora da licitação.

No tipo "melhor técnica", o ato convocatório fixará preço máximo a ser pago. Há três tipos de documentos: com a qualificação, com a proposta técnica e com a proposta de preço. Deve-se seguir o seguinte procedimento:

a) abertura de *envelope com a documentação de habilitação*;

b) quanto aos habilitados, abertura do *envelope com a proposta técnica*; tal proposta seguirá os termos do edital e poderá tratar da capacitação e experiência; da metodologia e organização; da tecnologia e dos recursos materiais; da qualificação das equipes técnicas;

c) *avaliação e classificação das propostas técnicas*;

d) *valorização mínima* das propostas técnicas;

e) abertura dos envelopes com as *propostas de preço* daqueles que têm a valorização mínima;

f) negociação entre os licitantes, considerando a melhor proposta técnica e o menor preço com valorização mínima, até se chegar ao vencedor.

No tipo "melhor técnica e preço" far-se-á a classificação das propostas segundo critério de média nas notas respectivas. Deve-se seguir o seguinte procedimento:

a) abertura de *envelope com a documentação de habilitação*;

b) quanto aos habilitados, abertura do *envelope com a proposta técnica*; tal proposta seguirá os termos do edital e poderá tratar da capacitação e experiência; da metodologia e organização; da tecnologia e dos recursos materiais; da qualificação das equipes técnicas;

c) avaliação e classificação das *propostas técnicas*;

d) será feita a avaliação e a valorização das *propostas de preços*, de acordo com critérios objetivos preestabelecidos no instrumento convocatório;

e) a classificação dos proponentes far-se-á de acordo com a *média ponderada das valorizações das propostas técnicas e de preço*, de acordo com os pesos preestabelecidos no instrumento convocatório.

11.9. Licitação com participação de Microempresa (ME) e Empresa de Pequeno Porte (EPP)

Em primeiro lugar, vale trazer a definição dessas empresas (art. 3º da Lei Complementar 123/2006):

a) microempresa: empresário ou pessoa jurídica que aufira, em cada ano-calendário, receita bruta igual ou inferior a R$ 360 mil;

b) empresa de pequeno porte: empresário ou pessoa jurídica que aufira, em cada ano-calendário, receita bruta superior a R$ 360 mil e igual ou inferior a R$ 3,6 milhões.

Considera-se receita bruta o produto da venda de bens e serviços nas operações de conta própria, o preço dos serviços prestados e o resultado nas operações em conta alheia, não incluídas as vendas canceladas e os descontos incondicionais concedidos.

Não poderá se beneficiar do tratamento jurídico diferenciado previsto na Lei Complementar 123/2006 a pessoa jurídica:

a) de cujo capital participe outra pessoa jurídica;

b) que seja filial, sucursal, agência ou representação, no País, de pessoa jurídica com sede no exterior;

c) de cujo capital participe pessoa física que seja inscrita como empresário ou seja sócia de outra empresa que receba tratamento jurídico diferenciado nos termos da Lei Complementar, desde que a receita bruta global ultrapasse o limite de R$ 3,6 milhões;

d) cujo titular ou sócio participe com mais de 10% (dez por cento) do capital de outra empresa não beneficiada pela Lei Complementar, desde que a receita bruta global ultrapasse o limite de R$ 3,6 milhões;

e) cujo sócio ou titular seja administrador ou equiparado de outra pessoa jurídica com fins lucrativos, desde que a receita bruta global ultrapasse o limite de R$ 3,6 milhões;

f) constituída sob a forma de cooperativas, salvo as de consumo;

g) que participe do capital de outra pessoa jurídica;

h) que exerça atividade de banco comercial, de investimentos e de desenvolvimento, de caixa econômica, de sociedade de crédito, financiamento e investimento ou de crédito imobiliário, de corretora ou de distribuidora de títulos, valores mobiliários e câmbio, de empresa de arrendamento mercantil, de seguros privados e de capitalização ou de previdência complementar;

i) resultante ou remanescente de cisão ou qualquer outra forma de desmembramento de pessoa jurídica que tenha ocorrido em um dos 5 (cinco) anos-calendário anteriores;

j) constituída sob a forma de sociedade por ações.

k) cujos titulares ou sócios guardem, cumulativamente, com o contratante do serviço, relação de pessoalidade, subordinação e habitualidade.

Para fins dos benefícios tributários previstos na lei complementar há outras pessoas jurídicas excluídas (art. 17). Mas para fins das vantagens decorrentes do acesso aos mercados, basta verificar os requisitos de faturamento já citados, bem como as pessoas jurídicas que estão excluídas do benefício.

Confira agora os direitos conferidos a uma ME ou EPP na licitação:

a) comprovação diferida da regularidade fiscal: nas licitações públicas, a comprovação de regularidade fiscal das MEs e EPPs somente será exigida para efeito de assinatura do contrato (art. 42 da LC 123/2006); as MEs e EPPs, por ocasião da participação em certames licitatórios, deverão apresentar toda a documentação exigida para efeito de comprovação de regularidade fiscal, mesmo que esta apresente alguma restrição, hipótese em que será assegurado o prazo de 5 (cinco) dias úteis, cujo termo inicial corresponderá ao momento em que o proponente for declarado o vencedor do certame, prorrogáveis por igual período, a critério da Administração Pública, para a regularização da documentação, pagamento ou parcelamento do débito e emissão de eventuais certidões negativas ou positivas com efeito de certidão negativa; a não regularização da documentação nesse prazo implicará decadência do direito à contratação, sem prejuízo das sanções previstas no art. 81 da Lei 8.666/1993, sendo facultado à Administração convocar os licitantes remanescentes, na ordem de classificação, para a assinatura do contrato, ou revogar a licitação (art. 43 da LC 123/2006);

b) empate ficto: nas licitações será assegurada, como critério de desempate, preferência de contratação para as MEs e EPPs; entende-se por empate aquelas situações em que as propostas apresentadas pelas microempresas e empresas de pequeno porte sejam iguais ou até 10% (dez por cento) superiores à proposta melhor classificada (na modalidade de pregão, o intervalo percentual será de até 5% (cinco por cento) superior ao melhor preço). Ocorrendo o empate, a ME ou EPP melhor classificada poderá apresentar proposta de preço inferior àquela considerada vencedora do certame, situação em que será adjudicado em seu favor o objeto licitado; não ocorrendo a contratação da ME ou EPP, serão convocadas as remanescentes que porventura se enquadrem nessa condição, na ordem classificatória, para o exercício do mesmo direito; no caso de equivalência dos valores apresentados pelas MEs e EPPs que se encontrem nos intervalos estabelecidos, será realizado sorteio entre elas para que se identifique aquela que primeiro poderá apresentar melhor oferta. Na hipótese da não contratação de uma ME ou EPP, o objeto licitado será adjudicado em favor da proposta originariamente vencedora do certame; o empate ficto somente se aplicará quando a melhor oferta inicial não tiver sido apresentada por microempresa ou empresa de pequeno porte; no caso de pregão, a ME ou EPP melhor classificada será convocada para apresentar nova proposta no prazo máximo de 5 (cinco) minutos após o encerramento dos lances, sob pena de preclusão (arts. 44 e 45 da LC 123/2006);

c) cédula de crédito microempresarial: a ME e a EPP titulares de direitos creditórios decorrentes de empenhos liquidados por órgãos e entidades da União, Estados, Distrito Federal e Município não pagos em até 30 (trinta) dias contados da data de liquidação poderão emitir cédula de crédito microempresarial;

d) tratamento diferenciado: nas contratações públicas da administração direta e indireta, autárquica e fundacional, federal, estadual e municipal, deverá ser concedido tratamento diferenciado e simplificado para as microempresas e empresas de pequeno porte objetivando a promoção do desenvolvimento econômico e social no âmbito municipal e regional, a ampliação da eficiência das políticas públicas e o incentivo à inovação tecnológica, sendo que, no que diz respeito às compras públicas, enquanto não sobrevier legislação estadual, municipal ou regulamento específico de cada órgão mais favorável à microempresa e empresa de pequeno porte, aplica-se a legislação federal (art. 47 da LC 123/2006, com redação dada pela LC 147/2014);

e) licitação exclusiva para ME e EPP: a administração pública **deverá** realizar processo licitatório destinado exclusivamente à participação de microempresas e empresas de pequeno porte nos itens de contratações cujo valor seja de até R$ 80.000,00 (oitenta mil reais); repare que a lei se refere aos itens de contratações e não à somatória dos itens reunidos num mesmo procedimento licitatório;

f) subcontratação obrigatória para ME e EPP: a administração pública **poderá** realizar processo licitatório em que seja exigida dos licitantes a subcontratação de microempresa ou de empresa de pequeno porte especificamente no que tange às licitações voltadas à aquisição de obras e serviços; ressalta-se que essa regra só vale para obras e serviços (e não para compras) e é faculdade da Administração, e não obrigação, como na regra anterior;

g) cota obrigatória para ME e EPP: a administração pública **deverá** realizar processo licitatório em que se estabeleça cota de até 25% (vinte e cinco por cento) do objeto para a contratação de microempresas e empresas de pequeno porte, em certames para a aquisição de bens de natureza divisível; apesar de a lei não fixar essa cota em 25% sempre (ou seja, no caso concreto, pode variar de qualquer número acima do número zero até os 25%), a lei obriga que essa cota seja estabelecida nos certames licitatórios, desde que se trate de certame cujo objeto seja a aquisição de bens de natureza divisível.

Na hipótese da subcontratação obrigatória (item "f"), os empenhos e pagamentos do órgão ou entidade da administração pública poderão ser destinados diretamente às microempresas e empresas de pequeno porte subcontratadas.

Não se aplicam os três últimos itens nos seguintes casos:

a) não houver um mínimo de 3 (três) fornecedores competitivos enquadrados como microempresas ou empresas de pequeno porte sediados local ou regionalmente e capazes de cumprir as exigências estabelecidas no instrumento convocatório;

b) o tratamento diferenciado e simplificado para as microempresas e empresas de pequeno porte não for vantajoso para a administração pública ou representar prejuízo ao conjunto ou complexo do objeto a ser contratado;

c) a licitação for dispensável ou inexigível, nos termos dos arts. 24 e 25 da Lei 8.666, de 21 de junho de 1993, excetuando-se as dispensas tratadas pelos incisos I e II do art. 24 da mesma Lei, nas quais a compra deverá ser feita preferencialmente de microempresas e empresas de pequeno porte, aplicando-se o disposto no inciso I do art. 48.

11.10. Licitação e promoção do desenvolvimento nacional

A Lei 12.349/2010 alterou o art. 3º da Lei 8.666/1993 para o fim de estabelecer um novo objetivo para a licitação, qual seja, a *promoção do desenvolvimento nacional sustentável*.

Para tanto, essa lei trouxe as seguintes ferramentas, previstas nos §§ 5º (alterado pela Lei 13.146/2015) a 13 do art. 3º da Lei 8.666/1993:

a) margem de preferência ordinária: nos processos de licitação, poderá ser estabelecida margem de preferência para: a) *bens e serviços produzidos ou prestados por empresas que comprovem cumprimento de reserva de cargos prevista em lei para pessoa com deficiência ou para reabilitado da Previdência Social e que atendam às regras de acessibilidade previstas na legislação*; b) *produtos manufaturados e para serviços nacionais que atendam a normas técnicas brasileiras*; essa margem de preferência será estabelecida com base em estudos revistos periodicamente, em prazo não superior a 5 (cinco) anos, que levem em consideração: geração de emprego e renda; efeito na arrecadação de tributos federais, estaduais e municipais; desenvolvimento e inovação tecnológica realizados no País; custo adicional dos produtos e serviços; e em suas revisões, análise retrospectiva de resultados;

b) margem de preferência adicional: para *os produtos manufaturados e serviços nacionais resultantes de desenvolvimento e inovação tecnológica realizados no País*, poderá ser estabelecida margem de preferência adicional àquela prevista no item anterior.

As margens de preferência por produto, serviço, grupo de produtos ou grupo de serviços referidas acima serão definidas pelo Poder Executivo federal, não podendo a soma delas ultrapassar o montante de 25% (vinte e cinco por cento) sobre o preço dos produtos manufaturados e serviços estrangeiros.

As margens de preferências mencionadas não se aplicam aos bens e aos serviços cuja capacidade de produção ou prestação no País seja inferior:

a) à quantidade a ser adquirida ou contratada;

b) ao quantitativo fixado com fundamento no § 7º do art. 23 da Lei 8.666/1993, quando for o caso.

A margem de preferência ordinária poderá ser estendida, total ou parcialmente, aos bens e serviços originários dos Estados Partes do Mercado Comum do Sul – Mercosul.

A título de exemplo do item ora estudado, o Decreto 7.709/2012 dá margem de preferência de 25% e 15% para aquisições de motoniveladora e pás mecânicas, escavadores, carregadoras e retroescavadeiras nacionais.

Os editais de licitação para a contratação de bens, serviços e obras poderão, mediante prévia justificativa da autoridade competente, exigir que o contratado promova, em favor de órgão ou entidade integrante da administração pública ou daqueles por ela indicados a partir de processo isonômico, medidas de compensação comercial, industrial, tecnológica ou acesso a condições vantajosas de financiamento, cumulativamente ou não, na forma estabelecida pelo Poder Executivo federal.

Nas contratações destinadas à implantação, manutenção e ao aperfeiçoamento dos sistemas de tecnologia de informação e comunicação, considerados estratégicos em ato do Poder Executivo federal, a licitação poderá ser restrita a bens e serviços com tecnologia desenvolvida no País e produzidos de acordo com o processo produtivo básico de que trata a Lei 10.176, de 11 de janeiro de 2001.

Será divulgada na internet, a cada exercício financeiro, a relação de empresas favorecidas em decorrência das margens de preferência, com indicação do volume de recursos destinados a cada uma delas.

É importante registrar que as preferências em questão e nas demais normas de licitação e contratos devem privilegiar o tratamento diferenciado e favorecido às microempresas e empresas de pequeno porte na forma da lei (art. 3º, § 14, e 5º-A da Lei 8.666/1993). Por outro lado, as preferências dispostas no art. 3º da Lei 8.666/1993 prevalecem sobre as demais preferências previstas na legislação quando estas forem aplicadas sobre produtos ou serviços estrangeiros (art. 3º, § 15, da Lei 8.666/1993).

11.11. RDC – Regime Diferenciado de Contratações Públicas

A Lei 12.462/2011 estabelece o RDC – Regime Diferenciado de Contratações Públicas, aplicável **exclusivamente** às contratações necessárias à realização (art. 1º):

a) das Olimpíadas/2016 e Paraolimpíadas/2016;

b) da Copa das Confederações/2013 e Copa do Mundo/2014;

c) das obras de infraestruturas e serviços para os aeroportos das capitais do Estados distantes até 350 km das cidades sedes dos mundiais referidos acima;

d) das ações do Programa de Aceleração do Crescimento – PAC;

e) das obras e serviços de engenharia no âmbito do Sistema Único de Saúde – SUS;

f) das obras e serviços de engenharia para construção, ampliação e reforma e administração de estabelecimentos penais e unidades de atendimento socioeducativo;

g) das ações no âmbito da segurança pública;

h) das obras e serviços de engenharia, relacionadas a melhorias na mobilidade urbana ou ampliação de infraestrutura logística; e

i) dos contratos a que se refere o art. 47-A;

j) das ações em órgãos e entidades dedicados à ciência, à tecnologia e à inovação.

A opção pelo RDC **afasta** a aplicação da Lei 8.666/1993 (art. 1º, § 2º).

A Lei de RDC acrescenta os **princípios** da "economicidade" e da "eficiência", que não estavam expressos na Lei 8.666/1993 (art. 3º).

Essa lei também admite a chamada **contratação integrada**, ou seja, contratar uma empresa para fazer tudo, do projeto básico e executivo, à execução, testes e pré-operação (art. 9º).

Prevê ainda a chamada locação "built to suit", pela qual "A administração pública poderá firmar contratos de locação de bens móveis e imóveis, nos quais o locador realiza prévia aquisição, construção ou reforma substancial, com ou sem aparelhamento de bens, por si mesmo ou por terceiros, do bem especificado pela administração" (art. 47-A).

Também inovou ao admitir **remuneração variável** do contratado, vinculada ao desempenho, com base em metas, qualidade, sustentabilidade e prazos (art. 10).

A licitação se desenrola nas seguintes **fases**, nesta ordem: preparatória, publicação do instrumento convocatório (com prazos menores[17]), apresentação de propostas ou lances, julgamento, habilitação, recursal e encerramento (adjudicar e homologar – art. 12).

Quanto aos **tipos de licitação**, a lei prevê os seguintes: menor preço ou maior desconto, técnica e preço, melhor

---

17. Art. 15. Será dada ampla publicidade aos procedimentos licitatórios e de pré-qualificação disciplinados por esta Lei, ressalvadas as hipóteses de informações cujo sigilo seja imprescindível à segurança da sociedade e do Estado, devendo ser adotados os seguintes prazos mínimos para apresentação de propostas, contados a partir da data de publicação do instrumento convocatório:

I – para aquisição de bens:

a) 5 (cinco) dias úteis, quando adotados os critérios de julgamento pelo menor preço ou pelo maior desconto; e

b) 10 (dez) dias úteis, nas hipóteses não abrangidas pela alínea a deste inciso;

II – para a contratação de serviços e obras:

a) 15 (quinze) dias úteis, quando adotados os critérios de julgamento pelo menor preço ou pelo maior desconto; e

b) 30 (trinta) dias úteis, nas hipóteses não abrangidas pela alínea a deste inciso;

III – para licitações em que se adote o critério de julgamento pela maior oferta: 10 (dez) dias úteis; e

IV – para licitações em que se adote o critério de julgamento pela melhor combinação de técnica e preço, pela melhor técnica ou em razão do conteúdo artístico: 30 (trinta) dias úteis.

técnica e conteúdo artístico, maior oferta de preço ou maior retorno econômico (art. 18).

Outra inovação interessante é a vedação do **nepotismo** nas contratações diretas, ou seja, nas contratações sem licitação (art. 37).

11.12. Licitação e Sistemas de Defesa

A Lei 12.598/2012 estabelece normas especiais para compras, contratações e desenvolvimento de produtos e sistemas de defesa.

Exemplo de norma especial e a promoção de **licitação exclusiva** para as chamadas EED – Empresas Estratégicas de Defesa, pessoa jurídica credenciada pelo Ministério da Defesa, com sede, operação, pesquisa e desenvolvimento de tecnologia no Brasil.

11.13. Revogação da licitação

A revogação da licitação é possível, desde que fundada em situação ulterior aferida pela autoridade competente que a justifique, ou seja, que torne conveniente ou oportuna a extinção do certame, sempre respeitando a ampla defesa e o contraditório e mediante motivação.

A revogação da licitação tem efeitos *ex nunc*, já que, até a sua ocorrência, não havia nenhuma ilegalidade, daí porque, se já há vencedor e a licitação for revogada licitamente, deve-se indenizá-lo das eventuais despesas que já teve.

Caso a licitação seja revogada ilicitamente, indeniza-se o prejudicado completamente.

11.14. Anulação da licitação

A anulação da licitação deve ser de ofício ou provocada, assegurada a ampla defesa e o contraditório, e tem por motivo ilegalidade ocorrida no certame (art. 59 da Lei 8.666/1993).

Anulada a licitação, o contrato também fica anulado automaticamente, se já celebrado.

A anulação tem efeitos *ex tunc*, não gerando indenização, ressalvado o que o contratado já realizou e desde que ele não tenha sido o culpado pela anulação.

Ou seja, indenizar-se-á só o que está de boa-fé e apenas quanto ao que já foi executado, valendo lembrar que a boa-fé é presumida.

A revogação só poderá ser feita pela autoridade competente e não pelo órgão julgador do certame, diferente do que ocorre na anulação, que pode ser feita pela comissão ou pelas demais autoridades competentes, bem como pelo Poder Judiciário.

11.15. Licitação e coronavírus (EC 106/2020 e Lei 13.979/2020)

11.15.1. Noções gerais

Para o enfrentamento de calamidade pública nacional decorrente de pandemia causado pelo Covid-19 foram editadas leis e também houve alterações constitucionais.

Na EC 106/2000, por exemplo, destaca-se o seguinte trecho:

"Art. 1º Durante a vigência de estado de calamidade pública nacional reconhecido pelo Congresso Nacional em razão de emergência de saúde pública de importância internacional decorrente de pandemia, a União adotará regime extraordinário fiscal, financeiro e de contratações para atender às necessidades dele decorrentes, somente naquilo em que a urgência for incompatível com o regime regular, nos termos definidos nesta Emenda Constitucional.

Art. 2º Com o propósito exclusivo de enfrentamento do contexto da calamidade e de seus efeitos sociais e econômicos, no seu período de duração, o Poder Executivo federal, no âmbito de suas competências, poderá adotar processos simplificados de contratação de pessoal, em caráter temporário e emergencial, e de obras, serviços e compras que assegurem, quando possível, competição e igualdade de condições a todos os concorrentes, dispensada a observância do § 1º do art. 169 da Constituição Federal na contratação de que trata o inciso IX do *caput* do art. 37 da Constituição Federal, limitada a dispensa às situações de que trata o referido inciso, sem prejuízo da tutela dos órgãos de controle.

Parágrafo único. Nas hipóteses de distribuição de equipamentos e insumos de saúde imprescindíveis ao enfrentamento da calamidade, a União adotará critérios objetivos, devidamente publicados, para a respectiva destinação a Estados e a Municípios."

No plano infraconstitucional, foi editada a Lei 13.979/2020, que está em consonância com a Emenda Constitucional citada, e regulamentou as questões abaixo.

11.15.2. Licitação dispensável

11.15.2.1. Objeto: para aquisição de bens, serviços, inclusive de engenharia, e insumos **destinados ao enfrentamento** da emergência de saúde pública de importância internacional decorrente do coronavírus

11.15.2.2. Quando: é temporária e aplica-se apenas enquanto perdurar a emergência decorrente do coronavírus.

11.15.2.3. Presunções: nessas dispensas de licitação presumem-se atendidas as condições de:

a) ocorrência da emergência;

b) necessidade de pronto atendimento da situação de emergência;

c) existência de risco a segurança de pessoas, obras, prestação de serviços, equipamentos e outros bens, públicos ou particulares; e

d) limitação da contratação à parcela necessária ao atendimento da situação de emergência.

11.15.3. Flexibilizações para as contratações relacionadas ao coronavírus

11.15.3.1. Contratação de inidôneo ou suspenso: excepcionalmente, será possível a contratação de empresas com inidoneidade declarada ou com o direito de contratar com o Poder Público suspenso, quando se tratar, comprovadamente, de única fornecedora do bem ou serviço a ser adquirido.

11.15.3.2. Irregularidades fiscal e trabalhista: havendo restrição interessados a autoridade, excepcional e justificadamente, poderá dispensar a documentação de regularidade fiscal e trabalhista ou o cumprimento de um ou mais requisitos de habilitação, ressalvados a exigência de regularidade relativa à

Seguridade Social e o cumprimento do inciso XXXIII do art. 7º da CF.

11.15.3.3. Estudos preliminares: não será exigida a elaboração de estudos preliminares quando se tratar de bens e serviços comuns.

11.15.3.4. Risco: o Gerenciamento de Riscos da contratação somente será exigível durante a gestão do contrato.

11.15.3.5. Termo de referência e projeto básico: será admitida a apresentação de termo de referência simplificado ou de projeto básico simplificado, salientando-se que os preços obtidos a partir da estimativa a ser necessariamente feita não impedem a contratação por valores superiores decorrentes de oscilações ocasionadas pela variação de preços, hipótese em que deverá haver justificativa nos autos.

11.15.3.6. Prazos no pregão: em qualquer modalidade pregão os prazos dos licitatórios serão reduzidos pela metade e os recursos terão somente efeito devolutivo; se o prazo original for número ímpar, este será arredondado para o número inteiro antecedente; fica dispensada a realização de audiência pública a que se refere o art. 39 da Lei nº 8.666/93.

11.15.3.7. Duração do contrato: os contratos regidos por esta Lei terão prazo de duração de até 6 meses e poderão ser prorrogados por períodos sucessivos, enquanto perdurar a necessidade de enfrentamento dos efeitos dessa emergência de saúde pública.

11.15.3.8. Alteração contratual: a administração pública poderá prever que os contratados fiquem obrigados a aceitar, nas mesmas condições contratuais, acréscimos ou supressões ao objeto contratado, em até 50% por cento do valor inicial atualizado do contrato.

11.15.3.9. Prescrição: fica suspenso o transcurso dos prazos prescricionais para aplicação de sanções administrativas previstas na Lei nº 8.666/93 (Licitações), na Lei nº 10.520/02 (Pregão) e na Lei nº 12.462/11 (RDC).

11.15.4. Covid-19 e responsabilização de agentes públicos

No enfrentamento da pandemia decorrente do Covid-19, os agentes públicos praticarão atos de diversas naturezas e a aplicação da lei no caso concreto deve respeitar os princípios administrativos e as demais normas legais. Apesar das exceções criadas pela lei e da necessidade de os agentes públicos agirem com a maior intensidade possível para enfrentar a pandemia, é importante que possam ser responsabilizados por atos que desvirtuem à lei e à finalidade de interesse público ínsita nos atos administrativos.

Nesse sentido, o STF entendeu que a mitigação da responsabilidade dos agentes públicos que a MP 966/2020 trouxe ao mundo jurídico foi além do que deveria e, então, por maioria, deferiu parcialmente medidas cautelares em ações diretas de inconstitucionalidade, para o seguinte fim:

a) conferir interpretação conforme à Constituição ao art. 2º da Medida Provisória (MP) 966/2020 (1), no sentido de estabelecer que, na caracterização de erro grosseiro, deve-se levar em consideração a observância, pelas autoridades: (i) de *standards*, normas e critérios científicos e técnicos, tal como estabelecidos por organizações e entidades internacional e nacionalmente conhecidas; bem como (ii) dos princípios constitucionais da precaução e da prevenção; e

b) conferir, ainda, interpretação conforme à Constituição ao art. 1º da MP 966/2020 (2), para explicitar que, para os fins de tal dispositivo, a autoridade à qual compete a decisão deve exigir que a opinião técnica trate expressamente: (i) das normas e critérios científicos e técnicos aplicáveis à matéria, tal como estabelecidos por organizações e entidades reconhecidas nacional e internacionalmente; (ii) da observância dos princípios constitucionais da precaução e da prevenção.

Foram firmadas as seguintes teses:

"1. Configura erro grosseiro o ato administrativo que ensejar violação ao direito à vida, à saúde, ao meio ambiente equilibrado ou impactos adversos à economia, por inobservância: (i) de normas e critérios científicos e técnicos; ou (ii) dos princípios constitucionais da precaução e da prevenção.

2. A autoridade a quem compete decidir deve exigir que as opiniões técnicas em que baseará sua decisão tratem expressamente: (i) das normas e critérios científicos e técnicos aplicáveis à matéria, tal como estabelecidos por organizações e entidades internacional e nacionalmente reconhecidas; e (ii) da observância dos princípios constitucionais da precaução e da prevenção, sob pena de se tornarem corresponsáveis por eventuais violações a direitos" (STF, Informativo 978).

12. CONTRATOS ADMINISTRATIVOS

12.1. Conceito de contrato administrativo

O contrato administrativo pode ser conceituado *como o acordo de vontades entre a Administração e terceiros pertinente a obras, serviços, compras, alienações ou locações, em que existem cláusulas exorbitantes em favor da primeira, preservado o equilíbrio econômico-financeiro entre as partes.*

Repare que um contrato só será do tipo "contrato administrativo" se o acordo de vontades cumprir os seguintes requisitos: a) presença da *Administração Pública*; b) existência de cláusulas que coloquem a Administração em *posição de supremacia* em relação à outra parte contratante; c) *reciprocidade nas obrigações*, que devem ser pertinentes a obras, serviços, compras, alienações ou locações.

Quanto ao terceiro requisito, vale destacar que o contrato administrativo não se confunde com o convênio administrativo, pois, no primeiro, há obrigações recíprocas (um quer uma coisa ou serviço e o outro quer uma remuneração em dinheiro), ao passo que no segundo há interesses comuns (os convenentes querem desenvolver um projeto comum, dividindo tarefas), estabelecendo-se uma parceria para unir esforços no cumprimento desse interesse comum.

Preenchidos tais requisitos, estar-se-á diante de um contrato administrativo, cujo regime jurídico, naturalmente, é diferenciado em relação ao dos contratos privados.

Vale lembrar que a regulamentação dos contratos administrativos está prevista na Lei 8.666/1993, sendo que, agora, em se tratando de contrato de empresas públicas, sociedades de economia mista e suas subsidiárias a regulamentação é integralmente dada pela Lei 13.303/2016, ressalvada a regra de transição nela prevista (art. 91).

12.2. Características principais do contrato administrativo

O contrato administrativo tem duas características marcantes. A primeira delas é a existência de **cláusulas exorbitan-**

tes em favor do Poder Público, que tem mais direitos que o particular em relação às *cláusulas regulamentares* do contrato. A segunda é o direito ao **equilíbrio econômico-financeiro**, o que faz com que ambas as partes tenham direito a que as *cláusulas econômicas* do contrato mantenham o equilíbrio que detinham quando de sua celebração.

Vamos a um exemplo. A Administração, em virtude de ter cláusulas exorbitantes em seu favor, pode, unilateralmente, modificar uma cláusula contratual para o fim de determinar que o contratado forneça mais produtos do que o previsto no contrato. Esse direito da Administração existe justamente porque há **cláusulas exorbitantes** em seu favor, cláusulas essas que existem apenas quanto às *cláusulas regulamentares* do contrato (ex.: prazos, quantidade, especificações etc.). O contratado será obrigado a cumprir essa ordem da Administração, mas terá, de outra parte, direito a que seja mantido o **equilíbrio econômico-financeiro**, ou seja, a que seja mantido o equilíbrio das *cláusulas econômicas* do contrato. Isso se dará mediante o aumento da quantia a ser paga para o contratado, que, tendo de trazer mais produtos, deverá receber mais por isso.

As **cláusulas exorbitantes** se justificam pois a Administração, diferentemente do particular, age em nome de toda a coletividade, de forma que tais poderes são indispensáveis à preservação do interesse público buscado na contratação.

O art. 58 da Lei 8.666/1993 exemplifica esse tipo de cláusula ao dispor que a Administração tem a prerrogativa de interferir nos contratos para:

a) modificá-los, unilateralmente, para melhor adequação às finalidades de interesse público, respeitados os direitos do contratado;

b) rescindi-los, unilateralmente, nos casos especificados no inc. I do art. 79 da Lei 8666/1993;

c) fiscalizar-lhes a execução;

d) aplicar-lhes sanções motivadas pela inexecução total ou parcial do ajuste;

e) nos casos de serviços essenciais, ocupar, provisoriamente, bens móveis, imóveis, pessoal e serviços vinculados ao objeto do contrato, na hipótese de necessidade de acautelar apuração administrativa de faltas contratuais pelo contratado, bem como na hipótese de rescisão do contrato administrativo (essa cláusula era muito utilizada nas concessões de serviço público; porém, com a edição da Lei 8.987/1995, passou-se a aplicar as regras específicas desta lei).

Quanto à característica da **manutenção do equilíbrio econômico-financeiro**, vale salientar que essa ela tem raiz constitucional, estando prevista no art. 37, XXI, do Texto Maior, no ponto em que o dispositivo assevera que o processo de licitação pública deve assegurar *"igualdade de condições a todos os concorrentes, com cláusulas que estabeleçam obrigações de pagamento, mantidas as condições efetivas da proposta (...)"*. Além disso, também está prevista na Lei 8.666/1993, que estabelece que as cláusulas econômicas de contrato administrativo não podem ser alteradas sem a concordância do contratado, devendo ser revistas se houver alteração contratual que desequilibre a equação econômico-financeira original (art. 58, § 1º, da Lei 8.666/1993).

12.3. Regime jurídico do contrato administrativo

Como se sabe, os contratos administrativos têm seu regime jurídico delineado na Lei 8.666/1993. Porém, além dessa lei, a Constituição e outros diplomas legislativos também participam da formação do precitado regime jurídico.

Sobre o tema, confira o art. 54 da Lei 8.666/1993: "os contratos administrativos de que trata esta Lei regulam-se pelas suas cláusulas e pelos preceitos de direito público, aplicando-se-lhes, supletivamente, os princípios da teoria geral dos contratos e as disposições de direito privado".

Assim, pode-se sistematizar a questão, concluindo-se que se aplicam aos contratos administrativos as seguintes normas jurídicas, sucessivamente:

1º) CF: ex.: princípio da eficiência;

2º) Lei 8.666/1993 e Preceitos de Direito Público: ex.: casos de rescisão;

3º) Cláusulas editalícias e contratuais;

4º) Princípios da Teoria Geral dos Contratos: ex.: princípio da função social dos contratos;

5º) Disposições de Direito Privado: ex.: regras sobre vícios redibitórios (Código Civil e CDC), desconsideração da personalidade jurídica (art. 50 do Código Civil), cláusula penal máxima (art. 412 do Código Civil), juiz pode reduzir valor de multa, se excessiva, como no caso de uma multa de 88% reduzida para 10% (*vide* REsp 330.677).

12.4. Formalização do contrato administrativo

Para um contrato administrativo ser celebrado são necessários os seguintes requisitos:

a) ato administrativo motivado especificando a necessidade de contratação;

b) solicitação com indicação do objeto a ser contratado e de sua quantidade;

c) constatação da existência de recurso próprio para a despesa;

d) verificação do impacto orçamentário-financeiro; não basta haver previsão orçamentária. No curso de cada exercício financeiro há de se verificar se existem recursos em caixa, respeitando-se as cotas trimestrais de despesas fixadas (art. 47 da Lei 4.320/1964) e há de se obedecer também a outros requisitos legais (ex.: art. 42 da Lei de Responsabilidade Fiscal – LC 101/2000);

e) autorização para abertura de licitação;

f) elaboração e aprovação de edital;

g) reserva de recursos;

h) *licitação*, salvo dispensa ou inexigibilidade desta;

i) *convocação do adjudicatário*: estipula-se prazo para o adjudicatário (vencedor da licitação) comparecer para assinar o contrato (art. 64, *caput*, da Lei 8.666/1993), o qual pode ser prorrogado uma vez, com justificativa do contratado (art. 64, § 1º, da Lei 8.666/1993). Decorridos 60 dias da data de entrega das propostas, sem convocação, o adjudicatário fica liberado do dever de assinar o contrato, ou seja, fica liberado dos compromissos assumidos (art. 64, § 3º, da Lei 8.666/1993). Se o convocado não assinar contrato, a Administração tem duas opções (art. 64, § 2º, da Lei 8.666/1993): i) convocar o licitante remanescente, nas mesmas condições do vencedor; ou ii) revogar o certame;

j) os contratos devem conter determinadas cláusulas *escritas acerca do regime de execução, reajustes, condições de pagamento* *e atualização, prazos de início, execução, conclusão, multas e rescisão; garantias (caução, seguro, fiança);*

k) *devem ser escritos*, sendo nulo o contrato verbal com a Administração, salvo o de pequenas compras de pronto pagamento, assim entendidas aquelas de valor não superior a 5% do limite para aquisições por convite. A lei admite em alguns casos o regime de adiantamento (art. 68 da Lei 4.320/1964), em que se entrega numerário ao servidor para gasto futuro. Isso deve acontecer apenas nos casos definitivos em lei, como, por exemplo, no pagamento de diárias;

l) o *instrumento* do contrato é obrigatório nos casos de concorrência e de tomada de preços, bem como nas dispensas e inexigibilidades compreendidas naquelas modalidades, e facultativo nas compras de entrega imediata e sem obrigações futuras, bem como nos demais casos escritos não compreendidos nas duas modalidades acima, nos quais pode ser substituído por carta-contrato, nota de empenho de despesa, autorização de compra ou ordem de execução de serviço. A minuta do futuro contrato integrará sempre o edital;

m) o *contrato* tem como condição de *eficácia* a publicação de seu resumo na Imprensa Oficial, a qual deve se dar até o 5º dia útil do mês seguinte à sua assinatura e até 20 dias após esta, seja de que valor for;

n) faculta-se à Administração a exigência de *garantias* a fim de assegurar a execução do contrato, devendo estar prevista no edital. O particular deve escolher entre caução, em dinheiro ou títulos da dívida pública, seguro-garantia ou fiança bancária. A garantia não pode exceder a 5% do valor do contrato, salvo quanto a obras, serviços e fornecimentos de grande vulto envolvendo alta complexidade técnica e riscos financeiros consideráveis, quando o limite poderá ser elevado até a 10% do valor do contrato. A garantia será liberada ou restituída após a execução, e, quando em dinheiro, será atualizada monetariamente.

12.5. Alterações dos contratos (art. 65 DA LEI 8.666/1993)

12.5.1. Unilaterais

São as alterações feitas por imposição da Administração. As modificações aqui permitidas, que serão a seguir expostas, são feitas unilateralmente pela Administração, mas não podem implicar alteração do objeto contratual, sob pena de se caracterizar burla ou fraude à licitação feita. Permitem-se apenas alterações no projeto ou meramente quantitativas. Vejamos as alterações permitidas (art. 65, I):

a) qualitativa: *quando houver modificação do projeto ou das especificações para melhor adequação técnica aos seus objetivos;*

b) quantitativa: *quando necessária a modificação do valor contratual em decorrência de acréscimo ou diminuição quantitativa de seu objeto, nos limites permitidos na lei.*

No caso de alteração do projeto ou especificações (alteração qualitativa), temos duas situações típicas:

a) situações novas: por exemplo, decisão judicial impondo que dada obra atenda a preceitos técnicos em matéria de acústica;

b) situações existentes, mas desconhecidas: o solo se revela diferente do imaginado (ex.: tem muita pedra; tem falha geológica), impondo fundação diferenciada.

Um bom projeto básico evita isso, o que faz com que os tribunais de contas tenham cada vez mais recomendado a feitura de bons projetos antes que um edital de licitação seja elaborado.

A alteração qualitativa não admite que seja alterado o próprio objeto contratual. Assim, não é possível alterar o objeto contratual de cimento para tijolo, por exemplo.

Já quando é necessária a modificação do valor contratual em decorrência de acréscimo ou diminuição nas obras, serviços e compras, temos os seguintes limites:

a) acréscimo: até 25% do valor inicial; tratando-se de reforma, é possível acréscimo de até 50% do valor inicial;

b) diminuição: até 25% do valor inicial.

Não são computados nos limites os *reajustes* e *revisões*.

As alterações de valor devem levar em conta os ganhos e as perdas de escala.

12.5.2. Bilaterais

São as autorizadas pela lei, sendo feitas de comum acordo entre as partes, ou por processo judicial promovido pelo interessado, para restabelecer o equilíbrio inicial quando houver prejuízo significativo causado por um dos seguintes fatos:

a) força maior ou caso fortuito: alteração que requer i) desequilíbrio contratual, ii) evento lesivo consistente em força maior ou caso fortuito e iii) configuração de álea econômica extraordinária e extracontratual (prejuízo significativo). Ex.: uma grande chuva destrói uma obra pública em andamento, executada por uma construtora contratada pela Administração;

b) sujeições ou interferências imprevistas: *descoberta de um óbice natural ao cumprimento do contrato na forma prevista.* Ex.: descoberta de que o terreno em que o particular deverá construir a obra contratada é rochoso, aumentando em demasia os custos para a realização da fundação. Preenchidos os requisitos de desequilíbrio e configuração de álea extraordinária, também se enseja a alteração bilateral;

c) fato da administração: *toda ação ou omissão da Administração que se dirige e incide direta e especificamente sobre o contrato, retardando ou impedindo sua execução.* Ex.: atraso do Poder Público na entrega do imóvel para feitura de uma obra contratada com o particular. Esta alteração unilateral também gera, por óbvio, direito ao reequilíbrio econômico-financeiro[18]. Para alteração do contrato motivada pelo fato da administração é necessário: i) desequilíbrio contratual, ii) fato da administração e iii) configuração de álea econômica extraordinária e extracontratual (prejuízo significativo);

d) fato do príncipe: *fato geral do Poder Público que afeta substancialmente o contrato, apesar de não se dirigir especificamente a ele.* Ex.: mudança de política cambial por parte do Banco Central (STJ, ROMS 15.154);

e) modificação tributária: *criação, alteração ou extinção de tributo ou encargo legal que interfira diretamente nos preços (custos) para mais ou para menos* (art. 65, § 5º). Assim, aumentos significativos em tributos como ISS, ICMS, IPI, dentre outros, geram o direito à revisão contratual. Note que o aumento no

---

18. Art. 65: (...) "§ 6º Em havendo alteração unilateral do contrato que aumente os encargos do contratado, a Administração deverá restabelecer, por aditamento, o equilíbrio econômico-financeiro inicial."

imposto sobre a renda não interfere nos custos de uma empresa, mas apenas na renda desta, não ensejando a revisão contratual; da mesma forma, a criação da CPMF não enseja a revisão, por não gerar um prejuízo significativo, segundo o Tribunal de Contas da União (TCU);

f) aplicação da Teoria da Imprevisão: caso não se configure nenhuma das hipóteses acima, é possível invocar-se cláusula genérica para alteração contratual, que requer *desequilíbrio contratual causado pela sobrevinda de fatos imprevisíveis ou previsíveis, porém de consequências incalculáveis, retardadores ou impeditivos da execução do contrato*. Vale dizer, são necessários: i) desequilíbrio contratual ulterior, ii) imprevisibilidade ou previsibilidade de consequência incalculável e iii) retardamento ou impedimento da execução do ajustado (prejuízo significativo). Ex.: advento de guerra causando aumento demasiado no preço do petróleo, atingindo contratos em curso; crise mundial aumentando muito o dólar.

Não caberá revisão contratual nos seguintes casos: a) de culpa do contratado; b) de evento existente antes das propostas; c) de ausência de prejuízo significativo.

A jurisprudência entende que não dá ensejo à revisão contratual dois fatos: a) dissídio coletivo, por se tratar de algo previsível (STJ, REsp 668.376), ressalvadas situações excepcionais; b) inflação, por também se tratar de fato previsível e que é compensado pelo instituto do *reajuste* e não da *revisão*.

O reajuste *é a atualização monetária em contratos de trato sucessivo, feita a cada 12 meses*. Ele difere da revisão, pois esta decorre de evento *extraordinário*, ao passo que o reajuste decorre de evento *ordinário*.

O reajuste tem como termo inicial a data prevista para a apresentação da proposta do licitante (art. 40, XI, da Lei 8.666/1993 e art. 3º, § 1º, da Lei 10.192/2001), nos termos do que decide o STJ (REsp 846.367/RS).

Em caso de atraso no pagamento, incide correção monetária mensal (Lei do Plano Real).

Por fim, e voltando à questão da *revisão* contratual, caso qualquer das situações ocorridas anteriormente leve a uma consequência tal que a revisão contratual não consiga trazer novamente o equilíbrio originário, o contrato deverá ser extinto.

12.6. Execução do contrato

Dispõe o artigo 66 da Lei 8.666/1993 que o contrato deverá ser executado fielmente: *Art. 66. O contrato deverá ser executado fielmente pelas partes, de acordo com as cláusulas avençadas e as normas desta lei, respondendo cada uma delas pelas consequências de sua inexecução total ou parcial.*

O contrato administrativo, portanto, faz lei entre as partes, que devem cumpri-lo integralmente.

Nada obstante, como se viu, tal regra sofre as seguintes exceções:

a) a Administração pode modificar unilateralmente condições contratuais;

b) nestes casos, e naqueles outros em que se configurarem hipóteses de desequilíbrio econômico-financeiro, deve-se promover sua modificação.

Outra questão importante nesta matéria é o fato de que a Administração deverá manter um representante para fiscalizar a execução dos contratos, enquanto o contratado deve indicar um preposto, aceito pela primeira, para acompanhar a execução do ajuste.

Deve-se destacar, ainda, que o contratado, na execução do ajuste, não pode deixar de cumprir suas obrigações por suspensão do contrato de até 120 dias, bem como por atraso no seu pagamento por até 90 dias. Vale dizer: a exceção de contrato não cumprido não pode ser alegada pelo particular em tais condições, em que pese poder ser alegada pelo Poder Público, se a culpa é do particular.

O contratado tem como prestação principal adimplir o objeto contratual, devendo também: observar as normas técnicas adequadas, empregar o material apropriado, sujeitar-se aos acréscimos e supressões legais, executar pessoalmente o objeto do contrato (a execução é pessoal, mas não personalíssima, daí a possibilidade de contratar terceiros para colaborar ou até para executar partes, desde que nos limites admitidos pela Administração na execução do contrato – *vide* art. 72, por exemplo, que trata da subcontratação), atender aos encargos trabalhistas, previdenciários, fiscais e comerciais decorrentes da execução, bem como manter o preposto acima indicado.

Vale ressaltar que, na execução do contrato, o particular é responsável pelas obrigações que contrair, as quais não poderão ser imputadas ao Poder Público: "*Art. 71. O contratado é responsável pelos encargos trabalhistas, previdenciários, fiscais e comerciais resultantes da execução do contrato.*"

Assim sendo, a Administração não poderá ser acionada por terceiros, em virtude de atos do contratado.

A Lei 9.032/1995, todavia, dispõe que a Administração Pública responde solidariamente com o contratado pelos *encargos previdenciários* resultantes da inexecução do contrato, nos termos do art. 31 da Lei 8.212/1991.

O TST também admite que a Administração responda por encargos trabalhistas no caso de terceirização de serviços, como nos contratos em que a Administração faz com empresas de vigilância, limpeza, dentre outros. Porém, a responsabilidade da Administração é subsidiária e depende de que esta tenha agido de forma culposa na aplicação da Lei 8.666/1993 (conforme Súmula 331 do TST, após as decisões do STF proferidas na Rcl 8150 e na ADC 16). O STF estabeleceu que "a imputação da culpa *in vigilando* ou *in elegendo* à Administração Pública, por suposta deficiência na fiscalização da fiel observância das normas trabalhistas pela empresa contratada, somente pode acontecer nos casos em que se tenha a efetiva comprovação da ausência de fiscalização. Nesse ponto, asseverou que a alegada ausência de comprovação em juízo da efetiva fiscalização do contrato não substitui a necessidade de prova taxativa do nexo de causalidade entre a conduta da Administração e o dano sofrido" (RE 760931/DF, j. 30.03.2017).

Executado o contrato, esse será recebido provisoriamente pela Administração, em até 15 dias da comunicação escrita do contratado, pelo responsável pelo acompanhamento e definitivamente por servidor ou comissão designada pela autoridade, após decurso do prazo de observação ou vistoria que ateste a adequação do objeto ao contrato, tudo sem prejuízo da responsabilidade civil pela solidez e segurança da obra ou do serviço (art. 73).

A **inexecução total ou parcial** do contrato enseja sua rescisão, com as consequências contratuais e as previstas em lei ou regulamento (art. 77). O art. 78 da Lei 8.666/1993 enumera os motivos para rescisão do contrato, dentre eles os seguintes:

a) o não cumprimento ou o cumprimento irregular de cláusulas contratuais;

b) a lentidão no seu cumprimento, o atraso injustificado no início, a paralisação sem justa causa e sem prévia comunicação;

c) a subcontratação não admitida no contrato;

d) o desatendimento das determinações regulares da autoridade designada para acompanhamento de sua execução;

e) razões de interesse público (revogação do contrato);

f) *suspensão* da execução por mais de 120 dias ou *atraso* por mais de 90 dias; em ambos os casos a extinção será opção do contratado, não cabendo rescisão, todavia, se houver calamidade pública, grave perturbação da ordem interna ou guerra;

g) caso fortuito ou força maior impeditivos da execução.

Os casos de rescisão serão formalmente motivados nos autos do processo administrativo, assegurados o contraditório e a ampla defesa. Quando a rescisão não se der por culpa do contratado (incisos XII a XVII do art. 78), esse será ressarcido dos prejuízos que houver sofrido, tendo ainda direito à devolução da garantia, pagamento pela execução até a rescisão e pagamento do custo da desmobilização. A rescisão pelo não cumprimento das cláusulas contratuais acarretará, sem prejuízo das sanções legais, na assunção imediata do objeto pela Administração, com a ocupação e utilização do local, instalações, equipamentos, material e pessoal empregados na execução do contrato necessários à sua continuidade e retenção dos créditos decorrentes do contrato até o limite dos prejuízos causados à Administração.

Os artigos 86 e seguintes tratam das sanções administrativas cabíveis em caso de inexecução parcial ou total do contrato, garantida prévia defesa, servindo como exemplo: advertência, multa, suspensão temporária de participação em licitação e impedimento de contratar por prazo não superior a 2 anos, declaração de inidoneidade para licitar ou contratar com a Administração enquanto durarem os motivos da punição ou até que seja promovida a reabilitação perante a autoridade, que depende de cumprimento de sanções e ressarcimento ao erário, podendo-se aplicar as duas últimas sanções também aos profissionais que tiverem dado causa ao ilícito.

Quanto a sanção de inidoneidade para licitar ou contratar com a Administração, ela se irradia para todas as esferas de governo. Assim, na esteira de um exemplo tirado da jurisprudência do STJ, uma empresa que tenha recebido essa sanção de um município, por ter fornecido medicamento adulterado a este, ficará impedida de contratar com todos os outros municípios, Estados, DF e União (Resp 520.553). Porém, essa sanção tem efeitos futuros, ou seja, não alcança os contratos em curso quando de sua aplicação, sem prejuízo de que, dentro de cada contrato em curso possa haver sua rescisão por específicas inexecuções em cada contrato (STJ, MS 13.964/DF).

Quanto à possibilidade de o TCU declarar a inidoneidade de empresa privada para participar de licitações, o STF entende que esse tribunal tem competência, na esteira do disposto no art. 46 da Lei 8.443/1992 – Lei Orgânica do TCU (MS 30.788/MG, J. 21.05.2015).

12.7. Extinção do contrato

O contrato administrativo se extingue pelas seguintes causas:

a) conclusão do objeto ou decurso do tempo: quanto à questão da duração do contrato, é importante que fique claro que todo contrato administrativo deve ter prazo determinado e respeitar os créditos orçamentários; quanto aos serviços contínuos (ex.: limpeza, vigilância merenda etc.), cabem sucessivas prorrogações, limitando-se a contratação total a até 60 meses, sendo que, em casos excepcionais, devidamente justificados e mediante autorização da autoridade superior, cabe outra prorrogação, por mais 12 meses, totalizando 72 meses; já quanto a serviços relativos à segurança nacional, o prazo máximo do contrato é de 120 meses;

b) acordo entre as partes (rescisão amigável ou bilateral): ocorre por acordo entre as partes, desde que haja interesse público. A extinção bilateral também é chamada de distrato;

c) culpa da Administração (rescisão judicial): a chamada *rescisão judicial* ocorre por ação judicial promovida pelo particular, que não pode promover a extinção do ajuste unilateralmente. O particular deverá trazer como fundamento o descumprimento, por parte do Poder Público, de obrigações contratuais. Conforme já escrito, o particular não pode alegar a exceção de contrato não cumprido até 120 dias de suspensão do contrato e 90 dias de atraso no pagamento; a suspensão do contrato consiste em a Administração dizer para o contratado que é para ele suspender o cumprimento de suas obrigações, período em que também não receberá quantia alguma; o atraso no pagamento é pior, pois o particular deve continuar cumprindo com suas obrigações, mas nada poderá fazer para rescindir o contrato se o atraso não superar 90 dias. Naturalmente, o contratado prejudicado pela suspensão ou atraso no contrato poderá, posteriormente, requerer compensação financeira pelos danos que suportar com essas condutas da Administração;

d) por vontade da Administração (rescisão unilateral ou administrativa): essa forma de extinção é promovida pela Administração, respeitando o contraditório e a ampla defesa, nos seguintes casos:

d1) anulação: por motivo de *ilegalidade* na licitação ou no contrato;

d2) revogação: por inconveniência ou inoportunidade; nesse caso, o STJ entende o seguinte: "esta Corte Superior já se pronunciou no sentido de que a rescisão do contrato administrativo por ato unilateral da Administração Pública, sob justificativa de interesse público, impõe ao contratante a obrigação de indenizar o contratado pelos prejuízos daí decorrentes, como tais considerados não apenas os danos emergentes, mas também os lucros cessantes. Precedentes. É que, sob a perspectiva do Direito Administrativo Consensual, os particulares que travam contratos com a Administração Pública devem ser vistos como parceiros, devendo o princípio da boa-fé objetiva (e seus corolários relativos à tutela da legítima expectativa) reger as relações entre os contratantes público e privado" (REsp 1240057/AC, *DJe* 21.09.2011);

d3) inexecução do contrato pelo contratado.

12.8. Outras questões referentes a contratos administrativos

Uma questão que aparece com certa frequência é saber se é possível a aplicação do instituto da **arbitragem** para regular contratos administrativos.

A jurisprudência vem entendendo que essa possibilidade existe, caso se trate de empresas estatais, dada a natureza dos interesses de que cuidam tais empresas.

Não há norma na Lei 8.666/1993 estabelecendo a possibilidade de aplicação da mediação e da arbitragem quanto às pessoas jurídicas de direito público.

Porém, em matéria de concessão de serviço público e de parceria público-privada, a lei admite que o edital preveja a utilização de arbitragem para a resolução de disputas decorrentes ou relacionadas ao contrato (art. 23-A da Lei 8.987/1995 e art. 11, III, da Lei 11.079/2004).

Naturalmente, a arbitragem não poderá discutir cláusulas regulamentares desses contratos, podendo incidir apenas sobre questões de outra natureza.

Outra questão bastante polêmica é quanto à possibilidade de **retenção de pagamento da contratada pela não manutenção da regularidade fiscal**. O STJ entende que não é possível *retenção* por esse motivo, já que não há previsão legal nesse sentido, lembrando que o objetivo da retenção é cobrir prejuízos causados pelo contratado e multas aplicadas pela Administração (arts. 80, IV, e 87, § 2º). Porém, é possível *rescindir* o contrato no caso por descumprimento de cláusula essencial desse.

12.9. Contratos administrativos versus Convênios

No Direito Administrativo há diversas espécies de negócios bilaterais. São exemplos desses negócios o contrato administrativo, o contrato regido pelo direito privado, a concessão de serviço público, a concessão de uso de bem público, o convênio, o consórcio, o contrato de gestão e o termo de parceria.

Mas há duas categorias que podem ser tomadas como gênero. A primeira delas é o **contrato em sentido** amplo, que abrange o contrato administrativo, o contrato regido pelo direito privado e as concessões. E a segunda delas são os **convênios em sentido amplo**, que abrange os convênios em sentido estrito, o consórcio, o contrato de gestão e o termo de parceria.

Contratos e convênios têm em comum o fato de serem negócios jurídicos bilaterais. E têm como diferenças as seguintes: a) no primeiro há interesses contrapostos, ao passo que no segundo há interesses e objetivos comuns; b) no primeiro existe relação de crédito e débito, podendo o contratado aplicar o dinheiro que receber como remuneração como bem lhe convier, ao passo que no segundo os recursos recebidos por um dos convenentes devem ser aplicados para alcançar os objetivos comuns de ambas as partes; c) no primeiro, os contratantes são considerados "partes" e não têm o dever de prestar contas sobre o uso dos recursos relativos à remuneração de cada qual, ao passo que no segundo os convenentes são considerados "partícipes" e têm o dever de prestar contas sobre a aplicação dos recursos recebidos.

Um convênio deverá observar os preceitos do art. 116 da Lei 8.666/1993, bem como, nos celebrados com a União, às disposições da Instrução Normativa 1/1997, da Secretaria do Tesouro Nacional.

Vale ressaltar que há na legislação, hoje, previsão de outras formas de vínculo para a gestão associadas de certos serviços públicos, por meio da celebração de convênios de cooperação e até pela criação conjunta, pelos entes políticos, de pessoas jurídicas, denominadas consórcios públicos (vide, a respeito, o art. 241 da CF e a Lei 11.107/2005).

Segundo jurisprudência do Supremo Tribunal Federal (STF), é inconstitucional a exigência de autorização legislativa para a celebração de convênio ou consórcio: "A jurisprudência do Supremo Tribunal Federal é firme no sentido de que a regra que subordina a celebração de acordos ou convênios firmados por órgãos do Poder Executivo à autorização prévia ou ratificação da Assembleia Legislativa, fere o princípio da independência e harmonia dos poderes (art. 2º da CF)" (ADI 342/PR, DJ 11.04.2003).

Por outro lado, sempre que possível, deve-se promover certame concorrencial com vistas a se preservar os princípios da impessoalidade, da moralidade e da eficiência.

Isso porque não há lei geral federal determinado que, previamente à celebração de convênios, há de se fazer licitação pública, porém, em homenagem aos princípios citados, de rigor, sempre que possível, entabular o acordo após disputa entre interessados que leve em conta critérios isonômicos e protetores do interesse público. Por meio de edital de chamamento, por exemplo, pode-se buscar uma boa disputa entre interessados, quando a Administração quiser celebrar convênio com alguma entidade privada.

Já quanto ao consórcio público, a sua constituição, que se dá entre entes políticos, por óbvio não requer licitação. Porém, quando o consórcio público estiver constituído enquanto pessoa jurídica, a sua contratação pelos entes políticos consorciados não requer licitação, mas as contratações feitas pelo próprio consórcio (ex: compras de materiais e equipamentos), aí sim requerem este certame.

Por fim, vale citar mencionar que, de acordo com a Lei 13.019/2014, são regidos pelo art. 116 da Lei 8.666/1993: a) convênios entre entes federados ou pessoas jurídicas a eles vinculadas; b) convênios e contratos celebrados com entidades filantrópicas e sem fins lucrativos nos termos do § 1º do art. 199 da Constituição Federal.

13. SERVIÇO PÚBLICO

13.1. Conceito de serviço público

O serviço público pode ser conceituado como *toda atividade oferecida aos administrados, prestada pelo Estado ou por concessionário, sob regime de Direito Público*.

São exemplos de serviço público os serviços de fornecimento de energia, água, telefone, transporte coletivo, coleta de lixo, dentre outros.

13.2. Instituição de serviços públicos

A Constituição Federal e as leis federais, estaduais ou municipais são os instrumentos aptos a instituir os serviços públicos.

Assim, não é possível que o Chefe do Executivo, por exemplo, por meio de decreto determine que um dado serviço, antes privado, passe a ser público. Ou seja, caso determinado Município queira estabelecer que o serviço funerário é um serviço público, será necessário que uma lei local traga essa disposição.

São exemplos de serviços públicos criados pela Constituição Federal os seguintes: serviço postal, telecomunicações, radiodifusão sonora e de sons e imagens, energia elétrica, navegação aérea, aeroespacial, infraestrutura aeroportuária, transporte ferroviário, portos, transporte rodoviário, transporte coletivo urbano, seguridade social, saúde, educação, dentre outros.

13.3. Características dos serviços públicos

Quando a CF ou a lei elegem um dado serviço como público, o Poder Público passa a ser o *titular* de serviço, ou seja, passa a ter o direito e o dever de **regulamentar, fiscalizar** e **executar** o serviço.

Com relação à **execução**, ou seja, à sua mera prestação aos usuários, o Poder Público pode passar seu exercício ao particular, por meio de concessão ou permissão de serviço público, precedidas de licitação.

O Estado continuará a ser titular, dono do serviço, ditando as regras e fiscalizando sua prestação, e o particular ficará com seu exercício, em troca do qual receberá uma remuneração.

Há serviços, todavia, inerentes à própria ideia de Estado (como o de polícia judiciária, polícia administrativa, jurisdição, dentre outros), que não podem ser concedidos, eis que são ***serviços próprios do Estado***, ou seja, ***de execução privativa deste***.

Há, de outra parte, serviços, como educação e saúde, em que o particular não precisa receber concessão ou permissão do Poder Público para prestá-lo, ficando, todavia, sujeito à fiscalização estatal (arts. 199 e 209 da CF, respectivamente).

A Lei 8.987/1995 dispõe sobre o regime de concessão e permissão da prestação de serviços previsto no art. 175 da Constituição Federal.

A Lei 13.460/2017 dispõe sobre participação, proteção e defesa dos direitos do usuário dos serviços públicos da administração pública. Essa lei equivale a um Código de Defesa do Usuário do Serviço Público e não afasta as disposições específicas sobre serviços sujeitos à regulação ou supervisão nem a aplicação do Código do Consumidor quando caracterizada relação de consumo. A lei se aplica a todos os entes da Federação, segundo a *vacatio legis* de seu art. 25. Destacam-se na lei os capítulos sobre: direitos e deveres básicos dos usuários, manifestações dos usuários (denúncias, sugestões etc.), instituição de Ouvidorias e de Conselhos de Usuários, e avaliação continuada dos serviços públicos. Acerca da Ouvidoria, a lei estabelece que esta encaminhará a decisão administrativa final ao usuário, observado o prazo de 30 dias, prorrogável de forma justificada uma única vez, por igual período, podendo a ouvidoria solicitar informações e esclarecimentos diretamente a agentes públicos do órgão ou entidade a que se vincula, e as solicitações devem ser respondidas no prazo de 20 dias, prorrogável de forma justificada uma única vez, por igual período (art. 16).

13.4. Serviço adequado

O art. 6º da Lei 8.987/1995 impõe a que o serviço público seja adequado, estabelecendo que **serviço adequado** é o que satisfaz as seguintes condições:

a) generalidade: *todos devem ter acesso ao serviço, garantido o tratamento equânime aos usuários que estiverem na mesma situação;*

b) eficiência: os serviços públicos devem ser atuais e atender satisfatoriamente aos interesses dos usuários;

c) segurança: os serviços devem ser seguros, não causando danos ao particular;

d) cortesia: os usuários devem ser tratados com urbanidade, respeito, educação e atenção;

e) atualidade: compreende a modernidade das técnicas, do equipamento e das instalações e a sua conservação, bem como a melhoria e a expansão do serviço;

f) modicidade das tarifas: ou seja, as tarifas devem ter preços acessíveis. A modicidade impõe uma tarifa acessível, o que não significa que o poder concedente tenha que subsidiar o serviço. Se uma tarifa, para ser módica, leva o serviço a se tornar deficitário, há de ser bem prudente em termos de responsabilidade fiscal, podendo ser que o modelo escolhido tenha sido inadequado (já que se deve usar a parceria público-privada quando as tarifas são insuficientes) ou que a concessionária esteja gerindo mal o serviço. Problemas de déficit devem ser resolvidos, num primeiro momento, pelo aumento de tarifa (sem que esta deixa de ser acessível), bem como verificar se o edital da concessão permite que se institua outras fontes de renda, como a publicidade. O uso de dinheiro do orçamento para cobrir tarifas deficitárias deve ser avaliado com calma. Há casos em que isso pode se revelar injusto socialmente, pois pessoas que não usam dado serviço podem estar tendo que contribuir com ele (pois o dinheiro do orçamento público é de todos nós) e pessoas com renda considerável podem estar tendo a ajuda do dinheiro do povo para cobrir serviços públicos não usadas pelas camadas mais pobres. Um exemplo seria um aporte de dinheiro público para marinas públicas usadas por iates privados. Se acontecesse haveria uma grande injustiça social. Nesses casos, a tarifa cobrada dos donos dos iates tem que cobrir o custo e lucro da respectiva concessão.

g) regularidade e continuidade: *impõe que o serviço esteja sempre à disposição para utilização coletiva.* O serviço público não pode ser interrompido, mesmo em caso de greve, quando será mantido para garantir o mínimo à população, salvo em situação de emergência ou após aviso prévio por: a) razões de ordem técnica ou segurança; b) inadimplemento do usuário, considerado o interesse da coletividade. O STJ admite o corte do serviço por inadimplemento, desde que haja comunicação prévia (REsp 783.575/RS), corte esse que pode atingir tanto os particulares, como a Administração. Não cabe o corte, porém, em quatro casos:

i) em relação a *serviços essenciais*, como de um hospital ou uma creche (STJ, AgRg no Edcl na Susp. de Liminar 606/CE);

ii) em relação a *débitos antigos* (STJ AgRg no Ag 88.502); apenas o débito presente enseja o corte; débitos antigos devem ser cobrados pelas vias ordinárias;

iii) em caso de *cobrança por aferição unilateral por fraude no medidor* (STJ, REsp 975.314); nesse caso, como é a concessionária que estipula o valor a ser pago, não seria correto que ela pudesse cortar o serviço;

iv) em caso de *cobrança feita junto ao atual usuário do serviço por débito pretérito de usuário anterior*; aliás, o atual usuário sequer pode ser cobrado pela dívida do usuário anterior (STJ, AgRg no REsp 1.327.162, DJ 28.09.2012).

13.5. Classificação dos serviços públicos

13.5.1. Quanto à obrigatoriedade

a) compulsórios: *são os de utilização obrigatória;* por conta disso, são remunerados por taxa (regime tributário), como o serviço de coleta de lixo;

b) facultativos: *são os de utilização não obrigatória*; portanto, são remunerados por tarifa ou preço público (regime não tributário), como o de transporte coletivo.

13.5.2. Quanto à essencialidade

a) serviços públicos: *são os que a Administração presta diretamente à comunidade por serem essenciais à sobrevivência do grupo social* (exs.: defesa, polícia); tais serviços também são chamados de *pró-comunidade* ou *próprios do Estado*;

b) serviços de utilidade pública: *são os prestados pela Administração ou concessionários, por ser conveniente que haja regulamentação e controle* (exs.: luz, gás, telefone); tais serviços são chamados de *pró-cidadão* ou *impróprios do Estado*.

13.5.3. Quanto aos destinatários

a) *uti singuli: são os que têm usuários determinados* (ex.: água, luz);

b) *uti universi: são os que têm usuários indeterminados* (ex.: segurança).

13.5.4. Quanto à finalidade

a) administrativos: *são os executados para atender às necessidades da Administração ou preparar outros serviços que serão prestados ao público;*

b) industriais/comerciais: *são os que produzem renda para quem os presta, por meio de tarifa ou preço público* (ex.: correios); os **serviços públicos econômicos**, por sua possibilidade de lucro, representam atividades de caráter mais industrial e comercial, tais como o de energia elétrica, e normalmente são prestados pelos particulares;

c) sociais: *são os definidos pela Constituição como serviços sociais, como o de educação, saúde etc.;* os **serviços públicos sociais** são aqueles destinados a atender às necessidades básicas da população, tais como assistência médica e educacional. São serviços normalmente deficitários, que podem ser prestados pelo Estado ou **por particulares**.

14. CONCESSÕES DE SERVIÇO PÚBLICO

14.1. Conceito de concessão de serviço público

A concessão de serviço público pode ser conceituada como a *atribuição pelo Estado, mediante licitação, do exercício de um serviço público de que é titular, a alguém que aceita prestá-lo em nome próprio, por sua conta e risco, nas condições fixadas e alteráveis unilateralmente pelo Poder Público, ressalvada a manutenção do equilíbrio econômico-financeiro do contrato*[19].

A matéria vem regulamentada na Lei 8.987/1995, nos termos das diretrizes apontadas no art. 175 da Constituição Federal[20].

14.2. Noções gerais acerca da concessão de serviço público

O concessionário de serviço público recebe o **exercício (e não a titularidade)** dos serviços públicos. Assim, só se concede o exercício do serviço público e não sua titularidade, que continua com o Estado, o qual, por ser dele titular, ditará as regras e fiscalizará o exercício concedido ao particular. A saúde e a educação, apesar de serem serviços públicos, não dependem de concessão para que os particulares as prestem, bastando autorizações, em alguns casos. O objetivo da concessão é o de obter o melhor serviço possível.

Quanto à **remuneração** do concessionário, esta se dará por tarifa, subsídio e outros meios alternativos, como a publicidade, a qual é muito comum e pode ser verificada nos anúncios publicitários afixados nos ônibus de transporte coletivo.

A natureza da concessão não é simplesmente contratual, mas complexa. Trata-se de relação jurídica com três partes:

a) ato regulamentar: ato unilateral do Poder Público que fixa as condições de funcionamento, organização e modo da prestação dos serviços, podendo ser alterado unilateralmente também, de acordo com as necessidades públicas;

b) ato condição: concordância do concessionário, que aceita submissão ao ato regulamentar e às demais condições;

c) contrato: instrumento no qual estará prevista a questão financeira, garantindo-se, para o presente e para o futuro, o equilíbrio econômico-financeiro dos contratantes; caso haja alteração regulamentar ou outra alteração extracontratual que cause desequilíbrio, deve o Poder Público reequilibrar o contrato, mantendo a proporção, a igualdade inicial.

O Estado muda, unilateralmente, a regulamentação (as cláusulas regulamentares, que trazem as especificações de como e em que condições os serviços devem ser prestados), só respeitando a natureza do objeto do contrato e a equação econômico-financeira (cláusulas regulamentares que trazem as especificações sobre a parte econômica do contrato).

14.3. Formalidades para a realização da concessão

Uma vez que um serviço é considerado público e se trate de um daqueles que o Estado pode fazer concessão, esta dependerá dos seguintes requisitos para que aconteça:

a) lei: esta deverá autorizar a concessão ou permissão do serviço público;

b) licitação na modalidade concorrência: além de ser necessária a realização de licitação, ela deve se dar, em matéria de concessão de serviço público, naquela modalidade mais abrangente, qual seja, a concorrência.

Quanto à licitação para a outorga de concessão, o julgamento será feito segundo um dos seguintes critérios: a) menor

---

19. *Vide* a obra de Celso Antônio Bandeira de Mello.
20. "Art. 175. Incumbe ao Poder Público, na forma da lei, diretamente ou sob regime de concessão ou permissão, sempre através de licitação, a prestação de serviços públicos.

    Parágrafo único. A lei disporá sobre:
    I – o regime das empresas concessionárias e permissionárias de serviços públicos, o caráter especial de seu contrato e de sua prorrogação, bem como as condições de caducidade, fiscalização e rescisão da concessão ou permissão;
    II – os direitos dos usuários;
    III – a política tarifária;
    IV – a obrigação de manter serviço adequado."

valor da tarifa; b) maior oferta pela concessão; c) melhor proposta técnica com preço fixado no edital; d) combinação de proposta técnica com valor da tarifa; e) combinação de proposta técnica com o preço da concessão; f) melhor preço da concessão, após aprovação da proposta técnica; g) menor tarifa, após aprovação da proposta técnica.

A Lei 9.491/1997, que regula o Programa Nacional de Desestatização, traz a modalidade leilão como adequada à respectiva licitação.

14.4. Poderes do concedente

A Lei 8.987/1995 estabelece que o titular do serviço público (concedente) tem os seguintes poderes numa concessão de serviço públicos:

a) de inspeção e fiscalização: vê-se desempenho, cumprimento de deveres e de metas;

b) de alteração unilateral das cláusulas regulamentares: respeitados equilíbrio financeiro e os limites legais (p. ex., não pode alterar a natureza do objeto da concessão);

c) de intervenção: em casos de comprometimento do serviço público, a Administração pode intervir na concessionária para regularizar a situação; ex.: intervenção em empresa de ônibus que não está desempenhando corretamente seu papel, mesmo após notificações e aplicação de multa;

d) extinção da concessão antes do prazo: a extinção pode se dar, dentre outros motivos, por conveniência e oportunidade do concedente para melhorar o serviço público (encampação ou resgate), ou por falta cometida pelo concessionário (caducidade);

e) aplicação de sanções ao concessionário inadimplente: multas, por exemplo.

14.5. PRAZO

A Lei 8.987/1995 não estabelece prazo máximo ou mínimo para a concessão de serviço público.

Portanto, faz-se necessário que o edital de concorrência pública para a outorga da concessão estabeleça qual será o prazo do contrato celebrado com o vencedor do certame.

Admite-se prorrogação da concessão, desde que haja previsão editalícia.

14.6. Transferência da concessão e do controle acionário da concessionária

A lei autoriza a transferência da concessão se a Administração previamente anuir, o que parece burlar a ideia de licitação, a nosso ver.

Por maior razão, a lei também autoriza a transferência do controle acionário da pessoa jurídica vencedora da licitação, também desde que haja anuência do Poder Concedente.

O art. 27 da Lei 8.987/1995 dispõe ser causa de caducidade da concessão (extinção por culpa do particular) a transferência da concessão ou do controle acionário sem tal anuência do Poder Concedente.

14.7. Direitos do concessionário

O concessionário tem dois direitos básicos:

a) manutenção do equilíbrio econômico-financeiro do contrato no decorrer de sua execução;

b) não sofrer exigência de prestação **estranha ao objeto da concessão**.

Uma vez garantidos esses direitos, o concessionário é obrigado a cumprir as determinações regulamentares do Poder Concedente, que, de acordo com as exigências do interesse público, modificará as cláusulas regulamentares do serviço, estabelecendo os detalhes de como este deverá ser prestado.

14.8. Formas de extinção

a) Advento do termo contratual: forma usual, em que termina o prazo da concessão e ela fica extinta. Os bens aplicados no exercício do serviço são revertidos para o Poder Concedente, nos termos previstos no edital. Hely Lopes Meirelles denomina tal forma de extinção como reversão, porque há retorno do serviço ao Poder Concedente. Preferimos não tratar da hipótese por este nome, uma vez que o instituto da reversão, que será visto a seguir, é a *consequência* da extinção da concessão e não uma *forma* de sua extinção.

b) Rescisão judicial: forma de extinção feita a pedido de qualquer um dos "contratantes". Como o Poder Público pode extinguir de ofício a concessão, geralmente a rescisão judicial será pedida pelo concessionário, por culpa do Poder Concedente. Na ação pode-se pleitear indenização por não ter havido, ainda, amortização do investimento feito pelo concessionário. Os serviços prestados pela concessionária não poderão ser interrompidos ou paralisados até a decisão judicial transitar em julgado. Extinta a concessão, os bens também são revertidos para o poder público, para garantia da continuidade do serviço público, na forma prevista no edital.

c) Rescisão consensual: mútuo acordo, com reversão dos bens da mesma forma.

d) Rescisão por ato unilateral do Poder Concedente:

d1) encampação ou resgate: é o encerramento da concessão por ato do Poder Concedente, durante o transcurso do prazo inicialmente fixado, *por motivo de conveniência e oportunidade administrativa* (espécie de revogação) sem que o concessionário haja dado causa ao ato extintivo. Depende de lei específica que o autorize, como forma de proteção ao concessionário e também porque geralmente enseja grandes custos. É necessária prévia indenização, que compense o investimento ainda não amortizado, bem como que faça frente aos lucros cessantes pela extinção prematura do contrato de concessão, já que não há culpa do concessionário. Bens revertem ao Poder Concedente. Ex.: fim dos bondes.

d2) caducidade ou decadência: encerramento da concessão antes do prazo, *por inadimplência do concessionário*[21].

---

21. "Art. 38. A inexecução total ou parcial do contrato acarretará, a critério do poder concedente, a declaração de caducidade da concessão ou a aplicação das sanções contratuais, respeitadas as disposições deste artigo, do art. 27, e as normas convencionadas entre as partes. § 1º A **caducidade da concessão poderá ser declarada pelo poder concedente quando**:
I – o serviço estiver sendo prestado de forma inadequada ou deficiente, tendo por base normas, critérios, indicadores e parâmetros definidores de qualidade do serviço;
II – a concessionária descumprir cláusulas contratuais ou disposições legais ou regulamentares concernentes à concessão;
III – a concessionária paralisar o serviço ou concorrer para tanto, ressalvadas as hipóteses decorrentes de caso fortuito ou força maior;

Depende de prévio processo administrativo, com direito a ampla defesa, para apuração da falta grave do concessionário, processo que só poderá ser acionado após comunicação detalhada à concessionária dos descumprimentos contratuais referidos no § 1º do art. 38 da Lei, dando-lhe prazo para regularização. Além das hipóteses previstas em tal dispositivo, é também causa da caducidade a transferência da concessão ou do controle acionário sem prévia anuência do Poder Concedente (art. 27). A declaração de caducidade será feita por decreto do Poder Concedente. Só se indeniza a parcela não amortizada, uma vez que houve culpa daquele que exercia o serviço público. Da eventual indenização devida serão descontados os valores relativos a multas contratuais e danos causados pela concessionária.

d3) anulação da concessão: é o encerramento da concessão quando esta for outorgada com vício jurídico. Se não houve má-fé por parte do concessionário, este terá direito à indenização pelas despesas que teve e para a amortização do investimento.

d4) falência da concessionária: faz com que se extinga a concessão feita.

d5) extinção da empresa ou morte do concessionário: também faz extinguir a concessão.

14.9. Reversão dos bens

Consiste na *passagem ao Poder Concedente dos bens do concessionário aplicados no serviço público como consequência da extinção da concessão, cuja finalidade é manter a continuidade do serviço público.*

A reversão se dará nos limites definidos no edital de convocação para a licitação, assegurando-se ao concessionário a amortização do investimento que fez. Ex.: frota de ônibus de empresa que teve sua concessão extinta passa para o Poder Público.

14.10. Responsabilidade do concessionário

Cabe lembrar aqui que o § 6º do artigo 37 da CF, que prevê a responsabilidade objetiva do Estado, dispõe que *as pessoas jurídicas de direito privado prestadoras de serviço público* respondem pelos danos que seus agentes, nessa qualidade, causarem a terceiros.

Daí se conclui não somente que a responsabilidade dos concessionários é objetiva, como também que o Estado não responderá pelos danos causados por tais pessoas jurídicas a terceiros, mas sim o próprio concessionário.

O Poder Público responderá apenas subsidiariamente (ou seja, após o esgotamento do patrimônio da concessionária), desde que o dano tenha sido causado na prestação do serviço público.

14.11. Permissões de serviço público

O **conceito tradicional** de permissão de serviço público é o seguinte: *ato unilateral e precário, "intuito personae", por meio do qual o Poder Público transfere a alguém o exercício de um serviço público, mediante licitação.*

Apesar da confusão na doutrina e na jurisprudência, principalmente após a Constituição de 1988 (que parece dar natureza contratual à permissão) e a Lei 8.987/1995 (que também utiliza a palavra "contrato de adesão" para designá-la), deve-se encarar a permissão como *ato unilateral, precário e sem direito à indenização por extinção unilateral,* adotando-se seu conceito tradicional, já que o art. 2º, IV, da Lei 8.987/1995 é claro ao dispor que a permissão é precária, característica essa incompatível com a ideia de contrato, que é vínculo firme, que faz lei entre as partes, e não vínculo precário.

Assim, a Administração deve ser muito responsável quando analisa se um caso concreto é hipótese de concessão ou de permissão de serviço público. Se este requisitar grandes investimentos (ex.: serviço de transporte coletivo de massa), a Administração deverá outorgar concessão. Senão, poderá ser outorgada permissão (ex.: serviço de transporte individual por táxi).

Isso não foi respeitado no passado, principalmente na concessão do serviço de transporte coletivo, em que se outorgava permissão, quando deveria ser concessão.

Dessa forma, tendo em vista o princípio da boa-fé, da presunção de legitimidade dos atos da Administração e da relevância desses fatos, em casos em que caberia concessão e fora dada permissão, caso haja revogação dessa antes do tempo, deve-se usar o regime jurídico da concessão para reger as consequências decorrentes de tal intenção do Poder Público.

Nesse sentido, Maria Sylvia Zanella Di Pietro traz a diferenciação entre a permissão tradicional e a **permissão condicionada ou qualificada**, ensinando o seguinte: "A rigor, a autorização de uso e a permissão de uso são precárias, enquanto a concessão é estável. Na prática administrativa, tem-se admitido autorização e permissão com prazo (sendo chamadas de condicionadas ou qualificadas), o que confere ao beneficiário a mesma estabilidade que decorre da concessão e, portanto, o mesmo direito à indenização, em caso de revogação do ato antes do prazo estabelecido. Confundem-se, nessas hipóteses, os institutos da autorização e permissão, de um lado, e a concessão, de outro."

Com o fim de fecharmos o raciocínio, podemos conferir as disposições da Lei 8.987/1995 acerca da concessão e da permissão de serviço público:

a) concessão de serviço público: *a delegação de sua prestação, feita pelo Poder Concedente, mediante licitação, na modalidade concorrência, à pessoa jurídica ou consórcio de empresas que demonstre capacidade para o seu desempenho, por sua conta e risco e por prazo determinado* (art. 2º, II);

b) permissão de serviço público: *a delegação, a título precário, mediante licitação, da prestação de serviços públicos, feita pelo Poder Concedente à pessoa física ou jurídica que demonstre capacidade para o seu desempenho, por sua conta e risco* (art. 2º, IV)

IV – a concessionária perder as condições econômicas, técnicas ou operacionais para manter a adequada prestação do serviço concedido;

V – a concessionária não cumprir as penalidades impostas por infrações, nos devidos prazos;

VI – a concessionária não atender a intimação do poder concedente no sentido de regularizar a prestação do serviço;

VII – a concessionária não atender a intimação do poder concedente para, em 180 (cento e oitenta) dias, apresentar a documentação relativa à regularidade fiscal, no curso da concessão, na forma do art. 29 da Lei 8.666, de 21 de junho de 1993."

Por outro lado, o art. 40 da Lei 8.987/1995 estabelece que "a permissão de serviço público será formalizada mediante **contrato de adesão** que observará os termos desta lei, das demais normas pertinentes e do edital de licitação, inclusive quanto à precariedade e à revogabilidade unilateral do contrato pelo poder concedente. Parágrafo único. Aplica-se às permissões o disposto nesta lei." (g.n.)

Diante de todo o exposto, confiram-se as principais diferenças entre os institutos da concessão e da permissão:

a) enquanto a concessão tem efetiva natureza contratual, a permissão é precária, não dando ensejo a indenização pela sua extinção (a lei diz que se formalizará a permissão mediante um *contrato* de adesão, mas deixa claro, mais de uma vez, sua precariedade), salvo em caso de permissão condicionada ou qualificada;

b) a concessão só pode ser atribuída a pessoa jurídica ou consórcios de empresas, enquanto que a permissão pode ser atribuída tanto a pessoa jurídica quanto física;

c) a concessão requer licitação na modalidade concorrência, ao passo que permissão apenas requer licitação, não havendo necessidade de que se utilize a modalidade em questão.

14.12. Concessão de serviço público precedida da execução de obra pública

O art. 2º, inciso III, da Lei 8.987/1995 define tal concessão como "a construção total ou parcial, conservação, reforma, ampliação ou melhoramento de quaisquer obras de interesse público, delegada pelo poder concedente, mediante licitação, na modalidade concorrência, à pessoa jurídica ou consórcio de empresas que demonstre capacidade para a sua realização, por sua conta e risco, de forma que o investimento da concessionária seja remunerado e amortizado mediante a exploração do serviço ou da obra por prazo determinado."

14.13. Parcerias Público-Privadas

14.13.1. Introdução

A tão esperada Lei da Parceria Público-Privada é mais uma etapa da chamada Reforma do Estado, que se iniciou em meados da década de 1990, e que tinha e tem por finalidade reduzir a participação do Estado na execução de tarefas econômicas, próprias do particular.

São **marcos** dessa reforma: a) o Programa de Privatização do Governo Federal, caracterizado pela venda de ações e de outros ativos de empresas estatais; b) a criação das agências reguladoras, com consequente incremento das concessões de serviços públicos aos particulares; c) e as parcerias público-privadas.

Tais parcerias foram criadas sob os seguintes **argumentos**: a) necessidade de investimentos na área da infraestrutura; b) carência de recursos públicos atuais para esses investimentos; c) desinteresse do setor privado na sua realização, principalmente em setores incapazes de gerar remuneração direta compatível com o custo do empreendimento.

A ideia central da parceria, portanto, é unir duas forças, a pública e a privada, com garantias especiais e reforçadas de que o parceiro privado será efetiva e adequadamente remunerado.

Mesmo antes da lei federal que hoje regula a matéria, diversos Estados-membros já haviam legislado sobre o tema, como Minas Gerais (Lei 14.868/2003), Goiás (Lei 14.910/2004), Santa Catarina (Lei 12.930/2004) e São Paulo (Lei 11.688/2004).

Diante desse quadro, qual lei deverá prevalecer, a local ou a federal? A lei federal é expressa ao dispor que se aplica à administração direta e indireta da União, dos Estados, do Distrito Federal e dos Municípios. Assim, e considerando que compete à lei federal traçar normas gerais de licitação e contratação (art. 22, XXVII, da CF), as leis locais serão aplicadas no que não contrariar as normas gerais previstas na Lei 11.079/2004.

14.13.2. Conceito de PPP

A partir das disposições da lei, elaboramos um conceito de parceria público-privada: *é o contrato de prestação de serviços ou de concessão de serviços públicos e de obras públicas, de grande vulto e de período não inferior a 5 anos, caracterizado pela busca da eficiência na realização de seu escopo e pela existência de garantias especiais e reforçadas para o cumprimento da necessária contraprestação pecuniária do parceiro público ao parceiro privado, financiado pelo mercado financeiro.*

Confira o conceito, agora, esquematizado:

✓ contrato de prestação de serviços ou de concessão de serviços públicos ou de obras públicas:

✓ de grande vulto (igual ou superior a R$ 10 milhões, conforme estabeleceu a Lei 13.529/2017);

✓ de período não inferior a 5 anos;

✓ caracterizado pela busca da eficiência na realização de seu escopo;

✓ e pela existência de garantias especiais e reforçadas;

✓ para o cumprimento da necessária contraprestação pecuniária do parceiro público ao parceiro privado;

✓ financiado pelo mercado financeiro.

14.13.3. Espécies

A lei usa a expressão "modalidades" de parceria para fazer referência ao tema. Por ser uma expressão que indica o "procedimento licitatório" (concorrência, tomada de preços etc.), preferimos reservar a palavra "modalidade" para tratar do *procedimento* do certame para a contratação da parceria, e a palavra "espécie" para tratar das duas *formas* de parceira.

A **concessão patrocinada** *é a concessão de serviços públicos ou de obras públicas em que, além das tarifas cobradas dos usuários, faz-se necessária uma contraprestação pecuniária do parceiro público ao parceiro privado* (art. 2º, § 1º, da Lei 11.079/2004).

São exemplos de concessão patrocinada as relativas a concessões para o saneamento básico, para construção e reforma de rodovias e para a consecução de outros serviços públicos delegáveis em que as tarifas a serem cobradas não sejam suficientes para cobrir os custos do concessionário.

A *concessão patrocinada* é muito parecida com a *concessão de serviço público* prevista na Lei 8.987/1995. A diferença é que, na primeira, as tarifas cobradas dos usuários do serviço (por exemplo, o pedágio de uma rodovia) não são suficientes para cobrir os custos do serviço e a remuneração da concessionária, o que faz com que seja necessário um "patrocínio" por parte do parceiro público (o Poder Público), que pagará uma contraprestação ao parceiro privado (ao concessionário do serviço).

Já a **concessão administrativa** *é contrato de prestação de serviços (qualificados) de que a Administração seja usuária direta ou indireta* (art. 2º, § 2º, da Lei 11.079/2004).

Quando a Administração contrata a prestação de um serviço do particular, essa contratação é regulada pela Lei 8.666/1993, tratando-se de um *contrato administrativo* simples.

Porém, quando a Administração contrata serviços de que seja usuária direta ou indireta, serviços esses que não têm como objetivo único o fornecimento de mão de obra, o fornecimento e instalação de equipamentos ou a execução de obra pública, aí sim teremos o instituto da concessão administrativa, uma das duas espécies de parceria público-privada.

São exemplos de concessão administrativa a construção de centros administrativos para as instalações do Poder Público, de hospitais, de escolas, de presídios etc. Perceba-se que, em qualquer dos casos, não há tarifa a ser paga pelos usuários, mas só contraprestação a ser paga pelo Poder Público.

Assim, na concessão administrativa temos as seguintes características:

a) não há cobrança de tarifa de usuários;

b) não cabe se tiver como objeto único o fornecimento de mão de obra, o fornecimento e instalação de equipamentos ou a execução de obra pública;

c) são exemplos a construção de escolas, hospitais e presídios, desde que o concessionário não se limite a fazer as construções, tendo também como tarefa a administração desses equipamentos públicos.

A criação das duas concessões especiais mencionadas fez com que a lei se referisse às demais concessões, regidas pela Lei 8.987/1995, como **concessões comuns** (art. 2º, § 3º, da Lei 11.079/2004). Estas continuarão a ser utilizadas para os casos em que as tarifas dos usuários forem suficientes para cobrir os custos do contratado, o prazo contratual for inferior a 5 anos ou o valor do contrato, inferior a R$ 20 milhões.

14.13.4. Diretrizes

O art. 4º da Lei 11.079/2004 elenca as diretrizes que deverão ser observadas na contratação de parceria público-privada. Vejamos:

a) Busca da eficiência no cumprimento das missões estatais e no emprego dos recursos públicos. Decorrem desta diretriz as regras que estabelecem:

a1) o dever de criação de critérios objetivos de avaliação de desempenho do parceiro privado (art. 5º, VII);

a2) a realização de vistoria dos bens reversíveis (art. 5º, X);

a3) a necessidade de compartilhamento com a Administração de ganhos efetivos do parceiro decorrentes da redução do risco de crédito dos financiamentos utilizados pelo parceiro privado (art. 5º, IX);

b) Responsabilidade fiscal na celebração e na execução das parcerias. Decorrem desta diretriz as regras que estabelecem:

b1) a elaboração de estimativa de impacto-financeiro nos exercícios em que deva vigorar a parceria (art. 10, II);

b2) a necessidade de compatibilidade entre o contrato e as leis de diretrizes orçamentárias e do plano plurianual (art. 10, III e V);

b3) a necessidade de autorização legislativa específica para as concessões patrocinadas em que mais de 70% da remuneração do parceiro for paga pela Administração (art. 10, § 3º);

c) Respeito ao interesse dos destinatários dos serviços. Decorrem desta diretriz as regras que estabelecem a necessidade de que haja previsão contratual de mecanismos para:

c1) a preservação da atualidade da prestação dos serviços;

c2) a avaliação do desempenho do parceiro privado, segundo critérios objetivos (art. 5º, V e VII);

d) Transparência dos procedimentos e das decisões. Decorrem desta diretriz as regras que estabelecem:

d1) a submissão da minuta de edital a consulta pública, com prazo mínimo de 30 dias para o oferecimento de sugestões (art. 10, VI);

d2) a necessidade de fixação no contrato das penalidades aplicáveis à Administração e aos parceiros privados (art. 5º, II), providência rara nos contratos administrativos;

e) Repartição objetiva dos riscos entre as partes. Decorre desta diretriz a regra que estabelece a repartição de riscos, inclusive os referentes a caso fortuito, força maior, fato do príncipe e álea econômica extraordinária (art. 5º, III);

f) Respeito aos interesses do parceiro privado. Decorrem desta diretriz as regras que estabelecem:

f1) a vigência do contrato compatível com a amortização dos investimentos, não inferior a 5, nem superior a 35 anos, incluindo eventual prorrogação (art. 5º, I);

f2) a aplicação automática das cláusulas de atualização monetária (art. 5º, § 1º);

f3) a possibilidade de as obrigações pecuniárias da Administração terem garantias especiais, tais como vinculação de receitas, instituição de fundos especiais, contratação de seguro-garantia, oferecimento de garantias prestadas por instituições financeiras, organismos internacionais, e fundo garantidor e empresa estatal criados para esta finalidade (art. 8º);

g) Diferimento dos valores a serem pagos pelo Poder Público. Decorre dessa diretriz a regra que estabelece que a contraprestação da Administração será obrigatoriamente *precedida* da entrega do serviço (art. 7º). Ou seja, primeiro o parceiro privado faz sua parte e apenas após a Administração faz o pagamento. Não mais se fará pagamentos mensais mediante medições dos serviços prestados. O pagamento se dará apenas após a conclusão da obra. A lei permite que a Administração, nos termos do contrato, efetue pagamento da contraprestação relativa à parcela fruível de serviço objeto do contrato de parceria.

14.13.5. Características marcantes

Das sete diretrizes apontadas, as três primeiras ("a", "b" e "c") já estavam adequadamente definidas em lei (*vide* as Leis 8.987/1995 e 8.666/1993, e a Lei de Responsabilidade Fiscal). A quarta e a quinta ("d" e "e") geravam uma série de dúvidas. E a sexta e a sétima ("f" e "g") são bem inovadoras.

A sétima diretriz é bem interessante, pois cria um modelo novo. Para fazer frente à escassez de recursos para o presente, a Administração se reserva o direito de **só pagar** sua contraprestação ao parceiro privado **quando** este disponibilizar o serviço objeto do contrato. Assim, somente após a construção da escola, do hospital, do presídio, da rodovia, é que a Administração pagará sua contraprestação. Além de não gastar agora, a Administração se livra de uma série de transtornos decorrentes das medições mensais para pagamento, das revisões contratuais e dos problemas na condução e na fiscalização do contratado. Este, por sua vez, ganha em eficiência, pois se compromete a entregar um projeto pronto.

E como o modelo resolve o problema do financiamento do particular? Afinal de contas, como o parceiro privado conseguirá fazer tão grandes investimentos sem o aporte de recursos pela Administração mês a mês? A solução encontrada pela lei é o financiamento no mercado financeiro.

A lei dispõe que, antes da celebração do contrato, deverá ser criada uma Sociedade de Propósito Específico (SPE), cuja incumbência é implantar e gerir o objeto da parceria. Tal sociedade poderá assumir a forma de companhia aberta, com valores mobiliários admitidos a negociação no mercado. Deve obedecer a padrões de governança corporativa e adotar contabilidade e demonstrações financeiras padronizadas. A Administração não poderá ser titular da maioria de seu capital votante (art. 9º).

Trata-se de uma sociedade criada pelo *próprio* parceiro privado, ou seja, pelo vencedor do certame licitatório para a consecução de suas atividades. Há pelo menos três vantagens na criação da SPE: a) evita a figura do consórcio na execução do contrato, focando a cobrança da execução do serviço numa pessoa apenas; b) permite que valores mobiliários dessas empresas sejam vendidos, atraindo investimento; c) possibilita que a empresa consiga empréstimos em bancos de fomento, também para atrair investimentos.

Eis o novo modelo. O parceiro privado tomará empréstimos no mercado financeiro para realizar investimentos para o parceiro público, que somente começará a pagar sua contraprestação após a disponibilização do serviço.

E como o modelo resolve o problema do risco em se emprestar dinheiro para parceiros da Administração? Afinal de contas, no Brasil o Poder Público é useiro e vezeiro em não pagar os particulares. A solução encontrada pela lei foi dar garantias especiais e reforçadas de que o parceiro irá receber sua contraprestação e, consequentemente, terá como pagar o mercado financeiro pelos investimentos feitos.

A questão está colocada na sexta diretriz do item anterior, que estabelece dois princípios: a) o da *garantia da amortização do investimento*; e b) o da *garantia da satisfação efetiva e imediata do crédito*. O primeiro se revela com a fixação de prazos mínimos de vigência da parceria. Já o segundo, com a criação de garantias especiais e reforçadas em favor do parceiro privado.

As garantias passam por fianças bancárias e seguros e preveem até a instituição de um "fundo garantidor ou uma empresa estatal criada para essa finalidade" (art. 8º, V).

Para o âmbito da União, a lei autorizou que as pessoas de direito público correspondentes (União, autarquias, fundações públicas), seus fundos especiais e suas empresas públicas dependentes (as duas últimas só apareceram com a Lei 12.409/2011) participem, no limite global de R$ 6 bilhões do que chamou de Fundo Garantidor de Parcerias Público-Privadas (FGP), de natureza privada e patrimônio próprio separado do patrimônio pessoal de seus participantes. Tal fundo está sendo formado por aporte de bens (dinheiro, imóveis dominicais, móveis) e direitos (ações excedentes ao necessário para o controle de sociedades de economia mista, e títulos da dívida pública) dos participantes, também chamados de cotistas. Empresa especializada será incumbida de avaliar os bens e direitos transferidos (art. 16).

O FGP será criado, administrado, gerido e representado, judicial e extrajudicialmente, por instituição financeira controlada, direta ou indiretamente, pela União, que zelará pela manutenção de sua rentabilidade e liquidez (art. 17).

O estatuto e o regulamento do FGP devem deliberar sobre a política de concessão de garantias, inclusive no que se refere à relação entre ativos e passivos do Fundo (art. 18, *caput*). A garantia será prestada nas seguintes modalidades: fiança, sem benefício de ordem para o fiador; penhor de bens móveis e hipoteca de bens imóveis, ambos do Fundo; alienação fiduciária; garantia, real ou pessoal, vinculada ao patrimônio de afetação do Fundo (art. 18, § 1º).

A garantia poderá ser acionada a partir do 15º dia do vencimento de título exigível aceito pelo parceiro público. No caso de emissão de fatura não aceita, mas também não rejeitada expressa e motivadamente, a garantia poderá ser acionada transcorridos 45 dias de seu vencimento (art. 18, §§ 4º e 5º). A quitação do débito pelo Fundo importará sua sub-rogação nos direitos do parceiro privado.

Se necessário, os bens e direitos do fundo poderão ser objeto de constrição judicial e alienação para satisfazer as obrigações garantidas (art. 18, § 7º).

O FGP poderá usar parcela da cota da União para prestar garantia aos seus fundos especiais, às suas autarquias, às suas fundações públicas e às suas empresas estatais dependentes (art. 18, § 8º, incluído pela Lei 12.409/2011).

Toda essa sistemática de garantias especiais tem uma razão: conforme visto, o Poder Público não costuma pagar em dia seus fornecedores, gerando grande insegurança por parte destes, principalmente quanto à realização de grandes investimentos. O não pagamento pela Administração ensejava a propositura de ação judicial, com recebimento do crédito, ao final, após a expedição de precatórios.

Se de um lado, resolve o problema, de outro, a solução sofre críticas de alguns, no sentido de que é inconstitucional, porque trata de modo diferente os credores do Poder Público. Não satisfeitos seus créditos, uma parte dos credores (aqueles que têm outros contratos com a Administração) deve recorrer ao Judiciário, e só receberá após a expedição de um precatório. A outra parte (a dos que têm uma parceria público-privada) receberá sem ter que esperar por um precatório judicial.

Críticas à parte, é bom destacar que os demais entes da federação também poderão criar, por meio de lei, fundo com características semelhantes ou mesmo uma empresa estatal (como foi o caso de São Paulo, que criou a Companhia Paulista de Parcerias), uma vez que essa garantia é prevista de modo genérico (para todos os entes políticos) no art. 8º, V, da Lei 11.079/2004.

Por fim, vale destacar um ponto bastante polêmico, que é o da possibilidade de o edital (e o respectivo contrato) prever que se possa usar a arbitragem para a solução dos conflitos entre os parceiros. Dispõe o inciso III do art. 11 da Lei 11.079/2004 que tais instrumentos poderão prever "o emprego dos mecanismos privados de resolução de disputas, inclusive a arbitragem, a ser realizada no Brasil e em língua portuguesa, nos termos da

Lei 9.037, de 23 de setembro de 1996, para dirimir conflitos decorrentes ou relacionados ao contrato". De nossa parte, entendemos que esse mecanismo de solução de conflitos só poderá incidir quanto a questões de ordem estritamente técnica não jurídica, tais como questões econômicas, contábeis e de engenharia. O princípio da indisponibilidade do interesse público impede que decisões de ordem administrativa sejam revistas por órgão que não seja a própria Administração ou o Poder Judiciário.

14.13.6. Procedimento e tipo licitatório

O *procedimento* ou *modalidade* de licitação para contratação da parceria é o da concorrência. O rito, todavia, sofre duas alterações marcantes. De um lado, traz a previsão de regras semelhantes às do pregão. De outro, permite o saneamento de falhas cometidas pelos licitantes. Quanto ao tipo licitatório, também temos novidade.

Vejamos as novidades:

a) Inversão de fases. O art. 13 dispõe que o edital *poderá* prever a inversão das fases de habilitação e julgamento. Quanto a este, há previsão de que possa ser precedido de uma etapa chamada de "qualificação de propostas técnicas", desclassificando-se os licitantes que não alcançarem a pontuação mínima (art. 12, I). Repare que não se trata de "qualificação habilitatória", mas de valoração de propostas técnicas;

b) Lances verbais. Com relação às propostas econômicas, o edital definirá se haverá apenas "propostas escritas em envelopes lacrados" ou se haverá "propostas escritas, seguidas de lance em viva voz" (art. 12, III);

c) Tipo de "menor valor da contraprestação a ser paga pela Administração". Na verdade, trata-se do famoso tipo "menor preço" adaptado às características das parcerias. A lei também admite o tipo "melhor proposta em razão da combinação do menor valor da contraprestação a ser paga pela Administração com o critério de melhor técnica, de acordo com os pesos estabelecidos no edital" (*vide* art. 12, II);

d) Saneamento de falhas. O edital poderá prever a possibilidade de saneamento de falhas, de complementação de insuficiências ou ainda de correções de caráter formal no curso do procedimento, desde que o licitante possa satisfazer as exigências dentro do prazo fixado no instrumento convocatório (art. 12, IV).

7. DIREITO TRIBUTÁRIO

Robinson Barreirinhas

1. INTRODUÇÃO

O Estado atua de diversas formas para atender às expectativas do povo: conduzindo a política monetária (emitindo moeda, orientando os juros no mercado), regulamentando setores da economia (por meio das agências reguladoras, por exemplo), administrando empresas estatais etc.

Entretanto, uma das principais formas de atuação estatal refere-se à política fiscal ou orçamentária, relativa à prestação de serviços públicos (por meio de despesas públicas) e à arrecadação dos recursos financeiros necessários para isso.

A principal fonte de receitas à disposição do Estado é a tributação, ou seja, o recolhimento de tributos pelos cidadãos e sociedades, na forma da lei.

O direito tributário regula a relação jurídica estabelecida por lei entre o Fisco (arrecadador dos tributos) e os contribuintes e responsáveis (sujeitos passivos, que recolhem os tributos ao Fisco) no âmbito da tributação.

Gabarito de concurso público
Direito tributário é o conjunto de normas que regula o comportamento das pessoas de levar dinheiro aos cofres públicos. (**Procurador do Estado/SE – FCC – 2005**)

Assim, as normas tributárias referem-se à obrigação tributária principal (cujo objeto é o recolhimento de tributos e penalidades pecuniárias), às obrigações acessórias (relativas aos deveres instrumentais a cargo dos contribuintes e responsáveis, como emissão de nota fiscal, prestação de informações, registros fiscais etc.), além da própria atividade arrecadatória (lançamento, cobrança, processo administrativo, formas de extinção do crédito etc.).

2. TRIBUTO – DEFINIÇÃO

2.1. A definição é dada pela lei complementar federal

No sistema jurídico brasileiro, compete à lei complementar federal, entre outras coisas, definir o que é *tributo*, conforme dispõe o art. 146, III, a, da CF:

"**Art. 146.** Cabe à lei complementar:
(...)
III – estabelecer normas gerais em matéria de legislação tributária, especialmente sobre:
a) definição de tributos e de suas espécies, (...)";

No âmbito puramente financeiro, pelo enfoque do ente arrecadador, o tributo é definido como receita corrente derivada, nos termos do art. 9º da Lei 4.320/1964.

Pelo enfoque da relação entre o Fisco e os sujeitos passivos, a norma nacional que define tributo é o Código Tributário Nacional – CTN.

Ambos os normativos (Lei 4.320/1964 e CTN) são formalmente leis ordinárias, mas materialmente leis complementares. Significa que, embora tenham sido aprovados como leis ordinárias, foram recepcionados pela Constituição Federal como leis complementares.

Gabarito de concurso público
O CTN continua sendo lei ordinária, mas com força de lei complementar. (**Magistratura/SC – 2010**)

Antes de estudarmos especificamente a definição dada pelo CTN, é interessante anotarmos que a função essencial dos tributos é arrecadatória, representando a receita básica necessária para o sustento financeiro do Estado. Trata-se da *função fiscal*.

É muito importante, entretanto, a utilização dos tributos como ferramenta de intervenção social e econômica – a *função extrafiscal*.

Finalmente, há autores que se referem à *função parafiscal* dos tributos, quando a lei delega a sujeição ativa a determinada entidade que arrecada os valores e os utiliza para cumprimento de suas importantes funções de interesse público. Por exemplo, a União tem competência para instituir e cobrar as contribuições de interesse de categorias profissionais (art. 149 da CF), mas delega a sujeição ativa, por exemplo, ao Conselho Regional de Medicina, que passa a cobrar a contribuição devida pelos médicos em sua região e, ademais, fica com os recursos arrecadados (não os repassa para a União).

Funções dos tributos	
Fiscal	arrecadatória, receitas para o funcionamento do Estado
Extrafiscal	intervenção no mercado, interferências nas relações privadas
Parafiscal	arrecadação em favor de entidades paraestatais, que cobram e ficam com os recursos

2.2. Código Tributário Nacional

O Código Tributário Nacional, como dito, embora formalmente lei ordinária, foi recepcionado pela Constituição Federal como lei complementar.

É por essa razão que eventuais mudanças no CTN devem, necessariamente, ser veiculadas por lei complementar federal.

Nos termos do art. 146, III, a, da CF, o art. 3º do CTN **define** o que é tributo:

"**Art. 3º** Tributo é toda prestação pecuniária compulsória, em moeda ou cujo valor nela se possa exprimir, que não constitua sanção de ato ilícito, instituída em lei e cobrada mediante atividade administrativa plenamente vinculada."

Vamos analisar, a seguir, cada um dos aspectos dessa definição.

2.3. Tributo é prestação

O tributo é definido, pelo CTN, como *prestação*.

Prestação é o objeto de relação obrigacional (= aquilo que o devedor deve fazer em relação ao credor, aquilo que o credor pode exigir do devedor).

devedor → prestação → credor

No Direito Tributário, o devedor é conhecido como *sujeito passivo* e o credor é o *sujeito ativo*.

Mais adiante, veremos que o sujeito passivo pode ser o contribuinte ou o responsável tributário.

2.4. Tributo é prestação pecuniária

O tributo refere-se à entrega de **dinheiro** pelo devedor ao credor. O objeto da relação obrigacional tributária corresponde a uma quantia em moeda.

É isso que significa o termo *pecuniária*.

Não há tributo *in labore* (= trabalho) ou *in natura* (entrega de algum outro bem que não seja dinheiro).

Não são tributos: prestação de serviço militar, serviço eleitoral, entrega de sacas de café.

Tampouco são tributos: obrigações tributárias acessórias, como emissão de nota fiscal ou escrituração de livros.

O art. 3º do CTN traz a expressão *em moeda ou cujo valor nela se possa exprimir*, o que apenas confirma o conceito, pois o termo *pecuniária* já indica exatamente isso.

Salientamos que a forma de pagamento não altera a natureza pecuniária (cheque, vale-postal, estampilha, papel selado, processo mecânico – art. 162 do CTN).

Em regra, somente quando a quantia em reais (moeda corrente nacional) chega aos cofres do Fisco é que há cumprimento da obrigação tributária principal (por exemplo, quando o cheque é compensado).

As diversas modalidades de extinção do crédito (dação de imóvel em pagamento) ou a penhora em execução tampouco alteram a natureza pecuniária.

2.5. Tributo é prestação compulsória

O tributo independe da vontade do devedor. É isso que significa prestação *compulsória*.

Diferentemente das obrigações do direito privado em geral, a obrigação tributária não surge a partir de um ato de vontade.

Quando alguém concorda em comprar um automóvel, por exemplo, surge a obrigação de pagar uma quantia em dinheiro ao vendedor (= prestação pecuniária), mas ela somente surgiu porque o indivíduo optou por isso. Não há, nesse caso, compulsoriedade (embora haja obrigatoriedade).

A obrigação tributária é *ex lege*, ou seja, surge a partir da *vontade da lei*.

É por isso que há fato gerador, e não ato gerador dos tributos (a vontade ou mesmo a capacidade do agente é irrelevante).

A expressão *instituída em lei* no art. 3º do CTN apenas reforça esse conceito, já que ninguém pode ser obrigado a fazer algo independentemente de sua vontade senão em virtude de lei – art. 5º, II, da CF.

Vale dizer: se algo é compulsório, como a prestação pecuniária, é preciso que haja lei nesse sentido.

2.6. Tributo não é sanção por ato ilícito

O fato gerador (o que faz surgir o tributo) é sempre lícito (auferir renda, ser proprietário de algo etc.).

Não fazem surgir tributo: atrasar o pagamento de imposto, ultrapassar limite de velocidade no trânsito etc. (ilícitos). Embora possam surgir obrigações pecuniárias a partir desses ilícitos (pagamento de multa), não se trata de tributo!

São tributados os fatos lícitos, ainda que realizados ilicitamente (por ex., renda auferida por promotor de jogo do bicho – aplicação do brocardo *pecunia non olet*). Perceba que auferir renda, em si, é ato lícito, ainda que realizado por meios criminosos.

Ao Direito Tributário interessa, nesses casos, apenas o fato gerador tributário (por ex., auferir renda), que é fato lícito, o que não afasta eventual responsabilidade criminal.

Gabaritos de concursos públicos

Escapa ao conceito de tributo a ideia de penalidade. (**Magistratura/MT – 2009 – VUNESP**)

A partir do conceito legal de tributo, é possível afirmar que a multa NÃO é espécie de tributo porque o tributo não é sanção por ato ilícito e a multa é sanção pecuniária por prática de ato ilícito. (**Procurador do Município/Teresina-PI – 2010 – FCC**)

Jurisprudência

Sonegação fiscal de lucro advindo de atividade criminosa: non olet. Drogas: tráfico de drogas, envolvendo sociedades comerciais organizadas, com lucros vultosos subtraídos à contabilização regular das empresas e subtraídos à declaração de rendimentos: caracterização, em tese, de crime de sonegação fiscal, a acarretar a competência da Justiça Federal e atrair pela conexão, o tráfico de entorpecentes: irrelevância da origem ilícita, mesmo quando criminal, da renda subtraída à tributação. A exoneração tributária dos resultados econômicos de fato criminoso – antes de ser corolário do princípio da moralidade – constitui violação do princípio de isonomia fiscal, de manifesta inspiração ética.
HC 77.530/RS, STF, Rel. Min. Sepúlveda Pertence, j. 25.08.1998.

Assim, por exemplo, a renda obtida com o tráfico de drogas deve ser tributada, já que o que se tributa é o aumento patrimonial e não o próprio tráfico. Nesse caso, a ilicitude é circunstância acidental à norma de tributação. No caso de importação ilícita, reconhecida a ilicitude e aplicada a pena de perdimento, não poderá ser cobrado o imposto de importação, já que "importar mercadorias" é elemento essencial do tipo tributário. Assim, a ilicitude da importação afeta a própria incidência da regra tributária no caso concreto.
REsp 984.607/PR, STJ, Rel. Ministro Castro Meira, j. 07.10.2008.

Obs.: o STJ entendeu, entretanto, que pode incidir IPI, PIS e Cofins, nesse caso (o acórdão refere-se a *produto industrializado* **e** *faturamento*).

2.7. Tributo é cobrado mediante atividade administrativa plenamente vinculada

O sujeito ativo deve cobrar o tributo sem qualquer margem para juízo de conveniência ou oportunidade (não há discricionariedade).

Ocorrendo o fato gerador, o tributo deve ser exigido em estrita conformidade com a lei (não há, tampouco, arbitrariedade).

O lançamento é atividade vinculada, sob pena de responsabilidade funcional (art. 142, parágrafo único, do CTN).

3. ESPÉCIES TRIBUTÁRIAS

3.1. Critério para a classificação (CTN)

As espécies tributárias também são definidas por lei complementar federal.

O CTN, em seu art. 4º, dá o critério para essa classificação, determinando que a natureza *específica* do tributo é indicada por seu *fato gerador*:

> "**Art. 4º** A natureza jurídica específica do tributo é determinada pelo fato gerador da respectiva obrigação, sendo irrelevantes para qualificá-la: (...)"

Gabarito de concurso público
A natureza jurídica específica do tributo é determinada pelo fato gerador da obrigação. (**Magistratura/SP – 2007**)
Por meio da base de cálculo, é possível identificar o tipo de tributo. (**Procurador do Estado/GO – 2010**)

A doutrina acrescenta que a natureza é determinada pelo *fato gerador* e pela **base de cálculo**.

Se o fato gerador for a propriedade de veículo automotor, estaremos diante do IPVA (imposto estadual que incide sobre esse domínio). Sua base de cálculo deve ser o *valor do automóvel*, que tem direta correspondência com o fato gerador (note que a base de cálculo quantifica o fato gerador). A base de cálculo não poderia ser a renda do proprietário, por exemplo, o que indicaria outra natureza específica (do imposto de renda, no caso).

3.2. Aspectos irrelevantes para qualificar a natureza específica (art. 4º, I e II, do CTN)

É irrelevante para qualificar a natureza específica do tributo:
a) denominação e demais características formais adotadas pela lei; ou
b) a destinação legal do produto da sua arrecadação.

Assim, o nome dado pelo legislador não altera a natureza do tributo. Tampouco é relevante a destinação dada aos valores arrecadados pelo Fisco (veremos a importante exceção do empréstimo compulsório, mais adiante).

Jurisprudência
"Taxa de armazenagem portuária" é preço público, e não tributo, apesar da denominação. REsp 205.241/SP, STJ, Rel. Ministro Castro Meira, j. 01.03.2005.
Obs.: por essa razão, essa "taxa" não se sujeita ao princípio da legalidade (seus valores são fixados por portaria ministerial).

3.3. Espécies tributárias

A doutrina clássica classificou os tributos em três espécies: impostos, taxas e contribuições de melhoria. São essas as espécies indicadas no art. 145 da CF e no art. 5º do CTN.

Trata-se da *teoria tripartida*.

Mais modernamente, a *teoria pentapartida* reconhece a existência de duas outras espécies tributárias: os empréstimos compulsórios e as contribuições especiais (alguns autores referem-se a contribuições *parafiscais*).

Espécies Tributárias		
Teoria Pentapartida	Teoria Tripartida	Impostos
		Taxas
		Contribuições de melhoria
		Empréstimos compulsórios
		Contribuições especiais

Gabarito de concurso público
A adoção da teoria do "pentapartite" pelo STF implica a adoção de cinco modalidades de tributos previstos na Constituição Federal. Em consequência, a Súmula 418 do STF, que dispõe que "o empréstimo compulsório não é tributo, e sua arrecadação não está sujeita à exigência constitucional de prévia autorização orçamentária", perdeu sua eficácia. (**Magistratura/PA – 2008 – FGV**)

3.4. Impostos

3.4.1. Definição de imposto

A definição dessa espécie tributária é dada pelo art. 16 do CTN:

> "**Art. 16.** Imposto é o tributo cuja obrigação tem por fato gerador uma situação independente de qualquer atividade estatal específica, relativa ao contribuinte."

Perceba que a definição refere-se ao fato gerador (critério definidor), que é qualquer situação que não esteja ligada a uma atividade estatal específica, voltada ao contribuinte.

Por essa razão, o imposto é conhecido como *tributo não vinculado*.

Gabarito de concurso público
A cobrança de impostos deve sempre decorrer de uma situação que independa de qualquer atividade estatal específica. (**Magistratura Federal/3ª Região – 2010**)

São exemplos de fatos geradores de impostos: auferir renda, ser proprietário de algo, promover circulação de mercadoria, industrializar produtos, importar etc.

Note que essas situações não se relacionam com atividade estatal. Diferentemente das taxas, por exemplo, em que há sempre uma prestação de serviço ou fiscalização (= atividades estatais específicas voltadas aos contribuintes), que estudaremos mais adiante.

3.4.2. Características dos impostos

O art. 145, § 1º, da CF refere-se à pessoalidade e à graduação segundo a capacidade econômica do contribuinte, como características dos impostos, *sempre que possível*.

"**Art. 145**, § 1º, da CF – Sempre que possível, os impostos terão caráter pessoal e serão graduados segundo a capacidade econômica do contribuinte (...)"

Embora a legislação tributária deva ser genérica (a mesma para todos), é possível que o legislador adote determinadas características pessoais como critérios para a cobrança do tributo. Por exemplo, a legislação do imposto sobre a renda procura onerar menos o cidadão que tenha mais dependentes (= pessoalidade), pois presume que ele tem menor capacidade econômica.

Pela capacidade contributiva (= capacidade econômica), quem tem mais condições econômicas deve contribuir com mais para a manutenção do Estado (deve pagar mais tributos).

A progressividade das alíquotas em relação à base de cálculo, que veremos mais a fundo em seguida, é instrumento pelo qual se dá a gradação segundo a capacidade econômica do contribuinte.

O legislador não pode vincular a receita arrecadada com impostos a determinada despesa (*não afetação*), mas há exceções em relação à saúde e à educação, por exemplo (art. 167, IV, da CF).

3.4.3. Progressividade

A progressividade das alíquotas em relação à base de cálculo, poderosa ferramenta para graduação da tributação segundo a capacidade econômica dos contribuintes, implica alíquotas maiores para bases de cálculo maiores – não é simples proporcionalidade.

Veja esse exemplo fictício, com duas pessoas (Pedro e Maria) com salários de R$ 1 mil e R$ 10 mil. Na segunda linha, hipótese de proporcionalidade, com alíquota única de imposto sobre essas rendas. Na terceira linha, hipótese de progressividade, com alíquota superior para cálculo do imposto incidente sobre o salário maior:

	Pedro: salário de R$ 1 mil	Maria: salário de R$ 10 mil
Proporcionalidade	10% de R$ 1 mil	10% de R$ 10 mil
Progressividade	5% de R$ 1 mil	10% de R$ 10 mil

Perceba que há sempre proporcionalidade quando uma alíquota única (10%, no exemplo) incide sobre uma base de cálculo variável (renda do contribuinte, no caso). Isso, repetimos, não é progressividade.

A progressividade somente existe quando há diversas alíquotas escalonadas, incidindo as maiores sobre as bases maiores.

Devem ser progressivos, segundo a CF, o imposto de renda (IR) e o imposto territorial rural (ITR).

Pode ser progressivo, segundo a CF, o imposto predial e territorial urbano (IPTU). Interessante notar que, além da progressividade em relação à base de cálculo, esse imposto municipal comporta também a progressividade no tempo, como ferramenta do direito urbanístico (art. 182, § 4º, II, da CF).

O STF vinha entendendo que outros impostos reais não poderiam ter alíquotas progressivas em relação ao valor da base de cálculo, considerando inexistir expressa previsão constitucional (ver Súmula 656/STF). Ocorre que recentemente a Suprema Corte reviu a questão, especificamente em relação ao ITCMD, reconhecendo que o imposto pode ser progressivo, atendendo assim o princípio da capacidade contributiva (RE 562.045/RS – Repercussão Geral).

> **Jurisprudência**
>
> (...) 2. *O efeito extrafiscal ou a calibração do valor do tributo de acordo com a capacidade contributiva não são obtidos apenas pela modulação da alíquota. O escalonamento da base de cálculo pode ter o mesmo efeito. 3. Ao associar o tipo de construção (precário, popular, médio, fino e luxo) ao escalonamento crescente da avaliação do valor venal do imóvel, a Lei 3.326/1996 do Município de Campo Grande passou a graduar o valor do tributo de acordo com índice hábil à mensuração da frivolidade ou da essencialidade do bem, além de lhe conferir mais matizes para definição da capacidade contributiva. Impossibilidade, nos termos do texto constitucional anterior à inovação trazida pela EC 29/2000.*
> **AI 583.636 AgR/MS, STF, Rel. Min. Joaquim Barbosa, j. 06.04.2010.**

3.5. Taxas

3.5.1. Definição e tipos

A Constituição Federal prevê taxas pelo exercício do poder de polícia (= fiscalização) ou pela prestação de determinados serviços públicos.

"**Art. 145**, II, da CF – taxas, em razão do exercício do poder de polícia ou pela utilização, efetiva ou potencial, de serviços públicos específicos e divisíveis, prestados ao contribuinte ou postos a sua disposição;"

Há somente esses dois tipos de taxa. Não existe, por exemplo, taxa pelo uso de bem público.

3.5.2. Características gerais das taxas

A taxa é tributo **vinculado** a determinada atividade estatal voltada ao contribuinte (o oposto do imposto!)

A base de cálculo não pode ser idêntica à do imposto (art. 145, § 2º, da CF e art. 77, parágrafo único do CTN).

A CF usa o termo *própria*, mas o STF acolheu o texto mais restritivo do CTN, que impede o uso de base de cálculo *idêntica* à de imposto:

> Súmula Vinculante 29 do STF: "É constitucional a adoção, no cálculo do valor de taxa, de um ou mais elementos da base de cálculo própria de determinado imposto, desde que não haja integral identidade entre uma base e outra".

> **Gabarito de concurso público**
>
> *Lei publicada no Diário Oficial do Estado em 21.07.2009 institui, a partir de 01.01.2010, taxa de licenciamento de veículos, fixando como alíquota o percentual de 5% e tomando como base de cálculo o valor venal dos automóveis. Tal norma é inconstitucional, pois institui taxa, adotando base de cálculo própria de imposto.*
>
> *Interpreta-se dando por constitucional a adoção, no cálculo da taxa, de um ou mais elementos da base de cálculo própria de determinado imposto, desde que não haja integral identidade entre uma base e outra.* **(Magistratura Federal-4ª Região – 2010)**

3.5.3. Taxa pelo exercício do poder de polícia

O art. 78 do CTN define *poder de polícia*, cujo exercício permite a cobrança de taxa:

Art. 78 do CTN. "Considera-se poder de polícia atividade da administração pública que, limitando ou disciplinando direito, interesse ou liberdade, regula a prática de ato ou abstenção de fato, em razão de interesse público (...)".

São as taxas de **fiscalização**, que deve ser efetiva, ainda que a cobrança seja periódica (o STJ afastou a Súmula 157, admitindo taxa na renovação de licença).

Gabaritos de concursos públicos
O tributo que tem por fato gerador o exercício regular do poder de polícia, como, por exemplo, a fiscalização dos serviços notariais e registrais, é denominado taxa. (**Cartório/AP – 2011 – VUNESP**)
O poder de polícia é a faculdade discricionária de condicionar o uso e o gozo de bens, atividades, serviços e direitos individuais, em prol do interesse público. (**Ministério Público/MG – 2007**)

Interessante lembrar que o STF considera suficiente para comprovação do efetivo exercício do poder de polícia e, portanto, validade da taxa correspondente, a existência de órgão e estrutura competente para a fiscalização – RE 588.322/RO. Seguindo esse entendimento, o STJ afastou a Súmula 157, admitindo taxa na renovação de licença.

A base de cálculo deve refletir o custo da fiscalização, ou seja, deve ter relação com a despesa realizada pela administração com o exercício do poder de polícia.

3.5.4. Taxa de serviço

3.5.4.1. Definição e características

A taxa de serviço incide apenas no caso de serviços *específicos* e *divisíveis*.

Art. 145, II, da CF – "taxas, (...) pela utilização, efetiva ou potencial, de serviços públicos específicos e divisíveis, prestados ao contribuinte ou postos a sua disposição;"

São os serviços prestados *uti singuli*, ou seja, quando é possível identificar quanto cada pessoa se utilizou dele.

Exemplos: coleta de lixo, emissão de passaporte, serviços judiciários. Em todos esses casos, é possível indicar, pelo menos em tese, quanto cada cidadão utilizou do serviço.

Não é o caso, por exemplo, do serviço de limpeza de ruas e praças, em relação ao qual é impossível identificar quanto cada cidadão utilizou (é serviço *uti universi*, prestado indistintamente a toda a coletividade, que não permite a cobrança de taxa).

Jurisprudência
Súmula Vinculante STF 41. O serviço de iluminação pública não pode ser remunerado mediante taxa.

Gabarito de concurso público
Segundo o STF, são específicos e divisíveis os serviços públicos municipais de coleta, remoção e tratamento ou destinação de lixo ou resíduos provenientes de imóveis, desde que essas atividades sejam completamente dissociadas de outros serviços públicos de limpeza realizados em benefício da população em geral e de forma indivisível, a exemplo dos serviços de conservação e limpeza de bens públicos, como praças, calçadas, ruas e bueiros. (**Defensoria Pública da União – 2010 – CESPE**)

3.5.4.2. Serviços de utilização compulsória

Há serviços que são essenciais para o interesse público (interessa à coletividade que todos sejam atendidos).

Nesses casos, a utilização é compulsória, ou seja, todos devem utilizá-los, mesmo contra sua vontade.

A prestação desses serviços de utilização compulsória permite a cobrança de taxa pela utilização potencial, desde que o serviço esteja à disposição do usuário (arts. 77, *caput*, in fine, e 79, I, *b*, do CTN). Assim, mesmo que o cidadão não utilize efetivamente o serviço, deverá pagar a taxa.

Exemplo: coleta de lixo domiciliar. Se o caminhão de lixo passa em frente ao imóvel do cidadão, a taxa poderá ser cobrada, ainda que nenhum resíduo seja produzido ou coletado (= utilização potencial).

Gabarito de concurso público
A taxa pode ter como fato gerador a utilização potencial de serviço público específico e divisível, posto à disposição do contribuinte mediante atividade administrativa em efetivo funcionamento, desde que tal serviço seja de utilização compulsória. (**Ministério Público/ES – 2010 – CESPE**)

3.5.4.3. Serviços de utilização não compulsória

Há serviços indelegáveis, ínsitos à soberania.

Esses serviços não são de utilização compulsória.

Há certa facultatividade, que não é total, pois, em determinadas circunstâncias, o cidadão não tem escolha senão valer-se do serviço.

Nesses casos, a taxa somente pode ser cobrada no caso de utilização efetiva do serviço (não há cobrança pela simples disponibilização do serviço, como no caso dos de utilização compulsória).

Exemplos: serviços judiciais, de emissão de passaporte etc.

3.5.4.4. As duas categorias de serviços taxáveis

Veja o seguinte resumo a respeito dos serviços específicos e divisíveis que podem ser taxados: de utilização compulsória (permitem cobrança pela simples disponibilização) e de utilização não compulsória (permitem cobrança apenas quando há efetiva prestação e utilização).

Serviços de utilização compulsória	– Essenciais ao interesse público – Permitem cobrança também pela utilização potencial, quando o serviço está à disposição do contribuinte – Exemplo: coleta de lixo residencial
Serviços de utilização não compulsória	– Indelegáveis, ínsitos à soberania – Permitem cobrança apenas pela utilização efetiva – Exemplos: emissão de passaporte, judiciais

3.5.4.5. Não permitem cobrança de taxa

Vejamos os serviços que **não** permitem a cobrança de taxa.

Serviços *uti universi*: limpeza de ruas e praças, segurança pública, iluminação urbana. São aqueles que não permitem a identificação do uso por cada um dos cidadãos.

Quanto você utilizou de iluminação pública no mês passado? Essa pergunta não pode ser respondida, pois o serviço é *uti universi*.

Serviços de utilização totalmente facultativa (admitem preço público): cópia simples de autos judiciais, publicidade em equipamentos públicos. Há, nesse caso, concorrência com serviços privados.

Uso de espaços públicos (admite preço público). Lembre-se que, no Brasil, não há taxa pelo uso de bens públicos.

Serviços prestados por concessionárias de serviço público, remunerados por tarifa paga pelo usuário: fornecimento de água, esgoto, energia, *pedágio*. O Judiciário pacificou o entendimento nesse sentido (concessionária de serviço público cobra tarifa, e não tributo).

Jurisprudência
(...) Ocorre que o e. STF apreciou a questão de maneira diversa, focando a normatização do regime de concessões (Direito Administrativo). Nos termos do art. 175, parágrafo único, III, da CF, as concessionárias de serviços públicos são remuneradas por tarifa, inclusive no caso de fornecimento de água e coleta de esgoto. Precedentes: RE-ED 447536/SC, rel. Min. Carlos Velloso, j. 28.06.2005, DJ 26.08.2005, e RE 503.759/MS, rel. Min. Cármen Lúcia, j. 02.10.2007, DJ 25.10.2007. (...) Nos termos dos arts. 9º e 13 da Lei 8.987/1995, os valores cobrados pela concessionária de serviço público pela coleta de esgoto têm natureza tarifária. **REsp 1.027.916/MS, STJ, Rel. Min. Herman Benjamin, j. 25.03.2008.**

A Primeira Seção, ao analisar a prescrição relativa à contraprestação pelos serviços de água e esgoto, fixou o entendimento de que "é irrelevante a condição autárquica do concessionário do serviço público. O tratamento isonômico atribuído aos concessionários (pessoas de direito público ou de direito privado) tem por suporte, em tais casos, a idêntica natureza da exação de que são credores. Não há razão, portanto, para aplicar ao caso o art. 1º do Decreto 20.910/1932, norma que fixa prescrição em relação às dívidas das pessoas de direito público, não aos seus créditos". **EREsp 989.762/RS, STJ, Rel. Min. Herman Benjamin, j. 09.09.2009.**

3.6. Contribuição de melhoria

3.6.1. Definição

Contribuição de melhoria é o tributo cujo fato gerador é a valorização imobiliária decorrente de obra pública (art. 81 do CTN).

Trata-se de tributo **vinculado** a determinada atividade estatal, mediatamente (indiretamente) voltada ao contribuinte (= obra pública que gera valorização imobiliária).

Gabarito de concurso público
A contribuição de melhoria é instituída para fazer face ao custo de obras públicas do qual decorra valorização imobiliária. (**Magistratura Federal/3ª Região – 2010**)

Permitem a cobrança de contribuição de melhoria: construção de praças, escolas, hospitais, avenidas que valorizem o imóvel próximo.

Não permitem a cobrança: simples manutenção de equipamentos (recapeamento de rua, reforma da praça, conserto de viaduto) ou obras que desvalorizem o imóvel.

3.6.2. Limites para cobrança da contribuição de melhoria

O Fisco não pode cobrar contribuições de melhoria além de um limite total (valor global arrecadado) e de um limite individual (montante exigido de cada contribuinte).

Limite total: é o valor da despesa realizada com a obra (a soma dos valores cobrados de cada contribuinte não pode ultrapassar o custo total da obra). O Fisco não pode "ter lucro" com a cobrança da contribuição de melhoria. A jurisprudência é pacífica no sentido de que esse limite total subsiste no sistema tributário brasileiro, mas há entendimento doutrinário *minoritário* em contrário.

Limite individual: é o acréscimo de valor que da obra resultar para cada imóvel beneficiado (não se pode exigir de cada contribuinte mais do que a valorização do seu imóvel). O art. 12 do Dec.-lei 195/1967 refere-se ao limite anual de 3% do maior valor fiscal do imóvel.

3.6.3. Procedimento

Não se pode esquecer que a contribuição de melhoria, sendo tributo, depende de lei.

Ademais, é necessária a publicação prévia de edital, com informações detalhadas a respeito da obra e da valorização esperada em relação aos imóveis, com prazo mínimo de 30 dias para impugnação pelos interessados (art. 82 do CTN):

"**Art. 82.** A lei relativa à contribuição de melhoria observará os seguintes requisitos mínimos:

I – publicação prévia dos seguintes elementos:
a) memorial descritivo do projeto;
b) orçamento do custo da obra;
c) determinação da parcela do custo da obra a ser financiada pela contribuição;
d) delimitação da zona beneficiada;
e) determinação do fator de absorção do benefício da valorização para toda a zona ou para cada uma das áreas diferenciadas, nela contidas;

II – fixação de prazo não inferior a 30 (trinta) dias, para impugnação pelos interessados, de qualquer dos elementos referidos no inciso anterior;"

A rigor, a contribuição de melhoria é tributo dificílimo de ser instituído e cobrado regularmente atendendo à interpretação da lei dada pelos Tribunais. De fato, o STJ entende que, antes de cobrar o tributo, o Poder Público deve demonstrar inequivocamente a efetiva ocorrência da valorização imobiliária em relação ao imóvel de cada contribuinte, o que, na prática, é bastante difícil, senão impossível.

Jurisprudência
Compete à Fazenda Pública demonstrar a base de cálculo da contribuição de melhoria (valorização do imóvel) em decorrência da obra pública, afastando-a de qualquer resquício confiscatório, como se daria na sua cobrança com base de cálculo presumida. **AgRg no Ag 1.190.553/RS, STJ, Rel. Min. Eliana Calmon, j. 17.08.2010.**
É pacífico no Superior Tribunal de Justiça o entendimento de que a valorização individualizada do imóvel do contribuinte é fator delimitador da base de cálculo da contribuição de melhoria, não sendo permitido tão somente o rateio do custo da obra entre aqueles que residem na área em que foi realizada a obra pública. (...) No caso, como o Tribunal de origem consignou que não houve o cálculo individualizado do benefício trazido ao imóvel de cada um dos contribuintes localizados na área abrangida pela respectiva obra pública, forçoso reconhecer, então, que o acórdão recorrido viola os artigos 81 e 82 do CTN. **REsp 147.094/PR, STJ, Rel. Min. Benedito Gonçalves, j. 15.02.2011.**

3.7. Empréstimo compulsório

3.7.1. Hipóteses

Diferentemente dos impostos, taxas e contribuições de melhoria (espécies tributárias conforme a teoria tripartida), o empréstimo compulsório não é definido pelo fato gerador, mas sim pelas hipóteses que permitem sua instituição (determinadas despesas extraordinárias e investimentos públicos).

Art. 148 da CF. "A União, mediante lei complementar, poderá instituir empréstimos compulsórios:

I – para atender a despesas extraordinárias, decorrentes de calamidade pública, de guerra externa ou sua iminência;

II – no caso de investimento público de caráter urgente e de relevante interesse nacional, observado o disposto no art. 150, III, *b*".

Há somente essas duas hipóteses que permitem a instituição do tributo. Não subsiste aquela prevista no art. 15, III, do CTN (não foi recepcionada pelo sistema tributário atual).

Gabaritos de concursos públicos
No que concerne aos empréstimos compulsórios, aplica-se o princípio da anterioridade aos empréstimos compulsórios, no caso de investimento público de caráter urgente e de relevante interesse nacional; a competência para instituir empréstimo compulsório é exclusiva da União; a lei fixa obrigatoriamente o prazo de empréstimo compulsório e as condições de seu resgate; segundo o STF, se o empréstimo compulsório for pago em dinheiro, a sua restituição deve ser também em dinheiro. **(Procurador de Contas TCE/ES – CESPE – 2009)**

3.7.2. Empréstimos compulsórios: características

Apenas a União detém a competência para a instituição de empréstimos compulsórios.

A instituição, a modificação e a extinção exigem lei complementar federal (não basta simples lei ordinária – não é possível por medida provisória, portanto).

Como já dito, a CF não indica fatos geradores.

Reiteramos que a instituição do empréstimo compulsório é possível apenas nas duas hipóteses previstas no art. 148 da CF: despesa extraordinária (calamidade pública ou guerra externa) e investimento público urgente e de relevante interesse nacional.

No caso de despesa extraordinária, não se observa a anterioridade (princípio que será estudado mais adiante), de modo que o tributo pode ser cobrado no mesmo ano em que for instituído.

A aplicação dos recursos provenientes de empréstimo compulsório será vinculada à despesa que fundamentou sua instituição (art. 148, parágrafo único, da CF). Trata-se de espécie tributária em que a destinação dos recursos arrecadados é relevante para sua caracterização.

A lei deve fixar o prazo e as condições de resgate. Não se pode esquecer que é um empréstimo, ou seja, deve ser devolvido, e o legislador deve indicar quando e como.

Gabarito de concurso público
Nos termos do artigo 148, inciso I da Constituição Federal, a União poderá, mediante lei complementar, instituir empréstimo compulsório para atender a despesas extraordinárias, sem sujeição ao princípio da anterioridade tributária, anual e nonagesimal, em situação de iminência de guerra externa. **(Defensoria Pública/SP – 2010 – FCC)**

3.8. Contribuições especiais

As contribuições especiais são caracterizadas por sua finalidade e não pelo fato gerador (diferentemente, portanto, dos impostos, taxas e contribuições de melhoria).

Alguns autores referem-se a elas como contribuições *parafiscais*.

É comum serem classificadas como tributos vinculados a atividade estatal, ainda que indiretamente.

Há as seguintes contribuições especiais, todas definidas por sua finalidade (arts. 149, 149-A e 195 da CF):

a) sociais;

b) intervenção no domínio econômico (CIDE);

c) interesse das categorias profissionais ou econômicas;

d) custeio de regimes próprios dos servidores;

e) custeio do serviço de iluminação pública.

3.8.1. Contribuições sociais

3.8.1.1. Definição e características

Contribuições sociais são tributos da competência da **União,** cuja **finalidade** é o custeio da seguridade social (previdência, saúde e assistência).

> **Gabarito de concurso público**
>
> *As contribuições de seguridade social têm natureza jurídica de tributo.* (**Defensoria/MG – 2009 – FURMARC**)

Submetem-se apenas ao princípio da anterioridade nonagesimal (estudaremos mais adiante).

As contribuições sociais previstas expressamente pelo art. 195 da CF são veiculadas por lei ordinária.

Entretanto, a União pode criar outras contribuições sociais, além daquelas expressamente previstas no dispositivo citado, hipótese em que a instituição deve ser por lei complementar (art. 195, § 4º, da CF). Ademais, essas outras contribuições não poderão ser cumulativas, nem podem repetir base de cálculo ou fato gerador de outra já existente (aplicação do art. 154, I, da CF).

> **Gabarito de concurso público**
>
> *As contribuições sociais residuais devem ser instituídas por lei complementar, ser não cumulativas e ter bases de cálculo e fatos geradores diferentes dos de outras contribuições sociais.* (**Magistratura Federal – 5ª Região – 2011**)

3.8.1.2 Contribuições sociais previstas expressamente no art. 195 da CF

O art. 195 da CF prevê expressamente a cobrança das seguintes contribuições sociais:

a) dos empregadores, das empresas e equiparados (i) sobre folha de salários e rendimentos pagos a pessoas físicas, (ii) sobre a receita ou o faturamento e (iii) sobre o lucro;

b) dos trabalhadores e equiparados;

c) sobre concursos de prognósticos (loterias);

d) dos importadores.

Como já dito, a União pode instituir outras contribuições, por lei complementar, observado o art. 154, I, da CF.

3.8.1.3 Contribuições sociais: outras normas (arts. 149 e 195 da CF)

As contribuições sociais (e as CIDEs):

a) não incidem sobre receitas decorrentes de exportação;

b) incidem sobre importações;

c) suas alíquotas podem ser *ad valorem* (tendo por base o faturamento, a receita bruta ou o valor da operação e, no caso de importação, o valor aduaneiro) ou específicas (tendo por base a unidade de medida adotada).

A pessoa em débito com a seguridade social, conforme lei, não pode contratar com o Poder Público, nem dele receber benefícios ou incentivos fiscais ou creditícios.

São *isentas* (imunes) as entidades beneficentes de assistência social, atendidos os requisitos legais.

O produtor rural e o pescador artesanal em economia familiar (sem empregados permanentes) contribuem sobre o resultado da comercialização da produção.

As contribuições sociais devidas pelos empregadores e equiparados poderão ter alíquotas ou bases de cálculo diferenciadas, em razão da atividade econômica, da utilização intensiva de mão de obra, do porte da empresa ou da condição estrutural do mercado de trabalho.

É vedada a concessão de remissão ou anistia (perdão) de contribuições sociais sobre salários e rendimentos pagos e de contribuições devidas pelos empregados e equiparados em valor superior ao fixado em lei complementar.

A lei definirá setores para os quais as contribuições sobre receita, faturamento e importadores serão não cumulativas.

Essa não cumulatividade aplica-se à substituição gradual, total ou parcial, da contribuição sobre salários e rendimentos pagos, pela contribuição sobre receita ou faturamento.

3.8.2. Contribuições de intervenção no domínio econômico – CIDE

3.8.2.1. Definição

As CIDEs são tributos da União cuja **finalidade** é *extrafiscal*, de intervenção no mercado.

Temos hoje no Brasil a CIDE sobre combustíveis, a CIDE sobre remessas ao exterior e as contribuições ao Sistema "S", por exemplo.

Ver, por exemplo, a tese de repercussão geral 227/STF: "A contribuição destinada ao Serviço Brasileiro de Apoio às Micro e Pequenas Empresas – Sebrae possui natureza de contribuição de intervenção no domínio econômico e não necessita de edição de lei complementar para ser instituída."

As CIDEs (e as contribuições sociais):

a) não incidem sobre receitas decorrentes de exportação;

b) incidem sobre importações;

c) suas alíquotas podem ser *ad valorem* (tendo por base o faturamento, a receita bruta ou o valor da operação e, no caso de importação, o valor aduaneiro) ou específicas (tendo por base a unidade de medida adotada).

> **Gabarito de concurso público**
>
> *As contribuições de intervenção no domínio econômico poderão ter alíquotas* **ad valorem**, *tendo por base o valor da operação, e, no caso de importação, o valor aduaneiro.* (**Magistratura/RO – 2011 – PUCPR**)

> **Jurisprudência**
>
> *(...) A imunidade prevista no art. 149, § 2º, I, da Constituição, introduzida pela Emenda Constitucional n. 33/2001, não alcança a Contribuição Social sobre o Lucro Líquido (CSLL), haja vista a distinção ontológica entre os conceitos de lucro e receita. 6. Vencida a tese segundo a qual a interpretação teleológica da mencionada regra de imunidade conduziria à exclusão do lucro decorrente das receitas de exportação da hipótese de incidência da CSLL, pois o conceito de lucro pressuporia o de receita, e a finalidade do referido dispositivo constitucional seria a desoneração ampla das exportações, com o escopo de conferir efetividade ao princípio da garantia do desenvolvimento nacional (art. 3º, I, da Constituição). 7. A norma de exoneração tributária prevista no art. 149, § 2º, I, da Constituição também não alcança a Contribuição Provisória sobre Movimentação ou Transmissão de Valores e de Créditos e Direitos de Natureza Financeira (CPMF), pois o referido tributo não se vincula diretamente à operação de exportação. A exação não incide sobre o resultado imediato da operação, mas sobre operações financeiras posteriormente realizadas.*
> **RE 474.132/SC, STF, Rel. Min. Gilmar Mendes, Tribunal Pleno, j. 12.08.2010.**

3.8.2.2. CIDE sobre combustíveis – art. 177, § 4º, da CF

Contribuição relativa à importação ou à comercialização de petróleo, gás natural e derivados, além de álcool combustível.

Pode ter alíquotas diferenciadas por produto e uso e que podem ser reduzidas e restabelecidas pelo Executivo, não se submetendo à anterioridade.

Os recursos arrecadados destinam-se a subsidiar preços ou transporte dos combustíveis, financiar projetos ambientais relacionados à indústria do petróleo e gás e programas de infraestrutura em transportes.

3.8.3. Contribuições de interesse de categorias profissionais ou econômicas

3.8.3.1. Definição

São tributos da União, mas cobrados por entidades de classe, que ficam com os recursos arrecadados para que possam realizar suas atividades (= *parafiscalidade*).

As contribuições para os conselhos profissionais (CREA, CAU, CRM, CRC etc.) e a contribuição sindical são exemplos de contribuições de interesse de categorias profissionais ou econômicas.

Não é o caso da contribuição confederativa, que não tem natureza tributária (não é compulsória).

3.8.4. Contribuições dos servidores

3.8.4.1. Definição

São tributos dos entes políticos (União, Estados, DF e Municípios), cuja **finalidade** é o custeio dos regimes próprios de previdência dos servidores.

Perceba que, diferentemente da contribuição social, da CIDE e da contribuição de interesse de categorias, a competência, nesse caso, não é exclusiva da União.

Jurisprudência
A Constituição de 1988 – art. 149, § 1º – define que "os Estados, o Distrito Federal e os Municípios poderão instituir contribuição, cobrada de seus servidores, para o custeio, em benefícios destes, de sistemas de previdência e assistência social". O preceito viola o texto da Constituição de 1988 ao instituir contribuição compulsória. Apenas os servidores públicos titulares de cargos efetivos podem estar compulsoriamente filiados aos regimes próprios de previdência. Inconstitucionalidade da expressão "definidos no art. 79" contida no artigo 85, caput, da LC 64/2002. 2. Os Estados-membros não podem contemplar de modo obrigatório em relação aos seus servidores, sob pena de mácula à Constituição do Brasil, como benefícios, serviços de assistência médica, hospitalar, odontológica, social e farmacêutica. O benefício será custeado mediante o pagamento de contribuição facultativa aos que se dispuserem a dele fruir.   **ADI 3106/MG, STF, Rel. Min. Eros Grau, Tribunal Pleno, j. 14.04.2010**   **A competência dos Estados refere-se apenas aos servidores efetivos. Abrange apenas a previdência (antes da EC 41/2003, abrangia também a assistência social).**   **Assim, não pode haver cobrança compulsória para assistência à saúde.**

3.8.4.2 Características

A instituição da contribuição dos servidores, para custeio dos sistemas próprios de previdência, é obrigatória para Estados, Distrito Federal e Municípios.

Ademais, a alíquota cobrada não pode ser inferior à da contribuição a cargo dos servidores efetivos da União (11%).

3.8.5. Contribuição para custeio do serviço de iluminação pública (COSIP, CIP ou CCSIP)

3.8.5.1. Definição

Tributo municipal e do DF, cuja **finalidade**, como o nome indica, é custear a iluminação pública.

Os municípios sempre tentaram cobrar taxas de iluminação pública, que eram derrubadas na Justiça, pois o serviço é *uti universi*.

Atendendo ao pleito das cidades, o constituinte derivado criou essa contribuição especial, prevista no art. 149-A da CF.

3.8.5.2. Características

Pode ser cobrada na fatura de consumo de energia elétrica (o consumidor pode ser o contribuinte).

É comum a cobrança por valores fixos, até para não se confundir com o ICMS.

4. COMPETÊNCIA TRIBUTÁRIA E SUJEIÇÃO ATIVA

4.1. Definição de competência

Competência tributária refere-se à possibilidade da União, dos Estados, do DF e dos Municípios (= entes políticos, entes tributantes) instituírem, modificarem e extinguirem tributos.

Competência tributária é a atribuição dada pela Constituição Federal à União, aos Estados, ao Distrito Federal e aos Municípios para instituírem, alterarem e extinguirem tributos por meio de lei

Compreende a **competência legislativa** plena para criar, alterar e extinguir tributos (art. 6º do CTN), ou seja, só tem competência tributária quem tem competência legislativa (= entes políticos).

Gabarito de concurso público
A instituição do tributo ocorre em função da competência tributária do ente da Federação. (**Ministério Público/RO – 2008 – CESPE**)

A competência tributária (= competência para legislar) não se confunde com sujeição ativa (= ocupação do polo ativo da obrigação tributária, capacidade tributária ativa, para cobrar o tributo).

A distribuição da receita da arrecadação (art. 6º, parágrafo único, do CTN) ou a parafiscalidade não alteram a competência tributária fixada constitucionalmente.

4.2. Disposições constitucionais

A CF não institui tributos, apenas fixa as competências.

Somente os entes políticos (União, Estados, DF e Municípios) têm competência tributária. Uma autarquia, por exemplo, pode até ser sujeito ativo (cobrar o tributo), mas jamais terá competência tributária, pois nunca poderá legislar a respeito do tributo.

O Distrito Federal acumula as competências estaduais e municipais.

> **Gabarito de concurso público**
>
> Cabe ao Distrito Federal, na competência que é própria de Município, instituir imposto sobre transmissão **causa mortis** e doação, de quaisquer bens ou direitos. (**Magistratura/DF – 2007**)

Nos Territórios Federais (hoje não há), os impostos estaduais serão da competência da União, assim como os municipais, se não houver Municípios. Caso o Território Federal seja dividido em Municípios, cada um deles cobrará os tributos municipais.

> **Gabarito de concurso público**
>
> Se, na região Norte do país, for criado território federal, mediante lei complementar, competirá à União a instituição do ICMS nesse território. (**Procurador Federal – 2010 – CESPE**)

4.3. Classificação tradicional

Dentre diversas classificações, há uma clássica, bastante exigida em concursos, que divide as competências em: privativa, comum, residual e extraordinária.

A competência privativa refere-se aos impostos.

A competência comum atine aos tributos que podem ser instituídos e cobrados por qualquer ente político, caso das taxas e das contribuições de melhoria.

A competência residual é aquela da União, prevista no art. 154, I, da CF. Somente ela pode instituir outros impostos além daqueles previstos expressamente na Constituição Federal (Estados, Distrito Federal e Municípios somente podem instituir os impostos listados taxativamente na CF).

Finalmente, fala-se da competência extraordinária, também da União, para instituir imposto por simples lei ordinária em caso de guerra externa ou sua iminência – art. 154, II, da CF.

Competência privativa	– dos entes políticos em relação aos impostos
Competência comum	– dos entes políticos, para taxas e contribuições de melhoria
Competência residual	– da União, que pode criar outros impostos além dos listados na CF
Competência extraordinária	– da União, para imposto em caso de guerra externa ou sua iminência

4.3.1. Competência privativa – impostos

A CF lista os impostos federais, estaduais e municipais, sendo que cada ente político somente pode legislar a respeito dos respectivos tributos.

O IR somente pode ser instituído pela União. O IPVA somente pelos Estados e DF. O IPTU apenas pelos Municípios e DF. Daí a *privatividade* a que se refere essa classificação.

> **Gabarito de concurso público**
>
> As competências para instituição de impostos são classificadas como legislativas exclusivas e não podem ter seu rol ampliado. (**Defensoria/PA – 2009 – FCC**) [Obs.: note a terminologia diferente adotada pela FCC]

4.3.2. Competência comum – taxas e contribuições de melhoria

Todos os entes políticos podem criar taxas e contribuições de melhoria, em relação a suas fiscalizações, seus serviços e suas obras.

Por essa razão, afirma-se que há competência *comum* em relação a essas espécies tributárias.

4.3.3. Competência residual da União

A CF lista taxativamente todos os impostos Estaduais (ITCMD, IPVA e ICMS) e Municipais (ITBI, IPTU e ISS).

A listagem dos impostos federais, entretanto, não é taxativa.

A União, e somente ela, pode criar outros impostos além dos listados na CF. Daí a competência *residual*.

Eventual imposto no âmbito da competência residual deve ser instituído por lei complementar, deverá ser não cumulativo e não poderá ter fato gerador ou base de cálculo de outro já existente (art. 154, I, da CF), ou seja, não pode haver bitributação ou *bis in idem*.

> **Gabaritos de concursos públicos**
>
> Em nosso sistema tributário, os impostos designados residuais são de competência privativa da União e só podem ser instituídos mediante lei complementar. (**Magistratura/PE – 2011 – FCC**)
>
> De acordo com o art. 154, I, da Constituição Federal, poderá a União, por intermédio da chamada competência residual, instituir impostos, mediante lei complementar, que sejam não cumulativos e não tenham fato gerador ou base de cálculo próprios dos discriminados na Constituição. (**Magistratura Federal/3ª Região – 2010**)

4.3.4. Competência extraordinária da União

A União pode criar o imposto extraordinário em caso de guerra externa ou sua iminência – art. 154, II, da CF.

Essa competência é exercida por simples lei ordinária (não se exige lei complementar, como no caso da competência residual).

A CF não indica o fato gerador desse imposto extraordinário (apenas a hipótese que dá ensejo à sua criação – guerra externa ou sua iminência).

Assim, o legislador federal pode escolher qualquer fato gerador, inclusive algum já existente (pode haver bitributação ou *bis in idem*).

> **Gabarito de concurso público**
>
> *A competência extraordinária é uma permissão expressa na Constituição Federal para a bitributação e para o* **bis in idem**. **(Defensoria/MT – 2007)**

O imposto extraordinário deve ser suprimido, gradualmente, cessadas as causas de sua criação (o art. 76 do CTN prevê prazo de 5 anos para isso).

4.4. Características da competência

A doutrina costuma indicar algumas características da competência tributária (não confunda com a classificação antes estudada, que usa terminologia semelhante).

A competência é

a) privativa: somente o ente competente pode legislar acerca de seus tributos; não há, em regra, isenções heterônomas – art. 151, III, da CF;

b) indelegável: o ente político não pode delegar a outro a competência legislativa (pode delegar a sujeição ativa, que veremos mais adiante, mas não a competência tributária);

c) incaducável e irrenunciável: o decurso de tempo não afasta a competência, nem pode haver renúncia;

d) inalterável: a legislação não pode alterar os conceitos, institutos e formas utilizados pela CF para delimitar as competências – art. 110 do CTN;

e) facultativa: o ente político não é obrigado a instituir, efetivamente, todos os tributos de sua competência (embora possa haver sanções no âmbito do direito financeiro, por conta da responsabilidade fiscal – art. 11 da LRF).

> **Gabarito de concurso público**
>
> *A competência tributária é indelegável, inalienável, imprescritível, irrenunciável e inalterável.* **(Defensoria/PA – 2009 – FCC)**

4.5. Exercício da competência

Em regra, cada ente político exerce sua competência tributária por meio de **lei ordinária.**

Alguns tributos federais exigem lei complementar: empréstimo compulsório, imposto da competência residual, outras contribuições sociais (não previstas expressamente na CF) e imposto sobre grandes fortunas.

Medida provisória e lei delegada substituem lei ordinária, mas não lei complementar. Por exemplo, é possível alterar a alíquota do imposto de renda por medida provisória (substituindo a lei ordinária federal), mas não sua base de cálculo, pois esta última deve ser regulada por lei complementar federal (art. 146, III, *a*, da CF).

4.6. Conflito de competência

Há **bitributação** quando dois entes políticos pretendem tributar a mesma situação, o que não é permitido, em princípio. Por exemplo, se a União cobra ITR e o Município exige IPTU sobre o mesmo imóvel, há indevida bitributação.

Há *bis in idem* quando o mesmo ente político pretende tributar duas vezes a mesma situação, o que tampouco se admite. Por exemplo, o Município cobra ITBI no momento em que o cidadão registra a escritura de compra e venda e, posteriormente, quando leva ao registro imobiliário.

> CF, Art. 24. "Compete à União, aos Estados e ao Distrito Federal legislar concorrentemente sobre:
> I – direito tributário, financeiro (...)".

4.7. Competência concorrente

A competência para instituir, modificar e extinguir tributos (competência tributária em sentido estrito) é privativa, como visto anteriormente.

O art. 24 da CF refere-se às demais normas da tributação, especialmente aquelas gerais, ao inseri-las na competência concorrente da União, dos Estados e do Distrito Federal:

> **Art. 24** da CF. "§ 1º – No âmbito da legislação concorrente, a competência da União limitar-se-á a estabelecer normas gerais.
> **Art. 146** da CF. Cabe à lei complementar:
> I – dispor sobre conflitos de competência, em matéria tributária, entre a União, os Estados, o Distrito Federal e os Municípios;
> II – regular as limitações constitucionais ao poder de tributar;
> III – estabelecer normas gerais em matéria de legislação tributária, especialmente sobre:
> (...)".

Perceba que a União não pode invadir a competência tributária (em sentido estrito) dos Estados, DF e Municípios, ou seja, não pode instituir, isentar, extinguir tributos estaduais e municipais. Detém, entretanto, competência para fixar normas gerais relativas à tributação, por meio de lei complementar (arts. 24, § 1º, e 146 da CF):

Normas gerais são aquelas que dão uniformidade ao sistema tributário nacional, regulando a tributação em todas as esferas da Federação. Por exemplo, as regras atinentes a decadência, prescrição, lançamento, fato gerador, espécies tributárias etc.

4.8. Competência suplementar

A União, portanto, produz as normas gerais em matéria tributária. Aos Estados e ao Distrito Federal cabe, nos termos do art. 24, § 2º, da CF, suplementar essa legislação, regulando a tributação conforme as peculiaridades locais, além de exercer efetivamente a competência tributária:

> **Art. 24** da CF. (...) "§ 2º – A competência da União para legislar sobre normas gerais não exclui a competência suplementar dos Estados".

> **Gabarito de concurso público**
>
> *Existindo norma geral da União, é facultado aos Estados legislar supletivamente em matéria tributária.* **(Procurador do Estado/SP – FCC – 2009)**

É comum, entretanto, que a União não exerça plenamente sua competência para legislar nacionalmente, ou seja, para produzir normas gerais em matéria tributária.

Por exemplo, perceba que compete à União, por meio de lei complementar, determinar as bases de cálculo, os fatos geradores e os contribuintes em relação aos impostos previstos na Constituição (art. 146, III, *a*, da CF). Ocorre que jamais foram produzidas tais normas gerais em relação ao IPVA estadual.

Nesse caso de omissão do Congresso Nacional em determinar o fato gerador, a base de cálculo e os contribuintes do IPVA, será que os Estados e o Distrito Federal simplesmente ficam impossibilitados de instituir e cobrar seu imposto sobre a propriedade de veículos automotores?

A resposta é negativa. Na omissão da União, cada Estado e o Distrito Federal legislarão amplamente sobre o IPVA (= exercício da competência legislativa plena para atender a suas peculiaridades), inclusive adentrando o campo legislativo das leis complementares (definindo o fato gerador, a base de cálculo e os contribuintes do imposto), conforme o art. 24, § 3º, da CF:

> **Art. 24** da CF. (...) "§ 3º – Inexistindo lei federal sobre normas gerais, os Estados exercerão a competência legislativa plena, para atender a suas peculiaridades".

Gabarito de concurso público
Inexistindo lei federal sobre normas gerais, os Estados exercerão sua competência legislativa plena, para atender a suas peculiaridades. **(Procurador do Estado/SP – FCC – 2009)**
A competência tributária abrange o poder de legislar plenamente, incluindo-se o estabelecimento de normas gerais em matéria tributária, desde que não existam normas gerais impostas pela União sobre a mesma matéria. **(Ministério Público/RR – 2008 – CESPE)**

Jurisprudência
IPVA. Estado de Minas Gerais. Legalidade da cobrança, independentemente de existência de pretérita lei complementar. Precedentes desta Corte. Agravo improvido. 1. A exação em tela se mostra perfeitamente legal, prescindindo da edição de lei complementar, bastando, para tanto, a lei estadual, ainda que editada anteriormente à vigência da Constituição Federal de 1988. (...) **RE 262.643 AgR/MG, STF, rel. Min. Dias Toffoli, j. 06.04.2010**

Quando o Congresso Nacional eventualmente produzir a norma nacional do IPVA, as leis estaduais terão sua eficácia suspensa, na parte que lhe for contrária, conforme o art. 24, § 4º, da CF:

> **Art. 24** da CF. (...) "§ 4º – A superveniência de lei federal sobre normas gerais suspende a eficácia da lei estadual, no que lhe for contrário".

Parece-nos que a omissão do Congresso em relação a normas gerais não prejudica tampouco os Municípios (caso de aspectos do ITBI, por exemplo):

> **Art. 30** da CF. "Compete aos Municípios:
> (...)
> II – suplementar a legislação federal e a estadual no que couber; (...)"

4.9. Tabela resumo: a competência de cada ente

Veja a seguinte tabela com os tributos da competência de cada ente político, para estudo e memorização.

União	– II, IE, IR, IPI, IOF, ITR, imposto sobre grandes fortunas (art. 153 da CF) – imposto extraordinário, imposto da competência residual (art. 154 da CF) – empréstimo compulsório (art. 148 da CF) – contribuições especiais (sociais, CIDE, categorias profissionais ou econômicas – arts. 149 e 195 da CF)
Estados e DF	– ITCMD, ICMS e IPVA (art. 155 da CF)
Municípios e DF	– ITBI, IPTU, ISS (art. 156 da CF) – Contribuição para custeio dos serviços de iluminação pública (art. 149-A da CF)
Todos os entes	– taxas, contribuições de melhoria (art. 145, II e III, da CF) – contribuição dos servidores para custeio do regime previdenciário próprio (art. 149, § 1º, da CF)

4.10. Sujeição ativa

4.10.1. Definição e características

Sujeito ativo é o credor da obrigação tributária, quem ocupa o polo ativo da relação obrigacional tributária. Refere-se à capacidade tributária ativa, à aptidão para cobrar o crédito tributário.

Em regra, sujeito ativo é o próprio ente competente (União, Estado, DF ou Município), mas o legislador pode indicar outra pessoa (normalmente autarquia) para cobrar o tributo (= delegação da capacidade ativa).

Não há solidariedade ativa, ou seja, não há dois sujeitos ativos tributários em relação ao mesmo tributo.

4.10.2. Desmembramento

Se houver desmembramento de Estado ou de Município, o novo ente político criado sub-roga-se dos direitos do ente originário, aplicando sua legislação. Ou seja, o novo Estado ou Município irá cobrar os tributos relativos aos fatos geradores ocorridos em seu território, à luz da legislação do ente político originário, até que produza sua própria legislação:

> CTN, Art. 120. "Salvo disposição de lei em contrário, a pessoa jurídica de direito público, que se constituir pelo desmembramento territorial de outra, sub-roga-se nos direitos desta, cuja legislação tributária aplicará até que entre em vigor a sua própria".

Gabarito de concurso público
Salvo disposição de lei em contrário, a pessoa jurídica de direito público que se constituir pelo desmembramento territorial de outra aplica a legislação tributária da pessoa jurídica de direito público da qual se desmembrou até que entre em vigor a própria legislação. **(Ministério Público/ES – 2010 – CESPE)**

4.11. Delegação

O ente competente pode delegar a sujeição ativa por meio de lei:

CTN, Art. 7º "A competência tributária é indelegável, salvo atribuição das funções de arrecadar ou fiscalizar tributos, ou de executar leis, serviços, atos ou decisões administrativas em matéria tributária, conferida por uma pessoa jurídica de direito público a outra, nos termos do § 3º do artigo 18 da Constituição.

§ 1º A atribuição compreende as garantias e os privilégios processuais que competem à pessoa jurídica de direito público que a conferir.

§ 2º A atribuição pode ser revogada, a qualquer tempo, por ato unilateral da pessoa jurídica de direito público que a tenha conferido.

§ 3º Não constitui delegação de competência o cometimento, a pessoas de direito privado, do encargo ou da função de arrecadar tributos".

Não confunda: a competência tributária (competência para legislar acerca do tributo) é indelegável, mas o legislador pode delegar a sujeição ativa, isto é, indicar outra pessoa (normalmente autarquia) para ocupar o polo ativo da obrigação tributária.

Por exemplo, os conselhos profissionais (como o CRM dos médicos) detêm a sujeição ativa para cobrar as contribuições de interesse das respectivas categorias profissionais.

O tributo é da competência da União, nos termos do art. 149 da CF. Ou seja, somente a União pode legislar a respeito. Mas a cobrança é feita por essa entidade fiscalizadora e representativa da categoria profissional (= delegação legal da sujeição ativa), por meio de execução fiscal, com todas as garantias e privilégios do crédito tributário (art. 7º, § 1º, do CTN).

A contratação de bancos para recebimento do tributo é simples cometimento (não delegação). Nesse caso, a efetiva cobrança é feita pelo sujeito ativo (ente público, autarquia), sendo a instituição financeira mera prestadora de serviço intermediário.

4.12. Parafiscalidade

Há *parafiscalidade* quando o sujeito ativo delegado fica com os recursos arrecadados para realizar suas atividades essenciais.

É o caso dos conselhos profissionais, já citados (CREA, CAU, CRF, CRC etc.), que cobram tributo federal (contribuição de interesse de categoria) e ficam com os valores (não os repassam à União).

Repetimos que a competência tributária em relação a essas contribuições é da União, nos termos do art. 149 da CF, ou seja, somente ela pode legislar acerca desses tributos (a competência é indelegável). Mas quem ocupa o polo ativo da obrigação (quem exige o tributo) é o Conselho profissional, que fica com o valor arrecadado.

Interessante anotar que a OAB é considerada serviço público independente e não autarquia especial (como CRM, CREA etc.) – ADI 3.026/DF-STF. Seus créditos (da OAB) têm natureza cível, não tributária – REsp 1.066.288/PR-STJ.

4.13. O caso do ITR

Os Municípios podem optar por fiscalizar e cobrar o ITR federal, ficando com 100% da arrecadação – arts. 153, § 4º, III, e 158, II, *in fine*, da CF.

É um caso excepcional em que a própria Constituição prevê uma espécie de parafiscalidade entre entes políticos (o Município cobra tributo federal e fica com o valor arrecadado).

Não há delegação da competência tributária (somente a União pode legislar)

A opção do Município não pode implicar redução do imposto ou qualquer outra forma de renúncia fiscal.

Gabarito de concurso público
*A competência para instituição do ITR é da União, mas a capacidade [sic – **significa capacidade ativa, sujeição ativa**] poderá ser transferida aos Municípios que optarem pela arrecadação e fiscalização deste tributo, nos termos da lei.* (**Defensoria/PA – 2009 – FCC**)

5. IMUNIDADES

5.1. Definição

Vimos que a Constituição fixa as competências tributárias dos entes políticos de modo positivo, ou seja, indica quais tributos poderão ser exigidos pela União, pelos Estados, pelo DF e pelos Municípios.

Ademais, a Constituição também delimita negativamente a competência tributária, afastando a possibilidade de os entes políticos instituírem e exigirem tributos em relação a determinadas pessoas ou situações.

Essa delimitação negativa da competência é o que se denomina *imunidade*.

5.2. Disposições constitucionais

Sempre que a CF afastar a competência, há imunidade, independentemente do termo utilizado (*isenção* – arts. 184, § 5º, e 195, § 7º – ou *não incidência* – art. 156, § 2º, I).

Gabarito de concurso público
O art. 155, § 2º, inciso X, letra "d", da CF, enuncia que o ICMS "não incidirá" sobre prestação de serviços de comunicação nas modalidades de radiodifusão e transmissão de imagens. O dispositivo consagra imunidade tributária. (**Magistratura/PE – 2011 – FCC**)

São *limitações constitucionais do poder de tributar*.

Há autores que defendem que as imunidades referem-se apenas a impostos, mas há casos de imunidades em relação a contribuições sociais (arts. 149, § 2º, I, e 195, § 7º) e a taxas (art. 5º, XXXIV, LXXIV, LXXVI e LXXVII).

5.3. Distinção entre imunidade e isenção

A imunidade é norma constitucional – a isenção é norma legal produzida pelo ente competente.

A imunidade afasta a competência tributária – a isenção pressupõe a competência.

Quando há imunidade, não existe norma de incidência – quando há isenção, segundo o CTN, ocorre o fato gerador e surge a obrigação, mas o pagamento do crédito é dispensado.

5.4. Distinção entre imunidade e não incidência

Não incidência refere-se genericamente a situações fora do alcance da norma de incidência.

No caso de não incidência, não se cogita da cobrança do tributo.

Por exemplo, a propriedade de cavalo é caso de não incidência (ninguém defende que o IPVA poderia incidir nesse caso),

A imunidade é norma constitucional expressa que afasta a competência. Por exemplo, não se pode cobrar IPVA sobre veículo da União, pois a competência é afastada expressamente nessa hipótese (= imunidade recíproca, que veremos mais adiante).

5.5 Distinção entre imunidade e isenção heterônoma

Em princípio, somente quem tem competência tributária pode criar isenção.

Excepcionalmente, a CF prevê que o Congresso Nacional excluirá da incidência do ISS as exportações de serviços (= isenção heterônoma).

É caso peculiar em que a União (pelo Congresso Nacional) afasta a tributação municipal.

Ademais, o STF decidiu que o disposto no art. 151, III, da CF não impede a concessão de isenções tributárias heterônomas por meio de tratados internacionais, ou seja, é possível instituição de benefícios fiscais relativos a tributos estaduais ou municipais por meio de tratados internacionais (RE 543.943 AgR/PR).

5.6. Regras aplicáveis às imunidades recíproca, dos templos, dos partidos, entidades sindicais de trabalhadores e das entidades educacionais e assistenciais

Mais adiante estudaremos cada uma das imunidades previstas no art. 150, VI, da CF. Antes disso, é interessante fixarmos algumas regras aplicáveis à imunidade recíproca, dos templos, dos partidos políticos e das entidades educacionais e de assistência social sem fins lucrativos (art. 150, VI, *a* a *c*, da CF).

Essas imunidades referem-se apenas a **impostos**, e **não** a taxas, contribuição de melhoria, contribuições especiais e empréstimos compulsórios. Ou seja, o partido político, por exemplo, não se exime de recolher taxa pela coleta de lixo, contribuição social em relação aos rendimentos pagos a trabalhadores etc.

Essas imunidades abrangem qualquer imposto que implique redução do patrimônio, prejudique a renda ou onere os serviços da entidade imune.

Assim, essas imunidades referem-se a impostos sobre patrimônio (ITR, IPVA, IPTU), renda (IR) e serviços (ISS, ICMS), mas também sobre transmissão de bens (ITCMD e ITBI), operações financeiras (IOF) e importações em que o ente imune é o contribuinte de direito (II, IPI e ICMS).

O imóvel alugado para terceiro também é imune em relação ao IPTU, desde que a renda seja aplicada nas atividades essenciais da entidade protegida (Súmula Vinculante 52 e Súmula 724 do STF, aplicável aos templos, partidos, entidades sindicais, educacionais e assistenciais).

Jurisprudência
Súmula Vinculante 52. Ainda quando alugado a terceiros, permanece imune ao IPTU o imóvel pertencente a qualquer das entidades referidas pelo art. 150, VI, "c", da Constituição Federal, desde que o valor dos aluguéis seja aplicado nas atividades para as quais tais entidades foram constituídas.

Gabarito de concurso público
Os frutos da atividade de locação de espaço para estacionamento dos fiéis pela entidade religiosa estão abrangidos pela imunidade tributária, desde que esses valores sejam revertidos para as atividades essenciais da entidade. (**Magistratura/RO – 2011 – PUCPR**)

Tese de repercussão geral 693/STF "A imunidade tributária prevista no art. 150, VI, *c*, da CF/88 aplica-se aos bens imóveis, temporariamente ociosos, de propriedade das instituições de educação e de assistência social sem fins lucrativos que atendam os requisitos legais."

A imunidade não afasta as obrigações relativas à responsabilidade tributária, nem o dever de cumprimento das obrigações acessórias – art. 9º, § 1º, do CTN:

Jurisprudência
A responsabilidade ou a substituição tributária não alteram as premissas centrais da tributação, cuja regra-matriz continua a incidir sobre a operação realizada pelo contribuinte. Portanto, a imunidade tributária não afeta, tão somente por si, a relação de responsabilidade tributária ou de substituição e não exonera o responsável tributário ou o substituto. **RE 202987/SP, STF, Rel. Min. Joaquim Barbosa, j. 30.06.2009.**

Como exemplo, determinada instituição educacional sem fins lucrativos, apesar de imune em relação aos impostos, não pode deixar de escriturar os livros fiscais ou prestar as informações ao fisco conforme a legislação aplicável, nem pode abster-se de reter o imposto de renda na fonte, na condição de responsável tributário, em relação aos salários pagos a seus empregados.

A imunidade afasta a tributação na exploração de atividade econômica, sendo importante salientar que há precedentes do STF reconhecendo a imunidade em caso de produção e venda de mercadoria por entidade imune.

Gabarito de concurso público
A imunidade tributária não exclui o pagamento do IPI e ICMS da pessoa política que explora atividade econômica privada. (**Magistratura/SP – 2008**)

A imunidade não beneficia o contribuinte de direito que vende produto, bem ou serviço a ente imune (Súmula 591 do STF).

Veja o seguinte exemplo: imagine que um ente imune (templo, partido etc.) adquira um automóvel. Haverá, nesse caso, incidência do ICMS sobre a venda, pois o contribuinte ("de direito"), conforme a legislação, é o estabelecimento vendedor, que não é beneficiado pela imunidade (ou seja, o vendedor, que não é imune, recolherá o tributo estadual):

5.7. Imunidade recíproca

5.7.1. Previsão constitucional

A imunidade recíproca é prevista no art. 150, VI, *a*, da CF:

> CF, Art. 150. "Sem prejuízo de outras garantias asseguradas ao contribuinte, é vedado à União, aos Estados, ao Distrito Federal e aos Municípios:
> (...)
> VI – instituir impostos sobre:
> a) patrimônio, renda ou serviços, uns dos outros;
> (...)".

5.7.2. Imunidade recíproca – entes imunes

A imunidade recíproca refere-se à União, aos Estados, ao DF e aos Municípios, decorrendo do princípio federativo. Eles não podem cobrar impostos uns dos outros, o que agrediria as respectivas autonomias financeiras.

Gabarito de concurso público
A imunidade tributária recíproca sob o prisma teleológico, assegura, confirma e preserva o regime constitucional federativo. (**Magistratura/SP – 2009 – VUNESP**)
O princípio que visa preservar a arrecadação tributária de forma harmônica entre as três entidades políticas e a coexistência autônoma e independente dessas entidades é: imunidade recíproca. (**Cartório/SP – 2008**)

A imunidade recíproca é estendida às *autarquias* e *fundações* instituídas e mantidas pelo Poder Público, no que se refere ao patrimônio, à renda e aos serviços vinculados a suas finalidades essenciais ou às delas decorrentes.

5.7.3. Imunidade recíproca – entidades de direito privado

Em princípio, a imunidade recíproca não abrange entidades de direito privado da administração indireta: empresas públicas e sociedades de economia mista.

Excepcionalmente, o STF entende que determinadas empresas, especificamente a Empresa de Correios e Telégrafos (ECT) e a Empresa Brasileira de Infraestrutura Aeroportuária (Infraero) são imunes em relação a atividades públicas em sentido estrito, executadas sem intuito lucrativo, que não indiquem capacidade contributiva (ver RE 601.392/PR).

Jurisprudência
Recurso extraordinário com repercussão geral.
2. Imunidade recíproca. Empresa Brasileira de Correios e Telégrafos.
3. Distinção, para fins de tratamento normativo, entre empresas públicas prestadoras de serviço público e empresas públicas exploradoras de atividade. Precedentes.
4. Exercício simultâneo de atividades em regime de exclusividade e em concorrência com a iniciativa privada. Irrelevância. Existência de peculiaridades no serviço postal. Incidência da imunidade prevista no art. 150, VI, "a", da Constituição Federal.
5. Recurso extraordinário conhecido e provido.
RE 601.392/PR, Relator p/ Acórdão: Min. Gilmar Mendes, j. 28/02/2013.

Gabarito de concurso público
Em virtude [sic – apesar] da imunidade recíproca a que se refere o artigo 150, VI, "a", da Constituição Federal, se um Estado compra de uma empresa privada um produto industrializado, nessa venda, há incidência do IPI e também da COFINS. (**Magistratura Federal – 3ª Região – XIII**)

Jurisprudência
I – A imunidade do art. 150, VI, a, da Constituição somente se aplica ao imposto incidente diretamente sobre serviço, patrimônio ou renda do próprio ente beneficiado, ou seja, na qualidade de contribuinte de direito. II – O Município é contribuinte de fato do ICMS relativo aos bens e serviços, portanto, não faz jus a imunidade em questão. **AI 805.295 AgR/MG, STF, Rel. Min. Ricardo Lewandowski, j. 02.12.2010.**

Por outro lado, caso este mesmo ente imune importe o veículo, não haverá incidência do ICMS. Isso porque, na importação, contribuinte do imposto estadual é o importador (é ele o contribuinte "de direito"). Veja que, se houvesse a cobrança, o ente imune ocuparia a condição de contribuinte do imposto, o que atingiria diretamente o seu patrimônio e é inconstitucional:

Jurisprudência
Na tributação das operações de importação, o contribuinte por excelência do tributo é o importador (que tende a ser o adquirente da mercadoria) e não o vendedor. Há confusão entre as figuras do contribuinte de direito e do contribuinte de fato. 2. Assim, não faz sentido argumentar que a imunidade tributária não se aplica à entidade beneficente de assistência social nas operações de importação, em razão de a regra constitucional não se prestar à proteção de terceiros que arquem com o ônus da tributação. **AI 476.664 AgR/RS, STF, Rel. Min. Joaquim Barbosa, j. 06.04.2010.**

Tese de repercussão geral 342/STF "A imunidade tributária subjetiva aplica-se a seus beneficiários na posição de contribuinte de direito, mas não na de simples contribuinte de fato, sendo irrelevante para a verificação da existência do beneplácito constitucional a repercussão econômica do tributo envolvido."

Finalmente, a regulamentação das imunidades deve ser feita por lei complementar federal, nos termos do art. 146, II, da CF. Tese de repercussão geral 32/STF: "Os requisitos para o gozo de imunidade hão de estar previstos em lei complementar."

5.7.4. Imunidade recíproca – exploração de atividade econômica

CF, Art. 150. "(...)

(...)

§ 3º – As vedações do inciso VI, "a", e do parágrafo anterior [imunidade recíproca] não se aplicam ao patrimônio, à renda e aos serviços, relacionados com exploração de atividades econômicas regidas pelas normas aplicáveis a empreendimentos privados, ou em que haja contraprestação ou pagamento de preços ou tarifas pelo usuário (...)".

A imunidade não beneficia entidades que explorem atividade econômica (generalidade das empresas públicas e de economia mista).

O STF, entretanto, reconheceu o benefício em caso de entidade imune (de assistência social) que produz e vende mercadoria.

A imunidade recíproca não abrange concessionárias de serviço público, que cobram tarifa dos usuários (art. 13 do CTN), nem registros públicos, cartorários e notariais delegados.

> **Gabarito de concurso público**
>
> O Supremo Tribunal Federal inclinou-se pela orientação de que os serviços de registros públicos, notariais e cartorários embora públicos, não são imunes ao ISSQN. (**Magistratura/SP – 2009 – VUNESP**)

Tese de repercussão geral 385/STF "A imunidade recíproca, prevista no art. 150, VI, *a*, da Constituição não se estende a empresa privada arrendatária de imóvel público, quando seja ela exploradora de atividade econômica com fins lucrativos. Nessa hipótese é constitucional a cobrança do IPTU pelo Município" e tese de repercussão geral 437/STF "Incide o IPTU, considerado imóvel de pessoa jurídica de direito público cedido a pessoa jurídica de direito privado, devedora do tributo."

Não exonera o promitente comprador da obrigação de pagar imposto relativamente ao bem imóvel (ITBI e IPTU, Súmulas 75 e 583 do STF) – art. 150, § 3º, *in fine*, da CF.

5.8. Imunidade dos templos de qualquer culto

5.8.1. Previsão constitucional

A imunidade dos templos é prevista no art. 150, VI, *b*, da CF:

CF, Art. 150. "Sem prejuízo de outras garantias asseguradas ao contribuinte, é vedado à União, aos Estados, ao Distrito Federal e aos Municípios:

(...)

VI – instituir impostos sobre:

(...)

b) templos de qualquer culto;

(...)".

5.8.2. Imunidade dos templos – abrangência

Essa imunidade procura proteger e garantir a liberdade de culto, sem margem para juízo valorativo pelo Fisco, ou seja, qualquer igreja é beneficiada.

Abrange toda a atividade e o espaço necessário para o culto, incluindo anexos, casa do religioso, estacionamento para os fiéis, banheiros, retiros, desde que "relacionados com as finalidades essenciais" (art. 150, § 4º, da CF).

Como já dito, o imóvel alugado para terceiro também é imune em relação ao IPTU, desde que a renda seja aplicada nas atividades essenciais do templo (Súmula 724 do STF).

Abrange a venda de bens relacionados ao culto (velas, incensos), mas não a exploração de atividade econômica efetiva (caso a igreja abra um supermercado, haverá incidência do ICMS).

> **Jurisprudência**
>
> *Os cemitérios que consubstanciam extensões de entidades de cunho religioso estão abrangidos pela garantia contemplada no artigo 150 da Constituição do Brasil. Impossibilidade da incidência de IPTU em relação a eles. A imunidade aos tributos de que gozam os templos de qualquer culto é projetada a partir da interpretação da totalidade que o texto da Constituição é, sobretudo do disposto nos artigos 5º, VI, 19, I e 150, VI, b.*
> RE 578.562/BA, STF, Rel. Eros Grau, j. 21.05.2008

5.9. Imunidade dos partidos, entidades sindicais, educacionais e de assistência social

5.9.1. Previsão constitucional

Essa imunidade é prevista no art. 150, VI, *c*, da CF:

CF, Art. 150. "Sem prejuízo de outras garantias asseguradas ao contribuinte, é vedado à União, aos Estados, ao Distrito Federal e aos Municípios:

(...)

VI – instituir impostos sobre:

(...)

c) patrimônio, renda ou serviços dos partidos políticos, inclusive suas fundações, das entidades sindicais dos trabalhadores, das instituições de educação e de assistência social, sem fins lucrativos, atendidos os requisitos da lei;"

> **Jurisprudência**
>
> *Súmula 730/STF.* A imunidade tributária conferida a instituições de assistência social sem fins lucrativos pelo art. 150, VI, c, da Constituição, somente alcança as entidades fechadas de previdência social privada se não houver contribuição dos beneficiários.

5.9.2. Imunidade dos partidos e entidades sindicais, educacionais e de assistência social – abrangência

Essa imunidade prestigia entidades essenciais para a democracia representativa, para a defesa dos direitos dos trabalhadores e as que colaboram com o Estado em áreas sensíveis (educação e assistência social).

Refere-se apenas a entidades sindicais de **trabalhadores, não a entidades patronais (estas não são imunes).**

> **Gabarito de concurso público**
>
> *O Sindicato Patronal das Indústrias do Setor de Plásticos e Derivados, alegando como argumento o fato de constituir-se como sindicato, requereu imunidade constitucional tributária abrangendo a totalidade de seu patrimônio, renda e serviços. Com relação ao pleito e fundamentação apresentada, não se aplica a imunidade por se tratar de sindicato patronal.* **(Procurador do Estado/RO – 2011 – FCC)**

Somente são beneficiadas as entidades educacionais e de assistência social sem fins lucrativos, na forma da lei (essa lei regulamentadora, veremos, é o CTN, por seu art. 14).

O STF reconheceu a imunidade em caso de entidade de assistência social que produz e vende mercadoria.

Abrange todo o patrimônio necessário para as atividades essenciais, incluindo prédios administrativos e estacionamento para estudantes (precedentes do STF).

O imóvel alugado para terceiro também é imune ao IPTU, desde que a renda seja aplicada nas atividades essenciais da entidade (Súmula 724 do STF).

Como as outras imunidades do art. 150, VI, da CF, esta também se refere apenas a impostos. Há, entretanto, imunidade em relação a contribuições sociais, prevista no art. 195, § 7º, da CF (embora o constituinte tenha utilizado o termo *isenção*).

5.9.3. Entidades educacionais e de assistência social – requisitos (art. 14 do CTN)

Para que a entidade educacional ou de assistência social seja beneficiada pela imunidade, é preciso que atenda aos requisitos do art. 14 do CTN:

a) não pode distribuir qualquer parcela de seu patrimônio ou de suas rendas, a qualquer título;

b) deve aplicar integralmente, no País, os seus recursos na manutenção dos seus objetivos institucionais;

c) deve manter escrituração de suas receitas e despesas em livros revestidos de formalidades capazes de assegurar sua exatidão;

d) deve reter tributos na fonte e cumprir os demais deveres instrumentais.

A imunidade é dada pela CF, cabendo ao Fisco apenas reconhecê-la, desde que preenchidos os requisitos.

O fato de a entidade não ter fins lucrativos não impede a cobrança de mensalidade, o superávit de suas contas (ela não precisa ter prejuízos) ou o pagamento de salários.

Entretanto, os salários e os benefícios pagos devem ser compatíveis com o mercado para não representarem distribuição disfarçada de lucro ou dilapidação do patrimônio.

5.10. Imunidade dos livros, jornais e periódicos

5.10.1. Previsão constitucional

A imunidade dos livros, jornais e periódicos é prevista no art. 150, VI, *d*, da CF:

> CF, Art. 150. "Sem prejuízo de outras garantias asseguradas ao contribuinte, é vedado à União, aos Estados, ao Distrito Federal e aos Municípios:
>
> (...)
>
> VI – instituir impostos sobre:
>
> (...)
>
> d) livros, jornais, periódicos e o papel destinado a sua impressão.
>
> (...)".

5.10.2. Imunidade de livros, jornais e periódicos – impostos

A imunidade é **objetiva** e restrita aos **impostos** incidentes sobre os livros, jornais, periódicos e o papel para impressão.

Abrange, portanto, Imposto de Importação, IPI e ICMS relativos à compra do papel, produção e comercialização desses **bens.**

Não há imunidade em relação aos tributos que incidem direta ou indiretamente sobre a **atividade** ou **outros bens** (ISS, IR, IOF, IPTU etc.).

Assim, a gráfica não paga II ou IPI, quando importa o papel, nem ICMS quando vende o livro, o jornal ou o periódico. Mas paga ISS sobre serviços prestados, IR sobre o lucro auferido, IOF sobre suas operações financeiras, IPTU em relação ao imóvel de sua propriedade etc.

5.10.3. Imunidade de livros e periódicos – abrangência

Pretende-se prestigiar o acesso à informação, à educação e à cultura.

Assim, a imunidade abrange toda publicação, independentemente do conteúdo (mesmo fescenino, de baixo nível). Não há margem para juízo valorativo do Fisco.

A imunidade inclui listas telefônicas, livros-brinquedo (*pop up*, com música infantil, bonecos afixados etc.).

O STF pacificou o entendimento no sentido de que a imunidade "aplica-se ao livro eletrônico (e-book), inclusive aos suportes exclusivamente utilizados para fixá-lo" (Tese de repercussão geral 593/STF), e "alcança componentes eletrônicos destinados, exclusivamente, a integrar unidade didática com fascículos" (Tese de repercussão geral 259/STF).

O STF vem entendendo que a imunidade abrange, além do próprio livro, jornal ou periódico, apenas o papel utilizado na impressão, filmes e papéis fotográficos (Súmula 657 do STF).

A Suprema Corte não reconhece a imunidade em relação às tintas e aos equipamentos para impressão.

> **Jurisprudência**
>
> *A imunidade tributária prevista no art. 150, VI, da Constituição não alcança os serviços de composição gráfica ou de impressão onerosos, oferecidos a terceiros interessados. Segundo o quadro fático-jurídico definido nos autos, o material produzido pela agravante é inassimilável aos conceitos constitucionais-tributários de jornal, livro e periódico, porquanto mais se aproximam de material promocional ou de propaganda.*
> AI 723.018 AgR/MG, STF, Rel. Min. Joaquim Barbosa, j. 06/03/2012
>
> *A jurisprudência do Supremo Tribunal Federal, que me parece juridicamente correta, é firme no sentido de que a distribuição de periódicos, revistas, publicações, jornais e livros não está abrangida pela imunidade tributária da alínea "d" do inciso VI do art. 150 do Magno Texto.*
> RE 630.462 AgR/PR, STF, Rel. Min. Ayres Britto, j. 07.02.2012

5.11. Imunidade dos fonogramas e videofonogramas, suportes materiais e arquivos digitais

O Constituinte derivado incluiu nova imunidade no texto constitucional, em favor dos músicos brasileiros:

> CF, Art. 150. "Sem prejuízo de outras garantias asseguradas ao contribuinte, é vedado à União, aos Estados, ao Distrito Federal e aos Municípios:
> (...)
> VI – instituir impostos sobre:
> (...)
> e) fonogramas e videofonogramas musicais produzidos no Brasil contendo obras musicais ou literomusicais de autores brasileiros e/ou obras em geral interpretadas por artistas brasileiros bem como os suportes materiais ou arquivos digitais que os contenham, salvo na etapa de replicação industrial de mídias ópticas de leitura a laser.
> (...)"

O intuito é fomentar e proteger relevante aspecto cultural brasileiro, afastando a incidência de impostos sobre a produção musical de artistas nacionais, especificamente sobre as gravações, sejam elas veiculada por CD, DVD ou simples arquivo digital.

Ressalvou-se a tributação sobre a produção industrial das mídias ópticas (CD e DVD).

5.12. Outras imunidades

Além das imunidades previstas no art. 150, VI, a Constituição Federal prevê também outras:

a) Contribuição social e CIDE sobre receitas decorrentes de exportação – art. 149, § 2º, I, da CF;

b) Contribuição social de entidades beneficentes de assistência social – art. 195, § 7º, da CF;

c) Contribuição social sobre aposentadoria e pensão concedida pelo regime geral de previdência social (RGPS-INSS) – art. 195, II, *in fine*, da CF;

d) IPI e ICMS sobre exportação – arts. 153, § 3º, III, e 155, § 2º, X, *a*, da CF;

e) ITR sobre pequenas glebas – art. 153, § 4º, II, da CF;

f) ITBI sobre alterações societárias – art. 156, § 2º, I, da CF.

> **Gabarito de concurso público**
>
> *Considere-se que Joaquina tenha 80 anos de idade e seja aposentada pelo RGPS. Nessa situação, não há incidência de contribuição previdenciária sobre a aposentadoria percebida por Joaquina, em razão de imunidade tributária específica.* (**Procuradoria Federal – 2007 – CESPE**)

6. PRINCÍPIOS

6.1. Definição e aspectos gerais

Princípios são proposições normativas de alta carga valorativa, que orientam a produção e a interpretação das demais normas.

Há diversos princípios tributários incluídos entre as *limitações constitucionais ao poder de tributar*. Outros princípios tributários são implícitos.

Muitos deles refletem princípios gerais do Direito brasileiro (ex.: legalidade) e outros indicam regras bastante objetivas (ex.: anterioridade).

> **Gabarito de concurso público**
>
> *Os princípios constitucionais tributários são expressão da soberania estatal e traduzem-se em limitações ao poder de tributar, o que não impede que o Estado exija dos indivíduos, por atividade vinculada, parcela do seu patrimônio.* (**Magistratura/PB – 2011 – CESPE**)

6.2. Princípio da legalidade

6.2.1. Disposição constitucional

O princípio da legalidade tributária é expressamente previsto no art. 150, I, da CF.

> CF, Art. 150. "Sem prejuízo de outras garantias asseguradas ao contribuinte, é vedado à União, aos Estados, ao Distrito Federal e aos Municípios:
> I – exigir ou aumentar tributo sem lei que o estabeleça;
> (...)".

Trata-se de aspecto do princípio da legalidade que abrange todo o sistema jurídico brasileiro, previsto no art. 5º, II, da CF.

Não há tributação sem previsão legal.

> **Gabarito de concurso público**
>
> *O Princípio da Legalidade Tributária não significa um direito do Fisco, visto que traduz uma limitação em sua ação, conforme dispõe o artigo 150 da Constituição Federal.* (**Ministério Público/MG – 2008**)

O dispositivo constitucional tem um viés em favor dos contribuintes, inserido na ideia de limitação constitucional do poder de tributar.

Entretanto, é importante ressaltar que a legalidade refere-se não apenas à instituição e à majoração de tributos, mas também à redução ou extinção (veja o art. 150, § 6º, da CF). De fato, o poder público não pode abrir mão de receitas públicas sem previsão legal.

6.2.2. Princípio da legalidade – abrangência

Os elementos essenciais da tributação devem ser estabelecidos por lei (art. 97 do CTN):

a) instituição, majoração, redução, dispensa e extinção de tributos e de penalidades;

b) fato gerador da obrigação principal;

c) alíquotas e base de cálculo;

d) cominação de penalidades, sua dispensa ou redução;

e) hipóteses de suspensão, extinção e exclusão do crédito tributário.

Não se exige lei, em sentido estrito, em relação a elementos instrumentais da tributação e, excepcionalmente, para alteração de determinadas alíquotas. Eis matérias que podem ser veiculadas por normas infralegais:

a) alteração de alíquotas de II, IE, IPI, IOF e CIDE sobre combustíveis, atendidas as condições e os limites estabelecidos pela lei

b) correção monetária da base de cálculo, dentro do índice oficial de inflação (Súmula 160 do STJ);

c) vencimento do tributo;

d) modelos de guias e livros fiscais;

e) definição dos locais de pagamento.

Jurisprudência
O Plenário desta Corte, ao julgar os RREE 154.273 e 172.394, não acolheu a alegação de ofensa ao princípio constitucional da legalidade. – Por outro lado, ainda no julgamento do citado RREE, ficou decidido que, no caso, "não se compreendendo no campo reservado à lei, pelo Texto Constitucional, a definição do vencimento e do modo pelo qual se procederá à atualização monetária das obrigações tributárias, também não se pode ter por configurada delegação de poderes no cometimento desse encargo, pelo legislador ordinário, ao Poder regulamentar". **RE 154.248/SP, STF rel. Min. Moreira Alves, j. 26.03.2002**

6.2.3. Princípio da legalidade – nomenclatura

A doutrina muitas vezes utiliza diversas expressões para se referir a aspectos do princípio da legalidade, em geral:

Reserva legal: a tributação depende sempre de lei;

Reserva absoluta de lei: a incidência e as condutas da administração devem ser previstas em lei;

Reserva de lei formal: a tributação depende de lei em sentido estrito, em regra aquela produzida pelo Legislativo e enviada à sanção do Executivo, embora se admitam MP e normas infralegais relativas a determinadas alíquotas de impostos;

Tipicidade fechada: os elementos da incidência devem estar exaustivamente previstos em lei.

6.2.4. Princípio da legalidade – alíquotas

As alíquotas devem ser, em regra, fixadas ou alteradas por lei.

Há, entretanto, hipóteses excepcionais de determinados tributos federais que podem ter suas alíquotas alteradas por normas infralegais (decretos, portarias etc.), desde que atendidas as condições e os limites estabelecidos em lei:

a) imposto de importação;

b) imposto de exportação;

c) IPI;

d) IOF;

e) redução e restabelecimento da alíquota da CIDE sobre combustíveis (art. 177, § 4º, I, *b*, da CF).

São tributos de carga fortemente *extrafiscal*, que visam à intervenção no mercado, e não, prioritariamente, a arrecadação (não têm caráter estritamente *fiscal*, arrecadatório).

Por essa razão, o legislador entendeu por bem autorizar a modificação das alíquotas por norma infralegal (decreto, portaria etc. – a competência não é privativa do Presidente da República), garantindo maior agilidade no uso desse importante instrumento.

Jurisprudência
É compatível com a Carta Magna a norma infraconstitucional que atribui a órgão integrante do Poder Executivo da União a faculdade de estabelecer as alíquotas do Imposto de Exportação. Competência que não é privativa do Presidente da República. **RE 570.680/RS, STF, rel. Min. Ricardo Lewandowski, Pleno, j. 28.10.2009, Reperc. Geral**

Gabarito de concurso público
A competência para a fixação das alíquotas do imposto de exportação de produtos nacionais ou nacionalizados não é exclusiva do presidente da República. (**Defensoria Pública da União – 2010 – CESPE**)

6.2.5. Princípio da legalidade – Obrigações acessórias

O CTN, ao tratar da obrigação principal (tributo e penalidade pecuniária) refere-se sempre à *lei* (arts. 97, III, e 114). Ao dispor sobre a obrigação acessória (deveres instrumentais, como emissão de documentos fiscais, escrituração, declarações etc.) refere-se à *legislação* (que inclui normas infralegais – arts. 96, 113, § 2º, e 115).

Por essa razão, discute-se se a obrigação acessória exige lei ou se pode ser instituída por norma infralegal (decretos, portarias etc.).

No julgamento da ACO 1.098 AgR-TA/MG-STF, o Min. Marco Aurélio posicionou-se pela necessidade de lei, mesmo no caso da obrigação acessória, o que fez constar na ementa a seguir transcrita. É importante notar, entretanto, que o Min. Ricardo Lewandowski, por exemplo, ao acompanhar o Min. Marco Aurélio, entendeu que a instrução normativa em análise poderia ter infringido os limites da lei complementar (fundamento diverso):

Jurisprudência
Ante o disposto no artigo 113, § 2º, do Código Tributário Nacional, a exigir lei em sentido formal e material para ter-se o surgimento de obrigação tributária, ainda que acessória, mostra-se relevante pedido de tutela antecipada veiculado por Estado, visando a afastar sanções, considerado o que previsto em instrução da Receita Federal. **ACO 1.098 AgR-TA/MG, STF, rel. p/ acórdão Min. Marco Aurélio, Tribunal Pleno, j. 08.10.2009**

O STJ tem precedente no sentido de desnecessidade de lei para fixação da obrigação acessória:

> **Jurisprudência**
>
> *A legalidade exigida para a imposição da obrigação tributária instrumental não é estrita, ou seja, pode advir de ato normativo que não a lei em sentido formal. Todos aqueles veículos normativos previstos no art. 96 do CTN, tais como decretos e regulamentos, entre outros contidos no art. 100, são aptos a formar vínculo jurídico tributário acessório. No caso, a exigência da obrigação acessória de que ora se cuida – anotação nas notas fiscais do número do lote dos medicamentos – não viola o princípio da legalidade, já que encontra previsão expressa no Decreto n.º 43.128/2002, amparado pelo acordo do CONFAZ entabulado por meio do AJUSTE SINIEF n.07/2002.*
> **RMS 20.587/MG, STJ, rel. Ministro Castro Meira, j. 09.11.2010**

Em outros casos, o Superior Tribunal de Justiça aceita obrigações acessórias previstas de maneira ampla em lei e detalhadas em norma infralegal:

> **Jurisprudência**
>
> *1. São legais as disposições contidas na Instrução Normativa SRF 304/2003, exigindo Declaração de Informações sobre Atividades Imobiliárias – DIMOB. Precedente do STJ.*
> *2. Descabe falar em ausência de previsão legal no tocante à multa por descumprimento da obrigação acessória, uma vez que fundada no art. 57 da Medida Provisória 2.158/2001.*
> **REsp 838.143/PR, STJ, rel. Ministra Eliana Calmon, j. 15.10.2009**
> **Obs.: o art. 57 da MP 2.158/2001 remete ao art. 16 da Lei 9.779/1999 que, por sua vez, determina genericamente que "compete à Secretaria da Receita Federal dispor sobre as obrigações acessórias relativas aos impostos e contribuições por ela administrados, estabelecendo, inclusive, forma, prazo e condições para o seu cumprimento e o respectivo responsável".**

Enfim, importante conhecer todos esses posicionamentos, mas é difícil falar hoje em entendimento jurisprudencial pacífico a respeito da matéria.

Parece-nos possível, entretanto, afirmar que há necessidade de lei, mas que pode ser genérica, sendo a obrigação acessória detalhada por norma infralegal (a prevalecer o posicionamento do STJ no REsp 838.143/PR, que nos parece adequado).

6.2.6. Princípio da legalidade – Benefícios fiscais

No caso de benefícios fiscais, exige-se não apenas lei, mas também que ela seja específica, regulando apenas o benefício ou o próprio tributo:

Assim, não é possível incluir uma isenção de imposto de renda, por exemplo, em uma lei que cuide de servidores públicos ou de rodovias federais. A lei deve tratar apenas do benefício fiscal ou somente do imposto de renda.

> **Gabarito de concurso público**
>
> *Diz respeito a taxas a regra de que qualquer subsídio ou isenção, redução de base de cálculo, concessão de crédito presumido, anistia ou remissão só poderá ser concedido por lei específica que regule exclusivamente essas matérias ou a correspondente exação.* (**Magistratura/DF – 2007**)

6.3. Princípio da isonomia

6.3.1. Disposição constitucional

> CF, Art. 150. "Sem prejuízo de outras garantias asseguradas ao contribuinte, é vedado à União, aos Estados, ao Distrito Federal e aos Municípios:
> (...)
> II – instituir tratamento desigual entre contribuintes que se encontrem em situação equivalente, proibida qualquer distinção em razão de ocupação profissional ou função por eles exercida, independentemente da denominação jurídica dos rendimentos, títulos ou direitos; (...)".

O princípio tributário da isonomia é previsto no art. 150, II, da CF:

Perceba que o constituinte deixou claro que não importa a denominação dos rendimentos ou da ocupação profissional: a tributação deve ser a mesma para todos. Isso evita discussões quanto ao IR incidente sobre soldos de militares ou sobre o salário de juízes, por exemplo (não são exceções à regra impositiva).

6.3.2. Princípio da isonomia – critério

Isonomia é tratar igualmente os contribuintes na mesma situação e desigualmente aqueles em situações distintas, conforme a desigualdade.

O critério de comparação é a capacidade contributiva ou capacidade econômica, que pode ser avaliada objetivamente, em relação a cada tributo.

> **Gabarito de concurso público**
>
> *Sobre o princípio da capacidade contributiva, é correto afirmar que é o principal critério de aplicação da igualdade tributária no âmbito dos impostos com finalidade fiscal.* (**Procurador do Estado/RS – FUNDATEC – 2010**)

A capacidade contributiva é princípio norteador do direito tributário, ínsito à ideia de justiça, pela qual os que possuem mais contribuem com mais para o funcionamento do Estado.

Toda a tributação, desde a definição das competências tributárias pela Constituição até a efetiva instituição dos tributos pelos entes políticos, além da própria exigência fiscal, deve ser orientada por esse princípio.

Isso significa que todo aquele que apresente a mesma capacidade contributiva deve, em regra, pagar tributo equivalente, daí porque se relaciona mais diretamente com a função fiscal dos tributos (função arrecadatória).

Também é comum referir-se à capacidade contributiva em relação aos impostos (art. 145, § 1º, da CF), até porque nesses casos (dos impostos, tributos não vinculados – art. 16 do CTN) não há contraprestação ou valorização de bem (caso das taxas e contribuições de melhoria, respectivamente) que balizem o valor a ser cobrado do contribuinte (muito embora, repetimos, a capacidade tributária e a isonomia sejam aplicáveis a toda a tributação).

6.3.3. Princípio da isonomia – Instrumentos

Diversos instrumentos viabilizam a isonomia, permitindo que as pessoas paguem tributos conforme sua capacidade econômica:

a) progressividade de alíquotas do IR, ITR, IPTU e ITCMD (este último com reconhecimento recente pelo STF);

b) isenções e outros benefícios em favor de contribuintes de menor capacidade econômica;

c) seletividade de alíquotas do IPI e do ICMS;

d) diferenciação de alíquotas do IPVA e do IPTU;

e) tratamento diferenciado e favorecido para cooperativas e micro e pequenas empresas.

Perceba, portanto, que uma isenção (que afasta a cobrança de tributo em relação a determinada pessoa ou situação), por exemplo, atende a isonomia, desde que exonere quem tenha menor capacidade contributiva.

6.3.4. Princípio da isonomia – Entes federados

É vedado à União tributar a renda das obrigações da dívida pública dos Estados, do Distrito Federal e dos Municípios, bem como a remuneração e os proventos dos respectivos agentes públicos, em níveis superiores aos que fixar para suas obrigações e para seus agentes – art. 151, II, da CF.

Isso decorre não apenas da isonomia, mas também do pacto federativo e da autonomia dos entes políticos.

6.4. Princípio da irretroatividade

6.4.1. Disposição constitucional

A irretroatividade tributária, que decorre também de um princípio geral do direito brasileiro (irretroatividade das normas jurídicas), é prevista no art. 150, III, *a*, da CF:

> CF, Art. 150. "Sem prejuízo de outras garantias asseguradas ao contribuinte, é vedado à União, aos Estados, ao Distrito Federal e aos Municípios:
>
> (...)
>
> III – cobrar tributos:
>
> a) em relação a fatos geradores ocorridos antes do início da vigência da lei que os houver instituído ou aumentado;
>
> (...)".

6.4.2. Princípio da irretroatividade – Aspectos

A legislação tributária aplica-se imediatamente aos fatos geradores futuros e aos pendentes (aqueles iniciados, mas ainda não concluídos) – art. 105 do CTN.

STF julgou válida lei relativa ao IR publicada em 31.12.1994, "a tempo, portanto, de incidir sobre o resultado do exercício financeiro encerrado", tendo observado a irretroatividade – RE 232.084/SP.

Jurisprudência

Diploma normativo que foi editado em 31.12.1994 [sábado], a tempo, portanto, de incidir sobre o resultado do exercício financeiro encerrado. Descabimento da alegação de ofensa aos princípios da anterioridade e da irretroatividade, relativamente ao Imposto de Renda, o mesmo não se dando no tocante à contribuição social, sujeita que está à anterioridade nonagesimal prevista no art. 195, § 6º da CF, que não foi observado.

RE 232.084/SP, STF, rel. Ministro Ilmar Galvão, j. 04.04.2000

Gabaritos de concursos públicos

O Princípio da Anterioridade Tributária guarda pertinência com o postulado da não surpresa tributária. (**Ministério Público/MG – 2008**)

Atende ao princípio da anterioridade de exercício a publicação, no Diário Oficial, da lei instituidora de imposto no dia 31.12, sábado, apesar de a sua circulação dar-se apenas na segunda-feira. (**Magistratura Federal/1ª Região – 2009 – CESPE**)

6.4.3. Princípio da irretroatividade – Exceções

A lei se aplica a atos e fatos pretéritos nos casos de:

a) lei expressamente interpretativa, sem penalidade pela infração dos dispositivos interpretados (art. 106, I, do CTN);

b) norma sancionadora mais benéfica ao infrator (*lex mitior*), exceto no caso de ato definitivamente julgado (art. 106, II, do CTN);

c) novas regras para a fiscalização ou aumento das garantias e privilégios do crédito, exceto criação de responsabilidade (art. 144, § 1º, do CTN).

A doutrina costuma se referir a essas hipóteses como exceções à irretroatividade.

Caso bastante famoso de aplicação retroativa de normas atinentes à fiscalização tributária é o da utilização dos dados da antiga CPFM para fiscalização de outros tributos:

Jurisprudência

É possível a utilização de informações provenientes da arrecadação da CPMF para a instauração de procedimento administrativo-fiscal objetivando a cobrança de créditos relativos a outros tributos, inclusive quanto a fatos geradores anteriores a 2001, nos termos do art. 11, § 3º, da Lei 9.311/1996, com a redação dada pela Lei 10.174/2001, do art. 6º da Lei Complementar 105/2001, e do art. 144, § 1º, do CTN.

EREsp 806.753/RS, STJ, rel. Ministro Herman Benjamin, j. 22/08/2007

Gabarito de concurso público

Os princípios constitucionais tributários estabelecem limites ao poder de tributar. Assim, o princípio da irretroatividade da lei tributária não é violado quando a lei é aplicada de maneira interpretativa a ato ou fato pretérito, excluindo a aplicação de penalidade à infração. (**Cartório/SP – 2008**)

6.4.4. Princípio da irretroatividade – Lex mitior

Perceba que somente a norma que reduz ou exclui *penalidades* retroage para beneficiar o infrator (*lex mitior*), mas nunca a norma relativa ao tributo (essa jamais retroage).

Assim, a alíquota e a base de cálculo do imposto, da taxa, da contribuição etc. serão sempre aquelas vigentes à época do fato gerador.

Eventual multa, entretanto, poderá ser reduzida por norma posterior, desde que ela ainda não tenha sido paga, quando na vigência da nova legislação, e que não seja questão definitivamente julgada.

Exemplo:

```
Lei na época do          Lei na época da
fato gerador             cobrança
 Tributo: 10%             Tributo: 5%
 Multa: 20%              Multa: 15%
                                          Serão exigidos
                                          Tributo: 10%
                                          Multa: 15%
    2008                    2012
```

Perceba, nesse exemplo, que o contribuinte não pagou o tributo na época correta (em 2008), quando a alíquota aplicável era de 10% e a multa pelo atraso, de 20%.

Posteriormente, houve redução desses percentuais, mas apenas a multa é minorada em favor do infrator. A alíquota do tributo será sempre aquela vigente à época do fato gerador.

6.5. Princípio da anterioridade

6.5.1. Disposição constitucional

O princípio da anterioridade é regra peculiar do Direito Tributário, que protege o contribuinte contra a exigibilidade imediata de tributo instituído ou majorado (não surpresa).

Se houver instituição ou aumento, ele será exigível apenas após determinado período (90 dias ou 1º exercício seguinte ao da publicação da lei, o que ocorrer depois):

CF, Art. 150. "Sem prejuízo de outras garantias asseguradas ao contribuinte, é vedado à União, aos Estados, ao Distrito Federal e aos Municípios: (...)

III – cobrar tributos: (...)

b) no mesmo exercício financeiro em que haja sido publicada a lei que os instituiu ou aumentou;

c) antes de decorridos noventa dias da data em que haja sido publicada a lei que os instituiu ou aumentou, observado o disposto na alínea b; (...)".

6.5.2. Aspectos

A eficácia da norma que institui ou majora tributo se dá somente após 90 dias da **publicação** (anterioridade nonagesimal) ou em 1º de janeiro do ano seguinte (anterioridade anual), o que ocorrer depois.

Por exemplo, se o ICMS é majorado em abril deste ano, o aumento somente é exigível a partir de 1º de janeiro do ano seguinte (anterioridade anual). Entretanto, se o ICMS é aumentado em novembro deste ano, somente em fevereiro do ano seguinte é que se poderá cobrar o valor a maior (anterioridade nonagesimal). Vale sempre a data posterior.

A anterioridade refere-se somente aos casos de instituição ou majoração, não aos de redução ou extinção. É proteção ao contribuinte, de modo que norma mais benéfica pode ter eficácia imediata.

Como exemplo, se o ISS é reduzido em fevereiro desse ano, o benefício vale imediatamente (não há anterioridade).

Apesar da expressão "cobrar tributos", entende-se que se refere aos fatos geradores, ou seja, a nova norma (que aumente ou institua tributo) aplica-se a fatos geradores ocorridos após o período da anterioridade.

Trata-se de cláusula pétrea (direito e garantia individual), segundo o STF, não podendo ter seu alcance reduzido pelo constituinte derivado.

Jurisprudência
1. O poder constituinte derivado não é ilimitado, visto que se submete ao processo consignado no art. 60, §§ 2º e 3º, da Constituição Federal, bem assim aos limites materiais, circunstanciais e temporais dos §§ 1º, 4º e 5º do aludido artigo. 2. A anterioridade da norma tributária, quando essa é gravosa, representa uma das garantias fundamentais do contribuinte, traduzindo uma limitação ao poder impositivo do Estado. **RE 587.008/SP, STF, rel. Min. Dias Toffoli, Tribunal Pleno, j. 02.02.2011, Repercussão Geral – Mérito**

A alteração do prazo de recolhimento não implica aumento ou diminuição do tributo, de modo que não se sujeita à anterioridade (entendimento do STF e do STJ).

Jurisprudência
Súmula Vinculante STF 50. Norma legal que altera o prazo de recolhimento de obrigação tributária não se sujeita ao princípio da anterioridade.
O Supremo Tribunal Federal fixou entendimento no sentido de que a alteração do prazo para recolhimento das contribuições sociais, por não gerar criação ou majoração de tributo, não ofende o Princípio da Anterioridade Tributária [artigo 195, § 6º, CB/1988]. **RE 295.992 AgR/SC, STF, rel. Min. Eros Grau, j. 10.06.2008**

Gabaritos de concursos públicos
Não ofende o princípio da legalidade decreto que antecipa data de recolhimento de tributo. (**Magistratura Federal/1ª Região – 2009 – CESPE**)
Norma legal que altera o prazo de recolhimento da obrigação tributária não se sujeita ao princípio da anterioridade. (**Procurador do Município/Florianópolis-SC – 2010 – FEPESE**)

Há peculiaridade no caso do IR, conforme o disposto na Súmula 584 do STF: aplica-se a lei vigente no ano da declaração.

O fato gerador do IR, por sua natureza, ocorre durante o ano-base, que se inicia em 1º de janeiro e termina no último instante de 31 de dezembro, de modo que o valor somente pode ser cobrado no ano seguinte (ano-exercício).

Por essa razão, o STF entendeu que, se a lei que majora o IR é publicada durante o ano-base, aplica-se a ele, pois o valor correspondente somente será cobrado no exercício seguinte. Ainda há muito debate doutrinário a respeito, até porque não houve caso recente levado ao Judiciário.

> **Jurisprudência**
>
> *Diploma normativo que foi editado em 31.12.1994 [sábado], a tempo, portanto, de incidir sobre o resultado do exercício financeiro encerrado. Descabimento da alegação de ofensa aos princípios da anterioridade e da irretroatividade, relativamente ao Imposto de Renda, o mesmo não se dando no tocante à contribuição social, sujeita que está à anterioridade nonagesimal prevista no art. 195, § 6º da CF, que não foi observado.*
> **RE 232.084/SP, STF, rel. Ministro Ilmar Galvão, j. 04.04.2000**

Interessante adiantarmos que o IR submete-se apenas à anterioridade anual, não à nonagesimal (é exceção).

> **Jurisprudência**
>
> *(...) 4. A revogação do artigo que estipulava diminuição de alíquota da CPMF, mantendo-se o mesmo índice que vinha sendo pago pelo contribuinte, não pode ser equiparada à majoração de tributo. 5. Não incidência do princípio da anterioridade nonagesimal. 6. Vencida a tese de que a revogação do inciso II do §3º do art. 84 do ADCT implicou aumento do tributo para fins do que dispõe o art. 195, § 6º da CF.*
> **RE 566.032/RS, STF, rel. Min. Gilmar Mendes, Tribunal Pleno, j. 02.02.2011, Repercussão Geral – Mérito**

6.5.3. Princípio da anterioridade – Medida provisória

No caso de medida provisória que institua ou majore **imposto** (exceto II, IE, IPI, IOF e extraordinário), só produzirá efeito no exercício seguinte se houver sido convertida em lei até o último dia do ano em que foi editada – art. 62, § 2º, da CF.

A anterioridade nonagesimal é contada da edição da MP, não de sua conversão (há discussão).

Perceba que essa regra vale apenas para impostos. A majoração de uma contribuição social por MP, por exemplo, é exigível 90 dias após sua publicação, mesmo que isso ocorra antes do 1º dia do exercício seguinte e mesmo que ela não seja convertida em lei até o final do ano.

6.5.4. Princípio da anterioridade – Exceções

Há diversas exceções ao princípio da anterioridade anual e nonagesimal. Veja a seguinte tabela para estudo e memorização, pois isso é muito exigido em concursos:

Exceções à anterioridade anual	Exceções à anterioridade nonagesimal
Empréstimo compulsório em caso de despesa extraordinária	Empréstimo compulsório em caso de despesa extraordinária
Impostos de importação e exportação	Impostos de importação e exportação
IPI	Imposto de Renda
IOF	IOF
Imposto extraordinário	Imposto extraordinário
Restabelecimento da alíquota do ICMS e da CIDE sobre combustíveis e lubrificantes	Fixação da base de cálculo do IPVA e do IPTU
Contribuições sociais	

Perceba, por exemplo, que o IPI é exceção ao princípio da anterioridade anual, mas não ao da nonagesimal. Assim, se sua alíquota é majorada em março deste ano, por exemplo, somente será exigível (o aumento) em junho seguinte.

De modo inverso, o IR é exceção ao princípio da anterioridade nonagesimal, mas não ao da anual. Caso sua alíquota seja majorada em novembro deste ano, o aumento valerá já em 1º de janeiro do exercício seguinte.

> **Gabaritos de concursos públicos**
>
> *A regra da anterioridade NÃO se aplica aos impostos de importação e exportação.* (**Magistratura/PE – 2011 – FCC**)
>
> *Aplica-se o princípio da anterioridade aos empréstimos compulsórios, no caso de investimento público de caráter urgente e de relevante interesse nacional.* (**Procurador de Contas TCE/ES – CESPE – 2009**)
>
> *O ICMS poderá ser aumentado no mesmo exercício financeiro em que foi publicada a lei que o instituiu ou aumentou, quando se tratar de combustíveis e lubrificantes sobre os quais o imposto incidirá uma única vez.* (**Magistratura/RO – 2011 – PUCPR**)

6.6. Princípio da vedação de confisco

6.6.1. Disposição constitucional

O tributo, embora implique redução do patrimônio do particular em favor do Estado, não pode significar supressão da propriedade, pois o confisco é vedado:

> CF, Art. 150. "Sem prejuízo de outras garantias asseguradas ao contribuinte, é vedado à União, aos Estados, ao Distrito Federal e aos Municípios:
> (...)
> IV – utilizar tributo com efeito de confisco;
> (...)".

6.6.2. Princípio da vedação de confisco – Aspectos

O princípio da vedação de confisco decorre do princípio da capacidade contributiva e do direito à propriedade.

A tributação não pode reduzir de maneira acentuada a propriedade do indivíduo – art. 5º, *caput*, da CF. Não deve atingir as fontes produtoras de riqueza dos contribuintes.

O STF entende que o princípio é aplicável também às penalidades tributárias, embora admita percentuais bastante altos para as sanções.

> **Jurisprudência**
>
> 1. Conforme orientação fixada pelo Supremo Tribunal Federal, o princípio da vedação ao efeito de confisco aplica-se às multas. 2. Esta Corte já teve a oportunidade de considerar multas de 20% a 30% do valor do débito como adequadas à luz do princípio da vedação do confisco. Caso em que o Tribunal de origem reduziu a multa de 60% para 30%. 3. A mera alusão à mora, pontual e isoladamente considerada, é insuficiente para estabelecer a relação de calibração e ponderação necessárias entre a gravidade da conduta e o peso da punição. É ônus da parte interessada apontar peculiaridades e idiossincrasias do quadro que permitiriam sustentar a proporcionalidade da pena almejada.
> **RE 523.471 AgR/MG, rel. Min. Joaquim Barbosa, j. 06.04.2010**
>
> A desproporção entre o desrespeito à norma tributária e sua consequência jurídica, a multa, evidencia o caráter confiscatório desta, atentando contra o patrimônio do contribuinte, em contrariedade ao mencionado dispositivo do texto constitucional federal.
> **ADI 551/RJ, STF, rel. Min. Ilmar Galvão, j. 24.10.2002**

> **Gabarito de concurso público**
>
> Pode-se concluir que o conceito "efeito de confisco" permite que o Poder Judiciário o reconheça em sede de controle normativo abstrato, ainda que se trate de multa fiscal. (**Magistratura/SP – 2009 – VUNESP**) ver **ADI 551/RJ**

O caráter confiscatório é fácil de se identificar no caso dos impostos sobre propriedade e renda, das taxas e das contribuições de melhoria. IPTU de 50%, por exemplo, é claramente confiscatório.

Mas é difícil de aferir no caso dos impostos sobre produção e circulação de bens e serviços, à luz da seletividade. IPI de 50% sobre bebidas alcoólicas, por exemplo, não seria confiscatório (na verdade, o percentual é superior a isso).

São admitidas alíquotas muito altas no caso de impostos *extrafiscais*, que servem para o Estado intervir no mercado (caso dos impostos aduaneiros, por exemplo – II e IE).

> **Jurisprudência**
>
> 1. A caracterização do efeito confiscatório pressupõe a análise de dados concretos e de peculiaridades de cada operação ou situação, tomando-se em conta custos, carga tributária global, margens de lucro e condições pontuais do mercado e de conjuntura social e econômica (art. 150, IV da Constituição). 2. O isolado aumento da alíquota do tributo é insuficiente para comprovar a absorção total ou demasiada do produto econômico da atividade privada, de modo a torná-la inviável ou excessivamente onerosa.
> **RE 448.432 AgR/CE, STF, rel. Min. Joaquim Barbosa, j. 20.04.2010**

A progressividade indevida pode ser confiscatória e, portanto, inconstitucional:

> **Jurisprudência**
>
> O acórdão recorrido está em harmonia com o entendimento desta Suprema Corte que, no julgamento da ADI 2.010-MC, decidiu que a instituição de alíquotas progressivas para a contribuição previdenciária dos servidores públicos ofende o princípio da vedação à utilização de qualquer tributo com efeito de confisco, nos termos do art. 150, IV, da Constituição.
> **AI 676.442 AgR/PR, STF rel. Min. Ricardo Lewandowski, j. 19.10.2010**

6.7. Princípio da vedação de limitação ao tráfego de pessoas ou bens

6.7.1. Disposição constitucional

O tributo não pode ser usado para interferir no direito de ir e vir:

> CF, Art. 150. "Sem prejuízo de outras garantias asseguradas ao contribuinte, é vedado à União, aos Estados, ao Distrito Federal e aos Municípios:
> (...)
> V – estabelecer limitações ao tráfego de pessoas ou bens, por meio de tributos interestaduais ou intermunicipais, ressalvada a cobrança de pedágio pela utilização de vias conservadas pelo Poder Público;
> (...)".

6.7.2. Princípio da vedação de limitação ao tráfego de pessoas ou bens – Aspectos

Inexiste, em princípio, tributo interestadual ou intermunicipal que possa embaraçar o tráfego de pessoas ou bens. De qualquer forma, caso os Estados, o Distrito Federal ou os Municípios apliquem a legislação tributária de modo a interferir no direito de ir e vir dentro do território nacional, haverá inconstitucionalidade.

Eventualmente, a União poderia pretender criar imposto nesse sentido, no exercício da competência residual, o que seria vedado.

O pedágio, a rigor, costuma ser classificado como preço público ou tarifa, no caso de concessão.

6.8. Princípio da uniformidade territorial

6.8.1. Disposição constitucional

Os tributos federais devem ser uniformes em todo o Brasil, com uma única exceção:

> CF, Art. 151. "É vedado à União:
> I – instituir tributo que não seja uniforme em todo o território nacional ou que implique distinção ou preferência em relação a Estado, ao Distrito Federal ou a Município, em detrimento de outro, admitida a concessão de incentivos fiscais destinados a promover o equilíbrio do desenvolvimento socioeconômico entre as diferentes regiões do País;
> (...)".

6.8.2. Princípio da uniformidade territorial – Aspectos

Trata-se de princípio aplicável especificamente à União.

Garante tratamento isonômico aos contribuintes em todo o país.

É permitida a diferenciação em relação às realidades locais. É o caso do ITR, que não incide sobre pequenas glebas: uma pequena gleba em São Paulo é muito menor que uma pequena gleba no Amazonas, por exemplo.

A única exceção prevista no dispositivo constitucional é a concessão de incentivos fiscais destinados a promover o equilíbrio do desenvolvimento socioeconômico entre as diferentes regiões do País.

Gabarito de concurso público
O princípio da uniformidade geográfica admite excepcionalmente que sejam concedidos incentivos fiscais destinados a promover o equilíbrio do desenvolvimento socioeconômico entre as diferentes regiões do país. (**Magistratura/MS – 2008 – FGV**)

Interessante anotar que a Constituição Federal prevê expressamente a manutenção da Zona Franca de Manaus, com suas características de livre comércio, de exportação e importação, e de incentivos fiscais, por prazo sucessivamente prorrogado, a última vez por 50 (cinquenta) anos adicionais, conforme o art. 92-A do ADCT, sem que isso seja considerado ofensa ao princípio da uniformidade territorial.

6.9. Princípio da não diferenciação em razão da origem ou do destino dos bens e serviços

6.9.1. Disposição constitucional

O art. 152 da CF prevê esse princípio a ser observado pelos fiscos locais:

CF, Art. 152. "É vedado aos Estados, ao Distrito Federal e aos Municípios estabelecer diferença tributária entre bens e serviços, de qualquer natureza, em razão de sua procedência ou destino".

6.9.2. Princípio da não diferenciação em razão da origem ou do destino dos bens – Aspectos

É princípio aplicável especificamente aos Estados, ao DF e aos Municípios, que veda a cobrança de ICMS ou ISS de maneira discriminatória.

O incentivo à produção e à economia local não pode se dar em detrimento da unidade da Federação.

7. LEGISLAÇÃO TRIBUTÁRIA

7.1. Definição

O art. 96 do CTN define *legislação tributária*:

CTN, art. 96. "A expressão "legislação tributária" compreende as leis, os tratados e as convenções internacionais, os decretos e as normas complementares que versem, no todo ou em parte, sobre tributos e relações jurídicas a eles pertinentes".

É expressão que corresponde àquilo que a doutrina costuma denominar fontes, fontes formais, veículos normativos, instrumentos normativos, instrumentos introdutórios de normas etc.

7.2. "Legislação" conforme o CTN

Perceba, portanto, que, para o CTN, *legislação* não é apenas o conjunto de leis. Além delas, abrange tratados, decretos e normas complementares.

Para que fique bem claro, segundo o art. 96 do CTN, a expressão *legislação tributária* abarca:

✓ Leis;

✓ Tratados e convenções internacionais;

✓ **Decretos;**

✓ Normas complementares:

✓ *Atos normativos expedidos pelas autoridades administrativas;*

✓ *Decisões administrativas com eficácia normativa;*

✓ *Práticas reiteradas das autoridades administrativas;*

✓ *Convênios entre União, Estados, DF e Municípios.*

Perceba que *normas complementares* são uma categoria de *legislação tributária* abaixo dos decretos.

É importante memorizar que *decreto* não é *norma complementar,* pois isso é muito exigido em concursos.

7.3. Estrutura do sistema normativo

Veja a seguinte representação gráfica do sistema normativo tributário:

```
                    ┌──────────────────────┐
                    │ Constituição Federal │
                    └──────────┬───────────┘
                               │
                    ┌──────────┴───────────┐
                    │  Normas Nacionais    │
                    │ (CTN, leis complementares, outras) │
                    └──────────┬───────────┘
              ┌────────────────┼────────────────┐
     ┌────────┴────────┐ ┌─────┴─────┐  ┌──────┴──────┐
     │ Normas Federais │ │  Normas   │  │   Normas    │
     │(incluindo leis  │ │ Estaduais │  │ Municipais  │
     │ ordinárias e    │ │  e do DF  │  │             │
     │ complementares) │ │           │  │             │
     └─────────────────┘ └───────────┘  └─────────────┘
```

No topo do sistema temos a Constituição Federal, que fixa as competências, as imunidades, os princípios etc.

Na base temos as normas produzidas por União, Estados, DF e Municípios, no exercício de suas competências tributárias, instituindo, alterando e extinguindo tributos, regulando suas respectivas administrações tributárias e a exigência das exações.

Perceba que entre as normas constitucionais (competência tributária, princípios, imunidades etc.) e as normas produzidas por cada ente tributante (federais, estaduais, distritais e municipais) há uma categoria intermediária, de normas nacionais, que, embora produzidas pelo Congresso Nacional (Legislativo da União), aplicam-se a todos os entes federados (União, Estados, DF e Municípios), dando unidade ao sistema tributário nacional.

7.4. Constituição Federal e emendas

As normas tributárias básicas estão na Constituição Federal.

Os princípios expressos e implícitos são encontrados na CF.

Já vimos que a Constituição veicula as normas de competência tributária.

A CF pode ser emendada pelo constituinte derivado (Congresso Nacional), por meio de um procedimento específico, com quórum qualificado.

Há determinadas cláusulas pétreas, ou seja, matérias que não podem ser veiculadas por emenda constitucional.

O STF já decidiu, por exemplo, que não é possível reduzir o alcance ou criar novas exceções à anterioridade (que é garantia individual) e à imunidade recíproca (ligada ao princípio federativo).

7.5. Lei ordinária

7.5.1. Conceitos básicos

A lei ordinária é o instrumento normativo básico, produzido pelo Legislativo de cada ente tributante.

Quando a CF refere-se simplesmente à *lei*, entende-se que é lei ordinária.

Os elementos essenciais da tributação (art. 97 do CTN) devem ser, em regra, veiculados por lei ordinária (há tributos federais que dependem de lei complementar).

7.5.2. Devem ser veiculados por lei

Já vimos, mas é bom lembrar, quais são os elementos essenciais da tributação, cujas normas devem ser veiculadas por lei (nunca por norma infralegal, como decretos e portarias):

a) instituição, majoração, redução, dispensa e extinção de tributos e de penalidades;

b) fato gerador da obrigação principal;

c) alíquotas e base de cálculo;

d) cominação de penalidades, sua dispensa ou redução;

e) hipóteses de suspensão, extinção e exclusão do crédito tributário.

7.5.3. Não precisam ser veiculados por lei

Também é interessante rememorar as matérias que não exigem lei, podendo ser tratadas por normas infralegais (decretos, portarias etc.):

a) alteração de alíquotas de II, IE, IPI, IOF e CIDE sobre combustíveis, atendidas as condições e os limites estabelecidos pela lei;

b) correção monetária da base de cálculo, dentro do índice oficial de inflação (Súmula 160 do STJ);

c) vencimento do tributo;

d) modelos de guias e de livros fiscais;

e) locais de pagamento.

7.6. Lei complementar (normas nacionais e federais)

Naquela representação gráfica vista anteriormente, do sistema normativo tributário, repare que as normas nacionais (que se aplicam a todos os entes tributantes) e determinadas normas federais (que se referem à competência tributária da União) devem ser veiculadas por lei complementar federal.

Veremos, inicialmente, as leis complementares que veiculam essas normas nacionais, que dão unidade ao sistema tributário brasileiro. É o caso, por exemplo, do CTN, da LC 87/1996, que regula nacionalmente o ICMS, e da LC 116/2003, que regula o ISS (são normas que se aplicam a todos os Estados e Municípios brasileiros).

Mais adiante, trataremos das leis complementares que veiculam simples normas federais, relativas à competência tributária da União. São normas que não se aplicam, em princípio, a Estados, DF e Municípios.

7.6.1. Lei complementar: normas nacionais (arts. 146 e 146-A da CF)

Os arts. 146 e 146-A da CF indicam as matérias que devem ser veiculadas por lei complementar federal, de natureza nacional (aplicáveis a todos os entes tributantes):

a) conflitos de competência;

b) regulamentação das limitações constitucionais ao poder de tributar;

c) normas gerais em matéria de legislação tributária;

d) critérios especiais de tributação para prevenir desequilíbrios da concorrência.

É a lei complementar, por exemplo, que indica quando incide o ITR e quando incide o IPTU em relação a determinado imóvel (rural ou urbano). É também lei complementar que define a incidência do ISS ou do ICMS, quando serviços são prestados com fornecimento de mercadoria. São exemplos de normas nacionais que resolvem conflitos de competência.

Gabarito de concurso público
Os conflitos sobre competência tributária entre Estados-membros e Municípios serão resolvidos por Lei Complementar. (**Magistratura Federal – 1ª Região – 2005**)

As limitações constitucionais ao poder de tributar, especificamente as imunidades, devem ser reguladas por lei complementar federal. É o caso do art. 14 do CTN, que regulamenta a imunidade de entidades educacionais e de assistência social.

As normas gerais em matéria tributária são importantíssimas e serão estudadas em tópico próprio, logo em seguida.

Finalmente, cabe à lei complementar federal fixar critérios para que a tributação possa ser utilizada como ferramenta em favor da concorrência.

7.6.1.1. Normas gerais em matéria de legislação tributária (art. 146, III, da CF)

O art. 146, III, e seu parágrafo único, da CF dão exemplos de normas gerais em matéria tributária que devem ser veiculadas por lei complementar federal:

a) definição de tributos e de suas espécies, bem como, em relação aos impostos discriminados na CF, a dos respectivos fatos geradores, bases de cálculo e contribuintes;

b) obrigação, lançamento, crédito, prescrição e decadência tributários (Súmula Vinculante 8 do STF);

c) tratamento diferenciado ao ato cooperativo;

d) tratamento diferenciado e favorecido às microempresas e às empresas de pequeno porte, inclusive regimes especiais ou simplificados;

e) Simples Nacional (LC 123/2006).

Jurisprudência
Súmula Vinculante 8 do STF: São inconstitucionais o parágrafo único do artigo 5º do decreto-lei n. 1.569/1977 e os artigos 45 e 46 da lei n. 8.212/1991, que tratam de prescrição e decadência de crédito tributário.   **Obs.: contribuições previdenciárias são tributos e a matéria – prescrição e decadência tributárias – é regulada por lei complementar, de modo que se aplicam os prazos quinquenais do CTN.**

Gabarito de concurso público
O art. 146 da Constituição Federal dispõe que cabe à lei complementar definir tratamento diferenciado e favorecido para as microempresas e para as empresas de pequeno porte. **(Magistratura/DF – 2011)**

Os Estados e o DF podem suprir a ausência de norma produzida pela União, para atendimento de suas peculiaridades, inclusive em matéria tributária (art. 24, §§ 3º e 4º, da CF).

A lei estadual perde a eficácia, no que for contrário, com o surgimento de lei federal.

Municípios tampouco podem ter sua competência tributária prejudicada pela omissão da União, cabendo, nesse caso, exercê-las plenamente.

7.6.2. Lei complementar: normas federais

Além de veicular normas nacionais, a lei complementar federal também veicula normas federais, ou seja, normas relativas à competência tributária da União:

a) empréstimos compulsórios;

b) impostos da competência residual;

c) outras contribuições sociais;

d) imposto sobre grandes fortunas.

Nesses casos, o Congresso Nacional, ao produzir uma lei complementar, está apenas tratando de tributos da competência da União, e não de normas aplicáveis a Estados, DF e Municípios (não são normas nacionais).

7.7. Medida Provisória

A Medida Provisória, produzida pelo Executivo, substitui a lei ordinária (jamais a lei complementar).

Não pode tratar de matéria processual tributária.

No caso da instituição e majoração de impostos (exceto II, IE, IPI, IOF e imposto extraordinário), produzirá efeitos apenas no exercício seguinte, se for convertida em lei até o final do ano de sua edição (art. 62, § 2º, da CF).

Gabarito de concurso público
A MP que aumentar alíquota de imposto de renda e proventos de qualquer natureza só produzirá efeitos no exercício financeiro seguinte se houver sido convertida em lei até o último dia daquele em que foi editada. **(Magistratura/RS – 2009)**

O STF admitiu MP estadual, com base no princípio da simetria.

7.8. Lei delegada

O Congresso Nacional pode atender à solicitação do Presidente e, por meio de resolução, delegar poder para produzir lei, nos termos do art. 68 da CF.

Se a delegação determinar a apreciação do projeto pelo Congresso, será em votação única, sem emenda.

Não pode veicular matéria reservada à lei complementar.

7.9. Decretos legislativos e resoluções

Os decretos legislativos e as resoluções são produzidos pelo Legislativo, mas sem posterior sanção do chefe do Executivo.

O decreto legislativo serve para: ratificação de tratados internacionais; disciplina das relações decorrentes de MP rejeitada ou que perdeu eficácia; ratificação de convênios.

As resoluções são utilizadas para o Senado Federal fixar: alíquotas máximas do ITCMD; alíquotas interestaduais, mínimas e máximas do ICMS; alíquotas mínimas do IPVA (perceba que essas são normas nacionais, aplicáveis aos Estados e DF, produzidas pelo Senado).

7.10. Tratados internacionais

Os tratados ou convenções internacionais são celebrados pelo Presidente da República (art. 84, VIII, da CF), muitas vezes por meio do plenipotenciário (seu representante no âmbito internacional).

Posteriormente, submete-se ao referendo do Congresso Nacional (art. 49, I, da CF), que pode aprová-lo por meio de decreto legislativo.

A seguir, o Presidente ratifica o tratado, manifestando, aos demais países, seu consentimento.

Finalmente, o Presidente promulga o tratado por decreto, cuja publicação insere-o no sistema jurídico nacional.

1º O Presidente da República celebra o tratado, muitas vezes por meio de plenipotenciário – art. 84, VIII, da CF
2º O Congresso Nacional referenda o tratado, aprovando-o por decreto legislativo – art. 49, I, da CF
3º O Presidente ratifica o tratado, manifestando o consentimento aos demais países
4º O Presidente promulga o tratado, por decreto, cuja publicação insere-o no sistema jurídico interno

Gabarito de concurso público
No ordenamento jurídico interno brasileiro, tratado internacional acerca de matéria tributária passa a vigorar na data de início da vigência do decreto que o promulgar. **(Ministério Público/ES – 2010 – CESPE)**

Em princípio, não há *acordos executivos* (sem referendo pelo Congresso) em matéria tributária.

Em geral, os tratados são equivalentes a leis ordinárias federais (exceto no caso de direitos humanos), mas há grande debate em relação à matéria tributária (art. 98 do CTN).

CTN, Art. 98. "Os tratados e as convenções internacionais revogam ou modificam a legislação tributária interna, e serão observados pela que lhes sobrevenha".

Perceba que o art. 98 do CTN claramente indica a supremacia do tratado internacional em relação às normas internas tributárias.

Considerando que os tratados são equiparados a lei ordinária federal, não serviriam, em princípio, para conceder benefícios fiscais relativos a tributos estaduais ou municipais (art. 151, III, da CF). Há também grande debate doutrinário a respeito disso, com entendimentos favoráveis.

Entretanto, o STF decidiu que o disposto no art. 151, III, da CF não impede a concessão de isenções tributárias heterônomas por meio de tratados internacionais, ou seja, é possível instituição de benefícios fiscais relativos a tributos estaduais ou municipais por meio de tratados internacionais (RE 543.943 AgR/PR).

São amplamente aceitos, ademais, tratados que garantem ao bem estrangeiro o mesmo tratamento tributário dado ao similar nacional (GATT, OMC – Súmula 575 do STF e Súmulas 20 e 71 do STJ).

Assim, se o peixe nacional é isento de ICMS, o importado também deverá ser beneficiado.

> **Gabarito de concurso público**
>
> O juiz Nerivaldo Branquinho, ao examinar mandado de segurança impetrado por Exportadora e Importadora Ltda. contra o Sr. Delegado Regional Tributário de Xiririca da Serra, que objetiva a isenção de ICMS sobre filé de merluza importado da Argentina, sob o fundamento de o Brasil ser signatário de tratado internacional, julga corretamente quando decide que à mercadoria importada do país signatário do GATT, ou membro do ALALC, estende-se a isenção do Imposto de Circulação de Mercadorias concedida a similar nacional. (**Magistratura/SP – 2011 – VUNESP**)

Nesse sentido, a FGV afirmou, em gabarito oficial, "que o STF entende que a concessão de isenção na via do tratado não se sujeita à vedação à concessão de isenção heterônoma, pois o âmbito de aplicação do art. 151, III, da CRFB é o das relações das entidades federadas entre si, não alcançando a União quando esta se apresenta na ordem externa" (XI Exame da OAB Unificado).

7.11. Decretos

Os decretos são produzidos pelo chefe do Executivo (Presidente, Governadores e Prefeitos), normalmente referendados por Ministros ou secretários.

Regulamentam as leis e não podem ultrapassar seus limites (não há, em princípio, *decretos autônomos* em matéria tributária).

Servem também para consolidar a legislação (o CTN prevê consolidação anual – art. 212).

Excepcionalmente podem ser utilizadas para alteração de alíquotas de tributos federais (II, IE, IPI, IOF, CIDE sobre combustíveis), embora a União, em regra, utilize outros instrumentos normativos (portaria ministerial, por exemplo).

Não são *normas complementares*, como definidas pelo CTN. As normas complementares, que veremos a seguir, estão abaixo dos decretos.

7.12. Normas complementares

Segundo o art. 100 do CTN, são normas complementares:

a) atos normativos expedidos pelas autoridades administrativas;
b) decisões administrativas com eficácia normativa;
c) práticas reiteradas das autoridades administrativas;
d) convênios entre União, Estados, DF e Municípios.

> **Gabarito de concurso público**
>
> Se o secretário de Fazenda do estado do Amazonas profere uma decisão com eficácia normativa, é correto afirmar que tal decisão somente tem efeitos jurisdicionais se assim previr a lei. (**Ministério Público/AM – 2008 – CESPE**)

O parágrafo único do art. 100 do CTN traz norma importantíssima, muito exigida em concursos:

CTN, Art. 100. "Parágrafo único. A observância das normas referidas neste artigo exclui a imposição de penalidades, a cobrança de juros de mora e a atualização do valor monetário da base de cálculo do tributo".

Perceba que a norma complementar, por não ser lei, não pode reduzir ou afastar tributos. Assim, caso o Executivo produza uma norma complementar nesse sentido, ela não será válida.

Entretanto, se o contribuinte cumpre a norma complementar posteriormente reconhecida como irregular e paga menos tributo do que era devido, deverá recolher a diferença, mas não poderá ser punido por isso (o erro foi do Executivo!). Nesse caso, o contribuinte deverá pagar o tributo que não recolheu, mas não serão cobrados multas ou juros de mora, conforme o art. 100, parágrafo único, do CTN.

> **Gabarito de concurso público**
>
> A observância das práticas reiteradas das autoridades administrativas livra o contribuinte da imposição de penalidades, da cobrança de juros de mora e da atualização do valor monetário da base de cálculo do tributo. (*Magistratura/RO – 2011 – PUCPR*)

8. VIGÊNCIA, APLICAÇÃO, INTERPRETAÇÃO E INTEGRAÇÃO DA LEGISLAÇÃO TRIBUTÁRIA

8.1. Vigência

8.1.1. Distinção entre validade, vigência e eficácia

A doutrina nem sempre é harmônica na definição dos conceitos de validade, vigência e eficácia. Apresentamos entendimento que se alinha com as normas do CTN e da CF em matéria tributária.

Validade é a pertinência da norma ao sistema jurídico. Norma válida é a produzida pelo órgão competente, observadas as regras aplicáveis.

Vigência é a delimitação **temporal** e **espacial** da validade da norma.

Eficácia refere-se à possibilidade de a norma produzir efeitos concretos.

8.1.2. Exemplos: validade, vigência e eficácia

Norma válida, mas não vigente: durante *vacatio legis*.

Norma não válida, mas vigente: norma revogada, com vigência para fatos passados.

Norma válida e vigente, mas não eficaz: ausência de regulamentação necessária para sua aplicação, ou antes de decorrido o prazo da anterioridade.

8.1.3. Vigência no espaço

Em conformidade com o *princípio da territorialidade*, as normas têm vigência nos limites do território do ente tributante (País, Estado, DF ou Município).

Uma norma da União aplica-se em todo o território nacional. Uma norma do Estado vige em seu respectivo território. O mesmo vale para o DF e para cada Município.

No âmbito federal, o IR aplica-se a fatos ocorridos no exterior, desde que haja elemento de conexão com o Brasil. São comuns tratados contra bitributação.

No âmbito dos Estados, DF e Municípios, é possível a extraterritorialidade conforme convênios ou normas gerais – art. 102 do CTN.

> **Jurisprudência**
>
> *Não há violação do princípio da territorialidade quando o município competente para cobrança de ISS exige obrigação acessória de cadastramento das empresas contribuintes quando estas possuem sede em outro município, mas prestam serviços no município arrecadador.*
> **AgRg no REsp 1.140.354/SP, STJ, rel. Min. Humberto Martins, j. 11.05.2010**

8.1.4. Vigência no tempo

A vigência no tempo é regulada pelas normas gerais do direito brasileiro – regra de 45 dias para *vacatio legis* (art. 1º da LINDB).

Atualmente, as leis devem indicar quando entram em vigor (art. 8º da LC 95/1998), sendo comum a expressão "essa lei entra em vigor na data de sua publicação".

O tratado internacional entra em vigor no âmbito interno com a vigência do decreto presidencial que o promulga; no âmbito externo, o tratado entra em vigor conforme acordado ou a partir da manifestação de consentimento dos Estados.

> **Gabarito de concurso público**
>
> *No ordenamento jurídico interno brasileiro, tratado internacional acerca de matéria tributária passa a vigorar na data de início da vigência do decreto que o promulgar.* (**Ministério Público/ES – 2010 – CESPE**)

O CTN traz regras específicas para a vigência da legislação complementar (art. 103 do CTN), salvo disposição em contrário:

a) atos normativos das autoridades administrativas: vigência a partir da data de sua publicação;

b) decisões com eficácia normativa: vigência 30 dias após a publicação;

c) convênios: vigência na data neles prevista (a rigor, não há regra subsidiária no CTN, para o caso de omissão).

> **Gabarito de concurso público**
>
> *Caso a União celebre com os estados-membros convênio para a adoção de método eletrônico para o lançamento de certos tributos, o referido convênio entrará em vigor na data nele prevista.* (**Advogado da União/AGU – CESPE – 2009**)

8.1.5. Vigência no tempo: questão da isenção

Pela literalidade do CTN, a isenção é simples exclusão do crédito (dispensa do pagamento), de modo que há fato gerador e surge a obrigação.

A revogação da isenção, assim, não corresponderia à instituição do tributo ou à sua majoração.

Nesse sentido, há forte entendimento, especialmente jurisprudencial, de que a revogação da isenção, em geral, não se submete à anterioridade, exceto no caso de impostos sobre patrimônio (ITR, IPTU, IPVA) e renda (IR), porque, nesses casos, há norma expressa no CTN:

> CTN, art. 104. "Entram em vigor no primeiro dia do exercício seguinte àquele em que ocorra a sua publicação os dispositivos de lei, referentes a impostos sobre o patrimônio ou a renda:
>
> (...)
>
> III – que extinguem ou reduzem isenções, salvo se a lei dispuser de maneira mais favorável ao contribuinte, e observado o disposto no artigo 178".

> **Jurisprudência**
>
> *Revogada a isenção, o tributo torna-se imediatamente exigível. Em caso assim, não há que se observar o princípio da anterioridade, dado que o tributo já é existente.*
> **RE 204.062/ES, STF, Rel. Min. Carlos Veloso, j. 27.09.1996**
>
> *A redução ou a extinção de desconto para pagamento de tributo sob determinadas condições previstas em lei, como o pagamento antecipado em parcela única, não pode ser equiparada à majoração do tributo em questão, no caso, o IPVA. Não incidência do princípio da anterioridade tributária.*
> **ADI 4.016/PR-MC, STF, rel. Min. Gilmar Mendes, j. 01.08.2008**
>
> **Súmula 615 do STF.** *O princípio constitucional da anualidade (§ 29 do art. 153 da CF) não se aplica à revogação de isenção do ICM.*
>
> Obs.: embora a súmula utilize o termo *anualidade*, trata-se do princípio da anterioridade anual, que era previsto no art. 153, § 29, da CF/1967 conforme a EC 1/1969

Interessante anotar, entretanto, que, para boa parte da doutrina mais moderna, a isenção afasta a incidência tributária, ou seja, não há fato gerador, nem obrigação tributária.

Nessa linha de raciocínio, a revogação da isenção **sempre corresponde** à instituição ou majoração do tributo, de modo que se submete à anterioridade.

Perceba, portanto, que há duas linhas interpretativas a respeito da revogação da isenção e da vigência da tributação correspondente, muito embora, como visto, a jurisprudência se incline para a primeira delas.

8.2 Aplicação

8.2.1. Definição

Aplicação refere-se ao ato de vontade pelo qual determinados agentes, em face de uma situação concreta, decidem qual a norma incidente.

8.2.2. Aplicação a fatos futuros e pendentes

Conforme o art. 105 do CTN, a legislação aplica-se imediatamente aos fatos geradores futuros e pendentes.

Gabarito de concurso público
A legislação tributária aplica-se imediatamente aos fatos geradores pendentes e futuros. (**Magistratura/PB – 2011 – CESPE**)

Vimos o caso do IR, ao estudar a irretroatividade (durante o ano-base, seu fato gerador está pendente, concluindo-se apenas no último instante do dia 31 de dezembro).

8.2.3. Aplicação a fatos pretéritos

Ao estudarmos o princípio da irretroatividade, apontamos os casos excepcionais em que a lei se aplica a fato anterior à sua vigência:

a) lei expressamente interpretativa, sem penalidade pela infração dos dispositivos interpretados (art. 106, I, do CTN);

b) norma sancionadora mais benéfica ao infrator (*lex mitior*), exceto no caso de ato definitivamente julgado (art. 106, II, do CTN);

c) novas regras para a fiscalização ou aumento das garantias e privilégios do crédito, exceto criação de responsabilidade (art. 144, § 1º, do CTN).

Jurisprudência
Lei supostamente interpretativa que, em verdade, inova no mundo jurídico deve ser considerada como lei nova. **RE 566.621/RS, STF, Rel. Min. Ellen Gracie, j. 04.08.2011.** **Obs.:** na linha desse entendimento, o prazo quinquenal da repetição de indébito previsto na LC 118/2005 vale apenas para ações ajuizadas após o início de sua vigência.

Gabarito de concurso público
Se, em procedimento administrativo fiscal, houver discussão sobre o alcance de uma norma impositiva, e, em face disso, tiver sido editada lei explicitando o sentido da referida norma, essa lei terá efeito retroativo. (**Procurador do Estado/PE – CESPE – 2009**)

A retroatividade não se aplica às multas administrativas:

Jurisprudência
Inaplicável a disciplina jurídica do Código Tributário Nacional, referente à retroatividade de lei mais benéfica (art. 106 do CTN), às multas de natureza administrativa. **REsp 1.176.900/SP, STJ, rel. Min. Eliana Calmon, j. 20.04.2010**

Se já houve o pagamento da penalidade pecuniária (ato jurídico perfeito) e, posteriormente, há redução da sanção, não há retroatividade (quem pagou não pode pedir devolução com base em legislação posterior):

Jurisprudência
2. Somente há que se falar em ato não definitivamente julgado, para efeito do art. 106, II, c, do CTN, se o crédito tributário ainda não estiver sido extinto ao tempo do protocolo da impugnação administrativa ou judicial em curso. 3. O pedido judicial de redução da penalidade somente ocorreu após os créditos terem sido integralmente extintos pelo adimplemento das parcelas, sendo assim, o pagamento integral do parcelamento extinguiu o crédito tributário na forma do art. 156, I, do CTN, o que inviabiliza a redução da penalidade com base no art. 106, II, c, do mesmo diploma legal, a despeito da superveniente edição da Lei n. 9.430/1996, que reduziu o limite da multa moratória prevista na Lei n. 8.981/1995 de 30% para 20% sobre o valor do débito. **REsp 852.647/RS, STJ, rel. Min. Mauro Campbell Marques, j. 24.08.2010**

Também há entendimento jurisprudencial no sentido de que a retroatividade não se aplica ampliativamente, como no caso de inclusão de atividade em regime especial de tributação:

Jurisprudência
(...) a Lei 10.034/2000, que possibilitou que instituições de ensino optassem pelo SIMPLES não pode ter efeitos retroativos, visto que ela não se enquadra em nenhuma das hipóteses do art. 106 do CTN. **REsp 1.194.524/RJ, STJ, rel. Min. Mauro Campbell Marques, j. 05.08.2010**

8.3. Interpretação

8.3.1. Definição

Interpretar é construir o conteúdo, o sentido e o alcance das normas jurídicas a partir da leitura dos textos legais.

Por outra linha doutrinária, interpretar é o esforço para extrair do texto legal o significado depositado pelo legislador.

A interpretação é pressuposto para a aplicação da legislação.

8.3.2. Métodos interpretativos

Aplicam-se ao Direito Tributário os métodos interpretativos da teoria geral do direito:

a) gramatical ou literal;

b) lógico-sistemático;

c) teleológico ou conforme a finalidade;

d) histórico.

Há, entretanto, regras específicas no CTN, que veremos mais adiante (arts. 109 a 112).

8.4 Integração

Em caso de ausência de disposição expressa (lacuna), a autoridade competente para aplicar a legislação tributária utilizará, sucessivamente, na ordem indicada (art. 108 do CTN):

1º – analogia
2º – princípios gerais de direito tributário
3º – princípios gerais de direito público
4º – equidade

É importante que o estudante memorize esses instrumentos de integração, inclusive sua ordem de aplicação, pois isso é muito exigido em concursos.

Gabarito de concurso público
Antes de aplicar os princípios gerais de direito tributário, o juiz deve fazer uso, se possível, da analogia. Entre a analogia e a equidade, o juiz deverá aplicar a primeira. (**Magistratura/PI – 2008 – CESPE**)

8.4.1. Analogia

Em caso de lacuna, o intérprete busca situação fática semelhante, verifica a norma aplicável a ela e, em seguida, adota-a para o caso analisado (= analogia).

No diagrama acima, não há lei específica regulando a situação "A" (há lacuna), mas há uma situação semelhante (a situação "B"). Nesse caso, a lei aplicável à situação "B" é aplicada por analogia à situação "A".

Parte-se da premissa de que, se o legislador tivesse pensado no caso em análise, teria fixado a mesma norma aplicável para a situação semelhante.

O emprego da analogia não poderá resultar na exigência de tributo não previsto em lei.

Gabarito de concurso público
O emprego da analogia não poderá resultar na exigência de tributo não previsto em lei. (**Magistratura/PA – 2008 – FGV**)

Jurisprudência
O princípio da estrita legalidade tributária não permite dar à regra de responsabilidade tributária alcance nela não compreendido inicialmente, nem mesmo por analogia (art. 108, § 1º, do CTN). **REsp 866.152/SC, STJ, Rel. Min. Mauro Campbell Marques, j. 05/08/2010**

Tampouco é possível aplicar a analogia para ampliar benefícios fiscais, já que eles dependem de lei específica (art. 150, § 6º, da CF) que deve ser interpretada estritamente (ou literalmente, para usar o termo do art. 111 do CTN).

8.4.2. Princípios gerais de Direito Tributário

Outro instrumento para a solução de lacunas é a utilização dos princípios gerais de Direito Tributário, como capacidade contributiva, isonomia, irretroatividade, anterioridade, não confisco, uniformidade territorial, não diferenciação etc.

8.4.3. Princípios gerais de direito público

O aplicador da lei utilizará, ainda, os princípios gerais de direito público, como supremacia do interesse público sobre o particular, indisponibilidade do interesse público, ampla defesa etc.

8.4.4. Equidade

Equidade é a justiça aplicada ao caso concreto.

Embora a aplicação da lei seja inafastável (*dura lex sede lex* – a lei é dura, mas é a lei), é preciso reconhecer que sua aplicação cega pode implicar injustiça para todos (*summum jus summa injuria* – quanto maior o direito, maior pode ser a injustiça).

O emprego da equidade não poderá resultar na dispensa do pagamento de tributo devido.

Jurisprudência
No caso dos autos, tendo o acórdão recorrido assentado que os ora agravantes praticam operação de mera comercialização de produtos no varejo, o que não gera a incidência do tributo em questão, deve ser rejeitada a equiparação pretendida, pois, em atenção às regras de hermenêutica insertas nos art. 108, § 2º, e 111 do CTN, a equidade não pode ser aplicada para dispensar o pagamento de tributo devido nem é possível ampliação jurisprudencial da norma que concede renúncia fiscal. **AgRg no REsp 786.079/SC, STJ, Rel. Min. Herman Benjamin, j. 03.12.2009**

Gabarito de concurso público
O emprego da equidade não poderá resultar na dispensa de pagamento de tributo devido. (**Magistratura/PA – 2008 – FGV**)

8.5. Princípios de direito privado na interpretação tributária

CTN, Art. 109. "Os princípios gerais de direito privado utilizam-se para pesquisa da definição, do conteúdo e do alcance de seus institutos, conceitos e formas, mas não para definição dos respectivos efeitos tributários".

Se a norma tributária refere-se a "pai" ou a "curador", o intérprete analisará o conceito à luz do direito privado, mas não seus efeitos tributários (responsabilidade pelo tributo, por exemplo).

Dessa forma, consultará o Código Civil para definir o que é *pai* ou *curador*, mas não para a definição de responsabilidade. A responsabilidade tributária do pai ou do curador (efeito tributário) será interpretada à luz da legislação e dos princípios tributários.

Jurisprudência
O CTN dispõe que os princípios de direito privado não têm o condão de desqualificar o regime tributário de determinada exação (art. 109 do CTN). **REsp 1.013.458/SC, STJ, Rel. Min. Luiz Fux, j. 09.12.2008**

8.6. Interpretação das normas de competência

CTN, Art. 110. "A lei tributária não pode alterar a definição, o conteúdo e o alcance de institutos, conceitos e formas de direito privado, utilizados, expressa ou implicitamente, pela Constituição Federal, pelas Constituições dos Estados, ou pelas Leis Orgânicas do Distrito Federal ou dos Municípios, para definir ou limitar competências tributárias".

A competência fixada pela CF é inalterável pela lei.

Assim, se o constituinte definiu que o Estado pode tributar a propriedade de veículos automotores, não pode o legislador local consignar que, para fins de IPVA, cavalos serão considerados veículo automotor.

Isso seria o mesmo que ampliar a competência tributária, o que não pode ser feito por norma infraconstitucional.

Jurisprudência
O art. 110 do CTN é mera explicitação do princípio da supremacia da Carta Magna, veiculando norma que versa sobre os limites da competência tributária concorrente e, assim, é revestido de carga constitucional, que não pode ser analisada em recurso especial. **AgRg no REsp 1.121.931/PR, STJ, Rel. Min. Luiz Fux, j. 15.02.2011**

Gabarito de concurso público
O conceito de mercadoria adotado pela Constituição Federal é o que a lei comercial define como tal. **(Magistratura/SP – 2009 – VUNESP)**

8.7. Interpretação literal dos benefícios

CTN, Art. 111. "Interpreta-se literalmente a legislação tributária que disponha sobre:

I – suspensão ou exclusão do crédito tributário;

II – outorga de isenção;

III – dispensa do cumprimento de obrigações tributárias acessórias".

A regra é a incidência tributária e o cumprimento dos deveres acessórios. A exceção (benefício fiscal) deve ser interpretada estritamente (ou literalmente, conforme o CTN).

Isso significa que uma isenção, por exemplo, jamais pode ser interpretada extensivamente para abranger situações ou pessoas não indicadas expressamente na lei.

Gabarito de concurso público
Interpreta-se literalmente a legislação tributária que disponha sobre dispensa do cumprimento de obrigações tributárias acessórias. **(Procurador do Município/Florianópolis-SC – 2010 – FEPESE)**

Já vimos que os benefícios fiscais devem ser veiculados por lei específica, que trate apenas do benefício ou do tributo a que se referem, conforme o art. 150, § 6º, da CF:

CF, art. 150, § 6º "Qualquer subsídio ou isenção, redução de base de cálculo, concessão de crédito presumido, anistia ou remissão, relativos a impostos, taxas ou contribuições, só poderá ser concedido mediante lei específica, federal, estadual ou municipal, que regule exclusivamente as matérias acima enumeradas ou o correspondente tributo ou contribuição, sem prejuízo do disposto no art. 155, § 2.º, XII, *g*" [benefícios de ICMS dependem de convênios interestaduais].

Jurisprudência
Ademais, a criação e extensão de benefício fiscal exige lei específica (art. 150, § 6º da Constituição Federal) e há vedação expressa à interpretação extensiva (art. 111 do CTN). **AgRg no REsp 1.226.371/RS, Rel. Min. Humberto Martins, j. 03.05.2011**

8.8. Interpretação benigna das sanções

Havendo dúvida, a lei tributária sancionadora deve ser interpretada de modo mais benéfica ao acusado.

CTN, Art. 112. "A lei tributária que define infrações, ou lhe comina penalidades, interpreta-se da maneira mais favorável ao acusado, em caso de dúvida quanto:

I – à capitulação legal do fato;

II – à natureza ou às circunstâncias materiais do fato, ou à natureza ou extensão dos seus efeitos;

III – à autoria, imputabilidade, ou punibilidade;

IV – à natureza da penalidade aplicável, ou à sua graduação".

É regra parecida com o *in dubio pro reo* do Direito Penal.

Perceba, entretanto, que essa interpretação mais benéfica é feita apenas no caso de dúvida a respeito das matérias indicadas no dispositivo.

9. OBRIGAÇÃO TRIBUTÁRIA, FATO GERADOR E CRÉDITO

9.1. Obrigação tributária

A obrigação tributária refere-se à relação entre o sujeito passivo e o sujeito ativo, que surge com o fato gerador, e à prestação correspondente.

Veja uma representação gráfica da obrigação tributária, surgida com o fato gerador, e a constituição do crédito tributário pelo lançamento (o lançamento se refere à obrigação principal, como veremos mais adiante).

9.1.1. Espécies (art. 113 do CTN)

Há duas espécies de obrigação tributária:

a) Obrigação principal (tem por objeto prestação pecuniária, tributo ou penalidade);

b) Obrigação acessória (a prestação não é pecuniária).

9.1.1.1. Obrigação principal

CTN, Art. 113, § 1º "A obrigação principal surge com a ocorrência do fato gerador, tem por objeto o pagamento de tributo ou penalidade pecuniária e extingue-se juntamente com o crédito dela decorrente".

O objeto da obrigação principal é sempre a entrega de dinheiro (tributo ou penalidade pecuniária).

Apesar de ser obrigação **tributária** principal, seu objeto pode ser tributo ou algo que não é tributo (multa não é tributo, pois decorre de fato ilícito).

9.1.1.2. Obrigação acessória

CTN, Art. 113, § 2º "A obrigação acessória decorre da legislação tributária e tem por objeto as prestações, positivas ou negativas, nela previstas no interesse da arrecadação ou da fiscalização dos tributos".

O objeto da obrigação acessória não é pecuniário, ou seja, é qualquer outra coisa que não seja entregar dinheiro ao Fisco, mas que tenha relação, evidentemente, com a tributação. Exemplos: emitir nota fiscal, escriturar livros, apresentar declarações, permitir a entrada do fiscal no estabelecimento.

Jurisprudência
Inscrever-se no Cadastro Nacional de Pessoa Jurídica (CNPJ) antes de iniciar a atividade econômica é uma obrigação acessória. **(Ministério Público/RO – 2008 – CESPE)**

A obrigação acessória decorre da *legislação tributária* (não necessariamente lei, mas também pode ser decreto, portaria etc.).

Apesar do nome *acessória*, essa obrigação pode existir independentemente de obrigação principal. Por exemplo, as entidades imunes devem manter escrituração fiscal (obrigação acessória), embora não haja obrigação principal (dever de pagar tributo). Outro exemplo é o caso da suspensão da exigibilidade do crédito tributário (obrigação principal), que não afasta as obrigações acessórias.

Jurisprudência
Isto porque, ainda que, em tese, o deslocamento de bens do ativo imobilizado e de material de uso e consumo entre estabelecimentos de uma mesma instituição financeira não configure hipótese de incidência do ICMS, compete ao Fisco Estadual averiguar a veracidade da aludida operação, sobressaindo a razoabilidade e proporcionalidade da norma jurídica que tão somente exige que os bens da pessoa jurídica sejam acompanhados das respectivas notas fiscais.   **REsp 1.116.792/PB, Rel. Ministro Luiz Fux, j. 24.11.2010**

Caso haja descumprimento da obrigação acessória (inadimplemento), surge penalidade pecuniária (multa):

CTN, Art. 113, § 3º A obrigação acessória, pelo simples fato da sua inobservância, converte-se em obrigação principal relativamente à penalidade pecuniária.

Já vimos, ao estudarmos o princípio da legalidade, o debate a respeito da necessidade de lei em sentido estrito para a instituição de obrigação acessória.

Lembre-se que o CTN, ao tratar da obrigação principal (tributo e penalidade pecuniária), refere-se sempre à *lei* (arts. 97, III, e 114). Ao dispor sobre a obrigação acessória (deveres instrumentais, como emissão de documentos fiscais, escrituração, declarações etc.), refere-se à *legislação* (que inclui normas infralegais – arts. 96, 113, § 2º, e 115).

Como dito anteriormente, apesar da incerteza jurisprudencial, parece-nos possível afirmar que há necessidade de lei, mas que pode ser genérica, sendo a obrigação acessória detalhada por norma infralegal (a prevalecer o posicionamento do STJ no REsp 838.143/PR, que nos parece adequado).

9.2. Fato gerador

9.2.1. Fato gerador: duplo sentido

A expressão *fato gerador* é utilizada em dois sentidos:

a) previsão legal (geral e abstrata) da situação que faz surgir a obrigação tributária = hipótese de incidência, fato gerador abstrato.

b) efetiva ocorrência do fato da vida previsto na lei = fato imponível, fato gerador concreto, fato jurídico tributário.

9.2.2. Fato gerador da obrigação principal

CTN, Art. 114. "Fato gerador da obrigação principal é a situação definida em lei como necessária e suficiente à sua ocorrência".

Fato gerador da obrigação principal é a situação prevista em **lei, necessária** e **suficiente** para sua ocorrência:

a) necessária: sem o fato gerador não há obrigação;

b) suficiente: não é preciso mais nada para surgir a obrigação tributária.

9.2.3. Fato gerador da obrigação acessória

CTN, Art. 115. "Fato gerador da obrigação acessória é qualquer situação que, na forma da legislação aplicável, impõe a prática ou a abstenção de ato que não configure obrigação principal".

Fato gerador da obrigação acessória é a situação prevista na legislação que faz surgir essa relação obrigacional não pecuniária.

Perceba que o CTN não faz referência à *lei*, mas apenas à *legislação*, o que gera o debate que já vimos ao estudarmos a obrigação acessória (necessidade de lei em sentido estrito para sua instituição).

É definido por exclusão (faz surgir obrigação tributária que não é principal, ou seja, que não é pecuniária).

9.2.4. Fato gerador: momento da ocorrência

Se o fato gerador for *situação de fato*, dá-se por ocorrido desde o momento em que se verifiquem as circunstâncias materiais necessárias a que produza os efeitos que normalmente lhe são próprios (art. 116, I, do CTN).

Por exemplo, a circulação de mercadoria (fato gerador do ICMS) é uma situação de fato, que ocorre com a saída para o adquirente.

Se for *situação jurídica*, desde o momento em que esteja definitivamente constituída, nos termos de direito aplicável (art. 116, II, do CTN).

Por exemplo, a transmissão de imóvel (fato gerador do ITBI ou do ITCMD) é uma situação jurídica, pois é regulada por outro ramo do direito (o Direito Civil), segundo o qual o domínio existe a partir do registro imobiliário. Assim, o fato gerador do imposto correspondente (ITBI se a transmissão for onerosa; ITCMD se for *causa mortis* ou por doação) ocorre somente a partir do registro imobiliário.

9.2.5. Fato gerador: momento da ocorrência de situação jurídica condicionada

Se o fato gerador for situação jurídica e houver condição suspensiva, entende-se que ocorre desde o momento de seu implemento (somente então ocorre o fato gerador – art. 117, I, do CTN).

Por exemplo, em uma doação condicionada a evento futuro e incerto (casamento do beneficiado), o fato gerador do ITCMD (imposto estadual que incide sobre doações) ocorre apenas no momento em que a condição é implementada (com o casamento e a efetiva doação, nesse exemplo).

Se o fato gerador for situação jurídica com condição resolutiva (ou resolutória), dá-se por ocorrido desde o momento da prática do ato ou da celebração do negócio (art. 117, II, do CTN). A rigor, essa condição é irrelevante para o fato gerador.

Por exemplo, um empréstimo bancário com cláusula extintiva em caso de alta inflação. No momento em que o empréstimo é realizado, com a disponibilização do dinheiro ao tomador, incide o IOF federal, sendo irrelevante o implemento futuro da cláusula resolutiva.

9.2.6. Fato gerador: irrelevância da validade ou dos efeitos

A definição legal do fato gerador é interpretada abstraindo-se (art. 118 do CTN):

a) da validade jurídica dos atos efetivamente praticados e da natureza de seu objeto ou dos seus efeitos – ex.: advocacia por profissional sem registro na OAB (incide o ISS);

b) dos efeitos dos fatos efetivamente ocorridos – ex.: mercadoria roubada após a venda (incide o ICMS).

A situação que configura o **fato** gerador é necessária e suficiente, de modo que a validade ou os efeitos dos atos praticados e dos atos ocorridos é irrelevante.

Gabaritos de concursos públicos
Podem ser tributados os atos nulos e os atos ilícitos, em face do princípio da interpretação objetiva do fato gerador. (**Defensoria/MT – 2007**)
Contra um menor absolutamente incapaz foi lavrado um auto de infração e imposição de multa constituindo crédito tributário relativo a negócio que o menor praticou sem estar devidamente representado. Esta exigência tributária, em tese, está correta, pois a validade jurídica dos atos efetivamente praticados e os efeitos dos fatos efetivamente ocorridos são irrelevantes para a definição do fato gerador, não havendo impedimento, portanto, para que o negócio celebrado seja fato gerador de tributo. (**Procurador do Município/Teresina-PI – 2010 – FCC**)

9.2.7. Fato gerador: norma antielisiva

> CTN, Art. 116, Parágrafo único. "A autoridade administrativa poderá desconsiderar atos ou negócios jurídicos praticados com a finalidade de dissimular a ocorrência do fato gerador do tributo ou a natureza dos elementos constitutivos da obrigação tributária, observados os procedimentos a serem estabelecidos em lei ordinária".

O legislador pretendeu reduzir as brechas pelas quais os contribuintes buscam reduzir o recolhimento do tributo.

A rigor, elisão fiscal ou planejamento tributário é algo legal. O que se veda é a evasão fiscal (= ilícito).

Dissimular é ocultar a ocorrência do fato gerador. Caso haja dissimulação, a autoridade administrativa deve desconsiderar os atos ou negócios praticados com essa finalidade e cobrar o tributo devido.

Discute-se se a falta de propósito negocial ou o abuso de forma seriam elementos para identificar a dissimulação ilícita. Não há, ainda, lei regulamentadora.

9.2.8. Fato gerador: uma classificação

Dentre as diversas classificações dos fatos geradores, apresentamos uma bastante adotada, que aponta o instantâneo, o periódico e o continuado:

Fato gerador instantâneo	– evento isolado, ocorrido em momento determinado – ex.: ICMS, IPI, II
Fato gerador periódico	– perfaz-se ao longo de um período, dentro do qual está *pendente* – ex.: IR
Fato gerador continuado	– situação que tende a perdurar indefinidamente no tempo: ex.: ITR, IPTU

9.3. Crédito tributário

9.3.1. Aspectos gerais

A obrigação tributária nasce automaticamente com a ocorrência do fato gerador, mas é *inexigível* pelo Fisco antes do lançamento.

Com o lançamento, constitui-se o **crédito** tributário, que decorre da obrigação principal e tem a mesma natureza desta (art. 139 do CTN). A partir daí, com o vencimento, a obrigação torna-se exigível.

A extinção do crédito extingue a obrigação (art. 113, § 1º, do CTN).

Gabarito de concurso público
Nos termos do Código Tributário Nacional, considera-se constituído o crédito tributário com a ocorrência do lançamento do crédito tributário efetuado pela autoridade administrativa. (**Magistratura/SC – 2010**)

9.3.2. Crédito tributário: arts. 140 e 141 do CTN

As circunstâncias que modificam o crédito, sua extensão ou seus efeitos, ou as garantias ou os privilégios, ou que excluem sua exigibilidade não afetam a obrigação tributária.

Por exemplo, a nulidade do crédito ou eventual garantia real dada pelo contribuinte não alteram, necessariamente, a obrigação.

A modificação, a suspensão, a extinção e a exclusão ocorrem somente nos casos previstos no CTN.

O crédito e suas garantias não podem ser dispensados pela administração tributária, sob pena de responsabilidade funcional do agente.

Gabarito de concurso público
As circunstâncias que modificam o crédito tributário, sua extensão ou seus efeitos, ou as garantias ou os privilégios a ele atribuídos, ou que excluem sua exigibilidade, não afetam a obrigação tributária que lhe deu origem. (**Magistratura/DF – 2011**)

10. LANÇAMENTO TRIBUTÁRIO

10.1. Definição do CTN

O lançamento tributário, pelo qual se constitui o crédito, é definido pelo art. 142 do CTN:

"Art. 142. Compete **privativamente** à autoridade administrativa **constituir** o crédito tributário pelo lançamento, assim entendido o procedimento administrativo tendente a verificar a ocorrência do fato gerador da obrigação correspondente, determinar a matéria tributável, calcular o montante do tributo devido, identificar o sujeito passivo e, sendo caso, propor a aplicação da penalidade cabível."

10.2. Lançamento tributário: características

O fato gerador faz surgir imediatamente a obrigação tributária. Com o lançamento (e após o vencimento), a obrigação principal (tributo ou penalidade pecuniária) torna-se exigível pelo Fisco.

Segundo o CTN, o lançamento **constitui** o crédito.

Gabarito de concurso público
No que concerne ao lançamento é correto afirmar: é ato administrativo constitutivo, pois dá nascimento a crédito tributário. (**Ministério Público/GO – 2005**)

Boa parte da doutrina, entretanto, entende que o lançamento **declara** o crédito, que surge automaticamente com a obrigação.

Há uma tese conciliatória, pela qual o lançamento **declara** a ocorrência do fato gerador (passado) e **constitui** o crédito tributário (presente).

10.3. Lançamento tributário: privatividade

Segundo o CTN, o lançamento é privativo do Fisco.

Gabarito de concurso público
Em ação judicial movida pelo contribuinte questionando os critérios constantes em legislações distintas para o lançamento, o juiz, na sentença de mérito, deverá indicar qual o critério a ser seguido. Nesse caso, mesmo que haja a possibilidade de obtenção do valor devido em liquidação por arbitramento, a autoridade fazendária na atividade de lançamento não poderá ser substituída. (**Magistratura/BA – 2006 – CESPE**)

Trata-se de atividade vinculada e obrigatória, sob pena de responsabilidade funcional (art. 142, parágrafo único, do CTN).

Gabarito de concurso público
O ato administrativo denominado de lançamento é vinculado para o agente da administração tributária. (**Delegado/PA – 2009 – MOVENS**)

A jurisprudência, entretanto, entende que a declaração prestada pelo contribuinte, na forma da legislação de determinados tributos (por exemplo, a DCTF federal ou as declarações relativas ao ICMS), indicando a ocorrência do fato gerador e o valor do tributo devido, constitui o crédito.

Assim, se o contribuinte entrega a DCTF (declaração federal) registrando a ocorrência do fato gerador da COFINS em determinado período, com a indicação do valor devido, mas não o recolhe, entende-se que o Fisco não precisa lançar, pois o crédito já está constituído (Súmula 436 do STJ). Nesse caso, bastará inscrever o valor em dívida ativa e executá-lo judicialmente.

Jurisprudência
Súmula 436 do STJ. A entrega de declaração pelo contribuinte reconhecendo débito fiscal constitui o crédito tributário, dispensada qualquer outra providência por parte do fisco.

10.4. Lançamento tributário: formalização

O lançamento documenta a ocorrência do fato gerador e formaliza a relação jurídica obrigacional.

Pelo lançamento, indica-se o sujeito passivo, o valor do tributo (calculado normalmente pela multiplicação de uma alíquota pela base de cálculo), das multas, dos juros e da correção monetária.

Se o valor estiver em moeda estrangeira, será feita a conversão em reais no lançamento, pelo câmbio da data de ocorrência do fato gerador.

Gabarito de concurso público
Quando o pagamento de um tributo depende da conversão de moeda estrangeira, o câmbio para a conversão é: o vigente no dia da ocorrência de fato gerador. (**Magistratura Federal – 1ª Região – 2005**)

10.5. Lançamento tributário: terminologia

Muitas vezes, utiliza-se o termo *lançamento* para o tributo e *autuação* quando há constituição do crédito pela fiscalização, com aplicação de multa.

Segundo o CTN, a autoridade lançadora *propõe* a aplicação de penalidade para a autoridade superior, que decidiria a respeito.

Atualmente, entretanto, o próprio fiscal já aplica a multa, que pode ser contestada administrativamente.

10.6. Lançamento tributário: constituição provisória e definitiva

Para a jurisprudência que vem se pacificando, a notificação do lançamento constitui provisoriamente o crédito tributário.

A constituição definitiva ocorre somente com o fim do processo administrativo ou após o prazo para impugnação ou recurso pelo sujeito passivo (ver, por ex., Súmula Vinculante 24 do STF).

Jurisprudência
Súmula Vinculante 24/STF: Não se tipifica crime material contra a ordem tributária, previsto no art. 1º, incisos I a IV, da Lei n. 8.137/1990, antes do lançamento definitivo do tributo.

10.7. Lançamento tributário: lei aplicável

CTN, art. 144. "O lançamento reporta-se à data da ocorrência do fato gerador da obrigação e rege-se pela lei então vigente, ainda que posteriormente modificada ou revogada.

(...)".

A lei aplicável em relação ao tributo é sempre aquela vigente à época do fato gerador (art. 144 do CTN).

Lembre-se, entretanto, que se aplica a lei posterior ao fato gerador que (art. 144, § 1º, e art. 106, II, do CTN):

a) fixa novos critérios de apuração ou processos de fiscalização;
b) amplia os poderes de investigação do Fisco;
c) outorga maiores garantias ou privilégios ao crédito, exceto a atribuição de nova responsabilidade tributária a terceiros;
d) *lex mitior* (norma sancionadora mais benéfica).

Gabaritos de concursos públicos
O lançamento tributário rege-se pela lei vigente na data da ocorrência do fato gerador, ainda que ao tempo da constituição do crédito tal lei haja sido revogada. (**Magistratura/PB – 2011 – CESPE**)
Se uma nova lei for publicada após a ocorrência do fato gerador de imposto não lançado por período certo de tempo, ampliando os poderes de investigação das autoridades administrativas, o lançamento será regido pela lei em vigor na data da feitura do lançamento. (**Ministério Público/ES – 2010 – CESPE**)

10.8. Lançamento tributário: modificação

O lançamento notificado só pode ser alterado em caso de (art. 145 do CTN):

a) impugnação do sujeito passivo;
b) recurso de ofício ou;
c) iniciativa de ofício da autoridade, nos casos do art. 149 do CTN (lançamento de ofício).

Gabarito de concurso público
Em conformidade com o CTN, quando regularmente notificado o sujeito passivo, o lançamento somente pode ser alterado por impugnação do próprio sujeito passivo, recurso de ofício ou por iniciativa de ofício da autoridade administrativa. (**Magistratura/PA – 2008 – FGV**)

Jurisprudência
O princípio da imutabilidade do lançamento tributário, insculpido no artigo 145 do CTN, prenuncia que o poder-dever de autotutela da Administração Tributária, consubstanciado na possibilidade de revisão do ato administrativo constitutivo do crédito tributário, somente pode ser exercido nas hipóteses elencadas no artigo 149 do Codex Tributário, e desde que não ultimada a extinção do crédito pelo decurso do prazo decadencial quinquenal, em homenagem ao princípio da proteção à confiança do contribuinte (encartado no artigo 146) e no respeito ao ato jurídico perfeito. **REsp 1.115.501/SP, STJ, Rel. Min. Luiz Fux, j. 10.11.2010 – repetitivo**

A modificação de critérios jurídicos não permite a alteração do lançamento (erro de direito) – Súmula 227 do TFR e art. 146 do CTN.

> CTN, art. 146. "A modificação introduzida, de ofício ou em consequência de decisão administrativa ou judicial, nos critérios jurídicos adotados pela autoridade administrativa no exercício do lançamento somente pode ser efetivada, em relação a um mesmo sujeito passivo, quanto a fato gerador ocorrido posteriormente à sua introdução".

Jurisprudência
Súmula 227 do TFR. A mudança de critério jurídico adotado pelo fisco não autoriza a revisão de lançamento.

De fato, a alteração dos critérios jurídicos somente se aplica a fatos posteriores – art. 146 do CTN. Ver também o art. 23 da Lei de Introdução às Normas do Direito Brasileiro – LINDB.

Significa que, se o Fisco muda sua interpretação a respeito da norma tributária, deverá aplicá-la aos lançamentos futuros, mas não para modificar os já realizados.

10.9. Lançamento tributário: revisão por erro

Veja os seguintes exemplos de erros de fato (que permite a modificação do lançamento) e de direito (mudança de entendimento, que não permite a alteração do lançamento):

Erro de fato (permite a revisão)	– a autoridade lançadora engana-se quanto à matéria tributável, pois pensou que o motor era elétrico, mas é a diesel, com alíquota aplicável maior. Nesse caso, pode e deve revisar o lançamento
Erro de direito (não permite a revisão)	– a autoridade lançadora interpreta erroneamente a legislação aplicável, pois sabia que o motor era a diesel, mas entendeu que se aplicava, por analogia, benefício fiscal dado ao motor elétrico. Há erro de direito, que não admite a revisão do lançamento

10.10. Modalidades de lançamento

Há somente três modalidades de lançamento: por declaração (ou misto), de ofício (ou direto) e por homologação (ou autolançamento):

Lançamento por **declaração** (ou misto)	– o sujeito passivo declara e o Fisco calcula o crédito e notifica para o pagamento
Lançamento de **ofício** (ou direto)	– o Fisco faz tudo, calcula e notifica o sujeito passivo para o pagamento – ex.: IPVA, IPTU
Lançamento por **homologação** (ou autolançamento)	– o contribuinte faz tudo, calcula e recolhe o tributo (o Fisco só homologa) – ex.: ICMS, IPI, ISS, contribuições

Gabarito de concurso público
São exemplos de impostos sujeitos normalmente a lançamento de ofício e por homologação, respectivamente: IPTU e IPI. (**Defensoria/SP – 2007 – FCC**)

10.11. Lançamento por declaração (misto)

10.11.1. Definição

Lançamento por declaração é aquele realizado com base na declaração do sujeito passivo ou de terceiro, prestada ao Fisco, na forma da *legislação*, com informações sobre **matéria de fato** indispensáveis para a constituição do crédito (art. 147 do CTN).

O Fisco analisa essa declaração e, com base nela, calcula o valor devido, notificando o contribuinte para que pague.

> **Gabarito de concurso público**
>
> *Considere que, após preencher e entregar ao órgão fiscal todos os documentos e informações necessários à apuração de determinado tributo, a empresa X receba uma notificação para pagamento. Nessa situação, tal tributo tem lançamento por declaração.* (**Magistratura/SE – 2008 – CESPE**)

Alguns autores afirmam que o ITR é lançado por declaração, mas a jurisprudência pacificou-se em sentido diverso (o ITR é lançado por homologação – ver REsp 1.027.051/SC-STJ).

A rigor, praticamente não existe tributo relevante no Brasil que seja atualmente lançado por declaração.

10.11.2. Lançamento por declaração: erro e retificação

O declarante pode retificar a declaração que vise a reduzir ou a excluir o tributo somente **antes da notificação** do lançamento, desde que comprove o erro (art. 147, § 1º, do CTN).

> **Gabarito de concurso público**
>
> *A retificação da declaração por iniciativa do próprio declarante, quando vise à redução ou exclusão de tributo, somente pode ser admitida mediante comprovação do erro em que se funde, e antes de notificado o lançamento.* (**Defensoria/SP – 2009 – FCC**)

Depois da notificação, o sujeito passivo pode contestar judicialmente o crédito (entendimento doutrinário).

Se o erro for apurável pelo próprio exame da declaração, será corrigido de ofício pela autoridade (art. 147, § 2º, do CTN).

10.11.3. Lançamento por declaração: arbitramento

> CTN, art. 148. "Quando o cálculo do tributo tenha por base, ou tome em consideração, o valor ou o preço de bens, direitos, serviços ou atos jurídicos, a autoridade lançadora, mediante processo regular, arbitrará aquele valor ou preço, sempre que sejam omissos ou não mereçam fé as declarações ou os esclarecimentos prestados, ou os documentos expedidos pelo sujeito passivo ou pelo terceiro legalmente obrigado, ressalvada, em caso de contestação, avaliação contraditória, administrativa ou judicial".

Quando há **omissão** ou **não mereçam fé** os documentos, declarações ou esclarecimentos, cabe arbitramento por parte do Fisco.

O arbitramento refere-se a **valores ou preços** de bens, direitos, serviços ou atos jurídicos necessários para o lançamento.

Deve ser instaurado **processo administrativo regular** pelo Fisco para **arbitramento** do valor ou preço (não é arbitrariedade!), garantido o **contraditório** (administrativo e judicial) em caso de contestação (art. 148 do CTN).

Essas regras do art. 148 do CTN são aplicáveis a qualquer arbitramento realizado pela autoridade fiscal, mesmo no caso de autuação (lançamento de ofício) relativa a tributo originariamente lançado por homologação.

> **Jurisprudência**
>
> *A apuração do valor da base de cálculo pode ser feita por arbitramento nos termos do artigo 148 do CTN quando for certa a ocorrência do fato imponível e a declaração do contribuinte não mereça fé, em relação ao valor ou preço de bens, direitos, serviços ou atos jurídicos registrados. Nesse caso, a Fazenda Pública fica autorizada a proceder ao arbitramento mediante processo administrativo-fiscal regular, assegurados o contraditório e a ampla defesa, exatamente o que ocorreu no caso, em que foi utilizado o próprio Livro de Inventário do Centro de Distribuição.*
> **REsp 1.109.298/RS, STJ, Min. Castro Meira, j. 26.04.2011**

> **Gabarito de concurso público**
>
> *Se o cálculo do tributo tiver por base valor de bens ou direitos, e estes não forem corretamente informados pelo sujeito passivo, a autoridade que efetivar o lançamento arbitrará estes valores, podendo o sujeito passivo contraditá-los.* (**Auditor Fiscal/CE – 2006 – ESAF – adaptado**)

10.12. Lançamento de ofício (direto)

10.12.1. Definição

Lançamento de ofício é a modalidade em que o Fisco lança diretamente, verificando a ocorrência do fato gerador, determinando a matéria tributável, calculando o montante do tributo, identificando o sujeito passivo e aplicando a penalidade (art. 149 do CTN).

Não há, nesse caso, participação direta do sujeito passivo.

O Fisco utiliza dados de cadastros, muitas vezes alimentados por declarações dos contribuintes, mas isso não pode levar o estudante a confundir o lançamento de ofício com o lançamento por declaração.

10.12.2. Lançamento de ofício: cabimento

Cabe lançamento de ofício para **todos** os tributos:

a) originariamente, quando a lei indica essa modalidade de lançamento para o tributo;

b) subsidiariamente, quando o tributo deveria ter sido lançado por declaração ou por homologação, mas não foi, por omissão, culpa, erro, fraude etc.

O art. 149 do CTN cuida também da aplicação de penalidade pecuniária isolada (sem lançamento de tributo) e da revisão do lançamento de ofício anteriormente realizado (por erro ou falta funcional).

10.12.3. Lançamento de ofício: art. 149 do CTN

Vejamos, a seguir, as hipóteses de lançamento e revisão de ofício, listadas no art. 149 do CTN.

> "**Art. 149.** O lançamento é efetuado e revisto de ofício pela autoridade administrativa nos seguintes casos:
> I – quando a lei assim o determine;
> (...)".

O inciso I indica o caso do lançamento de ofício originário, quando a lei determina essa modalidade para determinado tributo (ex.: IPVA, IPTU).

"**Art. 149.** O lançamento é efetuado e revisto de ofício pela autoridade administrativa nos seguintes casos:

(...)

II – quando a declaração não seja prestada, por quem de direito, no prazo e na forma da legislação tributária;

(...)".

O inciso II corresponde ao caso de omissão do sujeito passivo ou do terceiro obrigado à declaração (no lançamento por declaração), que leva o Fisco a lançar de ofício.

"**Art. 149.** O lançamento é efetuado e revisto de ofício pela autoridade administrativa nos seguintes casos:

(...)

III – quando a pessoa legalmente obrigada, embora tenha prestado declaração nos termos do inciso anterior, deixe de atender, no prazo e na forma da legislação tributária, a pedido de esclarecimento formulado pela autoridade administrativa, recuse-se a prestá-lo ou não o preste satisfatoriamente, **a juízo daquela autoridade**;

(...)".

Outro caso de omissão, em relação a pedido de esclarecimento feito pelo Fisco, no inciso III. Há uma peculiar discricionariedade da administração tributária que, se entender que o esclarecimento não é satisfatório (ou não ocorreu), deverá lançar de ofício.

"**Art. 149.** O lançamento é efetuado e revisto de ofício pela autoridade administrativa nos seguintes casos:

(...)

IV – quando se comprove falsidade, erro ou omissão quanto a qualquer elemento definido na legislação tributária como sendo de declaração obrigatória;

(...)".

Conforme o inciso, IV, há lançamento de ofício também no caso de falsidade ou erro na declaração prestada pelo particular.

Jurisprudência
1. A Administração Tributária tem o poder/dever de revisar de ofício o lançamento quando se comprove erro de fato quanto a qualquer elemento definido na legislação tributária como sendo de declaração obrigatória (art. 145, III, c/c art. 149, IV, do CTN).   *2. A este poder/dever corresponde o direito do contribuinte de retificar e ver retificada pelo Fisco a informação fornecida com erro de fato, quando dessa retificação resultar a redução do tributo devido.*   *3. Caso em que a Administração Tributária Municipal, ao invés de corrigir o erro de ofício, ou a pedido do administrado, como era o seu dever, optou pela lavratura de cinco autos de infração eivados de nulidade, o que forçou o contribuinte a confessar o débito e pedir parcelamento diante da necessidade premente de obtenção de certidão negativa.*   *4. Situação em que o vício contido nos autos de infração (erro de fato) foi transportado para a confissão de débitos feita por ocasião do pedido de parcelamento, ocasionando a invalidade da confissão.*   *5. A confissão da dívida não inibe o questionamento judicial da obrigação tributária, no que se refere aos seus aspectos jurídicos. Quanto aos aspectos fáticos sobre os quais incide a norma tributária, a regra é que não se pode rever judicialmente a confissão de dívida efetuada com o escopo de obter parcelamento de débitos tributários. No entanto, como na situação presente, a matéria de fato constante de confissão de dívida pode ser invalidada quando ocorre defeito causador de nulidade do ato jurídico (v.g. erro, dolo, simulação e fraude).*   **REsp 1.133.027/SP, STJ, Rel. p/ acórdão Min. Mauro Campbell Marques, j. 13.10.2010, repetitivo**

"**Art. 149.** O lançamento é efetuado e revisto de ofício pela autoridade administrativa nos seguintes casos:

(...)

V – quando se comprove omissão ou inexatidão, por parte da pessoa legalmente obrigada, no exercício da atividade a que se refere o artigo seguinte [lançamento por homologação];

(...)".

Hipótese de omissão ou inexatidão do sujeito passivo em relação ao lançamento por homologação. Nesse caso, do inciso V, o Fisco lançará de ofício.

"**Art. 149.** O lançamento é efetuado e revisto de ofício pela autoridade administrativa nos seguintes casos:

(...)

VI – quando se comprove ação ou omissão do sujeito passivo, ou de terceiro legalmente obrigado, que dê lugar à aplicação de penalidade pecuniária;

(...)"

O inciso VI refere-se à aplicação de penalidade pecuniária, sendo comum o uso do termo *autuação* para esse lançamento de ofício.

"**Art. 149.** O lançamento é efetuado e revisto de ofício pela autoridade administrativa nos seguintes casos:

(...)

VII – quando se comprove que o sujeito passivo, ou terceiro em benefício daquele, agiu com dolo, fraude ou simulação;

(...)".

Trata-se, no inciso VII, de reiteração da possibilidade de autuação no caso de ilícito tributário.

"**Art. 149.** O lançamento é efetuado e revisto de ofício pela autoridade administrativa nos seguintes casos:

(...)

VIII – quando deva ser apreciado fato não conhecido ou não provado por ocasião do lançamento anterior;

(...)".

Hipótese (inciso VIII) de revisão de anterior lançamento de ofício, em que a matéria tributável não havia sido adequadamente apreciada (erro de fato). Lembre-se que o erro de direito (mudança de entendimento quanto à interpretação da legislação) não permite a revisão.

Gabarito de concurso público
O lançamento é efetuado e revisto de ofício pela autoridade administrativa nas seguintes hipóteses, dentre outras, previstas no artigo 149 do CTN quando deve ser apreciado fato não conhecido por ocasião do lançamento anterior e quando a declaração não seja prestada, por quem de direito, no prazo e na forma da legislação tributária.   **(Auditor Fiscal/MS – 2006 – FGV)**

"**Art. 149.** O lançamento é efetuado e revisto de ofício pela autoridade administrativa nos seguintes casos:

(...)

IX – quando se comprove que, no lançamento anterior, ocorreu fraude ou falta funcional da autoridade que o efetuou, ou omissão, pela mesma autoridade, de ato ou formalidade especial.

(...)".

O inciso IX refere-se à revisão do lançamento de ofício anteriormente realizado, por fraude, falta ou omissão da autoridade fiscal.

> "**Art. 149.** O lançamento é efetuado e revisto de ofício pela autoridade administrativa nos seguintes casos:
> (...)
> Parágrafo único. A revisão do lançamento só pode ser iniciada enquanto não extinto o direito da Fazenda Pública."

Após o prazo decadencial, não é mais possível revisar o lançamento anterior. Estudaremos a decadência quando analisarmos as modalidades de extinção do crédito tributário, mais adiante.

10.13. Lançamento por homologação (autolançamento)

10.13.1 Definição

Lançamento por homologação é aquele em que o próprio sujeito passivo verifica a ocorrência do fato gerador, calcula o tributo devido e, antes de qualquer atuação do Fisco, recolhe o valor correspondente.

À autoridade administrativa, resta homologar a atividade do sujeito passivo, expressa ou tacitamente.

Como o sujeito passivo faz tudo, é também conhecido como *autolançamento*.

10.13.2. Art. 150, caput, do CTN

> "**Art. 150.** O lançamento por homologação, que ocorre quanto aos tributos cuja legislação atribua ao sujeito passivo o dever de **antecipar o pagamento** sem prévio exame da autoridade administrativa, **opera-se pelo ato** em que a referida **autoridade**, tomando conhecimento da atividade assim exercida pelo obrigado, **expressamente a homologa**.
> (...)".

O CTN procurou manter a tese de que o lançamento é privativo do Fisco, razão pela qual se refere à homologação pela autoridade competente, que pode ser tácita. Na verdade, quase sempre há apenas homologação tácita.

10.13.3. Lançamento por homologação: momento da extinção do crédito

> "**Art. 150**. § 1º. O pagamento antecipado pelo obrigado nos termos deste artigo extingue o crédito, sob condição resolutória da ulterior homologação ao lançamento.
> (...)".

Atualmente, após enorme discussão judicial, a legislação é clara ao afirmar que a extinção do crédito se dá com o pagamento realizado pelo sujeito passivo, e não com a homologação pelo Fisco – art. 3º da LC 118/2005.

Isso é relevante para a contagem do prazo para a repetição de eventual indébito (quando o sujeito paga tributo indevido e pede a restituição do valor). Voltaremos ao assunto ao tratarmos da extinção do crédito e das ações tributárias.

10.13.4. Homologação tácita – Art. 150, § 4º, CTN

Se não houver homologação expressa do Fisco, ocorre a homologação tácita, após 5 anos contados do fato gerador.

Com a sua ocorrência, não há como o Fisco rever o lançamento (ocorre decadência).

Entretanto, para que seja possível, é preciso que tenha ocorrido recolhimento.

Não há homologação tácita, tampouco, no caso de dolo, fraude ou simulação.

Jurisprudência
O prazo decadencial quinquenal para o Fisco constituir o crédito tributário (lançamento de ofício) conta-se do primeiro dia do exercício seguinte àquele em que o lançamento poderia ter sido efetuado, nos casos em que a lei não prevê o pagamento antecipado da exação ou quando, a despeito da previsão legal, o mesmo inocorre, sem [ou ocorre pagamento antecipado com] a constatação de dolo, fraude ou simulação do contribuinte, inexistindo declaração prévia do débito **REsp 973.733/SC, STJ, Rel. Min. Luiz Fux, j. 12.08.2009 – repetitivo**
Obs.: esse repetitivo trata de decadência, mas deixa claro que não há homologação tácita quando: – não ocorre o pagamento   – o pagamento ocorre com dolo, fraude ou simulação.   Ademais, para que haja lançamento de ofício subsidiário, não pode ter havido declaração prévia de débito (já que essa declaração do sujeito passivo tem o efeito de constituir o crédito, sendo desnecessário lançamento pelo fisco – Súmula 436 do STJ)

10.13.5. Tributo declarado e não pago

Nos tributos empresariais lançados por homologação (IPI, ICMS, COFINS etc.) costuma haver declaração prestada ao Fisco, informando a matéria tributável e o valor do tributo (ex.: DCTF).

Essa declaração é considerada "confissão" do devedor, que corresponde ao próprio lançamento:

Jurisprudência
Súmula 436 do STJ: A entrega de declaração pelo contribuinte reconhecendo débito fiscal constitui o crédito tributário, dispensada qualquer outra providência por parte do fisco.

O Fisco não precisa realizar lançamento de ofício (não há contagem de prazo decadencial), bastando inscrever o débito e executá-lo.

Discute-se se há, nessa hipótese, lançamento por homologação ou se é outra modalidade.

Gabaritos de concursos públicos
Quando o contribuinte apura o imposto devido e informa tal valor ao fisco sem, entretanto, efetuar o recolhimento, desnecessário se faz o procedimento administrativo fiscal para verificar a ocorrência do fato gerador, apontar a matéria tributável, calcular o valor e indicar o sujeito passivo. **(Magistratura/BA – 2006 – CESPE)**

> O juiz de direito Libório Rangel, no exercício de suas funções, depara-se com o seguinte caso: sujeito passivo de obrigação tributária alega que não tem obrigação de pagar o tributo, porquanto, no caso em espécie, não ocorreu processo administrativo.
> O Magistrado decidirá corretamente quando: tratando-se de débito declarado pelo próprio contribuinte, o chamado autolançamento, a exigência fiscal não se baseia em prévio procedimento administrativo, daí por que julga improcedente a demanda. (**Magistratura/SP – 2011 – VUNESP**)

Há uma situação muito peculiar, em que o contribuinte declara o débito tributário em conjunto com crédito que entende possuir contra o mesmo ente público, para fins de compensação tributária. Muitas vezes, o Fisco indefere a compensação (por entender que o crédito privado não é válido, por exemplo) e, automaticamente, inscreve e inicia a cobrança do débito tributário.

Ocorre que o STJ afasta a aplicação de sua Súmula 436 nesse caso, exigindo o lançamento de ofício por parte do Fisco, permitindo impugnação administrativa pelo sujeito passivo antes da inscrição e cobrança:

> **Jurisprudência**
>
> *O STJ possui entendimento pacificado no sentido de que é vedada a imediata inscrição em dívida ativa dos valores confessados em DCTF, quando o referido documento informar a quitação do crédito tributário por meio de compensação. Nessa hipótese, rejeitada a compensação declarada, impõe-se o lançamento de ofício, com abertura de prazo para impugnação.*
> **REsp 1.179.646/PR, STJ, Rel. Min. Herman Benjamin, j. 17.08.2010**

10.13.6. Depósito judicial e lançamento

A suspensão da exigibilidade do crédito não impede o lançamento tributário – ver REsp 1.129.450/SP.

Entretanto, no caso do depósito judicial (que é modalidade de suspensão do crédito), o lançamento não é necessário em relação ao montante depositado.

Essa desnecessidade também ocorre no caso de depósito judicial realizado para suspender o crédito antes do lançamento.

Isso porque, para realizar o depósito, o sujeito passivo acaba identificando a matéria tributável e o valor do tributo, conforme exigido pelo Fisco (o que corresponde ao lançamento).

> **Jurisprudência**
>
> *No caso de tributos sujeitos a lançamento por homologação, o contribuinte, ao realizar o depósito judicial com vistas à suspensão da exigibilidade do crédito tributário, promove a constituição deste nos moldes do que dispõe o art. 150 e parágrafos do CTN. Isso, porque verifica a ocorrência do fato gerador, calcula o montante devido e, em vez de efetuar o pagamento, deposita a quantia aferida, a fim de impugnar a cobrança da exação. Assim, o crédito tributário é constituído por meio da declaração do sujeito passivo, não havendo falar em decadência do direito do Fisco de lançar, caracterizando-se, com a inércia da autoridade fazendária apenas a homologação tácita da apuração anteriormente realizada. Não há, portanto, necessidade de ato formal de lançamento por parte da autoridade administrativa quanto aos valores depositados.*
> **EREsp 686.479/RJ, STJ, Rel. Min. Denise Arruda, j. 27.08.2008**

11. SUJEIÇÃO PASSIVA

11.1. Definição

A sujeição passiva refere-se à ocupação do polo passivo da obrigação tributária, à condição de devedor da prestação correspondente.

Sujeito passivo da obrigação principal é a pessoa obrigada ao pagamento do tributo ou da penalidade pecuniária (art. 121, *caput,* do CTN).

Sujeito passivo da obrigação acessória é a pessoa obrigada às prestações que constituem seu objeto (art. 122 do CTN).

11.2. Legalidade

O sujeito passivo deve ser indicado pela lei.

No caso dos impostos previstos na CF, o **contribuinte** (uma das duas espécies de sujeito passivo tributário) deve estar definido em lei complementar federal (art. 146, III, *a*, da CF).

11.3. Convenções particulares não alteram a sujeição passiva

Nos termos do art. 123 do CTN, salvo disposições de lei em contrário, as convenções particulares, relativas à responsabilidade pelo pagamento de tributos, não podem ser opostas à Fazenda Pública, para modificar a definição legal do sujeito passivo das obrigações tributárias correspondentes.

É comum, por exemplo, que nos contratos de locação de imóvel o inquilino fique responsável pelo recolhimento do IPTU. Para o Fisco, entretanto, essa disposição contratual é irrelevante. Em caso de inadimplemento, o tributo será cobrado do proprietário que a lei indica como contribuinte do imposto municipal.

> **Jurisprudência**
>
> *A jurisprudência do STJ entende que o locatário não tem legitimidade ativa para a ação de repetição de indébito tributário do IPTU, uma vez que, à luz do art. 34 do CTN, o "contribuinte do imposto é o proprietário do imóvel, o titular do seu domínio útil, ou o seu possuidor a qualquer título", não se admitindo, por outro lado, nos termos do art. 123 do CTN, que convenções particulares, relativas à responsabilidade pelo pagamento de tributos, possam modificar a definição legal do sujeito passivo das obrigações tributárias correspondentes.*
> **AgRg no AgRg no REsp 1.131.379/RJ, STJ, Rel. Min. Benedito Gonçalves, j. 18.03.2010**

> **Gabarito de concurso público**
>
> *Não é pessoalmente responsável pela obrigação tributária, perante a Fazenda Pública, o locatário cujo contrato prevê a responsabilidade tributária.* (**Ministério Público/PB – 2010**)

O locatário não possui legitimidade ativa para discutir a relação jurídico-tributária de IPTU e de taxas referentes ao imóvel alugado nem para repetir indébito desses tributos (Súmula 614 do STJ).

De fato, se o sujeito passivo é indicado pela lei, não haveria como um acordo privado alterá-lo perante o Fisco.

> **Gabaritos de concursos públicos**
>
> *Um estado, ao firmar contrato com uma empresa privada, desobrigando-a de recolher tributo devido pela sua atividade, passou a ser responsável pelo seu pagamento. Caso não haja disposição de lei em contrário, nenhuma convenção ou contrato tem validade para alterar o sujeito passivo de obrigação tributária perante a fazenda pública.* (**Procurador do Estado/PI – 2008 – CESPE**)
>
> *Determinada empresa contratou os serviços de um contador e entregou a ele, regularmente, todos os cheques para a quitação dos impostos devidos. Certo dia, essa empresa recebeu do fisco estadual e do federal a informação de que estava devendo impostos aos quais se destinavam aqueles cheques, bem como multas. Em ambos os casos, a responsabilidade pelo pagamento dos tributos e das multas é da empresa.* (**Ministério Público/SE – 2010 – CESPE**)

11.4. Espécies de sujeito passivo (obrigação principal)

Há apenas duas espécies de sujeito passivo da obrigação principal: o contribuinte e o responsável tributário.

Contribuinte (sujeito passivo natural, direto) é o sujeito passivo que tem relação pessoal e direta com a situação que constitua o fato gerador (é o agente, o titular ou o beneficiário dessa situação).

Responsável (sujeito passivo indireto) é o sujeito passivo que, sem se revestir da condição de contribuinte, tem sua obrigação decorrente de disposição expressa da **lei**. Ou seja, é definido por exclusão: responsável é o sujeito passivo indicado pela lei, mas que não tem relação pessoal e direta com o fato gerador (não é contribuinte).

> **Gabarito de concurso público**
>
> *Em nosso sistema tributário, a diferença entre o contribuinte e o responsável tributário é que enquanto o contribuinte realiza o fato gerador, a responsabilidade deste último deriva exclusivamente da lei.* (**Magistratura/PE – 2011 – FCC**)

11.5. Contribuinte (sujeito passivo natural, direto)

Veja, na seguinte representação gráfica, que o contribuinte é o sujeito passivo que tem relação pessoal e direta com o fato gerador.

Contribuinte é o agente, o titular ou o beneficiário da situação que configura o fato gerador.

Essa relação é tão próxima que, como veremos a seguir, pela própria identificação do fato gerador é possível, de pronto, reconhecer o contribuinte.

11.5.1. Contribuinte: exemplos

Lembre-se que contribuinte é o agente, o titular ou o beneficiário da situação que configura o fato gerador, tendo com ela uma relação pessoal e direta.

Veja, nos seguintes exemplos, como é fácil identificá-lo, a partir dos fatos geradores:

✓ IR: o fato gerador do imposto de renda é auferir renda, logo, contribuinte é quem aufere a renda (agente);

✓ ICMS: o principal fato gerador corresponde à circulação de mercadoria, de modo que contribuinte é quem promove essa circulação (agente);

✓ ISS: o fato gerador é a prestação de determinados serviços, razão pela qual contribuinte é quem presta o serviço (agente);

✓ ITR, IPVA, IPTU: o fato gerador desses impostos é a propriedade (de imóveis ou automóveis), de modo que o contribuinte só poderia ser o respectivo proprietário (titular);

✓ Taxas: o fato gerador é o exercício do poder de polícia ou a prestação de determinados serviços, logo, contribuintes são, respectivamente, o fiscalizado e o usuário do serviço (beneficiários);

✓ Contribuição de melhoria: o fato gerador é a valorização imobiliária decorrente de obra pública, razão pela qual contribuinte é quem percebe o aumento patrimonial decorrente da obra (beneficiário).

11.5.2. Contribuinte: capacidade contributiva

Contribuinte é o sujeito passivo direto, quem *naturalmente* deve ocupar o polo passivo da obrigação, pois é quem demonstra *capacidade contributiva*, quem deve ser onerado pelo tributo.

Por essa razão, quando a lei indica responsável tributário, traz ferramentas para que o ônus econômico recaia sobre o contribuinte (ou quem deveria ser contribuinte), como a retenção na fonte ou o repasse no preço.

> **Jurisprudência**
>
> 3. O contribuinte tem relação pessoal e direta com o fato gerador e, como regra, responde diretamente pelo ônus da tributação, em atenção ao princípio da capacidade contributiva.
> 4. Na sistemática da substituição tributária, o substituto apura e recolhe o ICMS que incidirá na operação futura a ser realizada pelo substituído. É este último, como contribuinte, que deve suportar diretamente o ônus do tributo, ainda que o repasse ao consumidor final, por se tratar de imposto indireto.
> **REsp 1.090.414/RS, STJ Rel. Min. Luiz Fux, Primeira Seção, j. 23.02.2011**

> **Gabarito de concurso público**
>
> *O tratamento jurídico do sujeito passivo tributário pode ser separado do econômico, daí é que a pessoa responsável pelo recolhimento do imposto aos cofres públicos pode não ser o que suporta o ônus do tributo.* (**Defensoria/SE – 2006 – CESPE**)

11.6. Solidariedade

11.6.1. Definição

Há solidariedade no Direito Tributário quando duas ou mais pessoas ocupam o polo passivo da obrigação tributária.

Não há benefício de ordem perante o Fisco (eventual direito de regresso é regulado pelo direito privado), ou seja, a administração tributária pode cobrar a totalidade do crédito de qualquer um dos sujeitos passivos solidários.

Há duas grandes distinções em relação à solidariedade do Código Civil: no Direito Tributário, a solidariedade é somente passiva e jamais decorre da vontade das partes.

11.6.2. Solidariedade: espécies (art. 124 do CTN)

Existem duas espécies de solidariedade tributária: natural e legal.

Natural: é a solidariedade entre as pessoas que têm interesse comum na situação que constitua o fato gerador da obrigação principal.

Por exemplo, condôminos em relação ao IPTU, comunhão universal em relação ao IR. Não é o caso do vendedor e do adquirente em relação ao ITBI, pois os interesses não são comuns (um quer vender e o outro quer comprar).

Apesar de pecuniária, a prestação tributária é tratada como sendo indivisível.

Legal: é a solidariedade entre pessoas expressamente designadas em lei.

Jurisprudência
A jurisprudência desta Corte consolidou-se no sentido de que inexiste solidariedade passiva em execução fiscal apenas por pertencerem as empresas ao mesmo grupo econômico, já que tal fato, por si só, não justifica a presença do "interesse comum" previsto no artigo 124 do Código Tributário Nacional. AgRg no REsp 1.102.894/RS, Rel. Min. Castro Meira, j. 21.10.2010

11.6.3. Solidariedade: efeitos

O art. 125 do CTN traz os efeitos da solidariedade tributária:

"**Art. 125.** Salvo disposição de lei em contrário, são os seguintes os efeitos da solidariedade:

I – o pagamento efetuado por um dos obrigados aproveita aos demais;

II – a isenção ou remissão de crédito exonera todos os obrigados, salvo se outorgada pessoalmente a um deles, subsistindo, nesse caso, a solidariedade quanto aos demais pelo saldo;

III – a interrupção da prescrição, em favor ou contra um dos obrigados, favorece ou prejudica aos demais."

Perceba o caso peculiar do inciso II. O benefício fiscal concedido pessoalmente a um dos obrigados não aproveita aos outros. Por exemplo, se há isenção de IPTU para maiores de 60 anos e apenas um dos dois condôminos preenche o requisito (o outro é mais jovem), somente o primeiro deles é beneficiado, em relação à sua parcela do imóvel.

Gabaritos de concursos públicos
Em decorrência da solidariedade tributária, o pagamento efetuado por um dos obrigados aproveita aos demais. (**Magistratura/PR – 2008**)
Na solidariedade tributária, a isenção ou remissão outorgada pessoalmente a um dos obrigados não exonera os demais, ficando mantida a solidariedade quanto ao saldo. (**Magistratura/SP – 2007**)

11.7. Capacidade tributária

11.7.1 Definição

Capacidade tributária é expressão utilizada em dois sentidos:

a) aptidão para ocupar o polo passivo da obrigação tributária, ou seja, para ser sujeito passivo;

b) aptidão para realizar o fato gerador do tributo.

11.7.2. Características da capacidade tributária

CTN, Art. 126. "A capacidade tributária passiva independe:

I – da capacidade civil das pessoas naturais;

II – de achar-se a pessoa natural sujeita a medidas que importem privação ou limitação do exercício de atividades civis, comerciais ou profissionais, ou da administração direta de seus bens ou negócios;

III – de estar a pessoa jurídica regularmente constituída, bastando que configure uma unidade econômica ou profissional".

Mesmo os incapazes (absoluta ou relativamente) podem ser sujeitos passivos de tributos. Temos **fato** gerador, não **ato** gerador, de modo que a vontade do agente é irrelevante, em princípio, para fins tributários. Menor de idade, deficientes mentais, pródigos etc., todos eles têm capacidade tributária.

Falido, profissional com licença cassada etc., também podem ser sujeitos passivos.

Sociedade irregular, espólio, condomínio, massa falida têm capacidade tributária e podem ser sujeitos passivos (ainda que não tenham personalidade jurídica própria).

Gabarito de concurso público
Uma criança recém-nascida já tem capacidade tributária para ser devedora de IPTU. (**Ministério Público/RR – 2008 – CESPE**)

11.8. Domicílio tributário

11.8.1. Definição

Domicílio tributário é o local em que o sujeito passivo deve ser encontrado; onde as notificações serão entregues; onde, em princípio, o tributo será recolhido (art. 159 do CTN); onde a execução será proposta.

11.8.2. Eleição pelo próprio sujeito passivo

Em regra, o sujeito passivo escolhe seu domicílio tributário na forma da legislação.

Ele pode indicar ao Fisco qualquer endereço, desde que não prejudique a cobrança. Entende-se que essa escolha deve recair em uma localidade dentro do território do ente tributante.

> **Gabarito de concurso público**
>
> *De regra, o contribuinte tem domicílio fiscal ou tributário no lugar onde eleger, desde que não recusado pela autoridade administrativa.* (**Ministério Público/MS – 2011 – FADEMS**)

O CTN traz regras subsidiárias para a definição do domicílio somente para os casos em que não há essa opção expressa pelo sujeito passivo ou quando ela é recusada pelo Fisco.

11.8.3. Domicílio: regra subsidiária

Veja, portanto, que, quando o sujeito passivo não indica expressamente seu domicílio, aplica-se o art. 127 do CTN para sua fixação:

> CTN, Art. 127. "Na **falta de eleição**, pelo contribuinte ou responsável, de domicílio tributário, na forma da legislação aplicável, considera-se como tal:
>
> I – quanto às pessoas naturais, a sua residência habitual, ou, sendo esta incerta ou desconhecida, o centro habitual de sua atividade;
>
> II – quanto às pessoas jurídicas de direito privado ou às firmas individuais, o lugar da sua sede, ou, em relação aos atos ou fatos que derem origem à obrigação, o de cada estabelecimento;
>
> III – quanto às pessoas jurídicas de direito público, qualquer de suas repartições no território da entidade tributante.
>
> (...)".

Ademais, se as regras dos incisos anteriormente transcritos não forem aplicáveis, ou se o domicílio eleito for recusado pelo Fisco, considera-se o local da situação dos bens ou da ocorrência dos atos ou fatos que deram origem à obrigação:

> CTN, Art. 127. "(...)
>
> § 1º Quando não couber a aplicação das regras fixadas em qualquer dos incisos deste artigo, considerar-se-á como domicílio tributário do contribuinte ou responsável o lugar da situação dos bens ou da ocorrência dos atos ou fatos que deram origem à obrigação.
>
> § 2º A autoridade administrativa pode recusar o domicílio eleito, quando impossibilite ou dificulte a arrecadação ou a fiscalização do tributo, aplicando-se então a regra do parágrafo anterior".

> **Gabarito de concurso público**
>
> *A autoridade administrativa pode recusar o domicílio eleito, no caso de impossibilitar a fiscalização do tributo* (**Ministério Público/GO – 2005**)

11.9. Responsável tributário

11.9.1. Definição

O **responsável** (sujeito passivo indireto) é definido por exclusão: é aquele a quem a lei impõe a obrigação tributária, sem se revestir da condição de contribuinte.

Não sendo contribuinte, não tem relação pessoal e direta com o fato gerador, mas deve ter algum vínculo com ele.

Significa que o legislador não pode escolher qualquer pessoa para ser responsável, pois ela tem que ter alguma relação, ainda que indireta, com o fato gerador.

Responsável tributário é expressão utilizada somente para a obrigação principal.

Veja na representação gráfica acima que, enquanto o contribuinte tem relação pessoal e direta com o fato gerador (é o agente, titular ou beneficiário da situação que o configura), a relação do responsável é mais distante, apenas indireta.

Por exemplo, quando o trabalhador recebe o salário, identifica-se como contribuinte do imposto de renda, pois tem relação pessoal e direta com o fato gerador (é ele quem aufere a renda). O empregador pode ser indicado como responsável tributário, pois não tem essa relação pessoal e direta com o fato gerador (não é ele quem aufere a renda), mas possui claramente vínculo indireto (o empregador é quem paga o salário, permitindo que o contribuinte aufira a renda). Perceba com há uma relação do responsável tributário com o fato gerador, ainda que mais distante em relação àquela do contribuinte.

11.9.2. Responsável tributário: art. 128 do CTN

> CTN, Art. 128. "Sem prejuízo do disposto neste capítulo, a **lei** pode atribuir de modo expresso a responsabilidade pelo crédito tributário a terceira pessoa, **vinculada ao fato gerador** da respectiva obrigação, excluindo a responsabilidade do contribuinte ou atribuindo-a a este em caráter supletivo do cumprimento total ou parcial da referida obrigação".

O art. 128 deixa claro que há casos de responsabilidade previstos no próprio CTN (que estudaremos mais adiante), mas também que a lei de cada ente tributante pode prever outras hipóteses de responsabilidade tributária.

A responsabilidade pode ser: exclusiva, subsidiária, principal ou solidária.

> **Gabarito de concurso público**
>
> *É admissível que a lei atribua a um contribuinte a responsabilidade supletiva parcial pelo pagamento de determinado tributo.* (**Ministério Público/RR – 2008 – CESPE**)

Importante salientar que, ao criar nova espécie de responsabilidade, o legislador ordinário deve observar as "regras matrizes de responsabilidade de terceiros estabelecidas em caráter geral" pelos arts. 134 e 135 do CTN, conforme entendimento do STF. Significa dizer que o legislador ordinário não pode, por exemplo, criar responsabilidade de sócio decorrente de simples inadimplemento tributário, pois isso se afastaria da norma geral fixada pelo art. 135 do CTN.

> **Jurisprudência**
>
> 2. O Código Tributário Nacional estabelece algumas regras matrizes de responsabilidade tributária, como a do art. 135, III, bem como diretrizes para que o legislador de cada ente político estabeleça outras regras específicas de responsabilidade tributária relativamente aos tributos da sua competência, conforme seu art. 128. 3. O preceito do art. 124, II, no sentido de que são solidariamente obrigadas "as pessoas expressamente designadas por lei", não autoriza o legislador a criar novos casos de responsabilidade tributária sem a observância dos requisitos exigidos pelo art. 128 do CTN, tampouco a desconsiderar as regras matrizes de responsabilidade de terceiros estabelecidas em caráter geral pelos arts. 134 e 135 do mesmo diploma.
> **RE 562.276, Rel. Min. Ellen Gracie, Tribunal Pleno, j. 03.11.2010, Repercussão Geral – Mérito**

11.9.3. Espécies de responsabilidade

Dentre diversas classificações doutrinárias, é bastante adotada aquela que indica haver responsabilidade por *transferência* e por *substituição*:

✓ **Transferência:** a obrigação tributária surge em relação ao contribuinte, mas, por conta de evento posterior ao fato gerador, outra pessoa passa a ocupar o polo passivo (basicamente, os casos previstos no CTN são de transferência);

✓ **Substituição:** quando a obrigação já surge em relação ao responsável, pois a lei exclui a figura do contribuinte (caso da substituição "para frente" e da retenção na fonte).

> **Gabarito de concurso público**
>
> A extinta CPMF é exemplo de responsabilidade tributária por substituição, visto que, embora o fato gerador do tributo fosse a movimentação bancária e o contribuinte era o correntista que movimentava os próprios recursos financeiros, a lei determinava às instituições financeiras o dever de recolher o tributo. (**Procurador do Estado/PB – 2008 – CESPE**)

11.9.4. Substituição tributária "para trás"

A substituição tributária "para trás" implica diferimento (adiamento) no recolhimento do tributo, que é feito nas operações seguintes, dentro da cadeia de produção, comercialização e consumo.

Normalmente é prevista para casos em que há muitos fornecedores de insumos para um ou alguns poucos adquirentes.

Por exemplo, o adquirente dos insumos recolhe o imposto devido sobre essa operação posteriormente, no momento em que vende o produto final:

A fábrica (substituta) recolhe não apenas o imposto devido pela venda do leite para a loja, mas também aquele devido sobre as vendas anteriormente realizadas pelos produtores (substituídos)

Veja que, em princípio, os produtores de leite, nesse exemplo, deveriam recolher o imposto incidente sobre as vendas para a fábrica, mas esse pagamento é diferido (adiado) para a operação seguinte. Ou seja, o produtor do leite não paga o imposto, deixando para a fábrica esse dever.

> **Gabarito de concurso público**
>
> A responsabilidade tributária por substituição comporta espécie apelidada "para trás", em que há postergação do pagamento do tributo, transferindo-se a terceiro a obrigação de reter e recolher o montante devido. (**Magistratura Federal – 4ª Região – XIII – 2008**)

11.9.5. Substituição tributária "para frente"

A substituição tributária "para frente" é, de certa forma, o oposto da substituição tributária "para trás".

Normalmente é adotada quando há um ou alguns poucos fabricantes e muitos adquirentes.

Por exemplo, o fabricante recolhe não apenas o imposto incidente sobre a operação que realiza, mas antecipa também os valores que seriam pagos pelos adquirentes, em relação às operações subsequentes dentro da cadeia de produção, comercialização e consumo.

A fábrica (substituta) recolhe não apenas o imposto devido pela venda dos carros para as concessionárias (substituídas), mas também **antecipa** aquele devido sobre as vendas posteriores para os consumidores

Note que, nesse exemplo, a concessionária de veículos não recolhe imposto ao fisco sobre as vendas dos veículos aos consumidores finais, pois o montante correspondente já foi pago antecipadamente pela fábrica, na operação anterior.

> **Jurisprudência**
>
> Inviável exigir do recorrido-substituto o ICMS não recolhido, se inexistiu culpa ou dolo. Ao contrário, respeitou-se determinação judicial para não apurar e recolher o tributo. Em caso de cobrança, seria impossível ao responsável repassar o ônus do tributo ao substituído-contribuinte.
> **REsp 1.090.414/RS, STJ, Rel. Min. Luiz Fux, Primeira Seção, j. 23.02.2011**

Como há recolhimento antecipado, em relação a fato gerador futuro, sempre houve muita discussão quanto à constitucionalidade dessa sistemática, que foi reconhecida pelo Judiciário e, posteriormente, ratificada pelo constituinte derivado, que incluiu o § 7º ao art. 150 da CF:

> CF, Art. 150, § 7º. "A lei poderá atribuir a sujeito passivo de obrigação tributária a condição de responsável pelo paga-

mento de imposto ou contribuição, cujo fato gerador deva ocorrer posteriormente, assegurada a imediata e preferencial restituição da quantia paga, caso não se realize o fato gerador presumido".

Perceba que, nos termos do art. 150, § 7º, da CF, se o fato gerador futuro não ocorrer (por exemplo, se o veículo é roubado na concessionária, antes da venda para o consumidor final), o valor antecipadamente recolhido pela fábrica deve ser devolvido pelo Fisco.

O STF entedia que a substituição tributária para a frente gerava presunção absoluta, de forma que, se ocorrida a operação, independente do valor, não haveria direito à restituição, assim como não haveria dever de complementação (STF, RE 266.602-5/MG, Pleno, j. 14.09.2006, rel. Min. Ellen Gracie, DJ 02.02.2007).

Ocorre que em outubro de 2016 o Pleno do STF modificou esse entendimento, fixando nova tese no RE 593.849/MG em repercussão geral, reconhecendo o direito à restituição também no caso de o fato gerador ocorrer por valor inferior ao presumido e que servirá de base de cálculo para o tributo recolhido na sistemática de substituição tributária "para frente" – ver tese de repercussão geral 201/STF.

11.9.6. Responsabilidade no CTN

O CTN regula basicamente três categorias de responsabilidade:

Dos sucessores (arts. 129 a 133)	– adquirentes de bens, espólio, herdeiros; sociedades resultantes de fusão, incorporação etc.; adquirentes de fundos de comércio
De terceiros (arts. 134 e 135)	– pais, tutores, administradores, inventariantes, tabeliães, sócios etc.
Por infrações (arts. 136 a 138)	– responsabilidade independentemente da intenção do agente, hipóteses de responsabilidade pessoal do agente, exclusão da responsabilidade pelas multas em caso de denúncia espontânea

Analisaremos, a seguir, cada um dos casos previstos no Código Tributário Nacional.

Antes disso é interessante mencionar outra responsabilidade, prevista no art. 208 do CTN, especificamente atinente à emissão dolosa ou fraudulenta de certidão negativa de débito, com erro contra a fazenda:

CTN, art. 208. "A certidão negativa expedida com dolo ou fraude, que contenha erro contra a Fazenda Pública, responsabiliza pessoalmente o funcionário que a expedir, pelo crédito tributário e juros de mora acrescidos.

Parágrafo único. O disposto neste artigo não exclui a responsabilidade criminal e funcional que no caso couber".

Gabarito de concurso público
O funcionário do fisco que expedir fraudulentamente certidão negativa contra a fazenda pública responderá pelo crédito tributário, já que estará caracterizada a responsabilidade de terceiro pela obrigação tributária. **(Magistratura Federal/1ª Região – 2009 – CESPE)**

Feita a anotação, passamos a analisar as normas de responsabilidade previstas nos arts. 129 a 138 do CTN.

11.9.7. Responsabilidade dos sucessores

CTN, Art. 129. "O disposto nesta Seção aplica-se por igual aos **créditos** tributários definitivamente constituídos ou em curso de constituição à data dos atos nela referidos, e aos constituídos posteriormente aos mesmos atos, desde que relativos a obrigações tributárias surgidas até a referida data".

A responsabilidade dos sucessores abrange o tributo e a penalidade pecuniária, mesmo quando o artigo correspondente (arts. 131, 132 e 133 do CTN) refere-se literalmente apenas ao tributo.

Jurisprudência
A responsabilidade tributária do sucessor abrange, além dos tributos devidos pelo sucedido, as multas moratórias ou punitivas, que, por representarem dívida de valor, acompanham o passivo do patrimônio adquirido pelo sucessor, desde que seu fato gerador tenha ocorrido até a data da sucessão. **REsp 923.012/MG, rel. Min. Luiz Fux, j. 09.06.2010 – repetitivo**

Esse entendimento foi consolidado pela Súmula 554/STJ:

Jurisprudência
Súmula 554/STJ: Na hipótese de sucessão empresarial, a responsabilidade da sucessora abrange não apenas os tributos devidos pela sucedida, mas também as multas moratórias ou punitivas referentes a fatos geradores ocorridos até a data da sucessão.

Todos os fatos geradores já ocorridos são abarcados pela responsabilidade, ainda que o crédito seja constituído depois do evento que gera a responsabilidade.

11.9.8. Responsabilidade dos sucessores – Art. 130 do CTN

CTN, Art. 130. "Os **créditos tributários** relativos a impostos cujo fato gerador seja a propriedade, o domínio útil ou a posse de bens **imóveis**, e bem assim os relativos a taxas pela prestação de serviços referentes a tais bens, ou a contribuições de melhoria, sub-rogam-se na pessoa dos respectivos adquirentes, **salvo quando conste do título a prova de sua quitação**.

Parágrafo único. No caso de arrematação em **hasta pública**, a sub-rogação ocorre sobre o respectivo preço".

O adquirente do imóvel passa a ser responsável pelos tributos relacionados ao bem.

Para afastar a responsabilidade, o adquirente deve conseguir Certidão Negativa de Débito e fazer constar a informação no título translativo (na escritura).

A aquisição em hasta pública é considerada originária e afasta essa responsabilidade (o ônus tributário recai sobre o preço pago).

Gabarito de concurso público
Considere que pessoa jurídica tenha adquirido imóvel não residencial em hasta pública. Em consonância com a jurisprudência do STJ, a arrematação tem o efeito de expurgar qualquer ônus obrigacional sobre o imóvel para a pessoa jurídica arrematante, devendo a transferência ocorrer livre de qualquer encargo ou responsabilidade tributária. **(Defensoria da União – 2010 – CESPE)**

> **Jurisprudência**
>
> *O adquirente só deixa de ter responsabilidade pelo pagamento dos débitos anteriores que recaiam sobre o bem, se ocorreu, efetivamente, depósito do preço, que se tornará a garantia dos demais credores. De molde que o crédito fiscal perquirido pelo fisco é abatido do pagamento, quando da praça, por isso que, encerrada a arrematação, não se pode imputar ao adquirente qualquer encargo ou responsabilidade.*
> **REsp 1.179.056/MG, STJ, Rel. Min. Humberto Martins, j. 07.10.2010**

Assim, o juiz, ao receber o valor pago pela arrematante, deve determinar o recolhimento dos tributos devidos, antes de liberar eventual diferença para o credor. Se o montante pago pelo arrematante não for suficiente para a quitação total do crédito tributário, a diferença é exigível, mas apenas contra o antigo proprietário (o arrematante não deve nada ao Fisco):

> **Jurisprudência**
>
> *De igual modo, quando o imóvel é arrematado em hasta pública, se a arrematação não enseja a quitação dos débitos fiscais – como ocorre no caso dos autos –, não há falar em extinção do crédito tributário. Especificamente em relação a esta hipótese, impende ressaltar que o parágrafo único do art. 130 do CTN traz uma exceção de responsabilidade oponível apenas pelo adquirente do imóvel em hasta pública, ou seja, não beneficia o antigo proprietário, como bem observou o Tribunal de origem.*
> **REsp 1.087.275/SP, STJ, Rel. Min. Denise Arruda, j. 17.11.2009**

Note que o dispositivo do CTN exonera apenas o arrematante (quem dá o lance no leilão judicial), não eventual adjudicatário (credor que fica com o bem penhorado para quitação do débito em execução):

> **Jurisprudência**
>
> *De igual modo, quando o imóvel é arrematado em hasta pública, se a arrematação não enseja a quitação dos débitos fiscais – como ocorre no caso dos autos –, não há falar em extinção do crédito tributário. Especificamente em relação a esta hipótese, impende ressaltar que o parágrafo único do art. 130 do CTN traz uma exceção de responsabilidade oponível apenas pelo adquirente do imóvel em hasta pública, ou seja, não beneficia o antigo proprietário, como bem observou o Tribunal de origem.*
> **REsp 1.179.056/MG, STJ, Rel. Min. Humberto Martins, j. 07.10.2010**

Importante salientar que tabeliães também podem ser responsabilizados, mas como terceiros, não como sucessores, nos termos dos arts. 134, VI, e 135, I, do CTN (estudaremos mais adiante).

11.9.9. Responsabilidade dos sucessores – Art. 131 do CTN

CTN, Art. 131. "São pessoalmente responsáveis:

I – o adquirente ou remitente, pelos tributos relativos aos bens adquiridos ou remidos;

II – o sucessor a qualquer título e o cônjuge meeiro, pelos tributos devidos pelo *de cujus* até a data da partilha ou adjudicação, limitada esta responsabilidade ao montante do quinhão do legado ou da meação;

III – o espólio, pelos tributos devidos pelo *de cujus* até a data da abertura da sucessão".

Embora o dispositivo refira-se a tributos (não a crédito, que abrange tributos e penalidades pecuniárias), a jurisprudência entende que a responsabilidade prevista no art. 131 do CTN abrange também as multas, como já adiantamos.

Em princípio, herdeiros e legatários não deveriam ser responsabilizados, pois os créditos devem ser recolhidos pelo espólio antes da partilha (art. 192 do CTN), mas pode haver lançamento posterior.

O STJ entende que a aquisição em hasta pública afasta a responsabilidade também em relação aos bens móveis, muito embora o art. 131 do CTN não tenha disposição expressa, a exemplo daquela prevista no art. 130, parágrafo único.

> **Jurisprudência**
>
> *Na arrematação de bem móvel em hasta pública, os débitos de IPVA anteriores à venda sub-rogam-se no preço da hasta, quando há ruptura da relação jurídica entre o bem alienado e o antigo proprietário. Aplicação analógica do artigo 130, parágrafo único, do CTN.*
> **REsp 1.128.903/RS, STJ, Rel. Min. Castro Meira, j. 08.02.2011**

Interessante notar que o inventariante também pode ser responsabilizado, mas como terceiro, não como sucessor, nos termos dos arts. 134, IV, e 135, I, do CTN.

11.9.10. Responsabilidade dos sucessores – Art. 132 do CTN

CTN, Art. 132. "A pessoa jurídica de direito privado que resultar de fusão, transformação ou incorporação de outra ou em outra é responsável pelos tributos devidos até à data do ato pelas pessoas jurídicas de direito privado fusionadas, transformadas ou incorporadas".

Essa responsabilidade do art. 132 refere-se às operações ou alterações societárias.

> **Jurisprudência**
>
> *Transformação, incorporação, fusão e cisão constituem várias facetas de um só instituto: a transformação das sociedades. Todos eles são fenômenos de natureza civil, envolvendo apenas as sociedades objeto da metamorfose e os respectivos donos de cotas ou ações.*
> **REsp 242.721/SC, rel. p/ acórdão Min. Humberto Gomes de Barros, j. 19.06.2001**

Repetimos que, embora o dispositivo refira-se a tributos, entende-se que a responsabilidade abrange também as penalidades pecuniárias.

Em regra, a sociedade resultante das operações responde pelos créditos tributários deixados pelas outras.

Vejamos, a seguir, cada um dos casos.

11.9.10.1. Fusão

Na fusão, duas ou mais sociedades se unem formando uma nova. A sociedade resultante responde por todos os débitos tributários deixados pelas que se uniram.

Perceba que, nesse exemplo, as sociedades A e B desaparecem ao formarem a sociedade C (resultante da fusão).

11.9.10.2. Transformação

A sociedade passa de um tipo para outro na transformação. Nesse caso, não há discussão, já que a sociedade é, na prática, a mesma, e responde por todos os débitos anteriores.

Nesse exemplo, a sociedade A simplesmente deixou de ser sociedade limitada e passou a existir como sociedade anônima, após a transformação.

11.9.10.3. Incorporação

Na incorporação, uma sociedade remanescente absorve outra, que deixa de existir. A sociedade subsistente responde por todos os débitos deixados pela extinta.

Nesse exemplo, a sociedade A incorporou a sociedade B. Note que a sociedade B deixa de existir, diferentemente da sociedade A, que subsiste. Essa é a diferença em relação à fusão, em que ambas as sociedades originárias desaparecem.

11.9.10.4. Cisão

Com a cisão, a sociedade transfere parcela de seu patrimônio para outra(s).

A transferência do patrimônio pela sociedade cindida pode ser total, hipótese em que deixa de existir (subsistem apenas as sociedades resultantes da cisão), como no exemplo abaixo (= cisão total). Outra hipótese é de transferência apenas parcial do patrimônio, em que a sociedade cindida subsiste (= cisão parcial).

O exemplo acima é de cisão total, pois a sociedade A cindida deixa de existir, surgindo as sociedades B e C, que dividem o patrimônio social original.

A cisão não é prevista expressamente no CTN, mas a jurisprudência é pacífica no sentido de que há responsabilidade por sucessão também nesse caso:

Jurisprudência
Embora não conste expressamente do rol do art. 132 do CTN, a cisão da sociedade é modalidade de mutação empresarial, sujeita, para efeito de responsabilidade tributária, ao mesmo tratamento jurídico conferido às demais espécies de sucessão.   **REsp 852.972/PR, STJ, Rel. Min. Teori Albino Zavascki, j. 25.05.2010**

Nesse caso, há grande discussão, pois a Lei das Sociedades Anônimas (posterior ao CTN) prevê que os atos societários podem dispor sobre os haveres e os deveres assumidos por cada uma das sociedades resultantes.

O Fisco entende que, em regra, as sociedades subsistentes respondem solidariamente pelos créditos tributários deixados pela cindida.

Há jurisprudência reconhecendo a solidariedade especificamente entre a sociedade resultante da cisão e a empresa cindida originária que continue a existir:

Jurisprudência
A empresa resultante de cisão que incorpora parte do patrimônio da outra responde solidariamente pelos débitos da empresa cindida. Irrelevância da vinculação direta do sucessor do fato gerador da obrigação.   **REsp 970.585/RS, rel. Min. José Delgado, j. 04/03/2008**

11.9.11. Responsabilidade dos sucessores – Art. 132, parágrafo único, do CTN

> CTN, Art. 132. Parágrafo único. O disposto neste artigo aplica-se aos casos de extinção de pessoas jurídicas de direito privado, quando a exploração da respectiva atividade seja continuada por qualquer sócio remanescente, ou seu espólio, sob a mesma ou outra razão social, ou sob firma individual.

O CTN prioriza a tributação da empresa, ou seja, da atividade empresarial.

Por essa razão, quem continua a exploração da empresa (sócio ou espólio) responde pelos débitos anteriores.

11.9.12. Responsabilidade dos sucessores – Art. 133 do CTN

> CTN, Art. 133. "A pessoa natural ou jurídica de direito privado que adquirir de outra, por qualquer título, fundo de comércio ou

estabelecimento comercial, industrial ou profissional, e continuar a respectiva exploração, sob a mesma ou outra razão social ou sob firma ou nome individual, responde pelos tributos, relativos ao fundo ou estabelecimento adquirido, devidos até à data do ato:

I – integralmente, se o alienante cessar a exploração do comércio, indústria ou atividade;

II – subsidiariamente com o alienante, se este prosseguir na exploração ou iniciar dentro de seis meses a contar da data da alienação, nova atividade no mesmo ou em outro ramo de comércio, indústria ou profissão".

A responsabilidade do art. 133 refere-se também aos tributos e às penalidades pecuniárias, conforme entendimento jurisprudencial.

Para haver a responsabilidade é preciso que, cumulativamente:

a) o sujeito **adquira o estabelecimento;** e

b) **continue a mesma atividade empresarial.**

Se o alienante abandonar a atividade empresarial, a responsabilidade do adquirente é integral. Se o alienante continuar na atividade empresarial (ainda que em outro ramo) ou retornar em 6 meses, a responsabilidade do adquirente é subsidiária.

O ônus de se comprovar, para fins desta responsabilidade, que houve efetiva aquisição do estabelecimento é, em princípio, do Fisco:

Jurisprudência
A responsabilidade do artigo 133 do Código Tributário Nacional surge em decorrência da aquisição do fundo de comércio ou estabelecimento, fato que não está caracterizado no caso dos autos. **AgRg no Ag 1.321.679/RJ, STJ, Rel. Min. Mauro Campbell Marques, j. 21.10.2010** Obs.: nesse caso, a nova empresa instalou-se no imóvel em que funcionava a devedora e passou a exercer a mesma atividade, mas não se comprovou a aquisição do estabelecimento empresarial (ônus do fisco)

Vejamos alguns exemplos, para fixar o conceito, muito exigido em concursos.

Exemplo 1: João compra o estabelecimento de Pedro (uma farmácia), e continua a exploração da mesma atividade empresarial. Nesse caso, **há** responsabilidade **integral**, caso Pedro abandone a atividade empresarial, ou **subsidiária**, caso Pedro continue na atividade empresarial ou retorne dentro de 6 meses.

Gabarito de concurso público
Ômega adquiriu, a título oneroso, estabelecimento empresarial de Delta AutoPeças Ltda. e, após três meses, Delta iniciou nova atividade empresarial, na área de venda de medicamentos. Ômega será subsidiariamente responsável pelos débitos tributários devidos por Delta até a alienação. **(Magistratura Federal-5ª Região – 2011)**

Exemplo 2: João compra o estabelecimento de Pedro (uma farmácia), mas não continua a exploração da mesma atividade empresarial (passa a vender calçados). Nesse caso, **não há** responsabilidade.

Exemplo 3: Pedro, que explora a atividade de farmácia, é despejado pelo dono do imóvel porque não pagava o aluguel. João passa a alugar o imóvel e instala uma nova farmácia (não comprou nada de Pedro). Nesse caso, **não há** responsabilidade, pois não houve aquisição do estabelecimento empresarial.

Jurisprudência
A responsabilidade do art. 133 do CTN ocorre pela aquisição do fundo de comércio ou estabelecimento, ou seja, pressupõe a aquisição da propriedade com todos os poderes inerentes ao domínio, o que não se caracteriza pela celebração de contrato de locação, ainda que mantida a mesma atividade exercida pelo locador. **REsp 1.140.655/PR, STJ, Rel. Min. Eliana Calmon, j. 1712.2009**

11.9.12.1. Responsabilidade dos sucessores – Art. 133, § 1º, do CTN – Falência e recuperação judicial

CTN, Art. 133. § 1º. "O disposto no *caput* deste artigo não se aplica na hipótese de alienação judicial:

I – em processo de falência;

II – de filial ou unidade produtiva isolada, em processo de recuperação judicial".

A partir da LC 118/2005, passou-se a prestigiar a recuperação da empresa, facilitando-se a alienação total ou parcial do estabelecimento da devedora.

O adquirente, nesse caso, não responde pelos débitos tributários, com as exceções do § 2º:

CTN, Art. 133. § 2º "Não se aplica o disposto no § 1º deste artigo quando o adquirente for:

I – sócio da sociedade falida ou em recuperação judicial, ou sociedade controlada pelo devedor falido ou em recuperação judicial;

II – parente, em linha reta ou colateral até o 4º (quarto) grau, consanguíneo ou afim, do devedor falido ou em recuperação judicial ou de qualquer de seus sócios; ou

III – identificado como agente do falido ou do devedor em recuperação judicial com o objetivo de fraudar a sucessão tributária".

Essas exceções buscam evitar fraudes contra o Fisco.

Gabarito de concurso público
Entre os casos em que não haverá responsabilidade por sucessão, está a de qualquer alienação judicial [de estabelecimento] em processo de falência, a um concorrente do devedor que não tenha relação com ele nem com sócio seu. **(Procurador da Fazenda Nacional – 2007 – ESAF)**

Os recursos arrecadados com a alienação judicial serão utilizados para pagar créditos extraconcursais (posteriores à quebra e à recuperação, basicamente), além de trabalhistas (até 150 salários mínimos por credor), acidentários e com garantias reais (limitados ao valor do bem gravado):

CTN, Art. 133. § 3º "Em processo da falência, o produto da alienação judicial de empresa, filial ou unidade produtiva isolada permanecerá em conta de depósito à disposição do juízo de falência pelo prazo de 1 (um) ano, contado da data de alienação, somente podendo ser utilizado para o pagamento de créditos extraconcursais ou de créditos que preferem ao tributário".

11.9.13. Responsabilidade de terceiros – Art. 134 do CTN

Até aqui, vimos os casos de responsabilidade dos sucessores.

Os artigos 134 e 135 do CTN tratam da responsabilidade de terceiros.

CTN, Art. 134. "Nos casos de **impossibilidade de exigência** do cumprimento da obrigação principal pelo contribuinte, respondem solidariamente com este nos **atos em que intervierem** ou pelas **omissões de que forem responsáveis**:

I – os pais, pelos tributos devidos por seus filhos menores;

II – os tutores e curadores, pelos tributos devidos por seus tutelados ou curatelados;

III – os administradores de bens de terceiros, pelos tributos devidos por estes;

IV – o inventariante, pelos tributos devidos pelo espólio;

V – o síndico e o comissário, pelos tributos devidos pela massa falida ou pelo concordatário;

VI – os tabeliães, escrivães e demais serventuários de ofício, pelos tributos devidos sobre os atos praticados por eles, ou perante eles, em razão do seu ofício;

VII – os sócios, no caso de liquidação de sociedade de pessoas.

Parágrafo único. O disposto neste artigo só se aplica, em matéria de penalidades, às de caráter moratório".

A responsabilidade do art. 134 é **subsidiária** em relação ao **tributo** e à multa **moratória** (não punitiva) e surge somente se atendidos cumulativamente os seguintes requisitos:

a) se o Fisco não puder cobrar o tributo diretamente do contribuinte; e

b) se houver ato praticado pelo responsável ou omissão relacionados ao débito (é preciso haver culpa – é praticamente uma sanção imposta ao responsável).

Jurisprudência
Tributário. Imposto sobre Transmissão *Causa Mortis* e Doação, de quaisquer bens e direitos. Responsabilidade de terceiros. Art. 134 do CTN. Responsabilidade subsidiária. Precedente da Primeira Seção do STJ. REsp 909.215/MG, STJ, Rel. Min. Teori Albino Zavascki, j. 14.09.2010
Obs.: Nesse caso houve análise da responsabilidade dos tabeliães pelo ITCMD, concluindo-se que, apesar de o art. 134 do CTN fazer referência à solidariedade, a responsabilidade é **subsidiária**.

Exemplos:

✓ João não recolhe o IR devido por seu filho Pedro. Posteriormente, o Fisco não consegue cobrar o débito do contribuinte (de Pedro), pois o filho não tem mais patrimônio: o pai responde pela dívida tributária;

✓ Responsável pelo registro de imóveis não exige a comprovação do recolhimento do ITBI, conforme a legislação municipal, antes de registrar a alienação: se não for possível cobrar o contribuinte, o titular do cartório responde pelo débito.

Gabarito de concurso público
Quando do registro da escritura pública de venda e compra, o Oficial do Registro de Imóveis tem o dever legal de fiscalizar o recolhimento do imposto incidente sobre a operação. Se o registro acontecer sem o recolhimento do imposto de transmissão devido, o Oficial responderá solidariamente com o contribuinte, no caso de impossibilidade de exigência do cumprimento da obrigação principal por este, pelo tributo devido sobre o ato de transmissão praticado em razão de seu ofício. **(Cartório/AP – 2011 – VUNESP)**

11.9.14. Responsabilidade de terceiros – Art. 135 do CTN

CTN, Art. 135. "São pessoalmente responsáveis pelos créditos correspondentes a obrigações tributárias resultantes de atos praticados com excesso de poderes ou infração de lei, contrato social ou estatutos:

I – as pessoas referidas no artigo anterior;

II – os mandatários, prepostos e empregados;

III – os diretores, gerentes ou representantes de pessoas jurídicas de direito privado".

A responsabilidade prevista no art. 135 do CTN é de situação mais grave que a do art. 134, pois há excesso de poderes, violação de lei, contrato social ou estatutos (dolo, e não simples culpa).

O terceiro responde pelo tributo e pela penalidade pecuniária.

O Judiciário vinha entendendo que a responsabilidade do administrador é subsidiária em relação à empresa, muito embora a Súmula 430 do STJ faça referência à responsabilidade solidária (nossos grifos):

Jurisprudência
*É igualmente pacífica a jurisprudência do STJ no sentido de que a simples falta de pagamento do tributo não configura, por si só, nem em tese, circunstância que acarreta a responsabilidade **subsidiária** do sócio, prevista no art. 135 do CTN.* **REsp 1.101.728/SP, STJ, Rel. Min. Teori Albino Zavascki, j. 11.03.2009 – repetitivo**
*Súmula 430 do STJ: O inadimplemento da obrigação tributária pela sociedade não gera, por si só, a responsabilidade **solidária** do sócio-gerente.*

Perceba que esse enunciado sumular consolidou uma antiga e pacífica jurisprudência: a simples inadimplência não é ilícito grave o suficiente para ensejar a responsabilidade do administrador da sociedade.

Por outro lado, a dissolução irregular implica responsabilidade:

Jurisprudência
Súmula 435 do STJ: Presume-se dissolvida irregularmente a empresa que deixar de funcionar no seu domicílio fiscal, sem comunicação aos órgãos competentes, legitimando o redirecionamento da execução fiscal para o sócio-gerente.
O sócio-gerente que deixa de manter atualizados os registros empresariais e comerciais, em especial quanto à localização da empresa e à sua dissolução, viola a lei (arts. 1.150 e 1.151, do CC, e arts. 1º, 2º, e 32, da Lei 8.934/1994, entre outros). A não localização da empresa, em tais hipóteses, gera legítima presunção iuris tantum de dissolução irregular e, portanto, responsabilidade do gestor, nos termos do art. 135, III, do CTN, ressalvado o direito de contradita em Embargos à Execução. **EREsp 716.412/PR, STJ, Rel. Min. Herman Benjamin, j. 12.09.2007**

Para que fique claro: simplesmente deixar de pagar o tributo não é considerado ilegalidade apta a gerar a responsabilidade do administrador da sociedade devedora. Entretanto, a dissolução irregular da sociedade (sem baixa na junta comercial e nos registros fiscais, por exemplo) implica descumprimento da legislação que rege a matéria, levando à responsabilidade tributária do administrador.

Como já dito, essas normas dos arts. 134 e 135 do CTN são consideradas gerais, a serem observadas pelo legislador ordinário que venha a criar nova modalidade de responsabilidade de terceiros, conforme o art. 128 do CTN.

Jurisprudência
2. O Código Tributário Nacional estabelece algumas regras matrizes de responsabilidade tributária, como a do art. 135, III, bem como diretrizes para que o legislador de cada ente político estabeleça outras regras específicas de responsabilidade tributária relativamente aos tributos da sua competência, conforme seu art. 128. 3. O preceito do art. 124, II, no sentido de que são solidariamente obrigadas "as pessoas expressamente designadas por lei", não autoriza o legislador a criar novos casos de responsabilidade tributária sem a observância dos requisitos exigidos pelo art. 128 do CTN, tampouco a desconsiderar as regras matrizes de responsabilidade de terceiros estabelecidas em caráter geral pelos arts. 134 e 135 do mesmo diploma. **RE 562.276, Rel. Min. Ellen Gracie, Tribunal Pleno, j. 03.11.2010, Repercussão Geral – Mérito** Obs.: no caso analisado, haveria inconstitucionalidade também pela confusão patrimonial entre sociedade e sócio, em violação ao direito à propriedade e à iniciativa privada (arts. 5º, XXII, e 170, parágrafo único, da CF).

11.9.15. Responsabilidade por infrações

11.9.15.1. Características da responsabilidade por infrações

CTN, Art. 136. "Salvo disposição de lei em contrário, a responsabilidade por infrações da legislação tributária independe da intenção do agente ou do responsável e da efetividade, natureza e extensão dos efeitos do ato".

Muitos autores se referem à responsabilidade *objetiva* em relação às infrações tributárias, mas o art. 136 do CTN trata da irrelevância da intenção e do resultado.

Se o contribuinte não recolhe o tributo, o Fisco não precisa investigar a intenção do agente ou do responsável. Cobrará a penalidade independentemente disso.

Se não houve emissão de nota fiscal, é devida a multa, ainda que não haja prejuízo para o Fisco (caso o contribuinte tenha recolhido corretamente o tributo, por exemplo), pois o resultado é irrelevante.

Gabarito de concurso público
Salvo disposição legal em contrário, a responsabilidade por infração da legislação tributária independe da intenção do agente ou do responsável, da efetividade, natureza e extensão dos efeitos do ato. **(Magistratura/PA – 2008 – FGV)**

11.9.15.2. Casos em que a intenção é relevante e há responsabilidade pessoal do agente

Embora a regra seja a irrelevância da intenção do agente, há exceções que implicam sua responsabilidade pessoal.

Isso ocorre no caso de o ilícito tributário configurar também crime:

CTN, Art. 137. "A responsabilidade é pessoal ao agente:
I – quanto às infrações conceituadas por lei como crimes ou contravenções, salvo quando praticadas no exercício regular de administração, mandato, função, cargo ou emprego, ou no cumprimento de ordem expressa emitida por quem de direito;
(...)".

É possível que a norma tributária, excepcionalmente, defina o dolo do agente como elementar para a configuração da infração. Nesse caso, a responsabilidade será pessoal:

CTN, Art. 137. "A responsabilidade é pessoal ao agente:
(...)
II – quanto às infrações em cuja definição o dolo específico do agente seja elementar;
(...)".

O inciso III traz outra hipótese em que, excepcionalmente, o dolo é relevante e há responsabilidade pessoal do agente. Trata-se do caso em que o infrator age contra aquele a quem deveria mostrar lealdade:

CTN, Art. 137. "A responsabilidade é pessoal ao agente:
(...)
III – quanto às infrações que decorram direta e exclusivamente de dolo específico:
a) das pessoas referidas no artigo 134, contra aquelas por quem respondem;
b) dos mandatários, prepostos ou empregados, contra seus mandantes, preponentes ou empregadores;
c) dos diretores, gerentes ou representantes de pessoas jurídicas de direito privado, contra estas".

Gabarito de concurso público
A responsabilidade será pessoal, dos pais, quanto às infrações que decorram direta e exclusivamente de dolo específico contra os filhos. **(Magistratura/PI – 2008 – CESPE)**

11.9.15.3. Denúncia espontânea

O legislador busca incentivar o recolhimento espontâneo do tributo, ainda que a destempo, antes de qualquer atividade fiscalizatória.

Como incentivo, afasta a exigência das multas. É o benefício da denúncia espontânea, previsto no art. 138 do CTN:

CTN, Art. 138. "A responsabilidade é excluída pela denúncia espontânea da infração, acompanhada, se for o caso, do pagamento do tributo devido e dos juros de mora, ou do depósito da importância arbitrada pela autoridade administrativa, quando o montante do tributo dependa de apuração.

Parágrafo único. Não se considera espontânea a denúncia apresentada após o início de qualquer procedimento administrativo ou medida de fiscalização, relacionados com a infração".

Para haver o benefício da denúncia espontânea, é preciso:

a) recolhimento total do tributo (ou do valor arbitrado) corrigido monetariamente e dos juros de mora;

b) deve ocorrer antes do início de qualquer procedimento fiscalizatório relacionado com a infração (pode haver fiscalização em relação a outro tributo, por exemplo).

> **Gabarito de concurso público**
>
> Segundo o Código Tributário Nacional, a denúncia espontânea está afastada se realizada após início de procedimento de fiscalização. (**Procurador do Município/Teresina-PI – 2010 – FCC**)

A fiscalização cujo início afasta a denúncia espontânea é somente aquele relativo ao tributo pago. Por exemplo, se a empresa está sendo fiscalizada em relação especificamente ao imposto de renda e, imediatamente, recolhe IPI em atraso, há denúncia espontânea em relação a esse último tributo (porque não há fiscalização do IPI em andamento).

Ademais, somente a fiscalização realizada pela autoridade fiscal competente impede o benefício da denúncia espontânea (simples inquérito policial, por exemplo, não ilide a espontaneidade).

> **Jurisprudência**
>
> 1. "Procedimento de fiscalização que obsta a denúncia espontânea não pode ser genérico, ao contrário, tem de relacionar-se com a infração." (...)
> 2. A preexistência de inquérito policial não constitui procedimento apto a descaracterizar, por si só, a denúncia espontânea.
> **AgRg no REsp 1.156.606/SP, STJ, Rel. Min. Arnaldo Esteves Lima, j. 14.06.2011**

A denúncia espontânea afasta qualquer espécie de multa (moratória ou punitiva).

Não subsistem entendimentos diversos do Fisco, que muitas vezes exige a multa moratória, por ter natureza primordialmente indenizatória pelo atraso no pagamento, consignando que somente a multa punitiva, de caráter estritamente sancionador, estaria abrangida pela denúncia espontânea.

Como dito, esse entendimento está ultrapassado pela jurisprudência:

> **Jurisprudência**
>
> A regra do artigo 138 do CTN não estabelece distinção entre multa moratória e punitiva com o fito de excluir apenas esta última em caso de denúncia espontânea.
> **REsp 908.086/RS, rel. Min. Castro Meira, j. 05.06.2008**

Simples parcelamento do débito não implica denúncia espontânea (art. 155-A, § 1º, do CTN).

Não há denúncia espontânea no caso de obrigações acessórias formais, sem vínculo direto com o fato gerador, como a entrega de declaração do IR em atraso (a multa é sempre exigida).

> **Jurisprudência**
>
> A denúncia espontânea não tem o condão de afastar a multa decorrente do atraso na entrega da declaração de rendimentos, uma vez que os efeitos do artigo 138 do CTN não se estendem às obrigações acessórias autônomas.
> **REsp 1.129.202/SP, STJ, Min. Castro Meira, j. 17.06.2010**
> 1 – A entrega das declarações de operações imobiliárias fora do prazo previsto em lei constitui infração formal, não podendo ser considerada como infração de natureza tributária, apta a atrair o instituto da denúncia espontânea previsto no art. 138 do Código Tributário Nacional. Do contrário, estar-se-ia admitindo e incentivando o não pagamento de tributos no prazo determinado, já que ausente qualquer punição pecuniária para o contribuinte faltoso.
> 2 – A entrega extemporânea das referidas declarações é ato puramente formal, sem qualquer vínculo com o fato gerador do tributo e, como obrigação acessória autônoma, não é alcançada pelo art. 138 do CTN, estando o contribuinte sujeito ao pagamento da multa moratória devida.
> **AgRg no REsp 884.939/MG, rel. Min. Luiz Fux, j. 05.02.2009**

A legislação relativa a muitos tributos lançados por homologação exige declarações periódicas por parte dos contribuintes, que devem apontar, entre outras coisas, os valores devidos. Já vimos, inclusive, que essas declarações têm o efeito de constituir o crédito tributário, nos termos da Súmula 436 do STJ.

Pois bem: caso o contribuinte declare o valor devido, mas pague-o extemporaneamente, não há denúncia espontânea. Considera-se que o Fisco já sabia do débito, por conta da própria declaração do contribuinte, o que afasta a espontaneidade. Esse entendimento jurisprudencial foi consolidado pela Súmula 360 do STJ:

> **Jurisprudência**
>
> Súmula 360/STJ: O benefício da denúncia espontânea não se aplica aos tributos sujeitos a lançamento por homologação, regularmente declarados, mas pagos a destempo.

> **Gabarito de concurso público**
>
> O benefício da denúncia espontânea não se aplica aos tributos sujeitos a lançamento por homologação regularmente declarados, mas pagos a destempo. (**Procurador do Município/Florianópolis-SC – 2010 – FEPESE**)

12. SUSPENSÃO, EXTINÇÃO E EXCLUSÃO DO CRÉDITO TRIBUTÁRIO

12.1. Introdução

Após o surgimento da obrigação tributária, o natural seria a constituição do crédito e seu pagamento.

Entretanto, há casos de **exclusão**, em que, apesar do surgimento da obrigação tributária, afasta-se a possibilidade de constituição do crédito.

Além do pagamento, há outras modalidades de **extinção**.

Finalmente, há hipóteses em que a exigibilidade do crédito fica **suspensa** (não pode ser cobrado durante determinado período).

A suspensão e a exclusão do crédito **não** dispensam o cumprimento das obrigações acessórias.

12.2. Tabela-resumo

É importante memorizar as modalidades de suspensão, extinção e exclusão do crédito tributário, previstas no CTN.

Suspensão	– moratória – depósito integral – reclamações e recursos administrativos – liminar em MS – liminar ou tutela antecipada em outras espécies de ação – parcelamento

Extinção	– pagamento – compensação – transação – remissão – prescrição e decadência – conversão de depósito em renda – pagamento antecipado e homologação do pagamento – consignação em pagamento – decisão administrativa irreformável – decisão judicial transitada em julgado – dação em pagamento de imóveis
Exclusão	– isenção – anistia

Repare que *moratória* é modalidade de suspensão e *remissão* é modalidade de extinção.

Ademais, perceba que há apenas duas modalidades de exclusão: *isenção* e *anistia*.

Muitas vezes os examinadores exigem esse conhecimento.

Gabaritos de concursos públicos
De acordo com o Código Tributário Nacional são modalidades de suspensão da exigibilidade do crédito tributário: concessão de medida liminar ou tutela antecipada e depósito do montante integral. (**Procurador do Estado/RO – 2011 – FCC**) *A suspensão do crédito tributário não ocorre em casos de: consignação em pagamento.* (**Procurador do Estado/PB – 2008 – CESPE**) *Nos termos do Código Tributário Nacional, é modalidade de suspensão de exigibilidade do crédito tributário a: moratória.* (**Auditor Fiscal/RJ – 2008 – FGV**) *São modalidades de extinção do crédito tributário: prescrição, decadência, transação, conversão do depósito em renda e consignação em pagamento.* (**Magistratura Federal/3ª Região – 2010**)

Discute-se a possibilidade de novas modalidades de suspensão, extinção e exclusão do crédito serem criadas por lei ordinária federal, estadual, distrital ou municipal.

O STF, ao julgar a ADI 2.405 MC/RS, admitiu a instituição nova modalidade de extinção do crédito por lei estadual (dação em pagamento de imóveis antes da previsão no CTN) – a reserva de LC refere-se apenas a prescrição e decadência.

Jurisprudência
Extinção de crédito tributário, criação de nova modalidade (dação em pagamento) por lei estadual: possibilidade do Estado-membro estabelecer regras específicas de quitação de seus próprios créditos tributários. **ADI 2.405 MC/RS, STF, Min. Carlos Britto, Pleno, j. 06.11.2002**

Posteriormente, ao analisar a ADI 1.917/DF, não houve consenso no STF quanto à possibilidade de criação de nova modalidade de extinção do crédito por lei local (dação de bens móveis), mas concordou-se que, no caso em análise, haveria ofensa ao princípio da licitação (lei declarada inconstitucional).

Jurisprudência
I – Lei ordinária distrital – pagamento de débitos tributários por meio de dação em pagamento. II – Hipótese de criação de nova causa de extinção do crédito tributário. III – Ofensa ao princípio da licitação na aquisição de materiais pela administração pública. IV – Confirmação do julgamento cautelar em que se declarou a inconstitucionalidade da lei ordinária distrital 1.624/1997. **ADI 1.917-DF, STF, Min. Ricardo Lewandowski, Pleno, j. 26.04.2007** Obs.: nesse caso, discutiu-se no STF se havia incompatibilidade com a ADI 2405-MC/RS.

Interessante notar que gabarito oficial da FGV (em exame da OAB-2ª fase, 2011.1) adotou o entendimento de que existem somente as modalidades previstas no CTN (art. 141 do CTN), sendo inviável a criação de outras por lei ordinária.

Embora persista esse debate, não há qualquer dúvida em relação especificamente à decadência e à prescrição tributárias, que, por força de previsão expressa no art. 146, III, *b*, da CF, somente podem ser veiculados por lei complementar federal, nos termos da Súmula Vinculante 8 do STF.

Gabarito de concurso público
O prazo de 10 (dez) anos para a cobrança das contribuições previdenciárias foi julgado inconstitucional pelo Supremo Tribunal Federal, resultando em súmula vinculante. (**Magistratura/PR – 2010 – PUC/PR**)

12.3. Instituição de benefícios

O CTN prevê modalidades, mas muitas delas exigem lei de cada ente tributante (moratória, parcelamento, compensação, transação, remissão, dação de imóveis em pagamento, isenção e anistia).

Interessante lembrar que o art. 150, § 6º, da CF dispõe que "qualquer subsídio ou isenção, redução de base de cálculo, concessão de crédito presumido, anistia ou remissão, relativos a impostos, taxas ou contribuições, só poderá ser concedido mediante lei específica, federal, estadual ou municipal, que regule exclusivamente as matérias acima enumeradas ou o correspondente tributo ou contribuição, sem prejuízo do disposto no art. 155, § 2.º, XII, *g*", da Constituição (exigência de convênio interestadual para concessão de benefícios relativos ao ICMS).

Excepcionalmente, a União pode conceder moratória em relação a tributos de outros entes e benefícios de ICMS são concedidos por convênio interestadual, como já dito.

Tratados internacionais (GATT, OMC) **em regra** apenas garantem o mesmo tratamento tributário ao similar importado (não concedem benefícios). Ou seja, a isenção de ICMS para pescados pode ser dada pelos Estados e Distrito Federal, mas admite-se que o tratado internacional firmado pela União garanta que o peixe importado goze do mesmo benefício fiscal.

12.4. Suspensão do crédito – Características gerais

A suspensão do crédito **não** dispensa obrigações acessórias. Ou seja, mesmo que haja uma liminar suspendendo a exigibilidade do ICMS (= obrigação principal), por exemplo, o comerciante não pode deixar de emitir notas fiscais ou prestar informações ao Fisco (= obrigações acessórias).

A suspensão do crédito impede a cobrança pelo Fisco e, consequentemente, suspende a prescrição (*actio nata* se o fisco não pode cobrar, não corre contra ele o prazo prescricional).

Apesar de impossibilitar a cobrança, caso a suspensão tenha ocorrido antes da constituição do crédito (por exemplo, antecipação de tutela em ação declaratória), nada impede que o Fisco realize o lançamento, até para evitar a decadência (o prazo para o lançamento não se suspende ou interrompe, no caso).

> **Jurisprudência**
>
> *A suspensão da exigibilidade do crédito tributário na via judicial impede o Fisco de praticar qualquer ato contra o contribuinte visando à cobrança de seu crédito, tais como inscrição em dívida, execução e penhora, mas não impossibilita a Fazenda de proceder à regular constituição do crédito tributário para prevenir a decadência do direito.*
> **REsp 1.129.450/SP, rel. Min. Castro Meira, j. 17.02.2011**

> **Gabarito de concurso público**
>
> *A concessão de medida liminar em ação judicial suspende a exigibilidade do crédito tributário, mas não a possibilidade de sua constituição pelo fisco.* (**Magistratura Federal/1ª Região – 2009 – CESPE**)

Interessante lembrar que especificamente no caso de depósito judicial integral realizado antes do lançamento não há necessidade de qualquer atuação do Fisco (o depósito judicial constituiu por si só o crédito tributário).

Como são benefícios fiscais, devem ser interpretadas literalmente – art. 111, I, do CTN.

Nos próximos tópicos, analisaremos cada uma das modalidades de suspensão do crédito previstas no CTN.

12.5. Suspensão: moratória

12.5.1. Definição de moratória

Moratória é a ampliação do prazo de pagamento, favor legal que adia a exigibilidade do tributo.

Há entendimento (adotado pelo CESPE em determinados gabaritos, como veremos mais adiante) de que a moratória é concedida **antes** do vencimento (distinção com parcelamento, que seria concedido após o vencimento).

A rigor, moratória concedida após o vencimento tem apenas o efeito de afastar a exigência de penalidades e juros pelo pagamento posterior.

Por outro lado, se ainda não ocorreu o vencimento, basta norma infralegal para adiá-lo (não se trata de matéria reservada à lei, conforme entendimento do STF).

> **Gabarito de concurso público**
>
> *A moratória deve ser concedida por lei do ente político competente para a instituição de tributo, significando dilação do prazo para pagamento do crédito.* (**Procurador do Município/Teresina-PI – 2010 – FCC**)

12.5.2. Espécies de moratória (art. 152 do CTN)

A moratória pode ser concedida em caráter geral ou individual:

✓ **Caráter geral:** quando é concedida pelo ente competente ou, excepcionalmente, pela União.

A União pode conceder moratória de tributos estaduais e municipais, desde que fixe o mesmo favor em relação aos seus próprios tributos e às obrigações privadas. É mesmo situação excepcionalíssima de favor legal heterônomo (concedido por quem não é o ente competente em relação ao tributo);

✓ **Caráter individual:** quando a moratória é concedida por despacho da autoridade administrativa, conforme a lei, ao analisar, caso a caso, se o interessado preenche os requisitos legais.

O art. 153, III, *b*, do CTN prevê moratória com prestações e vencimentos (= parcelamento), sendo que a lei *pode* atribuir à autoridade administrativa a fixação do número de prestações e vencimentos no caso de concessão em caráter individual (o que é discutível, por conta da reserva legal relativa à concessão de benefícios fiscais).

12.5.3. Delimitação da moratória

A moratória pode ser restrita a determinada região, ou a determinada classe ou categoria de sujeitos passivos (art. 152, parágrafo único, do CTN).

> **Gabarito de concurso público**
>
> *No que respeita à moratória, conforme disciplinada no Código Tributário Nacional, é correto afirmar que a lei que a conceder pode circunscrever expressamente a sua aplicação a determinada classe ou categoria de sujeitos passivos.* (**Magistratura/MT – 2009 – VUNESP**)

Salvo disposição legal em contrário, abrange apenas os créditos constituídos, ou com lançamento iniciado, à data da lei ou do despacho concessivo.

A moratória não aproveita a casos de dolo, fraude ou simulação.

12.5.4. Requisitos da lei de moratória

A lei que concede a moratória deve indicar:

a) o prazo de duração;

b) sendo o caso, os tributos a que se aplica, o número de prestações e os vencimentos;

c) no caso de moratória de caráter individual, também:

✓ as condições para concessão;

✓ as garantias a serem fornecidas pelo beneficiado;

✓ autoridade pode fixar as prestações e vencimentos.

12.5.5. Revogação da moratória individual

A concessão de moratória, remissão, isenção ou anistia em caráter individual não gera direito adquirido.

Se o Fisco verificar que o beneficiado não satisfazia ou deixou de satisfazer os requisitos para o benefício, deverá revogá-lo de ofício.

Há distinção para as hipóteses em que o beneficiário agiu, ou não, com dolo, fraude ou simulação, no que se refere às consequências da revogação:

Situação	Consequência
O beneficiário agiu com dolo, fraude ou simulação	– O crédito tributário deve ser pago com juros moratórios e penalidades – O tempo entre a concessão e a revogação do benefício não conta para fins de prescrição do direito à cobrança (**não corre prescrição** contra o Fisco)
O beneficiário não agiu com dolo, fraude ou simulação (houve simples erro)	– O crédito tributário deve ser pago com juros moratórios, mas sem penalidades – A revogação só pode ocorrer antes do término do prazo para cobrança, que não para de fluir (corre prescrição contra o Fisco)

É importante ressaltar que essas regras de revogação da moratória individual aplicam-se também às revogações de remissões, isenções e anistias concedidas individualmente.

> **Gabarito de concurso público**
>
> *O tempo decorrido entre a concessão da moratória e sua revogação não se computa para efeito da prescrição do direito à cobrança do crédito tributário, quando a moratória é concedida em caráter individual, por dolo do beneficiado. Os juros de mora são devidos também no caso de revogação da moratória concedida em caráter individual por erro da autoridade fiscal, desde que o crédito tributário não esteja prescrito.* (**Magistratura/PR – 2010 – PUC/PR**)

12.6. Suspensão: parcelamento

12.6.1. Definição

O parcelamento é espécie de moratória em que a exigibilidade do crédito fica adiada (suspensa até data futura), qualificada pela possibilidade de pagamentos periódicos (art. 155-A do CTN).

Como já dito, o CESPE apresentou gabaritos no sentido de que a moratória (mesmo parcelada) é concedida antes do vencimento, enquanto o parcelamento é posterior ao vencimento.

> **Gabarito de concurso público**
>
> *Um contribuinte inadimplente de determinado tributo requereu na secretaria de fazenda o pagamento integral do débito, incluindo os juros e multas, em parcelas mensais e iguais, o que foi aceito pelo fisco. O contribuinte requereu o instituto denominado parcelamento, uma vez que o débito já está vencido.* (**Ministério Público/RO – 2008 – CESPE**)

12.6.2. Características do parcelamento

Aplicam-se ao parcelamento subsidiariamente as regras da moratória (art. 155-A, § 2º, do CTN).

Salvo disposição contrária, o parcelamento refere-se apenas aos créditos já constituídos ou com lançamento iniciado à data da lei ou do despacho concessivo.

Ainda que a lei estenda o benefício, o crédito deve estar constituído para o efetivo parcelamento (normalmente exige-se confissão pelo contribuinte).

> **Jurisprudência**
>
> *Quanto aos aspectos fáticos sobre os quais incide a norma tributária, a regra é que não se pode rever judicialmente a confissão de dívida efetuada com o escopo de obter parcelamento de débitos tributários. No entanto, como na situação presente, a matéria de fato constante de confissão de dívida pode ser invalidada quando ocorre defeito causador de nulidade do ato jurídico (v.g. erro, dolo, simulação e fraude).*
> **REsp 1.133.027/SP, Rel. p/ Acórdão Ministro Mauro Campbell, j. 13.10.2010 – repetitivo**

Não se trata de novação, mas suspensão do crédito, ou seja, não há alteração da obrigação tributária, ainda que haja oferecimento de garantias reais pelo devedor (ver art. 183, parágrafo único, do CTN).

O parcelamento não excluiu juros e multas, salvo disposição em contrário (não há denúncia espontânea – Súmula 208 do TFR).

12.6.3. Parcelamento na recuperação judicial – Art. 155-A, §§ 3º e 4º, do CTN

Em relação à recuperação judicial, lei específica de cada ente disporá sobre as condições de parcelamento dos tributos devidos.

Enquanto inexistir essa lei específica, aplicam-se as leis gerais de parcelamento do ente tributante, sendo que o prazo não pode ser inferior ao da lei federal.

Busca-se, com isso, fomentar o instrumento da recuperação judicial, já que o empresário deve estar em situação regular perante o Fisco para sua concessão.

12.7. Suspensão: depósito integral

Para que haja suspensão do crédito tributário, o depósito deve ser **integral e em dinheiro**:

> **Jurisprudência**
>
> *Súmula 112 do STJ. O depósito somente suspende a exigibilidade do crédito tributário se for integral e em dinheiro.*

> **Gabarito de concurso público**
>
> *A suspensão da exigibilidade do crédito tributário com o depósito integral acarreta o impedimento à inscrição como dívida ativa, se realizado posteriormente à constituição definitiva do crédito.* (**Auditor Fiscal/RJ**)

O depósito pode ser judicial (mais comum) ou administrativo (feito perante o próprio Fisco).

O depósito é prerrogativa do sujeito passivo, não imposição contra ele: não pode ser exigido como requisito para ações ou recursos administrativos ou judiciais (Súmula Vinculante 21 do STF e Súmula 373 do STJ):

> **Jurisprudência**
>
> Súmula Vinculante 21 do STF. É inconstitucional a exigência de depósito ou arrolamento prévios de dinheiro ou bens para admissibilidade de recurso administrativo.
>
> Súmula 373 do STJ. É ilegítima a exigência de depósito prévio para admissibilidade de recurso administrativo.

Entretanto, caso o devedor opte por fazer o depósito judicial, não poderá levantá-lo antes do trânsito em julgado, com mérito favorável a ele. Assim, ainda que o depósito seja prerrogativa do sujeito passivo que implica suspensão da exigibilidade do crédito, depois de realizado não pode ser revertido livremente.

> **Jurisprudência**
>
> 2. O direito – ou faculdade – atribuído ao contribuinte, de efetuar o depósito judicial do valor do tributo questionado, não importa o direito e nem a faculdade de, a seu critério, retirar a garantia dada, notadamente porque, suspendendo a exigibilidade do crédito tributário, ela operou, contra o réu, os efeitos próprios de impedi-lo de tomar qualquer providência no sentido de cobrar o tributo ou mesmo de, por outra forma, garanti-lo.
> 3. As causas de extinção do processo sem julgamento do mérito são invariavelmente imputáveis ao autor da ação, nunca ao réu. Admitir que, em tais casos, o autor é que deve levantar o depósito judicial, significaria dar-lhe o comando sobre o destino da garantia que ofereceu, o que importaria retirar do depósito a substância fiduciária que lhe é própria.
> 4. Assim, ressalvadas as óbvias situações em que a extinção do processo decorre da circunstância de não ser a pessoa de direito público parte na relação de direito material questionada, o depósito judicial somente poderá ser levantado pelo contribuinte que, no mérito, se consagrar vencedor. Nos demais casos, extinto o processo sem julgamento de mérito, o depósito de converte em renda.
> **EREsp 227.835/SP, STJ, Rel. Ministro Teori Albino Zavascki, j. 09.11.2005**

Veja, por esse precedente citado, que o STJ admite apenas uma hipótese em que o sujeito passivo pode levantar o depósito mesmo sem vencer a demanda no mérito: quando o juiz entender que o Fisco litigante não é o sujeito ativo tributário (o depósito não pode, evidentemente, ser convertido em renda em favor de quem não é titular do crédito).

> **Gabarito de concurso público**
>
> O depósito somente suspende a exigibilidade do crédito tributário se for integral e em dinheiro e somente poderá ser levantado, ou convertido em renda, após o trânsito em julgado da sentença.
> (Magistratura/SC – 2008)

A jurisprudência do STJ é no sentido de que o depósito judicial, quando realizado antes do lançamento, constitui o crédito tributário, sendo dispensável ato do Fisco nesse sentido. Ou seja, o depósito implica "lançamento tácito" em relação ao valor consignado judicialmente.

> **Jurisprudência**
>
> Os depósitos efetuados pelo contribuinte por ocasião do questionamento judicial do tributo suspendem a exigibilidade do mesmo, enquanto perdurar a contenda, ex vi do art. 151, II, do CTN e, por força do seu desígnio, implica lançamento tácito do montante exato do quantum depositado, conjurando eventual alegação de decadência do direito de constituir o crédito tributário.
> **REsp 1.157.786/MG, rel. Min. Luiz Fux, j. 19.10.2010**

Atualmente, o depósito judicial em favor da União é imediatamente disponibilizado ao Tesouro (Lei 9.703/1998). Permite-se sistemática semelhante para Estados, DF e Municípios.

12.8. Suspensão: reclamações e recursos administrativos

O sujeito passivo pode impugnar o lançamento perante o próprio Fisco. Ou seja, pode apresentar reclamação ou recurso administrativo contra a exigência, que será julgado pelo próprio ente tributante.

> **Gabarito de concurso público**
>
> As reclamações e os recursos administrativos são os modos pelos quais o contribuinte exterioriza seu inconformismo, sem correr o risco de vir a sofrer execução fiscal enquanto não julgados definitivamente.
> (Magistratura/SC – 2008)

O processo administrativo fiscal refere-se a essas impugnações ao lançamento, embora prestem-se também à discussão relativa a compensações, parcelamentos, regimes especiais de tributação etc.

Durante o processo administrativo em que se impugna o lançamento, a exigibilidade do crédito fica suspensa.

Assim, enquanto o Fisco estiver examinando a impugnação do sujeito passivo contra a exigência tributária, não poderá cobrá-lo administrativa ou judicialmente.

Há precedentes do STJ entendendo que mesmo o processo administrativo em que se discute a compensação tem também o efeito de suspender a exigibilidade do crédito tributário:

> **Jurisprudência**
>
> O pedido administrativo de compensação tem o condão de suspender a exigibilidade do crédito tributário.
> Agravo regimental improvido.
> **AgRg no REsp 1.301.890/RS, rel. Min. Cesar Asfor Rocha, j. 21.06.2012**

Por outro lado, o entendimento é diverso no caso específico de pedido de compensação com precatório devido por outra pessoa jurídica (o devedor do precatório não corresponde ao próprio sujeito ativo do tributo que se pretende compensar), ou seja, em que a compensação é claramente indevida, conforme a jurisprudência pacífica. Nesse caso, o STJ entende que o processo administrativo correspondente não tem o efeito de suspender a exigibilidade do crédito tributário:

> **Jurisprudência**
>
> A orientação adotada pelo STJ é no mesmo sentido do aresto impugnado: a suspensão da exigibilidade do crédito tributário não encontra amparo em precatórios apontados com o propósito de compensação, mormente quando este possui natureza diversa e se trata de créditos titularizados por pessoa jurídica diferente da que compõe a relação jurídico-tributária que se pretende extinguir pela compensação.
> **AgRg no AREsp 135.557/RS, rel. Min. Castro Meira, j. 14.08.2012**

Não se pode exigir depósito ou garantia de instância como requisitos para o processo administrativo (Súmula Vinculante 21 do STF, semelhante à Súmula 373 do STJ). Por essa razão, a exigência do arrolamento de bens no processo administrativo fiscal federal (art. 33, § 2º, do Dec.-lei 70.235/1972) foi afastada pelo STF (ADI 1.976/DF).

Devem ser observados o contraditório e a ampla defesa também no processo administrativo – art. 5º, LV, da CF.

12.9. Suspensão: liminares e tutelas antecipadas

A simples impetração de mandado de segurança ou o ajuizamento de ação ordinária **não** suspende a exigibilidade do crédito tributário.

Para isso, é necessário que o juiz defira **liminar** ou conceda **antecipação da tutela**, que são modalidades de suspensão previstas no CTN.

Como já vimos, elas não impedem o lançamento do tributo, caso ainda não realizado (ou poderia haver decadência, cujo prazo não se suspende).

Gabarito de concurso público
A medida liminar em mandado de segurança afasta (suspende) o ato impugnado até o final julgamento, para evitar danos irreparáveis ou de difícil reparação. (**Magistratura/SC – 2008**)

12.10. Extinção: pagamento

12.10.1. Definição

No Direito Tributário, pagamento refere-se à entrega de **dinheiro** ao Fisco e é a modalidade básica de extinção do crédito tributário.

12.10.2. Características do pagamento

A imposição de penalidade não afasta a obrigação de pagamento integral do crédito (art. 157 do CTN).

O pagamento não importa presunção de quitação das demais prestações ou de outros créditos tributários (art. 158 do CTN).

Gabaritos de concursos públicos
O pagamento do crédito tributário não resta ilidido pela imposição de penalidade por descumprimento da legislação tributária. (**Procurador do Município/Teresina-PI – 2010 – FCC**)
Quando o pagamento é total, não importa na presunção de pagamento de outros créditos referentes ao mesmo tributo ou a outros. (**Procurador do Estado/CE – 2008 – CESPE**)
[O pagamento] Quando parcial, não importa presunção de pagamento das prestações em que se decomponha. (**Auditor Fiscal/MS – 2006 – FGV**)

12.10.3. Local do pagamento

Se a legislação não dispuser em contrário, o pagamento é feito na repartição do Fisco localizada no domicílio do sujeito passivo (art. 159 do CTN). Veja, para fins de comparação, a regra civilista do art. 327 do CC.

12.10.4. Formas de pagamento

O pagamento é efetuado em dinheiro, cheque ou vale postal (nestes últimos casos, a legislação pode exigir garantias). No caso do cheque, a rigor, somente com o recebimento do dinheiro pelo Fisco (compensação do título) é que se considera extinto o crédito (art. 162, § 2º, do CTN).

A lei pode prever pagamento em estampilha, papel selado ou processo mecânico, o que não é comum atualmente.

12.10.5. Vencimento e atraso

Se a legislação não fixar a data de vencimento, será 30 dias após a notificação do lançamento (trata-se, portanto, de regra subsidiária – art. 160 do CTN). Lembre-se que o vencimento do tributo não depende de lei (pode ser fixado e alterado por norma infralegal).

A legislação pode conceder desconto pela antecipação do recolhimento pelo sujeito passivo.

O atraso implica juros de mora, independentemente do motivo, com penalidades e execução de garantias (art. 161 do CTN).

Gabarito de concurso público
O crédito não integralmente pago no vencimento é acrescido de juros de mora, seja qual for o motivo determinante da falta, sem prejuízo da imposição das penalidades cabíveis e da aplicação de qualquer medida de garantia prevista na legislação. (**Magistratura/PR – 2008**)

Se a lei não indicar outro, os juros moratórios serão de 1% ao mês (outra regra subsidiária).

Caso o sujeito passivo tenha dúvida razoável em relação à tributação, pode formular consulta ao próprio Fisco. Se a consulta for apresentada, na forma da legislação, antes do vencimento, não haverá multa ou fluência de juros até a resposta pela autoridade fiscal (ou seja, o sujeito passivo pode aguardar a resposta antes de pagar o crédito em discussão).

12.10.6. Imputação em pagamento

Se houver mais de um débito vencido, do mesmo sujeito passivo em relação ao mesmo sujeito ativo, a administração deve observar a imputação, nessa ordem (art. 163 do CTN):

a) débitos por obrigação própria, depois os relativos a responsabilidade tributária;

b) contribuição de melhoria, depois taxas, por fim impostos;

c) ordem crescente dos prazos de prescrição;

d) ordem decrescente dos montantes.

Gabaritos de concursos públicos
Nessa situação, a referida imputação deve-se dar, primeiramente, quanto aos débitos oriundos de obrigação própria e, em segundo lugar, aos decorrentes de responsabilidade tributária. (**Procurador Federal – 2010 – CESPE**)
Considere que Gustavo possua débitos vencidos relativos ao imposto sobre a renda correspondente aos períodos de 2003 e de 2005, que, juntos, totalizem R$ 9.000,00. Considere, ainda, que, intencionando regularizar sua situação perante o fisco, Gustavo efetue o pagamento de parte desse valor. Nessa situação hipotética, a autoridade tributária, ao receber o pagamento, deverá determinar a respectiva imputação, na ordem crescente dos prazos de prescrição. (**Advogado da União/AGU – CESPE – 2009**)

A rigor, isso não é comum, atualmente, pois os contribuintes recolhem os valores por meio de guias bancárias, com indicação expressa e exata do tributo que está sendo pago.

12.11. Extinção: compensação

12.11.1. Características

Diferentemente do que ocorre no âmbito das relações privadas, a compensação tributária somente ocorre se houver previsão expressa em lei do ente competente (art. 170 do CTN).

Jurisprudência
O Superior Tribunal de Justiça pacificou entendimento no sentido de que a compensação de débito tributário com precatórios depende de lei autorizadora, inexistente no Estado do Rio Grande do Sul. **AgRg no Ag 1.367.821/RS, STJ, Rel. Ministro Arnaldo Esteves Lima, j. 17.03.2011**

Mesmo no caso em que o particular é titular de precatório devido pelo ente tributante, não pode pretender compensá-lo com o tributo devido se não houver lei autorizativa.

Admite-se a compensação de crédito tributário com créditos líquidos, certos, vencidos e também **vincendos (= ainda não vencidos)** do particular contra o Fisco.

Se o crédito do particular for vincendo, a administração deve apurar o valor, exigindo desconto pela antecipação, que não pode ser maior que 1% ao mês.

12.11.2. Compensação no Judiciário

Jurisprudência
Súmula 212 do STJ. A compensação de créditos tributários não pode ser deferida em ação cautelar ou por medida liminar cautelar ou antecipatória.

Gabarito de concurso público
A compensação de créditos tributários não poderá ser deferida em ação cautelar ou por medida liminar cautelar ou antecipatória. **(Magistratura/SC – 2010)**

CTN, art. 170-A. "É vedada a compensação mediante o aproveitamento de tributo, objeto de contestação judicial pelo sujeito passivo, antes do trânsito em julgado da respectiva decisão judicial".

Jurisprudência
Súmula 213 do STJ. O mandado de segurança constitui ação adequada para a declaração do direito à compensação tributária.

Perceba, pela Súmula 213 do STJ, que o Superior Tribunal de Justiça, muito peculiarmente, reconhece o pedido declaratório no mandado de segurança para fins de compensação. Trata-se de mandado de segurança impetrado preventivamente, para resguardar a compensação a ser realizada pelo sujeito passivo e impedir a autuação fiscal posterior.

Entretanto, se o sujeito passivo já realizou a compensação por sua conta e risco, nos termos da legislação aplicável, não cabe impetrar o *writ* apenas para convalidá-la:

Jurisprudência
Súmula 460 do STJ. É incabível o mandado de segurança para convalidar a compensação tributária realizada pelo contribuinte.

Gabarito de concurso público
A compensação de créditos tributários não poderá ser deferida em ação cautelar ou por medida liminar cautelar ou antecipatória. **(Magistratura/SC – 2010)**

A lei aplicável à compensação é aquela vigente à época do encontro de contas. Se a compensação for pleiteada judicialmente, aplica-se a lei vigente quando da propositura da ação, ainda que posteriormente modificada.

Jurisprudência
A lei que regula a compensação tributária é a vigente à data do encontro de contas entre os recíprocos débito e crédito da Fazenda e do contribuinte. **REsp 1.164.452/MG, rel. Min. Teori Albino Zavascki, j. 25.08.2010 – repetitivo** Ainda que superado este óbice, a Primeira Seção pacificou o entendimento de que a lei aplicável na compensação é aquela vigente à época do ajuizamento da ação, não podendo a causa ser julgada à luz do direito superveniente, já que os novos preceitos normativos condicionam a sua aplicação ao atendimento de requisitos outros que não constaram da causa de pedir nem foram objeto de exame nas instâncias ordinárias. **AgRg no Ag 1.422.316/DF, rel. Min. Herman Benjamin, j. 18.10.2011**

Gabarito de concurso público
Quanto à compensação de tributos federais, é matéria firme na atual jurisprudência do Superior Tribunal de Justiça deve ser considerado o regime jurídico vigente à época do ajuizamento da demanda, não podendo ser a causa julgada à luz do direito superveniente. **(Magistratura Federal – 4ª Região – 2010)**

Obs.: nada impede, entretanto, que o interessado pleiteie a compensação à luz da nova lei na esfera administrativa, por meio de outro pedido, ou mesmo que proponha outra demanda judicial, com o novo fundamento.

12.12. Extinção: transação

CTN, Art. 171. "A lei pode facultar, nas condições que estabeleça, aos sujeitos ativo e passivo da obrigação tributária celebrar transação que, mediante concessões mútuas, importe em determinação de litígio e consequente extinção de crédito tributário.

Parágrafo único. A lei indicará a autoridade competente para autorizar a transação em cada caso".

A transação tributária, como modalidade de extinção do crédito, deve estar prevista minuciosamente em lei.

No Direito Tributário, há somente transação terminativa de litígio, não preventiva.

12.13. Extinção: remissão

12.13.1. Definição

Remissão (do verbo *remitir*) significa **perdão** do crédito tributário.

Não confundir com *remição*, do verbo *remir*, resgatar.

Gabarito de concurso público
A remissão é ato de autoridade administrativa dotada de expressa autorização legal; a remição, por seu turno, é ato de resgate que pode ser realizado pelo particular em relação a bem penhorado em execução fiscal. (**Magistratura Federal – 4ª Região – XII – 2005**)

Refere-se ao tributo e à penalidade pecuniária (= crédito), diferente da anistia, que se restringe à multa.

Como os demais benefícios fiscais, exige lei específica, que regule apenas o perdão (benefício) ou o tributo a que se refere – art. 150, § 6º, da CF.

12.13.2. Requisitos da lei de remissão

A lei autoriza a autoridade a conceder, por despacho fundamentado, remissão total ou parcial, atendendo (art. 172 do CTN):

a) à situação econômica do sujeito passivo;

b) ao erro ou ignorância escusáveis do sujeito passivo, quanto a matéria de fato;

c) à diminuta importância do crédito tributário;

d) a considerações de equidade, em relação a características pessoais ou materiais do caso;

e) a condições peculiares a determinada região do território da entidade tributante.

Perceba, portanto, que o legislador não pode conceder remissões livremente, fora dessas hipóteses previstas no CTN.

Ademais, o CTN não faz referência expressa à remissão em caráter geral, referindo-se apenas à concessão pela autoridade fiscal, por meio de despacho fundamentado.

Lembre-se que, no caso de remissão concedida individualmente, eventual revogação é regulada pelas mesmas normas atinentes à moratória (art. 172, parágrafo único, c/c art. 155 do CTN). Vimos isso ao estudarmos aquela modalidade de suspensão do crédito tributário.

12.13.3. Vedação de remissão e anistia para contribuições sociais – art. 195, § 11, da CF

A Constituição Federal veda expressamente a concessão de moratória e o parcelamento em prazo superior a 60 meses e, na forma da lei complementar, a remissão e a anistia para as contribuições sociais devidas por:

a) empregadores e equiparados sobre folhas de salários e demais rendimentos pagos a pessoas físicas;

b) trabalhadores e equiparados.

12.14. Extinção: decadência

12.14.1. Definição

Decadência é a perda do direito de o Fisco constituir o crédito tributário (lançar) pelo decurso do prazo de 5 anos (art. 173 do CTN).

É indicada pelo CTN como modalidade de extinção do crédito tributário (muito embora ocorra antes de sua constituição, impedindo o lançamento).

As normas relativas à decadência e à prescrição tributária devem ser veiculadas exclusivamente por lei complementar federal, nos termos do art. 146, III, *b*, da CF.

Por essa razão, o STF declarou inconstitucionais dispositivos de lei ordinária que fixavam prazos decadenciais e prescricionais relativos a contribuições sociais (Súmula Vinculante 8 do STF).

Jurisprudência
Súmula Vinculante 8 do STF. São inconstitucionais o parágrafo único do artigo 5º do Decreto-lei n. 1.569/1977 e os artigos 45 e 46 da Lei n. 8.212/1991, que tratam de prescrição e decadência de crédito tributário.
Obs.: as contribuições previdenciárias são tributos e a matéria – prescrição e decadência tributárias – é regulada por lei complementar, de modo que se aplicam os prazos quinquenais do CTN.

Para que não haja dúvida: há somente prazos decadenciais e prescricionais de 5 anos, previstos no CTN.

Gabarito de concurso público
Nos casos de tributos que não estão sujeitos a lançamento por homologação, o direito de a Fazenda Pública constituir o crédito tributário extingue-se após cinco anos, contados do primeiro dia do exercício seguinte àquele em que o lançamento poderia ter sido efetuado. (**Auditor Fiscal/RJ – 2008 – FGV**)

12.14.2. Contagem do prazo decadencial

O prazo decadencial é quinquenal (5 anos), contado (art. 173 do CTN):

a) do primeiro dia do exercício seguinte àquele em que o lançamento poderia ter sido efetuado (regra);

b) da data em que se tornar definitiva a decisão que houver anulado, por vício formal, o lançamento anteriormente efetuado (caso de interrupção);

c) da data em que tenha se iniciado a constituição do crédito pela notificação do sujeito passivo, a respeito de qualquer medida preparatória indispensável.

12.14.3. Decadência no lançamento de ofício

Veja na seguinte representação gráfica um exemplo de contagem do prazo decadencial em relação a tributo lançado de ofício.

[linha do tempo: 2011 | 2012 | 2013 | 2014 | 2015 | 2016 | 2017 — fato gerador do IPVA em 2011; início do prazo em 01.01.2012; término do prazo em 01.01.2017]

Se o fato gerador ocorreu em 2011, o tributo poderia ser lançado já nesse exercício. Por essa razão, o prazo decadencial quinquenal começa a correr em 1º de janeiro do ano seguinte (2012), terminando em 1º de janeiro de 2017.

12.14.4. Decadência no lançamento por homologação

No lançamento por homologação, há regra específica, pois ocorre homologação tácita (que impede a revisão pelo fisco) após 5 anos contados do fato gerador (art. 150, § 4º, do CTN).

Se não houve pagamento ou se ocorreu dolo, fraude ou simulação, **não há falar em homologação tácita** e se aplica a regra do art. 173, I, do CTN (primeiro dia do exercício seguinte).

Gabarito de concurso público
A contagem do prazo decadencial para a Fazenda Pública lançar o crédito tributário depende, em regra, do tipo de lançamento previsto em lei para a sua liquidação. (**Magistratura/RO – 2011 – PUCPR**)

Jurisprudência
A jurisprudência desta Corte entende que nas exações cujo lançamento se faz por homologação, havendo pagamento antecipado, conta-se o prazo decadencial a partir da ocorrência do fato gerador (art. 150, § 4º, do CTN). Somente quando não há pagamento antecipado, ou há prova de fraude, dolo ou simulação é que se aplica o disposto no art. 173, I, do CTN. **AgRg no Ag 1.216.911/RS, STJ, Rel. Ministro Benedito Gonçalves, j. 03.05.2011**

Vejamos os exemplos seguintes.

12.14.4.1. Decadência no lançamento por homologação – Se houve pagamento sem dolo, fraude ou simulação

Quando há pagamento sem dolo fraude ou simulação, o prazo decadencial é o do art. 150, § 4º, do CTN.

```
| 2011 | 2012 | 2013 | 2014 | 2015 | 2016 | 2017 |
     ↑      ↑                              ↑
fato gerador  início do prazo para    homologação tácita
do ICMS em    homologação tácita em   (e decadência) em
15.04.2011    15.04.2011              15.04.2016
```

Nesse caso, o quinquênio é contado a partir do fato gerador (não do primeiro dia do exercício seguinte).

12.14.4.2. Decadência no lançamento por homologação – Se não houve pagamento ou se ocorreu dolo, fraude ou simulação

A contagem do art. 150, § 4º, do CTN (a partir do fato gerador) somente ocorre quando há, efetivamente, homologação tácita, ou seja, quando há recolhimento antecipado, sem dolo, fraude ou simulação.

Se não há pagamento ou ocorre algum desses vícios, o prazo quinquenal é contado na forma do art. 173, I, do CTN, a partir do primeiro dia do exercício seguinte:

```
| 2011 | 2012 | 2013 | 2014 | 2015 | 2016 | 2017 |
     ↑      ↑                      ↑          ↑
fato gerador  início do prazo para  não há homolo-  término do
do ICMS em    homologação tácita em gação tácita em  prazo em
15.04.2011    15.04.2011            15.04.2016      01.01.2017
```

12.14.4.3. Decadência no lançamento por homologação – Caso da declaração pelo contribuinte

Ao estudarmos o lançamento tributário, vimos que, conforme jurisprudência pacífica, a declaração prestada pelo contribuinte, na forma da legislação de determinados tributos (por exemplo, a DCTF federal ou as declarações relativas ao ICMS), indicando a ocorrência do fato gerador e o valor do tributo devido, constitui o crédito (reveja a Súmula 436/STJ).

Nesse caso, portanto, não há falar em decadência (que é a extinção o direito de se constituir o crédito tributário pelo lançamento).

Por outro lado, se o contribuinte não realiza a declaração, não há constituição do crédito e, considerando que tampouco há pagamento, a decadência é de 5 anos na forma do art. 173 do CTN, como visto no item anterior.

Esta situação foi recentemente consolidada pela Súmula 555/STJ:

Jurisprudência
Súmula 555 do STJ. Quando não houver declaração do débito, o prazo decadencial quinquenal para o Fisco constituir o crédito tributário conta-se exclusivamente na forma do art. 173, I, do CTN, nos casos em que a legislação atribui ao sujeito passivo o dever de antecipar o pagamento sem prévio exame da autoridade administrativa.

12.15. Extinção: prescrição

12.15.1. Definição

É a perda do direito de o Fisco cobrar o crédito tributário, pelo decurso do prazo de 5 anos (art. 174 do CTN).

É indicada pelo CTN como modalidade de extinção do crédito tributário, ou seja, não apenas afasta o direito à cobrança, mas também atinge o próprio direito material (o crédito tributário).

Por essa razão, se houve prescrição, posterior pagamento realizado pelo sujeito passivo é indevido, cabendo pedido de restituição (note a diferença em relação ao direito privado).

Gabarito de concurso público
A dívida tributária prescrita que ainda assim seja paga poderá ser devolvida. (**Magistratura/RO – 2011 – PUCPR**)

Perceba que a decadência ocorre antes do lançamento, enquanto a prescrição se dá após a constituição do crédito.

Assim como a norma relativa à decadência, aquela atinente à prescrição deve ser veiculada exclusivamente por lei complementar federal, conforme dispõe o art. 146, III, *b*, da CF (Súmula Vinculante 8 do STF).

Essa prescrição, anterior à propositura da execução fiscal, pode ser decretada de ofício pelo juiz. Veremos, ao estudarmos a execução fiscal, que há também a prescrição intercorrente, a ser decretada no curso do processo, com regras bastante específicas.

Gabarito de concurso público
[A prescrição] Pode ser decretada, de ofício, pelo juiz, não necessitando ser alegada por uma das partes; admite tanto causas suspensivas, como interruptivas; pode operar antes do ajuizamento da ação, como durante o seu curso. (**Procuradoria Distrital – 2007**)

12.15.2. Contagem do prazo prescricional

O prazo prescricional é quinquenal (5 anos), contado da data da constituição definitiva do crédito tributário.

Gabaritos de concursos públicos
Em nosso sistema tributário, a data da constituição definitiva do crédito tributário é o marco fundamental para contagem do prazo de prescrição tributária. (**Magistratura/PE – 2011 – FCC**)
Quanto à prescrição e à decadência do crédito tributário, podem-se identificar diversos prazos de um lustro previstos no Código Tributário Nacional. (**Magistratura/PR – 2010 – PUC/PR**)
Obs.: lustro = 5 anos

Pela *actio nata*, o prazo somente flui a partir do momento em que o Fisco pode cobrar o tributo.

Assim, após a notificação do lançamento, se não há impugnação, o prazo começa a partir do vencimento.

Jurisprudência
Apenas com o transcurso do prazo da notificação para o sujeito passivo da obrigação tributária efetuar o pagamento é que nasce o direito do Fisco de ajuizar ação de cobrança. Assim, só há falar em prescrição no momento em que o direito de ação for exercitável (princípio da **actio nata**).
AgRg nos EDcl no REsp 1.225.654/RJ, STJ, Rel. Min. Herman Benjamin, j. 10.05.2011

Se há recurso administrativo (que suspende a exigibilidade do crédito), a prescrição somente flui após a decisão final.

Vimos anteriormente que a legislação de muitos tributos lançados por homologação prevê declarações pelos contribuintes, nas quais informam o valor a ser recolhido. Essas declarações têm o efeito de constituir o crédito tributário (valem como lançamento), nos termos da Súmula 436 do STJ.

Se houve tributo declarado e não pago, o prazo prescricional para a cobrança (não há prazo decadencial para lançamento) começa a partir do vencimento.

Há ainda outra hipótese peculiar, em que essa declaração do contribuinte, em relação aos tributos lançados por homologação, é feita, na forma da legislação aplicável, após o vencimento. Nesse caso, o prazo prescricional começa a correr a partir da declaração (quando o Fisco fica sabendo da constituição do crédito).

Jurisprudência
Consequentemente, o **dies a quo** do prazo prescricional para o Fisco exercer a pretensão de cobrança judicial do crédito tributário declarado, mas não pago, é a data do vencimento da obrigação tributária expressamente reconhecida. (...)
Vislumbra-se, portanto, peculiaridade no caso sub examine, uma vez que a declaração de rendimentos entregue no final de abril de 1997 versa sobre tributo que já deveria ter sido pago no ano-calendário anterior, inexistindo obrigação legal de declaração prévia a cada mês de recolhimento, consoante se depreende do seguinte excerto do acórdão regional: (...)
12. Consequentemente, o prazo prescricional para o Fisco exercer a pretensão de cobrança judicial da exação declarada, in casu, iniciou-se na data da apresentação do aludido documento, vale dizer, em 30.04.1997, escoando-se em 30.04.2002, não se revelando prescritos os créditos tributários na época em que ajuizada a ação (05.03.2002).
REsp 1.120.295/SP, STJ, Rel. Min. Luiz Fux, j. 12.05.2010 – repetitivo

Também por conta da *actio nata*, qualquer outra modalidade de suspensão da exigibilidade do crédito (liminares, parcelamentos etc.) suspende o prazo prescricional.

Vejamos os exemplos seguintes para melhor compreensão e memorização.

12.15.2.1. Contagem do prazo prescricional – Sem recurso administrativo

Se não há recurso administrativo, o prazo quinquenal começa a correr já a partir do vencimento, logo após a notificação do lançamento (o vencimento, em regra, ocorre 30 dias após a notificação):

notificação do lançamento em 15.04.2011 | vencimento em 15.05.2011 início do prazo | término do prazo em 15.05.2016

12.15.2.2. Contagem do prazo prescricional – Com recurso administrativo

O recurso administrativo, como já vimos, suspende a exigibilidade do crédito, ou seja, impede que o Fisco cobre os valores até a decisão final.

Se não é possível cobrar, não há como contar o prazo prescricional (*actio nata*).

Assim, o quinquênio se inicia apenas após a decisão administrativa final (a rigor, após o vencimento, posterior à decisão):

notificação do lançamento em 15.04.2011 | julgamento do recurso administrativo, fixando-se prazo de pagamento em 20.10.2012 | término do prazo em 20.10.2017

12.15.3. Interrupção da prescrição

Interrompem a prescrição (art. 174, parágrafo único, do CTN):

a) despacho do juiz que ordena a citação em execução fiscal;

b) protesto judicial;

c) qualquer ato judicial que constitua em mora o devedor;

d) qualquer ato inequívoco, ainda que extrajudicial, que importe em reconhecimento do débito pelo devedor.

Interrompido, o prazo recomeça a fluir desde o início.

Perceba que o despacho do juiz que ordena a citação interrompe o prazo.

O STJ, ao interpretar o dispositivo do CTN cotejando-o ao art. 240, § 1º, do CPC, entendeu que a interrupção da prescrição pela citação (pelo despacho que a ordena, no caso) retroage à data da propositura da ação, ainda que proferida por juízo incompetente:

> **Jurisprudência**
>
> *O Codex Processual, no § 1º, do artigo 219, estabelece que a interrupção da prescrição, pela citação, retroage à data da propositura da ação, o que, na seara tributária, após as alterações promovidas pela Lei Complementar 118/2005, conduz ao entendimento de que o marco interruptivo atinente à prolação do despacho que ordena a citação do executado retroage à data do ajuizamento do feito executivo, a qual deve ser empreendida no prazo prescricional.*
> **REsp 1.120.295/SP, STJ, Rel. Min. Luiz Fux, j. 12.05.2010 – repetitivo**

Assim, o Fisco deve se acautelar para iniciar a execução fiscal em tempo hábil, ou seja, em menos de 5 anos contados da constituição do crédito.

Porém, se há demora na citação por sua culpa exclusiva, não há essa retroatividade, ou seja, pode ser reconhecida a prescrição:

> **Jurisprudência**
>
> *Ainda que se entenda em sentido contrário, é firme a orientação da Primeira Seção desta Corte de que não retroage a prescrição à data da propositura da ação, conforme o art. 219, § 1º, do CPC [art. 240, § 1º, do CPC], quando a demora na citação é imputada exclusivamente ao Fisco.*
> *AgRg no AREsp 167.198/DF, rel. Min. Napoleão Nunes Maia Filho, j. 21.06.2012*

A confissão de dívida é comumente exigida pela legislação como pressuposto para a concessão ou reconhecimento de benefícios fiscais, especialmente o parcelamento.

Há autores afirmando que o parcelamento teria o efeito de interromper a prescrição, o que nos parece incorreto. O parcelamento apenas suspende o prazo prescricional. É essa confissão de dívida prévia, normalmente exigida para fins do parcelamento, que o interrompe.

> **Gabaritos de concursos públicos**
>
> *A prescrição da ação de cobrança do crédito tributário considera-se interrompida, no caso do contribuinte reconhecer a dívida e aderir a parcelamento, no âmbito extrajudicial.* **(Ministério Público/PR – 2009)**
>
> *A empresa GLOF Indústria de Cabos Elétricos Ltda., em agosto de 2005, foi notificada de auto de lançamento contra si lavrado em virtude de sonegação fiscal do ICMS que perpetrou em novembro de 2000. Em julho de 2008, ajuizou ação anulatória de auto de lançamento, mas não obteve tutela antecipada para suspender a exigibilidade do crédito tributário. Em novembro de 2009, aproveitando-se de lei estadual que autorizava parcelamento, firmou pedido de parcelamento do crédito tributário. No mesmo pedido, havia cláusula pela qual a empresa se confessava devedora do mencionado crédito tributário, reconhecendo sua liquidez e certeza. Entretanto pagou apenas a primeira parcela, em novembro de 2009, deixando sem pagamento as demais. Diante disso, em agosto de 2011, a Fazenda Pública ajuizou ação de execução fiscal para a cobrança do crédito tributário. Diante dessa situação hipotética [é correto afirmar que] a ação de execução fiscal foi legitimamente ajuizada, uma vez que não decorrido o prazo de prescrição.* **(Procurador do Estado/AC – FMP – 2012)**

12.16. Extinção: conversão do depósito em renda

O depósito administrativo ou judicial apenas suspende a exigibilidade do crédito tributário.

Com a decisão final, favorável ao Fisco, esse depósito torna-se receita tributária, ou seja, é convertido em renda do ente tributante.

Essa conversão, semelhante ao pagamento em dinheiro, é modalidade de extinção do crédito tributário.

12.17. Extinção: Pagamento antecipado e homologação

No lançamento por homologação, quando o sujeito passivo recolhe o valor devido, ocorre a extinção do crédito tributário (como no caso do pagamento), condicionada à posterior homologação.

Havia entendimento no sentido de que a extinção ocorreria no momento da homologação (expressa ou tácita), o que ficou ultrapassado pela interpretação autêntica veiculada pelo art. 3º da LC 118/2005: a extinção ocorre no momento do pagamento antecipado.

12.17.1. Extinção: Consignação em pagamento

Cabe ação de consignação em caso de (art. 164 do CTN):

a) recusa de recebimento, ou subordinação deste ao pagamento de outro tributo ou de penalidade, ou ao cumprimento de obrigação acessória;

b) subordinação do recebimento ao cumprimento de exigências administrativas sem fundamento legal; e

c) exigência, por mais de uma pessoa jurídica de direito público, de tributo idêntico sobre um mesmo fato gerador.

A rigor, a simples propositura da ação consignatória não extingue o crédito tributário.

Somente com o julgamento de procedência é que o valor consignado é convertido em renda e, com isso, extingue-se o crédito.

12.18. Extinção: decisão administrativa irreformável e decisão judicial transitada em julgado

A decisão administrativa irreformável e a decisão judicial transitada em julgado, favoráveis ao sujeito passivo, extinguem o crédito tributário.

Se a decisão foi pela invalidade do lançamento, sem afastar a ocorrência do fato gerador, é possível nova constituição do crédito, desde que não esgotado o prazo decadencial.

Se afastada apenas parcela do crédito e for possível aferir o montante restante por simples cálculo aritmético, não há necessidade de novo lançamento (basta retificação da inscrição em dívida ativa e da certidão correspondente, em caso de execução fiscal em andamento).

12.19. Extinção: dação em pagamento de bens imóveis

Para que haja a possibilidade de dação em pagamento de bens imóveis, como modalidade de extinção do crédito, é preciso lei autorizativa do respectivo ente tributante (não basta a previsão genérica do CTN).

A dação refere-se apenas a bens imóveis (art. 156, XI, do CTN). O Código Tributário Nacional não prevê a possibilidade de dação de bens móveis em pagamento. Lei distrital nesse sentido (prevendo dação de bens móveis) foi declarada inconstitucional pelo STF (ADI 1.917/DF – haveria ofensa ao princípio da licitação).

Havendo lei autorizativa, o Fisco avalia o imóvel, inclusive quanto à conveniência em aceitá-lo (a lei pode prever a recusa), e, havendo concordância, imputa o valor no pagamento do crédito (se o valor do imóvel for maior que a dívida, o Fisco devolve a diferença; se o valor do bem for inferior, o crédito tributário subsiste pela diferença).

12.20. Exclusão: modalidades

O CTN prevê apenas duas hipóteses de exclusão do crédito tributário, ou seja, situações em que ocorre o fato gerador, surge a obrigação tributária, mas o crédito é excluído (não pode ser constituído pelo Fisco).

Essas duas únicas modalidades de exclusão são a isenção e a anistia, que somente podem ser concedidas por lei específica, que regule apenas o benefício ou o tributo – art. 150, § 6º, da CF.

Gabarito de concurso público
A isenção e anistia, pelo CTN, são causas de exclusão do crédito tributário, isto é, no primeiro caso o contribuinte fica exonerado do pagamento do tributo e no segundo da penalidade imposta. **(Ministério Público/SC – 2010)**

Devem ser interpretadas estritamente (literalmente), a exemplo dos outros benefícios fiscais – art. 111, I e II, do CTN.

A exclusão **não** dispensa as obrigações acessórias – art. 175, parágrafo único, do CTN. Assim, mesmo uma pessoa isenta deve prestar informações ao Fisco (= obrigação acessória), na forma da legislação aplicável, por exemplo.

12.21. Exclusão: isenção

12.21.1. Definição

Lembre-se de que a isenção é uma das duas modalidades de exclusão do crédito tributário (a outra é a anistia – art. 175 do CTN).

O CTN trata a isenção como dispensa do pagamento: há fato gerador e obrigação, mas o Fisco não pode constituir o crédito (ele é excluído).

A doutrina mais moderna entende que a isenção delimita negativamente a norma de incidência: não há fato gerador, nem obrigação tributária, em relação à situação ou ao sujeito isento.

Essa distinção tem relevância ao se discutir a vigência da norma que revoga a isenção (vimos isso ao estudarmos a vigência da legislação tributária).

Gabaritos de concursos públicos
Ocorre a isenção tributária quando, mesmo havendo fato gerador e obrigação tributária, exclui-se a constituição do crédito tributário. **(Procurador do Município/Aracaju – 2008 – CESPE)** *A dispensa, por questão de política fiscal, de pagamento de tributo regularmente devido caracteriza isenção.* **(Magistratura Federal – 1ª Região – 2005)** *Qualquer isenção ou subsídio relativos a impostos só poderão ser concedidos por meio de lei específica, que regule exclusivamente a respectiva matéria.* **(Ministério Público/RO – 2008 – CESPE)** *O governador desse estado não poderia ter enviado para a casa legislativa projeto contendo matéria sobre isenção de ICMS sem que antes houvesse deliberação sobre o assunto por parte dos outros estados e do DF, que deveriam anuir com a concessão.* **(Procurador do Estado/PI – 2008 – CESPE)**

12.21.2. Requisitos da lei e delimitação

A lei isentiva deve especificar as condições e os requisitos para a concessão do benefício, os tributos a que se aplica e, sendo o caso, o prazo de sua duração (art. 176 do CTN).

Salvo disposição legal em contrário, não abrange (i) taxas e contribuições de melhoria, nem (ii) tributos instituídos posteriormente à sua concessão (art. 177 do CTN).

Pode ser restrita a determinada região, em função de condições a ela peculiares.

12.21.3. Distinção da isenção em relação à imunidade e à não incidência

A imunidade é norma constitucional, enquanto a isenção é norma legal produzida pelo ente competente.

A imunidade afasta a competência tributária, enquanto a isenção pressupõe a competência.

A não incidência refere-se genericamente a situações fora do alcance da norma de incidência.

Gabaritos de concursos públicos
Em relação ao Imposto Sobre Serviços, se não consta da lista anexa à Lei Complementar n. 116/2003 determinado serviço, podemos afirmar que a sua não exigência ocorre em vista de não incidência. **(Auditor Fiscal/CE – 2006 – ESAF)** *Para discernir a isenção do diferimento do tributo, basta considerar que enquanto aquela desonera o pagamento do tributo, este implica em adiamento da incidência.* **(Magistratura/PE – 2011 – FCC)**

12.21.4. Isenção de caráter individual

Se a isenção não for concedida em caráter geral, a autoridade administrativa a efetivará, caso a caso, ao analisar o requerimento do interessado, que deve comprovar que preenche as condições e requisitos para o benefício (art. 179 do CTN).

Se o tributo for lançado periodicamente, a autoridade deverá renovar a concessão a cada período.

12.21.5. Revogação da isenção

A isenção pode ser revogada a qualquer tempo, desde que por lei, já que a competência tributária é inafastável.

Entretanto, se a isenção foi concedida por prazo certo **e** em função de determinadas condições, ela não pode ser livremente revogada, ou seja, deve-se respeitar o direito adquirido (art. 178 do CTN – veja que a Súmula 544 do STF refere-se apenas à condição onerosa).

Por exemplo, se um município concede isenção de IPTU por 20 anos (tempo certo) para empresas que construam fábricas em seu território (condição onerosa), e uma sociedade preencha esses requisitos, ela terá direito ao benefício durante esse período de tempo, ainda que a norma venha a ser revogada.

Gabarito de concurso público
Nos termos do Código Tributário Nacional, a isenção concedida por prazo certo e em função de determinadas condições não pode ser revogada a qualquer tempo. **(Procurador do Estado/RO – 2011 – FCC)**

Finalmente, lembre-se de que há regras específicas para a revogação de isenção concedida individualmente, idênticas àquelas aplicáveis às moratórias – art. 179, § 2º, c/c art. 155 do CTN. Vimos isso ao estudarmos essa modalidade de suspensão do crédito.

12.22. Exclusão: anistia

12.22.1. Definição

Anistia é o perdão das infrações (art. 180 do CTN), referindo-se apenas às penalidades pecuniárias (diferente da remissão, que é perdão de todo o crédito).

12.22.2. Delimitação da anistia

A anistia abrange exclusivamente as infrações cometidas anteriormente à vigência da lei concessiva e não se aplica (art. 180, I e II):

a) a atos tipificados criminalmente ou como contravenção;

b) a atos praticados com dolo, fraude ou simulação;

c) salvo disposição em contrário, às infrações resultantes de conluio.

12.22.3. Anistia de caráter individual

Se a anistia não for concedida em caráter geral, a autoridade administrativa a efetivará, caso a caso, ao analisar o requerimento do interessado, que deve comprovar que preenche as condições e os requisitos para o benefício.

Lembre-se de que as regras para a revogação de moratórias individualmente concedidas aplicam-se também à anistia – art. 182, parágrafo único, c/c art. 155 do CTN.

Gabaritos de concursos públicos
Tanto a isenção quanto a anistia, quando não concedidas em caráter geral, são efetivadas, em cada caso, por despacho da autoridade administrativa, tratando-se de ato administrativo vinculado à lei. **(Ministério Público/SC – 2010)**
Suponha que uma lei isente de IPTU os proprietários de imóveis nascidos há mais 60 anos. Nessa situação, tal isenção deve ser efetivada por despacho da autoridade administrativa, em requerimento com o qual o interessado prove o cumprimento dos requisitos previstos na lei. **(Ministério Público/AM – 2008 – CESPE)**

12.22.4. Concessão limitada

A anistia pode ser concedida limitadamente (art. 181, II, do CTN):

a) às infrações relativas a determinado tributo;

b) às infrações punidas com penalidades pecuniárias até determinado montante, conjugadas ou não com penalidades de outra natureza;

c) a determinada região do território da entidade tributante, em função de condições a ela peculiares;

d) sob condição do pagamento de tributo no prazo fixado pela lei que a conceder, ou cuja fixação seja atribuída pela mesma lei à autoridade administrativa.

Gabaritos de concursos públicos
É inadmissível um estado conceder anistia em caráter limitado a multas de contribuintes que tenham, no mínimo, certa idade. **(Ministério Público/SE – 2010 – CESPE)**

12.22.5. Vedação de remissão e anistia para contribuições sociais – art. 195, § 11, da CF

A Constituição Federal veda expressamente a moratória e o parcelamento em prazo superior a 60 meses e, na forma da lei complementar, a remissão e a anistia para as contribuições sociais devidas por:

a) empregadores e equiparados sobre folhas de salários e demais rendimentos pagos a pessoas físicas; e

b) trabalhadores e equiparados.

13. IMPOSTOS EM ESPÉCIE

13.1. Introdução

13.1.1. Competências relativas a impostos

A Constituição Federal indica expressamente os impostos da competência de cada ente político (União, Estados, Distrito Federal e Municípios).

Lembre-se que essa indicação é taxativa, exceto para a União, que detém a chamada competência residual (somente ela pode instituir outros impostos além daqueles previstos expressamente na CF), conforme o art. 154, I, da Constituição Federal.

Veja a seguinte tabela, que indica os impostos da competência de cada ente federado, para estudo e memorização:

União	– II, IE, IR, IPI, IOF, ITR, imposto sobre grandes fortunas (art. 153 da CF) – imposto extraordinário, imposto da competência residual (art. 154 da CF)
Estados e DF	– ITCMD, ICMS e IPVA (art. 155 da CF)
Municípios e DF	– ITBI, IPTU, ISS (art. 156 da CF)

13.1.2. Lançamento

Basicamente, todos os impostos são lançados por homologação, com exceção do IPVA e do IPTU na maior parte dos Estados e Municípios, que são lançados de ofício (depende da lei local).

Lançamento de ofício	– IPVA e IPTU, conforme a legislação local
Lançamento por homologação	– II, IE, IR, IPI, IOF – ITR – ICMS, ITCMD – ITBI, ISS

Perceba que o imposto de renda, apesar da famosa declaração de bens, é tributo lançado por homologação.

A legislação do ITR prevê expressamente o lançamento por homologação, mas, como há diversas declarações que são prestadas pelo proprietário rural, em relação ao imóvel, seu valor e índices de produtividade, há autores que consideram ser caso de lançamento por declaração. De qualquer forma, é importante salientar que a jurisprudência dominante reconhece tratar-se de lançamento por homologação, conforme expressamente dispõe o Regulamento do ITR.

> **Jurisprudência**
>
> *Esta linha de argumentação é corroborada pelo que determina o art. 111 do Código Tributário Nacional – CTN (interpretação restritiva da outorga de isenção), em especial pelo fato de que o ITR, como imposto sujeito a lançamento por homologação, e em razão da parca arrecadação que proporciona (como se sabe, os valores referentes a todo o ITR arrecadado é substancialmente menor ao que o Município de São Paulo arrecada, por exemplo, a título de IPTU), vê a efetividade da fiscalização no combate da fraude tributária reduzida.*
> **REsp 1.027.051/SC, rel. p/ acórdão Min. Mauro Campbell Marques, j. 07.04.2011**

RITR, art. 48. "O lançamento do ITR é procedimento de competência privativa da autoridade administrativa, que se opera de ofício ou por homologação, destinado à constituição do crédito tributário.

(...)

Art. 50. Caso o sujeito passivo deixe de tomar as iniciativas necessárias ao lançamento por homologação pela Fazenda Pública, esta deve proceder à determinação e ao lançamento de ofício do crédito tributário".

13.1.3. Regra-matriz de incidência

A regra-matriz de incidência é uma ferramenta interessante para o estudo dos impostos em espécie.

Quando falamos de fato gerador, até aqui, referimo-nos ao critério material (auferir renda, ser proprietário, promover a circulação). Entretanto, para que haja a incidência, além do critério material, há os critérios especial e temporal.

Somente quando se observam os três critérios do *antecedente* da regra-matriz (material, espacial e temporal) é que há incidência, devendo ser verificados, então, os dois critérios do *consequente* da regra-matriz (pessoal e quantitativo).

```
Antecedente
- Critério material       deve ser    Consequente
- Critério espacial       ────►       - Critério pessoal
- Critério temporal                   - Critério quantitativo
```

Por exemplo, para que haja incidência do ICMS goiano, é preciso que o empresário promova a circulação da mercadoria (critério material), no território do Estado de Goiás (critério espacial), considerando-se o momento da saída da mercadoria do estabelecimento (critério temporal). Nesse caso, o critério pessoal corresponde ao sujeito passivo (quem promove a operação) e ao sujeito ativo (Estado de Goiás); o critério quantitativo refere-se à alíquota (18%, por exemplo) que é multiplicada pela base de cálculo (valor da operação).

Como outro exemplo, para que haja incidência do IPVA paulista, é preciso que alguém seja proprietário de um veículo automotor (critério material), no território do Estado de São Paulo (critério espacial), considerando-se o primeiro dia de cada ano (critério temporal). Nesse caso, o critério pessoal corresponde ao sujeito passivo (proprietário do automóvel) e ao sujeito ativo (Estado de São Paulo); o critério quantitativo refere-se à alíquota (4%, por exemplo) que é multiplicada pela base de cálculo (valor do veículo).

Ao estudarmos esses critérios para cada um dos impostos, teremos analisado os principais aspectos de cada tributo.

13.2. Impostos da União

13.2.1. Imposto de importação – II

13.2.1.1. Critério material do II

O critério material do II é a entrada de mercadoria estrangeira no território nacional.

Inclui entrada de bem que será posteriormente exportado (embora haja benefícios fiscais e regimes especiais, como o chamado *drawback*).

A bagagem trazida pelo viajante é abrangida pelo critério material, podendo haver tributação.

Não inclui simples passagem pelo território, como, por exemplo, quando um avião de carga estrangeiro faz apenas escala no Brasil, seguindo viagem para o destino final em outro país. Nesse caso, não há falar em incidência do II.

O STJ afastou a incidência em caso de importação ilícita, em que é aplicada a pena de perdimento (o importador perde o bem):

> **Jurisprudência**
>
> *No caso de importação ilícita, reconhecida a ilicitude e aplicada a pena de perdimento, não poderá ser cobrado o imposto de importação, já que "importar mercadorias" é elemento essencial do tipo tributário.*
> **REsp 984.607/PR, rel. Ministro Castro Meira, j. 07.10.2008**

13.2.1.2. Critério espacial do II

O II refere-se a todo o território nacional, correspondendo ao território aduaneiro. Ou seja, a entrada de bem estrangeiro em qualquer ponto do território brasileiro está abrangido pela tributação do II.

13.2.1.3. Critério temporal do II

A incidência do II ocorre no momento da entrada no território nacional, considerada como sendo:

a) a data do registro da declaração de importação (= início do despacho aduaneiro);

b) o dia do lançamento, no caso de remessa postal e de bagagens;

c) outras regras do art. 73 do Regulamento Aduaneiro – RA.

> **Jurisprudência**
>
> *I. – Fato gerador do imposto de importação de mercadoria despachada para consumo considera-se ocorrido na data do registro na repartição aduaneira competente, da declaração apresentada pelo importador (art. 23 do Decreto-lei 37/1966). II. – O que a Constituição exige, no art. 150, III, a, é que a lei que institua ou majore tributos seja anterior ao fato gerador. No caso, o decreto que alterou as alíquotas é anterior ao fato gerador do imposto de importação.*
> **AI 420.993 AgR/PR, STF, rel. Min. Carlos Velloso, j. 31.05.2005**

13.2.1.4. Critério pessoal do II

Sujeito ativo do II é a União.

Contribuinte do II, conforme o art. 22 do CTN, é:

a) o importador ou equiparado; e

b) o arrematante de produtos apreendidos ou abandonados.

13.2.1.5 Critério quantitativo do II

As alíquotas do II podem ser *ad valorem* (= percentual a ser multiplicado pela base de cálculo, alterável por ato infra legal) ou específica (quantia em reais a ser multiplicada por uma unidade de medida).

Elas podem ser alteradas por norma infralegal, pelo próprio Executivo, nas condições e limites fixados pela lei. É um tributo de carga fortemente extrafiscal, de intervenção no mercado.

A base de cálculo é (i) o valor aduaneiro (preço normal) conforme GATT ou (ii) a unidade de medida (no caso da alíquota específica). O CTN cita também (iii) o preço da arrematação.

Quando a legislação prevê que o II será calculado pela multiplicação da alíquota de 10% sobre o valor aduaneiro do produto importado, estamos diante de uma alíquota *ad valorem*.

Entretanto, se a legislação prevê o cálculo do II pela multiplicação de R$ 10,00 por cada contêiner de produto, trata-se de alíquota específica.

Gabarito de concurso público
A base de cálculo do imposto sobre importações, quando a alíquota seja **ad valorem***, é o valor aduaneiro, ou seja, o valor pelo qual foi realizado o eventual negócio jurídico referente à importação.* **(Magistratura Federal – 5ª Região – 2007 – CESPE)**

13.2.2. Imposto de Exportação – IE

13.2.2.1. Critério material do IE

O critério material do IE é a saída de mercadorias nacionais ou nacionalizados do território nacional.

13.2.2.2. Critério espacial do IE

O IE refere-se a todo o território nacional, correspondendo ao território aduaneiro.

13.2.2.3. Critério temporal do IE

O IE incide na data do registro de exportação (= início do despacho aduaneiro).

13.2.2.4. Critério pessoal do IE

Sujeito ativo é a União.

Contribuinte é o exportador ou equiparado.

13.2.2.5. Critério quantitativo do IE

A alíquota pode ser *ad valorem* (alterável por ato infralegal) ou específica (quantia em reais), como no caso do II.

Elas podem ser alteradas por norma infralegal, pelo próprio Executivo, nas condições e limites fixados pela lei. É um tributo de carga fortemente extrafiscal, de intervenção no mercado.

A base de cálculo é (i) o preço normal que o produto ou similar alcançaria, ao tempo da exportação, em uma venda em condições normais de livre concorrência ou (ii) a unidade de medida (no caso de alíquota específica).

13.2.3. Imposto de renda – IR

13.2.3.1. Princípios específicos do IR

O IR submete-se aos princípios da:

a) generalidade: o imposto atinge todas as pessoas, sem distinção;

b) universalidade: o imposto abrange todas as rendas e proventos apurados no período;

c) progressividade: as alíquotas devem ser maiores, conforme maiores sejam as bases de cálculo.

É vedado "instituir tratamento desigual entre contribuintes que se encontrem em situação equivalente, proibida qualquer distinção em razão de ocupação profissional ou função por eles exercida, independentemente da denominação jurídica dos rendimentos, títulos ou direitos" (art. 150, II, da CF).

13.2.3.2. Critério material do IR

Em relação ao critério material, o IR incide sobre a aquisição da disponibilidade econômica ou jurídica:

a) de renda, que é o produto do capital, do trabalho, ou da combinação de ambos;

b) de proventos de qualquer natureza, que são acréscimos **patrimoniais** não compreendidos no conceito de renda.

O salário, por exemplo, é renda, pois é produto do trabalho. O aluguel recebido é renda, já que é produto do capital (exploração do patrimônio imobiliário).

Um prêmio de loteria, embora não seja produto do capital ou do trabalho de quem aufere (não é renda, portanto), é provento de qualquer natureza, tributável pelo IR, pois implica acréscimo patrimonial.

São irrelevantes: denominação da renda, do rendimento, localização, condição jurídica ou nacionalidade da fonte, origem e forma de percepção.

O Judiciário vem entendendo que as indenizações por danos morais, além daquelas por danos emergentes, não se submetem ao IR.

Jurisprudência
Súmula 498 do STJ. Não incide imposto de renda sobre a indenização por danos morais. *Súmula 463 do STJ. Incide imposto de renda sobre os valores percebidos a título de indenização por horas extraordinárias trabalhadas, ainda que decorrentes de acordo coletivo.* *Súmula 386 do STJ. São isentas de imposto de renda as indenizações de férias proporcionais e o respectivo adicional.* *Súmula 215 do STJ. A indenização recebida pela adesão ao programa de incentivo à demissão voluntária não está sujeita à incidência do imposto de renda.* *Súmula 125 do STJ. O pagamento de férias não gozadas por necessidade de serviço não está sujeito à incidência do Imposto de Renda.*

Jurisprudência
As verbas concedidas ao empregado por mera liberalidade do empregador quando da rescisão unilateral de seu contrato de trabalho implicam acréscimo patrimonial por não possuírem caráter indenizatório, sujeitando-se, assim, à incidência do imposto de renda. **REsp 1.102.575/MG, STJ, rel. Min. Mauro Campbell Marques, j. 23.09.2009 – repetitivo**
O tema referente à incidência do imposto de renda sobre os juros de mora já foi amplamente discutido pela Primeira Seção, por ocasião do julgamento do recurso especial repetitivo n. 1.227.133-RS, no qual, objetivamente, se decidiu que: Não incide imposto de renda sobre os juros moratórios legais vinculados a verbas trabalhistas reconhecidas em decisão judicial, por força de lei específica de isenção referente às verbas discutidas naquela ocasião (art. 6º, inciso V, da Lei n. 7.713/1988). **AgRg EDcl REsp 1.132.119/RS, STJ, Rel. Min. Benedito Gonçalves, Primeira Turma, j. 27.03.212**

> **Gabaritos de concursos públicos**
>
> *Na alienação de propriedade de ações efetuada por residente no País não incide o imposto de renda se a sociedade transferir ações de outras sociedades constantes do seu ativo, se a transferência for feita a título de devolução de capital, pelo valor contábil na sociedade que reduz o capital.* (**Magistratura Federal – 3ª Região – XIII**)
>
> *Considere que certa sociedade cooperativa, formada por professores de língua estrangeira, tenha auferido vultosa quantia monetária proveniente de suas aplicações financeiras. Nesse caso, a sociedade cooperativa deve recolher o imposto de renda sobre o resultado das referidas aplicações.* (**Procuradoria Federal – 2007 – CESPE**)
>
> Obs.: perceba que, mesmo que o candidato não conheça em detalhes a legislação do imposto de renda, é possível aferir se houve ou não acréscimo patrimonial e, consequentemente, se incidiu ou não o IR

13.2.3.3. Critério espacial do IR

O IR incide sobre rendas e proventos auferidos em qualquer lugar do mundo, desde que haja elemento de conexão com o território nacional (domicílio do contribuinte, localização da fonte etc.).

Há acordos internacionais para evitar bitributação, além de regra no regulamento do IR no sentido de que, se o contribuinte já pagou IR em outro país, em relação a uma renda auferida por lá (por exemplo, aluguel de imóvel localizado no exterior), poderá abater o valor recolhido, reduzindo o imposto de renda devido ao Fisco brasileiro.

Em outras palavras, ainda que não haja acordo internacional, permite-se abater valores recolhidos a título de IR a outros países, relativo a fonte localizada no exterior, desde que haja reciprocidade (art. 103 do Regulamento do Imposto de Renda – RIR).

13.2.3.4. Critério temporal do IR

O IR refere-se a rendas, proventos e lucro apurados durante o ano civil.

O fato gerador é *pendente* durante o exercício, concluindo-se no último instante do dia 31 de dezembro.

Assim, para apuração do valor devido, leva-se em consideração todo acréscimo patrimonial ocorrido entre o primeiro instante do dia 1º de janeiro até o último instante do dia 31 de dezembro de cada ano (= ano-base).

Por essa razão, há autores que consideram o fato gerador como *periódico*. Outros estudiosos, por outra aproximação, defendem que o IR incide apenas no último instante do dia 31 de dezembro do ano-base.

Há incidências exclusivas e antecipações. Por exemplo, sobre os rendimentos financeiros (aplicações em instituições financeiras) o IR incide exclusivamente na fonte (ou seja, não entra no posterior ajuste anual, feito no momento da declaração).

O art. 43, § 2º, do CTN, buscando tributar a renda auferida no exterior, determina que a lei estabelecerá as condições e o momento em que se dará sua disponibilidade, nesse caso, para fins de incidência do IR.

> CTN, art. 43, § 2º "Na hipótese de receita ou de rendimento oriundos do exterior, a lei estabelecerá as condições e o momento em que se dará sua disponibilidade, para fins de incidência do imposto referido neste artigo".

O STF analisa a constitucionalidade da regulamentação desse dispositivo, que considera disponibilizado o lucro para a controladora ou coligada brasileira na data do balanço da empresa estrangeira (antes, portanto, da distribuição desse lucro) – RE 611.586/PR (repercussão geral).

13.2.3.5. Critério pessoal do IR

Sujeito ativo é a União.

> CTN, art. 45. "Contribuinte do imposto é o titular da disponibilidade a que se refere o artigo 43, sem prejuízo de atribuir a lei essa condição ao possuidor, a qualquer título, dos bens produtores de renda ou dos proventos tributáveis.
>
> Parágrafo único. A lei pode atribuir à fonte pagadora da renda ou dos proventos tributáveis a condição de responsável pelo imposto cuja retenção e recolhimento lhe caibam".

Contribuinte é o titular da disponibilidade da renda ou do provento. Ademais, nos termos do art. 45 do CTN, a lei pode atribuir a condição de contribuinte ao possuidor, a qualquer título, dos bens produtores de renda ou dos proventos tributáveis.

É comum a responsabilidade por retenção na fonte.

13.2.3.6. Critério quantitativo do IR

As alíquotas do IR são *ad valorem* (%) e progressivas, ou seja, há percentuais maiores para bases de cálculo maiores.

A base de cálculo do IR é o montante real, arbitrado ou presumido, da renda ou dos proventos tributáveis.

No caso das pessoas jurídicas, a base de cálculo corresponde ao lucro (real, presumido ou arbitrado) observado no ano-base (determinadas despesas autorizadas por lei são subtraídas das receitas auferidas no exercício).

No caso das pessoas físicas, a base de cálculo é o rendimento líquido anual (os rendimentos, menos determinadas despesas previstas em lei).

13.2.4. Imposto sobre produtos industrializados – IPI

13.2.4.1. Princípios e características do IPI

O IPI submete-se ao princípio da seletividade conforme a essencialidade do produto. Significa que as alíquotas devem ser menores para os produtos essenciais (alimentos da cesta básica etc.) e maiores para os produtos não essenciais (cigarros, bebidas alcoólicas etc.). Eis uma tabela exemplificativa:

Produto	Alíquota
Cigarros	300%
Chopp	40%
Batom	22%
Automóvel 1.0	7%
Medicamentos	0%
Feijão e arroz	NT (não tributado)

O IPI é não cumulativo, compensando-se o valor devido em cada operação com o montante cobrado nas anteriores.

As exportações são imunes em relação ao IPI (assim como em relação ao ICMS).

O impacto do IPI será reduzido sobre a aquisição de bens de capital pelo contribuinte.

Bens de capital são aqueles equipamentos necessários para a produção de outros bens: máquinas, instalações industriais etc.

13.2.4.2. Princípio da não cumulatividade

Vejamos o seguinte exemplo simplificado de uma cadeia de produção e comercialização para entendermos bem como funciona a não cumulatividade. Para esse exemplo, imaginemos uma alíquota única de 10% incidente em cada etapa:

venda: R$ 100,00	venda: R$ 150,00	venda: R$ 200,00
IPI: R$ 10,00	IPI: R$ 15,00	IPI: R$ 20,00
pgto: R$ 10,00	crédito: R$ 10,00	crédito: R$ 15,00
	pagto: R$ 5,00	pagto: R$ 5,00

Perceba que, quando o extrativista vende as toras de madeira por R$ 100,00, recolherá ao Fisco R$ 10,00 de IPI.

Quando a serralheria vende as tábuas produzidas a partir das toras por R$ 150,00, o IPI devido será de R$ 15,00 (10%), mas, por conta da não cumulatividade, o contribuinte irá subtrair aquilo que foi pago pelo extrativista (R$ 10,00 da operação anterior).

Ao final, a soma de tudo que foi recolhido ao Fisco, por todos os contribuintes, foi R$ 20,00, que corresponde a 10% sobre o preço final da cadeia.

Isso demonstra que a não cumulatividade é uma ferramenta que permite a distribuição do encargo financeiro por toda a cadeia de produção e consumo.

Dito de outra forma, por maior que seja a cadeia de produção e consumo, o valor recolhido ao Fisco será sempre de 10% sobre o preço final do produto (desde que a alíquota seja única e não haja benefícios fiscais).

Note também que o creditamento refere-se ao produto adquirido que acaba sendo incorporado àquele vendido pelo contribuinte (a madeira cortada pela indústria extrativista está incorporada à cadeira ao final produzida).

Após muito debate, consolidou-se o entendimento jurisprudencial no sentido de que não há creditamento fictício em caso de entrada de produto isento, não tributado ou sujeito à alíquota zero, pois não houve cobrança de IPI na operação anterior (ver RE 398.365/RS – repercussão geral). Isso somente seria possível em caso de previsão legal expressa.

O princípio da não cumulatividade por si tampouco garante a manutenção do crédito em caso de saídas não tributadas. Nesse caso, entretanto, há disposição legal admitindo a possibilidade (a partir da Lei 9.779/1999 – antes dessa lei, os sujeitos passivos deveriam cancelar os créditos relativos às operações anteriores).

Tudo isso a exemplo do que ocorre com o ICMS estadual, que conta com vedação expressa nesse sentido no texto constitucional (ver art. 155, § 2º, II, da CF).

Jurisprudência
A jurisprudência do Supremo Tribunal Federal é no sentido de que não há direito à utilização de créditos do IPI na aquisição de insumos não tributados, isentos ou sujeitos à alíquota zero. **RE 508.708 AgR/RS, STF, rel. Min. Ayres Britto, j. 04.10.2011** Nos termos da orientação firmada por esta Suprema Corte, o direito ao creditamento do montante do IPI cobrado na aquisição de insumo ou matéria-prima que será utilizado em operação da qual resulte a saída de bem desonerado depende de expressa autorização legal. **AI 843.665 AgR/RS, STF, rel. Min. Joaquim Barbosa, j. 06.03.2012**

Houve também muito debate acerca da possibilidade de creditamento em relação à energia elétrica. O STF e o STJ já pacificaram o entendimento em sentido contrário, até porque a operação não se sujeita ao IPI (incide apenas o ICMS).

Jurisprudência
A energia elétrica utilizada pela indústria não é considerada produto intermediário para efeito de creditamento, pela sistemática da não cumulatividade, seja porque não é produto no sentido jurídico-tributário do termo, seja porque não incide IPI sobre o consumo, o que desautoriza a adoção da técnica do aproveitamento. **REsp 749.466/PR, STJ, rel. Min. Eliana Calmon, j. 03.11.2009**

Gabarito de concurso público
A indústria não pode creditar-se do valor do IPI relativo à energia elétrica consumida no processo de industrialização, por não se tratar de insumo ou matéria-prima que se incorpore à transformação do produto. (**Magistratura Federal/1ª Região – 2009 – CESPE**)

O crédito na sistemática da não cumulatividade é escritural, razão pela qual não cabe sua correção monetária, exceto se o contribuinte não o aproveitou por conta de óbice injustificado do Fisco.

Jurisprudência
1. A correção monetária não incide sobre os créditos de IPI decorrentes do princípio constitucional da não cumulatividade (créditos escriturais), por ausência de previsão legal. 2. A oposição constante de ato estatal, administrativo ou normativo, impedindo a utilização do direito de crédito oriundo da aplicação do princípio da não cumulatividade, descaracteriza referido crédito como escritural, assim considerado aquele oportunamente lançado pelo contribuinte em sua escrita contábil. **REsp 1.035.847/RS, STF, rel. Min. Luiz Fux, j. 24.06.2009**

Gabarito de concurso público
É devida a correção monetária de créditos escriturais de imposto sobre produtos industrializados na hipótese em que o seu não aproveitamento pelo contribuinte em tempo oportuno tenha ocorrido em razão da demora motivada por ato administrativo ou normativo do fisco considerado ilegítimo. (**Procurador Federal – 2010 – CESPE**)

13.2.4.3. Critério material do IPI

O critério material é a operação relativa a produto industrializado, basicamente sua venda.

Considera-se industrializado o produto que tenha sido submetido a qualquer operação que lhe modifique a natureza ou a finalidade, ou o aperfeiçoe para o consumo (art. 46, parágrafo único, do CTN). Trata-se de transformação, beneficiamento, montagem, acondicionamento, recondicionamento, renovação ou recondicionamento (art. 4º do Regulamento do IPI – RIPI).

13.2.4.4. Critério espacial do IPI

O IPI refere-se às operações realizadas no território nacional, inclusive na entrada de produto estrangeiro (incide também na importação).

13.2.4.5. Critério temporal do IPI

O IPI incide no momento da saída do produto do estabelecimento do contribuinte.

No caso da importação, o IPI incide no momento do desembaraço aduaneiro do produto.

Pode haver incidência também no momento da arrematação de produto apreendido ou abandonado.

13.2.4.6. Critério pessoal do IPI

Sujeito ativo do IPI é a União.

Contribuinte é:

a) industrial ou equiparado;
b) importador ou equiparado;
c) comerciante que revende produto tributado a industrial;
d) arrematante.

É interessante notar o caso do item "c", acima, de comerciante que, em princípio, não seria contribuinte do IPI. Entretanto, se esse comerciante está no meio da cadeia industrial, ou seja, se revende insumos para a indústria, deverá recolher o IPI:

indústria → IPI → comércio → IPI → indústria

De fato, se o comerciante não fosse contribuinte, isso seria prejudicial para a indústria "B" que adquire o produto, já que não haveria direito a creditamento. Lembre-se que somente há esse direito caso a operação anterior tenha sido tributada. Caso o comerciante não se sujeitasse ao IPI nessa hipótese, a indústria "B" pagaria IPI "cheio" na venda de seu produto, sem qualquer abatimento, "perdendo-se" o que foi recolhido pela indústria "A".

13.2.4.7. Critério quantitativo do IPI

As alíquotas **devem** ser seletivas conforme a essencialidade do produto (tributo extrafiscal).

Elas podem ser alteradas por norma infralegal, pelo próprio Executivo, nas condições e limites fixados pela lei. É um tributo de carga fortemente extrafiscal, de intervenção no mercado.

As alíquotas devem ser reduzidas para bens de capital (= são os bens aplicados na produção de outros bens – ex.: máquinas, equipamentos, instalações industriais).

A base de cálculo do IPI é:

a) o valor da operação;
b) o preço normal na importação, somado ao imposto de importação, às taxas e aos encargos cambiais; ou
c) o preço da arrematação.

Jurisprudência
3. Nas operações de saída realizadas no mercado interno, a base de cálculo do IPI é o valor da operação (art. 47, II, "a", do CTN).
4. A "venda a prazo" e a "venda financiada" não se confundem. Nesta, o comprador obtém recursos de instituição financeira para pagar a aquisição da mercadoria e o IPI incide apenas sobre o valor efetivamente pago ao vendedor da mercadoria, não englobando os juros pagos ao financiador, sobre o qual incidirá apenas o IOF. Na venda a prazo, porém, em que o vendedor recebe o preço em parcelas, o IPI incide sobre a soma de todas essas, ainda que o valor seja maior do que o cobrado em operações de venda à vista, pois esse total corresponde ao valor da operação.
5. A mesma questão existe quando ao ICMS e já foi julgada sob a sistemática da lei dos recursos repetitivos, em precedente inteiramente aplicável também ao IPI: (...)
REsp 1.586.158/SP, Rel. Ministro Herman Benjamin, j. 03/05/2016

13.2.5. Imposto sobre operações financeiras – IOF

13.2.5.1 Critério material do IOF

O critério material do IOF são as operações de crédito, câmbio e seguro, relativas a títulos e valores mobiliários e com ouro como ativo financeiro ou instrumento cambial (art. 63 do CTN).

Operação	Descrição
Crédito	Dinheiro a ser restituído no futuro, empréstimo, linha de crédito, cheque especial, desconto de títulos
Câmbio	Troca de moedas
Seguro	Cobertura de risco, álea
Títulos e valores mobiliários	Emitidos por empresas, negociados no mercado próprio)
Ouro ativo financeiro ou cambial	Investimentos, lastro cambial (ouro-mercadoria submete-se ao ICMS)

13.2.5.2. Critério espacial

O IOF refere-se às operações realizadas no território brasileiro, embora nem sempre seja fácil identificar isso.

13.2.5.3. Critério temporal do IOF

Os incisos do art. 63 do CTN descrevem didaticamente o critério temporal do IOF, em relação a cada uma das operações tributadas (no caso do ouro, o momento da incidência consta do art. 153, § 5º, da CF):

Operação	Momento da incidência
Crédito	Entrega total ou parcial do valor objeto da obrigação, ou sua colocação à disposição do interessado
Câmbio	Entrega da moeda ou do documento representativo, ou sua colocação à disposição do interessado
Seguro	Emissão da apólice ou documento equivalente, ou recebimento do prêmio
Títulos e valores mobiliários	Emissão, transmissão, pagamento ou resgate
Ouro ativo financeiro ou cambial	Somente na operação de origem

Jurisprudência
A jurisprudência do Supremo Tribunal Federal é firme no sentido da constitucionalidade do inciso I do art. 1º da Lei 8.033/1990, que trata da incidência do IOF sobre transmissão ou resgate de títulos mobiliários, públicos e privados, inclusive de aplicações de curto prazo, tais como letras de câmbio, depósitos a prazo com ou sem emissão de certificado, letras imobiliárias, debêntures e cédulas hipotecárias.
RE 287.628 AgR/PR, STF, rel. Min. Ayres Britto, j. 06.03.2012
No julgamento do RE n. 190.363/RS, o Plenário desta Corte assentou que, nas operações com ouro, como ativo financeiro ou instrumento cambial, incide IOF apenas na operação de origem.
RE 181.849 AgR/RS, STF, rel. Min. Dias Toffoli, j. 08.05.2012

13.2.5.4. Critério pessoal do IOF

Sujeito ativo do IOF é a União.

Contribuinte (art. 66 do CTN) é qualquer das partes na operação, conforme a lei.

13.2.5.5. Critério quantitativo do IOF

As alíquotas do IOF podem ser alteradas por norma infralegal, pelo próprio Executivo, nas condições e limites fixados pela lei. É um tributo de carga fortemente extrafiscal, de intervenção no mercado.

A base de cálculo depende de cada incidência, podendo ser (art. 64 do CTN):

Operação	Momento da incidência
Crédito	Montante da operação de crédito, incluindo principal e juros
Câmbio	Montante em reais da operação
Seguro	Montante do prêmio (= valor pago pelo segurado)
Títulos e valores mobiliários	Valor nominal na emissão do título ou do valor mobiliário, acrescido do ágio; preço, valor nominal ou cotação na transmissão; preço no resgate

13.2.6. Imposto territorial rural – ITR

13.2.6.1. Princípios e características do ITR

O ITR será progressivo e terá suas alíquotas fixadas de forma a desestimular a propriedade improdutiva.

É um imposto de carga extrafiscal, que visa a estimular o uso socialmente responsável da propriedade rural.

Há imunidade para as pequenas glebas rurais, definidas em lei, quando exploradas por proprietário que não possua outro imóvel.

Pode ser fiscalizado e cobrado pelos Municípios que optarem, na forma da lei, vedada a redução do imposto ou outra forma de renúncia.

13.2.6.2. Critério material do ITR

O critério material do ITR é a propriedade, o domínio útil ou a posse de imóvel por natureza, conforme definido na lei civil.

Imóvel por natureza significa, para fins do ITR, a terra nua (o solo, o terreno), e não as construções, plantações etc.

Há precedentes do STJ afastando a tributação em caso de imóvel invadido por sem-terra, em que houve omissão do Poder Público na reintegração de posse determinada judicialmente.

Jurisprudência
Na peculiar situação dos autos [invasão do imóvel por sem-terras e omissão do Estado na reintegração], ao considerar-se a privação antecipada da posse e o esvaziamento dos elementos de propriedade sem o devido êxito do processo de desapropriação, é inexigível o ITR diante do desaparecimento da base material do fato gerador e da violação dos referidos princípios da propriedade, da função social e da proporcionalidade. **REsp 1.144.982/PR, STJ, rel. Min. Mauro Campbell, j. 13.10.2009**

13.2.6.3. Critério espacial do ITR

O ITR incide sobre imóveis localizados fora da área urbana definida pela lei municipal.

Veremos, ao estudarmos o IPTU, que a lei municipal não pode indicar qualquer área como sendo urbana, pois deve observar os requisitos do art. 32, § 1º, do CTN (é preciso que haja determinadas melhorias no local).

O ITR incide excepcionalmente sobre imóveis localizados dentro da área urbana, desde que utilizados em exploração de atividade extrativa vegetal, agrícola, pecuária ou agroindustrial (art. 15 do Dec.-lei 57/1966 – REsp 1.112.646/SP repetitivo).

13.2.6.4. ITR e IPTU

Veja a seguinte representação gráfica para compreender bem o âmbito de incidência do ITR, em relação ao do IPTU.

13.2.6.5. Critério temporal do ITR

O ITR incide em 1º de janeiro de cada ano.

13.2.6.6. Critério pessoal do ITR

O sujeito ativo do ITR é a União, mas pode ser o Município que optar por fiscalizar e cobrar o tributo, na forma da lei – art. 153, § 4º, III, da CF (nesse caso, o Município fica com 100% do valor arrecadado, e não apenas 50% – art. 158, II, da CF).

Gabarito de concurso público
[O ITR] Será fiscalizado e cobrado pelos Municípios que assim optarem, na forma da lei, desde que não implique redução do imposto ou qualquer outra forma de renúncia fiscal. **(Cartório/MS – 2009 – VUNESP)**

Sujeito passivo é (i) o proprietário do imóvel; (ii) o titular do domínio útil; ou (iii) o possuidor.

Perceba que o Fisco não pode, em princípio, escolher de quem cobrar o imposto. Contribuinte é sempre o proprietário. Excepcionalmente, se houver enfiteuse, será o titular do domínio útil. Também excepcionalmente, o contribuinte poderá ser o possuidor que ocupe o imóvel como se fosse proprietário, com *animus domini*, e que possa efetivamente vir a ser o proprietário no futuro, por usucapião (*ad usucapionem*).

Entretanto, é bom salientar que o STJ, ao analisar a sujeição passiva do IPTU, tem entendido que o promitente-comprador do imóvel (= possuidor com *animus domini*) é solidariamente responsável com o proprietário (promitente vendedor, que consta como proprietário no registro imobiliário) – ver REsp 1.110.551/SP repetitivo.

13.2.6.7. Critério quantitativo do ITR

As alíquotas do ITR devem ser progressivas e devem desestimular a propriedade improdutiva.

A base de cálculo é o valor fundiário, ou seja, o da terra nua tributável (o ITR não incide sobre o valor das construções, diferentemente do IPTU, nem plantações).

Jurisprudência
Não se encontrando individualizada na averbação, a reserva florestal não poderá ser excluída da área total do imóvel desapropriando para efeito de cálculo da produtividade. **MS 24.924/DF, STF, rel. para o acórdão Min. Joaquim Barbosa, j. 24.02.2011** *Sem dúvida, é assim: a existência da reserva legal não depende da averbação para os fins do Código Florestal e da legislação ambiental. Mas isto nada tem a ver com o sistema tributário nacional. Para fins tributários, a averbação deve ser condicionante da isenção, tendo eficácia constitutiva.* **REsp 1.027.051/SC, rel. Min. Mauro Campbell, j. 07.04.2011**

13.3. Impostos dos Estados e do Distrito Federal

13.3.1. Imposto sobre circulação de mercadorias e prestação de serviços – ICMS

13.3.1.1. Princípios e características do ICMS

As alíquotas do ICMS **podem** ser seletivas conforme a essencialidade da mercadoria ou do serviço. Perceba que o IPI **deve** ser seletivo, enquanto o ICMS **pode** ser seletivo.

Seletividade significa que o ICMS incidente sobre um bem essencial (alimento da cesta básica, por exemplo) deve ter alíquota baixa (ou mesmo isenção), enquanto o imposto sobre mercadoria não essencial deve ser maior (cigarros, bebidas alcoólicas, por exemplo).

Há imunidade de ICMS sobre (i) exportações; (ii) operações interestaduais com petróleo, derivados e energia elétrica; (iii) ouro como ativo financeiro ou instrumento cambial; e (iv) rádio e TV aberta (de recepção livre e gratuita).

Apesar de se tratar de um tributo estadual, diversas matérias relacionadas ao ICMS devem ser reguladas por lei complementar federal (além daquelas aplicáveis a todos os impostos – art. 146, III, *a*, da CF), conforme o art. 155, § 2º, XII, da CF, dando-lhe característica de tributo nacional. Dentre essas matérias reservadas à lei complementar, está regular a forma como, mediante deliberação dos Estados e do Distrito Federal, isenções, incentivos e benefícios fiscais serão concedidos e revogados (alínea *g*), assunto que retomaremos logo mais.

O ICMS é tributo não cumulativo, como o IPI.

Como dito, o ICMS é não cumulativo, de modo que o contribuinte abate, do valor a ser recolhido, os montantes de ICMS cobrados nas operações anteriores (art. 155, § 2º, I, da CF).

Jurisprudência
Súmula STJ 509. É lícito ao comerciante de boa-fé aproveitar os créditos de ICMS decorrentes de nota fiscal posteriormente declarada inidônea, quando demonstrada a veracidade da compra e venda.

As isenções e não incidências afastam o creditamento.

Assim, se o estabelecimento adquire um produto isento, por exemplo, não poderá abater nada do valor a ser recolhido nas operações subsequentes (não há creditamento fictício, em caso de não tributação da operação anterior, salvo disposição legal em contrário).

De modo semelhante, se a saída da mercadoria for isenta, o estabelecimento deverá estornar (cancelar) eventuais créditos relativos à aquisição do bem:

No exemplo acima, a fábrica de leite em caixinha recolheu R$ 0,18 de ICMS pela venda no valor de R$ 1,00. O estabelecimento comercial adquirente desse leite teria direito, em princípio, de se creditar desses R$ 0,18, pela sistemática da não cumulatividade. Entretanto, como a operação seguinte realizada pelo estabelecimento comercial (venda do leite para o consumidor final) é isenta, o crédito deverá ser cancelado, ou seja, não poderá ser aproveitado pelo comerciante.

Jurisprudência
O Plenário do Supremo Tribunal Federal (RE 174.478/SP, rel. p/ o acórdão o Min. Cezar Peluso, DJ 30.09.2005), ao apreciar questão similar à destes autos, assentou que a redução da base de cálculo do ICMS corresponderia a uma isenção parcial, possibilitando o estorno proporcional do tributo, e que tal compensação não afronta o princípio da não cumulatividade. **AI 565.666 AgR/RS, STF, rel. Min. Ellen Gracie, j. 31.08.2010** *A jurisprudência do Supremo Tribunal Federal é firme no sentido de que não afronta o princípio constitucional da não cumulatividade a sistemática para compensação do ICMS resultante da aquisição de bens para o ativo fixo conforme previsto na LC 102/2000.* **AI 667.826 AgR/SP, STF, rel. Min. Ayres Britto, j. 13.03.2012**

Tese de repercussão geral 299/STF: "A redução da base de cálculo de ICMS equivale à isenção parcial, o que acarreta a anulação proporcional de crédito relativo às operações anteriores, salvo disposição em lei estadual em sentido contrário."

O creditamento relativo a mercadorias destinadas a uso e consumo vem sendo adiado sucessivamente pela legislação complementar (art. 33, I, da LC 87/1996).

O creditamento atinente à energia elétrica é restrito, na forma do art. 33, II, da LC 87/1996.

No caso da mercadoria destinada ao ativo permanente, o creditamento cabe somente a partir da LC 87/1996, e de modo escalonado (1/48 por mês – art. 20, § 5º, I, da LC 87/1996).

Assim como no caso do IPI, o crédito de ICMS na sistemática da não cumulatividade é escritural, razão pela qual não cabe sua correção monetária, exceto se o contribuinte não o aproveitou por conta de óbice injustificado do fisco.

> **Jurisprudência**
>
> Súmula 509/STJ. É lícito ao comerciante de boa-fé aproveitar os créditos de ICMS decorrentes de nota fiscal posteriormente declarada inidônea, quando demonstrada a veracidade da compra e venda.

13.3.1.2. Benefícios fiscais

Isenções, incentivos e benefícios fiscais devem ser concedidos e revogados mediante deliberação dos Estados e do Distrito Federal (por convênio interestadual), na forma da lei complementar (regra que procura evitar a "guerra fiscal") – art. 155, § 2º, XII, g, da CF e art. 1º da LC 24/1975.

Para que fique claro: o Estado ou o DF não podem isoladamente conceder benefício fiscal de ICMS, devendo submeter sua intenção aos demais Estados (art. 155, § 2º, XII, g, da CF).

> **Gabarito de concurso público**
>
> *Qualquer benefício fiscal concedido ao tributo de ICMS depende de deliberação entre os estados e o DF, o que é pressuposto para a criação da legislação específica.* (**Magistratura/AL – 2008 – CESPE**)

Essa norma visa a minorar a guerra fiscal, ou seja, a competição predatória entre os entes federados, que passam a reduzir agressivamente a tributação para atrair investimentos que, em princípio, seriam alocados em outro Estado.

Para a realização do convênio de ICMS, todos os Estados e o DF devem ser convocados para a reunião do CONFAZ.

Para a concessão de benefícios exige-se unanimidade dos presentes na reunião e, depois, ratificação por todos os Estados e o DF em 15 dias.

Para revogação total ou parcial, é necessária aprovação de 4/5 dos presentes na reunião do Confaz e, depois, ratificação por 4/5 em 15 dias.

Interessante anotar que a jurisprudência do STF é pacífica no sentido da invalidade de benefícios fiscais concedidos sem prévia aprovação pelo CONFAZ. O STJ, entretanto, decide que enquanto o STF não afastar especificamente a lei estadual em análise, os outros Estados (e o DF) devem respeitar os creditamentos eventualmente realizados pelos contribuintes com base na legislação impugnada (ou seja, o STF deve declarar inconstitucional cada uma das leis estaduais que fixam benefícios sem convênio interestadual, ou talvez fixar o tema em Súmula Vinculante, o que vem sendo cogitado).

> **Jurisprudência**
>
> *Não pode o Estado-membro conceder isenção, incentivo ou benefício fiscal, relativos ao ICMS, de modo unilateral, mediante decreto ou outro ato normativo, sem prévia celebração de convênio intergovernamental no âmbito do CONFAZ.*
> **ADI 2.345/SC, STF, rel. Min. Cezar Peluso, j. 30.06.2011**
>
> *Entretanto, o colegiado reviu esse entendimento para impor a observância do crédito fictício pelo Estado de destino, acolhendo a tese de que a inconstitucionalidade deve ser previamente declarada em ADIn específica, relativa à lei do Estado de origem.*
> **RMS 32.453/MT, STJ, rel. Min. Herman Benjamin, j. 07.06.2011**

13.3.1.3. Imunidades e não incidência

Há imunidade de ICMS sobre (art. 155, § 2º, X, da CF):

✓ exportações, com manutenção e aproveitamento do ICMS cobrado nas operações anteriores (mas não alcança as operações ou prestações anteriores à exportação – Tese de Repercussão Geral 475-STF);

✓ operações interestaduais com petróleo, derivados e energia elétrica (quando destinados a industrialização ou comercialização, incidindo nas operações internas posteriores);

✓ ouro enquanto ativo financeiro ou instrumento cambial (incide apenas o IOF); e

✓ rádio e TV aberta (de recepção livre e gratuita).

Ademais, o STF julgou inconstitucional a incidência do ICMS sobre (i) transporte aéreo internacional de carga e (ii) transporte aéreo intermunicipal, interestadual e internacional de passageiros – ADI 1.600/UF.

> **Gabarito de concurso público**
>
> *Segundo jurisprudência do STF, é inconstitucional cobrar, das empresas aéreas nacionais, ICMS sobre a prestação de serviços de transporte aéreo internacional de cargas.* (**Advogado da União/AGU – CESPE – 2009**)

13.3.1.4. Critério material do ICMS

Quanto ao critério material, o ICMS incide sobre (art. 2º da LC 87/1996):

a) operações relativas à circulação de mercadorias;

b) prestação de serviços de transporte interestadual e intermunicipal e de comunicação;

c) entrada de bem ou mercadoria importada do exterior;

d) prestação de serviços no exterior ou iniciada no exterior;

e) Fornecimento de mercadorias com prestação de serviços não incluídos na competência dos Municípios, com fornecimento de mercadorias (ou quando a LC 116/2003 expressamente o sujeitar à incidência do ICMS);

f) aquisição em licitação de mercadorias ou bens apreendidos ou abandonados.

> **Gabarito de concurso público**
>
> *Mercadorias são as coisas objeto do comércio, destinadas à circulação econômica.* (**Procurador do Estado/PR – 2007**)
> *Segundo jurisprudência do STJ, é ilegítima a cobrança do ICMS sobre o serviço de habilitação de telefone celular.* (**Advogado da União/AGU – CESPE – 2009**)
> **Obs.: o ICMS incide apenas sobre os serviços de comunicação em si (por exemplo, prestado pela concessionária quando fazemos uma ligação telefônica), e não sobre os serviços preparatórios ou complementares (como habilitação, assistência técnica, secretária eletrônica etc.)**

Os programas de computador "de prateleira", ou seja, aqueles vendidos como mercadoria (não sob encomenda, não personalizados) sujeitam-se ao ICMS. A jurisprudência tem acompanhado a evolução tecnológica e reconhecido a incidência do imposto estadual mesmo quando não há substrato físico, caso dos *softwares* adquiridos por *download*.

> **Jurisprudência**
>
> ICMS. Incidência sobre softwares adquiridos por meio de transferência eletrônica de dados (art. 2º, § 1º, item 6, e art. 6º, § 6º, ambos da Lei impugnada). Possibilidade. Inexistência de bem corpóreo ou mercadoria em sentido estrito. Irrelevância.
> **ADI 1.945 MC/MT, STF, rel. Min. Gilmar Mendes, j. 26.05.2010**

A propósito, essa é uma regra para distinguir a incidência do ICMS em relação ao ISS. Quando se tratar de mercadoria genérica, vendida indistintamente a consumidores (mercadoria "de prateleira"), incide o ICMS. Se for bem encomendado por determinada pessoa, para ser produzido de modo personalizado, há prestação de serviço e incidência do ISS. Isso vale para medicamentos (se for comum, de prateleira, incide ICMS; se for manipulado, personalizado, incide o ISS), para *softwares* (como já visto) e para produção de gráficas.

> **Jurisprudência**
>
> Súmula 156 do STJ. A prestação do serviço de composição gráfica, personalizada e sob encomenda, ainda que envolva fornecimento de mercadorias, está sujeita, apenas, ao ISS.

No caso especificamente das gráficas, é preciso salientar que o STF fixou o entendimento de que não incide o ISS no caso de embalagens fornecidas para a indústria, como insumo, o que dá margem à tributação pelo ICMS.

> **Jurisprudência**
>
> Até o julgamento final e com eficácia apenas para o futuro (**ex nunc**), concede-se medida cautelar para interpretar o art. 1º, caput e § 2º, da Lei Complementar 116/2003 e o subitem 13.05 da lista de serviços anexa, para reconhecer que o ISS não incide sobre operações de industrialização por encomenda de embalagens, destinadas à integração ou utilização direta em processo subsequente de industrialização ou de circulação de mercadoria.
> **ADI 4.389 MC/DF, STF, rel. Min. Joaquim Barbosa, j. 13.04.2011**

A entrada de mercadoria estrangeira no país sujeita-se também ao ICMS, ainda que o bem seja para uso do próprio importador.

> **Jurisprudência**
>
> Súmula Vinculante STF 48. Na entrada de mercadoria importada do exterior, é legítima a cobrança do ICMS por ocasião do desembaraço aduaneiro.

Na importação, ainda que o importador não seja contribuinte usual do ICMS (por exemplo, pessoa física que traz veículo do exterior para uso próprio) deve recolher o imposto.

Em regra, entretanto, o imposto é devido quando há efetiva atividade de circulação de mercadoria, dentro da cadeia de produção e consumo dessa mercadoria. É por isso que o ICMS não incide quando a seguradora vende bens salvados (um veículo que teve perda total, por exemplo, e fica com a seguradora, já que o antigo proprietário recebeu o valor do seguro).

> **Jurisprudência**
>
> Súmula Vinculante STF 32. O ICMS não incide sobre alienação de salvados de sinistro pelas seguradoras.

13.3.1.5. Critério espacial do ICMS

O ICMS incide sobre as operações e prestações realizadas no território de cada ente tributante.

13.3.1.6. Critério temporal do ICMS

Ocorre a incidência nos seguintes momentos:

a) na saída da mercadoria do estabelecimento (ver Súmula 166 do STJ: não incide no simples deslocamento entre estabelecimentos);

b) no início da prestação do serviço de transporte;

c) no desembaraço aduaneiro;

d) na arrematação em hasta pública;

e) outras situações previstas no art. 12 da LC 87/1996.

A saída do estabelecimento refere-se às situações em que há efetiva circulação econômica do bem (basicamente, nos casos de venda da mercadoria).

> **Gabarito de concurso público**
>
> O ICMS pode incidir sobre a importação de produto do exterior, sendo legítima a sua cobrança antes de o produto circular no território nacional. (**Procurador do Estado/PE – CESPE – 2009**)

13.3.1.7. Critério pessoal do ICMS

Sujeito ativo do ICMS é o Estado ou o DF em cujo território ocorre o fato gerador, conforme art. 11 da LC 87/1996. No caso de mercadoria importada, é aquele em que domiciliado ou estabelecido o destinatário legal da operação que deu causa à circulação da mercadoria, com a transferência de domínio (Tese de Repercussão Geral 520-STF).

Contribuinte é qualquer pessoa que realize, com **habitualidade** ou em volume que caracterize intuito comercial, operações de circulação de mercadoria ou prestações de serviços de transporte interestadual e intermunicipal e de comunicação, ainda que as operações e as prestações se iniciem no exterior (art. 4º da LC 87/1996).

O requisito da habitualidade significa que um particular que vende seu veículo, por exemplo, não deve recolher o ICMS. Entretanto, se começar a comprar e vender carros com habitualidade, passará a ser contribuinte do imposto estadual.

Outros contribuintes são: quem (i) importa bens, (ii) é destinatário de serviços prestados no exterior ou lá iniciados, (iii) adquire bens em hasta pública etc.

É importante perceber que, nesses outros casos (importação, arrematação), a habitualidade é irrelevante. Se um particular importa um único veículo, ainda que para uso próprio (a destinação tampouco é relevante), deverá recolher o ICMS (art. 155, § 2º, IX, *a*, da CF).

> **Gabarito de concurso público**
>
> No que tange à circulação de bens, a importação de mercadorias por consumidor final está sujeita à incidência do Imposto sobre Circulação de Mercadorias e Serviços pelo Estado do domicílio do importador. (**Magistratura/AL – 2007 – FCC**)
>
> [Incide ICMS] na importação de veículo por pessoa física, destinado a uso próprio. (**Magistratura/GO – 2009 – FCC**)

A lei refere-se ao "estabelecimento responsável (...) autônomo" (art. 11, *caput*, e § 3º, II, da LC 87/1996), de modo que o Fisco sempre entendeu que a circulação de mercadorias entre estabelecimentos do mesmo contribuinte submetia-se à tributação. Isso, entretanto, tem sido afastado pela jurisprudência, por inexistir efetiva circulação econômica, nos termos da Súmula 166 do STJ, inclusive no caso de transferências interestaduais (estabelecimentos localizados em Estados diferentes) conforme o REsp 1.125.133/SP repetitivo.

Jurisprudência
Súmula 166 do STJ. Não constitui fato gerador do ICMS o simples deslocamento de mercadoria de um para outro estabelecimento do mesmo contribuinte.

Gabarito de concurso público
Não constitui fato gerador do ICMS o simples deslocamento de mercadoria de um para outro estabelecimento do mesmo contribuinte. (**Magistratura/GO – 2009 – FCC**)

13.3.1.8. Critério quantitativo do ICMS

A base de cálculo do ICMS é o valor da operação de circulação ou o preço da prestação do serviço.

No caso da importação, a base de cálculo inclui o II, o IPI, o IOF sobre câmbio e outras despesas.

O ICMS é calculado "por dentro", ou seja, compõe sua própria base de cálculo.

Por exemplo, se o valor da venda da mercadoria é R$ 100,00, o ICMS de 18% não é acrescido ao montante (não se cobra R$ 118,00, o que seria cálculo "por fora"). Por ser calculado "por dentro", o preço cobrado do adquirente será de R$ 100,00 e a nota trará um simples destaque de R$ 18,00, significando que esse valor, a ser recolhido ao Fisco, está "embutido" no preço.

Veja o seguinte exemplo, de duas notas fiscais fictícias, em que apresentamos (simplificadamente) a cobrança do IPI "por fora" (na primeira nota) e do ICMS "por dentro" (na segunda nota):

Cálculo "por fora"		Cálculo "por dentro"	
preço:	R$ 100,00	preço:	R$ 100,00
IPI:	R$ 15,00	ICMS:	R$ 18,00
Total:	R$ 115,00	Total:	R$ 100,00

Perceba como o valor do IPI foi acrescido ao preço do produto, sendo que o adquirente pagou o total de R$ 115,00 ao vendedor. Já no caso do ICMS, o total cobrado foi R$ 100,00, com o ICMS "embutido" no preço.

Nas operações entre contribuintes com produto destinado à industrialização ou à comercialização, o IPI não é incluído na base do ICMS.

A alíquota interna é fixada por cada Estado e DF; o Senado **pode** fixar alíquotas mínimas e máximas.

Alíquotas interestaduais, incidentes quando a mercadoria ou o serviço é vendido para contribuinte do ICMS localizado em outro Estado (ou DF), **são** fixadas pelo Senado:

a) a alíquota interestadual geral é de 12%;

b) excepcionalmente, é de 7% nas operações e prestações originadas de Estados do Sul e do Sudeste com destino a Estados (e ao DF) das regiões Norte, Nordeste, Centro-Oeste e ao Espírito Santo; e

c) a partir de janeiro/2013: alíquota interestadual de 4% para produtos importados (intuito de enfrentar a "guerra dos portos").

Tese de repercussão geral 69/STF: "O ICMS não compõe a base de cálculo para a incidência do PIS e da COFINS."

13.3.1.9. Operações interestaduais

As alíquotas interestaduais, menores que as internas, são aplicadas nas vendas realizadas para adquirentes localizados em outros Estados (ou DF), não importa se esses destinatários sejam contribuintes ou não do imposto.

Note que a partir da Emenda Constitucional 87/2015 todas as operações interestaduais, inclusive para destinatário não contribuinte do ICMS, sujeitam-se à alíquota interestadual. Antes disso, somente a operação destinada a contribuinte sujeitava-se à alíquota interestadual menor. Essa alteração ocorreu por conta do forte pleito dos Estados majoritariamente adquirentes de mercadorias, não fornecedores, que acabavam sendo prejudicados pelas vendas interestaduais diretas a consumidores localizados em seus territórios, situação bastante comum nas vendas pela internet, por exemplo.

A partir dessa nova sistemática, o Estado (ou DF) de origem fica com o valor referente à alíquota interestadual e o Estado (ou DF) de destino fica com a diferença entre sua alíquota interna e a interestadual.

Entretanto, é muito importante saber que essa modificação trazida pela EC 87/2015, em relação às vendas para não contribuintes localizados em outros Estados (ou DF), será gradual, conforme o art. 99 do ADCT, ficando concluída apenas em 2019:

> "**Art. 99.** Para efeito do disposto no inciso VII do § 2º do art. 155, no caso de operações e prestações que destinem bens e serviços a consumidor final não contribuinte localizado em outro Estado, o imposto correspondente à diferença entre a alíquota interna e a interestadual será partilhado entre os Estados de origem e de destino, na seguinte proporção:
>
> I – para o ano de 2015: 20% (vinte por cento) para o Estado de destino e 80% (oitenta por cento) para o Estado de origem;
>
> II – para o ano de 2016: 40% (quarenta por cento) para o Estado de destino e 60% (sessenta por cento) para o Estado de origem;
>
> III – para o ano de 2017: 60% (sessenta por cento) para o Estado de destino e 40% (quarenta por cento) para o Estado de origem;
>
> IV – para o ano de 2018: 80% (oitenta por cento) para o Estado de destino e 20% (vinte por cento) para o Estado de origem;
>
> V – a partir do ano de 2019: 100% (cem por cento) para o Estado de destino."

Para entender bem a sistemática das operações interestaduais, veja o seguinte exemplo com alíquota interestadual de 7% e interna de 18% (colocamos os mesmos preços de venda para simplificar e facilitar a visualização):

venda: R$ 100,00
ICMS: R$ 7,00
pgto: R$ 7,00

venda: R$ 100,00
ICMS: R$ 18,00
crédito: R$ 7,00
pgto: R$ 11,00

Perceba que o total recolhido aos Fiscos paulista e amazonense foi R$ 18,00 (R$ 7,00 + R$ 11,00), o que corresponde à alíquota interna incidente sobre o preço final (= 18% de R$ 100,00).

Quando o estabelecimento revende a mercadoria no Estado de destino, ele terá se creditado em percentual menor que a alíquota interna, de modo que recolherá mais imposto do que pagaria se tivesse adquirido o bem no próprio Estado.

Perceba que a alíquota interestadual permite a divisão da receita do ICMS entre o Estado de destino e o Estado de origem. Quanto menor for a alíquota interestadual, menos recursos ficam na origem e mais recursos ficam no destino.

Por essa razão, quando a operação interestadual é realizada de um Estado considerado mais desenvolvido economicamente (Sul, Sudeste, excluindo o ES) para um que seria menos desenvolvido (outras regiões e ES), a alíquota interestadual é menor (7%), o que favorece estes últimos (Estados considerados menos desenvolvidos economicamente).

> **Gabarito de concurso público**
>
> Nas operações interestaduais entre contribuintes do ICMS o destinatário deve se creditar da alíquota interestadual e se debitar da alíquota interna. **(Magistratura/SC – 2010)**

No exemplo acima, o recolhimento da diferença de alíquota (a diferença entre os 18% da alíquota interna e os 7% da alíquota interestadual) fica a cargo desse contribuinte, nos termos do art. 155, § 2º, VIII, *a*, da CF. Ou seja, o estabelecimento comercial no AM recolherá a diferença para o fisco amazonense.

Ainda naquele exemplo, caso a cadeira fosse vendida pela fábrica em SP diretamente para o consumidor final no AM (ou seja, para não contribuinte do ICMS), a diferença de alíquota seria paga pelo fornecedor aos dois Estados (SP e AM), com o valor dividido nos termos do art. 99 do ADCT para as operações realizadas até 2018. A partir de 2019, o valor integral dessa diferença de alíquota será pago pelo fornecedor ao fisco do Estado de destino.

13.3.2. Imposto sobre transmissão causa mortis e doação – ITCMD

O Congresso Nacional não produziu até hoje a norma nacional específica para o ITCMD, nos termos do art. 146, III, *a*, da CF.

Por essa razão, continuam sendo aplicadas as regras do antigo imposto estadual sobre transmissão de imóveis e direitos relacionados, previstas nos arts. 35 a 42 do CTN, no que forem compatíveis com as normas constitucionais. Interessante anotar que essas mesmas normas são também aplicadas ao ITBI (não há, tampouco, lei complementar relativa a esse tributo).

De fato, os Estados e o DF não podem ser prejudicados pela omissão do Congresso. Quanto aos temas em que não há regulamentação nacional, os Estados e o DF exercem sua competência legislativa plena, nos termos do art. 24, § 3º, da CF.

> **Jurisprudência**
>
> *Ante a omissão do legislador federal em estabelecer as normas gerais pertinentes ao imposto sobre a doação de bens móveis, os Estados-membros podem fazer uso de sua competência legislativa plena com fulcro no art. 24, § 3º, da Constituição.*
> **RE 601.247 AgR/RS, STF, Min. Ricardo Lewandowski, j. 29.05.2012**
>
> Obs: esse precedente se refere especificamente ao IPVA, que tampouco conta com lei complementar a fixar suas normas gerais

13.3.2.1. Critério material do ITCMD

O critério material do ITCMD é a transmissão *causa mortis* ou por doação de quaisquer bens ou direitos.

13.3.2.2. Critério espacial do ITCMD

O critério espacial corresponde ao território do ente tributante (Estado ou Distrito Federal).

13.3.2.3. Critério temporal do ITCMD

A transmissão *causa mortis* (fato gerador) ocorre no momento da morte do autor da herança (conforme a lei civil).

No caso de doação, a transmissão se dá no momento do registro imobiliário (bens imóveis) ou da tradição (bens móveis).

Perceba que o ITCMD é um tributo cujo fato gerador é "situação jurídica", conforme o art. 116, II, do CTN, ou seja, regulada por outro ramo do direito (o direito civil, neste caso). Por essa razão, o intérprete da norma tributária deve analisar as normas que regulam essa situação, para reconhecer o momento da ocorrência do fato gerador.

13.3.2.4. Critério quantitativo do ITCMD

As alíquotas do ITCMD são fixadas pela lei estadual e podem ser progressivas, conforme entendimento acolhido pelo STF (RE 562.045, com repercussão geral – Tese 21/STF).

O Senado deve fixar teto por resolução (atualmente de 8%).

A base de cálculo é o valor venal dos bens e direitos.

O imposto *causa mortis* é calculado sobre os valores dos bens na data da avaliação (Súmula 113 do STF), pela alíquota vigente ao tempo da abertura da sucessão (Súmula 112 do STF).

> **Jurisprudência**
>
> Constitucional manteve a antiga regra de que cabe ao Senado Federal estabelecer as alíquotas máximas do imposto de transmissão causa mortis. Diante da existência de resolução reguladora da matéria, compatível com o novo Texto, não restou espaço para o legislador estadual dispor acerca da alíquota do tributo, sob invocação do § 3º do art. 34 do Ato das Disposições Constitucionais Transitórias.
> **AI 147.490 AgR, STF, rel. Min. Ilmar Galvão, j. 14.09.1993**
>
> Não se coaduna com o sistema constitucional norma reveladora de automaticidade quanto à alíquota do imposto de transmissão causa mortis, a evidenciar a correspondência com o limite máximo fixado em resolução do Senado Federal.
> **RE 213.266/PE, rel. Min. Marco Aurélio, j. 20.10.1999**

13.3.2.5. Critério pessoal do ITCMD

Sujeito ativo do ITCMD é:

a) no caso de imóveis e respectivos direitos, o Estado (ou DF) onde está localizado o bem;

b) no caso de bens móveis, títulos e créditos, o Estado (ou DF) onde se processar o inventário ou arrolamento ou onde o doador tiver domicílio;

c) a lei deve regulamentar os casos de doador domiciliado ou residente no exterior e de falecido que possuía bens, era residente ou domiciliado ou teve seu inventário processado no exterior.

> **Gabarito de concurso público**
>
> Sr. Gabriel Khalil possuía o seguinte patrimônio: um apartamento onde residia em Rondônia (RO); uma aplicação na caderneta de poupança em agência bancária situada na Cidade de São Paulo (SP); um imóvel comercial no Rio de Janeiro (RJ); e uma fazenda no Mato Grosso (MT). Em viagem de turismo em Minas Gerais (MG) veio a falecer naquele estado. Aberta a sucessão, seu inventário tramita na Justiça de Rondônia, local de seu domicílio. De acordo com as normas da Constituição Federal, será cabível o ITCMD, pertencente ao estado RO sobre o imóvel residencial e aplicação financeira em SP; ao estado do RJ sobre o imóvel comercial; e ao estado do MT em relação à fazenda. (**Procurador do Estado/RO – 2011 – FCC**)

Sujeito passivo é qualquer das partes, na forma da lei.

13.3.3. Imposto sobre a propriedade de veículos automotores – IPVA

A exemplo do ITCMD, o Congresso Nacional não produziu até hoje a norma nacional específica para o IPVA, nos termos do art. 146, III, *a*, da CF.

Isso não impede o exercício da competência tributária pelos Estados e pelo Distrito Federal que, enquanto perdurar a omissão do Congresso, exercerão a competência legislativa plena, nos termos do art. 24, § 3º, da CF.

> **Jurisprudência**
>
> Ante a omissão do legislador federal em estabelecer as normas gerais pertinentes ao imposto sobre a doação de bens móveis, os Estados--membros podem fazer uso de sua competência legislativa plena com fulcro no art. 24, § 3º, da Constituição.
> **RE 601.247 AgR/RS, STF, Min. Ricardo Lewandowski, j. 29.05.2012**

13.3.3.1. Critério material do IPVA

O critério material do IPVA é a propriedade de veículos automotores terrestres (carros, caminhões, motocicletas).

O STF entende que o imposto não incide sobre a propriedade de embarcações e aeronaves.

> **Jurisprudência**
>
> IPVA – Imposto sobre Propriedade de Veículos Automotores (CF, art. 155, III; CF 69, art. 23, III e § 13, cf. EC 27/85): campo de incidência que não inclui embarcações e aeronaves.
> **RE 255.111/SP, STF, rel. Min. Sepúlveda Pertence, j. 29.05.2002**

> **Gabarito de concurso público**
>
> A incidência do IPVA só alcança os veículos terrestres, de acordo com a jurisprudência do STF. (**Procurador do Estado/PB – 2008 – CESPE**)

Perceba, para fins de concursos estaduais principalmente, que a legislação dos Estados costuma manter a previsão de incidência do IPVA sobre a propriedade de aeronaves e embarcações, apesar do entendimento pacífico do STF. Preste, nesses casos, muita atenção na pergunta. Note que no exemplo dado (concurso do CESPE), o examinador tomou a cautela de questionar "de acordo com a jurisprudência do STF". Se a pergunta fosse "de acordo com a Lei do Estado de (...)" o gabarito poderia ser outro.

13.3.3.2. Critério espacial do IPVA

O critério espacial refere-se ao território de cada Estado e do DF (local do registro, que deve corresponder ao do domicílio ou residência do proprietário).

13.3.3.3. Critério temporal do IPVA

O momento da incidência é fixado pela legislação de cada Estado e do DF, sendo comum os seguintes critérios:

a) 1º de janeiro de cada ano;

b) aquisição do veículo novo pelo 1º proprietário;

c) desembaraço aduaneiro, quando importado pelo consumidor final.

13.3.3.4. Critério pessoal do IPVA

Sujeito ativo do IPVA é o Estado ou o Distrito Federal onde está registrado o veículo.

Contribuinte é o proprietário.

13.3.3.5. Critério quantitativo do IPVA

As alíquotas são fixadas pela lei de cada Estado e do Distrito Federal.

O Senado fixará alíquotas mínimas (para evitar "guerra fiscal" e fraude por pessoas que registram o veículo em outro Estado para se aproveitarem de alíquotas menores).

As alíquotas podem ser diferenciadas em função do tipo e utilização do veículo. É comum, por exemplo, que o legislador fixe alíquotas menores para veículos utilitários (caminhões, tratores) em relação a veículos de passeio.

> **Jurisprudência**
>
> *Não se admite a alíquota diferenciada de IPVA para veículos importados e os de procedência nacional. O tratamento desigual significaria uma nova tributação pelo fato gerador da importação.*
> **RE 367.785 AgR/RJ, STF, rel. Min. Eros Grau, j. 09.05.2006**
>
> *A jurisprudência do STF firmou orientação no sentido de que, mesmo antes da EC 42/2003 – que incluiu o § 6º, II, ao art. 155 da CF –, já era permitida a instituição de alíquotas de IPVA diferenciadas segundo critérios que não levem em conta a capacidade contributiva do sujeito passivo, por não ensejar a progressividade do tributo. É o que se observa no caso dos autos, em que as alíquotas do imposto foram estabelecidas em razão do tipo e da utilização do veículo.*
> **RE 601.247 AgR/RS, STF, Min. Ricardo Lewandowski, j. 29.05.2012**

> **Gabarito de concurso público**
>
> *Lei estadual pode fixar alíquotas diversas do IPVA para dois automóveis com as mesmas características e faixa de valor, caso um deles seja movido a gasolina e o outro a álcool. Lei estadual pode fixar alíquotas diversas do IPVA para dois automóveis com a mesma potência e faixa de valor, caso um deles seja destinado ao transporte coletivo de passageiros e o outro seja caracterizado como automóvel de passeio.* **(Procurador do Estado/SP – FCC – 2009)**

A base de cálculo é o valor venal do veículo (= valor de mercado, preço do veículo em uma venda normal, à vista), conforme a legislação de cada Estado e do Distrito Federal.

A simples atualização da base de cálculo, dentro dos índices inflacionários, comumente realizada pelos Estados e pelo Distrito Federal a cada ano, pode ser feita por norma infralegal (art. 97, § 2º, do CTN e, por analogia, a Súmula 160 do STJ).

> **Gabarito de concurso público**
>
> *O valor venal do automóvel é a base de cálculo do IPVA, entretanto, sua atualização não está sujeita ao princípio da legalidade estrita estabelecida para as normas tributárias.* **(Procurador do Estado/PE – CESPE – 2009)**

Interessante relembrar que a fixação de sua base de cálculo (assim como a do IPTU) não se sujeita à anterioridade nonagesimal (art. 150, § 1º, *in fine*, da CF).

13.4. Impostos dos Municípios e Distrito Federal

13.4.1. Imposto sobre a propriedade predial e territorial urbana – IPTU

13.4.1.1. Critério material do IPTU

O critério material do IPTU é a propriedade, domínio útil ou posse de imóvel por natureza ou por acessão física (terreno e construções).

Perceba que, diferente do ITR, o IPTU incide não apenas sobre a propriedade do terreno, mas também sobre as construções.

13.4.1.2. Critério temporal do IPTU

O momento da incidência é definido pela lei de cada município e do Distrito Federal, sendo comum 1º de janeiro de cada ano (a exemplo dos demais impostos sobre a propriedade).

Há municípios que preveem a incidência proporcional, no caso de construção realizada durante o ano. Por exemplo, se a obra é concluída em julho, cobra-se aproximadamente 50% do IPTU relativo à construção.

13.4.1.3. Critério espacial do IPTU

O IPTU incide sobre imóveis localizados na zona urbana do Município, delimitada pela lei local.

Entretanto, a lei municipal não pode definir qualquer área como sendo urbana. É preciso que a localidade tenha pelo menos 2 melhoramentos dentre os listados no art. 32, § 1º, do CTN:

> CTN, art. 32. "(...)
> § 1º Para os efeitos deste imposto, entende-se como zona urbana a definida em lei municipal; observado o requisito mínimo da existência de melhoramentos indicados em pelo menos 2 (dois) dos incisos seguintes, construídos ou mantidos pelo Poder Público:
> I – meio-fio ou calçamento, com canalização de águas pluviais;
> II – abastecimento de água;
> III – sistema de esgotos sanitários;
> IV – rede de iluminação pública, com ou sem posteamento para distribuição domiciliar;
> V – escola primária ou posto de saúde a uma distância máxima de 3 (três) quilômetros do imóvel considerado.
> (...)".

Ademais, a lei pode indicar como urbana a área urbanizável, ou de expansão urbana, em loteamento aprovado, destinado a habitação, indústria ou comércio (art. 32, § 2º, do CTN).

Por exemplo, se a área é rural (não tem qualquer melhoramento), mas a lei municipal permite que haja loteamento urbano na localidade (é área de expansão urbana) e, posteriormente, a Prefeitura aprova efetivamente um loteamento no local, poderá incidir o IPTU.

> **Jurisprudência**
>
> *O § 2º do art. 32 do CTN permite sejam inseridos na zona urbana os imóveis "urbanizáveis, ou de expansão urbana, constantes de loteamentos aprovados pelos órgãos competentes, destinados à habitação, à indústria ou ao comércio", ainda que não beneficiados por no mínimo dois dos melhoramentos listados em seu § 1º.*
> **REsp 613.102/DF, STJ, rel. Min. Teori Zavascki, j. 20.09.2005**

13.4.1.4. IPTU e ITR

Veja a seguinte representação gráfica, que distingue as áreas submetidas à incidência do ITR federal e do IPTU municipal.

Lembre-se que o ITR incide excepcionalmente sobre imóveis localizados dentro da área urbana, desde que utilizados em exploração de atividade extrativa vegetal, agrícola, pecuária ou agroindustrial (art. 15 do Dec.-lei 57/1966 – REsp 1.112.646/SP repetitivo). Isso afasta, por consequência, a tributação municipal (não incide IPTU, ou haveria bitributação).

13.4.1.5. Critério pessoal do IPTU

Sujeito ativo do IPTU é o Município onde está localizado o imóvel.

Sujeito passivo é o proprietário, titular do domínio útil ou o possuidor (*animus domini* ou *ad usucapionem*).

Jurisprudência
A jurisprudência do Superior Tribunal de Justiça firmou-se no sentido de ser indevida a cobrança de IPTU das sociedades empresárias arrendatárias de áreas no Porto de Santos, porquanto não exercem a posse com **animus domini**. **AgRg Ag 1.357.283/SP, rel. Min. Arnaldo Esteves, j. 24.05.2011**

Em princípio, contribuinte é sempre o proprietário. Excepcionalmente, se houver enfiteuse, será o titular do domínio útil. Também excepcionalmente, o contribuinte poderá ser o possuidor que ocupe o imóvel como se fosse proprietário, com *animus domini* e que possa efetivamente vir a ser o proprietário no futuro, por usucapião (posse *ad usucapionem*).

Jurisprudência
Súmula 583 do STF. Promitente-comprador de imóvel residencial transcrito em nome de autarquia é contribuinte do Imposto Predial e Territorial Urbano.

Entretanto, é bom salientar que o STJ tem entendido que o promitente-comprador do imóvel (= possuidor com *animus domini*) é solidariamente responsável com o proprietário (promitente vendedor, que consta como proprietário no registro imobiliário) – ver REsp 1.110.551/SP repetitivo.

Jurisprudência
A jurisprudência desta Corte Superior é no sentido de que tanto o promitente comprador (possuidor a qualquer título) do imóvel quanto seu proprietário/promitente vendedor (aquele que tem a propriedade registrada no Registro de Imóveis) são contribuintes responsáveis pelo pagamento do IPTU. **REsp 1.110.551/SP, STJ, Min. Mauro Campbell, j. 10.06.2009 – repetitivo**

Gabarito de concurso público
Nessa situação hipotética, tanto a promitente compradora [possuidora a qualquer título] do imóvel quanto o proprietário são contribuintes responsáveis pelo pagamento do IPTU. (**Defensoria Pública da União – 2010 – CESPE**)

O locatário não possui legitimidade ativa para discutir a relação jurídico-tributária de IPTU e de taxas referentes ao imóvel alugado nem para repetir indébito desses tributos (Súmula 614 do STJ).

Note que, embora a jurisprudência tenha sido construída em relação ao IPTU, aplica-se por analogia ao ITR, o outro imposto que incide sobre a propriedade imobiliária.

13.4.1.6. Critério quantitativo do IPTU

As alíquotas do IPTU devem ser fixadas pela lei municipal, podendo ser (art. 156, § 1º, da CF):

a) progressivas em razão do valor do imóvel;

b) diferenciadas conforme a localização e o uso;

c) progressivas no tempo, para o promover o adequado aproveitamento do imóvel (art. 182, § 4º, II, da CF).

Note que o IPTU pode ser progressivo em relação ao valor do imóvel (quanto maior o valor, maior a alíquota aplicável). A Súmula 668 do STF refere-se ao período anterior à EC 29/2000, que alterou o art. 156, § 1º, da CF para prever expressamente essa progressividade.

Ademais, o IPTU pode ser progressivo no tempo, como ferramenta para impor ao proprietário o uso socialmente responsável do imóvel, conforme o plano diretor, nos termos do art. 182, § 4º, II, da CF. Trata-se de utilização extrafiscal do IPTU bastante peculiar, servindo a progressividade como espécie de sanção.

Gabarito de concurso público
O IPTU pode ser progressivo no tempo, sendo essa uma das formas de apenação em caso de descumprimento de exigência pelo poder público municipal de adequado aproveitamento de solo urbano não edificado, subutilizado ou não utilizado. (**Magistratura/PI – 2008 – CESPE**)

É muito comum a diferenciação de alíquotas conforme o uso do imóvel. Por exemplo, imóveis comerciais e indústrias sujeitam-se a alíquotas superiores àquelas aplicáveis aos residenciais. A diferenciação conforme a localização também é possível.

A base de cálculo do IPTU é o valor venal do terreno **e** das construções. O imposto não incide sobre móveis mantidos para utilização, exploração, aformoseamento ou comodidade.

Valor venal não significa, necessariamente, o valor pago pelo proprietário. Valor venal é o valor de mercado do bem, o preço que o imóvel alcançaria, em tese, em uma venda normal, à vista.

Lembre-se de que o ITR incide apenas sobre o valor da terra nua, mas o IPTU incide também sobre o valor das construções.

Como o IPTU é, em regra, lançado de ofício (em conformidade com a legislação de cada Município e do Distrito Federal), a base é aferida pelo próprio Fisco. Tradicionalmente, o Judiciário brasileiro exige que essa base de cálculo individualizada (para cada contribuinte) seja fixada pela própria lei local, por meio das chamadas plantas genéricas de valores. Admite-se, entretanto, que o Executivo atualize essa base anualmente por norma infralegal, desde que dentro dos limites dos índices oficiais de inflação (se o aumento for maior que a inflação, somente poderá ser feito por lei).

Jurisprudência
Súmula 160 do STJ. É defeso, ao Município, atualizar o IPTU, mediante decreto, em percentual superior ao índice oficial de correção monetária. *Súmula 397 do STJ. O contribuinte do IPTU é notificado do lançamento pelo envio do carnê ao seu endereço.*

13.4.2. Imposto sobre transmissão inter vivos de bens imóveis – ITBI

13.4.2.1. Critério material do ITBI

O critério material do ITBI é a transmissão *inter vivos*, a qualquer título, por ato oneroso, de bens imóveis, por natureza ou acessão física, e de direitos reais sobre imóveis, exceto os de garantia, bem como cessão de direitos a sua aquisição.

13.4.2.2. Critério espacial do ITBI

O critério espacial é o território do Município tributante.

13.4.2.3. Critério temporal do ITBI

O ITBI incide no momento da transmissão (fato gerador), que ocorre quando do registro imobiliário, conforme a legislação civil.

Há municípios que cobram o ITBI no momento da escritura (lavrada no cartório de notas, antes do registro imobiliário), mas isso vem sendo afastado pela jurisprudência.

Trata-se de outro tributo cujo fato gerador é "situação jurídica", conforme o art. 116, II, do CTN, ou seja, regulada por outro ramo do direito (o direito civil, neste caso). Por essa razão, o intérprete da norma tributária deve analisar as normas que regulam essa situação, para reconhecer o momento da ocorrência do fato gerador.

13.4.2.4. Critério pessoal do ITBI

Sujeito ativo do ITBI é o Município onde está localizado o imóvel.

Contribuinte é qualquer das partes (adquirente ou alienante), conforme a lei local. Normalmente, o legislador municipal escolhe o adquirente do imóvel, no caso de transmissão do domínio.

13.4.2.5. Critério quantitativo do ITBI

As alíquotas do ITBI são fixadas pela lei local e não podem ser progressivas (ver Súmula 656 do STF).

Interessante anotar que o STF reconheceu a possibilidade de progressividade das alíquotas do ITCMD estadual, mas o entendimento não foi, até o momento, estendido ao ITBI municipal.

A base de cálculo é o valor venal do imóvel (terreno e construções), no caso de transmissão do domínio. Normalmente, a lei municipal reduz a base de cálculo nos casos de transmissão de outros direitos reais, como a posse, o usufruto etc.

> **Jurisprudência**
>
> *Súmula 656 do STF. É inconstitucional a lei que estabelece alíquotas progressivas para o imposto de transmissão* **inter vivos** *de bens imóveis – ITBI com base no valor venal do imóvel.*

13.4.2.6. Imunidades do ITBI

O art. 156, § 2º, I, da CF fixa imunidade em relação a determinadas transmissões de bens ou direitos no bojo de operações societárias (integralização de capital, fusões, incorporações, cisões etc.), desde que a atividade preponderante da sociedade adquirente não seja a exploração imobiliária:

CF, art. 156, § 2º "O imposto previsto no inciso II [ITBI]:

I – não incide sobre a transmissão de bens ou direitos incorporados ao patrimônio de pessoa jurídica em realização de capital, nem sobre a transmissão de bens ou direitos decorrente de fusão, incorporação, cisão ou extinção de pessoa jurídica, salvo se, nesses casos, a atividade preponderante do adquirente for a compra e venda desses bens ou direitos, locação de bens imóveis ou arrendamento mercantil; (...)".

> **Gabarito de concurso público**
>
> [O ITBI] incide sobre a transmissão de bens ou direitos decorrente de fusão de pessoa jurídica quando a atividade preponderante do adquirente for locação de bens imóveis. (**Cartório/MS – 2009 – VUNESP**)

Ademais, conforme o art. 184, § 5º, da CF, são imunes em relação ao ITBI as transferências de imóveis desapropriados para reforma agrária.

Importante destacar que, nos termos do art. 150, § 3º, *in fine*, da CF e, especificamente, da Súmula 75 do STF, sendo vendedora uma autarquia, a sua imunidade fiscal não compreende o Imposto de Transmissão *inter vivos*, que é encargo do comprador (a imunidade recíproca jamais aproveita a particulares).

13.4.3. Imposto sobre serviços de qualquer natureza – ISS

13.4.3.1. Critério material do ISS

O critério material do ISS é a prestação dos serviços listados na LC 116/2003.

A lista é taxativa, mas permite interpretação extensiva de seus itens (*v.g.* serviços de informática e congêneres – item 1 da lista; Súmula 424 do STJ – serviços bancários congêneres).

O ISS não incide sobre locações de bens móveis:

> **Jurisprudência**
>
> *Súmula Vinculante 31 do STF. É inconstitucional a incidência do imposto sobre serviços de qualquer natureza – ISS sobre operações de locação de bens móveis.*

> **Jurisprudência**
>
> As operadoras de planos privados de assistência à saúde (plano de saúde e seguro-saúde) realizam prestação de serviço sujeita ao Imposto Sobre Serviços de Qualquer Natureza - ISSQN, previsto no art. 156, III, da CRFB/88
> RE 651703/PR, Rel. Min. Luiz Fux, j. 29/09/2016

Se o serviço, previsto na LC 116/2003, é prestado com fornecimento de mercadoria, incide ISS sobre o preço total, exceto se a própria lista fizer ressalva.

13.4.3.2. Serviços com mercadorias

Veja a seguinte tabela, com os casos em que há serviço prestado com fornecimento de mercadoria.

Perceba que o critério preponderante é a listagem na LC 116/2003. Se o serviço estiver listado, incide ISS sobre o preço total, exceto se houver disposição em contrário na própria lei. Caso o serviço não esteja listado na LC 116/2003, incide ICMS sobre o preço total.

Situação	Incidência	Exemplo
Serviço na lista da LC 116/2003	ISS sobre tudo	– Serviços gráficos (Súmula 156 do STJ) – Assistência médica (Súmula 274 do STJ)
Serviço na lista da LC 116/2003, que faz ressalva em relação à mercadoria	ISS sobre o serviço e ICMS sobre a mercadoria	– Conserto de veículos e máquinas – Recondicionamento de motores – Bufê
Serviço não constante da lista da LC 116/2003	ICMS sobre tudo	Bares e restaurantes (Súmula 163 do STJ)

É muito importante notar que o valor do serviço ou da mercadoria (critério da preponderância) é irrelevante.

13.4.3.3. Incidências do ISS

Em regra, incide ISS na produção de *softwares*, medicamentos manipulados, cartões magnéticos **personalizados e sob encomenda** (na comercialização de bens "de prateleira" incide o ICMS).

Por exemplo, se vou até a loja e compro um sistema operacional "na caixa", incidirá o ICMS, pois se trata de mercadoria. Entretanto, se contrato um programador para fazer um aplicativo específico para minha empresa (personalizado e sob encomenda), incidirá o ISS.

Incide ISS na industrialização sob encomenda (matéria-prima fornecida exclusivamente pelo contratante do serviço), não o IPI.

É comum, por exemplo, que uma pedreira envie blocos de pedra para uma indústria, encomendando o corte do produto em peças menores, para serem usadas como piso residencial. A indústria realiza os cortes e devolve as pedras para a pedreira. Nesse caso, a indústria realizou um serviço, incidindo exclusivamente o ISS.

Incide ISS sobre os serviços dos tabeliães e notários, mesmo sendo serviço público delegado com cobrança de taxa (emolumentos).

Incide também sobre o *leasing* financeiro e o *lease back*.

Não incide ISS, entretanto, sobre operações de industrialização por encomenda de embalagens, destinadas à indústria ou ao comércio, pois, nesse caso, ainda que haja personalização e encomenda, o STF entendeu tratar-se de insumo industrial, sujeito ao ICMS.

Gabaritos de concursos públicos
Compete aos municípios instituir o ISS sobre o **leasing** financeiro, uma vez que o **leasing** é contrato complexo e não se confunde com contratos de aluguel, compra e venda ou com operação de crédito. **(Defensoria Pública da União – 2010 – CESPE)** Obs.: O STF pacificou o entendimento de que incide ISS sobre **leasing** financeiro e lease back, embora não incida na modalidade **leasing** operacional – ver RE 547.245/SC O Supremo Tribunal Federal inclinou-se pela orientação de que os serviços de registros públicos, notariais e cartorários embora públicos, não são imunes ao ISSQN. **(Magistratura/SP – 2009 – VUNESP)**

13.4.3.4. Critério espacial do ISS

O critério espacial do ISS é o território do Município tributante.

O serviço considera-se prestado, em regra, no local do estabelecimento do prestador ou de seu domicílio. O STJ muitas vezes afasta essa norma.

Há diversas exceções (art. 3º da LC 116/2003), em que o local da efetiva prestação é facilmente identificável e o serviço considera-se lá prestado (ex.: obras, limpeza, vigilância, transportes, estacionamento, armazenagem, exposições, diversões, cessão de mão de obra, pedágio), e casos em que o imposto é devido no domicílio do tomador.

13.4.3.5. Critério temporal do ISS

O imposto incide no momento em que o serviço é disponibilizado ao tomador.

13.4.3.6. Critério pessoal do ISS

Sujeito ativo do ISS é o Município onde o serviço é prestado.

Contribuinte é o prestador do serviço.

A LC 116/2003 traz uma série de casos de responsáveis tributários, como o importador e o tomador de determinados serviços.

13.4.3.7. Critério quantitativo do ISS

As alíquotas do ISS são fixadas pela lei local, observado o piso **real** de 2% (exceto para obras) e o teto de 5%.

Não se admitem benefícios ou incentivos que reduzam a tributação abaixo dos 2% sobre o preço.

Por exemplo, a lei municipal não pode dispor que a alíquota é de 2%, mas que a base de cálculo corresponde a 50% do preço do serviço (isso seria o mesmo que uma alíquota de 1% sobre o preço, o que está abaixo do piso).

Gabaritos de concursos públicos
A alíquota do ISSQN não poderá ser superior a 5% do preço do serviço. **(Cartório/SC – 2008)**
De acordo com o Ato das Disposições Constitucionais Transitórias da CRFB/1988, a alíquota mínima do ISS é de 2%. **(Auditor Fiscal/RJ – 2008 – FGV)**

Ao analisar lei municipal que reduzia a base de cálculo do ISS, permitindo o abatimento de tributos, por exemplo, o STF, no julgamento da ADPF 190/DF, em 30/09/2016, fixou o entendimento por sua inconstitucionalidade, pois somente a lei complementar federal é que fixa essa base de cálculo, sendo também inconstitucional qualquer medida fiscal que resulte indiretamente em redução da alíquota mínima de 2% indicada no art. 88 do ADCT.

A LC 157/2016 modificou a legislação nacional do ISS, prevendo nulidade de leis municipais que fixem o imposto abaixo do patamar de 2%, prevendo alteração da sujeição ativa (o município do tomador ou do intermediário do serviço pode passar a ser sujeito ativo) e criando responsabilidade tributária para o tomador pessoa jurídica.

A base de cálculo do ISS é o preço do serviço. O STJ tem afastado a possibilidade de abatimento dos materiais empregados em obras.

> **Jurisprudência**
>
> *Súmula STJ 524. No tocante à base de cálculo, o ISSQN incide apenas sobre a taxa de agenciamento quando o serviço prestado por sociedade empresária de trabalho temporário for de intermediação, devendo, entretanto, englobar também os valores dos salários e encargos sociais dos trabalhadores por ela contratados nas hipóteses de fornecimento de mão de obra.*

Subsiste, entretanto, jurisprudência do STJ admitindo abatimentos na base de cálculo, a partir da interpretação da legislação federal (não de leis municipais, como aquela afastada pela ADPF 190/DF):

> **Jurisprudência**
>
> *1. "No que se refere à base de cálculo, mostra-se ilegítima a incidência do ISS sobre o total das mensalidades pagas pelo titular do plano de saúde à empresa gestora, pois, em relação aos serviços prestados pelos profissionais credenciados, há a incidência do tributo, de modo que a nova incidência sobre o valor destinado a remunerar tais serviços caracteriza-se como dupla incidência de um mesmo tributo sobre uma mesma base imponível. Por tal razão, o valor repassado aos profissionais credenciados deve ser excluído da base de cálculo do tributo devido pela empresa gestora" (REsp 783.022/MG, Rel. Ministra Denise Arruda, Primeira Turma, DJe 16/03/2009). No mesmo sentido: REsp 1.237.312/SP, Rel. Ministro Herman Benjamin, Segunda Turma, DJe 24/10/2011; REsp 1.137.234/RS, Rel. Ministro Mauro Campbell Marques, Segunda Turma, DJe 13/09/2011; AgRg no Ag 1.288.850/ES, Rel. Ministro Hamilton Carvalhido, Primeira Turma, DJe 06/12/2010.*
> *AgRg no AREsp 218.161/MG, Rel. Ministro Benedito Gonçalves, j. 15/08/2013*

Existe tributação fixa (valor fixo em reais) para profissionais liberais e sociedades uniprofissionais (sociedades formadas por uma única categoria de profissionais liberais), como escritórios de advocacia, de contabilidade, arquitetura, sociedades formadas por médicos, dentistas etc.

Somente há tributação fixa em relação a sociedades com responsabilidade pessoal dos sócios, sem caráter empresarial. Nesses casos, é cobrado um valor determinado em reais para cada um dos profissionais.

> **Jurisprudência**
>
> *10. De fato, a interpretação da legislação federal pelo Superior Tribunal de Justiça – no caso a aplicação do art. 9º, § 1º, do DL 406/1968 – deve se dar nos limites da decisão com efeitos erga omnes proferida pelo STF na Adin 3.089/DF.*
> *11. Nesse sentido, inviável o benefício da tributação fixa em relação ao ISS sobre os serviços de registros públicos, cartorários e notariais. REsp 1.187.464/RS, Rel. Ministro Herman Benjamin, j. 01/06/2010*

14. GARANTIAS E PRIVILÉGIOS DO CRÉDITO TRIBUTÁRIO

14.1. Introdução

O crédito tributário corresponde a receita pública, **privilegiada** em relação aos créditos privados.

Para assegurar o recebimento do crédito pelo Estado, o CTN enumera **garantias**, mas a listagem não é taxativa (art. 183 do CTN).

Tudo isso decorre da indisponibilidade e da supremacia do interesse público.

> **Gabarito de concurso público**
>
> *As garantias e privilégios do crédito tributário decorrem da noção de verticalidade que marca a relação jurídica tributária.* (**Magistratura/SP – 2009 – VUNESP**)

A lei pode prever expressamente outras garantias (reais, fianças etc.), em função da natureza ou das características de cada tributo, o que é comum no caso de parcelamentos, compensações e moratórias.

A natureza das garantias dadas ao crédito não altera sua natureza, nem a da obrigação tributária.

A legislação que cria novas garantias é aplicada no momento do lançamento a fatos geradores pretéritos, exceto se houver atribuição de responsabilidade tributária a terceiros – art. 144, § 1º, do CTN.

14.2. Bens que respondem pelo débito

Sem prejuízo de privilégios especiais, previstos em lei, **todos os bens e rendas do sujeito passivo**, seu espólio ou massa falida, respondem pelo débito, mesmo os bens gravados por ônus real ou cláusula de inalienabilidade ou impenhorabilidade.

> **Gabarito de concurso público**
>
> *Em se tratando de imóvel gravado com cláusula de impenhorabilidade, decorrente de disposição testamentária, é certa a afirmação de que responde pela satisfação do crédito tributário, não sendo o gravame oponível à Fazenda na execução do seu crédito.* (**Auditor Fiscal/RJ**)

Não respondem os bens que a lei declare absolutamente impenhoráveis (imóvel residencial, salários, seguro de vida etc. – Lei 8.009/1990 e art. 833 do CPC).

Interessante lembrar que no caso do bem de família, a impenhorabilidade não é oponível em caso de cobrança de impostos, predial ou territorial, taxas e contribuições devidas em função do imóvel familiar (art. 3º, IV, da Lei 8.009/1990).

14.3. Presunção de fraude contra a fazenda – Art. 185 do CTN

Presume-se fraudulenta a alienação ou oneração de bens ou rendas, ou seu começo, por sujeito passivo em débito, desde que:

a) o crédito esteja inscrito em dívida ativa; e

b) não tenham sido reservados bens ou rendas suficientes para o pagamento total da dívida inscrita.

> **Gabarito de concurso público**
>
> *A fraude à execução fiscal ocorre com a alienação de bens pelo sujeito passivo em débito tributário para com a fazenda pública, após a regular inscrição do crédito tributário na dívida ativa, tornando-o insolvente.* (**MAGISTRATURA/PB – 2011 – CESPE**)

Assim, qualquer alienação ou oneração ocorrida após a inscrição em dívida ativa pode ser considerada fraudulenta e imponível contra o Fisco, desde que o devedor não tenha recursos suficientes para responder pelo débito.

Atualmente o STJ entende desnecessário o registro da penhora ou prova da má-fé do terceiro adquirente para configuração da fraude, sendo inaplicável a Súmula 375 do STJ ao caso.

Jurisprudência
1. A lei especial prevalece sobre a lei geral (**lex specialis derrogat lex generalis**), por isso que a Súmula n. 375 do Egrégio STJ não se aplica às execuções fiscais. (...) 9. Conclusivamente: (a) a natureza jurídica tributária do crédito conduz a que a simples alienação ou oneração de bens ou rendas, ou seu começo, pelo sujeito passivo por quantia inscrita em dívida ativa, sem a reserva de meios para quitação do débito, gera presunção absoluta (**jure et de jure**) de fraude à execução (lei especial que se sobrepõe ao regime do direito processual civil); (...) (c) a fraude de execução prevista no artigo 185 do CTN encerra presunção jure et de jure, conquanto componente do elenco das "garantias do crédito tributário"; (...) **REsp 1.141.990/PR, rel. Min. Luiz Fux, j. 10.11.2010 – repetitivo**

É comum a doutrina e a jurisprudência referirem-se à *fraude à execução*, ao tratar do art. 185 do CTN, mas perceba que ela é presumida a partir da inscrição em dívida ativa (antes da ação de execução), embora, de fato, seja efetivamente discutida no bojo da execução fiscal ou dos embargos.

Gabarito de concurso público
A Fábrica de Doces Martinica Ltda. não pagou uma dívida tributária, face a dificuldades financeiras. O sócio administrador, em seguida, conseguiu realizar a venda do único imóvel da sociedade, visando obter recursos para investir em aumento de produção e de faturamento, embora ficando a sociedade, momentaneamente, sem renda ou bens suficientes para pagar a dívida. Nessas condições, de acordo com o Código Tributário Nacional, essa alienação será considerada fraudulenta, desde que o crédito tributário esteja regularmente inscrito como dívida ativa. (**Procurador do Estado/SC – 2009**)
Obs.: Na prática, o imóvel poderá ser penhorado, independentemente da boa-fé do adquirente

14.4. Penhora *on-line* – Arts. 835, I, e 854 do CPC

O CTN prevê expressamente a penhora *on-line* de contas e investimentos bancários.

Assim, o magistrado da execução fiscal pode ordenar, pelo sistema informatizado (Bacenjud), que as entidades financeiras bloqueiem valores nas contas-correntes e de investimentos, suficientes para responder pelo débito tributário, colocando-os à disposição do juízo.

Essa penhora *on-line* corresponde à constrição de dinheiro, de modo que é preferencial. Ou seja, o juiz pode determinar a penhora *on-line* ainda que não tenham se esgotado as diligências para localização de outros bens penhoráveis (importante acompanhar o início de vigência do novo CPC e os dispositivos correspondentes, como por exemplo os arts. 835 e 854).

Jurisprudência
Nada obstante, a partir da vigência da Lei 11.382/2006, os depósitos e as aplicações em instituições financeiras passaram a ser considerados bens preferenciais na ordem da penhora, equiparando-se a dinheiro em espécie (artigo 655, I, do CPC [art. 835, I, do CPC]), tornando-se prescindível o exaurimento de diligências extrajudiciais a fim de se autorizar a penhora **on-line** (artigo 655-A, do [art. 854 do CPC]). **REsp 1.141.990/PR, rel. Min. Luiz Fux, j. 10.11.2010 – repetitivo.**

14.5. Indisponibilidade universal – Art. 185-A do CTN

Esgotadas as diligências para encontrar bens penhoráveis no curso da execução fiscal, o juiz poderá determinar a indisponibilidade universal de bens e direitos do devedor (art. 185-A do CTN).

Para isso, é preciso que:

a) o devedor tenha sido citado;

b) não tenha pago, nem apresentado bens à penhora no prazo legal; e

c) não tenham sido localizados bens penhoráveis.

Gabarito de concurso público
A indisponibilidade dos bens do sujeito passivo pode ser determinada pelo juiz sempre que o contribuinte, no prazo legal, não pagar e não forem encontrados bens passíveis de penhora. (**Magistratura/AL – 2007 – FCC**)

O juiz comunicará a decisão, preferencialmente por meio eletrônico, aos órgãos e entidades que promovem registros de transferências de bens (bolsa de valores, departamentos de trânsito, registros imobiliários etc.).

Jurisprudência
1. O bloqueio universal de bens e de direitos, previsto no art. 185-A do CTN, não se confunde com a penhora de dinheiro aplicado em instituições financeiras, por meio do sistema Bacenjud, disciplinada no art. 655-A do CPC [art. 854 do CPC] (redação conferida pela Lei 11.382/2006). 2. O bloqueio incide na hipótese em que "o devedor tributário, devidamente citado, não pagar nem apresentar bens à penhora no prazo legal e não forem encontrados bens penhoráveis", e abrangerá todo e qualquer bem ou direito do devedor, observado como limite o valor do crédito tributário, se verificado o concurso dos requisitos previstos no art. 185-A do CTN. 3. Consoante jurisprudência do STJ, a aplicação da referida prerrogativa da Fazenda Pública pressupõe a comprovação do esgotamento das diligências para localização de bens do devedor. **AgRg Ag 1.164.948/SP, rel. Min. Herman Benjamin, j. 04.11.2010**

Esse precedente do STJ é bastante interessante, pois distingue o bloqueio universal, previsto no art. 185-A do CTN (depende de esgotamento das diligências), da penhora *on-line*, disciplinada pelo art. 655-A do CPC (que não depende do esgotamento das diligências) [art. 854 do CPC]. A propósito, veja o disposto na Súmula 560/STJ:

Jurisprudência
Súmula 560 do STJ. A decretação da indisponibilidade de bens e direitos, na forma do art. 185-A do CTN, pressupõe o exaurimento das diligências na busca por bens penhoráveis, o qual fica caracterizado quando infrutíferos o pedido de constrição sobre ativos financeiros e a expedição de ofícios aos registros públicos do domicílio do executado, ao Denatran ou Detran.

Entretanto, é comum autores e mesmo gabaritos de concursos confundirem os conceitos, o que merece atenção do candidato:

> **Gabarito de concurso público**
>
> *A penhora **on-line**, no Direito Tributário, encontra amparo no CTN e permite a decretação judicial da indisponibilidade dos bens e direitos do devedor, com a comunicação da decisão, preferencialmente por meio eletrônico, aos órgãos e entidades que promovem os registros de transferência de bens, a fim de que, no âmbito de suas atribuições, façam cumprir a ordem judicial.* **(Magistratura/PA – 2008 – FGV)**

14.6. Preferência geral

Em atenção ao princípio da supremacia do interesse público em relação ao privado, o crédito tributário prefere a qualquer outro, exceto aos trabalhistas e acidentários (art. 186 do CTN).

Ou seja, o pagamento dos tributos e penalidades pecuniárias é prioritário em relação a qualquer outro, salvo os trabalhistas e acidentários.

Sua cobrança não se sujeita ao concurso de credores ou à habilitação em falência, recuperação, inventário ou arrolamento.

14.7. Preferência na falência

Embora o crédito tributário não precise ser habilitado na falência, sua preferência é bastante mitigada nesse caso. De fato, o juiz da falência determinará o pagamento de diversos outros créditos e, apenas se sobrar recursos da massa, permitirá a quitação dos tributários.

Na falência, há determinados créditos que são extraconcursais, isto é, não entram no concurso de credores e são pagos antes. Em regra, são as dívidas assumidas durante o processo de recuperação judicial e da própria falência. Isso inclui os tributos cujos fatos geradores ocorreram após a quebra.

> **Gabarito de concurso público**
>
> *Segundo o CTN, os créditos tributários decorrentes de fatos geradores ocorridos no curso do processo de falência são considerados extraconcursais.* **(Magistratura/PA – 2008 – FGV)**

Dentre os créditos concursais, ou seja, basicamente aqueles relativos ao período anterior à quebra, há uma ordem de preferência, de modo que aqueles mais abaixo somente serão pagos se sobrar dinheiro após o pagamento dos anteriores (art. 186 do CTN e art. 83 da Lei 11.101/2005).

Ordem de classificação dos créditos na falência (art. 83 da LF)
1º – os créditos derivados da legislação do trabalho, limitados a 150 (cento e cinquenta) salários-mínimos por credor, os decorrentes de acidentes de trabalho. Também os créditos equiparados a trabalhistas, como os relativos ao FGTS (art. 2º, § 3º, da Lei 8.844/1994) e os devidos ao representante comercial (art. 44 da Lei 4.886/1965)
2º – créditos com garantia real até o limite do valor do bem gravado (será considerado como valor do bem objeto de garantia real a importância efetivamente arrecadada com sua venda, ou, no caso de alienação em bloco, o valor de avaliação do bem individualmente considerado)
3º – créditos tributários, independentemente da sua natureza e tempo de constituição, exceutadas as multas tributárias
4º – com privilégio especial (= os previstos no art. 964 da Lei 10.406/2002; os assim definidos em outras leis civis e comerciais, salvo disposição contrária da LF; e aqueles a cujos titulares a lei confira o direito de retenção sobre a coisa dada em garantia)
5º – créditos com privilégio geral (= os previstos no art. 965 da Lei n 10.406/2002; os previstos no parágrafo único do art. 67 da LF; e os assim definidos em outras leis civis e comerciais, salvo disposição contrária da LF)
6º – créditos quirografários (= aqueles não previstos nos demais incisos do art. 83 da LF; os saldos dos créditos não cobertos pelo produto da alienação dos bens vinculados ao seu pagamento; e os saldos dos créditos derivados da legislação do trabalho que excederem o limite estabelecido no inciso I do *caput* do art. 83 da LF). Ademais, os créditos trabalhistas cedidos a terceiros serão considerados quirografários
7º – as multas contratuais e as penas pecuniárias por infração das leis penais ou administrativas, inclusive as multas tributárias
8º – créditos subordinados (= os assim previstos em lei ou em contrato; e os créditos dos sócios e dos administradores sem vínculo empregatício)
Lembre-se que os **créditos extraconcursais** (= basicamente os surgidos no curso do processo falimentar, que não entram no concurso de credores) são pagos com precedência sobre todos esses anteriormente mencionados, na ordem prevista no art. 84 da LF: (i) remunerações devidas ao administrador judicial e seus auxiliares, e créditos derivados da legislação do trabalho ou decorrentes de acidentes de trabalho relativos a serviços prestados após a decretação da falência; (ii) quantias fornecidas à massa pelos credores; (iii) despesas com arrecadação, administração, realização do ativo e distribuição do seu produto, bem como custas do processo de falência; (iv) custas judiciais relativas às ações e execuções em que a massa falida tenha sido vencida; e (v) obrigações resultantes de atos jurídicos válidos praticados durante a recuperação judicial, nos termos do art. 67 da LF, ou após a decretação da falência, e tributos relativos a fatos geradores ocorridos após a decretação da falência, respeitada a ordem estabelecida no art. 83 da LF.

Perceba que, na falência, o crédito relativo ao tributo fica abaixo dos trabalhistas (até 150 salários-mínimos) e acidentários e dos créditos com garantia real (até o valor do bem gravado). As multas tributárias ficam ainda mais abaixo, depois dos créditos quirografários.

> **Gabarito de concurso público**
>
> *No processo falimentar, o crédito tributário não tem preferência sobre os créditos com garantia real, no limite do valor do bem gravado.* **(Procurador da Fazenda Nacional – 2007 – ESAF)**

14.8. Concurso de preferência entre fiscos

Há preferência entre os entes federados, na cobrança tributária, com a União em primeiro lugar, Estados e DF depois e, por fim, os Municípios (art. 187, parágrafo único, do CTN).

1º União
2º Estados, DF e Territórios, conjuntamente e pró rata
3º Municípios, conjuntamente e pró rata

O art. 29, parágrafo único, da Lei 6.830/1980 inclui as respectivas autarquias ao lado de cada ente, na ordem de preferências.

Gabarito de concurso público
Os créditos tributários da União preferem os dos Estados e os do Distrito Federal, e destes os dos Municípios (**Ministério Público/MA – 2002**)

14.9. Preferência em inventários, arrolamentos e liquidação

A LC 118/2005, que reduziu a preferência do crédito tributário na falência, não alterou as regras relativas aos inventários, arrolamentos e liquidação.

Os créditos tributários, vencidos ou vincendos, exigíveis no decurso do inventário, do arrolamento ou da liquidação são pagos preferencialmente a quaisquer outros (arts. 189 e 190 do CTN).

Gabarito de concurso público
São pagos, preferencialmente a quaisquer outros, os créditos tributários vencidos ou vincendos, a cargo de pessoas jurídicas de direito privado em liquidação judicial ou voluntária, exigíveis no decurso da liquidação. (**Magistratura/MT – 2009 – VUNESP**)

14.10. Exigência de quitação dos tributos

É preciso comprovar a quitação dos tributos para a (arts. 191 a 192 do CTN):

a) extinção das obrigações do falido;

b) concessão de recuperação judicial;

c) sentença de julgamento de partilha ou adjudicação.

Perceba que essa exigência é uma forma indireta de incentivar o pagamento dos tributos, garantindo o seu recebimento pelo Fisco nessas situações.

A comprovação de regularidade fiscal é feita pela apresentação de certidão negativa de débitos ou de certidão positiva com efeito de negativa, que estudaremos mais adiante.

14.11. Vedação de contrato

A contratação com a administração ou a participação em concorrência depende de quitação de todos os tributos devidos à Fazenda interessada, relativos à atividade a ser contratada (salvo se expressamente autorizado por lei) – art. 193 do CTN.

Outro meio indireto de garantir, ou pelo menos favorecer, o recebimento dos créditos tributários pelo Fisco.

15. ADMINISTRAÇÃO TRIBUTÁRIA

15.1. Introdução

Administração tributária é expressão que se refere aos órgãos da administração pública relacionados à fiscalização e à cobrança dos tributos, abrangendo as atividades de lançamento, inscrição em dívida, execução fiscal, análise de pedidos de compensação, parcelamento e de outros benefícios fiscais.

Trata-se de aspecto essencial do Poder Público, pois garante a existência de recursos necessários ao próprio funcionamento do aparato estatal, observando-se a impessoalidade, a transparência e o tratamento isonômico em relação a todos os contribuintes.

Por essa razão, o constituinte prestigiou a administração tributária no art. 37, XVIII e XXII, da CF, nos seguintes termos:

> CF, art. 37. (...) XVIII – "a administração fazendária e seus servidores fiscais terão, dentro de suas áreas de competência e jurisdição, precedência sobre os demais setores administrativos, na forma da lei; (...)
>
> XXII – as administrações tributárias da União, dos Estados, do Distrito Federal e dos Municípios, atividades essenciais ao funcionamento do Estado, exercidas por servidores de carreiras específicas, terão recursos prioritários para a realização de suas atividades e atuarão de forma integrada, inclusive com o compartilhamento de cadastros e de informações fiscais, na forma da lei ou convênio. (...)".

Jurisprudência
A atividade de lançamento é privativa de fiscais de carreira, nos termos do art. 37, XXII, da Constituição Federal. O Secretário de Fazenda secunda o Governador na elaboração e implantação das políticas fiscais, o que não se confunde com lançamento e cobrança de ICMS. **AgRg RMS 18.140/RJ, Min. Herman Benjamin, j. 08.09.2009**

Gabarito de concurso público
Os servidores que exercem atividades da administração tributária têm autonomia e independência. (**Magistratura/SE – 2008 – CESPE**)

15.2. Fiscalização

15.2.1. Legislação relativa à fiscalização

A legislação relativa à fiscalização, que define a competência e os poderes das autoridades, aplica-se a todas as pessoas, naturais ou jurídicas, contribuintes ou não, inclusive às imunes e isentas (art. 194 do CTN).

Não se aplicam à fiscalização disposições legais que limitem ou excluam o direito de examinar mercadorias, livros, arquivos, documentos e papéis dos sujeitos passivos e sua obrigação de exibi-los (art. 195 do CTN).

15.2.2. Fiscalização, livros, auxílio policial

O início da fiscalização deve ser registrado nos livros fiscais exibidos ou em documento próprio, com cópia autenticada entregue ao fiscalizado – a legislação deve fixar prazo máximo para o procedimento (art. 196 do CTN).

Os livros obrigatórios, a escrituração empresarial e fiscal e os comprovantes dos lançamentos contábeis devem ser conservados até o término do prazo prescricional.

As autoridades podem solicitar auxílio policial em caso de necessidade, embaraço ou desacato, ainda que não se configure crime ou contravenção (art. 200 do CTN).

Perceba, portanto, que os agentes da fiscalização tributária podem realizar suas atividades, adentrando os estabelecimentos empresariais e apreendendo os livros e registros fiscais, independentemente de ordem judicial.

> **Gabarito de concurso público**
>
> *Agentes do Fisco Estadual apreenderam notas e livros fiscais, durante determinada atividade fiscalizadora na empresa Beta, sem estarem munidos de mandado judicial para tal fim. Esse procedimento é considerado legal, sendo os documentos de exibição obrigatória pelo contribuinte.* **(Magistratura/PA – 2009 – FGV)**

Entretanto, é importante salientar que o STF afastou a possibilidade de o fiscal entrar em espaços privados não abertos ao público onde alguém exerce sua atividade profissional, como eventualmente é o caso de escritórios de contabilidade. Esses ambientes foram equiparados ao domicílio, para fins de proteção, de modo que o agente da fiscalização precisará de autorização judicial para neles realizar diligências.

> **Jurisprudência**
>
> *Sem que ocorra qualquer das situações excepcionais taxativamente previstas no texto constitucional (art. 5º, XI), nenhum agente público, ainda que vinculado à administração tributária do Estado, poderá, contra a vontade de quem de direito ("**invito domino**"), ingressar, durante o dia, sem mandado judicial, em espaço privado não aberto ao público, onde alguém exerce sua atividade profissional, sob pena de a prova resultante da diligência de busca e apreensão assim executada reputar-se inadmissível, porque impregnada de ilicitude material.*
> **HC 82.788/RJ, STF, Min. Celso de Mello, j. 12.04.2005**

15.2.3. Dever de prestar informações

Devem prestar informações sobre bens, negócios e atividades de terceiros à fiscalização, mediante intimação escrita (art. 197 do CTN):

a) tabeliães, escrivães etc.;

b) instituições financeiras;

c) administradoras de bens;

d) corretores, leiloeiros e despachantes oficiais;

e) inventariantes;

f) administradores judiciais;

g) quaisquer outras entidades ou pessoas que a lei designe.

Esse dever não existe no caso de sigilo em razão de cargo, ofício, função, ministério, atividade ou profissão. Ou seja, o advogado, por exemplo, não tem dever de prestar informações ao Fisco sobre seus clientes, relacionadas à tributação, desde que delas tenha conhecimento por conta de sua atividade (há sigilo profissional, no caso).

> **Gabarito de concurso público**
>
> *Não são obrigados a prestar à autoridade administrativa todas as informações de que disponham com relação aos bens, negócios ou atividades de terceiros entidades ou pessoas que a lei designe, em razão de seu cargo, ofício, função, ministério, atividade ou profissão, quando o informante esteja legalmente obrigado a observar segredo em razão de cargo, ofício, função, ministério, atividade ou profissão.* **(Auditor Fiscal/RJ – 2008 – FGV)**

> **Jurisprudência**
>
> *Não há falar em inexistência de dever de prestar informações relativas a operações de compra e venda e aluguel de imóveis [DIMOB], já que as administradoras de bens e os corretores são obrigados, nos termos do art. 197, III e IV, do CTN.*
> *No mundo atual, em que as declarações fiscais são enviadas quase que exclusivamente por meio eletrônico, pela rede mundial de computadores, seria inadequado interpretar o vetusto art. 197 do CTN no sentido de que a Secretaria da Receita Federal deveria solicitar informações individualmente, por intimações escritas em papel.*
> **REsp 1.105.947/PR, Min. Herman Benjamin, j. 23.06.2009**

15.2.4. Sigilo fiscal

Não podem ser divulgadas informações obtidas em razão da fiscalização sobre a situação econômica ou financeira do sujeito passivo ou de terceiros, nem sobre a natureza e o estado de seus negócios ou atividades, **exceto** nos casos de (art. 198, § 1º, do CTN):

a) requisição judicial;

b) solicitação de autoridade administrativa, para investigação do sujeito passivo por prática de infração administrativa, mediante regular processo, com entrega pessoal mediante recibo e preservação do sigilo.

Outros casos em que se **admite** a divulgação (art. 198, § 3º, do CTN):

a) representação fiscal para fins penais;

b) inscrição em dívida ativa;

c) parcelamento ou moratória;

d) assistência mútua e permuta de informações entre os Fiscos federal, estaduais, distrital e municipais, para fiscalização dos respectivos tributos, na forma de lei ou de convênio;

e) a União pode permutar informações fiscais com Estados estrangeiros, conforme tratados.

> **Gabaritos de concursos públicos**
>
> *Visando a garantia da preservação do sigilo, no caso de intercâmbio de informações sigilosas, no âmbito da Administração Pública, a entrega da informação à autoridade solicitante deve ser feita pessoalmente, mediante recibo, e desde que exista processo regularmente instaurado.* **(Procurador do Estado/SC – 2009)**
>
> *A Fazenda Pública pode divulgar as informações econômicas e financeiras do sujeito passivo, para investigação administrativa, desde que apurada em procedimento administrativo instaurado.* **(Magistratura/SP – 2008)**
>
> *É permitida a divulgação, por parte da Fazenda Pública, de informação obtida em razão do ofício sobre a situação econômica ou financeira do sujeito passivo, mediante requisição de autoridade judiciária no interesse da justiça.* **(Procurador do Estado/SC – 2010 – FEPESE)**

Importante destacar a tese de repercussão geral 225/STF: "O art. 6º da Lei Complementar 105/01 não ofende o direito ao sigilo bancário, pois realiza a igualdade em relação aos cidadãos, por meio do princípio da capacidade contributiva, bem como estabelece requisitos objetivos e o translado do dever de sigilo da esfera bancária para a fiscal".

15.3. Dívida ativa

15.3.1. Inscrição e características

Após o vencimento, o crédito tributário é inscrito em dívida ativa pela procuradoria.

É importante ressaltar que há dívida ativa tributária e não tributária – art. 2º da Lei 6.830/1980. Ou seja, mesmo créditos públicos de natureza não tributária (multas administrativas, por exemplo) são inscritas em dívida ativa.

A dívida regularmente inscrita goza de presunção relativa de certeza e liquidez e tem efeito de prova pré-constituída (art. 204 do CTN).

A presunção pode ser ilidida (afastada) por prova inequívoca, a cargo do sujeito passivo ou do terceiro a que aproveite.

A fluência de juros de mora não afasta a liquidez do crédito inscrito (art. 201, parágrafo único, do CTN).

Gabaritos de concursos públicos
A inscrição do crédito tributário na dívida ativa e a consequente expedição da certidão é pressuposto para a cobrança por meio de execução fiscal. (**Magistratura/PB – 2011 – CESPE**)
A presunção de certeza e liquidez de que goza a dívida ativa regularmente inscrita é sempre relativa. A cobrança de juros de mora feita administrativamente pela fazenda pública não impede, de maneira nenhuma, a inscrição do título como dívida ativa e sua execução. (**Procurador do Município/Aracaju – 2008 – CESPE**)
A execução fiscal é o único local adequado para discussão judicial da Dívida Ativa, salvo as hipóteses de mandado de segurança, da ação de repetição do indébito e da ação anulatória do ato declarativo da dívida. (**Procuradoria Distrital – 2007**) – [obs.: literalidade do art. 38 da Lei 6.830/1980]

Em atenção à presunção de liquidez e certeza da inscrição, o STJ entende que, se o nome do sócio consta da Certidão da Dívida Ativa – CDA (que estudaremos a seguir), compete ao particular o ônus de provar que não há sua responsabilidade tributária. Esse ônus é do Fisco apenas se pretender redirecionar a execução contra sócio cujo nome não consta da CDA.

Jurisprudência
A orientação da Primeira Seção desta Corte firmou-se no sentido de que, se a execução foi ajuizada apenas contra a pessoa jurídica, mas o nome do sócio consta da CDA, a ele incumbe o ônus da prova de que não ficou caracterizada nenhuma das circunstâncias previstas no art. 135 do CTN, ou seja, não houve a prática de atos "com excesso de poderes ou infração de lei, contrato social ou estatutos". **REsp 1.104.900/ES, Min. Denise Arruda, j. 25.03.2009, repetitivo.**

Gabarito de concurso público
No curso de execução fiscal promovida contra sociedade empresária e seus sócios-gerentes, cabe a estes o ônus da prova para dirimir ou excluir a responsabilidade, via embargos do devedor, porquanto a certidão de dívida ativa goza de presunção **juris tantum** *de liquidez e certeza.* (**Advogado da União/AGU – CESPE – 2009**)

15.3.2. Requisitos do termo de inscrição

O termo de inscrição em dívida ativa, autenticado pela autoridade competente, deve conter (art. 202 do CTN):

a) o nome do devedor, o dos corresponsáveis e, se possível, seus domicílios ou residências;

b) a quantia devida e a maneira de calcular os juros de mora;

c) a origem e a natureza do crédito e a disposição da lei em que seja fundado;

d) a data em que foi inscrita;

e) sendo caso, o número do processo administrativo

A Certidão da Dívida Ativa – CDA, extraída a partir dessa inscrição, é título executivo extrajudicial (art. 784, IX, do CPC) e contém todos esses requisitos, além da indicação do livro e da folha da inscrição.

15.3.3. Nulidade da inscrição e CDA

A omissão ou erro em relação a qualquer dos requisitos implica nulidade da inscrição e do respectivo processo de cobrança.

Entretanto, a nulidade pode ser sanada até a sentença nos embargos à execução fiscal, mediante substituição da certidão nula, devolvendo-se o prazo para defesa em relação à parte modificada – art. 203 do CTN e art. 2º, § 8º, da Lei 6.830/1980 – Súmula 392 do STJ.

Jurisprudência
Conforme a jurisprudência do STJ, não é cabível a extinção da Execução Fiscal com base na nulidade da CDA, sem a anterior intimação da Fazenda Pública para emenda ou substituição do título executivo, quando se tratar de erro material ou formal. Precedentes do STJ. **AgRg AREsp 96.950/RS, STJ, Herman Benjamin, j. 20.03.2012**
É possível prosseguir a execução da parte válida da CDA se, por meros cálculos aritméticos, for possível aferir os valores. **AgRg REsp 1.216.672/SC, STJ, Min. Castro Meira, j. 19.06.2012**
6. Consequentemente, tendo em vista a desnecessidade de revisão do lançamento, subsiste a constituição do crédito tributário que teve por base a legislação ulteriormente declarada inconstitucional, exegese que, entretanto, não ilide a inexigibilidade do débito fiscal, encartado no título executivo extrajudicial, na parte referente ao quantum a maior cobrado com espeque na lei expurgada do ordenamento jurídico, o que, inclusive, encontra-se, atualmente, preceituado nos artigos 18 e 19, da Lei 10.522/2002, verbis: (...) (...) 8. Consectariamente, dispensa-se novo lançamento tributário e, a fortiori, emenda ou substituição da certidão de dívida ativa (CDA). **REsp 1.115.501/SP, STJ, rel. Min. Luiz Fux, j. 10.11.2010 – repetitivo.**
A emenda ou substituição da Certidão da Dívida Ativa são admitidas diante da existência de erro material ou formal, não sendo possível, entretanto, a alteração do sujeito passivo da obrigação tributária. **REsp 880.724/BA, STJ, Min. Luiz Fux, j. 23.10.2007**

> **Gabaritos de concursos públicos**
>
> *A nulidade do termo de inscrição da dívida ativa pode ser sanada, mediante substituição da certidão nula, devendo ser devolvido à devedora o prazo para defesa, que somente pode versar sobre a parte modificada.* (**Magistratura Federal – 5ª Região – 2011**)
>
> *A Fazenda Pública, na execução fiscal, poderá substituir a Certidão da Dívida Ativa até a prolação da sentença de embargos, quando se tratar de correção de erro material e formal, vedada a modificação do sujeito passivo da execução.* (**Magistratura/SC – 2010**)

15.3.4. Certidões negativas

A lei pode exigir que a prova de quitação dos tributos, quando exigível, seja feita por certidão negativa, emitida pelo Fisco por requerimento do interessado, contendo todas as informações para sua identificação, domicílio fiscal, ramo de negócio ou atividade, e período a que se refere (art. 205 do CTN).

A certidão deve ser emitida em até 10 dias do requerimento, nos termos em que foi pedida.

Cabe certidão positiva com efeito de negativa no caso de créditos não vencidos, com exigibilidade suspensa ou de execução garantida por penhora efetiva e suficiente (art. 206 do CTN).

> **Jurisprudência**
>
> *1. Não se reveste de ilegalidade a determinação de que a expedição de certidão positiva com efeito de negativa esteja condicionada à penhora de bens suficientes que garantam o débito exequendo, posto que a exegese do art. 206 do CTN conspira em prol do interesse público.*
> *2. Para ser reconhecido o direito à Certidão Negativa de débito, não basta o oferecimento de bens à penhora. É necessário seja a mesma efetivada, garantindo o débito.*
> **REsp 408.677/RS, STJ, rel. Min. Luiz Fux, j. 27.08.2002**

> **Gabaritos de concursos públicos**
>
> *A certidão em que constar a existência de crédito não vencido, no curso de cobrança executiva em que tenha sido efetivada a penhora, ou cuja exigibilidade tenha sido suspensa, será considerada "positiva, com efeito, de negativa".* (**Magistratura/PA – 2008 – FGV**)
>
> *NÃO será expedida a certidão positiva de débitos com efeitos de negativa quando os débitos forem objeto de execução fiscal na qual foi apresentada apenas exceção de pré-executividade.* (**Procurador do Estado/RR – 2006 – FCC**)

15.3.5. Dispensa de certidão negativa e responsabilidade

A prova de quitação é dispensada no caso de ato indispensável para evitar a caducidade de direito, mas os participantes respondem pelo tributo eventualmente devido, juros e penalidades, exceto infrações com responsabilidade pessoal do infrator (art. 207 do CTN).

O funcionário responde pessoalmente pelo crédito (com juros) no caso de certidão expedida com dolo ou fraude, com erro contra a fazenda, sem prejuízo da responsabilidade criminal e funcional (art. 208 do CTN).

> **Gabarito de concurso público**
>
> *Será responsabilizado pessoalmente pelo crédito tributário o funcionário que expedir certidão negativa, com fraude, contendo erro contra a Fazenda Pública.* (**Ministério Público/MS – 2011 – FADEMS**)

16. PROCESSO ADMINISTRATIVO TRIBUTÁRIO

16.1. Introdução e denominação

É comum distinguir-se *procedimento fiscal* do *processo administrativo fiscal*, especialmente no dia a dia da administração tributária.

Procedimento fiscal refere-se à *fiscalização* em sentido estrito, que é a atividade do auditor fiscal atinente à análise de livros, registros, notas, estoques do sujeito passivo e que eventualmente termina com a lavratura do auto de infração (lançamento de ofício).

O início do procedimento fiscal deve ser documentado, sempre que possível, nos livros fiscais exibidos. Se em documento separado, deve ser dada cópia autenticada para o fiscalizado – art. 196 do CTN.

A legislação fixará prazo máximo para conclusão da fiscalização.

Processo administrativo fiscal é aquele iniciado com a impugnação ao lançamento (= fase litigiosa do procedimento, na terminologia do art. 14 do Decreto 70.235/1972) ou com a consulta formulada pelo interessado.

É comum referir-se a processo administrativo também em relação aos pedidos de concessão ou de reconhecimento de benefícios fiscais (parcelamentos, isenções, anistias etc.), regimes especiais de tributação, compensações etc.

> **Gabaritos de concursos públicos**
>
> *Processo administrativo tributário é o conjunto de atos decorrentes da relação jurídica estabelecida em contraditório, entre a administração fazendária e o sujeito passivo de obrigação tributária ou de outro dever jurídico.* (**Auditor Fiscal/MS – 2006 – FGV**)
>
> *Conforme o Decreto n. 70.235, de 06 de março de 1972, que dispõe sobre o processo administrativo fiscal, a impugnação da exigência instaura a fase litigiosa do procedimento administrativo fiscal.* (**Procurador do Estado/SC – 2010 – FEPESE**)

16.2. Objetivo e princípios

Por meio do processo administrativo fiscal, busca-se uma decisão da administração tributária a respeito da impugnação feita pelo sujeito passivo, mantendo, modificando ou afastando o lançamento, ou ainda a resposta à consulta formulada.

Como já dito, admite-se que há processo administrativo fiscal também nos casos em que a legislação prevê procedimento para concessão de benefícios fiscais, compensações, parcelamentos etc. Nesse caso, o sujeito passivo busca o deferimento do pedido, com reconhecimento ou concessão do benefício pleiteado.

No processo administrativo fiscal devem ser observados os princípios constitucionais do contraditório e da ampla defesa (art. 5º, LV, da CF).

Veja o seguinte gabarito da ESAF, que indica de maneira bastante didática os mais importantes princípios específicos que orientam o processo administrativo fiscal:

Gabarito de concurso público
Livre convencimento: o julgador não está adstrito à conclusão apresentada como resultado da diligência solicitada, podendo dele divergir, desde que fundamentadamente. *Contraditório e ampla defesa*: se no curso do processo ocorrer alteração da fundamentação legal, devolve-se ao sujeito passivo o prazo para impugnação. *Oficialidade*: iniciado o processo, compete à própria administração impulsioná-lo até sua conclusão, diligenciando no sentido de reunir o conhecimento dos atos necessários ao seu deslinde. *Verdade material*: a autoridade julgadora tem o direito e o dever de carrear para o expediente todos os dados, informações, documentos a respeito da matéria tratada, sem estar jungida aos aspectos considerados pelos sujeitos. (**Auditor da Previdência Social – 2002 – ESAF**)

Além deles, há também o princípio da *informalidade*. O julgador, por exemplo, não declara desnecessariamente nulidades, nos casos dos arts. 59, § 3º, e 60 do Decreto 70.235/1972.

Gabaritos de concursos públicos
Os princípios que expressam a garantia da parte de tomar conhecimento dos atos processuais e de reagir contra esses, bem como o dever da administração pública de apreciar a legalidade dos atos de seus agentes independentemente de provocação, devendo impulsionar o processo até sua conclusão e diligenciar no sentido de reunir o conhecimento dos atos necessários ao seu deslinde, são, respectivamente contraditório e oficialidade. (**Auditor Fiscal da Receita Federal – 2002.1 – ESAF**) *Requisitos da decisão administrativa. Imparcialidade: Independência perante os interesses privados, individuais ou de grupos, perante os interesses partidários, perante os concretos interesses políticos do Governo; Constitui uma das características de que se compõe o princípio da eficiência do ato administrativo. Motivação: Objetiva garantir a ampla defesa e a plena possibilidade de controle, inclusive jurisdicional, da validade do ato; narrativa dos fatos e das razões jurídicas ensejadores do ato e demonstração da pertinência lógica entre eles. Publicidade: Relaciona-se com a transparência do ato administrativo.* (**Auditor Fiscal da Previdência Social – 2002 – ESAF**) *Não tendo ocorrido recusa ou sonegação de documento ou informação por parte do sujeito passivo, o ônus da prova do ilícito é da fiscalização. Um indício, isoladamente, não é meio de prova que autorize o lançamento. A presunção legal relativa inverte o ônus da prova. Em se tratando de presunção legal absoluta, qualquer prova em contrário apresentada pelo sujeito passivo não será considerada.* (**Auditor Fiscal da Previdência Social – 2002 – ESAF**)

16.3. Características

A legislação de cada ente regula o procedimento e o processo administrativo fiscal.

No âmbito federal, temos o Decreto 70.235/1972 e a Lei 9.784/1999 (esta é norma geral, relativa a todos os processos administrativos, não apenas aos fiscais).

Em atenção ao direito de petição e aos princípios do contraditório e da ampla defesa, não podem ser exigidos depósitos ou garantias como condição para a impugnação administrativa (início do processo) ou para os recursos administrativos, conforme a Súmula Vinculante 21 do STF e a Súmula 373 do STJ. Por essa razão, a exigência do arrolamento de bens no processo administrativo fiscal federal (art. 33, § 2º, do Dec.-lei 70.235/1972) foi afastada pelo STF (ADI 1.976/DF).

Gabarito de concurso público
É inconstitucional a exigibilidade do arrolamento de bens no valor equivalente a 30% da exigência fiscal, prevista pelo Decreto 70.235/1972, como pressuposto de admissibilidade do recurso voluntário na esfera administrativa federal, conforme procedência do pedido na ADI 1976/07. (**Magistratura/MS – 2008 – FGV**)

O processo administrativo em que se impugna o lançamento suspende a exigibilidade do crédito.

Assim, enquanto o Fisco estiver examinando a impugnação do sujeito passivo contra a exigência tributária, não poderá cobrá-lo administrativa ou judicialmente.

Há precedentes do STJ entendendo que mesmo o processo administrativo em que se discute a compensação tem também o efeito de suspender a exigibilidade do crédito tributário (AgRg no REsp 1.301.890/RS).

Por outro lado, o entendimento é diverso no caso específico de pedido de compensação com precatório devido por outra pessoa jurídica (o devedor do precatório não corresponde ao próprio sujeito ativo do tributo que se pretende compensar), ou seja, em que a compensação é claramente indevida, conforme a jurisprudência pacífica. Nesse caso, o STJ entende que o processo administrativo correspondente não tem o efeito de suspender a exigibilidade do crédito tributário (ver AgRg no AREsp 135.557/RS).

A jurisprudência tem entendido que o lançamento será definitivo apenas com a decisão administrativa definitiva ou com o decurso de prazo para impugnação (ver, por exemplo, Súmula Vinculante 24 do STF).

Jurisprudência
Súmula Vinculante 24 do STF: Não se tipifica crime material contra a ordem tributária, previsto no art. 1º, incisos I a IV, da Lei n. 8.137/1990, antes do lançamento definitivo do tributo.

Gabarito de concurso público
Enquanto pendente o processo administrativo, subsiste a incerteza sobre a existência e o conteúdo da obrigação tributária, não se podendo falar em crédito constituído antes do encerramento da discussão. (**Fiscal de Tributos Estaduais/AL – 2002 – CESPE**)

A consulta formulada antes do vencimento afasta a cobrança de juros moratórios – art. 161, § 2º, do CTN.

17. AÇÕES TRIBUTÁRIAS

17.1. Introdução

Veja a seguinte tabela para visualizar as principais ações tributárias propostas pelos contribuintes.

Principais ações propostas pelo particular	
Ação	Cabimento
Declaratória	– Antes do lançamento tributário
Anulatória	– Após o lançamento, mesmo depois do início da execução
Mandado de segurança	– Preventivamente ou até 120 dias após o lançamento ou ato coator, desde que não haja necessidade de dilação probatória – Também para declarar direito à compensação
Consignatória	– Quando o Fisco, injustificadamente, recusa-se a receber ou impossibilita o pagamento, ou quando há mais de um Fisco exigindo tributo relativo ao mesmo fato gerador
Repetição	– Para restituição de tributo indevidamente recolhido
Embargos	– Para opor-se à execução fiscal

O Fisco propõe Execução Fiscal e, eventualmente, Cautelar Fiscal.

17.2. Ação declaratória de inexistência de obrigação tributária

A ação declaratória de inexistência de obrigação tributária é ação ordinária, proposta antes do lançamento.

Nela o autor suscita a invalidade da norma tributária, a inocorrência de fato gerador, o receio de que o sujeito passivo seja incorretamente identificado etc.

A propositura da ação ordinária (qualquer que seja) não impede, por si, o lançamento e a posterior cobrança, ou seja, o fato de alguém ter proposto a ação não impede que o valor lançado seja inscrito em dívida ativa e cobrado judicialmente.

Para suspensão da exigibilidade do crédito, após o lançamento, é necessário depósito integral em dinheiro, antecipação de tutela ou liminar em cautelar. Somente assim evita-se a inscrição em dívida ativa e a execução fiscal.

17.3. Ação anulatória do lançamento (ou declaratória de nulidade)

A ação anulatória é ação ordinária, proposta após o lançamento, em que o autor suscita sua nulidade.

> **Gabarito de concurso público**
>
> *Para distinguir a ação declaratória de inexigibilidade de crédito fiscal e a ação anulatória de débito fiscal, basta considerar que a primeira supõe inexistência de procedimento fiscal constitutivo do crédito tributário e a segunda sua constituição definitiva.* (**Magistratura/AL – 2007 – FCC**)

Admite-se a anulatória até mesmo após o início da execução fiscal, em atenção ao princípio da inafastabilidade da tutela jurisdicional (acesso ao Judiciário). Isso é relativamente comum nos casos em que o executado não pode garantir o juízo da execução (o que impede a interposição dos embargos) ou quando perdeu o prazo para os embargos.

> **Gabarito de concurso público**
>
> *É cabível a propositura de ação anulatória de débito fiscal quando já iniciada a execução fiscal e ainda não foi realizada a garantia do juízo da execução.* (**Magistratura/SC – 2009**)
>
> *A proposição de Ação Anulatória, estando em curso Execução Fiscal, é possível, mas a suspensão da exigibilidade do débito só se fará mediante prova do depósito integral do seu valor.* (**Magistratura/PA – 2009 – FGV**)
>
> **Obs.: a rigor, é possível também antecipação de tutela em anulatória, com efeito de suspensão da exigibilidade do crédito**

Há precedentes do STJ no sentido de que há prazo de 5 anos contados a partir do lançamento para que o sujeito passivo proponha a anulatória.

Não se exige depósito prévio (Súmula Vinculante 28 do STF), apesar de disposição legal nesse sentido (art. 38 da Lei 6.830/1980).

> **Gabaritos de concursos públicos**
>
> *É inconstitucional a exigência de depósito prévio como requisito de admissibilidade de ação judicial na qual se pretenda discutir a exigibilidade de crédito tributário.* (**Magistratura Federal – 4ª Região – 2010**)
>
> *Segundo a doutrina majoritária, o depósito preparatório do valor do débito, monetariamente corrigido e acrescido dos juros e multa de mora e demais encargos, não é pressuposto de admissibilidade da ação anulatória de débito fiscal; contudo, se efetuado o depósito do montante integral nesse caso, estará suspensa a exigibilidade do crédito por parte da Fazenda.* (**Magistratura/PA – 2008 – FGV**)

O depósito, é bom lembrar, é sempre uma prerrogativa do devedor para a suspensão do crédito, não uma imposição a ele.

A propositura da anulatória (assim como a de qualquer ação ordinária) não suspende a exigibilidade do crédito. É preciso depósito integral em dinheiro, antecipação de tutela ou liminar em cautelar para essa finalidade.

É possível haver conexão com a execução e litispendência em relação aos embargos à execução.

Ao optar pela ação judicial, o sujeito passivo renuncia ao direito de recorrer administrativamente e desiste do processo administrativo eventualmente em andamento, em que se impugna o mesmo crédito, nos termos do art. 38, parágrafo único, da Lei 6.830/1980.

Gabarito de concurso público
A propositura, pelo contribuinte, de ação anulatória do ato declarativo da dívida, importa em renúncia ao poder de recorrer na esfera administrativa e desistência do recurso acaso interposto. **(Procurador do Estado/SC – 2010 – FEPESE)**

17.4. Mandado de segurança

O mandado de segurança (MS) impugna ato ilegal praticado por autoridade que ofende direito líquido e certo.

O MS pode ser preventivo ou repressivo, devendo ser impetrado, nesse último caso, em até 120 dias após o ato coator.

Quando o impetrante se opõe ao lançamento, o prazo é contado da respectiva notificação.

Não cabe MS contra lei em tese (Súmula 266 do STF).

É preciso prova pré-constituída, pois não há dilação probatória, ou seja, o impetrante deve provar todos os fatos documentalmente, já com a petição inicial.

O MS em si, assim como as ações ordinárias, não suspende a exigibilidade do crédito tributário. Para isso, é preciso que o juiz conceda liminar ou que seja realizado depósito integral em dinheiro.

Cabe MS para declarar o direito à compensação, mas não para convalidar a compensação já realizada (Súmulas 213 e 460 do STJ).

17.5. Consignação em pagamento

O sujeito passivo pode consignar judicialmente o valor do crédito tributário nos casos de (art. 164 do CTN):

a) recusa de recebimento, ou subordinação ao pagamento de outro tributo ou de penalidade, ou ao cumprimento de obrigação acessória;

b) subordinação do recebimento ao cumprimento de exigências administrativas sem fundamento legal;

c) exigência, por mais de uma pessoa, de tributo idêntico sobre o mesmo fato gerador.

A consignação só pode se referir ao valor que o consignante se propõe a pagar, ou seja, o autor deve depositar o que ele acha correto, ainda que inferior ao montante cobrado pelo Fisco.

A ação não suspende a exigibilidade do crédito, exceto se o depósito corresponder ao valor exigido.

Não cabe consignatória para a realização de parcelamento.

A extinção do crédito somente ocorre no caso de procedência, com conversão do depósito em renda.

Se a consignatória for julgada improcedente, ainda que em parte, o crédito é cobrado com juros de mora e multas.

17.6. Repetição de indébito

17.6.1. Aspectos gerais

A ação de repetição de indébito é uma ação ordinária condenatória para que o Fisco devolva valores indevidamente recolhidos (art. 165 do CTN).

A ação independe de comprovação de erro ou de prévio protesto, ou seja, se alguém pagou tributo indevido ou a maior, presume-se o erro (não se imagina que houve doação, por exemplo).

Gabarito de concurso público
O pagamento do crédito tributário quando indevido, gera ao sujeito passivo o direito à restituição, ainda quando o pagamento tenha se dado independentemente de prévio protesto, desde que requerido administrativa ou judicialmente no prazo legal. **(Procurador do Município/Teresina-PI – 2010 – FCC)**

A restituição parcial ou total do tributo implica restituição proporcional dos juros de mora e multas, exceto as relativas a infrações de caráter formal, não prejudicadas pela causa da restituição.

Jurisprudência
Súmula STJ 523. A taxa de juros de mora incidente na repetição de indébito de tributos estaduais deve corresponder à utilizada para cobrança do tributo pago em atraso, sendo legítima a incidência da taxa Selic, em ambas as hipóteses, quando prevista na legislação local, vedada sua cumulação com quaisquer outros índices.

17.6.2. Prazo para a repetição

O prazo prescricional para a repetição judicial do indébito é de **5 anos** contados (art. 168 do CTN):

a) da extinção do crédito (**pagamento indevido**);

b) da data em que se tornar definitiva a decisão administrativa ou transitar em julgado a decisão judicial que tenha reformado, anulado, revogado ou rescindido a decisão condenatória.

Se houve pedido administrativo de restituição, o prazo para a ação é de apenas **2 anos** contados da decisão administrativa denegatória. O prazo é interrompido pelo início da ação, recomeçando pela metade.

Atualmente, após enorme discussão judicial, a legislação é clara ao afirmar que a extinção do crédito, no caso dos tributos lançados por homologação, se dá com o pagamento realizado pelo sujeito passivo e não com a homologação pelo Fisco – art. 3º da LC 118/2005. Esse, portanto, é o termo inicial para a contagem do prazo quinquenal para repetição de indébito: data do pagamento feito pelo sujeito passivo.

Gabarito de concurso público
Prazo para pedir a devolução dos tributos sujeitos a lançamento por homologação se conta do pagamento antecipado e não mais da extinção efetiva do crédito tributário. **(Magistratura/RO – 2011 – PUC/PR)**

17.6.3. Restituição de tributos indiretos

O CTN refere-se ao contribuinte "de fato" para fins de legitimidade ativa processual na repetição do indébito (art. 166).

Há tributos empresariais (IPI, ICMS, ISS) que, por sua natureza jurídica, permitem a transferência do ônus econômico ao adquirente dos bens ou serviços (= tributos indiretos). O sujeito passivo, embora seja o *contribuinte "de direito"*, não assume o encargo financeiro da tributação, que é arcado pelo consumidor final, que é *contribuinte "de fato"*.

[Diagrama: contribuinte de direito → ICMS → contribuinte de fato]

Nesse caso, se houve pagamento a maior ou indevido, presume-se que o adquirente (*contribuinte "de fato"*) é que assumiu o ônus financeiro.

Para que o sujeito passivo (*contribuinte "de direito"*) repita o indébito, deve afastar essa presunção e comprovar que assumiu o ônus econômico do tributo indevidamente recolhido, ou então deve conseguir autorização do *contribuinte "de fato"* para que possa ingressar em juízo e pedir a devolução.

Ademais, o *contribuinte "de fato"* não tem legitimidade ativa para propor a ação, já que a relação jurídico-tributária se dá entre o sujeito passivo (*contribuinte "de direito"*) e o Fisco. É bom ressalvar, entretanto, que o STJ reconheceu excepcionalmente a legitimidade ativa processual do consumidor final de energia elétrica, fornecida por concessionária em regime de exclusividade.

Jurisprudência

O *"contribuinte de fato"* (**in casu**, *distribuidora de bebida*) *não detém legitimidade ativa ad causam para pleitear a restituição do indébito relativo ao IPI incidente sobre os descontos incondicionais, recolhido pelo "contribuinte de direito" (fabricante de bebida), por não integrar a relação jurídica tributária pertinente.*
REsp 903.394/AL, rel. Min. Luiz Fux, j. 24.03.2010, repetitivo

Diante do que dispõe a legislação que disciplina as concessões de serviço público e da peculiar relação envolvendo o Estado-concedente, a concessionária e o consumidor, esse último tem legitimidade para propor ação declaratória c/c repetição de indébito na qual se busca afastar, no tocante ao fornecimento de energia elétrica, a incidência do ICMS sobre a demanda contratada e não utilizada.

O acórdão proferido no REsp 903.394/AL (repetitivo), da Primeira Seção, Ministro Luiz Fux, DJe de 26.04.2010, dizendo respeito a distribuidores de bebidas, não se aplica aos casos de fornecimento de energia elétrica.
REsp 1.299.303/SC, rel. Min. Cesar Asfor, j. 08.08.2012, repetitivo

17.7. Cautelar Fiscal

A cautelar fiscal é detalhadamente regulada pela Lei 8.397/1992.

Serve para garantir que o Fisco receba os valores devidos pelo sujeito passivo na Execução Fiscal (garantia de efetividade da execução).

Pode ser proposta após o lançamento (regra) e, excepcionalmente, antes da constituição do crédito.

É preciso (art. 3º): (i) prova literal da constituição do crédito e (ii) prova documental de algum dos casos previstos no art. 2º da Lei.

"**Art. 2º** A medida cautelar fiscal poderá ser requerida contra o sujeito passivo de crédito tributário ou não tributário, quando o devedor:

I – sem domicílio certo, intenta ausentar-se ou alienar bens que possui ou deixa de pagar a obrigação no prazo fixado;

II – tendo domicílio certo, ausenta-se ou tenta se ausentar, visando a elidir o adimplemento da obrigação;

III – caindo em insolvência, aliena ou tenta alienar bens;

IV – contrai ou tenta contrair dívidas que comprometam a liquidez do seu patrimônio;

V – notificado pela Fazenda Pública para que proceda ao recolhimento do crédito fiscal:

a) deixa de pagá-lo no prazo legal, salvo se suspensa sua exigibilidade;

b) põe ou tenta por seus bens em nome de terceiros;

VI – possui débitos, inscritos ou não em Dívida Ativa, que somados ultrapassem trinta por cento do seu patrimônio conhecido;

VII – aliena bens ou direitos sem proceder à devida comunicação ao órgão da Fazenda Pública competente, quando exigível em virtude de lei;

VIII – tem sua inscrição no cadastro de contribuintes declarada inapta, pelo órgão fazendário;

IX – pratica outros atos que dificultem ou impeçam a satisfação do crédito."

Gabaritos de concursos públicos

A medida cautelar fiscal pode ser instaurada antes ou após a constituição do crédito, mesmo já estando em curso a execução judicial da Dívida Ativa. (**Procuradoria Distrital – 2007**)

Na medida cautelar fiscal, o requerido será citado para, no prazo de 15 (quinze) dias, contestar o pedido, indicando as provas que pretenda produzir. (**Magistratura/PR – 2008**)

É admitida a substituição da medida cautelar fiscal decretada, a qualquer tempo, pela prestação de garantia correspondente ao valor da prestação da Fazenda Pública. (**Procurador do Estado/SC – 2010 – FEPESE**)

17.8. Execução fiscal e embargos

17.8.1. Aspectos gerais

A execução fiscal serve para cobrança da dívida ativa tributária ou não tributária dos entes políticos e suas autarquias (Lei 6.830/1980).

Quem promove a execução fiscal dos tributos são os órgãos da advocacia pública. No caso dos tributos federais, a Constituição Federal prevê expressamente a competência exclusiva da Procuradoria da Fazenda Nacional (131, § 3º, da CF).

Jurisprudência

Súmula 521 do STJ. A legitimidade para a execução fiscal de multa pendente de pagamento imposta em sentença condenatória é exclusiva da Procuradoria da Fazenda Pública.

A certidão da dívida ativa (CDA), extraída a partir da inscrição em dívida ativa, é o título executivo e, em princípio, corresponde à inicial.

A execução pode ser promovida contra o sujeito passivo (contribuinte ou responsável) ou o fiador.

É desnecessária a instrução da petição inicial com o demonstrativo de cálculo do débito, por tratar-se de requisito não previsto no art. 6º da Lei n. 6.830/1980 (Súmula 559STJ). Ademais, a inicial não pode ser indeferida sob o argumento da falta de indicação do CPF e/ou RG ou CNPJ da parte executada (Súmula 558/STJ).

A competência para a execução exclui a de qualquer outro juízo, inclusive o da falência e o do inventário.

Jurisprudência
Súmula 515 do STJ. A reunião de execuções fiscais contra o mesmo devedor constitui faculdade do Juiz.

As intimações da fazenda são sempre pessoais.

Gabarito de concurso público
A intervenção do Ministério Público nas execuções fiscais é desnecessária. (**Magistratura/PA – 2008 – FGV**)

Até a sentença, a CDA pode ser emendada ou substituída, com devolução de prazo, vedada a modificação do sujeito passivo (Súmula 392 do STJ).

Presume-se fraudulenta a alienação ou oneração de bens ou rendas, sem reserva de recursos para atender ao crédito **inscrito em dívida ativa** (a Súmula 375 do STJ não se aplica ao crédito tributário).

O juiz, a requerimento das partes, poderá, por conveniência da unidade da garantia da execução, ordenar a reunião de processos contra o mesmo devedor, hipótese em que os processos serão redistribuídos ao juízo da primeira distribuição (art. 28 da Lei 6.830/1980). O STJ fixou o entendimento de que essa reunião de execuções fiscais contra o mesmo devedor constitui faculdade do juiz – Súmula 515 daquela Corte.

17.8.2. Despacho inicial na execução

O despacho do juiz que defere a inicial determina:
a) a citação (em regra pelo correio) para que o executado pague a dívida ou garanta a execução em 5 dias;
b) a penhora, se não houver pagamento ou garantia;
c) o arresto, se o executado não for localizado;
d) o registro da penhora ou do arresto;
e) a avaliação dos bens penhorados ou arrestados.

É importante lembrar que o despacho do juiz que determina a citação interrompe o prazo prescricional, ou seja, o Fisco deve se acautelar para que proponha a execução observando o prazo de 5 anos.

Gabaritos de concursos públicos
O despacho do juiz que defere a inicial da execução fiscal importa em ordem para citação, penhora, arresto, registro da penhora ou do arresto, e avaliação dos bens penhorados ou arrestados. (**Procuradoria Distrital – 2007**)
Nesse caso, e de acordo com a Lei de Execução Fiscal, o juiz deve, inicialmente, determinar a citação pelo correio, com aviso de recebimento, e a citação deve ser considerada feita na data da entrega da carta no endereço do executado. (**Magistratura Federal/5ª Região – 2009 – CESPE**)
A citação por edital na execução fiscal é cabível quando frustradas as demais modalidades. (**Magistratura Federal – 4ª Região – 2010**)

17.8.3. Garantia e penhora

Para garantir a execução, o executado pode:
a) efetuar depósito em dinheiro;
b) oferecer fiança bancária;
c) nomear bens à penhora (a partir do mais líquido);
d) indicar bens oferecidos por terceiros à penhora, desde que aceitos pela fazenda.

O executado pode requerer a substituição do bem penhorado por dinheiro ou fiança, o que será deferido. Qualquer outra substituição dependerá da concordância do Fisco.

Se o executado não garantir a execução, o Fisco pode requerer a penhora *on-line* ou a penhora de outros bens.

Gabarito de concurso público
Tendo em vista o disposto na Lei n. 6.830, de 22.09.1980, que trata da execução fiscal, não ocorrendo o pagamento nem a garantia da execução legalmente prevista, a penhora poderá recair em qualquer bem do executado, exceto, unicamente, os bens e rendas que a lei declara absolutamente impenhoráveis. (**Procurador do Estado/SC – 2009**)

O juiz deferirá pedido da fazenda de substituição do bem penhorado por qualquer outro, independentemente da ordem de liquidez, ou de reforço da penhora insuficiente. Perceba que, no caso do pedido de substituição formulado pelo Fisco, não será necessária a concordância do executado.

Jurisprudência
Se há penhora efetivada, esse fato não é suficiente para obstar a penhora **on-line** a pedido da Fazenda exequente, uma vez que a substituição do bem penhorado é prerrogativa que lhe é assegurada por lei especial. **AgRg Ag 1.221.342/SP, rel. Min. Benedito Gonçalves, j. 12.04.2011**

A fazenda poderá recusar a substituição de bem penhorado por outro menos líquido (caso do precatório, em regra).

Jurisprudência
Súmula 406 do STJ. A Fazenda Pública pode recusar a substituição do bem penhorado por precatório. A jurisprudência do Superior Tribunal de Justiça admite a penhora de crédito relativo a precatório judicial. Todavia, não se equiparando o precatório a dinheiro ou a fiança bancária, mas a direito de crédito, a Fazenda Pública pode recusar a nomeação ou a substituição do bem por quaisquer das causas previstas no art. 656 do CPC [art. 848 do CPC] ou nos arts. 11 e 15 da LEF. **AgRg AREsp 48.580/RS, Min. Humberto Martins, j. 22.11.2011**

O juiz pode determinar a penhora *on-line* de contas e investimentos bancários, não sendo necessário o esgotamento das diligências para localização de bens.

Esgotadas as diligências, o juiz poderá determinar a indisponibilidade universal de bens e direitos do devedor (art. 185-A do CTN).

17.8.4. Embargos à execução

Garantida a execução, o executado poderá oferecer embargos no prazo de **30 dias** contados (i) do depósito, (ii) da juntada da prova da fiança bancária ou (iii) da intimação da penhora,

No prazo para embargos, toda a matéria de defesa deve ser alegada, as provas requeridas, os documentos juntados, além do rol de testemunhas.

Não se admite reconvenção ou compensação e as exceções (salvo suspeição, incompetência e impedimento) serão arguidas como preliminar.

No caso da compensação, o que não se admite é o executado pleitear a extinção do crédito no curso da execução. Por outro lado, pode comprovar que o crédito já foi extinto por compensação no âmbito administrativo ou em demanda judicial anterior, antes do ajuizamento da ação de execução embargada, nos termos da lei do próprio ente tributante (isso é possível).

> **Jurisprudência**
>
> 6. Consequentemente, a compensação efetuada pelo contribuinte, antes do ajuizamento do feito executivo, pode figurar como fundamento de defesa dos embargos à execução fiscal, a fim de ilidir a presunção de liquidez e certeza da CDA, máxime quando, à época da compensação, restaram atendidos os requisitos da existência de crédito tributário compensável, da configuração do indébito tributário, e da existência de lei específica autorizativa da citada modalidade extintiva do crédito tributário.
> REsp 1.008.343/SP-**repetitivo**, Rel. Ministro Luiz Fux, j. 09.12.2009

A Fazenda tem **30 dias** para impugnar os embargos interpostos pelo executado.

Atualmente, os embargos à execução não são recebidos com efeito suspensivo automático, o que deve ser deferido pelo juiz nos termos do art. 919 do CPC.

> **Jurisprudência**
>
> Após a entrada em vigor da Lei 11.382/2006, que incluiu no CPC o art. 739-A [art. 919 do CPC], os Embargos do Devedor poderão ser recebidos com efeito suspensivo somente se houver requerimento do embargante e, cumulativamente, estiverem preenchidos os seguintes requisitos: a) relevância da argumentação; b) grave dano de difícil ou incerta reparação; e c) garantia integral do juízo.
> **AgRg Ag 121.809/PR, rel. Min. Herman Benjamin, j. 03.05.2012**

> **Gabarito de concurso público**
>
> Os embargos serão recebidos em efeito suspensivo somente a requerimento do embargante, quando forem relevantes seus fundamentos e o prosseguimento da execução puder causar ao executado dano de difícil ou incerta reparação. (**Magistratura Federal-4ª Região – 2010**)

17.8.5. Adjudicação dos bens pela fazenda

A fazenda pode ficar com os bens penhorados (adjudicá-los):

a) antes do leilão, pelo preço da avaliação, se a execução não for embargada ou se os embargos forem rejeitados;

b) findo o leilão, (i) se não houver licitante, pelo preço da avaliação, ou, (ii) havendo licitante, com preferência, em igualdade de condições com a melhor oferta, no prazo de 30 dias.

17.8.6. Exceção de pré-executividade

O executado pode, excepcionalmente, opor-se à execução sem garantia do juízo, por meio de exceção de pré-executividade, desde que alegue matérias cognoscíveis de ofício (ordem pública) que não demandem dilação probatória.

> **Jurisprudência**
>
> Súmula 393 do STJ. A exceção de pré-executividade é admissível na execução fiscal relativamente às matérias conhecíveis de ofício que não demandem dilação probatória.

> **Gabaritos de concursos públicos**
>
> A exceção de pré-executividade é admissível na execução fiscal relativamente às matérias conhecíveis de ofício que não demandem dilação probatória. (**Magistratura Federal-4ª Região – 2010**)
> Segundo a doutrina majoritária, o contribuinte pode opor objeção de pré-executividade quando a execução fiscal violar preceitos de ordem pública, como, por exemplo, o pagamento do crédito realizado antes da execução. (**Magistratura/PA – 2008 – FGV**)

17.8.7. Prescrição

A prescrição comum (antes da execução) pode ser conhecida de ofício (Súmula 409 do STJ).

Assim, se o juiz percebe que a execução foi proposta depois dos 5 anos contados a partir do lançamento (art. 174 do CTN), deverá declarar de ofício a prescrição.

Interrompem a prescrição (art. 174, parágrafo único, do CTN):

a) despacho do juiz que ordena a citação em execução fiscal;

b) protesto judicial;

c) qualquer ato judicial que constitua em mora o devedor;

d) qualquer ato inequívoco, ainda que extrajudicial, que importe em reconhecimento do débito pelo devedor.

Interrompido, o prazo recomeça a fluir desde o início.

Ao estudarmos as modalidades de extinção do crédito tributário, vimos que o despacho do juiz que ordena a citação interrompe o prazo prescricional (art. 174, parágrafo único, I, do CTN).

O STJ, ao interpretar o dispositivo do CTN cotejando-o ao art. 240, § 1º, do CPC, entendeu que a interrupção da prescrição pela citação (pelo despacho que a ordena, no caso) retroage à data da propositura da ação:

> **Jurisprudência**
>
> O Codex Processual, no § 1º, do artigo 219 [art. 240, § 1º, do CPC], estabelece que a interrupção da prescrição, pela citação, retroage à data da propositura da ação, o que, na seara tributária, após as alterações promovidas pela Lei Complementar 118/2005, conduz ao entendimento de que o marco interruptivo atinente à prolação do despacho que ordena a citação do executado retroage à data do ajuizamento do feito executivo, a qual deve ser empreendida no prazo prescricional.
> **REsp 1.120.295/SP, STJ, Rel. Min. Luiz Fux, j. 12/05/2010 – repetitivo**

Assim, o Fisco deve se acautelar para iniciar a execução fiscal em tempo hábil, ou seja, em menos de 5 anos contados da constituição do crédito.

Porém, se há demora na citação por culpa exclusiva do Fisco, não há essa retroatividade, ou seja, pode ser reconhecida a prescrição:

> **Jurisprudência**
>
> *Ainda que se entenda em sentido contrário, é firme a orientação da Primeira Seção desta Corte de que não retroage a prescrição à data da propositura da ação, conforme o art. 219, § 1º, do CPC [art. 240, § 1º, do CPC], quando a demora na citação é imputada exclusivamente ao Fisco.*
> **AgRg no AREsp 167.198/DF, rel. Min. Napoleão Nunes Maia Filho, j. 21.06.2012**

Isso não se confunde com a prescrição intercorrente, que corre durante o processo de execução.

17.8.8. Prescrição intercorrente

Se o devedor ou bens não forem localizados, o juiz suspenderá o processo por até 1 ano, período em que não corre a prescrição, abrindo vista à fazenda (não é necessária sua intimação, quando ela mesmo requer a suspensão), nos termos do art. 40 da Lei 6.830/1980.

> **Jurisprudência**
>
> *1. Esta Egrégia Corte tem decidido que são prescindíveis as intimações da Fazenda Pública das decisões que suspendem ou determinam o arquivamento do feito executório, a pedido do próprio órgão público. Precedentes.*
> *(...)*
> **AgRg AREsp 10.703/RS, STJ, Min. Castro Meira, j. 17.11.2011**

Após isso, o juiz ordena o arquivamento, iniciando-se a contagem do prazo de 5 anos da prescrição intercorrente.

> **Jurisprudência**
>
> *Súmula 314 do STJ. Em execução fiscal, não localizados bens penhoráveis, suspende-se o processo por um ano, findo o qual se inicia o prazo da prescrição quinquenal intercorrente.*

Passados 5 anos, o juiz, depois de ouvida a fazenda, reconhece de ofício a prescrição intercorrente.

A falta de intimação da Fazenda para ser ouvida, antes da decretação da prescrição, implicará nulidade apenas se demonstrado o prejuízo (*pas de nullité sans grief*).

> **Jurisprudência**
>
> *2. A ausência de intimação da Fazenda, para seu pronunciamento, antes de decretar-se a prescrição intercorrente, tem sido reconhecida nos casos em que o órgão público demonstra o efetivo prejuízo nas razões do recurso de apelação, o que não ocorreu no caso em debate* (**pas de nullité sans grief**).
> **AgRg AREsp 10.703/RS, STJ, Min. Castro Meira, j. 17.11.2011**

17.8.9. Abandono

O STJ também já admitiu a decretação de abandono da execução por inércia do Fisco, após intimação regular, independentemente de requerimento do interessado (até porque, muitas vezes nem há citação), afastando, portanto, o disposto na Súmula 240 do STJ.

> **Jurisprudência**
>
> *A inércia da Fazenda exequente, ante a intimação regular para promover o andamento do feito e a observância dos artigos 40 e 25 da Lei de Execução Fiscal, implica a extinção da execução fiscal não embargada ex officio, afastando-se o Enunciado Sumular 240 do STJ, segundo o qual "a extinção do processo, por abandono da causa pelo autor, depende de requerimento do réu". Matéria impassível de ser alegada pela exequente contumaz.*
> **REsp 1.120.097/SP, rel. Min. Luiz Fux, j. 13.10.2010, repetitivo**

18. REPARTIÇÃO DAS RECEITAS TRIBUTÁRIAS

18.1. Introdução

Além das receitas tributárias próprias, decorrentes das respectivas competências tributárias, os Estados e o DF contam com parcela das receitas relativas à competência da União.

De modo semelhante, os Municípios retêm ou recebem parte das receitas tributárias da União e dos respectivos Estados.

Essa repartição de receitas é fixada na CF.

Apresentaremos a seguir as regras objetivas para a repartição de receitas, lembrando que isso é muito exigido em concursos.

Para auxiliar na memorização, veremos listagens e diagramas.

18.2. Pertencem aos Estados e ao DF (art. 157 da CF)

Os Estados e o DF ficam com:

a) 100% do produto da arrecadação do IR retido na fonte, relativo aos rendimentos pagos, a qualquer título, por eles, por suas autarquias e pelas fundações que instituírem ou mantiverem;

b) 20% do produto da arrecadação de eventual imposto da competência residual que venha a ser criado.

Estados e DF
100% do IR na fonte

Estados e DF
20% do imposto da competência residual

18.3. Pertencem aos Municípios (art. 158 da CF)

Os Municípios ficam com:

a) 100% do produto da arrecadação do IR retido na fonte, relativo aos rendimentos pagos, a qualquer título, por eles, por suas autarquias e pelas fundações que instituírem ou mantiverem;

b) 50% do produto da arrecadação do ITR relativamente aos imóveis situados em seus territórios; ficam com 100%, caso optem pela fiscalização e cobrança do imposto;

c) 50% do produto da arrecadação do IPVA relativo aos automóveis licenciados em seus territórios;

d) 25% do produto da arrecadação do ICMS, creditado a cada Município pelos seguintes critérios: (i) ¾, no mínimo, na proporção do valor adicionado em seu território e (ii) até ¼ em conformidade com a lei estadual.

Municípios
100% do IR na fonte

Municípios
50% ou 100% do ITR

Municípios
50% do IPVA

Municípios
25% do ICMS

Gabaritos de concursos públicos
Os recursos arrecadados na fonte pelas autarquias municipais a título de imposto de renda sobre o pagamento feito a seus servidores, a qualquer título, não são repassados para a União. (**Magistratura/RO – 2011 – PUCPR**)
Parte do produto da arrecadação do ICMS é distribuída entre os municípios do respectivo estado. (**Magistratura/AC – 2008 – CESPE**)

18.4. Pertencem também aos Estados, ao DF e aos Municípios

A União deve transferir o produto da arrecadação do IOF sobre ouro, enquanto ativo financeiro ou instrumento cambial, aos Estados, ao DF e aos Municípios, na seguinte proporção, conforme a origem do metal:

30% para o Estado ou o DF;

Estados e DF
30% do IOF sobre ouro

70% para o Município.

Municípios
70% do IOF sobre ouro

18.5. Resumo

Veja o seguinte resumo, com os percentuais de tributos federais e estaduais pertencentes a Estados e Municípios.

Pertencem aos Estados e ao DF:

Estados e DF
100% do IR na fonte

Estados e DF
20% do imposto da competência residual

Estados e DF
30% do IOF sobre ouro

Pertencem aos Municípios:

Municípios
100% do IR na fonte

Municípios
50% ou 100% do ITR

Municípios
50% do IPVA

Municípios
25% do ICMS

Municípios
70% do IOF sobre ouro

18.6. A União entregará (art. 159 da CF)

A União entregará 49% do produto da arrecadação do IR e do IPI, sendo:

a) 21,5% para o Fundo de Participação dos Estados e do Distrito Federal;

b) 22,5% para o Fundo de Participação dos Municípios + 1% no primeiro decêndio do mês de dezembro de cada ano + 1% no primeiro decêndio do mês de julho de cada ano;

c) 3% para aplicação em programas de financiamento ao setor produtivo das regiões N, NE e CO, assegurado ao semiárido do NE metade dos recursos destinados à região, na forma da lei.

Ademais, a União entregará:

a) 10% do produto da arrecadação do IPI aos Estados e ao DF, proporcionalmente ao valor das respectivas exportações de produtos industrializados – nenhuma Unidade deve receber mais que 20% do total – 25% do valor recebido pelos Estados serão repassados aos respectivos Municípios, pelos critérios do ICMS;

b) 29% do produto da arrecadação da CIDE sobre combustíveis para os Estados e ao DF (destinados ao financiamento de programas de infraestrutura de transportes) – 25% do valor recebido pelo Estado será repassado aos respectivos Municípios.

Gabarito de concurso público
Acerca da repartição da receita tributária, é correto afirmar que o estado do Amazonas tem direito a receber sua parcela sobre os 29% do produto da arrecadação da contribuição de intervenção no domínio econômico relativa às atividades de importação ou comercialização de petróleo e seus derivados, gás natural e seus derivados, e álcool combustível. (**Ministério Público/AM – 2008 – CESPE**)

18.7. A União entregará (art. 159 da CF – Resumo)

Veja a seguinte representação gráfica, com as transferências constitucionais da União para os fundos de participação e diretamente para os Estados e DF:

```
21,5% IR e IPI          → FPE e DF

22,5% + 1% + 1% IR e IPI → FPM

3% IR e IPI             → Financiam. N, NE, CO

10% IPI exp. → Estados | DF → 25% → Municípios

29% CIDE comb. → Estados | DF → 25% → Municípios
```

18.8. Vedações (art. 160 da CF)

A Constituição veda expressamente a retenção ou qualquer restrição à entrega e ao emprego dos recursos pertencentes aos Estados, ao DF e aos Municípios.

Gabarito de concurso público
É vedada a retenção ou qualquer restrição à entrega e ao emprego dos recursos atribuídos aos Estados, ao Distrito Federal e aos Municípios, neles compreendidos adicionais e acréscimos relativos a impostos. **(Procurador do Estado/SE – FCC – 2005)**

Excepcionalmente, a União e os Estados podem condicionar a entrega dos recursos:

a) ao pagamento de seus créditos, inclusive de suas autarquias;

b) ao cumprimento da obrigação constitucional de aplicação de recursos mínimos na saúde.

Jurisprudência
I – A ausência de recolhimento da contribuição para o PASEP pelos Estados, Distrito Federal e Municípios autoriza a União, nos termos do art. 160, parágrafo único, I, da Constituição, a reter cotas do Fundo de Participação daqueles entes federados até que eles comprovem a quitação do débito. Precedentes. II – Desnecessidade de prévia constituição do crédito tributário da União como requisito para bloquear os repasses devidos aos Estados, Municípios e ao Distrito Federal, na forma do art. 160 da CF. Precedentes. **RE 589.105 AgR/PR, STF, Min. Ricardo Lewandowski, j. 22.11.2011**

Gabarito de concurso público
A União e os Estados podem condicionar a entrega de recursos ao pagamento de seus créditos, inclusive de suas autarquias. **(Procurador do Estado/SE – FCC – 2005)**

18.9. Regulamentação por lei complementar

Cabe à lei complementar federal:

a) definir o valor adicionado, para fins de distribuição dos 25% do ICMS para os Municípios;

b) estabelecer as normas para a entrega, pela União, das parcelas do IR, IPI e CIDE sobre combustíveis, especialmente sobre os critérios para rateio dos Fundos de Participação (FPE e FPM);

c) dispor sobre o acompanhamento do cálculo das quotas e da liberação dos valores.

Jurisprudência
II – O art. 161 da Carta Política, no que tange ao ICMS, reservou à lei complementar apenas o que diz respeito aos critérios de apuração do valor adicionado e às formas de acompanhamento do cálculo e da liberação dos repasses desse imposto devidos aos municípios. III – A Lei Paulista 8.510/1993 disciplinou os critérios de rateio do valor de ICMS referido no art. 158, parágrafo único, II, da Constituição, cujos parâmetros não se inserem na reserva da lei complementar prevista no art. 161 da CF. **RE 379.013 ED/SP, STF, Min. Ricardo Lewandowski, j. 29.11.2011** Por ocasião do julgamento do RE 572.762 (rel. Min. Ricardo Lewandowski, o Tribunal Pleno (DJe publicado em 05.09.2008), decidiu que o repasse de parcela do ICMS devida aos Municípios não pode ficar sujeita aos planos de incentivo fiscal do Estado, sob pena de violar o sistema constitucional de repartição de receitas. **RE 531.566 AgR/SP, STF, Min. Joaquim Barbosa, j. 09.06.2009**

Gabarito de concurso público
Cabe à lei complementar dispor sobre o acompanhamento, pelos Estados e pelo Distrito Federal, do cálculo das quotas e da liberação de sua participação no produto da arrecadação do imposto da União sobre renda e proventos de qualquer natureza, incidente na fonte, sobre rendimentos pagos, a qualquer título, por eles, suas autarquias e pelas fundações que instituírem e mantiverem. **(Procurador do Estado/SE – FCC – 2005)**

18.10. Cálculo e divulgação da repartição

Cabe ao Tribunal de Contas da União calcular as quotas dos Fundos de Participação (FPE e FPM).

A União, os Estados, o DF e os Municípios divulgarão, até o último dia do mês subsequente ao da arrecadação, os montantes de cada tributo, os recursos recebidos, entregues e a entregar, e a expressão numérica dos critérios de rateio.

Os dados divulgados pela União serão discriminados por Estado e por Município; os dos Estados, por Municípios.

19. SIMPLES NACIONAL

19.1. Definição e características

O Simples Nacional é um regime único de arrecadação de impostos e contribuições federais, estaduais e municipais (art. 146, parágrafo único, da CF).

O ingresso no Simples Nacional é opcional para o contribuinte.

Pode haver condições de enquadramento diferenciadas por Estado.

O recolhimento é unificado e centralizado, com distribuição imediata das parcelas dos demais entes, vedada retenção ou condicionamento.

A arrecadação, fiscalização e cobrança são compartilhadas, com cadastro nacional único de contribuintes.

> **Gabarito de concurso público**
>
> *O regime único de arrecadação permitirá o direito de opção para o contribuinte. A lei complementar poderá estabelecer condições de enquadramento diferenciadas por estado. No regime único, o recolhimento será unificado e centralizado. No regime único, a distribuição da parcela de recursos pertencentes aos respectivos entes federados será imediata.* (**Magistratura/AC – 2008 – CESPE**)

19.2. Estatuto nacional da microempresa e da empresa de pequeno porte – LC 123/2006

O Estatuto não trata apenas do Simples Nacional (regime único de arrecadação), mas também de matéria trabalhista, de crédito e mercados.

Há critérios para a empresa se enquadrar no Estatuto (como ME, EPP ou MEI) e outros requisitos para ingressar no Simples Nacional.

Perceba, portanto, que há microempresas (ME), empresas de pequeno porte (EPP) e microempreendedores individuais (MEI) que não são optantes do Simples Nacional, ou seja, que não recolhem os tributos de maneira unificada.

Por outro lado, todas as empresas que ingressam no Simples Nacional são, necessariamente, ME, EPP ou MEI, pois esse é um requisito essencial para o recolhimento dos tributos pela sistemática simplificada.

A LC 123/2006, que instituiu o Estatuto Nacional da Microempresa e da Empresa de Pequeno Porte, incluindo a sistemática tributária do Simples Nacional, foi intensamente modificada nos últimos anos, o que tende a continuar ocorrendo, de modo que o aluno deve sempre verificar a redação atual.

19.3. Critério básico para enquadramento no Estatuto

Para ser considerada ME, EPP ou MEI a empresa (empresário ou sociedade empresária) deve ser regular (registrada na Junta Comercial ou no Registro Civil de PJ) e perceber, no máximo, as seguintes receitas brutas anuais:

a) microempresa (ME): igual ou inferior a R$ 360 mil;

b) empresa de pequeno porte (EPP): superior a R$ 360 mil e igual ou inferior a R$ 3,6 milhões;

c) microempreendedor individual (MEI): até R$ 60 mil.

19.4. Vedações ao enquadramento no Estatuto

Determinadas empresas, apesar de regulares e dentro do limite máximo de receita bruta anual, não se enquadram no Estatuto como ME, EPP ou MEI.

Isso porque há vedações, listadas nos arts. 3º, § 4º, e 18-A, § 4º, da LC 123/2006, **dentre elas**:

a) sociedade de cujo capital participe outra pessoa jurídica;

b) que seja filial, sucursal, agência ou representação no país de pessoa jurídica com sede no exterior;

c) sociedades por ações etc.

Assim, mesmo que uma empresa seja efetivamente pequena (com receita bruta inferior ao limite legal), ela não poderá ser enquadrada como EPP ou ME, caso seja filial de sociedade estrangeira, por exemplo.

Interessante ressaltar que mais recentemente foi excluída a possibilidade de enquadramento de pessoas jurídicas cujos titulares ou sócios guardem, cumulativamente, com o contratante do serviço, relação de pessoalidade, subordinação e habitualidade, buscando coibirem-se fraudes à legislação trabalhista.

No mais, é importante estudar detidamente as listagens desses dispositivos legais.

19.5. Requisito básico para opção pelo Simples Nacional

O requisito básico para a empresa poder optar pelo regime unificado de arrecadação (Simples Nacional) é ser ME, EPP ou MEI.

Assim, para ingressar no Simples Nacional, a empresa deve, necessariamente, preencher todos os requisitos para se enquadrar no Estatuto (basicamente, ter pequena receita bruta anual e não incidir em alguma das vedações vistas no item anterior).

> **Gabarito de concurso público**
>
> *A lanchonete Comer Bem é uma empresa de pequeno porte enquadrada entre aquelas às quais a CF oferece tratamento diferenciado, nos termos de legislação complementar. Essa empresa está sujeita, em razão de seu porte, a norma constitucional aplicável especificamente a esse grupo, que se refere a regime único de arrecadação de impostos e contribuições federais.* (**Magistratura/SE – 2008 – CESPE**)

19.6. Vedações à opção pelo Simples Nacional

Apesar de enquadrada com ME, EPP ou MEI, não pode optar pelo Simples a empresa que caia em uma das vedações do **art. 17** da LC 123/2006, como:

a) ter sócio domiciliado no exterior;

b) possuir débitos tributários;

c) com ausência de inscrição ou irregularidade em cadastro fiscal federal, municipal ou estadual, quando exigível;

d) exercer determinadas atividades etc.

Veja, portanto, que ser ME, EPP ou MEI é requisito necessário, mas não suficiente para o recolhimento dos tributos pela sistemática unificada.

Jurisprudência
A inscrição no Simples Nacional submete-se à aferição quanto à inexistência de débitos com o INSS, ou com as Fazendas Públicas Federal, Estadual ou Municipal, nos termos no inciso V, do art. 17, da LC 123/2006, sem que, para tanto, esteja configurada qualquer ofensa aos princípios da isonomia, da livre-iniciativa e da livre concorrência. *A adesão ao Simples Nacional é uma faculdade do contribuinte, que pode anuir ou não às condições estabelecidas, razão pela qual não há falar-se em coação.* **RMS 27.376/SE, STJ, Min. Teori Zavascki, j. 04.06.2009**

Tese de repercussão geral 363/STF: "É constitucional o art. 17, V, da Lei Complementar 123/2006, que veda a adesão ao Simples Nacional à microempresa ou à empresa de pequeno porte que possua débito com o Instituto Nacional do Seguro Social – INSS ou com as Fazendas Públicas Federal, Estadual ou Municipal, cuja exigibilidade não esteja suspensa."

O art. 18-A, § 4º, da LC 123/2006, traz vedações para o MEI optar pela sistemática, como possuir mais de um estabelecimento.

Mais uma vez salientamos a importância de estudar a listagem trazida pelo dispositivo legal, cujo conhecimento muitas vezes é exigido em concursos.

19.6.1 Atividades que podem ser abarcadas pelo Simples Nacional (exceções às atividades vedadas nos incisos do *caput* do art. 17)

A LC 123/2006 trouxe algumas exceções às exclusões relacionadas às atividades desenvolvidas pela ME ou EPP (atenção: as exceções são apenas relativas às atividades – isso não se aplica aos casos de sócio no exterior ou de débito tributário, por exemplo, em que é inviável a inclusão na sistemática do "Supersimples"). Trata-se de casos em que o legislador garantiu o ingresso da empresa no Simples Nacional, desde que se dedique exclusivamente às atividades listadas no art. 17, § 1º c/c o art. 18, §§ 5º-B a 5º-E, ou que as exerça em conjunto com outras não excluídas expressamente do "Supersimples".

Dentre tais atividades, destacamos a recente inclusão os serviços advocatícios, que passam a ser beneficiados pela sistemática do Simples Nacional.

O estudante não deve descuidar de estudar toda a listagem.

19.7. Tributos abrangidos pelo Simples Nacional

O regime único de arrecadação abrange os seguintes tributos:

Impostos Federais
IRPJ e IPI

Contribuições Sociais
CSLL, COFINS, PIS/PASEP, CPP (patronal)

Imposto Estadual
ICMS

Imposto Municipal
ISS

Há, entretanto, diversas incidências excluídas do regime, listadas no art. 13, § 1º, da LC 123/2006, como IR sobre aplicações financeiras, ICMS e ISS na substituição tributária etc., que devem ser estudadas pela leitura da Lei.

19.8. Cálculo do valor a ser recolhido

As ME e EPP recolhem um valor mensal único, correspondente à aplicação de determinadas alíquotas à receita bruta do período.

A depender das atividades realizadas, a empresa se enquadra em determinada tabela de alíquotas.

Em cada tabela, há diversas alíquotas, variáveis conforme a receita bruta no período.

Essa mesma tabela indica a parcela do valor recolhido a ser destinada a cada ente político, correspondendo a cada imposto e contribuição abrangidos pelo regime único.

O MEI recolhe um valor fixo mensal.

19.9. Fiscalização e cobrança

A fiscalização é compartilhada pelos Fiscos federal, estaduais, distrital e municipais. Os Estados podem delegar competência aos Municípios.

Os processos administrativos são julgados pelo ente responsável pela autuação, embora se admitam convênios entre os entes federados. Os Municípios podem delegar competência aos respectivos Estados.

As consultas são respondidas pela União, pelos Estados (quando relativas ao ICMS) e pelos Municípios (quando relacionadas ao ISS).

A inscrição e a cobrança são feitas pela União, permitindo-se convênios, com delegação de competência a Estados (em relação ao ICMS) e a Municípios (quanto ao ISS).

Gabarito de concurso público
Os créditos tributários oriundos da aplicação da lei complementar 123/2006, que instituiu o Simples Nacional, serão apurados, inscritos em Dívida Ativa da União e cobrados judicialmente pela Procuradoria-Geral da Fazenda Nacional (PGFN), que pode delegar aos Estados e Municípios, mediante convênio, a inscrição em dívida estadual e municipal e a cobrança judicial de tributos estaduais e municipais a que se refere essa lei. (**Magistratura/PA – 2008 – FGV**)

As ações dos contribuintes são movidas, em princípio, contra a União, sendo que os demais entes devem prestar-lhe auxílio. Se a ação versar exclusivamente acerca do ICMS ou do ISS, deverá ser proposta contra o respectivo Estado ou Município. Os mandados de segurança são impetrados contra a respectiva autoridade fiscal (pode ser estadual ou municipal).

8. Direito Empresarial

Henrique Subi

1. TEORIA GERAL DO DIREITO EMPRESARIAL

1.1. Empresário

Com o advento do **Código Civil (CC) de 2002, abandona-se a teoria dos atos de comércio** sobre a qual se fundava o Direito Comercial e alarga-se o grupo de destinatários das respectivas normas, agora modernizadas pela adoção formal no país da **teoria da empresa** nascida na Itália. Assim, o Direito Empresarial deixa de acolher apenas os **comerciantes**, definidos em rol exaustivo, e abraça os **empresários**, definidos em conceito aberto pelo CC.

O art. 966 do CC define **empresário** como aquele que *exerce profissionalmente atividade econômica organizada para a produção ou a circulação de bens ou de serviços*. Para a caracterização do empresário, portanto, é necessária a concorrência de diversos elementos:

a) Profissionalismo: dizemos que determinada pessoa exerce um trabalho profissionalmente quando o faz com *habitualidade*, ou seja, *em caráter não eventual*, com frequência (ex.: a pessoa que vende seu próprio carro para outro particular unicamente quando está interessada em adquirir outro, não pode ser considerada um empresário do ramo de venda de veículos); *pessoalidade*, o que significa dizer que o empresário é aquele que exerce a atividade *em nome próprio* (empresária é a pessoa jurídica que figura como parte contratante e assume as responsabilidades pelo negócio e não seu eventual preposto – gerente, administrador – ou mesmo o sócio que por ela assina); e *monopólio das informações*, sendo profissional aquele que *detém os conhecimentos indispensáveis para a realização das atividades*, cabendo a ele decidir quais desses dados podem ou devem chegar ao conhecimento dos consumidores e demais figuras do mercado (ex.: insumos necessários, tecnologia empregada, riscos na utilização do produto ou serviço etc.);

b) Atividade econômica: para o Direito Empresarial, atividade econômica é aquela *com fins lucrativos*, que não devem jamais ser confundidos com o imprescindível superávit que qualquer atividade busca para perpetuar-se. Caracteriza-se a **finalidade lucrativa** com a *incorporação do lucro contábil da atividade ao patrimônio pessoal do empresário individual, ao titular da empresa individual de responsabilidade limitada ou com a divisão deste entre os sócios da pessoa jurídica empresária*. Ex.: uma ONG vende habitualmente doces caseiros para obter receita e financiar programas assistenciais. Para que essa organização sobreviva em seu intento, é fundamental que as receitas sejam maiores que as despesas. Porém, se o superávit é reaplicado na própria atividade, proporcionando assistência social a um número maior de pessoas, não estamos diante de uma sociedade empresária;

c) Organização: só é empresário aquele que organiza os **quatro fatores de produção** para o exercício de sua atividade econômica: **capital**, que são os *investimentos realizados no momento da constituição da empresa e os aportes financeiros exigidos ao longo de sua existência no mercado*; **mão de obra**, pois o empresário não trabalha sozinho, *ele deve contratar empregados ou colaboradores que o auxiliem na atividade* (a qual, lembre-se, ele exercerá sempre em nome próprio); **insumos**, que podem ser conceituados como *os bens que o empresário reúne e utiliza para consecução de seus objetivos*; e **tecnologia**, não necessariamente de ponta, mas o pleno conhecimento, pelo empresário, *dos métodos e dados importantes para a qualidade dos produtos ou serviços oferecidos*. Acompanhe o seguinte exemplo: suponha um senhor que ganha a vida fazendo e vendendo pastéis em uma feira livre. Ele investe dinheiro em seu pequeno negócio (**capital**) e com ele compra ingredientes, temperos, estufa, panelas (**insumos**); a fim de conseguir atender a demanda da feira, contrata ajudantes para fritar os pastéis e anotar os pedidos dos clientes (**mão de obra**); e o sucesso de suas vendas depende diretamente do quanto ele conhece da arte de fazer pastéis, como a quantidade de fermento na massa, a temperatura correta do óleo ou quanto tempo o recheio dura na geladeira antes de estragar (**tecnologia**);

d) Produção ou circulação de bens ou serviços: trata-se, a nosso ver, do coração do conceito, pois de nada adianta alguém exercer profissionalmente uma atividade econômica organizada se esta atividade não se enquadrar em um dos **objetos** previstos no CC. São eles: **indústria** (produção de bens), **comércio** (circulação de bens), **prestação de serviços** (produção de serviços) e **agenciamento** (circulação de serviços – **agente** *é o empresário que aproxima o prestador de serviços do interessado em contratá-lo*, sendo exemplos o agente de viagens e o agente de determinado artista famoso que negocia o local e o valor das apresentações).

Se estivermos tratando de uma **sociedade por ações**, regularmente instituída na forma da Lei 6.404/1976, ela será sempre empresária, pouco importando sua tipicidade ao conceito analisado, por força do art. 982, parágrafo único, do CC.

1.1.1. Atividades não empresárias por determinação legal

Em suma, e como regra, basta avaliarmos se a atividade exercida pela pessoa física ou jurídica enquadra-se no conceito que estaremos diante de um empresário. Todavia, o CC exclui diretamente do Direito de Empresa as atividades *intelectuais, de natureza científica, literária ou artística*. Isso impõe que advogados, contadores (**atividades científicas**), escritores (**atividade literária**) e pintores ou músicos (**atividades artísticas**), por mais que exerçam profissionalmente tais atividades, incorporando todos os demais elementos do art. 966, por expressa determinação legal não serão considerados empresários.

Esses afazeres são considerados, juntamente com quaisquer outros que não se vinculem ao conceito, **atividades econômicas civis**, cujo regime jurídico será aquele previsto no Direito das Obrigações.

Aquele que exerce, por conta própria, atividades econômicas civis é chamado de **profissional liberal**.

Já a sociedade que não puder ser considerada empresária, por sua atividade não se enquadrar no conceito do art. 966 ou por expressa exclusão legal, será chamada de **sociedade simples**.

Existe, entretanto, uma possibilidade para que as atividades intelectuais sejam empresárias: basta que constituam **elemento de empresa**,

Existe, entretanto, uma possibilidade para que as atividades intelectuais sejam empresárias: basta que constituam **elemento de empresa, como previsto na parte final do parágrafo único do art. 966 do CC**. Não há consenso na doutrina sobre o que se deve entender como "elemento de empresa". É possível reconhecer ao menos 3 (três) correntes:

a) Teoria da absorção ou do exercício conjunto de atividades: uma das razões do debate é a supressão de parte do artigo do Código Civil Italiano quando da tradução do dispositivo, lembrando que a lei peninsular foi usada de modelo para o nosso Código. Compare:

Código Civil brasileiro	Código Civil italiano
Art. 966, parágrafo único. Não se considera empresário quem exerce profissão intelectual, de natureza científica, literária ou artística, ainda com o concurso de auxiliares ou colaboradores, **salvo se o exercício da profissão constituir elemento de empresa.**	Art. 2.238. Se o exercício da profissão constitui **elemento de uma atividade organizada em forma de empresa**, aplicam-se também as disposições do Título II [que trata do Direito de Empresa]*

*"Art. 2.238. Se l'esercizio della professione costituisce elemento di un'attività organizzata in forma d'impresa, si applicano anche le disposizioni del Titolo II."

A expressão original "elemento de uma atividade organizada em forma de empresa" tornou-se, no Brasil, "elemento de empresa". Com base nessa interpretação histórica, parte da doutrina defende que a atividade intelectual será empresária **se ela for realizada em conjunto com outra que, por sua natureza, esteja submetida ao regime jurídico empresarial**. Em outras palavras, a atividade científica, literária ou artística está contida dentro de outra mais ampla. Exemplo: um *pet shop* que, além de vender rações e outros itens para animais, também oferece os serviços de um médico veterinário.

Entre nós, a corrente é reconhecida pelo STJ: "**a caracterização do exercício de profissão intelectual como 'elemento de empresa' ocorre quando a aludida atividade integra um objeto mais complexo, próprio da atividade empresarial**. Há, ainda, caracterização de 'elemento de empresa' quando o serviço é prestado sem caráter personalíssimo, vale dizer, quando não exige atuação pessoal de um profissional habilitado a desempenhar uma atividade qualificada dirigida a uma clientela individualizada" (REsp 1028086/RO, DJ 20/10/2011, voto do Ministro Teori Albino Zavascki); e pode ser encontrada também no Enunciado 195 das Jornadas de Direito Civil do Conselho de Justiça Federal (JCD/CJF): "A expressão 'elemento de empresa' demanda interpretação econômica, devendo ser analisada sob a égide da absorção da atividade intelectual, de natureza científica, literária ou artística, como um dos fatores da organização empresarial".

b) Teoria da pessoalidade: para esta corrente, que pessoalmente adotamos, "elemento de empresa" nada mais é do que *a transformação de uma atividade intelectual em um serviço que se desvincula da individualidade do cientista, literato ou artista, tornando-se pura atividade econômica*. Com efeito, usualmente esses profissionais são procurados por conta das qualidades de seu trabalho individual, sendo os resultados umbilicalmente ligados ao profissional, o que não se coaduna com a **teoria da empresa**.

Se, não obstante, o profissional expandir seus negócios de forma que seu escritório, sua clínica ou seu ateliê seja procurado pelo renome da organização e não mais pela individualidade do trabalho de seu proprietário, fica caracterizada a empresa. É o que ocorre, por exemplo, com uma grande clínica médica que conte com os serviços de diversos profissionais. Dificilmente, nesse caso, os pacientes dirigem-se à clínica para se consultar com seu fundador, que dá nome ao empreendimento, mas sim para serem atendidos por um dos diversos médicos que lá trabalham. O dono da clínica talvez nem mais exerça a medicina, dedicando-se exclusivamente à administração do negócio.

A corrente também é entendida como válida pelo STJ, como se lê no **mesmo julgado citado anteriormente**: "a caracterização do exercício de profissão intelectual como 'elemento de empresa' ocorre quando a aludida atividade integra um objeto mais complexo, próprio da atividade empresarial. **Há, ainda, caracterização de 'elemento de empresa' quando o serviço é prestado sem caráter personalíssimo, vale dizer, quando não exige atuação pessoal de um profissional habilitado a desempenhar uma atividade qualificada dirigida a uma clientela individualizada**" (STJ, REsp 1028086/RO, DJ 20/10/2011, voto do Ministro Teori Albino Zavascki).

A complexidade do tema é tamanha que o **Enunciado 194 das mesmas JDC/CJF** acolhe a segunda corrente: "Os profissionais liberais não são considerados empresários, salvo se a organização dos fatores de produção for mais importante que a atividade pessoal desenvolvida".

c) Teoria da livre escolha ou da declaração: esta última interpretação, minoritária, defende que, diante das dificuldades de se definir exatamente o que se considera "elemento de empresa", cabe ao exercente de atividade intelectual decidir se quer se submeter ao regime jurídico civil ou empresarial – se preferir o primeiro, promove seu registro no Cartório de Registro Civil de Pessoas Jurídicas; caso contrário, solicita seu registro diretamente na Junta Comercial.

O Enunciado 54 JDC/CJF, **anterior aos demais citados, porém não expressamente cancelado**, autoriza a medida: "É caracterizador do elemento de empresa a declaração da atividade-fim, assim como a prática de atos empresariais.

A lei também exclui do regime jurídico empresarial as **cooperativas** (sem exceção) e o **produtor rural não registrado no órgão do Registro de Comércio**, que é a Junta Comercial. Quem se dedica à atividade rural (agricultura, pecuária ou extração) tem a opção de ser tratado como empresário ou não.

Para a primeira hipótese, basta que requeira seu registro junto à Junta Comercial competente. Se não o fizer, não será empresário.

1.1.2. Configuração do empresário

Qualquer pessoa pode, em determinado momento, decidir lançar-se em alguma atividade empresária para auferir lucros com ela. Deve apenas escolher se o fará sozinho ou dividindo as responsabilidades e ganhos com terceiros.

A pessoa física que exerce sozinha, em nome próprio, atividade empresária é denominada **empresário individual**. Cuidado aqui: o empresário individual está "sozinho" porque prefere não ter sócios, mas deve sempre organizar mão de obra, contratando empregados e prepostos para que seja considerado empresário!

A principal característica do empresário individual é a ausência de separação patrimonial entre a atividade empresária e seu patrimônio pessoal. Isso implica que o empresário individual responde ilimitadamente pelas dívidas da empresa.

Com o advento da Lei 12.441/2011, foi criada uma nova forma de exercício de empresa: a **empresa individual de responsabilidade limitada (EIRELI)**, *espécie de pessoa jurídica cujo capital social é totalmente subscrito e integralizado por uma única pessoa*.

Com a atribuição da personalidade jurídica, forçoso reconhecer a autonomia patrimonial e negocial à EIRELI, e será ela, a pessoa jurídica, a ser considerada empresária, e não seu titular. Outra consequência é a separação dos patrimônios, de maneira que será necessário comprovar fraude apta a ensejar a desconsideração da personalidade jurídica para que se possa atingir o patrimônio pessoal do titular por conta de dívida da empresa (art. 980-A, §7º, do CC).

São requisitos para a constituição da EIRELI (art. 980-A do CC):

a) Capital social de, no mínimo, 100 salários mínimos;

b) Se for pessoa física que constituir a EIRELI, ela somente poderá figurar em uma única pessoa jurídica desta modalidade;

c) Aplicação supletiva das normas que regem a sociedade limitada.

O dispositivo legal atribui, ainda, à EIRELI a remuneração decorrente da cessão de direitos patrimoniais de autor ou de imagem, nome, marca ou voz de que seja detentor o titular da pessoa jurídica, vinculados à atividade profissional.

Anotamos que tramita no STF a Ação Direta de Inconstitucionalidade nº 4637, proposta pelo Partido Popular Socialista (PPS) alegando, em síntese, que a exigência mínima de 100 salários mínimos para a constituição do capital da EIRELI é inconstitucional, por violar a proibição de vinculação do salário mínimo para qualquer fim (prevista no art. 7º, IV, da CF) e limitar a livre-iniciativa (art. 170 da CF), pois exige um poder econômico incompatível com a maioria dos pequenos empresários nacionais.

Se a atividade, por outro lado, for exercida em conjunto de duas ou mais pessoas, dividindo-se os riscos do negócio, estaremos diante de uma **sociedade empresária**. Mais uma vez, atenção! Empresária é a pessoa jurídica, a sociedade, e não os sócios, diante da personalidade distinta que a pessoa jurídica ostenta diante de seus fundadores.

Sabemos que o termo **sociedade** está vinculado ao estudo das **pessoas jurídicas** no CC, sendo deste gênero uma das espécies. Surge, então, uma questão relevante: e as demais espécies de pessoas jurídicas, podem ser consideradas empresárias?

Para responder a essa indagação, basta visitarmos o conceito de cada uma delas no Código. Diz o art. 53 que as **associações** *são uniões de pessoas organizadas para fins não econômicos,* o que afasta sem rodeios a chance de serem consideradas empresárias; a **fundação** *somente poderá constituir-se para os fins previstos no parágrafo único do art. 62 do Código Civil,* todos eles incompatíveis com a atividade empresária; as **organizações religiosas**, por sua própria natureza, também não são voltadas para a produção ou circulação de bens ou serviços com fito de lucro; e, por último, os **partidos políticos** destinam-se a *assegurar, no interesse do regime democrático, a autenticidade do sistema representativo e a defender os direitos fundamentais definidos na Constituição Federal* (art. 1º da Lei 9.096/1995).

Restam, então, a empresa individual de responsabilidade limitada e a sociedade. A primeira analisamos acima, dentro do contexto do empresário individual, e obviamente pode ter natureza empresária. Quanto às pessoas jurídicas que se constituem pela união de duas ou mais pessoas com um objetivo comum, nota-se que a utilização do termo **sociedade empresária** não foi à toa. Dentre estas, ela é a única que se destina *ao exercício de atividade econômica e a partilha dos resultados entre os sócios*.

1.1.3. Capacidade para ser empresário

Antes de avaliar as regras sobre a capacidade para ser empresário, cumpre destacar que os mencionados ditames aplicam-se ao **empresário individual, ao titular de empresa individual de responsabilidade limitada** e ao **administrador** de sociedade empresária. Não se questiona a capacidade do sócio de sociedade empresária que não tenha poderes de administração, pois não praticará atos que a vinculem. As quotas sociais ou ações que o incapaz eventualmente detiver constituem parte de seu patrimônio, tendo ele unicamente direito à percepção dos lucros na proporção de sua participação no capital social. Vale frisar, contudo, que o art. 974, § 3º, do CC, determina ainda que, para que se possa aceitar o incapaz como sócio, o *capital deve estar totalmente integralizado* e o *incapaz deve estar devidamente representado ou assistido*.

Enfim, são requisitos para o exercício de atividade empresária:

a) Estar no pleno gozo da capacidade civil: isto é, deve tratar-se de pessoa maior de 18 anos de idade e que não se enquadre em qualquer hipótese de incapacidade absoluta ou relativa, nos termos dos arts. 3º e 4º do CC, com a redação dada pela Lei 13.146/2015 (Estatuto da Pessoa com Deficiência);

b) Não estar impedido de exercer empresa por determinação legal ou judicial: são diversas as hipóteses previstas de impedimento para o exercício de atividade empresária no ordenamento jurídico. Ex.: **falido** não reabilitado civil e penalmente; **condenado** à pena acessória de vedação à atividade empresária prevista no art. 35, II, da Lei 8.934/1994; **leiloeiro oficial; funcionário público; devedores do INSS; deputados e senadores** etc. Caso haja violação do impedimento, a pessoa arcará com a responsabilidade administrativa e penal, mas não há qualquer alteração na órbita civil. A pessoa impedida não poderá invocar essa condição para eximir-se do adimplemento das obrigações contraídas, permanecendo estas integralmente válidas; não poderá requerer recuperação judicial ou extrajudicial da empresa, por ser equiparada a empresa irregular; pelo mesmo motivo, não poderá requerer a falência de devedor seu, mas poderá ter sua própria falência decretada.

Há divergência doutrinária sobre a possibilidade do menor emancipado ser empresário. Alguns autores defendem a impossibilidade, pois a **emancipação** opera apenas efeitos civis e não penais, o que abriria portas para que o emancipado exercesse a empresa de forma temerária com o exclusivo fim de locupletar-se e saísse intocado por sua inimputabilidade em eventual persecução penal por crime falimentar.

A maioria, contudo, alinha-se em sentido diverso, dizendo que é perfeitamente possível o exercício de empresa pelo menor emancipado, dado que este é considerado absolutamente capaz pela legislação civil. Caso incorra em crime falimentar, este será tratado como **ato infracional** e sujeitará o emancipado a **medida socioeducativa**. Robustecemos o argumento anotando que uma das causas de emancipação, prevista no art. 5º, parágrafo único, inciso V, do CC é *o estabelecimento civil ou comercial, desde que (...) o menor com dezesseis anos completos tenha economia própria.*

Por exceção, o **incapaz**, absoluta ou relativamente, poderá ser empresário, desde que observados os seguintes itens:

a) não poderá iniciar uma nova empresa, apenas continuar empresa já existente;

b) deve, para tanto, obter autorização judicial (alvará);

c) os bens do incapaz que ele já possuía antes não respondem pelas dívidas da empresa e devem ser enumerados pelo juiz no alvará, exceto se os bens foram empregados na atividade;

d) deve ser representado ou assistido;

e) em caso de sociedade, o incapaz não pode ser administrador e o capital social deve estar totalmente integralizado.

Caso o representante ou assistente do incapaz torne-se impedido de exercer empresa, ele mesmo poderá nomear um ou mais **gerentes** *ad referendum* do juiz. Aliás, a rigor, o juiz pode nomear um gerente sempre que entender que tal diligência atenderá melhor aos interesses do incapaz.

1.1.4. Empresário casado

Cônjuges podem ser sócios um do outro, exceto se casados pelos regimes da **comunhão universal** ou da **separação obrigatória** de bens. Motivo: na comunhão universal, a sociedade não existiria verdadeiramente, seria uma ficção, dado que a total comunicação do patrimônio dos cônjuges, no qual se inserem as quotas sociais, impediria a caracterização da autonomia do patrimônio social e a divisão da responsabilidade entre eles. As quotas do marido pertenceriam também à mulher e vice-versa, tornando ambos, ao mesmo tempo, proprietários da totalidade do capital. Já na separação obrigatória, a constituição de uma sociedade poderia servir como instrumento de fraude ao isolamento do patrimônio dos nubentes imposto pela lei.

A regra deve ser observada indiferentemente para as sociedades empresárias ou sociedades simples (STJ, REsp 1058165/RS, DJ 14/04/2009) e abrange tanto a constituição originária da sociedade quanto a participação derivada, isto é, o ingresso superveniente de cônjuge em sociedade de que outro já participa (Enunciado 205 JDC/CJF).

Atente para o fato de que a sociedade entre cônjuges casados pelo regime da **separação convencional de bens** é totalmente permitida. A vedação opera apenas nos casos previstos no art. 1.641 do CC.

Ainda que não se trate de sociedade entre cônjuges, insta frisar que o empresário casado (seja individual, titular de empresa individual de responsabilidade limitada ou administrador de sociedade empresária) não sofre qualquer diminuição em seus poderes de administração da empresa. Não se exige **outorga uxória ou marital**, qualquer que seja o regime de bens, para a alienação ou oneração de imóveis que integrem o patrimônio da empresa, considerando a autonomia existente entre este e o patrimônio do empresário. Ele não estará alienando bem particular, razão pela qual fica afastada a participação do cônjuge como condição de eficácia do ato.

1.2. Registro

A atividade empresária, além de ser um fato jurídico, é, sem sombra de dúvidas, um fato econômico de grande relevância, considerando seu potencial para gerar empregos, aumentar a oferta de produtos e serviços e incentivar o crescimento econômico do país, colocando mais recursos em circulação.

Nessa situação, o empresário irá estabelecer relações com inúmeras pessoas, como empregados, fornecedores e consumidores.

É por isso que a regularidade da atividade empresária depende da formalidade do **registro**, que se presta a *dar garantia, publicidade, autenticidade, segurança e eficácia aos atos jurídicos das empresas* (art. 1º, I, da Lei 8.934/1994). Com efeito, as características do registro conferem a segurança jurídica necessária para que as pessoas que pretendam contratar com determinado empresário possam verificar a conveniência de fazê-lo diante das informações ali constantes.

1.2.1. Configuração do Registro Público de Empresas Mercantis

O **Registro Público de Empresas Mercantis (RPEM)** no Brasil está estruturado em dois níveis: nacional, exercido pelo **Departamento de Registro de Empresa e Integração (DREI), vinculado à Secretaria da Micro e Pequena Empresa**, com função supervisora, orientadora, coordenadora e normativa; e estadual, a cargo das **Juntas Comerciais**, cuja atribuição é justamente executar os serviços de registro impostos pela legislação.

Os serviços prestados pelas Juntas Comerciais incluem:

a) Matrícula: inscrição de pessoas exercentes de atividades **paracomerciais**, ou seja, que exercem funções paralelas ao regime jurídico empresarial. É o caso dos leiloeiros oficiais, que para serem autorizados a comandar pregões públicos devem estar matriculados na Junta Comercial de seu Estado; dos tradutores juramentados; entre outros;

b) Arquivamento: é o ato de registro de empresas por excelência. Através do arquivamento, a Junta analisa e dá publicidade à inscrição do empresário individual, ao ato de constituição da empresa individual de responsabilidade limitada e aos atos constitutivos de sociedades, bem como suas alterações posteriores;

c) Autenticação: para terem validade como escrituração contábil, os livros empresariais devem ser autenticados na Junta Comercial. Trata-se de **requisito extrínseco** à validade dos livros.

As Juntas Comerciais submetem-se, *em matéria de Direito Empresarial*, às determinações do DREI e, *em matéria de Direito Administrativo (contratação de pessoal, licitações etc.)*, à Secretaria de Estado indicada na legislação local (Secretaria de Assuntos Jurídicos, por exemplo). Anote-se a exceção da Junta Comercial do **Distrito Federal**, que é subordinada **técnica e administrativamente** ao DREI (art. 6º, parágrafo único, da Lei 8.934/1994).

As decisões da Junta Comercial sobre os pedidos a ela apresentados serão tomados por **órgão colegiado** em caso de arquivamento de sociedade anônima e por **decisão singular** em todos os demais casos (matrícula, autenticações e outros arquivamentos). Em qualquer hipótese, cabe recurso, que será julgado sempre por órgão colegiado.

1.2.2. Dos efeitos do registro

É com o registro da empresa que essa adquire **personalidade jurídica** e confere-se a **regularidade** do empresário.

A inscrição do empresário junto ao RPEM deve dar-se antes do início da atividade. O empresário que não registra seus atos constitutivos é considerado **irregular** e, como tal, sofrerá uma série de limitações:

a) não poderá contratar com o Poder Público;

b) não pode ser autor de pedido de falência contra qualquer de seus devedores (mas pode ter sua própria falência decretada);

c) não pode pedir recuperação judicial ou extrajudicial;

d) seus livros empresariais não fazem prova, implicando crime falimentar (art. 178 da Lei 11.101/2005);

e) não poderá requerer sua inscrição no Cadastro Nacional de Pessoas Jurídicas (CNPJ), o que acarretará a impossibilidade de emissão de notas fiscais e os consequentes problemas tributários;

f) os sócios somente poderão provar a existência da sociedade por escrito, enquanto terceiros podem fazê-lo por qualquer modo.

Note que o empresário irregular, como o próprio termo já indica, é empresário e deve ser tratado como tal. O registro é dever imposto por lei como requisito da **regularidade** do empresário, não de sua caracterização (Enunciado 199 JDC/CJF).

A Junta Comercial destina-se ao registro dos atos relativos aos empresários individuais, das empresas individuais de responsabilidade limitada, das sociedades empresárias e das cooperativas (mesmo não sendo estas empresárias). As sociedades simples são registradas no Cartório de Registro de Pessoas Jurídicas.

As sociedades de advogados, ainda que constituam, eventualmente, elemento de empresa, **nunca** são consideradas empresárias e são registradas exclusivamente na OAB (art. 15, § 1º, da Lei 8.906/1994). Falando de advogados, estes exercem papel fundamental no registro dos atos constitutivos da empresa, já que tais documentos somente serão aceitos se visados (rubricados) por advogado (art. 1º, § 2º, da Lei 8.906/1994).

Os documentos a serem registrados devem ser apresentados na Junta Comercial competente no prazo de 30 dias da assinatura para que produzam efeitos *ex tunc*, ou seja, retroativos à data da lavratura do instrumento. Caso o prazo não seja respeitado, os efeitos do registro serão *ex nunc*, valendo a data do efetivo arquivamento realizado na Junta, o que ocorre somente após a análise dos documentos e a concessão do registro pelo órgão.

O registro, como já salientado, garante **publicidade** aos atos empresariais a ele sujeitos, podendo qualquer pessoa consultar os arquivos da Junta Comercial e requerer a expedição de certidões independentemente de justificativa, bastando que recolha a respectiva taxa, se aplicável.

Dessa forma, o registro garante a oponibilidade *erga omnes* dos termos constantes dos atos arquivados, mas somente após as formalidades regulamentares e com sua efetiva publicação. Ninguém pode alegar desconhecimento da situação da empresa se o ato já estava registrado. O empresário poderá, excepcionalmente, amparar-se em documento ainda não levado a arquivamento, porém terá o ônus de provar que o terceiro tinha dele real conhecimento.

O registro assegura, por fim, a **proteção** ao nome empresarial contra o uso indevido por terceiros, conforme veremos adiante.

1.2.3. Documentos que devem ser registrados

Serão obrigatoriamente arquivados:

a) os atos constitutivos e modificativos das empresas;

b) atos que importem na dissolução ou extinção da empresa;

c) a instituição de filial, sucursal ou agência, sendo que, se qualquer destas estabelecer-se em outro Estado da Federação, o registro deverá ser feito na Junta Comercial à qual estará submetida a filial e averbado naquela da respectiva sede;

d) o pacto antenupcial do empresário casado;

e) títulos de doação, herança ou legado de bens gravados com cláusula de inalienabilidade e incomunicabilidade;

f) a sentença que decretar ou homologar a separação judicial, ato de reconciliação e o divórcio do empresário;

g) a sentença que decretar a emancipação do incapaz.

Após o depósito do documento com o respectivo requerimento de registro, cabe à Junta Comercial a análise de seus aspectos formais, não podendo proceder ao arquivamento daqueles atos que contenham vícios de forma ou ofensa à legislação aplicável (ex.: empresa constituída por pessoa impedida de exercê-la). Verificando a ocorrência de tais defeitos, a Junta Comercial informará ao interessado que o registro não foi realizado, abrindo a oportunidade para que os vícios sejam corrigidos.

Note que a competência da Junta Comercial deve ficar limitada aos aspectos formais do documento, não podendo penetrar no mérito da empresa (seu objeto ou capital social declarado, por exemplo).

1.3. Escrituração

É o dever imposto pela lei ao empresário, à empresa individual de responsabilidade limitada e à sociedade empresária de *manter seu sistema de contabilidade em dia e conforme as melhores técnicas contábeis*. A escrituração da empresa é concretizada através dos **livros empresariais**, que podem ser divididos em:

a) Livros obrigatórios, que devem ser escriturados por todos os empresários e sociedades empresárias, sob pena de, não o fazendo, sofrerem as respectivas sanções. Há duas espécies de livros obrigatórios:

a1) Livros obrigatórios comuns, que são impostos a todo e qualquer tipo de empresa. Atualmente, o único desta espécie é o **Livro Diário**; e

a2) Livros obrigatórios específicos (ou especiais), que devem ser escriturados apenas se ocorrerem determinadas situações. Ex.: o **Livro Registro de Duplicatas** é obrigatório somente para as empresas que emitem esta espécie de título de crédito, desde que não se utilizem do sistema de emissão escritural previsto na Lei nº 13.775/2018;

b) Livros facultativos (ou acessórios), que, como o próprio nome indica, servem para auxiliar o empresário na administração da atividade, mantendo um registro mais detalhado de suas operações. Não há sanções pela não escrituração de um livro facultativo. Ex.: **Livro Caixa**.

Considerando que a escrituração deve seguir o padrão contábil, é regra que ela seja realizada por um profissional que detenha os conhecimentos técnicos necessários, denominado **contabilista ou contador**, regularmente inscrito em seu conselho profissional. O art. 1.182 do CC abranda essa exigência na hipótese de não existir contabilista na localidade onde a empresa está estabelecida. Nesta situação, poderá o empresário indicar pessoa de sua confiança que repute hábil a efetuar a escrituração conforme a lei.

O dever de escrituração abrange também a obrigação de levantar anualmente o **balanço patrimonial** e o de **resultado econômico**. Trata-se de *documentos contábeis que demonstram a atual situação patrimonial da empresa*, como uma radiografia. O balanço patrimonial traz em seu bojo o total do ativo, do passivo e o patrimônio líquido da empresa, esmiuçados, cada um deles, em rubricas padronizadas por lei. O balanço de resultado econômico (ou demonstração da conta de lucros e perdas ou ainda, como conhecida na prática por força da Lei das Sociedades por Ações, **demonstração do resultado do exercício**) apresenta, pormenorizadamente, as receitas e despesas contabilizadas no período, apurando a existência de lucro ou prejuízo na empresa.

Os livros empresariais, dada sua importância, recebem um tratamento diferenciado quanto a seu valor probatório e confidencialidade. Com efeito, estando a escrituração em ordem e os livros devidamente autenticados pela Junta Comercial, os lançamentos neles constantes fazem prova a favor do empresário. Isso quer dizer que eventuais créditos neles registrados servem como prova de que a obrigação realmente existe. Ressalte-se que não configuram títulos executivos, tão somente elementos probatórios para o processo de conhecimento.

Em contrapartida, a existência de vícios intrínsecos ou extrínsecos na contabilidade derruba a eficácia probatória dos livros em benefício do empresário, sendo sempre hábeis a provar contra ele.

É importante lembrar, ainda, o **princípio da indivisibilidade da escrituração**, que determina, quando regulares, que os lançamentos contábeis sejam considerados como uma unidade. Em outras palavras, se houver nos livros fatos escriturados favoráveis e outros prejudiciais aos interesses do empresário, todos deverão ser considerados como prova pelo juiz (art. 419 do NCPC). Ao empresário, porém, será lícito provar que os dados constantes da contabilidade não correspondem à verdade dos fatos por meio de outros documentos (art. 417 do NCPC).

No que toca à confidencialidade, os arts. 1.190 e 1.191 do CC deixam claro que a obrigação de exibição dos livros depende de **mandado judicial** unicamente para dirimir as questões relativas à sucessão, comunhão ou sociedade, administração à conta de outrem ou falência e, conforme previsto no art. 105 da Lei nº 6.404/1976 (Lei das Sociedades por Ações), quando houver atos violadores da lei ou do estatuto social ou fundada suspeita de irregularidades graves atribuídas a qualquer dos órgãos da companhia, em pedido subscrito por acionistas representantes de, no mínimo, 5% do capital social. Na mesma esteira, destacamos que a apreensão dos livros somente se dará em caso de recusa na apresentação. Nota-se, portanto, que nem mesmo a autoridade judicial, fora dos casos expressamente previstos em lei, pode determinar a exibição compulsória dos livros empresariais.

Questão interessante se coloca sobre o acesso das autoridades fazendárias aos livros empresariais no exercício da fiscalização. Naturalmente, a proibição de acesso aos livros a elas não se aplica (art. 1.193 do CC e 195 do CTN), pois, se assim não fosse, estaríamos esvaziando o poder de fiscalização da Fazenda Pública, tornando-o inócuo. Veja-se, a propósito, a Súmula 439 do STF: "estão sujeitos à fiscalização tributária ou previdenciária quaisquer livros comerciais, limitado o exame aos pontos objeto da investigação".

A parte final do verbete sumular merece atenção, tendo em vista que deixa claro que a Fazenda, mesmo podendo muito, não pode tudo. A obrigação tributária acessória de franquear acesso aos livros está vinculada à potencial descoberta de tributos a pagar pelo contribuinte. O STJ já decidiu que a fiscalização municipal não pode exigir a exibição dos livros de empresário que não é contribuinte do ISS (STJ, REsp 539084/SP, DJ 18/10/2005).

1.4. Prepostos

São *quaisquer pessoas contratadas pelo empresário que atuam no interesse da empresa, representando-a perante terceiros*. Não percamos de vista que uma das características da atividade empresária é a **pessoalidade**, razão pela qual o preposto atua sempre em nome da empresa.

Os atos do **preposto**, desde que praticados dentro dos limites da atividade da empresa, trazem obrigações ao **preponente** (o empresário), independentemente de autorização escrita se o ato foi celebrado dentro do estabelecimento. Para os prepostos que atuam fora deste é necessária a atribuição de poderes por escrito.

A responsabilidade civil dos prepostos, no caso de suas ações causarem danos a terceiros, depende da verificação do elemento subjetivo do ilícito. Se agiram com culpa, a responsabilidade é do empresário-preponente, que terá ação de regresso contra o preposto. Caso tenham agido com dolo, sua responsabilidade será solidária com a empresa.

O preposto não pode, ainda, negociar por conta própria ou de terceiro ou praticar quaisquer atos de operação econômica do mesmo gênero de seu preponente. Ex.: um funcionário de uma loja de roupas não pode, em seu tempo livre e aproveitando-se da clientela e do conhecimento adquirido em seu emprego, passar a vender roupas em seu próprio nome. Se o fizer, deverá indenizar o preponente (que poderá, inclusive, reter o lucro das operações ilícitas efetuadas) e ainda poderá incorrer em crime contra a ordem econômica diante da concorrência desleal.

1.4.1. Gerente

O CC individualizou dois prepostos, considerando a importância da atividade por eles exercida. O primeiro deles é o **gerente**, *preposto de confiança do empresário nomeado para, permanentemente, praticar quaisquer atos necessários ao exercício dos poderes que lhe foram outorgados.*

É possível que o preponente limite os poderes do gerente. Entretanto, para que tal providência tenha eficácia perante terceiros, deve obrigatoriamente estar **averbada** na Junta Comercial, salvo se ficar provado que o terceiro dela tinha conhecimento.

O gerente é autorizado a estar em juízo em nome do empresário quanto às obrigações resultantes do exercício de sua função (art. 1.176 do CC).

A responsabilidade civil do gerente, em regra, é solidária com a do preponente para atos praticados dentro dos limites de seus poderes e ligados à sua função (art. 1.175 do CC). Será pessoal, todavia, em situações desvinculadas de seu emprego, como, por exemplo, nos casos de infidelidade quando constar como depositário de penhora judicial (STJ, RHC 18089/SP, DJ 08/09/2005).

1.4.2. Contabilista

É o preposto *responsável pela escrituração da empresa*. Os lançamentos efetuados por ele consideram-se, salvo comprovada má-fé, como se o próprio empresário os tivesse feito. De outra banda, a responsabilidade do contabilista será pessoal, solidária com a do preponente, em caso de lançamentos incorretos na escrituração determinados pelo empresário e que sejam de seu conhecimento (art. 1.177 do CC). Com isso, podemos resumir as hipóteses de responsabilidade civil do contabilista conforme o seguinte quadro:

Escrituração incorreta	Responsável
Em caso de <u>culpa</u> do contabilista	O contabilista responde perante o empresário
Em caso de <u>dolo</u> **do contabilista**, <u>à revelia</u> **do empresário**	**Responsabilidade** <u>pessoal</u> **do contabilista perante terceiros**
Em caso de <u>dolo</u> **do contabilista, em** <u>conluio</u> **com o empresário**	**Responsabilidade** <u>pessoal</u> **do contabilista** <u>solidária</u> **com a do empresário perante terceiros**

1.5. Nome empresarial

1.5.1. Conceito

É a *designação pela qual o empresário e a sociedade empresária são conhecidos nas suas relações de fundo econômico*. Da mesma forma que o nome civil da pessoa natural, o nome empresarial individualiza a empresa perante seus clientes, fornecedores e colaboradores. É o *elemento identificador da empresa no mercado*.

1.5.2. Espécies

O direito brasileiro acolhe duas espécies de nome empresarial:

a) firma, baseada no nome civil do empresário individual, do titular de empresa individual de responsabilidade limitada ou de um, alguns ou todos os sócios de sociedade empresária. Pode, opcionalmente, trazer o ramo de atividade da empresa. Tem dupla função: além de identificar a empresa, é também a assinatura que deve ser aposta nos documentos que obriguem o empresário. Ex.: os sócios da sociedade empresária que gire sob a firma "Paulo da Silva & Cia. Ltda." devem criar uma assinatura que contemple este nome, incluindo todos os seus elementos constituintes ("& Cia. Ltda.");

b) denominação, aplicável à empresa individual de responsabilidade limitada ou à sociedade empresária, pode basear-se no nome civil do titular ou dos sócios ou qualquer outro elemento linguístico, vulgarmente conhecido como "elemento fantasia". Deve, obrigatoriamente, adotar o ramo de atividade da empresa. Difere também da firma por não se constituir em assinatura da empresa. Ex.: os sócios da sociedade empresária que gire sob a denominação "Carcará Serviços Técnicos Ltda." devem assinar, cada um, sua própria assinatura civil.

1.5.3. Regras para formação do nome empresarial

O nome empresarial é composto por um **núcleo**, que é o verdadeiro elemento identificador do empresário (o nome civil ou, no exemplo acima, "Carcará"), **elemento identificador do tipo societário** (Ltda., S.A.), **elemento identificador do ramo de atividade** ("Serviços Técnicos", "Casa de Carnes") e **partículas gerais** ("& Cia", "Irmãos").

O empresário individual comum somente pode adotar firma baseada em seu nome civil. Caso seja um empresário individual de responsabilidade limitada, nos termos do art. 980-A, § 1º, do CC, deverá incluir a expressão "EIRELI" ao final do nome empresarial, **que poderá ser firma ou denominação**. Já as sociedades empresárias, a depender do tipo que adotem (cujos detalhes serão estudados no Capítulo 2), poderão optar por firma ou denominação, seguindo determinadas balizas. A fim de facilitar a visualização e o estudo, acompanhe o quadro abaixo:

Sociedade em conta de participação	– Não usa nome empresarial, pois sua existência não é divulgada.
Sociedade em nome coletivo	– Somente firma – Nome civil de um, alguns ou todos os sócios – Se faltar o nome de alguém, deve conter o elemento "e companhia" por extenso ou abreviado ("& Cia.")
Comandita simples	– Somente firma – Nome civil de um, alguns ou todos os sócios comanditados – Se faltar o nome de algum dos sócios comanditados, deve conter o elemento "e companhia" por extenso ou abreviado ("& Cia.")

Sociedade Limitada	– Firma ou denominação – Se firma: segue as regras da Sociedade em Nome Coletivo – Se denominação: deve constar o ramo de atividade – Sempre deve constar o elemento "limitada" por extenso ou abreviado ("Ltda.")
Comandita por ações	– Firma ou denominação – Se firma: a) Nome civil de um, alguns ou todos os sócios diretores ou administradores com responsabilidade ilimitada b) Se faltar o nome de algum deles, deve constar o elemento "e companhia" por extenso ou abreviado ("& Cia.") no final do nome – Se denominação, deve constar o ramo de atividade – Sempre deve constar o elemento "comandita por ações" por extenso ou abreviado ("C.A.")
Sociedade anônima	– Somente denominação – Deve constar o ramo de atividade – Deve constar o elemento "sociedade anônima", em qualquer parte, ou "companhia", no início ou no meio do nome (nunca no final), por extenso ou abreviado ("S.A." ou "Cia.") – Pode usar, como exceção, nome civil do fundador ou de pessoa que concorreu para o bom êxito da sociedade

Quanto às sociedades não empresárias, impera alguma controvérsia doutrinária sobre a possibilidade da **sociedade simples** adotar firma ou denominação. O CJF sacramentou a discussão no Enunciado 213 da III Jornada de Direito Civil: "O art. 997, inc. II, não exclui a possibilidade de sociedade simples utilizar firma ou razão social".

Entretanto, não se olvide que a interpretação doutrinária em comento refere-se à sociedade simples pura. Conforme explicaremos melhor adiante, a sociedade simples pode, se quiser, adotar qualquer dos **tipos societários** das sociedades empresárias contratuais (nome coletivo, comandita simples ou limitada) sem perder sua natureza de sociedade simples. Nessa situação, seu nome empresarial seguirá as regras estabelecidas para o tipo societário escolhido.

Já a **cooperativa**, por expressa determinação legal, gira somente por **denominação** na qual conste, obrigatoriamente, a partícula "cooperativa".

1.5.4. Efeitos do nome empresarial

Exceto na EIRELI e na sociedade limitada, a adoção de firma pelo empresário ou sociedade empresária implica *o reconhecimento de que o sócio cujo nome civil integra a firma possui responsabilidade ilimitada pelas obrigações sociais*. É o que ocorre com o empresário individual, com os sócios da sociedade em nome coletivo (ainda que estejam inseridos no nome empresarial através da expressão "& Cia.") e com os sócios comanditados na comandita simples (na comandita, existem duas classes de sócios: comanditados e comanditários. Os primeiros têm responsabilidade solidária e ilimitada pelas obrigações sociais e só eles podem praticar atos de administração. Os comanditários respondem apenas pelo valor de sua quota e não podem gerir a empresa). Caso seja incluído o nome civil de um sócio comanditário na firma da comandita simples, *ele será tratado como comanditado, ou seja, responderá solidária e ilimitadamente pelas obrigações da pessoa jurídica*.

Ostenta, ainda, o nome empresarial um **efeito patrimonial**, considerando que possui valor econômico. Ele *integra o estabelecimento empresarial como bem incorpóreo*. Com efeito, a reputação da empresa do mercado fica vinculada ao seu nome, de sorte que este pode passar a valer tanto ou mais que os próprios ativos da pessoa jurídica, se considerarmos que clientes e fornecedores procuram pelo estabelecimento diante do renome e da boa fama que ele goza.

1.5.5. Nome e outros designativos empresariais

O nome não é o único elemento identificador de que um empresário, EIRELI ou sociedade empresária pode valer-se na consecução de suas atividades. O mais importante é não confundirmos cada um deles, uma vez que se prestam a pontos distintos da atividade empresarial.

Nome empresarial, já vimos, é o *elemento identificador do empresário*, a forma como ele é conhecido no mercado. Sua proteção contra uso indevido é feita pela própria Junta Comercial, como consequência imediata do registro da empresa.

Título do estabelecimento é o *elemento identificador do ponto comercial*, é o *nome fantasia* do estabelecimento. Nada obsta que contenha elementos idênticos ao nome empresarial, mas são institutos distintos. Ex.: o "Restaurante Michelangelo" (título do estabelecimento) pode ter como nome empresarial "Andrade & Souza Comércio de Alimentos Ltda.". O título do estabelecimento também goza de proteção contra uso indevido por terceiros, a qual decorre das leis que coíbem a concorrência desleal.

Marca, por fim, *identifica determinado produto ou serviço*, e não o empresário ou seu estabelecimento. Ex.: Big Mac. Sua proteção é feita através do registro da marca no Instituto Nacional de Propriedade Industrial – INPI.

Havemos de lembrar, nos dias de hoje, igualmente a questão do **domínio de internet**, o endereço da *home page* digitado pelo usuário para ter acesso ao *estabelecimento virtual da empresa*. Ele também goza de proteção através de registro na Fundação de Amparo à Pesquisa do Estado de São Paulo – FAPESP. Todavia, havendo conflito entre o domínio registrado na FAPESP e marca registrada no INPI, a jurisprudência vem concedendo primazia a esta última (TJSP, AC 0043361-97.2005.8.26.0000 e 9180440-33.2003.8.26.0000, DJ 20/10/2010 e 19/01/2011).

1.5.6. Proteção do nome empresarial

Destacamos anteriormente que o nome empresarial possui valor econômico, integrando o **ativo intangível** da empresa. Por conta disso, nada mais natural que a lei crie mecanismos para proteção contra seu uso indevido.

Duas grandes razões fundamentam essa questão: a **proteção ao crédito**, considerando o grave dano causado à reputação do empresário caso alguém mal intencionado utilize seu nome empresarial ou algum semelhante para praticar golpes no mercado, não honrando suas obrigações; e a **proteção à clientela**, que tem o direito de conhecer previamente o fornecedor do qual está adquirindo produtos ou serviços e de não ser ludibriada por nomes iguais ou semelhantes. Some-se a isso a possibilidade de **subtração de clientela**, já que o terceiro de má-fé pode locupletar-se pelo engano causado aos consumidores.

As regras de proteção ao nome seguem três princípios básicos:

a) **Princípio da Veracidade**: o nome empresarial, quando tiver por núcleo o nome civil de sócio, do titular da EIRELI ou do empresário individual, *deve representar o verdadeiro nome destes, a fim de que qualquer pessoa possa identificá-los*. São vedados, por isso, os apelidos (Tico, Pinguim, Alemão) e os hipocorísticos (Zé em vez de José, Chico no lugar de Francisco);

b) **Princípio da Regulamentação**: só está protegido o nome de empresa *regularmente registrada no órgão competente*, no caso a Junta Comercial do Estado;

c) **Princípio da Novidade**: *somente será admitido a registro nome empresarial que não seja idêntico ou semelhante a outro previamente registrado no mesmo Estado*. São considerados idênticos os nomes de escrita igual (homógrafos) e semelhantes os que têm a mesma sonoridade (homófonos – "Bestway" e "Bestiuei", por exemplo).

A análise da identidade ou semelhança deve considerar o nome empresarial por inteiro, exceto se se tratar de denominação que utilize elemento-fantasia incomum, hipóteses em que este será analisado isoladamente (art. 8º da IN DREI 15/2013).

O preceptivo deixa claro que a proteção do nome não se restringe ao uso por empresas ligadas à mesma atividade econômica. Uma vez que a proteção ao nome interliga-se com a proteção ao crédito do empresário, não faria sentido permitir o uso de nomes idênticos ou semelhantes em outros ramos empresariais pela inegável possibilidade de confusões que isso traria. É a opinião pacífica da doutrina.

Contudo, a jurisprudência alinha-se em outro sentido. Tanto o STF (RE 115820/RJ, DJ 26/02/1991) quanto o STJ (REsp 262643/SP, DJ 17/03/2010; e AgRg no REsp 757880/RS, DJ 11/02/2010) entendem que a proteção legal ao nome é **relativa**, o que permite o uso do mesmo núcleo por empresa de outro ramo de atividade e devendo ser provado o prejuízo causado para fins de indenização.

Por derradeiro, resgatamos o conceito do **princípio da novidade** para anotar que a proteção ao nome *tem seu âmbito limitado ao Estado onde foi registrado*. Isso porque as Juntas Comerciais são órgãos estaduais e seria inviável exigir que a Junta Comercial do Amazonas soubesse quais nomes já constam nos assentamentos da Junta Comercial do Rio Grande do Sul.

Se o empresário desejar que seu nome esteja protegido em maior escala, *deve providenciar o registro dele em cada Junta Comercial onde quer garantir o uso exclusivo*, o que implica, para uma proteção nacional, o registro individual em todas as Juntas Comerciais do país (art. 11 da IN DREI 15/2013).

Ocorrerá a perda da proteção do nome empresarial como consequência do cancelamento do registro da empresa, que será efetivado voluntariamente ou de ofício pela Junta Comercial nos casos:

a) **Expiração do prazo da sociedade por prazo determinado**;

b) **Transcurso do prazo de 10 (dez) anos sem que a empresa tenha promovido qualquer arquivamento da Junta Comercial**, sendo que, antes do cancelamento, deve o órgão de registro de empresas promover a notificação do empresário, questionando seu interesse em manter-se em atividade;

c) **Liquidação da sociedade**, conforme disposto no art. 1.168 do CC.

1.5.7. Alteração do nome empresarial

A alteração do nome da empresa pode dar-se de forma **voluntária**, situação que exige aprovação **unânime** dos sócios em reunião ou assembleia, ou **compulsória, obrigatória ou vinculada**, pelos motivos que seguem:

a) **Saída, retirada ou morte do sócio que figure no nome**: em respeito ao **princípio da veracidade**, se determinado sócio tinha seu nome civil integrando o nome empresarial e, por qualquer das situações mencionadas, não mais pertence ao quadro social, deve o nome ser alterado para excluir o nome civil do sócio retirante ou falecido;

b) **Alteração da categoria de sócio**: nas sociedades em comandita, apenas podem emprestar seu nome civil para compor o nome empresarial os sócios comanditados (na comandita simples) e os sócios diretores ou com poderes de administração (na comandita por ações). Se determinado sócio comanditado, por exemplo, em virtude de uma alteração contratual, tiver seu *status* alterado para sócio comanditário, deverá ser excluído seu nome civil da firma ou denominação, sob pena de continuar a responder ilimitadamente pelas dívidas sociais;

c) **Transformação da sociedade**: ocorre *quando a sociedade altera seu tipo societário*, de limitada para sociedade por ações, por exemplo. Com isso, será obrigatória a adaptação do nome ao novo tipo escolhido;

d) **Alienação do estabelecimento**: o nome empresarial, por si só, é inalienável. Contudo, é possível que, mediante autorização contratual, o adquirente do estabelecimento possa continuar usando o nome do antecessor. Na hipótese, deverá incluir seu nome civil antes da firma originária, qualificando-se como "sucessor de" (art. 1.164 do CC). Ex.: Magno Alves Sucessor de Silva & Silva Colchões Ltda.

e) **Lesão a direito de outrem**: o controle do registro de nomes empresariais idênticos ou semelhantes deve ser prévio, ou seja, a Junta Comercial deve avaliar a possibilidade do registro antes de procedê-lo, em respeito ao **princípio da novidade**. Se mesmo assim o nome similar for registrado em ofensa a direito alheio, baseado na precedência do ato, deverá o mais recente ser alterado mediante provocação do interessado, podendo inclusive socorrer-se das vias judiciais para tanto.

1.6. Estabelecimento empresarial

1.6.1. Conceito

O estabelecimento é conceituado como *todo complexo de bens organizado pelo empresário, por empresa individual de responsabilidade limitada ou sociedade empresária para o exercício da empresa* (art. 1.142 do CC). Antigamente era denominado **fundo de comércio**.

No dia a dia, tendemos a usar o termo "empresa" e "estabelecimento" como sinônimos, apesar de não o serem. "Empresa é a atividade econômica exercida, ao passo que "estabelecimento" é o *local onde ela é exercida*. É *a base física da empresa*.

O estabelecimento é composto por bens **corpóreos** (mesas, balcões, computadores...) e **incorpóreos** (título, marcas registradas, clientela...). Tais coisas, isoladamente, para pouco serviriam. Porém, quando o empresário, valendo-se de sua experiência e visão de negócios, reúne esses bens de forma organizada para deles usufruir com intuito de lucro, eles passam a ser considerados como um único corpo que possui valor econômico superior à soma de cada um de seus componentes separadamente. É o que denominamos **aviamento**.

Quanto à natureza jurídica, o estabelecimento é uma **universalidade de fato**, uma vez que a unificação dos bens e de sua destinação ocorre pelo e no interesse do empresário. Notadamente, possui valor econômico, ainda mais ao se considerar o aviamento, o qual deve ser mensurado em caso de dissolução parcial da sociedade e apuração de haveres do sócio retirante (STJ, REsp 907014/MS, DJ 11/10/2011).

1.6.2. Alienação do estabelecimento

O estabelecimento, como já dito, possui valor econômico autônomo e pode, em razão disso, ser objeto de contrato específico de alienação, mantendo-se a empresa em nome do proprietário original. *O contrato de alienação de estabelecimento empresarial chama-se* **trespasse**.

Não se perca de vista, de outro lado, que o estabelecimento, exatamente por integrar o ativo do empresário, é garantia de seus credores para o pagamento do passivo e como tal pode ser objeto de penhora total ou parcial. Desse modo, a inevitável redução do ativo imobilizado operada com a venda do estabelecimento deve ser avaliada e aprovada pelos credores para ser eficaz.

Por essa razão, o contrato de trespasse é celebrado entre alienante e adquirente, mas apresenta uma **condição de eficácia** perante os credores caso ao alienante não restem bens suficientes para solver seu passivo: estes devem ser notificados da pretensão da avença e aprová-la, expressa ou tacitamente, no prazo de 30 dias (art. 1.145 do CC). Caso o empresário-alienante não deseje depender de seus credores para ratificar a venda do estabelecimento, deve **pagar a todos** ou **demonstrar que mantém patrimônio suficiente para a quitação de seu passivo**.

O trespasse realizado sem as formalidades acima, ou seja, sem a satisfação pelo pagamento ou aprovação dos credores, configura ato de falência (art. 94, III, "c", da Lei 11.101/2005). O STJ já decidiu que a **alienação de parte essencial** do estabelecimento que o descaracterize como local de comércio ou indústria também configura o ato de falência (STJ, REsp 33762/SP, 26/02/1997).

Exsurge, ainda, como exigência para a eficácia perante terceiros da alienação, do usufruto e do arrendamento do estabelecimento o seu registro na Junta Comercial e sua publicação no Diário Oficial.

O adquirente do estabelecimento sucede o alienante em todas as dívidas regularmente contabilizadas, bem como nas obrigações trabalhistas e tributárias. É dever do interessado em comprar a unidade produtiva verificar o passivo do empresário, pois será responsável pelo adimplemento das obrigações, desde que regularmente registradas nos livros – o que é natural diante da inviabilidade de exigir-se do novel proprietário do estabelecimento o pagamento de dívidas inscritas somente na contabilidade paralela ("caixa 2"), a qual, além de proibida, nunca seria franqueada pelo alienante.

No que toca ao passivo trabalhista e tributário, destes não se exige o lançamento contábil para a responsabilização do adquirente, cabendo a este a avaliação do risco (STJ, AgRg no Ag 1225408/PR, DJ 23/11/2010).

Vale lembrar que somente as dívidas vinculadas ao estabelecimento objeto do trespasse é que serão sucedidas pelo adquirente e não todo o passivo do vendedor.

Já o alienante, mesmo com a plena validade e eficácia do contrato, continuará responsável solidário pelas dívidas contabilizadas pelo prazo de um ano, contado:

a) da publicação, para as dívidas vencidas no momento da celebração; e

b) do vencimento, para aquelas que estavam a vencer depois de fechado o acordo.

Como **efeito implícito** do trespasse, estabelece o art. 1.147 do CC a **cláusula de não restabelecimento**, que impõe ao alienante a *obrigação de não voltar a exercer a mesma atividade em outro estabelecimento na mesma localidade pelo prazo de 05 anos*. Leia-se "mesma localidade" como "mesmo município", conforme aponta a doutrina majoritária. A regra é posta para coibir a concorrência desleal, considerando que o alienante poderia carregar consigo a clientela se pudesse restabelecer-se na mesma cidade, diminuindo sobremaneira o faturamento do estabelecimento vendido. Não se questiona, de toda forma, a natureza dispositiva da norma, podendo o contrato de trespasse dispor diferentemente.

1.6.3. Proteção ao ponto

O ponto empresarial *é o local específico onde se encontra o estabelecimento, o endereço onde ele se instala*. Não se confunde com o próprio estabelecimento, que *é o conjunto de bens corpóreos e incorpóreos organizados para o exercício da empresa*, porque é dele **parte integrante**, sendo um de seus elementos imateriais.

Muitas vezes, o ponto possui valor econômico de grande vulto, pois a localização do estabelecimento é determinante, por exemplo, no volume e na captação da clientela. Em face disto, a lei protege o ponto explorado pelo empresário.

Notadamente, se o empresário escolhe como ponto um imóvel seu, a proteção decorrerá da Constituição Federal e de todas as normas garantidoras do direito de propriedade. Adicione-se a garantia de que, em caso de **desapropriação**, a indenização a que faz jus o proprietário deve incluir o valor do ponto e não apenas o imóvel.

Proteção específica do Direito Empresarial está prevista na Lei 8.245/1991. Trata-se da **renovação compulsória do contrato de locação**.

Temos, então, a hipótese de exploração de empresa em imóvel alheio, através de contrato de locação. Com o passar do tempo, o ponto empresarial vai ganhando força, fazendo com que mais e mais pessoas frequentem o local diante de sua visibilidade. Com a aproximação do fim do prazo de locação, haverá, potencialmente, um conflito de interesses: o locatário quer manter-se no local, pois trabalhou para construir a boa imagem da empresa e parte dela se funda no ponto; e o proprietário percebe que, agora que todos conhecem seu endereço, pode oferecer o imóvel à locação por um preço mais valorizado. Nesse embate, sobressai o interesse do empresário ou o direito de propriedade?

Optou a lei pela primeira opção. O **empresário** terá direito à renovação da locação, ainda que contra a vontade do proprietário, desde que:

a) **O contrato tenha sido celebrado por escrito;**

b) **O contrato tenha prazo determinado de 05 anos**, podendo o locatário somar vários contratos para atingir o mínimo exigido, desde que todos tenham sido celebrados por escrito e com prazo determinado. Não impede o exercício do direito o curto espaço de tempo entre cada renovação, tendo sido reconhecido como curto o lapso de um mês, mas não os prazos de seis, sete, doze ou vinte e quatro meses (STJ, AgRg no REsp 61436/SP, DJ 16/03/2006);

c) **Esteja o empresário explorando o mesmo ramo de atividade há, no mínimo, 03 anos ininterruptamente até a propositura da ação;**

d) **A ação renovatória deve ser ajuizada entre um ano e seis meses antes do fim do contrato, sob pena de decadência.** Basta, para obstar a caducidade, a protocolização do pedido no foro competente (STF, AgRg no REsp 866672/MG, DJ 19/06/2007).

Atendidos aos requisitos, a renovação será concedida pelo prazo do último contrato celebrado, respeitando-se o máximo de 05 anos (STJ, REsp 693729/MG, DJ 22/08/2006).

Reitere-se que o direito à ação renovatória é garantido ao **empresário**, restando desprotegido, portanto, o ponto daqueles que exercem atividades civis não amparadas pelo Direito Empresarial nos termos do art. 966 do CC (profissionais liberais e sociedades simples).

De outra banda, o direito de propriedade do dono do imóvel, apesar de mitigado, não é totalmente suprimido. Em face da propositura de uma ação renovatória de locação, eventualmente caberá ao locador a **exceção de retomada**, defesa processual baseada em uma das seguintes situações:

a) **Necessidade de realizar obras que importem em radical transformação do imóvel por imposição do Poder Público;**

b) **Realização de obras de valorização do imóvel;**

c) **Retomada do imóvel para uso próprio**, para fins não empresariais;

d) **Transferência de estabelecimento empresarial existente há mais de um ano**, de cuja empresa o locador, o cônjuge, ascendente ou descendente do proprietário seja sócio com maioria do capital. Ainda assim, deve a empresa do locador ou de pessoa de sua família explorar outro ramo de atividade, exceto se a locação do imóvel compreender, inafastavelmente, o próprio estabelecimento (ex.: posto de gasolina – STJ, REsp 4144/SP, DJ 04/02/1991);

e) **Proposta melhor de terceiro**, sendo que o atual locatário sempre terá preferência para ofertas iguais;

f) **Insuficiência na proposta do locatário**, ou seja, o valor que este pretende pagar não se coaduna com o atual valor de mercado do imóvel; e

g) **Não preenchimento dos requisitos da ação renovatória ou sua protocolização fora do prazo legal.**

Independentemente da possibilidade do locador retomar o imóvel, é preciso verificar se assistirá direito de indenização ao locatário pela perda do ponto. Vejamos o quadro sinótico abaixo:

Fundamento da exceção de retomada	Direito à indenização
Obras impostas pelo Poder Público (item "a")	Sim, caso o locador não inicie as obras no prazo de 03 meses da desocupação
Obras de valorização (item "b")	Sim, caso o locador não inicie as obras no prazo de 03 meses da desocupação
Uso próprio (item "c")	Sim, se o locador não der o destino alegado no prazo de 03 meses da desocupação ou der destino diverso
Transferência de estabelecimento (item "d")	Sim, se o locador não der o destino alegado no prazo de 03 meses da desocupação, der destino diverso ou estabelecer-se no mesmo ramo do locatário, **salvo** a hipótese de locação que inclua o estabelecimento
Proposta melhor de terceiro (item "e")	Não
Insuficiência da proposta (item "f")	Não
Ausência dos requisitos (item "g")	Não (STJ, REsp 286321/SP, DJ 03/12/2001)

O ônus da prova da insinceridade do motivo alegado na exceção de retomada é do locatário. Nos termos da Súmula nº 485 do STF: "Nas locações regidas pelo Decreto nº 24.150, de 20 de abril de 1934, a presunção de sinceridade do retomante é relativa, podendo ser ilidida pelo locatário". O texto do verbete sumular remete à antiga legislação sobre locações, devendo ser lida com referência à Lei nº 8.245/1991.

2. DIREITO SOCIETÁRIO

2.1. Conceito de sociedade

Na sociedade, *as pessoas reciprocamente se obrigam a contribuir, com bens ou serviços, para o exercício de atividade econômica e a partilha, entre si, dos resultados.*

Fundamenta-se a existência das sociedades na dificuldade natural do exercício de determinadas atividades econômicas. Diante de sua complexidade, as pessoas percebem que não conseguiriam alcançar o sucesso sozinhas, buscando alguém com projetos similares para dividir os riscos e os benefícios do negócio.

2.1.1. Personalidade jurídica

A sociedade é uma **pessoa jurídica de direito privado** (art. 44, II, do CC). Disso exsurge que ela possui **tríplice titularidade jurídica**, a saber:

a) **Titularidade negocial**, que a transforma em sujeito de direitos autônomo, distinto da pessoa dos sócios que por ela praticam o ato;

b) Titularidade processual, uma vez que pode ser parte em processo judicial; e

c) Titularidade patrimonial, pois a criação da sociedade implica no surgimento de uma massa patrimonial que lhe é própria, também distinta do patrimônio dos sócios que a compõem. Nos termos do art. 49-A do CC, a pessoa jurídica não se confunde com os seus sócios, associados, instituidores ou administradores e a autonomia patrimonial das pessoas jurídicas é um instrumento lícito de alocação e segregação de riscos, estabelecido pela lei com a finalidade de estimular empreendimentos, para a geração de empregos, tributo, renda e inovação em benefício de todos.

Há, não obstante, sociedades que não adquirem personalidade jurídica, chamadas de **sociedades não personificadas**. Basta, por ora, sabermos que elas existem, deixando o detalhamento de suas características para mais adiante.

2.1.2. Desconsideração da personalidade jurídica

Também conhecida como **teoria da superação ou da penetração na personalidade jurídica**, ou ainda pelos seus termos originais *disregard of the legal entity* e *lifting the corporate veil*, dado que foi desenvolvida no direito norte-americano.

A desconsideração *visa a responsabilizar os sócios por obrigação da sociedade por conta do uso ilegal da pessoa jurídica, prejudicando credores ou o interesse público*.

Deveras, é bastante comum o uso abusivo da pessoa jurídica pelo sócio que pretender locupletar-se ilicitamente, bastando, por exemplo, que torne inviável o pagamento dos credores e a exigência judicial desses créditos ao transferir todo o patrimônio da empresa para seu nome. Sendo a dívida da empresa, teoricamente, o patrimônio pessoal do sócio não pode ser atingido.

Só que estamos diante de uma fraude e, por isso, não poderia a lei ficar com as mãos atadas em prejuízo de credores ou do próprio interesse público. Por ordem judicial, então, pode-se **ignorar** a autonomia patrimonial da pessoa jurídica e atingir o patrimônio dos sócios para a quitação da dívida. Note bem: não estamos falando de extinção da pessoa jurídica ou da exclusão do sócio fraudador. A sociedade continua existindo para todos os demais fins com os mesmos sócios. Exclusivamente para a cobrança da dívida em questão o juiz determina que se desconsidere a existência da titularidade da pessoa jurídica para que o crédito possa ser satisfeito através da penhora de bem particular do sócio.

Finda a demanda, não restará nenhum indício da desconsideração.

Por se tratar de ato excepcional, que descarta a verdadeira razão de ser da sociedade, que é a separação patrimonial, devem ser obedecidos certos requisitos legais. A fonte desses requisitos irá variar conforme a natureza da dívida que interessa no exame do caso concreto, considerando que a teoria da desconsideração está prevista em diversos diplomas legais:

a) No art. 50 do CC, para dívidas civis e empresárias, exceto com consumidores, exige-se *abuso de finalidade da pessoa jurídica, caracterizado pelo desvio de finalidade ou confusão patrimonial*;

b) No art. 135 do CTN, para dívidas fiscais, exige-se *atuação com excesso de poderes ou com infração à lei, ao contrato ou ao estatuto social* por parte daqueles que administram a sociedade a qualquer título;

c) No art. 28 do CDC, para dívidas com consumidores, ela poderá ocorrer quando houver *abuso de direito, excesso de poder, infração da lei, fato ou ato ilícito, violação do contrato ou estatuto social, falência, insolvência, encerramento ou inatividade da pessoa jurídica provocados por má administração*.

O Direito do Trabalho, ao contrário do que muitos pensam, não tem regra própria sobre a desconsideração, aplicando-se por analogia o art. 50 do CC.

É fácil notar que as hipóteses previstas nos três Códigos são semelhantes, podendo ser sistematizadas em dois requisitos: **ordem judicial** e **prova de fraude na condução da pessoa jurídica**.

Alguns autores chamam a atenção para a existência de uma **teoria menor da desconsideração da personalidade jurídica**, que, ao contrário da **teoria maior**, já estudada, impõe a responsabilização pessoal do sócio em caso de **mera inadimplência** da pessoa jurídica, ou seja, faltando patrimônio a esta para adimplir suas obrigações, busca-se o patrimônio do sócio independentemente da ocorrência de fraude. Tal aspecto da desconsideração pode ser visto no art. 28, § 5º, do CDC, que autoriza a superação *sempre que a personalidade jurídica for, de alguma forma, obstáculo ao ressarcimento de prejuízos causados aos consumidores*. No mesmo sentido temos o art. 4º da Lei 9.605/1998, que autoriza a desconsideração para a compensação de danos ambientais. Algo similar é aplicado cotidianamente na Justiça do Trabalho, mesmo sem qualquer previsão legal específica.

Outro ponto que merece destaque é a **teoria da desconsideração da personalidade jurídica inversa**, na qual o credor particular do sócio busca judicialmente a possibilidade de executar bens sociais para a quitação da dívida. Considerando que a *disregard doctrine* foi desenvolvida para coibir qualquer uso abusivo da personalidade jurídica, em recente julgado, o STJ pacificou a jurisprudência antes tormentosa atestando a possibilidade da desconsideração inversa no ordenamento pátrio (STJ, REsp 948117/MS, DJ 22/06/2010).

As disposições sobre a desconsideração da personalidade jurídica aplicam-se integralmente às empresas individuais de responsabilidade limitada, dado que se incluem dentre as pessoas jurídicas de direito privado, conforme a nova redação do art. 44 do CC, dada pela Lei 12.441/2011. Ademais, a teoria da desconsideração foi a razão do veto imposto pela Presidência da República ao § 4º do art. 980-A, indicando seu uso irrestrito junto a esta nova espécie de pessoa jurídica.

Até a edição do Código de Processo Civil de 2015, a desconsideração da personalidade jurídica era decretada no curso do processo judicial sem maiores formalidades: normalmente, os requisitos eram analisados pelo juiz após simples petição do credor, no mais das vezes sem nem mesmo ouvir a parte contrária. Para sistematizar a questão e reduzir a possibilidade de arbitrariedades, o Novo CPC criou o **incidente de desconsideração da personalidade jurídica (art. 133 e seguintes)**, que contempla expressamente inclusive a teoria da desconsideração inversa, que pode ser instaurado em qualquer tempo e grau de jurisdição, sempre garantido o contraditório e a instrução probatória.

2.2. Princípios de Direito Societário

2.2.1. Princípio da preservação da empresa

Prevê que o ordenamento jurídico cuide mais de *priorizar a sobrevivência da sociedade do que os interesses individuais de seus integrantes*. São exemplos a dissolução parcial da sociedade e a sociedade unipessoal temporária.

2.2.2. Princípio da defesa das minorias societárias

O pequeno investidor ou o titular de parte menor das quotas sociais *deve ter sua opinião e participação protegida pelo ordenamento em relação aos controladores e sócios majoritários*. Vemos sua aplicação no direito de recesso e competência para fiscalização.

2.2.3. Princípio da proteção às microempresas e empresas de pequeno porte

Com *status* constitucional (art. 179 da CF), *visa a conferir às pequenas empresas tratamento jurídico simplificado em suas relações sociais, tributárias e creditícias*. Um exemplo é o plano especial de recuperação judicial.

2.2.4. Princípio da liberdade contratual e da autonomia da vontade

Permeia todo o Direito Privado, representando que *os sócios são livres para dispor nas cláusulas do contrato social e nos demais atos negociais aquilo que bem entenderem*, devendo respeito apenas às normas de caráter cogente, estabelecidas em prol do interesse público.

2.3. Classificação das sociedades

2.3.1. Quanto à personalidade jurídica

a) Sociedades personificadas: são aquelas às quais o ordenamento jurídico *confere personalidade jurídica*, com a autonomia daí decorrente, conforme estudado no item 2.1.1. São exemplos a sociedade simples, sociedade limitada e a sociedade por ações;

b) Sociedades não personificadas: ao contrário, são aquelas que *não detêm personalidade jurídica própria*, seja porque lhe falta o registro (sociedade em comum), seja porque os sócios não desejam divulgá-la (sociedade em conta de participação).

2.3.2. Quanto à atividade exercida

a) Sociedades empresárias: quando *exercerem atividade própria do empresário sujeito a registro* (art. 982 do CC);

b) Sociedades simples: por exclusão, são aquelas *constituídas para atividades excluídas do regime empresarial*, como as atividades intelectuais.

2.3.3. Quanto à responsabilidade dos sócios

a) Responsabilidade ilimitada: todos os sócios *respondem com seu patrimônio pessoal pela totalidade das dívidas contraídas pela sociedade*. Isto não exclui, como regra, o benefício de ordem, que prevê que primeiro são executados os bens sociais e, somente na insuficiência destes, serão alcançados os bens dos sócios;

b) Responsabilidade limitada: a responsabilidade do sócio *é limitada à integralização de sua participação no capital social, não respondendo mais por dívidas sociais a partir de então*. Em outras palavras, salvo exceções que serão estudadas oportunamente, depositando o sócio aquilo que ele se comprometeu a título de participação social (quotas ou ações), nada mais poderá ser-lhe imputado.

c) Sociedade mista: parte dos sócios detém responsabilidade limitada e parte ilimitada. Ocorre nas sociedades em comandita (simples e por ações), nas quais os sócios com poderes de administração respondem ilimitadamente pelas dívidas sociais e os demais apenas pelo valor de sua participação no capital social.

2.3.4. Quanto à forma de constituição e dissolução

a) Sociedades contratuais: são aquelas que *se constituem por um acordo de vontades entre os sócios, o contrato social*. Sua dissolução pode ser apenas parcial, autorizando-se os sócios minoritários a continuarem a empresa, mesmo contra a vontade da maioria. São reguladas pelo CC (em nome coletivo, comandita simples e limitada);

b) Sociedades institucionais (ou estatutárias): regulamentam-se por um *estatuto social, conjunto de regras estabelecidas pelos fundadores ao qual os novos sócios apenas aderem*. Pode ser dissolvida pela vontade da maioria e segue as regras da Lei 6.404/76 (comandita por ações e sociedade por ações).

2.3.5. Quanto às condições de ingresso de novo sócio

a) Sociedade de pessoas (ou *intuitu personae*): o perfil individual de cada um é parte fundamental da reunião de sócios. Cada pessoa que participa da sociedade está ali porque possui conhecimentos que auxiliam no desenvolvimento do objeto social. Dessa forma, caso um sócio deseje abandonar a empresa ou vem a falecer, os demais *podem vetar o ingresso do terceiro no quadro social*. Essa competência, porém, não implica impenhorabilidade das quotas, tanto que o Novo CPC explicita o procedimento específico a ser seguido em caso de constrição das cotas sociais pelo credor no bojo de um processo de execução (arts. 861 e seguintes);

b) Sociedade de capital (ou *intuitu pecuniae*): ao contrário da sociedade "de pessoas", os sócios da sociedade "de capital" ingressam apenas com dinheiro. Há interesse na comunhão do esforço financeiro de cada um, não sendo relevantes as características pessoais dos sócios. Assim, *nenhum deles pode se opor à entrada de estranhos no quadro social*.

Não se perca de vista que toda sociedade pressupõe a existência de pessoas e de capital para sua constituição! A classificação se baseia na **preponderância** de um dos elementos na criação da sociedade.

Como regra, as sociedades institucionais são "de capital", considerando a negociabilidade ínsita das ações. Para as sociedades contratuais, em respeito ao princípio da autonomia da vontade, é necessário analisar o contrato social para verificar se se trata de uma sociedade "de pessoas" ou "de capital".

2.3.6. Quanto à nacionalidade

a) Sociedade nacional: *é aquela organizada conforme a lei brasileira e que tenha sede no País*;

b) Sociedade estrangeira: *as que têm sede em outro país ou que se constituam conforme legislação alienígena*. Não podem funcionar no Brasil sem autorização do Poder Executivo.

2.3.7. Quanto ao controle

a) Sociedade controlada: *sociedade de cujo capital outra sociedade possua a maioria dos votos nas deliberações e o poder de eleger a maioria dos administradores*;

b) Sociedade coligada (ou filiada): *sociedade em cujo capital outra sociedade tenha participação de 10% ou mais, sem controlá-la*;

c) Sociedade de simples participação: *sociedade em cujo capital outra sociedade tenha participação de menos de 10%*.

2.4. Sociedades não personificadas

2.4.1. Sociedade em comum

Por sociedade em comum o CC entende *a sociedade que não registrou seus atos constitutivos*, seja porque não os tem por escrito (**sociedade de fato**), seja porque simplesmente não levou o contrato ou estatuto a registro por qualquer outro motivo (**sociedade irregular**).

Independentemente da razão, importa que uma sociedade sem registro não ostenta os mesmos direitos daquela regularmente inscrita na Junta Comercial. Sobre as limitações negociais da sociedade em comum, *vide* item 1.2.

A par disso, os sócios de uma sociedade em comum têm **responsabilidade ilimitada e solidária** pelas obrigações sociais, todos eles. Mantém, é certo, o benefício de ordem, **com exceção daquele que contratou pela sociedade**. Exemplo: três sócios de uma empresa não registram seus atos constitutivos. Em determinado negócio, um deles assina o contrato de compra de matéria-prima e, por dificuldades financeiras, a sociedade não paga a dívida. O patrimônio pessoal do sócio que assinou o contrato será executado juntamente com o patrimônio social, **porque ele não faz jus ao benefício de ordem**. Os outros dois sócios, caso os patrimônios anteriormente atingidos não sejam suficientes para quitar a obrigação, serão chamados **conjuntamente, porque solidários**, a responder com seu patrimônio particular pelo restante.

Isso ocorre porque, inexistindo personalidade jurídica, não há de se falar em titularidade patrimonial da sociedade. O art. 988 do CC define o patrimônio da sociedade em comum como *um patrimônio especial, formado pelos bens e dívidas da empresa, dos quais os sócios são titulares em comum*, vindo daí o nome da sociedade. O patrimônio não é dela, mas comum a todos os sócios.

2.4.2. Sociedade em conta de participação

É uma verdadeira exceção dentro do Direito Societário. A sociedade em conta de participação pode exercer atividade empresária e será, portanto, considerada como tal, **mas não é sujeita a registro**. Logo, não tem personalidade jurídica própria e vê impedida sua publicidade, dando-lhe conotação secreta.

E de fato esse é o principal atrativo na constituição de uma sociedade em conta de participação. Nessa modalidade, existem **sócios ostensivos** e **sócios participantes** (antigamente chamados, pelo parcialmente revogado Código Comercial, de **sócios ocultos**). Quem organiza, administra e pratica a atividade empresária são os **sócios ostensivos**, em conjunto ou separadamente, mas sempre **em seu próprio nome**. A sociedade ou os sócios participantes não aparecem no negócio. Quem se vincula perante terceiros é somente o sócio ostensivo, exclusiva e pessoalmente, ou seja, com **responsabilidade ilimitada**.

Os sócios participantes obrigam-se apenas perante o sócio ostensivo nos termos do contrato, sendo as partes livres para pactuar o que bem entenderem.

Sublinhamos novamente que a sociedade em conta de participação exerce atividade empresária, porém não está sujeita a registro na Junta Comercial. Nada impede, contudo, que os sócios resolvam registrar o contrato no **Cartório de Registro de Títulos e Documentos** unicamente para cercarem-se de maiores formalidades. Tal diligência **não confere personalidade jurídica à sociedade em conta de participação** (art. 993 do CC).

A diferença entre os tipos de sócio é relevante também em caso de falência. A quebra do sócio ostensivo **implica a dissolução da sociedade**, classificando-se como crédito quirografário eventuais dívidas com os sócios participantes. Já na falência de qualquer destes, **não se dissolve a sociedade**, devendo o contrato da sociedade em conta de participação seguir as regras expostas na Lei 11.101/2005 para os contratos bilaterais do falido (art. 994, §§ 2º e 3º, do CC).

2.5. Sociedades personificadas contratuais

2.5.1. Linhas gerais

O ato constitutivo sujeito a registro nas sociedades contratuais, como vimos, é o **contrato social**. Para que seja admitido pela Junta Comercial, porém, é imprescindível a verificação da concorrência de determinados requisitos:

a) Requisitos dos contratos em geral: como qualquer outro contrato, o contrato social demanda *agente capaz* (os sócios devem estar no pleno gozo da capacidade civil e não serem impedidos de exercer empresa), *objeto lícito* (o objeto social, a atividade a ser exercida, não pode ser proibida por lei) e *forma prevista ou não prescrita em lei* (no caso, o contrato social deve ser escrito e visado por advogado);

b) Pluralidade de sócios: não se concebe sociedade sem que haja ao menos dois sócios. A fim de que surja a autonomia patrimonial da sociedade, é basilar que mais de uma pessoa contribua para a formação do novo patrimônio, caso contrário estaremos diante de um empresário individual;

Não obstante, a legislação prevê duas situações excepcionais em que se permite a existência de apenas um sócio: a **unipessoalidade temporária**, quando se autoriza que o único sócio restante (por falecimento ou retirada dos demais) continue a exercer a empresa pelo prazo de **180 dias**, findo o qual deve restabelecer a pluralidade no quadro social ou requerer sua transformação em EIRELI sob pena de, se não o fizer, responder ilimitadamente pelas dívidas sociais (extingue-se a sociedade e a pessoa passa a ser vista como empresário individual); e a **companhia subsidiária integral**, prevista no art. 251 da Lei 6.404/1976, uma espécie de sociedade por ações cujo único acionista é uma sociedade brasileira.

c) Constituição de capital: todos os sócios devem participar da constituição do capital social, com dinheiro, bens ou serviços (a contribuição com serviços é admitida apenas na sociedade simples pura e na cooperativa);

d) Participação nos lucros e nas perdas: é nula qualquer disposição contratual que exclua sócio da divisão dos resultados da empresa, sejam eles positivos (lucros) ou negativos (prejuízos). Deve-se atentar para o fato de que a vedação legal refere-se à **exclusão** do sócio da repartição dos resultados. Nada impede que se pactue uma distribuição diferenciada para determinados sócios, desde que todos recebam ou arquem com uma parte dos lucros ou das perdas, respectivamente, nos termos do contrato.

Ao lado dessas, o contrato social deve conter, ainda, as demais cláusulas obrigatórias previstas no art. 997 do CC.

Lembramos, por fim, que toda sociedade se funda em um pressuposto fático denominado *affectio societatis*, que pode ser definido como *o vínculo gerado pela empatia existente entre os sócios, fazendo com que cada um acredite que necessita da presença dos demais para que a empresa tenha sucesso*. Não se trata de amizade ou afeição pessoal entre os sócios, mas sim de afeição profissional, baseada na confiança e na qualidade do trabalho desenvolvido. Os sócios podem, eventualmente, ser inimigos pessoais por motivos políticos, filosóficos etc., porém enquanto entenderem que a empresa somente continuará dando certo com a presença do outro, por mais indesejável que ela seja, subsistirá a *affectio societatis*.

A quebra da *affectio* implica a dissolução parcial da sociedade (Enunciado 67 JDC/CJF).

2.5.2. Sociedades simples

a) Noções gerais

Já conhecemos a bipartição das sociedades em simples e empresárias, implicando que as primeiras não se submetem ao regime jurídico empresarial. O que justifica, então, seu estudo nessa disciplina? O fato de suas normas serem de **aplicação supletiva** para as sociedades empresárias.

A sociedade simples **pode** adotar, se quiser, um dos tipos sociais previstos no CC para as sociedades empresárias (nome coletivo, comandita simples ou limitada), estudados adiante. Se assim preferir, seguirá o regramento estabelecido para o tipo, com aplicação supletiva das suas normas; caso contrário, trata-se de **sociedade simples pura ou propriamente dita**, que se submete exclusivamente às normas da sociedade simples aqui estudadas.

Os sócios da sociedade simples pura têm **responsabilidade ilimitada**, resguardado o benefício de ordem, porém **não solidária**, ou seja, o sócio não responde por toda a dívida social. Sua responsabilidade fica adstrita **à proporção de sua participação no capital social**.

A lei presume, no silêncio do contrato, tratar-se de **sociedade "de pessoas"**, vedando-se o ingresso de terceiros por alienação ou sucessão de quotas sem o consentimento dos demais sócios.

A sociedade simples é a única que aceita a figura do **sócio de indústria** atualmente. O parcialmente revogado Código Comercial trazia uma espécie de sociedade denominada "sociedade de capital e indústria", na qual um ou alguns sócios integralizavam o capital social em dinheiro (o sócio de capital) e um ou alguns dos demais contribuíam apenas com serviços (o sócio de indústria).

O sócio de indústria deve prestar seus serviços exclusivamente junto à sociedade, sob pena de exclusão e suspensão no repasse dos lucros. Esses, aliás, serão calculados sobre a média do valor das quotas existentes.

b) Deliberações dos sócios

Os sócios tomarão suas decisões mediante deliberação por maioria do capital social (vence a posição defendida pelos sócios que somem maior parcela do capital). Havendo empate, considera-se a votação por cabeça (vence a posição defendida pelo maior número de sócios). Persistindo o empate, a decisão caberá ao juiz.

c) Administração

A administração da sociedade simples, por sua vez, pode ser cometida a sócio (ou a vários deles) ou a **terceiro estranho ao quadro social**. Em qualquer hipótese, o administrador pode ser nomeado no próprio contrato social ou por instrumento separado, que será averbado na Junta Comercial sob pena do administrador responder pessoal e solidariamente com a sociedade. Os poderes conferidos no próprio contrato social são **irrevogáveis**, salvo por justa causa comprovada judicialmente. Os poderes conferidos por ato separado **podem ser revogados a qualquer momento**.

Não podem ser nomeados administradores: **condenados a penas que vedem, ainda que temporariamente, o acesso a cargos públicos; condenados por crime falimentar** (Lei 11.101/2005), **prevaricação** (art. 319 do CP), **peita ou suborno** (corrupção ativa e passiva – arts. 317 e 333 do CP), **concussão** (art. 316 do CP), **peculato** (art. 312 do CP), **crime contra a economia popular** (Lei 1.521/1951), **contra o sistema financeiro nacional** (Lei 7.492/1986), **contra as normas de defesa da concorrência e contra as relações de consumo** (Lei 8.137/90), **crimes contra a fé pública** (arts. 289 a 311 do CP) **e contra a propriedade** (arts. 155 a 186 do CP).

A responsabilidade dos administradores é *subjetiva*, devendo ser provado o dolo ou culpa pelo prejuízo causado. Nesse tópico, importante lembrar que o CC adotou a **teoria ultra vires** (art. 1.015, parágrafo único), que determina que *a sociedade não responde pelos atos praticados com excesso de poderes pelo administrador*, desde que:

c1) A limitação dos poderes estava regularmente registrada na Junta Comercial, presumindo-se seu conhecimento diante da publicidade do Registro Público de Empresas Mercantis;

c2) Provada que a limitação era conhecida do terceiro que contratou, por qualquer outro meio;

c3) Tratava-se de operação evidentemente estranha aos negócios da sociedade, ou seja, à realização do objeto social.

O STJ defende, de outro lado, a boa-fé do terceiro que contratou, imputando, nesse caso, a responsabilidade também à sociedade (REsp 704546/DF, DJ 01/06/2010).

d) Dissolução parcial

Por fim, cumpre destacar as hipóteses de dissolução da sociedade contratual, seja ela simples pura ou empresária. Após longa construção doutrinária e jurisprudencial, o CC positivou, ao lado da **dissolução total** (que opera a extinção da pessoa jurídica), a **dissolução parcial** da sociedade (encontrada na lei sob a epígrafe "resolução da sociedade em relação a um sócio"), que consagra o **princípio da continuidade da empresa.** Com efeito, até o início da vigência do CC em 2003, a lei civil dispunha que se determinado sócio não mais concordasse com os rumos da atividade, poderia requerer a dissolução total desta, apurando-se seus haveres. Porém, a jurisprudência já reconhecia que a quebra da *affectio societatis* não deveria levar à extinção da sociedade se os demais integrantes desta manifestassem interesse em continuá-la. Deveria apenas ser retirado o sócio descontente, pagando-lhe o que de direito.

Consagrada a **dissolução parcial**, encontramos no CC os seguintes fundamentos:

d1) Vontade de sócio: situação imposta pela ausência superveniente da *affectio societatis*. Manifestando um dos sócios sua intenção em retirar-se, deve informar aos demais com 60 dias de antecedência, em se tratando de sociedade por prazo indeterminado; se a sociedade for a prazo certo, a retirada somente pode ocorrer comprovada judicialmente justa causa;

d2) Exclusão de sócio: possível nos casos de ausência de integralização do capital pelo sócio nos termos estipulados no contrato (o chamado **sócio remisso**); falta grave no cumprimento de suas obrigações e incapacidade superveniente;

d3) Falência de sócio: se pessoa jurídica;

d4) Morte de sócio: se pessoa física. Nesse caso, é necessário verificar se o contrato social permite a entrada dos herdeiros ou não, pois na primeira hipótese não haverá dissolução da sociedade, a não ser que não interesse àqueles o ingresso na empresa;

d5) Liquidação forçada de quota: determinada judicialmente após requerimento de credor particular do sócio, a fim de que seja usado para o adimplemento desta obrigação (art. 1.026, parágrafo único, do CC).

A **dissolução parcial** pode dar-se na via judicial, extrajudicial ou mesmo de pleno direito. Para facilitar a visualização, acompanhe o quadro abaixo:

Hipótese	Via
Vontade de sócio	– **Extrajudicial**, se a sociedade é de prazo indeterminado e respeitada a antecedência de 60 dias – **Judicial**, provando-se a justa causa, se a sociedade é de prazo determinado
Exclusão de sócio	– **Extrajudicial**, para o sócio remisso – **Judicial**, se fundada na prática de atos graves ou incapacidade superveniente
Falência de sócio	– **De pleno direito**
Morte de sócio	– **Extrajudicial**, inexistindo conflitos entre os sócios supérstites e os herdeiros – **Judicial**, havendo lide a ser solucionada (ex.: recusa dos sócios em proceder à apuração de haveres)
Liquidação forçada de quota	– **De pleno direito**

O sócio excluído ou seus herdeiros têm direito de receber o equivalente ao **valor patrimonial** das quotas, que *é aquele proporcional ao patrimônio líquido da sociedade no momento da dissolução*, apurado em balanço levantado especialmente para esta finalidade (conhecido como **balanço de determinação**). Não se confunde com o **valor nominal** da quota, que é aquele estampado no contrato social, nem com seu **valor econômico**, estabelecido pelo mercado, correspondendo ao valor da operação de compra e venda da quota social em uma negociação livre. A esse procedimento dá-se o nome de **apuração de haveres**.

Apesar de estar saindo da sociedade, o sócio que tem sua quota liquidada por qualquer motivo continua responsável pelas dívidas sociais contraídas anteriormente à sua saída por dois anos após a averbação do ato na Junta Comercial. E continuará responsável também pelas dívidas contraídas posteriormente à sua saída e antes da averbação do ato, pelo mesmo prazo de dois anos, se saiu por vontade própria ou foi excluído judicial ou extrajudicialmente.

O novo Código de Processo Civil criou um procedimento especial para a **dissolução parcial das sociedades** nos arts. 599 e seguintes. A inovação é muito positiva, porque essa possibilidade de resolução da sociedade em relação a um ou alguns sócios foi criada com o Código Civil de 2002 e desde então carecia de um tratamento judicial específico.

Contudo, não podemos perder de vista que, se estivermos tratando da dissolução **total** da sociedade e sua consequente **liquidação**, deve ser aplicado o **procedimento comum** previsto no novo CPC, nos termos de seu art. 1.046, § 3º. Com isso, definitivamente ficam revogadas as disposições do CPC de 1939 ainda em vigor para a liquidação de sociedades.

e) Dissolução total

Resta falar da **dissolução total** da sociedade contratual. Esta tem como efeito a **extinção da pessoa jurídica**, devendo seu patrimônio ser rateado proporcionalmente entre os sócios após o pagamento do passivo em procedimento judicial ou extrajudicial. Durante o processo, a sociedade pode praticar apenas os atos jurídicos relacionados à liquidação, havendo, desde então, restrições ao livre exercício da atividade. Para resguardar a boa-fé e proteger os terceiros que com ela contratem nesta etapa, é obrigatório o aditamento de seu nome empresarial para que passe a constar a expressão "em liquidação".

As hipóteses de dissolução total estão elencadas no art. 1.033 do CC e dispersas em outros dispositivos, podendo ser assim resumidas:

e1) Escoamento do prazo da sociedade por prazo determinado, a não ser que a atividade continue a ser exercida sem qualquer oposição, impondo sua prorrogação tácita por prazo indeterminado;

e2) Deliberação unânime dos sócios, na sociedade por prazo determinado;

e3) Deliberação da maioria absoluta dos sócios, na sociedade por prazo indeterminado;

e4) Unipessoalidade por mais de 180 dias, salvo se o sócio remanescente requerer, junto ao Registro Público de Empresas Mercantis, a transformação do registro em empresário individual ou em empresa individual de responsabilidade limitada. Vale ressaltar que a exigência é aplicável à sociedade simples pura ou que adote qualquer tipo societário diferente da sociedade limitada – neste último caso, ser-lhe-á aplicável o art. 1.052, § 1º, do CC, que autoriza a existência de sociedade limitada unipessoal;

e5) Extinção da autorização para funcionar, quando exigida por lei;

e6) Encerramento do processo de falência;

e7) Anulação do ato constitutivo da sociedade, exclusivamente por decisão judicial provocada por qualquer sócio;

e8) Exaurimento ou inexequibilidade do objeto social, exclusivamente por decisão judicial provocada por qualquer sócio;

e9) Qualquer outra hipótese prevista no contrato social.

Fala-se ainda da **dissolução de fato** da sociedade, caracterizada pela *venda do ativo e posterior divisão do produto entre os sócios, sem o regular pagamento do passivo e ignorando-se o procedimento de liquidação previsto em lei*. Normalmente, é seguida pelo abandono do estabelecimento comercial, situação comumente conhecida como "golpe na praça". Essa conduta é qualificada pela lei como **ato de falência** (art. 94, III, "f", da Lei 11.101/2005), impondo a decretação da quebra da empresa e eventual **crime falimentar** (art. 168 do mesmo diploma). Outrossim, responderão os sócios, independentemente do tipo societário, solidária e ilimitadamente pelas obrigações sociais diante da irregularidade de seus atos.

2.5.3. Sociedade em nome coletivo

Tipo societário contratual em que *os sócios possuem, todos, responsabilidade ilimitada pelas dívidas societárias*. Sem alterar essa premissa, os sócios podem dividir entre si as responsabilidades através de cláusula específica no contrato social.

Trata-se, necessariamente, de sociedade "de pessoas", sendo vedado o ingresso de terceiro estranho ao quadro social sem anuência dos sócios.

Apenas pessoas físicas podem ser sócias em nome coletivo, competindo a administração da sociedade obrigatoriamente a um, alguns ou todos os sócios. Não se permite a nomeação de administrador não sócio.

As causas de dissolução são as mesmas da sociedade simples, com uma única diferença: não se permite a liquidação forçada da quota de sócio por credor particular deste sem que antes se promova a **dissolução total** da sociedade (exatamente por se caracterizar como sociedade "de pessoas").

Nos demais aspectos, a sociedade em nome coletivo rege-se supletivamente pelas normas da sociedade simples.

2.5.4. Sociedade em comandita simples

Compõe, juntamente com a sociedade em conta de participação e com a sociedade em nome coletivo, o que a doutrina convencionou chamar de **sociedades contratuais menores**, diante de sua pouca expressividade prática.

A sociedade em comandita simples caracteriza-se pela *existência de duas classes de sócios: os comanditados e os comanditários*. Os primeiros, comanditados, são os únicos a quem podem ser conferidos os poderes de administração. Em contrapartida, responderão ilimitadamente pelas dívidas da empresa (sempre resguardado o benefício de ordem).

De outro lado, os comanditários não podem ser administradores e têm sua responsabilidade limitada ao valor de suas quotas. Cabe ao contrato social designar quem pertence a cada classe.

Considerando que apenas pessoas físicas podem ter responsabilidade ilimitada, conclui-se que **os sócios comanditados serão sempre pessoas físicas**. Nada obsta que pessoas jurídicas participem da comandita como sócias comanditárias.

Conforme já visto, somente os sócios comanditados podem emprestar seu nome civil para compor o nome empresarial. Caso sócio comanditário figure no nome, será tratado como se comanditado fosse, ou seja, arcará ilimitadamente com o passivo social até que seu nome civil seja retirado.

As diferenças entre as classes de sócios influenciam também a questão da sucessão: falecendo sócio comanditado, deve operar-se a dissolução parcial da sociedade, salvo se o contrato expressamente autorizar a entrada dos sucessores; já com o falecimento de sócio comanditário, a lógica se inverte: não haverá dissolução, integrando-se os herdeiros ao quadro social.

Há interessante regra para a unipessoalidade incidental na comandita: será extinta a sociedade se, no mesmo prazo de 180 dias, **faltar qualquer das categorias de sócio**. Perceba que pode haver uma dezena de sócios comanditados, mas, se falecer o único sócio comanditário, esta categoria deverá ser recomposta no prazo legal, sob pena de extinção.

Nas omissões da lei, a sociedade em comandita simples seguirá as regras da sociedade em nome coletivo, a qual, por sua vez, vale-se supletivamente daquilo estabelecido para a sociedade simples.

2.5.5. Sociedade limitada

a) Noções gerais

É a sociedade contratual mais comum nos dias de hoje, por impedir a extensão da responsabilidade pelas dívidas empresariais sobre o patrimônio dos sócios sem obrigá-los a curvar-se à larga burocracia das sociedades por ações. Conceitua-se como *a sociedade na qual o(s) sócio(s) tem(têm) sua responsabilidade limitada ao valor de suas quotas, mas todos respondem solidariamente pela integralização do capital social*, caso a sociedade limitada seja composta por duas ou mais pessoas.

A ressalva é relevante na medida em que a sociedade limitada constitui exceção em nosso ordenamento jurídico, sendo o único tipo societário autorizado a ser constituído por uma única pessoa (art. 1.052, § 1º, do CC).

A partir do reconhecimento pelo ordenamento jurídico pátrio da sociedade limitada unipessoal, torna-se necessário contrapor seu regime jurídico ao da empresa individual de responsabilidade limitada – afinal, se ambas são pessoas jurídicas constituídas por uma única pessoa, titular de integralidade do capital social, e EIRELI foi tacitamente revogada?

Não. São pessoas jurídicas distintas, com características distintas. A EIRELI deve respeito a todas as regras previstas no art. 980-A do CC, as quais **não se aplicam** à sociedade limitada unipessoal. Em face disso, enquanto a EIRELI deve obrigatoriamente ter capital de, no mínimo, 100 salários mínimos, a sociedade limitada unipessoal pode ser criada com capital de qualquer valor; a pessoa física pode ser titular de somente uma EIRELI, mas não há qualquer óbice a que seja titular de várias sociedades limitadas unipessoais.

A criação de uma ou de outra espécie, então, é uma opção do titular do capital. Não se pode negar, de toda maneira, que a sociedade limitada unipessoal, por suas maiores liberdades, é muito mais atrativa do que a EIRELI.

Retomando. O capital social, como em qualquer sociedade contratual, é dividido em **quotas** (ou cotas), que podem ser todas do mesmo valor ou não (o que é bastante incomum na prática) e são divididas entre os sócios no momento da criação da sociedade. Diz-se que, com a assinatura do ato constitutivo, os sócios **subscrevem** o capital social na proporção ajustada.

Deve seguir à subscrição o repasse de bens, dinheiro ou créditos dos sócios para a sociedade, fazendo nascer o patrimônio desta, já distinto do patrimônio pessoal dos contratantes. Esse ato denomina-se **integralização do capital social** e é o marco divisor da responsabilidade pessoal dos sócios, pois, nos termos da lei, estes respondem apenas **pelo capital subscrito e não integralizado de forma solidária**.

Acompanhe este exemplo prático: Alberto, Bruno e Carlos resolvem constituir uma sociedade limitada. Para tanto, estabelecem, no contrato social, que o capital é de R$ 100.000,00 dividido em quotas iguais de R$ 1.000,00 cada uma. No ato, Alberto **subscreve** 50 quotas (total de R$ 50.000,00 do capital social), Bruno **subscreve** 30 quotas (total de R$ 30.000,00 do capital) e Carlos **subscreve** 20 quotas (total de R$ 20.000,00 do capital).

Ato contínuo, Alberto **integraliza** sua parcela do capital transferindo para a pessoa jurídica a propriedade de um terreno no valor de R$ 50.000,00. Bruno **integraliza** sua parte em dinheiro, aplicando R$ 30.000,00 num fundo de investimentos em nome da sociedade. Carlos, por sua vez, informa aos demais que não detém no momento recursos financeiros bastantes para **integralizar** sua parte, deixando acertado que o fará dentro de um ano.

Assim, a empresa começa a funcionar e, naturalmente, contrairá dívidas. Se o patrimônio social não for suficiente para saldá-las, poderão os sócios ser alcançados **no limite do capital subscrito e não integralizado**, ou seja, até o montante de R$ 20.000,00, que é a parte de Carlos. Essa responsabilidade é **solidária**, respondendo todos os sócios pelos R$ 20.000,00, e também **limitada**, pois qualquer centavo acima deste valor não poderá ser cobrado nem mesmo dos sócios, devendo o credor arcar com o prejuízo.

Perceba, então, que, com a total **integralização** do capital social, nada mais poderá ser cobrado dos sócios. Ressalvadas as hipóteses de desconsideração da personalidade jurídica, restando débitos mesmo após a venda de todo o ativo na dissolução total da sociedade, os credores nada poderão exigir.

Frise-se que, no nosso exemplo, o sócio que eventualmente quitar a dívida no lugar de Carlos (o **sócio remisso**), terá direito de regresso contra este.

Por conta dessa sistemática, é vedada a participação de **sócio de indústria** (art. 1.055, § 2º, do CC), uma vez que é inviável a limitação de sua responsabilidade por este não contribuir com patrimônio para o capital social. Afinal, o sócio de indústria está sempre integralizando sua parte na sociedade enquanto presta os serviços a que se propôs.

Inexistindo disposição contratual expressa, a limitada é considerada sociedade "de pessoas". Pode ser administrada por sócio ou terceiro designado (que deve ser pessoa física – Enunciado 66 JDC/CJF), ambos no próprio contrato social ou através de instrumento separado que deve ser levado a registro.

b) Normas supletivas

Inovou o CC ao permitir aos sócios optar pela legislação que queiram aplicar supletivamente às sociedades limitadas. Caso o contrato social seja silente a respeito, aplicar-se-ão as normas da sociedade simples. Todavia, podem os sócios estabelecer expressamente que a sociedade limitada em questão será regida supletivamente pela **Lei das Sociedades por Ações (LSA – Lei 6.404/1976)**.

Cumpre sublinhar que as duas legislações não se excluem automaticamente: não são os sócios obrigados a adotar apenas uma ou outra regulamentação supletiva. Pode o contrato social elencar individualmente os pontos em que se valerá da LSA, deixando os demais assuntos para o ordenamento da sociedade simples (Enunciado 223 JDC/CJF).

c) Deliberações dos sócios

Existem duas formas dos sócios tomarem as decisões sobre questões relevantes atinentes à sociedade: a **assembleia** e a **reunião**. A forma deve estar fixada no contrato social.

A primeira, assembleia, é extensamente regulamentada pelo CC, devendo ser observada uma série de formalidades sob pena de nulidade na deliberação, tais como: publicação do ato convocatório por três vezes no Diário Oficial e em jornal de grande circulação, disponibilização prévia dos documentos relativos à prestação de contas dos administradores, registro da ata na Junta Comercial, entre outras.

A assembleia será a forma de deliberação **obrigatória** para as limitadas com *mais de 10 sócios*.

Sendo assim, para as sociedades que podem optar, há a possibilidade das deliberações serem tomadas em reunião. A principal diferença desta para a assembleia é o fato dos sócios serem livres para dispor sobre suas regras no contrato social. A reunião se dará segundo as formalidades estabelecidas pelos sócios.

Ocorre que, para tanto, os sócios devem estabelecer expressamente a reunião como forma de deliberação e, *mais ainda*, devem elencar **todas** as regras que serão seguidas para as tomadas de decisões. Isso porque, considerando que o art. 1.079 do CC determina a aplicação das normas relativas à assembleia supletivamente para a reunião quando o contrato for omisso, a ausência de explicitação daquilo que os sócios queiram que seja diferente, ou menos burocrático, cairá por terra e eles serão obrigados a agir conforme manda a lei para a assembleia. Exemplo: se os sócios querem que a convocação para a reunião seja dada por telefone, isso deverá estar disposto no contrato. Caso negativo, terão de publicar a convocação no Diário Oficial e em jornal de grande circulação.

Desde a edição da Lei nº 14.030/2020, estão autorizadas as assembleias e reuniões em meio digital (videoconferência) e também o voto à distância pelo sócio (art. 1.080-A do CC).

d) *Quorum* **de votação**

Em regra, as decisões são tomadas em reunião ou assembleia com base em maioria simples, ou seja, pela maioria de votos dos *presentes*, sendo o valor de cada voto proporcional à participação no capital social.

Havendo empate, urge avaliar quais as regras de aplicação supletiva estabelecidas para a limitada na hipótese do contrato social nada dispor sobre o assunto. Sendo as da sociedade simples, já vimos que se calcula o desempate por sócio votante, todos com igual valor (voto por cabeça); persistindo o empate, devem recorrer ao Poder Judiciário. Se forem aplicadas as regras da LSA, esta determina, no art. 129, § 2º, que nova assembleia (ou reunião) seja realizada no prazo mínimo de dois meses para discutir apenas a matéria da divergência. Persistindo o empate, submete-se o caso ao juiz.

Sem prejuízo, a lei estabelece alguns assuntos que demandam maioria qualificada para a aprovação:

d1) Unanimidade dos sócios: nomeação de administrador não sócio quando o capital social não esteja totalmente integralizado;

d2) 3/4 do capital social: modificação do contrato, incorporação, fusão e dissolução da sociedade e a cessação de seu estado de liquidação;

d3) 2/3 do capital social: nomeação de administrador não sócio com o capital totalmente integralizado e destituição do administrador **sócio** nomeado no contrato social;

d4) metade do capital social: designação e destituição do administrador sócio nomeado no contrato (podendo o próprio ato constitutivo dispor diferentemente nesse caso – art. 1.063, §1º, do CC), determinação do modo de remuneração do administrador (sócio ou não) e pedido de recuperação judicial (consta ainda no inciso VIII do art. 1.071 do CC a concordata, que deve ser interpretada como o novo instituto da recuperação).

As decisões tomadas com base na lei ou no contrato social vinculam **todos** os sócios, inclusive os ausentes e eventuais dissidentes. Em contrapartida, decisões que afrontem a lei ou o contrato responsabilizam apenas aqueles que votaram favoravelmente a elas, de forma ilimitada, devendo os dissidentes fazer constar expressamente na ata sua contrariedade diante da postura da maioria, sob pena de serem igualmente responsabilizados pelos atos ilícitos praticados ou por eventuais danos causados a terceiros. Vemos aqui efeitos semelhantes ao da **desconsideração da personalidade jurídica**, razão pela qual não se cogita de sua decretação diante dos resultados práticos serem iguais (Enunciado 229 JDC/CJF).

Caso os sócios deliberem pela modificação do contrato, incorporação ou fusão da sociedade, o sócio dissidente terá *o direito de retirar-se da sociedade nos trintas dias subsequentes à assembleia ou reunião*, liquidando-se sua participação na sociedade conforme as regras da dissolução parcial. É o chamado **direito de recesso**.

e) Conselho Fiscal

É órgão facultativo da sociedade limitada, que pode ser constituído para acompanhar e fiscalizar os trabalhos dos administradores e liquidantes da sociedade. O Conselho Fiscal tem poderes para examinar os livros empresariais, convocar assembleia na omissão dos administradores e elaborar pareceres indicativos para as deliberações sociais.

Se constituído, será ocupado por três ou mais integrantes e seus respectivos suplentes, que podem ser sócios ou não, aplicando-se as mesmas limitações do acesso ao cargo de administrador. Outrossim, também não podem participar do Conselho Fiscal membros de outros órgãos da sociedade ou de outra por esta controlada, empregados de quaisquer delas, bem como cônjuges ou parentes até o terceiro grau destas pessoas.

Em consagração ao **princípio da defesa das minorias societárias**, os detentores de menos da metade do capital social têm o direito de eleger, separadamente, um dos membros do Conselho Fiscal.

f) Aumento e diminuição do capital social

O capital social, foi dito alhures, *é a base do patrimônio societário, seu próprio alicerce*, uma vez que consubstancia o investimento dos sócios na criação da sociedade empresária. É salutar que o tamanho do capital social corresponda ao vulto da atividade exercida, porque o capital social é garantia dos credores, dado que integra o patrimônio social.

Sendo assim, é natural que o capital social possa ser alterado ao longo da existência da sociedade. Para que seja aumentado, o único requisito é que ele já esteja *totalmente integralizado*. Os sócios terão direito de preferência na aquisição das novas quotas sociais.

Já sua diminuição é autorizada apenas se *houver perdas irreparáveis* ou *for excessivo em relação ao objeto social*.

Na primeira hipótese, que ocorrerá somente após a integralização do capital, os sócios suportarão as perdas mediante diminuição proporcional no valor das quotas. Na segunda, os sócios receberão de volta o valor excedente ou o terão descontado de eventuais dívidas existentes. Nesse caso, podem os credores quirografários contestar a decisão em até 90 dias,

situação que *sobrestará a eficácia* da deliberação dos sócios até que seja realizado o pagamento ao credor.

Independentemente da motivação, a alteração do capital social implica alteração do contrato, devendo, portanto, ser levada a averbação.

g) Exclusão de sócio minoritário

Além das hipóteses de dissolução parcial da sociedade já estudadas no item 2.5.2, "d", plenamente aplicável às sociedades limitadas, o art. 1.085 do CC colaciona mais uma: a possibilidade dos sócios representantes da maioria do capital social *excluírem, extrajudicialmente, sócio que esteja pondo em risco a continuidade da empresa em virtude de atos de inegável gravidade*. Tais atos são aqueles contrários à lei ou ao contrato, como a ruptura do dever de fidelidade, negligência na defesa dos interesses sociais, uso da pessoa jurídica para a consecução de benefícios particulares em detrimento dos demais sócios, entre outros.

Para que seja imposta, a possibilidade de exclusão do minoritário por decisão assemblear deve estar prevista no contrato social, sendo-lhe sempre assegurada a ampla defesa em reunião ou assembleia convocada especialmente para esse fim, ficando esta dispensada se houver apenas dois sócios.

Havemos de ter cuidado para não confundir os institutos do art. 1.085, ora estudado, e do 1.030, que trata da exclusão *judicial* de sócio *majoritário*. Com efeito, o art. 1.030 é plenamente aplicável à sociedade limitada se esta tiver por regramento supletivo o da sociedade simples. Mas as possibilidades serão diversas: na hipótese do art. 1.030, a maioria *dos demais sócios* (votando por cabeça) podem deliberar pela exclusão *judicial* de qualquer sócio, inclusive majoritário; no art. 1.085, sócios detentores da *maioria do capital social* podem determinar, se assim previsto no contrato, a *exclusão extrajudicial* do sócio *minoritário*.

h) Dissolução

Aplicam-se irrestritamente à sociedade limitada as normas de dissolução parcial e dissolução total estudadas sobre a sociedade simples, independentemente da regência supletiva da LSA, em virtude da **natureza contratual** da limitada.

2.5.6. Transformação, incorporação, fusão e cisão das sociedades contratuais

Normalmente fundamentadas em razões econômicas, mercadológicas e de planejamento tributário, as **operações societárias** de transformação, incorporação, fusão e cisão são atos *tendentes a alterar a estrutura jurídica de uma ou mais empresas*, trazendo em seu bojo pontos relevantes concernentes aos direitos de terceiros e a responsabilidade dos sócios.

Transformação *é a alteração do tipo societário da pessoa jurídica*. A sociedade, por exemplo, pretende abrir seu quadro social para quaisquer interessados em investir no objeto da empresa, auxiliando a promover seu crescimento. Optam, então, por transformar a sociedade limitada existente em sociedade anônima, pulverizando o capital na Bolsa de Valores.

Para ser aprovada, a transformação depende de consentimento *unânime* dos sócios, exceto se outro *quorum* estiver previsto no contrato social. Nesse caso, eventual dissidente pode exercer seu direito de recesso.

A transformação em nenhuma hipótese acarretará prejuízo ou alteração na responsabilidade dos sócios diante dos credores já constituídos quando da operação. Falindo a sociedade, os credores anteriores à transformação poderão requerer junto ao juízo da quebra que a responsabilidade dos sócios siga o **tipo societário vigente na época da pactuação da dívida**, decisão judicial que somente beneficiará a esta espécie de credores.

Incorporação ocorre quando *uma ou mais sociedades (incorporadas) são absorvidas por outra (incorporadora), deixando de existir*. A empresa XY "engole" a empresa WZ, trazendo para seu próprio patrimônio toda a estrutura material e humana desta última, restando no mercado ao final da operação apenas a empresa XY.

A incorporadora sucederá a incorporada em todos os direitos e obrigações, sejam elas de âmbito civil, fiscal ou trabalhista.

A despeito de honrosos entendimentos em sentido contrário, não se exige que a empresa incorporadora seja de maior vulto e a incorporada menor, ou que a incorporadora seja lucrativa e a incorporada deficitária. Essa reorganização, chamada de **incorporação às avessas**, é importante instrumento de planejamento tributário em grupos empresariais e já está consolidada sua legalidade no âmbito administrativo (Câmara Superior de Recursos Fiscais, Recurso nº 107-137256, DJ 20/03/2006).

Temos **fusão** quando *duas ou mais empresas resolvem unir-se, criando uma empresa nova*. Ex.: a empresa XY resolve se fundir com a WZ para formarem a empresa AB, até então inexistente. Difere, portanto, da incorporação porque nesta uma das empresas envolvidas segue no mercado. Na fusão, as empresas fusionadas são extintas, deixando a empresa nova como sucessora nos direitos e obrigações de todas elas.

Na **cisão**, uma sociedade *transfere seu patrimônio para uma ou várias outras, já existentes ou criadas com esse patrimônio transferido*. A cisão pode ser **total** ou **parcial**: na cisão total, extingue-se a empresa cindida porque todo seu patrimônio foi transferido para outras; na cisão parcial, a empresa cindida continua operando com o patrimônio que lhe restou. Ex.: haverá cisão total quando a empresa AB dividir seu patrimônio de forma a criar as empresas XY e WZ.

As empresas resultantes da cisão, ou aquelas já existentes que recebem o patrimônio da cindida, sucederão esta nos direitos e obrigações na proporção do patrimônio que receberam.

É importante ressaltar que o CC estabelece as regras apenas para a reorganização societária das sociedades contratuais. Para as sociedades por ações, devemos aplicar as disposições da LSA. Note-se, todavia, que o CC não traça as normas aplicáveis à cisão, razão pela qual buscamos a LSA por analogia, integração a ser realizada sempre que o CC for omisso na matéria. Já o inverso não se concebe (aplicação analógica do CC para as sociedades por ações), diante da especificidade da LSA (Enunciados nº 70 e 231 JDC/CJF).

Em qualquer das operações, o credor que já ostentava esta condição e se sentir prejudicado com o ato, pode pedir a anulação deste no prazo *decadencial* de 90 dias, provando o prejuízo. Caso deseje, a nova pessoa jurídica pode consignar o pagamento a fim de extinguir a ação.

Se, por outro lado, no mesmo prazo de 90 dias contados da operação societária, ocorrer a falência da incorporadora ou da nova sociedade resultante da fusão ou da cisão, qualquer credor anterior poderá pedir a separação dos patrimônios, para que cada dívida seja arcada pela respectiva massa.

2.6. Sociedades personificadas institucionais (ou estatutárias)

2.6.1. Linhas gerais

Sociedades institucionais ou estatutárias são aquelas *cujo ato constitutivo é o estatuto social, conjunto de normas estabelecidas pelos fundadores ao qual os novos sócios aderem tão logo sejam integrados à sociedade*.

Seu capital social não é divido em quotas, mas em **ações**, o que torna as sociedades institucionais sempre sociedades "de capital". Isso porque a principal característica da ação é sua **negociabilidade**, podendo ser livremente alienadas. Tudo por uma só razão: o que as sociedades institucionais pretendem é a captação de investidores no mercado que acreditem no sucesso da empresa. Logo, a personalidade e habilidades individuais de cada sócio pouco importam, bastando que ingressem com o capital representado pelas ações que titularizem. A administração da sociedade fica a cargo da Diretoria e do Conselho de Administração, estudados adiante, cujos membros são indicados pelos sócios controladores.

A sociedade por ações é *sempre* empresária por força de lei, não se questionando sobre seu objeto (art. 982, parágrafo único, do CC).

2.6.2. Sociedade em comandita por ações

Trata-se de sociedade institucional na qual, diferentemente das sociedades anônimas, os diretores possuem responsabilidade ilimitada pelas obrigações sociais. Por conta disso, apenas eles podem figurar no nome empresarial, sob pena de quem nele aparecer ser tratado como se administrador fosse, tal qual na comandita simples.

Ademais, deliberações assembleares tendentes a mudar o objeto essencial da sociedade, prorrogar seu prazo de duração, reduzir o capital social e criar debêntures ou partes beneficiárias depende de anuência dos administradores.

Os diretores devem ser nomeados no próprio estatuto social e exercerão o cargo sem limite de tempo, podendo ser destituídos por votação de sócios que representem, no mínimo, **2/3 do capital social**. Ainda assim, o ex-diretor continuará pessoalmente responsável pelas obrigações contraídas durante sua gestão pelo prazo de **02 anos**.

No mais, a comandita por ações segue todas as regras estudadas a seguir para a sociedade anônima, com as exceções arroladas abaixo:

a) Responsabilidade dos administradores, já comentada, inexistente nas sociedades por ações;

b) Os administradores obrigatoriamente são acionistas na comandita;

c) Possibilidade de adoção de firma ou denominação como nome empresarial, enquanto que a S.A. gira exclusivamente sob denominação;

d) Inexistência de Conselho de Administração na comandita por ações;

e) Proibição de cláusula autorizativa de aumento do capital social;

f) Proibição de emissão de bônus de subscrição.

2.6.3. Sociedade anônima

Também chamada de **companhia**, a sociedade anônima *é espécie de sociedade institucional, cujo capital está dividido* *em ações e a responsabilidade dos sócios é limitada à subscrição destas.*

Seu regime jurídico não se encontra no CC, sendo que o próprio estabelece que as sociedades anônimas serão regulamentadas em lei especial. E andou bem ao fazê-lo, pois o vulto das atividades exercidas pelas companhias, bem como a especificidade de suas obrigações societárias e tributárias, não condizem com o regramento de uma lei geral como o CC.

A lei em questão é a Lei 6.404/1976 (LSA), com sucessivas alterações.

Dissemos anteriormente, e ora reiteramos, que a sociedade anônima é empresária por força de lei e deverá adotar, obrigatoriamente, **denominação** como nome comercial. Lembramos que o fato de girar sob denominação não proíbe a companhia de utilizar nome civil de *sócio fundador ou daquele que contribuiu de forma decisiva para o sucesso da empresa sem que isso desnature a natureza jurídica de denominação do nome.*

Cabe ao estatuto social indicar, com precisão, o objeto social da companhia, sendo permitido que este se restrinja à participação societária em outras empresas. É o que conhecemos na prática como *holding*. Tal situação (a participação em outras sociedades), ainda que não prevista expressamente no estatuto, é sempre permitida para a realização do objeto estatuído ou para a obtenção de benefícios fiscais (instrumento de planejamento tributário).

a) Responsabilidade dos sócios

A sociedade anônima tem como característica estruturante *a responsabilidade dos sócios limitada à integralização das ações subscritas*. Isso significa que o sócio responde exclusivamente pelo valor das ações que se comprometeu a adquirir. Uma vez pago, nenhuma dívida social ou de outro sócio poderá atingi-lo.

Este é um aspecto importante, pois é o que diferencia os sócios da companhia daqueles que estabelecem uma sociedade limitada. Nesta última, todos os sócios respondem solidariamente pela integralização do capital, tendo apenas direito de regresso contra o remisso. Na S.A., cada sócio responde exclusivamente pela integralização de suas ações e nada mais, o que o transforma, sob certo prisma, mais em investidor do que em sócio, considerando que não tem nenhuma relação ou responsabilidade pelos atos de seus pares.

b) Classificação das companhias

Nos termos do art. 4º da LSA, as sociedades anônimas podem ser **abertas** ou **fechadas**.

Companhia aberta é aquela que está *autorizada a negociar seus valores mobiliários (ações, debêntures, bônus de subscrição etc.) no mercado a eles dedicado*. **Companhia fechada**, por conseguinte, é aquela *cujos valores mobiliários não estão admitidos a transitar pelo mercado*. Perceba que não é a *efetiva negociação* de seus papéis que dita a classificação da S.A., mas o fato da negociação *ser ou não admitida*.

É claro que a tendência da sociedade aberta, após cumprir todos os requisitos e burocracias necessárias para obter a autorização, é pulverizar seu capital junto a investidores, ao passo que, na companhia fechada, dada a inexistência da autorização governamental, suas ações estarão sempre nas mãos dos sócios fundadores, sendo transmitidas por contratos particulares de compra e venda. Ressaltamos apenas que não é esse o critério legal de classificação.

Essa distinção traz importantes consequências, dado que companhias abertas e fechadas têm tratamento distinto na LSA em diversos pontos distribuídos pelo texto legal. Ademais, a diferença é estrutural. A sociedade anônima aberta tem perfil ostensivamente *institucional*, tendo papel importante na economia nacional diante da captação de recursos junto à poupança popular e pelo constante controle estatal existente sobre elas. As fechadas, por seu turno, resguardadas as diferenças jurídicas já estudadas, aproximam-se das sociedades contratuais, pois a ausência de autorização para negociar seus valores mobiliários no mercado impõe uma relação mais estreita entre os sócios, baseada na mútua confiança. Não estamos falando de outra coisa que não a *affectio societatis*.

Mas não descuidemos: tanto a companhia aberta quanto a fechada, a despeito do agora exposto, são conceituadas e classificadas como *sociedades institucionais*.

A autorização necessária para as sociedades anônimas abertas negociarem seu capital e outros papéis na Bolsa de Valores deve ser requerida junto à Comissão de Valores Mobiliários – CVM, autarquia federal criada pela Lei 6.385/1976 com o objetivo de regulamentar e supervisionar o mercado de capitais segundo as diretrizes estabelecidas pelo Banco Central e pelo Conselho Monetário Nacional – CMN. A ideia matriz de sua criação é a proteção do investidor e do próprio mercado financeiro contra práticas abusivas dos controladores das companhias. Reconhece-se nisto, inclusive, a natureza de direito metaindividual, sendo possível o manejo de ação civil pública para a remediação de eventuais atos ilícitos que ofendam o interesse coletivo dos investidores (Lei 7.913/1989).

c) Constituição da companhia

O procedimento de constituição de uma sociedade anônima é escalonado, comportando *três fases*:

c1) Requisitos preliminares: previstos nos arts. 80 e 81 da LSA, são obrigatórios tanto para as companhias abertas quanto para as fechadas. Envolvem a *subscrição por, pelo menos, duas pessoas de todas as ações que compõem o capital social; a realização imediata em dinheiro de no mínimo 10% do capital social; e o depósito no Banco do Brasil ou qualquer outra instituição financeira autorizada pela CVM desta parcela de dinheiro integralizada.*

c2) Constituição propriamente dita: a depender se tratamos de uma S.A. aberta ou fechada, esta etapa segue caminhos diametralmente opostos.

Nas companhias abertas, temos a chamada **constituição continuada (ou sucessiva)** em virtude de também ser subdividida em atos escalonados. Configura um procedimento voltado para a lisura da subscrição pública do capital, própria desta modalidade de sociedade por ações.

Inicia-se com o *registro prévio* da companhia em organização na CVM e com a contratação obrigatória de instituição financeira como intermediária; autorizada pela autarquia a emissão pública de ações, serão estas *oferecidas ao público*, que devem subscrevê-las junto à instituição financeira intermediária; por fim, com a subscrição de todo o capital social, devem os fundadores convocar a *assembleia constituinte*, onde os sócios deliberarão e aprovarão o estatuto social por maioria do capital e elegerão os membros do Conselho de Administração e do Conselho Fiscal.

As companhias fechadas operam sua constituição de forma mais simples, denominada **constituição simultânea**, tendo em vista que a subscrição de todo o capital social é particular, restrita aos sócios fundadores. Eles podem fazê-la através de assembleia geral ou por escritura pública. Num ou noutro caso, o projeto de estatuto aprovado ou a escritura pública, respectivamente, devem ser assinados por todos os sócios.

c3) Providências complementares: da mesma forma que os requisitos preliminares, estas providências são comuns a ambos os tipos de S.A. Traduzem-se no *registro do estatuto social mediante arquivamento na Junta Comercial* e, se o caso, a *transferência dos bens imóveis que o subscritor tenha entregado para formação do capital social.*

d) Valores mobiliários

Sabemos que a companhia aberta está autorizada a emitir valores mobiliários e negociá-los no mercado de capitais. Mas o que se entende por valores mobiliários?

São títulos representativos de investimentos financeiros relacionados à sociedade anônima emissora, que utiliza a receita proveniente de sua negociação para a consecução de seu objeto social. Já o investidor busca, com a compra do título, obter ganho financeiro sobre o valor investido, recuperando um montante maior do que pagou.

Os títulos são negociados no **Mercado de Valores Mobiliários (MVM)**, também conhecido como **mercado de capitais**, que, conforme ensina Waldo Fazzio Júnior, é *"um complexo operacional que compatibiliza os interesses de aplicadores de recursos e tomadores, de forma direta ou por meio de intermediários"* (**in** "Direito Comercial", São Paulo: Atlas, 2009, p. 187).

O MVM é composto, basicamente, de duas instituições jurídicas: a **bolsa de valores** e o **mercado de balcão**. A primeira, constituída como associação civil de diversas corretoras de valores, é supervisionada pela Comissão de Valores Mobiliários (CVM) e tem por objetivo propiciar às companhias e aos investidores um ambiente livre e aberto para a negociação de seus papéis. Opera, portanto, o **mercado secundário de valores**, porque esses já foram postos em circulação anteriormente.

Já o **mercado de balcão** é *"o conjunto de operações praticadas fora de Bolsa, por meio de instituição financeira habilitada para atuar no mercado de capitais ou por seus agentes autônomos. (...) É a negociação direta de valores mobiliários, sem mediação da Bolsa."* (*ibidem*, p. 189). Agentes autônomos do mercado de capitais são as corretoras de valores. O mercado de balcão, logo vê-se, opera nos **mercados primário e secundário**, porque a **emissão inicial de valores** (mercado primário) deve ser feita através de instituições financeiras autorizadas, podendo também realizar transações de compra e venda de títulos posteriormente à sua emissão (mercado secundário).

Existem diversos valores mobiliários que podem ser emitidos pelas companhias. Estudaremos apenas os cinco de maior importância.

d1) Ações

São parcelas representativas do capital social da empresa. Ao adquirir uma ação, a pessoa física ou jurídica torna-se *sócio* da companhia.

O valor da ação pode ser expresso de diversas maneiras. O estatuto social pode dar-lhes um **valor nominal**, que nada mais é do que *o quociente da divisão do capital social pelo número de ações emitidas*. Ele não é obrigatório, mas, se constar do estatuto o **preço de emissão** da ação, *que é o valor pago por quem a subscreve*, não poderá ser inferior a ele. Fala-se, ainda, em **valor patrimonial**, que *representa a participação efetiva do acionista junto ao patrimônio líquido da empresa*, constituindo o valor a que este tem direito na liquidação da sociedade; e **valor de negociação**, que é *aquele obtido pelo acionista quando transfere suas ações para um comprador interessado*.

As ações podem, ainda, ser categorizadas pela companhia: **ações ordinárias** são aquelas que *garantem ao acionista os direitos comuns de qualquer sócio,* como o voto em assembleia e a participação nos lucros e nas perdas, sem qualquer limitação ou restrição; **ações preferenciais, que** garantem ao seu titular *certas vantagens, como a prioridade na distribuição dos lucros ou no reembolso do capital*, porém podem trazer restrições a direitos, inclusive o de voto. É obrigatória a emissão de ações ordinárias pela companhia e as preferenciais sem direito a voto não podem ultrapassar 50% do total das ações emitidas; e **ações de fruição**, assim consideradas aquelas que já foram amortizadas pela companhia para o acionista, devolvendo-lhe o valor de seu investimento conforme aquilo que teria direito em caso de liquidação da companhia. Devem ser autorizadas pelo estatuto por ou assembleia-geral extraordinária.

d2) Debêntures

São valores mobiliários que garantem ao seu titular um direito de crédito de médio ou longo prazo contra a companhia pelo valor e nas condições estabelecidas na escritura de emissão (taxa de juros, prazo para resgate, conversibilidade em ações etc.).

Em outras palavras, a debênture representa um empréstimo de numerário para a S.A. Necessitando esta captar valores no mercado, em vez de emitir ações e, assim, expandir seu capital e quadro social, a companhia pode valer-se da debênture, oferecendo-a àqueles que se interessarem pelo retorno financeiro deste empréstimo.

Por se assemelhar bastante ao contrato de mútuo, o debenturista, figurando como o mutuante, quem empresta o dinheiro, poderá ver seu crédito garantido por bens pertencentes ao ativo da sociedade ou não. Normalmente, quanto maior a segurança do negócio, atrelando-o a garantias reais, menor o retorno financeiro; por outro lado, quanto maior o risco, pela ausência de garantias, maior a taxa de juros e o ganho do debenturista.

Com isso em vista, a LSA prevê quatro espécies de debêntures: **com garantia real**, cujo pagamento está vinculado a um bem dado em garantia real (ex.: imóvel hipotecado em nome do debenturista); **com garantia flutuante**, quando o debenturista tem preferência na liquidação do ativo da companhia, mas não pode impedir a alienação de qualquer parte deste patrimônio como operação normal da empresa; **quirografárias**, ou seja, sem qualquer garantia; **subquirografárias**, as quais, em caso de liquidação da companhia, serão pagas com preferência unicamente sobre os sócios.

d3) Bônus de subscrição

Garantem ao seu titular preferência na subscrição de novas ações quando estas forem emitidas pela companhia. Trata-se da aquisição de um direito de preferência normalmente oferecido em conjunto para aqueles que acabam de subscrever ações ou debêntures, conferindo-lhes uma vantagem adicional futura e fidelizando-os junto à sociedade como investidores.

d4) *Commercial paper*

São títulos representativos de empréstimos tomados pela companhia no curto prazo, sendo esta sua principal diferença em relação às debêntures. O *commercial paper* tem como prazo de resgate, no mínimo, 30 e, no máximo, 180 dias.

d5) Partes beneficiárias

Representa uma exceção na lista apresentada de valores mobiliários por ser *exclusivo* das sociedades anônimas fechadas. As partes beneficiárias *visam a conferir, ao seu titular, direito de crédito eventual sobre a participação nos lucros da empresa, limitado a 10% do lucro total*.

Note que o detentor da parte beneficiária *não* se torna sócio. Ele apenas tem direito de, havendo lucro contábil apurado pela companhia, participar dele na proporção estipulada no título mobiliário. O único direito privativo dos acionistas, além da distribuição do lucro, que acompanha a parte beneficiária é o de *fiscalizar* os atos dos administradores, exatamente para conferir efetividade à participação nos resultados.

São comumente utilizadas como remuneração por serviços prestados por sócios, pelos fundadores ou mesmo por terceiros, podendo o estatuto social prever sua conversibilidade em ações.

e) Direitos e deveres do acionista

Como sócio da companhia, ao subscrever ações desta a pessoa física ou jurídica recebe, *incontinenti*, um plexo de direitos e deveres relacionados a esta condição e, portanto, indissociáveis de sua relação com a S.A.

O principal **dever** do acionista é a integralização das ações subscritas. Se não o fizer no prazo ajustado, será constituído em mora *de pleno direito*, podendo a companhia, a sua escolha: promover ação de execução para cobrança do débito, somado aos juros e multa estabelecidos no estatuto (sendo que esta última não pode ser superior a 10% do valor devido), servindo o boletim de subscrição como título executivo extrajudicial; ou mandar vender as ações do subscritor em Bolsa de Valores, por conta e risco deste.

A rigor, a S.A. pode promover as duas diligências cumulativamente (art. 107, § 3º, da LSA).

Podemos lembrar, ainda, o dever de *votar no interesse da sociedade*, reputando a LSA como *abusivo* o voto tendente a causar dano à companhia ou a outros acionistas ou a obter vantagem indevida. O acionista que assim proceder estará sujeito à responsabilização pelos danos que seu voto vier a causar para a sociedade, ainda que não tenha saído vencedor.

Quanto aos **direitos** do acionista, podemos elencar como fundamentais: participação nos lucros da empresa; participação naquilo que restar do ativo da companhia após sua liquidação com o pagamento de todo o passivo, na proporção das ações que possuir; fiscalização dos atos dos administradores; preferência na subscrição de novas ações, de partes beneficiárias conversíveis em ações, debêntures conversíveis em ações e bônus de subscrição; retirada da sociedade (o chamado **direito de recesso**) em caso de aprovação de alterações do estatuto social com as quais não concorde, recebendo na retirada o *valor patrimonial* de suas ações.

Perceba que o direito de voto não pode ser elencado como um direito fundamental de todos os acionistas diante da existência das *ações preferenciais*, que podem limitar o exercício deste.

É importante destacar, também, a figura do **acionista controlador**. Trata-se *da pessoa física ou jurídica, ou grupo de pessoas vinculadas por acordo de voto, que é titular de direitos de sócio que lhe assegurem, de forma permanente, a maioria dos votos nas deliberações em assembleia e o poder de eleger a maioria dos administradores* (art. 116 da LSA). É *imprescindível*, para sua caracterização, que o acionista controlador utilize *efetivamente* seu poder para dirigir os negócios sociais.

A figura do acionista controlador *pode* advir do fato de estarmos falando do **acionista majoritário**, mas o controlador com este não se confunde, pois o que importa é a titularidade da maioria das ações *com direito a voto*. Mais ainda, o acionista controlador pode possuir apenas uma ação, de natureza simbólica, bastando que seja apoiado por outros sócios representantes da maioria do capital com direito de voto através de um **acordo de acionistas**, estudado a seguir.

O acionista controlador é responsável pelos danos que cause à companhia ou aos seus sócios por atos praticados com abuso de poder. O art. 117, § 1º, da LSA traz rol *exemplificativo* de atos considerados abusivos. É *indispensável* a prova do dano, porém não se perquire sobre a intenção subjetiva do controlador, caracterizando-se, portanto, a *responsabilidade objetiva* por seus atos (STJ, REsp 798264/SP, DJ 06/02/2007).

f) Acordo de acionistas

Conceitua-se como *um pacto celebrado entre dois ou mais acionistas que, uma vez registrado junto à sede companhia, obriga esta a respeitá-lo*.

Os acionistas são livres para ajustarem o que bem entenderem no cotidiano da atividade empresarial, estando tais relações protegidas pelas regras aplicáveis aos contratos em geral. Quando este acordo versar sobre *compra e venda de ações ou preferência na aquisição, exercício do direito de voto ou concessão ou alteração do poder de controle*, estaremos diante do **acordo de acionistas** referido pela LSA, que deve ser arquivado na sede da empresa e, a partir de então, vincula os atos dos signatários e da própria companhia. Em razão disso, em caso de pretensão judicial de execução de acordo de acionistas não respeitado pelas partes ou pela sociedade, esta deverá integrar o polo passivo da ação, porque terá de suportar os efeitos da decisão (STJ, REsp 784267/RJ, DJ 21/08/2007).

O acordo de acionistas é um contrato **plurilateral**, dado que congrega interesses convergentes na colaboração de todos os participantes, outorgando direitos e deveres a todos, bem como resta sempre aberto à adesão de novos signatários; e **parassocial**, pois devem respeito aos requisitos de validade dos contratos em geral e seguem o regime jurídico do Direito Civil, a despeito de seu objeto ser especificamente regulamentado pelo Direito Empresarial. Há, ainda, posicionamento jurisprudencial de que, em sociedades de economia mista (que necessariamente se revestem da forma de sociedade anônima), é ilegal a extinção de acordo de acionistas por decreto do Chefe do Poder Executivo, por ofensa ao contraditório e ao devido processo legal administrativo (STJ, RMS 18769/PR, DJ 02/12/2004).

Exemplo clássico da vinculação da sociedade após o registro do contrato em sua sede é aquele da estipulação de preferência de um sócio na compra de ações pertencentes a outro. Caso não se cumpra o acordo, sendo as ações vendidas a terceiro que não o titular da preferência, a companhia não poderá registrar a transferência das ações realizada ao arrepio do acordo de acionistas, sendo garantido ao prejudicado o manejo de ação judicial para execução específica da avença.

g) Órgãos da sociedade anônima

Para viabilizar a administração da empresa de grande vulto normalmente exercida pela companhia, a LSA prevê a criação de quatro órgãos voltados, cada um, para determinado aspecto do gerenciamento da atividade. Podem ser *obrigatórios*, como a assembleia-geral, ou *facultativos* em determinados casos, como o Conselho de Administração. Ademais, os órgãos previstos em lei não são os únicos possíveis de serem criados. A sociedade pode, no seu interesse, criar outros tantos quanto repute necessário para auxiliar na direção dos negócios.

g1) Assembleia-geral

Órgão obrigatório e mais importante da companhia, constitui-se da *reunião de todos os sócios, com ou sem direito a voto, para deliberação e decisão de qualquer negócio relativo ao objeto da companhia ou de resoluções que julgarem convenientes à sua defesa e desenvolvimento*.

Como se vê, a LSA garante à assembleia-geral amplos poderes sobre a administração da companhia, podendo ela decidir sobre qualquer assunto de interesse desta. Outrossim, existem questões que somente podem ser discutidas e decididas pela assembleia-geral. Trata-se de **competência privativa**, prevista no art. 122 da LSA, sendo a única hipótese de delegação para os administradores o pedido urgente de autofalência ou recuperação judicial, mas sempre *ad referendum* da assembleia.

A competência para convocação será do Conselho de Administração, quando houver, ou dos diretores, devendo respeitar uma antecedência mínima de 08 dias nas companhias fechadas e 15 dias nas companhias abertas. As formalidades de convocação podem ser desconsideradas se todos os acionistas estiverem presentes. Especificamente para as companhias fechadas com menos de 20 acionistas e capital social menor que R$10.000.000,00 (dez milhões de reais), autoriza o art. 294 da LSA que a assembleia-geral seja convocada por anúncio entregue a todos os acionistas, mediante recibo, com a antecedência prevista no artigo 124, e que a companhia deixe de publicar os documentos de que trata o artigo 133, desde que sejam, por cópias autenticadas, arquivados no registro de comércio juntamente com a ata da assembleia que sobre eles deliberar.

Considera-se instalada a assembleia em primeira convocação se estiverem presentes representantes de, no mínimo, um quarto do capital social. Em segunda convocação, a assembleia ocorrerá com qualquer número de presentes. As votações, como regra, são tomadas por maioria simples de votos, sendo que cada ação ordinária dá direito a um voto. Além de outros artigos esparsos, a LSA exige *quorum* qualificado de maioria absoluta para a deliberação dos assuntos previstos no art. 136.

O acionista detentor de ações preferenciais sem direito a voto conserva intacto seu direito de participar da assembleia, podendo manifestar-se a qualquer momento (**direito de voz**).

A assembleia-geral pode reunir-se por duas razões: *anualmente e obrigatoriamente nos quatro primeiros meses seguintes ao término do exercício social* (que coincide com o ano civil), para discussão das demonstrações financeiras do ano anterior; destinação do lucro e pagamento de dividendos; eleição dos administradores e do Conselho Fiscal, se o caso; e aprovação de correção da expressão monetária do capital social. Trata-se da **assembleia-geral ordinária (AGO)**.

Ao seu lado, é possível a convocação de assembleia *a qualquer momento, para discussão de qualquer assunto que não seja privativo da AGO*. Hipótese esta na qual estaremos diante da **assembleia-geral extraordinária (AGE)**. Nada obsta que AGO e AGE sejam realizadas na mesma data, hora e local, bem como reduzidas a termo na mesma ata, a qual deverá indicar a natureza dúplice da reunião de sócios (**assembleia-geral ordinária e extraordinária – AGOE**).

Desde a edição da Lei nº 14.030/2020, estão autorizados a participação e o voto à distância pelo acionista, nos termos das normas regulamentadoras da CVM e do Poder Executivo Federal.

g2) Conselho de Administração

Como o nome sugere, compete ao Conselho de Administração, quando existir, fixar as diretrizes gerais da administração da companhia, manifestando-se sobre assuntos estratégicos e sobre atos ou contratos a serem firmados nos termos do estatuto, bem como eleger, destituir e fiscalizar o trabalho dos diretores. Com estes não se confundem na medida em que os membros do Conselho *não podem* representar a S.A. perante terceiros ou praticar atos concretos de gestão.

O Conselho de Administração é *obrigatório* nas companhias abertas e nas sociedades de economia mista. Nas companhias fechadas, ele é *facultativo*.

Caso seja criado pelo estatuto social, será composto de, no mínimo, três conselheiros, eleitos *dentre os acionistas* pela assembleia-geral e por ela destituíveis a qualquer tempo para um prazo máximo de 03 anos, permitida a reeleição.

g3) Diretoria

Cabe aos diretores *a representação da companhia e a prática de quaisquer atos de gestão, conforme descritos no estatuto social*.

Haverá, no mínimo, dois diretores, eleitos pelo Conselho de Administração ou, na sua falta, pela assembleia-geral para um mandato de 03 anos, permitida a reeleição, *podendo ser acionistas ou não*.

Até 1/3 dos membros do Conselho de Administração poderá atuar cumulativamente como diretor.

g4) Conselho Fiscal

É órgão obrigatório, *porém não necessariamente permanente*, em todas as sociedades anônimas, com a função de *fiscalizar os atos dos administradores (conselheiros e diretores), opinando sobre as contas prestadas por estes, sobre as demonstrações financeiras e outros assuntos a serem debatidos pela assembleia-geral*.

É composto por no mínimo 03 e no máximo 05 membros, acionistas ou não, eleitos pela assembleia-geral, para cumprir suas funções até a próxima AGO, quando poderão ser reeleitos. A função de membro do Conselho Fiscal é indelegável.

Aos membros dos três últimos órgãos listados (Conselho de Administração, Diretoria e Conselho Fiscal) são impostos os **deveres de diligência** (conduta prudente no desempenho das funções), **de lealdade** (atuação conforme os interesses da companhia e não pessoais) e **de informar** (publicidade dos atos na forma da lei ou do estatuto). Todos eles responderão pelos atos ou omissões que causarem prejuízo à companhia se tiverem agido com dolo ou culpa no exercício de suas atribuições.

2.6.4. Dissolução da sociedade institucional

Criando um regime jurídico próprio, a LSA determina que a extinção da sociedade institucional pode dar-se por três fundamentos: **de pleno direito, por decisão judicial ou por decisão de autoridade administrativa**. A fim de facilitar a exposição e a classificação de todas as hipóteses, acompanhe o quadro sinóptico abaixo.

Fundamento	Hipóteses
De pleno direito	– Término do prazo de duração – Quando expressamente previsto no estatuto – Deliberação da assembleia-geral – Unipessoalidade incidental, não restituída a pluralidade de acionistas até a AGO do ano seguinte – Extinção da autorização para funcionar – Incorporação, fusão ou cisão total
Por decisão judicial	– Anulação dos atos de constituição – Impossibilidade comprovada de alcançar seu objetivo social – Decretação da falência
Por decisão administrativa	– Nos casos e na forma previstas em leis especiais (ex.: falta de autorização para negociação de ações no mercado)

Qualquer que seja o fundamento da dissolução, a ela seguirá a **liquidação** da sociedade, *judicial ou extrajudicial*. Se extrajudicial, cabe à assembleia-geral decidir sobre o modo de condução da liquidação e nomeação do liquidante, *que terá os mesmos deveres e responsabilidades dos administradores*.

Realizado o pagamento de todo o passivo da companhia, restando bens em nome desta serão rateados entre os acionistas na proporção de seus haveres após aprovação da assembleia.

3. TÍTULOS DE CRÉDITO

3.1. Conceito

A lei civil define título de crédito como *o documento necessário para o exercício do direito literal e autônomo nele contido* (art. 887 do CC). Esclarecendo melhor, o título de crédito representa uma obrigação jurídica de cunho patrimonial assumida por alguém, sendo que o credor, a fim de exigir o cumprimento desta no vencimento, deve apresentar o título ao devedor.

Mais do que isso, o título de crédito, como regra, consubstancia a própria obrigação, caracterizando sua *abstração*. Exemplo: não importa por qual razão a pessoa possui um cheque assinado por terceiro em mãos, ela terá direito ao valor nele escrito quando da apresentação na instituição financeira. Uma vez colocado em circulação, sendo transmitido a terceiro, o título se desvincula da relação jurídica que lhe deu origem. Suponha que Alberto pague suas compras no açougue com um cheque e, posteriormente, o dono do açougue entregue o mesmo cheque para um de seus fornecedores, Benedito. Alberto terá de pagar o dinheiro representado no cheque a Benedito, mesmo nunca o tendo visto antes na vida. Credor e devedor se unem exclusivamente pelo título, por isso diz-se que este é *abstrato*.

Esta regra, todavia, pode ser limitada pelas partes, que expressamente vinculam a emissão do título de crédito a outra obrigação. Bastante comum a prática de constar discriminadamente no contrato que as parcelas serão pagas mediante a quitação das notas promissórias emitidas no mesmo ato pelo devedor. Nesse caso, desde que o credor não negocie o título de crédito, mantendo-o consigo, continua o signatário das promissórias autorizado a alegar a **exceção de contrato não cumprido**, por exemplo, e não honrar os valores representados pelos títulos.

O estudo dos títulos de crédito recebe o nome de **Direito Cambiário (ou Cambial)**.

3.2. Princípios do Direito Cambiário

3.2.1. Princípio da cartularidade (ou da incorporação)

É credor do título aquele que o detém concretamente, fisicamente, quem o tem em mãos. *Cártula* é o instrumento material, o papel, que corporifica o título de crédito. Como já descrito, para que se exija o pagamento deste, inclusive em juízo, é obrigatória a apresentação da cártula;

3.2.2. Princípio da literalidade

Pode ser exigido do devedor apenas o que constar, literalmente, no título de crédito, seja o valor, as condições de pagamento ou garantia ou o prazo de vencimento. Pactuando as partes esta ou aquela cláusula relevante para o adimplemento da obrigação, deve esta ser escrita na cártula, sob pena de mostrar-se inexigível no futuro;

3.2.3. Princípio da autonomia das relações cambiárias

O mesmo título de crédito pode representar uma série de obrigações, todas elas decorrentes da obrigação patrimonial original assumida pelo devedor, como o aval e o endosso. *A nulidade de uma obrigação cambial não implica a nulidade das outras obrigações constantes do título*. Cada relação estabelecida na cártula é autônoma e eventuais vícios existentes em uma delas não desobriga o devedor a honrar o pagamento junto àquele que validamente detém o título. Esse princípio decorre da *abstração* do título de crédito supramencionada e implica, por sua vez, em outra regra: a **inoponibilidade de exceções pessoais a terceiros de boa-fé**.

Exemplifica-se: Jorge compra um colar de Pedro, pois este lhe garantiu que ele era fabricado em ouro. Como pagamento, Jorge emite uma nota promissória em favor de Pedro constando que a pagaria dali a 15 dias. Neste ínterim, Pedro **endossa** a nota promissória a Carlos, transferindo-lhe o crédito que ela representa, em pagamento de uma dívida. Em paralelo, Jorge descobre que o colar não é de ouro, mas sim de metal menos nobre. Chegada a data do vencimento, Carlos vai até Jorge para exigir o dinheiro. Pode Jorge negar-se a pagar por conta de ter recebido a coisa com vício? *Não*. Carlos, o detentor da cártula, nada tem a ver com isso. É **terceiro de boa-fé**. Jorge não pode alegar contra ele um argumento que possui contra Pedro, pois se trata de uma **exceção pessoal**. Cabe a Jorge pagar o valor da nota promissória a Carlos e, posteriormente, cobrar de Pedro abatimento no preço ou mesmo o desfazimento do negócio.

Não nos esqueçamos, por outro lado, que o regime jurídico cambiário afasta a oposição apenas de **exceções pessoais**, que não se confundem com **vícios formais** do título, extrínsecos ou intrínsecos, como, por exemplo, a emissão de duplicata em caso não previsto em lei (STJ, REsp 774304/MT, DJ 05/10/2010).

3.3. Características dos títulos de crédito

Duas são as características intrínsecas a todo título de crédito: a **negociabilidade** e a **executividade**.

O título, por força de sua abstração, é, como regra, *livremente negociável*, ou seja, *o crédito que ele representa pode ser transmitido a terceiros por simples tradição ou através de endosso*. A própria existência dos títulos de crédito se fundamenta na facilidade de sua circulação, o que permite agilizar sobremaneira os negócios jurídicos em que ele se insere. O emissor não se vincula, já se disse, exclusivamente ao credor original da cártula, *mas a qualquer pessoa que validamente a possua na data do vencimento*.

Além disso, a materialização da dívida em título de crédito confere maior segurança jurídica ao credor, por serem, todos eles, **títulos executivos extrajudiciais** (art. 784, I, do NCPC), dispensando, assim, prévia ação de conhecimento para sua exigência em juízo. Diante dessa característica, assinala Waldo Fazzio Júnior que "os títulos de crédito (...) se destacam como tópico privilegiado no universo do direito econômico porque agraciados pelo sistema jurídico-positivo, simultaneamente, com regras materiais que implementam sua circulação segura e regras processuais que lhes outorgam a possibilidade de realização forçada pela via jurisdicional da execução" (*in* **Manual de Direito Comercial**, São Paulo: Atlas, 2009, p. 318).

Anote-se, ainda, que possui natureza jurídica de **coisa móvel**, com todas as implicações legais dessa classificação (pode ser objeto de furto, por exemplo).

3.4. Classificação dos títulos de crédito

3.4.1. Quanto à previsão legal

a) Típicos (ou nominados): são aqueles *previstos em lei, a qual traz o regime jurídico aplicável ao título*. Todos os títulos de crédito conhecidos são típicos: cheque, nota promissória, letra de câmbio e duplicata são os principais, regulamentados pelas respectivas leis que os criaram;

b) Atípicos (ou inominados): o CC não veda a possibilidade de criação de outros títulos de crédito, desde que atendam aos requisitos nele expostos. Serão regulamentados pelo próprio CC, que também serve de regramento supletivo para os títulos de crédito típicos (art. 903).

3.4.2. Quanto à forma

a) Vinculados: *tanto os requisitos materiais (de conteúdo) quanto os formais (tamanho, disposição das informações) são estabelecidos pela lei*. É o caso do cheque e da duplicata;

b) Não vinculados (ou de forma livre): *apenas os requisitos materiais estão previstos em lei*. Podem assumir qualquer forma, ou seja, serem representados em qualquer papel, de qualquer tamanho, bastando que expressem o conteúdo exigido pela norma. Entram aqui a nota promissória e a letra de câmbio.

3.4.3. Quanto à estrutura

a) Ordem de pagamento: existem *três* pessoas envolvidas na relação cambial original. O *sacador (ou emitente)* emite o título de crédito *determinando* que *sacado* pague ao *tomador (ou beneficiário)* determinada quantia. Não desnatura a ordem de pagamento o fato de sacador e tomador serem a mesma pessoa. É a estrutura da letra de câmbio, do cheque e da duplicata.

b) Promessa de pagamento: existem *duas* pessoas envolvidas na relação cambial original. O *sacador* emite o título *prometendo* pagar ao *tomador* determinada quantia. Aplica-se à nota promissória.

3.4.4. Quanto às hipóteses de emissão

a) Causais: *a lei autoriza sua emissão apenas em hipóteses específicas*. É o caso da duplicata, que somente pode ser emitida para representar compra e venda com pagamento a prazo ou prestação de serviços.

b) Não causais (ou abstratos): *podem ser emitidos em qualquer situação*. Cheque, letra de câmbio e nota promissória são títulos não causais, pois estão autorizados a representar obrigações de qualquer natureza.

3.4.5. Quanto à circulação

a) Ao portador: *transmite-se com a simples tradição*, a entrega física da cártula a terceira pessoa. Caracteriza-se pela ausência de indicação do tomador. Atualmente, o único título autorizado a ser emitido "ao portador" é o cheque de valor inferior a R$ 100,00;

b) Nominais "à ordem": *por indicar quem é seu beneficiário original*, caso este deseje transferir o crédito representado no título para terceiro deverá fazê-lo formalmente. Sua circulação está, destarte, *autorizada através da relação cambial conhecida por* **endosso**, que transmite ao novo credor todos os direitos relativos ao título. Estudaremos as regras aplicáveis ao endosso mais adiante;

c) Nominais "não à ordem": *sua circulação não está autorizada*, ao menos não por relações cambiais. Quer o sacador evitar a circulação do título, mantendo-se vinculado apenas ao beneficiário original expressamente indicado. Trata-se de cláusula excepcional, pois afronta a própria natureza do título, e, portanto, deve estar expressa. Caso seja feito o endosso, este não será considerado como tal, mas sim **cessão civil de crédito**, ou seja, relação de Direito Civil e não de Direito Cambiário. Sua diferença para o endosso será analisada junto com este.

Afaste-se, desde já, antiga dúvida sobre a correta aplicação dos termos *nominal* e *nominativo*: título de crédito que indica o tomador é *nominal*; título *nominativo* é espécie de título nominal, em que a transferência de titularidade, para ser eficaz perante o emitente, depende de registro em livro empresarial próprio (ex.: certificado de ações).

3.5. Nascimento da obrigação cambial

Ao longo do tempo, surgiram duas teorias sobre o momento em que o título considera-se emitido e, portanto, válido. Segundo a **teoria da criação**, *considera-se emitido o título no momento da assinatura, sendo válido ainda que entre em circulação contra a vontade do sacador*.

Já para os adeptos da **teoria da emissão**, *considera-se emitido o título no momento de sua entrega voluntária e efetiva pelo sacador ao beneficiário*. De nada vale, para esta teoria, estar o título completo e assinado sem que o seu emitente deliberadamente o ponha em circulação.

O CC adotou a teoria da criação, porém de forma abrandada. Lê-se *ipsis litteris* no art. 905, parágrafo único, a regra acima descrita caracterizadora de tal teoria. Não obstante, poderá o emitente recuperar o título das mãos de quem o detenha sem motivo justo (*abrandamento pela teoria da emissão*). Ocorre que, se terceira pessoa já está na posse do título e desconhece o vício de sua origem, evidenciando sua boa-fé, terá direito à quitação da cártula em seu favor, o que, mais uma vez, comprova a opção da Lei Civil pela teoria da criação.

3.6. Legislação aplicável aos títulos de crédito

A avaliação de quais normas vigem no País sobre os títulos de crédito é causa de antigas divergências doutrinárias e jurisprudenciais. Consolidando a posição majoritária extraída dos debates, e principalmente a pacificação do assunto pelo STF, temos o seguinte cenário: para o cheque, existe lei especial a ser observada (Lei 7.357/1985); para a duplicata, idem (Lei 5.474/1968 e Lei 13.775/2018); para a letra de câmbio e nota promissória, vigem entre nós as Convenções de Genebra Sobre Letra de Câmbio e Nota Promissória, também conhecidas como **Lei Uniforme** – LU, introduzidas no ordenamento pelos Decretos 57.595/1966 e 57.663/1966 *com reservas*, ou seja, *não aplicamos todos os itens do tratado internacional*; para os casos omissos relativos à letra de câmbio e à nota promissória, continua em vigor o Decreto 2.044/1908; havendo ainda casos omissos ou em complementação às regras dos demais títulos, recorremos ao CC, também regulador dos títulos de créditos atípicos.

3.7. Requisitos materiais gerais

Os títulos de crédito, para serem considerados como tais, necessitam apresentar em seu corpo determinadas informações obrigatórias. Neste diapasão, encontramos pontos cuja exigência é geral para todo e qualquer título e outros específicos para cada um. Dos gerais tratamos agora. Os específicos serão estudados posteriormente junto às regras afeitas a cada título.

Devem constar em toda cártula:

a) Denominação do título, seu nome (cheque, duplicata etc.) no corpo do texto e na mesma língua da redação do título;

b) Assinatura do subscritor, também chamado de *emitente* ou *sacador*;

c) Identificação de quem deve pagar, constando, além do nome, documento oficial de identificação pessoal (RG, CPF, título de eleitor ou carteira de trabalho);

d) Indicação precisa do valor a ser pago, em números ou por extenso;

e) Data do vencimento, cuja omissão implica vencimento *à vista* (no momento de sua apresentação para pagamento). Além dessa modalidade, o vencimento pode ser estipulado *a certo termo da vista* (ex.: o título vence em 15 dias a partir da sua apresentação ao sacado), *a certo termo da data* (ex.: o título vence em 15 dias contados da data do saque) ou *em data certa* (ex.: o título vence no dia 15 de março de 2011);

f) Data da emissão;

g) Local da emissão e do pagamento, na falta, considera-se o domicílio do emitente ou do sacado, dependendo do título.

Tais requisitos, a despeito de serem obrigatórios, não o são desde o nascimento do título. Não há obstáculo legal para que este seja emitido ou mesmo circule incompleto (faltando a data do vencimento ou o valor a ser pago, por exemplo). As exigências devem se fazer presentes apenas no momento de sua cobrança ou do protesto, cabendo ao possuidor do título preenchê-las de boa-fé (STF, Súmula 387).

O preenchimento indevido por parte de um dos possuidores não pode ser oposto contra aquele que adquiriu o título de boa-fé, por conta da regra da inoponibilidade das exceções pessoais. O obrigado deve pagar o título conforme as determinações nele escritas (**princípio da literalidade**) e voltar-se contra aquele que o preencheu em desacordo com o pacto inicial.

Lembre-se, em derradeiro, que o título é *autônomo* em relação à obrigação que lhe deu origem. Isto implica que a falta de requisito legal obrigatório irá retirar sua natureza de título de crédito, porém não implica nulidade do negócio original. A cártula *não é a própria obrigação, apenas a representa* (art. 888 do CC).

3.8. Títulos de crédito em espécie

3.8.1. Letra de câmbio

A letra de câmbio é o título de crédito por excelência, do qual se originaram todos os outros e o próprio estudo do Direito Cambiário (termo, aliás, derivado de *cambial*, sinônimo bastante utilizado de letra de câmbio). Isso porque sobre ela se aplicam todos os institutos de Direito Cambiário, sendo neste ponto a mais completa das cártulas. Assim, por questões didáticas, iniciamos por ela nossa incursão nas espécies de títulos de crédito, dado que seu estudo permite um conhecimento amplo do tema, autorizando que tratemos, quanto aos demais títulos, somente de suas especificidades em cada ato cambiário.

Letra de câmbio é título de crédito à ordem, que se cria através do **saque**, *completando-se pelo* **aceite**, *que se transfere por* **endosso** *e se garante por* **aval**.

Trata-se, na estrutura, de uma *ordem de pagamento*. Com isso, sabemos que existem três pessoas envolvidas na relação cambial. Acompanhe o esquema gráfico abaixo:

Sacador → ordem → Sacado → Pagamento → Tomador

Denomina-se *saque* o ato de constituição do título de crédito, o qual, segundo a **teoria da criação** por nós adotada, completa-se com a *assinatura* da cártula. *Sacador*, portanto, é quem emite a letra de câmbio.

Ele o faz porque tem uma dívida com alguém, chamado de *tomador*, o beneficiário do crédito. Porém, ele também tem um crédito com terceira pessoa. Logo, a fim de simplificar as relações obrigacionais existentes, o sacador emite uma *ordem de pagamento* para que seu devedor, o *sacado*, pague certo valor ao tomador. Chegada a data do vencimento, o tomador, *que detém a cártula*, leva-a ao sacado para cobrança. Assim, tanto o sacador quita sua dívida com o tomador quanto o sacado extingue sua obrigação com o sacador (caso os valores sejam os mesmos).

Repise-se que sacador e tomador, ou mesmo sacador e sacado, *podem ser a mesma pessoa*, conforme o art. 3º da LU.

Resta apontar os requisitos específicos para a validade da letra de câmbio: o *termo "letra de câmbio"* no corpo do texto e na mesma língua da redação do título; *mandado puro e simples* de pagar determinada quantia, ou seja, a ordem de pagamento sem qualquer condição; a ausência de indicação do local do pagamento implica *domicílio do sacado*, indicando que, salvo disposição em contrário, a letra consubstancia *dívida quesível*; é *vedada* a emissão de letra de câmbio ao portador; a ausência de indicação do local de emissão da letra faz presumir que esta foi passada no *domicílio do sacador*.

Há, ainda, um outro efeito importante do saque: a vinculação do sacador como *coobrigado pelo pagamento do título*. Ao emitir a letra determinando que o sacado pague-a ao tomador, o sacador assume os riscos do sacado não fazê-lo, de forma justificada ou injustificada. Em qualquer das situações, o tomador poderá cobrar a dívida do próprio sacador, afinal existe entre eles uma relação jurídica obrigacional preexistente à própria letra de câmbio.

Entretanto, deve o tomador buscar o pagamento primeiramente com o sacado. Ele é o *devedor principal* do título. O sacador, e outros personagens que poderão ingressar depois na relação cambial, são classificados como *coobrigados*, detentores do benefício de ordem no momento do pagamento. Podem ser chamados a honrar a obrigação apenas se o devedor principal e seu avalista, caso existente, não o fizerem no vencimento do título.

a) Aceite

Aceite *é o ato cambiário que vincula o sacado como devedor principal da letra de câmbio*. A partir deste momento, ele passa a ser denominado **aceitante**.

Para tanto, deve o aceitante apor sua assinatura no anverso do título. O aceite pode ser dado no verso da cártula, mas nesse caso o ato deve ser identificado (a assinatura do aceitante deve vir precedida da palavra "aceito" ou qualquer outra com o mesmo sentido). Diante do **princípio da literalidade**, o aceite deve ser dado no próprio título, não se reconhecendo o ato praticado por instrumento separado.

O aceite é *irretratável*, mas não obrigatório. O sacado não é obrigado a aceitar a letra, ainda que realmente tenha uma dívida com o sacador. Em caso de recusa do aceite, opera-se o *vencimento antecipado* do título, devendo este ser *protestado por falta de aceite* até o primeiro dia útil seguinte para que o tomador possa acionar o sacador. Note que o vencimento antecipado faz letra morta do prazo de pagamento eventualmente constante na cambial e o protesto é *indispensável* para que o tomador tenha direito de cobrar os coobrigados.

Situação equivalente ocorre nas hipóteses de **aceite limitativo** (*o aceitante aceita apenas parte do valor expresso na letra*) ou **aceite modificativo** (*o aceitante aceita o valor total, mas impõe modificações nas condições de pagamento, como o prazo de vencimento*), ambas espécies do gênero **aceite parcial**. Totalmente lícita, esta modalidade vincula o aceitante nos exatos termos de seu ato, mas também opera o vencimento antecipado *de toda a dívida* para os coobrigados. Afinal, se o aceite foi apenas parcial, é certo dizer que houve também uma recusa.

Para evitar que os efeitos da falta de aceite (como o vencimento antecipado) voltem contra si, pode o sacador inserir na letra de câmbio a cláusula "não aceitável". Com ela, o tomador não deve levar o título para aceite pelo sacado, mas, se o fizer, a recusa não implicará vencimento antecipado da obrigação cambial. É importante frisar que a cláusula "não aceitável" *não desonera o sacador como coobrigado*, tão somente permite que ele seja cobrado no prazo de vencimento inicialmente pactuado. É proibida a inclusão da cláusula nas letras que vencem a certo termo da vista, já que nestas o prazo de vencimento começa a correr justamente do aceite.

A LU permite, outrossim, o **aceite domiciliado**, no qual o aceitante, caso o local de pagamento seja seu próprio domicílio, ao aceitar a letra, *indica outro domicílio para o adimplemento da obrigação*. A decorrência prática disso é a alteração da competência para a cobrança judicial da dívida não paga, pois esta se estabelece na praça de pagamento indicada na cártula.

Em qualquer das modalidades, ou mesmo recusando-se a aceitar, o sacado não pode reter consigo a letra de câmbio, dado que o tomador dela necessita para promover o protesto por falta de aceite e a ação cambial contra os coobrigados (**princípio da cartularidade**). Se o fizer, cabe ao tomador protestar o título **por falta de devolução**, indicando ao tabelião as características da cártula para que aquele lavre o ato (**protesto por indicação**). Parte da doutrina entende inútil essa modalidade de protesto, porque o título continuará indevidamente nas mãos do devedor. A despeito dessa opinião, reputamos válido o ato do tabelião porque, ainda assim, terá o condão de autorizar a cobrança judicial dos coobrigados pelo pagamento da cártula.

A letra deve ser apresentada para aceite em certo prazo, a depender da modalidade do vencimento: para letras vencíveis a certo termo da data ou em data certa, o título deve ser levado ao sacado *até o prazo do vencimento*; nos casos de vencimento à vista ou a certo termo da vista, *em até um ano contado da data do saque*. Prazo diverso, contudo, pode ser estipulado pelo sacador. Em qualquer das situações, o desrespeito ao prazo de apresentação gera a perda do direito de cobrança em relação aos coobrigados.

Apresentada a letra, o sacado tem direito de exigir *que ela lhe seja reapresentada novamente em 24 horas*, dando a si mesmo tempo para ponderar sobre a conveniência de exarar ou não seu aceite. É o que a doutrina chama de **prazo de respiro**.

b) Endosso

É o ato cambiário destinado a transferir a titularidade do crédito e todos os direitos decorrentes do título para terceira pessoa. Obviamente, está presente apenas nos títulos nominais, pois aqueles ao portador transmitem-se com a simples tradição da cártula, e à ordem, já que a inserção da cláusula "não à ordem", como vimos, limita a transferência do crédito pela via cambiária.

O endosso serve à negociabilidade do título, fazendo com que o crédito circule de forma mais rápida e simples. Para o endosso, basta a assinatura do endossante no verso do título. O ato pode ser indicado no anverso, mas para tanto deverá ser identificado através de expressão clara de que se trata de um endosso.

Segue-se ao endosso a entrega da cártula ao endossatário. Nem poderia ser diferente, dado que este, atual credor do valor expresso no título, dela precisará para exigir o pagamento do devedor principal ou de outros coobrigados. É por esse motivo que *é proibido o **endosso parcial (ou limitado)***, aquele que transfere somente parte do crédito. Se fosse válido, seria exigido que tanto endossante quanto endossatário estivessem na posse do título para cada um exigir sua parte, possibilidade que não se vislumbra.

Também não vale o **endosso condicionado**. Qualquer condição que acompanhe o ato cambial é considerada não escrita.

Mister destacar que, mesmo transferindo o crédito e entregando o título ao endossatário, o endossante continua presente na cadeia de cobrança. Conclui-se, então, que o endosso tem *dois efeitos*: a *transferência do crédito* e todos os direitos relativos ao título e a *vinculação do endossante como coobrigado*. Se no vencimento não for paga a dívida pelo aceitante, o legítimo possuidor do título pode cobrá-lo de qualquer coobrigado, categoria que, sabemos agora, inclui, além do sacador, os endossantes.

O endosso pode ser realizado *até a data do protesto por falta de pagamento ou o escoamento de seu prazo*. Se realizado posteriormente, recebe o nome de **endosso póstumo (ou tardio)** e é considerado *cessão civil do crédito*, que é ato civil, e não endosso propriamente dito, que é ato cambial. Terá a mesma consequência o endosso exarado em título "não à ordem".

Destacamos abaixo as principais diferenças entre endosso e cessão civil:

Endosso	Cessão civil de crédito
Ato regulamentado pelo Direito Cambial	Ato regulamentado pelo Direito Civil
Unilateral	Bilateral
Somente permitido no próprio título	Pode ser feito em instrumento separado
Responde pela existência do crédito e vincula o endossante ao seu pagamento	Responde apenas pela existência do crédito, não se vinculando ao pagamento
Inoponibilidade das exceções pessoais	Pode o devedor opor ao cessionário as exceções pessoais que tinha contra o cedente

Pode, ainda, o endosso ser **em preto** ou **em branco**. **Endosso em preto** *é aquele que identifica o endossatário*; **endosso em branco**, em contrapartida, *é aquele que não o identifica*. O endossatário do endosso em preto pode endossar posteriormente o título através de endosso em branco. Quem recebe a cártula por endosso em branco *pode transformá-lo em endosso em preto*, inserindo seu nome após o ato. Note que o endosso em branco, por não identificar o endossatário, legitima qualquer pessoa a estar na posse do título, tornando-o *ao portador*. A simples tradição da cambial, por aquele que a recebeu através de endosso em branco, é perfeitamente apta a transferir o crédito (porque falamos de título ao portador) e *não vincula aquele que a entrega como coobrigado pelo pagamento*.

Em qualquer dos casos, o endossante pode inserir no endosso a cláusula "não à ordem", evitando, assim, a livre circulação do crédito. A razão disso reside na vontade do endossante de vincular-se apenas ao endossatário original, não desejando ser chamado a pagar a dívida para pessoa estranha.

É possível, outrossim, que o endossante *não deseje se vincular como coobrigado*. Este ato não desnatura o endosso, mas, por se tratar de exceção ao disposto na legislação, há de ser expresso através da **cláusula "sem garantia"**, devendo este termo constar do endosso.

Não há limite no número de endossos permitidos na mesma cártula, prevendo a LU que deve ser anexada uma folha em branco ao título para que as assinaturas sejam apostas na hipótese de não haver mais espaço no corpo deste documento.

Bastante comum na doutrina é a diferenciação entre **endosso próprio** e **endosso impróprio**. *Próprio é o endosso que opera os dois efeitos que lhe são naturais*: a transferência do crédito e todos os direitos relativos ao título e a vinculação do endossante como coobrigado. **Endosso impróprio** *é aquele que tem outro objetivo que não a transferência do crédito, garantindo ao possuidor da cártula apenas os demais direitos a ela relativos*.

Fala-se em **endosso-mandato (ou endosso-procuração)** quando *o título é endossado exclusivamente para que o endossatário cobre a dívida em nome do endossante, agindo como seu representante*, continuando o crédito de propriedade deste último. Por atuar o endossatário em nome do endossante, o devedor pode opor ao pagamento unicamente as exceções pessoais que detenha contra o endossante. Responderá o endossatário nesse caso, porém, se extrapolar os limites do mandato (STJ, Súmula 476).

Endosso-caução (ou endosso-pignoratício ou endosso-garantia) é espécie de endosso impróprio que *transfere a posse da cártula ao endossatário como garantia do pagamento de uma dívida pelo endossante*. Adimplida a obrigação, retorna para este o título para que execute a cobrança dos devedores da relação cambiária. Caso o endossante não cumpra sua obrigação, e somente neste momento, terá o endossatário que recebeu a cártula em garantia a plena titularidade dos direitos a ela relativos.

Em derradeiro, anote-se o conceito de **endosso de retorno**, que ocorre quando *o endossatário é pessoa já obrigada no título*, ou seja, um endossante anterior. Exemplo: A endossa o título a B, que por sua vez o endossa a C, que vem a endossá-lo para A. Este último ato é o endosso de retorno. Nesse exemplo, caso A venha a endossar o título para D, seu ato receberá o nome de **reendosso**, que pode ser definido como *o novo endosso realizado por aquele que já era endossante*. Em outras palavras, *é o endosso praticado por quem recebeu a cambial através de endosso de retorno*.

c) Aval

Aval é o ato cambiário através do qual uma pessoa torna-se garantidora de outra na obrigação do pagamento. Ao avalizar a obrigação, um terceiro, até então estranho ao título ou mesmo alguém já obrigado, garante o pagamento caso seu avalizado não o faça.

O instituto é bastante similar à fiança do Direito Civil. Por isso, da mesma forma que fizemos com o endosso e a cessão civil de crédito, estabelecemos as diferenças conceituais do aval e da fiança no quadro abaixo:

Aval	Fiança
Ato regulamentado pelo Direito Cambial	Ato regulamentado pelo Direito Civil
Somente permitido no próprio título*	Pode ser feito em instrumento separado
Inoponibilidade das exceções pessoais	Pode o devedor opor ao fiador as exceções pessoais que tinha contra o afiançado
Não existe benefício de ordem	O fiador tem direito de ser cobrado apenas se o afiançado não pagar

* Segundo iterativa jurisprudência do STJ, é de ser reconhecido como instituto equivalente ao aval o acordo celebrado em instrumento separado vinculado a título de crédito, evitando-se apegos excessivos ao formalismo (REsp 200421/ES, DJ, 25/09/2000). No mesmo sentido a Súmula 26 do Pretório Superior: "o avalista do título de crédito vinculado a contrato de mútuo também responde pelas obrigações pactuadas, quando no contrato figurar como devedor solidário".

Costuma-se dizer que o avalista é *devedor igual* ao avalizado, isto é, ele se obriga no título no mesmo *status* daquele que garante: se avaliza a obrigação do aceitante, será tratado também como *devedor principal*; se avaliza o sacador ou qualquer endossante, será equiparado a *coobrigado*. A principal implicância dessa regra é a necessidade (para os coobrigados) ou desnecessidade (para o devedor principal) do protesto para serem incluídos no polo passivo da cobrança da dívida.

O aval é dado pela simples assinatura do avalista no anverso do título. Pode ser feito no verso, desde que identificado o ato pela expressão "em aval" ou qualquer outra equivalente.

Regra importante decorre do **princípio da autonomia das relações cambiais** no que tange ao aval. Ele é considerado como uma relação autônoma diante daquela assumida pelo avalizado. Isso significa que, mesmo sendo declarada nula, por qualquer motivo, a obrigação do avalizado (é pessoa absolutamente incapaz, por exemplo), *subsiste a obrigação do avalista*. Segue-se o mesmo raciocínio em caso de falência do avalizado, caso seja pessoa jurídica.

Denomina-se **aval antecipado** aquele dado em prol do sacado antes que este aceite a letra. Igualmente em face da autonomia do aval já mencionada, o aceite do sacado *não é* requisito para a validade do aval. O avalista continua obrigado ao pagamento independentemente da postura do sacado, ou seja, poderá ser compelido a pagar o valor garantido mesmo que o sacado recuse o aceite.

Tal como o endosso, o aval pode ser **em preto** ou **em branco**, conforme identifique ou não o avalizado, respectivamente. O aval em branco considera-se dado em favor do *sacador*. Nos termos da Súmula 189 do STF: "Avais em branco e superpostos consideram-se simultâneos e não sucessivos". Isso significa que, se dois ou mais avalistas lançam sua assinatura na cambial sem indicar o avalizado, considera-se que são todos avalistas do sacador (**aval simultâneo**), e não avalistas de outros avalistas (**aval sucessivo**).

A LU permite o **aval parcial (ou limitado)**, quando *o avalista garante apenas parte da dívida*. Diante do **princípio da literalidade**, deve a parcela garantida constar expressamente no próprio título.

Reconhece-se, da mesma forma, o aval dado após o *vencimento* da dívida cambial como válido. *Não o será*, todavia, o aval exarado após o *protesto* do título.

Por fim, sobre a necessidade de outorga marital ou uxória para a validade do aval prevista no art. 1.647, III, do CC, destaque-se que o STJ firmou posição no sentido contrário, ou seja, dando à lei civil interpretação sistemática para **afastar** a obrigatoriedade da manifestação do cônjuge (REsp 1.526.560/MG, j. 16/05/2017).

d) Pagamento do título

Para tratarmos das variadas situações que podem ocorrer no momento do pagamento da cártula, considere o esquema abaixo como exemplo geral:

Chegada a data do vencimento, deve o credor do título levá-lo até o aceitante para pagamento, pois, como vimos, em regra o título de crédito representa **dívida quesível**, sendo o aceitante seu *devedor principal*.

Se o aceitante pagar o título, *estão extintas todas as relações jurídicas representadas pela cártula*, pois a obrigação foi cumprida pelo verdadeiro sujeito passivo. De outra banda, se o pagamento foi realizado pelo avalista do aceitante, as demais relações cambiais também se extinguem, *exceto aquela que vincula avalista e aceitante*. Com efeito, o avalista mantém seu **direito de regresso** contra o avalizado e pode buscar com este o ressarcimento pelo que pagou.

Agora, se é um dos coobrigados ou seu avalista que paga, *este ato desonera todos os coobrigados que lhe sejam posteriores na cadeia de circulação da cambial*, podendo buscar o ressarcimento com qualquer outro devedor anterior.

Exemplo: se o Endossante 3 paga o credor, ele pode ser ressarcido por qualquer um dos outros, pois todos são anteriores na cadeia. Se é o Endossante 1 quem paga, *ele não poderá cobrar o Endossante 2, nem o Endossante 3, nem o Avalista B, que são posteriores na cadeia*. Deverá voltar-se contra o Tomador, o Aceitante, o Avalista A ou mesmo o Sacador. Quando este (Sacador) é quem paga o título, como todos os demais são posteriores, resta-lhe cobrar o Aceitante e seu Avalista.

Quem realiza o pagamento tem o direito de ficar com a cártula (**princípio da cartularidade**), na qual deverá ser registrada a respectiva quitação (**princípio da literalidade**), a fim de evitar o endosso do título já pago a terceiro de boa-fé, que teria, se tal endosso acontecesse, o direito de receber o valor nele representado (**princípio da autonomia das relações cambiais**).

É possível o pagamento parcial. Nesse caso, o credor mantém a posse do título, nele apondo o recibo relativo ao montante que recebeu.

Igualmente em decorrência do **princípio da literalidade**, o coobrigado que paga o título deve riscar deste seu endosso ou aval e todos que lhe sejam posteriores, mantendo íntegras apenas as relações cambiárias prévias.

e) Protesto

Havendo recusa de pagamento pelo aceitante ou seu avalista, deve o credor promover o **protesto por falta de pagamento** no Tabelionato de Protestos para que mantenha íntegro seu direito de acionar os *coobrigados e respectivos avalistas*. **Protesto** pode ser definido como *o ato extrajudicial e solene que constitui o devedor em mora no cumprimento de sua obrigação*.

Há divergência sobre o prazo para que o protesto seja realizado: a LU impõe o prazo de dois dias úteis após o vencimento, porém o Brasil assinalou uma reserva à entrada em vigor deste artigo, razão pela qual alguns autores sustentam que se aplica o Decreto 2.044/1908, o qual determina que o protesto seja realizado no dia útil seguinte ao vencimento. À míngua de decisões judiciais sobre o tema, a maioria da doutrina defende a aplicação do Decreto, não só pela questão da reserva, como também por se tratar de um prazo decadencial que, se não observado, extinguirá o direito de crédito contra os coobrigados no título. Por sua importância, é salutar cumprir o prazo mais exíguo, de um dia útil, imposto pelo Decreto 2.044/1908.

Escoado o prazo sem que tenha sido realizado o protesto, repise-se, perde o credor o direito de cobrar a dívida cambial de *todos* os coobrigados e seus avalistas, mantendo-se apenas o aceitante e seu garantidor. É por esse motivo que dizemos que o protesto é *necessário* em relação aos coobrigados e *facultativo* quanto ao aceitante.

Encontra-se exceção a essa regra se o título for sacado com a **cláusula "sem despesas"**, ou termo equivalente, que *exclui a obrigatoriedade do protesto para cobrança dos coobrigados e avalistas, desde que tenha sido incluída pelo sacador*. A rigor, qualquer endossante pode incluir a cláusula, mas nesse caso *estará liberando o credor do protesto apenas em relação a si mesmo*.

O **cancelamento** do protesto pode ser realizado após o pagamento do título, mediante sua apresentação ao Tabelião pelo devedor, considerando que a posse da cambial pelo devedor faz presumir a quitação. Sendo impossível a apresentação da cártula original, o devedor pode provar o pagamento mediante declaração escrita do credor que o recebeu (com firma reconhecida). Em recente julgado, o STJ sacramentou o entendimento de que o ônus de requerer a baixa no registro de protesto corretamente lavrado após o pagamento é do *devedor*, ainda que com base em relação de consumo, não lhe assistindo direito a indenização com fundamento na demora do credor em informar o adimplemento da obrigação ao tabelião (STJ, REsp 1195668/RS, DJ 11/09/2012).

Pedidos de cancelamento do protesto fundados em outros argumentos que não o pagamento não podem ser atendidos diretamente pelo Tabelião. Mostra-se inafastável, nessas hipóteses, a determinação judicial obtida em ação própria, comumente conhecida como *sustação de protesto*. A causa de pedir mais comum é o dano moral decorrente do protesto indevido do título (porque, por exemplo, ainda não chegou seu vencimento) diante da inevitável restrição ao crédito na praça ao empresário que sucederá ao ato do Tabelião. Nessa hipótese, responderá pelos danos decorrentes do protesto indevido relacionado com a existência de vícios formais no título também o endossatário que o promover, ressalvado direito de regresso contra os endossantes e avalistas (STJ, Súmula 475).

Não se esqueça de que, ao lado do protesto por falta de pagamento, é cabível também o *protesto por falta de aceite*, comentado supra, quando o sacado se recusa a aceitar a ordem emitida pelo sacador, e o *protesto por falta de devolução do título*, sobre o qual discorremos no item "a". Para que o tomador possa voltar-se contra este, consubstanciando o vencimento antecipado da dívida, o protesto por falta de aceite é *obrigatório*.

3.8.2. Nota promissória

Diferentemente da letra de câmbio, a nota promissória é uma **promessa de pagamento**, e não uma ordem. Disso decorre que *o próprio sacador é o devedor da quantia representada pelo título*:

A estrutura da nota promissória como uma promessa de pagamento cria, portanto, *apenas uma relação jurídica*: aquele que saca a nota promissória (sacador) compromete-se a pagar certa quantia ao beneficiário da cártula (tomador) no vencimento nela expresso.

Ante a ausência da figura do sacado, *não há que se falar em aceite*, pois não existe qualquer ordem para outrem pagar a quantia. Com o saque, o emitente automaticamente se vincula ao pagamento como *devedor principal do título*. Seria absurdo exigir que o tomador, em determinado prazo, oferecesse o documento para aceite pela própria pessoa que o emitiu e, já com esse ato, prometeu pagar a quantia.

Para que se caracterize como título de crédito, a nota promissória deve apresentar os seguintes requisitos: o *termo "nota promissória"* no corpo do texto e na mesma língua deste; a *promessa pura e simples* (incondicionada) de pagar quantia determinada; *lugar do pagamento*, cuja ausência impõe que ele seja feito no *local da emissão*; *nome do beneficiário*, sendo proibida a emissão de nota promissória ao portador; *local e data da emissão*, sendo que a ausência da data desnatura o documento como título de crédito, já que é informação fundamental para verificar a capacidade das partes e a prescrição, ao passo que na ausência do local será considerado o *domicílio do subscritor*; a *assinatura do emitente*; e a *época do pagamento*, ou seja, o prazo de vencimento.

Quanto ao vencimento da nota promissória, não podemos nos furtar a colacionar robusta divergência doutrinária que cerca o tema. Ninguém discute a possibilidade de a nota ser sacada com vencimento em data certa, a certo termo da data ou à vista. Coloca-se o embate entre os doutrinadores, contudo, sobre a possibilidade de saque de nota promissória *a certo termo da vista*. Rubens Requião e Victor Eduardo Rios Gonçalves, entre outros, negam a cláusula, argumentando que ela pressupõe a existência do aceite. Se este não se exige na nota promissória, inviável o vencimento a certo termo da vista.

Fábio Ulhôa Coelho e Fran Martins, acompanhados de outros renomados doutrinadores, admitem o vencimento a certo termo da vista na nota promissória escorados no art. 78 da LU, o qual, realmente, expõe as regras a serem seguidas nessa hipótese, razão pela qual adotamos a linha interpretativa dos últimos autores mencionados.

Na nota sacada a certo termo da vista, tem o tomador a obrigação de levá-la ao sacador no prazo de um ano contado da emissão para que o título seja **visado**, apondo-se a data deste ato, *que em nenhum momento se confunde com o aceite*. Não tem natureza de obrigação cambial. Sua função é exclusivamente demarcar o termo inicial do vencimento a certo termo da vista.

Dispõe, ainda, a LU que o visto do sacador sem que seja datado cria a possibilidade de o título ser **protestado** pela falta dessa informação. Nesse caso, reputa-se a data do protesto como início do lapso temporal indicado na cártula para o vencimento.

a) Aceite

Repise-se, não há aceite na nota promissória.

b) Endosso, aval e pagamento do título

Seguem-se as mesmas regras indicadas para a letra de câmbio.

c) Protesto

Igualmente, devem ser aplicadas as determinações da letra de câmbio, isto é, o protesto é *facultativo* para o devedor principal e seu avalista e *obrigatório* para a cobrança de qualquer coobrigado ou respectivo avalista. Cabe, unicamente, um cuidado: na nota promissória, o *sacador é devedor principal*, e não coobrigado como na letra de câmbio, de forma que, contra ele, o *protesto é facultativo*.

d) Nota promissória vinculada e o STJ

É possível, e cada vez mais comum, a emissão de notas promissórias como *garantias* vinculadas a determinado contrato. Seja em parcelas ou quota única, com o pagamento pelo devedor a nota é entregue a este acompanhada do respectivo recibo de quitação. Por outro lado, se configurado o inadimplemento, os títulos são executados no Poder Judiciário.

Essa hipótese, é bom que se diga, *não altera* a classificação da nota promissória como **título de crédito não causal** (item 3.4.4). O contrato celebrado entre as partes não é *a causa determinante* do saque da cártula, como se exige para os títulos causais. As partes somente concordam que as notas promissórias sigam anexas ao pacto, vinculadas a este no tanto em que representam a dívida assumida. Não perdem sua autonomia como títulos de crédito, *sendo plenamente negociáveis*.

Entretanto, não é assim que o STJ enxerga a questão. Para o Colendo Tribunal Superior, há que se distinguir o contrato ao qual se vincula a nota promissória para saber se esta mantém sua autonomia ou não.

Neste estudo, segue-se uma regra bastante simples: se o contrato que deu origem às promissórias *possuir a força de título executivo extrajudicial*, elas mantêm sua autonomia, podendo ser livremente negociadas no mercado, subsistindo todas as regras até aqui estudadas. Na outra mão, caso o contrato de origem *não seja título executivo extrajudicial*, as cártulas perdem a autonomia, ficando eternamente vinculadas ao acordo. Entende o STJ que as notas foram emitidas justamente para entregar ao contrato a força da executividade, a qual obviamente se perderia caso a nota promissória fosse endossada e, assim, acabasse por anular um dos itens do acordo de vontades. Veja a Súmula 258 do STJ: "A nota promissória vinculada a contrato de abertura de crédito não goza de autonomia em razão da iliquidez do título que a originou".

A vinculação entre nota promissória e contrato é tamanha que o mesmo tribunal aceita que este complete requisito essencial à validade daquela, já tendo decidido que a falta de data na promissória não a descaracteriza se a data pode ser apurada pela assinatura do contrato (STJ, REsp 968320/MG, DJ 19/08/2010).

3.8.3. Cheque

Regulado pela Lei 7.357/1985, cheque *é o título de crédito que representa ordem de pagamento à vista do sacador contra banco ou instituição financeira*. Como ordem de pagamento, estabelece relação jurídica cambiária entre três pessoas, mas aqui temos uma característica peculiar quanto ao sacado: trata-se de instituição financeira regularmente inscrita no Banco Central.

Sacado → Ordem → Sacado (Banco) $$ → Pagamento → Tomador

Disso decorre, ao contrário da letra de câmbio, que o sacado só pode ser pessoa jurídica e deve existir um relacionamento anterior entre este e o sacador. Enquanto nos demais títulos de crédito não se pressupõe que os credores e devedores cambiários tenham antes se obrigado mutuamente por qualquer motivo, para a emissão de um cheque é *imprescindível* que o sacador seja correntista do banco sacado, ou seja, que já exista um contrato que vincula a ambos antes mesmo da emissão da cártula.

Outra característica diferenciadora do cheque, a qual não deixa de ser uma decorrência lógica da regra anterior, é o fato do banco sacado *não arcar* com o pagamento do título. O dinheiro entregue pela instituição financeira ao tomador no momento em que este apresenta o cheque para pagamento *pertence ao sacador do título*, que anteriormente o depositou no banco para sua segurança pessoal. A ordem não é dada, a rigor, para que o sacado quite a dívida, mas sim para que o banco retire da conta corrente do sacador o dinheiro suficiente para pagar o título.

Não obstante, é totalmente possível que sacador e tomador sejam a mesma pessoa. É a hipótese do correntista sacar um cheque em seu próprio favor para depositá-lo em outra instituição financeira onde também possui aplicações.

Além disso, é salutar recordar que o cheque é título **não causal**, podendo ser emitido em qualquer hipótese e com completa autonomia sobre a relação jurídica obrigacional que o embasa, e **de forma vinculada**, devendo sua impressão seguir as diretrizes colocadas na Resolução 885/83 do Banco Central. É por isso que todos os cheques que conhecemos, não importa de qual banco ele seja, têm todos o mesmo tamanho, formato e informações impressas. Diferentemente da letra de câmbio e da nota promissória, que podem ser emitidas em qualquer papel, digitadas ou manuscritas, desde que contenham os requisitos essenciais estudados, só vale como cheque o documento com as características materiais e formais elencadas pelo Banco Central.

São requisitos específicos do cheque: a palavra *cheque* no corpo do texto e escrita na mesma língua deste; a *ordem incondicional* de pagar quantia em dinheiro; o *nome do banco ou da instituição financeira* a quem a ordem é dirigida (sacado); o *local de pagamento*, sendo considerado, na falta, o lugar do estabelecimento do banco sacado e, também não constando este, no lugar da emissão; o *local da emissão*, sendo considerado aquele escrito junto ao nome do emitente, se houver; a *data da emissão*, podendo ser preenchida pelo credor até a apresentação do título; e a *assinatura* do sacador.

O valor a pagar representado pelo cheque deve ser escrito em algarismos e por extenso, conforme o modelo aprovado pelo Banco Central. Caso exista qualquer divergência entre os valores numérico e por extenso, prevalece este último. Se forem escritos valores diferentes mais de uma vez (seja numericamente, seja por extenso), prevalece o menor.

Conceitualmente, o cheque se paga *à vista*, ou seja, seu vencimento se dá no momento da apresentação ao banco sacado. Considera-se *não escrita* qualquer cláusula que imponha prazo diferente de pagamento (art. 32 da Lei 7.357/1985), sendo, portanto, *totalmente ineficaz* (veja item **e5** abaixo).

a) Aceite

O cheque *não admite aceite*, porque o banco, ainda que ocupe a posição de sacado, *não tem obrigação cambial*.

Como vimos, o dinheiro utilizado para pagamento da cártula pertence ao sacador, cabendo ao sacado unicamente a custódia do numerário e sua entrega ao legítimo portador do título. Dessa forma, ele *não* se responsabiliza pelo seu pagamento, devendo, em caso de falta de provisão de fundos, o tomador cobrar o valor devido do emitente do cheque.

Não podemos confundir a espécie denominada **cheque visado** (item **e1**, abaixo) com aceite, dado que naquela hipótese o banco *também* não assume qualquer obrigação cambial, conforme se verá.

b) Endosso

Atualmente, o cheque é o único título de crédito que se permite que seja emitido **ao portador**, desde que seu valor não ultrapasse R$ 100,00. Na prática, todavia, este limite não é observado diante da possibilidade do legítimo possuidor preencher de boa-fé os requisitos faltantes na cártula, o que acaba permitindo que o cheque, qualquer que seja o valor, circule livremente ("ao portador") e a pessoa que desejar resgatá-lo no banco complete-o com seu nome no instante do depósito.

Sendo nominal, o cheque circula por endosso, que deverá ser *incondicional*, em preto ou em branco.

O modelo de cheque em circulação no País tem incluída por padrão a cláusula "à ordem", a fim de consagrar a facilidade de circulação que é ínsita aos títulos de crédito. Nada obsta, contudo, que o sacador risque o texto da cláusula, transformando o cheque em nominal "não à ordem" e, assim, restringindo a possibilidade de endossos. No mais, aplicam-se todas as regras estudadas para a letra de câmbio.

Cumpre destacar que a conhecida limitação a um endosso por cheque advinha da Lei 9.311/1996, que instituiu a CPMF. Com a extinção desse tributo em 2007, restou revogada a mencionada lei e com ela a regra de limitação dos endossos. Desde então, não há qualquer restrição à circulação do cheque.

Especificamente em relação à cadeia de endossos no cheque, é farta a jurisprudência do STJ sobre o tema, ressaltando que é dever tanto do banco sacado quanto do banco que apresenta o cheque na câmara de compensação verificar a regularidade da cadeia de endossos, sob pena de responderem solidariamente pelos prejuízos causados em face da aceitação de cheque endossado irregularmente (REsp 989076/SP, DJ 30/03/2011; REsp 1007692/RS, DJ 17/08/2010; EREsp 280285/SP, DJ 28/06/2004).

c) Aval

Ao cheque serão aplicadas as regras já estudadas sobre o aval para a letra de câmbio, anotando que o aval em branco *presume-se dado ao sacador* e que o *banco sacado é proibido de ingressar na relação cambiária como avalista de quem quer que seja*.

d) Pagamento do título

Sendo ordem de pagamento à vista, o cheque vence no momento de sua apresentação para pagamento no banco sacado, que pode pagá-lo em dinheiro para o apresentante ou, a pedido deste, creditá-lo na respectiva conta bancária que possua.

Não se permite, por outro lado, que o credor retenha o título pelo tempo que desejar antes de apresentá-lo. Confere-lhe a lei prazo para tanto: 30 dias para cheques de mesma praça e 60 dias para cheques de praças diferentes. A *praça* em questão é a de *emissão* do cheque quando comparada com a do *estabelecimento* do banco sacado. Assim, se consta no cheque como local de emissão o *mesmo município* da agência bancária onde o sacador mantém suas economias, o prazo de apresentação é de 30 dias. Se forem municípios diferentes, 60 dias.

O transcurso do prazo sem apresentação da cártula impõe a perda do direito de cobrança de eventuais coobrigados e seus avalistas e o endosso feito depois disso terá efeito de mera cessão civil de crédito (**endosso póstumo**). Outrossim, o tomador também não poderá responsabilizar o sacador caso não existam mais fundos na conta por circunstância alheia à vontade deste (ex.: falência do banco responsável pela conta corrente, confisco das reservas pelo Governo). Perceba que não é a simples falta de fundos, por dolo ou mero descontrole nas contas pessoais, que exclui a responsabilidade do sacador e seus avalistas. Nesses casos, continua o beneficiário habilitado a manejar a competente ação de execução contra os devedores da cártula até que se dê a prescrição desta (STF, Súmula 600).

Se, muito embora findo o prazo, houver fundos disponíveis na conta do correntista, o banco pagará o cheque. Diga-se que, para haver recusa de pagamento, deve o sacado fundar-se em *motivo justo*, tais como: falta de provisão de fundos, ausência de requisito essencial, incongruência da assinatura, contraordem ou sustação etc.

e) Espécies de cheque

A Lei 7.357/1985 e os costumes empresariais aceitam uma variedade de tipos de cheque, cada um com uma certa função:

e1) Cheque visado

O emitente do *cheque nominal* ou qualquer pessoa que legitimamente o possua, *desde que ainda não tenha recebido qualquer endosso*, pode requerer da instituição financeira sacada que esta *verifique a existência de fundos* na conta do sacador e, havendo-os suficientes, *reserve o valor da cártula para pagamento quando da apresentação*. Para formalizar o ato, o banco lança no título um visto, assinatura ou qualquer outra forma de declaração juntamente com a data no verso da cártula. A este título damos o nome de **cheque visado**.

Como antes mencionado, não se pode confundir o visto lançado pelo banco com o ato cambiário do aceite. O visto não gera qualquer obrigação cambial e, por isso, não torna o banco devedor do pagamento da dívida. Sua obrigação é unicamente de bloquear o valor na conta para entregá-lo ao credor no momento do pagamento.

Entretanto, caso o banco vise o cheque, mas não reserve o numerário, se não houver mais fundos suficientes quando o tomador apresentar o cheque para pagamento, o *banco deve pagar*, mantendo seu direito de regresso contra o correntista. Isso *não* faz do sacado um garantidor do pagamento. Aplica-se a ele, no caso, uma sanção pelo descumprimento de sua obrigação legal.

A reserva fica garantida durante o prazo de apresentação do cheque. Vencido este sem qualquer notícia do credor requerendo o pagamento, o banco libera a quantia bloqueada para uso do sacador.

e2) Cheque administrativo

Espécie de cheque *no qual sacador e sacado são a mesma pessoa, ou seja, uma instituição financeira*. Deve ser, obrigatoriamente, *nominal e admite, como seus congêneres, a oposição de contraordem de pagamento em caso de desacordo comercial (STJ, REsp 290935/RJ, DJ 15/10/2009)*.

O cheque administrativo é aquele emitido pelo banco contra si mesmo, obrigando-se a pagar por ele quando apresentado pelo legítimo possuidor. Sua vantagem está na certeza de liquidez, pois seu pagamento advém das reservas financeiras do próprio banco.

e3) Cheque para ser creditado em conta

Trata-se de *cláusula inserida no cheque pelo sacador que visa a proibir seu pagamento em dinheiro pelo banco sacado, podendo exclusivamente ter seu valor creditado na conta corrente do beneficiário*.

Para sua caracterização, basta que o emitente escreva a expressão "para ser creditado em conta", ou qualquer outra equivalente, no anverso do cheque, no sentido transversal. Com isso, o credor não poderá receber o pagamento pelo cheque em dinheiro no caixa, devendo obrigatoriamente depositá-lo em sua conta.

A ideia é garantir maior segurança ao sacador, que poderá sempre buscar a identificação da pessoa para quem foi pago o título.

e4) Cheque cruzado

Tem exatamente a mesma função do cheque para ser creditado em conta, qual seja, *a proibição do pagamento direto, em dinheiro, ao apresentante, forçando sua liquidação através de depósito bancário* para posterior identificação do beneficiário caso necessário.

O cheque cruzado se caracteriza pela aposição de duas linhas transversais paralelas no anverso do cheque. O cruzamento pode ser **em preto (ou especial)**, caso o emitente ou qualquer outro possuidor legítimo identifique, entre as linhas transversais, o nome do banco onde o cheque deve ser apresentado, ou **em branco (ou geral)**, quando não constam tais informações, podendo o cheque ser apresentado para pagamento em qualquer instituição financeira.

e5) Cheque pré-datado (ou pós-datado)

Talvez esta seja a modalidade de cheque mais comum no mercado, mas é fato que ela *não encontra respaldo na legislação*. Define-se como um costume empresarial, no qual *o emitente inclui no cheque cláusula que garante a existência de fundos em data futura, aceitando o tomador apresentá-lo apenas quando da chegada da data combinada*. Caracteriza-se com a expressão "bom para" ou qualquer outra equivalente no anverso da cártula.

A Lei 7.357/85 opõe-se literalmente à existência do cheque pré-datado, pois conceitua o cheque como *ordem de pagamento à vista* e reputa *não escrita qualquer menção em contrário* (art. 32). Isso significa que a pessoa que saca um cheque nessas condições fecha um "acordo de cavalheiros" com o tomador, acreditando que este não apresentará o cheque antes da data marcada. Porém, se o fizer, o banco ignora a cláusula (pois se considera como não escrita) e paga o valor se houver fundos.

Não se pode negar, de outra sorte, a força do costume no nosso ordenamento jurídico, fonte de direito prevista, inclusive, no art. 113 do CC. Tanto é que o STJ editou a Súmula 370, que reconhece no cheque pré-datado uma fonte de direitos e obrigações: "caracteriza dano moral a apresentação antecipada de cheque pré-datado". É necessário esclarecer, por outro lado, que a responsabilidade civil alcançará apenas o tomador original do cheque pré-datado que o colocou em circulação antes da data pactuada. Por força da regra da **inoponibilidade das exceções pessoais a terceiros de boa-fé**, o endossatário que deposita o cheque pré-datado que recebeu de outrem antes do termo combinado entre as partes originais não pratica ato ilícito, desde que, obviamente, atue *de boa-fé* (a pré-datação não estava expressa no título, por exemplo).

3.8.4. Duplicata

Título de crédito criado no Brasil pela Lei 5.474/68, a duplicata é conceituada como *ordem de pagamento emitida pelo empresário em decorrência de contrato de compra e venda de mercadoria com pagamento a prazo superior a 30 dias ou prestação de serviços*.

Do conceito podemos extrair que a duplicata é **ordem de pagamento**, que cria a estrutura de duas relações jurídicas já conhecida. Devemos destacar as peculiaridades da duplicata: o sacador do título é o *credor da dívida*, o comerciante ou prestador de serviços, e o sacado aquele que deve pagar a obrigação a prazo. Isso ocorre porque *sacador e tomador são a mesma pessoa*, ou seja, o comerciante emite a duplicata determinando que o sacado, seu cliente, pague-lhe a quantia devida no prazo combinado:

```
      Ordem →
      ← Pagamento
Sacador         Sacado
e
Tomador
```

Além disso, a duplicata é **título causal**, de forma que só pode ser emitida em face de uma compra e venda de mercadoria na qual se pactue o pagamento com prazo superior a trinta dias ou prestação de serviços. É emitida pelo próprio empresário em seu favor para que ele tenha a possibilidade de negociar mais facilmente esse crédito a ser satisfeito no futuro para obter capital de giro, por exemplo.

Finalizada a compra e venda, o vendedor deve emitir uma **fatura**, documento empresarial que relaciona as mercadorias negociadas individualizadas em quantidade, natureza e preço. Com base nessa fatura, ele sacará a duplicata, ordenando o pagamento ao sacado, que não é ninguém menos que o comprador.

Trata-se, ainda, de **título de forma vinculada**, sendo seu formato e conteúdo regidos pela própria Lei 5.474/1968, que elenca seus requisitos específicos: a denominação *duplicata*; *data de emissão*; *número de ordem*; *número da fatura da qual a duplicata foi extraída*; *vencimento*, que só pode ser em data certa ou à vista; *nome e domicílio do vendedor e do comprador*; *valor a pagar*, em algarismos e por extenso; *local do pagamento*; *cláusula "à ordem"*, sendo proibida a *emissão* de duplicata "não à ordem" (a cláusula pode ser aposta posteriormente por endossante); *a declaração pelo comprador do reconhecimento da dívida*, a ser assinada quando do aceite; *a assinatura do sacador*, que é o vendedor da mercadoria.

Obviamente, o vendedor ou prestador de serviços não é obrigado a emitir duplicatas para toda venda ou prestação de serviços a prazo que realizar. Porém, ela é o único título de crédito que pode ser emitido vinculado a uma fatura. Optando o empresário pela emissão da duplicata, ele deverá manter, como **livro empresarial obrigatório**, o Livro de Registro de Duplicatas.

A Lei 13.775/2018 inaugurou no Brasil a duplicata escritural, emitida de forma eletrônica por meio de entidades devidamente autorizadas pelo Poder Público. Sua adoção libera o empresário da escrituração do Livro Registro de Duplicatas (art. 9º da Lei 13.775/2018). No mais, os requisitos e critérios de validade são os mesmos dos títulos em papel.

a) Aceite

Outra característica intrínseca e exclusiva da duplicata é o fato do aceite ser *obrigatório* pelo sacado. Com efeito, por representar uma obrigação nascida em um contrato de compra e venda ou prestação de serviços, é natural que o adquirente (agora sacado) seja compelido a pagar o que combinou por força do contrato. A emissão da cártula é uma liberalidade do fornecedor para que ele possa negociar esse crédito no mercado, de forma que sua existência vincula o sacado.

Sendo assim, deve o sacador encaminhar a duplicata para aceite no prazo máximo de 30 dias contados da emissão. Se o vencimento for à vista, o aceitante deve devolvê-la com seu aceite e acompanhada do pagamento. Caso contrário, tem o prazo de 10 dias para remetê-la de volta ao sacador após a prática do ato cambiário (aceite).

O sacado é obrigado a devolver a duplicata. Todavia, por ser título de aceite obrigatório, ainda que ele não a remeta de volta ao sacador, considerar-se-á realizado o aceite e vinculado o sacado como *devedor principal*. Diante dessas possibilidades, temos três tipos de aceite da duplicata:

a1) Aceite ordinário: quando sacado apõe seu aceite na cártula e devolve-a ao sacador;

a2) Aceite por comunicação: quando o sacado *não devolve a duplicata*, mas *comunica* o sacador de seu aceite;

a3) Aceite por presunção: com ou sem devolução do título, reputa-se aceito com o *recebimento* das mercadorias ou serviços pelo adquirente.

Se o sacado não devolver nem comunicar ao sacador seu aceite, poderá este promover o **protesto por falta de aceite ou por falta de devolução do título.** A ausência destes atos, contudo, não retira o direito ao **protesto por falta de pagamento**, se o caso. De toda forma, o protesto será obrigatório para o exercício do direito de crédito contra os coobrigados.

A recusa ao aceite somente será legítima e aceita nos casos de *avaria* ou *não recebimento* das mercadorias ou serviços; *vícios*, defeitos e diferenças na quantidade ou na qualidade do produto ou serviço; e *divergência* nos prazos e preços ajustados. Nessas hipóteses, o sacado devolve a duplicata sem aceite juntamente com as razões escritas de sua recusa.

b) Endosso e aval

Para o endosso e para o aval, aplicam-se as regras já estudadas para a letra de câmbio, anotando-se apenas que *o aval em branco presume-se dado à pessoa de cuja assinatura o avalista lançar a sua logo abaixo*. Se incabível a aplicação da regra, *considera-se avalizado o sacado*.

c) Pagamento do título

Não há novidades diante de tudo que já foi estudado para os demais títulos. Devedor principal é o aceitante e seus avalistas, coobrigados são os endossantes e seus avalistas, contra os quais o protesto do título, seja por falta de aceite, de devolução ou de pagamento, é obrigatório.

Mas, e se o sacado não devolve a duplicata? Como fica o protesto (e a futura execução) diante do princípio da cartularidade?

A Lei 5.474/68 determina que o protesto seja realizado, em caso de **aceite por comunicação**, através da carta que indica o aceite. Se **aceite por presunção**, tira-se o protesto de acordo com o *comprovante de recebimento das mercadorias*. Faltando qualquer destes documentos, ocorre o chamado **protesto por indicação**, hipótese na qual o sacador enuncia ao Tabelião as características da duplicata emitida e não aceita ou devolvida, servindo a certidão de protesto inclusive como título executivo extrajudicial.

d) Triplicata

Ocorrendo a perda ou extravio da duplicata original, o art. 23 da Lei 5.474/1968 permite a emissão de uma segunda via (ou cópia), que recebe o nome de **triplicata** e *detém os mesmos efeitos do documento original*.

O costume empresarial aceita a emissão de triplicata em caso de *ausência de devolução do título* ao sacador, que a envia, então, a protesto. Aliás, costuma-se emitir a triplicata sempre que o comprador retém a duplicata. Perceba-se que não se trata de hipótese de perda ou extravio, *faltando-lhe embasamento legal*, porém não há porque negar-se validade ao costume se não há prejuízo para as partes interessadas (art. 113 do CC).

3.9. Ação cambial

A grande vantagem do credor com a emissão de um título de crédito é o fato dele se constituir como um **título executivo extrajudicial** (art. 784, I, do CPC), prescindindo, portanto, sua cobrança judicial de prévia ação de conhecimento. *A ação de execução de título de crédito, pelo seu não pagamento no prazo, denomina-se* **ação cambial**.

Sujeito ativo da ação cambial é o *legítimo possuidor do título*, que presumivelmente detém o crédito nele representado. **Sujeito passivo** é o *devedor principal* do título, bem como qualquer *coobrigado*, desde que o credor *tenha promovido o protesto no prazo legal*. Isso porque a obrigação cambial é **solidária**, podendo ser cobrada integralmente de qualquer das pessoas constantes do título. Aquele que pagar, naturalmente, terá direito de regresso contra o devedor principal ou outro coobrigado que lhe seja anterior na cadeia de circulação da cártula, como já vimos.

É competente o *foro do local do pagamento indicado no título*. Na sua falta, deve ser observada a regra supletiva para cada título, analisada individualmente quando do estudo de cada um deles.

A apresentação da cártula original, completa em seus requisitos e sem rasuras, *é documento essencial à propositura da ação cambial*, devendo a inicial ser rejeitada na sua falta. Admite-se, excepcionalmente, a execução sem a juntada do título caso este esteja servindo de prova em outro processo, situação na qual o documento será substituído por certidão do cartório onde corre aquele processo atestando que o título original realmente encontra-se acostado àqueles autos.

É importante frisar que hipótese semelhante pode ocorrer com a ação cambial para cobrança de duplicata, dado o costume do devedor de não a devolver ao sacador após o aceite. Isso ocorrendo, servirá como título executivo a própria certidão do protesto por falta de aceite ou de devolução do título. Em caso de aceite por presunção, valerá o comprovante de entrega da mercadoria devidamente assinado pelo aceitante.

Promovida a ação cambial, o executado defende-se através dos **embargos à execução**. Terá, porém, limitada a matéria de defesa a *defeitos formais do título, exceções pessoais contra o exequente, falsidade da assinatura* ou *ausência de requisito essencial para propositura da ação*. Note que a natureza executiva da ação cambial não autoriza a produção de provas ou o questionamento do direito de crédito. O ônus da prova será sempre do executado.

3.10. Prescrição

Vencido o título, nasce para o titular do crédito a pretensão de executá-lo via ação cambial, que se extingue com a prescrição, no prazo estabelecido pela LU ou nas leis específicas.

Para a letra de câmbio e a nota promissória, aplicam-se os seguintes prazos: *03 anos*, para a cobrança contra o devedor principal ou seus avalistas; *01 ano*, para a cobrança contra qualquer dos coobrigados; *06 meses*, quando se tratar de direito de regresso do coobrigado que pagou, querendo voltar-se contra *outro coobrigado*. A execução contra o devedor principal seguirá sempre o prazo mais largo de 03 anos.

À duplicata aplicam-se os mesmos prazos, *com exceção do direito de regresso dos coobrigados uns contra os outros, que será de 01 ano*.

No que tange ao cheque, os prazos são mais curtos: *serão sempre de 06 meses, seja contra o sacador, endossantes ou no direito de regresso de um coobrigado contra outro*.

Os títulos de crédito atípicos, regulamentados pelo CC, prescrevem no prazo de três anos, em qualquer hipótese, conforme previsto no art. 206, VIII, do mesmo diploma legal.

O termo inicial do prazo prescricional também varia de acordo com a situação: contra o devedor principal, conta-se *do vencimento do título*, caso esse seja em data certa, ou *do fim do prazo de um ano para apresentação para pagamento*, caso seu vencimento seja *a certo termo da vista* (STJ, REsp 824250/SE, DJ 26/04/2011); contra os coobrigados, a partir *do protesto*; no caso da ação de regresso, o prazo inicia na *data do pagamento*.

Prescrita a ação cambial, ainda será cabível a propositura de ação de conhecimento com base no locupletamento sem causa do devedor principal do título, prevista no Decreto 2.044/1908, para a letra de câmbio, nota promissória e duplicata, e na Lei 7.357/1985, para o cheque (Enunciado 463 JDC/CJF).

Não obstante, exsurge como opção para o portador de título prescrito a **ação monitória**. Afinal, a cártula não deixa de ser um documento escrito. A prescrição desnatura sua eficácia executiva, mas ele continua a representar uma obrigação contraída pelas partes de pagar determinada soma em dinheiro. É, inclusive, entendimento sumulado do STJ, estampado no Verbete 299: "É admissível ação monitória fundada em cheque prescrito".

3.11. Títulos de crédito impróprios

Resumidamente, após verificarmos todas as características e nuances dos títulos de crédito típicos, podemos apontar como seus elementos identificadores *a aplicação dos princípios da cartularidade, da literalidade e da autonomia, sua negociabilidade através do endosso e sua eficácia como título executivo extrajudicial*.

Existem documentos, no entanto, que muito se aproximam da categoria dos títulos de crédito, porque apresentam algumas, *mas não todas*, dessas características. Por lhes faltar exequibilidade, ou não se lhes aplicar este ou aquele princípio, não são títulos de crédito propriamente ditos. Porém, como circulam facilmente (muitas vezes com a simples tradição) e sua apresentação impõe ao devedor a satisfação do direito neles contido, são chamados de **títulos de crédito impróprios**.

Em outras palavras, *são aqueles documentos que legitimam o seu portador a exigir determinada quantia de outrem, sem, contudo, revestir-se de todos os requisitos necessários para sua classificação como título de crédito*.

A doutrina classifica os títulos de crédito impróprios em quatro categorias, a saber: **títulos de legitimação**, que são aqueles cuja simples posse autoriza o exercício do crédito, sem serem reconhecidos como títulos executivos (ex.: ingressos de cinema, bilhetes premiados de loteria); **títulos representativos**, que representam a custódia de bens pelo terceiro não proprietário e autorizam a negociação dela pelo dono sem prejuízo da custódia, ou seja, sem implicar o deslocamento da mercadoria (ex.: *warrant*, emitido por armazéns-gerais; conhecimento de transporte, emitido pelas transportadoras); **títulos de financiamento**, emitidos em operações financeiras destinados ao incremento de determinada atividade econômica, que somente não se classificam como títulos de crédito pela possibilidade de constituição de direito real sobre coisa alheia (hipoteca ou penhor) no próprio título (ex.: cédula hipotecária); **títulos de investimento**, que representam parcelas de um contrato de mútuo, emitidos com a intenção de captar recursos junto a investidores (ex.: certificados de depósito bancário – CDBs). Havemos de destacar que as debêntures *poderiam* estar aqui elencadas, porém esta possibilidade se afasta diante da existência de regime jurídico próprio (o dos valores mobiliários, previsto na LSA) para sua regulamentação.

4. PROPRIEDADE INDUSTRIAL

4.1. Conceito

Direito Industrial, ou Direito sobre a Propriedade Industrial, pode ser definido como o *conjunto de normas jurídicas que regulamenta a produção intelectual das pessoas, determinando os requisitos para sua proteção contra o uso indevido e a exclusividade na exploração econômica por um certo período de tempo*.

A fim de estimular a inovação e a evolução humana, o ordenamento jurídico garante que aquele que desenvolver algo novo, produto de sua própria criação, terá sobre esta produção direitos de exclusividade no uso, podendo proibir, ainda que judicialmente, qualquer pessoa de utilizar ou mencionar sua obra sem sua expressa autorização.

Nota-se, então, que o Direito Industrial é parcela do já conhecido **direito de propriedade**, pois o autor ou inventor relaciona-se com sua obra como o titular do domínio de qualquer outro bem. É por isso que a propriedade intelectual está igualmente prevista na CF, no art. 5º, inciso XXIX, que dispõe: "*a lei assegurará aos autores de inventos industriais privilégio temporário para sua utilização, bem como proteção às criações industriais, à propriedade das marcas, aos nomes de empresa e a outros signos distintivos*".

A proteção sobre a propriedade intelectual resulta na criação de dois institutos jurídicos: a **patente** e o **registro**. Em nosso dia a dia é muito comum ouvirmos, ou mesmo utilizarmos, a expressão: "tal escritório trabalha com marcas e patentes". Havemos de ter cuidado, pois assim dizendo estamos confundindo continente com conteúdo. **Marca** é uma das criações humanas que pode ser objeto de **registro**, logo não pode andar ao lado da **patente** como se fosse instituto análogo. Melhor, e o correto, é dizer que o tal escritório é especialista em "patentes e registros".

Patente é o privilégio de utilização concedido para uma **invenção** ou **modelo de utilidade**, criações que, conforme se explicará melhor adiante, são novidades que antes não estavam disponíveis para a sociedade. Já o **registro** volta-se à proteção do uso dos **desenhos industriais** e das **marcas**, conceitos abstratos que identificam e individualizam produtos e serviços do empresário em relação aos demais concorrentes.

A patente e o registro são concedidos após a análise dos requisitos legais pelo Instituto Nacional de Propriedade Industrial (INPI), autarquia federal criada em 1970, a qual teve suas funções revistas com a edição da Lei 9.279/1996, que hoje cuida entre nós do Direito Industrial. Cabe ao INPI, em linhas gerais, executar, em âmbito nacional, as normas que regulam a propriedade intelectual e manifestar-se sobre a conveniência da assinatura ou retificação de tratados internacionais sobre a mesma matéria.

4.2. Características comuns às patentes e aos registros

4.2.1. Temporariedade

A titularidade de uma patente ou registro garante ao seu proprietário *privilégio temporário de utilização exclusiva sobre o objeto patenteado ou registrado*. Anote, pois, que tanto a patente quanto o registro não são vitalícios. Da mesma forma que é do interesse do Estado garantir a propriedade, também a intelectual, para que se incentive sua produção, não é menos verdade que muitas vezes o objeto protegido é de grande utilidade social e sua exploração, em algum momento, deve ser franqueada para que a produção em massa do bem traga os benefícios decorrentes da livre concorrência, como a queda dos preços.

4.2.2. Natureza jurídica

A patente e o registro são considerados **coisas móveis** para todos os efeitos.

4.2.3. Integram o patrimônio do titular

O que significa que as patentes e os registros *podem ser objeto de negócios jurídicos*, como a **alienação** e a **cessão dos direitos de uso**, bem como integram o monte partível nas hipóteses de **sucessão**, sendo transmissível aos herdeiros pelo prazo que restar; sua proteção judicial, em caso de violação, pode ser exercida inclusive por meio das **ações possessórias** (STJ, REsp 7196/RJ, DJ 10/06/1991).

4.3. Patentes

4.3.1. Invenção

É a criação de algo novo, até então desconhecido da sociedade, originário da atividade intelectual humana. O ser humano, diante de uma necessidade, tende a procurar uma solução para facilitar sua vida. Algumas pessoas têm a aptidão de criar coisas para suprir essas necessidades. Ex.: em algum momento da história, alguém ficou cansado de ter de esperar várias horas para que a carne cozinhasse e ficasse macia para consumo. Fruto de sua atividade criativa, inventou a panela de pressão e poderia ter patenteado sua obra.

4.3.2. Modelo de utilidade

Pode ser definido como *o item que, agregado a outro já existente, implica aumento de sua utilidade, permitindo uso mais amplo, mais seguro ou mais econômico do produto*. Perceba que não se trata de invenção propriamente dita porque o modelo de utilidade não existe por si mesmo, sendo obrigatoriamente vinculado a produto já industrializado. Ainda assim, é ato inventivo do gênio humano e, como tal, merece proteção autônoma àquela do produto melhorado. Ex.: usando a panela de pressão que alguém inventou e mandou produzir em massa, um cozinheiro notou que, caso a válvula entupisse, a panela explodia. Resolveu, por isso, desenvolver um modelo de utilidade para que a panela se tornasse mais segura, criando a válvula de segurança acoplada na tampa.

4.3.3. Requisitos da patente

Para ser patenteável, a invenção e o modelo de utilidade devem contar, cumulativamente, com os seguintes requisitos:

a) Novidade: o produto a ser patenteado deve ser novo, assim entendido *aquele cuja elaboração não está compreendida no estado da técnica*. Explicando melhor, ainda que fosse até então totalmente desconhecido do sujeito criador, a invenção ou modelo de utilidade não pode ser algo já dominado pelos peritos na área. A Lei 9.279/1996 considera, também, estado da técnica tudo aquilo que já foi divulgado ou tornado acessível ao público;

b) Inventividade: além de novos, a invenção ou o modelo de utilidade *não podem ser mera decorrência do estado da técnica*, isto é, devem ir além da simples aplicação lógica de regras ou combinações já existentes. Decorre de atividade inventiva o produto que espelha um verdadeiro progresso na área do conhecimento;

c) Possibilidade de industrialização: somente pode ser objeto de patente aquilo que é também suscetível de produção industrial, consideradas as possibilidades atuais da indústria, nacional ou internacional. Não será concedido o privilégio, por exemplo, para o protótipo de um carro voador que necessita, para sua construção, de minerais encontrados apenas no solo lunar;

d) Ausência de impedimentos: a Lei 9.279/1996 estabelece limites para a concessão de patentes de invenções e modelos de utilidade, ainda que supridos os requisitos anteriores. São impedidas as patentes de *produtos ofensivos à moral, aos bons costumes, à segurança ou à saúde públicas; substâncias resultantes de transformação do núcleo atômico (radioativas); e seres vivos.* Estes últimos, *excepcionalmente*, podem ser objeto de patente se apresentarem características que a espécie não alcançaria em condições naturais. É o caso dos organismos geneticamente modificados – OGM – também conhecidos como *transgênicos*.

4.3.4. Procedimento

A apresentação do pedido de patente é denominada **depósito** e deve ser feito no INPI acompanhado dos documentos indicados na lei.

Recebido o pedido, o INPI o manterá em sigilo pelo prazo de 18 meses, após o qual será **publicado** e restará disponível para análise de qualquer interessado (o pedido, não a patente propriamente dita). A etapa da publicação é omitida quando se tratar de patente de interesse para a segurança nacional, ficando o pedido sob sigilo por todo o procedimento.

Passe-se, então, para a **análise dos requisitos** e, verificada a patenteabilidade, será concretizada a **concessão da patente** através da respectiva *carta-patente*, único documento hábil a comprovar o privilégio de exploração econômica daquele produto.

Não é demais lembrar que no Brasil vigora o **princípio da anterioridade da patente**, que determina que o titular do privilégio será aquele que *primeiro obteve a concessão da patente*, retroagindo os efeitos desta à data do depósito do pedido. Isso significa que, se alguém iniciar a exploração indevida do produto ou processo patenteado antes da emissão da carta-patente, deverá, ainda assim, indenizar o titular desta pelos prejuízos causados.

Sobre este assunto, o Brasil é signatário de um tratado internacional conhecido como **União de Paris**, que determina a igualdade de direitos e obrigações entre nacionais e estrangeiros no processamento e nos prazos da patente, bem como a verificação da prioridade da patente entre países signatários do pacto. Por exemplo, se um estrangeiro comprova que obteve uma patente em seu país, e esta nação é também signatária da União de Paris, pode o titular da patente estrangeira requerer o reconhecimento de sua prioridade no INPI, desde que o faça no prazo de 12 meses.

4.3.5. Prazo

A patente de invenção garante o privilégio para seu titular pelo prazo de 20 anos, *contados da data do depósito*. A lei estabelece, no entanto, um prazo mínimo para o benefício, considerando a demora natural no processamento do pedido: 10 anos, *contados da data da concessão*.

Em se tratando de modelo de utilidade, os prazos são menores: 15 anos, *contados do depósito*, sendo no mínimo 07 anos de usufruto do privilégio, *a partir de sua efetiva concessão*.

Não há qualquer hipótese de prorrogação de prazo.

4.3.6. Licença compulsória

Mencionamos anteriormente que, por ingressar a patente no patrimônio do titular, este pode negociá-la livremente, inclusive *abrindo seu uso para terceiros mediante contrato*, que se denomina **licenciamento**. Aqui, licenciamento voluntário.

Há situações, contudo, em que o titular é *obrigado* a promover o licenciamento, diante do interesse público e da função social que deve ser exercida pela patente. Nestes termos, ocorre o **licenciamento compulsório** *quando o titular exercer os direitos da patente de forma abusiva, principalmente pelo abuso de poder econômico* (ex.: aumento arbitrário dos lucros); *pela ausência de industrialização do produto no território nacional; e pela comercialização insatisfatória da produção segundo as necessidades do mercado*, ou seja, o titular disponibilizar a oferta do produto em quantidades muito inferiores à demanda nacional.

O art. 71 da Lei nº 9.279/1996, por sua vez, autoriza o Poder Executivo Federal, em caso de emergência nacional ou interesse público, declarar a utilidade da patente e determinar seu licenciamento compulsório **de ofício**, estabelecendo o prazo de vigência da licença e a possibilidade de prorrogação. O Decreto nº 3.201/99, que regulamenta o artigo 71 da LPI, e abre ainda a possibilidade do próprio Estado explorar a invenção objeto da patente licenciada (art. 9º), normalmente através da constituição de empresas públicas ou sociedades de economia mista.

É importante frisar que não estamos falando de **quebra de patente**, que se configura com a violação do direito do titular do privilégio. As hipóteses supratratadas continuam se caracterizando como **licenciamento**, razão pela qual o dono da patente será remunerado pelos empresários que buscarem a exploração do produto ou processo patenteado através do licenciamento compulsório.

4.3.7. Extinção da patente

São hipóteses de extinção da patente, situação na qual *o produto ou processo antes protegido passam para o domínio público*:

a) Término do prazo, também chamado de *extinção natural da patente*, lembrando sempre do prazo mínimo garantido por lei contado da concessão da patente;

b) Caducidade, que se opera *dois anos após a primeira licença compulsória*. Ou seja, determinada a licença compulsória, se ao longo de dois anos continuarem presentes os motivos que ensejaram sua decretação, a patente se extinguirá por caducidade;

c) Renúncia à patente, possível apenas se o ato não causar prejuízos a terceiros (ex.: pessoas físicas ou jurídicas que obtiveram a licença para exploração do titular do privilégio);

d) Falta de pagamento da "retribuição anual", que é a taxa de manutenção da patente devida ao INPI enquanto ela estiver em vigor;

e) Falta de representante no Brasil, nas hipóteses em que o titular da patente for domiciliado no exterior.

As hipóteses de extinção da patente são todas definitivas, com exceção da falta de pagamento da retribuição anual. Nesse caso, o titular da patente pode requerer sua restauração no prazo de três meses da notificação da extinção se promover o pagamento da taxa faltante.

4.4. Registro

4.4.1. Desenho industrial

Desenho industrial, ou *design*, é *a forma utilizada para a fabricação de determinado objeto, abrangendo seu formato, as linhas do desenho e suas cores, cuja reunião cria um conjunto estético passível de ser aplicado na industrialização de um produto*. Exemplos comuns de desenhos industriais registráveis são aqueles utilizados para a fabricação de veículos.

Para ser admitido a registro, é necessário que o desenho industrial seja **novo**, ou seja, *o resultado visual criado não esteja compreendido no estado da técnica* (valendo aqui o mesmo conceito que aprendemos para as patentes); seja **original**, *não repetido, que não se confunde com outros desenhos já conhecidos*; e não haja **impedimento legal**, pois, nos termos da Lei 9.279/1996, não serão registrados os desenhos *ofensivos à moral, aos bons costumes, à honra ou imagem das pessoas, aqueles atentatórios à liberdade de consciência e formas comuns, vulgares ou necessárias*.

É imperioso ter em mente que **novidade** e **originalidade** são requisitos diferentes: a novidade preocupa-se com a *técnica*, o conhecimento dos peritos do setor sobre o assunto, ao passo que a originalidade é eminentemente *estética*, cuidando unicamente do apelo visual criado pelo *design*.

4.4.2. Marca

Pincelamos o conceito de marca ao tratar de sua diferença em relação ao nome empresarial e ao título do estabelecimento (item 1.5.5, supra). **Marca** é *o designativo visualmente perceptível (símbolos, expressões ou desenhos) que identifica determinado produto ou serviço do empresário*. Pela marca, o consumidor conhece o produto que está comprando, suas qualidades e diferenças em relação aos outros produtos, sendo que muitas vezes ignora quem é o fabricante ou prestador do serviço. Nisto se fundamenta a proteção da marca através do registro, pelo inegável valor comercial que possui no mercado.

São requisitos indispensáveis para o registro da marca: a **novidade relativa**, não se exigindo que o designativo seja absolutamente novo – o que deve ser nova é sua utilização como elemento identificador de determinado produto ou serviço; **a não colisão com marca notória**, as quais, ainda que não registradas, têm sua proteção assegurada pela União de Paris (ex.: Coca-Cola); e **a ausência de impedimento legal**, uma vez que a lei proíbe o registro, além daquilo que seja ofensivo à moral e aos bons costumes, de brasões ou emblemas oficiais, de letras, algarismos ou datas sem elementos diferenciadores suficientes ou ainda a reprodução ou imitação de elemento característico de título de estabelecimento ou nome empresarial de terceiros, a fim de evitar confusão junto aos consumidores (Lei 9.279/1996, art. 124).

É mister colocar que a proteção conferida pelo registro da marca é também **relativa**, pois está restrita à categoria empresarial na qual seu titular se insere (**princípio da especialidade ou da especificidade**). Na prática, o INPI divide as atividades empresariais em grupos, garantindo a exclusividade no uso da marca apenas em relação a outros integrantes da mesma categoria. No mesmo diapasão, não há presunção absoluta de prejuízo pelo uso indevido de marca registrada, cabendo ao titular do registro provar o dano causado (STJ, REsp 333105/RJ, DJ 02/06/2005).

4.4.3. Marca notoriamente conhecida e marca de alto renome

Muitas vezes confundidas e tratadas como sinônimas, as marcas **notoriamente conhecidas** e as de **alto renome** merecem proteção individualizada da legislação industrial.

Marcas notoriamente conhecidas (ou marcas notórias) são aquelas previstas no art. 126 da Lei nº 9.279/1996, que, por serem amplamente reconhecidas *em seu ramo de atividade*, são protegidas ainda que não estejam registradas no Brasil. Nos termos do art. 6º, *bis*, 1, da União de Paris, consideram-se marcas notoriamente conhecidas aquelas nas quais "*a autoridade competente do país do registro ou do uso considere que nele é notoriamente conhecida como sendo já marca de uma pessoa amparada pela presente Convenção, e utilizada para produtos idênticos ou similares*". Extrai-se do conceito que a marca notoriamente conhecida depende, para sua caracterização, de um ato administrativo declaratório em seu país de origem.

Por sua vez, a **marca de alto renome**, contemplada no art. 125 da LPI, tem como referência o *mercado nacional*, isto é, ela é considerada muito famosa nos limites do território brasileiro e terá *proteção especial consistente na expansão de sua proteção para todos os ramos de atividade*. Para tanto, deverá estar registrada no Brasil e, repise-se, a proteção geral em todos os ramos é restrita ao uso em nosso país (STJ, REsp 1114745/RJ, DJ 02/09/2010).

4.4.4. Procedimento

Aplica-se ao registro, no que couber, as mesmas regras estudadas para a concessão de patentes, inclusive as anotações concernentes à União de Paris, alterando-se, unicamente, que o pedido de prioridade elaborado por estrangeiro deve ser feito no prazo de *06 meses quando se tratar de registro*.

4.4.5. Prazo

O registro de desenho industrial vigora pelo prazo de *10 anos*, contados da data do depósito, e *pode ser prorrogado por até 03 períodos sucessivos de 05 anos cada*. A retribuição devida ao INPI pela concessão do registro incide a cada prazo quinquenal.

Para a marca, o prazo de registro inicial é também de *10 anos*, contados do depósito do pedido, porém *pode ser prorrogado sucessivas vezes por igual período, sem limite de vezes*.

Exige a lei, unicamente, que o pedido de extensão do prazo seja efetuado sempre no último ano de vigência do registro. A retribuição ao INPI é *decenal*, ou seja, devida a cada 10 anos.

4.4.6. Extinção do registro

A extinção do registro dá-se nas mesmas hipóteses já estudadas para a patente: **término do prazo**, sem o requerimento da prorrogação, quando possível; **caducidade**, *apenas no caso de marca*, que se opera se sua exploração econômica não for iniciada no prazo de 05 anos contados da concessão, se houver a interrupção desta exploração por 05 anos consecutivos, ou pela alteração substancial da marca; **renúncia** ao direito conferido pelo registro; **ausência de pagamento da retribuição**; e **ausência de procurador habilitado no Brasil**, caso o titular do registro seja domiciliado no exterior.

4.5. Quadro sinóptico

Para bem fixar os conceitos aprendidos neste capítulo, acompanhe o quadro apresentado abaixo:

Direito Industrial			
Patentes		Registros	
Invenção	Modelo de utilidade	*Design*	Marcas
20 anos, contados do depósito	15 anos, contados do depósito	10 anos, contados do depósito	10 anos, contados do depósito
Mínimo de 10 anos	Mínimo de 07 anos	Prorrogável por três períodos de 05 anos	Prorrogável por períodos iguais e sucessivos
Proteção integral	Proteção integral	Proteção integral	Proteção restrita à atividade do empresário

5. CONTRATOS EMPRESARIAIS

5.1. Noções gerais

A sistemática dos contratos empresariais (ainda chamados por grande parte da doutrina nacional de "contratos mercantis", por motivos históricos) em nada diverge da teoria geral dos contratos válida para todo o Direito Civil.

Afinal, em termos práticos, *considera-se contrato empresarial aquele no qual ambas as partes são empresárias*. Não há uma lista específica separando contratos empresariais de contratos civis. A identificação de um e outro é feita para a caracterização das partes. Se tanto o polo ativo quanto o polo passivo da avença são ocupados por pessoas físicas ou jurídicas que se enquadram no conceito de empresário previsto no art. 966 do CC, estaremos diante do contrato empresarial. Caso negativo, será contrato civil.

Repise-se que, na prática, tal distinção gera pouquíssimos efeitos. Aplicamos a ambas as categorias os mesmos princípios, a saber: **função social do contrato, boa-fé objetiva** e *pacta sunt servanda*, sendo igualmente possíveis os reconhecimentos da cláusula *rebus sic stantibus* e a alegação da **exceção de contrato não cumprido**. Todos estes temas são abordados pelo Direito Civil e têm a mesma eficácia no Direito Empresarial.

Há de se ter cuidado com apenas um detalhe: a possibilidade de incidência do Código de Defesa do Consumidor, o que afasta o regime jurídico empresarial. É possível que credor e devedor da obrigação sejam empresários e o contrato seja regido pelo Direito do Consumidor. Isso ocorrerá quando o empresário adquirente do produto ou serviço for o seu destinatário final sem que este se integre à cadeia produtiva, bem como pela hipossuficiência nas informações disponíveis sobre o produto ou serviço (STJ, REsp 814060/RJ, DJ 06/04/2010).

5.2. Compra e venda empresarial (ou mercantil)

Trata-se do contrato empresarial por excelência, visto que qualquer atividade econômica depende da transferência de propriedade de bens materiais e imateriais para desenvolver-se.

Conforme se depreende do art. 481 do CC, *pelo contrato de compra e venda, um dos contratantes se obriga a transferir o domínio de certa coisa, e o outro, a pagar-lhe certo preço em dinheiro*.

Antigamente, havia previsão expressa da compra e venda mercantil, com regras próprias, no Código Comercial. Com a revogação deste diploma pelo CC, cabe exclusivamente a este, desde sua vigência, a regulação deste contrato, tanto no âmbito civil quanto no âmbito empresarial.

Sendo assim, todas as normas ali previstas são aplicáveis à compra e venda empresarial: requisitos para formação do contrato (*acerto entre as partes sobre a coisa e o preço*), extinção da avença, cláusula de retrovenda, venda com reserva de domínio etc.

Cuidaremos, diante do escopo deste trabalho, unicamente dos aspectos específicos que a compra e venda pode tomar no Direito Empresarial.

5.2.1. Contrato de fornecimento

Configura-se o **fornecimento** com *a negociação de cunho geral sobre compras e vendas sucessivas, mantendo-se as mesmas condições para todas elas, durante determinado período de tempo*. Assim, temos um contrato de fornecimento quando, por exemplo, o dono de uma padaria firma um pacto com determinado atacadista para fornecimento de refrigerantes para seu comércio. Neste contrato, constará que a padaria irá celebrar "n" contratos de compra e venda com aquele atacadista, adquirindo "x" latas de refrigerante em cada uma delas, sempre com preço e forma de pagamento predeterminados.

Podemos definir o contrato de fornecimento como *a aglutinação de diversos contratos de compra e venda*. A vantagem de sua celebração é o aumento no poder de barganha na negociação entre as partes, podendo o comprador exigir um preço menor para os produtos diante da garantia que regularmente os adquirirá com o seu fornecedor.

5.2.2. Venda mediante amostra e venda a contento

Duas modalidades de compra e venda previstas no CC e bastante comuns na prática do comércio, a venda mediante amostra e a venda a contento, a despeito de similares, não comportam confusão em seus conceitos.

Venda mediante amostra *é aquela na qual o vendedor, previamente à celebração da avença, disponibiliza ao comprador uma amostra, protótipo ou modelo da coisa objeto do contrato, garantindo que esta comportará as mesmas* *características apresentadas pela amostra*. Nesse caso, se a coisa vendida realmente corroborar aquilo que foi visto na amostra, não poderá o comprador desistir do contrato. Por outro lado, e um tanto óbvio, constatada a desconformidade entre a coisa vendida e a amostra, pode o comprador exigir que aquela seja substituída por outra que confira com os caracteres do modelo previamente apresentado ou pleitear a resolução do contrato.

Na **venda a contento**, *o vendedor disponibiliza ao comprador a própria coisa objeto da negociação, autorizando que este a retenha por certo prazo para apreciação*. Impõe-se uma **condição suspensiva** na compra e venda, não se aperfeiçoando o contrato até que o comprador, expressa ou tacitamente, manifeste seu agrado. Pode figurar também como **condição resolutiva**: nessa hipótese, a compra e venda será considerada perfeita com a tradição da coisa, sendo lícito ao comprador resolver o contrato se esta não lhe agradar.

5.2.3. Incoterms

São cláusulas relativas à responsabilidade de cada parte no transporte da mercadoria objeto da compra e venda. Criados para padronizar os contratos internacionais, os *incoterms* têm hoje aplicação irrestrita nas transações empresariais porque representam, com precisão, a extensão da responsabilidade do comprador e do vendedor.

Existem onze *incoterms* catalogados pela *International Chamber of Commerce - ICC* em 2020, escalonados em ordem crescente de responsabilidade *do vendedor*. Apresentamos abaixo suas siglas e significados:

a) **EXW** – *Ex Works*: o comprador assume, com exclusividade, os riscos e responsabilidades do transporte. Cabe ao vendedor apenas notificá-lo da data e local onde a mercadoria está à disposição para retirada;

b) **FCA** – *Free carrier*: a responsabilidade do vendedor extingue-se no momento em que este entrega a mercadoria desembaraçada para exportação aos cuidados do transportador no local indicado pelo comprador;

c) **FAS** – *Free alongside ship*: cabe ao vendedor a colocação da mercadoria ao lado do meio de transporte designado, cessando suas obrigações no cais ou plataforma, competindo ao comprador ou transportador por ele contratado a colocação da mercadoria a bordo;

d) **FOB** – *Free on board*: o vendedor garante a entrega da mercadoria dentro do navio ou outro meio de transporte indicado pelo comprador, arcando também com os gastos do desembaraço para exportação, quando for o caso. O transporte em si e as despesas da importação, se aplicáveis, são de responsabilidade do comprador;

e) **CFR** – *Cost and freight*: o vendedor assume as despesas relativas ao transporte da mercadoria até o local de destino (porto, aeroporto ou garagem) indicado pelo comprador, inclusive aquelas decorrentes da exportação, quando for o caso. Ao comprador restam as despesas da importação, se aplicáveis, e o risco de avaria ou dano ocorrido durante o transporte;

f) **CIF** – *Cost, insurance and freight*: bastante similar a CFR, sendo acrescida a responsabilidade do vendedor também pela contratação do seguro de transporte, retirando o risco de perdas do comprador;

g) **CPT** – *Carriage paid to*: o vendedor assume os riscos de levar a mercadoria até o transportador designado, mas arca com os custos do transporte até o porto, estação ou aeroporto indicado pelo comprador;

h) **CIP** – *Carriage and insurance paid to*: bastante similar ao CPT, com o acréscimo dos custos do seguro do transporte ao vendedor;

i) **DAP** – *Delivered at port*: o vendedor deve colocar a mercadoria à disposição do comprador ainda a bordo do meio de transporte no porto, aeroporto ou estação designado, cabendo ao adquirente o descarregamento e o desembaraço de importação;

j) **DPU** – *Delivered at place unloaded*: o vendedor leva a mercadoria até o ponto de destino designado pelo comprador descarregada do meio de transportes, arcando também com os custos do desembaraço de importação;

k) **DDP** – *Delivered duty paid*: cabe ao vendedor entregar as mercadorias no estabelecimento empresarial designado pelo comprador, respondendo pelo transporte, despesas de exportação e importação, se o caso, e riscos advindos da movimentação da carga, mediante a contratação de seguro.

5.3. Faturização (ou *factoring* ou fomento mercantil)

Voltado à obtenção de capital de giro pelo empresário, o contrato de **faturização** pressupõe *a cessão de determinado crédito obtido pelo empresário por uma venda a prazo para uma instituição faturizadora, que adianta o valor ao empresário e fica com o direito de receber o pagamento pelo devedor, inclusive acionando-o judicialmente se for o caso* (vide STJ, REsp 1.439.749/RS, DJe 15/06/2015).

Há, portanto, duas partes no contrato de faturização: o **faturizado**, que é o empresário que realizou a venda a prazo, o cedente do crédito; e o **faturizador**, que pode ser qualquer pessoa, física ou jurídica, não necessariamente uma instituição financeira.

Aplicam-se ao contrato de *factoring* as regras previstas no CC sobre cessão de crédito: o faturizado não responde pela solvência do devedor, apenas pela existência do crédito; é necessário dar ciência ao sujeito passivo da obrigação sobre a faturização, para que este possa realizar o pagamento corretamente; *se o devedor pagar ao faturizado antes de receber a notificação, não poderá ser compelido a pagar novamente ao faturizador*.

O contrato de faturização é **oneroso** e **bilateral**, por criar direitos e obrigações para ambas as partes. Isso porque o faturizador, como arcará com o risco do inadimplemento do devedor, cobra uma remuneração do faturizado, já que este recebe imediatamente o numerário a que tem direito. Normalmente, a remuneração é descontada do montante que o faturizador repassa ao faturizado no momento do contrato.

É fundamental afastar a recorrente confusão entre o *factoring* e o **contrato de desconto bancário.** Este, como o próprio nome sugere, é celebrado necessariamente perante instituição financeira, a qual *não garante o pagamento do crédito*, ou seja, se o devedor não honrar a obrigação, o banco pode cobrá-la do empresário que cedeu o crédito, direito de regresso inexistente no fomento mercantil.

5.4. Franquia (ou *franchising*)

Pelo contrato de **franquia**, *o franqueador autoriza por meio de contrato um franqueado a usar marcas e outros objetos de propriedade intelectual, sempre associados ao direito de produção ou distribuição exclusiva ou não exclusiva de produtos ou serviços e também ao direito de uso de métodos e sistemas de implantação e administração de negócio ou sistema operacional desenvolvido ou detido pelo franqueador, mediante remuneração direta ou indireta, sem caracterizar relação de consumo ou vínculo empregatício em relação ao franqueado ou a seus empregados, ainda que durante o período de treinamento.* (art. 1º da Lei 13.966/2019).

Note que estamos diante de um contrato **típico**, por ser expressamente regulamentado em lei.

A franquia, em resumo, permite que um empresário comercialize produtos ou serviços criados por outro, mediante remuneração. Esta, usualmente, se dá pelo pagamento de uma taxa fixa no momento da concretização da avença e pelo repasse periódico de determinado percentual do faturamento do franqueado.

A principal característica da franquia é a *autonomia do franqueado*. Deveras, o vínculo existente entre as partes resume-se à autorização de uso da marca ou da patente e a remuneração devida por este uso (denominada *royalties*). Não há qualquer outra hierarquia entre eles, nem mesmo trabalhista. O franqueado é empresa independente do franqueador, sendo livre nas suas decisões empresariais.

Não se nega, contudo, que essa autonomia é *relativa*, pois o franqueado é obrigado a seguir determinações do franqueador no que tocar *aos produtos ou serviços oferecidos*. Neste sentido, não pode o franqueado adquirir insumos que não aqueles indicados pelo franqueador, ou ainda oferecer descontos ou preços diferenciados sem a autorização daquele, por exemplo.

Documento imprescindível para a validade do contrato é a **circular de oferta de franquia**, na qual o franqueador expõe ao interessado em adquirir a franquia as principais características do negócio, que deve ser apresentada com, no mínimo, 10 dias de antecedência da assinatura de qualquer contrato, pré-contrato ou pagamento de qualquer taxa, sob pena de **anulabilidade** do contrato de franquia assinado sem o respeito a essa regra.

A circular de oferta de franquia deve conter os requisitos expostos no art. 2º da Lei 13.966/2019, entre eles o modelo do contrato-padrão a ser assinado. Por conta disso, resta inquestionável que o contrato de franquia é, por natureza, um **contrato de adesão**. Porém, é mister esclarecer que esta característica, por si só, não autoriza a incidência do CDC nas relações entre franqueador e franqueado. E nem poderia, uma vez que este não é o destinatário final das mercadorias ou serviços adquiridos do franqueador, não se enquadrando no conceito legal de consumidor. O STJ já decidiu que a cláusula de eleição de foro colocada no contrato de franquia, se não causa empecilhos ao acesso ao Judiciário pelo interessado, é totalmente legítima (REsp 813481/DF, DJ 11/03/2008).

5.5. Arrendamento mercantil (ou *leasing*)

5.5.1. Evolução histórica

A origem do contrato de arrendamento mercantil é um tanto incerta. Há diversas passagens na História identificadas pelos doutrinadores como as primeiras manifestações de negócios jurídicos semelhantes ao *leasing*. Rodolfo de Camargo Mancuso encontra-o já na Babilônia, sob a égide do Código de Hamurabi, na Grécia e em Roma. Sua posição, porém, mostra-se um tanto extremada. É claro que as civilizações antigas são, em grande monta, o berço do Direito Privado, mas atribuir-lhes a idealização do contrato de arrendamento mercantil parece-nos exagerado.

Para outros, o *leasing* tem origem com o *Lend and Lease Act* do governo norte-americano. Em 1941, durante a Segunda Guerra Mundial, os EUA concordaram em fornecer armamentos aos países aliados sob a condição deles serem adquiridos ou devolvidos ao final da guerra. Essa "opção de compra" realmente é uma marcante semelhança com o arrendamento mercantil que conhecemos hoje, contudo concordamos com Maria Helena Diniz ao refutar esse dado como a semente do *leasing*. Afinal, tratou-se de um ato político, não um negócio jurídico.

Enfim, a primeira vez que o contrato em comento foi celebrado nos moldes comerciais foi em 1952, no estado americano da Califórnia, por D. P. Boothe Jr., que era um empresário do ramo de alimentos. Ele celebrou com o governo dos EUA um contrato de fornecimento de gêneros alimentícios para o exército de seu país e percebeu, logo depois, que não possuía maquinário suficiente para atender à demanda. Teve a ideia, então, de oferecer a um banco que adquirisse os bens em nome próprio e permitisse seu uso mediante uma contraprestação periódica, considerando que não possuía bens suficientes para dar em garantia de um empréstimo. A instituição financeira concordou com a proposta e seu sucesso fez com que D. P. Boothe Jr. abrisse a *U. S. Leasing Company*, responsável pela divulgação do novo modelo de negócio em todo o mundo.

No Brasil, o *leasing* foi introduzido na década de 60, ainda sem qualquer normatização. Seu fundamento era basicamente a liberdade de contratar e a autonomia da vontade, permitindo às partes celebrá-lo independentemente de previsão legal. Todavia, sua popularização chamou a atenção das autoridades fazendárias, que exigiram ao menos sua regulamentação para fins fiscais. Com isso, foi editada a Lei nº 6.099/1974, que tratou oficialmente do arrendamento mercantil no país pela primeira vez. Seguiram-lhe diversas normatizações infralegais, principalmente oriundas do Banco Central do Brasil, que buscaram ampliar a concretude das normas aplicáveis ao *leasing*. Atualmente, além do mencionado diploma legal, o *leasing* é regulado pela Resolução nº 2.309/1996 do BACEN.

5.5.2. Conceito

O *leasing* está previsto na Lei 6.099/1974 e pode ser definido, *grosso modo*, como um *contrato de aluguel no qual o locatário tem, ao final do prazo estipulado, a opção de devolver o bem, renovar a locação ou comprar a coisa, deduzido do preço o valor já pago a título de aluguel.*

Explicando melhor, no *leasing* uma pessoa física ou jurídica (o arrendatário), diante da necessidade de uso de determinado bem, entra na **posse direta** da coisa que *pertence e continua pertencendo* ao arrendador (*obrigatoriamente pessoa jurídica*), mediante uma contribuição mensal. Possibilita-se, assim, ao empresário valer-se do bem que precisa sem ter de dispor do valor para uma compra e venda.

A empresa arrendadora, segundo parâmetros estabelecidos pelo Banco Central, deve ser sociedade anônima ou instituição financeira previamente autorizada pela autarquia em ambos os casos. Ademais, deve constar na denominação utilizada pela empresa a expressão "arrendamento mercantil".

Além das partes do contrato, arrendador e arrendatário, há ainda a figura do **fornecedor**, que é o empresário que fornece o bem objeto do arrendamento. Nada obsta que ele se confunda com o arrendador, ou seja, que esse realize o negócio jurídico com um bem que já é de sua propriedade, desde que isso ocorra na modalidade de *leasing* **financeiro**, que estudaremos a seguir (art. 13 da Resolução nº 2.309/1996 do BACEN).

5.5.3. Elementos do contrato

Estão previstos no art. 5º da Lei nº 6.099/1974:

a) **Prazo do contrato:** o *leasing* deve ser celebrado, necessariamente, por prazo determinado;

b) **Valor da contraprestação e a periodicidade do pagamento:** a remuneração devida à arrendadora não precisa ser mensal, porém o intervalo de pagamento também não poderá *exceder um semestre*, como regra geral, *ou um ano em caso de atividades rurais*;

c) **Opção de compra ou renovação do contrato:** para a validade da cláusula, a faculdade deve ser atribuída ao *arrendatário*;

d) **Preço para opção de compra ou critério para sua fixação.**

Além desses itens, a Resolução nº 2.309/1996 do BACEN ainda exige:

e) **A completa descrição do bem arrendado**, que pode ser móvel ou imóvel;

f) **As despesas e encargos adicionais;**

g) **Condições para eventual substituição dos bens arrendados;**

h) **Demais responsabilidades que vierem a ser convencionadas, entre elas as decorrentes de uso indevido do bem, contratação de seguro, danos causados a terceiros e ônus por vícios dos bens arrendados;**

i) **Atribuição de poder de fiscalização da arrendadora em relação à conservação dos bens arrendados, podendo exigir a adoção de providências indispensáveis à sua preservação;**

j) **Responsabilidade do arrendatário em caso de inadimplemento (cuja multa não poderá ultrapassar 2% do valor em atraso), destruição, perecimento ou desaparecimento dos bens arrendados;**

k) **A possibilidade do arrendatário transferir os direitos e obrigações do contrato a terceiro, desde que com anuência expressa da entidade arrendadora.**

5.5.4. Modalidades de leasing

5.5.4.1. Leasing financeiro

É aquele em que *as contraprestações e demais pagamentos previstos no contrato, devidos pela arrendatária, sejam normalmente suficientes para que a arrendadora recupere o custo do bem arrendado durante o prazo contratual de operação e, adicionalmente, obtenha um retorno sobre os recursos investidos; as despesas de manutenção, assistência técnica e serviços correlatos à operacionalidade do bem arrendado sejam de responsabilidade da arrendatária; e o preço para o exercício da opção de compra seja livremente pactuado, podendo ser, inclusive, o valor de mercado do bem arrendado.*

Esse longo enunciado representa o art. 5º da Resolução nº 2.309/1996 do BACEN, que conceitua oficialmente a modalidade do arrendamento mercantil financeiro. Seu conhecimento é essencial para fins de concurso público, por isso não pudemos evitar sua transcrição. Por outro lado, o conceito não é tão difícil quanto parece.

O cerne do arrendamento mercantil financeiro é o trecho que diz "*a arrendadora recupere o custo do bem arrendado durante o prazo contratual de operação e, adicionalmente, obtenha um retorno sobre os recursos investidos*". Isso significa que é **a própria arrendadora que adquire o bem e transfere sua posse direta ao arrendatário** e o valor cobrado deverá **gerar lucro** para a arrendadora. Em outras palavras, o que mais interessa aqui é o **ganho econômico** com o contrato, por isso é chamado de *leasing* **financeiro**. Normalmente, é celebrado por instituições que se destinam exclusivamente a celebrar contratos de arrendamento mercantil.

O *leasing* financeiro deve ser celebrado com **prazo mínimo de 2 anos**, caso a vida útil do bem seja *igual ou inferior a 5 anos*, e **prazo mínimo de 3 anos** para os demais bens. Exercida a opção de compra antes desse interregno, o contrato de *leasing* se desnatura e passará a ser tratado como uma compra e venda mercantil com pagamento a prazo.

5.5.4.2. Leasing operacional

É aquele no qual *as contraprestações a serem pagas pela arrendatária contemplem o custo de arrendamento do bem e os serviços inerentes a sua colocação à disposição da arrendatária, não podendo o valor presente dos pagamentos ultrapassar 90% do custo do bem; o prazo contratual seja inferior a 75% do prazo de vida útil econômica do bem; o preço para o exercício da opção de compra seja o valor de mercado do bem arrendado; e não haja previsão de pagamento do Valor Residual Garantido – VRG* (art. 6º da Resolução nº 2.309/1996 do BACEN), que é uma parcela a ser paga durante a execução do contrato com a finalidade de amortizar o valor devido ao final caso se exerça a opção de compra.

Salta aos olhos a maior limitação que incide no regulamento do *leasing* operacional. Nessa modalidade, que alguns autores chamam de *leasing* impuro ou atípico, a intenção das partes é mais voltada à transferência da propriedade do bem ao arrendatário ao final do contrato. O núcleo do negócio é a **utilização e aquisição** do bem pelo arrendatário, por isso *leasing* **operacional**. Aproxima-se da locação, porque a obrigação de preservação e manutenção do bem é da instituição arrendadora, dela se diferenciando na medida em que o pagamento das contraprestações periódicas serve de abatimento do preço de compra em caso do exercício dessa opção.

O *leasing* operacional deve ser celebrado com **prazo mínimo de 90 dias** e **prazo máximo equivalente a 75% da vida útil econômica do bem**. Essa "vida útil econômica" é dada por regulamentos e instruções da Secretaria da Receita Federal do Brasil, que estabelecem em quanto tempo cada espécie de bem perde totalmente seu valor de mercado. Tecnicamente, esse período é conhecido como **depreciação**.

Alguns autores, como Fran Martins, ainda distinguem o *leasing* financeiro e o *leasing* operacional a partir da **possibilidade de rescisão unilateral do contrato**, *proibida no primeiro e possível, mediante aviso prévio, no segundo*.

5.5.4.3. Leasing de retorno

Também conhecido como *sale and lease back, cession-bail* ou retroarrendamento, nada mais é do que uma variação do *leasing* financeiro, na qual *o bem arrendado é de propriedade do arrendatário, que transfere a propriedade para o arrendador, mas mantém a posse direta com base no contrato de arrendamento entre eles celebrado.*

5.5.4.4. Leasing impróprio

Também conhecido como *self leasing* ou *leasing* consigo mesmo, é a espécie de arrendamento mercantil celebrado entre pessoas **vinculadas**, assim entendidas aquelas *coligadas ou interdependentes, direta ou indiretamente*, nos termos do art. 27 da Resolução nº 2.309/96 do BACEN.

Subdivide-se em *self leasing* **por vinculação**, onde ocorre propriamente o contrato *entre diferentes pessoas, porém vinculadas uma a outra*, e *manufacture leasing*, celebrado diretamente entre o *fornecedor do bem e o arrendatário*.

Ambas as hipóteses **não são reconhecidas** no Direito brasileiro como modalidades de arrendamento mercantil válidas, por força, respectivamente, do art. 28, incisos I e III, da Resolução nº 2.309/1996 do BACEN. Isso significa que, uma vez celebradas, não terão o mesmo tratamento tributário ou empresarial previsto para as demais modalidades.

5.5.5. Obrigações das partes

A doutrina elenca as seguintes obrigações para o **arrendador**:

a) Adquirir o bem atendendo estritamente às determinações do arrendatário;

b) Garantir a integridade do bem, zelando por sua procedência e qualidade no momento da aquisição;

c) Contratar seguro para o bem arrendado;

d) Entregar a posse direta do bem ao arrendatário sem impor obstáculos injustificados;

e) Não intervir ou turbar a posse direta do arrendatário durante o uso do bem.

Já para o **arrendatário**, podemos arrolar as seguintes obrigações:

a) Pagar a contraprestação avençada no vencimento;

b) Utilizar o bem para os fins e nos limites do que constar do instrumento contratual;

c) Zelar pela preservação e conservação do bem, agindo como se proprietário fosse;

d) Abster-se de alterar ou modificar, sem anuência do arrendador, o equipamento ou seus elementos constitutivos;

e) Informar imediatamente o arrendador em caso de esbulho ou turbação na posse praticados por terceiro;

f) Adimplir os impostos incidentes sobre a transação e demais obrigações tributárias eventualmente aplicáveis;

g) Abster-se de realizar quaisquer negócios com o bem arrendado, principalmente aqueles tendentes a dele dispor, considerando que se trata de coisa alheia.

Caso o arrendatário fique em atraso com o pagamento das parcelas, ainda que exista cláusula resolutiva do contrato expressa para essa hipótese, é obrigatória a prévia notificação do devedor para constituí-lo formalmente em mora (STJ, Súmula 369). Cumprida a formalidade e continuando o devedor em falta, com a resolução do contrato torna-se cabível a **reintegração de posse** do bem se este não for devolvido.

Vale salientar, entretanto, que hodiernamente o STJ tem adotado a **teoria do adimplemento substancial**, a qual afasta a possibilidade de resolução do contrato e consequente reintegração de posse se o arrendatário já pagou um número expressivo de parcelas. Nesse caso, mantém-se o direito ao crédito, o qual deverá ser exercido pelas vias executórias comuns. A aplicação da teoria é objeto de análise casuística: já se aceitou sua alegação em caso de pagamento de 30 das 36 parcelas convencionadas (REsp 1.200.105/AM, DJ 19/06/2012). No mesmo sentido: REsp 272.739/MG, DJ 02/04/2001 e REsp 1.051.270/RS, DJ 05/09/2011.

5.5.6. Revisão do contrato e cláusulas abusivas

Sobre a possibilidade de revisão das cláusulas contratuais do arrendamento mercantil, a jurisprudência pátria aceita sem ressalvas a aplicação da **teoria da imprevisão** e a cláusula *rebus sic stantibus*, que buscam preservar o equilíbrio econômico-financeiro do negócio jurídico. Nesse diapasão, é cediço nos julgados do STJ, por exemplo, que a elevação abrupta da cotação de moeda estrangeira, como ocorrido com o dólar norte-americano em janeiro de 1999, representa fato superveniente capaz de ensejar a revisão das cláusulas contratuais. É importante ressaltar, outrossim, que a indexação das parcelas em moeda estrangeira só é permitida com a comprovação da captação de recursos no exterior (art. 9º da Resolução nº 2.309/1996 do BACEN). Veja-se, por exemplo, REsp 897.591/PB, DJ 06/08/2009.

Merece atenção o fato da Súmula 263 do STJ ter sido cancelada pelo Colendo Tribunal em 2003. O verbete previa que a cobrança antecipada do VRG (ou seja, antes do termo final do contrato) descaracterizava o *leasing*, transformando-o em verdadeira compra e venda a prazo. As razões do cancelamento invocaram o brocardo *pacta sunt servanda*, consagrando a autonomia da vontade. Se as partes deliberaram pela possibilidade de cobrança antecipada no *leasing*, o acordo deve ser respeitado, não descaracterizando o arrendamento mercantil. Este novo posicionamento acabou consolidado na Súmula 293 do STJ.

Já no que toca à existência de cláusulas abusivas no contrato de arrendamento mercantil, o STJ tem farta jurisprudência no sentido de que **não** se trata de matéria de ordem pública cognoscível de ofício pelo Poder Judiciário. Não tendo sido objeto de impugnação específica no recurso de apelação, não poderá ser considerada pelo Tribunal de 2ª instância em seu julgamento, em consagração ao princípio do *tantum devolutum quantum apellatum* (AgRg no Ag 807.558/SC, DJ 30/06/2011; AgRg no REsp 759.965/RS, DJ 17/12/2007).

Para o Sodalício Superior, não se considera abusiva a imposição da obrigação ao arrendatário de contratação de seguro para o bem arrendado, exceto se a aludida contratação tiver de ser feita com uma instituição seguradora específica (REsp 1.060.515/DF, DJ 04/05/2010).

5.6. Contratos de colaboração

Sob esta larga rubrica, encontram-se os contratos nos quais *um empresário (colaborador) atua no sentido de criar ou ampliar o mercado de determinado produto ou serviço fabricado ou prestado por outro empresário (fornecedor)*. A função do colaborador é levar o produto ou serviço do fornecedor até onde o consumidor em potencial está, investindo em publicidade, estoques e estratégias de vendas em troca de uma remuneração.

Os contratos de colaboração podem ser divididos entre **contratos por aproximação** e **contratos por intermediação**. Existe uma única diferença entre eles: nos contratos por aproximação, o colaborador *nada adquire* do fornecedor. É o caso da **comissão** e da **representação**. Já na intermediação, o colaborador *adquire* o produto do fornecedor para revendê-lo, como ocorre, em regra, na **distribuição**.

5.6.1. Comissão

Na **comissão** empresarial, *um empresário (comissário) obriga-se a realizar negócios em prol de outro (comitente), mas em nome próprio*. Em outros termos: o comissário, mediante remuneração, celebra contratos com terceiros cujo objeto é o produto ou serviço fornecido pelo comitente. Mas quem figura no contrato como parte *é o comissário*, obrigando-se perante o terceiro pelo adimplemento da avença. O comitente, muitas vezes, fica anônimo, por razões estratégicas.

A linha entre a **comissão** e o **mandato** é muito tênue: separa-os apenas o fato do *comissário obrigar-se perante terceiros*, contratando em seu próprio nome, ao passo que o mandatário, desde que aja dentro dos limites dos poderes que lhe foram outorgados, atua em nome do mandante e, por isso, não se responsabiliza pelo cumprimento do acordo.

No mais, os contratos são idênticos, aplicando-se a disciplina legal do mandato à comissão.

Não se deixe esquecer que o negócio fechado pelo comissário é feito *em prol do comitente* e é a este que pertence, em princípio, o risco. Caso, por exemplo, o terceiro que comprou produtos através de acordo com o comissário não pague o combinado no prazo, o prejuízo é do comitente. O comissário continua a fazer jus a sua remuneração.

Essa regra, contudo, pode ser excepcionada por expressa determinação das partes. Trata-se da **cláusula *del credere***, pela qual o risco do *inadimplemento* é transferido para o comissário, que responde solidariamente com o terceiro. Obviamente, a remuneração nesse caso tenderá a ser maior. Anote-se que *os demais riscos, como vícios na coisa ou evicção, continuam entregues ao comitente*.

Comissão é também o nome da remuneração devida ao comissário pelo seu trabalho, devida, repita-se, mesmo que o terceiro não cumpra sua parte no acordo, exceto se presente a cláusula *del credere*.

5.6.2. Representação (ou agência)

Nesta espécie de contrato, prevista na Lei 4.886/1965 e no CC (no qual recebeu o nome de **agência**), *um empresário (representante) obriga-se a localizar potenciais interessados nos produtos ou serviços de outro (representado) e obter, para este, pedidos de compra e venda ou prestação de serviços*. O representante comercial é **colaborador por aproximação** por excelência: sua função é apresentar o produto do representado para eventuais interessados e encaminhar-lhe os consequentes pedidos.

O representante tem *autonomia* no exercício de sua função, devendo observar as diretrizes do representado apenas no que disserem respeito à forma de organização da atividade com foco na maior quantidade de vendas. Se as ingerências do representado tornarem-se excessivas, extrapolando o viés empresarial e caracterizando a *subordinação* do representante, estaremos olhando para um verdadeiro contrato de trabalho, ainda que o contrato celebrado entre as partes diga diferentemente.

As obrigações do representante e do representado vão além, respectivamente, de empregar a mesma diligência que teria para a venda de seus próprios produtos e pagar a retribuição pactuada. A mais importante delas refere-se à **cláusula de exclusividade**.

O representante *pode ser obrigado a trabalhar exclusivamente para um representado*. Trata-se de **exclusividade de representação** e deve ser *expressamente* prevista no contrato para cada praça de atuação. Se as partes acertaram a exclusividade de representação para a cidade "X" e, ao longo da execução dos trabalhos, o representante é autorizado a também atuar na cidade "Y", *deverá respeitar a exclusividade de representação apenas na cidade "X", a não ser que haja aditivo contratual específico para incluir a segunda* (STJ, REsp 229761/ES, DJ 05/12/2000).

Já o representado *não pode vender diretamente seus produtos na zona delimitada para a atuação de representante comercial já contratado para aquela área*. Fala-se, aqui, de **exclusividade de zona** e ela é *implícita* nos contratos de representação empresarial omissos. Ou seja, se o representado pretende afastá-la, deve fazê-lo expressamente no acordo. O art. 27, "d", da Lei 4.886/1965 estatui a obrigatoriedade da delimitação da zona de atuação do representante no contrato. Violada a regra, operando o representado uma venda direta na zona do representante, este fará jus à remuneração respectiva.

A representação, não raro, pode ser confundida com a **comissão** e mesmo com o **mandato**, com quem também muito se assemelha. Para suplantar qualquer dúvida, apresentamos as diferenças entre os três contratos no quadro sinóptico a seguir:

Mandato	Mandatário atua em nome do mandante	Tem poderes para fechar acordo
Comissão	Comissário atua em nome próprio	Tem poderes para fechar acordo
Representação	Representante atua em nome próprio	*Não tem poderes para fechar acordo*

Outra diferença importante entre a **comissão** e a **representação** é que nesta, por força do disposto no art. 43 da Lei 4.886/1965, é **vedada** a inclusão da cláusula *del credere*.

5.6.3. Distribuição

O contrato de **distribuição** não difere da representação, exceto por dois aspectos: primeiro, *na distribuição, o distribuidor tem à sua disposição (posse direta) as mercadorias do distribuído, enquanto que, na representação (ou agência), o representado as mantém consigo até o adimplemento da obrigação pactuada com terceiro* (art. 710 do CC).

Segundo, enquanto a representação é necessariamente um contrato de colaboração por aproximação, porque o representado não tem poderes para fechar o negócio em nome do representante, *a distribuição pode assumir duas figuras distintas: a distribuição-aproximação e a distribuição-intermediação*.

A distribuição-aproximação, mais difícil de ser vista na prática, opera-se nos mesmos moldes da representação, porém tendo o distribuidor a posse direta das coisas a serem vendidas. Os bens ficam em seu poder a título de **depósito**.

Na distribuição-intermediação, mais comum, por sua vez, o distribuidor *adquire* os produtos do distribuído para *revendê-los*. Atua, destarte, em nome próprio e obriga-se perante terceiro porque é *proprietário* das mercadorias vendidas. É o exemplo dos postos de combustíveis.

Pela similitude, aplicam-se à distribuição as mesmas regras estudadas sobre a representação, exceto quando se tratar de distribuição-intermediação de veículos automotores. Para este setor da economia existe a Lei 6.729/79 (com as alterações realizadas pela Lei 8.132/1990), que denomina tal contrato como **concessão comercial**. Vem daí o termo usual do cotidiano "concessionária de veículos". Nesta hipótese, o CC é usado apenas como legislação supletiva, devendo ser observados os ditames da legislação especial.

6. DIREITO FALIMENTAR

6.1. Resumo histórico

É sabido que a Lei 11.101/2005, doravante denominada apenas Lei de Falências (LF), revogou expressamente o Decreto-lei 7.661/1945. Tal alteração legislativa trouxe importantes evoluções para o Direito Falimentar.

A principal delas foi o acolhimento integral da **teoria da empresa**, estampada no CC, garantindo a aplicação de seus benefícios a todos aqueles que sejam considerados *empresários*. A legislação anterior, elaborada sob a vigência do vetusto Código Comercial, creditava o regime jurídico falimentar apenas aos *comerciantes*, apesar da jurisprudência, ao longo das décadas, ter ampliado substancialmente seu campo de incidência.

Outrossim, foi extinta a **concordata**, sendo criada em seu lugar a **recuperação da empresa**. A diferença é tanto teórica quanto prática: inicialmente, verificamos que a criação do instituto da recuperação, em substituição à concordata, demonstra que a LF preocupa-se em bem diferenciar a empresa economicamente viável da inviável. Às empresas viáveis, que lhes seja dado o direito de tentar se recuperar após um período de crise econômica; às inviáveis, a falência.

Na prática, os conceitos se afastam ainda mais: a concordata previa apenas a dilação do prazo de vencimento das dívidas, em uma fórmula engessada que, no mais das vezes, em nada ajudava a empresa a não falir; a recuperação, veremos detalhadamente adiante, prevê a *liberdade de elaboração do plano de recuperação*. Atendidos a certos requisitos legais, o empresário em dificuldade é livre para elencar as diligências necessárias para sua recuperação, submetendo sua proposta aos credores. Nada mais correto, afinal são eles os principais interessados no recebimento de seus créditos, sendo certo que, com a quebra do devedor, a chance de recebê-los diminui consideravelmente.

6.2. Princípios de Direito Falimentar

6.2.1. Princípio da conservação da empresa viável

Consagrado, como vimos, pela criação do instituto da recuperação da empresa, que visa a manter funcionando a empresa que apresente viabilidade econômica, não se impondo sua falência exclusivamente por força de um período de instabilidade;

6.2.2. Princípio da equivalência dos créditos (par conditio creditorum)

Segundo o qual *todos os credores terão tratamento equitativo*, priorizando-se o recebimento proporcional por todos eles do que a satisfação integral de apenas alguns. Deve se destacar, porém, que o princípio não veda a criação de uma *ordem de preferência* no pagamento, que efetivamente existe. A questão é: dentro da mesma classe de credores, o valor disponível para pagamento deve ser rateado entre todos;

6.2.3. Princípio da prevalência dos interesses dos credores

A falência e a recuperação da empresa, a despeito de se revestirem como procedimentos judiciais, são institutos voltados à satisfação das obrigações contraídas pelo devedor. É claro que o Estado tem interesse tanto na continuação da empresa viável quanto na extinção da empresa inviável (e é este o motivo do Poder Judiciário interceder em ambos os casos), mas os principais interessados são os credores, que devem ser ouvidos antes de todas as decisões judiciais e, muitas vezes, são soberanos naquilo que deliberarem.

6.3. Órgãos de administração da falência e da recuperação

6.3.1. Juiz

Por força do mandamento constitucional que veda a exclusão da apreciação do Poder Judiciário qualquer lesão ou ameaça de lesão a direito (art. 5º, XXXV, da CF), a falência e a recuperação de empresas serão, em regra, efetivadas através de procedimento judicial.

Em síntese, cabe ao juiz presidir o processo, decretando a falência, autorizando a recuperação e decidindo sobre todas as demais questões controvertidas debatidas no bojo dos autos, ouvidos os demais órgãos quando a lei exigir. Compete-lhe, também, a nomeação do **administrador judicial** e a homologação do quadro-geral de credores.

6.3.2. Ministério Público

Na vigência do Decreto-lei 7.661/1945, o Ministério Público deveria acompanhar integralmente todos os processos de falência e concordata ajuizados, entendendo-se que sua presença como *custos legis* era inafastável diante do interesse público envolvido na falência de qualquer empresa.

O projeto de lei aprovado, que resultou na atual LF, trazia comando no mesmo sentido. Entretanto, o artigo foi vetado pelo Presidente da República, questionando a existência de um interesse público geral no procedimento falimentar e igualmente visando a uma celeridade maior no processamento da quebra e da recuperação.

Com isso, a atuação do *Parquet* fica restrita aos casos expressamente previstos na LF, que relacionam, em apertada síntese:

a) impugnar o quadro-geral de credores antes de sua homologação ou promover sua alteração através de ação de rito ordinário (se já homologado);

b) requerer a substituição do Administrador Judicial e de membros do Comitê de Credores nomeados em desacordo com a lei;

c) ser intimado do deferimento da recuperação judicial e da decretação da falência;

d) recorrer, através de agravo, da decisão que concede a recuperação judicial;

e) propor ação revocatória;

f) ser intimado de todo e qualquer ato de alienação de ativos, podendo inclusive impugnar a arrematação;

g) pronunciar-se sobre a prestação de contas do Administrador Judicial no encerramento da falência.

6.3.3. Administrador judicial

Pessoa de confiança do juiz e nomeada por este para administrar o complexo de bens e dívidas do empresário falido (massa falida) durante o processo de falência ou para acompanhar a execução do plano de recuperação, no caso de recuperação judicial da empresa. Será, preferencialmente, advogado, economista, administrador de empresas, contador ou pessoa jurídica especializada. Nesse último caso, a sociedade deve indicar o nome do profissional responsável pela condução do processo, que não poderá ser substituído sem autorização do juiz (art. 21 da LF).

A figura do administrador judicial vem para substituir duas outras previstas na legislação anterior, que denominava **síndico** o responsável pela administração da falência e **comissário** o indivíduo designado para acompanhamento da concordata. Suas funções permanecem, essencialmente, as mesmas. Acontece que na atual LF ambos levam o mesmo nome.

Suas atribuições estão previstas no art. 22 da LF, divididas entre as atribuições comuns na recuperação judicial e na falência (inciso I), exclusivas da recuperação judicial (inciso II) e exclusivas da falência (inciso III). Todas elas estão inseridas no conceito apresentado.

Para exercê-las, o administrador judicial tem direito de receber remuneração fixada pelo juiz, em montante não superior a 5% do valor devido aos credores da empresa em recuperação ou do valor de venda dos bens na falência. Se o devedor em crise for microempresa ou empresa de pequeno porte, o limite da recuperação do administrador judicial é reduzido a 2%. Essa diminuição ocorre porque a remuneração do administrador judicial é paga pelo devedor ou sua respectiva massa falida.

Destacamos, ainda, que compete ao administrador judicial a *elaboração do quadro-geral de credores*, que é a lista de pessoas físicas e jurídicas que comprovaram possuir créditos junto ao falido ou empresário em recuperação, relacionados discriminadamente pelo valor desses créditos e sua classe (trabalhistas, credores com garantia real e os demais, reunidos em uma só classe junto com os quirografários).

Vale ressaltar, ainda, que o administrador judicial é o vínculo da empresa falida ou em recuperação com o juiz. Ele tem poderes de convocar a assembleia-geral de credores sempre que entender necessário para a tomada de decisões que afetem o interesse destes e pode, para bem exercer seu ofício, contratar auxiliares ou empresas especializadas com autorização judicial, *sob pena dele próprio responder pela remuneração desses profissionais*.

O administrador judicial pode ser **substituído** pelo juiz, quando tiver de afastar-se de suas obrigações por motivos justificados (ex.: para tratar da própria saúde), hipótese em que receberá sua remuneração proporcionalmente aos serviços prestados. Situação diferente é a **destituição** do administrador judicial. Aqui, estamos falando de *sanção* para o administrador omisso ou negligente no cumprimento de seus deveres. O juiz pode destituir o administrador sempre que entender que este não agiu com a diligência necessária. Há, outrossim, uma hipótese legal específica de destituição: caso o administrador não apresente seus relatórios obrigatórios no prazo previsto em lei (art. 23, parágrafo único, da LF).

Destituído o administrador judicial, *ele perde o direito à remuneração*. Efeito idêntico ocorrerá quando as contas finais apresentadas pelo administrador forem reprovadas pelo juiz, decisão que servirá de título executivo para indenização da massa falida.

6.3.4. Assembleia-geral de credores

Em poucas palavras, definimos a assembleia-geral de credores como *o órgão colegiado formado por todos os credores do falido ou do devedor em recuperação judicial, reunido para deliberar sobre questões afetas aos interesses daqueles.*

A despeito de sua importância, e também de sua competência exclusiva para decisão de alguns temas, não há previsão de convocação obrigatória da assembleia-geral no processo de falência. Ela será convocada pelos próprios credores (representantes de, no mínimo, 25% dos créditos de determinada classe) ou pelo administrador judicial quando as circunstâncias justificarem. Já na recuperação, há **convocação obrigatória** para a aprovação do plano de recuperação elaborado pelo devedor, exceto se este for microempresa ou empresa de pequeno porte que opte pelo plano previamente estabelecido pela LF, conforme se verá.

A assembleia-geral se instala, em primeira convocação, se estiverem presentes credores que representem *mais da metade dos créditos de cada classe*. Em segunda convocação, os trabalhos se iniciam com qualquer número de credores.

É possível que um credor seja representado por outra pessoa na assembleia. Em se tratando de mandato específico, o procurador deve entregar o instrumento de procuração ao administrador judicial até 24 horas antes daquela prevista para instalação da assembleia. Podem, ademais, os **sindicatos de trabalhadores** representarem seus membros nas assembleias, desde que apresentem, *até 10 dias antes*, lista nominal dos trabalhadores que pretendem representar. Na eventualidade do mesmo credor constar da lista de mais de um sindicato, até 24 horas antes da assembleia ele deve indicar por qual deles quer ser representado, sob pena de não ser representado por nenhum (art. 37, § 6º, inciso I, da LF).

Como já aventado, uma vez instalada a assembleia-geral, os credores são divididos em quatro classes: credores trabalhistas e com créditos decorrentes de acidente de trabalho; credores com garantia real; credores com privilégio geral e especial, credores quirografários e credores subordinados; e credores que se enquadrem como microempresa ou empresa de pequeno porte. Como regra, as deliberações são aprovadas *pela maioria simples dos créditos presentes*, independentemente de classe. O voto de cada credor é proporcional ao valor do crédito, isto é, cada real em crédito vale um voto.

Para que serve, então, a divisão dos credores em classes? Algumas deliberações exigem que a matéria seja votada *separadamente em cada classe, sendo aprovada pela maioria dos créditos em cada uma delas*, para ser considerada aprovada. São exemplos a formação do **Comitê de Credores** e a votação do plano de recuperação judicial.

Podem votar todos os credores assim reconhecidos pelo quadro-geral elaborado pelo administrador judicial, mesmo que este ainda não tenha sido homologado pelo juiz.

Por fim, é importante trazer à baila o ditame do art. 40 da LF, que proíbe a concessão de liminares para suspender ou adiar a realização de assembleia-geral em virtude da pendência de discussão judicial sobre a existência do crédito, seu valor ou classificação. O artigo é polêmico, porque aparentemente destoa do **princípio da indeclinabilidade da jurisdição**, previsto no art. 5º, inciso XXXV, da CF. A maioria dos autores acusa-o de inconstitucionalidade. Não obstante, ainda não existem posicionamentos dos Tribunais Superiores sobre o tema.

6.3.5. Comitê de Credores

O **Comitê de Credores** *é um órgão colegiado simplificado, formado por representantes das três classes de credores, com o objetivo de fiscalizar o trabalho do administrador judicial e manifestar suas opiniões nos casos previstos em lei.*

É formado por um membro e dois suplentes escolhidos em cada classe de credores. Atenção, *pois aqui as classes são divididas diferentemente*: trabalhistas e créditos decorrentes de acidente de trabalho; credores com garantia real e *com privilégio especial*; credores quirografários *e com privilégio geral*; credores que se enquadrem como microempresas ou empresas de pequeno porte. Não é obrigatório que todas elas estejam representadas no Comitê, afinal é possível que no caso concreto sequer existam credores de uma ou outra classe.

Nas deliberações do Comitê, *cada classe tem direito a um voto*, decidindo-se por maioria. Em caso de empate, decidirá o administrador judicial e, se este não puder votar (porque o Comitê delibera sobre sua destituição, por exemplo), o empate será dirimido pelo juiz.

Aplicam-se aos membros do Comitê as mesmas regras previstas para o administrador judicial no que tange à substituição e destituição.

A criação do Comitê é *facultativa*. Na sua ausência, suas atribuições serão desempenhadas pelo administrador judicial.

6.4. Falência

6.4.1. Conceito

Falência *é o estado de insolvência do devedor empresário, caracterizada pela insuficiência no valor de seus ativos (bens e direitos patrimoniais) para o pagamento de todo seu passivo (obrigações vencidas e vincendas), ainda que por mera presunção legal.*

A falência é decretada através de processo judicial de competência *do foro da Justiça Estadual da comarca do principal estabelecimento do devedor*. Perceba dois pontos importantes: um, a competência é *sempre* da Justiça Estadual Comum, não havendo previsão de competência da Justiça Federal para julgamento de processos falimentares; dois, a competência *não se estabelece pela sede do devedor*, mas sim pelo seu *principal estabelecimento*, que é aquele em que se concentra o maior volume de negócios (há entendimento doutrinário no sentido de que o conceito abrange, na verdade, o *local de onde partem as decisões empresariais* – Enunciado 466 JDC/CJF). Na hipótese de empresa estrangeira, deve-se avaliar qual de suas filiais no território nacional é aquela com maior movimentação.

Através do processo de falência, instala-se o **concurso de credores** (daí porque o processo falimentar é também chamado de **concursal**), cujo objetivo é o pagamento proporcional de todas as dívidas, evitando-se a preferência de alguns no recebimento exclusivamente porque cobrou primeiro o devedor em detrimento de outros cujas dívidas venceriam posteriormente. Sendo de mesma classe, os credores receberão conjuntamente na proporção de seus créditos.

6.4.2. Sujeito passivo da falência

Pode ser réu no processo de falência *o empresário, pessoa física ou jurídica, regular ou irregular*. Lembre-se que o empresário irregular, pessoa física ou sociedade em comum, *pode falir, porém não lhe é autorizado requerer a falência de outrem* (item 1.2, letra "b").

A par desta regra, o art. 2º da LF destaca pessoas que *não estão sujeitas* ao regime jurídico falimentar, a despeito de serem empresárias: a empresa pública e a sociedade de economia mista; instituições financeiras; cooperativas de crédito; consórcios; entidades de previdência complementar (previdência privada); planos de saúde; seguradoras; sociedades de capitalização; e outras entidades que a lei eventualmente equiparar a estas.

O motivo da exclusão é a natureza das atividades elencadas, que, devido ao grande vulto econômico que normalmente apresentam, preferiu o legislador deixar as hipóteses de insolvência dessas empresas a cargo da legislação especial. Por isso dizemos que essas entidades não entram em falência, mas em **liquidação**.

Todavia, conforme ensina Fábio Ulhôa Coelho, devemos diferenciar as duas hipóteses diferentes de exclusão do regime jurídico falimentar estabelecidas pela Lei nº 11.101/2005.

Na primeira, chamada de **exclusão absoluta**, que engloba *as empresas públicas, as sociedades de economia mista e as câmaras de compensação e liquidação financeira*, a falência dessas entidades *nunca* poderá ser decretada. Elas se submetem, em todas as hipóteses, ao procedimento especial de liquidação, judicial ou extrajudicial, previsto nas respectivas legislações.

Na segunda, dita **exclusão relativa**, que alcança *as companhias de seguro, as operadoras de plano de saúde e as instituições financeiras (bancos, sociedades de* leasing, *administradoras de consórcios e sociedades de capitalização)*, essas empresas não poderão falir *em algumas hipóteses*. Ou seja, em casos específicos, discriminados pela legislação especial, poderemos aplicar a Lei nº 11.101/2005 para os casos de crise econômico-financeira dessas instituições. Acompanhe o quadro abaixo:

	Cias. de seguro	Planos de saúde	Inst. financeiras
Hipóteses de falência (aplicação da Lei 11.101/2005)	O ativo da companhia não é suficiente para quitar metade do passivo quirografário	O ativo da companhia não é suficiente para quitar metade do passivo quirografário, as despesas administrativas e operacionais ou se houver fundados indícios de crime falimentar	Só não poderá falir a pedido de credor em caso de prévia decretação de intervenção ou liquidação pelo BACEN. Em qualquer outro caso, aplica-se a LF
Lei especial aplicável (demais hipóteses)	Lei nº 10.190/2002	Lei nº 9.656/1998 e MP nº 2.177-44/2001	Lei nº 6.024/1974

A despeito de não figurar tecnicamente como sujeito passivo no processo falimentar, a decretação da falência da sociedade acarreta a falência do *sócio com responsabilidade ilimitada*, que sofrerá as mesmas limitações da sociedade falida nas obrigações patrimoniais e quanto ao impedimento para exercício de nova empresa.

6.4.3. Sujeito ativo da falência e hipóteses de decretação

O estudo de quem pode requerer a falência de outrem está umbilicalmente ligado às hipóteses legais de decretação da quebra.

Diante disso, é fundamental, primeiro, avaliarmos quando a lei determina que a falência do devedor empresário seja decretada:

a) Impontualidade injustificada: quando o devedor, *sem relevante razão de direito, não paga no vencimento obrigação líquida representada em título ou títulos executivos protestados cuja soma seja superior a 40 salários mínimos.*

Se este é o fundamento do pedido, a falência pode ser requerida por qualquer credor cujo crédito seja superior a 40 salários mínimos, desde que os títulos executivos sejam líquidos (também considerados aqueles que dependam de simples cálculos aritméticos – STJ, AgRg no Ag 1073663/PR, DJ 03/02/2011) e já estejam protestados (sendo que a notificação do protesto para fins falimentares *exige a identificação da pessoa que a recebeu* – STJ, Súmula 361). É permitido que vários credores se reúnam para atingir o valor mínimo exigido na lei, participando do processo falimentar como **litisconsortes ativos**.

Pode, também, ocorrer a **autofalência**, situação na qual *o próprio devedor requer a quebra*, que será analisada posteriormente. Além do próprio devedor, pessoalmente ou seu sócio, se for pessoa jurídica, a lei autoriza o pedido de falência elaborado pelo *cônjuge sobrevivente, qualquer herdeiro ou pelo inventariante*, em caso de falecimento do empresário individual.

b) Execução frustrada: caracterizada pela **tríplice omissão**, quando *o devedor, em processo de execução de título judicial ou extrajudicial, não paga, não deposita o valor em juízo nem nomeia bens à penhora para garantir a execução*.

Não se configura a execução frustrada caso a nomeação de bens à penhora seja intempestiva (STJ, REsp 741053/SP, DJ 20/10/2009).

Nesse caso, além da hipótese da autofalência, *qualquer credor* pode ingressar com o pedido de quebra, *não se exigindo o valor mínimo*.

c) Atos de falência: previstos no art. 94, inciso III, da LF, *são atos do devedor que a lei presume fraudulentos e indicativos de sua insolvência*. São exemplos clássicos a liquidação precipitada de ativos e o abandono de estabelecimento (usualmente conhecido como "golpe na praça").

O próprio artigo estabelece que os atos nele previstos não serão considerados como fundamento do pedido de falência se integrarem plano de recuperação judicial do devedor regularmente aprovado. Havemos de ter cuidado, pois esta parte do artigo demanda **interpretação restritiva**. Boa parte dos atos previstos são **nulos** ou **anuláveis**, como a realização de negócios simulados, e isso não poderia nunca estar previsto em plano de recuperação. O mesmo ocorre com o abandono do estabelecimento.

O pedido judicial de falência do devedor fundado em ato de falência segue a mesma regra da execução frustrada: é lícito a qualquer credor formulá-lo, independentemente do valor de seu crédito, esteja ele vencido ou não.

Sublinhamos uma vez mais que a lei diz *qualquer credor*, podendo este ser empresário ou não (ex.: é possível que o empresário individual tenha sua falência requerida por seu advogado por conta de uma dívida líquida não paga sem motivo justo em valor superior a 40 salários mínimos). Se for empresário, *deve estar regularmente inscrito na Junta Comercial*.

6.4.4. A sentença de decretação da falência e seus efeitos

A sentença judicial que decreta a quebra da empresa tem natureza **constitutiva** (não obstante seja costumeiramente conhecida como *sentença declaratória de falência*), pois altera a situação jurídica do devedor, modificando, criando e extinguindo direitos de todos os envolvidos.

Outra característica que merece nota é que, apesar da nomenclatura legal de *sentença*, trata-se de **decisão interlocutória especial**, porque encerra uma fase processual e inicia outra – a falência propriamente dita, conforme se verá adiante. Assim, o recurso cabível contra a sentença que decreta a falência é o **agravo de instrumento**, nos termos do CPC, sendo cabível a retratação pelo juiz.

Da sentença declaratória de falência decorre uma série de efeitos:

a) Afastamento do devedor ou de seus sócios de suas atividades: o empresário individual ou sócios da sociedade falida ficam impedidos de exercer qualquer atividade empresarial até sua reabilitação;

b) Indisponibilidade dos bens e criação da massa falida: com a quebra, o falido *perde o direito de dispor sobre seus bens*, que serão arrecadados para posterior venda e pagamento dos credores. O patrimônio do devedor e do *sócio com responsabilidade ilimitada* passa a ser considerado uma *universalidade de fato*, que se denomina **massa falida objetiva**. Arrecadados todos os bens do devedor e do sócio com responsabilidade ilimitada, sua administração deve ser feita em conjunto, sendo proibidos quaisquer atos de alienação ou oneração individual sem a concordância do administrador judicial e do Comitê.

Fala-se, também, na formação da **massa falida subjetiva**, que é *o conjunto de credores do falido*;

c) Nomeação do administrador judicial: cuja função primordial, já vimos, é a administração da massa falida e a elaboração do quadro-geral de credores;

d) Suspensão das ações judiciais promovidas contra o falido e do respectivo prazo prescricional: a partir da decretação da quebra, o juízo que a determinou passa a ser o único competente para tratar das questões patrimoniais envolvendo o devedor. Dessa forma, todos aqueles que detêm créditos junto a este devem *habilitá-los* junto ao juízo falimentar. É o fenômeno da **força atrativa (ou *vis atractiva*)**, que cria o **juízo universal da falência**.

Há, porém, ações judiciais que não se sujeitam ao juízo universal, continuando a correr nas varas originais até o trânsito em julgado da sentença. É o caso das *ações trabalhistas, das execuções fiscais, das ações de competência da Justiça Federal, aquelas cujo devedor seja o autor da demanda ou nas que envolverem quantia ilíquida*.

Em todos esses casos, ao final do processo, o credor, munido do título executivo judicial, deve habilitar-se no juízo falimentar para que seu crédito seja classificado na ordem legal de pagamento, com exceção da Fazenda Pública, cujo crédito não depende de habilitação para ser pago (art. 187 do CTN).

Para garantir a existência de valores para pagamento desses créditos reconhecidos fora do juízo falimentar, o juiz que receber a petição inicial e o próprio devedor regularmente citado devem informar o juiz responsável pelo processo de falência para que seja efetuada a reserva das importâncias que estimarem devidas;

e) Fixação do termo legal da falência: o termo legal é *o período anterior à decretação da quebra no qual os atos jurídicos com escopo patrimonial praticados pelo devedor são considerados suspeitos e, destarte, ineficazes perante a massa falida*. Deve o juiz fixar a data inicial deste período, não podendo esta ser estabelecida mais de 90 dias antes do pedido de falência, do pedido de recuperação judicial (se este precedeu à falência) ou do primeiro protesto por falta de pagamento (excluídos aqueles eventualmente cancelados).

A existência do termo legal fundamenta-se no fato de que o devedor é, certamente, o primeiro a saber que a empresa vai mal e pode vir a falir. Sob esta óptica, determina a lei que alguns atos, elencados no art. 129, *não produzam efeitos perante a massa falida, independentemente da intenção ou não de fraudar os credores*. Repise-se que é hipótese de **ineficácia do ato**, que permanece válido diante do contratante de boa-fé e que, portanto, poderá cobrar do devedor os efeitos da evicção;

f) Suspensão das atividades da empresa: a fim de manter íntegro o patrimônio existente no momento da decretação da falência, a regra é que as atividades da empresa sejam suspensas para a arrecadação dos bens e sua posterior venda para pagamento dos credores.

Entretanto, por vezes é mais interessante para os próprios credores que a empresa continue funcionando, diante de sua produtividade. Se recomendável, o juiz pode determinar então a **continuação provisória da empresa**, que será gerida pelo administrador judicial.

g) Contratos do falido: a rigor, a decretação da falência não tem nenhum efeito direto e automático sobre os contratos firmados pelo empresário falido. *Os contratos não se resolvem de pleno direito com a falência*, continuando válidos. O que nasce é o dever do administrador judicial de *avaliar a conveniência de cumprir cada contrato*, devendo fazê-lo exclusivamente se for de interesse da massa, ou seja, se o cumprimento do acordo evitar o aumento do passivo ou permitir a manutenção ou preservação dos ativos, ouvido o Comitê de Credores. Caso contrário, o administrador judicial não deve honrá-lo.

Não pode, em contrapartida, o outro contratante ser deixado sem resposta, na dúvida sobre o cumprimento da avença. Estabelece, então, a LF que a outra parte deve interpelar o administrador judicial em até 90 dias contados de sua nomeação sobre a intenção ou não de adimplemento. Silente o administrador, ou resolvendo este pelo não cumprimento, caberá indenização ao contratante em valor apurado em processo ordinário que constituirá **crédito quirografário**.

As determinações estudadas aplicam-se tanto aos contratos bilaterais quanto aos unilaterais. Há, a par, algumas determinações específicas para certos tipos de contratos, nos quais não há espaço para discricionariedade do administrador judicial: ele deve seguir os ditames da lei.

Além das diversas hipóteses colacionadas pelo art. 119 da LF, dispõe o Diploma Falimentar que os contratos de mandato e comissão nos quais o falido seja parte *são encerrados de pleno direito* com a falência, *exceto os mandatos para representação judicial*.

As contas correntes bancárias são também encerradas com a decretação da quebra, arrecadando-se eventual saldo para composição da massa falida.

6.4.5. Sentença denegatória de falência

Se não for caso de decretação da quebra, seja porque o requerente não preenche os requisitos legais, seja porque não restou plenamente configurada qualquer das hipóteses legais (impontualidade injustificada, execução frustrada ou ato de falência), ou ainda diante do pagamento efetuado pelo devedor, o juiz extinguirá o processo com resolução do mérito através de sentença, esta sim com natureza definitiva, da qual caberá recurso de **apelação**, recebido no duplo efeito.

6.4.6. Ordem de pagamento dos créditos

Como estudado anteriormente, um dos principais objetivos do juízo concursal da falência é o pagamento proporcional de todos os credores. Isso, porém, não estabelece igualdade de condições entre todos eles no recebimento dos créditos, pois a LF cria uma ordem de preferência no pagamento do passivo da massa falida.

O valor total dos débitos e o valor individual a qual cada credor tem direito em cada classe de pagamento são discriminados no **quadro-geral de credores**, elaborado pelo administrador judicial com base nas informações fornecidas pelo falido e posteriormente homologado pelo juiz. Só receberá o dinheiro a pessoa que estiver devidamente inscrita no quadro-geral, sendo possível sua impugnação para incluir crédito, alterar o valor reconhecido ou questionar sua inclusão em determinada classe.

O pagamento, portanto, será realizado na ordem seguinte:

a) Antecipação de créditos trabalhistas de natureza alimentar: *havendo dinheiro em caixa*, deve o administrador judicial antecipar o pagamento dos *salários* vencidos nos 03 meses anteriores à decretação da falência, até o limite de 05 salários mínimos por trabalhador;

b) Restituições em dinheiro, conforme art. 86, parágrafo único, da LF (*vide* item 6.4.8, infra);

c) Créditos extraconcursais: são aqueles previstos no art. 84 da LF, os quais, como o nome sugere, *não existiam no momento da criação do concurso de credores, ou seja, são os débitos da massa falida e não do devedor falido*. Figuram aqui, basicamente, as despesas realizadas para a administração da massa falida, como a remuneração do administrador judicial, e as dívidas surgidas depois da decretação da quebra, como os tributos cujos fatos geradores sejam posteriores à sentença declaratória de falência;

d) Créditos decorrentes da legislação do trabalho, limitados a 150 salários mínimos por trabalhador, e decorrentes de acidente de trabalho: neste momento, são pagos todos os créditos decorrentes da legislação trabalhista (férias, 13º salário etc.), *deduzida eventual antecipação recebida* (conforme item "a", que se refere exclusivamente a *salários*), até o limite de 150 salários mínimos por trabalhador. O que exceder este teto será classificado como *crédito quirografário*.

Quanto aos créditos decorrentes de acidente de trabalho, encontram-se neste mesmo patamar, *porém não são limitados pelo teto imposto aos créditos trabalhistas*;

e) Créditos com garantia real, até o limite do valor do bem gravado: são dívidas do falido nas quais este *ofertou garantia real para pagamento* (penhor, hipoteca, anticrese, debêntures com garantia real etc.). Recebem após os credores trabalhistas, porém os pagamentos aqui também são limitados, sendo quitados com preferência somente até o valor de avaliação do bem dado em garantia. O que exceder é classificado como *crédito quirografário*;

f) Créditos tributários: abrangem *tributos de qualquer natureza, cujos fatos geradores sejam anteriores à decretação da quebra* (os posteriores são extraconcursais) *e já estejam inscritos em dívida ativa*. Ficam excluídas as multas tributárias, expressamente colocadas após os créditos quirografários. O valor a ser pago neste momento, portanto, inclui apenas o tributo, os juros e a correção monetária;

g) Créditos com privilégio especial: previstos no art. 964 do CC e esparsos na legislação extravagante, além daqueles em favor dos microempreendedores individuais, microempresas ou empresas de pequeno porte;

h) Créditos com privilégio geral: previstos no art. 965 do CC, em artigos esparsos da legislação extravagante e, o mais importante, no art. 67, parágrafo único, da LF, que concede privilégio geral ao *fornecedor de bens ou serviços que continuar a provê-los normalmente após o pedido de recuperação judicial*, caso a falência venha a ser decretada. Este fornecedor seria mero credor quirografário, mas, como auxiliou o devedor em recuperação, tem como benefício a subida de seu crédito na escala de pagamento;

i) Créditos quirografários: *são aqueles sem nenhum tipo de garantia ou privilégio*, decorrentes de títulos de crédito ou contratos sem pactos acessórios de garantia real. Seu conceito é residual: *qualquer crédito que não se enquadrar nas demais categorias, será considerado quirografário*;

j) Multas contratuais e por infrações das leis penais, administrativas e tributárias: dado seu caráter de penalidade, a LF optou por deixar o pagamento das multas em plano inferior. Importante é o pagamento do valor principal, corrigido monetariamente e com aplicação dos juros de mora. A cláusula penal será adimplida apenas se houver dinheiro disponível após o pagamento dos credores quirografários. Com a atual redação da LF, fica superada a Súmula 565 do STF, que, sob a vigência do Decreto-lei 7.661/1945, afastava do juízo falimentar a cobrança das multas fiscais moratórias;

k) Créditos subordinados: criação da LF em 2005, trata-se dos últimos créditos a serem quitados. Sua classificação decorre expressamente da lei (tal como nos créditos com privilégio especial e geral), sendo possível elencar *as debêntures sem garantia real e os créditos dos sócios e administradores sem vínculo empregatício*.

Nunca é demais ressaltar que a existência de créditos em classe mais elevada *impede* o pagamento das classes inferiores. Com a venda total do ativo, os fundos levantados serão usados para o pagamento dentro de cada classe na ordem indicada, passando para a próxima apenas com a quitação integral dos créditos existentes nas categorias mais privilegiadas.

6.4.7. Ação revocatória

Ação judicial típica do processo falimentar, a ação revocatória *destina-se a obter declaração de ineficácia perante a massa falida ou a revogação de atos praticados pelo devedor antes da decretação da quebra, compreendidos ou não dentro do termo legal da falência*.

Tais atos são considerados ineficazes perante a massa diante da existência efetiva ou presumida de fraude contra os credores. A ação pode ser proposta por qualquer deles, pelo administrador judicial ou pelo Ministério Público no prazo *decadencial* de 03 anos, contados da decretação da falência.

A LF traz duas espécies de ação revocatória. Em dizeres mais técnicos, a *causa de pedir* na ação revocatória será uma de duas, previstas, respectivamente, nos arts. 129 e 130 da lei.

No art. 129, encontramos a **ineficácia objetiva**, que independe da comprovação da intenção de fraudar os credores pelo falido ou da má-fé do outro contratante, que pode saber ou não do estado crítico da empresa. O rol é *taxativo*, bastando ao interessado provar sua ocorrência. Por força da presunção legal, pode o juiz inclusive declará-la *de ofício*, dispensando a propositura da ação.

O art. 130, por seu turno, fundamenta a ação revocatória na **ineficácia subjetiva**, ou seja, a ineficácia do ato somente será declarada *se comprovada a intenção do devedor de fraudar os credores e o conluio fraudulento* (consilium fraudis) *com o outro contratante, que se beneficia do ato conhecendo a intenção nefasta da outra parte*. Aqui temos um conceito aberto, pois qualquer ato fraudulento, de qualquer natureza, pode ser declarado ineficaz se provada a fraude. O resultado, considerada a má-fé que envolve o ato, *não é de simples ineficácia perante a massa, mas sim de revogação daquele*.

Em resumo:

Ação revocatória	
Art. 129	Art. 130
Ineficácia objetiva	Ineficácia subjetiva
Ineficácia perante a massa	Revogação do ato
Rol taxativo	Conceito aberto
Independe da intenção de fraudar	*Consilium fraudis*
Pode ser declarada de ofício	Necessariamente mediante provocação

A jurisprudência traz uma questão muito interessante atinente à caracterização da ineficácia objetiva. Acompanhe o raciocínio: uma das hipóteses de ineficácia objetiva é a alienação do estabelecimento sem consentimento dos credores (art. 129, VI), ato que se caracteriza com o contrato de **trespasse**. Como já estudado, o trespasse transfere a terceiro todo o estabelecimento empresarial, tratado como *universalidade de fato*. É certo que as mercadorias em estoque constituem um dos elementos corpóreos do estabelecimento, porém sua venda regular é parte integrante do desenvolvimento da atividade econômica, razão pela qual não pode ser considerada como alienação *do estabelecimento*. Sendo assim, é descabida a ação revocatória para pleitear a declaração da ineficácia de atos cotidianos da empresa, ainda que praticados em estado pré-falimentar (STJ, REsp 1079781/RS, DJ 14/09/2010).

6.4.8. Pedido de restituição

Sabemos que uma das primeiras determinações do administrador judicial, após sua nomeação, é a *arrecadação dos bens do falido e do sócio com responsabilidade ilimitada*, que na prática se resumem a todos aqueles que estejam na posse direta ou indireta destas pessoas. Pode acontecer, contudo, que dentro desse universo existam bens que *não pertencem ao falido* (ex.: um dos veículos estacionados dentro da fábrica pertencia a terceiro estranho ao quadro societário, que ali o deixou temporariamente), ou que a ele foram entregues em virtude de compra e venda para pagamento a prazo nos *15 dias que antecederam a quebra* (e ainda não foram pagos).

Ressalte-se que o limite temporal de 15 dias é específico para a hipótese de compra e venda a prazo. Para todas as demais, inclusive aquelas que autorizam a restituição em dinheiro, pouco importa o momento no qual o falido obteve a posse da coisa ou do valor a ser restituído (STJ, Súmula 133).

Em ambas as hipóteses, compete ao proprietário do bem ou ao vendedor o **pedido de restituição**, espécie de ação judicial em que se requer *a devolução do bem arrecadado ou seu equivalente em dinheiro*.

A restituição em dinheiro só será deferida:

a) Se a coisa não mais existir ao tempo do pedido de restituição;

b) Para os valores decorrentes de adiantamento de contrato de câmbio para exportação, nos termos da Lei 4.728/1965;

c) Dos valores entregues ao devedor pelo contratante de boa-fé se declarada a revogação ou ineficácia do contrato por força de ação revocatória.

A restituição em dinheiro é feita *logo após o adiantamento das verbas salariais de natureza alimentar*, conforme dispõe o art. 86, parágrafo único, da LF. Com essa redação, impõe-se que seja dada nova interpretação à Súmula 307 do STJ, editada sob a égide do Decreto-lei 7.661/1945, que dispõe: "A restituição de adiantamento de contrato de câmbio, na falência, deve ser atendida antes de qualquer crédito". Hodiernamente, por "qualquer crédito" devemos entender "créditos concursais e extraconcursais", mantendo-se a preferência dos créditos estritamente salariais relativos aos três meses anteriores à quebra, até o limite de 05 salários mínimos por trabalhador, mesmo diante do dever de restituição.

Pendente de julgamento o pedido de restituição, fica suspensa a disponibilidade da coisa arrecadada até o trânsito em julgado daquele, devendo a massa falida ou qualquer outra pessoa indicada pelo administrador judicial cuidar para que o bem não pereça. Ao final, julgado procedente o pedido de restituição, o proprietário deve ressarcir os gastos realizados com a conservação da coisa.

Indeferida a restituição, o crédito do requerente será anotado no quadro-geral de credores seguindo a classificação já conhecida.

Em qualquer caso (procedente ou improcedente o pedido de restituição), cabe *apelação sem efeito suspensivo*.

6.4.9. Procedimento judicial

O processo judicial da falência é escalonado, sendo sempre dividido em três etapas, qualquer que seja o fundamento do pedido.

Inicia-se com a fase **pré-falimentar**, na qual serão discutidos os motivos ensejadores da quebra, garantidos o contraditório e a ampla defesa do devedor; com a decretação da falência, abre-se a fase **falimentar propriamente dita**, na qual se opera a realização do ativo e pagamento do passivo da massa; por fim, verificados os requisitos legais, conclui-se o procedimento pelo **encerramento** da falência. Vamos analisar cada uma dessas fases em separado:

a) Fase pré-falimentar

Inicia-se com o ajuizamento do pedido de falência pelas pessoas autorizadas (*vide* item 6.4.3, supra). Fundada em impontualidade injustificada, a petição inicial deve vir acompanhada do título vencido *devidamente protestado*; se a causa de pedir for a execução frustrada, junta-se a *certidão do cartório* onde corre o processo de execução.

O devedor será citado para, *em 10 dias*, apresentar defesa e/ou realizar o **depósito elisivo**, que nada mais é do que *o depósito em juízo do valor cobrado pelo autor da ação*, com o fito de quitar a dívida e extinguir o processo. A apresentação de contestação e o depósito elisivo são independentes, abrindo-se, destarte, ao réu três opções ao comparecer ao processo: *somente apresentar a contestação*, seguindo-se a produção de provas, se necessária, e o julgamento da lide pelo juiz; *apresentar a contestação e promover o depósito elisivo*, caso em que este se apresenta como **garantia do juízo**, ou seja, o processo continua até o julgamento pelo juiz, *mas a falência não poderá ser decretada em hipótese alguma*, mandando o magistrado que o requerente levante o valor caso seja procedente o pedido de quebra; ou *realizar apenas o depósito elisivo*, situação na qual o juiz simplesmente declara elidida a falência, condenando o devedor ao pagamento das verbas de sucumbência.

O valor do depósito elisivo deve compreender a dívida principal, correção monetária, juros de mora e honorários do advogado (STJ, Súmula 29).

O art. 98, parágrafo único, da LF autoriza expressamente o depósito elisivo nos pedidos de falência fundados em impontualidade injustificada ou execução frustrada, deixando de fora aquele baseado em ato de falência. Isso levou alguns autores a defender a impossibilidade de depósito elisivo nesta hipótese. Outros, porém, argumentam que o depósito elisivo sempre é possível porque configura pagamento da dívida, retirando do autor da ação a qualidade de credor e, portanto, sua legitimidade ativa. O tema ainda é controverso, não tendo os Tribunais Superiores se pronunciado sobre a questão.

Os argumentos possíveis de serem apresentados pelo réu em sua contestação podem ser limitados dependendo do fundamento do pedido. Acusado da prática de ato de falência, há plena liberdade na contestação a fim de provar a inocorrência do ato ou que mantém ativo suficiente para saldar suas dívidas. Já contra a alegação de impontualidade injustificada ou execução frustrada, sua contestação deve cingir-se a demonstrar a existência de justo motivo para não honrar o título ou o processo executório prévio (prescrição, pagamento anterior, falsidade da assinatura etc.).

O devedor pode, em adição, como uma quarta alternativa, no prazo da defesa *ingressar com pedido de recuperação judicial*, que suspenderá o processo falimentar.

Por fim, lembre-se da possibilidade da falência ser requerida pelo próprio devedor (a **autofalência**), prevista no art. 105 da LF. Sua característica peculiar é o fato *de não haver contesta-*

ção, por óbvio, devendo o juiz apenas verificar se o pedido está corretamente instruído com os documentos comprobatórios de seu estado de insolvência: se estiver, decreta a quebra; se não, determina a emenda da inicial.

b) Fase falimentar

Inicia-se com o trânsito em julgado da sentença declaratória de falência e visa a *saldar as dívidas do falido na ordem estabelecida no quadro-geral de credores* mediante a **arrecadação** dos bens e sua posterior **realização** (venda para terceiros).

Ao assumir suas funções, o administrador judicial deve fazer publicar uma primeira relação de credores com base em informações que lhe serão fornecidas pelo próprio falido ou seus sócios. Abre-se, então, prazo de *15 dias* para **impugnações** sobre a existência de determinado crédito, seu valor ou a classificação que lhe foi dada, bem como para que credores que não tenham sido relacionados promovam a **habilitação** de seus créditos, provando sua existência e valor. Destaque-se que a falência *opera o vencimento antecipado de todas as dívidas do falido*, devendo os respectivos credores habilitar seus créditos ainda que vincendos. Podem impugnar créditos o Comitê, se existente, o devedor, os credores e o Ministério Público.

Os pedidos são deduzidos *junto ao administrador judicial*, que publicará suas conclusões através de nova lista de credores no prazo de *45 dias*. Desta lista, caberão novas reclamações, agora formuladas ao juiz, em até *10 dias*.

Resolvidas as pendências, o juiz homologa o quadro-geral de credores.

Mesmo após a homologação do quadro, é possível a inclusão de créditos que nele ainda não constem. É a chamada **habilitação retardatária**, que seguirá o rito ordinário previsto no CPC. A rigor, recebe a nomenclatura de *habilitação retardatária qualquer pedido de inclusão de crédito posterior ao primeiro prazo para habilitações*.

Em paralelo a estes procedimentos, e deles totalmente independente, o administrador judicial pode começar a **realização do ativo**, através da alienação dos bens arrecadados após a avaliação pelo valor de mercado.

O art. 140 da LF estabelece uma ordem de preferência nos lotes a serem alienados, tudo com o escopo de facilitar a continuação da empresa: venda dos *estabelecimentos em bloco*; venda das *filiais ou unidades produtivas isoladamente*; alienação *em bloco dos bens que integram cada um dos estabelecimentos*; e venda *isolada dos bens individualmente considerados*.

Outras modalidades de alienação podem ser autorizadas pelo juiz mediante requerimento do administrador judicial ou do Comitê de Credores no interesse da massa.

As alienações serão promovidas mediante leilão por lances orais, propostas fechadas ou pregão, a critério do juiz, ouvidos, mais uma vez, o administrador judicial e o Comitê.

Frise-se, em derradeiro, que o Ministério Público deve ser intimado pessoalmente de *todos* os atos de alienação, sob pena de nulidade.

No que tange à realização do ativo, as inovações trazidas em 2005 pela nova LF eram há muito esperadas pela doutrina e jurisprudência, bem como pelo próprio mercado, que viu na possibilidade de venda dos bens arrecadados antes mesmo da consolidação do quadro-geral de credores (antes proibida pelo Decreto-lei 7.661/1945) um grande avanço no pagamento dos créditos. Isso porque, não raro, diante da complexidade dos incidentes apresentados ao longo do processo falimentar, o ativo do falido se deteriorava completamente, esvaindo-se seu valor de mercado e impossibilitando, destarte, a quitação das dívidas.

Outra mudança substancial que abriu caminho para que as alienações promovidas no bojo da falência garantissem resultado satisfatório foi a previsão expressa de que *ficam afastadas as sucessões nas dívidas trabalhistas e tributárias sobre os estabelecimentos do falido adquiridos nessa condição* (alienação judicial no processo falimentar). Sabemos que, como regra, o adquirente de um estabelecimento empresarial herda o passivo trabalhista e tributário do antigo proprietário. Em se tratando de venda decorrente de falência, é natural a existência de débitos dessa natureza, o que acabava por afastar eventuais interessados no arremate. Ato contínuo, os bens acabavam vendidos isoladamente por valor muito menor, uma vez que era desconsiderado o **aviamento**, e as atividades da empresa acabavam encerradas, acarretando o desemprego de todos os seus trabalhadores.

Na nova sistemática, credores trabalhistas e tributários receberão seus créditos na ordem estabelecida pela lei, nada podendo cobrar do novo adquirente do estabelecimento.

Naturalmente, a LF se preocupou com a abertura de certa margem para fraudes que o benefício implica. Afinal, bastaria que o próprio devedor adquirisse seu estabelecimento através de outra pessoa jurídica para recebê-lo de volta isento das dívidas que auxiliaram a caracterizar sua insolvência. Para evitar esse efeito colateral nefasto, o art. 141, § 1º, dispõe que *haverá a sucessão nas dívidas* se for identificado que o adquirente é *sócio da sociedade falida ou de sociedade controlada pelo falido*; *parente, em linha reta ou colateral até quarto grau, consanguíneo ou afim, do falido ou de sócio da sociedade falida*; ou *agente* ("laranja") *do falido com o objetivo de fraudar a sucessão*.

c) Encerramento da falência

Realizado o ativo e pagos os credores até o esgotamento das forças da massa, deve o administrador judicial apresentar suas contas finais ao juiz no prazo de 30 dias, as quais, após a publicação em jornal de grande circulação, podem ser impugnadas por qualquer interessado ou pelo Ministério Público em até 10 dias. Rejeitadas as contas, *o administrador é destituído e perde seu direito à remuneração*. Da sentença do juiz que julga as contas do administrador cabe **apelação**.

Aprovadas as contas, deve o juiz *declarar encerrada a falência* por sentença. O trânsito em julgado desta marca o termo inicial da prescrição das obrigações do falido, cujos prazos *ficaram suspensos durante todo o trâmite do processo falimentar*.

O empresário que teve sua falência decretada fica *impedido de exercer nova empresa* até que suas obrigações sejam extintas. É a chamada **reabilitação do falido**, que deve ser obtida por sentença judicial provando o interessado uma das seguintes situações:

c1) Pagamento de todos os créditos;

c2) Pagamento de mais de 50% dos créditos quirografários após a realização de todo o ativo, sendo autorizado que o interessado deposite o valor necessário para atingir o limite mínimo;

c3) Decurso do prazo de 05 anos, contado do encerramento da falência, se o falido não tiver sido condenado por crime falimentar;

c4) Decurso do prazo de 10 anos, contado do encerramento da falência, se o falido houver sido condenado por crime falimentar. Nessa hipótese, pode o juiz penal, *expressa e motivadamente*, estender os efeitos da inabilitação por até 05 anos após o cumprimento da pena, sendo autorizada eventual reabilitação penal antes do término do prazo para que o falido obtenha a declaração de extinção de suas obrigações.

6.5. Recuperação judicial

Substituta da antiga concordata, a recuperação judicial *é o procedimento que visa a preservar o funcionamento da empresa viável que atravessa período de crise econômico-financeira*. Atendidos aos requisitos legais, o empresário que acredita que o momento desfavorável pelo qual passa é temporário pode requerer em juízo que sejam autorizadas medidas que permitam que a empresa se recupere, procurando, assim, causar o mínimo prejuízo possível aos credores (cujo crédito encontraria maiores dificuldades para ser satisfeito em uma falência) e continuar no mercado. Essas medidas são previstas no **plano de recuperação judicial**, elaborado pelo próprio empresário e aprovado pelos seus credores reunidos em assembleia-geral.

6.5.1. Disposições comuns à recuperação judicial e à falência

Aplicam-se à recuperação judicial os conceitos aprendidos na falência sobre o papel do juiz, do Ministério Público, da Assembleia-geral e do Comitê de Credores, do administrador judicial e da elaboração do quadro-geral de credores. Devemos atentar, não obstante, às pequenas diferenças abaixo discriminadas:

a) Os créditos tributários não estão sujeitos à recuperação judicial. Muito ao contrário, é um dos requisitos para a concessão do benefício a juntada de certidão negativa de débitos tributários (art. 57 da LF). Entretanto, a jurisprudência apresenta uma forte tendência em relativizar essa exigência, asseverando que se trata de um meio coercitivo de cobrança de tributos. Afinal, um empresário em crise dificilmente estará em dia com suas obrigações tributárias, o que sepultaria a aplicação do novo instituto (TJSP, AI 4563934800, DJ 22/11/2006; TJMG, AI 1007907348871-4/007, DJ 08/10/2009). A despeito de serem excluídos do plano de recuperação, o art. 68 da LF autoriza que as Fazendas Públicas e o INSS defiram parcelamentos de seus créditos para devedores em recuperação e que garantam às microempresas e empresas de pequeno porte um prazo de parcelamento, no mínimo, 20% superior ao concedido para as demais empresas;

b) Também não estão sujeitos à recuperação judicial os seguintes créditos: propriedade fiduciária de bens móveis ou imóveis, arrendamento mercantil, compra e venda de imóveis gravada com cláusula de irrevogabilidade ou irretratabilidade, compra e venda com reserva de domínio e adiantamento de contrato de câmbio para exportação;

c) O administrador judicial não substitui os administradores da empresa, sendo sua função *acompanhar a execução do plano de recuperação pelo próprio devedor*.

6.5.2. Plano de recuperação

O instituto da recuperação judicial representou significativo avanço no tratamento da empresa em crise quando comparado à concordata. Esta tinha um formato fechado, autorizando apenas a moratória no pagamento dos créditos por determinado período de tempo.

A recuperação, por sua vez, deixa o devedor livre para propor as alterações que entender necessárias nas suas obrigações vencidas ou vincendas para que tenha condições de reerguer a empresa. A lista de meios de recuperação apresentada no art. 50 da LF é *meramente exemplificativa*, envolvendo a concessão de maior prazo para pagamento, a venda de estabelecimentos, o perdão de multas etc.

Existem apenas algumas restrições que o empresário deve atentar quando da elaboração do plano:

a) Não é possível prever prazo maior do que 01 ano para pagamento das dívidas trabalhistas;

b) Não é possível prever prazo maior do que 30 dias para pagamento de créditos estritamente salariais vencidos nos 03 meses anteriores à concessão da recuperação, até o limite de 05 salários mínimos por trabalhador.

Frise-se que, na hipótese do plano prever a venda de estabelecimentos ou unidades produtivas isoladas, a adjudicação será feita em leilão nos mesmos moldes da falência, ou seja, *não haverá sucessão das dívidas ao adquirente*, respeitadas também as exceções já estudadas (*vide* item 6.4.9, "b", supra).

6.5.3. Processamento do pedido de recuperação

São autorizados a ajuizar o pedido de recuperação, além do próprio empresário individual ou sociedade empresária, o cônjuge sobrevivente, seus herdeiros, o inventariante e o sócio remanescente da sociedade empresária em caso de falecimento do empresário.

O rito procedimental é dividido *em duas etapas*: o **deferimento do processamento da recuperação** e a **apresentação, aprovação e execução do plano de recuperação**.

Para que o devedor em crise tenha *deferido* seu pedido de recuperação, é necessária a concorrência dos seguintes requisitos:

a) Exercício regular de atividade empresária há mais de dois anos;

b) Não ser falido, ou, se já o foi, ter tido suas obrigações declaradas extintas por sentença transitada em julgado;

c) Não ter sido beneficiado com recuperação judicial há menos de 05 anos;

d) Não ter sido condenado ou não ter, como administrador ou sócio controlador, pessoa condenada por crime falimentar.

Além disso, o empresário deve comprovar a viabilidade da empresa, demonstrando os motivos da crise que atravessa e por que estes são passageiros, bem como quais as vantagens obtidas com a recuperação judicial. Para embasar seus argumentos, o interessado deve apresentar, junto com a petição inicial, os documentos arrolados no art. 51 da LF, que incluem, exemplificativamente: *suas demonstrações contábeis dos últimos três exercícios sociais; relação nominal e completa de credores, com indicação pormenorizada do crédito de cada um; relação integral dos empregados e da folha de pagamento; certidão de regularidade do registro da empresa na Junta Comercial* etc.

6.5.4. Efeitos do processamento da recuperação

O deferimento do processamento da recuperação judicial *suspende a tramitação e a prescrição das ações individuais em curso contra o devedor*, tal qual ocorre na falência. Todavia, aqui a suspensão *não poderá exceder 180 dias em nenhuma hipótese*: findo o lapso temporal, os processos retomam seu curso normal. Cumpre salientar que, a despeito da suspensão das ações em trâmite, o direito ao crédito fica incólume, de forma que não se suspendem os efeitos de eventual negativação do nome do devedor nos órgãos de proteção ao crédito (STJ, REsp 1.374.259/MT, *DJe* 18.06.2015).

Além disso, *desde a distribuição do pedido*, o devedor fica proibido de alienar ou onerar bens ou direitos de seu ativo permanente, salvo com autorização judicial precedida de consulta ao Comitê fundada em evidente utilidade aos credores, salvo se a providência estiver prevista no plano de recuperação.

Por fim, a partir desse momento o juízo que deferiu o processamento torna-se competente para tratar de quaisquer conflitos relacionados com a recuperação judicial, *exceto se a lide envolver bens não abrangidos pelo plano de recuperação judicial* (STJ, Súmula 480).

6.5.5. Apresentação, aprovação e execução do plano

Cumpridos os requisitos, o juiz *defere o processamento da recuperação judicial*, que não se confunde com o benefício propriamente dito. A decisão apenas inaugura a segunda fase do procedimento de recuperação.

Com a concessão judicial, o empresário que pleiteia a recuperação deve apresentar o **plano de recuperação judicial** para ser exposto ao crivo de seus credores *no prazo máximo de 60 dias*, sob pena de ter sua falência decretada. Se qualquer dos credores impugnar o plano, deve ser convocada uma **assembleia-geral de credores**.

Nesta reunião, constituída exclusivamente para análise do plano apresentado pelo devedor, os credores são organizados nas três classes já conhecidas: trabalhistas e titulares de crédito decorrente de acidente de trabalho; credores com garantia real; credores com privilégio especial, geral, quirografários e subordinados.

A assembleia fatalmente terminará com um dos quatro resultados seguintes:

a) Aprovação do plano: para que o plano seja considerado aprovado, *é imprescindível que receba maioria de votos em todas as classes existentes, em votação independente*. Na classe dos credores trabalhistas e dos que se enquadram como microempresa e empresa de pequeno porte, *estes votam por cabeça*, independentemente do valor de seus créditos, sendo considerado o plano aprovado pela concordância da maioria dos presentes; nas outras duas classes, o valor do voto *é proporcional ao valor do crédito*, sendo aprovado pela obtenção de votos favoráveis representantes da *maioria dos créditos presentes* e, *cumulativamente*, pela maioria simples dos *credores presentes*. Em qualquer das classes, não tem direito a voto e não será considerado na apuração do quórum necessário para aprovação o credor que não tiver o valor ou as condições de pagamento de seu crédito alterados pelo plano de recuperação;

b) Aprovação do plano com alterações: os credores estão autorizados a propor alterações no plano de recuperação. Estas, porém, devem ser *ratificadas* pelo devedor e não podem representar alterações prejudiciais ao valor ou forma de pagamento de obrigações relativas apenas a *credores ausentes à assembleia*;

c) Rejeição total do plano: hipótese na qual o devedor *terá sua falência decretada pelo juiz*; e

d) Apoio ao plano: quando este não obteve o quórum de aprovação previsto em lei, mas obteve, cumulativamente, *voto favorável da maioria dos credores que representem mais da metade dos créditos presentes na assembleia*, independentemente de classe; *aprovação, nos termos da lei, em duas das quatro classes* (ou em uma delas, caso só existam duas); e *voto favorável de, no mínimo, 1/3 dos credores das classes que rejeitaram o plano*. Nesta situação, o juiz pode conceder a recuperação judicial, desde que não implique tratamento diferenciado entre os credores da classe que a rejeitou.

Aprovado o plano (diretamente ou através de decisão do juiz no caso de apoio ao plano), *tem início sua execução* através de decisão judicial que defere *o benefício da recuperação judicial*, da qual cabe recurso de **agravo de instrumento**. Esta decisão tem natureza de **título executivo judicial**, o que significa que, se o devedor em recuperação descumprir qualquer de suas obrigações previstas no plano, o credor respectivo pode promover a execução individual específica ou pedir a **convolação** da recuperação em falência.

6.5.6. Efeitos da concessão da recuperação

A recuperação judicial abrange *todos os créditos do devedor existentes na data do pedido*, vencidos ou vincendos, e todos se submeterão ao que estiver disposto no plano de recuperação, ainda que seus titulares não o tenham pessoalmente aprovado ou sejam objeto de execução específica (STJ, AgRg no Ag 1297876/SP, DJ 18/11/2010).

Ademais, será nomeado pelo juiz o administrador judicial, que, na recuperação, não substitui os administradores. Estes continuam a gerenciar a empresa, cabendo ao administrador apenas fiscalizar a execução do plano, *exceto se*:

a) Houverem sido condenados por sentença criminal transita por crime falimentar, crime contra o patrimônio, contra a economia popular ou contra a ordem econômica;

b) Houver indícios veementes da prática de crime falimentar;

c) Houverem agido com dolo, simulação ou fraude contra os interesses dos credores;

d) Houverem efetuado gastos pessoais manifestamente excessivos em relação à sua situação patrimonial, ou despesas sociais injustificáveis pelo seu vulto diante do capital social ou o gênero do negócio;

e) Houverem descapitalizado injustificadamente a empresa;

f) Houverem simulado ou omitido crédito ao apresentar a relação de credores na petição inicial;

g) Negarem-se a prestar as informações solicitadas pelo administrador judicial ou pelo Comitê; e

f) O afastamento estiver previsto no plano de recuperação.

Nesses casos, o próprio devedor ou seus administradores serão afastados e o juiz designará um **gestor judicial** para administrar a empresa e dar cumprimento ao plano de recuperação. Até que o juiz o faça, tal incumbência caberá ao administrador judicial.

Por fim, mandará o juiz que seja inserido no nome empresarial do devedor a expressão "Em Recuperação Judicial", a fim de conferir a devida publicidade ao fato, possibilitando àqueles que venham a contratar com o beneficiado ter ciência de sua condição econômico-financeira.

6.5.7. Encerramento da recuperação judicial

Será declarada encerrada a recuperação judicial com o *cumprimento de todas as obrigações previstas no plano de recuperação que se vencerem nos 02 anos seguintes aos da concessão do benefício*. Dentro desse prazo, o inadimplemento de qualquer obrigação pode ensejar a **convolação** da recuperação em falência.

Havendo previsão no plano de obrigações a vencer em prazo superior a 02 anos, estas, obviamente, também deverão ser cumpridas pelo devedor, *porém não estaremos mais no âmbito da recuperação, já encerrada*. Assim, seu descumprimento pode ser objeto de execução individual específica ou *pedido de falência com base na impontualidade injustificada ou execução frustrada*, não se autorizando a convolação.

Com a declaração do encerramento, serão pagas as custas judiciais e providenciada a retirada da expressão "Em Recuperação Judicial" do nome empresarial do beneficiado.

6.5.8. Convolação da recuperação em falência

Trata-se de hipóteses nas quais a recuperação judicial será *automaticamente convertida em falência* mediante sentença do juiz:

a) Pela não apresentação do plano de recuperação no prazo de 60 dias contados do deferimento do processamento do benefício;

b) Pela rejeição do plano pela assembleia-geral de credores (exceto se houver apoio ao plano);

c) Pelo descumprimento de qualquer obrigação prevista no plano de recuperação dentro do prazo de 02 anos contados do início de sua execução.

Com a convolação, as obrigações sujeitas à recuperação terão restituídas suas características originais, sendo então classificadas no quadro-geral de credores da falência, descontados os valores eventualmente já pagos. Já aqueles que contrataram com o devedor em recuperação *depois* da concessão do benefício, serão classificados como *créditos extraconcursais*.

É importante ressaltar que, durante a execução do plano, nada impede que novos credores promovam pedido de falência da empresa com base na impontualidade injustificada ou execução individual frustrada, pois estes credores não se submetem à recuperação judicial.

6.5.9. A recuperação judicial da microempresa e da empresa de pequeno porte

A lei considera **microempresa** aquela que apresenta *faturamento (receita bruta) anual inferior a R$360.000,00* e **empresa de pequeno porte** aquela cujo *faturamento anual inferior a R$3.600.000,00*.

Cumprindo o dispositivo constitucional que determina a concessão de tratamento simplificado e diferenciado para as pequenas empresas, a LF criou, *como faculdade para estas*, a possibilidade de apresentarem um *plano simplificado de recuperação judicial*. Como vantagem, o plano é prefixado em lei e não depende de aprovação dos credores; como desvantagem, exatamente por ser prefixado em lei, não dá margem para a criação de novos mecanismos de recuperação.

Em breve síntese, o plano simplificado deve prever o pagamento dos créditos quirografários em no máximo 36 parcelas mensais e sucessivas, corrigidas monetariamente e acrescidas de juros equivalentes à Taxa SELIC do período, sendo que a primeira parcela será paga em no máximo 180 dias contados da *distribuição* do pedido, podendo conter propostas para o abatimento das dívidas.

A opção da ME e da EPP pelo plano especial traz ainda outras peculiaridades:

a) O devedor dependerá de autorização do juiz, ouvido o administrador judicial e o Comitê, para aumentar suas despesas ou contratar empregados;

b) Ele não acarreta a suspensão das ações e da prescrição relativas aos créditos não abrangidos pelo plano;

c) Apesar da aprovação do plano não depender de assembleia-geral de credores, é possível que estes voluntariamente se reúnam e, mediante manifestação de mais da metade dos credores quirografários, requeiram ao juiz a improcedência do pedido.

Como dito, o plano especial das microempresas e empresas de pequeno porte não depende de concordância expressa dos credores para ser acatado pelo juiz. Contudo, se mais da metade dos credores de qualquer das classes (computados na forma respectiva – por cabeça nos trabalhistas e MEs e EPPs, por crédito nas outras duas) se opuser ao pedido nos autos da recuperação, o juiz julgará improcedente o pedido e declarará a falência do devedor.

6.6. Recuperação extrajudicial

Ao lado da recuperação judicial, a LF criou o instituto da **recuperação extrajudicial**, consistente *na elaboração de um plano de recuperação da empresa pelo devedor em crise e negociado diretamente com os credores, sem a interferência direta do Poder Judiciário*.

Cabe ao juiz, no caso, unicamente a homologação do plano já assinado pelo empresário e seus credores, conferindo-lhe maior segurança jurídica e a natureza de título executivo judicial.

6.6.1. Requisitos

A homologação do plano de recuperação extrajudicial depende dos mesmos requisitos exigidos para o pedido de recuperação judicial, com uma diferença: *será vedado se estiver pendente pedido de recuperação judicial ou se já tiver um plano de recuperação judicial ou extrajudicial homologado há menos de 02 anos*.

6.6.2. Credores sujeitos ao plano

Diferentemente do que ocorre na recuperação judicial, aqui não é necessário que todos os credores de determinada classe se submetam ao plano. Pode o devedor *escolher com quais credores quer negociar*, mantendo os demais alheios às disposições pactuadas e, portanto, com suas obrigações íntegras, sem nenhuma alteração.

A lei veda que seja objeto do plano de recuperação extrajudicial *os débitos trabalhistas e decorrentes de acidente de trabalho, as dívidas tributárias e todos aqueles também expressamente excluídos da recuperação judicial (vide item 6.5.1, "b", supra)*.

Dentre as demais classes existentes (garantia real, privilégio especial e geral, quirografários e subordinados), os credores que estiverem nominalmente listados no plano de recuperação estarão vinculados a ele com a homologação do juiz, *a qual será obrigatória*:

a) Se todos os credores listados assinarem o plano de recuperação, manifestando sua adesão a ele. Nesta hipótese, o que temos na verdade é um contrato, que deveria ser observado por todos os signatários independentemente da homologação, em homenagem ao princípio do *pacta sunt servanda*;

b) Se mais de 3/5 dos credores listados em cada classe assinarem o plano. Aqui, sim, estamos diante da novidade legislativa. Com a aprovação por maioria qualificada dos credores de cada classe, a homologação judicial *sujeitará todos os credores listados no plano às avenças nele incluídas, ainda que não tenham manifestado sua concordância com a aposição de sua assinatura*. Reitere-se que serão vinculados apenas os credores nominalmente arrolados no instrumento; os que dele não constarem não serão afetados. Se esta situação é apresentada ao juiz, deve o empresário interessado na recuperação extrajudicial fazer juntar, também, os documentos mencionados nos arts. 162 e 163, § 6º, da LF, consistentes em demonstrações financeiras e contábeis, que esclareçam a situação patrimonial da empresa.

6.6.3. Procedimento da homologação

Distribuído o pedido de homologação, *os credores não poderão desistir de sua adesão*, salvo com a concordância expressa de todos os demais participantes, *inclusive o devedor*. Ao receber o pedido, o juiz o fará publicar, através de edital, no diário oficial e em jornal de grande circulação. O edital conferirá prazo ao devedor para comunicar, por carta, todos os credores participantes do plano da distribuição do pedido, as condições do plano e o prazo para impugnação.

Tal prazo é de *30 dias*, contados da publicação do edital. Qualquer credor, comprovando esta condição, poderá impugnar o plano, *seja dele participante ou não*. Suas alegações, entretanto, estão limitadas a:

a) Não preenchimento do percentual mínimo de 3/5 de concordância em cada classe de credores;

b) Prática de ato de falência;

c) Descumprimento de qualquer outro requisito legal;

d) Simulação de crédito; ou

e) Vício na representação dos credores que o subscreveram.

Havendo impugnação, o devedor se manifestará em 05 dias e os autos serão conclusos ao juiz para decisão em igual prazo. Da sentença cabe apelação *sem efeito suspensivo*.

9. Direito Eleitoral

Savio Chalita

Capítulo 1

1. CONCEITO

O Direito Eleitoral é o ramo do Direito Público que visa a tutelar e a regular, respectivamente, o direito ao sufrágio e o exercício da soberania popular. Além disso, organiza e disciplina o processo eleitoral de forma a concretizar os direitos políticos.

Assim, fundamental observar a relação intrínseca que este ramo possui com a manutenção da democracia (chamada por alguns autores como "antecedente lógico do Direito Eleitoral"), justamente pelos mecanismos que proporciona.

2. OBJETO E FONTE

O objeto, do ponto de vista jurídico, é trazer adequadas formas de exercício dos direitos políticos e seus reflexos no processo eleitoral. Esta finalidade traz intensas mudanças legislativas a este ramo do Direito Público, que o faz um dos que mais sofre alterações legislativas, no intento lógico de aperfeiçoamento e adequação à demanda real da sociedade. Por exemplo, hoje no Brasil percebemos o processo eleitoral 100% eletrônico, informatizado (urnas eletrônicas, apuração no mesmo dia da eleição, acesso às informações dos candidatos via internet etc.) e a cada eleição novas leis e regramentos.

Quanto às fontes do Direito Eleitoral podemos dividi-las em **primárias** e **secundárias**:

Por **Fontes Primárias** (Diretas) do Direito Eleitoral poderíamos compreender, dentre outras:

a) Constituição Federal. Fonte maior do Direito Eleitoral Brasileiro, pois é nela que se funda o processo de validação jurídica de todas as outras normas, ou seja, é na Constituição Federal que as demais normas encontram seu pressuposto de validade (dogmática jurídica). Além disso, o Texto Constitucional trata, especificamente, nos arts. 14 ao 17 e arts. 118 ao 121 sobre matéria ligada ao nosso objeto de estudos.

b) Código Eleitoral (Lei 4.737/1965)

c) Lei das Eleições (Lei 9.504/1997)

d) Lei Orgânica dos Partidos Políticos (LOPP – Lei 9.096/1995)

e) Lei das Inelegibilidades (LC 64/1990) com as alterações trazidas pela Lei da Ficha Limpa (Lei Complementar 135/2010)

Por **Fontes Secundárias** (Indiretas ou Subsidiárias) do Direito Eleitoral podemos compreender, dentre outras:

a) Resoluções do Tribunal Superior Eleitoral. Trata-se de ato normativo do órgão Pleno do Tribunal Superior Eleitoral, com competência fixada pelo parágrafo único do art. 1º e art. 23, ambos do Código Eleitoral, com a limitação do art. 105 da Lei das Eleições.

b) Consultas. Esta fonte, bastante peculiar, refere-se às consultas a serem direcionadas ao Tribunal Superior Eleitoral, acerca de matéria eleitoral, sempre em tese (não em caso concreto, pois admitiria a condição de pré-julgamento da questão duvidosa), a ser formulada por autoridade com jurisdição federal ou por órgão nacional de partido político (conforme art. 23, XII, do Código Eleitoral). Importante dizer que as respostas serão dadas também em tese, não olvidando-se que **NÃO POSSUEM CARÁTER VINCULANTE**, podendo ou não ter seu conteúdo confirmado por uma decisão na Justiça Eleitoral. Por fim, cabe esclarecer, também, que as consultas poderão ser direcionadas aos Tribunais Regionais Eleitorais, conforme depreendemos da leitura do art. 30, VIII, do Código Eleitoral, sobre matéria eleitoral, às consultas que lhe forem feitas, também em tese, por autoridade pública ou partido político.

c) Código Civil. De modo geral, quanto a capacidade das pessoas, conceituação de bens públicos, numa leitura conjunta de dispositivos que venham a exigir complementação.

d) Código de Processo Civil. Contagem de prazos, diretrizes recursais. Aplicação subsidiária ao processo eleitoral.

e) Código Penal. Parte Geral do Código Penal, especificamente sobre questões ligadas a tempo e lugar do crime, concurso de agentes etc.

f) Código de Processo Penal. Será aplicado subsidiariamente ao processo penal eleitoral, conforme dispõe neste sentido o art. 364 do Código Eleitoral: "No processo e julgamento dos crimes eleitorais e dos comuns que lhes forem conexos, assim como nos recursos e na execução, que lhes digam respeito, aplicar-se-á, como lei subsidiária ou supletiva, o Código de Processo Penal.".

3. COMPETÊNCIA LEGISLATIVA

Cabe privativamente à União legislar sobre matéria eleitoral (inteligência do art. 22, I, da CF). Bem podemos observar, como exemplo, as legislações (fontes secundárias) que nos referimos no item anterior.

O Presidente da República, bem como o Tribunal Superior Eleitoral, poderão expedir instruções que julgarem convenientes à boa execução das leis eleitorais (art. 84, IV, da CF e art. 23, IX, da Lei 4.737/1965).

Medida provisória não pode dispor sobre direitos políticos, direito eleitoral e partidário, conforme dispõe o art. 62, § 1º, I, "a", da CF. Quanto às leis delegadas também observamos a impossibilidade de possuírem como objeto direitos eleitorais e políticos, disposição também encontrada na CF (art. 68, § 1º, II).

4. PRINCÍPIOS DO DIREITO ELEITORAL

Primeiramente é necessário relembrar a conceituação de que os princípios são alicerces do ordenamento jurídico, servindo como inspiração à elaboração e interpretação das normas, trazendo em sua essência não só uma característica filosófica, mas alta carga valorativa. Em especial, no Direito Eleitoral, assumem importância fundamental nos casos de lacuna ou omissão da lei.

Ainda que a doutrina cuide de explorar características e classificações dos princípios, bem como elencar inúmeros outros já conhecidos em diversos ramos (princípios da oralidade, contraditório, isonomia, identidade física do juiz, publicidade etc.) trataremos aqui, de maneira objetiva, dos mais recorrentes:

Princípio da anualidade eleitoral: também podemos encontrá-lo na nomenclatura de "princípio da anterioridade da lei eleitoral", "antinomia eleitoral" ou "conflito de leis no tempo". É a expressão do princípio do *rules of game* (traz a ideia de que não se pode mudar as "regras do jogo" durante o campeonato). O art. 16 da CF consolida o princípio da anualidade ao dispor que *"a lei que alterar o processo eleitoral entrará em vigor na data de sua publicação, não se aplicando à eleição que ocorra até um ano da data de sua vigência"*. Por este princípio, toda lei que vier a alterar o processo eleitoral entrará em vigor na data de sua publicação, porém apenas será aplicada ao pleito que correr até um ano após a data de sua vigência. Segundo o STF, a concepção de lei abrangeria tanto leis infraconstitucionais quanto leis constitucionais (Emendas Constitucionais). Importante mencionar, também, que este princípio deverá ser observado no caso de alteração de jurisprudência pelos Tribunais. Trata-se de um direito fundamental do cidadão-eleitor, cidadão-candidato e dos próprios partidos políticos.

Cabe mencionar que tal princípio, não obstante ostente a condição de cláusula pétrea implícita (ADI 3685/DF) a EC 107/2020, que tratou sobre o adiamento das eleições em razão da pandemia COVID-19, estabeleceu em seu art. 2º que "não se aplica o art. 16 da Constituição Federal ao disposto nesta Emenda Constitucional". Isto porque referida emenda tratou de postergar a realização das eleições municipais de 2020, tendo sido publicada em 2 de julho de 2020, ou seja, a 3 meses das eleições (que em regra, ocorreriam no primeiro domingo de outubro de 2020). Ocorre que esta disposição visou tão somente esclarecer que o constituinte reformador não desconhece a necessidade de observância ao princípio da anualidade, no entanto, dadas as circunstâncias, a alteração do processo eleitoral foi medida necessária e que, mesmo diante dos ajustes necessários, atingiu a todos de modo equilibrado, sendo esclarecido acerca dos prazo vencidos e vincendos (art. 1º, EC 107/2020).

Princípio da vedação da restrição de direitos políticos: este princípio possui conceituação semelhante ao do já conhecido *in dubio pro reo*, amplamente abordado no Direito Processual Penal, uma vez que traz a ideia de que não poderá o intérprete da lei estender interpretação da norma, de maneira a aumentar restrição de direitos políticos ao indivíduo (seja do candidato ou do eleitor). Diante da dúvida deverá o julgador (juiz ou tribunal) prezar pela não restrição de direitos políticos.

Princípio da democracia: é direito que se situa na 4ª dimensão de direitos fundamentais, juntamente com o direito à informação e ao pluralismo. A democracia situa-se como princípio insculpido na Constituição Federal de 1988, condição para os fundamentos estabelecidos no art. 1º. Também, fundamento das sociedades ocidentais reproduzida em grande valor na Declaração Universal dos Direitos do Homem de 1948 (artigo XXI) e no Pacto Internacional sobre Direitos Civis e Políticos de 1966 (artigo 25). Existem três espécies de regimes democráticos: a) democracia direta, onde o povo atua diretamente no exercício da parcela do poder soberano popular; b) democracia representativa, onde o povo escolhe seus representantes para atuação em seu nome e em defesa de seus interesses; e por fim, c) democracia semidireta ou participativa, num verdadeiro sistema híbrido composto tanto da atuação direta do cidadão através de limitados instrumentos de atuação, como também indiretamente através de candidatos eleitos para cargos públicos eletivos em todos os entes da federação.

A democracia participativa ou semidireta foi adotada pela Constituição vigente em nosso país, sendo disposta logo no art. 1º da Constituição Federal, em necessária leitura conjunta com o art. 14, CF, trazendo como instrumentos diretos (o exercício do voto que se dá de forma direta, a lei de iniciativa popular e as consultas populares através do plebiscito e referendo), e indiretos (através da escolha de representantes, através do voto).

Princípio da democracia partidária: como vimos, a democracia remonta a concepção grega de "o poder ao povo". Desta forma podemos compreender a efetividade da democracia implantada sob 3 óticas distintas: Democracia direta, indireta e semidireta (ou temperada).

A democracia direta é ilustrada pela organização, deveras eficiente, observada em Atenas durante os séculos V e VI, onde efetivamente os cidadãos participavam das decisões, o chamado autogoverno, completamente inviável se pensarmos nossa realidade.

Na democracia indireta os cidadãos elegem seus representantes, que investidos em um mandato específico, desempenharão a respectiva função pública, representando seu eleitorado até o final do seu mandato.

Na democracia semidireta ou temperada ocorre um temperamento, como sugere sua classificação, sendo o modelo que experimentamos no Brasil.

Aqui os cidadãos não encerram participação na vida pública simplesmente na escolha de seus representantes, mas têm a seu dispor outros instrumentos representativos como a participação em plebiscitos, referendos e iniciativa popular.

Contudo, tanto na democracia indireta como na semidireta (adotada no Brasil), necessariamente percebemos a figura do partido político (criado e difundido pelos movimentos socialistas na Inglaterra) como um intermediário ao complexo funcionamento do sistema democrático.

Princípio da celeridade da justiça eleitoral: quando tratamos de Direito Eleitoral, especificamente quanto aos mandatos, exigências e etc., verificamos a questão temporal como grande constante. Por esta razão, o Poder Judiciário (Justiça Eleitoral) tratará com maior prioridade, aos demais casos, as questões que tratem acerca de matéria eleitoral, com exceção da natural prioridade do *habeas corpus* e mandado de segurança.

Como reflexo deste princípio na norma eleitoral, podemos destacar o prazo de 3 dias para a interposição da maioria dos Recursos (art. 258 do Código Eleitoral), o prazo de 24 horas para recorrer às instâncias superiores no caso de decisão sobre o exercício do direito de resposta (art. 58, § 5º, da Lei das Eleições), a irrecorribilidade da decisões do Tribunal Superior Eleitoral (observadas as exceções: art. 121, § 3º, da CF), bem como a preclusão instantânea, salvo matéria de ordem constitucional ou legal de ordem pública (concluída uma fase, dentre as previstas a um assunto hipotético – registro de candidatura, propaganda eleitoral, votação etc., não se pode mais impugnar ocorridos pretéritos).

Capítulo 2

1. DIREITOS POLÍTICOS

O regime de governo é o "termômetro" que indicará qual o nível (e quais as formas, meios, mecanismos e instrumentos disponíveis) de participação popular comportadas pelo Estado. Na **autocracia**, regime de governo já extinto no Brasil, todo o governo é exercido por uma só pessoa. Há aqui a figura do absolutismo, completamente avesso à democracia, pois acima do soberano não há qualquer preceito legal, norma máxima, carta magna ou algo parecido. O Brasil, em diversos momentos, sofreu na carne do povo as consequências deste regime. Mesmo regimes que, em tese, atuavam dentro da legalidade, faticamente tinham nódoas absolutistas (governo de Getúlio Vargas entre 1937 e 1945, ditadura militar, reinado de D. Pedro I).

No Brasil, vivemos sob o Regime Democrático, compreendido como um princípio constitucional "sensível" (art. 34, VII, "a", da CF), dada sua natureza de garantir ao povo participações efetivas nas decisões do Estado.

Premissa é considerar que, de modo restrito e técnico (exercício direto e indireto da democracia), exercerá direito político aquele que mantenha vínculo político com a nação. Ou seja, aquele alistado junto a justiça eleitoral (que tenha feito seu alistamento eleitoral, possuindo título eleitoral). Assim, quando mencionarmos ou fizermos referência à "cidadão", será todo aquele que cumpra com esta circunstância de vínculo.

> Para lembrar:
>
> **Nacionalidade**: vínculo jurídico mantido pelo indivíduo com relação ao estado. Os critérios que, se cumpridos, garantirão este vínculo são estabelecidos pelo estado (soberania nacional).
>
> **Cidadania**: vínculo político. É estabelecido a partir do alistamento eleitoral junto à justiça eleitoral. Poderá se alistar nacional (nato, naturalizado e o quase nacional[1]). Também é chamado de "nacional qualificado". Ou seja, nacional qualificado pelo vínculo político.

2. ALISTAMENTO ELEITORAL[1]

O Código Eleitoral, em seu art. 43 e seguintes, dispõe sobre a forma que se dará o alistamento eleitoral. O alistando deverá apresentar em cartório (Eleitoral ou outro local previamente designado) o Requerimento de Alistamento Eleitoral (RAE) além de documento de identificação, certificado de quitação militar (eleitores do sexo masculino). Atualmente, o TSE ainda conta com o alistamento por processamento eletrônico, pelo qual o alistando tem a opção de preenchimento de formulário "on-line" e apresentação junto à unidade da Justiça Eleitoral em até 5 dias (Resolução 21.538/2003 do TSE).

Importante observação, já explorada em concursos, é sobre o prazo estabelecido pelo art. 91 da Lei 9.504/1997, que prescreve o não recebimento de qualquer requerimento de alistamento eleitoral no interregno de 150 dias antecedentes à data da eleição.

Isso traz alguns questionamentos, também já abordados em prova. Colacionamos o exemplo do jovem que irá completar 16 anos poucos dias antes das eleições, mas pretende exercer seu direito de alistar-se e votar. A solução é simples e pacífica: o jovem deverá requerer sua inscrição ainda antes de completar seus 16 anos, desde que, na data da eleição, possua completa a idade mínima necessária.

Discussões acaloradas na jurisprudência se deram em razão da obrigatoriedade ou não dos deficientes físicos votarem e também dos índios (integrados e não integrados).

O atual entendimento do TSE paira sobre a obrigatoriedade do voto ainda quanto aos deficientes físicos, podendo estes requerer seja registrada sua deficiência no cartório eleitoral de seu domicílio, para que no pleito seguinte sejam tomadas as providências necessárias de acessibilidade. Ou, ainda, em razão da Resolução 21.920/2004, poderá deficiente requerer ao juiz que seja registrado o chamado FASE 396, que impossibilitará que sejam geradas multas diante do seu não comparecimento ao local de votação na data da eleição.

Quanto aos índios a discussão é outra. Para todos eles o alistamento e voto são compreendidos como facultativos, porém, caso queiram exercer este direito, as exigências são separadas entre os índios integrados e não integrados. Dos primeiros é exigida a quitação militar, conforme Resolução do TSE 20.806/2001, o que não ocorre em relação aos não integrados.

Transferência – A transferência da inscrição eleitoral de um domicílio eleitoral a outro é facultativa, porém, se requerida, deverá o eleitor estar quite com a Justiça Eleitoral, além de declarar residência mínima de 3 meses, permanência mínima de 1 ano no domicílio eleitoral anterior, anterioridade superior a 150 dias das eleições (art. 91 da Lei 9.504/1997). Essas regras não serão necessárias caso a transferência seja de funcionário público civil, militar ou autárquico (ou sua família).

Deverá ser obedecido procedimento próprio disposto ao longo dos arts. 55 e seguintes do Código Eleitoral. O juiz do novo domicílio poderá deferir ou indeferir o pedido de transferência, devendo ser a decisão publicada (normalmente na primeira quinzena de cada mês) para que só então sejam cabíveis os recursos:

Transferência Deferida – Caso o juiz eleitoral do novo domicílio tenha entendido estarem presentes os requisitos, e então deferido a transferência, poderá o Ministério Público ou partido político recorrer perante o TRE em até 10 dias alegando suas razões, sejam elas inconsistências ou irregularidades observadas.

Transferência Indeferida – O eleitor (interessado) terá o prazo de até 5 dias para recorrer perante o TRE alegando suas razões. Nesta situação, o Ministério Público terá participação como *custos legis*, devendo ter vistas do processo.

3. DOMICÍLIO ELEITORAL

Como observado anteriormente, a inscrição ou transferência do eleitor define seu domicílio eleitoral, local onde reside ou mantém moradia, podendo compreender até mesmo duas localidades, conforme dispõe o art. 42 do Código Eleitoral (situação em que o interessado deverá optar por uma), uma

---

1. O Tratado da Amizade (Decreto 3.927/2001) celebrado entre Brasil e Portugal, em 22.04.2000 (por ocasião das comemorações de 500 anos do descobrimento do Brasil), estabelece que ao português residente ininterruptamente no Brasil por 3 anos, havendo reciprocidade, será garantido o exercício de direitos políticos (situação que suspenderá a possibilidade de exercício destes mesmos direitos em seu país de origem).

vez que o conceito aqui é diferente do domicílio civil, possuindo maior "flexibilidade e elasticidade" a domicílio eleitoral, identificando-o com a residência e o lugar onde o interessando mantenha vínculos, sejam eles políticos, sociais, patrimoniais, afetivos ou de trabalho.

O Tribunal Superior Eleitoral, em reiterados julgados, consolidou 3 (três) espécies de vínculos que um cidadão pode manter a fim de caracterizar domicílio eleitoral:

a) Familiar;
b) Patrimonial;
c) Afetivo, social ou Comunitário.

Quanto ao vínculo **Familiar**, podemos compreender como sendo aquela localidade onde seja o domicílio do genitor do cidadão em questão (TSE, AgRg em Ag 4.788/MG).

O vínculo **Patrimonial**, como o próprio nome sugere, a localidade onde o cidadão seja proprietário de imóvel, ainda que não resida nele (TSE, REsp 10.972/SE).

Por fim, o **Vínculo Afetivo, Social ou Comunitário** refere-se à localidade onde o candidato (cidadão que exerce seus direitos políticos passivos), nas eleições imediatamente anteriores, obteve maior parte da sua votação (TSE, REsp16.397/AL).

Importante reflexão reside em compreendermos a **diferença sensível entre o Domicílio Eleitoral (Código Eleitoral) e o Domicílio Civil (Código Civil)**, objeto de recorrentes dúvidas e confusão quanto ao conceito de cada um.

Os arts. 70 e seguintes do Código Civil dispõem que **Domicílio** será o lugar em que a pessoa natural estabeleça sua residência com a intenção manifesta de permanecer, centralizar sua vida, fixar suas atividades e negócios. Ou seja, é exigido o *animus* de permanência na localidade, princípio este exigido até mesmo na hipótese de o cidadão possuir diversas residências, pois poderá ser considerado domicílio qualquer uma delas, desde que o cidadão nelas **viva**, mesmo que alternadamente.

> **Exemplo:**
> Samya é advogada e trabalha em um escritório de advocacia no município de Campos do Jordão/SP. No entanto, reside na cidade de Lorena/SP, de onde se desloca diariamente para seu trabalho. Ainda, duas vezes na semana, dá aulas de Direito Eleitoral na cidade de São Paulo/SP. Com vistas ao que dispõe o Código Civil, arts. 70 e seguintes, qualquer uma das localidades (escritório de advocacia em Campos do Jordão/SP; local onde mora com seus pais, Lorena/SP; universidade que leciona Direito Eleitoral, São Paulo/SP) pode ser considerada seu domicílio, pois mantém, em cada uma delas, uma intenção de permanência, seja em razão de fixar sua residência (moradia com os pais) ou mesmo por desenvolver suas atividades profissionais.

Por outro lado o art. 42 do Código Eleitoral dispõe que **Domicílio Eleitoral** será o lugar de residência ou moradia do cidadão, e, quando possuir mais de uma, poderá ser considerado domicílio eleitoral qualquer uma dessas localidades. Ou seja, diferentemente do que nos traz o Código Civil, o Código Eleitoral dispensa a necessidade de *animus* de permanência, sendo admitida maior flexibilidade ao conceito. A propósito, como vimos pouco antes, o próprio TSE já admitiu vínculos próprios (familiar, patrimonial, social), o que evidencia ainda mais este caráter flexível do conceito de domicílio pela ótica do Código Eleitoral.

> **Exemplo:**
> *(adotando a ideia do exemplo anterior)* Samya, advogada atuante em Campos do Jordão/SP, considerou estabelecer residência fixa nesta cidade para evitar o desgastante deslocamento diário entre a casa de seus pais, em Lorena/SP, e o escritório. Neste caso, passou a não ter mais qualquer vínculo de moradia ou emprego com a cidade de Lorena/SP. Também, como forma de investir um dinheiro que ganhou de seu pai, comprou um apartamento na cidade do Rio de Janeiro/RJ, que está atualmente locado a um inquilino. Podemos dizer que Samya pode optar, a título hipotético de estabelecer seu domicílio eleitoral, as cidades de Lorena/SP (vínculo familiar), Campos do Jordão/SP (onde fixou moradia e desenvolve suas atividades profissionais – também é seu domicílio civil) ou mesmo Rio de Janeiro/RJ (vínculo patrimonial).

Importante observação deve ser lançada quando tratarmos de **domicílio necessário**, quais sejam os dos servidores públicos e militares, referenciando o local onde desenvolvem suas atividades em caráter permanente.

Outra observação dá-se quanto à disposição do Decreto-Lei 201/1967 ao disciplinar a possibilidade de cassação de mandato de vereador que vier a fixar residência fora do município em que exerce função eletiva.

3.1 Circunscrição, zonas e seções eleitorais

Breves conceitos para melhor compreensão do que deve ser considerado ante a circunscrição, zonas e seções eleitorais.

Circunscrição Eleitoral – É cada ente da federação ao qual todo o procedimento eleitoral, comportado pelos limites políticos,[2] estará vinculado.

Zona Eleitoral – Toda circunscrição é dividida em zonas eleitorais, as quais poderão abranger um ou mais municípios. Também é possível que em um mesmo município exista mais de uma zona eleitoral.

O art. 23, VIII, do Código Eleitoral dispõe que será competência do TSE aprovar a divisão dos Estados em zonas eleitorais ou a criação de novas zonas. De maneira específica, a Resolução TSE 19.994/1997 estabelecia normas para a criação e desmembramento de zonas eleitorais, tendo sido revogada pela Resolução 23.422/2014, que muito embora trate sobre o mesmo tema, deixou de mencionar especificamente quanto ao "desmembramento das zonas eleitorais".

Ainda em referência legislativa, a divisão da circunscrição em zonas eleitorais, bem como a criação de novas zonas são de competência privativa dos Tribunais Regionais Eleitorais (a serem submetidas à aprovação do TSE, conforme art. 23 do CE, abordado no parágrafo anterior), conforme disciplina o art. 30, IX, do Código Eleitoral.

Seção Eleitoral – Dentro de cada zona eleitoral haverá seções eleitorais, que serão subdivisões funcionais, onde efetivamente serão coletados os votos.

---

2. Limites políticos compreendem as faixas limítrofes que dividem os entes.

As seções são organizadas à medida que são deferidos os pedidos de inscrição, não possuindo mais de 400 eleitores na capital e de 300 nas demais localidades, não podendo também possuir menos de 50 eleitores (art. 117 do Código Eleitoral).

Importante mecanismo de fiscalização é concedido aos partidos que poderão nomear dois delegados (por partido ou coligação) para cada zona eleitoral (no caso de municípios com mais de uma zona eleitoral, poderão ser nomeados dois delegados para cada zona) e dois fiscais para cada seção eleitoral (art. 131 do CE). Os fiscais e delegados não poderão ser escolhidos entre aqueles que, nomeados por juiz eleitoral, façam parte da mesa receptadora da sessão, nem entre as pessoas menores de 18 anos.

4. JUSTIFICATIVA DE AUSÊNCIA E SANÇÕES QUANTO AO DESCUMPRIMENTO DE OBRIGAÇÕES ELEITORAIS

Já sabemos que o voto é obrigatório para determinado grupo de pessoas e facultativo a outros, razão pela qual torna sensata a ideia de que o descumprimento acarretaria alguma espécie de sanção.

> **Atenção:**
> De fato, o texto do art. 14, CF, não deixa dúvidas quanto ao fato de que VOTO e ALISTAMENTO são obrigatórios no Brasil. No entanto, a interpretação não conduz para este mesmo sentido. Diante da impossibilidade de votar o cidadão deverá justificar sua ausência à seção eleitoral (e não justificar o seu "não votar").

O eleitor regularmente inscrito poderá justificar sua ausência quando diante de situações em que esteja impossibilitado de comparecer à sua seção eleitoral, podendo assim proceder no prazo máximo de 60 dias após o pleito (quando o eleitor encontrava-se no país). Estando o eleitor no exterior no dia das eleições, o prazo será de 30 dias a contar do seu retorno.

Importante observar a possibilidade de eleições no exterior, cabível apenas para a escolha do Presidente e Vice-Presidente da República, as quais serão realizadas perante os consulados e embaixadas brasileiras e organizadas pelo Tribunal Regional Eleitoral do Distrito Federal. Porém, é necessário um mínimo de 30 eleitores inscritos num prazo de até 30 dias antes do pleito.

A reforma eleitoral de 2015 (Lei 13.165/2015), alargou possibilidades ao voto em trânsito, outra modalidade de cumprimento da obrigação. O eleitor que, na data da eleição, estiver em trânsito no território nacional, poderá votar em urnas especialmente instaladas nas capitais dos estados ou municípios com mais de cem mil eleitores previamente alistados. Para tanto, deverá obedecer às regras estabelecidas pelo art. 233-A do Código Eleitoral (incluindo parágrafos e incisos), são elas:

a) habilitação perante a Justiça eleitoral com anterioridade de 45 dias, indicando o local que pretende votar;

b) se a localidade não for dentro de seu estado federativo, o eleitor apenas poderá votar para o cargo de Presidente da República;

c) se a localidade for dentro do estado federativo do eleito, o voto em trânsito poderá ocorrer à eleição para Presidente da República, Governador, Senador, Deputado Federal, Deputado Estadual e Deputado Distrital (não há possibilidade de voto em trânsito nas eleições municipais).

A reforma eleitoral, quanto ao mesmo dispositivo (§ 2º ao 4º, art. 233-A, Código Eleitoral), ainda dispôs que os membros das Forças Armadas, os integrantes dos órgãos de segurança pública a que se refere o art. 144 da Constituição Federal, bem como os integrantes das guardas municipais mencionados no § 8º do mesmo art. 144, poderão votar em **trânsito se estiverem em serviço por ocasião das eleições** (percebam a condicionante de "estar em serviço por ocasião das eleições". Ou seja, não basta estar em serviço tão somente).

E quanto aos eleitores que se encontram presos (cumprindo pena ou provisoriamente)?

A resposta é simples: os presos que se encontram em penitenciária cumprindo pena (com condenação transitada em julgado) possuem seus direitos políticos suspensos, como bem dispõe o art. 15, III, da CF. Sendo assim, não poderão votar e logicamente o não comparecimento à sua seção não acarretará qualquer sanção (sendo dispensável justificativa por ausência). Porém, os presos provisórios e os adolescentes internados ainda não possuem seus direitos políticos suspensos, podendo exercer seu direito ao voto.

O TSE, através da Resolução 23.219/2000, estabeleceu a possibilidade de criação de seções eleitorais especiais dentro dos estabelecimentos prisionais e unidades de internação, como forma de garantir o direito de voto a estes eleitores (neste caso, deverá ser obedecido um mínimo de 20 eleitores). Os presos provisórios/internos que não realizarem a transferência/inscrição no prazo estabelecido pela lei não poderão votar na seção especial, porém terão a oportunidade de justificar sua ausência normalmente (na própria seção especial).

Por outro lado, muitos eleitores acabam perdendo o prazo estipulado para justificativa da ausência no pleito eleitoral, acabando por experimentar algumas sanções em razão do descumprimento desta obrigação.

O art. 7º do Código Eleitoral enumera algumas destas sanções, dispondo que o eleitor que deixar de votar e não se justificar no prazo estabelecido (60 dias aos eleitores que se encontrarem no Brasil e 30 aos que estiverem no estrangeiro, como já exposto) incorrerá em multa que irá variar de 3% a 10% sobre o valor correspondente a 33,02 UFIRs[3].

No momento da votação é fornecido ao eleitor o comprovante de comparecimento à seção, que servirá de prova de sua quitação no pleito. Sem a prova de que votou ou mesmo pagou a multa respectiva (em razão do não comparecimento ou justificativa em prazo hábil), o eleitor não poderá:

I – inscrever-se em concurso ou prova para cargo ou função pública, investir-se ou empossar-se neles;

II – receber vencimentos, remuneração, salário ou proventos de função ou emprego público, autárquico ou para estatal, bem como fundações governamentais, empresas, institutos e sociedades de qualquer natureza, mantidas ou subvencionadas pelo governo ou que exerçam serviço público delegado;

---

3. A unidade UFIR foi extinta com a vigência da Lei 10.522/2002. O TSE, através da Resolução 21.538, no art. 85, determinou a permanência de seu uso como base de cálculo adotando o seu último valor vigente até que seja aprovado novo parâmetro valorativo (o último valor atribuído à UFIR foi de R$ 1,0641).

III – participar de concorrência pública ou administrativa da União, Estados, Distrito Federal ou municípios (ou das respectivas autarquias);

IV – obter empréstimos em qualquer estabelecimento bancário ou de crédito mantido pelo governo ou cuja administração este participe;

V – obter passaporte ou carteira de identidade;

VI – renovar matrícula em estabelecimento de ensino oficial ou fiscalizado pelo governo;

VII – praticar qualquer ato para o qual se exija quitação do serviço militar ou imposto de renda.

O art. 7º, Código Eleitoral, estabelece que o eleitor que deixar de votar e não se justificar perante o juiz eleitoral até 30 (trinta) dias após a realização da eleição, incorrerá na multa de 3 (três) a 10 (dez) por cento sobre o salário mínimo da região, imposta pelo juiz eleitoral e cobrada na forma prevista no art. 367 do mesmo Código.

Em complemento, o § 1º estabelece que sem a prova de que votou na última eleição, pagou a respectiva multa ou de que se justificou devidamente, não poderá o eleitor:

I – inscrever-se em concurso ou prova para cargo ou função pública, investir-se ou empossar-se neles;

II – receber vencimentos, remuneração, salário ou proventos de função ou emprego público, autárquico ou para estatal, bem como fundações governamentais, empresas, institutos e sociedades de qualquer natureza, mantidas ou subvencionadas pelo governo ou que exerçam serviço público delegado, correspondentes ao segundo mês subsequente ao da eleição;

III – participar de concorrência pública ou administrativa da União, dos Estados, dos Territórios, do Distrito Federal ou dos Municípios, ou das respectivas autarquias;

IV – obter empréstimos nas autarquias, sociedades de economia mista, caixas econômicas federais ou estaduais, nos institutos e caixas de previdência social, bem como em qualquer estabelecimento de crédito mantido pelo governo, ou de cuja administração este participe, e com essas entidades celebrar contratos;

V – obter passaporte ou carteira de identidade;

VI – renovar matrícula em estabelecimento de ensino oficial ou fiscalizado pelo governo;

VII – praticar qualquer ato para o qual se exija quitação do serviço militar ou imposto de renda;

(...)

§ 4º O disposto no inciso V do § 1º não se aplica ao eleitor no exterior que requeira novo passaporte para identificação e retorno ao Brasil. (Incluído pela Lei 13.165/2015).

Neste ponto, o § 4º do art. 7º do Código Eleitoral, inserido pela Lei 13.165/2015, estabelece que o disposto quanto a "*obter passaporte ou carteira de identidade*" não se aplica ao eleitor no exterior que **requeira novo passaporte para identificação e retorno ao Brasil**. Assim, inaugura, a nova lei, novo dispositivo visando assegurar o direito de brasileiro (nato ou naturalizado) de regressar ao país de origem, qual seja o Brasil.

4.1 Cancelamento da inscrição eleitoral

O art. 71 do CE elenca as causas de cancelamento da inscrição do eleitor, quais sejam, a infração aos arts. 5º e 42 do Código Eleitoral, a suspensão ou perda dos direitos políticos, a pluralidade de inscrições, o falecimento do eleitor e deixar de votar em 3 eleições consecutivas.

Ocorrendo qualquer das causas ensejadoras do cancelamento, este se dará *ex officio* pelo juiz eleitoral ou a requerimento do Ministério Público, de delegado de partido ou de qualquer eleitor. No caso dos maiores de 18 anos que forem privados temporária ou definitivamente de seus direitos políticos, a autoridade que impuser a pena comunicará o fato ao juiz eleitoral ou ao Tribunal Regional Eleitoral da circunscrição em que residir o réu.

Os oficiais de Registro Civil enviarão até o 15º dia de cada mês a relação dos óbitos de cidadãos alistáveis do mês anterior, para que seja dado prosseguimento no cancelamento das inscrições.

Até que seja findo o processo de cancelamento da inscrição, o eleitor então inscrito poderá votar normalmente. Porém, os votos (se considerados suficientes para tal) poderão ser considerados nulos caso venham a alterar o quadro final das eleições, caso se firme a exclusão.

4.2 Suspensão e perda dos direitos políticos

O art. 15 da Constituição Federal veda a cassação de direitos políticos. Porém, determina casos em que se dará a perda ou suspensão destes direitos: cancelamento da naturalização por sentença transitada em julgado; incapacidade civil absoluta; condenação criminal transitada em julgado, enquanto durarem seus efeitos; recusa de cumprir obrigação a todos imposta ou prestação alternativa (art. 5º, VIII, da CF) e improbidade administrativa (art. 37, § 4º, da CF).

De maneira geral encontramos duas hipóteses de perda dos direitos políticos: perda da nacionalidade brasileira por adquirir outra voluntariamente e cancelamento da naturalização por sentença transitada em julgado. As demais podem ser classificadas como casos de suspensão, dado o caráter temporário que irão assumir.

Cancelamento da naturalização – O dispositivo encontrado no art. 15, I, da CF apresenta hipótese de perda dos direitos políticos na situação de cancelamento da naturalização por sentença transitada em julgado em razão de exercício de atividade nociva ao interesse nacional (art. 75, Lei 13.445/17).

A mesma regra de perda dos direitos políticos é válida aos brasileiros que tiverem declarada a perda da sua nacionalidade em razão da aquisição voluntária de outra. Excetuam-se a este último caso o reconhecimento de nacionalidade originária pela lei estrangeira e a situação de imposição de naturalização pela lei estrangeira ao brasileiro residente no exterior, como condição para permanência e exercício de direitos civis.

Para o caso de perda da nacionalidade em razão de cancelamento da naturalização, a reaquisição será exceção, a depender do regular trâmite de ação rescisória em face da sentença transitada em julgado que decidiu pelo cancelamento da naturalização.

Incapacidade Civil Absoluta – A disposição do art. 15, II, da CF apresenta-se como hipótese de suspensão dos direitos políticos, sendo que apenas ocorrerá quando reconhecida por sentença transitada em julgado, salvo nos casos de menores de 16 anos, uma vez que a incapacidade absoluta é legalmente prevista. O art. 3º do Código Civil dispõe que são absolutamente incapazes de exercer pessoalmente os atos da vida civil os menores de 16 anos e os que, por enfermidade ou deficiência mental, não possuírem o necessário discernimento para a prática de atos da vida civil, ou mesmo aqueles que por causa transitória não puderem exprimir sua vontade.

No entanto, com a entrada em vigor do Estatuto da Pessoa com Deficiência, que alterou significativamente os dispositivos atinentes à capacidade civil das pessoas, extinguiu-se a figura da incapacidade civil superveniente. Ou seja, os únicos a serem compreendidos como INCAPAZES são os menores de 16 anos de idade (cuidado!).

Condenação Criminal – O dispositivo constitucional do art. 15, III, faz menção à condenação criminal transitada em julgado, enquanto durarem seus efeitos. Ou seja, no caso de sentença irrecorrível que venha a condenar o indivíduo, seus direitos políticos serão suspensos, não sendo necessário que tal disposição venha expressa na sentença, vez que já é pacífico no STF que o art. 15, III (que dispõe sobre a condenação criminal como causa de suspensão dos direitos políticos), enquadra-se no perfil de preceito autoaplicável.

Diz-se suspensão dos direitos, pois a restrição irá cessar com o cumprimento da pena ou extinção, conforme inteligência da Súmula 9 do TSE.

Recusa de cumprir obrigação – O art. 15, IV, da CF dispõe outra causa de suspensão dos direitos políticos, qual seja a recusa de cumprir obrigação a todos imposta ou prestação alternativa (art. 5º, VIII, da CF).

Improbidade Administrativa – Prevista no art. 15, V, da CF. Nos termos do art. 37, § 4º, também da CF, o tempo de suspensão dos direitos políticos, neste caso, está previsto em legislação especial, qual seja, a Lei 8.429/1992 (Lei de Improbidade Administrativa). Como na hipótese da condenação criminal, e para afastar abuso e ilegalidade, a situação demanda o trânsito em julgado da sentença.

Observação importante se faz quanto à inelegibilidade prevista no art. 1º, I, "l", da LC 64/1990, onde é suficiente que haja condenação por órgão colegiado por ato doloso de improbidade administrativa importando lesão ao patrimônio público e enriquecimento ilícito.

5. DIREITOS POLÍTICOS ATIVOS

A Constituição Federal, como já mencionado, adotou a chamada **DEMOCRACIA SEMI DIRETA, ECLÉTICA ou MISTA**. Significa compreender uma leitura conjunta entre o parágrafo único do art. 1º, CF e o art. 14, CF. Ou seja: na **forma indireta**, temos a atuação do cidadão através de representantes eleitos (falaremos aqui em **DIREITOS POLÍTICOS PASSIVOS**).

Parlamentares e chefes de executivo exercem mandato imbuídos de representatividade. Quando eleitos, diplomados e empossados, temos por completa a forma de outorga de poderes que os cidadãos conferem para que atuem em nome da coletividade.

Certo é que esta representatividade não corresponde à vontade de todos os cidadãos, mas à maioria deles, a partir de critérios de apuração de votos (sistemas Majoritário e Proporcional)

Quanto à forma de exercer a democracia em sua **forma direta** (aqui, o conceito que trabalharemos será o dos **DIREITOS POLÍTICOS ATIVOS**), o texto constitucional indica que será exercida pelo **sufrágio universal**, pelo **voto** direto e secreto e ainda através de **plebiscito**, **referendo** e **iniciativa popular**.

Art. 14. A soberania popular será exercida pelo sufrágio universal e pelo voto direto e secreto, com valor igual para todos, e, nos termos da lei, mediante:
I – Plebiscito
II – Referendo
III – Iniciativa popular.

O conceito de soberania popular contido no *caput* do art. 14, CF, deve ser interpretado com a de que a titularidade máxima do poder pertence ao povo. Ou seja, todo o poder emana do povo que irá, então, exercê-lo através do **sufrágio universal, voto, plebiscito e referendo.**

Por **SUFRÁGIO** podemos compreender o direito público subjetivo do cidadão de participar das decisões tomadas pelo estado. Esse direito pode ser classificado como **RESTRITO** ou **UNIVERSAL** a depender das exigências que se faça para possibilitar seu exercício. Não está, portanto, relacionado tão somente aos exercícios direitos políticos ativos (embora nesse título), mas aos direitos políticos de uma forma ampla (direitos políticos ativos e passivos).

No **SUFRÁGIO RESTRITO** há condições que não são facilmente satisfeitas pelos cidadãos. Aqui podemos localizar o sufrágio Capacitário e o censitário.

Sufrágio Capacitário: relaciona-se com a capacidade intelectual, com a instrução recebida, com o grau de escolaridade ou conhecimento técnico que o cidadão possua. A título de um precário exemplo, imaginemos que em uma nação que adote o sufrágio restrito Capacitário, só poderá ser considerado cidadão aquele que apresentar conclusão de nível superior quanto à sua escolaridade. Perceba, caro leitor, que nessa situação há uma evidente exclusão de parcela desfavorecida, represando grandes possibilidades nas mãos de uma minoria privilegiada.

Sufrágio Censitário: nessa classificação, muito trabalhada em aulas sob o mnemônico "cen$itário", indica que para ser considerado cidadão é necessário cumprir com um padrão mínimo preestabelecido de condição financeira (por isso o "$"). Ou seja, também em um precário exemplo, seria admitir que para exercer seus direitos políticos em uma determinada nação o cidadão tivesse que apresentar sua declaração de renda demonstrando possuir condições financeiras.

```
         Sufrágio Restrito
         /              \
   Cen$itário         Capacitário
```

Por outro lado o **SUFRÁGIO UNIVERSAL**, conceito adotado pelo Brasil e que impõe compreender que é outorgada a condição de eleitor àqueles que reúnam a capacidade civil prevista no ordenamento além de requisitos básicos legais, sem que sejam exigidas condições mínimas econômicas, posturas religiosas, grau mínimo de instrução escolar ou qualquer aspecto que venha a discriminar o indivíduo ou a criar difíceis ou complexos requisitos.

5.1. O VOTO

O **VOTO** pode ser conceituado como um direito subjetivo compreendido como instrumento do sufrágio. É a concreta manifestação de escolha por parte dos cidadãos quando chamados a manifestar opção de representação durante um processo eleitoral, razão pela qual se conceitua como forma DIRETA de exercício democrático. Algumas características acerca do voto são encontradas no próprio texto constitucional. Vejamos:

```
              Direto
                |
    Secreto — VOTO — Universal
              / \
     Obrigatório*  Periódico
```

Direto: o eleitor vai pessoalmente à sua seção eleitoral, não há intermediários nem é possível que se outorgue a terceiro a atribuição de manifestar sua vontade (o que, inclusive, comprometeria a características seguinte). Portanto um ato personalíssimo.

Secreto: historicamente o Brasil enfrentou os famosos "votos de cabresto". Atualmente, ainda que casos criminosos sejam identificados, nosso ordenamento prevê o voto secreto, de maneira a preservar a convicção íntima de cada cidadão. Cabe destacar que por ocasião da Lei 13.165/15, o Congresso Nacional aprovou a inserção do art. 59-A na Lei das Eleições (Lei 9.504/1997).

O dispositivo criou a obrigação de que no processo de votação eletrônica houvesse uma impressora para que realizasse o registro físico (impressão) de cada voto, que seria depositado automaticamente após o eleitor conferir que a impressão corresponderia à sua escolha (não seria possível qualquer contato físico com o material impresso) em uma urna lacrada, o que possibilitaria futura auditoria dos resultados. Posteriormente, quando enviado à sanção presidencial, sob a natureza de controle de constitucionalidade (controle jurídico) a presidenta da república vetou tal dispositivo sob a alegação de que tal procedimento permitiria a ocorrência de violação ao sigilo do voto.

Ocorre que o Congresso Nacional, após votação nesse sentido, derrubou o veto presidencial trazendo vigor à disposição, que deveria ser implantada para a eleição presidencial de 2018. Em razão dos apontamentos quanto à temerária possibilidade de afronta ao sigilo da votação, a PGR, através da ADI 5889, conseguiu deferimento de medida liminar que suspendeu a eficácia da norma até decisão final acerca do assunto. Até a data de fechamento desta edição não houve qualquer modificação desta decisão, sequer perspectiva de pauta para o julgamento da Ação Direta.

Universal: todos são titulares do sufrágio (direito subjetivo), homens, mulheres, negros, brancos etc., sendo necessário apenas o preenchimento de requisitos básicos previstos em nosso ordenamento (art. 14, CF). Esta possibilidade ampla de participação dá origem ao próprio conceito "universal".

Periódico: as eleições ocorrerão a cada 4 anos, com mandatos eletivos de 8 anos para senador e 4 anos para todos os demais cargos. Nosso ordenamento autoriza única reeleição para os cargos do Poder Executivo e não impõe limites aos do Poder Legislativo. No caso dos Senadores, relevante mencionar que embora o mandato seja de 8 anos, a cada 4 será realizada a renovação da representação de estados e DF de 1/3 e 2/3, conforme § 2º, art. 46, CF (cada estado possui representação de 3 senadores, no total. Portanto, a alternância será sempre de 1 ou 2 a cada eleição presidencial).

Obrigatoriedade: atualmente o voto no Brasil é obrigatório (*caput*, art. 14, CF) muito embora seja certo que sua obrigatoriedade recai quanto ao comparecimento às urnas e não ao voto em si considerado. Isto porque é possível que o eleitor "anule" o seu voto como expressão de vontade, de repúdio ou manifestação.

Importante também a consignação que o art. 60, §4º, CF, estabelece as chamadas **cláusulas pétreas**. Ou seja, disposições protetivas contidas em nosso texto constitucional que mesmo diante do Poder Constituinte Derivado Reformador não poderá ser alterado de forma tendente a abolir o que ali o Constituinte relacionou.

> *§ 4º Não será objeto de deliberação a proposta de emenda tendente a abolir:*
> *I – a forma federativa de Estado;*
> *II – **o voto direto, secreto, universal e periódico**;*
> *III – a separação dos Poderes;*
> *IV – os direitos e garantias individuais.*

É de importante alerta o destaque feito acima. Dentre as características relacionadas pelo protetivo rígido constitucional, especificamente quanto ao voto temos que a característica da **OBRIGATORIEDADE** não é cláusula pétrea, podendo ser alterada por meio de EC (alteração formal da constituição).

5.2. Plebiscito e referendo

A Constituição ainda indica outras formas de exercício direto da democracia, indicando as consultas populares e a lei de iniciativa popular.

Quanto às consultas, temos o Plebiscito e o Referendo como formas de possibilitar a participação dos cidadãos nas tomadas de decisão pelo Estado de forma direta, sem intermediário.

O *caput* do art. 2º da Lei Federal 9.709/1998 define **plebiscito** e **referendo** como *"consultas formuladas ao povo para que delibere sobre matéria de acentuada relevância, de natureza constitucional, legislativa ou administrativa"*.

Plebiscito: é convocado com anterioridade ao ato legislativo ou administrativo, cabendo ao povo, aprovar ou denegar o que tenha sido submetido à consulta (art. 2º, § 1º, da Lei 9.709/1998). Será de observância obrigatória quando na incorporação, subdivisão, anexação, criação de novos estados e municípios (art. 18 §§ 3º e 4º, CF). Também poderá ser convocado em razão de relevância nacional (art. 3º, Lei 9.709/1998).

Referendo: referendo é a convocação feita posteriormente ao ato legislativo ou administrativo, cabendo ao povo ratificar ou rejeitar o ato através da consulta (art. 2º, § 2º, da Lei 9.709/1998). Em regra, será uma consulta facultativa a ser convocada em caso de relevância nacional (art. 3º, Lei 9709/1998), a menos que prevista expressamente no texto legislativo.

Como exemplo temos o Estatuto do Desarmamento (a propósito, até o fechamento desta edição, foi a última oportunidade em que fomos convocados a nos manifestar nesta modalidade), onde em seu art. 35, § 1º, condicionou a entrada em vigor de seu *caput* ao resultado de referendo popular. Tal dispositivo dispunha a norma "É proibida a comercialização e arma de fogo e munição em todo o território nacional, salvo para as entidades previstas no art. 6º desta Lei".

Assim, com o resultado "NÃO" tendo sido vencedor na consulta, não temos em vigor tal proibição. Importante observação é que as duas espécies de consultas populares são, na verdade, consultas aos **cidadãos**, uma vez que é imprescindível a inscrição eleitoral para poder votar, tanto no plebiscito quanto no referendo.

E, desta forma, aplicam-se as mesmas regras dispostas no art. 14, § 1º, I e II, da CF: obrigatoriedade do voto aos maiores de dezoito anos e facultatividade aos analfabetos, maiores de setenta anos e maiores de dezesseis anos e menores de dezoito anos.

Na mesma linha de raciocínio é possível verificar que cada eleitor obedecerá a sua zona e sessão eleitoral (principalmente nos casos em que o plebiscito interessar a Estados determinados – art. 4º da Lei 9.709/1998), os brasileiros residentes no exterior não votam (afinal, a resposta à estas consultas – Plebiscito e Referendo – são feitas através do exercício de aposição de voto no "SIM" ou "NÃO") e os que no exterior estiverem será necessária a justificativa quando do regresso.

Quanto ao resultado das consultas: o resultado das duas formas de consulta vincula o poder público? A resposta, entendemos, deve ser afirmativa. Isso porque estamos diante de situação onde o titular do poder se manifesta (o povo), sendo que contrariar o que foi decidido só se for por via idêntica (ou seja, através de outra consulta, na modalidade escolhida anteriormente).

5.3. Iniciativa popular

A iniciativa popular é perfeitamente conceituada pelo art. 13 da já referida Lei 9.709/1998, como a apresentação de projeto de lei à Câmara dos Deputados, subscrito por, no mínimo, 1% do eleitorado nacional, distribuído pelo menos por 5 Estados, com não menos de 0,3% dos eleitores de cada um deles.

O projeto de lei originário de iniciativa popular deverá "circunscrever-se a um só assunto" (art. 13, § 1º, da Lei 9.709/1998), não podendo ser rejeitado pela Casa por vício de forma, cabendo ao órgão competente da Câmara providenciar as correções de eventuais impropriedades técnicas (legislativas ou de redação).

É possível que as Assembleias Legislativas e Câmaras Municipais tragam previsão, em seus textos legais (Constituição Estadual e Lei Orgânica, respectivamente), da iniciativa popular referentes às suas competências.

No Brasil não é possível PEC (Proposta de Emenda Constitucional) de origem por iniciativa popular. Não que sejamos contra (muito pelo contrário, seria uma forma de garantir que mudanças substanciais pudessem ser originadas diretamente), mas atualmente não há tal possibilidade em vigor, ainda que amplamente criticado pela doutrina e jurisprudência.

6. DIREITOS POLÍTICOS PASSIVOS

Quanto aos direitos políticos passivos devemos compreender aqueles relacionados à atuação em posição de quem busca candidatar-se a cargo público eletivo (e não simplesmente no ato de votar). Para candidatar-se a qualquer cargo o cidadão deverá cumprir com as CONDIÇÕES DE ELEGIBILIDADE e NÃO INCORRER NAS HIPÓTESES DE INELEGIBILIDADE (constitucionais ou infraconstitucionais). Além disso, filiado a um partido político (considerando que no Brasil não se admite as candidaturas avulsas – art. 11, § 14, Lei das Eleições – e que a filiação é uma condição de elegibilidade estabelecida) e devidamente escolhido em convenção partidária. Tudo conforme veremos em sequência.

6.1. Condições de elegibilidade

Trata-se de condições a serem cumpridas pelo cidadão que pretenda concorrer a cargo público eletivo. A Constituição Federal disciplina as chamadas condições de **elegibilidade** no art. 14, § 3º. São elas:

Nacionalidade brasileira – Com inteligência do art. 12, CF, são considerados brasileiros natos os nascidos no Brasil, ainda que de pais estrangeiros, desde que não estejam a serviço de seu país de origem, bem como os nascidos no estrangeiro, de pai ou mãe brasileiros, desde que qualquer deles esteja a serviço do Brasil. São considerados brasileiros naturalizados aqueles que, na forma da lei, venham a adquirir a nacionalidade brasileira, sendo exigido residência por um ano ininterrupto e idoneidade moral aos originários de países de língua portuguesa e residência há mais de 15 anos ininterruptos e sem condenação penal aos estrangeiros de qualquer outra nacionalidade, desde que assim requeiram.

Importante mencionar que a regra constitucional (art. 12, CF) é da impossibilidade de tratamento com distinção entre brasileiros natos e naturalizados, exceto se tal situação venha estabelecida na própria constituição. É exatamente o que acontece quanto ao cargo de Presidente e Vice-Presidente da República (art. 12. §3º, CF), onde há um critério objetivo para ocupar o cargo, qual seja, o de ser BRASILEIRO NATO.

Atenção!

Não podemos confundir **CONDIÇÕES DE ELEGIBILIDADE** com **CONDIÇÕES PARA O EXERCÍCIO DO CARGO**. As condições de elegibilidade deverão ser cumpridas por aqueles que intentam concorrer em um pleito eleitoral. Ou seja, somente poderão ser exigidas quando para este claro propósito, o que é aferido nos autos de um pedido de registro de candidatura (RCan).

Por outro lado, as condições de cargo devem ser observadas em qualquer situação de sua ocupação, seja via eleição ou mesmo através da linha de substituição, que no caso de presidente da república está indicada no art. 80, CF.

Exemplo:

Gabriel é candidato à presidente da república. Para que se oficialize esta condição, dentre outras situações a serem observadas, deverá comprovar cumprir as condições de elegibilidade do art. 14, § 3º, CF. Dentre elas, e com o propósito pedagógico deste exemplo, ser brasileiro nato (condição para o cargo) e ter a idade mínima de 35 anos (condição de elegibilidade).

José, brasileiro nato, foi eleito Deputado Federal pelo estado de São Paulo. Como condição imposta para concorrer a este cargo, comprovou possuir na data da posse a idade mínima de 21 anos (condição de elegibilidade).

Vamos analisar alguns pontos:

José, caso seja eleito presidente da Câmara dos deputados (segundo o art. 80, após o vice-presidente da república, é quem substituirá o presidente da república em caso de impedimento ou vacância), poderá assumir o cargo de presidente da república caso seja necessário ante situação de impedimento ou vacância do titular e vice?

Resposta: Sim! Isto porque o critério etário é apenas condição de elegibilidade e não para o exercício de cargo.

Admitindo que José seja brasileiro naturalizado, a resposta permaneceria positiva?

Resposta: Não. Isso porque ser brasileiro nato não é condição de elegibilidade, mas sim pressuposto objetivo para poder exercer o cargo de presidente da república.

Pleno Exercício dos Direitos Políticos – O cidadão não poderá estar com seus direitos políticos suspensos ou tê-los perdido. Importante lembrar que o art. 15, CF, estabelece que é vedada a cassação de direitos políticos, cuja perda ou suspensão se dará nos casos:

I – cancelamento da naturalização por sentença transitada em julgado;

II – incapacidade civil absoluta;

III – condenação criminal transitada em julgado, enquanto durarem seus efeitos;

IV – recusa de cumprir obrigação a todos imposta ou prestação alternativa, nos termos do art. 5º, VIII;

V – improbidade administrativa, nos termos do art. 37, § 4º.

> **Atenção:**
> Se, hipoteticamente, um cidadão vier a ser condenado por crime de lavagem de dinheiro, tendo sido confirmada tal decisão em âmbito do tribunal (segunda instância), mas ainda sem o trânsito em julgado, temos o seguinte cenário:
> a) Não há suspensão dos direitos políticos, situação que só acontecerá quando houver o trânsito em julgado. Por este único ponto, não haveria limitação em se candidatar a algum cargo público eletivo.
> b) Há latente hipótese de inelegibilidade, que tem relação com necessária situação negativa a ser cumprida pelo cidadão. A LC 64/1990, em seu art. 1º, I, e, item 6, estabelece que a decisão transitada em julgado ou proferida por órgão colegiado, quanto ao crime de lavagem de dinheiro, imporá inelegibilidade de 8 anos após o cumprimento da respectiva pena.

Alistamento Eleitoral – A Resolução TSE 21.538/2003, em seu art. 15, dispõe que "o brasileiro nato que não se alistar até os 19 anos ou naturalizado que não se alistar até um ano depois de adquirida a nacionalidade brasileira incorrerá em multa imposta pelo juiz eleitoral e cobrada no ato da inscrição". Ou seja, o alistamento é imprescindível para que o cidadão possa vir a se candidatar a qualquer cargo político eletivo.

Domicílio Eleitoral na Circunscrição – O art. 42 do Código Eleitoral conceitua domicílio eleitoral como sendo o lugar de residência ou moradia do requerente (como já visto em itens anteriores) e, na situação em que o alistando possuir mais de um, poderá ser considerado domicílio qualquer um deles. Também é importante relembrar os aspectos próprios que a transferência do domicílio eleitoral acarretará ao interessado. Diz-se isso porque o requerimento deve ser realizado no cartório eleitoral do novo domicílio em até 151 dias antes da eleição, tenha já ultrapassado 1 ano da inscrição anterior e residência mínima de 3 meses no novo domicílio, atestada pela autoridade policial e provado por outros meios. Ou seja, nos 150 dias anteriores à eleição, nenhum pedido de inscrição ou transferência será recebido (art. 91 da Lei 9.504/1997 e art. 55 Código Eleitoral).

Filiação Partidária – A Lei 9.096/1995 (Lei Orgânica dos Partidos Políticos) dispõe que os brasileiros natos e naturalizados que gozam de seus direitos políticos deverão requerer filiação aos partidos políticos e terem tal solicitação deferida até 6 meses antes das eleições pretendidas (considera-se a data da eleição o primeiro domingo de outubro do ano eleitoral). Os partidos políticos enviarão à Justiça Eleitoral, na segunda semana dos meses de abril e outubro (de cada ano), uma lista com as novas filiações do partido. Caso isso não ocorra, a validade das filiações fica assegurada pela última lista enviada, podendo ainda o interessado comprovar por outros meios sua filiação, conforme Súmula 20 do TSE.[4]

A reforma de 2017 (Lei 13.488/2017), em igual sentido, indica o prazo de 6 meses anteriores às eleições como o lapso mínimo a ser cumprido para que o cidadão tenha, até este momento, filiação partidária deferida e domicílio eleitoral na circunscrição onde se pretenda concorrer a cargo público eletivo.

> **Atenção:**
> No Brasil não é possível a chamada "candidatura avulsa", onde o cidadão busca concorrer cargo público eletivo sem que esteja filiado a algum partido político. Isto porque a Constituição Federal é clara ao estabelecer quais são as condições de elegibilidade a serem satisfeitas, e, dentre elas, está a filiação a partido político (Art. 14, § 3º, V, CF). O constituinte não deixou espaço à norma infraconstitucional criar as condições, mas optou por estabelecê-las claramente.
> Importante destacar que pende de julgamento no STF do Recurso Extraordinário com Agravo (ARE) 1054490, com repercussão reconhecida, de relatoria do Min. Luis Roberto Barroso.

---

4. **Súmula 20 do TSE**: "A prova de filiação partidária daquele cujo nome não constou da lista de filiados de que trata o art. 19 da Lei 9.096/1995, pode ser realizada por outros elementos de convicção, salvo quando se tratar de documentos produzidos unilateralmente, destituídos de fé pública".

Idade Mínima – A Constituição traz algumas idades mínimas a serem obedecidas a pretendentes a diferentes cargos eletivos. São elas: 35 anos para Presidente da República e Vice e Senador; 30 anos para Governador de Estado e Distrito Federal e respectivo Vice; 21 anos para Deputado Federal, Deputado Estadual ou Distrital, Prefeito, Vice-Prefeito e juiz de paz; 18 anos para Vereador. Vale salientar que a condição de elegibilidade etária é verificada tendo por referência a data da posse no cargo eletivo (art. 11, § 2º, da Lei 9.504/1997), com exceção inaugurada pela minirreforma eleitoral de 2015, que estabelece que quando a idade mínima for fixada em 18 anos (como para o cargo de vereador) a aferição será feita na data limite para o pedido de registro de candidatura (neste ponto, considera-se a data limite até vinte dias antes da data das eleições – inteligência do art. 16 da Lei das Eleições). Reafirmamos que quanto aos demais cargos, onde a idade a ser observada será superior à de 18 anos, a regra permanece a mesma (aferição será feita na data da posse).

Interessante observação é feita quanto ao alistamento do militar que pretende eleger-se, situação onde a Constituição dispõe que deverão ser atendidas algumas condições como:

a) se o militar contar com menos de 10 anos de serviço, deverá afastar-se da atividade;

b) se o militar contar com mais de 10 anos de serviço será agregado pela autoridade superior e se for eleito, passará automaticamente, no ato da diplomação, para a inatividade.

6.2. Inelegibilidades

Podemos compreender **inelegibilidade** como a impossibilidade de o cidadão exercer seus direitos políticos passivos (exercer cargo público eletivo) em razão de circunstâncias impeditivas elencadas na Constituição Federal e também pela Lei Complementar 64/1990, com as alterações acertadas da Lei Complementar 135/2010 (Lei da Ficha Limpa).

Desse modo, podemos dizer que as hipóteses de inelegibilidades são divididas entre **hipóteses constitucionais** e **hipóteses infraconstitucionais**.

6.2.1 Hipóteses constitucionais

As hipóteses constitucionais estão previstas no art. 14, §§ 4º ao 7º, CF, que dispõem serem inelegíveis cidadãos que se encontrem nas seguintes situações:

a) Inalistáveis: o art. 14, § 2º, da Constituição Federal dispõe que são inalistáveis os estrangeiros e, durante o período do serviço militar obrigatório, os conscritos. Pode-se, ainda, considerar inalistáveis os que tiveram seus direitos políticos perdidos ou suspensos. O inalistável não preenche todas condições de elegibilidade (art. 14, § 3º, III, da CF) e, consequentemente, é naturalmente inelegível.

b) Analfabetos (art. 14, § 4º, da CF): Não há um critério unânime para se determinar o que é um "analfabeto". Mas são considerados "analfabetos" aqueles que não dominam a escrita e a compreensão de textos, ainda que singelos, em seu próprio idioma. De outro lado, o domínio em algum grau justifica o *status* de alfabetizado ou semialfabetizado. Para fins eleitorais, pouca instrução não pode ser considerada como analfabetismo. Alguns juízes fazem ditados para aferir se o candidato é alfabetizado ou não, porém não há respaldo jurídico para este método, sendo, inclusive, combatido por violar o princípio da dignidade da pessoa humana (TSE, REsp 21.707/PB, Rel. Humberto Gomes de Barros).

A jurisprudência tem admitido as seguintes premissas para se considerar inelegível um candidato em razão da hipótese de analfabetismo:

I. Não demonstre habilidades mínimas (leitura e escrita) (TSE, REsp 13.180/1996);

II. É incapaz de esboçar sinais gráficos compreensíveis (REsp 10.499/1992);

III. Não mostre aptidão para leitura (REsp 10.845/1992);

IV. Não tenha êxito na prova a que se submeteu, mesmo já tendo exercido a vereança (REsp 21.958/2004).

De maneira sintética o art. 14, § 1º, II, "a", da Constituição Federal dispõe que o alistamento e voto são facultativos aos analfabetos (faculta-se o exercício dos direitos políticos ativos), ou seja, trata-se de um direito prerrogativa (lembrando que para os alistáveis, trata-se de um direito-dever). De outro lado, os analfabetos não podem exercer seus direitos políticos passivos (não podem ser votados), conforme hipótese de inelegibilidade constitucional do art. 14, § 4º, da Constituição Federal.

Observação importante: a condição de analfabeto pode ser, logicamente, provisória, uma vez que o indivíduo pode vir a ser alfabetizado, afastando esta hipótese de inelegibilidade.

c) Inelegibilidade reflexa, relativa ou por vínculo de parentesco: a Constituição Federal também dispõe que "*são inelegíveis, no território de jurisdição do titular, o cônjuge e os parentes consanguíneos ou afins, até o segundo grau ou por adoção, do Presidente da República, de Governador de Estado ou Território, do Distrito Federal, de Prefeito ou de quem os haja substituído dentro dos seis meses anteriores ao pleito, salvo se já titular de mandato eletivo e candidato à reeleição*" (§ 7º do art. 14 da CF).

Nesse cenário, é imperioso destacar e relembrar alguns conceitos pontuais:

Cônjuge e Companheiros (União Estável): Compreende-se por cônjuge também o companheiro/convivente na constância da União Estável (registrada ou reconhecida judicialmente), incluindo também os casais de mesmo sexo, não havendo qualquer distinção.

> **Atenção!**
>
> **Súmula Vinculante 18:** A dissolução da sociedade ou do vínculo conjugal, no curso do mandato, não afasta a inelegibilidade prevista no § 7º do artigo 14 da Constituição Federal.

Parentes Consanguíneos e Afins ou por Adoção até o 2º Grau: Parentes consanguíneos até o 2º grau de um cidadão compreendem os seus os avós, pais, irmãos, filhos (não havendo distinção entre adotivos e não adotivos) e netos. Parentes por afinidade até o 2º grau de um cidadão compreendem o sogro, sogra, sogro-avô, sogra-avó, genro, nora, genro-neto, nora-neta, cunhado e cunhada.

d) Militares: quanto ao § 8º do art. 14 da CF, ao dispor sobre a inelegibilidade dos militares, ressaltamos objetivamente o intento do Constituinte:

Militares com menos de 10 anos de serviço: Deverá afastar-se da carreira, deixando de integrar os quadros efetivos das Forças Armadas.

Militares com mais de 10 anos de serviço: Será agregado pela autoridade superior. Se eleito, passará, no ato da diplomação, à inatividade (reserva). Se não eleito, retornará às atividades originais.

e) Limite à recondução ao cargo de chefia do Executivo: por fim, destacamos especial atenção aos §§ 5º e 6º do art. 14 da CF que, nitidamente, tratam de estabelecer a possibilidade de uma única recondução ao cargo de chefe do Executivo, não limitando aos ocupantes de cargos legislativos, e trazendo a ideia do que conceituamos como desincompatibilização.[5]

Vejamos:

a) Os chefes do Executivo, para concorrerem a outros cargos, devem renunciar aos seus mandatos até 6 meses antes do pleito.

b) Os chefes do Executivo, concorrendo à reeleição (mesmo cargo), não precisam renunciar aos seus mandatos por falta de previsão legal, muito embora seja incoerente à lógica de se tutelar a lisura das eleições, uma vez que a previsão de desincompatibilização até 6 meses anteriores ao pleito intenta evitar o abuso do poder em razão de função frente a chefia do Executivo.

Importante: Titular e Vice são cargos diferentes, no entanto, quem ocupar o cargo de TITULAR por dois mandatos consecutivos ficará impedido de candidatar-se a VICE, consecutivamente, pois haveria a possibilidade de se tornar TITULAR nas hipóteses de Substituição (caráter temporário, ex: titular em viagem, enfermo etc.) e Sucessão (caráter definitivo, ex: morte do titular).

> "Aquele que ocupar o cargo de Vice por 2 mandatos consecutivos poderá candidatar-se a Titular em uma terceira eleição consecutiva, desde que não tenha substituído o Titular nos 6 meses anteriores ao pleito" (TSE, REsp 19.939/SP).

Importante: As inelegibilidades constitucionais não precluem, podendo ser arguidas tanto na impugnação de candidatura (AIRC – Ação de Impugnação ao Registro de Candidatura) quanto no recurso contra expedição de diploma (RCED – Recurso Contra a Expedição do Diploma).

6.2.2 Hipóteses infraconstitucionais

São aquelas previstas na LC 64/1990 e visam proteger a probidade administrativa, a moralidade no exercício do mandato, considerando a vida pregressa do candidato, e a normalidade das eleições contra a influência do poder econômico ou o abuso do exercício de função ou emprego na administração direta ou indireta, como bem estabelece a norma constitucional de eficácia limitada contida no § 9º do art. 14 da CF[6].

> **Atenção!**
>
> O referido §9º, Art. 14, CF, não é por si só uma hipótese constitucional de inelegibilidade. É norma de eficácia constitucional limitada já que indica que outras hipóteses serão tratadas em Lei Complementar.
>
> Perceba que as orientações acerca desta Lei Complementar, qual seja *"a probidade administrativa, a moralidade para exercício de mandato considerada vida pregressa do candidato, e a normalidade e legitimidade das eleições contra a influência do poder econômico ou o abuso do exercício de função, cargo ou emprego na administração direta ou indireta"*, são apenas indicação ao próprio legislador, para que se atenha ao objetivo do constituinte ao estabelecer o espaço à complementação.
>
> Sendo assim, o § 9º, art. 14, CF não pode ser considerado uma hipótese de inelegibilidade constitucional, mas tão somente uma norma de eficácia limitada e, como tal, com indicação ao legislador infraconstitucional de alguns vetores a serem observados na criação normativa.

A LC 64/1990 é extensa em hipóteses de inelegibilidade, trazendo inúmeras situações onde o legislador compreendeu ser plausível que fixasse um impedimento ao cidadão pretenso a concorrer a um determinado cargo público eletivo. Sua extensão também pode ser justificada pelo fato de que não é possível ao intérprete da lei eleitoral ampliar a restrição de exercício de um direito, desse modo, cuidou o legislador de "não pecar pelo excesso", muito embora a vida prática nos faz perceber a necessidade de algumas novas hipóteses.

Inicialmente, dado o volume de hipóteses, podemos identificar uma divisão delas em inelegibilidades infraconstitucionais **absolutas** e **relativas**.

Nas hipóteses absolutas há impedimento para o exercício de qualquer cargo político eletivo (eleições federais, estaduais e municipais), enquanto que nas hipóteses relativas o impedimento é pontual para alguns cargos públicos eletivos.

Em posse dessa premissa, cabe elencar uma divisão com base na natureza de cada impedimento previsto:

6.2.2.1. Inelegibilidades absolutas

Poderão ser arguidas por qualquer candidato, partido político, coligação, e pelo Ministério Público Eleitoral. São elas:

a) Perda de mandato legislativo (art. 1º, I, "b", da LC 64/1990)

b) Perda de mandato executivo (art. 1º, I, "c", da LC 64/1990)

c) Renúncia ao mandato eletivo (art. 1º, I, "k", da LC 64/1990)

Nestas situações, o ocupante do respectivo cargo que vier a perdê-lo por infringência a dispositivo da Constituição Federal (art. 55, I e II, aos membros do Congresso Nacional), Constituições Estaduais, Lei Orgânica, será inelegível até o remanescente do fim de sua legislatura e nos 8 anos seguintes ao término do período para que tenha sido eleito.

Também terá a mesma sanção aquele que simplesmente renunciar ao mandato após o oferecimento de representação ou petição que tenha aptidão para instaurar processo (evitar que o indivíduo "fuja da inelegibilidade". Inserido pela LC 135/2010 – Lei da Ficha Limpa).

---

5. Art. 14, § 6º, da CF: *"Para concorrerem a outros cargos, o Presidente da República, os Governadores de Estado e do Distrito Federal e os Prefeitos devem renunciar aos respectivos mandatos até seis meses antes do pleito".*

6. Art. 14, § 9º CF: *"Lei complementar estabelecerá outros casos de inelegibilidade e os prazos de sua cessação, a fim de proteger a probidade administrativa, a moralidade para exercício de mandato considerada vida pregressa do candidato, e a normalidade e legitimidade das eleições contra a influência do poder econômico ou o abuso do exercício de função, cargo ou emprego na administração direta ou indireta".*

d) Abuso de poder econômico e político (art. 1º, I, "d", da LC 64/1990)

e) Abuso de poder político (art. 1º, I, "h", da LC 64/1990)

Nesses casos são considerados inelegíveis aqueles cidadãos comuns e os detentores de cargos na administração pública (direta, indireta ou fundação) que tenham representação julgada procedente (transitada em julgado) por abuso de poder econômico ou político. No caso do detentor de cargo na administração, o benefício poderá ser próprio ou em favor de terceiro. A inelegibilidade sanção prevista será de 8 anos.

f) Abuso de poder: corrupção eleitoral, captação ilícita de sufrágio, captação ou gasto ilícito de recursos em campanha, conduta vedada a agente público (art. 1º, I, "j", da LC 64/1990)

No mesmo sentido, aqueles condenados por a) corrupção eleitoral, b) captação ilícita de sufrágio, c) doação/captação/gastos ilícitos de recursos de campanha ou d) por conduta vedada a agente público em campanhas eleitorais, *desde que impliquem em cassação de Registro ou Diploma*.

g) Condenação criminal (art. 1º, I, "e", da LC 64/1990)

Com a condenação criminal, transitada em julgado, o indivíduo tem seus direitos políticos suspensos até que cessem os efeitos da condenação. Esta hipótese prevê ainda a inelegibilidade por 8 anos, a contar da cessação dos efeitos da condenação. O dispositivo elenca especificamente os delitos que, se o indivíduo for condenado em sentença transitada em julgado, será considerado inelegível.

h) Rejeição de contas (art. 1º, l, "g", da LC 64/1990)

Essa hipótese considera inelegível quem tiver suas contas relativas ao exercício de cargos ou funções públicas rejeitadas por irregularidade insanável por ato doloso de improbidade administrativa, por decisão irrecorrível do órgão competente (Poder Legislativo e Tribunal de Contas), salvo se a decisão for suspensa por determinação judicial. A inelegibilidade sanção prevista será de 8 anos.

Nesse ponto, de extrema relevância destacar recente posicionamento do STF acerca do tema. No conjunto dos Recursos Extraordinários (REs) 848826 e 729744 (repercussão geral reconhecida), houve uma intensa discussão acerca da competência para o julgamento das contas de prefeitos. Também, se a desaprovação das contas pelo Tribunal de Contas seria capaz de gerar a inelegibilidade do prefeito mesmo diante da inércia do Legislativo Municipal (nos termos do artigo 1º, inciso I, alínea "g", da Lei Complementar 64/1990).

Por maioria de votos, o Plenário decidiu ser exclusivo da Câmara Municipal a competência para julgar as contas de governo e as contas de gestão dos prefeitos. No mesmo calço, que ao Tribunal de Contas (órgão auxiliar do Legislativo) cabe a emissão de um **parecer prévio** (anterior ao julgamento pelo legislativo) e **opinativo**, que somente poderá ser derrubado por decisão de 2/3 dos vereadores.

O Plenário também afirmou que a omissão da Câmara Municipal, mesmo com o prévio parecer do Tribunal de Contas desfavorável às contas prestadas, não resultará na inelegibilidade tratada no artigo 1º, inciso I, alínea "g", da Lei Complementar 64/1990.

Esse dispositivo, que teve sua redação dada pela Lei da Ficha Limpa (LC 135/2010), aponta como inelegíveis aqueles que *"tiverem suas contas relativas ao exercício de cargos ou funções públicas rejeitadas por irregularidade insanável que configure ato doloso de improbidade administrativa, e por decisão irrecorrível do **órgão competente**, para as eleições que se realizarem nos oito anos seguintes, contados a partir da data da decisão, aplicando-se o disposto no inciso II do artigo 71 da Constituição Federal"*.

Assim, a interpretação do STF acena que o órgão competente é a Câmara Municipal, constituída por representantes do povo, Gilmar Mendes, afirmou, por esta ocasião, *"Entendo, portanto, que a **competência** para o julgamento das contas anuais dos prefeitos eleitos pelo povo é do Poder Legislativo (nos termos do artigo 71, inciso I, da Constituição Federal), que é órgão constituído por representantes democraticamente eleitos para averiguar, além da sua adequação orçamentária, sua destinação em prol dos interesses da população ali representada. Seu parecer, nesse caso, é opinativo, não sendo apto a produzir consequências como a inelegibilidade prevista no artigo 1º, I, g, da Lei complementar 64/1990"*,

i) Cargo ou função em instituição financeira em liquidação judicial/extrajudicial (art. 1º, l, "i", da LC 64/1990)

São considerados inelegíveis aqueles que tenham exercido cargo ou função de direção, administração ou representação em instituições que estejam em liquidação judicial ou extrajudicial, nos 12 meses anteriores à decretação de liquidação. A inelegibilidade cessará com a exoneração de responsabilidade.

j) Improbidade administrativa (art. 1º, I, "l", da LC 64/1990)

Serão inelegíveis aqueles condenados à suspensão dos direitos políticos, em decisão transitada em julgado ou por órgão colegiado, por improbidade administrativa. Prazo de inelegibilidade de 8 anos, a iniciar após o cumprimento da pena de suspensão dos direitos políticos.

k) Exclusão do exercício profissional (art. 1º, I, "m", da LC 64/1990)

É inelegível aquele que for excluído do exercício de sua profissão por decisão do órgão profissional competente, salvo se o ato houver sido anulado ou suspenso pelo Poder Judiciário. A inelegibilidade sanção prevista será de 8 anos.

l) Simulação conjugal (art. 1º, I, "n", da LC 64/1990)

É inelegível aquele que for condenado, após trânsito em julgado, por simular desfazer vínculo conjugal (casamento ou união estável) a fim de afastar a caracterização de inelegibilidade. A inelegibilidade sanção prevista será de 8 anos.

m) Demissão do serviço público (art. 1º, I, "o", da LC 64/1990)

É inelegível aquele demitido do serviço público em decorrência de processo administrativo ou judicial, salvo se o ato houver sido suspenso ou anulado pelo Poder Judiciário. A inelegibilidade sanção prevista será de 8 anos.

n) Doação ilegal (art. 1º, I, "p", da LC 64/1990)

É inelegível pessoa física ou dirigente de pessoa jurídica que tenha feito doação eleitoral ilegal, após decisão transitada em julgado. A inelegibilidade sanção prevista será de 8 anos.

o) Aposentadoria compulsória e perda de cargo: Magistrados e Membros do MP (art. 1º, I, "q", da LC 64/1990)

Será inelegível o magistrado ou membro do MP que tenha perdido seu cargo por sentença, aposentado compulsoriamente ou se exonerado/aposentado na pendência de processo disciplinar. A inelegibilidade sanção prevista será de 8 anos.

6.2.2.2. Inelegibilidades Relativas

a) Para Presidente e Vice-Presidente da República

É necessário a desincompatibilização de agentes públicos e membros de certas categorias que intentem candidatar-se aos cargos de Presidente e Vice-Presidente da República (v. art. 1º, II, da LC 64/1990).

b) Demais cargos: Governador e Vice; Prefeito e Vice; Senador; Deputado Federal e Estadual; Vereador

Aplica-se, no que couber, as regras para o cargo de Presidente e Vice-Presidente da República, por identidade de situações (art. 1º, III ao VII, da LC 64/1990).

c) Casos específicos

A LC 64/1990 enumera ainda casos específicos nos quais é necessário a descompatibilização a depender do cargo a que se pretende, abaixo os 3 principais:

Magistrados: Afastamento definitivo (exoneração ou aposentadoria) 6 meses antes do pleito;

Membro do MP: Ingressantes na carreira antes da EC 45/2004 não necessitam afastar-se definitivamente; ingressantes na carreira após a referida EC deverão afastar-se definitivamente;

✓ Res. TSE 22.045/2005: *"A proibição do exercício de atividade político-partidária ao membro do Ministério Público tem aplicação imediata e linear, apanhando todos aqueles que o integram, pouco importando a data do ingresso";*

✓ Posição Contrária: TSE REsp 26.768/SP e Res. TSE 22.717/2008.

Importante: Acerca da arguição de inelegibilidade, a competência será absoluta da Justiça Eleitoral em suas 3 instâncias, a ser definida pelo tipo de eleição (federal, estadual ou municipal), e dar-se-ão nas seguintes formas:

Inelegibilidade infraconstitucional: Ação de Impugnação de Registro de Candidatura – AIRC (prazo preclusivo), podendo resultar em negação ou cassação do Registro do Candidato. As inelegibilidades infraconstitucionais devem ser arguidas na ocasião do registro de candidatura, sob pena de preclusão (TSE, AgRg em AgIn 3.328/MG; REsp 19.985/SP).

Inelegibilidade constitucional: Recurso contra Expedição do Diploma – RCED, podendo resultar na cassação do diploma ou perda de mandato eletivo. Não precluem, podendo ser arguidas tanto na impugnação de candidatura quanto no recurso contra expedição de diploma.

6.2.3 Desincompatibilização

A desincompatibilização é o ato pelo qual o candidato afasta a situação que o torna inelegível em razão de alguma hipótese legal, como as previstas no art. 14 da CF.

Pode compreender o afastamento de determinado cargo (por renúncia ou exoneração – cargos do Executivo) ou mesmo licenciamento (agentes administrativos, membros do Ministério Público).

Exemplos:

– Art. 1º, IV, *a*, LC 64/1990

– Art. 1º, VII, *a*, LC 64/1990

– Art. 1º, VII, *b*, LC 64/1990

7. ESCOLHA DOS CANDIDATOS E PEDIDO DE REGISTRO DE CANDIDATURA

Não basta que o cidadão cumpra as condições de elegibilidade, (art. 14, § 3º, CF) para que possa de fato concorrer ao cargo público eletivo pretendido. É necessário que também seja escolhido em **convenção partidária** para que só então seja possível requerer seu pedido de registro de candidatura. Para esta escolha, veremos mais adiante sobre a PROPAGANDA INTRAPARTIDÁRIA, que serve justamente a garantir possibilidade de que afiliados às agremiações possam realizar a divulgação de sua pretensão a ser escolhido e, posteriormente, concorrer aos cargos públicos postos à disposição de determinada eleição.

O art. 8º, Lei das Eleições estabelece que a escolha dos candidatos pelos partidos e a deliberação acerca das coligações a serem ou não formadas, deverão ocorrer entre os dias 20 de julho a 5 de agosto do ano em que se derem as eleições. O resultado desta escolha e deliberação deverá ser lavrada em ata, em livro aberto, rubricado pela Justiça Eleitoral e publicada em 24h em qualquer meio de comunicação.

Importante relembrar que no Brasil não se admite as chamadas **candidaturas avulsas** (candidatura de cidadão não filiado a partidos políticos – vedação expressa contida no art. 11, §14, Lei das Eleições). Também não se admite a figura dos **candidatos naturais (ADI 2530-9),** situação onde o cidadão, por já ocupar determinado cargo público eletivo, teria o direito subjetivo a concorrer novamente ao mesmo cargo independentemente da escolha pela agremiação.

O art. 10, Lei das Eleições, estabelece as regras de escolha dos candidatos. Dentre as regras relacionadas aos cargos proporcionais deve o Partido estar atento para a obrigatoriedade de que cada partido preencherá o mínimo de 30% (trinta por cento) e o máximo de 70% (setenta por cento) para candidaturas de cada sexo.

Quanto ao processo de pedido de registro de candidatura, contabilização de gastos e outros pontos relativos, verifique o anexo on-line.

8. DOS PARTIDOS POLÍTICOS E COLIGAÇÕES PARTIDÁRIAS

Os **partidos políticos** são pessoas jurídicas de direito privado, tendo sua existência garantida pela Constituição Federal no art. 17, que dispõe que ser **livre** a criação, fusão, incorporação e extinção de partidos políticos, sendo resguardados a soberania nacional, o regime democrático, o pluripartidarismo, os direitos fundamentais da pessoa humana e a observação de alguns preceitos, quais sejam:

a) caráter nacional

b) proibição de recebimento de recursos financeiros de entidade ou governo estrangeiros

c) prestação de contas à Justiça Eleitoral e

d) funcionamento parlamentar de acordo com a lei.

Os partidos políticos **destinam-se** a assegurar o interesse do regime democrático, a autenticidade do sistema representativo e a defender os direitos fundamentais definidos no texto constitucional (art. 1º, Lei 9.096/1995). É vedado às agremiações ministrar instrução militar ou paramilitar bem como utilizar de organização com tais características e adotar uniforme para seus membros.

Tanto a Constituição Federal quanto a Lei 9.096/1995 (Lei dos Partidos Políticos, Lei Orgânica dos Partidos Políticos, LPP, LOPP) estabelecem que os partidos adquiriram personalidade jurídica na forma da Lei (leia-se, com o registro de seu estatuto junto ao Cartório de Registro de Pessoas Jurídicas da Capital Federal do Distrito Federal) e, posteriormente, registro junto ao TSE.

Importante mencionar que, com a Lei 13.107/2015 e a reforma eleitoral de 2015, apenas será admitido a registro o partido político que demonstre caráter nacional, e para tanto, deverá comprovar o APOIAMENTO de pelo menos 0,5% dos votos dados na última eleição geral para a Câmara dos Deputados (votos válidos, ou seja, não computados votos nulos e brancos), distribuídos por um terço dos estados da federação (no mínimo), com não menos de 0,1% do eleitoral de cada um destes estados, que tenham sido colhidos no prazo de no máximo 2 anos (Lei 13.165/2015).

O apoiamento mínimo, expressão direta e objetiva do que se denominou caráter nacional, é indicado pelo próprio dispositivo, sendo este o alvo de duas recentes alterações.

Vejamos:

Redação original	Lei 13.107/2015	Lei 13.165/2015
§ 1º Só é admitido o registro do estatuto de partido político que tenha caráter nacional, considerando-se como tal aquele que comprove o apoiamento de eleitores correspondente a, pelo menos, meio por cento dos votos dados na última eleição geral para a Câmara dos Deputados, não computados os votos em branco e os nulos, distribuídos por um terço, ou mais, dos Estados, com um mínimo de um décimo por cento do eleitorado que haja votado em cada um deles.	§ 1º Só é admitido o registro do estatuto de partido político que tenha caráter nacional, considerando-se como tal aquele que comprove o apoiamento de eleitores não filiados a partido político, correspondente a, pelo menos, 0,5% (cinco décimos por cento) dos votos dados na última eleição geral para a Câmara dos Deputados, não computados os votos em branco e os nulos, distribuídos por 1/3 (um terço), ou mais, dos Estados, com um mínimo de 0,1% (um décimo por cento) do eleitorado que haja votado em cada um deles	§ 1º Só é admitido o registro do estatuto de partido político que tenha caráter nacional, considerando-se como tal aquele que comprove, no período de dois anos, o apoiamento de eleitores não filiados a partido político, correspondente a, pelo menos, 0,5% (cinco décimos por cento) dos votos dados na última eleição geral para a Câmara dos Deputados, não computados os votos em branco e os nulos, distribuídos por um terço, ou mais, dos Estados, com um mínimo de 0,1% (um décimo por cento) do eleitorado que haja votado em cada um deles

Verifica-se a atuação do legislador na intenção de enrijecer os requisitos de admissão a registro de novos partidos políticos. Deveras pelo fato de termos atualmente 35 partidos políticos registrados, além de outro tanto em processo de registro (sobre o procedimento de registro da agremiação, verifique o item seguinte.

Nota-se que a Lei 13.107/2015 criou a obrigatoriedade de que os apoiadores não possuam filiação a outras agremiações. No entanto, em 29.09.2015, aproximadamente 6 meses após a primeira alteração, verificamos a Lei 13.165/2015, alterando mais uma vez o dispositivo, de forma a inserir, além da necessidade inaugurada pela Lei 13.107/2015, que o apoiamento seja apurado no lapso de até 2 anos, evitando a perpetuação de procedimentos de registro de partido político. O procedimento de registro, de forma mais detalhada, é tratada pela Resolução 23.571/2018 do TSE.

Conclusão:

Portanto, com a atual dicção do dispositivo, os requisitos de registro ao partido político em formação serão: apoiamento mínimo de 0,5% dos votos válidos apurados na última eleição geral para a Câmara dos Deputados, distribuídos por 1/3 ou mais estados, com um mínimo de 0,1% (um décimo por cento) do eleitorado que haja votado em cada um destes estados, a ser tomado no prazo máximo de dois anos.

Importante: o art. 13 da Lei 13.165/2015 estabelece que a obediência à tomada dos apoiamentos no prazo máximo de dois anos não se aplica aos pedidos protocolizados até a data de publicação desta Lei, ou seja, àqueles realizados até 29.09.2015.

O Texto Constitucional dá aos partidos também **AUTONOMIA** para dispor em seus estatutos sobre critérios de escolha e regime de suas coligações, bem como sobre a fidelidade partidária. Estatutos estes que deverão ser registrados no TSE (art. 17, § 2º, da CF).

Quanto ao chamado **DIREITO DE ANTENA (rádio e televisão)** e o acesso ao **FUNDO PARTIDÁRIO**, (arts. 240 e seguintes do Código Eleitoral, bem como art. 7º, § 2º, da Lei 9.096/1995) a EC 97/2017 também trouxe impacto direto.

A Lei 13.487/2017 **EXTINGUIU A PROPAGANDA PARTIDÁRIA**. Importante lembrar que quanto à propaganda política devemos compreender: a) propaganda eleitoral; b) propaganda partidária; c) propaganda intrapartidária; d) propaganda institucional. Apenas a partidária foi extinta com a revogação dos artigos 45 ao 49 e parágrafo único do art. 52, todos da Lei dos Partidos Políticos.

Quanto ao **FUNDO PARTIDÁRIO** foi instituída a chamada **CLÁUSULA DE BARREIRA** ou **CLÁUSULA DE DESEMPENHO AOS PARTIDOS POLÍTICOS**. Ainda permanece a necessidade de que o partido político adquira a personalidade jurídica nos termos da lei civil (registro do estatuto primeiramente junto ao cartório de registro de pessoas jurídicas da capital federal) e posteriormente proceda com o registro junto ao TSE. No entanto, agora com uma nova condição (referida cláusula de barreira constitucional para os partidos políticos) que é cumprir cumulativamente com o seguinte critério de desempenho:

a) Obter 3% dos votos válidos para a Câmara dos deputados, divididos em pelo menos 1/3 dos estados. Cada um dos estados deve apresentar votação equivalente a 2% dos votos válidos correspondentes (ou seja, um critério praticamente impossível de ser cumprido pelos chamados "partidos nanicos", que anteriormente se beneficiavam pela inexistência do critério de desempenho).

b) Alternativamente, ao invés de cumular com os critérios acima, a Constituição também possibilita que o partido possa comprovar a eleição de 15 deputados federais, distribuídos em pelo menos 1/3 dos estados, sem necessidade de um subcritério interiormente aos estados (como verificamos no primeiro item).

Importante mencionar que esta cláusula de desempenho indicada é a que constou formalmente inserida no dispositivo do art. 17, § 3º, CF. Este destaque é pertinente à medida que tal critério apenas será, de fato, obedecido, a contar de 2030. Explico: A EC 97/2017 trouxe um escalonamento relativamente a este critério de "desempenho", como forma de garantir às agremiações políticas a possibilidade de ajustarem-se ao longo dos processos de escolha de candidatos. Este escalonamento, tratado no art. 3º, EC 97/2017, pode ser assim compilado:

Art. 3º (...) Parágrafo único. Terão acesso aos recursos do fundo partidário e à propaganda gratuita no rádio e na televisão os partidos políticos que:	
I – na legislatura seguinte às eleições de 2018:	a) obtiverem, nas eleições para a Câmara dos Deputados, no mínimo, 1,5% (um e meio por cento) dos votos válidos, distribuídos em pelo menos um terço das unidades da Federação, com um mínimo de 1% (um por cento) dos votos válidos em cada uma delas; ou
	b) tiverem elegido pelo menos nove Deputados Federais distribuídos em pelo menos um terço das unidades da Federação;
II – na legislatura seguinte às eleições de 2022:	a) obtiverem, nas eleições para a Câmara dos Deputados, no mínimo, 2% (dois por cento) dos votos válidos, distribuídos em pelo menos um terço das unidades da Federação, com um mínimo de 1% (um por cento) dos votos válidos em cada uma delas; ou
	b) tiverem elegido pelo menos onze Deputados Federais distribuídos em pelo menos um terço das unidades da Federação;
III – na legislatura seguinte às eleições de 2026:	a) obtiverem, nas eleições para a Câmara dos Deputados, no mínimo, 2,5% (dois e meio por cento) dos votos válidos, distribuídos em pelo menos um terço das unidades da Federação, com um mínimo de 1,5% (um e meio por cento) dos votos válidos em cada uma delas; ou
	b) tiverem elegido pelo menos treze Deputados Federais distribuídos em pelo menos um terço das unidades da Federação.

Importante destacar a alteração inserida no art. 4º, Lei 9504/97 (Lei 13.488/2017) ao estabelecer que poderá participar das eleições os partido que, **até seis meses antes do pleito**, tenha registrado seu estatuto no Tribunal Superior Eleitoral, conforme disciplinado em lei, e tenha constituído órgão de direção na circunscrição até a data da convenção partidária a ser realizada.

Um dos intentos, certamente, foi a proliferação de partidos dentro do sistema eleitoral como um todo. O Fundo Partidário, tratado pela legislação como Fundo Especial de Assistência Financeira aos Partidos Políticos (Art. 38, Lei dos Partidos Políticos), é constituído por multas e penalidades pecuniárias aplicadas pelo Código Eleitoral e outras legislações esparsas de âmbito do direito eleitoral, recursos financeiros destinados por lei (caráter permanente ou eventual), lembrando que o inciso III, art. 38, que também incluía as doações de pessoas físicas e jurídicas diretamente na conta do Fundo Partidário foi considerada inconstitucional por ocasião do julgamento da ADI 4650 pelo STF.

Ou seja, o **financiamento por pessoa jurídica é inconstitucional** quando em benefício do candidato, do partido ou mesmo do fundo partidário (que financia todos os partidos registrados junto ao TSE, vide § 2º do art. 7º da Lei 9.096/1995[7]). Verifique no *Anexo on-line* sobre a discussão acerca do tema no STF, bem como mais conteúdo envolvendo a atual sistemática de distribuição do Fundo Partidário e utilização destes recursos.

Atualmente, a distribuição do Fundo Partidário, obedece a seguinte regra:

Distribuição do Fundo Partidário	
5%	Em partes iguais, a todos os partidos registrados junto ao TSE (§ 3º, art. 17, CF e § 2º, art. 7º Lei 9.096/1995. A divisão do Fundo está disposta no art. 41-A, incisos I e II, Lei dos Partidos Políticos)
95%	Serão distribuídos aos partidos na proporção dos votos obtidos na última eleição geral para a Câmara dos Deputados

---

7. *§ 2º Só o partido que tenha registrado seu estatuto no Tribunal Superior Eleitoral pode participar do processo eleitoral, receber recursos do Fundo Partidário e ter acesso gratuito ao rádio e à televisão, nos termos fixados nesta Lei.*

Acesso gratuito ao Rádio e à Televisão

Uma das formas de expressão do financiamento público das campanhas eleitorais (quanto à propaganda eleitoral), e dos próprios partidos políticos (quanto a propaganda partidária) é o acesso gratuito ao Rádio e à Televisão. Diz-se isto pelo fato de que o tempo disponibilizado pelas emissoras reverte-se em benefício fiscal.

Coligações Partidárias

As coligações partidárias são expressão de acordos (anteriormente chamados de alianças) realizados entre partidos políticos como forma de melhor se organizarem e se apresentarem diante dos pleitos eleitorais. Possuem um objetivo claro de eleger maior número de candidatos que compuserem a "chapa", formada por essa fusão momentânea dos partidos. Politicamente são uma estratégia prática, tendo em vista a formação de base governamental.

Importante alteração trazida pela EC 97/2017 foi a alteração do texto do art. 17, CF. Uma delas, aqui pertinente a ser destacado, relaciona-se à extinção das coligações partidária para eleições onde o sistema eleitoral a ser aplicado seja o proporcional. Ou seja, após a EC 97/2017, apenas será possível formar coligações para cargos do sistema majoritário (chefes de executivo e senador federal). Para os proporcionais (cargos do legislativo, exceto senador federal), não mais. Isso impactará frontalmente os efeitos dos chamados puxadores de voto em âmbito da coligação. Certamente haverá ainda favorecimento dentro da própria sigla, mas não mais de uma coligação numerosa.

9. FIDELIDADE PARTIDÁRIA

O Brasil, ao adotar a democracia semidireta (ou seja, há mecanismos de atuação direta, como quando na ocasião onde o povo vai às urnas responder às consultas populares, tais como plebiscito e referendo, e também através de representantes eleitos) estabeleceu que os que predisporem-se a concorrer a cargos públicos eletivos, dentre outras condições de elegibilidade, está a filiação a um partido político (lembrando que atualmente há a necessidade de cumprimento de pelo menos 6 meses de filiação anterior ao pleito).

Nosso ordenamento também cria uma distinção entre dois sistemas de apuração de votos, sendo o majoritário (cargos do poder executivo + senador) e proporcional (cargos do poder legislativo – senador).

A ideia trazida pelo sistema majoritário é bastante simples, considerando-se vencedor aquele que venha a obter maioria dos votos (obedecidas as regras de maioria simples ou absoluta, a depender se caso ou não de segundo turno).

No sistema proporcional a ideia é alcançar minorias. E para tanto, é imperiosa a observância de regras específicas, tal como o cálculo do quociente eleitoral e partidário para só então apurar quem são os vencedores (maiores detalhes no tópico específico).

Nesta sistemática, é de se verificar que **os candidatos eleitos pelo sistema proporcional beneficiam-se das votações obtidas por siglas** (por exemplo, o eleitor que não sabe em quem votar para um cargo do legislativo, com exceção do senador, e opta por votar na sigla de partido que mais lhe afeiçoe) e também pelos quocientes obtidos pelo partido.

Por esta razão, e outras de digressão mais aprofundada, entende-se que o cargo proporcional (cargos onde se aplica o sistema proporcional de apuração de votos) **pertence ao partido**, e não ao candidato.

Ocorre que por vezes observamos o chamado "troca troca" de partidos, quando um candidato "X", buscava ser eleito por um partido pequeno (considerando o sistema proporcional seria mais fácil ser eleito em uma agremiação pequena, com poucos candidatos "fortes em termos de voto" do que concorrer com grandes nomes em partidos grandes. Posteriormente ao resultado, faziam a troca partidária.

Esta é uma típica situação de infidelidade partidária. Diz-se assim uma vez que a escolha de um partido tem muito a ver com as ideologias e uma afeição às bandeiras defendidas pela agremiação, sua paixão pelas mesmas causas, e não com os interesses momentâneos e imediatos do candidato (sim, o direito eleitoral é romântico, por isso dizemos "infiel partidário").

De todo modo, não tínhamos algo expresso na Constituição ou mesmo na legislação disciplinando a questão. Neste ponto, então, é que se observa a atuação regulamentadora do TSE ao editar a Resolução 22.610/2007, tratando das hipóteses de infidelidade e a forma de se "tomar" o mandato por tal ocorrência. Pelo art. 1º, podemos verificar a possibilidade de que o partido requeira à Justiça Eleitoral a decretação da perda do cargo eletivo quando diante da troca de partido sem a ocorrência das chamadas "justas causas".

Pela resolução, justa causa eram assim considerados:

I – incorporação ou fusão do partido;

II – criação de novo partido;

III – mudança substancial ou desvio reiterado do programa partidário;

IV – grave discriminação pessoal.

Com a Lei 13.165/2015, percebemos uma alteração no art. 22-A, Lei dos Partidos Políticos, de forma que restou assim acrescentado. Vejamos:

Antes da reforma de 2015 – Aplicação da Resolução 22.610/2007	Após a reforma de 2015 – Redação do art. 22-A da Lei 9.096/1995)
Hipótese de justa causa: 1- Incorporação ou fusão do partido; 2- Criação de novo partido; 3- Mudança substancial ou desvio reiterado do programa partidário; 4- Grave discriminação pessoal.	Hipóteses de justa causa: 1- Mudança substancial ou desvio reiterado do programa partidário; 2- Grave discriminação política pessoal; e 3- Mudança de partido efetuada durante o período de trinta dias que antecede o prazo de filiação exigido em lei para concorrer à eleição, majoritária ou proporcional, ao término do mandato vigente.

Podemos concluir que duas situações não mais são consideradas justas causas para fins de fidelidade partidária.

A **primeira** delas é no caso da incorporação ou fusão do partido, a menos que seja comprovado que por esta ocasião o partido tenha incorrido em mudança substancial ou desvio reiterado do programa da agremiação ou mesmo tenha gerado uma grave discriminação política pessoal.

O que é importante destacar é que a simples fusão ou incorporação não mais autoriza seja "quebrada" a fidelidade partidária. A **segunda**, a criação de novo partido também não mais figura como hipótese autorizativa de "quebra" da fidelidade partidária.

Não podemos deixar de destacar a hipótese **3**, criada pela nova lei, visto que se trata de verdadeira "janela" para a troca de partidos. Ou seja, se a troca de partido for efetuada nos 30 dias anteriores ao prazo de filiação exigido por lei (já sabemos que é de 6 meses, e, portanto, seria a troca de agremiação realizada entre o 7º e 6º mês anterior ao pleito) não acarretará a perda do cargo. Convenhamos que, mesmo que não houvesse esta possibilidade, a justiça eleitoral não conseguiria alcançar uma decisão definitiva neste interregno temporal.

Por fim, importante destacar que esta previsão de perda de cargo por infidelidade partidária alcança tão somente os ocupantes a cargos públicos eletivos onde se adota o sistema de apuração proporcional de votos. Isto porque aos cargos onde o sistema de apuração é o majoritário observa-se nitidamente que não houve qualquer atribuição de vantagem ao candidato pelo fato de pertencer a um partido X ou Y (em análise mais profunda, há mínima vantagem àqueles que sempre optam por um partido específico, independentemente do candidato. No entanto, pela pluralidade de partidos políticos existentes, atualmente 35 registrados perante o TSE, impossível emprestar tamanha credibilidade a um número significativo de eleitores que venham a se portar de tal modo).

Por fim cabe trazer à conhecimento breve comentário sobre a EC 91/2016. Tratou-se de verdadeira atuação do Congresso Nacional em benefício tão somente dos parlamentares. Percebemos projetos de emenda à constituição que custam a caminhar. E no presente caso, uma disposição invejável em se ver aprovada uma Emenda que trazia apenas tal benesse (troca de partidos sem risco de que houvesse a perda dos mandatos).

Trata-se, originalmente, da PEC 113/2015 (na Câmara, PEC 182/2007). A questão desta janela partidária (verdadeira aberração política e jurídica, em termos de esforços do Congresso e tantas outras pautas muito mais relevantes a serem discutidas) é apenas um dos pontos que o projeto original trata. Houve um desmembramento dos assuntos, sendo que o restante dos demais assuntos permanecem em trâmite, e dentre eles, o fim da reeleição para os cargos do poder executivo (a chamada PEC da reforma política).

Assim, com a aprovação "tranquila" da PEC, a EC 91/2016 foi publicada no dia 18 de fevereiro de 2016. Até 30 dias após sua publicação, todos os ocupantes de cargos públicos eletivos pelo sistema proporcional (Deputados estaduais, distritais e federais, além de vereadores) puderam realizar a troca de partidos sem o risco de incorrer em infidelidade partidária nem mesmo a necessidade de observar as hipóteses autorizativas do art. 22-A da Lei dos Partidos Políticos.

Por fim, trata-se de um dispositivo Constitucional de eficácia exaurida, pois os efeitos que dele decorreram não se protraíram no tempo, mas sim de forma restrita durante o lapso temporal de 30 dias após a publicação.

Verifique no *Anexo On-line* acerca da **Prestação de contas do partido político e as alterações da Lei 13.165/2015.**

Capítulo 3

1. SISTEMAS ELEITORAIS: CONCEITO

Podemos identificar duas espécies de sistemas eleitorais. Consistem em um conjunto de regras e procedimentos adotados na realização do pleito eleitoral. São eles: majoritário e proporcional.

1.1. Majoritário

No sistema majoritário considera-se vencedor do pleito eleitoral aquele candidato que obtiver maioria dos votos. No caso de eleições que se resolvam em apenas um turno (Senadores e Prefeitos em Municípios com menos de 200 mil eleitores), será necessário que o vencedor possua a maioria simples dos votos, ou seja, que o vencedor possua a maioria dos votos, ainda que os candidatos vencidos, juntos, possuam votação superior ao vencedor.

Nas eleições para Prefeito em cidades que possuam mais de 200 mil eleitores, ou nas eleições para Governador (de Estado ou do Distrito Federal) e Presidente da República, será adotado o sistema majoritário de maioria absoluta, situação onde observamos a necessidade de apuração de 50%+1 de todos os votos válidos em favor de um candidato para que seja então definido o vencedor da eleição.

Caso não seja atingido o valor necessário para definição de vencedor, será realizada nova eleição (2º turno) no último domingo do mês de outubro, onde constarão nas urnas os dois candidatos mais bem votados em primeiro turno. Será considerado vencedor, então, aquele que obtiver maioria simples dos votos válidos (arts. 29, II e 77 da CF e arts. 2º e 3º da Lei 9.504/1997).

1.2. Proporcional

No Brasil podemos perceber a adoção de dois sistemas de apuração de votos, qual seja o sistema majoritário e o proporcional.

Pelo sistema PROPORCIONAL, a ser adotado nas eleições para os cargos de Vereador, Deputado Estadual, Deputado Distrital e Deputado Federal, não encontraremos a mesma sistemática das maiorias (simples ou absoluta), mas sim regras específicas trazidas pelos arts. 105 a 113 do Código Eleitoral.

Podemos classificar **5 passos** para que cheguemos até os vencedores de um pleito no sistema proporcional. Abaixo, exemplificaremos com informações fictícias as eleições no sistema proporcional (Vereadores) do Município de Lorena/SP, minha amada cidade natal.

1º Passo: Votos Válidos

O primeiro passo é verificar qual o número de votos válidos obtidos na eleição analisada. Para isso, devemos ter em mãos o número total de eleitores que compareceram às urnas, subtraindo deste valor os votos nulos e brancos.

> Votos Válidos = (nº de eleitores presentes) – (votos brancos) – (votos nulos)

Na hipótese criada, com dados todos fictícios, estimemos que tenham comparecido às urnas 30.000 eleitores, sendo que votos brancos totalizam 1.200 e nulos 1.500. Assim:

> Votos válidos = 30.000 – 1.200 – 1.500
> **Votos válidos = 27.300**

2º Passo: Quociente Eleitoral

Segundo passo a ser tomado é descobrir o quociente eleitoral, que é obtido a partir da divisão dos **votos válidos** pelo **número de cadeiras** a serem ocupadas pelos vereadores.

Quanto ao Município de Lorena/SP, temos a existência de 17 cadeiras na Câmara Municipal (excessivo, sim), o que geraria a seguinte fórmula e consequente resultado:

> Quociente Eleitoral = (votos válidos) / (nº de cadeiras)
> Quociente Eleitoral = 27.300 / 17
> Quociente Eleitoral = 1.605,**88** = 1.606*

* Observação: de acordo com o que dispõe o art. 106 do Código Eleitoral, despreza-se a fração, se igual ou inferior a 0,5 (cinco décimos), ou arredonda-se para 1,0, se superior. Por esta razão, no exemplo, o quociente eleitoral será de 1606.

3º Passo: Quociente Partidário

O terceiro passo é a determinação do QUOCIENTE PARTIDÁRIO, o qual será obtido através da divisão realizada entre o total da votação alcançada por cada partido ou coligação (votos nominais + votos de legenda) e o quociente eleitoral (lembrando que a EC 97/2017 extinguiu as coligações para fins de eleições onde o sistema de apuração seja o proporcional).

Abaixo, tabela exemplificativa:

Partidos/ Coligações	Votos totais (Nominais + Legenda)	Quociente Eleitoral (1.606)	Quociente Partidário*
Partido A/ Partido B	12.000	12.000 / 1.606	7,47= 7
Partido C	7.300	7.300 / 1.606	4,54= 4
Partido D/ Partido E	4.500	4.500 / 1.606	2,8= 2
Partido F	3.500	3.500 / 1.606	2,17= 2

* Observação: o art. 107 do Código Eleitoral determina que a fração deverá ser desprezada, não havendo a regra do arredondamento, como ocorre na obtenção do quociente eleitoral.

O art. 108 do Código Eleitoral dispõe que estarão eleitos, entre os candidatos registrados por um partido ou coligação que tenham obtido votos em número igual ou superior a 10% (dez por cento) do quociente eleitoral, tantos quantos o respectivo quociente partidário indicar, na ordem da votação nominal que cada um tenha recebido.

Ou seja, no nosso exemplo, podemos identificar 15 eleitos nesta apuração inicial, sendo que os candidatos mais votados, nominalmente (uma espécie de apuração majoritária dentro do sistema proporcional, por assim dizer), serão considerados eleitos dentre o número de cadeiras indicadas pelo quociente partidário. Observemos melhor na tabela abaixo:

Candidatos da Coligação: "Partido A/ Partido B"	Votos nominais	Quociente Eleitoral (1.606) 10% QE = 16,06	Situação
José	1.805		ELEITO
Maria	1.660		ELEITO
Antônio	1.750		ELEITO
Carlos	1.740		ELEITO
Marina	1.630		ELEITO
João	1.620		ELEITO
Aparecida	1.610		ELEITO
Bruno	90		Suplente
Fábio	80		Suplente
Edson	15		Suplente* (não alcançou os 10% do quociente eleitoral)

Pelo dispositivo em vigor, art. 108 do Código Eleitoral, temos que os sete candidatos José, Maria, Antônio, Carlos, Marina, João e Aparecida foram eleitos nesta primeira apuração. Visto que 7 (sete) é o número relativo ao quociente partidário, tendo todos alcançado pelo menos a "barreira" referente ao atingimento de 10% do quociente eleitoral obtido pelas apurações indicadas.

Bruno e Fábio alcançaram a condição de suplentes, visto que atingiram a barreira dos 10%, mas, no entanto, não constaram como os sete candidatos mais bem votados do partido/ coligação. Na impossibilidade de permanência no mandato (por qualquer que seja a razão) assumirão na ordem de suas votações nominais.

> **Atenção!**
> Já quanto a Edson, este não avançou a barreira dos 10%, portanto, consta como não eleito. No entanto, conforme parágrafo único do art. 112 do Código Eleitoral, não existindo mais suplentes a ocupar cadeiras vagas (após a diplomação e posse dos eleitos) poderá ser chamado a assumir o cargo vago, mesmo que não tenha alcançado a barreira dos 10%. Não se trata de uma exceção a barreira na análise dos eleitos, mas tão somente no caso em que este candidato, no caso Edson, seja chamado a ocupar cargo vago por candidatos mais votados da coligação ou partido.

Perceba caro leitor, que esta análise de candidatos eleitos foi feita tendo-se por base a coligação/partido que obteve o maior número de votos somados. Por razões de objetividade não demonstraremos todas as apurações fictícias.

Não obstante, cabe perceber que no total das apurações iniciais, 15 candidatos foram eleitos, além de seus respectivos suplentes. Considerando que o total de cadeiras do município de Lorena/SP, como dito inicialmente, é de 17, ainda restam lugares a serem distribuídos entre os candidatos, ou seja, as chamadas sobras eleitorais. Avancemos ao próximo passo.

4º Passo: Sobras Eleitorais (apuração da Maior Média - MM)

Analisando a tabela acima é possível constatar que o quociente partidário determina o número de cadeiras a serem ocupadas por cada partido/coligação, além de estabelecer uma votação mínima, que chamamos de barreira, equivalente a 10% do quociente eleitoral estabelecido pelos cálculos indicados.

Pelo que apresentamos até agora a Câmara de Lorena/SP manteria, ainda, 2 cadeiras vagas, já que 15 foram ocupadas pela primeira análise, dentre as 17 existentes.

O art. 109 do Código Eleitoral dispõe sobre as sobras eleitorais, tendo sido alterado pela Lei 13.165/2015 e, recentemente, pela Lei 13.488/2017.

Pelo regramento alterado em 2015, eis o procedimento de apuração das sobras:

a) deverá ser feita a divisão do número de votos válidos de cada partido ou coligação (total de votos – nulos e brancos) pelo número total de lugares definidos para o partido (valor do quociente partidário), somando-se 1 (um número inteiro).

b) o partido ou coligação que obtiver a maior média terá direito a um dos lugares de "sobra". Em análise do art. 109, com as alterações indicadas é possível notar que aqui também é imposta a obrigatoriedade de que o candidato tenha obtido votos suficientes a atingir a barreira dos **10% do quociente eleitoral**, como já dito.

Mas cuidado!

Em caráter liminar, nos autos da ADI 5420 (proposta pelo Procurador Geral da República), o Min. Rel. Dias Toffoli suspendeu esta exigência dos 10% quando na apuração da apuração das Maior Média, para distribuição das sobras.

O fundamento é que a Lei 13.165/2015 manteve o quociente partidário como pressuposto para o recebimento de vagas pelo partido ou coligação, mas inaugurou o novo critério que é a votação nominal superior a 10% do quociente partidário pelo candidato.

Assim, as vagas remanescentes continuarão advindo das frações desprezadas, mas também resultarão das vagas não ocupadas pelos candidatos que não tenham atendido ao novo critério (obtenção de votação correspondente a, no mínimo, 10% do quociente eleitoral), e serão distribuídas sob novo critério matemático, que terá como denominador não mais o "número de lugares por ele obtido, mais um", mas sim um critério fixo, "o quociente partidário, mais um" (nas palavras do Rel. Toffoli).

Ocorre que a **reforma de 2017 (Lei 13.488/2017)** alterou referido dispositivo para fazer constar expressamente que *"poderão concorrer à distribuição dos lugares todos os partidos e coligações que participaram do pleito"*. Ou seja, não há mais a exigência dessa "cláusula" em razão da própria alteração legislativa, não mais dependendo o desfecho da ADI mencionada.

Considerando nosso exemplo, teremos:

Partidos/ Coligações	Quociente Partidário (número de cadeiras ao partido)	Votos totais (Nominais + Legenda)	Operação das Sobras (Votos válidos/ quociente eleitoral + 1)	Cadeiras distribuídas pelo sistema de sobras (Maior Média)
Partido A/ Partido B	7 + 1 = 8	12.000	1.500	1
Partido C	4 + 1 = 5	7.300	1.460	0
Partido D/Partido E	2 + 1 = 3	4.500	1.500	1
Partido F	2 + 1 = 3	3.500	1.166,666667	0

Importante destacar que caso um dos partidos ou coligações não tivesse alcançado o Quociente Eleitoral, este não entraria no sistema de distribuição das sobras eleitorais. No exemplo em questão, verificamos a ocorrência de empate. Por se tratar de uma situação onde tratamos da operação da Maior Média para fins de distribuição de 2 cadeiras, restaria uma para cada partido/coligação.

Na situação onde apenas houvesse única cadeira a ser estabelecida na divisão, a análise do resultado obtido entre os votos válidos e o número do quociente partidário + 1 deveria ser feito até a 14ª casa decimal, por força do que dispõe a Resolução TSE 16.884/1990. Se mesmo assim permanecer o empate (no presente caso, o valor é exato, 1.500,0...) prevalecerá o partido/coligação que apresentar o candidato apto com maior idade (por força do art. 110, Código Eleitoral).

Importante notar que no caso do empate a votação nominal do candidato não prevalecerá para fins de desempate. Isto porque a ideia de apuração majoritária (maior votação nominal) apenas se dará em âmbito do próprio partido/coligação e jamais com relação a candidatos de outros partidos/coligações, sob pena de subvertermos o sistema de apuração proporcional.

No presente exemplo, se na apuração das Maiores Médias para distribuição das sobras fosse constatado único partido com a maior média, sem empates, faríamos novo procedimento de cálculo até que todas as sobras fossem distribuídas.

Na apuração da 2ª Maior Média (e nas seguintes, caso seja necessário ao preenchimento de maior número de cadeiras que venham a sobrar após a apuração do quociente partidário) será feito o mesmo procedimento, devendo ser tomado o cuidado de inserir ao partido anteriormente beneficiado com uma cadeira o seu novo "Nº de Cadeiras Preenchidas + 1".

Importante observação dá-se nos casos dispostos pelos arts. 112 e 113 do Código Eleitoral. No caso de afastamento ou cassação de candidatos eleitos pelo sistema proporcional, serão convocados os suplentes, que são os candidatos mais votados sob a mesma legenda e que não foram eleitos efetivamente.

Caso haja suplentes com votações semelhantes, será observado o critério de idade, sendo beneficiado o candidato de idade mais avançada.

Poderá haver também a situação onde não serão encontrados suplentes por quaisquer razões (falecimento do suplente antes de assumir, partido com candidato único etc.). Nestes casos, serão realizadas novas eleições, salvo quando faltarem menos de nove meses para o fim do mandato em pauta (o art. 113 do CE dispõe sobre o referido prazo de 9 meses; o art. 56, § 2º, da CF dispõe sobre o prazo de 15 meses. Considerando o Código Eleitoral como uma norma anterior à CF, aplica-se o prazo da Constituição Federal. Ainda quanto a convocação para novas eleições, relevantes as considerações a serem tratadas no próximo item).

2. NULIDADE DOS VOTOS E CONVOCAÇÃO DE NOVAS ELEIÇÕES

Tema costumeiramente mal interpretado e que, há tempos, temos tentado esclarecer nos escritos e redes sociais. Os arts. 219 ao 224 do Código Eleitoral estabelece disposições acerca da nulidade das votações. A primeira grande confusão que se verifica é considerar sinônimas as expressões votos nulos e nulidade dos votos.

No primeiro caso estamos diante da opção do eleitor em anular o seu voto. Isto, pois, a obrigatoriedade do voto, imposto pelo art. 14 da CF, tem relação com o comparecimento às urnas, e não propriamente ao conteúdo material do voto. Assim, é possível que o voto seja anulado, por exemplo, votando em siglas inexistentes. Este é o voto nulo.

No segundo caso temos a nulidade do voto ou da votação. Não se trata mais uma vez do conteúdo material do voto, mas verdadeiramente da aplicação da teoria de Pontes de Mirando quanto aos atos jurídicos. Um ato apenas será eficaz (produzirá efeitos) se satisfeitos os chamados degraus da escada de Pontes de Miranda (Teoria Ponteana, ou Teoria das escadas de Pontes de Miranda).

A primeira análise a ser feita é se o ato é existente. Se negativo, sequer avançamos nos degraus sequentes. Por outro lado, se existente, avançamos para a análise de validade. Por sua vez, cumpridas exigências legais para tanto, avançamos a ponto de verificar sua eficácia. De maneira superficial e objetiva é esta a ideia tratada pela citada Teoria.

Por outro lado, cabe análise da Teoria adotada no Brasil quanto a questões envolvendo a não validade de atos, qual seja, a Teoria da Nulidade. Por esta teoria, o ato inválido é um ato nulo, natimorto, írrito. Ou seja, incapaz de produzir efeitos, devendo ser visto incapaz de produzir efeitos desde sua constatação de existência (primeiro degrau).

Esta é classificação que se atribui à nulidade de votos, pois aqui consideramos todos aqueles votos fruto de um ato inválido, ou seja, votos exercidos por meio de fraude, de alistamentos/transferências de domicílios eleitorais fraudulentos etc.

Os arts. 221 e 222 do Código Eleitoral cuidam de tratar de situações compreendidas como aptas a anular a votação (tal como o extravio de documentos essenciais, quando negado o direito de fiscalização, voto sem as cautelas de identificação do eleitor, do art. 147 do Código Eleitoral, votação viciada de falsidade, fraude, coação ou meios de que trata o art. 237 ou emprego de processo de propaganda ou captação de sufrágio vedado por lei).

Assim, a nulidade da votação poderá ser decretada de ofício pela Junta Eleitoral (que é órgão da Justiça Eleitoral) ou em momento posterior, nos termos do art. 223 do Código Eleitoral.

O art. 224, em seu *caput*, assevera que se a nulidade decretada (de ofício) ou reconhecida (posterior) alcançar mais da metade dos votos (qualquer que seja o pleito), serão julgadas prejudicadas as demais votações e será designada nova eleição no prazo de 20 a 40 dias a contar de tal fato (decretação ou reconhecimento).

Portanto, não se trata de nova eleição no caso em que se observe mais da metade dos votos nulos, mas sim de votação nula, com as distinções já apresentadas.

A alteração que verificamos neste ponto é quanto à inclusão dos §§ 3º e 4º ao art. 224, ao disporem:

> § 3º A decisão da Justiça Eleitoral que importe o indeferimento do registro, a cassação do diploma ou a perda do mandato de candidato eleito em pleito majoritário acarreta, após o trânsito em julgado, a realização de novas eleições, independentemente do número de votos anulados.
>
> § 4º A eleição a que se refere o § 3º correrá a expensas da Justiça Eleitoral e será:
>
> I – indireta, se a vacância do cargo ocorrer a menos de seis meses do final do mandato;
>
> II – direta, nos demais casos." (NR)

No primeiro caso, imaginemos a situação hipotética em que um Presidente da República é eleito pelo voto majoritário da população. Posteriormente, após vários indícios que se comprovaram com o transcorrer do processo eleitoral, foi constatada nulidade da votação obtida por este candidato eleito ao cargo mais alto da nação, acarretando na cassação de seu diploma.

Pela nova redação, independentemente se os votos anulados correspondam à mais da metade dos votos, ante a consequência que a nulidade da votação trouxe (a cassação do diploma, ou do registro, se antes da diplomação), deverão ser convocadas novas eleições.

Quanto ao § 4º, uma questão que gerará discussões:

Dispõe o referido parágrafo que, no caso de novas eleições, estas se darão de forma indireta, se a vacância do cargo se der nos últimos 6 meses de mandato, e direta, se nos demais casos. Trata-se do chamado mandato tampão, em que é necessária a convocação das eleições evitando-se manter substitutos legais (Presidente da Câmara, do Senado e do STF), que apenas assumem temporariamente, nos termos do art. 80 da CF.

Ocorre que a Constituição Federal, art. 81, § 1º, estabelece outro regramento, qual seja, que no caso de vacância no cargo de Presidente e Vice-Presidente da República, novas eleições diretas serão convocadas em 90 dias a contar da abertura da última vaga (do Vice). Na situação onde a vacância se der na segunda metade do mandato, estas eleições serão convocadas em 30 dias, e serão realizadas de maneira indireta, pelo Congresso Nacional.

Pelo princípio da simetria, mesmo que a questão esteja estabelecida para o cargo de Presidente e Vice-Presidente da República, se aplicará aos demais Chefes do Executivo.

Uma questão de enorme vulto está na possibilidade de aplicação do § 4º, art. 224 do Código Eleitoral, ante o nítido conflito com a Constituição Federal.

Considerando a objetividade desta obra, a posição deste autor acerca do tema:

O § 3º, art. 224, Código Eleitoral, menciona que a questão de convocação de novas eleições estaria adstrita às eleições majoritárias, ou seja, eleição de cargos cujo sistema de apuração de votos se dá pela técnica majoritária (o mais votado nominalmente). Neste sistema temos a figura dos Chefes de Executivos (Prefeitos, Governadores e Presidentes, com seus respectivos Vices) e também os Senadores da República. Não há qualquer menção ao que se denomina "dupla vacância", ou seja, a vacância do titular e vice, mas tão somente, quanto aos cargos majoritários e a convocação de novas eleições.

A Constituição Federal quando trata da hipótese de vacância trata expressamente desta dupla ocorrência, de modo que é preciso verificar como "vago" tanto o cargo de Presidente quanto de seu Vice (quando o Vice assume e, posteriormente, também deixa vago o cargo, seja por morte, cassação ou impedimento).

Reside aqui a primeira grande distinção. O Código Eleitoral trata de cargos majoritários, mas não da dupla vacância. A Constituição Federal é específica quanto aos cargos de Presidente e Vice (e aos demais cargos de chefia do Executivo em razão do já aventado princípio da simetria), no entanto é enfática na dupla vacância de cargos (vide art. 80, Constituição Federal).

Desta forma, não há sentido invocar o princípio da especialidade da norma fazendo-se aplicar o Código Eleitoral em detrimento da Constituição Federal, uma vez que esta última criou um verdadeiro regime próprio de sucessão presidencial ante a ocorrência da já citada dupla vacância, não deixando azo a dúvidas ou demanda de complemento quanto ao que intentou.

O legislador infraconstitucional (Lei 13.165/2015) trouxe uma nova sistemática, simplesmente desconsiderando a vontade do Constituinte.

Assim, entende este autor que a questão seria resolvida ao se aplicar a Constituição Federal para o caso de vacância ao cargo dos Chefes de Executivo em todos os âmbitos federativos, por força expressa e direta do Texto e também amparados pelo princípio da simetria. E, aos demais cargos de apuração pelo sistema majoritário, que em nosso ordenamento seria quanto ao cargo de Senador da República, a aplicação do que dispõe o § 4º, art. 224 do Código Eleitoral, visto que, muito embora possua um suplente na formação de sua chapa, não há trato quanto à dupla vacância de cargo.

No entanto, será necessário aguardar o posicionamento do STF quanto à constitucionalidade ou não do dispositivo e, no primeiro caso, o alcance de suas aplicações pretendidas.

Capítulo 4

1. CRIMES ELEITORAIS E O PROCESSO PENAL NOS CRIMES ELEITORAIS

De maneira geral, são condutas que ofendem os princípios resguardados pela legislação eleitoral e, em especial, os bens jurídicos protegidos pela lei penal eleitoral.

Sinteticamente, estão previstos nos seguintes diplomas: a) Código Eleitoral – arts. 289 a 354; b) Lei das Eleições (Lei 9.504/1997) – arts. 33, § 4º; 34, §§ 2º e 3º; 39, § 5º; 40; 68, § 2º; 72; 87, § 4º; 91, parágrafo único; c) Lei de Inelegibilidades (LC 64/1990) – art. 25; d) Leis esparsas, como a lei que trata dos transportes dos eleitores em dia de eleição – Lei 6.091/1974, art. 11.

Importante notarmos as seguintes considerações gerais sobre os crimes eleitorais:

a) Sempre que não for indicado grau mínimo, este será de 15 dias para a pena de detenção e de um 1 para a de reclusão;

b) Quando a lei determina a agravação ou atenuação da pena sem mencionar o "*quantum*", o juiz fixará entre 1/5 e 1/3, guardados os limites da pena cominada ao crime;

c) A pena de multa (fixada em "dias-multa") será fixada entre o mínimo, 1 (um) dia-multa, e no máximo, 300 (trezentos) dias-multa; O montante do "dia-multa" será fixado em vista das condições do condenado, não podendo ser inferior ao salário mínimo diário da região, nem superior ao valor de um salário mínimo mensal;

d) Nos crimes eleitorais cometidos através da imprensa, rádio ou da televisão, aplicam-se exclusivamente as normas do Código Eleitoral e as remissões a outra lei nele contempladas.

e) São considerados membros e funcionários da Justiça Eleitoral: os magistrados; cidadãos que temporariamente integram órgãos da Justiça Eleitoral; cidadãos nomeados para as mesas ou Juntas Apuradoras; funcionários requisitados pela Justiça Eleitoral; quem, embora transitoriamente ou sem remuneração, exerça cargo, emprego ou função pública; quem exerça cargo, emprego ou função em entidade paraestatal ou em sociedade de economia mista.

Relevante alerta deve ser dado quanto aos crimes contra a honra, trazidos pelo Código Eleitoral (Calúnia – art. 324 do CE; Difamação – art. 325 do CE; Injúria – art. 326 do CE), uma vez que distancia-se substancialmente daqueles crimes, de mesma classificação, contidos no Código Penal (arts. 138, 139 e 140 do Código Penal, respectivamente).

No caso dos previstos na legislação eleitoral, o ato deve ter ocorrido na propaganda eleitoral ou visando a fins de propaganda, como se observa na leitura dos arts. 324, 325 e 326 do Código Eleitoral.

Deste modo, embora conotem como idênticos em primeira análise, podemos perceber a diferença até mesmo pela tutela que se objetiva em cada Diploma. Ainda que guardem natureza de crimes contra a honra, o que logicamente nos guiaria ao estudo da ação penal privada, no caso dos crimes do Código Eleitoral, a ação penal será sempre a **pública incondicionada**, conforme dispõe o art. 355 do Código Eleitoral.

> **Importante:** Não obstante a regra exposta do art. 355 do Código Eleitoral, haverá possibilidade da ação penal privada subsidiária à pública.

1.1 Do processo das infrações (arts. 355 ao 364 do Código Eleitoral)

Qualquer cidadão que venha a tomar conhecimento de infrações penais, daquelas previstas no Código Eleitoral, deverá comunicar ao juiz eleitoral da zona correspondente, podendo ser feita a notícia do eventual crime por escrito ou oralmente. Na última possibilidade, a autoridade judicial reduzirá a termo, colhendo assinaturas do cidadão e de duas testemunhas, e remeterá o documento ao Ministério Público.

O Ministério Público, caso julgue necessário, requisitará maiores esclarecimentos às autoridades ou funcionários que possam fornecê-los. Contrariamente, caso seja verificada a ocorrência da infração penal, o Ministério Público oferecerá denúncia dentro do prazo legal de 10 dias.

Poderá também o órgão ministerial requerer o arquivamento da comunicação de fato criminoso, caso em que poderá o juiz competente, considerando improcedentes as razões que motivaram o requerimento do arquivamento, remeter a comunicação feita (documentalmente ou reduzida a termo, nas condições legais impostas) ao Procurador Regional Eleitoral para que então possa: a) oferecer denúncia, caso se convença da existência da infração penal; b) designe outro representante ministerial para que então ofereça a denúncia; c) ou até mesmo que insista no pedido de arquivamento, situação em que o juiz acatará.

A denúncia será rejeitada caso o fato comunicado não venha a constituir conduta criminosa, estiver extinta a punibilidade ou ocorrer ilegitimidade da parte ou faltar condição da ação para o prosseguimento do feito.

Recebida a denúncia, o infrator será citado e terá o prazo de 10 dias para que proceda a sua defesa e arrole testemunhas, sendo que serão designados pelo juiz dia e hora para seu depoimento pessoal, sendo que será determinada a notificação do Ministério Público.

Ouvidas as testemunhas (acusação e defesa) e realizadas as eventuais diligências requeridas pelo Ministério Público (deferidas ou ordenadas pelo juiz), haverá prazo de 5 dias para que as partes apresentem alegações finais.

Após as alegações finais, os autos serão remetidos à conclusão em até 48 horas, para que, no prazo de 10 dias, seja proferida sentença, cabendo recurso ao Tribunal Regional no prazo de 10 dias.

Na situação de interposição de recurso e posterior confirmação de sentença condenatória, os autos serão baixados imediatamente à instância original para que seja iniciada a execução, que terá início no prazo de 5 dias a contar da data de vista dos autos pelo representante ministerial.

Em todo o processo e julgamento dos crimes relacionados será aplicado, subsidiariamente, o Código de Processo Penal.

Capítulo 5

1. PROPAGANDA POLÍTICA

Quanto ao período permitido para a realização das propagandas eleitorais observamos grandes alterações a partir da reforma de 2015. De início cabe relembrar que há uma distinção entre propaganda eleitoral, partidária, institucional, política e intrapartidária. Vejamos o quadro e alguns conceitos importantes a serem relembrados:

Propaganda Política: diferentemente da propaganda de cunho mercadológico, possui o intento de interferir na decisão de ideário político. É regulamentada por legislação e veiculada gratuitamente na Rádio e Televisão.

Divide-se em:

a) Propaganda Eleitoral: realizada em momento pré-eleitoral (durante o processo eleitoral), após o dia 15 de agosto do ano eleitoral, com vistas a angariar maior número de votos. Regulamentada pela Lei 9.504/1997 (Lei das Eleições) e Resoluções do TSE acerca de cada eleição;

b) Propaganda Partidária: realizada fora de período pré-eleitoral, visa difundir e divulgar os ideais da agremiação política com o intuito de atrair mais militantes e simpatizantes. É regulamentada pela Lei 9.096/1995 (Lei dos Partidos Políticos). Importante destacar que foi extinta pela Lei 13.487/2017;

a) Propaganda Intrapartidária: É aquela realizada antes da convenção partidária (situação onde escolhe-se os candidatos que irão concorrer às eleições). O art. 36, § 1º, da Lei 9.504/1997 dispõe que a Propaganda Intrapartidária é permitida nos 15 dias que antecedem a convenção, vedado o uso de rádio, televisão e *outdoor*;

b) Propaganda Institucional: Aquela realizada pela Administração, divulgando de maneira honesta, verídica e objetiva seus atos e feitos, sendo o objetivo INFORMAR A POPULAÇÃO. Deve ser custeada com recursos públicos. Destaca-se que é proibida a propaganda institucional nos 3 meses que antecedem o pleito, salvo em caso de grave e urgente necessidade pública, assim reconhecida pela Justiça Eleitoral;

A reforma de 2015, como já destacado, tinha um intento declarado que era a redução dos custos da campanha eleitoral. Uma das atuações neste sentido foi o encurtamento do período permitido para a realização das campanhas. Atualmente dois prazos devemos nos atentar:

Prazo limite para o pedido de registro de Candidatura	Prazo em que é permitida a campanha eleitoral
Até o dia 15 de agosto do ano eleitoral	Após o dia 15 de agosto do ano eleitoral (ou seja, do dia 16 em diante)

Ou seja, é necessário cuidado para não confundir os prazos. A propaganda eleitoral apenas será permitida após o dia 15, uma vez que nesta data encontra-se o limite do pedido de registro de candidatura (especificamente até às 19 horas deste dia). Assim, a data início para as propagandas de campanha eleitoral é dia 16 de agosto do ano em que se derem as eleições.

Outros pontos importantes a serem destacados quanto a reforma de 2015:

a) indicação do vice

A indicação dos vices, nos cargos majoritários (e do suplente, no caso do Senador, lembrando que neste caso também estamos diante de sistema majoritário de apuração de votos) deverá obedecer a uma indicação clara e legível, em tamanho nunca inferior a 30% do nome do titular.

b) propaganda antecipada

Não será considerada propaganda antecipada, desde que não envolvam pedido explícito de voto (é permitido o pedido de "apoio político" e a divulgação da pré-candidatura, das ações políticas desenvolvidas e das que se pretende desenvolver), a menção à pretensa candidatura, a exaltação das qualidades pessoais dos pré-candidatos e os seguintes atos, que poderão ter cobertura dos meios de comunicação social, inclusive via internet:

I – a participação de filiados a partidos políticos ou de pré-candidatos em entrevistas, programas, encontros ou debates no rádio, na televisão e na internet, inclusive com a exposição de plataformas e projetos políticos, observado pelas emissoras de rádio e de televisão o dever de conferir tratamento isonômico; (Redação dada pela Lei 12.891, de 2013)

II – a realização de encontros, seminários ou congressos, em ambiente fechado e a expensas dos partidos políticos, para tratar da organização dos processos eleitorais, discussão de políticas públicas, planos de governo ou alianças partidárias visando às eleições, podendo tais atividades ser divulgadas pelos instrumentos de comunicação intrapartidária; (Redação dada pela Lei 12.891, de 2013)

III – a realização de prévias partidárias e a respectiva distribuição de material informativo, a divulgação dos nomes dos filiados que participarão da disputa e a realização de debates entre os pré-candidatos; (Redação dada pela Lei 13.165, de 2015)

IV – a divulgação de atos de parlamentares e debates legislativos, desde que não se faça pedido de votos; (Redação dada pela Lei 12.891, de 2013)

V – a divulgação de posicionamento pessoal sobre questões políticas, inclusive nas redes sociais; (Redação dada pela Lei 13.165, de 2015)

VI – a realização, a expensas de partido político, de reuniões de iniciativa da sociedade civil, de veículo ou meio de comunicação ou do próprio partido, em qualquer localidade, para divulgar ideias, objetivos e propostas partidárias. (Incluído pela Lei 13.165, de 2015)

É vedada a transmissão ao vivo por emissoras de rádio e de televisão das prévias partidárias, sem prejuízo da cobertura dos meios de comunicação social, onde podemos incluir todas as formas de divulgação pela internet (claro que, sempre vedada a propaganda paga na internet). Como exemplos, temos a divulgação instantânea por aplicativos como o periscope, twitcam, facebook live, youtube live etc.

c) uso de bonecos em bens públicos, de uso público, condicionados a autorização ou licença de uso

O art. 37 da Lei 9.504/1997 sofreu sensível alteração, incluindo o uso de bonecos no rol das proibições quando no uso de bens que dependa de cessão ou permissão do poder público ou que a ele pertença, e ainda, nos bens de uso comum.

d) propaganda eleitoral em bens particulares

O § 2º, art. 37, reafirmou que a propaganda eleitoral em bens particulares independe de licença municipal ou autorização da justiça eleitoral, no entanto, torna obrigatório que seja feita em adesivo ou papel e que não exceda a 0,5 m² (meio metro quadrado), e não contrarie a legislação eleitoral em outros pontos, submetendo o infrator às multas tratadas no § 1º, art. 37 (multa de R$ 2.000,00 a R$ 8.000,00).

e) conceito de carro de som e os veículos de tração animal

No art. 39 podemos perceber atuação legislativa com o intuito de combater a má-fé e imaginação dos envolvidos em campanhas eleitorais, visto que teve como escopo situações que vinham sendo observadas na prática, a cada pleito eleitoral.

A legislação permite a utilização de carros de som, criando limitações e algumas proibições (utilização de trio elétrico, exceto para sonorização de comícios).

A permissão de uso destes carros de som deve obedecer ao limite de 80 decibéis de nível de pressão sonora, medido a 7 metros de distância do veículo, devendo manter distância de pelo menos 200 m das sedes dos Poderes Executivo e Legislativo da União, dos Estados, do Distrito Federal e dos Municípios, das sedes dos Tribunais Judiciais, e dos quartéis e outros estabelecimentos militares, dos hospitais e casas de saúde, das escolas, bibliotecas públicas, igrejas e teatros, quando em funcionamento, e no período compreendido entre as 8h às 22h (no caso de comício, este prazo quanto ao horário poderá alcançar até as 24h).

Quanto a "**carro de som**", assim estabelece a lei (§ 12, art. 39, Lei das Eleições):

1 - **CARRO DE SOM:** veículo automotor que usa equipamento de som com potência nominal de amplificação de, no máximo, 10.000 (dez mil) watts;

2 - **MINITRIO:** veículo automotor que usa equipamento de som com potência nominal de amplificação maior que 10.000 (dez mil) watts e até 20.000 (vinte mil) watts;

3 - **TRIO ELÉTRICO:** veículo automotor que usa equipamento de som com potência nominal de amplificação maior que 20.000 (vinte mil) watts.

Ocorre que a criatividade dos candidatos/partidos/coligações chegou ao ponto de, considerando a limitação do uso de carros de som (ou seja, veículo automotor), faziam uso de carroças ou bicicletas (grandes engenhocas), que traziam como carga grandes potências de som. Isto pois, como bem dito, a lei criava limitação para o uso de carro de som, ou seja, veículos automotores.

O § 9º-A, inserido pela reforma de 2015, incluiu que "considera-se carro de som, além do previsto no § 12, qualquer veículo, motorizado ou não, ou ainda tracionado por animais, que transite divulgando jingles ou mensagens de candidatos."

f) candidato apresentador de programa de TV ou rádio.

O art. 45 dispõe que após o prazo das convenções partidárias em ano eleitoral (ou seja, de 20 de julho a 5 de agosto) será vedado às emissoras de rádio e televisão, em sua programação normal e em seu noticiário:

I – transmitir, ainda que sob a forma de entrevista jornalística, imagens de realização de pesquisa ou qualquer outro tipo de consulta popular de natureza eleitoral em que seja possível identificar o entrevistado ou em que haja manipulação de dados;

II – usar trucagem, montagem ou outro recurso de áudio ou vídeo que, de qualquer forma, degradem ou ridicularizem candidato, partido ou coligação, ou produzir ou veicular programa com esse efeito;

III – veicular propaganda política ou difundir opinião favorável ou contrária a candidato, partido, coligação, a seus órgãos ou representantes;

IV – dar tratamento privilegiado a candidato, partido ou coligação;

V – veicular ou divulgar filmes, novelas, minisséries ou qualquer outro programa com alusão ou crítica a candidato ou partido político, mesmo que dissimuladamente, exceto programas jornalísticos ou debates políticos;

VI – divulgar nome de programa que se refira a candidato escolhido em convenção, ainda quando preexistente, inclusive se coincidente com o nome do candidato ou com a variação nominal por ele adotada. Sendo o nome do programa o mesmo que o do candidato, fica proibida a sua divulgação, sob pena de cancelamento do respectivo registro.

A reforma de 2015 alterou o § 1º do referido artigo aumentando a limitação de exposição de candidatos que apresentem programas nas redes de TV e rádio, sendo que a partir do dia 30 de junho do ano eleitoral às emissoras será vedada a transmissão destes programas. A redação anterior impunha o prazo de 1º de agosto. Vejamos como ficou a redação atual:

Art. 45. (...)
§ 1º. A partir de 30 de junho do ano da eleição, é vedado, ainda, às emissoras transmitir programa apresentado ou comentado por pré-candidato, sob pena, no caso de sua escolha na convenção partidária, de imposição da multa prevista no § 2º e de cancelamento do registro da candidatura do beneficiário.

g) debates sobre as eleições majoritárias ou proporcionais

A antiga redação do art. 46 dispunha que independentemente da veiculação de propaganda eleitora gratuita, era facultada a transmissão pelas emissoras de rádio ou televisão de debates sobre as eleições, majoritárias ou proporcionais. Assegurava-se a participação de candidatos dos partidos com representação na Câmara dos Deputados.

Na prática as emissoras sempre priorizaram os principais e mais bem colocados em pesquisas, e aos demais, era elaborado um termo de acordo onde abriam mão de participar de debates e em troca, tinham um espaço considerável em algum noticiário, como forma de compensar sua não participação. Neste espaço, perguntas de teor semelhantes eram feitas ao candidato "pequeno" ou "menos expressivo" em termos de pesquisas eleitorais.

Este tratamento das emissoras se dá por algumas razões. A primeira delas é que, não sendo um horário eleitoral obrigatório, o tempo dispendido em benefício de partidos, candidatos e coligações não podem ser abatidos como num sistema de crédito (sistema de compensação utilizada nos horários eleitorais gratuitos). Portanto, um debate muito tumultuado, afasta, logicamente, a audiência da programação.

Ocorre que muitas situações indesejadas eram verificadas. Candidatos menores que não abriam mão do seu direito de participar do debate, ocasionando o desinteresse das emissoras em realizar estes eventos. Muitas vezes, infelizmente, essa irresignação se dava por interesses diversos, como por exemplo, o candidato "A" que liderava pesquisas in$entiva (claro que a grafia está equivocada, mas apenas para sugerir que tipo de incentivo estamos tratando) o candidato menor "C" a não concordar em ser entrevistado ao invés de participar do debate. Isto porque o candidato "B", conhecidamente um grande orador e de êxito em debates, poderia reverter o quadro na reta final de uma campanha. Dada a irresignação do candidato "C" a emissora desistia do debate ante a inviabilidade de sua realização.

Por essas e outras tantas questões, a atual redação do art. 46 traz dicção muito semelhante, não fosse a parte final, onde assegura a participação de candidatos dos partidos com representação superior a 9 (nove) Deputados na Câmara dos Deputados.

Os parágrafos que seguem indicam outras regras a serem obedecidas. Vejamos:

Art. 46. Independentemente da veiculação de propaganda eleitoral gratuita no horário definido nesta Lei, é facultada a transmissão por emissora de rádio ou televisão de debates sobre as eleições majoritária ou proporcional, sendo assegurada a participação de candidatos dos partidos com representação superior a nove Deputados, e facultada a dos demais, observado o seguinte:

I – nas eleições majoritárias, a apresentação dos debates poderá ser feita:

a) em conjunto, estando presentes todos os candidatos a um mesmo cargo eletivo;

b) em grupos, estando presentes, no mínimo, três candidatos;

II – nas eleições proporcionais, os debates deverão ser organizados de modo que assegurem a presença de número equivalente de candidatos de todos os partidos e coligações a um mesmo cargo eletivo, podendo desdobrar-se em mais de um dia;

III – os debates deverão ser parte de programação previamente estabelecida e divulgada pela emissora, fazendo-se mediante sorteio a escolha do dia e da ordem de fala de cada candidato, salvo se celebrado acordo em outro sentido entre os partidos e coligações interessados.

§ 1º Será admitida a realização de debate sem a presença de candidato de algum partido, desde que o veículo de comunicação responsável comprove havê-lo convidado com a antecedência mínima de setenta e duas horas da realização do debate.

§ 2º É vedada a presença de um mesmo candidato a eleição proporcional em mais de um debate da mesma emissora.

§ 3º O descumprimento do disposto neste artigo sujeita a empresa infratora às penalidades previstas no art. 56.

§ 4º O debate será realizado segundo as regras estabelecidas em acordo celebrado entre os partidos políticos e a pessoa jurídica interessada na realização do evento, dando-se ciência à Justiça Eleitoral.

§ 5º Para os debates que se realizarem no primeiro turno das eleições, serão consideradas aprovadas as regras, inclusive as que definam o número de participantes, que obtiverem a concordância de pelo menos 2/3 (dois terços) dos candidatos aptos, no caso de eleição majoritária, e de pelo menos 2/3 (dois terços) dos partidos ou coligações com candidatos aptos, no caso de eleição proporcional.

No § 5º, outra alteração trazida pela reforma de 2015. Neste dispositivo encontramos que para os debates que se realizarem no 1º turno das eleições, as regras definidoras dos trabalhos serão consideradas aprovadas (inclusive as que definam o número de participantes) se obtiverem concordância de pelo menos 2/3 (maioria qualificada) dos candidatos aptos (seja nas eleições majoritárias ou proporcionais).

Relevante destacar que em data muito recente, especificamente em 25.08.2016, o STF julgou as ADIs 5423, 5487, 5488, 5491, 5577, ajuizadas por partidos políticos e pela Associação Brasileira das Emissoras de Rádio e TV (Abert), cujo objetivo era questionar pontos da reforma eleitoral de 2015, referentes à propaganda eleitoral gratuita e aos debates eleitorais no rádio e na TV.

A ADI 5491, que discutiu as modificações referentes à propaganda eleitoral gratuita, a maioria acompanhou o voto do relator, Ministro Dias Toffoli, pela improcedência. Neste caso, entendeu-se que as regras estabelecidas pela Lei Eleitoral (artigo 47 da Lei 9.504/1997) quanto à distribuição do tempo de propaganda eleitoral de maneira proporcional ao número de representantes na Câmara dos Deputados, respeita os princípios constitucionais da proporcionalidade e da razoabilidade.

Quanto às ADIs 5423, 5487, 5557 e 5488, relativas às regras que trazem restrições à participação de candidatos de agremiações com menos de 10 parlamentares na Câmara dos Deputados nos debates, o entendimento foi no seguinte sentido:

a) Conforme redação do art. 46, aqueles partidos que possuam representação na Câmara dos Deputados em número superior a 9 (ou seja, igual a 10 ou mais) terão direito de ter seus candidatos participando dos debates (ou seja, é uma prerrogativa, obviamente o candidato pode não participar, mas tão somente por sua intenção).

b) Independentemente da representação na Câmara dos Deputados, as emissoras poderão convidar qualquer dos candidatos a participarem do debate, não havendo necessidade de que haja concordância da maioria dos demais participantes, as emissoras poderão convidar qualquer candidato.

Toda a questão tomou grande repercussão em razão de debates organizados nas capitais respectivas de São Paulo e Rio de Janeiro, onde candidatos, que muito embora mantinham-se bem colocados nas pesquisas (Luiza Erundina PSOL, em São Paulo/SP e Marcelo Freixo, também do PSOL, no Rio de Janeiro/RJ) não foram convidados a participar dos debates em razão do não atingimento de 10 deputados federais, satisfazendo o requisito da reforma de 2015.

Portanto, a partir desta decisão, as regras específicas quanto ao debate sofrem tal flexibilização, com considerações acerca da intenção de preservar a liberdade de escolha dos eleitores (que a partir do debate poderão optar com mais clareza em razão das propostas e posicionamentos de seus candidatos, bem como pela igualdade de oportunidade dos que se dispõem a concorrer aos cargos públicos eletivos, vez que, do mesmo modo, poderão apresentar e manifestar seus posicionamentos aos eleitores).

h) propaganda eleitoral gratuita no rádio e televisão

Como mencionamos anteriormente, durante o período pré-eleitoral (período que antecede a data do pleito eleitoral), com o fim de esclarecer aos eleitores sobre propostas, ideologias e posicionamentos, temos o período de propaganda eleitoral, onde candidatos contrapõe-se em projetos (e na maioria das vezes se digladiam em ataques pessoais, lamentavelmente).

A primeira alteração, neste assunto, observamos quanto ao encurtamento do período de campanha eleitoral através dos horários gratuitos. Até a publicação da Lei 13.165/2015, tínhamos um horário eleitoral que compreendia 45 dias. Atualmente, com a redução de 10 dias, 35 dias de programação eleitoral, sendo esta a nova redação do art. 47.

Os intervalos de inserções serão obedecidos na seguinte sistemática:

I – na eleição para Presidente da República, às terças e quintas-feiras e aos sábados:

a) das 7h às 7h 12min 30s e das 12h às 12h 12min 30s, no rádio;

b) das 13h às 13h 12min 30s e das 20h 30min às 20h 42min 30s, na televisão;

II – nas eleições para Deputado Federal, às terças e quintas-feiras e aos sábados:

a) das 7h e 12min e 30s às 7h e 25min e das 12h 12min e 30s às 12h 25min, no rádio;

b) das 13h às 13h 12min 30s e das 20h 30min às 20h 42min 30s, na televisão;

III – nas eleições para Senador, às segundas, quartas e sextas-feiras:

a) das 7h às 7h5min e das 12h às 12h5min, no rádio, nos anos em que a renovação do Senado Federal se der por 1/3;

b) das 13h às 13h 5min e das 20h30min às 20h35min, na televisão, nos anos em que a renovação do Senado Federal se der por 1/3;

c) das 7h às 7h7min e das 12h às 12h7min, no rádio, nos anos em que a renovação do Senado Federal se der por 2/3;

d) das 13h às 13h7min e das 20h30min às 20h37min, na televisão, nos anos em que a renovação do Senado Federal se der por 2/3;

IV – nas eleições para Deputado Estadual e Deputado Distrital, às segundas, quartas e sextas-feiras:

a) das 7h5min às 7h15min e das 12h5min às 12h15min, no rádio, nos anos em que a renovação do Senado Federal se der por 1/3;

b) das 13h5min às 13h15min e das 20h35min às 20h45min, na televisão, nos anos em que a renovação do Senado Federal se der por 1/3;

c) das 7h7min às 7h16min e das 12h7min às 12h16min, no rádio, nos anos em que a renovação do Senado Federal se der por 2/3;

d) das 13h7min às 13h16min e das 20h37min às 20h46min, na televisão, nos anos em que a renovação do Senado Federal se der por 2/3;

V – na eleição para Governador de Estado e do Distrito Federal, às segundas, quartas e sextas-feiras:

a) das 7h15min às 7h25min e das 12h15min às 12h25min, no rádio, nos anos em que a renovação do Senado Federal se der por 1/3;

b) das 13h15min às 13h25min e das 20h45min às 20h55min, na televisão, nos anos em que a renovação do Senado Federal se der por 1/3;

c) das 7h16min às 7h25min e das 12h16min às 12h25min, no rádio, nos anos em que a renovação do Senado Federal se der por 2/3;

d) das 13h16min às 13h25min e das 20h46min às 20h55min, na televisão, nos anos em que a renovação do Senado Federal se der por 2/3;

VI – nas eleições para Prefeito, de segunda a sábado:

a) das 7h às 7h10min e das 12h às 12h10min, no rádio;

b) das 13h às 13h10min e das 20h30min às 20h40min, na televisão;

Ainda quanto às eleições municipais, é assegurado o mecanismo de inserções de 30s a 60s, no rádio e na televisão, totalizando 70min diários, de segunda-feira a domingo, distribuídas ao longo da programação veiculada entre as 5h às 24h, na proporção de 60% (sessenta por cento) para Prefeito e 40% (quarenta por cento) para Vereador.

Tais inserções apenas serão exibidas nas localidades onde haja estação geradora de serviços de radiodifusão de sons e imagens.

Importante consignar que o inciso VII do § 1º do art. 47 foi alterado pela Lei 13.165/2015, não mais restando previsto o horário destinado aos vereadores, que apenas terão direito ao uso das inserções. Assim, nos horários destinados às campanhas municipais, teremos apenas os 10 min reservados aos candidatos a prefeito. Ao longo do dia, as inserções com vereadores (na proporção de 40%).

De maneira sintetizada, temos que:

Presidente + Dep. Federal	Senador	Dep. Estadual/ Distrital + Governador Estadual/ Distrital
– 3ª 5ª e Sáb. 12min30s (Presidente) 12min30s (Dep. Fed.)	2ª, 4ª e 6ª 5 e 7min	2ª, 4ª e 6ª 10 e 9min (Dep.) 10 e 9 min (Gov.)
25 min	25 min = 5min (Sen.) + 10 (Dep.) + 10 (Gov.) 25 min = 7 min (Sen.) + 9 (Dep.) + 9 (Gov.)	

Prefeito	Vereador
– 2ª a Sábado 10 min	– Não há, apenas INSERÇÕES: das 5h às 24h 30 a 60s Total de 70 min/dia (dividido entre os partidos) 60% prefeito + 40% vereador
10 min	70 min

Nos demais casos, o tempo também foi significativamente reduzido, com proporções definidas numa nova regra pelos §§ 2º e seguintes do mesmo art. 47. Vejamos:

90%	Distribuído proporcionalmente ao número de representantes na Câmara dos Deputados (no caso de coligação para eleições majoritárias, a soma dos 6 maiores partidos que integram; no caso de eleições proporcionais, a soma de todos os representantes que a integram)
10%	Distribuído igualitariamente

Dispensa de veiculação de propaganda eleitoral obrigatória:

O § 9º, art. 47, dispensa as emissoras de rádio sob responsabilidade do Senado Federal e da Câmara dos Deputados instaladas em localidades fora do Distrito Federal da veiculação da propaganda eleitoral gratuita dos pleitos.

Com vistas ao horário gratuito (eleitoral), a partir do dia 15 de agosto (lembrando se esta a data limite aos pedidos de registro de candidatura) a Justiça Eleitoral convocará os partidos e representantes das emissoras de televisão para elaboração do plano de mídia, nos termos das regras estabelecidas no art. 51, de forma a garantir a todos a participação nos horários de maior e menor audiência.

Regras das inserções:

> a – o tempo será dividido em partes iguais para a utilização nas campanhas dos candidatos às eleições majoritárias e proporcionais, bem como de suas legendas partidárias ou das que componham a coligação, quando for o caso;
>
> b – a distribuição levará em conta os blocos de audiência entre as cinco e as onze horas, as onze e as dezoito horas, e as dezoito e as vinte e quatro horas; (Redação dada pela Lei 13.165, de 2015)
>
> c – na veiculação das inserções, é vedada a divulgação de mensagens que possam degradar ou ridicularizar candidato, partido ou coligação, aplicando-se-lhes, ainda, todas as demais regras aplicadas ao horário de propaganda eleitoral, previstas no art. 47. (Redação dada pela Lei 12.891, de 2013)
>
> d – É vedada a veiculação de inserções idênticas no mesmo intervalo de programação, exceto se o número de inserções de que dispuser o partido exceder os intervalos disponíveis, sendo vedada a transmissão em sequência para o mesmo partido político.

Dispõe o art. 54 que nos programas e inserções apenas poderá aparecer candidatos, caracteres com propostas, fotos, *jingles* (as famosas músicas de campanha) ou vinhetas, com indicação de número de candidato ou partido, além de apoiadores (imagens poderão ser internas, em estúdio, ou externas).

Quanto aos apoiadores, é possível que seja realizada pelos candidatos a vereador, desde que seja para pedido de votos e apoiamento ao candidato majoritário, vez que a legislação reservou aos candidatos ao legislativo municipal apenas as inserções diárias de 30 a 60 s.

Na utilização de apoiadores candidatos a vereador, o tempo reservado a estes não poderá ser superior a 25% do total destinado ao partido/coligação, sob pena de irregularidade tratada no § 3º, art. 53-A "O partido político ou a coligação que não observar a regra contida neste artigo perderá, em seu horário de propaganda gratuita, tempo equivalente no horário reservado à propaganda da eleição disputada pelo candidato beneficiado".

Nas inserções e programas é vedado o uso de montagens, trucagens, computação gráfica, desenhos animados e efeitos especiais.

Percebe-se que o legislador valorizou situações onde o próprio candidato exponha seus projetos, ideais, histórico profissional e outros atributos que entenda relevante. Permite-se, nesta ideia, a veiculação de entrevistas com o candidato e de cenas externas nas quais ele, pessoalmente, exponha:

I – realizações de governo ou da administração pública;

II – falhas administrativas e deficiências verificadas em obras e serviços públicos em geral;

III – atos parlamentares e debates legislativos.

1.1 Propaganda na internet

O regramento quanto a propaganda da internet também será permitida em igual prazo, ou seja, após o dia 15 de agosto (não é no dia 15, mas a partir. Ou seja, a contar do dia 16 de agosto do ano eleitoral).

Quanto a esta modalidade, importa mencionar a inclusão do inciso IV, § 1º, art. 58 da Lei, ao dispor sobre o prazo de 72 horas, a contar da retirada de veiculação ofensiva na internet, quanto ao pedido de direito de resposta à Justiça Eleitoral.

2. HORÁRIO RESERVADO AO TRIBUNAL SUPERIOR ELEITORAL

O Tribunal Superior Eleitoral poderá, nos anos eleitorais, requisitar das emissoras de rádio e televisão, no período de um 1 mês antes do início da propaganda eleitoral (a contar do dia 16 de agosto) e nos 3 dias anteriores à data do pleito, até 10 min diários, contínuos ou não, que poderão ser somados e usados em dias espaçados, para a divulgação de comunicados, boletins e instruções ao eleitorado.

A legislação também garante ao Tribunal Superior Eleitoral requisitar espaço nas televisões e rádios, no período compreendido entre 1º de abril e 30 de julho dos anos eleitorais, até 5 min diários, contínuos ou não, destinado a incentivar a participação feminina na política, bem como a esclarecer os cidadãos sobre as regras e o funcionamento do sistema eleitoral brasileiro.

3. ABUSOS E O DIREITO DE RESPOSTA

O art. 58 da Lei 9.504/1997 dispõe que a partir da escolha do candidato nas convenções, será assegurado o direito de resposta ao candidato, partido ou coligação que tenham sido atingidos, ainda que de forma indireta, por conceito, imagem ou afirmação caluniosa, difamatória, injuriosa ou sabidamente inverídica, difundidos por qualquer veículo de comunicação social. O procedimento, de natureza judicial, consiste numa maneira de proteger candidatos, partidos e coligações.

Quanto à competência para o processamento, temos o seguinte esboço:

a) Eleições municipais (Prefeito, Vice-Prefeito e Vereador) – Juiz eleitoral de primeira instância;

b) Eleições estaduais (Governador, Vice-Governador, Senador, Deputado Estadual, Federal e Distrital) – Será julgado perante o TRE;

c) Eleições Presidenciais (Presidente e Vice-Presidente): Julgamento perante o TSE.

O ofendido (candidato, partido ou coligação), poderá pleitear o exercício do direito de resposta à Justiça Eleitoral nos seguintes prazos, a partir da veiculação ofensiva:

Prazo	Matéria envolvida
24 horas	Horário eleitoral gratuito
48 horas	Programação normal das emissoras de rádio e televisão
72 horas	Órgão de imprensa escrita
A qualquer tempo*	Quando se tratar de conteúdo divulgado na internet (o conteúdo permanece *on-line*). *O prazo poderá ser de 72 horas a contar da retirada do conteúdo (o conteúdo não está mais na rede)

Ao receber o pedido, o ofensor será imediatamente notificado para que em 24 horas apresente sua defesa. A decisão deverá ser prolatada no prazo máximo de 72 horas a contar da data do pedido.

A cada caso de pedido (matéria envolvida, conforme a tabela acima), serão observadas regras específicas:

a) Veiculação realizada por órgão da imprensa escrita:

O pedido de direito de resposta deverá ser instruído com cópia do exemplar da publicação e o texto a ser utilizado como resposta. Sendo deferido o pedido pela Justiça Eleitoral, a divulgação da resposta previamente informada pelo ofendido será divulgada no mesmo veículo de comunicação, mesmo espaço, local, página, tamanho, caracteres e quaisquer outros elementos que venham a realçar de maneira semelhante, tal qual a publicação ofensiva, no prazo de até 48 horas após a decisão assim determinando.

Caso o meio de veiculação seja de periodicidade maior do que 48 horas, a resposta será publicada na primeira vez que circular.

A lei faculta ao ofendido que solicite a divulgação de sua resposta a ser inserida em publicação no mesmo dia da semana em que a ofensa foi inicialmente publicada, mesmo que isso venha a ofender o prazo de 48 horas imposto pela lei.

Caso as circunstâncias de publicação venham a inviabilizar a reparação dentro dos prazos estabelecidos pela lei e elencados acima, a Justiça Eleitoral poderá determinar a imediata divulgação da resposta, devendo o ofensor, em todos os casos, comprovar nos autos a distribuição dos exemplares, quantidade impressa e raio de abrangência da distribuição.

b) Em programação normal das emissoras de rádio e televisão

A Justiça Eleitoral, recebido o pedido pelo ofendido, notificará imediatamente a emissora (responsável pela reprodução do material ofensivo) para que entregue cópias das gravações, a serem devolvidas após a decisão final.

Deferido o pedido de direito de resposta, o espaço para a mesma ser dada será de até 48 horas (a contar da decisão que a autorizou), em tempo igual ao conferido à matéria ofensiva, porém limitado ao mínimo de 1 minuto.

c) No horário eleitoral gratuito

A regra traz semelhança com a hipótese anterior, uma vez que o ofendido também terá direito de usar o tempo de resposta proporcional ao utilizado durante a ofensa. Não poderá, também, ser um tempo inferior a um minuto, com a diferença de que o tempo utilizado será "descontado" do horário destinado ao partido ou coligação responsável pela ofensa.

A resposta será veiculada no mesmo horário que fora veiculada a matéria ofensiva.

Importante observação se dá quanto ao tempo subtraído do horário eleitoral do partido ou coligação ofensora. Este tempo será utilizado pelo ofendido como forma de garantir-lhe o direito de resposta. Sendo assim, o ofendido deve, necessariamente, utilizar a concessão do espaço para veiculação de sua resposta, pois, caso contrário, poderá ter subtraído tempo idêntico de seu horário além de multa.

d) Em propaganda eleitoral na internet

Deferido o pedido de resposta, este direito será exercido no mesmo veículo, espaço, local, horário, página eletrônica, tamanho, caracteres e tantos quantos forem outros elementos que vieram a realçar no momento da ofensa. Este procedimento deverá ser tomado pelo ofensor no prazo de até 48 horas, a contar da entrega da mídia física (resposta) pelo ofendido.

A resposta do ofendido deverá ficar disponível no ambiente "on-line" pelo menos o dobro do tempo em que a mensagem ofensiva permaneceu no ar, sendo que eventuais custos com a publicação e divulgação da resposta correrão por conta do responsável pela ofensa.

De todas as decisões serão cabíveis recursos às instâncias superiores no prazo de 24 horas a contar da data de publicação.

Os pedidos de direito de resposta (também as representações por propaganda irregular) terão preferência em relação aos demais processos em curso na Justiça Eleitoral (art. 58-A, Lei 9.504/1997).

4. CONDUTAS VEDADAS AOS AGENTES PÚBLICOS EM CAMPANHAS ELEITORAIS

O art. 73 da Lei das Eleições relaciona condutas compreendidas como vedadas de serem realizadas por agentes púbicos, servidores ou não, sendo elas tendentes a afetar a igualdade de oportunidade ou chances entre candidatos que estejam concorrendo ao pleito eleitoral.

Abaixo, as hipóteses com nossos comentários objetivos:

I – ceder ou usar, em benefício de candidato, partido político ou coligação, bens móveis ou imóveis pertencentes à administração direta ou indireta da União, dos Estados, do Distrito Federal, dos Territórios e dos Municípios, ressalvada a realização de convenção partidária;

Exceção que podemos compreender nesse inciso relaciona-se quanto a possibilidade de que os partidos políticos realizem as convenções partidários em bens públicos (câmara municipal, auditoria da prefeitura etc.). Essa autorização consta expressamente na norma do art. 8º, §2º, Lei das Eleições.

Outras duas situações excepcionais envolvem o uso, em campanha, de **transporte oficial** pelo Presidente da República, obedecida a obrigação de ressarcimento de despesas, sob responsabilidade do partido político ou coligação responsável (regra do art. 76, Lei das Eleições).

Também o uso, em campanha, pelos candidatos à reeleição de Presidente e Vice-Presidente da República, Governador e Vice-Governador de Estado e do Distrito Federal, Prefeito e Vice-Prefeito, de suas **residências oficiais** para realização de contatos, encontros e reuniões pertinentes à própria campanha, desde que não tenham caráter de ato público.

II – usar materiais ou serviços, custeados pelos Governos ou Casas Legislativas, que excedam as prerrogativas consignadas nos regimentos e normas dos órgãos que integram;

III – ceder servidor público ou empregado da administração direta ou indireta federal, estadual ou municipal do Poder Executivo, ou usar de seus serviços, para comitês de campanha eleitoral de candidato, partido político ou coligação, durante o horário de expediente normal, salvo se o servidor ou empregado estiver licenciado;

Comum em situações onde o candidato da atual gestão busca sua reeleição. Ou mesmo, quando servidores/empregados queiram manifestar apoio direto (trabalhando efetivamente nas campanhas). Nessas situações, por razões muito claras, não é possível que durante o horário de expediente desempenhe tais ações. No entanto, aqui não há necessidade de exoneração do cargo para que possa atuar. Basta uma licença ou então que desempenhe os atos diretos de apoio durante horário diferente do seu de expediente.

IV – fazer ou permitir uso promocional em favor de candidato, partido político ou coligação, de distribuição gratuita de bens e serviços de caráter social custeados ou subvencionados pelo Poder Público;

Cabe mencionar, inclusive, a possibilidade de configuração de abuso de poder político (uso da máquina pública).

V – nomear, contratar ou de qualquer forma admitir, demitir sem justa causa, suprimir ou readaptar vantagens ou por outros meios dificultar ou impedir o exercício funcional e, ainda, ex officio, remover, transferir ou exonerar servidor público, na circunscrição do pleito, nos três meses que o antecedem e até a posse dos eleitos, sob pena de nulidade de pleno direito, ressalvados:

a) a nomeação ou exoneração de cargos em comissão e designação ou dispensa de funções de confiança;

b) a nomeação para cargos do Poder Judiciário, do Ministério Público, dos Tribunais ou Conselhos de Contas e dos órgãos da Presidência da República;

c) a nomeação dos aprovados em concursos públicos homologados até o início daquele prazo;

d) a nomeação ou contratação necessária à instalação ou ao funcionamento inadiável de serviços públicos essenciais, com prévia e expressa autorização do Chefe do Poder Executivo;

e) a transferência ou remoção ex officio de militares, policiais civis e de agentes penitenciários;

VI – nos três meses que antecedem o pleito:

a) realizar transferência voluntária de recursos da União aos Estados e Municípios, e dos Estados aos Municípios, sob pena de nulidade de pleno direito, ressalvados os recursos destinados a cumprir obrigação formal preexistente para execução de obra ou serviço em andamento e com cronograma prefixado, e os destinados a atender situações de emergência e de calamidade pública;

b) com exceção da propaganda de produtos e serviços que tenham concorrência no mercado, autorizar publicidade institucional dos atos, programas, obras, serviços e campanhas dos órgãos públicos federais, estaduais ou municipais, ou das respectivas entidades da administração indireta, salvo em caso de grave e urgente necessidade pública, assim reconhecida pela Justiça Eleitoral;

c) fazer pronunciamento em cadeia de rádio e televisão, fora do horário eleitoral gratuito, salvo quando, a critério da Justiça Eleitoral, tratar-se de matéria urgente, relevante e característica das funções de governo;

A vedação das alíneas *b* e *c* aplicam-se apenas aos agentes públicos das esferas administrativas cujos cargos estejam em disputa na eleição.

VII – realizar, no primeiro semestre do ano de eleição, despesas com publicidade dos órgãos públicos federais, estaduais ou municipais, ou das respectivas entidades da administração indireta, que excedam a média dos gastos no primeiro semestre dos três últimos anos que antecedem o pleito; (Redação dada pela Lei 13.165, de 2015)

VIII – fazer, na circunscrição do pleito, revisão geral da remuneração dos servidores públicos que exceda a recomposição da perda de seu poder aquisitivo ao longo do ano da eleição, a partir do início do prazo estabelecido no art. 7º desta Lei e até a posse dos eleitos.

Agentes públicos (para efeito das vedações anteriores): quem exerce, ainda que transitoriamente ou sem remuneração, por eleição, nomeação, designação, contratação ou qualquer outra forma de investidura ou vínculo, mandato, cargo, emprego ou função nos órgãos ou entidades da administração pública direta, indireta ou fundacional.

O **descumprimento** das vedações ocasionará:

a) a possibilidade de cassação de registrou ou do diploma;

b) caracterização de atos de improbidade administrativa (art. 11, I, Lei 8429/1992);

c) suspensão imediata da conduta vedada e, se o caso, sujeitará os responsáveis a multa no valor de 5 a 100 mil UFIRs (multa que poderá ser duplicada a cada reincidência).

Capítulo 6

1. FINANCIAMENTO DE CAMPANHAS ELEITORAIS

Os artigos 24 e 81 da Lei 9.504/1997, bem como os artigos 31, 38 e 39 da Lei dos Partidos Políticos, dispunham sobre as doações e contribuições de pessoas jurídicas para campanhas eleitorais.

Não é novidade que o financiamento privado de campanhas, sobretudo o patrocinado por pessoas jurídicas é um verdadeiro convite à corrupção e à atuação descompassada daquele candidato/partido/coligação beneficiado pelo verdadeiro investimento realizado por determinada empresa.

Na sistemática capitalista de perseguição constante do lucro, impensável que uma sociedade venha a admitir o dispêndio de considerável numerário sem objetivar algum tipo de retorno, seja pelo tráfico de influência, concessão de favores, favorecimento em contratações e processos licitatórios e qualquer outra vantagem que desiguale oportunidade com relação aos demais.

O que é claro e muitos evitam assumir é que mesmo regulamentado, o financiamento sempre fora feito em valores muito mais vultosos, encorpando o que se convencionou chamar de "caixa 2 de campanha". Pela antiga regulamentação era possível que pessoas jurídicas viessem a fazer doações e contribuições até o limite de 2% do faturamento bruto do ano anterior ao da eleição, ressalvados os casos definidos no art. 81, § 1º, da Lei 9.504/1997 (dispositivos revogados pela Lei 13.165/2015).

É ainda mais grave perceber a maioria dos financiamentos de origem privada, especificamente das pessoas jurídicas, eram realizados simultaneamente em benefício dos principais concorrentes a determinados cargos públicos, de forma a obedecer à limitação imposta pela legislação, pelo menos em análise ao declarado em prestações de contas. As doações declaradas podem ser conferidas diretamente pelo portal do Tribunal Superior Eleitoral.

Por certo que se a doação possui o condão de proporcionar ao indivíduo a oportunidade de apoiar materialmente aquele candidato/agremiação responsável por representar verdadeiramente os anseios e convicções políticas, não haveria como conceber este apoiamento simultâneo e à candidatos muitas vezes antagônicos, sob pena de tornar ainda mais evidente que se trata de um verdadeiro investimento feito pelas pessoas jurídicas.

Consequência que podemos apontar é a verdadeira quebra da representatividade a partir do momento em que o ocupante de um cargo público eletivo passa a ter como objetivo a atuação satisfatória ao interesse de grupos empresariais que realizam apoiamentos financeiros em troca de favores e privilégios.

A participação ativa das pessoas jurídicas nos processos democráticos é algo que deve ser extirpado das democracias mundiais, sob pena de enrijecer uma das principais causas do desgaste de representatividade observado de modo especial no Brasil. Por óbvio que aquele que teve relevantes cifras investidas em sua campanha estará mais atento em atender anseios de seu investidor do que de uma coletividade, invariavelmente carente e de fato necessitada de uma atuação efetiva do poder público quanto às políticas públicas e sociais do governo.

Podemos observar a Ação Declaratória de Inconstitucionalidade proposta pela Ordem dos Advogados do Brasil (ADI 4650), tendo sido o Supremo Tribunal Federal chamado a manifestar-se e, em julgamento, entendeu pela procedência do pedido e declarou a inconstitucionalidade de dispositivos legais que autorizavam a contribuição de empresas a campanhas eleitorais e partidos políticos.

A decisão plenária alcançou não apenas as doações com vistas às campanhas eleitorais, mas também aquelas realizadas aos partidos políticos ao longo dos exercícios para a manutenção administrativa da agremiação.

Naquela situação de julgamento, pelo não atingimento do número mínimo para a votação da modulação dos efeitos da decisão (conforme autoriza o art. 27 da Lei 9.868/1999), temos que este novo cenário apenas alcança as eleições de 2016 em diante, considerado Princípio da Anualidade Eleitoral, nos termos do art. 16 da Constituição Federal.

Também chamado de Princípio da Anterioridade da Lei Eleitoral, dentre tantas outras designações, impõe que toda lei que vier a alterar o processo eleitoral entrará em vigor na data de sua publicação, porém apenas será aplicada ao pleito que correr até um ano após a data de sua vigência. Cabe destacar que tal princípio também é aplicado nas situações onde observamos alterações de jurisprudências já consolidadas e/ou súmulas, que tenham implicância direta no processo eleitoral.

O projeto de Lei que deu origem à reforma eleitoral 2015 (Projeto de Lei n. 5.735/2013, que se transformou na Lei 13.165/2015) trazia em seu bojo a previsão das doações feitas por pessoa jurídica, apenas regulando de maneira mais enérgica algumas situações.

Ocorre que durante a fase legislativa de análise do Executivo sobre sanção ou veto, restou mantido o entendimento da Suprema Corte através do veto de toda regulamentação acerca do tema. Portanto, atualmente e já com efeito para as eleições que sucederem à reforma de 2015, não é admitida a doação eleitoral por pessoas jurídicas.

Importante destacar que, considerando o ordenamento jurídico vigente, é possível que essa modalidade de financiamento volte a ser possível, bastando a atuação do Poder Constituinte Reformador, através da aprovação de uma PEC, que trate sobre o assunto. Assim, o parâmetro constitucional será alterado (a possibilidade passa a fazer parte da Constituição Federal) e então afastado o entendimento anteriormente manifestado pelo STF sobre o assunto, quando inexistente tal previsão.

E se o candidato receber depósitos em sua conta corrente, sendo os titulares dos depósitos vedados a financiar sua campanha?

O art. 24, § 4º, da Lei das Eleições estabelece que nessas circunstâncias deverá o candidato ou partido, verificando o depósito de fontes vedadas ou de origem não identificada, que proceda à devolução dos valores recebidos. Caso não seja possível identificar o depósito (caso dos depósitos não identificados) deverá transferir para a conta única do Tesouro Nacional.

Assim, podemos anotar, quanto ao financiamento de campanhas eleitorais (e também de manutenção do partido em qualquer sentido):

Antes da Reforma	Depois da Reforma (e do julgamento da ADI 4650)
– Doações Pessoas Jurídicas: 2% do rendimento bruto auferido no ano anterior ao ano eleitoral; – Doações Pessoas Físicas: 10% dos rendimentos brutos auferidos no ano anterior às eleições.	– Doações Pessoas Físicas: 10% dos rendimentos brutos auferidos no ano anterior às eleições.

1.1 Fundo Especial de Financiamento de Campanha (FEFC)

A Lei 13.487/2017 e a Lei 13488/2017 criaram o chamado fundo especial de financiamento de campanha (FEFC) como forma de possibilitar o custeio das campanhas eleitorais. A inserção legislativa restou prevista nos artigos 16-C e 16-D da Lei 9.504/97.

O FEFC é constituído por dotações orçamentárias da União, sendo que o valor equivalente mínimo veio definido pelos dispositivos já mencionados. Vejamos:

Art. 16-C. O Fundo Especial de Financiamento de Campanha (FEFC) é constituído por dotações orçamentárias da União em ano eleitoral, em valor ao menos equivalente:

I – ao definido pelo Tribunal Superior Eleitoral, a cada eleição, com base nos parâmetros definidos em lei;

II – ao percentual do montante total dos recursos da reserva específica a programações decorrentes de emendas de bancada estadual impositiva, que será encaminhado no projeto de lei orçamentária anual.

§ 1º (VETADO).

§ 2º O Tesouro Nacional depositará os recursos no Banco do Brasil, em conta especial à disposição do Tribunal Superior Eleitoral, até o primeiro dia útil do mês de junho do ano do pleito.

§ 3º Nos quinze dias subsequentes ao depósito, o Tribunal Superior Eleitoral:

I – divulgará o montante de recursos disponíveis no Fundo Eleitoral; e

II – (VETADO).

§ 4º (VETADO).

§ 5º (VETADO).

§ 6º (VETADO).

§ 7º Os recursos de que trata este artigo ficarão à disposição do partido político somente após a definição de critérios para a sua distribuição, os quais, aprovados pela maioria absoluta dos membros do órgão de direção executiva nacional do partido, serão divulgados publicamente.

§ 8º (VETADO).

§ 9º (VETADO).

§ 10. (VETADO).

§ 11. Os recursos provenientes do Fundo Especial de Financiamento de Campanha que não forem utilizados nas campanhas eleitorais deverão ser devolvidos ao Tesouro Nacional, integralmente, no momento da apresentação da respectiva prestação de contas.

§ 12. (VETADO).

§ 13. (VETADO).

§ 14. (VETADO).

§ 15. O percentual dos recursos a que se refere o inciso II do caput deste artigo poderá ser reduzido mediante compensação decorrente do remanejamento, se existirem, de dotações em excesso destinadas ao Poder Legislativo.

§ 16. Os partidos podem comunicar ao Tribunal Superior Eleitoral até o 1º (primeiro) dia útil do mês de junho a renúncia ao FEFC, vedada a redistribuição desses recursos aos demais partidos.

Art. 16-D. Os recursos do Fundo Especial de Financiamento de Campanha (FEFC), para o primeiro turno das eleições, serão distribuídos entre os partidos políticos, obedecidos os seguintes critérios:

I – 2% (dois por cento), divididos igualitariamente entre todos os partidos com estatutos registrados no Tribunal Superior Eleitoral;

II – 35% (trinta e cinco por cento), divididos entre os partidos que tenham pelo menos um representante na Câmara dos Deputados, na proporção do percentual de votos por eles obtidos na última eleição geral para a Câmara dos Deputados;

III – 48% (quarenta e oito por cento), divididos entre os partidos, na proporção do número de representantes na Câmara dos Deputados, consideradas as legendas dos titulares;

IV – 15% (quinze por cento), divididos entre os partidos, na proporção do número de representantes no Senado Federal, consideradas as legendas dos titulares.

§ 1º (VETADO).

§ 2º Para que o candidato tenha acesso aos recursos do Fundo a que se refere este artigo, deverá fazer requerimento por escrito ao órgão partidário respectivo.

§ 3º Para fins do disposto no inciso III do *caput* deste artigo, a distribuição dos recursos entre os partidos terá por base o número de representantes eleitos para a Câmara dos Deputados na última eleição geral, ressalvados os casos dos detentores de mandato que migraram em razão de o partido pelo qual foram eleitos não ter cumprido os requisitos previstos no § 3º do art. 17 da Constituição Federal. (Incluído pela Lei 13.877, de 2019)

§ 4º Para fins do disposto no inciso IV do *caput* deste artigo, a distribuição dos recursos entre os partidos terá por base o número de representantes eleitos para o Senado Federal na última eleição geral, bem como os Senadores filiados ao partido que, na data da última eleição geral, encontravam-se no 1º (primeiro) quadriênio de seus mandatos

2. LIMITES DE GASTOS COM CAMPANHAS ELEITORAIS E O USO DE RECURSOS PRÓPRIOS NAS CAMPANHAS ELEITORAIS

O art. 18, Lei 9.504/97, dispõe que os limites de gastos de campanha serão definidos em lei e divulgados pelo Tribunal Superior Eleitoral. Por sua vez, a Lei 13.488/2017, nos artigos 6º e 7º, fixou os limites, sendo possível consolidar na seguinte sistemática:

Presidente da República (2018)	Primeiro turno: R$70.000.000,00 (setenta milhões de reais)
	Segundo turno (se houver): 50% do valor estabelecido para o primeiro turno
Governador (2018)	a) unidades da federação com até um milhão de eleitores: R$4,9 milhões b) unidades da federação com número de eleitores entre 2 e 4 milhões: R$5,6 milhões c) unidades da federação com número de eleitores superior a 4 milhões, até 10 milhões: R$9,1 milhões d) unidades da federação com número entre mais de 10 milhões, até 20 milhões de eleitores: R$14 milhões. e) nas unidades da federação com mais de 20 milhões de eleitores: R$21 milhões Em caso de segundo turno: 50% do valor indicado acima
Senador (2018)	Até 2 milhões de eleitores: R$2,5 milhões Mais de 2 milhões até 4 milhões de eleitores: R$3 milhões Mais de 4 milhões até 10 milhões de eleitores: R$3,5 milhões Mais de 10 milhões, até 20 milhões de eleitores: R$4,2 milhões Mais de 20 milhões de eleitores: R$5,6 milhões
Deputados (2018)	a) R$ 2,5 milhões para as campanhas dos candidatos às eleições de Deputado Federal; b) R$ 1 milhão para as campanhas dos candidatos às eleições de Deputado Estadual e Deputado Distrital.

O candidato poderá usar recursos próprios em sua campanha, devendo ser obedecido o limite de 10% dos limites previstos para gastos de campanha no cargo em que vier a concorrer (Lei 13.878/2019).

O candidato que fizer uso de patrimônio pessoal, deverá atentar-se para o fato de que a justiça eleitoral poderá determinar a apresentação de documentos que comprove que de fato os valores utilizados em declaração de "patrimônio do próprio candidato" não se trata de uma fraude ou simulação, mas que havia disponibilidade e procedência das quantias empregadas.

Além do mais, cabe destacar que é possível ainda a realização de empréstimos pessoais a ser descriminado como recurso próprio do candidato (Resolução TSE 23.463/2015). Contudo, tais empréstimos deverão ser contratados junto em instituições financeiras autorizadas a funcionar pelo Banco Central do Brasil, devendo estar caucionadas por bem que integre o patrimônio do próprio candidato, com comprovação documental da contratação do empréstimo bem como de que até à data das prestações de contas as obrigações com relação ao empréstimo estejam adimplidas.

Os empréstimos tomados em qualquer outra circunstância (junto a pessoas físicas ou jurídicas sem autorização de funcionamento pelo Banco Central Do Brasil) são vedadas expressamente (art. 15, Res. TSE 23.463/2015).

2.1 *CROWDFUNDING* E COMERCIALIZAÇÃO DE BENS E SERVIÇOS COMO FORMA DE CAPTAÇÃO DE RECURSOS PARA CAMPANHA ELEITORAL

Trata-se de inovação apresentada pela Lei 13.488/2017, que estabeleceu a possibilidade de realização de arrecadação de recursos para campanha por meio de "vaquinhas" virtuais ("vaquinhas on-line" ou "vaquinhas da internet"), a chamada "*crowdfunding*, realizada através de sites especializados, com plataformas que atendam aos seguintes requisitos (art. 23, §4º, IV, Lei 9504/97):

a) cadastro prévio na Justiça Eleitoral, que estabelecerá regulamentação para prestação de contas, fiscalização instantânea das doações, contas intermediárias, se houver, e repasses aos candidatos;

b) identificação obrigatória, com o nome completo e o número de inscrição no Cadastro de Pessoas Físicas (CPF) de cada um dos doadores e das quantias doadas;

c) disponibilização em sítio eletrônico de lista com identificação dos doadores e das respectivas quantias doadas, a ser atualizada instantaneamente a cada nova doação;

d) emissão obrigatória de recibo para o doador, relativo a cada doação realizada, sob a responsabilidade da entidade arrecadadora, com envio imediato para a Justiça Eleitoral e para o candidato de todas as informações relativas à doação

e) ampla ciência a candidatos e eleitores acerca das taxas administrativas a serem cobradas pela realização do serviço;

f) não incidência em quaisquer das hipóteses listadas no art. 24 desta Lei;

g) observância do calendário eleitoral, especialmente no que diz respeito ao início do período de arrecadação financeira, nos termos dispostos no § 2º do art. 22-A desta Lei;

h) observância dos dispositivos desta Lei relacionados à propaganda na internet;

A Lei 9504/97 (Art. 23, §4º, V) também permite, como forma de captação de recursos, a comercialização de bens e/ou serviços, ou promoção de eventos de arrecadação realizados diretamente pelo candidato ou pelo partido político.

3. CRUZAMENTO DE INFORMAÇÕES ENTRE O TSE E RFB

Além da vedação ao financiamento oriundo de pessoas jurídicas e também as limitações legais (limites aos gastos de campanha), o art. 24 traz outras situações vedadas pela legislação (leitura obrigatória).

A reforma de 2015 trouxe algumas situações novas. Vejamos pontualmente:

a) Os limites de doações (§ 1º, art. 23) será apurado anualmente pelo TSE e pela Receita Federal do Brasil, tendo-se por base os rendimentos auferidos no ano anterior.

b) O TSE irá consolidar as informações sobre as doações registradas até o dia 31.12 do exercício financeiro. Nessa consolidação será levada em conta a prestação de contas dos partidos (as prestações de contas anuais dos partidos políticos são entregues até o dia 30 de abril do ano sequente à apuração, conforme art. 32, Lei 9.096/1995) e a prestação de contas dos candidatos (quando eleições tenham ocorrido no exercício a ser apurado).

c) Os dados consolidados pelo TSE serão encaminhados à Receita Federal até 30.05 do ano seguinte ao exercício a ser apurado.

d) A Receita Federal fará o cruzamento dos dados (doações x rendimentos declarados). Havendo excessos, o fato será comunicado até o dia 30.07 ao Ministério Público Eleitoral, que até o final do exercício financeiro poderá representar pela aplicação de penalidades tratadas no art. 23 da Lei das Eleições e outras, se o caso.

4. PRESTAÇÃO DE CONTAS

As prestações de contas dos candidatos concorrentes às eleições majoritárias (Presidente e vice, Governador e Vice, Prefeito e vice, Senador) serão feitas pelos próprios candidatos, devendo ser acompanhada por extratos das contas bancárias (já vimos que estas são obrigatórias apenas nas localidades onde existam agências ou postos de atendimento bancário) e relação de cheques recebidos, com suas descriminações.

A prestação de contas dos candidatos concorrentes às eleições proporcionais (Deputado estadual, federal e distrital e vereadores) será feita pelos próprios candidatos, em modelo próprio anexo à Lei das Eleições (a lei traz um modelo de prestação de contas anexo a ela).

Deverão ainda, os candidatos, partidos políticos e coligações, divulgar em sítio da Justiça Eleitoral (link específico com acesso ao sistema da Justiça Eleitoral):

a) os recursos em dinheiro recebidos para financiamento de sua campanha eleitoral, em até 72 (setenta e duas) horas de seu recebimento;

b) no dia 15 de setembro, relatório discriminando as transferências do Fundo Partidário, os recursos em dinheiro e os estimáveis em dinheiro recebidos, bem como os gastos realizados.

Tais informações deverão ser acompanhadas das indicações de nomes e CPF dos doadores respectivos.

5. GASTOS EM CAMPANHA E SUA CONTABILIZAÇÃO

Nesse ponto, algumas alterações que obedecem à demanda real de muitas campanhas que vinham colecionando problemas formais nas prestações de contas. Vejamos em pontualidade:

a) Os gastos com passagens aéreas efetuados durante as campanhas poderão ser comprovados através das faturas ou duplicatas emitidas por agência de viagem, quando for o caso, desde que informados os beneficiários, as datas e os itinerários, vedada a exigência de apresentação de qualquer outro documento para esse fim.

b) A Justiça Eleitoral adotará sistema simplificado de prestação de contas para candidatos que apresentarem movimentação financeira correspondente a, no máximo, R$ 20.000,00 (vinte mil reais), atualizados monetariamente, a cada eleição, pelo Índice Nacional de Preços ao Consumidor – INPC da Fundação Instituto Brasileiro de Geografia e Estatística – IBGE ou por índice que o substituir.

Ou seja, o limite de R$ 20.000,00 (vinte mil reais) deverá ser atualizado a cada nova eleição.

Pelo sistema simplificado, impõe-se tão somente a indicação das seguintes informações:

a – identificação das doações recebidas, com os nomes, o CPF ou CNPJ dos doadores e os respectivos valores recebidos;

b – identificação das despesas realizadas, com os nomes e o CPF ou CNPJ dos fornecedores de material e dos prestadores dos serviços realizados;

c – registro das eventuais sobras ou dívidas de campanha.

> **Importante:** nas eleições para Prefeito e Vereador de Municípios com menos de 50 mil eleitores, a prestação de contas será feita sempre pelo sistema simplificado.

As contas deverão ser julgadas e publicadas em até 3 dias antes da diplomação. Na situação de irregularidades na prestação de contas, será possível que a Justiça Eleitoral requisite informações e determine diligências para complementação dos dados faltantes/conflitantes para que as falhas sejam sanadas.

6. REPRESENTAÇÃO (ABUSOS) E RECLAMAÇÕES RELATIVAS À ARRECADAÇÃO E GASTOS DE RECURSOS E CONTRA CAPTAÇÃO IRREGULAR DE SUFRÁGIO

Representação

A Resolução TSE 23.193/2009 dispõe sobre procedimento da representação específica em razão de abusos previstos pela Lei 9.504/1997:

Art. 20. *As representações que visarem à apuração das hipóteses previstas nos arts. 30-A, 41-A, 73 e 81 da Lei 9.504/1997 observarão o rito estabelecido pelo art. 22 da Lei Complementar 64/1990, sem prejuízo da competência regular do Corregedor Eleitoral. [O art. 81 foi revogado pela Lei 13.165/2015]*

Parágrafo único. *As representações de que trata o caput deste artigo poderão ser ajuizadas até a data da diplomação, exceto* *as do art. 30-A e do art. 81 [revogado pela Lei 13.165/2015] da Lei 9.504/1997, que poderão ser propostas, respectivamente, no prazo de 15 dias e no de 180 dias a partir da diplomação."* (Parágrafo com redação alterada pela Resolução TSE 23.267, de 18/05/2010).

Reclamações

O art. 30-A da Lei 9.504/1997 disciplina que qualquer partido político ou coligação poderá representar à Justiça Eleitoral, no prazo de 15 dias a contar da diplomação, pedindo início de investigação judicial para que sejam apuradas condutas relativas às arrecadações e gastos de recursos financeiros que estejam em desacordo com as determinações legais contidas no referido texto legal.

A lei também dispõe que será obedecido o mesmo procedimento detalhado no item das investigações judiciais, orientadas pelas regras do art. 22 da LC 64/1990.

Caso venha a ser comprovada a captação ou gastos ilícitos dos recursos financeiros de campanha, será negado o diploma ao candidato representado, ou, caso já tenha lhe sido outorgado o diploma, este será cassado. A contar da data de publicação da decisão sobre a cassação ou impossibilidade de diplomação caberá recurso no prazo de 3 dias.

Quanto aos gastos de campanha, o art. 31 da Lei 9.504/1997 dispõe que as sobras de recursos que porventura venham a ocorrer deverão ser declaradas na prestação de contas (contendo a identificação por candidato) para posteriormente serem transferidas ao órgão do partido ou coligação (a ser dividido entre os partidos componentes).

A documentação atinente à prestação de contas, sobras de campanha e uso dos recursos financeiros deverá ser conservada pelos candidatos ou partidos por até 180 dias após a diplomação.

Capítulo 7

1. AÇÕES E RECURSOS ELEITORAIS

Serão competentes para processar e julgar as ações e recursos eleitorais os órgãos da Justiça Eleitoral. Os objetos jurídicos tutelados são a legitimidade e a tranquilidade das eleições, coibindo-se a utilização do poder econômico, fraude, corrupção ou abuso de poder.

Os prazos da Justiça Eleitoral são contínuos e peremptórios (não se suspendem nem se interrompem, além de, uma vez perdidos, não podem ser restituídos).

De maneira especial e pontual destacamos algumas, ressaltando as principais características e peculiaridades:

1.1. Ação de Impugnação de Registro de Candidatura (AIRC)

Legislação: arts. 3º a 17 da LC 64/1990;

Finalidade: impedir que candidato escolhido em convenção partidária seja registrado, em virtude do não atendimento de algum requisito legal ou constitucional, a exemplo da ausência de uma ou mais condições de elegibilidade, a presença de uma causa de inelegibilidade ou mesmo a não apresentação de algum documento indispensável ao pedido de registro de candidatura previsto (art. 11, § 1º, da Lei 9.504/1997);

Rito: arts. 3º e seguintes da LC 64/1990;

Competência: é determinada em razão do cargo pretendido:

a) **Juízes Eleitorais** – Eleições Municipais;

b) **TRE** – Eleições Estaduais (Governador, Deputados Estaduais/Federais/Distritais, Senadores);

c) **TSE** – Eleições Presidenciais;

Prazo: 5 dias – prazo decadencial, conta-se da publicação do registro do candidato. Ocorre preclusão da matéria não impugnada, salvo se tratar de matéria constitucional;

Legitimidade Ativa:

a) Pré-candidato escolhido em convenção partidária;

b) Coligação Partidária;

c) Ministério Público Eleitoral;

d) Partido Político;

e) eleitor;

f) qualquer cidadão poderá no prazo de 5 (cinco) dias contados da publicação do edital sobre o pedido de registro ingressar com notícia de inelegibilidade ao juiz ou Tribunal competente.

Legitimidade Passiva: pré-candidato escolhido em convenção partidária e que requereu o registro de candidatura;

Consequências:

a) Negação ao registro de candidatura;

b) Cancelamento do registro de candidatura, se acaso já obtido e não diplomado;

c) Anulação do diploma do eleito ou suplente se já diplomado;

d) Afastamento imediato do cargo eletivo, acaso já iniciado o exercício.

Recurso: 3 dias, ao Tribunal (artigos 8º, 11 a 13 da LC 64/1990).

1.2. Representação para instauração de Ação de Investigação Judicial Eleitoral – AIJE

Nos casos em que sejam verificadas transgressões pertinentes à origem de doações, abuso do poder econômico ou político, de forma que venham a ameaçar a liberdade do voto, haverá apuração mediante investigações jurisdicionais, conforme dispõe o art. 19 e seguintes da LC 64/1990, como forma de manter a lisura dos certames eleitorais contra influências de abuso do poder econômico ou mesmo de exercício de cargo ou função na administração (direta, indireta e fundacional),

As representações, que darão ensejo ao início das investigações de que trata o parágrafo anterior, serão promovidas pelos legalmente legitimados, quais sejam o candidato, qualquer partido político ou coligação partidária, bem como o Ministério Público, instruindo o documento com indicação de provas (máximo de 6 testemunhas), indícios e circunstâncias que evidenciem as infrações descritas pelo art. 22 da referida lei (LC 64/1990).

A representação será proposta perante o juiz eleitoral da seção, no caso de eleições municipais (art. 24 da LC 64/1990), perante o corregedor regional do TRE, quando nas eleições para deputados (federal e estadual), senadores e governador, e perante o corregedor geral do TSE, quando diante de eleições presidenciais.

Em posse da representação devidamente instruída, o corregedor/juiz determinará que seja notificado o representado para que apresente sua defesa e rol de testemunhas (como ao representante, é permitido o máximo de 6) no prazo de 5 dias, caso entenda cabível a representação.

De modo contrário, indeferirá o pedido de abertura da investigação jurisdicional, caso entenda não ser o caso de representação ou entender faltar algum dos requisitos legais. Nesse caso, caberá ao interessado na representação renová-la perante o Tribunal, que terá o prazo de 24 horas para resolver a questão.

Diante da demora ou recusa no recebimento da representação pelo Tribunal, poderá o interessado encaminhar-se diretamente ao Tribunal Superior Eleitoral, nos moldes do art. 22, III, da LC 64/1990.

Considerando a notificação ao representado, findo o prazo mencionado, em ato uno serão inquiridas as testemunhas arroladas (pelo representante e representado), as quais devem comparecer em local designado independentemente de intimação. Seguido a isso, nos 3 dias subsequentes, o corregedor/juiz procederá às diligências necessárias para formar seu convencimento (oitiva de terceiros e testemunhas referidos pelas partes).

Encerrado o prazo probatório, as partes poderão apresentar alegações finais, como também o Ministério Público, e então os autos seguirão conclusos ao corregedor/juiz para apresentação do relatório conclusivo dos fatos. Tal relatório será encaminhado ao Tribunal competente para inclusão imediata em pauta para julgamento na primeira sessão a ocorrer, concedendo vistas para manifestação do Procurador Eleitoral pelo prazo de 48 horas acerca do relatório. No caso de eleições municipais, o juiz eleitoral prolatará sentença.

Caso a sentença do juiz eleitoral venha a versar sobre hipótese de inelegibilidade apurada durante a investigação jurisdicional, caberá recurso inominado ao Tribunal Regional Eleitoral. No caso de decisão a ser proferida pelo TRE, o recurso cabível será o Recurso Ordinário ao TSE (art. 121, § 4º, III, da CF).

Ao fim, julgada procedente a representação que deu início à investigação, mesmo que o representado tenha sido eleito, será declarada sua inelegibilidade para os próximos 8 anos e consequente cassação do atual registro. Será também determinado o encaminhamento dos autos ao Ministério Público, para que promova ação criminal diante dos fatos apurados de abuso do poder econômico, desvio ou abuso de poder de autoridade ou meios de comunicação.

Legislação: art. 1º, I, "d" e "h", e 19, além dos arts. 22 e seguintes, da LC 64/1990;

Finalidade: A AIJE visa apurar condutas realizadas com abuso de poder – econômico ou político, este último, no exercício ou função de cargo ou emprego na administração direta ou indireta – que tragam influência a normalidade e a legitimidade das eleições;

Rito: AIJE: art. 22 da LC 64/1990;

Competência: LC 64/1990:

a) Corregedor-Geral Eleitoral: na eleição para Presidente e Vice-Presidente da República;

b) Corregedor-Regional Eleitoral: quando se tratar de eleições para Governador e Vice-Governador; Senadores; Deputados Estaduais/Federais/Distritais;

c) Juízes eleitorais de primeira instância (ou primeiro grau): quando se tratar de eleições municipais.

Prazo: até a diplomação;

Legitimidade Ativa:

a) Ministério Público;

b) Candidato;

c) Partido Político;

d) Coligação;

Legitimidade Passiva:

a) Candidato: que praticou ou foi beneficiado pelo abuso de poder;

b) Terceiros: que praticaram o abuso de poder para benefício de candidato, partido político ou coligação;

Consequências: art. 22, XIV da LC 64/1990:

a) declaração de inelegibilidade;

b) cassação de registro ou diploma.

Recurso: 3 dias (art. 264 e 265 do Código Eleitoral).

1.3. Recurso contra Expedição de Diploma – RCED

Legislação: arts. 216, 262, 265, 266 e 267 do Código Eleitoral;

Finalidade: Visa desconstituir o pronunciamento judicial que deferiu a homologação do resultado das eleições em razão de inelegibilidade ou incompatibilidade de candidato, e erro na contagem de votos e de quociente eleitoral;

Rito: arts. 265 e seguintes do Código Eleitoral;

Consequências: Cassação do diploma do candidato eleito ou suplente, podendo ainda ser aplicada multa nos termos do art. 41-A da Lei 9.504/1997, se a decisão reconhecer tal prática;

Competência: O RCED será sempre interposto perante o órgão que diplomou o candidato, onde será processado, mas julgado pela instância superior a ele;

> **Importante:** Não cabe RCED contra candidatos a Presidente e Vice-Presidente da República;

Prazo: 3 dias, a contar da sessão da diplomação;

Legitimidade Ativa:

a) Ministério Público;

b) Candidato;

c) Partido político;

d) Coligação;

Constitui litisconsórcio necessário entre o candidato e seu partido político;

Legitimidade Passiva: Candidatos eleitos e os suplentes, desde que diplomados;

Consequência: Cassação do diploma (art. 262 do Código Eleitoral).

Recursos:

a) Eleições Federais e Estaduais: Recurso Ordinário (art. 276, II, "a", do Código Eleitoral);

b) Eleições Municipais: Recurso Inominado.

> **Importante:** Art. 216 do Código Eleitoral: *"Enquanto o Tribunal Superior não decidir o recurso interposto contra a expedição do diploma, poderá o diplomado exercer o mandato em toda a sua plenitude"*.

Jurisprudência sobre o tema:

✓ Ac.-TSE, de 04.03.2008, no REsp 28391; de 28.06.2006, na MC 1833 e Ac.-TSE 1320/2004, 1277/2003, 21403/2003 e 1049/2002: inaplicabilidade deste dispositivo à ação de impugnação de mandato eletivo.

✓ Ac.-TSE, de 18.06.2009, na AC 3237: "O recurso contra expedição de diploma não assegura o direito ao exercício do mandato eletivo até seu julgamento final (art. 216 do CE) se a inviabilidade da candidatura estiver confirmada em outro processo".

1.4. Ação de Impugnação de Mandato Eletivo – AIME

O art. 14, § 10, da CF dispõe que o mandato eletivo poderá ser impugnado junto à Justiça Eleitoral no prazo de até 15 dias (a contar da diplomação) por petição instruída com as provas de abuso de poder econômico, corrupção ou fraude.

A ação de impugnação de mandato tramitará em segredo de Justiça, sem prejuízo de que o autor responda, na forma da lei, se a acusação for temerária ou de manifesta má-fé.

O art. 3º da LC 64/1990 disciplina o trâmite da ação, que comportará arrolamento de testemunhas e produção de provas (inclusive documentais). O art. 4º dispõe que será de 7 dias o prazo para a contestação do candidato, partido ou coligação, após a devida notificação.

A competência obedecerá às seguintes regras:

a) impugnação de mandato de Prefeito, Vice-Prefeito ou Vereador: a ação será processada e julgada perante o juízo eleitoral de primeiro grau;

b) impugnação de mandato de Governador, Vice-Governador, Senador, Deputado Federal, Deputado Estadual e Deputado Distrital: a ação será processada e julgada perante o Tribunal Regional Eleitoral da circunscrição;

c) impugnação de mandato do Presidente da República e Vice-Presidente da República: a ação será processada e julgada perante o Tribunal Superior Eleitoral.

Legislação: art. 14, §§ 10 e 11, da CF/1988;

Finalidade: Desconstituir a diplomação, que tem a função de declarar a validade de todo o procedimento havido no período eleitoral com relação ao cargo específico, em garantia da normalidade e legitimidade do exercício do poder de sufrágio popular contra a prática de abuso do poder econômico, corrupção ou fraude durante o processo eleitoral;

Rito: Previsto na LC 64/1990, referente à AIRC, mais célere, alterado pela Resolução 21.634/2004;

Competência:

a) Eleição para Presidente da República: TSE;

b) Eleições para Governador e Vice-Governador, inclusive do Distrito Federal, Deputados Federais e Estaduais e Senadores: TRE;

c) Eleições Municipais: Juízes Eleitorais;

Prazo de interposição: Até 15 dias após a diplomação, conforme a Constituição Federal;

Legitimidade Ativa:

a) Ministério Público;

b) Partido político ou Coligação;

c) Candidato;

Observação: Eleitor não possui legitimidade para propor AIME (TSE, REsp 11.835/PR);

Legitimidade Passiva: Diplomados;

Consequências:

Desconstituição do mandato como consequência do reconhecimento do ilícito eleitoral ou do benefício indevido obtido nas urnas;

Nesta ação não se decreta a inelegibilidade, salvo se ocorrer julgamento em conjunto com a AIJE;

Recurso: Recurso inominado, a ser interposto no prazo de 3 dias;

> **Importante:**
> Posicionamento dominante do TSE entende que das decisões de impugnação de mandato eletivo que desconstituir a diplomação do impugnado produz efeitos imediatos, sem a necessidade de se aguardar o trânsito em julgado, afastando a aplicação do previsto pelo art. 216 do Código Eleitoral.

1.5 Efeito dos recursos eleitorais (exceção ao *caput* do art. 257, CE)

O art. 257, *caput*, do Código Eleitoral, dispõe que os recursos eleitorais não terão efeitos suspensivos. A Lei 13.165/2015 suprimiu o parágrafo único e trouxe novas disposições através dos §§ 1º ao 3º, no seguinte sentido:

Temos que a execução das decisões proferidas por acórdãos não depende de aguardar publicação para que tenham eficácia, sendo imediata, podendo ser comunicada aos juízos de origem através de ofício, telegrama ou cópias do acórdão (quando em casos especiais e a critério do Presidente do Tribunal correspondente).

Criou-se também a exceção aos efeitos recursais em âmbito eleitoral, dispondo que, quando se tratar de recurso ordinário interposto contra a decisão proferida por juiz eleitoral ou Tribunal Regional Eleitoral que resulte na cassação de registro, afastamento do titular ou perda de mandato eletivo, haverá recebimento pelo Tribunal competente com efeito suspensivo.

Por fim, esclarece o dispositivo que o Tribunal dará preferência ao recurso sobre quaisquer outros processos, ressalvados os de *habeas corpus* e de mandado de segurança, principalmente ante o melhor e mais apurado trato que se resolver volver à questão recursal ante situações de cassação de registro, afastamento do titular ou perda de mandato eletivo.

Capítulo 8

1. JUSTIÇA ELEITORAL

A Justiça Eleitoral surge nos idos de 1930, com a revolução que deu origem ao Código Eleitoral de 1932 (Decreto 21.076/1932), inspirada pelo ideal de moralização do sistema eleitoral.

De maneira conceitual, pode ser compreendida como um instrumento garantidor da lisura em todo processo eleitoral, preservando direitos subjetivos como o sufrágio, garantindo a ordem e o melhor transcorrer de todos os atos.

É uma Justiça Especial, não possuindo corpo permanente, mas, sim, exercício de mandato por seus membros. Seus órgãos estão previstos nos arts. 92, V, e 118 da Constituição Federal, além de correspondências no Código Eleitoral que serão vistos adiante.

O STF e STJ não integram a base piramidal da Justiça Eleitoral, porém conhecem de matérias em alguns casos:

STF – O Supremo conhecerá de matérias eleitorais, porém na condição de "guardião constitucional", tratando também de resolver conflitos de competência entre o TSE e outro Tribunal Superior (art. 102 da CF).

STJ – O Superior Tribunal de Justiça integrará matérias eleitorais nas situações previstas no art. 105 da CF, como, por exemplo, no julgamento de crimes cometidos por pessoas com foro de prerrogativa de função e também resolvendo conflitos de competência na situação do art. 105, I, "d", CF.

2. ÓRGÃOS DA JUSTIÇA ELEITORAL E SUA COMPOSIÇÃO

Segundo a Constituição Federal, especificamente o art. 118, a Justiça Eleitoral é composta pelos seguintes órgãos:

a) Tribunal Superior Eleitoral (TSE)

b) Tribunais Regionais Eleitorais (TREs)

c) Juízes Eleitorais

d) Juntas Eleitorais

TSE – Composto por 7 Ministros, com mandato de 2 anos (admitida uma recondução) sendo: 3 Ministros eleitos entre os membros do STF; 2 Ministros eleitos entre os membros do STJ; 2 Ministros nomeados pelo Presidente da República a partir de duas listas, contendo 3 nomes cada, de advogados de notório saber jurídico e reputação ilibada (formação das listas é feita por indicação do STF). Sua competência abrange as eleições presidenciais, além das fixadas pelos arts. 22 e 23 do Código Eleitoral.

TRE – Composto por 7 Desembargadores, com mandato de 2 anos (admitida uma recondução) sendo: 2 Desembargadores do Tribunal de Justiça; 2 Juízes de Direito escolhidos pelo plenário do Tribunal de Justiça; 1 Juiz do Tribunal Regional Federal e 2 advogados de notório saber jurídico e reputação ilibada escolhidos pelo Presidente da República a partir de duas listas tríplices formadas pelo Tribunal de Justiça. Sua competência abrange as eleições gerais (majoritária e proporcional em âmbito estadual e municipal), em especial as disposições dos arts. 29 e 30 do Código Eleitoral.

Alterações trazidas pela Reforma de 2015: Das Decisões dos Tribunais Regionais Eleitorais

Os arts. 25 ao 31, Código Eleitoral tratam da competência dos Tribunais Regionais Eleitorais, órgãos estaduais localizados nas capitais de cada Estado da Federação.

A alteração que aqui se observa se dá nos §§ 4º e 5º do art. 28, ao dispor especificamente acerca de suas deliberações. Os referidos parágrafos, incluídos pela reforma de 2015, estabelecem que as decisões dos Tribunais Regionais sobre quaisquer ações que importem cassação de registro, anulação geral de eleições ou perda de diplomas SOMENTE poderão ser tomadas com a presença de todos os seus membros – a redação do art. 17 da Resolução TSE 23.478/2016, estabelece que "Não se aplica, nos Tribunais Eleitorais, o quórum previsto no art. 941, § 2º, do Novo Código de Processo Civil (arts. 19, parágrafo único, e 28, § 4º, do Código Eleitoral)".

Considerando a possibilidade de que haja algum impedimento por parte dos juízes que o compõe (atuam junto ao TRE os juízes eleitorais, também designados desembargadores; no entanto, a nomenclatura correta é a indicada pela lei, juízes, ainda que em órgão de segundo grau ou instância), há também a previsão que nessa ocasião seria chamado a compor para julgamento o suplente da mesma classe.

Ao dizer "da mesma classe", o legislador deixa claro que no caso de o impedimento recair sobre juiz eleitoral do TRE advindo da classe advocatícia (advogados nomeados), o seu suplente não poderá ser oriundo da classe da magistratura, mas sim da própria advocacia, mantendo-se a proporção de formação estabelecida no art. 120, § 1º, CF.

Juiz Eleitoral – Trata-se de Juízes de Direito estaduais delegados à função de Juiz da Justiça Especial. Em cidades do interior, onde há apenas uma Vara, ficará esta incumbida de realizar os serviços eleitorais. Havendo mais de uma, o TRE da circunscrição irá designar qual Vara ficará responsável (e respectivamente o Juiz). Sua competência abrange as eleições municipais, em especial as disposições do art. 35 do Código Eleitoral.

Junta Eleitoral – A junta eleitoral é naturalmente formada por um juiz eleitoral (nas comarcas com Vara única, será o próprio juiz que a titulariza) além de 2 a 4 cidadãos (de modo que, juntamente com o Juiz Eleitoral, formem um colegiado de número ímpar) de reputação ilibada indicados pelo Juiz Eleitoral e nomeados pelo presidente do TRE, num prazo de até 60 dias antes das eleições. Nesse caso, não se fala em competência, mas em função a ser realizada, todas elas previstas nos arts. 36 a 41 do Código Eleitoral, em especial a apuração das eleições nas zonas eleitorais após o encerramento das votações.

Ministério Público – Ainda que não haja expressa previsão pela Constituição Federal, a atuação do Ministério Público vem disposta especialmente pela LC 75/1993 (arts. 72 ao 80). Em 1ª instância atuarão os membros do Ministério Público Estadual, por indicação do Procurador-Geral de Justiça e designados pelo Procurador Regional Eleitoral. Em 2ª instância (TREs) atuarão os Procuradores da República, por designação do Procurador-Geral da República. No Tribunal Superior (TSE) a atuação é por conta do Procurador-Geral da República, sob a denominação de Procurador-Geral Eleitoral.

3. REFLEXOS DO NOVO CPC: BREVES COMENTÁRIOS

Sancionado e publicado, o Novo Código de Processo Civil, Lei 13.105/2015, com o lapso vencido da *vacatio legis* de um ano (art. 1.045, NCPC), passa a trazer efeitos de observância cogente em praticamente todas as áreas do direito e, de maneira especial, no Direito Eleitoral.

Não há pretensão de se esgotar todos os assuntos e reflexos do Novo Código de Processo Civil nestas linhas que seguirão, mas tão somente abordar resumidamente assuntos escolhidos a serem tratados, considerando o espaço e volume que seriam necessários para algo mais aprofundado bem como certo tempo até que se consolidassem as bancas de concursos acerca da abordagem a ser realizada sobre o tema e novel código. Para uma análise mais aprofundada recomendo a leitura comparativa da obra do Prof. Luiz Dellore, Andre Roque, Fernando Gajardoni, Zulmar Duarte e Ivo Tomita, "Novo CPC", bem como suas reflexões sobre o tema, seja nas próprias aulas oferecidas por esta Editora como também nas obras que compõe este forte arsenal de ferramentas da Foco.

O art. 15 do NCPC, dispõe de forma clara e objetiva de que na ausência de normas que regulem processos eleitorais, trabalhistas ou administrativos, as disposições do Novo Código serão aplicadas de modo supletivo e subsidiário.

No Processo Eleitoral podemos observar isso com clareza. Em muitas situações observamos o rito previsto do art. 22 da LC 64/1990, mas mesmo assim, não perdemos de vista o grande pano de fundo que sustenta o processo em si, qual seja, o Código de Processo Civil.

Dentre as alterações de merecido destaque, optamos por ressaltar os seguintes:

Os arts. 9º e 10 determinam que o juiz, não importando o grau de jurisdição, deve franquear às partes envolvidas naquela lide à oportunidade de palavra antes que seja realizada qualquer deliberação, mesmo quando sobre assunto que deva conhecer de ofício. Assim, afastada estaria a chamada "decisões surpresas", que em cheio atingia a construção comunicativa processual.

O art. 489, em consonância com o que dispõe o art. 10, já citado anteriormente, traz uma das alterações que mais merece destaque, vez que impõe a necessidade da fundamentação como elemento essencial das decisões (interlocutórias, sentença ou acórdão). Por seu turno, em complemento essencial, o parágrafo primeiro acena que não será considerada devidamente fundamentada a decisão que: "§ 1º Não se considera fundamentada qualquer decisão judicial, seja ela interlocutória, sentença ou acórdão, que: I – se limitar à indicação, à reprodução ou à paráfrase de ato normativo, sem explicar sua relação com a causa ou a questão decidida; II – empregar conceitos jurídicos indeterminados, sem explicar o motivo concreto de sua incidência no caso; III – invocar motivos que se prestariam a justificar qualquer outra decisão; IV – não enfrentar todos os argumentos deduzidos no processo capazes de, em tese, infirmar a conclusão adotada pelo julgador; V – se limitar a invocar precedente ou enunciado de súmula, sem identificar seus fundamentos determinantes nem demonstrar que o caso sob julgamento se ajusta àqueles fundamentos; VI – deixar de seguir enunciado de súmula, jurisprudência ou precedente invocado pela parte, sem demonstrar a existência de distinção no caso em julgamento ou a superação do entendimento".

O art. 1.067 traz o fim de grande ponto de confronto acerca do art. 275, § 4º, Código Eleitoral, conota grande reflexo no campo do Direito Eleitoral. O art. 275 do Código Eleitoral dispõe acerca da admissibilidade dos embargos de declaração quando houver, na decisão, obscuridade, dúvida ou contradição. Também, quando houver omissão acerca de ponto a que o Tribunal deveria ter se pronunciado. O seu § 4º dispõe que os embargos suspendem o prazo para a interposição de outros recursos, no entanto, alerta que se considerados protelatórios, e assim declarados em decisão, não trariam a interrupção.

A subjetividade incutida é de grandes reflexos no processo eleitoral, levando os advogados a apresentarem seus recursos antes mesmo de que decisões fossem tomadas, temendo a perda dos prazos quando seus aclaratórios viessem a ser considerados de tal natureza protelatória.

Com o art. 1.067, NCPC, nova redação é dada ao citado art. 275, Código Eleitoral, de modo que a problemática encontra seu termo final. Pelo dispositivo novel, os Embargos Declaratórios ocasionarão sempre a interrupção do prazo recursal (§ 5º), sendo que quando forem manifestamente protelatórios, com decisão fundamentada neste sentido, o juiz ou tribunal condenará o embargante ao pagamento de multa até 2 salários mínimos (§ 6º).

Pequeno detalhe que trouxe alívio aos colegas militantes na área eleitoral. Ao mesmo tempo que afasta prejuízo à defesa quando diante da subjetividade de considerar os embargos protelatórios, pune aqueles que neste intencional atuar. Por claro que a multa padrão, alcançando o máximo de 2 salários mínimos, poderá ainda não alcançar o intento de "desincentivo", mas já é um passo no sentido desejado.

Outra vultuosa alteração que se verifica é a trazida pelo art. 1.070 do NCPC ao dispor que: "É de 15 (quinze) dias o prazo para a interposição de qualquer agravo, previsto em lei ou em regimento interno de tribunal, contra decisão de relator ou outra decisão unipessoal proferida em tribunal".

A nova previsão confronta-se com a peculiaridade célere da Justiça Eleitoral, não só pela própria natureza, mas também pelas normas trazidas tanto pelo Código Eleitoral, Lei 9.504/1997 quanto pela LC 64/1990, que disciplinam prazos recursais tais como o agravo.

É certo que a questão irá gerar um sério atravancamento ou inovação ao sentido do que se depreende ser "duração razoável do processo" (destaque ao art. 97-A, Lei das Eleições, que considera às ações que possam resultar na perda de mandato eletivo, a duração de 1 ano – a contar da distribuição na Justiça Eleitoral – como sendo razoável, nos termos do inc. LXXVIII do art. 5º da Constituição Federal), ainda mais quando diante de lides que envolvam propriamente o mandato eletivo de determinado eleito.

A crítica reside no fato de se ter adotado a mesma medida para dois "pesos" diferentes. Fato que este alargamento de prazo recursal é de extremo benefício às defesas dos candidatos e/ou eleitos que sejam partes de ações eleitorais, no entanto, tal benefício deprecia a qualidade típica de alcançar com extrema celeridade uma prestação jurisdicional efetiva. Aguardemos a manifestação de nossos Tribunais a partir de casos que, certamente, chegarão às suas apreciações.

Capítulo 9

1. IMPEACHMENT

Tema que vem sendo muito debatido recentemente, de modo especial em razão da situação política no país. O vocábulo não é utilizado em nosso texto Constitucional ou mesmo infraconstitucional, sendo uma importação estrangeira que nos remete ao conceito de IMPEDIMENTO (de ocupar cargo público).

Os arts. 51 e 52 da Constituição Federal dispõem sobre a competência do Congresso Nacional para promover instauração de investigação contra o Presidente da República a fim de apurar possíveis crimes de responsabilidade (exemplificados pela própria constituição no art. 85). O art. 86 dispõe, ainda sobre o tema, acerca do procedimento a ser obedecido após a instauração de uma investigação.

A Lei 1.079/1950, recepcionada pela CF/1988, traz uma relação de infrações político administrativas (crimes de responsabilidade), além de procedimentos específicos. Também, verifica-se a observância dos Regimentos Internos (Câmara e Senado), no que for compatível com a legislação (Lei 1.079/1950) quanto ao processamento que se der em cada uma das Casas.

Por ocasião do *impeachment* da Presidenta Dilma Roussef, e de forma bastante objetiva, é imperioso notar o quanto definido pelo STF no julgamento da ADPF 378.

Crimes de responsabilidade: diferentemente da ideia de "crime" que temos em mente, ao notar este vocábulo, trata-se de infrações político-administrativas praticadas por pessoas que ocupam determinados cargos públicos.

Eventual condenação em crimes de responsabilidade acarretará a imposição de sanções de mesma natureza, ou seja, a perda do cargo e a inabilitação para o exercício de cargo ou função pública.

Legitimidade ativa: qualquer cidadão, em pleno gozo de direitos políticos (não possuir qualquer inelegibilidade ou pendência junto a justiça eleitoral), poderá denunciar as autoridades que venham a incorrer em crimes de responsabilidade. Esta denúncia será apresentada por escrito (exige a forma escrita) na Câmara dos Deputados. Exige-se a assinatura (não se admite denúncia apócrifa), com firma reconhecida, além de documentos ou indicação do local onde estes se encontrem (quando impossível de apresentá-los pelo denunciante) e rol de testemunhas (pelo menos cinco).

1ª fase – Admissão pelo presidente da Câmara: o Presidente da Câmara faz um juízo prévio de admissibilidade da denúncia, ou seja, cabe-lhe rejeitar liminarmente a denúncia apresentada em razão de inépcia (falta de documento, de qualificação, de indicação do denunciante etc.) ou mesmo por falta de justa causa (não existir a indicação do crime de responsabilidade. Cuidado, não se trata de uma análise profunda quanto a existência do crime de responsabilidade, mas de evidências e indícios, correta indicação). O STF também pronunciou (ADPF 378) que não há direito à acusada de apresentar, neste momento, uma defesa prévia (o que se observa quando nos crimes comuns, de natureza penal). Portanto, eventual supressão desta oportunidade (defesa prévia) não acarretará qualquer nulidade.

2ª fase – Formação da Comissão Especial e o papel da Câmara: sabemos que a Câmara de Deputados possui diversas comissões (temáticas, especiais ou temporárias, CPI, mista, representativa). Quanto a esse procedimento específico, do *impeachment*, será formada uma COMISSÃO ESPECIAL. Sua composição será de 65 Deputados Federais (e 65 suplentes), com a precípua missão de uma profunda análise da denúncia apresentada. A autoridade denunciada terá o prazo de 10 sessões para apresentar sua defesa. Após, a comissão terá mais 5 sessões para apresentar um parecer sobre a procedência ou não das alegações formuladas, que assim será decidida pelo plenário com quórum mínimo de 2/3 (quanto a aprovação).

Importa mencionar que, com o novo entendimento registrado pela ocasião do julgamento da ADPF 378, a Câmara dos Deputados deixa de funcionar como um "tribunal de pronúncia", mas tão somente com a função de atestar condição de procedibilidade (momento pré-processual) para que a acusação seja remetida ao Senado Federal. Ou seja, NÃO HÁ vinculação entre as Casas. Se a Câmara rejeita o parecer, os autos são arquivados. Se aceita, haverá comunicação ao Senado para que inicie o processamento e julgamento, e por sua vez, poderá ou não assim proceder (pois não há vinculação).

3ª fase – Senado Federal: no Senado Federal, considerando a não vinculação das Casas mencionada anteriormente, poderá ocorrer a rejeição da denúncia (acarretará o arquivamento da denúncia) ou recebimento (e neste caso, inicia-se propriamente o processo de *impeachment*).

> **Importante:**
> No antigo entendimento, onde existia a vinculação das Casas (ou seja, se admitida a acusação pela Câmara ao Senado tão somente caberia acatar e julgar a autoridade), instaurado o processo de *impeachment* ainda na Câmara, o Presidente da República deveria ser afastado de suas funções (prazo de 180 dias, no máximo. Se ultrapassado o prazo, impor-se-ia o retorno às funções, mas a manutenção do procedimento).
>
> Com o novo posicionamento, o afastamento das funções apenas se dará no Senado Federal, ante o recebimento e instauração do processo de *impeachment*. Neste caso, o vice-presidente da república, assume a função de maneira interina (provisória).

Com a "chegada" do processo ao Senado será formada uma Comissão Especial para análise e elaboração de parecer quanto ao recebimento ou não da denúncia. Esse parecer obedecerá a um quórum de votação de maioria simples, ou seja, presente a maioria absoluta (para instalação da sessão), basta a maioria simples.

> **Exemplo:**
> **Total de senadores** = 81
> **Maioria absoluta (quórum de instalação)** = 42 (50% dos senadores corresponderá a 40,5 senadores. Adicionando-se um número inteiro, teríamos 41,5%. Assim, arredonda-se para 42).
> **Maioria simples (considerando a presença do mínimo necessário, ou seja, 42 senadores):** 22 senadores.

Aceita a denúncia, impõe-se o afastamento temporário do presidente da República (art. 86, § 1º, II, da CF/1988), com o vice assumindo interinamente. A fase instrutória é presidida pelo Presidente do STF (não julga o mérito, apenas a regularidade formal). O interrogatório da autoridade denunciada será ato final de todo o processo no Senado, como concretização do direito de autodefesa.

Ao final da instrução, a votação quanto à condenação demandará votação qualificada de 2/3 dos Senadores. Havendo condenação, a consequência será a imposição de duas sanções:

a) perda do cargo;

b) inabilitação para o exercício de funções públicas por 8 anos.

> **Importante:**
>
> Grande polêmica no julgamento da presidente Dilma foi a cisão, autorizada pelo Min. Ricardo Lewandowski, onde o plenário do Senado pode votar separadamente a imposição de cada sanção.
>
> O parágrafo único do art. 52, CF, dispõe que a condenação será proferida por dois terços dos votos do Senado Federal, trazendo como consequência a perda do cargo, **COM** inabilitação, por 8 anos, para o exercício de função pública, sem prejuízo das demais sanções judiciais cabíveis (Não se afasta ainda a possibilidade de denúncia pelo Ministério Público, caso também tenha se evidenciado a prática de crimes).
>
> A cisão do julgamento (fatiamento) foi requerida pelo Senador Humberto Costa (PT-PE) ao Presidente do STF (que presidiu o processo de *impeachment*, com fundamento na tese de que as penas autônomas, e portanto, seria necessário impor esta divisão.
>
> Na primeira parte, Dilma foi condenada a perder o cargo de Presidente da República por 61 votos SIM e 20 votos NÃO.
>
> Na segunda, 42 votos foram favoráveis à inabilitação à cargo público, 36 votos NÃO e 3 abstenções. O quórum exigido para a imposição de sanção, como dito anteriormente, seria o de pelo menos 54 votos.
>
> O pedido do Senador Humberto Costa fundou-se no chamado "precedente Collor". Neste caso, Collor teria renunciado ao cargo de presidente antes mesmo fosse concluído o processo de *impeachment* que lhe era movido. Mesmo assim o Senado deu continuidade ao procedimento impondo-lhe a pena de inabilitação para cargos públicos.
>
> A questão foi discutida em âmbito do STF com o MS 21689 impetrado pela defesa de Collor, que discutia quanto a impossibilidade da inabilitação antes à renúncia ao cargo. O STF, no entanto, firmou o entendimento de que as penas eram autônomas, sendo possível a inabilitação mesmo com a renúncia ao cargo.
>
> Não obstante, não é inferência lógica adotar a premissa de que, por esta razão, seria possível a votação fatiada das sanções. Isto porque o entendimento firmado pelo STF apenas esclarecia quanto a possibilidade de o Senado votar pela condenação de Collor mesmo após sua renúncia. Assim, a dupla sanção é autônoma, e não acessória uma da outra. Destaca-se ainda que, naquela oportunidade do MS 21689, o Min. Carlos Velloso foi muito claro em asseverar que as sanções são autônomas mas também cumulativas.
>
> Assim, numa breve reflexão quanto ao fatiamento do julgamento do *Impeachment* de Dilma Roussef, em 31.08.2016, adotou um precedente do STF de modo contraditório ao seu conteúdo, e não com harmonia.

A perda do cargo (em definitivo), acarreta a posse definitiva do vice como titular. Destaca-se que os vices (de qualquer cargo do executivo) são eleitos conjuntamente quando da aposição de votos ao titular (§ 1º do art. 77 da CF). Apenas haverá necessidade de novas eleições se diante da vacância do cargo, ou seja, se não houver titular nem vice.

Se a vacância ocorrer na primeira metade do mandato (nos primeiros dois anos de mandato), serão convocadas novas eleições **DIRETAS**, no prazo de 90 dias. Se na segunda metade (últimos dois anos), eleições **INDIRETAS**, no prazo de 30 dias. É o chamado **MANDATO TAMPÃO**.

Durante este interregno entre a vacância e a posse do novo presidente, obedecer-se-á a seguinte ordem de sucessão presidencial (temporária):

a) Presidente da Câmara dos Deputados

b) Presidente do Senado Federal

c) Presidente do STF

10. Processo Civil Coletivo e Tutela dos Direitos Fundamentais Sociais

Marcos Destefenni

1. NOÇÕES GERAIS

A Constituição Federal, no título que antecede o art. 5º, enuncia que os direitos fundamentais são individuais e coletivos.

O sistema processual permite a tutela dos direitos individuais, o que se faz pelas chamadas "ações individuais". Por exemplo, o mandado de segurança individual é disponibilizado para proteger direito líquido e certo do impetrante. Consiste em direito subjetivo titularizado por um indivíduo ou por alguns.

Ações individuais são aquelas que têm por objeto a tutela de um direito individual, movidas, em regra, pelo próprio titular do direito afirmado em juízo (CPC/2015, art. 18) e que culminam em uma decisão de mérito que produz efeitos *inter partes*, não prejudicando terceiros (CPC/2015, art. 506).

Os direitos transindividuais, por sua vez, são passíveis de tutela jurisdicional por meio das ações coletivas, assim entendidas aquelas que são movidas por entes legitimados em lei (art. 5º da Lei n. 7.347/1985 e art. 82 da Lei n. 8.078/1990), que não defendem um direito próprio em juízo, mas um direito pertencente a uma coletividade de pessoas. Além disso, as ações coletivas se caracterizam pelo regime da coisa julgada material, que produz efeitos *erga omnes* ou *ultra partes*, conforme será estudado à frente.

A título de exemplo, conceder-se-á mandado de segurança coletivo para proteger direito líquido e certo de uma coletividade de pessoas.

Podemos citar outro exemplo. A Constituição Federal impôs a proteção de seus direitos individuais e transindividuais (coletivos no sentido amplo), ao determinar a tutela do consumidor, no art. 5º, XXXII.

Em cumprimento ao mandamento constitucional, foi editado o Código de Defesa do Consumidor, que disciplinou a tutela material e processual de toda pessoa natural ou jurídica que adquire ou utiliza produto ou serviço como destinatário final.

A tutela jurisdicional do consumidor pode ser prestada a título individual, quando o consumidor, individualmente, ingressa em juízo, ou a título coletivo, quando um dos entes legitimados pelo art. 82 do CDC promove a ação coletiva.

Importante, para os concursos públicos, a classificação do direito transindividual realizada pelo CDC, no art. 81. Trata-se de tema bastante explorado nos concursos públicos.

2. DIREITO MATERIAL COLETIVO (DIREITOS TRANSINDIVIDUAIS)

O CDC foi pioneiro ao trazer uma sistematização do direito material coletivo (transindividual, metaindividual ou supraindividual), classificando-o em: difusos, coletivos (no sentido estrito) e individuais homogêneos. Porém, é importante observar que há direitos que são essencialmente coletivos (os difusos e os coletivos no sentido estrito) e direitos que são individuais, mas passíveis de tutela jurisdicional coletiva (os direitos individuais homogêneos).

Como o próprio nome sugere, os direitos individuais homogêneos são direitos individuais. O CDC, porém, viabilizou a tutela coletiva dos direitos individuais que sejam homogêneos, isto é, que tenham origem em uma mesma situação fática ou jurídica.

A essência dos direitos transindividuais está na indivisibilidade do seu objeto. Por exemplo, o direito ao meio ambiente ecologicamente equilibrado (difuso) é essencialmente coletivo, pois é impossível, do ponto de vista jurídico ou fático, identificar qual é a parcela de cada cidadão a esse direito.

Quando um direito difuso é lesado ou ameaçado de lesão, é possível a sua tutela jurisdicional, que deve ser pleiteada em juízo por uma das entidades legitimadas em lei (por exemplo, no art. 5º da LACP ou no art. 82 do CDC).

O direito à informação do consumidor também é difuso e, consequentemente, indivisível, pois a lesão a esse direito fundamental afeta, indistintamente, todos os consumidores.

Os direitos difusos e os coletivos são transindividuais e de natureza indivisível. Diferem, no entanto, porque os difusos são referentes a pessoas indeterminadas e indetermináveis, enquanto os coletivos são titularizados por um grupo, por uma categoria ou classe de pessoas. Os titulares dos direitos coletivos são ligados entre si ou com a parte contrária por uma relação jurídica base (art. 81, II, do CDC).

Os interesses individuais homogêneos não são genuinamente coletivos, pois são divisíveis. O que pode unir os diversos titulares é o fato da origem comum.

No concurso do Ministério Público de Goiás (2010), a banca examinadora utilizou-se das seguintes frases (todas estão corretas nas partes citadas) para fazer referência aos direitos transindividuais:

> "I. O processo civil tradicional é vocacionado para resolução dos conflitos individuais. Por outro lado, o processo coletivo volta-se ao conhecimento de demandas envolvendo conflitos de grupos, classes ou categorias de lesados, nominados como interesses difusos, coletivos e individuais homogêneos.
>
> II. Difusos são os interesses que envolvem um grupo indeterminável de lesados, reunidos por uma situação de fato comum, tendo objeto indivisível, v.g., lesão ao meio ambiente de uma região.
>
> III. Interesses coletivos, em sentido estrito, são os que envolvem um grupo determinável, reunido por uma relação jurídica básica comum, tendo também um objeto indivisível, v.g. a nulidade de uma cláusula abusiva em contrato de adesão.

IV. Individuais homogêneos são aqueles que envolvem um grupo determinável, reunido por uma lesão de origem comum, tendo um objeto divisível, v.g. a aquisição de um produto de série com o mesmo defeito".

O fato de os interesses individuais homogêneos não serem genuinamente coletivos (no sentido amplo), por serem direitos divisíveis, também é explorado em concursos públicos.

Por exemplo, a diferença entre os direitos genuinamente coletivos (difusos e coletivos no sentido estrito) e os coletivos apenas quanto à forma de tutela (individuais homogêneos) foi assim expressada pelos examinadores do MP de Minas Gerais (2011): "os direitos difusos e coletivos são indivisíveis e seus titulares são indeterminados ou apenas determináveis, ao passo que os individuais homogêneos são divisíveis e seus titulares são determinados".

No MP do Mato Grosso do Sul (2009), a seguinte afirmativa apontou a peculiaridade dos direitos individuais homogêneos: "os interesses individuais homogêneos são considerados pela doutrina predominante como acidentalmente coletivos, em contraposição aos interesses ou direitos difusos e coletivos *stricto sensu*, definidos como genuinamente ou essencialmente coletivos".

Portanto, para as provas, memorize a distinção apontada pelo parágrafo único do art. 81 do CDC:

> *I – interesses ou direitos difusos, assim entendidos, para efeitos deste código, os transindividuais, de natureza indivisível, de que sejam titulares pessoas indeterminadas e ligadas por circunstâncias de fato;*
>
> *II – interesses ou direitos coletivos, assim entendidos, para efeitos deste código, os transindividuais, de natureza indivisível de que seja titular grupo, categoria ou classe de pessoas ligadas entre si ou com a parte contrária por uma relação jurídica base;*
>
> *III – interesses ou direitos individuais homogêneos, assim entendidos os decorrentes de origem comum.*

Observe, atentamente, os dados importantes:

a) a natureza divisível (individuais homogêneos) ou indivisível (difusos e coletivos);

b) a titularidade: indeterminada ou indeterminável (difusos); de um grupo, classe, ou categoria (coletivos); de pessoas determinadas ou determináveis (individuais homogêneos);

c) o ponto de ligação entre os titulares: circunstâncias de fato no caso dos difusos; relação jurídica base no caso dos coletivos; origem comum no caso dos individuais homogêneos.

O ponto central da distinção entre os direitos essencialmente coletivos e os individuais homogêneos está no fato de que só os individuais homogêneos são divisíveis. Por isso, há um mecanismo próprio e específico para a tutela dos direitos individuais homogêneos, previsto no Capítulo II do CDC, que se inicia no art. 91: As Ações Coletivas Para a Defesa de Interesses Individuais Homogêneos.

O direito material coletivo passou a ser passível de tutela jurisdicional coletiva, de forma sistematizada, a partir de 1985, com a Lei da Ação Civil Pública (Lei n. 7.347/1985). Porém, o CDC (Lei n. 8.078/1990) trouxe novidades e uma nova sistematização da matéria. A grande novidade foi exatamente a possibilidade da tutela jurisdicional coletiva dos direitos individuais homogêneos. A melhor sistematização se deu com o estabelecimento de um microssistema da tutela jurisdicional coletiva, cujos estatutos legislativos fundamentais se complementam: a LACP e o CDC.

A primeira lei, porém, que permitiu a tutela de direitos difusos, no Brasil, foi a Lei da Ação Popular (Lei n. 4.717/1965). Tal detalhe foi explorado na prova do MP de Goiás (2010). A banca afirmou (incorretamente) que "Ação popular não se presta a defesa de interesses difusos e coletivos".

3. MICROSSISTEMA DA TUTELA COLETIVA

Enquanto a tutela jurisdicional individual tem como estatuto básico o Código de Processo Civil, a tutela jurisdicional coletiva é regida, fundamentalmente, por um microssistema composto pela interação entre a LACP e o CDC.

Referidos diplomas normativos não são os únicos que se aplicam à tutela coletiva, mas representam a base desse microssistema, em que o CPC é aplicável supletiva e subsidiariamente.

Há uma mútua referência entre a LACP e o CDC. Ocorre que o art. 21 da LACP manda aplicar, *à defesa dos direitos e interesses difusos, coletivos e individuais, no que for cabível, os dispositivos do Título III da lei que instituiu o Código de Defesa do Consumidor*. O Título III contém as disposições processuais que regulam a ação coletiva para a defesa dos direitos individuais homogêneos.

Por sua vez, o art. 90 do CDC afirma ser aplicável às ações previstas no CDC as normas da Lei n. 7.347/1985, inclusive no que respeita ao inquérito civil.

A aplicação supletiva e subsidiária do CPC decorre do art. 19 da LACP: *Aplica-se à ação civil pública, prevista nesta Lei, o Código de Processo Civil, aprovado pela Lei n. 5.869, de 11 de janeiro de 1973, naquilo em que não contrarie suas disposições*. Registre-se a aprovação da Lei n. 13.105, de 16 de março de 2015, que instituiu o Código de Processo Civil de 2015.

Pelo que se depreende, o microssistema do processo coletivo é formado, principalmente, pela Lei da Ação Civil Pública (Lei n. 7.347/1985) e pelo Código de Defesa do Consumidor (Lei n. 8.078/1990), mas é complementado por inúmeras outras leis, como já afirmou o STJ, no julgamento do REsp 474.475/SP: "O atual microssistema constitucional de tutela dos interesses difusos, hoje composto pela Lei da Ação Civil Pública, a Lei da Ação Popular, o Mandado de Segurança Coletivo, o Código de Defesa do Consumidor e o Estatuto da Criança e do Adolescente, revela normas que se interpenetram, nada justificando que a moralidade administrativa não possa ser veiculada por meio de Ação Popular".

Portanto, o direito material coletivo é tutelado, jurisdicionalmente, por um microssistema normativo.

Tal fato foi observado no concurso do MP do Mato Grosso (2012), em que a seguinte frase (correta) foi utilizada pela banca: "A Ação Popular, como integrante do microssistema processual coletivo, é regida não só pela Lei n. 4.717/1965, mas também pelo Código de Defesa do Consumidor e pela Lei da Ação Civil Pública, sempre de forma complementar".

No concurso da Defensoria Pública de São Paula (2019 – FCC), assim foi consignada a existência do microssistema: "De forma muito simples, a tutela coletiva é regida por um sistema específico de leis, também chamado 'microssistema de tutela coletiva', sendo que as regras do processo civil comum se aplicam subsidiariamente ao processo civil coletivo, complementando-o de forma harmônica e racional".

A importância prática do reconhecimento da existência de um microssistema normativo pode ser entendida quando se constata a ausência de uma regulamentação legal específica em uma das ações coletivas, por exemplo. A "lacuna", neste caso, é preenchida pela aplicação de outro dispositivo legal do próprio microssistema.

Para ilustrar, podemos citar o que restou consignado pelo STJ, no julgamento do REsp 1.473.846/SP: "Na falta de dispositivo legal específico para a ação civil pública, aplica-se, por analogia, o prazo de prescrição da ação popular, que é o quinquenal (art. 21 da Lei nº 4.717/1965), adotando-se também tal lapso na respectiva execução, a teor da Súmula nº 150/STF. A lacuna da Lei nº 7.347/1985 é melhor suprida com a aplicação de outra legislação também integrante do microssistema de proteção dos interesses transindividuais, como os coletivos e difusos, a afastar os prazos do Código Civil, mesmo na tutela de direitos individuais homogêneos (pretensão de reembolso dos usuários de plano de saúde que foram obrigados a custear lentes intraoculares para a realização de cirurgias de catarata). Precedentes".

4. COMPETÊNCIA

O microssistema da tutela coletiva tem regras próprias sobre a competência territorial, isto é, sobre o foro competente para o processamento das ações coletivas.

Ao contrário do que ocorre no processo civil individual, em que o foro geral é o do domicílio do réu (art. 46 do CPC/2015), as ações coletivas devem tramitar no foro do local do dano (nesse sentido o art. 2º da LACP e o art. 93, I, do CDC).

A questão é bastante explorada em concursos públicos. Por exemplo, no concurso do Ministério Público/RN/2009/CESPE, restou consignado, de maneira incorreta, que "o foro competente para processar e julgar ação civil pública deve ser o do domicílio do autor da infração".

A escolha do legislador pelo local do dano evidencia o interesse público em que a ação seja processada onde é mais fácil a produção da prova pericial, muito comum em sede de ações coletivas, bem como no foro do local onde devem ser implementadas medidas para a reparação do dano. Enfim, há maior efetividade e, também, celeridade.

Por isso, a competência do foro do local do dano é considerada absoluta.

A razão foi bem explicitada no julgamento do conflito de competência n. 39.111/RJ, em que foi relator o Ministro Luiz Fux: "A *ratio essendi* da competência para a ação civil pública ambiental, calca-se no princípio da efetividade, por isso que, o juízo federal do local do dano habilita-se, funcionalmente, na percepção da degradação ao meio ambiente posto em condições ideais para a obtenção dos elementos de convicção conducentes ao desate da lide".

O fato de a competência ser absoluta, no caso de ação reparatória, foi explorado pelo MP do Ceará (2011):

"A ação civil pública será proposta:

a) facultativamente no local onde ocorrer o dano ou no domicílio do réu, mas sua propositura não prevenirá a jurisdição para as ações posteriormente intentadas, ainda que tenham a mesma causa de pedir ou o mesmo objeto, porque a hipótese se qualifica como de ações concorrentes.

b) sempre no domicílio do réu e, havendo mais de um, no de qualquer deles, mas sua propositura prevenirá a jurisdição do juízo para todas as ações posteriormente intentadas que possuam a mesma causa de pedir ou o mesmo objeto.

c) no foro do local onde ocorrer o dano, cujo juízo terá competência funcional para processar e julgar a causa e sua propositura prevenirá a jurisdição do juízo para todas as ações posteriormente intentadas que possuam a mesma causa de pedir ou o mesmo objeto.

d) facultativamente, quando a competência for da Justiça Estadual, no foro do local onde ocorreu o dano ou no da Capital do Estado, e, quando neste último, prevenirá a jurisdição para as ações posteriormente intentadas que possuam a mesma causa de pedir e o mesmo objeto.

e) no foro do domicílio do autor, qualquer que seja o domicílio do réu ou o local dos fatos, e prevenirá a jurisdição do juízo para todas as ações posteriormente intentadas que possuam a mesma causa de pedir ou o mesmo objeto".

Como ficou consignado acima, a ação deve ser proposta no foro do local do dano (art. 2º da LACP), sendo que a referida competência é absoluta. Além disso, há prevenção para as ações conexas posteriormente intentadas, conforme será explicitado. Por isso, correta a alternativa "c".

Se o dano atingir mais de uma comarca ou seção judiciária, a competência será definida pela prevenção, sendo que o juízo prevento, no caso de ações coletivas, é aquele onde se deu, em primeiro lugar, o *ajuizamento* da ação coletiva.

No regime do CPC de 2015 (art. 59), o registro ou a distribuição da petição inicial torna prevento o juízo, o que revela a compatibilidade do sistema coletivo de tutelas com o CPC/2015.

4.1. Danos regionais e nacionais

O CDC, no art. 93, II, consigna que, no caso de dano nacional ou regional, a ação coletiva deve ser proposta *no foro da capital do Estado ou no Distrito Federal*.

De lembrar que a regra do art. 93, II, do CDC, é específica para a ação coletiva que tutela direitos individuais homogêneos. Há controvérsia sobre sua aplicabilidade em todas as ações coletivas, ou seja, naquelas em que há tutela de direitos difusos e coletivos. Porém, tem prevalecido o entendimento no sentido de que, havendo dano regional ou nacional, o foro competente é o da capital do Estado ou do Distrito Federal.

A banca examinadora do concurso do MP de Goiás (2010) consignou, como afirmativa correta: "Na defesa de interesses difusos ou coletivos de caráter regional ou nacional, não há previsão normativa específica, de sorte que, por analogia, deve-se aplicar a regra do CDC, isto é, as ações civis públicas deverão ser ajuizadas no foro da Capital do Estado ou no do Distrito Federal".

Portanto, se o dano for local ou localizado, a ação coletiva deve ser proposta no foro do local do dano. Se os danos forem regionais ou nacionais, a ação tramitará no foro da capital do Estado ou no foro do Distrito Federal.

Assim foi cobrado no concurso do MP de Goiás (2012). A seguinte assertiva foi a afirmativa correta de uma questão: "na defesa de interesses individuais homogêneos, se os danos forem regionais ou nacionais, a ação será proposta, alternativamente, no foro da Capital do Estado ou no do Distrito Federal, aplicando-se as regras do CPC, nos casos de competência concorrente". Na mesma questão foi explorado o fato de existir regra específica no art. 209 do ECA, no sentido de que *as ações previstas neste Capítulo serão propostas no foro do local onde ocorreu ou deva ocorrer a ação ou omissão, cujo juízo terá competência absoluta para processar a causa, ressalvadas a competência da Justiça Federal e a competência originária dos tribunais superiores.*

Trata-se de *detalhe* bastante explorado. Atenção!

4.2. Ação coletiva preventiva

No caso de ação coletiva preventiva, isto é, voltada a evitar a ocorrência do dano a direito transindividual, a ação deve ser proposta no foro do local onde possa ocorrer o dano, nos termos do art. 93, I, do CDC.

No MP de Sergipe (2010), a seguinte assertiva gabaritou uma das questões: "A propósito da efetividade da tutela jurídica processual coletiva, assinale a opção correta

(...)

b) Na defesa de direitos difusos, admite-se ação ordinária preventiva de natureza mandamental, objetivando tutela inibitória, de modo a compelir o poder público a impedir, em todo o território nacional, o uso ou o consumo de produto nocivo ou perigoso à saúde pública".

4.3. Conexão, continência e juízo universal nas ações coletivas

A conexão e a continência podem determinar a modificação da competência, nos termos do art. 54 do CPC/2015.

O art. 55 do CPC/2015 trata da conexão objetiva: *Reputam-se conexas duas ou mais ações, quando lhes for comum o pedido ou a causa de pedir.*

O grande objetivo do art. 54 é evitar decisões contraditórias, de tal forma que a conexão pode determinar a reunião das ações para julgamento conjunto, o que evita sejam proferidas decisões conflitantes.

Assim, embora a conexão possa ser objetiva ou subjetiva, pois, em tese, ela pode ocorrer quando há coincidência de qualquer dos elementos da ação (partes, pedido ou causa de pedir), é a coincidência que envolve a causa de pedir que traz os maiores problemas.

A continência também é definida pelo CPC/2015, no artigo 56: *Dá-se a continência entre 2 (duas) ou mais ações quando houver identidade quanto às partes e à causa de pedir, mas o pedido de uma, por ser mais amplo, abrange o das demais.*

Há possibilidade de continência entre ações coletivas, tanto que o STJ, ao julgar o Conflito de Competência n. 22.682/RS, reconheceu a existência de relação de continência entre duas ações civis públicas: "*Conflito de competência. Ação civil pública movida pelo município de Caxias do Sul. Existência de outra ação civil pública movida pelo Ministério Público Federal. Relação de continência*".

A espécie de ação coletiva não é fator que impede o reconhecimento da conexão. Tanto que o STJ já a reconheceu, por exemplo, no caso de ação civil pública e ações populares, como se vê do acórdão lançado no julgamento do Conflito de Competência n. 36.439/SC:

"*Conflito positivo de competência. Justiça federal e Justiça estadual. Ação civil pública e ações populares com o fim comum de anular processo de licitação. Conexão. Porto de Itajaí. Obras realizadas sobre bens de domínio da união. Competência da justiça federal.*

1. Competência da Justiça Federal fixada, anteriormente, em conflito julgado pela Seção. Conflito renovado (CC 32.476-SC), sob o fundamento de que compete à Justiça Federal apreciar as causas nas quais estão sendo impugnados projetos que afetam bens da União, ainda que a implementação dessas obras tenha sido delegada a algum município.

2. A conexão das ações que, tramitando separadamente, podem gerar decisões contraditórias, implica a reunião dos processos em *unum et idem judex, in casu,* ações populares e ação civil pública, de interesse da União, posto versarem anulação de licitação sobre o Porto de Itajaí.

3. Conflito conhecido, para declarar competente o Juízo Federal da 2ª Vara de Itajaí-SJ/SC".

Interessante situação existe no caso da ação popular, pois a Lei n. 4.717/1965 (Lei da Ação Popular), no art. 5º, § 3º, estabelece que *a propositura da ação prevenirá a jurisdição do juízo para todas as ações, que forem posteriormente intentadas contra as mesmas partes e sob os mesmos fundamentos.*

Fala-se, nesse caso, em juízo universal da ação popular, pois a propositura da primeira ação torna aquele juízo prevento para todas as ações conexas subsequentes.

Para ilustrar, oportuna a decisão proferida pelo STJ no julgamento do Conflito de Competência n. 22.123/MG:

"*Processual civil. Ações populares aforadas perante juízos diferentes, mas todos com competência territorial e visando o mesmo objetivo. Configuração da conexão e a competência fixada pela prevenção.*

O Juízo da Ação Popular é universal. A propositura da primeira ação previne a jurisdição do juízo para as subsequentemente intentadas contra as mesmas partes e sob a égide de iguais ou aproximados fundamentos.

Para caracterizar a conexão (arts. 103 e 106 do CPC [correspondem aos arts. 55 e 59 do CPC/2015]), na forma em que está definida em lei, não é necessário que se cuide de causas idênticas (quanto aos fundamentos e ao objeto); basta que as ações sejam análogas, semelhantes, visto como o escopo da junção das demandas para um único julgamento é a mera possibilidade da superveniência de julgamentos discrepantes, com prejuízos para o conceito do Judiciário, como Instituição.

A interpretação literal, estrita do preceito legal expungiria, do direito pátrio, o instituto da prevenção, nas ações populares. A compreensão e o sentido do dispositivo indicado (art. 5º, § 3º) hão de ser buscados em conjunção com o Código de Processo, que, como se sabe, define os princípios processuais aplicáveis, também, às leis extravagantes.

O malefício das decisões contraditórias sobre a mesma relação de direitos consubstancia a espinha dorsal da construção doutrinária inspiradora do princípio do *simultaneus processus* a que se reduz a criação do *forum connexitatis materialis*. O acatamento e o respeito às decisões da Justiça constituem o alicerce do Poder Judiciário que se desprestigiaria na medida em que dois ou mais Juízes proferissem decisões conflitantes sobre a mesma relação jurídica ou sobre o mesmo objeto da prestação jurisdicional.

A configuração do instituto da conexão não exige perfeita identidade entre as demandas, senão que, entre elas preexista um liame que as torne passíveis de decisões unificadas.

Conflito de Competência que se julga procedente, declarando-se competente para processar e julgar as ações populares descritas na inicial, o Juízo Federal da 13ª Vara Federal da Seção Judiciária de Minas Gerais, por ser o provento, *in casu*, ficando cassada a liminar anteriormente concedida, para o que devem ser remetidas todas as ações (30 ações populares).

Decisão indiscrepante".

No caso de ação de improbidade, o tratamento legal é idêntico.

Com efeito, a Lei n. 8.429/1992, que regula a ação de improbidade, estabelece no art. 17, § 5º, que *a propositura da ação prevenirá a jurisdição do juízo para todas as ações posteriormente intentadas que possuam a mesma causa de pedir ou o mesmo objeto.*

O instituto da prevenção, no caso das ações coletivas, é fundamental para a determinação da competência no caso de lesão ou ameaça de lesão em mais de uma comarca.

O art. 2º da Lei 7.347/1985 (Lei da Ação Civil Pública) estabelece que as ações serão propostas no foro do local onde ocorrer o dano, cujo juízo terá competência funcional para processar e julgar a causa.

Se o dano ocorrido afetar várias comarcas, todas, em tese, serão igualmente competentes para o conhecimento e o julgamento da ação civil pública.

Por isso, fixa-se a competência pela prevenção.

5. REQUISITOS DE ADMISSIBILIDADE DO EXAME DO MÉRITO

O Código de Processo Civil de 1973 era estruturado em função de uma trilogia fundamental: pressupostos processuais, condições da ação e mérito.

O CPC de 2015 deixa de fazer referência às condições da ação, deixando a discussão com a doutrina.

De qualquer forma, é inegável que a resolução do mérito depende da observância de determinados requisitos, de tal forma que existem pressupostos processuais imprescindíveis para a prestação da tutela jurisdicional.

Até o advento do CPC de 2015, entendia-se, majoritariamente, que, embora o direito de ação seja abstrato, o exercício do direito de ação, no caso concreto, depende da verificação de certos requisitos, de modo que o juiz só deveria resolver o mérito depois de se certificar da presença dos pressupostos de existência e de validade da relação jurídica processual, bem como da presença das condições da ação.

Ocorre que o CPC de 1973 adotava a teoria original de Enrico Tulio Liebman, segundo a qual são condições da ação: a legitimidade das partes, a possibilidade jurídica do pedido e o interesse processual.

Cabe à doutrina, a partir do CPC de 2015, discutir se os requisitos da legitimidade e do interesse processual são condições da ação ou se devem ser enquadrados entre os pressupostos processuais.

Para parte da doutrina, devem ser unificadas as categorias, falando-se, então, em "requisitos de admissibilidade do exame do mérito".

E o CPC de 2015 consigna, em seu art. 17, que, "para postular em juízo é necessário ter interesse e legitimidade".

Como se vê, continua sendo exigida a demonstração do interesse e da legitimidade para demandar. O legislador silenciou quanto à possibilidade jurídica do pedido, mas não resta dúvida que o pedido não pode ser, em tese, proibido pelo ordenamento jurídico. Para muitos, a questão da possibilidade jurídica do pedido, em si, é questão de mérito.

Portanto, diante do atual Código de Processo Civil, o juiz da ação coletiva deve verificar a presença dos requisitos de admissibilidade do exame do mérito para que possa prestar a tutela coletiva.

A análise deve ser feita desde o momento em que a demanda é apresentada perante determinado órgão jurisdicional e ser renovada durante toda a tramitação processual.

Por exemplo, a verificação do interesse processual deve ser feita, inicialmente, com base nas afirmações feitas pelo autor na petição inicial (teoria da asserção). Porém, pode ser constatada a falta de interesse superveniente. É comum a discussão sobre eventual falta de interesse superveniente no caso do advento de legislação sobre a questão objeto da ação e no caso da celebração de Compromisso de Ajustamento de Conduta que abrange, integralmente, o objeto da ação civil pública.

Para exemplificar, o STJ reconheceu o interesse de agir do Ministério Público no caso de ação civil pública movida para impedir o prosseguimento de licenciamento ambiental:

"'O interesse de agir do *Parquet* e de outros legitimados da Ação Civil Pública independe de finalização do licenciamento e da expedição da respectiva licença ambiental" (REsp 1.616.027/SP, Rel. Min. Herman Benjamin). Assim, considerando-se que um dos objetivos da presente demanda é impedir a realização de obras que supostamente causarão dano ambiental, não se pode condicionar o interesse processual do *Parquet* à prévia emissão do licenciamento pelos órgãos administrativos de controle e fiscalização, pois a atuação do Ministério Público Federal pode dar-se no âmbito preventivo' (AgInt no REsp 1426007/MG, Rel. Min. SÉRGIO KUKINA, 1ª T, DJe 18/06/2020).

No âmbito do processo coletivo, é importante a análise de algumas questões específicas. Vejamos.

5.1. Pedido declaratório de inconstitucionalidade em ação coletiva

Em se tratando de ação coletiva, é possível que a questão da constitucionalidade ou não da norma seja discutida como causa de pedir, isto é, como fundamento da ação.

Não pode a ação coletiva, todavia, veicular pedido declaratório de inconstitucionalidade, pois as ações coletivas não podem usurpar a função da ação direta.

Conforme decidiu o STJ, "é pacífico o entendimento nesta Corte Superior no sentido de que a inconstitucionalidade de determinada lei pode ser alegada em ação civil pública, desde que a título de causa de pedir – e não de pedido –, uma vez que, neste caso, o controle de constitucionalidade terá caráter incidental" (AgRg no REsp 1.106.972/RS).

5.2. A legitimidade ativa (*ad causam*)

Existem dois sistemas para a escolha do adequado portador dos interesses transindividuais em juízo:

a) sistema *ope legis*: ainda predominante no Brasil, de tal forma que é a lei que escolhe os legitimados adequados à tutela dos direitos transindividuais. Basicamente, estão elencados no art. 5º da Lei n. 7.347/1985 (LACP) e no art. 82 da Lei n. 8.078/1990 (CDC);

b) sistema *ope judicis*: predominante no direito norte-americano, no qual o adequado representante é definido no caso concreto, cabendo ao juiz proferir decisão de admissibilidade da ação se e somente se a classe estiver devidamente representada.

No direito norte-americano, a legitimidade é atribuída a qualquer pessoa (*class action*), uma vez que predomina a ideia de que a atuação do particular, no caso, acaba por favorecer o interesse público.

Como entre nós predomina o sistema *ope legis*, vamos à identificação dos representantes adequados escolhidos pelo legislador brasileiro.

A Lei n. 7.347/1985 e a Lei n. 8.078/1990 legitimam, concorrentemente, o Ministério Público, a Defensoria Pública, a União, os Estados, os Municípios, as autarquias, as empresas públicas, as fundações, as sociedades de economia mista e os órgãos públicos (ainda que despersonalizados). O CDC (Lei n. 8.078/1990) fez referência expressa à legitimação das entidades e dos órgãos da Administração Pública, direta ou indireta, ainda que sem personalidade jurídica, especificamente destinados à defesa dos interesses e direitos transindividuais.

Além dessas entidades estatais, conferiu-se à sociedade a possibilidade de se organizar para a defesa dos *novos direitos*. Ou seja, o *terceiro setor* também foi legitimado pela lei à defesa dos direitos difusos e coletivos.

O legislador, porém, só admitiu a legitimidade de representantes da sociedade por meio de associações constituídas há pelo menos um ano e que incluam, entre as suas finalidades, a proteção de algum dos *novos direitos* (meio ambiente, consumidor, patrimônio artístico, estético, histórico, turístico e paisagístico).

O cidadão, isoladamente, não é legitimado para a propositura de ações coletivas, a não ser no caso de ação popular, que pode ser proposta pelo cidadão eleitor.

Como regra, portanto, a legitimidade é concorrente e disjuntiva, ou seja, são vários entes legitimados. A atuação de um legitimado não impede a atuação do outro. Por isso, no concurso para Defensor Público de São Paulo (2019 – FCC), a seguinte frase foi considerada INCORRETA: "Quando houver a instauração de inquérito civil pelo Ministério Público, a Defensoria Pública estará impedida de promover ação civil pública sobre o mesmo tema".

A doutrina registra divergência acadêmica sobre a questão terminológica referente à legitimidade para as ações coletivas.

Uma parcela da doutrina defende o emprego da terminologia tradicional, de tal forma que o autor da ação coletiva, por não ser titular do direito material, atuaria como legitimado extraordinário. Afinal, defende em juízo, em nome próprio, um direito alheio.

De outro lado, há aqueles que defendem o emprego de uma termologia própria para o processo coletivo, para expressar o fato de que existem particulares no caso de ações coletivas. Por exemplo, a atuação do *substituto processual* é sempre para beneficiar as vítimas ou interessados. No caso de improcedência da ação coletiva, não é prejudicada a pretensão individual. De lembrar que, no processo individual, a atuação do substituto vincula o substituído, inclusive no caso de improcedência da demanda.

Por isso, alguns autores entendem que o autor da ação coletiva é um *legitimado autônomo para a condução do processo* (por exemplo, Nelson Nery Jr.). Há quem fale em legitimação coletiva (por exemplo, Luiz Manoel Gomes Jr.)

5.2.1. O Ministério Público

Trata-se de órgão público que não tem personalidade jurídica própria, mas que é dotado de capacidade postulatória, como proclamou a Suprema Corte, no julgamento do RExt 163.231/SP: "A Constituição Federal confere relevo ao Ministério Público como instituição permanente, essencial à função jurisdicional do Estado, incumbindo-lhe a defesa da ordem jurídica, do regime democrático e dos interesses sociais e individuais indisponíveis (CF, art. 127). Por isso mesmo detém o Ministério Público capacidade postulatória, não só para a abertura do inquérito civil, da ação penal pública e da ação civil pública para a proteção do patrimônio público e social, do meio ambiente, mas também de outros interesses difusos e coletivos (CF, art. 129, I e III)".

Ao atuar como parte, o MP não está obrigado ao adiantamento de despesas processuais e, segundo a grande maioria, também não se sujeita à condenação em custas ou em honorários de advogado.

No que se refere aos prazos, recebe tratamento diferenciado, pois o art. 180 do CPC/2015 estabelece que *O Ministério Público gozará de prazo em dobro para manifestar-se nos autos, que terá início a partir de sua intimação pessoal*.

Tem entendido a jurisprudência, majoritariamente, que a regra especial é aplicável ao Ministério Público, tanto quando é parte como quando funciona como fiscal da lei. Com o intuito de demonstrar o posicionamento jurisprudencial, segue decisão prolatada pela 5ª Turma do STJ (DJ 05.09.2005)

> "RECURSO ESPECIAL. ESTATUTO DA CRIANÇA E DO ADOLESCENTE. MINISTÉRIO PÚBLICO. PRAZO EM DOBRO PARA RECORRER. PRERROGATIVA. ARTS. 188, CPC, E 198, II, DO ECA. Na linha da jurisprudência desta Corte, o *Ministério Público tem prazo em dobro para recorrer, seja nos casos em que atua como parte, seja naqueles em que oficia como fiscal* da lei. O art. 198, do ECA, aplica-se somente na parte expressamente diversa do Código de Processo Civil, que continua a ser adotado no atinente à sistemática recursal, na qual inclui a prerrogativa prevista no art. 188, do CPC. Recurso especial conhecido e provido" (STJ, REsp 706704/SC, 5ª T., j. 04.08.2005, rel. Min. José Arnaldo da Fonseca, *DJ* 05.09.2005).

Além de prazos diferenciados, o MP goza da prerrogativa de ser intimado pessoalmente, com vista dos autos, para a prática dos atos processuais, nos termos do art. 41, IV, da Lei n. 8.625/1993 (Lei Orgânica Nacional do MP).

Por isso, a contagem do prazo para a manifestação do MP não se dá a partir da intimação pessoal, mas sim da remessa dos autos com vista (no caso de processos físicos). Quanto aos processos eletrônicos, a contagem do prazo para o Ministério Público "terá início a partir de sua intimação pessoal, nos termos do art. 183, § 1º" (cf. art. 180 do CPC/2015). Cabe lembrar que "a intimação pessoal far-se-á por carga, remessa ou meio eletrônico".

O art. 179 do CPC/2015 estabelece as regras da intervenção do Ministério Público. Segundo esse artigo, *nos casos de intervenção como fiscal da ordem jurídica, o Ministério Público:*

I. terá vista dos autos depois das partes, sendo intimado de todos os atos do processo;

II. poderá produzir provas, requerer as medidas processuais pertinentes e recorrer.

Segundo o art. 279 do CPC/2015, é nulo o processo quando o membro do Ministério Público não for intimado a acompanhar o feito em que deva intervir.

Se no processo civil individual o MP atua como parte ou como *custos legis*, no processo coletivo o *parquet* também é incumbido de assumir a titularidade ativa no caso de desistência injustificada ou de abandono.

Assim, o MP ocupa posição diferenciada em relação aos demais colegitimados para as ações coletivas, podendo atuar como:

a) parte;

b) órgão interveniente obrigatório (*custos legis*);

c) legitimado superveniente.

De fato, estabelece o art. 5º, § 1º, da Lei 7.347/1985 (LACP), que o MP, *se não intervier no processo como parte, atuará obrigatoriamente como fiscal da lei*. Isso quer dizer o *Parquet* sempre está presente nas ações coletivas, como órgão interveniente ou, então, como autor da ação coletiva.

A legitimidade superveniente surge nos casos de desistência infundada da ação coletiva proposta por outro colegitimado. Com efeito, estabelece o art. 5º, § 3º, da LACP que, *em caso de desistência infundada da ação por associação legitimada, o Ministério Público ou outro legitimado assumirá a titularidade ativa*.

Essa questão comporta divergências doutrinárias, no sentido de esclarecer se o Ministério Público, em caso de desistência da ação, está ou não obrigado a assumir a titularidade.

No processo coletivo, o MP é incumbido de zelar pelos interesses difusos e coletivos, bem como pode postular em juízo a tutela de direitos e interesses individuais homogêneos indisponíveis.

Ou seja, o *parquet* não tutela qualquer direito ou interesse individual. Só os indisponíveis, como, por exemplo, aqueles relacionados à vida, à segurança ou à saúde. Afirma-se a legitimidade do MP, também, na hipótese da tutela de direitos individuais homogêneos de relevância social.

Ilustrativo o seguinte trecho de decisão proferida pelo STJ: "[...] A orientação jurisprudencial desta Corte Superior tem se inclinado a permitir a legitimação dos órgãos do Ministério Público para demandarem na defesa de direitos individuais homogêneos, desde que presente a relevância social dos interesses defendidos, consubstanciada na transcendência dos efeitos à esfera de interesses individuais, refletindo em uma universalidade de potenciais consumidores que podem ser afetados pela prática apontada como abusiva. [...]" (AgRg no REsp 1411444 SP, Rel. Ministro Marco Aurélio Bellizze, Terceira Turma, julgado em 27/10/2015, DJe 13/11/2015).

Sobre a questão, merece destaque o enunciado da Súmula n. 601 do STJ: O Ministério Público tem legitimidade ativa para atuar na defesa de direitos difusos, coletivos e individuais homogêneos dos consumidores, ainda que decorrentes da prestação de serviço público (DJE 25/02/2018).

Como o mesmo fato pode violar simultaneamente direitos transindividuais de todas as espécies, há necessidade de se admitir uma tutela jurisdicional coletiva tripartite e conglobante, ou seja, que seja apta a tutelar, por meio de uma única ação, direitos de todas as espécies. A constatação foi magistralmente assinalada pela 37ª Câmara de Direito Privado do Tribunal de Justiça de São Paulo, em acórdão relatado pelo Des. Sergio Gomes (Apelação nº 0138173-49.2010.8.26.0100).

No caso, discutiam-se, em sede de ação civil pública movida pelo Ministério Público, práticas abusivas e irregulares na cobrança de débitos de consumidores, "notadamente a ausência de prévia, formal, expressa e pessoal notificação da aquisição de créditos oriundos principalmente de contratos de serviços de telefonia".

Admitiu-se, na hipótese, a formulação de pedidos de tutela de todos os direitos transindividuais. Tal fato também determina a legitimidade do MP para a tutela dos direitos e interesses individuais homogêneos.

Oportuna, também, a reprodução de trecho do seguinte julgado do STJ:

"[...] As tutelas pleiteadas em ações civis públicas não são necessariamente puras e estanques. Não é preciso que se peça, de cada vez, uma tutela referente a direito individual homogêneo, em outra ação uma de direitos coletivos em sentido estrito e, em outra, uma de direitos difusos, notadamente em se tratando de ação manejada pelo Ministério Público, que detém legitimidade ampla no processo coletivo. Isso porque embora determinado direito não possa pertencer, a um só tempo, a mais de uma categoria, isso não implica dizer que, no mesmo cenário fático ou jurídico conflituoso, violações simultâneas de direitos de mais de uma espécie não possam ocorrer. [...] 4. Mesmo que se considere que na situação em concreto não há direitos difusos, é de notar que, no tocante ao interesse individual homogêneo, o Ministério Público também preencheu o critério para a sua atuação na defesa desse interesse transindividual, qual seja: o interesse social relevante. 5. O STF e o STJ reconhecem que o evidente relevo social da situação em concreto atrai a legitimação do Ministério Público para a propositura de ação civil pública em defesa de interesses individuais homogêneos, mesmo que disponíveis, em razão de sua vocação constitucional para defesa dos direitos fundamentais ou dos objetivos fundamentais da República, tais como: a dignidade da pessoa humana, meio ambiente, saúde, educação, consumidor, previdência, criança e adolescente, idoso, moradia, salário mínimo, serviço público, dentre outros. No caso, verifica-se que há interesse social relevante do bem jurídico tutelado, atrelado à finalidade da instituição, notadamente por tratar de relação de consumo em que atingido um número indeterminado de pessoas e, ainda, pela massificação do conflito em si considerado, estando em conformidade com os ditames dos arts. 127 e 129, III, da Constituição Federal, arts. 81 e 82 do CDC e arts. 1º e 5º da Lei n. 7.347/1985. [...]" (REsp 1209633 RS, Rel. Ministro Luis Felipe Salomão, Quarta Turma, julgado em 14/04/2015, DJe 04/05/2015).

Por isso, no concurso para Defensor Público de São Paulo (2019 – FCC), a seguinte frase foi considerada INCORRETA: "Em tese, é impossível que um mesmo fato gere reflexos sobre mais de um direito ou interesse coletivo em sentido amplo".

Outro julgado fundamental sobre a legitimidade do MP deve ser citado nesta oportunidade:

"Administrativo e processual civil. Recurso especial sob a sistemática dos repetitivos. Demandas de saúde com beneficiários individualizados interpostas contra entes federativos. Legitimidade do Ministério Público. Suposta afronta aos dispositivos dos arts. 1º, V, e 21 da Lei N. 7.347/1985, bem como ao art. 6º do CPC/1973. Não ocorrência. direito à saúde. direito individual indisponível. art. 1º da Lei N. 8.625/1993 (Lei Orgânica Nacional do Ministério Público). Aplicabilidade. Recurso especial conhecido e não provido. Recurso julgado sob a sistemática do art. 1.036 e seguintes do CPC/2015, c/c o art. 256-N e seguintes do regimento interno do STJ.

1. Os dispositivos legais, cuja aplicação é questionada nos dois recursos especiais e a tramitação se dá pela sistemática dos repetitivos (REsp 1.681.690/SP e REsp 1.682.836/SP), terão sua resolução efetivada em conjunto, consoante determina a regra processual.

2. A discussão, neste feito, passa ao largo de qualquer consideração acerca da legitimidade ministerial para propor demandas, quando se tratar de direitos difusos, coletivos ou individuais homogêneos, até porque inexiste qualquer dúvida da sua legitimidade, nesse particular, seja por parte da legislação aplicável à espécie, seja por parte da jurisprudência. De outra parte, a discussão também não se refere à legitimidade de o Ministério Público postular em favor de interesses de menores, incapazes e de idosos em situação de vulnerabilidade. É que, em tais hipóteses, a legitimidade do órgão ministerial decorre da lei, em especial dos seguintes estatutos jurídicos: arts. 201, VIII, da Lei n. 8.069/1990 e 74, II e III, da Lei 10.741/2003.

3. A fronteira para se discernir a legitimidade do órgão ministerial diz respeito à disponibilidade, ou não, dos direitos individuais vindicados. É que, tratando-se de direitos individuais disponíveis e uma vez não havendo uma lei específica autorizando, de forma excepcional, a atuação do Ministério Público (como no caso da Lei n. 8.560/1992), não se pode falar em legitimidade de sua atuação. Todavia, se se tratar de direitos ou interesses indisponíveis, a legitimidade ministerial já decorreria da redação do próprio art. 1º da Lei n. 8.625/1993 (Lei Orgânica Nacional do Ministério Público).

4. Com efeito, a disciplina do direito à saúde encontra na jurisprudência pátria a correspondência com o próprio direito à vida, de forma que a característica da indisponibilidade do direito já decorreria dessa premissa firmada.

5. Assim, inexiste violação dos dispositivos dos arts. 1º, V, e 21 da Lei n. 7.347/1985, bem como do art. 6º do CPC/1973, uma vez que a atuação do Ministério Público, em demandas de saúde, assim como nas relativas à dignidade da pessoa humana, tem assento na indisponibilidade do direito individual, com fundamento no art. 1º da Lei n. 8.625/1993 (Lei Orgânica Nacional do Ministério Público).

6. Tese jurídica firmada: O Ministério Público é parte legítima para pleitear tratamento médico ou entrega de medicamentos nas demandas de saúde propostas contra os entes federativos, mesmo quando se tratar de feitos contendo beneficiários individualizados, porque se refere a direitos individuais indisponíveis, na forma do art. 1º da Lei n. 8.625/1993 (Lei Orgânica Nacional do Ministério Público).

7. No caso concreto, o aresto prolatado pelo eg. Tribunal de origem está conforme o posicionamento desta Corte Superior, mormente quando, neste caso, o processo diz respeito a interesse de menor, em que a atuação do Ministério Público já se encontra legitimada com base nesse único aspecto de direito.

8. Recurso especial conhecido e não provido.

9. Recurso julgado sob a sistemática do art. 1.036 e seguintes do CPC/2015 e art. 256-N e seguintes do Regimento Interno deste STJ.

(REsp 1682836/SP, Rel. Ministro Og Fernandes, Primeira Seção, julgado em 25/04/2018, DJe 30/04/2018)".

A Lei da Ação Civil Pública (Lei n. 7.347/1985), em seu art. 5º, § 5º, estabelece a possibilidade de litisconsórcio entre Ministérios Públicos: *Admitir-se-á o litisconsórcio facultativo entre os Ministérios Públicos da União, do Distrito Federal e dos Estados na defesa dos interesses e direitos de que cuida esta lei.*

Esse litisconsórcio *especial* é admitido em nome da maior efetividade da tutela coletiva.

O ECA (Lei n. 8.069/1990) também prevê a possibilidade de litisconsórcio de Ministérios Públicos no § 1º do art. 210, assim como o Estatuto do Idoso (Lei n. 10.741/2003), no § 1º do art. 81.

5.2.2. Defensoria Pública

A Defensoria Pública, outro órgão público que não tem personalidade jurídica própria, também está legitimada à tutela dos direitos transindividuais, por força do inciso II do art. 5º da Lei n. 7.347/1985.

Dotada da prerrogativa da intimação pessoal com vista dos autos, a DP tem legitimidade para postular a tutela de toda espécie de direito material coletivo, isto é, difuso, coletivo propriamente dito e individual homogêneo.

Importante, porém, estar atento à sua missão constitucional. Afinal, trata-se de instituição essencial à função jurisdicional do Estado, incumbida da orientação jurídica e da defesa, em todos os graus, dos necessitados, na forma do art. 5º, LXXIV, da CF (art. 134 da CF).

O órgão é incumbido da obrigação de prestar orientação jurídica aos necessitados (*assistência jurídica*), bem como de prestar *assistência judiciária*, isto é, de promover demandas perante o Poder Judiciário em prol dos necessitados.

A Defensoria Pública tem legitimidade para promover ações individuais e coletivas, especialmente a ação civil pública na defesa de um grupo de pessoas hipossuficientes.

Trata-se de legitimidade ampla para a defesa dos direitos dos necessitados, abrangendo seus direitos individuais, coletivos, sociais, econômicos, culturais e ambientais. Pode ser defendido o consumidor hipossuficiente (vulnerável), bem como a criança, o adolescente, o idoso, a pessoa portadora de necessidades especiais, a mulher vítima de violência doméstica e familiar, ou qualquer grupo social vulnerável que mereça proteção especial do Estado.

O art. 4º da Lei Complementar 80/1994, em seu inciso VIII, permite a tutela de direitos e interesses individuais, difusos, coletivos e individuais homogêneos, mas referida legitimidade apresenta algumas controvérsias.

O órgão atua como parte (*substituição processual*) ou sem ostentar a qualidade de parte, mas atuando na defesa da parte hipossuficiente (*representação processual*).

A Defensoria Pública, no campo das ações coletivas, tem afirmado sua legitimidade para:

a) ser autora de ações coletivas, na defesa de direitos transindividuais de qualquer espécie;

b) atuar como assistente judicial de entidades legitimadas à propositura de demandas coletivas. Ou seja, a DP pode ser assistente judicial da entidade que é legitimada à defesa dos direitos transindividuais pelas normas do Processo Coletivo, especialmente pelo art. 5º da LACP e pelo art. 82 do CDC.

Essa atuação da Defensoria Pública suscita a questão da análise da pertinência temática, pois é evidente o órgão público, diante da sua missão constitucional de tutelar os necessitados, não poderá assistir qualquer entidade legitimada, isto é, qualquer associação. Por exemplo, a DP não pode assistir judicialmente a FIESP, por absoluta incompatibilidade com sua missão constitucional.

Registre-se que a legitimidade da Defensoria Pública, para o ajuizamento de ações coletivas, passou a constar expressamente do inciso II do art. 5º da LACP, por força da inclusão determinada pela Lei n. 11.448/2007.

A jurisprudência tem corroborado essa legitimidade. Para ilustrar, pode ser citada a decisão proferida no REsp 912.849/RS (*DJe* de 28.04.2008):

> "Processual civil. Ação coletiva. Defensoria Pública. Legitimidade ativa. Art. 5º, II, da Lei n. 7.347/1985 (Redação da Lei n. 11.448/2007). Precedente.
>
> 1. Recursos especiais contra acórdão que entendeu pela legitimidade ativa da Defensoria Pública para propor ação civil coletiva de interesse coletivo dos consumidores.
>
> 2. Este Superior Tribunal de Justiça vem-se posicionando no sentido de que, nos termos do art. 5º, II, da Lei n. 7.347/1985 (com a redação dada pela Lei n. 11.448/2007), a Defensoria Pública tem legitimidade para propor a ação principal e a ação cautelar em ações civis coletivas que buscam auferir responsabilidade por danos causados ao meio-ambiente, ao consumidor, a bens e direitos de valor artístico, estético, histórico, turístico e paisagístico e dá outras providências".

A legitimidade para a defesa de direitos difusos vem sendo afirmada em face do caráter indivisível desses direitos.

A amplitude da legitimidade da Defensoria Pública foi explorada em concurso (Defensor Público/SP – 2012 – FCC): "Tramita no Supremo Tribunal Federal a Ação Direta de Inconstitucionalidade 3.943 interposta pela Associação Nacional dos Membros do Ministério Público – CONAMP, contestando a legitimidade da Defensoria Pública para a propositura de Ação Civil Pública, sob a alegação, em linhas gerais, de que tal legitimidade da Defensoria Pública "afeta diretamente" as atribuições do Ministério Público. De acordo com os diplomas normativos e a doutrina dominante que tratam do Direito Processual Coletivo,

(A) a exclusão da Defensoria Pública do rol dos entes legitimados para a propositura da Ação Civil Pública, especialmente para a hipótese dos direitos difusos, notadamente no caso da proteção do ambiente, segue o caminho da ampliação do acesso à Justiça, encontrando suporte normativo na legislação processual coletiva e mesmo na Lei Fundamental de 1988.

(B) no caso da tutela coletiva dos direitos fundamentais sociais, o ajuizamento de Ação Civil Pública pela Defensoria Pública implica sobreposição de atribuições com o Ministério Público, tomando por base ainda que os beneficiários de tais medidas não se enquadram no público alvo da Defensoria Pública e, por tal razão, não haveria como identificar a pertinência temática no caso.

(C) a legitimidade da Defensoria Pública para a tutela coletiva de direitos difusos – como, por exemplo, a ordem urbanística, o direito aos serviços públicos essenciais de saúde e educação e o direito ao ambiente – está em perfeita sintonia com o art. 5º, II, e o rol exemplificativo de direitos coletivos em sentido amplo trazido pelo art. 1o, ambos da Lei no 7.347/85.

(D) a Ação Direta de Inconstitucionalidade deve ser julgada procedente, tendo em vista a contrariedade existente entre o art. 5º, II, da Lei no 7.347/85, e o art. 129, § 1o, da Constituição Federal de 1988, o qual confere ao Ministério Público exclusividade para a propositura de Ação Civil Pública.

(E) a legitimidade da Defensoria Pública em matéria de direitos difusos não pode ser admitida, mas tão somente em relação aos direitos individuais homogêneos, uma vez que não se faz possível a identificação dos beneficiários de uma Ação Civil Pública que tenha tal propósito".

Seguem os comentários: **A**: incorreta, pois a mencionada exclusão contraria a tendência de ampliação do acesso à Justiça; **B**: incorreta, pois a lesão a direitos fundamentais sociais também atinge os necessitados. Maiores considerações no item a seguir; **C**: correta, pois a legitimidade da Defensoria Pública, para o ajuizamento de ações coletivas, passou a constar expressamente do inciso II do art. 5º da LACP, por força da inclusão determinada pela Lei n. 11.448/2007. E a jurisprudência tem corroborado essa legitimidade. Para ilustrar, pode ser citada a decisão proferida no REsp 912.849/RS (DJe, 28-4-2008): "Processual civil. Ação coletiva. Defensoria Pública. Legitimidade ativa. Art. 5º, II, da Lei n. 7.347/1985 (redação da Lei n. 11.448/2007). Precedente. 1. Recursos especiais contra acórdão que entendeu pela legitimidade ativa da Defensoria Pública para propor ação civil coletiva de interesse coletivo dos consumidores. 2. Este Superior Tribunal de Justiça vem-se posicionando no sentido de que, nos termos do art. 5º, II, da Lei n. 7.347/85 (com a redação dada pela Lei n. 11.448/07), a Defensoria Pública tem legitimidade para propor a ação principal e a ação cautelar em ações civis coletivas que buscam auferir responsabilidade por danos causados ao meio ambiente, ao consumidor, a bens e direitos de valor artístico, estético, histórico, turístico e paisagístico e dá outras providências". A legitimidade para a defesa de direitos difusos vem sendo afirmada em face do caráter indivisível desses direitos, pois é inegável que a lesão a interesses difusos também atinge os necessitados. Recentemente a Segunda Turma do STJ exaltou a legitimidade da Defensoria Pública no processo coletivo: "O direito à educação legitima a propositura da Ação Civil Pública, inclusive pela Defensoria Pública, cuja intervenção, na esfera dos interesses e direitos individuais homogêneos, não se limita às relações de consumo ou à salvaguarda da criança e do idoso. Ao certo, cabe à Defensoria Pública a tutela de qualquer interesse individual homogêneo, coletivo *stricto sensu* ou difuso, pois sua legitimidade *ad causam*, no essencial, não se guia pelas características ou perfil do objeto de tutela (= critério objetivo), mas pela natureza ou *status* dos sujeitos protegidos, concreta ou abstratamente defendidos, os necessitados (= critério subjetivo)" (REsp 1.264.116/RS, DJe 13/04/2012); **D**: incorreta, pois não há legitimidade exclusiva do MP para a propositura de ação civil pública; **E**: incorreta, conforme as considerações feitas no item "c". Portanto, deve ser assinalada a alternativa "c".

Sobre a legitimidade da Defensoria Pública é importante ressaltar a interpretação extensiva que tem merecido o conceito de vulnerabilidade:

"Processual civil. Agravo interno no agravo em recurso especial. Defensoria pública. Ação civil pública. Direitos individuais homogêneos de hipossuficientes. Legitimidade ativa. Jurisprudência do STJ. Efetiva comprovação de hipossuficiência. Revisão. Impossibilidade. Súmula 7/STJ.

1. A assente jurisprudência desta Corte Superior de Justiça é no sentido de que a Defensoria Pública tem legitimidade ativa para propor ação civil pública que tutele direitos individuais homogêneos, desde que se trate de hipossuficientes de qualquer sorte, decorrentes de vulnerabilidade econômica, financeira ou social. Precedentes: AgInt no REsp 1.510.999/RS, Primeira Turma, Rel. Ministra Regina Helena Costa, DJe 19.0/6/2017; AgInt no REsp 1.573.481/PE, Segunda Turma, Rel. Ministro Herman Benjamin, DJe 27.0/5/2016; AgRg no REsp 1.243.163/RS, Sexta Turma, Rel. Ministro Og Fernandes, DJe 27.0/2/2013; REsp 1.275.620/RS, Segunda Turma, Rel. Ministra Eliana Calmon, DJe 22/10/2012.

2. Na hipótese, a Corte de origem, após ampla análise do conjunto fático-probatório, firmou compreensão de que a condição de hipossuficiência dos beneficiários não ficou demonstrada. A revisão de tal entendimento esbarra no óbice contido na Súmula 7/STJ.

3. Agravo interno não provido".

(AgInt no AREsp 987.554/TO, Rel. Ministro Benedito Gonçalves, Primeira Turma, julgado em 21/06/2018, DJe 28/06/2018)

No mesmo sentido:

"Processual civil. Agravo interno no recurso especial. Ação civil pública. Código de processo civil de 2015. Aplicabilidade. Defensoria pública. Hipossuficiência jurídica. Legitimidade para a propositura da ação. Argumentos insuficientes para desconstituir a decisão atacada. Aplicação de multa. Art. 1.021, § 4º, do Código de Processo Civil de 2015. Descabimento.

I – Consoante o decidido pelo Plenário desta Corte na sessão realizada em 09.03.2016, o regime recursal será determinado pela data da publicação do provimento jurisdicional impugnado. In casu, aplica-se o Código de Processo Civil de 2015.

II – O Superior Tribunal de Justiça, ao interpretar os requisitos legais para a atuação coletiva da Defensoria Pública, encampa exegese ampliativa da condição jurídica de "necessitado", de modo a possibilitar sua atuação em relação aos necessitados jurídicos em geral, não apenas aos hipossuficientes sob o aspecto econômico.

III – Não apresentação de argumentos suficientes para desconstituir a decisão recorrida.

IV – Em regra, descabe a imposição da multa, prevista no art. 1.021, § 4º, do Código de Processo Civil de 2015, em razão do mero improvimento do Agravo Interno em votação unânime, sendo necessária a configuração da manifesta inadmissibilidade ou improcedência do recurso a autorizar sua aplicação, o que não ocorreu no caso.

V – Agravo Interno improvido" (AgInt no REsp 1694547/ES, Rel. Ministra Regina Helena Costa, Primeira Turma, julgado em 17/05/2018, DJe 23/05/2018).

Nos editais dos concursos para Defensor Público também têm sido exigido o conhecimento da atuação da Defensoria Pública enquanto *custos vulnerabilis*.

A atuação na curadoria dos vulneráveis, ou, então, como "guardiã dos vulneráveis", vem sendo preconizada pela Defensoria Pública no âmbito cível e penal. Assim, se o Ministério Público atua como custos legis (fiscal da ordem jurídica), à Defensoria Pública incumbe a função de atuar como custos vulnerabilis, de tal forma que o Defensor Público deve ser intimado nos processos em que se discute a tutela de direito ou interesse de vulneráveis, mesmo que a classe de vulneráveis esteja representada por advogado.

Nesse ponto, é pioneiro o CPC/2015 ao exigir, no caso das ações possessórias, nos termos do art. 554, § 1º, a intimação do Defensor Público: "No caso de ação possessória em que figure no polo passivo grande número de pessoas, serão feitas a citação pessoal dos ocupantes que forem encontrados no local e a citação por edital dos demais, determinando-se, ainda, a intimação do Ministério Público e, se envolver pessoas em situação de hipossuficiência econômica, da Defensoria Pública. Cabe lembrar que a vulnerabilidade econômica não é a única, pois também se fala em vulnerabilidade social, técnica, informacional e jurídica.

5.2.3. O setor público: União, Estados, Municípios e Distrito Federal

Nos termos do art. 82, II, do CDC e do art. 5º, da LACP, as pessoas jurídicas de direito público têm legitimidade para a propositura de ações coletivas.

As regras referentes à representação em juízo estão previstas no Código de Processo Civil de 2015, no art. 75.

Discute a doutrina se um estado federado pode propor uma ação coletiva em outro estado. Por exemplo, um estado pode ajuizar uma ação coletiva para a defesa do meio ambiente em outro estado?

Para Rodolfo de Camargo Mancuso,[1] "com relação aos *entes políticos* (União, Estados, Municípios, Distrito Federal) conquanto se lhes possa reconhecer uma aptidão genérica para atuar em prol da coisa pública e dos interesses supraindividuais, daí não se pode extrair, *à outrance*, que possam promover a tutela de interesse concernente a outro ente político ou para defesa de bem situado em outro Estado ou outro Município".

5.2.4. Entidades e órgãos da Administração Pública, direta ou indireta: autarquias, empresas públicas, fundações, sociedades de economia mista e outros órgãos

O art. 82, III, da Lei n. 8.078/1990 CDC, estabelece que são legitimados concorrentemente as entidades e órgãos da Administração Pública, direta ou indireta, ainda que sem

---

1. **Jurisdição coletiva e coisa julgada:** *teoria geral das ações coletivas*. São Paulo: RT, 2007. p. 411-412.

personalidade jurídica, especificamente destinados à defesa dos interesses e direitos protegidos pelo CDC.

Imprescindível, portanto, que as autarquias, as empresas públicas, as sociedades de economia mista, e os demais órgãos, tenham entre seus objetivos institucionais a defesa judicial de direitos transindividuais. Ou seja, exige-se dos mencionados órgãos aquilo que se convencionou chamar de *pertinência temática*.

No que se refere às entidades da Administração Pública, Rodolfo de Camargo Mancuso[2] afirma que "cabe a exigência da *pertinência temática* não se concebendo, *v.g.*, que a Fundação Horto Florestal (SP) pugne em juízo em defesa de patrimônio arquitetônico localizado no centro da cidade, ou que a Fundação Procon se abale à proteção judicial do meio ambiente".

Como exemplos de órgãos e entidades legitimados podem ser citados o CONAMA (Conselho Nacional do Meio Ambiente), o PROCON, a OAB, o INMETRO e a SUNAB.

Sobre a OAB, também são oportunas as observações de Rodolfo de Camargo Mancuso:[3] "A OAB encontra-se numa situação singular porque, embora represente, precipuamente, a classe dos advogados, seu espectro de atuação é bem mais amplo: 'Defender a Constituição, a ordem jurídica do Estado democrático de direito, os direitos humanos, a justiça social, e pugnar pela boa aplicação das leis, pela rápida administração da justiça e pelo aperfeiçoamento da cultura e das instituições jurídicas' (art. 44, I, da Lei 8.906/1994). Assim, parece-nos que, em face da OAB, não há como se aplicar a exigência da *pertinência temática*".

Os conselhos de fiscalização de profissões têm legitimidade para a propositura de ações coletivas. A Súmula n. 66 do Superior Tribunal de Justiça estabelece que: *Compete à Justiça Federal processar e julgar execução fiscal promovida por Conselho de fiscalização profissional*.

Pense-se, por exemplo, no Conselho da Ordem dos Advogados do Brasil. Não há dúvida de que tem legitimidade para defender interesses coletivos dos advogados.

5.2.5. O terceiro setor: as associações e outras entidades

As associações têm legitimidade para a defesa dos direitos difusos e coletivos, por expressa disposição legal.

Todavia, há necessidade do preenchimento de dois requisitos:

a) estar constituída há pelo menos um ano;

b) incluir entre suas finalidades institucionais a defesa do direito que se pretende tutelar (*pertinência temática*).

O primeiro requisito, segundo o § 4º do art. 5º, da LACP, poderá ser dispensado pelo juiz, quando haja manifesto interesse social evidenciado pela dimensão ou característica do dano, ou pela relevância do bem jurídico a ser protegido.

Afirma-se que, no caso de Mandado de Segurança Coletivo, a exigência da constituição há mais de um ano não pode ser dispensada pelo juiz porque é determinada por norma constitucional (art. 5º, LXX, *b*).

A atuação da associação pode beneficiar pessoas além de seus próprios filiados.

O art. 82, IV, do CDC, ao legitimar as associações para a propositura de ações coletivas, expressamente dispensa a associação, para a propositura da ação, de qualquer autorização assemblear específica: Para os fins do art. 81, parágrafo único, são legitimados concorrentemente (...) IV -- as associações legalmente constituídas há pelo menos um ano e que incluam entre seus fins institucionais a defesa dos interesses e direitos protegidos por este código, **dispensada a autorização assemblear**.

Assim, em se tratando do regime de legitimação extraordinária, para a tutela de direitos e interesses transindividuais, é dispensada qualquer autorização assemblear para a propositura da ação.

No caso específico da propositura de ações coletivas contra a União, os Estados, o Distrito Federal, os Municípios e suas autarquias e fundações, há grande controvérsia derivada da exigência do art. 2º-A, parágrafo único, da Lei n. 9494/1997, segundo o qual, *a petição inicial deverá obrigatoriamente estar instruída com a ata da assembleia da entidade associativa que a autorizou, acompanhada da relação nominal dos seus associados e indicação dos respectivos endereços*.

O STF, no julgamento do RE n. 573.232/SC, ao qual remetemos o leitor, firmou o entendimento no sentido de que "a atuação das associações na defesa dos interesses de seus membros dá-se por representação, e não por substituição processual, salvo nos casos de mandado de segurança coletivo. Assim, mostra-se imperiosa a existência de autorização expressa, individual ou por deliberação assemblear" (cf. destacado pelo STJ no REsp 1362224/MG).

Frise-se: a questão só se refere a ações coletivas propostas contra a Fazenda Pública e na hipótese de representação processual dos associados pela entidade coletiva.

Oportuno o seguinte julgado do STJ sobre a questão:

"Processual civil. Direito do consumidor. Recurso especial. Embargos de declaração. Omissão, contradição ou obscuridade. Não indicação. Súmula 284/STF. Prequestionamento. Ausência. Súmula 211/STJ. Fundamentação. Ausente. Deficiente. Súmula 284/STF. Interesse de agir. Reexame de fatos e provas. Súmula 7/STJ. Ação coletiva de consumo. Interesses individuais homogêneos. Legitimidade das associações. Regime de substituição processual. Autorização assemblear. Desnecessidade. Estatuto. Reexame de cláusulas contratuais. Súmula 5/STJ. Comissão de permanência. Cumulação. Outros encargos. Repetição do indébito. Prova do erro. Relação de consumo. Teses repetitivas.

1. Cuida-se de ação coletiva de consumo, ajuizada por associação civil em favor de todos os consumidores e por meio da qual é questionada a cobrança cumulativa de comissão de permanência com outros encargos, como multa e juros de mora, nos contratos de abertura de crédito em conta-corrente.
2. Recurso especial interposto em: 15/09/2016; conclusos ao gabinete em: 30/01/2017; julgamento: CPC/15.

3. O propósito recursal cinge-se a determinar se: a) houve negativa de prestação jurisdicional; b) havia interesse de agir no momento da propositura da presente ação coletiva; c) a associação autora possui legitimidade ativa para propor ação coletiva de consumo que verse sobre os interesses individuais

---

2. *Idem, ibidem*, p. 412.
3. Idem, p. 413.

homogêneos de todos os consumidores do Estado do Rio Grande do Sul; d) é válida a cobrança cumulativa de comissão de permanência com outros encargos, como multa e juros de mora; e e) é necessária a prova de erro para a repetição de indébito nas relações de consumo.

4. A ausência de expressa indicação de obscuridade, omissão ou contradição nas razões recursais enseja o não conhecimento do recurso especial.

5. A ausência de decisão acerca dos dispositivos legais indicados como violados, não obstante a interposição de embargos de declaração, impede o conhecimento do recurso especial.

6. A ausência de fundamentação ou a sua deficiência importa no não conhecimento do recurso quanto ao tema.

7. O reexame de fatos e provas em recurso especial é inadmissível.

8. **Por se tratar do regime de substituição processual, a autorização para a defesa do interesse coletivo em sentido amplo é estabelecida na definição dos objetivos institucionais, no próprio ato de criação da associação, sendo desnecessária nova autorização ou deliberação assemblear.**

9. **As teses de repercussão geral resultadas do julgamento do RE 612.043/PR e do RE 573.232/SC têm seu alcance expressamente restringido às ações coletivas de rito ordinário, as quais tratam de interesses meramente individuais, sem índole coletiva, pois, nessas situações, o autor se limita a representar os titulares do direito controvertido, atuando na defesa de interesses alheios e em nome alheio.**

10. Verificar se o estatuto da autora somente previa a possibilidade de defesa de seus associados demandaria a interpretação de cláusulas contratuais, vedada pela Súmula 5/STJ.

11. A comissão de permanência não pode ser cumulada com quaisquer outros encargos remuneratórios ou moratórios. Tese repetitiva.

12. Tratando-se de relação de consumo ou de contrato de adesão, a compensação/repetição simples do indébito independe da prova do erro.

13. Recurso especial parcialmente conhecido e, nessa parte, desprovido" (REsp 1649087/RS, Rel. Ministra Nancy Andrighi, Terceira Turma, julgado em 02.10.2018, DJe 04.10.2018)" – g.n.

5.2.6. Os sindicatos

A legitimidade dos sindicatos decorre do art. 5º, XXI, e do art. 8º, III, ambos da Constituição Federal. Além disso, por terem a natureza de associação civil, a legitimidade dos sindicatos também decorre do art. 82, IV, do CDC.

5.2.7. Ação popular: cidadão, pessoas jurídicas e Ministério Público

Muitos autores têm mostrado a necessidade de se revisitar os temas relacionados à ação popular, principalmente após a Constituição Federal de 1988 que ampliou o seu objeto.

Um dos temas que merece reflexão refere-se à legitimidade ativa, pois ainda prevalece a questionável limitação da legitimidade ativa ao cidadão eleitor, por força das exigências impostas pela Lei n. 4.717/1965.

De fato, a Lei n. 4.717/1965 dispõe que a ação só pode ser proposta pelo cidadão, uma vez que o art. 1º, § 3º, estabelece que *a prova da cidadania, para ingresso em juízo, será feita com o título eleitoral, ou com documento que a ele corresponda*.

Não é imprescindível que o autor da ação popular seja domiciliado no foro onde a ação é proposta. Basta que seja eleitor.

A legitimidade das pessoas jurídicas é obstada pelo Supremo Tribunal Federal, como se vê da Súmula n. 365: *Pessoa jurídica não tem legitimidade para propor ação popular*.

O art. 6º, § 5º, da Lei n. 4.717/1965, expressamente reconhece a possibilidade de litisconsórcio ativo facultativo superveniente, pois faculta a qualquer cidadão habilitar-se como litisconsorte ou assistente do autor da ação popular.

5.2.8. Ação de improbidade administrativa

A Lei n. 8.429/1992, em seu art. 17, legitima o Ministério Público e a pessoa jurídica interessada no caso de ação de improbidade administrativa.

A legitimidade do MP encontra respaldo na Súmula n. 329 do STJ: *O Ministério Público tem legitimidade para propor ação civil pública em defesa do patrimônio público*.

Alguns autores defendem a ampliação da legitimidade ativa, para incluir, por exemplo, as associações. Prevalece, todavia, o entendimento no sentido de que a legitimidade é restrita ao MP e à pessoa jurídica interessada, isto é, atingida pelo ato ímprobo. Prevalece, ainda, que só têm legitimidade as pessoas jurídicas de direito público.

6. INTERVENÇÃO DE TERCEIROS NAS AÇÕES COLETIVAS

A doutrina reconhece a possibilidade, em tese, da intervenção de terceiros em sede de ações coletivas. Resta, portanto, a difícil tarefa de identificar as peculiaridades do processo coletivo.

A ação civil pública pode ser proposta por um dos colegitimados mencionados no art. 5º da Lei n. 7.347/85.

Quando um dos colegitimados toma a iniciativa de propor a ação, entende-se que outro colegitimado pode ingressar no feito, na qualidade de litisconsorte ou de assistente litisconsorcial. Por exemplo, estabelece o § 2º do art. 5º da LACP: *Fica facultado ao Poder Público e a outras associações legitimadas nos termos deste artigo habilitar-se como litisconsortes de qualquer das partes*.

Questão mais delicada diz respeito à possibilidade do particular, que não é colegitimado, de ingressar na demanda coletiva.

Se a ação civil pública for voltada à tutela de direitos difusos ou coletivos, predomina o entendimento no sentido de que não deve ser admitido o ingresso de qualquer pessoa. Ocorre que a questão da efetividade do processo sempre se coloca como um fator impeditivo da intervenção de terceiros. Isto é, sempre que a intervenção puder comprometer a celeridade e a efetividade da tutela jurisdicional, é o caso de se restringi-la.

Para ilustrar: "Administrativo. Ação civil pública de improbidade administrativa. Impossibilidade da intervenção de terceiros na condição de assistentes simples do autor pela ausência de interesse jurídico (...).

I – Ação de improbidade administrativa proposta pelo Ministério Público Estadual contra o ex-Prefeito do Município de São José da Lagoa Tapada – PB, objetivando a condenação pela prática de atos ímprobos, consistentes em tratar diferenciadamente os servidores que o seguiam politicamente, prejudicando os servidores que não comungavam de suas ideologias.

II – Por ausência de interesse jurídico, não se pode admitir a intervenção de terceiros daquele que tem mera expectativa de direito da assunção do cargo ora ocupado pelo recorrente e daquele que tem o desejo político de vê-lo afastado do mesmo cargo (...)" (AgInt nos EAREsp 714.753/PB, Rel. Ministro Francisco Falcão, Corte Especial, julgado em 21.03.2018, REPDJe 14.09.2018, DJe 04.04.2018).

A restrição quanto ao ingresso de terceiro está relacionada ao fato de que o indivíduo não será prejudicado por eventual sentença de improcedência da ação coletiva, conforme estabelece o art. 103 do CDC.

Com relação a demandas consumeristas, cabe destacar que o Código de Defesa do Consumidor, no art. 88, veda a denunciação da lide como meio para o exercício do direito de regresso: "Na hipótese do art. 13, parágrafo único deste código, a ação de regresso poderá ser ajuizada em processo autônomo, facultada a possibilidade de prosseguir-se nos mesmos autos, vedada a denunciação da lide".

Sendo assim, o eventual direito de regresso daquele que foi acionado pelo consumidor, em face de outro *produtor*, deverá ser discutido em processo autônomo, ou, no mesmo processo, após o consumidor ser indenizado. É vedada a denunciação da lide, ou seja, o exercício do direito de regresso na mesma demanda movida pelo consumidor em face do responsável.

Cabe observar que o Código de Defesa do Consumidor, no art. 101, II, estabelece que, na ação de responsabilidade civil do fornecedor de produtos e serviços, o réu que houver contratado seguro de responsabilidade poderá chamar ao processo o segurador, vedada a integração do contraditório pelo Instituto de Resseguros do Brasil.

No caso da tutela dos direitos individuais homogêneos, todavia, a questão é objeto de regramento específico. Com efeito, estabelece o art. 94 do CDC que, *proposta a ação, será publicado edital no órgão oficial, a fim de que os interessados possam intervir no processo como litisconsortes, sem prejuízo de ampla divulgação pelos meios de comunicação social por parte dos órgãos de defesa do consumidor.*

Embora o art. 94 do CDC afirme que qualquer interessado pode intervir como litisconsorte, o melhor entendimento parece ser no sentido de que o ingresso se dá na condição de assistente simples.

6.1. A denunciação da lide e o chamamento ao processo

No caso das ações coletivas, existindo responsabilidade solidária e objetiva pela reparação de danos causados ao meio ambiente ou ao consumidor, por exemplo, não deve ser admitida a denunciação da lide para o exercício do direito de regresso por parte do demandado. Pelos mesmos motivos, não deve ser admitido o chamamento ao processo.

Ocorre que o ingresso do terceiro, nas mencionadas hipóteses, pode retardar a tutela do direito transindividual, que deve ser considerada prioritária.

Afinal, a discussão sobre o direito de regresso ou da responsabilidade solidária pode comprometer a pronta e efetiva reparação do dano causado ao meio ambiente, por exemplo. Também a introdução da discussão da culpa (o direito de regresso é fundado na responsabilidade subjetiva) pode tornar a lide mais complexa pela discussão de fatos novos.

Elogiável, pois, a orientação restritiva do Superior Tribunal de Justiça, como se vê no julgamento do REsp 232.187/SP (*DJ* de 08.05.2000, p. 67):

"Processual civil. Ação civil pública. Dano ambiental.

1. É parte legítima para figurar no polo passivo da Ação Civil Pública a pessoa jurídica ou física apontada como tendo praticado o dano ambiental.

2. A Ação Civil Pública deve discutir, unicamente, a relação jurídica referente à proteção do meio ambiente e das suas consequências pela violação a ele praticada.

3. Incabível, por essa afirmação, a denunciação da lide.

4. Direito de regresso, se decorrente do fenômeno de violação ao meio ambiente, deve ser discutido em ação própria".

No mesmo sentido o acórdão proferido no julgamento do REsp 67.285/SP (*DJ* de 03.09.2007, p. 154):

"Processual civil e civil. Ação civil pública. Danos ao meio ambiente. Reparação. Responsabilidade solidária. Denunciação da lide. Precedentes.

1. Mostra-se induvidosa a responsabilidade solidária e objetiva da recorrente, consoante entenderam as instâncias ordinárias, pelo que seria meramente facultativa a denunciação da lide, pois nada impede que a contratante se volte, posteriormente, contra a contratada, ou outra pessoa jurídica ou física, para o ressarcimento da reparação a que vier a ser condenada.
2. Precedentes desta Corte".

Quando o Estado se coloca como réu em demandas ambientais, também entende-se pela inadmissibilidade da denunciação da lide para o exercício do direito de regresso.

A propósito, confira-se o acórdão proferido no julgamento do REsp 397.840/SP (*DJ* de 13.03.2006, p. 186):

"Ação civil pública. Lançamento em rio de esgoto sem tratamento. Antecipação dos efeitos da tutela para impor à ré a realização de obras para solucionar o problema. Requisitos do art. 273 do CPC. Reexame de prova. Legitimidade do Ministério Público para a defesa dos direitos difusos.

O Ministério Público, segundo expressa disposição constitucional, tem legitimidade para promover ação civil pública em defesa do meio ambiente e de outros interesses difusos e coletivos. É destes interesses que se cuida no caso, pois visa o parquet *a coibir o lançamento em rio de esgoto não tratado, problema cuja solução, segundo procura demonstrar o autor, cabe à recorrente (...).*

É incabível a denunciação da lide se o alegado direito de regresso não decorre de lei ou contrato, mas depende ainda de apuração segundo as regras genéricas da responsabilidade civil.

Assim sendo, não viola o art. 70, III, do Código de Processo Civil [art. 125, II, do CPC/2015] o acórdão que indefere pedido de denunciação da Fazenda local sob o fundamento de que os deveres impostos ao Estado pela Constituição Federal e pela Constituição Estadual não implicam o reconhecimento automático do direito de regresso".

A reparação dos danos ambientais, de fato, é questão prioritária, sendo inviável a admissão do ingresso de terceiros que possa comprometer a efetividade da tutela coletiva.

Por isso, justa a restrição jurisprudencial à denunciação da lide.

Mas atenção nos concursos públicos. Não há uma vedação em tese à intervenção de terceiros nas ações coletivas. Deve ser analisado cada caso concreto.

Por exemplo, no concurso do Ministério Público da Bahia (2008) não foi considerada correta a seguinte alternativa: "Não é cabível a denunciação da lide e o chamamento ao processo em ação civil pública". A intervenção poderá ocorrer se for importante para a tutela mais efetiva dos direitos difusos, coletivos ou individuais homogêneos. Não deve ser admitida quando comprometer a efetividade da tutela.

7. O PROCEDIMENTO NO CASO DE AÇÕES COLETIVAS

Diante do princípio da máxima amplitude da tutela jurisdicional coletiva, consagrado no art. 83 do CDC, são admissíveis todas as espécies de ações capazes de propiciar a adequada e efetiva tutela dos direitos transindividuais.

A possibilidade do manuseio de diversas espécies de tutela jurisdicional é fundamental para a efetividade da tutela coletiva.

De outro lado, essa amplitude da tutela coletiva determina que as ações coletivas observem o procedimento adequado à tutela pretendida.

Se não houver procedimento especial previsto em função da pretensão deduzida, a ação civil pública seguirá o rito comum.

De observar que a Lei n. 7.347/1985 não contém regra sobre procedimento, ao contrário da Lei n. 8.429/1992 que prevê procedimento diferenciado (fase preliminar) no caso de ação civil pública por ato de improbidade administrativa.

No concurso do Ministério Público do Piauí (CESPE –2012) não foi considerada correta a seguinte assertiva: "Constitui procedimento da ACP a realização de audiência de conciliação". Ocorre que, conforme foi dito, nem sempre haverá a designação de audiência de conciliação no caso da tutela de direitos transindividuais, tendo em vista que o procedimento será definido em função da pretensão deduzida em juízo.

8. A CUMULAÇÃO DE PEDIDOS

Com fundamento no art. 83 do CDC, o autor pode cumular pedidos em sede de ação coletiva.

Os tribunais já se manifestaram contrariamente à possibilidade de cumulação de pedidos, sobretudo quando há pedido de imposição de obrigação de fazer ou de não fazer.

Referido, entendimento, contudo, já está superado, pois o princípio da máxima efetividade da tutela coletiva pressupõe que seja admitida a cumulação de diversos pedidos em sede de ação civil pública, sendo comum o Ministério Público ajuizar ação com pedido imposição de obrigação de fazer e de condenação pecuniária.

Em caso apreciado pelo Superior Tribunal de Justiça, que bem retrata a necessidade de cumulação, o Ministério Público do Distrito Federal pleiteou a condenação da empresa concessionária de telefonia celular ao cumprimento de obrigação de fazer, consistente na imposição de obrigação de fornecer, sem nenhum encargo, fatura discriminada dos serviços prestados, além de formular pedido de condenação pecuniária, referente à devolução, em dobro, dos valores cobrados pelo detalhamento da conta telefônica.

Acolhidos os pedidos, com expresso reconhecimento da legitimidade *ad causam* do Ministério Público para a tutela de direitos individuais homogêneos, houve interposição de apelação, sendo que o órgão jurisdicional de segunda instância manteve o *decisum* de primeiro grau em todos os seus termos.

A empresa de telefonia, então, interpôs recurso especial para o Egrégio Superior Tribunal de Justiça, sustentando, dentre outras teses, a impossibilidade de cumulação.

Felizmente, ao julgar o REsp 684.712/DF, no dia 07.11.2006, o Ministro relator José Delgado fez constar do acórdão, que negou provimento ao recurso, a possibilidade de cumulação de pedidos, além da legitimidade do Ministério Público para a tutela de direitos individuais homogêneos:

> "Os interesses dos consumidores/assinantes da linha telefônica são de natureza individual, o que, todavia, não afasta seu caráter homogêneo, na medida em que a relação jurídica de consumo se aperfeiçoou por meio de pactos de adesão formulados unilateralmente pela AMERICEL, o que coloca os usuários em situação homogênea, no que se refere à eventual violação de direitos. Portanto, vislumbrada a tutela de interesses individuais homogêneos, tem incidência o art. 81 do CDC (Lei n. 8.078/1990), além do art. 82 deste Diploma, que legitimou o Ministério Público, dentre outros entes, a agir na defesa coletiva dos interesses e direitos dos consumidores.
>
> Esta 1ª Turma, no julgamento do Recurso Especial n. 605.323/ MG, emprestou nova interpretação ao art. 3º da Lei n. 7.347/1985, reconhecendo a viabilidade da cumulação de pedidos em sede de ação civil pública. Conferir: (REsp. n. 605.323/MG, Rel. Min. José Delgado, Rel. p/ acórdão Min. Teori Albino Zavascki, *DJ* de 17.10.2005; REsp. n. 625.249/PR, Rel. Min. Luiz Fux, 1ª Turma, *DJ* de 31.08.2006). Não obstante os precedentes tratarem da tutela coletiva do meio ambiente, não seria razoável deixar de estender a mesma exegese conferida ao art. 3º da Lei n. 7.347/1985 também às hipóteses em que a ação civil pública serve à proteção dos direitos do consumidor".

Outra ementa que merece ser transcrita é a referente ao julgamento do REsp 605.323/MG, ocorrido no dia 18.08.2005, sendo relator o Min. José Delgado, quando se afirmou que a ação civil pública deve ter aptidão suficiente para operacionalizar, no plano jurisdicional, a devida e integral proteção do direito material, sob pena de se tornar um instrumento inútil:

> *"Processo civil. Direito ambiental. Ação civil pública para tutela do meio ambiente. Obrigações de fazer, de não fazer e de pagar quantia. Possibilidade de cumulação de pedidos: art. 3º da Lei 7.347/1985. Interpretação sistemática. Art. 225, § 3º, da CF/1988, arts. 2º e 4º da Lei 6.938/1981, art. 25, IV, da Lei 8.625/1993 e art. 83 do CDC. Princípios da prevenção, do poluidor-pagador e da reparação integral.*
>
> *1. O sistema jurídico de proteção ao meio ambiente, disciplinado em normas constitucionais (CF, art. 225, § 3º) e infraconstitucionais (Lei 6.938/1981, arts. 2º e 4º), está fundado, entre outros, nos princípios da prevenção, do poluidor-pagador e da reparação integral. Deles decorrem, para os destinatários (Estado e comunidade), deveres e obrigações de variada natu-*

reza, comportando prestações pessoais, positivas e negativas (fazer e não fazer), bem como de pagar quantia (indenização dos danos insuscetíveis de recomposição *in natura*), prestações essas que não se excluem, mas, pelo contrário, se cumulam, se for o caso.

2. A ação civil pública é o instrumento processual destinado a propiciar a tutela ao meio ambiente (CF, art. 129, III). Como todo instrumento, submete-se ao princípio da adequação, a significar que deve ter aptidão suficiente para operacionalizar, no plano jurisdicional, a devida e integral proteção do direito material. Somente assim será instrumento adequado e útil.

3. É por isso que, na interpretação do art. 3º da Lei 7.347/1985 ("A ação civil poderá ter por objeto a condenação em dinheiro ou o cumprimento de obrigação de fazer ou não fazer"), a conjunção "ou" deve ser considerada com o sentido de adição (permitindo, com a cumulação dos pedidos, a tutela integral do meio ambiente) e não o de alternativa excludente (o que tornaria a ação civil pública instrumento inadequado a seus fins). É conclusão imposta, outrossim, por interpretação sistemática do art. 21 da mesma lei, combinado com o art. 83 do Código de Defesa do Consumidor ("Art. 83. Para a defesa dos direitos e interesses protegidos por este código são admissíveis todas as espécies de ações capazes de propiciar sua adequada e efetiva tutela") e, ainda, pelo art. 25 da Lei 8.625/1993, segundo o qual incumbe ao Ministério Público "IV – promover o inquérito civil e a ação civil pública, na forma da lei: *a)* para a proteção, prevenção e reparação dos danos causados ao meio ambiente (...)".

4. Exigir, para cada espécie de prestação, uma ação civil pública autônoma, além de atentar contra os princípios da instrumentalidade e da economia processual, ensejaria a possibilidade de sentenças contraditórias para demandas semelhantes, entre as mesmas partes, com a mesma causa de pedir e com finalidade comum (medidas de tutela ambiental), cuja única variante seriam os pedidos mediatos, consistentes em prestações de natureza diversa. A proibição de cumular pedidos dessa natureza não existe no procedimento comum, e não teria sentido negar à ação civil pública, criada especialmente como alternativa para melhor viabilizar a tutela dos direitos difusos, o que se permite, pela via ordinária, para a tutela de todo e qualquer outro direito.

5. Recurso especial parcialmente conhecido e, nessa parte, desprovido.

No mesmo sentido o acórdão proferido no julgamento do Recurso Especial n. 625.249/PR, assim como a decisão proferida no Recurso Especial n. 586.307/MT, sendo que em ambos os julgados foi relator o Min. Luiz Fux.

Portanto, deve-se admitir que as ações coletivas, como regra, veiculem todo tipo de pedido de tutela jurisdicional, garantindo-se, pois, uma grande flexibilidade ao pedido imediato formulado em ações coletivas.

Além disso, não é aceitável a tese que veda a cumulação de pedidos e obriga que, para cada tipo de prestação, seja ajuizada uma ação civil pública autônoma.

Referido entendimento compromete decisivamente o princípio da economia processual e atenta contra o princípio da instrumentalidade do processo.

Interessante questão sobre cumulação de pedidos foi formulada no concurso público para Ministério Público do Mato Grosso (2012 – UFMT): "Leia atentamente as situações abaixo descritas.

Situação A: Divulgação de propaganda enganosa sobre determinado produto ou serviço.

Situação B: Cobrança ou aumento ilegal de mensalidade escolar de um determinado estabelecimento educacional.

Em relação a essas situações, analise as assertivas.

I. Na situação A, o ajuizamento de ação coletiva objetivando a suspensão liminar e a cessação definitiva de divulgação trata-se de pretensão difusa; com base no mesmo fato lesivo (divulgação da propaganda enganosa), é cabível a cumulação de pedido condenatório de cunho patrimonial (devolução do preço, indenização) em favor dos consumidores lesados (pretensão individual homogênea).

II. Na situação B, o ajuizamento de ação coletiva objetivando cessar a prática ilegal ou inconstitucional e atender às exigências e parâmetros legais trata-se de pretensão difusa; com base no mesmo fato lesivo (cobrança ilegal), é cabível a cumulação de pedido de devolução da diferença ou do total pago indevidamente pelos alunos (pretensão individual homogênea).

III. Na situação A, o ajuizamento de ação coletiva objetivando a suspensão liminar e a cessação definitiva de divulgação trata-se de pretensão difusa; no entanto, com base no mesmo fato lesivo (divulgação da propaganda enganosa), não é cabível a cumulação de pedido condenatório de cunho patrimonial (devolução do preço, indenização) em favor dos consumidores lesados (pretensão individual homogênea).

IV. Na situação B, o ajuizamento de ação coletiva objetivando cessar a prática ilegal ou inconstitucional e atender às exigências e parâmetros legais trata-se de pretensão coletiva, em sentido estrito; no entanto, com base no mesmo fato lesivo (cobrança ilegal), não é cabível o pedido de devolução da diferença ou do total pago indevidamente pelos alunos (pretensão individual homogênea).

V. Na situação B, o ajuizamento de ação coletiva objetivando cessar a prática ilegal ou inconstitucional e atender às exigências e parâmetros legais trata-se de pretensão coletiva, em sentido estrito; com base no mesmo fato lesivo (cobrança ilegal), é cabível a cumulação de pedido de devolução da diferença ou do total pago indevidamente pelos alunos (pretensão individual homogênea).

Estão corretas as assertivas:

(A) II, III e IV, apenas.

(B) III e V, apenas.

(C) I, II e V, apenas.

(D) III e IV, apenas.

(E) I e V, apenas.

A afirmativa I está correta, pois o interesse à cessação da divulgação é difuso, podendo ser protegido pela imposição de obrigação de não fazer (arts. 3º, 11 e 12 da LACP e art. 84 do CDC). Pode haver cumulação de pedidos, conforme o atual entendimento do STJ, de tal forma que pode ser pleiteada a condenação dos responsáveis na mesma demanda. A assertiva II está incorreta, pois a pretensão, no caso, é de tutela de direitos coletivos *lato sensu* (há uma relação jurídica das vítimas com a parte contrária). Incorreta também está a assertiva III, pois é possível a cumulação de pedidos. A afirmativa IV está incorreta, pois é cabível a formulação dos pedidos mencionados.

Por fim, a afirmativa V está correta, pelas razões já expostas. A alternativa correta, portanto, é a "E".

No concurso para Defensor Público de São Paulo (2019 – FCC), a seguinte frase foi considerada INCORRETA: "Nos processos coletivos, não se admitirá a cumulação de pedidos caso os procedimentos previstos para eles forem diferentes, sendo inviável a combinação de regras procedimentais".

8.1. A limitação do objeto

A Medida provisória nº 2.180-35, de 2001 acrescentou um parágrafo único ao art. 1º da Lei da Ação Civil para limitar o cabimento de ações coletivas: "Não será cabível ação civil pública para veicular pretensões que envolvam tributos, contribuições previdenciárias, o Fundo de Garantia do Tempo de Serviço – FGTS ou outros fundos de natureza institucional cujos beneficiários podem ser individualmente determinados". Evidente que o mencionado dispositivo legal suscita controvérsias, pois não faltam vozes afirmando a inconstitucionalidade da limitação de acesso à tutela jurisdicional.

No concurso para Defensor Público (SE – 2012 – CESPE) foi considerada correta a seguinte alternativa: "De acordo com a legislação de regência, não é cabível o ajuizamento de ACP para veicular pretensão que envolva tributos".

O concurseiro, porém, deve ficar atento ao fato de que a mencionada limitação não impede que uma ação coletiva defenda o erário público. A ação coletiva não tem sido admitida para tutelar os contribuintes.

Esse fato foi cobrado no concurso de Defensor Público (RO – 2012 – CESPE): "O MP ajuizou ação civil pública, visando anular acordo firmado entre o estado X e determinada empresa, por meio do qual o ente federativo concedia à empresa o benefício de inserção em regime especial de apuração tributária. Alegou o MP que a inserção da empresa no referido regime acarretaria cobrança de tributo em valor menor que o devido, o que geraria prejuízo ao referido estado e lesão ao patrimônio público.

Com relação à situação hipotética acima descrita, assinale a opção correta.

(A) A ação civil pública não é cabível na hipótese, sendo a ação popular o instrumento adequado para o caso.

(B) A legitimidade do MP para ajuizar a referida ação civil pública fundamenta-se no fato de o MP estar tutelando a defesa do erário e a higidez da arrecadação tributária.

(C) O MP não possui legitimidade para ajuizar a referida ação civil pública, dada a caracterização de direito disponível, cujos beneficiários são individualizáveis.

(D) O MP não tem legitimidade para ajuizar a referida ação civil pública, visto que a ele não cabe propor ação coletiva cujo objeto seja matéria tributária.

(E) O MP só teria legitimidade para ajuizar a referida ação civil pública provocado por associação ou entidade de representação dos contribuintes, situação em que o parquet figuraria no polo ativo da ação como substituto processual".

No caso, foi considerada correta a alternativa "b". Afinal, na hipótese da alternativa "b" não há mera defesa de contribuintes, o que poderia ser um fator restritivo da ação civil pública (art. 1º, parágrafo único, da Lei n. 7.347/85). Trata-se da defesa da higidez da arrecadação tributária. Como já advertiu o STF, "o *Parquet* tem legitimidade para propor ação civil pública com o objetivo de anular Termo de Acordo de Regime Especial – TARE, em face da legitimação *ad causam* que o texto constitucional lhe confere para defender o erário. Não se aplica à hipótese o parágrafo único do artigo 1º da Lei 7.347/1985" (RE 576.155/DF).

9. O INCREMENTO DOS PODERES INSTRUTÓRIOS

Com fundamento no art. 6º, VIII, do CDC, o autor da ação coletiva pode pleitear a inversão do ônus da prova, uma vez que o juiz, nesse caso, tem amplos poderes instrutórios.

Demonstrada a verossimilhança da alegação ou evidenciada a hipossuficiência do autor, que pode ser técnica, é possível a distribuição do ônus da prova pelo juiz às partes.

Quanto ao momento processual, o STJ firmou o entendimento no sentido de que a inversão não deve ocorrer no momento da sentença, sob pena de se violar o devido processo legal, por ofensa ao contraditório, causando-se surpresa à parte prejudicada.

O Informativo n. 469 do STJ trouxe o entendimento da 2ª Seção do STJ sobre o tema:

> *"Inversão. Ônus. Prova. CDC.*
>
> Trata-se de REsp em que a controvérsia consiste em definir qual o momento processual adequado para que o juiz, na responsabilidade por vício do produto (art. 18 do CDC), determine a inversão do ônus da prova prevista no art. 6º, VIII, do mesmo *codex*. No julgamento do especial, entre outras considerações, observou o Min. Relator que a distribuição do ônus da prova apresenta extrema relevância de ordem prática, norteando, como uma bússola, o comportamento processual das partes. Naturalmente, participará da instrução probatória com maior vigor, intensidade e interesse a parte sobre a qual recai o encargo probatório de determinado fato controvertido no processo. Dessarte, consignou que, influindo a distribuição do encargo probatório decisivamente na conduta processual das partes, devem elas possuir a exata ciência do ônus atribuído a cada uma delas para que possam produzir oportunamente as provas que entenderem necessárias. Ao contrário, permitida a distribuição ou a inversão do ônus probatório na sentença e inexistindo, com isso, a necessária certeza processual, haverá o risco de o julgamento ser proferido sob uma deficiente e desinteressada instrução probatória, na qual ambas as partes tenham atuado com base na confiança de que sobre elas não recairia o encargo da prova de determinado fato. Assim, entendeu que a inversão *ope judicis* do ônus da prova deve ocorrer preferencialmente no despacho saneador, ocasião em que o juiz decidirá as questões processuais pendentes e determinará as provas a serem produzidas, designando audiência de instrução e julgamento (art. 331, §§ 2º e 3º, do CPC). Desse modo, confere-se maior certeza às partes referente aos seus encargos processuais, evitando a insegurança. Com esse entendimento, a Seção, ao prosseguir o julgamento, por maioria, negou provimento ao recurso, mantendo o acórdão que desconstituiu a sentença, a qual determinara, nela própria, a inversão do ônus da prova. Precedentes citados: REsp 720.930-RS, *DJe* 09.11.2009, e REsp 881.651-BA, *DJ* 21.05.2007; REsp 802.832-MG, Rel. Min. Paulo de Tarso Sanseverino, julgado em 13.04.2011".

Também decidiu o STJ que a inversão do ônus da prova pode ser a favor do Ministério Público, autor de ação coletiva:

"ACP. Inversão. Ônus. Prova. MP.

Trata-se, na origem, de ação civil pública (ACP) interposta pelo MP a fim de pleitear que o banco seja condenado a não cobrar pelo serviço ou excluir o extrato consolidado que forneceu a todos os clientes sem prévia solicitação, devolvendo, em dobro, o que foi cobrado. A Turma entendeu que, na ACP com cunho consumerista, pode haver inversão do ônus da prova em favor do MP. Tal entendimento busca facilitar a defesa da coletividade de indivíduos que o CDC chamou de consumidores (art. 81 do referido código). O termo "consumidor", previsto no art. 6º do CDC, não pode ser entendido apenas como parte processual, mas sim como parte material da relação jurídica extraprocessual, ou seja, a parte envolvida na relação de direito material consumerista – na verdade, o destinatário do propósito protetor da norma. REsp 951.785-RS, Rel. Min. Luis Felipe Salomão, julgado em 15.02.2011".

No julgamento do REsp 1.060.753/SP (2ª Turma, *DJe* 14.12.2009), o STJ determinou a inversão do ônus da prova, calcado no princípio da precaução:

"O princípio da precaução pressupõe a inversão do ônus probatório, competindo a quem supostamente promoveu o dano ambiental comprovar que não o causou ou que a substância lançada ao meio ambiente não lhe é potencialmente lesiva.

Nesse sentido e coerente com esse posicionamento, é direito subjetivo do suposto infrator a realização de perícia para comprovar a ineficácia poluente de sua conduta, não sendo suficiente para torná-la prescindível informações obtidas de sítio da internet.

A prova pericial é necessária sempre que a prova do fato depender de conhecimento técnico, o que se revela aplicável na seara ambiental ante a complexidade do bioma e da eficácia poluente dos produtos decorrentes do engenho humano".

A referida decisão foi questionada no concurso para Defensor Público (FCC – 2012 – DPE-SP): "A inversão do ônus da prova em Ação Civil Pública em matéria ambiental, conforme entendimento jurisprudencial do Superior Tribunal de Justiça, consolidado no julgamento do Recurso Especial n. 1.060.753/SP, de relatoria da Ministra Eliana Calmon, tem como fundamento normativo principal, além da relação interdisciplinar entre as normas de proteção ao consumidor e as de proteção ambiental e o caráter público e coletivo do bem jurídico tutelado, o princípio:

a) da precaução.

b) da função ambiental da propriedade.

c) do usuário-pagador.

d) do desenvolvimento sustentável.

e) da cooperação

Obviamente que a alternativa "a" é a correta.

Sobre o tema, podem ser citados os seguintes julgados importantes do STJ:

"[...] A Lei 6.938/1981 adotou a sistemática da responsabilidade objetiva, que foi integralmente recepcionada pela ordem jurídica atual, de sorte que é irrelevante, na espécie, a discussão da conduta do agente (culpa ou dolo) para atribuição do dever de reparação do dano causado, que, no caso, é incontestes. O princípio da precaução, aplicável à hipótese, pressupõe a inversão do ônus probatório, transferindo para a concessionária o encargo de provar que sua conduta não ensejou riscos para o meio ambiente e, por consequência, para os pescadores da região [...]" (AgRg no AREsp 183202 SP, Rel. Ministro Ricardo Villas Bôas Cueva, Terceira Turma, julgado em 10.11.2015, DJe 13.11.2015).

"[...] No Direito Ambiental brasileiro, a inversão do ônus da prova é de ordem substantiva e *ope legis*, direta ou indireta (esta última se manifesta, p. ex., na derivação inevitável do princípio da precaução), como também de cunho estritamente processual e *ope judicis* (assim no caso de hipossuficiência da vítima, verossimilhança da alegação ou outras hipóteses inseridas nos poderes genéricos do juiz, emanação natural do seu ofício de condutor e administrador do processo). 6. Como corolário do princípio *in dubio pro natura*, 'Justifica-se a inversão do ônus da prova, transferindo para o empreendedor da atividade potencialmente perigosa o ônus de demonstrar a segurança do empreendimento, a partir da interpretação do art. 6º, VIII, da Lei 8.078/1990 c/c o art. 21 da Lei 7.347/1985, conjugado ao Princípio Ambiental da Precaução' (REsp 972.902/RS, Rel. Min. Eliana Calmon, Segunda Turma, DJe 14.9.2009), técnica que sujeita aquele que supostamente gerou o dano ambiental a comprovar 'que não o causou ou que a substância lançada ao meio ambiente não lhe é potencialmente lesiva' (REsp 1.060.753/SP, Rel. Min. Eliana Calmon, Segunda Turma, DJe 14.12.2009). 7. A inversão do ônus da prova, prevista no art. 6º, VIII, do Código de Defesa do Consumidor, contém comando normativo estritamente processual, o que a põe sob o campo de aplicação do art. 117 do mesmo estatuto, fazendo-a valer, universalmente, em todos os domínios da Ação Civil Pública, e não só nas relações de consumo (REsp 1049822/RS, Rel. Min. Francisco Falcão, Primeira Turma, DJe 18.05.2009). 8. Destinatário da inversão do ônus da prova por hipossuficiência – juízo perfeitamente compatível com a natureza coletiva ou difusa das vítimas – não é apenas a parte em juízo (ou substituto processual), mas, com maior razão, o sujeito-titular do bem jurídico primário a ser protegido. [...]" (REsp 883656 RS, Rel. Ministro Herman Benjamin, Segunda Turma, julgado em 09.03.2010, DJe 28.02.2012).

Mais recentemente, o STJ aprovou o enunciado de **Súmula 618: A inversão do ônus da prova aplica-se às ações de degradação ambiental** (julgado em 24.10.2018, DJe 30.10.2018).

10. SENTENÇA E CONGRUÊNCIA

Como se sabe, por força dos arts. 141 e 492 do CPC/2015, é vedado ao juiz proferir decisão de natureza diversa da pedida, bem como condenar a parte em quantidade superior ou em objeto diverso do que lhe foi demandado.

Nas ações coletivas, todavia, existem situações em que a *incongruência* é legítima.

A hipótese mais importante é a da ação de improbidade administrativa, pois tem prevalecido o entendimento segundo o qual o juiz não fica adstrito aos pedidos formulados pelo autor, podendo dar aos fatos definição jurídica diversa daquela apontada na inicial.

A propósito, assim veiculou o Informativo n. 441 do STJ:

"Trata-se de ação civil pública (ACP) ajuizada na origem pelo MP estadual por ato de improbidade na contratação de serviço de transporte público para alunos, de modo fracionado, em três períodos, quando já havia a dimensão do serviço por todo o ano letivo. Segundo a sentença condenatória, esse fracionamento em períodos sucessivos deu-se para haver dispensa da modalidade de licitação de tomada de preços e possibilitar a licitação por convite. Daí o juiz considerar nulas as licitações e condenar o ex-prefeito e demais corréus por prática de ato de improbidade, nos termos do art. 11, I, da Lei n. 8.429/1992 (LIA), aplicando-lhes ainda multa civil. No entanto, o tribunal *a quo* reformou essa decisão, excluindo os honorários advocatícios da condenação dos corréus, bem como afastou a multa ao fundamento de não haver pedido específico do MP. Para a Min. Relatora, esse fundamento não pode ser mantido, visto que, em se tratando de ACP por ato de improbidade administrativa, o magistrado não fica adstrito aos pedidos formulados pelo autor. Foi por esse mesmo motivo que o juiz tipificou as condutas dos agentes em dispositivo diverso daquele apontado pelo *Parquet*. Nesses casos, assevera que, segundo a jurisprudência, basta que o autor faça uma descrição genérica dos fatos e imputação dos réus, sem necessidade de descrever, em minúcias, os comportamentos e as sanções devidas de cada agente (*jura novit curia* e da *mihi factum dabo tibi ius*). Quanto às penas aplicadas aos agentes ímprobos, ressalta também a jurisprudência que o magistrado não está obrigado a aplicar cumulativamente todas as penas previstas no art. 12 da citada lei, podendo, mediante fundamentação, fixá-las e dosá-las segundo a natureza e as consequências da infração. Observa, outrossim, que, no caso dos autos, o tribunal *a quo* afirmou estar comprovada a existência do dano, o que não comporta reexame. Também afirma com base em precedentes da Turma que a falta da notificação prevista no art. 17, § 7º, da citada lei não invalida os atos processuais ulteriores, salvo se ocorrer efetivo prejuízo. Por essa razão, a Turma não proveu o recurso do ex-prefeito e proveu o recurso do MP apenas para restabelecer as multas civis. Precedentes citados: REsp 658.389-MG, *DJ* 03.08.2007; REsp 631.301-RS, *DJ* 25.09.2006; REsp 507.574-MG, *DJ* 08.05.2006; REsp 825.673-MG, *DJ* 25.05.2006; REsp 964.920-SP, *DJe* 13.03.2009; REsp 944.555-SC, *DJe* 20.04.2009; REsp 680.677-RS, *DJ* 02.02.2007, e REsp 619.946-RS, *DJ* 02.08.2007; REsp 1.134.461-SP, Rel. Min. Eliana Calmon, julgado em 03.08.2010".

11. SISTEMA RECURSAL

No processo coletivo são cabíveis os mesmos recursos do processo individual. A grande diferença está no fato de que os recursos não são providos de efeito suspensivo automático.

Ocorre que o art. 14 da Lei da Ação Civil Pública dá ao juiz o poder de conferir efeito suspensivo aos recursos para evitar dano irreparável à parte. Ou seja, adota-se o sistema *ope judicis*, em que a atribuição do efeito suspensivo é decidida em cada caso.

No concurso do Ministério Público do Mato Grosso (2012 – UFMT), a seguinte frase foi considerada verdadeira. "Nas ações propostas com base na Lei de Ação Civil Pública, os recursos têm o efeito devolutivo como regra geral, podendo o juiz conferir-lhes caráter suspensivo para evitar dano irreparável à parte".

12. REMESSA NECESSÁRIA

O instituto da remessa necessária (ou do reexame necessário) é previsto, genericamente, no art. 496 do CPC/2015.

Nas hipóteses mencionadas, a sentença somente produzirá seus efeitos depois de submetida ao reexame por órgão hierarquicamente superior.

Enquanto no processo individual o reexame necessário tutela interesses patrimoniais (interesse público secundário) do Estado, no processo coletivo o instituto protege interesses superiores.

Por exemplo, a Lei n. 7.853/1989, que dispõe sobre o apoio às pessoas portadoras de necessidades especiais e sua integração social, estabelece, em seu art. 4º, § 1º, que a sentença que concluir pela carência ou pela improcedência da ação fica sujeita ao duplo grau de jurisdição, não produzindo efeito senão depois de confirmada pelo tribunal.

Na prova do MP de Mato Grosso (2012 – UFMT), a peculiaridade da Lei n. 7.853/1989 foi suscitada. Eis a questão: "A ação civil pública proposta com fundamento na Lei n. 7.853/1989 que for considerada procedente terá obrigatório duplo grau de jurisdição, subindo ao Tribunal de Justiça sem a necessidade de recurso". O gabarito: "Em caso de carência ou improcedência da ação".

Trata-se de norma que procura dar maior efetividade à tutela jurisdicional dos interesses dessas pessoas, dando ao reexame necessário um colorido diferente, pois aqui não são tutelados direitos monetários do poder público.

Portanto, na tutela dos interesses metaindividuais pode ocorrer uma situação diferenciada. Se o poder público for réu na ação, a sentença de procedência não deverá ser objeto de reexame, mas sim a sentença de improcedência da demanda.

Na ponderação dos interesses envolvidos, isto é, interesses pecuniários da Fazenda Pública e interesses indisponíveis das pessoas portadoras de necessidades especiais, o legislador, corretamente, optou pelo valor mais elevado.

A Lei da Ação Popular (Lei n. 4.717/1965), em seu art. 19, dispõe sobre o reexame necessário da sentença proferida na ação popular: *A sentença que concluir pela carência ou pela improcedência da ação está sujeita ao duplo grau de jurisdição, não produzindo efeito senão depois de confirmada pelo tribunal; da que julgar a ação procedente caberá apelação, com efeito suspensivo.*

Como se vê, é a sentença de improcedência da ação popular movida pelo cidadão que se sujeita ao reexame necessário.

Além disso, o reexame necessário da sentença de improcedência ou de carência de ação coletiva vem sendo preconizado pela jurisprudência, invocando-se a aplicação analógica do art. 19 da Lei da Ação Popular (Lei n. 4.717/1965) às demais ações coletivas.

O Informativo n. 395 do STJ veiculou decisão proferida pela 2ª Turma do Superior Tribunal de Justiça:

> "*Ação civil pública. Remessa necessária.*
> Na ausência de dispositivo sobre remessa oficial na Lei da Ação Civil Pública (Lei n. 7.347/1985), busca-se norma de integração dentro do microssistema da tutela coletiva, aplicando-se, por analogia, o art. 19 da Lei n. 4.717/1965. Embora essa lei refira-se à ação popular, tem sua aplicação nas ações civis públicas, devido a serem assemelhadas as funções a que se destinam (a proteção do patrimônio público e do microssistema processual da tutela coletiva), de maneira que as sentenças de improcedência devem sujeitar-se indistintamente à remessa necessária. De tal sorte, a sentença de improcedência, quando proposta a ação pelo ente de Direito Público lesado, reclama incidência do art. 475 do CPC, sujeitando-se ao duplo grau obrigatório de jurisdição. Ocorre o mesmo quando a ação for proposta pelo Ministério Público ou pelas associações, incidindo, dessa feita, a regra do art. 19 da Lei da Ação Popular, uma vez que, por agirem os legitimados em defesa do patrimônio público, é possível entender que a sentença, na hipótese, foi proferida contra a União, estado ou município, mesmo que tais entes tenham contestado o pedido inicial. Com

esse entendimento, a Turma deu provimento ao recurso do Ministério Público, concluindo ser indispensável o reexame da sentença que concluir pela improcedência ou carência da ação civil pública de reparação de danos ao erário, independentemente do valor dado à causa ou mesmo da condenação. REsp 1.108.542-SC, Rel. Min. Castro Meira, julgado em 19.05.2009".

A especificidade do art. 19 da LAP foi questionada no MP de São Paulo (2011), que considerou correta a seguinte alternativa: "A coisa julgada na ação civil pública para defesa de interesses difusos tem abrangência similar à da ação popular, ou seja, é *erga omnes*, salvo se tiver sido julgada improcedente por insuficiência de provas, embora a sentença, no segundo caso, esteja submetida ao reexame necessário para transitar em julgado".

Também tem sido determinado o reexame necessário da sentença de improcedência ou de carência da ação de improbidade administrativa.

Assim decidiu a 2ª Turma do STJ, no julgamento do Agravo Regimental no Recurso Especial n. 1.219.033/RJ (*DJe* de 25.04.2011):

> "*Processual civil. Ação civil pública. Improbidade administrativa. Reexame necessário. Cabimento. Aplicação, por analogia, do art. 19 da Lei 4.717/1965.*
>
> 1. Por aplicação analógica da primeira parte do art. 19 da Lei n. 4.717/1965, as sentenças de improcedência de ação civil pública sujeitam-se indistintamente ao reexame necessário (REsp 1.108.542/SC, Rel. Ministro Castro Meira, j. 19.05.2009, *DJe* 29.05.2009).
>
> 2. Agravo Regimental não provido".

Referido entendimento tem sido ratificado pelo STJ:

> "Administrativo e processual civil. Agravo interno no recurso especial. Improbidade administrativa. Sentença de improcedência. Remessa necessária. Cabimento. Precedentes do STJ. Agravo interno improvido.
>
> (...)
>
> III. Nos termos da jurisprudência do Superior Tribunal de Justiça, é cabível a remessa necessária, em Ação Civil Pública por ato de improbidade administrativa. Com efeito, a Primeira Seção do STJ, em recente julgado, firmou entendimento "no sentido de que o Código de Processo Civil deve ser aplicado subsidiariamente à Lei de Improbidade Administrativa. Nesse sentido: REsp 1.217.554/SP, Rel. Ministra Eliana Calmon, Segunda Turma, DJe 22.08.2013, e REsp 1.098.669/GO, Rel. Ministro Arnaldo Esteves Lima, Primeira Turma, DJe 12.11.2010. Portanto, é cabível o reexame necessário na Ação de Improbidade Administrativa, nos termos do artigo 475 do CPC/1973. Nessa linha: REsp 1556576/PE, Rel. Ministro Herman Benjamin, Segunda Turma, DJe 31.05.2016. Ademais, por 'aplicação analógica da primeira parte do art. 19 da Lei 4.717/65, as sentenças de improcedência de ação civil pública sujeitam-se indistintamente ao reexame necessário' (REsp 1.108.542/SC, Rel. Ministro Castro Meira, j. 19.05.2009, DJe 29.05.2009). Nesse sentido: AgRg no REsp 1219033/RJ, Rel. Ministro Herman Benjamin, Segunda Turma, DJe 25.04.2011"(STJ, EREsp 1.220.667/MG, Rel. Ministro Herman Benjamin, Primeira Seção, DJe de 30.06.2017). Em igual sentido: STJ, REsp 1.605.572/MG, Rel. Ministro Francisco Falcão, Segunda Turma, DJe de 22.11.2017; REsp 1.600.340/PR, Rel. Ministro Herman Benjamin, Segunda Turma, DJe de 01.08.2017; AgInt no REsp 1.596.028/MG, Rel. Ministro Og Fernandes, Segunda Turma, DJe de 29.09.2017. (..)" (AgInt no REsp 1531501/MG, Rel. Ministra Assusete Magalhães, Segunda Turma, julgado em 19.04.2018, DJe 26.04.2018).

13. COISA JULGADA

A sentença, no processo individual, faz coisa julgada às partes entre as quais foi dada, não prejudicando terceiros. Ou seja, a coisa julgada produz efeitos *inter partes*.

No caso das ações coletivas, há extensão dos limites subjetivos da coisa julgada, de tal forma que a decisão de mérito proferida em ação coletiva poderá beneficiar quem não foi parte na demanda coletiva (efeitos *erga omnes* ou *ultra partes*).

No concurso do MP de Minas Gerais (2010.1), foi considerada incorreta a seguinte assertiva: "Em relação às ações coletivas, pode-se afirmar: A coisa julgada terá somente efeitos *erga omnes* ou *ultra partes*". O efeito *erga omnes* ou *ultra partes* ocorre no caso de procedência da ação coletiva. Não em todo caso.

A extensão subjetiva da imutabilidade da coisa julgada não é privativa da jurisdição coletiva, pois há muito tempo encontra-se disciplinada a ação civil *ex delicto*, que permite a extensão da eficácia condenatória da sentença penal transitada em julgado para beneficiar a vítima do crime.

A extensão subjetiva dos efeitos da coisa julgada pode beneficiar as vítimas que, como se sabe, não podem ser autoras de demandas coletivas.

Por isso, se for julgada procedente a ação coletiva ajuizada pela entidade legitimada, as vítimas poderão se valer da decisão condenatória para pleitear a liquidação e a execução dos danos individualmente sofridos.

A extensão *in utilibus* dos efeitos da coisa julgada foi objeto do concurso para Defensor Público (SE – 2012 – CESPE): "Em caso de ajuizamento de ação coletiva com a finalidade de se obter tutela jurisdicional que condene determinada instituição financeira a reparar o dano causado a determinada coletividade de poupadores,

(A) os efeitos da sentença de improcedência da ação coletiva se estenderão às ações individuais com o mesmo objeto.

(B) a sentença de procedência somente poderá beneficiar os poupadores, e não seus sucessores.

(C) as ações individuais que tenham por objeto a mesma questão não poderão ser liquidadas ou executadas com base na sentença coletiva que julgue procedente o pedido.

(D) os efeitos da sentença de procedência ou de improcedência se estenderão às vítimas e seus sucessores.

(E) admite-se o aproveitamento da coisa julgada coletiva benéfica para as pretensões individuais, que podem ser liquidadas e executadas com base na sentença coletiva".

Deve ser assinalada a alternativa "e", pois as pretensões individuais, no caso, não são prejudicadas pelo que for decidido na ação coletiva. Afinal, apenas os efeitos da sentença de procedência se estenderão às vítimas e seus sucessores (CDC, art. 103, III, CDC). Sendo assim, admite-se o aproveitamento da coisa julgada coletiva benéfica, como se depreende dos arts. 97 e 98 do CDC.

Além disso, é importante notar que a coisa julgada material, no processo individual, ocorre no caso de decisão de mérito de procedência ou de improcedência.

No âmbito da jurisdição coletiva, mais especificamente entre os colegitimados para a tutela de direitos difusos e coletivos no sentido estrito, a autoridade da coisa julgada é condicionada ao resultado do processo (*secundum eventum litis*) e à qualidade das provas que foram produzidas (*secundum eventum probationis*).

Portanto, principalmente pela extensão dos limites subjetivos da coisa julgada, bem como pela possibilidade de sua formação de acordo com o resultado do processo, a disciplina da coisa julgada nas ações coletivas é diferente do sistema do Código de Processo Civil.

Assim, se a ação coletiva for julgada procedente, opera-se a imutabilidade dos efeitos da sentença em relação às partes do processo, em relação a todos os demais colegitimados, bem como em relação às vítimas individualmente. Por isso se diz que os efeitos são *erga omnes*, isto é, em relação a todos.

No caso de improcedência da ação coletiva por motivo que não seja a insuficiência de provas, opera-se a imutabilidade dos efeitos da sentença em relação às partes do processo coletivo, isto é, entre os colegitimados. Todavia, não são obstadas eventuais ações individuais de vítimas ou interessados.

No concurso para Defensor Público de São Paulo (2019 – FCC), a seguinte frase foi considerada INCORRETA: "Segundo já entendeu o Superior Tribunal de Justiça, uma vez ajuizada a ação coletiva atinente à lide maior geradora de processos multitudinários, extinguem-se automaticamente as ações individuais já propostas ou que venham a ser, até o julgamento final da ação coletiva". O erro decorre do fato de que o STJ entende que, "ajuizada ação coletiva atinente à macrolide geradora de processos multitudinários, **suspendem-se** as ações individuais, no aguardo do julgamento da ação coletiva" (REsp 1353801/RS, em sede de Recurso Repetitivo)".

E o art. 103, § 2º, do CDC, acrescenta: "Na hipótese prevista no inciso III, em caso de improcedência do pedido, os interessados que não tiverem intervindo no processo como litisconsortes poderão propor ação de indenização a título individual". A interpretação a contrário *sensu* nos revela que o interessado que ingressar na **ação coletiva para a tutela de direitos individuais homogêneos** não poderá propor a ação a título individual se a ação coletiva for julgada improcedente. Tal não ocorre no caso de ação coletiva que tutela direitos difusos. Por isso foi considerada CORRETA a seguinte frase no concurso para Defensor Público de São Paulo (2019 – FCC): "na ação coletiva sobre direitos ou interesses difusos, caso ela seja julgada improcedente, os efeitos da coisa julgada não prejudicarão interesses e direitos individuais dos integrantes da coletividade, tendo ou não os interessados intervindo no processo".

Esse detalhe foi cobrado, por exemplo, no concurso do MP de Minas Gerais (2008), que considerou correta a seguinte frase: "Os titulares do direito pleiteado na ação coletiva poderão ingressar no polo ativo como litisconsortes; e os que nela ingressarem serão atingidos pelos efeitos da coisa julgada material na hipótese de o pedido ser, no mérito, considerado improcedente, não podendo renovar a ação a título individual".

A improcedência por falta de provas permite o ajuizamento de nova ação coletiva por qualquer colegitimado. Imprescindível, porém, que sejam apresentadas novas provas. A ação coletiva, nesse caso, poderá ser ajuizada pelo próprio autor, vencido na demanda coletiva, bem como por qualquer outro colegitimado.

O tema foi explorado no concurso do MP do Paraná (2011), que julgou correta a seguinte assertiva: "Na ação civil pública, assim como na ação popular, a sentença será ou não acobertada pela autoridade da coisa julgada dependendo do resultado da lide, de tal modo que, caso o pedido seja julgado improcedente por insuficiência de provas, qualquer legitimado poderá intentar outra ação com idêntico fundamento, valendo-se de nova prova".

Importante destacar que a extensão da autoridade da coisa julgada é para beneficiar vítimas ou interessados, mas a liquidação e a execução devem ser promovidas em face daquele que ocupou o polo passivo da ação coletiva.

No julgamento do REsp 462.847/RS, a 5ª Turma do STJ afirmou a impossibilidade de extensão da coisa julgada operada em ação civil pública proposta contra a União em desfavor do INSS:

> "*Recurso especial. Ministério público federal. Ação civil pública. União. Reajuste de 28,86%. Condenação genérica. Liquidação proposta pelo servidor. INSS. Polo passivo. Ilegitimidade.*
>
> *I – A Autarquia federal não possui legitimidade para figurar no polo passivo da liquidação e execução de sentença genérica, em ação civil pública, proferida contra União, na qual se objetivava o pagamento do reajuste de 28,86%, porquanto, por ser pessoa jurídica distinta da União, possui autonomia administrativa e financeira.*
>
> *II – O efeito erga omnes previsto no art. 16 da Lei n. 7.347, de 1985, não vai ao ponto de comprometer a situação jurídica de terceiro que não participou do polo passivo da relação processual (art. 472 do CPC [art. 506 do CPC/2015])*".

13.1. Limites territoriais da coisa julgada

A Lei n. 9.494/1997 alterou a redação do artigo 16 da Lei da Ação Civil Pública (Lei n. 7.347/1985) e estabeleceu que a sentença fará coisa julgada *erga omnes*, nos limites da competência territorial do órgão prolator.

A limitação territorial da coisa julgada em função da competência territorial do órgão prolator da decisão sempre foi muito criticada pela doutrina, que considerou a novidade inconstitucional, por afrontar a garantia da coisa julgada material (CF, art. 5º, XXXVI), além de apontar a sua ineficácia, pois uma sentença, em regra, produz efeitos em todo território nacional.

A extensão dos efeitos de uma decisão deve ser avaliada em função do pedido formulado pelo autor e, no caso do processo coletivo, pela espécie de direitos transindividuais defendidos (difusos, coletivos ou individuais homogêneos).

Essa, aliás, é a atual orientação da Corte Especial do STJ, como se vê da ementa do julgamento do Recurso Especial n. 1.243.887/PR (*DJe* de 12.12.2011):

> "*Direito processual. Recurso representativo de controvérsia (art. 543-C, CPC). Direitos metaindividuais. Ação civil pública. Apadeco x Banestado. Expurgos inflacionários. Execução/liquidação individual. Foro competente. Alcance objetivo e subjetivo dos efeitos da sentença coletiva. Limitação territorial. Impropriedade. Revisão jurisprudencial. Limitação aos associados. Inviabilidade. Ofensa à coisa julgada.*
>
> *A liquidação e a execução individual de sentença genérica proferida em ação civil coletiva pode ser ajuizada no foro do domicílio do beneficiário, porquanto os efeitos e a eficácia da sentença não estão circunscritos a lindes geográficos, mas aos limites objetivos e subjetivos do que foi decidido, levando-se em conta, para tanto, sempre a extensão do dano e a qualidade*

dos interesses metaindividuais postos em juízo (arts. 468, 472 e 474, CPC [arts. 503, 506 e 508 do CPC/2015] e 93 e 103, CDC)".

Orientação que tem sido mantida pelo STJ:

"Os efeitos e a eficácia da sentença não estão circunscritos a lindes geográficos, mas aos limites objetivos e subjetivos do que foi decidido, possuindo a sentença, portanto, validade em todo o território nacional" (REsp 1658568/RJ, Rel. Ministra Nancy Andrighi, Terceira Turma, julgado em 16.10.2018, DJe 18.10.2018).

A questão dos possíveis limites territoriais da coisa julgada coletiva foi explorada no concurso para Defensor Público do Paraná (2012 – FCC): "Um cidadão procura os serviços de assistência jurídica da Defensoria Pública do Paraná em Curitiba, relatando a cobrança da 'taxa para procedimentos operacionais', no valor de R$ 5.000,00, pelo Banco Lucrobom, para a expedição da declaração de quitação integral do financiamento imobiliário que havia contratado. Ao pesquisar sobre o assunto, o Defensor Público responsável pelo caso identificou uma ação civil pública ajuizada pela Defensoria Pública do Ceará, na 1ª Vara Cível da Comarca de Fortaleza, contra o mesmo banco e questionando a mesma taxa, cuja sentença, ao julgar procedente a demanda, proibiu a cobrança da taxa em novas oportunidades e determinou a devolução em dobro para aqueles que já a haviam custeado. A decisão transitara em julgado um mês antes, após julgamento da apelação, à qual se negou provimento, pelo Tribunal de Justiça do Ceará. Diante desses fatos, a medida a ser adotada pelo Defensor Público é".

No caso, deveria ser assinalada a alternativa "b", segundo a qual "a execução individual da decisão em Curitiba, já que a eficácia da sentença em ação civil pública não sofre limitação territorial, alcançando todos que dela possam beneficiar-se". Como se disse acima, esse é o atual entendimento do STJ.

14. A LIQUIDAÇÃO DA SENTENÇA E A TUTELA DOS DIREITOS DIFUSOS E COLETIVOS

No caso da tutela dos direitos difusos e coletivos, a sentença condenatória, se for o caso, deve ser liquidada e executada em uma fase subsequente do processo. Ou seja, procede-se ao cumprimento da sentença condenatória no mesmo processo em que a decisão foi proferida.

No caso da ação coletiva para a tutela de direitos individuais homogêneos, porém, a sentença condenatória é genérica, isto é, ilíquida, por força do que estabelece o art. 95 do CDC.

Sendo assim, a liquidação é um procedimento sempre necessário no caso da tutela dos direitos individuais homogêneos, pois não há discussão, na fase de conhecimento de qualquer ação coletiva, das situações individuais.

A liquidação e a execução, então, ocorrerão em um processo autônomo, que poderá ser deflagrado por um ente legitimado (execução coletiva) ou pela própria vítima (execução individual).

Por isso que o CDC prevê três formas de liquidação da sentença condenatória genérica: individual, coletiva e residual.

A liquidação individual (habilitação) e a coletiva estão previstas no art. 97 do CDC.

Com efeito, estabelece o art. 97 do CDC que a liquidação e a execução de sentença poderão ser promovidas pela vítima e seus sucessores, assim como pelos legitimados de que trata o art. 82.

A liquidação individual é chamada pelo art. 100 do CDC de habilitação e em muito se equipara à ação de cumprimento do processo trabalhista.

Cada vítima, por meio de seu advogado, ingressa em juízo para provar o nexo causal com a situação discutida na primeira fase da ação coletiva, que culminou na condenação do infrator. Além disso, a liquidação também é voltada à apuração do dano individualmente sofrido.

Portanto, é necessário destacar que a liquidação individual sempre discutirá "fato novo", qual seja, o nexo de causalidade entre a conduta considerada lesiva na ação coletiva e o dano individualmente sofrido pela vítima. Além disso, como ocorre em toda liquidação, o procedimento também será destinado à fixação do *quantum debeatur*.

Diz-se, então, que a liquidação da sentença condenatória genérica do art. 95 do CDC deve adotar um procedimento adequado e compatível com a discussão de fatos novos.

A peculiaridade foi bem destacada pelo STJ, que também fixou a tese vinculante no sentido de que "são devidos honorários advocatícios nos procedimentos individuais de cumprimento de sentença decorrente de ação coletiva, ainda que não impugnados e promovidos em litisconsórcio".

"O procedimento de cumprimento individual de sentença coletiva, ainda que ajuizado em litisconsórcio, quando almeja a satisfação de direito reconhecido em sentença condenatória genérica proferida em ação coletiva, não pode receber o mesmo tratamento pertinente a um procedimento de cumprimento comum, uma vez que traz consigo a discussão de nova relação jurídica, e a existência e a liquidez do direito dela decorrente serão objeto de juízo de valor a ser proferido como pressuposto para a satisfação do direito vindicado.

Hipótese em que o procedimento de cumprimento de sentença pressupõe cognição exauriente – a despeito do nome a ele dado, que induz à indevida compreensão de se estar diante de mera fase de execução –, sendo indispensável a contratação de advogado, uma vez que é necessária a identificação da titularidade do exequente em relação ao direito pleiteado, promovendo-se a liquidação do valor a ser pago e a individualização do crédito, o que torna induvidoso o conteúdo cognitivo dessa execução específica.

Não houve mudança no ordenamento jurídico, uma vez que o art. 85, § 7º, do CPC/2015 reproduz basicamente o teor normativo contido no art. 1º-D da Lei 9.494/1997, em relação ao qual o entendimento desta Corte, já consagrado, é no sentido de afastar a aplicação do aludido comando nas execuções individuais, ainda que promovidas em litisconsórcio, do julgado proferido em sede de ação coletiva lato sensu, ação civil pública ou ação de classe.

Para o fim preconizado no art. 1.039 do CPC/2015, firma-se a seguinte tese: "O art. 85, § 7º, do CPC/2015 não afasta a aplicação do entendimento consolidado na Súmula 345 do STJ, de modo que são devidos honorários advocatícios nos procedimentos individuais de cumprimento de sentença decorrente de ação coletiva, ainda que não impugnados e promovidos em litisconsórcio" (REsp 1648498/RS, Rel. Ministro Gurgel De Faria, Corte Especial, julgado em 20.06.2018, DJe 27.06.2018)

A liquidação coletiva se dá por meio da representação processual exercida por um dos colegitimados previstos no art. 82 do CDC, que, em nome próprio, promoverá a liquidação em prol das vítimas. Na liquidação, porém, há necessidade de que sejam as vítimas identificadas, bem como pormenorizados os fatos referentes a cada uma das situações. Afinal, o objetivo é mensurar os danos individuais.

Quanto à liquidação residual, estabelecida no art. 100 do CDC, tem-se que, decorrido o prazo de um ano sem habilitação de interessados em número compatível com a gravidade do dano, será permitida a liquidação residual para a apuração dos danos causados. Portanto, as exigências para tal liquidação são as seguintes:

a) decurso do prazo de um ano;

b) habilitação de número não significativo de vítimas.

A legitimidade para a liquidação residual é concorrente e pertence às entidades legitimadas por lei para a tutela coletiva dos direitos transindividuais (Ministério Público, Defensoria Pública, associações etc.).

O objeto da liquidação residual é estimar os *danos causados*, pois não houve número significativo de pedidos de indenizações pelos *danos sofridos*.

Portanto, a partir de uma decisão condenação genérica, poderá haver:

a) liquidação individual, para a qual é legitimada cada uma das vítimas;

b) liquidação coletiva, para a qual estão legitimados os mesmos entes que podem promover a ação condenatória genérica, isto é, os relacionados nos arts. 5º da LACP e 82 do CDC;

c) liquidação residual, cuja legitimidade também é exclusiva dos entes legitimados à ação coletiva. Além disso, ela só é possível se configurados os requisitos do art. 100 do CDC.

A doutrina discute se o prazo de um ano, após o qual será possível a liquidação residual, é prescricional ou decadencial, mas, na verdade, o prazo não está relacionado à extinção do direito ou da pretensão à reparação de danos.

Trata-se de prazo simplesmente relacionado à legitimação para que seja deflagrada a liquidação residual. A prescrição da pretensão à reparação dos danos individualmente sofridos ocorre, segundo o pensamento da maioria, no prazo de cinco anos, salvo previsão de prazo específico em lei. É justo que o prazo prescricional individual passe a fluir do trânsito em julgado da sentença condenatória genérica do art. 95 do CDC.

Em relação à competência, pode-se dizer que a liquidação e a execução coletiva e a residual devem ser propostas perante o mesmo juízo que proferiu a sentença excepcionalmente ilíquida.

A competência, em regra, é do mesmo juízo que processou a causa em primeiro grau de jurisdição, devendo ser lembrado que a liquidação, nesse caso, é mero procedimento subsequente à sentença condenatória.

A flexibilização determinada desde a Lei n. 11.232/2005, ao permitir que o exequente opte pelo juízo do local onde se encontram os bens ou do atual domicílio do executado parece-nos plenamente aplicável à jurisdição coletiva, mesmo porque é fundada em razões de ordem pública. A matéria é regulada pelo CPC de 2015 no art. 516:

Art. 516. O cumprimento da sentença efetuar-se-á perante:
I – os tribunais, nas causas de sua competência originária;
II – o juízo que decidiu a causa no primeiro grau de jurisdição;
III – o juízo cível competente, quando se tratar de sentença penal condenatória, de sentença arbitral, de sentença estrangeira ou de acórdão proferido pelo Tribunal Marítimo.

Parágrafo único. Nas hipóteses dos incisos II e III, o exequente poderá optar pelo juízo do atual domicílio do executado, pelo juízo do local onde se encontrem os bens sujeitos à execução ou pelo juízo do local onde deva ser executada a obrigação de fazer ou de não fazer, casos em que a remessa dos autos do processo será solicitada ao juízo de origem.

Muitos autores chegaram a afirmar que teria havido uma relativização da competência para a execução, mas o STJ entendeu, recentemente, que a competência para a execução de título judicial continua sendo absoluta. Para o STJ, o exequente pode requerer que a execução proceda no local dos bens ou no local do atual domicílio do executado, mas cabe ao juízo da fase de conhecimento verificar se é o caso de remeter os autos para o outro foro. A competência, portanto, é do juízo que proferiu a sentença condenatória (perante o juízo que processou a causa no primeiro grau de jurisdição), e continua sendo de caráter absoluto, embora o juízo da condenação possa remeter os autos para o foro do local dos bens ou do atual domicílio do devedor, a requerimento do credor.

No caso da liquidação e da execução individual da decisão condenatória genérica proferida em ação coletiva, valem as mesmas regras anteriormente aludidas, sendo que também existe a possibilidade de que o credor/consumidor opte também pelo foro de seu domicílio.

15. TUTELA PROVISÓRIA DE URGÊNCIA E DE EVIDÊNCIA

No âmbito da jurisdição coletiva é possível a tutela de urgência cautelar (conservativa), bem como a tutela antecipatória (satisfativa). Também é cabível a tutela de evidência, regulamentada de forma expressa pelo CPC de 2015 no Livro V da Parte Geral (Art. 311).

Como estabelece expressamente o art. 4º da Lei da Ação Civil Pública, *poderá ser ajuizada ação cautelar para os fins desta Lei, objetivando, inclusive, evitar o dano ao meio ambiente, ao consumidor, à ordem urbanística ou aos bens e direitos de valor artístico, estético, histórico, turístico e paisagístico.*

O art. 12 da mesma lei dispõe sobre as liminares: *Poderá o juiz conceder mandado liminar, com ou sem justificação prévia, em decisão sujeita a agravo.*

Se não bastasse, o art. 83 do Código de Defesa do Consumidor estabelece que, *para a defesa dos direitos e interesses protegidos por este código são admissíveis todas as espécies de ações capazes de propiciar sua adequada e efetiva tutela.*

E sabemos que não há uma tutela adequada e efetiva se o juiz não for dotado do poder geral de cautela e do poder geral de antecipação dos efeitos da tutela jurisdicional.

Também não pode ser esquecido o § 3º do art. 84 do CDC, que trata da ação que tem por objeto o cumprimento de obrigação de fazer e de não fazer: *Sendo relevante o fundamento da demanda e havendo justificado receio de ineficácia do provimento final, é lícito ao juiz conceder a tutela liminarmente ou após justificação prévia, citado o réu.*

Mesmo que não existissem referidos dispositivos legais, a possibilidade de todas as formas de tutela de urgência decorre do fato de que o Código de Processo Civil é aplicado subsidiariamente na jurisdição coletiva, conforme determina o art. 19 da Lei da Ação Civil Pública.

No concurso para Defensor Público de São Paulo (2019 – FCC), a seguinte frase foi considerada INCORRETA: "A tutela de evidência, por sua natureza, não se aplica às ações coletivas".

A amplitude da tutela de urgência foi objeto do concurso para Defensor Público (AM – 2013 – FCC): "O sistema processual faz distinções entre a tutela cautelar e a tutela antecipada, sendo que no subsistema das ações coletivas em sentido amplo,

(A) nas ações coletivas, admite-se somente a tutela cautelar e não a tutela antecipatória.

(B) nas ações coletivas admite-se somente a concessão de liminar, mas não de antecipação de tutela.

(C) julgada procedente a ação civil pública, confirmando-se a antecipação de tutela em sentença, o recurso de apelação será recebido no duplo efeito.

(D) é vedada a concessão de liminar ou de antecipação de tutela contra ato do Poder Público quanto a pagamento de qualquer natureza a servidor público.

(E) o juiz independe de pedido do autor tanto para conceder a liminar – instrumental ou antecipatória – ou a antecipação de tutela como para impor multa diária para assegurar o cumprimento de sua decisão.

A alternativa "**a**" está incorreta, uma vez que, como se viu acima, a tutela de urgência (conservativa e satisfativa) é admissível no âmbito do processo coletivo. Também está incorreta a alternativa "**b**", pois a liminar pode ter natureza antecipatória (satisfativa) ou cautelar (conservativa). A alternativa "**c**" está errada, pois no âmbito da tutela coletiva, a concessão de efeito suspensivo não é automática, dependendo de expressa deliberação do juiz (sistema *ope judicis*), como se depreende do art. 14 da Lei n. 7.347/85. A alternativa correta é a "**d**". Afinal, a restrição está prevista no art. 7º, § 2º, da Lei n. 12.016/2009: "Não será concedida medida liminar que tenha por objeto a compensação de créditos tributários, a entrega de mercadorias e bens provenientes do exterior, a reclassificação ou equiparação de servidores públicos e a concessão de aumento ou a extensão de vantagens ou pagamento de qualquer natureza. Por fim, a alternativa "**e**" não pode ser assinalada. Ocorre que, se é verdade que o juiz pode, de ofício, impor multa diária, a concessão de medida de urgência satisfativa depende de requerimento da parte.

16. INQUÉRITO CIVIL E PROCEDIMENTO PREPARATÓRIO DE IC

O inquérito civil e o compromisso de ajustamento de conduta são importantíssimas formas de composição alternativa e administrativa do litígio transindividual.

O inquérito civil está previsto na Lei da Ação Civil Pública (Lei 7.347/1985) que, em seu art. 8º, § 1º, prevê a possibilidade de o Ministério Público instaurá-lo.

Também está previsto na Constituição Federal, no artigo 129, III. Ocorre que a Lei Maior afirma ser função institucional do Ministério Público promover o inquérito civil e a ação civil pública, para a proteção do patrimônio público e social, do meio ambiente e de outros direitos difusos e coletivos.

Também foi regulamentado pelo Conselho Nacional do Ministério Público por meio da Resolução n. 23, de 17 de setembro de 2007, que sofreu alterações pela Resolução n. 35, de 23 de março de 2009.

Trata-se de um procedimento investigatório, inquisitório, e, em regra, preparatório da ação civil pública, destinado à obtenção de elementos de convicção para que o órgão do MP possa propor a celebração de compromisso de ajustamento de conduta ou, eventualmente, promover a ação civil pública.

Trata-se de procedimento que, em regra, é público. O MP de Minas Gerais (2006) considerou correta a seguinte assertiva: "O Inquérito Civil, tal qual os atos processuais, está submetido ao princípio da publicidade, podendo nos casos estabelecidos pela Constituição da República, estabelecer limites dessa publicidade para resguardar a privacidade e o sigilo da correspondência, das comunicações telegráficas, de dados e das comunicações telefônicas".

O art. 1º da Resolução CNMP n. 23 afirma que o inquérito civil, de natureza unilateral e facultativa, será instaurado para apurar fato que possa autorizar a tutela dos interesses ou direitos a cargo do Ministério Público nos termos da legislação aplicável, servindo como preparação para o exercício das atribuições inerentes às suas funções institucionais.

Além do inquérito civil, a Resolução n. 23 do CNMP prevê a possibilidade da instauração do procedimento preparatório de inquérito civil (PPIC), que deve ser concluído no prazo máximo de noventa dias (art. 2º, § 6º, da Resolução n. 23), prorrogável uma única vez, por igual, em caso de motivo justificável.

Esgotado o prazo máximo, o membro do Ministério Público: a) promoverá seu arquivamento; b) ajuizará a respectiva ação civil pública; c) converterá o procedimento preparatório em inquérito civil.

De observar que é possível a cada Ministério Público estabelecer regulamentação específica, quanto ao prazo de tramitação, do IC e do PPIC.

Voltando a falar do inquérito civil, importante frisar que seu fim é reunir elementos de convicção para que possa o *parquet* formar sua convicção quanto à necessidade ou não da propositura de ação coletiva.

Importante frisar que o IC deve ser instaurado para apurar fato certo e determinado, de tal forma que a portaria de instauração deve especificar o fato a ser apurado.

O IC não é pressuposto ou condição de procedibilidade para a ação civil pública, uma vez que esta pode ser proposta independentemente da existência de um inquérito civil instaurado e em andamento.

A instauração do inquérito civil, por força de norma constitucional (CF, art. 129, III), é função institucional do Ministério Público.

Assim, embora sejam vários os colegitimados à propositura de ações coletivas, só o Ministério Público tem legitimidade para a instauração do inquérito civil.

Os atos instrutórios são determinados diretamente pelo presidente do procedimento, sendo que a intervenção jurisdicional ocorre se houver necessidade de obtenção de prova acobertada por sigilo ou, então, para controlar a legalidade da instauração.

Portanto, sua instauração não é aleatória e não pode ser infundada, pois existem mecanismos que podem ser utilizados se houver abusividade, como a ação de Mandado de Segurança.

O MP pode instaurar o inquérito civil de ofício, quando tomar conhecimento da existência de algum dano difuso, coletivo ou individual homogêneo que justifique a eventual propositura da ação coletiva. Também pode instaurar o IC após representação de algum interessado.

Os requisitos da portaria de instauração estão previstos no art. 4º da Resolução n. 23.

Faz-se necessário o aditamento da portaria se, no curso do procedimento, surgirem novos fatos indicando a necessidade de investigação de objeto diverso do que estiver sendo investigado.

Nesse caso, o membro presidente do inquérito civil deverá aditar a portaria inicial ou, sendo o caso, determinar a extração de peças para instauração de outro inquérito civil.

Instaurado o inquérito civil, deverá ser concluído no prazo de um ano, segundo o art. 9º da Resolução 23 do CNMP, que ainda prevê a possibilidade de que cada Ministério Público, no âmbito de sua competência administrativa, estabeleça prazo inferior, bem como limite a prorrogação mediante ato administrativo do Órgão da Administração Superior competente.

A instauração do IC pode decorrer de representação endereçada ao MP.

A Resolução n. 23, no art. 2º, § 3º, dispôs que o conhecimento por manifestação anônima, justificada, não implicará ausência de providências, desde que obedecidos os mesmos requisitos para as representações em geral.

A representação poderá ser indeferida pelo Ministério Público, sendo assegurado ao autor da representação o direito de ser cientificado e atacar a decisão de indeferimento por recurso administrativo, com as respectivas razões, no prazo de dez dias.

Interposto o recurso, se não houver retratação, no prazo de três dias, o inconformismo deve ser remetido ao Conselho Superior do Ministério Público (MP dos Estados) ou à Câmara de Coordenação e Revisão respectiva (MP Federal) para apreciação.

Se não houver recurso, a Resolução n. 23, no § 4º do art. 5º, permite que os autos sejam arquivados na própria origem.

Com a formal instauração do IC, legitimam-se os poderes instrutórios do MP, previstos na CF e em diversas leis ordinárias.

Nos termos do § 1º do art. 8º da Lei da Ação Civil Pública, o MP poderá "requisitar, de qualquer organismo público ou particular, certidões, informações, exames ou perícias, no prazo que assinalar, o qual não poderá ser inferior a dez dias úteis".

A recusa, o retardamento ou a omissão de dados técnicos indispensáveis à propositura da ação civil, quando requisitados pelo Ministério Público, poderá configurar crime.

O poder instrutório do MP não é absoluto, sofrendo restrições nos casos em que há sigilo imposto pela lei ou reconhecido pela jurisprudência. Lembre-se, por exemplo, o sigilo das comunicações telefônicas. Nesses casos, deve o *parquet* formular solicitação ao Poder Judiciário.

Além das certidões e informações, como vimos, pode o MP *requisitar* exames e perícias.

Concluído o inquérito civil, o membro do Ministério Público poderá ajuizar a ação coletiva, bem como poderá concluir que é o caso de arquivar o inquérito civil.

O arquivamento decorre do fato da inexistência de justa causa para a propositura da ação coletiva, que pode ser em decorrência dos seguintes fatos: a) falta de provas da autoria do dano difuso, coletivo ou individual homogêneo; b) falta de provas da materialidade; c) inexistência de dano; d) reparação integral dos danos; e) falta de legitimidade do Ministério Público para a propositura da ação, como ocorre, por exemplo, se se tratar de direito individual disponível.

Após promover, fundamentadamente, o arquivamento do inquérito, ou do procedimento preparatório, o órgão de execução deverá cientificar os interessados.

Após, deverá encaminhar os autos para o órgão de revisão competente (Conselho Superior do Ministério Público ou da Câmara de Coordenação e Revisão), no prazo de três dias.

A promoção de arquivamento é submetida a exame e deliberação do órgão de revisão competente, qual seja, o Conselho Superior do Ministério Público, no caso do Ministério Público dos Estados, ou a Câmara de Coordenação e Revisão, no âmbito do Ministério Público Federal.

A Lei Complementar n. 75/1993, que dispõe sobre a organização, as atribuições e o estatuto do Ministério Público da União, estabelece, em seu art. 43, IV, que as Câmaras de Coordenação e Revisão do Ministério Público Federal são órgãos do Ministério Público Federal, sendo que a competência das Câmaras está prevista no art. 62 do mesmo estatuto.

As normas relativas à organização e ao funcionamento das Câmaras de Coordenação e Revisão do Ministério Público Federal estão disciplinas em Resoluções do Conselho Superior do MP Federal, especialmente as Resoluções n. 6 e 20.

A promoção de arquivamento poderá ser homologada pelo órgão de revisão.

Todavia, se essa não for à conclusão do órgão de revisão, ele poderá proceder nos termos do art. 10, § 4º da Resolução n. 23:

> *Deixando o órgão de revisão competente de homologar a promoção de arquivamento, tomará uma das seguintes providências:*
>
> I. converterá o julgamento em diligência para a realização de atos imprescindíveis à sua decisão, especificando-os e remetendo ao órgão competente para designar o membro do Ministério Público que irá atuar;
>
> II. deliberará pelo prosseguimento do inquérito civil ou do procedimento preparatório, indicando os fundamentos de fato e de direito de sua decisão, adotando as providências relativas à designação, em qualquer hipótese, de outro membro do Ministério Público para atuação.

Importante registrar a vedação ao arquivamento implícito, determinada pela Resolução n. 23 do CNMP, em seu art. 13.

Ocorre que há procedimentos investigatórios que apuram diversos fatos. Se houve a propositura de ação coletiva em relação a algum deles, é necessário que haja o arquivamento expresso em relação aos demais, sendo vedado, portanto, o arquivamento implícito.

A decisão homologatória do arquivamento não adquire a autoridade de coisa julgada, isto é, não é imutável.

Por isso, é possível o desarquivamento do procedimento investigatório. O requisito específico é a notícia de novas provas.

A questão está disciplinada no art. 12 da Resolução n. 23 do CNMP: "O desarquivamento do inquérito civil, diante de novas provas ou para investigar fato novo relevante, poderá ocorrer no prazo máximo de seis meses após o arquivamento. Transcorrido esse lapso, será instaurado novo inquérito civil, sem prejuízo das provas já colhidas. Parágrafo único. O desarquivamento de inquérito civil para a investigação de fato novo, não sendo caso de ajuizamento de ação civil pública, implicará novo arquivamento e remessa ao órgão competente, na forma do art. 10, desta Resolução".

No concurso do MP do Piauí (2012 – CESPE), a questão foi explorada. A banca considerou incorreta a seguinte afirmativa: "O arquivamento de inquérito civil induz os efeitos da preclusão e de coisa julgada e impede a propositura de ACP".

17. COMPROMISSO DE AJUSTAMENTO DE CONDUTA

Os órgãos públicos legitimados à propositura de ACP, a partir de 1990, podem celebrar compromisso de ajustamento de conduta com o autor de fato lesivo aos direitos e interesses transindividuais.

Atenção: não é qualquer colegitimado que pode celebrar o CAC. Só os órgãos públicos. Acertou uma questão do MP de Minas Gerais (2006) quem observou estar incorreta a seguinte frase: "O Termo de Ajustamento de Conduta é possível ser celebrado por todos os legitimados ativos".

A previsão legal expressa, que consta dos art. 5º, § 6º da LACP, decorre da Lei n. 8.078/1990. Assim, o CAC é referido na LACP, no CDC e, registre-se, pelo pioneirismo, no art. 211 do ECA.

Existe uma situação peculiar que, portanto, deve ser observada: no caso de improbidade administrativa, a Lei n. 8.429/1992 (art. 17, § 1º) não admite a transação.

Trata-se de acordo que constitui título executivo extrajudicial. A eficácia executiva, no caso do MP de São Paulo, é condicionada à homologação pelo Conselho Superior.

Em síntese, podemos dizer que o objeto do acordo é o estabelecimento de compromisso quanto à prática ou à cessação de determinada conduta, normalmente pelo estabelecimento de obrigações de fazer e de não fazer.

A celebração de Termo de Ajustamento de Conduta nem sempre encerra o inquérito civil, pois é possível que ele seja meramente procedimental, isto é, estabeleça conduta referente à apuração dos fatos, um compromisso do próprio investigado, por exemplo, à produção de determinada prova relevante para a formação de convicção. Além disso, o CAC pode não abranger todos os danos.

A propósito, foi considerada correta a seguinte assertiva do concurso do MP da Bahia (2008): "O compromisso de ajustamento de conduta celebrado pelo Promotor de Justiça no bojo de um inquérito civil pode ser apenas parcial, de forma a obter a composição relativamente a algumas das ilicitudes apuradas, caso em que o procedimento investigatório deverá prosseguir relativamente às demais ilicitudes que não foram objeto de composição no compromisso".

O TAC pode ser celebrado administrativamente ou perante órgão jurisdicional, ocasião em que sua homologação o converterá em título executivo judicial.

A homologação, no caso, se dá pelo juiz de direito. Não há necessidade de homologação pelo órgão superior do MP do compromisso celebrado em juízo.

Por exemplo, foi considerada incorreta a seguinte frase pela banca do MP de Mato Grosso (2012 – UFMT): "O compromisso de ajustamento de conduta, quando firmado no curso de uma ação civil pública, está sujeito à homologação do Conselho Superior do Ministério Público como condição de validade do próprio compromisso".

Como o controle do inquérito civil cabe ao Conselho Superior do Ministério Público, também o compromisso de ajustamento deve ser submetido a esse órgão.

A atuação do Defensor Público, diante de TAC celebrado pelo MP, foi objeto de indagação no concurso da Defensoria Pública (Defensor Público/PR – 2012 – FCC): "O Ministério Público do Paraná firmou termo de ajustamento de conduta com o Município de Londrina para que uma creche que atendia 200 crianças fosse temporariamente fechada, por seis meses, para que se realizassem reformas no prédio no intuito de acabar com graves problemas estruturais que colocavam a segurança das crianças e dos funcionários em risco. Um grupo de mães de alunos procurou a Defensoria Pública do Paraná em Londrina relatando que não foram disponibilizadas pelo Município vagas em outras creches e que, questionada, a Prefeitura informou que as mães deveriam aguardar o final da reforma. Diante dessa situação, o Defensor Público deve".

(A) ajuizar ação civil pública contra o Ministério Público e o Município, com pedido de nulidade do termo de ajustamento de conduta por não prever medida compensatória para as crianças que ficaram sem creche e, sucessivamente, pedido para que o Município disponibilize vagas em outras unidades até o final da reforma.

(B) oficiar ao Ministério Público relatando o caso, já que apenas esse órgão poderia tomar novas providências por já ter firmado o termo de ajustamento de conduta com o Município, solicitando um aditamento ao termo.

(C) propor novo termo de ajustamento de conduta com o Município para que sejam garantidas vagas para as crianças em outras creches durante a reforma e, caso o Município, sob qualquer argumento, recuse-se a regularizar a situação, ajuizar ação civil pública.

(D) apresentar recurso administrativo ao Conselho Superior do Ministério Público contra o termo de ajustamento de conduta firmado, requerendo o aditamento do termo para constar medidas que assegurem vagas para as crianças em outras creches.

(E) diante da existência de termo de ajustamento de conduta sobre o caso, que esgota a possibilidade de intervenção coletiva, ajuizar ações individuais para cada uma das duzentas crianças, requerendo vaga em alguma das creches municipais.

O candidato deveria assinalar a alternativa "c", pois o compromisso de ajustamento de conduta não contém qualquer vício, não sendo o caso, portanto, de ação anulatória. Ademais, sendo o compromisso celebrado pelo MP insuficiente para tutelar o direito das mães, está a Defensoria Pública, como órgão público, legitimada a tomar novo termo e, se for o caso, propor ação civil pública para exigir outras providências, que tutelem, efetivamente, o direito das mães.

18. DA RECOMENDAÇÃO

É possível ao Ministério Público e à Defensoria Pública expedir recomendações, fundamentadas, a autoridades públicas ou a particulares, no que se refere à necessidade de ajustar suas condutas aos ditames legais.

A Resolução nº 164/2017, do Conselho Nacional do Ministério Público (CNMP), disciplina a expedição de recomendações pelo Ministério Público brasileiro.

A expedição de recomendações é um instrumento muito útil para que o Ministério Público cumpra sua função institucional de zelar pelo efetivo respeito dos Poderes Públicos e dos serviços de relevância pública aos direitos assegurados na Constituição Federal, promovendo as medidas necessárias a sua garantia (conforme art. 129, II, da Lei Maior).

Cabe lembrar, ainda, que a LC 75/1993 estabelece, no art. 6º, XX, caber ao Ministério Público da União expedir recomendações, visando à melhoria dos serviços públicos e de relevância pública, bem como ao respeito, aos interesses, direitos e bens cuja defesa lhe cabe promover, fixando prazo razoável para a adoção das providências cabíveis. Referido dispositivo é aplicável aos Ministérios Públicos estaduais por força do art. 80 da Lei 8.625/1993.

A recomendação administrativa, portanto, coloca-se como um importante mecanismo de atuação extrajudicial do MP e da Defensoria Pública, bem como se trata de importante meio indutor da autocomposição dos litígios.

Recomenda-se a leitura e o estudo da Resolução 164 do CNMP. Destaca-se, nesta oportunidade, apenas o seu art. 1º:

Art. 1º A recomendação é instrumento de atuação extrajudicial do Ministério Público por intermédio do qual este expõe, em ato formal, razões fáticas e jurídicas sobre determinada questão, com o objetivo de persuadir o destinatário a praticar ou deixar de praticar determinados atos em benefício da melhoria dos serviços públicos e de relevância pública ou do respeito aos interesses, direitos e bens defendidos pela instituição, atuando, assim, como instrumento de prevenção de responsabilidades ou correção de condutas.

Parágrafo único. Por depender do convencimento decorrente de sua fundamentação para ser atendida e, assim, alcançar sua plena eficácia, a recomendação não tem caráter coercitivo.

Questão interessante foi veiculada na prova do MP do Rio de Janeiro (2011): "A recomendação expedida pelo Ministério Público:

(A) tem caráter vinculativo, na medida em que impõe a adequação da prestação de um serviço de relevância pública, podendo ser expedida para órgãos públicos e empresas privadas;

(B) tem caráter vinculativo, uma vez que é exarada por órgão que tem legitimação para o ajuizamento das ações coletivas e da persecução penal, podendo ser destinada apenas para órgãos públicos;

(C) não tem caráter vinculativo, pois sua finalidade é apenas notificar o infrator de que ele está sob investigação, como forma de garantia de seus direitos fundamentais, podendo ser destinada para pessoas físicas e jurídicas;

(D) tem eficácia apenas admonitória, em razão de sua natureza extrajudicial, podendo ser destinada apenas para órgãos públicos encarregados da regulação ou prestação de serviços de relevância pública;

(E) tem eficácia apenas admonitória, podendo ser destinada para pessoas físicas e jurídicas, públicas e privadas, cujas condutas que estejam em desconformidade com a recomendação serão, após o seu recebimento, consideradas dolosas".

Seguem os comentários: **A**: incorreta, pois não há caráter vinculativo; **B**: incorreta, pois, como dito, não há caráter vinculativo; **C**: incorreta, pois sua finalidade não é apenas a de notificar o infrator, mas visa à melhoria dos serviços públicos e de relevância pública, bem como aos demais interesses, direitos e bens cuja defesa lhe caiba promover (Lei Complementar n. 75/1993, art. 6º, inciso XX, Lei n. 8.625/1993, art. 27, parágrafo único, IV, e art. 15 da Resolução n. 23 do CNMP); **D**: incorreta, pois a recomendação não se destina apenas a órgãos públicos. Nos termos da Lei n. 8.625/1993, art. 27, a recomendação pode ser dirigida aos poderes estaduais ou municipais; aos órgãos da Administração Pública Estadual ou Municipal, direta ou indireta; aos concessionários e permissionários de serviço público estadual ou municipal; às entidades que exerçam outra função delegada do Estado ou do Município ou executem serviço de relevância pública; **E**: correta, pois, como mencionado no item anterior, a recomendação pode ser dirigida a diversas pessoas. Gabarito "E".

19. TUTELA COLETIVA DOS DIREITOS FUNDAMENTAIS SOCIAIS

Os direitos fundamentais sociais são considerados direitos de segunda geração ou dimensão. A revelação dos mencionados direitos trouxe profundos impactos para os ordenamentos jurídicos, tendo em vista que são direitos que exigem uma atuação positiva do Estado, de tal forma que se opõem aos direitos de primeira geração (liberdades públicas), que se caracterizam, predominantemente, por impor limites ao Poder Público.

Por isso, oportuna uma breve síntese.

19.1. As gerações ou dimensões de direitos fundamentais individuais e coletivos

É bastante difundida a ordenação dos direitos fundamentais que se revelaram e que ainda vão se revelar historicamente em "gerações de direitos".

Trata-se de visão historicista atribuída a Karel Vasak e difundida por Norberto Bobbio.

Parte da relação dos direitos fundamentais aos chamados ideais da revolução francesa (liberdade, igualdade e fraternidade). Assim, os direitos de primeira geração, relacionados à liberdade, seriam relacionados às liberdades fundamentais, decorrentes da exigência de limitação do Poder Público (obrigações de não fazer).

Por sua vez, a segunda geração (igualdade) é relacionada a direitos econômicos, sociais e culturais, ou seja, que exigem do Estado a promoção da isonomia material por meio de uma atuação positiva, prestacional (obrigações de fazer).

Os direitos de solidariedade seriam os de terceira geração, a qual incluiria os direitos difusos. Basicamente, direitos do consumidor e do meio ambiente. Podem ser positivos ou negativos, pois a proteção do meio ambiente, por exemplo, pode exigir tanto uma atuação positiva do Estado (fazer alguma coisa) como uma abstenção (não fazer alguma coisa).

Nesse contexto, é imprescindível constatar que a exigibilidade dos direitos de liberdade estaria mais consolidada do que a exigibilidade dos direitos sociais. Daí a importância do estudo dos mecanismos de tutela jurisdicional dos direitos fundamentais sociais.

Importante observar, também, que a "visão geracional" dos direitos fundamentais não é pacífica e recebe críticas de vários autores, conscientes de que não há uma continuidade histórica no surgimento e na consagração dos direitos fundamentais. Por isso que alguns autores preferem referir-se às diferentes "dimensões" dos direitos fundamentais.

Nesse sentido Paulo Bonavides:[4] "O vocábulo 'dimensão' substitui, com vantagem lógica e qualitativa, o termo 'geração', caso este último venha a induzir apenas a sucessão cronológica e, portanto, suposta caducidade dos direitos das gerações antecedentes, o que não é verdade".

Flávia Piovesan[5] prega a indivisibilidade dos direitos fundamentais, afirmando que devem ser "concebidos como uma unidade interdependente, inter-relacionada e indivisível": "Partindo-se do critério metodológico que classifica os direitos humanos em gerações, adota-se o entendimento de que uma geração de direitos não substitui a outra, mas com ela interage. Isto é, afasta-se a ideia da sucessão 'geracional' de direitos, na medida em que se acolhe a ideia de expansão, cumulação e fortalecimento dos direitos humanos consagrados, todos essencialmente complementares e em constante dinâmica de interação".

Adotada a visão de que os direitos fundamentais apresentam diferentes dimensões, é importante observar que existem direitos universais, que pertencem a um número indeterminável de pessoas, o que exige a revisitação de inúmeros institutos processuais, a fim de se viabilizar a tutela jurisdicional dos mencionados direitos.

Afinal, como adverte Paulo Bonavides,[6] "os direitos da segunda, da terceira e da quarta gerações não se interpretam, *concretizam-se*".

19.2. A inadequação do sistema processual clássico para a tutela dos novos direitos e as ondas renovatórias do processo

A revelação de direitos transindividuais, de direitos sociais, evidenciou a inadequação do sistema processual clássico (processo civil individual de cunho individualista) para a tutela efetiva dos mencionados direitos, o que culminou no desenvolvimento do já comentado microssistema coletivo.

Portanto, a *descoberta* das novas categorias de direitos trouxe consequências para o plano jurisdicional. A doutrina brasileira, por exemplo, voltou-se para o estudo das ações de classe (*Class Action*) do direito americano, que permitem uma *substituição processual*, isto é, a postulação do direito de todos os componentes da classe por apenas um dos lesados, desde que presentes determinados requisitos.

Referida forma de se pleitear a tutela jurisdicional é desvinculada da tradicional legitimidade ordinária (art. 18 do CPC/2015), em que é imprescindível a presença de todos os titulares dos direitos discutidos em juízo.

Além do direito americano, a doutrina brasileira foi influenciada pelo sistema europeu, sendo que o confronto das duas experiências permitiu o desenvolvimento de um sistema próprio para a tutela coletiva dos direitos transindividuais.

Preocupados com a questão da reivindicação dos direitos em juízo, Mauro Cappelletti e Bryant Garth produziram um famoso estudo sobre as ondas renovatórias do processo civil na efetivação da garantia fundamental do acesso à justiça.

Revelando preocupação semelhante à de Bobbio consignaram os citados autores:[7] "O acesso à justiça pode ser encarado como o requisito fundamental – o mais básico dos direitos humanos – de um sistema jurídico moderno e igualitário que pretenda garantir, e não apenas proclamar os direitos de todos".

Apontaram[8], também, a existência de duas finalidades básicas no implemento do acesso à justiça efetivo: "Primeiro, o sistema deve ser igualmente acessível a todos; segundo, ele deve produzir resultados que sejam individual e socialmente justos".

Nesse contexto, os autores revelaram vários problemas relacionados ao acesso à justiça: os altos custos envolvidos; a questão dos ônus da sucumbência; a formalidade dos processos judiciários tradicionais e a incompatibilidade com as pequenas causas; a questão da representação processual dos litigantes de baixo nível econômico e educacional; os efeitos do tempo na solução dos litígios e o consequente aumento dos custos e da pressão aos hipossuficientes; as vantagens dos economicamente poderosos no que diz respeito à litigância e às delongas do litígio; a existência de julgadores excessivamente passivos; a falta de aptidão de muitas pessoas para reconhecer e defender um direito seu; a falta de disposição a recorrer a processos judiciais para reivindicar os direitos; a vantagem dos litigantes habituais sobre os eventuais; a necessidade de ser bem escolhido o representante adequado para a tutela dos interesses difusos.

Após apontar os inúmeros obstáculos reais ao acesso à justiça eficiente, Mauro Cappelletti e Bryant Garth[9] enumeram os três grandes instrumentos utilizados para incrementar o sistema, daí surgindo a expressão *três ondas renovatórias do processo*: "Podemos afirmar que a primeira solução para o acesso – a primeira 'onda' desse movimento novo – foi a *assistência judiciária*; a segunda dizia respeito às reformas tendentes à proporcionar *representação jurídica para os interesses 'difusos'*, especialmente nas áreas da proteção ambiental e do consumidor; e o terceiro – e mais recente – é o que nos propomos a chamar simplesmente '*enfoque de acesso à justiça*' porque inclui os posicionamentos anteriores, mas vai muito além deles, representando, dessa forma, uma tentativa de atacar as barreiras do acesso de modo mais articulado e compreensivo".

Em síntese, as três ondas são:

---

4. **Curso de direito constitucional**. 24. ed. São Paulo: Malheiros, 2009. p. 571-572.
5. **Temas de direitos humanos**. 3. ed. São Paulo: Saraiva, 2009. p. 8.
6. **Curso de direito constitucional**, cit., p. 572.
7. **Acesso à justiça**, trad. Ellen Gracie Northfleet, Porto Alegre: Sergio Fabris, 1988, p. 12.
8. Idem, ibidem, p. 8.
9. Idem, ibidem, p. 31.

1) A implementação da assistência judiciária gratuita para os necessitados;

2) A escolha de representantes adequados para a tutela dos direitos transindividuais;

3) A criação de procedimentos, de instituições e de operadores que possam garantir a tutela efetiva dos direitos.

No Brasil constatamos as influências das três ondas de reformas do sistema processual, pois se verificou:

a) O incremento da assistência judiciária para os pobres, especialmente com a missão conferida à Constituição Federal à Defensoria Pública;

b) A sistematização da tutela jurisdicional coletiva dos direitos transindividuais, inclusive dos direitos individuais homogêneos com o Código de Defesa do Consumidor;

c) A criação de Juizados Especiais para a resolução das pequenas causas e das causas de menor complexidade. Também foram criadas tutelas diferenciadas para diversas situações, podendo ser destacada a possibilidade conferida aos juízes de antecipação dos efeitos da tutela jurisdicional e, de maneira geral, de conceder tutelas provisórias, fundadas na urgência ou na evidência (CPC/2015, Livro V da Parte Geral).

19.3. Tutela coletiva dos direitos fundamentais sociais

Os direitos fundamentais são direitos humanos consagrados no plano interno. Assim, enquanto a expressão "direitos humanos" é utilizada para fazer referência a direitos consagrados no plano internacional, os direitos fundamentais são representados pelos direitos que constam nas Constituições de cada país.

A Constituição Federal de 1988, batizada como "Constituição Cidadã", foi a primeira lei fundamental brasileira a consagrar os direitos sociais como direitos fundamentais.

Nesse sentido Fabiana Kelbert: "De forma pioneira na história constitucional brasileira, a Constituição Federal de 1988 erigiu os direitos sociais à categoria de direitos fundamentais, ao incluí-los, expressamente, sob o Título II, 'Dos Direitos e Garantias Fundamentais'. Esse caráter de fundamentabilidade reconhecido a direitos que antes (desde a Constituição de 1934) apenas se enquadravam na categoria de direitos econômicos e sociais..." (*Reserva do possível e a efetividade dos direitos sociais no direito brasileiro*, Porto Alegre: Livraria do Advogado, 2011, p. 33).

Costumeiramente os direitos sociais são considerados direitos que exigem uma ação (um fazer) por parte do Estado. É importante, porém, ter presente que esta característica não impede o reconhecimento de que existem direitos sociais que exigem omissões do Poder Público. Para fazer referência a direitos sociais com esta característica, a doutrina usa a expressão "liberdades sociais".

A propósito, assim se manifesta Fabiana Kelbert: "É preciso referir que os direitos sociais não se limitam às prestações positivas, mas também abrangem as chamadas 'liberdades sociais', a exemplo do direito de greve, direito a férias, dentre outros, conforme a lição de Ingo Wolfgang Sarlet" (*Reserva do possível e a efetividade dos direitos sociais no direito brasileiro*, Porto Alegre: Livraria do Advogado, 2011, p. 32).

O direito à moradia é utilizado como exemplo pela citada autora, uma vez que sua garantia pode exigir uma omissão (vedação da penhora) ou uma ação (assegurar o acesso à moradia).

É importante frisar que os direitos sociais são direitos fundamentais, tanto do ponto de vista formal, quanto material.

Formalmente, pois inseridos pela CF no rol dos direitos fundamentais, embora a posição topográfica, isto é, o fato de serem consagrados pelo art. 6º suscite algumas divergências.

Ocorre que o rol dos direitos fundamentais não é taxativo, de tal forma que os direitos sociais são fundamentais se observada a regra constitucional do art. 5º, § 2º: "Os direitos e garantias expressos nesta Constituição não excluem outros decorrentes do regime e dos princípios por ela adotados, ou dos tratados internacionais em que a República Federativa do Brasil seja parte".

Do ponto de vista material, os direitos sociais são fundamentais por estarem relacionados a bens e a valores fundamentais. São essenciais à dignidade da pessoa humana.

Se são fundamentais, os direitos sociais são protegidos de eventual proposta de supressão (art. 60, § 4º, IV, CF), são submetidos ao regime do § 1º do art. 5º da CF e são dotados de plena eficácia, embora a efetividade possa variar.

Por isso, as normas definidoras dos direitos e garantias fundamentais sociais têm aplicação imediata e vinculam a Administração Pública, no sentido de obrigá-la à efetivação. Não pode ser aceita a tese segunda a qual as normas que consagram os direitos sociais seriam meramente programáticas, ou seja, dependeriam, decisivamente da produção normativa infraconstitucional.

Por isso, é possível reivindicar os direitos sociais, no plano individual ou no plano coletivo. São direitos doados de exigibilidade judicial.

Relevante a seguinte decisão do Pretório Excelso, sobre a questão, proferida no julgamento da ADI 3.768/DF:

> "AÇÃO DIRETA DE INCONSTITUCIONALIDADE. ART. 39 DA LEI N. 10.741, DE 1º DE OUTUBRO DE 2003 (ESTATUTO DO IDOSO), QUE ASSEGURA GRATUIDADE DOS TRANSPORTES PÚBLICOS URBANOS E SEMIURBANOS AOS QUE TÊM MAIS DE 65 (SESSENTA E CINCO) ANOS. DIREITO CONSTITUCIONAL. NORMA CONSTITUCIONAL DE EFICÁCIA PLENA E APLICABILIDADE IMEDIATA. NORMA LEGAL QUE REPETE A NORMA CONSTITUCIONAL GARANTIDORA DO DIREITO. IMPROCEDÊNCIA DA AÇÃO.
> 1. O art. 39 da Lei n. 10.741/2003 (Estatuto do Idoso) apenas repete o que dispõe o § 2º do art. 230 da Constituição do Brasil. A norma constitucional é de eficácia plena e aplicabilidade imediata, pelo que não há eiva de invalidade jurídica na norma legal que repete os seus termos e determina que se concretize o quanto constitucionalmente disposto.
> 2. Ação direta de inconstitucionalidade julgada improcedente".

Os direitos sociais são muito diversos e, por isso, devem ser buscados na CF, embora o rol seja exemplificativo. Estão consagrados, precipuamente, no art. 6º da Lei Maior. Por exemplo, saúde, assistência social, moradia, previdência social e salário-mínimo.

19.4. O direito-garantia ao mínimo existencial

O mínimo existencial é tanto um direito (inclusive subjetivo), quanto uma garantia, sendo relacionado às condições materiais que asseguram uma vida com dignidade. Tem *status* constitucional.

Atribui-se sua origem ao direito alemão, em função da postulação ao Judiciário de prestação que garanta a sobrevivência e a inserção social do indivíduo. Por exemplo, um indivíduo carente tem direito a um auxílio material do Estado.

Importante destacar que o direito-garantia comentado não se limita a um mínimo vital ou a um mínimo de sobrevivência.

Abrange sim o chamado "mínimo fisiológico", relacionado à sobrevivência e às condições materiais mínimas. Porém, também envolve o "mínimo sociocultural".

A garantia é considerada implícita, isto é, embora não goze de uma expressa previsão constitucional é extraída da Lei Maior.

Pode ser fundamentada na exigência de Justiça Social (CF, art. 170) ou no princípio da dignidade da pessoa humana (CF, art. 1º, III).

Referido direito-garantia apresenta uma "dimensão econômica" importante que não pode ser ignorada. Afinal, a efetivação dos direitos sociais exige dinheiro, isto é, recursos financeiros que, conforme sabemos, são limitados.

A dimensão econômica suscita a questão da "reserva do possível" e de outros temas, como a possibilidade de se exigir a efetivação junto ao Poder Judiciário, o que provoca discussões sobre as competências constitucionais, o princípio da separação de poderes, a reserva de lei orçamentária e o próprio princípio federativo.

19.5. A reserva do possível fática e jurídica

O seu desenvolvimento também é atribuído à doutrina alemã, quando do enfrentamento da questão da limitação do número de vagas em algumas universidades públicas.

Está relacionado à constatação de que a efetivação dos direitos sociais tem uma dimensão econômica, isto é, existem limites financeiros e questões orçamentárias envolvidos na promoção da saúde, da segurança e da educação, por exemplo.

A efetivação dos direitos de liberdade também gera custos. Porém, os custos para a efetivação de direitos prestacionais são mais significativos.

Aliás, a doutrina costuma apontar uma tríplice dimensão da reserva do possível, que estaria ligada a questões fáticas (a existência de recursos), jurídicas (os aspectos legais, sobretudo orçamentários) e, também, a limites de razoabilidade (e/ou proporcionalidade.).

A reserva do possível, por isso, é invocada pela Administração Pública como limite e obstáculo à reivindicação judicial de direitos sociais.

Parcela da doutrina afirma que a reserva do possível também teria dimensão constitucional, a partir da constatação de que evita o caos financeiro do Estado. Assim, garantiria um equilíbrio na prestação dos direitos sociais, evitando o privilégio de alguns, à custa do sacrifício de outros.

No Brasil, há divergência quanto a se tratar de um princípio ou uma cláusula restritiva de direitos fundamentais.

Para a Defensoria Pública, a consagração dos direitos sociais como fundamentais vincula o legislador, o administrador e o Poder Judiciário, de tal forma que existe um compromisso constitucional superior à "vontade" e à "discricionariedade" dos agentes públicos.

O Estado está vinculado, obrigado à efetivação dos direitos sociais, de tal forma que a aceitação da reserva do possível deve ser excepcional.

A existência de limites fáticos à efetivação dos direitos sociais (inexistência de recursos) e de limites jurídicos (indisponibilidade orçamentária), cabe à Defensoria Pública reivindicá-los junto a Poder Judiciário, que não está, como o Administrador Público, vinculado às previsões orçamentárias.

Cabe ao Judiciário, diante da eventual colisão de direitos e valores fundamentais, fazer prevalecer o direito "mais fundamental".

Em conclusão, todo ônus de provar a reserva do possível é do Administrador Público.

Recente decisão do STJ fez a seguinte advertência: "Ressalto que o STF tem decidido que, ante a demora ou inércia do Poder competente, o Poder Judiciário poderá determinar, em caráter excepcional, a implementação de políticas públicas para o cumprimento de deveres previstos no ordenamento constitucional, sem que isso configure invasão da discricionariedade ou afronta à reserva do possível" (REsp 1677832/AL, Rel. Ministro Herman Benjamin, Segunda Turma, julgado em 06.03.2018, DJe 22.11.2018).

No mesmo sentido:

"Ao contrário do que estabeleceu o Tribunal a quo, a jurisprudência desta Corte orienta-se pela viabilidade de condenação por danos morais coletivos em sede de ação civil pública, assim como pela possibilidade de intervenção do Judiciário na implementação de políticas públicas em casos excepcionas, sem que, com isso, haja violação do princípio da separação de poderes. Precedentes: i) AgInt no REsp 1.528.392/SP, Rel. Min. Herman Benjamin, Segunda Turma, DJe 05.05.2017; REsp 1.487.046/MT, Rel. Min. Luis Felipe Salomão, Quarta Turma, DJe 16.05.2017; REsp 1.473.846/SP, Rel. Min. Ricardo Villas Bôas Cueva, Terceira Turma, DJe 24.02.2017; EREsp 1.367.923/RJ, Rel. Min. João Otávio de Noronha, Corte Especial, DJe 15.03.2017; AgInt no AREsp 1.004.637/SP, Rel. Min. Luis Felipe Salomão, Quarta Turma, DJe 20.02.2017; REsp 1.635.465/SP, Rel. Min. Herman Benjamin, Segunda Turma, DJe 27.04.2017; ii) AgInt no REsp 1.553.112/CE, Rel. Min. Gurgel de Faria, Primeira Turma, DJe 10.03.2017; REsp 1.637.827/PR, Rel. Min. Herman Benjamin, Segunda Turma, DJe 19.12.2016; AgRg no REsp 1.072.817/MG, Rel. Min. Napoleão Nunes Maia Filho, Primeira Turma, DJe 11.03.2016; AgRg no RMS 38.966/SC, Rel. Min. Jorge Mussi, Quinta Turma, DJe 17/09/2014; REsp 1.367.549/MG, Rel. Min. Humberto Martins, Segunda Turma, DJe 08.09.2014" (AREsp 1069543/SP, Rel. Ministro Benedito Gonçalves, Primeira Turma, julgado em 27.06.2017, DJe 02.08.2017).

19.6. A proporcionalidade

Cabe ao Judiciário, portanto, ponderar os interesses em conflito, lembrando que a proporcionalidade não aponta apenas para a proibição de excesso, mas também para a proibição de proteção insuficiente dos direitos fundamentais sociais.

Assim, o processo da ponderação é conduzido pela proporcionalidade, que também não admite uma proteção insuficiente dos bens e valores fundamentais sociais.

A técnica da ponderação permite a resolução de situações de real conflito entre valores e princípios fundamentais.

De lembrar que a doutrina afirma que o princípio da proporcionalidade pode ser decomposto em três subprincípios: adequação, necessidade ou exigibilidade e proporcionalidade em sentido estrito.

O subprincípio da adequação determina que, em um primeiro momento, seja verificada a finalidade da norma e idoneidade para atingir os fins almejados pelo legislador.

Constatada a adequação, deve-se indagar se a solução é a menos gravosa possível, em função do resultado pretendido.

Se houver pertinência com a finalidade, bem como a solução se evidenciar a menos gravosa possível, deve-se passar à fase da ponderação (proporcionalidade em sentido estrito), sopesando-se os interesses sacrificados e os fins perseguidos.

A grande virtude do princípio é evitar os excessos na aplicação da norma. Daí a sua referência sempre ligada à ideia de razoabilidade.

19.7. A tutela coletiva de direitos sociais

Os direitos sociais podem ser reivindicados por meio de ações civis públicas ou, mais genericamente, por meio de ações coletivas.

Podem ser citados diversos dispositivos legais que fundamentam pedidos de imposição de obrigações de fazer (e também de não fazer, no caso das *liberdades sociais*).

Por exemplo, a LACP, em seu art. 3º, dispõe que "a ação civil poderá ter por objeto a condenação em dinheiro ou o cumprimento de obrigação de fazer ou não fazer". Acrescenta o art. 11 do mencionado diploma normativo: "Na ação que tenha por objeto o cumprimento de obrigação de fazer ou não fazer, o juiz determinará o cumprimento da prestação da atividade devida ou a cessação da atividade nociva, sob pena de execução específica, ou de cominação de multa diária, se esta for suficiente ou compatível, independentemente de requerimento do autor".

As obrigações prestacionais podem ser impostas liminarmente, uma vez que o art. 12 da LACP estabelece: "Poderá o juiz conceder mandado liminar, com ou sem justificação prévia, em decisão sujeita a agravo".

Não pode deixar de ser mencionado o art. 84 do CDC: "Na ação que tenha por objeto o cumprimento da obrigação de fazer ou não fazer, o juiz concederá a tutela específica da obrigação ou determinará providências que assegurem o resultado prático equivalente ao do adimplemento".

Imposta a obrigação relacionada à conduta do Administrador Público, o cumprimento da sentença ou a efetivação de provimento antecipatório que impõe obrigação de fazer ou de não fazer é um dever do juiz, que tem uma plêiade de meios executórios à sua disposição, extraídos, principalmente, dos arts. 84 do CDC e 497 e 536 do CPC/2015.

Deve-se buscar o adimplemento na forma estabelecida, e a conversão em perdas e danos deve ser considerada como *ultima ratio*. Há uma primazia da tutela específica.

Por isso, a conversão em perdas e danos deve ser admitida apenas no caso de impossibilidade do cumprimento da obrigação específica.

Na efetivação das obrigações de fazer e de não fazer devem ser empregadas as medidas de apoio dos §§ do art. 536 do CPC/2015, cujo rol é exemplificativo, isto é, existem medidas típicas e atípicas.

Assim, as medidas de apoio podem ser:

a) atípicas: as medidas que o juiz entender como oportunas e necessárias à efetivação da tutela jurisdicional;

b) típicas: são aquelas previstas nos §§ do art. 536, ou seja, imposição de multa, busca e apreensão, remoção de pessoas e coisas, desfazimento de obras, impedimento de atividade nociva, além de requisição de força policial.

A medida empregada pelo juiz deve ser a mais adequada ao caso concreto, podendo assumir caráter mandamental ou executivo, sendo certo que o juiz é dotado do poder de inovar no momento em que ocorre a efetivação, observando, sempre, a garantia do contraditório na definição da prestação equivalente e na definição das medidas de apoio.

Estabelece o art. 536 do CPC/2015 que, *no cumprimento de sentença que reconheça a exigibilidade de obrigação de fazer ou de não fazer, o juiz poderá, de ofício ou a requerimento, para a efetivação da tutela específica ou a obtenção de tutela pelo resultado prático equivalente, determinar as medidas necessárias à satisfação do exequente.*

Acrescenta o § 1º do citado dispositivo legal: Para atender ao disposto no caput, o juiz poderá determinar, entre outras medidas, a imposição de multa, a busca e apreensão, a remoção de pessoas e coisas, o desfazimento de obras e o impedimento de atividade nociva, podendo, caso necessário, requisitar o auxílio de força policial.

Dentre as medidas, a mais destacada é a da *astreinte*, isto é, a multa cominatória imposta pelo juiz que pode ser cumulada com a obrigação principal por ser desprovida de caráter compensatório e assumir nítido caráter coercitivo.

Relevante a citação de trecho do Informativo 505 do STJ (Período: 20 de setembro a 3 de outubro de 2012), noticiando decisão da Terceira Turma:

"DIREITO PROCESSUAL CIVIL. *ASTREINTES*. ESTIPULAÇÃO *EX OFFICIO* E CUMULAÇÃO COM JUROS DE MORA.

É cabível a cumulação de *astreintes* com juros de mora, bem como sua estipulação de ofício. Ao juiz é facultado arbitrar multa *ex officio* como forma de obtenção da tutela específica da obrigação, objetivo principal da execução, conforme expressamente permite o parágrafo único do art. 621 do CPC. Quanto à cumulação das *astreintes* com encargos contratuais, esclareceu-se que é admissível devido à natureza jurídica distinta entre as parcelas, pois a primeira tem natureza processual e os juros de mora têm natureza material. Ademais, estes se destinam à reparação de parte dos prejuízos ensejados pela mora; por outro lado, a multa cominatória diária é meio de coerção para que o devedor cumpra a obrigação específica. Ressalvou-se, contudo, a hipótese em que houver previsão de *astreintes* no título, pois assim seria apenas possível ao juiz reduzir o valor, se excessivo (art. 645, parágrafo único, do CPC). Precedentes citados: REsp 940.309-MT, DJe 25/5/2010, e REsp 859.857-PR, DJe 19/5/2010. REsp 1.198.880-MT, Rel. Min. Paulo de Tarso Sanseverino, julgado em 20/9/2012".

A multa astreinte não tem o mesmo caráter da multa decorrente da prática de ato atentatório à dignidade da justiça, pois a multa por ato atentatório tem caráter punitivo, isto é, voltada à conduta praticada (no passado), enquanto que a astreinte se dirige à conduta que deve ser praticada (no futuro).

O juiz, de ofício ou a requerimento, deve fixar o valor da multa, a periodicidade da sua incidência e a data a partir da qual será devida, adotando como critérios a situação patrimonial do devedor inadimplente e o grau de resistência do devedor.

É de observar que, em certos casos, não tem sentido falar em multa diária, de tal forma que a periodicidade é fixada pelo juiz com o fim de tutelar o interesse do exequente e de preservar a autoridade da função jurisdicional.

O § 1º do art. 537 do CPC/2015 é expresso quanto à possibilidade de alteração da multa: O juiz poderá, de ofício ou a requerimento, modificar o valor ou a periodicidade da multa vincenda ou excluí-la, caso verifique que: I – se tornou insuficiente ou excessiva; II – o obrigado demonstrou cumprimento parcial superveniente da obrigação ou justa causa para o descumprimento.

Não nos parece adequado o entendimento que procura impor limites ao valor da multa, que incide a partir do momento em que se verificar o descumprimento da ordem. Ou seja, desde o dia em que se esgotar o prazo judicial fixado para o seu cumprimento.

Questão polêmica diz respeito ao momento em que se dá a exigibilidade da multa.

Em se tratando de ações coletivas, há norma expressa: o art. 12 da Lei da Ação Civil Pública (Lei n. 7.347/85). Referida lei estabelece que a multa só é exigível após o trânsito em julgado da decisão favorável ao autor, mas será devida desde o dia em que se houver configurado o descumprimento.

Referida regra, contudo, não tem sido considerada absoluta pela jurisprudência, como se vê no seguinte julgamento, citado no Informativo nº 511 do STJ (período: 6 de fevereiro de 2013), proferido pela Quarta Turma:

"DIREITO PROCESSUAL CIVIL. *ASTREINTES*. EXECUÇÃO PROVISÓRIA.

O valor referente à *astreinte* fixado em tutela antecipada ou medida liminar só pode ser exigido e só se torna passível de execução provisória, se o pedido a que se vincula a *astreinte* for julgado procedente e desde que o respectivo recurso não tenha sido recebido no efeito suspensivo. A multa pecuniária arbitrada judicialmente para forçar o réu ao cumprimento de medida liminar antecipatória (art. 273 e 461, §§ 3º e 4º, do CPC) detém caráter híbrido, englobando aspectos de direito material e processual, pertencendo o valor decorrente de sua incidência ao titular do bem da vida postulado em juízo. Sua exigibilidade, por isso, encontra-se vinculada ao reconhecimento da existência do direito material pleiteado na demanda. Para exigir a satisfação do crédito oriundo da multa diária previamente ao trânsito em julgado, o autor de ação individual vale-se do instrumento jurídico-processual da execução provisória (art. 475-O do CPC). Contudo, não é admissível a execução da multa diária com base em mera decisão interlocutória, fundada em cognição sumária e precária por natureza, como também não se pode condicionar sua exigibilidade ao trânsito em julgado da sentença. Isso porque os dispositivos legais que contemplam essa última exigência regulam ações de cunho coletivo, motivo pelo qual não são aplicáveis às demandas em que se postulam direitos individuais. Assim, por seu caráter creditório e por implicar risco patrimonial para as partes, a multa diária cominada em liminar está subordinada à prolação de sentença de procedência do pedido, admitindo-se também a sua execução provisória, desde que o recurso seja recebido apenas no efeito devolutivo. Todavia, revogada a tutela antecipada, na qual estava baseado o título executivo provisório de *astreinte*, fica sem efeito o crédito derivado da fixação da multa diária, perdendo o objeto a execução provisória daí advinda. Precedentes citados: REsp 1.006.473-PR, DJe 19/6/2012, e EDcl no REsp 1.138.559-SC, DJe 1º/7/2011. REsp 1.347.726-RS, Rel. Min. Marco Buzzi, julgado em 27/11/2012".

A multa somente deixa de incidir na impossibilidade de cumprimento da ordem, caso em que deixará de incidir a partir dessa data.

A multa deve ser cobrada por meio do procedimento para a execução por quantia certa (cumprimento de sentença), sendo bastante tormentosa a questão da possibilidade ou não de cobrança da multa no caso de improcedência da demanda, prevalecendo o entendimento contrário.

A multa pode ser imposta à Fazenda Pública (STJ, AgRg no REsp 1.358.472/RS, 1ª Turma, DJe 22/08/2013):

"PROCESSUAL CIVIL E ADMINISTRATIVO. AGRAVO REGIMENTAL NO RECURSO ESPECIAL. OBRIGAÇÃO DE FAZER. APLICAÇÃO DE MULTA CONTRA A FAZENDA PÚBLICA (*ASTREINTES*). POSSIBILIDADE. JURISPRUDÊNCIA PACÍFICA DO STJ.

1. Esta Corte Superior de Justiça possui entendimento sedimentado de que, em se tratando de obrigação de fazer, é permitida ao Juízo a imposição de multa cominatória ao devedor, mesmo que seja contra a Fazenda Pública. Precedentes: AgRg no REsp 1129903/GO, Rel. Ministro Hamilton Carvalhido, Primeira Turma, DJe 24/11/2010; AgRg no Ag 1247323/SC, Rel. Ministro Herman Benjamin, Segunda Turma, DJe 01/07/2010; AgRg no REsp 1064704/SC, Rel. Ministro Francisco Falcão, Primeira Turma, DJe 17/11/2008). 2. Agravo regimental não provido".

A *astreinte* nem sempre pode ser fixada pelo juiz, como noticia o Informativo 460 do STJ:

"*ASTREINTE*. FAZENDA PÚBLICA.

A *quaestio juris* está na possibilidade de aplicação de multa cominatória (*astreinte*) contra a Fazenda Pública na hipótese em que o juízo singular considere descumprida ordem judicial que determinava a apresentação de documentos necessários ao deslinde da controvérsia. É cediço que o *Codex* processual, entre outras medidas coercitivas, atribuiu ao juiz a faculdade de impor *astreinte* em desfavor do devedor – ainda que se trate da Fazenda Pública –, objetivando inibir o descumprimento das obrigações de fazer ou não fazer (fungíveis ou infungíveis) ou de entregar coisa, que deverá incidir a partir da ciência do obrigado e da sua recalcitrância. Ressalte-se que, quanto à obrigação de entregar coisa, o art. 461-A, § 2º, do CPC [art. 538 do CPC/2015] determina que, não cumprida a obrigação no prazo fixado pelo juiz, expede-se, em favor do credor, mandado de busca e apreensão ou de imissão na posse conforme se tratar de coisa móvel ou imóvel. No caso dos autos, trata-se de multa cominatória imposta pelo juízo singular em ação mandamental, em função do descumprimento pela Fazenda Nacional de ordem judicial para a apresentação de cópias das fichas financeiras dos servidores públicos federais, objetivando a apuração da existência de descontos indevidos nos vencimentos. Dessarte, havendo a possibilidade de expedição de mandado de busca e apreensão dos documentos requisitados pela autoridade judicial (arts. 461, § 5º, e 461-A, § 2º, do mesmo diploma [arts. 537, § 1º, e 538 do CPC/2015]), como na hipótese, não se mostra razoável a fixação de multa pecuniária pelo descumprimento da ordem de apresentação, ademais, quando existente pedido de dilação de prazo formulado pela recorrente (Fazenda Nacional), o que afasta a caracterização de seu suposto intuito recalcitrante. Com essas considerações, a Turma deu provimento ao recurso, determinando a exclusão da *astreinte* cominada pelo juízo singular em desfavor da Fazenda Pública. Precedentes citados: REsp 1.162.239-PR, DJe 8/9/2010; AgRg no REsp 1.176.638-RS, DJe 20/9/2010; AgRg no Ag 1.247.323-SC, DJe 1º/7/2010, e REsp 987.280-SP, DJe 20/5/2009. REsp 1.069.441-PE, Rel. Min. Luiz Fux, julgado em 14/12/2010".

Também não deve ser imposta ao agente público (Informativo 429):

"*ASTREINTES*. GOVERNADOR.

Em execução de obrigação de fazer resultante de mandado de segurança, o ente federado foi condenado a incorporar certo percentual aos vencimentos e proventos de seus servidores. Sucede que foram impostas *astreintes* aos representantes daquele ente público (o governador e a secretária de gestão administrativa) correspondentes a diários 50% do valor do salário mínimo, caso, após citados, não procedessem às aludidas incorporações em 30 dias. Anote-se que essa sanção pecuniária não se confunde com a de natureza punitiva derivada de ato atentatório ao exercício da jurisdição (art. 14, V, parágrafo único, do CPC [art. 77, V, do CPC/2015]). Diante disso, a jurisprudência do STJ permite a imposição de multa diária à Fazenda Pública na execução imediata, porém sua extensão ao agente público, ainda que escorada na necessidade de dar efetivo cumprimento à ordem mandamental, é despida de juridicidade, pois inexiste norma que determine esse alcance da pessoa física representante da pessoa jurídica de direito público. No caso, além de sequer haver contraditório e ampla defesa, os agentes não foram partes na execução e atuaram no MS apenas como substitutos processuais. Por último, note-se que a execução da ação mandamental foi dirigida ao ente federado, pessoa jurídica de direito interno, e há norma que restringe ao réu a imposição das referidas *astreintes* (art. 461, § 4º, do CPC). Precedentes citados: REsp 770.753-RS, DJ 15/3/2007; REsp 893.041-RS, DJ 14/12/2006, e AgRg no Ag 1.028.620-DF, DJe 3/11/2008. REsp 747.371-DF, Rel. Min. Jorge Mussi, julgado em 6/4/2010".

Todavia, há julgados do STJ admitindo a fixação de astreinte em face do agente público no caso de ação de mandado de segurança: "Conforme jurisprudência deste Tribunal Superior, inexiste óbice a que as astreintes possam também recair sobre a autoridade coatora recalcitrante que, sem justo motivo, cause embaraço ou deixe de dar cumprimento à decisão judicial proferida no curso da ação mandamental. Assim, o agente público que participou da relação processual mandamental detém legitimidade para figurar no polo passivo da pretensão que visa à execução das astreintes" (STJ - AgRg no AgIn no REsp 1.405.170 - 1ª Turma - j. 11/6/2019).

É decisivo verificar se o agente público é parte na ação, como destacou o STJ no julgamento do REsp 1.633.295 (2ª Turma - j. 17/4/2018): "Processual civil. Recurso Especial. Ação Civil Pública. Astreintes. Agente público. Responsabilidade pessoal pelo pagamento. Possibilidade, quando é parte na ação. Descabimento na hipótese. 1. Não é possível a responsabilização pessoal do agente público pelo pagamento das astreintes quando ele não figure como parte na ação, sob pena de infringência ao princípio da ampla defesa. Precedentes. 2. No caso, tem-se ação civil pública ajuizada pelo Ministério Público do Estado de Minas Gerais apenas contra o Estado de Minas Gerais e o Município de Santa Bárbara do Leste. 3. Recurso especial provido".

Além das *astreintes*, o juiz pode se utilizar de outras medidas de apoio, previstas ou não em lei, tendo em vista o princípio da atipicidade das referidas medidas.

O art. 536 do CPC/2015 é expresso quanto à possibilidade de que outras medidas de apoio sejam utilizadas pelo julgador.

19.8. O papel da Defensoria Pública na implantação das políticas públicas

O seguinte Informativo noticia decisão que bem ilustra o papel da Defensoria Pública na implantação das políticas públicas:

"INFORMATIVO Nº 711

Políticas públicas – Controle jurisdicional – Legitimidade – Defensoria Pública – Implantação (Transcrições)

PROCESSO: AI – 598212

Políticas públicas – Controle jurisdicional – Legitimidade – Defensoria Pública – Implantação (Transcrições) AI 598.212/PR* RELATOR: Min. Celso De Mello EMENTA: Defensoria Pública. Implantação. Omissão estatal que compromete e frustra direitos fundamentais de pessoas necessitadas. Situação constitucionalmente intolerável. O reconhecimento, em favor de populações carentes e desassistidas, postas à margem do sistema jurídico, do "direito a ter direitos" como pressuposto de acesso aos demais direitos, liberdades e garantias. Intervenção jurisdicional concretizadora de programa constitucional destinado a viabilizar o acesso dos necessitados à orientação jurídica integral e à assistência judiciária gratuitas (CF, art. 5º, inciso LXXIV, e art. 134). Legitimidade dessa atuação dos Juízes e Tribunais. O papel do Poder Judiciário na implementação de políticas públicas instituídas pela Constituição e não efetivadas pelo Poder Público. A fórmula da reserva do possível na perspectiva da teoria dos custos dos direitos: impossibilidade de sua invocação para legitimar o injusto inadimplemento de deveres estatais de prestação constitucionalmente impostos ao Estado. A teoria da "restrição das restrições" (ou da "limitação das limitações"). Controle jurisdicional de legitimidade sobre a omissão do Estado: atividade de fiscalização judicial que se justifica pela necessidade de observância de certos parâmetros constitucionais (proibição de retrocesso social, proteção ao mínimo existencial, vedação da proteção insuficiente e proibição de excesso). Doutrina. Precedentes. A função constitucional da Defensoria Pública e a essencialidade dessa instituição da República. Recurso extraordinário conhecido e provido. DECISÃO: O recurso extraordinário a que se refere o presente agravo de instrumento foi interposto contra acórdão que, proferido pelo E. Tribunal de Justiça do Estado do Paraná, está assim ementado (fls. 182): "AÇÃO CIVIL PÚBLICA. DEFENSORIA PÚBLICA. IMPLANTAÇÃO POR DECISÃO JUDICIAL. AFRONTA AO PRINCÍPIO DA AUTONOMIA E INDEPENDÊNCIA DOS PODERES. O preceito constitucional que prevê a criação da Defensoria Pública, como meio de assegurar o amplo acesso à justiça, é norma de eficácia contida e depende de lei que o regulamente. Exigir que o Estado elabore uma lei e crie a defensoria na Comarca, através de decisão judicial afronta ao princípio da divisão e autonomia dos Poderes. RECURSO PROVIDO. REEXAME NECESSÁRIO PREJUDICADO." (grifei) A parte ora agravante, ao deduzir o recurso extraordinário em questão, sustentou que o Tribunal "a quo" teria transgredido preceitos inscritos na Constituição da República. O Ministério Público Federal, em manifestação da lavra da ilustre Subprocuradora- -Geral da República Dra. SANDRA CUREAU, ao opinar pelo provimento do presente agravo de instrumento (fls. 271/274), formulou parecer assim ementado (fls. 271): "AGRAVO DE INSTRUMENTO. NEGATIVA DE SEGUIMENTO A RECURSO EXTRAORDINÁRIO. I – EXAME DO MÉRITO DO APELO EXTREMO PELA CORTE 'A QUO'. IMPOSSIBILIDADE. EXTRAORDINÁRIO QUE SATISFAZ OS PRESSUPOSTOS DE ADMISSIBILIDADE INERENTES À VIA. RELEVÂNCIA JURÍDICA DA CONTROVÉRSIA. II – PARECER PELO PROVIMENTO DO AGRAVO." (grifei) Sendo esse o contexto, passo a examinar o presente agravo de instrumento. E, ao fazê-lo, destaco, inicialmente, a significativa importância de que se reveste, em nosso sistema normativo, e nos planos jurídico, político e social, a Defensoria Pública, elevada à dignidade constitucional de instituição permanente, essencial à função jurisdicional do Estado, e reconhecida como instrumento vital à orientação jurídica e à defesa das pessoas desassistidas e necessitadas. É imperioso ressaltar, desde logo, a essencialidade da Defensoria Pública como instrumento de concretização dos direitos e das liberdades de que também são titulares as pessoas carentes e necessitadas. É por esse motivo que a Defensoria Pública foi qualificada pela própria Constituição da República como instituição essencial ao desempenho da atividade jurisdicional do Estado. Não se pode perder de perspectiva que a frustração do acesso ao aparelho judiciário do Estado, motivada pela injusta omissão do Poder Público – que, sem razão, deixa de adimplir o dever de conferir expressão concreta à norma constitucional que assegura, aos necessitados, o direito à orientação jurídica e à assistência judiciária –, culmina por gerar situação socialmente intolerável e juridicamente inaceitável. Lamentavelmente, o povo brasileiro continua não tendo acesso pleno ao sistema de administração da Justiça, não obstante a experiência altamente positiva dos Juizados Especiais, cuja implantação efetivamente vem aproximando o cidadão comum do aparelho judiciário do Estado. É preciso, no entanto, dar passos mais positivos no sentido de atender à justa reivindicação da sociedade civil que exige, do Estado, nada mais senão o simples e puro cumprimento integral do dever que lhe impôs o art. 134 da Constituição da República. Cumpre, desse modo, ao Poder Público, dotar-se de uma organização formal e material que lhe permita realizar, na expressão concreta de sua atuação, a obrigação constitucional mencionada, proporcionando, efetivamente, aos necessitados, plena orientação jurídica e integral assistência judiciária, para que os direitos e as liberdades das pessoas atingidas pelo injusto estigma da exclusão social não se convertam em proclamações inúteis, nem se transformem em expectativas vãs. A questão da Defensoria Pública, portanto, não pode (e não deve) ser tratada de maneira inconsequente, porque, de sua adequada organização e efetiva institucionalização, depende a proteção jurisdicional de milhões de pessoas – carentes e desassistidas –, que sofrem inaceitável processo de exclusão que as coloca, injustamente, à margem das grandes conquistas jurídicas e sociais. De nada valerão os direitos e de nenhum significado revestir-se-ão as liberdades, se os fundamentos em que eles se apoiam – além de desrespeitados pelo Poder Público ou transgredidos por particulares – também deixarem de contar com o suporte e o apoio de um aparato institucional, como aquele proporcionado pela Defensoria Pública, cuja função precípua, por efeito de sua própria vocação constitucional (CF, art. 134), consiste em dar efetividade e expressão concreta, inclusive mediante acesso do lesado à jurisdição do Estado, a esses mesmos direitos, quando titularizados por pessoas necessitadas, que são as reais destinatárias tanto da norma inscrita no art. 5º, inciso LXXIV, quanto do preceito consubstanciado no art. 134, ambos da Constituição da República. É preciso reconhecer, desse modo, que assiste, a toda e qualquer pessoa – especialmente quando se tratar daquelas que nada têm e que de tudo necessitam –, uma prerrogativa básica que se qualifica como fator de viabilização dos demais direitos e liberdades. Torna-se imperioso proclamar, por isso mesmo, que toda pessoa tem direito a ter direitos, assistindo- -lhe, nesse contexto, a prerrogativa de ver tais direitos efetivamente implementados em seu benefício, o que põe em evidência – cuidando-se de pessoas necessitadas (CF, art. 5º, LXXIV) – a significativa importância jurídico-institucional e político- -social da Defensoria Pública. É que, sem se reconhecer a realidade de que a Constituição impõe, ao Estado, o dever de atribuir aos desprivilegiados – verdadeiros marginais do sistema jurídico nacional – a condição essencial de titulares do direito de serem reconhecidos como pessoas investidas de dignidade e merecedoras do respeito social, não se tornará possível construir a igualdade, nem realizar a edificação de uma sociedade justa, fraterna e solidária, frustrando-se, assim, um dos objetivos fundamentais da República (CF, art. 3º, I). Vê-se, portanto, de um lado, a enorme relevância da Defensoria Pública, enquanto instituição permanente da República e organismo essencial à função jurisdicional do Estado, e, de outro, o papel de grande responsabilidade do Defensor Público, em sua condição de agente incumbido de viabilizar o acesso dos necessitados à ordem jurídica justa, capaz de propiciar-lhes, mediante adequado patrocínio técnico, o gozo – pleno e efetivo – de seus direitos, superando-se, desse modo, a situação de injusta desigualdade socioeconômica a que se acham lamentavelmente expostos largos segmentos de nossa sociedade. Cabe destacar, por oportuno, ante a inquestionável procedência de suas observações, o seguinte fragmento da decisão que o eminente Ministro AYRES BRITTO, Relator, proferiu quando do julgamento do RE 574.353/PR: "5. Vê-se, portanto, que a Constituição Federal alçou a defensoria pública ao patamar de instituição permanente, essencial à prestação jurisdicional do Estado. Uma instituição especificamente voltada para a implementação de políticas públicas de assistência jurídica, assim no campo administrativo como no judicial. Pelo que, sob este último prisma, se revela como instrumento de democratização do acesso às instâncias judiciárias, de modo a efetivar o valor constitucional da universalização da justiça (inciso XXXV do art. 5º do Texto Magno). Fazendo de tal acesso um direito que se desfruta às expensas do Estado, em ordem a se postarem (as defensorias) como um luminoso ponto de interseção do constitucionalismo liberal com o social. Vale dizer, fazem com que um clássico direito individual se mescle com um moderno direito social. Tornando a prestação jurisdicional do Estado um efetivo dever de tratar desigualmente pessoas economicamente desiguais. Os mais pobres a compensar a sua inferioridade material com a superioridade jurídica de um gratuito bater às portas do Poder Judiciário. O que já se traduz na concreta possibilidade de gozo do fundamental direito de ser parte processual. Parte que, perante outra, vai compor a relação sem a qual a jurisdição mesma não tem como operar na órbita dos chamados processos subjetivos. A jurisdição e os órgãos que lhe são essenciais a se imbricar, portanto, sem que se possa dizer onde começa uma e terminam os outros. Numa frase, aparelhar as defensorias públicas é servir, sim, ao desígnio constitucional de universalizar e aperfeiçoar a própria jurisdição como atividade básica do Estado e função específica do Poder Judiciário. (...)." (grifei) Nem se diga que o Poder Judiciário não disporia de competência para colmatar, "in concreto", omissões estatais caracterizadas pelo inadimplemento, por parte do Poder Público, de dever jurídico que lhe foi imposto pela própria Constituição da República, como resulta claro, presente o contexto ora em exame, do seu art. 5º, inciso LXXIV, c/c o art. 134. O Supremo Tribunal Federal firmou entendimento no sentido de que é lícito, ao Poder Judiciário, em face do princípio da supremacia da Constituição, adotar, em sede jurisdicional, medidas destinadas a tornar efetiva a implementação de políticas públicas, se e quando se registrar, como sucede no caso, situação configuradora de inescusável omissão estatal. A omissão do Estado – que deixa de cumprir, em maior ou em menor extensão, a imposição ditada pelo texto constitucional – qualifica-se como comportamento revestido da maior gravidade político-jurídica, eis que, mediante inércia, o Poder Público também desrespeita a Constituição, também ofende direitos que nela se fundam e também impede, por ausência (ou insuficiência) de medidas concretizadoras, a própria aplicabilidade dos postulados e princípios da Lei Fundamental, tal como tem advertido o Supremo Tribunal Federal: "DESRESPEITO À CONSTITUIÇÃO – MODALIDADES DE COMPORTAMENTOS INCONSTITUCIONAIS DO PODER PÚBLICO. – O desrespeito à Constituição tanto pode ocorrer mediante ação estatal quanto mediante inércia governamental. A situação de inconstitucionalidade pode derivar de um comportamento ativo do Poder Público, que age ou edita normas em desacordo com o que dispõe a Constituição, ofendendo-lhe, assim, os preceitos e os princípios que nela se acham consignados. Essa conduta estatal, que importa em um 'facere' (atuação positiva), gera a inconstitucionalidade por ação. Se o Estado deixar de adotar as medidas necessárias à realização concreta dos preceitos da Constituição, em ordem a torná-los efetivos, operantes e exequíveis, abstendo-se, em consequência, de cumprir o dever de prestação que a Constituição lhe impôs, incidirá em violação negativa do texto constitucional. Desse 'non facere' ou 'non praestare', resultará a inconstitucionalidade por omissão, que pode ser total, quando é nenhuma a providência adotada, ou parcial, quando é insuficiente a medida efetivada pelo Poder Público. (...)." (ADI 1.458-MC/DF, Rel. Min. CELSO DE MELLO) Vê-se, pois, que, na tipologia das situações inconstitucionais, inclui-se, também, aquela que deriva do descumprimento, por inércia estatal, de norma impositiva de determinado comportamento – como aquele estabelecido no art. 5º, LXXIV, e no art. 134 da Lei Fundamental – atribuído ao Poder Público pela própria Constituição. As situações configuradoras de omissão inconstitucional – ainda que se cuide de omissão parcial derivada de insuficiente concretização, pelo Poder Público, do conteúdo material da norma impositiva fundada na Carta Política – refletem comportamento estatal que deve ser repelido, pois a inércia do Estado, como a que se registra no caso ora em exame, qualifica-se, perigosamente, como um dos processos informais de mudança da Constituição, expondo-se, por isso mesmo, à censura do magistério doutrinário (ANNA CÂNDIDA DA CUNHA FERRAZ, **Processos Informais de Mudança da Constituição**, p. 230/232, item n. 5, 1986, Max Limonad; JORGE MIRANDA, **Manual de Direito Constitucional**, tomo II/406 e 409, 2. ed., 1988, Coimbra Editora; J. J. GOMES CANOTILHO e VITAL MOREIRA, **Fundamentos da Constituição**, p. 46, item n. 2.3.4, 1991, Coimbra Editora). O fato inquestionável é um só: a inércia estatal em tornar efetivas as imposições constitucionais traduz inaceitável gesto de desprezo pela Constituição e configura comportamento que revela um incompreensível sentimento de desapreço pela autoridade, pelo valor e pelo alto significado de que se reveste a Constituição da República. Nada mais nocivo, perigoso e ilegítimo do que elaborar uma Constituição sem a vontade de fazê-la cumprir integralmente ou, então, de apenas executá-la com o propósito subalterno de torná-la aplicável somente nos pontos que se mostrarem convenientes aos desígnios dos governantes, em detrimento dos interesses maiores dos cidadãos. A percepção da gravidade e das consequências lesivas, derivadas do gesto infiel do Poder Público que transgride, por omissão ou por insatisfatória concretização, os encargos de que se tornou depositário, por efeito de expressa determinação constitucional, foi revelada, entre nós, já no período monárquico, em lúcido magistério, por Pimenta Bueno (**Direito Público Brasileiro e Análise da Constituição do Império**, p. 45, reedição do Ministério da Justiça, 1958) e reafirmada por eminentes autores contemporâneos (José Afonso da Silva, **Aplicabilidade das Normas Constitucionais**, p. 226, item n. 4, 3. ed., 1998, Malheiros; Anna Cândida da Cunha Ferraz, "Processos Informais de Mudança da Constituição", p. 217/218, 1986, Max Limonad; Pontes de Miranda, **Comentários à Constituição de 1967 com a Emenda n. 1, de 1969**, tomo I/15-16, 2ª ed., 1970, RT, v.g.), em lições que acentuam o desvalor jurídico do comportamento estatal omissivo. O desprestígio da Constituição – por inércia de órgãos meramente constituídos – representa um dos mais graves aspectos da patologia constitucional, pois reflete inaceitável desprezo, por parte das instituições governamentais, da autoridade suprema da Lei Fundamental do Estado. Essa constatação, feita por KARL LOEWENSTEIN (**Teoria de la Constitución**, p. 222, 1983, Ariel, Barcelona), coloca em pauta o fenômeno da erosão da consciência constitucional, motivado pela instauração, no âmbito do Estado, de um preocupante processo de desvalorização funcional da Constituição escrita, como já ressaltado, pelo Supremo Tribunal Federal, em diversos julgamentos, como resulta, exemplificativamente, da seguinte decisão consubstanciada em acórdão assim ementado: "A TRANSGRESSÃO DA ORDEM CONSTITUCIONAL PODE CONSUMAR-SE MEDIANTE AÇÃO (VIOLAÇÃO POSITIVA) OU MEDIANTE OMISSÃO (VIOLAÇÃO NEGATIVA). O desrespeito à Constituição tanto pode ocorrer mediante ação estatal quanto mediante inércia governamental. A situação de inconstitucionalidade pode derivar de um comportamento ativo do Poder Público, seja quando este vem a fazer o que o estatuto constitucional não lhe permite, seja, ainda, quando vem a editar normas em desacordo, formal ou material, com o que dispõe a Constituição. Essa conduta estatal, que importa em um 'facere' (atuação positiva), gera a inconstitucionalidade por ação. Se o Estado, no entanto, deixar de adotar as medidas necessárias à realização concreta dos preceitos da Constituição, abstendo-se, em consequência, de cumprir o dever de prestação que a própria Carta Política lhe impôs, incidirá em violação negativa do texto constitucional. Desse 'non facere' ou 'non praestare', resultará a inconstitucionalidade por omissão, que pode ser total (quando é nenhuma a providência adotada) ou parcial (quando é insuficiente a medida efetivada pelo Poder Público). Entendimento prevalecente na jurisprudência do Supremo Tribunal Federal: RTJ 162/877-879, Rel. Min. CELSO DE MELLO (Pleno). A omissão do Estado – que deixa de cumprir, em maior ou em menor extensão, a imposição ditada pelo texto constitucional – qualifica-se como comportamento revestido da maior gravidade político-jurídica, eis que, mediante inércia, o Poder Público também desrespeita a Constituição, também ofende direitos que nela se fundam e também impede, por ausência (ou insuficiência) de medidas concretizadoras, a própria aplicabilidade dos postulados e princípios da Lei Fundamental. DESCUMPRIMENTO DE IMPOSIÇÃO CONSTITUCIONAL LEGIFERANTE E DESVALORIZAÇÃO FUNCIONAL DA CONSTITUIÇÃO ESCRITA. O Poder Público – quando se abstém de cumprir, total ou parcialmente, o dever de legislar, imposto em cláusula constitucional, de caráter mandatório – infringe, com esse comportamento negativo, a própria integridade da Lei Fundamental, estimulando, no âmbito do Estado, o preocupante fenômeno da erosão da consciência constitucional (ADI 1.484- -DF, Rel. Min. CELSO DE MELLO). A inércia estatal em adimplir as imposições constitucionais traduz inaceitável gesto de desprezo pela autoridade da Constituição e configura, por isso mesmo, comportamento que deve ser evitado. É que nada se revela mais nocivo, perigoso e ilegítimo do que elaborar uma Constituição, sem a vontade de fazê-la cumprir integralmente, ou, então, de apenas executá-la com o propósito subalterno de torná-la aplicável somente nos pontos que se mostrarem ajustados à conveniência e aos desígnios dos governantes, em detrimento dos interesses maiores dos cidadãos. (…).". (RTJ 183/818-819, Rel. Min. CELSO DE MELLO, Pleno) É importante enfatizar, desse modo, que, mesmo em tema de implementação de políticas governamentais previstas e determinadas no texto constitucional, a Corte Suprema brasileira tem proferido decisões que neutralizam os efeitos nocivos, lesivos e perversos resultantes da inatividade governamental, em situações nas quais a omissão do Poder Público representa um inaceitável insulto a direitos básicos assegurados pela própria Constituição da República, mas cujo exercício está sendo inviabilizado por contumaz (e irresponsável) inércia do aparelho estatal (RTJ 174/687 – RTJ 175/1212-1213 – RTJ 199/1219-1220). O Supremo Tribunal Federal, em referidos julgamentos, colmatou a omissão governamental e conferiu real efetividade a direitos essenciais, dando-lhes concreção e viabilizando, desse modo, o acesso das pessoas à plena fruição de direitos fundamentais cuja realização prática lhes estava sendo negada, injustamente, por arbitrária abstenção do Poder Público. Vale relembrar, ainda, por necessário, que o caráter programático da regra constitucional – que tem por destinatários os entes políticos que compõem, no plano institucional, a organização federativa do Estado brasileiro – não pode converter-se em promessa constitucional inconsequente, sob pena de o Poder Público, fraudando justas expectativas nele depositadas pela coletividade, substituir, de maneira ilegítima, o cumprimento de seu impostergável dever, por um gesto irresponsável de infidelidade governamental ao que determina a própria Lei Fundamental do Estado (RE 273.834-AgR/RS, Rel. Min. CELSO DE MELLO, v.g.). Assentadas tais premissas, tenho para mim que a r. sentença proferida pelo ilustre magistrado de primeira instância bem examinou a controvérsia suscitada na presente causa, ajustando-se, quanto ao seu conteúdo, à jurisprudência constitucional que esta Suprema Corte construiu a respeito do tema em análise. Com efeito, o Supremo Tribunal Federal, considerada a dimensão política da jurisdição constitucional de que se acham investidos os órgãos do Poder Judiciário, tem enfatizado que os juízes e Tribunais não podem demitir-se do gravíssimo encargo de tornar efetivas as determinações constantes do texto constitucional, inclusive aquelas fundadas em normas de conteúdo programático (RTJ 164/158-161, Rel. Min. CELSO DE MELLO, v.g.). É que, se tal não ocorrer, restarão comprometidas a integridade e a eficácia da própria Constituição, por efeito de violação negativa do estatuto constitucional motivada por inaceitável inércia governamental no adimplemento de prestações positivas impostas ao Poder Público, consoante já advertiu o Supremo Tribunal Federal, por mais de uma vez, em tema de inconstitucionalidade por omissão (RTJ 175/1212-1213, Rel. Min. CELSO DE MELLO – RTJ 185/794-796, Rel. Min. CELSO DE MELLO, v.g.). É certo – tal como observei no exame da ADPF 45/DF, Rel. Min. CELSO DE MELLO (**Informativo/STF** nº 345/2004) – que não se inclui, ordinariamente, no âmbito das funções institucionais do Poder Judiciário – e nas desta Suprema Corte, em especial – a atribuição de formular e de implementar políticas públicas (JOSÉ CARLOS VIEIRA DE ANDRADE, "Os Direitos Fundamentais na Constituição Portuguesa de 1976", p. 207, item n. 05, 1987, Almedina, Coimbra), pois, nesse domínio, como adverte a doutrina (MARIA PAULA DALLARI BUCCI, **Direito Administrativo e Políticas Públicas**, 2002, Saraiva), o encargo reside, primariamente, nos Poderes Legislativo e Executivo. Impende assinalar, no entanto, que tal incumbência poderá atribuir-se, embora excepcionalmente, ao Poder Judiciário, se e quando os órgãos estatais competentes, por descumprirem os encargos político-jurídicos que sobre eles incidem em caráter vinculante, vierem a comprometer, com tal comportamento, a eficácia e a integridade de direitos individuais e/ou coletivos impregnados de estatura constitucional, como sucede na espécie ora em exame. Não deixo de conferir, no entanto, assentadas tais premissas, significativo relevo ao tema pertinente à "reserva do possível" (LUÍS FERNANDO SGARBOSSA, **Crítica à Teoria dos Custos dos Direitos**, vol. 1, 2010, Fabris Editor; STEPHEN HOLMES/CASS R. SUNSTEIN, **The Cost of Rights**, 1999, Norton, New York; ANA PAULA DE BARCELLOS, **A Eficácia Jurídica dos Princípios Constitucionais**, p. 245/246, 2002, Renovar; FLÁVIO GALDINO, **Introdução à Teoria dos Custos dos Direitos**, p. 190/198, itens ns. 9.5 e 9.6, e p. 345/347, item n. 15.3, 2005, Lumen Juris), notadamente em sede de efetivação e implementação (usualmente onerosas) de determinados direitos cujo adimplemento, pelo Poder Público, impõe e exige, deste, prestações estatais positivas concretizadoras de tais prerrogativas individuais e/ou coletivas. Não se mostrará lícito, contudo, ao Poder Público, criar obstáculo artificial que revele – a partir de indevida manipulação de sua atividade financeira e/ou político-administrativa – o arbitrário, ilegítimo e censurável propósito de fraudar, de frustrar e de inviabilizar o estabelecimento e a preservação, em favor da pessoa e dos cidadãos, de condições materiais mínimas de existência e de gozo de direitos fundamentais (ADPF 45/

DF, Rel. Min. CELSO DE MELLO, **Informativo/STF** 345/2004), a significar, portanto, que se revela legítima a possibilidade de controle jurisdicional da invocação estatal da cláusula da "reserva do possível", considerada, para tanto, a teoria das "restrições das restrições", segundo a qual – consoante observa LUÍS FERNANDO SGARBOSSA (**Crítica à Teoria dos Custos dos Direitos**, vol. 1/273-274, item n. 2, 2010, Fabris Editor) – as limitações a direitos fundamentais, como o de que ora se cuida, sujeitam-se, em seu processo hermenêutico, a uma exegese necessariamente restritiva, sob pena de ofensa a determinados parâmetros de índole constitucional, como, p. ex., aqueles fundados na proibição de retrocesso social, na proteção ao mínimo existencial (que deriva do princípio da dignidade da pessoa humana), na vedação da proteção insuficiente e, também, na proibição de excesso. Cumpre advertir, desse modo, na linha de expressivo magistério doutrinário (OTÁVIO HENRIQUE MARTINS PORT, **Os Direitos Sociais e Econômicos e a Discricionariedade da Administração Pública**, p. 105/110, item n. 6, e p. 209/211, itens ns. 17-21, 2005, RCS Editora Ltda., v.g.), que a cláusula da "reserva do possível" – ressalvada a ocorrência de justo motivo objetivamente aferível – não pode ser invocada, pelo Estado, com a finalidade de exonerar-se, dolosamente, do cumprimento de suas obrigações constitucionais, notadamente quando, dessa conduta governamental negativa, puder resultar nulificação ou, até mesmo, aniquilação de direitos constitucionais impregnados de um sentido de essencial fundamentalidade. Cabe referir, ainda, neste ponto, ante a extrema pertinência de suas observações, a advertência de LUIZA CRISTINA FONSECA FRISCHEISEN, ilustre Procuradora Regional da República ("Políticas Públicas – A Responsabilidade do Administrador e o Ministério Público", p. 59, 95 e 97, 2000, Max Limonad), cujo magistério, a propósito da limitada discricionariedade governamental em tema de concretização das políticas públicas constitucionais, assinala: "Nesse contexto constitucional, que implica também na renovação das práticas políticas, o administrador está vinculado às políticas públicas estabelecidas na Constituição Federal; a sua omissão é passível de responsabilização e a sua margem de discricionariedade é mínima, não contemplando o não fazer. Como demonstrado no item anterior, o administrador público está vinculado à Constituição e às normas infraconstitucionais para a implementação das políticas públicas relativas à ordem social constitucional, ou seja, própria à finalidade da mesma: o bem-estar e a justiça social. Conclui-se, portanto, que o administrador não tem discricionariedade para deliberar sobre a oportunidade e conveniência de implementação de políticas públicas discriminadas na ordem social constitucional, pois tal restou deliberado pelo Constituinte e pelo legislador que elaborou as normas de integração. As dúvidas sobre essa margem de discricionariedade devem ser dirimidas pelo Judiciário, cabendo ao Juiz dar sentido concreto à norma e controlar a legitimidade do ato administrativo (omissivo ou comissivo), verificando se o mesmo não contraria sua finalidade constitucional, no caso, a concretização da ordem social constitucional." (grifei) Resulta claro, pois, que o Poder Judiciário dispõe de competência para exercer, no caso concreto, controle de legitimidade sobre a omissão do Estado na implementação de políticas públicas cuja efetivação lhe incumbe por efeito de expressa determinação constitucional, sendo certo, ainda, que, ao assim proceder, o órgão judiciário competente estará agindo dentro dos limites de suas atribuições institucionais, sem incidir em ofensa ao princípio da separação de poderes, tal como tem sido reconhecido, por esta Suprema Corte, em sucessivos julgamentos (RE 367.432-AgR/PR, Rel. Min. EROS GRAU – RE 543.397/PR, Rel. Min. EROS GRAU – RE 556.556/PR, Rel. Min. ELLEN GRACIE, v.g.): "8. Desse modo, não há falar em ingerência do Poder Judiciário em questão que envolve o poder discricionário do Poder Executivo, porquanto se revela possível ao Judiciário determinar a implementação pelo Estado de políticas públicas constitucionalmente previstas. (…)." (RE 574.353/PR, Rel. Min. AYRES BRITTO – grifei) Sendo assim, pelas razões expostas, conheço do presente agravo de instrumento, para, desde logo, conhecer do recurso extraordinário e dar-lhe provimento (CPC, art. 544, § 4º, na redação anterior à Lei nº 12.322/2010), em ordem a restabelecer a sentença proferida pelo magistrado de primeira instância, que condenou o Estado do Paraná a cumprir a obrigação "de implantar e estruturar a Defensoria Pública do Estado do Paraná, no prazo de 06 (seis) meses, sob pena de cominação de multa diária de R$ 1.000,00 (um mil reais), valor que será destinado ao Fundo de Defesa dos Direitos Difusos, na forma do artigo 13 da Lei nº 7.347/85" (fls. 114/124). Publique-se. Brasília, 10 de junho de 2013. Ministro CELSO DE MELLO Relator *decisão republicada no DJe de 20.6.2013 INOVAÇÕES LEGISLATIVAS 17 a 21 de junho de 2013 Lei nº 12.830, de 20.6.2013 – Dispõe sobre a investigação criminal conduzida pelo delegado de polícia. Publicada no DOU, Seção 1, p. 1, em 21.6.2013. Lei nº 12.832, de 20.6.2013 – Altera dispositivos das Leis nos 10.101, de 19.12.2000, que dispõe sobre a participação dos trabalhadores nos lucros ou resultados da empresa, e 9.250, de 26.12.1995, que altera a legislação do imposto de renda das pessoas físicas. Publicada no DOU, Seção 1, p. 2, em 21.6.2013".

Outro julgamento deve ser citado, que se refere à tutela coletiva do direito à saúde (STF, RE 642.536 AgR/AP, Relator Min. LUIZ FUX, Julgamento: 05/02/2013 – Órgão Julgador: Primeira Turma):

"AGRAVO REGIMENTAL NO RECURSO EXTRAORDINÁRIO. ADMINISTRATIVO E PROCESSUAL CIVIL. REPERCUSSÃO GERAL PRESUMIDA. SISTEMA PÚBLICO DE SAÚDE LOCAL. PODER JUDICIÁRIO. DETERMINAÇÃO DE ADOÇÃO DE MEDIDAS PARA A MELHORIA DO SISTEMA. POSSIBILIDADE. PRINCÍPIOS DA SEPARAÇÃO DOS PODERES E DA RESERVA DO POSSÍVEL. VIOLAÇÃO. INOCORRÊNCIA. AGRAVO REGIMENTAL A QUE SE NEGA PROVIMENTO.

1. A repercussão geral é presumida quando o recurso versar questão cuja repercussão já houver sido reconhecida pelo Tribunal, ou quando impugnar decisão contrária a súmula ou a jurisprudência dominante desta Corte (artigo 323, § 1º, do RISTF).

2. A controvérsia objeto destes autos – possibilidade, ou não, de o Poder Judiciário determinar ao Poder Executivo a adoção de providências administrativas visando a melhoria da qualidade da prestação do serviço de saúde por hospital da rede pública – foi submetida à apreciação do Pleno do Supremo Tribunal Federal na SL 47-AgR, Relator o Ministro Gilmar Mendes, DJ de 30.4.10.

3. Naquele julgamento, esta Corte, ponderando os princípios do "mínimo existencial" e da "reserva do possível", decidiu que, em se tratando de direito à saúde, a intervenção judicial é possível em hipóteses como a dos autos, nas quais o Poder Judiciário não está inovando na ordem jurídica, mas apenas

determinando que o Poder Executivo cumpra políticas públicas previamente estabelecidas.

4. Agravo regimental a que se nega provimento".

Sobre a tutela coletiva do direito à educação, relevante o seguinte julgado do STF (ARE 639337 AgR/SP, Relator: Min. CELSO DE MELLO, Julgamento: 23/08/2011, Órgão Julgador: Segunda Turma):

"CRIANÇA DE ATÉ CINCO ANOS DE IDADE – ATENDIMENTO EM CRECHE E EM PRÉ-ESCOLA – SENTENÇA QUE OBRIGA O MUNICÍPIO DE SÃO PAULO A MATRICULAR CRIANÇAS EM UNIDADES DE ENSINO INFANTIL PRÓXIMAS DE SUA RESIDÊNCIA OU DO ENDEREÇO DE TRABALHO DE SEUS RESPONSÁVEIS LEGAIS, SOB PENA DE MULTA DIÁRIA POR CRIANÇA NÃO ATENDIDA – LEGITIMIDADE JURÍDICA DA UTILIZAÇÃO DAS "*ASTREINTES*" CONTRA O PODER PÚBLICO – DOUTRINA – JURISPRUDÊNCIA – OBRIGAÇÃO ESTATAL DE RESPEITAR OS DIREITOS DAS CRIANÇAS – EDUCAÇÃO INFANTIL – DIREITO ASSEGURADO PELO PRÓPRIO TEXTO CONSTITUCIONAL (CF, ART. 208, IV, NA REDAÇÃO DADA PELA EC Nº 53/2006) – COMPREENSÃO GLOBAL DO DIREITO CONSTITUCIONAL À EDUCAÇÃO – DEVER JURÍDICO CUJA EXECUÇÃO SE IMPÕE AO PODER PÚBLICO, NOTADAMENTE AO MUNICÍPIO (CF, ART. 211, § 2º) – LEGITIMIDADE CONSTITUCIONAL DA INTERVENÇÃO DO PODER JUDICIÁRIO EM CASO DE OMISSÃO ESTATAL NA IMPLEMENTAÇÃO DE POLÍTICAS PÚBLICAS PREVISTAS NA CONSTITUIÇÃO – INOCORRÊNCIA DE TRANSGRESSÃO AO POSTULADO DA SEPARAÇÃO DE PODERES – PROTEÇÃO JUDICIAL DE DIREITOS SOCIAIS, ESCASSEZ DE RECURSOS E A QUESTÃO DAS "ESCOLHAS TRÁGICAS" – RESERVA DO POSSÍVEL, MÍNIMO EXISTENCIAL, DIGNIDADE DA PESSOA HUMANA E VEDAÇÃO DO RETROCESSO SOCIAL – PRETENDIDA EXONERAÇÃO DO ENCARGO CONSTITUCIONAL POR EFEITO DE SUPERVENIÊNCIA DE NOVA REALIDADE FÁTICA – QUESTÃO QUE SEQUER FOI SUSCITADA NAS RAZÕES DE RECURSO EXTRAORDINÁRIO – PRINCÍPIO *JURA NOVIT CURIA* – INVOCAÇÃO EM SEDE DE APELO EXTREMO – IMPOSSIBILIDADE – RECURSO DE AGRAVO IMPROVIDO. POLÍTICAS PÚBLICAS, OMISSÃO ESTATAL INJUSTIFICÁVEL E INTERVENÇÃO CONCRETIZADORA DO PODER JUDICIÁRIO EM TEMA DE EDUCAÇÃO INFANTIL: POSSIBILIDADE CONSTITUCIONAL. A educação infantil representa prerrogativa constitucional indisponível, que, deferida às crianças, a estas assegura, para efeito de seu desenvolvimento integral, e como primeira etapa do processo de educação básica, o atendimento em creche e o acesso à pré-escola (CF, art. 208, IV). Essa prerrogativa jurídica, em consequência, impõe, ao Estado, por efeito da alta significação social de que se reveste a educação infantil, a obrigação constitucional de criar condições objetivas que possibilitem, de maneira concreta, em favor das "crianças até 5 (cinco) anos de idade" (CF, art. 208, IV), o efetivo acesso e atendimento em creches e unidades de pré-escola, sob pena de configurar-se inaceitável omissão governamental, apta a frustrar, injustamente, por inércia, o integral adimplemento, pelo Poder Público, de prestação estatal que lhe impôs o próprio texto da Constituição Federal. A educação infantil, por qualificar-se como direito fundamental de toda criança, não se expõe, em seu processo de concretização, a avaliações meramente discricionárias da Administração Pública nem se subordina a razões de puro pragmatismo governamental. Os Municípios – que atuarão, prioritariamente, no ensino fundamental e na educação infantil (CF, art. 211, § 2º) – não poderão demitir-se do mandato constitucional, juridicamente vinculante, que lhes foi outorgado pelo art. 208, IV, da Lei Fundamental da República, e que representa fator de limitação da discricionariedade político-administrativa dos entes municipais, cujas opções, tratando-se do atendimento das crianças em creche (CF, art. 208, IV), não podem ser exercidas de modo a comprometer, com apoio em juízo de simples conveniência ou de mera oportunidade, a eficácia desse direito básico de índole social. Embora inquestionável que resida, primariamente, nos Poderes Legislativo e Executivo, a prerrogativa de formular e executar políticas públicas, revela-se possível, no entanto, ao Poder Judiciário, ainda que em bases excepcionais, determinar, especialmente nas hipóteses de políticas públicas definidas pela própria Constituição, sejam estas implementadas, sempre que os órgãos estatais competentes, por descumprirem os encargos político-jurídicos que sobre eles incidem em caráter impositivo, vierem a comprometer, com a sua omissão, a eficácia e a integridade de direitos sociais e culturais impregnados de estatura constitucional. DESCUMPRIMENTO DE POLÍTICAS PÚBLICAS DEFINIDAS EM SEDE CONSTITUCIONAL: HIPÓTESE LEGITIMADORA DE INTERVENÇÃO JURISDICIONAL. O Poder Público – quando se abstém de cumprir, total ou parcialmente, o dever de implementar políticas públicas definidas no próprio texto constitucional – transgride, com esse comportamento negativo, a própria integridade da Lei Fundamental, estimulando, no âmbito do Estado, o preocupante fenômeno da erosão da consciência constitucional. Precedentes: ADI 1.484/DF, Rel. Min. CELSO DE MELLO, v.g. A inércia estatal em adimplir as imposições constitucionais traduz inaceitável gesto de desprezo pela autoridade da Constituição e configura, por isso mesmo, comportamento que deve ser evitado. É que nada se revela mais nocivo, perigoso e ilegítimo do que elaborar uma Constituição, sem a vontade de fazê-la cumprir integralmente, ou, então, de apenas executá-la com o propósito subalterno de torná-la aplicável somente nos pontos que se mostrarem ajustados à conveniência e aos desígnios dos governantes, em detrimento dos interesses maiores dos cidadãos. A intervenção do Poder Judiciário, em tema de implementação de políticas governamentais previstas e determinadas no texto constitucional, notadamente na área da educação infantil (RTJ 199/1219-1220), objetiva neutralizar os efeitos lesivos e perversos, que, provocados pela omissão estatal, nada mais traduzem senão inaceitável insulto a direitos básicos que a própria Constituição da República assegura à generalidade das pessoas. Precedentes. A CONTROVÉRSIA PERTINENTE À "RESERVA DO POSSÍVEL" E A INTANGIBILIDADE DO MÍNIMO EXISTENCIAL: A QUESTÃO DAS "ESCOLHAS TRÁGICAS". A destinação de recursos públicos, sempre tão dramaticamente escassos, faz instaurar situações de conflito, quer com a execução de políticas públicas definidas no texto constitucional, quer, também, com a própria implementação de direitos sociais assegurados pela Constituição da República, daí resultando contextos de antagonismo que impõem, ao Estado, o encargo de superá-los mediante opções por determinados valores, em detrimento de outros igualmente relevantes, compelindo, o

Poder Público, em face dessa relação dilemática, causada pela insuficiência de disponibilidade financeira e orçamentária, a proceder a verdadeiras "escolhas trágicas", em decisão governamental cujo parâmetro, fundado na dignidade da pessoa humana, deverá ter em perspectiva a intangibilidade do mínimo existencial, em ordem a conferir real efetividade às normas programáticas positivadas na própria Lei Fundamental. Magistério da doutrina. – A cláusula da reserva do possível – que não pode ser invocada, pelo Poder Público, com o propósito de fraudar, de frustrar e de inviabilizar a implementação de políticas públicas definidas na própria Constituição – encontra insuperável limitação na garantia constitucional do mínimo existencial, que representa, no contexto de nosso ordenamento positivo, emanação direta do postulado da essencial dignidade da pessoa humana. Doutrina. Precedentes. A noção de "mínimo existencial", que resulta, por implicitude, de determinados preceitos constitucionais (CF, art. 1º, III, e art. 3º, III), compreende um complexo de prerrogativas cuja concretização revela-se capaz de garantir condições adequadas de existência digna, em ordem a assegurar, à pessoa, acesso efetivo ao direito geral de liberdade e, também, a prestações positivas originárias do Estado, viabilizadoras da plena fruição de direitos sociais básicos, tais como o direito à educação, o direito à proteção integral da criança e do adolescente, o direito à saúde, o direito à assistência social, o direito à moradia, o direito à alimentação e o direito à segurança. Declaração Universal dos Direitos da Pessoa Humana, de 1948 (Artigo XXV). A PROIBIÇÃO DO RETROCESSO SOCIAL COMO OBSTÁCULO CONSTITUCIONAL À FRUSTRAÇÃO E AO INADIMPLEMENTO, PELO PODER PÚBLICO, DE DIREITOS PRESTACIONAIS. O princípio da proibição do retrocesso impede, em tema de direitos fundamentais de caráter social, que sejam desconstituídas as conquistas já alcançadas pelo cidadão ou pela formação social em que ele vive. – A cláusula que veda o retrocesso em matéria de direitos a prestações positivas do Estado (como o direito à educação, o direito à saúde ou o direito à segurança pública, v.g.) traduz, no processo de efetivação desses direitos fundamentais individuais ou coletivos, obstáculo a que os níveis de concretização de tais prerrogativas, uma vez atingidos, venham a ser ulteriormente reduzidos ou suprimidos pelo Estado. Doutrina. Em consequência desse princípio, o Estado, após haver reconhecido os direitos prestacionais, assume o dever não só de torná-los efetivos, mas, também, se obriga, sob pena de transgressão ao texto constitucional, a preservá-los, abstendo-se de frustrar – mediante supressão total ou parcial – os direitos sociais já concretizados. LEGITIMIDADE JURÍDICA DA IMPOSIÇÃO, AO PODER PÚBLICO, DAS *ASTREINTES*. Inexiste obstáculo jurídico-processual à utilização, contra entidades de direito público, da multa cominatória prevista no § 5º do art. 461 do CPC. A *astreinte* – que se reveste de função coercitiva – tem por finalidade específica compelir, legitimamente, o devedor, mesmo que se cuide do Poder Público, a cumprir o preceito, tal como definido no ato sentencial. Doutrina. Jurisprudência".

Por isso, no concurso para Defensor Público de São Paulo (2019 – FCC), a seguinte frase foi considerada CORRETA: "A tutela coletiva é meio hábil e adequado para se exigir o devido e satisfatório cumprimento de políticas públicas voltadas à realização de direitos fundamentais, especialmente quando está em questão a dignidade da pessoa humana".

20. PROCESSO CIVIL ESTRUTURAL

A ideia de um processo estrutural é de origem estadunidense e ligada ao ativismo judicial voltado à implementação de direitos fundamentais pelo Poder Judiciário, acompanhada de uma reforma institucional que permite a realização de uma política pública.

O Judiciário, na resolução de litígios complexos, profere uma decisão estrutural apta a debelar um estado de coisas inconstitucional que decorre da falta de atuação de um ente, de uma organização, de uma instituição, de origem pública ou privada. Por exemplo, constata-se uma omissão do Poder Público competente na efetivação de determinado direito fundamental.

O reconhecimento do estado de coisas inconstitucional tem sido utilizado para pleitear uma série de medidas relacionadas ao aperfeiçoamento do sistema penitenciário brasileiro, como ocorreu no caso da famosa ADPF 347 enfrentada pelo STF, no bojo da qual foi formulado pedido "voltado a obter do Supremo o reconhecimento de o sistema prisional brasileiro caracterizar-se como o denominado 'estado de coisas inconstitucional' ante a ocorrência de violação massiva de direitos fundamentais dos presos, resultante de ações e omissões dos Poderes Públicos da União, dos Estados e do Distrito Federal, considerado o quadro de superlotação carcerária e das condições degradantes das prisões do país".

Fredie Didier Jr. e Hermes Zaneti Jr. apontam exemplos de problemas estruturais quando "(i) o direito de locomoção das pessoas portadoras de necessidades especiais é afetado pela falta de adequação e de acessibilidade das vias, dos logradouros, dos prédios e dos equipamentos públicos numa determinada localidade; (ii) o direito à saúde de uma comunidade é afetado pela falta de plano de combate ao mosquito *aedes aegypti* pelas autoridades de determinado município; (iii) o direito de afrodescendentes e de indígenas é afetado pela falta de previsão, em determinada estrutura curricular do ensino público, de disciplinas ou temas relacionados à história dessa comunidade; (iv) a dignidade, a vida e a integridade física da população carcerária são afetadas pela falta de medidas de adequação dos prédios públicos em que essas pessoas se encontram encarceradas" (Elementos para uma teoria do processo estrutural aplicada ao processo civil brasileiro, *RePro* n. 303/2020, p. 45 – 81).

Lembram os autores que "os problemas estruturais não se restringem àqueles vivenciados na esfera pública, ou que se ligam aos direitos fundamentais ou às políticas públicas, como a enumeração dos exemplos acima pode sugerir.

As ações concursais – como, por exemplo, a falência e a recuperação judicial – também se baseiam em problemas estruturais. Elas partem de uma situação de desorganização, em que há rompimento da normalidade e do estado ideal de coisas, e exigem uma intervenção (re)estruturante, que organize as contas da empresa em recuperação ou que organize os pagamentos devidos pela massa falida. Essa desorganização pode advir do cometimento de ato ilícito, como no caso da falência, ou não necessariamente, como no caso da recuperação judicial" (*Elementos para uma teoria do processo estrutural aplicada ao processo civil brasileiro*, RePro n. 303/2020, p. 45 – 81).

Edilson Vitorelli assim conceitua o processo estrutural: "Em síntese, um processo estrutural é aquele que busca resolver, por intermédio da atuação da jurisdição, um litígio estrutural, pela reformulação de uma estrutura burocrática que é a causadora ou, de alguma forma, a responsável pela existência da violação que origina o litígio. Essa reestruturação se dará por intermédio da elaboração de um plano aprovado pelo juiz e sua posterior implementação, geralmente ao longo de um considerável período de tempo. Ela implicará a avaliação e reavaliação dos impactos diretos e indiretos do comportamento institucional, os recursos necessários e suas fontes, os efeitos colaterais da mudança promovida pelo processo sobre os demais atores sociais que interagem com a instituição, dentre outras providências" (Levando os conceitos a sério: processo estrutural, processo coletivo, processo estratégico e suas diferenças. *Revista de Processo*, São Paulo, v. 284, out. 2018, p. 333-369).

Como restou consignado no julgamento do AgInt no REsp 1304269/MG, por parte do STJ, "ante a demora do Poder competente, o Poder Judiciário poderá determinar, em caráter excepcional, a implementação de políticas públicas de interesse social – principalmente nos casos em que visem resguardar a supremacia da dignidade humana sem que isso configure invasão da discricionariedade ou afronta à reserva do possível".

No mesmo julgado, pontificou o STJ: "O Pretório Excelso consolidou o posicionamento de ser lícito ao Poder Judiciário "determinar que a Administração Pública adote medidas assecuratórias de direitos constitucionalmente reconhecidos como essenciais, sem que isso configure violação do princípio da separação dos Poderes" (AI 739.151 AgR, Rel. Ministra Rosa Weber, DJe 11/6/2014, e AI 708.667 AgR, Rel. Ministro Dias Toffoli, DJe 10/4/2012)".

Se a prática de atos administrativos voltados à implementação de políticas públicas incumbe, primeiramente ao Poder Executivo, a sua omissão, especialmente prolongada no tempo, legitima a intervenção do Poder Judiciário, ainda que haja mitigação da discricionariedade administrativa.

Assim decidiu o STJ, em julgamento paradigmático: "Nos processos estruturais, a pretensão deve ser considerada como de alteração do estado de coisas ensejador da violação dos direitos, em vez de se buscar solucionar pontualmente as infringências legais, cuja judicialização reiterada pode resultar em intervenção até mais grave na discricionariedade administrativa que se pretenderia evitar ao prestigiar as ações individuais.

No caso concreto, a consideração genérica de impossibilidade de intervenção judicial nas falhas de prestação do serviço de saúde configura efetiva omissão da instância ordinária quanto às disposições legais invocadas que, acaso mantida, pode inviabilizar o acesso das partes às instâncias superiores (...) (REsp 1733412/SP, Rel. Ministro Og Fernandes, Segunda Turma, julgado em 17/09/2019, DJe 20/09/2019)".

No mesmo julgado foi consignada uma importante advertência no sentido de que a discricionariedade administrativa não pode ser empecilho à intervenção do Poder Judiciário por meio de processo estrutural: "O controle judicial de políticas públicas é possível, em tese, ainda que em circunstâncias excepcionais. Embora deva ser observada a primazia do administrador na sua consecução, a discricionariedade cede às opções antecipadas pelo legislador, que vinculam o executor e autorizam a apreciação judicial de sua implementação".

Cabe destacar e frisar, neste momento, que "é um equívoco associar a reforma estrutural apenas a instituições públicas. Apesar de elas serem os réus mais comuns, instituições privadas podem perfeitamente demandar alterações estruturais para que resultados sociais desejáveis sejam produzidos. No mundo contemporâneo, estruturas particulares são tão ou mais importantes para a vida dos cidadãos que os próprios Estados nacionais e, por isso, podem representar ameaças ainda maiores às liberdades dos cidadãos" (VITORELLI, Edilson. *Levando os conceitos a sério: processo estrutural, processo coletivo, processo estratégico e suas diferenças*. *Revista de Processo*, São Paulo, v. 284, out. 2018, p. 333-369).

Diverge a doutrina sobre a natureza essencialmente coletiva, ou não, do processo estrutural. Por exemplo, para Edilson Vitorelli, "o processo estrutural é um processo coletivo no qual se pretende, pela atuação jurisdicional, a reorganização de uma estrutura burocrática, pública ou privada, que causa, fomenta ou viabiliza a ocorrência de uma violação pelo modo como funciona, originando um litígio estrutural" (*Levando os conceitos a sério: processo estrutural, processo coletivo, processo estratégico e suas diferenças*. Revista de Processo, São Paulo, v. 284, out. 2018, p. 333-369).

De outro lado, Fredie Didier Jr. e Hermes Zaneti Jr. não consideram que todo processo estrutural seja coletivo: "O processo estrutural se caracteriza por: (i) pautar-se na discussão sobre um problema estrutural, um estado de coisas ilícito, um estado de desconformidade, ou qualquer outro nome que se queira utilizar para designar uma situação de desconformidade estruturada; (ii) buscar uma transição desse estado de desconformidade para um estado ideal de coisas (uma reestruturação, pois), removendo a situação de desconformidade, mediante decisão de implementação escalonada; (iii) desenvolver-se num procedimento bifásico, que inclua o reconhecimento e a definição do problema estrutural e estabeleça o programa ou projeto de reestruturação que será seguido; (iv) desenvolver-se num procedimento marcado por sua flexibilidade intrínseca, com a possibilidade de adoção de formas atípicas de intervenção de terceiros e de medidas executivas, de alteração do objeto litigioso, de utilização de mecanismos de cooperação judiciária; (v) e pela consensualidade, que abranja inclusive a adaptação do processo (art. 190, CPC)" (Elementos para uma teoria do processo estrutural aplicada ao processo civil brasileiro, *RePro* n. 303/2020, p. 45 – 81).

No julgamento do REsp 1.854.882-CE, a Ministra Nancy Andrighi, relatora, apontou a existência de litígio estrutural no seguinte caso: "Os litígios de natureza estrutural, de que é exemplo a ação civil pública que versa sobre acolhimento institucional de menor por período acima do teto previsto em lei, ordinariamente revelam conflitos de natureza complexa, plurifatorial e policêntrica, insuscetíveis de solução adequada pelo processo civil clássico e tradicional, de índole essencialmente adversarial e individual".

Em seguida, o STJ assim deliberou sobre a questão: "Na hipótese, conquanto não haja, no Brasil, a cultura e o arcabouço jurídico adequado para lidar corretamente com as ações que demandam providências estruturantes e concertadas, não se pode negar a tutela jurisdicional minimamente adequada ao litígio de natureza estrutural, sendo inviável, em regra, que conflitos dessa magnitude social, política, jurídica e cultural, sejam resolvidos de modo liminar ou antecipado, sem exauriente instrução e sem participação coletiva, ao simples fundamento de que o Estado não reuniria as condições necessárias para a implementação de políticas públicas e ações destinadas a resolução, ou ao menos à minimização, dos danos decorrentes do acolhimento institucional de menores por período superior àquele estipulado pelo ECA".

A decisão estrutural é assim conceituada por Fredie Didier Jr. e Hermes Zaneti Jr.: "É aquela que, partindo da constatação de um estado de desconformidade, estabelece o estado ideal de coisas que se pretende seja implementado (fim) e o modo pelo qual esse resultado deve ser alcançado (meios). Em essência, a decisão estrutural não estrutura, mas sim reestrutura o que estava desorganizado." (Elementos para uma teoria do processo estrutural aplicada ao processo civil brasileiro, *RePro* n. 303/2020, p. 45 – 81).

É importante destacar que a eliminação de problemas estruturais não pode ocorrer apenas perante o Poder Judiciário, pois também têm que ser enfrentados e eliminados de forma extrajudicial, sobretudo pelos órgãos públicos que têm função resolutiva.

Nesse contexto, Eduardo Cambi bem observa que "O compromisso de ajustamento de conduta se mostra um eficaz instrumento de que dispõe o Ministério Público para o cumprimento de suas atribuições constitucionais. Pode se prestar, com grande êxito, à implementação de políticas públicas, indispensáveis à concretização de direitos fundamentais sociais.

A intensificação de seu uso pelo Ministério Público passa pela substituição de uma postura essencialmente 'demandista' para uma postura 'resolutiva'. Envolve o desenvolvimento de competências negociais e de gestão por parte de seus membros, sem prejuízo das atribuições técnico-jurídicas" (Compromisso de ajustamento de conduta um eficaz instrumento à disposição do ministério público para a implementação de políticas públicas e à efetivação de direitos fundamentais sociais, *RePro* n. 908/2011, p. 113 - 141).

O que se disse em relação ao Ministério Público é plenamente aplicável aos demais órgãos públicos, especialmente em relação à Defensoria Pública.

Por fim, é sempre importante uma reflexão crítica sobre os institutos. Nesse sentido, consigno a advertência de Eduardo Cambi: "A adoção da técnica do processo estrutural representa uma expansão das fronteiras do controle judicial, o que não deixa de ser visto com certo receio por parte dos poderes políticos, por pôr em risco a teoria clássica da separação de poderes, suscitando o risco de um *government by injunction* (governo por injunção), o que poderia representar a hipertrofia do Judiciário em detrimento dos demais poderes" (Litígios complexos e processo estrutural, *RePro* n. 295/2019, p. 55 - 84).

21. PROCESSO CIVIL DE INTERESSE PÚBLICO

O processo civil de interesse público é aquele direcionado em face de uma pessoa jurídica de direito público (aspecto subjetivo), no bojo do qual se discute uma questão que é de interesse público (aspecto objetivo). Não se trata de um processo voltado a uma reforma institucional e, por isso, não se confunde com o processo estrutura.

Para melhor compreender as diferenças, oportuno citar Edilson Vitorelli: "Embora haja perceptíveis semelhanças entre um processo de interesse público e um processo estrutural, existem três marcantes diferenças. Primeiramente, um processo de interesse público não implica, necessariamente, reestruturação de uma organização. Ele visa a implementação de um direito, já garantido, mas não efetivado. Pode ser que a estrutura estatal esteja suficientemente aparelhada para tanto, mas não o tenha realizado em decorrência de um 'ponto cego' ou de uma 'carga de inércia' da administração (...) Em segundo lugar, é possível que processos de interesse público sejam conduzidos por outras vias, diferentes do processo coletivo, o que não acontece com o processo estrutural. A reestruturação de uma instituição demanda a alteração concreta do comportamento de vários segmentos de agentes públicos ou privados, o que exige que ela se desenvolva em um processo coletivo. Isso não se verifica nos processos de interesse público. Litígios de interesse público podem ser resolvidos na via do processo individual, mediante criação de um precedente obrigatório, na via do controle abstrato de constitucionalidade ou por intermédio de processos coletivos, estruturais ou não. Assim, enquanto todo processo estrutural é um processo coletivo, qualquer processo pode ser de interesse público, desde que se busque, por seu intermédio, a implementação de direitos que estão sob responsabilidade do Estado, não apenas para as partes, mas para todos os indivíduos que integram a sociedade de destinatários daquela prestação (...) A terceira característica que distingue os processos de interesse público dos processos estruturais é que os primeiros se voltam apenas contra o Estado, enquanto estes, conforme já demonstrado, podem enfocar também entes privados. A noção de interesse público, que adjetiva essa denominação, se relaciona com a implementação de direitos sonegados pelos entes públicos, na visão de Chayes.

Essa restrição não se aplica aos processos estruturais. Felipe Vieira Batista sustenta a ideia de que a recuperação judicial de empresas é um processo estrutural, uma vez que envolve interesses policêntricos, de classes diferentes de credores (trabalhadores, fornecedores, o fisco, credores com garantia real e quirografários), do devedor e da sociedade como um todo, relativamente à preservação da atividade empresarial e ao pagamento das suas dívidas. O processo se desenvolve com o objetivo de reestruturar a empresa, por intermédio da negociação das dívidas, consubstanciado em um plano, cujo objetivo é permitir que ela cumpra seus compromissos e continue existindo. Apesar do caráter estrutural, seria difícil denominar esse processo de interesse público, sem adulterar consideravelmente os elementos do conceito original. Uma recuperação judicial se volta à reorganização de uma esfera de interesses predominantemente privados, ainda que, perifericamente, públicos" (Levando os conceitos a sério: processo estrutural, processo coletivo, processo estratégico e suas diferenças. *Revista de Processo*, São Paulo, v. 284, out. 2018, p. 333-369).

11. Direito do Consumidor

Wander Garcia

1. ANTECEDENTES HISTÓRICOS

O século XX foi marcado pelo processo de industrialização do Brasil. Esse processo levou ao aparecimento da chamada "sociedade de consumo", que tem as seguintes peculiaridades:

a) produção em série de produtos, ou seja, produção em grandes quantidades e diversidade;

b) distribuição em massa de produtos e serviços, destacando-se o aparecimento de grandes centros comerciais, tais como supermercados, shoppings e lojas de departamento;

c) publicidade em grande escala, no oferecimento de produtos e serviços, inclusive a publicidade por meio de *merchandising*;

d) oferecimento generalizado de crédito ao consumidor;

e) formalização das aquisições por **contrato de adesão**.

Essas peculiaridades levaram ao aparecimento de uma situação de verdadeira desigualdade entre fornecedores e consumidores, propiciando o aparecimento de uma legislação de defesa do segundo.

2. LEGISLAÇÃO

Entre a entrada em vigor do antigo Código Civil (em 1917) e os dias atuais houve grande lapso temporal em que o consumidor não recebeu proteção legal alguma.

Por conta disso, a Constituição de 1988 deixou claro que deveria ser elaborado um Código de Defesa do Consumidor, que acabou por vir ao mundo jurídico por meio da Lei 8.078/1990.

É importante destacar que a Constituição determinou a elaboração de um Código de **Defesa** do Consumidor, e não de um mero código de relações de consumo. Isso significa que o código deveria trazer (e trouxe!) normas que tomam partido em favor do consumidor, tratando-o de maneira especial, com vantagens e prerrogativas maiores do que as do fornecedor, tudo com vistas a deixar mais equilibrada a relação jurídica entre os dois.

A Constituição de 1988 estava tão preocupada com o grande desequilíbrio que havia entre o fornecedor e o consumidor, que acabou por trazer várias normas acerca da proteção do consumidor, conforme se pode verificar na seguinte relação:

a) art. 48, ADCT: *"o Congresso Nacional, dentro de cento e vinte dias da promulgação da Constituição, elaborará código de defesa do consumidor"*.

b) art. 5º, XXXII, CF: *"o Estado promoverá, na forma da lei, a defesa do consumidor"*. Repare que a defesa do consumidor é cláusula pétrea, pois está no art. 5º da CF.

c) art. 1º, inciso III, CF: é fundamento da República a *"dignidade da pessoa humana"*. Essa dignidade das pessoas deve estar protegida em todos os aspectos de sua personalidade, tais como a pessoa como *trabalhadora*, como parte de uma *família*, como *presidiária*, como *consumidora* etc.

d) art. 150, § 5º, CF: *"a lei determinará medidas para que os consumidores sejam esclarecidos acerca dos impostos que incidam sobre mercadorias e serviços"*. A Lei 12.741/2012 regulamenta o assunto.

e) art. 170, CF: um dos princípios da ordem econômica é a *"defesa do consumidor"*. Aliás, a finalidade da ordem econômica é *"assegurar a todos existência digna, conforme os ditames da justiça social"*.

Passemos, agora, ao estudo dos princípios do Direito do Consumidor, que decorrem das normas expressas na Lei 8.078/1990.

3. PRINCÍPIOS DO DIREITO DO CONSUMIDOR

3.1. Introdução

Em primeiro lugar, faz-se necessário lembrar que os **princípios** são *normas jurídicas de especial relevância e alta carga valorativa, que, além de vincular, servem de vetor interpretativo a todos os destinatários do direito*.

São, então, (1) alicerces do ordenamento jurídico, (2) normas vinculantes, (3) vetores interpretativos, (4) normas relevantes, além de deter (5) alta carga valorativa.

Nesse sentido, os princípios têm posição especial no ordenamento jurídico. Eles não só instituem normas a serem aplicadas diretamente às relações de consumo, como também orientam a aplicação das outras normas previstas no CDC e nos contratos de consumo.

Os princípios do CDC incidem não somente sobre as regras do próprio CDC, como também em relação a *regras* previstas em leis especiais, em que se possa vislumbrar a existência de uma relação de consumo. Por exemplo, podemos citar a Lei de Plano de Saúde. Caso haja um conflito entre uma *regra* dessa lei e uma *regra* do CDC, prevalece a *regra* da Lei de Plano de Saúde, pois esta é uma lei especial em relação ao CDC. No entanto, se houver um conflito entre uma regra da Lei de Plano de Saúde e um princípio do CDC, prevalece o princípio do CDC, pois os *princípios* têm hierarquia material em relação às meras *regras*.

Feita a presente introdução, passemos ao estudo dos princípios em espécie.

3.2. Princípio da vulnerabilidade

Esse princípio pode ser **conceituado** como *aquele que impõe o reconhecimento da vulnerabilidade do consumidor no mercado de consumo*.

O princípio está previsto no art. 4º, I, do CDC.

O CDC traz **presunção absoluta** da vulnerabilidade do consumidor, vulnerabilidade essa que pode ser verificada nos seguintes aspectos: econômico (ex.: consumidor x poder econômico do banco), físico (ex.: consumidor x riscos de acidente aéreo), informativo (ex.: consumidor x desconhecimento das condições reais de financiamento), técnico (ex.: consumidor x ignorância sobre o funcionamento de equipamentos eletrônicos) e científico (ex.: consumidor x ignorância dos efeitos de um medicamento).

O reconhecimento da vulnerabilidade do consumidor faz com que a lei trate o consumidor de modo diferenciado.

Vejamos alguns **exemplos** de situações que revelam esse tratamento desigual entre o consumidor e o fornecedor:

a) *"as cláusulas contratuais serão interpretadas de maneira mais favorável ao consumidor"* (art. 47 do CDC);

b) *o consumidor pode desistir de contrato feito fora do estabelecimento no prazo de 7 dias* (art. 49), também pode desistir de alguns outros contratos, em alguns casos com direito ao reembolso de quantias pagas, ressalvados alguns descontos (art. 53).

O princípio da vulnerabilidade se relaciona com os princípios da *igualdade*, do *equilíbrio* e do *protecionismo*.

3.3. Princípio da ordem pública e do interesse social

Esse princípio pode ser **conceituado** como *aquele que dispõe ser o CDC uma lei que estabelece normas de ordem pública e interesse social*.

O princípio está previsto no art. 1º do CDC.

O fato de o CDC ser uma norma de **ordem pública** tem as seguintes consequências:

a) o juiz pode conhecer de ofício o foro de eleição abusivo; o STJ é pacífico nesse sentido; no entanto, o STJ não admite que o juiz, de ofício, reconheça a nulidade de outras cláusulas contratuais (*vide*, por exemplo, a Súmula 381 do STJ, pela qual, "nos contratos bancários, é vedado ao julgador conhecer, de ofício, da abusividade das cláusulas);

b) não há preclusão para alegação de uma nulidade de pleno direito (art. 51 do CDC), que pode ser suscitada em qualquer grau de jurisdição; um exemplo é a alegação feita somente por ocasião de um recurso de apelação de que dada multa em contrato de consumo é ilegal. Essa tese se contrapõe ao *princípio do dispositivo*, previsto no CPC. Assim, essa segunda consequência não é pacífica, devendo-se aguardar pronunciamento específico dos tribunais a respeito dessa possibilidade.

O fato de o CDC ser uma norma de **interesse social** tem como consequência a possibilidade de o Ministério Público defender certos direitos individuais do consumidor.

Isso porque, apesar de o art. 127 da CF só autorizar ao Ministério Público a defesa de *interesses individuais indisponíveis*, esse mesmo dispositivo confere ao *Parquet* o dever de defender os *interesses sociais*.

Assim, o Ministério Público pode defender interesses individuais homogêneos quando houver interesse social envolvido, como nos casos de educação e saúde.

Nesse sentido, a Súmula 643 do STF estabelece que "o Ministério Público tem legitimidade para promover ação civil pública cujo fundamento seja a ilegalidade de reajuste de mensalidades escolares".

Porém, o Ministério Público não tem legitimação, por não haver interesse social envolvido, para atuar em benefício de segurado, em caso de seguro obrigatório de veículo. Nesse sentido, a Súmula 470 do STJ estabelece que "o Ministério Público não tem legitimidade para pleitear, em ação civil pública, a indenização decorrente do DPVAT em benefício do segurado".

3.4. Princípio do dever de informar

Esse princípio pode ser **conceituado** como *aquele que estabelece o dever de o fornecedor informar de modo adequado e claro as características, uso, risco e preço dos produtos e serviços*.

São exemplos de aplicação prática do princípio as seguintes regras do CDC:

a) é dever do fornecedor informar de modo adequado e claro os produtos e serviços e todas as suas características, tais como qualidades, quantidade, composição, preço, garantia, prazos de validade e origem, entre outros dados, bem como sobre os riscos que apresentem à saúde e segurança dos consumidores (art. 31 do CDC);

b) o contrato não obrigará o consumidor se este não tomar conhecimento prévio de seus termos ou se o instrumento for redigido de modo a dificultar a sua compreensão (art. 46).

O Estatuto da Pessoa com Deficiência (Lei 13.146/2015) estabeleceu a seguinte redação ao parágrafo único do art. 6º do CDC: "A informação de que trata o inciso III do caput deste artigo deve ser acessível à pessoa com deficiência, observado o disposto em regulamento". Esse inciso III mencionado dispõe que são direitos básicos do consumidor "a informação adequada e clara sobre os diferentes produtos e serviços, com especificação correta de quantidade, características, composição, qualidade, tributos incidentes e preço, bem como sobre os riscos que apresentem". Ou seja, a partir da vigência desse estatuto (segundo o art. 127 dele, em 180 dias após a publicação da lei, no caso o dia 07.07.2015), e nos termos do regulamento que será feito para a aplicação dessa norma, os produtos e serviços devem trazer as informações mencionadas (quantidade, características, composição, qualidade, tributos incidentes e preço) deverão vir acessíveis às pessoas com deficiência, sem prejuízo da norma prevista no art. 69 do mesmo estatuto: "O poder público deve assegurar a disponibilidade de informações corretas e claras sobre os diferentes produtos e serviços ofertados, por quaisquer meios de comunicação empregados, inclusive em ambiente virtual, contendo a especificação correta de quantidade, qualidade, características, composição e preço, bem como sobre os eventuais riscos à saúde e à segurança do consumidor com deficiência, em caso de sua utilização, aplicando-se, no que couber, os arts. 30 a 41 da Lei 8.078, de 11.09.1990. § 1º Os canais de comercialização virtual e os anúncios publicitários veiculados na imprensa escrita, na internet, no rádio, na televisão e nos demais veículos de comunicação abertos ou por assinatura devem disponibilizar, conforme a compatibilidade do meio, os recursos de acessibilidade de que trata o art. 67 desta Lei, a expensas do fornecedor do produto ou do serviço, sem prejuízo da observância do disposto nos arts. 36 a 38 da Lei 8.078, de 11 de setembro de 1990. § 2º Os fornecedores devem disponibilizar, mediante solicitação, exemplares de bulas, prospectos, textos ou qualquer outro tipo de material de divulgação em formato acessível".

Da mesma forma, o Estatuto da Pessoa com Deficiência estabeleceu a seguinte redação ao § 6º do art. 43 do CDC: "Todas as informações de que trata o caput deste artigo devem ser disponibilizadas em formatos acessíveis, inclusive para a pessoa com deficiência, mediante solicitação do consumidor". Esse *caput* do art. 43 trata do direito que tem o consumidor de ter acesso às informações existentes em cadastros, fichas, registros e dados pessoais e de consumo arquivados sobre ele, bem como sobre as suas respectivas fontes, no que diz respeito aos bancos de dados e cadastros de consumidor, como são os serviços de proteção ao crédito (ex.: SPC, Serasa etc.).

O princípio da informação impõe não só *informações*, como também algumas *explicações*. Nesse sentido, o STJ determina que, na venda de alimentos, não é suficiente colocar "contém glúten". É necessário que o fabricante explique as consequências disso (Inform. 417 do STJ).

Por outro lado, quanto ao tema das etiquetas em supermercado, o STJ entende que não é mais necessário colocar etiqueta com o preço em cada produto, pois a Lei 10.962/2004 admite, hoje, a utilização do sistema de código de barras, além de outros métodos previstos nessa lei.

3.5. Princípio da prevenção

Esse princípio pode ser **conceituado** como *aquele que obriga o fornecedor a tomar todas as precauções para evitar qualquer tipo de dano ao consumidor.*

Decorrem de tal princípio as seguintes regras:

a) o dever de informação ostensiva dos **perigos** e da **forma de uso** dos produtos (arts. 8º e 9º do CDC);

b) a **proibição** de venda de produto ou serviço de **alto grau de nocividade** ou **periculosidade** (art. 10 do CDC);

c) no caso de **conhecimento ulterior** do perigo, o fornecedor deve **comunicar** o fato às **autoridades competentes** e aos **consumidores**, mediante **anúncios publicitários** (art. 10, § 1º, do CDC), efetivando-se o **"recall"**;

d) sempre que tiverem conhecimento da periculosidade de produtos ou serviços à saúde ou segurança dos consumidores, a União, os Estados, o Distrito Federal e os Municípios deverão informá-los a respeito (art. 10, § 3º, do CDC).

Com base nesse princípio a Lei 13.486/2017 acrescentou ao art. 8º o do CDC a seguinte disposição: "O fornecedor deverá higienizar os equipamentos e utensílios utilizados no fornecimento de produtos ou serviços, ou colocados à disposição do consumidor, e informar, de maneira ostensiva e adequada, quando for o caso, sobre o risco de contaminação".

3.6. Princípio da reparação integral dos danos

Esse princípio pode ser **conceituado** como *aquele que impõe reparação de todos os danos causados ao consumidor.*

O princípio, que decorre do disposto no art. 6º, VI, do CDC, tem as seguintes **consequências**:

a) há de se reparar os **danos patrimoniais** e **morais** (art. 6º, VI);

b) há de se reparar os danos **individuais**, **coletivos** e **difusos** (art. 6º, VI).

Por conta desse princípio, o STJ entende que não pode haver **tabelamento** para fixação de danos materiais e morais: no sentido de haver valor fixo legal ou jurisprudencial limitando indenizações, como havia no Código Brasileiro de Telecomunicações, que não foi recepcionada pela CF/1988, por decisão do STF. O que há é, em matéria de danos morais, alguns parâmetros indicados pelo STF, para que não sejam fixadas indenizações em valor desproporcional

Segundo entendimento do STF a proibição do tabelamento indenizatório só cede se houver um tratado internacional assinado pelo Brasil, como é o caso dos tratados que envolvem o transporte aéreo internacional. Nesse sentido o STF decidiu no RE 636.331-RJ (DJe 13.11.2017) que "nos termos do art. 178 da Constituição da República, as normas e os tratados internacionais limitadores da responsabilidade das transportadoras aéreas de passageiros, especialmente as Convenções de Varsóvia e Montreal, têm prevalência em relação ao Código de Defesa do Consumidor". Todavia, essa regra só vale para danos patrimoniais, não incidindo para os danos morais (extrapatrimoniais) decorrentes de extravio de bagagem e atraso em voo. Isso ocorre porque essas normas internacionais não tratam expressamente dos danos morais, mas só dos materiais. "Assim, é de se reconhecer que a tarifação prevista na Convenção de Montreal tem aplicação restrita aos danos patrimoniais, mantendo-se incólume, em relação aos danos morais por extravio de bagagem e atraso de voo, o primado da efetiva reparação do consumidor insculpido nos arts. 5º, V, da CF, e 6º, VI, do CDC. (Informativo STJ n. 673; REsp 1.842.066-RS, DJe 15.06.2020).

3.7. Princípio da responsabilidade objetiva

Esse princípio pode ser **conceituado** como a*quele pelo qual o fornecedor responde, independentemente da existência de culpa, pelos danos causados aos consumidores.*

O princípio decorre do disposto nos arts. 12 a 18 do CDC, que serão vistos oportunamente.

Por conta da responsabilidade objetiva, o fornecedor só conseguirá se eximir de sua responsabilidade se provar uma das seguintes situações: a) que não colocou o produto no mercado; b) que o produto ou o serviço não é defeituoso; c) que a culpa é exclusiva da vítima ou de terceiro.

O **objetivo é garantir a efetiva reparação dos danos**, uma vez que a **prova da culpa** é muito difícil.

Esse princípio impôs uma mudança de paradigma. Com a entrada em vigor do CDC, em vez de a vítima sofrer sozinha os efeitos dos danos causados numa relação de consumo, passou a ocorrer uma **socialização dos danos**, em que todos pagam pelos danos ocorridos, já que o fornecedor embutirá no preço o risco do seu negócio, que aumentou muito com a instituição da responsabilidade objetiva.

É importante ressaltar que o princípio da responsabilidade objetiva tem uma exceção no CDC, qual seja: a responsabilidade pessoal do **profissional liberal** deve ser apurada mediante a verificação de culpa (art. 14, § 4º, do CDC). Ou seja, a responsabilidade do fornecedor profissional liberal, como o médico, é *subjetiva* no âmbito das relações de consumo.

3.8. Princípio da solidariedade

Esse princípio pode ser conceituado como *aquele que estabelece que, tendo mais de um autor a ofensa, todos respondem solidariamente, independentemente da existência de culpa* (art. 7º, parágrafo único, do CDC).

Confira algumas consequências práticas do princípio:

a) a operadora de plano de saúde tem responsabilidade solidária por defeito na prestação de serviço médico, quando o presta por meio de hospital próprio e médicos contratados, ou por meio de médicos e hospitais credenciados (AgInt no AREsp 1.414.776-SP, DJe 04.03.2020);

b) a agência de turismo responde por dano causado em hotel por ela recomendado, bem como pelos defeitos na prestação dos serviços que integram o pacote;

c) a corretora de seguro pode responder junto com a seguradora, quando não apresentar informação adequada;

d) a empresa aérea responde junto com a fabricante de um avião que tiver caído por problema na fabricação deste;

e) a concessionária de veículos responde junto com a montadora pelo conserto de veículo vindo com vício de fabricação.

Porém, o STJ entende não haver essa solidariedade no seguinte caso: "o provedor de buscas de produtos à venda on-line que não realiza qualquer intermediação entre consumidor e vendedor não pode ser responsabilizado por qualquer vício da mercadoria ou inadimplemento contratual" (REsp 1.444.008-RS, DJe 9/11/2016).

É importante destacar que, na responsabilidade pelo *fato do produto*, também chamada de responsabilidade por *defeito* ou *acidente de consumo*, o comerciante não responde junto com o fabricante da coisa que tiver causado o acidente, conforme se pode verificar do art. 12 do CDC. Assim, caso um veículo tenha defeito de fabricação e tal defeito venha a causar um *acidente de consumo*, o comerciante não responderá pela indenização pelos danos morais e materiais causados, mas somente a montadora responderá por tais danos, tratando-se de uma exceção ao princípio da solidariedade entre os fornecedores.

Por fim, é imperioso lembrar que, havendo solidariedade entre os fornecedores, o consumidor poderá acionar apenas um deles e cobrar desse um a obrigação por inteiro. Em seguida, o fornecedor que responder ingressará com ação de regresso contra os demais fornecedores.

Acerca da solidariedade, confira, ainda, os seguintes artigos do CDC: 18, 19, 25, 28, § 3º e 34.

3.9. Princípio da facilitação da defesa dos direitos do consumidor

Esse princípio pode ser **conceituado** como *aquele que estabelece que a defesa do consumidor será facilitada por meio de normas de direito material e processual, bem como por atuação específica do Estado.*

Confira algumas *consequências práticas* ou *expressões* do princípio:

a) o Estado deve manter assistência jurídica gratuita e promotorias, delegacias e juizados específicos (art. 5º do CDC);

b) a responsabilidade objetiva facilita a defesa dos direitos do consumidor;

c) as ações coletivas facilitam a defesa dos consumidores em juízo;

d) a possibilidade de inversão do ônus da prova também facilita a defesa do consumidor em juízo.

Quanto à inversão do ônus da prova, o CDC dispõe que esta pode ser deferida "quando, a critério do juiz, for verossímil a alegação ou quando for ele hipossuficiente, segundo as regras ordinárias de experiências" (art. 6º, VIII).

Adotou-se, assim, a chamada Teoria da Carga Dinâmica, pela qual a *carga* (ou *ônus da prova*) pode ser modificada pelo juiz.

O STJ é pacífico, hoje, no sentido de que a **inversão do ônus da prova não é automática** (*ope legis*), dependendo de decisão judicial (*ope iudices*). Só há uma exceção em que o ônus da prova é invertido automaticamente pela lei, sendo de responsabilidade direta do fornecedor. Trata-se do ônus da prova sobre a veracidade da *publicidade*, que pertence a quem a patrocina (art. 38 do CDC), ou seja, ao anunciante.

No mais, para que o juiz determine a inversão do ônus da prova, é necessário que ele verifique a existência de um dos seguintes **requisitos**: a) verossimilhança das alegações do consumidor; b) hipossuficiência do consumidor.

Repare que basta a configuração de **um** dos dois requisitos para que o juiz determine a inversão do ônus da prova, sendo que a hipossuficiência não se confunde com a vulnerabilidade, já que esta é presumida e está ligada ao direito material, ao passo que a hipossuficiência tem relação com o direito processual.

O STJ entende que a inversão do ônus da prova não impõe que a parte desfavorecida com a medida pague a **prova pericial**. No entanto, a não realização desse tipo de prova acabará prejudicando aquele que tem o ônus probatório.

Por fim, vale salientar que o STJ entende que o **Ministério Público também pode requerer a inversão do ônus da prova**, já que, em última análise, o *Parquet* atua, em juízo, na defesa da coletividade, que, no caso das relações de consumo, é composta de consumidores.

3.10. Princípio da modificação e da revisão contratual

Esse princípio pode ser **conceituado** como *aquele que, pondo fim ao dogma do "pacta sunt servanda", estabelece o direito de modificação das cláusulas contratuais que estabeleçam prestações desproporcionais, bem como o direito de revisão das cláusulas contratuais em razão de fatos supervenientes que as tornem excessivamente onerosas* (art. 6º, V).

O **direito de modificação** incide sobre aquelas cláusulas que já nascem desproporcionais, abusivas (ex.: cláusula que diz que só o fornecedor pode rescindir unilateralmente o contrato).

Já o **direito de revisão** incide sobre cláusulas que nasceram proporcionais, mas que se tornaram excessivamente onerosas por um fato superveniente. Um exemplo é a cláusula de indexação de contrato de *leasing* pela variação cambial que se torna excessivamente onerosa por um aumento abrupto e altíssimo no preço do dólar.

Quanto ao direito de revisão, perceba-se que se trata de faculdade mais ampla do que a trazida na Teoria da Imprevisão, prevista nos arts. 317 e 478 do Código Civil. Neste diploma legislativo, a lei exige, para a aplicação do direito à revisão, que o fato superveniente seja *extraordinário* e *imprevisível*, requisito este não exigido no CDC.

Assim, caso um contrato seja indexado pela variação cambial e o valor do dólar suba significativamente (fato superveniente), tornando excessivamente onerosa a cláusula para o consumidor, este terá direito à revisão contratual, pouco importando se a variação para cima do câmbio é extraordinária ou não, e se é previsível ou não.

3.11. Princípio da boa-fé objetiva

Esse princípio pode ser **conceituado** como *aquele que impõe ao fornecedor e ao consumidor presumirem e praticarem os atos da relação de consumo com boa-fé, entendida esta como aquela extraída da ética.*

Repare que o CDC adotou a concepção ética (objetiva) da boa-fé, e não a concepção individual (subjetiva) da boa-fé. Ou seja, o juiz deve verificar se os contratantes agiram de boa-fé comparando as atitudes destes com a boa-fé extraída da sociedade (boa-fé objetiva) e não com a boa-fé individual do juiz ou de uma pessoa qualquer, ou seja, o que o juiz ou terceiro entendem, particularmente, o que é agir de boa-fé numa dada situação (boa-fé subjetiva).

Há jurisprudência do STJ, de lavra do Min. Rui Rosado, que dispõe ferir o princípio da boa-fé a conduta de um fornecedor (uma instituição financeira) de pedir a busca e apreensão de um veículo alienado fiduciariamente, em face da inadimplência tão somente da **última** parcela de um financiamento, providência esta que, por sua desproporção e deslealdade, caracteriza ato que afronta a boa-fé objetiva. No caso, o fornecedor deve simplesmente fazer a cobrança da parcela não paga, não sendo razoável retirar o carro do consumidor por conta do não pagamento de apenas uma parcela do financiamento.

A boa-fé também deve ser praticada pelo consumidor. Um exemplo de má-fé do consumidor sancionada pelo Direito está na Súmula 609 do STJ: "a recusa de cobertura securitária, sob a alegação de doença preexistente, é ilícita se não houve a exigência de exames médicos prévios à contratação ou a demonstração de má-fé do segurado".

4. RELAÇÃO JURÍDICA DE CONSUMO

4.1. Importância da temática

Para que se aplique o CDC é necessário que se configure uma relação de consumo ou alguma hipótese em que o CDC equipare algumas pessoas a consumidor.

Para a configuração de uma relação de consumo são necessários três elementos: a) o *objetivo* (a existência de um produto *ou* de um serviço); b) o *subjetivo* (a existência de um fornecedor *e* de um consumidor); e c) o *finalístico* (a aquisição ou utilização de produto ou serviço como destinatário final).

Esses elementos serão estudados nos itens que seguem.

4.2. Elementos subjetivos

A relação de consumo só se configura, quanto ao elemento *subjetivo*, se, num dado caso concreto, estiver presente um consumidor *e* um fornecedor.

O **consumidor** é toda pessoa física ou jurídica que adquire ou utiliza produto ou serviço como destinatário final (art. 2º do CDC).

Repare que a *pessoa jurídica* também pode ser consumidora. Ou seja, é possível que uma empresa adquira algum produto e venha a pedir a proteção do CDC.

Para que isso aconteça, é necessário que se configurem os outros elementos para a formação de uma relação de consumo.

Já o **fornecedor** é definido como *toda pessoa física ou jurídica, pública ou privada, nacional ou estrangeira, bem como os entes despersonalizados, que desenvolvem atividade de produção, montagem, criação, construção, transformação, importação, exportação, distribuição ou comercialização de produtos ou prestação de serviços* (art. 3º, *caput*, do CDC).

Repare que uma *pessoa física* também pode ser fornecedora. São exemplos o médico, o arquiteto, o fisioterapeuta, que atuam de modo autônomo.

Quanto às pessoas jurídicas, repare que as *pessoas jurídicas de direito público* (União, Estados, DF, Municípios, autarquias, agências reguladoras, fundações públicas e associações públicas) também podem ser fornecedoras. Tal situação não é muito comum, pois tais pessoas costumam celebrar contratos regidos pelo direito público e não pelo direito privado. Mas em situações excepcionais pode-se configurar uma relação de consumo com a presença de uma pessoa jurídica de direito público, como é o caso da prestação de serviço de reprografia por parte de uma repartição pública, situação em que se aplicará o CDC e não uma norma de direito público.

As *pessoas jurídicas estrangeiras* também podem ser fornecedores para fim de aplicação do CDC. Tal situação pode ocorrer quando uma pessoa jurídica estrangeira vem a atuar em território nacional, como ocorre com companhias aéreas que fazem escalas de voo no Brasil. Caso, nessa escala no Brasil, a empresa aérea venda produtos aos passageiros, aplicar-se-á o CDC.

Há um acórdão muito interessante do STJ que responsabiliza uma empresa multinacional, mas com unidade constituída sob as leis brasileiras (a "Panasonic"), por problema em filmadora adquirida em unidade do exterior. O consumidor, mesmo tendo adquirido a filmadora em viagem, conseguiu a condenação da empresa brasileira, pertencente à mesma marca. De acordo com o STJ, *"o mercado consumidor, não há como negar, vê-se hoje 'bombardeado' diuturnamente por intensa e hábil propaganda, a induzir a aquisição de produtos, notadamente os sofisticados de procedência estrangeira, levando em linha de conta diversos fatores, dentre os quais, e com relevo, a respeitabilidade da marca. Se empresas nacionais se beneficiam de marcas mundialmente conhecidas, incumbe-lhes responder também pelas deficiências dos produtos que anunciam e comercializam, não sendo razoável destinar-se ao consumidor as consequências negativas dos negócios envolvendo objetos defeituosos"* (REsp 63.981/SP).

Há ainda uma decisão emblemática do STJ, que delimita melhor a figura do fornecedor aparente, e de sua responsabilidade. Confira:

"A empresa que utiliza marca internacionalmente reconhecida, ainda que não tenha sido a fabricante direta do produto defeituoso, enquadra-se na categoria de fornecedor aparente. Cinge-se a controvérsia a saber se, à luz do conceito de fornecedor previsto no art. 3º do CDC, adota-se a teoria do "fornecedor aparente" para enquadrar nessa espécie a empresa que se utiliza de marca mundialmente reconhecida, beneficiando-se, portanto, da confiança dessa perante o consumidor, para responder pelos bens lançados no mercado sob tal identificação, ainda que não seja sua fabricante direta. Extrai-se do CDC que será considerado como fornecedor de produtos ou serviços, toda pessoa física ou jurídica que desenvolve atividade mediante remuneração (desempenho de atividade mercantil ou civil) e de forma habitual, seja ela pública ou privada, nacional ou estrangeira e até mesmo entes despersonalizados. Observa-se que a lei traz a definição ampliada de fornecedor e a doutrina nacional aponta a existência de quatro subespécies, a saber: a) o fornecedor real; b) o fornecedor presumido; c) o fornecedor equiparado e d) o fornecedor aparente. O fornecedor aparente, que compreende aquele que, embora não tendo participado do processo de fabricação, apresenta-se como tal pela colocação do seu nome, marca ou outro sinal de identificação no produto que foi fabricado por um terceiro. É nessa aparência que reside o fundamento para a responsabilização deste fornecedor, não sendo exigida para o consumidor, vítima de evento lesivo, a investigação da identidade do fabricante real. Com efeito, tal alcance torna-se possível na medida em que o CDC tem por escopo, conforme aduzido pela doutrina, proteger o consumidor "daquelas atividades desenvolvidas no mercado, que, pela própria natureza, são potencialmente ofensivas a direitos materiais (...) são criadoras de situações de vulnerabilidade independentemente da qualificação normativa de quem a exerce". Assim, com fulcro no CDC, especialmente em seus arts. 3º, 12, 14, 18, 20 e 34 é de reconhecer, de fato, a previsão normativa para a responsabilização solidária do fornecedor aparente, porquanto beneficiário da marca de alcance global, em nome da teoria do risco da atividade". (Informativo n. 642 - REsp 1.580.432-SP, DJe 04.02.2019).

Enfim, as disposições do CDC sobre as pessoas jurídicas como fornecedoras é tão ampla, que se pode concluir que toda pessoa jurídica está sujeita, em tese, à aplicação do CDC.

Além das pessoas físicas e das pessoas jurídicas, os *entes despersonalizados* também podem ser fornecedores. Nesse sentido, pessoas que se reúnem, sem formalização jurídica, para desenvolver atividades no mercado de consumo, também respondem perante o CDC, como é o caso de camelôs e sociedades de fato.

Por fim, não basta que se esteja diante de uma pessoa física, de uma pessoa jurídica ou de um ente despersonalizado, para que se tenha um fornecedor. Para que se tenha um fornecedor que responda perante o CDC tais entes devem *"desenvolver atividades"* de produção, montagem, criação, comércio, prestação de serviço etc.

Isso significa que só será fornecedor aquele que *pratica uma atividade* de produção, montagem, comércio etc., ficando de fora do conceito de fornecedor aquele que pratica uma única conduta de produção, montagem, venda etc.

Assim, uma pessoa física, que só tem um imóvel, e que o vende a outra pessoa (a um vizinho, por exemplo) não será considerada fornecedora, pois não "desenvolve atividade" de venda, tendo feito tal contrato numa situação isolada, aplicando-se o Código Civil ao negócio celebrado entre as partes. Ao contrário, uma incorporadora, cujo objetivo é justamente incorporar e vender imóveis, será considerada fornecedora, aplicando-se o CDC ao negócio entabulado.

Por fim, há de se ressaltar que é fornecedor quem desenvolve as seguintes atividades: de *produção, montagem, criação, construção, transformação, importação, exportação, distribuição* ou *comercialização de produtos* ou *prestação de serviços*.

Dessa forma, o fornecedor é o gênero, que tem como espécies o produtor, o montador, o criador, o construtor, o transformador, o importador, o exportador, o distribuidor, o comerciante e o prestador de serviços.

4.3. Elementos objetivos

A relação de consumo só se configura, quanto ao elemento *objetivo*, se estiver presente um produto *ou* um serviço.

O **produto** é qualquer bem, móvel ou imóvel, material ou imaterial (art. 3º, § 1º, do CDC).

Quanto aos produtos imateriais, pode-se citar como exemplo a aquisição de um CD com um programa antivírus.

Já o **serviço** é qualquer *atividade fornecida no mercado de consumo, mediante remuneração*, inclusive as de natureza bancária, financeira, de crédito e securitária, *salvo as decorrentes das relações de caráter trabalhista* (art. 3º, § 2º, do CDC).

Há três pontos a se ressaltar no que diz respeito ao **conceito de serviço**.

O primeiro é que, para que se tenha um serviço regido pelo CDC, deve-se tratar de uma *atividade fornecida no mercado de consumo*.

Atividades fornecidas no mercado de consumo são aquelas que envolvem oferta ao mercado, produção em série, oferecimento ao público, ofertas em veículos de comunicação etc.

Nesse sentido, atividades que não envolvam *oferta ao público* (ex.: encomenda de um quadro a um pintor famoso), *produção em série* (ex.: prestação de serviço especializadíssimo a uma grande montadora de automóveis) ou *grande possibilidade de publicidade* (ex.: serviço de advocacia) tendem a não ser consideradas *"atividades fornecidas no mercado de consumo"* e, portanto, não envolvem relação de consumo, mas relação regida pelo Código Civil, por exemplo.

O segundo ponto a destacar é o fato de que, para que se tenha um serviço regido pelo CDC, deve-se tratar de serviço prestado *mediante remuneração*. Assim, serviços puramente gratuitos, como os serviços prestados por uma entidade assistencial, não são considerados serviços para efeito de aplicação do CDC.

Há de se tomar certo cuidado, pois alguns serviços têm remuneração indireta e, dessa forma, estão sujeitos à incidência do CDC.

Um exemplo é a "lavagem grátis", oferecida por alguns postos de gasolina para quem abastece o carro com um número mínimo de litros. Nesse caso, a tal lavagem grátis não é tão grátis assim... O custo dessa lavagem está embutido no preço do combustível, de modo que, havendo qualquer problema no serviço de lavagem oferecido, é possível dizer que se aplica o CDC, por envolver serviço remunerado indiretamente.

O terceiro ponto a destacar é o fato de que não se caracteriza como serviço regido pelo CDC os serviços *decorrentes das relações de caráter trabalhista*. Tais serviços são regidos pela CLT e não pelo CDC.

Por fim, o CDC, que define serviço como qualquer "atividade" fornecida no mercado de consumo, acaba por trazer alguns exemplos de atividades que são regidas pelo próprio Código, quais sejam: atividades de natureza bancária, financeira, de crédito e securitária.

O CDC resolveu trazer expressamente essas indicações, pois o legislador já imaginava que haveria muitos questionamentos, principalmente das instituições financeiras e de seguro, que iriam tentar fugir da sua aplicação.

Mesmo com indicação expressa de que tais atividades estão sujeitas à incidência do CDC, houve muitos questionamentos dessas instituições, o que levou o STJ a editar súmulas confirmando a aplicação do CDC em relação a contratos bancários (Súm. 297), a contratos de plano de saúde (Súm. 469) e a contratos de previdência privada em relação às entidades abertas de previdência complementar. Nesse sentido, o STJ, ao cancelar a Súmula 321, editou a Súmula 563: "o Código de Defesa do Consumidor é aplicável às entidades abertas de previdência complementar, não incidindo nos contratos previdenciários celebrados com entidades fechadas" (DJe 29/02/2016).

4.4. Elemento finalístico

A relação de consumo só se configurará, quanto ao elemento *finalístico*, se o consumidor adquirir ou utilizar produto ou serviço como **destinatário final**.

Dessa forma, não é suficiente que se tenha um consumidor, um fornecedor e um produto ou serviço para que se tenha uma relação de consumo. Faz-se necessário que o consumidor adquira ou utilize o produto ou serviço como *destinatário final* destes.

Configurados todos esses requisitos, teremos uma relação de consumo, relação esta que será regida pelo CDC.

O problema é que a expressão "destinatário final" é bastante vaga e sujeita a muitas controvérsias.

Vamos a um exemplo. É possível dizer que um taxista é destinatário final de um táxi quando adquire o veículo numa concessionária? No *plano fático*, o taxista é destinatário final, pois compra o carro para ficar com ele e não para revendê-lo. Ou seja, o destino final fático do táxi é o próprio taxista. Já no *plano econômico*, o taxista não é destinatário final, pois o carro é utilizado numa atividade econômica, que transcende a figura do taxista. Ou seja, o destino final econômico do táxi atinge outras pessoas que não só o taxista.

Em suma, de acordo com a definição que se dê à expressão *destinatário final*, pode-se incluir ou excluir determinada relação da incidência do CDC.

Isso levou à formulação de diversas teorias a respeito da definição de destinatário final. Confira-as:

A **teoria finalista (ou subjetiva)** propõe que *consumidor é aquele que adquire produto ou serviço como* destinatário final fático e econômico.

Assim, só é consumidor quem usa o produto não profissionalmente. Por exemplo, é consumidor aquele que adquire produtos num supermercado para consumo em família, pois tais produtos não serão utilizados profissionalmente.

Por outro lado, não é consumidor quem adquire produtos ou serviços para uso profissional ou empresarial. Por exemplo, não é consumidor aquele que adquire *insumos*, *matéria-prima* e *bens de capital* para usar numa produção industrial. Vale lembrar que não é considerado aquisição de insumo a contratação de empresa de seguradora, por concessionária de veículo, para proteger os veículos enquanto expostos na loja. Isso porque "se a sociedade empresária firmar contrato de seguro visando proteger seu patrimônio (destinação pessoal), mesmo que seja para resguardar insumos utilizados em sua atividade comercial, mas sem integrar o seguro nos produtos ou serviços que oferece, haverá caracterização de relação de consumo, pois será aquela destinatária final dos serviços securitários. Situação diversa seria se o seguro empresarial fosse contratado para cobrir riscos dos clientes, ocasião em que faria parte dos serviços prestados pela pessoa jurídica" (STJ, REsp 1.352.419-SP, j. 19.08.2014). Assim como também há relação de consumo "entre a sociedade empresária vendedora de aviões e a sociedade empresária administradora de imóveis que tenha adquirido avião com o objetivo de facilitar o deslocamento de sócios e funcionários. O STJ, adotando o conceito de consumidor da teoria finalista mitigada, considera que a pessoa jurídica pode ser consumidora quando adquirir o produto ou serviço como destinatária final, utilizando-o para atender a uma necessidade sua, não de seus clientes. No caso, a aeronave foi adquirida para atender a uma necessidade da própria pessoa jurídica – o deslocamento de sócios e funcionários –, não para ser incorporada ao serviço de administração de imóveis" (STJ, AgRg no REsp 1.321.083-PR, j. 09.09.2014).

O STJ adotou essa teoria. Por conta disso, esse tribunal exclui da aplicação do CDC, por exemplo, os contratos de empréstimos bancários feitos por empresas para incrementar sua atividade econômica.

Já a **teoria maximalista** propõe que *consumidor é aquele que adquire produto ou serviço como* destinatário final fático, *pouco importando se é ou não destinatário final econômico*.

Assim, basta que alguém adquira um produto ou serviço para si, sem intuito de revenda, para que se tenha uma relação de consumo, o que faz com que também seja consumidor aquele que usa o produto profissionalmente, desde que não o revenda, já que, neste caso, não seria destinatário final fático.

Portanto, quem compra insumos e bens de capital, desde que não seja para revenda ou aluguel, é considerado consumidor, o que faz com que uma empresa que contraia um empréstimo bancário para incrementar sua atividade seja considerada consumidora.

Essa teoria acaba protegendo pessoas que não precisam de uma proteção especial, isto é, empresas de enorme porte podem ser protegidas pelo CDC em contratos nos quais não estejam em situação de vulnerabilidade.

Por fim, a **teoria intermediária** propõe que *consumidor é aquele que adquire produto ou serviço como destinatário final fático e econômico, podendo-se também aplicar o CDC em caso de comprovação de vulnerabilidade técnica, jurídica ou econômica*.

O STJ vem, aos poucos, rendendo-se a essa teoria. Na verdade, essa teoria adota a teoria finalista (que exige destinação fática e econômica para se configurar uma relação de consumo), mas admite a aplicação do CDC em casos em que se comprove que o adquirente de produto ou serviço é vulnerável.

Quando uma empresa é do tipo microempresa ou empresa individual, o STJ costuma entender que há vulnerabilidade, justificando a aplicação do CDC, desde que haja, pelo menos, destinação final fática. Um exemplo está no Informativo 441 do STJ, em que se entendeu que uma empresa dessa natureza, que havia adquirido uma máquina de bordar, tinha direito à proteção do CDC. Outro exemplo está no Informativo 383 do STJ, em que se entendeu que um caminhoneiro tinha, também, direito à proteção do CDC.

Sobre a questão, vale a pena citar interessante decisão do STJ: "a jurisprudência desta Corte, no tocante à matéria relativa ao consumidor, tem mitigado os rigores da teoria finalista para autorizar a incidência do Código de Defesa do Consumidor nas hipóteses em que a parte (pessoa física ou jurídica), embora não seja tecnicamente a destinatária final do produto ou serviço, se apresenta em situação de vulnerabilidade. O Acórdão recorrido destaca com propriedade, porém, que a recorrente é uma sociedade de médio porte e que não se vislumbra, no caso concreto, a vulnerabilidade que inspira e permeia o Código de Defesa do Consumidor" (REsp 1.027.165/ES, DJe 14.06.2011).

O STJ também costuma denominar essa nova forma de encarar a teoria finalista como finalismo aprofundado. Nesse sentido, vale também citar o seguinte precedente: "a jurisprudência do STJ, tomando por base o conceito de consumidor por equiparação previsto no art. 29 do CDC, tem evoluído para uma aplicação temperada da teoria finalista frente às pessoas jurídicas, num processo que a doutrina vem denominando finalismo aprofundado, consistente em se admitir que, em determinadas hipóteses, a pessoa jurídica adquirente de um produto ou serviço pode ser equiparada à condição de consumidora, por apresentar frente ao fornecedor alguma vulnerabilidade, que constitui o princípio-motor da política nacional das relações de consumo, premissa expressamente fixada no art. 4º, I, do CDC, que legitima toda a proteção conferida ao consumidor. A doutrina tradicionalmente aponta a existência de três modalidades de vulnerabilidade: técnica (ausência de conhecimento específico acerca do produto ou serviço objeto de consumo), jurídica (falta de conhecimento jurídico, contábil ou econômico e de seus reflexos na relação de consumo) e fática (situações em que a insuficiência econômica, física ou até mesmo psicológica do consumidor o coloca em pé de desigualdade frente ao fornecedor). Mais recentemente, tem se incluído também a vulnerabilidade informacional (dados insuficientes sobre o produto ou serviço capazes de influenciar no processo decisório de compra). A despeito da identificação *in abstracto* dessas espécies de vulnerabilidade, a casuística poderá apresentar novas formas de vulnerabilidade aptas a atrair a incidência do CDC à relação de consumo. Numa relação interempresarial, para além das hipóteses de vulnerabilidade já consagradas pela doutrina e pela jurisprudência, a relação de dependência de uma das partes frente à outra pode, conforme o caso, caracterizar uma vulnerabilidade legitimadora da aplicação da Lei 8.078/1990, mitigando os rigores da teoria finalista e autorizando a equiparação da pessoa jurídica compradora à condição de consumidora. Hipótese em que revendedora de veículos reclama indenização por danos materiais derivados de defeito em suas linhas telefônicas, tornando inócuo o investimento em anúncios publicitários, dada a impossibilidade de atender ligações de potenciais clientes. A contratação do serviço de telefonia não caracteriza relação de consumo tutelável pelo CDC, pois o referido serviço compõe a cadeia produtiva da empresa, sendo essencial à consecução do seu negócio. Também não se verifica nenhuma vulnerabilidade apta a equipar a empresa à condição de consumidora frente à prestadora do serviço de telefonia. Ainda assim, mediante aplicação do direito à espécie, nos termos do art. 257 do RISTJ, fica mantida a condenação imposta a título de danos materiais, à luz dos arts. 186 e 927 do CC/2002 e tendo em vista a conclusão das instâncias ordinárias quanto à existência de culpa da fornecedora pelo defeito apresentado nas linhas telefônicas e a relação direta deste defeito com os prejuízos suportados pela revendedora de veículos" (REsp 1.195.642/RJ, *DJe* 21.11.2012).

De qualquer forma, o STJ entendeu inaplicável o CDC na relação entre "o fornecedor de equipamento médico-hospitalar e o médico que firmam contrato de compra e venda de equipamento de ultrassom com cláusula de reserva de domínio e de indexação ao dólar americano, na hipótese em que o profissional de saúde tenha adquirido o objeto do contrato para o desempenho de sua atividade econômica" (REsp 1.321.614-SP, DJ 03.03.2015).

4.5. Outros entendimentos jurisprudenciais sobre o tema

A jurisprudência vem tomando uma série de decisões acerca da existência ou não de relação de consumo em determinadas situações.

Confira relação com casos em que se entende que **não há relação de consumo**:

a) na relação entre o condômino e o condomínio edilício, já que não se configura a definição de prestação de serviço prevista no CDC (STJ, AgRg no Ag 1.122.191, *DJe* 01.07.2010);

b) na locação de imóvel urbano, já que há lei específica tratando da questão, a Lei 8.245/1991 (STJ, AgRg no Ag 1.089.413, *DJe* 28.06.2010);

c) na relação entre o Fisco e os contribuintes de impostos e taxas, já que há um regime de direito público específico para a questão;

d) na relação entre o INSS e seus segurados, já que também há um regime jurídico de direito público específico para a questão (STJ, REsp 143.092);

e) no consumo de energia elétrica não residencial (art. 25 da MP 2.198-4 – "MP do Apagão");

f) na atividade profissional desenvolvida pelo advogado, já que este não atua no mercado de consumo, além de haver lei específica regulando sua responsabilidade, a Lei 8.906/1994 (STJ, REsp 532.377/RJ);

g) no contrato de crédito educativo, pois o objeto do contrato é um programa de governo, em benefício do estudante, sem conotação de serviço bancário (STJ, REsp 1.256.227, *DJe* 21.08.2012).

h) nas relações entre acionistas investidores e a sociedade anônima de capital aberto com ações negociadas no mercado de valores mobiliários (REsp 1.685.098-SP, DJe 07.05.2020).

Confira, agora, relação com casos em que se entende que **há relação de consumo**:

a) na alienação fiduciária (art. 53 do CDC);

b) no *leasing* (STJ, AgRg no REsp 275.391/MG);

c) no contrato bancário (Súmula 297 do STJ);

d) na previdência privada em relação às entidades abertas de previdência complementar (Súmula 563 do STJ);

e) nos planos de saúde, salvo os administrados por entidades de autogestão (Súmulas 469 e 608 do STJ);

f) nos contratos de transporte aéreo;

g) quanto ao beneficiário de serviço público que não seja daqueles que só o Estado pode prestar, como segurança pública, justiça etc. (art. 22 do CDC). Ex.: consumidor de água, luz, energia e telefonia;

h) na doação de sangue feita a um hospital que cobra o sangue do paciente que irá recebê-lo;

i) entre torcedores e entidades do esporte (Estatuto do Torcedor);

j) nos serviços prestados gratuitamente na internet, mas que sejam remunerados indiretamente por anúncios, como é o caso do Google; todavia, há de se verificar no caso concreto se o serviço foi defeituoso, considerando o que legitimamente se espera; nesse sentido o STJ decidiu que o serviço do Google "deve garantir o sigilo, a segurança e a inviolabilidade dos dados cadastrais de seus usuários, bem como o funcionamento e a manutenção das páginas na Internet que contenham os blogs individuais desses usuários. No que tange à fiscalização do conteúdo das informações postadas por cada usuário, não se trata de atividade intrínseca ao serviço prestado, de modo que não se pode reputar defeituoso, nos termos do art. 14 do CDC, o site que não examina e filtra o material nele inserido". (...) "Não bastasse isso, a verificação antecipada, pelo provedor, do conteúdo de todas as informações inseridas na web eliminaria – ou pelo menos alijaria – um dos maiores atrativos da Internet, que é a transmissão de dados em tempo real". (...) "Contudo, essas normas não livram indiscriminadamente os provedores de responsabilidade pelo tráfego de informações em seus sites. Há, como contrapartida, o dever de, uma vez ciente da existência de mensagem de conteúdo ofensivo, retirá-la imediatamente do ar, sob pena, aí sim, de responsabilização" (REsp 1.192.208, *DJe* 02.08.2012). Aliás, sobre essa temática vale trazer interessante decisão do STJ, para o qual "A sociedade empresária gestora de portal de notícias que disponibilize campo destinado a comentários de internautas terá responsabilidade solidária por comentários, postados nesse campo, que, mesmo relacionados à matéria jornalística veiculada, sejam ofensivos a terceiro e que tenham ocorrido antes da entrada em vigor do marco civil da internet (Lei 12.965/2014)". Por fim, vale citar importante decisão sobre a não correspondência entre o argumento de pesquisa e o resultado em provedor de busca na internet: "Não há dano moral quando o provedor de busca, mesmo após cientificado pelo consumidor, exibe associação indevida entre o argumento de pesquisa (o nome desse consumidor) e o resultado de busca (o sítio eletrônico cujo conteúdo nocivo ao consumidor já tenha sido corrigido pelo responsável da página eletrônica)". Porém, "O provedor de busca cientificado pelo consumidor sobre vínculo virtual equivocado entre o argumento de pesquisa (nome de consumidor) e o resultado de busca (sítio eletrônico) é obrigado a desfazer a referida indexação, ainda que esta não tenha nenhum potencial ofensivo". Ambas as decisões foram tomadas pelo STJ no REsp 1.582.981-RJ, DJe 19/5/2016; o STJ também entendeu que o direito ao esquecimento deve ser garantido em casos em que fatos ocorridos há muito tempo sejam os mais relevantes quando se faz uma busca na internet, sem nenhuma informação sobre os desdobramentos desse fato; a decisão ponderou que há "circunstâncias excepcionalíssimas em que é necessária a intervenção pontual do Poder Judiciário para fazer cessar o vínculo criado, nos bancos de dados dos provedores de busca, entre dados pessoais e resultados da busca, que não guardam relevância para interesse público à informação, seja pelo conteúdo eminentemente privado, seja pelo decurso do tempo. Essa é a essência do direito ao esquecimento: não se trata de efetivamente apagar o passado, mas de permitir que a pessoa envolvida siga sua vida com razoável anonimato, não sendo o fato desabonador corriqueiramente rememorado e perenizado por sistemas automatizados de busca. Por outro vértice, aqueles que quiserem ter acesso a informações relativas a fraudes em concurso público, não terão seu direito de acesso impedido, porquanto as fontes que mencionam inclusive o nome da autora permanecerão acessíveis. Contudo, sua busca deverá conter critérios relativos a esse conteúdo, seja em conjunto com o nome da autora, seja de forma autônoma" (Informativo 628; DJ 05/06/08);

k) nos empreendimentos habitacionais promovidos pelas sociedades cooperativas (Súmula 602 do CDC).

4.6. Consumidores equiparados

O Código de Defesa do Consumidor também se aplica a outras situações em que não se configuram exatamente os elementos da relação de consumo mencionados.

Isso porque o CDC criou a figura dos consumidores equiparados, que recebem a proteção do regime jurídico especial previsto na lei consumerista, mesmo não se tratando do consumidor-padrão, do consumidor *standard*.

O consumidor-padrão (consumidor *standard*), como já sabemos, é a *pessoa que adquire ou utiliza produto/serviço como destinatário final* (art. 2º do CDC).

Mas é equiparada a consumidor a coletividade de pessoas, *ainda que indetermináveis, que haja intervindo nas relações de consumo* (art. 2º, parágrafo único).

Outro caso de consumidor equiparado é o dos **consumidores *bystanders***. Estes consistem *nas vítimas do evento decorrente de responsabilidade pelo fato do produto ou serviço* (art. 17 do CDC). Um exemplo é o pedestre que acaba sendo atropelado por um acidente ocorrido com um ônibus. A vítima (o pedestre) não é consumidor-padrão, pois não adquire nem utiliza o serviço de transporte coletivo oferecido no ônibus acidentado. No entanto, essa pessoa, por ser vítima de um acidente de consumo, é equiparada a consumidor, levando o nome de consumidor "bystander". Como consumidor equiparado, essa pessoa receberá todas as vantagens da aplicação do CDC.

Mas há ainda um terceiro caso de consumidor equiparado, que é o das *pessoas, determináveis ou não,* expostas às práticas comerciais *de oferta, publicidade, práticas abusivas, cobranças de dívidas e bancos de dados e cadastros de consumidores* (art. 29 do CDC). Pode-se citar como exemplos os telespectadores de televisão que assistem a uma propaganda e uma pessoa que teve seu nome incluído indevidamente no Serasa. Ainda que os telespectadores ou a pessoa negativada não tenham adquirido ou utilizado produto ou serviço algum, tais pessoas são equiparadas a consumidores e recebem a proteção do CDC.

5. RESPONSABILIDADE PELO FATO DO PRODUTO OU DO SERVIÇO (DEFEITO)

A responsabilidade pelo **fato do produto ou do serviço** também é chamada de responsabilidade por **defeito** ou de responsabilidade por **acidente de consumo**.

Tal responsabilidade pode ser **conceituada** como *a obrigação de indenizar por danos causados por defeito ou falta de informação de produto ou serviço.*

Um exemplo é um problema no freio de um veículo que causa um acidente com vítima. Outro exemplo é um problema em tratamento estético que causa a queda de todo o cabelo de uma pessoa.

Repare que o *defeito* consiste num tipo de problema de um produto ou de um serviço que causa um dano à *saúde* ou à *segurança* de uma pessoa, ensejando direito à indenização.

É por isso que o *defeito* costuma ser conceituado como um "problema externo" do produto ou do serviço. Ou seja, não se trata de um simples problema interno num produto (ex.: uma televisão que não funciona), mas de problema externo, que causa um dano à saúde ou à segurança do consumidor (ex.: uma televisão que dá um choque no consumidor).

Confira, agora, os **requisitos** da responsabilidade pelo fato do produto ou do serviço:

a) *existência de um defeito do produto ou serviço, ou falta de informação acerca de um produto ou serviço;*

b) *dano relacionado à saúde ou segurança do consumidor*;

c) *nexo de causalidade* entre o defeito, ou falta de informação, e o dano.

Repare que, na narrativa do primeiro requisito, nada se escreveu quanto à necessidade de haver conduta *culposa* ou *dolosa* por parte do fornecedor.

Isso porque a responsabilidade no CDC é *objetiva*, não depende de comprovação de conduta culposa ou dolosa do fornecedor para que se configure.

A única exceção é a dos *profissionais liberais*. Estes somente responderão mediante a comprovação de culpa ou dolo de sua parte (art. 14, § 4º, do CDC). Assim, um médico, um dentista, um fisioterapeuta, um encanador, um eletricista e qualquer outro profissional liberal, caso atuem como autônomos, e não no contexto de uma pessoa jurídica, responderão apenas *subjetivamente*, ou seja, se atuarem com culpa ou dolo.

A responsabilidade desses profissionais só será objetiva caso se configurem outras circunstâncias que levem a uma responsabilidade objetiva, como a prevista no art. 927, parágrafo único, do CC (*atividade de risco*) ou como a existência de uma *obrigação de resultado*, tal como a obrigação de um médico cirurgião plástico.

De toda forma, em qualquer dos dois casos, nada impede que o juiz inverta o ônus da prova e determine que o próprio profissional liberal demonstre que não agiu com culpa ou dolo.

Ainda quanto ao primeiro requisito (*existência de um defeito do produto ou serviço, ou falta de informação acerca de um produto ou serviço*), há de se tratar, agora, acerca das características do conceito de defeito em sentido amplo.

O **defeito**, em sentido amplo, pode ser conceituado como a situação em que um produto ou serviço *não oferece a segurança que dele legitimamente se espera*.

Para se verificar se há a existência ou não de um *defeito*, deve-se levar em consideração os seguintes pontos:

a) apresentação ou modo de fornecimento do produto ou serviço;

b) resultado e riscos que razoavelmente se espera do produto ou serviço;

c) época em que o produto ou serviço foi colocado no mercado.

O CDC estabelece que não há defeito pelo simples fato de haver um produto ou serviço de melhor qualidade. Assim, não é porque um dado veículo de luxo tem freios com funcionalidades bem mais avançadas que os demais veículos que não os têm estejam com defeito.

Outra questão importante é a das *espécies* de defeitos. São **tipos de defeitos** os seguintes:

a) de concepção: projeto, design (ex.: uma embalagem de extrato de tomate cortante);

b) de produção: fabricação, construção, montagem (ex.: um freio montado errado pela montadora);

c) de informação: falta desta quanto à utilização e riscos do produto ou serviço (exs.: a falta de informação sobre riscos de um pesticida ou sobre a profundidade de uma piscina num hotel); ou a falta de informação qualificada quanto aos possíveis efeitos colaterais da medicação, ainda que se trate do chamado risco de desenvolvimento, conforme STJ, REsp 1.774.372-RS, DJe 18.05.2020.

Quanto aos **sujeitos da relação jurídica** de responsabilidade, temos os *sujeitos ativos*, ou seja, aqueles que têm direito a uma indenização, e os *sujeitos passivos*, ou seja, aqueles que deverão arcar com a indenização decorrente do fato do produto ou do serviço.

São **sujeitos ativos** da relação de responsabilidade os seguintes:

a) a vítima que adquiriu ou utilizou produto ou serviço;

b) a vítima de um acidente de consumo, ainda que não tenha adquirido ou utilizado o produto ou o serviço respectivo (art. 17 do CDC).

São **sujeitos passivos** da relação de responsabilidade os seguintes:

a) o fabricante (art. 12 do CDC);

b) o produtor (art. 12 do CDC);

c) o construtor, nacional ou estrangeiro (art. 12 do CDC);

d) o importador (art. 12 do CDC);

e) o prestador de serviço (art. 14 do CDC).

Observe que não são todos os *fornecedores* que respondem quando há acidente de consumo. O *comerciante*, por exemplo, não responde por esse tipo de evento. Assim, caso o consumidor compre um veículo numa concessionária (*comerciante*) e esse veículo tenha um problema que venha a causar um acidente vitimando o consumidor, este só poderá ingressar com pedido indenizatório em face da montadora do veículo (*fabricante*), não cabendo ação contra o *comerciante* (a concessionária). Já num acidente aéreo causado por problema no avião, o consumidor lesado (ou sua família, caso este venha a falecer) pode ingressar com ação tanto em face da empresa aérea (*prestador de serviço*), como em face da montadora do avião (*fabricante*), podendo ingressar com ação também contra o *fabricante da peça* do avião que tiver causado o problema (art. 25, § 2º, do CDC: *"sendo o dano causado por componente ou peça incorporada ao produto ou serviço, são responsáveis solidários seu fabricante, construtor ou importador e o que realizou a incorporação"*).

No entanto, há alguns casos em que o *comerciante* responderá por um acidente de consumo. São os seguintes (art. 13 do CDC):

a) se o fabricante, o construtor, o produtor ou o importador não puderem ser identificados (ex.: produtos vendidos *in natura* numa quitanda);

b) se o produto for fornecido sem identificação clara de seu fabricante, produtor, construtor ou importador (ex.: produtos vendidos sem que constem na embalagem dados suficientes sobre seu fabricante ou importador);

c) se o comerciante não conservar adequadamente os produtos perecíveis (ex.: produtos que dependem de refrigeração, mas que não passam por tal procedimento à noite, pelo fato de um dado supermercado desligar as geladeiras no período noturno).

Uma vez ocorridas as situações "a" e "b", o comerciante que tiver que pagar alguma indenização poderá ingressar com ação de regresso contra os demais responsáveis (fabricante, importador etc.), nos termos do art. 13, parágrafo único, do CDC.

Tema relevante em matéria de acidente de consumo é o das **excludentes de responsabilidade** do fornecedor.

Com relação às excludentes de responsabilidade, o fornecedor não responderá se *provar* o seguinte (arts. 12, § 3º, e 14, § 3º, do CDC):

a) *que não colocou o produto no mercado*. Ex.: o fornecedor demonstra em juízo que o produto com problema tinha sido furtado de sua fábrica antes de finalizada sua produção, tendo sido colocado no mercado por pessoas que cometeram crime de receptação;

b) *que inexiste defeito*. Ex.: em perícia judicial, o fornecedor consegue demonstrar que o freio de um carro acidentado não estava com problema, tendo o acidente outra causa;

c) *que houve culpa exclusiva do consumidor*. Ex.: em perícia judicial o fornecedor consegue demonstrar que o consumidor sofreu um acidente de consumo por mau uso da coisa ou sem seguir regras explícitas de segurança;

d) *que houve culpa exclusiva de terceiro*. Exs.: em instrução probatória, o fornecedor demonstra que não havia problema no produto, mas que uma assistência técnica não autorizada, ao mexer neste, acabou causando o problema; outro exemplo é a empresa de ônibus demonstrar que terceiro lançou uma pedra dentro do ônibus, causando a lesão no passageiro deste.

A doutrina controverte sobre se o caso fortuito ou de força maior também é causa excludente da responsabilidade por acidente de consumo.

Muitos dizem que não, pois a lei não traz expressamente essa possibilidade, mas somente as apontadas anteriormente (arts. 12, § 3º, e 14, § 3º, do CDC).

No entanto, prevalece o entendimento de que tais eventos são, sim, causas excludentes da responsabilidade, desde que o fortuito tenha ocorrido após o encerramento do processo produtivo.

Trata-se da famosa diferença entre o *fortuito interno* e o *fortuito externo*. O primeiro é aquele que ocorre durante o processo produtivo, não excluindo a responsabilidade. E o segundo é aquele que ocorre após o fim do processo produtivo, excluindo a responsabilidade.

Para melhor entendermos a questão, vamos a dois exemplos.

Imagine que no meio da produção de um refrigerante um raio tenha atingido as instalações elétricas de uma indústria, ocasionando falta de energia e problemas na produção. Imagine, agora, que um consumidor tenha comprado um produto fabricado nessas condições e tenha sofrido um dano por conta de um problema no produto. Ora, o fortuito causador de tudo ocorreu no bojo do processo de produção (*fortuito interno*), estando, portanto, na esfera de controle do fornecedor. Dessa forma, este irá responder pelos danos causados, não sendo o fortuito uma causa excludente de responsabilidade.

Imagine agora que, no bojo do processo produtivo, não tenha ocorrido problema algum, e que um consumidor compre um produto isento de que qualquer problema. Imagine que, posteriormente à aquisição do produto, este venha a ser atingido por um raio, já na casa do consumidor. Ora, agora temos um *fortuito externo* que, certamente, exclui a responsabilidade do fornecedor, que não tem nada a ver com o ocorrido.

A respeito do tema, vale trazer a interessante Súmula 479 do STJ: "as instituições financeiras respondem objetivamente pelos danos gerados por fortuito interno relativo a fraudes e delitos praticados por terceiros no âmbito de operações bancárias" (*DJe* 01.08.2012). Um exemplo é o caso em que instituição financeira entrega talonário de cheque a terceiro que, em nome do correntista, passa a emitir várias cártulas sem fundos, gerando negativação do nome deste. Trata-se de defeito na prestação de serviço (art. 14 do CDC), cabendo pretensão indenizatória, com prazo prescricional de 5 anos (art. 27 do CDC), conforme decisão do STJ tomada no REsp 1.254.883-PR, j. 03.04.2014.

O STJ entende, assim, que roubo a consumidores ocorridos em agências bancárias não excluem a responsabilidade dos bancos, por se tratar de evento previsível, diferente, por exemplo, de roubos ocorridos no interior de lojas ou postos de gasolina, em que o dono do estabelecimento não responde junto ao consumidor pelo fato de terceiro. Voltando à questão dos bancos, o STJ entende que os Correios que prestam serviços de "banco postal" respondem como os bancos por roubos aos consumidores (REsp 1.183.121-SC, DJ 07.04.2015).

Outro tema relevante em matéria de responsabilidade por fato do produto é o da **prescrição**. Isso porque esse tipo de responsabilidade consiste em o fornecedor pagar uma indenização ao consumidor, e a condenação de alguém a pagar uma indenização envolve prazo prescricional. Lembre-se de que não se deve confundir o *vício* (problema interno do produto), que possibilita que o consumidor peça o *conserto* da coisa, com o *defeito* (problema externo do produto que atinge a saúde ou a segurança do consumidor), que possibilita que o consumidor peça uma *indenização* por danos materiais e morais. Neste item estamos estudando o instituto do defeito e, portanto, é preciso verificar qual é o prazo prescricional para se exercer em juízo a pretensão indenizatória.

A resposta a essa pergunta está no art. 27 do CDC, que estabelece que "prescreve em cinco anos a pretensão à reparação pelos danos causados por fato do produto ou do serviço (...), iniciando-se a contagem do prazo a partir do conhecimento do dano e de sua autoria".

Há dois pontos importantes na regra. O primeiro é quanto ao prazo, que é de **5 anos**, sendo certo que, se existir prazo maior no Código Civil, prevalece o prazo do Código Civil, pois o CDC veio para melhorar os direitos do consumidor e não para reduzi-los. O segundo ponto é o termo *a quo* do prazo de 5 anos. Repare que esse prazo só começa a contar do conhecimento do dano **e** de sua autoria. Ou seja, não conhecido o dano, o prazo não tem início ainda. É necessário o conhecimento deste e também o conhecimento da autoria do dano para que o prazo se inicie.

Em matéria de responsabilidade da indústria de cigarro por danos causados aos consumidores, o STJ, apesar de estar julgando improcedente tais ações (v., por exemplo, REsp 1.197.660, *DJe* 01.08.2012), vem entendendo, especificamente quanto ao prazo prescricional para o seu ingresso, que este se inicia, no mínimo, após a lei que determinou que constasse de cada maço de cigarro informação sobre os malefícios deste.

Vale salientar que os prazos prescricionais do CDC só devem ser aplicados para as relações de consumo. Nesse sentido, não se aplicando, por exemplo, quando há uma relação de direito público envolvida na questão. Por exemplo, na hipótese de responsabilidade civil de médicos pela morte de paciente em atendimento custeado pelo SUS (mesmo que num hospital particular) incidirá o prazo do art. 1º-C da Lei n. 9.494/1997 (e não o CDC), segundo o qual prescreverá em cinco anos a pretensão de obter indenização (REsp 1.771.169-SC, DJe 29.05.2020).

6. RESPONSABILIDADE PELO VÍCIO DO PRODUTO OU DO SERVIÇO (VÍCIO)

A responsabilidade por *vício* pode ser **conceituada** como a *obrigação de sanar problemas intrínsecos de produtos ou serviços*.

Os vícios são problemas de *qualidade* e *quantidade* de produtos ou serviços. Um exemplo é a compra de uma televisão que não funciona (problema de qualidade) ou a compra de alimento numa embalagem que indica 5 kg, mas que, na verdade, tem apenas 4,5 kg do produto.

Repare, nos dois casos, que o problema é *intrínseco*, ou seja, a coisa tem um problema interno, mas que não causa (ou não causou ainda) um dano à saúde ou à segurança do consumidor.

Havendo vício, o consumidor não terá, num primeiro momento, direito a uma indenização, como ocorre quando há um defeito (*acidente de consumo* ou *fato do produto ou do serviço*). O consumidor, a princípio, terá direito ao conserto da coisa, no problema de qualidade, e direito à complementação do peso ou medida, no problema de quantidade.

Assim, não se pode confundir o instituto do *vício*, que será aprofundado neste capítulo, com o instituto do *defeito*, que foi visto no capítulo anterior.

Os vícios podem gerar nos produtos ou serviços as seguintes **características (ou tipos de vícios)**:

a) *impropriedade ao consumo*. Exs.: produto com validade vencida, deteriorado, adulterado, falsificado, nocivo, perigoso ou em desacordo com as normas;

b) *inadequação ao consumo*. Ex.: televisão que não funciona;

c) *diminuição de valor*. Ex.: veículo novo vindo com um risco no capô;

d) *disparidade na informação*. Ex.: veículo novo vindo sem algum acessório informado em sua propaganda;

e) *quantidade menor*. Ex.: produto com 100 ml a menos do que o informado na embalagem.

Uma vez constatado o vício, a responsabilidade do fornecedor é **objetiva**, ou seja, independe de culpa ou dolo de sua parte.

É importante consignar que, em caso de vício em serviço prestado por profissional liberal (ex.: serviço prestado com disparidade com a proposta feita pelo profissional), a responsabilidade deste também é objetiva. Ou seja, apesar de o profissional liberal responder *subjetivamente* na responsabilidade por *defeito* (art. 14, § 4º, do CDC), esse mesmo profissional, na responsabilidade por *vício* (art. 20, do CDC), responde *objetivamente*.

Quanto aos **sujeitos da relação jurídica** de responsabilidade, temos os sujeitos ativos, ou seja, aqueles que têm direito ao conserto do problema ou à reexecução dos serviços, e os sujeitos passivos, ou seja, aqueles que deverão desfazer o vício do produto ou do serviço.

São **sujeitos ativos** da relação de responsabilidade por vício os seguintes:

a) o adquirente do produto ou serviço. Ex.: a pessoa que compra uma televisão com problema numa loja;

b) o destinatário do produto ou serviço. Ex.: a pessoa que ganha de presente um produto com problema.

Vale dizer, é sujeito ativo o consumidor-padrão, ou seja, aquele que adquire ou utiliza produto ou serviço.

São **sujeitos passivos** da relação de responsabilidade: os fornecedores em geral (arts. 18, *caput*, 19, *caput*, e 20, *caput*, do CDC).

Repare que todos os fornecedores respondem. Não se exclui, aqui, o *comerciante*. Assim, se alguém compra uma televisão com problema numa loja, é possível reclamar que o vício seja sanado não só pela empresa que montou a televisão (*fabricante*), como também pela empresa que a vendeu (*comerciante*).

Aliás, os fornecedores envolvidos nessa cadeia comercial (comerciante, produtor, fornecedor etc.) respondem *solidariamente*. Ou seja, o consumidor pode escolher apenas um dos fornecedores e tentar fazer valer todos os seus direitos em face do que foi escolhido.

Há comerciantes que costumam dizer que só trocarão equipamentos eletrônicos com problema se a reclamação se der em até 10 dias, por exemplo. E que, depois, o consumidor deverá buscar seus direitos com o fabricante. Trata-se de prática totalmente contrária ao que a lei determina, pois, o *comerciante* tem responsabilidade objetiva e solidária com o *fabricante* na responsabilidade por *vício*, devendo atender ao consumidor durante todo o prazo de garantia.

Em matéria de vício, a lei quer facilitar a vida do consumidor, que pode buscar seus direitos diretamente com o *comerciante*, facultado a este o ingresso com ação regressiva, num segundo momento, contra o *fabricante* do produto.

Outro ponto importante a respeito do sujeito passivo da responsabilidade é o fato de que a ignorância do *fornecedor* sobre a existência do vício não exime sua responsabilidade (art. 23 do CDC). Aliás, nem mesmo uma disposição contratual é capaz de eximir a responsabilidade do fornecedor por vícios em produtos (art. 24 do CDC).

Resta saber agora **quais direitos** tem o consumidor em caso de vício em produto e em serviço.

Comecemos com o **vício de qualidade do produto** (art. 18 do CDC). O consumidor tem dois passos a tomar.

O **1º passo** consiste em *reclamar a substituição das partes viciadas*. Ou seja, o consumidor deve procurar qualquer dos fornecedores envolvidos (fabricante ou comerciante) e pedir o conserto do vício. Por exemplo, deve buscar a loja onde comprou a televisão e pedir que a televisão com problema seja consertada.

Naturalmente, o **consumidor deve procurar** extrajudicialmente o fornecedor dentro do prazo de garantia (30 dias para produto não durável e 90 dias para produto durável, ressalvada a existência de garantia contratual, que é complementar). E para que o consumidor comprove que reclamou dentro do prazo de garantia, é importante que o consumidor reclame por escrito ou guarde algum documento que demonstre que levou o produto para conserto em determinada data.

Em seguida, o fornecedor instado a sanar o vício terá o prazo máximo de **30 dias** para consertar o produto. Em geral, as pessoas se assustam quando ficam sabendo que o fornecedor tem um prazo tão grande para sanar o vício. No entanto, esse prazo está previsto na lei (art. 18, § 1º, do CDC). De qualquer forma, é bom informar que, por ocasião da celebração do contrato, as partes podem convencionar prazo diferente para sanar o vício, que poderá variar de 7 a 180 dias, sendo que, caso o contrato seja de adesão, a cláusula com modificação de prazo deverá ser convencionada em separado, por meio de manifestação expressa do consumidor (art. 18, § 2º, do CDC).

Caso o fornecedor sane os vícios do produto, ótimo, a questão estará resolvida. No entanto, caso o fornecedor se recuse a consertar o produto ou não o faça no prazo de 30 dias, o consumidor deve partir para o segundo passo.

O **2º passo** consiste em o consumidor ingressar em juízo para exigir, alternativamente e à sua escolha, uma das seguintes opções:

a) substituição do produto por outro da mesma espécie, em perfeitas condições de uso;

b) restituição imediata da quantia paga, atualizada, sem prejuízo de eventuais perdas e danos;

c) abatimento proporcional do preço.

O consumidor é livre para escolher qualquer das opções anteriores. No exemplo da televisão, o consumidor tem direito de pedir uma nova televisão, da mesma marca e modelo, mas em perfeitas condições de uso (opção "a"), podendo haver substituição por outro de espécie diferente, mediante complemento ou restituição de preço (art. 18, § 4º, do CDC); ou poderá pedir a rescisão do contrato, entregando a televisão para fornecedor e recebendo o dinheiro de volta, atualizado monetariamente, sem prejuízo de se pedir uma indenização por perdas e danos (opção "b"); ou poderá pedir um desconto, por conta do problema na televisão (opção "c").

Logo que tiver ciência inequívoca de que o fornecedor não irá sanar o vício, o consumidor deverá tomar uma providência urgente. Isso porque o prazo de garantia, que fica suspenso quando o consumidor pede que o vício seja sanado, volta a correr logo que há a ciência inequívoca da negativa de resolução do problema. Assim, o consumidor pode até fazer mais uma tentativa extrajudicial de resolver o problema, mas o ideal é que ingresse imediatamente com ação fazendo uma das três escolhas mencionadas, evitando, assim, que se opere a decadência, pelo fim do prazo de garantia sem ingresso com a ação competente.

Em suma, o consumidor que se deparar com um vício de qualidade num produto deve, em primeiro lugar, pedir que o vício seja sanado (1º passo) e, caso não obtenha sucesso, deve ingressar com ação fazendo uma das três escolhas mencionadas.

No entanto, a lei estabelece três casos em que o consumidor poderá pular o primeiro passo, buscando diretamente qualquer das três escolhas mencionadas (art. 18, § 3º, do CDC). Trata-se da chamada *tutela antecipada de direito material*.

A lei confere esse direito ao consumidor em três casos, quais sejam:

a) se, em razão da extensão do vício, a substituição das partes viciadas *puder comprometer a qualidade ou características do produto*;

b) se a substituição das partes viciadas *diminuir o valor do produto*;

c) se se tratar de *produto essencial*.

A título de exemplo, imagine que você tenha comprado um pão em fatias num supermercado e que, ao chegar em casa, verifique que tal pão está mofado. Nesse caso, não há como substituir as partes viciadas *sem comprometer o produto*, o que possibilita que volte ao supermercado e passe diretamente ao 2º passo, pedindo outro pão no lugar (substituição do produto) ou o desfazimento da compra (rescisão do contrato). O abatimento no preço não se coloca no presente caso, pois um pão mofado não tem valor algum. De qualquer forma, como você terá um bom prazo de garantia pela frente, nada impede que busque resolver a questão extrajudicialmente, partindo para uma ação judicial apenas se a questão não for resolvida imediatamente.

Outro caso em que cabe a tutela antecipada de direito material é quando o produto é *essencial*. O problema é que a expressão produto essencial é muito vaga é dá margem a muitas interpretações. Ademais, o que para alguns é essencial para outros pode não ser, o que gera muita controvérsia nessa matéria.

A título de exemplo, a 3ª Câmara de Coordenação e Revisão da Procuradoria-Geral da República, aprovou enunciado (Enunciado 8, de 29.06.2011), com o seguinte teor: "o aparelho de telefone celular é produto essencial, para os fins previstos no art. 18, § 3º, da Lei 8.078/1990 (CDC)". Aliás, o Departamento de Proteção e Defesa do Consumidor (DPDC), do Ministério da Justiça, também já havia tomado decisão nesse sentido. No entanto, há ação judicial questionando a decisão tomada pelo DPDC, estando a questão *sub judice*.

Esse exemplo foi trazido apenas para que você comece a refletir sobre o instituto da tutela antecipada e sobre sua aplicação aos chamados *produtos essenciais*. Para o consumidor, quase tudo será produto essencial (telefone, televisão, carro, alimentos etc.). Já o fornecedor sempre defenderá a tese de que um dado produto não é essencial, como vem acontecendo agora com o telefone celular.

Ainda em relação ao vício de qualidade de produtos ou serviços, há interessante decisão do STJ dispondo o seguinte: "Responde solidariamente por vício de qualidade do automóvel adquirido o fabricante de veículos automotores que participa de propaganda publicitária garantindo com sua marca a excelência dos produtos ofertados por revendedor de veículos usados" (REsp 1.365.609-SP, DJ 25.05.2015).

Vamos agora ao estudo das providências que o consumidor deve tomar quando houver um **vício de quantidade do produto** (art. 19 do CDC).

Nesse caso, o consumidor não tem que cumprir os dois passos, podendo passar direto para a escolha de uma das seguintes alternativas:

a) substituição do produto por outro da mesma espécie, sem o vício de quantidade;

b) restituição imediata da quantia paga, atualizada, sem prejuízo de eventuais perdas e danos;

c) abatimento proporcional do preço;

d) complementação do peso ou medida.

Em relação ao vício de qualidade do produto, repare que há uma opção a mais, qual seja, a possibilidade de o consumidor pedir a "complementação do peso ou medida", providência pertinente aos vícios de quantidade.

Ocorrendo vício de quantidade em produto, o consumidor deve, portanto, partir direto para qualquer uma das opções mencionadas e, caso o fornecedor não atenda à sua solicitação, o consumidor deverá, no prazo de garantia, ingressar com ação judicial para fazer valer sua escolha.

Resta agora fazer o estudo das providências que o consumidor deve tomar quando houver um **vício na prestação de serviço** (art. 20 do CDC).

Nesse caso, o consumidor também não tem que cumprir os dois passos, podendo passar direto para a escolha de uma das seguintes alternativas:

a) reexecução dos serviços, sem custo adicional e quando cabível;

b) restituição imediata da quantia paga, atualizada, sem prejuízo de eventuais perdas e danos;

c) abatimento proporcional do preço.

Em relação ao vício de qualidade do produto, repare que no lugar da opção "substituição do produto" está a opção "reexecução dos serviços".

Ocorrendo vício na prestação de serviço, o consumidor deve, portanto, partir direto para qualquer uma das opções mencionadas e, caso o *fornecedor* (*prestador de serviço*) não atenda à sua solicitação, o consumidor deverá, ainda no prazo de garantia, ingressar com ação judicial para fazer valer sua escolha.

Por fim, há de se discutir o **prazo decadencial** para o consumidor reclamar dos vícios em produto ou serviço. Enquanto na responsabilidade por *defeito* o prazo é prescricional (de 5 anos), na responsabilidade por *vício* o prazo é decadencial (de 30 ou 90 dias).

Esse prazo é também chamado prazo de *garantia legal*, pois se trata de um prazo previsto na lei (art. 26 do CDC).

O **prazo** varia de acordo com o tipo de produto ou serviço. Se estes forem *não duráveis*, o prazo para reclamar é de 30 dias. Já se forem *duráveis* o prazo é de 90 dias (art. 26 do CDC). E, se houver garantia contratual, esta será somada à garantia legal (art. 50 do CDC).

O **termo inicial** da contagem desse prazo varia de acordo com o tipo de vício. Se o vício for *aparente*, o prazo de garantia começa a contar da entrega efetiva do produto ou do término da execução dos serviços (art. 26, § 1º, do CDC). Já se o vício for *oculto*, o prazo se inicia no momento em que ficar evidenciado o defeito (art. 26, § 3º, do CDC).

Um ponto a ser comentado é que, no âmbito do CDC, o vício pode ser tanto *oculto* como *aparente*, diferentemente do Código Civil, em que somente vício *oculto* confere direitos ao comprador da coisa.

Outro ponto a comentar é o fato de que, quando o vício é *aparente*, o prazo de garantia deve começar a ser contado logo. Afinal de contas, trata-se de um vício aparente, de fácil percepção. Assim, o prazo se inicia com a entrega efetiva do produto ou com o término da execução dos serviços.

Já se o vício é *oculto*, o prazo de garantia se inicia apenas no momento em que ficar evidenciado o "defeito" (a lei deveria ter usado a expressão "vício"), o que pode acontecer anos depois da entrega do produto ou do término da execução dos serviços.

Outro ponto importante é que, havendo garantia contratual, o início da contagem do prazo de decadência para a reclamação de vícios do produto (art. 26 do CDC) se dá após o encerramento daquela (REsp 984106/SC, DJE 20/11/2012).

Outra questão fundamental quanto ao prazo de garantia é a possibilidade de **suspensão do prazo decadencial**. Tal suspensão se dá nos seguintes casos:

a) no momento da reclamação comprovadamente formulada pelo consumidor perante o fornecedor, até a resposta negativa correspondente, que deve ser transmitida de forma inequívoca; segundo o STJ, "a reclamação obstativa da decadência, prevista no art. 26, § 2º, I, do CDC pode ser feita documentalmente ou verbalmente" (REsp 1.442.597-DF, DJe 30/10/2017);

b) no momento da instauração de inquérito civil até o seu encerramento.

Isso significa que, se o consumidor comprou um produto durável há 10 dias e efetuou reclamação para que o produto fosse consertado, o prazo de 90 dias ficará suspenso até que o fornecedor responda inequivocamente que não vai consertar a coisa. Uma vez feita essa resposta negativa, o prazo voltará a correr e o consumidor terá 80 dias para ingressar com ação contra o fornecedor.

Havendo inquérito civil pendente, o prazo decadencial também fica suspenso, tudo conforme o disposto no art. 26, § 2º, do CDC.

Por fim, vale trazer à colação a Súmula 477 do STJ: "a decadência do art. 26 do CDC não é aplicável à prestação de contas para obter esclarecimentos sobre cobrança de taxas, tarifas e encargos bancários" (*DJe* 19.06.2012).

É muito comum que vícios em produtos ou serviços gerem dissabor no consumidor, que perde tempo e fica aborrecido com esses problemas. Porém, o STJ entende que, nesses casos, não cabe pedido de dano moral, pois tais dissabores são próprios da sociedade de consumo. Todavia, em casos mais graves, como num caso em que um consumidor tinha comprado um carro zero km e teve que ir grande quantidade de vezes à concessionária para fazer reparos, aí sim cabe indenização por danos morais (STJ, REsp 1.443.268-DF, j. 03.06.2014). Porém, o STJ entendeu ser hipótese de dano moral *in re ipsa* o caso em que "companhia aérea, além de atrasar desarrazoadamente o voo de passageiro, deixe de atender aos apelos deste, furtando-se a fornecer tanto informações claras acerca do prosseguimento da viagem (em especial, relativamente ao novo horário de embarque e ao motivo do atraso) quanto alimentação e hospedagem (obrigando-o a pernoitar no próprio aeroporto), tem-se por configurado dano moral indenizável *in re ipsa*, independentemente da causa originária do atraso do voo" (REsp 1.280.372-SP, j. 07.10.2014). O STJ também entendeu ser hipótese de dano moral *in re ipsa* a situação em que o consumidor simplesmente "levou à boca" o alimento industrializado com corpo estranho, independentemente de sua ingestão (REsp 1.644.405-RS, DJe 17.11.2017).

7. DESCONSIDERAÇÃO DA PERSONALIDADE JURÍDICA DA SOCIEDADE (*DISREGARD OF THE LEGAL ENTITY*)

Como regra, a personalidade de uma pessoa jurídica é distinta da personalidade daquelas pessoas que a compõem, de modo que somente a primeira responde com seu patrimônio por suas dívidas.

Nada obstante, permite-se que, em algumas situações, seja desconsiderada a personalidade da pessoa jurídica, atingindo a personalidade das próprias pessoas que a compõem.

O art. 28 do CDC estabelece as seguintes **hipóteses de desconsideração** da personalidade:

a) abuso de direito;

b) excesso de poder;

c) infração da lei;

d) fato ou ato ilícito;

e) violação dos estatutos ou contrato social;

f) quando houver falência, estado de insolvência, encerramento ou inatividade da pessoa jurídica, provocados por má administração;

g) sempre que a personalidade for obstáculo ao ressarcimento de prejuízos causados ao consumidor.

Repare, no item "f", que não é qualquer falência, estado de insolvência ou encerramento ou inatividade da pessoa jurídica que leva à desconsideração da personalidade, mas somente quando tais fatos tenham sido causados por má administração do fornecedor.

De qualquer forma, no plano prático, basta verificar a extensão da regra prevista no item "g" para perceber que, **na verdade, sempre que necessário, caberá desconsideração** da personalidade do fornecedor para atingir o patrimônio de seus sócios.

Nesse sentido, o Superior Tribunal de Justiça vem entendendo que o CDC adotou a **Teoria Menor da Desconsideração**, pela qual há "menos" requisitos para que esta se dê. No caso, exige-se apenas a dificuldade em penhorar bens do fornecedor, não sendo necessário comprovar fatos adicionais, como abuso da personalidade, confusão patrimonial, dentre outros, como se dá no âmbito das relações regidas pelo Código Civil (art. 50 do CC).

Tema correlato, mas que não se confunde com o instituto da desconsideração da personalidade, é a possibilidade de se responsabilizar pessoas jurídicas integrantes de **grupos societários**, **sociedades consorciadas** e **sociedades coligadas**.

Assim, há de se investigar, agora, como se deve proceder em caso de o fornecedor responsável estar no contexto de sociedades múltiplas.

Quanto às *sociedades integrantes de grupos societários e sociedades controladas* (art. 265 da Lei 6.404/1976 – sociedade controladora e sua controlada podem constituir grupo de sociedades, mediante convenção, para combinar recursos e esforços para a realização de seus objetos), a responsabilidade é *subsidiária*.

Quanto às *sociedades consorciadas* (art. 278 da Lei 6.404/1976 – aliança para a execução conjunta de determinado empreendimento), a responsabilidade é *solidária*.

E quanto às sociedades coligadas (art. 243, § 1º, da Lei 6.404/1976 – são coligadas as sociedades nas quais a investidora tenha influência significativa), só respondem por *culpa*.

8. PRÁTICAS COMERCIAIS

8.1. Introdução

No tema das práticas comerciais estuda-se a *oferta*, a *publicidade*, as *práticas abusivas*, a *cobrança de dívidas* e o *banco de dados* e *cadastros de consumidores*.

Para fins de estudo das práticas comerciais, o art. 29 do CDC dispõe que "*equiparam-se aos consumidores todas as pessoas determináveis ou não expostas às práticas nele previstas*".

Ou seja, qualquer pessoa exposta a uma prática comercial, mesmo que não se enquadre no conceito de consumidor-padrão (ou *standard*), será equiparada a consumidor e terá direito à proteção do CDC.

Passemos ao estudo dos temas citados.

8.2. Oferta

Em sentido amplo, oferta pode ser **conceituada** como o "veículo que transmite uma mensagem, seja ela *informação* ou *publicidade*".

Um exemplo de *informação* é a resposta que o gerente ou atendente dá ao consumidor.

Um exemplo de *publicidade* é um anúncio em revista.

A oferta, em sentido amplo, segue o **princípio da vinculação**, que tem o seguinte teor: "*toda informação ou publicidade, suficientemente precisa, veiculada por qualquer forma ou meio de comunicação com relação a produtos e serviços oferecidos ou apresentados, obriga o fornecedor que a fizer veicular ou dela se utilizar e integra o contrato que vier a ser celebrado*" (art. 30).

Esse princípio deve atuar em harmonia com os princípios da boa-fé o do equilíbrio contratual. Nesse sentido o STJ decidiu que o erro sistêmico grosseiro no carregamento de preços e a rápida comunicação ao consumidor podem afastar a falha na prestação do serviço e o princípio da vinculação da oferta (REsp 1.794.991-SE, DJe 11.05.2020). O caso em questão tratava da reserva de bilhetes aéreos internacionais a preço baixíssimo, não tendo havido emissão dos e-tickets, sendo que valores sequer foram debitados do cartão de crédito e, em curto período, os consumidores receberam e-mail informando a não conclusão da operação.

Ou seja, a oferta vincula fortemente o fornecedor. Aliás, este (o fornecedor) "*é solidariamente responsável pelos atos de seus prepostos ou representantes autônomos*" (art. 34 do CDC). Assim, ofertas feitas pelos prepostos ou representantes autônomos do fornecedor de um produto ou serviço vinculam esse fornecedor, que responde solidariamente com as pessoas mencionadas.

Por conta do princípio da vinculação, o CDC estabelece que, **em caso de recusa à oferta**, o consumidor poderá, alternativamente e à sua livre escolha (art. 35):

a) exigir o cumprimento forçado da obrigação, nos termos da oferta, apresentação ou publicidade (execução específica);

b) aceitar outro produto ou prestação de serviço equivalente;

c) rescindir o contrato, com direito à restituição de quantia eventualmente antecipada, monetariamente atualizada, e perdas e danos.

Ainda no contexto da oferta em sentido amplo, existe o **princípio da informação adequada**, que tem o seguinte teor (art. 31 do CDC): "*a oferta e apresentação de produtos ou serviços devem assegurar informações corretas, claras, precisas, ostensivas e em língua portuguesa sobre suas características, qualidades, quantidade, composição, preço, garantia, prazos de validade e origem, entre outros dados, bem como sobre os riscos que apresentam à saúde e segurança dos consumidores*".

Assim, o fornecedor é obrigado a informar sobre tudo que é relevante para o consumidor, e tal princípio é extremamente rigoroso no CDC.

Uma das espécies de oferta, como se viu, é a **publicidade**. E tal instituto (o da publicidade) tem, também, alguns regramentos específicos.

De acordo com o CDC, a publicidade obedece ao **princípio da identificação**, pelo qual esta *"deve ser veiculada de tal forma que o consumidor, fácil e imediatamente, a identifique como tal"* (art. 36, *caput*, do CDC). Por conta disso, ferem o princípio citado aquelas propagandas que têm o mesmo estilo editorial das reportagens de jornal.

Outro princípio que incide sobre a publicidade é o **princípio da veracidade**, pelo qual *"o fornecedor, na publicidade de seus produtos ou serviços, manterá, em seu poder, para informação dos legítimos interessados, os dados fáticos, técnicos e científicos que dão sustentação à mensagem"* (art. 36, parágrafo único, do CDC).

Por conta disso *"o ônus da prova da veracidade e correção da informação ou comunicação publicitária cabe a quem as patrocina"* (art. 38 do CDC).

A doutrina denomina a hipótese de **inversão legal ou obrigatória da prova**, pois a própria lei já estabelece a inversão do ônus da prova, não sendo necessário que o juiz tome qualquer decisão nesse sentido.

O CDC veda a *publicidade enganosa* e a *publicidade abusiva* (art. 37 do CDC). Para tanto, a lei traz as seguintes distinções:

a) publicidade enganosa: *"é enganosa qualquer modalidade de informação ou comunicação de caráter publicitário, inteira ou parcialmente falsa, ou, por qualquer outro modo, mesmo por omissão, capaz de induzir em erro o consumidor a respeito da natureza, características, qualidade e quantidade, propriedades, origem, preço e quaisquer outros dados sobre produtos e serviços"*. Ex.: é enganosa a publicidade de um posto de gasolina que anuncia um preço e cobra outro. O CDC prossegue e estabelece que *"a publicidade é enganosa por omissão quando deixar de informar sobre dado essencial do produto ou serviço"*; a simples falta de preço não torna a propaganda enganosa, especialmente se o foco da propaganda é uma determinada forma de pagamento ou financiamento, ou seja, um serviço (STJ, REsp 1.705.278-MA, DJe 02.12.2019);

b) publicidade abusiva: *"é abusiva, dentre outras, a publicidade discriminatória de qualquer natureza, a que incite à violência, explore o medo ou a superstição, se aproveite da deficiência de julgamento e experiência da criança, desrespeite valores ambientais, ou que seja capaz de induzir o consumidor a se comportar de forma prejudicial ou perigosa à sua saúde ou segurança"*. Ex.: é abusiva a publicidade de um veículo em que se incite o consumidor a dirigir acima dos limites de velocidade estabelecidos na lei.

É importante perceber que, enquanto na propaganda enganosa a preocupação é de ordem mais econômica, na propaganda abusiva, a preocupação é mais voltada para a saúde, a segurança e a dignidade dos consumidores.

Por fim, vale citar jurisprudência do STJ sobre propaganda comparativa – aquela em que uma empresa compara as qualidades de seu produto ou serviço com a de outra empresa. Confira: "É lícita a propaganda comparativa entre produtos alimentícios de marcas distintas e de preços próximos no caso em que: a comparação tenha por objetivo principal o esclarecimento do consumidor; as informações veiculadas sejam verdadeiras, objetivas, não induzam o consumidor a erro, não depreciem o produto ou a marca, tampouco sejam abusivas (art. 37, § 2º, do CDC); e os produtos e marcas comparados não sejam passíveis de confusão" (REsp 1.377.911-SP, j. 02.10.2014).

8.3. Práticas abusivas

As práticas abusivas podem ser **conceituadas** como as *práticas utilizadas pelo fornecedor e vedadas pelo CDC, por serem lesivas à boa-fé, à vulnerabilidade e à liberdade de escolha do consumidor*.

As práticas abusivas podem se dar na fase de produção ou na fase de venda do produto ou serviço, e podem ser pré ou pós contratuais.

Uma informação importante é que o rol de práticas abusivas previsto no art. 39 do CDC é **meramente exemplificativo**. Há hipóteses de práticas abusivas por todo o CDC, como é o caso da publicidade disfarçada e o emprego de peça usada em conserto de produtos.

Confira as práticas abusivas previstas no art. 39 do CDC:

I. fazer venda casada e **exigir condição quantitativa**, **salvo justa causa**.

Ex.1: lanchonete que só aceita venda conjunta de lanche, batata frita e refrigerante (venda casada);

Ex.2: cinema que só vende copos de refrigerante com conteúdo mínimo de 700 ml (condição quantitativa);

Ex.3: um fabricante que só comercializa açúcar em embalagens mínimas de 1 Kg pratica algo justificável, ou seja, com justa causa, de modo que não faz prática abusiva; da mesma forma, um supermercado que limita a aquisição de produtos em até 5 unidades também atua com justa causa, pois confere oportunidade a outros consumidores;

Ex.4: Súm. STJ 356 – "É legítima a cobrança da tarifa básica pelo uso dos serviços de telefonia fixa";

Ex.5: Súm. STJ 473 – "O mutuário do SFH não pode ser compelido a contratar o seguro habitacional obrigatório com a instituição financeira mutuante ou com a seguradora por ela indicada" (*DJe* 19.06.2012);

Ex. 6: O STJ entendeu que "Configura dano moral coletivo *in re ipsa* a realização de venda casada por operadora de telefonia consistente na prática comercial de oferecer ao consumidor produto com significativa vantagem – linha telefônica com tarifas mais interessantes do que as outras ofertadas pelo mercado – e, em contrapartida, condicionar a aquisição do referido produto à compra de aparelho telefônico" (REsp 1.397.870-MG, DJ 10.12.2014).

Ex. 7: O STJ entendeu que, também nos contratos bancários em geral, o consumidor não pode ser compelido a contratar seguro com a instituição financeira ou com seguradora por ela indicada (REsp 1.639.259-SP, DJe 17.12.2018).

II. recusar atendimento à demanda de consumidor, na medida do estoque.

Ex.: postos de gasolina que esperam um aumento no valor do produto para vendê-lo ao consumidor; taxista que não aceita transportar o consumidor para um trecho muito curto;

III. promover fornecimento de produto ou serviço, sem solicitação do consumidor.

Sanção: equiparam-se à amostra grátis os serviços prestados e os produtos remetidos ou entregues sem solicitação.

Ex.1: "couvert" deixado na mesa de restaurante sem que o consumidor tenha pedido;

Ex. 2: cartão de crédito enviado ao endereço do consumidor sem que este tenha pedido; aliás, segundo a Súmula STJ

532, "Constitui prática comercial abusiva o envio de cartão de crédito sem prévia e expressa solicitação do consumidor, configurando-se ato ilícito indenizável e sujeito à aplicação de multa administrativa";

IV. aproveitar da fraqueza ou ignorância do consumidor;

Invocando este inciso e também o inciso III acima, o STJ entendeu que é ilícita a conduta de um banco que transfere, sem autorização expressa, recursos do correntista para modalidade de investimento incompatível com o perfil do investidor (REsp 1.326.592-GO, DJe 06.08.2019).

V. exigir do consumidor vantagem manifestamente excessiva.

O STJ entende que uma instituição financeira não pode cobrar tarifa pela emissão de boleto bancário (Inf. 423);

VI. executar serviços sem prévios orçamento e autorização, salvo costume entre as partes.

O art. 40 do CDC dispõe que o orçamento deve discriminar mão de obra, materiais, condições de pagamento, início e término dos serviços e, salvo estipulação em contrário, o valor orçado tem validade de 10 dias, contado de seu recebimento;

VII. repassar informação depreciativa de consumidor no exercício de seu direito;

VIII. colocar no mercado de consumo produto em desacordo com as normas técnicas.

Ex.: produtos que não respeitem as normas do INMETRO;

IX. recusar venda a quem se dispõe comprar mediante pronto pagamento;

O STJ aplicou este dispositivo, juntamente como o dispositivo que veda a venda casada (art. 39, I), num caso emblemático. Trata-se daquelas situações em que um ingresso para um show ou um teatro são vendidos *online* por apenas uma empresa e ainda com cobrança de taxa de conveniência. Em conclusão, o tribunal decidiu que "deve ser reconhecida a abusividade da prática da venda casada imposta ao consumidor em prestação manifestamente desproporcional, devendo ser admitido que a remuneração da intermediadora da venda, mediante a taxa de conveniência, deveria ser de responsabilidade das promotores e produtores de espetáculos culturais, verdadeiros beneficiários do modelo de negócio escolhido". (Informativo n. 644 - REsp 1.737.428-RS, DJe 15.03.2019).

Ainda sobre este dispositivo, o STJ decidiu que a seguradora não pode recusar a contratação de seguro a quem se disponha a pronto pagamento se a justificativa se basear unicamente na restrição financeira do consumidor junto a órgãos de proteção ao crédito (REsp 1.594.024-SP, DJe 05.12.2018).

X. elevar sem justa causa o preço de produtos ou serviços.

O STJ invocava esse dispositivo para proibir diferença de preço para pagamento em dinheiro, cheque ou cartão (In. 427);

Porém, a Lei 13.455/2017 estabeleceu o contrário, conforme se vê de seu art. 1º, *caput*: "Fica autorizada a diferenciação de preços de bens e serviços oferecidos ao público em função do prazo ou do instrumento de pagamento utilizado". Assim, agora é possível que o fornecedor dê descontos para pagamento por meio de dinheiro em espécie, em vez de uso de cartão de crédito por exemplo. Essa mesma lei dispôs o seguinte: "O fornecedor deve informar, em local e formato visíveis ao consumidor, eventuais descontos oferecidos em função do prazo ou do instrumento de pagamento utilizado" (art. 2º, alterando o art. 5º-A, da Lei 10.962/2004).

XI. aplicar fórmula ou índice de reajuste diverso do previsto no contrato;

XII. deixar de estipular prazo para cumprimento ou início da obrigação.

8.4. Cobrança de dívidas

Quanto aos **limites** na cobrança de débitos, o consumidor inadimplente não será exposto a ridículo nem será submetido a qualquer tipo de constrangimento ou ameaça (art. 42, *caput*, do CDC).

Quanto às consequências de uma **cobrança indevida**, o consumidor cobrado indevidamente tem direito à repetição do indébito, por valor igual ao dobro do que pagou em excesso, acrescido de correção e juros legais, salvo engano justificável (art. 42, parágrafo único, do CDC).

Repare que essa pena incide tanto na cobrança judicial como na extrajudicial. Mas é necessário que o pagamento tenha sido feito pelo consumidor para que ele tenha direito à aplicação da sanção da devolução em dobro em desfavor do fornecedor. Vale salientar que, caso não seja possível aplicar a regra do art. 42 do CDC, a cobrança judicial indevida de dívida oriunda de relação de consumo admite a aplicação da sanção prevista no art. 940 do Código Civil (REsp 1.645.589-MS, DJe 06.02.2020).

Por fim, vale trazer à baila o disposto no art. 42-A do CDC, pelo qual em todos os **documentos de cobrança de débitos** apresentados ao consumidor deverão constar o nome, o endereço e o número de inscrição no Cadastro de Pessoas Físicas – CPF ou no Cadastro Nacional de Pessoa Jurídica – CNPJ do fornecedor do produto ou serviço correspondente. Em outras palavras, os documentos de cobrança devem deixar claro quem é o fornecedor que está promovendo a cobrança, deixando essa mais justa e transparente.

8.5. Banco de dados e Cadastro de Consumidores

O tema em tela diz respeito aos Serviços de Proteção ao Crédito, como SPC e SERASA, mas também abrange o sistema de informações que o Banco Central compartilha com os bancos, que é o SISBACEN.

O fato é que o CDC permite que o nome do consumidor seja negativado nesses bancos de dados. Todavia, há regras bem rígidas a serem seguidas, para que não haja abuso na prática de "sujar" o nome do consumidor no mercado de consumo.

Um dos princípios mais importantes nessa matéria é o que estabelece o **direito à informação**, ou seja, o consumidor terá amplo acesso às informações existentes em cadastros, fichas, registros e dados pessoais e de consumo arquivados sobre ele, bem como sobre as suas respectivas fontes (art. 43 do CDC).

Outra regra diz respeito à **caducidade da informação**. De acordo com ela, o cadastro não pode conter informações negativas referentes a período superior a 5 anos, sendo que, consumada a prescrição da cobrança do débito, o dado também não pode mais ser oferecido aos interessados (art. 43, § 5º, do CDC).

Em nossa opinião, a regra é muito clara: a informação negativa a respeito do consumidor deve ser apagada quando consumada a prescrição da cobrança, respeitado o prazo máximo de 5 anos.

No entanto, por conta das regras atinentes à ação monitória, que permite que alguém ingresse com essa ação no prazo de até 5 anos, o STJ editou a Súmula 323, que tem o seguinte teor: "a inscrição do nome do devedor pode ser mantida nos serviços de proteção ao crédito até o prazo máximo de 5 anos, independentemente da prescrição da execução".

Essa súmula faz com que, na prática, alguém que dê um cheque sem fundo fique com o nome negativado por 5 anos, já que, mesmo com a prescrição do cheque se dando em período bem inferior, a possibilidade de ingressar com monitória faz com que se possa deixar a informação negativa enquanto couber a propositura dessa ação de rito especial para a cobrança do valor expresso no cheque.

Quanto ao termo inicial desse prazo de 5 anos o STJ decidiu que "o termo inicial do prazo de permanência de registro de nome de consumidor em cadastro de proteção ao crédito (art. 43, § 1º, do CDC) inicia-se no dia subsequente ao vencimento da obrigação não paga, independentemente da data da inscrição no cadastro" (REsp 1.316.117-SC, DJe 19/8/2016).

Uma regra muito relevante acerca dos bancos de dados é sobre a **comunicação de abertura de cadastro.** Confira essa regra: "a abertura de cadastro, ficha, registro e dados pessoais e de consumo deve ser comunicada por escrito ao consumidor, quando não solicitada por ele" (art. 43, § 2º, do CDC). Porém, não é necessário que essa carta de comunicação ao consumidor seja enviada com o AR (aviso de recebimento), conforme entendimento do STJ (Súmula 404). Por outro lado, a ausência de prévia comunicação ao consumidor da inscrição do seu nome em cadastros de proteção ao crédito, prevista no art. 43, § 2º, do CDC, enseja o direito à compensação por danos morais. (AgRg nos EDcl no AREsp 146564/SP, DJ 01/10/2014).

Ademais, uma vez que algum apontamento seja feito no nome do consumidor, este, sempre que encontrar inexatidão nos seus dados e cadastros, poderá exigir sua imediata correção, devendo o arquivista, no prazo de 5 dias úteis, comunicar a alteração aos eventuais destinatários das informações incorretas (art. 43, § 3º, do CDC). Repare que o prazo é de 5 dias úteis e não de 5 dias corridos.

Resta dúvida de qual é o prazo para o credor da dívida informar ao banco de dados que promove a negativação que o consumidor já pagou integralmente o débito. Como a lei não tem disposição a respeito, o STJ tem decidido que esse prazo também é de 5 dias úteis, por analogia ao prazo que o arquivista do banco de dados tem para fazer a correção nas informações sobre o consumidor. *Vide* a respeito o REsp 1.424.792-BA, j. 10.09.2014.

No dia a dia, há dois grandes tipos de problemas do consumidor com a negativação de seu nome.

O primeiro problema se dá quando há negativação indevida por conta de informação equivocada dada pelo credor (uma instituição financeira, por exemplo). Nesse caso, não se deve ingressar com ação contra o Serviço de Proteção ao Crédito (o Banco de Dados), mas contra o credor que deu a informação equivocada (a instituição financeira, no exemplo dado).

O segundo tipo de problema se dá quando se mantém uma informação indevida no Banco de Dados mesmo após ciência inequívoca, por parte do Serviço de Proteção ao Crédito, do erro no apontamento. Nesse caso, sim, deve-se ingressar com ação diretamente contra o Banco de Dados (por exemplo, contra a Serasa).

Sobre o tema, vale trazer à colação os seguintes entendimentos jurisprudenciais:

a) Súm. STJ 359: "cabe ao órgão mantenedor do Cadastro de Proteção ao Crédito a notificação do devedor antes de proceder à inscrição";

b) Súm. STJ 404: "é dispensável o aviso de recebimento (AR) na carta de comunicação ao consumidor sobre a negativação de seu nome em bancos de dados e cadastros";

c) Súm. STJ 385: "da anotação irregular em cadastro de proteção ao crédito, não cabe indenização por dano moral, quando preexistente legítima inscrição, ressalvado o direito ao cancelamento"; essa súmula sofreu uma pequena relativização pelo STJ, que passou a admitir "Admite-se a flexibilização da orientação contida na súmula 385/STJ para reconhecer o dano moral decorrente da inscrição indevida do nome do consumidor em cadastro restritivo, ainda que não tenha havido o trânsito em julgado das outras demandas em que se apontava a irregularidade das anotações preexistentes, desde que haja nos autos elementos aptos a demonstrar a verossimilhança das alegações" (Informativo 665; REsp 1.704.002-SP, DJe 13.02.2020);

d) STJ: discussão judicial da dívida não é suficiente para suspender a negativação do nome; o consumidor há de demonstrar requisitos para a concessão de tutela de urgência;

e) Súm. STJ 380: "a simples propositura da ação de revisão de contrato não inibe a caracterização da mora do autor";

f) Súm. STJ 548: "incumbe ao credor a exclusão do registro da dívida em nome do devedor no cadastro de inadimplentes no prazo de cinco dias úteis, a partir do integral e efetivo pagamento do débito";

g) Súm. STJ 550: "a utilização de escore de crédito, método estatístico de avaliação de risco que não constitui banco de dados, dispensa o consentimento do consumidor, que terá o direito de solicitar esclarecimentos sobre as informações pessoais valoradas e as fontes dos dados considerados no respectivo cálculo";

h) Súm. STJ 572: "o Banco do Brasil, na condição de gestor do Cadastro de Emitentes de Cheques sem Fundos (CCF), não tem a responsabilidade de notificar previamente o devedor acerca da sua inscrição no aludido cadastro, tampouco legitimidade passiva para as ações de reparação de danos fundadas na ausência de prévia comunicação".

Fechando o presente item, vale lembrar que hoje também existe o chamado cadastro de adimplemento, regulamentado pela Lei 12.414/2011. Essa lei disciplina a formação e a consulta a banco de dados com informações sobre o histórico do crédito de uma pessoa física ou jurídica.

A ideia é que os chamados "bons pagadores" possam se beneficiar dessa condição, contraindo financiamentos ou vendas a prazo com juros mais baixos.

9. PROTEÇÃO CONTRATUAL

9.1. Disposições gerais

Uma vez que o consumidor celebre um contrato com o fornecedor, o primeiro passa a receber uma proteção especial, que é a proteção contratual, prevista nos arts. 46 e seguintes do CDC.

A primeira regra de proteção é a que estabelece dois **pressupostos de vinculação do consumidor a um contrato**. Esses pressupostos são os seguintes: a) a oportunidade de conhecimento prévio de seu conteúdo; b) a existência de redação e apresentação de fácil compreensão.

Confira a regra do art. 46 do CDC: "os contratos que regulam as relações de consumo não obrigarão os consumidores, se não lhes for dada oportunidade de tomar conhecimento prévio de seu conteúdo, ou se os respectivos instrumentos forem redigidos de modo a dificultar a compreensão de seu sentido e alcance."

Outra importante regra de proteção contratual é a da **interpretação mais favorável** ao consumidor (art. 47 do CDC), cujo teor é a seguinte: *"as cláusulas contratuais serão interpretadas de maneira mais favorável ao consumidor".*

Repare que no CDC não é necessário que a cláusula contratual seja ambígua para que se busque a interpretação mais favorável ao consumidor. Repare, outrossim, que tal regra vale para qualquer contrato de consumo e não só para contratos de adesão.

Isso faz com que o disposto no art. 47 do CDC não se confunda com o disposto no art. 423 do CC, que tem regra semelhante, mas que somente se aplica se houver cláusula ambígua e desde que se trate de contrato de adesão.

Outra regra importante de proteção contratual é a que estabelece a **vinculação de escritos.** Confira (art. 48 do CDC): *"as declarações de vontade constantes de escritos particulares, recibos e pré-contratos relativos às relações de consumo vinculam o fornecedor, ensejando inclusive execução específica, nos termos do art. 84 e parágrafos".*

Essa regra é interessante, devendo o consumidor, quando for comprar um imóvel, por exemplo, guardar os rascunhos das propostas, bem como outros documentos e escritos, pois tais elementos vinculam o fornecedor e permitem que o consumidor ingresse com ação buscando execução específica das obrigações decorrentes desses escritos.

Outra regra bastante importante é a que assegura o **direito de arrependimento nas compras feitas fora de estabelecimento comercial,** também chamada de **denúncia vazia do contrato de consumo**. Confira a regra (art. 49): *"o consumidor pode desistir do contrato, no prazo de sete dias a contar de sua assinatura ou do ato de recebimento do produto ou serviço, sempre que a contratação de fornecimento de produtos ou serviços ocorrer fora do estabelecimento comercial, especialmente por telefone ou a domicílio. (...) Se o consumidor exercer o direito de arrependimento previsto neste artigo, os valores eventualmente pagos, a qualquer título, durante o prazo de reflexão, serão devolvidos, de imediato, monetariamente atualizados".*

Repare que esse direito só existe em compras feitas fora do estabelecimento comercial (exs.: por telefone, em domicílio, pela internet). Repare, também, que o consumidor tem 7 dias corridos, e não 7 dias úteis, para exercer seu direito de arrependimento, sendo que esse prazo começa a ser contado do momento em que o consumidor estiver com o produto em sua disponibilidade, o que coincide, normalmente, com a entrega do produto ou serviço. Por fim, repare que o consumidor tem direito de receber tudo o que pagou de volta, inclusive com correção monetária.

9.2. Cláusulas abusivas

Conforme já visto, o CDC é uma norma de ordem pública (art. 1º), ou seja, uma norma que não pode ser afastada pela vontade das partes.

Assim, quando uma cláusula contratual está em desacordo com as normas do CDC, tal cláusula é considerada *nula* e não meramente *anulável*.

O art. 51 do CDC usa, inclusive, uma expressão bem chamativa, dispondo que as cláusulas contratuais contrárias ao Código "são nulas de pleno direito". Essa expressão "de pleno direito" é apenas um reforço, para lembrar que a nulidade é uma sanção jurídica que se aplica automaticamente, ou seja, independentemente de alguém ingressar com uma ação para a anulação do negócio.

Por conta disso, toda vez que uma cláusula contratual violar o CDC, ter-se-á, imediatamente, uma cláusula que não pode produzir efeitos. O ingresso com ação posterior serve apenas para declarar a nulidade, pois essa sanção já está aplicada pelo próprio Direito quando se acorda uma cláusula que fere o CDC.

Para facilitar a vida do consumidor, o art. 51 do CDC traz um rol exemplificativo de cláusulas contratuais consideradas nulas de pleno direito.

Trata-se de **rol exemplificativo**, pois qualquer cláusula contratual que esteja em desacordo com qualquer princípio ou regra do CDC é considerada nula de pleno direito (art. 51, XV, do CDC), independente de constar casuisticamente de algum inciso do art. 51 do CDC.

Passemos à análise das hipóteses previstas no art. 51 do CDC, que considera nulas de pleno direito, dentre outras, as cláusulas que:

I. impossibilitem, exonerem ou atenuem a responsabilidade do fornecedor por vícios de qualquer natureza dos produtos e serviços ou impliquem renúncia ou disposição de direitos. Nas relações de consumo entre o fornecedor e o consumidor pessoa jurídica, a indenização poderá ser limitada, em situações justificáveis.

Repare que, se o consumidor é *pessoa física*, não cabe cláusula alguma que mitigue ou exclua a responsabilidade do fornecedor. Nesse sentido, o STJ entende que é nula qualquer cláusula que exonere o estabelecimento por furto ocorrido em seu estacionamento (Súmula 130). No entanto, se o consumidor for *pessoa jurídica* e houver motivo justificável, é cabível convenção entre as partes *limitando* a indenização, mas não é cabível convenção impossibilitando ou exonerando o fornecedor de pagar indenização;

II. subtraiam ao consumidor a opção de reembolso de quantia já paga, nos casos previstos no CDC.

Um exemplo de nulidade nesse caso é a cláusula contratual que retira do consumidor o direito de arrependimento em contratos celebrados fora de estabelecimento comercial (art. 49 do CDC);

III. transfiram responsabilidades a terceiros.

Um exemplo é a cláusula contratual que dispõe que o consumidor só poderá acionar a seguradora do fornecedor, e nunca este diretamente;

IV. estabeleçam obrigações consideradas iníquas, abusivas, que coloquem o consumidor em desvantagem exagerada, ou sejam incompatíveis com a boa-fé ou a equidade.

Por exemplo, é considerada abusiva a cláusula que limita os dias de internação por parte de plano de saúde (Súmula 302 do STJ). Da mesma forma, de acordo com a Súmula 597 do STJ, "a cláusula contratual de plano de saúde que prevê carência para utilização dos serviços de assistência médica nas situações de emergência ou de urgência é considerada abusiva se ultrapassado o prazo máximo de 24 horas contado da data da contratação".

Para facilitar a aplicação desse inciso, o CDC presume exagerada, entre outras, a vontade que (art. 51, § 1º, do CDC):

i) ofende os princípios fundamentais do sistema;

ii) restringe direitos ou obrigações fundamentais inerentes à natureza do contrato, de tal modo a ameaçar seu objeto ou o equilíbrio contratual;

iii) mostre-se excessivamente onerosa ao consumidor, considerando-se a natureza e conteúdo do contrato, o interesse das partes e outras circunstâncias peculiares ao caso.

Exemplo de cláusula exagerada (portanto, abusiva) é a que fixa foro de eleição oneroso ao consumidor.

Na alienação de unidades autônomas em regime de incorporação imobiliária, o STJ considera abusiva a cobrança pelo promitente-vendedor do serviço de assessoria técnico-imobiliária (SATI), ou atividade congênere, vinculado à celebração de promessa de compra e venda de imóvel, uma vez que compete ao próprio fornecedor o dever de prestar ao consumidor informações claras, adequadas e precisas acerca de seus produtos e serviços, não podendo exigir que o consumidor contrate e pague terceiros para esse fim (REsp 1.599.511-SP, DJe 6/9/2016), podendo o consumidor pedir o dinheiro de volta diretamente da incorporadora (REsp 1.551.968-SP, DJe 6/9/2016), ficando sujeito ao prazo prescricional de três anos (REsp 1.551.956-SP, DJe 6/9/2016). Por outro lado, o STJ não entendeu haver abusividade da incorporadora quando esta transfere o dever de pagamento de comissão de corretagem para o consumidor, se o faz observando certos requisitos. Confira: "e válida a cláusula contratual que transfere ao promitente-comprador a obrigação de pagar a comissão de corretagem nos contratos de promessa de compra e venda de unidade autônoma em regime de incorporação imobiliária, desde que previamente informado o preço total da aquisição da unidade autônoma, com o destaque do valor da comissão de corretagem" (REsp 1.599.511-SP, DJe 6/9/2016).

V. vetado;

VI. estabeleçam inversão do ônus da prova em prejuízo do consumidor.

Qualquer cláusula nesse sentido é totalmente nula. Não há exceções. Vale lembrar que o ônus da prova, em qualquer ação de conhecimento, é sempre do autor da demanda. No entanto, no âmbito do CDC, o juiz poderá inverter o ônus da prova em favor do consumidor, não em favor do fornecedor (art. 6º, VIII, do CDC). E, no caso de publicidade, a própria lei já inverte o ônus da prova sobre a veracidade e a correção desta, dispondo que aquele que patrocina a comunicação tem o ônus da prova correspondente;

VII. determinem a utilização compulsória de arbitragem.

Por conta desse inciso, é nula a cláusula num contrato de consumo que determina que eventual controvérsia entre as partes será dirimida por meio da arbitragem. Dessa forma, a arbitragem só será cabível quando o consumidor, após ter assinado o contrato, acaba por aceitá-la livremente;

VIII. imponham representante para concluir ou realizar outro negócio jurídico pelo consumidor.

Um exemplo é aquela situação em que o consumidor autoriza que uma terceira pessoa emita nota promissória em seu nome, situação vedada pelo inciso em tela e pela Súmula 60 do STJ;

IX. deixem ao fornecedor a opção de concluir ou não o contrato, embora obrigando o consumidor;

X. permitam ao fornecedor, direta ou indiretamente, variação do preço de maneira unilateral;

XI. autorizem o fornecedor a cancelar o contrato unilateralmente, sem que igual direito seja conferido ao consumidor;

XII. obriguem o consumidor a ressarcir custos de cobrança de sua obrigação, sem que igual direito lhe seja conferido contra o fornecedor;

Nessa seara, o STJ já decidiu que "não é abusiva a cláusula prevista em contrato de adesão que impõe ao consumidor em mora a obrigação de pagar honorários advocatícios decorrentes de cobrança extrajudicial" (REsp 1.002.445-DF, DJe 14/12/2015).

XIII. autorizem o fornecedor a modificar unilateralmente o conteúdo ou a qualidade do contrato, após sua celebração.

Os cinco incisos anteriores têm o mesmo sentido, qual seja, o de deixar claro que determinadas prerrogativas contratuais só serão válidas se forem atribuídas igualmente às duas partes, ou seja, ao fornecedor e ao consumidor;

XIV. infrinjam ou possibilitem violação de normas ambientais.

Para que um contrato atenda à sua função social, não basta que haja equilíbrio e justiça entre as partes contratuais. É necessário, também, que as cláusulas contratuais não firam direitos coletivos, como os expressados nas normas ambientais;

XV. estejam em desacordo com o sistema de proteção ao consumidor.

Conforme já escrito, esse inciso cria uma regra de extensão, que torna o art. 51 do CDC uma norma que traz efetivamente um rol exemplificativo de cláusulas abusivas. Assim, qualquer cláusula contratual que fira uma norma prevista no CDC, independente do caso se enquadrar nos demais incisos desse artigo, é considerada nula de pleno direito; com fundamento nesta hipótese legal o STJ entendeu que "é abusiva a prática comercial consistente no cancelamento unilateral e automático de um dos trechos da passagem aérea, sob a justificativa de não ter o passageiro se apresentado para embarque no voo antecedente" (REsp 1.595.731-RO, DJe 01.02.2018).

XVI. possibilitem a renúncia do direito de indenização por benfeitorias necessárias.

As benfeitorias necessárias são aquelas indispensáveis à conservação da coisa. No Direito Civil, até o possuidor de má-fé que tiver de sair da coisa tem direito de ser indenizado pelas benfeitorias necessárias que fizer. Se assim é com o possuidor de má-fé, não é possível ser diferente com o consumidor, que merece sempre uma proteção especial. Assim, um consumidor que comprar uma casa a prestação e tiver de devolvê-la terá direito de ser indenizado pelas benfeitorias necessárias que fizer, mesmo que haja cláusula contratual em sentido contrário.

Uma vez que uma cláusula contratual é nula, isso não quer dizer que o contrato inteiro será nulo. Vige, no caso, o princípio da conservação dos contratos. No entanto, quando a nulidade da cláusula importar em ônus excessivo a qualquer das partes, é possível que a melhor solução seja a extinção do contrato como um todo. Nesse sentido, confira o § 2º do art. 51 do CDC: *"a nulidade de uma cláusula contratual abusiva não invalida o contrato, exceto quando de sua ausência, apesar dos esforços de integração, decorrer ônus excessivo a qualquer das partes".*

Por fim, vale trazer uma palavra sobre a chamada ação anulatória geral, prevista no § 4º do art. 51 do CDC: *"é facultado a qualquer consumidor ou entidade que o represente requerer ao Ministério Público que ajuíze a competente ação para ser declarada a nulidade de cláusula contratual que contrarie o disposto neste Código ou de qualquer forma não assegure o justo equilíbrio entre direitos e obrigações das partes".*

Considerando que o Ministério Público só pode defender interesses individuais indisponíveis e interesses sociais (art. 127, *caput*, da CF), tal ação só será cabível nos contratos que envolverem tais interesses, como é o caso do contrato educacional.

9.3. Fornecimento de produtos ou serviços que envolva outorga de crédito ou concessão de financiamento ao consumidor (art. 52)

Cada vez mais o consumidor celebra contratos que envolvem crédito puro (ex.: empréstimo de dinheiro) ou financiamento para aquisição de um bem (ex.: aquisição de um carro, de um imóvel ou de um aparelho eletrônico).

Normalmente, o consumidor está em grande desvantagem nessas transações, já que precisa do crédito, de um lado, e tem, do outro, a presença de grandes e impositivas empresas, como são as instituições financeiras.

É por isso que o CDC estabelece regras específicas sobre esse tipo de contratação.

A primeira regra é a da **informação**. De acordo com o disposto no art. 52 do CDC, o fornecedor deverá, entre outros requisitos, **informar** o consumidor, *prévia* e *adequadamente*, sobre o seguinte:

a) preço do produto ou serviço em moeda corrente nacional;

b) montante dos juros de mora e da taxa efetiva anual de juros;

c) acréscimos legalmente previstos;

d) número e periodicidade das prestações;

e) soma total a pagar, com e sem financiamento.

Outra regra importante diz respeito ao **limite de multa de mora**. De acordo com o disposto no art. 52, § 1º, do CDC, as multas de mora decorrentes do inadimplemento de obrigações no seu termo não poderão ser superiores a dois por cento (2%) do valor da prestação.

Repare que o CDC não traz limitação à taxa de **juros compensatórios**. Tais taxas devem respeitar, portanto, o disposto no Código Civil, que limita os juros ao mesmo índice aplicável aos débitos com a Fazenda Pública (art. 591 c.c. art. 406 ambos do CC). Todavia, as instituições financeiras não são obrigadas a respeitar tal limite. Já quanto aos **juros moratórios**, o STJ determina que "nos contratos bancários não regidos por legislação específica, os juros moratórios poderão ser fixados em até 1% ao mês".

Por fim, há uma última regra protetiva do consumidor sobre o assunto. Trata-se do **direito do consumidor liquidar antecipadamente o débito**, total ou parcialmente, mediante **redução proporcional dos juros e demais acréscimos** (art. 52, § 2º, do CDC). Assim, um consumidor que tenha tomado um empréstimo para pagar em 24 meses, por exemplo, poderá, a qualquer momento, não só pagar antecipadamente todas as parcelas ou parte das parcelas que ainda irão vencer, como também receber um abatimento no valor das prestações adiantadas, tendo em vista a redução proporcional dos juros e demais acréscimos.

Repare que esse direito só vale para contratos de crédito ou de financiamento. Portanto, caso alguém tenha feito um contrato de arrendamento mercantil (*leasing*), que é uma locação com opção de compra, e queira antecipar parcelas da locação, não haverá o direito à redução proporcional no valor das parcelas, pois não se trata, no plano jurídico, de um empréstimo, mas de uma locação. Ao contrário, se um carro estiver sendo adquirido por meio de alienação fiduciária, cabe redução proporcional dos juros, pois esse contrato nada mais é do que um mútuo (empréstimo de dinheiro), com o carro dado em garantia.

9.4. Compra e venda de móveis ou imóveis por prestações e alienação fiduciária

Nos contratos de *compra e venda de móveis ou imóveis por prestações* (ex.: compra de um terreno a prazo, diretamente do loteador) e no *contrato de alienação fiduciária* (aquisição de veículo mediante empréstimo bancário garantido pela alienação em confiança do veículo à instituição financeira) há uma regra muito interessante que protege o consumidor no caso de resolução do contrato, que será vista após a exemplificação feita nos dois próximos parágrafos.

Normalmente, quando o consumidor não tem mais condições de arcar com as prestações nas aquisições mencionadas, o contrato acaba se resolvendo e o fornecedor recebe de volta a coisa. Nos exemplos dados, o loteador volta a ficar com o terreno e a instituição financeira fica com o carro.

Porém, é comum, nesses casos, que o fornecedor queira ficar também com todo ou quase todo o valor já pago pelo consumidor.

Para que isso não aconteça, o CDC estabelece a seguinte regra (art. 53): *"(...) consideram-se nulas de pleno direito as cláusulas que estabeleçam a perda total das prestações pagas em benefício do credor que, em razão do inadimplemento, pleitear a resolução do contrato e a retomada do produto alienado".*

Partindo do exemplo da aquisição do terreno, caso no compromisso de compra e venda respectivo haja cláusula dispondo que o consumidor perderá o valor das parcelas pagas, tal disposição será nula de pleno direito.

O STJ entende que o consumidor tem direito de receber de volta todas as parcelas que já tenha pagado, abatido 10% do valor, para compensar o fornecedor. Naturalmente, caso o consumidor chegue a usar a coisa que teve de devolver, o fornecedor terá direito de ficar com quantia superior aos 10%, sob pena de enriquecimento sem causa do consumidor.

Porém, sobreveio a Lei 13.786/18, que, em matéria de loteamento, manteve a cláusula penal máxima de 10%, mas trouxe uma série de outros valores que devidos pelo consumidor desistente, bem como estabeleceu um prazo um pouco alongado para a devolução desses valores ao consumidor.

De acordo com essa lei, quanto à resolução contratual por culpa do adquirente, deverão ser restituídos os valores pagos por ele, atualizados, podendo ser descontados desses valores os seguintes itens:

I – o valor de eventual fruição do imóvel, até 0,75% sobre o valor atualizado do contrato, cujo prazo será contado a partir da data da transmissão da posse do imóvel ao adquirente até sua restituição ao loteador;

II – o montante devido por cláusula penal e despesas administrativas, inclusive arras ou sinal, limitado a um desconto de 10% do valor atualizado do contrato;

III – os encargos moratórios relativos às prestações pagas em atraso pelo adquirente;

IV – os débitos de impostos, contribuições condominiais e associativas;

V – a comissão de corretagem.

Quanto ao prazo para restituição das quantias nesse caso, ocorrerá em até 12 (doze) parcelas mensais, com início após o seguinte prazo de carência:

I – em loteamentos com obras em andamento: até 180 dias após o prazo previsto em contrato para conclusão das obras;

II – em loteamentos com obras concluídas: até 12 (doze) meses após a formalização da rescisão contratual.

Isso em se tratando de imóveis de loteamento. Já em se tratando de incorporação imobiliária, como casas e apartamentos, a regra é a seguinte. Caso o adquirente não queira ou não possa prosseguir com o contrato, este pode ser desfeito por distrato ou resolução por inadimplemento, sendo que o adquirente fará jus à restituição das quantias que houver pagado ao incorporador, atualizadas. Porém, esse dinheiro que o adquirente receberá de volta, terá os seguintes abatimentos:

I – da comissão de corretagem;

II – da pena convencional, sendo que tal multa não poderá exceder a 25% da quantia paga, não sendo necessário que o incorporador alegue prejuízo; quando a incorporação estiver submetida ao regime do patrimônio de afetação, a lei admite multa de até 50%; a jurisprudência até essa mudança legislativa somente aceitava retenção de multa de até 10% da quantia paga, tratando-se assim de uma importante modificação legal.

III– caso o adquirente já tenha recebido o imóvel, arcará ainda com: a) os impostos e condomínios ou contribuições do imóvel; b) o valor correspondente à fruição do imóvel, equivalente à 0,5% sobre o valor atualizado do contrato, *pro rata die*;

Importante: tais débitos do comprador poderão ser pagos mediante compensação com a quantia a ser restituída. Por outro lado, esses descontos e retenções estão limitados aos valores efetivamente pagos pelo adquirente, salvo em relação às quantias relativas à fruição do imóvel.

Como regra, a restituição de valores ao adquirente será realizada em parcela única, após o prazo de 180 dias, contado da data do desfazimento do contrato. Já quando a incorporação estiver submetida ao regime do patrimônio de afetação a restituição se dará até 30 dias após o habite-se ou documento equivalente.

Há uma regra na lei de 2018, que permite a exoneração da multa contratual em favor do adquirente. Quando este é quem dá causa ao desfazimento do contrato, a lei dá a ele a oportunidade de não ter que pagar a multa contratual (25% ou 50%). Basta que ele encontre um comprador substituto que o sub-rogue nos direitos e obrigações originalmente assumidos, com a devida anuência do incorporador e a aprovação dos cadastros e da capacidade financeira e econômica do comprador substituto.

A lei também trata do atraso do incorporador em entregar o imóvel para uso, algo que infelizmente acontece muito no nosso País. Nesse caso, a lei admite que incorporador atrase a entrega do imóvel até 180 dias após o prazo fixado no contrato, desde que haja expressa menção dessa possibilidade no contrato.

Já se a entrega do imóvel ultrapassar esse prazo extra, poderá ser promovida pelo adquirente a resolução do contrato, sem prejuízo da devolução da integralidade de todos os valores pagos e da multa estabelecida, em até 60 dias corridos contados da resolução, corrigidos.

Outra opção, caso o adquirente queira ficar com o imóvel é receber, por ocasião da entrega da unidade, indenização de 1% do valor efetivamente pago à incorporadora, para cada mês de atraso, *pro rata die*, corrigido.

O CDC traz, ainda, uma importante regra sobre o **contrato de consórcio**. Confira (art. 53, § 2º, do CDC): *"nos contratos do sistema de consórcio de produtos duráveis, a compensação ou a restituição das parcelas quitadas, na forma deste artigo, terá descontada, além da vantagem econômica auferida com a fruição, os prejuízos que o desistente ou inadimplente causar ao grupo"*. Vale dizer que, segundo a Súmula STJ 538, *"As administradoras de consórcio têm liberdade para estabelecer a respectiva taxa de administração, ainda que fixada em percentual superior a dez por cento."*

9.5. Contratos de adesão[1]

O CDC **conceitua** o contrato de adesão como *"aquele cujas cláusulas tenham sido aprovadas pela autoridade competente ou estabelecidas unilateralmente pelo fornecedor de produtos ou serviços, sem que o consumidor possa discutir ou modificar substancialmente seu conteúdo"* (art. 54).

Repare que há **duas espécies** de contrato de adesão, quais sejam: a) contratos com cláusulas estabelecidas pela Administração Pública; b) contratos estabelecidos unilateralmente pelo fornecedor, sem que o consumidor possa discutir ou modificar substancialmente seu conteúdo.

O fato de o consumidor conseguir inserir alguma cláusula num formulário de um contrato estabelecido unilateralmente pelo fornecedor não desnatura esse contrato, que continua de adesão (art. 54, § 1º, do CDC). Ou seja, um contrato originariamente de adesão só deixará de sê-lo se o consumidor conseguir discutir e modificá-lo substancialmente.

O fato de um contrato de consumo ser, também, um contrato de adesão tem os seguintes **efeitos**:

---

1. O atual Código Civil traz algumas disposições acerca dos contratos de adesão por ele regidos:
   "Art. 423. Quando houver no contrato de adesão cláusulas ambíguas ou contraditórias, dever-se-á adotar a interpretação mais favorável ao aderente."
   "Art. 424. Nos contratos de adesão, são nulas as cláusulas que estipulem a renúncia antecipada do aderente a direito resultante da natureza do negócio."

a) o contrato recebe normalmente a proteção geral prevista no CDC;

b) o contrato recebe, adicionalmente, três proteções específicas para o contrato de adesão (art. 54, §§ 2º, 3º e 4º, do CDC).

A primeira proteção específica para o contrato de adesão é o chamado **direito de escolha** em caso de possibilidade de resolução do negócio. Confira a regra (art. 54, § 2º, do CDC): "nos contratos de adesão admite-se cláusula resolutória, desde que a alternativa, cabendo a escolha ao consumidor (...)".

Vamos ao exemplo. Imagine que um consumidor tenha celebrado um compromisso de compra e venda de um apartamento com uma construtora e que, depois de pagar várias parcelas, torne-se inadimplente. Imagine, ainda, que se trata de um contrato de adesão (e normalmente tais contratos são mesmo de adesão) e que haja cláusula resolutiva expressa, ou seja, cláusula dispondo que o não pagamento de prestações importará na resolução do contrato. Pois bem, quando a lei dispõe que a cláusula resolutória é uma alternativa cuja escolha compete ao consumidor, está dizendo que o consumidor tem duas alternativas numa situação dessas, quais sejam: a) aceitar a resolução do contrato; b) purgar a mora para evitar a resolução do contrato.

No exemplo em tela, o consumidor tem, então, a opção de manter o contrato, desde que pague as parcelas atrasadas, ou seja, desde que purgue a mora.

A segunda proteção específica diz respeito às **características da redação contratual em geral**. Os contratos de adesão devem ter sua redação geral dotada dos seguintes atributos, de modo a facilitar a compreensão pelo consumidor (art. 54, § 3º, do CDC):

a) redação em termos claros;

b) redação com caracteres ostensivos e legíveis, cujo tamanho da fonte não será inferior ao corpo 12 (doze).

Caso um contrato não respeite tal disposição, estaremos diante de um contrato nulo, nos termos do art. 51, XV, do CDC.

A terceira proteção específica diz respeito às **características da redação quanto às cláusulas limitativas de direito**. Todo contrato de adesão tem uma série de cláusulas que limitam os direitos do consumidor. Tais cláusulas deverão ser redigidas com **destaque**, permitindo sua imediata e fácil compreensão.

A redação com destaque significa **ou** letra maior, **ou** negrito **ou** sublinhado. Caso alguma cláusula limitativa de direito num contrato de adesão regido pelo CDC não esteja assim redigida, será nula de pleno direito, nos termos do art. 51, XV, do CDC.

10. SANÇÕES ADMINISTRATIVAS NAS RELAÇÕES DE CONSUMO
10.1. Introdução

O CDC prevê a *proteção civil* do consumidor, o que é feito por meio de ações judiciais coletivas ou individuais. Prevê também a *proteção criminal* deste, o que é feito por meio de ações penais públicas incondicionadas, diante dos diversos tipos penais previstos no próprio CDC. E, por fim, prevê a proteção administrativa do consumidor, que é feita por todos os entes políticos (União, Estados, Distrito Federal e Municípios), no exercício do chamado poder de polícia administrativa (arts. 55 a 60 do CDC).

A Constituição Federal, em seu art. 24, V e VIII, dispõe que é competência concorrente da União, Estados e Distrito Federal legislar sobre direito do consumidor, cabendo à União traçar as normas gerais e aos Estados e Distrito Federal suplementar a legislação federal, sem prejuízo, por óbvio, da competência dos Municípios para legislar sobre assuntos de interesse local.

O CDC é justamente a **norma geral** de que trata a CF, norma geral essa que traz também a proteção administrativa das relações de consumo, a qual deve, em cada esfera de atuação dos entes políticos, ser regulamentada para aplicação das sanções administrativas.

No âmbito da União, tal regulamentação da proteção administrativa foi veiculada por meio do Decreto 2.181/1997, pelo qual se trouxe a forma como será realizado o poder de polícia em estudo, estabelecendo os órgãos incumbidos da fiscalização, as hipóteses de prática ilícita, as sanções aplicáveis (em consonância com as previstas no CDC) e a gradação da sanção.

10.2. Poder de polícia nas relações de consumo

O poder de polícia nas relações de consumo pode ser **conceituado** como a *atividade do Poder Público de condicionar a atividade dos fornecedores* baixando normas *(União, Estados e Distrito Federal) relativas à produção, industrialização, distribuição e consumo de produtos e serviços*, bem como fiscalizando e controlando *(União, Estados Distrito Federal e Municípios) tais itens e também a publicidade respectiva, tudo no interesse da preservação da vida, da saúde, da segurança, da informação e do bem-estar do consumidor*.

Num primeiro momento, o **poder de polícia** atua por meio da edição de leis. Trata-se do poder de polícia em sentido amplo, que *consiste no fato de a União (normas gerais) e os Estados e Distrito Federal (suplementando a legislação federal)* baixarem leis *trazendo os limites da conduta dos fornecedores e o tipo de sanção administrativa correspondente a cada descumprimento dos limites legais da sua conduta*. A maior expressão do poder de polícia em sentido amplo é justamente o CDC, que traz os limites das atividades dos fornecedores e as sanções administrativas aplicáveis.

Num segundo momento, temos o **poder de polícia em sentido estrito**, que se dá por meio de regulamentos administrativos e atos concretos. Esse poder de polícia, também chamado de polícia administrativa, consiste *na atuação da Administração Pública de fiscalizar e controlar as atividades dos fornecedores, estabelecendo, num primeiro momento, regulamentos para fiel execução das leis acima, e, num segundo momento, expedindo atos administrativos, na observação concreta da conduta dos fornecedores, a fim de verificar se estes estão cumprindo ou não as leis acima referidas, aplicando, se for o caso, a sanção administrativa correspondente*. É expressão da polícia administrativa um fiscal do Procon fiscalizar o cumprimento da lei de consumo, aplicando as sanções administrativas previstas no CDC.

Os órgãos federais, estaduais, do Distrito Federal e municipais com atribuições para **fiscalizar e controlar** o mercado de consumo manterão comissões permanentes para elaboração, revisão e atualização dos **regulamentos** atinentes à fiscalização e ao controle administrativo das atividades dos fornecedores.

Para garantir a efetividade da fiscalização e o controle administrativo, o CDC confere aos órgãos públicos poderes semelhantes aos que tem o Ministério Público **(poder de notificação ou requisição)**, facultando a tais órgãos a expedição de notificações aos fornecedores para que, sob pena de desobediência, prestem informações sobre questões de interesse do consumidor, resguardado o segredo industrial.

10.3. Sanções administrativas cabíveis

As sanções administrativas a seguir expostas são aquelas que cada ente político (União, Estados, DF e Municípios), em função do regulamento que fizer para fiel execução da lei, poderá prever para o exercício do poder de polícia administrativa local.

Tais sanções devem ser aplicadas pela autoridade administrativa, no âmbito de sua atribuição, de forma cumulativa ou não, inclusive por *medida cautelar* antecedente ou incidente de procedimento administrativo.

Vejamos, então, as sanções administrativas previstas no CDC, atentando para o fato de que, com exceção da multa, que pode ser estipulada livremente pelo regulamento para qualquer tipo de prática ilícita nas relações de consumo, as demais só podem ser aplicadas para um âmbito previamente definido pelo CDC. Confira-se:

a) multa: será graduada de acordo com a gravidade da infração, a vantagem auferida e a condição econômica do fornecedor, aplicando-se mediante procedimento administrativo e revertendo-a para o fundo de direitos difusos correspondente a cada ente político; seu valor será de 200 a 3 milhões de UFIRs ou índice que venha a substituí-la;

b) apreensão do produto;

c) inutilização do produto;

d) cassação do registro do produto junto ao órgão competente;

e) proibição de fabricação do produto;

f) suspensão de fornecimento de produtos e serviço;

g) revogação de concessões ou permissão de uso: aplicada à concessionária de serviço público, quando violar obrigação legal ou contratual.

As sanções mencionadas (itens "b" a "g") serão aplicadas pela administração, mediante procedimento administrativo, assegurada ampla defesa, quando forem constatados vícios de quantidade ou de qualidade por inadequação ou insegurança do produto ou serviço;

h) suspensão temporária da atividade;

i) cassação de licença do estabelecimento ou atividade;

j) interdição, total ou parcial, de estabelecimento, de obra ou de atividade;

k) intervenção administrativa: será aplicada sempre que as circunstâncias de fato desaconselharem a cassação de licença, a interdição ou a suspensão da atividade.

As sanções anteriores (itens "h" a "k") serão aplicadas mediante procedimento administrativo, assegurada ampla defesa, quando o fornecedor reincidir na prática das infrações de maior gravidade previstas no Código e na legislação de consumo;

l) imposição de contrapropaganda: será cominada quando o fornecedor incorrer na prática de propaganda enganosa ou abusiva, sempre às expensas do infrator, devendo ser divulgada da mesma forma, frequência e dimensão e, preferencialmente, no mesmo veículo, local, espaço e horário, de forma capaz de desfazer o malefício da publicidade enganosa ou abusiva.

11. SISTEMA NACIONAL DE DEFESA DO CONSUMIDOR – SNDC

São **integrantes** do SNDC os órgãos federais, estaduais, do Distrito Federal e municipais e as entidades privadas de defesa do consumidor (art. 105 do CDC).

O órgão de coordenação política do sistema é o Departamento Nacional de Defesa do Consumidor (da Secretaria Nacional de Defesa do Consumidor, do Ministério da Justiça), o qual deverá:

I. planejar, elaborar, propor, coordenar e executar a política nacional de proteção ao consumidor;

II. receber, analisar, avaliar e encaminhar consultas, denúncias ou sugestões apresentadas por entidades representativas ou pessoas jurídicas de direito público ou privado;

III. prestar aos consumidores orientação permanente sobre seus direitos e garantias;

IV. informar, conscientizar e motivar o consumidor através dos diferentes meios de comunicação;

V. solicitar à polícia judiciária a instauração de inquérito policial para a apreciação de delito contra os consumidores, nos termos da legislação vigente;

VI. representar ao Ministério Público competente para fins de adoção de medidas processuais no âmbito de suas atribuições;

VII. levar ao conhecimento dos órgãos competentes as infrações de ordem administrativa que violarem os interesses difusos, coletivos, ou individuais dos consumidores;

VIII. solicitar o concurso de órgãos e entidades da União, Estados, do Distrito Federal e Municípios, bem como auxiliar a fiscalização de preços, abastecimento, quantidade e segurança de bens e serviços;

IX. incentivar, inclusive com recursos financeiros e outros programas especiais, a formação de entidades de defesa do consumidor pela população e pelos órgãos públicos estaduais e municipais;

XIII. desenvolver outras atividades compatíveis com suas finalidades.

Para consecução de seus objetivos, o Departamento Nacional de Defesa do Consumidor poderá solicitar o concurso de órgãos e entidades de notória especialização técnico-científica.

12. CONVENÇÃO COLETIVA DE CONSUMO

A convenção coletiva de consumo pode ser **conceituada** como a *convenção escrita estabelecida entre as entidades civis de consumidores e as associações de fornecedores ou sindicatos de categoria econômica, que tem por fim regular relações de consumo e por objeto estabelecer condições relativas ao preço, à qualidade, à quantidade, à garantia e características de produtos e serviços, bem como reclamação e composição do conflito de consumo* (art. 107 do CDC).

Quanto às **formalidades**, a convenção, além de dever ser escrita, apenas se tornará obrigatória a partir do registro do instrumento no cartório de títulos e documentos.

Quanto à **abrangência** da convenção, esta somente obrigará os filiados às entidades signatárias.

Além disso, não se exime de cumprir a convenção o fornecedor que se desligar da entidade em data posterior ao registro do instrumento.

13. DEFESA DO CONSUMIDOR EM JUÍZO: INDIVIDUAL E COLETIVA

13.1. Tipos de interesses

A defesa do consumidor em juízo poderá se dar individual ou coletivamente. A **defesa coletiva** será exercida quando se tratar de um dos seguintes interesses (art. 81, parágrafo único, do CDC):

I. interesses ou direitos difusos: os transindividuais, de natureza indivisível, de que sejam titulares pessoas indeterminadas e ligadas por circunstâncias de fato. Ex.: direito ao meio ambiente ecologicamente equilibrado;

II. interesses ou direitos coletivos: os transindividuais, de natureza indivisível, de que seja titular grupo, categoria ou classe de pessoas ligadas entre si ou com a parte contrária por uma relação jurídica base. Ex.: direito dos integrantes de um consórcio de carro;

III. interesses ou direitos individuais homogêneos: os decorrentes de origem comum. Ex.: direito das vítimas de um acidente aéreo.

13.2. Legitimados concorrentes para a defesa coletiva

Segundo o CDC, são legitimados para a defesa dos interesses coletivos em sentido amplo os seguintes (art. 82 do CDC):
I. Ministério Público;
II. União, Estados, Distrito Federal e Municípios;
III. entidades da administração pública direta e indireta;
IV. órgãos da administração pública direta ou indireta, especificamente destinadas à defesa dos interesses e direitos protegidos pelo CDC;
IV. associações legalmente constituídas há pelo menos 1 (um) ano e que incluam entre seus fins institucionais a defesas dos interesses e direitos protegidos pelo CDC, dispensada a autorização assemblear.

O requisito de pré-constituição das associações há pelo menos 1 ano pode ser dispensado pelo juiz nas ações que visem à proteção de interesses individuais homogêneos, quando haja manifesto interesse social evidenciado pela dimensão ou características do dano, ou pela relevância do bem jurídico a ser protegido (art. 82, § 1º, do CDC).

Quanto à legitimidade do Ministério Público, confira a Súmula 601 do STJ: "o Ministério Público tem legitimidade ativa para atuar na defesa de direitos difusos, coletivos e individuais homogêneos dos consumidores, ainda que decorrentes da prestação de serviço público".

O novo Código de Processo Civil, cuja entrada em vigor em março de 2016[2], estabelece, em seu art. 139, X, que ao juiz incumbe "quando se deparar com diversas demandas individuais repetitivas, oficiar o Ministério Público, a Defensoria Pública e, na medida do possível, outros legitimados a que se referem o art. 5º da Lei 7.347, de 24.07.1985, e o art. 82 da Lei 8.078, de 11.09.1990, para, se for o caso, promover a propositura da ação coletiva respectiva".

13.3. Tipos de ações admissíveis para proteção dos direitos do consumidor

O art. 83 do CDC dispõe que, para a defesa dos direitos e interesses protegidos pelo Código, são admissíveis todas as espécies de ações capazes de propiciar sua adequada e efetiva tutela.

Vale dizer, pode o autor escolher o *rito* procedimental que deseja imprimir à demanda (rito sumário, rito ordinário, rito do mandado de segurança etc.), bem como pode pedir qualquer tipo de *provimento* jurisdicional (provimento declaratório, provimento constitutivo, provimento condenatório, provimento mandamental, provimento executivo *latu sensu*), devendo escolher qual *rito* e *provimento* será mais eficaz para atender ao direito pleiteado.

Vale lembrar que o provimento mandamental é o melhor deles, já que, em tal caso, o juiz, na sentença, determina que alguém faça ou deixe de fazer alguma coisa, determinação essa que será enviada por ofício à pessoa destinatária da ordem, sem necessidade de abertura de processo de execução de sentença, o que a torna menos burocrática, além da vantagem de, em caso de seu descumprimento, configurar-se o crime de desobediência à ordem judicial, o que torna a sentença muitíssimo eficaz.

O veto presidencial ao dispositivo que tratava da possibilidade de se ingressar com ação mandamental foi inócuo, eis que o fato de se admitir todas as espécies de ações já é suficiente para que se possa ingressar com tal espécie de pedido.

13.4. Provimento jurisdicional final e tutela antecipada nas obrigações de fazer ou não fazer

O art. 84 do CDC traz uma série de regras interessantes acerca dos comandos judiciais cabíveis nas ações que tenham por objeto obrigação de fazer. Confira:

a) *na ação que tenha por objeto o cumprimento de obrigação de fazer ou não fazer, o juiz concederá a tutela específica da obrigação ou determinará providências que assegurem o resultado prático equivalente ao do adimplemento;*

b) *sendo relevante o fundamento da demanda e havendo justificado receio de ineficácia do provimento final, é lícito ao juiz conceder a tutela liminarmente ou após justificação prévia, citando o réu.*

---

2. Para Didier, "o prazo da vacância do CPC/2015 deve ser contado em ano, e não em dias. Isso significa que o início de sua vigência ocorrerá no dia 18 de março de 2016". Luiz Guilherme Marinoni, Daniel Mitidiero e Sérgio Cruz Arenhart "se restringem a indicar 16.03.2016 como a data em que o novo CPC deve entrar em vigor (Novo código de processo civil comentado. São Paulo: RT, 2015, p. 991)". Disponível em: [http://portal-processual.com/sobre-o-inicio-da-vigencia-do-cpc2015/]. Acesso em: 04.08.2015.

Na busca de tal tutela específica, o CDC traz incentivos negativos ao réu para cumprir o que o autor da ação deseja, e o faz dizendo que o *juiz poderá, na hipótese de concessão da tutela antecipada ou na sentença, impor multa diária ao réu, independentemente de pedido do autor, se for suficiente ou compatível com a obrigação, fixando prazo razoável para o cumprimento do preceito.*

Vale ressaltar, todavia, que *a multa só será exigível do réu após o trânsito em julgado da sentença favorável ao autor, mas será devida desde o dia em que se houver configurado o descumprimento.*

O juiz poderá, ainda, determinar as medidas necessárias, tais como busca e apreensão, remoção de coisas e pessoas, desfazimento de obra, impedimento de atividade nociva, além de requisição de força policial.

Com todas as possibilidades previstas no CDC para que uma obrigação de fazer seja cumprida pelo fornecedor, a conversão da obrigação em perdas e danos somente será admissível se por elas optar o autor ou se for impossível a tutela específica ou a obtenção do resultado prático correspondente.

13.5. Isenção de custas

Nas ações coletivas não haverá adiantamento de custas, emolumentos, honorários periciais e quaisquer outras despesas.

Nada obstante, o juiz condenará a associação autora a pagar ao réu os honorários advocatícios, custas e demais despesas em caso de litigância de má-fé, hipótese em que a associação autora e os diretores responsáveis pela propositura da ação serão solidariamente condenados ao décuplo das custas, sem prejuízo de responsabilidade por perdas e danos.

13.6. Ação de regresso e denunciação da lide

Na hipótese do art. 13, parágrafo único do CDC (que traz as exceções em que há responsabilidade do comerciante por fato do produto), a ação de regresso do comerciante contra o fornecedor responsável poderá ser ajuizada em processo autônomo, facultada a possibilidade de prosseguir-se nos mesmos autos, vedada a denunciação da lide.

13.7. Ações coletivas para a defesa de interesses individuais homogêneos

Veremos agora o específico regime das ações coletivas destinadas à defesa dos interesses individuais homogêneos.

Os legitimados para propositura desse tipo de demanda são exatamente aqueles a que nos referimos acima (MP, entes e órgãos da Administração Pública Direta e Indireta e associações), devendo-se salientar que o Ministério Público, por ser o interesse em questão normalmente disponível, só terá legitimidade quando os interesses individuais homogêneos tiverem expressão para a coletividade, como os que dizem respeito à *saúde* ou à *segurança* das pessoas, o acesso à *educação*, a prestação de serviços públicos, bem como quanto àqueles em que haja *grande dispersão dos lesados*.

O STJ reconhece, pacificamente, a legitimidade do MP para defender consumidores contra mensalidades abusivas praticadas por escolas privadas.

Quanto aos serviços públicos, o STJ também reconhece a legitimidade do Ministério Público para defender interesses individuais homogêneos relativos a desrespeito de direitos de usuários de serviço de telefonia (REsp 568.734, DJe 29.06.2012).

Os legitimados para as ações de que trata o presente item proporão as respectivas ações em nome próprio e no interesse das vítimas ou seus sucessores, ação civil coletiva essa que buscará a efetivação da responsabilidade pelos danos individualmente sofridos.

O Ministério Público, se não ajuizar a ação, atuará sempre como fiscal da lei.

A competência para esse tipo de demanda segue um regime um pouco diferente daquela prevista na Lei de Ação Civil Pública (que é a do *local do dano*) e do ECA (que é a do *local da ação ou omissão*).

O CDC ressalva a competência da Justiça Federal, dizendo que é competente para a causa a justiça local (art. 93):

I. no foro do lugar onde ocorreu ou deva ocorrer o dano, quando de âmbito local;

II. no foro da Capital do Estado ou no do Distrito Federal, para os danos de âmbito nacional ou regional, aplicando-se as regras do Código de Processo Civil aos casos de competência concorrente.

Vale dizer, a competência aqui só será a do foro do local onde ocorreu ou deva ocorrer o dano se este for de âmbito local. Caso o dano seja de âmbito regional, a competência será a do foro da Capital do Estado correspondente e, em sendo o dano de âmbito nacional, a competência será a do foro do Distrito Federal.

Outra questão importante nesse tipo de ação é a preocupação com a situação dos lesados que queiram intervir na demanda coletiva ou que já ingressaram com alguma demanda individual.

Por isso é que a lei dispõe que, proposta a ação, será publicado edital no órgão oficial a fim de que os interessados possam intervir no processo como litisconsortes, sem prejuízo de ampla divulgação pelos meios de comunicação social por parte dos órgãos de defesa do consumidor (art. 94 do CDC).

Julgada procedente a demanda, far-se-á uma condenação genérica, que simplesmente fixa a responsabilidade dos réus pelos danos causados (art. 95 do CDC). Isso porque existem diversas pessoas naquela situação, não sendo o caso de se chamar todas para apuração do *quantum* do dano que cada uma sofreu, o que pode ser relegado para um momento posterior, o da liquidação de sentença.

A liquidação e a execução de sentença poderão ser promovidas tanto pela vítima e seus sucessores como também pelos legitimados à propositura dessa ação coletiva (art. 97 do CDC).

A execução coletiva, promovida pelos legitimados de que trata o art. 82, abrange as vítimas cujas indenizações já tiverem sido fixadas em sentença de liquidação, sem prejuízo do ajuizamento de outras execuções (art. 98 do CDC).

A execução coletiva far-se-á com base em certidão das sentenças de liquidação, da qual deverá constar a ocorrência ou não do trânsito em julgado.

É competente para a execução o juízo:

I. da liquidação da sentença ou da ação condenatória, no caso de execução individual;

II. da ação condenatória, quando coletiva a execução.

No primeiro caso (execução individual), perceba-se que há uma opção para aquele que ajuíza uma ação individual. Este pode escolher tanto o juízo por onde pediu a liquidação individual da sentença como o juízo que exarou a sentença condenatória coletiva em seu favor.

No segundo caso (execução coletiva), é prevento o juízo por onde correu a ação condenatória correspondente.

Vale ressaltar que em caso de concurso de créditos decorrentes de condenação prevista na Lei de Ação Civil Pública e de indenizações pelos prejuízos individuais resultantes do mesmo evento, estas terão preferência de pagamento (art. 99 do CDC). Vale dizer, ocorrido um evento que gera indenização à coletividade como um todo e também àquelas pessoas que tiveram danos individualizados, os créditos dessas terão preferência em relação aos da coletividade.

Assim, a destinação da importância recolhida ao Fundo criado pela lei de Ação Civil Pública ficará sustada enquanto pendentes de decisão de segundo grau as ações de indenização pelos danos individuais, salvo na hipótese de o patrimônio do devedor ser manifestamente suficiente para responder pela integralidade das dívidas.

Por fim, há questão importante a se comentar, que diz respeito à inércia do interessado em liquidar e executar seus danos individuais. Decorrido o prazo de 1 ano sem habilitação de interessados em número compatível com a gravidade do dano, poderão os legitimados do art. 82 promover a liquidação e a execução da indenização devida (art. 100 do CDC). O produto da indenização devida reverterá para o Fundo criado pela Lei 7.347/1985.

13.8. Ações de responsabilidade do fornecedor de produtos e serviços

Passemos, agora, ao comentário das especificidades das ações que envolvam responsabilidade do fornecedor de produtos e serviços, responsabilidade essa que pode ser tanto por fato do produto ou do serviço como por vício do produto ou do serviço.

De acordo com o artigo 101 do CDC, a ação de responsabilidade civil do fornecedor de produtos e serviços, sem prejuízo das disposições há pouco vistas (disposições gerais e ação coletiva para defesa de interesses individuais homogêneos), terá as seguintes particularidades:

a) competência: *a ação pode ser proposta no domicílio do autor*; vale dizer, além do domicílio do réu, poderá ser promovida facultativamente no domicílio do autor, normalmente o próprio consumidor;

b) admissão de chamamento ao processo: *o réu que houver contratado seguro de responsabilidade poderá chamar ao processo o segurador, vedada a integração do contraditório pelo Instituto de Resseguros do Brasil. Nesta hipótese, a sentença que julgar procedente o pedido condenará o réu nos termos do art. 132 do CPC. Se o réu houver sido declarado falido, o administrador judicial será intimado a informar a existência de seguro de responsabilidade facultando-se, em caso afirmativo, o ajuizamento de ação de indenização, diretamente contra o segurador, vedada a denunciação da lide ao Instituto de Resseguros do Brasil e dispensado o litisconsórcio obrigatório como este.*

Segundo a Súmula 540 do STJ, "Na ação de cobrança do seguro DPVAT, constitui faculdade do autor escolher entre os foros do seu domicílio, do local do acidente ou ainda do domicílio do réu".

Uma questão muito interessante nesse tipo de ação de responsabilidade do fornecedor de produtos e serviços é a possibilidade de os legitimados de agir na forma do CDC poderem propor ação visando a compelir o Poder Público competente a proibir, em todo o território nacional, a produção, divulgação, distribuição ou venda, ou a determinar alteração na composição, estrutura, fórmula ou acondicionamento de produto, cujo uso ou consumo regular se revele nocivo ou perigoso à saúde pública ou à incolumidade pessoal. Ex.: Procon ingressar com ação para compelir o Poder Público a proibir a fabricação de produtos com insumos agrícolas transgênicos não autorizados.

13.9. Coisa julgada

O regime da coisa julgada nas ações coletivas do CDC é bem diferente do previsto nas ações individuais em geral, que costumam ter limites subjetivos restritos e pouca flexibilidade.

Vejamos, então, esse regime diferenciado.

Dispõe o art. 103 do CDC que nas ações coletivas nele previstas a sentença fará coisa julgada:

I. *erga omnes*, exceto se o pedido for julgado improcedente por insuficiência de provas, hipótese em que qualquer legitimado poderá intentar outra ação, com idêntico fundamento, valendo-se de nova prova, **na hipótese dos interesses difusos**;

II. *ultra partes*, mas limitadamente ao grupo, categoria ou classe, salvo improcedência por insuficiência de provas, nos termos do inciso anterior, **nas hipóteses de interesses coletivos**;

III. *erga omnes*, apenas no caso de procedência do pedido, para beneficiar todas as vítimas e seus sucessores, **na hipótese de interesses individuais homogêneos.**

Para efeito de fixação da matéria, seguem abaixo dois quadros, um sobre as características dos interesses difusos, coletivos e individuais homogêneos e outro com a questão da coisa julgada nesse tema.

Interesses	Grupo	Objeto	Origem	Disposição	Exemplos
Difusos	indeterminável	indivisível	situação de fato	indisponível	interesse das pessoas na despoluição de um rio
Coletivos	determinável	indivisível	relação jurídica	disponível apenas pelo grupo	interesse dos condôminos de edifício na troca de um elevador com problema
Individ. Homog.	determinável	divisível	origem comum	disponível individualmente	interesse de vítimas de acidente rodoviário em receber indenização

	Procedência	Improcedência	Improcedência por falta de provas	Observação
Difusos	*erga omnes*	*erga omnes*	sem eficácia *erga omnes*	Interesses individuais não ficam prejudicados pela improcedência
Coletivos	*ultra partes*, limitada ao grupo categoria ou classe	*ultra partes*	sem eficácia *ultra partes*	Interesses individuais não ficam prejudicados pela improcedência
Individuais homogêneos	*erga omnes*, para beneficiar vítimas e sucessores, salvo se a vítima, ciente da ação coletiva, preferiu continuar com a ação individual	sem eficácia *erga omnes*	sem eficácia *erga omnes*	Interesses individuais não ficam prejudicados pela improcedência

Um ponto importante é a criação de um novo tipo de julgado, o de **improcedência por falta de provas**, o qual beneficia terceiros que não participaram da ação e que não puderam contribuir na prova nela feita.

Não bastasse isso, mesmo que uma ação seja julgada improcedente (não se trata da improcedência por falta de provas), os efeitos da coisa julgada dessa ação, quando veiculados interesses difusos ou coletivos, **não prejudicarão interesses e direitos individuais dos integrantes da coletividade, do grupo, categoria ou classe**. Vale dizer, mesmo após uma improcedência da questão numa ação coletiva, será possível que uma pessoa prejudicada ingresse com ação individual buscando seus direitos.

A preocupação do CDC é tão grande em resguardar interesses individuais que os efeitos da coisa julgada prevista na Lei de Ação Civil Pública, que também são *erga omnes*, limitados à competência territorial do órgão prolator, também não prejudicarão as ações de indenização por danos pessoalmente sofridos, propostas individualmente ou na forma prevista no CDC; mas, procedente o pedido, beneficiarão as vítimas e seus sucessores, que poderão proceder à liquidação e à execução nos termos dos dispositivos relativos à ação coletiva para defesa de interesses individuais homogêneos.

Aplica-se o disposto no parágrafo anterior à sentença penal condenatória.

As ações coletivas, relativas às hipóteses de interesses difusos e coletivos, não induzem litispendência para as ações individuais (art. 104 do CDC). Vale dizer, as ações individuais promovidas na pendência de ações para defender direitos difusos ou coletivos não serão extintas, já que é a lei que diz não se induzir litispendência nesse caso.

Porém, os efeitos da coisa julgada *erga omnes* ou *ultra partes*, relativos às hipóteses de interesses coletivos e individuais homogêneos, não beneficiarão os autores das ações individuais, se não for requerida sua suspensão no prazo de 30 (trinta) dias, a contar da ciência nos autos do ajuizamento da ação coletiva. Isto é, podem correr juntas ações para defesa de interesses difusos e individuais homogêneos, de um lado, e ações individuais, de outro, mas, caso os autores das ações individuais não requeiram sua suspensão dentro do prazo de 30 dias do conhecimento de que foi ajuizada ação coletiva correspondente, os efeitos da coisa julgada daquelas ações não os beneficiarão.

12. Direito Ambiental

Wander Garcia

1. INTRODUÇÃO

O estudo do meio ambiente sempre foi chamado de "ecologia", palavra criada a partir das expressões gregas *oikos* (casa) e *logia* (estudo), resultando na ideia de "estudo da casa". Essa palavra é utilizada desde o século XIX, como ramo da Biologia.

Já o estudo do meio ambiente, em termos **legais**, é bem recente. Até pouco tempo atrás sequer havia lei que tratasse do Direito Ambiental. O direito ao meio ambiente é inclusive considerado um direito humano de terceira geração, conforme nos explica Paulo Bonavides citado por Valerio Mazzuoli: "[...] Os direitos de terceira geração são aqueles assentados no princípio da fraternidade, como o direito ao desenvolvimento, à paz, ao meio ambiente, à comunicação e ao patrimônio comum da humanidade.[1]

No plano mundial, o primeiro grande marco dessa preocupação foi a Conferência de Estocolmo (1972), na qual foi feita a "Declaração do Meio Ambiente" e asseverou-se a importância de compatibilizar o desenvolvimento com a proteção ambiental, dando início ao estudo do princípio do desenvolvimento sustentável e a disseminação de leis ambientais nas legislações estrangeiras.

Em 1992, o Brasil sediou a segunda grande conferência mundial sobre o meio ambiente (a Rio-92), conferência que resultou na "Declaração do Rio", que consagrou o princípio do desenvolvimento sustentável. Na ocasião, ficou acordada a aprovação de um documento com compromissos para um futuro sustentável, a Agenda 21, além de terem sido produzidos os seguintes outros documentos: a) Princípios para o desenvolvimento sustentável das florestas; b) Convenção sobre a biodiversidade; c) Convenção sobre as mudanças no clima.

Em 2002, a África do Sul sediou a terceira conferência mundial sobre o meio ambiente (a Rio+10). Dela resultou uma declaração política, "O Compromisso de Joanesburgo sobre Desenvolvimento Sustentável", e um plano de implementação, cujos objetivos maiores são erradicar a pobreza, mudar os padrões insustentáveis de produção e consumo e proteger os recursos naturais.

Em 2012, o Rio de Janeiro sediou a quarta conferência mundial sobre o meio ambiente (a Rio+20). Dela resultou o documento "O Futuro que Queremos", documento um pouco genérico, que basicamente reafirmou compromissos anteriores, principalmente no que diz respeito à erradicação da pobreza e ao desenvolvimento sustentável com inclusão social.

Em 2015, destacam-se as inéditas medidas dos Estados Unidos e da China, que, na esteira da Conferência sobre Mudança Climática, comprometeram-se a reduzir suas emissões de gases do efeito estufa na atmosfera, bem como a encíclica "verde" papal, denominada "Laudato si", extremamente incisiva acerca da necessidade de mudanças no estilo de vida das pessoas e no uso irresponsável dos recursos naturais pelas empresas.

No plano interno, apenas em 1981 é que surgiu a primeira legislação preocupada especificamente com a proteção ambiental, a Lei de Política Nacional do Meio Ambiente (Lei 6.938/1981). De lá para cá, como se verá em capítulo próprio, diversas leis cuidaram do assunto.

Nos últimos anos, dois temas ganharam grande expressão no Direito Ambiental. O primeiro deles é o *aquecimento global*, que passou a sensibilizar inclusive países como os Estados Unidos, que até então faziam vista grossa para o problema. E o segundo, os estudos, pesquisas e práticas relativas à utilização de material genético, tais como os relacionados aos alimentos transgênicos, à utilização de células-tronco e à clonagem.

A proteção e a promoção do meio ambiente ganham especial relevância na atualidade, em virtude do estágio em que se encontra o regime capitalista. Esse regime, como se sabe, trabalha com a ideia de lucro a qualquer preço e com o aumento progressivo do consumo por parte das pessoas.

De um lado, a ética do lucro a qualquer preço faz com que a proteção do meio ambiente seja apenas um entrave aos negócios de muitos empreendedores. Se num dado país não se pode mais prejudicar o meio ambiente, então que se vá a outro país em que isso ainda é possível, mesmo que por ausência de fiscalização. Assim, verifica-se um movimento de multinacionais de países desenvolvidos instalando-se em países subdesenvolvidos, ou em países em grande desenvolvimento, como a China, locais em que, na maior parte das vezes, a proteção do meio ambiente é muito fraca.

De outro lado, o *marketing* cada vez mais nos atinge e nos exige um aumento do consumo. "Necessidades" novas são criadas para nossas vidas a cada dia. O crédito para aquisição de produtos é cada vez maior. Tudo a fazer com que consumamos cada vez mais, gerando uma destruição crescente dos recursos naturais.

A falta de ética ambiental e a escalada do consumo, somadas a tudo o que já se destruiu nos últimos séculos, fazem com que estejamos no momento mais crítico, em termos ambientais, da história humana. Essa situação faz com que o estudo do Direito Ambiental ganhe enorme relevância, impondo cada vez mais aos estudantes, futuros advogados, futuros agentes públicos e aos já profissionais da área jurídica, que conheçam e apliquem efetivamente os princípios, regras e institutos desse ramo do Direito.

Não há dúvida de que a proteção do meio ambiente trabalha com uma *visão antropocêntrica*, ou seja, de que o homem é o centro da vida. Aliás, o Princípio 1º da Declaração de Estocolmo dispõe que "os seres humanos estão no centro das preocupações com o desenvolvimento sustentável; têm direito a uma vida saudável e produtiva, em harmonia com a natureza".

Não adotamos uma *visão ecocêntrica*, ou seja, a de que todas as formas de vida devem ser preservadas.

---

1. BONAVIDES, Paulo. Curso de direito constitucional. 10. ed. São Paulo: Malheiros, 2000. p. 516-525 apud MAZZUOLI, Valerio de Oliveira. Curso de Direitos Humanos. São Paulo: Método, 2014, p. 34-35.

Todavia, há hoje uma evolução da visão adotada, com a ideia de antropocentrismo alargado ou holístico, para o fim de reconhecer o valor intrínseco do meio ambiente, independentemente do valor que ele tem para o ser humano.

É com essa *visão antropocêntrica alargada* que propomos fazer uma viagem de descoberta e aprendizado do Direito Ambiental.

Nos próximos itens deste capítulo, veremos os conceitos básicos do Direito Ambiental, sua regulamentação na Constituição Federal, a competência em matéria ambiental, os princípios do Direito Ambiental, a Política Nacional do Meio Ambiente, seus instrumentos, a responsabilidade civil, administrativa e penal nessa matéria, e a Lei de Biossegurança.

2. CONCEITOS BÁSICOS

2.1. Meio ambiente

2.1.1. Conceito

O meio ambiente pode ser conceituado como *o conjunto de condições, leis, influências e interações de ordem física, química e biológica que permite, abriga e rege a vida em todas as suas formas.* Este é o conceito trazido no art. 3º, I, da Lei 6.938/1981.

Note que a definição engloba tanto os elementos vivos ou não da natureza, como também aqueles que abrigam qualquer tipo de vida, o que inclui espaços artificiais, ou seja, espaços criados pelo homem.

2.1.2. Espécies de bens ambientais

O meio ambiente não se limita aos recursos naturais. Ele engloba também todos aqueles elementos que contribuem para o bem-estar e a felicidade humana.

Assim, os bens ambientais podem ser de três espécies:

a) **meio ambiente natural (ou físico)**, *que consiste nos elementos que existem mesmo sem influência do homem.* Ex.: solo, água, ar, fauna e flora. A Constituição, principalmente no art. 225, traz a regra matriz da proteção do meio ambiente natural;

b) **meio ambiente artificial**, *que consiste no espaço construído pelo homem, na interação com a natureza.* Ex.: edificações e espaços públicos abertos. A Constituição trata do assunto principalmente em seu art. 182, quando trata da política de desenvolvimento urbano, o que inclui, claro, as construções, os espaços e as atividades desenvolvidas pelos homens na interação com a natureza;

c) **meio ambiente cultural**, *que consiste no espaço construído pelo homem, na interação com a natureza, mas que detém um valor agregado especial por ser referência ligada à memória, aos costumes ou aos marcos da vida humana.* Ex.: patrimônio histórico, arqueológico, artístico, paisagístico e cultural. A Constituição, em seu art. 216, trata do meio ambiente cultural.

A doutrina também aponta como bem ambiental o **meio ambiente do trabalho**, que é *o lugar onde o ser humano exerce suas atividades laborais.* Pode ser tanto um lugar aberto, como um prédio. A ideia, aqui, é preservar a saúde, a segurança e o bem-estar do trabalhador no seu ambiente de trabalho. A Constituição, em art. 200, VIII, faz referência ao *meio ambiente do trabalho.*

2.1.3. Natureza do bem ambiental

Quando nos perguntam qual a natureza do bem ambiental, temos que fazer uma divisão em dois aspectos. Podem estar querendo perguntar sobre a natureza do bem para fins processuais, ou seja, se se trata de bem difuso, coletivo ou individual. Ou podem estar querendo saber sobre a titularidade desse bem, se público, privado ou de natureza peculiar.

Para fins **processuais**, o meio ambiente ecologicamente equilibrado é um **bem difuso**, já que se enquadra perfeitamente ao disposto no art. 81, parágrafo único, I, do Código do Consumidor, que define bens difusos como aqueles *"transindividuais, de natureza indivisível, de que sejam titulares pessoas indeterminadas e ligadas por circunstâncias de fato".*

Na verdade, o direito ao meio ambiente ecologicamente equilibrado pertence a um número indeterminado de pessoas ligadas por mera circunstância de fato, e não pode ser dividido entre cada um de nós. Não é possível, por exemplo, dizer que cada um de nós tem direito a uma parte do ar, da água e da fauna, por exemplo, o que demonstra o caráter indivisível do interesse.

Já quanto à **titularidade**, a natureza do bem difuso é de bem público ou de bem privado? A Constituição Federal dispõe que o meio ambiente ecologicamente equilibrado é **bem de uso comum do povo**.

O problema é que o Código Civil divide os bens públicos (do Estado), quanto a sua destinação, em bens de uso comum do povo (afetados ao uso indistinto de todos), de uso especial (afetados aos serviços e equipamentos públicos) e dominicais (sem afetação nenhuma), tudo a dar a impressão de que os bens ambientais são públicos, já que a Constituição usou a mesma expressão "bens de uso comum do povo" para o meio ambiente.

Nada obstante, nós sabemos que nem todos os bens ambientais são de propriedade do Estado. Há milhares de áreas verdes, por exemplo, que pertencem a particulares. Isso sem contar com o meio ambiente artificial e cultural, também muitas vezes dos particulares.

Assim sendo, quando a CF diz que o meio ambiente destina-se ao *uso comum do povo*, não está conferindo a propriedade dele ao Estado ou ao povo, só está deixando claro que Estado e povo têm direito de exigir sua proteção (e o dever de protegê-lo). Aliás, basta ler com atenção o art. 225 da CF para perceber que o que é "bem de uso comum do povo" não é exatamente o meio ambiente, mas o "meio ambiente ecologicamente equilibrado", bem esse sobre o qual o povo não exerce a propriedade em sentido estrito, mas o uso direto ou indireto, na medida em que dependemos dele para nossa sobrevivência.

2.2. Poluição e degradação do meio ambiente

Além do conceito de meio ambiente, a Lei 6.938/1981 traz outros conceitos básicos de suma importância.

Há dois conceitos que devem ser diferenciados. São os de **degradação da qualidade ambiental** e de **poluição**. Enquanto a primeira consiste na *alteração adversa do meio ambiente*, a segunda significa a mesma alteração, mas provocada por uma *atividade*, vale dizer, por uma conduta humana (art. 3º, II e III).

Já o **poluidor**, de acordo com a lei, pode ser tanto uma pessoa física como uma pessoa jurídica, pública ou privada, responsável, direta ou indiretamente, por atividade causadora de degradação ambiental (art. 3º, IV).

Por fim, são considerados **recursos ambientais** a atmosfera, as águas interiores, superficiais e subterrâneas, os estuários, o mar territorial, o solo, o subsolo, os elementos da biosfera, a fauna e a flora (art. 3º, V).

Porém, não se devem confundir os recursos ambientais (anteriormente enumerados) com as espécies de bens ambientais, pois estas abrangem o meio ambiente artificial e o meio ambiente cultural.

3. O DIREITO AMBIENTAL NA CONSTITUIÇÃO FEDERAL

3.1. Proteção geral do meio ambiente

Antes da Constituição de 1988, que tratou de forma bastante expressiva e inédita da proteção ao meio ambiente, tínhamos poucos textos legislativos regulando a matéria.

Demorou até que tomássemos consciência de que dependemos de um meio ambiente ecologicamente equilibrado para sobrevivermos. Também tardou a percepção de que grande parte dos recursos naturais é limitada ou está em processo de extinção.

No Brasil, apenas na década de 1960 é que surgiram leis tratando do assunto, como os Códigos Florestal (Lei 4.771/1965), de Caça (Lei 5.197/1967), de Pesca (Dec.-Lei 221/1967) e de Mineração (Dec.-Lei 227/1967), mesmo assim eram diplomas voltados para a questão administrativa e penal, sem que trouxessem instrumentos materiais e processuais tendentes a garantir a reparação efetiva de danos ao meio ambiente.

A preocupação com a *reparação dos danos ambientais* ganhou importante aliado, ainda que tão somente quanto ao direito material, com o advento da Lei 6.938/1981, que instituiu a chamada "Política Nacional do Meio Ambiente", estabelecendo: a) conceitos importantes; b) formas de atuação do poder público; c) e a *responsabilidade objetiva* em matéria de dano ambiental.

A Lei 7.347/1985 (Lei de Ação Civil Pública), por sua vez, completou as lacunas existentes, instituindo um instrumento processual eficaz na busca da reparação dos danos causados ao meio ambiente, conferindo *legitimidade para agir* ao Ministério Público, ao poder público e até às associações civis para o ingresso de demandas visando proteger esse tipo de interesse difuso, que é o meio ambiente.

Sobreveio a CF/88, aliada decisiva na proteção ambiental, que estabeleceu os seguintes comandos:

a) que o meio ambiente ecologicamente equilibrado é tanto um direito como um dever de todos, inclusive do Estado;

b) que as futuras gerações também têm esse direito;

c) que o poder público tem também deveres específicos de proteção, como restaurar processos ecológicos essenciais, prover o manejo ecológico, preservar a diversidade e integridade do patrimônio genético, fiscalizar a manipulação de material genético, definir espaços de conservação especialmente protegidos, exigir estudos prévios de impacto ambiental nas atividades perigosas, controlar determinadas atividades (inclusive industriais e comerciais), promover a educação ambiental, dentre outros deveres;

d) que a responsabilidade civil é objetiva;

e) que a reparação do dano deve importar na *recuperação* do bem violado, de acordo com a solução técnica exigida pelo órgão público competente, não devendo ser suficiente a mera conversão da obrigação em perdas e danos;

f) que os causadores de danos ambientais também poderão responder na esfera penal;

g) que as pessoas jurídicas também poderão responder na esfera criminal;

h) que as responsabilidades civil, administrativa e criminal são independentes;

i) que a Floresta Amazônica, a Mata Atlântica, a Serra do Mar, o Pantanal Mato-Grossense e a Zona Costeira são patrimônios nacionais especialmente protegidos; repare que o Cerrado e a Caatinga são ecossistemas que não foram considerados, pela Constituição, como patrimônio nacional;

j) que são indisponíveis as terras devolutas ou arrecadadas pelos Estados, por ações discriminatórias, necessárias à proteção dos ecossistemas naturais;

k) que as usinas que operarem com reator nuclear deverão ter sua localização definida em lei federal, sem o que não poderão ser instaladas.

O tratamento constitucional do meio ambiente está nos seguintes pontos:

a) na tutela geral do meio ambiente (art. 225);

b) no princípio da função social da propriedade (arts. 5º, XXIII, 182 e 186);

c) na enumeração dos bens da União (art. 20, II);

d) na divisão de competência entre os entes federativos (arts. 21, XIX, 23, III, VI e VII, e 24, VI, VII e VIII);

e) na possibilidade de instaurar inquérito civil e ação civil pública para a proteção do meio ambiente (art. 129, III);

f) na regulamentação da ordem econômica (art. 170, VI);

g) na atribuição do sistema único de saúde de colaborar com a proteção do meio ambiente, nele compreendido o do trabalho (art. 200, VIII);

h) na proteção do patrimônio cultural (art. 216);

h) nas restrições às propagandas (art. 220, § 3º, II);

i) e nos arts. 91, § 1º, III, e 231, § 1º.

Perceba, diante desse relato histórico, que a evolução histórica do Direito Ambiental brasileiro passa por três fases, segundo a doutrina:

a) a **fase de exploração desregrada**, que ocorreu até a década de 60 do século XX e cuja característica principal é a ausência de normas de proteção;

b) a **fase fragmentária**, que ocorreu até o início dos anos 80 do século XX, e cuja característica principal é a existência de leis pontuais tratando do meio ambiente (ex.: antigo Código Florestal, de 1965; Código de Caças, de 1967);

c) a **fase holística**, que nasce com a Lei de Política Nacional do Meio Ambiente (Lei 6.938/1981) e é consagrada pela Constituição Federal de 1988 e depois com a Lei 9.605/1998, e é nela que se percebe um tratamento global da proteção do meio ambiente, com a instituição de um Sistema Nacional do Meio Ambiente (SISNAMA), de princípios, conceitos e objetivos da proteção ambiental e de uma série de instrumentos desta proteção.

3.2. Proteção do patrimônio cultural

A Constituição tratou, de modo especial, da proteção do meio ambiente cultural.

O art. 216 da Constituição trouxe a **definição do que é patrimônio cultural brasileiro**, a determinação dos **responsáveis** por sua promoção e proteção e a enumeração dos

instrumentos a serem utilizados para a preservação desse bem ambiental.

De acordo com o *caput* do dispositivo, constituem **patrimônio cultural brasileiro** "os bens de natureza material e imaterial, tomados individualmente ou em conjunto, portadores de referência à identidade, à ação, à memória dos diferentes grupos formadores da sociedade brasileira, nos quais se incluem: I – as formas de expressão; II – os modos de criar, fazer e viver; III – as criações científicas, artísticas e tecnológicas; IV – as obras, objetos, documentos, edificações e demais espaços destinados às manifestações artístico-culturais; V – os conjuntos urbanos e sítios de valor histórico, paisagístico, artístico, arqueológico, paleontológico, ecológico e científico".

Perceba que para ser patrimônio cultural o bem deve ter um *valor especial*, valor esse decorrente de ser uma referência à identidade, à ação ou à memória dos diferentes grupos formadores da sociedade brasileira. Nesse sentido temos obras de arte, casas históricas, sítios arqueológicos, bairros com referência histórica etc.

Repare que a Constituição incluiu como patrimônio cultural "as formas de expressão", "os modos de criar, fazer e viver" e as "criações científicas, artísticas e tecnológicas". Quanto às formas de expressão, temos a música, o teatro e a literatura, por exemplo. Quanto aos modos de criar, fazer e viver, temos os costumes indígenas ou os costumes de uma dada comunidade tradicional de pescadores, por exemplo. E quanto às criações científicas, artísticas e tecnológicas, não se deve deixar de lembrar que, a par da proteção que receberão dos direitos empresarial e civil, elas também devem ser protegidas por integrar o patrimônio cultural brasileiro.

O **legitimado** para a *promoção* e a *proteção* desse patrimônio é o Poder Público, em colaboração com a comunidade (art. 216, § 1º, CF).

E os **instrumentos** para a promoção e a proteção desse patrimônio são os seguintes: "registros, vigilância, tombamento e desapropriação, e outras formas de acautelamento e preservação" (art. 216, § 1º, CF).

Os registros são muito utilizados para a proteção das criações científicas, artísticas e tecnológicas, que são registradas, por exemplo, no INPI e na Biblioteca Nacional.

O tombamento, por sua vez, é muito utilizado quanto a prédios e conjuntos urbanos de valor histórico, bem como para sítios especiais, como praias, florestas e outros dotados de valor paisagístico, arqueológico e ecológico. Temos aqui, por exemplo, o espaço urbano da cidade mineira de Ouro Preto/MG, o Pelourinho (em Salvador/BA) e a praia de Canoa Quebrada, no Ceará.

Por fim, a desapropriação importa em o Poder Público ficar proprietário da coisa, mediante pagamento de indenização prévia, justa e em dinheiro. Esse instrumento só é utilizado em situações excepcionais, quando a coisa, para ser protegida, tenha que ficar sob a propriedade do Poder Público. Quando estudarmos as unidades de conservação, veremos que algumas delas reclamam que a coisa a ser protegida passe para a esfera de titularidade da Administração Pública.

4. COMPETÊNCIA EM MATÉRIA AMBIENTAL

A Constituição também traça a competência em matéria ambiental, que se divide em competência legislativa e administrativa.

Comecemos com a **competência administrativa** (que, por óbvio, depende da edição de leis para que seja exercida), em que se confere o dever-poder de agir na matéria *meio ambiente* a todos os entes da federação.

Segundo o art. 23 da Constituição, é *competência comum* da União, dos Estados, do Distrito Federal e dos Municípios:

a) proteger os documentos, as obras e outros bens de valor histórico, artístico e cultural, os monumentos, as paisagens naturais notáveis e os sítios arqueológicos;

b) proteger o meio ambiente e combater a poluição em qualquer de suas formas;

c) preservar as florestas, a fauna e a flora.

Percebe-se a amplitude do dever que têm a União, os Estados, o Distrito Federal e o Município na proteção do meio ambiente, bem jurídico esse que deve ser objeto de cuidado em cada ato praticado por tais entes e que deve ser objeto de medidas que visem a sua promoção e proteção.

A competência administrativa (competência para executar as leis) também é chamada de competência executiva, englobadas, dentre outras, as seguintes atividades: a) vigilância do meio ambiente; b) fiscalização; c) licenciamento ambiental; d) tombamento.

Assim, em matéria de fiscalização, por exemplo, são competentes para a imposição de sanções agentes públicos de todos os entes federativos. Pode um agente municipal, portanto, aplicar sanção prevista em lei federal ambiental (por exemplo, na Lei 9.605/1998). É o caso de autuação de alguém que está transportando carga de madeira sem a ATPF (Autorização de Transporte de Produtos Florestais). Vale salientar que o pagamento de multa imposta por Estado ou Município substitui a multa federal na hipótese (art. 76 da Lei 9.605/1998).

Já em matéria de licenciamento ambiental, apesar da competência também ser comum, há regras específicas que serão estudadas no capítulo reservado a essa atividade administrativa.

De qualquer forma, é bom lembrar que a Constituição Federal estabelece, em seu art. 23, parágrafo único, que leis complementares regularão a cooperação entre os entes políticos no exercício da competência administrativa comum nela prevista. E a boa notícia é que já há uma lei complementar tratando dessa cooperação em matéria ambiental. Trata-se da Lei Complementar 140/2011, que regula a competência comum para o licenciamento ambiental.

Já quanto à **competência legislativa**, temos, num primeiro momento, atribuição concorrente entre União (que edita leis gerais) e Estados e Distrito Federal (que suplementam a legislação federal), sendo certo que, na falta de norma geral da União, os Estados exercerão a competência legislativa plena para atender a suas peculiaridades. Porém, a superveniência de lei federal sobre normas gerais suspende a eficácia da lei estadual no que a contrariar.

Segundo o art. 24 da Constituição, compete à União, aos Estados e ao Distrito Federal **legislar** concorrentemente sobre:

a) florestas, caça, pesca, fauna, conservação da natureza, defesa do solo e dos recursos naturais, proteção do meio ambiente e controle da poluição;

b) proteção ao patrimônio histórico, cultural, turístico e paisagístico;

c) responsabilidade por dano ao meio ambiente, ao consumidor, a bens e direitos de valor estético, histórico, turístico e paisagístico.

Vale ressaltar, quanto à competência em geral do Estado-membro, que esse detém, ainda, a competência residual para tratar de todas as matérias que não sejam vedadas pela CF, pois, segundo o § 1º de seu art. 25, "são reservadas aos Estados as competências que não lhes sejam vedadas pela Constituição".

Por fim, **ainda no plano legislativo**, vale lembrar que o Município poderá legislar sobre matéria ambiental (a princípio, competência da União, dos Estados e do Distrito Federal) em questões de *interesse peculiar* ao respectivo ente, vale dizer, em questões de *interesse local*, sem prejuízo da edição de leis que visem a suplementar a legislação federal e estadual, no que couber, ou seja, quanto a questões de interesse local (art. 30, I e II, da CF). O STF reconheceu a existência de interesse local na chamada Lei Cidade Limpa, que regula a poluição visual advinda de publicidade e propaganda externa, ao argumento esse interesse existe quando se pretende ordenar elementos que compõem a paisagem urbana, com vistas a evitar a poluição visual e bem cuidar do meio ambiente e do patrimônio da cidade (AI 799690 AgR/SP, DJ 03/02/2014).

Em resumo, pode-se dizer que, em matéria de competência legislativa quanto ao meio ambiente, a **União** tem a primazia, pois é a responsável pela edição de normas gerais sobre o assunto (exs.: Lei de Política Nacional do Meio Ambiente, Lei de Sistema Nacional de Unidades de Conservação e Lei de Crimes Ambientais). Os **Estados-membros** podem suplementar a legislação federal (ou seja, legislar sobre um dos aspectos de um dado tema, não tratados na lei federal geral sobre o respectivo assunto), além de poderem exercer a competência legislativa plena em relação àqueles ainda não legislados pela União. E os **Municípios** podem legislar sempre que houver assunto de interesse local, seja para tratar originalmente dele, seja para suplementar a legislação estadual ou federal que reclame tratamento local quanto a algum aspecto.

5. PRINCÍPIOS DO DIREITO AMBIENTAL

Os princípios são normas jurídicas de especial relevância e alta carga valorativa, que vinculam e servem de vetor interpretativo aos aplicadores do Direito.

Perceba que os princípios têm duplo papel.

O primeiro papel diz respeito à força vinculativa. Nesse ponto, é importante ressaltar que os princípios carregam normas de hierarquia superior às meras regras. Se um dado princípio estiver em norma constitucional, por exemplo, a superioridade hierárquica em relação às regras infraconstitucionais será de natureza formal. Já se um princípio estiver em norma infraconstitucional, a superioridade hierárquica em relação a uma regra infraconstitucional será de natureza material. Assim, os princípios podem ter hierarquia formal ou material em relação a meras regras de Direito.

Já o segundo papel dos princípios é servir de vetor, de norte, de orientador das interpretações. Nesse sentido, os princípios são vetores interpretativos. Quando um aplicador da lei estiver diante de um caso concreto, ele deve interpretar as regras legais com as lentes dos princípios.

O Direito Ambiental tem uma série de princípios. Assim, passemos ao tratamento de cada um deles lembrando em cada passo dos dois papéis que os princípios têm no sistema jurídico.

5.1. Princípio do desenvolvimento sustentável

Esse princípio pode ser **conceituado** como *aquele que determina a harmonização entre o desenvolvimento econômico e social e a garantia da perenidade dos recursos ambientais*.

O princípio tem como **antecedente** a chamada Carta de Estocolmo (1972), que trazia a Declaração do Meio Ambiente, a qual, apesar de reconhecer o direito de desfrutar do meio ambiente, declarava o dever de sua proteção. A ECO-92, por sua vez, que formulou a Declaração do Rio, deixa claro que a proteção do meio ambiente deve ser parte integrante do processo de desenvolvimento e não algo isolado dele.

O **fundamento legal** do princípio é a CF, que, em seu art. 170, ao tratar da ordem econômica, deixa claro que o objetivo desta é assegurar a todos existência digna, conforme os ditames da justiça social, e que são princípios de tal ordem tanto a propriedade privada e sua função social como a defesa do meio ambiente. O princípio também decorre do art. 4º, I, da Lei 6.938/1981.

Como **característica marcante**, o princípio do desenvolvimento sustentável valoriza tanto a importância do desenvolvimento econômico e social do país como a necessidade de compatibilizar tal desenvolvimento com a proteção do meio ambiente. Assim, quem deseja ter uma atividade econômica poderá fazê-lo, desde que não degrade o meio ambiente, seja evitando práticas lesivas, seja garantindo a constante renovação dos recursos naturais.

Como **exemplo** da aplicação prática do princípio pode-se citar o fato de que, em algumas cidades brasileiras, há leis determinando que os novos prédios devem ter aquecimento solar, descargas sustentáveis (que liberam pouca água), sistema de reutilização de água das chuvas, implantação de nova vegetação, telhado verde (jardim na cobertura do prédio), coleta seletiva, dentre outras medidas.

5.2. Princípio do poluidor-pagador

Esse princípio pode ser **conceituado** como *aquele que impõe ao poluidor tanto o dever de prevenir a ocorrência de danos ambientais como o de reparar integralmente eventuais danos que causar com sua conduta*.

O princípio 16 da Declaração do Rio ressalta o **caráter dúplice** do princípio, que tem os seguintes aspectos: **a) repressivo**, ao impor responsabilidade objetiva àquele que degrada o meio ambiente; **b) preventivo**, ao impor a internalização das externalidades negativas.

As externalidades negativas consistem no próprio uso do meio ambiente. E a internalização consiste em o poluidor arcar com o custo da poluição, com a devida atenção ao interesse público, e sem provocar distorções no comércio e nos investimentos internacionais.

O **fundamento legal** do princípio decorre dos arts. 170 e 225 da CF, bem como do art. 4º, VII, da Lei 6.938/1981.

Como **característica marcante**, o princípio não permite a poluição, conduta absolutamente vedada e passível de diversas e severas sanções. Tal princípio apenas reafirma, faz lembrar o dever de prevenção e de reparação integral por parte de quem pratica atividade que possa poluir.

Como **exemplo** da aplicação prática do princípio pode-se citar o instituto da outorga onerosa do direito de construir, previsto no art. 28 do Estatuto da Cidade, pelo qual o empreendedor deverá pagar para construir além do coeficiente básico de aproveitamento do imóvel, usando-se o dinheiro para colaborar com a promoção do meio ambiente.

Outro **exemplo** decorre do Protocolo de Kyoto. De acordo com esse documento, os países desenvolvidos que a ele aderiram se comprometeram a diminuir a emissão de gases na atmosfera. Caso o empreendedor local queira emitir gases acima dos limites permitidos, terá de comprar "créditos de carbono", fazendo-o, por exemplo, com pessoas que tenham diminuído a emissão de gases na atmosfera, gerando o crédito a ser vendido.

5.3. Princípio da obrigatoriedade da intervenção estatal

Esse princípio pode ser **conceituado** como *aquele que impõe ao Estado o dever de garantir o meio ambiente ecologicamente equilibrado para as presentes e futuras gerações.*

O **fundamento legal** do princípio está no *caput* do art. 225 da CF, encontrando especificações no § 1º do mesmo artigo. Também decorre dos dispositivos da Lei 6.938/1981.

Como **característica marcante**, o princípio impõe ao poder público, dentre outros, deveres específicos de: a) restaurar processos ecológicos essenciais; b) prover o manejo ecológico, preservar a diversidade e a integridade do patrimônio genético; c) definir espaços de conservação especialmente protegidos; d) exigir estudos prévios de impacto ambiental nas atividades perigosas (EIA); e) controlar determinadas atividades; f) promover a educação ambiental; g) proteger a fauna e a flora.

5.4. Princípio da participação coletiva ou da cooperação de todos

Esse princípio pode ser **conceituado** como *aquele que impõe à coletividade (além do Estado) o dever de garantir o meio ambiente ecologicamente equilibrado para as presentes e futuras gerações.*

O **fundamento legal** do princípio está previsto no *caput* do art. 225 da CF.

Como **característica marcante**, o princípio reafirma que, além de o *meio ambiente ecologicamente equilibrado* ser um *direito* de todos (um bem de uso comum do povo), trata-se também de um *dever* da coletividade, que deve defendê-lo e preservá-lo.

É importante ressaltar que o princípio também cria direitos às pessoas, que podem ter acesso às informações relativas ao meio ambiente, participar de audiências e consultas públicas, iniciativa popular de leis, atuação em órgãos colegiados dotados de poder normativo (ex.: CONAMA), ingressar com ações judiciais (ex.: ação popular) etc.

5.5. Princípio da responsabilidade objetiva e da reparação integral

Esse princípio pode ser **conceituado** como *aquele que impõe o dever de qualquer pessoa de responder integralmente pelos danos que causar ao meio ambiente, independentemente de prova de culpa ou dolo.*

O **fundamento legal** do princípio está no § 3º do art. 225 da CF, bem como no § 1º do art. 14 da Lei 6.938/1981.

Perceba que a proteção é dupla. Em primeiro lugar, fixa-se que a responsabilidade é objetiva, o que impede que o causador do dano deixe de ter a obrigação de repará-lo sob o argumento de que não agiu com culpa ou dolo. Em segundo lugar, a obrigação de reparar o dano não se limita a pagar uma indenização, mas impõe que ela seja específica, isto é, deve-se buscar a restauração ou recuperação do bem ambiental lesado, procurando, assim, retornar à situação anterior.

Como decorrência desse princípio, a Súmula 613 do STJ estabeleceu que "não se admite a aplicação da teoria do fato consumado em tema de Direito Ambiental". Um exemplo dessa situação é o seguinte: imagine que um empreendedor constrói um hotel num lugar em que a legislação ambiental proíbe. Nesse caso, não pode o empreendedor dizer que agora a construção já foi feita e que não há que se falar em demolição do imóvel porque ele gerará empregos, movimentará a economia e não há mais como voltar ao estado anterior ao que o local tinha antes da construção. Ou seja, de acordo com a Súmula o empreendedor não poderá alegar nesse caso concreto que o "fato está consumado" e que não é possível mais retornar ao estado anterior. Numa situação dessas o imóvel deve sim ser demolido e o meio ambiente deve ser objeto de retorno ao mais próximo possível do seu estado anterior, sem prejuízo de outras compensações ambientais.

5.6. Princípio da prevenção

Esse princípio pode ser **conceituado** como *aquele que impõe à coletividade e ao Poder Público a tomada de medidas prévias para garantir o meio ambiente ecologicamente equilibrado para as presentes e futuras gerações.*

O **fundamento legal** do princípio está na própria CF, que traz medidas de prevenção, como a instituição de unidades territoriais de preservação e a necessidade de se exigir estudo prévio de impacto ambiental (EIA) para as atividades potencialmente causadoras de significativa degradação do meio ambiente.

A doutrina faz uma distinção entre o **princípio da *prevenção*** e o **princípio da *precaução***. O primeiro incide naquelas hipóteses em que se tem certeza de que dada conduta causará um dano ambiental. O princípio da prevenção atuará de forma a evitar que o dano seja causado, impondo licenciamentos, estudos de impacto ambiental, reformulações de projeto, sanções administrativas etc. A ideia aqui é eliminar os perigos já comprovados. Já o segundo incide naquelas hipóteses de incerteza científica sobre se dada conduta pode ou não causar um dano ao meio ambiente. O princípio da precaução atuará no sentido de que, na dúvida, deve-se ficar com o meio ambiente, tomando as medidas adequadas para que o suposto dano de fato não ocorra. A ideia aqui é eliminar a probabilidade do próprio perigo se concretizar.

O princípio da precaução impõe que "na dúvida, deve ser ficar com o interesse da coletividade, e não dos empreendedores" (*in dubio pro societate*).

Nesse sentido, o princípio determina uma **inversão do ônus da prova**, fazendo com que o empreendedor tenha que demonstrar que suas atividades não causarão lesão ao meio ambiente ecologicamente equilibrado.

O princípio da precaução acabou sendo inserido em nossa legislação em virtude da aprovação, pelo Decreto Legislativo 1/04, do acordado na Conferência sobre Mudanças Climáticas, na ECO 92, cujo 15º princípio tem o seguinte teor: "Princípio 15. Com o fim de proteger o meio ambiente, o princípio da precaução deverá ser amplamente observado pelos Estados, de acordo com suas capacidades. Quando houver ameaça de danos graves ou irreversíveis, a ausência de certeza científica absoluta não será utilizada como razão para o adiamento de medidas economicamente viáveis para prevenir a degradação ambiental".

Um **exemplo** de aplicação prática do princípio está na Lei 11.105/2005, que regula os OGMs – Organismos Geneticamente Modificados. Essa lei, de modo a fazer valer os princípios citados, impõe, em matéria de alimentos transgênicos, por exemplo, a realização de estudos de impacto ambiental, a aprovação das atividades por comissões públicas e a informação adequada aos consumidores.

5.7. Princípio da educação ambiental

Esse princípio pode ser **conceituado** como *aquele que impõe ao Poder Público o dever de promover a educação ambiental em todos os níveis de ensino e a conscientização pública para a preservação do meio ambiente.*

Perceba que a educação ambiental deve estar presente em todos os níveis (infantil, fundamental, médio, superior e especial).

O **fundamento legal** do princípio está no inciso VI do § 1º do art. 225 da CF. A Lei 9.795/1999 traz as minúcias e as diretrizes acerca da educação ambiental.

5.8. Outros princípios

A doutrina também aponta os seguintes princípios do Direito Ambiental:

a) princípio do direito humano fundamental: *é aquele pelo qual os seres humanos têm direito a uma vida saudável e produtiva, em harmonia com o meio ambiente.* De acordo com o princípio, as pessoas têm direito ao meio ambiente ecologicamente equilibrado. O princípio está previsto nas declarações das conferências de Estocolmo e da Rio-92, além de estar presente no *caput* do art. 225 da Constituição;

b) princípio da ubiquidade: *é aquele pelo qual as questões ambientais devem ser consideradas em todas as atividades humanas.* Ubiquidade quer "dizer existir concomitantemente em todos os lugares". De fato, o meio ambiente está em todos os lugares, de modo que qualquer atividade deve ser feita com respeito a sua proteção e promoção;

c) princípio do usuário-pagador: *é aquele pelo qual as pessoas que usam recursos naturais devem pagar por tal utilização.* Esse princípio difere do princípio do poluidor-pagador, pois o segundo diz respeito a condutas ilícitas ambientalmente, ao passo que o primeiro refere-se a condutas lícitas ambientalmente. Assim, aquele que polui (conduta ilícita) deve reparar o dano, pelo princípio do poluidor-pagador. Já aquele que usa água (conduta lícita) deve pagar pelo seu uso, pelo princípio do usuário-pagador. A ideia é que o usuário pague com o objetivo de incentivar o uso racional dos recursos naturais, além de fazer justiça, pois há pessoas que usam mais e pessoas que usam menos dados recursos naturais;

d) princípio da informação e da transparência das informações e atos: *é aquele pelo qual as pessoas têm direito de receber todas as informações relativas à proteção, preventiva e repressiva, do meio ambiente.* Assim, pelo princípio, as pessoas têm direito de consultar os documentos de um licenciamento ambiental, assim como têm direito de participar de consultas e de audiências públicas em matéria de meio ambiente. Esse princípio está expresso, por exemplo, no art. 6º da Lei 11.428/2006 (Lei de Proteção da Mata Atlântica);

e) princípio da função socioambiental da propriedade: *é aquele pelo qual a propriedade deve ser utilizada de modo sustentável, com vistas não só ao bem-estar do proprietário, mas também da coletividade como um todo.* Esse princípio também está expresso, por exemplo, no art. 6º da Lei 11.428/2006 (Lei de Proteção da Mata Atlântica);

f) princípio da equidade geracional: *é aquele pelo qual as presentes e futuras gerações têm os mesmos direitos quanto ao meio ambiente ecologicamente equilibrado.* Assim, a utilização de recursos naturais para a satisfação das necessidades atuais não deverá comprometer a possibilidade das gerações futuras satisfazerem suas necessidades. O princípio impõe, também, equidade na distribuição de benefícios e custos entre gerações quanto à preservação ambiental. Esse princípio está expresso no art. 6º da Lei 11.428/2006 (Lei de Proteção da Mata Atlântica). Em consequência, a pretensão com vistas à condenação de alguém a reparar o meio ambiente é **imprescritível**, conforme já vem decidindo o STJ. Com efeito, se o meio ambiente tem que ser preservado para as presentes e futuras gerações, não há que se falar em prescrição da reparação ambiental, de modo a não prejudicar os interesses das últimas.

6. POLÍTICA NACIONAL DO MEIO AMBIENTE (PNMA)

A Política Nacional do Meio Ambiente (PNMA) pode ser **conceituada** como *aquela que tem por objetivo a preservação, melhoria e recuperação da qualidade ambiental propícia à vida, visando assegurar, no país, condições ao desenvolvimento socioeconômico, aos interesses da segurança nacional e à proteção da dignidade da vida humana* (art. 2º da Lei 6.938/1981).

A PNMA tem os seguintes **princípios** (art. 2º da Lei 6.938/1981):

a) ação governamental na manutenção do equilíbrio ecológico, considerando o meio ambiente como um patrimônio público a ser necessariamente assegurado e protegido, tendo em vista o uso coletivo;

b) racionalização do uso do solo, do subsolo, da água e do ar;

c) planejamento e fiscalização do uso dos recursos ambientais;

d) proteção dos ecossistemas, com a preservação de áreas representativas;

e) controle e zoneamento das atividades potencial ou efetivamente poluidoras;

f) incentivos ao estudo e à pesquisa de tecnologias orientadas para o uso racional e a proteção dos recursos ambientais;

g) acompanhamento do estado da qualidade ambiental;

h) recuperação de áreas degradadas;

i) proteção de áreas ameaçadas de degradação;

j) educação ambiental em todos os níveis de ensino, inclusive na educação da comunidade, objetivando capacitá-la para participação ativa na defesa do meio ambiente.

A PNMA tem por **objetivos** (art. 4º da Lei 6.938/1981):

a) o desenvolvimento sustentável;

b) o estabelecimento de critérios e padrões de qualidade ambiental;

c) o desenvolvimento e a difusão de pesquisas e tecnologias para o uso racional dos recursos ambientais;

d) a preservação e a restauração dos recursos ambientais;

e) a responsabilização integral do poluidor e do predador.

Para que a PNMA fosse implementada, foi criado um sistema, denominado Sistema Nacional do Meio Ambiente, que pode ser **conceituado** como *o conjunto articulado de órgãos e entidades da União, dos Estados, do Distrito Federal, dos Territórios e dos Municípios, bem como as fundações instituídas pelo Poder Público, responsáveis pela proteção e melhoria da qualidade ambiental* (art. 6º da Lei 6.938/1981).

A estrutura do **SISNAMA** é a seguinte:

a) **Órgão Superior:** é o *Conselho de Governo – CG*, que tem a função de *assessorar* o Presidente da República na formulação da política nacional e nas diretrizes governamentais para o meio ambiente e os recursos ambientais;

b) **Órgão Consultivo e Deliberativo:** é o *Conselho Nacional do Meio Ambiente – CONAMA*, que tem a finalidade de *assessorar, estudar* e *propor* ao CG diretrizes de políticas governamentais para o meio ambiente e os recursos naturais; e *deliberar*, no âmbito de sua competência, sobre *normas e padrões* ambientais;

c) **Órgão Central:** é a *Secretaria do Meio Ambiente da Presidência da República*, que tem a finalidade de *planejar, coordenar, supervisionar e controlar* a política nacional e as diretrizes governamentais fixadas para o meio ambiente;

d) **Órgãos Executores:** são o *Instituto Chico Mendes*, autarquia responsável pelas unidades de conservação federal e o *Instituto Nacional do Meio Ambiente e dos Recursos Renováveis – IBAMA*, autarquia federal que tem a finalidade de *executar* e *fazer executar*, como ente federal, a política e diretrizes governamentais fixadas para o meio ambiente;

e) **Órgãos Seccionais:** são os órgãos ou entidades estaduais responsáveis pela *execução* de programas, projetos e pelo *controle* e *fiscalização* de atividades capazes de provocar a degradação ambiental. Ex.: Secretarias Estaduais do Meio Ambiente, Conselhos Estaduais do Meio Ambiente, dentre outros;

f) **Órgãos locais:** são os órgãos ou entidades municipais, responsáveis pelo *controle* e *fiscalização* dessas atividades, nas suas respectivas circunscrições. Ex.: Secretaria Municipal do Meio Ambiente.

Tem papel de destaque no SISNAMA o **CONAMA**, que, como seu viu, pode ser conceituado como o seu *órgão consultivo e deliberativo*, cujas atribuições são de assessorar, estudar e propor ao CG diretrizes de políticas governamentais para o meio ambiente e os recursos naturais, bem como de deliberar, no âmbito de sua competência, sobre normas e padrões ambientais.

O CONAMA tem, portanto, as seguintes **competências** (art. 8º da Lei 6.938/1981):

a) estabelecer *normas para o licenciamento ambiental*. Para tanto, receberá proposta do IBAMA;

b) determinar estudos especiais, no caso de obras ou atividades de significativa degradação ambiental;

c) homologar acordos de comutação de penas pecuniárias para obrigação de executar medidas de interesse ambiental;

d) determinar a perda ou restrição de benefícios fiscais, ou a perda ou suspensão de linha de financiamento em instituições oficiais de crédito. Essa competência será exercida a partir de representação do IBAMA;

e) estabelecer, privativamente, normas de controle de poluição emitida por veículos automotores, aeronaves e embarcações;

f) estabelecer **normas, critérios e padrões relativos ao controle e à manutenção da qualidade do meio ambiente** com vistas ao uso racional dos recursos ambientais, principalmente os hídricos.

Destacam-se na competência do CONAMA as atribuições de expedir normas acerca de padrões ambientais (trata-se quase de uma "legislação" sobre padrões ambientais a serem seguidos em diversas atividades que utilizam recursos naturais) e de estabelecer normas para o licenciamento ambiental e o estudo de impacto ambiental.

O CONAMA traz ao mundo jurídico suas deliberações por meio de **resoluções,** que têm força vinculativa, já que é a própria lei que atribui tal poder normativo ao órgão, como se infere das competências acima trazidas.

O CONAMA é **presidido** pelo Ministro do Meio Ambiente, tendo como secretário executivo o Secretário Executivo do Ministério do Meio Ambiente.

A **composição** do CONAMA conta, ainda, com o Presidente do IBAMA, 1 representante por Ministério: da Casa Civil da Presidência da República; da Economia; Infraestrutura; Agricultura, Pecuária e Abastecimento; de Minas e Energia; do Desenvolvimento Regional; Secretaria de Governo da Presidência da República; 1 representante de cada região geográfica do País indicado pelo governo estadual; 2 representantes de Governos municipais, dentre as capitais dos Estados; 4 representantes de entidades ambientalistas de âmbito nacional inscritas, há, no mínimo, um 1, no Cadastro Nacional de Entidades Ambientalistas –Cnea, mediante carta registrada ou protocolizada junto ao Conama; 2 representantes indicados pelas seguintes entidades empresariais: Confederação Nacional da Indústria; do Comércio; de Serviços; da Agricultura; do Transporte.

O Ministério Público Federal poderá indicar um representante, titular e suplente, para participar do Plenário do Conama na qualidade de membro convidado, sem direito a voto.

Os membros do CONAMA não recebem remuneração, nem qualquer quantia pelo deslocamento e estada em Brasília, que serão suportados pelas entidades representadas. Porém, a participação no conselho é considerada *serviço público relevante*.

A **estrutura** do CONAMA inclui o Plenário, a Câmara Especial Recursal, o Comitê de Integração de Políticas Ambientais, as Câmaras Técnicas e os Grupos de Trabalho e Assessores.

Faz-se necessário que o leitor conheça o texto do Decreto 99.274/1990, que regulamenta a Lei 6.938/1981, decreto esse que traz mais detalhes, entre outros assuntos, acerca da estrutura do CONAMA.

Por fim, é importante dizer que de nada adiantaria a PNMA ser estruturada em vários órgãos e entidades (SISNAMA) se a lei não tivesse dotado os integrantes desse sistema de instrumentos para atingir os seus princípios e fins.

Para tanto, o art. 9º da Lei 6.938/1981 traz os **instrumentos legais da PNMA, sem prejuízo de outros previstos em lei:**

a) licenciamento e revisão de atividades efetiva ou potencialmente poluidoras;

b) avaliação de impactos ambientais;

c) criação de espaços territoriais especialmente protegidos pelo Poder Público federal, estadual e municipal;

d) zoneamento ambiental;

e) utilização de instrumentos econômicos, como concessão florestal, servidão ambiental, seguro ambiental e outros;

f) normatização de padrões de qualidade ambiental;

g) tombamento;

h) responsabilidade civil ambiental;

i) responsabilidade administrativa ambiental;

j) responsabilidade penal ambiental;

k) incentivos à produção e instalação de equipamentos e à criação ou absorção de tecnologia voltados para a melhoria da qualidade ambiental;

l) manutenção de um sistema nacional de informações sobre o meio ambiente;

m) manutenção do Cadastro Técnico Federal de Atividades e Instrumentos de Defesa Ambiental, bem como de Cadastro Técnico de atividades potencialmente poluidoras;

n) aplicação de penalidades disciplinares ou compensatórias para o não cumprimento das medidas necessárias à preservação ou correção da degradação ambiental;

o) instituição do Relatório de Qualidade Ambiental do Meio Ambiente, a ser divulgado anualmente pelo IBAMA.

Os dez primeiros instrumentos serão analisados um a um nos próximos capítulos, a começar pelo licenciamento ambiental.

7. LICENCIAMENTO AMBIENTAL

O licenciamento ambiental pode ser conceituado como *o procedimento administrativo destinado a licenciar atividades ou empreendimentos utilizadores de recursos ambientais, efetiva ou potencialmente poluidores ou capazes, sob qualquer forma, de causar degradação ambiental* (art. 2º, I, da Lei Complementar 140/2011).

Assim, toda vez que uma determinada atividade puder causar degradação ambiental, além das licenças administrativas pertinentes, o responsável pela atividade deve buscar a necessária licença ambiental também.

A **regulamentação** do licenciamento ambiental compete ao CONAMA, que expede normas e critérios para o licenciamento. A Resolução 237/1997 do órgão traz as normas gerais de licenciamento ambiental. Há também sobre o tema o Decreto 99.274/1990. Há, outrossim, agora, a Lei Complementar 140/2011, que trata da cooperação dos entes políticos para o exercício da competência comum em matéria ambiental e que consagrou a maior parte das disposições da Resolução CONAMA 237, colocando pá de cal sobre qualquer dúvida que existisse sobre a competência do Município para o exercício do licenciamento ambiental em casos de impacto ambiental local.

Já a **competência** para executar o licenciamento ambiental é assim dividida:

a) impacto nacional e regional: é da União, por meio do IBAMA. Assim, a competência para o licenciamento ambiental de uma obra do porte da transposição do Rio São Francisco é do IBAMA. A Lei Complementar 140/2011, em seu art. 7º, XIV, dispõe que compete à União promover o licenciamento ambiental de atividades binacionais, localizados em dois ou mais locais, no mar territorial, plataforma continental, zona econômica exclusiva, terras indígenas, unidades de conservação da União (exceto APAs – Áreas de Proteção Ambiental), de caráter militar, nuclear e demais tipologias estabelecidas pelo Executivo (após proposição da Comissão Tripartite Nacional); essas tipologias estão previstas no Decreto Federal 8.437/2015;

b) impacto em dois ou mais municípios (impacto microrregional): é dos Estados-membros. Por exemplo, uma estrada que liga 6 municípios de um dado Estado-membro;

c) impacto local: é do Município. Por exemplo, o licenciamento para a construção de um prédio de apartamentos. A Lei Complementar 140/2011, em seu art. 9º, XIV, estabelece que o Município promoverá o licenciamento ambiental das atividades ou empreendimentos localizados em suas unidades de conservação e também das demais atividades e empreendimentos que causem ou possam causar impacto ambiental local, conforme tipologia definida pelos respectivos Conselhos Estaduais do Meio Ambiente, considerados os critérios de porte, potencial poluidor e natureza da atividade.

O art. 13 da Lei Complementar 140/2011 consagra o *princípio da unicidade*, pelo qual os empreendimentos e atividades são licenciados ou autorizados, ambientalmente, por um único ente federativo. Os demais entes interessados podem se manifestar junto ao órgão responsável pela licença ou autorização, de maneira não vinculante, respeitados os prazos e procedimentos do licenciamento ambiental.

No entanto, é bom deixar claro que Municípios, Estados e Distrito Federal só podem promover licenciamento ambiental se tiverem estrutura para tanto e Conselho do Meio Ambiente. Caso isso não ocorra, instaura-se a chamada *atuação supletiva* (arts. 2º, II, e 15 da Lei Complementar 140/2011), na qual o Estado substitui o Município e a União substitui o Estado ou o Distrito Federal.

Não se deve confundir a atuação supletiva com atuação subsidiária. Essa consiste na ação do ente da Federação que vise a auxiliar no desempenho das competências comuns, quando *solicitado* pelo ente federativo originariamente detentor das atribuições definidas na lei.

O art. 14 da Lei Complementar 140/2011 consagra também o *princípio da eficiência*, exigindo que os órgãos licenciadores observem os prazos estabelecidos para tramitação dos processos de licenciamento. As exigências de complementação oriundas da análise do empreendimento devem ser comunicadas pela autoridade licenciadora de uma única vez ao empreendedor, ressalvadas aquelas decorrentes de fatos novos. Ademais, as exigências de complementação de informações, documentos ou estudos feitos pela autoridade licenciadora suspendem o prazo de aprovação, que continua a fluir após o seu atendimento integral pelo empreendedor.

Vale observar que o decurso do prazo de licenciamento, sem emissão da licença, não implica emissão tácita nem autoriza a prática de ato que dela dependa, mas instaura a competência supletiva do art. 15 da lei complementar. A renovação de licenças ambientais deve ser requerida com antecedência mínima de 120 dias da expiração de seu prazo de validade, ficando este automaticamente prorrogado até a manifestação definitiva do órgão ambiental competente.

Quanto à fiscalização, o art. 17 da Lei Complementar 140/2011 dispõe que compete ao órgão responsável pelo licenciamento de um empreendimento lavrar auto de infração ambiental e instaurar processo administrativo para a apuração de infrações à legislação ambiental cometidas pelo empreendimento ou atividade licenciada ou autorizada. Nos casos de iminência ou ocorrência de lesão ambiental, o ente federativo que tiver ciência do fato tomará medidas para evitá-la, cessá-la ou mitigá-la, comunicando imediatamente ao órgão competente para as providências cabíveis. Tudo sem prejuízo do exercício pelos entes federativos da atribuição comum de fiscalização dos empreendimentos, prevalecendo o auto de infração ambiental lavrado por órgão que detenha a atribuição de licenciamento ou autorização para o empreendimento.

Há três **espécies** de licenciamento ambiental (art. 19 do Decreto 99.274/1990):

a) Licença Prévia (LP): *é o ato que aprova a localização, a concepção do empreendimento e estabelece os requisitos básicos a serem atendidos nas próximas fases*; trata-se de licença ligada à fase preliminar de planejamento da atividade, já que traça diretrizes relacionadas à localização e instalação do empreendimento. Por exemplo, em se tratando do projeto de construir um empreendimento imobiliário na beira de uma praia, essa licença dirá se é possível o empreendimento no local e, em sendo, quais os limites e quais as medidas que deverão ser tomadas, como construção de estradas, instalação de tratamento de esgoto próprio etc. Essa licença tem validade de até 5 anos;

b) Licença de Instalação (LI): é o *ato que autoriza a implantação do empreendimento, de acordo com o projeto executivo aprovado*. Depende da demonstração de possibilidade de sua efetivação, analisando o projeto executivo e eventual estudo de impacto ambiental. Essa licença autoriza as intervenções no local, ou seja, permite que as obras se desenvolvam. Sua validade é de até 6 anos;

c) Licença de Operação (LO): *é o ato que autoriza o início da atividade e o funcionamento de seus equipamentos de controle de poluição, nos termos das licenças anteriores*. Aqui, o empreendimento já está pronto e pode funcionar. A licença de operação só é concedida se for constatado o respeito às licenças anteriores, bem como se não houver perigo de dano ambiental, independentemente daquelas. Sua validade é de 4 a 10 anos.

O **procedimento** de licenciamento ambiental obedecerá às seguintes etapas:

a) Definição pelo órgão ambiental competente, com a participação do empreendedor, dos documentos, projetos e estudos ambientais, necessários ao início do processo de licenciamento correspondente à licença a ser requerida;

b) Requerimento da licença ambiental pelo empreendedor, acompanhado dos documentos, projetos e estudos ambientais pertinentes, dando-se a devida publicidade;

c) Análise pelo órgão ambiental competente, integrante do SISNAMA, dos documentos, projetos e estudos ambientais apresentados e a realização de vistorias técnicas, quando necessárias;

d) Solicitação de esclarecimentos e complementações pelo órgão ambiental competente, integrante do SISNAMA, uma única vez, em decorrência da análise dos documentos, projetos e estudos ambientais apresentados, quando couber, podendo haver a reiteração da mesma solicitação caso os esclarecimentos e complementações não tenham sido satisfatórios;

e) Audiência pública, quando couber, de acordo com a regulamentação pertinente;

f) Solicitação de esclarecimentos e complementações pelo órgão ambiental competente, decorrentes de audiências públicas, quando couber, podendo haver reiteração da solicitação quando os esclarecimentos e complementações não tenham sido satisfatórios;

g) Emissão de parecer técnico conclusivo e, quando couber, parecer jurídico;

h) Deferimento ou indeferimento do pedido de licença, dando-se a devida publicidade.

É importante ressaltar que a **licença ambiental**, diferentemente da licença administrativa (por exemplo, licença para construir uma casa), apesar de normalmente envolver competência vinculada, tem prazo de validade definido e não gera direito adquirido para seu beneficiário. Assim, de tempos em tempos a licença ambiental deve ser renovada. Além disso, mesmo que o empreendedor tenha cumprido os requisitos da licença, caso, ainda assim, tenha sido causado dano ao meio ambiente, a existência de licença em seu favor não o exime de reparar o dano e de tomar as medidas adequadas à recuperação do meio ambiente.

O **licenciamento ambiental**, como se viu, é obrigatório para todas as atividades que utilizam recursos ambientais em que há possibilidade de se causar dano ao meio ambiente. Em processos de licenciamento ambiental é comum se proceder a Avaliações de Impacto Ambiental (AIA). Há, contudo, atividades que, potencialmente, podem causar danos *significativos* ao meio ambiente, ocasião em que, além do licenciamento, deve-se proceder a uma AIA mais rigorosa e detalhada, denominada Estudo de Impacto Ambiental (EIA), que será consubstanciado no Relatório de Impacto Ambiental (RIMA). O órgão ambiental competente, verificando que a atividade ou empreendimento não é potencialmente causador de significativa degradação do meio ambiente, definirá os estudos ambientais pertinentes ao respectivo processo de licenciamento.

O **EIA** pode ser **conceituado** como *o estudo prévio das prováveis consequências ambientais de obra ou atividade, que deve ser exigido pelo Poder Público, quando estas forem potencialmente causadoras de* significativa *degradação do meio ambiente* (art. 225, § 1º, IV, CF).

Destina-se a averiguar as alterações nas propriedades do local e de que forma tais alterações podem afetar as pessoas e o meio ambiente, o que permitirá ter uma ideia acerca da viabilidade da obra ou atividade que se deseja realizar[2].

---

2. De acordo com o art. 6º da Resolução CONAMA 1/1986:
"Artigo 6º – O estudo de impacto ambiental desenvolverá, no mínimo, as seguintes atividades técnicas:
I – Diagnóstico ambiental da área de influência do projeto completa descrição e análise dos recursos ambientais e suas interações, tal como existem, de modo a caracterizar a situação ambiental da área, antes da implantação do projeto, considerando:
a) o meio físico – o subsolo, as águas, o ar e o clima, destacando os recursos minerais, a topografia, os tipos e aptidões do solo, os corpos d'água, o regime hidrológico, as correntes marinhas, as correntes atmosféricas;
b) o meio biológico e os ecossistemas naturais – a fauna e a flora, destacando as espécies indicadoras da qualidade ambiental, de valor científico e econômico, raras e ameaçadas de extinção e as áreas de preservação permanente;
c) o meio socioeconômico – o uso e ocupação do solo, os usos da água e a socioeconomia, destacando os sítios e monumentos arqueológicos, históricos e culturais da comunidade, as relações de depen-

A partir do estudo, é possível concluir o seguinte: a) que a atividade não causará problema algum ao meio ambiente; b) que a atividade é totalmente inconveniente e não deve ser realizada; c) que a atividade só pode ser implementada se forem tomadas várias medidas de proteção; d) que a atividade não pode ser implementada como proposta, devendo o empreendimento sofrer modificações no seu escopo. A ideia é tentar viabilizar o empreendimento, nos limites do possível e do recomendável, levando em conta o princípio do desenvolvimento sustentável.

O Decreto 99.274/1990 conferiu ao CONAMA atribuição para traçar as regras de tal estudo. A Resolução 1/1986 desse órgão traz tais diretrizes, estabelecendo, por exemplo, um rol exemplificativo de atividades que devem passar por um EIA, apontando-se, dentre outras, a implantação de estradas com duas ou mais faixas de rolamento, de ferrovias, de portos, de aterros sanitários, de usina de geração de eletricidade e de distritos industriais.

O EIA trará conclusões quanto à fauna, à flora, às comunidades locais, dentre outros aspectos, devendo ser realizado por equipe multidisciplinar que, ao final, deverá redigir um relatório de impacto ambiental (RIMA), o qual trará os levantamentos e conclusões obtidos, devendo o órgão público licenciador receber o relatório para análise das condições do empreendimento.

O empreendedor é quem escolhe os componentes da equipe e é quem arca com os custos respectivos. Os profissionais que farão o trabalho terão todo interesse de agir com correção, pois fazem seus relatórios sob as penas da lei.

Como regra, o estudo de impacto ambiental e seu relatório são públicos, podendo o interessado solicitar sigilo industrial, fundamentando o pedido.

Após a data de recebimento do RIMA, o órgão ambiental fixará em edital e anunciará pela imprensa local a abertura de prazo de, no mínimo, 45 dias para solicitação de audiência pública. Podem requerê-la: a) 50 ou mais cidadãos; b) o Ministério Público; c) o órgão ambiental competente.

Se o EIA não for realizado, caberá ação civil pública para obrigar a sua feitura, cabendo pedido liminar para paralisar a obra ou o projeto. Apesar de haver alguma discricionariedade na avaliação da existência ou não de potencial significativo de impacto ambiental, principalmente quanto às atividades não descritas expressamente na Resolução 1/1986 como dependentes de EIA/RIMA, o certo é que o Judiciário, nos limites da legalidade, tem alguma possibilidade de apreciar se a decisão de dispensar o estudo está correta ou não.

O EIA normalmente é exigido antes da licença prévia, mas é cabível mesmo para empreendimentos já licenciados.

Além do licenciamento ambiental, outro instrumento relevante de defesa do meio ambiente é o da criação das unidades de conservação.

Por fim, acerca do Licenciamento Ambiental, é de suma importância o estudo da Resolução 458/2013, do CONAMA, que estabeleceu procedimentos para o licenciamento ambiental em assentamentos de reforma agrária.

8. SISTEMA NACIONAL DE UNIDADES DE CONSERVAÇÃO – SNUC

O SNUC poder ser **conceituado** como *o conjunto de unidades territoriais de conservação das esferas federativas, cujo objetivo é contribuir para a manutenção da diversidade biológica, dos recursos genéticos e do meio ambiente ecologicamente equilibrado.*

Já uma **unidade de conservação** *é o espaço territorial e seus recursos ambientais, incluindo as águas jurisdicionais, com características naturais relevantes, legalmente instituído pelo Poder Público, com objetivo de conservação e limites definidos, sob regime especial de administração, ao qual se aplicam garantias adequadas de proteção* (art. 2º, I, Lei 9.985/2000).

Nas unidades de conservação são proibidas quaisquer alterações, atividades ou modalidades de utilização em desacordo com os seus objetivos, o seu Plano de Manejo e seus regulamentos. O **manejo** *é todo e qualquer procedimento que vise a assegurar a conservação da diversidade biológica e dos ecossistemas.* Enquanto que a **recuperação** visa a restituir a natureza degradada a uma condição não degradada, que pode ser diferente da original, a **restauração** busca uma condição mais próxima possível da primária. O **zoneamento** consiste na definição de setores nas unidades com manejo e normas específicas.

Existem alguns **conceitos básicos** previstos na Lei de Unidades de Conservação, que são muitos perguntados nas provas e exames. Confira alguns (art. 2º da Lei 9.985/2000):

a) unidades de conservação: espaços territoriais com características naturais relevantes, instituídos pelo Poder Público com o objetivo de conservação;

b) manejo: todo e qualquer procedimento que vise a assegurar a conservação da diversidade biológica e dos ecossistemas;

c) plano de manejo: documento técnico que estabelece o zoneamento e as normas que presidem o uso de uma área;

d) recuperação: restituição de um ecossistema ou de uma população silvestre degradada a uma condição não degradada, que pode ser diferente de sua condição original;

e) restauração: restituição de um ecossistema ou de uma população silvestre degradada o mais próximo possível da sua condição original;

f) zona de amortecimento: o entorno de uma unidade de conservação, onde as atividades humanas estão sujeitas a normas e restrições específicas, para minimizar os impactos negativos sobre a unidade;

---

dência entre a sociedade local, os recursos ambientais e a potencial utilização futura desses recursos.

II – Análise dos impactos ambientais do projeto e de suas alternativas, através de identificação, previsão da magnitude e interpretação da importância dos prováveis impactos relevantes, discriminando: os impactos positivos e negativos (benéficos e adversos), diretos e indiretos, imediatos e a médio e longo prazos, temporários e permanentes; seu grau de reversibilidade; suas propriedades cumulativas e sinérgicas; a distribuição dos ônus e benefícios sociais.

III – Definição das medidas mitigadoras dos impactos negativos, entre elas os equipamentos de controle e sistemas de tratamento de despejos, avaliando a eficiência de cada uma delas.

IV – Elaboração do programa de acompanhamento e monitoramento (os impactos positivos e negativos, indicando os fatores e parâmetros a serem considerados).

Parágrafo Único – Ao determinar a execução do estudo de impacto ambiental o órgão estadual competente, ou o IBAMA ou, quando couber, o Município fornecerá as instruções adicionais que se fizerem necessárias, pelas peculiaridades do projeto e características ambientais da área.

g) **corredores ecológicos:** porções de ecossistemas, ligando unidades de conservação, que possibilitam entre elas o fluxo de genes e o movimento da biota, facilitando a dispersão de espécies, a recolonização de áreas degradadas e a manutenção de populações que demandam para sua sobrevivência áreas com extensão maior do que a das unidades individuais.

São **órgãos gestores** do SNUC:

a) **Órgão Consultivo e Deliberativo:** CONAMA, que acompanha a implementação do sistema;

b) **Órgão Central:** Ministério do Meio Ambiente, que coordena o sistema;

c) **Órgãos Executores:** IBAMA, órgãos estaduais e municipais, que implementam o sistema, subsidiam as propostas de criação e administram as unidades de conservação nas respectivas esferas de atuação.

São **categorias** de unidades de conservação:

a) **Unidades de Proteção Integral:** *são os espaços que buscam a preservação da natureza, sendo admitido apenas o uso indireto dos seus recursos naturais, salvo exceções legais.* No caso de recaírem sobre bem particular, este deve ser desapropriado, salvo se a unidade criada for *monumento natural* ou *refúgio de vida silvestre,* hipótese em que poderá ser mantida a propriedade particular.

O grupo das Unidades de Proteção Integral é composto das seguintes categorias de unidade de conservação:

a1) Estação Ecológica: tem por objetivo a preservação e a realização de pesquisas científicas;

a2) Reserva Biológica: tem por objetivo a preservação integral da biota e demais atributos, sem interferência humana direta ou modificações ambientais, salvo medidas de recuperação e manejo necessárias para preservar a área;

a3) Parque Nacional: tem por objetivo a preservação de ecossistemas naturais de grande relevância ecológica e beleza cênica, possibilitando a realização de pesquisas e atividades de educação, recreação e turismo ecológico;

a4) Monumento Natural: tem por objetivo a preservação dos sítios naturais raros, singulares ou de grande beleza cênica. Se o proprietário da área não concordar com as limitações propostas pelo Poder Público, a área será desapropriada;

a5) Refúgio de Vida Silvestre: tem por objetivo a proteção de ambientes naturais com o fim de garantir existência e reprodução de espécies da flora ou fauna. Se o proprietário da área não concordar com as limitações propostas pelo Poder Público, a área será desapropriada;

b) **Unidades de Uso Sustentável:** *são espaços que buscam a preservação da natureza, sendo admitido o uso direto da coisa, mas com restrições que assegurem a sustentabilidade do uso dos recursos naturais.*

b1) Área de Proteção Ambiental: área extensa, com certo grau de ocupação humana, dotada de atributos naturais importantes, que deve ser protegida, disciplinando-se a ocupação e o uso sustentável. Pode ser constituída por terra particular;

b2) Área de Relevante Interesse Ecológico: área em geral pequena, com pouca ou nenhuma ocupação humana, com características naturais extraordinárias ou que abriga exemplares raros da biota regional, que tem como objetivo manter o ecossistema local a partir da disciplina de seu uso admissível. Pode ser constituída por terra particular;

b3) Floresta Nacional: área com cobertura florestal de espécies predominantemente nativas. A área deve ser desapropriada, se for privada. Objetivos: uso sustentável da floresta nativa e pesquisa;

b4) Reserva Extrativista: área utilizada por populações tradicionais, cuja subsistência baseia-se no extrativismo e, de forma complementar, na agricultura e na criação de animais de pequeno porte. Objetivos: proteger os meios de vida e cultura do povo, bem como o uso sustentável. Área de domínio público, com uso concedido às populações, ou, se particulares, devem ser desapropriadas;

b5) Reserva de Fauna: área natural com populações animais de espécies nativas adequadas para pesquisas sobre seu manejo econômico. A área deve ser desapropriada se for privada;

b6) Reserva de Desenvolvimento Sustentável: área natural que abriga populações tradicionais, cuja existência se dá pela exploração sustentável dos recursos naturais, com conhecimentos que devem ser valorizados e aperfeiçoados, sendo área de domínio público, ou que pode ser desapropriada;

b7) Reserva Particular do Patrimônio Natural: área privada, gravada com perpetuidade, com o objetivo de conservar a diversidade biológica. Faz-se termo de compromisso a ser averbado no Cartório.

Sobre as formas de instituição, majoração, redução e desafetação das unidades de conservação temos as seguintes disposições.

As unidades são criadas por ato do Poder Público (decreto ou lei específica), devendo – a criação – ser precedida de estudos técnicos e de consulta pública (essa, para permitir identificar a localização, a dimensão e os limites mais adequados para a unidade). A consulta pública não é obrigatória para a criação de Estação Ecológica ou Reserva Biológica

É possível transformar uma *unidade de uso sustentável* em *unidade de proteção integral* (majorar), ou ampliar os limites de unidade de conservação (sem mudança de categoria), por meio de ato do mesmo nível daquele que criou a unidade. São também necessários estudos técnicos e consulta pública, sem exceções.

Já a **desafetação** ou **redução** dos limites de uma unidade só pode se dar mediante lei específica.

Nos casos de licenciamento ambiental de empreendimentos de significativo impacto ambiental, assim considerado pelo órgão ambiental competente, com fundamento em estudo de impacto ambiental e respectivo relatório – EIA/RIMA, o empreendedor é obrigado a apoiar a implantação e manutenção de unidade de conservação do Grupo de Proteção Integral, de acordo com o disposto no art. 36 da Lei 9.985/2000.

O licenciamento ambiental e a instituição de unidades de conservação são instrumentos normalmente preventivos de defesa ambiental. O mesmo se pode dizer do **zoneamento ambiental.** Todavia, há instrumentos de ordem repressivo-preventiva também de grande importância na defesa do meio ambiente. Destaca-se nesse tema a responsabilização civil, administrativa e criminal dos envolvidos em danos ambientais.

9. OUTROS INSTRUMENTOS DE PROTEÇÃO DO MEIO AMBIENTE

9.1. Espaços especialmente protegidos

Um dos instrumentos de proteção ao meio ambiente é a criação de espaços especialmente protegidos. Esses espaços podem ser tantos específicos (como uma unidade de conservação criada pelo Poder Público), como genéricos, ou seja, aqueles espaços que devem ser protegidos em todas as propriedades que tenham dadas características (como as áreas de proteção especial, de preservação permanente e de reserva legal).

Confira, a partir de agora, as quatro espécies de espaços especialmente protegidos.

9.1.1. Unidades de Conservação (Lei 9.985/2000 – Lei das UCs)

As unidades de conservação foram vistas no capítulo anterior, ocasião em que se pôde verificar que são de duas espécies, quais sejam, unidades de proteção integral (que só permitem uso indireto) e unidades de uso sustentável (que permitem uso direto em condições especiais). As UCs têm por característica marcante a existência de um regime especial de administração, que, muitas vezes, inclui a desapropriação da área.

9.1.2. Áreas de Proteção Especial (Lei 6.766/1979 – Lei de Parcelamento do Solo Urbano)

O empreendedor que deseja fazer um loteamento ou um desmembramento deve respeitar as normas sobre as áreas de proteção especial.

De acordo com a Lei 6.766/1979 (art. 13), são áreas de proteção especial aquelas de interesse especial, tais como as de proteção aos mananciais ou ao patrimônio cultural, histórico, paisagístico e arqueológico, assim definidas por legislação estadual ou federal.

Os Estados definirão, por decreto, as áreas de proteção especial e as normas que elas deverão seguir quando for executado um projeto de loteamento ou de desmembramento.

Caberão aos Estados o exame e a anuência prévia para a aprovação, pelos Municípios, de loteamento e desmembramento localizados nessas áreas de interesse especial.

9.1.3. Áreas de Preservação Permanente – APP (Lei 12.651/2012 – Novo Código Florestal)

O Código Florestal estabelece normas gerais sobre a proteção da vegetação, áreas de Preservação Permanente e as áreas de Reserva Legal; a exploração florestal, o suprimento de matéria-prima florestal, o controle da origem dos produtos florestais e o controle e prevenção dos incêndios florestais, e prevê instrumentos econômicos e financeiros para o alcance de seus objetivos (art. 1º-A).

A APP é definida pelo Código como *a área protegida, coberta ou não por vegetação nativa, com a função ambiental de preservar os recursos hídricos, a paisagem, a estabilidade geológica e a biodiversidade, facilitar o fluxo gênico de fauna e flora, proteger o solo e assegurar o bem-estar das populações humanas* (art. 3º, II).

O art. 4º do Código traz um rol de áreas consideradas de preservação permanente pelo só efeito da lei, ou seja, independentemente de qualquer declaração do Poder Público. Por exemplo, são APPs as restingas, como fixadoras de dunas ou estabilizadoras de mangues; os manguezais, em toda a sua extensão; as bordas dos tabuleiros ou chapadas, até a linha de ruptura do relevo, em faixa nunca inferior a 100 (cem) metros em projeções horizontais; no topo de morros, montes, montanhas e serras, com altura mínima de 100 (cem) metros e inclinação média maior que 25°, as áreas delimitadas a partir da curva de nível correspondente a 2/3 (dois terços) da altura mínima da elevação sempre em relação à base, sendo esta definida pelo plano horizontal determinado por planície ou espelho d'água adjacente ou, nos relevos ondulados, pela cota do ponto de sela mais próximo da elevação, dentre outras.

Já o art. 6º do Código traz rol de áreas que podem ser declaradas pelo Poder Público como de preservação permanente, tais como as florestas e demais formas de vegetação natural destinadas a conter a erosão do solo e mitigar riscos de enchentes e deslizamentos de terra e de rocha, a formar faixas de proteção ao longo de ferrovias e rodovias e a asilar exemplares da fauna e da flora ameaçados de extinção.

As áreas de preservação permanente, como o próprio nome diz, **não podem ser suprimidas**. São responsáveis pela manutenção da vegetação o proprietário da área, o possuidor e o ocupante a qualquer título, pessoa física ou jurídica, de direito público ou privado, tratando-se de obrigação de natureza real (*propter rem*), que é transmitida inclusive para o sucessor da área (art. 7º, *caput*, e § 2º).

Vale salientar que há exceções, em que se admite a supressão de áreas de preservação permanente.

O art. 8º da Lei dispõe que "a intervenção ou a supressão de vegetação nativa em Área de Preservação Permanente somente ocorrerá nas hipóteses de utilidade pública, de interesse social ou de baixo impacto ambiental previstas nesta Lei" (*vide* incisos VIII, IX e X do art. 3º do Código Florestal).

9.1.4. Reserva Legal (Lei 12.651/2012 – Novo Código Florestal)

A Reserva Florestal Legal (RFL) é definida pela lei como *a área localizada no interior de uma propriedade ou posse rural, delimitada nos termos da lei, com a função de assegurar o uso econômico de modo sustentável dos recursos naturais do imóvel rural, auxiliar a conservação e a reabilitação dos processos ecológicos e promover a conservação da biodiversidade, bem como o abrigo e a proteção de fauna silvestre e da flora nativa.*

Perceba que há duas características marcantes. A primeira é a de que a reserva legal está sempre no interior de uma propriedade ou posse *rural*. A segunda é a de que a reserva legal sempre existe nessas propriedades, independentemente das características do local, e consiste numa percentagem da área cujo corte raso está vedado.

A vegetação da reserva legal não pode ser suprimida, podendo apenas ser utilizada sob regime de manejo florestal sustentável, previamente aprovado pelo órgão competente do SISNAMA (art. 17, § 1º), ressalvadas as exceções previstas para a pequena propriedade ou posse rural familiar.

O percentual de *reserva legal* na propriedade segue as seguintes regras (art. 12):

a) na Amazônia Legal: 80% da propriedade rural situada em área de floresta, 35% da propriedade rural situada em área de cerrado e 20% no imóvel situado em área de campos gerais;

b) no Resto do País: 20% da propriedade rural.

Nas demais áreas da propriedade a supressão de vegetação é permitida, ressalvadas eventuais áreas de preservação permanente ou de proteção especial.

É permitido, preenchidos certos requisitos, o cômputo das áreas relativas à vegetação nativa existente em área de preservação permanente no cálculo do percentual de reserva legal (art. 12).

A localização do percentual de reserva legal deverá ser aprovada pelo órgão ambiental estadual competente, considerando os critérios estabelecidos no art. 14 do Código Florestal.

A área de Reserva Legal deverá ser registrada no órgão ambiental competente por meio de inscrição no CAR (Cadastro Ambiental Rural) de que trata o art. 29 do Código Florestal, sendo vedada a alteração de sua destinação nos casos de transmissão, a qualquer título, ou de desmembramento, com as exceções previstas na Lei (art. 18).

A inscrição da Reserva Legal no CAR será feita mediante a apresentação de planta e memorial descritivo, contendo a indicação das coordenadas geográficas com pelo menos um ponto de amarração, conforme ato do Chefe do Poder Executivo.

A inserção do imóvel rural em perímetro urbano definido mediante lei municipal não desobriga o proprietário ou possesiro da manutenção da área de Reserva Legal, que só será extinta concomitantemente ao registro do parcelamento do solo para fins urbanos aprovado segundo a legislação específica e consoante as diretrizes do plano diretor (art. 19).

Poderá ser instituído Reserva Legal em regime de condomínio ou coletiva entre propriedades rurais, respeitado o percentual previsto na lei em relação a cada imóvel (art. 16).

9.1.5. Proteção Especial na Mata Atlântica (Lei 11.428/2006)

A Lei 11.428/2006 estabelece regras adicionais ao Código Florestal (art. 1º da Lei). Seu objetivo é regulamentar a conservação, a proteção, a regeneração e a utilização do Bioma Mata Atlântica, que é patrimônio nacional, de acordo com a Constituição.

A lei estabelece que o corte, a supressão e a exploração da vegetação do Bioma Mata Atlântica far-se-ão de maneira diferenciada, conforme se trate de vegetação primária ou secundária, nesta última levando-se em conta o estágio de regeneração. A exploração eventual, sem propósito comercial direto ou indireto, de espécies da flora nativa, para consumo nas propriedades ou posses das populações tradicionais ou de pequenos produtores rurais, independe de autorização dos órgãos competentes, conforme regulamento. Já as demais formas de exploração, quando cabíveis (há diversas vedações de cortes e supressões no art. 11 da Lei), dependem de autorização da autoridade competente.

A lei também cria hipóteses de obrigatoriedade de realização de EIA/RIMA, trata de incentivos econômicos para a proteção do Bioma, cria o Fundo de Restauração do Bioma Mata Atlântica e estabelece novas penalidades de natureza criminal e administrativa.

9.2. Zoneamento ambiental

O zoneamento ambiental pode ser definido como *a delimitação geográfica de áreas territoriais com o objetivo de estabelecer regimes especiais de uso, gozo e fruição da propriedade.*

A ideia é planejar e organizar a utilização de espaços territoriais para que não haja conflitos entre as zonas de conservação do meio ambiente, as zonas de produção industrial, as zonas de habitação das pessoas, dentre outras.

São exemplos de zoneamento os seguintes:

a) Zoneamento Urbano (na cidade; previsto nas leis locais): por exemplo, com divisão da cidade em zonas residenciais, mistas, industriais etc.;

b) Zoneamento Costeiro (previsto na Lei 7.661/1988);

c) Zoneamento Agrícola (previsto na Lei 4.504/1964 – Estatuto da Terra);

d) Zoneamento Ecológico-Econômico – ZEE (previsto no Decreto 4.297/2002): é o instrumento utilizado para organizar o processo de ocupação socioeconômico-ambiental de uma Região, de um Estado ou de um Município; o Poder Público federal faz o ZEE nacional; o estadual, o ZEE estadual; e o municipal, o Plano Diretor; esse instrumento é tão importante que Edis Milaré ensina que "ocorrendo a incompatibilidade do plano, do programa, do projeto ou da atividade com as diretrizes do ZEE, não caberá a concessão ou renovação da licença ambiental, ficando inviabilizada a iniciativa, quer por parte do setor público, quer do particular, dado que o ZEE é procedimento legalmente estabelecido"[3].

Tema interessante em matéria de zoneamento ambiental é a discussão sobre a possibilidade de alguém invocar a "pré-ocupação" de um dado local para não ter que se submeter a um novo zoneamento.

Como o licenciamento ambiental é concedido por prazo certo, essa alegação não pode prevalecer. Já na hipótese de a licença ainda estar em curso, pode o Poder Público cancelá-la, desde que indenize o licenciado pelos prejuízos que teria até a data em que produziria efeitos a licença que detinha.

9.3. Instrumentos econômicos: servidão ambiental e concessão florestal

9.3.1. Servidão ambiental

A *servidão ambiental* consiste na *renúncia voluntária pelo proprietário rural, em caráter permanente ou temporário, total ou parcialmente, do direito de uso, exploração ou supressão de recursos naturais existentes na sua propriedade.*

Trata-se de novidade trazida pela Lei 11.284/2006, que incluiu o art. 9º-A na Lei 6.938/1981, posteriormente alterado pela Lei 12.651/2012. É necessária anuência do órgão ambiental competente.

A servidão ambiental não se aplica às áreas de preservação permanente e de reserva legal.

A limitação ao uso ou exploração da vegetação da área sob servidão instituída em relação aos recursos florestais deve ser, no mínimo, a mesma estabelecida para a reserva legal.

A servidão ambiental deve ser averbada no registro de imóveis competente.

Na hipótese de compensação de reserva legal, a servidão deve ser averbada na matrícula de todos os imóveis envolvidos.

É vedada, durante o prazo de vigência da servidão ambiental, a alteração da destinação da área, nos casos de transmissão

---

3. **Direito Ambiental**, 3. ed., São Paulo: RT, 2004, p. 422.

do imóvel a qualquer título, de desmembramento ou de retificação dos limites da propriedade.

Por que um proprietário instituiria uma servidão ambiental? Porque teria vantagens econômicas.

Por exemplo, aquele que institui uma servidão ambiental do tipo servidão florestal tem direito de emitir Cota de Reserva Ambiental – CRA, título representativo da vegetação nativa sob regime de servidão florestal ou outro instrumento de proteção ambiental (art. 44 do Novo Código Florestal), títulos que, mediante regulamentação, poderão ser vendidos em bolsa.

Nos EUA há instituto semelhante, denominado *conservation easement*, no qual o proprietário recebe vantagens tributárias pela servidão ambiental.

9.3.2. Concessão florestal

A Lei 11.284/2002, que trata da gestão de florestas pertencentes ao Poder Público, permite que essa gestão se dê diretamente pelo Poder Público ou por meio de concessão florestal para o particular.

A lei prevê opções de gestão para florestas públicas. A primeira consiste em criar e manter unidades de conservação de uso sustentável ou em dar concessões de uso para reforma agrária, destinadas ao uso familiar ou comunitário. A segunda, esgotada a opção anterior para uma determinada região, consiste em realizar contratos de concessão florestal.

A concessão florestal é conceituada pela lei como *a delegação onerosa, feita pelo poder concedente, do direito de praticar manejo florestal sustentável para exploração de produtos e serviços numa unidade de manejo, mediante licitação, à pessoa jurídica, em consórcio ou não, que atenda às exigências do respectivo edital de licitação e demonstre capacidade para seu desempenho, por sua conta e risco e por prazo determinado*.

A concessão florestal terá como objeto a exploração de produtos e serviços florestais, contratualmente especificados, em unidade de manejo de floresta pública, com perímetro georreferenciado, registrada no respectivo cadastro de florestas públicas e incluída no lote de concessão florestal.

O poder concedente publicará, previamente ao edital de licitação, ato justificando a conveniência da concessão florestal, caracterizando seu objeto e a unidade de manejo.

As licitações para concessão florestal serão realizadas na modalidade concorrência e outorgadas a título oneroso, ou seja, o concessionário terá que pagar para o Poder Público.

No julgamento da licitação, a melhor proposta será considerada em razão da combinação dos seguintes critérios:

I. o maior preço ofertado como pagamento ao poder concedente pela outorga da concessão florestal;

II. a melhor técnica, considerando: a) o menor impacto ambiental; b) os maiores benefícios sociais diretos; c) a maior eficiência; d) a maior agregação de valor ao produto ou serviço florestal na região da concessão.

O prazo dos contratos de concessão florestal será estabelecido de acordo com o ciclo de colheita ou exploração, considerando o produto ou grupo de produtos com ciclo mais longo incluído no objeto da concessão, podendo ser fixado prazo equivalente a, no mínimo, um ciclo e, no máximo, 40 (quarenta) anos.

O prazo dos contratos de concessão exclusivos para exploração de serviços florestais será de, no mínimo, 5 (cinco) e, no máximo, 20 (vinte) anos.

Sem prejuízo das ações de fiscalização ordinárias, as concessões serão submetidas a auditorias florestais, de caráter independente, em prazos não superiores a 3 (três) anos, cujos custos serão de responsabilidade do concessionário.

9.4. Padrões de qualidade ambiental

A manutenção do meio ambiente ecologicamente equilibrado impõe o estabelecimento de padrões de qualidade ambiental, que terão por função compatibilizar as ações humanas com os fatores físicos, químicos, biológicos, antrópicos, sociais e econômicos.

Nesse tema, destacam-se os padrões de qualidade do ar, da água e dos ruídos.

Quanto à **qualidade do ar**, a Resolução CONAMA 05/1989 estabelece o Programa Nacional de Controle de Qualidade do Ar – PRONAR, que, dentre outras providências, trata do controle e do monitoramento da poluição do ar e estabelece os limites nacionais para as emissões. No plano internacional, temos o Protocolo de Quioto (de 1997), tratado internacional que tem por objetivo estabilizar a emissão de gases de efeito estufa para a atmosfera, reduzindo o aquecimento global e seus possíveis impactos.

Os países industrializados devem buscar a diminuição das emissões de forma direta e utilizar, de maneira acessória, outros mecanismos para tornar menos onerosa sua atuação. Nesse sentido, destaca-se a possibilidade de adquirir créditos de carbono.

Quanto à **qualidade da água**, a Resolução CONAMA 357/2005 estabelece a classificação dos corpos de água e diretrizes ambientais para o seu enquadramento, bem como estabelece as condições e padrões de lançamento de efluentes.

Trata-se de padrão de qualidade de fundamental importância, uma vez que existe hoje uma possibilidade concreta de escassez de água doce no mundo, a qual representa menos de 1% do total de água no planeta e que, cada vez mais, vem tendo aumento na sua utilização, com o agravante de não ser recurso natural renovável.

Quanto à **qualidade dos ruídos**, há diversas Resoluções do CONAMA (01/1990, 01/1993 e 20/1994). A poluição sonora é uma das principais causas de doenças do trabalho. Decorre majoritariamente da atuação de indústrias, bares e casas noturnas, cultos religiosos, aeroportos, veículos automotores, dentre outros.

São instrumentos para a prevenção e a repressão à poluição sonora o zoneamento ambiental, o licenciamento das atividades (inclusive com realização de relatórios de impacto de vizinhança – RIVI) e a fiscalização para a responsabilização civil, administrativa e penal.

9.5. Tombamento (Dec.-Lei 25/1937)

O tombamento pode ser **conceituado** como o *ato do Poder Público que declara de valor histórico, artístico, paisagístico, turístico, cultural ou científico bens ou locais para fins de preservação*.

Quanto ao **objeto**, o tombamento pode alcançar tanto bens imóveis individualmente considerados (um prédio histórico), um conjunto arquitetônico (o Pelourinho, em Salvador), um bairro (o Centro do Rio de Janeiro), uma cidade (Ouro Preto) e até um sítio natural. Pode também alcançar bens móveis, como a mobília da casa de um personagem histórico, como Santos Dumont.

Admite-se o chamado *tombamento cumulativo*, que é o tombamento de um mesmo bem por mais de um ente político.

A **instituição** do tombamento pode ser *voluntária* (por requerimento do próprio dono da coisa) ou *contenciosa*. A última impõe a notificação do proprietário para, no prazo de 15 dias, impugnar, se quiser, a intenção do Poder Público de tombar a coisa. Uma vez concluído pelo tombamento, este será feito mediante inscrição do ato num dos quatro Livros do Tombo (Paisagístico, Histórico, Belas Artes e Artes Aplicadas). Em se tratando de imóvel, o ato também deve ser registrado no Registro de Imóveis.

É importante ressaltar que, com a notificação do proprietário, ocorre o *tombamento provisório*, que já limita o uso da coisa por seu dono.

Além de poder ser instituído por *ato administrativo*, o tombamento também pode advir de *ato legislativo* (por exemplo, o art. 216, § 5º, da CF, pelo qual "ficam tombados os documentos e os sítios detentores de reminiscências históricas dos antigos quilombos") ou *ato judicial*. No terceiro caso, o juiz, diante de uma ação coletiva (ex.: ação popular ou ação civil pública), determina a inscrição do tombamento no Livro do Tombo.

Quanto aos **efeitos** do tombamento, temos, entre outros, os seguintes: a) o proprietário deverá conservar a coisa (se não tiver recursos, deve levar ao conhecimento do Poder Público, que fica autorizado legalmente a executar a obra); b) o proprietário não pode reparar, pintar ou restaurar a coisa, sem prévia autorização especial do Poder Público; c) os vizinhos não podem reduzir a visibilidade da coisa tombada, nem colocar anúncios, sem prévia autorização especial; d) o bem tombado, se for um bem público, ou seja, pertencente a uma pessoa jurídica de direito público, é inalienável; e) o bem tombado não pode sair do País, salvo se por prazo curto, sem alienação, para fim de intercâmbio cultural e mediante autorização do Poder Público; f) o proprietário do bem tombado tem direito de ser indenizado, caso sofra restrição especial que o prejudique economicamente.

O Dec.-lei 25/1937 é de leitura obrigatória para se conhecer mais sobre o instituto do tombamento.

10. RESPONSABILIDADE CIVIL AMBIENTAL

A responsabilidade civil em matéria ambiental pode ser dividida em três aspectos: quanto ao seu caráter objetivo, quanto à reparação integral dos danos e quanto à sua efetivação em juízo.

10.1. Responsabilidade objetiva

A responsabilidade objetiva pode ser **conceituada** como o dever de responder por danos ocasionados ao meio ambiente independentemente de culpa ou dolo do agente responsável pelo evento danoso. Essa responsabilidade está prevista no § 3º do art. 225 da CF, bem como no § 1º do art. 14 da Lei 6.938/1981.

Quanto aos **requisitos da responsabilidade objetiva,** são três: conduta, dano e nexo de causalidade.

Quanto à teoria adotada (Teoria do Risco x Teoria do Risco Integral), a doutrina diverge quanto à possibilidade de se invocar as excludentes de responsabilidade "força maior" e "caso fortuito". Certo é que, em matéria de dano nuclear, a responsabilidade é objetiva e não é admitido qualquer tipo de excludente de responsabilidade (Teoria do Risco Integral). Porém, em se tratando de dano ambiental puro (sem dano nuclear), há dúvidas doutrinárias a respeito, havendo quem entenda que a responsabilidade, no caso, é simplesmente objetiva (com excludentes de responsabilidade) e há quem entenda que é objetiva com risco integral (não admite excludentes de responsabilidade).

O STF ainda não enfrentou definitivamente essa questão. Porém, o STJ tem diversos acórdãos em que adota a responsabilidade objetiva ambiental sob o prisma da Teoria do Risco Integral. De acordo com essas decisões a responsabilidade civil ambiental objetiva não admite excludentes. Porém, as decisões em questão deixam claro que é necessária a presença de nexo de causalidade entre a ação ou omissão lesivas e o dano ambiental. Trata-se, assim, de um tipo *sui generis* de risco integral, em que, de um lado, exige-se nexo de causalidade, mas, de outro, deixa-se claro que eventual caso fortuito, força maior o fato de terceiro que rompam esse nexo não exclui a responsabilidade, por se ter um **nexo causal fortalecido** pela Teoria do Risco Integral. Veja as seguintes decisões:

DIREITO AMBIENTAL. RESPONSABILIDADE CIVIL OBJETIVA POR DANO AMBIENTAL PRIVADO.

O particular que deposite resíduos tóxicos em seu terreno, expondo-os a céu aberto, em local onde, apesar da existência de cerca e de placas de sinalização informando a presença de material orgânico, o acesso de outros particulares seja fácil, consentido e costumeiro, responde objetivamente pelos danos sofridos por pessoa que, por conduta não dolosa, tenha sofrido, ao entrar na propriedade, graves queimaduras decorrentes de contato com os resíduos. A responsabilidade civil por danos ambientais, seja por lesão ao meio ambiente propriamente dito (dano ambiental público), seja por ofensa a direitos individuais (dano ambiental privado), é objetiva, fundada na teoria do risco integral, em face do disposto no art. 14, § 1º, da Lei 6.938/1981, que consagra o princípio do poluidor-pagador. A responsabilidade objetiva fundamenta-se na noção de risco social, que está implícito em determinadas atividades, como a indústria, os meios de transporte de massa, as fontes de energia. Assim, a responsabilidade objetiva, calcada na teoria do risco, é uma imputação atribuída por lei a determinadas pessoas para ressarcirem os danos provocados por atividades exercidas no seu interesse e sob seu controle, sem que se proceda a qualquer indagação sobre o elemento subjetivo da conduta do agente ou de seus prepostos, bastando a relação de causalidade entre o dano sofrido pela vítima e a situação de risco criada pelo agente. Imputa-se objetivamente a obrigação de indenizar a quem conhece e domina a fonte de origem do risco, devendo, em face do interesse social, responder pelas consequências lesivas da sua atividade independente de culpa. Nesse sentido, a teoria do risco como cláusula geral de responsabilidade civil restou consagrada no enunciado normativo do parágrafo único do art. 927 do CC, que assim dispôs: "Haverá obrigação de reparar o dano, independentemente de culpa, nos casos especificados em lei, ou quando a atividade normalmente desenvolvida pelo autor do dano implicar, por sua natureza, risco para os direitos de outrem". A teoria do risco integral constitui uma modalidade extremada da teoria do risco em que o **nexo causal é fortalecido** de modo a não ser rompido pelo implemento das causas que normalmente o abalariam (*v.g.*

culpa da vítima; fato de terceiro, força maior). Essa modalidade é excepcional, sendo fundamento para hipóteses legais em que o risco ensejado pela atividade econômica também é extremado, como ocorre com o dano nuclear (art. 21, XXIII, "c", da CF e Lei 6.453/1977). O mesmo ocorre com o dano ambiental (art. 225, caput e § 3º, da CF e art. 14, § 1º, da Lei 6.938/1981), em face da crescente preocupação com o meio ambiente. Nesse mesmo sentido, extrai-se da doutrina que, na responsabilidade civil pelo dano ambiental, não são aceitas as excludentes de fato de terceiro, de culpa da vítima, de caso fortuito ou de força maior. Nesse contexto, a colocação de placas no local indicando a presença de material orgânico não é suficiente para excluir a responsabilidade civil. **STJ, REsp 1.373.788-SP, Rel. Min. Paulo de Tarso Sanseverino, julgado em 6/5/2014. (g.n.)**

DIREITO AMBIENTAL E CIVIL. RESPONSABILIDADE CIVIL EM DECORRÊNCIA DE DANO AMBIENTAL PROVOCADO PELA EMPRESA RIO POMBA CATAGUASES LTDA. NO MUNICÍPIO DE MIRAÍ-MG. RECURSO REPETITIVO (ART. 543-C DO CPC E RES. 8/2008-STJ).

Em relação ao acidente ocorrido no Município de Miraí-MG, em janeiro de 2007, quando a empresa de Mineração Rio Pomba Cataguases Ltda., durante o desenvolvimento de sua atividade empresarial, deixou vazar cerca de 2 bilhões de litros de resíduos de lama tóxica (bauxita), material que atingiu quilômetros de extensão e se espalhou por cidades dos Estados do Rio de Janeiro e de Minas Gerais, deixando inúmeras famílias desabrigadas e sem seus bens (móveis e imóveis): a) a responsabilidade por dano ambiental é objetiva, informada pela teoria do risco integral, sendo o nexo de causalidade o fator aglutinante que permite que o risco se integre na unidade do ato, sendo descabida a invocação, pela empresa responsável pelo dano ambiental, de excludentes de responsabilidade civil para afastar a sua obrigação de indenizar; b) em decorrência do acidente, a empresa deve recompor os danos materiais e morais causados; e c) na fixação da indenização por danos morais, recomendável que o arbitramento seja feito caso a caso e com moderação, proporcionalmente ao grau de culpa, ao nível socioeconômico dos autores, e, ainda, ao porte da empresa recorrida, orientando-se o juiz pelos critérios sugeridos pela doutrina e jurisprudência, com razoabilidade, valendo-se de sua experiência e bom senso, atento à realidade da vida e às peculiaridades de cada caso, de modo a que, de um lado, não haja enriquecimento sem causa de quem recebe a indenização e, de outro lado, haja efetiva compensação pelos danos morais experimentados por aquele que fora lesado.
Com efeito, em relação aos danos ambientais, incide a teoria do risco integral, advindo daí o caráter objetivo da responsabilidade, com expressa previsão constitucional (art. 225, § 3º, da CF) e legal (art. 14, § 1º, da Lei 6.938/1981), sendo, por conseguinte, descabida a alegação de excludentes de responsabilidade, bastando, para tanto, a ocorrência de resultado prejudicial ao homem e ao ambiente advinda de uma ação ou omissão do responsável (EDcl no REsp 1.346.430-PR, Quarta Turma, DJe 14/2/2013). Ressalte-se que a Lei 6.938/1981, em seu art. 4º, VII, dispõe que, dentre os objetivos da Política Nacional do Meio Ambiente, está "a imposição ao poluidor e ao predador da obrigação de recuperar e/ou indenizar os danos causados". Mas, para caracterização da obrigação de indenizar, é preciso, além da ilicitude da conduta, que exsurja do dano ao bem jurídico tutelado o efetivo prejuízo de cunho patrimonial ou moral, não sendo suficiente tão somente a prática de um fato *contra legem* ou *contra jus*, ou que contrarie o padrão jurídico das condutas. Assim, a ocorrência do dano moral não reside exatamente na simples ocorrência do ilícito em si, de sorte que nem todo ato desconforme com o ordenamento jurídico enseja indenização por dano moral. O importante é que o ato ilícito seja capaz de irradiar-se para a esfera da dignidade da pessoa, ofendendo-a de forma relativamente significante, sendo certo que determinadas ofensas geram dano moral *in re ipsa*. Na hipótese em foco, de acordo com prova delineada pelas instâncias ordinárias, constatou-se a existência de uma relação de causa e efeito, verdadeira ligação entre o rompimento da barragem com o vazamento de 2 bilhões de litros de dejetos de bauxita e o resultado danoso, caracterizando, assim, dano material e moral. **REsp 1.374.284-MG, Rel. Min. Luis Felipe Salomão, julgado em 27/8/2014.**

Há um caso, porém, em que o STJ vem decidindo que é dispensável a prova do nexo de causalidade, que é o caso da responsabilidade de adquirente de imóvel já danificado, por se tratar de obrigação *propter rem* (REsp 1.056.540, DJ 25/08/2009). Aliás, sobre o tema, sobreveio a Súmula 623 do STJ, pela qual "As obrigações ambientais possuem natureza *propter rem*, sendo admissível cobrá-las do proprietário ou possuidor atual e/ou dos anteriores, à escolha do credor".

Aliás, essa questão está agora prevista em lei. O Novo Código Florestal, em seu art. 2º, § 2º, dispõe que "as obrigações previstas nesta Lei têm natureza real e são transmitidas ao sucessor, de qualquer natureza, no caso de transferência de domínio ou posse do imóvel rural".

Mas voltando à questão do nexo causal nas ações de responsabilidade civil ambiental, o STJ, ao aplicar a Teoria do Risco Integral, tem decidido no sentido de que aquele que explora a atividade econômica na posição de garantidor da preservação ambiental deve ser sempre considerado responsável pelos danos vinculados à atividade, descabendo questionar a exclusão da responsabilidade pelo suposto rompimento do nexo causal (fato exclusivo de terceiro ou força maior). Por conta disso até mesmo o erro na concessão de licença ambiental não configura fato de terceiro capaz de interromper o nexo causal na reparação por lesão ao meio ambiente (REsp 1.612.887-PR, DJe 07.05.2020).

Quanto ao **sujeito responsável pela reparação do dano**, é o poluidor, que pode ser tanto pessoa física como jurídica, pública ou privada.

Quando o Poder Público não é o responsável pelo empreendimento, ou seja, não é o poluidor, sua responsabilidade é **subjetiva**, ou seja, depende, para se configurar, de comprovação de culpa administrativa do serviço de fiscalização (STJ, REsp 647.493). Assim, o Poder Público pode responder pelo dano ambiental por omissão no dever de fiscalizar. Nesse caso, haverá responsabilidade solidária do poluidor e do Poder Público.

Em se tratando de pessoa jurídica, a Lei 9.605/1998 estabelece que esta será responsável *nos casos em que a infração for cometida por decisão de seu representante legal ou contratual, ou de seu órgão colegiado, no interesse ou benefício da sua entidade*. Essa responsabilidade da pessoa jurídica não exclui a *das pessoas físicas, autoras, coautoras ou partícipes do mesmo fato*.

A Lei 9.605/1998 também estabelece uma cláusula geral que permite a **desconsideração da personalidade jurídica**, em qualquer caso, desde que destinada ao ressarcimento dos prejuízos causados à qualidade do meio ambiente. Segundo o seu art. 4º, *poderá ser desconsiderada a pessoa jurídica sempre que sua personalidade for obstáculo ao ressarcimento dos prejuízos causados à qualidade do meio ambiente*.

Adotou-se, com isso, a chamada teoria menor da desconsideração, para a qual basta a insolvência da pessoa jurídica para que se possa atingir o patrimônio de seus membros. No Direito Civil, ao contrário, adotou-se a teoria maior da desconsideração, teoria que exige maiores requisitos, no caso, a existência de um desvio de finalidade ou de uma confusão patrimonial para que haja desconsideração.

Vale ressaltar, também, que, além de objetiva, a responsabilidade civil ambiental, quando há mais de um responsável, é considerada **solidária** pelo Superior Tribunal de Justiça.

10.2. Reparação integral dos danos

A obrigação de reparar o dano não se limita a pagar uma indenização. Ela vai além: a reparação deve ser específica, isto é, ela deve buscar a restauração ou recuperação do bem ambiental lesado, ou seja, o seu retorno à situação anterior. Assim, a responsabilidade pode envolver as seguintes obrigações, conforme lição de Édis Milaré:

a) de reparação natural ou *in specie*: é a reconstituição ou recuperação do meio ambiente agredido, cessando a atividade lesiva e revertendo-se a degradação ambiental. É a primeira providência que deve ser tentada, ainda que mais onerosa que outras formas de reparação;

b) de indenização em dinheiro: consiste no ressarcimento pelos danos causados e não passíveis de retorno à situação anterior. Essa solução só será adotada quando não for viável fática ou tecnicamente a reconstituição. Trata-se de forma indireta de sanar a lesão. A indenização aqui cumprirá dois objetivos: i) dar uma resposta econômica aos danos sofridos pelas vítimas (o indivíduo e a sociedade); ii) dissuadir comportamentos semelhantes do poluidor ou de terceiros.

Há também uma terceira forma de reparação, além da recuperação específica e de reparação pecuniária. Trata-se da reparação por meio da **compensação ambiental.** Na lição de Marcos Destefenni, "a compensação é uma forma alternativa à reparação específica do dano ambiental, consistente na adoção de uma medida de equivalente importância ecológica dentro do mesmo ecossistema em que ocorreu o dano e mediante a observância de critérios técnicos especificados por órgãos públicos e aprovação prévia do órgão ambiental competente, admissível desde que seja impossível a reparação específica".

O STF entendeu constitucional a regra de compensação ambiental que determina apoio financeiro a unidades de conservação de proteção integral em caso de atividades sujeitas a EIA (ADI 3.378).

Na maior parte das vezes, a obrigação de fazer ou não fazer com vistas à reparação do dano não resolve 100% da questão, impondo-se também o dever de responsabilizar o causador do dano no pagamento de indenização. Nesse sentido, o STJ criou a Súmula 629, pela qual "Quanto ao dano ambiental, é admitida a condenação do réu à obrigação de fazer ou à de não fazer cumulada com a de indenizar".

10.3. Dano ambiental

É importante anotar que não é qualquer alteração adversa no meio ambiente causada pelo homem que pode ser considerada dano ambiental para fins de recuperação e indenização.

Por exemplo, o simples fato de alguém inspirar oxigênio e expirar gás carbônico não pode ser considerado dano ambiental.

O art. 3º, III, da Lei 6.938/1981 nos ajuda a desvendar quando se tem realmente um dano ambiental ao dispor que poluição é a degradação ambiental resultante de atividades que direta ou indiretamente:

a) prejudiquem a saúde, a segurança e o bem-estar da população;

b) criem condições adversas às atividades sociais e econômicas;

c) afetem desfavoravelmente a biota;

d) afetem as condições estéticas ou sanitárias do meio ambiente;

e) lancem matérias ou energia em desacordo com os padrões ambientais estabelecidos.

Assim, o **dano ambiental** pode ser conceituado como *aquele dano que prejudica a saúde, a segurança e o bem-estar da população, cria condições adversas às atividades sociais e econômicas, afeta desfavoravelmente a biota ou as condições estéticas ou sanitárias do meio ambiente, ou lançam matérias ou energia em desacordo com os padrões ambientais estabelecidos.*

Quanto aos direitos atingidos pelo dano ambiental, este pode atingir pessoas indetermináveis e ligadas por circunstâncias de fato (ocasião em que serão difusos), grupos de pessoas ligadas por relação jurídica base (ocasião em que serão coletivos), vítimas de dano oriundo de conduta comum (ocasião em que serão individuais homogêneos) e vítima do dano (ocasião em que serão individuais puros). No caso de pedido de indenização por parte de vítima de dano ambiental, o prazo prescricional segue a lei civil (3 anos), salvo se a vítima puder ser equiparada a consumidora, hipótese em que se aplica o prazo prescricional de 5 anos previsto no art. 27 do CDC, contado a partir do conhecimento do dano e sua autoria (STJ, REsp 1.354.348/RS, DJ 26/08/2014). Já quanto à pretensão de reparação do meio ambiente, é imprescritível.

De acordo com o pedido formulado na ação reparatória é que se saberá que tipo de interesse (difuso, coletivo, individual homogêneo ou individual puro) está sendo protegido naquela demanda.

Quanto à extensão do dano ambiental, a doutrina reconhece que este pode ser material (patrimonial) ou moral (extrapatrimonial). Será da segunda ordem quando afetar o bem-estar de pessoas, causando sofrimento e dor. Há de se considerar que há decisão do STJ no sentido de que não se pode falar em dano moral difuso, já que o dano deve estar relacionado a pessoas vítimas de sofrimento e não a uma coletividade de pessoas. De acordo com essa decisão, pode haver dano moral ambiental a pessoa determinada, mas não pode haver dano moral ambiental a pessoas indetermináveis.

No entanto, o STJ ainda está dividido com relação à existência ou não de dano moral coletivo. A favor dessa possibilidade, confira o REsp nº 1.180.078 (2ª T.). Contra essa possibilidade, confira o AgRg no REsp 1.109.905 (1ª T.).

10.4. A proteção do meio ambiente em juízo

A reparação do dano ambiental pode ser buscada extrajudicialmente, quando, por exemplo, é celebrado termo de **compromisso de ajustamento de conduta** com o Ministério Público, ou judicialmente, pela propositura da ação competente.

Há duas ações vocacionadas à defesa do meio ambiente. São elas: a **ação civil pública** (art. 129, III, da CF e Lei 7.347/1985) e a **ação popular** (art. 5º, LXXIII, CF e Lei 4.717/1965). A primeira pode ser promovida pelo Ministério Público, por entes da Administração Pública ou por associações constituídas há pelo menos um ano que tenham por objetivo a defesa do meio ambiente. Já a segunda é promovida pelo cidadão.

Também são cabíveis em matéria ambiental o **mandado de segurança** (art. 5º, LXIX e LXX, da CF e Lei 12.016/2009), individual ou coletivo, preenchidos os requisitos para tanto, tais como prova pré-constituída e ato de autoridade ou de agente delegado de serviço público; o **mandado de injunção** (art. 5º, LXXI, da CF), quando a falta de norma regulamentadora torne inviável o exercício dos direitos e liberdades constitucionais e das prerrogativas inerentes à nacionalidade, à soberania e à cidadania; as **ações de inconstitucionalidade** (arts. 102 e 103 da CF e Leis 9.868/1999 e 9.882/1999); e a **ação civil de responsabilidade por ato de improbidade administrativa** em matéria ambiental (art. 37, § 4º, da CF, Lei 8.429/1992 e art. 52 da Lei 10.257/2001).

Voltando à Lei 9.605/1998, sua preocupação com a reparação do dano é tão grande que, mesmo para o processo penal, determina a realização de uma perícia de constatação do dano ambiental, a qual, sempre que possível, fixará o montante do prejuízo causado para efeitos de **concessão de fiança e cálculo da multa** (art. 19), devendo a **sentença penal condenatória**, também, sempre que possível, fixar o valor mínimo para reparação dos danos causados pela infração, considerando os danos sofridos pelo ofendido ou pelo meio ambiente, valor que deve ser executado sem prejuízo da liquidação para apuração do dano efetivamente sofrido (art. 20).

Além disso, nos casos em que é cabível a **transação penal**, é requisito de sua concessão a prévia composição dos danos, salvo comprovada impossibilidade (art. 27). A suspensão do processo, quando concedida, só poderá implicar a posterior **extinção da punibilidade** se houver laudo de constatação de reparação do dano ambiental; em não havendo reparação completa, a suspensão será prorrogada até o limite máximo, acrescido de um ano, para efetiva reparação do dano (art. 28), podendo haver mais uma prorrogação, limitada ao período total anterior.

Vale lembrar, ainda, que, aplicada **multa por infração administrativa ambiental**, seu valor será revertido ao Fundo Nacional do Meio Ambiente, fundos estaduais ou municipais do meio ambiente, devendo ser utilizado para prevenção e reparação do dano ambiental. Permite-se aos órgãos executivos integrantes do SISNAMA a celebração de termo de compromisso de ajustamento de conduta, com fim de prevenir e/ou reparar danos ambientais.

Outro ponto importante é que o STJ editou a Súmula 618, no sentido de que "A inversão do ônus da prova aplica-se às ações de degradação ambiental". Essa súmula veio a consagrar um entendimento que já vinha sendo aplicado à matéria por boa parte dos tribunais, e que agora não gera mais dúvida. Vale dizer que tal entendimento se restringe às ações de natureza cível, não se aplicando às ações penais ambientais. Isso traz importantes efeitos práticos, pois o acusado em ação civil ambiental terá, com a inversão, o ônus de fazer a prova de que a sua conduta não se enquadra nos requisitos que ensejam a responsabilidade civil ambiental.

Por fim, faz-se necessário informar que o Superior Tribunal de Justiça vem entendendo que a pretensão de reparação do meio ambiente é imprescritível. Tal entendimento decorre de vários fundamentos doutrinários, tais como os seguintes:

a lesão ambiental é permanente, o meio ambiente deve ser protegido para as presentes e futuras gerações (art. 225, *caput*, da CF) e a imprescritibilidade da pretensão de ressarcimento ao erário (art. 37, § 5º, da CF) deve ser estendida para o caso.

Confira a seguinte decisão no sentido da imprescritibilidade: "o direito ao pedido de reparação por danos ambientais, dentro da logicidade hermenêutica, está protegido pelo manto da imprescritibilidade, por se tratar de direito inerente à vida, fundamental e essencial à afirmação dos povos, independentemente de não estar expresso em texto legal" (STJ, REsps 1.120 .117 e 647.493).

11. RESPONSABILIDADE ADMINISTRATIVA AMBIENTAL

Outra forma muito eficaz de prevenir e reprimir danos ao meio ambiente é aplicar sanções administrativas àqueles que se envolverem em atividades que possam causar prejuízos ambientais.

A responsabilidade administrativa ocorre quando alguém pratica uma infração administrativa.

A **infração administrativa** é assim conceituada pela lei (arts. 70 e seguintes da Lei 9.605/1998): *considera-se infração administrativa ambiental toda ação ou omissão que viole as regras jurídicas de uso, gozo, promoção, proteção e recuperação do meio ambiente*.

O Decreto 6.514/2008 adensa o conceito acima, estabelecendo uma séria de *tipos administrativos* que ensejam a aplicação das respectivas sanções. Esse decreto é de leitura obrigatória.

Vale salientar que o STJ é claro no sentido de que a responsabilidade administrativa ambiental é de natureza subjetiva, e não objetiva, como é a responsabilidade civil ambiental. Nesse sentido, confira:

"No caso analisado foi imposta multa por dano ambiental sob o fundamento da responsabilidade objetiva decorrente da propriedade da carga transportada por outrem, que efetivamente teve participação direta no acidente que causou a degradação ambiental. Ocorre que a jurisprudência desta Corte, em casos análogos, assentou que a responsabilidade administrativa ambiental é de natureza subjetiva. A aplicação de penalidades administrativas não obedece à lógica da responsabilidade objetiva da esfera cível (para reparação dos danos causados), mas deve obedecer à sistemática da teoria da culpabilidade, ou seja, a conduta deve ser cometida pelo alegado transgressor, com demonstração de seu elemento subjetivo, e com demonstração do nexo causal entre a conduta e o dano. A diferença entre os dois âmbitos (cível e administrativo) de punição e suas consequências fica bem estampada da leitura do art. 14, *caput* e § 1º, da Lei n. 6.938/1981. Em resumo: a aplicação e a execução das penas limitam-se aos transgressores; a reparação ambiental, de cunho civil, a seu turno, pode abranger todos os poluidores, a quem a própria legislação define como "a pessoa física ou jurídica, de direito público ou privado, responsável, direta ou indiretamente, por atividade causadora de degradação ambiental" (art. 3º, inc. V, do mesmo diploma normativo). Assim, o uso do vocábulo "transgressores" no *caput* do art. 14, comparado à utilização da palavra "poluidor" no § 1º do mesmo dispositivo, deixa a entender aquilo que já se podia inferir da vigência do princípio da intranscendência das penas:

a responsabilidade civil por dano ambiental é subjetivamente mais abrangente do que as responsabilidades administrativa e penal, não admitindo estas últimas que terceiros respondam a título objetivo por ofensas ambientais praticadas por outrem" (Informativo n. 650 - EREsp 1.318.051-RJ, DJe 12.06.2019).

São **autoridades competentes** para lavrar auto de infração ambiental e instaurar processo administrativo os funcionários de órgãos ambientais integrantes do SISNAMA, designados para as atividades de fiscalização, bem como os agentes das Capitanias dos Portos. Qualquer pessoa pode representar a essas autoridades, que estão obrigadas a proceder à apuração imediata do fato mediante processo administrativo próprio, assegurados os direitos de ampla defesa e contraditório.

O **rito** do processo administrativo segue o seguinte trâmite: uma vez lavrado o auto de infração, o infrator terá 20 dias para oferecer defesa ou impugnação, contados da ciência da autuação; apresentada ou não a defesa ou a impugnação, a autoridade competente terá 30 dias para **julgar** o autor da infração; se o julgamento importar em decisão condenatória, o infrator terá 20 dias para recorrer à instância superior do SISNAMA ou à Diretoria de Portos e Costas do Ministério da Marinha; o pagamento da multa deverá ser feito em 5 dias, contados da data do recebimento da notificação.

Em 2019 houve uma série de modificações no Decreto 6.514/2008, especialmente no que diz respeito à estimulação da conciliação como vistas a encerrar processos administrativos federais relativos à apuração de infrações administrativas ambientais (art. 95-A). Já por ocasião da lavratura do auto de infração o autuado já será notificado para, querendo, comparecer à Administração em data e horário agendados para participar de audiência de conciliação ambiental (art. 97-A), ficando o prazo para defesa sobrestado até a data da realização da audiência (art. 97-A, § 1º).

As sanções serão aplicadas observando: a) a gravidade do fato (tendo em vista os motivos da infração e as consequências para a saúde pública e para o meio ambiente); b) os antecedentes do infrator quanto ao cumprimento da legislação ambiental; e c) a situação econômica do infrator, no caso de multa. Além disso, o aplicador deverá observar as disposições do Decreto 6.514/2008, que especifica as sanções cabíveis para cada *tipo administrativo* lá previsto, principalmente quanto ao valor da multa cabível para cada tipo. Se o infrator cometer, simultaneamente, duas ou mais infrações, ser-lhe-ão aplicadas, cumulativamente, as sanções a elas cominadas. A Lei 9.605/1998 estabelece as seguintes sanções:

a) Advertência: será aplicada pela inobservância das disposições da legislação em vigor, sem prejuízo das demais sanções abaixo; vale dizer que o STJ entende que deve ser aplicada sanção mais pesada que a advertência em caso reincidência ou não cessação de infração de pequena intensidade ou no caso de transgressão grave (REsp 1.318.051-RJ, DJ 12.05.2015);

b) Multa simples: será aplicada sempre que o agente, por negligência ou dolo: i) não sanar as irregularidades no prazo estabelecido na advertência; ii) opuser embaraço à fiscalização dos órgãos ambientais;

c) Multa diária: será aplicada sempre que o cometimento da infração se prolongar no tempo.

Observações: a multa terá por base a unidade (hectare, metro cúbico, quilograma ou outra medida pertinente), sendo que seu valor será fixado em regulamento, variando de R$ 50 a R$ 50 milhões, corrigidos periodicamente; o pagamento de multa imposta pelos Estados e Municípios, Distrito Federal ou Territórios substitui a multa federal na mesma hipótese de incidência; por conta disso, a cobrança por Município de multa relativa a danos ambientais já paga à União anteriormente, pelo mesmo fato, não configura *bis in idem* (STJ, REsp 1.132.682-RJ, DJe 12.03.2020);

d) Apreensão dos animais, produtos e subprodutos da fauna e flora, instrumentos, petrechos, equipamentos ou veículos de qualquer natureza utilizados na infração: segundo o art. 25 da Lei 9.605/1998, verificada a infração, serão apreendidos seus produtos e instrumentos, lavrando-se os respectivos autos; os animais serão libertados em seu hábitat ou entregues a zoológicos, fundações ou entidades assemelhadas; os produtos perecíveis ou madeiras serão avaliados e doados a instituições científicas, hospitalares, penais e outras com fins beneficentes; os produtos e subprodutos da fauna serão destruídos ou doados a instituições científicas, culturais ou educacionais; os instrumentos da infração serão vendidos, garantida sua descaracterização por meio da reciclagem;

e) Destruição ou inutilização do produto: *vide* item "d" acima;

f) Suspensão de venda e fabricação do produto: será aplicada quando o produto não obedecer às prescrições legais ou regulamentares;

g) Embargo de obra ou atividade: será aplicado quando a obra ou atividade não obedecer às prescrições legais ou regulamentares;

h) Demolição de obra: será aplicada quando a obra não obedecer às prescrições legais ou regulamentares;

i) Suspensão total ou parcial de atividades: será aplicada quando a atividade não obedecer às prescrições legais ou regulamentares;

j) Restritiva de direitos: são sanções desse tipo a suspensão ou cancelamento de registro, licença ou autorização; a perda ou restrição de incentivos ou benefícios legais; a perda ou suspensão de linhas de financiamento oficiais; e proibição de contratar com o poder público por até 3 anos.

O infrator pode se insurgir contra a aplicação da sanção administrativa na via judicial. A defesa pode se dar por **ação anulatória de débito fiscal** (no caso de aplicação de multa, em que ainda não houve oportunidade de oferecer embargos à execução fiscal), **embargos à execução fiscal** (também no caso de multa), **mandado de segurança** contra a sanção aplicada (a ação pode ser promovida contra a aplicação de quaisquer das sanções administrativas, mas reclama direito líquido e certo, ou seja, direito cujos fatos possam ser comprovados de plano, com prova pré-constituída) ou **outra ação de conhecimento**, em que o autor poderá questionar qualquer sanção, inclusive com a possibilidade de fazer pedido cautelar ou de tutela antecipada, respeitados os requisitos dessas medidas contra o Poder Público.

Por fim, vale trazer informação acerca da **prescrição da cobrança de multa ambiental**. Com efeito, o STJ vem entendendo que se aplica, no caso, a prescrição quinquenal prevista no Decreto 20.910/1932, ou seja, o Poder Público tem 5 anos para fazer a cobrança de multa ambiental, contados do vencimento do crédito sem o pagamento.

12. RESPONSABILIDADE PENAL AMBIENTAL

Por fim, outra forma muito efetiva de prevenir e reprimir danos ao meio ambiente é pela aplicação de sanções penais àqueles que estiverem envolvidos em atividades que possam causar ou causem prejuízos ambientais. A responsabilidade penal ambiental está prevista na Lei 9.605/1998.

12.1. Responsabilidade penal ambiental das pessoas físicas

As pessoas físicas autoras, coautoras ou partícipes de um crime ambiental, ainda que ajam em nome de pessoas jurídicas, serão responsabilizadas criminalmente. Além disso, respondem também criminalmente o diretor, o administrador, o membro de conselho e de órgão técnico, o auditor, o gerente, o preposto ou mandatário de pessoa jurídica, que, sabendo da conduta criminosa de outrem, deixa de impedir a sua prática, quando podia agir para evitá-la. Às pessoas físicas são aplicáveis as seguintes penas:

12.1.1. Privação da liberdade (detenção ou reclusão)

Estas poderão ser substituídas por penas restritivas de direito quando se tratar de crime culposo ou for aplicada pena privativa de liberdade inferior a 4 anos, desde que a substituição seja suficiente para efeitos de reprovação e prevenção do crime.

12.1.2. Multa

Será calculada segundo os critérios estabelecidos pelo Código Penal; se se revelar ineficaz, ainda que aplicada no valor máximo, poderá ser aumentada até três vezes, tendo em vista o valor da vantagem econômica auferida.

12.1.3. Restritivas de direito

Que podem ser de: a) prestação de serviços à comunidade; b) interdição temporária de direitos; c) suspensão parcial ou total de atividades; d) prestação pecuniária; e) recolhimento domiciliar.

12.2. Responsabilidade penal ambiental das pessoas jurídicas

As pessoas jurídicas serão responsabilizadas nos casos em que a **infração penal** for cometida por **decisão** de seu representante legal ou contratual, ou de seu órgão colegiado, no **interesse ou benefício da sua entidade**.

Às pessoas jurídicas são aplicáveis isolada, cumulativa ou alternativamente as seguintes **penas**:

12.2.1. Multa

Será calculada segundo os critérios estabelecidos pelo Código Penal; se se revelar ineficaz, ainda que aplicada no valor máximo, poderá ser aumentada até três vezes, tendo em vista o valor da vantagem econômica auferida.

12.2.2. Restritivas de direito

Que poderão ser de:

a) **suspensão parcial ou total da atividade**, em caso de infração a leis ou a regulamentos ambientais;

b) **interdição temporária de estabelecimento, obra ou atividade**, em caso de funcionamento sem autorização ou em desacordo com a concedida ou a lei;

c) **proibição de contratar com o Poder Público ou dele receber benefícios**, que não poderá exceder o prazo de 10 anos.

12.2.3. Prestação de serviços à comunidade

Que poderão ser de:

a) **custeio de programa e de projetos ambientais;**
b) **execução de obras de recuperação de áreas degradadas;**
c) **manutenção de espaços públicos;**
d) **contribuições a entidades ambientais ou culturais públicas.**

12.2.4. Liquidação forçada da pessoa jurídica

A pessoa jurídica constituída ou utilizada, preponderantemente, com o fim de permitir, facilitar ou ocultar a prática de crime ambiental terá decretada sua liquidação forçada e seu patrimônio será considerado instrumento de crime e como tal perdido em favor do Fundo Penitenciário Nacional.

12.3. Crimes ambientais

A Lei 9.605/1998 traz, nos arts. 29 a 69-A, diversos tipos penais, dentre os quais se destacam:

Art. 29: Matar, perseguir, caçar, apanhar, utilizar espécimes de fauna silvestre, nativos ou em rota migratória, sem a devida permissão, licença ou autorização da autoridade competente, ou em desacordo com a obtida;

Art. 30: Exportar peles e couros de anfíbios e répteis em bruto, sem autorização;

Art. 32: Abuso ou maus-tratos em animais silvestres, domésticos ou domesticados;

Art. 34: Pescar em período no qual a pesca é proibida ou em lugar interditado.

Obs.: não é crime o abate de animal, quando realizado em estado de necessidade (para saciar a fome do agente ou de sua família), para proteger lavouras, pomares, rebanhos, desde que autorizado, por ser nocivo o animal, assim caracterizado pela autoridade;

Art. 38: Destruir ou danificar floresta considerada de preservação permanente, mesmo que em formação, ou utilizá-la com infringência das normas de proteção. Se o crime for culposo, a pena se reduz à metade;

Art. 40: Causar dano direto ou indireto às Unidades de Conservação. Se o crime for culposo, a pena se reduz à metade;

Art. 41: Provocar incêndio em mata ou floresta;

Art. 42: Fabricar, vender, transportar ou soltar balões que possam provocar incêndios na flora;

Art. 54: Causar poluição em níveis que resultem ou possam resultar danos à saúde humana ou mortandade de animais ou destruição significativa da flora;

Art. 60: Realizar empreendimento potencialmente poluidor sem licença ou autorização dos órgãos competentes;

Art. 62: Destruir, inutilizar ou deteriorar bem protegido, arquivo, museu, biblioteca ou similar protegido;

Art. 65: Pichar, grafitar ou por outro meio conspurcar edificação ou monumento urbano.

Vale consignar que o STF decidiu que "É constitucional a lei de proteção animal que, a fim de resguardar a liberdade religiosa, permite o sacrifício ritual de animais em cultos de religiões de matriz africana" (RE 494601/RS, j. em 28.03.2019).

12.4. Processo penal

A **ação penal** quanto aos crimes previstos na Lei 9.605/1998 é pública incondicionada.

A **composição do dano ambiental é:** a) atenuante da pena; b) requisito para a transação penal; c) requisito para a extinção do processo na hipótese da suspensão de que trata o art. 89 da Lei 9.099/1995.

A **perícia de constatação do dano penal** será realizada para efeitos de prestação de fiança, cálculo da multa e fixação do valor mínimo para reparação dos danos causados pela infração, podendo ser aproveitada a perícia produzida no inquérito civil ou no juízo cível, instaurando-se o contraditório. Transitada em julgado a sentença condenatória, a execução poderá efetuar-se pelo valor nela fixado, sem prejuízo da liquidação para apuração do dano efetivamente sofrido.

A **competência** para julgar os crimes ambientais é da Justiça Estadual, ressalvado o interesse da União, suas autarquias ou empresas públicas, hipótese em que a competência será da Justiça Federal (art. 109, CF).

O **rito** a ser observado é o previsto no Código de Processo Penal, admitindo-se **transação penal** (art. 27 da Lei 9.605/1998 e arts. 74 e 76 da Lei 9.099/1995), **suspensão condicional do processo** (art. 28 da Lei 9.605/1998 e art. 89 da Lei 9.099/1995) e **suspensão condicional da pena** (art. 16 da Lei 9.605/1998 e arts. 77 a 82 do Código Penal).

Vale salientar que se alguém comete um crime ambiental e assina do termo de ajustamento de conduta (TAC) com órgão ambiental para reparação do meio ambiente e não mais cometer o ato que prejudica o meio ambiente, esse TAC não impede a instauração de ação penal, tendo reflexo apenas no plano cível e eventualmente administrativo, sendo que não se esfera penal o máximo que um TAC desse pode gerar é um reflexo na dosimetria da pena. Isso se dá porque "em matéria penal do STJ adotam a orientação de que, em razão da independência das instâncias penal e administrativa, a celebração de termo de ajustamento de conduta é incapaz de impedir a persecução penal, repercutindo apenas, em hipótese de condenação, na dosimetria da pena" (STJ, APn 888-DF, DJe 10.05.2018).

13. LEI DE BIOSSEGURANÇA (LEI 11.105/2005)

A chamada Lei de Biossegurança estabelece normas de segurança e mecanismos de fiscalização sobre os organismos geneticamente modificados (OGM)[4] e seus derivados.

Em relação aos OGMs, a lei trata da sua construção, cultivo, produção, manipulação, transporte, transferência, importação, exportação, armazenamento, pesquisa, comercialização, consumo, liberação no meio ambiente e descarte.

A Lei criou dois órgãos de suma importância, o Conselho Nacional de Biossegurança – CNBS e a Comissão Técnica de Nacional de Biossegurança – CTNBio. Confira a competência desses dois órgãos:

a) Compete ao **CNBS**, órgão de assessoramento superior do Presidente da República, composto de Ministros de Estado:

I. fixar princípios e diretrizes para a ação administrativa dos órgãos e entidades federais com competências sobre a matéria;

II. analisar, a pedido da CTNBio, quanto aos aspectos da conveniência e oportunidade socioeconômicas e do interesse nacional, os pedidos de liberação para uso comercial de OGM e seus derivados;

III. avocar e decidir, em última e definitiva instância, sobre os processos relativos a atividades que envolvam o uso comercial de OGM e seus derivados.

b) Compete à **CTNBio**, como instância colegiada multidisciplinar de caráter consultivo e deliberativo, formada por representantes da sociedade civil e do governo:

I. prestar apoio técnico e de assessoramento ao Governo Federal na formulação, atualização e implementação da Política Nacional de Biossegurança de OGM e seus derivados;

II. estabelecer normas técnicas de segurança e dar pareceres técnicos referentes à autorização para atividades que envolvam pesquisa e uso comercial de OGM e seus derivados, com base na avaliação de seu risco zoofitossanitário, à saúde humana e ao meio ambiente;

II. acompanhar o desenvolvimento e o progresso técnico e científico nas áreas de biossegurança, biotecnologia, bioética e afins, com o objetivo de aumentar sua capacitação para a proteção da saúde humana, dos animais e das plantas e do meio ambiente.

---

4. Além de definir os OGMs, a lei estabelece uma série de definições:
   I – organismo: toda entidade biológica capaz de reproduzir ou transferir material genético, inclusive vírus e outras classes que venham a ser conhecidas;
   II – ácido desoxirribonucleico – ADN, ácido ribonucleico – ARN: material genético que contém informações determinantes dos caracteres hereditários transmissíveis à descendência;
   III – moléculas de ADN/ARN recombinante: as moléculas manipuladas fora das células vivas mediante a modificação de segmentos de ADN/ARN natural ou sintético e que possam multiplicar-se em uma célula viva, ou ainda as moléculas de ADN/ARN resultantes dessa multiplicação; consideram-se também os segmentos de ADN/ARN sintéticos equivalentes aos de ADN/ARN natural;
   IV – engenharia genética: atividade de produção e manipulação de moléculas de ADN/ARN recombinante;
   V – organismo geneticamente modificado – OGM: organismo cujo material genético – ADN/ARN tenha sido modificado por qualquer técnica de engenharia genética;
   VI – derivado de OGM: produto obtido de OGM e que não possua capacidade autônoma de replicação ou que não contenha forma viável de OGM;
   VII – célula germinal humana: célula-mãe responsável pela formação de gametas presentes nas glândulas sexuais femininas e masculinas e suas descendentes diretas em qualquer grau de ploidia;
   VIII – clonagem: processo de reprodução assexuada, produzida artificialmente, baseada em um único patrimônio genético, com ou sem utilização de técnicas de engenharia genética;
   IX – clonagem para fins reprodutivos: clonagem com a finalidade de obtenção de um indivíduo;
   X – clonagem terapêutica: clonagem com a finalidade de produção de células-tronco embrionárias para utilização terapêutica;
   XI – células-tronco embrionárias: células de embrião que apresentam a capacidade de se transformar em células de qualquer tecido de um organismo.

Os interessados em realizar atividade prevista na Lei de Biossegurança deverão requerer **autorização** à CTNBio, que se manifestará no prazo fixado em regulamento.

Não se inclui na categoria de OGM o resultante de técnicas que impliquem a introdução direta, num organismo, de material hereditário (desde que não envolvam a utilização de moléculas de ADN/ARN recombinante ou OGM), inclusive fecundação *in vitro*, conjugação, transdução, transformação, indução poliploide e qualquer outro processo natural. Assim, as fertilizações *in vitro*, muito comuns nos dias de hoje, podem ser feitas sem necessidade de autorização da CTNBio.

A lei traz uma permissão bastante polêmica, que é a possibilidade, para fins de pesquisa e terapia, da utilização de **células-tronco embrionárias** obtidas de embriões humanos produzidos por fertilização *in vitro* e não utilizados no respectivo procedimento, atendidas as seguintes condições: I – sejam embriões inviáveis; ou II – sejam embriões congelados há 3 (três) anos ou mais, na data da publicação da Lei, ou que, já congelados na data da publicação da Lei, depois de completarem 3 (três) anos, contados a partir da data de congelamento.

Em qualquer caso, é necessário o consentimento dos genitores. As instituições de pesquisa e serviços de saúde que realizem pesquisa ou terapia com células-tronco embrionárias humanas deverão submeter seus projetos à apreciação e aprovação dos respectivos comitês de ética em pesquisa.

A questão da possibilidade de utilização desses embriões para fins de pesquisa e terapia é polêmica, pois as pessoas que defendem a inconstitucionalidade da lei neste ponto alegam que as células-tronco embrionárias humanas devem ser consideradas como seres com vida, protegidos pelo "direito à vida" previsto na Constituição.

A tese contrária entende que não há vida nessa fase e que os embriões em questão, melhor do que serem descartados, devem ser aproveitados para salvar e/ou melhorar as condições de pessoas que têm doenças que poderiam ser curadas ou mitigadas com a utilização de terapia ligada às células-tronco embrionárias.

O Ministério Público Federal ajuizou ADI pedindo a declaração de inconstitucionalidade do art. 5º e parágrafos da Lei de Biossegurança. A ADI levou o número 3.510 no Supremo Tribunal Federal e foi julgada improcedente.

Apesar da polêmica instaurada com a permissão legal de utilização de células-tronco embrionárias em determinadas circunstâncias, a lei também trouxe algumas proibições expressas, como a da clonagem humana. Segundo o art. 6º da Lei, fica proibido:

I. implementação de projeto relativo a OGM sem a manutenção de registro de seu acompanhamento individual;

II. engenharia genética em organismo vivo ou o manejo *in vitro* de ADN/ARN natural ou recombinante, realizado em desacordo com as normas previstas nesta Lei;

III. engenharia genética em célula germinal humana, zigoto humano e embrião humano;

IV. clonagem humana;

V. destruição ou descarte no meio ambiente de OGM e seus derivados em desacordo com as normas estabelecidas pela CTNBio, pelos órgãos e entidades de registro e fiscalização, referidos no art. 16 da Lei, e as constantes da Lei e de sua regulamentação;

VI. liberação no meio ambiente de OGM ou seus derivados, no âmbito de atividades de pesquisa, sem a decisão técnica favorável da CTNBio e, nos casos de liberação comercial, sem o parecer técnico favorável da CTNBio, ou sem o licenciamento do órgão ou entidade ambiental responsável, quando a CTNBio considerar a atividade como potencialmente causadora de degradação ambiental, ou sem a aprovação do Conselho Nacional de Biossegurança – CNBS, quando o processo tenha sido por ele avocado, na forma da Lei e de sua regulamentação;

VII. a utilização, a comercialização, o registro, o patenteamento e o licenciamento de tecnologias genéticas de restrição do uso.

A lei também estabelece responsabilidades civil, administrativa e penal pela prática de atos que violem seus dispositivos.

A responsabilidade civil por danos ao meio ambiente e a terceiros tem as seguintes características: a) é objetiva; b) impõe reparação integral; e c) é solidária entre todos os responsáveis (art. 20).

A responsabilidade administrativa tem as seguintes características: a) considera-se infração administrativa toda ação ou omissão que viole as normas da lei, na forma estabelecida em seu regulamento; b) cabe medida cautelar de apreensão de produtos, suspensão de venda de produto e embargos de atividades; c) as sanções administrativas podem ser de: advertência; multa; apreensão de OGM e seus derivados; suspensão da venda de OGM e seus derivados; embargo da atividade; interdição parcial ou total do estabelecimento, atividade ou empreendimento; suspensão de registro, licença ou autorização; cancelamento de registro, licença ou autorização; perda ou restrição de incentivo e benefício fiscal concedidos pelo governo; perda ou suspensão da participação em linha de financiamento em estabelecimento oficial de crédito; intervenção no estabelecimento; e proibição de contratar com a administração pública, por período de até 5 (cinco) anos; d) as multas variam de R$ 2 mil a R$ 1,5 milhão, proporcionais à gravidade da infração, podendo ser aplicadas em dobro, em caso de reincidência.

A responsabilidade penal traz os seguintes tipos penais:

Art. 24. Utilizar embrião humano em desacordo com o que dispõe o art. 5º desta Lei: pena – detenção, de 1 (um) a 3 (três) anos, e multa;

Art. 25. Praticar engenharia genética em célula germinal humana, zigoto humano ou embrião humano: pena – reclusão, de 1 (um) a 4 (quatro) anos, e multa;

Art. 26. Realizar clonagem humana: pena – reclusão, de 2 (dois) a 5 (cinco) anos, e multa;

Art. 27. Liberar ou descartar OGM no meio ambiente, em desacordo com as normas estabelecidas pela CTNBio e pelos órgãos e entidades de registro e fiscalização: pena – reclusão, de 1 (um) a 4 (quatro) anos, e multa (há causas de agravamento de pena);

Art. 28. Utilizar, comercializar, registrar, patentear e licenciar tecnologias genéticas de restrição do uso: pena – reclusão, de 2 (dois) a 5 (cinco) anos, e multa;

Art. 29. Produzir, armazenar, transportar, comercializar, importar ou exportar OGM ou seus derivados, sem autorização ou em desacordo com as normas estabelecidas pela CTNBio e pelos órgãos e entidades de registro e fiscalização: pena – reclusão, de 1 (um) a 2 (dois) anos, e multa.

A edição da Lei de Biossegurança é um grande avanço em matéria de Direito Ambiental, pois, como se viu, estabelece normas para a utilização de OGM e procedimentos de controle e fiscalização sobre as práticas nesse sentido, o que tem o condão de deixar mais seguro o exercício dessas atividades.

14. MARCO LEGAL DA BIODIVERSIDADE OU LEI DO PATRIMÔNIO GENÉTICO E DO CONHECIMENTO TRADICIONAL ASSOCIADO (LEI 13.123/2015)

O Brasil é um país especial em matéria de biodiversidade, por abrigar um arcabouço riquíssimo desta, o que não era bem aproveitado e devidamente protegido até a edição da Lei 13.123/15. Essa lei veio sanar esse problema e trata, com bastante detalhe, de bens, direitos e obrigações relativos ao seguinte (art. 1º, caput):

I – acesso ao patrimônio genético do País, bem de uso comum do povo encontrado em condições in situ, inclusive as espécies domesticadas e populações espontâneas, ou mantido em condições *ex situ*, desde que encontrado em condições in situ no território nacional, na plataforma continental, no mar territorial e na zona econômica exclusiva;

II – conhecimento tradicional associado ao patrimônio genético, relevante à conservação da diversidade biológica, à integridade do patrimônio genético do País e à utilização de seus componentes;

III - acesso à tecnologia e à transferência de tecnologia para a conservação e a utilização da diversidade biológica;

IV – exploração econômica de produto acabado ou material reprodutivo oriundo de acesso ao patrimônio genético ou ao conhecimento tradicional associado;

V – repartição justa e equitativa dos benefícios derivados da exploração econômica de produto acabado ou material reprodutivo oriundo de acesso ao patrimônio genético ou ao conhecimento tradicional associado, para conservação e uso sustentável da biodiversidade;

VI – remessa para o exterior de parte ou do todo de organismos, vivos ou mortos, de espécies animais, vegetais, microbianas ou de outra natureza, que se destine ao acesso ao patrimônio genético; e

VII – implementação de tratados internacionais sobre o patrimônio genético ou o conhecimento tradicional associado aprovados pelo Congresso Nacional e promulgados.

De acordo com o § 1º do art. 1º da lei, "o acesso ao patrimônio genético ou ao conhecimento tradicional associado será efetuado sem prejuízo dos direitos de propriedade material ou imaterial que incidam sobre o patrimônio genético ou sobre o conhecimento tradicional associado acessado ou sobre o local de sua ocorrência".

O regramento anterior dessa temática (MP 2.186-16/2001) era de difícil aplicação e a novel lei, que revoga a norma citada, é marco regulatório bastante avançado e com uma série de vantagens, com destaque para a simplificação de procedimentos, como se dá, por exemplo, no fato de a lei admitir um cadastro eletrônico declaratório por parte do usuário, em substituição à necessidade de autorização prévia em matéria de pesquisa e desenvolvimento tecnológico. A chamada anuência prévia (ou consentimento prévio informado) agora é exigida apenas para o acesso ao conhecimento tradicional associado de origem identificável (art. 9º).

Ressalte-se também a nova regulamentação da repartição de benefícios, que, segundo determina a nova lei, será de responsabilidade do último fabricante na cadeia de produção, quanto aos benefícios gerados pelo produto acabado ou material reprodutivo (art. 18, § 1º). Isso facilita as coisas e ainda impede que haja oneração demasiada sobre aquelas atividades iniciais de pesquisa e desenvolvimento tecnológico.

Recomenda-se a leitura da lei na íntegra, para conhecimento de mais detalhes sobre o novo marco legal da biodiversidade.

15. POLÍTICA NACIONAL DE RESÍDUOS SÓLIDOS (LEI 12.305/2010)

Esta lei tem aparecido com enorme recorrência, de modo que é altamente recomendável que você a leia por inteiro (Lei 12.305/2010).

Mas o que são resíduos sólidos? De acordo com a lei são o "material, substância, objeto ou bem descartado resultante de atividades humanas em sociedade, a cuja destinação final se procede, se propõe proceder ou se está obrigado a proceder, nos estados sólido ou semissólido, bem como gases contidos em recipientes e líquidos cujas particularidades tornem inviável o seu lançamento na rede pública de esgotos ou em corpos d'água, ou exijam para isso soluções técnica ou economicamente inviáveis em face da melhor tecnologia disponível" (art. 3º, XVI).

Repare que esse conceito abrange não só o lixo que descartamos no nosso dia a dia, como também uma série de outros materiais, substâncias, objetos ou bem descartados pelas pessoas, seja em atividades pessoais, profissionais ou empresariais.

Estão sujeitas à observância dessa lei as pessoas físicas ou jurídicas, de direito público ou privado, responsáveis, direta ou indiretamente, pela geração de resíduos sólidos e as que desenvolvam ações relacionadas à gestão integrada ou ao gerenciamento de resíduos sólidos. Porém, essa lei não se aplica aos rejeitos radioativos, que são regulados por legislação específica (art. 1º, §§ 1º e 2º).

A Política Nacional de Resíduos Sólidos tem os seguintes **princípios** (art. 6º):

I – a prevenção e a precaução;

II – o poluidor-pagador e o protetor-recebedor;

III – a visão sistêmica, na gestão dos resíduos sólidos, que considere as variáveis ambiental, social, cultural, econômica, tecnológica e de saúde pública;

IV – o desenvolvimento sustentável;

V – a ecoeficiência, mediante a compatibilização entre o fornecimento, a preços competitivos, de bens e serviços qualificados que satisfaçam as necessidades humanas e tragam qualidade de vida e a redução do impacto ambiental e do consumo de recursos naturais a um nível, no mínimo, equivalente à capacidade de sustentação estimada do planeta;

VI – a cooperação entre as diferentes esferas do poder público, o setor empresarial e demais segmentos da sociedade;

VII – a responsabilidade compartilhada pelo ciclo de vida dos produtos;

VIII – o reconhecimento do resíduo sólido reutilizável e reciclável como um bem econômico e de valor social, gerador de trabalho e renda e promotor de cidadania;

IX – o respeito às diversidades locais e regionais;

X – o direito da sociedade à informação e ao controle social;

XI – a razoabilidade e a proporcionalidade.

A Política Nacional de Resíduos Sólidos tem os seguintes **objetivos** (art. 7º):

I – proteção da saúde pública e da qualidade ambiental;

II – não geração, redução, reutilização, reciclagem e tratamento dos resíduos sólidos, bem como disposição final ambientalmente adequada dos rejeitos;

III – estímulo à adoção de padrões sustentáveis de produção e consumo de bens e serviços;

IV – adoção, desenvolvimento e aprimoramento de tecnologias limpas como forma de minimizar impactos ambientais;

V – redução do volume e da periculosidade dos resíduos perigosos;

VI – incentivo à indústria da reciclagem, tendo em vista fomentar o uso de matérias-primas e insumos derivados de materiais recicláveis e reciclados;

VII – gestão integrada de resíduos sólidos;

VIII – articulação entre as diferentes esferas do poder público, e destas com o setor empresarial, com vistas à cooperação técnica e financeira para a gestão integrada de resíduos sólidos;

IX – capacitação técnica continuada na área de resíduos sólidos;

X – regularidade, continuidade, funcionalidade e universalização da prestação dos serviços públicos de limpeza urbana e de manejo de resíduos sólidos, com adoção de mecanismos gerenciais e econômicos que assegurem a recuperação dos custos dos serviços prestados, como forma de garantir sua sustentabilidade operacional e financeira, observada a Lei 11.445, de 2007;

XI – prioridade, nas aquisições e contratações governamentais, para:

a) produtos reciclados e recicláveis;

b) bens, serviços e obras que considerem critérios compatíveis com padrões de consumo social e ambientalmente sustentáveis;

XII – integração dos catadores de materiais reutilizáveis e recicláveis nas ações que envolvam a responsabilidade compartilhada pelo ciclo de vida dos produtos;

XIII – estímulo à implementação da avaliação do ciclo de vida do produto;

XIV – incentivo ao desenvolvimento de sistemas de gestão ambiental e empresarial voltados para a melhoria dos processos produtivos e ao reaproveitamento dos resíduos sólidos, incluídos a recuperação e o aproveitamento energético;

XV – estímulo à rotulagem ambiental e ao consumo sustentável.

A Política Nacional de Resíduos Sólidos tem, entre outros, os seguintes **instrumentos**:

I – os planos de resíduos sólidos;

II – os inventários e o sistema declaratório anual de resíduos sólidos;

III – a coleta seletiva, os sistemas de logística reversa e outras ferramentas relacionadas à implementação da responsabilidade compartilhada pelo ciclo de vida dos produtos;

IV – o incentivo à criação e ao desenvolvimento de cooperativas ou de outras formas de associação de catadores de materiais reutilizáveis e recicláveis;

V – o monitoramento e a fiscalização ambiental, sanitária e agropecuária;

VI – a cooperação técnica e financeira entre os setores público e privado para o desenvolvimento de pesquisas de novos produtos, métodos, processos e tecnologias de gestão, reciclagem, reutilização, tratamento de resíduos e disposição final ambientalmente adequada de rejeitos;

VII – a pesquisa científica e tecnológica;

VIII – a educação ambiental;

IX – os incentivos fiscais, financeiros e creditícios;

X – o Fundo Nacional do Meio Ambiente e o Fundo Nacional de Desenvolvimento Científico e Tecnológico;

XI – o Sistema Nacional de Informações sobre a Gestão dos Resíduos Sólidos (Sinir);

XII – o Sistema Nacional de Informações em Saneamento Básico (Sinisa);

XIII – os conselhos de meio ambiente e, no que couber, os de saúde;

XIV – os órgãos colegiados municipais destinados ao controle social dos serviços de resíduos sólidos urbanos;

XV – o Cadastro Nacional de Operadores de Resíduos Perigosos;

XVI – os acordos setoriais;

XVII – no que couber, os instrumentos da Política Nacional de Meio Ambiente, entre eles:

a) os padrões de qualidade ambiental;

b) o Cadastro Técnico Federal de Atividades Potencialmente Poluidoras ou Utilizadoras de Recursos Ambientais;

c) o Cadastro Técnico Federal de Atividades e Instrumentos de Defesa Ambiental;

d) a avaliação de impactos ambientais;

e) o Sistema Nacional de Informação sobre Meio Ambiente (Sinima);

f) o licenciamento e a revisão de atividades efetiva ou potencialmente poluidoras;

XVIII – os termos de compromisso e os termos de ajustamento de conduta;

XIX – o incentivo à adoção de consórcios ou de outras formas de cooperação entre os entes federados, com vistas à elevação das escalas de aproveitamento e à redução dos custos envolvidos.

Confira agora as **diretrizes gerais** da **gestão dos resíduos sólidos**:

I) Na gestão e gerenciamento de resíduos sólidos, deve ser observada a seguinte ordem de prioridade: não geração, redução, reutilização, reciclagem, tratamento dos resíduos sólidos e disposição final ambientalmente adequada dos rejeitos (art. 9º, *caput*).

II) Incumbe ao Distrito Federal e aos Municípios a gestão integrada dos resíduos sólidos gerados nos respectivos territórios, sem prejuízo das competências de controle e fiscalização dos órgãos federais e estaduais do Sisnama, do SNVS e do Suasa, bem como da responsabilidade do gerador pelo gerenciamento de resíduos, consoante o estabelecido nessa lei (art. 10).

III) Observadas as diretrizes e demais determinações estabelecidas na lei e em seu regulamento, incumbe aos Estados (art. 11):

a) promover a integração da organização, do planejamento e da execução das funções públicas de interesse comum relacionadas à gestão dos resíduos sólidos nas regiões metropolitanas, aglomerações urbanas e microrregiões, nos termos da lei complementar estadual prevista no § 3º do art. 25 da Constituição Federal;

b) controlar e fiscalizar as atividades dos geradores sujeitas a licenciamento ambiental pelo órgão estadual do Sisnama.

c) A atuação do Estado na forma do *caput* deve apoiar e priorizar as iniciativas do Município de soluções consorciadas ou compartilhadas entre 2 (dois) ou mais Municípios.

IV) A União, os Estados, o Distrito Federal e os Municípios organizarão e manterão, de forma conjunta, o Sistema Nacional de Informações sobre a Gestão dos Resíduos Sólidos (Sinir), articulado com o Sinisa e o Sinima (art. 12).

V) Os resíduos sólidos têm a seguinte classificação (art. 13):

V.I – quanto à origem:

a) resíduos domiciliares: os originários de atividades domésticas em residências urbanas;

b) resíduos de limpeza urbana: os originários da varrição, limpeza de logradouros e vias públicas e outros serviços de limpeza urbana;

c) resíduos sólidos urbanos: os englobados nas alíneas "a" e "b";

d) resíduos de estabelecimentos comerciais e prestadores de serviços: os gerados nessas atividades, excetuados os referidos nas alíneas "b", "e", "g", "h" e "j";

e) resíduos dos serviços públicos de saneamento básico: os gerados nessas atividades, excetuados os referidos na alínea "c";

f) resíduos industriais: os gerados nos processos produtivos e instalações industriais;

g) resíduos de serviços de saúde: os gerados nos serviços de saúde, conforme definido em regulamento ou em normas estabelecidas pelos órgãos do Sisnama e do SNVS;

h) resíduos da construção civil: os gerados nas construções, reformas, reparos e demolições de obras de construção civil, incluídos os resultantes da preparação e escavação de terrenos para obras civis;

i) resíduos agrossilvopastoris: os gerados nas atividades agropecuárias e silviculturais, incluídos os relacionados a insumos utilizados nessas atividades;

j) resíduos de serviços de transportes: os originários de portos, aeroportos, terminais alfandegários, rodoviários e ferroviários e passagens de fronteira;

k) resíduos de mineração: os gerados na atividade de pesquisa, extração ou beneficiamento de minérios;

V.II – quanto à periculosidade:

a) resíduos perigosos: aqueles que, em razão de suas características de inflamabilidade, corrosividade, reatividade, toxicidade, patogenicidade, carcinogenicidade, teratogenicidade e mutagenicidade, apresentam significativo risco à saúde pública ou à qualidade ambiental, de acordo com lei, regulamento ou norma técnica;

b) resíduos não perigosos: aqueles não enquadrados na alínea "a".

Os planos de resíduos sólidos estão previstos nos arts. 14 a 24, cuja leitura na lei recomendamos.

Já no que diz respeito às **responsabilidades dos geradores de resíduos sólidos e do Poder Público**, confira as disposições legais:

"Art. 25. O poder público, o setor empresarial e a coletividade são responsáveis pela efetividade das ações voltadas para assegurar a observância da Política Nacional de Resíduos Sólidos e das diretrizes e demais determinações estabelecidas nesta Lei e em seu regulamento.

Art. 26. O titular dos serviços públicos de limpeza urbana e de manejo de resíduos sólidos é responsável pela organização e prestação direta ou indireta desses serviços, observados o respectivo plano municipal de gestão integrada de resíduos sólidos, a Lei 11.445, de 2007, e as disposições desta Lei e seu regulamento.

Art. 27. As pessoas físicas ou jurídicas referidas no art. 20 são responsáveis pela implementação e operacionalização integral do plano de gerenciamento de resíduos sólidos aprovado pelo órgão competente na forma do art. 24.

§ 1º A contratação de serviços de coleta, armazenamento, transporte, transbordo, tratamento ou destinação final de resíduos sólidos, ou de disposição final de rejeitos, não isenta as pessoas físicas ou jurídicas referidas no art. 20 da responsabilidade por danos que vierem a ser provocados pelo gerenciamento inadequado dos respectivos resíduos ou rejeitos.

§ 2º Nos casos abrangidos pelo art. 20, as etapas sob responsabilidade do gerador que forem realizadas pelo poder público serão devidamente remuneradas pelas pessoas físicas ou jurídicas responsáveis, observado o disposto no § 5º do art. 19.

Art. 28. O gerador de resíduos sólidos domiciliares tem cessada sua responsabilidade pelos resíduos com a disponibilização adequada para a coleta ou, nos casos abrangidos pelo art. 33, com a devolução.

Art. 29. Cabe ao poder público atuar, subsidiariamente, com vistas a minimizar ou cessar o dano, logo que tome conhecimento de evento lesivo ao meio ambiente ou à saúde pública relacionado ao gerenciamento de resíduos sólidos.

Parágrafo único. Os responsáveis pelo dano ressarcirão integralmente o poder público pelos gastos decorrentes das ações empreendidas na forma do *caput*.

Seção II

Da Responsabilidade Compartilhada

Art. 30. É instituída a responsabilidade compartilhada pelo ciclo de vida dos produtos, a ser implementada de forma individualizada e encadeada, abrangendo os fabricantes, importadores, distribuidores e comerciantes, os consumidores e os titulares dos serviços públicos de limpeza urbana e de manejo de resíduos sólidos, consoante as atribuições e procedimentos previstos nesta Seção.

Parágrafo único. A responsabilidade compartilhada pelo ciclo de vida dos produtos tem por objetivo:

I – compatibilizar interesses entre os agentes econômicos e sociais e os processos de gestão empresarial e mercadológica com os de gestão ambiental, desenvolvendo estratégias sustentáveis;

II – promover o aproveitamento de resíduos sólidos, direcionando-os para a sua cadeia produtiva ou para outras cadeias produtivas;

III – reduzir a geração de resíduos sólidos, o desperdício de materiais, a poluição e os danos ambientais;

IV – incentivar a utilização de insumos de menor agressividade ao meio ambiente e de maior sustentabilidade;

V – estimular o desenvolvimento de mercado, a produção e o consumo de produtos derivados de materiais reciclados e recicláveis;

VI – propiciar que as atividades produtivas alcancem eficiência e sustentabilidade;

VII – incentivar as boas práticas de responsabilidade socioambiental.

Art. 31. Sem prejuízo das obrigações estabelecidas no plano de gerenciamento de resíduos sólidos e com vistas a fortalecer a responsabilidade compartilhada e seus objetivos, os fabricantes, importadores, distribuidores e comerciantes têm responsabilidade que abrange:

I – investimento no desenvolvimento, na fabricação e na colocação no mercado de produtos:

a) que sejam aptos, após o uso pelo consumidor, à reutilização, à reciclagem ou a outra forma de destinação ambientalmente adequada;

b) cuja fabricação e uso gerem a menor quantidade de resíduos sólidos possível;

II – divulgação de informações relativas às formas de evitar, reciclar e eliminar os resíduos sólidos associados a seus respectivos produtos;

III – recolhimento dos produtos e dos resíduos remanescentes após o uso, assim como sua subsequente destinação final ambientalmente adequada, no caso de produtos objeto de sistema de logística reversa na forma do art. 33;

IV – compromisso de, quando firmados acordos ou termos de compromisso com o Município, participar das ações previstas no plano municipal de gestão integrada de resíduos sólidos, no caso de produtos ainda não inclusos no sistema de logística reversa.

Art. 32. As embalagens devem ser fabricadas com materiais que propiciem a reutilização ou a reciclagem.

§ 1º Cabe aos respectivos responsáveis assegurar que as embalagens sejam:

I – restritas em volume e peso às dimensões requeridas à proteção do conteúdo e à comercialização do produto;

II – projetadas de forma a serem reutilizadas de maneira tecnicamente viável e compatível com as exigências aplicáveis ao produto que contêm;

III – recicladas, se a reutilização não for possível.

§ 2º O regulamento disporá sobre os casos em que, por razões de ordem técnica ou econômica, não seja viável a aplicação do disposto no *caput*.

§ 3º É responsável pelo atendimento do disposto neste artigo todo aquele que:

I – manufatura embalagens ou fornece materiais para a fabricação de embalagens;

II – coloca em circulação embalagens, materiais para a fabricação de embalagens ou produtos embalados, em qualquer fase da cadeia de comércio.

Art. 33. São obrigados a estruturar e implementar sistemas de logística reversa, mediante retorno dos produtos após o uso pelo consumidor, de forma independente do serviço público de limpeza urbana e de manejo dos resíduos sólidos, os fabricantes, importadores, distribuidores e comerciantes de: (Regulamento)

I – agrotóxicos, seus resíduos e embalagens, assim como outros produtos cuja embalagem, após o uso, constitua resíduo perigoso, observadas as regras de gerenciamento de resíduos perigosos previstas em lei ou regulamento, em normas estabelecidas pelos órgãos do Sisnama, do SNVS e do Suasa, ou em normas técnicas;

II – pilhas e baterias;

III – pneus;

IV – óleos lubrificantes, seus resíduos e embalagens;

V – lâmpadas fluorescentes, de vapor de sódio e mercúrio e de luz mista;

VI – produtos eletroeletrônicos e seus componentes.

§ 1º Na forma do disposto em regulamento ou em acordos setoriais e termos de compromisso firmados entre o poder público e o setor empresarial, os sistemas previstos no *caput* serão estendidos a produtos comercializados em embalagens plásticas, metálicas ou de vidro, e aos demais produtos e embalagens, considerando, prioritariamente, o grau e a extensão do impacto à saúde pública e ao meio ambiente dos resíduos gerados.

§ 2º A definição dos produtos e embalagens a que se refere o § 1º considerará a viabilidade técnica e econômica da logística reversa, bem como o grau e a extensão do impacto à saúde pública e ao meio ambiente dos resíduos gerados.

§ 3º Sem prejuízo de exigências específicas fixadas em lei ou regulamento, em normas estabelecidas pelos órgãos do Sisnama e do SNVS, ou em acordos setoriais e termos de compromisso firmados entre o poder público e o setor empresarial, cabe aos fabricantes, importadores, distribuidores e comerciantes dos produtos a que se referem os incisos II, III, V e VI ou dos produtos e embalagens a que se referem os incisos I e IV do *caput* e o § 1º tomar todas as medidas necessárias para assegurar a implementação e operacionalização do sistema de logística reversa sob seu encargo, consoante o estabelecido neste artigo, podendo, entre outras medidas:

I – implantar procedimentos de compra de produtos ou embalagens usados;

II – disponibilizar postos de entrega de resíduos reutilizáveis e recicláveis;

III – atuar em parceria com cooperativas ou outras formas de associação de catadores de materiais reutilizáveis e recicláveis, nos casos de que trata o § 1º.

§ 4º Os consumidores deverão efetuar a devolução após o uso, aos comerciantes ou distribuidores, dos produtos e das embalagens a que se referem os incisos I a VI do caput, e de outros produtos ou embalagens objeto de logística reversa, na forma do § 1º.

§ 5º Os comerciantes e distribuidores deverão efetuar a devolução aos fabricantes ou aos importadores dos produtos e embalagens reunidos ou devolvidos na forma dos §§ 3º e 4º.

§ 6º Os fabricantes e os importadores darão destinação ambientalmente adequada aos produtos e às embalagens reunidos ou devolvidos, sendo o rejeito encaminhado para a disposição final ambientalmente adequada, na forma estabelecida pelo órgão competente do Sisnama e, se houver, pelo plano municipal de gestão integrada de resíduos sólidos.

§ 7º Se o titular do serviço público de limpeza urbana e de manejo de resíduos sólidos, por acordo setorial ou termo de compromisso firmado com o setor empresarial, encarregar-se de atividades de responsabilidade dos fabricantes, importadores, distribuidores e comerciantes nos sistemas de logística reversa dos produtos e embalagens a que se refere este artigo, as ações do poder público serão devidamente remuneradas, na forma previamente acordada entre as partes.

§ 8º Com exceção dos consumidores, todos os participantes dos sistemas de logística reversa manterão atualizadas e disponíveis ao órgão municipal competente e a outras autoridades informações completas sobre a realização das ações sob sua responsabilidade.

Art. 34. Os acordos setoriais ou termos de compromisso referidos no inciso IV do caput do art. 31 e no § 1º do art. 33 podem ter abrangência nacional, regional, estadual ou municipal.

§ 1º Os acordos setoriais e termos de compromisso firmados em âmbito nacional têm prevalência sobre os firmados em âmbito regional ou estadual, e estes sobre os firmados em âmbito municipal. (Vide Decreto 9.177, de 2017)

§ 2º Na aplicação de regras concorrentes consoante o § 1º, os acordos firmados com menor abrangência geográfica podem ampliar, mas não abrandar, as medidas de proteção ambiental constantes nos acordos setoriais e termos de compromisso firmados com maior abrangência geográfica. (Vide Decreto 9.177, de 2017)

Art. 35. Sempre que estabelecido sistema de coleta seletiva pelo plano municipal de gestão integrada de resíduos sólidos e na aplicação do art. 33, os consumidores são obrigados a:

I – acondicionar adequadamente e de forma diferenciada os resíduos sólidos gerados;

II – disponibilizar adequadamente os resíduos sólidos reutilizáveis e recicláveis para coleta ou devolução.

Parágrafo único. O poder público municipal pode instituir incentivos econômicos aos consumidores que participam do sistema de coleta seletiva referido no *caput*, na forma de lei municipal.

Art. 36. No âmbito da responsabilidade compartilhada pelo ciclo de vida dos produtos, cabe ao titular dos serviços públicos de limpeza urbana e de manejo de resíduos sólidos, observado, se houver, o plano municipal de gestão integrada de resíduos sólidos:

I – adotar procedimentos para reaproveitar os resíduos sólidos reutilizáveis e recicláveis oriundos dos serviços públicos de limpeza urbana e de manejo de resíduos sólidos;

II – estabelecer sistema de coleta seletiva;

III – articular com os agentes econômicos e sociais medidas para viabilizar o retorno ao ciclo produtivo dos resíduos sólidos reutilizáveis e recicláveis oriundos dos serviços de limpeza urbana e de manejo de resíduos sólidos;

IV – realizar as atividades definidas por acordo setorial ou termo de compromisso na forma do § 7º do art. 33, mediante a devida remuneração pelo setor empresarial;

V – implantar sistema de compostagem para resíduos sólidos orgânicos e articular com os agentes econômicos e sociais formas de utilização do composto produzido;

VI – dar disposição final ambientalmente adequada aos resíduos e rejeitos oriundos dos serviços públicos de limpeza urbana e de manejo de resíduos sólidos.

§ 1º Para o cumprimento do disposto nos incisos I a IV do *caput*, o titular dos serviços públicos de limpeza urbana e de manejo de resíduos sólidos priorizará a organização e o funcionamento de cooperativas ou de outras formas de associação de catadores de materiais reutilizáveis e recicláveis formadas por pessoas físicas de baixa renda, bem como sua contratação.

§ 2º A contratação prevista no § 1o é dispensável de licitação, nos termos do inciso XXVII do art. 24 da Lei no 8.666, de 21 de junho de 1993."

A lei ainda tratada dos **resíduos perigosos** (art. 37 e ss.), cuja leitura também é recomendada.

Quantos aos **instrumentos econômicos** previstos na lei, confira suas disposições:

"Art. 42. O poder público poderá instituir medidas indutoras e linhas de financiamento para atender, prioritariamente, às iniciativas de:

I – prevenção e redução da geração de resíduos sólidos no processo produtivo;

II – desenvolvimento de produtos com menores impactos à saúde humana e à qualidade ambiental em seu ciclo de vida;

III – implantação de infraestrutura física e aquisição de equipamentos para cooperativas ou outras formas de associação de catadores de materiais reutilizáveis e recicláveis formadas por pessoas físicas de baixa renda;

IV – desenvolvimento de projetos de gestão dos resíduos sólidos de caráter intermunicipal ou, nos termos do inciso I do caput do art. 11, regional;

V – estruturação de sistemas de coleta seletiva e de logística reversa;

VI – descontaminação de áreas contaminadas, incluindo as áreas órfãs;

VII – desenvolvimento de pesquisas voltadas para tecnologias limpas aplicáveis aos resíduos sólidos;

VIII – desenvolvimento de sistemas de gestão ambiental e empresarial voltados para a melhoria dos processos produtivos e ao reaproveitamento dos resíduos.

Art. 43. No fomento ou na concessão de incentivos creditícios destinados a atender diretrizes desta Lei, as instituições oficiais de crédito podem estabelecer critérios diferenciados de acesso dos beneficiários aos créditos do Sistema Financeiro Nacional para investimentos produtivos.

Art. 44. A União, os Estados, o Distrito Federal e os Municípios, no âmbito de suas competências, poderão instituir normas com o objetivo de conceder incentivos fiscais, financeiros ou creditícios, respeitadas as limitações da Lei Complementar no 101, de 4 de maio de 2000 (Lei de Responsabilidade Fiscal), a:

I – indústrias e entidades dedicadas à reutilização, ao tratamento e à reciclagem de resíduos sólidos produzidos no território nacional;

II – projetos relacionados à responsabilidade pelo ciclo de vida dos produtos, prioritariamente em parceria com cooperativas ou outras formas de associação de catadores de materiais reutilizáveis e recicláveis formadas por pessoas físicas de baixa renda;

III – empresas dedicadas à limpeza urbana e a atividades a ela relacionadas.

Art. 45. Os consórcios públicos constituídos, nos termos da Lei 11.107, de 2005, com o objetivo de viabilizar a descentralização e a prestação de serviços públicos que envolvam resíduos sólidos, têm prioridade na obtenção dos incentivos instituídos pelo Governo Federal.

Art. 46. O atendimento ao disposto neste Capítulo será efetivado em consonância com a Lei Complementar 101, de 2000 (Lei de Responsabilidade Fiscal), bem como com as diretrizes e objetivos do respectivo plano plurianual, as metas e as prioridades fixadas pelas leis de diretrizes orçamentárias e no limite das disponibilidades propiciadas pelas leis orçamentárias anuais.

Quantos às **proibições**, confira:

"Art. 47. São proibidas as seguintes formas de destinação ou disposição final de resíduos sólidos ou rejeitos:

I – lançamento em praias, no mar ou em quaisquer corpos hídricos;

II – lançamento in natura a céu aberto, excetuados os resíduos de mineração;

III – queima a céu aberto ou em recipientes, instalações e equipamentos não licenciados para essa finalidade;

IV – outras formas vedadas pelo poder público.

§ 1º Quando decretada emergência sanitária, a queima de resíduos a céu aberto pode ser realizada, desde que autorizada e acompanhada pelos órgãos competentes do Sisnama, do SNVS e, quando couber, do Suasa.

§ 2º Assegurada a devida impermeabilização, as bacias de decantação de resíduos ou rejeitos industriais ou de mineração, devidamente licenciadas pelo órgão competente do Sisnama, não são consideradas corpos hídricos para efeitos do disposto no inciso I do *caput*.

Art. 48. São proibidas, nas áreas de disposição final de resíduos ou rejeitos, as seguintes atividades:

I – utilização dos rejeitos dispostos como alimentação;

II – catação, observado o disposto no inciso V do art. 17;

III – criação de animais domésticos;

IV – fixação de habitações temporárias ou permanentes;

V – outras atividades vedadas pelo poder público.

Art. 49. É proibida a importação de resíduos sólidos perigosos e rejeitos, bem como de resíduos sólidos cujas características causem dano ao meio ambiente, à saúde pública e animal e à sanidade vegetal, ainda que para tratamento, reforma, reúso, reutilização ou recuperação."

Passemos agora a outra lei de suma importância.

16. POLÍTICA NACIONAL DE RECURSOS HÍDRICOS (LEI 9.433/1997)

Esta lei tem aparecido com enorme recorrência, de modo que é altamente recomendável que você a leia por inteiro (Lei 9.433/1997).

Essa grande incidência provavelmente se dá em função da importância dos recursos hídricos não só para os brasileiros, mas também para a humanidade e o meio ambiente como um tudo.

A Política Nacional de Recursos Hídricos tem os seguintes **fundamentos** (art. 1º):

I – a água é um bem de domínio público;

II – a água é um recurso natural limitado, dotado de valor econômico;

III – em situações de escassez, o uso prioritário dos recursos hídricos é o consumo humano e a dessedentação de animais;

IV – a gestão dos recursos hídricos deve sempre proporcionar o uso múltiplo das águas;

V – a bacia hidrográfica é a unidade territorial para implementação da Política Nacional de Recursos Hídricos e atuação do Sistema Nacional de Gerenciamento de Recursos Hídricos;

VI – a gestão dos recursos hídricos deve ser descentralizada e contar com a participação do Poder Público, dos usuários e das comunidades.

Já quanto aos **objetivos** da Política Nacional de Recursos Hídricos, são os seguintes (art. 2º):

I – assegurar à atual e às futuras gerações a necessária disponibilidade de água, em padrões de qualidade adequados aos respectivos usos;

II – a utilização racional e integrada dos recursos hídricos, incluindo o transporte aquaviário, com vistas ao desenvolvimento sustentável;

III – a prevenção e a defesa contra eventos hidrológicos críticos de origem natural ou decorrentes do uso inadequado dos recursos naturais.

IV – incentivar e promover a captação, a preservação e o aproveitamento de águas pluviais. (Incluído pela Lei 13.501, de 2017)

A lei também estabelece quais são as **diretrizes gerais de ação para implementação** da Política Nacional de Recursos Hídricos (art. 3º):

I – a gestão sistemática dos recursos hídricos, sem dissociação dos aspectos de quantidade e qualidade;

II – a adequação da gestão de recursos hídricos às diversidades físicas, bióticas, demográficas, econômicas, sociais e culturais das diversas regiões do País;

III – a integração da gestão de recursos hídricos com a gestão ambiental;

IV – a articulação do planejamento de recursos hídricos com o dos setores usuários e com os planejamentos regional, estadual e nacional;

V – a articulação da gestão de recursos hídricos com a do uso do solo;

VI – a integração da gestão das bacias hidrográficas com a dos sistemas estuarinos e zonas costeiras.

Vale salientar que a União articular-se-á com os Estados tendo em vista o gerenciamento dos recursos hídricos de interesse comum (art. 4º).

Confira agora o que a lei estabeleceu como **instrumentos** da Política Nacional de Recursos Hídricos (art. 5º):

I – os Planos de Recursos Hídricos;

II – o enquadramento dos corpos de água em classes, segundo os usos preponderantes da água;

III – a outorga dos direitos de uso de recursos hídricos;

IV – a cobrança pelo uso de recursos hídricos;

V – a compensação a municípios;

VI – o Sistema de Informações sobre Recursos Hídricos.

Recomendo a leitura no texto legal dos itens que tratam dos **planos de recursos hídricos** (arts. 6º ao 8º), do **enquadramento dos corpos de água em classes segundo seus usos** (arts. 9º e 10) e da **outorga de direitos de uso de recursos públicos** (arts. 11 a 18).

Vejamos agora um tema que costuma aparecer muito nos exames.

Trata-se da cobrança do uso de recursos hídricos. Tal cobrança tem os seguintes objetivos (art. 19):

I – reconhecer a água como bem econômico e dar ao usuário uma indicação de seu real valor;

II – incentivar a racionalização do uso da água;

III – obter recursos financeiros para o financiamento dos programas e intervenções contemplados nos planos de recursos hídricos.

Os usos de recursos hídricos sujeitos a outorga (vide art. 12 citado acima) serão necessariamente cobrados (art. 20), sendo que, na fixação dos valores a serem cobrados pelo uso dos recursos hídricos devem ser observados, dentre outros:

I – nas derivações, captações e extrações de água, o volume retirado e seu regime de variação;

II – nos lançamentos de esgotos e demais resíduos líquidos ou gasosos, o volume lançado e seu regime de variação e as características físico-químicas, biológicas e de toxidade do afluente.

Já quanto aos valores arrecadados com a cobrança pelo uso de recursos hídricos serão aplicados prioritariamente na bacia hidrográfica em que foram gerados e serão utilizados (art. 22):

I – no financiamento de estudos, programas, projetos e obras incluídos nos Planos de Recursos Hídricos;

II – no pagamento de despesas de implantação e custeio administrativo dos órgãos e entidades integrantes do Sistema Nacional de Gerenciamento de Recursos Hídricos.

A aplicação nas despesas previstas no item II é limitada a sete e meio por cento do total arrecadado.

Os valores arrecadados poderão ser aplicados a fundo perdido em projetos e obras que alterem, de modo considerado benéfico à coletividade, a qualidade, a quantidade e o regime de vazão de um corpo de água.

Recomendo também a leitura no texto legal do dispositivo que trata do **Sistema de Informações sobre Recursos Hídricos** (arts. 25 a 27).

Vejamos agora a **ação** que o Poder Público deve ter.

Na implementação da Política Nacional de Recursos Hídricos, compete ao Poder Executivo Federal (art. 29):

I – tomar as providências necessárias à implementação e ao funcionamento do Sistema Nacional de Gerenciamento de Recursos Hídricos;

II – outorgar os direitos de uso de recursos hídricos, e regulamentar e fiscalizar os usos, na sua esfera de competência;

III – implantar e gerir o Sistema de Informações sobre Recursos Hídricos, em âmbito nacional;

IV – promover a integração da gestão de recursos hídricos com a gestão ambiental.

O Poder Executivo Federal indicará, por decreto, a autoridade responsável pela efetivação de outorgas de direito de uso dos recursos hídricos sob domínio da União.

Ainda em relação à implementação da Política Nacional de Recursos Hídricos, cabe aos Poderes Executivos Estaduais e do Distrito Federal, na sua esfera de competência (art. 30):

I – outorgar os direitos de uso de recursos hídricos e regulamentar e fiscalizar os seus usos;

II – realizar o controle técnico das obras de oferta hídrica;

III – implantar e gerir o Sistema de Informações sobre Recursos Hídricos, em âmbito estadual e do Distrito Federal;

IV – promover a integração da gestão de recursos hídricos com a gestão ambiental.

Por fim, há de se pontuar que na implementação da Política Nacional de Recursos Hídricos, os Poderes Executivos do Distrito Federal e dos municípios promoverão a integração das políticas locais de saneamento básico, de uso, ocupação e conservação do solo e de meio ambiente com as políticas federal e estaduais de recursos hídricos.

Recomendo a leitura dos dispositivos legais sobre o **Sistema Nacional de Gerenciamento de Recursos Hídricos** (arts. 32 a 48), as **Infrações e Penalidades** (arts. 49 e 50) e as **Disposições Gerais e Transitórias** (arts. 51 e ss.).

13. Estatuto da Criança e do Adolescente

Eduardo Dompieri

1. TRATAMENTO NA CF, NORMATIVA NO DIREITO INTERNACIONAL, ESTRUTURA, CONCEITOS BÁSICOS E PRINCÍPIOS

1.1. Introdução

1.1.1. Previsão constitucional – CF/1988

Confere tratamento especial à criança e ao adolescente, na medida em que destina ao tema praticamente um capítulo próprio – arts. 226 a 230.

1.1.2. Lei 8.069/1990 – Estatuto da Criança e do Adolescente

Com o propósito de regulamentar e conferir efetividade às normas constitucionais que tratam do tema, entra em vigor o ECA.

1.1.3. Convenções e tratados internacionais

a) Declaração Universal dos Direitos da Criança: aos 20.11.1959, a Assembleia Geral das Nações Unidas, em votação unânime, proclama a Declaração Universal dos Direitos da Criança, instrumento que contempla dez princípios que devem nortear o tratamento dispensado à criança. Teve como fonte inspiradora a Declaração Universal dos Direitos do Homem, com o qual, bem por isso, guarda certa similitude, tendo, inclusive, a ele feito referência no seu preâmbulo. Isso porque vários direitos previstos neste documento foram inseridos na Declaração Universal dos Direitos da Criança. Importante que se diga que, a partir do advento deste instrumento, a criança deixou de ser vista como mero objeto de proteção para ser alçada a sujeito de direitos, o que representou, portanto, marcante mudança de paradigma no tratamento conferido à criança. Problema: padecia de falta de coercibilidade, dado que o cumprimento dos direitos ali previstos não poderia ser imposto aos Estados-Membros.

b) Convenção sobre os Direitos da Criança: cuida-se de tratado internacional de proteção de direitos humanos, que, em 20.11.1989, foi adotado pela Organização das Nações Unidas, com vigência a partir de 1990. Constitui o documento internacional de direitos humanos mais aceito de que se tem notícia (193 países o ratificaram). Estabelece que criança é "todo ser humano com menos de 18 (dezoito) anos de idade, a não ser que pela legislação aplicável, a maioridade seja atingida mais cedo". A exemplo do que se verifica na Declaração Universal dos Direitos da Criança, a Convenção incorporou a filosofia da proteção integral, reputando a criança como autêntico sujeito de direitos, a quem, portanto, devem ser conferidas proteção integral e prioridade absoluta. Contém 54 artigos, que são divididos em três partes e um preâmbulo. Ratificada, no Brasil, em 24.09.1990, serviu, ao lado da Constituição Federal de 1988, de fonte inspiradora para a elaboração da Lei 8.069/1990 – Estatuto da Criança e do Adolescente, que entraria em vigor em 14.10.1990.

c) Convenção sobre os Aspectos Civis do Sequestro Internacional de Crianças (Convenção de Haia): concebida e concluída na cidade de Haia, em 25.10.1980, foi aprovada pelo Congresso Nacional por meio do Decreto Legislativo 79, de 15.09.1999, e promulgada, pelo Executivo, por meio do Decreto 3.413, de 14.04.2000. Seu escopo principal é estabelecer mecanismos para impedir a transferência internacional de crianças, de forma ilícita, entre países.

d) Convenção relativa à Proteção das Crianças e à Cooperação em Matéria de Adoção Internacional: concluída em Haia, em 29.05.1993, foi promulgada, em 21.06.1999, por meio do Decreto 3.087, passando a vigorar, no Brasil, a partir de 01.07.1999. Estabelece regras mínimas e obrigatórias para a adoção internacional, sendo seus objetivos (art. 1º): a) "estabelecer garantias para que as adoções internacionais sejam feitas segundo o interesse superior da criança e com respeito aos direitos fundamentais que lhe reconhece o direito internacional; b) "instaurar um sistema de cooperação entre os Estados Contratantes que assegure o respeito às mencionadas garantias e, em consequência, previna o sequestro, a venda ou o tráfico de crianças"; c) "assegurar o reconhecimento nos Estados Contratantes das adoções realizadas segundo a convenção". *Vide* Decreto 3.174, de 16.09.1999, que designa as autoridades centrais encarregadas de dar cumprimento às normas previstas nesta Convenção.

e) Regras Mínimas da ONU para Proteção dos Jovens Privados de Liberdade e para Administração da Justiça da Infância e da Juventude (Regras de Beijing): são recomendações formuladas no 7º Congresso das Nações Unidas sobre prevenção de delito e tratamento do infrator, realizado em Milão, no período compreendido entre os dias 26.08.1985 e 6 de novembro do mesmo ano, e adotadas pela Assembleia Geral, em 29.11.1985. Traça regras e garantias que devem nortear o processo de apuração de atos infracionais.

1.2. Estrutura

O ECA é constituído por dois livros:

1.2.1. Livro I

Corresponde à Parte Geral e contém 3 títulos:
a) Disposições Preliminares (Título I);
b) Direitos Fundamentais (Título II);
c) Formas de Prevenção (Título III).

1.2.2. Livro II

Corresponde à Parte Especial e contém 7 títulos:

a) Políticas de Atendimento (Título I);
b) Medidas de Proteção (Título II);
c) Prática de Ato Infracional (Título III);
d) Medidas pertinentes aos pais ou responsável (Título IV);
e) Conselho Tutelar (Título V);
f) Acesso à Justiça (Título VI);
g) Crimes e Infrações Administrativas (Título VII).

1.2.3. Estrutura – Conteúdo

a) Livro I: cuida de matérias de natureza civil; das formas de colocação em família substituta; da definição de família natural, dentre outros temas;

b) Livro II: trata do acesso à Justiça; procedimentos; apuração de ato infracional; crimes e infrações administrativas contra crianças e adolescentes, dentre outros temas.

1.3. Conceitos e incidência – art. 2º do ECA

O ECA, no Título I da Parte Geral, "Disposições Preliminares", em seu art. 2º, *caput*, traz os conceitos de *criança* e de *adolescente*, a saber:

a) criança: *pessoa de até doze anos de idade incompletos*;

b) adolescente: *pessoa entre doze anos (completos) e dezoito anos de idade (incompletos)*.

1.3.1. Importância da distinção entre criança e adolescente

a) a criança infratora não se submete a medida socioeducativa; somente se sujeita a medida de proteção (art. 105, ECA);

b) o adolescente infrator, ao contrário, submete-se a *medida socioeducativa* – art. 112, I a VI, do ECA – bem assim a *medida de proteção* – art. 112, VII, do ECA.

1.3.2. Outra diferença

No processo de adoção, o adolescente necessariamente será ouvido, a fim de externar o seu consentimento (art. 45, § 2º, do ECA).

1.4. Aplicação excepcional do Estatuto

Apesar de o ECA ter sido concebido para disciplinar a situação de *crianças* e *adolescentes*, ele também incidirá, excepcionalmente, sobre pessoas com idade entre 18 e 21 anos (incompletos), no que concerne às medidas socioeducativas de *semiliberdade* e de *internação* do adolescente, cujo cumprimento deverá, necessariamente, findar até os 21 anos da pessoa, respeitado o período máximo de 3 anos. *Vide*, a esse respeito, Informativo STF 547. Neste caso, é imprescindível que o ato infracional tenha sido praticado antes de a pessoa tornar-se imputável, é dizer, completar 18 anos; caso contrário, está-se a falar de responsabilidade penal, em que a resposta estatal consiste em *pena* e *medida de segurança*. Assim, leva-se em conta a idade do adolescente na data do fato (conduta), ainda que a consumação do ato infracional tenha se operado quando ele já atingiu a maioridade. É o que estabelece o art. 104 do Estatuto.

Nessa linha, confira o posicionamento pacífico do Supremo Tribunal Federal:

Medida Socioeducativa e Advento da Maioridade
A Turma reafirmou jurisprudência da Corte no sentido de que o atingimento da maioridade não impede o cumprimento de medida socioeducativa de semiliberdade e indeferiu *habeas corpus* em que se pleiteava a extinção dessa medida aplicada ao paciente que, durante o seu curso, atingira a maioridade penal. Sustentava a impetração constrangimento ilegal, dado que, como o paciente completara a maioridade civil – 18 anos –, e, portanto, alcançara a plena imputabilidade penal, não teria mais legitimação para sofrer a imposição dessa medida socioeducativa. Asseverou-se, todavia, que, se eventualmente a medida socioeducativa superar o limite etário dos 18 anos, ela poderá ser executada até os 21 anos de idade, quando a liberação tornar-se-á compulsória. Alguns precedentes citados: HC 91441/RJ (*DJU* de 29.06.2007); HC 91490/RJ (*DJU* de 15.06.2007) e HC 94938/RJ (*DJE* de 03.10.2008). **HC 96355/RJ, rel. Min. Celso de Mello, 19.05.2009. (HC-96355)** (Inform. STF 547)

Nessa mesma esteira, o STJ editou a Súmula 605, que assim dispõe: **a superveniência da maioridade penal não interfere na apuração de ato infracional nem na aplicabilidade de medida socioeducativa em curso, inclusive na liberdade assistida, enquanto não atingida a idade de 21 anos**.

1.5. Princípios informadores do ECA

1.5.1. Princípio da proteção integral

a) conceito: *todas as crianças e adolescentes, como sujeitos de direito, são merecedores de ampla e integral proteção*;

b) previsão: art. 1º do ECA;

c) exemplos: art. 6º da CF ("são direitos sociais a educação (...) a proteção à infância..."); medidas aplicáveis aos pais ou responsável – art. 129 do ECA.

1.5.2. Princípio da prioridade absoluta

a) conceito: *impõe à família, à sociedade e ao Estado o dever de assegurar que os direitos das crianças e dos adolescentes sejam efetivados preferencialmente, com primazia em relação aos demais indivíduos*;

b) previsão: arts. 227, *caput*, da CF e 4º do ECA;

c) aspectos do postulado (o tratamento preferencial compreende quatro aspectos, contidos no art. 4º, parágrafo único): primazia de receber proteção e socorro em quaisquer circunstâncias; precedência de atendimento nos serviços públicos ou de relevância pública; preferência na formulação e na execução das políticas sociais públicas; destinação privilegiada de recursos públicos nas áreas relacionadas com a proteção à infância e à juventude.

1.5.3. Princípio da condição peculiar de pessoa em desenvolvimento

O destinatário das normas contempladas no ECA é um sujeito especial de direito, em processo de formação, razão por que toda medida a ele aplicada deve levar em conta essa situação peculiar – art. 6º do ECA.

1.5.4. Princípio da excepcionalidade

Previsto no art. 227, § 3º, V, da CF, estabelece que a medida privativa de liberdade terá caráter excepcional, isto é, somente terá incidência na falta de outra mais adequada.

1.5.5. Princípio da brevidade

Previsto no art. 227, § 3º, V, da CF, prescreve que a medida privativa de liberdade deve durar pelo prazo mais breve possível, apenas o necessário ao fim a que se destina (ressocialização do adolescente infrator).

2. DIREITOS FUNDAMENTAIS I

2.1. Direito à vida e à saúde

2.1.1. Previsão

Arts. 7º a 14 do ECA.

2.1.2. Noção geral

Consta do *caput* do art. 7º do ECA que a criança e o adolescente são titulares do direito fundamental à vida e à saúde, cuja proteção será implementada por meio de políticas públicas que viabilizem o nascimento e o desenvolvimento sadio e harmonioso, em condições dignas de existência. Em relação aos outros direitos fundamentais, o direito à vida assume posição de destaque, já que, sem ele, os demais perdem a razão de ser.

2.1.3. Início da proteção

Tem início com o atendimento pré e perinatal assegurado à gestante, por meio do SUS – art. 8º, *caput*, do ECA, cuja redação foi alterada por força da Lei 13.257/2016 (direito fundamental da gestante).

2.1.4. Considerações importantes

a) com a edição da Lei 13.257/2016, alteraram-se, substancialmente, entre outros dispositivos do ECA, os art. 8º a 14, que tratam do direito à vida e à saúde, com foco no estabelecimento de princípios e diretrizes para a formulação e implementação de políticas públicas voltadas à primeira infância; com o mesmo escopo, além do ECA, também foram alterados dispositivos da CLT e do CPP.

b) incumbe ao Poder Público proporcionar apoio psicológico à gestante e à mãe, no período pré e pós-natal, inclusive como forma de prevenir ou minorar as consequências do estado puerperal – art. 8º, § 4º, do ECA, serviço esse que será prestado na hipótese de a gestante ou mãe manifestar o desejo de entregar seu filho para adoção, bem como àquelas que se encontrem em situação de privação de liberdade – art. 8º, § 5º, do ECA (com redação determinada pela Lei 13.257/2016);

c) Poder Público, instituições e empregadores devem criar condições ao aleitamento materno, inclusive quando se tratar de nutriz submetida à medida privativa de liberdade – a teor do art. 9º, *caput*, do ECA;

d) a gestante e a parturiente fazem jus a um acompanhante por elas escolhido durante o período do pré-natal, do trabalho de parto e do pós-parto imediato, conforme estabelece o art. 8º, § 6º, do ECA (com redação determinada pela Lei 13.257/2016);

e) a Lei 13.798/2019 incluiu no ECA o art. 8º-A, segundo o qual "fica instituída a Semana Nacional de Prevenção da Gravidez na Adolescência, a ser realizada anualmente na semana que incluir o dia 1º de fevereiro, com o objetivo de disseminar informações sobre medidas preventivas e educativas que contribuam para a redução da incidência da gravidez na adolescência".

2.1.5. Os hospitais e os estabelecimentos congêneres – públicos e particulares – devem obedecer às seguintes regras impostas pelo art. 10 do ECA:

a) manter, pelo prazo de 18 anos, registro das atividades desenvolvidas por meio de prontuários individuais – *vide* crime do art. 228 do ECA;

b) identificar o recém-nascido por meio do registro de sua impressão plantar e digital e da impressão digital da mãe, sem prejuízo de outras formas normatizadas pela autoridade administrativa competente – *vide* crime do art. 229 do ECA;

c) realizar exames visando ao diagnóstico e terapêutica de anormalidades no metabolismo do recém-nascido, bem como prestar orientação aos pais – *vide* crime do art. 229 do ECA;

d) fornecer declaração de nascimento da qual constem necessariamente as intercorrências do parto e do desenvolvimento do neonato – *vide* crime do art. 228 do ECA;

e) manter alojamento conjunto, possibilitando ao neonato a permanência junto à mãe;

f) acompanhar a prática do processo de amamentação, prestando orientações quanto à técnica adequada, enquanto a mãe permanecer na unidade hospitalar, utilizando o corpo técnico já existente (dispositivo inserido pela Lei 13.436/2017).

2.1.6. Criança e adolescente – art. 11 do ECA

É assegurado, por meio do SUS, o acesso integral às linhas de cuidado voltadas à saúde da criança e do adolescente, observado o princípio da equidade no acesso a ações e serviços para promoção, proteção e recuperação da saúde, observando-se os seguintes pontos:

a) que a criança e o adolescente portadores de deficiência serão atendidos em suas necessidades gerais de saúde e específicas de habilitação e reabilitação – art. 11, § 1º, do ECA (com redação determinada pela Lei 13.257/2016);

b) que constitui incumbência do Poder Público fornecer gratuitamente àqueles que necessitarem os medicamentos, próteses e outros recursos relativos ao tratamento, habilitação ou reabilitação – art. 11, § 2º, do ECA (com redação determinada pela Lei 13.257/2016);

c) os profissionais envolvidos no cuidado de crianças que se achem na primeira infância deverão receber formação específica e permanente para a detecção de sinais de risco para o bom desenvolvimento dessas pessoas em formação (art. 11, § 3º, do ECA, introduzido pela Lei 13.257/2016).

2.1.7. Direito de um dos pais ou responsável de permanecer na companhia da criança ou adolescente em caso de internação hospitalar – art. 12 do ECA, cuja redação foi alterada por foça da Lei 13.257/2016

Na hipótese de internação de criança ou adolescente, os estabelecimentos de atendimento à saúde, inclusive as unidades neonatais, de terapia intensiva e de cuidados intermediários, deverão proporcionar condições para que um dos pais ou responsável permaneça em tempo integral na companhia do filho ou representado. Tal se dá porque, segundo se entende, a companhia de um dos pais ou mesmo do responsável em muito contribui para que o paciente, que é uma pessoa ainda em formação, possa recuperar-se de forma mais satisfatória.

2.1.8. Providência em caso de maus-tratos e prevenção de enfermidades – arts. 13 e 14 do ECA

Nos casos de suspeita ou ainda de confirmação de castigo físico, de tratamento cruel ou degradante e de maus-tratos contra criança ou adolescente, será obrigatória a comunicação do fato ao Conselho Tutelar da respectiva localidade, sem prejuízo de outras providências legais – art. 13, *caput*, do ECA. Note que este dispositivo teve a sua redação alterada por força da Lei 13.010/2014, conhecida como a "Lei da Palmada". Estão obrigados a efetuar a comunicação o médico, o professor ou o responsável por estabelecimento de atenção à saúde e de ensino fundamental, pré-escola ou creche. Se não o fizerem, incorrerão na multa correspondente à infração administrativa prevista no art. 245 do ECA. De outro lado, o SUS promoverá programas de assistência médica e odontológica para prevenir as enfermidades típicas da população infantil, sendo obrigatória a vacinação das crianças nos casos recomendados pelas autoridades sanitárias – art. 14, *caput* e § 1º, do ECA.

2.2. Direito à liberdade, ao respeito e à dignidade

2.2.1. Direito à liberdade

Previsto no art. 16 do ECA, compreende as seguintes formas (aspectos):

a) ir, vir e estar nos logradouros públicos e espaços comunitários, ressalvadas as restrições legais. Tema que ganhou grande destaque nos meios de comunicação é o chamado "toque de recolher", providência adotada sob a forma de portaria judicial por diversas varas da infância e juventude com vistas a restringir, em determinados horários e sob certas condições, o direito de ir e vir de crianças e adolescentes. O Conselho Nacional de Justiça – CNJ, ao ser provocado, negou, em liminar, a suspensão dos efeitos dessas portarias. Em seguida, o Plenário, ao analisar o caso, não conheceu do pedido, visto que entendeu ter natureza jurisdicional. O TJ/SP, por sua vez, manifestou-se, em diversas decisões, favorável a essa forma de restrição imposta à liberdade de locomoção. Exemplo disso é a decisão tomada na Apelação 990.10.094596-3, de 13.12.2010. De se ver, de outro lado, que o STJ, em decisão de 01.12.2011, tomada no HC 207.720-SP, reconheceu a ilegalidade do toque de recolher instituído e disciplinado por meio de portaria. Como se pode ver, o tema é polêmico e tem suscitado entendimentos nos dois sentidos;

b) opinião e expressão;

c) crença e culto religioso;

d) brincar, praticar esportes e divertir-se;

e) participar da vida familiar e comunitária, sem discriminação;

f) participar da vida política, na forma da lei. O voto para os adolescentes é facultado aos 16 anos. Dessa forma, ainda antes de atingir a maioridade civil, eles têm a oportunidade de começar a participar e se envolver na vida política do país, num exemplo de verdadeiro exercício de cidadania;

g) buscar refúgio, auxílio e orientação.

OBS:

✓ a Lei 13.431/2017, cuja leitura se recomenda, estabelece o sistema de garantia de direitos da criança e do adolescente vítima ou testemunha de violência;

✓ a Lei 13.796, de 3 de janeiro de 2019 (com *vacatio legis* de 60 dias a contar de sua publicação), alterou a Lei 9.394/1996 (Lei de Diretrizes e Bases da Educação Nacional), nela inserindo o art. 7º-A, que concede ao aluno matriculado em instituição de ensino pública ou privada o direito de não comparecer a prova ou aula que venha a ocorrer em dia em que, por força de preceitos de sua religião, seja vedado o exercício de tais atividades. Neste caso, caberá à instituição de ensino, a seu critério e sem custos para o aluno, adotar uma das seguintes prestações alternativas: reposição da aula ou prova, a ser realizada em data alternativa; ou realização, por parte do aluno, de trabalho escrito ou outra modalidade de atividade de pesquisa, cujo tema ou objetivo será definido pela instituição de ensino.

2.2.2. Direito ao respeito – art. 17 do ECA

Todos somos titulares desse direito, já que são invioláveis nossa integridade física, psíquica e também a moral. Sucede que as crianças e os adolescentes, por serem pessoas em desenvolvimento, têm o que podemos chamar de "direito qualificado", pois os prejuízos que podem ser gerados neles em face da violação desse direito com certeza são mais graves.

> **Art. 18** do ECA: "é dever de todos velar pela dignidade da criança e do adolescente, pondo-os a salvo de qualquer tratamento desumano, violento, aterrorizante, vexatório ou constrangedor".

2.2.3. "Lei da Palmada"

A Lei 13.010/2014, entre outras alterações, modificou a redação do art. 18 do ECA, que passou a contar, a partir de então, com os arts. 18-A e 18-B, que tratam, respectivamente, do que se deve entender por castigo físico e tratamento cruel ou degradante e as medidas a serem tomadas, pelo Conselho Tutelar, em casos assim.

3. DIREITOS FUNDAMENTAIS II – DIREITO À CONVIVÊNCIA FAMILIAR E COMUNITÁRIA (ASPECTOS GERAIS)

3.1. Localização

Capítulo III do Título II (direitos fundamentais) do Livro I (Parte Geral) do ECA. Constitui, portanto, um dos direitos fundamentais, assim como o direito à vida, à saúde, à liberdade, ao respeito e à dignidade.

3.2. Aspectos gerais acerca do tema

3.2.1. Importância da convivência familiar

O ECA erigiu a convivência familiar e comunitária ao patamar de direito fundamental porque considera que crianças e adolescentes, na condição de pessoas em formação, precisam de valores morais e éticos para atingir a fase adulta com uma formação sólida, com a personalidade bem estruturada.

3.2.2. Caráter supletivo da adoção

Com o novo panorama instaurado pela Lei Nacional de Adoção – Lei 12.010/2009, busca-se, em primeiro lugar e com absoluta prioridade, a manutenção da criança ou do adolescente na sua família natural. Diante da imperiosa necessidade de se retirar a pessoa em desenvolvimento de sua família natural, será encaminhada para sua família extensa; não sendo isso possível, para programa de acolhimento familiar ou institucional, ou, ainda, para as modalidades de família substituta (guarda ou tutela). Se, neste ínterim, a família natural não se reestruturar, aí sim, a criança ou adolescente poderá ser encaminhado para adoção – art. 19, *caput* e § 3º do ECA, cuja redação foi alterada pela Lei 13.257/2016. A adoção, portanto, deve ser vista, no atual contexto, como o último recurso, a última alternativa.

3.2.3. Carência de recursos

A falta ou a carência de recursos materiais não constitui motivo bastante para justificar a suspensão ou a perda do poder familiar – art. 23, *caput*, do ECA.

Neste art. 23 do ECA foi inserido, por meio da Lei 12.962/2014, o § 2º, que estabelece que "a condenação criminal do pai ou da mãe não implicará a destituição do poder familiar, exceto na hipótese de condenação por crime doloso, sujeito à pena de reclusão, contra outrem igualmente titular do mesmo poder familiar ou contra filho, filha ou outro descendente". Tal disposição está em conformidade com a regra disposta no art. 92, II, do CP, que versa a respeito dos efeitos da condenação. Assim, será destituído do poder familiar, por exemplo, o pai que submeter a filha de 12 anos a conjunção carnal (estupro de vulnerável – art. 217-A do CP). Esses dispositivos (art. 23, § 2º, do ECA e art. 92, II, do CP) foram modificados pela Lei 13.715/2018, que contemplou nova hipótese de perda do poder familiar, a verificar-se quando a condenação criminal por crime doloso sujeito à pena de reclusão for impingida àquele igualmente titular do mesmo poder familiar. É o caso de o delito ser praticado pelo pai contra a mãe, ambos exercentes do mesmo poder familiar.

3.2.4. Mudança de nomenclatura

A teor do art. 21 do ECA, o *poder familiar* – expressão que substituiu, por força do art. 3º da Lei 12.010/2009, a nomenclatura *pátrio poder* – enuncia a ideia de igualdade entre gêneros no que toca aos direitos e deveres atinentes à sociedade conjugal.

3.2.5. Direito de Convivência com o pai ou a mãe privado de liberdade

O art. 19, § 4º, do ECA, inserido pela Lei 12.962/2014, estabelece que às crianças e aos adolescentes será assegurado o direito de conviver com a mãe ou o pai privado de liberdade. Tal deverá ocorrer por meio de visitas periódicas promovidas pelo responsável ou, na hipótese de acolhimento institucional, pela entidade responsável, sendo para tanto dispensável autorização judicial.

3.3. Acolhimento familiar e institucional

3.3.1. Previsão legal e conceito

Disciplinados no art. 19, §§ 1º e 2º, do ECA, constituem, a teor do art. 101, VII e VIII, também do ECA, medida de proteção cujo propósito reside na retirada da criança ou adolescente de sua família e o seu encaminhamento para uma família acolhedora ou para uma entidade de atendimento (presente situação de risco à criança ou ao adolescente).

3.3.2. Prazos e observações

Somente o juiz pode determinar o encaminhamento. Período máximo para reavaliação da medida: 3 meses – art. 19, § 1º, do ECA (válido para os dois modelos de acolhimento), após o que, diante do relatório confeccionado por equipe multidisciplinar, deverá o juiz decidir se é caso de reintegração familiar ou colocação em família substituta. O prazo máximo de permanência em programa de acolhimento institucional é de até 18 meses, salvo comprovada necessidade que atenda ao interesse da criança ou do adolescente. No caso do prazo máximo de permanência no acolhimento familiar, ante a omissão do legislador, aplica-se, por analogia, o art. 19, § 2º, do ECA, previsto para o acolhimento institucional. Vale a observação de que o prazo de 18 meses foi estabelecido por meio da Lei 13.509/2017. Antes disso, o prazo era de 2 anos. Houve, portanto, um encurtamento do interregno durante o qual a criança ou adolescente poderá permanecer em programa de acolhimento institucional e familiar. Também houve encurtamento do prazo máximo para reavaliação da medida: antes era de 6 meses e agora, a partir do advento da Lei 13.509/2017, é de 3 meses.

Em que pese a boa intenção do legislador, que estabeleceu, por meio da Lei 12.010/2009, como prazo máximo para a criança ou o adolescente permanecer abrigado o período de 2 anos (atualmente é de 18 meses, dada a alteração promovida pela Lei 13.509/2017), o fato é que, na prática, temos observado que a exceção virou regra. Em parte explicado pelo rigor dos cursos preparatórios ministrados a pretendentes à adoção e também por eventuais falhas nas políticas públicas implementadas para reestruturar a família natural para receber a pessoa em desenvolvimento, tem-se observado que é comum que essas crianças e adolescentes permaneçam em programa de acolhimento institucional por período bem superior a dois anos. É importante que se diga que, segundo é sabido, o número de pretendentes à adoção supera o número de potenciais crianças e adolescentes disponíveis. Não retrata a realidade, portanto, a crença de que faltam pais candidatos à adoção. Outro fator que dificulta a adoção e faz com que muitos jovens permaneçam por mais tempo em abrigo é o nível de exigência imposta pelos pretendentes, que, em sua grande maioria, preferem crianças recém-nascidas, brancas e saudáveis.

3.3.3. Programa de Apadrinhamento

Trata-se de inovação introduzida por meio da Lei 13.509/2017, que inseriu no ECA o art. 19-B. Consiste em proporcionar à criança e ao adolescente sob acolhimento institucional ou familiar a oportunidade de estabelecer vínculos externos à instituição para fins de convivência familiar e comunitária e colaboração com o seu desenvolvimento sob os aspectos social, moral, físico, cognitivo, educacional e financeiro (§ 1º).

Podem figurar como padrinho tanto a pessoa física quanto a jurídica, tal como estabelece o art. 19-B, § 3º, do ECA.

Terão prioridade para o apadrinhamento crianças e adolescentes com remota possibilidade de reinserção familiar ou colocação em família adotiva (art. 19-B, § 4º, do ECA).

3.4. Família natural, extensa e substituta

3.4.1. Família natural – art. 25, caput, do ECA

Comunidade constituída pelos pais ou qualquer deles e seus descendentes. Neste último caso, família *monoparental*. Pouco importa o vínculo existente entre os pais, isto é, ainda que sejam divorciados, solteiros ou casados, mesmo assim a família será classificada como natural. Constitui, segundo o ECA, o ambiente mais favorável ao desenvolvimento da criança e do adolescente.

3.4.2. Família extensa ou ampliada – art. 25, parágrafo único, do ECA

Além da unidade constituída por pais e filhos ou o núcleo formado pelo casal, deve-se entender por esta modalidade de família (inserida pela Lei 12.010/2009) aquela que contempla também os parentes próximos que convivem e mantêm vínculos de afinidade e afetividade com a criança ou o adolescente.

Importância: no caso de colocação de criança ou adolescente em família substituta, deve-se conferir primazia à família extensa. *Vide*, a esse respeito, o seguinte julgado do STJ: REsp 945.283-RN, Rel. Min. Luis Felipe Salomão, j. 15.09.2009.

3.4.3. Família substituta – art. 28 e seguintes do ECA

É medida excepcional que será determinada diante de situações em que a permanência da criança ou do adolescente junto à sua família natural torna-se inviável. Comporta três modalidades: *guarda, tutela* e *adoção*.

Família substituta – aspectos gerais:

a) havendo possibilidade, a teor do art. 28, § 1º, do ECA, a criança ou adolescente será ouvido por equipe interprofissional, sendo a sua opinião levada em conta;

b) se se tratar de adolescente, seu consentimento, colhido em audiência, é necessário para a sua colocação em família substituta – art. 28, § 2º, do ECA;

c) o art. 28, § 3º, do ECA estabelece um critério para colocação da criança ou adolescente em família substituta, qual seja, sempre que se fizer necessária a retirada da pessoa em desenvolvimento de sua família natural, ela deve ser acolhida, preferencialmente, por uma família substituta constituída por parentes próximos com os quais ela tenha vínculos de afinidade e afetividade. É a família extensa ou ampliada (com o objetivo de atenuar as consequências decorrentes da medida);

d) grupos de irmãos devem, em regra, permanecer juntos, quando inseridos em família substituta, salvo comprovada existência de risco de abuso ou outra situação que justifique a adoção de solução diversa – art. 28, § 4º, do ECA;

e) a colocação da criança ou do adolescente em família substituta será antecedida, na dicção do art. 28, § 5º, do ECA, de *preparação gradativa* e *acompanhamento posterior*, realizados por equipe interprofissional a serviço da Justiça da Infância e da Juventude;

f) o art. 28, § 6º, do ECA estabelece uma série de exigências a serem observadas quando se tratar de criança ou adolescente indígena ou proveniente de comunidade remanescente de quilombo;

g) a colocação em família substituta não será deferida à pessoa que revele, por qualquer modo, incompatibilidade com a natureza da medida ou não ofereça ambiente familiar adequado, pois se busca, com a medida, proporcionar à criança e ao adolescente um ambiente saudável para o seu desenvolvimento físico e psíquico;

h) a colocação em família substituta estrangeira, só admissível na modalidade de adoção, constitui medida excepcional. Adoção internacional, sobre a qual falaremos mais adiante, *é aquela em que a criança deve se deslocar do seu país de origem.*

4. DIREITOS FUNDAMENTAIS III – GUARDA E TUTELA

4.1. Guarda

4.1.1. Previsão legal

Arts. 33, 34 e 35 do ECA.

4.1.2. Conceito

Modalidade de colocação da criança ou do adolescente em família substituta destinada a regularizar a posse de fato, a ser deferida no curso dos processos de tutela e adoção, bem assim, em caráter excepcional, para atender a situações peculiares ou ainda para suprir a falta eventual dos pais ou responsável.

Observação: a guarda não será concedida no curso do processo de adoção por estrangeiros – art. 33, § 1º, do ECA.

4.1.3. Características e pontos relevantes

a) esta modalidade de colocação em família substituta é *provisória*, na medida em que, depois de concedida, a criança ou o adolescente poderá retornar à sua família natural ou permanecer sob guarda até ser encaminhado para uma família substituta definitiva;

b) a guarda obriga a prestação de assistência material, moral e educacional à criança ou adolescente;

c) pode o detentor da guarda opor-se a terceiros, inclusive aos pais;

d) ao contrário da tutela, a guarda é compatível com o poder familiar. Assim, sua concessão a terceiros não obsta o exercício do direito de visitas pelos pais, bem como o dever de prestar alimentos, salvo determinação em contrário;

e) a *guarda*, como forma provisória de colocação da criança ou do adolescente em família substituta, não deve ser confundida com o *dever de guarda*, que é imanente ao exercício do *poder familiar* e é prevista, como dever dos cônjuges, no art. 1.566, IV, do Código Civil (CC); o descumprimento do *dever de guarda*, que decorre do poder familiar, faz surgir a modalidade de colocação em família substituta denominada *guarda*;

f) por se tratar de instituto de natureza provisória, a guarda pode ser revogada a qualquer tempo, mediante ato judicial fundamentado, ouvido o MP – art. 35 do ECA;

g) a inclusão de pessoa em desenvolvimento em programa de acolhimento familiar, o que pode se dar mediante guarda, tem preferência ao acolhimento institucional – art. 34, § 1º, do ECA;

h) inexiste a guarda para fins somente *previdenciários*, sendo necessária, ao deferimento da medida, a presença de uma situação de risco; de outro lado, a guarda confere à criança ou ao adolescente a condição de dependente, para todos os fins de direito, inclusive *previdenciários* – art. 33, § 3º, do ECA. *Vide*, a esse respeito: STJ, REsp 993.458-MA, Rel. Min. Nancy Andrighi, j. 07.10.2008;

i) guarda compartilhada (Leis 11.698/2008 e 13.058/2014) *é aquela cuja responsabilidade é exercida de forma conjunta e simultânea pelo pai e pela mãe que não residem juntos*;

j) permite a representação em caráter excepcional (para atos determinados);

k) a Lei 13.257/2016 acrescentou no art. 34 do ECA os §§ 3º e 4º, que tratam, respectivamente, do papel da União na implementação do serviço de acolhimento familiar e da fonte de recursos para a manutenção dessa modalidade de colocação em família substituta.

4.2. Tutela

4.2.1. Previsão legal

Arts. 36, 37 e 38 do ECA.

4.2.2. Conceito

Constitui forma de colocação da criança ou do adolescente em família substituta que pressupõe a perda ou a suspensão do poder familiar (art. 36, parágrafo único, do ECA). Também regulariza a posse de fato.

4.2.3. Limite de idade

A tutela somente será deferida a pessoa com até 18 anos incompletos – art. 36, *caput*, do ECA.

4.2.4. Características e pontos relevantes

a) ao contrário da guarda, em que se confere ao seu detentor o direito de representação para a prática de atos *determinados*, na tutela é conferido ao tutor amplo direito de representação, que deverá, por conta disso, administrar bens e interesses do pupilo;

b) determina o art. 38 do ECA que, no que concerne à destituição da tutela, aplica-se o art. 24, que prescreve que a perda ou suspensão do poder familiar somente será decretada em processo judicial no qual seja assegurado o contraditório;

c) os arts. 1.736 e seguintes do CC listam as hipóteses de escusa da tutela. Ex.: mulheres casadas; maiores de 60 anos.

4.2.5. Classificação

a) tutela testamentária: *prevista nos arts. 37 do ECA e 1.729 do CC, é aquela instituída por vontade dos pais, em conjunto*; deve constar de testamento ou de outro documento autêntico;

b) tutela legítima: *à falta de tutor nomeado pelos pais, incumbe a tutela aos parentes consanguíneos do menor, conforme ordem estabelecida no art. 1.731 do CC*;

c) tutela dativa: diante da falta de tutor testamentário ou legítimo, ou quando estes forem excluídos ou escusados da tutela, ou ainda quando removidos por inidoneidade, o juiz nomeará tutor idôneo – art. 1.732 do CC.

5. DIREITOS FUNDAMENTAIS IV – DA ADOÇÃO, DO DIREITO À EDUCAÇÃO, À CULTURA, AO ESPORTE E AO LAZER E DO DIREITO À PROFISSIONALIZAÇÃO E À PROTEÇÃO NO TRABALHO

5.1. Adoção

5.1.1. Conceito

É a modalidade de colocação de criança ou adolescente em família substituta que tem o condão de estabelecer o parentesco civil entre adotante e adotado.

5.1.2. Modalidades de adoção

a) unilateral: *prevista no art. 41, § 1º, do ECA, é aquela em que permanecem os vínculos de filiação com apenas um dos pais biológicos (um dos cônjuges ou conviventes adota o filho do outro)*;

b) bilateral: *aqui, o vínculo de filiação rompe-se por completo*.

5.1.3. Medida excepcional (art. 39, § 1º, do ECA)

É medida excepcional e irrevogável, à qual só se deve recorrer quando não for possível a manutenção da *pessoa em desenvolvimento* na sua família natural ou a sua colocação em família extensa.

5.1.4. Requisitos de idade

a) adotando: deve contar com, no máximo, 18 anos à data do pedido, salvo se já estiver sob a guarda ou tutela dos adotantes – art. 40 do ECA;

b) adotante: deve ser maior de 18 anos, independentemente do estado civil (art. 42, *caput*, do ECA);

c) diferença de idade: o adotante deve ser 16 anos mais velho que do o adotando – art. 42, § 3º, do ECA.

5.1.5. Outros requisitos

a) consentimento dos pais e do adolescente: segundo impõe o art. 45, § 1º, do ECA, o consentimento dos pais ou do representante legal será dispensado quando aqueles forem desconhecidos ou destituídos do poder familiar; no caso de adolescente, estatui o art. 45, § 2º, do ECA que o seu consentimento será necessário;

b) estágio de convivência: a redação anterior do art. 46, "caput", do ECA estabelecia que o estágio de convivência teria o prazo que o juiz fixar, levando-se em conta as peculiaridades de cada caso. Pois bem, com o advento da Lei 13.509/2017, que promoveu diversas modificações no contexto da adoção com o propósito de agilizar o seu processo, adotou-se o prazo máximo de 90 dias. Ou seja, o juiz continua a estabelecer o prazo que entender mais conveniente em face das peculiaridades do caso (inclusive a idade da criança e do adolescente), mas, agora, o prazo fixado não pode ser superior a 90 dias. De ver-se que esse interregno, por força do que dispõe o art. 46, § 2º-A, do ECA, pode ser prorrogado por até igual período, mediante decisão fundamentada do magistrado. No que concerne à *adoção internacional*, o legislador fixava, conforme redação anterior do dispositivo, tão somente um prazo mínimo (30 dias, conforme art. 46, § 3º, do ECA). Atualmente, dada a modificação operada pela Lei 13.509/2017, o prazo mínimo do estágio de convivência, na adoção internacional, continua a ser de 30 dias, mas o legislador fixou um prazo máximo, que corresponde a 45 dias, prorrogável por igual período, uma única vez, mediante decisão fundamentada do juiz de direito. O estágio de convivência poderá ser dispensado na hipótese de o adotando já estar sob a guarda legal ou tutela do adotante durante tempo suficiente para se avaliar a conveniência da constituição do vínculo, conforme reza o art. 46, § 1º, do ECA;

c) o art. 43 do ECA estabelece como requisito ao deferimento da adoção a necessidade de esta apresentar reais vantagens para o adotando e se fundar em motivos legítimos.

5.1.6. Adoção – impedimentos e vedações

a) é vedada a adoção por procuração. Trata-se, pois, de ato personalíssimo – art. 39, § 2º, do ECA;

b) são impedidos de adotar os ascendentes e os irmãos do adotando (art. 42, § 1º, do ECA). Tios, portanto, podem adotar; avós, no entanto, em princípio, não podem. Cuidado: a 4ª Turma do STJ, em decisão recente, alinhando-se à 3ª Turma desta Corte de Justiça, decidiu, por unanimidade, que, a despeito da vedação contida no art. 42, § 1º, do ECA, a adoção por avós é possível quando for justificada pelo melhor interesse do menor (REsp 1.587.477);

c) não pode o tutor ou curador adotar o pupilo ou o curatelado enquanto não der conta de sua administração e saldar o seu débito (art. 44 do ECA).

5.1.7. Características

a) é medida excepcional e irrevogável, a ela somente podendo recorrer quando esgotados os recursos visando à manutenção da criança ou adolescente na sua família natural ou extensa; é irrevogável porque é defeso à família original retomar o poder familiar;

b) é plena: o adotado adquire a mesma condição dos filhos biológicos, com os mesmos direitos e deveres, inclusive sucessórios, desligando-se de qualquer vínculo com pais e parentes, salvo os impedimentos matrimoniais, que são preservados – art. 41, *caput*, do ECA;

c) não admissão de escritura pública para a constituição do vínculo de adoção: somente a sentença judicial tem o condão de constituir esse vínculo (sentença, portanto, de natureza constitutiva), que se torna definitivo a partir do trânsito em julgado (art. 47, *caput*, do ECA).

d) conforme alteração promovida no art. 47 do ECA pela Lei 12.955/2014, que ali inseriu o § 9º, "terão prioridade de tramitação os processos de adoção em que o adotando for criança ou adolescente com deficiência ou com doença crônica".

e) a Lei 13.509/2017 acrescentou ao art. 47 o § 10, que estabeleceu o prazo máximo para duração da ação de adoção, que é de 120 dias, prorrogável uma única vez por igual período, mediante decisão fundamentada do juiz de direito. Perceba que a tônica da reforma promovida pela Lei 13.509/2017 é imprimir mais agilidade ao processo de adoção.

5.1.8. Adoção conjunta (bilateral)

a) o art. 42, § 2º, do ECA exige que, para a adoção conjunta, os adotantes sejam casados ou vivam em união estável, comprovada a estabilidade da família;

b) o § 4º do mesmo dispositivo, por sua vez, estatui que podem também adotar conjuntamente os divorciados, os judicialmente separados e os ex-companheiros, desde que acordem sobre a guarda e o regime de visitas e contanto que o estágio de convivência tenha sido iniciado na constância do período de convivência e que seja comprovada a existência de vínculos de afinidade e afetividade com aquele não detentor da guarda que justifiquem a medida. Poderá até, desde que demonstrado efetivo benefício para o adotando, ser concedida a guarda compartilhada (§ 5º).

5.1.9. Adoção por casais homoafetivos

É fato que a adoção por casais homoafetivos não é contemplada de forma expressa pelo ECA nem pelo CC/2002. De outro lado, não se pode virar as costas para a realidade. A despeito de respeitáveis juristas manifestarem-se contra, cada vez mais temos convivido com decisões favoráveis à adoção de crianças e adolescentes por casais de homossexuais. Essas decisões em geral levam em conta dois aspectos: o fato de a união entre pessoas do mesmo sexo poder ser reconhecida como entidade familiar (mais recentemente como união estável), exigindo-se, neste caso, estabilidade, afetividade e ostensibilidade; e também o fato de que esta adoção não traz nenhum prejuízo à criança ou adolescente; pelo contrário, proporciona-lhes vantagens.

Confira, abaixo, decisão emblemática sobre esse tema:

> Direito civil. Família. Adoção de menores por casal homossexual.
>
> Situação já consolidada. Estabilidade da família. Presença de fortes vínculos afetivos entre os menores e a requerente.
>
> Imprescindibilidade da prevalência dos interesses dos menores.
>
> Relatório da assistente social favorável ao pedido. Reais vantagens para os adotandos. Artigos 1º da Lei 12.010/2009 e 43 do Estatuto da Criança e do Adolescente. Deferimento da medida.
>
> 1. A questão diz respeito à possibilidade de adoção de crianças por parte de requerente que vive em união homoafetiva com companheira que antes já adotara os mesmos filhos, circunstância a particularizar o caso em julgamento.
>
> 2. Em um mundo pós-moderno de velocidade instantânea da informação, sem fronteiras ou barreiras, sobretudo as culturais e as relativas aos costumes, onde a sociedade transforma-se velozmente, a interpretação da lei deve levar em conta, sempre que possível, os postulados maiores do direito universal.
>
> 3. O artigo 1º da Lei 12.010/2009 prevê a "garantia do direito à convivência familiar a todas e crianças e adolescentes". Por sua vez, o artigo 43 do ECA estabelece que "a adoção será deferida quando apresentar reais vantagens para o adotando e fundar-se em motivos legítimos".
>
> 4. Mister observar a imprescindibilidade da prevalência dos interesses dos menores sobre quaisquer outros, até porque está em jogo o próprio direito de filiação, do qual decorrem as mais diversas consequências que refletem por toda a vida de qualquer indivíduo.
>
> 5. A matéria relativa à possibilidade de adoção de menores por casais homossexuais vincula-se obrigatoriamente à necessidade de verificar qual é a melhor solução a ser dada para a proteção dos direitos das crianças, pois são questões indissociáveis entre si.
>
> 6. Os diversos e respeitados estudos especializados sobre o tema, fundados em fortes bases científicas (realizados na Universidade de Virgínia, na Universidade de Valência, na

Academia Americana de Pediatria), "não indicam qualquer inconveniente em que crianças sejam adotadas por casais homossexuais, mais importando a qualidade do vínculo e do afeto que permeia o meio familiar em que serão inseridas e que as liga a seus cuidadores".

7. Existência de consistente relatório social elaborado por assistente social favorável ao pedido da requerente, ante a constatação da estabilidade da família. Acórdão que se posiciona a favor do pedido, bem como parecer do Ministério Público Federal pelo acolhimento da tese autoral.

8. É incontroverso que existem fortes vínculos afetivos entre a recorrida e os menores – sendo a afetividade o aspecto preponderante a ser sopesado numa situação como a que ora se coloca em julgamento.

9. Se os estudos científicos não sinalizam qualquer prejuízo de qualquer natureza para as crianças, se elas vêm sendo criadas com amor e se cabe ao Estado, ao mesmo tempo, assegurar seus direitos, o deferimento da adoção é medida que se impõe.

10. O Judiciário não pode fechar os olhos para a realidade fenomênica. Vale dizer, no plano da "realidade", são ambas, a requerente e sua companheira, responsáveis pela criação e educação dos dois infantes, de modo que a elas, solidariamente, compete a responsabilidade.

11. Não se pode olvidar que se trata de situação fática consolidada, pois as crianças já chamam as duas mulheres de mães e são cuidadas por ambas como filhos. Existe dupla maternidade desde o nascimento das crianças, e não houve qualquer prejuízo em suas criações.

12. Com o deferimento da adoção, fica preservado o direito de convívio dos filhos com a requerente no caso de separação ou falecimento de sua companheira. Asseguram-se os direitos relativos a alimentos e sucessão, viabilizando-se, ainda, a inclusão dos adotandos em convênios de saúde da requerente e no ensino básico e superior, por ela ser professora universitária.

13. A adoção, antes de mais nada, representa um ato de amor, desprendimento. Quando efetivada com o objetivo de atender aos interesses do menor, é um gesto de humanidade. Hipótese em que ainda se foi além, pretendendo-se a adoção de dois menores, irmãos biológicos, quando, segundo dados do Conselho Nacional de Justiça, que criou, em 29.04.2008, o Cadastro Nacional de Adoção, 86% das pessoas que desejavam adotar limitavam sua intenção a apenas uma criança.

14. Por qualquer ângulo que se analise a questão, seja em relação à situação fática consolidada, seja no tocante à expressa previsão legal de primazia à proteção integral das crianças, chega-se à conclusão de que, no caso dos autos, há mais do que reais vantagens para os adotandos, conforme preceitua o artigo 43 do ECA. Na verdade, ocorrerá verdadeiro prejuízo aos menores caso não deferida a medida.

15. Recurso especial improvido.

(STJ, REsp 889852/RS, Rel. Ministro Luis Felipe Salomão, Quarta Turma, julgado em 27.04.2010, *DJe* 10.08.2010)

5.1.10. Adoção post mortem

É aquela em que o adotante, tendo manifestado de forma inequívoca sua vontade no sentido de adotar, vem a falecer no curso do processo, desde que ainda não prolatada a sentença – art. 42, § 6º, do ECA. Neste caso, a adoção será deferida.

5.1.11. Fases do procedimento da adoção – preparação e cadastramento

O art. 50 do ECA contém uma série de normas que têm como escopo disciplinar o cadastramento daqueles que pretendem postular a adoção. O *caput* desse dispositivo impõe ao magistrado o dever de manter na respectiva comarca ou foro regional um registro de crianças e adolescentes em condições de serem adotados e outro de pessoas interessadas na adoção. Consta do § 3º do dispositivo que a inscrição de postulantes à adoção será precedida de um período de preparação psicossocial e jurídica. A adoção somente será deferida à família substituta cadastrada. Entretanto, o § 13 estabelece algumas exceções, entre as quais o pedido de adoção unilateral. A *preparação* constitui a primeira fase do procedimento da adoção. Nela, ao casal que deseja adotar são transmitidas as dificuldades que podem surgir no dia a dia da convivência entre adotado e adotante. Procura-se, desse modo, preparar o casal por meio de cursos, palestras e entrevistas, desmistificando a ideia de que a adoção é uma "panaceia", algo "maravilhoso", que não impõe aos adotantes nenhuma dificuldade, nenhum dissabor. Conforme prescreve o art. 50, § 4º, do ECA, sempre que possível e recomendável, fará parte da *preparação* o contato dos adotantes com crianças e adolescentes em acolhimento familiar ou institucional em condições de serem adotados, a ser realizado sob a orientação, supervisão e avaliação da equipe técnica da Justiça da Infância e da Juventude. A segunda fase é a *inscrição no cadastro*, este constituído pelos *interessados em adotar* e também pelos *possíveis adotandos*. Em consonância com o que prevê o § 5º do art. 50 do ECA, devem ser criados e implementados cadastros estaduais e um nacional de crianças e adolescentes em condições de serem adotados e de pessoas ou casais habilitados à adoção. É exigido também que haja cadastros distintos para pessoas ou casais residentes fora do país, que somente serão consultados se inexistentes postulantes nacionais habilitados (art. 50, § 6º, do ECA).

5.1.12. Direito do adotado de conhecer sua origem biológica e de ter acesso ao processo

O art. 48 do ECA, com a redação que lhe deu a Lei 12.010/2009, passa a conferir ao adotado, após completar 18 anos, o direito de conhecer sua origem biológica, bem como o de obter acesso irrestrito ao processo no qual a medida foi aplicada e seus eventuais incidentes. Se ainda não atingiu os 18 anos, o acesso ao processo de adoção poderá ser deferido ao adotado, a seu pedido, assegurada orientação e assistência jurídica e psicológica.

5.1.13. Adoção internacional

a) previsão legal: arts. 51 e 52 do ECA;

b) conceito: é aquela em que o pretendente tem residência habitual em país-parte da Convenção de Haia e deseja adotar criança em outro país-parte da mesma Convenção (art. 51, *caput*, do ECA, cuja redação foi modificada por força da Lei 13.509/2017).

5.1.14. Consequências extraídas da definição

a) o critério empregado é o *local de domicílio dos postulantes*;

b) a adoção realizada por estrangeiros, por si só, não se qualifica como internacional;

c) brasileiros residentes no exterior submetem-se às regras da adoção internacional, embora tenham primazia diante dos estrangeiros;

d) estrangeiros residentes no Brasil submetem-se às regras da adoção nacional.

5.1.15. Requisitos necessários à efetivação da adoção internacional (art. 51, § 1º, do ECA)

a) que a colocação em família substituta revele ser a solução adequada ao caso concreto: a adoção internacional constitui medida subsidiária. Diante da impossibilidade de se manter a criança ou adolescente na sua família natural (princípio da prevalência da família), será este inserido em família substituta, na forma de guarda, tutela ou adoção, conferindo-se, sempre, primazia àquela constituída por parentes próximos (família extensa). Não sendo isso possível e em face da falta de pretendentes à adoção nacional, recorre-se, em último caso, à adoção internacional;

b) que, em se tratando de adolescente, este tenha sido consultado, por meios adequados ao seu estágio de desenvolvimento, e que se encontre preparado para a medida;

c) que tenha sido observada a preferência pela adoção por brasileiros residentes no exterior;

d) cumprimento do estágio de convivência, que, a teor do art. 46, § 3º, do ECA (com a nova redação que lhe deu a Lei 13.509/2017), é, nas adoções internacionais, obrigatório e terá o prazo mínimo de trinta dias e máximo de 45 dias, devendo ser cumprido em território nacional.

5.1.16. Tratados e convenções internacionais sobre o tema

Convenção relativa à Proteção das Crianças e à Cooperação em Matéria de Adoção Internacional, que estabelece regras mínimas e obrigatórias para a adoção internacional. Recomenda-se a leitura.

5.2. Direito à Educação, à cultura, ao esporte e ao lazer

5.2.1. Localização

Arts. 53 ao 59 do ECA.

5.2.2. Considerações relevantes

a) trata-se de mais um direito fundamental, ao lado do direito à vida e à saúde e de outros contemplados no ECA;

b) são assegurados à criança e ao adolescente, entre outros (art. 53 do ECA):

b1) igualdade de condições para o acesso e permanência na escola;

b2) acesso à escola pública e gratuita próxima de sua residência, garantindo-se vagas no mesmo estabelecimento a irmãos que frequentem a mesma etapa ou ciclo de ensino da educação básica, conforme estabelece o art. 53, V, do ECA, cuja redação foi modificada pela Lei 13.845/2019;

c) é direito dos pais ou responsável conhecer o processo pedagógico, bem como participar da definição das propostas educacionais;

d) constitui dever do Estado, entre outros, assegurar à criança e ao adolescente (art. 54 do ECA):

d1) ensino fundamental, obrigatório e gratuito, inclusive para os que a ele não tiveram acesso na idade própria.

O art. 208, I, da CF, cuja redação foi determinada pela EC 59/2009, impõe ao Estado o dever de garantir a todos educação básica obrigatória e gratuita dos 4 aos 17 anos de idade, assegurada inclusive sua oferta gratuita para todos os que a ela não tiveram acesso na idade própria;

d2) o ensino médio, porque integra o ensino básico, é obrigatório e imediato;

d3) atendimento em creche e pré-escola às crianças de 0 a 5 anos de idade, conforme alteração promovida nos art. 54, IV, e 208, III, do ECA pela Lei 13.306/2016;

d4) oferta de ensino noturno regular, adequado às condições do adolescente trabalhador;

e) é dever dos pais ou responsável matricular seus filhos ou pupilos na rede regular de ensino – art. 55 do ECA;

f) os dirigentes de estabelecimentos de ensino fundamental devem comunicar ao Conselho Tutelar:

f1) maus-tratos envolvendo seus alunos;

f2) reiteração de faltas injustificadas e de evasão escolar;

f3) elevados níveis de repetência.

g) a Lei 13.840/2019 inseriu no ECA o art. 53-A, que assim dispõe: "é dever da instituição de ensino, clubes e agremiações recreativas e de estabelecimentos congêneres assegurar medidas de conscientização, prevenção e enfrentamento ao uso ou dependência de drogas ilícitas";

h) a Lei 13.803, de 10 de janeiro de 2019, alterou a redação do art. 12, VIII, da Lei 9.394/1996 (Lei de Diretrizes e Bases da Educação Nacional), para o fim de estabelecer que cabe às instituições de ensino notificar ao respectivo Conselho Tutelar a relação dos alunos que apresentem quantidade de faltas acima de 30% do percentual permitido em lei. Antes dessa alteração, a comunicação ao Conselho Tutelar somente era de rigor quando a quantidade de faltas fosse acima de 50 %. Além disso, a redação anterior impunha que a notificação fosse dirigida ao Conselho Tutelar, ao juiz competente e ao representante do MP; doravante, somente o Conselho Tutelar deverá ser notificado, ao qual caberá adotar as providências previstas em lei;

i) ensino domiciliar: o Supremo Tribunal Federal, por meio do Plenário, negou provimento ao RE 888815, com repercussão geral, em que se discutia a possibilidade de os pais proverem a educação dos filhos por meio do ensino domiciliar (*homeschooling*). A maioria dos ministros adotou a fundamentação segundo a qual esta modalidade de ensino não pode ser implementada em razão da ausência de legislação que estabeleça regras aplicáveis. O ministro Luís Roberto Barroso, relator, divergindo da maioria, deu provimento ao recurso, considerando tal prática constitucional, sugerindo apenas a adoção de algumas regras de regulamentação da matéria, pelo próprio STF.

5.3. Direito à profissionalização e à proteção no trabalho

5.3.1. Localização

Arts. 60 a 69 do ECA.

5.3.2. Considerações relevantes

a) segundo o art. 7º, XXXIII, da CF, é proibido o trabalho *noturno, perigoso* ou *insalubre* a menores de 18 anos, e de qualquer trabalho a menores de 16 anos, salvo na condição de aprendiz, se contar, no mínimo, com 14 anos. Temos, portanto, três situações distintas:

a1) menos de 14 anos: trabalho proibido;

a2) entre 14 e 16 anos: somente na condição de aprendiz;

a3) entre 16 e 18 anos: qualquer trabalho, menos noturno, insalubre e perigoso;

b) atualmente, o contrato de aprendizagem tem seu conceito e sua disciplina no art. 428 da CLT;

6. PREVENÇÃO E MEDIDAS DE PROTEÇÃO
6.1. Prevenção

6.1.1. Localização

Arts. 70 a 85 do ECA (Título III da Parte Geral).

6.1.2. Conceito

Trata-se do complexo de normas destinadas a prevenir a violação a direitos fundamentais da criança e do adolescente.

6.1.3. Disposições gerais (arts. 70 a 73 do ECA)

Aqui, o ECA traça normas gerais, que devem ser observadas por todos, fazendo menção, inclusive, à condição peculiar de pessoa em desenvolvimento (Capítulo I).

A Lei 13.010/2014 (Lei da Palmada) introduziu, neste capítulo, o art. 70-A, que estabelece as medidas que deverão ser implementadas pela União, Estados, Distrito Federal e municípios com vistas à elaboração de políticas públicas e execução de ações voltadas ao combate do uso de castigos físicos ou tratamento cruel ou degradante impingidos a crianças e adolescentes.

6.1.4. Prevenção especial

a) a criança e o adolescente terão acesso a diversões e a espetáculos públicos adequados à sua faixa etária, segundo classificação estabelecida por portaria do Ministério da Justiça (art. 75, *caput*, do ECA);

b) crianças menores de 10 anos somente poderão ingressar e permanecer nos locais de apresentação ou exibição quando acompanhadas dos pais ou responsável (art. 75, parágrafo único, do ECA);

c) os responsáveis por diversões e espetáculos públicos estão obrigados a afixar, em lugar visível e de fácil acesso, na entrada do local de exibição, informação destacada sobre a natureza do espetáculo e a faixa etária especificada no certificado de classificação;

d) as emissoras de rádio e TV estão obrigadas, conforme dispõe o art. 76, *caput*, do ECA, a exibir programas compatíveis com o horário;

e) os proprietários e os demais funcionários de empresas que explorem a venda ou o aluguel de fitas de vídeo devem se cercar de todos os cuidados para impedir o comércio ou a locação desses produtos em desacordo com a classificação contida na portaria do MJ (art. 77 do ECA);

f) no que concerne às revistas e publicações, há duas situações distintas: se o conteúdo for inadequado, determina o art. 78, *caput*, do ECA que a revista deverá ser vendida com a embalagem lacrada, com a advertência de seu conteúdo; de outro lado, se as capas contiverem mensagens pornográficas, devem ser protegidas com embalagem opaca;

g) segundo o art. 79 do ECA, as revistas e publicações destinadas ao público infantojuvenil não poderão fazer qualquer menção a bebidas alcoólicas, tabaco, armas e munições, devendo, outrossim, respeitar os valores éticos e sociais da pessoa e da família. O descumprimento desta norma sujeita o agente à multa prevista para a infração administrativa correspondente ao art. 257 do Estatuto;

h) o responsável por estabelecimento que explore comercialmente bilhar, sinuca ou congênere, ou por casas de jogos (realiza apostas), cuidará para que não seja permitida a entrada de criança e adolescente no local. Se assim não fizer, incorrerá na infração administrativa do art. 258 do ECA;

i) o art. 81 do ECA traz uma lista de proibições, entre elas a venda à criança e ao adolescente de armas, munições e explosivos; bebidas alcoólicas; bilhetes lotéricos e equivalentes, entre outros.

6.1.5. Autorização para viajar

a) esclarecimentos preliminares: a pretexto de preservar os direitos de que são titulares crianças e adolescentes, evitando-se, com isso, que sejam expostos a situações de perigo, pode o legislador estabelecer normas com o propósito de restringir o direito de ir e vir da criança e do adolescente, impondo-lhes determinadas condições para viajar, como, por exemplo, a autorização judicial;

b) viagem da criança e do adolescente dentro do território nacional: o art. 83 da Lei 8.069/1990 (ECA), que rege a matéria, foi modificado pela Lei 13.812/2019. Antes, os adolescentes podiam viajar desacompanhados, sem qualquer restrição (dentro do território nacional); hoje, a partir das alterações implementadas pela Lei 13.812/2019, somente poderá viajar livremente sem qualquer restrição dentro do território nacional o adolescente que já tenha atingido 16 anos, isto é, a regra a ser aplicada para os adolescentes entre 12 e 16 anos (incompletos) é a mesma aplicada às crianças, tal como estabelece a nova redação do art. 83, *caput*, do ECA. As exceções foram elencadas no § 1º do mencionado dispositivo. Dessa forma, temos, atualmente, o seguinte: a) viagem – criança e adolescente menor de 16 anos: a1) regra: a criança e o adolescente menor de 16 anos não poderão viajar para fora da comarca na qual residem desacompanhadas dos pais ou responsável, sem expressa autorização judicial – art. 83, "*caput*", do ECA; a2) exceções: o art. 83, § 1º, do ECA estabelece algumas exceções (a autorização judicial não será exigida): quando se tratar de comarca contígua à da residência da criança ou do adolescente (menor de 16 anos), se na mesma unidade da Federação, ou incluída na mesma região metropolitana; a criança ou adolescente estiver acompanhada: de ascendente ou colateral maior, até o terceiro grau, comprovado documentalmente o parentesco; de pessoa maior, expressamente autorizada pelo pai, mãe ou responsável; b) viagem – adolescente a partir dos 16 anos: quanto ao adolescente com 16 anos ou mais, o ECA não impôs restrição alguma, isto é, poderá ele viajar sozinho pelo território nacional desacompanhado de seus pais, sem que para isso precise de autorização judicial.

c) viagem ao exterior: a matéria encontra-se disciplinada na Resolução 131 do Conselho Nacional de Justiça, que revogou a de n. 74, essa última editada com o propósito de uniformizar o entendimento a respeito do tema. Observações:

c1) sendo a viagem ao exterior autorizada pelos pais ou responsável, não é necessária a autorização judicial (necessário é o reconhecimento de firma por semelhança – mudança introduzida pela Resolução 131);

c2) se a viagem for autorizada por um dos pais para que a criança ou adolescente viaje na companhia do outro, também não é necessária a autorização judicial. Basta, neste caso, autorização do outro, com firma reconhecida por semelhança;

c3) se desacompanhado ou na companhia de terceiros maiores e capazes, designados pelos genitores, é dispensável a autorização judicial, bastando, aqui, a autorização de ambos os pais, com firma reconhecida;

c4) dependerá de autorização judicial a viagem de criança ou adolescente ao exterior na companhia de estrangeiro domiciliado no exterior, ainda que este conte com o consentimento dos pais.

Observação: mais recentemente, o CNJ, em face da edição da Lei 13.812/2019, editou a Resolução 295/2019, que dispõe a respeito da autorização de viagem nacional para crianças e adolescentes.

6.2. Medidas de proteção

6.2.1. Previsão legal

Arts. 98 a 102 do ECA.

6.2.2. Conceito

São as medidas aplicadas sempre que a criança ou o adolescente encontrar-se em situação de risco, ou ainda quando do cometimento de ato infracional. Dessa forma, são aplicáveis sempre que os direitos consagrados no ECA forem ameaçados ou violados, seja por ação ou omissão da sociedade, do Estado ou dos pais ou responsáveis, seja em razão da própria conduta do adolescente ou da criança – art. 98 do ECA.

6.2.3. Quem pode aplicá-las

O Conselho Tutelar somente está credenciado a aplicar a crianças e adolescentes em situação de risco ou a crianças que cometeram ato infracional as medidas de proteção a que alude o art. 101, I a VI, do ECA, sendo-lhe defeso, portanto, aplicar as medidas de *acolhimento institucional, inclusão em programa de acolhimento familiar* e *colocação em família substituta*.

Esclarecimentos: em vista do disposto nos arts. 101, § 2º, e 136, parágrafo único, ambos do ECA, é inconcebível que o Conselho Tutelar aplique a medida de acolhimento institucional, já que esta implica o afastamento da criança ou adolescente do convívio familiar, o que somente poderá ser feito pelo juiz da Infância e da Juventude.

Quando se tratar da prática de ato infracional por criança, o Conselho Tutelar poderá aplicar as medidas de proteção previstas no art. 101, I a VI, do Estatuto.

As medidas de proteção em comento poderão ser aplicadas ao adolescente infrator em conjunto ou não com as medidas socioeducativas previstas no art. 112 do ECA.

O juiz está credenciado a aplicar todas as medidas de proteção. Se na comarca não houver Conselho Tutelar, a aplicação da medida de proteção cabe ao juiz (art. 262 do ECA).

6.2.4. Medidas de proteção em espécie (art. 101 do ECA)

a) encaminhamento aos pais ou responsável, mediante termo de responsabilidade;

b) orientação, apoio e acompanhamento temporários;

c) matrícula e frequência obrigatórias em estabelecimento oficial de ensino fundamental;

d) inclusão em serviços e programas comunitários ou oficiais de proteção, apoio e promoção da família, da criança e do adolescente (conforme inciso IV, que teve a sua redação alterada pela Lei 13.257/2016);

e) requisição de tratamento médico, psicológico ou psiquiátrico, em regime hospitalar ou ambulatorial;

f) inclusão em programa oficial ou comunitário de auxílio, orientação e tratamento a alcoólatras e toxicômanos;

g) acolhimento institucional: tem caráter provisório e excepcional (art. 101, § 1º, ECA). Só pode ser aplicado pelo juiz, a quem cabe fiscalizar o cumprimento da medida. Havendo risco que justifique a retirada da criança ou adolescente de sua família natural, deverão esses ser inseridos, sob a forma de guarda ou tutela, na sua família extensa (família substituta); não sendo possível, recorre-se ao acolhimento familiar e, após, ao institucional; tanto uma quanto a outra tem caráter provisório. Assim, tão logo a situação de risco cesse, a criança ou adolescente retornará à família natural; se isso não for possível, será encaminhado para adoção;

h) inclusão em programa de acolhimento familiar: também tem caráter provisório e excepcional. Só o juiz pode determinar tal medida protetiva. Neste caso, a criança ou adolescente ficará sob os cuidados de uma família acolhedora. Esta, que somente entra em cena ante a impossibilidade de a criança ou o adolescente permanecer na sua família natural ou extensa, deve ser previamente cadastrada no programa de acolhimento. Assim, trata-se de pessoas que tomam a iniciativa de colaborar com seres em desenvolvimento que, em determinado momento da vida, encontram-se em situação de risco, o que, sem dúvida, é louvável;

i) colocação em família substituta.

7. ATO INFRACIONAL E GARANTIAS PROCESSUAIS

7.1. Ato Infracional

7.1.1. Conceito e considerações preliminares

É a conduta descrita como crime ou contravenção penal (art. 103 do ECA). Ou ainda, a ação que viola as normas que definem os crimes ou as contravenções. Assim, o menor de 18 anos – inimputável – não pratica infração penal, mas, sim, *ato infracional*. Vale dizer, caso uma criança ou um adolescente cometa um fato descrito na lei como crime, estará cometendo um ato infracional. Por serem inimputáveis, não estão sujeitos à responsabilidade penal (não receberão pena como sanção); nada obstante, deverão ser submetidos ou a *medidas de proteção*, se crianças, ou a *medidas socioeducativas*, se adolescentes, podendo, ainda, ser submetidos às duas, no caso dos adolescentes.

Observações: a despeito de o art. 103 somente haver feito referência à tipicidade, é necessário que o fato também seja *ilícito*, bem assim deve estar presente a *reprovabilidade* do adolescente (culpabilidade). Ademais, os princípios de direito penal (legalidade, reserva legal, anterioridade, insignificância, adequação social etc.) são aplicados aos atos infracionais.

Nesse sentido:

Estatuto Da criança e do Adolescente. *Habeas corpus*. Ato infracional equiparado ao crime de furto. Princípio da insignificância.

Incidência. Ausência de tipicidade material. Inexpressiva lesão ao bem jurídico tutelado.

1. A intervenção do Direito Penal apenas se justifica quando o bem jurídico tutelado tenha sido exposto a um dano com relevante lesividade. Inocorrência de tipicidade material, mas apenas a formal quando a conduta não possui relevância jurídica, afastando-se, por consequência, a ingerência da tutela penal, em face do postulado da intervenção mínima. É o chamado princípio da insignificância.

2. Reconhece-se a aplicação do referido princípio quando verificadas "(a) a mínima ofensividade da conduta do agente, (b) a nenhuma periculosidade social da ação, (c) o reduzidíssimo grau de reprovabilidade do comportamento e (d) a inexpressividade da lesão jurídica provocada" (HC 84.412/SP, Ministro Celso de Mello, Supremo Tribunal Federal, *DJ* de 19.11.2004).

3. No caso, não há como deixar de reconhecer a mínima ofensividade do comportamento do paciente, que supostamente subtraiu do interior de um estabelecimento comercial 2 (dois) bonés avaliados em R$ 15,00 (quinze reais), cada um.

4. Ordem concedida para restabelecer a decisão do Juiz de primeiro grau que rejeitou a representação ofertada contra o adolescente.

(HC 241.248/SP, Rel. Ministro Og Fernandes, Sexta Turma, julgado em 16.08.2012, *DJe* 27.08.2012).

7.1.2. Tempo do ato infracional (art. 104, parágrafo único, do ECA)

Para os efeitos do ECA, deve ser considerada a idade do adolescente à data da conduta (ação ou omissão). Suponhamos, assim, que a prática da conduta tenha se dado a poucos dias de o adolescente atingir a maioridade (o disparo de uma arma de fogo em alguém, por exemplo) e o resultado tenha sido produzido quando o agente completou 18 anos (morte da vítima); valerá, aqui, a data do fato e não a do resultado, de forma que o agente ficará sujeito a uma medida socioeducativa, isto é, não responderá criminalmente. Incorporou-se, portanto, a teoria da atividade, consagrada no art. 4º do Código Penal, segundo a qual se considera praticado o crime no momento da ação ou omissão (conduta), ainda que outro seja o do resultado.

Nesse sentido:

Habeas corpus. Estatuto da criança e do adolescente. Medida de internação. Implemento da maioridade civil. Irrelevância. Precedentes desta corte e do Supremo Tribunal Federal.

1. Conforme pacífico entendimento deste Superior Tribunal de Justiça, considera-se, para a aplicação das disposições previstas na Lei 8.069/1990, a idade do adolescente à data do fato (art. 104, parágrafo único, do ECA). Assim, se à época do fato o adolescente tinha menos de 18 (dezoito) anos, nada impede que permaneça no cumprimento de medida socioeducativa imposta, ainda que implementada sua maioridade civil.

2. O Novo Código Civil não revogou o art. 121, § 5º, do Estatuto da Criança e do Adolescente, devendo permanecer a idade de 21 (vinte e um) anos como limite para a liberação compulsória.

3. Recurso em *habeas corpus* a que se nega provimento.

(STJ, RHC 31.763/RJ, Rel. Ministro Vasco Della Giustina (Desembargador Convocado do TJ/RS), Sexta Turma, julgado em 15.05.2012, *DJe* 13.06.2012)

7.1.3. Ato infracional cometido por criança

Consta do art. 105 do ECA que as crianças que cometerem ato infracional estarão sujeitas tão somente a *medidas protetivas*. Em hipótese alguma, pois, será a elas impingida *medida socioeducativa*. Pode-se dizer, portanto, que, em relação às crianças, vige o *sistema da irresponsabilidade*, já que as medidas de proteção não têm caráter punitivo. Têm, sim, natureza administrativa e podem ser aplicadas pelo Conselho Tutelar. Podemos ainda afirmar que, em relação aos adolescentes, dada a natureza de sanção que têm as medidas socioeducativas, sua responsabilidade pela prática de ato infracional é *especial*, porque disciplinada em *legislação especial*.

7.1.4. Direitos individuais

a) hipóteses em que o adolescente poderá ter a sua liberdade tolhida (privação da liberdade) – art. 106 do ECA:

a1) flagrante de ato infracional;

a2) por ordem escrita e fundamentada da autoridade judiciária competente (juiz da Infância e da Juventude – art. 146 do ECA).

Observações:

a) crianças, quando surpreendidas diante da prática de ato infracional, serão encaminhadas ao Conselho Tutelar; se ainda não instalados, ao Juízo da Infância e Juventude;

b) as situações flagranciais de ato infracional são exatamente as mesmas que autorizam a prisão dos adultos (imputáveis) – art. 302 do Código de Processo Penal, incidindo no ECA, portanto, subsidiariamente;

c) a apreensão de menores de 18 anos fora das hipóteses listadas no art. 302 do CPP (flagrante de ato infracional) ou diante da inexistência de ordem escrita e fundamentada da autoridade judiciária configura o crime do art. 230, *caput*, do ECA, além do que o ato ilegal pode ser combatido por meio de *habeas corpus*;

d) art. 106, parágrafo único, do ECA: o adolescente tem direito à identificação dos responsáveis pela sua apreensão, devendo ser informado sobre seus direitos, como o de permanecer calado e de ter a assistência de sua família e de seu advogado, direitos consagrados no texto constitucional (art. 5º, LXIII, da CF);

e) art. 107, *caput*: a apreensão do adolescente e o local onde se encontra serão incontinenti comunicados ao Juiz da Infância e da Juventude e também à família do apreendido ou à pessoa que ele indicar. A autoridade policial que deixar de tomar tal providência incorrerá nas penas do crime do art. 231 do ECA; determina o parágrafo único do dispositivo que a autoridade judiciária, assim que tomar conhecimento da apreensão, examinará a possibilidade de liberação imediata, sob pena de responsabilidade. Se tomar conhecimento da apreensão ilegal e, sem justa causa, deixar de determinar a imediata liberação, cometerá o crime do art. 234 do ECA.

b) internação provisória – art. 108 do ECA – peculiaridades:

b1) constitui medida excepcional (antes da sentença) que somente poderá ser decretada diante da demonstração imperiosa de sua *necessidade*, além de se basear em indícios suficientes de *autoria* e *materialidade*;

b2) a medida não poderá durar mais de quarenta e cinco dias, prazo em que o processo deverá ser ultimado (art. 183 do ECA). Findo este prazo, o adolescente deverá ser imediatamente liberado. Há decisões, contudo, que entendem que, a depender da particularidade do caso concreto, é possível estendê-lo, notadamente quando é a defesa que dá causa à dilação. O descumprimento injustificado deste prazo configura o crime do art. 235 do ECA;

b3) o magistrado somente poderá decretar a internação provisória se o Ministério Público já houver oferecido a representação, isto é, não cabe esta medida privativa de liberdade em procedimento apuratório;

b4) reza o art. 185 do ECA que a internação será cumprida em entidade de atendimento. Não sendo possível a pronta transferência, o adolescente poderá, excepcionalmente, aguardar sua remoção, durante o prazo máximo de cinco dias, em repartição policial, desde que em seção separada da dos adultos;

c) identificação do adolescente – art. 109 do ECA: a regra estampada no preceptivo está em consonância com o art. 5º, LVIII, da CF, pois considera que a *identificação dactiloscópica* (impressão digital), colhida pelos órgãos policiais, de proteção e judiciais, constitui medida excepcional, que somente terá lugar para fins de confrontação, diante de dúvida fundada. Constitui dúvida fundada, entre outras, as hipóteses elencadas no art. 3º da Lei 12.037/2009. Alguns exemplos: documento com rasura ou indício de falsificação (inciso I); o fato de o indiciado portar documentos conflitantes entre si (inciso III).

7.2. Garantias processuais

7.2.1. Devido processo legal (art. 110 do ECA)

Desse princípio decorrem todas as demais garantias processuais, tais como o contraditório, a ampla defesa, presunção de inocência, direito ao duplo grau de jurisdição, dentre outros. No mais, deve-se ressaltar que todas as garantias asseguradas aos imputáveis são estendidas aos adolescentes. Além disso, o devido processo legal, que consiste em um processo justo, em que se atenda ao procedimento estabelecido em lei, assegurando-se às partes o contraditório e a ampla defesa, deve ser observado sempre que for atribuído ao adolescente a prática de ato infracional, e não somente quando se tratar de ato do qual resulte a restrição de sua liberdade. Súmula 342 do STJ: "no procedimento para aplicação de medida socioeducativa, é nula a desistência de outras provas em face da confissão do adolescente".

7.2.2. Art. 111, I, do ECA

É assegurado ao adolescente pleno e formal conhecimento da atribuição de ato infracional, através de citação ou meio equivalente. Sem essa *comunicação*, o adolescente não tem como tomar conhecimento da inicial da ação socioeducativa. É imprescindível, pois, ao exercício do contraditório e ampla defesa.

7.2.3. Art. 111, II, do ECA

Igualdade na relação processual, podendo confrontar-se com vítimas e testemunhas e produzir todas as provas necessárias à sua defesa.

7.2.4. Art. 111, III, do ECA

Defesa técnica por advogado. Art. 207, *caput*, do ECA: nenhum adolescente a quem se atribua a prática de ato infracional, ainda que ausente ou foragido, será processado sem defensor. Desse modo, logo na audiência de apresentação, o magistrado cuidará para que o adolescente possa se entrevistar com o seu defensor constituído. Se não houver constituído defensor, o juiz, neste caso, deverá nomear-lhe um, ressalvado o direito de o adolescente, a todo tempo, constituir outro de sua preferência – art. 207, § 1º, do ECA.

7.2.5. Art. 111, IV, do ECA

Assistência judiciária gratuita e integral aos necessitados, na forma da lei. A assistência judiciária gratuita e integral se dá na forma da Lei 1.060/1950. Tal atribuição é da Defensoria Pública.

7.2.6. Art. 111, V, do ECA

Direito de ser ouvido pessoalmente pela autoridade competente. É direito do adolescente expor à autoridade judiciária sua versão dos fatos, relatar-lhe como, na sua visão, os fatos que lhe são imputados se deram.

7.2.7. Art. 111, VI, do ECA

Direito de solicitar a presença de seus pais ou responsável em qualquer fase do procedimento. O adolescente, no curso do procedimento que visa apurar o ato infracional, tem o direito de solicitar, a qualquer momento, o comparecimento de seus pais ou ainda de seu responsável. A teor do art. 184, § 2º, do ECA, se os pais ou responsável não forem localizados, a autoridade judiciária dará ao adolescente curador especial durante a audiência de apresentação e a audiência de continuação.

8. MEDIDAS SOCIOEDUCATIVAS I

8.1. Considerações preliminares

8.1.1. Competência para a aplicação

Somente o juiz poderá aplicar as medidas socioeducativas. A autoridade competente a que faz menção o *caput* do art. 112 é, segundo o art. 146 do ECA, o juiz da infância e da juventude. Se alguma dúvida ainda havia, a Súmula 108 do STJ pacificou a questão: "a aplicação de medidas socioeducativas ao adolescente, pela prática de ato infracional, é da competência exclusiva do juiz".

8.1.2. Art. 114, parágrafo único, do ECA

Para a imposição da medida socioeducativa de *advertência*, a mais branda de todas, basta a prova da materialidade e indícios suficientes de autoria; já no que toca às outras medidas (obrigação de reparar o dano, prestação de serviços à comunidade, liberdade assistida, inserção em regime de semiliberdade e internação), é necessária a existência de provas suficientes da autoria e da materialidade da infração (art. 114, *caput*, do ECA).

8.1.3. Aplicação cumulativa de medida socioeducativa e de proteção

O art. 112, VII, do ECA traz a possibilidade de o juiz aplicar ao adolescente, além da medida socioeducativa, também medida de proteção (art. 101, I a VI, do ECA), sempre que ele se encontrar em situação de risco.

8.1.4. Critérios para aplicação

O art. 112, § 1º, do ECA estabelece que o juiz, ao aplicar ao adolescente a medida socioeducativa, levará em conta a sua capacidade de cumpri-la, as circunstâncias e a gravidade do ato.

8.1.5. Objetivos

A Lei 12.594/2012, que instituiu o Sistema Nacional de Atendimento Socioeducativo – SINASE – e disciplinou a execução das medidas socioeducativas destinadas a adolescente em conflito com a lei, estabeleceu, em seu art. 2º, os objetivos das medidas socioeducativas, previstas no art. 112 do ECA.

8.1.6. Trabalho forçado

O ECA, em seu art. 112, § 2º, proíbe, em qualquer hipótese e sob qualquer pretexto, a prestação de trabalho forçado, o que está em consonância com o art. 5º, XLVII, *c*, da CF.

8.1.7. Adolescentes portadores de doença ou deficiência mental

Receberão tratamento individual e especializado (art. 112, § 3º, do ECA). Não serão submetidos a medidas socioeducativas.

8.2. Conceito

É a medida aplicada pelo Estado, em procedimento contraditório, ao adolescente que cometeu ato infracional.

8.3. Espécies

8.3.1. Advertência (art. 112, I, do ECA)

É a mais branda de todas as medidas, reservada, por isso, para os atos infracionais de pequena gravidade. Consiste em admoestação verbal. Basta, para sua incidência, prova da materialidade e *indícios* suficientes da autoria (art. 114, parágrafo único, do ECA). Será reduzida a termo e assinada pelo juiz, pelo representante do MP, pelo adolescente e pelos seus pais ou responsável (art. 115 do ECA).

8.3.2. Obrigação de reparar o dano (art. 112, II, do ECA)

Medida adequada aos atos infracionais com reflexos patrimoniais, podendo a autoridade determinar, se for o caso, que o adolescente restitua a coisa, promova o ressarcimento do dano, ou, por outra forma, compense o prejuízo causado à vítima (art. 116 do ECA).

8.3.3. Prestação de serviços à comunidade (art. 112, III, do ECA)

Consiste na realização de tarefas gratuitas de interesse geral, por período não excedente a seis meses, junto a entidades assistenciais, hospitais, escolas e outros estabelecimentos congêneres, bem como em programas comunitários e governamentais (art. 117, *caput*, do ECA). As tarefas serão atribuídas conforme as aptidões do adolescente, devendo ser cumpridas durante a jornada máxima de oito horas semanais, aos sábados, domingos e feriados ou em dias úteis, de modo a não prejudicar a frequência à escola ou à jornada normal de trabalho.

8.3.4. Liberdade assistida (art. 112, IV, do ECA)

Das medidas socioeducativas em meio aberto, é a mais rígida. O adolescente submetido a esta medida permanece na companhia de sua família e inserido na comunidade, com vistas a fortalecer seus vínculos, mas deverá sujeitar-se a acompanhamento, auxílio e orientação (art. 118 do ECA). Será executada por entidade de atendimento, que cuidará de indicar pessoa capacitada para a função de orientadora (com designação pelo juiz). A liberdade assistida será fixada pelo prazo *mínimo* de seis meses, podendo, a qualquer tempo, ser prorrogada, revogada ou substituída por outra medida, ouvido o orientador, o MP e o defensor (art. 118, § 2º, do ECA). Quanto ao prazo máximo, nada previu a esse respeito o legislador, sendo o caso, assim, de aplicar, por analogia, o dispositivo que prevê o período máximo para a internação (3 anos).

8.3.5. Semiliberdade (art. 112, V, do ECA)

É espécie de medida socioeducativa privativa da liberdade. Situa-se entre a internação, a mais severa de todas, e as medidas em meio aberto. Diferentemente da internação, a inserção em regime de semiliberdade (art. 120 do ECA) permite ao adolescente a realização de atividades externas, independentemente de autorização judicial. É obrigatória a escolarização e a profissionalização, devendo, sempre que possível, ser utilizados os recursos existentes na comunidade. A exemplo da internação, esta medida não comporta prazo determinado, sendo, pois, seu prazo máximo de três anos, devendo a sua manutenção ser avaliada no máximo a cada seis meses, já que se deve aplicar, no que couber, as disposições relativas à internação. No mais, pode ser determinada desde o início ou como forma de transição para o meio aberto.

8.3.6. Internação (art. 112, VI, do ECA)

Das medidas socioeducativas, é a mais severa, pois constitui modalidade de medida privativa de liberdade. É informada pelos princípios da brevidade, respeito à condição peculiar de pessoa em desenvolvimento e excepcionalidade. Esta medida, segundo dispõe o art. 121, § 2º, do ECA, não comporta prazo determinado, devendo sua manutenção ser reavaliada, mediante decisão fundamentada, no máximo a cada seis meses. O período de internação não excederá a 3 anos (art. 121, § 3º, do ECA). Findo esse prazo, poderá o juiz: a) liberar o adolescente, se a medida atingiu sua finalidade; b) colocá-lo em regime de semiliberdade; c) colocá-lo em liberdade assistida. De qualquer forma, a liberação será compulsória aos 21 anos (art. 121, § 5º, do ECA).

Quanto ao caráter excepcional da medida socioeducativa de internação, conferir:

> Penal e processual penal. *Habeas corpus*. ECA. Ato infracional equiparado ao delito de porte ilegal de arma de fogo de uso permitido. Aplicação de medida socioeducativa de internação por prazo indeterminado. Reiteração no cometimento de outros atos infracionais graves. Medida fundamentada.
>
> 1. Em razão do princípio da excepcionalidade, a medida de internação somente é possível nas hipóteses previstas no art.

122 da Lei 8.069/1990, ou seja, quando o ato infracional for praticado com grave ameaça ou violência contra a pessoa; quando houver o reiterado cometimento de outras infrações graves; ou ainda, quando haja o descumprimento reiterado e injustificável de medida anteriormente imposta.

2. É cediço que se impõe a aplicação da medida de internação nas hipóteses em que o caráter excepcional dos atos infracionais cometidos e o comportamento social do adolescente exigem a medida extrema.

3. A imposição da medida excepcional se revela necessária, ainda, quando o adolescente possui histórico de cumprimento de medidas outras (prestação de serviços à comunidade, liberdade assistida e semiliberdade) que se revelaram insuficientes no processo de ressocialização e reeducação preconizados pelo ECA.

4. Por fim, no presente caso, a medida de internação encontra seu fundamento, ainda, no inciso II do art. 122 do ECA (reiteração no cometimento de outras infrações graves), uma vez que o adolescente ostenta 3 (três) outros graves registros por atos infracionais, análogos aos crimes de roubo (duas vezes) e estupro de vulnerável.

5. Ordem denegada.

(STJ, HC 207.582/DF, Rel. Ministro Og Fernandes, Sexta Turma, julgado em 16.08.2012, *DJe* 27.08.2012).

8.4. Hipóteses em que a internação tem lugar – art. 122 do ECA

8.4.1. Ato infracional cometido mediante grave ameaça ou violência à pessoa

Estão inseridos nesse contexto atos infracionais equiparados aos crimes de roubo, homicídio, estupro, dentre outros em que o adolescente emprega, para a sua prática, violência (força física) contra a pessoa ou grave ameaça. Não fazem parte deste rol, portanto, os crimes de tráfico de drogas, embora seja equiparado a hediondo, furto qualificado, entre outros. Nesse sentido: STJ, HC 165.704-SP, Rel. Min. Maria Thereza e Assis Moura, j. 02.09.2010. Consolidando esse entendimento, o STJ editou a Súmula 492: "o ato infracional análogo ao tráfico de drogas, por si só, não conduz obrigatoriamente à imposição de medida socioeducativa de internação".

8.4.2. Reiteração no cometimento de outras infrações graves

Outra hipótese em que tem cabimento a internação, como medida socioeducativa mais severa, é aquela em que há a chamada *reiteração* de outras infrações graves (art. 122, II, ECA). Diz-se *outras* porque não estão incluídos, neste universo, os atos infracionais cometidos mediante grave ameaça ou violência à pessoa. Neste caso, à luz do que estabelece o art. 122, I, do ECA, o cometimento de um único ato infracional é o bastante para impingir ao socioeducando a medida de internação. Exemplo sempre lembrado pela doutrina de ato infracional cuja prática reiterada pode levar à internação é o tráfico de drogas. Embora se trate de delito equiparado a hediondo, seu cometimento é desprovido de violência ou grave ameaça à pessoa. Em outras palavras, a prática de um único ato infracional equiparado ao tráfico de drogas não conduz, necessariamente, à imposição de medida socioeducativa de internação (Súmula 492, STJ). É necessário que haja reiteração. Surge, assim, divergência na interpretação que deve ser conferida à expressão *reiteração*, ou seja, quantos atos infracionais graves são suficientes para configurar a reiteração e, assim, determinar a internação do socioeducando. O STJ tinha como consolidado o entendimento segundo o qual *reiteração* não se confunde com *reincidência*, isto é, só há que se falar em reiteração diante da prática de, no mínimo, três atos infracionais. Sucede que o STJ, revendo o posicionamento até então adotado, passou a entender que inexiste número mínimo de atos infracionais a configurar a reiteração a que se refere o art. 122, II, do ECA. Dessa forma, a prática de dois atos infracionais graves, mas desprovidos de violência ou grave ameaça, como é o caso do tráfico de drogas, autoriza o juiz a determinar, como medida socioeducativa, a internação.

8.4.3. Descumprimento reiterado e injustificável da medida anteriormente imposta

Esta é a chamada *internação com prazo determinado* ou *internação-sanção*. Assim, uma vez aplicada a medida por sentença em processo de conhecimento, cabe ao adolescente a ela submeter-se, independentemente de sua vontade. Se assim não fizer, poderá sujeitar-se à internação-sanção, cujo prazo de duração, a teor do art. 122, § 1º, do ECA, com redação dada pela Lei 12.594/2012, poderá chegar a três meses. Segundo o STJ, a reiteração pressupõe mais de três atos. Além disso, o descumprimento há de ser injustificável, devendo o juiz, portanto, ouvir as razões do adolescente. A esse respeito, a Súmula 265 do STJ: "é necessária a oitiva do menor infrator antes de decretar-se a regressão da medida socioeducativa".

9. MEDIDAS SOCIOEDUCATIVAS II E REMISSÃO

9.1. Medidas socioeducativas – continuação

Observação importante: a Lei 12.594/2012, em seu art. 35, enuncia os princípios informadores da execução das medidas socioeducativas.

9.1.1. Cumprimento da internação – arts. 123 a 125 do ECA e Lei 12.594/2012 (Sinase)

Atualmente, a execução das medidas socioeducativas deve seguir o regramento trazido pela Lei 12.594/2012 (que instituiu o Sinase – Sistema Nacional de Atendimento Socioeducativo) e também pela Resolução 119/2006, do Conanda (Conselho Nacional dos Direitos da Criança e do Adolescente), que contemplam diversos dispositivos que regulamentam o cumprimento dessas medidas.

O cumprimento da medida de internação dar-se-á nos moldes estabelecidos no *caput* do art. 123 do Estatuto: deverá ser executada em entidade exclusiva para adolescentes, em local distinto daquele destinado ao *abrigo*, obedecida rigorosa separação por critérios de *idade, compleição física* e *gravidade da infração*. Além disso, consta do parágrafo único do dispositivo que, durante o período de internação, ainda que provisória, são obrigatórias atividades pedagógicas.

9.1.2. Direitos do adolescente privado de liberdade

O art. 124 do ECA contempla, em dezesseis incisos, os direitos do adolescente que se acha privado de sua liberdade, entre os quais entrevistar-se pessoalmente com o promotor de justiça, receber visitas, ao menos semanalmente etc. Além desses, o art. 49 da Lei 12.594/2012 conferiu ao adolescente privado de liberdade outros direitos.

9.1.3. Observações quanto aos direitos do adolescente privado de sua liberdade

a) é vedada a incomunicabilidade do adolescente, salvo se, em determinada situação, o seu isolamento dos demais internos (colocação em ambiente separado) mostrar-se a medida mais adequada à segurança dele – art. 124, § 1º, do ECA;

b) se a autoridade judiciária entender que existem motivos sérios e fundados que tornam a visita, inclusive dos pais ou responsável, prejudicial aos interesses do adolescente, poderá suspendê-la temporariamente – art. 124, § 2º, do ECA;

c) o Estado tem o dever de zelar pela integridade física e mental dos internos, a ele cabendo adotar as medidas adequadas de contenção e segurança – art. 125 do ECA.

9.1.4. Prescrição

À falta de norma que discipline este tema, o STJ editou a Súmula 338, cujo teor é o seguinte: "a prescrição penal é aplicável nas medidas socioeducativas". Assim, firmou-se o entendimento segundo o qual as regras que regem, na Parte Geral do Código Penal, a prescrição, aplicam-se, de forma supletiva, às medidas socioeducativas. Sucede que a questão, a despeito da edição da súmula, não é pacífica, já que parte minoritária da doutrina entende que a prescrição não poderia ser aplicada às medidas socioeducativas.

9.2. Remissão

9.2.1. Previsão legal

Arts. 126, 127 e 128 do ECA.

9.2.2. Conceito

É o perdão concedido pelo MP ao adolescente autor de ato infracional. Neste caso, tem natureza administrativa e depende de homologação. Inexiste inconstitucionalidade nesta medida, já que está o Ministério Público credenciado a decidir pela aplicação da remissão ou pelo oferecimento da representação. Essa é a *remissão ministerial* (art. 126, *caput*, do ECA). Uma vez iniciado o procedimento, a remissão não mais poderá ser concedida pelo promotor de justiça, somente pela autoridade judiciária. Essa é a *remissão judicial*, que importa em suspensão ou extinção do processo (art. 126, parágrafo único, do ECA) e tem como propósito amenizar os efeitos da continuidade desse.

9.2.3. Observações quanto às duas espécies de remissão, ministerial e judicial

a) a remissão ministerial importa na exclusão do início do processo de conhecimento. Já a judicial, que é aquela em que o processo de conhecimento já teve início com a representação formulada pelo MP, implica a extinção ou suspensão do processo – em curso;

b) a despeito de a lei nada ter dito a esse respeito, a remissão ministerial está condicionada ao consentimento expresso do adolescente e de seu representante legal. Motivo: na hipótese de o adolescente sustentar que não cometeu o ato infracional a ele imputado, terá a oportunidade, por meio do processo de conhecimento, de provar sua inocência. Com muito mais razão, quando se tratar de remissão cumulada com medida socioeducativa (STJ entende ser possível a cumulação);

c) a remissão judicial prescinde de anuência do MP, que, no entanto, será ouvido, sob pena de nulidade. A esse respeito, conferir: STF, HC 96.659-MG, Rel. Min. Gilmar Mendes, j. 28.09.2010;

d) ainda no âmbito da remissão judicial, o juiz da infância e da juventude poderá, neste caso, suspender (paralisar) ou ainda extinguir (pôr fim) o processo. Suspenderá na hipótese de o adolescente ser submetido a uma medida socioeducativa em que se faça necessário o seu acompanhamento, como, por exemplo, a prestação de serviços à comunidade. Ao término desta, o processo será extinto. Por fim, será extinto sempre que não for necessária a imposição de medida socioeducativa cumulada com a remissão ou mesmo no caso de ser aplicada medida que prescinda de acompanhamento. Ex.: advertência;

e) a remissão não implica necessariamente o reconhecimento ou comprovação da responsabilidade, nem prevalece para efeito de antecedentes (art. 127 do ECA). É dizer, o fato de o adolescente e seu representante aquiescerem na aplicação da medida não quer dizer que aquele está admitindo culpa pelo ato infracional praticado; se assim preferir, poderá recusar a benesse e provar a sua inocência no curso do processo de conhecimento;

f) a medida que eventualmente for aplicada junto com a remissão, que nunca poderá ser a de colocação em regime de semiliberdade e internação, poderá ser revista judicialmente a qualquer tempo, mediante pedido do adolescente ou de seu representante legal, ou do MP.

10. MEDIDAS PERTINENTES AOS PAIS OU RESPONSÁVEL E CONSELHO TUTELAR

10.1. Medidas pertinentes aos pais ou responsável – arts. 129 e 130 do ECA

10.1.1. Conceito

São as medidas aplicáveis aos pais ou responsável (crianças ou adolescentes criados por avós, irmãos – que detêm a guarda de fato) quando violarem direitos das crianças e dos adolescentes. Essas medidas terão lugar em relação aos pais em face da violação do poder familiar, que é, *grosso modo*, a autoridade que estes exercem sobre a criança e o adolescente. O não exercício desta prerrogativa acarreta a perda ou suspensão do poder familiar. Os deveres inerentes ao poder familiar estão no art. 22 do ECA (guarda, sustento e educação).

10.1.2. Medidas em espécie e primazia dada àquelas que buscam a manutenção da pessoa em desenvolvimento no seu lar

Seguindo a tônica estabelecida pela Lei 12.010/2009, que prestigia a manutenção da criança e do adolescente junto à sua família natural (à sua falta, a extensa), dado que este é o ambiente considerado mais favorável ao seu bom desenvolvimento, as medidas contempladas no art. 129, I a VII, do ECA que não afastam as crianças e os adolescentes de seus pais ou responsável têm primazia em relação àquelas que implicam a retirada da pessoa em desenvolvimento de seu lar, com o inevitável afastamento desta de seus pais ou responsável, previstas no art. 129, VIII, IX e X, do ECA. A aplicação das medidas previstas no art. 129, I a VII, é de atribuição do Conselho Tutelar, conforme dispõe o art. 136, II, do ECA. Nada impede, todavia, que o juiz da Infância e da Juventude possa também, de forma subsidiária, aplicar tais medidas. No que toca às medidas contidas no art. 129, VIII, IX e X, do ECA, respectivamente *perda da guarda, destituição da tutela* e *suspensão ou destituição do poder familiar*, estas modalidades somente podem ser determinadas pelo juiz da Infância e da Juventude.

A seguir, as medidas aplicáveis aos pais ou responsável:

I. encaminhamento a serviços e programas oficiais ou comunitários de proteção, apoio e promoção da família (redação alterada pela Lei 13.257/2016);

II. inclusão em programa oficial ou comunitário de auxílio, orientação e tratamento a alcoólatras e toxicômanos;

III. encaminhamento a tratamento psicológico ou psiquiátrico;

IV. encaminhamento a cursos ou programas de orientação;

V. obrigação de matricular o filho ou pupilo e acompanhar sua frequência e aproveitamento escolar;

VI. obrigação de encaminhar a criança ou adolescente a tratamento especializado;

VII. advertência;

VIII. perda da guarda;

IX. destituição da tutela;

X. suspensão ou destituição do poder familiar.

10.2. Conselho tutelar

10.2.1. *Previsão legal*

Arts. 131 a 140 do ECA.

10.2.2. *Conceito*

Constitui órgão permanente e autônomo, não jurisdicional, encarregado pela sociedade de zelar pelo cumprimento dos direitos da criança e do adolescente, definidos nesta Lei (art. 131 do ECA).

10.2.3. *Características*

a) o Conselho Tutelar não possui personalidade jurídica, uma vez que é *órgão*, e não *pessoa jurídica*. Insere-se, pois, na estrutura da administração pública municipal (*vide* art. 132 do ECA, cuja redação foi modificada pela Lei 12.696/2012);

b) sendo um órgão permanente, o Conselho Tutelar tem natureza contínua; é autônomo porque, embora esteja sujeito à fiscalização do MP e do Poder Judiciário, é independente nas suas atribuições;

c) é órgão não jurisdicional, isto é, diante de um conflito de interesses envolvendo criança ou adolescente, não estará credenciado a atuar, somente podendo fazê-lo o juiz da Vara da Infância e Juventude.

10.2.4. *Estrutura e requisitos para candidatura*

a) cada município e cada Região Administrativa do Distrito Federal deverá ter, no mínimo, um Conselho Tutelar constituído de cinco membros (art. 132 do ECA), ainda que se trate de cidade com número pequeno de habitantes. Se porventura no município ainda não houver sido instalado o Conselho Tutelar, caberá ao juiz da Vara da Infância e da Juventude fazer as suas vezes (art. 262 do ECA). Sendo um órgão integrante da administração pública municipal, a sua estrutura administrativa, remuneração dos conselheiros, local e dia de funcionamento e tudo o mais que se fizer necessário ao bom funcionamento do Conselho Tutelar deverá ser disciplinada por lei a ser editada pelo legislativo municipal ou distrital (art. 134 do ECA). Dada a modificação implementada no art. 134 do ECA pela Lei 12.696/2012, os membros do Conselho Tutelar passam agora a contar com alguns direitos previdenciários e trabalhistas, a saber: a) cobertura previdenciária; b) gozo de férias anuais remuneradas, acrescidas de um terço do valor da remuneração mensal; c) licença-maternidade; d) licença-paternidade; e e) gratificação natalina;

b) a despeito de haver decisões em sentido contrário, prevalece o entendimento segundo o qual a lei municipal pode estabelecer outras condições de exigibilidade além daquelas referidas no art. 133 do ECA (reconhecida idoneidade moral; idade superior a vinte e um anos; e residência no município). Trata-se, pois, de requisitos mínimos.

10.2.5. *Composição*

Os Conselhos Tutelares são compostos de cinco membros, denominados conselheiros, escolhidos pela comunidade para um mandato de quatro anos, a teor do art. 132 do ECA. A redação anterior desse artigo fixava em três anos o mandato do membro do Conselho Tutelar.

10.2.6. *Eleição*

Os conselheiros devem ser eleitos em voto direto, facultativo e secreto, em eleições promovidas pelo Conselho Municipal dos Direitos da Criança e do Adolescente, sob a fiscalização do Ministério Público – art. 139, *caput*, do ECA. Em consonância com o que estabelece o art. 139, § 1º, do ECA, introduzido pela Lei 12.696/2012, o processo de escolha do Conselheiro ocorrerá em data unificada em todo o território nacional a cada quatro anos, no primeiro domingo do mês de outubro do ano subsequente ao da eleição presidencial. A posse dos conselheiros, a teor do que dispõe o art. 139, § 2º, do ECA, também introduzido pela Lei 12.696/2012, dar-se-á no dia 10 de janeiro do ano seguinte. É vedado ao candidato, no processo de escolha, doar, oferecer, prometer ou entregar ao eleitor bem ou vantagem pessoal de qualquer natureza. É o que estabelece o art. 139, § 3º, do ECA.

10.2.7. *Possibilidade de reeleição para o exercício de vários mandatos consecutivos*

Recentemente, o art. 132 da Lei 8.069/1990 (Estatuto da Criança e do Adolescente), que trata da organização do Conselho Tutelar, teve a sua redação alterada por força da Lei 13.824/2019. Numa leitura açodada da nova redação do dispositivo, talvez a mudança passe despercebida, já que o artigo, na sua parte inicial, permaneceu inalterado. Com efeito, estabelecia o art. 132 do ECA, na sua parte final, que o membro do Conselho Tutelar, eleito para um mandato de quatro anos, somente poderia ser reconduzido uma única vez, cumprindo, dessa forma, no máximo dois mandatos. Era o que estabelecia, como já dito, a antiga redação do art. 132 do ECA. Pois bem. Dada a modificação implementada nesse dispositivo pela Lei 13.824/2019, o conselheiro tutelar, doravante, poderá ser reconduzido, mediante novo processo de escolha, para o exercício de vários mandatos, tal como ocorre, por exemplo, com os vereadores.

10.2.8. Impedimentos

Pela disciplina estabelecida no art. 140 do ECA, as pessoas ali listadas estão impedidas de servir como conselheiro tutelar no mesmo Conselho, o que não impede, por conseguinte, que pai e filho, por exemplo, exerçam esta função pública em Conselhos diferentes.

10.2.9. Atribuições

I. atender as crianças e adolescentes nas hipóteses previstas nos arts. 98 e 105 do ECA, aplicando as medidas previstas no art. 101, I a VII, do Estatuto;

II. atender e aconselhar os pais ou responsável, aplicando as medidas previstas no art. 129, I a VII, do ECA;

III. promover a execução de suas decisões, podendo, para tanto:

a) requisitar serviços públicos nas áreas de saúde, educação, serviço social, previdência, trabalho e segurança;

b) representar junto à autoridade judiciária nos casos de descumprimento injustificado de suas deliberações;

IV. encaminhar ao MP notícia de fato que constitua infração administrativa ou penal contra os direitos da criança ou adolescente;

V. encaminhar à autoridade judiciária os casos de sua competência;

VI. providenciar a medida estabelecida pela autoridade judiciária, dentre as previstas no art. 101, I a VI, do ECA para o adolescente autor de ato infracional;

VII. expedir notificações;

VIII. requisitar certidões de nascimento e de óbito de criança ou adolescente quando necessário;

IX. assessorar o Poder Executivo local na elaboração de proposta orçamentária para planos e programas de atendimento dos direitos da criança e do adolescente;

X. representar, em nome da pessoa e da família, contra a violação dos direitos previstos no art. 220, § 3º, II, da CF;

XI. representar ao MP para efeito das ações de perda ou suspensão do poder familiar, após esgotadas as possibilidades de manutenção de criança ou adolescente junto à família natural.

11. APURAÇÃO DE ATO INFRACIONAL

11.1. Esclarecimentos preliminares

Antes de o Ministério Público, titular da chamada *ação socioeducativa*, provocar a função jurisdicional, por meio do exercício do direito de ação, algumas providências, previstas e disciplinadas pelo ECA, hão de ser tomadas. São as chamadas medidas pré-processuais, já que antecedem a instauração do processo perante a Justiça da Infância e da Juventude.

11.2. Apreensão de adolescente

Em conformidade com o prescrito nos arts. 106, *caput*, 171 e 172 do ECA, a apreensão do adolescente somente se dará em duas situações, a saber: flagrante de ato infracional; e por força de ordem judicial.

Observações: a teor do art. 171 do ECA, o adolescente apreendido por força de ordem judicial (para o cumprimento de medida socioeducativa de internação; para que compareça à audiência de apresentação etc.) será encaminhado à autoridade judiciária. De outro lado, pela disciplina do art. 172 do ECA, o adolescente apreendido em flagrante de ato infracional deverá ser conduzido à presença da autoridade policial competente. Se se tratar de ato infracional praticado em coautoria com maior e havendo repartição policial especializada no atendimento de adolescente, prevalecerá a atribuição desta.

11.3. Flagrante de ato infracional praticado por adolescente – providências

Há, aqui, duas situações distintas:

11.3.1. Ato infracional cometido mediante violência ou grave ameaça à pessoa

Neste caso, a autoridade policial, que é aquela a quem deve ser encaminhado o adolescente surpreendido na prática de ato infracional (art. 302 do CPP), cuidará para que sejam tomadas as seguintes providências: lavratura do auto de apreensão; apreensão do produto e dos instrumentos da infração; requisição dos exames e perícias; assegurar que o adolescente conheça a identidade dos responsáveis por sua apreensão bem como seja informado de seus direitos; comunicação imediata à família ou pessoa indicada, bem como à autoridade judiciária; liberação ou condução ao MP (art. 173, *caput*, do ECA).

11.3.2. Ato infracional praticado sem violência ou grave ameaça contra a pessoa

Neste caso, as providências a serem tomadas são as seguintes (art. 173, parágrafo único, do ECA): em vez de auto de apreensão, boletim de ocorrência circunstanciado; apreensão do produto e dos instrumentos da infração; requisição dos exames e perícias; assegurar que o adolescente conheça a identidade dos responsáveis por sua apreensão bem como seja informado de seus direitos; comunicação imediata à família ou pessoa indicada, bem como à autoridade judiciária; liberação ou condução ao MP.

11.4. Liberação do adolescente – cabimento

Reza o art. 174 do ECA que, na hipótese de comparecimento de qualquer dos pais ou responsável, o adolescente será prontamente liberado pela autoridade policial, devendo o responsável, sob compromisso, fazer apresentar o adolescente ao MP no primeiro dia útil imediato. **Exceção:** quando, pela gravidade do ato infracional e sua repercussão social, deva o adolescente permanecer sob internação para garantia de sua segurança pessoal ou manutenção da ordem pública. Neste caso, o adolescente será encaminhado ao MP, juntamente com a cópia do auto de apreensão ou boletim de ocorrência. Não sendo possível, a autoridade policial encaminhará o adolescente à entidade de atendimento, que o apresentará ao MP em 24 horas (art. 175 do ECA).

11.5. Oitiva informal do adolescente

O art. 179 do ECA instituiu importante instrumento para auxiliar o membro do MP a formar sua convicção, já que lhe permite ouvir o adolescente, seus pais ou responsável, bem assim vítimas e testemunhas.

11.5.1. Obrigatoriedade da medida

Há duas correntes. Prevalece, atualmente, aquela que entende que a ausência de oitiva informal promovida pelo MP não tem o condão de gerar a nulidade da representação e dos atos seguintes. É este o entendimento do STJ. A esse respeito, conferir: STJ, 5ª T., REsp. 662.499/SC, Rel. Min. Felix Fischer, j. 07.12.2004.

11.5.2. Providências – após oitiva informal (art. 180 do ECA)

Após a oitiva informal a que alude o art. 179 do Estatuto, o promotor de justiça tomará uma das seguintes providências: promoverá o *arquivamento dos autos* (se verificar que o adolescente não foi o autor do ato; que o ato não é típico – não encontra figura correspondente na legislação penal; ou ainda ocorreu excludente de ilicitude); concederá a *remissão*; ou oferecerá a *representação*.

11.5.3. Homologação judicial

Em vista do disposto no art. 181 do ECA, nos casos de arquivamento e remissão, os autos serão conclusos à autoridade judiciária para homologação. Se o juiz discordar, remeterá os autos ao procurador-geral de Justiça, a quem incumbirá oferecer representação, designar outro promotor para fazê-lo ou ratificar o arquivamento ou remissão, sendo que somente nesse caso o juiz estará obrigado a homologar.

11.6. Fase processual – esclarecimentos preliminares

Conforme já expusemos, algumas providências previstas no ECA, chamadas medidas pré-processuais, que antecedem a instauração do processo perante a Justiça da Infância e da Juventude, devem ser tomadas, como, por exemplo, em alguns casos, a apreensão em flagrante do adolescente e a sua liberação, a depender do caso, aos seus pais. São as normas que regem a fase pré-processual de apuração do ato infracional. Passaremos agora ao exame das normas que disciplinam a *fase processual de apuração do ato infracional* (arts. 182 a 190 do ECA).

11.7. Ministério Público – único legitimado

A chamada ação socioeducativa tem uma peculiaridade: o MP tem legitimidade exclusiva para ajuizá-la. Vale dizer, é defeso à vítima propor a ação socioeducativa. Mais: o MP, no seu exercício do direito de ação, não está subordinado a condição alguma.

Estabelece o art. 201, II, do ECA que cabe ao MP "promover e acompanhar os procedimentos relativos às infrações atribuídas a adolescentes". Note que, ao dar início à ação socioeducativa, da qual é titular, o órgão ministerial atua como parte, e não como *custos legis*. A despeito disso, incumbe-lhe o dever de, na busca pela verdade real, zelar pelos superiores interesses do adolescente, mesmo sendo este autor de ato infracional.

11.8. Representação

11.8.1. Conceito

É a petição inicial da ação socioeducativa. Está prevista no art. 182 do ECA. Equivale, na ação penal pública, à denúncia. A exemplo desta, a representação há de ser formulada pelo titular da ação socioeducativa, que é o Ministério Público (art. 201, II, ECA).

11.8.2. Características

a) comporta a forma escrita ou oral;

b) não depende de prova pré-constituída de autoria e materialidade (para a instauração bastam indícios);

c) deve conter breve resumo dos fatos e a classificação do ato infracional, bem assim, quando necessário, o rol de testemunhas.

Observação: o adolescente defende-se, no processo, do fato a ele atribuído pelo MP na inicial, e não de sua classificação.

11.9. Providências judiciais

Com a representação ofertada pelo MP, os autos vão conclusos ao juiz, a quem caberá: rejeitá-la, determinar que seja a representação emendada ou recebê-la. Neste último caso, o magistrado deverá designar audiência de apresentação do adolescente e determinar a *cientificação* e *notificação* do adolescente e de seus pais ou responsável.

11.10. Audiência de apresentação

Trata-se do primeiro contato entre juiz e adolescente, bem assim com os pais deste. Se comparecerem adolescente e seus pais, todos serão ouvidos. Com relação àquele, insta ressaltar que serão aplicadas, no que toca à sua oitiva, as regras do interrogatório previstas no CPP. Feito isso, o magistrado ouvirá os pais ou responsável pelo adolescente e, em seguida, tomará uma das seguintes providências: ouvido o MP, concederá remissão (art. 186, § 1º, do ECA); ou designará audiência em continuação.

Observações: é necessária a presença de advogado na audiência de apresentação; a teor do art. 186, § 3º, do ECA, o defensor do adolescente – constituído ou nomeado – no prazo de 3 dias da audiência de apresentação oferecerá defesa prévia e rol de testemunhas.

11.11. Audiência em continuação

É constituída pelos seguintes atos: oitiva das testemunhas de acusação e defesa; relatório confeccionado pela equipe interprofissional, que será acostado aos autos do processo; debates. Primeiro do promotor e, após, da defesa; e sentença.

11.12. Infiltração de agentes de Polícia no contexto do ECA

A Lei 13.441/2017 inseriu no ECA os arts. 190-A a 190-E, que estabelecem regras para a realização da infiltração de policiais no âmbito da internet com vistas à investigação de crimes contra a dignidade sexual de crianças e adolescentes.

12. CRIMES E INFRAÇÕES ADMINISTRATIVAS

12.1. Crimes

12.1.1. Observações preliminares

Se o ECA não dispuser de forma contrária, aplicam-se aos crimes nele definidos as regras da Parte Geral do CP e, no que toca ao processo, as pertinentes ao CPP – art. 226 do ECA. Os crimes previstos no ECA são de ação penal pública incondicionada.

12.1.2. Crimes em espécie

Aqui abordaremos os principais delitos definidos no ECA e seus elementos.

> **Art. 229.** Deixar o médico, enfermeiro ou dirigente de estabelecimento de atenção à saúde de gestante de identificar corretamente o neonato e a parturiente, por ocasião do parto, bem como deixar de proceder aos exames referidos no art. 10 desta Lei:
> Pena – detenção de 6 meses a 2 anos.
> Parágrafo único. Se o crime é culposo:
> Pena – detenção de dois a seis meses ou multa.

a) sujeito ativo: somente o médico, o enfermeiro e o dirigente de estabelecimento de atenção à saúde da gestante. Trata-se, portanto, de *crime próprio*, já que exige do agente uma característica especial;

b) sujeito passivo: o neonato e a parturiente (na primeira figura); e o recém-nascido (na segunda);

c) tipo objetivo: são duas as condutas punidas: a primeira consiste em deixar, que significa *omitir-se*, de proceder à identificação (individualização) correta do neonato e da parturiente; a outra conduta punida é deixar (omissão dos mesmos sujeitos) de realizar os exames a que faz menção o art. 10 do ECA, assim entendidos aqueles que visam ao diagnóstico e terapêutica de anormalidades no metabolismo do recém-nascido;

d) tipo subjetivo: é o dolo, representado pela vontade livre e consciente de praticar a conduta prevista no tipo. Há previsão, no parágrafo único, da forma culposa, em que incorrerá o agente que cometer o delito por negligência.

> **Art. 230.** Privar a criança ou o adolescente de sua liberdade, procedendo à sua apreensão sem estar em flagrante de ato infracional ou inexistindo ordem escrita da autoridade judiciária competente:
> Pena – detenção de 6 meses a 2 anos.
> **Parágrafo único.** Incide na mesma pena aquele que procede à apreensão sem observância das formalidades legais.

a) sujeito ativo: qualquer pessoa (crime comum);

b) sujeito passivo: a criança ou o adolescente;

c) tipo objetivo: o verbo nuclear do tipo penal é *privar*, que quer dizer tolher, impedir. Este crime, dada a pena a ele cominada, não deve ser confundido com o do art. 148 do CP (sequestro e cárcere privado), visto que a prática do delito em estudo implica somente a apreensão do menor, sem, com isso, inseri-lo no cárcere. Se o fizer, caracterizado estará o crime do CP, cuja pena é bem superior;

d) tipo subjetivo: é o dolo, representado pela vontade livre e consciente de praticar a conduta prevista no tipo. Não há previsão da modalidade culposa.

> **Art. 240.** Produzir, reproduzir, dirigir, fotografar, filmar ou registrar, por qualquer meio, cena de sexo explícito ou pornográfica, envolvendo criança ou adolescente.
> Pena – reclusão, de 4 a 8 anos, e multa.
> § 1º Incorre nas mesmas penas quem agencia, facilita, recruta, coage, ou de qualquer modo intermedeia a participação de criança ou adolescente nas cenas referidas no *caput* deste artigo, ou ainda quem com esses contracena.
> § 2º Aumenta-se a pena de 1/3 se o agente comete o crime:
> I – no exercício de cargo ou função pública ou a pretexto de exercê-la;
> II – prevalecendo-se de relações domésticas, de coabitação ou de hospitalidade; ou
> III – prevalecendo-se de relações de parentesco consanguíneo ou afim até o terceiro grau, ou por adoção, de tutor, curador, preceptor, empregador da vítima ou de quem, a qualquer outro título, tenha autoridade sobre ela, ou com seu consentimento.

a) sujeito ativo: qualquer pessoa (delito comum);

b) sujeito passivo: a criança ou o adolescente;

c) tipo objetivo: o tipo penal incriminador é constituído por seis condutas típicas. A elas: *produzir* quer dizer gerar, criar; *reproduzir* significa produzir novamente ou ainda imitar; *dirigir* quer dizer comandar, liderar; *fotografar* significa gerar a imagem por meio de fotografia; *filmar* significa registrar imagem e som por meio de vídeo; *registrar*, por fim, quer dizer salvar em base de dados. Sendo o tipo misto alternativo, incorrendo o agente, desde que no mesmo contexto fático, em mais de uma conduta prevista no tipo, responderá por crime único (princípio da alternatividade);

d) tipo subjetivo: somente se pune a forma dolosa.

> **Art. 241.** Vender ou expor à venda fotografia, vídeo ou outro registro que contenha cena de sexo explícito ou pornografia envolvendo criança ou adolescente.
> Pena – reclusão, de 4 a 8 anos, e multa.

a) sujeito ativo: sendo delito comum, pode ser praticado por qualquer pessoa. Não se exige, portanto, nenhuma qualidade especial do agente;

b) sujeito passivo: a criança ou o adolescente;

c) tipo objetivo: o tipo penal é constituído por dois verbos nucleares: *vender* e *expor à venda* (tipo misto alternativo ou plurinuclear). *Vender* significa alienar por determinado valor; *expor à venda* quer dizer apresentar para que seja alienado. Constituem objeto do tipo incriminador: fotografia, vídeo ou registro. O meio mais comum, hodiernamente, empregado pelo sujeito ativo na prática deste crime é a internet;

d) tipo subjetivo: o tipo penal somente comporta a forma dolosa, já que não é prevista a modalidade culposa.

> **Art. 241-A.** Oferecer, trocar, disponibilizar, transmitir, distribuir, publicar ou divulgar por qualquer meio, inclusive por meio de sistema de informática ou telemático, fotografia, vídeo ou outro registro que contenha cena de sexo explícito ou pornografia envolvendo criança ou adolescente:

Pena – reclusão, de 3 a 6 anos, e multa.

§ 1º Nas mesmas penas incorre quem:

I – assegura os meios ou serviços para o armazenamento das fotografias, cenas ou imagens de que trata o *caput* deste artigo;

II – assegura, por qualquer meio, o acesso por rede de computadores às fotografias, cenas ou imagens de que trata o *caput* deste artigo.

§ 2º As condutas tipificadas nos incisos I e II do § 1º deste artigo são puníveis quando o responsável legal pela prestação do serviço, oficialmente notificado, deixa de desabilitar o acesso ao conteúdo ilícito de que trata o *caput* deste artigo.

a) **sujeito ativo:** sendo delito comum, pode ser praticado por qualquer pessoa. Não se exige, portanto, nenhuma característica específica do agente;

b) **sujeito passivo:** a criança ou o adolescente;

c) **tipo objetivo:** o tipo penal é constituído por sete ações nucleares (tipo misto alternativo ou plurinuclear). Neste crime, o objeto material, já produzido, terá seu âmbito de alcance ampliado por meio, sobretudo, da internet. *Oferecer* significa ofertar, apresentar; *trocar* significa permutar; *disponibilizar* quer dizer viabilizar o acesso; *transmitir* significa remeter de uma localidade para outra; *distribuir* quer dizer fazer entrega a diversas pessoas; *publicar* significa tornar público e notório; *divulgar* significa difundir;

d) **tipo subjetivo:** o tipo penal somente comporta a forma dolosa, já que não é prevista a modalidade culposa.

Art. 241-D. Aliciar, assediar, instigar ou constranger, por qualquer meio de comunicação, criança, com o fim de com ela praticar ato libidinoso:

Pena – reclusão, de 1 a 3 anos, e multa.

Parágrafo único. Nas mesmas penas incorre quem:

I – facilita ou induz o acesso à criança de material contendo cena de sexo explícito ou pornografia com o fim de com ela praticar ato libidinoso;

II – pratica as condutas descritas no *caput* deste artigo com o fim de induzir criança a se exibir de forma pornográfica ou sexualmente explícita.

a) **sujeito ativo:** sendo delito comum, pode ser praticado por qualquer pessoa. Não é exigida nenhuma qualidade específica do agente;

b) **sujeito passivo:** somente a criança, isto é, a pessoa em desenvolvimento com até 12 anos incompletos;

c) **tipo objetivo:** o tipo penal é constituído por quatro ações nucleares (tipo misto alternativo ou plurinuclear). São elas: aliciar (atrair, cooptar); assediar (importunar); instigar (incentivar); e constranger (forçar);

d) **tipo subjetivo:** o tipo penal somente comporta a forma dolosa, já que não é prevista a modalidade culposa. Exige-se, também, o elemento subjetivo específico de praticar com a criança ato libidinoso.

Art. 241-E. Para efeito dos crimes previstos nesta Lei, a expressão "cena de sexo explícito ou pornográfica" compreende qualquer situação que envolva criança ou adolescente em atividades sexuais explícitas, reais ou simuladas, ou exibição dos órgãos genitais de uma criança ou adolescente para fins primordialmente sexuais.

Art. 243. Vender, fornecer, servir, ministrar ou entregar, ainda que gratuitamente, de qualquer forma, a criança ou a adolescente, bebida alcoólica ou, sem justa causa, outros produtos cujos componentes possam causar dependência física ou psíquica: (redação conferida pela Lei 13.106/2015)

Pena – detenção, de 2 (dois) a 4 (quatro) anos, e multa, se o fato não constitui crime mais grave.

Note que a redação deste dispositivo foi recentemente alterada por força da Lei 13.106/2015, que passou a considerar como *crime* a conduta daquele que *vende, fornece, serve* ou *entrega bebida alcoólica* a criança ou a adolescente. Superou-se, assim, o embate doutrinário e jurisprudencial que havia acerca do enquadramento legal da conduta consistente em servir bebida alcoólica a menor: para alguns, deveria se aplicar o art. 63 da LCP; para outros, tal conduta se subsumia no tipo penal do art. 243 do ECA, com a sua redação original. Para que nenhuma dúvida houvesse, esta mesma lei revogou, de forma expressa, o art. 63, I, da LCP.

Art. 244-B. Corromper ou facilitar a corrupção de menor de 18 anos, com ele praticando infração penal ou induzindo-o a praticá-lo:

Pena – reclusão, de 1 a 4 anos.

§ 1º incorre nas penas previstas no *caput* deste artigo quem pratica as condutas tipificadas utilizando-se de quaisquer meios eletrônicos, inclusive salas de bate-papo da internet.

§ 2º as penas previstas no *caput* deste artigo são aumentadas de 1/3 no caso de a infração cometida ou induzida estar incluída no rol do art. 1º da Lei 8.072/1990, de 25.07.1990.

a) **esclarecimento preliminar:** a corrupção de menores, antes prevista no art. 1º da Lei 2.252/1954, foi revogada pela Lei 12.015/2009, que introduziu esse crime, com redação idêntica, no art. 244-B do ECA;

b) **sujeito ativo:** sendo delito comum, pode ser praticado por qualquer pessoa.

c) **sujeito passivo:** somente o menor de 18 anos, desde que ainda não corrompido;

d) **tipo objetivo:** o tipo penal é constituído por duas ações nucleares (tipo misto alternativo ou plurinuclear), a saber: *corromper* (perverter) ou *facilitar a corrupção* (favorecer a corrupção, torná-la mais fácil, viabilizá-la). A criança ou adolescente corrompido não comete infração penal (crime e contravenção), mas, sim, ato infracional; já o maior (imputável) será responsabilizado por crime ou contravenção;

e) **tipo subjetivo:** a punição somente se opera a título de dolo;

f) **momento consumativo:** há, tanto na doutrina quanto na jurisprudência, duas correntes quanto ao momento consumativo do crime de corrupção de menores, atualmente previsto no art. 244-B do ECA. Para parte da doutrina e também para o STJ, o crime em questão é *formal*, consumando-se independentemente da efetiva corrupção da vítima. Nesse sentido: "(...) A Terceira Seção do Superior Tribunal de Justiça, ao apreciar o Recurso Especial 1.127.954/DF, representativo de controvérsia, pacificou seu entendimento no sentido de que o crime de corrupção de menores – antes previsto no art. 1º da Lei 2.252/1954, e hoje inscrito no art. 244-B do Estatuto da Criança e do Adolescente – é delito formal, não exigindo, para sua configuração, prova de que o inimputável tenha sido corrompido, bastando que tenha participado da prática delituosa" (AgRg no REsp 1371397/DF, 6ª T., j. 04.06.2013, rel. Min. Assusete Magalhães, *DJe* 17.06.2013). Consolidando tal entendimento, o STJ editou a Súmula 500, a seguir transcrita: "A configuração do crime previsto no art. 244-B do Estatuto da Criança e do Adolescente independe da prova da efetiva corrupção do menor, por se tratar de delito formal". Uma segunda corrente sustenta que o crime do art. 244-B do ECA é *material*, sendo imprescindível, à sua consumação, a ocorrência do resultado naturalístico, isto é, a efetiva corrupção do menor.

12.2. Infrações administrativas

12.2.1. Esclarecimento preliminar

Não abordaremos, neste tópico, as infrações administrativas em espécie, como fizemos com os crimes, mas, sim, seus aspectos gerais mais relevantes.

12.2.2. Infrações administrativas – características

Estão previstas nos arts. 245 a 258-C do ECA. A sua apuração, em procedimento judicial perante a Vara da Infância e da Juventude, deve obedecer ao rito estabelecido nos arts. 194 a 198 do ECA. O procedimento será deflagrado por meio de autuação do Serviço de Voluntariados da Vara da Infância e da Juventude, de Conselheiros Tutelares e também do MP. A exemplo do que se dá com as leis penais, aplica-se aqui o princípio da legalidade, é dizer, somente haverá infração administrativa se houver previsão legal nesse sentido; da mesma forma, a sanção só será aplicada se houver cominação legal.

12.2.3. Tentativa

A tentativa de infração administrativa não é punida, já que inexiste, no ECA, norma de extensão que viabilize tal punição, como ocorre no CP, em seu art. 14, II.

12.2.4. Prescrição

A exemplo do que se dá com a tentativa, não há, no ECA, norma que faça alusão expressa ao instituto da prescrição da conduta ilícita relativa à infração administrativa. Dessa forma, tendo a infração administrativa essa natureza, aplicam-se, no que concerne à prescrição, as regras do Direito Administrativo, em que o prazo prescricional é quinquenal, isto é, de cinco anos. Assim tem decidido a jurisprudência. A conferir: STJ, Resp 820.364, rel. Min. Eliana Calmon, j. 20.03.2007.

14. Direito do Idoso

Anna Carolina Bontempo

1. DISPOSIÇÕES PRELIMINARES

1.1. Histórico

No âmbito constitucional, a Constituição Federal de 1988 foi a primeira a destacar um capítulo especialmente ao Idoso (Título VIII, Capítulo VII – Da Família, da Criança, do Adolescente, do Jovem e do **Idoso**).

Em 1994, foi promulgada a Lei 8.842, de 04.01.1994, que dispõe sobre a Política Nacional do Idoso e criou o Conselho Nacional do Idoso. A Política Nacional do Idoso foi regulamentada inicialmente pelo Decreto n. 1.948/1996. Atualmente, o Decreto 9.921, de 18 de julho de 2019, consolida atos normativos editados pelo poder executivo federal que dispõem sobre a temática da pessoa idosa e revogou o Decreto anterior.

Em janeiro de 2004 entrou em vigor o Estatuto do Idoso (Lei 10.741/2003), trazendo regras de direito público, privado, previdenciário, civil e processo civil, inclusive a tutela penal da pessoa idosa. Portanto, o Estatuto do Idoso é um microssistema jurídico de proteção à pessoa idosa.

Adequando-se ao Estatuto do Idoso, o novo Código de Processo Civil (Lei 13.105, de 16.03.2015) passou a assegurar, em seu art. 1.048, **prioridade** de tramitação às pessoas **com idade igual ou superior a 60 (sessenta) anos.**

Outra inovação trazida no novo CPC é a competência territorial, sendo **considerado como competente o foro de residência do idoso**, para a causa que verse sobre **direito previsto no respectivo Estatuto.**

Sob o prisma do direito internacional, no final da década de 1980, foram incorporadas medidas específicas em favor das pessoas idosas no Sistema Interamericano de Direitos Humanos por meio do *Protocolo de San Salvador*, o qual consagra especificamente os direitos dos idosos (art. 17), sendo promulgado no Brasil pelo Decreto 3.321/1999.

Em setembro de 2012, o Conselho de Direitos Humanos (CDH), ligado à Organização das Nações Unidas (ONU), aprovou resolução para reconhecer os direitos humanos dos idosos. A resolução, intitulada Direitos Humanos dos Idosos, é o primeiro texto do CDH especificamente dirigida a esta parcela da população.

Assim, os idosos são tutelados, de modo geral, como todas as pessoas pelas Declarações e Convenções de abrangência geral, como a Declaração Universal dos Direitos do Homem e a Convenção Americana sobre Direitos Humanos (Pacto de São José da Costa Rica).

1.2. Conceito de idoso

O legislador usou o critério cronológico para definir a pessoa idosa. A Lei 10.741/2003 (**Estatuto do Idoso – EIDO**) **estabelece que idoso é a pessoa com idade igual ou superior a 60 anos** (art. 1º), limite também considerado pela Organização Mundial de Saúde nos países em desenvolvimento.

Ressalta-se que Lei 8.842/1994, que dispõe sobre a Política Nacional do Idoso, em seu art. 2º, considera idosa a pessoa maior de 60 anos de idade.

A comprovação por meio de certidão de nascimento ou qualquer outro documento oficial é suficiente para receber de imediato todos os direitos e garantias específicos previstos no Estatuto do Idoso.

No entanto, alguns direitos **somente são adquiridos pelos idosos com 65 anos**, como o benefício da prestação continuada (art. 34 do Estatuto do Idoso) e também a gratuidade no transporte coletivo urbano e semiurbano (art. 39, *caput*, do Estatuto do Idoso e art. 230, § 2º, da CF). No caso das pessoas entre 60 e 65 anos, ficará a critério da legislação local dispor sobre as condições da gratuidade (art. 39, § 3º, do Estatuto do Idoso). Ainda, idoso com idade igual ou superior a 80 anos tem prioridade especial em relação às demais pessoas idosas (art. 3º, § 2º, do EIOD), inclusive processual (art. 71, § 5º do EIDO) e na hipótese de atendimento em saúde nos termos do art. 15, § 7º do Estatuto do Idoso.

Faixa etária	Benefício	Dispositivo legal
Idade igual ou superior a 65 anos	Benefício da prestação continuada, ou seja, o benefício mensal de um salário mínimo apenas é concedido aos idosos que não possuam meios para prover sua subsistência nem tê-la provida por sua família, além de preencher os requisitos legais, de acordo com a Lei Orgânica de Assistência Social (Lei 8.742/1993).	Art. 34, EIDO.
	Gratuidade dos transportes coletivos públicos urbanos e semiurbanos.	Art. 39, EIDO.
Idade entre 60 e 65 anos	Possibilidade de acesso à gratuidade nos meios de transporte, que ficará a critério da legislação local dispor sobre o assunto.	Art. 39, § 3º, EIDO.
Idade igual ou superior a 80 anos	Prioridade especial em relação às demais pessoas idosas, inclusive processual e no caso de atendimento em saúde.	Arts. 3º, § 2º, 71, § 5º e 15, § 7º, EIDO.

Cumpre salientar que, no tocante ao idoso que cometa algum crime (não vítima), o Código Penal considera a idade de 70 anos. Nesse contexto, o art. 115 do diploma legal em comento prevê a possibilidade de redução pela metade do prazo prescricional para maiores de 70 anos de idade na data da prolação da sentença.

Mesmo com o advento do Estatuto do Idoso, esse continua sendo o critério cronológico utilizado no âmbito penal, por se tratar de norma especial, sendo esse o entendimento do Supremo Tribunal Federal e do Superior Tribunal de Justiça, vejamos:

> Prescrição. Idoso. Art. 115 do CP e Lei 10.741/2003. **A completude e o caráter especial da norma do art. 115 do CP excluem a observação do Estatuto do Idoso – Lei 10.741/2003 –, no que revela, como faixa etária a ser considerada, a representada por sessenta anos de vida.** Prescrição. Art. 115 do CP. Aferição da idade na dicção da ilustrada maioria. **Afere-se a idade do condenado, para definir-se a prescrição, na data da apreciação do mérito da ação penal.** Ainda sob essa óptica, estando pendentes embargos declaratórios quando do implemento da idade, dá-se a incidência do preceito. Entendimento diverso do relator, que leva em conta a faixa etária, para tal efeito, desde que completado o número de anos exigido em lei até o trânsito em julgado do decreto condenatório, nos termos de precedente do Plenário – Extradição 591-0, por mim relatada, cujo acórdão foi publicado no Diário da Justiça de 22.09.1995.
>
> (STF, HC 89969, Rel. Min. Marco Aurélio, 1ª Turma, julgado em 26.06.2007, DJ 05.10.2007) (grifo nosso).

> RECURSO ORDINÁRIO EM *HABEAS CORPUS*. ALEGADA PRESCRIÇÃO DA PRETENSÃO EXECUTÓRIA. RÉU QUE COMPLETOU 70 (SETENTA) ANOS DEPOIS DA PRIMEIRA SENTENÇA CONDENATÓRIA. IMPOSSIBILIDADE DE DIMINUIÇÃO DO PRAZO PRESCRICIONAL.
>
> **1. A Terceira Seção desta Corte Superior de Justiça firmou o entendimento no sentido de que o termo "sentença" contido no artigo 115 do Código Penal se refere à primeira decisão condenatória, seja a do juiz singular ou a proferida pelo Tribunal, não se operando a redução do prazo prescricional quando o édito repressivo é confirmado em sede de apelação ou de recurso de natureza extraordinária. Ressalva do ponto de vista do Relator.**
>
> 2. Na hipótese em tela, o acusado completou 70 (setenta) anos após a publicação da sentença condenatória, pelo que se mostra impossível a diminuição do prazo prescricional do ilícito que lhe foi imputado.
>
> **AVENTADA APLICABILIDADE DO ESTATUTO DO IDOSO. NECESSIDADE DE ADOÇÃO DO LIMITE DE IDADE DE 60 (SESSENTA) ANOS PARA FINS DE REDUÇÃO DO PRAZO PRESCRICIONAL. NÃO ALTERAÇÃO DO CÓDIGO PENAL PELA LEI 10.741/2003. DESPROVIMENTO DO RECURSO.**
>
> **1. O Estatuto do Idoso, ao considerar como idosa a pessoa a partir de 60 (sessenta) anos de idade, não alterou o artigo 115 do Código Penal, que prevê a redução do prazo prescricional apenas quando o acusado é maior de 70 (setenta) anos de idade ao tempo da sentença condenatória. Precedentes do STJ e do STF.**
>
> 2. Não tendo transcorrido 4 (quatro) anos entre os marcos interruptivos do prazo prescricional, inviável o reconhecimento da prescrição da pretensão executória, como pretendido na irresignação.
>
> 3. Recurso improvido.

(STJ, RHC 41.161/RJ, Rel. Ministro Jorge Mussi, Quinta Turma, julgado em 12.11.2013, DJe 21.11.2013) (grifo nosso).

O marco inicial para averiguação da idade do idoso para redução do prazo prescricional corresponde à data da sentença de primeira instância. Todavia, é possível alteração desse marco, conforme voto do Min. Ricardo Lewandowski no HC 86.320/SP, disponibilizado no **Informativo** 445 do STF:

> Penal. Processual penal. Habeas corpus. *Agente maior de 70 (setenta) anos. Estatuto do Idoso. Redução de metade no prazo prescricional. Marco temporal. Sentença condenatória.* **I – A idade de 60 (sessenta) anos, prevista no art. 1º do Estatuto do Idoso, somente serve de parâmetro para os direitos e obrigações estabelecidos pela Lei 10.741/2003. Não há que se falar em revogação tácita do art. 115 do CP, que estabelece a redução dos prazos de prescrição quando o criminoso possui mais de 70 (setenta) anos de idade na data da sentença condenatória. II – A redução do prazo prescricional é aplicada, analogicamente, quando a idade avançada é verificada na data em que proferida decisão colegiada condenatória de agente que possui foro especial por prerrogativa de função, quando há reforma da sentença absolutória ou, ainda, quando a reforma é apenas parcial da sentença condenatória em sede de recurso. III – Não cabe aplicar o benefício do art. 115 do CP quando o agente conta com mais de 70 (setenta) anos na data do acórdão que se limita a confirmar a sentença condenatória.** IV – Hipótese dos autos em que o agente apenas completou a idade necessária à redução do prazo prescricional quando estava pendente de julgamento agravo de instrumento interposto de decisão que inadmitiu recurso extraordinário.[1]
> V – Ordem denegada.
>
> (STF, HC 86320, Rel. Min. Ricardo Lewandowski, 1ª Turma, julgado em 17.10.2006, DJ 24.11.2006) (grifo nosso).

O conceito de *sentença* foi estendido, sendo considerado também como decisões colegiadas:

> "Considerou-se que a prolação do acórdão somente deve ser reputada como marco temporal para a redução da prescrição, quando:
>
> a) tiver o agente sido julgado diretamente por um colegiado;
>
> b) houver reforma da sentença absolutória em julgamento de recurso para condenar o réu e
>
> c) ocorrer a substituição do decreto condenatório em sede de recurso no qual reformada parcialmente a sentença" (**Informativo** 445 do STF).

1.3. Natureza e extensão dos direitos do idoso

O art. 2º do Estatuto do Idoso prevê que a pessoa idosa goza de todos os direitos fundamentais inerentes à pessoa humana. Entende-se que "direitos fundamentais são aqueles sem os quais a pessoa humana não tem condições de desenvolver uma vida digna compatível com a sua condição natural de homem".[2]

Portanto, aos idosos são assegurados todos os direitos que são conferidos a todas as pessoas, sem prejuízo da proteção integral que o Estatuto confere, inclusive são normas de **ordem**

---

1. Com o advento da Lei 12.322/2010, contra decisão que inadmite recurso especial ou extraordinário deve ser interposto agravo nos próprios autos.

2. PINHEIRO, Naide Maria (coord.). **Estatuto do Idoso Comentado.** Campinas, SP: Servanda Ed., 2012. p. 41.

pública, prevalecendo sobre a vontade das partes, pois dão primazia jurídica às pessoas idosas em função da sua idade avançada. Nessa trilha, inclusive, já se posicionou o Superior Tribunal de Justiça:

> PROCESSUAL CIVIL. ADMINISTRATIVO. CONSTITUCIONAL. AÇÃO CIVIL PÚBLICA. LEGITIMATIO AD CAUSAM DO PARQUET. ART. 127 DA CF/88. ESTATUTO DO IDOSO. DIREITO À SAÚDE.
> [...]
> 8. O direito à saúde, insculpido na Constituição Federal e no Estatuto do Idoso, é direito indisponível, em função do bem comum, maior a proteger, derivado da própria **força impositiva** dos preceitos de **ordem pública** que regulam a matéria.
> [...]
> (STJ, REsp 851.174/RS, Rel. Ministro Luiz Fux, Primeira Turma, julgado em 24.10.2006, DJ 20.11.2006, p. 290) (grifo nosso).

A lei ou outros meios, como políticas públicas ou atitudes efetivas da sociedade, deverão assegurar todas as oportunidades e facilidades para preservação de sua saúde física e mental e seu aperfeiçoamento moral, intelectual, espiritual e social, em condições de liberdade e dignidade (art. 2º do Estatuto do Idoso).

Nota-se que o idoso passa a ter direitos específicos e diferenciados em relação às demais pessoas, por precisar de uma proteção especial em razão de seu estado natural de hipossuficiência.

1.4. Sujeitos passivos dos direitos do idoso

A Constituição Federal (art. 230, *caput*) e o Estatuto do Idoso (art. 3º) impõem **à família, à comunidade, à sociedade e ao Poder Público** a proteção da pessoa idosa, de modo a evitar que o idoso fique desamparado, sendo todos **solidariamente** responsáveis por garantir sua dignidade como pessoa humana. Assim, deve-se assegurar ao idoso, com **absoluta prioridade**, a efetivação do direito à vida, à saúde, à alimentação, à educação, à cultura, ao esporte, ao lazer, ao trabalho, à cidadania, à liberdade, à dignidade, ao respeito e à convivência familiar e comunitária.

Dever de amparar os idosos: Família, Estado, Sociedade, Comunidade.

A família tem papel importante na proteção à pessoa idosa, sob pena de incidir crime de abandono previsto no art. 98 do Estatuto do Idoso.

O § 1º do art. 4º do Estatuto do Idoso estabelece que é dever de todos prevenir a ameaça ou violação aos direitos do idoso, sob pena de incorrer no crime previsto no art. 97 do mencionado diploma legal. Assim, nenhum idoso poderá ser vítima de qualquer tipo de negligência, discriminação, violência, crueldade ou opressão. Todo atentado aos seus direitos, por ação ou omissão, será punido na forma da lei (arts. 93 a 109).

Tanto a pessoa física como jurídica serão responsabilizadas pela violação às normas de prevenção aos direitos do idoso, estando sujeitas à obrigação de reparar o dano ocasionado, tanto por ação ou por omissão (art. 5º do Estatuto do Idoso).

1.5. Garantias de prioridade aos idosos

O Estatuto do Idoso, em seu art. 3º, § 1º, traz o rol de **garantias de prioridade** às pessoas idosas, o qual foi inspirado nas diretrizes da Política Nacional do Idoso, previstas no art. 4º da Lei 8.842/1994, vejamos:

> Art. 3º, § 1º. A garantia de prioridade compreende:
> I – atendimento preferencial imediato e individualizado junto aos órgãos públicos e privados prestadores de serviços à população;
> II – preferência na formulação e na execução de políticas sociais públicas específicas;
> III – destinação privilegiada de recursos públicos nas áreas relacionadas com a proteção ao idoso;
> IV – viabilização de formas alternativas de participação, ocupação e convívio do idoso com as demais gerações;
> V – priorização do atendimento do idoso por sua própria família, em detrimento do atendimento asilar, exceto dos que não a possuam ou careçam de condições de manutenção da própria sobrevivência;
> VI – capacitação e reciclagem dos recursos humanos nas áreas de geriatria e gerontologia e na prestação de serviços aos idosos;
> VII – estabelecimento de mecanismos que favoreçam a divulgação de informações de caráter educativo sobre os aspectos biopsicossociais de envelhecimento;
> VIII – garantia de acesso à rede de serviços de saúde e de assistência social locais;
> IX – prioridade no recebimento da restituição do Imposto de Renda (Incluído *pela Lei 11.765/2008*).

É importante que se diga que o § 2º do art. 3º do Estatuto, inserido pela Lei 13.466/2017, estabelece que, dentre os idosos, será dada **prioridade especial** aos **maiores de 80 anos**, sendo as suas necessidades, portanto, atendidas com prioridade em relação aos demais idosos.

O descumprimento de quaisquer das determinações legais acerca da prioridade de atendimento ao idoso configura a infração administrativa do art. 58 do Estatuto do Idoso.

O § 2º do art. 4º do Estatuto do Idoso determina que as obrigações previstas na lei não se esgotam, por se tratar de rol exemplificativo. O legislador objetivou não deixar que qualquer outro direito relativo à pessoa idosa ficasse fora do âmbito de resguardo pela prevenção.

O Estatuto do Idoso trata, nos arts. 55 a 58, das penalidades a que estão sujeitas as entidades de atendimento à pessoa idosa pelo descumprimento de normas.

1.6. Prevenção

No que tange à prevenção, vale trazer à baila a lição de Naide Maria Pinheiro, segundo a qual "a prevenção deve ocorrer em três níveis: primário, secundário e terciário".[3]

---

3. PINHEIRO, Naide Maria (coord.). **Estatuto do Idoso Comentado.** Campinas; SP: Servanda Ed., 2012. p. 68.

Primário	Secundário	Terciário
Adoção de medidas que tenham por escopo garantir os direitos fundamentais do idoso, em todas as áreas, em especial por meio de políticas públicas.	Programas de atendimento, auxílio e orientação, que evitem a marginalização e discriminação das pessoas idosas.	Punição àqueles que descumprem as normas de proteção aos idosos, servindo a sanção como caráter educativo e desestimulador de condutas ilícitas.

A lei incumbe a todo cidadão o **dever** de comunicar à autoridade competente sobre qualquer abuso ou desrespeito aos direitos da pessoa idosa que tenha presenciado ou de que tenha conhecimento (art. 6º do Estatuto do Idoso). A mesma determinação é prevista no art. 10, § 3º, da Lei 8.842/1994. O referido art. 6º do Estatuto impõe uma obrigação sem instituir uma sanção correspondente. Entretanto, o art. 5º, § 3º, do CPP é claro ao estabelecer que: "qualquer pessoa do povo que tiver conhecimento da existência de infração penal em que caiba ação pública poderá, verbalmente ou por escrito, comunicá-la à autoridade policial, e esta, verificada a procedência das informações, mandará instaurar inquérito".

Nesse mesmo sentido, a Lei das Contravenções Penais (Decreto-lei 3.688/1941), em seu art. 66, I, determina que: "deixar de comunicar à autoridade competente: I – crime de ação pública, de que teve conhecimento **no exercício de função pública**, desde que a ação penal não dependa de representação", acarreta pena de multa.

Os Conselhos Nacional[4], Estaduais, do Distrito Federal e Municipais do Idoso, previstos na Lei 8.842/1994, deverão zelar pelo cumprimento dos direitos do idoso previstos no Estatuto do Idoso, nos termos do art. 7º do EIDO.

Os arts. 6º e 7º da Lei 8.842/1994 estabelecem a estrutura e competência desses Conselhos:

> Art. 6º Os conselhos nacional, estaduais, do Distrito Federal e municipais do idoso serão órgãos permanentes, paritários e deliberativos, compostos por igual número de representantes dos órgãos e entidades públicas e de organizações representativas da sociedade civil ligadas à área.
>
> Art. 7º Compete aos Conselhos de que trata o art. 6º desta Lei a supervisão, o acompanhamento, a fiscalização e a avaliação da política nacional do idoso, no âmbito das respectivas instâncias político-administrativas. (*Redação dada pela Lei 10.741/2003*).

Assim, **os Conselhos, juntamente com a família, com a sociedade e com o Poder Público, ampararão e zelarão pelo efetivo cumprimento dos direitos e das garantias fundamentais da população idosa**. Portanto, o Conselho do Idoso é mais um órgão a contribuir para a efetividade da política de atendimento às pessoas idosas.

2. DIREITOS FUNDAMENTAIS

2.1. Direito à vida

O Estatuto do Idoso (art. 8º) eleva o processo natural e inevitável de envelhecimento a um **direito personalíssimo** e estabelece que a sua **proteção** constitui um **direito social**.

A proteção ao envelhecimento torna-se um **direito indisponível**, tendo em vista sua condição de direito social, sendo dever do Estado assegurar a proteção à vida e à saúde mediante políticas sociais públicas que permitam um envelhecimento saudável e em condições de dignidade.

2.2. Direito à liberdade, ao respeito e à dignidade

É dever do Estado e da sociedade garantir ao idoso a liberdade, o respeito e a dignidade, como pessoa humana e sujeito de direitos civis, políticos, individuais e sociais, assegurados no texto constitucional e nas leis.

O direito à liberdade, nas palavras de Roberto Mendes de Freitas Junior,[5] "significa conceder ao idoso a possibilidade de atuar segundo seu livre-arbítrio, ou seja, de alcançar suas realizações pessoais de forma que lhe convier".

Nos termos do § 1º do art. 10 do Estatuto, o direito à liberdade abrange, entre outros, os seguintes aspectos:

> I – faculdade de ir, vir e estar nos logradouros públicos e espaços comunitários, ressalvadas as restrições legais;
>
> II – opinião e expressão;
>
> III – crença e culto religioso;
>
> IV – prática de esportes e de diversões;
>
> V – participação na vida familiar e comunitária;
>
> VI – participação na vida política, na forma da lei;
>
> VII – faculdade de buscar refúgio, auxílio e orientação.

No que tange ao direito de ir e vir do idoso, esse tem por base o art. 5º, XV, da CF e, em caso de constrangimento ilegal na liberdade de locomoção, é cabível *habeas corpus* (art. 5º, LXVIII, da CF)[6].

Nota-se que a liberdade de ir e vir também está relacionada à acessibilidade urbana, devendo os logradouros, edifícios e veículos de transportes coletivos ser adaptados. Esse assunto é abordado pela Constituição (arts. 227, § 2º, e 244) e também pela Lei 10.098/2000, em seu art. 2º, I, cuja redação foi alterada pela Lei 13.146/2015, no que concerne às pessoas com deficiência ou com mobilidade reduzida, portanto, a acessibilidade também é aplicável à população idosa, de modo a efetivar a dignidade da pessoa humana.

Nesse contexto, o Superior Tribunal de Justiça já decidiu que haja acessibilidade às pessoas com deficiência e aos idosos:

> Processual civil. Recurso especial. Ação rescisória. Violação a disposição literal de lei. Ação que visa à tutela de interesse de portador de deficiência e de idoso. Interesse público coletivo. Intervenção do Ministério Público. Obrigatoriedade.

---

4. O Conselho Nacional dos Direitos da Pessoa Idosa é disciplinado pelo Decreto 9.893/19, que revogou o Decreto 5.9109/04, trata-se de órgão deliberativo destinado a exercer as atribuições previstas nos arts. 7º e 48, parágrafo único, do EIDO: (i) zelar pelo cumprimento dos direitos dos idosos; e (ii) supervisionar as entidades governamentais e não governamentais de assistência ao idoso.

5. FREITAS JUNIOR, Roberto Mendes. **Direitos e Garantias do Idoso: doutrina, jurisprudência e legislação**. 2. ed. São Paulo: Atlas, 2011. p. 45.

6. Ler Informativo 401 do STJ – RHC 25.788.

Há interesse público coletivo na ação proposta com o objetivo de assegurar o direito de acesso físico a edifício de uso coletivo por idosos, portadores de deficiência e pessoas com mobilidade reduzida.

A Lei 7.853/1989 deve ser interpretada à luz da igualdade de tratamento e oportunidade entre as pessoas que fazem uso de edifício destinados a uso coletivo, facilitando o acesso daqueles que têm a mobilidade reduzida em razão de necessidade especial.

Nas causas em que se discute interesse de pessoa portadora de deficiência ou pessoa com dificuldade de locomoção, e também interesse de idoso, é obrigatória a intervenção do Ministério Público.

Recurso especial provido para julgar procedente o pedido formulado na ação rescisória.

(STJ, REsp 583464/DF, Rel. Min. Nancy Andrighi, 3ª Turma, julgado em 01.09.2005, *DJ* 24.10.2005, p. 308) (grifo nosso).

Quanto à participação na vida política, não se deve olvidar que, mesmo possuindo título de eleitor, **os idosos a partir de 70 anos não são obrigados a votar**, nos termos do art. 14, § 1º, II, *b*, da CF.

Ademais, cumpre ressaltar que, para **cargos eletivos, não há limite máximo de idade para candidatura**, havendo somente exigência de idade mínima (art. 14, § 3º, VI, da CF); no entanto, a ocupação de **cargos efetivos tem como limite máximo a idade de 70 anos** (art. 40, § 1º, da CF).

O direito ao respeito *consiste na inviolabilidade da integridade física, psíquica e moral, abrangendo a preservação da imagem, da identidade, da autonomia, de valores, ideias e crenças, dos espaços e dos objetos pessoais.*

O Estatuto do Idoso, com base no art. 230, *caput*, da CF,[7] em seu art. 10, § 3º, estabelece que **todos têm a obrigação de zelar pela dignidade do idoso**, colocando-o a salvo de qualquer tratamento desumano, violento, aterrorizante, vexatório ou constrangedor.

2.3. Alimentos

A obrigação alimentar tem origem constitucional, nos termos do art. 229 "os pais têm o dever de assistir, criar e educar os filhos menores, e **os filhos maiores têm o dever de ajudar e amparar os pais na velhice, carência ou enfermidade**".

O Estatuto do Idoso regula o direito à prestação alimentícia à pessoa idosa, devendo ser observada a legislação civil vigente (arts. 1.694 a 1.710 do CC e Lei 5.478/1968). A matéria também é disciplinada nos arts. 528 a 533 e 911 a 913, todos do NCPC.

Com relação ao idoso, **o que impõe a obrigação alimentar é o parentesco**, com base no *princípio da solidariedade familiar ou parental*, **podendo o idoso optar entre os prestadores**. Portanto, diferentemente do Código Civil (art. 1.698), em que a regra é a subsidiariedade (existe uma ordem a ser seguida entre aqueles familiares chamados a assumir o encargo de prestar alimentos), **no Estatuto do Idoso a obrigação é solidária (art. 12)**, isto é, a pessoa idosa poderá demandar quaisquer de seus parentes (princípio da especialidade).

---

7. Art. 230. A família, a sociedade e o Estado têm o dever de amparar as pessoas idosas, assegurando sua participação na comunidade, defendendo sua dignidade e bem-estar e garantindo-lhes o direito à vida.

Obrigação subsidiária	Obrigação solidária
Regra geral – Código Civil, art. 1698	Regra especial – Estatuto do Idoso, art. 12
Há uma ordem a ser seguida entre aqueles familiares chamados a prestar alimentos.	O idoso poderá escolher entre os parentes que deverão ser chamados a prestar alimentos.

Nessa esteira, o Superior Tribunal de Justiça já decidiu que não existe litisconsórcio passivo necessário entre os filhos devedores de alimentos e aplicou o Estatuto do Idoso como lei especial, afastando a regra geral do Código Civil:

Direito civil e processo civil. Ação de alimentos proposta pelos pais idosos em face de um dos filhos. Chamamento da outra filha para integrar a lide. Definição da natureza solidária da obrigação de prestar alimentos à luz do Estatuto do Idoso.

A doutrina é uníssona, sob o prisma do Código Civil, em afirmar que o dever de prestar alimentos recíprocos entre pais e filhos não tem natureza solidária, porque é conjunta.

A Lei 10.741/2003, atribuiu natureza solidária à obrigação de prestar alimentos quando os credores forem idosos, que por força da sua natureza especial prevalece sobre as disposições específicas do Código Civil.

O Estatuto do Idoso, cumprindo política pública (art. 3º), assegura celeridade no processo, impedindo intervenção de outros eventuais devedores de alimentos.

A solidariedade da obrigação alimentar devida ao idoso lhe garante a opção entre os prestadores (art. 12).

Recurso especial não conhecido.

(STJ, REsp 775565/SP, Rel. Min. Nancy Andrighi, 3ª Turma, julgado em 13.06.2006, *DJ* 26.06.2006, p. 143) (grifo nosso).

Não é necessário o ajuizamento de ação judicial para que determine obrigação de prestar alimentos. As transações relativas a alimentos poderão ser celebradas perante o **Promotor de Justiça ou Defensor Público**, que as referendará, e passarão a ter efeito de **título executivo extrajudicial** nos termos da lei processual civil (art. 13 do Estatuto do Idoso), podendo ser diretamente executado judicialmente na hipótese de descumprimento da obrigação alimentar.

No caso do idoso ou seus familiares não possuírem condições econômicas de prover o seu sustento, impõe-se ao Estado esse provimento, no âmbito da assistência social. O art. 203 do Texto Maior prevê que a assistência social será prestada a quem dela necessitar, independentemente de contribuição à seguridade social. A Lei 8.742/1993, dando concretude ao referido comando constitucional, em seu art. 20, contempla o **Benefício de Prestação Continuada**, por meio do qual se garante ao idoso com **65 anos** um salário mínimo mensal, desde que comprove não possuir meios de prover sua própria subsistência nem de tê-la provida por sua família. O Estatuto do Idoso, em seu art. 34, traz a mesma previsão contida no art. 20 da Lei 8.742/1993. Vale destacar que, antes do advento da Lei 12.435/2011, que alterou a redação do citado artigo 20, esse trazia a idade de 70 anos, razão pela qual era aplicado o Estatuto do Idoso, pois se levava em consideração o princípio da especialidade.

2.4. Direito à saúde

Sem a saúde não há vida digna, daí a atenção do legislador à saúde dentre os direitos fundamentais, conforme o art. 196

da CF, *in verbis*: "a saúde é direito de todos e dever do Estado, garantido mediante políticas sociais e econômicas que visem à redução do risco de doença e de outros agravos e ao acesso universal e igualitário às ações e serviços para sua promoção, proteção e recuperação".

Ao idoso é assegurada a atenção integral à saúde, por intermédio do Sistema Único de Saúde (SUS), assegurando-lhe o acesso universal e igualitário, em conjunto articulado e contínuo das ações e serviços, para a prevenção, promoção, proteção e recuperação da saúde, incluindo a atenção especial às doenças que afetam preferencialmente os idosos (art. 15 do Estatuto do Idoso).

A prevenção e a manutenção da saúde do idoso serão **efetivadas** por meio de:

a) cadastramento da população idosa em base territorial;

b) atendimento geriátrico e gerontológico em ambulatórios;

c) unidades geriátricas de referência, com pessoal especializado nas áreas de geriatria e gerontologia social;

d) atendimento domiciliar, incluindo a internação, para a população que dele necessitar e esteja impossibilitada de se locomover, inclusive para idosos abrigados e acolhidos por instituições públicas, filantrópicas ou sem fins lucrativos e eventualmente conveniadas com o Poder Público, nos meios urbano e rural;

e) reabilitação orientada pela geriatria e gerontologia, para redução das sequelas decorrentes do agravo da saúde.

A lei impõe ao Poder Público o fornecimento gratuito aos idosos de medicamentos, principalmente os de uso continuado, assim como próteses, órteses e outros recursos relativos ao tratamento, habilitação ou reabilitação (art. 15, § 2º, do Estatuto do Idoso).

No que concerne à omissão do Poder Público no fornecimento de medicamentos imprescindíveis à concretização do direito à saúde, o Min. Gilmar Mendes, em seu voto proferido no julgamento do AgR-STA 175, ratificou o caráter fundamental dos direitos sociais. Apesar de ser imprescindível o cauteloso exame do caso concreto e de ter o constituinte conferido prioridade *prima facie* à concretização do direito à saúde em sua dimensão coletiva e mediante políticas públicas, admitiu-se a possibilidade de sua efetivação pelo Poder Judiciário em demandas específicas[8], já foi inclusive reconhecida a repercussão geral pelo STF do tema aqui tratado (RE 566.471/RN).

A competência para cuidar da saúde é **concorrente** entre União, Estados, Distrito Federal e Municípios, conforme entendimento do Superior Tribunal de Justiça:

Administrativo. Direito à saúde. Responsabilidade solidária dos entes federativos pelo funcionamento do sistema único de saúde. Legitimidade passiva ad causam *do estado.*

1. O funcionamento do Sistema Único de Saúde é de responsabilidade solidária da União, dos Estados e dos Municípios, de modo que qualquer um desses entes tem legitimidade ad causam para figurar no polo passivo de demanda que objetiva a garantia do acesso a medicamentos para tratamento de problema de saúde. Precedentes.

2. Agravo regimental não provido.

(STJ, AgRg no REsp 1017055/RS, Rel. Min. Castro Meira, 2ª Turma, julgado em 11.09.2012, *DJe* 18.09.2012) (grifo nosso).

Frisa-se que o Supremo Tribunal Federal e o Superior Tribunal de Justiça entendem que o **Ministério Público tem legitimidade para ajuizar ação civil pública** que objetive tutelar os direitos previstos no art. 15 do Estatuto do Idoso.[9]

O § 3º do art. 15 **proíbe a discriminação do idoso nos planos de saúde pela cobrança de valores diferenciados em razão da idade**, inclusive este vinha sendo o posicionamento do Superior Tribunal de Justiça com uma interpretação inicial mais restritiva[10]. No entanto, frisa-se que o mencionado Tribunal, em julgado posterior pelo rito dos recursos repetitivos (Tema 952), relativizou a literalidade do dispositivo legal em apreço, acolhendo a tese da **validade do reajuste** de mensalidade de plano de saúde individual ou familiar fundado na mudança de *faixa etária* do beneficiário, "desde que (i) haja previsão contratual, (ii) sejam observadas a normas expedidas pelo órgãos governamentais reguladores e (iii) não sejam aplicados percentuais desarrazoados ou aleatórios que, concretamente e sem base atuarial idônea, onerem excessivamente o consumidor ou discriminem o idoso".[11]

Desde então discute-se a aplicabilidade da tese aos planos coletivos. Nesse sentido, em junho de 2019, a Corte afetou o problema ao rito do artigo 1.036 do CPC, indicando duas questões: (i) a validade de cláusula contratual de plano de saúde coletivo que prevê reajuste por faixa etária; e (ii) o ônus da prova da base atuarial do reajuste[12], o caso ainda se encontra em fase de julgamento pela Segunda Seção do Superior Tribunal de Justiça (Tema 1.016).

Além disso, firmou-se o entendimento pela possibilidade de **controle da abusividade do reajuste por faixa etária**[13]. Para o STJ, **a simples mudança de faixa etária não justifica, por si, a elevação da mensalidade, devendo haver "lastro atuarial"**.[14] Logo, a decisão da operadora no sentido de estabelecer percentuais de aumento deve ser precedida de estudos e análises devidamente documentados, sendo, portanto, mais fácil a ela demonstrar a racionalidade dos índices do que ao consumidor, o contrário.

No mais, cumpre destacar que o STJ também entende como abusiva cláusula contratual que estabelece limitação de valor para o custeio de despesas com tratamento clínico, cirúrgico e de internação hospitalar.[15] Nessa trilha, firmou a Súmula 302: "é abusiva a cláusula contratual de plano de saúde que limita no tempo a internação hospitalar do segurado".

Ainda no tema saúde, importante trazer à baila a inovação implementada pela Lei 12.896, de 18.12.2013, a qual acrescentou os parágrafos 5º e 6º ao art. 15 da do Estatuto do Idoso.

---

8. **Informativo** 585 do STF. Ler também Informativo 582 do STF.

9. STF: RE 605.533/MG, RE 554.088-AgR; STJ: REsp 878.960/SP.

10. AgRg no AREsp 79.873/RS, Rel. Min. Sidnei Beneti, 3ª Turma, julgado em 17.04.2012, *DJe 03.05.2012*.

11. STJ, REsp 1.568.244/RJ, Rel. Min. Ricardo Villas Bôas Cueva, 2ª Seção, j. 14.12.2016, DJe 19.12.2016.

12. STJ, ProAfR no REsp 1.715.798/RS, rel. Min. Paulo de Tarso Sanseverino, 2ª Seção, j. 04.06.2019, DJe 10.06.2019.

13. A corroborar, o STJ entendeu ser abusivo reajuste de 93% no plano de saúde de uma segurada que havia completado 60 anos (STJ, REsp 1280211, Rel. Min. Marco Buzzi, Segunda Seção, julgado em 23.04.2014, DJe 04.09.2014).

14. STJ, AgInt nos EDcl no Ag em REsp 1.073.880/SP, Rel. Luis Felipe Salomão, Quarta Turma, j. 13.06.2017, DJe 19.06.2017.

15. REsp 735.750/SP; REsp 326.147/SP (Informativo 395).

O parágrafo 5º veda a exigência de comparecimento do idoso enfermo aos órgãos públicos, hipótese na qual será admitido o seguinte procedimento:

a) quando de interesse do poder público, o agente promoverá o contato necessário com o idoso em sua residência; ou

b) quando de interesse do próprio idoso, este se fará representar por procurador legalmente constituído.

Por sua vez, o § 6º assegura ao **idoso enfermo** o **atendimento domiciliar** para obtenção de laudo de saúde, como por exemplo para comprovar que está vivo ou atualização cadastral.[16]

Nos termos do art. 16 do EIDO, ao **idoso internado ou em observação** é assegurado **o direito a acompanhante**, devendo o órgão de saúde proporcionar as condições adequadas para a sua permanência em tempo integral, **segundo o critério médico. Não se trata de direito absoluto**, eis que está sujeito ao médico conceder autorização para o acompanhamento do idoso ou, no caso de impossibilidade, justificá-la por escrito.

Parágrafo único. Caberá ao profissional de saúde responsável pelo tratamento conceder autorização para o acompanhamento do idoso ou, no caso de impossibilidade, justificá-la por escrito.

O idoso que esteja no domínio de suas faculdades mentais tem o direito de optar pelo tratamento de saúde que lhe for reputado mais favorável (art. 17 do Estatuto do Idoso). Isso demonstra que a pessoa idosa não perde sua capacidade de discernimento e sua higidez emocional em razão da idade avançada. Em caso de não estar em condições de proceder à opção, esta será feita pelo(s):

- **Familiares**: quando o idoso não tiver curador ou este não puder ser contatado em tempo hábil
- **Curador**: quando o idoso for interditado
- **Médico**: quando ocorrer iminente risco de vida e não houver tempo hábil para consulta a curador ou familiar

Quando não houver curador ou familiar conhecido, o médico deverá comunicar o fato ao Ministério Público, para que este tome providências no sentido de determinar um curador ao idoso.

O Estatuto do Idoso, sobre os **casos de suspeita ou confirmação de violência praticada contra pessoas idosas**, estabelece que serão objeto de **notificação compulsória** pelos serviços de saúde públicos e privados à autoridade sanitária, devendo ser **comunicados** por eles à **autoridade policial**, ao **Ministérios Público** ou aos **Conselhos Municipal, Estadual** ou **Nacional do Idoso** (art. 19). A inobservância deste dispositivo legal gera a infração administrativa contida no art. 57 do EIDO[17].

- Violência contra o idoso
- Ação ou omissão praticada em local público ou privado que lhe cause morte, dano ou sofrimento físico ou psicológico.

No mais, oportuno o registro de que a Lei 13.466/2017 introduziu o § 7º no art. 15 do Estatuto do Idoso, que estabelece, em todo o atendimento de saúde, será dada preferência especial aos maiores de 80 anos em relação aos demais idosos[18], exceto em caso de emergência.

2.5. Educação, cultura, esporte e lazer

O art. 20 do Estatuto do Idoso põe em relevo o mandamento constitucional (art. 205 e ss.), assegurando **o direito à educação, cultura, esporte, lazer, diversões, espetáculos, produtos e aos serviços que respeitem sua peculiar condição de idade**.[19]

O Poder Público criará oportunidades de acesso do idoso à educação, adequando currículos, metodologias e material didático aos programas educacionais a ele destinados. Portanto, a instituição de ensino deverá se adequar para receber os idosos, inclusive com adaptação física de todos os seus ambientes, resguardando a acessibilidade.

Os cursos especiais para idosos incluirão conteúdo relativo às técnicas de comunicação, computação e demais avanços tecnológicos, para sua integração à vida moderna.

O art. 22 prevê que nos currículos mínimos[20] dos diversos níveis de ensino formal serão inseridos conteúdos voltados ao processo de envelhecimento, ao respeito e à valorização do idoso, de forma a eliminar o preconceito e a produzir conhecimentos sobre a matéria.

Com relação à prática de esportes, impende citar o art. 217 da Carta Magna que impõe ao Estado fomentar práticas desportivas formais e não formais e, também, o art. 23 do Estatuto do Idoso que assegura às pessoas idosas descontos de pelo menos 50% em atividades culturais e de lazer.

---

16. Art. 15, § 6º. É assegurado ao idoso enfermo o atendimento domiciliar pela perícia médica do Instituto Nacional do Seguro Social – INSS, pelo serviço público de saúde ou pelo serviço privado de saúde, contratado ou conveniado, que integre o Sistema Único de Saúde – SUS, para expedição do laudo de saúde necessário ao exercício de seus direitos sociais e de isenção tributária.

17. Art. 57. Deixar o profissional de saúde ou o responsável por estabelecimento de saúde ou instituição de longa permanência de comunicar à autoridade competente os casos de crimes contra idoso de que tiver conhecimento:
Pena – multa de R$ 500,00 (quinhentos reais) a R$ 3.000,00 (três mil reais), aplicada em dobro no caso de reincidência.

18. Ler o AgRg no AREsp 743.794/RS, o STJ invocou o princípio da prioridade absoluta para efetivar o direito de tratamento de saúde de pessoa idosa.

19. Para análise mais detalhada dos meios de implementação destes direitos, ler o art. 10 da Lei 8.842/94 (Política Nacional Idoso).

20. Entende-se por currículo mínimo o conteúdo básico a que estão vinculadas as várias instituições educacionais, isto é, o componente obrigatório daquilo que não pode faltar nos respectivos currículos dos diversos níveis de ensino (PINHEIRO, Naide Maria (coord.). **Estatuto do Idoso Comentado.** Campinas, SP: Servanda Ed., 2012. p. 68).

Ademais, de ver-se que a Lei 13.535/2017 alterou a redação do art. 25 do Estatuto do Idoso[21], que trata da oferta de vagas para idosos em universidades, passando a redação anterior para o parágrafo único e dispondo, no *caput*, de educação continuada formal e informal, ao longo da vida, para os idosos. Em que pese a inovação legislativa, não houve alteração relevante neste assunto.

2.6. Profissionalização e trabalho

O trabalho é um direito fundamental e a idade avançada não está relacionada com incapacidade, tendo o idoso direito ao exercício de atividade profissional, respeitadas suas condições físicas, intelectuais e psíquicas.

Na admissão do idoso em qualquer trabalho ou emprego, pelo art. 27 do Estatuto do Idoso, **é proibida a discriminação e a fixação de limite máximo de idade**, inclusive para concursos, ressalvados os casos em que a natureza do cargo o exigir.

Dessa forma, desde que compatível com as atribuições do cargo e esteja a restrição prevista em lei (art. 5º, II, da CF), é possível a fixação de limite máximo para acesso a cargos públicos, sendo esse o posicionamento do Supremo Tribunal Federal:

> *Constitucional. Administrativo. Agravo regimental em agravo de instrumento. Concurso público. Limite de idade. Lei específica. Súmula 683 do STF. Alegada ofensa ao art. 93, IX, da CF. Agravo improvido.* **I – o acórdão recorrido encontra-se em consonância com a jurisprudência desta Corte, no sentido de que o limite de idade para inscrição em concurso público só se legitima quando previsto em lei e possa ser justificado pela natureza das atribuições do cargo a ser preenchido.** II – Não há contrariedade ao art. 93, IX, da mesma Carta, quando o acórdão recorrido encontra-se suficientemente fundamentado. III – Agravo regimental improvido. (STF, AI 722490 AgR, Rel. Min. Ricardo Lewandowski, 1ª Turma, julgado em 03.02.2009, *DJe* 05.03.2009) (grifo nosso).

Nos termos do parágrafo único art. 27 do EIDO, esgotados os critérios de desempate em concurso público, deve-se usar a questão da idade, dando-se **preferência ao de idade mais elevada. Nesse sentido,**

> I. Mandado de segurança: legitimação ativa: composição de lista para a promoção por merecimento de juízes aos tribunais. No procedimento de promoção de magistrados, todos os concorrentes à lista e nela não incluídos estão legitimados, em princípio, para questionar em juízo a validade da sua composição, se, do reconhecimento da nulidade arguida, possa decorrer a renovação do ato de escolha, que estariam qualificados para disputar. II. Justiça Federal: lista de promoção por merecimento de juízes ao Tribunal Regional Federal: desempate em favor do mais idoso, conforme norma regimental: validade. **Não ofende a Constituição a norma regimental de TRF de que, após sucessivos empates na composição da lista de juízes para a promoção por merecimento, prescreve o desempate em favor do mais idoso**: não se trata – ao contrário dos precedentes do STF, que o rejeitaram, da adoção do critério objetivo de antiguidade para desempate na promoção por merecimento – mas, sim, de um dado subjetivo dos candidatos, a idade, que se reputou – sem ofensa ao princípio da razoabilidade – se devesse seguir à avaliação dos méritos dos candidatos, reputados equivalentes pela votação idêntica obtida, em sucessivos escrutínios.
> (STF, MS 24509, Rel. Min. Sepúlveda Pertence, Tribunal Pleno, julgado em 23.10.2003, *DJ* 26.03.2004)[22-23] (grifo nosso).

2.7. Previdência e assistência social

A seguridade social compreende ações de saúde, previdência e assistência social (art. 194 da CF).

A previdência social é instituto estritamente contributivo, isto é, apenas serão beneficiados aqueles que contribuíram ao longo do tempo. Sua finalidade é assegurar aos seus beneficiários meios indispensáveis de manutenção, por motivo de incapacidade, desemprego involuntário, idade avançada, tempo de serviço, encargos familiares e prisão ou morte daqueles de quem dependiam economicamente (art. 1º da Lei 8.213/1991).

A concessão dos benefícios de aposentadoria e pensão do Regime Geral da Previdência Social observará critérios de cálculo que preservem o valor real dos salários sobre os quais incidiram contribuição, nos termos da legislação vigente.

O art. 30 do Estatuto do Idoso traz a mesma regra disposta no art. 3º, § 1º, da Lei 10.666/2003, segundo a qual, ainda que haja a perda da qualidade de segurado, a aposentadoria por idade estará assegurada desde que seja observado o número mínimo de contribuições.

Nesse diapasão, vale transcrever julgado publicado no Informativo 426 do Superior Tribunal de Justiça:

> *Aposentadoria. Idade. Irrelevância. Preenchimento simultâneo. Requisitos.*
> A Seção reiterou o seu entendimento e acolheu os embargos ao afirmar que **não é exigida a implementação simultânea dos requisitos legais para a concessão da aposentadoria**

---

21. Art. 25. As instituições de educação superior ofertarão às pessoas idosas, na perspectiva da educação ao longo da vida, cursos e programas de extensão, presenciais ou a distância, constituídos por atividades formais e não formais.
    Parágrafo único. O poder público apoiará a criação de universidade aberta para as pessoas idosas e incentivará a publicação de livros e periódicos, de conteúdo e padrão editorial adequados ao idoso, que facilitem a leitura, considerada a natural redução da capacidade visual.

22. **Informativo** 326 do STF

23. Vale a pena trazer à baila caso em que o CNJ, ao analisar procedimento de controle administrativo, afastou o aprovado no certame sob o argumento de que o critério *etário* não seria o mais adequado, e decidiu pela adoção do critério de *maior tempo de serviço público*. Ao decidir o pleito, o STF decidiu que: [...]"5. A Lei 10.741/03 (Estatuto do Idoso) cuida apenas da admissão em concurso público em termos gerais, de modo que, quando em referência concurso de remoção, não deve ser seguida, ante a **existência de lei especial (*lex specialis derogat legi generali*)**. 6. *In casu*, o acórdão impugnado do Conselho Nacional de Justiça, ao negar a aplicação da Lei 10.741/2003 (Estatuto do Idoso), **privilegiando o que estabelece a Lei Estadual 14.594/2004, agiu acertadamente, resolvendo o conflito aparente de normas segundo a boa técnica jurídica.** 7. O tempo anterior na titularidade do serviço para o qual se realiza o concurso público não pode ser utilizado como critério de desempate por violar o princípio da razoabilidade, segundo a jurisprudência do STF (Precedente: ADI 3.522, rel. Min. Marco Aurélio, Tribunal Pleno, j. 24.11.2005, DJ 12.05.2006). 8. **Destarte, na forma da Lei estadual 14.594/2004, deve-se adotar o critério de maior tempo de serviço público para desempatar o concurso de remoção para a outorga do 6º Cartório de Protestos da Capital, exatamente nos termos em que proferido o acórdão impugnado do Conselho Nacional de Justiça.**" (STF, MS 33046/PR, Rel. Min. Luiz Fux, Primeira Turma, julgado em 10.03.2015, p. 18.05.2015) (grifo nosso).

por idade. É devido o benefício independentemente da posterior perda da qualidade de segurado à época em que preenchido o requisito da idade, desde que o obreiro tenha recolhido à Previdência Social o número de contribuições previstas na tabela disposta no art. 142 da Lei 8.213/1991, como demonstrado pela análise soberana das provas realizadas pelo tribunal *a quo*. Precedentes citados: REsp 800.860-SP, *DJe* 18.05.2008; AR 1.776-SP, *DJe* 06.08.2008; AgRg no REsp 637.761-SC, *DJ* 18.02.2008, e EREsp 649.496-SC, *DJ* 10.04.2006 (EREsp 776.110-SP, Rel. Min. Og Fernandes, julgados em 10.03.2010) (grifo nosso).

No âmbito da assistência social, os benefícios independem de contribuição (art. 203 da CF). O instituto visa tutelar as pessoas em estado de miserabilidade, concedendo-lhes o mínimo necessário à sua sobrevivência.

Nesse contexto, o Estatuto do Idoso, em seu art. 34, **garante um benefício mensal no valor de um salário mínimo à pessoa idosa a partir de *65 anos* de idade, desde que não tenha meios de prover sua subsistência, nem de tê-la provida por sua família**, nos termos da Lei Orgânica da Assistência Social (Lei 8.742/1993).

2.8. Habitação

Moradia digna constitui direito da pessoa idosa, seja no seio da família natural ou substituta, seja desacompanhado de seus familiares, quando assim o desejar, ou, ainda, em instituição pública ou privada. Então, **cabe exclusivamente ao idoso a decisão sobre onde e com quem irá residir.**

Ao idoso é conferida **assistência integral**, na *modalidade de entidade de longa permanência*,[24] quando constatada inexistência de grupo familiar, casalar, abandono ou carência de recursos financeiros próprios ou da família.

O idoso goza de **prioridade na aquisição de imóvel para moradia própria nos programas habitacionais**, públicos ou subsidiados com recursos públicos, observado o seguinte:

a) reserva de **pelo menos** 3% (três por cento) das unidades habitacionais residenciais para atendimento aos idosos;

b) implantação de equipamentos urbanos comunitários voltados ao idoso;

c) eliminação de barreiras arquitetônicas e urbanísticas, para garantia de acessibilidade ao idoso;

d) critérios de financiamento compatíveis com os rendimentos de aposentadoria e pensão.

Destaque-se que as unidades residenciais reservadas para atendimento a idosos devem situar-se, preferencialmente, no **pavimento térreo**.

2.9. Transporte

2.9.1. Transporte público coletivo

Seguindo o preceito constitucional (art. 230), o Estatuto do Idoso, em seu art. 39, *caput*, assegura, aos maiores de 65 anos, a gratuidade dos transportes coletivos públicos urbanos e semiurbanos, exceto nos serviços seletivos e especiais, quando prestados paralelamente aos serviços regulares.

O dispositivo em comento foi objeto de Ação Direita de Inconstitucionalidade (ADI 3.768), promovida pela Associação Nacional das Empresas de Transporte Urbano, que pretendia a declaração de inconstitucionalidade da gratuidade do transporte público aos idosos. A ação foi julgada improcedente, pois se entendeu que o art. 39 do Estatuto e o art. 230 da CF garantem o direito a uma dignidade humana mínima no que concerne à integração social do idoso.

O § 1º do art. 39 é claro ao dispor que **basta que o idoso apresente qualquer documento pessoal que faça prova de sua idade para ter acesso à gratuidade**.

Entretanto, o Estado do Rio de Janeiro obriga o idoso a realizar cadastro no "RioCard" para ter o benefício da gratuidade, esta determinação foi objeto de discussão perante o Superior Tribunal de Justiça, que reconheceu a legalidade do ato administrativo que exige prévio cadastramento, sob pena de lesão à ordem e à economia públicas:

> *Pedido de suspensão de liminar e de sentença. Lesão à ordem e à economia públicas.* **Os idosos não pagam o transporte coletivo, mas estão sujeitos a cadastramento; a decisão que os libera dessa exigência dificulta o controle e a administração do município sobre o transporte público, causando lesão à ordem e à economia públicas.** Agravo regimental não provido.
> (STJ, AgRg na SLS 1070/RJ, Rel. Min. Ari Pargendler, Corte Especial, julgado em 06.10.2010, *DJe* 14.12.2010) (grifo nosso).

A decisão em tela revela um retrocesso da Corte, já que é claramente contrária ao que determina a legislação.[25]

No caso das pessoas compreendidas na faixa etária entre 60 e 65 anos, ficará a critério da legislação local dispor sobre as condições para exercício da gratuidade nos meios de transporte previstos no *caput* deste artigo.

2.9.2. Transporte coletivo interestadual

O Estatuto do Idoso (art. 40), no que tange ao sistema de transporte coletivo interestadual, traz as seguintes regras:

a) reserva de duas vagas gratuitas por veículo para idosos com **renda igual ou inferior a dois salários mínimos**;

b) desconto de 50%, no mínimo, no valor das passagens, para os idosos que **excederem as vagas gratuitas, com renda igual ou inferior a dois salários mínimos**.

Incumbe aos órgãos competentes definir os mecanismos e os critérios para o exercício dos direitos acima elencados.

Mister **diferenciar a gratuidade** no sistema de transporte coletivo público (art. 39) e no sistema de transporte coletivo interestadual (art. 40):

---

24. São locais de acolhimento em regime integral, tratando-se de moradias especializadas para receber as pessoas idosas. No que tange ao conceito de instituição de longa permanência: ver artigo 16 do Decreto 9.921/2019, que consolida atos normativos editados pelo Poder Executivo federal que dispõem sobre a temática da pessoa idosa e a Resolução da Diretoria Colegiada da Anvisa (RDC 283/2005 – item 3.6 de seu anexo).

25. Vale trazer à baila decisão que considerou ilícita exigência de cadastro ao idoso para gozo da gratuidade no transporte público: *Administrativo. Transporte. Passe livre. Idosos. Dano moral coletivo. Desnecessidade de comprovação da dor e de sofrimento. Aplicação exclusiva ao dano moral individual. Cadastramento de idosos para usufruto de direito. Ilegalidade da exigência pela empresa de transporte. Art. 39, § 1º, do Estatuto do Idoso. Lei 10741/2003 viação não prequestionado.* [...] 4. **Conduta da empresa de viação injurídica se considerado o sistema normativo.** [...] 5. Recurso especial parcialmente provido. (STJ, REsp 1057274/RS, Rel. Min. Eliana Calmon, 2ª Turma, julgado em 01.12.009, *DJe* 26.02.2010) (grifo nosso).

Dispositivo legal	Tipo de Transporte	Idade	Beneficiários
Art. 39, EIDO	Transporte público coletivo	65 anos	todos os idosos são beneficiários
Art. 40, EIDO	Transporte público interestadual	60 anos	**dois** idosos são beneficiários (**duas** vagas por veículo), desde que comprovem ter renda mensal igual ou inferior a dois salários mínimos. Os demais idosos que preencherem os requisitos terão desconto, de no mínimo, 50% na passagem.

Lembrando que tanto na reserva de vagas quanto na concessão de desconto, a renda da pessoa idosa deve ser igual ou inferior a dois salários mínimos.

Interessante destacar que o Decreto 9.921/2019 estabelece que o idoso deve apresentar documento que comprove sua idade e renda[26] para aplicação do disposto no art. 40 do Estatuto, contudo, somente disciplina o sistema de transporte coletivo interestadual, nos modais rodoviário, ferroviário e aquaviário. Portanto, não há norma regulamentadora com relação ao *transporte aéreo*. Entretanto, os Tribunais têm admitido a reserva de vagas:

> *Constitucional, administrativo e processual civil. Transporte gratuito a idosos e pessoas deficientes carentes. Reintegração à lide de empresas aéreas. Município de Santarém: ilegitimidade passiva ad causam. Não exclusão do transporte aéreo. Dignidade das pessoas hipossuficientes. Lei 8.899/1994 e Lei 10.741/2003.*
> [...]
> 6. Nessa perspectiva, não há nenhuma objeção a que se estenda o benefício do passe livre aos idosos e a pessoas portadoras de deficiência comprovadamente carentes. **No entanto, tal extensão deve seguir, provisoriamente, os mesmos parâmetros já estabelecidos na Portaria Interministerial 003/2001 e no Decreto 5.934/2006, pelo que é de ser parcialmente provida, no particular, a remessa oficial tida por interposta. Por conseguinte, até que seja expedida normatização específica, é de se limitar o acesso ao transporte gratuito a 02 (dois) assentos por voo regular aos idosos com idade igual ou superior a sessenta anos e renda igual ou inferior a dois salários mínimos, e 02 (dois) assentos por voo regular às pessoas portadoras de deficiência comprovadamente carentes, devendo a comprovação de renda seguir os mesmos moldes já traçados na Portaria e Decreto acima referidos.**
> [...]

(TRF da 1ª Região, AC 0000780-64.2004.4.01.3902/PA, Rel. Des. Fagundes de Deus, 5ª Turma, e-DJF1 p.97 de 07.02.2012) (grifo nosso).

Ainda no que se refere ao transporte, é assegurada aos idosos a **reserva de 5% das vagas nos estacionamentos públicos e privados**, as quais deverão ser posicionadas de forma a garantir a melhor comodidade ao idoso.

Ressalta-se a nova redação do art. 42 do Estatuto do Idoso trazida pela Lei 12.899/2013, que, além de assegurar **prioridade**, passou a garantir também a **segurança** do idoso, nos procedimentos de embarque e desembarque nos veículos do sistema de transporte coletivo.

3. MEDIDAS DE PROTEÇÃO

Como visto, os arts. 4º a 6º do Estatuto do Idoso trazem o dever geral de proteção integral dos direitos e garantias das pessoas idosas. No entanto, é imprescindível um **sistema jurídico de mecanismos para assegurar a efetividade desta proteção**. Nesse sentido o legislador criou medidas que são aplicáveis sempre que os direitos reconhecidos no Estatuto forem **ameaçados ou violados**:

a) por ação ou omissão da sociedade ou do Estado;

b) por falta, omissão ou abuso da família, curador ou entidade de atendimento;

c) em razão de sua condição pessoal.

3.1. Medidas específicas de proteção

O art. 44 do Estatuto do Idoso traz as diretrizes gerais para **aplicação das medidas de proteção aos idosos**:

a) poderão ser aplicadas isolada ou cumulativamente;

b) considerarão os fins sociais a que se destinam, bem como fortalecimento dos vínculos familiares e comunitários.

Ocorrendo ameaça ou violação aos direitos dos idosos, o legislador estatutário estabeleceu as seguintes medidas (art. 45 do Estatuto do Idoso):

a) encaminhamento à família ou curador, mediante termo de responsabilidade;

b) orientação, apoio e acompanhamento temporários;

c) requisição para tratamento de sua saúde, em regime ambulatorial, hospitalar ou domiciliar;

d) inclusão em programa oficial ou comunitário de auxílio, orientação e tratamento a usuários dependentes de drogas lícitas ou ilícitas, ao próprio idoso ou à pessoa de sua convivência que lhe cause perturbação;

e) abrigo em entidade;

f) abrigo temporário.

---

26. Art. 42. No ato de solicitação do bilhete de viagem de pessoa idosa ou do desconto no valor da passagem, o interessado apresentará documento pessoal que comprove a sua idade e a renda igual ou inferior a dois salários-mínimos.
§ 1º A comprovação de idade da pessoa idosa será feita por meio da apresentação de documento pessoal de identidade original, com fé pública, que contenha foto.
§ 2º A comprovação de renda igual ou inferior a dois salários-mínimos será feita por meio da apresentação de um dos seguintes documentos:
I – Carteira de Trabalho e Previdência Social com anotações atualizadas;
II – contracheque de pagamento ou documento expedido pelo empregador;
III – carnê de contribuição para o INSS;
IV – extrato de pagamento de benefício ou declaração fornecida pelo INSS ou por outro regime de previdência social público ou privado; e
V – documento ou carteira emitida pelas secretarias estaduais, distrital ou municipais de assistência social ou congêneres.

Vale ressaltar que é perfeitamente cabível a utilização de outras formas de proteção à população idosa, além das elencadas no Estatuto. Portanto, trata-se de rol meramente **exemplificativo**. Cita-se como exemplo, ação civil pública, mandado de segurança, "realização de visitas domiciliares por psicólogos e assistentes sociais, a inserção do idoso em programa de reabilitação alimentar com acompanhamento de nutricionistas, bem como em programas de atividades físicas etc."[27]

Nessa esteira, Roberto Mendes de Freitas Junior[28] cita decisão em que se mostra ser possível o fornecimento de cesta básica pelo Poder Público à idosa carente como medida protetiva:

> *Agravo de instrumento. Medida de proteção ao idoso. Deferimento de antecipação de tutela. Entrega de uma cesta básica. Requisitos presentes. Interlocutória mantida.* Se a medida protetiva consubstanciada pela entrega de uma cesta básica é reconhecida após o estudo social da família do idoso, deve esta ser mantida, até que haja mudança na situação fática, principalmente, enquanto se aguarda decisão judicial na qual se persegue benefício em favor de filho deficiente mental, não sendo esta suficiente a causar prejuízo ao erário público.
> (TJ-MT, AI 4900/2007, 1ª Câmara Cível, Rel. Des. Paulo S. Careira de Souza, 23.04.2007).

Frisa-se que o juiz não pode determinar de ofício medidas de proteção ao idoso, dependendo de provocação do Ministério Público ou da parte interessada.

4. POLÍTICA DE ATENDIMENTO AO IDOSO

Nem todas as pessoas idosas podem permanecer com a família, sendo necessário o abrigamento destas em **entidades de atendimento**, *que são unidades que estão habilitadas a hospedar e cuidar de idosos.*

O Texto Maior, em seu art. 230, § 1º, é claro ao dispor que "os programas de amparo aos idosos serão executados **preferencialmente em seus lares**". Logo, trata-se do **abrigamento em entidades de atendimento de medida excepcional**.

Os arts. 46 e 47 do Estatuto do Idoso disciplinam a política de atendimento ao idoso, abrangendo as ações governamentais e não governamentais da União, dos Estados, do Distrito Federal e dos Municípios.

São **linhas de ação da política de atendimento** (art. 47):

a) políticas sociais básicas, previstas na Lei 8.842/1994, que dispõe sobre a política nacional do idoso;

b) políticas e programas de assistência social, em **caráter supletivo**, para aqueles que necessitarem;

c) serviços especiais de prevenção e atendimento às vítimas de negligência, maus-tratos, exploração, abuso, crueldade e opressão;

d) serviço de identificação e localização de parentes ou responsáveis por idosos abandonados em hospitais e instituições de longa permanência;

e) proteção jurídico-social por entidades de defesa dos direitos dos idosos;

f) mobilização da opinião pública no sentido da participação dos diversos segmentos da sociedade no atendimento do idoso.

4.1. Entidades de atendimento ao idoso

As entidades de atendimento são responsáveis pela manutenção das próprias unidades, respeitadas as normas de planejamento e execução emanadas do órgão competente da Política Nacional do Idoso, de acordo com a Lei 8.842/1994.

As entidades governamentais e não governamentais de assistência ao idoso ficam sujeitas à **inscrição de seus programas**, junto ao órgão competente da **Vigilância Sanitária e Conselho Municipal da Pessoa Idosa**, e, **em sua falta, junto ao Conselho Estadual ou Nacional da Pessoa Idosa**, especificando os regimes de atendimento, observados os seguintes **requisitos**:

a) oferecimento de instalações físicas em condições adequadas de habitabilidade, higiene, salubridade e segurança;

b) apresentação de objetivos estatutários e plano de trabalho compatíveis com os princípios desta Lei;

c) constituição regular;

d) demonstração da idoneidade de seus dirigentes.

As **entidades que desenvolvam programas de institucionalização de longa permanência,** que são locais de acolhimento em regime integral, tratando-se de moradias especializadas para receber as pessoas idosas, deverão atender aos seguintes **princípios** (art. 49 do Estatuto do Idoso):

a) preservação dos vínculos familiares;

b) atendimento personalizado e em pequenos grupos;

c) manutenção do idoso na mesma instituição, salvo em caso de força maior;

d) participação do idoso nas atividades comunitárias, de caráter interno e externo;

e) observância dos direitos e garantias dos idosos;

f) preservação da identidade do idoso e oferecimento de ambiente de respeito e dignidade.

Com o intuito de proteger os direitos e garantias das pessoas idosas, o legislador, no art. 50 do Estatuto do Idoso, estabeleceu diversas **obrigações** às entidades de atendimento:

a) celebrar contrato escrito de prestação de serviço com o idoso, especificando o tipo de atendimento, as obrigações da entidade e prestações decorrentes do contrato, com os respectivos preços, se for o caso;

b) observar os direitos e as garantias de que são titulares os idosos;

c) fornecer vestuário adequado, se for pública, e alimentação suficiente;

d) oferecer instalações físicas em condições adequadas de habitabilidade;

e) oferecer atendimento personalizado;

f) diligenciar no sentido da preservação dos vínculos familiares;

g) proporcionar cuidados à saúde, conforme a necessidade do idoso;

h) promover atividades educacionais, esportivas, culturais e de lazer;

---

27. FREITAS JUNIOR, Roberto Mendes. **Direitos e Garantias do Idoso: doutrina, jurisprudência e legislação.** 2. ed. São Paulo: Atlas, 2011. p. 161.

28. Idem, ibidem, p. 161.

i) proceder a estudo social e pessoal de cada caso;

j) comunicar à autoridade competente de saúde toda ocorrência de idoso portador de doenças infectocontagiosas;

l) providenciar ou solicitar que o Ministério Público requisite os documentos necessários ao exercício da cidadania àqueles que não os tiverem, na forma da lei;

m) fornecer comprovante de depósito dos bens móveis que receberem dos idosos;

n) manter arquivo de anotações onde constem data e circunstâncias do atendimento, nome do idoso, responsável, parentes, endereços, cidade, relação de seus pertences, bem como o valor de contribuições, e suas alterações, se houver, e demais dados que possibilitem sua identificação e a individualização do atendimento;

o) comunicar ao Ministério Público, para as providências cabíveis, a situação de abandono moral ou material por parte dos familiares;

p) manter no quadro de pessoal profissionais com formação específica.

O Estatuto do Idoso, em seu art. 51, traz a possibilidade de **pessoas jurídicas** serem assistidas pela Defensoria Pública, *in verbis*: "as instituições filantrópicas ou sem fins lucrativos prestadoras de serviço ao idoso terão direito à assistência judiciária gratuita".

4.2. Fiscalização das entidades de atendimento

As entidades governamentais e não governamentais ficarão submetidas à constante fiscalização, a fim de se evitar abusos e maus-tratos aos idosos abrigados.

O art. 52 do Estatuto do Idoso estabelece que a fiscalização será realizada pelo Conselhos do Idoso, pelo Ministério Público, pela Vigilância Sanitária e outros previstos em lei.

Nota-se que se trata de rol meramente **exemplificativo**, tendo em vista que o próprio preceito reza que a fiscalização também poderá ser exercida por outros órgãos públicos previstos em lei, sem especificá-los. O próprio Estatuto, como visto, em seu art. 6º, atribui o dever de comunicar à autoridade competente a todo cidadão, que tenha presenciado ou que detenha conhecimento sobre qualquer forma de violação aos direitos dos idosos.

Compete aos Conselhos Nacional, Estaduais, do Distrito Federal e Municipais a supervisão, o acompanhamento, a fiscalização e a avaliação da política nacional do idoso, no âmbito das respectivas instâncias político-administrativas, de acordo com o art. 53 do Estatuto do Idoso.

4.2.1. Penalidades previstas às entidades de atendimento

Na hipótese de descumprimento das determinações do Estatuto do Idoso, a entidade de atendimento estará sujeita a sanções, sem prejuízo da responsabilidade civil e criminal de seus dirigentes ou prepostos:

ENTIDADES GOVERNAMENTAIS	ENTIDADES NÃO GOVERNAMENTAIS
1 – advertência	1 – advertência
2 – afastamento provisório de seus dirigentes	2 – multa
3 – afastamento definitivo de seus dirigentes	3 – suspensão parcial ou total do repasse de verbas públicas
4 – fechamento de unidade ou interdição de programa	4 – interdição de unidade ou suspensão de programa
	5 – proibição de atendimento a idosos a bem do interesse público

Caso ocorra infração por entidade de atendimento, que coloque em risco os direitos assegurados no Estatuto, será o fato comunicado ao Ministério Público, para as providências cabíveis, inclusive para requerer ao Poder Judiciário a suspensão das atividades ou dissolução da entidade, com a proibição de atendimento a idosos a bem do interesse público, sem prejuízo das providências a serem tomadas pela Vigilância Sanitária.

Na **aplicação das penalidades, serão consideradas a natureza e a gravidade da infração** cometida, **os danos** que dela provierem para o idoso, **as circunstâncias agravantes ou atenuantes e os antecedentes da entidade**.

4.3. Infrações administrativas

Os arts. 56 a 58 estabelecem **três infrações na seara administrativa**:

INFRAÇÃO ADMINISTRATIVA	PENA
Art. 56. Descumprimento, pela entidade de atendimento aos idosos, das obrigações elencadas no art. 50 do Estatuto do Idoso.	**Multa** de R$ 500,00 (quinhentos reais) a R$ 3.000,00 (três mil reais), **se o fato não for considerado como crime**, podendo haver a interdição do estabelecimento até que sejam cumpridas as exigências legais.
Art. 57. Omissão por parte do profissional de saúde, ou do responsável por estabelecimento de saúde, ou de instituição de longa permanência em comunicar à autoridade competente os casos de crimes contra idoso de que tiver conhecimento.	Multa de R$ 500,00 (quinhentos reais) a R$ 3.000,00 (três mil reais), **aplicada em dobro no caso de reincidência**.
Art. 58. Descumprimento das determinações do Estatuto do Idoso acerca da prioridade no atendimento ao idoso.	Multa de R$ 500,00 (quinhentos reais) a R$ 1.000,00 (um mil reais) **e** multa civil a ser estipulada pelo juiz, conforme o dano sofrido pelo idoso.

Caso o estabelecimento seja interditado, as pessoas idosas abrigadas serão transferidas para outra instituição, à custa da entidade interditada, enquanto perdurar a interdição.

Os valores das multas serão atualizados anualmente e revertidos ao Fundo do Idoso, onde houver, ou, na falta deste, ao Fundo Municipal de Assistência Social, **ficando vinculados ao atendimento ao idoso**, consoante arts. 59 c/c o 84 do Estatuto do Idoso.

4.3.1. Apuração administrativa de infração às normas de proteção ao idoso

O procedimento para a imposição de penalidade administrativa por infração às normas de proteção ao idoso terá início com:

a) requisição do Ministério Público, **ou**

b) auto de infração elaborado por servidor efetivo e assinado, se possível, por duas testemunhas.

No tocante ao conceito de *servidor efetivo*, o Superior Tribunal de Justiça entende que este deve possuir, entre suas atribuições, a função de fiscalizar a aplicação das normas de proteção ao idoso:

> Administrativo. Mandado de segurança. Recurso ordinário. Auto de infração Estatuto do Idoso (art. 60). Código de organização e divisão judiciárias do Rio de Janeiro. Interpretação sistemática.
>
> 1. Os arts. 102 e 92, I, VIII e X do Código de Organização e Divisão Judiciárias do Estado do Rio de Janeiro estabelecem competência ao Juiz de Direito e atribuição ao Ministério Público na fiscalização de instituições, programas, organizações governamentais e quaisquer entidades de atendimento ao idoso, assegurando funcionamento eficiente e coibindo irregularidades.
>
> 2. A burocracia fiscalizatória fica a cargo do Serviço de Fiscalização do Juízo da Infância, da Juventude e do Idoso, em auxílio ao juiz.
>
> **3. A interpretação sistemática dos arts. 52 e 60 da Lei 10.741/2003 (Estatuto do Idoso), combinada com o Código de Organização e Divisão Judiciárias do Estado do Rio de Janeiro, leva ao entendimento de que a expressão "servidor efetivo" constante do art. 60 do Estatuto do Idoso, dirige-se ao serventuário do Serviço de Fiscalização específico.**
>
> 4. Auto de infração lavrado pelo "servidor efetivo" da serventia própria, assinado por duas testemunhas, formalmente inatacável.
>
> 5. Recurso ordinário não provido.
>
> (STJ, RMS 26166/RJ, Rel. Min. Eliana Calmon, 2ª Turma, julgado em 07.05.2009, DJe 27.05.2009) (grifo nosso).

O auto de infração não constitui medida indispensável à instauração do procedimento administrativo. Contudo, sempre que possível, à verificação da infração seguir-se-á a lavratura do auto, ou este será lavrado dentro de 24 horas, por motivo justificado, nos termos do art. 60, § 2º, do Estatuto do Idoso.

Em atendimento ao princípio da ampla defesa, o autuado terá o prazo de **10 dias** para a apresentação da defesa, contado da data da intimação, que será feita:

a) pelo autuante, no instrumento de autuação, quando for lavrado na presença do infrator;

b) por via postal, com aviso de recebimento.

O Estatuto do Idoso é omisso ao não especificar qual é a autoridade pública competente para aplicação das penalidades referentes às infrações administrativas previstas nos arts. 56 a 58, cabendo ao intérprete a definição.

Nos ensinamentos de Roberto Mendes de Freitas Junior,[29] "as infrações administrativas devem ser apuradas por meio de procedimento administrativo, instaurado perante o Poder Executivo Municipal, do local da infração, que terá competência para aplicação das penalidades correspondentes".

Em contrapartida, Marcos Ramayana entende que a aplicação das penalidades em comento cabe ao Conselho Estadual do Idoso ou ao Juiz de Direito com competência na Vara Cível, visto que a medida administrativa poderá ser pleiteada, por exemplo, na petição inicial de uma medida cautelar inominada.[30]

Por sua vez, Damásio Evangelista de Jesus defende a competência jurisdicional para o procedimento do art. 60 do Estatuto do Idoso, devendo a lei de organização judiciária definir o órgão competente.[31]

4.3.2. Apuração judicial de irregularidades em entidade de atendimento

O procedimento de apuração de irregularidade em entidade governamental e não governamental de atendimento ao idoso terá início mediante petição fundamentada de:

a) pessoa interessada, **ou**

b) iniciativa do Ministério Público.

Havendo motivo grave, poderá a autoridade judiciária, mediante decisão fundamentada, após oitiva do Ministério Público, decretar liminarmente o afastamento provisório do dirigente da entidade ou outras medidas que julgar adequadas, para evitar lesão aos direitos do idoso.

Por seu turno, o dirigente da entidade será citado para, no prazo de **10 dias**, oferecer resposta escrita, podendo juntar documentos e indicar as provas a produzir.

Consecutivamente, o juiz poderá aplicar o procedimento sumário previsto no Código de Processo Civil, atendendo as disposições do Estatuto do Idoso, ou se necessário, designará audiência de instrução e julgamento, deliberando sobre a necessidade de produção de outras provas.

Salvo manifestação em audiência, as partes e o Ministério Público terão **5 dias** para oferecer alegações finais, decidindo a autoridade judiciária em igual prazo.

Ocorrendo afastamento provisório ou definitivo de dirigente de entidade governamental, o juiz deverá oficiar a autoridade administrativa imediatamente superior ao afastado, para realizar a substituição no prazo de **24 horas**.

Antes de o juiz aplicar qualquer das penalidades, poderá fixar prazo para a remoção das irregularidades verificadas. Satisfeitas as exigências, o processo será extinto, sem julgamento do mérito, nos termos no art. 68, § 3º, do Estatuto do Idoso.

---

29. FREITAS JUNIOR, Roberto Mendes. *Direitos e Garantias do Idoso: doutrina, jurisprudência e legislação*. 2. ed. São Paulo: Atlas, 2011. p. 188.

30. RAMAYANA, Marcos. **Estatuto do Idoso Comentado.** Rio de Janeiro: Roma Victor, 2004. p. 76.

31. JESUS. Damásio Evangelista. (coord.). **Estatuto do Idosos Anotado – Lei 10.741/2003, aspectos civis e administrativos.** São Paulo: Damásio de Jesus, 2005. p. 172.

Apuração Administrativa X Apuração Judicial	
Apuração *Administrativa* de Infração às Normas de Proteção ao Idoso	**Apuração *Judicial* de Irregularidades em Entidade de Atendimento**
Art. 60. O procedimento **terá início** com *requisição do Ministério Público* ou *auto de infração* elaborado por *servidor efetivo* e assinado, se possível, por duas testemunhas. § 2º. Sempre que possível, à verificação da infração seguir-se-á a lavratura do auto, ou este será lavrado dentro de **24 horas**, por motivo justificado.	Art. 65. O procedimento **terá início** mediante petição fundamentada de pessoa interessada ou iniciativa do Ministério Público. Art. 66. Havendo motivo grave, poderá a autoridade judiciária, ouvido o Ministério Público, **decretar liminarmente o afastamento provisório do dirigente da entidade ou outras medidas que julgar adequadas**, para evitar lesão aos direitos do idoso, mediante decisão fundamentada.
Art. 61. O autuado terá prazo de **10 dias** para a **apresentação da defesa**, contado da data da intimação, que será feita: I – pelo autuante, **no instrumento de autuação**, quando for lavrado na presença do infrator; II – **por via postal**, com aviso de recebimento.	Art. 67. O dirigente da entidade será citado para, no prazo de **10 dias, oferecer resposta escrita**, podendo juntar documentos e indicar as provas a produzir.
Art. 60, § 1º. No procedimento iniciado com o auto de infração poderão ser usadas fórmulas impressas, especificando-se a natureza e as circunstâncias da infração.	Art. 68. Apresentada a defesa, o juiz procederá: a) aplica o procedimento sumário do Código de Processo Civil, ou, b) se necessário, designará audiência de instrução e julgamento, deliberando sobre a necessidade de produção de outras provas.
Art. 62. *Havendo* risco para a vida ou à saúde do idoso, a autoridade competente aplicará à entidade de atendimento as sanções regulamentares, sem prejuízo da iniciativa e das providências que vierem a ser adotadas pelo Ministério Público ou pelas demais instituições legitimadas para a fiscalização.	Art. 68, § 1º. **Salvo manifestação em audiência**, as partes e o Ministério Público terão **5 dias** para oferecer **alegações finais**, decidindo a autoridade judiciária em igual prazo.
Art. 63. Nos casos em que *não* houver risco para a vida ou a saúde da pessoa idosa abrigada, a autoridade competente aplicará à entidade de atendimento as sanções regulamentares, sem prejuízo da iniciativa e das providências que vierem a ser adotadas pelo Ministério Público ou pelas demais instituições legitimadas para a fiscalização.[19]	Art. 68, § 2º. **Em se tratando de afastamento provisório ou definitivo de dirigente de *entidade governamental*,** a autoridade judiciária oficiará a autoridade administrativa imediatamente superior ao afastado, fixando-lhe prazo de **24 horas para proceder à substituição**.
	Art. 68, § 3º. **Antes de aplicar qualquer das medidas, a autoridade judiciária poderá fixar prazo para a remoção das irregularidades verificadas**. Satisfeitas as exigências, o processo será extinto, sem julgamento do mérito.

5. ACESSO À JUSTIÇA

5.1. Disposições gerais

Os direitos dos idosos devem ser assegurados judicialmente via tutela coletiva ou por demanda individual: nesse contexto, o Título V do Estatuto do Idoso trata exatamente do acesso à Justiça.

É facultado ao Poder Público criar varas especializadas e exclusivas do idoso, consoante art. 70 de Estatuto do Idoso.

Tendo em vista a idade avançada, a tutela do idoso deve ser rápida, assim, o art. 71 do Estatuto do Idoso assegura, **à pessoa com idade igual ou superior a *60 anos*,** que figure como **parte ou interveniente, a prioridade na tramitação dos processos e procedimentos e na execução dos atos e diligências judiciais, em qualquer instância**.[32]

A prioridade não cessará com a morte do beneficiado, estendendo-se em favor do cônjuge supérstite, companheiro ou companheira em união estável, nos termos do artigo 1.048,

---

32. O novo CPC também estabelece a *prioridade de tramitação* e trouxe mais detalhes com relação a sua operacionalização:
 Art. 1.048. Terão prioridade de tramitação, em qualquer juízo ou tribunal, os procedimentos judiciais:
 I – em que figure como parte ou interessado pessoa com idade igual ou superior a 60 (sessenta) anos ou portadora de doença grave, assim compreendida qualquer das enumeradas no art. 6º, inciso XIV, da Lei 7.713, de 22 de dezembro de 1988;
 II – regulados pela Lei 8.069, de 13 de julho de 1990 (Estatuto da Criança e do Adolescente).
 III – em que figure como parte a vítima de violência doméstica e familiar, nos termos da Lei 11.340, de 7 de agosto de 2006 (Lei Maria da Penha) (Incluído pela Lei 13.894, de 2019).
 § 1º A pessoa interessada na obtenção do benefício, juntando prova de sua condição, deverá requerê-lo à autoridade judiciária competente para decidir o feito, que determinará ao cartório do juízo as providências a serem cumpridas.
 § 2º Deferida a prioridade, os autos receberão identificação própria que evidencie o regime de tramitação prioritária.
 § 3º Concedida a prioridade, essa não cessará com a morte do beneficiado, estendendo-se em favor do cônjuge supérstite ou do companheiro em união estável.
 § 4º A tramitação prioritária independe de deferimento pelo órgão jurisdicional e deverá ser imediatamente concedida diante da prova da condição de beneficiário.

§ 3º, do novo CPC. Frisa-se que a redação do artigo 71, § 2º, do EIDO[33] faz a ressalva de que o cônjuge deve ter idade maior de 60 anos. Contudo, considerando que o novo CPC é norma posterior, este prevalece, não fazendo restrição com relação à idade.

O Supremo Tribunal Federal já decidiu que basta simples requerimento nos autos, comprovando a idade para a prioridade na tramitação em todas as instâncias recursais, sendo desnecessária impetração de mandado de segurança:[34]

> *Agravo regimental. Mandado de segurança. Idoso. Prioridade de tramitação. Processo judicial. Lei 10.741/2003. Não cabimento do mandado segurança. Prejudicialidade. Pedido de celeridade em recurso extraordinário já julgado.* 1. A prioridade de tramitação nos casos em que figurem como parte os maiores de sessenta anos abrange todas as instâncias recursais [art. 71 da Lei 10.741/2003]. **2. Não há razão para falar-se na impetração de mandado de segurança visando à concessão do benefício, bastando o requerimento com prova de sua idade, nos próprios autos em que se pretende a prioridade de tramitação [art. 71, § 1º, da Lei 10.741/2003].** 3. Hipótese em que o recurso extraordinário em que requerida a prioridade já foi julgado. Agravo a que se nega provimento.
>
> (STF, MS 26946 AgR, Rel. Min. Eros Grau, Tribunal Pleno, julgado em 08.10.2008, *DJe* 13.11.2008) (grifo nosso).

Essa prioridade se estende aos processos e procedimentos na Administração Pública, empresas prestadoras de serviços públicos e instituições financeiras, ao atendimento preferencial junto à Defensoria Pública da União, dos Estados e do Distrito Federal em relação aos Serviços de Assistência Judiciária.

Vale o registro de que o art. 71, § 5º, do Estatuto do Idoso, introduzido pela Lei 13.466/2017, estabelece a denominada *prioridade especial, ou seja,* dentre os processos de idosos, deverá ser dada prioridade especial àqueles que contam com mais de 80 anos.

Ainda no tocante à prioridade ao idoso, ressalta-se que, em julgamento das Ações Diretas de Inconstitucionalidade 4357 e 4425, o Supremo Tribunal Federal considerou inconstitucional a expressão *"na data de expedição do precatório"* do art. 100, § 2º, da CF (redação dada pela Emenda Constitucional 62/2009). Assim, é inconstitucional a referida Emenda fixar como critério para enquadramento do credor de precatórios como idoso, somente o fato de a pessoa possuir 60 anos de idade ou mais na época em que o precatório foi formalizado ou expedido.

Para a Corte, a redação transgride os princípios da isonomia, da dignidade da pessoa humana e da proteção aos idosos, uma vez que a preferência deve ser estendida a todos credores que completassem 60 anos de idade na pendência de pagamento de precatório e não na época da sua expedição.

5.2. Ministério Público

As funções do Ministério Público serão exercidas nos termos da respectiva Lei Orgânica (Lei 8.625/1993 – Lei Orgânica Nacional do Ministério Público).

A **competência do Ministério Público**, no que se refere aos interesses dos idosos, está prevista no art. 74 do Estatuto do Idoso:

a) instaurar o **inquérito civil e a ação civil pública** para a proteção dos direitos e interesses difusos ou coletivos, individuais indisponíveis e individuais homogêneos do idoso;

b) promover e acompanhar as ações de alimentos, de interdição total ou parcial, de designação de curador especial, em circunstâncias que justifiquem a medida e oficiar em todos os feitos em que se discutam os direitos de idosos em condições de risco;

c) atuar como substituto processual do idoso em situação de risco, conforme o disposto no art. 43 do Estatuto do Idoso;

d) promover a revogação de instrumento procuratório do idoso, nas hipóteses previstas no art. 43 desta Lei, quando necessário ou o interesse público justificar;

e) instaurar procedimento administrativo e, para instruí-lo: expedir notificações; colher depoimentos; requisitar conduções coercitivas; requisitar informações, exames periciais, documentos; promover inspeções e diligências investigatórias; requisitar informações e documentos particulares de instituições privadas;

f) instaurar sindicâncias, requisitar diligências investigatórias e a instauração de inquérito policial, para a apuração de ilícitos ou infrações às normas de proteção ao idoso;

g) zelar pelo efetivo respeito aos direitos e garantias legais assegurados ao idoso, promovendo as medidas judiciais e extrajudiciais cabíveis;

h) inspecionar as entidades públicas e particulares de atendimento e os programas de que trata o Estatuto do Idoso, adotando de pronto as medidas administrativas ou judiciais necessárias à remoção de irregularidades porventura verificadas;

i) requisitar força policial, bem como a colaboração dos serviços de saúde, educacionais e de assistência social, públicos, para o desempenho de suas atribuições;

j) referendar transações envolvendo interesses e direitos dos idosos previstos nesta lei.

A legitimação do Ministério Público para as ações cíveis previstas no art. 74 não impede a de terceiros, nas mesmas hipóteses, de acordo com o disposto na lei.

Cumpre destacar que as atribuições constantes no referido dispositivo não excluem outras, desde que compatíveis com a finalidade e atribuições do Ministério Público.

O representante do Ministério Público, no exercício de suas funções, terá livre acesso a toda entidade de atendimento ao idoso.

O art. 75 do Estatuto do Idoso trata da função *custos legis* do Ministério Público, segundo o qual, **nos processos e procedimentos em que não for parte, é obrigatória sua participação** na defesa dos direitos e interesses das pessoas idosas, hipóteses em que terá vista dos autos depois das partes, podendo juntar documentos, requerer diligências e produção de outras provas, usando os recursos cabíveis.

O Superior Tribunal de Justiça tem se posicionado no sentido de que não é qualquer caso envolvendo interesse de idoso que é obrigatória a intervenção do Ministério Público, mas tão somente nas situações em que ficar comprovada a **situação de risco** para o idoso.[35]

---

33. § 2º A prioridade não cessará com a morte do beneficiado, estendendo-se em favor do cônjuge supérstite, companheiro ou companheira, com união estável, maior de 60 (sessenta) anos.

34. O artigo 63 reproduziu as regras do artigo 62, diferenciando-se quanto ao grau de implicação das condutas que devem ser sancionadas, ou seja, no artigo 63 deverão ser mais brandas, tendo em vista que não houve risco à vida ou à saúde do idoso.

35. Ler REsp 1235375/PR; AgRg no REsp 1.182.212/PR.

A **falta de intervenção** do Ministério Público acarreta a **nulidade** do feito, que será declarada de ofício pelo juiz ou a requerimento de qualquer interessado, nos termos do art. 77 do Estatuto do Idoso.

A **intimação** do Ministério Público, em qualquer caso, será feita **pessoalmente**.

5.3. Proteção judicial dos interesses difusos, coletivos e individuais indisponíveis ou homogêneos

O art. 78 do Estatuto do Idoso reforça o disposto na Lei Orgânica Nacional do Ministério Público (art. 43, III, Lei 8.625/1993), segundo o qual as manifestações processuais do representante do Ministério Público deverão ser fundamentadas.

Segundo o art. 79, o Estatuto do Idoso rege as ações de responsabilidade por ofensa aos direitos assegurados ao idoso, referentes à omissão ou ao oferecimento insatisfatório de:

a) acesso às ações e serviços de saúde;

b) atendimento especializado ao idoso portador de deficiência ou com limitação incapacitante;

c) atendimento especializado ao idoso portador de doença infectocontagiosa;

d) serviço de assistência social visando ao amparo do idoso.

As hipóteses previstas no mencionado dispositivo não excluem da proteção judicial outros interesses difusos, coletivos, individuais indisponíveis ou homogêneos, próprios do idoso, protegidos em lei.

5.3.1. Foro competente

As ações que buscam tutelar interesses difusos, coletivos, individuais indisponíveis ou homogêneos serão propostas no **foro do domicílio do idoso**, cujo juízo terá **competência absoluta** para processar a causa, **ressalvadas as competências da Justiça Federal e a competência originária dos Tribunais Superiores** (art. 80 do Estatuto do Idoso).

5.3.2. Legitimidade

São **legitimados concorrentes** para as ações em comento (art. 81 do Estatuto do Idoso):

a) Ministério Público;

b) União, Estados, Distrito Federal e Municípios;

c) Ordem dos Advogados do Brasil;

d) associações legalmente constituídas há pelo menos um ano e que incluam entre os fins institucionais a defesa dos interesses e direitos da pessoa idosa, dispensada a autorização da assembleia, se houver prévia autorização estatutária.

Em que pese a Defensoria Pública não estar no rol acima, a partir da Lei 11.448/07, em seu artigo 5º, II, passou a ter legitimidade para o ajuizamento de ações de natureza coletiva.

É pacífica no Superior Tribunal de Justiça a legitimidade do Ministério Público para atuar na defesa de uma pessoa idosa se houver interesse individual indisponível:

> *Processual civil e administrativo. Ação civil pública. Atuação do Ministério Público. Direito individual indisponível de pessoa idosa. Fornecimento de medicamento. Legitimidade ativa do Ministério Público.*
>
> 1. **A Jurisprudência mais recente das Turmas de Direito Público do STJ tem entendido que o Ministério Público tem legitimidade ativa *ad causam* para propor ação civil pública com o objetivo de proteger interesse individual de idoso, ante o disposto nos arts. 74, 15 e 79 do Estatuto do Idoso (Lei 10.741/2003). Precedentes.**
>
> 2. Embargos de divergência não providos.
>
> (STJ, EREsp 695665/RS, Rel. Min. Eliana Calmon, 1ª Seção, julgado em 23.04.2008, *DJe* 12.05.2008) (grifo nosso).

Admite-se litisconsórcio facultativo entre os Ministérios Públicos da União e dos Estados na defesa dos interesses e direitos dos idosos.[36]

O Ministério Público ou outro legitimado deverá assumir o polo ativo da demanda na hipótese de desistência ou abandono da ação por associação legitimada.

5.3.3. Amplitude da atuação judicial

Para defesa dos interesses e direitos protegidos no Estatuto do Idoso, são admissíveis todas as espécies de ação pertinentes.

Caberá mandado de segurança contra atos ilegais ou abusivos de autoridade pública ou agente de pessoa jurídica no exercício de atribuições de Poder Público que violem direito líquido e certo previsto no Estatuto do Idoso, conforme estabelece o parágrafo único do art. 82 do referido diploma legal.

Na ação que tenha por objeto o cumprimento de obrigação de fazer ou não fazer, o juiz concederá a tutela específica da obrigação ou determinará providências que assegurem o resultado prático equivalente ao adimplemento.

Sendo relevante o fundamento da demanda e havendo justificado receio de ineficácia do provimento final, é lícito ao juiz conceder a tutela provisória ou após justificação prévia, na forma dos arts. 294 e ss. do NCPC.

O juiz poderá, na hipótese da tutela concedida liminarmente ou na sentença, impor multa diária ao réu, independentemente de pedido do autor, se for suficiente ou compatível com a obrigação, fixando prazo razoável para o cumprimento do preceito.

A multa só será exigível do réu após o trânsito em julgado da sentença favorável ao autor, mas será devida desde o dia em que se houver configurado.

Os valores das multas previstas no Estatuto do Idoso serão revertidas ao Fundo do Idoso,[37] onde houver, ou, na falta deste, ao Fundo Municipal de Assistência Social, **ficando vinculados ao atendimento ao idoso.**

As multas não recolhidas até 30 dias após o trânsito em julgado da decisão serão exigidas por meio de execução promovida pelo Ministério Público, nos mesmos autos, facultada igual iniciativa aos demais legitimados em caso de inércia daquele.

O Estatuto do Idoso, no art. 85, **possibilita ao juiz conferir efeito suspensivo aos recursos**, para evitar dano irreparável à parte. Vale lembrar que a regra geral é efeito devolutivo, de modo que o interessado deverá demonstrar a possibilidade de ocorrência de dano irreparável com a execução provisória, para que seja atribuído efeito suspensivo.

---

36. Nesse sentido, STJ, REsp 382.659/RS, Rel. Min. Humberto Gomes de Barros, 1ª Turma, julgado em 02.12.2003, *DJ* 19.12.2003.

37. A Lei 12.213/2010 instituiu o Fundo Nacional do Idoso.

Após o trânsito em julgado da sentença que impuser condenação ao Poder Público, o juiz determinará a remessa de peças à autoridade competente, para apuração da responsabilidade civil e administrativa do agente a que se atribua a ação ou omissão.

Transcorridos 60 dias do trânsito em julgado da sentença condenatória favorável ao idoso **sem que este promova a execução, deverá fazê-lo o Ministério Público**, facultada igual iniciativa aos demais legitimados, como assistentes ou assumindo o polo ativo, em caso de inércia desse órgão.

Nas demandas de que trata este capítulo, não haverá adiantamento de custas, emolumentos, honorários periciais e quaisquer outras despesas.

Nos termos do art. 88, parágrafo único, do Estatuto do Idoso, ao Ministério Público inexiste condenação em sucumbência, salvo quando houver **comprovada má-fé**, vejamos:

> *Processual civil. Ação civil pública. Termo de ajustamento de conduta. Embargos à execução. Ônus de sucumbência. Condenação do Ministério Público. Impossibilidade, salvo se comprovada má-fé.* Art. 18 da Lei 7.347/1985.
>
> **1. É incabível a condenação do Ministério Público ao pagamento de honorários advocatícios em sede de ação civil pública, execução e embargos a ela correspondentes, salvante na hipótese de comprovada e inequívoca má-fé do *Parquet*. Precedentes do STJ: REsp 419.110/SP, DJ 27.11.2007, REsp 736.118/SP, DJ 11.05.2006 e REsp 664.442/MG, julgado em 21.03.2006.**
>
> 2. A atuação do Ministério Público, *pro populo*, nas ações difusas, justificam, ao ângulo da lógica jurídica, sua dispensa em suportar os ônus sucumbenciais, acaso inacolhida a ação civil pública.
>
> 3. O ônus da sucumbência na ação civil pública subordina-se a um duplo regime, a saber: (a) Vencida a parte autora, aplica-se a *lex specialis* (Lei 7.347/1985), especificamente os arts. 17 e 18, cuja *ratio essendi* é evitar a inibição dos legitimados ativos na defesa dos interesses transindividuais e (b) Vencida a parte ré, aplica-se *in totum* o art. 20 do CPC [85 do NCPC], na medida em que, à míngua de regra especial, emprega-se a *lex generalis*, *in casu*, o Código de Processo Civil.
>
> 4. Recurso especial provido para afastar a condenação ao pagamento de honorários advocatícios imposta ao Ministério Público do Estado do Rio Grande do Sul, ora Recorrente.
>
> (STJ, REsp 896.679/RS, Rel. Min. Luiz Fux, 1ª Turma, julgado em 01.04.2008, *DJe* 12.05.2008) (grifo nosso).

O art. 89 do Estatuto **faculta a qualquer pessoa** e estabelece como **dever do servidor** provocar a iniciativa do Ministério Público, prestando-lhe informações sobre os fatos que constituam objeto de ação civil e indicando-lhe os elementos de convicção.

Os agentes públicos em geral, os juízes e tribunais, no exercício de suas funções, quando tiverem conhecimento de fatos que possam configurar crime de ação pública contra idoso ou ensejar a propositura de ação para sua defesa, devem encaminhar as peças pertinentes ao Ministério Público, para as providências cabíveis.

O interessado, para instruir a petição inicial, poderá requerer às autoridades competentes as certidões e informações que julgar necessárias, que serão fornecidas no prazo de 10 dias.

O Ministério Público também poderá instaurar inquérito civil, ou requisitar, de qualquer pessoa, organismo público ou particular, certidões, informações, exames ou perícias, no prazo que assinalar, o qual não poderá ser inferior a 10 dias.

Esgotadas todas as diligências, caso Ministério Público se convença da inexistência de fundamento para a propositura da ação civil ou de peças informativas, determinará o seu arquivamento, fazendo-o fundamentadamente.

Os autos do inquérito civil ou as peças de informação arquivados serão remetidos, sob pena de se incorrer em falta grave, no prazo de três dias, ao Conselho Superior do Ministério Público ou à Câmara de Coordenação e Revisão do Ministério Público.

Até que seja homologado ou rejeitado o arquivamento, pelo Conselho Superior do Ministério Público ou por Câmara de Coordenação e Revisão do Ministério Público, as associações legitimadas poderão apresentar razões escritas ou documentos, que serão juntados ou anexados às peças de informação.

Deixando o Conselho Superior ou a Câmara de Coordenação e Revisão do Ministério Público de homologar a promoção de arquivamento, será designado outro membro do Ministério Público para o ajuizamento da ação.

6. CRIMES

6.1. Disposições gerais

O legislador estatutário, diante da importância dos direitos da população idosa, criou novos tipos penais, alterou diversos dispositivos do Código Penal e de outras leis especiais com o fito de tutelar os direitos e garantias dos idosos.

A tutela penal da pessoa idosa é disciplinada nos arts. 93 a 109 do Estatuto do Idoso.

O art. 93 preconiza que se aplicam subsidiariamente, no que couber, as disposições da Lei 7.347/1985, que regula a ação civil pública.

Por sua vez, o art. 94 estabelece a aplicação do procedimento previsto na Lei 9.099/1995 (Juizado Especiais Cíveis e Criminais) aos crimes previstos no Estatuto, cuja pena máxima privativa de liberdade não ultrapasse 4 anos, e, subsidiariamente, no que couber, as disposições do Código Penal e do Código de Processo Penal. Importante que se diga que o STF, no julgamento da ADI 3096, dando ao art. 94 do Estatuto do Idoso interpretação conforme a Constituição Federal, decidiu que a esta lei especial é aplicável tão somente o procedimento sumaríssimo previsto na Lei 9.099/1995, e não outros benefícios ali contemplados (composição dos danos civis, a transação penal e a suspensão condicional do processo).

Os crimes definidos no Estatuto do Idoso são de **ação penal pública incondicionada**, não se lhes aplicando os arts. 181 e 182 do CP.

6.2. Crimes em espécie – Quadro sinóptico

TIPO	PENA
Discriminação contra Idoso **Art. 96.** Discriminar pessoa idosa, impedindo ou dificultando seu acesso a operações bancárias, aos meios de transporte, ao direito de contratar ou por qualquer outro meio ou instrumento necessário ao exercício da cidadania, por motivo de idade.	Reclusão de 6 meses a 1 ano e multa.
§ 1º Na mesma pena incorre quem desdenhar, humilhar, menosprezar ou discriminar pessoa idosa, por qualquer motivo.	**§ 1º** Reclusão de 6 meses a 1 ano e multa.
§ 2º A pena será **aumentada de 1/3 se a vítima se encontrar sob os cuidados ou responsabilidade do agente**.	**§ 2º** Aumento de 1/3
Omissão no Socorro ao Idoso **Art. 97.** Deixar de prestar assistência ao idoso, quando possível fazê-lo sem risco pessoal, em situação de iminente perigo, ou recusar, retardar ou dificultar sua assistência à saúde, sem justa causa, ou não pedir, nesses casos, o socorro de autoridade pública.	Detenção de 6 meses a 1 ano e multa.
Parágrafo único. A pena é aumentada de metade, se da omissão resulta lesão corporal de natureza grave, e triplicada, se resulta a morte.	**Parágrafo único.** Aumento de metade
Abandono local ou material **Art. 98.** Abandonar o idoso em hospitais, casas de saúde, entidades de longa permanência, ou congêneres, ou não prover suas necessidades básicas, quando obrigado por lei ou mandado.	Detenção de 6 meses a 3 anos e multa.
Exposição de Idoso a Perigo **Art. 99.** Expor a perigo a integridade e a saúde, física ou psíquica, do idoso, submetendo-o a condições desumanas ou degradantes ou privando-o de alimentos e cuidados indispensáveis, quando obrigado a fazê-lo, ou sujeitando-o a trabalho excessivo ou inadequado.	Detenção de 2 meses a 1 ano e multa.
§ 1º Se do fato resulta lesão corporal de natureza grave	§ 1º Reclusão de 1 a 4 anos.
§ 2º Se resulta a morte	§ 2º reclusão de 4 a 12 anos.
Negativa de Direitos **Art. 100.** Constitui crime punível com reclusão de 6 meses a 1 ano e multa: I – obstar o acesso de alguém a qualquer cargo público por motivo de idade; II – negar a alguém, por motivo de idade, emprego ou trabalho; III – recusar, retardar ou dificultar atendimento ou deixar de prestar assistência à saúde, sem justa causa, a pessoa idosa; IV – deixar de cumprir, retardar ou frustrar, sem justo motivo, a execução de ordem judicial expedida na ação civil a que alude esta Lei; V – recusar, retardar ou omitir dados técnicos indispensáveis à propositura da ação civil objeto desta Lei, quando requisitados pelo Ministério Público.	Reclusão de 6 meses a 1 ano e multa.
Descumprimento de Ordem Judicial **Art. 101.** Deixar de cumprir, retardar ou frustrar, sem justo motivo, a execução de ordem judicial expedida nas ações em que for parte ou interveniente o idoso.	Detenção de 6 meses a 1 ano e multa.
Apropriação ou Desvio de Rendimentos do Idoso **Art. 102.** Apropriar-se de ou desviar bens, proventos, pensão ou qualquer outro rendimento do idoso, dando-lhes aplicação diversa da de sua finalidade.	Reclusão de 1 a 4 anos e multa.
Negativa de Acolhimento **Art. 103.** Negar o acolhimento ou a permanência do idoso, como abrigado, por recusa deste em outorgar procuração à entidade de atendimento.	Detenção de 6 meses a 1 ano e multa.

TIPO	PENA
Retenção de Documento como Garantia de Pagamento de Dívida **Art. 104.** Reter o cartão magnético de conta bancária relativa a benefícios, proventos ou pensão do idoso, bem como qualquer outro documento com objetivo de assegurar recebimento ou ressarcimento de dívida.	Detenção de 6 meses a 2 anos e multa.
Publicidade Negativa ao Idoso **Art. 105.** Exibir ou veicular, por qualquer meio de comunicação, informações ou imagens depreciativas ou injuriosas à pessoa do idoso.	Detenção de 1 a 3 anos e multa.
Indução para Outorga de Mandato **Art. 106.** Induzir pessoa idosa sem discernimento de seus atos a outorgar procuração para fins de administração de bens ou deles dispor livremente.	Reclusão de 2 a 4 anos.
Coação para Outorga de Mandato **Art. 107.** Coagir, de qualquer modo, o idoso a doar, contratar, testar ou outorgar procuração.	Reclusão de 2 a 5 anos.
Supressão Notarial de Vontade do Idoso sem Representação **Art. 108.** Lavrar ato notarial que envolva pessoa idosa sem discernimento de seus atos, sem a devida representação legal.	Reclusão de 2 a 4 anos.
Obstrução à Atuação Fiscalizatória **Art. 109.** Impedir ou embaraçar ato do representante do Ministério Público ou de qualquer outro agente fiscalizador.	Reclusão de 6 meses a 1 ano e multa.

7. DISPOSIÇÕES FINAIS E TRANSITÓRIAS

Os arts. 109 a 118 do Estatuto do Idoso tratam das disposições finais e transitórias.

Como já mencionado, o Estatuto trouxe várias alterações no Código Penal e em várias leis especiais, que já estão incorporadas nos respectivos textos.

O art. 115 do Estatuto do Idoso determina que "o Orçamento da Seguridade Social destinará ao Fundo Nacional de Assistência Social, até que o Fundo Nacional do Idoso[38] seja criado, os recursos necessários, em cada exercício financeiro, para aplicação em programas e ações relativos ao idoso".

Deverão ser incluídos nos censos demográficos dados relativos à população idosa do País.

O Poder Executivo encaminhará ao Congresso Nacional projeto de lei revendo os critérios de concessão do Benefício de Prestação Continuada previsto na Lei Orgânica da Assistência Social, de forma que garanta que o acesso ao direito seja condizente com o estágio de desenvolvimento socioeconômico alcançado pelo País.

---

38. A Lei 12.213/2010 instituiu o Fundo Nacional do Idoso.

15. Direito Sanitário (Vigilância Sanitária)[1]

Rodrigo Santamaria Saber e Eduardo Dompieri

1. SAÚDE

A saúde, pode-se assim dizer, é um bem jurídico tanto individual como coletivo, podendo ser conceituada como o estado de completo bem-estar físico, mental e social.

A Constituição da Organização Mundial da Saúde, vale destacar, traz a saúde como um bem jurídico de desenvolvimento.

A saúde depende tanto de características individuais, físicas e psicológicas como também do ambiente social e econômico no qual se vive, ou seja, a saúde depende de aspectos individuais, sociais e de desenvolvimento. Perceba, portanto, que não há como conceber a ideia de saúde sem que haja uma dimensão coletiva, que englobe toda a sociedade e o próprio Estado, que, por meio de ações variadas, intervém tanto em atividades prestacionais, como também no controle sanitário e de zoonoses.

2. SISTEMA NACIONAL DE VIGILÂNCIA SANITÁRIA

O próprio Sistema Nacional de Vigilância Sanitária é uma consequência desta obrigação de que o Estado deve executar ações e prestar serviços destinados a eliminar, diminuir ou prevenir riscos à saúde.

Sendo assim, note o conceito atribuído à vigilância sanitária pela Lei 8.080/1990, em seu artigo 6º, § 1º: "conjunto de ações capaz de eliminar, diminuir ou prevenir riscos à saúde e de intervir nos problemas sanitários decorrentes do meio ambiente, da produção e circulação de bens e da prestação de serviços de interesse da saúde, abrangendo o controle de bens de consumo e da prestação de serviços, que se relacionem direta ou indiretamente com a saúde".

3. CONDICIONANTES INDIVIDUAIS E COLETIVAS

Concretize, portanto, que ninguém poderá ser individualmente responsável por sua saúde, uma vez que a mesma (e, por assim dizer, o surgimento de eventuais doenças) pode ser atrelada às características e fatores individuais, mas também a situações exteriores, que fogem do âmbito individual, como a organização social na qual o indivíduo está presente.

Em decorrência de todo o exposto (aspecto individual e coletivo de forma simultânea), a saúde é reconhecida como direito na Declaração Universal de Direitos Humanos (embora alguns entendam que tal reconhecimento tenha se dado de forma indireta). Da mesma forma, o Pacto Internacional de Direitos Econômicos, Sociais e Culturais dispõe que, dentre as medidas que os Estados deverão adotar para assegurar a plena efetividade da saúde, está a redução da natimortalidade e da mortalidade infantil, a melhoria na higiene do trabalho e do meio ambiente e a prevenção e o tratamento das enfermidades epidêmicas, endêmicas, profissionais e de outra natureza, medidas estas relacionadas à área sanitária.

Não há dúvida, assim, de que o conceito de saúde que adotamos abarca, em todas as suas faces, aspectos ligados à organização regional, nacional e internacional, seja ela mais diretamente ligada à economia, tecnologia, ou à movimentação das pessoas, ou, ainda, à ordem política e institucional.

O Direito Sanitário, disciplina esta tida como autônoma, busca, então, o regramento de atividades públicas e privadas relacionadas à saúde, apresentando inúmeras interfaces, sejam elas relacionadas ao direito do trabalho, ambiental, consumidor etc.

4. SISTEMA NACIONAL DE VIGILÂNCIA SANITÁRIA – LEI 9.782/1999

4.1. Sistema Nacional de Vigilância Sanitária

O Sistema Nacional de Vigilância Sanitária compreende o conjunto de ações definido pelo § 1º do artigo 6º e pelos artigos 15 a 18 da Lei 8.080, de 19 de setembro de 1990.

4.2. Artigo 6º, § 1º, da Lei 8.080/1990

Entende-se por vigilância sanitária um conjunto de ações capaz de eliminar, diminuir ou prevenir riscos à saúde e de intervir nos problemas sanitários decorrentes do meio ambiente, da produção e circulação de bens e da prestação de serviços de interesse da saúde, abrangendo o controle de bens de consumo que, direta ou indiretamente, se relacionem com a saúde, compreendidas todas as etapas e processos, da produção ao consumo e o controle da prestação de serviços que se relacionam direta ou indiretamente com a saúde.

4.3. Execução

O Sistema Nacional de Vigilância Sanitária deve ser executado por instituições da Administração Pública direta e indireta da União, dos Estados, do Distrito Federal e dos Municípios, que exerçam atividades de regulação, normatização, controle e fiscalização na área de vigilância sanitária.

4.4. Competência Federal

Compete à União, dentre outras atribuições, no âmbito do Sistema Nacional de Vigilância Sanitária: definir a Política Nacional de Vigilância Sanitária assim como o Sistema Nacional de Vigilância Sanitária; normatizar, controlar e fiscalizar produtos, substâncias e serviços de interesse para a saúde;

---

1. Esta doutrina fora feita utilizando-se de esparso material, em destaque as obras de Felipe Dutra Asensi e Roseni Pinheiro, *Direito Sanitário*, Editora Elsevier, 2011; e de Vidal Serrano Nunes Junior e Sueli Gandolfi Dallari, *Direito Sanitário*, 1ª Edição, Editora Verbatim, 2010.

exercer a vigilância sanitária de portos, aeroportos e fronteiras, podendo essa atribuição ser supletivamente exercida pelos Estados, pelo Distrito Federal e pelos Municípios; acompanhar e coordenar as ações estaduais, distrital e municipais de vigilância sanitária; prestar cooperação técnica e financeira aos Estados, ao Distrito Federal e aos Municípios; e manter Sistema de Informações em Vigilância Sanitária, em cooperação com os Estados, o Distrito Federal e os Municípios.

Esta competência federal será exercida pelo Ministério da Saúde, pela Agência Nacional de Vigilância Sanitária (Anvisa) e pelos demais órgãos e entidades, cujas áreas de atuação se relacionem com o sistema.

4.5. Informações

Os Estados, o Distrito Federal e os Municípios fornecerão, mediante convênio, as informações solicitadas pela coordenação do Sistema Nacional de Vigilância Sanitária.

5. AGÊNCIA NACIONAL DE VIGILÂNCIA SANITÁRIA

A Agência Nacional de Vigilância Sanitária (Anvisa) é uma autarquia sob regime especial, vinculada ao Ministério da Saúde (artigo 3º da Lei 9.782/1999). Sendo assim, ela possui independência administrativa, autonomia financeira e seus dirigentes gozam da chamada estabilidade.

5.1. Finalidade

A Anvisa tem como finalidade promover a proteção da saúde da população, por intermédio do controle sanitário da produção e da comercialização de produtos e serviços submetidos à vigilância sanitária, bem como o controle de portos, aeroportos e de fronteiras (art. 6º).

5.2. Competência

Compete à Agência Nacional de Vigilância Sanitária, por exemplo, coordenar o Sistema Nacional de Vigilância Sanitária; estabelecer normas, propor, acompanhar e executar as políticas, as diretrizes e as ações de vigilância sanitária; estabelecer normas e padrões sobre limites de contaminantes, resíduos tóxicos, desinfetantes, metais pesados e outros que envolvam risco à saúde; intervir, temporariamente, na administração de entidades produtoras, prestadores de serviços ou produtores exclusivos ou estratégicos para o abastecimento do mercado nacional; administrar e arrecadar a taxa de fiscalização de vigilância sanitária.

Também compete a ela autorizar o funcionamento de empresas de fabricação, distribuição e importação dos produtos mencionados no artigo 8º da lei, assim como acerca da comercialização de medicamentos; anuir com a importação e exportação dos produtos mencionados no mesmo artigo 8º; conceder registros de produtos; interditar, como medida de vigilância sanitária, determinados locais de fabricação, controle, importação, armazenamento, distribuição e venda de produtos e de prestação de serviços relativos à saúde, ou mesmo proibi-los; coordenar e executar o controle da qualidade de bens e produtos relacionados no artigo 8º da Lei; e autuar e aplicar as penalidades previstas em lei.

Cabe também à Agência Nacional de Vigilância Sanitária monitorar a evolução dos preços de medicamentos, equipamentos, componentes, insumos e serviços de saúde, podendo para tanto requisitar, quando julgar necessário, informações, proceder ao exame de estoques, papéis e escritas e, ainda, convocar os responsáveis para, no prazo máximo de dez dias úteis, justificar a respectiva conduta ou aplicar as penalidades.

Por fim, competirá a ela controlar, fiscalizar e acompanhar, sob o prisma da legislação sanitária, a propaganda e publicidade de produtos submetidos ao regime de vigilância sanitária e a tarefa de definir, em ato próprio, os locais de entrada e saída de entorpecentes, psicotrópicos e precursores no País, ouvidos o Departamento de Polícia Federal e a Secretaria da Receita Federal (artigo 7º).

5.3. Delegação

Algumas destas competências poderão ser delegadas aos Estados, ao Distrito Federal e aos Municípios.

5.4. Ministério da Saúde

As atividades de vigilância epidemiológica e de controle de vetores relativas a portos, aeroportos e fronteiras serão executadas pela Agência, sob orientação técnica e normativa do Ministério da Saúde.

5.5. Observância

A Agência deverá pautar sua atuação sempre em observância das diretrizes estabelecidas pela Lei 8.080/1990 (lei que trata da saúde do País).

5.6. Artigo 8º

Incumbe à Anvisa regulamentar, controlar e fiscalizar os produtos e serviços que envolvam risco à saúde pública. Conforme o § 1º deste artigo 8º da lei em comento (Lei 9.782/1999), consideram-se bens e produtos submetidos ao controle e fiscalização sanitária pela Agência, dentre outros, os medicamentos, os alimentos (inclusive bebidas), os cosméticos e saneantes, sangue e hemoderivados, órgãos e tecidos humanos, radioisótopos e cigarros.

Consideram-se serviços submetidos ao controle e fiscalização sanitária pela Agência aqueles voltados para a atenção ambulatorial, seja de rotina ou de emergência, os realizados em regime de internação, os serviços de apoio diagnóstico e terapêutico, bem como aqueles que impliquem a incorporação de novas tecnologias.

Consideram-se serviços e instalações submetidos ao controle e fiscalização sanitária aqueles relacionados com as atividades de portos, aeroportos e fronteiras e nas estações aduaneiras e terminais alfandegados, serviços de transportes aquáticos, terrestres e aéreos.

5.7. Dispensa

A Agência poderá dispensar de registro os imunobiológicos, inseticidas, medicamentos e outros insumos estratégicos quando adquiridos por intermédio de organismos multilaterais internacionais, para uso em programas de saúde pública pelo Ministério da Saúde e suas entidades vinculadas.

5.8. Integrantes

A Anvisa é dirigida por uma Diretoria Colegiada, devendo contar, também, com um Procurador, um Corregedor e um Ouvidor, além de unidades especializadas incumbidas de diferentes funções e de um Conselho Consultivo, que deverá ter, no mínimo, representantes da União, dos Estados, do Distrito Federal, dos Municípios, dos produtores, dos comerciantes, da comunidade científica e dos usuários (artigo 9º).

5.9. Diretoria Colegiada

A gerência e a administração da Anvisa serão exercidas por Diretoria Colegiada constituída por cinco membros, um dos quais seu diretor-presidente, vedada a recondução (art. 10, *caput*, da Lei 9.782/1999, cuja redação foi modificada pela Lei 13.848/2019).

Segundo estabelece o art. 10, parágrafo único, da Lei 9.782/1999 (com redação dada pela Lei 13.848/2019), os membros da Diretoria Colegiada serão brasileiros, indicados e nomeados pelo presidente da República, após aprovação pelo Senado Federal, para cumprimento de mandato de 5 anos.

5.10. Diretor-Presidente

O Diretor-Presidente da Agência será nomeado pelo Presidente da República e investido na função por 5 anos, vedada a recondução (art. 11 da Lei 9.782/1999, com redação conferida pela Lei 13.848/2019).

5.11. Quarentena

Até um ano após deixar o cargo, é vedado ao ex-dirigente representar qualquer pessoa ou interesse perante a Agência (artigo 14).

5.12. Recurso

Dos atos praticados pela Agência caberá recurso à Diretoria Colegiada, com efeito suspensivo, como última instância administrativa.

5.13. Receitas

Constituem receita da Agência Nacional, dentre outras fontes, o produto resultante da arrecadação da taxa de fiscalização de vigilância sanitária, o produto da arrecadação das receitas das multas resultantes das ações fiscalizadoras e as doações, legados, subvenções e outros recursos que lhe forem destinados (artigo 22).

5.14. Taxa de Fiscalização de Vigilância Sanitária

Sua arrecadação e cobrança poderão ser delegadas aos Estados, ao Distrito Federal e aos Municípios.

5.15. Isenção

O agricultor familiar bem como o microempreendedor individual e o empreendedor da economia solidária estão isentos do pagamento desta taxa.

5.16. Registro pela Anvisa

O registro de medicamentos com denominação exclusivamente genérica terá prioridade sobre o dos demais (art. 41-A).

5.17. Publicidade

Quando ficar comprovada a comercialização de produtos sujeitos à vigilância sanitária, impróprios para o consumo, ficará a empresa responsável obrigada a veicular publicidade contendo alerta à população (art. 41-B).

6. INFRAÇÕES À LEGISLAÇÃO SANITÁRIA – LEI 6.437/1977

6.1. Sanções

Sem prejuízo das sanções de natureza civil ou penal cabíveis, as infrações sanitárias serão punidas, alternativa ou cumulativamente, com as penalidades de advertência, multa, apreensão de produto, suspensão de vendas e/ou fabricação de produto, cancelamento de registro de produto, ou interdição parcial ou total do estabelecimento (artigo 2º).

6.2. Reincidência

Em caso de reincidência, a multa pode ser aplicada em dobro, sendo que, na aplicação desta multa, a autoridade sanitária competente levará em consideração a capacidade econômica do infrator.

6.3. Intervenção em Estabelecimento

A intervenção no estabelecimento não poderá exceder a 180 dias, renováveis por igual período (artigo 5º). Contra esta intervenção caberá pedido de revisão, sem efeito suspensivo, que deverá ser apreciada em 30 dias (se não respeitado tal prazo, cessará a intervenção de pleno direito).

6.4. Aplicação da Pena

Para a imposição da pena e a sua graduação, a autoridade sanitária levará em conta as circunstâncias atenuantes e agravantes, a gravidade do fato, tendo em vista as suas consequências para a saúde pública e os antecedentes do infrator quanto às normas sanitárias (artigo 6º).

6.5. Circunstâncias Atenuantes

São circunstâncias atenuantes: a ação do infrator não ter sido fundamental para a consecução do evento; a errada compreensão da norma sanitária; o infrator procurar reparar ou minorar as consequências; ser o infrator primário, e a falta cometida, de natureza leve (artigo 7º).

6.6. Circunstâncias Agravantes

São circunstâncias agravantes: a reincidência; intenção de obter vantagem pecuniária; o infrator coagir outrem para a execução material da infração; ter a infração consequências calamitosas à saúde pública; se, tendo conhecimento de ato lesivo à saúde pública, o infrator deixar de tomar as providências de sua alçada tendentes a evitá-lo; ter o infrator agido com dolo, ainda que eventual fraude ou má-fé (artigo 8º).

6.7. Reincidência

A reincidência específica torna o infrator passível de enquadramento na penalidade máxima e a caracterização da infração como gravíssima.

6.8. Responsabilidade

Os servidores ficam responsáveis pelas declarações que fizerem nos autos de infração, sendo passíveis de punição, por falta grave, em casos de falsidade ou omissão dolosa (artigo 16).

6.9. Apreensão de Amostras

A apreensão de amostras para efeito de análise, fiscal ou de controle, não será acompanhada da interdição do produto. Agora, não sendo em tais situações, nos casos em que sejam flagrantes os indícios de alteração ou adulteração do produto, a interdição terá caráter preventivo ou de medida cautelar.

6.10. Interdição Obrigatória

A interdição do produto será obrigatória quando resultarem provadas, em análise laboratorial ou no exame de processos, ações fraudulentas que impliquem falsificação ou adulteração.

6.11. Contraprova

A apreensão do produto ou substância constituirá na colheita de amostra representativa do estoque existente, a qual será dividida em três partes, todas invioláveis, para que se assegurem as características de conservação e autenticidade, sendo uma delas entregue ao detentor ou responsável, a fim de servir como contraprova, e as outras duas imediatamente encaminhadas ao laboratório oficial, para realização das análises indispensáveis (artigo 27).

Destaca-se que a perícia de contraprova não será efetuada se houver indícios de violação da amostra em poder do infrator e, nesta hipótese, prevalecerá como definitivo o laudo condenatório.

6.12. Prescrição

As infrações de ordem sanitária prescrevem em 5 anos, sendo que tal prazo não corre enquanto houver processo administrativo pendente de decisão (artigo 38).

16. Direito Previdenciário

Henrique Subi

1. EVOLUÇÃO LEGISLATIVA DO DIREITO PREVIDENCIÁRIO

1.1. Breve histórico

A preocupação com a previdência, no sentido de amparo da pessoa em casos de necessidades básicas ou impossibilidade de dedicar-se a atividades remuneradas, por muito tempo ficou a cargo de instituições privadas ligadas a apenas certos grupos determinados de pessoas.

Tais entidades denominavam-se **montepios** e, em essência, eram muito parecidos com os atuais fundos de pensões de determinadas categorias de trabalhadores, ou seja, *os integrantes destes grupos poderiam contribuir para obter determinados benefícios no futuro, os quais também eram chamados de montepios*. Como exemplo, podemos citar o Montepio para a Guarda Pessoal de D. João VI, criado em 1808, e o Montepio Geral dos Servidores do Estado, criado em 1835, para fornecer previdência privada aos servidores públicos.

Em 1923, foi publicado o Decreto Legislativo 4.682, também conhecido como **Lei Eloy Chaves**, marco da previdência nacional porque, com o novo diploma, ela passa efetivamente a ser uma previdência **social**, isto é, custeada por diversos setores da sociedade. Com efeito, a Lei Eloy Chaves criou caixas de aposentadoria e pensão para os empregados das empresas ferroviárias, que eram mantidas por contribuição dos empregados, dos empregadores e do próprio Estado.

O termo *previdência social*, porém, somente foi cunhado pela Constituição Federal de 1946, a qual garantiu, pela primeira vez, proteção aos eventos doença, invalidez, velhice e morte de todos aqueles que contribuíssem para o sistema, exceto os trabalhadores rurais e os empregados domésticos.

Essas categorias começaram a ser incluídas no regime de previdência social a partir da década de 1970, com a criação do FUNRURAL, em 1971 (para os trabalhadores rurais), e pela edição da Lei 5.859/1972, para os empregados domésticos (hoje revogada pela Lei Complementar 150/2015). Sua acolhida, porém, só foi completa com a promulgação da Constituição Federal de 1988 (CF/1988), conforme veremos mais adiante.

1.2. Situação atual do Direito Previdenciário

Consagrada e amplamente normatizada pela CF/1988, a previdência social hoje encontra guarida no art. 6º, que a relaciona como um **direito social**, e nos arts. 194 e seguintes, objeto principal da Emenda Constitucional 103/2019. É importante destacar também a criação de amplos **apêndices constitucionais**, regras previdenciárias constantes do texto da EC que não foram incorporadas diretamente ao texto da Carta Magna.

Com o fito de regulamentar as disposições constitucionais, foram editadas as Leis 8.212/1991 e 8.213/1991, responsáveis, respectivamente, pelo Plano de Custeio da Seguridade Social – PCSS e pelo Plano de Benefícios da Previdência Social – PBPS, os quais serão objeto de alterações muito em breve, para adequação à nova ordem constitucional.

Por fim, a dar maior concretude às disposições legais, encontramos o Decreto 3.048/1999, conhecido como Regulamento da Previdência Social – RPS.

1.3. Doutrinas do seguro social

Em sua origem, a seguridade social surge vinculada aos conceitos do contrato de seguro regulado pelo Direito Civil. Em tempos idos, o seguro social *trabalhava com a ideia de **dano**, que, uma vez ocorrido, fazia nascer para o segurado o direito ao benefício previsto em lei*. Era a **doutrina civilista**.

A evolução da sociedade e do pensamento jurídico, por sua vez, acabou por demonstrar que este conceito não mais servia. A seguridade social, prestada pelo Estado, deveria ir além, protegendo o trabalhador não apenas do **dano**, evento necessariamente nefasto, que lhe causasse alguma desvalia. Ocorrências agradáveis, como a maternidade, igualmente afastavam a possibilidade de a mulher permanecer trabalhando e precisavam ser integradas, portanto, ao regime de previdência.

Avançamos, assim, para a **doutrina social**, que se afasta do conceito de dano e desvincula-se do Direito Civil. *Reconhecidas as naturais semelhanças com o contrato de seguro, a seguridade social estatal é, na verdade, mais abrangente e busca prever todas as **contingências** possíveis que obstam o trabalho regular da pessoa*. Note a diferença: o dano causa prejuízo, a contingência causa uma necessidade. E é essa necessidade que há de ser satisfeita pelo Estado, cumpridos os requisitos legais.

1.4. Regime Geral e regimes próprios de Previdência Social

Mesmo com a pretensão da CF/1988 de uniformizar os tratamentos e incluir na proteção do Direito Previdenciário uma grande gama de pessoas, permanece uma divisão dos sistemas destinados aos servidores públicos ocupantes de cargos efetivos e os demais trabalhadores.

Para os primeiros, cada ente de direito público deve criar um sistema próprio de previdência para seus servidores efetivos. Assim, os servidores da União, de cada Estado, do Distrito Federal e de cada Município têm suas próprias regras aplicáveis a aposentadorias, licença para tratamento de saúde, entre outros benefícios, e seus próprios órgãos de gerenciamento e administração dos valores e pagamentos aos beneficiários. São chamados de **regimes próprios de previdência social (RPPS)** e podem ser encontrados nas leis e estatutos que criam direitos e deveres para os servidores públicos. Exemplo: o RPPS dos servidores efetivos da União encontra-se na Lei 8.112/1990. Estas regras, por sua especificidade, são estudadas pelo Direito Administrativo.

Para as demais pessoas e trabalhadores, a CF/1988 reserva o **regime geral de previdência social (RGPS)**, a cargo do

Instituto Nacional do Seguro Social – INSS, autarquia criada em 1990 para administrar a previdência social geral dos trabalhadores estabelecida nas Leis 8.212/1991 e 8.213/1991. É aqui que nosso campo de estudo se concentra.

2. A PREVIDÊNCIA SOCIAL NA CONSTITUIÇÃO FEDERAL

2.1. Estrutura

Com o advento da CF/1988, o Direito Previdenciário passou por uma verdadeira revolução, uma vez que esta buscou integrar o maior número possível de pessoas ao sistema de previdência social por ela criado.

Inicialmente, a CF/1988 consagrou a previdência social como um **direito social** no art. 6º. E mais adiante (art. 194) reuniu-a, para organização conjunta por parte do Estado, com o **direito à saúde e à assistência social**, criando a **seguridade social**.

Portanto, na atual configuração, temos o gênero **seguridade social**, com três pilares de atuação: **saúde, previdência social e assistência social**.

Cada um dos pilares da seguridade social está voltado precipuamente a uma área de atuação e destina-se a grupos diferentes de pessoas, na seguinte conformidade:

a) **Saúde:** nos termos do art. 196 da CF/1988, é um *direito de todos e um dever do Estado*. Sendo assim, a prestação de serviços públicos de saúde não encontra qualquer restrição quanto às características de seus usuários: simplesmente qualquer pessoa que dele necessite deve ser atendida. Não importa se é nacional ou estrangeiro, se paga regularmente seus tributos ou não, se trabalha ou está desempregado, se contribui para o INSS ou não. Ninguém pode ser excluído do serviço público de saúde, desde a pessoa mais rica do país até os cidadãos economicamente menos favorecidos da sociedade;

b) **Assistência social:** destina-se, conforme disposto no art. 203 da CF/1988, ao atendimento *a quem dela necessitar, independentemente de contribuição para a seguridade social*, com objetivos voltados à garantia de uma existência digna. Como se vê, a assistência social já estabelece uma restrição ao seu acesso: a necessidade da pessoa. Ela não se destina a qualquer indivíduo, como a saúde, mas somente àqueles que cumpram determinados requisitos para receberem seus benefícios e serviços, normalmente ligados a um limite máximo de renda familiar. Enquanto a saúde deve acolher todos que dela quiserem fazer uso, pouco importando sua situação econômica, a assistência social é reservada somente a quem não tem condições de subsistência;

c) **Previdência social:** ao contrário das anteriores, a previdência social tem *caráter contributivo* (art. 201 da CF/1988), o que significa dizer que somente aqueles que para ela contribuem financeiramente, através de tributos denominados **contribuições sociais**, participarão de seus benefícios e serviços. Dos três pilares, portanto, é o de acesso mais restrito, uma vez que seus beneficiários devem ostentar um mínimo de **capacidade contributiva**, usualmente qualificada como o exercício de qualquer atividade remunerada.

Saúde e assistência social são temas estudados por ramos autônomos do direito, que fogem da alçada do Direito Previdenciário, o qual, como o nome sugere, cuida das normas relacionadas à previdência social. Serão estas, portanto, o foco de nosso trabalho.

Não obstante, não podemos perder de vista que a previdência social está inserida no contexto maior da seguridade social. Isto implica que certas normas de caráter geral, aplicáveis a toda a **seguridade social**, também merecem nossa atenção, visto que a previdência delas não se dissocia na condição de pilar da seguridade. Outras serão específicas, voltadas somente ao Direito Previdenciário. Por isso, cuidado! Ao utilizarmos o termo *seguridade social*, lembre-se de que estamos estudando normas gerais. Quando estivermos tratando de normas específicas, veremos sempre a expressão *previdência social*.

2.2. Princípios e objetivos constitucionais

A CF/1988 dedica seu art. 194 para determinar que a **seguridade social** *compreende um conjunto integrado de ações de iniciativa dos Poderes Públicos e da sociedade, destinadas a assegurar os direitos relativos à saúde, à previdência e à assistência social*.

Do *caput* do dispositivo, podemos depreender:

a) **Princípio da solidariedade:** a seguridade social, em seu todo, deve ser prestada não só pelo Estado, como *por toda a sociedade*. Obviamente, compete ao primeiro a estruturação dos serviços e a administração dos benefícios que serão prestados a todos aqueles que fizerem jus a eles. Todavia, o custeio, o financiamento de todo este sistema será feito de forma **solidária**: todos aqueles que puderem contribuir, ainda que não façam uso da saúde, da previdência ou da assistência social, devem contribuir na forma de tributos (**contribuições sociais**) cuja receita é vinculada a programas de governo nestas áreas;

b) **Instrumento de bem-estar e justiça social:** a seguridade social tem por objetivo último garantir a todos o chamado *piso vital mínimo*, ou seja, o acesso às condições econômicas mínimas para uma existência digna. Neste diapasão, é um *instrumento de bem-estar*, já que busca assegurar melhor qualidade de vida aos cidadãos. Em adição, é também *instrumento de justiça social* na medida em que, ao determinar a contribuição ao sistema de todos aqueles que ostentarem **capacidade contributiva**, acaba por incentivar uma melhor distribuição da renda, dado que, naturalmente, os serviços públicos serão mais bem aproveitados por aqueles em situação financeira menos favorável.

A par destes princípios e objetivos **implícitos**, o art. 194, parágrafo único, da CF/1988 prossegue listando os **objetivos explícitos** da seguridade social em seus incisos, os quais analisaremos individualmente:

2.2.1. Universalidade da cobertura e do atendimento

Dentro do mesmo inciso, a CF/1988 acolheu dois objetivos diferentes: a *universalidade da cobertura* e a *universalidade do atendimento*.

Por **universalidade da cobertura** podemos entender o *dever do Estado de, ao estruturar novos benefícios e serviços da seguridade social, buscar ampliar o quadro de eventos cobertos por esses programas*. Uma nova ação na área da saúde, por exemplo, deve priorizar determinada doença que ainda não foi objeto de atenção mais pormenorizada pelo Serviço Único de Saúde; ou um novo benefício de previdência social, do qual se espera que atinja uma contingência ainda não amparada por benefício já existente.

Universalidade de atendimento, por sua vez, *vincula-se às pessoas que serão atendidas pelos novos benefícios e serviços da seguridade social. Toda ação nesta área deve priorizar o alcance do maior número possível de pessoas*. Com base nisso, a CF/1988 garante que a saúde é um direito de todos e um dever do Estado, razão pela qual o Governo Federal procura ampliar, ano após ano, o número de famílias cadastradas nos programas de assistência social vigentes. No campo da previdência social, a proteção ao pequeno produtor rural e ao segurado facultativo são ótimos exemplos.

Em resumo, enquanto a universalidade de cobertura refere-se a *benefícios e serviços*, a universalidade de atendimento volta-se aos *beneficiários*.

2.2.2. Uniformidade e equivalência dos benefícios e serviços às populações urbanas e rurais

Novamente, dois objetivos reunidos em um só item. Temos que observar a *uniformidade dos benefícios e serviços* e a *equivalência* destes junto às populações urbanas e rurais.

Um dos grandes avanços da CF, em 1988, foi incluir no RGPS os trabalhadores rurais, até então desprotegidos de quaisquer contingências que os impossibilitassem de trabalhar. Para tanto, garantiu-lhes *os mesmos benefícios e serviços previstos para os trabalhadores urbanos* (aposentadoria, auxílio-doença, pensão por morte etc.), o que chamamos de **uniformidade dos benefícios e serviços**. Em paralelo, cuidou de asseverar que esses benefícios passassem a ser calculados através dos mesmos parâmetros, seja o trabalhador urbano ou rural. Tem-se, daí, a **equivalência dos benefícios e serviços**.

Apenas cuidado com a terminologia. Equivalência não significa que os valores são exatamente iguais, pois isso dependerá do valor com o qual o beneficiário contribuiu ao longo do tempo, significa que os valores serão *proporcionalmente iguais*, resultado de aplicação da mesma fórmula para todos.

2.2.3. Seletividade e distributividade na prestação dos benefícios e serviços

De novo, um inciso, dois objetivos: *seletividade dos benefícios e serviços* e *distributividade dos benefícios e serviços*.

A **seletividade** é um critério político, que determina *a escolha, dentre todas as situações, daquelas que serão cobertas pela seguridade social*. Em uma primeira análise, tal objetivo conflitaria com a universalidade de cobertura, pois esta pretende estender a seguridade social a todas as situações nas quais ela se faça necessária.

Trata-se, porém, de conflito apenas aparente, porque a *seletividade nada mais é do que instrumento de construção da universalidade*. Há de se reconhecer que abraçar, em um único sistema de seguridade social, todas as contingências necessárias para garantir aos cidadãos uma existência digna, prestando-lhes todos os benefícios e serviços que necessitem para tanto, não é algo que se faça do dia para a noite. Devem ser traçados planos de atuação que, fatalmente, serão implementados aos poucos.

É aí que entra em cena a seletividade, com o papel fundamental de indicar ao legislador e ao administrador público que, neste caminho rumo à universalidade, deve-se priorizar a proteção daquelas contingências que são mais importantes, deixando as demais para um momento posterior.

Essa escolha foi previamente realizada pelo próprio constituinte originário, ao elencar, no art. 201, que a previdência deverá atender aos eventos *doença, invalidez, morte, idade avançada, proteção à maternidade e à gestante e proteção ao trabalhador em situação de desemprego involuntário*.

Já a **distributividade** encontra total amparo na instrumentalização da **justiça social** e na **universalidade de atendimento**. Se o objetivo precípuo da seguridade social é promover a redução das desigualdades, mediante a distribuição de renda, é natural que os benefícios e serviços a serem implantados primeiro sejam aqueles que *permitam, em menor tempo, proteger o maior número de pessoas que deles necessitem em maior grau*. Deve-se distribuir, primeiro, àqueles que mais necessitem de proteção.

2.2.4. Irredutibilidade do valor dos benefícios

A irredutibilidade, aqui, deve ser entendida em duplo aspecto. De um lado, temos a **irredutibilidade nominal** dos benefícios, *que impede que seja reduzido o valor efetivo destes, o valor expresso em moeda corrente*. Exemplo: se determinado benefício é pago a um beneficiário no valor de R$ 1.100,00, em nenhum momento esse valor poderá ser diminuído para R$ 900,00.

Do outro lado, temos a **irredutibilidade real** do valor, *que determina a preservação de seu valor de compra ao longo do tempo, neutralizando-se os efeitos da inflação*. Exemplo: em 2018, R$ 1.100,00 pode comprar diversas coisas, mas para se comprar as mesmas coisas em 2022 serão necessários, diga-se, R$ 1.500,00. Logo, este deve ser o valor do benefício em 2022.

Resta claro que a verdadeira irredutibilidade, aquela que deve sempre ser respeitada, é a irredutibilidade real. Não há dúvidas de que o valor nominal do benefício não pode ser reduzido e, a bem da verdade, ninguém tentaria fazê-lo. Entretanto, não é raro que os reajustes concedidos pelo Governo a fim de conservar o valor real dos benefícios não acolham, integralmente, a inflação do período.

Insta frisar que a regra vem mais uma vez estabelecida, em outras palavras, no art. 201, § 4º, da CF/1988: *é assegurado o reajustamento dos benefícios para preservar-lhes, em caráter permanente, o valor real, conforme critérios definidos em lei*.

2.2.5. Equidade na forma de participação no custeio

Equidade é uma palavra que está sempre ligada ao sentimento de *justiça social*. Tratar com equidade significa *reco-*

nhecer as desigualdades sociais e impor condições que visem a reduzi-las.

Sendo assim, definir a equidade como elemento norteador da forma de participação do custeio da seguridade social culmina em reconhecer, na esfera das contribuições sociais, a aplicação do **princípio do respeito à capacidade contributiva**, determinando-se a colaboração de todos na manutenção do sistema da seguridade social, cada um na medida de suas possibilidades financeiras.

Esse dispositivo é o fundamento, por exemplo, das alíquotas progressivas da contribuição social dos empregados (8%, 9% ou 11%), dependendo do valor do salário de contribuição calculado.

2.2.6. Diversidade da base de financiamento

Tal princípio teve seu nascedouro na Constituição de 1934, que foi a primeira a estabelecer que o financiamento da seguridade social teria três fontes: governo, empregadores e trabalhadores. Chamou-se, na época, de **tripartição, ou tríplice forma de custeio**.

Com o passar dos anos e com as sucessivas alterações legislativas e constitucionais, o que levou a maior atuação do Estado junto à população mais carente, reparou-se que os custos dos programas sociais e da prestação dos serviços a eles relacionados cresciam vertiginosamente. Em respeito ao princípio da solidariedade, portanto, a CF/1988 ampliou a ideia cunhada em 1934 e, atualmente, impõe, de forma genérica, a **diversidade** da base de custeio.

Naturalmente, o cerne permanece o mesmo. Grande parte do orçamento da seguridade social continua a ser composto do dinheiro repassado pelo governo e pelas contribuições pagas por empregadores e trabalhadores. Mas a alteração permitiu *adicionar ao elenco as contribuições incidentes sobre os concursos de prognósticos e sobre as operações de importação*. Isso sem contar com a autorização prevista no art. 195, § 4º, da CF/1988, para a instituição de *outras fontes* de custeio destinadas a garantir a *manutenção ou expansão* da seguridade social.

2.2.7. Caráter democrático e descentralizado da administração

O próprio inciso VII do art. 194 da CF/1988 explica como se dá a gestão democrática e descentralizada da seguridade social, ao determinar a gestão **quadripartite**, ou seja, formada por representantes de quatro grupos: governo, empregadores, trabalhadores e aposentados.

A regulamentação desse dispositivo foi incluída na Lei 8.213/1991, que cria o Conselho Nacional de Previdência Social – CNPS, composto por seis representantes do Governo Federal (indicados pelo Presidente da República), três dos aposentados e pensionistas, três dos trabalhadores em atividade e três dos empregadores (todos indicados por centrais sindicais e confederações nacionais de sindicatos), para mandato de 2 anos, sendo possível uma recondução.

2.2.8. Regra da previsão de custeio

Mais uma regra do que um princípio, como classificam alguns autores, a CF/1988 obriga que qualquer criação, majoração ou ampliação de benefício ou serviço seja acompanhada da respectiva fonte de custeio total.

A regra justifica-se pela necessidade da manutenção do equilíbrio financeiro e atuarial do sistema e pretendia, em seu sentido original, que nada a mais fosse gasto sem que o governo arrecadasse mais para fazer frente a essas novas despesas. Entretanto, a fim de evitar o desgaste político da criação ou do aumento de tributos para sustentar os novos benefícios, atualmente as leis que estendem ou majoram as prestações previdenciárias limitam-se a apontar como fonte de custeio "o orçamento da União" ou expressão similar. Reitere-se que não é essa a pretensão da norma, mas tal postura também não vem sendo questionada.

2.3. Princípios específicos

A par dos princípios gerais estudados, previstos na CF/1988 e aplicáveis à seguridade social como um todo, a Lei 8.213/1991, no art. 2º, anota outros, destinados exclusivamente à Previdência Social.

2.3.1. Cálculo dos benefícios considerando os salários de contribuição corrigidos monetariamente

O salário de contribuição, estudado em pormenores mais adiante, pode ser definido como a base de cálculo da contribuição social do trabalhador. Além disso, ele é o ponto de partida do cálculo do valor efetivamente pago ao segurado a título de benefício previdenciário.

A norma estabelece que, no momento da apuração da renda mensal devida ao segurado, os salários de contribuição devem ser atualizados, a fim de que correspondam ao valor real da época da concessão do benefício. Isso é salutar, considerando que para a aposentadoria por tempo de contribuição, por exemplo, teremos de considerar salários de contribuição de até 35 anos antes!

2.3.2. Valor mínimo do benefício que substitua a remuneração do segurado

Grande parte dos benefícios previdenciários destina-se a assegurar a subsistência do segurado nos períodos em que este, atingido pelas contingências previstas em lei, esteja impossibilitado de trabalhar. Logo, não receberá remuneração de seu empregador.

A medida assegura, nesses casos, o valor mínimo de um salário mínimo para o benefício previdenciário, ainda que, pelos cálculos realizados conforme a legislação, o montante devesse ser menor.

Repise-se que isso se aplica somente em casos de substituição da remuneração. Benefícios pagos cumulativamente ao salário do empregado podem ser menores que o salário mínimo (exemplo: auxílio-acidente).

2.3.3. Previdência complementar facultativa, custeada por contribuição adicional

Neste ponto, a Lei 8.213/1991 consagra o disposto igualmente no art. 202 da CF/1988, que autoriza a criação de fundos de previdência privada, de contribuição facultativa dos trabalhadores, nos termos de lei complementar.

3. FINANCIAMENTO DA SEGURIDADE SOCIAL

3.1. Formas de financiamento

A partir desse ponto, deixamos para trás o conceito amplo de seguridade social e passaremos a focar, exclusivamente, na Previdência Social, nas relações estabelecidas entre os particulares e o INSS com vistas aos benefícios e serviços previdenciários.

Não obstante, quando o assunto é custeio, o pagamento de contribuições, é certo que o montante arrecadado é destinado ao financiamento da seguridade social toda, o que inclui, obviamente, a Previdência. É por essa razão que, tecnicamente, a Lei 8.212/1991 é conhecida como Plano de Custeio da Seguridade Social – PCSS.

A receita destinada à manutenção e ampliação do sistema de seguridade social no Brasil provém de várias fontes. Como já estudado no item 2.2.6, a CF/1988 estabelece como diretriz a **diversidade da base de financiamento**, com o seguinte texto:

> Art. 195. A seguridade social será financiada por toda a sociedade, de forma **direta e indireta**, nos termos da lei, mediante recursos provenientes dos orçamentos da União, dos Estados, do Distrito Federal e dos Municípios, e das seguintes contribuições sociais: (...) (grifo nosso)

Dos termos sublinhados, retiramos as duas formas de financiamento da seguridade social: o **financiamento indireto** e o **financiamento direto**.

3.1.1. Financiamento indireto

Chamamos **financiamento indireto da seguridade social** a parcela a ela destinada *oriunda dos orçamentos das pessoas jurídicas de direito público interno: União, Estados, Distrito Federal e Municípios*. É indireto porque, nessa hipótese, o dinheiro arrecadado de todas as formas (impostos, taxas, contribuições de melhoria, contribuições de intervenção no domínio econômico, preços públicos etc.) é dividido e parte dele entregue à seguridade social. Ou seja, o dinheiro pago pelo contribuinte para a seguridade social tem um intermediário em seu caminho: os cofres públicos da União, Estados, Distrito Federal e Municípios. Lembre-se que, nos termos da CF/1988, quem financia a seguridade social é sempre a **sociedade**, então a passagem dos valores por um terceiro ente torna o financiamento **indireto** (sociedade → ente político → seguridade).

A parcela da União a ser entregue para a gestão da seguridade social advém de recursos adicionais destacados do Orçamento Fiscal, necessariamente apontados na lei orçamentária anual (art. 16 do PCSS). Idêntico procedimento é adotado nos Estados, Distrito Federal e Municípios, que repassam os montantes diretamente à seguridade social, sem integrar o orçamento da União (art. 195, § 1º, da CF/1988).

Caso os valores arrecadados em geral (incluindo aqueles advindos do financiamento direto) não sejam suficientes para arcar com as despesas relativas ao pagamento de benefícios previdenciários devidos em determinado exercício, cabe à União suprir a falta, respeitando, sempre, a lei orçamentária anual (art. 16, parágrafo único, do PCSS).

3.1.2. Financiamento direto

Por **financiamento direto da seguridade social** entende-se *o valor arrecadado pelo pagamento, por parte dos contribuintes elencados em lei, das contribuições sociais*. É direto porque, nessa hipótese, a sociedade entrega o dinheiro para a seguridade social sem intermediários (sociedade → seguridade).

Para possibilitar ações nas áreas da seguridade social, principalmente o pagamento dos benefícios previdenciários, a alocação de recursos originários, exclusivamente, do caixa geral dos entes políticos não se mostra suficiente. A fim de complementar os recursos necessários, criou-se uma série de **contribuições sociais**, cobradas diretamente da sociedade, para que os órgãos gestores tivessem mais essa fonte de renda. Trata-se, as contribuições sociais, de *tributos cujo **pagamento não está vinculado** a qualquer contraprestação estatal específica (o que as aproxima dos impostos), mas cuja **receita é vinculada** ao atendimento de ações da seguridade social (o que as diferencia dos impostos)*. A natureza tributária autônoma das contribuições sociais está pacificada, há muito tempo, pelo STF (RE 146.733-9/SP, *DJ* 29.06.1992).

O financiamento indireto da seguridade está ligado, muito mais, ao Direito Financeiro, que cuida do trânsito de numerário entre os entes políticos. Nossos olhos devem voltar-se, com especial atenção, ao financiamento direto, através da análise das contribuições sociais, o qual, por sua vez, está inafastavelmente vinculado ao Direito Tributário. Esse estudo se inicia no próximo tópico.

3.2. A relação jurídica de custeio direto da seguridade social

3.2.1. Elementos

A relação jurídica de custeio, como qualquer outra relação jurídica, é composta de *partes (sujeito ativo e passivo), objeto e vínculo* entre as partes.

$$\underset{\text{Credor}}{\text{Sujeito Ativo}} \quad \underset{\text{Devedor}}{\text{Sujeito Passivo}}$$

$$A \xleftarrow{\text{Vínculo Objetivo}} B$$

No nosso caso, aplicando os elementos à relação jurídica de custeio da seguridade social, obtemos o seguinte esquema:

a) Sujeito ativo (ou credor): será sempre a União;

b) Sujeito passivo (ou devedor): é o contribuinte ou responsável, conforme dispuser a lei;

c) Objeto: o pagamento da contribuição social ou ação ou omissão imposta no interesse da arrecadação e fiscalização das contribuições (fazer ou não fazer);

d) Vínculo: a lei que institui a contribuição social e prevê a hipótese de incidência do tributo ou da obrigação de fazer ou não fazer.

$$\underset{\text{Credor}}{\text{Sujeito Ativo}} \quad \underset{\text{Contribuinte}}{\text{Sujeito Passivo}}$$

$$A \xleftarrow{\text{Lei Tributo}} B$$

ou

Fazer/Não Fazer

Vamos analisar, individualmente, cada um destes elementos.

3.2.2. Sujeito ativo

A competência legislativa para instituir contribuições sociais é e sempre foi da **União**. Trata-se, pois, de *tributos federais* (art. 149 da CF/1988).

3.2.3. Sujeito passivo

Como resultado da aplicação do princípio da solidariedade, a CF/1988 prevê a criação de diversas contribuições sociais, a serem exigidas de várias espécies de contribuintes. Destarte, podem assumir o polo passivo da relação jurídica de custeio:

a) Empresas: nos termos do art. 15, I, do PCSS, é a *firma individual ou sociedade que assume o risco de atividade econômica urbana ou rural, com fins lucrativos ou não, bem como os órgãos e entidades da administração pública direta, indireta e fundacional*. Percebe-se que o conceito previdenciário de empresa é bem mais abrangente do que aquele estabelecido pelo próprio Direito Empresarial. Aqui, é irrelevante a finalidade lucrativa e órgãos públicos também estão incluídos (quando tiverem em seus quadros servidores ocupantes de cargos em comissão ou adotarem a CLT como regime de contratação de pessoal).

Mais além, o PCSS ainda insere nesta classificação pessoas como **equiparados a empresa**: *o contribuinte individual em relação ao segurado que lhe presta serviço* (por exemplo, se um profissional liberal contrata uma secretária, aquele é equiparado a empresa para fins de pagamento de contribuição previdenciária), *a pessoa física na condição de proprietário ou dono de obra de construção civil, a cooperativa, a associação ou entidade de qualquer natureza ou finalidade, a missão diplomática e repartição consular de carreira estrangeiras*. Insere-se neste tópico, outrossim, a pessoa que contrata mão de obra para a construção de sua residência, devendo recolher sua cota patronal e a contribuição social dos pedreiros e outros profissionais a seu serviço.

b) Empregador doméstico: pode ser definido como *a pessoa física que contrata empregado doméstico, que, por sua vez, é o trabalhador que presta serviços de natureza contínua a pessoa ou família, no âmbito residencial desta, em atividade sem fins lucrativos*;

c) Segurados: enquanto a CF/1988 usa o termo **trabalhadores**, o PCSS prefere **segurados**, diante do caráter eminentemente contributivo do RGPS. Em outras palavras, os trabalhadores que contribuem para o financiamento da seguridade social arcando com as contribuições sociais impostas em lei são, automaticamente, segurados da Previdência, fazendo jus aos benefícios estabelecidos quando deles necessitarem.

Dispõe o art. 201 da CF/1988 que o RGPS é de **filiação obrigatória**, o que implica a ausência de opção, para aqueles que se enquadrem no conceito de segurados, em participar ou não dos benefícios do Regime Geral. *Grosso modo, quem exerce atividade remunerada deve filiar-se ao RGPS, ainda que não o deseje* – deverá, assim, pagar as contribuições e receberá os benefícios quando ocorridas as contingências protegidas. Tais pessoas constituem a classe dos **segurados obrigatórios da Previdência**, cuja existência se justifica por duas razões: primeira, porque, se exercem atividade remunerada, ostentam capacidade contributiva para colaborar com a manutenção e expansão do sistema previdenciário (**princípio da solidariedade**), o que nos faz lembrar a natureza tributária das contribuições; segunda, porque a Previdência é um **direito social**, obrigação de fazer do Estado, que não pode permitir que um trabalhador não disponha de proteções contra eventos que o impeçam de obter seus ganhos mensais, principalmente quando estas estão disponíveis a todos que cumpram os requisitos da legislação.

Ao seu lado, encontram-se *pessoas que não têm obrigação legal de contribuir com a Previdência, porém, interessadas no recebimento dos benefícios, optam por fazê-lo, sujeitando-se às obrigações legais daí decorrentes*. São os **segurados facultativos**, classe de livre acesso a todos aqueles que não se enquadram como segurados obrigatórios, *exceto os participantes de regime próprio de previdência* (servidores públicos ocupantes de cargo efetivo), cuja participação é expressamente vedada pelo art. 201, § 5º, da CF/1988.

Mais detalhes sobre as categorias de segurados, formas de filiação, manutenção e perda da qualidade de segurado serão estudados no item 3.3, *infra*.

d) Operadores de concursos de prognósticos: são aqueles que *exploram sorteios de números, símbolos ou apostas de qualquer natureza*. É verdade que os concursos de prognósticos mais famosos, e mais rentáveis, são explorados pelo próprio Poder Público (loterias, Mega Sena, Quina etc.), o qual não pode ser caracterizado tecnicamente como contribuinte. Não nos esqueçamos, em compensação, das *associações que promovem o turfe (corrida de cavalos) e, enquanto foram permitidos, os "bingos"*. Estas pessoas jurídicas de direito privado devem, igualmente, contribuir com a Previdência Social.

e) Importador: *a pessoa física ou jurídica que promova a entrada de bens estrangeiros no território nacional ou contratante de serviços prestados por residente ou domiciliado no exterior*. Por equiparação, inclui-se ainda *o beneficiário do serviço, na hipótese em que o contratante também seja residente ou domiciliado no exterior*.

3.2.4. Objeto

Pode ser definido como *a prestação a que o sujeito passivo se obriga a cumprir, por força de lei ou contrato, em favor do sujeito ativo*.

A relação jurídica de custeio da seguridade social envolve uma **obrigação tributária**, uma vez que as contribuições sociais são tributos. Com isso, devemos tomar emprestados alguns conceitos do Direito Tributário para bem compreender as espécies de objetos relacionados a esta relação jurídica.

Denomina-se **obrigação tributária principal** aquela que envolve *o dever de pagar determinada quantia, a título de tributo ou multa tributária*. A memorização é simples: toda vez que o sujeito passivo tiver de pagar qualquer quantia ao sujeito ativo que se relacione com o tributo, estamos diante de uma obrigação tributária principal.

Diz-se principal porque é o verdadeiro cerne da relação jurídica. O interesse do Estado é receber a quantia determinada, independentemente de outras circunstâncias que possam estar presentes. O pagamento é o próprio objetivo almejado.

Temos, então, o primeiro objeto possível na relação jurídica de custeio: **o pagamento da contribuição**.

Prosseguindo, vamos a um exemplo. Certa empresa é contribuinte e paga regularmente determinada contribuição social. Para calcular corretamente o valor devido, ela promove a escrituração contábil de seus negócios. Além disso, nos prazos determinados, entrega declarações à Secretaria da Receita Federal do Brasil contendo informações sobre suas atividades e seus rendimentos. Tudo isso deve, obrigatoriamente, estar fundamentado em notas fiscais de entrada e saída de produtos ou de prestação de serviços.

Veja que, ao lado do pagamento e a fim de possibilitá-lo, a empresa pratica uma série de atos tendentes a facilitar o cálculo do tributo e a comprovação tanto do pagamento quanto dos fatos tributáveis. Estes atos são *obrigações legais estabelecidas no interesse da arrecadação e da fiscalização de tributos* e são chamados de **obrigações tributárias acessórias**. Todos os exemplos dados são de obrigações de fazer, ações a serem tomadas pelos contribuintes. Além delas, existem também as obrigações de não fazer, como a de tolerar o trabalho da fiscalização.

Vimos, com isso, outros dois objetos possíveis na relação jurídica de custeio: **obrigações de fazer ou não fazer**.

Voltaremos ao tema das obrigações principais no tópico 4 e das obrigações acessórias no tópico 6.

3.2.5. Vínculo

As relações jurídicas podem ter como fundamento, como vínculo que une as partes e obriga o devedor a cumprir a obrigação em favor do credor, um **contrato**, *ato negocial livre, baseado na autonomia da vontade*; ou a **lei**, *quando não se questiona a vontade das partes vincular-se, existindo apenas o dever de obedecer à norma posta*. Por isso, dizemos que as obrigações são **contratuais** (*ex voluntate*) ou **legais** (*ex lege*).

A relação jurídica de custeio, obrigação tributária que é, será sempre considerada como **obrigação legal**. Não há qualquer opção aberta ao contribuinte quanto a pagar ou não pagar o tributo, quanto a praticar ou não praticar o ato imposto pela legislação no interesse da fiscalização. Deve fazê-lo quando praticar o **fato gerador** previsto na norma, sob pena de receber as punições cominadas em caso de inadimplemento.

3.3. Segurados da Previdência

Destacamos no item 3.2.3, letra "c", que os segurados da Previdência Social são *todas as pessoas que com ela contribuem, fazendo jus, consequentemente, aos benefícios previdenciários previstos em lei*. Chega o momento de conhecermos as regras e classificações que a eles se aplicam.

3.3.1. Premissas

O estudo dos segurados da Previdência Social deve sempre ter em vista as seguintes premissas:

a) o exercício de atividade remunerada implica na filiação obrigatória ao RGPS (art. 9º, § 12, do RPS);

b) aquele que exerce, concomitantemente, mais de uma atividade remunerada sujeita ao RGPS é obrigatoriamente filiado em relação a cada uma dessas atividades (art. 9º, § 13, do RPS), tendo o direito aos benefícios e, igualmente, o dever de pagar contribuição em relação a cada uma delas;

c) o aposentado que volte a exercer atividade remunerada abrangida pelo RGPS é segurado obrigatório em relação a esta atividade (art. 11, § 3º, do PBPS), mesmo sem ter direito a nova aposentadoria, em consagração ao princípio da solidariedade;

d) o dirigente sindical, enquanto estiver no exercício do mandato, mantém o mesmo enquadramento que detinha antes da investidura (art. 11, § 4º, do PBPS). Exemplo: o empregado eleito presidente do sindicato de sua categoria continuará a ser visto pelo INSS como um segurado empregado, mesmo afastado de suas funções por conta do exercício do mandato sindical.

3.3.2. Classificação

Os trabalhadores segurados pelo RGPS estão divididos, inicialmente, em dois grandes grupos: os **segurados obrigatórios** e os **segurados facultativos**. Como o próprio nome indica, *os primeiros serão necessariamente segurados da previdência, ainda que isso não desejem*, por conta do exercício de atividade remunerada. *Os segundos participam do RGPS por opção própria*, por não exercerem qualquer atividade remunerada.

Os **segurados obrigatórios** subdividem-se, ainda, em cinco tipos: empregado, empregado doméstico, contribuinte individual, trabalhador avulso e segurado especial.

a) Segurado obrigatório – Empregado

O termo **empregado** pressupõe, para sua utilização, a existência de *relação de emprego*, entendida esta como a do trabalhador que realiza sua atividade com habitualidade, onerosidade, pessoalidade e subordinação, conforme disposto na legislação trabalhista (art. 3º da CLT). A relação de emprego deve estar formalizada com o registro na Carteira de Trabalho e Previdência Social – CTPS, porém sua ausência não desnatura a qualificação de emprego: ainda que informal a relação de trabalho, o Poder Judiciário pode reconhecer o vínculo de emprego a qualquer momento uma vez presentes os requisitos, o que implicará na sua aceitação, também, para fins previdenciários.

O PCSS (art. 12), o PBPS (art. 11) e o RPS (art. 9º) enumeram, como segurados empregados, os seguintes:

a1) aquele que presta serviço de natureza urbana ou rural à empresa, em caráter não eventual, sob sua subordinação e mediante remuneração, inclusive como diretor empregado

Trata-se da típica relação de emprego, chamando a atenção à inclusão expressa do **trabalhador rural**, consequência da determinação constitucional de uniformidade do tratamento entre urbanos e rurais. Ressalte-se, apenas, que também os rurícolas, para se enquadrarem nesse dispositivo, devem, em tese, estar registrados como empregados (*vínculo formal de emprego*), ou, ao menos, terem esse vínculo reconhecido judicialmente.

A inclusão expressa do diretor empregado fundamenta-se no fato do diretor, usualmente, exercer função de confiança específica, *com poderes de administração da empresa e, por conseguinte, com superioridade hierárquica sobre outros empregados*. Da praxe empresarial extraímos que este profissional, por vezes, é contratado como um prestador de serviços, sem vínculo empregatício. Quando, porém, houver esse vínculo (por exemplo, quando o diretor alcançar o cargo crescendo profissionalmente dentro da empresa), ele será um empregado da empresa, pois ainda haverá pessoas em posição hierarquicamente superior a ele (como o presidente) e, como tal, será visto como **segurado empregado** pelo INSS.

a2) aquele que, contratado por empresa de trabalho temporário, definida em legislação específica, presta serviço

para atender à necessidade transitória de substituição de pessoal regular e permanente ou a acréscimo extraordinário de serviços de outras empresas

O próprio dispositivo analisado já traz a definição do que se entende por trabalho temporário: aquele *destinado à substituição de pessoal regular e permanente ou acréscimo extraordinário de serviço* (art. 2º da Lei 6.019/1974).

Correntemente, a empresa que se vê na necessidade de substituir pessoal permanente ou com acréscimo extraordinário de serviço, usualmente sazonal (por exemplo, vendas de Natal), socorre-se de empresas especializadas em fornecer mão de obra temporária para esses fins. Note que o trabalhador tem vínculo com a empresa de trabalho temporário, mas presta serviços para outrem. Independentemente disso, é visto como segurado empregado enquanto perdurar sua relação de trabalho.

É importante destacar duas outras situações: uma, trabalhador contratado emergencialmente em situação que **não** se enquadre nas duas descritas (substituição de pessoal regular e permanente e acréscimo extraordinário de serviço), não é trabalhador temporário, mas sim **contribuinte individual**; outra, apesar de ambos serem caracterizados como **segurados empregados**, não confundir trabalho temporário com contrato de trabalho com prazo determinado.

a3) o brasileiro ou estrangeiro domiciliado e contratado no Brasil para trabalhar como empregado em sucursal ou agência de empresa nacional no exterior

O inciso visa a manter a proteção previdenciária ao trabalhador, brasileiro ou estrangeiro, que seja aqui domiciliado e contratado, e é enviado ao exterior por interesse do empregador. Ainda que exercendo seu trabalho em território estrangeiro, continuará filiado à Previdência Social brasileira.

Só não se esqueça dos requisitos: além do **domicílio e da contratação no Brasil**, deve haver **vínculo empregatício** com **empresa nacional**, cujo conceito encontramos no art. 1.126 do Código Civil: *empresa organizada de conformidade com a lei brasileira e que tenha no país sua sede e administração*.

a4) aquele que presta serviço no Brasil a missão diplomática ou a repartição consular de carreira estrangeira e a órgãos a elas subordinados, ou a membros dessas missões e repartições, excluídos o não brasileiro sem residência permanente no Brasil e o brasileiro amparado pela legislação previdenciária do país da respectiva missão diplomática ou repartição consular

Missões diplomáticas (embaixadas) e repartições consulares (consulados), apesar de serem escritórios destinados à representação de interesses de outros países, são equiparadas a empresas quando atuarem em território nacional. Destarte, todos os seus funcionários, brasileiros ou estrangeiros, são **empregados**, sendo assim também considerados aqueles que prestam serviço diretamente aos próprios diplomatas em atuação no país.

O RGPS adota o **princípio da unicidade de proteção**, que determina que, a cada trabalhador, deve corresponder, em regra, apenas uma proteção previdenciária. A norma não descuida, neste sentido, do fato de muitos funcionários das embaixadas e consulados serem estrangeiros e aqui atuarem de forma transitória, no estrito interesse de seu país de origem. Diante da subsistência do vínculo com outro Estado, fica excluído do RGPS o *estrangeiro sem residência permanente no Brasil*, dada a presunção de que está acolhido pela Previdência de seu país. Vale o mesmo raciocínio para excluir do RGPS o brasileiro que trabalha na embaixada ou consulado e que, por expressa determinação da legislação alienígena, por esse fato passa a ser protegido pela Previdência estrangeira.

a5) o brasileiro civil que trabalha para a União, no exterior, em organismos oficiais brasileiros ou internacionais dos quais o Brasil seja membro efetivo, ainda que lá domiciliado e contratado, salvo se segurado na forma da legislação vigente do país de domicílio

O dispositivo abrange apenas o brasileiro **civil**, pois o militar possui regime próprio de previdência. Se ele trabalhar no exterior para a União, ou seja, *em nome e no interesse do Estado brasileiro*, em organismos oficiais brasileiros (*embaixadas e consulados*) ou internacionais (Organização das Nações Unidas – ONU, Organização Mundial do Comércio – OMC, Organização Internacional do Trabalho – OIT), *desde que destas o Brasil seja membro efetivo*, ainda que domiciliado e contratado no exterior, estará filiado ao RGPS na qualidade de empregado. Fica excluído, mais uma vez, o trabalhador que, por força da legislação previdenciária estrangeira, já esteja protegido por regime local de previdência (**princípio da unicidade de proteção**).

Sobre o trabalho nas embaixadas e consulados brasileiros, o RPS inclui ainda como **empregado** (art. 9º, I, *g*) o **auxiliar local**, pessoa contratada para *prestar serviços ou desempenhar atividades de apoio que exijam familiaridade com as condições de vida, os usos e os costumes do país onde esteja sediado o posto*. O auxiliar local pode ser estrangeiro ou brasileiro e, como é contratado sem vínculo empregatício, as relações trabalhistas e previdenciárias, em regra, serão regidas pela lei do país da contratação. Estará incluído no RGPS apenas o auxiliar local **brasileiro** que, **em razão de proibição legal**, não possa filiar-se ao sistema previdenciário estrangeiro.

a6) o brasileiro ou estrangeiro domiciliado e contratado no Brasil para trabalhar como empregado em empresa domiciliada no exterior, cuja maioria do capital votante pertença a empresa brasileira de capital nacional

O tópico, apesar da redação complexa, é análogo ao item "a3", ficando claro que a legislação previdenciária equipara a empresa brasileira, já conceituada, com a empresa estrangeira (uma vez que domiciliada no exterior) cuja maioria do capital votante pertença a empresa brasileira de capital nacional, isto é, *cujo controle efetivo pertença a pessoas físicas domiciliadas e residentes no país ou a pessoas jurídicas de direito público interno*.

a7) o servidor público ocupante de cargo em comissão, sem vínculo efetivo com a União, Autarquias, inclusive em regime especial, e Fundações Públicas Federais

De início, o dispositivo determinava a filiação obrigatória ao RGPS como empregado apenas do servidor público ocupante de cargo em comissão, *aquele declarado em lei como de livre nomeação e exoneração* (exemplo: Ministro de Estado). Contudo, com o advento da Emenda Constitucional 20/1998, foi introduzido o § 13 no art. 40, que ampliou a aplicação desta determinação legal ao estabelecer a filiação obrigatória ao RGPS, além do ocupante de cargo em comissão, do ocupante de **cargo temporário** e de **emprego público**.

Portanto, a principal parte da alínea a ser lembrada é: "*sem vínculo efetivo*" com a Administração Direta, autárquica ou fundacional. Qualquer funcionário que **não** tenha cargo efetivo será filiado do RGPS na qualidade de empregado (veja, a respeito, as alíneas *i*, *l* e *m* do inciso I do art. 9º do RPS).

Paralelamente, cabe destacar que **mesmo servidores ocupantes de cargos efetivos podem ser enquadrados como empregados no RGPS.** Isso ocorrerá sempre que o *respectivo ente político contratante não tenha criado regime próprio de previdência para seus servidores* (art. 9º, I, *j*, do RPS). Apesar da União e de todos os Estados e DF já o terem feito, esta é uma realidade em diversos Municípios do país.

a8) o empregado de organismo oficial internacional ou estrangeiro em funcionamento no Brasil, salvo quando coberto por regime próprio de previdência social

A alínea assegura ao empregado de escritórios representativos de organismos internacionais em funcionamento no Brasil (ONU, OMC, OIT etc.) a proteção previdenciária, exceto se já participantes de regime próprio de previdência de outro país. A menção a "organismo oficial estrangeiro" mostra-se repetitiva, pois tais empregados já estavam acolhidos pela alínea *d* do inciso I do art. 12 do PCSS, estudada no tópico "a4", dado que "organismos oficiais estrangeiros" são apenas as embaixadas e consulados instalados em território nacional.

a9) o exercente de mandato eletivo federal, estadual ou municipal, desde que não vinculado a regime próprio de previdência

Enquanto o cidadão estiver no exercício de mandato eletivo, qualquer que seja ele, contribuirá para a Previdência Social como empregado, a não ser que seja servidor público ocupante de cargo efetivo com regime próprio de previdência. A intenção da norma é não deixar desamparado o exercente de cargo eletivo, considerando, por exemplo, que um membro do Poder Legislativo pode reeleger-se sucessivas vezes, sendo esta sua única atividade remunerada ao longo de muitos anos.

Se o eleito já é servidor público efetivo, será apenas licenciado do cargo, mantendo seu vínculo com o Estado. Por isso continua protegido pelo regime próprio de previdência.

Por conta do julgamento do RE 351.717-PR (*DJ* 08.10.2003) pelo STF, o Senado Federal suspendeu a execução da alínea *h* do inciso I do art. 12 do PCSS, de redação idêntica à esposada acima, adotando a posição do Supremo exposta em controle difuso de constitucionalidade sobre a impossibilidade de cobrança de contribuições sociais dos exercentes de mandato eletivo. Ocorre que tal decisão foi tomada antes da publicação da Emenda Constitucional 20/1998, a qual, ao dar nova redação ao art. 195, II, da CF/1988, sepultou a discussão ao prever a contribuição para o RGPS pelo "trabalhador e demais segurados", o que, sem dúvida, acolhe os agentes políticos. Por essa razão, foi incluída a alínea *j* no dispositivo com a mesma redação, ora estudada, incluindo-os definitivamente no sistema previdenciário.

a10) o bolsista e o estagiário que prestam serviços à empresa, em desacordo com a Lei 11.788, de 25.09.2008

Os programas de bolsa e de estágio são regulamentados pela Lei 11.788/2008, que estabelece uma série de requisitos para que o uso da mão de obra do estudante possa ser assim caracterizado (jornada de trabalho limitada a 04 ou 06 horas diárias, termo de compromisso entre o educando, a parte concedente do estágio e a instituição de ensino, compatibilidade de atividades etc.).

Na falta de qualquer dos requisitos, fica claro que a contratação da pessoa como estagiária provavelmente deu-se com a intenção de fraudar a legislação trabalhista e previdenciária, constituindo verdadeira relação de emprego. Daí porque, estando em desacordo com a lei, o estagiário é segurado empregado.

Voltaremos a este tema mais à frente. Adiantando a curiosidade: o estagiário regular é **segurado facultativo**.

a11) o escrevente e o auxiliar contratados por titular de serviços notariais e de registro a partir de 21.11.1994, bem como aquele que optou pelo Regime Geral de Previdência Social, em conformidade com a Lei 8.935, de 18.11.2004

A mencionada lei alterou o regime de previdência dos trabalhadores contratados por cartórios extrajudiciais. Até então (novembro de 1994), os funcionários dos cartórios participavam do regime estatutário dos servidores públicos estaduais e, portanto, do respectivo regime próprio de previdência. Com a edição da Lei 8.935, os titulares dos serviços notariais e de registro passaram a ser obrigados a contratar novos escreventes e auxiliares conforme a legislação trabalhista (são **empregados** comuns, com carteira assinada). Aqueles que já trabalhavam no cartório puderam optar por manter-se no regime próprio ou migrar para o RGPS. Estes últimos passaram a também ser enquadrados como **empregados**.

a12) o trabalhador rural contratado por produtor rural pessoa física, na forma do art. 14-A da Lei 5.889, de 08.06.1973, para o exercício de atividades de natureza temporária por prazo não superior a dois meses dentro do período de um ano

A inclusão expressa do trabalhador rural contratado por pequeno prazo, criado inicialmente pela Medida Provisória 410/2007 e definitivamente consagrado na Lei 11.718/2008, veio a completar as disposições da Lei 5.889/1973, que, com sua nova redação, é clara ao determinar que este trabalhador tem os mesmos direitos do trabalhador permanente. Ou seja, será tratado como **empregado** do produtor rural pessoa física, ainda que a lei autorize sua contratação sem registro na CTPS (art. 14-A, § 3º, II, da Lei 5.889/1973).

b) Segurado Obrigatório – Empregado doméstico

É definido em lei como *aquele que presta serviço de natureza contínua a pessoa ou família, no âmbito residencial desta, em atividades sem fins lucrativos.*

Para sua caracterização, é fundamental a concorrência de **todos** os requisitos: atividade contínua, prestada no âmbito residencial, sem fins lucrativos.

Por **atividade contínua** devemos entender *aquela dotada de assiduidade, prestada em dias seguidos ou com periodicidade definida*. É o oposto de atividade eventual, sem dias fixos, contratada apenas conforme a demanda. Buscando dar aplicabilidade ao conceito, a Justiça do Trabalho sempre se debruçou sobre a questão das diaristas, pessoas dedicadas a serviços de faxina e similares em dias predeterminados da semana. A jurisprudência indicava que, se o trabalhador prestasse serviços até três vezes por semana, **não** estaria caracterizado o vínculo empregatício e, portanto, para fins previdenciários **não** se tratava de empregado doméstico (TST, RR 44600-13.2009.5.04.0016, *DJ* 31.08.2011), **exceto** se o pagamento fosse realizado **mensalmente** (TST, E-ED-RR 250040-44.2004.5.02.0078, *DJ* 08.09.2011). Neste último caso, em sentido contrário: TST, RR 112900-74.2008.5.01.0071, *DJ* 24.11.2010. De todo modo, com a edição da Lei Complementar 150/2015, pacificou-se legalmente a questão: o vínculo doméstico se estabelece se o empregado prestar serviços na mesma residência **a partir de três vezes por semana**.

Ausente o requisito da continuidade, o trabalhador se enquadra como **contribuinte individual**.

Âmbito residencial, por sua vez, é *o espaço doméstico, o lugar onde a pessoa ou família faz sua morada*. Frise-se que o termo "âmbito" não foi usado à toa: pretende-se com ele indicar que o empregado doméstico pode prestar serviços mesmo fora da casa, mas no interesse e visando à comodidade da pessoa ou família. É o caso do jardineiro, do caseiro, do motorista particular, entre outros. Todos eles são empregados domésticos.

Em derradeiro, a caracterização como empregado doméstico depende da atividade ser prestada **sem finalidade lucrativa**. O trabalho do empregado doméstico deve voltar-se, exclusivamente, ao conforto da pessoa ou família. Passando a colaborar em atividades lucrativas, ainda que realizadas dentro da casa, fica desnaturada sua condição. É o clássico exemplo doutrinário da faxineira que, além de manter a casa em ordem, auxilia sua empregadora no preparo de doces e salgados que esta revende na vizinhança.

Ausentes os requisitos do âmbito residencial e da atividade sem fins lucrativos, o trabalhador se enquadra como **empregado**.

c) Segurado Obrigatório – Contribuinte individual

Grosso modo, trata-se da categoria dos trabalhadores que *não detêm vínculo empregatício, prestando serviços de forma autônoma a diversos tomadores*.

Mais do que isso, na verdade, a categoria dos contribuintes individuais presta relevante função na busca da **universalidade de atendimento** da Previdência Social: a pretensão de que nenhum trabalhador fique desamparado caso atingido por contingências que impeçam o exercício de sua atividade remunerada. Veremos a seguir que, além dos prestadores de serviços autônomos, diversos outros trabalhadores aqui se incluem com o fito de garantir a todos a proteção previdenciária, razão pela qual esta categoria tem **natureza supletiva**: quem exerce atividade remunerada e não se enquadra em nenhuma das outras categorias, será contribuinte individual.

De toda forma, sua principal característica é a **ausência de subordinação** na realização de sua atividade.

O PCSS (art. 12), o PBPS (art. 11) e o RPS (art. 9º) enumeram, como contribuintes individuais, os seguintes:

c1) a pessoa física, proprietária ou não, que explora atividade agropecuária, a qualquer título, em caráter permanente ou temporário, em área superior a 4 (quatro) módulos fiscais; ou, quando em área igual ou inferior a 4 (quatro) módulos fiscais ou atividade pesqueira, com auxílio de empregados ou por intermédio de prepostos; ou ainda nas hipóteses dos §§ 10 e 11 do art. 12 do PCSS.

Refere-se ao *produtor rural pessoa física*, a pessoa que explora atividade rural por conta própria, sem constituir empresa.

A extensa qualificação é salutar para diferenciar este contribuinte individual do segurado especial, figura que será analisada à frente. Com efeito, somente se caracterizará como contribuinte individual o produtor rural atuante em média ou grande propriedade – **maior que quatro módulos fiscais** (o módulo fiscal é uma *unidade de medida agrária, expressa em hectares e variável de acordo com cada município*).

Pode ainda ser considerado contribuinte individual o produtor rural que explore sua atividade em área igual ou inferior a quatro módulos fiscais, **desde que tenha o auxílio permanente de empregados ou prepostos**.

É, outrossim, contribuinte individual o explorador de atividade pesqueira, **não importando a área onde a exerce**, se a fizer com o auxílio de empregados ou prepostos.

Por fim, a menção aos §§ 10 e 11 do art. 12 do PCSS acolhe as pessoas que, pela ausência de qualquer dos requisitos, não podem ser caracterizadas como segurado especial. Vemos aqui a primeira demonstração da **natureza supletiva** da categoria dos contribuintes individuais.

c2) a pessoa física, proprietária ou não, que explora atividade de extração mineral-garimpo, em caráter permanente ou temporário, diretamente ou por intermédio de prepostos, com ou sem o auxílio de empregados, utilizados a qualquer título, ainda que de forma não contínua

O item não traz grandes dificuldades. É importante ressaltar que, diferentemente da atividade agropecuária, aqui **não** influenciam o tamanho da área ou a presença de empregados ou prepostos. O *explorador do garimpo, desde que pessoa física, será sempre contribuinte individual*.

c3) o ministro de confissão religiosa e o membro de instituto de vida consagrada, de congregação ou de ordem religiosa

Ministros de confissão religiosa *são as pessoas que dedicam sua vida a professar determinada fé, conduzindo seus respectivos fiéis nos cultos celebrados*. São os padres, pastores, rabinos, pais de santo etc.

Membros de instituto de vida consagrada *são aqueles que se dedicam integralmente aos dogmas de sua fé, alijando-se das atividades comuns do dia a dia para, unicamente, trabalhar em prol da religião*. São os monges, freiras, frades etc.

Interessante o fato destas pessoas estarem incluídas como contribuintes individuais, e em consequência como **segurados obrigatórios**, porque isto implica no reconhecimento de que exercem atividade remunerada (art. 9º, § 12, do RPS), **mesmo que o valor por eles recebido não seja considerado remuneração para fins de incidência da contribuição social**.

Explicamos.

O ministro de confissão religiosa e o membro de instituto de vida consagrada são **sempre considerados contribuintes individuais**. Ocorre que, se o valor por eles recebido da instituição religiosa *for apenas em virtude de seu mister religioso ou para sua subsistência e independentemente da natureza e da quantidade do trabalho executado*, este montante **não** é remuneração para fins previdenciários, não devendo incidir sobre ele a contribuição social devida (art. 22, § 13, do PCSS), devendo o religioso declarar o valor do salário de contribuição sobre o qual deseja contribuir (art. 55, § 11, da Instrução Normativa 971/2009, da Secretaria da Receita Federal do Brasil).

Em sentido contrário, se o valor percebido pelo ministro de confissão religiosa ou membro de instituto de vida consagrada *exceder o necessário à sua subsistência ou for pago por cada tarefa religiosa cumprida*, tal montante será caracterizado como remuneração – exceto se destinado a moradia, transporte ou formação educacional vinculados exclusivamente à atividade religiosa (art. 22, § 14, II, do PCSS) – e incidirá, então, contribuição social sobre todo ele, respeitado o limite máximo do salário de contribuição.

c4) o brasileiro civil que trabalha no exterior para organismo oficial internacional do qual o Brasil é membro efetivo, ainda que lá domiciliado e contratado, salvo quando coberto por regime próprio de previdência social

Temos a tentação de acreditar que já lemos este texto em outro lugar. Realmente, ele é bastante similar ao item "a5", que define uma das espécies de empregado.

É exatamente por isso que devemos ter especial atenção à única diferença existente: lá, classifica-se como **empregado** o brasileiro civil que trabalha *para a União em organismo internacional no exterior*; aqui, classifica-se como **contribuinte individual** o brasileiro civil que trabalha *para o organismo internacional no exterior*.

Altera-se a parte contratante: é empregado quem trabalha em benefício, defendendo os interesses, da União em repartição de organismo internacional situada no estrangeiro; é contribuinte individual quem trabalha em prol do próprio organismo internacional situado fora do país.

A razão do tratamento diferenciado é o fato do organismo internacional, aqui parte contratante, *estar situado no exterior*, o que impede sua caracterização como empresa. A lei nacional não pode alcançar tais entidades quando sediadas em território estrangeiro. Quando a pessoa, por outro lado, trabalha **para a União**, ainda que fora de nossos limites territoriais, esta será sempre vinculada à legislação brasileira. Da mesma forma, se o escritório do organismo internacional está instalado no Brasil, seu funcionário será também classificado como **empregado**, porque, em nosso território, aplicamos nosso ordenamento jurídico.

Anote, então, o quadro-resumo:

		Contratante	
		União	Organismo Internacional
Localização da repartição	Brasil	Empregado (a7)	Empregado (a8)
	Exterior	Empregado (a5)	Contrib. Individual (c4)

c5) o titular de firma individual urbana ou rural, o diretor não empregado e o membro de conselho de administração de sociedade anônima, o sócio solidário, o sócio de indústria, o sócio-gerente e o sócio-cotista que recebam remuneração decorrente de seu trabalho em empresa urbana ou rural, e o associado eleito para cargo de direção em cooperativa, associação ou entidade de qualquer natureza ou finalidade, bem como o síndico ou administrador eleito para exercer atividade de direção condominial, desde que recebam remuneração

Titular de firma individual urbana ou rural, atualmente, é denominado *empresário individual, que é a pessoa que exerce atividade econômica por conta própria, sem outros sócios*. Mais recentemente, devemos também incluir o titular de empresa individual de responsabilidade limitada – EIRELI.

Diretor e membro do conselho de administração são *administradores das sociedades anônimas, funções definidas na Lei 6.404/1976.* Obviamente, aqui se enquadram desde que não sejam empregados da companhia, pois se o forem são classificados como segurados empregados.

Sócio solidário deve ser entendido como *o sócio com responsabilidade ilimitada,* presente nas sociedades simples (não empresárias), nas sociedades em comum (irregulares), na sociedade em nome coletivo e na sociedade em comandita simples.

Sócio de indústria é termo utilizado pelo revogado Código Comercial para definir *o sócio que contribuía apenas com a prestação de serviços, enquanto outro investia o capital, na então chamada sociedade de capital e indústria.* O art. 9º, V, g, do RPS inclui também o sócio capitalista como contribuinte individual. Como este tipo societário foi extinto com o advento do Código Civil em 2002, tais disposições mostram-se inócuas.

Sócio-gerente é *o sócio com poderes de administração da sociedade* e sócio-cotista *é aquele que não possui tais poderes.* Todos eles, **desde que sejam remunerados pela empresa** por conta de trabalhos prestados em seu favor, são segurados obrigatórios na qualidade de contribuintes individuais.

O trabalhador cooperado é considerado, também, como **contribuinte individual** (art. 9º, V, *n*, do RPS). Manterá a mesma qualidade se for eleito para cargo de direção da cooperativa ou outra associação de qualquer natureza.

Por último, o dispositivo acolhe os síndicos ou administradores de condomínios, **desde que remunerados.** Se não o forem, serão **segurados facultativos**. Vale lembrar que a isenção da taxa de manutenção condominial enquanto durar o mandato é forma de **remuneração indireta** do síndico, o qual, nesses casos, **deve** contribuir para a Previdência.

c6) quem presta serviço de natureza urbana ou rural, em caráter eventual, a uma ou mais empresas, sem relação de emprego

c7) a pessoa física que exerce, por conta própria, atividade econômica de natureza urbana, com fins lucrativos ou não

Os dois dispositivos merecem análise conjunta, pois tratam da mesma figura: *o prestador de serviços autônomo, que trabalha para pessoas físicas ou jurídicas conforme estas necessitem de sua mão de obra, sem qualquer tipo de vínculo empregatício*. Dada a ausência de subordinação e habitualidade na execução de seu trabalho, é classificado como contribuinte individual (antigamente era chamado de *autônomo*, termo ainda usado na prática pelas pessoas que se aposentaram antes do regime do PCSS).

c8) o Microempreendedor Individual – MEI de que tratam os arts. 18-A e 18-C da Lei Complementar 123, de 14.12.2006, que opte pelo recolhimento dos impostos e contribuições abrangidos pelo Simples Nacional em valores fixos mensais

Microempreendedor individual (MEI) é o *empresário individual que aufere receita bruta máxima de R$ 60.000,00 (sessenta mil reais) no ano que opte em adimplir suas obrigações tributárias pelo sistema do Simples Nacional* (art. 18-A, § 1º, LC 123/2006).

A redação do item pode dar a entender que o MEI que não opte pela sistemática de contribuição fixa deixa de ser contribuinte individual. Há de se ter cuidado, pois isso não é verdade. Ele continuará classificado como contribuinte individual, pois não deixa de ser **titular de firma individual**, conforme descrito no item "c5".

d) Segurado Obrigatório – Trabalhador avulso

É o trabalhador *que presta serviços a diversas empresas, sem vínculo empregatício, porém com intermediação obrigatória do sindicato ou de órgão gestor de mão de obra (OGMO).*

Os principais aspectos do trabalhador avulso são **a ausência de vínculo empregatício** (que o transformaria em empregado) e a **intermediação do sindicato ou OGMO** (que, se não existir, faz do trabalhador um contribuinte individual). Na prática, as empresas interessadas na mão de obra em determinadas atividades, que não queiram contratar empregados, podem contatar o sindicato ou o OGMO e solicitar os trabalhadores. Os intermediadores indicarão as pessoas que realizarão o trabalho por meio de uma lista de obreiros cadastrados, operando-se um revezamento.

O trabalho avulso está autorizado nas seguintes atividades (art. 9º, VI, do RPS):

d1) o trabalhador que exerce atividade portuária de capatazia, estiva, conferência e conserto de carga, vigilância de embarcação e bloco;

d2) o trabalhador de estiva de mercadorias de qualquer natureza, inclusive carvão e minério;

d3) o trabalhador em alvarenga (embarcação para carga e descarga de navios);

d4) o amarrador de embarcação;

d5) o ensacador de café, cacau, sal e similares;

d6) o trabalhador na indústria de extração de sal;

d7) o carregador de bagagem em porto;

d8) o prático de barra em porto;

d9) o guindasteiro;

d10) o classificador, o movimentador e o empacotador de mercadorias em portos;

d11) movimentação de mercadorias em geral em áreas urbanas ou rurais, descritas na alínea "b" do inciso VI do art. 9º do RPS.

Atenção ao fato de que, não obstante a grande maioria das atividades sejam típicas da zona portuária (arts. 32 e seguintes da Lei 12.815/2013), não é verdade que somente estas autorizam a contratação de trabalhador avulso, como muitos memorizam. Há, ainda, a presença dos ensacadores de grãos, dos trabalhadores da extração de sal e da movimentação de mercadorias (esses últimos previstos na Lei 12.023/2009).

e) Segurado Obrigatório – Segurado especial

Fruto do objetivo constitucional de estender os benefícios do RGPS aos trabalhadores rurais, o segurado especial pode ser sumariamente definido como *o pequeno produtor rural, que trabalha a terra para seu sustento*. Mais pormenorizadamente, seu conceito vem exposto na própria CF/1988 (art. 195, § 8º): *"O produtor, o parceiro, o meeiro e o arrendatário rurais e o pescador artesanal, bem como os respectivos cônjuges, que exerçam suas atividades em regime de economia familiar, sem empregados permanentes (...)".*

Conforme se verá mais adiante, a criação da categoria do segurado especial baseia-se, ainda, no princípio da **equidade na forma de participação no custeio** da seguridade social. Como tais pessoas costumam auferir renda apenas em determinadas épocas do ano (a safra), sua contribuição será ajustada a esta realidade e pagam apenas um percentual daquilo obtido com a comercialização da produção. Obviamente, a fim de se manter o equilíbrio financeiro e atuarial do sistema, seus benefícios previdenciários serão limitados a um salário mínimo.

Reunindo o dispositivo constitucional, o PCSS e o RPS, temos os seguintes requisitos para a caracterização do segurado especial:

e1) Atividade rural em economia familiar: assim considerada aquela *em que o trabalho dos membros da família é indispensável à própria subsistência e ao desenvolvimento socioeconômico do núcleo familiar e é exercido em condições de mútua dependência e colaboração, sem a utilização de empregados permanentes.*

Desta forma, tanto o produtor rural quanto seu cônjuge e filhos maiores de 16 (dezesseis) anos ou equiparados são segurados especiais da Previdência. A proteção, lembre-se, é conferida a todos mediante o pagamento de uma única contribuição calculada sobre o resultado da comercialização da produção;

e2) Área de produção igual ou inferior a 4 (quatro) módulos fiscais: caso a atividade explorada seja agropecuária. Para o extrativista vegetal ou seringueiro, não há limite de área;

e3) Não utilizar embarcação ou tenha esta arqueação bruta igual ou menor que 20 (vinte), conforme o art. 10, § 1º, I, da Lei 11.959/2009: para o pescador artesanal. Arqueação bruta é um valor adimensional (não é acompanhado de qualquer unidade de medida – metros cúbicos, toneladas etc.) relacionado com o volume total interno de um navio;

e4) Não contratar empregados permanentes: sendo autorizada a contratação de empregados ou contribuintes individuais *à razão de 120 pessoas/dia por ano civil, ou por tempo equivalente em horas de trabalho, não sendo computado nesse prazo o período de afastamento em decorrência do recebimento de auxílio-doença,* para fazer frente às necessidades da safra. A razão deve ser entendida da seguinte forma: se o segurado especial contratar um empregado, este poderá trabalhar por até 120 dias, corridos ou intercalados, no mesmo ano civil (de janeiro a dezembro); se contratar dois empregados, poderão ficar por até 60 dias; quatro empregados, 30 dias; e, assim, sucessivamente;

e5) Não possuir outra fonte de rendimento: exceto benefício previdenciário de pensão por morte, auxílio acidente ou auxílio-reclusão, cujo valor não supere o do menor benefício de prestação continuada da Previdência Social (um salário mínimo); benefício de previdência complementar; exercício de atividade remunerada em período não superior a 120 dias, corridos ou intercalados, no ano civil; exercício de mandato eletivo de dirigente sindical de organização da categoria de trabalhadores rurais; exercício de mandato de vereador do município onde desenvolve a atividade rural, ou de dirigente de cooperativa rural constituída exclusivamente por segurados especiais; parceria ou meação; atividade artesanal desenvolvida com matéria-prima produzida pelo respectivo grupo familiar, podendo ser utilizada matéria-prima de outra origem, desde que a renda mensal obtida na atividade não exceda ao menor benefício de prestação continuada da Previdência Social; e atividade artística, desde que em valor mensal inferior ao menor benefício de prestação continuada da Previdência

Social (art. 12, § 10, do PCSS). Nestas hipóteses, o trabalhador **deve recolher sua contribuição social conforme as regras da categoria em que se enquadrar** (empregado de uma pessoa jurídica durante a entressafra, por exemplo, terá o desconto na remuneração pela alíquota aplicável a qualquer empregado), **porém continua sendo visto pela Previdência Social como segurado especial.**

Ressaltamos que, nos termos do art. 9º, § 18, do RPS, **não** descaracteriza a condição de segurado especial, dentre outras, a *exploração de atividade turística na propriedade rural, inclusive com hospedagem, por não mais que 120 dias ao ano; a participação em plano de previdência complementar; o fato de algum membro do grupo familiar ser beneficiário de programa de assistência social governamental; a utilização pelo próprio grupo familiar de processo de beneficiamento ou industrialização artesanal na exploração da atividade; e a associação em cooperativa agropecuária ou de crédito rural.*

A Lei 12.873/2013 previu, ainda, uma nova possibilidade para o segurado especial complementar sua renda sem perder sua caracterização. Ao inserir o § 14 no art. 12 do PCSS, mencionado diploma normativo autorizou a constituição de sociedade empresária, sociedade simples, empresa individual de responsabilidade limitada ou o registro como empresário individual do segurado especial cujo objeto seja de âmbito agrícola, agroindustrial ou agroturístico. Para manter a qualidade de segurado especial, porém, deve se tratar de uma **microempresa**, constituída exclusivamente por segurados especiais do mesmo Município (ou de cidades limítrofes) de sua sede e que continuem a desenvolver suas atividades.

Frise-se, por fim, que nas hipóteses elencadas, nas quais o segurado pode exercer atividade remunerada sem perder essa classificação, deverá recolher normalmente as contribuições previdenciárias incidentes sobre essa outra profissão (art. 12, § 13, do PCSS).

f) Segurado facultativo

Recuperando o conceito anotado anteriormente, **segurado facultativo** da Previdência Social é *toda pessoa que, não exercendo atividade remunerada, opta, por iniciativa própria, por contribuir para o RGPS, fazendo jus aos benefícios enunciados em lei.*

O RPS traz alguns exemplos: *dona de casa, síndico não remunerado de condomínio, estudante, brasileiro que acompanha cônjuge que presta serviço no exterior, quem deixou de ser segurado obrigatório, membro de Conselho Tutelar, estagiário nos termos da Lei 11.788/2008, bolsista de instituição de pesquisa em regime de dedicação exclusiva, o preso e o brasileiro domiciliado no exterior.*

Repise-se que são exemplos. Qualquer pessoa **maior de 16 anos que não exerça atividade remunerada e não esteja amparada por nenhum outro regime de previdência social** pode se inscrever como segurado facultativo.

A CF/1988 veda, expressamente, a inscrição como facultativo de pessoa participante de regime próprio de previdência (art. 201, § 5º).

3.3.3. Filiação e inscrição

Filiação define-se como *o ato jurídico que vincula o trabalhador à Previdência Social*. Com a filiação, a pessoa torna-se um **segurado**.

Considerando que a filiação ao RGPS é **obrigatória** para aqueles que exercem atividade remunerada, *tão logo esta se inicie o trabalhador já está filiado à Previdência*. Ainda que o INSS não saiba da existência deste trabalhador em atividade, sua filiação é uma imposição constitucional. Assim, o fato de alguém estar trabalhando, com ou sem registro de emprego, sem contribuir para a Previdência, coloca esta pessoa em situação de **inadimplemento**, ou seja, ela é devedora de contribuição social e pode, eventualmente, ser cobrada de seu débito com os acréscimos legais (correção monetária, juros e multa).

A despeito de se caracterizar como um vínculo jurídico, a filiação pode ser **múltipla**, ou seja, *o mesmo segurado pode possuir mais de uma filiação*. Isso ocorre quando a pessoa exerce mais de uma atividade remunerada sujeita ao RGPS, sejam elas de mesma natureza ou de natureza distinta. Nesse caso, o segurado será considerado *filiado em cada uma delas individualmente* (art. 12, § 2º, do PCSS), autorizando o recebimento de benefícios que sejam exclusivos de uma ou de outra. Exemplo: determinado trabalhador está filiado ao RGPS tanto como empregado (por trabalhar com carteira assinada para determinada empresa) quanto como contribuinte individual (por realizar trabalhos autônomos nas horas vagas). Caso venha a sofrer um acidente que deixe sequelas permanentes, reduzindo sua capacidade laborativa, terá direito ao auxílio-acidente porque é segurado empregado. O fato de *também* ser filiado como contribuinte individual (que não faz jus ao auxílio-acidente) não exclui seu direito ao benefício.

Em face do exposto, a filiação pode dar-se de duas formas:

a) Automática: quando o trabalhador não precisa praticar nenhum ato formal para obter sua filiação, decorrendo diretamente do exercício de atividade remunerada. É a forma de filiação dos *segurados obrigatórios*;

b) Mediante inscrição: para os *segurados facultativos*, que não exercem atividade remunerada e, portanto, participam do RGPS se quiserem, sua filiação decorre de um *ato formal, pelo qual o segurado fornece dados necessários para sua identificação no INSS* (art. 18 do RPS).

Em rigor, a **inscrição deve sempre ser realizada**, afinal é com ela que o INSS obtém os dados cadastrais do segurado e todos aqueles relativos à atividade que exerce. A diferença é que, *enquanto os segurados obrigatórios promovem sua inscrição* ***depois da filiação*** *(pois esta ocorre juntamente com o início da atividade), os facultativos devem realizar sua inscrição* ***antes da filiação*** *(pois esta decorre da própria inscrição).*

É por isso que não se admite a **filiação retroativa** do segurado facultativo, ou seja, *o pagamento de certa quantia à vista, em determinada data, pretendendo que esta valha como contribuição para uma série de meses anteriores*. Exemplo: um segurado facultativo resolve se inscrever em junho de 2015, pretendendo benefícios da ordem de R$ 800,00. Conforme veremos mais adiante, deverá recolher como contribuição a alíquota de 20%, portanto R$ 160,00. Não se aceita que este novo segurado, ao proceder sua inscrição, recolha R$ 1.600,00 pretendendo "considerar-se filiado" desde 10 meses antes. A inscrição e a filiação do facultativo voltam-se apenas para o futuro.

Não se confunde essa situação com a **quitação de contribuições atrasadas dos segurados obrigatórios**. Suponha que um dentista tenha trabalhado em seu próprio consultório por 10 anos, sem nunca ter promovido sua inscrição no INSS e, por conseguinte, sem nunca ter recolhido qualquer contribuição. Pretendendo fazer contar esse tempo de trabalho para sua aposentadoria, realiza sua inscrição e recolhe, além do mês atual, o equivalente aos 10 anos anteriores **com correção monetária, juros e multa**. Tal recolhimento é **plenamente válido**, porque o contribuinte individual, na verdade, **já era filiado** e estava em débito com a Seguridade Social.

A inscrição do **segurado empregado** e do **trabalhador avulso** deve ser realizada pela empresa ou pelo órgão gestor de mão de obra, respectivamente. Os demais (empregado doméstico, contribuinte individual, segurado especial e segurado facultativo) devem promover, pessoalmente, sua inscrição no INSS.

3.3.4. Manutenção da qualidade de segurado

Considerando que o RGPS é um sistema **contributivo**, é fácil deduzir que *enquanto o segurado estiver contribuindo para a Previdência Social ele manterá essa qualidade*. Como decorrência lógica, quando deixar de fazê-lo, perderá o *status* de segurado, não mais tendo direito aos benefícios previdenciários previstos em lei.

Este raciocínio, bastante correto, encontra algumas exceções. Sim, há períodos na vida laboral da pessoa em que esta *não contribui para o RGPS, mas mantém a qualidade de segurado por um certo período de tempo*. Esse interregno é chamado de **período de graça**.

Isso quer dizer, por exemplo, que se determinado segurado não estiver contribuindo (porque ficou desempregado), porém encontra-se no período de graça, caso venha a ser acometido de determinada doença que imponha repouso absoluto, terá direito de receber auxílio-doença enquanto permanecer nessa situação.

É claro que tal período não pode perdurar indefinidamente, sob pena de fazer ruir o equilíbrio atuarial do sistema previdenciário. Por isso, o PBPS estabelece os prazos aplicáveis ao período de graça:

a) **sem limite de prazo, para quem está em gozo de benefício, exceto o auxílio-acidente:** afinal, os benefícios previdenciários são imunes à incidência de contribuição (com exceção do salário-maternidade).

b) **até doze meses após a cessação de benefício por incapacidade ou após a cessação das contribuições, o segurado que deixar de exercer atividade remunerada abrangida pela previdência social ou estiver suspenso ou licenciado sem remuneração:** este é o período de graça padrão do segurado obrigatório, sendo a hipótese mais comum na prática. A lei lhe garante a extensão dos benefícios previdenciários pelo prazo de doze meses contados do momento em que deixou de exercer atividade remunerada (e, presume-se, deixou de contribuir), prazo também aplicável para quem estava no gozo de determinado benefício por incapacidade (exemplo: auxílio-doença) e este é suspenso porque a perícia médica oficial assinalou o retorno da aptidão para o trabalho.

O lapso é ampliado para **24 meses** se o segurado já contava com mais de **120 contribuições mensais** quando deixa de contribuir (art. 15, § 1º, do PBPS). E, em se tratando de desemprego (hipótese exclusiva, portanto, do segurado **empregado**), o período ganha mais **12 meses**, desde que o segurado comprove essa situação mediante registro no órgão próprio do Ministério do Trabalho e Emprego – MTE.

A primeira hipótese é um bônus conferido ao trabalhador que já contribuiu por longo período para a Previdência. A segunda hipótese visa a premiar o cidadão que informa o governo de sua situação de desemprego para auxiliar nas estatísticas oficiais e estratégias de atuação do Poder Público no mercado. Há de se anotar, contudo, que existe corrente jurisprudencial que caminha no sentido de permitir a extensão da graça mesmo sem tal registro, bastando a prova do desemprego por qualquer meio admitido em Direito (Súmula 27 da Turma de Uniformização dos Juizados Especiais Federais). Em sentido contrário, reafirmando a necessidade de registro no MTE: STJ, REsp 627.661/RS, *DJ* 02.08.2004.

Em resumo, o período de graça em razão da supressão da atividade remunerada pode ser de 12, 24 ou 36 meses, dependendo da conjugação dos fatores expostos.

c) **até doze meses após cessar a segregação, o segurado acometido de doença de segregação compulsória:** tais males seriam aqueles que determinam, necessariamente, o afastamento social do doente para tratamento, diante de seu estágio avançado ou possibilidade de contágio. Na falta de regulamentação, parte da doutrina utiliza as doenças previstas no art. 151 do PBPS. Não acreditamos que seja a melhor solução, visto que várias das moléstias listadas permitem, sem qualquer prejuízo ao trabalhador ou à sociedade, o tratamento ambulatorial. Ademais, o dispositivo em estudo tem pouquíssima aplicabilidade prática, pois, se a doença que atinge o trabalhador impõe seu afastamento do trabalho, ele passará a receber auxílio-doença; ao se recuperar e ser suspenso o benefício, ele já estaria incluído no item anterior.

d) **até doze meses após o livramento, o segurado detido ou recluso:** trata-se do segurado que veio a ser preso. Manterá essa qualidade quando for posto em liberdade, definitiva ou provisoriamente, por doze meses. Devemos interpretar como liberdade a colocação do detento em regime aberto, diante da suspensão determinada pelo PBPS do auxílio-reclusão pago à sua família quando ocorrer essa progressão de regime.

e) **até três meses após o licenciamento, o segurado incorporado às Forças Armadas para prestar serviço militar:** outro dispositivo de pouco uso concreto, diante do direito trabalhista de suspensão do contrato de trabalho durante o serviço militar (art. 472 da CLT). Isso significa dizer que, ao menos para o segurado empregado, sua fonte de renda ainda estará lá quando for licenciado do serviço militar. A regra tem aplicação, portanto, apenas àqueles que se encontravam em outra categoria de segurados e foram convocados, podendo permanecer até três meses sem contribuir que ainda mantêm a qualidade de segurados.

f) **até seis meses após a cessação das contribuições, o segurado facultativo:** o facultativo tem regra própria, estando ainda coberto pelos benefícios por seis meses após a última contribuição. Atente para um ponto: isso **não** significa que o facultativo pode pagar apenas uma contribuição a cada seis meses que estará sempre segurado! Para manter essa qualidade, deverá pagar as contribuições em atraso.

Vale ressaltar que, em geral, durante o período de graça o segurado conserva íntegro seu direito a *todos os benefícios previdenciários*, havendo apenas uma exceção aplicável ao **salário-maternidade**. A segurada **não** faz jus a este benefício quando estiver *desempregada em razão de demissão sem justa causa ocorrida durante o período de estabilidade provisória* (desde a confirmação da gravidez até cinco meses após o parto, nos termos do art. 10, II, *b*, do ADCT). Isso porque, nessa hipótese, o salário-maternidade passa a ser considerado como **verba indenizatória**, cujo pagamento é de responsabilidade do empregador, o que libera o INSS da restituição deste benefício à empresa.

3.3.5. Perda da qualidade de segurado

Ultrapassado o prazo estabelecido para o período de graça, **perderá** o segurado esta qualidade, ficando sem o amparo da Previdência caso lhe sobrevenha qualquer das contingências protegidas. Ou seja, a determinação do dia em que o trabalhador deixa de ser considerado como segurado da Previdência é de extrema importância, já que o fato ocorrido antes disso lhe assegura proteção, mas o fato posterior nada lhe garantirá.

Dispõe, sobre o tema, o art. 15, § 4º, do PBPS: *"a perda da qualidade de segurado ocorrerá no* **dia seguinte** *ao do* **término do prazo** *fixado no Plano de Custeio da Seguridade Social* **para recolhimento da contribuição** *referente ao* **mês imediatamente posterior ao do final dos prazos fixados neste artigo** *e seus parágrafos"* (grifo nosso).

A redação é, sem dúvida, um tanto confusa. Para bem compreendê-la, precisamos conhecer uma regra importante sobre o pagamento das contribuições previdenciárias, o **regime de competência**.

Um exemplo ilustrará bem seu significado: uma pessoa trabalhou em certa empresa ao longo do mês de junho de 2011. Nos primeiros dias de julho de 2011 receberá sua remuneração, *referente ao trabalho prestado em junho*. Dizemos que esta remuneração é da **competência** do mês de junho. Desta remuneração será descontada sua contribuição previdenciária. Logo, a contribuição descontada e paga à União em julho é da **competência** do mês de junho, tal qual a remuneração.

Em outras palavras: *o segurado recolhe, em determinado mês, a contribuição previdenciária referente à remuneração auferida no mês anterior.*

Acompanhe agora o raciocínio com base na seguinte linha do tempo:

```
Demissão                          Mês imediatamente posterior
Ago/2011                                    Set/2012
────┼──────────────┼──────────────────────────┼──────────────▶
    Início do período de graça   Fim do período de graça   Vencimento da contribuição
        01/09/2011                   31/08/2012                 15/10/2012
                                                         PERDA DA QUALIDADE DE
                                                                SEGURADO
                                                              16/10/2012
```

Pois bem. O dispositivo legal diz que a perda da qualidade de segurado é operada no *dia seguinte* ao do *término do prazo* para recolhimento da contribuição. Sua leitura deve ser feita em conjunto com o art. 14 do RPS, que unifica a regra para todos os segurados: não importa qual a categoria do segurado em questão, considera-se o prazo de vencimento do **contribuinte individual**, ou seja, dia 15 (art. 30, II, do PCSS).

Fiquemos no mesmo exemplo citado, em que tínhamos um segurado empregado. Suponha, agora, que ele seja demitido, sem justa causa, em agosto de 2011, com apenas duas contribuições mensais recolhidas. Como ele trabalhou em agosto e a contribuição relativa a esta competência será paga, seu período de graça começa a contar em setembro de 2011 e será de 12 meses (considerando, ainda, que ele não se registrou no MTE informando sua situação).

Note que o período de graça findará em agosto de 2012. Mas continua o dispositivo legal dizendo que a perda da qualidade de segurado se opera apenas *no dia seguinte* (16) ao do *término do prazo* (15) para *recolhimento da contribuição referente ao mês imediatamente posterior* (setembro) *ao do final do prazo do período de graça* (agosto). A contribuição do mês de setembro deve ser recolhida até 15 de outubro. Logo, em nosso exemplo, a perda da qualidade de segurado será reconhecida em **16 de outubro de 2012**.

3.3.6. Efeitos da perda da qualidade de segurado

Com a perda da qualidade de segurado, *o trabalhador e seus dependentes deixam de ter, como regra, acesso a qualquer dos benefícios previdenciários*. Esta determinação, todavia, comporta duas exceções:

a) Direito adquirido: em respeito a este, se o segurado, ao perder esta qualidade, já havia cumprido todos os requisitos para a concessão de determinado benefício, *continuará a fazer-lhe jus*. Exemplo: ao perder a qualidade de segurado, o trabalhador já detinha todos os requisitos para se aposentar por tempo de contribuição. Poderá requerer o benefício a qualquer momento, por força do direito adquirido;

b) Aplicação do art. 3º da Lei 10.666/2003: que dispõe que a *perda da qualidade de segurado não será considerada para a concessão das aposentadorias por tempo de contribuição e especial*. Com isso, se o segurado deixar de efetuar suas contribuições por longo período de tempo, perdendo a proteção previdenciária, ao voltar a recolhê-las deve apenas fazê-lo até somar o requisito para aposentadoria – frise-se, no caso da aposentadoria por tempo de contribuição, que *tenha direito adquirido a ela antes da entrada em vigor da EC 103/19*, **uma vez que o benefício foi extinto pela Reforma da Previdência**. Exemplo: um empregado contribuiu por 33 anos, foi demitido e perdeu a qualidade de segurado. Tempos depois, conseguiu novo emprego. Basta que recolha mais dois anos para ter direito à aposentadoria por tempo de contribuição (que se dá com 35 anos de contribuição para o segurado homem). A perda da qualidade de segurado não lhe atrapalha em nada na concessão deste benefício, desde que, ao longo de sua vida e antes da entrada em vigor da EC 103/19, some o número de contribuições necessárias para se aposentar. Essa regra excepciona também as determinações sobre o período de carência, que serão estudadas mais adiante.

O § 1º do mesmo artigo traz disposição semelhante sobre a aposentadoria por idade, determinando que, neste caso, *desde* que o segurado conte com, no mínimo, o tempo de contribuição correspondente ao exigido para efeito de carência na data do requerimento do benefício, a perda da qualidade de segurado também não será considerada.

Trata da hipótese do segurado que, por exemplo, aos 60 anos de idade, perde a qualidade de segurado. Para se aposentar por idade, o homem precisa contar 65 anos, como regra. Se o segurado de nosso exemplo já tiver realizado 180 contribuições ao longo de sua vida profissional (que é o prazo de carência para este benefício), *basta esperar completar 65 anos de idade* para requerer sua aposentadoria.

4. CONTRIBUIÇÕES PARA A SEGURIDADE SOCIAL

4.1. Disposições gerais

Já dissemos que o recolhimento das contribuições previstas em lei para financiar a seguridade social constituem **obrigações tributárias**, diante da inserção das contribuições sociais como categoria autônoma de tributos. Mais especificamente, são **obrigações tributárias principais**, uma vez que impõem o dever de pagar determinada quantia aos cofres públicos.

Para estudá-las pormenorizadamente, então, precisamos visitar alguns institutos típicos do Direito Tributário, plenamente aplicáveis à relação jurídica de custeio direto da seguridade, estudada no capítulo anterior.

4.1.1. Competência legislativa

A CF/1988 entregou **competência legislativa exclusiva** para a **União** criar as contribuições sociais (art. 149), com exceção das *contribuições cobradas dos servidores públicos estaduais, distritais e municipais para custeio dos respectivos regimes próprios de previdência*. Estas são criadas, também respectivamente, por cada Estado, pelo Distrito Federal e por cada Município (art. 149, § 1º, da CF/1988).

Originariamente, a CF/1988 previu as seguintes contribuições sociais:

> **Art. 195.** A seguridade social será financiada por toda a sociedade, de forma direta e indireta, nos termos da lei, mediante recursos provenientes da União, dos Estados, do Distrito Federal e dos Municípios, e das seguintes contribuições sociais:
>
> I – do empregador, da empresa e da entidade a ela equiparada na forma da lei, incidentes sobre:
>
> a) a folha de salários e demais rendimentos do trabalho pagos ou creditados, a qualquer título, à pessoa física que lhe preste serviço, mesmo sem vínculo empregatício;
>
> b) a receita ou faturamento;
>
> c) o lucro.
>
> II – do trabalhador e dos demais segurados da previdência social, não incidindo contribuição sobre aposentadoria e pensão concedidas pelo regime geral de previdência social de que trata o art. 201;
>
> III – sobre a receita de concursos de prognósticos;
>
> IV – do importador de bens ou serviços do exterior, ou de quem a lei a ele equiparar.

A competência exclusiva da União abrange igualmente a chamada **competência residual** (art. 195, § 4º, da CF/1988), que é a *aptidão para criar novas contribuições sociais além* daquelas expressamente previstas no texto constitucional. Para tanto, devem ser observados os seguintes requisitos:

a) A criação deve dar-se por lei complementar: o que afasta a possibilidade de edição de qualquer outra espécie legislativa hierarquicamente inferior, principalmente medidas provisórias (art. 62, § 1º, III, da CF/1988). Obviamente, normas superiores estão permitidas, as quais, no caso, limitam-se às emendas constitucionais. Essas foram utilizadas como instrumento, por exemplo, para a criação da antiga Contribuição Provisória sobre Movimentações Financeiras – CPMF.

b) A contribuição nova deve ser não cumulativa: cumulatividade do tributo significa *que este incide integralmente em todas as etapas da cadeia produtiva*. Exemplo: imposto de renda, pois cada pessoa jurídica envolvida na industrialização e comércio de determinado produto deve arcar com o seu imposto de renda calculado sobre todo o lucro que obtiver no período de apuração. Ao contrário, tributo não cumulativo é aquele *que autoriza o uso do valor do tributo incluído no preço da mercadoria como crédito para o recolhimento do mesmo tributo pelo próximo contribuinte da cadeia produtiva*. É o caso, por exemplo, do ICMS, no qual o valor do tributo destacado na nota fiscal de venda da indústria será usado como crédito quando o comerciante adquirente for recolher seu próprio ICMS;

c) A base de cálculo deve ser nova: não se autoriza a criação de contribuições sociais sobre fatos que já constituam base de cálculo de outros tributos. Impossível criar uma contribuição social incidente sobre a propriedade de bens imóveis, pois isto já obriga ao pagamento do IPTU. Porém, as movimentações financeiras, nos idos de 1997, não determinavam o pagamento de nenhum tributo, por isso foram escolhidas, então, como base de cálculo da CPMF.

4.1.2. Vigência da legislação aplicável

Para verificar em que momento a legislação relativa à cobrança de contribuições sociais entra em vigor, devemos primeiro analisar o conteúdo da norma, uma vez que dele dependerá diretamente a regra a ser aplicada.

a) Normas favoráveis ou indiferentes ao contribuinte: por "normas favoráveis" entendemos *aquelas que livram o contribuinte do pagamento do tributo ou diminuem seu valor*, caso das leis que criam isenções, que extinguem contribuições, que diminuem a alíquota etc. "Normas indiferentes" são *aquelas que não interferem no valor do tributo, mas apenas em questões paralelas*, como prazo de pagamento, necessidade de entrega de declarações etc.

Essas normas (favoráveis ou indiferentes) seguem a regra de vigência estabelecida na Lei de Introdução às Normas do Direito Brasileiro – Decreto-lei 4.657/1942: entram em vigor na data em que indicarem; na ausência desta, em 45 dias contados da publicação para efeitos internos e em 3 meses para efeitos no exterior.

b) Normas desfavoráveis ao contribuinte: valendo-nos dos mesmos critérios usados anteriormente, "normas desfavoráveis" são *aquelas que determinam o pagamento de tributo novo ou aumentam o valor a pagar*. São exemplos a lei que cria contribuição social nova, a que aumenta a alíquota de contribuição já existente, a que extingue uma isenção etc.

Neste caso, a lei somente entra em vigor **90 dias depois de sua publicação, ainda que tal prazo vença dentro do**

mesmo exercício, que coincide com o ano civil (de janeiro a dezembro). Isto porque as normas desfavoráveis ao contribuinte relativas a contribuições sociais *não estão sujeitas à anterioridade anual prevista no art. 150, III, b, da CF/1988, mas apenas à anterioridade nonagesimal, também conhecida como "noventena"* (art. 195, § 6º, da CF/1988).

4.1.3. Imunidades

São hipóteses de não incidência de tributos por expressa determinação constitucional, isto é, são situações nas quais, pela aplicação direta da lei, deveria haver o pagamento da contribuição social. No entanto, a **própria Constituição** veda a cobrança, protegendo o contribuinte.

Difere a imunidade da **isenção** na medida em que esta é *criada por lei*. Na isenção, o contribuinte está liberado do pagamento da contribuição social porque uma **lei ordinária** assim autorizou. Perceba que a proteção é menor na isenção, pois a lei pode ser facilmente revogada a qualquer momento com a edição de nova lei ordinária, ou mesmo de uma medida provisória, regulando diferentemente a matéria. Já as imunidades são **irrevogáveis**, pois tem *status* de **cláusula pétrea** (STF, ADI 939-DF, *DJ* 15.12.1993), ainda que tal classificação conte com alguma resistência por parte da doutrina e da jurisprudência.

Visto isso, leia-se o art. 195, § 7º, da CF/1988: "*são isentas de contribuição para a seguridade social as entidades beneficentes de assistência social que atendam às exigências estabelecidas em lei*".

É facilmente identificável o deslize técnico cometido. Se estamos lendo um artigo da **Constituição** que impede a cobrança do tributo, estamos diante de uma **imunidade**. Equivocou-se o constituinte ao usar a expressão "*são isentas*". Não obstante, em cega consideração à literalidade do texto constitucional, o termo vem sendo utilizado indiscriminadamente na prática.

O artigo estabelece, para o gozo da imunidade, que a entidade de **assistência social** (o que exclui entidades beneficentes dedicadas a outras atividades que não o auxílio às pessoas sem condição de prover a própria subsistência) deve *atender a exigências estabelecidas em lei*. Trata-se, portanto, de uma **imunidade condicionada**, sendo os requisitos encontrados no art. 14 do Código Tributário Nacional – CTN:

a) Não podem distribuir qualquer parcela de seu patrimônio ou de suas rendas, a qualquer título, aos diretores ou administradores;
b) Devem aplicar integralmente no país os seus recursos, para manutenção dos seus objetivos institucionais;
c) Devem manter escrituração de suas receitas e despesas em livros revestidos de formalidades capazes de assegurar sua exatidão.

O último requisito traz uma regra importante: *a imunidade ao pagamento do tributo* **não** *implica a liberação do cumprimento das obrigações acessórias*. Em outras palavras, não é porque a entidade está livre do dever de pagar as contribuições sociais que pode ignorar as obrigações de manter sua escrituração contábil em ordem, de emitir notas fiscais, de preencher declarações etc.

Com isso, não se pode exigir nenhuma das contribuições sociais a serem estudadas de entidades beneficentes de assistência social que cumpram as disposições do CTN.

Outra imunidade está prevista no art. 195, II, da CF/1988, ao dispor que *não incidirá contribuição sobre aposentadoria e pensão concedidas pelo RGPS*. Nesta hipótese, o texto constitucional usou a melhor técnica, pois realmente a imunidade é uma espécie de não incidência tributária. Expõe, enfim, que sobre os benefícios de aposentadoria por tempo de contribuição, aposentadoria especial, aposentadoria por idade, aposentadoria por invalidez e pensão por morte não incidirá contribuição previdenciária.

Em verdade, sobre benefícios previdenciários, incide contribuição, na prática, apenas sobre o salário-maternidade. Contudo, enquanto as aposentadorias e a pensão por morte estão acobertadas por **imunidade**, os demais benefícios são protegidos por **isenção**.

4.1.4. Remissão e anistia

Ambos são institutos do Direito Tributário com plena aplicação na relação previdenciária de custeio. **Remissão** (cujo verbo é *remitir*, sinônimo de *perdoar*) *é o perdão da dívida fiscal, podendo abranger todo o valor devido (tributo principal, juros e multa) ou só parte dele*. A remissão ocorre **depois** do lançamento do tributo, ou seja, constituído regularmente o crédito tributário e não pago pelo contribuinte, pode este, em tese, ser perdoado através da veiculação de lei específica.

Anistia, por sua vez, é instituto que se destina *a evitar o lançamento tributário da infração fiscal cometida, liberando-se o contribuinte faltoso do pagamento desta*. Praticada determinada infração fiscal, o crédito sobre ela deve também ser constituído pelo lançamento. **Antes** dele, pode o Poder Público, novamente mediante lei específica, anistiar o pagamento, liberando os contribuintes que praticaram aquela ilegalidade **do pagamento da multa**. A anistia atinge apenas a multa; o valor do tributo principal, acrescido de juros e correção monetária **continua devido**.

Vistos os conceitos, resta verificar que, no âmbito do Direito Previdenciário, mais especificamente sobre as **contribuições sociais incidentes sobre a folha de pagamento das empresas e sobre a remuneração dos trabalhadores**, o art. 195, § 11, da CF/1988 *impede a concessão de remissão e anistia para valores superiores ao fixado em lei complementar*. Em outras palavras, a CF/1988 determina a criação de um teto para a concessão desses favores fiscais: abaixo dele, pode o Poder Público remitir ou anistiar a dívida; acima dele, deve promover a cobrança.

Essa disposição se justifica na tentativa de manter sempre o equilíbrio financeiro do sistema previdenciário. As duas contribuições mencionadas destinam-se, exclusivamente, ao pagamento dos benefícios da previdência, de sorte que a dispensa de seu pagamento deve ater-se a critérios mais rigorosos.

Ficam proibidas, além da remissão e da anistia nos termos de lei complementar, também a concessão de moratória e de parcelamento por prazo superior a 60 (sessenta) meses para débitos relativos às contribuições sobre a folha de pagamento e sobre os rendimentos do trabalhador, respeitados aqueles firmados antes da entrada em vigor da Emenda da Reforma da Previdência, para os quais ficam vedados reabertura ou prorrogação do prazo para adesão (art. 31 da EC 103/2019).

4.2. Contribuições sociais das empresas

Passamos agora à análise individual de cada uma das contribuições sociais existentes no ordenamento pátrio. Para facilitar o estudo, todas elas serão apresentadas da mesma forma: indicaremos a **previsão legal** (com todas as normas pertinentes), o **sujeito passivo** (lembrando que o sujeito ativo será sempre a União), a **destinação do valor arrecadado**, o **fato gerador**, a **base de cálculo**, a **alíquota** e outras **observações** que se mostrarem necessárias.

4.2.1. Contribuição sobre a folha de pagamento

a) **Previsão legal:** art. 195, I, *a*, da CF/1988; art. 22, I, do PCSS; art. 201 do RPS.

b) **Sujeito passivo:** o empregador, a empresa ou a entidade a ela equiparada.

c) **Destinação do valor arrecadado:** exclusivamente o pagamento de benefícios do RGPS (art. 167, XI, da CF/1988).

d) **Fato gerador:** pagar, dever ou creditar remuneração, a qualquer título, a segurados que lhe prestem serviços, com ou sem vínculo empregatício.

Atente para o fato de que a folha de pagamento, para fins previdenciários, abrange os pagamentos feitos a quaisquer pessoas físicas que prestem serviço para a empresa em determinado mês, tendo vínculo empregatício ou sendo apenas um prestador de serviços eventual. Da mesma forma, o fato gerador (que impõe o dever de pagar o tributo) não é somente a entrega efetiva da remuneração ao segurado, mas o simples dever de pagá-lo, ou seja, ainda que a empresa esteja atrasada com o pagamento das remunerações aos seus empregados e prestadores de serviço, já nasceu o débito perante a União da contribuição sobre a folha de pagamento.

Remuneração deve ser entendida conforme o conceito dado pelo Direito do Trabalho, ou seja, *o valor pactuado a título de salário mais as gorjetas recebidas.*

e) **Base de cálculo:** o total das remunerações pagas, devidas ou creditadas para segurados, a qualquer título, ao longo do mês.

f) **Alíquota:** 20%, para as remunerações pagas, devidas ou creditadas, para segurados empregados, trabalhadores avulsos ou contribuintes individuais.

O Decreto 6.945/2009 reduziu a alíquota geral (20%) para as empresas das áreas de Tecnologia da Informação e Tecnologia da Informação e Comunicação, caracterizadas nos termos do art. 201-D, § 3º, do RPS, *na proporção de 1% para cada 10% da receita média trimestral total da empresa que seja destinada à exportação*, desde que atenda aos requisitos do art. 201-D, § 6º, do RPS. Em outros termos, se a receita média da empresa calculada no trimestre provier 50% dela de transações de exportação de produtos e serviços, a alíquota da contribuição sobre a folha será de 15%.

g) **Vencimento:** dia 20 do mês seguinte ao da competência.

h) **Observações**

✓ As instituições financeiras devem um adicional de 2,5% sobre a mesma base de cálculo (art. 22, § 1º, do PCSS);

✓ Empresas que tenham empregados ou trabalhadores avulsos (o que **exclui os contribuintes individuais**) em atividades de risco, que *são aquelas que autorizam o benefício da aposentadoria especial por periculosidade ou insalubridade*, devem um adicional de 1%, 2% ou 3% para o financiamento do Seguro de Acidentes de Trabalho – SAT e do mencionado benefício. A alíquota é determinada pela **atividade preponderante**, *aquela que possui maior número de funcionários trabalhando*, mencionada no Anexo V do RPS. Para o STJ, para apuração da atividade preponderante, deve ser analisado o risco de acidentes de trabalho e o número de segurados em atividade de risco em cada estabelecimento separadamente (Súmula 351 do STJ). É importante perceber que o adicional incidirá sobre **toda** a folha de pagamento.

✓ Empresas que tenham trabalhadores com direito a aposentadoria especial, além do adicional previsto no item anterior, devem ainda **outro adicional**, de 12%, 9% ou 6% sobre a remuneração **apenas dos segurados empregados ou avulsos expostos a agentes nocivos** característicos da periculosidade ou insalubridade, a depender do tempo de contribuição necessário para a aposentadoria especial (15, 20 ou 25 anos, respectivamente). Para o trabalho prestado por cooperado por intermédio de cooperativa profissional, os adicionais são reduzidos para 9%, 7% ou 5% respectivamente. Por exemplo: uma determinada empresa tem, no total, 500 funcionários, sendo que 100 deles estão expostos a agentes nocivos e recebem o correspondente adicional de insalubridade, tendo direito de aposentar-se com 25 anos de contribuição. O risco de acidente de trabalho destes 100 funcionários está classificado no Anexo V do RPS como leve. Nesse caso, a empresa terá de arcar com: **20%** do valor **total** de sua folha de pagamento, como contribuição básica; mais **1%** do valor **total** de sua folha de pagamento a título de adicional ao SAT; mais **6%** do valor **pago apenas aos segurados expostos aos agentes nocivos** para custeio da aposentadoria especial destes empregados.

4.2.2. Contribuição do Microempreendedor Individual – MEI

a) **Previsão legal:** art. 18-C, § 1º, III, da Lei Complementar 123/2006.

b) **Sujeito passivo:** MEI que contrata empregado.

c) **Destinação do valor arrecadado:** exclusivamente o pagamento de benefícios do RGPS (art. 167, XI, da CF/1988).

d) **Fato gerador:** pagar, dever ou creditar remuneração ao segurado empregado que lhe preste serviço.

e) **Base de cálculo:** salário de contribuição do empregado. Atenção que a regra para o MEI é diferente, pois sua base de cálculo não é o valor da remuneração paga ao empregado, mas sim o **salário de contribuição** deste, conceito que será estudado mais adiante.

f) **Alíquota:** 3%

g) **Vencimento:** dia 20 do mês seguinte ao da competência.

h) **Observação:** apesar do conceito de MEI descrito no art. 18-A da LC 123/2006 remeter ao de empresário individual nos termos do art. 966 do CC, é fato que são abordagens diferentes. *Enquanto o empresário individual clássico, regido pelo Código Civil, **deve** contratar empregados para sua caracterização, tal contratação é **vedada** para a classificação do MEI*. A contribuição em comento aplica-se à única exceção prevista: o MEI pode contratar apenas **um** empregado que receba não mais que **um salário mínimo** sem perder essa qualidade.

4.2.3. Contribuição da associação desportiva que mantém equipe de futebol profissional

a) Previsão legal: art. 22, § 6º, do PCSS; art. 205 do RPS.

b) Sujeito passivo: associação desportiva (clube) que mantém equipe de futebol profissional. Perceba que a manutenção da equipe de futebol profissional impõe o pagamento desta contribuição, a qual não se aplica a qualquer associação desportiva. Porém, havendo a equipe de futebol, a contribuição será sempre devida, mesmo em relação a outros esportes.

c) Destinação do valor arrecadado: exclusivamente o pagamento de benefícios do RGPS (art. 167, XI, da CF/1988).

d) Fato gerador: auferir receita em razão da realização de evento esportivo em território nacional e por conta de qualquer forma de patrocínio, licenciamento de uso de marcas e símbolos, publicidade, propaganda e de transmissão de espetáculos desportivos.

e) Base de cálculo: receita bruta do espetáculo desportivo ou do patrocínio, licenciamento, publicidade e transmissão.

f) Alíquota: 5%

g) Vencimento: dois dias úteis após o evento esportivo quando a retenção for feita pela entidade promotora do evento; dia 20 do mês seguinte, quando a retenção for feita pelo patrocinador, licenciado para o uso da marca, empresa de publicidade ou geradora da transmissão do evento.

h) Observações

✓ Esta contribuição **substitui** a contribuição sobre a folha de pagamento dos **empregados e avulsos** da associação desportiva. Caso ela contrate contribuintes individuais ou trabalhadores cooperados, deverá arcar com a contribuição de 20% sobre a folha de pagamento relativa a essas remunerações.

✓ Para fazer jus à substituição, a associação desportiva deve estar organizada na forma de um dos seguintes tipos societários: **sociedade em nome coletivo**, **sociedade em comandita simples** ou **sociedade limitada**.

✓ É permitido que a associação desportiva mantenha outras atividades econômicas paralelas (exemplo: a produção de material esportivo com suas logomarcas). Entretanto, a contribuição sobre a receita bruta do espetáculo somente substitui a contribuição da associação desportiva naquilo que se relacionar com a manutenção e administração da própria equipe de futebol. Quanto a estas atividades secundárias, deverá recolher a contribuição sobre a folha de pagamento normalmente.

4.2.4. Contribuição do produtor rural pessoa jurídica

a) Previsão legal: art. 25 da Lei 8.870/1994; art. 201, §§ 16 e 17, do RPS.

b) Sujeito passivo: a pessoa jurídica que se dedique exclusivamente à atividade rural (agricultura e pecuária), inclusive aquelas listadas no art. 25, § 3º, do PCSS.

c) Destinação do valor arrecadado: exclusivamente o pagamento de benefícios do RGPS (art. 167, XI, da CF/1988).

d) Fato gerador: a comercialização da produção pelo produtor rural pessoa jurídica.

e) Base de cálculo: receita bruta resultante da comercialização da produção.

f) Alíquota: 1,7% mais um adicional de 0,1% para o pagamento de benefícios resultantes de acidentes de trabalho. Portanto, a alíquota total é de 1,8%.

g) Vencimento: dia 20 do mês seguinte ao da operação de venda da produção.

h) Observações:

✓ Esta contribuição **substitui** a contribuição sobre a folha de pagamento dos **empregados e avulsos** do produtor rural pessoa jurídica. Caso ele contrate contribuintes individuais ou trabalhadores cooperados, deverá arcar com a contribuição de 20% sobre a folha de pagamento relativa a essas remunerações.

4.2.5. Contribuição do produtor rural pessoa física

a) Previsão legal: arts. 25 e 25-A do PCSS.

b) Sujeito passivo: a pessoa física que se dedique exclusivamente à atividade rural (agricultura e pecuária), inclusive aquelas listadas no art. 25, § 3º, do PCSS, bem como o consórcio simplificado de produtores rurais.

c) Destinação do valor arrecadado: exclusivamente o pagamento de benefícios do RGPS (art. 167, XI, da CF/1988).

d) Fato gerador: a comercialização da produção pelo produtor rural pessoa física ou consórcio simplificado de produtores rurais.

e) Base de cálculo: receita bruta resultante da comercialização da produção.

f) Alíquota: 1,2%.

g) Vencimento: dia 20 do mês seguinte ao da operação de venda da produção.

h) Observações:

✓ Esta contribuição **pode substituir, a critério exclusivo do sujeito passivo,** a contribuição sobre a folha de pagamento dos **empregados e avulsos** do produtor rural pessoa física, opção que será irretratável para todo o ano. Caso ele contrate contribuintes individuais ou trabalhadores cooperados, deverá arcar com a contribuição de 20% sobre a folha de pagamento relativa a essas remunerações.

4.2.6. Contribuição da agroindústria

a) Previsão legal: art. 22-A do PCSS; arts. 201-A e 201-B do RPS.

b) Sujeito passivo: a agroindústria, assim definida como *o produtor rural pessoa jurídica que se destina à industrialização de produção própria e adquirida de terceiros*. O conceito de industrialização pode envolver o beneficiamento, o processamento, a extração de sumos, o embalamento etc.

c) Destinação do valor arrecadado: exclusivamente o pagamento de benefícios do RGPS (art. 167, XI, da CF/1988).

d) Fato gerador: a comercialização da produção pela agroindústria.

e) Base de cálculo: receita bruta resultante da comercialização da produção.

f) Alíquota: 2,5% mais um adicional de 0,1% para o pagamento de benefícios resultantes de acidentes de trabalho. Portanto, a alíquota total é de 2,6%.

g) Vencimento: dia 20 do mês seguinte ao da operação de venda da produção.

h) Observações:

✓ Esta contribuição **substitui** a contribuição sobre a folha de pagamento dos **empregados e avulsos** da agroindústria. Caso ela contrate contribuintes individuais ou trabalhadores cooperados, deverá arcar com a contribuição de 20% sobre a folha de pagamento relativa a essas remunerações;

✓ Estão excluídas as agroindústrias destinadas à piscicultura, carcinicultura, suinocultura, avicultura, florestamento e reflorestamento como matéria-prima de industrialização própria por expressa determinação legal;

✓ A diferença entre esta contribuição e a prevista para o simples produtor rural pessoa jurídica é que, para a agroindústria, valerá esta alíquota de 2,6% sobre toda a sua receita bruta ainda que ela explore outra atividade econômica em paralelo, ao passo que o produtor rural pessoa jurídica deve dedicar-se **exclusivamente** à produção rural, sob pena de contribuir na regra geral da contribuição sobre a totalidade da folha de pagamento.

4.2.7. Programa de Integração Social/Programa de Formação do Patrimônio do Servidor Público – PIS/PASEP

a) Previsão legal: Lei Complementar 7/1970; Lei Complementar 26/1970; Lei 9.718/1998; Lei 10.637/2002.

b) Sujeito passivo: a empresa e a entidade a ela equiparada.

c) Destinação do valor arrecadado: pagamento do seguro-desemprego e do abono anual (benefícios **trabalhistas**, não previdenciários).

d) Fato gerador: auferir faturamento.

e) Base de cálculo: receita bruta mensal.

f) Alíquota: 0,65% no regime cumulativo; 1,65% no regime não cumulativo.

g) Vencimento: dia 25 do mês subsequente, antecipando-se o vencimento se não houver expediente bancário.

h) Observações:

✓ A contribuição do PIS **não é exclusivamente previdenciária**, servindo para financiamento de benefícios não previdenciários.

✓ As empresas são distribuídas entre os regimes cumulativo e não cumulativo pela legislação: como regra geral, seguem o segundo; o regime cumulativo fica reservado para as atividades listadas no art. 8º da Lei 10.637/2002.

4.2.8. Contribuição para Financiamento da Seguridade Social – COFINS

a) Previsão legal: Lei Complementar 70/1991; Lei 9.718/1998; Lei 10.833/2003.

b) Sujeito passivo: a empresa e a entidade a ela equiparada.

c) Destinação do valor arrecadado: financiamento da seguridade social como um todo (saúde, previdência e assistência social).

d) Fato gerador: auferir faturamento.

e) Base de cálculo: receita bruta mensal.

f) Alíquota: 3% no regime cumulativo; 7,6% no regime não cumulativo.

g) Vencimento: dia 25 do mês subsequente, antecipando-se o vencimento se não houver expediente bancário.

h) Observações:

✓ A COFINS **não é exclusivamente previdenciária**, servindo para financiamento de benefícios e serviços da seguridade social em geral, inclusive previdenciários.

✓ As empresas são distribuídas entre os regimes cumulativo e não cumulativo pela legislação: como regra geral, seguem o segundo; o regime cumulativo fica reservado para as atividades listadas no art. 10 da Lei 10.833/2003.

4.2.9. Contribuição Social sobre o Lucro Líquido – CSLL

a) Previsão legal: Lei 7.689/1988.

b) Sujeito passivo: a empresa e a entidade a ela equiparada.

c) Destinação do valor arrecadado: financiamento da seguridade social como um todo (saúde, previdência e assistência social).

d) Fato gerador: obter lucro contábil no exercício.

e) Base de cálculo: valor do resultado do exercício, antes da provisão para o imposto de renda.

f) Alíquota: 15% para as instituições financeiras; 9% para todas as demais pessoas jurídicas.

g) Vencimento: último dia útil do período de apuração (mensal ou trimestral).

h) Observações:

✓ A CSLL é recolhida na forma de adicional do imposto de renda da pessoa jurídica. Isso significa que são calculados no mesmo momento, por isso o regime de apuração da contribuição segue aquele adotado para o IRPJ.

4.3. Contribuição do empregador doméstico

a) Previsão legal: art. 24 do PCSS; art. 211 do RPS.

b) Sujeito passivo: empregador doméstico.

c) Destinação do valor arrecadado: exclusivamente o pagamento de benefícios do RGPS (art. 167, XI, da CF/1988).

d) Fato gerador: contratar segurado empregado doméstico a seu serviço.

e) Base de cálculo: salário de contribuição dos empregados domésticos a serviço do empregador doméstico.

f) Alíquota: 8%, mais 0,8% a título de adicional ao SAT devido por todos os empregadores domésticos. A alíquota total, portanto, é de 8,8%.

g) Vencimento: dia 7 do mês seguinte ao da competência.

h) Observações:

✓ A contribuição do empregador doméstico tem a mesma natureza da contribuição das empresas sobre a folha de salários, ou seja, destina-se exclusivamente ao custeio da Previdência Social, não trazendo qualquer benefício, nesta seara, ao empregador doméstico.

✓ Além da alíquota (20% para as empresas, 8,8% para o empregador doméstico), há outra diferença entre as duas contribuições: enquanto a contribuição das empresas sobre a folha de pagamento não encontra limite máximo, a do empregador doméstico tem um valor máximo a ser recolhido. **Isso** porque sua base de cálculo não é a remuneração, mas sim o salário de contribuição do empregado doméstico, o qual, como veremos a seguir, é limitado em virtude do equilíbrio financeiro e atuarial do sistema previdenciário. Obviamente, se o mesmo empregador tiver vários empregados domésticos a seu serviço, o valor a pagar incidirá individualmente sobre o salário de contribuição de cada um deles. Assim, é mais correto dizer que a contribuição do empregador doméstico possui um limite máximo a ser pago em relação a cada empregado doméstico contratado.

4.4. Contribuições dos segurados

4.4.1. Salário de contribuição

a) Conceito

Não podemos avançar para o estudo das contribuições previdenciárias devidas pelos segurados sem conhecer o conceito de **salário de contribuição**.

Tantas vezes mencionado nos capítulos anteriores, o salário de contribuição pode ser definido, em poucas palavras, *como a base de cálculo da contribuição do segurado*. Vamos, com isso, estabelecer aqui um ponto importante: **o salário de contribuição não é o valor devido pelo segurado aos cofres da União a título de contribuição previdenciária!** É apenas sua base de cálculo, o *ponto de partida para encontrar o valor exato a ser recolhido*.

Em linhas mais precisas, temos que o salário de contribuição do **empregado e do trabalhador avulso** é *a remuneração auferida, em uma ou mais empresas, assim entendida a totalidade dos rendimentos pagos, devidos ou creditados a qualquer título, durante o mês, destinados a retribuir o trabalho, qualquer que seja sua forma, inclusive as gorjetas, os ganhos habituais sob a forma de utilidades e os adiantamentos decorrentes de reajuste salarial, quer pelos serviços efetivamente prestados, quer pelo tempo à disposição do empregador ou tomador de serviços nos termos da lei ou do contrato, ou, ainda, de convenção ou acordo coletivo de trabalho ou sentença normativa* (art. 28, I, do PCSS).

Para o **empregado doméstico** é *a remuneração registrada em sua Carteira de Trabalho e Previdência Social*, a não ser que se comprove que esta não corresponde à realidade (art. 28, II, do PCSS).

Para o **contribuinte individual** é *a remuneração auferida em uma ou mais empresas ou pelo exercício de sua atividade por conta própria, durante o mês* (art. 28, III, do PCSS).

Para o **segurado facultativo** é *o valor por ele declarado* (art. 28, IV, do PCSS).

Para o **segurado especial** não há que se falar em salário de contribuição, pois ele contribui apenas com um percentual sobre o resultado da comercialização de sua produção, sendo, portanto, diversa a base de cálculo de sua obrigação previdenciária.

b) Limites

Visando a manter o equilíbrio das contas previdenciárias, sem descuidar, por outro lado, do objetivo último da seguridade social que é a garantia de uma existência digna aos cidadãos, o salário de contribuição encontra limites máximo e mínimo no seu cálculo.

O **limite mínimo**, para o **empregado, o empregado doméstico e o trabalhador avulso**, é *o piso salarial da categoria estabelecido em lei ou negociações coletivas de trabalho*. Inexistindo o piso, bem como **para o contribuinte individual e o segurado facultativo**, o limite mínimo do salário de contribuição será *o salário mínimo*.

O **limite máximo**, por sua vez, é único para todos os segurados do RGPS. Seu valor é fixado pelo PCSS e atualizado periodicamente pelo Ministério da Previdência e Assistência Social na mesma época e pelos mesmos índices de reajustamento dos benefícios da Previdência, atendendo ao disposto no art. 20, § 1º, do PCSS. As portarias que fixam os valores para cada exercício financeiro podem ser consultadas no *site* do Ministério da Previdência (www.previdencia.gov.br).

Isso significa que não importa o valor da remuneração efetivamente recebida pelo segurado. Seu salário de contribuição nunca será superior ao limite fixado pelo Poder Público. Sempre ilustrativo o exemplo do diretor empregado de uma empresa multinacional, com salário registrado na CTPS de R$ 30.000,00. Mesmo com este salário vultoso, o desconto de sua contribuição para o RGPS em seu contracheque está limitado a 11% (alíquota aplicável) do teto fixado.

c) Parcelas não integrantes

A despeito dos conceitos abrangentes apresentados, é certo que o salário de contribuição não se constitui de todas as verbas recebidas pelos segurados, principalmente os empregados e avulsos. Além do próprio limite apresentado no item anterior a diferenciar a remuneração do empregado do seu salário de contribuição, ainda que o limite não seja atingido há parcelas integrantes da remuneração que **não integram o salário de contribuição**. Isso equivale a dizer que sobre estas verbas *não incide a alíquota da contribuição previdenciária devida pelo segurado*.

As parcelas não integrantes estão previstas no art. 28, § 9º, do PCSS e as mais relevantes são as seguintes:

c1) os benefícios da previdência social, nos termos e limites legais, ressalvado o salário-maternidade

Confirmando aquilo que vimos anteriormente quando tratamos do período de graça, o segurado que estiver em gozo de benefício previdenciário não recolhe contribuição, pois o valor recebido não se considera salário de contribuição. A única exceção é o salário-maternidade, uma vez que, por não recair sobre ele o limite máximo dos benefícios, sobre ele deve incidir a cobrança do tributo;

c2) a parcela *in natura* recebida de acordo com os programas de alimentação aprovados pelo Ministério do Trabalho e Emprego

Parcela *in natura* da remuneração do trabalhador é aquela que *não é entregue em dinheiro, mas em utilidades*. No caso, trata-se da alimentação fornecida ao trabalhador, na forma de cestas básicas, refeitórios ou vale-alimentação, desde que integrantes de Programa de Alimentação do Trabalhador – PAT – devidamente aprovado pelo Ministério do Trabalho e Emprego. Há posicionamento do STJ dispensando esse ato formal em casos de oferta de alimentação dentro da própria empresa (REsp 511.359/AM, *DJ* 17.06.2003). Confirmando, de outra banda, a exigência da parcela ser paga *in natura*, determinando a incidência da contribuição caso paga em dinheiro, vide STJ, REsp 662.241/CE, *DJ* 04.08.2005;

c3) Multa de 40% sobre o valor depositado para o FGTS em caso de demissão sem justa causa

Benefício trabalhista previsto no art. 10 do Ato das Disposições Constitucionais Transitórias;

c4) Valor relativo a férias indenizadas e seu respectivo adicional constitucional

Popularmente conhecido como "venda das férias", esta situação ocorre quando o trabalhador não goza de seu descanso de 30 dias por ano de trabalho, recebendo o valor referente às férias em dinheiro, acrescido do adicional de um terço garantido pela CF/1988. Aliás, vale dizer que, em se tratando de **indenizações,** a regra é que não incida a contribuição, por não se tratar de importância recebida em razão da atividade remunerada, mas sim de compensação financeira pelo desrespeito a determinado direito do trabalhador;

c5) Parcela recebida a título de vale-transporte, na forma da legislação própria

A legislação em questão é a Lei 7.418/1985, que instituiu o vale-transporte como direito do trabalhador que deve utilizar o transporte público no seu itinerário para o trabalho e de volta a sua residência. Pago corretamente, ou seja, mediante o desconto de 6% da remuneração do trabalhador e custeado o restante pela empresa no valor estritamente necessário para o transporte, está excluído da incidência da contribuição. Ao se referir à legislação instituidora do benefício, a lei pretende que este seja também entregue *in natura*, isto é, na forma dos próprios vales emitidos pelas empresas de transporte coletivo, posição adotada pelo STJ (REsp 508.283/PR, *DJ* 16.08.2005). Em julgado mais recente, o STF adotou posição oposta, permitindo o pagamento do vale-transporte em dinheiro sem que isso o integrasse ao salário de contribuição (RE 478.410/SP, *DJ* 10.03.2010);

c6) a ajuda de custo, em parcela única, recebida exclusivamente em decorrência de mudança do local de trabalho do empregado, na forma do art. 470 da CLT

O referido artigo da Consolidação das Leis do Trabalho garante que *as despesas decorrentes da transferência do empregado correrão por conta do empregador*, que pode pagá-las diretamente ou creditar o valor respectivo para o trabalhador fazer frente aos custos da mudança. A esta verba o PCSS dá o nome de **ajuda de custo** e, *desde que paga em parcela única*, não se constituirá salário de contribuição;

c7) as diárias para viagem

Enquanto a ajuda de custo refere-se ao reembolso das despesas efetuadas por conta da mudança **definitiva** do empregado de seu local de trabalho, sendo paga uma única vez, as **diárias** são devidas para *fazer frente aos custos do deslocamento do segurado para outras localidades em benefício do serviço*. Serão pagas dentro do mesmo mês tantas vezes quantas forem as viagens realizadas pelo trabalhador, em valor a ser fixado pela empresa. Dada sua natureza indenizatória, não se integrarão ao salário de contribuição;

c8) a importância recebida a título de bolsa de complementação educacional de estagiário, quando paga nos termos da Lei 11.788/2008

A bolsa recebida pelo estagiário não é considerada remuneração, pois o programa de estágio é visto como uma complementação do estudo. Por essa razão que o estagiário é considerado **segurado facultativo** e não haverá cobrança da contribuição sobre a bolsa recebida. Mais uma vez, o PCSS estampa a necessidade do estágio cumprir os requisitos da Lei 11.788/2008, do contrário será considerada uma relação de emprego disfarçada e, consequentemente, o valor recebido pelo "estagiário" será classificado como remuneração integrante do salário de contribuição, devendo recolher sua contribuição previdenciária;

c9) A participação nos lucros ou resultado da empresa, quando paga ou creditada de acordo com lei específica

A participação nos lucros ou resultados (PLR) está disciplinada na Lei 10.101/2000, que veda o pagamento da PLR *em periodicidade inferior a um trimestre ou mais de duas vezes dentro do mesmo ano*. Participações pagas em periodicidade menor serão consideradas, portanto, como salário de contribuição (STJ, REsp 856.160/PR, *DJ* 04.06.2009);

c10) O abono do PIS/PASEP

O abono do PIS/PASEP *é um direito de natureza trabalhista, que garante a todos os empregados que recebam até dois salários mínimos por mês um crédito de um salário mínimo no ano seguinte*, valor sobre o qual não incidirá a contribuição previdenciária;

c11) Os valores correspondentes a transporte, alimentação e habitação fornecidos pela empresa ao empregado contratado para trabalhar em localidade distante da de sua residência, em canteiro de obras ou local que, por força da atividade, exija deslocamento e estada, observadas as normas de proteção estabelecidas pelo Ministério do Trabalho

Trata-se de outras parcelas *in natura* pagas pela empresa. Em vez de fornecer valores relativos ao transporte, alimentação e habitação, ela entrega as próprias utilidades: faz o transporte para o trabalhador, fornece-lhe alimentação e a morada. O montante correspondente a tais prestações não será considerado remuneração **se presentes os requisitos do dispositivo:** trabalho distante da residência, fornecimento das utilidades *in natura* e observância das normas estabelecidas pelo MTE;

c12) A importância paga ao empregado a título de complementação do auxílio-doença, desde que este direito seja extensivo à totalidade dos empregados da empresa

Este dispositivo merece atenção, diante das diferentes interpretações que lhe são dadas. Para o INSS e grande parte da doutrina, ele se refere à complementação do **valor** do auxílio-doença paga pela empresa ao empregado que esteja em gozo do benefício, ou seja, a diferença entre o salário deste e o valor do benefício recebido, nos termos de convenção ou acordo coletivo. A jurisprudência, no entanto, usa esse item para excluir a cobrança de contribuição previdenciária da complementação do **período** dos primeiros 15 dias de afastamento do empregado, que são pagos pela empresa (o INSS somente começa a pagar o auxílio-doença no 16º dia de afastamento). Para o STJ, como não há prestação de serviço por parte do trabalhador nesse período, o pagamento não tem natureza salarial e, destarte, não deve ser incluído no salário de contribuição (REsp 1.086.141/RS, *DJ* 16.12.2008);

c13) O valor das contribuições efetivamente pago pela pessoa jurídica relativo a programa de previdência complementar, aberto ou fechado, desde que disponível à totalidade de seus empregados e dirigentes, observados, no que couber, os arts. 9º e 468 da CLT

c14) O valor relativo à assistência prestada por serviço médico ou odontológico, próprio da empresa ou por ela conveniado, inclusive o reembolso de despesas com medicamentos, óculos, aparelhos ortopédicos, despesas médico-hospitalares e outras similares

Os dois itens tratam de benefícios cedidos pela empresa a seus funcionários: previdência privada ou assistência à saúde, sendo a forma mais comum o plano de saúde corporativo. A essas benesses, o STJ ainda inclui, sob os mesmos requisitos, o seguro de vida em grupo (REsp 839.153/SC, *DJ* 19.12.2008);

c15) O ressarcimento de despesas pelo uso de veículo do empregado e o reembolso-creche pago em conformidade com a legislação trabalhista, observado o limite máximo de seis anos de idade, quando devidamente comprovadas as despesas realizadas

O ressarcimento pelo uso do veículo do empregado ocorre quando este, em prol do serviço, vale-se de seu próprio automóvel para deslocar-se entre os pontos necessários. O pagamento inclui o combustível e o desgaste do veículo e é independente do recebimento de diárias, se for o caso. Como se vê, tem clara natureza indenizatória e, por isso, está excluído do salário de contribuição.

O auxílio-creche é um benefício trabalhista, cuja exclusão do salário de contribuição está inclusive contemplada na Súmula 310 do STJ.

c16) A importância recebida a título de bolsa de aprendizagem garantida ao adolescente até quatorze anos de idade, de acordo com o disposto no art. 64 da Lei 8.069/1990

Se a bolsa-estágio é excluída do salário de contribuição, com muito mais razão deve sê-lo a bolsa-aprendizagem, paga ao **menor aprendiz**, o *adolescente que busca aprender uma profissão através de programa técnico-profissional ministrado segundo as diretrizes e bases da educação nacional, garantindo o acesso e frequência ao ensino regular*. A única ressalva é que o Estatuto da Criança e do Adolescente (Lei 8.069/1990) e, sucessivamente, o dispositivo ora estudado foram alterados tacitamente pela Emenda Constitucional 20/1998, o que permitiu o trabalho como aprendiz apenas **a partir** dos 14 anos de idade.

c17) os prêmios e os abonos

São parcelas remuneratórias que, por sua própria natureza, não se incorporam ao salário do empregado, sendo pagas esporadicamente conforme os planos internos da empresa. Logo, não se inserem no salário de contribuição.

c18) os valores relativos ao bolsa-atleta

d) Parcelas integrantes

Todo valor recebido pelo empregado, em dinheiro ou in natura, como contraprestação pelo seu trabalho e que não esteja contemplado na lista do item anterior é considerado salário de contribuição, exceto os valores acima explicados e os demais elencados no art. 28, § 9º, do PCSS.

e) Proporcionalidade

Conforme disposto no art. 214, § 1º, do RPS: *quando a admissão, a dispensa, o afastamento ou a falta do empregado, inclusive o doméstico, ocorrer no curso do mês, o salário de contribuição será proporcional ao número de dias efetivamente trabalhados*. Com isso, por exemplo, se o empregado foi admitido para o trabalho e iniciou suas atividades na empresa no dia 15 de determinado mês, a primeira contribuição a ser descontada dele utilizará como base de cálculo um salário de contribuição **proporcional** ao tempo trabalhado. Isto é consequência natural do fato do segurado também receber, pelo trabalho prestado nesse primeiro período, somente metade da remuneração pactuada; logo, o salário de contribuição, na nossa hipótese, também será metade do usual.

4.4.2. Contribuições em espécie

a) Contribuição do segurado empregado, empregado doméstico e do trabalhador avulso

a1) Previsão legal: art. 20 do PCSS; art. 198 do RPS.

a2) Sujeito passivo: segurado empregado, empregado doméstico ou trabalhador avulso.

a3) Destinação do valor arrecadado: exclusivamente o pagamento de benefícios do RGPS (art. 167, XI, da CF/1988).

a4) Fato gerador: auferir remuneração em uma ou mais empresas, ou como empregado doméstico.

a5) Base de cálculo: salário de contribuição.

a6) Alíquota: conforme tabela abaixo, que será atualizada anualmente pelas mesmas alíquotas e na mesma época dos benefícios do RGPS:

Salário de contribuição	Alíquota
Até um salário mínimo	7,5%
Acima de um salário mínimo até R$2.000,00	9%
De R$2.000,01 até R$3.000,00	12%
De R$3.000,01 até o teto do RGPS	14%

As alíquotas são aplicadas dentro de cada faixa, a fim de se evitar distorções e se respeitar o princípio da capacidade contributiva. **Exemplo:** se o salário de contribuição do empregado é de R$3.500,00, o valor que pagará a título de contribuição previdenciária **não será R$490,00 (3.500 x 14%)**. Supondo que o salário mínimo é R$1.000,00 apenas para facilitar a operação matemática, teremos:

- R$75,00 (primeira faixa = 7,5% de R$1.000,00), mais
- R$90,00 (segunda faixa = 9% de R$999,99), mais
- R$120,00 (terceira faixa = 12% de R$999,99), mais
- R$70,00 (quarta faixa = 14% de R$499,99)

R$355,00 (total da contribuição)

a7) Vencimento: dia 20 do mês seguinte ao da competência, para o empregado e o avulso; para o empregado doméstico, dia 7 do mês seguinte ao período de competência, podendo ser mensal ou trimestral (a opção é possível apenas aos empregadores domésticos quando o salário de contribuição de seu empregado doméstico for igual a um salário mínimo. Para os demais, será necessariamente mensal).

a8) Observações:

✓ A contribuição do segurado empregado, do empregado doméstico e do trabalhador avulso deve ser descontada de sua remuneração pela fonte pagadora e por esta remetida à União, sendo recolhida no mesmo vencimento da contribuição sobre a folha de pagamento da empresa. Mas não se esqueça de que o

sujeito passivo é o segurado, pois o valor pago sai de sua remuneração. A empresa é apenas um instrumento de arrecadação.

✓ A tabela apresentada apenas **não** se aplica ao **trabalhador rural por pequeno prazo**, contratado pelo produtor rural pessoa física ou pelo segurado especial na forma do art. 14-A da Lei 5.889/1973, sendo sua alíquota **sempre** de 8%, não importando o valor efetivo de seu salário de contribuição.

b) Contribuição do segurado contribuinte individual

b1) Previsão legal: art. 21 do PCSS; art. 199 do RPS.

b2) Sujeito passivo: contribuinte individual.

b3) Destinação do valor arrecadado: exclusivamente o pagamento de benefícios do RGPS (art. 167, XI, da CF/1988).

b4) Fato gerador: auferir remuneração por atividade que o enquadre como contribuinte individual, nos termos do art. 12, V, do PCSS.

b5) Base de cálculo: salário de contribuição.

b6) Alíquota: 20%.

b7) Vencimento: dia 15 do mês seguinte ao período de competência, podendo a arrecadação ser mensal ou trimestral (a opção é possível apenas aos contribuintes individuais cujo salário de contribuição seja igual a um salário mínimo. Para os demais, será necessariamente mensal).

b8) Observações:

As alíquotas de 11% e 5% previstas no PCSS para o contribuinte individual e o microempreendedor individual foram, a nosso ver, derrogadas pela Reforma da Previdência, considerando que não mais subsiste em nosso ordenamento a aposentadoria por tempo de contribuição. Logo, não faz sentido cogitar a redução da alíquota em detrimento de benefício extinto.

Cumpre destacar, porém, que, se o contribuinte individual prestar serviço para empresa ou entidade a ela equiparada, com exceção das entidades beneficentes de assistência social, a fonte pagadora **descontará de sua remuneração a alíquota de 11%**, cabendo ao contribuinte complementar os 9% restantes **no mesmo mês da competência**.

c) Contribuição do segurado facultativo

c1) Previsão legal: art. 21 do PCSS; art. 199 do RPS.

c2) Sujeito passivo: segurado facultativo.

c3) Destinação do valor arrecadado: exclusivamente o pagamento de benefícios do RGPS (art. 167, XI, da CF/1988).

c4) Fato gerador: inscrever-se como segurado facultativo no INSS.

c5) Base de cálculo: salário de contribuição.

c6) Alíquota: 20% ou 5% (conforme disposto no item "c8", *infra*).

c7) Vencimento: dia 15 do mês seguinte ao período de competência, podendo a arrecadação ser mensal ou trimestral (a opção é possível apenas aos segurados facultativos cujo salário de contribuição seja igual a um salário mínimo. Para os demais, será necessariamente mensal).

c8) Observações:

A alíquota de 11% prevista no PCSS para o segurado facultativo foi, a nosso ver, derrogadas pela Reforma da Previdência, considerando que não mais subsiste em nosso ordenamento a aposentadoria por tempo de contribuição. Logo, não faz sentido cogitar a redução da alíquota em detrimento de benefício extinto.

✓ Não obstante, a EC 103/19 manteve a previsão de alíquota específica para o segurado sem renda própria que se dedique exclusivamente ao trabalho doméstico no âmbito de sua residência ("dona de casa"), desde que pertencente à família de baixa renda, assim considerada aquela inscrita no Cadastro Único para Programas Sociais do Governo Federal e cuja renda familiar não ultrapasse dois salários mínimos. A renda familiar é calculada somando os ganhos de todos os *moradores da mesma residência* que exerçam atividade remunerada. Assim, foi **recepcionada** pela nova ordem constitucional a alíquota de 5% nesses casos.

4.5. Contribuição sobre a receita dos concursos de prognósticos

Podemos definir **concursos de prognósticos** como sendo *todo e qualquer concurso de sorteios de números, loterias e apostas*

Duas considerações são importantes sobre este conceito. Primeira, que é necessário dividir as diferentes espécies de concursos de prognósticos. Há concursos que são organizados pelo próprio Poder Público (as loterias: Loteria Federal, Quina, Timemania, Mega Sena etc.), e há concursos de prognósticos organizados por instituições particulares (reuniões hípicas e os bingos, enquanto foram autorizados). Em cada uma delas, a forma de arrecadação e alíquota aplicáveis são diferentes.

Vale lembrar que o art. 22, XX, da CF/1988 que entrega competência privativa à **União** para legislar sobre sistemas de consórcios e sorteios. Aplicando o dispositivo, o STF editou a Súmula Vinculante 02, que dispõe: *é inconstitucional a lei ou ato normativo estadual ou distrital que disponha sobre sistemas de consórcios e sorteios, inclusive bingos e loterias*. Em outras palavras, Estados, Distrito Federal e Municípios não podem criar suas próprias loterias nem autorizar, em seus territórios, a exploração de outros concursos de prognósticos, como os bingos.

4.5.1. Concursos de prognósticos oficiais

Parte do valor arrecadado com as apostas realizadas nas loterias oficiais constitui receita da Seguridade Social. Tecnicamente, sequer se trata de uma contribuição, porque se resume a mero repasse do montante determinado em lei da entidade organizadora (a Caixa Econômica Federal) para o INSS, não havendo que se falar, por exemplo, em *sujeito passivo*. Usamos o termo **contribuição** somente em respeito à terminologia constitucional.

4.5.2. Concursos de prognósticos promovidos por particulares

a) Previsão legal: art. 26 do PCSS; art. 212 do RPS.

b) Sujeito passivo: entidade organizadora do concurso.

c) Destinação do valor arrecadado: financiamento da seguridade social como um todo (saúde, previdência e assistência social).

d) Fato gerador: recebimento de valores a título de apostas em concurso de prognósticos.

e) Base de cálculo: receita bruta auferida com as apostas.

f) Alíquota: 5%

g) Vencimento: dia 20 do mês seguinte ao da competência.

h) Observações

✓ Concursos de prognósticos administrados por particulares são raros, dada a ilegalidade genérica na exploração de jogos de azar (a qual constitui contravenção penal). O RPS prevê a aplicação da alíquota de 5% sobre a **movimentação global das apostas em prado de corridas** e sobre **o movimento global de sorteio de números ou de quaisquer modalidades de símbolos.**

✓ **Prado de corridas** é o turfe, a corrida de cavalos, cujas apostas são administradas pelas associações civis que mantêm os hipódromos (Jóquei Clube e similares). **Sorteio de números ou quaisquer outros símbolos** tinha como endereço certo a exploração do jogo de bingo, enquanto este foi autorizado no país.

✓ Hoje, portanto, esta contribuição incide apenas sobre as apostas das corridas de cavalos. Nada impede, de outro lado, que bingos ou outros jogos de azar passem a ser expressamente autorizados por legislação futura. Se isso acontecer, aplicaremos as disposições acima concernentes à incidência da contribuição sobre a receita obtida com os sorteios.

4.6. Contribuição do importador de produtos ou serviços – PIS/PASEP-Importação e COFINS-Importação

a) Previsão legal: art. 1º da Lei 10.865/2004.

b) Sujeito passivo: o importador (pessoa física ou jurídica que promove a entrada de bens estrangeiros em território nacional), a pessoa física ou jurídica contratante de serviços de residente ou domiciliado no exterior e o beneficiário do serviço, quando o contratante também for residente ou domiciliado no exterior.

c) Destinação do valor arrecadado: financiamento da seguridade social como um todo (saúde, previdência e assistência social).

d) Fato gerador: a entrada de bens estrangeiros no território nacional (desembaraço aduaneiro) ou o pagamento, crédito, entrega, emprego ou remessa de valores a residentes ou domiciliados no exterior como contraprestação por serviço prestado.

e) Base de cálculo: valor aduaneiro do produto ou o total do valor pago a residente ou domiciliado no exterior pela prestação do serviço.

f) Alíquota: 1,65%, para o PIS/PASEP-Importação; 7,6%, para a COFINS-Importação.

g) Vencimento: data do registro da declaração de importação, para mercadorias, ou a data do pagamento, para prestação de serviços.

h) Observações

✓ O cálculo das contribuições é realizado "por dentro", ou seja, o valor delas integra a própria base de cálculo.

✓ Devem ser somados à base de cálculo, outrossim, o valor devido a título de ICMS, para mercadorias ou serviços de transporte ou telecomunicações, ou ISS, para os demais serviços.

✓ Tal qual a regulamentação do Imposto de Importação, as contribuições aqui tratadas possuem uma série de alíquotas diferenciadas, previstas no art. 8º da Lei 10.865/2004, e isenções, previstas no art. 9º do mesmo diploma legal.

5. DECADÊNCIA E PRESCRIÇÃO DAS CONTRIBUIÇÕES SOCIAIS

5.1. Preceitos fundamentais

Navegando uma vez mais pelos mares do Direito Tributário, para bem entender os institutos da decadência e da prescrição precisamos, inicialmente, analisar a sistemática do **nascimento da obrigação tributária principal**, que, para nós, *representa o dever de pagar determinada contribuição*, e do respectivo **crédito tributário**, *ou o direito da União de receber o valor referente à mesma contribuição social*.

5.1.1. Obrigação tributária principal

Chamamos de **hipótese de incidência (HI)** *a descrição genérica e abstrata, prevista em lei, de determinado fato que, uma vez verificado, impõe ao sujeito passivo o dever de pagar o tributo*; e de **fato gerador (FG)** *o fato concreto que se amolda perfeitamente à hipótese de incidência, fazendo nascer, efetivamente, o dever de pagar.*

Dessa forma, a **obrigação tributária principal (OT)** nasce com a *ocorrência do fato gerador*, conforme mostrado a seguir:

```
                    OT
    |————————————|——————————————>
    HI           FG
```

5.1.2. Crédito tributário

Uma das primeiras regras que aprendemos sobre qualquer relação jurídica, aliás bastante intuitiva, é que *a toda obrigação, de um lado, corresponde um crédito de outro*. Se alguém deve fazer ou pagar algo a outrem, logo este último tem o direito de receber a prestação ou o dinheiro.

Sendo assim, percebe-se que crédito e débito (ou obrigação) são verso e anverso da mesma moeda, indissociáveis por sua própria natureza jurídica. Se duas pessoas firmam um contrato de empréstimo, por exemplo, o dever de restituir o valor emprestado (obrigação) nasce no mesmo momento (assinatura do contrato) que o direito da outra parte de receber de volta o montante acrescido de juros e correção monetária (crédito).

Não obstante a simples regra anteriormente enunciada, cuidou o Direito Tributário de complicar sobremaneira a relação do crédito e da obrigação tributária, criando uma situação na qual haverá obrigação de pagar, mas o Fisco ainda não terá direito de receber. É como se a lei tivesse separado a "cara" e a "coroa" da moeda...

Tal sistemática inovadora pode ser atribuída ao art. 142 do CTN, que dispõe que o **crédito tributário** é constituído por um ato administrativo denominado **lançamento,** que, com este objetivo, deve *verificar a ocorrência do fato gerador da obrigação correspondente, determinar a matéria tributável, calcular o montante do tributo devido, identificar o sujeito passivo e, sendo caso, propor a aplicação da penalidade cabível.*

A despeito de severas críticas a esta sistemática, a maioria reconhece que o **crédito tributário (CT) é constituído, ou seja, nasce a partir da ocorrência do lançamento** (STJ, REsp 250.306/DF, *DJ* 06.06.2000). Antes desse ato não havia crédito, mas existia a obrigação tributária oriunda do fato gerador.

Veja a linha do tempo:

```
         OT                              CT
 |-------|-------------------------------|------->
 HI      FG                              Lançamento
```

5.1.3. Modalidades de lançamento

O Direito Tributário, genericamente, elenca três formas para que o lançamento seja realizado: **lançamento de ofício**, **lançamento por declaração** (ou misto) e **lançamento por homologação** (ou autolançamento).

Para o Direito Previdenciário, no campo das contribuições sociais, interessam somente o **lançamento de ofício** e o **lançamento por homologação**.

O **lançamento de ofício** é aquele no qual *todos os atos necessários para a realização do lançamento ("verificar a ocorrência do fato gerador da obrigação correspondente, determinar a matéria tributável, calcular o montante do tributo devido, identificar o sujeito passivo e, sendo caso, propor a aplicação da penalidade cabível") são efetivados pela autoridade fazendária, cabendo ao sujeito passivo apenas realizar o pagamento do valor cobrado quando notificado para tanto*. No campo previdenciário, é utilizado para a **imposição de multas**. Isto quer dizer que, praticada determinada infração à legislação tributária, o sujeito passivo somente será compelido a pagar a multa dela decorrente quando for *notificado do lançamento da multa*.

O **lançamento por homologação**, por sua vez, inverte a sistemática mencionada, *colocando para o próprio sujeito passivo o dever de apurar o valor a pagar (identificando a base de cálculo e aplicando a alíquota cabível) e de recolhê-lo no prazo de vencimento estabelecido na legislação, independentemente de qualquer atuação do Fisco*. Ora, mas se o direito da União de receber o valor nasce apenas com o lançamento, por que deve o contribuinte pagar antes disso?

Na sistemática do lançamento por homologação, o sujeito passivo *antecipa o pagamento*, cuja correção será confirmada depois pela Fazenda, *através da* **homologação** *do pagamento realizado*. Daí o nome dado a esta forma de lançar. O contribuinte paga e a Administração Pública confere se ele pagou corretamente, homologando o pagamento e, com este ato, promovendo o lançamento do tributo. Perceba que, em virtude desse procedimento, o crédito tributário nasce e é extinto no mesmo momento: nasce com o lançamento e é extinto pelo pagamento, que já aconteceu.

O lançamento por homologação pode ser:

a) Expresso: quando a autoridade administrativa competente manifesta sua concordância com o pagamento efetuado através de *ato administrativo escrito e publicado*;

b) Tácito: que *decorre do silêncio da Administração Fazendária*. Na falta de manifestação expressa, considera-se lançado o tributo e homologado o pagamento após **cinco anos** contados da ocorrência do fato gerador (art. 150, § 4º, do CTN).

No Direito Previdenciário, **todas** as contribuições sociais são **lançadas por homologação**.

5.2. Decadência

Tradicionalmente, a **decadência** é conceituada como *a perda de um direito potestativo por parte de seu titular diante do decurso do tempo*. Em outras palavras, caso o titular de um direito não o exerça em determinado prazo, perderá a chance de fazê-lo. Tem como característica marcante o fato de **não sofrer suspensão ou interrupção no transcorrer de seu prazo**.

No campo tributário (e, na órbita previdenciária, sobre o objeto da relação jurídica de custeio – as contribuições sociais), esse titular é a União e esse direito é o de efetuar o lançamento para constituir o crédito tributário. Incluindo esses dados na fórmula apresentada, temos que *a decadência ocorre quando a Fazenda Pública não efetua o lançamento no prazo estipulado na lei, perdendo o direito de fazê-lo a partir de então*.

É fundamental ressaltar que o contribuinte estará eximido do dever de pagar o tributo e/ou de efetivar qualquer obrigação acessória após a decadência e que, dada a inexistência do crédito, **o pagamento de tributo caduco é pagamento indevido** e, como tal, o valor pode ser pedido de volta através de ação judicial própria, denominada **repetição de indébito**.

Para fixação, observe a linha do tempo:

```
         OT                              CT
 |-------|-------------------------------|------->
 HI      FG                              Lançamento
         _____/
                   Decadência
```

O prazo de decadência é de **cinco anos** e está regulamentado pelo art. 173 do CTN, que dispõe:

> **Art. 173.** O direito de a Fazenda Pública constituir o crédito tributário extingue-se após 5 (cinco) anos, contados:
> I – do primeiro dia do exercício seguinte àquele em que o lançamento poderia ter sido efetuado;
> II – da data em que se tornar definitiva a decisão que houver anulado, por vício formal, o lançamento anteriormente efetuado.
> **Parágrafo único.** O direito a que se refere este artigo extingue-se definitivamente com o decurso do prazo nele previsto, contado da data em que tenha sido iniciada a constituição do crédito tributário pela notificação, ao sujeito passivo, de qualquer medida preparatória indispensável ao lançamento.

Aparentemente simples, esse dispositivo não traz todas as imposições atinentes à decadência. Para a completa compreensão do instituto, devemos expandir os horizontes do estudo.

Primeiramente, anote que o *dies a quo*, a data inicial, do prazo de decadência varia de acordo com o tipo de lançamento próprio de cada tributo.

Para tributos lançados de ofício (caso das **multas devidas por infrações à legislação previdenciária**), aplica-se a regra insculpida no art. 173, I. Ou seja, o prazo de cinco anos será contado a partir do primeiro dia do exercício seguinte àquele em que o lançamento poderia ter sido efetuado.

Para clarear, um exemplo: considere que determinado contribuinte praticou uma infração à legislação previdenciária em julho de 2015. Até quando a União poderá realizar o lançamento da multa devida e notificá-lo ao sujeito passivo?

Vamos lá: se a infração foi praticada em 2015, significa que este é *o exercício em que o lançamento poderia ter sido efetuado*. Aplicando a regra, então, temos que o dia inicial do prazo de decadência do direito da União de lançar a multa é 1º de janeiro de 2016 – o primeiro dia (1º de janeiro) do exercício seguinte (2016) àquele em que o lançamento poderia ter sido efetuado.

Como o prazo de decadência é de cinco anos, cabe à Fazenda, no nosso exemplo, notificar o contribuinte até 31 de dezembro de 2020, pois em 1º de janeiro de 2021 já terá operado a decadência.

Isso para os tributos lançados de ofício, repise-se. E nos tributos lançados por homologação, como as contribuições sociais?

Resposta: o art. 173, I, deve ser aplicado em conjunto com o art. 150, § 4º, ambos do CTN:

> **Art. 150.** (...)
> § 4º Se a lei não fixar prazo a homologação, será ele de cinco anos, a contar da ocorrência do fato gerador; expirado esse prazo sem que a Fazenda Pública se tenha pronunciado, considera-se homologado o lançamento e definitivamente extinto o crédito (...)

Em outras palavras, a solução depende de ter havido ou não ter havido o pagamento antecipado pelo contribuinte.

Se o contribuinte antecipou o pagamento do tributo, temos exatamente a hipótese prevista no art. 150, § 4º, do CTN, a qual será aplicada, determinando a decadência do direito de lançar após cinco anos contados do fato gerador (STJ, REsp 183.603/SP, *DJ* 15.05.2001), pois os prazos são coincidentes:

se o pagamento foi correto e a autoridade fazendária competente nada disse em cinco anos, considera-se *homologado tacitamente o pagamento e lançado o tributo*; **se o pagamento foi incorreto** (foi pago um valor **menor** que o devido, por exemplo), e a autoridade fazendária competente nada disse em cinco anos, considera-se que *tacitamente ela concordou com o pagamento efetuado, perdendo o direito de lançar (**decadência**) da parte faltante*.

É imperioso reconhecer, todavia, que a aplicação dessa regra depende do contribuinte, que tinha o dever de antecipar o pagamento da contribuição social, *efetivamente ter pagado algum valor*. Afinal, se não houve pagamento antecipado (**nada** foi recolhido no prazo de vencimento indicado pela legislação), **nada** haverá a ser homologado, afastando a possibilidade de aplicar o art. 150, § 4º, do CTN.

Resta, então, fazer incidir sozinho o art. 173, I, do CTN. Ou seja: *nas contribuições sociais, todas lançadas por homologação, se houve pagamento antecipado o prazo de decadência **correrá a partir do fato gerador**; se não houve, correrá **a partir do primeiro dia útil do exercício seguinte àquele em que ocorreu o fato gerador***.

Resgatando o ponto de partida de nosso estudo, o art. 173 do CTN, lembremos o que diz seu inciso II:

> **Art. 173.** O direito de a Fazenda Pública constituir o crédito tributário extingue-se após 5 (cinco) anos, contados:
> (...)
> II – da data em que se tornar definitiva a decisão que houver anulado, por vício formal, o lançamento anteriormente efetuado.

A ordem emanada neste dispositivo legal acaba por premiar a Administração Pública incompetente. Trazendo ao chão a já assentada lição doutrinária de que a decadência é inexorável, *não encontrando causas de suspensão ou de interrupção em seu curso*, o artigo impõe um novo prazo de cinco anos para a Fazenda, completo, na hipótese de ser anulado um lançamento no qual tenha constado erro formal na sua realização. Significa dizer: o Fisco faz um lançamento errado e, porque o anulou (provavelmente após a defesa do contribuinte alegar a nulidade do lançamento realizado fora dos ditames legais), ganha um novo prazo inteiro de cinco anos para realizar o novo lançamento, desta vez respeitando a lei.

Diante dessa análise, o STJ repudia a aplicação do CTN nessa hipótese, consagrando a impossibilidade de se interromper a decadência (REsp 332.366/MG, *DJ* 19.02.2002).

No entanto, em se tratando de concursos públicos, recomendamos, como sempre, manter-se o candidato fiel à literalidade do preceptivo (a não ser que a questão cobre, expressamente, o posicionamento jurisprudencial), ressaltando que ele apenas se aplica em caso de **vício formal**, ou seja, *aqueles inerentes ao procedimento do lançamento*, tais como fundamentação, competência do agente e outras formalidades do ato.

Finalmente, devemos avançar sobre o parágrafo único do art. 173, que dispõe:

> **Art. 173.** (...)
> **Parágrafo único.** O direito a que se refere este artigo extingue-se definitivamente com o decurso do prazo nele previsto, contado da data em que tenha sido iniciada a constituição

do crédito tributário pela notificação, ao sujeito passivo, de qualquer medida preparatória indispensável ao lançamento.

Trata o parágrafo de uma **antecipação** na contagem do prazo decadencial, que é trazida do primeiro dia do exercício seguinte àquele em que o lançamento poderia ter sido efetuado para a data da notificação, ao sujeito passivo, de qualquer **medida preparatória** indispensável ao lançamento, *que pode ser o termo de início de ação fiscal ou uma apreensão de mercadorias*, por exemplo.

É fulcral ressaltar que essa mudança no *dies a quo* somente se opera se a tal medida preparatória foi notificada ao sujeito passivo **antes** do primeiro dia do exercício seguinte. Na situação contrária, se a medida ocorrer depois do primeiro dia do exercício seguinte, aplicar-se-á o inc. I do art. 173 (STJ, REsp 909.570/SP, *DJ* 24.04.2007). Novamente, a fundamentação dessa interpretação está respaldada na impossibilidade de se suspender ou interromper a decadência.

5.3. Prescrição

Outro instituto voltado à estabilização das relações jurídicas pelo decurso do tempo, a **prescrição** atinge *a pretensão do titular do direito, ou seja, a possibilidade de acionar o Poder Judiciário para satisfação do seu crédito*.

Aceitando esta definição histórica, forçoso seria concluir que a prescrição não operaria a extinção do crédito tributário, como indica o CTN, mas sim a pretensão de havê-lo em juízo através da ação de execução fiscal. A Fazenda continuaria com o crédito, apenas não poderia cobrá-lo de forma coercitiva e, portanto, *seu pagamento espontâneo pelo contribuinte configuraria pagamento válido, insuscetível de devolução*. Para boa parte da doutrina, este seria o principal **traço diferenciador** entre a prescrição e a decadência, *além do fato da prescrição aceitar a interrupção e a suspensão de seu prazo*, hipóteses que conheceremos logo mais.

Todavia, o STJ acolhe opinião oposta, segundo a qual a interpretação a ser dada ao CTN deve ser mais próxima da literal. Se o próprio Código estabelece que a prescrição é uma forma de extinção do crédito tributário, com sua ocorrência este deve desaparecer e *o contribuinte que paga tributo prescrito tem direito à restituição*. Veja, neste sentido, REsp 636.495/RS, *DJ* 26.06.2007 e REsp 1.004.747/RJ, *DJ* 06.05.2008.

Estipula o art. 174 do CTN que a prescrição ocorre no prazo de 5 (cinco) anos, contados da data da constituição definitiva do crédito tributário. Devemos ter atenção à expressão utilizada: constituição definitiva **não é** sinônimo de lançamento.

Afinal, se a lei quisesse que o prazo tivesse início com o lançamento, teria usado essa palavra, como fez diversas vezes (veja, a título de exemplo, o art. 173 do CTN). Se usou expressão diversa, esperava interpretação diversa, afinal *"onde a lei distingue, não cabe ao intérprete deixar de fazê-lo"*.

Por constituição definitiva do crédito, destarte, devemos entender *o momento a partir do qual o lançamento se torna imutável, indiscutível*. Enquanto pendente o prazo de pagamento, a impugnação apresentada pelo sujeito passivo ou qualquer outra causa que impeça a cobrança judicial do crédito, este não estará "definitivamente constituído" e, consequentemente, não teremos ainda o início do lapso prescricional (STJ, REsp 955.950/SC, *DJ* 20.09.2007).

Observe, então, a linha do tempo:

```
        OT     CT
    |---|------|--------------------------------->
    FG  Lançamento  Const. definitiva            Despacho do juiz na
                    do crédito                    execução fiscal
        _____/
                        Prescrição
```

Para garantir a possibilidade de cobrar o contribuinte remisso em juízo, *deve a Fazenda Pública obter o despacho do juiz que ordena a citação dentro do lapso prescricional mencionado*. Esta situação é descrita no art. 174, parágrafo único, I, do CTN, como uma das causas interruptivas da prescrição, denotando que, com sua ocorrência, o Fisco obtém novo prazo íntegro de cinco anos. Mas para quê?

Com o início da ação executiva fiscal dentro do interregno quinquenal, presume-se que a União cumpriu sua obrigação de exigir o pagamento das contribuições eventualmente devidas por determinado sujeito passivo. E a Administração tributária não poderia ser penalizada com a lentidão processual que assola todos os Tribunais do país.

Fica consignado, à luz do já visto, que, ao contrário do que dissemos sobre a decadência, a prescrição admite interrupção (reinício da contagem do prazo por inteiro) e suspensão (retoma-se a contagem do prazo de onde ela havia parado). A primeira é encontrada no art. 174, parágrafo único, do CTN:

Art. 174. (...)

Parágrafo único. A prescrição se interrompe:

I – pelo despacho do juiz que ordenar a citação em execução fiscal;

II – pelo protesto judicial;

III – por qualquer ato judicial que constitua em mora o devedor;

IV – por qualquer ato inequívoco ainda que extrajudicial, que importe em reconhecimento do débito pelo devedor.

Do primeiro item falamos acima, mas devemos atentar que o marco interruptivo é o **despacho do juiz que ordena a citação**, e não mais ela própria, como estava previsto neste artigo antes da edição da Lei Complementar 118/2005.

Protesto judicial é o procedimento cautelar nominado previsto nos arts. 726 a 729 do CPC. **Protesto** é todo *"ato formal e solene pelo qual se prova a inadimplência e o descumprimento de obrigação originada em títulos e outros documentos de dívida"* (Lei 9.492/1997, art. 1º) e pode ser, em termos gerais, **judicial**, quando requerido perante juiz de direito, ou **extrajudicial**, quando requerido perante o Tabelião de Protestos.

A lei tributária exige, para interrupção da prescrição, o **protesto judicial**, o que acaba por condenar o instituto ao ostracismo, pois, se a Fazenda precisa ir a juízo para requerer o protesto, normalmente aproveita a obrigação para mover, de imediato, a execução fiscal.

Fica reservada a hipótese para casos nos quais a Administração não esteja ainda apta a executar o contribuinte, desejando apenas adquirir novo fôlego para encerrar seus trabalhos sem operar a perda do crédito.

O STJ já asseverou que o protesto judicial deve seguir rigorosamente o procedimento previsto no CPC para irradiar seu efeito interruptivo sobre a prescrição (REsp 1.050.281/RS, *DJ* 05.08.2008).

Em seguida, menciona o CTN que *qualquer ato judicial que constitua o devedor em mora* interromperá a prescrição. Trata-se, a nosso ver, de artigo de aplicação supletiva que tem por escopo reiniciar o prazo prescricional em situação judicial que não se enquadre nos incisos anteriores. Isso porque o ato jurídico consagrado para a constituição do devedor em mora chama-se protesto.

Tal item era invocado pelo STJ na decisão de processos de execução fiscal anteriores à Lei Complementar 118/2005 para justificar a interrupção da prescrição pela citação por edital do devedor não encontrado (*v.* AgRg no REsp 993.586/RS, *DJ* 19.08.2008). Isso porque o texto anterior do inciso I dizia "citação pessoal do devedor"; como a nova redação não diferencia as modalidades de citação, temos que a citação editalícia enquadra-se hoje neste mesmo preceptivo.

O último dos motivos hábeis a interromper o curso da prescrição é o *ato inequívoco, ainda que extrajudicial, que consubstancie confissão da dívida pelo sujeito passivo*. Neste ponto, encontramos casos práticos que envolvem o pedido de **parcelamento** (REsp 1.074.000/RS, *DJ* 20.11.2008) e a **declaração de tributo sujeito a lançamento por homologação desacompanhada do pagamento** (REsp 850.423/SP, *DJ* 28.11.2007). Já a compensação, para o STJ, **não** se mostra motivo suficiente para interromper a prescrição (REsp 541.243/MG, *DJ* 10/10/2006 e REsp 584.372/MG, *DJ* 17.03.2005).

A suspensão da prescrição, por sua vez, não se encontra expressamente prevista. É necessário extraí-la através da interpretação do art. 155 do CTN, parágrafo único, primeira parte:

> **Art. 155.** (...)
> **Parágrafo único. No caso do inciso I deste artigo, o tempo decorrido entre a concessão da moratória e sua revogação não se computa para efeito da prescrição do direito à cobrança do crédito;** no caso do inciso II deste artigo, a revogação só pode ocorrer antes de prescrito o referido direito. (destaque nosso)

Tal artigo trata da revogação da moratória em caráter individual, trazendo soluções diferentes para o caso do contribuinte ter obtido o favor fiscal através de dolo ou simulação ou sem valer-se desses artifícios. Uma das diferenças diz respeito justamente à prescrição: impõe o parágrafo único que, no primeiro caso, o tempo durante o qual perdurou a moratória indevida não será computado no cálculo da prescrição.

Ora, que será isso se não a suspensão da prescrição? Em outras palavras, o que o Diploma Tributário dispõe é que, caso se apure que a concessão da moratória foi baseada em um ato ilícito, susta-se a contagem da prescrição e esta apenas voltará a correr com a revogação do benefício. Durante esse intervalo, a prescrição ficou **suspensa** e continuará seu curso *somente por aquilo que falta para completar cinco anos*.

Aumentando sua importância, devemos consignar que esta mesma regra é aplicada nos casos de **remissão**, **isenção** e **anistia**.

O STJ, no julgado AgRg no Ag 1.094.144/SP, *DJ* 26.05.2009, entende como outra hipótese de suspensão da prescrição aquela velada no próprio art. 174, quando dispõe que esta começa a ser contada a partir da **constituição definitiva do crédito tributário**. Como vimos, caso o contribuinte impugne administrativamente a cobrança do tributo, somente haverá sua constituição definitiva após a decisão irrecorrível. Daí diz o Sodalício que, enquanto perdurar o procedimento administrativo, não corre a prescrição, ou seja, *esta se encontra suspensa*.

5.3.1. Decadência e prescrição de tributos lançados por homologação na jurisprudência do STJ

Para finalizar, algumas palavras acerca da atual orientação jurisprudencial sobre a prescrição e a decadência nos tributos lançados por homologação, situação que, já sabemos, se aplica a **todas as contribuições sociais**.

Adotando uma linha a nosso ver criticável, por retirar do lançamento por homologação a característica da **oficialidade** (o lançamento é **ato administrativo** e, como tal, deve ser realizado por autoridade com competência para tanto), o STJ entende que a *declaração do contribuinte nesses tributos, caso desacompanhada de pagamento ou pagamento parcial, dispensa qualquer ato formal da autoridade administrativa*, a qual pode inscrever desde logo o débito na dívida ativa, preparando-o para o início da execução fiscal. Em outras palavras, para o Tribunal Superior a **declaração do contribuinte tem força de lançamento**.

Essa posição altera os conceitos relatados *supra*, há muito tempo ensinados e defendidos pela doutrina mais autorizada.

Dessa forma, com a declaração do sujeito passivo (que é uma **obrigação acessória**, como a DCTF, a GFIP, entre outras), *fica consubstanciado o lançamento* e, destarte, **não há mais de falar-se em decadência, mas somente em prescrição**. Isso vem a causar uma forte confusão entre os dois institutos, obrigando o aplicador do Direito a desentranhar a nova sistemática da decadência e da prescrição nos tributos lançados por homologação nos termos sugeridos pelo Colegiado Superior.

Como resultado desse exercício, o qual levou em conta o julgado no REsp 850.423/SP, *DJ* 28.11.2007, podemos construir o quadro a seguir:

Se o contribuinte:			
Deve	Declara	Paga	Decadência ou prescrição?
100	100	100	Nenhuma. Ocorre a homologação do pagamento.
100	0	0	Decadência – 100
100	100	0	Prescrição – 100
100	70	70	Decadência – 30
100	70	0	Decadência – 30 + Prescrição – 70

Note: para o STJ, a **ausência de declaração** do contribuinte implica o reconhecimento da contagem de **decadência** para o Fisco lançar **de ofício**, através de auto de infração, a contribuição não recolhida com as penalidades cabíveis; por outro lado, a **declaração** do contribuinte **conclui o processo de lançamento** e a partir de então cabe à Fazenda inscrever o débito em dívida ativa e mover a execução fiscal antes da ocorrência da **prescrição**.

O mesmo ocorre no caso de declaração apenas parcial do verdadeiro débito: *inscreve-se a parte declarada na dívida ativa*, para a qual estamos contando a **prescrição**, e abre-se o prazo de **decadência** para *lançamento de ofício do restante não declarado*.

5.4. A Súmula Vinculante 8 do STF

O tema prescrição e decadência das contribuições sociais é tema da Súmula Vinculante 8 do STF, com o seguinte teor: *"São inconstitucionais o parágrafo único do art. 5º do Dec.-lei 1.569/1977 e os arts. 45 e 46 da Lei 8.212/1991, que tratam da prescrição e decadência de crédito tributário"*.

Os arts. 45 e 46 do PCSS estipulavam, respectivamente, que a decadência e a prescrição da cobrança das contribuições sociais *ocorreriam em 10 anos*, criando, assim, uma regra específica para esta espécie tributária e pretendendo, com isso, afastar a incidência do CTN.

Entretanto, as críticas começaram a surgir e a constitucionalidade destes dispositivos passou a ser questionada nos Tribunais a partir do reconhecimento pelo STF de que as contribuições sociais têm **natureza tributária**. Se é assim, devem seguir as normas gerais sobre Direito Tributário impostas pelo CTN.

Nesse diapasão, o art. 146, III, *b*, da CF/1988 entrega expressamente à lei complementar o poder de estabelecer regras gerais sobre prescrição e decadência tributárias. Como o PCSS é lei ordinária, não poderia dispor sobre matéria reservada à lei complementar e padeciam, portanto, os arts. 45 e 46, de inconstitucionalidade formal.

Tal entendimento vigorou nos Tribunais pátrios por longo tempo, até culminar na edição da Súmula Vinculante 8.

Ocorre que, na parte do texto que se refere ao Direito Previdenciário (arts. 45 e 46 do PCSS), a Súmula perdeu seu objeto. Em resposta à decisão do STF, o Congresso Nacional, através da Lei Complementar 128/2008, houve por bem **revogar** os mencionados preceptivos legais. Desde então, não há que se falar em aplicação da Súmula Vinculante 8, pois os artigos da legislação previdenciária a que ela se refere não estão mais em vigor.

6. OBRIGAÇÕES ACESSÓRIAS

6.1. Objetivos

Relembrando o conceito estudado anteriormente, **obrigação tributária acessória** é aquela que *impõe ao sujeito passivo o dever de cumprir uma prestação de fazer ou não fazer em prol da arrecadação e/ou da fiscalização tributária*. Em outras palavras, qualquer imposição legal relativa às contribuições sociais que não seja o próprio pagamento destas é classificada como obrigação tributária acessória. São exemplos a retenção do valor relativo à contribuição social devida por outrem (como as empresas fazem em relação aos seus empregados), o preenchimento de declarações, a regular contabilização das atividades etc.

Como destacado, as obrigações acessórias são criadas com o escopo de *facilitar o trabalho de arrecadação e de fiscalização por parte da União*, fazendo com que o montante pago nas contribuições sociais chegue aos cofres públicos com o menor custo possível e limitando o trabalho de fiscalização ao menor número possível de contribuintes.

Impende destacar que as obrigações acessórias, apesar do nome dado pela doutrina, **não estão** diretamente vinculadas a uma ou mais obrigações principais (pagamento). Quer dizer, *é possível que existam obrigações acessórias impostas a pessoas físicas ou jurídicas que sequer são contribuintes da Seguridade Social*.

Por essa razão que se estabelece a **regra da dissociação das obrigações tributárias**: *ainda que determinada pessoa ou entidade seja imune ou isenta do pagamento das contribuições sociais, eventuais obrigações acessórias a elas impostas permanecem íntegras, sendo passível de multa seu descumprimento*. Exemplo: uma entidade beneficente de assistência social é imune às contribuições sociais desde que cumpra os requisitos estabelecidos no CTN. Exatamente por isso que **são obrigadas a manter sua escrituração contábil regular**, para que a fiscalização possa verificar, a qualquer momento, se, por exemplo, a entidade não está distribuindo lucros para seus diretores, o que afastaria a imunidade.

As obrigações acessórias relativas às contribuições sociais estão espalhadas pela legislação previdenciária. Nosso objetivo é reunir as principais delas e classificá-las de acordo com o sujeito passivo, nos mesmos moldes em que estudamos as contribuições propriamente ditas.

6.2. Obrigações acessórias das empresas

6.2.1. Obrigações vinculadas à retenção de valores

a) Arrecadar a obrigação do segurado empregado, do trabalhador avulso e do contribuinte individual a seu serviço, descontando-a da respectiva remuneração (art. 216, I, *a*, do RPS)

Os três grandes grupos de segurados obrigatórios recolhem suas contribuições **indiretamente**, ou seja, cabe à fonte pagadora *reter o valor correspondente* e entregar, na forma estabelecida no RPS, à União dentro do prazo de vencimento.

O contribuinte individual que seja remunerado por pessoas físicas, por outro lado, deve recolher pessoalmente sua contribuição, valendo o mesmo para o segurado facultativo.

A mesma obrigação estabelecida neste tópico aplica-se ao **empregador doméstico** em relação à contribuição devida pelo empregado doméstico a seu serviço.

b) A empresa adquirente, consumidora ou consignatária ou a cooperativa são obrigadas a recolher a contribuição de que trata o art. 200 no prazo referido na alínea *b* do inciso I do RPS, no mês subsequente ao da operação de venda ou consignação da produção rural, independentemente de tais operações terem sido realizadas diretamente com o produtor ou com o intermediário pessoa física (art. 216, III, do RPS)

A empresa deve também reter o valor da contribuição do **segurado especial** e do **produtor rural pessoa física**, cabendo a estes recolher diretamente o tributo quando comercializarem sua produção com pessoa domiciliada no exterior ou diretamente no varejo a pessoa física, outro produtor rural pessoa física ou outro segurado especial.

6.2.2. Obrigações sobre emissão de documentos

a) A empresa que remunera contribuinte individual é obrigada a fornecer a este comprovante do pagamento do serviço prestado consignando, além dos valores da remuneração e do desconto feito, o número da inscrição do segurado no Instituto Nacional de Seguridade Social (art. 216, XII, do RPS)

O inciso impõe à empresa o dever de entregar ao contribuinte individual que lhe preste serviço um documento constando, discriminadamente, o valor da remuneração paga e do desconto da contribuição do segurado por retenção na fonte, a fim de que este possa, se assim instado a fazê-lo, comprovar suas contribuições perante o INSS.

b) A empresa ou cooperativa adquirente, consumidora ou consignatária da produção fica obrigada a fornecer ao segurado especial cópia do documento fiscal de entrada da mercadoria em que conste, além do registro da operação realizada, o valor da respectiva contribuição previdenciária (art. 225, § 24, do RPS)

Trata-se de obrigação análoga à explicada acima, dessa vez aplicável ao segurado especial. A diferença reside no fato de que, na hipótese aqui explorada, a empresa não precisa emitir um documento específico, bastando entregar ao segurado *cópia da nota fiscal de entrada da mercadoria*, em que conste o valor retido a título de contribuição previdenciária.

c) Afixar cópia da Guia da Previdência Social, relativamente à competência anterior, durante o período de um mês, no quadro de que trata o art. 74 da Consolidação das Leis do Trabalho.

A GPS é o documento de arrecadação das contribuições sociais descontadas dos trabalhadores. Após seu pagamento, a empresa deve, concomitantemente, encaminhar uma cópia ao sindicato **da categoria mais numerosa**, *assim entendida aquela em que se enquadra o maior número absoluto (e não percentual) de funcionários*, e afixar outra cópia no quadro de avisos dos funcionários.

d) Comunicar, mensalmente, os empregados a respeito dos valores descontados de sua contribuição previdenciária e, quando for o caso, dos valores da contribuição do empregador incidentes sobre a remuneração do mês de competência por meio de contracheque ou documento equivalente.

6.2.3. Obrigações relativas à fiscalização

a) Preparar folha de pagamento da remuneração paga, devida ou creditada a todos os segurados a seu serviço, devendo manter, em cada estabelecimento, uma via da respectiva folha e recibos de pagamentos (art. 225, I, do RPS)

A folha de pagamento é o documento utilizado para apuração da base de cálculo da contribuição patronal, com alíquota de 20% sobre o total daquela. Sua elaboração, portanto, é essencial à fiscalização quanto à regularidade de seu pagamento e deve ser feita individualmente para cada estabelecimento da empresa, viabilizando que cada um deles mantenha uma cópia arquivada junto com os respectivos contracheques entregues aos segurados.

b) Lançar mensalmente em títulos próprios de sua contabilidade, de forma discriminada, os fatos geradores de todas as contribuições, o montante das quantias descontadas, as contribuições da empresa e os totais recolhidos (art. 225, II, do RPS)

Podemos resumir este item como a obrigação de manter a escrituração contábil da empresa em ordem e regularmente elaborada, com base nas normas aplicáveis, de forma que os livros empresariais representem fielmente todas as operações econômicas realizadas, principalmente aquelas que se constituem como fatos geradores de contribuições sociais.

c) Prestar ao Instituto Nacional de Seguridade Social e à Secretaria da Receita Federal todas as informações cadastrais, financeiras e contábeis de interesse, na forma por eles estabelecida, bem como os esclarecimentos necessários à fiscalização (art. 225, III, do RPS)

Refere-se a quaisquer informações de interesse dos órgãos públicos, inclusive aquelas ligadas a outras empresas ou segurados com quem o contribuinte tenha vínculo de qualquer espécie, necessárias ao bom andamento do processo de fiscalização.

6.2.4. Obrigação de emitir e entregar a GFIP

No campo previdenciário, no que tange à emissão de declarações de interesse da fiscalização, tem notória importância a **Guia de Recolhimento do Fundo de Garantia por Tempo de Serviço e Informações à Previdência Social – GFIP**, que, como o próprio nome sugere, serve *tanto como documento de arrecadação do FGTS dos empregados vinculados à empresa quanto como declaração de informações de interesse do INSS*, seja em relação à própria empresa, seja em relação aos segurados a ela vinculados.

A obrigação vem estabelecida no art. 225, IV, do RPS: "*informar mensalmente ao Instituto Nacional do Seguro Social, por intermédio da Guia de Recolhimento do Fundo de Garantia por Tempo de Serviço e Informações à Previdência Social, na forma por ele estabelecida, dados cadastrais, todos os fatos geradores de contribuição previdenciária e outras informações de interesse daquele instituto*".

Em apertada síntese, a GFIP reúne todas as informações de interesse do INSS sobre a empresa, tais como o número de funcionários (discriminados nominalmente), o valor descontado de cada um deles a título de suas respectivas contribuições previdenciárias, o valor depositado no FGTS, entre outros. Sua relevância decorre do fato das informações *comporem a base de dados para fins de cálculo e concessão de benefícios previdenciários, bem como constituírem-se em confissão de dívida*, caso determinada contribuição nela prevista não tenha sido recolhida.

A base de dados a que se refere o art. 225, § 1º, do RPS, supratranscrito, é o Cadastro Nacional de Informações Sociais – CNIS, criado pela Lei Complementar 128/2008. Neste cadastro consta a vida previdenciária de cada segurado, sendo acessado pelo INSS para verificar informações sobre *os vínculos e as remunerações dos segurados, para fins de cálculo do salário de benefício, comprovação de filiação ao Regime Geral de Previdência Social, tempo de contribuição e relação de emprego* (art. 29-A do PBPS).

Nota-se, portanto, que a GFIP e o CNIS estão intrinsecamente ligados, sendo aquela a fonte de informações que abastece este, o qual é de extrema relevância para o pagamento correto dos benefícios previdenciários e eficiência da fiscalização das contribuições sociais.

6.3. Obrigações acessórias dos segurados

Neste momento, já é possível perceber que, como regra geral, a obrigação acessória de recolhimento da contribuição devida pelo segurado é da **fonte pagadora**, pois assim a fiscalização do pagamento pode se concentrar em menos pessoas e entidades do que seria necessário caso cada trabalhador tivesse que, pessoalmente, efetuar o pagamento mensal de sua contribuição previdenciária.

Não obstante, existem exceções a esta lógica. Além daquelas já anotadas, destacamos que *são excluídos da obrigação de arrecadar a contribuição do* **contribuinte individual** *que lhe preste serviço o produtor rural pessoa física, a missão diplomática, a repartição consular, o contribuinte individual e o proprietário ou dono da obra de construção civil, quando pessoa física* (art. 216, § 32, do RPS).

Visando a facilitar o recolhimento das contribuições, a legislação previdenciária estabelece ainda algumas obrigações acessórias aos segurados relativas à retenção de valores:

a) O segurado especial é obrigado a arrecadar a contribuição de trabalhadores a seu serviço e a recolhê-la no mesmo prazo estabelecido para as empresas em geral (dia 20 do mês seguinte ao da competência) (art. 30, XIII, do PCSS)

b) Cabe ao próprio contribuinte individual que prestar serviços, no mesmo mês, a mais de uma empresa, cuja soma das remunerações superar o limite mensal do salário de contribuição, comprovar às que sucederem à primeira o valor ou valores sobre os quais já tenha incidido o desconto da contribuição, de forma a se observar o limite máximo do salário de contribuição (art. 216, § 28, do RPS)

6.4. Outras obrigações acessórias

a) A empresa deverá manter à disposição da fiscalização, durante cinco anos, os documentos comprobatórios do cumprimento das obrigações acessórias (art. 225, § 5º, do RPS)

b) O Município, por intermédio do órgão competente, fornecerá ao Instituto Nacional do Seguro Social, para fins de fiscalização, mensalmente, relação de todos os alvarás para construção civil e documentos de "habite-se" concedidos, de acordo com critérios estabelecidos pelo referido Instituto (art. 226 do RPS)

c) O titular de cartório de registro civil de pessoas naturais fica obrigado a comunicar, até o dia dez de cada mês, na forma estabelecida pelo Instituto Nacional do Seguro Social, o registro dos óbitos ocorridos no mês imediatamente anterior, devendo da comunicação constar o nome, a filiação, a data e o local de nascimento da pessoa falecida, devendo a comunicação ser realizada ainda que nenhum óbito tenha ocorrido no período (art. 228 do RPS)

7. RECOLHIMENTO FORA DO PRAZO DAS CONTRIBUIÇÕES E OUTRAS INFRAÇÕES À LEGISLAÇÃO PREVIDENCIÁRIA

7.1. Responsabilidade pelas infrações

Considera-se **infração à legislação previdenciária** *qualquer ato contrário ao disposto em leis ou outras normas relativas ao Regime Geral da Previdência Social*, ou, em outros termos, o inadimplemento de qualquer obrigação, principal ou acessória, pelo contribuinte.

Num primeiro momento, é importante sabermos que, nesta parte do Direito Previdenciário, onde vigoram diversas normas oriundas do Direito Tributário, aplicam-se as disposições deste sobre a **responsabilidade objetiva** pelo inadimplemento das obrigações impostas pela legislação. Com isso, *frente a ausência de cumprimento de qualquer dever legal, de pagar, fazer ou não fazer, serão aplicadas as punições previstas,* ***independentemente do reconhecimento de dolo ou culpa por parte do agente***.

Dolo é *a intenção deliberada de praticar determinada conduta buscando a ocorrência do resultado igualmente pretendido* (por exemplo, uma determinada empresa, sabendo que dia 20 do mês corresponde ao vencimento da contribuição sobre a folha de pagamento, intencionalmente nada recolhe aos cofres públicos, apropriando-se do dinheiro em seu patrimônio pessoal). **Culpa**, por sua vez, é *a conduta negligente, imprudente ou imperita, que causa determinado resultado não pretendido* (exemplo, o contador da empresa, jovem profissional em seu primeiro emprego, vê passar o dia 20 do mês e se esquece de pagar a contribuição incidente sobre a folha de pagamento). Perceba que nos dois exemplos o resultado é o mesmo: não houve o pagamento da contribuição. Porém, no primeiro o contribuinte agiu com dolo; no segundo, com culpa, pois a conduta foi imperita (ausência de cuidado profissional).

Retomando. Dissemos que no âmbito da relação previdenciária de custeio a responsabilidade pelas infrações é **objetiva**, ou seja, independe de dolo ou culpa. Isso implica duas conclusões: uma, tanto faz se a infração foi praticada com dolo ou culpa, ela será punida na forma prevista na legislação; duas, *ainda que não haja nem dolo, nem culpa, mas ocorra uma infração, ela será punida*. Exemplo: uma empresa preenche os documentos devidos e, no dia 20, entrega o dinheiro para seu mensageiro efetuar o pagamento da contribuição sobre a folha de pagamento no banco. No caminho, o mensageiro é vítima de roubo, sendo levado todo o dinheiro e, com isso, o pagamento não se realiza. É a hipótese de **caso fortuito** (nem dolo, nem culpa), mas a empresa terá de pagar a multa pelo atraso no pagamento do mesmo jeito.

7.2. Recolhimento fora do prazo

Dentre as infrações, sem dúvida a mais comum é o atraso no pagamento das contribuições. Ao analisarmos as contribuições sociais, anotamos, para cada uma delas, a data de vencimento da obrigação, sendo considerado *extemporâneo, ou fora do prazo, qualquer recolhimento realizado posteriormente ao vencimento estipulado*.

O recolhimento fora do prazo gera, em tese, **três** acréscimos no pagamento: **correção monetária, juros de mora e multa**.

7.2.1. Correção monetária

Não se trata de punição, mas *simples manutenção do valor real da moeda*, seu poder de compra. A correção monetária é a atualização do valor devido pelo índice de inflação do período decorrido entre o vencimento da obrigação e a data do efetivo pagamento.

No campo das contribuições previdenciárias, a aplicação da correção monetária foi extinta com a Lei 8.981/1995.

7.2.2. Juros de mora

Também não tem caráter punitivo. Os juros são *o fruto do capital, a remuneração devida por aquele que teve à sua disposição, por determinado período de tempo, capital alheio.* Pense num empréstimo bancário: o banco cobra juros como remuneração do capital, porque o dinheiro está com o cliente e não com o banco.

O pagamento em atraso de uma contribuição previdenciária pode, *grosso modo*, ser visto como um empréstimo: o dinheiro já devia estar com o INSS, porém o contribuinte o retém consigo, deixando-o à sua disposição. Até que "devolva" o dinheiro aos cofres públicos, deverá pagar juros pelo "empréstimo".

Desde a edição da Medida Provisória 449/2008, convertida na Lei 11.941/2009, o art. 35 do PCSS determina que os juros pelo atraso no pagamento das contribuições previdenciárias devem seguir a sistemática do art. 61 da Lei 9.430/1996, que dispõe:

a) Aplicação da taxa SELIC a partir do segundo mês subsequente ao vencimento da obrigação e até o último dia do mês anterior ao efetivo pagamento

b) 1% no mês do efetivo pagamento

A SELIC é a taxa de juros básica da economia nacional, fixada pelo Comitê de Política Monetária – COPOM – a cada 45 dias.

Na prática, a regra fica assim: um certo contribuinte não recolheu, no dia 20 de agosto, a contribuição devida sobre a folha de pagamento da empresa. Caso pague até 30 de setembro, arcará com juros de mora de 1% (índice aplicável ao **mês de pagamento**). Senão, começará a incidir a taxa SELIC a partir de 1º de outubro (**primeiro dia do segundo mês subsequente**). Se ele pagar em 15 de dezembro, aplicaremos a SELIC relativa ao período de 1º de outubro a 30 de novembro (**último dia do mês anterior ao efetivo pagamento**) mais 1% (pelo **mês do pagamento**).

7.2.3. Multa

Dos acréscimos previstos, a **multa** é a única com *caráter punitivo*. Sua intenção é *incentivar o contribuinte a cumprir sua obrigação no prazo assinalado*, evitando, assim, ter de arcar com o aumento no valor a pagar. Tem, portanto, *natureza jurídica de sanção*.

Antes regida pelos art. 239 do RPS, a multa em caso de atraso no pagamento de contribuições sociais também encontra hoje sua regulamentação no art. 61 da Lei 9.430/1996 por força da nova redação do art. 35 do PCSS (restando tacitamente revogado, a nosso ver, o RPS, norma de hierarquia inferior):

a) Em caso de atraso no pagamento, incidirá multa de 0,33% por dia de atraso, limitado ao máximo de 20%, ou seja, passados 61 dias de atraso, a multa deixa de aumentar (60 x 0,33 = 19,8; sendo proibida a cobrança de mais de 20% de multa, o 61º de atraso adiciona apenas 0,2% no montante total; após, nada mais aumentará);

b) Havendo lançamento de ofício, isto é, o contribuinte não recolheu voluntariamente as contribuições em atraso, a multa será de 75%;

c) Se o contribuinte, notificado pela fiscalização a prestar esclarecimentos sobre o inadimplemento, deixar de fazê-lo, a multa terá um acréscimo de 50%;

d) A multa será duplicada se ficar provada a ocorrência de sonegação, fraude ou conluio

A última agravante (sonegação, fraude ou conluio) deve ser entendida, simplesmente, como *a prova de uma infração dolosa ao dever de pagar as contribuições*. **Sonegar** significa *esconder, mascarar a ocorrência*, como em caso da empresa registrar faturamento menor que o verdadeiro porque realizou operações mercantis sem a emissão da correspondente nota fiscal. **Fraude** é *qualquer adulteração em documentos ou na contabilidade*, justamente para tentar evitar a descoberta da sonegação. Não é errado dizer que toda sonegação pressupõe uma fraude. Mais estranha ainda é a previsão do **conluio**, que é, na verdade, o *meio de praticar a fraude: há conluio quando duas ou mais pessoas resolvem, juntas, praticar uma infração*. A fraude, ou sonegação, pode ou não ser praticada através de conluio. Agora, o conluio, sozinho, nada significa: ele só existe em prol da sonegação fiscal.

Por essa razão que dissemos que a agravante da duplicação da multa ocorrerá quando a fiscalização tiver provas de que o inadimplemento ocorreu por **dolo**, com a intenção de fraudar o Fisco.

Há, de outra banda, **atenuantes** aplicáveis à multa previdenciária. Ela será reduzida em:

a) 50%, se for efetuado o pagamento no prazo de 30 dias, contados da data em que o contribuinte foi notificado do lançamento;

b) 40%, se for requerido o parcelamento da dívida pelo contribuinte no prazo de 30 dias contados da notificação do lançamento;

c) 30%, se o pagamento ocorrer no prazo de 30 dias depois do sujeito passivo ter sido notificado da decisão administrativa de primeira instância;

d) 20%, se for requerido o parcelamento da dívida pelo sujeito passivo no prazo de 30 dias contados da notificação da decisão administrativa de primeira instância.

As duas primeiras atenuantes servem como incentivo ao pagamento pelo contribuinte, demonstrando que o real interesse da Fazenda é receber o crédito principal (tributo) ao reduzir substancialmente a multa pelo atraso. As duas últimas atenuantes são aplicáveis ao contribuinte que *contestou o lançamento no âmbito da própria administração pública (defesa administrativa), porém não logrou êxito em seu intento*, isto é, o julgamento administrativo em primeira instância entendeu que o lançamento do tributo e da multa estavam corretos. Como o contribuinte, em vez de pagar o débito, preferiu opor-se a ele, seu benefício na redução da multa será menor.

8. RECURSOS DAS DECISÕES ADMINISTRATIVAS

8.1. Cabimento da defesa administrativa

Diante de uma decisão desfavorável do INSS sobre um pedido de benefício previdenciário, seja o indeferimento ou o pagamento de benefício em valor menor do que o beneficiário entende devido, abrem-se a ele dois caminhos para tentar reverter a situação:

a) Judicial: buscando a declaração de nulidade da decisão administrativa *através do Poder Judiciário*, concretizada através da *sentença de um juiz de direito*;

b) Administrativo: realizado diretamente *junto ao órgão público competente* para avaliar a correção dos atos administrativos praticados, concretizado através de uma *nova decisão administrativa*.

A via judicial é afeta ao Direito Processual. Interessa-nos a via administrativa, cujo cabimento é justificado pelo **direito de petição**, garantia fundamental do cidadão prevista no art. 5º, XXXIV, *a*, da CF/1988, que consagra o direito de *requerer aquilo que for necessário junto aos Poderes Públicos para a defesa de direitos ou contra atos de ilegalidade ou abuso de poder*.

Considerando, por outro lado, que vigora no Brasil o princípio da **inafastabilidade da jurisdição,** segundo o qual *"a lei não excluirá da apreciação do Poder Judiciário lesão ou ameaça a direito"* (art. 5º, XXXV, da CF/1988), apenas este tem o poder de decidir definitivamente qualquer questão que envolva conflito entre duas partes. Daí concluímos que, ainda que o contribuinte opte pela via administrativa, o caminho judicial sempre estará à sua disposição.

O inverso, porém, não se aplica. A fim de evitar trabalho desnecessário, pois a decisão judicial sempre prevalecerá, dispõe o art. 307 do RPS que *"a propositura pelo beneficiário de ação judicial que tenha por objeto idêntico pedido sobre o qual versa o processo administrativo importa renúncia ao direito de recorrer na esfera administrativa e desistência do recurso interposto"*.

Salientamos, oportunamente, que a defesa administrativa sobre conflitos envolvendo contribuições previdenciárias escapam ao estudo do Direito Previdenciário. Isso porque, com o advento da "Super-Receita", tratado no tópico 3.2.2, este tema passou a ser de competência da União e não mais do INSS, sendo o procedimento administrativo fiscal federal regulado pelo Decreto 70.235/1972. A sistemática ora estudada, prevista no RPS, ficou desde então restrita às questões sobre benefícios previdenciários.

8.2. Trâmite dos recursos administrativos

O pedido de concessão ou revisão de benefício previdenciário deve ser elaborado *por escrito* e realizado junto a um dos **órgãos regionais do INSS** (seus escritórios e repartições espalhados pelos Municípios do país). Os requisitos e a comprovação destes serão analisados por um **órgão singular,** isto é, composto por apenas um servidor público, que deferirá, ou não, o pedido formulado.

Vencido o beneficiário, ele poderá recorrer para o **Conselho de Recursos da Previdência Social – CRPS,** composto por vinte e nove **Juntas de Recursos,** espalhadas pelos Estados, e quatro **Câmaras de Julgamento,** com sede em Brasília.

Primeiramente, o beneficiário deve endereçar seu recurso a uma das **Juntas de Recursos, órgãos colegiados** compostos por quatro membros (dois representantes do Governo, um das empresas e um dos trabalhadores).

Não conseguindo o reconhecimento de seu direito nas Juntas, o beneficiário poderá ainda recorrer para uma das quatro **Câmaras de Julgamento**, com sede em Brasília, com a mesma composição das Juntas. Este recurso, todavia, somente poderá fundamentar-se em *infração à lei, ao Regulamento da Previdência Social, a enunciado do Conselho Pleno ou a ato normativo ministerial*.

Devemos ressaltar, após esta análise, que a legislação previdenciária **sempre** garante ao beneficiário **duas instâncias de julgamento**: o órgão regional do INSS e a Junta de Recursos, já que o fundamento do acesso a esta pode ser, única e simplesmente, a discordância da decisão do órgão regional. Já o acesso às Câmaras de Julgamento depende da comprovação de um dos requisitos apontados.

Esgotadas as **instâncias ordinárias**, o RPS prevê ainda a possibilidade de **recurso para o Ministro de Estado da Previdência e Assistência Social**. Este instrumento, contudo, está limitado às seguintes hipóteses, devendo todas estarem presentes **cumulativamente:**

a) Controvérsia entre órgãos do Ministério da Previdência e Assistência Social: deve ficar demonstrada a discrepância entre julgados sobre situações iguais em diferentes órgãos regionais ou Juntas de Recursos;

b) A controvérsia deve versar sobre a aplicação da lei, de ato normativo ou sobre questão previdenciária de relevante interesse público ou social: define-se, assim, o *objeto* da análise do Ministro de Estado, que será chamado para dirimir questões ligadas à interpretação da legislação ou aquelas que interessem a um grande número de pessoas;

c) O pedido de solução será encaminhado pelo órgão competente, através de seu dirigente: como se vê, *não se trata de um recurso voluntário do beneficiário*, mas sim de instrumento à disposição dos próprios órgãos do CRPS procurando uniformizar sua jurisprudência.

Em resumo, temos o seguinte esquema para visualização do trâmite administrativo dos recursos no INSS:

```
INSS
  ↓
Junta de Recursos
  ↓
Câmara de Julgamento
  ↓
Ministro da Previdência
```

Havia, ainda, na esfera dos recursos sobre questões previdenciárias, o chamado **recurso de ofício**. Previsto para as hipóteses do beneficiário ser favorecido com a decisão do INSS, quando ocorria este resultado *o órgão regional ou a Junta de Recursos era obrigado a remeter, diretamente e mesmo sem qualquer intervenção específica, o caso para a instância superior para confirmação da decisão*. Ainda presente em diversos tribunais administrativos, o recurso de ofício **deixou de existir** no quadro previdenciário com a edição do Decreto 6.032/2007, que deu nova redação ao art. 305, § 3º, do RPS.

8.3. Disposições gerais

8.3.1. Prazo

Qualquer recurso, seja para a Junta de Recursos, seja para a Câmara de Julgamento, deve ser interposto no prazo de **30 dias**, contados da ciência da decisão desfavorável.

8.3.2. Efeitos

Os recursos contra as decisões da Junta de Recursos terão efeitos **devolutivo** e **suspensivo**. Recursos contra as decisões do órgão regional são recebidos apenas com efeito devolutivo.

Efeito devolutivo é aquele que caracteriza qualquer recurso, estando **sempre** presente. Significa que *a matéria tratada no caso em julgamento será **devolvida** ao órgão superior para nova análise*.

Efeito suspensivo, ao contrário, pode ou não estar previsto. Significa, quando presente, que *a decisão inferior fica suspensa até a prolação da decisão do recurso*. Com isso, as partes não são obrigadas a cumprir o que o órgão inferior decidiu até que seja publicada a decisão do órgão superior. Exemplo: se a Junta de Recursos determinar o pagamento de certo benefício ao segurado, havendo recurso dessa decisão **com efeito suspensivo** o INSS não estará obrigado a pagar até que a Câmara de Julgamento resolva a questão.

9. PLANO DE BENEFÍCIOS DO REGIME GERAL DE PREVIDÊNCIA SOCIAL

9.1. A relação jurídica de benefício

Vimos mais atrás, no tópico 3.2.1, os elementos da relação jurídica de custeio direto da Seguridade Social, cujo objeto era o dever de pagar as contribuições sociais impostas por lei. Esse estudo, em rigor, seguiu-nos até o presente momento.

Iniciamos agora a análise da outra relação jurídica que envolve o Direito Previdenciário. Aliás, a **relação jurídica de benefício** é de Direito Previdenciário por excelência, sendo específica deste ramo do Direito, diferente da relação jurídica de custeio que, como amplamente verificado, tem suas origens e regulamentações vinculadas ao Direito Tributário.

Vamos relembrar. Dissemos que qualquer relação jurídica tem a seguinte estrutura:

```
Sujeito ativo        Sujeito passivo
  Credor                Devedor
              Vínculo
    A      ←—————————      B
              Objeto
```

No que toca à **relação jurídica de benefício**, podemos apontar que cada um desses elementos toma a seguinte forma:

a) Sujeito ativo (ou credor): será o **beneficiário** da Previdência, *a pessoa que possui vínculo de filiação com o INSS* (conhecido como **segurado**) ou *pessoa ligada ao segurado por dependência econômica* (os **dependentes**). Voltaremos a esses conceitos mais adiante;

b) Sujeito passivo (ou devedor): será sempre o INSS;

c) Objeto: a realização das prestações previdenciárias previstas no PBPS (Lei 8.213/1991), que se dividem em **benefícios** e **serviços**;

d) Vínculo: a relação jurídica de benefício decorre da **filiação** do segurado ao RGPS.

```
                    Filiação
  Beneficiário   ←—————————   INSS
                    Benefício
                       ou
                    Serviço
```

9.2. Beneficiários do RGPS

O PBPS prevê o pagamento de benefícios e a prestação de serviços para duas espécies de beneficiários: **os segurados** e os **dependentes**, que serão, é bom que se ressalte, sempre *pessoas físicas*.

9.2.1. Segurados

A figura do segurado já foi amplamente estudada. Aplicam-se para a relação de benefício *os mesmos conceitos aprendidos sobre a relação de custeio*. Estamos falando, portanto, do **segurado empregado, do empregado doméstico, do trabalhador avulso, do contribuinte individual, do segurado especial e do segurado facultativo**. Dizemos que estas pessoas possuem *vínculo direto* com o INSS, porque estão *inscritas* e *filiadas* ao RGPS.

9.2.2. Dependentes

A novidade fica por conta do conceito de **dependentes**. São pessoas *com vínculo indireto com o INSS, uma vez que se ligam ao segurado*. O termo *dependente* remete à necessária **dependência econômica** que deve existir entre o dependente e o segurado. Em outras palavras, o dependente é uma pessoa que depende da atividade remunerada do segurado para sua subsistência.

Por isso dissemos que o dependente tem vínculo indireto com o INSS: ele se liga ao segurado, que por sua vez está filiado ao RGPS.

As pessoas que podem se enquadrar como dependentes do segurado são divididas em **classes**, sendo que *a existência de pessoas nas classes mais altas impede o recebimento do benefício por aquelas das classes mais baixas*. Exemplo: se o segurado, ao falecer, deixa mulher e seu pai, apenas aquela receberá o benefício da pensão por morte, por ser dependente de 1ª classe, enquanto o pai é dependente de 2ª classe. Em contrapartida, se houver *mais de uma pessoa na mesma classe*, o benefício deve ser rateado igualmente entre elas.

a) 1ª Classe: além de afastar as duas classes inferiores, a 1ª classe de dependentes tem como característica principal **a presunção absoluta de dependência econômica**. Isso significa que seus integrantes *não precisam provar que dependiam diretamente do segurado para sua subsistência*, sendo esta situação presumida pela lei e não se autorizando prova em sentido contrário. Excetuam-se, apenas, os **equiparados a filho**, quais sejam, *o enteado e o menor tutelado*, que devem provar a dependência econômica para fazer jus aos benefícios.

a1) Cônjuge ou companheiro(a)

O primeiro integrante da 1ª classe de dependentes é o **cônjuge**, bem como o **companheiro(a)**. Cônjuge é a *pessoa casada formalmente*; companheiro(a) é quem vive *em união estável*, definida nos termos do art. 1.723 do Código Civil (CC) como *a convivência pública, contínua e duradoura e estabelecida com o objetivo de constituição de família*.

Para que o cônjuge figure como dependente do segurado, é necessário *que o casamento esteja vigente no momento do requerimento do benefício*. Isso exclui o cônjuge **separado judicialmente** (figura extinta com a Emenda Constitucional 66/2010), **separado de fato** (chamado pelo PBPS de *cônjuge ausente*, aquele que não mais reside com seu consorte, sem, todavia, promover formalmente o divórcio) e, obviamente, o **divorciado**, uma vez que nessa hipótese o casamento já foi extinto. **Excetuam-se** os casos em que o cônjuge, ainda que separado ou mesmo divorciado, *recebia pensão alimentícia*. Em resumo: desfeito o casamento por qualquer das formas apresentadas, o cônjuge não é mais dependente do segurado; **será ainda dependente** se estiver recebendo pensão alimentícia. A razão de ser desta exceção remonta ao fato da pensão alimentícia ser paga somente se o cônjuge comprovar sua *necessidade*, sendo, então, fato suficiente para o Direito Previdenciário reconhecer sua dependência econômica.

Sobre o direito a alimentos, trazemos à baila a Súmula 336 do STJ: *"a mulher que renunciou aos alimentos na separação judicial tem direito à pensão previdenciária por morte do ex-marido, comprovada a necessidade econômica superveniente"*. O verbete consagra a **irrenunciabilidade do direito a alimentos**, podendo o cônjuge apenas dele não fazer uso. Com efeito, ainda que, no momento da separação ou divórcio, os cônjuges tenham optado por não exercer seu direito a alimentos, por não haver necessidade naquela situação, ela (a necessidade) pode surgir depois. Comprovado este fato, por exemplo, no momento do óbito do segurado, o cônjuge sobrevivo deve ser contemplado com o benefício da pensão por morte.

Já quanto à união estável, é preciso lembrar que *há pessoas que são impedidas de constituí-la, por serem impedidas de casar* (com exceção da pessoa separada judicialmente ou de fato, porque, apesar de formalmente ainda estar casada, o art. 1.723, § 1º, do CC autoriza sua união estável). Tais casos estão previstos no art. 1.521 do CC:

> **Art. 1.521.** Não podem casar:
>
> I – os ascendentes com os descendentes, seja o parentesco natural ou civil;
>
> II – os afins em linha reta;
>
> III – o adotante com quem foi cônjuge do adotado e o adotado com quem o foi do adotante;
>
> IV – os irmãos, unilaterais ou bilaterais, e demais colaterais, até o terceiro grau inclusive;
>
> V – o adotado com o filho do adotante;
>
> (...)
>
> VII – o cônjuge sobrevivente com o condenado por homicídio ou tentativa de homicídio contra o seu consorte.

Nessas hipóteses, nos termos do art. 16, § 6º, do RPS, *não se reconhecerá o status de companheiro, e, consequentemente, o de dependente* (STF, RE 590.779/ES, *DJ* 10.02.2009).

Por fim, uma palavra sobre a **união homoafetiva**. O INSS já admitia a caracterização como dependente de companheiro(a) do mesmo sexo, ainda que por determinação judicial, desde 2007, posição mais recentemente confirmada no art. 25 da Instrução Normativa INSS/PRES 45/2010. Não obstante, com o reconhecimento da validade, pelo STF, da união homoafetiva (ADI 4.277/DF, *DJ* 05.05.2011), e mesmo a edição da Resolução 175/2013 do Conselho Nacional de Justiça, que determina a realização de casamentos ou conversão de união estável em casamento entre pessoas do mesmo sexo em todos os cartórios de registro civil de pessoa natural do país, a questão fica definitivamente assentada no sentido de reconhecer os direitos de dependente ao companheiro (e até ao cônjuge) homossexual.

a2) Filho menor de 21 anos não emancipado

O filho, seja ele natural ou adotivo, conserva sua condição de dependente *até que complete 21 anos de idade*, desde que até esse momento não se tenha promovido sua **emancipação**, ato jurídico que confere a plena capacidade civil ao menor com 16 anos completos nas seguintes hipóteses: *concessão dos pais, casamento, exercício de cargo público efetivo, constituição de estabelecimento civil ou empresarial em função do qual o menor tenha economia própria ou colação de grau em nível superior*.

A despeito de julgados isolados em sentido contrário, o STJ tem jurisprudência assentada de que o fato do filho estar cursando faculdade **não estende** o benefício da pensão por morte até que ele atinja 24 anos de idade (AgRg no REsp 818.640/SC, *DJ* 17.06.2010, REsp 779.418/CE, *DJ* 25.10.2005).

a3) Filho inválido ou portador de deficiência

Para fins previdenciários, entende-se **invalidez** como *a total incapacidade para o trabalho, seja decorrente de deficiência física ou mental que torne a pessoa absoluta ou relativamente incapaz*. Com a entrada em vigor do Estatuto da Pessoa com Deficiência (Lei 13.146/2015), o filho portador de deficiência intelectual ou mental, ou deficiência grave, é considerado dependente, não mais se exigindo a declaração judicial de incapacidade civil.

O filho inválido conserva sua posição de dependente de 1ª classe **independentemente de sua idade**, perdendo-a somente se cessar a invalidez. Vale ressaltar que esta deve ser **anterior à emancipação ou à data em que a pessoa completa 21 anos**. Se já superior a esta idade ou emancipado por qualquer das razões expostas no item anterior, *salvo a colação de grau em nível superior*, e, só então, vem a tornar-se inválido, este filho **não será** dependente para fins previdenciários (art. 17, III, do RPS).

Cumpre salientar que parte da doutrina repudia essa posição, assentando que os dependentes de primeira classe gozam de presunção absoluta de dependência econômica e, destarte, deverão ser assim classificados ainda que a invalidez ou incapacidade civil seja posterior ao aniversário de 21 anos.

a4) Equiparados a filho

O art. 16, § 2º, do PBPS **equipara** a filho o **enteado** e o **menor tutelado**, garantindo a estes a mesma posição na classe de dependentes.

Enteado é o *filho do outro cônjuge, com o qual o segurado não tem relação de parentesco* (há de se ter cuidado, pois se o padrasto ou a madrasta **adotar** o enteado este se tornará **filho** por conta do processo de adoção); **menor tutelado** é aquele a quem foi dado *um tutor, após processo judicial, para zelar por sua educação após a morte dos pais ou a perda do poder familiar quando houver patrimônio do menor a ser gerenciado*.

As únicas diferenças estabelecidas são: os equiparados a filho, *apesar de constarem da 1ª classe de dependentes*, **devem provar a dependência econômica** para receberem os benefícios e devem ser **previamente inscritos** no INSS pelo próprio segurado (ao passo que os filhos podem apresentar-se a qualquer momento).

Sobre o **menor sob guarda**, *instituto voltado à regularização de uma situação fática, de quem cuida do menor na ausência dos pais*, o STJ consolidou o entendimento de que estes **não se enquadram como dependentes**, ainda que comprovem dependência econômica (REsp 773.944/SP, *DJ* 05.02.2009).

b) 2ª classe: somente se filiarão ao RGPS na qualidade de dependentes na *ausência de qualquer pessoa de primeira classe*. Neste patamar, *é necessário, **sempre**, que comprovem a dependência econômica junto ao segurado*, sob pena de serem excluídos do pagamento dos benefícios.

Apenas os **pais** encontram-se na 2ª classe de dependentes. Merece atenção o fato de o texto legal mencionar **pais** e não **ascendentes**, o que exclui os ancestrais mais antigos, principalmente os avós, ainda que eles sejam economicamente dependentes do segurado. Há julgado do STJ em sentido contrário, porém atestando uma *situação singular* para reconhecer o direito ao benefício pelo avô do segurado falecido: a existência de verdadeira relação filial entre eles, uma vez que o segurado foi criado pelo avô desde a tenra idade pela precoce morte dos pais (REsp 528.987/SP, *DJ* 06.11.2003).

c) 3ª classe: segundo a sistemática já conhecida, *receberão os benefícios somente na inexistência de dependentes nas duas classes anteriores* e, também, *devem sempre provar a dependência econômica*.

Colocam-se aqui os **irmãos, unilaterais** (filhos apenas do mesmo pai ou da mesma mãe) ou **bilaterais** (filhos do mesmo pai e da mesma mãe, também chamados de *irmãos germanos*) **até 21 anos ou inválidos ou portadores de deficiência intelectual ou mental ou de deficiência grave**. Todas as regras estudadas sobre o início e o fim da qualidade de dependente dos filhos são utilizadas para os irmãos.

9.3. Benefícios previdenciários – disposições gerais

Iniciamos agora o estudo das **prestações** devidas pelo INSS aos segurados e dependentes.

Prestação previdenciária *é gênero* que se subdivide em duas espécies: **benefícios**, que são traduzidos na forma de *prestações pecuniárias (em dinheiro) periódicas*; e **serviços**, que se caracterizam por *qualquer outra prestação que não seja traduzida em dinheiro*.

Todas elas estão previstas no art. 18 do PBPS:

Art. 18. O regime geral de previdência social compreende as seguintes prestações, devidas inclusive em razão de eventos decorrentes de acidentes do trabalho, expressas em benefícios e serviços:

I – quanto ao segurado:

a) aposentadoria por invalidez;

b) aposentadoria por idade;

c) aposentadoria por tempo de contribuição;

d) aposentadoria especial;

e) auxílio-doença;

f) salário-família;

g) salário-maternidade;

h) auxílio-acidente.

II – quanto ao dependente:

a) pensão por morte;

b) auxílio-reclusão.

III – quanto ao segurado e dependente:

a) (Revogado)

b) serviço social;

c) reabilitação profissional.

Todos os itens citados representam **benefícios**, *exceto os do inciso III*: serviço social e reabilitação profissional. Essas são as únicas prestações previdenciárias da espécie **serviços**.

Daí podemos concluir que os **benefícios** serão pagos, necessariamente, **ou** ao segurado **ou** ao dependente. Por isso dissemos que, enquanto o segurado estiver presente, a relação do INSS com o dependente não se completa. Perceba que o dependente só ingressa na relação jurídica com a morte ou a prisão do segurado. Já os **serviços** podem ser prestados, concomitantemente, ao segurado e ao dependente.

Nosso estudo será mais focado nos **benefícios**, por sua maior importância teórica e prática. Sem prejuízo, anotamos que o **serviço social** destina-se a *"prestar ao beneficiário orientação e apoio no que concerne à solução dos problemas pessoais e familiares e à melhoria de sua inter-relação com a previdência social, para a solução de questões referentes a benefícios, bem como, quando necessário, à obtenção de outros recursos sociais da comunidade"* (art. 161 do RPS). Já a **reabilitação profissional** *"visa a proporcionar aos beneficiários, incapacitados parcial ou totalmente para o trabalho, em caráter obrigatório, independentemente de carência, e às pessoas portadoras de deficiência, os meios indicados para proporcionar o reingresso no mercado de trabalho e no contexto em que vivem"* (art. 136 do RPS).

9.3.1. Carência

A concessão dos benefícios depende da comprovação do período de **carência**, definido como *o número mínimo de contribuições mensais necessárias para autorizar o recebimento do benefício pelo segurado*. Se a contingência geradora da necessidade ocorrer antes de cumprida a carência exigida, o segurado, mesmo em dia com suas contribuições, não fará jus ao benefício.

A carência se justifica na manutenção do equilíbrio atuarial e financeiro do sistema previdenciário. A ideia é a mesma aplicada aos planos de saúde privados, exigindo-se do segurado um número mínimo de contribuições para que o INSS garanta o recebimento de algum valor antes de ter de gastar com a pessoa.

O prazo exigido por lei é contado a partir da *filiação ao RGPS* para o **segurado empregado e o trabalhador avulso**. Como a filiação ocorre com o início da atividade remunerada, temos que *o recolhimento das contribuições dessas duas espécies de segurados é **presumido***. Em outras palavras: ainda que o empregador não efetue o recolhimento das contribuições do empregado ou do avulso, sua carência já estará sendo computada desde o primeiro dia de trabalho.

Para o **empregado doméstico**, o **contribuinte individual** e o **segurado facultativo**, a carência será contada somente a partir *do primeiro dia do mês da competência a que se refere o pagamento da primeira contribuição **sem atraso***. Assim, se determinado contribuinte individual deu início às suas atividades em 15 de junho de 2019, ao recolher sua contribuição em 20 de julho de 2019, *terá iniciada a contagem de seu período de carência a partir de 01 de junho de 2019*. Note que o prazo só começa a correr com o pagamento da primeira contribuição sem atraso, porém o termo inicial é o primeiro dia do mês da competência.

Com isso, **não se reconhece** como carência o recolhimento posterior de contribuições pretéritas, mesmo com os devidos acréscimos (juros e multa). Vem daí a imprescindível diferenciação entre **carência** e **tempo de contribuição**. Veja o caso do contribuinte individual que, tendo começado a trabalhar em outubro de 2015, nunca recolheu suas contribuições previdenciárias. Em 20 de novembro de 2018, pretendendo regularizar sua situação no INSS, efetua o pagamento das 36 contribuições de uma vez, com juros e multa. Ao fazê-lo, este segurado terá **36 meses de tempo de contribuição**, porém apenas **01 mês e 20 dias de carência**, pois esta começa a correr unicamente a partir do pagamento da primeira contribuição **sem atraso**. A contribuição paga corretamente em 20 de novembro de 2018 refere-se a outubro de 2015, sendo a primeira sem atraso. Logo, a carência começou em 1º de outubro de 2018.

Para o **segurado especial**, aplica-se regra distinta. Considerando que ele não recolhe mensalmente suas contribuições, mas somente sobre a comercialização da produção quando esta ocorrer, basta que ele comprove *a efetiva atividade rural pelo número de meses exigido como carência*, ainda que neste período ele não tenha efetuado uma contribuição sequer.

Falando em prazos, não são todos os benefícios que exigem carência para sua concessão. Para melhor memorização desses períodos, quando existentes, deixamos para relacioná-los junto com as demais regras específicas de cada benefício previdenciário, integrando-os no estudo destes.

9.3.2. Período Básico de Cálculo (PBC) e Salário de Benefício

Antes de prosseguirmos, vale a ressalva: da mesma forma que o salário de contribuição **não se confunde** com a contribuição paga pelo segurado, sendo apenas sua base de cálculo, o salário de benefício também **não se confunde** com o valor do benefício recebido, sendo apenas sua base de cálculo.

O salário de benefício é encontrado pela *média aritmética simples de todos os salários de contribuição integrantes do PBC após a correção monetária*.

Até a entrada em vigor da Emenda da Reforma da Previdência, o salário de benefício era calculado considerando-se apenas os 80% maiores salários de contribuição do segurado ao longo do período básico de cálculo (do qual se manteve o marco inicial em julho de 1994). Nos termos do art. 26 da EC 103/2019, agora o salário de benefício será o resultado da média aritmética simples de **todos os salários de contribuição do segurado** ao longo do período básico de cálculo, devidamente atualizados. O § 6º do art. 26 autoriza a desconsideração de contribuição que esteja deslocando para baixo a média final, desde que: **(i)** desconsiderada esta, ainda assim haja contribuições suficientes para o cumprimento do requisito para concessão do benefício; e **(ii)** ela seja totalmente eliminada da vida previdenciária do segurado, não podendo ser considerada para nenhuma outra finalidade, nem mesmo a averbação em outro regime previdenciário. O salário de benefício também possui **limites mínimo e máximo**: será no mínimo *um salário mínimo* e no máximo *o valor máximo estabelecido para o salário de contribuição*.

Caso o segurado tenha recebido benefício previdenciário durante o PBC, nos meses em que isso ocorreu *será considerado como salário de contribuição o valor do salário de benefício que serviu de base para o cálculo do benefício recebido*. A regra existe para não prejudicar o segurado que, por exemplo, recebeu auxílio-doença por um ano por ter ficado incapacitado para o trabalho durante esse período. Já sabemos que, enquanto estiver no gozo de benefício previdenciário, o segurado não paga a contribuição social. Como a lei estabelece que, mesmo assim, tal período é considerado como tempo de contribuição, foi necessário estabelecer qual o parâmetro a ser utilizado posteriormente, ou seja, qual o valor que será considerado como salário de contribuição no PBC geral do segurado, incluindo o período em que ficou afastado do trabalho recebendo auxílio-doença. Estabeleceu-se, então, o *valor do salário de benefício encontrado no cálculo do auxílio-doença*.

9.3.3. Renda Mensal Inicial (RMI)

Finalmente, concluímos nosso caminho matemático. A **Renda Mensal Inicial (RMI)** é *efetivamente o valor que será pago ao segurado ou dependente*. Ela é encontrada aplicando-se um *percentual sobre o salário de benefício*.

O percentual é previsto em lei individualmente para cada benefício. Por esta razão, tal qual fizemos com a carência, preferimos indicá-lo no momento em que estudarmos os benefícios um por um, facilitando a compreensão e a memorização dos valores.

Vale ressaltar que, em regra, *nenhum benefício será menor que o salário mínimo ou maior que o teto estabelecido para o salário de contribuição no RGPS*. São **exceções**:

a) Salário-família e auxílio-acidente: como **não** substituem a renda do trabalhador, sendo um complemento mensal ao salário, *podem ser **inferiores** ao salário mínimo*;

b) Salário-maternidade: reduzir o valor da remuneração mensal da trabalhadora quando ela se torna mãe seria um verdadeiro desestímulo a tão nobre propósito. Por isso, o salário-maternidade *tem exatamente o mesmo valor do salário da segurada*. Assim, *pode ser **superior** ao teto do salário de contribuição estabelecido para o RGPS*.

Chamamos o resultado obtido com a aplicação do percentual de renda mensal **inicial** porque ela (a renda) não será sempre igual. O art. 201, § 4º, da CF/1988 estabelece que a renda mensal do benefício deve ser reajustada anualmente, sendo complementado pelo art. 41-A do PBPS, que dispõe que este reajuste ocorrerá na mesma data daquele do salário mínimo e com aplicação do INPC calculado pelo IBGE.

9.3.4. Decadência e prescrição dos benefícios previdenciários

Diferentemente do que ocorre com as contribuições sociais, que seguem as regras de decadência e prescrição do Direito Tributário, nos conflitos envolvendo benefícios devemos aplicar as regras próprias do Direito Previdenciário.

a) Benefício indeferido (art. 103, *caput*, do PBPS)

Se o segurado ou dependente *requer o benefício no INSS, mas este se recusa a pagá-lo sob o argumento de que o solicitante não faz jus ao recebimento nos termos da lei*, abre-se o prazo de **decadência** de **10 anos** para que o interessado busque reverter essa decisão, contados da data em que tomar ciência da **decisão** do INSS. Se deixar o prazo escoar sem oposição, o beneficiário *perde o direito ao benefício* (já que estamos falando de **decadência**), nunca mais podendo solicitá-lo.

b) Benefício deferido, porém em valor menor que o correto (art. 103, *caput*, do PBPS)

Caso o INSS *defira o benefício requerido, mas pague um valor menor do que o beneficiário entende correto*, abre-se para este o mesmo prazo de **10 anos** de **decadência** para impugnar o montante deferido, contados do **primeiro dia do mês seguinte ao do recebimento da primeira prestação**. Se deixar o prazo escoar sem oposição, o beneficiário *perde o direito à revisão do benefício*, recebendo-o sempre com o valor menor.

c) Recebimento de valores devidos pelo INSS (art. 103, parágrafo único, do PBPS)

Quando o segurado ou dependente pretender *receber na Justiça valores atrasados devidos pelo INSS, seja porque não os pagou no tempo certo ou pagou menos do que o devido*, terá o prazo de **prescrição** de **5 anos** para fazê-lo, contados **da data em que os benefícios deveriam ter sido pagos**, exceto quando se tratar de questão que envolva **acidente de trabalho**, quando o prazo começa a contar da *data do acidente*, quando dele resultar morte ou incapacidade temporária para o trabalho, ou *da data em que for reconhecida pelo INSS a incapacidade permanente ou agravamento das sequelas deixadas pelo acidente* (art. 104 do PBPS).

Esse item deve ser lido em conjunto com o anterior, dada sua similitude. Se o beneficiário pretende contestar o valor recebido, por entender que ele é menor que o devido, terá prazo de **decadência** de **10 anos** para fazê-lo. Porém, os valores que lhe serão complementados, em caso de deferimento de sua impugnação, ficam limitados aos **5 últimos anos**, por conta da **prescrição**.

Anote-se que a prescrição **não corre** contra absolutamente incapazes e ausentes, nos termos do art. 198 do CC. Ela fica **suspensa** até que cesse a incapacidade ou a ausência.

d) Revisão do benefício pela própria Administração (art. 103-A do PBPS)

A Administração Pública tem o poder de revisar seus próprios atos, a fim de adequá-los às disposições legais. É possível que determinado benefício tenha sido concedido de forma equivocada ou em valor errado nos termos da legislação aplicável.

Quando tais erros prejudicarem o beneficiário, valem os prazos de decadência e prescrição já analisados. De outro lado, quando os equívocos forem favoráveis ao segurado ou dependente (concedendo-se benefício indevido ou em valor maior do que o disposto em lei, por exemplo), o INSS poderá rever esses atos administrativos no prazo **decadencial** de **10 anos**, contados da **data em que foram praticados os atos**. Isso significa que, dentro deste interregno, o INSS pode revisar o valor pago a título de benefício, diminuindo-o, e até mesmo a própria concessão deste, deixando de pagá-lo ao beneficiário.

O PBPS ressalva, ainda, os casos de **má-fé**. Comprovado que o equívoco do INSS deu-se por conta de ato doloso do contribuinte, com a intenção de obter um benefício a que não tinha direito ou com valor maior que o correto (por exemplo, apresentando um documento falsificado), **não existirá** a limitação do prazo decadencial. Isto é, o INSS poderá rever o ato administrativo **a qualquer tempo**, mesmo depois de 10 anos.

9.4. Benefícios previdenciários em espécie

Seguindo a mesma sistemática utilizada para o estudo das contribuições sociais, apresentaremos as regras sobre os benefícios previdenciários sempre na mesma ordem: **previsão legal, sujeito ativo, contingência protegida, carência, requisitos,** renda mensal inicial, data de início e de término do pagamento, outras observações que se fizerem indispensáveis.

9.4.1. Aposentadoria por incapacidade permanente[1] (invalidez)

a) Previsão legal: arts. 42 a 47 do PBPS; arts. 43 a 50 do RPS.

b) Sujeito ativo: segurado

c) Contingência protegida: incapacidade **total** e **permanente** para o exercício de **qualquer** atividade remunerada.

d) Carência: 12 contribuições mensais, sendo **dispensada** se a incapacidade total e permanente decorrer de *acidente de qualquer natureza (acidente comum ou acidente de trabalho), doença profissional ou do trabalho ou de uma das doenças listadas em Portaria do Ministério da Previdência Social*.

e) Requisitos: comprovação da incapacidade por perícia médica oficial. **Não** é necessário estar em gozo de auxílio-doença previamente.

f) Renda mensal inicial: 60% do salário de benefício, com acréscimo de 2% por ano de contribuição que exceder 20 anos, para os homens, ou 15 anos, para as mulheres. O benefício somente será de 100% do salário de benefício se a incapacidade permanente decorrer de acidente de trabalho, doença profissional ou doença do trabalho (art. 26, § § 2º e 3º, da EC 103/2019), podendo incluir um acréscimo de 25% sobre o **valor do benefício** se o segurado *necessitar de assistência permanente de outra pessoa*, presumida essa nas hipóteses elencadas no Anexo I do RPS.

g) Termo inicial:

g1) Segurado em gozo prévio de auxílio por incapacidade temporária (auxílio-doença): na data em que a perícia atestar a necessidade de conversão do benefício;

g2) Segurado empregado: a partir do 16º dia do afastamento, se o pedido foi feito em até 30 dias a contar deste; ou a partir da data do requerimento, se ele foi feito passado aquele prazo;

g3) Demais segurados: na data do início da incapacidade para o trabalho, se respeitado o prazo de 30 dias a contar dela; ou a partir do requerimento, se este foi feito depois do prazo;

g4) Se o requerimento foi indeferido pelo INSS: na data do requerimento administrativo se a ação judicial for julgada procedente.

h) Termo final: ciente das dificuldades de retorno ao mercado de trabalho causadas pelo afastamento decorrente da aposentadoria, a legislação previdenciária estabelece regras de extinção progressiva do benefício, da seguinte forma:

h1) Recuperação total dentro de 5 anos contados do início da aposentadoria por invalidez ou do auxílio-doença que eventualmente a antecedeu: na data do retorno à atividade, para o **segurado empregado** *que tiver direito à estabilidade* no emprego por conta da legislação trabalhista; para os **demais segurados**, após tantos **meses** quantos forem os **anos** de duração do auxílio-doença e da aposentadoria por invalidez;

h2) Recuperação parcial ou recuperação total após o prazo previsto no item anterior ou reabilitação para atividade diferente da que o segurado exercia: cessa após 18 meses do

---

1. Os nomes dos benefícios foram atualizados conforme o Decreto nº 10.410/2020. Registre-se que não houve alteração da Lei nº 8.213/1991, por isso os nomes originais seguem entre parênteses.

atestado de recuperação, e o valor do benefício diminuirá progressivamente. Por *seis meses* após a cessação da incapacidade, manterá seu valor integral; no período seguinte de *seis meses*, será pago 50% do valor; pelos outros *seis meses* seguintes, será pago 25%. Findo esse último período de seis meses, fica extinto o benefício;

h3) Morte do segurado

i) Observações:

✓ Dentre as aposentadorias, a por incapacidade permanente é a única concedida em caráter **precário**, ou seja, *ela pode ser revogada a qualquer tempo*, não gerando direito adquirido ao benefício. Isso porque a condição da incapacidade **permanente** é aferida sob as condições e estágio da medicina no momento da perícia. A probabilidade pode ser maior ou menor, mas nada impede que o segurado, em certa data julgado incapaz de exercer qualquer atividade laborativa, melhore ou mesmo seja curado e possa voltar a trabalhar, revogando-se o benefício.

✓ Por conta dessa possibilidade, o aposentado por incapacidade permanente deve submeter-se a *perícias médicas periódicas* para atestar que continua sem condições de trabalhar. A recusa a se submeter à perícia acarreta a cassação do benefício.

✓ Ao se aposentar por invalidez, o segurado concorda, tacitamente, em *tentar melhorar sua condição*, devendo submeter-se a todos os tratamentos médicos recomendados pelo perito oficial e a programa de reabilitação profissional, sob pena de cassação do benefício. O segurado somente pode se recusar a ser submetido a **tratamentos cirúrgicos** e **transfusão de sangue**.

✓ Doenças ou lesões **preexistentes** ao início da atividade laborativa **excluem** o direito à aposentadoria por invalidez por conta dessas doenças ou lesões, **exceto** se ficar comprovado pela perícia que o trabalho foi o responsável pelo **agravamento** das enfermidades.

✓ Atualmente, as **doenças** que dispensam a carência são: *tuberculose ativa, hanseníase, alienação mental, neoplasia maligna, cegueira, paralisia reversível e incapacitante, cardiopatia grave, doença de Parkinson, espondiloartrose anquilosante, nefropatia grave, estado avançado da doença de Paget (osteíte deformante), Aids, contaminação por radiação e hepatopatia grave.*

9.4.2. Aposentadoria programada (por idade)

a) Previsão legal: arts. 48 a 51 do PBPS; arts. 51 a 54 do RPS.

b) Sujeito passivo: segurado.

c) Contingência protegida: idade avançada.

d) Carência: 180 contribuições mensais.

e) Requisitos: 65 anos de idade e vinte anos de contribuição, para o homem; 62 anos de idade e quinze anos de contribuição, para a mulher. As idades são **reduzidas em cinco anos, elevando-se o tempo de contribuição para 25 anos,** para ambos os sexos, quando se tratar de **professores**. Para os **trabalhadores rurais e pescadores e garimpeiros artesanais**, será concedida a aposentadoria quando contarem 55 anos de idade, se mulher, ou 60 anos de idade, se homem.

f) Renda mensal inicial: 60% do salário de benefício, com acréscimo de 2% por ano de contribuição que exceder 20 anos, para os homens, ou 15 anos, para as mulheres. Para o **segurado especial**, é de um salário mínimo.

g) Termo inicial:

g1) Segurado empregado e empregado doméstico: a data do desligamento do emprego, se requerido o benefício até 90 dias depois; ou a data do requerimento, se escoado o prazo referido ou se não houver desligamento do emprego;

g2) Demais segurados: a data do requerimento;

g3) Segurado em gozo de auxílio por incapacidade temporária (auxílio-doença) ou aposentado por incapacidade permanente (invalidez): como o gozo de benefício previdenciário é considerado *período de graça*, ou seja, o segurado não perde essa qualidade, se cumprir a carência pode, tão logo atinja a idade legal, requerer a **conversão** do benefício em aposentadoria programada (por idade). O valor mensal desta última pode vir a ser menor, porém libera o aposentado das perícias médias periódicas e autoriza-o a regressar ao mercado de trabalho sem perder o benefício previdenciário.

h) Termo final: morte do segurado.

i) Observações:

Para os trabalhadores rurais e segurados especiais, os requisitos caem para 60 (sessenta) anos de idade para o homem e 55 (cinquenta e cinco) anos de idade para a mulher, sem qualquer menção a tempo mínimo de contribuição (art. 201, § 7º, II, da CF). Ainda que a interpretação lógica faça concluir que a aposentadoria do rurícola independe de carência, tal não parece o melhor método hermenêutico a se aplicar aos dispositivos constitucionais. Parece-nos que a exigência permanece também nesse caso, tanto pela interpretação histórica da norma, que já mencionamos acima, consistente na constatação de que o interesse do Poder Constituinte Derivado era equilibrar as contas públicas, adequando o pagamento dos benefícios à realidade orçamentária da União; quanto à evidente inconstitucionalidade de se reconhecer critérios tão diferentes a partir da natureza urbana ou rural quando estamos tratando do mesmo benefício. Os trabalhadores do campo tiveram desde o início sua idade mínima reduzida, logo seria um benefício desproporcional e tendente a desequilibrar o cálculo atuarial o pagamento de aposentadoria aos trabalhadores rurais sem que tenham adimplido número mínimo de contribuições para auxiliar na manutenção do sistema.

✓ Ao contrário do que muitos propalam, existe uma hipótese de **aposentadoria compulsória** no RGPS. A **empresa** pode requerer a aposentadoria por idade do segurado que completar 70 anos, se homem, ou 65 anos, se mulher, *desde que ele já tenha cumprido a carência*, sendo, então, o trabalhador aposentado obrigatoriamente. Ocorre que, nesse caso, a empresa deve arcar com **todas as verbas rescisórias e indenizações** previstas na CLT, *equiparando-se à demissão sem justa causa*.

9.4.3. Aposentadoria por tempo de contribuição

✓ A aposentadoria por tempo de contribuição foi revogada pela Reforma da Previdência (EC 103/2019), de modo que os arts. 52 a 56 do PBPS não foram recepcionados pela nova ordem constitucional.

9.4.4. Aposentadoria especial

a) Previsão legal: arts. 57 e 58 do PBPS; arts. 64 a 70 do RPS.

b) Sujeito ativo: segurado empregado, trabalhador avulso ou contribuinte individual, este somente quando cooperado filiado a cooperativa de trabalho ou de produção.

c) **Contingência protegida:** o risco à saúde criado pela exposição a agentes nocivos físicos, químicos ou biológicos.

d) **Carência:** 180 contribuições mensais.

e) **Requisitos:** 15 (e 55), 20 (e 58) ou 25 (e 60) anos de contribuição (e idade mínima entre parênteses) em atividades em condições especiais que prejudiquem sua saúde ou integridade física, com comprovação da exposição a agentes nocivos físicos, químicos ou biológicos em **trabalho permanente**, assim considerado o *não ocasional nem intermitente, no qual a exposição do segurado ao agente nocivo seja indissociável da produção do bem ou prestação do serviço.*

f) **Renda mensal inicial:** 60% do salário de benefício, com acréscimo de 2% por ano de contribuição que exceder 20 anos, para os homens que tenham trabalhado em condições que permitam a aposentadoria especial após 20 ou 25 anos de contribuição, ou 15 anos, para os homens em trabalho que permita a aposentadoria especial após 15 anos de contribuição e as mulheres, em qualquer caso.

g) **Termo inicial:** segue as mesmas regras da aposentadoria por idade.

h) **Termo final:**

h1) **Morte do segurado;**

h2) **Retorno a atividade que exponha o segurado a agentes nocivos.** Se o aposentado voltar a trabalhar em atividade comum, **continuará** a receber seu benefício.

i) **Observações:**

✓ A aposentadoria especial não deixa de ser uma espécie de aposentadoria programada, em que esta é reduzido diante dos prejuízos à saúde ou à integridade física do trabalhador.

✓ Atente, ainda, para o fato da aposentadoria especial estar prevista apenas para alguns tipos de segurado (empregado, avulso e contribuinte individual) e não haver tempos diferenciados para homens e mulheres.

✓ A redução do tempo de contribuição para 15, 20 ou 25 anos depende do grau de nocividade dos agentes físicos, químicos ou biológicos a que o segurado esteja exposto, conforme o Anexo IV do RPS.

✓ A prova de exposição aos agentes nocivos é feita através de laudo técnico pericial e do **perfil profissiográfico**, *documento de elaboração obrigatória pela empresa onde constam todas as características ambientais das atividades realizadas pelos trabalhadores.* Ao deixar o trabalho, o segurado tem direito a uma cópia do perfil profissiográfico.

O art. 201, § 1º, da CF/1988 atribui também aos **portadores de deficiência** o direito a uma aposentadoria especial. Esse benefício foi regulamentado pela **Lei Complementar 142/2013 e Decreto 8.145/2013**, que criou a seguinte tabela de tempo de contribuição conforme o grau de deficiência:

a) **Deficiência grave:** 25 anos de contribuição, se homem, ou 20 anos, se mulher;

b) **Deficiência moderada:** 29 anos de contribuição, se homem, ou 24 anos, se mulher;

c) **Deficiência leve:** 33 anos de contribuição, se homem, ou 28 anos, se mulher;

d) **Por idade, independentemente do grau da deficiência:** 60 anos de idade, se homem, ou 55 anos, se mulher.

A conversão do tempo em caso de deficiência (ou cura) superveniente seguirá as seguintes tabelas (art. 70-E do RPS):

Tempo a converter	HOMENS			
	Multiplicadores			
	Para 25 anos	Para 29 anos	Para 33 anos	Para 35 anos
De 25 anos	-	1,16	1,32	1,40
De 29 anos	0,86	-	1,14	1,21
De 33 anos	0,76	0,88	-	1,06
De 35 anos	0,71	0,83	0,94	-

Tempo a converter	MULHERES			
	Multiplicadores			
	Para 20 anos	Para 24 anos	Para 28 anos	Para 30 anos
De 20 anos	-	1,20	1,40	1,50
De 24 anos	0,83	-	1,17	1,25
De 28 anos	0,71	0,86	-	1,07
De 30 anos	0,67	0,80	0,93	-

9.4.5. Auxílio por incapacidade temporária (Auxílio-doença)

a) **Previsão legal:** arts. 59 a 63 do PBPS; arts. 71 a 80 do RPS.

b) **Sujeito ativo:** segurado.

c) **Contingência protegida:** incapacidade **total** e **temporária** para o exercício da atividade laborativa à qual o segurado se dedica.

d) **Carência:** 12 contribuições mensais, sendo **dispensada** nas mesmas hipóteses da aposentadoria por incapacidade permanente (invalidez).

e) **Requisitos:** comprovação da incapacidade total e temporária para o trabalho **por mais de 15 dias** por perícia médica oficial.

f) **Renda mensal inicial:** 91% do salário de benefício, **não** se aplicando o acréscimo de 25% previsto para a aposentadoria por invalidez.

g) **Termo inicial:**

g1) **Para o segurado empregado: a partir do 16º dia de afastamento;**

g2) **Para os demais segurados, inclusive o empregado doméstico: a partir do afastamento da atividade, desde que este perdure por mais de 15 dias;**

g3) **Para todos os segurados: a partir da data do requerimento, se este for realizado mais de 30 dias depois do afastamento da atividade.**

h) **Termo final:**

h1) **Morte do segurado;**

h2) **Data em que a perícia oficial atestar a recuperação da capacidade laborativa;**

h3) **Data em que a perícia oficial determinar a conversão do benefício para aposentadoria por incapacidade permanente (invalidez) ou auxílio-acidente;**

h4) **Data do retorno a atividade remunerada, mesmo que tal possibilidade não tenha sido atestada pela perícia.**

i) **Observações:**

✓ O auxílio por incapacidade temporária será cassado caso o segurado seja recolhido à prisão em regime fechado.

✓ O percentual da renda mensal inicial é de 91% do salário de benefício *apenas se de sua aplicação resultar valor do benefício maior que o salário mínimo*. Como o auxílio-doença substitui a remuneração mensal do trabalhador, **seu valor não pode ser inferior ao salário mínimo**. Assim, caso, por exemplo, o segurado tenha contribuído toda a sua vida sobre o salário mínimo, o que implicará no mesmo valor para o salário de benefício, a renda mensal inicial de seu auxílio-doença deve ser 100% do salário de benefício, para garantir-lhe a renda mínima constitucionalmente prevista.

✓ Resultado diferente do exposto ocorrerá em relação ao segurado que exerce *mais de uma atividade laborativa* e fica temporariamente incapacitado para *apenas uma delas*, continuando a exercer e a ser remunerado pelas outras. Exemplo: o segurado tem dois empregos, sendo que, em cada um deles, tem como salário de contribuição o valor de um salário mínimo. Por conta de um acidente, fica temporariamente incapacitado de trabalhar em **apenas uma das atividades**, prosseguindo na outra. Terá direito ao auxílio-doença em relação à primeira delas, porém no valor legalmente estabelecido (91% do salário de benefício), porque continuará a ter renda superior a um salário mínimo mesmo assim (uma vez que devemos considerar seu segundo salário).

✓ Estatuiu a Lei 13.457/2017 que o ato de concessão do auxílio-doença, seja judicial ou administrativo, deve indicar o prazo estimado de sua duração. No silêncio, será concedido o benefício por **120 (cento e vinte) dias, contados da data da concessão ou reativação**, devendo o segurado requerer sua prorrogação junto ao INSS ao final do prazo caso ainda se encontre incapacitado para o trabalho.

9.4.6. Salário-família

a) **Previsão legal:** arts. 65 a 70 do PBPS; arts. 81 a 92 do RPS.

b) **Sujeito ativo:** segurado **empregado, empregado doméstico, trabalhador avulso** e **aposentado** por incapacidade permanente (invalidez) ou que conte mais de 65 anos de idade, se homem, ou 60 anos, se mulher; e ao **trabalhador rural aposentado** que conte 60 anos de idade, se homem, ou 55 anos, se mulher.

c) **Contingência protegida:** o nascimento de filhos para o segurado ou aposentado de baixa renda.

d) **Carência:** não há.

e) **Requisitos:** a existência de filhos menores de 14 anos de idade ou inválidos de qualquer idade, ou equiparados a filhos nestas condições (o conceito de **equiparado a filho** é o mesmo estudado para a caracterização do dependente); a baixa renda do segurado ou aposentado, assim entendida como o **salário de contribuição** em valor menor do que aquele fixado em Portaria do Ministério da Previdência.

f) **Renda mensal inicial: R$48,62 por filho ou equiparado.**

g) **Termo inicial:** a data do requerimento.

h) **Termo final:**

h1) **Morte do segurado;**

h2) **Morte do filho ou equiparado;**

h3) **Data em que o filho ou equiparado completar 14 anos de idade;**

h4) **Data em que cessar a invalidez do filho ou equiparado;**

h5) **Desemprego do segurado.**

i) **Observações:**

✓ Se tanto o pai quanto a mãe do menor de 14 anos receberem remuneração dentro da faixa do salário-família, **ambos** receberão o benefício, ainda que a soma dos salários de contribuição ultrapasse o limite estabelecido.

✓ De outra banda, nas mesmas condições, caso os pais sejam separados ou divorciados, o benefício caberá *somente ao que detiver a guarda do menor*.

✓ O pagamento do benefício é condicionado à apresentação de comprovação das vacinas obrigatórias **anualmente** até a criança completar 6 anos de idade e de comprovação **semestral** de frequência à escola a partir dos 4 anos de idade.

✓ O salário-família é pago ao trabalhador pela empresa, empregador doméstico ou tomador do serviço (no caso do avulso), a qual pode posteriormente compensar esse valor com aquele devido a título de contribuição sobre a folha de pagamento. No caso do aposentado, o benefício é pago diretamente junto com sua aposentadoria.

9.4.7. Salário-maternidade

a) **Previsão legal:** arts. 71 a 73 do PBPS; arts. 93 a 103 do RPS.

b) **Sujeito ativo:** a segurada.

c) **Contingência protegida:** tornar-se mãe a segurada (garantido também o benefício para o pai adotivo, ou seja, se o homem adotar, **sozinho**, uma criança).

d) **Carência:**

d1) **Para a segurada empregada, empregada doméstica e trabalhadora avulsa:** não há.

d2) **Para a segurada contribuinte individual, segurada especial e segurada facultativa:** 10 contribuições mensais, reduzida proporcionalmente em caso de parto antecipado.

e) **Requisitos:** a comprovação da maternidade, tanto pelas vias naturais quanto por adoção.

f) **Renda mensal:**

f1) **Para a segurada empregada e trabalhadora avulsa:** o mesmo valor de sua remuneração mensal.

f2) **Para a segurada empregada doméstica:** o mesmo valor de seu último salário de contribuição.

f3) **Para a segurada especial:** um doze avos do valor sobre o qual incidiu sua última contribuição anual (*a soma de todos os salários de contribuição do último período de um ano*).

f4) **Para a contribuinte individual e a segurada facultativa:** um doze avos da soma dos doze últimos salários de contribuição.

g) **Termo inicial:**

g1) Maternidade natural: até 28 dias antes do parto, a critério da gestante, podendo ser antecipado em até 2 semanas por determinação médica.

g2) Adoção: na data do deferimento da adoção ou da guarda para fins de adoção.

h) Termo final:

h1) Maternidade natural: 120º dia após o início do gozo do benefício. Este período poderá ser **estendido** em até 2 semanas por determinação médica, para repouso antes ou depois do parto (casos em que o benefício atingirá, portanto, 134 dias);

h2) Adoção: o benefício será de 120 dias em qualquer caso.

i) Observações:

✓ Considera-se **parto** *qualquer evento ocorrido após a 23ª semana de gestação*, inclusive se **natimorto**, hipótese em que a segurada fará jus ao benefício integral.

✓ Já o **aborto não criminoso** (ou seja, quando se tratar de gravidez resultante de estupro ou se for o único meio de salvar a vida da gestante), bem como o **aborto espontâneo**, ocorrido antes da 23ª semana de gestação, garante o benefício por **duas semanas**.

✓ Tal qual o salário-família, o salário-maternidade é pago para a segurada empregada diretamente pela empresa, que posteriormente o compensa com o débito relativo à contribuição sobre a folha de pagamento. O INSS paga diretamente o benefício às demais seguradas e à empregada do microempreendedor individual (art. 72, § 3º, do PBPS).

✓ O salário-maternidade não poderá ser inferior ao salário mínimo, porém não respeita o limite máximo do RGPS. Não obstante, encontra um **teto constitucional**: *o valor do subsídio pago aos Ministros do STF* (art. 248 da CF/1988). Note que o **direito** da segurada não se altera, pois ela continua recebendo **exatamente** o valor de sua remuneração pela empresa, ainda que maior que a remuneração dos Ministros do STF, por força do art. 7º, XVIII, da CF/1988; esta, porém, somente poderá compensar diante do INSS até o limite estabelecido na CF/1988, tendo de arcar com a parcela que o superar.

✓ A Lei 11.770/2008 ampliou a **licença-maternidade** (*o direito de afastar-se do trabalho*), mas **não** o **salário-maternidade** (*benefício previdenciário pago mensalmente*), das seguradas do RGPS para 180 dias e tal extensão ficou *a critério da empresa*. Funciona assim: se a empresa concordar em conceder mais dois meses de licença-maternidade para sua funcionária, deverá, nesse novo período, pagar-lhe **salário**, sem direito de compensação com o INSS posteriormente (o benefício terminou aos 120 dias, sendo este o prazo com o qual a Previdência Social continua arcando). Criou-se, em outra esteira, um **benefício fiscal:** o valor desses dois salários pagos pela empresa em extensão da licença-maternidade *pode ser descontado da base de cálculo do Imposto de Renda Pessoa Jurídica*.

✓ A extensão do benefício a critério médico é limitada a 2 semanas. Se a gravidez gerar riscos para a gestante que determinem seu afastamento do trabalho em período maior, deverá receber **auxílio-doença** (com aplicação das regras que lhe são próprias). A partir do parto, receberá normalmente seu **salário-maternidade**. Se, porventura, findo o período do salário-maternidade, os médicos indicarem a continuidade do seu repouso, voltará a receber **auxílio-doença**.

✓ Com a edição da Lei 12.873/2013, que inseriu o art. 71-B no PBPS, fica garantida a continuidade do pagamento do benefício ao cônjuge ou companheiro da segurada que falecer durante a percepção do salário-maternidade, desde que seja ele também segurado do RGPS e não abandone o filho.

9.4.8. Auxílio-acidente

a) Previsão legal: arts. 18, § 1º, e 86 do PBPS; art. 104 do RPS.

b) Sujeito ativo: segurado **empregado, empregado doméstico, trabalhador avulso** e **segurado especial**.

c) Contingência protegida: incapacidade **parcial** e **permanente** para o exercício de atividade laborativa.

d) Carência: não há.

e) Requisitos: ocorrência de acidente de qualquer natureza (comum ou do trabalho) que deixe sequela **permanente** após o tratamento a qual implique em **redução** da capacidade de trabalho.

f) Renda mensal inicial: 50% do salário de benefício.

g) Termo inicial:

g1) Se o segurado estava em gozo de auxílio por incapacidade temporária (auxílio-doença): na data de consolidação das lesões e recuperação de parte da capacidade laborativa, momento em que a perícia determina a conversão do benefício;

g2) Se o segurado não estava em gozo de auxílio por incapacidade temporária (auxílio-doença): na data do requerimento administrativo;

g3) Se a concessão do benefício for garantida apenas judicialmente: na data de apresentação, em juízo, do laudo pericial (STJ, REsp 775.797/SP, *DJ* 11.01.2006).

h) Termo final:

h1) Morte do segurado;

h2) Aposentadoria do segurado.

i) Observações:

✓ O auxílio-acidente, apesar de seu nome, é devido também em razão da consolidação de lesões causadas por doenças. Entretanto, devem **necessariamente** ser caracterizadas como **doenças profissionais,** aquelas que *são produzidas ou desencadeadas pelo exercício do trabalho peculiar a determinada atividade*, ou **doenças do trabalho**, causadas *em função de condições especiais em que o trabalho é realizado*, pois estas espécies são **equiparadas a acidentes de trabalho** (art. 20 do PBPS).

✓ Perceba que o auxílio-acidente não é garantido a todos os segurados. O **desemprego** deste, porém, **não** afasta a concessão do auxílio-acidente.

✓ A contingência protegida pelo auxílio-acidente, vale destacar, não impede que o segurado continue trabalhando (por isso fala-se em **redução** da capacidade laborativa). Em razão disso, o valor da renda mensal inicial *pode ser inferior ao salário mínimo*.

9.4.9. Pensão por morte

a) Previsão legal: arts. 74 a 79 do PBPS; arts. 105 a 115 do RPS.

b) Sujeito ativo: dependente.

c) Contingência protegida: o falecimento do segurado responsável economicamente pela subsistência de seus dependentes.

d) Carência: não há.

e) Requisitos: a morte, real ou presumida, do segurado e a comprovação da situação de dependente.

f) Renda mensal inicial:

f1) fixa (chamada de **cota familiar**), equivalente a 50% do valor da aposentadoria recebida pelo segurado ou, caso não fosse aposentado na data do óbito, do equivalente ao que teria direito em caso de aposentadoria por invalidez; e

f2) outra **variável** (chamada de **cota por dependente**), consistente em 10% do mesmo valor para cada dependente, até o máximo de 100%, salvo se houver dependente inválido ou com deficiência intelectual, mental ou grave.

g) Termo inicial:

g1) Se o requerimento foi feito dentro de 90 dias (ou 180 dias, em caso de dependente menor de 16 anos) do óbito: data do óbito;

g2) Se o requerimento foi feito mais de 90 dias (ou 180 dias, em caso de dependente menor de 16 anos) depois do óbito: data do requerimento;

g3) Em caso de morte presumida: data da decisão judicial.

h) Termo final:

h1) Morte do dependente;

h2) Perda da qualidade de dependente, exceto para o cônjuge ou companheiro, os quais receberão o benefício pelos prazos abaixo, desde que não sejam inválidos:

h2.1) 4 meses, se o segurado pagou menos de 18 contribuições mensais para o RGPS ou o casamento ou união estável tiver se constituído menos de 2 anos antes do óbito do segurado;

h2.2) 3 anos, se: (i) o segurado pagou ao menos 18 contribuições mensais e o casamento ou união estável tiver sido constituído no mínimo 2 anos antes do óbito do segurado; e (ii) o dependente conta menos de 21 anos de idade na data do óbito do segurado;

h2.3) 6 anos, se: (i) o segurado pagou ao menos 18 contribuições mensais e o casamento ou união estável tiver sido constituído no mínimo 2 anos antes do óbito do segurado; e (ii) o dependente conta entre 21 anos e 26 anos de idade na data do óbito do segurado;

h2.4) 10 anos, se: (i) o segurado pagou ao menos 18 contribuições mensais e o casamento ou união estável tiver sido constituído no mínimo 2 anos antes do óbito do segurado; e (ii) o dependente conta entre 27 anos e 29 anos de idade na data do óbito do segurado;

h2.5) 15 anos, se: (i) o segurado pagou ao menos 18 contribuições mensais e o casamento ou união estável tiver sido constituído no mínimo 2 anos antes do óbito do segurado; e (ii) o dependente conta entre 30 anos e 40 anos de idade na data do óbito do segurado;

h2.6) 20 anos, se: (i) o segurado pagou ao menos 18 contribuições mensais e o casamento ou união estável tiver sido constituído no mínimo 2 anos antes do óbito do segurado; e (ii) o dependente conta entre 41 anos 43 anos de idade na data do óbito do segurado;

h2.7) vitalícia, se: (i) o segurado pagou ao menos 18 contribuições mensais e o casamento ou união estável tiver sido constituído no mínimo 2 anos antes do óbito do segurado; e (ii) o dependente conta 44 anos de idade ou mais na data do óbito do segurado.

i) Observações:

Em outras palavras, sendo todos os dependentes saudáveis e aptos ao trabalho, o valor da pensão por morte somente será de 100% do salário de benefício se houver cinco dependentes na família.

As cotas por dependente se extinguem individualmente, conforme percam essa qualidade, e não revertem aos demais. A cota familiar, como já dito, será paga pelo tempo estabelecido no art. 77, § 2º, do PBPS.

Havendo dependente inválido, ainda que um único, o valor da cota familiar será de 100% da base de cálculo. A partir do momento em que não houver mais essa condição, seja pela cessação da invalidez, pela cura da enfermidade ou pelo falecimento do dependente, o cálculo passará imediatamente a seguir a regra geral.

✓ Caso o segurado fosse aposentado por invalidez e recebesse o acréscimo de 25% pela necessidade de acompanhamento contínuo, esse valor **não se incorporaria** à pensão por morte devida ao dependente.

✓ A existência de mais de um dependente da mesma classe determina o **rateio** proporcional da pensão por morte entre eles. Falecendo ou perdendo a qualidade de dependente um deles, os demais incorporarão essa parcela às suas. Quando não houver mais nenhum dependente dessa classe, **o benefício será extinto**, não se transferindo para as classes posteriores.

✓ Dependentes por invalidez (filho e irmão) devem comprovar tal situação **na data do óbito.** Invalidez superveniente não gera direito ao benefício.

✓ O novo casamento do cônjuge sobrevivente **não** exclui seu direito à pensão por morte.

✓ Perde o direito à pensão por morte, após o trânsito em julgado, o condenado pela prática de crime de que tenha dolosamente resultado a morte do segurado ou se comprovada fraude ou simulação no casamento ou união estável, celebrados exclusivamente com o intuito de constituir o benefício previdenciário.

✓ Note que, ainda que não haja carência propriamente dita para o direito à pensão por morte, se o segurado pagou menos de 18 contribuições mensais antes de falecer, o benefício fica reduzido a **quatro meses**, qualquer que seja a idade do dependente. Para o cálculo desse período **será considerado** tempo de contribuição para regime próprio de previdência social de serviço público (art. 77, § 5º, do PBPS).

9.4.10. Auxílio-reclusão

a) Previsão legal: art. 80 do PBPS; arts. 116 a 119 do RPS.

b) Sujeito ativo: dependente.

c) Contingência protegida: a prisão do segurado de baixa renda responsável economicamente pela subsistência de seus dependentes.

d) Carência: 24 contribuições mensais.

e) Requisitos: a prisão do segurado, em regime fechado, cujo salário de contribuição não ultrapasse R$ 1.425,56 e a comprovação da qualidade de dependente.

f) Renda mensal inicial: 100% do salário de benefício que seria devido para a pensão por morte, limitado a um salário mínimo.

g) Termo inicial:

g1) Se o requerimento foi feito dentro de 90 dias (ou 180 dias, em caso de dependente menor de 16 anos) da data da prisão: data da prisão;

g2) Se o requerimento foi feito mais de 90 dias (ou 180 dias, em caso de dependente menor de 16 anos) depois da data da prisão: data do requerimento.

h) Termo final:

h1) **Morte do segurado;**

h2) **Morte do dependente;**

h3) **Perda da qualidade de dependente;**

h4) **Soltura do segurado por qualquer razão** (cumprimento da pena, *habeas corpus*, livramento condicional, *sursis* etc.);

h5) **Progressão para o regime semiaberto ou aberto.**

i) Observações:

✓ Caso o segurado trabalhe enquanto preso e, nessa condição, contribua como **segurado facultativo**, mesmo assim seus dependentes **farão jus** ao auxílio-reclusão.

✓ O benefício será devido enquanto o segurado estiver preso em regime fechado. Para comprovar essa situação, o dependente deve entregar certidão nesse sentido expedida pelo diretor da unidade prisional.

✓ No caso de fuga, o benefício será suspenso e o pagamento retomado com a recaptura, **desde que ainda presente a qualidade de segurado**.

✓ Em caso de morte do segurado enquanto estiver preso, o benefício será automaticamente convertido em pensão por morte.

9.5. Cumulação de benefícios

É autorizada a acumulação dos seguintes benefícios:

a) de pensão por morte deixada por cônjuge ou companheiro do RGPS com pensão por morte concedida por outro regime de previdência social ou com pensões decorrentes das atividades militares de que tratam o art. 42 e o art. 142 da Constituição

b) de pensão por morte deixada por cônjuge ou companheiro do RGPS com aposentadoria do mesmo regime e de regime próprio de previdência social ou com proventos de inatividade decorrentes das atividades militares de que tratam o art. 42 e o art. 142 da Constituição;

c) de aposentadoria concedida no âmbito do RGPS com pensão deixada por cônjuge ou companheiro de regime próprio de previdência social ou com proventos de inatividade decorrentes das atividades militares de que tratam o art. 42 e o art. 142 da Constituição.

Nessas situações, o beneficiário terá direito à integralidade **somente do benefício mais vantajoso**, sendo os demais benefícios limitados a:

a) 60% do valor que exceder um salário mínimo, até o limite de dois salários mínimos;

b) 40% do valor que exceder dois salários mínimos, até o limite de três salários mínimos;

c) 20% do valor que exceder três salários mínimos, até o limite de quatro salários mínimos;

d) 10% do valor que exceder quatro salários mínimos.

Exemplo: vamos supor, apenas para facilitar a operação matemática, que o salário mínimo seja de R$1.000,00. Determinada segurada irá acumular a pensão por morte deixada por seu falecido cônjuge com sua própria aposentadoria, ambos do RGPS. O valor da pensão por morte é de R$4.100,00 e o valor de sua aposentadoria é de R$5.000,00. Ela tem direito a 100% do benefício mais vantajoso (no caso, sua aposentadoria, de R$5.000,00), mas o valor da pensão por morte que receberá será de:

- R$600,00 (primeira faixa), mais

- R$400,00 (segunda faixa), mais

- R$200,00 (terceira faixa), mais

- R$10,00 (quarta faixa), totalizando

R$1.210,00.

17. Direito Econômico

Henrique Subi

1. INTRODUÇÃO AO DIREITO ECONÔMICO

1.1. Direito e Economia

O reconhecimento do Direito Econômico como disciplina autônoma do Direito estampa definitivamente a simbiose existente entre as regras jurídicas e as regras econômicas como forças motrizes da vida em sociedade.

Isso porque cada ramo do conhecimento trata de um aspecto específico das relações sociais: o Direito estabelece normas de conduta com vistas à pacificação dos relacionamentos através da solução dos conflitos que lhe sejam apresentados, ao passo que a Economia analisa os padrões de alocação dos bens úteis, porém escassos, entre os indivíduos. Não obstante, esses objetos aparentemente individualizados são, na verdade, indissociáveis, na medida em que novas normas jurídicas (ou novas interpretações de normas já existentes) determinam condutas de cunho econômico (ex.: a tributação a maior de produtos importados incentiva o aumento da procura por produtos nacionais) e constatações oriundas da análise econômica determinam a criação de novas normas jurídicas (ex.: o abuso de poder econômico por parte das empresas determinou a criação do Código de Defesa do Consumidor).

A partir dessa constatação, especificam-se duas áreas do conhecimento interessadas em estudar essa interdisciplinaridade: a **Análise Econômica do Direito** (nascida nos EUA com o nome *Law & Economics*) e o **Direito Econômico**. Apesar da origem comum, as matérias não se confundem, pois a primeira é voltada à Ciência Econômica e a segunda pertence aos domínios do Direito. Em outras palavras, a Análise Econômica do Direito *preocupa-se com os efeitos causados no mercado e na política econômica nacional pelas normas jurídicas*. Já o Direito Econômico *trata dos princípios e regras aplicáveis às interações entre os diversos sujeitos de direito que atuam no cenário econômico nacional*. Na síntese de Eros Roberto Grau (**A Ordem Econômica na Constituição de 1988**, 15ª ed., São Paulo: Malheiros, 2012, p. 148): "É compreender que a realidade jurídica não se resume ao Direito formal. É concebê-lo – o Direito Econômico – como um novo método de análise, substancial e crítica, que o transforma não em *Direito de síntese*, mas em *sincretismo metodológico*. Tudo isso, contudo, sem que se perca de vista o comprometimento econômico do Direito, o que impõe o estudo da sua utilidade funcional" (destaques no original).

1.2. Objeto do Direito Econômico

Para delinearmos o alcance do estudo do Direito Econômico, é fundamental, primeiramente, trabalharmos uma divisão básica da Ciência Econômica: a **microeconomia** e a **macroeconomia**.

A **microeconomia** *estuda as questões que influenciam a tomada de decisões pelos agentes econômicos em mercados específicos*. Segue um exemplo: o proprietário de um imóvel está avaliando se deve colocá-lo à venda ou alugá-lo. Quais fatores influenciarão em sua decisão? Dentre outros, a procura por imóveis naquela região, o preço operado pelo mercado, o rendimento mensal que ele obteria com a aplicação em fundos de investimentos com o produto da venda *versus* o valor que receberia como aluguel. Esses pontos são objetos de estudo da microeconomia.

À **macroeconomia**, por sua vez, *pertencem os estudos que contemplam a realidade econômica de uma região, de um país ou mesmo de blocos internacionais como um todo*. Cabe à macroeconomia avaliar, por exemplo, o efeito do aumento da tributação da renda sobre o consumo, as metas de inflação, as razões para a maior ou menor taxa de desemprego em determinado período etc.

Com base no que vimos no tópico anterior, parece natural deduzir que o Direito Econômico estabelece normas que se aplicam tanto ao cenário micro quanto ao macroeconômico. Afinal, em ambos temos interações entre agentes econômicos que merecem uma regulamentação formal em nome da segurança jurídica.

Todavia, essa não é a melhor delimitação da matéria. Não se nega a natureza econômica dos atos específicos praticados em certos mercados. Acontece que tais relações *já são objeto de normas jurídicas estudadas consagradamente em outros ramos do Direito*.

Explicando melhor, para os assuntos microeconômicos já dispomos do Direito Civil (ex.: contratos entre particulares), do Direito Empresarial (ex.: constituição das sociedades empresárias, falência), do Direito do Consumidor (ex.: proteção do consumidor em face de vícios no produto ou serviço), entre outros, como fontes de normas jurídicas aplicáveis aos fatos concretos.

Resta, portanto, que o Direito Econômico propriamente dito trate dos temas **macroeconômicos**, fenômenos que interfiram na economia como um todo. Para a completa elucidação dessa divisão, acompanhe os exemplos constantes da tabela abaixo:

Direito Privado	Direito Econômico
Taxa de juros aplicável a um contrato	Taxa de juros básica da economia
Indenização individual por ato de concorrência desleal	Atuação preventiva e repressiva para coibir a criação de monopólios e cartéis
Constituição de uma microempresa	Tratamento favorecido às microempresas e empresas de pequeno porte

Obviamente, as relações macroeconômicas são construídas com base em inúmeras articulações microeconômicas, *de forma que o Direito Econômico aplica-se indiretamente a essas últimas*. Pela mesma razão, o Direito Econômico acaba criando uma zona de interação entre o Direito Público (como tradicionalmente ele se classifica) e o Direito Privado ao se considerar os reflexos nas demandas individuais gerados pelas decisões que alteram em maior ou menor grau os rumos da política econômica nacional e internacional.

1.3. Sujeitos de Direito Econômico

São todos aqueles que, direta ou indiretamente, interagem no cenário econômico e, destarte, figuram como aplicadores ou destinatários das normas de Direito Econômico. Tradicionalmente, são elencados:

a) Estado: é um sujeito de direito econômico na medida em que é responsável pela edição das leis e atos normativos que compõem o Direito Econômico e pela sua prerrogativa de intervir na economia. Excepcionalmente, figura como agente econômico propriamente dito ao criar empresas públicas e sociedades de economia mista para atuar em campos geralmente restritos à iniciativa privada;

b) Indivíduos: são agentes que participam do cenário econômico como consumidores e ao oferecer como utilidade ao mercado sua mão de obra;

c) Empresas: agentes econômicos que concentram o capital, contratando o trabalho dos indivíduos para produzir riquezas. Além disso, são também consumidoras de produtos e serviços quando os adquirem como usuárias finais;

d) Sociedade: da mesma forma que o Estado, não se mostra como um agente econômico propriamente dito, mas não escapa da classificação de sujeito de direito econômico porquanto é titular de direitos difusos e coletivos que devem ser observados pelos demais participantes do mercado; e

e) Órgãos internacionais e blocos econômicos: entidades de Direito Internacional como a Organização Mundial do Comércio (OMC) e o Mercado Comum do Sul (MERCOSUL), bem como os blocos econômicos formados através da assinatura de tratados internacionais – o *North America Free Trade Agreement*, o NAFTA, ou a Associação Latino-Americana para o Desenvolvimento e a Integração, a ALADI – atuam no cenário econômico internacional de forma relevante, pois a integração de diversos países em torno de um objetivo comum oferece opções econômicas diferentes se comparadas à atuação isolada de cada Estado.

1.4. Conceito de Direito Econômico

Vencidos os tópicos fundamentais para a compreensão do Direito Econômico, podemos agora tentar esboçar um conceito, tarefa bastante árdua para toda a doutrina.

Pretendendo evitar as grandes polêmicas que cercam esse exercício, propomos conceitos genéricos para explicar a disciplina.

Em **sentido amplo**, Direito Econômico é *o conjunto de normas jurídicas que regulamenta toda a atividade econômica da nação*, abrangendo, assim, inclusive as relações já albergadas pelo Direito Privado. Como visto acima, tal amplitude acaba por desconsiderar as particularidades do Direito Econômico ao reunir sob o mesmo manto normas de alcance e reflexos nacionais e difusos e regras de Direito Privado, normalmente restritas às partes interessadas.

Em **sentido estrito**, conceito que usaremos ao longo de todo o estudo, o Direito Econômico é *o conjunto de normas jurídicas que delineia as políticas econômicas da nação e estabelece os parâmetros de atuação do Estado em questões macroeconômicas*. Nesse sentido, os temas mais relevantes do Direito Econômico são as balizas constitucionais à ordem econômica nacional, a intervenção do Estado na economia e o direito concorrencial.

Em uma proposta mais analítica, vale transcrever o conceito construído por Washington Peluso Albino de Souza, encontrado em seu livro **Primeiras Linhas de Direito Econômico**, Editora RT: "*o ramo do Direito que tem por objeto a juridicização, ou seja, o tratamento jurídico da política econômica e por sujeito, o agente que dela participe. É o conjunto de normas de conteúdo econômico que assegura a defesa e harmonia dos interesses individuais e coletivos, de acordo com a ideologia adotada na ordem jurídica*".

2. A ORDEM ECONÔMICA NA CONSTITUIÇÃO FEDERAL

2.1. Constituição Política e Constituição Econômica

O constitucionalismo clássico enxerga a Constituição como *a norma jurídica responsável pela organização política de determinado Estado*, ou seja, os princípios e regras nela expostos visam a determinar a forma e o sistema de governo adotados, a titularidade do poder político (bem como sua partição e exercício) e os limites do uso desse poder pelo Estado, principalmente para impedir o abuso de poder e o consequente desrespeito às liberdades primárias do homem.

Daí porque a Constituição ser chamada por muitos de **Carta Política** ou **Lei Maior**, dado que sua elaboração é pressuposto inafastável da existência jurídica de um Estado. A organização política formal é o que permite o reconhecimento de uma nação no cenário internacional.

Esse formato constitucional é fruto da prevalência do **liberalismo econômico** que vigorou em grande parte dos países no fim do século XIX e começo do século XX. Em termos simples, prega o liberalismo a *não intervenção do Estado na economia*, já que essa segue regras próprias e, por isso, tem o poder de se autorregular. É nesse contexto que se encaixam a metáfora da "mão invisível" do mercado proposta por Adam Smith em sua obra "Uma investigação sobre a natureza e as causas da riqueza das nações" e a célebre frase-resumo "*laissez faire et laissez passer, le monde va de lui même*" ("deixai fazer e deixai passar, [que] o mundo caminha por si mesmo").

As teses liberais defendem que a atividade econômica, leia-se, a produção e circulação de riquezas, deve ser explorada com exclusividade pela iniciativa privada na pessoa dos detentores do capital e demais fatores de produção. Não cabe ao Estado intervir ou regular tal atividade, porquanto sua função seria detidamente política (a administração da máquina pública e prestação de serviços *uti universi*).

Partindo desse ponto, é natural que as Constituições liberais nada trouxessem sobre aspectos econômicos da nação. Trata-se, pois, de **Constituições puramente políticas**.

O modelo liberal, porém, começa a sofrer severas críticas conforme a sociedade avança para uma intensa e descontrolada exploração do trabalho por parte dos detentores dos meios de produção. A "**exploração do homem pelo homem**" demanda a intervenção do Estado para regular a atividade econômica no mesmo passo em que resta comprovado que a "mão invisível" de Adam Smith não consegue manter íntegro o mercado sem desrespeitar direitos fundamentais dos cidadãos.

Alguns Estados, então, passam a adotar o chamado **Estado do Bem-Estar Social** (*Welfare State*), que *mantém o capitalismo e a propriedade privada no centro do cenário econômico, mas admite a intervenção estatal em áreas precisamente determinadas para padronizar a atividade econômica e fazer serem respeitados os direitos sociais*. Mais ainda, por entregar ao Poder Público tais competências, *elevam o papel do Estado na economia ao* status *constitucional*, criando-se o que se convencionou chamar de **Constituição econômica**.

Anote-se que a classificação entre Constituição política (que trata da organização do Estado e do exercício do poder) e Constituição econômica (que estabelece as regras matrizes da iniciativa econômica e as formas de intervenção do Estado nesse domínio) é, nos dias de hoje, eminentemente teórica. Apesar de nada impedir a coexistência de dois diplomas legais separados, é certo que nos países capitalistas as questões econômicas são inseridas no bojo da Carta Magna em capítulo próprio, porém integrado aos tópicos políticos.

Em suma, e tomando como exemplo o caso brasileiro, temos que nossa **Constituição econômica** *está inserida na Constituição Federal de 1988, principalmente (mas não exclusivamente) a partir do art. 170, que inaugura o título VII "Da Ordem Econômica e Financeira"* e tem por escopo regulamentar e disciplinar a economia, ao mesmo tempo em que controla e limita o poder econômico a fim de prevenir a repetição dos abusos historicamente praticados. Por **ordem econômica** podemos entender "*o sistema de normas que define, institucionalmente, determinado modo de produção econômica*" (STF, ADI 3512, *DJ* 15.02.2006).

Para além do título mencionado, encontramos disposições relativas à ordem econômica na Constituição Federal nos seguintes preceitos:

a) art. 1º, IV: que elenca como fundamento da República Federativa do Brasil os valores sociais do trabalho (força-motriz da economia) e livre-iniciativa (indicando que a iniciativa das atividades econômicas cabe precipuamente aos particulares, sem imposição de obstáculos pelo Estado);

b) art. 3º: que contempla os objetivos da República. Todos os itens enumerados têm reflexos econômicos, porquanto uma sociedade livre, justa, com pleno desenvolvimento e sem pobreza favorece a produção, a circulação e a distribuição de riquezas;

c) art. 4º, parágrafo único: que determina, como princípio regente das relações internacionais, a integração econômica dos países da América Latina, buscando seu fortalecimento no cenário internacional;

d) art. 43: que autoriza a União a articular sua atuação em um determinado complexo geoeconômico e social, visando ao seu desenvolvimento e redução de desigualdades;

e) art. 219: que eleva o mercado ao posto de patrimônio nacional;

f) art. 237: controle do comércio internacional pelo Ministério da Fazenda em virtude do papel que exerce nos rumos da economia e para possibilitar a defesa dos interesses nacionais.

2.2. Regime constitucional da ordem econômica

Um dos requisitos tradicionalmente elencados para que se reconheça a autonomia de determinado ramo do Direito é a existência de **princípios setoriais**, isto é, *princípios de aplicação específica para esse conjunto de leis e atos normativos*. Naturalmente, tais princípios coexistem com os princípios gerais aplicáveis a todo o ordenamento jurídico, como a legalidade e a isonomia.

A ideia, portanto, é nos debruçarmos, nesse momento, sobre os princípios estabelecidos pela Constituição Econômica, no conceito que estudamos acima. Trata-se de vetores interpretativos que devem ser aplicados com o fito de promover avanços econômicos para o país. O rol é encontrado no art. 170 da Constituição Federal.

Antes, porém, de enfrentá-los um a um, vale notar que o citado preceptivo constitucional traz, também, os **fundamentos**, o **objetivo** e o **parâmetro** da ordem econômica nacional.

2.2.1. Fundamentos da ordem econômica

Nos termos do art. 170 da CF, a ordem econômica funda-se na **valorização do trabalho humano** e na **livre iniciativa**. A relevância desses conceitos é tamanha que, não por coincidência, são mencionados também como fundamentos da própria República.

a) Valorização do trabalho humano: sua previsão demonstra a preocupação do constituinte com a mão de obra oferecida pelos trabalhadores para a produção de riquezas. A questão é que o capitalismo tende a destacar a propriedade dos meios de produção como pedra fundamental do sistema econômico, postura que, como a História já demonstrou, levou a sociedade aos extremos da exploração do labor assalariado.

A CF de 1988, com seu ecletismo, apressou-se em consagrar, além do natural poderio econômico do capital, a importância do trabalho ao colocá-lo como o próprio fundamento da ordem econômica. Isso implica, em outras palavras, *que a política econômica nacional e as decisões que influenciem a oferta e a demanda por bens e serviços devem se voltar à otimização do valor do trabalho*. Afinal, a segurança trazida pela perfeita delimitação dos direitos trabalhistas e a contratação de mão de obra por melhores salários incentiva o consumo dos bens e serviços produzidos no país e, como consequência, a maior circulação da riqueza.

b) Livre iniciativa: pode ser definida como *o direito difuso de toda pessoa exercer, independentemente de autorização ou interferência do Estado, qualquer atividade econômica*. Não nos escapa a inexistência de direitos absolutos, de forma que há atividades que demandam controle estatal diante de relevante interesse nacional (como a radiodifusão sonora de sons e imagens) ou até mesmo a exploração somente por parte do Poder Público (como a exploração de urânio e seus derivados). Como a estatura constitucional da livre-iniciativa exige que suas exceções sejam igualmente previstas na Lei Maior, houve por bem o constituinte criar uma autorização genérica no art. 170, parágrafo único, *in fine*, da CF, que entrega à lei ordinária a possibilidade de criar outras situações onde se exigirão requisitos para o exercício de determinadas atividades, além das já previstas na Carta Magna.

A livre iniciativa é um dos pilares do sistema capitalista, *porque estabelece a regra da separação do Estado das atividades econômicas lucrativas*. Esse preceito, de origem eminentemente liberal, divide claramente os diferentes objetivos de cada setor da economia: *o setor público deve ocupar-se com os serviços de relevância pública, buscando o bem-estar de seus cidadãos, enquanto os particulares entregam-se à produção e circulação de riquezas*, não só para seu proveito pessoal, como também para atender ao objetivo da ordem econômica comentado a seguir.

2.2.2. Objetivo da ordem econômica

Revisitando o art. 170 da CF encontramos que a ordem econômica tem por fim **assegurar a todos existência digna**.

Uma vez mais podemos notar a contraposição de ideologias políticas que permeou os trabalhos da Assembleia Nacional Constituinte. No mundo ainda polarizado dos últimos anos da Guerra Fria (lembremos que, quando a CF foi escrita, o Muro de Berlim ainda não havia caído, a União Soviética ainda existia e Cuba era vista como modelo pelos Estados de inclinação socialista), os debates entre direita e esquerda foram certamente inflamados. Não é para menos: com a reabertura democrática e o poder constituinte originário instalado, era a chance de estabelecer um sistema econômico de acordo com os ideais defendidos, tentando cada lado prevalecer sobre o outro.

Venceu o capitalismo, mas é certo que a doutrina socialista deixou sua marca de atenção ao povo e não somente aos valores financeiros.

A atividade econômica, por definição, *visa ao lucro*. Qualquer pessoa, ao se lançar nos riscos de exercer uma empresa, seja sozinho ou com sócios, pretende com isso enriquecer. A CF, não obstante, impõe que a economia seja pautada não só para esse interesse individual, como também volte seus olhos para a *distribuição de riquezas*, permitindo, assim, uma vida digna a todos. Chamamos de **função social da atividade econômica** essa visão de que a economia deve ser estimulada sempre ao crescimento sustentável, não só abrindo mercados para que os empresários aumentem seus lucros, mas igualmente promovendo o progressivo acesso de toda a população aos bens e serviços básicos da vida cotidiana.

2.2.3. Parâmetro da ordem econômica

Havemos, ainda, de considerar que o art. 170 da CF conclui dizendo que a ordem econômica buscará seu objetivo *conforme os ditames da justiça social*.

A fim de evitar repetições desnecessárias, destacamos apenas que o termo **justiça social** fala por si. A medição do sucesso da ordem econômica em seu caminho para a consecução do objetivo constitucional será feita através de parâmetros de justiça, assim entendida como *a melhor distribuição de renda possível como resultado da atividade econômica*. Mais próximos estaremos dessa meta conforme avançarmos na redução das desigualdades sociais e garantirmos a todos, no mínimo, riqueza suficiente para suas necessidades vitais.

2.2.4. Princípios constitucionais da ordem econômica

a) Soberania nacional: *as decisões sobre a política econômica a ser aplicada em território brasileiro não aceitam interferências externas, devendo ser produto da estratégia elaborada por nossos próprios governantes*. A soberania nacional passa, atualmente, por um processo de **relativização** diante da progressiva **remoção das fronteiras econômicas**, representada pela *formação de comunidades internacionais com políticas econômicas comuns* e pela constituição de fundos monetários de ajuda financeira aos países em crise, que têm o condão de exigir determinadas medidas para a concessão de empréstimos. O Fundo Monetário Internacional (FMI) é o exemplo mais famoso, já tendo inclusive atuado no Brasil no final da década de 1990 e no começo dos anos 2000.

Nesse diapasão, lembramos que a soberania nacional também está disposta como um dos princípios fundamentais da República (art. 1º, I, da CF), o que não deve ser considerado como mera repetição (a despeito de nossa Carta Magna ser abundantemente analítica e verborrágica). Na verdade, trata-se de uma **complementação**: o art. 1º traz a **soberania política** (autodeterminação quanto ao exercício do poder), ao passo que no art. 170 temos a **soberania econômica** (autodeterminação quanto aos rumos e objetivos da economia nacional);

b) Propriedade privada: é também um direito fundamental individual (art. 5º, XXII, da CF), cláusula pétrea, portanto, que *assegura a todos o direito de construir um patrimônio individual, de amealhar sua própria riqueza*. A propriedade privada é um dos pontos centrais do sistema capitalista, ao lado da livre-iniciativa;

c) Função social da propriedade: consubstancia a relativização do direito à propriedade privada e está presente também no art. 5º da CF, em seu inciso XXIII. Pode ser definida como *o dever de usar e fruir a propriedade de forma a maximizar sua utilidade para a sociedade, não apenas visando a interesses pessoais*. Nota-se, pois, que a propriedade, além de garantir, obriga: *traduz os direitos de uso e fruição dos bens vinculados a um resultado socialmente útil, vedando pretensões egoísticas*;

d) Livre concorrência: é preciso ter cuidado, porque **livre concorrência** não se confunde com **livre iniciativa**. Essa, já estudada, é o *direito garantido a todos de explorar qualquer atividade econômica sem prévia autorização do Estado, respeitados somente os requisitos eventualmente dispostos em lei*; aquela remete ao **livre mercado**, teorizado pelos economistas como *aquele no qual há um grande número de compradores e vendedores de forma que nenhum deles, individualmente, tenha poder suficiente para influenciar variações no preço dos produtos ou serviços* (também chamado de **concorrência perfeita**). Pretende o preceptivo constitucional vedar a instituição de monopólios e oligopólios, os quais são *falhas de mercado que deixam que um ou poucos fornecedores tenham poderes para fixar o preço e também para excluir ou impedir a entrada de outros fornecedores, inviabilizando a concorrência*. O direito à livre concorrência é um direito difuso, hábil a ser defendido via ação civil pública;

e) Defesa do consumidor: a natural hipossuficiência do consumidor frente ao fornecedor, seja econômica, seja jurídica, decorre da **assimetria de informações** sobre o produto ou serviço: *o fornecedor sempre conhece seu produto ou serviço em detalhes, inclusive seus riscos e desvantagens, mas não os transmite ao comprador por questões de mercado*. Ato contínuo, presta-se a CF a determinar a criação de um microssistema de proteção ao consumidor (conforme também disposto no art. 5º, XXXII), que foi consolidado na Lei 8.078/1990 (Código de Defesa do Consumidor). Sua relevância para a ordem econômica decorre da *maior segurança conferida na aquisição de bens de consumo: quanto mais protegido o consumidor se sente, mais ele compra e assim promove o crescimento da economia nacional*;

f) Defesa do meio ambiente, inclusive mediante tratamento diferenciado conforme o impacto ambiental dos produtos e serviços e de seus processos de elaboração e prestação:

deixado em segundo plano por séculos, a proteção ao meio ambiente estabelecida pela CF pretende corrigir esse erro. Afinal, o direito ao meio ambiente sadio e ecologicamente equilibrado é um corolário da dignidade da pessoa humana, na medida em que é impossível termos uma vida saudável e prazerosa em um ambiente insalubre.

Os reflexos econômicos da defesa do meio ambiente são facilmente verificáveis no **princípio do desenvolvimento sustentável**, que discorre *sobre o direito e a necessidade do homem de evoluir e desenvolver seus potenciais, mas com o dever de fazê-lo sem desconstruir o equilíbrio ambiental de forma que os recursos fornecidos pela natureza possam continuar a propiciar outras etapas do desenvolvimento econômico*. Em menos palavras, é autorizado o uso de recursos ambientais para a evolução da sociedade e da economia, porém de forma racional, sem destruir a natureza.

Em paralelo, os agentes econômicos enfrentam, nos dias de hoje, os desafios de encontrar soluções para os crescentes **custos socioambientais** (a cobrança pelo uso da água e a obrigatoriedade de estudos de impacto ambiental para atividades potencialmente poluidoras, por exemplo). Por outro lado, empresas "verdes", isto é, reconhecidas pela sua política de respeito ao meio ambiente, são cada vez mais procuradas pelos consumidores e veem sua crescente valorização no mercado. Esses fenômenos jurídico-econômicos foram reconhecidos pela Emenda Constitucional 42/2003, que deu a atual redação do art. 170, VI, ao autorizar **tratamento diferenciado** entre produtos e serviços de acordo com a maior ou menor intervenção causada no meio ambiente por si mesmos ou durante sua produção ou prestação;

g) Redução das desigualdades regionais e sociais: outro objetivo da República (art. 3º, III, da CF) traduzido como princípio da ordem econômica. Deve ser lido como uma consequência da busca pela existência digna de todos, um escudeiro da justiça social. Como antes salientado, a elevação das condições econômicas da população em geral, além de ser uma questão de justiça, representa sensíveis avanços na economia do país, porque confere acesso de cada vez mais pessoas a uma gama cada vez maior de produtos e serviços. Aumentando a demanda, cobra-se dos empresários um aumento proporcional da oferta e, nessa toada, o país produz cada vez mais riquezas.

A redução das desigualdades, norma de inegável conteúdo programático, pode ser buscada por diferentes instrumentos: *tratamentos orçamentários e tributários diferenciados, criação de regiões geoeconômicas com políticas de desenvolvimento específicas, criação de agências de fomento (como a SUDAM – Superintendência para o Desenvolvimento da Amazônia – e a SUDENE – Superintendência para o Desenvolvimento do Nordeste) etc.*;

h) Busca do pleno emprego: uma ordem econômica que preza pela valorização do trabalho humano e pela dignidade de todos passa, necessariamente, pela *elaboração de programas governamentais e políticas econômicas que visem a garantir, se não imediata, ao menos progressivamente, oportunidades de trabalho para todos*. Vem daí a constante preocupação do Poder Público com os índices de desemprego: é seu dever estimular a criação de vagas formais de trabalho de forma que todo cidadão apto possa empregar sua mão de obra em atividade que lhe assegure renda.

Aplicam-se aqui as mesmas considerações elencadas nos comentários ao fundamento da valorização do trabalho. Com efeito, no sistema capitalista o trabalho dignifica o homem, pois aqueles que não detêm o capital dependem exclusivamente de sua força laborativa para auferir os ganhos necessários para aquisição de bens e serviços mínimos para uma vida digna;

i) Tratamento favorecido para as empresas de pequeno porte constituídas sob as leis brasileiras e que tenham sua sede e administração no país: a despeito da redação constitucional mencionar somente as empresas de pequeno porte, é certo que as microempresas também são objeto de benesses legais e regulamentares em suas relações econômicas.

A explicitação do princípio vem no art. 179 da CF:

"Art. 179. A União, os Estados, o Distrito Federal e os Municípios dispensarão às microempresas e às empresas de pequeno porte, assim, definidas em lei, tratamento jurídico diferenciado, visando a incentivá-las pela simplificação de suas obrigações administrativas, tributárias, previdenciárias e creditícias, ou pela eliminação ou redução destas por meio de lei".

Microempresa (ME) é aquela que *fatura anualmente (receita bruta) até R$ 360.000,00*; **empresa de pequeno porte (EPP)** *fatura entre R$ 360.000,01 e R$ 4.800.000,00.*

A obrigação da legislação infraconstitucional criar um panorama de incentivo à constituição de micro e pequenas empresas foi inserida pela Emenda Constitucional 6/1995 e tem uma forte razão econômica. Segundo os últimos dados disponibilizados pelo SEBRAE (disponíveis em http://data-sebrae.com.br/pib/#micro), em 2011 essas pessoas jurídicas representam cerca de 99,2% de todas aquelas formalmente registradas no país, respondendo por 27% do Produto Interno Bruto (PIB), que é a soma de todas as riquezas produzidas no território nacional.

É um número deveras respeitável e que, destarte, merece atenção daqueles que regem os ditames da vida econômica nacional. Ocorre que, isoladamente, os pequenos empresários e sociedades empresárias têm grandes obstáculos no cenário econômico, pela inafastável dificuldade de concorrer diretamente com empresas de grande vulto (principalmente em relação ao preço, dado que seu poder econômico e maior volume de negócios permitem obter melhores resultados nas negociações com fornecedores).

Como consequência, frequentemente novas preferências são criadas para as ME's e EPP's, justamente para reduzir seus custos operacionais e, dessa forma, permitir que ofereçam ao mercado produtos e serviços mais competitivos. Atualmente, dentre as mais importantes podemos citar *a simplificação de procedimentos do Registro Público de Empresas Mercantis (Juntas Comerciais) para sua regular constituição; a criação de um sistema simplificado de arrecadação de tributos (o SIMPLES), que permite o pagamento de uma série de exações em uma única guia; o direito de ofertar o último lance em pregões, bem como a preferência de contratação sob as mesmas condições etc.*, além de facilitação de acesso a créditos públicos por meio das agências de fomento.

Importante frisar que, nos termos do dispositivo constitucional, os benefícios são assegurados *somente às empresas nacionais que se enquadrem no limite de faturamento mencionado*. A qualificação "constituídas sob as leis brasileiras e que tenham sua sede e administração no país" repete o conceito de **sociedade nacional** exposto no art. 1.126 do Código Civil.

2.3. Capitais estrangeiros

A redução das fronteiras econômicas decorrente da globalização traz ínsito o trânsito financeiro entre diferentes países como alternativa de investimento. Agências especializadas fornecem, inclusive, avaliações dos riscos que correm os investidores ao aplicarem seus recursos em cada uma das nações e atribuem-nas conceitos que traduzem ao mercado os riscos de inadimplência em determinado território.

Dentre os diversos fatores analisados pelas agências de classificação de risco, encontramos o **tratamento dispensado ao ingresso de capitais estrangeiros no país**, que envolve o custo dessas aplicações, incidências tributárias e a maior ou menor facilidade no trânsito do numerário resultante do investimento.

No Brasil, essa importante questão da macroeconomia internacional não escapou ao legislador constituinte, que assim fez constar no art. 172 da CF:

> "Art. 172. A lei disciplinará, com base no interesse nacional, os investimentos de capital estrangeiro, incentivará os reinvestimentos e regulará a remessa de lucros."

Percebe-se, de pronto, que a CF preferiu legar ao legislador ordinário a tarefa de regulamentar o ingresso de capitais estrangeiros no país. E andou bem ao fazê-lo. De fato, as nuances e a volatilidade do comércio internacional, ainda mais quando consideradas em conjunto com as necessidades econômicas das grandes empresas transnacionais, são incompatíveis com a estabilidade constitucional. Tais temas demandam o manejo simples da legislação infraconstitucional para acompanhar as rápidas mudanças observadas no cenário macroeconômico.

Trata-se, na consagrada classificação de José Afonso da Silva, de **norma constitucional de eficácia contida**, dado que, *na ausência da lei integradora, o dispositivo possui eficácia plena*, o que significa dizer que os investimentos estrangeiros possuem tratamento idêntico aos nacionais.

O diploma legislativo que regulamenta o preceptivo da CF foi editado muito antes dela, estando em vigor pelo fenômeno jurídico da **recepção**. Trata-se da Lei 4.131/1962, que assim define o capital estrangeiro:

> "Art. 1º Consideram-se capitais estrangeiros, para os efeitos desta lei, os bens, máquinas e equipamentos, entrados no Brasil sem dispêndio inicial de divisas, destinados à produção de bens ou serviços, bem como os recursos financeiros ou monetários, introduzidos no país, para aplicação em atividades econômicas desde que, em ambas as hipóteses, pertençam a pessoas físicas ou jurídicas residentes, domiciliadas ou com sede no exterior."

E a confirmar a eficácia contida do art. 172 da CF, dispõe o art. 2º da Lei 4.131/1962 que não se admite qualquer diferenciação entre capitais nacionais e estrangeiros em igualdade de condições *além daquelas previstas no mencionado diploma legal*.

Três são, portanto, as características do investimento de capital estrangeiro: **a entrada em território nacional sem gastos iniciais locais, a destinação econômica e a residência, domicílio ou sede do investidor no exterior.**

Reinvestimentos, por sua vez, são conceituados no art. 7º como *os rendimentos auferidos por empresas estabelecidas no país e atribuídos a residentes e domiciliados no exterior e que forem reaplicados nas mesmas empresas de que procedem ou em outro setor da economia nacional*. Em outras palavras, como o próprio nome sugere, é a reaplicação do rendimento do capital estrangeiro na própria economia nacional, seja na mesma ou em outra empresa.

Mas se, ao invés de reinvestimentos os titulares do capital preferirem *distribuir entre si os frutos obtidos*, estaremos diante de **remessa de lucros** para outro país onde se localiza a residência, domicílio ou sede do aplicador.

Como se viu, todas essas operações econômicas são regulamentadas pela Lei 4.131/1962 que propõe, em apertada síntese, o **controle do trânsito** desses bens e valores pelo sistema financeiro nacional por meio de cadastros e declarações junto ao Banco Central do Brasil (antiga Superintendência da Moeda e do Crédito).

Tal controle já foi maior. Até 1995, o art. 172 da CF, ora estudado, deveria ser lido em conjunto com o art. 171, revogado pela Emenda Constitucional 6 daquele ano. Em sua redação primeva, o art. 171 conferia tratamento diferenciado às chamadas "empresas brasileiras de capital nacional" em detrimento das "empresas brasileiras" e das "empresas estrangeiras", prevendo a concessão de "proteção e benefícios especiais" para "atividades consideradas estratégicas", a obrigatoriedade de participação mínima de brasileiros no quadro social e até mesmo a preferência em igualdade de condições em processos licitatórios.

Essa postura era resultado de um forte ranço nacionalista que perseguia, e ainda persegue, os países subdesenvolvidos, que preferem sempre culpar os países mais avançados pelas suas próprias vicissitudes. Sob o manto da "proteção à indústria nacional", por muito tempo o Brasil permaneceu praticamente fechado ao comércio e aos investimentos internacionais.

O interessante é notar que era justamente nessa época que a economia nacional patinava, alcançando índices estratosféricos de inflação, congelamento de preços e sucessivos planos econômicos fracassados. A estabilidade veio apenas na década de 1990 com o Plano Real, que não teve nada de milagroso: veio na esteira da abertura das fronteiras, do Plano Nacional de Desestatização ("privatizações") e, por que não dizer, da revogação do art. 171 da CF.

É bom repisar, apenas para não perdermos de vista, que o atual cenário econômico mundial não é nada simpático a legislações protecionistas, diante do alto grau de interdependência entre os países produtores e consumidores. Aliás, atualmente qualquer proposta tendente a fechar o mercado nacional de forma desarrazoada ofenderia a própria CF, por atacar frontalmente o princípio da livre concorrência. Afinal, ele não se resume a uma "livre concorrência entre empresas nacionais"; na verdade, tem amplo alcance sobre o mercado, garantindo a todos seu acesso independentemente da procedência.

2.4. Cooperativismo

Consideram-se **sociedades cooperativas** *os agrupamentos de pessoas que se obrigam a contribuir com bens ou serviços para o exercício de uma atividade econômica de proveito comum sem objetivo de lucro* (art. 3º da Lei 5.764/1971).

As cooperativas visam a *facilitar o acesso ao mercado dos associados (ou cooperados)*, que, sozinhos, normalmente não conseguiriam obter êxito em suas atividades. Nelas, os cooperados são os "proprietários" da empresa, o que gera uma igualdade entre os objetivos das pessoas físicas que as constituem e das próprias cooperativas (**princípio da identidade**).

Como não existem mercados de concorrência perfeita, o poder econômico de poucos integrantes de cada setor da economia acaba por afastar as chances de sucesso do pequeno empreendedor. Reunidos em sociedade, porém, podem oferecer seus serviços *através dela*, repartindo-se os ganhos entre os associados. Daí porque dizer que a cooperativa **não tem finalidade lucrativa**: seu objetivo, como pessoa jurídica, é *promover o bem-estar de seus associados garantindo-lhes a execução de suas atividades e a respectiva contraprestação pecuniária ou mesmo prestando-lhes serviços diretamente (como nas cooperativas de crédito, por exemplo)*.

O cooperativismo, portanto, liga-se à **livre-iniciativa, à livre concorrência** e ao **princípio da isonomia**, porque *pretende alçar aqueles que não ostentam vultoso poder econômico à condição de atores de determinado mercado*.

Por tais razões, o movimento recebeu respaldo constitucional:

"Art. 174. (...)

§ 2º A lei apoiará e estimulará o cooperativismo e outras formas de associativismo.

§ 3º O Estado favorecerá a organização da atividade garimpeira em cooperativas, levando em conta a proteção do meio ambiente e a promoção econômico-social dos garimpeiros."

A **Política Nacional de Cooperativismo** e o regime jurídico das sociedades cooperativas (que são consideradas sempre **sociedades simples**, independentemente de seu objeto ou de sua organização empresarial, por força do art. 982, parágrafo único, do CC) são disciplinados na Lei 5.764/1971. O diploma legislativo, cumpre destacar, foi apenas **parcialmente recepcionado** pela Carta Magna de 1988: os arts. 17 a 20 não podem subsistir no ordenamento jurídico atual, porque tratam de autorização de funcionamento das cooperativas por parte do Poder Público. Tais imposições afrontam o **direito à liberdade de associação** previsto no art. 5º, XVIII, da CF, que inclui expressamente em sua proteção as sociedades cooperativas.

Isso não impede, é bom que se ressalve, a **regulamentação** das atividades das cooperativas, como ocorre em diversos outros setores da economia. Não se trata de autorização ou intervenção direta do Estado no funcionamento da cooperativa, mas apenas seu acompanhamento para que não haja desvirtuamento de seus objetivos institucionais.

Nesse contexto, a fiscalização e o controle das cooperativas compete, nos termos do art. 92 da Lei 5.764/1971:

a) ao Banco Central do Brasil: para as cooperativas de crédito;

b) à Caixa Econômica Federal: para as cooperativas de habitação (a lei ainda remete ao Banco Nacional da Habitação – BNH – extinto em 1986 e integradas as suas funções à Caixa);

c) ao Instituto Nacional de Colonização e Reforma Agrária – INCRA: todas as demais.

Dentre os incentivos econômicos conferidos às cooperativas, tem maior importância a **prioridade na autorização ou concessão para pesquisa e lavra dos recursos e jazidas de minerais garimpáveis nas áreas onde estejam atuando e naquelas estabelecidas pela União** (art. 174, § 4º, da CF), no caso específico das cooperativas de garimpeiros previstas no art. 174, § 3º; e o **adequado tratamento tributário ao ato cooperativo praticado pelas sociedades cooperativas** (art. 146, III, "c", da CF), que na prática recebe a roupagem de *isenções ou alíquotas reduzidas para os bens ou serviços produzidos ou prestados por cooperativas*.

2.5. Recursos minerais e potenciais de energia hidráulica

A exploração dos recursos minerais é atividade econômica de primeira importância para a produtividade de um país. Matéria-prima da indústria de base, sua relevância é notória nas obras de infraestrutura e por isso a riqueza em metais e outros elementos do solo e do subsolo sempre mereceram especial atenção do Estado.

O mesmo ocorre, no Brasil, com os potenciais de energia hidráulica, diante da ampla possibilidade de se produzir energia elétrica por meios não poluentes, graças à nossa geografia e às vastas bacias hidrográficas que se localizam em nosso território.

Com vistas no interesse nacional, a CF se antecipou e retirou essa atividade econômica do livre exercício pela iniciativa privada, impondo sobre ela um robusto controle estatal. Para tanto, muito além de normas de cunho econômico, a CF trabalhou atributos de **propriedade**.

O tema começa antes mesmo de a CF expor os ditames dos fundamentos da ordem econômica. Já no art. 20, onde se destaca o patrimônio da União, lê-se:

"Art. 20. São bens da União:

(...)

VIII – os potenciais de energia hidráulica;

IX – os recursos minerais, inclusive os do subsolo; (...)"

De pronto se percebe que, onde quer que se encontrem, essas riquezas integram o patrimônio da União e devem ser por ela exploradas economicamente. Como bens públicos, o destino dos valores arrecadados com tal atividade deve mirar o bem-estar da coletividade.

É sabido, por outro lado, que a atividade mineradora ou mesmo a construção de usinas hidrelétricas pressupõem obras e serviços de grande vulto, sendo extremamente dispendiosas. Sua organização, portanto, extravasa as competências do Estado, que, normalmente, não dispõe de aparato técnico e humano especializado para essas práticas.

Assumindo essa realidade, o legislador constituinte estabeleceu uma solução pautada no meio-termo: mantém-se a propriedade da União e, com isso, a arrecadação de receita pública (na modalidade de **preço público**, conforme entendimento defendido pelo Ministro Carlos Velloso no julgamento da ADI 2.586, *DJ* 01.08.2003) sobre os minerais e potenciais de energia hidráulica e entrega ao particular a exploração do serviço de extração ou aproveitamento da energia. Vejamos o que diz o art. 176 da CF:

"Art. 176. As jazidas, em lavra ou não, e demais recursos minerais e os potenciais de energia hidráulica constituem propriedade distinta da do solo, para efeito de exploração ou aproveitamento, e pertencem à União, garantida ao concessionário a propriedade do produto da lavra.

§ 1º A pesquisa e a lavra de recursos minerais e o aproveitamento dos potenciais a que se refere o 'caput' deste artigo somente poderão ser efetuados mediante autorização ou concessão da União, no interesse nacional, por brasileiros ou empresa constituída sob as leis brasileiras e que tenha sua sede e administração no País, na forma da lei, que estabelecerá as condições específicas quando essas atividades se desenvolverem em faixa de fronteira ou terras indígenas.

§ 2º É assegurada a participação ao proprietário do solo nos resultados da lavra, na forma e no valor que dispuser a lei.

§ 3º A autorização de pesquisa será sempre por prazo determinado, e as autorizações e concessões previstas neste artigo não poderão ser cedidas ou transferidas, total ou parcialmente, sem prévia anuência do poder concedente.

§ 4º Não dependerá de autorização ou concessão o aproveitamento do potencial de energia renovável de capacidade reduzida."

Em primeiro lugar, atentamos para o fato de haver três pessoas diretamente interessadas na exploração das jazidas minerais e dos potenciais de energia hidráulica: a **União**, o **concessionário** e o **proprietário do solo**.

A União é a proprietária da jazida nos termos da CF; o concessionário é quem detém o direito de explorá-la após a efetivação do contrato administrativo competente junto à União, ficando com "a propriedade do produto da lavra", ou seja, *as vantagens econômicas (lucro) advindas da exploração*. Não poderia ser relegado o proprietário do solo onde se localiza a jazida, pois, apesar dos recursos naturais não lhe pertencerem, é certo que terá de tolerar a atividade do concessionário em sua propriedade, direito que, ainda que limitado nesse caso, continua garantido em nosso ordenamento jurídico.

Segue-se, então, que na exploração de jazidas e potenciais de energia hidráulica, a relação jurídico-econômica se instaura da maneira abaixo descrita:

União	Concessionário	Proprietário do solo
Propriedade dos recursos	Propriedade da lavra	Participação nos resultados

Sem medo de sermos repetitivos, reiteramos para ficar claro: a União obtém receita *com a concessão da exploração de seus recursos naturais*, o concessionário obtém receita *com a venda do produto da exploração* e o proprietário do solo tem direito *a um percentual desse faturamento obtido pelo concessionário*.

Quanto à figura do concessionário, a CF impõe algumas restrições: **somente poderão ser empresas brasileiras,** diante do evidente cunho estratégico e importância econômica dos bens em comento, **o contrato será sempre por prazo determinado e as concessões não poderão ser transferidas sem anuência da União**, a fim de que se mantenha o controle sobre quais empresas estão explorando os recursos minerais e potenciais de energia hidráulica no país. Por outro lado, não pode ser obstado pelo próprio Poder Público em sua atividade, dado que se legitima por um contrato administrativo, tendo direito a indenização caso venha a sofrer prejuízo por força de ato administrativo (STF, RE 140.254-AgR, *DJ* 06.06.1997).

Por fim, ressalte-se a **desnecessidade** de autorização ou concessão para o aproveitamento de potencial de energia renovável (onde se inclui a energia hidráulica) de capacidade reduzida, assim considerados aqueles potenciais iguais ou inferiores a 5.000kW (5 mil quilowatts), nos termos do art. 8º da Lei 9.074/1995.

2.6. Ordenação dos transportes

Outra atividade que mereceu *status* constitucional foi o **transporte de cargas e passageiros** em suas diversas espécies. Apesar da inegável preferência histórica do Brasil pelo transporte rodoviário terrestre, é certo que seus congêneres também devem ser regulados por lei:

"Art. 178. A lei disporá sobre a ordenação dos transportes aéreo, aquático e terrestre, devendo, quanto à ordenação do transporte internacional, observar os acordos firmados pela União, atendido o princípio da reciprocidade."

Para tanto, foram criadas **agências reguladoras**, entidades da Administração Pública Indireta (mais detalhes no tópico 3.3.1, *infra*), para normatizar as atividades de transporte: Agência Nacional de Aviação Civil – ANAC (Lei 11.182/2005), Agência Nacional de Transportes Aquaviários – ANTAQ (Lei 10.233/2001) e Agência Nacional de Transportes Terrestres – ANTT (Lei 10.233/2001).

Transporte internacional pode ser definido como *qualquer modalidade de transporte que tenha início ou término em território estrangeiro, bem como aquele que tenha sido realizado, ainda que em parte, por território de outro país, mesmo com ponto de partida e chegada dentro do Brasil*. Excetua-se, apenas, o desvio por outro território imposto por motivos de **força maior** (ex.: deslizamentos de terra ou pouso forçado de aeronaves).

O parágrafo único do art. 178, por sua vez, dispõe:

"Art. 178. (...).
Parágrafo único. Na ordenação do transporte aquático, a lei estabelecerá as condições em que o transporte de mercadorias na cabotagem e a navegação interior poderão ser feitos por embarcações estrangeiras."

Do texto decorre que a navegação de cabotagem e a navegação interior, em regra, somente poderão ser realizadas por embarcações brasileiras. Mas o que vêm a ser essas modalidades de navegação?

Navegação de cabotagem é *aquela realizada entre dois portos marítimos localizados na costa de um mesmo país ou entre um porto marítimo e um porto fluvial do mesmo país*. **Navegação interior** é *aquela realizada entre dois portos fluviais localizados no mesmo país*. As condições para sua realização por embarcações estrangeiras estão estipuladas nos arts. 9º e 10 da Lei 9.432/1997.

2.7. Incentivo ao turismo

Nenhuma outra Constituição brasileira vislumbrou a atividade turística como setor econômico relevante a ponto de incluí-la em seu texto. O pioneirismo da CF de 1988 nesse ponto deve-se, basicamente, a dois fatores: *sua prolixidade e, novamente, mudanças no cenário econômico internacional*.

Quanto ao primeiro aspecto, trata-se de uma característica do próprio Texto Magno e não há nada que se acrescentar. Não se pode dizer o mesmo quanto ao segundo.

A sociedade da informação e a progressiva globalização das relações econômicas fazem com que as pessoas possam tomar contato com outras culturas e nações de forma rápida e simples, criando um grande potencial turístico para todos os países com patrimônio histórico, natural, artístico ou de qualquer outra ordem capaz de gerar interesse, curiosidade ou lazer para as pessoas.

Cunha-se, então, o termo **indústria do turismo**, que nada mais é do que *os diferentes serviços relacionados à exploração do* *turismo em seu conceito mais amplo:* rede hoteleira, aeroportos, mobilidade urbana, capacitação dos trabalhadores locais, agências de viagem, entre outros.

Evidenciada a relevância do turismo para a economia, dada a indissociável distribuição de riquezas e entrada de divisas oriundas dos gastos realizados pelos visitantes, o patrimônio turístico passa a gozar de proteção constitucional.

Por **patrimônio turístico** podemos entender *todos os locais, obras, construções e ecossistemas, naturais ou artificiais, de domínio público ou privado, que despertam interesse na sociedade em geral.* Frise-se a questão do domínio: o patrimônio turístico não é necessariamente público, nem se impõe qualquer "desapropriação por interesse turístico". Bens particulares que contenham interesse turístico, tombados ou não, devem ser objeto de uma **política pública especial** que se converta em um **regime jurídico específico** para que seja incentivado seu uso nessa esfera.

Nesses termos, a guarida constitucional sobre o turismo enquanto atividade econômica vem assim enunciada:

> "Art. 180. A União, os Estados, o Distrito Federal e os Municípios promoverão e incentivarão o turismo como fator de desenvolvimento social e econômico."

A CF reúne as pessoas jurídicas de direito público interno em torno de uma **competência administrativa comum**, entregando a todos os entes federados a incumbência de **promover** (criar programas, realizar publicidade, estabelecer mecanismos de integração) e **incentivar** (propiciar as melhores condições possíveis para o turista, mediante obras de infraestrutura, benefícios fiscais e creditícios para áreas de expressiva conotação turística etc.) o turismo em suas respectivas circunscrições. Em nível nacional, destaca-se a criação de uma autarquia em regime especial, o Instituto Brasileiro de Turismo – EMBRATUR, como responsável por essas atividades de forma descentralizada.

No âmbito da competência legislativa, encontramos no art. 24, VII, o poder da União e dos Estados de **legislar concorrentemente** sobre a proteção ao patrimônio turístico. Não se deve excluir, todavia, a competência legislativa municipal, tanto diante dos seus deveres administrativos supramencionados, quanto por força do art. 30, I e II, da CF, que lhes conferem aptidão para legislar *sobre assuntos de interesse local*, onde, sem sombra de dúvidas, se inclui o turismo local, e para *suplementar a legislação federal e estadual no que couber*, respectivamente.

O alcance da política econômica do turismo chega inclusive à **proteção judicial do patrimônio turístico**. Nos termos do art. 24, VIII, da CF, há competência legislativa concorrente também para a *responsabilização por danos a bens e direitos de valor turístico*; mais ainda, destaca-se o cabimento de **ação civil pública** para a condenação à *indenização por danos patrimoniais e morais causados a bens e direitos de valor turístico* (art. 1º, III, da Lei 7.347/1985), sem prejuízo da **ação popular** quando o pedido versar sobre a *anulação de ato administrativo lesivo ao patrimônio público*, onde se incluem os bens e direitos de valor turístico (art. 1º, § 1º, da Lei 4.717/1965).

2.8. Requisição de informações comerciais por autoridades estrangeira

A ampliação dos contratos empresariais para além das fronteiras nacionais implica naturalmente o aumento dos conflitos de interesses nascidos do não cumprimento ou de interpretações divergentes sobre essas avenças. Com grande frequência, acordos onde constam como partes pessoas físicas ou jurídicas brasileiras são celebrados para serem cumpridos em outro país e, como corolário desse local de cumprimento da obrigação, elegem foros estrangeiros para a dirimição de eventuais lides.

Se, nesse contexto, a autoridade estrangeira incumbida de avaliar ou julgar os fatos apresentados precisar de documento de natureza comercial (contrato social, notas fiscais, livros empresariais etc.) para encontrar a verdade, como deverá proceder?

É um problema que resvala em questões de **soberania nacional econômica**: se, por um lado, não havemos de nos isolar do cenário internacional ao simplesmente ignorar a requisição de documentos elaborada por autoridade estrangeira, por outro lado não se reconhecerá jurisdição sem qualquer limite a representante de poder público alienígena.

Para equilibrar a questão, vejamos como se mostra o art. 181 da CF:

> "Art. 181. O atendimento de requisição de documento ou informação de natureza comercial, feita por autoridade administrativa ou judiciária estrangeira, a pessoa física ou jurídica residente ou domiciliada no País dependerá de autorização do Poder competente."

A Lei Maior pondera o meio-termo, *determinando que o pedido oriundo de autoridade estrangeira seja analisado pela sua congênere nacional.* Assim, se o pedido provier de uma **autoridade administrativa estrangeira**, será avaliado pela **autoridade administrativa brasileira com funções análogas** (secretários, ministros ou até mesmo o Presidente da República); se proveniente de **autoridade judicial estrangeira**, devemos aplicar a regra de competência estabelecida pelo art. 105, I, "i", da CF: a concessão do *exequatur* cabe ao **Superior Tribunal de Justiça**.

Discute-se, apenas, a interpretação a ser dada ao termo **requisição**. É sabido que, na técnica jurídica, a expressão é utilizada como sinônimo de *ordem* ou *imposição*, isto é, um ato emanado de autoridade que não deve ser discutido e, sim, cumprido. Todavia, como o sopesamento de valores inclui a **soberania nacional**, a doutrina majoritária defende que o dispositivo merece **interpretação extensiva**, devendo o termo *requisição* ser lido, aqui, como sinônimo de **requerimento, pedido**. Logo, a requisição da autoridade estrangeira, administrativa ou judicial, poderá ser indeferida se de sua análise concluir-se que o eventual atendimento contrariaria o interesse nacional.

3. A PARTICIPAÇÃO DO ESTADO NA ATIVIDADE ECONÔMICA

3.1. Conceito de atividade econômica

Relembrando: a **Economia** é *a ciência que estuda a forma de alocação dos bens escassos na sociedade*, através da análise de diversos fatores que permitem aos economistas sugerir os caminhos mais eficientes (leia-se, com menores custos) para chegar aos resultados pretendidos.

Em sentido amplo, portanto, **atividade econômica** é *qualquer forma de produção ou circulação de produtos ou de serviços na sociedade, tenha ou não finalidade lucrativa.* **Produtos** são *quaisquer bens móveis ou imóveis, materiais ou imateriais* (art. 3º, § 1º, do Código de Defesa do Consumidor), *desde que suscetíveis de valoração em moeda* (a

Economia não cuida de bens sobre os quais, por sua ampla disponibilidade, não haja interesse na atribuição de preço, como o ar que respiramos); **serviços** *são quaisquer atividades fornecidas no mercado de consumo mediante remuneração* (art. 3º, § 2º, do Código de Defesa do Consumidor), seja esta *direta ou indireta*.

Os objetos da atividade econômica podem ser visualizados no seguinte quadro:

	Produção	Circulação
Bens	Indústria	Comércio
Serviços	Prestação de serviços	Agenciamento

É necessário, de toda forma, aprofundarmos o estudo. Afinal, é facilmente perceptível que os produtos e serviços são colocados à disposição no mercado por agentes econômicos bastante diferentes um do outro: contratamos um **encanador/eletricista particular** para realizar as ligações pertinentes em nossa residência para que possamos receber o serviço de água encanada, normalmente prestado **diretamente pela Prefeitura**, e de energia elétrica, prestado por uma **empresa privada em regime de concessão**. O regime jurídico de todos esses serviços é o mesmo? Certamente não.

Temos, então, que a **atividade econômica em sentido amplo** se subdivide em:

a) Atividade econômica em sentido estrito: *aquela prestada por particulares, com fim de lucro*, isto é, as pessoas responsáveis pela atividade pretendem enriquecer com ela, distribuindo entre si os resultados positivos de sua atuação no mercado;

b) Serviços públicos: conforme Maria Sylvia Zanella di Pietro (**Direito Administrativo**, 16ª ed., Editora Atlas), caracterizam-se como *"toda atividade material que a lei atribui ao Estado para que a exerça diretamente ou por meio de seus delegados, com o objetivo de satisfazer concretamente às necessidades coletivas, sob regime jurídico total ou parcialmente público"*. Por sua vez, os serviços públicos podem ser subdivididos quanto a diversos outros critérios. Ao Direito Econômico interessa a classificação como:

b1) Serviços públicos privativos: *aqueles cuja competência para execução é delegada apenas ao Estado*, que pode explorá-lo **diretamente** ou **indiretamente**, mediante concessão ou permissão. São encontrados nos arts. 21 (serviço postal e correio aéreo nacional, telecomunicações, radiodifusão sonora de sons e imagens, energia elétrica, navegação aérea, transporte ferroviário e aquaviário interno, transporte rodoviário interestadual e internacional de passageiros, exploração de portos), 25, § 2º (serviço de gás canalizado), e 30 (transporte coletivo municipal de passageiros e outros de interesse local), todos da CF;

b2) Serviços públicos não privativos: *nos quais é admitida a participação do particular exercendo, ele mesmo e diretamente, o serviço, paralelamente ao Poder Público*. Nesses casos, a CF determina a necessidade de **autorização** do Estado para a prestação do serviço pelo particular, como garantia da qualidade do serviço. São exemplos a saúde (arts. 197 e 199), a previdência social (art. 202), a assistência social (art. 195, § 7º) e a educação (art. 209).

Em síntese:

Atividade econômica
- Atividade econômica
- Serviço
  - Privativo
  - Não privativo

3.2. Formas de exercício da atividade econômica pelo Estado

Qualquer economia de mercado (sistema capitalista) garante a ordem econômica com base na **livre-iniciativa**, qualificada nos termos do item 2.2.1, "b", *supra*. Isso significa que, em se tratando de **atividade econômica em sentido estrito**, em regra *cumpre aos particulares exercê-la diretamente, não sendo ela área de atuação do Estado*. É o que também se depreende do art. 173, *caput*, da CF:

> *"Art. 173. Ressalvados os casos previstos nesta Constituição, a exploração direta de atividade econômica pelo Estado só será permitida quando necessária aos imperativos da segurança nacional ou a relevante interesse coletivo, conforme definidos em lei."*

A expressão "atividade econômica" é usada no texto constitucional em sentido estrito, porque o contrário seria absurdo (lembre-se que "atividade econômica em sentido amplo" engloba os serviços públicos e seria um contrassenso afastar o Estado de sua exploração direta). Voltaremos a esse dispositivo mais adiante para analisar seus pormenores. Por ora, sua interpretação *a contrario sensu* deixa claro que o Estado só poderá atuar diretamente na atividade econômica em sentido estrito quando autorizado a tanto. Cabe-lhe, por outro lado, *direta e precipuamente*, a prestação de **serviços públicos.**

Essa divisão encontra fundamento nos objetivos de cada agente econômico ao lançar-se no mercado. Como visto, *a atividade econômica em sentido estrito visa ao lucro*, ao enriquecimento das pessoas que organizam os fatores de produção (capital, mão de obra, insumos e tecnologia) e, como fruto do seu trabalho, pretendem obter resultados financeiramente positivos. Esse tipo de finalidade não se coaduna com a ação do Estado, que *não deve atuar com fim de lucro: a finalidade administrativa deve sempre se voltar ao* **bem comum**, *à busca pela melhora na qualidade de vida de todas as pessoas*.

Como a atividade econômica prestada pelo particular tem como finalidade o lucro, a **remuneração** por parte dos beneficiários dessa atividade será, ao menos teoricamente, **livre**, cabendo ao próprio agente econômico fixar o preço de seu produto ou serviço (aqui também existe controle estatal, que tenderá a inibir o *aumento arbitrário dos lucros*, tópico estudado no item 4.5.2, *infra*).

De outra banda, os serviços públicos prestados diretamente pelo Estado são remunerados através de **tributos**: enquanto os serviços públicos prestados direta e especificamente para determinada pessoa (*uti singuli*) são remunerados mediante **taxas**, os serviços de interesse geral, indivisíveis (*uti* *universi*), são remunerados pela arrecadação de **impostos** ou **contribuições específicas** (como a contribuição para custeio da iluminação pública). A remuneração por esses serviços, logo, encontra limites no Direito Tributário e no Direito Financeiro, não se prestando a aumentar o patrimônio do Estado.

Ocorre, porém, dessas duas esferas tão diferentes se imiscuírem, sendo possível que uma *entidade particular preste serviços públicos* e que o *Poder Público exerça atividade econômica em sentido estrito*.

3.2.1. Concessão e permissão de serviços públicos

O dever do Estado de fornecer à sua população serviços públicos de qualidade, bem como as possíveis formas de fazê-lo, foram previstos no art. 175 da CF, que dispõe:

> "Art. 175. Incumbe ao Poder Público, na forma da lei, diretamente ou sob regime de concessão ou permissão, sempre através de licitação, a prestação de serviços públicos.
>
> Parágrafo único. A lei disporá sobre:
>
> I – o regime das empresas concessionárias e permissionárias de serviços públicos, o caráter especial de seu contrato e de sua prorrogação, bem como as condições de caducidade, fiscalização e rescisão da concessão ou permissão;
>
> II – os direitos dos usuários;
>
> III – política tarifária;
>
> IV – a obrigação de manter serviço adequado."

O Estado, na sua obrigação constitucional de prover as necessidades de seu povo, pode fazê-lo **diretamente**, *através dos próprios órgãos da Administração Direta ou pela criação de entidades pertencentes à Administração Pública Indireta (autarquias, empresas públicas, sociedades de economia mista, fundações etc.)*, ou **indiretamente**, *entregando o dever de executar o serviço a um particular, sem, contudo, perder sua titularidade, uma vez que essa decorre da própria CF*. Esse último caso pressupõe procedimento administrativo de **concessão** (*contrato administrativo que gera direitos e obrigações tanto para o particular quanto para o Poder Público*) **ou permissão** (*ato unilateral e precário da Administração, revogável a qualquer tempo*) **de serviço público**.

O tema é normalmente estudado em profundidade pelo Direito Administrativo. No campo do Direito Econômico, cumpre-nos salientar apenas dois aspectos desses institutos.

O primeiro é o **processo de decisão pela exploração direta ou indireta do serviço**. Com efeito, a CF entrega ao Poder Público o dever de prestar o serviço. Fazê-lo direta ou indiretamente *é fruto de um conjunto de decisões político-econômicas que considera, principalmente, os custos da prestação do serviço*, levando sempre em conta que o **orçamento público** é confrontado diuturnamente com duras escolhas sobre como será investida a receita pública (conflito que os economistas denominam ***tradeoff***). A política econômica, os índices de arrecadação e as despesas envolvidas são todos aspectos levados em conta para a decisão. Caso se conclua que o Estado não detém condições suficientes para prestar o serviço a contento, ou os gastos venham crescendo de forma que não mais compensa a execução direta, realiza-se a concessão ou permissão, passando ao particular os custos e a remuneração do serviço.

O segundo assunto diz respeito **à remuneração do serviço público prestado mediante concessão ou permissão**, que deixa de ser feita por meio de **taxa** (espécie de tributo) e passa a sê-lo através de **tarifa**. Entre elas, há algumas diferenças importantes:

	Taxa	Tarifa
Natureza	Tributária	Não tributária
Origem	Legal	Contratual
Composição	Custo do serviço	Custo + lucro

A principal delas é a **composição** da tarifa: ela inclui a *margem de lucro* do particular que presta o serviço. Daí decorre que o particular, mesmo executando serviço de titularidade do Estado, através de contrato celebrado com esse após regular processo administrativo, *mantém sua finalidade lucrativa*. A diferença é que a fixação da tarifa *não é livre*, como ocorre com o preço, mas deve seguir os ditames da **política tarifária** fixada em lei.

3.2.2. O Estado como agente econômico propriamente dito

Mesmo sendo assegurada a livre-iniciativa na ordem econômica nacional, o que importa na prevalência dos particulares no exercício de atividades econômicas lucrativas, pode o Estado, em situações excepcionais, atuar como **agente econômico** ao lado dos particulares, com eles concorrendo diretamente ou sob regime de monopólio.

A autorização vem prevista no art. 173, *caput*, da CF:

> "Art. 173. Ressalvados os casos previstos nesta Constituição, a exploração direta de atividade econômica pelo Estado só será permitida quando necessária aos imperativos da segurança nacional ou a relevante interesse coletivo, conforme definidos em lei."

Do preceptivo constitucional extraímos as duas hipóteses de **atuação direta** do Estado no domínio econômico:

a) Imperativos de segurança nacional: o conceito de segurança nacional, por analogia, pode ser extraído do art. 1º da Lei 7.170/1983: *a integridade territorial e a soberania nacional, o regime representativo e democrático, a Federação e o Estado de Direito e a pessoa dos chefes dos Poderes da União*. São atividades que, por sua natureza, devem ser prestadas pelo próprio Estado, responsável pela segurança das fronteiras e das instituições democráticas;

b) Relevante interesse coletivo: justifica a atuação direta do Estado em *áreas que atinjam um grande número de pessoas e sejam ligadas a necessidades gerais da população*. É o fundamento da criação da PETROBRAS (extração de petróleo e seus derivados), do Banco do Brasil e da Caixa Econômica Federal (além dos serviços bancários, fornecem empréstimos públicos e, no caso da Caixa, administra o FGTS), dentre outros exemplos.

A intervenção do Estado na economia nesses casos será realizada pela instituição de **empresa pública**, **sociedade de economia mista** ou **fundações públicas**, cuja criação deverá ser **autorizada por lei específica** (art. 37, XIX, da CF).

A opção por qualquer delas terá razões centradas em planejamentos políticos e econômicos do ente federativo responsável (federal, estadual ou municipal), com base nas características de cada uma das entidades, comparadas a seguir:

	Empresa Pública	Soc. Econ. Mista	Fundação
Personalidade	Direito Privado	Direito Privado	Direito Privado
Capital	100% público	Majoritariamente público	100% público
Fins lucrativos	Possível	Obrigatório	Proibido
Tipo societário	Qualquer um	Sociedade Anônima	N/A

Interessante destacar a questão da finalidade lucrativa das entidades da Administração Pública Indireta quando atuantes em atividades econômicas normalmente relacionadas ao setor privado. As **fundações**, por sua própria natureza, *não podem ter fins lucrativos* (art. 5º, IV, do Decreto-lei 200/1967) e por isso se voltam a atividades *educacionais, científicas ou assistenciais*. As **empresas públicas**, por sua vez, podem ou não buscar o lucro, dependendo da atividade realizada: a INFRAERO não tem finalidade lucrativa, ao contrário dos Correios, conforme já reconhecido pela Justiça do Trabalho (TRT da 2ª região, AI 01168-2005-012-02-02-0, *DJ* 14.10.2008). Nessa situação, o lucro eventualmente auferido é **receita pública** a ser contemplada no respectivo orçamento. Já as **sociedades de economia mista** *devem apresentar pretensões lucrativas*, diante da presença de investidores privados no quadro social. A compra de ações das sociedades de economia mista por particulares é encorajada como um investimento, ou seja, cada acionista passa a ter a expectativa legítima da distribuição proporcional dos lucros eventualmente auferidos ao final do exercício social.

Vistos os instrumentos, falta verificar o **regime econômico** de exploração da atividade econômica pelo Estado:

a) Monopólio: também chamado de **regime de absorção**, *porque nele o Estado **absorve** toda a atividade econômica*, impõe a *exclusividade do Estado na exploração de determinadas atividades*. Por representar uma afronta direta ao **princípio da livre concorrência**, as possibilidades são apenas aquelas elencadas na própria CF:

> "Art. 177. Constituem monopólio da União:
>
> I – a pesquisa e a lavra das jazidas de petróleo e gás natural e outros hidrocarbonetos fluidos;
>
> II – a refinação do petróleo nacional ou estrangeiro;
>
> III – a importação e exportação dos produtos e derivados básicos resultantes das atividades previstas nos incisos anteriores;
>
> IV – o transporte marítimo do petróleo bruto de origem nacional ou de derivados básicos de petróleo produzidos no País, bem assim o transporte, por meio de conduto, de petróleo bruto, seus derivados e gás natural de qualquer origem;
>
> V – a pesquisa, a lavra, o enriquecimento, o reprocessamento, a industrialização e o comércio de minérios e minerais nucleares e seus derivados, com exceção dos radioisótopos cuja produção, comercialização e utilização poderão ser autorizadas sob regime de permissão, conforme as alíneas b e c do inciso XXIII do caput do art. 21 desta Constituição Federal."

Note que a imposição do monopólio está ligada a **atividades estratégicas**, como o petróleo (política energética) e minerais radioativos (política nuclear). Há, porém, autorização constitucional para que a União contrate com **empresas estatais ou privadas** os serviços dos incisos I a IV, ou seja, relativos à exploração, refinação, comércio exterior e transporte de petróleo (art. 177, § 1º, da CF), desde que atendidos aos preceitos mínimos estabelecidos em lei que deverá conter *a garantia do fornecimento dos derivados de petróleo em todo o território nacional, as condições de contratação e a estrutura e atribuições do órgão regulador do monopólio da União* (art. 177, § 2º, da CF).

Cabe à lei ordinária, também, dispor sobre o transporte e a utilização de materiais radioativos no território nacional (art. 177, § 3º, da CF). A norma infraconstitucional em questão é a Lei 4.118/1962, recepcionada pela CF, que também cria a Comissão Nacional de Energia Nuclear – CNEN, com natureza de autarquia federal.

Não podemos confundir essa situação com a **prestação de serviços públicos**, cuja atribuição também é exclusiva da Administração Pública. Ocorre que serviços públicos *não são atividade econômica em sentido estrito* (lembre-se do gráfico do item 3, *supra*), pelo que se sujeitam a regime jurídico diverso baseado nos princípios e normas do Direito Administrativo. Veja-se, a respeito, a posição do STF: "*Monopólio é de atividade econômica em sentido estrito, empreendida por agentes econômicos privados. A exclusividade da prestação dos serviços públicos é expressão de uma situação de privilégio. Monopólio e privilégio são distintos entre si; não se os deve confundir no âmbito da linguagem jurídica, qual ocorre no vocabulário vulgar*" (ADPF 46, *DJ* 05.08.2009).

b) Concorrência: ou **regime de participação**, no qual *o Estado coloca-se ao lado dos agentes econômicos particulares para exercer a mesma atividade que eles, na figura de mais um concorrente no mercado*. A oposição ao monopólio é patente: lá, o Estado detém a exclusividade na exploração; aqui, é mais uma figura em um mercado que, pela regra geral da ordem econômica nacional, deveria ser explorado apenas por particulares.

Nessa seara, a justificativa para atuação do Estado dentre as possibilidades previstas no art. 173 da CF (**imperativos de segurança nacional ou relevante interesse coletivo**) é exigida com maior rigor, dado que ocupará espaço que originalmente não lhe pertence. Para tanto, lançará mão do instrumento de criação de **empresas públicas** ou **sociedades de economia mista** (descabe o uso das fundações, por não comportarem a finalidade lucrativa intrínseca à concorrência econômica).

A partir de então, a empresa estatal, qualquer que seja sua espécie, passará a se submeter a um **regime jurídico híbrido**, ou seja, *parcialmente público e parcialmente privado*: **público** porque não deixa de integrar a Administração Pública Indireta, devendo observância às normas a ela aplicáveis; **privado** porque a condição de concorrente em um mercado aberto, ao lado de empresas particulares, não lhe permite trazer as prerrogativas da Administração previstas pelo Direito Administrativo, sendo tratada como igual.

Costuma-se dizer que a empresa estatal que explora atividade econômica acaba carregando o "pior dos dois mundos": soma todo o peso dos deveres da Administração Pública (princípios da **legalidade, impessoalidade, moralidade, publicidade e eficiência**, com todos os seus corolários) às obrigações civis e empresariais das sociedades particulares.

Vejamos o que diz a CF:

"Art. 173. (...)

§ 1º A lei estabelecerá o estatuto jurídico da empresa pública, da sociedade de economia mista e de suas subsidiárias que explorem atividade econômica de produção ou comercialização de bens ou de prestação de serviços, dispondo sobre:

I – sua função social e formas de fiscalização pelo Estado e pela sociedade;

II – a sujeição ao regime jurídico próprio das empresas privadas, inclusive quanto aos direitos e obrigações civis, comerciais, trabalhistas e tributários;

III – licitação e contratação de obras, serviços, compras e alienações, observados os princípios da administração pública;

IV – a constituição e o funcionamento dos conselhos de administração e fiscal, com a participação de acionistas minoritários;

V – os mandatos, a avaliação de desempenho e a responsabilidade dos administradores."

Merecem atenção os incisos II e III, por nós destacados, porque sustentam a adoção conjunta das normas civis e administrativas. E, ainda que não pareça, porque é expressa apenas a necessidade de licitação, não podemos esquecer de todas as demais implicações do regime jurídico administrativo previsto no art. 37 da CF (contratação de pessoal por concurso público, por exemplo), pois a abrangência deste engloba toda a Administração Pública, direta ou indireta. A lei a que se refere o caput do artigo é a Lei 13.303/2016.

Insta relembrar que o Estado, nessa hipótese, está atuando como agente econômico em paralelo a agentes particulares em um mercado protegido pela **livre concorrência**. Por isso, o hibridismo de que tratamos *refere-se apenas a obrigações e não a prerrogativas*. Com efeito, *as empresas públicas e as sociedades de economia mista não poderão gozar de privilégios fiscais não extensivos às do setor privado* (art. 173, § 2º, da CF). Completamos: **nem privilégios fiscais, nem de qualquer outra ordem**.

Aceitar o contrário seria abrir uma enorme porta para que o Estado, responsável por cuidar dos princípios informadores da ordem econômica, *demolisse os pilares do mercado concorrencial*. Afinal, a existência de privilégios para somente um ou alguns dos atores do cenário econômico colocá-los-ia em posição superior aos demais e afastaria sua possibilidade de sucesso.

Tome-se, por exemplo, o mercado bancário. É sabido que, em conjunto com todos os bancos particulares em atuação no país, operam o Banco do Brasil (sociedade de economia mista) e a Caixa Econômica Federal (empresa pública). Agora, imaginemos que não existisse a proibição estampada no art. 173 da CF e esses dois bancos usufruíssem dos benefícios fiscais concedidos à Administração Pública – a imunidade recíproca a impostos, por exemplo. Se o Banco do Brasil ou a Caixa não fossem obrigados a pagar IPTU, seus custos de operação seriam naturalmente menores que os de todos os bancos particulares concorrentes, o que permitiria que os bancos públicos cobrassem preços menores pelos seus serviços. A população, então, seria atraída pelo baixo custo do BB e da CEF e ninguém se interessaria por contratar com bancos privados, o que poderia levá-los à bancarrota ou à saída do mercado.

Não há dúvidas de que a Constituição Federal não poderia dar margens a tão malfadado cenário.

O que não podemos é estender essa situação jurídica para as empresas públicas e sociedades de economia mista que **prestem serviços públicos**, porque, nessa esfera, *não estão atuando em um mercado concorrencial em posição que exija o respeito à isonomia entre todos os participantes*. A prestação de serviços públicos, nos termos do art. 175 da CF, incumbe ao Poder Público, que pode exercê-los por meio das empresas estatais. Nesses casos, tais entidades se equiparam (apesar de não o ser formalmente) a **pessoas jurídicas de direito público**, passando a gozar dos privilégios fiscais a estas estabelecidos (STF, RE 363412 AgR/BA, *DJ* 07.08.2007).

Em suma:

```
                        Prestam
                        serviço  ───────► Privilégios
                        público
                       ╱
Empresas Públicas
Sociedades de
Economia Mista
                       ╲
                        Exercem
                        atividade
                        econômica ───────► Não há
                        em sentido         privilégios
                        estrito
```

3.3. O Estado como agente normativo e regulador da atividade econômica

Nesse ponto, já conhecemos duas formas de participação do Estado na Economia: **a prestação de serviços públicos,** direta ou indiretamente, **e a atuação direta na atividade econômica em sentido estrito**, inicialmente reservada à iniciativa privada.

Passemos agora para a terceira espécie de atuação estatal no domínio econômico, *na qual a ação do Poder Público é circunstancial, ou seja, não se caracteriza diretamente como exercício da atividade econômica. Trata-se de decisões de natureza político-econômica cujos resultados interferem nas estratégias negociais dos agentes econômicos propriamente ditos (empresas privadas, empresas estatais que exploram atividade econômica e consumidores)*. Conhecemos tal competência como **atuação indireta do Estado na Economia**.

Sua matriz constitucional está disposta no art. 174, *caput*:

"Art. 174. Como agente normativo e regulador da atividade econômica, o Estado exercerá, na forma da lei, as funções de fiscalização, incentivo e planejamento, sendo este determinante para o setor público e indicativo para o setor privado."

Dela extraímos as três áreas básicas da atuação indireta:

a) Fiscalização: cujo objetivo é *verificar se os agentes econômicos estão cumprindo as normas aplicáveis às respectivas atividades*, principalmente aquelas que possam causar prejuízos a terceiros (ex.: concorrência desleal);

b) Incentivo: *concretizada através da elaboração de políticas públicas voltadas ao incremento a curto prazo da atividade econômica (aumento da oferta e da demanda)*, que pode assumir a forma de incentivos fiscais, creditícios, tratados internacionais para intercâmbio de tecnologias etc.;

c) Planejamento: cujo resultado, normalmente, é levado a público por meio de **planos econômicos**, que são *um conjunto de medidas previamente organizadas tendentes à obtenção de certo resultado a longo prazo*. O planejamento da economia nacional deve considerar a situação atual (**análise diagnóstica**) e o ponto onde se pretende chegar, quais melhorias se pretende obter, em dado período de tempo (**análise prognóstica**), concatenando as medidas de fundo econômico necessárias para o avanço em cada fase do plano.

O planejamento econômico compete à **União** (art. 21, IX, da CF). Contudo, lê-se no art. 24, I, que o constituinte originário reservou **competência concorrente** entre os entes federativos para legislar sobre Direito Econômico. Como conciliar os dois dispositivos?

A resposta vem no próprio art. 174, em seu § 1º: "*a lei estabelecerá as diretrizes e bases do planejamento do desenvolvimento nacional equilibrado, o qual incorporará e compatibilizará os planos nacionais e regionais de desenvolvimento.*"

Portanto, nos termos da lei regulamentadora, o *planejamento nacional compete à União*, sendo sua a competência administrativa exclusiva para tanto. Entretanto, na sua elaboração, *deverá consagrar as pretensões e ideais estabelecidos pelos Estados e Municípios conforme as necessidades de cada um, garantindo o desenvolvimento nacional equilibrado*.

É importante ressaltar que a norma integradora prevista no texto constitucional ainda não foi editada, provavelmente porque sua existência acabaria por restringir a atuação das autoridades federais na elaboração de planos econômicos que, como nossa história recente faz questão de nos lembrar, usualmente são casuísticos e "milagrosos", o que os leva, no mais das vezes, ao fracasso. Felizmente, a economia nacional, desde a década de 1990, está assentada em decisões sólidas que afastaram tais instrumentos nefastos de nossa realidade atual.

Enfim, resta dizer que, nos termos da CF, o planejamento econômico é "*determinante para o setor público e indicativo para o setor privado*". Isso significa que os órgãos públicos, por força do **princípio da legalidade**, devem estrita obediência às determinações contidas no planejamento elaborado pelo Estado, aplicando-o nas respectivas áreas. Por outro lado, as entidades privadas podem segui-lo conforme seus próprios interesses, de acordo com os resultados dos juízos de oportunidade e conveniência de seus diretores, em obediência ao **princípio da livre-iniciativa**.

Diverge a doutrina sobre a eficácia do planejamento econômico sobre as empresas públicas e sociedades de economia mista que *explorem atividade econômica*, se deve ser determinante ou indicativo. A maior parte dela, setor com o qual nos alinhamos, defende que deve ser **meramente indicativo**, diante da igualdade com a qual atuam em relação às empresas privadas.

A atuação indireta do Estado na Economia pode ser exercida de duas maneiras, que serão objeto de estudo nos próximos tópicos: **regulação** e **tributação**.

3.3.1. Regulação

Chamamos de **regulação** a *atuação indireta do Estado na Economia por meio da elaboração de normas jurídicas aplicáveis a setores específicos (considerados estratégicos), com vistas, em última instância, a atingir o ponto ótimo nos resultados econômicos*. Parafraseando, é a utilização do poder normativo do Estado, consubstanciado em normas de observância obrigatória ou facultativa por parte dos agentes econômicos, visando a resguardar os interesses das empresas, dos consumidores e do próprio Estado.

A partir da década de 1990, o Brasil passa a adotar (com graves restrições, é bom dizer) o **sistema de regulação norte-americano**: as funções descritas, antes operacionalizadas pela Administração Pública Direta, passam a ser de competência de uma nova espécie de órgão da Administração Indireta, as **agências reguladoras**.

Agências reguladoras são *autarquias em regime especial destinadas a normatizar, fiscalizar e, na seara administrativa, solucionar conflitos relativos aos setores da Economia ao qual se vinculam*. Não há uma lei geral sobre as agências reguladoras, que vêm sendo criadas por legislações esparsas. São exemplos: Agência Nacional de Energia Elétrica – ANEEL (Lei 9.427/1996), Agência Nacional de Telecomunicações – ANATEL (Lei 9.472/1997), Agência Nacional do Petróleo – ANP (Lei 9.478/1997). As duas últimas, excepcionalmente, têm relevância constitucional (art. 21, XI, e art. 177, § 2º, III, respectivamente).

Como todo órgão da Administração Pública Indireta, deve observância ao **princípio da especialidade**, ou seja, *a agência reguladora é criada para atuação sobre uma área específica da economia*, não sendo autorizada a constituição de agência reguladora genérica ou com poderes sobre mais de uma espécie de atividade econômica.

Não se perca de vista, por outro lado, que são autarquias **em regime especial**, porquanto dotadas de características próprias que as afastam das autarquias comuns. São elas:

a) Estabilidade dos dirigentes: nos termos da Lei 9.986/2000, o provimento dos dirigentes das agências reguladoras será feito por nomeação do Chefe do Poder Executivo após aprovação pelo Senado Federal para **mandato por prazo determinado**, estabelecido conforme a lei criadora de cada agência. A existência de um mandato certo afasta a possibilidade de **demissão *ad nutum***, isto é, pela simples vontade do Presidente da República, como ocorre nas autarquias comuns;

b) Caráter final de suas decisões: as agências reguladoras são dotadas de certa autonomia frente à Administração Direta, *não sendo possível ao Presidente da República ou a Ministro de Estado rever ou alterar as decisões tomadas pelos órgãos das agências*. Por essa razão, a agência reguladora é a **última instância do contencioso administrativo** levado ao seu conhecimento.

Tais características acabam por conferir às agências reguladoras uma maior **autonomia administrativa e financeira**, atributos imprescindíveis para a correta regulação de determinado mercado, pois espera-se que suas decisões sejam marcadas pela técnica, não por ingerências políticas.

A opção pela descentralização administrativa, porém, não tira do Estado o poder de editar normas através de **leis ordinárias** ou outros diplomas legislativos. Considerando que a criação de agências reguladoras é um fenômeno razoavelmente recente no Direito brasileiro, é certo que suas determinações ainda convivem com a intervenção executada diretamente pelo Poder Legislativo (usado, com indesejável frequência, como instrumento das pretensões econômicas do Chefe do Poder Executivo).

Por uma forma ou por outra, a intervenção do Estado resulta em ato normativo classificável em dois grupos distintos:

a) Intervenção por direção: também chamada de **intervenção "no" domínio econômico**, ocorre quando o Estado, centralizada ou descentralizadamente, *edita normas de observância obrigatória por parte dos agentes econômicos privados, impondo-*

-lhes sanções em caso de descumprimento (**normas cogentes**). Exemplo clássico é o **tabelamento de preços**;

b) **Intervenção por indução**: ou **intervenção "sobre" o domínio econômico**, refletida na *edição de atos normativos de observância facultativa pelos entes privados* (**normas dispositivas**), *incentivando-os* (**indução positiva**) *ou não os incentivando* (**indução negativa**) *a determinada prática*. Hipótese de **indução positiva** é a concessão de meia-entrada em eventos culturais a doadores regulares de sangue (STF, ADI 3512, *DJ* 15.02.2006). Há **indução negativa**, de outra banda, com a sobretaxação de determinados bens de consumo. Perceba que não é vedada a importação de veículos automotores, mas os altos e numerosos tributos devidos tornam a atividade muito pouco atrativa para grande parte dos empresários e consumidores.

3.3.2. Tributação

Desde logo, impende destacar que **não** estamos tratando aqui da **extrafiscalidade dos tributos em geral**, função pela qual *qualquer tributo pode ser utilizado não com o objetivo de arrecadação (e consequentemente de gerar receita pública), mas como instrumento de concretização de uma política econômica*. Veja o caso do imposto de importação, que é elevado ou reduzido conforme as condições macroeconômicas para equilibrar a balança comercial.

O uso da extrafiscalidade enquadra-se no conceito de **intervenção por indução**, explicitado anteriormente.

A tributação que ora nos referimos como maneira de intervenção na Economia a ser adotada pelo Estado é **específica**. Com efeito, a CF criou um tributo a ser manejado pelo Poder Público *exclusivamente para fins de intervenção, guiando o mercado conforme o planejamento previamente elaborado*. Estamos falando das **contribuições de intervenção no domínio econômico**, também conhecida como **CIDEs**.

As CIDEs estão genericamente previstas no art. 149 da CF:

> "Art. 149. Compete exclusivamente à União instituir contribuições sociais, **de intervenção no domínio econômico** e de interesse das categorias profissionais ou econômicas, como instrumento de sua atuação nas respectivas áreas, observado o disposto nos arts. 146, III, e 150, I e III, e sem prejuízo do previsto no art. 195, § 6º, relativamente às contribuições a que alude o dispositivo."
> (grifo nosso)

Desse preceptivo exsurge a possibilidade do Estado criar o tributo denominado CIDE para controlar qualquer setor da Economia que lhe pareça relevante. Ao fazê-lo, terá em suas mãos um poderoso instrumento para aumentar ou diminuir os custos de produção, atendendo às pressões dos agentes econômicos e do cenário internacional para que se amplie ou reduza tanto a oferta quanto a demanda por determinado produto ou serviço.

Fruto dessa autorização genérica, a Lei 10.168/2000 criou a CIDE incidente sobre contratos de transferência de tecnologia firmados com residentes ou domiciliados no exterior (CIDE-*Royalties*). Mais ainda, a própria CF cuidou de prever, desde logo, a CIDE sobre a importação ou comercialização de petróleo e seus derivados, gás natural e seus derivados e álcool combustível (art. 177, § 4º, da CF), conhecida como CIDE-Combustíveis.

Tangenciando conceitos de Direito Tributário (inafastáveis por conta da natureza do instituto ora estudado), as CIDEs possuem as seguintes características gerais:

a) **Competência exclusiva da União**;

b) **Observância das normas gerais estabelecidas em lei complementar**;

c) **Instituição ou majoração por lei ordinária (princípio da legalidade)**;

d) **Respeito ao princípio da anterioridade tributária, tanto anual como nonagesimal**;

e) **Imunidade das operações de exportação**;

f) **Incidência na importação**;

g) **Alíquotas** *ad valorem* **ou específicas**;

h) **Produto da arrecadação vinculado a determinado programa estatal**;

i) **Inclusão da receita no montante calculado para a DRU (desvinculação das receitas da União – art. 76 do ADCT)**.

Cumpre lembrar que a CIDE-Combustíveis, por seu *status* constitucional, mereceu tratamento diferenciado, não se lhes aplicando todas as regras listadas. Nos termos do art. 177, § 4º, I, "b", da CF, a alíquota da CIDE-Combustíveis pode ser alterada, dentro dos ditames legais, por ato do Poder Executivo (exceção ao **princípio da legalidade**) e pode ser cobrada no mesmo exercício financeiro em que for instituída ou aumentada (exceção ao **princípio da anterioridade tributária anual**). Ao seu lado, temos outras características:

> "Art. 177. (...)
>
> § 4º A lei que instituir contribuição de intervenção no domínio econômico relativa às atividades de importação ou comercialização de petróleo e seus derivados, gás natural e seus derivados e álcool combustível deverá atender aos seguintes requisitos:
>
> I – a alíquota da contribuição poderá ser:
>
> a) diferenciada por produto ou uso;
>
> b) reduzida e restabelecida por ato do Poder Executivo, não se lhe aplicando o disposto no art. 150, III, "b";
>
> II – os recursos arrecadados serão destinados:
>
> a) ao pagamento de subsídios a preços ou transporte de álcool combustível, gás natural e seus derivados e derivados de petróleo;
>
> b) ao financiamento de projetos ambientais relacionados com a indústria do petróleo e do gás;
>
> c) ao financiamento de programas de infraestrutura de transportes."

4. PROTEÇÃO À CONCORRÊNCIA

4.1. Fundamento constitucional

No tópico 2.2.4, *supra*, verificamos que a CF estabelece, no art. 170, IV, como um dos princípios informadores da ordem econômica nacional a **livre concorrência**, lá conceituada como *aquela na qual há um grande número de compradores e vendedores de forma que nenhum deles, individualmente, tenha poder suficiente para influenciar variações no preço dos produtos ou serviços*.

Nossa estrutura econômica, portanto, deve ser lastreada na *liberdade de participação dos agentes econômicos em qualquer mercado*. A CF busca proteger essa liberdade, evitando que um ou alguns agentes econômicos interfiram ou impeçam a entrada de concorrentes em determinado setor da economia através da criação de sanções para a prática dessas condutas abusivas:

> "Art. 173. (...)
>
> § 4º A lei reprimirá o abuso do poder econômico que vise à dominação dos mercados, à eliminação da concorrência e ao aumento arbitrário dos lucros.
>
> § 5º A lei, sem prejuízo da responsabilidade individual dos dirigentes da pessoa jurídica, estabelecerá a responsabilidade desta, sujeitando-a às punições compatíveis com sua natureza, nos atos praticados contra a ordem econômica e financeira e contra a economia popular."

A lei integradora em questão, atualmente, é a **Lei 12.529/2011**, em vigor desde 30.05.2012, que revogou expressamente a Lei 8.884/1994 (tecnicamente, não foram revogados os arts. 86 e 87 da lei anterior. Vale dizer que se trata apenas de dispositivos alteradores de outros diplomas normativos – Código de Processo Penal e Código de Defesa do Consumidor, respectivamente. Por isso consideramos que, na prática, houve ab-rogação).

Antes, porém, de avançarmos sobre as disposições relativas ao direito concorrencial, é importante estudarmos os diferentes modelos de mercado para bem compreendermos o alcance da proteção estabelecida por nosso ordenamento jurídico.

4.2. Modelos de mercado

4.2.1. Concorrência perfeita

Nela, *o grande número de compradores e de vendedores de produtos idênticos implica que nenhum deles detém poder econômico suficiente para influenciar os preços praticados pelo mercado.* Veja o exemplo do mercado de leite: é um produto da cesta básica, diante de sua importância na alimentação. Com isso, é procurado por um grande número de compradores. Na outra ponta, temos uma vasta quantidade de fazendas que o produzem, todas com basicamente o mesmo custo para colocar no mercado um litro de leite.

Ao adquirirmos leite em um supermercado, podemos visualizar a multiplicidade de marcas e fornecedores que disputam nossa atenção. A despeito das pequenas variações de preço entre elas, é certo que não há nenhuma grande disparidade: se um dos fornecedores resolver elevar seu preço em 50%, fatalmente venderá menos leite, porque os consumidores preferirão qualquer das outras marcas que mantêm preços parecidos.

Note que, na concorrência perfeita, o preço do produto sempre girará em torno do máximo que os consumidores aceitam comprar e o mínimo pelo qual os fornecedores aceitam vender. Por essa razão, nós o chamamos de **preço de equilíbrio**.

Diante dessa realidade, *há livre acesso de fornecedores ao mercado*, porque a existência de um a mais ou um a menos não interferirá nos lucros obtidos por todos. Os agentes econômicos, como visto, não detêm poder suficiente para interferir no comportamento dos demais.

A concorrência perfeita é, sem dúvida, aquilo que se pretende proteger nessa esfera do Direito Econômico. Contudo, é um cenário ideal, mais teórico do que prático. A globalização permitiu que grandes empresas ultrapassassem as fronteiras de seus países natais e alcançassem mercados espalhados por outras partes do mundo, ganhando, assim, uma grande fatia dos setores econômicos nos quais se inserem. A proteção à livre concorrência é, em última análise, uma **norma programática**, um horizonte a ser perseguido por aqueles que ditam nossa política econômica.

4.2.2. Monopólio

Existe **monopólio** quando *uma só empresa é vendedora de determinado produto e esse não encontra substitutos próximos.* Em outras palavras, não há alternativa para os consumidores: se dele necessitarem, devem adquirir o produto daquele único fornecedor.

Via de consequência, o monopolista será um agente econômico com amplo **poder de mercado**, isto é, ele tem totais condições de ditar os preços praticados e a quantidade de produtos ou serviços colocados à disposição dos consumidores. A ausência de concorrentes permite que o monopolista, em tese, *cobre o quanto quiser pelo seu produto*. É claro que o uso desse poder depende diretamente da **elasticidade da demanda** do item: se for um bem supérfluo (**muito elástico**), a elevação excessiva do preço fará com que os consumidores simplesmente dele se afastem; de outro lado, tratando-se de produto essencial (**pouco elástico**), o monopolista poderá tranquilamente operar preços maiores porque as pessoas não podem ficar sem o produto.

Conclui-se que *o monopólio encontra-se na extremidade oposta da concorrência perfeita* e, exatamente por isso, tende a ser combatido pelo ordenamento jurídico. O que não se pode perder de vista é que *nem todo monopólio é ilícito ou socialmente prejudicial*, porque várias podem ser as razões de sua existência. Classificam-se diversos **tipos de monopólio**:

a) Monopólio legal: é **lícito,** porque *baseado em uma autorização de ordem constitucional para sua validade*. Ora, se a própria CF determina que somente um agente econômico poderá explorar determinada atividade, não se pode pretender afastar esse monopólio. As hipóteses estão previstas no art. 177 da Lei Maior, estudado no tópico 3.2.2, *supra*;

b) Monopólio por abuso de poder econômico: é **ilícito**, porquanto *ofensivo aos ditames da livre concorrência, criado a partir da formação de grandes estruturas empresariais cujo poderio econômico é suficiente para expulsar os demais concorrentes do mercado.* Evitar sua ocorrência é uma das funções do Conselho Administrativo de Defesa Econômica – CADE, estudado adiante;

c) Monopólio incidental: é **lícito,** porque não decorre de imposições ou forças de mercado cujo objetivo único é a expulsão dos demais concorrentes. Aqui, o monopólio surge paulatinamente, por conta *da maior eficiência do agente econômico em relação a seus competidores*. O raciocínio é simples: se determinado fornecedor oferece um produto de qualidade muito superior a todos os seus concorrentes por um preço justo, os consumidores sempre preferirão adquiri-lo em detrimento dos outros, levando os concorrentes a deixar o mercado. Sua validade é expressa no art. 36, § 1º, da Lei 12.529/2011;

d) Monopólio natural: é **lícito,** porque é resultado das próprias características do mercado. Ocorre *quando uma só empresa consegue ofertar um bem ou serviço a um mercado inteiro com custos e preços menores do que se houvesse vários fornecedores.* Tome como exemplo o mercado de fornecimento de energia elétrica: levá-la a todos os usuários demanda a construção de usinas geradoras de energia, bases de distribuição e colocação de fiação e postes ao longo de todo o percurso entre cada um desses pontos. São obras de imenso vulto, extremamente custosas, de forma que a recuperação do capital investido depende da venda da energia elétrica ao maior número possível de consumidores. Imagine se houvesse três empresas fornecedoras de energia: cada uma teria de construir sua própria usina, sua própria base de distribuição e suas próprias linhas de transmissão, mas *teria de dividir as receitas, em tese, em um terço do mercado para cada uma*. Fatalmente, a receita obtida não seria suficiente para cobrir os custos. É **natural**, portanto, que apenas uma explore a atividade.

Devemos ter cuidado em generalizar a afirmação de que *todo monopólio deve ser combatido*. De quatro tipos, apenas um é considerado ilícito. Use o quadro abaixo para memorização:

Monopólio			
Legal	Abuso de poder	Incidental	Natural
Lícito	**Ilícito**	Lícito	Lícito

Não obstante, para facilitar o estudo, usaremos a seguinte regra: *sempre que usarmos o termo* **monopólio**, *estaremos falando da única espécie de monopólio ilícito*, qual seja, o **monopólio por abuso de poder econômico**.

4.2.3. Concorrência imperfeita

Entre o cenário fortemente teórico da concorrência perfeita e a extremidade do monopólio existe uma série de mercados que tomam características de ambos. Esses modelos constituem o gênero da **concorrência imperfeita**, no sentido de que *existe competição entre fornecedores, porém, não se visualizam integralmente as regras caracterizadoras da concorrência perfeita*. Trata-se, sem sombra de dúvidas, dos modelos mais encontrados na prática.

A concorrência imperfeita subdivide-se em:

a) Oligopólio: caracterizado *pela existência de um pequeno número de fornecedores de determinado produto ou serviço* (exemplo: mercado de vidros para automóveis, que é explorado por não mais que três ou quatro empresas). Perceba que no oligopólio cada fornecedor deve lidar com concorrentes, mas o reduzido número desses permite que as decisões tomadas por um influenciem o comportamento dos demais. Assim, o oligopólio se caracteriza pela *tensão entre a cooperação e a competição entre os fornecedores*.

Cumpre destacar que, tal qual o monopólio, *nem sempre o oligopólio é ilícito e deve ser combatido pela legislação*. A simples existência de poucos competidores não é suficiente para determinar a intervenção do Estado na economia pretendendo buscar a concorrência perfeita. Afinal, podemos estar diante de um bem ou serviço escasso que poucas empresas tenham condições de explorar, mas cada uma trata as demais como concorrentes e não como colaboradores.

O que nossa legislação de defesa da concorrência pretende banir é a formação de **cartéis**, que nada mais são do que *estruturas de mercados oligopolistas formadas a partir do conluio entre os agentes econômicos, com a intenção de atuarem como se fossem um único fornecedor*, ou seja, um monopólio;

b) Competição monopolística: totalmente válida, ocorre quando *muitas empresas fornecem determinado produto ou serviço que não são idênticos, mas similares*. Cada produto tem características únicas, de forma que cada agente econômico tem o **monopólio** sobre ele, mas muitas outras empresas têm produtos similares, que **podem substituir** um ao outro na necessidade do consumidor. É o caso, por exemplo, do mercado de livros e medicamentos.

Não há hipóteses de intervenção estatal na competição monopolística, porque as diferenças existentes entre os produtos e a impossibilidade de que outra empresa explore produto idêntico faz com que os agentes econômicos atuem, naturalmente, como concorrentes e não como colaboradores. Note: uma determinada editora pode cobrar o preço que quiser por certo livro, porque é a única detentora dos direitos de exploração da obra (monopólio sobre o produto), entretanto, há várias outras editoras com livros similares no mercado. Logo, a primeira não pode estipular um preço que destoe do restante do mercado, sob pena de ser preterida pelos consumidores, que comprarão o livro similar.

4.3. Formas de proteção à concorrência

No âmbito do Direito Econômico, a livre concorrência (ou livre mercado) é, portanto, um **bem jurídico** tutelado pelo ordenamento jurídico, de natureza **difusa**. Atos atentatórios à livre concorrência podem ser combatidos tanto na via administrativa quanto na via judicial, através de ações individuais, movidas por aquele que sofreu prejuízo, e em sede de ação civil pública.

Mas em que termos a concorrência é protegida? Todos os atos que a limitem, em qualquer grau, devem ser repreendidos? Ou há possibilidade legal de validação de ato de concentração de mercado?

A resposta depende da forma de proteção adotada; em outras palavras, qual a **teoria sobre a concorrência** contemplada no ordenamento:

a) Concorrência-fim (ou concorrência-condição): segundo essa teoria, *a concorrência é um bem a ser protegido em si mesmo, de forma que qualquer ato que venha a limitá-la deve ser repreendido*. Esse posicionamento enxerga a concorrência perfeita como um objetivo a ser alcançado a qualquer custo, colocando-a em posição superior a outras relações jurídico-econômicas existentes. Sua adoção implica o veto a toda operação de fusão ou incorporação de empresas que possa culminar na concentração de parcela substancial (ainda que pouco substancial) de determinado mercado relevante;

b) Concorrência-meio (ou concorrência-instrumento): aqui, ao contrário, *a concorrência é um bem jurídico a ser considerado junto a diversos outros, de forma que um ato que limite a concorrência pode ser autorizado se trouxer um benefício social maior*. A teoria da concorrência-meio parte da premissa, amplamente aceita nas demais áreas do conhecimento jurídico, que não existem direitos absolutos. A proteção a qualquer bem jurídico pode ser relativizada quando colocada em contraposição com outro de maior estatura. Em nosso caso, deve ser sopesado o direito ao livre mercado e à concorrência perfeita (ou o mais próximo dela que conseguirmos chegar) com os benefícios sociais que o ato de concentração pode trazer, como redução de preços, aumento da eficiência no abastecimento etc.

O Brasil adota o sistema da **concorrência-meio**, conforme se extrai do § 4º do art. 173 da CF: "*A lei reprimirá o abuso do poder econômico que* **vise à dominação dos mercados, à eliminação da concorrência e ao aumento arbitrário dos lucros**" (grifo nosso). Perceba que deve existir uma espécie de **dolo específico** no ato de concentração. A mesma conclusão decorre da leitura do art. 88, § 6º, da Lei 12.529/2011 (Lei Antitruste):

> "Art. 88. (...)
> § 6º Os atos a que se refere o § 5º deste artigo poderão ser autorizados, desde que sejam observados os limites estritamente necessários para atingir os seguintes objetivos:
> I – cumulada ou alternativamente:
> a) aumentar a produtividade ou a competitividade;
> b) melhorar a qualidade de bens ou serviços; ou
> c) propiciar a eficiência e o desenvolvimento tecnológico e econômico; e
> II – sejam repassados aos consumidores parte relevante dos benefícios decorrentes."

A própria legislação de defesa da concorrência deixa claro que atos que a limitem são possíveis, nos casos em que os benefícios superem o prejuízo causado ao livre mercado e esses benefícios sejam divididos entre as empresas e a sociedade.

4.4. Sistema brasileiro de defesa da concorrência

4.4.1. Órgãos responsáveis

a) Secretaria Especial de Produtividade, Emprego e Competitividade (SEPEC): *órgão do Ministério da Economia que sucedeu a Secretaria de Acompanhamento Econômico (SEAE) na função consultiva para a edição de atos normativos (Decreto 10.366/2020)*. Como a reorganização administrativa foi feita por decreto, o art. 19 da Lei 12.529/2011 (Lei Antitruste) ainda menciona a SEAE, porém devemos ler que cabe à SEPEC *promover a concorrência*, seguindo um **rol exemplificativo** de funções a cumprir nesse mister;

b) Conselho Administrativo de Defesa Econômica (CADE): *autarquia federal vinculada ao Ministério da Justiça com função judicante e competência sobre todo o território nacional*. Cabe ao CADE tanto a análise prévia de atos de concentração quanto o julgamento *a posteriori* de infrações à ordem econômica. Para tanto, é dividido em três órgãos: o **Tribunal Administrativo de Defesa Econômica** (TADE), que exerce as *funções judicantes* propriamente ditas; a **Superintendência-Geral**, responsável pelos *procedimentos inquisitórios* para apuração da ocorrência de atos ilícitos na seara jurídico-econômica (instauração e instrução); e o **Departamento de Estudos Econômicos**, cuja atribuição é *subsidiar as decisões do TADE com pareceres e estudos econômicos* para garantir a adoção da melhor técnica pelos conselheiros responsáveis pelos julgamentos (art. 17 da Lei Antitruste).

4.4.2. Aplicação da Lei Antitruste no espaço

O art. 2º da Lei 12.529/2011 dispõe que sua aplicação se dará sobre todas as práticas cometidas no todo ou em parte no território nacional, bem como nas hipóteses em que nele se produzam ou possam produzir efeitos. Tudo isso sem prejuízo, é claro, da aplicação de tratados internacionais dos quais o Brasil seja parte.

Temos, então, nesse campo a adoção do **princípio da territorialidade objetiva**, porque a delimitação espacial da incidência da lei leva em conta aspectos objetivos, isto é, além do lugar do ato, *o lugar da produção de seus efeitos*.

4.5. Momentos de controle de atos antieconômicos

4.5.1. Controle preventivo

a) Abrangência

A Lei Antitruste, pretendendo evitar a ocorrência de atos de concentração econômica que possam resultar em dominação de mercado, estabelece que determinadas operações *deverão ser previamente analisadas e aprovadas pelo CADE para que tenham validade jurídica*.

Nessa seara, consideram-se atos de concentração, conforme elencado no art. 90 da Lei Antitruste, a **fusão** de empresas, a **transferência direta ou indireta de controle acionário ou de partes** de uma empresa, a **incorporação** de empresas e a **associação de empresas, consórcios ou** *joint ventures*, exceto para participação em licitações promovidas pela Administração Pública Direta e Indireta.

b) Natureza jurídica

Sem esse aval, a integração de empresas é **nula**. A autorização do CADE, portanto, tem natureza jurídica de **condição de validade**. À falta de sua observância, outrossim, sucede a aplicação de multa pecuniária conforme as balizas previstas no art. 88, § 3º, da Lei Antitruste.

Vale dizer, ainda, que a decisão positiva do CADE, permitindo a concentração econômica, é **ato precário**, ou seja, *não gera direito adquirido para as partes envolvidas na transação*, podendo ser revista pelo TADE de ofício ou por provocação da Superintendência-Geral caso se comprove que foi baseada em informações falsas ou enganosas prestadas pelos interessados, se ocorrer o descumprimento de qualquer obrigação assumida no curso do procedimento administrativo ou se não se verificarem os benefícios almejados (art. 91 da Lei Antitruste).

c) Requisito

Por outro lado, a fim de viabilizar essa atuação preventiva do CADE, não são todos os atos de concentração de empresas que dependem de sua homologação para subsistir. A Lei Antitruste exige a participação da autarquia apenas para aqueles casos mais relevantes e potencialmente lesivos:

> "Art. 88. Serão submetidos ao CADE pelas partes envolvidas na operação os atos de concentração econômica em que, cumulativamente:
> I – pelo menos um dos grupos envolvidos na operação tenha registrado, no último balanço, faturamento bruto anual ou volume de negócios total no País, no ano anterior à operação, equivalente ou superior a R$ 400.000.000,00 (quatrocentos milhões de reais); e
>
> II – pelo menos um outro grupo envolvido na operação tenha registrado, no último balanço, faturamento bruto anual ou volume de negócios total no País, no ano anterior à operação, equivalente ou superior a R$ 30.000.000,00 (trinta milhões de reais)."

Da leitura do artigo extraímos que o requisito para a apreciação do ato pelo CADE é o **poder econômico** dos grupos envolvidos na operação: deve haver um com faturamento igual ou maior que R$ 400.000.000,00 no ano anterior e, **cumulativamente**, outro com faturamento igual ou maior a R$ 30.000.000,00. Não havendo, no mínimo, uma parte em cada uma dessas condições, o ato pode ser praticado livremente, *sem necessidade de aprovação prévia pelos órgãos de proteção à concorrência*. Sem embargo, verificando, na prática, que o ato pode vir a causar a supressão indevida da concorrência, o CADE pode determinar sua submissão à análise do Tribunal no prazo de **01 ano contado da consumação**.

d) Critérios de avaliação

Dispõe o § 5º do art. 88 supratranscrito que "*serão proibidos os atos de concentração que impliquem **eliminação da concorrência em parte substancial de mercado relevante**, que possam criar ou reforçar uma **posição dominante** ou que possam resultar na **dominação de mercado relevante de bens ou serviços**, ressalvado o disposto no § 6º desse artigo.*" Os destaques são nossos e representam os **critérios de avaliação ou julgamento** a serem empregados pelo CADE para decidir sobre a validade ou invalidade do ato de concentração submetido à sua análise.

Define-se **mercado relevante** como sendo "*um produto ou grupo de produtos e uma área geográfica em que tal(is) produto(s) é(são) produzido(s) ou vendido(s), de forma que uma firma monopolista poderia impor um pequeno, mas significativo e não transitório aumento de preços, sem que com isso os consumidores migrassem para o consumo de outro produto ou comprassem em outra região. Esse é chamado **teste do monopolista hipotético** e o mercado relevante é definido como sendo **o menor mercado possível em que tal critério é satisfeito**.*" ("Cartilha do CADE", disponível em: www.cade.gov.br – grifos nossos)

Posição dominante, por sua vez, ocorre quando "*uma empresa ou grupo de empresas controla parcela substancial de mercado relevante, como fornecedor, intermediário, adquirente ou financiador de um produto, serviço ou tecnologia a ele relativa, de tal forma que a empresa ou grupo de empresas seja capaz de, deliberada e unilateralmente, alterar as condições de mercado.*" (Idem)

Percebe-se, então, que, apesar da redação do artigo dar a entender que são três critérios de avaliação, é certo que, na prática, "criar ou reforçar posição dominante" equivale a "dominação de mercado relevante".

e) Prazo

O CADE tem o prazo máximo de **240 dias** contados da data do protocolo ou de sua emenda para manifestar-se favorável ou contrariamente ao ato de concentração. Sua prorrogação é possível uma única vez por até **60 dias a pedido das partes** ou por até **90 dias mediante decisão fundamentada do TADE**.

A Lei 12.529/2011 não estabelece consequência para a não observância do prazo legal pela autarquia, ao contrário de sua antecessora, que determinava a aprovação tácita do ato após o transcurso *in albis* do lapso temporal. Estaríamos diante de um prazo impróprio ou seguimos o quanto estipulado anteriormente?

Há argumentos nos dois sentidos. De um lado, a tenacidade do texto legal ao dispor que "*o controle (...) será prévio e realizado em, **no máximo**, 240 (duzentos e quarenta dias (...)*" e a possibilidade excepcional de prorrogação por apenas uma vez denotariam a existência de um **direito subjetivo** das partes envolvidas em receber a resposta nesse ínterim, não podendo, pois, ser prejudicadas pela morosidade da Administração Pública.

Por outro lado, é razoável a **interpretação histórica** da lei, dela extraindo a conclusão de que se o legislador alterou o texto normativo, isso indica sua insatisfação com a regulamentação anterior. Fosse para aplicar o quanto disposto na lei revogada, o artigo respectivo teria sido transcrito no novo diploma, como ocorreu com diversos outros preceptivos.

f) Procedimento

O pedido de aprovação é endereçado ao CADE e se inicia na Superintendência-Geral, a qual, após verificar a aptidão dos autos para julgamento (determinando a complementação dos documentos, se for necessário), passa a analisar o caso.

A Superintendência-Geral tem poderes apenas para **aprovar o ato sem restrições** quando entender que a situação não ofende a livre concorrência, decisão passível de recurso ao Tribunal. Caso o órgão vislumbre restrições à operação ou mesmo que aquele deva ser rejeitado, deve promover a **impugnação** junto ao TADE com as fundamentações cabíveis.

Nessa hipótese, o requerente poderá oferecer manifestação à impugnação, defendendo a validade do ato de concentração, no prazo de **30 dias**. Se o caso concreto recomendar, o Conselheiro-relator pode autorizar liminarmente a prática do ato, *desde que se mantenham condições de reversibilidade diante da precariedade da decisão*.

Devidamente instruído, o processo é colocado em pauta para julgamento, do qual podem advir os seguintes resultados:

f1) Aprovação sem restrições: *quando não há risco de limitação relevante da concorrência no ato de concentração;*

f2) Aprovação com restrições: *na hipótese da concentração econômica pretendida alcançar resultados socialmente positivos, porém trazer ínsitos também resultados prejudiciais.* Nessa situação, o TADE pode autorizar o ato impondo limitações ou condições para sua validade, que incluem:

   ✓ **Venda de ativos ou de um conjunto de ativos que constitua uma atividade empresarial;**

   ✓ **Cisão da sociedade;**

   ✓ **Alienação do controle societário;**

   ✓ **Separação contábil ou jurídica de atividades;**

   ✓ **Licenciamento compulsório de direitos de propriedade intelectual;**

   ✓ **Qualquer outro ato ou providência necessários para eliminação dos efeitos nocivos à ordem econômica.**

f3) Rejeição do pedido: *a qual implica na constituição da coisa julgada administrativa, isto é, a proibição de nova apresentação ou revisão do mesmo ato no âmbito do Poder Executivo.* Naturalmente, sentindo-se lesados, os interessados ainda podem acorrer ao Poder Judiciário através de mandado de segurança ou ação de rito ordinário para reverter a posição do CADE.

Em suma:

Pedido → Instrução → Superintendência-Geral
- Autorização → Recurso
- Impugnação → TADE → Manifestação do requerente → Autorização Liminar → Decisão
  - Aprovação sem
  - Autorização com Restrições
  - Rejeição

4.5.2. Controle repressivo

a) Abrangência

Compete ao CADE, além do controle prévio dos atos de concentração econômica estudados no tópico anterior, *a punição por atos que constituam infração à ordem econômica, aplicando as sanções previstas em lei*.

Trata-se, então, de exercício do **poder de polícia** pela autarquia, tendente a sanar os prejuízos nefastos que tais atos ilícitos venham a causar no mercado.

A principal diferença com o controle prévio de atos de concentração é justamente o **momento** da atuação do CADE: aqui, estamos diante de providências tomadas *a posteriori*, após a prática da conduta.

b) Infrações à ordem econômica x Atos de concorrência desleal

É bastante comum a confusão entre esses dois conceitos e também bastante perigosa, porque ambos têm naturezas jurídicas e tratamentos legais diversos.

Atos de concorrência desleal são *crimes* previstos no art. 195 da Lei 9.279/1996, punidos com detenção (trata-se, em verdade, de infrações penais de menor potencial ofensivo), cuja ilicitude reside na aptidão de causar prejuízos aos concorrentes por meio de atos fraudulentos. Dada sua natureza penal, serão reprimidos com exclusividade pelo Poder Judiciário. Não haverá, aqui, atuação do CADE.

Infrações à ordem econômica são *ilícitos administrativos que visam a expulsar concorrentes ou impedir sua entrada em determinado mercado, bem como valer-se de posição ou poderio econômico superior para aumentar deliberada e injustificadamente seus lucros*. Estão previstos no art. 36 da Lei Antitruste, cuja leitura é essencial:

"*Art. 36. Constituem infração da ordem econômica, independentemente de culpa, os atos sob qualquer forma manifestados, que tenham por objeto ou possam produzir os seguintes efeitos, ainda que não sejam alcançados:*

I – limitar, falsear ou de qualquer forma prejudicar a livre concorrência ou a livre-iniciativa;

II – dominar mercado relevante de bens ou serviços;

III – aumentar arbitrariamente os lucros; e

IV – exercer de forma abusiva posição dominante."

É interessante ressaltar que a atual legislação de defesa da concorrência preferiu definir as infrações à ordem econômica através de um **tipo aberto**, tendo como ponto caracterizador do ilícito **os resultados** potencialmente lesivos à concorrência, **ainda que não sejam alcançados**, ao invés da limitação de um rol taxativo. Andou bem o legislador, porquanto a realidade das empresas modernas é tão dinâmica e complexa que qualquer exercício para tentar definir quais atos atentariam contra a livre concorrência ou buscariam o aumento arbitrário dos lucros seria absolutamente inócuo na prática.

Além da natureza jurídica, insistimos na diferença de **competência** para apuração e aplicação das penas entre concorrência desleal e infração à ordem econômica: enquanto naquela a competência é do Poder Judiciário, nessa a atribuição cabe ao CADE.

Assentado isso, podemos destacar que as **infrações** à ordem econômica, que constituem nosso objeto de interesse, **não** se confundem com os **crimes** contra a ordem econômica, previstos no art. 4º da Lei 8.137/1990, nem com os **crimes contra a economia popular,** apenados nos termos da Lei 1.521/1951. Esses dois últimos grupos, naturalmente, também se submetem exclusivamente ao crivo da autoridade judicial para aplicação das penas privativas de liberdade.

Vige também no Direito Econômico o **princípio da incomunicabilidade das instâncias civil, administrativa e penal**, de forma que, por exemplo, se determinada conduta configurar, ao mesmo tempo, **infração** e **crime** contra a ordem econômica, a imposição da sanção administrativa não exclui a punição na esfera penal.

c) Infrações à ordem econômica na Lei 12.529/2011

Uma vez divididos os conceitos e delineados apenas aqueles que interessam a esse estudo, cumpre analisar, com maior vagar, os atos classificados como infrações à ordem econômica na Lei Antitruste.

Da leitura do art. 36 supratranscrito, podemos extrair as características gerais dos ilícitos em comento:

c1) Rol exemplificativo: pelas razões também já expostas, optou o legislador pela criação de uma lista de condutas a serem reprimidas, sem afastar a análise do caso concreto para a respectiva tipificação. Conforme dispõe o texto legal, **qualquer ato** que tenha por objetivo causar os resultados ali previstos será considerado infração à ordem econômica. A lista apresentada pelo § 3º do art. 36 traz **exemplos** de condutas que, na medida em que visem aos resultados danosos que se pretende evitar, serão punidas na forma de lei como violadoras da ordem econômica. A natureza exemplificativa do rol fica clara pelo uso da expressão destacada: "*As seguintes condutas, além de outras, (...), caracterizam infração da ordem econômica*";

c2) Responsabilidade objetiva: as infrações à ordem econômica integram o conjunto de ilícitos previstos em nosso ordenamento jurídico que, para sua caracterização, *dispensam a verificação de existência de dolo ou culpa do agente econômico*. Em outras palavras, *o resultado anticompetitivo da conduta é condenável e deve ser reprimido pelas vias determinadas em lei*. Vale destacar que a regra da responsabilidade objetiva é aplicável às **pessoas físicas ou jurídicas diretamente beneficiadas** pelo ilícito. Para a responsabilização **solidária** dos administradores das pessoas jurídicas é **imprescindível** a comprovação de dolo ou culpa, ou seja, trata-se de **responsabilidade subjetiva**;

c3) Consumação antecipada: haverá infração à ordem econômica com a *simples ocorrência de situação causada por determinado agente econômico que coloque em risco a concorrência*. A conduta anticoncorrencial é punida mesmo que *os objetivos danosos não sejam alcançados*: a mera prática do ato **que possa vir a causar dano** configura a infração. Naturalmente, quando da aplicação da pena, deve o CADE considerar a lesividade do ato, levando em conta inclusive se houve ou não a consumação efetiva do dano ao mercado (art. 45, IV, da Lei Antitruste).

Os ilícitos administrativos em tela podem ser genericamente divididos em dois grandes grupos: **práticas restritivas horizontais**, que "*consistem na tentativa de reduzir ou eliminar a concorrência no mercado, seja estabelecendo acordos entre concorrentes no mesmo mercado relevante com respeito a preços ou outras condições, seja praticando preços predatórios. Em ambos os casos visa, de imediato ou no futuro, em conjunto ou individualmente, o aumento de poder de mercado ou a criação de condições necessárias para exercê-lo com maior facilidade*". São exemplos os **cartéis, a atuação estruturada através de associações profissionais e o *dumping*** (oferta de produtos a preço abaixo do custo de produção); e **práticas restritivas verticais**, que se qualificam como "*restrições impostas por produtores/ofertantes de bens ou serviços em determinado mercado ('de origem') sobre mercados relacionados verticalmente – a 'montante' ou a 'jusante' – ao longo da cadeia produtiva (mercado 'alvo'). As restrições verticais são anticompetitivas quando implicam a criação de mecanismos de exclusão dos rivais, seja por aumentarem as barreiras à entrada para competidores potenciais, seja por elevarem os custos dos competidores efetivos, ou ainda quando aumentam a probabilidade de exercício coordenado de poder de mercado por parte de produtores/ofertantes, fornecedores ou distribuidores, pela constituição de mecanismos que permitem a superação de obstáculos à coordenação que de outra forma existiriam*". São exteriorizadas normalmente na forma de **fixação de preços de revenda, restrições territoriais e de clientes e acordos de exclusividade** (conceitos extraídos do Anexo I da Resolução CADE 20/1999).

d) Sujeito ativo

Pode ser sujeito ativo de infrações à ordem econômica qualquer **pessoa física ou jurídica**, de direito público ou privado, com ou sem personalidade jurídica, que exerça sua atividade com prazo determinado ou indeterminado, de forma regular ou irregular, ainda que sob regime de monopólio legal.

Haverá, ainda, **responsabilidade solidária** dos **dirigentes e administradores** da pessoa jurídica, **quando incorrerem em dolo ou culpa**, e das demais empresas do mesmo **grupo econômico**, seja ele de fato ou de direito.

A Lei Antitruste, em seu art. 34, trata da **desconsideração da personalidade jurídica** em casos de infração à ordem econômica. Nessa seara, a desconsideração pode ter como pressupostos:

d1) Abuso de direito;

d2) Excesso de poder;

d3) Infração da lei;

d4) Fato ou ato ilícito;

d5) Violação dos estatutos ou contrato social;

d6) Falência, estado de insolvência, encerramento ou inatividade causados por má administração.

Nota-se facilmente a correspondência entre as hipóteses mencionadas na Lei 12.529/2011 e no CDC, indicando a adoção, pelo Direito Econômico, da **teoria menor da desconsideração da personalidade jurídica**.

e) Penas

Todas as infrações à ordem econômica são puníveis com **multa**. A sanção pecuniária será calculada com base nos critérios definidos no art. 37 da Lei 12.529/2011:

e1) Para as empresas: *multa de 0,1% (um décimo por cento) a 20% (vinte por cento) do valor do faturamento bruto da empresa, grupo ou conglomerado obtido, no último exercício anterior à instauração do processo administrativo, no ramo de atividade empresarial em que ocorreu a infração, a qual nunca será inferior à vantagem auferida, quando for possível sua estimação.* Quando não for possível discernir o faturamento específico do ramo de atividade, o CADE poderá considerar o **faturamento bruto total**;

e2) Para as demais pessoas físicas ou jurídicas: desde que não exerçam atividade empresarial e não sendo possível utilizar-se do critério do valor do faturamento bruto, *a multa será entre R$ 50.000,00 (cinquenta mil reais) e R$ 2.000.000.000,00 (dois bilhões de reais);*

e3) Para os administradores: direta ou indiretamente responsáveis pela infração cometida, **quando comprovada a sua culpa ou dolo**, *multa de 1% (um por cento) a 20% (vinte por cento) daquela aplicada à empresa, pessoas jurídicas e demais entidades* previstas nas alíneas anteriores.

Sem prejuízo da pena pecuniária, outras podem ser impostas pelo CADE, cumulativamente ou não, dependendo da **gravidade dos fatos** ou do **interesse público geral**. Estão previstas no art. 38 da Lei Antitruste:

"*Art. 38. Sem prejuízo das penas cominadas no art. 37 desta Lei, quando assim exigir a gravidade dos fatos ou o interesse público geral, poderão ser impostas as seguintes penas, isolada ou cumulativamente:*

I – a publicação, em meia página e a expensas do infrator, em jornal indicado na decisão, de extrato da decisão condenatória, por 2 (dois) dias seguidos, de 1 (uma) a 3 (três) semanas consecutivas;

II – a proibição de contratar com instituições financeiras oficiais e participar de licitação tendo por objeto aquisições, alienações, realização de obras e serviços, concessão de serviços públicos, na administração pública federal, estadual, municipal e do Distrito Federal, bem como em entidades da administração indireta, por prazo não inferior a 5 (cinco) anos;

III – a inscrição do infrator no Cadastro Nacional de Defesa do Consumidor;

IV – a recomendação aos órgãos públicos competentes para que:

a) seja concedida licença compulsória de direito de propriedade intelectual de titularidade do infrator, quando a infração estiver relacionada ao uso desse direito;

b) não seja concedido ao infrator parcelamento de tributos federais por ele devidos ou para que sejam cancelados, no todo ou em parte, incentivos fiscais ou subsídios públicos;

V – a cisão de sociedade, transferência de controle societário, venda de ativos ou cessação parcial de atividade;

VI – a proibição de exercer o comércio em nome próprio ou como representante de pessoa jurídica, pelo prazo de até 5 (cinco) anos; e

VII – qualquer outro ato ou providência necessários para eliminação dos efeitos nocivos à ordem econômica."

Chama a atenção o fato das **sanções acessórias** estarem compiladas em **rol exemplificativo**, diante da autorização genérica prevista no inciso VII que dá poderes ao CADE para determinar a prática de **qualquer ato ou providência** para eliminar os efeitos nefastos causados à economia. Parece-nos que o preceptivo padece de inconstitucionalidade por atentar contra um dos corolários do **princípio da legalidade** (*nulla poena sine lege certa*).

Outros atos ilícitos relativos ao processo administrativo de apuração das infrações e suas respectivas sanções (todas de natureza pecuniária) podem ser encontrados nos arts. 39 a 44 da Lei 12.529/2011, nos termos do seguinte quadro resumo:

Ato ilícito	Sanção
Continuidade de condutas proibidas após a determinação de sua cessação	Multa diária de R$ 5.000,00, podendo ser aumentada em até 50 vezes
Recusa, omissão ou retardamento injustificado de informações ao CADE	Multa diária de R$ 5.000,00, podendo ser aumentada em até 20 vezes
Falta de esclarecimentos no curso de inquérito ou processo, após intimação	Multa de R$ 500,00 a R$ 15.000,00
Impedir, obstruir ou dificultar realização de inspeção autorizada pelo CADE	Multa de R$ 20.000,00 a R$ 400.000,00
Prestação de informações falsas ao CADE	Multa de R$ 5.000,00 a R$ 5.000.000,00
Violação de sigilo funcional	Multa de R$ 1.000,00 a R$ 20.000,00

A fixação da pena, dentro das balizas indicadas pela lei para cada uma das infrações, deve considerar as circunstâncias específicas de cada caso concreto (**princípio da individualização da pena**). Para tanto, prevê a Lei Antitruste circunstâncias que funcionam como **agravantes** ou **atenuantes** da sanção a ser imposta, conforme sejam indicativas de maior ou menor reprovabilidade da conduta:

"Art. 45. Na aplicação das penas estabelecidas nesta Lei, levar-se-á em consideração:

I – a gravidade da infração;

II – a boa-fé do infrator;

III – a vantagem auferida ou pretendida pelo infrator;

IV – a consumação ou não da infração;

V – o grau de lesão, ou perigo de lesão, à livre concorrência, à economia nacional, aos consumidores ou a terceiros;

VI – os efeitos econômicos negativos produzidos no mercado;

VII – a situação econômica do infrator; e

VIII – a reincidência."

Há, por fim, **agravantes específicas**: a **reincidência** implica a **majoração em dobro** da multa aplicada por infração à ordem econômica (prevista nos tópicos "e1", "e2" e "e3", acima) e a **violação de sigilo funcional** por parte de **exercente de mandato junto ao CADE, Procurador-Federal ou Economista-Chefe** também determina a aplicação da respectiva multa **em dobro**.

f) Prescrição

A pretensão punitiva da Administração Pública prescreve em **05 anos**, contados da **data do ilícito**, em caso de **infrações de consumação instantânea**, ou contados da **data da cessação da prática**, em caso de **infrações permanentes ou continuadas**.

Esse prazo de 05 anos é aplicado nos casos em que estivermos diante de uma infração à ordem econômica que fique restrita à esfera administrativa. Caso a infração, simultaneamente, seja caracterizada como **crime**, o prazo de prescrição, **também na seara administrativa**, seguirá aquele previsto na **lei penal**.

Ocorrerá igualmente a prescrição se o procedimento administrativo ficar paralisado por mais de **03 anos** aguardando julgamento ou despacho, situação na qual será apurada a responsabilidade funcional de quem houver dado causa à paralisação.

São causas que **interrompem** a prescrição, ou seja, *conferem à administração pública novo prazo integral*: a **intimação ou notificação** da pessoa investigada e **qualquer outro ato administrativo ou judicial** que tenha por objeto a apuração de infração contra a ordem econômica.

É causa **suspensiva** da prescrição, *voltando o prazo a correr apenas pelo quanto restava no momento da suspensão*, a celebração e a vigência de **compromisso de cessação**, estudado abaixo. O art. 46, § 2º, traz ainda o **acordo em controle de concentrações** como causa suspensiva, porém o artigo que previa tal instituto foi vetado pela Presidente da República, o que afasta sua aplicação.

g) Procedimento

A apuração da materialidade e da autoria de infrações à ordem econômica está sujeita a diversas espécies de procedimentos administrativos, a depender do estágio do conhecimento disponível ao CADE sobre os fatos a serem investigados.

Considerando que o fim último do procedimento é a imposição de sanções de natureza administrativa, nunca poderemos prescindir de um *procedimento onde sejam assegurados a ampla defesa e o contraditório do acusado*. A esse processo a Lei Antitruste dá o nome de **processo administrativo para imposição de sanções administrativas por infrações à ordem econômica**. Para facilitar, daqui para frente o chamaremos somente de **processo administrativo**.

O processo administrativo pode ser antecedido de um *procedimento destinado à obtenção de indícios de autoria e materialidade de infrações à ordem econômica*, quando as informações de que o CADE já dispuser não forem suficientes para a instauração imediata do processo administrativo. Estaremos falando, então, do **inquérito administrativo para apuração de infrações à ordem econômica**, ou apenas **inquérito administrativo** de agora em diante.

E lembre-se: o próprio inquérito administrativo pode ainda não ser a medida cabível para a investigação dos atos infracionais, *porque pode haver dúvida sobre a natureza ilícita do ato sob análise*. Deverá o CADE, nessa situação, instaurar **procedimento preparatório de inquérito administrativo para apuração de infrações à ordem econômica** para analisar, primeiramente, se a conduta suspeita trata de matéria de competência do Sistema Brasileiro de Defesa da Concorrência (art. 66, § 2º, da Lei Antitruste). Da mesma forma que fizemos com os demais, vamos chamar esse procedimento abreviadamente de **procedimento preparatório**.

Em resumo:

Momento	Procedimento
Dúvida sobre a natureza infracional da conduta	Procedimento preparatório
Necessidade de **buscar indícios** de autoria e materialidade da infração	Inquérito administrativo
Indícios suficientes e possibilidade de **imposição de sanção**	Processo administrativo

g1) Procedimento preparatório

Pouco há a ser dito sobre esse procedimento, que, como vimos, presta-se a *verificar se a conduta sob análise do CADE configura, realmente, infração à ordem econômica*. A Lei Antitruste não lhe confere qualquer formalidade, restando destacar suas principais **características**:

✓ **Competência**: Superintendência-Geral;

✓ **Natureza**: inquisitorial;

✓ **Prazo**: 30 dias, improrrogáveis;

✓ **Recurso**: ao Superintendente-Geral, em última instância, em caso de arquivamento;

✓ **Público**: poderá, excepcionalmente, ser sigiloso no interesse das investigações, a critério da Superintendência-Geral;

✓ **Dispensável**: quando já houver certeza da natureza da infração. Há, ainda, **proibição** de instauração quando a representação provier de Comissão do Congresso Nacional ou qualquer de suas Casas Legislativas, da SEPRAC, de agências reguladoras ou da Procuradoria Federal junto ao CADE;

✓ **Resultados possíveis**: arquivamento ou instauração do inquérito administrativo;

✓ **Possibilidade de avocação**: pelo TADE em caso de arquivamento.

g2) Inquérito administrativo

Tem como função precípua a *busca de indícios suficientes de autoria e materialidade da infração à ordem econômica*, quando ainda não os houver para a instauração do processo administrativo. São suas **características:**

✓ **Competência**: Superintendência-Geral;

✓ **Natureza**: inquisitorial, podendo o representante e o indiciado sugerir diligências, que serão realizadas a critério do CADE;

✓ **Prazo**: 180 dias, prorrogáveis uma vez por mais 60 dias, quando o fato for de difícil elucidação e as circunstâncias o justificarem;

✓ **Instauração**: de ofício ou por representação de qualquer interessado;

✓ **Recurso**: ao Superintendente-Geral, em última instância, em caso de arquivamento ou de indeferimento da representação;

✓ **Público**: poderá, excepcionalmente, ser sigiloso no interesse das investigações, a critério da Superintendência-Geral ou do plenário do TADE;

✓ **Dispensável**: quando os indícios de materialidade e autoria da infração forem suficientes para a instauração imediata do processo administrativo em desfavor do acusado;

✓ **Resultados possíveis**: arquivamento ou instauração do processo administrativo;

✓ **Possibilidade de avocação**: pelo TADE em caso de arquivamento, hipótese em que o Conselheiro que recomendou a avocação terá 30 dias úteis para confirmar o arquivamento ou transformar o inquérito em processo administrativo, determinando a realização de instrução complementar.

g3) Processo administrativo

Trata-se de *procedimento administrativo contraditório, que visa, em última análise, a impor sanções aos responsáveis pela prática de infrações à ordem econômica*.

O rito criado pela Lei Antitruste é **escalonado**, sendo constituído de **duas etapas: instrução** perante a Superintendência-Geral e **decisão** pelo plenário do TADE.

A primeira fase – instrução – se inicia com a **nota técnica final** do inquérito administrativo, se houver, ou com o despacho determinando sua instauração. Em qualquer caso, o representado será intimado para, no prazo de **30 dias** apresentar defesa e indicar as provas que pretende produzir, incluindo, no máximo, **03 testemunhas**. O prazo para defesa pode ser **prorrogado uma única vez por até 10 dias** a pedido do representado.

Não apresentada a defesa no prazo legal, será decretada a **revelia** do representado, importando em **confissão** quanto à matéria de fato tratada no processo administrativo, o qual transcorrerá sem qualquer outra intimação ao acusado. Não obstante, o representado revel poderá intervir a qualquer momento, recebendo o procedimento no estado em que se encontrar.

Em qualquer caso, a Superintendência-Geral determinará, em **30 dias úteis**, a produção das provas pertinentes, podendo inclusive determiná-las de ofício.

Ao final da instrução, em até **05 dias úteis**, o representado será notificado para apresentação de novas alegações. Por fim, no prazo de **15 dias úteis**, a Superintendência-Geral elaborará **relatório circunstanciado** opinando pelo arquivamento do processo ou pela configuração da infração, submetendo-o ao TADE.

Em resumo:

Instauração —30 dias→ Defesa —30 dias úteis→ Produção de provas —05 dias úteis→ Novas Alegações —15 dias úteis→ Relatório Circunstanciado

Recebido o relatório pelo TADE, tem início a segunda fase do processo – **decisão** – na qual o Tribunal *avaliará a existência de infração à ordem econômica e a responsabilidade dos representados, imputando-lhes as sanções previstas em lei se for o caso*.

Após o sorteio do Conselheiro-Relator, este poderá, a seu critério, solicitar **manifestação** da Procuradoria Federal junto ao CADE a ser atendida no prazo de **20 dias**.

Caso entenda necessário, cabe também ao Conselheiro-Relator determinar a realização de diligências instrutórias complementares. Nessa situação, apresentados os resultados, o representado deverá ser notificado para apresentação de **alegações finais** no prazo de **15 dias úteis**.

Juntadas as alegações finais, em até **15 dias úteis** deverá o Conselheiro-Relator **solicitar** a inclusão do processo em pauta de julgamento pelo Plenário.

Em resumo:

Recebimento do Relatório → Manifestação da Procuradoria Federal → Novas Diligências → Novas Diligências —15 dias úteis→ Solicitação de Pauta —15 dias úteis→ Solicitação de Pauta

Havendo condenação administrativa, a decisão, além da multa, indicará igualmente as **demais medidas necessárias para fazer cessar os efeitos prejudiciais causados**, o prazo para as providências serem efetivadas e a **multa diária** pela eventual continuidade do ilícito.

Não cabe recurso das decisões do TADE. Dada sua natureza administrativa, por outro lado, é sujeita a **controle judicial**, inclusive através de mandado de segurança. Deve-se observar, todavia, que serão respeitadas as regras específicas para deferimento de medidas cautelares contra o CADE previstas na Lei 8.437/1992.

As decisões do CADE têm natureza de **título executivo extrajudicial**, cuja execução será promovida pela Procuradoria Federal junto ao órgão conforme o disposto na Lei de Execuções Fiscais (Lei 6.830/1980), caso exija apenas o pagamento da multa, ou com a possibilidade de concessão de tutela específica da obrigação, quando houver outras obrigações a serem exigidas isolada ou cumulativamente com a multa, observados, em qualquer caso, os arts. 93 a 111 da Lei Antitruste.

h) Medidas preventivas

A qualquer momento, durante o trâmite do inquérito ou do processo administrativo, pode o **Conselheiro-Relator** ou o **Superintendente-Geral**, de ofício ou por provocação do Procurador-Chefe, determinar a adoção de **medida preventiva** sempre que *houver indício ou fundado receio de que o representado, direta ou indiretamente, possa causar lesão irreparável ou de difícil reparação ao mercado, bem como torne ineficaz o resultado do processo*.

Da mesma forma que ocorre com as medidas cautelares judiciais, as medidas previstas no art. 84 da Lei Antitruste são **prospectivas**, ou seja, *preocupam-se com o futuro do processo administrativo*. Não se trata de antecipar os efeitos da decisão condenatória, mas, sim, de *garantir a efetividade das diligências perpetradas pelo CADE*.

Para tanto, podem ser ordenadas quaisquer providências suficientes para fazer cessar as atividades lesivas ao mercado, inclusive **revertendo negócios jurídicos já realizados** quando possível, e a fixação de **multa diária**.

Da decisão que determinar a medida preventiva cabe recurso ao Plenário do TADE no prazo de 05 dias, sem efeito suspensivo (art. 84, § 2º, da Lei Antitruste).

i) Compromisso de cessação de prática

Com a finalidade de suspender o trâmite de qualquer dos procedimentos administrativos elencados (**procedimento preparatório, inquérito administrativo ou processo administrativo**) e assim evitar a imposição das penalidades previstas na Lei Antitruste, pode o representado apresentar uma proposta de **compromisso de cessação de prática**, na qual *especificará quais alterações em sua conduta serão promovidas com o intuito de interromper as práticas sob análise* *do CADE e neutralizar seus efeitos lesivos*. Assemelha-se sobremaneira com o **termo de ajustamento de conduta** previsto no campo da ação civil pública, porém aquele atinge unicamente os procedimentos administrativos *vinculados ao CADE*.

A proposta será apresentada à autoridade competente, que a avaliará diante da conveniência e oportunidade da concordância e elaborará o **termo de compromisso de cessação de prática**, que conterá, além das obrigações do indiciado, o valor da multa em caso de descumprimento.

Ressalte-se que, se a infração sob análise referir-se a *acordo, combinação, manipulação ou ajuste entre concorrentes sobre preços de bens ou serviços ofertados individualmente, produção ou comercialização de quantidade restrita ou limitada de bens ou serviços, divisão de partes ou segmentos de mercado ou preços, condições, vantagens ou abstenções em licitações públicas* (art. 36, § 3º, I, da Lei Antitruste); ou a *promoção, obtenção ou influência a adoção de conduta comercial uniforme ou concertada entre concorrentes* (art. 36, § 3º, II, do mesmo diploma legal), somente será aceito o compromisso de cessação de prática se esse englobar o **pagamento de contribuição ao Fundo de Defesa dos Direitos Difusos**, em valor que não poderá ser inferior ao mínimo previsto para as multas aplicadas em caso de infração à ordem econômica (tópicos "e", *supra*).

A **proposta** de termo de compromisso de cessação poderá ser confidencial, isto é, a oferta do representado de tentar um acordo para evitar a aplicação da sanção. Uma vez firmado, contudo, o **compromisso** torna-se público e deve ser divulgado através do sítio do CADE na Rede Mundial de Computadores.

O termo de compromisso constitui **título executivo extrajudicial**, de forma que o desrespeito às suas cláusulas importará no prosseguimento do procedimento administrativo respectivo, voltando a correr o prazo de prescrição que havia sido **suspenso** com a celebração do acordo, e a execução da multa prevista no compromisso.

Insta salientar que é possível a **revisão do compromisso de cessação por onerosidade excessiva**. Destaca o art. 85, § 12, da Lei 12.529/1911 que a alteração somente será deferida se não acarretar prejuízos para terceiros ou para a coletividade. A nosso ver, deve ser adicionado que a onerosidade excessiva deve ser **imprevisível**, por ser requisito intrínseco da cláusula *rebus sic stantibus*. Defender o contrário abriria portas para o fechamento de compromissos pelo agente econômico investigado sem qualquer possibilidade de sucesso, apenas para fazer suspender o procedimento administrativo respectivo, para posteriormente, no momento mais propício, requerer a alteração das cláusulas. Parece-nos óbvio que não é essa a *mens legis*, que quer proteger o empresário ou a entidade representada de graves prejuízos causados por alguma instabilidade macroeconômica não aventada no momento da pactuação do termo de compromisso.

Cumprido o quanto acordado, ao final o procedimento administrativo será arquivado, não podendo ser imposta sanção ao agente econômico pelos mesmos fatos.

j) Programa de leniência

Leniência significa *suavidade, brandura*. Melhor do que um programa, a Lei Antitruste refere-se a um *acordo entre o acusado e o CADE cujo objeto é a colaboração daquele nas investigações e processos promovidos por este*. A pessoa física ou jurídica autora de infração à ordem econômica *propõe fornecer informações relevantes para a correta apuração dos fatos em troca de ser tratado com maior brandura, suavidade, no momento da aplicação das sanções*. É a roupagem administrativa do instituto penal da **delação premiada**.

Para garantir os benefícios ao acusado, porém, a colaboração prestada deve ser **efetiva**, assim entendida aquela que, **cumulativamente**, *resulte na identificação dos demais envolvidos na infração e na obtenção de informações e documentos que comprovem a infração investigada*. Em outras palavras, deve auxiliar na identificação precisa da **autoria** e da **materialidade** da infração.

Não se perca de vista que o **acordo de leniência** não se confunde com a **confissão dos fatos**. Com efeito, o benefício da leniência pressupõe *não só a confissão da participação do agente econômico investigado na infração, como também a identificação dos demais coautores*. Só cabe acordo de leniência em infrações praticadas em **concurso de pessoas**. Por outro lado, a Lei Antitruste é clara ao afirmar que, caso a proposta de acordo não seja aceita (por não cumprir os requisitos expostos no próximo parágrafo), ela não poderá ser tratada como confissão ou reconhecimento da ilicitude do ato praticado pelo acusado (art. 86, § 10, da Lei 12.529/2011). Isso significa que eventual condenação por infração à ordem econômica deve estar embasada em outras provas produzidas no contexto do processo administrativo.

Para ter direito ao acordo de leniência, o agente econômico precisa preencher todos os requisitos previstos no art. 86, §§ 1º e 2º, da Lei Antitruste:

> "Art. 86. (...)
>
> § 1º O acordo de que trata o caput *deste artigo somente poderá ser celebrado se preenchidos, cumulativamente, os seguintes requisitos:*
>
> *I – a empresa seja a primeira a se qualificar com respeito à infração noticiada ou sob investigação;*
>
> *II – a empresa cesse completamente seu envolvimento na infração noticiada ou sob investigação a partir da data de propositura do acordo;*
>
> *III – a Superintendência-Geral não disponha de provas suficientes para assegurar a condenação da empresa ou pessoa física por ocasião da propositura do acordo; e*
>
> *IV – a empresa confesse sua participação no ilícito e coopere plena e permanentemente com as investigações e o processo administrativo, comparecendo, sob suas expensas, sempre que solicitada, a todos os atos processuais, até seu encerramento.*
>
> *§ 2º Com relação às pessoas físicas, elas poderão celebrar acordos de leniência desde que cumpridos os requisitos II, III e IV do § 1º deste artigo."*

Há, ainda, outro requisito: não se admitirá acordo de leniência proposto por agente econômico que tenha **celebrado e descumprido** acordo de mesma espécie nos três anos anteriores, contados da data do primeiro julgamento (art. 86, § 12, da mesma lei).

Os benefícios obtidos com a celebração e o respeito ao acordo de leniência podem ser resumidos no quadro abaixo:

Colaboração	Benefício
O CADE não tinha conhecimento da infração praticada	Extinção da punibilidade administrativa
A investigação ou o processo administrativo já estavam em andamento	Redução de 1/3 a 2/3 da penalidade aplicada, observado o art. 45 (item "e")
Indicação de nova infração, desconhecida do CADE, no curso do procedimento	Redução de 1/3 da penalidade no processo original e extinção da punibilidade na apuração da nova infração

A proposta de acordo de leniência é, em regra, **sigilosa**, podendo o segredo ser afastado no interesse das investigações ou do processo administrativo.

O acordo de leniência tem efeitos que extravasam a esfera administrativa. Sua celebração **suspende a prescrição e a persecução penal** pelos crimes contra a ordem econômica (Lei 8.137/1990), crimes contra licitações previstos na Lei 8.666/1993 e crime de associação criminosa (art. 288 do Código Penal) para a prática dos crimes acima mencionados. O regular cumprimento do acordo determina, por fim, a **extinção da punibilidade penal** do agente.

18. Direito Agrário

Henrique Subi

1. INTRODUÇÃO

1.1. Breve histórico

O Direito Agrário tem sua origem no ordenamento jurídico brasileiro com a publicação da Emenda Constitucional 10/1964, que incluiu na Constituição de 1946 a possibilidade de desapropriação de imóveis rurais para fins de reforma agrária. Antes disso, vigorava no país, no campo da propriedade imobiliária, o período conhecido como **Império da Posse**: diante da ausência de legislação regulamentadora, *era a posse direta que determinava o domínio sobre a terra*.

A primeira tentativa de fazer cessar essa situação se deu com a edição da Lei 601/1850, que disciplinou a exploração de **terras devolutas**. Uma regulamentação sistemática e completa, porém, somente surgiu com a promulgação da Lei 4.504/1964, apelidada de **Estatuto da Terra**.

Com o sucessivo crescimento da importância do tema e a ampliação das políticas públicas voltadas à população rural, diversos outros diplomas legislativos foram elaborados e outros institutos foram criados cuja aplicação destina-se essencialmente às relações e negócios jurídicos lastreados na atividade agrária. Com isso, o Estatuto da Terra sofreu, ao longo do tempo, diversas derrogações, de forma que sua importância ao Direito Agrário atual é mais histórica do que prática.

1.2. Conceito

Para Christiano Cassettari (*in* **Direito Agrário**. São Paulo: Atlas, 2012, p. 5), o Direito Agrário é *"o conjunto de princípios e normas de direito público e de direito privado que visa disciplinar as relações emergentes da atividade agrária, com base na função social da propriedade"*.

É pacífico hoje que o Direito Agrário é reconhecido como **disciplina jurídica autônoma**, desgarrando-se das demais através da existência de **princípios setoriais**, isto é, *comandos dotados de alta carga valorativa cuja aplicação só se justifica no âmbito do Direito Agrário*, e **autonomia legislativa**, resultado da *edição de leis específicas para regulamentar a atividade agrária*. Tal característica é estampada na própria Constituição Federal de 1988 (CF), que, em seu art. 22, I, confere expressamente à União a **competência privativa** para legislar sobre Direito Agrário.

Por outro lado, discute-se na doutrina a existência de **autonomia judiciária** do Direito Agrário. A questão surge da interpretação do art. 126 da CF, que dispõe:

> "**Art. 126.** Para dirimir conflitos fundiários, o Tribunal de Justiça proporá a criação de varas especializadas, com competência exclusiva para questões agrárias."

Para alguns, trata-se da comprovação da existência da **autonomia judiciária**, face à determinação constitucional para a criação de varas judiciais voltadas unicamente ao julgamento de conflitos rurais. Para outros, aos quais nos filiamos, a existência de varas especializadas não é suficiente para se afirmar a existência de autonomia judiciária. Trata-se, na verdade, de uma **garantia de julgamento especializado**, ou seja, a *pretensão do constituinte de que as questões agrárias sejam resolvidas por juízes dedicados exclusivamente ao assunto*, o que faz supor o maior conhecimento dos magistrados sobre os temas que baseiam as lides confiadas ao Estado-juiz. Para que se fale em autonomia judiciária seria fundamental a criação de uma Justiça Agrária, nos mesmos moldes das Justiças Eleitoral e do Trabalho, o que não ocorreu, considerando que o art. 126 está inserido no contexto da previsão constitucional dos Tribunais de Justiça dos Estados.

Sem embargo, o Direito Agrário é mais um ramo da Ciência Jurídica que abala os alicerces da vetusta dicotomia entre Direito Público e Direito Privado. Classificá-lo em qualquer das duas esferas significaria reduzir seu objeto em grande monta. Diz-se, portanto, que o Direito Agrário é tanto **Direito Público**, na medida em que *regulamenta a tributação e a intervenção do Estado na propriedade rural com a finalidade de alcançar o maior interesse público e fazer valer a função social da propriedade* (**normas cogentes**), quanto **Direito Privado**, porquanto o regime jurídico da propriedade *é essencialmente vinculado ao Direito Civil, de forma que as regras sobre aquisição, alienação, contratos, títulos de crédito e outros institutos carregam as características de todas as demais relações jurídicas entre particulares* (**normas dispositivas**).

1.3. Objeto do Direito Agrário

Conforme o conceito sugerido no tópico anterior, o Direito Agrário cuida das **relações emergentes da atividade agrária**. Em outras palavras, ficam abrangidos todos *os fatos, atos e negócios jurídicos relacionados ao campo*. Nesse trabalho, nossa proposta é focar o estudo sobre os principais temas relacionados ao Direito Agrário, a serem explorados cada qual em capítulos próprios:

a) terras públicas;

b) regime jurídico da propriedade rural;

c) política agrícola e reforma agrária;

d) tributação da atividade agrária;

e) contratos agrários;

f) títulos de crédito vinculados à atividade agrária.

1.4. Fundamento do Direito Agrário

Todo o leque normativo relacionado ao Direito Agrário tem como fundamento e objetivo a consagração da **função social da propriedade rural**.

A **função social da propriedade em geral (urbana ou rural)** consubstancia a relativização do direito à propriedade privada e está presente também no art. 5º da CF, em seu inciso XXIII. Pode ser definida como *o dever de usar e fruir a propriedade de forma a maximizar sua utilidade para a sociedade, não apenas visando a interesses pessoais*. Nota-se, pois, que a propriedade, além de garantir, obriga: *traduz os direitos de uso e fruição dos bens vinculados a um resultado socialmente útil, vedando pretensões egoísticas*. Nela se justifica a existência de normas que interferem na livre fruição e uso dos bens pelo proprietário.

Nesse diapasão, a **função social da propriedade rural** vem especificamente prevista no art. 186 da CF, que traz os requisitos para sua concretização:

> "**Art. 186.** A função social é cumprida quando a propriedade rural atende, **simultaneamente**, segundo critérios e graus de exigência estabelecidos em lei, aos seguintes requisitos:
>
> I – aproveitamento racional e adequado;
>
> II – utilização adequada dos recursos naturais disponíveis e preservação do meio ambiente;
>
> III – observância das disposições que regulam as relações de trabalho;
>
> IV – exploração que favoreça o bem-estar dos proprietários e dos trabalhadores." (grifo nosso)

Vale destacar que a função social, portanto, contempla dois aspectos:

a) Aspecto social propriamente dito: representado pela proteção conferida aos direitos e ao bem-estar dos trabalhadores e ao meio ambiente; e

b) Aspecto econômico: ligado ao aproveitamento racional e adequado da terra, conforme critérios estabelecidos em lei. O dispositivo constitucional foi regulamentado pelo art. 6º da Lei 8.629/1993, cuja sistemática se baseia no **grau de utilização da terra** e no **grau de eficiência na exploração da terra**.

1.5. Princípios do Direito Agrário

Além dos onipresentes princípios da **isonomia** e da **legalidade**, o Direito Agrário conta com uma série de vetores axiológicos específicos. Seguem abaixo os mais importantes:

a) Princípio da primazia do uso sobre o título: no Direito Agrário, o título de propriedade não é suficiente para garantir a regularidade e a manutenção do domínio sobre a terra. *Prevalecem, para fins de determinação da propriedade, os critérios de produtividade da área rural, razão pela qual as terras improdutivas podem ser desapropriadas*. A aplicação desse princípio é direta na desapropriação para fins de reforma agrária e na usucapião especial rural;

b) Princípio do acesso à propriedade rural: consagrado no art. 2º do Estatuto da Terra, visa a garantir *amplas oportunidades de uso e fruição das áreas rurais pela população, sendo vedada a estipulação de exigências desarrazoadas para a aquisição da propriedade ou do direito de uso*, sempre atendida a função social;

c) Princípio da busca pela justiça social: as normas de Direito Agrário visam, em última análise, a *obter, na medida do possível e com respeito aos direitos fundamentais da pessoa, uma melhor distribuição de renda e a garantir a todos o mínimo necessário a uma existência digna*. Cumpre lembrar que a atividade agrária exerce papel fundamental na economia do país e no bem-estar das pessoas, considerando que é responsável pelo abastecimento de alimentos básicos ao mercado consumidor;

d) Princípio da proteção ao pequeno produtor rural: o ordenamento jurídico reconhece a importância do pequeno produtor no cultivo e na criação dos insumos agrícolas, sendo sua participação fundamental para o pleno abastecimento do mercado. Não obstante, seu pequeno poder econômico deixa-os, muitas vezes, à mercê das determinações impostas pela agroindústria, cuja atuação permite-lhe influenciar os preços praticados. Diante dessa realidade, *devem ser estabelecidas normas de proteção à atividade perpetrada pelo pequeno produtor, garantindo-lhe sua permanência no mercado*. Atualmente, o princípio está positivado no art. 185, I (que *proíbe a desapropriação da pequena e média propriedade rural para fins de reforma agrária, desde que seu proprietário não possua outra*), e 5º, XXVI (que *declara impenhorável a pequena propriedade rural trabalhada pela família em relação a dívidas oriundas da atividade rural*), ambos da CF;

e) Princípio da proteção ao meio ambiente: nos termos do art. 186, II, da CF, a propriedade rural somente atinge sua função social quando *sua exploração é conduzida com respeito às normas que protegem o meio ambiente e valendo-se do uso racional e adequado dos bens naturais*. Considera-se **uso racional** aquele que *se limita ao necessário à produção, sem desperdícios ou destruição injustificada dos recursos naturais, com vistas à sua contínua renovação para utilização futura*;

f) Princípio da proteção ao trabalhador rural: a CF traz em seu texto uma série de dispositivos voltados a garantir que o trabalhador rural *possa exercer seu labor com respeito e dignidade, tendo acesso a todos os direitos previstos em lei*. Além da inclusão da observância dos direitos trabalhistas para caracterização da função social da propriedade rural (art. 186, III), temos a extensão aos rurícolas dos direitos previstos no art. 7º da CF e seu acolhimento no Regime Geral de Previdência Social, sejam como **empregados rurais**, **contribuintes individuais** (categoria onde se enquadram os produtores rurais pessoas físicas e os chamados **"boias-frias"**, ainda que quanto a estes a realidade nacional não permita, por ora, gozar da proteção previdenciária conferida pela legislação) ou **segurados especiais**;

g) Princípio do comunitarismo: deve ser *incentivada a constituição de cooperativas de trabalho agrícola e de associações voltadas à manutenção do bem-estar da população rural*. Mais ainda, o art. 187, VI, da CF reconhece o **cooperativismo** como um dos instrumentos da política agrícola nacional.

O rol de princípios aqui apresentado não tem a pretensão de esgotar o tema, afinal, seu reconhecimento é resultado da carga axiológica que o intérprete atribui a determinada norma. Assim, a doutrina é profícua na enumeração de outros princípios de Direito Agrário. Não reputamos, todavia, que sejam normas genéricas e abstratas o suficiente para serem elevadas ao *status* de princípios informadores da disciplina. Por conta disso, serão estudadas como **regras jurídicas** comuns, dentro dos capítulos pertinentes.

2. TERRAS PÚBLICAS

O termo "**terras públicas**" comporta duas acepções, uma **em sentido amplo**, outra em **sentido estrito**.

Terras públicas em sentido amplo { Terras públicas em sentido estrito / Terras devolutas

Terras públicas em sentido amplo, ou *lato sensu*, são *todos os imóveis rústicos que integram o patrimônio das pessoas jurídicas de direito público interno, qualquer que seja sua*

destinação. Integram o grupo as **terras públicas em sentido estrito** e as **terras devolutas**.

Terras públicas em sentido estrito, ou *stricto sensu*, são *apenas os imóveis rústicos que integrem o patrimônio das pessoas jurídicas de direito público interno e estejam afetados a algum uso específico, ou seja, que se conceituem como **bens públicos de uso especial*** (uma fazenda de propriedade da União, por exemplo, destinada a pesquisas sobre organismos geneticamente modificados). Por conta de sua afetação, aplicam-se todas as regras que o Direito Administrativo estabelece sobre os bens públicos. No que toca aos estudos do Direito Agrário, interessa precipuamente a **impossibilidade de imóveis públicos serem adquiridos por usucapião**.

Há, de outra banda, imóveis que, apesar de públicos, por sua relevância histórica ou como compensação por atos estatais prejudiciais cometidos no passado, passam a ter regime jurídico diferente. São os casos das **terras ocupadas pelos índios** e os **remanescentes dos antigos quilombos**. Ambos, juntamente com as **terras devolutas**, formam o objeto de estudo dos tópicos seguintes.

2.1. Terras devolutas

2.1.1. Conceito

Já dissemos que a determinação do que seriam as **terras devolutas** foi um dos primeiros passos para a regulamentação do Direito Agrário. Isso ocorreu com a edição da Lei 601/1850, que assim as definia:

> "**Art. 3º** São terras devolutas:
>
> § 1º As que não se acharem aplicadas a algum uso público nacional, provincial, ou municipal.
>
> § 2º As que não se acharem no domínio particular por qualquer título legítimo, nem forem havidas por sesmarias e outras concessões do Governo Geral ou Provincial, não incursas em comisso por falta do cumprimento das condições de medição, confirmação e cultura.
>
> § 3º As que não se acharem dadas por sesmarias, ou outras concessões do Governo, que, apesar de incursas em comisso, forem revalidadas por esta Lei.
>
> § 4º As que não se acharem ocupadas por posses, que, apesar de não se fundarem em título legal, forem legitimadas por essa Lei."

O conceito atravessou os séculos e, apenas com algumas modificações, define ainda hoje as terras devolutas. Em essência, devemos dele retirar apenas as referências às formas de propriedade que não mais se reconhecem no Brasil, como as sesmarias. O art. 5º do Decreto-lei 9.760/1946 positiva o novo conceito, de onde extraímos que atualmente **terras devolutas** são *imóveis rústicos de natureza pública sem destinação específica, os quais nunca integraram o domínio particular – ainda que irregularmente ocupados – ou voltaram ao patrimônio do Estado por meio da edição de normas específicas ou como resultado de ações discriminatórias*. Vem daí, aliás, o termo "devoluta", que significa "devolvida" ("terra devolvida ao Estado" – historicamente, as primeiras terras devolutas foram aquelas concedidas em sesmarias após o falecimento do capitão donatário beneficiado sem deixar herdeiros. Como as capitanias hereditárias não implicavam a propriedade do solo, elas voltavam ao patrimônio estatal).

2.1.2. Classificação e titularidade

As terras devolutas são classificadas, em razão do próprio conceito exposto, como **bens dominicais** e pertencem **ou à União ou aos Estados**, nos termos da CF:

> "**Art. 20.** São bens da União:
>
> (...)
>
> II – as terras devolutas indispensáveis à defesa das fronteiras, das fortificações e construções militares, das vias federais de comunicação e à preservação ambiental, definidas em lei;
>
> (...)
>
> § 2º A faixa de até cento e cinquenta quilômetros de largura, ao longo das fronteiras terrestres, designada como faixa de fronteira, é considerada fundamental para defesa do território nacional, e sua ocupação e utilização serão reguladas em lei.
>
> (...)
>
> **Art. 26.** Incluem-se entre os bens dos Estados:
>
> (...)
>
> IV – as terras devolutas não compreendidas entre as da União."

Como partes integrantes do patrimônio estatal, as terras devolutas podem, em regra, *ser alienadas conforme o juízo de conveniência e oportunidade da Administração Pública*, seguindo-se os ditames da Lei 8.666/1993. Todavia, para a alienação ou concessão de uso de terras públicas de grande extensão, leia-se, com *mais de 2.500ha (dois mil e quinhentos hectares)*, os arts. 49, XVII, e 188, § 1º, da CF exigem **aprovação prévia do ato pelo Congresso Nacional**, exceto se forem destinadas à reforma agrária. Aliás, a própria CF reconhece essa função para as terras devolutas: *podem elas ser destinadas ao assentamento de trabalhadores rurais*, compatibilizando-se a propriedade da União com a política agrícola nacional e a função social desta mesma propriedade.

2.1.3. Usucapião de terras devolutas

Terra devoluta é terra pública, ainda que em sentido amplo. Portanto, em princípio, aplicável a ela o quanto disposto no art. 191, parágrafo único, da CF – "*os imóveis públicos não serão adquiridos por usucapião*".

O tema também é versado na Súmula 477 do STF: "*As concessões de terras devolutas situadas na faixa de fronteira, feitas pelos Estados, autorizam, apenas, o uso, permanecendo o domínio com a União, ainda que se mantenha inerte ou tolerante, em relação aos possuidores*".

Ocorre que, para o reconhecimento dessa impossibilidade, ou em outras palavras, para o reconhecimento de que determinado imóvel pertence ao domínio público, a jurisprudência vem exigindo *a comprovação dessa situação por meio de registro do imóvel como integrante do domínio da União ou dos Estados*.

Nessa esteira, para o STJ, não existe presunção em favor do Poder Público sobre a condição do bem, **ainda que localizado em faixa de fronteira**. Logo, cabe ao Estado comprovar a titularidade pública do bem, sob pena dele poder ser usucapido (REsp 674.558/RS, *DJ* 13.10.2009).

2.2. Terras tradicionalmente ocupadas pelos índios

A CF confere às populações indígenas o **direito de posse permanente** sobre a terra que tradicionalmente ocupem, mesmo que tenham sido, originariamente, terras públicas. Para efetivar essa proteção, não são reconhecidos quaisquer atos que tenham por objeto a ocupação, o domínio ou a posse sobre elas (art. 231, § 6º, da CF). Igualmente, não podem ser alienadas voluntariamente ou adquiridas por usucapião (art. 231, § 4º, da CF).

A definição do alcance dos direitos indígenas sobre o solo vem exposta no art. 231 da CF:

> "**Art. 231.** São reconhecidos aos índios sua organização social, costumes, línguas, crenças e tradições, e **os direitos originários sobre as terras que tradicionalmente ocupam**, competindo à União demarcá-las, proteger e fazer respeitar todos os seus bens.
>
> § 1º São terras tradicionalmente ocupadas pelos índios as por eles habitadas em caráter permanente, as utilizadas para suas atividades produtivas, as imprescindíveis à preservação dos recursos ambientais necessários a seu bem-estar e as necessárias a sua reprodução física e cultural, segundo seus usos, costumes e tradições." (grifo nosso).

Vale ressaltar que as terras definidas no parágrafo supratranscrito **continuam sendo de propriedade da União**, cabendo aos índios a proteção de sua posse permanente e da exploração dos recursos naturais disponíveis com vistas à sua sobrevivência e manutenção de sua cultura (art. 22 da Lei 6.001/1973). Para o STF, "*a Carta Política, com a outorga dominial atribuída à União, criou, para esta, uma **propriedade vinculada ou reservada**, que se destina a garantir aos índios o exercício dos direitos que lhes foram reconhecidos constitucionalmente*" (RE 183.188, DJ 14.02.1997, grifo nosso).

Há de se destacar, por fim, a previsão da chamada **usucapião indígena**, que garante ao índio, integrado ou não, a *aquisição da propriedade menor que 50 hectares que possua com ânimo de dono pelo prazo de 10 anos consecutivos*. Nos termos do art. 33 da Lei 6.001/1973, essa modalidade de usucapião não pode ser reconhecida sobre terras da União, terras ocupadas por grupos tribais, áreas reservadas de que trata a mesma Lei e terras de propriedade coletiva de grupo tribal.

2.3. Remanescentes dos antigos quilombos

Sobre o tema, dispõe o art. 68 do Ato das Disposições Constitucionais Transitórias (ADCT):

> "**Art. 68.** Aos remanescentes das comunidades dos quilombos que estejam ocupando suas terras é reconhecida a propriedade definitiva, devendo o Estado emitir-lhes os títulos respectivos."

É interessante notar, de plano, a diferença de tratamento estabelecida entre as comunidades indígenas e quilombolas: para as primeiras, restou garantida a **posse permanente** das terras ocupadas e exploradas, mantendo-se o domínio com a União; para as segundas, o ADCT entrega a **propriedade plena** do solo, devendo a União promover o registro dos respectivos títulos.

Essa distinção, contudo, não reflete aspectos práticos. Isso porque o art. 68 do ADCT foi regulamentado pelo Decreto 4.887/2003, que determina, em seu art. 17, que "*a titulação prevista nesse Decreto será reconhecida e registrada mediante outorga de título coletivo e pró indiviso às comunidades a que se refere o art. 2º, caput, com obrigatória inserção de cláusula de **inalienabilidade, imprescritibilidade e de impenhorabilidade***" (grifo nosso). Ou seja, da mesma forma que ocorre com os índios, os quilombolas não podem dispor da propriedade que lhes foi assegurada, nem mesmo perdê-la por usucapião.

A definição das comunidades protegidas pelo decreto é bastante vaga:

> "**Art. 2º** Consideram-se remanescentes das comunidades dos quilombos, para os fins deste Decreto, os grupos étnicos-raciais, segundo critérios de autoatribuição, com trajetória histórica própria, dotados de relações territoriais específicas, com presunção de ancestralidade negra relacionada com a resistência à opressão histórica sofrida."

Perceba que não se exige qualquer comprovação documental de que a comunidade que pleiteia a proteção imobiliária seja, realmente, descendente de habitantes de quilombos. A norma fala em **presunção de ancestralidade**, o que implica a **inversão do ônus da prova** em desfavor de qualquer pessoa ou entidade que pretenda impugnar a demarcação da área. Mais ainda, ao definir o termo "**autoatribuição**" usado no *caput*, o § 1º do mesmo artigo estatui:

> "§ 1º Para os fins deste Decreto, a caracterização dos remanescentes das comunidades dos quilombos será atestada mediante autodefinição da própria comunidade."

Em outras palavras, são remanescentes de antigos quilombos *todas as comunidades que assim se declararem e habitarem áreas rurais cuja história indique a existência de um quilombo no passado*.

Por força de seu *status* constitucional, a proteção conferida aos quilombolas será efetivada mesmo diante da verificação de obstáculos jurídicos à sua concretização. O quadro abaixo expõe as saídas encontradas pelo Decreto 4.887/2003 quando as áreas a serem demarcadas se sobrepuserem a outras:

Obstáculo	Solução
Terrenos de marinha, marginais de rios, ilhas e lagos	Concessão do título sem restrições
Unidades de conservação, áreas de segurança nacional, faixa de fronteira e terras indígenas	Garantia da sustentabilidade dos quilombolas, conciliando os interesses do Estado
Propriedades dos Estados, DF ou Municípios	Concessão do título pelos respectivos entes públicos
Propriedades privadas	Concessão do título após a desapropriação
Ocupação de agricultores	Remoção deles da área e reassentamento conforme a política de reforma agrária

Vale destacar, por fim, que as terras quilombolas, desde que oficialmente reconhecidas e exploradas diretamente pelos membros dessas comunidades, ficam isentas do pagamento do Imposto Territorial Rural (ITR).

3. REGIME JURÍDICO DA PROPRIEDADE RURAL

3.1. Conceito

Em simples palavras, *rural é o terreno que se localiza distante da cidade, aquele que não é urbano*.

No campo do Direito, a definição de propriedade rural pode ser feita com base em **dois critérios:**

a) Critério da localização: segundo esse ponto de vista, *imóvel rural é aquele localizado na zona rural do município*. Tal qual no conceito que trouxemos acima, o ordenamento jurídico pátrio define apenas o que é **zona urbana**, de forma que qualquer outra área que nela não se inclua será considerada **zona rural**.

Compete ao município estabelecer, em seu Plano Diretor, os limites da **zona urbana**. Essa demarcação, entretanto, não é objeto de mero juízo discricionário. Para que qualquer parte do território municipal seja enquadrada como urbana, deve atender a **pelo menos** dois dos seguintes requisitos, elencados no art. 32 do Código Tributário Nacional (CTN):

✓ Meio-fio ou calçamento, com canalização de águas pluviais;

✓ Abastecimento de água;

✓ Sistema de esgotos sanitários;

✓ Rede de iluminação pública, com ou sem posteamento para distribuição domiciliar;

✓ Escola primária ou posto de saúde a uma distância máxima de 3 (três) quilômetros do imóvel considerado.

Repise-se que não basta a simples observância de dois dos cinco aspectos arrolados, nem a mera classificação da área como urbana no Plano Diretor. Ambas as situações devem ocorrer simultaneamente.

O critério da localização é usado atualmente apenas em uma situação: para diferenciar a **usucapião especial urbana** (art. 183 da CF) da **usucapião especial rural** (art. 191 da CF).

b) Critério da destinação: por este critério, *imóvel rural é "o prédio rústico de área contínua, qualquer que seja a sua localização, que se destine ou possa se destinar à exploração agrícola, pecuária, extrativa vegetal, florestal ou agroindustrial"* (art. 4º da Lei 8.629/1993).

A atividade agrícola, por sua vez, pressupõe a existência de dois fatores: **processo agrobiológico**, que é a *ocorrência de fatos e processos naturais controlados pelo homem com vistas à produção de alimentos ou insumos em geral*, e **risco correlato**, que se refere *ao risco ínsito à exploração da atividade agropastoril, isto é, a possibilidade do trabalho humano sofrer ingerências incontroláveis que alterem seu resultado*, tais como geada, inundações ou secas prolongadas. São **atividades agrárias típicas** a agricultura, a pecuária e o extrativismo.

O critério ora estudado preocupa-se, então, com a *forma de exploração do imóvel*, independentemente de sua localização geográfica. Imagine, por exemplo, um sítio incrustado no centro de uma grande cidade no qual o proprietário plante rabanetes e crie algumas cabeças de gado de pequeno porte. Não há dúvidas de que o imóvel está situado na zona urbana do município, porém, pelo **critério da destinação**, ele é um **imóvel rural**.

A destinação é considerada para fins de **desapropriação para reforma agrária** (art. 184 da CF) e para determinação do imposto incidente sobre a propriedade, se IPTU ou ITR (art. 15 do Decreto-lei nº 57/1966).

3.2. Classificação

Até 1993, a classificação dos imóveis rurais estava sob a égide do Estatuto da Terra, que se valia da medida denominada **módulo rural** para dividir os imóveis em minifúndio, propriedade familiar e latifúndio. A despeito dos conceitos não terem sido recepcionados pela CF, a ausência de outra legislação determinava a manutenção dos critérios então estabelecidos.

Com o advento da Lei 8.629, em 25.02.1993, restou **derrogado** o Estatuto da Terra, porquanto a nova legislação cuidou de adaptar a classificação aos parâmetros trazidos pela CF em 1988.

A unidade de medida adotada passou a ser o **módulo fiscal**, instituído desde 1979 pela Lei 6.746 para o cálculo do ITR, que é *uma medida expressa em hectares, determinada para cada município individualmente, levando-se em conta os seguintes fatores:*

✓ Tipo de exploração agrícola predominante no município;

✓ Renda obtida no tipo de exploração predominante;

✓ Outras explorações expressivas existentes no município;

✓ Conceito de propriedade familiar.

A CF divide os imóveis rurais em **pequenas, médias e grandes propriedades**, sem indicar qualquer baliza para a separação entre elas. Coube à Lei 8.629/1993 fazê-lo, assim as determinando no seu art. 4º:

a) Pequena propriedade: o imóvel rural de área *até 4 (quatro) módulos fiscais, respeitada a fração mínima de parcelamento*;

b) Média propriedade: o imóvel rural de área *superior a 4 (quatro) e até 15 (quinze) módulos fiscais*;

c) Grande propriedade: o imóvel rural de área *superior a 15 (quinze) módulos fiscais*.

Nos termos do art. 50, § 3º, do Estatuto da Terra, "o número de módulos fiscais de um imóvel rural será obtido dividindo-se sua **área aproveitável** total pelo módulo fiscal do Município". Por área aproveitável devemos entender a *área total do imóvel, desconsideradas aquelas ocupadas por benfeitorias, por florestas ou áreas de preservação permanente ou totalmente imprestáveis para fins agrários*. Logo, a classificação do imóvel em pequena, média ou grande propriedade deve considerar a área aproveitável, não a área total (STJ, REsp 1.161.624/GO, *DJ* 15.06.2010).

3.3. Proteção às pequenas e médias propriedades

A classificação explorada no tópico anterior é fundamental para a definição da aplicação das normas protetivas previstas em nosso ordenamento jurídico para as propriedades rurais.

Com efeito, enquanto as **grandes propriedades** são alvos da política agrícola, principalmente para fins de reforma agrária, as **pequenas** e **médias** gozam de proteção constitucional e legal.

Nesse sentido, vejamos o que dispõe a CF:

"**Art. 5º** (...)

XXVI – a pequena propriedade rural, assim definida em lei, desde que trabalhada pela família, não será objeto de penhora para pagamento de débitos decorrentes de sua atividade produtiva, dispondo a lei sobre os meios de financiar o seu desenvolvimento;

(...)

Art. 185. São insuscetíveis de desapropriação para fins de reforma agrária:

I – a pequena e média propriedade rural, assim definida em lei, desde que seu proprietário não possua outra."

Este último dispositivo (art. 185, I, da CF) é parcialmente replicado no art. 4º, §1º, da Lei 8.629/1993. Perceba que o texto infraconstitucional **é mais benéfico e ampliou a proteção conferida pela Lei Maior ao afirmar que o proprietário não pode ter outra propriedade rural**. Em outras palavras, continuará imune à reforma agrária mesmo que tenha uma propriedade **urbana**, alcance esse que não fica claro no texto constitucional.

Vemos, então, que a CF cria duas ordens de proteção às propriedades rurais, as quais resumimos no quadro abaixo:

	Pequena propriedade	Média propriedade
Impenhorabilidade	✓	X
Não sujeição à reforma agrária	✓	✓

3.4. Aquisição de terras por estrangeiros

Por razões afetas ao interesse nacional, há **limites** para que pessoas físicas e jurídicas estrangeiras sejam proprietárias de imóveis rurais no país. Isso porque, como já dissemos, a função precípua da atividade agrária é abastecer o mercado com alimentos e insumos básicos para a população, sendo, assim, setor estratégico da economia.

A partir desse raciocínio, e por se tratar de uma exceção ao direito fundamental à propriedade, cuidou o legislador constituinte de inserir o seguinte dispositivo no Texto Magno:

"**Art. 190.** A lei regulará e limitará a aquisição ou o arrendamento de propriedade rural por pessoa física ou jurídica estrangeira e estabelecerá os casos que dependerão de autorização do Congresso Nacional."

O tema é abordado na Lei 5.709/1971. Segundo as normas ali dispostas, apenas **estrangeiros residentes** e pessoa jurídica estrangeira **autorizada a funcionar no Brasil** poderão adquirir imóveis rurais no país. *A contrario sensu*, estrangeiros não residentes e pessoas jurídicas não autorizadas a funcionar no Brasil **nunca** poderão ser proprietários de terras.

Equipara-se, para os fins em comento, à empresa estrangeira a *pessoa jurídica brasileira da qual participem, a qualquer título, pessoas estrangeiras físicas ou jurídicas que tenham a maioria do seu capital social e residam ou tenham sede no Exterior* (art. 1º, § 1º, da Lei 5.709/1971).

Tal equiparação gerou grandes divergências quanto a sua constitucionalidade. Passando à margem dessa discussão, restou sedimentado que a equiparação é válida, desde que atendidos, **cumulativamente**, três requisitos:

I. o estrangeiro seja pessoa física não residente ou pessoa jurídica não sediada no país; e

II. o estrangeiro participe a qualquer título da composição acionária de pessoa jurídica brasileira; e

III. essa participação assegure a seus detentores o poder de conduzir as deliberações da assembleia geral, de eleger a maioria dos administradores da companhia e de dirigir as atividades sociais e orientar o funcionamento dos órgãos da companhia. (Parecer AGU LA-01, de 19.08.2010).

Definido quem se sujeita às restrições, é certo que a Lei 5.709/1971 estabelece **limites** de diversas ordens, dentre os quais podemos destacar:

a) área máxima do imóvel de 50 módulos de exploração indefinida (MEI), não havendo qualquer objeção à aquisição de áreas que não ultrapassem 03 módulos de exploração indefinida (art. 3º da Lei 5.709/1971). O MEI é fixado por ato administrativo do Instituto Nacional de Colonização e Reforma Agrária (INCRA) para cada região, conforme previsto no art. 4º do Decreto nº 74.965/1974;

b) ocupação mínima de 30% da área total por brasileiros em loteamentos rurais efetuados por empresas particulares de colonização (art. 4º da Lei 5.709/1971);

c) a soma das áreas rurais pertencentes a estrangeiros não poderá ultrapassar 25% da área total do município (art. 12, "caput", da Lei 5.709/1971);

d) estrangeiros de mesma nacionalidade não poderão ser proprietários de mais de 40% do limite fixado no item anterior (art. 12, § 1º, da Lei 5.709/1971); e

e) vedação de doação de terras da União ou dos Estados a pessoas estrangeiras (art. 14 da Lei 5.709/1971).

Impende destacar que o art. 190 da CF **equipara**, para fins das limitações aqui estabelecidas, a **aquisição** e o **arrendamento** de propriedade rural.

3.5. Usucapião

A **usucapião**, também chamada de **prescrição aquisitiva**, *determina a perda da propriedade de seu titular desidioso, ou seja, que não exerceu seu direito em tempo hábil fixado em lei, e a consolidação em nome daqueles que tenham exercido a posse sobre o bem pelo mesmo período de tempo.*

No Direito Agrário, aplicam-se todas as espécies genéricas de usucapião previstas no Direito Civil, com os mesmos requisitos, e mais a **usucapião especial rural**, criada pela CF.

a) Usucapião extraordinária (art. 1.238 do Código Civil – CC): baseia-se na posse *sem interrupção nem oposição, por 15 anos*, independentemente de justo título e boa-fé; ou por *10 anos*, se houver realizado obras ou serviços de caráter produtivo ou houver estabelecido no imóvel sua moradia habitual.

b) Usucapião ordinária (art. 1.242 do CC): baseia-se na posse *sem interrupção ou oposição, por 10 anos*, com base em *justo título e boa-fé*; ou por *05 anos*, se a aquisição foi *onerosa, tenha havido cancelamento do título e o imóvel seja usado para moradia habitual ou tenha havido investimentos de interesse social e econômico*. Na usucapião ordinária, a boa-fé exigida é a **boa-fé subjetiva**, isto é, *o desconhecimento do possuidor sobre o vício em sua posse*.

c) Usucapião especial rural (art. 191 da CF e 1.239 do CC): baseia-se na posse *sem interrupção nem oposição, por 05 anos*, de imóvel rural não superior a *50 hectares, tornando-a produtiva com seu trabalho ou de sua família e nela constituindo moradia*. Exige-se, para o reconhecimento dessa modalidade, que o possuidor que pretender adquirir a propriedade do imóvel por usucapião **não seja proprietário de nenhum outro imóvel**, urbano ou rural. E, diferentemente das modalidades genéricas listadas nos itens anteriores, a posse, aqui, há de ser **qualificada**: é imprescindível a **posse-trabalho**, ou posse-*pro*-

-*labore,* caracterizada pela *produtividade da terra diante dos esforços do possuidor ou de sua família.*

3.6. Desapropriação judicial

O art. 1.228, §§ 4º e 5º, do CC prevê uma hipótese de perda da propriedade que se situa *entre a usucapião e a desapropriação,* aplicável tanto a imóveis urbanos como a imóveis rurais. Vejamos o que diz seu texto:

> "**Art. 1.228.** (...)
> § 4º O proprietário também pode ser privado da coisa se o imóvel reivindicado consistir em extensa área, na posse ininterrupta e de boa-fé, por mais de cinco anos, de considerável número de pessoas, e estas nela houverem realizado, em conjunto ou separadamente, obras e serviços considerados pelo juiz de interesse social e econômico relevante.
> § 5º No caso do parágrafo antecedente, o juiz fixará a justa indenização devida ao proprietário; pago o preço, valerá a sentença como título para o registro do imóvel em nome dos possuidores."

Difere da usucapião porque *deve ser sucedido de justa indenização*; não é também desapropriação pura e simples, porque *não é determinada pelo Poder Executivo.* Daí o nome **desapropriação judicial,** indicando que é hipótese de perda de propriedade imposta por sentença judicial que atende ao princípio da **função social da propriedade.**

Atente para os requisitos legais, representados todos por conceitos jurídicos indeterminados: **extensa área, considerável número de pessoas, interesse social e econômico relevante.** Sua adoção indica a necessidade de integração pelo juiz na avaliação de cada caso concreto.

A desapropriação judicial pode ser requerida pelo grupo de pessoas tanto no bojo de ações reivindicatórias quanto possessórias, implicando na **improcedência** do pedido inicial mesmo se cumpridos os respectivos requisitos (Enunciado 306 JDC/CJF).

Outra diferença importante da desapropriação judicial em relação à usucapião recai sobre a **boa-fé.** Vimos no item 3.5, "b", *supra,* que a usucapião ordinária trabalha com o conceito de boa-fé subjetiva. Segundo a doutrina majoritária (Enunciado 309 JDC/CJF), o art. 1.228, § 4º, exige apenas a **boa-fé objetiva**, isto é, *um padrão de conduta amparado pelo Direito,* que nesse caso significa trabalhar a terra com o intuito de torná-la produtiva e, por conseguinte, fazê-la cumprir sua função social.

Visto por outro prisma, a regra implica que *não se exige posse justa para a contagem do prazo de desapropriação judicial,* portanto invasões de terra promovidas por grupos de camponeses, **desde que exerçam no imóvel atividade agrária tornando-o produtivo**, ao final de cinco anos poderão requerer a desapropriação e posterior registro do domínio para a comunidade.

Discute-se, na doutrina, por derradeiro, quem deve arcar com o valor da indenização a ser pago ao proprietário. As Jornadas de Direito Civil do Conselho da Justiça Federal aprovaram os Enunciados 84 e 308, que, em síntese, atribuem *a responsabilidade aos próprios interessados,* exceto se comprovada a **impossibilidade econômica destes em arcar com o pagamento**, quando então caberá ao Estado adimplir a obrigação. Para a outra corrente, não se pode imputar aos possuidores o dever de pagar pelo exercício de um direito legalmente garantido. A desapropriação continua sendo um ato estatal, ainda que não praticado pelo Poder Executivo, em função de um **interesse social** que se sobrepõe ao direito de propriedade. Afirmam, concluindo o raciocínio, que caberá sempre ao Poder Público o pagamento da indenização, como ocorre nas demais hipóteses de desapropriação.

4. POLÍTICA AGRÍCOLA E REFORMA AGRÁRIA

4.1. Política agrícola na Constituição

A **política agrícola** pode ser definida como o *plano de atuação do Estado, concretizado através de atos administrativos de diversas naturezas, cujo fim último é a maximização dos resultados do setor agrário na economia nacional.* Sua criação e execução é dever da Administração Pública previsto na CF, que estatui:

> "**Art. 187.** A política agrícola será planejada e executada na forma da lei, com a participação efetiva do setor de produção, envolvendo produtores e trabalhadores rurais, bem como dos setores de comercialização, de armazenamento e de transportes, levando em conta, especialmente:
> I – os instrumentos creditícios e fiscais;
> II – os preços compatíveis com os custos de produção e a garantia de comercialização;
> III – o incentivo à pesquisa e à tecnologia;
> IV – a assistência técnica e extensão rural;
> V – o seguro agrícola;
> VI – o cooperativismo;
> VII – a eletrificação rural e irrigação;
> VIII – a habitação para o trabalhador rural.
> § 1º Incluem-se no planejamento agrícola as atividades agroindustriais, agropecuárias, pesqueiras e florestais.
> § 2º Serão compatibilizadas as ações de política agrícola e de reforma agrária."

Do *caput* do art. 187 deduz-se a aplicação do **princípio do planejamento democrático** da política agrícola, *na medida em que devem participar de sua elaboração todos os setores direta ou indiretamente interessados*: produtores rurais, trabalhadores rurais e os agentes econômicos envolvidos com o armazenamento, transporte e comercialização dos produtos rurais.

Atualmente, os instrumentos previstos pela CF estão regulamentados pela Lei 8.171/1991, que os discrimina individualmente em seu art. **4º**. Em breve síntese, as ações se dividem em três grandes linhas de atuação: **gestão do risco rural, crédito rural** e **garantia de comercialização.**

Importante salientar que, desde a edição da Lei 10.246/2001, que inseriu o parágrafo único do mencionado dispositivo, a execução dos instrumentos de política agrícola deve ter respaldo no **plano plurianual** vigente.

4.2. Reforma agrária

Nos termos do art. 1º, § 1º, do Estatuto da Terra, define-se **reforma agrária** como *o conjunto de medidas que visem a promover melhor distribuição da terra, mediante modificações no regime de sua posse e uso, a fim de atender aos princípios de justiça social e ao aumento de produtividade.*

A colonização baseada no regime das sesmarias deixou como herança a concentração de grandes porções de terra cultivável sob o domínio de poucas pessoas. Como o direito de propriedade, por muitas gerações, era visto como algo absoluto, com o passar do tempo os titulares de áreas rurais sentiram-se intocáveis mesmo não extraindo delas qualquer resultado útil.

A promulgação da CF em 1988 alterou radicalmente esse cenário. A previsão expressa do **princípio da função social da propriedade** permeou todo o capítulo sobre a política agrícola na Lei Maior. Some-se a isso a preocupação do Governo com o êxodo e os conflitos rurais e a necessidade de ser garantido o abastecimento de alimentos à crescente população do país e temos como resultado a ampliação da política de reforma agrária e de seus instrumentos.

Não podia ser relevado, ainda assim, que a redistribuição de terras coloca na balança, de um lado, a **questão social** e, de outro, o **direito de propriedade**, no sentido de que a razão de sua previsão normativa é garantir a produtividade da terra e o sustento do trabalhador rural, não a obtenção de lucro por quem quer que seja. Por isso consta do art. 189 da CF que o *título de domínio e a concessão de uso (no caso de imóveis públicos), serão concedidos ao homem, à mulher ou a ambos, independentemente do estado civil*. Entretanto, tais títulos são **inegociáveis pelo prazo de 10 anos**, ou seja, a terra é entregue ao trabalhador para que nela produza, não para que com ela negocie.

Outro marco importante foi a edição da Lei 8.629/1993, que veio para regulamentar os artigos constitucionais relativos à reforma agrária.

A despeito dessa mudança de postura institucional e legislativa, o fato é que a reforma agrária no Brasil nunca saiu efetivamente do plano teórico. Sem adentrar em discussões políticas, uma das razões jurídicas que se pode apontar é a ausência de uma gama maior de mecanismos legais para a concretização da melhor distribuição da terra.

Afinal, parte importante da reforma seria a destinação de imóveis públicos para o assentamento de trabalhadores, o que nunca ocorreu de forma substantiva. Atualmente, porém, o único instrumento regulamentado nessa seara é a **desapropriação para fins de reforma agrária**, estudada a seguir.

4.2.1. Desapropriação para fins de reforma agrária

Ensina o Direito Administrativo que **desapropriação** é o *procedimento administrativo pelo qual o Poder Público ou seus delegados, mediante prévia declaração de necessidade pública, utilidade pública ou interesse social, impõe ao proprietário a perda de um bem, substituindo-o em seu patrimônio por justa indenização* (Maria Sylvia Zanella di Pietro, in **Direito Administrativo,** 16ª ed. São Paulo: Atlas, 2003, p. 153).

O instituto tem previsão constitucional e nem poderia ser diferente, diante do *status* de **direito fundamental** que se confere à propriedade. Isso significa que qualquer exceção ou interferência no seu exercício deve estar amparado em norma da Lei Maior. Veja-se, a respeito, o art. 5º, XXIV, da CF:

> "**Art. 5º** (...)
> XXIV – a lei estabelecerá o procedimento para desapropriação por necessidade ou utilidade pública, ou por interesse social, mediante justa e prévia indenização em dinheiro, ressalvados os casos previstos nesta Constituição; (...)"

Perceba que é da essência da desapropriação, conforme exposto no próprio conceito acima reproduzido, que ela seja precedida da **declaração de utilidade pública** e de **indenização justa em dinheiro**. Para o art. 5º, apenas com esses cuidados é que o Estado poderia intervir de maneira extrema na propriedade privada, retirando-a dos domínios do particular.

De outro lado, o mesmo preceptivo deixou as portas abertas para a criação de outras modalidades ou de outros requisitos da desapropriação, *ressalvado, apenas, que estas igualmente deveriam estar presentes no Texto Magno*. E assim se fez com vistas à reforma agrária, criando-lhe uma espécie própria:

> "**Art. 184.** Compete à União desapropriar por interesse social, para fins de reforma agrária, o imóvel rural que não esteja cumprindo sua função social, mediante prévia e justa indenização em títulos da dívida agrária, com cláusula de preservação do valor real, resgatáveis no prazo de até vinte anos, a partir do segundo ano de sua emissão, e cuja utilização será definida em lei."

Para o conceito de função social da propriedade, reportamos o leitor ao tópico 1.4, *supra*.

A desapropriação para fins de reforma agrária é uma espécie do que a doutrina pátria denomina **desapropriação-sanção**, porque seu pilar não é exclusivamente o interesse social, *mas o fato de o proprietário não ter explorado sua área com o fim de obter um resultado economicamente relevante*. Ao violar o **princípio da função social da propriedade**, impõe-lhe o ordenamento jurídico a **sanção** da perda de seu imóvel, que será destinado ao assentamento de trabalhadores rurais.

Mais do que isso, a sanção se estende para a **forma de indenização**. Ao invés da tradicional **em dinheiro**, o proprietário é ressarcido em **títulos da dívida agrária**, que são *papéis representativos de investimentos do Governo*, os quais somente poderão ser resgatados, leia-se, *convertidos em moeda*, ao longo do prazo de até **vinte anos**. Apesar de formalmente a indenização, nesse caso, continuar sendo "prévia", é fato que o ex-proprietário apenas obterá concretamente o valor relativo a seu imóvel desapropriado após duas décadas.

Ressalve-se que **benfeitorias úteis e necessárias** eventualmente existentes no imóvel serão pagas, apenas elas, em pecúnia (art. 184, § 1º, da CF).

A aplicação em potencial de uma punição pressupõe um **procedimento contraditório** (art. 184, § 3º, da CF), que se inicia com o **decreto** que declara o imóvel como de interesse social (art. 184, § 2º, da CF). Tal procedimento está previsto na Lei Complementar 76/1993, que prevê a necessidade de início do processo judicial em, no máximo, **dois anos** contados da edição do decreto, sob pena de **caducidade** e impossibilidade superveniente de se consumar a desapropriação (art. 3º).

Uma vez declarado o interesse social, já pode a União, parte expropriante, ingressar no imóvel para realizar vistorias e avaliações, responsabilizando-se por eventuais perdas e danos causados por seus agentes (art. 2º, § 2º, da Lei Complementar 76/1993).

Vale lembrar que há imóveis que não se submetem à reforma agrária, nem mesmo por meio da desapropriação, sob dois fundamentos diferentes:

a) **Imunidade**: *decorre da CF (art. 185)*, caso da *pequena e média propriedades rurais, desde que o proprietário não possua outra propriedade rural*, e a *propriedade produtiva*;

b) **Proteção legal**: *decorre de lei ordinária*, atualmente o art. 2º, § 6º, da Lei 8.629/1993 protege o imóvel que *tenha sido* *objeto de esbulho possessório ou invasão motivada por conflito agrário ou fundiário* (usualmente promovidos por grupos mais radicais, como o Movimento dos Trabalhadores Rurais Sem-Terra – MST), *pelo prazo de dois anos contados da desocupação, ou pelo dobro do prazo em caso de reincidência.*

5. TRIBUTAÇÃO DA ATIVIDADE AGRÁRIA

5.1. Imposto Territorial Rural – ITR

a) Fato gerador: ser proprietário, titular do domínio útil ou possuidor de imóvel rural, considerado o **critério da destinação** (tópico 3.1, "a", *supra*);

b) Contribuinte: o proprietário, o titular do domínio útil ou o possuidor;

c) Responsável: o sucessor a qualquer título, nos termos dos arts. 128 a 133 do CTN;

d) Previsão legal: Lei 9.393/1996 e Decreto 4.382/2002;

e) Base de cálculo: o **valor da terra nua tributável** – VTNt – calculado na forma do art. 10, § 1º, da Lei 9.393/1996;

f) Alíquota: variável entre 0,3% e 20%, conforme a tabela abaixo, na qual o Grau de Utilização – GU – é também encontrado com base no disposto no art. 10, § 1º, da Lei 9.393/1996:

Área total do imóvel (em hectares)	GRAU DE UTILIZAÇÃO – GU (EM %)				
	Maior que 80	Maior que 65 até 80	Maior que 50 até 65	Maior que 30 até 50	Até 30
Até 50	0,03	0,20	0,40	0,70	1,00
Maior que 50 até 200	0,07	0,40	0,80	1,40	2,00
Maior que 200 até 500	0,10	0,60	1,30	2,30	3,30
Maior que 500 até 1.000	0,15	0,85	1,90	3,30	4,70
Maior que 1.000 até 5.000	0,30	1,60	3,40	6,00	8,60
Acima de 5.000	0,45	3,00	6,40	12,00	20,00

g) Imunidades: nos termos do art. 153, § 4º, II, da CF, é imune a *pequena propriedade de terra, desde que seu proprietário não possua outra*;

h) Isenção: as terras ocupadas por remanescentes de antigos quilombos oficialmente reconhecidas (*vide* **tópico 2.3**), desde que exploradas diretamente pelos membros dessas comunidades, são isentas do ITR.

5.2. Contribuições previdenciárias

5.2.1. Empregado rural

a) Fato gerador: auferir remuneração como empregado rural (registro em CTPS);

b) Contribuinte: o próprio empregado, sendo a contribuição descontada pela fonte pagadora;

c) Responsável: a fonte pagadora;

d) Previsão legal: art. 20 da Lei 8.212/1991 e art. 198 do Decreto 3.048/1999;

e) Base de cálculo: o **salário de contribuição** do empregado, calculado conforme o art. 28 da Lei 8.212/1991;

f) Alíquota: variável entre 8% e 11%, conforme portaria publicada anualmente pelo Ministério da Previdência e Assistência Social;

5.2.2. Contribuinte individual rural

a) Fato gerador: auferir remuneração como contribuinte individual rural (prestação de serviços **sem** registro em CTPS);

b) Contribuinte: o próprio contribuinte individual, sendo a contribuição descontada pela fonte pagadora;

c) Responsável: a fonte pagadora;

d) Previsão legal: art. 21 da Lei 8.212/1991 e art. 199 do Decreto 3.048/1999;

e) Base de cálculo: o **salário de contribuição** do empregado, calculado conforme o art. 28 da Lei 8.212/1991;

f) Alíquota: 20%, para ter direito a todos os benefícios previdenciários, ou 11%, excluindo-se o direito à aposentadoria por tempo de contribuição.

5.2.3. Segurado especial

a) Fato gerador: comercialização da produção;

b) Contribuinte: o próprio segurado especial, definido como "*o produtor, o parceiro, o meeiro e o arrendatário rurais e o pescador artesanal, bem como os respectivos cônjuges, que exerçam suas atividades em regime de economia familiar, sem empregados permanentes (...)*" (art. 195, § 8º, da CF);

c) Responsável: a fonte pagadora, se o caso;

d) Previsão legal: art. 25 da Lei 8.212/1991;

e) Base de cálculo: receita bruta oriunda da comercialização da produção, inclusive das atividades previstas no art. 25, § 10, da Lei 8.212/1991;

f) Alíquota: 1,2%.

5.2.4. Produtor rural pessoa jurídica

a) Fato gerador: comercialização da produção;

b) Contribuinte: a pessoa jurídica que se dedique exclusivamente à atividade rural (agricultura e pecuária), inclusive aquelas listadas no art. 25, § 3º, da Lei 8.212/1991;

c) Responsável: não há;

d) Previsão legal: art. 25 da Lei 8.870/1994 e art. 201, §§ 16 e 17 do Decreto 3.048/1999;

e) Base de cálculo: receita bruta oriunda da comercialização da produção;

f) Alíquota: 1,7% mais um adicional de 0,1% para o pagamento de benefícios resultantes de acidentes de trabalho. Portanto, a alíquota total é de 1,8%.

5.2.5. Produtor rural pessoa física

a) Fato gerador: comercialização da produção;

b) Contribuinte: a pessoa física que se dedique exclusivamente à atividade rural (agricultura e pecuária), inclusive aquelas listadas no art. 25, § 3º, da Lei 8.212/1991, bem como o consórcio simplificado de produtores rurais;

c) Responsável: não há;

d) Previsão legal: arts. 25 e 25-A da Lei 8.212/1991;

e) Base de cálculo: receita bruta oriunda da comercialização da produção;

f) Alíquota: 1,2%.

5.2.6. Agroindústria

a) Fato gerador: comercialização da produção;

b) Contribuinte: a agroindústria, assim definida como *o produtor rural pessoa jurídica que se destina à industrialização de produção própria e adquirida de terceiros*. O conceito de industrialização pode envolver o beneficiamento, o processamento, a extração de sumos, o embalamento etc.;

c) Responsável: não há;

d) Previsão legal: art. 22-A da Lei 8.212/1991 e arts. 201-A e 201-B do Decreto 3.048/1999;

e) Base de cálculo: receita bruta oriunda da comercialização da produção;

f) Alíquota: 2,5% mais um adicional de 0,1% para o pagamento de benefícios resultantes de acidentes de trabalho. Portanto, a alíquota total é de 2,6%.

5.3. Outros tributos

Conforme as respectivas legislações, outros tributos podem incidir sobre a atividade agrária, na medida em que esta, como regra, não se distancia da atividade econômica urbana para fins tributários.

Ressalte-se, apenas, que o art. 184, § 5º, da CF **imuniza** de impostos federais, estaduais e municipais *as operações de transferência de imóveis desapropriados para fins de reforma agrária*. Importante destacar que nenhum imposto incidirá somente sobre a **transferência** dos imóveis, o que faz a regra ser aplicada, no atual Sistema Tributário Nacional, ao ITCMD dos Estados e ao ITBI dos Municípios.

6. CONTRATOS AGRÁRIOS

6.1. Classificação

A doutrina divide os contratos agrários em:

a) Típicos: quando *são expressamente previstos e regulamentados em lei*; e

b) Atípicos: quando *decorrentes da liberdade de contratar dos indivíduos, criando direitos e obrigações para as partes conforme os interesses atuantes no caso concreto*.

Atualmente, são **contratos típicos** de Direito Agrário o **arrendamento rural e a parceria rural**, previstos no Estatuto da Terra e regulamentados pelo Decreto 59.566/1966, e o **penhor rural**, entabulado nos arts. 1.438 a 1.446 do CC.

6.2. Arrendamento rural

6.2.1. Conceito

É *contrato agrário típico, no qual uma parte (arrendador) se obriga a ceder a outra (arrendatário), por tempo determinado ou não, o uso e gozo de imóvel rural, integral ou parcialmente, incluindo ou não outros bens, benfeitorias e utilidades, com o objetivo de nele ser exercida atividade agrária, mediante o pagamento de retribuição ou aluguel* (art. 3º do Decreto 59.566/1966).

O arrendamento rural assemelha-se sobremaneira ao contrato de **locação**, na medida em que o arrendador entrega ao arrendatário a **posse direta** do imóvel rural para que este exerça atividade agrária mediante o pagamento de certo preço.

6.2.2. Espécies

a) Arrendamento agrícola: destinado a *produção vegetal*;

b) Arrendamento pecuário: destinado a *criação, recriação, invernagem ou engorda de animais*;

c) Arrendamento agroindustrial: destinado a *transformação de produto agrícola, pecuário ou florestal*;

d) Arrendamento extrativo: destinado a *atividade extrativa (colheita, corte etc.) de produto agrícola, animal ou florestal*;

e) Arrendamento misto: quando a cessão abranger *mais de uma das modalidades acima*;

f) Arrendamento total: quando envolve *a área total do imóvel rural*;

g) Arrendamento parcial: quando envolve *parte ou partes do imóvel rural*.

6.2.3. Prazo

a) Prazo determinado: quando as partes expressamente *indicam termo para a resolução da avença*. Nos termos do art. 13, II, "a", do Decreto 59.566/1966, devem ser respeitados os prazos mínimos de **03 anos**, para *exploração de lavoura temporária e/ou pecuária de pequeno e médio porte*; **05 anos**, para *exploração de lavoura permanente e/ou pecuária de grande porte para cria, recria, engorda ou extração de matérias-primas de origem animal (v. REsp 1.336.296, rel. Min. João Otávio de Noronha, j. 24/05/2016)*; e **07 anos**, para *atividade de exploração florestal*;

b) Prazo indeterminado: quando *não houver indicação expressa de termo para sua resolução*. Nesse caso, dispõe o art. 95, II, do Estatuto da Terra que deve ser respeitado o **prazo mínimo de 03 anos**.

6.2.4. Cláusulas obrigatórias

Todas aquelas dispostas nos arts. 12 e 13 do Decreto 59.566/1966.

6.3. Parceria rural

6.3.1. Conceito

É *contrato agrário típico, no qual uma parte (parceiro-outorgante ou proprietário) se obriga a ceder a outra (parceiro-outorgado ou simplesmente parceiro), por tempo determinado ou não, o uso e gozo de imóvel rural, integral ou parcialmente,* incluindo ou não outros bens, benfeitorias e utilidades, com o objetivo de nele ser exercida atividade agrária, mediante partilha, isolada ou cumulativamente, dos seguintes riscos:

a) de caso fortuito ou força maior do empreendimento rural;

b) dos frutos, produtos ou lucros havidos nas proporções que estipularem, observados os seguintes limites ao *proprietário* (art. 96, VI, do Estatuto da Terra):

Limite	Quando fornecer
20%	Somente a terra nua
25%	Terra preparada
30%	Terra preparada + moradia
40%	Conjunto básico de benfeitorias (moradia, galpões, banheiro para gado, cercas, valas ou currais)
50%	Conjunto básico de benfeitorias + fornecimento de máquinas e implementos agrícolas, sementes e animais de tração e, no caso de parceria pecuária, mais de 50% dos animais
75%	Para pecuária ultraextensiva em que forem os animais de cria em proporção superior a 25% do rebanho e onde se adotarem a meação de leite e a comissão mínima de 5% por animal vendido

c) variações de preço dos frutos obtidos na exploração do empreendimento rural.

Nos termos do art. 96, § 3º, do Estatuto da Terra, eventual adiantamento do montante prefixado não descaracteriza o contrato de parceria.

6.3.2. Espécies, prazo e cláusulas obrigatórias

Seguem exatamente o quanto disposto para o contrato de arrendamento rural (tópicos, 6.2.2, 6.2.3 e 6.2.4, *supra*).

6.3.3. Parceria rural x Locação de serviço

Visando a evitar a distorção dos objetivos do contrato de parceria, a Lei 11.443/2007, ao inserir o § 4º no art. 96 do Estatuto da Terra, dela afastou o contrato de **locação de serviço**, explicando que este se caracteriza com *o pagamento de trabalhador rural parcialmente em dinheiro e parcialmente em percentual da lavoura cultivada ou em gado tratado, garantido, em qualquer caso, o valor mínimo de um salário mínimo e os trabalhos sejam dirigidos inteira e exclusivamente pelo proprietário*. Nessa hipótese, o contrato será regido pela **legislação trabalhista** e os riscos são todos do locatário do serviço, ou seja, o proprietário.

Com base nessas informações, podemos construir o seguinte quadro comparativo:

	Parceria	Locação de serviços
Regime jurídico	Estatuto da Terra	CLT
Pagamento	Rateio da produção	Dinheiro + percentual
Direção dos trabalhos	Parceiro + Proprietário	Proprietário
Risco	Dividido	Proprietário

6.4. Penhor rural

6.4.1. Conceito

É *contrário agrário típico, no qual uma pessoa (devedor pignoratício) entrega a outra (credor pignoratício) determinado bem como garantia de uma dívida*. Vale consignar que, no penhor rural, o **bem continua em poder do devedor**, transmitindo-se ao credor apenas a **posse indireta** (art. 1.431, parágrafo único do CC). Naturalmente, tem o credor direito de verificar o estado das coisas empenhadas, inspecionando-as onde se acharem, por si ou por pessoa que credenciar (art. 1.441 do CC).

6.4.2. Espécies

a) Penhor agrícola: aquele que recai sobre *máquinas e instrumentos de agricultura; colheitas pendentes ou em via de formação; frutos acondicionados ou armazenados; lenha cortada e carvão vegetal; e animais do serviço ordinário de estabelecimento agrícola;*

b) Penhor pecuário: aquele que recai sobre *animais que integram a atividade pastoril, agrícola ou de laticínios*.

6.4.3. Prazo

a) Penhor agrícola: prazo máximo de **03 anos**, prorrogável uma vez por igual período;

b) Penhor pecuário: prazo máximo de **04 anos**, prorrogável uma vez por igual período.

6.4.4. Registro

O penhor rural é constituído através do **registro** do instrumento **público ou particular** assinado pelas partes **no Cartório de Registro de Imóveis** da circunscrição onde estiverem as coisas empenhadas (art. 1.438 do CC).

Deve ser averbada no registro a substituição dos animais dados em garantia no penhor pecuário, sob pena da constrição não ter eficácia contra terceiros (art. 1.446, parágrafo único, do CC).

7. TÍTULOS DE CRÉDITO VINCULADOS À ATIVIDADE AGRÁRIA

7.1. Conceito

As **cédulas rurais** são *títulos de crédito emitidos por instituições financeiras com o objetivo de financiar a atividade agrária*. Como todo título de crédito, possuem os atributos da **negociabilidade**, sendo transferíveis por endosso; **executividade**, caracterizando-se como títulos executivos extrajudiciais; e **abstração**, desvinculando-se do negócio jurídico que lhes deu origem.

É importante sublinhar essa diferença: todos os títulos de crédito rurais são classificados como **causais**, porque *somente podem ser emitidos face à necessidade de fomento da atividade agrária*, mas, uma vez emitidos, são **abstratos**, ou seja, *circulam sem qualquer vinculação à validade do negócio que os justificou*.

Também podemos reunir todas as cártulas, quanto à estrutura, como **promessas de pagamento** (art. 9º do Decreto-lei 167/1967).

Há, ainda, uma exigência específica: para que as cédulas de crédito rurais tenham eficácia contra terceiros, *devem ser registradas no Cartório de Registro de Imóveis* (art. 30 do Decreto-lei 167/1967).

7.2. Títulos em espécie

7.2.1. Cédula rural pignoratícia

Título de crédito emitido para representar uma obrigação decorrente de financiamento da atividade agrária garantida por **penhor rural**, permitindo ao credor a negociação do crédito antes de seu vencimento.

Seus requisitos intrínsecos encontram-se elencados no art. 14 do Decreto-lei 167/1967.

7.2.2. Cédula rural hipotecária

Título de crédito emitido para representar uma obrigação decorrente de financiamento da atividade agrária garantida por **hipoteca**, permitindo ao credor a negociação do crédito antes de seu vencimento.

Seus requisitos intrínsecos encontram-se elencados no art. 20 do Decreto-lei 167/1967.

7.2.3. Cédula rural pignoratícia e hipotecária

Título de crédito emitido para representar uma obrigação decorrente de financiamento da atividade agrária garantida por **penhor rural e hipoteca**, permitindo ao credor a negociação do crédito antes de seu vencimento.

Seus requisitos intrínsecos encontram-se elencados no art. 25 do Decreto-lei 167/1967.

7.2.4. Nota de crédito rural

Título de crédito emitido para representar uma obrigação decorrente de financiamento da atividade agrária **sem garantia real**, permitindo ao credor a negociação do crédito antes de seu vencimento.

Seus requisitos intrínsecos encontram-se elencados no art. 27 do Decreto-lei 167/1967.

7.2.5. Nota promissória rural

Título de crédito utilizado nas vendas a prazo de bens de natureza agrícola, extrativa ou pastoril, quando efetuadas diretamente por produtores rurais ou por suas cooperativas; nos recebimentos, pelas cooperativas, de produtos da mesma natureza entregues pelos seus cooperados; e nas entregas de bens de produção ou de consumo, feitas pelas cooperativas aos seus associados. O devedor é, normalmente, **pessoa física**.

7.2.6. Duplicata rural

Pode ser utilizada nas mesmas hipóteses acima, com a diferença que a **duplicata é emitida pelo vendedor**, que deverá remetê-la ao comprador para aceite, nos mesmos moldes da duplicata ordinária. Nesses casos, o devedor é, normalmente, **pessoa jurídica**.

7.3. Título rural impróprio

Enquanto as cambiais suprarreferidas são de uso exclusivo do financiamento das atividades rurais, há uma espécie de título de crédito que **também**, mas não exclusivamente, pode ser emitido para representar relações jurídicas agrárias. Por essa razão é chamado de **título rural impróprio**.

Trata-se da **Cédula de Crédito Bancário**, criada pela Lei 10.931/2004 como instrumento para formalização de crédito de qualquer modalidade, inclusive de cunho rural.

19. Direito Urbanístico

José Antonio Apparecido Junior

PARA O CANDIDATO A CONCURSOS JURÍDICOS BEM ENTENDER O DIREITO URBANÍSTICO

O direito urbanístico necessita introdução. Mais que uma introdução, demanda uma apresentação. O direito civil não carece deste mecanismo, tampouco o direito penal, ou o direito administrativo. Tal condição ocorre porque o direito urbanístico raramente é ministrado nas graduações das faculdades, que tradicionalmente demoram a promover alterações em sua grade curricular em razão de novas questões e campos que se apresentam no mundo jurídico. Somente estes fatos ilustram a novidade que é este ramo do Direito. E agora, para o desespero de candidatos a concurso público, cai nas provas... Bem, tenham calma: não há motivo pra desespero.

Não é que não houvesse normas que pudessem ser classificadas como de direito urbanístico até algum momento recente da história da Humanidade ou do Brasil. Só para falar do direito peninsular ibérico, normas gerais e simples de direito urbanístico já eram encontradas nas Ordenações do Reino (editadas a partir do Séc. XIV) e nas Ordenações Filipinas (do início do Séc. XVII). O que ocorre, em verdade, é que a velocidade do desenvolvimento deste ramo do Direito vem se tornando cada vez maior, em razão principalmente da crescente complexidade das relações humanas nas cidades, cada vez mais importantes e populosas em todo o planeta.

O caso brasileiro é exemplar: segundo o IBGE,[1] no ano de 1940 contava o País com uma população de pouco mais de 41 milhões de pessoas, e cerca de 32% viviam nas cidades; no ano de 2010, dos quase 190 milhões de brasileiros, o total de habitantes das cidades é de quase 85%. As normas jurídicas tendentes a regular esta explosão urbanística em nosso País foram surgindo paulatinamente,[2] até a promulgação da Constituição Federal de 1988, a primeira a trazer em seu texto menções ao direito urbanístico.

De fato, tal ramo do Direito se apresenta, a partir da entrada em vigor do atual texto constitucional, não só como um dos mais modernos ramos do direito público mas também como um dos que apresentam maior evolução em seus conceitos e aplicações. Voltado a implantar a cada vez mais relevante política de desenvolvimento urbano, com a finalidade de efetivar a função social da propriedade e garantir o bem-estar dos habitantes das cidades, este ramo do Direito expõe a necessidade de observância de novos paradigmas de atuação pelo Poder Público: a gestão democrática das cidades demanda a participação de todos os interessados na elaboração e implantação dos planos e projetos urbanos, e a necessidade de prover-se habitação, transporte, lazer e trabalho aos seus habitantes exige compreensão do ambiente urbano e ponderação de todos os afetados pelo processo de urbanização ou reurbanização. O regramento do direito urbanístico determina ter a Administração Pública que passar, cada vez mais, a motivar suas decisões, considerando as legítimas pretensões pelos mais diversos polos de interesses, que disputam os benefícios advindos da vida nas cidades. Neste ambiente, a busca da consensualidade no processo de decisão administrativa e da publicidade dos procedimentos realizados pelo Poder Público passam a ser não mais opções da Administração Pública, mas sim indispensáveis elementos para a validade formal e material das decisões a todos vinculantes, legitimadoras da atuação estatal – isso tudo, diga-se, já bem antes da edição da Lei 13.655/2018, que alterou o Decreto-Lei 4.657/1942 (a Lei de Introdução ao Direito Brasileiro – LINDB) veiculando disposições sobre segurança jurídica e eficiência na criação e na aplicação do direito público.

Para finalizar esta pequena introdução, é preciso destacar que a ordem urbanística foi expressamente alocada como bem jurídico integrante do conjunto de valores ou bens a serem defendidos pela ação civil pública (art. 1º, inc. VI, da Lei 7.347/1985) e pode ser definida como "o conjunto de normas de ordem pública e de interesse social que regulam o uso da propriedade urbana em prol do bem coletivo, da segurança, do equilíbrio ambiental e do bem-estar dos cidadãos".[3] Desta forma, o dever objetivo dos legisladores e administradores de elaborar e implantar uma política de desenvolvimento urbano aderente às necessidades da população pode e deve ser objeto de controle pelo aparato jurídico de nosso País. Ministérios públicos, magistraturas estaduais e federais, defensorias públicas, procuradorias estaduais e municipais, advogados da União, todos estes órgãos têm a necessidade de compreender a dinâmica jurídica concernente à ordem urbanística, cada vez mais objeto de estudo e indagação em nosso País. Ao trabalho, então!

1. INTRODUÇÃO DO DIREITO URBANÍSTICO

Normalmente os estudantes costumam passar rapidamente passar por estas linhas introdutórias. É importante fixar o que cai na prova, não vou perder tempo com introduções! Sobre isso, há algumas coisas que todos devem saber: a boa assimilação de conceitos introdutórios facilita muito os estudos – o Direito é uma ciência, e a ciência trabalha com termos unívocos, e se você souber o que significa o conceito, provavelmente compreenderá o seu contexto. Mais: quem domina os conceitos básicos de uma matéria consegue estabelecer um raciocínio muito mais apurado e útil nos exames. Adquire, desde logo, a capacidade de eliminar alternativas esdrúxulas,

---

1. Disponível em: [http://seriesestatisticas.ibge.gov.br/series.aspx?no=10&op=0&vcodigo=POP122&t=taxa-urbanizacao], consulta em 07.09.2020.
2. Destaca-se, neste sentido, a Lei 4.380/1964, que criou o Banco Nacional de Habitação (BNH), as Sociedades de Crédito Imobiliário e o Serviço Federal de Habitação e Urbanismo (SERFHAU). Tal lei deu competência ao BNH para promover e estimular o planejamento local integrado e as obras de infraestrutura urbana. Com base em tal delegação, o BNH elaborou "Programas de Desenvolvimento Urbano", como objetivo principal de racionalizar o crescimento das áreas urbanas brasileiras.
3. LEME MACHADO, Paulo Affonso. *Direito ambiental brasileiro*. 17. ed. revista, atualizada e ampliada. São Paulo: Malheiros, 2009. p. 392

ou encaminhar uma linha de ideias mais clara e coerente. Em síntese: vale a pena fixar os conceitos introdutórios, e a partir deles construir seu conhecimento sobre a matéria.

Neste capítulo inicial, desta forma, abordaremos alguns temas preliminares ao nosso estudo. Fixaremos conceitos como os de cidade, urbanismo, urbanificação e planejamento urbano para finalmente poder definir o que é o direito urbanístico. Em seguida, faremos uma análise comparativa com ramos do direito afins, e traremos algumas linhas sobre sua autonomia. É importante destacar, por fim, que alguns conceitos serão tratados em capítulos próprios – não fiquem ansiosos, chegaremos lá.

1.1. Conceito de cidade

Há diversas formas de se conceituar cidade – concepções econômicas, sociológicas, demográficas etc. Ao que nos interessa, tais ideias são menos relevantes. No Brasil, "cidades" são conceitos jurídico-políticos, assim qualificados quando determinado território se transforma em Município. O que faz determinado agrupamento urbano ser considerado "cidade" não é seu número de habitantes, ou a quantidade de edificações nele existentes: será considerado cidade *o núcleo urbano que é sede de governo municipal*. Do ponto de vista urbanístico (o que é urbanismo veremos a seguir), a cidade é o centro populacional dotado de dois elementos essenciais: unidades edilícias (residências, comércios etc.) e equipamentos públicos (ruas, parques, hospitais, mercados, ginásios etc.).[4]

1.2. Conceito de urbanismo

Quando se estuda o direito urbanístico, esta é uma das grandes confusões que se apresenta. São duas linguagens diferentes, que não raro se imiscuem e enganam os mais desavisados (não os leitores desta obra, evidentemente). O direito urbanístico é um ramo do direito, e sua linguagem tem um código comunicativo próprio, o "lícito-ilícito". Já o urbanismo trabalha com outros códigos: o "adequado-inadequado", o "desejado-indesejado" etc. Tal ocorre porque o **urbanismo é, antes de tudo, uma técnica, que reúne elementos de ciência e arte. Seu objetivo é a organização do espaço urbano, tendo por base o planejamento urbanístico voltado a promover as denominadas funções sociais da cidade: habitação, trabalho, recreação e circulação.**[5] O urbanismo como ciência estuda o fenômeno da urbanização, e o urbanismo como técnica de criação desenvolve os métodos de planejamento urbano. O planejamento urbano é lógica e cronologicamente anterior à norma de direito urbanístico.

De fato, o direito urbanístico positiva os planos urbanos, torna obrigatório seus comandos, mas com eles não se confunde. O urbanismo é o livre pensar, com base em elementos da realidade e de planejamento colocados à disposição dos técnicos e da sociedade – o direito urbanístico é a regra do jogo, pelo qual a política de desenvolvimento urbano será implantada.

1.3. Conceitos de urbanização e urbanificação

Estes são rápidos: denomina-se **urbanização** o fenômeno de crescimento das cidades, com loteamentos, zonas de expansão urbana etc. Já a **urbanificação** é reconhecida como a correção da urbanização existente. Uma operação urbana consorciada terá por objeto, normalmente, a urbanificação de determinado perímetro.

1.4. Conceito de planejamento urbano

Planejamento urbano (ou planejamento urbanístico) é uma **atividade pública de diagnose da situação do sítio urbano a ser planejado e de prognose sobre a evolução futura dos processos urbanísticos, assim considerados os modos pelos quais a cidade tende a desenvolver-se e evoluir, espacial e socialmente**. O resultado deste trabalho é o formalmente chamado "Plano Urbano", ou "Plano Urbanístico".

O processo de planejamento urbanístico tem que levar em conta o desenvolvimento das cidades, a distribuição espacial da população e o desenvolvimento das atividades econômicas do Município. É o planejamento urbano, ainda, uma das mais visíveis facetas da imprescindível nova postura da Administração Pública com relação aos administrados: é um processo que necessariamente será participativo, com oitiva e ponderação dos inúmeros interesses legítimos existentes no meio ambiente urbano. Não fossem as determinações expressas trazidas nos arts. 2º, II e 43 a 45 do Estatuto da Cidade (Lei Federal n. 10.257/2001), é da própria essência da criação dos planos urbanos e do próprio direito urbanístico a publicidade dos processos de formação da convicção administrativa e a busca da consensualidade entre os interessados (consensualidade não é unanimidade!), para que o resultado final da atuação do Poder Público seja mais útil formal e materialmente.

1.5. Conceitos de política de desenvolvimento urbano e atividade urbanística

A Constituição Federal, em seu art. 182, assevera que a política de desenvolvimento urbano, executada pelo Poder Público municipal nos termos de diretrizes gerais fixadas em lei, terá por objetivo ordenar o pleno desenvolvimento das funções sociais da cidade e garantir o bem-estar de seus habitantes. O mesmo artigo esclarece que o plano diretor é o instrumento básico da política de desenvolvimento e de expansão urbana. Bacana, né? Mas o que é a tal da política de desenvolvimento urbano? A **política de desenvolvimento urbano pode ser entendida como o conjunto de princípios, diretrizes e normas que norteiam a ação do poder público e da sociedade em geral na produção e gestão das cidades**. O conceito guarda íntima relação com o da **atividade urbanística**, que nada mais é que **a ação destinada a realizar os fins do urbanismo**, e que tem por objetos o planejamento urbanístico, a ordenação do solo, a ordenação urbanística de áreas de interesse social e a ordenação urbanística da atividade edilícia – todos os objetos da atividade urbanística acham-se entre si ligados, e em recíproca dependência.[6] A atividade urbanística é reconhecida como função pública exatamente por ser a face ativa da política de desenvolvimento urbano. Em privilégio de seu caráter público, a construção da política

---

4. DA SILVA, José Afonso. *Direito urbanístico brasileiro*. 7. ed. São Paulo: Malheiros, 2012. p. 26.

5. As "funções sociais da cidade" foram reveladas na Carta de Atenas, de 1933.

6. DA SILVA, op. cit., p. 32-34.

de desenvolvimento urbano, com toda normatização de tal decorrente, sempre contará com o influxo de informações e controles que caracteriza a gestão democrática das cidades.

1.6. Conceito de direito urbanístico

Com as informações já colhidas, é possível conceituar o direito urbanístico. Antes disso, é importante relembrar que para que se identifique um ramo do Direito como autônomo não só didática, mas também cientificamente, é preciso que ele detenha princípios e institutos próprios. O direito urbanístico, neste diapasão, ainda que influenciado por outros ramos da ciência do Direito, especialmente o direito administrativo, efetivamente possui princípios não aplicáveis a outros campos do direito, como o da conformação da propriedade urbana pelas normas da ordenação urbanística, o da reserva de plano, o da coesão dinâmica das normas urbanísticas, o da justa distribuição dos benefícios e ônus derivados da atuação, bem como e institutos típicos, como o loteamento, a outorga onerosa do direito de construir, o direito de superfície, o direito de preempção e os índices urbanísticos etc. Os princípios e institutos típicos do direito urbanístico serão estudados adiante. Por ora, e novamente nos socorrendo do magistério de DA SILVA, mister se faz conceituar o **direito urbanístico objetivo,** entendido como **o conjunto de normas que tem por objeto organizar os espaços habitáveis, de modo a propiciar melhores condições de vida ao homem na comunidade**. Para o autor, **o direito urbanístico como ciência é o ramo do direito público que tem por objeto expor, interpretar e sistematizar as normas e princípios disciplinadores dos espaços habitáveis.**[7] A definição, singela em si, inclui um grande campo de normatização, que será totalmente coberto por esta obra.

1.7. Relações do direito urbanístico com outros ramos do direito

O direito urbanístico se insere no ordenamento jurídico nacional, e, a partir deste diálogo, utiliza princípios e institutos típicos de outros ramos do Direito para atingir as finalidades para as quais surgiu. Neste sentido, seu fundamento passa pela compreensão do **direito constitucional**. O regramento básico do direito urbanístico está expresso no texto constitucional. Como exemplos deste regramento, além do já citado art. 182, destacam-se os arts. 30, inc. VIII (competência dos municípios de promover, no que couber, adequado ordenamento territorial, mediante planejamento e controle do uso, do parcelamento e da ocupação do solo urbano) e o art. 24, inc. I, e § 1º, que confere à União competência para legislar sobre normas gerais de direito urbanístico, com competência suplementar dos estados-membros. O principal instrumental utilizado pelo direito urbanístico a partir do texto da Constituição, contudo, vem da combinação dos incisos XXII e XXIII do arts. 5º, que determinam ser tanto a propriedade como a sua função social direitos individuais.

O **direito administrativo**, por sua vez, fornece ao direito urbanístico importante instrumental para que este realize suas funções. Institutos como desapropriação, servidão, e a ideia de poder polícia, por exemplo, são imprescindíveis para fazer atuar as normas de direito urbanístico. Da mesma forma, o direito urbanístico retira importantes elementos do direito **econômico** e do **direito tributário**. Quanto ao primeiro, o fundamento da intervenção do Estado no domínio privado é o que dá suporte a intervenções do Poder Público nas cidades, sendo relevante até mesmo para a formatação do próprio conceito da propriedade urbanística, estudada adiante. Quanto ao direito tributário, a mais evidente relação é a havida nas sanções advindas pelo mau uso da propriedade urbana, com a previsão constitucional do Imposto Predial e Territorial Urbano progressivo no tempo. No tocante ao **direito civil**, a proximidade causa até mesmo certos equívocos de interpretação – o direito civil traz normas de direito de vizinhança, manobráveis entre particulares, e o direito urbanístico é constituído por normas de direito público, e molda a propriedade urbanística. O direito de edificar, contudo, fica em zona fronteiriça, recebendo comandos tanto de um quanto de outro ramo do direito.

Síntese: o que o candidato a concursos públicos deve saber sobre este capítulo

No tocante a este capítulo inicial, convém relembrar o destacado desde a introdução ao nosso estudo: a ordem urbanística, tutelada por intermédio da ação civil pública, é conformada por um complexo de direitos e deveres presentes na função pública da atividade urbanística, meio de implantação da política de desenvolvimento urbano do Município. Compreender o que é o direito urbanístico e sua função nesta indispensável tarefa é o ponto de partida para responder a qualquer questão realizada em exames para carreiras jurídicas. Da mesma forma, os conceitos de urbanismo e de planejamento urbanístico ajudam a fixar o entendimento de que o desenvolvimento urbano é um processo, que deve ser corrigido e reorientado conforme a cidade cumpre (ou deixa de cumprir) suas funções sociais. Se é fato que cabe ao legislador e ao administrador público a formulação de políticas públicas de desenvolvimento urbano, certamente a sociedade está autorizada a exigir o cumprimento do que for determinado pelo planejamento urbanístico e determinado pela lei urbanística, bem como suscitar e demandar os processos de adaptação ou reforma de tal planejamento.

2. FUNDAMENTOS CONSTITUCIONAIS DO DIREITO URBANÍSTICO

Como já dito, a Constituição Federal de 1988 foi a primeira a expressamente tratar do direito urbanístico, sendo tal condição consequência da demanda social de regulação legal do fenômeno da urbanização. Este capítulo vai analisar o que consta no texto constitucional que refere ao direito urbanístico, direta ou indiretamente. Tais são os fundamentos do direito urbanístico porque, claro, a Constituição Federal é a matriz de toda validade da legislação infraconstitucional, mas também porque seus dispositivos, com inegável caráter normativo, ilustram toda a interpretação do ordenamento jurídico nacional. É um texto para ler com atenção, pois estas coisas costumam ser demandadas em provas, principalmente em testes de múltipla escolha.

2.1. A propriedade e sua função social

Propriedade e função social são grandes amigas no texto constitucional. Uma não sai de perto da outra. O tema da função social da propriedade será exaustivamente tratado no próximo capítulo (que é bem interessante, aliás). Por enquanto, basta anotar que no art. 5º (sim, direitos individuais, cláusula

---

7. DA SILVA, op. cit., p. 49.

pétrea e tal) consta que é garantido o direito de propriedade (inc. XXII) e que a propriedade atenderá a sua função social (inc. XXIII). O art. 170, que trata dos princípios gerais da ordem econômica, atesta que esta é fundada na valorização do trabalho humano e na livre-iniciativa, tem por fim assegurar a todos existência digna, conforme os ditames da justiça social, e deverá observar, entre seus princípios, o da função social da propriedade (inc. III). Isso é importante: a leitura da ordem econômica do País deve ser feita por intermédio deste filtro, e a função social da propriedade ilustrará o desenvolvimento de qualquer atividade econômica no País – o art. 173, § 1º, I, reforça este caráter na intervenção estatal na atividade econômica. A função social, por fim, é a estrela de dois outros capítulos do texto constitucional: o da Política Urbana (ao vincular seu cumprimento à observância do plano diretor – art. 182, § 2º) e no da Política Agrícola e Fundiária e da Reforma Agrária, onde é o valor a ponderar na desapropriação para fins de reforma agrária (arts. 184 e 186). Os dois capítulos estão no Título VII da Constituição, que regula a Ordem Econômica e Financeira. Ao final deste material de direito urbanístico, ficará fácil perceber que isso não é por acaso.

2.2. Política Urbana

A Constituição Federal traz um capítulo do Título da Ordem Econômica sob o título "Da Política Urbana" (Capítulo II do Título VII da Constituição Federal). Para CARVALHO FILHO, política urbana é o **conjunto de estratégias e ações do Poder Público, isoladamente ou em cooperação com o setor privado, necessárias à constituição, preservação, melhoria e restauração da ordem urbanística em prol do bem-estar das comunidades.**[8] A estratégia montada no texto constitucional é interessante: define que, baseada em lei, tal terá por objetivo ordenar o pleno desenvolvimento das funções sociais da cidade e garantir o bem-estar de seus habitantes, e determina que o plano diretor é seu instrumento básico. Ao mesmo tempo, vincula o cumprimento da função social da propriedade (que é direito individual, a despeito de seu caráter social) à observância do plano diretor (dê uma lida no art. 182 agora, vale a pena). As disposições do § 4º do art. 182 e do art. 183 são meras consequências desta estratégia constitucional – que efetivamente, especialmente a partir do Estatuto da Cidade, vem dando resultados.

2.3. Plano Diretor

O tratamento constitucional do plano diretor se dá no capítulo da Política Urbana. Como já apontado, existe uma visível tentativa de fortalecer o papel deste diploma normativo por parte da Constituição Federal. Além das disposições referentes à função social da propriedade, a Carta Magna determina que tal é obrigatório para todas as cidades com mais de 20.000 habitantes (o Estatuto da Cidade, como veremos, amplia esta obrigatoriedade). A ideia que perpassa o texto constitucional é estabelecer um padrão mínimo de exigência de normatização para as cidades brasileiras. É bom relembrar que o plano diretor é uma lei que positiva um processo de planejamento urbanístico, isto é, que torna obrigatório observar o diagnóstico e prognóstico do desenvolvimento urbano capturado em amplo processo participativo.

2.4. Direito ao Meio Ambiente Urbano

Em nosso País, o direito ambiental é mais desenvolvido, em termos de amadurecimento de seus conceitos e institutos, que o direito urbanístico. Entrou na moda mais cedo, em razão da desabalada corrida do ser humano em direção ao desastre ecológico global e da Conferência Rio-92, e tem já considerável doutrina e jurisprudência produzida, além de cadeiras próprias na maioria das faculdades de direito. Tal condição se reflete no texto constitucional, que trata do tema de maneira mais transversal e englobante.

De fato, a Constituição Federal menciona o meio ambiente em diversas passagens, sendo certo que seu capítulo específico se localiza dentro do título da Ordem Social (Título VIII – Da Ordem Social, Capítulo VI – Do Meio Ambiente). O direito ambiental, embora influencie na vida das cidades, tem princípios e institutos próprios, diversos do direito urbanístico. Interessa, a este estudo, verificar o trato constitucional ao meio ambiente urbano como fundamento constitucional do direito urbanístico.

Sob esta ótica, o meio ambiente (inclusive urbano) pode ser tutelado via ação popular (art. 5º, LXXIII), sendo competência material da União, Estados, Municípios e Distrito Federal proteger o meio ambiente em todas as suas formas (art. 23, VI). É função institucional do Ministério Público promover o inquérito civil e a ação civil pública em razão de lesão ao meio ambiente (art. 129, III – vimos que a lei da ação civil pública expressamente trouxe o tema da defesa da ordem urbanística), sendo princípio geral da ordem econômica a sua defesa (art. 170, VI). A defesa do meio ambiente urbano integra o conceito de fazer cumprir as funções sociais da cidade, objetivo da política de desenvolvimento urbano.

2.5. A Livre-iniciativa e a intervenção estatal

A livre-iniciativa é fundamento tanto da República Federativa do Brasil quanto da sua ordem econômica (art. 1º, IV e art. 170, "caput"). Muito se debate acerca da acepção do termo "livre-iniciativa" e seu significado constitucional, mas é possível afirmar, sem adentrar em qualquer discussão, que o tema tanto se refere à liberdade de comércio e indústria como à liberdade de atuação dos agentes privados em concorrência na disputa pelos mercados. Mais: a leitura de leitura de tais dispositivos em conjunto com o art. 173 da Carta Magna (art. 173. Ressalvados os casos previstos nesta Constituição, a exploração direta de atividade econômica pelo Estado só será permitida quando necessária aos imperativos da segurança nacional ou a relevante interesse coletivo, conforme definidos em lei) indica a determinação constitucional de subsidiariedade da atuação estatal no campo da exploração da atividade econômica – exceto os casos expressamente indicados no texto constitucional, a atuação estatal em atividade econômica deve ser devidamente justificada e precedida de lei autorizadora. Na mesma linha, o art. 174 esclarece ser o Estado agente normativo e regulador da atividade econômica, sempre sob o signo do princípio da legalidade (hoje compreendido em sua acepção ampla – chegaremos lá, não se preocupem), sendo seu planejamento determinante para o setor público e indicativo para o setor privado.

No tocante ao direito urbanístico, o reflexo de tal orientação constitucional é bastante relevante. Primeiramente, em razão do reconhecimento de que a atividade dos empreende-

---

8. CARVALHO FILHO, José Dos Santos. *Comentários ao Estatuto da Cidade*. 5. ed. rev., ampl. e atual. São Paulo: Atlas, 2013, p. 17.

dores privados é essencial para o desenvolvimento urbano. De fato, além da própria atividade ordinária de construção da paisagem urbana com base nas leis de zoneamento ou por intermédio de obras de infraestrutura e equipamentos públicos contratadas pela Administração Pública, as parcerias entre o poder público e o setor privado são essenciais para implementação dos planos e projetos urbanos – tal como ocorre nas operações urbanas consorciadas, concessões urbanísticas, todos os tipos de concessões para obras de infraestrutura urbana etc. Em segundo lugar, verifica-se que o planejamento urbano veiculado pelas leis urbanísticas (especialmente o plano diretor) excepciona a regra do planejamento estatal: mais que normatizar e orientar, o planejamento urbanístico é de observância obrigatória tanto pelos setores públicos quanto pelos particulares. A chave para compreender tal exceção, já é possível adiantar, é a propriedade urbanística, conformada sob as luzes da função social da propriedade. Ainda vamos falar muito disso.

2.6. Princípio da legalidade em matéria urbanística, competência dos entes federativos e processo legislativo de direito urbanístico

A Constituição Federal determina que compete à União instituir diretrizes para o desenvolvimento urbano, inclusive habitação, saneamento básico e transportes urbanos (art. 21, inc. XX). O art. 24, por sua vez, como já visto, dá competência concorrente à União, Estados e Distrito Federal para legislar sobre direito urbanístico (inc. I), sendo certo que incide o conhecido mecanismo dos §§ 2º e 3º do indigitado artigo: caberá à União editar as normas gerais sobre o tema, com competência suplementar dos Estados, que poderão exercer competência legislativa plena caso não exista a lei federal (que você já sabe que existe – é o Estatuto da Cidade!). Aliás, aos Estados cabe, de acordo com o art. 25, § 3º, e mediante lei complementar, instituir regiões metropolitanas, aglomerações urbanas e microrregiões, constituídas por agrupamentos de municípios limítrofes, para integrar a organização, o planejamento e a execução de funções públicas de interesse comum (também falaremos sobre isso adiante, especialmente quando estudarmos o Estatuto da Metrópole). A estrela da companhia em termos de legislação urbanística, você já imagina, é o Município: além do capítulo da Política Urbana, que transforma o plano diretor no principal diploma normativo em direito urbanístico, pelo art. 30, detém competência para legislar sobre assuntos de interesse local (inc. I) e para promover, no que couber, adequado ordenamento territorial, mediante planejamento e controle do uso, do parcelamento e da ocupação do solo urbano (inc. VIII).

O princípio da legalidade é reconhecido como um dos pilares de sustentação do denominado "regime jurídico de direito público". Hoje em dia, parte importante da doutrina nacional fala da "crise do princípio da legalidade", advindo principalmente da constatação de que a lei formal, produto do parlamento, não consegue acompanhar o ritmo das mudanças sociais, e tende a regular de maneira pouco satisfatória os temas que aborda. Da mesma forma, como verso da moeda, é identificado o fenômeno da "delegificação" (ou "deslegificação"), que consiste na crescente regulação de setores ou matérias por intermédio de produção normativa não legislativa – é o caso dos regulamentos editados pelas agências reguladoras, por exemplo. Duas coisas: não se pode identificar tal fenômeno com a volta do primado da arbitrariedade e da subjetividade na Administração Pública – não haver lei em sentido formal não significa que não haja regulamentação e que não deva haver transparência na gestão e responsabilidade do administrador. E não, não se pretende mergulhar o candidato a concurso público no centro de uma discussão que hoje em dia parece um verdadeiro Palmeiras x Corinthians. O que importa destacar é que o direito urbanístico, por ser um novo e dinâmico ramo da ciência jurídica, está lançado no centro deste debate.

Com efeito, ao mesmo passo que é evidente que temas fundamentais da normatização urbanística, especialmente os que veiculam as potencialidades de aproveitamento das propriedades imobiliárias urbanas – tais como a conformação da propriedade urbanística e os índices de aproveitamento, uso e ocupação do solo - têm que ser objetivamente definidos por lei formal, o direito urbanístico tem como componente indissociável a produção de normas jurídicas mediante participação dos interessados e a gestão democrática. Em outros termos, não só a elaboração como também a aplicação das normas urbanísticas considera este processo, uma vez que a aplicação da norma jurídica transmuda a norma jurídica abstrata em norma jurídica em concreto (como vocês já haviam esquecido mas agora relembro).

Além aspecto citado acima, esta participação pressupõe que assuntos referentes a direito urbanístico serão debatidos pela sociedade, que atingirá consensos para a definição de pautas legislativas e administrativas tanto de legislação estruturante como de formação de políticas públicas de desenvolvimento urbano. Isso significa que há um amplo espaço de atuação administrativa *praeter legem* (e não apenas *secundum legem*), criando-se, de forma amplamente motivada e transparente, e por intermédio de processos públicos e formais, normatizações específicas em hipóteses que, em tese, seriam destinadas à regulação por lei. O tema será abordado de maneira mais completa na análise do Estatuto da Cidade. Por ora, o que é importante lembrar: não há formulação legislativa nem implantação de projetos urbanísticos sem ampla participação dos interessados, da sociedade.

2.7. Direito à cidade e responsabilidade do Estado em matéria urbanística

O desequilíbrio social no uso e ocupação do solo urbano, especialmente nos grandes centros urbanos, desencadeou a busca de um modelo de desenvolvimento urbanização que permitisse a potencial fruição dos benefícios advindos da vida nas cidades a todos os seus habitantes. Tais estudos redundaram no consenso sobre a necessidade de universalização do acesso das comodidades da vida urbana, seja pelo uso dos serviços e equipamentos públicos, seja pela ampla participação dos interessados nas decisões que afetem a população.

Como resultado deste processo, foi formulada a Carta Mundial do Direito à Cidade, redigida no Fórum Social das Américas em Quito, em Julho 2004, retificada no Fórum Mundial Urbano de Barcelona, em setembro de 2004, e ratificada pelo V Fórum Social Mundial de Porto Alegre, realizado em janeiro de 2005. Na mesma linha caminha a "Nova Agenda Urbana", aprovada na Conferência Habitat III, organizada pela ONU em Quito em outubro de 2016.

O então denominado "direito à cidade" foi então identificado como um direito coletivo dos habitantes das cidades, especialmente manobrável em favor dos grupos hipossuficientes, com o objetivo de alcançar o pleno exercício do direito a um padrão de vida adequado. O documento, ainda, expõe que o direito à cidade democrática, justa, equitativa e sustentável pressupõe o exercício pleno e universal de todos os direitos econômicos, sociais, culturais, civis e políticos previstos em pactos e convênios internacionais de direitos humanos por todos os habitantes, tais como o direito ao trabalho e às condições dignas de trabalho, o direito de constituir sindicatos, o direito a uma vida em família, o direito a um padrão de vida adequado, incluindo alimentação e vestuário, o direito a uma habitação adequada, à saúde, à água, à educação, à cultura etc. Como princípios e fundamentos estratégicos do direito à cidade, destacam-se o exercício pleno da cidadania e gestão democrática da cidade, a igualdade (dever de evitar a discriminação), a proteção especial de grupos e pessoas vulneráveis e a função social da cidade e da propriedade.

Sem que se queira diminuir a importância a ser dada ao atendimento das demandas que veicula, observa-se que o "direito à cidade" não parece deter institutos ou princípios próprios. É, isto sim, a somatória de institutos e princípios pertencentes cada qual a seu campo próprio do direito (direito urbanístico, direito da educação, direito sanitário, direito do saneamento etc.). É, em resumo, uma disciplina síntese, útil para abordagem sistemática de regramento e incidência das normas jurídicas que engloba.

Entendido desta forma, verifica-se que seus dispositivos referentes ao direito à cidade estão espalhados por todo corpo constitucional – ocioso até mesmo relacionar os inúmeros artigos referentes ao direito à saúde, habitação, educação etc. presentes na Carta Magna. No tocante ao direito urbanístico, o direito à cidade tem utilidade para a fixação dos objetivos da política de desenvolvimento urbano e na conformação da ordem urbanística – não há que se falar em uma cidade que respeite os direitos individuais sem que se possibilite uma equitativa distribuição dos benefícios e cargas decorrentes da urbanização, privilegiando-se o interesse transindividual da cidade justa e equilibrada social e economicamente.

Tal constatação, por sua vez, implica reconhecer que o planejamento urbanístico não detém ampla liberdade de definição de metas e prioridades, mesmo que legitimado pelos processos de participação popular eventualmente incidentes. Ao contrário, não pode deixar de contemplar o atendimento das necessidades básicas da população da cidade – o direito urbanístico, desta forma, é um relevante veículo de implementação do direito à cidade, e sua formulação e implantação não podem deixar de considerá-lo.

Síntese: o que o candidato a concursos públicos deve saber sobre este capítulo: Este capítulo tratou basicamente do que a Constituição Federal traz como regra-matriz e disposições gerais que afetam a elaboração e a interpretação do direito urbanístico. O que o concurso vai querer saber é se você entende o arcabouço constitucional que envolve este ramo do direito, e se tem noção da complexa rede de direitos e deveres estipulados pela ordem urbanística, que envolvem a vida nas cidades. O caminho para isso está na compreensão dos fundamentos constitucionais da matéria.

3. PROPRIEDADE URBANÍSTICA

Este capítulo tratará do tema da propriedade urbanística, central ao tema do direito urbanístico. A propriedade urbanística está para o direito urbanístico mais ou menos como a teoria do crime está para o direito penal. Sim, você que estuda para Concursos Jurídicos entendeu agora como isso é importante... O estudo do tema irá por etapas, e, ao final, a lógica sobre a qual se sustenta o regime jurídico da propriedade urbanística estará plenamente exposta. A partir deste momento, o direito urbanístico estará definitivamente aberto à sua compreensão.

3.1. Propriedade

O direito real de propriedade é o mais amplo dos denominados direitos reais (oponíveis *erga omnes*), e um dos mais antigos institutos jurídicos. Há diversas teorias para fundamentar sua existência (teoria da ocupação, da convenção, do direito natural, do trabalho ou especificação, individualista ou da personalidade, da criação de lei ou positivista), que são estudadas no campo do direito civil. Em um conceito clássico, cunhado por DINIZ, propriedade **é o direito que a pessoa natural ou jurídica tem, dentro dos limites normativos, de usar, gozar e dispor de um bem corpóreo ou incorpóreo, bem como reivindicá-lo de quem o injustamente detenha.**[9]

Aí estão todos os direitos classicamente atribuídos ao instituto, encadeados com clareza pela renomada autora. O direito civil também estudará estes temas à exaustão, e sua prova de direito civil deverá ser respondida com base nas informações lá colhidas. Ocorre que, como bem demonstra DA SILVA, hoje em dia se mostra mais adequado falar em "propriedades" e não "propriedade", cada uma com seu aspecto característico, variantes de acordo com a incidência da função social de sua destinação (urbana, rural, pública, privada etc.). O regime jurídico da propriedade não é uma função exclusiva do direito civil, mas de um complexo de normas administrativas, urbanísticas, empresariais e civis, sob fundamento, isto é, diretamente referenciadas às normas constitucionais. Para entender esta nova feição da propriedade, útil à compreensão e aplicação do direito urbanístico, é preciso estudar dois fenômenos: o da constitucionalização do direito civil e o da publicização do direito civil.

3.2. Constitucionalização e publicização do direito civil

O processo de elevação, ao plano constitucional, dos princípios fundamentais do direito civil, é chamado de **constitucionalização do direito civil**. Tais princípios passam a ser obrigatoriamente condicionantes da aplicação de toda a legislação infraconstitucional – não só a do direito civil – pelos tribunais e administradores públicos. As principais vertentes deste movimento podem ser detectadas nos princípios referentes ao direito de família, dos contratos e, claro, nos que dizem respeito ao direito de propriedade. Para LÔBO, a constitucionalização do direito civil não é episódica ou circunstancial, e sim consequência inevitável da natureza do Estado Social, considerada pelo autor a etapa atual do Estado moderno. A Constituição Federal de 1988, de fato, contém um claro caráter

---

9. DINIZ, Maria Helena. *Curso de direito civil brasileiro 4. Direito das coisas.* 25. ed. São Paulo: Saraiva, 2010. p. 111.

dogmático e consagra o Estado Social, que tem como objetivos fundamentais (art. 3º) "constituir uma sociedade livre, justa e solidária", com redução das desigualdades sociais. A ordem jurídica infraconstitucional deve, destarte, concretizar a organização social e econômica eleita pela Constituição, não podendo os juristas desconsiderá-la, como se os fundamentos do direito civil permanecessem ancorados no modelo liberal do século XIX. Salienta o mesmo autor, que "a compreensão que se tem atualmente do processo de constitucionalização do direito civil não se resume à aplicação direta dos direitos fundamentais às relações privadas, que é um dos seus aspectos. Vai muito além. O significado mais importante é o da aplicação direta das normas constitucionais, máxime os princípios, quaisquer que sejam as relações privadas, particularmente de duas formas: (a) quando inexistir norma infraconstitucional, o juiz extrairá da norma constitucional todo o conjunto necessário à resolução do conflito; (b) quando a matéria for objeto de norma infraconstitucional, esta deverá ser interpretada em conformidade com as normas constitucionais aplicáveis. Portanto, as normas constitucionais sempre serão aplicadas em qualquer relação jurídica privada, seja integralmente, seja pela conformação das normas infraconstitucionais".[10]

O fenômeno da **publicização do direito civil**, por sua vez, compreende o processo de crescente intervenção estatal na sociedade, com a redução do espaço outrora ocupado pela autonomia privada. Tal ação, dada especialmente no âmbito legislativo infraconstitucional, acabou por retirar matérias até então consideradas pertinentes ao Código Civil de sua regulação – como exemplo, cita-se o direito do trabalho, o direito das águas, o direito da habitação, o direito do consumidor etc. O direito urbanístico também reflete tal fenômeno, especialmente como comprovado pela edição do Estatuto da Cidade.

Os fenômenos da constitucionalização da publicização do direito civil, por sua vez, explicitam uma tendência de alteração da dogmática jurídica[11] no que é pertinente à regulação da propriedade e dos direitos a esta inerentes. Nesta linha de ideias, a leitura eminentemente civilista das relações concernentes à propriedade restringe-se cada vez mais (por exemplo, ainda é bastante incidente no regramento específico do direito de vizinhança). A propriedade, além de continuar com sua clássica característica de prover um feixe de direitos subjetivos exercitáveis em face de terceiros, é também reconhecida como detentora de um *munus*, o dever de desempenhar uma função de interesse de toda a sociedade – a denominada "função social da propriedade".

3.3. Função social da propriedade

A ideia da função social da propriedade é de relevância central para o Direito moderno. Foi a partir do seu reconhecimento que se tornou possível desenvolver os novos institutos e a compreensão da tutela da ordem urbanística desenhada no texto constitucional, que se espalha no ordenamento jurídico vigente no País.

No mundo jurídico, coube ao francês LEON DUIGUIT a tarefa de sistematizar tal conceito, promovendo a desconstrução do conceito individualista de propriedade. Em 1912, tal autor elaborou tese que simplesmente contestava a condição do proprietário como sendo titular de direito subjetivo: este seria, em verdade, mero detentor de riqueza, pois a propriedade é, ela mesma, função social. Segundo a proposta de DIGUIT, até hoje defendida por determinadas tendências políticas como bandeira de luta social, era a de que a propriedade, mais que um direito, era basicamente uma função – enquanto o proprietário cumpre a função social da propriedade (planta a terra, mora na edificação etc.) ele detém a riqueza; quando ele não cumpre, fica sujeito à intervenção dos governantes – para os mais radicais, sem indenização, evidentemente, já que não há propriedade sem função. O proprietário, assim, tem tanto o dever de dar à propriedade função que aproveite a si próprio quanto à coletividade.[12] A influência destas ideias se fez sentir em todo o planeta.

O Estado Liberal, presente principalmente a partir de meados do Séc. XIX, surgiu tendo como uma das principais preocupações a proteção da propriedade individual (este é o desenho que até hoje acompanha a lei civil). A passagem do Estado Liberal do século XIX para o Estado do Bem-Estar Social, do início do século XX marcou o início da mudança desta ideia – é bom não esquecer que o chamado "Welfare State" se impõe como uma necessidade advinda do dever de reconstruir nações e economias arruinadas pela I Guerra Mundial (1914/1918) – a Constituição alemã de Weimar, de 1919, normatizava com destaque a função social da propriedade[13]. Reconheceu-se, então, que as necessidades sociais e econômicas exigiam cada vez mais que a propriedade deixasse de ter caráter individualista, devendo servir não só aos interesses de seu proprietário, mas também de toda coletividade.

A primeira vez que a função social foi expressamente mencionada em texto constitucional brasileiro foi na Carta de 1967, como princípio da ordem econômica (art. 157, III), sendo certo que a Emenda Constitucional 1/1969 fez menção ao tema nos mesmos moldes do texto de 1967 (art. 160, III). A Constituição Federal de 1988 deu nova dimensão ao tema, ao, reitere-se, determinar ser tanto a propriedade quanto a sua função social direitos fundamentais (art. 5º, XXII e XXIII).

Para compreender o sentido da função social em nosso País, cumpre colacionar os ensinamentos de BANDEIRA DE MELLO, expostos mesmo antes da entrada em vigor do atual texto constitucional. Para o autor, o entendimento acerca do tema da função social da propriedade deve ter por pressuposto que "não se trata apenas de coibir o uso antissocial da propriedade, mas de fazer com que cumpra tal função, já que passa a ser um bem jurídico conaturalmente definido a nível constitucional, como teleologicamente orientado para este destino".[14] A função social, em síntese, não pode ser encarada como algo exterior à propriedade, mas sim como integrante de sua própria estrutura. Não limita a propriedade, e sim integra

---

10. LÔBO, Paulo Luiz Netto. A constitucionalização do direito civil brasileiro. In: TEPEDINO, Gustavo (org.). *Direito civil contemporâneo. Novos problemas à luz da legalidade constitucional.* São Paulo: Atlas, 2008. p. 20-21.
11. Dogmática não é palavrão. A dogmática jurídica é o modo de compreender e sistematizar a aplicação da lei.
12. Cf. HUMBERT, George Louis Hage. *O direito urbanístico e a função socioambiental da propriedade urbana.* Belo Horizonte: Fórum, 2009. p. 92.
13. "A propriedade obriga" (art. 153, Segunda alínea).
14. BANDEIRA DE MELLO, Celso Antonio. Novos Aspectos da função social da propriedade no direito público. *Revista de Direito Público*. vol. 20. n. 84. out/dez 1987. p. 39.

a sua conformação, irrigando a compreensão dos direitos que dela advém – os clássicos usar, gozar, fruir e reivindicar estão plenamente presentes, mas seu significado tem que considerar não somente a condição de coisa de domínio de alguém, mas também a serviço da coletividade. O reflexo desta condição na construção do conceito de propriedade urbanística é importantíssimo.

3.4. Função social da propriedade imobiliária urbana

Tanto a Constituição Federal quanto a legislação de regência indicam incidir nas cidades um regramento jurídico que põe em evidência a ideia de conformação da propriedade em virtude de sua função social. Novamente buscando auxílio em DA SILVA, é possível afirmar que "a propriedade urbana é formada e condicionada pelo direito urbanístico a fim de cumprir sua função social específica: realizar as chamadas funções urbanísticas de propiciar *habitação* (moradia), condições adequadas de *trabalho, recreação* e *circulação* humana; realizar, em suma, as funções sociais da cidade".[15] A eficiente síntese nos dá duas relevantes informações: a propriedade urbana tem seu regramento fortemente influenciado pelo direito urbanístico, e é voltada para o atendimento das funções sociais da cidade.

Interessante, ainda sobre este ponto, trazer à colação o ensinamento do autor português CORREIA, que detecta estar o direito de propriedade privada dependente de uma pluralidade de leis ordinárias, que fixam conteúdos diversos e impõe limites de várias ordens aos diferentes tipos de propriedade privada. Aponta, o autor, ainda, que tal condição acarreta a negativa da ideia dos direitos advindos da propriedade como algo de fixo ou imutável, estando, ao contrário, à mercê do legislador, que poderá ampliá-lo ou comprimi-lo em função das concepções políticas, econômicas e sociais do momento[16] – vocês se lembram de DA SILVA falando que hoje há "propriedades", e não "propriedade", não é? Este é mais um elemento a ponderar.

Prosseguindo, a função social da propriedade conforma o direito de propriedade, sendo decorrência da equação entre o Estado Democrático de Direito constituído sob a égide da proteção a direitos individuais e pelos ditames da justiça social e da busca de uma existência digna para todos. Isto significa que, tendo natureza de norma jurídica positivada e independente, a função social da propriedade tem conotação de dever jurídico que obriga a todos os detentores do domínio. Assim, o proprietário não deve apenas abster-se de praticar determinados atos contrários à lei ou ao interesse coletivo, como na hipótese de abuso de direito (art. 1.228, § 2º, do Código Civil). Estará obrigado também a agir, a adotar condutas positivas no sentido de imprimir ao bem um uso em consonância não só aos seus interesses individuais, mas também aos interesses da coletividade, vinculando a todos, inclusive ao poder público[17]. A propriedade urbana, desta forma, "atinge a sua função social quando participa positivamente do desenvolvimento da função social da cidade que corresponde ao desenvolvimento sustentável do meio ambiente artificial, obedecendo aos ditames legais e valorizando a higidez da coletividade"[18].

Independentemente da exata compreensão acerca do alcance da mudança que o fator "função social" acarretou em nosso País no instituto da propriedade e na delimitação dos direitos dela advindos, há, ao menos, uma certeza: é consenso que esta característica da propriedade indica a passagem do seu conceito de subordinação completa de terceiros frente ao proprietário do bem ao de elemento de construção de harmonia e coesão do tecido social, com direitos da coletividade oponíveis ao proprietário. O direito positivo brasileiro ilustra tal fato.

3.4.1. Propriedade no direito positivo brasileiro

Além dos já apontados dispositivos da Constituição Federal – como por exemplo, o art. 5º, XXII e XXIII, o art. 182 etc. – cumpre avançar para observar como o tema é tratado na normatização infraconstitucional. Como visto, o Código Civil, ao mesmo tempo em que labora com o conceito clássico de propriedade, determina o exercício dos direitos dela advindos em consonância com as suas finalidades econômicas, sendo defesos os atos que não trazem ao proprietário qualquer comodidade ou utilidade, e sejam animados pela intenção de prejudicar outrem (art. 1.228, *caput* e §§ 1º e 2º). Traz, ainda, institutos que ilustram a correlação entre o benefício advindo de ser proprietário e o ônus decorrente de tal condição – como exemplo, é possível citar a usucapião (arts. 1.238 e ss.), o abandono (art. 1.276), o uso anormal da propriedade (arts. 1.277 e ss.) etc. Finalizando este rol meramente exemplificativo, é possível destacar que a validade dos negócios e demais atos jurídicos constituídos antes da entrada em vigor daquela lei seria em regra respeitada, salvo se contrariasse preceitos de ordem pública estabelecidos em seu texto, tais como o da função social da propriedade (art. 2.035, e seu parágrafo único).

A denominada Lei de Desapropriação (Decreto-Lei 3.365/1941) parte do pressuposto que determinadas propriedades particulares podem ser sacrificadas em prol do bem comum. A declaração de utilidade pública (art. 2º) pode ter por fundamento, entre outros motivos, a criação e melhoramento de centros de população; a exploração ou a conservação dos serviços públicos; a execução de planos de urbanização; o parcelamento do solo, com ou sem edificação, para sua melhor utilização econômica, higiênica ou estética etc. Recente mudança traz previsão expressa de que a desapropriação pode perfeitamente destinar-se à urbanização ou à reurbanização, realizada mediante concessão ou parceria público-privada (art. 4º, parágrafo único). A Lei n. 4132/1962, por sua vez, trata do tema da desapropriação especialmente por interesse social, permitindo a expropriação pelo Poder Público em casos não cumprimento da função social da propriedade, para a construção de casas populares etc. Há, hoje, até mesmo a pena de desapropriação (art. 182, § 4º, III, da Constituição Federal e art. 8º da Lei 10.257/2001), que será mais bem estudada adiante.

No que toca à legislação sobre loteamentos, a Lei 6.766/1976 (Lei Lehman, se alguém perguntar na prova), define que o Município determina por lei em quais sítios será possível realizar o parcelamento para fins urbanos. Deverão ser reservadas áreas para os sistemas de circulação e a implantação de equipamentos urbanos e comunitários, a espaços livres de uso público. A própria lei de loteamentos determina que a lei municipal apontará quais os usos permitidos e os índices urbanísticos de parcelamento e ocupação do solo, que inclui-

---

15. DA SILVA, op. cit., p. 74.
16. CORREIA, Fernando Alves. *Manual de direito do urbanismo*. 4. ed. Coimbra: Almedina, 2008. vol. 1, p. 808.
17. HUMBERT, op. cit., 2009, p. 107-108.
18. MALUF, Adriana Caldas do Rego Freitas Dabus. *Limitações urbanas ao direito de propriedade*. São Paulo: Atlas, 2010. p. 60.

rão, obrigatoriamente, as áreas mínimas e máximas de lotes e os coeficientes máximos de aproveitamento.

O Estatuto da Cidade (Lei 10.257/2001) também será estudado em seu capítulo próprio. Registre-se, tão somente, que traz normas de ordem pública e interesse social que regulam o uso da propriedade urbana em prol do bem coletivo, da segurança e do bem-estar dos cidadãos, bem como do equilíbrio ambiental, com a finalidade de executar a política urbana de que tratam os arts. 182 e 183 da Constituição Federal. Não é pouca coisa.

3.5. Conteúdo da propriedade urbanística

Com as informações já trazidas é possível caminhar com segurança para a definição do conteúdo da propriedade urbanística. Neste sentido, mister se faz destacar que a outrora amplamente predominante "teoria do conteúdo mínimo da propriedade urbana" continha dois pressupostos dogmáticos: (a) o enquadramento das normas urbanísticas no campo do chamado "poder de polícia" e (b) o tratamento do direito de propriedade não como instituição econômica, mas somente como um direito humano. Admitidas tais condições, concluía-se (e ainda há muitos defensores desta tese) que a propriedade deve sempre ter um "conteúdo mínimo", além do qual as restrições urbanísticas não poderiam avançar, sob pena de desapropriação indireta. Bem, se você leu atentamente este material até o momento, vai identificar, nesta linha de entendimento, uma forte raiz civilista, garantidora de manutenção da propriedade não importa qual seja sua utilização e condição. Vejamos como abordar o tema sob a ótica do direito urbanístico.

Inicialmente, é inegável o "status" de direito individual da propriedade. Não fosse por outro motivo, está lá inscrito no rol do art. 5º da Constituição Federal. A questão é que, logo na sequência, também surge como direito individual a sua função social – ou seja, tanto ter o bem como dar utilização social ao mesmo bem são cláusulas pétreas da Constituição Federal. Outro ponto importante: é a lei urbanística, geral e abstrata, quem vai definir as potencialidades de uso e ocupação do solo urbano – o "conteúdo mínimo" da propriedade sempre será respeitado, mas não será definido "a priori": será, ao contrário, variável, admitidas as diferenciações advindas do planejamento urbanístico positivado por intermédio da lei urbanística. Eventuais discriminações não isonômicas (portanto desarrazoadas), evidentemente, podem dar ensejo a impugnações da norma jurídica ou a indenizações proprietários atingidos.

Ainda preliminarmente, é necessário esclarecer um ponto bastante importante: não se deve confundir liberdade e propriedade com direito de liberdade e direito de propriedade. Estes últimos são expressões daquelas, porém, tal como admitidas em um dado sistema normativo. Nas palavras de BANDEIRA DE MELLO,[19] "por isso, não há limitações administrativas ao direito de liberdade e ao direito de propriedade uma vez que estas simplesmente integram o desenho do próprio perfil do direito. Há, isto sim, limitações à liberdade e à propriedade".

A possibilidade de impor limitações à propriedade pelo Poder Público tem por pressuposto a compreensão de que é a própria lei quem define o conceito desta. Uma vez conformada a propriedade, fica estabelecido o direito dela advindo, sendo certo que este não poderá em regra ser sacrificado sem que haja a correspondente indenização a tanto. A pergunta a ser feita é: o que é a propriedade imobiliária urbana – a **propriedade urbanística – aqui e agora**? A resposta será dada pelo plano diretor[20].

Nestes termos, não há que se confundir conformação urbanística da propriedade com as restrições administrativas a si impostas, ainda que tais detenham função urbanística. Estas são específicas, atingem determinadas pessoas ou bens, produzem gravames e devem ser indenizados na medida da desvalorização econômica provocada. Exemplos de tais restrições são o tombamento, servidões administrativas, requisições, ocupações temporárias de imóvel etc.

Com tais informações já é possível, então, conceituar **propriedade urbanística: esta é aquela inserida no contexto de normas e planos urbanísticos, vinculando sua função social à ordenação da cidade expressa no plano diretor**[21]. As características principais da propriedade urbanística podem ser assim resumidas:[22]

a) a propriedade tradicional traduzia-se simplesmente no plano horizontal. A propriedade urbanística apresenta uma terceira dimensão. É uma propriedade cúbica, ou seja, o proprietário só pode construir acima e abaixo do solo de acordo com o plano urbanístico, sendo certo que a altura e a profundidade passam a constituir valores intrínsecos dessa propriedade;

b) a propriedade urbanística tem destinação específica, isto é, o plano urbanístico positivado pela lei urbanística determina o uso que se pode dar ao terreno – residencial, comercial etc. – ou ainda o número de habitações que podem ser construídas;

c) a propriedade urbanística possui, também, um caráter temporal – seu conteúdo é dado pelo plano e, como o plano é mutável, segue-se que também ela é mutável;

d) a propriedade urbanística implica também em obrigações de fazer, podendo, inclusive, constranger o proprietário a edificar, sob pena de ser expropriado pelo Poder Público;

e) a propriedade urbanística recebe a sua forma do plano de diretor;

f) a propriedade urbanística está intimamente vinculada aos serviços públicos que a servem, de tal forma, que o seu proprietário é obrigado a custeá-los, ainda que deles não se utilize.

Síntese: o que o candidato a concursos públicos deve saber sobre este capítulo

O tema da propriedade urbanística é extremamente atual, especialmente em razão do debate sobre a função social da propriedade. Este é um tema caro ao direito urbanístico, é amplamente manobrado pelos profissionais do direito que atuam na área. Estejam atentos, então – a compreensão da feição do direito urbanístico no Brasil passa pelo entendimento

---

19. BANDEIRA DE MELLO, Celso Antonio. *Curso de direito administrativo*. 26. ed. São Paulo: Malheiros, 2009. p. 811

20. Sim, há cidades que não precisarão elaborar o plano diretor. Mas mesmo nestas localidades haverá alguma lei de conteúdo urbanístico que definirá o que é importante localmente – mesmo que sejam somente os recuos em relação ao leito carroçável, por exemplo. E há um detalhe: quando vier o plano diretor e eventualmente tais leis forem revogadas, não haverá direito adquirido a utilizar o regime jurídico por elas estabelecido.

21. DA SILVA, op. cit., p. 75.

22. CARVALHO PINTO, Victor. Regime Jurídico do Plano Diretor. Disponível em: [http://www2.senado.leg.br/bdsf/item/id/150]. Acesso em: 09.09.2020.

dos temas deste capítulo. E o candidato a concursos jurídicos deve, no mínimo, compreender esta parte da matéria.

4. NORMAS GERAIS DE DIREITO URBANÍSTICO

Este capítulo também é importante ("Poxa, todos são!". Bem, são). É apresentado, de uma maneira mais completa, o Estatuto da Cidade. A Lei 10.257/2001 é o principal diploma de direito urbanístico editado pela União em atendimento ao disposto no art. 24, I, da Constituição Federal. Também serão apresentados os principais princípios que ilustram a interpretação e aplicação do direito urbanístico.

4.1. Estatuto da Cidade

A Lei 10.257, de 10 de julho de 2001, é uma lei, vamos dizer, cheia de si. Para começar, ela própria fixa o seu nome: define, no parágrafo único do art. 1º que deverá se chamar "Estatuto da Cidade". Não bastasse isso, anuncia desde logo no mesmo parágrafo único: veio para estabelecer normas de ordem pública e interesse social que regulam o uso da propriedade urbana em prol do bem coletivo, da segurança e do bem-estar dos cidadãos, bem como do equilíbrio ambiental. Uma tarefa enorme, e dificílima.

Para tanto, a lei se **estrutura** na seguinte conformidade: o Capítulo I inicia com as diretrizes gerais de política urbana, estudadas com mais vagar logo adiante, e em seguida, trata das competências da União em sede de política urbana. Passa, a seguir, no Capítulo II, a disciplinar os instrumentos de política urbana – na Seção I trata dos instrumentos em geral; na Seção II, do parcelamento, edificação ou utilização compulsórios; na Seção III, do IPTU progressivo no tempo; na Seção IV, da desapropriação com pagamento em títulos; na Seção V, da usucapião especial de imóvel urbano; na Seção VII (a Seção VI foi inteiramente vetada), trata do direito de superfície; na Seção VIII, do direito de preempção; na Seção IX, da outorga onerosa do direito de construir; na Seção X, das operações urbanas consorciadas; na Seção XI, da transferência do direito de construir e na Seção XII trata do estudo de impacto de vizinhança. O Capítulo III trata exclusivamente do Plano Diretor, o Capítulo IV da Gestão Democrática da Cidade e o Capítulo V traz as disposições gerais. A leitura atenta do texto da lei é altamente recomendável. Uma rápida passada de olhos neste material de urbanístico que você tem em mãos mostrará que a maioria dos temas é detalhada, para a sua compreensão. O negócio é que as provas de testes de múltipla escolha não raramente questionam sobre o texto expresso da lei, e, com isso, mesmo quem compreenda a matéria e sua aplicação pode perder preciosos pontos. Olho aberto.

Retornando: pretensões à parte, o Estatuto da Cidade veio, no dizer de SUNDFELD, com a pretensão de pôr fim à prolongada adolescência do direito urbanístico brasileiro. Segundo o autor, "coube à nova lei o desafio de consolidá-lo (fixando conceitos e regulamentando instrumentos), de lhe conferir articulação, tanto interna (estabelecendo os vínculos entre os diversos instrumentos urbanísticos) como externa (fazendo a conexão de suas disposições com as de outros sistemas normativos, como as do direito imobiliário e registral) e, desse modo, viabilizar a sua operação sistemática"[23].

O Estatuto da Cidade passou nada menos que 10 anos tramitando no Legislativo. Desde a propositura do Projeto de Lei 5788/1990, da Câmara dos Deputados, as ideias de como deveria ser esta norma geral da União foram amadurecendo, e tomando corpo. Ao final, houve uma opção deliberadamente didática do legislador infraconstitucional: o Estatuto da Cidade, além de trazer as diretrizes da política de desenvolvimento urbano, funciona como uma espécie de "cartilha" para a elaboração das leis dos planos diretores dos municípios brasileiros – traz conteúdo obrigatório, orienta a formulação e aplicação da legislação etc.

Desde já é importante, por outro lado, destacar que o Estatuto da Cidade promove, com seu texto, alteração na própria leitura e interpretação dos instrumentos voltados à consecução da política de desenvolvimento urbano. De fato, como relembra MEDAUAR, "a expressão *estabelece normas de ordem pública* e *interesse social*, embora pareça redundante, não se mostra despropositada. Pareceria redundante, pois, tratando-se de normas urbanísticas, inseridas no âmbito do Direito Público, configuram logicamente preceitos de ordem pública. No entanto, o legislador talvez quisesse ressaltar e tornar clara uma nova conformação de direitos ou de figuras jurídicas classicamente vislumbradas sob o ângulo privado".[24] Neste diapasão, o conceito de propriedade em zona urbana deve conciliar-se com o interesse geral – lembra aquela história de propriedade urbanística? Olha ela aqui.

O Estatuto da Cidade é um diploma tão relevante para o direito urbanístico que alguns de seus temas serão estudados em capítulos apartados – por exemplo, teremos um capítulo sobre gestão democrática, outros sobre instrumentos urbanísticos etc. Este capítulo centrará suas atenções nas diretrizes gerais de política urbana.

4.1.1. Diretrizes gerais de política urbana

No Brasil, o planejamento urbanístico configura-se como verdadeiro dever jurídico do Poder Público, tendo por escopo elaborar planos com a finalidade de cumprir o comando do *caput* do art. 182 da Constituição Federal. O art. 182, por sua vez, determina que tal política terá por objetivo "ordenar o pleno desenvolvimento das funções sociais da cidade e garantir o bem-estar de seus habitantes". Recapitulando mais um pouco, já dissemos que as funções sociais da cidade, reveladas na Carta de Atenas (1933), são as de habitação, trabalho, recreação e circulação.[25] Para que seja alcançado tal desiderato, o ordenamento jurídico positivo determina a observância de postulados, procedimentos e formalidades específicas, especialmente as diretrizes gerais da política urbana arroladas no Estatuto da Cidade. Aliás, o examinador adoraria ver um candidato expor, em uma segunda fase de concurso, que ordenamento jurídico vigente no Brasil não se limita a possibilitar o acolhimento, por intermédio da lei, dos resultados do planejamento urbanístico: ele, por si próprio, determina como se realizará material e formalmente tal planejamento, bem como ordena o acompanhamento da sua implantação e a aferição dos resultados de atuação do Poder Público e de particulares.

---

23. SUNDFELD, Carlos Ari. "O Estatuto da Cidade e suas Diretrizes Gerais" in DALLARI, Adilson Abreu e FERRAZ, Sérgio (coordenadores). Estatuto da Cidade (Comentários à Lei Federal nº 10.257/2001). 4. ed. São Paulo: Malheiros, 2014. p. 53.

24. MEDAUAR, Odete. Diretrizes Gerais in MEDAUAR, Odete e MENEZES DE ALMEIDA, Fernando Dias. Estatuto da Cidade. (Comentários à Lei Federal 10.257/2001), 2. ed., rev. atual. e ampl. São Paulo, Ed. Revista dos Tribunais, 2004. pp. 24/25p. 24.

25. A "Nova Carta de Atenas", documento de 1.998, propugna a maior participação do cidadão nas decisões sobre a evolução das cidades. Faz sentido, não?

4.1.1.1. Diretrizes urbanísticas

As diretrizes gerais da política urbana trazidas pelo Estatuto da Cidade subsidiarão o planejamento urbanístico, e serão os elementos objetivos que permitirão aferir o alcance das metas e proposições entabuladas nos planos urbanos. Aqui, um pouco de atenção: as diretrizes, em direito urbanístico, *não são princípios*. Princípios são mandamentos de otimização do sistema, que têm por característica, além de serem vetores interpretativos, sua aplicação por intermédio do processo de *ponderação* – no caso concreto, *afasta-se* determinado princípio em homenagem a outro. Um exemplo simples: no julgamento da ação direta de inconstitucionalidade de "Lei da Ficha Limpa", privilegiou-se o Princípio da Probidade em face do Princípio da Presunção de Inocência (o sujeito é ficha-suja mesmo antes de transitar em julgado seu processo, basta a condenação por órgão colegiado – Ações Declaratórias de Constitucionalidade n. 29 e 30 e Ação Direta de Inconstitucionalidade 4578, todas do Supremo Tribunal Federal). Tampouco as diretrizes de direito urbanístico têm a densidade normativa suficiente para serem consideradas *regras jurídicas*. As regras laboram no processo de subsunção, isto é, preveem situações no mundo abstrato que, quando e se havidas no mundo em que vivemos, provocam a incidência da norma em uma sistemática de "tudo ou nada". Um outro exemplo simples: a norma jurídica penal prevê que matar alguém é crime, e quando ocorrida tal situação no mundo em que vivemos, isto é, o autor "A" pratica homicídio, a norma incide, sujeito o infrator às sanções nela previstas. Então, o que são as diretrizes de direito urbanístico?

Bem, diretrizes urbanísticas (que o Estatuto da Cidade chama de "diretrizes gerais de política urbana" por uma aparente intenção de não invadir competência de outros entes federativos) são, sem dúvida, *preceitos jurídicos*. São normas de ordem pública, aplicáveis independentemente da vontade de quem está a tais sujeito. Ocupam, contudo, um *espaço intermediário*, entre os princípios jurídicos e as regras jurídicas. Explica-se.

As diretrizes urbanísticas, que além do Estatuto da Cidade aparecem em cada lei urbanística que se preze, cumprem duas essenciais funções: são vetores de interpretação e de produção da legislação urbanística. Elas veiculam as enunciações estipuladas pelo planejamento urbano, que, como já exposto, dão suporte valorativo (legitimam) a legislação positivada. Não podem, contudo, ser *afastadas* pelo intérprete da lei: caso e se surgida no caso concreto viabilidade de fazer incidir a diretriz de legislação urbanística, ela deverá ser necessariamente aplicada. Da mesma forma, em regra, deverá atentar o legislador para as diretrizes urbanísticas já existentes (especialmente as do plano diretor) quando da elaboração de novas leis urbanísticas. Em outros termos, ainda que possam trazer termos genéricos e abertos (é possível interpretar *o que* **significa** aquela diretriz *para o caso concreto*), as diretrizes têm incidência inafastável e devem ser consideradas, sempre que surgida a oportunidade de sua aplicação. Por outro lado, exatamente em razão de estipularem *ideias, partidos urbanísticos, destinações urbanísticas*, conceitos muito próximos do urbanismo e da política urbana, as diretrizes urbanísticas (em regra, claro) carecem da concretude suficiente para serem identificadas como *regras jurídicas* – ou incide e se aplica, ou não incide e não se aplica. Somente num exemplo, o inc. I do art. do art. 2º do Estatuto da Cidade estabelece o direito a cidades sustentáveis. Não há sanção possível ao não cumprimento desta determinação, mas tal constitui o suporte normativo para estipulações legais mais concretas estabelecidas em sua harmonia, e contém um efeito jurídico "congelante" de normatização em sentido contrário: se um desavisado Município desejasse impor uma política de desenvolvimento urbano com a diretriz de desenvolvimento **predatório** do meio ambiente urbano, ainda que em proveito dos munícipes, tal disposição não se sustentaria. Num conceito, *diretrizes urbanísticas* **são normas jurídicas de ordem pública caracterizadas como vetores de produção e de interpretação da legislação urbanística, e que não podem ser afastadas caso surgida a situação de fato ou de direito que autoriza a sua incidência**. Do ponto de vista urbanístico, são aspirações formuladas num ambiente de positivação da política de desenvolvimento urbano; do ponto de vista legal, são preceitos de observância obrigatória para quem elabora e aplica a lei urbanística, verdadeiras positivações de opções fundamentais no tocante a metas, finalidades de atuação do Poder Público (isoladamente ou em concertação com o setor privado), cujo alcance visa à consecução de objetivos coletivos.

4.1.2. Classificação das diretrizes de política urbana do Estatuto da Cidade

CARVALHO FILHO propõe classificação das diretrizes de política urbana de acordo com as suas finalidades. Para o autor, tais podem ser classificadas em:[26]

a) *diretrizes governamentais*, que dependem da atuação do Poder Público, como o planejamento do desenvolvimento das cidades e das atividades econômicas do Município e a proteção ao meio ambiente;

b) *diretrizes sociais*, que têm por escopo proporcionar algum tipo de benefício direto à coletividade, ou que franqueiam a participação da comunidade no processo de urbanização. Exemplos de tais diretrizes são o direito a cidades sustentáveis para as coletividades presentes e futuras e a distribuição equitativa de benefícios e ônus oriundos do processo de urbanização;

c) *diretrizes econômico-financeiras*, que dizem respeito aos recursos e investimentos alocados ou obtidos para o fim de desenvolvimento do processo de urbanização. É possível citar o dever de compatibilização dos instrumentos de política econômica, tributária e financeira de modo a privilegiar investimentos que propiciem o bem-estar geral como exemplo destas diretrizes;

d) *diretrizes relativas ao solo urbano*, que correspondem aos vários instrumentos destinados ao processo de uso e ocupação do solo urbano. Destaca-se, entre estas, a de ordenação e o uso do solo com o intuito de impedir situações nocivas à coletividade; e

e) *diretrizes jurídicas*, assim caracterizadas as que têm pertinência direta com o direito urbanístico – ex.: modo de produção e execução de normas.

4.1.3. Diretrizes gerais de política urbana em espécie

É concurso público, e essa tarefa não pode ser ignorada: o candidato tem que ao menos saber que aqueles pontos existem, e ter noção do que tratam. Neste item, serão analisadas, ainda que rapidamente, todas as diretrizes gerais de política urbana trazidas no Estatuto da Cidade. Repita-se: não é preciso

---
26. CARVALHO FILHO, op. cit., 2013, p. 30-32.

decorar, mas saber que existem e o que dizem podem ajudar a resolver as questões de direito urbanístico da sua prova (vetores de interpretação e produção de normas jurídicas urbanísticas, lembram?).

Nestes termos, o art. 2º da Lei Federal 10.257/2001 assim determina:

Art. 2º. A política urbana tem por objetivo ordenar o pleno desenvolvimento das funções sociais da cidade e da propriedade urbana, mediante as seguintes diretrizes gerais:

Comentário: já no *caput* do artigo 2º retornam as ideias do texto constitucional – pleno desenvolvimento das funções sociais da cidade e da propriedade urbana (*rectius*: urbanística). E a determinação é clara: não há opção para os outros entes federativos no tocante ao estabelecimento da política de desenvolvimento urbano, isto é, por mais que sejam respeitadas as características locais, estas diretrizes terão que ser contempladas nas leis urbanísticas, especialmente os planos diretores.

I – garantia do direito a cidades sustentáveis, entendido como o direito à terra urbana, à moradia, ao saneamento ambiental, à infraestrutura urbana, ao transporte e aos serviços públicos, ao trabalho e ao lazer, para as presentes e futuras gerações;

Comentário: a lei nem se preocupa em deixar ao intérprete cogitar o que deve ser entendido como "cidade sustentável". Para que esta se caracterize, deve ser garantido o direito à terra urbana, à moradia, ao saneamento ambiental, à infraestrutura urbana, ao transporte e aos serviços públicos, ao trabalho e ao lazer, para as presentes e futuras gerações. Tarefa nada simples, fortemente calcada na ideia de justiça social. Outras diretrizes do art. 2º serão, em verdade, desdobramentos deste inciso.

II – gestão democrática por meio da participação da população e de associações representativas dos vários segmentos da comunidade na formulação, execução e acompanhamento de planos, programas e projetos de desenvolvimento urbano;

Comentário: também este item se desdobrará em outras diretrizes e capítulos do Estatuto da Cidade. A gestão democrática terá um capítulo a parte em nosso estudo – o que é importante lembrar, para agora, é que ela surge como diretriz de política urbana, com todas as consequências que tal condição acarreta.

III – cooperação entre os governos, a iniciativa privada e os demais setores da sociedade no processo de urbanização, em atendimento ao interesse social;

Comentário: o desenvolvimento urbano é uma ação concertada entre Poder Público e particulares. Se o Estado detém as prerrogativas inerentes às suas funções, quem detém o dinheiro para promover as transformações urbanas são os particulares – tanto o proprietário que constrói uma casa em seu terreno quanto o concessionário de uma grande obra de infraestrutura urbana estão neste conceito. O Estatuto da Cidade reconhece esta condição e, pedagogicamente, relembra que esta cooperação deverá atentar ao interesse social – ainda que este seja um conceito jurídico bastante amplo, é certo que se opõe ao interesse meramente egoístico no uso da cidade e de suas potencialidades.

IV – planejamento do desenvolvimento das cidades, da distribuição espacial da população e das atividades econômicas do Município e do território sob sua área de influência, de modo a evitar e corrigir as distorções do crescimento urbano e seus efeitos negativos sobre o meio ambiente;

Comentário: veremos, em breve, os princípios aplicáveis ao direito urbanístico, dentre os quais se destaca o "Princípio da Reserva de Plano". Por ora, basta atentar que o Estatuto da Cidade arrola como diretriz geral de política urbana o planejamento, e determina que tal terá por objetivo evitar e corrigir as distorções do crescimento urbano e seus efeitos negativos sobre o meio ambiente.

V – oferta de equipamentos urbanos e comunitários, transporte e serviços públicos adequados aos interesses e necessidades da população e às características locais;

Comentário: este inciso tende a complementar o anterior, uma vez que a oferta dos bens e serviços nos termos adequados certamente evita e corrige distorções no crescimento urbano e tem impacto positivo no meio ambiente. Destaca-se, novamente, o caráter pedagógico da lei.

VI – ordenação e controle do uso do solo, de forma a evitar:

a) a utilização inadequada dos imóveis urbanos;

b) a proximidade de usos incompatíveis ou inconvenientes;

c) o parcelamento do solo, a edificação ou o uso excessivos ou inadequados em relação à infraestrutura urbana;

d) a instalação de empreendimentos ou atividades que possam funcionar como polos geradores de tráfego, sem a previsão da infraestrutura correspondente;

e) a retenção especulativa de imóvel urbano, que resulte na sua subutilização ou não utilização;

f) a deterioração das áreas urbanizadas;

g) a poluição e a degradação ambiental;

h) a exposição da população a riscos de desastres.

Comentário: o Estatuto da Cidade, neste ponto, avança sobre o tema da ordenação e controle do uso do solo, que, como visto, é tarefa essencialmente atribuída ao Município. Tem o cuidado, assim, de apontar genericamente metas a atingir quando da regulação local, novamente em função eminentemente pedagógica (com, claro, o componente de sua observância obrigatória). Os temas também serão abordados em momento próprio.

VII – integração e complementaridade entre as atividades urbanas e rurais, tendo em vista o desenvolvimento socioeconômico do Município e do território sob sua área de influência;

Comentário: o plano diretor regula todo o território do município. Este lembrete do Estatuto da Cidade serve para destacar que o planejamento tem que ser para todo o território.

VIII – adoção de padrões de produção e consumo de bens e serviços e de expansão urbana compatíveis com os limites da sustentabilidade ambiental, social e econômica do Município e do território sob sua área de influência;

Comentário: Volta à baila o tema do desenvolvimento sustentável. Aparentemente, este inciso se preocupa com municípios localizados nas denominadas "aglutinações municipais", que se dividem em regiões metropolitanas (com município-polo), aglomerações urbanas (igualdade econômica entre os municípios próximos) e microrregiões (agrupamentos sem conturbação, comente com interesses comuns).

IX – justa distribuição dos benefícios e ônus decorrentes do processo de urbanização;

Comentário: O Estatuto da Cidade expressa a determinação de que o desenvolvimento urbano deve ser planejado de modo que os ônus decorrentes dos processos de urbanização e urbanificação não sejam injustificadamente suportados por determinada parcela da população, da mesma forma que os benefícios advindos da atuação concertada (em conjunto ou isoladamente) entre particulares e Poder Público revertam em ganhos não só para os atores envolvidos na intervenção urbana, mas para toda a sociedade.

X – adequação dos instrumentos de política econômica, tributária e financeira e dos gastos públicos aos objetivos do desenvolvimento urbano, de modo a privilegiar os investimentos geradores de bem-estar geral e a fruição dos bens pelos diferentes segmentos sociais;

Comentário: Exemplos de instrumentos de política econômica são os planos de incentivo a instalação de indústrias e serviços no município; instrumentos de política tributária consistem na concessão de vantagens ou onerações fiscais com a finalidade de incentivar ou desestimular empreendimentos como os citados; por fim, são instrumentos financeiros, por exemplo, a concessão de empréstimos subsidiados e a prática de atividade de fomento a determinadas posturas ou características de empreendimentos ou edificações. Ainda privilegiando a isonomia, mas desta vez sob o prisma da desigualação, o Estatuto da Cidade autoriza o Poder Público a promover o empreendedorismo privado no município. O mote fundamental continua o mesmo: gerar de bem-estar geral e fruição das novas utilidades da cidade pelos diferentes segmentos sociais.

XI – recuperação dos investimentos do Poder Público de que tenha resultado a valorização de imóveis urbanos;

Comentário: tal diretriz atua em complementação à prevista no inc. IX. De fato, a recuperação de parte de valorização dos imóveis particulares havida em razão de investimentos do Poder Público para fins de redistribuição à sociedade é diretriz que promove a isonomia no tocante ao desenvolvimento urbano. O exemplo mais claro desta medida é a tributação por intermédio da contribuição de melhoria.

XII – proteção, preservação e recuperação do meio ambiente natural e construído, do patrimônio cultural, histórico, artístico, paisagístico e arqueológico;

Comentário: tais deveres são competências materiais de todos os entes federados, além de ser postulado fundamental do direito ambiental. A diretriz esclarece que não poderá haver planejamento urbano ou legislação urbanística que não considere estes elementos.

XIII – audiência do Poder Público municipal e da população interessada nos processos de implantação de empreendimentos ou atividades com efeitos potencialmente negativos sobre o meio ambiente natural ou construído, o conforto ou a segurança da população;

Comentário: outro aspecto da gestão democrática das cidades trata do controle social prévio de empreendimentos potencialmente causadores de transtornos ambientais.

XIV – regularização fundiária e urbanização de áreas ocupadas por população de baixa renda mediante o estabelecimento de normas especiais de urbanização, uso e ocupação do solo e edificação, consideradas a situação socioeconômica da população e as normas ambientais;

Comentário: o Estatuto da Cidade autoriza o tratamento não isonômico de situações especiais de ocupação urbana. Esta desigualação é isonômica, na medida em que justificada e legitimada pelas demais diretrizes gerais de política urbana.

XV – simplificação da legislação de parcelamento, uso e ocupação do solo e das normas edilícias, com vistas a permitir a redução dos custos e o aumento da oferta dos lotes e unidades habitacionais;

Comentário: o custo para aprovação e implantação de projetos de desenvolvimento urbano impacta diretamente no valor dos produtos finais. Tais custos são tão maiores quanto às exigências do Poder Público a tanto. A eficiência administrativa, em outros termos, também é exigível em sede de legislação urbanística.

XVI – isonomia de condições para os agentes públicos e privados na promoção de empreendimentos e atividades relativos ao processo de urbanização, atendido o interesse social.

Comentário: Esta diretriz parece deter caráter mais voltado ao Poder Público em sua atuação com relação aos empreendedores particulares. Nestes termos, não se deve impor ao particular ônus não suportáveis pela Administração Pública na promoção de empreendimentos e atividades relativos ao processo de urbanização – desde que, claro, assim se atenda ao interesse social.

XVII – estímulo à utilização, nos parcelamentos do solo e nas edificações urbanas, de sistemas operacionais, padrões construtivos e aportes tecnológicos que objetivem a redução de impactos ambientais e a economia de recursos naturais.

Comentário: inserido pela Lei 12.836/2013, este inciso positiva a necessidade da legislação promover o avanço nas técnicas de aproveitamento do solo urbano, reforçando a preocupação do legislador com o meio ambiente urbano. Este estímulo pode, por exemplo, vir exposto em bônus, em termos financeiros ou de aproveitamento dos terrenos nos projetos em análise pelo Município – desde que, claro, a lei municipal (principalmente o plano diretor) assim autorize ou determine.

XVIII – tratamento prioritário às obras e edificações de infraestrutura de energia, telecomunicações, abastecimento de água e saneamento.

Comentário: inserido neste artigo pela Lei 13.116/2015, este inciso orienta um certo "tratamento prioritário" às obras e edificações de infraestrutura urbana. O que deve ser entendido como "tratamento prioritário" é tema também da lei municipal, mas há, sem dúvida, a preocupação em estimular a produção de utilidades de grande impacto ao meio ambiente urbano – a implantação de infraestrutura viabiliza o acesso a uma série de benefícios à sociedade.

XIX – garantia de condições condignas de acessibilidade, utilização e conforto nas dependências internas das edificações urbanas, inclusive nas destinadas à moradia e ao serviço dos trabalhadores domésticos, observados requisitos mínimos de dimensionamento, ventilação, iluminação, ergonomia, privacidade e qualidade dos materiais empregados.

Comentário: dispositivo também inserido posteriormente à edição do Estatuto da Cidade (Lei 13.699, de 2018) inicia de forma interessante: garantir a acessibilidade universal deve ser, de fato, uma diretriz de qualquer política pública de desenvolvimento urbano. Claro que é dever dos arquitetos desenhar as unidades para que sejam úteis e confortáveis, independentemente do público-alvo das construções, mas isso não prejudica o comando normativo – antes, o reafirma – e os índices determinantes destas características, expostos no inciso, são coerentes com o objetivo da norma. A exceção do texto, contudo, mostra algo: em primeiro lugar, que se a lei necessita destacar que as áreas dos trabalhadores domésticos nas residências não podem fugir deste padrão, fica claro ainda o longo caminho a percorrer na busca de cidades mais justas e solidárias e, por outro lado, que reafirmar a importância dos paradigmas da política pública de desenvolvimento urbano no Estatuto da Cidade é tarefa longe de ser inútil – é não só necessária, como também atual e urgente.

4.2. Princípios de Direito Urbanístico

Este princípio permite conferir ao direito urbanístico sua característica de instrumento normativo pelo qual o Poder Público atua no meio social e no domínio privado com o desiderato de ordenar a realidade no interesse coletivo. Se o urbanismo tem a finalidade de pensar o espaço urbano tendo em vista as funções sociais da cidade, o direito urbanístico surge como seu instrumento a tanto, e a legislação urbanística tem que ser interpretada considerando-se tal postulado. Notem: não falamos do "desenvolvimento urbano", tarefa precipuamente realizada pelos particulares por intermédio de seus empreendimentos, e sim dos seus elementos de planejamento e normatização: o urbanismo.

4.2.1. Princípio do urbanismo como função pública

Este princípio permite conferir ao direito urbanístico sua característica de instrumento normativo pelo qual o Poder Público atua no meio social e no domínio privado com o desiderato de ordenar a realidade no interesse coletivo. Se o urbanismo tem a finalidade de pensar o espaço urbano tendo em vista as funções sociais da cidade, o direito urbanístico surge como seu instrumento a tanto, e a legislação urbanística tem que ser interpretada considerando-se tal postulado.

4.2.2. Princípio da conformação da propriedade urbana pelas normas da ordenação urbanística

Tal princípio informa que a propriedade imobiliária urbana é o que a lei urbanística define, sendo certo que a lei urbanística não limita a propriedade, e sim a conforma. Decorre diretamente do princípio da função social da propriedade. O tema tem tratamento mais detalhado nesta obra.

4.2.3. Princípio da reserva de plano

As disposições extraídas do planejamento urbanístico, consolidadas no plano urbano e tornadas exigíveis na norma urbanística, não devem ser arbitrárias ou implausíveis. Para tanto, evidencia-se a necessidade de observância de identidade entre meios e fins das disposições do plano urbano (e da lei urbanística, por consequência). Desta forma, "o princípio da reserva de plano é o que garante institucionalmente que as diversas demandas setoriais sejam coordenadas pelo órgão de planejamento. Ele consiste na exigência de que as medidas que possam vir a afetar a transformação do território constem dos planos urbanísticos, como condição para que possam ser executadas. A coordenação entre as limitações e obras públicas demandadas pelos diversos órgãos setoriais é operacionalizada pela exigência de que constem no plano urbanístico. (...). O princípio da reserva de plano é o que permite a articulação ente o ordenamento jurídico e o planejamento. Este opera não tanto pela imposição de obrigações aos agentes públicos e privados, mas pela proibição de ações não planejadas. O que se exige é que as ações sejam decididas após cuidadosa ponderação das alternativas e avaliação de seus efeitos".[27]

Mais que isso, o princípio da reserva de plano indica que a legislação urbanística municipal deve obedecer ao planejamento encetado pelo plano diretor, reconhecido pela Constituição Federal e pelo Estatuto da Cidade como o instrumento básico da política de desenvolvimento urbano – este último aspecto ainda suscita debates, embora o Supremo Tribunal Federal tenha aprovado, no Recurso Extraordinário n. 607.940-DF, tese à qual se reconheceu repercussão geral com seguinte conteúdo: "Os municípios com mais de vinte mil habitantes e o Distrito Federal podem legislar sobre programas e projetos específicos de ordenamento do espaço urbano por meio de leis que sejam compatíveis com as diretrizes fixadas no plano diretor"[28]. O Pretório Excelso, desta forma, esclareceu ser o plano diretor a norma de referência de validade material da legislação urbanística municipal, devendo a demais legislação da matéria editada por tal ente ser compatível com seus preceitos.

4.2.4. Princípio da coesão dinâmica das normas urbanísticas

De acordo com este princípio, a eficácia das normas urbanísticas deve ser aferida em conjuntos normativos ao invés de normas isoladas, observando-se o planejamento urbanístico. A mudança de conceitos técnicos, tão caros ao direito urbanístico, acarreta a mutação no entendimento da norma, assim como a edição de planos urbanísticos acessórios ao plano diretor fornece completude a conceitos jurídicos mais ou menos abertos da legislação.

4.2.5. Princípios da recuperação dos investimentos do Poder Público de que tenha resultado a valorização de imóveis urbanos e da justa distribuição dos benefícios e ônus decorrentes do processo de urbanização

Estes princípios foram transformados em diretrizes da política de desenvolvimento urbano dos municípios. O significado já foi exposto retro: os proprietários dos terrenos devem satisfazer os gastos da urbanização e urbanificação, nos limites dos benefícios decorrentes do processo de renovação urbana individualmente auferidos, como compensação pela melhoria das condições de edificabilidade geradas para seus lotes, e a atuação urbanística exige que todos os atores envolvidos sejam isonomicamente afetados pela transformação urbanística – mesmo que isso pontualmente signifique desigualação.

Síntese: o que o candidato a concursos públicos deve saber sobre este capítulo

---

27. CARVALHO PINTO, Victor. *Direito Urbanístico*: plano diretor e direito de propriedade. 4. ed. rev., atual. e ampl. São Paulo: Revista dos Tribunais, 2014. p. 181-182.

28. O Recurso Extraordinário 607940-DF foi formado a partir de irresignação do Ministério Público contra decisão do Tribunal de Justiça do Distrito Federal e Territórios em ação direta de inconstitucionalidade movida pelo parquet contra a Lei Complementar Distrital 710/2005, que permite a criação de projetos urbanísticos "de forma isolada e desvinculada" do plano diretor. Disponível em http://migre.me/vcO7f, acesso em 09/09/2020.

O concurso quer saber se você compreende que o direito urbanístico é uma ferramenta de extrema relevância para o atendimento das funções sociais da cidade, sendo certo que, para tanto, a observância das diretrizes urbanísticas e a aplicação deste repertório com base em seus princípios específicos permite: (a) a tutela da ordem urbanística de maneira eficaz, (b) a intervenção do Poder Público na esfera dos particulares sob o fundamento de implementar as funções sociais da cidade e (c) a atuação dos particulares na implementação da política de desenvolvimento do município. A finalidade de incidência e atuação do direito urbanístico, sempre voltada ao interesse social, coletivo, não pode ser esquecida.

5. A GESTÃO DEMOCRÁTICA DAS CIDADES

Este capítulo toca em um tema especialmente caro à ordem jurídica urbanística: a gestão democrática das cidades. Estudar seu conteúdo é essencial para compreender não só o direito urbanístico como, nos termos já apontados anteriormente neste estudo, a nova face da Administração Pública, na qual a consensualidade assume papel relevante nos processos decisórios.

5.1. Gestão democrática das cidades

A Constituição Federal determina expressamente a gestão participativa ou democrática em diversos campos – por exemplo, na Seguridade Social (art. 194, parágrafo único, VII), na Saúde (art. 198, III), na Educação (art. 206, VI), na Cultura (art. 216-A) etc. Quanto à Política Urbana (art. 182 e ss.), silencia. Parte da doutrina extrai, então, a conclusão sobre a obrigatoriedade da gestão democrática em sede de Política Urbana no texto constitucional a partir do seu art. 1º, especificamente da definição do Brasil como Estado Democrático de Direito e da afirmativa de que todo poder emana do povo. Não é preciso ir tão longe – para quem estuda para concurso, basta dizer que a gestão democrática é diretriz de política urbana do Estatuto da Cidade, e que o texto desta lei apõe este modelo de governança como essencial da ordem jurídica urbanística. E isso, para o momento, é inafastável.

Há mais a ponderar. O princípio ora em discussão não pretende (e nem realiza) a substituição do conceito de democracia representativa pelo de democracia direta. A gestão democrática das cidades positivada no Estatuto da Cidade promove a participação dos interessados em todos os processos decisórios de caráter relevante na política de desenvolvimento urbano do município, mas não tem o condão de substituir o dever de decidir e conduzir processos da Administração Pública. Esta, de fato, irá arbitrar, em última análise, qual dos interesses colocados à sua avaliação deverá preponderar, mediante um procedimento transparente e objetivo. Falamos, ainda, em "participação de interessados" ao invés de participação popular: a uma porque usar a expressão "participação popular" esconde o real espectro de agentes que comparecem à arena pública no processo de gestão democrática das cidades (população, grupos de pressão, empresários, entidades de classe etc.); a duas, porque "participação de interessados" revela um outro aspecto deste procedimento, negligenciado pela maioria da doutrina: é preciso dar voz aos que efetivamente não participam. É usual que entidades organizadas assumam o controle de processos de gestão democrática, causando, de forma deliberada ou não, embaraços à participação de particulares que se apresentem fora destes grupos – é necessário que a Administração Pública pondere esta realidade, e que tome suas decisões, no papel de mediadora dos conflitos pelo espaço urbano, de forma isonômica e razoável.

O texto da Lei 10.257/2001, por fim, no já estudado art. 2º, relaciona a gestão democrática à **participação da população e de associações representativas dos vários segmentos da comunidade na formulação, execução e acompanhamento de planos, programas e projetos de desenvolvimento urbano**. Isso delimita perfeitamente o instituto em termos de direito urbanístico, especialmente porque o Capítulo IV trata de veicular as maneiras pelas quais esta participação dos interessados se dará, denominando-as "instrumentos". A lei fala de órgãos colegiados de política urbana, nos níveis nacional, estadual e municipal; debates, audiências e consultas públicas; conferências sobre assuntos de interesse urbano, nos níveis nacional, estadual e municipal e iniciativa popular de projeto de lei e de planos, programas e projetos de desenvolvimento urbano.

5.2. Instrumentos de gestão democrática

5.2.1. Conselhos de desenvolvimento urbano e conferências sobre assuntos de interesse urbano

Os conselhos de desenvolvimento urbano podem ter diversas conformações e funções, a depender da legislação municipal e da amplitude do tema que aborda – se todo o planejamento municipal (normalmente este conselho é denominado "Conselho Municipal de Política Urbana", ou "Conselho Municipal de Desenvolvimento Urbano"), se somente transportes, patrimônio histórico etc. O que é certo é que integram a estrutura do Poder Público, contam com representantes da sociedade civil e de instituições da área do urbanismo afetas às atividades do conselho, em composição que pode ser ou não paritária com os representantes da Administração Pública, sendo certo que geralmente os representantes da população são escolhidos mediante sufrágio secreto entre a população interessada.

Os conselhos, em regra, terão poderes consultivos – como já afirmado, pertencem ao processo de busca da consensualidade promovido pela Administração Pública no ambiente da gestão democrática. Isso significa, por outro lado, que suas opiniões e indicações deverão sempre ser consideradas pela Administração Pública, que fundamentará suas decisões acolhendo ou não, de forma fundamentada, estes elementos.

O inc. I do art. 43, ainda, determina que haverá órgãos colegiados de política urbana, nos níveis nacional, estadual e municipal. Esta estrutura hoje é representada pelo Conselho das Cidades do Ministério das Cidades, criado pelo Decreto n. 5.790/2006, pelos conselhos estaduais das cidades e pelos conselhos municipais das cidades. Tais conselhos têm por finalidade estudar e propor as diretrizes para a formulação e implementação da Política de Desenvolvimento Urbano, bem como acompanhar e avaliar a sua execução, cada qual em seu nível de atuação. Suas deliberações são alimentadas por informações e demandas advindas, dentre outras fontes, das conferências sobre assuntos de interesse urbano, também realizadas nos níveis nacional, estadual e municipal.

5.2.2. Audiências e consultas públicas

Audiências e consultas públicas são instrumentos de gestão democrática previstos na Lei de Processo Administrativo

Federal (Lei 9.784/1999), nos arts. 32 e 31, respectivamente. A audiência pública se materializa por intermédio de debates orais em sessões previamente designadas para tanto, com ou sem a realização de apresentações pelo Poder Público ou interessados. Seu traço marcante é a oralidade, embora deva ser permitido o protocolo de requerimentos por interessados (tais protocolos devem ser noticiados pela mesa condutora dos trabalhos). Nem todas as questões levantadas em audiência pública devem ser respondidas imediatamente – é possível por exemplo, posteriormente publicarem-se as respostas em diário oficial –, mas todas as matérias aventadas devem ser consideradas no processo decisório da Administração Pública. É desejável que as audiências públicas sejam também realizadas em caráter *devolutivo*, isto é, parece ser interessante que tal instrumento seja utilizado para esclarecer aos interessados o resultado do processo participativo que deu origem à minuta de lei encaminhada à Câmara Municipal ou, se for o caso, que redundará em decreto a ser expedido pelo Executivo.

A consulta pública, por seu turno, tem caráter mais formal, e exige protocolo ou anotações de manifestações públicas de interessados por meio previamente estabelecidos – protocolos, formulários disponibilizados na rede mundial de computadores etc. A consulta pública não ocorre num evento, mas num processo aberto de participação de interessados sobre determinado tema em debate. É importante ressaltar que os termos estabelecidos para a realização da consulta pública devem também identificar como serão consideradas as opiniões e sugestões apresentadas, bem como prever a forma de esclarecimentos sobre o acolhimento ou não das contribuições ofertadas.

5.2.3. Iniciativa popular

O art. 29 da Constituição Federal estabelece que o município, em sua lei orgânica, deverá contemplar a possibilidade de iniciativa popular de projetos de lei de interesse específico do Município, da cidade ou de bairros, através de manifestação de, pelo menos, cinco por cento do eleitorado (inc. XIII). Este instrumento de soberania popular, nos termos do art. 14 da Constituição Federal, pode ter importância na conformação do sistema de planejamento urbanístico do município em razão do grande número de disposições do Estatuto da Cidade que preveem a edição de lei para sua efetiva eficácia (como exemplo, art. 5º; art. 25, § 1º; art. 30 etc.). Não se deve esquecer, todavia, que mesmo as leis de iniciativa popular não prescindem de atender ao processo de gestão democrática na elaboração das leis urbanísticas, e devem estar adequadas ao plano diretor municipal, em razão do Princípio da Reserva de Plano. Ainda no tocante à democracia direta, é importante destacar que o inciso V do art. 43, vetado pelo Executivo, trazia a previsão de inserção dos instrumentos do plebiscito e do referendo como de gestão democrática das cidades. Tal veto, evidentemente, não impede que tais sejam utilizados no processo de elaboração de legislação urbanística pelos municípios.

5.2.4. Controle social

Uma moderna modalidade de controle da Administração Pública é o denominado controle social. Segundo MEDAUAR, "parece adequado inserir, no âmbito do controle social, atuações de cidadão, isolado ou mediante associações, referentes a decisões já tomadas e a decisões em vias de adoção, com o intuito de verificar ou provocar a verificação da sua legalidade, moralidade, impessoalidade, economicidade, conveniência, oportunidade etc. Os mecanismos de controle social permitem, por si, que a Administração corrija ou evite inadequações nos seus atos ou omissões, e também suscitam atuações dos órgãos de controle".[29]

No que toca à política de desenvolvimento urbano, o controle social é realizado basicamente por dois métodos: (a) o oferecimento de representações a órgãos de controle interno e externo da Administração Pública e no ajuizamento de ações pertinentes ao tema e (b) pela participação dos cidadãos e entidades no processo de elaboração dos estudos e projetos que redundarão nas leis urbanísticas e dos planos e projetos urbanos, bem como no acompanhamento da implantação de tais planos e projetos.

Desta forma, a par da participação construtiva de consensos nos processos decisórios da Administração Pública, também integra a gestão democrática a atuação dos interessados provocando o controle interno e externo dos atos do Poder Público, de modo a tentar obrigar a correção de decisões já adotadas ou em fase de construção. Esta realidade – do controle social sendo utilizado precipuamente para provocar a atuação dos órgãos de controle externo e interno da Administração Pública em matéria urbanística – é tanto mais presente quanto menor o diálogo estabelecido entre a Administração Pública e a sociedade. A prática da Administração Pública consensual, calcada em processos públicos e com regras estabelecidas anteriormente ao seu início, tende a diminuir a litigiosidade e, portanto, o acionamento dos órgãos de controle.

Síntese: o que o candidato a concursos públicos deve saber sobre este capítulo

Este é um dos temas mais recorrentes em exames para ingresso nas carreiras jurídicas na matéria de direito urbanístico. De fato, tendo em vista a íntima relação entre participação de interessados e a construção democrática e socialmente justa da vida em sociedade nas cidades, há especial atenção com o tema. A análise da legalidade das políticas públicas em sede de desenvolvimento urbano tem como índice inafastável de avaliação demonstração de sua elaboração sob a égide da gestão democrática das cidades. É o tema, ainda, essencial para compreender a dinâmica de elaboração e aplicação do direito urbanístico, matéria também de questionamento em diversos exames.

6. PLANEJAMENTO URBANÍSTICO, PLANO DIRETOR E ESTATUTO DA METRÓPOLE

6.1. O plano diretor como instrumento básico de planejamento urbano

O atual estágio de nossa caminhada já autoriza a estudar pormenorizadamente o mais importante diploma urbanístico dos municípios: o plano diretor.

O art. 39 do Estatuto da Cidade estabelece que o plano diretor é parte do sistema do processo de planejamento municipal, devendo o plano plurianual, as diretrizes orçamentárias e o orçamento anual incorporar as diretrizes e prioridades nele contidas – as leis orçamentárias devem contemplar e promover as decisões de planejamento previstas em seu texto. Tal não é

---

29. MEDAUAR, Odete. *Controle da administração pública*. 3. ed., rev., atual. e ampl. São Paulo: Ed. RT, 2014. p. 186-187.

por acaso: este diploma normativo é apontado como instrumento básico da política de desenvolvimento e de expansão urbana pelo texto constitucional, em norma que se configura como princípio constitucional estabelecido – as disposições da Constituição Federal acerca do plano diretor são replicadas pelas constituições estaduais, ordinariamente com mínimas variações de conteúdo material (dê uma olhada na Constituição de seu Estado, você vai encontrar). O Estatuto da Cidade, não bastasse tal abundância normativa, dispõe de forma idêntica em seu art. 40. Mas o que significa dizer que esta lei será o "instrumento básico" de política urbana? No dizer de CARVALHO FILHO, "na análise do conceito deve entender-se que o 'instrumento básico' representa o documento principal, fundamental mesmo, em que se aloja a disciplina pertinente aos objetivos urbanísticos. Cuida-se da materialização de todos os componentes do projeto urbano, com suas singularidades e especificações, de modo que dele é que emanarão as ações públicas e privadas necessárias à sua implementação".[30] Instrumento básico, relembre-se, não significa instrumento único: podem (e em geral devem) haver leis derivadas do plano diretor, formuladas e aplicadas com a finalidade de implantar a política de desenvolvimento urbano em si exposta.

6.2. Conteúdo mínimo do plano diretor e reserva de plano

Já tratamos, anteriormente, do princípio da reserva de plano, importante para minorar as tentativas de vulneração do planejamento urbanístico globalmente idealizado para o município por leis urbanísticas pontuais e dele discrepantes, especialmente destacando a tese firmada pelo Supremo Tribunal Federal no julgamento do Recurso Extraordinário n. 607.940-DF. Neste momento, cumpre tecer algumas considerações sobre o conteúdo mínimo do plano diretor, isto é, do conteúdo do planejamento urbanístico que deve integrar este diploma normativo. Primeiro, o texto da lei – cai na prova, é bom saber. O Estatuto da Cidade dispõe, no art. 42, que o plano diretor deverá conter no mínimo a delimitação das áreas urbanas onde poderá ser aplicado o parcelamento, edificação ou utilização compulsórios, considerando a existência de infraestrutura e de demanda para utilização (inc. I), disposições sobre direito de preempção, outorga onerosa do direito de construir e de alteração do uso do solo, operações urbanas consorciadas e transferência do direito de construir (inc. II) e sistema de acompanhamento e controle (inc. III). Em alteração legislativa, adicionaram-se as exigências do art. 42-A, que determina que os planos diretores dos municípios incluídos no cadastro nacional de municípios com áreas suscetíveis à ocorrência de deslizamentos de grande impacto, inundações bruscas ou processos geológicos ou hidrológicos correlatos deverão conter: I – parâmetros de parcelamento, uso e ocupação do solo, de modo a promover a diversidade de usos e a contribuir para a geração de emprego e renda; II – mapeamento contendo as áreas suscetíveis à ocorrência de deslizamentos de grande impacto, inundações bruscas ou processos geológicos ou hidrológicos correlatos; III – planejamento de ações de intervenção preventiva e realocação de população de áreas de risco de desastre; IV – medidas de drenagem urbana necessárias à prevenção e à mitigação de impactos de desastres; V – diretrizes para a regularização fundiária de assentamentos urbanos irregulares, se houver, observadas a Lei 11.977, de 7 de julho de 2009, e demais normas federais e estaduais pertinentes, e previsão de áreas para habitação de interesse social por meio da demarcação de zonas especiais de interesse social e de outros instrumentos de política urbana, onde o uso habitacional for permitido; VI – identificação e diretrizes para a preservação e ocupação das áreas verdes municipais, quando for o caso, com vistas à redução da impermeabilização das cidades.

Estes são os elementos mínimos que devem constar no plano diretor de acordo com a Lei 10.257/2001. A pergunta é: são suficientes para cumprir a missão imposta pelo art. 182 da Constituição Federal? A resposta, o candidato já deve ter percebido, é negativa.

Na verdade, ao determinar um "conteúdo mínimo", quis o Estatuto da Cidade novamente cumprir seu papel pedagógico, estabelecendo quais são os elementos considerados imprescindíveis à caracterização de um programa de desenvolvimento urbano que detenha condições de proporcionar a qualificação ou transformação urbanística compreendidas como necessárias ao município. De fato, o antigo Conselho das Cidades (lembra? Gestão democrática?), que detinha competência para expedir orientações e recomendações sobre a aplicação do Estatuto da Cidade e demais atos normativos relacionados ao desenvolvimento urbano (Art. 10 da Medida Provisória 2220/2001, mantida em vigor em razão do disposto no art. 2º da Emenda Constitucional 32 e Decreto 5790/2006), emitiu a Resolução 34, de 01.07.2005, que dispõe sobre o conteúdo mínimo do plano diretor[31].

Em tal documento, destacam-se as disposições que determinam ter o plano diretor o dever de prever as ações e medidas para assegurar o cumprimento das funções sociais da cidade; as ações e medidas para assegurar o cumprimento da função social da propriedade urbana, tanto privada como pública; os objetivos, temas prioritários e estratégias para o desenvolvimento da cidade e para a reorganização territorial do município, considerando sua adequação aos espaços territoriais adjacentes; a vinculação dos instrumentos da política urbana previstos pelo art. 42 do Estatuto da Cidade aos objetivos e estratégias estabelecidos no plano diretor etc. O plano diretor, ainda, deverá definir a destinação de cada porção do território do município, de forma a garantir espaços coletivos de suporte à vida na cidade, contemplando áreas para atender

---

30. CARVALHO FILHO, op. cit., 2013, p. 338.

31. Há uma certa incerteza jurídica sobre a existência do Conselho das Cidades. O Ministério das Cidades, órgão ao qual era vinculado o Conselho, foi extinto no início do Governo Bolsonaro, tendo sido criado o Ministério do Desenvolvimento Regional, que incorporou as atribuições da Pasta. O Decreto n. 9.759/2019, por sua vez, extinguiu todos os órgãos colegiados criados por ato infralegal, tendo sido atacado pela Ação Direta de Inconstitucionalidade n. 6121-DF. Houve o deferimento de medida cautelar, suspendendo a extinção de parte dos conselhos (aqueles apenas mencionados na legislação, sem indicação de suas competências ou dos membros que o compõem), em acórdão publicado em novembro de 2019 (disponível para consulta em http://portal.stf.jus.br/processos/detalhe.asp?incidente=5678906, acesso em 08.09.2020). A apontada Medida Provisória 2220/2001, a despeito de ser indicada pelo Decreto 5790/2006 como seu fundamento, aponta a criação de um certo "Conselho Nacional de Desenvolvimento Urbano", e não o Conselho das Cidades, que detém atribuições muito mais amplas que as previstas na Medida Provisória para o colegiado. De qualquer forma, a resolução – da qual não consta notícia de revogação – é um indicador do conteúdo mínimo dos planos diretores.

às necessidades da população de equipamentos urbanos e comunitários, mobilidade, transporte e serviços públicos, bem como áreas de proteção, preservação e recuperação do meio ambiente natural e construído, do patrimônio cultural, histórico, artístico, paisagístico e arqueológico. Da mesma maneira, deverão ser definidas áreas para todas as atividades econômicas.

A leitura do documento revela a relevantíssima tarefa atribuída ao plano diretor, somente sugerida pelo texto constitucional e do Estatuto da Cidade. Ainda há uma certa discussão sobre o quão grande deve ser a normatização positivada neste instrumento formal – há quem defenda que trate de questões exclusivamente pertinentes ao ordenamento territorial, e há quem veja o plano diretor como diploma que deve prover o arcabouço jurídico para o atendimento das necessidades dos cidadãos quanto à qualidade de vida, à justiça social e ao desenvolvimento das atividades econômicas. Não importa, aqui, tal discussão: seu conteúdo mínimo, considerado o da lei e o previsto na Resolução 34, de 01.07.2005, ilustram sua condição de proeminência na estrutura da legislação urbanística a ser aplicada no município. Forçoso reconhecer, entretanto, que a ideia de que este diploma legal seja afeto exclusivamente à matéria de direito urbanístico parece contradizer a determinação constitucional de que o mesmo terá por desiderato ser a base da política de desenvolvimento urbano do Município – o plano diretor deverá, no mínimo, definir critérios e condições de caráter urbanístico para a produção e implantação das políticas públicas setoriais.

6.3. Obrigatoriedade do plano diretor

O plano diretor, de acordo com a Constituição Federal, é necessário para todos os municípios com mais de 20.000 habitantes (art. 182, § 1º). O Estatuto da Cidade ampliou este rol, e caprichou no detalhamento. De acordo com o art. 41, o plano diretor é obrigatório, além das cidades com mais de vinte mil habitantes: (a) para os municípios integrantes de regiões metropolitanas e aglomerações urbanas; (b) onde o Poder Público municipal pretenda utilizar os instrumentos previstos no § 4º do art. 182 da Constituição Federal (instrumentos indutores da função social da propriedade, como o IPTU progressivo no tempo); (c) integrantes de áreas de especial interesse turístico; (d) inseridas na área de influência de empreendimentos ou atividades com significativo impacto ambiental de âmbito regional ou nacional; (e) incluídas no cadastro nacional de Municípios com áreas suscetíveis à ocorrência de deslizamentos de grande impacto, inundações bruscas ou processos geológicos ou hidrológicos correlatos.

A despeito da extensão de tal rol, ainda assim haverá municípios não obrigados a elaborar seu plano diretor – o que, evidentemente, não os impede de fazê-lo. A não existência desta lei urbanística em municípios não obrigados a elaborá-la se revela, assim, verdadeiro ato de política pública do Município, adotado em virtude de seus interesses. A qualquer momento, enfim, tais municípios poderão efetivamente editar seu plano diretor, sem que se possa falar, obedecida a racionalidade imanente ao plano urbanístico, em necessidade de indenização aos proprietários urbanos eventualmente atingidos de forma negativa (no que toca às possibilidades edilícias de seu imóvel, por exemplo) pelas novas disposições legais.

6.4. Implantação do plano diretor e necessidade de atualização

O direito urbanístico é dinâmico em sua essência. A uma, porque é o resultado da constante interação do Poder Público com a sociedade, que apresenta sempre novas e variadas demandas para regulação do espaço urbano. A duas, porque a própria consecução do planejamento urbanístico veiculado por intermédio do plano diretor faz com que suas disposições necessariamente tenham que ser revistas – se o planejamento é positivado na lei, uma vez atingidas as transformações conjunturais ou estruturais desejadas é o momento do próximo passo. Este próximo passo será o novo planejamento, feito já sob a égide da nova configuração da realidade da cidade, sendo certo que tal novo planejamento será tornado obrigatório pelo novo plano diretor, ou pelo plano diretor revisto.

Ciente destas condições, o legislador determinou que a lei do plano diretor seja **revista a cada dez anos, pelo menos** (art. 40, § 3º). Este prazo é máximo – pode haver revisões em prazos menores. O termo "revisão" sugere uma reavaliação integral do planejamento urbanístico do município, não devendo ser encaradas como tal meras alterações legais que não configurem um novo planejamento global. De fato, há outras leis urbanísticas municipais além do plano diretor. Tais leis, contudo, conforme já amplamente exposto (não vale ter dúvida quanto a isso, certo?) devem guardar pertinência, em termos de planejamento urbanístico, com os destinos do município definidos neste diploma. Em outras palavras, o plano diretor é implantado, realizado, por intermédio de suas próprias disposições e de legislação especial, que discipline determinados espaços territoriais de maneira específica (por exemplo, leis de operações urbanas consorciadas) ou que detalhe instrumentos urbanísticos nele previstos (por exemplo, uma lei específica que trate do instrumento do direito de preempção). Todo o ordenamento jurídico urbanístico, entretanto, será referenciado pelas disposições do plano diretor. É interessante, por fim, observar como este entendimento sobre o comportamento do Poder Público perante os administrados é coerente com o veiculado por intermédio da Lei 13.655/2018, que incluiu no Decreto-Lei 4.657/1942 (Lei de Introdução às Normas do Direito Brasileiro-LINDB), disposições sobre segurança jurídica e eficiência na criação e na aplicação do direito público. A partir da entrada em vigor deste diploma legal, é reforçado o dever de a Administração Pública, por exemplo, ponderar sobre os efeitos práticos de suas decisões (art. 21 da LINDB), e estabelecer regras de transição em função da mudança de orientação normativa por si assumida (art. 23 da LINDB). Claro que as disposições da nova lei dizem respeito à atuação do Poder Público já *sub legem*, mas é evidente a mensagem de dever de respeito à boa-fé objetiva e à confiança dos cidadãos. Em termos de planejamento urbanístico e sua positivação, evidentemente, tal orientação tem muito impacto.

6.5. Relação com outros instrumentos de planejamento

Já anotamos, anteriormente, que o Estatuto da Cidade, no art. 40, § 1º, determina que o plano diretor é parte integrante do processo de planejamento municipal, devendo o plano plurianual, as diretrizes orçamentárias e o orçamento anual incorporar as diretrizes e as prioridades nele contidas.

O fundamento de tal dispositivo é evidente: as ações e programas estabelecidos no plano diretor obrigam, em regra, a realização de gastos pelo Poder Público – desta forma, nada mais natural que as leis orçamentárias incorporem disposições que contemplem a previsão de despesa com a execução do planejamento urbanístico positivado nesta lei. Há, inclusive, disposição expressa no Estatuto da Cidade que prevê a utilização do instrumento de planejamento municipal da "gestão orçamentária participativa" (art. 4º, III, "f"), o que aproxima ainda mais a formulação e utilização dos dinheiros públicos em consonância com as disposições do plano diretor. As leis orçamentárias, contudo, não são as únicas a se relacionar com este diploma normativo.

Com efeito, tendo em vista a sua característica de definir as potencialidades urbanísticas do território – o que e como pode ser edificado, o quanto e em quais condições ocorrerá a ocupação do solo urbano etc. – o plano diretor influencia o planejamento de toda a rede de equipamentos públicos no município. A diretriz de política urbana de garantia do direito a cidades sustentáveis indica que o planejamento referente à moradia, ao saneamento ambiental, à infraestrutura urbana, ao transporte e aos serviços públicos, ao trabalho e ao lazer, deve estar relacionado com ao plano urbanístico do município veiculado pelo plano diretor. Destacam-se ainda sob este tema, dois dispositivos do Estatuto da Cidade: o art. 41, § 2º, que dispõe ser obrigatória, no caso de cidades com mais de quinhentos mil habitantes, a elaboração de um plano de transporte urbano integrado, compatível com o plano diretor ou nele inserido, e o § 2º do art. 42-A, que obriga os municípios incluídos no cadastro nacional de municípios com áreas suscetíveis à ocorrência de deslizamentos de grande impacto, inundações bruscas ou processos geológicos ou hidrológicos correlatos a compatibilizar conteúdo do plano diretor com as disposições insertas nos planos de recursos hídricos, formulados consoante a Lei 9.433, de 8 de janeiro de 1997.

6.6. O Estatuto da Metrópole – Lei 13.089, de 12 de janeiro de 2015. Regiões Metropolitanas

Antes de adentrar ao trazido ao ordenamento positivo pelo novo Estatuto da Metrópole, cumpre lembrar que de acordo com a Constituição Federal, os estados-membros poderão, mediante lei complementar, instituir regiões metropolitanas, aglomerações urbanas e microrregiões, constituídas por agrupamentos de municípios limítrofes, para integrar a organização, o planejamento e a execução de funções públicas de interesse comum.

No julgamento da ADI 1.842-5-RJ,[32] o Supremo Tribunal Federal definiu algumas diretrizes de como deve ser criada a região metropolitana pelos estados-membros e quais serão os elementos que deverão constar nesta lei: a autonomia municipal não impede sua integração compulsória à Região Metropolitana, mas sempre deverá ser respeitada sua autoadministração e autogoverno; os serviços públicos que extrapolem o limite de um município (o caso tratou de saneamento básico) passam a ser de interesse comum. Nada impede que os municípios colaborem voluntariamente, por meio de consórcios, ou compulsoriamente, em aglomerações urbanas; a transferência do poder concedente de funções e serviços públicos de interesse comum (mas de competência municipal) aos estados-membros é inconstitucional. Esse interesse comum, contudo, supera a soma de interesses de cada local, pois a má condução da função destes serviços comuns por um município põe em risco todo o esforço conjunto, cabendo ao colegiado de municípios instituído pela região metropolitana o poder concedente e titularidade do serviço. Nesse colegiado, não há necessidade de participação paritária, podendo ainda haver mais peso para os municípios mais importantes e assento do estado-membro instituidor.

O julgado recebeu diversos embargos de declaração, e o Supremo Tribunal Federal ainda não acabou de contar sua história. De qualquer forma, na esteira do julgamento pelo Pretório Excelso, entrou em vigor o Estatuto da Metrópole.

6.6.1. O Estatuto da Metrópole – Lei 13.089, de 12 de janeiro de 2015

O projeto de lei original do Estatuto da Metrópole é de 2004 (PL 3640, do Dep. Walter Feldman), e teve novo impulso de tramitação exatamente após o julgamento da ADI 1842-5-RJ pelo STF. De fato, após anos de paralisia, em setembro de 2014 foi constituída comissão especial na Câmara dos Deputados para instruir o projeto, em março de 2014 a matéria foi encaminhada ao Senado e em janeiro já havia a lei.[33] Cumpre, então, estudar o resultado do Congresso Nacional a mais um julgamento do Supremo.

A lei, no art. 1º, logo após dizer que se chama "Estatuto da Metrópole" (o Estatuto da Cidade fez sucesso), enuncia seus objetivos: estabelecer (a) diretrizes gerais para o planejamento, a gestão e a execução das funções públicas de interesse comum em regiões metropolitanas e em aglomerações urbanas instituídas pelos Estados, (b) normas gerais sobre o plano de desenvolvimento urbano integrado e outros instrumentos de governança interfederativa, e (c) critérios para o apoio da União a ações que envolvam governança interfederativa no campo do desenvolvimento urbano, tudo isso com base nos incisos XX do art. 21, IX do art. 23 e I do art. 24, no § 3º do art. 25 e no art. 182 da Constituição Federal – sim, se você for à Constituição Federal vai ver que estas disposições não têm muita relação com estes objetivos, mas isso não é tão relevante (não importa se a lei diz que seu fundamento é a disposição "a" ou "b" da Constituição – o importante é que seja constitucional).

Observa-se, já com a leitura dos objetivos da lei, as preocupações que motivaram o legislador: regular a prestação dos serviços públicos nas aglutinações municipais que especifica, inclusive estabelecendo as condições para que a União financie tais prestações. Os mecanismos de fomento da União somente poderão ser utilizados nas regiões metropolitanas ou aglomerações urbanas que estiverem em "Gestão Plena" – de acordo com o inc. III do art. 2º da lei, isto significa que tais deverão atender aos seguintes requisitos: (a) formalização e delimitação mediante lei complementar estadual; (b) estrutura de governança interfederativa própria, nos termos do art. 8º da Lei; e (c) plano de desenvolvimento urbano integrado aprovado mediante lei

---

32. O julgamento iniciou no ano de 2004 e foi finalizado no dia 06.03.1013. Disponível em: [http://redir.stf.jus.br/paginadorpub/paginador.jsp?docTP=AC&docID=630026]. Acesso em: 08.09.2020.

33. Se o leitor tiver tempo (sei que curioso está), a tramitação do PL 3640/04 na Câmara pode ser encontrada aqui: http://www.camara.gov.br/proposicoesWeb/fichadetramitacao?idProposicao=251503. Acesso em 08.09.2020.

estadual. A estrutura de governança prevista na lei, por sua vez, deve compreender: (a) instância executiva composta pelos representantes do Poder Executivo dos entes federativos integrantes das unidades territoriais urbanas; (b) instância colegiada deliberativa com representação da sociedade civil; (c) organização pública com funções técnico-consultivas; e (d) sistema integrado de alocação de recursos e de prestação de contas.

A lei não traz um modelo específico de conformação da governança da região metropolitana, limitando-se a arrolar elementos que dela devem constar – não resolve, em outras palavras, o principal problema na montagem da estrutura, que é a distribuição de poderes e de peso do voto nas deliberações dos integrantes da região metropolitana. Ficam, ainda, alguns pontos de indagação, como o de que se pode a Assembleia Legislativa alterar o plano de desenvolvimento urbano integrado idealizado pelos componentes da região metropolitana.

Determina a lei que para a configuração de uma região metropolitana devem observadas algumas condições mínimas. A metrópole é espaço urbano com continuidade territorial que, em razão de sua população e relevância política e socioeconômica, tem influência nacional ou sobre uma região que configure, no mínimo, a área de influência de uma capital regional, conforme os critérios adotados pela Fundação Instituto Brasileiro de Geografia e Estatística – IBGE, sendo a região metropolitana constituída de municípios limítrofes (art. 2º, inc. V e parágrafo único c/c art. 3º, *caput*). A observância de tais critérios técnicos é relevante especialmente em razão de, como já apontado, terem as regiões metropolitanas acesso a linhas de financiamento de projetos da União não disponíveis para outras cidades ou aglomerações urbanas.

O art. 6º traz os princípios da governança interfederativa, e mais alguns problemas surgem. O inc. I estabelece que é princípio da governança interfederativa a prevalência do interesse comum sobre o local. O leitor deste material já sabe que esta disposição só pode ser considerada constitucional se disser respeito exclusivamente à fundamentação das decisões da estrutura de administração estabelecida para a região metropolitana, e não como princípio aplicável à gestão de todos os municípios pertencentes à região metropolitana. Tanto que os incisos II, III e IV do mesmo artigo falam sobre o compartilhamento de responsabilidades e de gestão para a promoção do desenvolvimento urbano integrado, a autonomia dos entes da Federação e observância das peculiaridades regionais e locais. No mais, são também princípios da governança interfederativa a gestão democrática das cidades, nos termos do Estatuto das Cidades, a efetividade no uso dos recursos públicos e a busca do desenvolvimento sustentável (incs. V a VII).

O art. 7º do Estatuto da Metrópole traz as diretrizes O art. 7º do Estatuto da Metrópole traz as diretrizes específicas para a governança interfederativa das regiões metropolitanas e das aglomerações urbanas, que **serão somadas às diretrizes gerais do Estatuto da Cidade, que valem também para as regiões metropolitanas**. São definições que estabelecem o caráter colaborativo e participativo destas entidades da Administração Pública – processo permanente e compartilhado de planejamento e de tomada de decisão quanto ao desenvolvimento urbano e às políticas setoriais afetas às funções públicas de interesse comum (inc. I), estabelecimento de meios compartilhados de organização administrativa das funções públicas de interesse comum (inc. II) e de sistema integrado de alocação de recursos e de prestação de contas (inc. III), execução compartilhada das funções públicas de interesse comum, mediante rateio de custos previamente pactuado no âmbito da estrutura de governança interfederativa (inc. IV), participação de representantes da sociedade civil nos processos de planejamento e de tomada de decisão (inc. V), compatibilização dos planos plurianuais, leis de diretrizes orçamentárias e orçamentos anuais dos entes envolvidos na governança interfederativa (inc. VI) e compensação por serviços ambientais ou outros serviços prestados pelo Município à unidade territorial urbana, na forma da lei e dos acordos firmados no âmbito da estrutura de governança interfederativa (inc. VII). O art. 7º-A adiciona alguns elementos interessantes na definição desta governança metropolitana: abandonando a regulação exclusiva das entidades metropolitanas, prevê que o Estado e os Municípios da unidade territorial, no exercício da governança das funções públicas de interesse comum, deverão observar as diretrizes gerais do compartilhamento da tomada de decisões com vistas à implantação de processo relativo ao planejamento, à elaboração de projetos, à sua estruturação econômico-financeira, à operação e à gestão do serviço ou da atividade; e do compartilhamento de responsabilidades na gestão de ações e projetos relacionados às funções públicas de interesse comum, os quais deverão ser executados mediante a articulação de órgãos e entidades dos entes federados (incs. I e II).

Como instrumentos utilizáveis na atuação das regiões metropolitanas e aglomerações urbanas (também em adição aos instrumentos previstos no Estatuto da Cidade – que como visto não traz rol fechado), a lei cita, no art. 9º, alguns velhos conhecidos (fundos públicos, consórcios públicos, contratos de gestão etc.) e alguns novos instrumentos, que merecem uma análise mais detida, especialmente o plano de desenvolvimento urbano integrado (inc. I).

O plano de desenvolvimento urbano integrado é o instrumento mais importante da lei, e é minuciosamente regulado nos seus arts. 10 a 12. Este plano é **aprovado por lei estadual**, o que tende a ser um problema: nada impediria que o legislador previsse que, criada a região metropolitana com base no sistema de governança interfederativa em gestão plena, esta elaborasse seu plano de desenvolvimento, de observância obrigatória por seus integrantes (o § 4º do art. 10, aliás, diz que o plano será elaborado de forma conjunta e cooperada por representantes do Estado, dos Municípios integrantes da unidade regional e da sociedade civil organizada e será aprovado pela instância colegiada a que se refere o art. 8º da Lei, antes de seu encaminhamento à apreciação da Assembleia Legislativa), o que indica que serão duas as leis a serem aprovadas pela Assembleia Legislativa: a de criação da nova região metropolitana ou adaptação da lei já existente, e, posteriormente, de aprovação do seu plano de desenvolvimento urbano integrado. A questão, aqui, é que a aprovação do plano que regula a ordem urbanística de vários municípios é feita por órgão nos quais eles não detêm representação, o parlamento estadual. Os **planos setoriais interfederativos,** por exemplo, não dependem de aprovação pela Assembleia Legislativa (art. 10, § 1º), o que parece ser muito mais consoantes com a autonomia municipal. Mais: após reafirmar que a elaboração do plano de desenvolvimento urbano integrado não afasta a necessidade de os municípios terem plano diretor (poderia dizer o contrário?), estabelece o Estatuto da Metrópole que estes entes deverão compatibilizar seu plano diretor com o plano de desenvolvimento urbano integrado da unidade territorial urbana. Estes dispositivos, aparentemente, podem sofrer questionamentos quanto à sua constitucionalidade, tanto em razão do aspecto da autonomia municipal quanto no tocante à própria definição dada pela Constituição Federal do plano diretor como instrumento básico da política de desenvolvimento urbano do município. É preciso apontar que a redação original do Estatuto da Metrópole previa a prática de **ato de improbidade** do Prefeito que não promovesse a adaptação do plano diretor de seu município a esta lei – dispositivo que foi revogado pela Lei 13683/2018, tendo em vista sua duvidosa constitucionalidade e a evidente dificuldade de seu cumprimento. É destacar-se, ainda, que a lei é silente quanto à necessidade de alteração de leis e constituições estaduais que tratem de temas afetos ao plano de desenvolvimento urbano integrado – uma vez que todos os entes envolvidos deverão ceder parte de suas competências e orçamentos à nova entidade administrativa, também deveria haver expressa menção a esta determinação.

O plano de desenvolvimento urbano integrado deverá contemplar, no mínimo, as diretrizes para as funções públicas de interesse comum, incluindo projetos estratégicos e ações prioritárias para investimentos; o macrozoneamento da unidade territorial urbana (daí a relevância de adaptação da legislação local), as diretrizes quanto à articulação dos Municípios no parcelamento, uso e ocupação no solo urbano (mais um aspecto que tende a exigir modificações no plano diretor, mas também nas legislações estaduais), as diretrizes quanto à articulação intersetorial das políticas públicas afetas à unidade territorial urbana; a delimitação das áreas com restrições à urbanização visando à proteção do patrimônio ambiental ou cultural, bem como das áreas sujeitas a controle especial pelo risco de desastres naturais, se existirem; o sistema de acompanhamento e controle de suas disposições e, finalmente, as diretrizes mínimas para implementação de efetiva política pública de regularização fundiária urbana, nos termos da Lei 13465/2017, a Lei da REURB, tratada com mais vagar adiante. A lei que instituir o plano de desenvolvimento urbano integrado, por fim, deverá ser revista a cada dez anos, pelo menos, e abranger as áreas urbanas e rurais do território[34].

Outro instrumento inovador são **as operações urbanas consorciadas interfederativas**. Neste ponto, a lei promoveu alteração do Estatuto da Cidade, inserindo o art. 34-A naquele diploma legal. As operações urbanas consorciadas interfederativas obedecerão ao regramento geral das operações urbanas consorciadas "no que couber". As operações urbanas consorciadas, como se verá, trazem disposições especiais em relação ao plano diretor, especialmente no tocante às disposições referentes ao uso do solo, sendo certo que o Estatuto da Cidade exige lei específica para sua veiculação. A operacionalização de operações urbanas consorciadas que abrangem o território de mais de um município, em tese, exige que o plano urbanístico de cada operação urbana seja aprovado por lei específica de cada município participante. Mais que isso, não poderá, *a priori*, desconsiderar o planejamento urbanístico veiculado pelo plano diretor de cada cidade.

Dificuldades de igual magnitude deverão ocorrer quando da formulação e celebração de **parcerias público-privadas interfederativas**, desta feita especialmente em razão de tais ajustes se referirem, no tocante a intervenções metropolitanas, a serviços públicos não raro afetos à esfera estadual (transporte metropolitano, gás etc.). A previsão da governança interfederativa desloca a competência para a regulação ao órgão metropolitano, devendo, portanto, *a priori*, também haver alteração do marco legal estadual – e, eventualmente, da própria constituição do estado-membro.

O último ponto de relevo a abordar neste nosso estudo sobre o Estatuto da Metrópole (de novo: é muito importante ler a lei para ter a mais perfeita compreensão de suas disposições) é o concernente ao apoio da União às regiões metropolitanas. Como já apontado alhures, para que tal aconteça é preciso que a governança interfederativa em região metropolitana ou em aglomeração urbana seja de gestão plena (art. 14), prevendo o Estatuto da Metrópole que a região metropolitana instituída mediante lei complementar estadual que não atenda às suas disposições será enquadrada como aglomeração urbana para efeito das políticas públicas a cargo do Governo Federal, independentemente de as ações nesse sentido envolverem ou não transferência de recursos financeiros. Em bom português, a União financiará projetos das regiões metropolitanas estatuídas de acordo com o Estatuto da Metrópole, de modo a incentivar este arranjo institucional.

O Estatuto da Metrópole ainda é um diploma relativamente novo, que não tem exemplos práticos de aplicação. O que cabe, no momento, é entender suas disposições mais relevantes, e relembrar que estas aglomerações urbanas legalmente instituídas fazem com que o planejamento urbanístico municipal tenha que contemplar os interesses comuns dos municípios vizinhos nos assuntos que os envolvam. Esta necessidade não vulnera o papel do plano diretor como principal norte da política de desenvolvimento urbano local – ressalta, isto sim, sua característica de ser o veículo que positiva o planejamento urbanístico para o município, planejamento este que necessariamente deverá considerar a questão metropolitana.

Há que se destacar, por fim, que o novo Marco do Saneamento Básico (Lei 14026/2020), em seu modelo de regionalização das futuras concessões, não determina que todos os municípios de uma região metropolitana integrem uma unidade regionalizada – ao contrário, permite que esta unidade administrativa e territorial seja ignorada no processo de montagem que permitirá o subsídio cruzado das concessões de saneamento básico. Ainda no tocante a esta lei, o art. 53-D estabelece que é política federal de saneamento básico a execução de obras de infraestrutura básica de esgotamento sanitário e abastecimento de água potável em núcleos urbanos formais, informais e informais consolidados, passíveis de serem objeto de REURB (já vamos ver a lei, não se preocupe), salvo aqueles que se encontrarem em situação de risco.

Síntese: o que o candidato a concursos públicos deve saber sobre este capítulo

Aqui o essencial é saber sobre a relevância do plano diretor no sistema da legislação urbanística nacional. Ele não é só a lei que regula o tema localmente: ele é o responsável por dar aplicação ao direito individual da função social da propriedade. Isso é muito importante, e acaba sendo até mesmo fundamento de sua relação com o planejamento das demais infraestruturas urbanas. Também há muito questionamento, na prova com testes de múltipla escolha, sobre quais são os municípios que

---

34. Até o momento da revisão realizada para esta edição da obra – dia 08.09.2020 –, não há notícia de nenhum PDUI aprovado nos termos do Estatuto da Metrópole, bem como de operações urbanas consorciadas interfederativas ou de parcerias público-privadas interfederativas.

têm obrigação de elaborar o plano diretor. É chato decorar, mas uma leitura atenta do texto da lei ao menos ajudará o candidato a não considerar uma opção aberrante. A questão da região metropolitana ainda está em debate aberto, mas ao Estatuto da Metrópole mas pode vir a trazer o tema a questionamento em concurso.

7. INSTRUMENTOS URBANÍSTICOS EM ESPÉCIE

A partir deste capítulo os temas versarão mais especificamente sobre a aplicação dos grandes temas do direito urbanístico. Assim, já tivemos a oportunidade de estudar a propriedade urbanística em seu conceito. O momento, agora, é tratar de investigar como a ideia da propriedade urbanística tem aplicações práticas, abordando inicialmente os instrumentos de política urbana. A sistematização da obra não guarda absoluta coincidência com o Estatuto da Cidade – já foi estudado, por exemplo, o plano diretor, que é também elencado como instrumento pela lei. Em alguns instrumentos, por fim, serão abordados os aspectos mais importantes relacionados ao tema, tendo em vista os questionamentos realizados em provas de ingresso às carreiras jurídicas.

7.1. O parcelamento, edificação e utilização compulsórios, o IPTU progressivo no tempo e a desapropriação com pagamento em títulos

O Estatuto da Cidade promoveu a regulamentação, no âmbito de competência da União (normas gerais, lembra?), da utilização dos instrumentos que penalizam o não uso ou o mau uso da propriedade urbana (arts. 5º a 8º). A ideia do texto legal é estabelecer uma progressiva pressão sobre o proprietário de imóvel urbano que mantenha propriedades não edificadas, subutilizadas ou não utilizadas. O fundamento a tanto, como é intuitivo, é a função social da propriedade. Vejamos o mecanismo trazido na lei.

Inicia o Estatuto da Cidade estabelecendo que o município deve fixar as condições e os prazos para o parcelamento, a edificação ou a utilização compulsórios do solo urbano não edificado, subutilizado ou não utilizado. A lei federal só trouxe o conceito de imóvel subutilizado, que é aquele cujo aproveitamento seja inferior ao mínimo definido no plano diretor ou em legislação dele decorrente (veremos o que significa "aproveitamento" do imóvel nos próximos capítulos, não se preocupe). A caracterização do que seja imóvel não edificado ou não utilizado caberá à lei municipal, que determinará os modos de aferição de tal condição pelo Poder Público. O Estatuto da Cidade também estabelece que devem ser adotadas as providências para tornar pública tal condição, notificando-se o proprietário e averbando-se a notificação no registro de imóveis. A razão a tanto é evidente: como as sanções são *propter rem*, a mera transmissão do imóvel entre os particulares não afasta sua incidência, e o registro evitará que o adquirente alegue surpresa com eventual atuação do Poder Público sancionador (é, aliás, o que expressamente dispõe o art. 6º da lei).

Prosseguindo, a Lei 10.257/2001 estabelece prazos máximos para o aproveitamento do imóvel: um ano, a partir da notificação, para que seja protocolado o projeto no órgão municipal competente; dois anos, a partir da aprovação do projeto, para iniciar as obras do empreendimento. Por fim, em empreendimentos de grande porte, em caráter excepcional, poderá haver a previsão de conclusão da obra em etapas, assegurando-se que o projeto aprovado compreenda o empreendimento como um todo. Tal condição indica que a lei municipal não só pode como deve instituir prazos máximos para a conclusão das obras iniciadas.

Em caso de descumprimento dos prazos estabelecidos pelo Poder Público, começam a incidir as sanções urbanísticas (sim, a o preceito jurídico ordenador de determinada conduta sem a correspondente sanção pelo seu descumprimento é como a brisa sem o ar...). O art. 7º do Estatuto determina que se o proprietário permanecer inerte ou descumprir os prazos assinalados, o município procederá à aplicação do imposto sobre a propriedade predial e territorial urbana (IPTU) progressivo no tempo, mediante a majoração da alíquota pelo prazo de cinco anos consecutivos. Olha que bacana: o IPTU com efeitos extrafiscais – se alguém perguntar em questão de prova, aqui tem! Bem, a lei determina que o valor da alíquota a ser aplicado a cada ano será fixado naquela mesma lei que aponta as áreas onde incidirá o aproveitamento compulsório, e não poderá exceder a duas vezes o valor referente ao ano anterior, respeitada a alíquota máxima de quinze por cento – pode dobrar a alíquota a cada ano, respeitado este limite. Esta alíquota máxima poderá ser mantida até que se dê o aproveitamento do imóvel. Este tributo, ainda, não poderá ser objeto de isenção ou anistia.

O Estatuto da Cidade, contudo, ainda não desiste de sua marcha. Caso tenham se passado cinco anos de cobrança do IPTU progressivo sem que o proprietário tenha cumprido a obrigação de parcelamento, edificação ou utilização, autoriza o município a proceder à desapropriação do imóvel, com pagamento em títulos da dívida pública. Ok, não é nada fácil fazer isso, uma vez que tais títulos deverão ter prévia aprovação pelo Senado Federal. A vantagem é que serão resgatados no prazo de até dez anos, em prestações anuais, iguais e sucessivas, assegurados o valor real da indenização e os juros legais de seis por cento ao ano. Mais: o valor da indenização a ser paga ao expropriado deverá ser o valor da base de cálculo do IPTU, descontado o montante incorporado em função de obras realizadas pelo Poder Público na área onde o mesmo se localiza após a notificação que iniciou o processo de aproveitamento compulsório do bem, e não computará expectativas de ganhos, lucros cessantes e juros compensatórios. Os títulos não terão poder liberatório para pagamento de tributos.

Tal é o rigor do Estatuto da Cidade e a importância dada ao aproveitamento do imóvel urbano que a lei determina que o município procederá ao seu adequado aproveitamento no prazo máximo de cinco anos, contado a partir da sua incorporação ao patrimônio público, seja diretamente ou por intermédio de alienação ou concessão a terceiros. E, se vender, quem comprar está sujeito ao processo de aproveitamento compulsório.

7.2. A usucapião especial de imóvel urbano

Os arts. 9º a 14 do Estatuto da Cidade tratam da usucapião especial de imóvel urbano. Esta modalidade de usucapião foi prevista de forma inovadora na Constituição Federal de 1988, que dispõe, no art. 183, que aquele que possuir como sua como sua (não basta a mera detenção – você já sabe a diferença entre posse e detenção, não é?) área urbana de até 250 m², por cinco anos, ininterruptamente e sem oposição, utilizando-a para sua moradia ou de sua família, adquire seu domínio desde que não seja proprietário de outro imóvel urbano ou rural. A Constituição ainda diz que o título de domínio e a concessão de uso serão conferidos ao homem ou à mulher, ou a ambos, independentemente do estado civil (por que concessão de uso entrou neste parágrafo? Má revisão final do texto constitucional, não se preocupe com isso), e declara que o direito não será reconhecido ao mesmo possuidor mais de uma vez e que os imóveis públicos não serão adquiridos por usucapião.

No texto do Estatuto da Cidade, não se menciona a concessão de uso neste instrumento (não falei?), e fica esclarecido que o herdeiro legítimo continua, de pleno direito, a posse de seu antecessor, desde que já resida no imóvel por ocasião da abertura da sucessão. A preocupação, aqui, é a manutenção do direito à moradia, e é importante notar que a lei prevê a soma dos prazos somente *causa mortis*.

Em seguida a lei trata da usucapião especial coletiva. Seus requisitos são: (a) o imóvel constitui núcleo urbano informal existente sem oposição há mais de cinco anos; (b) a área total do imóvel, dividida pelo número de possuidores, é inferior a duzentos e cinquenta metros quadrados por possuidor; (c) os possuidores não sejam proprietários de outro imóvel urbano ou rural. Caso esta conjunção de fatores ocorra, poderá haver a usucapião coletiva, que representa a aquisição coletiva de domínio. O possuidor poderá somar a sua posse a do seu antecessor para a caracterização do prazo de 5 anos, acrescentar sua posse a de seu antecessor (mesmo com transmissão *inter vivos*), contanto que ambas sejam contínuas.

Na declaração da usucapião, o juiz atribuirá igual fração ideal de terreno a cada possuidor, independentemente da dimensão do terreno que cada um ocupe, salvo hipótese de acordo escrito entre os condôminos, estabelecendo frações ideais diferenciadas. O Estatuto da Cidade determina que este condomínio especial constituído a partir da usucapião especial coletiva é indivisível, não sendo passível de extinção, salvo deliberação favorável tomada por, no mínimo, dois terços dos condôminos, caso haja de execução de urbanização posterior à constituição do condomínio. É importante este ponto: enquanto no condomínio civil a extinção é sempre possível, desde que haja decisão do condômino (art. 1320 do Código Civil), este condomínio, em razão de sua função urbanística (moradia de populações de baixa renda) será, em regra, **inextinguível**. Por fim, as deliberações relativas à administração do condomínio especial serão tomadas por maioria de votos dos condôminos presentes, obrigando também os demais, discordantes ou ausentes.

O Estatuto da Cidade também dispõe sobre o processo da usucapião especial. Em seu art. 11, determina que ficarão sobrestadas quaisquer outras ações, petitórias ou possessórias, que venham a ser propostas relativamente ao imóvel usucapiendo enquanto pendente a ação de usucapião especial urbana. Esta norma excepciona o Código de Processo Civil: lá, as possessórias não são suspensas e a restrição vale somente entre autor e réu – no art. 557, há a disposição que regula o tema de forma semelhante, mas permite, em adição, que as petitórias sejam movidas em face de terceira pessoa. De qualquer forma, a regra do Estatuto da Cidade é específica para a sua usucapião, e deverá ser aplicada *in casu*. As partes legítimas para a propositura da ação são o possuidor, isoladamente ou em litisconsórcio originário ou superveniente; os possuidores, em estado de compose; ou, como substituto processual, a associação de moradores da comunidade, regularmente constituída, com personalidade jurídica, desde que explicitamente autorizada pelos representados – na verdade a associação exerce *representação judicial*, mas se cair no concurso em teste, este é o texto da lei. O Ministério Público atuará sempre, como *custos legis*, e o autor terá os benefícios da justiça e da assistência judiciária gratuita, inclusive perante o cartório de registro de imóveis. O art. 13 resolve antiga discussão jurisprudencial e doutrinária, asseverando que a usucapião especial de imóvel urbano poderá ser invocada como matéria de defesa, valendo a sentença que a reconhecer como título para registro no cartório de registro de imóveis. O rito processual da usucapião especial, individual ou coletiva, enfim, é o sumário (art. 14).

7.3. O direito de superfície urbanístico

Uma coisa você já deve saber: existe o direito de superfície no Código Civil (art. 1.369) e existe no Estatuto da Cidade, e é por isso que chamamos aqui de "urbanístico" (na lei não é assim). Tem diferença?

Bem, primeiro vamos ver o que diz o Estatuto. O art. 21 da Lei 10.257/2001 diz que o proprietário urbano poderá conceder a outrem o direito de superfície do seu terreno, por tempo determinado ou indeterminado, mediante escritura pública registrada no cartório de registro de imóveis (a extinção também deverá ser averbada). O direito de superfície, desta forma, se caracteriza como direito real de uso sobre a coisa alheia – oponível *erga omnes*, inclusive ao proprietário do terreno – a extinção do direito de superfície ocorre pelo advento do termo ou pelo descumprimento das obrigações contratuais assumidas pelo superficiário, especialmente dar ao terreno destinação diversa daquela para a qual for concedida a superfície.

De acordo com o Estatuto da Cidade, o direito de superfície abrange o direito de utilizar o solo, o subsolo ou o espaço aéreo relativo ao terreno, na forma estabelecida no contrato respectivo, atendida a legislação urbanística, podendo ser oneroso ou gratuito. Ainda nos termos do Estatuto, o superficiário responderá integralmente pelos encargos e tributos que incidirem sobre a propriedade superficiária, arcando, ainda, proporcionalmente à sua parcela de ocupação efetiva, com os encargos e tributos sobre a área objeto da concessão do direito de superfície, salvo disposição em contrário do contrato respectivo. O direito de superfície pode ser transferido a terceiros, obedecidos os termos do contrato respectivo, sendo certo que a morte do superficiário transmite seus direitos a seus herdeiros.

Na hipótese da alienação do terreno, o superficiário terá direito de preferência na compra. Da mesma forma, caso o superficiário deseja alienar o direito de superfície, o proprietário terá preferência na aquisição, ambos, inclusive, em igualdade de condições à oferta de terceiros. Uma vez extinto o direito de superfície, o proprietário recuperará o pleno domínio do terreno, bem como das acessões e benfeitorias introduzidas no imóvel, independentemente de indenização, se as partes não houverem estipulado o contrário no respectivo contrato – em outras palavras, tudo o que está no terreno a este acede e se incorpora plenamente à propriedade, salvo estipulação em contrário.

Ok, e o Código Civil? Lá, o direito concedido é somente o de construir ou plantar, não autorizando em princípio obras no subsolo, salvo se inerentes ao objeto do contrato. Traz, ainda, regras, específicas para a hipótese de desapropriação (a indenização cabe ao proprietário e ao superficiário, no valor correspondente ao direito real de cada um), e a determinação de que lei especial poderá reger o direito de superfície constituído por pessoa jurídica de direito público.

7.4. Direito de Preempção

O direito de preempção não é novidade no Direito. O que é novo é sua utilização como instrumento de política urbana – é um daqueles instrumentos que obrigatoriamente devem estar previstos no plano diretor. E por quê? Existe a ideia de que o direito de preempção pode ser um importante meio de organizar um "banco de terras" para o Poder Público, com a finalidade de provisão de infraestruturas urbanas (escolas, hospitais etc.) e habitações de interesse social. Na verdade, traz um rol fechado de finalidades no art. 26: ele será utilizado para regularização fundiária, para execução de programas e projetos habitacionais de interesse social, para constituição de reserva fundiária, para ordenamento e direcionamento da expansão urbana, para implantação de equipamentos urbanos e comunitários, para criação de espaços públicos de lazer e áreas verdes, unidades de conservação ou proteção de outras áreas de interesse ambiental e proteção de áreas de interesse histórico, cultural ou paisagístico. Vejamos como funciona o instrumento.

De acordo com o Estatuto da Cidade, o direito de preempção confere ao Poder Público municipal preferência para aquisição de imóvel urbano objeto de alienação onerosa entre particulares – em uma operação de venda e compra de imóvel urbano entre particulares, o dono tem que oferecer o imóvel antes para a Administração. Lei municipal, baseada no plano diretor, delimitará as áreas em que incidirá o direito de preempção e fixará prazo de vigência, não superior a cinco anos, renovável a partir de um ano após o decurso do prazo inicial de vigência – pra lembrar, são os mesmos prazos da declaração de utilidade pública da lei de desapropriações. Aliás, a lei que define os imóveis sujeitos ao direito de preempção também tem que dizer qual a finalidade da imposição do direito de preempção.

Não importa quantas transações sejam realizadas: o direito de preempção incide tantas vezes quantas forem negociadas o bem durante a sua vigência. O proprietário deverá notificar sua intenção de alienar o imóvel, para que o Município, no prazo máximo de trinta dias, manifeste por escrito seu interesse em comprá-lo. A notificação tem forma específica: deve ter anexada proposta de compra assinada por terceiro interessado na aquisição do imóvel, da qual constarão preço, condições de pagamento e prazo de validade. A lei manda o Município publicar, em órgão oficial e em pelo menos um jornal local ou regional de grande circulação, edital de aviso da notificação recebida nos termos do *caput* do art. 27 e da intenção de aquisição do imóvel nas condições da proposta apresentada – ou seja, caso seja notificado e deseje comprar, tem que dar publicidade. Ultrapassado o prazo de trinta dias sem resposta da Administração, o proprietário pode alienar o bem nas condições da proposta apresentada, e, se vender, tem 30 dias para comprovar ao Município que o fez nos termos da proposta que encaminhou. Caso a alienação tenha ocorrido em condições diversas da proposta apresentada, será nula de pleno direito – é evidente que o bom intérprete considera a hipótese de alienação nula caso realizada em **condições mais benéficas ao adquirente**, mas o texto da lei não faz esta ressalva, e determina, ainda, que caso isso ocorra o Município poderá adquirir o imóvel pelo valor da base de cálculo do IPTU ou pelo valor indicado na proposta apresentada, se este for inferior àquele.

7.5. Da outorga onerosa do direito de construir e da transferência do direito de construir

Ensina DA SILVA que a destinação urbanística dos terrenos é uma utilidade acrescida a eles pelos planos e leis de caráter urbanístico. De fato, entendendo-se como "utilidade natural" do terreno tão somente a possibilidade de coleta e agricultura, toda e qualquer outra utilidade do imóvel há de ser definida por lei, que orientará as possibilidades de seu uso e ocupação tendo em vista a destinação urbanística a este conferida. O "lote", parcela de terreno destinada à edificação, é uma das modalidades de aproveitamento do terreno urbano predeterminadas por via legal (é o resultado do parcelamento do solo para fins urbanos, como veremos adiante), logo, é consequência da criação da atividade urbanística. A possibilidade de edificação nos lotes surge, então, como uma utilidade legal – uma qualificação atribuída pela lei a um terreno urbano, identificada como a faculdade conferida ao proprietário em tal edificar.

Nesta linha de ideias, entendendo-se por "faculdade" a possibilidade legal de opção em vista de uma situação jurídica, deve o art. 1.299 do Código Civil, que estatui o "direito de construir", ser interpretado como conferente de uma faculdade ao proprietário de terreno urbano. A **edificabilidade** é, portanto, uma qualificação legal que se atribui a algum terreno sujeito à legislação urbanística.[35] Os temas da outorga onerosa de potencial construtivo e da transferência de potencial construtivo, pertinentes à qualificação legal da edificabilidade em solo urbano, por sua vez, podem ser tratados num mesmo item. Não, você não leu errado. A lei chama os instrumentos de "outorga onerosa do direito de construir" e "transferência do direito de construir", mas, em verdade, o que é vendido ou transferido é o potencial construtivo. Se você nos deu a alegria de ler atentamente o texto de urbanístico até agora, já sabe que o direito de construir é uma das emanações da propriedade urbanística, criada pela lei urbanística. O manuseio do bem jurídico "potencial construtivo" é o tema deste momento do nosso estudo.

7.5.1. Conceitos preliminares: coeficiente de aproveitamento, potencial construtivo, potencial construtivo adicional e solo criado

No direito urbanístico (e no urbanismo), o índice mais relevante para se determinar as potencialidades de aproveitamento do solo em termos de edificação é o **Coeficiente de Aproveitamento**, que representa um número que, multiplicado pela área do lote, indica a quantidade máxima de metros quadrados que podem nele ser construídos, isto é, é a relação entre a área construída de uma edificação e a área total do terreno em que se situa.[36] Em abstrato, parece que não explicamos nada, mas com o exemplo fica mais fácil: se determinado lote de 1.000 m² tem coeficiente de aproveitamento igual 1,0, isso significa

---

35. DA SILVA, op. cit., p. 80-81.

36. Há outros índices relevantes: a Taxa de Ocupação, que é a relação entre a área da projeção horizontal da edificação ou edificações e a área do terreno, isto é, a porcentagem do terreno sobre o qual há construção; a Taxa de Permeabilidade do terreno, que é a percentagem de área do terreno com solo permeável à água; os Gabaritos de Altura, que definem as alturas máximas das edificações etc. Tais índices, conjugados, definem o potencial de aproveitamento de um terreno urbano.

que nele poderão ser edificados 1.000 metros quadrados. Se tem coeficiente de aproveitamento igual a 2,0, serão 2.000 metros quadrados edificáveis. Os metros quadrados edificáveis no terreno, por sua vez, caracterizam o **potencial construtivo** do lote. Este é expresso em metros quadrados – 1.000 m^2, 2.000 m^2. Melhorou? Bem, vamos dar uma complicada.

As leis urbanísticas normalmente têm três coeficientes de aproveitamento do lote: o **mínimo**, o **básico** e o **máximo**. O coeficiente de aproveitamento **mínimo** é aquele que determina a não utilização ou subutilização da propriedade – já vimos que o Estatuto da Cidade tem horror a isso em razão da inafastável função social da propriedade urbanística, prevendo até mesmo a pena desapropriação com pagamento em títulos da dívida pública ao imóvel nestas condições. Então, pra ficar claro: o coeficiente de aproveitamento mínimo de um lote é um índice que, multiplicado pelo tamanho do terreno, dirá quantos metros quadrados tem que ser edificados para que a propriedade esteja cumpridora de sua função social (óbvio que há outros elementos que avaliam o cumprimento da função social, mas este é o mais objetivo). Em um lote de 1.000 metros quadrados com coeficiente de aproveitamento mínimo igual a 0,2, deverá haver no mínimo 200 m^2 de área construída.

O coeficiente de aproveitamento **básico** é aquele que pode ser atingido sem a cobrança de outorga onerosa de potencial construtivo pela Administração. A outorga onerosa é o que o nome diz: concessão mediante pagamento. Então, o coeficiente de aproveitamento básico é o potencial construtivo utilizável no lote sem que haja necessidade pagamento algum pela sua utilização. Em um lote de 1.000 m^2 com coeficiente de aproveitamento (vamos chamar de C.A., ok?) mínimo igual a 0,2 e C.A. básico igual a 1,0, o proprietário tem o dever de edificar no mínimo 200 m^2, e tem potencial construtivo disponível sem pagamento de outorga onerosa de 1.000 m^2. Fácil, né? Pois bem. E o **coeficiente de aproveitamento máximo**? O C.A. máximo é o que a lei urbanística determina como... o máximo edificável no lote! Já dissemos que a propriedade urbanística é **conformada** pela lei urbanística, e o C.A. é uma das mais evidentes comprovações deste postulado. A lei urbanística vai dizer o mínimo e o máximo que o proprietário pode edificar. Aí, algumas coisas: (a) é possível que o C.A. básico seja coincidente com o C.A. máximo. Neste caso, não há como acessar o denominado **potencial construtivo adicional**, que se caracteriza como aquele superior ao C.A. básico; (b) da mesma forma, pode ser opção da lei não estabelecer o C.A. máximo, limitando-se a estabelecer o básico e vinculando a possibilidade de construção além deste C.A. à cobrança de outorga onerosa. Neste caso, a lei não limita, *a priori*, o **potencial construtivo adicional** do lote. Em qualquer das hipóteses, contudo, vale o mesmo raciocínio: em um lote de 1.000 m^2 com C.A. mínimo igual a 0,2, C.A. básico igual a 1,0 e C.A. máximo igual a 2,0, o potencial construtivo mínimo a ser utilizado é de 200 m^2, o potencial construtivo acessível sem cobrança de outorga onerosa é de até 1.000 m^2 e o potencial construtivo máximo, a ser atingido com a contrapartida exigida em lei, é o de 2.000 m^2. O potencial construtivo adicional do lote, a ser atingido mediante outorga onerosa (ou transferência de potencial construtivo, como veremos) é de 1.000 m^2.

Em se tratando de direito de edificar em solo urbano, o texto legal outorga ao proprietário uma faculdade, uma prerrogativa condicionada pelo direito objetivo, isto é, o direito de propriedade tem que ser harmonizado ao também preceito constitucional de função social da propriedade: não é possível, desta forma, impor a possibilidade de edificação onde a lei urbanística aconselha a não edificabilidade e, no mesmo sentido, evidencia-se lícito que planos urbanísticos determinem o índice de adensamento das áreas urbanas. Não se trata, assim, de confronto entre o direito de construir em propriedade urbana e a legislação urbanística aplicável. É, isto sim, a revelação do conteúdo de tal direito pela lei de ordenação e uso do solo – a edificabilidade possível em um terreno é o que determina, em termos gerais, o plano urbanístico positivado pelo plano diretor, advindo destes parâmetros o direito de construir do proprietário. Os conceitos de coeficiente de aproveitamento, potencial construtivo e potencial construtivo adicional, desta forma, integram o conceito de propriedade urbanística.

Para finalizar os conceitos preliminares aos temas da outorga onerosa e transferência do potencial construtivo (*rectius*, do "direito de construir"), cumpre tecer algumas considerações sobre o denominado **solo criado**.

No Brasil, a noção de solo criado desenvolveu-se a partir da década de 70, destacando-se a importância do seminário promovido pelo Centro de Estudos e Pesquisas em Administração Municipal – CEPAM, que deu origem à denominada Carta de Embu, datada de 11 de dezembro de 1976. Pondera o texto, elaborado por renomados urbanistas e profissionais do Direito, que a tecnologia de construção civil, atendendo ao desejo de aumentar a ocupação dos locais de maior demanda, permite a criação de solo novo, ou seja, de áreas adicionais utilizáveis, não apoiadas diretamente sobre solo natural, sendo certo, contudo, que a legislação de uso do solo procura limitar este adensamento, diferenciadamente para cada zona, no interesse da comunidade. Um dos efeitos colaterais dessa legislação, continua o documento, é o de valorizar diferentemente os imóveis, em consequência de sua capacidade legal de comportar área edificada, gerando situações de injustiça. Em virtude de tais premissas, e considerando que o direito de propriedade é condicionado pelo princípio da função social da propriedade, não devendo, assim, exceder determinada extensão de uso e disposição, definidos segundo a relevância do interesse social e que o criador de solo deverá oferecer à coletividade as compensações necessárias ao reequilíbrio urbano reclamado pela criação do solo adicional, conclui o documento que: a) é constitucional a fixação, pelo município, de um coeficiente único (hoje se diz "básico") de edificação para todos os terrenos urbanos; b) tal fixação não interfere com a competência municipal para estabelecer índices diversos de utilização dos terrenos mediante legislação de zoneamento; c) que toda edificação acima do coeficiente único é considerada "solo criado", quer envolva ocupação de espaço aéreo, quer a de subsolo (Conclusão 1.2); d) é constitucional exigir, na forma da lei municipal, como condição de criação deste solo, que o interessado entregue ao poder público áreas proporcionais ao solo criado e, quando impossível a oferta destas áreas, sejam elas substituídas pelo seu equivalente econômico.

O conceito de **solo criado** da Carta de Embu, desta forma, ilustrou o desenvolvimento da legislação urbanística e permitiu a criação da técnica urbanística de distinguir os diferentes coeficientes de aproveitamento do solo e a criação de institutos jurídicos como outorga onerosa e transferência de potencial construtivo. Hoje, compreende-se que a técnica de criação e distribuição do solo criado pela legislação urbanística não pode limitar seu escopo ao mero objetivo arrecadatório, devendo ser utilizada, também, para induzir determinados padrões de desenvolvimento urbano (por exemplo, combinando maiores ou menores coeficientes de aproveitamento para as diferentes regiões da cidade em razão do adensamento construtivo desejado, indicado pelo planejamento), bem como para fomentar ou desestimular determinadas tipologias construtivas (com a concessão de descontos ou multiplicadores sobre o valor de comércio de potencial construtivo adicional, por exemplo).

7.5.1.1. Natureza jurídica do potencial construtivo adicional

Cumpre, ainda antes de retornar à análise do texto legal, tecer algumas considerações sobre a natureza jurídica do potencial construtivo adicional. Este, conforme já tivemos condição de asseverar alhures,[37] é bem jurídico dominial, com funções urbanísticas e socioambientais. Caracteriza-se como bem dominial pela sua negociabilidade pelo Município, ao mesmo tempo em que esta negociabilidade é vinculada às funções urbanísticas e socioambientais que desenvolve na cidade (controle de adensamento construtivo, que repercute no adensamento populacional, aumento do tráfego de veículos e pessoas etc.). O potencial construtivo adicional, desta forma, apresenta-se como elemento essencial na busca das cidades sustentáveis, cumpridoras de suas funções sociais – que, como visto, é a meta da política de desenvolvimento urbano desenvolvida pelo Município (art. 182 da Constituição Federal)[38].

7.5.2. Outorga Onerosa do direito de construir

Repete-se: vamos usar a dicção legal, mas é sempre bom lembrar que o que é outorgado não é o direito de construir (definido em lei), e sim o potencial construtivo adicional. Pois bem.

É do texto do Estatuto da Cidade que o plano diretor poderá fixar áreas nas quais o direito de construir poderá ser exercido acima do coeficiente de aproveitamento básico adotado, mediante contrapartida a ser prestada pelo beneficiário. O Estatuto define o C.A. como a relação entre a área edificável e a área do terreno, e estabelece que o plano diretor (sempre ele!) poderá fixar C.A. básico único para toda a zona urbana ou diferenciado para áreas específicas dentro de tal espaço territorial. Os limites máximos a serem atingidos pelos C.A. considerarão a proporcionalidade entre a infraestrutura existente e o aumento de densidade esperado em cada área - esta informação é importante: somente será possível edificar se o meio ambiente urbano mostrar-se apto a distribuir adequadamente a carga urbanística correspondente, o que ilustra a finalidade urbanística da outorga de potencial construtivo adicional aos lotes urbanos.

Prosseguindo, a Lei 10.257/2001 estabelece que o plano diretor poderá fixar áreas nas quais poderá ser permitida alteração de uso do solo, mediante contrapartida a ser prestada pelo beneficiário. Bem, coisas da lei brasileira: aqui não é outorga onerosa de potencial construtivo, e sim de mudança de uso. E esta mudança tem que ser de um uso previsto como permitido na lei (não é possível implantar um uso não previsto como possível pelo planejamento urbanístico), somente sendo possível tal medida mediante a contrapartida a ser paga pelo interessado.

O Estatuto da Cidade em seguida determina que lei municipal específica estabelecerá as condições a serem observadas para a outorga onerosa do direito de construir e de alteração de uso, determinando: a fórmula de cálculo para a cobrança, os casos passíveis de isenção do pagamento da outorga e a contrapartida do beneficiário. Sob este ponto, vale destacar que a distribuição do potencial construtivo por meio de outorga onerosa dar-se-á, em regra, pela venda direta aos proprietários dos lotes nos quais se realizará a construção. Para MARQUES NETO, caso prevista em lei municipal, tal regra faz incidir o art. 25, *caput*, da Lei 8.666/1993 (Lei Federal de Licitações). Caso não haja esta expressa previsão legal, ou qualquer outra diversa em competente lei municipal, deverá tal bem ser vendido de acordo com o art. 17, II, da apontada Lei de Licitações – alienação por intermédio de leilão.[39] A lei estabelece, por fim, que os recursos auferidos com a adoção da outorga onerosa do direito de construir e de alteração de uso serão aplicados em regularização fundiária, execução de programas e projetos habitacionais de interesse social, constituição de reserva fundiária, ordenamento e direcionamento da expansão urbana, implantação de equipamentos urbanos e comunitários, criação de espaços públicos de lazer e áreas verdes, criação de unidades de conservação ou proteção de outras áreas de interesse ambiental e proteção de áreas de interesse histórico ou paisagístico – os recursos advindos da comercialização do solo criado revertem exclusivamente para fins urbanísticos.

7.5.2.1. Natureza jurídica da contraprestação pecuniária da outorga onerosa

Muito se discutiu acerca da natureza jurídica da contraprestação pecuniária referente à aquisição do potencial construtivo adicional. Houve posicionamentos entendendo haver natureza tributária, outros natureza obrigacional. A tese vencedora, entretanto, foi a adotada no Recurso Extraordinário 387.047-5/SC, com julgamento em 06.03.2008. O relator da decisão, Min. Eros Roberto Grau, signatário da Carta de Embu, entende que tal contraprestação é um ônus, isto é, uma contraprestação que se origina pela exclusiva vontade das partes contratantes, não havendo, assim, que se falar em obrigação – caso o proprietário não adquira o potencial construtivo adicional, ficará impossibilitado de construir. Cabe colacionar, desse modo, a ementa da decisão proferida pelo STF:

Ementa: Recurso Extraordinário. Lei 3.338/1989 do Município de Florianópolis/SC. Solo criado. Não configuração como tributo. Outorga onerosa do direito de criar solo. Distinção entre ônus, dever e obrigação. Função social da propriedade. Artigos 182 e 170, III da Constituição do Brasil. 1. Solo criado é o solo artificialmente criado pelo homem [sobre ou sob o solo natural], resultado da construção praticada em volume

---

37. APPARECIDO JUNIOR, Jose Antonio. Propriedade Urbanística e Edificabilidade. Curitiba: Juruá, 2013.

38. O atual Plano Diretor Estratégico do Município de São Paulo (Lei Municipal 16050/2014) adota esta linha de entendimento. Em seu art. 116, estabelece o seguinte: "O potencial construtivo adicional é bem jurídico dominial, de titularidade da Prefeitura, com funções urbanísticas e socioambientais".

39. MARQUES NETO, Floriano de Azevedo. Outorga onerosa do direito de construir. In: DALLARI, Adilson Abreu e Ferraz, SÉRGIO (coords.). *Estatuto da Cidade (Comentários à Lei Federal 10.257/2001)*. 4. ed. São Paulo: Malheiros, 2014. p. 245-246.

superior ao permitido nos limites de um coeficiente único de aproveitamento. 2. Outorga onerosa do direito de criar solo. Prestação de dar cuja satisfação afasta obstáculo ao exercício, por quem a presta, de determinada faculdade. Ato necessário. Ônus. Não há, na hipótese, obrigação. Não se trata de tributo. Não se trata de imposto. Faculdade atribuível ao proprietário de imóvel, mercê da qual se lhe permite o exercício do direito de construir acima do coeficiente único de aproveitamento adotado em determinada área, desde que satisfeita prestação de dar que consubstancia ônus. Onde não há obrigação não pode haver tributo. Distinção entre ônus, dever e obrigação e entre ato devido e ato necessário. 3. Ônus do proprietário de imóvel urbano. Instrumento próprio à política de desenvolvimento urbano, cuja execução incumbe ao Poder Público municipal, nos termos do disposto no artigo 182 da Constituição do Brasil. Instrumento voltado à correção de distorções que o crescimento urbano desordenado acarreta, à promoção do pleno desenvolvimento das funções da cidade e a dar concreção ao princípio da função social da propriedade [art. 170, III, da CB]. 4. Recurso extraordinário conhecido, mas não provido.

7.5.3. Transferência do direito de construir

O art. 35 do Estatuto da Cidade estabelece que a lei municipal baseada no plano diretor poderá autorizar o proprietário de imóvel urbano, privado ou público, a exercer em outro local, ou alienar, mediante escritura pública, o direito de construir previsto no plano diretor ou em legislação urbanística dele decorrente.

A transferência do potencial construtivo somente é possível se o imóvel cedente for considerado necessário para fins de implantação de equipamentos urbanos e comunitários; para fins de preservação, quando o imóvel for considerado de interesse histórico, ambiental, paisagístico, social ou cultural; ou servir a programas de regularização fundiária, urbanização de áreas ocupadas por população de baixa renda e habitação de interesse social. A Lei 10.257/2001 também faculta ao proprietário que doar ao Poder Público imóveis para os fins descritos retro a transferência do potencial construtivo do terreno doado.

Acerca da transferência do direito de construir, cumpre destacar que esta, a despeito de ser eminentemente um ato negocial entre particulares (à exceção da hipótese de doação do lote ao Poder Público), tem estrita função urbanística. A lei municipal específica que autoriza a transferência é baseada no plano diretor, isto é, deve a este obediência e a este é submetida no que toca ao plano urbano neste previsto. Não há transferência de potencial construtivo que malfira o planejamento urbanístico encetado para a cidade, consolidado no indigitado plano urbano e tornado exigível pelo plano diretor. Desta forma, *a priori*, não se caracteriza como direito subjetivo do proprietário de terrenos urbanos realizar tal transferência, ainda que com as finalidades descritas nos incisos do art. 35 do Estatuto da Cidade – é preciso que o resultado da operação, tanto no que toca ao imóvel cedente quanto ao imóvel receptor de potencial construtivo, esteja adequado ao plano urbano. Da mesma forma, a lei não torna exigível que o Poder Público receba imóvel urbano em doação para que seja possível a transferência do potencial construtivo. No mais, dois pontos de atenção, que podem ser bons objetos de reflexão em uma fase escrita de concurso que questione sobre o recebimento do imóvel em doação em troca de potencial construtivo transferido: primeiramente, o Estatuto da Cidade chama de "doação" um ato de verdadeira alienação do bem imóvel ao Poder Público em troca de potencial construtivo – trata-se, assim, de venda e compra usando como moeda de troca este bem, sendo inegável o sinalagma entre as obrigações assumidas pelas partes no negócio jurídico. Em segundo lugar, nesta hipótese não é possível falar de transferência de potencial construtivo em sentido estrito, pois o Poder Público poderá edificar no terreno que recebeu (o que não poderia acontecer caso o seu potencial construtivo tivesse sido transferido). Sim, a lei às vezes complica as coisas, e é também por tal razão que alertamos, lá no começo do texto, que é fundamental assimilar bem os conceitos, para conseguir trabalhar de forma eficaz sua aplicação.

7.6. Operações urbanas consorciadas

O Estatuto da Cidade determina que lei municipal específica, baseada no plano diretor, poderá delimitar área para aplicação de operações consorciadas. A primeira informação já vem aqui: ela é uma lei específica e que tem por objetivo dar aplicação ao plano diretor, isto é, implantar o planejamento urbanístico globalmente idealizado para o Município e positivado por sua lei, ainda que em condições especiais. A ideia subjacente a tal determinação parece evidente: vedam-se as alterações pontuais do planejamento urbanístico desvinculadas do diploma legal que é o instrumento básico da política de desenvolvimento e de expansão urbana. Pretende-se implementar o plano diretor, e não retirar-lhe eficácia enquanto instrumento principal da política de desenvolvimento urbano.

A lei traz um conceito do instrumento: considera-se operação urbana consorciada o conjunto de intervenções e medidas coordenadas pelo Poder Público municipal, com a participação dos proprietários, moradores, usuários permanentes e investidores privados, com o objetivo de alcançar em uma área transformações urbanísticas estruturais, melhorias sociais e a valorização ambiental. Verifica-se que o conceito de operação urbana consorciada (é consorciada, né?) expõe a característica altamente consensual da implantação do planejamento urbanístico fixado em lei. Não só a elaboração da lei que dará ensejo a esta intervenção urbana depende de amplo processo de participação dos interessados, mas também a implementação do conjunto de medidas que promoverá as alterações urbanísticas pretendidas contará com a ação conjunta entre Poder Público e sociedade. E o Estatuto diz como isso ocorre: além de usar o dinheiro dos particulares para alavancar as intervenções urbanísticas a cargo do Poder Público, prevê, no art. 33, inc. VII, que a lei que veicula a operação urbana consorciada preverá sua forma de controle, obrigatoriamente compartilhado com representação da sociedade civil.

A lei que instituir a operação urbana consorciada poderá prever a modificação de índices e características de parcelamento, uso e ocupação do solo e subsolo, bem como alterações das normas edilícias, considerado o impacto ambiental delas decorrente – vale dizer, modifica o modo de ocupação de determinado território, com a finalidade de implantar a operação (que terá por escopo, como já asseverado, implementar o planejamento global veiculado pelo plano diretor). Aqui, deve ser feita a mesma observação realizada quando do estudo da outorga onerosa: todas estas modificações devem estar previstas como possíveis na lei específica da operação urbana, pois não é lícito que um ato administrativo extrapole o planejamento urbanístico positivado em lei. Da mesma forma, a lei da operação urbana consorciada poderá viabilizar a regularização de construções, reformas ou ampliações executadas em desacordo com a legislação vigente, e conceder incentivos a empreendimentos que utilizem tecnologias visando à redução de impactos ambientais e economizem recursos naturais, especificadas as modalidades de *design* e de obras a serem contempladas e outras medidas que considerar útil para as finalidades do projeto. É bom lembrar: o Estatuto da Cidade tem a função pedagógica, e a previsão da operação urbana consorciada é obrigatória no plano diretor, ao mesmo tempo em que o legislador federal respeitou a autonomia do Município para regular suas questões locais.

Ainda sob o aspecto pedagógico, o Estatuto da Cidade estabelece que a lei específica que aprovar a operação urbana consorciada conterá o plano de operação urbana consorciada, com no mínimo: a definição da área a ser atingida; o programa básico de ocupação da área; o programa de atendimento econômico e social para a população diretamente afetada pela operação; as finalidades da operação; o estudo prévio de impacto de vizinhança; a contrapartida a ser exigida dos proprietários, usuários permanentes e investidores privados em função da utilização da modificação dos índices e características de parcelamento, uso e ocupação do solo e subsolo, alterações das normas edilícias, regularização de construções, reformas ou ampliações irregulares ou da obtenção dos incentivos por uso de tecnologias sustentáveis (que deverão ser especificados). Também deverá a lei conter, como já apontado, disposições sobre o controle social da operação urbana. A operação urbana consorciada veicula um projeto específico para uma determinada área da cidade, articulado com o planejamento urbanístico global previsto no plano diretor e com especiais metodologias de implantação.

Os recursos obtidos pelo Poder Público municipal com a negociação de potencial construtivo, índices urbanísticos etc. serão aplicados exclusivamente na própria operação urbana consorciada. Tal não quer dizer "no perímetro" da operação urbana consorciada, mas sim para a viabilização de empreendimentos públicos que tenham por objetivo atingir as metas da operação urbana – claro, se a lei dispuser que os investimentos serão realizados somente no perímetro da operação urbana, assim será. Para resguardar o planejamento urbanístico veiculado pela lei específica, a partir de sua aprovação serão nulas as licenças e autorizações a cargo do Poder Público municipal expedidas em desacordo com o plano de operação urbana consorciada.

7.6.1. CEPAC

A lei específica que aprovar a operação urbana consorciada poderá prever a emissão pelo Município de quantidade determinada de certificados de potencial adicional de construção – os CEPAC –, que serão alienados em leilão ou utilizados diretamente no pagamento das obras necessárias à própria operação. Os CEPAC são títulos livremente negociados, e conversíveis em potencial construtivo unicamente na área objeto da operação, obedecida e regulação da propriedade urbanística realizada pela lei da operação urbana consorciada.

O CEPAC é autônomo em relação a qualquer terreno enquanto não for vinculado à imóvel determinado pelo seu titular, por ocasião da apresentação do pedido de licença para edificação. Sua emissão tem que ser autorizada pela Comissão de Valores Mobiliários – CVM, sua oferta inicial ocorre na Bolsa de Valores, e sua regulação é extremamente rigorosa. Os CEPAC podem ser emitidos todos de uma única vez, como ocorreu no Projeto Porto Maravilha, do Rio de Janeiro, ou em fases, como ocorre nas operações urbanas realizadas no Município de São Paulo. O que é importante é que haja, sempre, uma fórmula que permita que a sua valorização seja em parte capturada pelo Poder Público, tendo em vista o princípio urbanístico da justa distribuição dos benefícios e ônus decorrentes do processo de urbanização. Nada mais correto: com a implantação das obras de infraestrutura de cada operação urbana, a tendência é que haja maior investimento privado no local, o que faz com que o valor do metro quadrado dos imóveis da área de se eleve. A fórmula de conversão do título CEPAC em metros quadrados (no momento da aprovação de cada projeto de empreendimento privado) deve permitir ao Poder Público recuperar parte deste valor, que, como visto, será reinvestido na própria operação urbana consorciada.

7.7. Do estudo de impacto de vizinhança

Antes de mais nada, uma alerta: o Estudo de Impacto de Vizinhança – EIV é um licenciamento **urbanístico**, que tem, entre seus elementos, avaliações sobre o impacto do empreendimento a licenciar no meio ambiente urbano. Não substitui nem tem a pretensão de ser um Estudo Prévio de Impacto Ambiental – EIA, destinado a empreendimentos de maior amplitude, nos termos das resoluções emitidas pelo CONAMA. É um instrumento de política urbana, que tem por finalidade – de novo! – implementar as disposições do planejamento urbanístico veiculadas pelo plano diretor, que tem por objetivo criar cidades com justiça também ambiental. Com tais prolegômenos (o que?), vamos ao texto da lei.

O Estatuto da Cidade determina que lei municipal definirá os empreendimentos e atividades privados ou públicos em área urbana que dependerão de elaboração de EIV para obter as licenças ou autorizações de construção, ampliação ou funcionamento a cargo do Poder Público municipal. Este, como já asseverado, é o objeto do EIV: qualquer empreendimento que afete a vizinhança (e o que será "afete" será definido por lei) necessitará EIV para o seu licenciamento.

O EIV será executado de forma a contemplar os efeitos positivos e negativos do empreendimento ou atividade quanto à qualidade de vida da população residente na área e suas proximidades, e avaliará, no mínimo (pode avaliar mais coisas? Sim.) as seguintes questões: adensamento populacional; equipamentos urbanos e comunitários; uso e ocupação do solo; valorização imobiliária; geração de tráfego e demanda por transporte público; ventilação e iluminação; paisagem urbana e patrimônio natural e cultural. A publicidade aos documentos integrantes do EIV será garantida: estes ficarão disponíveis para consulta, no órgão competente do Poder Público municipal, por qualquer interessado (gestão democrática das cidades). O Estatuto, por fim, esclarece que a elaboração do EIV não substitui a confecção e a aprovação EIA quando requerido pela legislação ambiental.

O EIV, como já dito, é instrumento de política urbana, implantada por uma regulação de direito urbanístico. Isso significa que alguns *standards* do direito administrativo podem vir a ser repensados e redefinidos face às novas exigências da sociedade e do desenvolvimento do direito administrativo. Vejam isso: certamente em sua faculdade, quando se solicitava um exemplo de **ato vinculado**, o trazido à colação era a **licença**. Preenchidos os requisitos legais, não há espaço para avaliação discricionária do mérito do pedido, e a expedição do alvará (que é o veículo da licença) era considerada obrigatória. O Estatuto da Cidade, por sua vez, prevê o EIV para a... expedição de licenças! E diz que serão analisados diversos elementos de cunho urbanístico, que podem, inclusive, **desaconselhar**a expedição da autorização pleiteada – a instalação de um grande *shopping center* numa região já saturada em termos de mobilidade, por exemplo, não parece ser aconselhável. É certo que o EIV pode trazer exigências para **mitigação** dos impactos urbanísticos dos empreendimentos a licenciar, de modo a torná-los urbanisticamente aceitáveis, nos termos da política de desenvolvimento urbano local, mas pode haver situações em que, ainda que o uso seja *a priori* autorizado pela lei urbanística para o sítio, as características do empreendimento **desautorizem** a expedição da licença – não há mitigação que solucione o impacto negativo. Nestas hipóteses, a Administração estará autorizada a **negar** a licença pleiteada, com base no EIV. Esta negativa, evidentemente, terá de ser amplamente motivada, e deve ser permitida a participação de todos os interessados no processo decisório – o fato, contudo, é que o direito urbanístico mais uma vez se mostra diferente do direito administrativo clássico, também na tutela dos direitos dos cidadãos.

7.8. Do consórcio imobiliário

De acordo com o atual § 1º do art. 46 da Lei 10.257/2001, o consórcio imobiliário se destina a viabilização de planos de urbanização, de regularização fundiária ou de reforma, conservação ou construção de edificação por meio da qual o proprietário transfere ao poder público municipal seu imóvel e, após a realização das obras, recebe, como pagamento, unidades imobiliárias devidamente urbanizadas ou edificadas, ficando as demais unidades incorporadas ao patrimônio público

A recente Lei 13.465/2017, conhecida como Lei do REURB (falaremos mais dela adiante) trouxe uma modificação interessante no Estatuto da Cidade – alterou sua regulação sobre o instrumento jurídico-urbanístico denominado "consórcio imobiliário". De fato, o instrumento já existia na redação original da lei (arts. 47 se seguintes), contudo servia somente para viabilizar o aproveitamento de imóveis sujeitos a parcelamento, edificação e utilização compulsórias, em razão do não cumprimento da função social da propriedade. Em tal operação, ainda, o particular aderente deveria receber, como resultado do ajuste, unidades imobiliárias de valor exatamente correspondente ao valor anterior à medida de aproveitamento do bem promovida pelo consórcio, tomando como base de cálculo o valor do IPTU e descontado o montante incorporado em função de obras realizadas pelo Poder Público na área onde o mesmo se localiza e expectativas de ganhos, lucros cessantes e juros compensatórios. Negocião, não? O particular se associa ao Estado, que realizará obras no prazo que assinalar (ou não), e recebia, ao final, unidades imobiliárias com os condicionantes da lei, em valores provavelmente menores do que o valor que aportou ao consórcio...

Como já afirmado, a lei do REURB alterou este quadro: agora, além de o instrumento servir também a projetos de regularização fundiária, a legislação não obriga mais a realização dos descontos no valor das unidades imobiliárias resultantes a serem entregues ao particular aderente – se a ideia é incentivar o particular a aderir ao projeto de reurbanização, é algo que faz todo sentido. O consórcio imobiliário, desta forma, finalmente se apresenta como uma alternativa viável de associação entre o setor privado e o Poder Público para a transformação ou qualificação do tecido urbano, especialmente considerando a autorização para a realização de desapropriações urbanísticas para a implantação de planos de urbanização mediante o uso deste instrumento: por vezes, somente a utilização desta prerrogativa do Poder Público é capaz de resolver situações jurídicas específicas que permitam a unificação de lotes ou o desembaraço de unidades em imóveis privados, viabilizando, assim, o consorciamento com a finalidade prevista em lei.

Síntese: o que o candidato a concursos públicos deve saber sobre este capítulo

Este longo capítulo reuniu diversos instrumentos de política urbana trazidos no Estatuto da Cidade. O que o examinador desejará saber é se o candidato compreende não só os requisitos formais, mas também as **finalidades** de cada instrumento. Estes são **ferramentas** para a implantação da política de desenvolvimento urbano, úteis na medida em que necessários para a consecução dos objetivos do plano diretor e da consequente realização da função social da propriedade. Mais: o Estatuto da Cidade expressamente esclarece que o seu rol é meramente **exemplificativo,** o que significa que outros instrumentos poderão ser criados pelos municípios para o atingimento das mesmas finalidades – a concessão urbanística, tão debatida em razão do Projeto Nova Luz, do Município de São Paulo, não está no Estatuto da Cidade.

8. ZONEAMENTO E USO DO SOLO

O zoneamento é o "procedimento urbanístico destinado a fixar os usos adequados para as diversas áreas do solo municipal. Ou: destinado a fixar as diversas áreas para o exercício das funções urbanas elementares".[40] É um dos mais básicos modos de implantar o planejamento urbanístico: a definição das zonas de uso, com suas peculiares características de uso e ocupação solo, explicitará em grandes linhas as destinações urbanísticas das propriedades num determinado espaço urbano.

O zoneamento é a base da configuração do direito de propriedade em um município, conformando-o à sua função social. Novamente nos socorrendo de DA SILVA, "essa natureza do zoneamento decorre, nos nossos dias, não tanto pelo poder de polícia, mas da faculdade que se reconhece ao Poder Público de intervir, por ação direta, na ordem econômica e social e, portanto, na propriedade e no direito de construir, a fim de, restringindo-os no interesse público, conformá-los e condicioná-los à sua função social. São, por isso mesmo, condicionamentos gerais, não indenizáveis os possíveis prejuízos que daí possam advir – embora seja de ressaltar que, em princípio, condicionamentos desse tipo não geram prejuízo, porque diminuições de valor que deles eventualmente provenham são altamente compensadas com outras vantagens".[41] É óbvio que a razoabilidade deve ser considerada no momento da elaboração da regra jurídica – as discriminações não razoáveis, mesmo no caso de lei, podem acarretar a invalidade da disposição legal ou,

---

40. DA SILVA, Jose Afonso, op. cit., p. 237.
41. DA SILVA, Jose Afonso, op. cit., p. 238.

no mínimo, o dever de indenizar por parte da Administração. Desta forma, o zoneamento que deixa lotes ou trechos de lotes com destinação urbanística discrepante dos lotes vizinhos sem qualquer razão de fato ou valor aplicável pode ser questionado administrativa ou judicialmente, a fim de que seja garantida a aplicação isonômica do planejamento urbanístico. A lei de zoneamento, por fim, pode vir ou não integrada (no mesmo diploma normativo) ao plano diretor – caso não venha (como é o caso do município de São Paulo) deve, contudo (e evidentemente, como você a estas alturas já deve pensar), obedecer fielmente a seus preceitos.

8.1. Zonas de uso

As zonas de uso (ou simplesmente "zonas") são porções do território da cidade, delimitadas pela lei que define o zoneamento, e são caracterizadas em função modalidades de uso a si destinadas – como exemplos, podem ser criadas pela lei de zoneamento zonas de uso residencial, industrial, misto etc. Em cada uma de tais zonas de uso previstas na lei de zoneamento, por sua vez, poderão ser arbitradas diferentes intensidades de ocupação (v.g., densidade de ocupação por população ou edificações) ou usos complementares a tais zonas (v.g., o pequeno comércio na zona residencial). Tais diferenciações têm por escopo o planejamento global, e levam em consideração o maior ou menor impacto de tais estipulações em termos urbanísticos.

É importante destacar, ainda, que após a entrada em vigor da Constituição Federal de 1988, haja vista o caráter vinculatório do planejamento urbanístico dado ao plano diretor, a instituição e modificação das zonas de uso somente pode vir a ser realizada por lei. As razões a tanto são óbvias: o zoneamento tem, no plano urbanístico, a função de regulamento de base sobre o qual se organizará todo o planejamento urbanístico positivado no plano diretor. Sua livre alteração, só por si, comprometeria o planejamento estabelecido como um todo, com inevitáveis perdas na eficiência final do plano estabelecido. Não bastasse tal constatação, é de reiterar-se que o zoneamento conforma, em grossas linhas, a própria propriedade imobiliária urbanística na cidade: as implicações decorrentes de sua livre alteração para os particulares e para o Poder Público seriam de extrema gravidade – todo o ordenamento referente à aquisição, limitação e sacrifícios de direitos vinculados à possibilidade de uso e ocupação do solo correria o risco de ser imediatamente caracterizado como não isonômico (e, portanto, inconstitucional).

8.2. Principais parâmetros e condições de uso e ocupação do solo

O zoneamento tem por finalidade precípua garantir a uma cidade a distribuição funcional e equitativa de densidades de edificações e populações, a fim de que seja alcançado o desiderato constitucional de plena implementação das funções sociais da cidade. Para tanto, dispõe de alguns índices que garantirão, em termos abstratos, a adequada utilização urbanística das localidades, de acordo com a lei. Os principais índices urbanísticos (não os únicos) são os seguintes:

a) dimensionamento dos lotes: existe uma relação direta entre o dimensionamento dos lotes e as características do assentamento humano nele estabelecido. Se é certo que em bairros destinados a residências para público de poder aquisitivo alto ou zonas industriais os lotes serão maiores, a lei federal de loteamentos (Lei Lehmann, veremos adiante, calma) estipula que o lote terá área mínima de 125m² e frente mínima de 5 metros, salvo quando o loteamento se destinar a urbanização específica ou edificação de conjuntos habitacionais de interesse social, previamente aprovados pelos órgãos públicos competentes. Há, desta forma, um certo padrão de ocupação que implica considerar as áreas em que se concentra população de menor renda destinada a lotes com menor área, inclusive podendo ser tal metragem inferior ao mínimo estipulado pela lei de loteamentos ou pela lei de zoneamento em caso de urbanização específica (normalmente identificada com regularização fundiária) e a conjuntos residenciais destinado a população de baixa renda. Lembre-se: o zoneamento tem um olhar retrospectivo e prospectivo da ocupação urbana, e identificar as populações e usos já existentes é essencial para determinar a política de desenvolvimento urbano a ser adotada;

b) coeficiente de aproveitamento e taxa de ocupação: já analisamos estes índices quando falamos dos instrumentos urbanísticos. O coeficiente de aproveitamento é representado por um índice (ex: 1,0, 1,5) que, multiplicado pela área do terreno, permitirá saber quantos metros quadrados são nele edificáveis, e a taxa de ocupação é um percentual que identificará quanto da projeção horizontal do lote poderá ser ocupada por edificações;

c) recuos: também chamados afastamentos, são tecnicamente a distância havida entre a divisa do lote e o limite da projeção horizontal da edificação no terreno. Os recuos podem ser de frente, laterais ou de fundo, a depender, claro, da referência para medida. O lote com frente para duas ou mais vias públicas terá mais de uma frente, e tais recuos serão todos "de frente". Observa-se que a combinação deste índice com a taxa de ocupação vai disciplinar a localização das edificações em cada lote;

d) gabarito: o gabarito, também chamado "gabarito de altura", em um termo mais técnico (gabarito, formalmente, é modelo, padrão, tendo sido a acepção "de altura" capturada pela legislação urbanística em sinédoque, isto é, tomando-se a parte pelo todo). A legislação urbanística deve ter o cuidado de estabelecer o ponto da via pública a partir do qual se fará a medida do gabarito (para resolver, por exemplo, questões de terrenos em áreas de aclive), e o que será incluído como edificação para a definição de seu limite (se caixas d'água, áticos etc. contam).

8.3. Direito adquirido em face de alteração de zoneamento: edificações e usos tolerados, conteúdo mínimo da propriedade e casos de indenização

O direito adquirido é direito individual, consagrado no art. 5º, XXXVI, da Constituição Federal. O Decreto-Lei 4.657/1942, a Lei de Introdução às Normas do Direito Brasileiro, por sua vez, traz um conceito de direito adquirido: tal é aquele que o seu titular, ou alguém por ele, possa exercer, como aqueles cujo começo do exercício tenha termo prefixo, ou condição preestabelecida inalterável, a arbítrio de outrem. A doutrina diz, descomplicando, que o direito adquirido é aquele definitivamente integrado ao patrimônio de seu titular. Pois bem.

Como já exposto, o zoneamento é matéria de lei formal, genérica e abstrata, que incidirá tantas vezes quantas ocorrerem, no mundo real, as condições de sua aplicação, independentemente de seus destinatários. Como também houve ocasião de asseverar, o zoneamento trará os índices que determinarão as condições de parcelamento, uso e ocupação do território. Pode haver situações em que a revisão da lei de uso e ocupação do solo (normalmente, mas não necessariamente, ocorrida no momento da revisão do plano diretor) altere o zoneamento de determinadas regiões da cidade, modificando as características da propriedade urbanística destes territórios. É possível haver, como exemplo, diminuição nos coeficientes de aproveitamento dos lotes, alteração de tamanhos de lote mínimo ou máximo, supressão ou inclusão de determinados usos. Surge, então, uma situação específica: determinado proprietário de lote, em determinada data, tem um aproveitamento potencial de seu bem, e, no dia seguinte, não mais. Como tratar o direito adquirido frente a esta situação?

A primeira coisa a saber: não há direito adquirido a continuar a usufruir o antigo regime jurídico. A lei do plano diretor, com suporte na Constituição Federal e em todas as constituições estaduais, tem a função de veicular a política de desenvolvimento urbano, sendo certo que suas disposições configuram a propriedade urbanística no município, promovendo sua função social. A lei nova trará mudanças a todos os habitantes da cidade, que em menor ou maior grau suportarão vantagens e prejuízos em seu patrimônio. O Supremo Tribunal Federal tem julgamento paradigmático sobre o tema, assim ementado: "Constitucional. Administrativo. Civil. Direito de construir. Limitação administrativa. I – O direito de edificar é relativo, dado que condicionado à função social da propriedade: CF, art. 5º, XXII e XXIII. Inocorrência de direito adquirido: no caso, quando foi requerido o alvará de construção, já existia a lei que impedia o tipo de imóvel no local. II – Inocorrência de ofensa aos §§ 1º e 2º do art. 182, CF. III. (...)". RE 178.836/SP, Segunda Turma, Relator o Ministro Carlos Velloso, *DJ* 20.08.1999[42].

A situação, então, é essa: com a mudança da lei de zoneamento, muda a propriedade urbanística. O que ocorre é que normalmente a nova lei traz regras de transição entre um regime jurídico e outro (o da antiga lei e o da nova lei). Assim, em regra, as edificações já realizadas não serão demolidas, os usos já instalados não serão suprimidos. No tocante às edificações, contudo, a lei nova veda ampliações em prédios que já estejam com parâmetros de ocupação do solo diferentes do estabelecido na nova lei (com exceção das necessárias à segurança, salubridade etc., ou que, claro, adéquem a propriedade aos novos parâmetros). No que tange aos usos, poderá haver a previsão do denominado "uso tolerado". O uso tolerado "é o uso excepcional e transitoriamente permitido pela lei urbanística vigente, vinculada tal permissão à continuidade fática e jurídica do uso regularmente instalado sob a anterior legislação de regência, sendo a conformidade de tal uso imprescindível, e regrada de maneira específica pela atual lei de ordenamento do solo".[43] O uso tolerado permite que atividades não mais em geral desejadas pela lei de zoneamento para determinado local do município permaneçam em atividade. Se e quando houver a cessão de tal atividade (de fato ou de direito), incidirá plenamente a regra nova, não se permitindo a reinstalação da atividade.

O tema é, evidentemente, delicado, e merece ponderações ainda mais específicas sobre dois aspectos: o conteúdo mínimo da propriedade e a necessidade de indenização aos atingidos pela mudança da lei.

A teoria do conteúdo mínimo da propriedade urbana já foi visitada neste nosso trabalho, quando falamos de propriedade urbanística. Aqui, destaca-se que para tal doutrina, poderá ser devida indenização sobre eventual restrição à propriedade se tal incidir sobre apenas um segmento determinado da sociedade, obrigando-o a suportar um sacrifício em favor dos demais, ou eliminarem o próprio direito, a pretexto de regulamentá-lo. Na ausência de restrições, a utilização da propriedade é livre, submetendo-se apenas ao direito de vizinhança definido no Código Civil. Cria-se a ficção de que o zoneamento seja uma lei geral para evitar que o Poder Público tenha que indenizar os proprietários sujeitos a limitações mais restritivas que os demais. No regime da propriedade urbanística tais postulados não se sustentam. A uma, porque as denominadas "limitações administrativas" que são a base do conceito da teoria do conteúdo mínimo são, em verdade, a própria conformação da propriedade urbana, dada não pelo Administrador, mas pela lei. Não há "limitação" se não há direito a ser limitado. As limitações urbanísticas, desta forma, resumem-se a encargos individualizados sobre determinadas propriedades – como ocorre, por exemplo, no caso do tombamento. A duas, ainda que inegável o "status" de direito individual da propriedade – não fosse por qualquer outro motivo, tal disposição é texto expresso do art. 5º de nossa Constituição Federal–, também o é a função social, contemplado no mesmo art. 5º.

Entrementes, como já afirmado, a nova lei urbanística pode trazer situações em que determinados usos, antes permitidos e regularmente licenciados em uma porção do território, não são mais admitidos pela legislação de regência. Pode não haver, contudo, qualquer norma sobre uso tolerado. Como exemplo, se determinada pessoa tem um mercado regularmente licenciado e instalado numa zona de uso misto que passa a ser exclusivamente residencial, e tal uso é não conforme e não tolerado pela nova legislação (obrigando a cessação das atividades do empresário), a opção do legislador em não permitir o uso tolerado poderá ser questionada quanto à razoabilidade. Nestas situações, *prima facie*, é possível falar-se em dever de indenizar por parte da Administração e, em casos extremos, em verdadeira desapropriação indireta de bem particular pelo Poder Público, com as consequências inerentes a tanto na órbita civil.

Pode, ainda, ocorrer que as exigências à manutenção do uso tolerado sejam de tal monta que acabem por impossibilitar totalmente a sua continuidade. Com efeito, pode a lei regularmente aprovada, sob o ânimo de proteger de maneira especialmente intensa as novas disposições urbanísticas nela contidas e o plano que esposa, promover um verdadeiro simulacro de norma de uso tolerado. Tal situação vem de encontro ao próprio escopo de permitir-se a tolerância do uso anteriormente instalado: se o uso tolerado representa uma permissão excepcional, a aposição de exigências tais que acabem por impossibilitar o exercício de tal direito acaba por caracterizar uma contrariedade axiológica intrínseca da legislação. Surgirão de imediato, neste caso, duas questões: a primeira refere-se a como avaliar se as exigências de conformidade acabarão por inviabilizar a continuidade do uso já instalado; a segunda, qual a consequência deste fato.

A resposta à primeira questão será constatada na análise concreta. Salvo disposições legais absolutamente aberrantes

---

42 Disponível em http://migre.me/vcSQX, acesso em 09.09.2020.

43. APPARECIDO JUNIOR, José Antonio. O uso tolerado: regra de transição isonômica no plano urbanístico. *Fórum Municipal & Gestão das Cidades – FMGC*. ano 1. n. 2. p. 34. Belo Horizonte, nov.-dez. 2013.

e incompatíveis com a própria ideia da tolerância ao uso, a obtenção da necessária certeza sobre a impossibilidade de continuidade do uso somente poderá ser aferida caso a caso. Não basta, reitera-se, a mera alegação de imposição de ônus adicionais ao uso tolerado para caracterizar tal incompatibilidade – como já amplamente exposto, o regramento constitucional sobre a propriedade, sua função social e lei urbanística (art. 5º, inc. XXIII; 170, inc. III; 182, § 2º), bem como as diretrizes trazidas no art. 2º do Estatuto da Cidade indicam, sem sombra de dúvida, que o planejamento urbano é função precípua do Estado, sendo sua implementação um direito difuso. Nestes termos, a permissão excepcional para continuidade de um uso, em regra, não mais admitido em determinado local, terá como contrapartida, por parte do proprietário urbano, a assunção de certas obrigações, que podem ter por consequência ônus econômicos. Tais ônus representarão a sua parcela de contribuição ao planejamento urbanístico como um todo, em clara aplicação do princípio da justa distribuição dos benefícios e ônus derivados da atuação urbanística e do próprio princípio da igualdade. No que tange à segunda questão apontada – a consequência do fato das exigências de conformidade inviabilizarem a continuidade do uso já instalado, ou retirarem desarrazoadamente qualquer possibilidade de edificação, por exemplo, a resposta parece ser muito menos complexa: avaliado, no caso concreto, que ocorreu tal fato, caberá ao particular a busca pela justa indenização, administrativamente ou pela via judicial.

Síntese: o que o candidato a concursos públicos deve saber sobre este capítulo

Em concursos jurídicos, o candidato deve saber que as destinações urbanísticas do município não são livremente manobráveis pela Municipalidade. Mais: elas são exigíveis judicialmente, pois constam de leis urbanísticas vigentes no município. A noção de que a conformação da propriedade urbana é função de lei, que pode, inclusive, alterar o conteúdo desta mesma propriedade, é de compreensão essencial: a ordem urbanística tem por base as destinações essenciais do solo urbano dada pelas leis de zoneamento.

9. INTERVENÇÃO URBANÍSTICA PELO PODER PÚBLICO

Este capítulo tratará das intervenções do Poder Público em um recorte muito específico: as realizadas com a finalidade de implantar a política de desenvolvimento urbano trazida no plano diretor. Vamos a elas.

9.1. Urbanização e urbanificação

Já vimos os conceitos lá no capítulo 1 – urbanização é o fenômeno de crescimento das cidades, com loteamentos, zonas de expansão urbana etc., e a urbanificação é a correção da urbanização existente. O Poder Público, devidamente autorizado pela lei urbanística, poderá promover a urbanização de áreas do município. A Constituição Federal, de fato, determina que o plano diretor será o instrumento básico para a política de expansão urbana (art. 182, *caput*), sendo certo que o Estatuto da Cidade prevê a possibilidade de utilização do direito de preempção para ordenamento e direcionamento desta (art. 26, IV), e determina, no art. 42-B, que os municípios que pretendam ampliar o seu perímetro urbano deverão elaborar projeto específico que contenha a definição de mecanismos para garantir a justa distribuição dos ônus e benefícios decorrentes do processo de urbanização do território de expansão urbana e a recuperação para a coletividade da valorização imobiliária resultante da ação do Poder Público.

A atuação do Poder Público poderá ocorrer isoladamente, ou em parceria com o setor privado (concessões, parcerias público-privadas etc.), e terá por norte a diretriz de política urbana de adotar padrões de expansão urbana compatíveis com os limites da sustentabilidade ambiental, social e econômica do Município e do território sob sua área de influência (art. 2º, VIII, do Estatuto da Cidade).

No tocante à urbanificação, a Lei 10.257/2001 fornece um cardápio de instrumentos de intervenção que pode ser complementado pelo legislador municipal – ao lado da já estudada operação urbana consorciada, por exemplo, o legislador paulistano criou a concessão urbanística. O que importa ao candidato, sempre, é recordar que todas as intervenções do Poder Público devem ser tomadas sob o signo da gestão democrática das cidades, com ampla participação de interessados durante o processo decisório e da implantação da urbanização e urbanificação, com a finalidade última de implementar o planejamento urbanístico positivado na lei do plano diretor.

9.1.1. Desapropriação urbanística

Ao ensejo de realizar a urbanização ou urbanificação do território, o município pode utilizar-se da denominada "desapropriação urbanística". Esta tem assento no Decreto-Lei 3.365/1941 (a chamada "Lei de Desapropriações"), que em seu art. 5º, "i", considera caso de utilidade pública a desapropriação a implantação de a abertura, conservação e melhoramento de vias ou logradouros públicos; a execução de planos de urbanização; o parcelamento do solo, com ou sem edificação, para sua melhor utilização econômica, higiênica ou estética; a construção ou ampliação de distritos industriais.

A Lei de Desapropriações estabelece, ainda, que é possível ao Poder Público desapropriar a área contígua necessária ao desenvolvimento da obra a que se destina, e as zonas que se valorizarem extraordinariamente, em consequência da realização do serviço – deve, nesta hipótese, a declaração de utilidade pública mencionar quais as indispensáveis à continuação da obra e as que se destinam à revenda. O mesmo diploma esclarece que quando a desapropriação se destinar à urbanização ou à reurbanização realizada mediante concessão ou parceria público-privada, o edital de licitação poderá prever que a receita decorrente da revenda ou utilização imobiliária integre projeto associado por conta e risco do concessionário, garantido ao poder concedente no mínimo o ressarcimento dos desembolsos com indenizações, quando estas ficarem sob sua responsabilidade (art. 4º).

Muito já se discutiu acerca do tema da desapropriação urbanística, especialmente em razão da possibilidade de o Poder Público revender bens com lucro imobiliário. A jurisprudência, contudo, já pacificou a constitucionalidade do processo, desde que haja finalidade pública na medida – a urbanização ou urbanificação de território urbano. Em recentes embates sobre o tema, a Prefeitura de São Paulo conseguiu manter intacta a sua legislação sobre concessão urbanística, que tem por base a possibilidade de o Poder Público delegar a concessionário a desapropriação de imóveis urbanos para a implantação de projeto urbanístico da municipalidade.[44]

A desapropriação urbanística deve ter, ainda, uma especial característica não afeta às desapropriações "ordinárias": terá uma espécie de procedimento prévio administrativo de justificação da medida, em razão do postulado da gestão democrática das cidades. Com efeito, ao contrário do que ainda acontece com as desapropriações em regra realizadas pelo Poder Público, nas quais o decreto de utilidade pública "inaugura" a fase pública externa do processo de desapropriação, a desapropriação urbanística se dá no bojo de um projeto de urbanização ou urbanificação. Tais projetos são necessariamente discutidos com a sociedade, e é neste momento que os proprietários eventualmente atingidos poderão argumentar sobre a necessidade ou não de haver a expropriação de seus imóveis. Verifica-se, mais uma vez, a especial condição do direito urbanístico no cenário do direito público nacional, destacando-se a necessidade da adoção de procedimentos de consensualidade em sua elaboração e aplicação.

9.2. Intervenção pública e contribuição de melhoria

A intervenção pública realizada pelo Estado para a implantação de planos e projetos urbanos, especialmente as obras de infraestrutura, tende a gerar valorização dos imóveis (um caso clássico de **desvalorização** dos imóveis é o da degradação ambiental ocorrida com a implantação do Elevado Costa e Silva – hoje Elevado João Goulart –, o popular Minhocão, em São Paulo). Tal valorização, não fosse pelos princípios de direito urbanístico da recuperação dos investimentos do Poder Público de que tenha resultado a valorização de imóveis urbanos e da justa distribuição dos benefícios e ônus decorrentes do processo de urbanização, é hipótese de incidência (fato gerador abstrato) da denominada "Contribuição de Melhoria", prevista no Código Tributário Nacional (CTN – Lei 5.172/1966), que dispõe, no art. 81, ser tal instituída para fazer face ao custo de obras públicas de que decorra valorização imobiliária, tendo como limite total a despesa realizada e como limite individual o acréscimo de valor que da obra resultar para cada imóvel beneficiado. Em outros termos, cobra-se um percentual sobre a valorização do bem advinda da obra pública, até o limite do gasto realizado. Não, não é fácil aplicar.

O CTN dispõe sobre os requisitos mínimos da contribuição de melhoria: a publicação prévia de memorial descritivo do projeto, orçamento do custo da obra, determinação da parcela do custo da obra a ser financiada pela contribuição, delimitação da zona beneficiada, determinação do fator de absorção do benefício da valorização para toda a zona ou para cada uma das áreas diferenciadas, nela contidas; fixação de prazo não inferior a 30 (trinta) dias, para impugnação pelos interessados, de qualquer destes elementos; e regulamentação do processo administrativo de instrução e julgamento da impugnação deste processo, sem prejuízo da sua apreciação judicial. Será rateado no máximo o custo da obra, independentemente da real valorização dos imóveis.

Pouco (quase nada) se cobra de contribuição de melhoria em nosso País em razão das formalidades exigidas para sua instituição. É possível que os municípios criem outras formas mais eficazes de captura da mais-valia auferida pelos imóveis particulares em razão de obras públicas, desde que não tenham natureza tributária.

9.3. Tombamento

A Constituição Federal dispõe, no art. 216, que constituem patrimônio cultural brasileiro os bens de natureza material e imaterial, tomados individualmente ou em conjunto, portadores de referência à identidade, à ação, à memória dos diferentes grupos formadores da sociedade brasileira. Incluem-se em tais bens protegidos os modos de criar, fazer e viver, as obras, objetos, documentos, edificações e demais espaços destinados às manifestações artístico-culturais e os conjuntos urbanos e sítios de valor histórico, paisagístico, artístico, arqueológico, paleontológico, ecológico e científico.

Uma das formas de proteção a tais bens é o tombamento, que pode ser promovido pela União, pelos estados-membros ou pelos municípios (competência material comum – art. 23, III, da Constituição Federal). As consequências do ato administrativo de tombamento estão no vetusto Decreto-Lei 25/1937, nos arts. 17 e seguintes: as coisas tombadas não poderão, em caso nenhum ser destruídas, demolidas ou mutiladas, e somente com autorização do órgão de preservação ser reparadas, pintadas ou restauradas. Não será possível, ainda, na vizinhança da coisa tombada, fazer construção que lhe impeça ou reduza a visibilidade, nem nela colocar anúncios ou cartazes. É o tombamento do entorno do bem protegido, conhecida como "área envoltória".

O que tem o tombamento urbanístico de diferente? Bem, ele tem... função urbanística! Sem que perca suas características de preservação do patrimônio material e imaterial, ele ganha uma utilidade extra, vinculada ao papel de implantação da política de desenvolvimento urbano. Assim, autoriza-se o tombamento de elementos construídos, edificações e suas respectivas áreas ou lotes, com valor histórico, arquitetônico, paisagístico, artístico, arqueológico ou cultural, inclusive os que tenham valor referencial para a comunidade; de porções do território com características singulares do ponto de vista da morfologia urbana, arquitetônica, paisagística, ou do ponto de vista cultural e simbólico, ou conjuntos urbanos dotados de identidade e memória, possuidores de características homogêneas quanto ao traçado viário, vegetação e índices urbanísticos, que constituem documentos representativos do processo de urbanização de determinada época; ou mesmo de sítios e logradouros com características ambientais, naturais ou antrópicas, tais como parques, jardins, praças, monumentos, viadutos, pontes, passarelas e formações naturais significativas, áreas indígenas, entre outras.

O tombamento de determinado bem pode dar ensejo a medidas urbanísticas tendentes a promover a manutenção do bem tombado, como por exemplo, a transferência do potencial construtivo, vinculado à preservação do bem (art. 35, II, do Estatuto da Cidade), ou a concessão de incentivos fiscais. Tais medidas funcionam como uma espécie de fomento do Poder

---

44. Foram duas ADIs ajuizadas junto ao TJSP. Se você tiver tempo, vai lá: ADI 9031477-73.2009.8.26.0000, do Ministério Público do Estado de São Paulo, que teve por objeto tão somente obter a declaração de constitucionalidade conforme de dispositivo da Lei Municipal 14.917/2009 a fim de se garantir a participação popular durante o processo legislativo de cada lei de concessão urbanística, disponível em [http://migre.me/mJMGV], acesso em: 09.09.2020; e ADI n. 0069502-46.2011.8.26.0000, ajuizada pelo SINCOELETRICO, disponível em: [http://migre.me/mLTwT], acesso em: 09.09.2020..

Público a ser usufruído pelo dono do imóvel tombado, em razão da limitação à propriedade privada que ocorre com o tombamento. De relembrar-se, por fim, que caso as limitações advindas do tombamento sejam tão grandes que inviabilizem o próprio uso da propriedade, poderá haver, em tese, desapropriação indireta promovida pelo Poder Público, com as consequências de estilo – o tombamento não é o único modo de preservar-se o patrimônio histórico, natural e ambiental (há, por exemplo, o inventário do patrimônio cultural, o registro de patrimônio material e imaterial etc.).

9.4. Regularização fundiária urbana

Ao tratar deste tópico, muda a estrela da companhia. A despeito de haver previsões sobre o tema em qualquer plano diretor de municípios que tenham regiões de ocupações irregulares (quase todos do Brasil, não é?), o tema da regularização fundiária urbana é tratado minuciosamente por lei federal, a já citada Lei 13.465/2017, a denominada Lei da REURB. Esta lei federal substituiu o antigo regime jurídico do tema, trazido pela Lei 11.977/2009 (convertida da Medida Provisória 459/2009), a conhecida lei do Programa Minha Casa – Minha Vida. É importante destacar este ponto, haja vista não só a novidade do tratamento dado pela Lei da REURB quanto a tentação dos examinadores em fazer pegadinhas com base no texto da antiga legislação, extremamente minudente. De qualquer forma, o tema da regularização fundiária urbana apresenta uma espécie de subsistema, no âmbito do direito urbanístico. A análise deste tópico será bastante calcada no **texto da lei** – aliás, ler o texto da Lei do REURB, ao menos no que toca à sua disciplina do processo de regularização fundiária urbana é medida de extremo bom-senso e bom gosto.

É possível afirmar que a **regularização fundiária urbana** consiste no conjunto de medidas jurídicas, urbanísticas, ambientais e sociais que visam à regularização de assentamentos irregulares e à titulação de seus ocupantes, de modo a garantir o direito social à moradia, o pleno desenvolvimento das funções sociais da propriedade urbana e o direito ao meio ambiente ecologicamente equilibrado. A opção da Lei 13.465/2017 é exatamente esta: promover medidas jurídicas, urbanísticas, ambientais e sociais destinadas à incorporação dos núcleos urbanos informais ao ordenamento territorial urbano e à titulação de seus ocupantes, sob a égide dos princípios da sustentabilidade, eficiência e funcionalidade.

Em uma primeira abordagem, observa-se que a lei traz seus próprios conceitos para trabalhar esse subsistema, em seu artigo 11. Vamos a eles, já realizando alguns comentários (evidentemente) pertinentes:

✓ **núcleo urbano:** *assentamento humano, com uso e características urbanas, constituído por unidades imobiliárias de área inferior à fração mínima de parcelamento prevista na Lei 5.868, de 12 de dezembro de 1972, independentemente da propriedade do solo, ainda que situado em área qualificada ou inscrita como rural* – a Lei da REURB já começa radicalizando: a lei federal citada trata do Sistema Nacional de Cadastro Rural. Ao definir "núcleo urbano", assim, a Lei 13.465/2017 foca sua atenção não às características típicas deste assentamento, mas sim na exceção. De fato, nos termos do art. 30, inc. VIII, da Constituição Federal e do art. 32, § 1º do Código Tributário Nacional – CTN, não há dúvida de que é o Município quem define sua zona urbana, isto é, será "núcleo urbano", e portanto sujeito às suas disposições, o que a lei municipal inserir na área de abrangência do perímetro urbano. Além disso, a lei da REURB determina que será núcleo urbano aquele assentamento que contenha unidades imobiliárias menores que o módulo rural com uso e características urbanas. Tais usos e características estão também previstos no CTN, nos incisos do § 1º do art. 32, e podem se localizar em área qualificada ou inscrita como rural. Isso é importante: estamos falando de bolsões urbanos em área rural;

✓ **núcleo urbano informal:** *aquele clandestino, irregular ou no qual não foi possível realizar, por qualquer modo, a titulação de seus ocupantes, ainda que atendida a legislação vigente à época de sua implantação ou regularização* – ao tratar do tema da informalidade dos núcleos urbanos, a lei da REURB deixa claro que sua preocupação é com a titulação de seus ocupantes;

✓ **núcleo urbano informal consolidado:** *aquele de difícil reversão, considerados o tempo da ocupação, a natureza das edificações, a localização das vias de circulação e a presença de equipamentos públicos, entre outras circunstâncias a serem avaliadas pelo Município* – a consolidação está ligada à difícil reversão. Ainda que haja um campo de análise e constatação concedido ao Município – outra característica desta lei é a valorização do papel deste ente no tema da regularização fundiária –, o tema da consolidação do núcleo urbano informal reflete a preocupação do diploma legal na proteção de situações de fato já estabelecidas, nas quais a alteração da condição de ocupação do território causaria mais transtornos que a sua regularização;

✓ **demarcação urbanística:** *procedimento destinado a identificar os imóveis públicos e privados abrangidos pelo núcleo urbano informal e a obter a anuência dos respectivos titulares de direitos inscritos na matrícula dos imóveis ocupados, culminando com averbação na matrícula destes imóveis da viabilidade da regularização fundiária, a ser promovida a critério do Município* – a demarcação urbanística já tinha previsão na legislação anterior, como fase indispensável para a concessão de legitimação da posse e de concessão de direito real de uso de bem público. Na nova legislação, a demarcação urbanística tem também por objetivo obter a anuência dos titulares das matrículas atingidas na realização da regularização fundiária;

✓ **Certidão de Regularização Fundiária (CRF):** *documento expedido pelo Município ao final do procedimento da Reurb, constituído do projeto de regularização fundiária aprovado, do termo de compromisso relativo a sua execução e, no caso da legitimação fundiária e da legitimação de posse, da listagem dos ocupantes do núcleo urbano informal regularizado, da devida qualificação destes e dos direitos reais que lhes foram conferidos* – é um documento importantíssimo, emitido pelo Município, que terá ampla gama de competências para analisar as condições urbanísticas e ambientais do sítio a regularizar;

✓ **legitimação de posse:** *ato do poder público destinado a conferir título, por meio do qual fica reconhecida a posse de imóvel objeto da Reurb, conversível em aquisição de direito real de propriedade na forma desta Lei, com a identificação de seus ocupantes, do tempo da ocupação e da natureza da posse* – a legitimação de posse confere ao legitimado a condição de obter a propriedade do imóvel. Evidentemente que você sabe, mas só lembrando: a posse nada mais é que a disposição física do possuidor sobre o bem, direta ou indiretamente, sendo protegida pelas ações possessórias; a propriedade é mais ampla que a posse, conferindo ao seu titular os direitos de usar, gozar, fruir, dispor e reivindicar o bem imóvel, nos termos da lei;

✓ **legitimação fundiária:** *mecanismo de reconhecimento da aquisição originária do direito real de propriedade sobre unidade imobiliária objeto da Reurb* – como diz o adágio, "o diabo está nos detalhes". Note que o conceito é sintético o suficiente para não dizer algo essencial à compreensão do instituto: esta transferência da propriedade da área ocupada ao seu ocupante pode ocorrer tanto em imóveis privados quanto... públicos! O que? O que? Sim: não é usucapião, vedada expressamente pela Constituição Federal para os imóveis públicos, é algo diferente, é a charmosa "legitimação fundiária". Adiante veremos como ocorre a mágica;

✓ **ocupante:** *aquele que mantém poder de fato sobre lote ou fração ideal de terras públicas ou privadas em núcleos urbanos informais* – vejam só: é do conceito de posse o "poder de fato" sobre a coisa, e a posse gera, entre outros efeitos, a usucapião. Aqui chamamos esta pessoa de "ocupante", e não "possuidor". A principal razão? A legitimação fundiária, que vai transferir a propriedade do bem imóvel privado ou **público** a estas pessoas, numa aquisição originária.

A regularização fundiária urbana tem **objetivos específicos** (art. 10), que devem ser harmonizados com as diretrizes gerais da política urbana do Estatuto da Cidade: identificar os núcleos urbanos informais que devam ser regularizados, organizá-los e assegurar a prestação de serviços públicos aos seus ocupantes, de modo a melhorar as condições urbanísticas e ambientais em relação à situação de ocupação informal anterior; criar unidades imobiliárias compatíveis com o ordenamento territorial urbano e constituir sobre elas direitos reais em favor dos seus ocupantes; ampliar o acesso à terra urbanizada pela população de baixa renda, de modo a priorizar a permanência dos ocupantes nos próprios núcleos urbanos informais regularizados; promover a integração social e a geração de emprego e renda; estimular a resolução extrajudicial de conflitos, em reforço à consensualidade e à cooperação entre Estado e sociedade; garantir o direito social à moradia digna e às condições de vida adequadas; garantir a efetivação da função social da propriedade; ordenar o pleno desenvolvimento das funções sociais da cidade e garantir o bem-estar de seus habitantes; concretizar o princípio constitucional da eficiência na ocupação e no uso do solo; prevenir e desestimular a formação de novos núcleos urbanos informais; conceder direitos reais, preferencialmente em nome da mulher; franquear participação dos interessados nas etapas do processo de regularização fundiária. Os objetivos da REURB, desta forma, alinham-se a uma visão da atuação administrativa compatível com a visão da consensualidade administrativa e da busca da eficiência jurídica em sua atuação, necessariamente participativa.

A iniciativa de promover a regularização fundiária urbana é bastante ampla: nos termos do art. 14, podem solicitar a REURB a União, os Estados, o Distrito Federal e os Municípios, diretamente ou por meio de entidades da administração pública indireta; os seus beneficiários, individual ou coletivamente, diretamente ou por meio de cooperativas habitacionais, associações de moradores, fundações, organizações sociais, organizações da sociedade civil de interesse público ou outras associações civis que tenham por finalidade atividades nas áreas de desenvolvimento urbano ou regularização fundiária urbana; os proprietários de imóveis ou de terrenos, loteadores ou incorporadores; a Defensoria Pública, em nome dos beneficiários hipossuficientes; e o Ministério Público. Os legitimados poderão promover todos os atos necessários à regularização fundiária, inclusive requerer os atos de registro.

A REURB é aprovada pelo Município. Nos termos do art. 12, esta atividade engloba tanto a aprovação urbanística do projeto de regularização fundiária como a aprovação ambiental. É órgão ambiental capacitado o órgão municipal que possua em seus quadros ou à sua disposição profissionais com atribuição técnica para a análise e a aprovação dos estudos, independentemente – isso é novo – da existência de convênio com os Estados ou a União. Os estudos ambientais, ainda, podem ser feitos em etapas, que podem ser registradas à medida em que concluídas, e podem ser realizados pelos Estados, na hipótese de o Município não dispor de capacidade técnica para a aprovação. Ainda sob este aspecto, a lei confere algumas regras urbanísticas específicas para a REURB – por exemplo, poderão ser dispensadas as exigências relativas ao percentual e às dimensões de áreas destinadas ao uso público ou ao tamanho dos lotes regularizados, assim como a outros parâmetros urbanísticos e edilícios. No tocante ao aspecto ambiental, caso o núcleo urbano informal esteja situado, total ou parcialmente, em área de preservação permanente ou em área de unidade de conservação de uso sustentável ou de proteção de mananciais definidas pela União, Estados ou Municípios, a REURB observará, também, o disposto nos arts. 64 e 65 do novo Código Florestal (Lei 12.651/2012).

Pelo art. 64, na REURB de interesse social (a REURB-S, veremos a seguir) dos núcleos urbanos informais que ocupam Áreas de Preservação Permanente, a regularização fundiária será admitida, atendendo-se ao seguinte: (a) o projeto deverá incluir estudo técnico que demonstre a melhoria das condições ambientais em relação à situação anterior com a adoção das medidas nele preconizadas, devendo tal estudo incluir, no mínimo, a caracterização da situação ambiental da área a ser regularizada, a especificação dos sistemas de saneamento básico, a proposição de intervenções para a prevenção e o controle de riscos geotécnicos e de inundações, a recuperação de áreas degradadas e daquelas não passíveis de regularização; e a comprovação tanto da melhoria das condições de sustentabilidade urbano-ambiental, considerados o uso adequado dos recursos hídricos, a não ocupação das áreas de risco e a proteção das unidades de conservação, quando for o caso, quanto da melhoria da habitabilidade dos moradores propiciada pela regularização proposta, garantindo-se, ainda o acesso público às praias e aos corpos d'água. Para a regularização fundiária que não é de interesse social – a REURB-E, as condições são mais rígidas: pelo art. 65, o estudo técnico deve ser instruído com a caracterização físico-ambiental, social, cultural e econômica da área; a identificação dos recursos ambientais, dos passivos e fragilidades ambientais e das restrições e potencialidades da área; a especificação e a avaliação dos sistemas de infraestrutura urbana e de saneamento básico implantados, outros serviços e equipamentos públicos; a identificação das unidades de conservação e das áreas de proteção de mananciais na área de influência direta da ocupação, sejam elas águas superficiais ou subterrâneas; a especificação da ocupação consolidada existente na área; a identificação das áreas consideradas de risco de inundações e de movimentos de massa rochosa, tais como deslizamento, queda e rolamento de blocos, corrida de lama e outras definidas como de risco geotécnico; a indicação das faixas ou áreas em que devem ser resguardadas as características típicas da Área de Preservação Permanente com a devida proposta de recuperação de áreas degradadas e daquelas não passíveis de regularização; a avaliação dos riscos ambientais; a comprovação da melhoria das condições de sustentabilidade urbano-ambiental e de habitabilidade dos moradores a partir da regularização; e a demonstração de garantia de acesso livre e gratuito pela população às praias e aos corpos d'água, quando couber. Para esta modalidade de REURB, ao longo dos rios ou de qualquer curso d'água será mantida faixa não edificável com largura mínima de 15 (quinze) metros de cada lado, sendo certo que em áreas urbanas tombadas como patrimônio histórico e cultural, tal faixa não edificável poderá ser redefinida de maneira a atender aos parâmetros do ato do tombamento, desde que devidamente justificadas nos estudos.

No caso de a REURB abranger área de unidade de conservação de uso sustentável que admita regularização, será exigida também a anuência do órgão gestor da unidade, desde que estudo técnico comprove que essas intervenções de regularização fundiária implicam a melhoria das condições ambientais em relação à situação de ocupação informal anterior. Na hipótese de a ocupação ter ocorrido às margens de reservatórios artificiais de água destinados à geração de energia ou ao abastecimento público, a faixa da área de preservação permanente consistirá na distância entre o nível máximo operativo normal e a cota máxima *maximorum*[45]. As regras do art. 65 não se aplicam aos núcleos urbanos informais situados em áreas indispensáveis à segurança nacional ou de interesse da defesa, assim reconhecidas em decreto do Poder Executivo federal e, detalhe, aplicam-se aos imóveis localizados em área rural, desde que a unidade imobiliária tenha área inferior ao módulo rural (lembra? Lei 5.868/1972).

9.4.1. Modalidades de REURB

A lei, em seu artigo 13, traz duas modalidades principais de processo de regularização fundiária urbana: a REURB de Interesse Social (REURB-S), aplicável aos núcleos urbanos informais ocupados predominantemente por população de baixa renda, assim declarados em ato do Poder Executivo municipal, e a REURB de Interesse Específico (REURB-E), aquela regularização fundiária aplicável aos núcleos urbanos informais que não se caracterizam como de interesse social.

A REURB-S é isenta de custas e emolumentos, e inclusive há previsão de sanções para os cartórios que não atenderem a esta determinação – desde multa até a perda do cartório. Estes custos, nos termos do art. 72 da lei, podem (não necessariamente devem) ser financiados pelo Fundo Nacional de Habitação de Interessa Social – FNHIS, mediante celebração de convênio pelos Estados. Entre os atos alcançados por tal isenção, estão o primeiro registro da REURB-S (isto é, o registro dos direitos reais aos seus beneficiários); o registro da legitimação fundiária; o registro do título de legitimação de posse e a sua conversão em título de propriedade; o registro da CRF e do projeto de regularização fundiária, com abertura de matrícula para cada unidade imobiliária urbana regularizada; a primeira averbação de construção residencial, desde que respeitado o limite de até 70 m² (setenta metros quadrados); a aquisição do primeiro direito real sobre unidade imobiliária derivada da REURB-S e o primeiro registro do direito real de laje (o que é isso? Veremos) no âmbito da REURB-S. Interessante notar que tais isenções aplicam-se, por determinação legal expressa, também à REURB-S que tenha por objeto conjuntos habitacionais ou condomínios de interesse social construídos pelo Poder Público, diretamente ou por meio da administração pública indireta, que já estivessem implantados em 22 de dezembro de 2016 (art. 13, § 3º). Sim, uma situação bem brasileira (a construção irregular *pelo* Poder Público), que a lei reconhece existir e propõe solucionar.

Os Municípios e o Distrito Federal poderão admitir o uso misto de atividades como forma de promover a integração social e a geração de emprego e renda no núcleo urbano informal regularizado – este ponto representa uma inovação de destaque, já que admite que as unidades regularizadas não sejam destinadas exclusivamente a fins residenciais. A partir da disponibilidade de equipamentos e infraestrutura para prestação de serviço público de abastecimento de água, coleta de esgoto, distribuição de energia elétrica, ou outros serviços públicos, por fim, é obrigatório aos beneficiários da REURB (S ou E) realizar a conexão da edificação à rede de água, de coleta de esgoto ou de distribuição de energia elétrica e adotar as demais providências necessárias à utilização do serviço, salvo disposição em contrário na legislação municipal. O Poder Público se encarregará de realizar tais ligações na REURB-S, podendo efetivá-las nos casos de REURB-E – caso o faça, poderá exigir indenização dos proprietários dos imóveis.

9.4.2. Instrumentos da REURB

Vamos, agora, realizar uma análise dos instrumentos jurídico-urbanísticos previstos na Lei 13.465/2017, destacando os especificamente ali tratados. De fato, se em suas Disposições Gerais sobre o tema traz a lei um rol bastante extenso de instrumentos aplicáveis aos processos de legitimação fundiária (art. 15), seu texto trata, neste capítulo, de forma específica, somente da Demarcação Urbanística, da Legitimação Fundiária e da Legitimação de Posse. O rol, aponte-se, é formado, em sua grande maioria, por instrumentos jurídico-urbanísticos já bastante conhecidos, como o direito de preempção e a desapropriação por interesse social, e outros já há tempos previstos em lei, embora não tanto utilizados, como a desapropriação em favor dos possuidores (§§ 4º e 5º do art. 1.228 do CC) e a arrecadação de bem vago – este último instrumento, aponte-se, também será estudado mais detalhadamente neste item, haja vista seu tratamento nos arts. 64 e 65 da Lei da REURB.

Ainda no tocante a disposições gerais, a lei traz a previsão da alienação de bens públicos nos quais é realizada a REURB-E: havendo solução consensual, deve haver pagamento do justo valor da unidade imobiliária regularizada, sem considerar o valor das acessões e benfeitorias do ocupante e a valorização decorrente da implantação dessas acessões e benfeitorias. Cabe, de qualquer forma, acordo judicial. Já na REURB-S promovida sobre bem público, o registro do projeto de regularização fundiária e a constituição de direito real em nome dos beneficiários poderão ser feitos em ato único, a critério do ente público promovente, encaminhando-se a documentação prevista na lei. E, bastante interessante, a REURB não está vinculada a ZEIS, isto é, não é necessário o reconhecimento da área a ser regularizada como uma zona especial de interesse social para

---

45. Cruel, né? Seguinte: os reservatórios têm um nível máximo operativo normal (vamos dizer, um limite ordinário de operação), e um limite até o qual conseguem operar. A cota máxima *maximorum* é este nível alcançado por um curto período de tempo, em eventos de grandes cheias.

que seja possível promover a regularização fundiária e utilizar todos os benefícios da lei.

9.4.2.1. Demarcação Urbanística

Já vimos o conceito de demarcação urbanística, mas vale a pena trazer novamente à sua apreciação –a memória do concurseiro está sempre no limite, e estas repetições ajudam. Na lei do REURB, demarcação urbanística está prevista nos artigos 19 a 22, e é conceituada como o procedimento destinado a identificar os imóveis públicos e privados abrangidos pelo núcleo urbano informal e a obter a anuência dos respectivos titulares de direitos inscritos na matrícula dos imóveis ocupados, culminando com averbação na matrícula destes imóveis da viabilidade da regularização fundiária, a ser promovida a critério do Município.

Há a especificação das unidades imobiliárias existentes no terreno a regularizar, para ulteriores finalidades referentes ao processo de regularização. Os pontos que merecem destaque:

a) O próprio poder público poderá utilizar o procedimento de demarcação urbanística, que não é obrigatório para fins de regularização fundiária (art. 19, § 3º), e o auto de demarcação urbanística poderá abranger uma parte ou a totalidade de um ou mais imóveis, que poderão ser públicos ou privados.

b) No tocante ao seu procedimento, o silêncio significa concordância à demarcação urbanística, que pode continuar somente quanto à parte não controversa. Destaca-se, ainda a possibilidade de o Município transferir a responsabilidade do procedimento para o registro de imóveis;

c) Caso haja impugnação, poderá ser adotado procedimento extrajudicial de composição de conflitos, com mediação e arbitragem;

d) A demarcação é averbada nas matrículas dos imóveis – se não houver, o cartório deverá providenciar. Será averbada ainda que a área abrangida pelo auto supere a área disponível nos registros anteriores. Não se exige, também, a retificação da área não abrangida pelo auto, ficando a apuração de remanescente sob a responsabilidade do proprietário do imóvel atingido.

9.4.2.2. Legitimação Fundiária

Uma das maiores novidades veiculadas pela lei do REURB. Prevista nos arts. 23 e 24 da lei, a Legitimação Fundiária é forma originária de aquisição do direito real de propriedade conferido por ato do poder público, exclusivamente no âmbito da REURB, àquele que detiver em área pública ou possuir em área privada, como sua, unidade imobiliária com destinação urbana, integrante de núcleo urbano informal consolidado existente em 22 de dezembro de 2016 – a data mágica é a da entrada em vigor da Medida Provisória 759/2016, que veio a ser convertida na Lei n. 13.465/2017. Para usufruir da REURB-S, o beneficiário não pode ser concessionário, foreiro ou proprietário de imóvel urbano ou rural, e nem contemplado com legitimação de posse ou fundiária de imóvel urbano com a mesma finalidade, ainda que situado em núcleo urbano distinto. A REURB-S pode ocorrer em imóvel urbano com finalidade não residencial, desde que seja reconhecido pelo poder público o interesse público de sua ocupação.

Na REURB-S de imóveis públicos, a União, os Estados, o Distrito Federal e os Municípios, e as suas entidades vinculadas, quando titulares do domínio, ficam autorizados a reconhecer o direito de propriedade aos ocupantes do núcleo urbano informal regularizado por meio da legitimação fundiária. O poder público encaminhará a CRF para registro imediato da aquisição de propriedade, dispensados a apresentação de título individualizado e as cópias da documentação referente à qualificação do beneficiário, o projeto de regularização fundiária aprovado, a listagem dos ocupantes e sua devida qualificação e a identificação das áreas que ocupam. Pode haver cadastramento complementar (art. 23, § 6º).

9.4.2.3. Legitimação de Posse

Este instrumento, previsto nos arts. 25 a 27 do diploma legal, é de uso exclusivo para fins de regularização fundiária, conversível em usucapião. Constitui ato do poder público destinado a conferir título de posse, para fins de, atendidas as demais condicionantes previstas em lei, permitir futuramente sua conversão em direito real de propriedade, por intermédio da usucapião. A Legitimação de Posse reconhece, nestes termos, a posse de imóvel objeto da REURB, com a identificação de seus ocupantes, do tempo da ocupação e da natureza da posse, e não se aplica a imóveis do Poder Público – neste ponto, a Lei da REURB talvez tenha pretendido afastar qualquer possibilidade de pleito de usucapião de bens desta natureza.

O título de legitimação de posse poderá ser cancelado pelo poder público emitente quando constatado que as condições estipuladas na legislação deixaram de ser satisfeitas, sem que seja devida qualquer indenização àquele que irregularmente se beneficiou do instrumento.

9.4.2.4. Arrecadação de bens vagos

Os artigos 64 e 65 da Lei da REURB detalham um instrumento jurídico-urbanístico tratado originalmente no Código Civil, em seus arts. 1.275, inc. III, e 1.276: a causa de perdimento da propriedade denominada "Abandono".

De acordo com a Lei 13.465/2017, os imóveis urbanos privados abandonados cujos proprietários não possuam a intenção de conservá-los em seu patrimônio ficam sujeitos à arrecadação pelo Município ou pelo Distrito Federal na condição de bem vago. Presume-se a intenção de abandono do bem quando o proprietário deixar de realizar atos de posse sobre o imóvel e não adimplir os ônus fiscais instituídos sobre a propriedade predial e territorial urbana pelo prazo de cinco anos. A novidade da nova lei em relação ao diploma civil é o detalhamento do procedimento mínimo para a passagem do bem ao Poder Público – o tal de processo de arrecadação dos bens vagos.

Este procedimento mínimo, a ser detalhado em "ato do Poder Executivo municipal ou distrital" (veja bem, aqui não se fala em "lei", sendo o detalhamento realizado por decreto) observará, no mínimo, as seguintes fases: I – abertura de processo administrativo para tratar da arrecadação; II – comprovação do tempo de abandono e de inadimplência fiscal; III – notificação ao titular do domínio para, querendo, apresentar impugnação no prazo de trinta dias, contado da data de recebimento da notificação.

Caso o proprietário não se manifeste nos prazos assinalados, será presumida sua concordância com a arrecadação e com a assunção da titularidade do bem pelo ente público. A lei assinala, também, que, finalizada a operação, o Município poderá realizar, diretamente ou por meio de terceiros, os investimentos necessários para que o imóvel urbano arrecadado atinja prontamente os objetivos sociais a que se destina – pelo art. 65, os imóveis arrecadados poderão ser destinados aos programas habitacionais, à prestação de serviços públicos, ao fomento da REURB-S ou serão objeto de concessão de direito real de uso a entidades civis que comprovadamente tenham fins filantrópicos, assistenciais, educativos, esportivos ou outros, no interesse do Município ou do Distrito Federal. Em que pese a possibilidade de interpretações em sentido contrário, que identifiquem o significado da expressão "poderão" como uma ordem exclusiva de aproveitamento do bem nas finalidades previstas naquele dispositivo legal, parece não ser razoável restringir de tal forma a utilização do imóvel arrecadado. Tendo em vista o primado da função social da propriedade, bem como o postulado da prevalência do plano diretor do município no tocante à formulação da política de desenvolvimento urbano local, caberá ao próprio Município definir a destinação destes imóveis, de acordo com planos e projetos urbanísticos por si produzidos. O essencial, ao que parece, é que a finalidade pública do procedimento seja, em qualquer hipótese, preservada e promovida.

Finalmente, ainda no tocante à regulação do instituto trazida pela Lei da REURB, na hipótese de o proprietário reivindicar a posse do imóvel declarado abandonado, no transcorrer do prazo de 3 anos previsto na lei civil, o Poder Público deverá obter o ressarcimento prévio, e em valor atualizado, de todas as despesas em que eventualmente houver incorrido, inclusive tributárias, em razão do exercício da posse provisória. Considerando as condições necessárias para que o ente público entre na posse do imóvel (os 5 anos sem cobrança de IPTU), o dever de quitação do débito para a imissão na posse pelo proprietário é deveras desencorajadora... De qualquer modo, podem ser adotadas medidas de incentivo ao aproveitamento do bem, transformando a dívida em dever de investimento e utilização compulsória do imóvel – novamente, mediante autorização legal, para cumprir determinação do plano diretor.

9.4.3. Procedimento da REURB

A lei trata detalhadamente do procedimento da REURB, em seus arts. 28 a 54. Esquematicamente, o procedimento pode ser dividido nas seguintes fases (art. 28): I – requerimento dos legitimados; II – processamento administrativo do requerimento, no qual será conferido prazo para manifestação dos titulares de direitos reais sobre o imóvel e dos confrontantes; III – elaboração do projeto de regularização fundiária; IV – saneamento do processo administrativo; V – decisão da autoridade competente, mediante ato formal, ao qual se dará publicidade; VI – expedição da CRF pelo Município; e VII – registro da CRF e do projeto de regularização fundiária aprovado perante o oficial do cartório de registro de imóveis em que se situe a unidade imobiliária com destinação urbana regularizada. E logo de início, a Lei 13.465/2017 avisa: não impedirá a REURB a inexistência de lei municipal específica que trate de medidas ou posturas de interesse local aplicáveis a projetos de regularização fundiária urbana – em outros termos, não é possível aos municípios alegar a falta de regulamentação para esquivar-se de implementar o dever legalmente instituído de promover a regularização fundiária urbana. Aliás, a lei determina que os entes federativos (essa lei é habilidosa, – foge da discussão se o município é "ente federado", e atua na certeza – certamente é "ente federativo") com o Ministério das Cidades (hoje Ministério do Desenvolvimento Regional) para dar cumprimento à lei. Importante, hein? Sigamos.

Nos termos do art. 30, competirá ao município, em regra, classificar, caso a caso, a modalidade da REURB a realizar, bem como processar, analisar e aprovar os projetos de regularização fundiária e emitir a CRF – a classificação da REURB requerida pela União ou pelos Estados será de responsabilidade do ente federativo instaurador. Caso a REURB seja requerida por algum outro interessado, o município deverá classificar e fixar, no prazo de até cento e oitenta dias, uma das modalidades da REURB ou indeferir, fundamentadamente, o requerimento, sendo certo que sua inércia – importante! – implica a automática fixação da modalidade de classificação da REURB indicada pelo legitimado em seu requerimento, bem como o prosseguimento do procedimento administrativo da REURB, sem prejuízo de futura revisão dessa classificação pelo Município, mediante estudo técnico que a justifique.

Determina a lei que, uma vez instaurado o processo, o município deverá proceder às buscas necessárias para determinar a titularidade do domínio dos imóveis onde está situado o núcleo urbano informal a ser regularizado, providenciando as notificações para apresentação de eventuais impugnações dos titulares, confinantes e terceiros eventualmente interessados. Instaurado o procedimento da REURB para núcleos informais localizados em áreas públicas, fica assegurada a permanência dos atuais ocupantes, até o final do processo.

Instaurado o projeto de regularização fundiária urbana, caberá ao município indicar as responsabilidades das partes envolvidas, distintas no que toca a REURB-S e à REURB-E. No caso de REURB-S em área pública, todo o projeto deverá ser produzido pelo Município ou pelo Distrito Federal, que também serão os responsáveis pela implantação da infraestrutura básica. Na hipótese de REURB-E, a regularização fundiária será contratada e custeada por seus potenciais beneficiários ou requerentes privados, sendo certo que, caso esta se dê em área pública, o Município poderá proceder à elaboração e ao custeio do projeto de regularização fundiária e da implantação da infraestrutura essencial, com posterior cobrança aos seus beneficiários.

Em seu art. 34, a Lei 13.465/2017 prevê a criação de câmaras de prevenção e resolução administrativa de conflitos pelos municípios, inclusive mediante celebração de ajustes com os Tribunais de Justiça estaduais, as quais deterão competência para dirimir conflitos relacionados à REURB, mediante solução consensual. O tema será regulamentado por ato do Executivo, e, caso haja consenso, o acordo será reduzido a termo e constituirá condição para a conclusão da REURB, com consequente expedição da CRF. Esta determinação legal é significativa: torna viável a aplicação de processos consensuais referentes a questões de regularização fundiária urbana.

Os artigos 35 a 37 trazem os elementos mínimos do projeto de REURB (tais como projeto urbanístico, memorial descritivo etc.), a determinação de perfeita discriminação físico-territorial do local a regularizar, inclusive indicando-se as providências para a adequação do espaço e a identificação do conceito legal de infraestrutura essencial dos núcleos urbanos informais a serem regularizados (sistema de abastecimento de água potável, coletivo ou individual; sistema de coleta e tratamento do esgotamento sanitário, coletivo ou individual; rede de energia elétrica domiciliar; soluções de drenagem, quando necessário; e outros equipamentos a serem definidos pelos Municípios em função das necessidades locais e características regionais).

Informa a lei que a REURB pode ser implementada por etapas, abrangendo o núcleo urbano informal de forma total ou parcial, sendo as obras de implantação de infraestrutura essencial, de equipamentos comunitários e de melhoria habitacional, bem como sua manutenção, podem ser realizadas antes, durante ou após a conclusão da REURB. Pelo art. 40, o pronunciamento da autoridade competente que decidir o processamento administrativo da REURB deverá indicar as intervenções a serem executadas, se for o caso, conforme o projeto de regularização fundiária aprovado, aprovar o projeto de regularização fundiária resultante do processo de regularização fundiária e, por fim, identificar e declarar os ocupantes de cada unidade imobiliária com destinação urbana regularizada, e os respectivos direitos reais.

O art. 41 dispõe sobre um importante documento do processo de REURB, a Certidão de Regularização Fundiária (CRF). Tal certidão é identificada como o ato administrativo de aprovação da regularização que deverá acompanhar o projeto aprovado e deverá conter, no mínimo, o nome do núcleo urbano regularizado e sua localização, a modalidade de regularização (REURB-S ou REURB-E), as responsabilidades das obras e serviços constantes do cronograma, e a indicação numérica de cada unidade regularizada, quando houver, juntamente com a listagem com nomes dos ocupantes que houverem adquirido a respectiva unidade, por título de legitimação fundiária ou mediante ato único de registro, bem como o estado civil, a profissão, o número de inscrição no cadastro das pessoas físicas do Ministério da Fazenda e do registro geral da cédula de identidade e a filiação.

O registro da CRF e do projeto de regularização fundiária aprovado será requerido diretamente ao oficial do cartório de registro de imóveis da situação do imóvel e será efetivado independentemente de determinação judicial ou do Ministério Público, realizando a lei da REURB minuciosa descrição de atos registrários tendentes a formalizar o processo de regularização fundiária urbana. Se o ilustre leitor estiver prestando concurso para cartórios, atenção redobrada, e foco na leitura da lei, especialmente nas medidas excepcionais em função do tema em discussão – como exemplo, o art. 50 determina que nas matrículas abertas para cada parcela, deverão constar dos campos referentes ao registro anterior e ao proprietário, mas quando não for possível identificar a exata origem da parcela matriculada, todas as matrículas anteriores atingidas pela REURB terão a expressão "proprietário não identificado", dispensando-se nesse caso os requisitos dos itens 4 e 5 do inciso II do art. 167 da Lei 6.015, de 31 de dezembro de 1973.

9.4.4. Do Direito Real de Laje

Antes de encerrarmos o estudo da Lei da REURB, cabe dar uma olhada em uma outra grande novidade instituída pela lei – o Direito Real de Laje. A Lei 13.465/2017 introduziu, no rol dos direitos reais constantes do art. 1.225 do Código Civil, a "Laje" (inc. XIII), regulando suas características principais no art. 1.510-A a 1.510-E.

Pela nova disciplina legal, o proprietário de uma construção-base poderá ceder a superfície superior ou inferior de sua construção a fim de que o titular da laje mantenha unidade distinta daquela originariamente construída sobre o solo. O direito real de laje contempla o espaço aéreo ou o subsolo de terrenos públicos ou privados, tomados em projeção vertical, como unidade imobiliária autônoma, não contemplando as demais áreas edificadas ou não pertencentes ao proprietário da construção-base. Ainda de acordo com a nova disciplina legal, o titular da laje poderá ceder a superfície de sua construção para a instituição de um sucessivo direito real de laje, desde que haja autorização expressa dos titulares da construção-base e das demais lajes, respeitadas as posturas edilícias e urbanísticas vigentes.

A lei se preocupa em não identificar esta estrutura com um condomínio edilício – que se aplicam subsidiariamente – e determina que as despesas necessárias à conservação e fruição das partes que sirvam a todo o edifício e ao pagamento de serviços de interesse comum serão partilhadas entre o proprietário da construção-base e o titular da laje, na proporção que venha a ser estipulada em contrato. As partes que servem a todo o edifício, segundo a lei, são os alicerces, colunas, pilares, paredes-mestras e todas as partes restantes que constituam a estrutura do prédio; o telhado ou os terraços de cobertura, ainda que destinados ao uso exclusivo do titular da laje; as instalações gerais de água, esgoto, eletricidade, aquecimento, ar condicionado, gás, comunicações e semelhantes que sirvam a todo o edifício; e, em geral, as coisas que sejam afetadas ao uso de todo o edifício.

Há, nas edificações em que se institui o direito de laje, uma espécie de direito de preempção: em caso de alienação de qualquer das unidades sobrepostas, terão direito de preferência, em igualdade de condições com terceiros, os titulares da construção-base e da laje, nessa ordem, que serão cientificados por escrito para que se manifestem no prazo de trinta dias, salvo se o contrato dispuser de modo diverso. Caso não seja tomada tal providência, basta um dos proprietários depositar o respectivo preço em até 180 dias – ah, se houver mais de uma laje, terá preferência, sucessivamente, o titular das lajes ascendentes e o titular das lajes descendentes, assegurada a prioridade para a laje mais próxima à unidade sobreposta a ser alienada.

O Direito de Laje é um novo instituto, que pode ter utilizações práticas bastante interessantes, além de servir para regularizar a propriedade dos imóveis realizados em autoconstrução, uma realidade em nosso país. É possível, por exemplo utilizando-se tal instrumento, propor ajustes específicos em projetos urbanísticos que envolvam a utilização de terras públicas, preservando-se um uso institucional para as construções-base e permitindo-se a exploração das lajes instituídas sobre tal, a fim de não só financiar a construção e conservação do bem como um todo, como também proporcionar o desencadeamento de processos de urbanização benéficos às cidades. Há muito a avançar, mas a ideia promete.

Síntese: o que o candidato a concursos públicos deve saber sobre este capítulo

Este capítulo traz diversos temas que são objeto de constante arguição nas provas de ingresso nas carreiras jurídicas. Além do interesse no tema da desapropriação urbanística ser crescente, em razão de obras de infraestrutura promovidas em todo País, o assunto "regularização fundiária", especialmente em função das várias novidades veiculadas pela Lei da REURB, é objeto de especial atenção. O direito à moradia é uma das principais vertentes de atuação das carreiras jurídicas públicas em sede de direito urbanístico. Desta forma, além de compreender os mecanismos de regularização fundiária, o candidato deve estar atento ao texto da lei, frequentemente indagado em provas preambulares.

10. REGIME URBANÍSTICO DO PARCELAMENTO DO SOLO

O regime de parcelamento do solo é intimamente ligado ao processo de urbanização e urbanificação da cidade. Utiliza-se o termo "urbanístico" para diferenciar esta modalidade de parcelamento do solo do parcelamento da terra para fins rurais. Aqui, trata-se de divisão ou redivisões de glebas em lotes, para exercício das atividades urbanísticas. O texto-base do regime urbanístico do parcelamento do solo é a Lei 6.766/1979, chamada "Lei Lehmann", que deverá ser aplicada nos municípios atentando-se para a legislação urbanística vigente no local e eventuais disposições das leis estaduais aplicáveis. A Lei da REURB também introduziu algumas novidades por aqui – olho vivo, então.

10.1. Conceitos preliminares

A Lei Lehmann nos fornece alguns conceitos para sua compreensão. Considerando-se que **gleba** é o terreno que ainda não foi objeto de arruamento ou loteamento, define que **loteamento** é a subdivisão de gleba em lotes destinados a edificação, com abertura de novas vias de circulação, de logradouros públicos ou prolongamento, modificação ou ampliação das vias existentes. Esclarece, ainda que **desmembramento** é a subdivisão de gleba em lotes destinados a edificação, com aproveitamento do sistema viário existente, desde que não implique na abertura de novas vias e logradouros públicos, nem no prolongamento, modificação ou ampliação dos já existentes (você percebeu que a abertura ou prolongamento de vias é o critério distintivo, certo?), e **lote** o terreno servido de infraestrutura básica cujas dimensões atendam aos índices urbanísticos definidos pelo plano diretor ou lei municipal para a zona em que se situe. Por **infraestrutura básica dos parcelamentos** a Lei 6.766/1979 entende o conjunto de equipamentos urbanos de escoamento das águas pluviais, iluminação pública, esgotamento sanitário, abastecimento de água potável, energia elétrica pública e domiciliar e vias de circulação. A Lei da REURB introduziu duas novidades já por aqui: previu que o lote poderá ser constituído sob a forma de imóvel autônomo ou de unidade imobiliária integrante de condomínio de lotes (condomínio de lotes é a novidade!), e conceituou o "loteamento de acesso controlado", a modalidade de loteamento "ordinária" mas que tem controle de acesso, regulamentado por ato do poder público Municipal, sendo vedado o impedimento de acesso a pedestres ou a condutores de veículos, não residentes, devidamente identificados ou cadastrados.

O regime urbanístico do parcelamento do solo labora ainda com outros conceitos, não expressamente definidos na Lei Lehmann. Assim, desdobro de lote é a divisão da área do lote para a formação de um ou mais novos lotes – todos, à evidência, deverão atender às dimensões mínimas de dimensionamento e índices urbanísticos para sua edificação. O remembramento de lotes é a unificação de lotes preexistentes em uma mesma matrícula e o reparcelamento é o desmembramento realizado após o remembramento dos lotes (muito utilizado para incorporações imobiliárias). O direito urbanístico trabalha, ainda, com o conceito de arruamento, que nada mais é que a abertura de vias de circulação e formação de quadras mediante divisão física do solo. Todo loteamento contém arruamento, mas nem todo arruamento configurará um loteamento – a grande exceção são os lotes em condomínios de lotes, em que as vias não são públicas. Por via de circulação se entende o espaço destinado à circulação de veículos ou pedestres, sendo que, em geral, considera-se via oficial de circulação de veículos ou pedestres aquela aceita, declarada ou reconhecida como oficial pela Prefeitura e via particular de circulação de veículos ou pedestres aquela de propriedade privada, mesmo quando aberta ao uso público. Alinhamento, por sua vez, é a linha divisória entre o terreno de propriedade particular ou pública e o logradouro público, sendo o eixo da via a linha que passa equidistante aos alinhamentos. A frente do lote é a sua divisa lindeira à via de circulação, e fundo do lote é a divisa oposta à frente. Já falamos neste trabalho sobre o recuo, que é a distância, medida em projeção horizontal, entre o limite externo da edificação e a divisa do lote, sendo certo que a profundidade do lote é a distância medida entre o alinhamento do lote e uma paralela a este, que passa pelo ponto mais extremo do lote em relação ao alinhamento. O acesso ao lote é a interligação para veículos ou pedestres entre logradouro público e propriedade privada, propriedade privada e áreas de uso comum em condomínio ou logradouro público e espaços de uso comum em condomínio. Por fim, equipamentos urbanos são normalmente identificados como as instalações de infraestrutura urbana, tais como equipamentos de abastecimento de água, serviços de esgotos, energia elétrica, coleta de águas pluviais, rede telefônica, gás canalizado, transporte e outros de interesse público, equipamentos comunitários são as instalações públicas destinadas à educação, cultura, saúde, lazer e similares e áreas institucionais são aquelas destinadas à instalação dos equipamentos comunitários.

10.2. Requisitos urbanísticos do parcelamento

Os requisitos urbanísticos para o loteamento serão os seguintes:

a) o loteamento deverá prever áreas destinadas a sistemas de circulação, a implantação de equipamento urbano e comunitário, bem como a espaços livres de uso público. Tais serão proporcionais à densidade de ocupação prevista pelo plano diretor ou aprovada por lei municipal para a zona em que se situem;

b) os lotes terão área mínima de 125m² e frente mínima de 5 metros, salvo quando o loteamento se destinar a urbanização específica ou edificação de conjuntos habitacionais de interesse social, previamente aprovados pelos órgãos públicos competentes. A lei urbanística também pode exigir lotes mínimos de dimensões maiores, a depender de seu planejamento urbanístico;

c) ao longo das águas correntes e dormentes e das faixas de domínio público das rodovias e ferrovias, será obrigatória a reserva de uma faixa não edificável de 15 metros de cada lado, salvo maiores exigências da legislação específica. Lembre-se: aqui falamos de **loteamento**, divisão da terra ainda não edificada ou urbanizada;

d) as vias de loteamento deverão articular-se com as vias adjacentes oficiais, existentes ou projetadas, e harmonizar-se com a topografia local.

e) no caso de lotes integrantes de condomínio de lotes, poderão ser instituídas limitações administrativas e direitos reais sobre coisa alheia em benefício do poder público, da população em geral e da proteção da paisagem urbana, tais como servidões de passagem, usufrutos e restrições à construção de muros.

Determina a lei que a infraestrutura básica dos parcelamentos situados nas zonas habitacionais declaradas por lei como de interesse social (ZHIS) consistirá, no mínimo, de vias de circulação, escoamento das águas pluviais, rede para o abastecimento de água potável e soluções para o esgotamento sanitário e para a energia elétrica domiciliar. Somente será admitido o parcelamento do solo para fins urbanos em zonas urbanas, de expansão urbana ou de urbanização específica, assim definidas pelo plano diretor ou aprovadas por lei municipal, sendo vedado o parcelamento do solo em terrenos alagadiços e sujeitos a inundações, antes de tomadas as providências para assegurar o escoamento das águas, em terrenos que tenham sido aterrados com material nocivo à saúde pública, sem que sejam previamente saneados, em terrenos com declividade igual ou superior a 30% (trinta por cento), salvo se atendidas exigências específicas das autoridades competentes, em terrenos onde as condições geológicas não aconselhem a edificação e em áreas de preservação ecológica ou naquelas onde a poluição impeça condições sanitárias suportáveis, até a sua correção.

O Poder Público competente poderá complementarmente exigir, em cada loteamento, a reserva de faixa *non aedificandi* destinada a equipamentos urbanos, assim considerados os equipamentos públicos de abastecimento de água, serviços de esgotos, energia elétrica, coletas de águas pluviais, rede telefônica e gás canalizado.

10.3. Projetos de arruamento e de loteamento

A implantação de um loteamento ilustra a divisão de tarefas entre sociedade e Administração Pública na implantação do plano de desenvolvimento urbano do município. A obediência ao plano diretor é *conditio sine qua non* da aprovação de um novo loteamento. Tanto é assim que mesmo antes da elaboração do projeto de loteamento o interessado deverá solicitar à Prefeitura Municipal (ou ao Distrito Federal quando for o caso) que defina as diretrizes para o uso do solo, traçado dos lotes, do sistema viário, dos espaços livres e das áreas reservadas para equipamento urbano e comunitário. Com tais informações fornecidas pelo Poder Público, apresentará o particular requerimento e planta do imóvel contendo, pelo menos: (a) as divisas da gleba a ser loteada; (b) as curvas de nível à distância adequada, quando exigidas por lei estadual ou municipal; (c) a localização dos cursos d'água, bosques e construções existentes; (d) a indicação dos arruamentos contíguos a todo o perímetro, a localização das vias de comunicação, das áreas livres, dos equipamentos urbanos e comunitários existentes no local ou em suas adjacências, com as respectivas distâncias da área a ser loteada; (e) o tipo de uso predominante a que o loteamento se destina; (f) as características, dimensões e localização das zonas de uso contíguas. Tal documento é conhecido como **plano de arruamento**, que pode ser apresentado apartado ou conjuntamente com o projeto final de loteamento. Os Municípios com menos de cinquenta mil habitantes e aqueles cujo plano diretor contiver diretrizes de urbanização para a zona em que se situe o parcelamento poderão dispensar, por lei, a fase de fixação de diretrizes.

O **plano de loteamento**, orientado pelo traçado e diretrizes oficiais, quando houver, veiculará o projeto a ser finalmente aprovado, e conterá desenhos, memorial descritivo e cronograma de execução das obras com duração máxima de quatro anos, e será apresentado à Prefeitura Municipal (ou Distrito Federal) acompanhado de certidão atualizada da matrícula da gleba, expedida pelo Cartório de Registro de Imóveis competente, de certidão negativa de tributos municipais e do competente instrumento de garantia, ressalvado o disposto no § 4º do art. 18. Os desenhos conterão pelo menos: (a) a subdivisão das quadras em lotes, com as respectivas dimensões e numeração; o sistema de vias com a respectiva hierarquia; as dimensões lineares e angulares do projeto, com raios, cordas, arcos, pontos de tangência e ângulos centrais das vias; os perfis longitudinais e transversais de todas as vias de circulação e praças; a indicação dos marcos de alinhamento e nivelamento localizados nos ângulos de curvas e vias projetadas; a indicação em planta e perfis de todas as linhas de escoamento das águas pluviais. O memorial descritivo do loteamento, por sua vez, deverá conter ao menos a descrição sucinta do loteamento, com as suas características e a fixação da zona ou zonas de uso predominante; as condições urbanísticas do loteamento e as limitações que incidem sobre os lotes e suas construções, além daquelas constantes das diretrizes fixadas; a indicação das áreas públicas que passarão ao domínio do município no ato de registro do loteamento; a enumeração dos equipamentos urbanos, comunitários e dos serviços públicos ou de utilidade pública, já existentes no loteamento e adjacências.

As leis urbanísticas municipais definirão o mínimo de área a ser destinada ao Poder Público. Normalmente, serão destinadas 20% da área da gleba para as vias de circulação, 15% para áreas verdes e 5% para institucionais – isso, repita-se, varia de acordo com o município e com a zona de uso na qual será implantado o empreendimento.

Para a aprovação de projeto de **desmembramento**, o interessado apresentará requerimento ao Poder Público, acompanhado de certidão atualizada da matrícula da gleba, expedida pelo Cartório de Registro de Imóveis competente, ressalvada a hipótese de parcelamento popular, destinado às classes de menor renda, em imóvel declarado de utilidade pública, com processo de desapropriação judicial em curso e imissão provisória na posse, desde que promovido pela União, Estados, Distrito Federal, Municípios ou suas entidades delegadas, autorizadas por lei a implantar projetos de habitação. O projeto conterá a indicação das vias existentes e dos loteamentos próximos, a indicação do tipo de uso predominante no local e a indicação da divisão de lotes pretendida na área.

10.4. Da aprovação e registro do projeto de loteamento ou desmembramento

O projeto de loteamento ou desmembramento deverá ser aprovado pelo Município ou pelo Distrito Federal, e executado no prazo constante do cronograma de execução, sob pena de caducidade da aprovação. Nos municípios inseridos no cadastro nacional de municípios com áreas suscetíveis à ocorrência de deslizamentos de grande impacto, inundações bruscas ou processos geológicos ou hidrológicos correlatos, a aprovação do projeto de que trata o *caput* ficará vinculada ao atendimento dos requisitos constantes da carta geotécnica de aptidão à urbanização, sendo, ainda vedada a aprovação de projeto de loteamento e desmembramento em áreas de risco definidas como não edificáveis, no plano diretor ou em legislação dele derivada.

Os Estados-membros também têm competência para realizar esta aprovação, em hipóteses restritas: quando o loteamento ou desmembramento for localizado em áreas de interesse especial, tais como as de proteção aos mananciais ou ao patrimônio cultural, histórico, paisagístico e arqueológico, assim definidas por legislação estadual ou federal; quando localizar-se em área limítrofe do município, ou que pertença a mais de um município, nas regiões metropolitanas ou em aglomerações urbanas, definidas em lei estadual ou federal ou quando o loteamento abranger área superior a 1.000.000 m². Por fim, no caso de loteamento ou desmembramento localizado em área de município integrante de região metropolitana, o exame e a anuência prévia à aprovação do projeto caberão à autoridade metropolitana.

A Lei Lehmann determina, ainda, que a lei municipal definirá os prazos para que um projeto de parcelamento apresentado seja aprovado ou rejeitado e para que as obras executadas sejam aceitas ou recusadas, sendo certo que caso tal prazo transcorra *in albis,* o projeto será considerado rejeitado (consequência negativa do silêncio da Administração). Cabe, neste caso, pedido de indenização por parte do interessado. Caso a legislação municipal não assinale os prazos, tais serão de noventa dias para a aprovação ou rejeição e de sessenta dias para a aceitação ou recusa fundamentada das obras de urbanização.

Destaca-se, ainda, que os espaços livres de uso comum, as vias e praças, as áreas destinadas a edifícios públicos e outros equipamentos urbanos, constantes do projeto e do memorial descritivo, não poderão ter sua destinação alterada pelo loteador desde a aprovação do loteamento, salvo as hipóteses de caducidade da licença ou desistência do loteador.

Após a aprovação do loteamento ou desmembramento, o interessado deverá registrá-lo no prazo de 180 dias, sob pena de caducidade da aprovação, acompanhado dos seguintes documentos: (a) título de propriedade do imóvel ou certidão da matrícula, ressalvada a já apontada hipótese de parcelamento popular, (b) histórico dos títulos de propriedade do imóvel, abrangendo os últimos 20 anos, acompanhados dos respectivos comprovantes; (c) certidões negativas de tributos federais, estaduais e municipais incidentes sobre o imóvel; de ações reais referentes ao imóvel, pelo período de 10 anos; de ações penais com respeito ao crime contra o patrimônio e contra a Administração Pública; (d) certidões dos cartórios de protestos de títulos, em nome do loteador, pelo período de 10 anos; de ações pessoais relativas ao loteador, pelo período de 10 anos; de ônus reais relativos ao imóvel; de ações penais contra o loteador, pelo período de 10 anos; (e) cópia do ato de aprovação do loteamento e comprovante do termo de verificação, pelo Poder Público, da execução das obras exigidas por legislação municipal, que incluirão, no mínimo, a execução das vias de circulação do loteamento, demarcação dos lotes, quadras e logradouros e das obras de escoamento das águas pluviais ou da aprovação de um cronograma, com a duração máxima de quatro anos, acompanhado de competente instrumento de garantia para a execução das obras; (f) exemplar do contrato padrão de promessa de venda, ou de cessão ou de promessa de cessão; (g) declaração do cônjuge do requerente de que consente no registro do loteamento.

A existência de protestos, de ações pessoais ou de ações penais, exceto as referentes a crime contra o patrimônio e contra a administração, não impedirá o registro do loteamento se o requerente comprovar que esses protestos ou ações não poderão prejudicar os adquirentes dos lotes. Se o Oficial do Registro de Imóveis julgar insuficiente a comprovação feita, suscitará a dúvida perante o juiz competente.

Em seguida, o registro de imóveis encaminhará a comunicação do pedido de registro à Prefeitura e publicará seu resumo. Não havendo impugnação, será realizado o registro do loteamento, por extrato, no livro próprio.

Desde a data de registro do loteamento, passam a integrar o domínio do Município as vias e praças, os espaços livres e as áreas destinadas a edifícios públicos e outros equipamentos urbanos, constantes do projeto e do memorial descritivo, sendo certo que o município poderá requerer o registro destas áreas.

O registro do loteamento só poderá ser cancelado por decisão judicial, a requerimento do loteador, com anuência da Prefeitura, ou do Distrito Federal quando for o caso, enquanto nenhum lote houver sido objeto de contrato ou a requerimento conjunto do loteador e de todos os adquirentes de lotes, com anuência do Poder Público que aprovou o empreendimento. O Poder Público, aliás, pode se opor ao cancelamento se disto resultar inconveniente comprovado para o desenvolvimento urbano ou se já se tiver realizado qualquer melhoramento na área loteada ou adjacências.

10.5. Loteamentos ilegais

Os loteamentos ilegais são aqueles que não observam a legislação de uso e ocupação do solo do município ou a Lei Lehmann. São eles os loteamentos clandestinos ou irregulares.

Os loteamentos clandestinos são os realizados totalmente à margem da lei. Simplesmente há uma divisão física de uma gleba, sendo colocados à venda os "lotes" resultantes, geralmente à população de baixa renda. Os resultados de tais ação são espaços urbanos degradados, sem o mínimo de infraestrutura para a vida das pessoas. É, ainda, previsto na Lei 6.766/1979 e atentado contra a ordem urbanística. Os loteamentos irregulares, por sua vez, são aqueles executados de forma diferente de sua aprovação, sem a inscrição no Registro de Imóveis ou desobedecendo aos prazos de implantação das obras conforme sua aprovação. A legislação prevê formas de corrigir estas condutas ilegais, inclusive permitindo ao Poder Público implantar as infraestruturas necessárias ao loteamento, cobrando os custos do loteador.

10.6. Loteamentos fechados – acesso controlado e condomínio de lotes

A denominação "loteamentos fechados" era utilizada para empreendimentos que em verdade não se constituem como loteamentos, e sim como mera divisão de glebas em lotes para edificação. Tais se caracterizam por ser, nas palavras de DA SILVA, uma modalidade especial de aproveitamento condominial de espaço para fins de construção de casas residenciais térreas ou assobradadas ou edifícios.[46] O loteamento fechado normalmente era implantado com base na Lei 4.591/1964, que dispõe sobre o condomínio em edificações e as incorporações imobiliárias. Houve grande discussão sobre a viabilidade da instalação e manutenção de tais empreendimentos, com boa parte da doutrina postulando que a legislação municipal até

---

46. DA SILVA, op. cit., p. 347.

mesmo vedasse sua existência, em função de sua existência poder configurar-se como um enclave no território urbano, no qual não poderão os habitantes da cidade circular livremente, podendo ser alegado, ainda, malferimento ao princípio da isonomia. Por outro lado, os defensores de tal conformação urbana alegavam que não haveria vedação na Lei 6.766/1979 a este tipo de parcelamento do solo – se autorizado por lei municipal, urbanisticamente atendem às destinações da lei de zoneamento.

A Lei do REURB veio tentar por fim a tal discussão. Em um primeiro momento, autorizou, em legislação federal, a instituição dos loteamentos de acesso controlado (art. 2º, § 8º da Lei 6.766/1979). As condicionantes para sua instalação serão dadas pelo município, sendo vedado o impedimento de acesso, ainda que mediante cadastro. Situação diversa é o que a mesma lei criou com o denominado "condomínio de lotes", permitindo que seja identificado como "lote" uma unidade imobiliária integrante de tais empreendimentos. Nestes, não há destinação de áreas ao Poder Público – suas vias são particulares, não há reserva de área para praças ou áreas verdes obrigatórias. Há, ainda, possibilidade de bloqueio de ingresso ou passagem a pessoas não autorizadas. Como uma espécie de contrapartida a esta autorização, a nova legislação estipulou que poderão ser instituídas limitações administrativas e direitos reais sobre coisa alheia em benefício do poder público, da população em geral e da proteção da paisagem urbana, tais como servidões de passagem, usufrutos e restrições à construção de muros – nada impede, contudo, que tais sejam fechados a não moradores ou visitantes (art. 4º, § 4º da Lei 6.766/1979). Como última medida de viabilização destes loteamentos, permitiu a lei da REURB que as atividades desenvolvidas pelas associações de proprietários de imóveis, titulares de direitos ou moradores em loteamentos ou empreendimentos assemelhados, desde que não tenham fins lucrativos, bem como pelas entidades civis organizadas em função da solidariedade de interesses coletivos desse público com o objetivo de administração, conservação, manutenção, disciplina de utilização e convivência, visando à valorização dos imóveis que compõem o empreendimento, tendo em vista a sua natureza jurídica, sejam "vinculadas" (é o termo da lei), por critérios de afinidade, similitude e conexão, à atividade de administração de imóveis, sendo tais entes aptos à normatização e à disciplina constantes de seus atos constitutivos, cotizando-se na forma desses atos para suportar a consecução dos seus objetivos.

De qualquer forma, ainda que vicejem sob a promessa de conforto e segurança para os proprietários de seus lotes, parece ser indubitável que tais "loteamentos" não atendem às diretrizes de integração das áreas urbanizadas ao território do município. A construção de uma legislação de regência para o tema, que seja adequada do ponto de vista urbanístico e que faça cumprir as diretrizes da política de desenvolvimento urbano trazidas no Estatuto da Cidade parece ser, ainda, um desafio a ser superado.

Síntese: o que o candidato a concursos públicos deve saber sobre este capítulo

O regime jurídico do parcelamento do solo urbano é um índice palpável de como se implanta a política de desenvolvimento urbano do Município. Os concursos jurídicos querem que o candidato saiba sobre este regime jurídico, especialmente em razão de sua relevância para a ocupação do espaço urbano e das consequências altamente negativas da desobediência de suas disposições.

20. PROPRIEDADE INTELECTUAL

Henrique Subi

1. NOÇÕES GERAIS

1.1. Conceito e objeto

Denomina-se **propriedade intelectual** em sentido amplo o ramo do Direito que estuda *os direitos relativos aos produtos da inteligência humana, sua extensão e natureza jurídica*.

Em rigor, podemos entender por propriedade intelectual desde o direito de exploração exclusiva incidente sobre invenções e modelos de utilidade, passando pelo registro de marcas identificadoras de produtos ou serviços, até a proteção sobre as obras literárias e artísticas produzidas pelo homem. Isso porque todas essas manifestações decorrem do intelecto humano, ou seja, são frutos da atividade inventiva ou da criatividade de uma pessoa.

Todavia, a Ciência Jurídica, para fins didáticos e de maior especialização do conhecimento, divide esses institutos em duas disciplinas distintas, a fim de que seja possível analisar, com maior vagar, as peculiaridades de cada um deles. Assim, chamamos de **propriedade industrial** o *compêndio de normas e princípios relativos às patentes e aos registros, que protegem as invenções, os modelos de utilidades, os desenhos industriais e as marcas*; do outro lado, temos os **Direitos Autorais**, cujo escopo é *a proteção às obras artísticas, literárias e científicas por meio dos direitos de autor e aqueles que lhes são conexos*.

A distinção é salutar, porquanto os institutos têm objetivos bastante diferentes. Basta perceber que os direitos protegidos pela propriedade industrial referem-se à *possibilidade de exploração econômica exclusiva do objeto protegido como uma recompensa ao seu desenvolvedor por ter criado ou melhorado algo útil para a sociedade*. Tanto que sua duração é curta: na melhor das hipóteses, a patente vigorará por 20 anos contados da data de seu depósito junto ao Instituto Nacional de Propriedade Industrial – INPI (art. 40 da Lei 9.279/96). Transcorrido esse lapso, a invenção será de uso livre por todos aqueles que quiserem adotá-la, melhorá-la ou explorá-la de qualquer modo. Justamente por representar um avanço no estado da técnica, o monopólio criado em benefício do inventor há de ser temporário, para que toda a sociedade possa gozar das vantagens que esse avanço significa na sua área de atuação. Já os direitos autorais, como veremos com mais cuidado a seguir, inserem-se no contexto dos *direitos de personalidade, protegendo muito mais a pessoa responsável pela publicação da obra, atribuindo-lhe um vínculo jurídico vitalício com sua criação*. A prova disso é que o direito de exclusividade sobre a publicação e divulgação da obra, bem como seus reflexos patrimoniais, perduram enquanto viver o autor e ainda transmitem-se aos herdeiros por mais um prazo determinado, somente ao final do qual essa impossibilidade de exploração por terceiros é afastada. A proteção é mais longa porque a obra científica, literária ou artística, em si, não oferece nenhuma vantagem tecnológica para a sociedade: no geral, serve apenas para sua cultura e divertimento.

Podemos, com isso, construir o seguinte quadro sinótico:

Propriedade Intelectual em sentido amplo:
- Propriedade Industrial
  - Invenções
  - Modelos de utilidade
  - Desenhos industriais
  - Marcas
  → Patentes / Registros
- Direitos Autorais
  - Obras científicas
  - Obras literárias
  - Obras artísticas
  → Direitos de autor / Direitos conexos

Como é sabido, os direitos relativos à propriedade industrial (patentes e registros) constituem uma parcela do **Direito Empresarial**, razão pela qual são normalmente tratados naquele contexto. Os direitos autorais, por sua vez, a despeito de, *grosso modo*, estarem inseridos no grande campo do **Direito Civil**, não é objeto de atenção em grande parte dos cursos de graduação e são deixados de lado em grande parte dos casos. Por isso, esse capítulo se dedica exclusivamente ao estudo dos **direitos de autor e daqueles que lhes são conexos** e, para evitar quaisquer confusões, daqui para frente nos referiremos ao nosso objeto de estudo somente como **Direito Autoral**.

1.2. Classificação

Seguindo a clássica bipartição do conhecimento jurídico entre Direito Público e Direito Privado, o Direito Autoral é, inegavelmente, *ramo do Direito Privado* como uma parcela razoavelmente autônoma do Direito Civil.

Dizemos "razoavelmente autônoma" porque, apesar de contar com princípios e legislação própria, o Direito Autoral baseia-se, com absoluta predominância, em conceitos típicos do Direito Civil, deles não podendo prescindir, como veremos no próximo tópico.

1.3. Natureza jurídica

A doutrina diverge em relação à natureza jurídica dos direitos de autor. Para alguns, eles se inserem dentro dos **direitos reais**, sendo um dos reflexos da *propriedade* e de suas consequências patrimoniais; para outros, ligam-se aos **direitos de personalidade**, pois a parcela relacionada à garantia de atribuição de autoria e seus reflexos morais são mais relevantes do que aquela relacionada a questões econômicas.

O terceiro grupo doutrinário, com o qual nos alinhamos, defende a natureza *sui generis* dos direitos autorais. Diferentemente das demais manifestações jurídicas civis, o Direito Autoral possui, com igual peso, um viés patrimonial, ligado *ao direito de exploração econômica da obra*, necessariamente participando do resultado das vendas ainda que promovidas por outrem; e um viés moral, consistente *no direito de exigir a manutenção da integridade da obra, da vinculação dela ao seu nome e da garantia de retirada de circulação quando desejar*. Essa natureza dúplice afasta os direitos de autor e os que lhes são conexos das demais manifestações jurídicas, sendo colocados à disposição do criador da obra instrumentos de proteção das duas esferas.

1.4. Legislação aplicável

O Direito Autoral no Brasil, atualmente, é regido pela **Lei 9.610/98**, doravante chamada apenas de Lei de Direitos Autorais (LDA). Aplicam-se, em paralelo, as disposições da **Convenção de Berna** (sobre direitos morais) e da **Convenção Universal de Genebra** (sobre direitos patrimoniais), tratados internacionais dos quais o Brasil é signatário.

1.5. Princípios

Como potencial ramo autônomo do Direito, o Direito Autoral possui, ao lado dos princípios gerais que norteiam o Direito Privado, outros de cunho setorial que lhe são próprios. São eles:

a) **Temporariedade:** *o direito de exploração exclusiva, não obstante vitalício, não é perpétuo*. Ele é garantido por um certo prazo – atualmente 70 anos – que só começa a correr a partir do primeiro dia do ano seguinte ao da morte do autor (art. 41 da LDA);

b) **Necessidade de autorização:** *quaisquer atos de natureza patrimonial somente poderão ser praticados por terceiro com prévia e expressa autorização do autor ou de seus herdeiros, enquanto vigorar o prazo de proteção* (art. 29 da LDA). Isso significa, por exemplo, que se um produtor de cinema quiser adaptar para um filme um determinado livro de sucesso, deverá obter autorização do autor para tanto, sob pena de incorrer em crime;

c) **Proteção automática:** *a proteção dos direitos autorais independe de registro*, sendo conferida automaticamente a partir da exteriorização da produção artística, científica ou literária. Entende-se por **exteriorização** *a concretização da ideia em um determinado substrato físico* (uma tela, um pedaço de papel etc.) – conforme preceitua o art. 7º da LDA, estão protegidas "as criações do espírito, **expressas por qualquer meio ou fixadas em qualquer suporte, tangível ou intangível, conhecido ou que se invente no futuro**" (destaque nosso). Daí decorre que o Direito Autoral não protege a ideia em si, apenas aquela que já foi exteriorizada pelo seu idealizador.

Cumpre salientar que é possível o registro da obra intelectual. O art. 19 da LDA, que remete ao art. 17, § 1º, da Lei 5.988/73, autoriza a inscrição da obra em determinados órgãos relacionados ao seu objeto (Biblioteca Nacional, Escola de Música, Escola de Belas Artes da Universidade Federal do Rio de Janeiro, Instituto Nacional de Cinema ou no Conselho Federal de Engenharia, Arquitetura e Agronomia) *apenas para fins de publicização da autoria e conferir-lhe maior segurança jurídica*. Em outras palavras, a proteção aos direitos de autor, as prerrogativas que sua condição de criador lhe confere, é garantida **independentemente** de qualquer formalidade; porém, se o autor quiser, ele pode registrar sua obra para criar a presunção de que todos sabem que tal produção intelectual é sua. Na prática, em caso de violação de direitos autorais, se existir o registro, ele será considerado como prova pré-constituída da condição de autor; se não houver, será necessária a instrução probatória para demonstrar quem foi responsável pela primeira exteriorização da obra. Note que, ao contrário do que acontece, por exemplo, com o registro de imóveis, como o registro da obra **não é obrigatório**, ele **não** estabelece uma presunção absoluta de autoria: é possível que alguém conste nos registros da Biblioteca Nacional como autor de uma determinada obra literária, porém o juiz reconheça outrem como seu criador a partir das demais provas apresentadas;

d) **Perpetuidade do vínculo autor-obra:** ainda que passível de cessão ou entrada no domínio público após o decurso do prazo previsto em lei, *o autor fica perenemente ligado à obra e seu nome deve sempre ser citado*. Acompanhe o exemplo: não é porque a obra de Machado de Assis já se encontra no domínio público, tendo em vista que já passaram mais de 70 anos de sua morte, que eu posso tomar o texto de "Dom Casmurro" e publicá-lo sob meu nome ou como anônimo. Machado de Assis é seu autor e assim será sempre considerado, sendo obrigatória essa menção em qualquer edição ou adaptação de seus livros;

e) **Individualidade da proteção:** *ainda que oriundas da mesma criação intelectual, cada obra tem proteção específica*. Suponha que um romance, escrito por um famoso autor, seja um livro de grande sucesso e desperte o interesse de um produtor de cinema para sua adaptação a um filme, o que realmente acontece após a devida autorização. Trata-se, obviamente, o livro e o filme da mesma história, do mesmo roteiro. Não obstante, **cada uma** das obras terá sua **proteção específica:** o autor do livro é titular dos direitos de autor relacionados à obra literária e o diretor do filme será titular dos direitos de autor relacionados à obra audiovisual;

f) **Independência das autorizações:** *cada autorização do autor é dada para uma utilização específica, não se estendendo automaticamente para qualquer outra*. Vale aqui o mesmo exemplo anterior: o autor do livro concede a autorização para que sua obra seja adaptada para o cinema. Essa autorização é conferida para um **determinado estúdio**, para um **determinado diretor** produzir um **determinado filme**. Essa autorização não se estende automaticamente para que qualquer outro estúdio ou qualquer outro diretor faça outro filme, ou um musical, ou um parque de diversões baseado em sua obra. O autor preserva sua plena liberdade de autorizar o uso de sua obra para quem quiser conforme seu foro íntimo, não valendo qualquer alusão à isonomia ou a princípio equivalente. Cada utilização deve ser objeto de uma autorização específica;

g) Aspecto da propriedade: na esfera de cunho patrimonial dos direitos de autor, como parcela dos direitos de propriedade, *o direito autoral tem natureza de **coisa móvel*** (art. 3º da LDA);

h) Interpretação restritiva: mais uma regra de hermenêutica do que propriamente um princípio, o art. 4º da LDA determina que os negócios jurídicos sobre direitos autorais sejam interpretados restritivamente. Isso significa que, em seu silêncio ou dúvida sobre a extensão de uma determinada cláusula, devem as partes e o juiz adotarem a interpretação que amplie o mínimo possível o alcance do acordo, mormente em relação a cessão de direitos para terceiros.

1.6. Obras protegidas

Já mencionamos acima que o Direito Autoral protege, como propriedade do autor, *as criações do espírito, expressas por qualquer meio ou fixadas em qualquer suporte, tangível ou intangível, conhecido ou que se invente no futuro* (art. 7º da LDA). Desse conceito podemos extrair conclusões interessantes:

a) Criações do espírito: as obras científicas, literárias ou artísticas são fruto do intelecto humano, da condição de racionalidade que nos diferencia dos demais animais;

b) Expressas por qualquer meio: conforme vimos no item 1.5, "c", a obra só se torna protegida pelo direito a partir de sua exteriorização;

c) Fixadas em qualquer suporte, tangível ou intangível: a obra pode ser exteriorizada em um meio corpóreo, concreto, tangível, como papel, CD ou tela, ou em um meio incorpóreo, abstrato, intangível, como um arquivo de computador ou ondas de rádio;

d) Conhecido ou que se invente no futuro: a LDA, de forma bastante elogiável, traz uma série de dispositivos que demonstram sua preocupação com a continuidade da proteção das obras intelectuais conforme o avanço da tecnologia, independentemente de alterações legislativas. Ao asseverar que o titular da obra está amparado a partir de sua fixação em qualquer meio, mesmo que ainda não tenha sido inventado, dispensa qualquer atualização na legislação aplicável. É o que ocorre, por exemplo, com os arquivos de extensão *.epub, próprios para a divulgação de livros eletrônicos. Eles ainda não haviam sido desenvolvidos em 1998, data da edição da LDA, mas tais obras literárias estão obviamente por ela abrangidas, graças à previsão genérica do art. 7º.

O preceptivo legal ora em estudo prossegue com um rol exemplificativo de obras intelectuais protegidas por Direito Autoral:

✓ os textos de obras **literárias**, **artísticas** ou **científicas**;

✓ as **conferências**, **alocuções**, **sermões** e outras obras da mesma natureza;

✓ as obras **dramáticas** (teatro) e **dramático-musicais** (peças de teatro usualmente conhecidas como "musicais");

✓ as obras **coreográficas** e **pantomímicas** (normalmente conhecidas como "mímica" – a arte de se comunicar por gestos), cuja execução cênica se fixe por escrito ou por outra qualquer forma (note que a coreografia e a mímica devem ter um roteiro hábil a ser representado por escrito para que tenham a proteção autoral);

✓ as **composições musicais**, tenham ou não letra;

✓ as obras **audiovisuais**, sonorizadas ou não, inclusive as cinematográficas (filmes e vídeos, mudos ou com diálogos);

✓ as obras **fotográficas** e as produzidas por qualquer processo análogo ao da fotografia;

✓ as obras de **desenho**, **pintura**, **gravura**, **escultura**, **litografia** (técnica de gravura realizada a partir de marcas em pedras) e **arte cinética** (desenhos que criam ilusões de ótica, que parecem estar em movimento);

✓ as **ilustrações**, **cartas geográficas** (mapas) e outras obras da mesma natureza;

✓ os **projetos**, **esboços** e **obras plásticas** concernentes à **geografia**, **engenharia**, **topografia**, **arquitetura**, **paisagismo**, **cenografia** e **ciência**;

✓ as **adaptações**, **traduções** e **outras transformações** de obras originais, apresentadas como criação intelectual nova (note que a transformação operada deve ter como resultado uma obra nova, obviamente baseada em outra, mas com conteúdo próprio – é o caso das paródias);

✓ os **programas de computador**;

✓ as **coletâneas** ou **compilações**, **antologias**, **enciclopédias**, **dicionários**, **bases de dados** e outras obras, que, por sua seleção, organização ou disposição de seu conteúdo, constituam uma criação intelectual.

Esse último caso merece atenção, porque, como regra, meras compilações de fatos não constituem proteção autoral – deve haver um trabalho específico do autor no sentido de dar a essa reunião de textos ou outros dados uma feição peculiar que a identifique como obra única distinta de suas partes componentes. Exemplo: reúno as letras das músicas de minha banda preferida e publico-as em formato de livro. Não posso pretender ter qualquer proteção autoral dessa compilação. Por outro lado, se as organizo conforme as fases que a banda atravessou em sua carreira, destacando as diferenças entre elas, de uma forma que nenhum outro fã jamais fez, tenho aí uma criação intelectual nova a ser protegida pelo Direito Autoral.

Mas e os direitos autorais sobre cada uma das letras que eu utilizei para publicar o livro? Vejamos o que diz o art. 7º, § 2º, da LDA: "a proteção concedida no inciso XIII **não abarca os dados ou materiais em si mesmos** e se entende **sem prejuízo** de quaisquer direitos autorais que subsistam a respeito dos dados ou materiais contidos nas obras" (negrito nosso). O parágrafo transcrito deixa claro que a proteção, como sempre, será **individualizada:** as letras das músicas continuam gozando dos direitos autorais que lhes são próprios; em paralelo, o livro que as contém compiladas de uma forma original terá sua proteção garantida independentemente daquela oferecida para as letras.

Já que falamos em compilações que não constituem obras protegidas, vamos aproveitar e relacionar outras produções que **não são objeto de proteção** (art. 8º da LDA):

✓ as **ideias**, **procedimentos normativos**, **sistemas**, **métodos**, **projetos** ou **conceitos matemáticos** como tais (ou seja, antes da exteriorização);

✓ os **esquemas**, **planos** ou **regras** para realizar atos mentais, jogos ou negócios (um manual de instruções não é objeto de proteção autoral, por exemplo);

✓ os **formulários em branco** para serem preenchidos por qualquer tipo de informação, científica ou não, e suas instruções;

✓ os textos de **tratados** ou **convenções**, **leis**, **decretos**, **regulamentos**, **decisões judiciais** e demais atos oficiais;

✓ as informações de uso comum tais como **calendários**, **agendas**, **cadastros** ou **legendas** (atenção nesse ponto, pois é possível elaborar um calendário, por exemplo, com fotografias de um determinado fotógrafo renomado – nesse caso, haverá proteção autoral);

✓ os **nomes** e **títulos isolados** (o título da obra é protegido como parte da obra);

✓ o **aproveitamento industrial** ou **comercial** das ideias contidas nas obras.

1.7. Titularidade dos direitos de autor

O título deste tópico poderia ser reescrito na forma de uma pergunta: quem é considerado o autor da obra? Nos termos do art. 11 da LDA é "a pessoa física criadora de obra literária, artística ou científica". Como estudado antes, se a obra protegida é uma criação do espírito, do intelecto humano, realmente só há sentido em falar de autoria de obras científicas, literárias ou artísticas por **pessoa física**. A pessoa jurídica pode apenas ser **titular de direitos autorais**, surgindo aqui a necessidade de se bem discernir os dois conceitos.

Autor, como visto, é o *criador, o responsável pela ideia original que foi exteriorizada*. **Titular de direitos autorais**, por sua vez, é *qualquer pessoa, física ou jurídica, que detenha parcela dos direitos autorais ou daqueles que lhes sejam conexos por meio de um negócio jurídico válido*. Exemplo: eu, professor Henrique Subi, que escrevo estas linhas, sou **autor** deste capítulo do livro que você tem em mãos. Para publicá-lo, porém, eu **cedi** uma parcela dos meus direitos autorais para a Editora Foco, que deles se tornou **titular**, podendo explorar economicamente a obra científica. Outro exemplo: falecido o **autor**, seus herdeiros continuam sendo **titulares** dos direitos patrimoniais pelo prazo estabelecido em lei.

Compreendidas essas noções, vejamos algumas situações especiais:

a) Obra literária em coautoria: são assim consideradas aquelas *criadas em comum, por dois ou mais autores* (art. 5º, VIII, "a", da LDA). Todos os coautores exercerão em conjunto seus direitos se a obra for indivisível. Caso seja possível utilizar separadamente sua parte, o coautor por ela responsável poderá valer-se do direito autoral específico incidente sobre seu trecho, desde que esse uso individual não traga prejuízo à exploração da obra comum (art. 15, § 2º, da LDA). Vale salientar que "não se considera coautor quem **simplesmente auxiliou** o autor na produção da obra literária, artística ou científica, revendo-a, atualizando-a, bem como fiscalizando ou dirigindo sua edição ou apresentação por qualquer meio" (art. 15, § 1º, da LDA – destaque nosso);

b) Obra audiovisual em coautoria: nos termos do art. 5º, VIII, "i", da LDA, obra audiovisual é aquela "que resulta da fixação de imagens com ou sem som, que tenha a finalidade de criar, por meio de sua reprodução, a impressão de movimento, independentemente dos processos de sua captação, do suporte usado inicial ou posteriormente para fixá-lo, bem como dos meios utilizados para sua veiculação". Em outras palavras, é o filme, mudo ou com diálogos. Dispõe o art. 16 da LDA que são considerados coautores das obras audiovisuais o autor do assunto ou argumento literário, musical ou lítero-musical (o roteiro) e o diretor. Esse artigo, contudo, deve ser lido em conjunto com o art. 25 da LDA, que dispõe que os direitos **morais** de autor da obra audiovisual competem **exclusivamente** ao diretor. Mais adiante estudaremos com vagar os direitos morais e patrimoniais do autor, mas por ora é necessário lembrar que, no caso dos filmes, os direitos **patrimoniais** serão exercidos igualmente pelo autor do roteiro e pelo diretor, ao passo que os direitos **morais** competem somente a esse último;

c) Obra coletiva: é "a criada por iniciativa, organização e responsabilidade de uma pessoa física ou jurídica, que a publica sob seu nome ou marca e que é constituída pela participação de diferentes autores, cujas contribuições se fundem numa criação autônoma" (art. 5º, VIII, "h", da LDA). Qual a diferença entre obra em coautoria e obra coletiva, então? Na obra em coautoria, como regra, *não é possível identificar a participação de cada um dos coautores*: sua obra é única desde o nascedouro, eles a desenvolveram juntos. A obra coletiva, de outra banda, é desenvolvida "em pedaços" – cada participante elabora sua parte, perfeitamente identificável, e a entrega ao **organizador**, que reunirá todas as parcelas em uma única obra (como esse livro que você tem em mãos agora). É por isso que a titularidade dos direitos **patrimoniais** sobre a obra final é do **organizador**, sendo assegurada a proteção às participações individuais (art. 17, *caput* e § 2º, da LDA). Os direitos **morais** prosseguem com os respectivos autores, que no seu exercício podem, por exemplo, proibir a divulgação de seu nome junto à obra coletiva, sem que isso implique prejuízo no recebimento da remuneração contratada com o organizador (art. 17, § 1º, da LDA);

d) Obra caída em domínio público: é aquela *sobre a qual não pendem mais direitos patrimoniais de autor*, o que ocorre após o decurso do prazo previsto em lei. A partir desse momento, é livre a distribuição da obra por qualquer pessoa, desde que respeitados os direitos **morais** do autor, que nunca se extinguem (princípio da perpetuidade do vínculo autor-obra). Nesses termos, "é titular de direitos de autor quem a adapta, traduz, arranja ou orquestra obra caída no domínio público". Sua proteção, obviamente, alcançará somente a **sua própria adaptação, tradução, arranjo ou orquestração**; como a obra é de domínio público, qualquer pessoa pode fazer outra adaptação, tradução etc., desde que seja diferente da primeira, não podendo haver oposição a isso. Todavia, se houver cópia da adaptação, tradução, arranjo ou orquestração, aí sim, haverá ofensa aos direitos autorais do adaptador, tradutor, arranjador ou maestro.

1.8. Identificação do autor

Ao autor é dado *identificar-se como tal a partir de seu nome completo, abreviado até por suas iniciais, pseudônimo ou qualquer outro sinal convencional* (art. 12 da LDA). Exemplos: Fábio Ulhoa Coelho assina seu nome completo nas suas recomendadas obras de Direito Empresarial; J.R.R. Tolkien é o renomado autor de "O Senhor dos Anéis", conhecido pelas iniciais de seu nome (que é John Ronald Reuel Tolkien); Júlio César de Melo e Sousa é muito mais conhecido como Malba Tahan, pseudônimo que utilizou na famosa obra "O homem que calculava"; o cantor Prince, conhecido por diversos sucessos, como "Purple Rain", por muito tempo assinou seus álbuns e composições com o sinal ☥ (que não tem pronúncia), por conta de uma batalha judicial com sua antiga gravadora.

Pode o autor preferir, até mesmo, publicar sua obra sem identificar-se. Nesse caso, será ela considerada **anônima**, como ocorre com aquelas de autor desde sempre desconhecido. O autor de obra anônima pode recobrar seus direitos sobre ela a qualquer momento, provando sua condição.

2. DIREITOS DE AUTOR E DIREITOS CONEXOS

2.1. Introdução

Mencionamos em diversas passagens anteriores que o Direito Autoral, como ramo da ciência jurídica, estuda dos **direitos de autor** e aqueles que **lhes são conexos**. Os primeiros subdividem-se em **direitos morais** e **patrimoniais**; os segundos, em direitos **dos artistas intérpretes ou executantes**, direitos **dos produtores fonográficos** e direitos **das empresas de radiodifusão**. Assim:

```
                    Direitos      { - Direitos morais
                    de autor      { - Direitos patrimoniais
Direito Autoral
                    Direitos      { - Intérpretes ou executantes
                    conexos       { - Produtores fonográficos
                                  { - Empresas de radiodifusão
```

2.2. Direitos de autor

2.2.1. Direitos morais

2.2.1.1. Conceito

Os **direitos morais** do autor são aqueles definidos por exclusão, ou seja, *todos aqueles que não tenham cunho econômico ou patrimonial*. Em poucas palavras, são aqueles *cujo valor não pode ser expresso em moeda*, eles não valem dinheiro.

Essa limitação à valoração econômica dos direitos morais de autor é essencial, porque decorre da própria LDA. Com efeito, ainda que o autor pretenda atribuir um valor a qualquer de seus direitos morais e, com isso, cedê-lo a terceiros, **não poderá fazê-lo** por expressa vedação legal (art. 27 da LDA).

2.2.1.2. Características

a) Inalienabilidade: *os direitos morais de autor não podem ser objetos de negócios jurídicos, muito menos aqueles destinados a transferir sua propriedade*;

b) Irrenunciabilidade: por força da perpetuidade do vínculo autor-obra, *os direitos morais de autor não podem ser abandonados*, ou seja, o autor não pode deles abrir mão, ainda que gratuitamente;

c) Imprescritibilidade: os direitos morais do autor *não se esgotam pelo não uso e não se extinguem pelo decurso do tempo*;

d) Transmissibilidade parcial aos herdeiros: com a morte do autor, *transmitem-se aos herdeiros os direitos morais elencados nos itens "a" a "d" do tópico seguinte.*

2.2.1.3. Espécies

Os direitos morais do autor estão arrolados no art. 24 da LDA:

a) reivindicar, a qualquer tempo, a autoria da obra: já comentamos que o autor pode, por razões de foro íntimo, preferir publicar a obra de forma anônima, caso em que poderá apresentar-se a qualquer momento como autor e fazer valer todos os seus direitos como tal. A medida, porém, não terá alcance retroativo: *o autor retoma seus direitos a partir de então* (*ex nunc*);

b) ter seu nome, pseudônimo ou sinal convencional indicado ou anunciado, como sendo o do autor, na utilização de sua obra: trata-se da enunciação do *princípio da vinculação autor-obra*, que perdura mesmo após a morte do autor – caso em que caberá aos herdeiros defendê-lo. Se a obra já tiver caído em domínio público, tal dever competirá ao Estado (art. 24, § 2º, da LDA);

c) conservar a obra inédita: cabe ao autor decidir *se e quando* publicará sua obra. Se quiser conservá-la afastada do público, poderá fazê-lo por quanto tempo desejar;

d) assegurar a integridade da obra, opondo-se a quaisquer modificações ou à prática de atos que, de qualquer forma, possam prejudicá-la ou atingi-lo, como autor, em sua reputação ou honra: *todo e qualquer uso ou adaptação da obra depende de autorização prévia e específica do autor*. Se alguém faz modificações ou utiliza a obra sem essa medida, é dado ao autor acionar o Poder Judiciário para impedir a circulação do material;

e) modificar a obra, antes ou depois de utilizada: naturalmente, a limitação do item anterior não alcança o próprio autor. Como proprietário de sua produção, *ele pode inserir modificações a qualquer momento, sem que isso gere direitos a quem quer que seja* – mesmo que a obra original, antes da mudança, tenha tido seu uso autorizado para terceiro;

f) retirar de circulação a obra ou de suspender qualquer forma de utilização já autorizada, quando a circulação ou utilização implicarem afronta à sua reputação e imagem: a autorização dada pelo autor não gera direito adquirido ao autorizado, ou seja, ela é um ato *precário*, podendo ser revogada caso o autor entenda que seu uso não está de acordo com o autorizado ou, ainda que dentro dos limites licenciados, venha a causar prejuízos à reputação ou à imagem do autor;

g) ter acesso a exemplar único e raro da obra, quando se encontre legitimamente em poder de outrem, para o fim de, por meio de processo fotográfico ou assemelhado, audiovisual, preservar sua memória, de forma que cause o menor inconveniente possível a seu detentor, que, em todo caso, será indenizado de qualquer dano ou prejuízo que lhe seja causado: trata-se de um dos direitos morais mais interessantes, porque ligado à conservação da obra. Caso o autor constate que só existe um único exemplar intacto de sua obra em poder legítimo de terceiro, *poderá requisitá-lo para realizar processo de conservação que garanta sua existência por tempo mais longo*. Qualquer dano causado ao exemplar deverá ser indenizado ao seu proprietário, que não pode ter seu patrimônio prejudicado pela imperícia no exercício dessa atividade.

2.2.2. Direitos patrimoniais

2.2.2.1. Conceito

São **direitos patrimoniais** do autor *todos aqueles que possam ser objeto de valoração econômica*, isto é, aqueles que decorrem de atos que tenham expressão monetária – o uso da obra com fins de lucro. Exemplos: a edição e publicação de um livro, o uso de uma música na trilha sonora de uma novela, a reprodução de um filme para uma plateia etc.

2.2.2.2. Características

a) Alienabilidade: os direitos patrimoniais do autor podem ser **cedidos ou licenciados** a terceiros, mediante compensação financeira;

b) Direito de participação nas vendas ulteriores: mesmo tendo alienado o manuscrito ou obra de arte originais, o autor conserva o direito, *irrenunciável e inalienável*, de receber no mínimo 5% do acréscimo do preço praticado em vendas posteriores do material (art. 38 da LDA). Exemplo: o pintor vendeu seu quadro por R$ 1.000,00. O comprador, dois anos depois, revende o quadro para um terceiro por R$ 2.000,00. Nesse caso, o autor terá direito de receber R$50,00 (5% do acréscimo – R$ 1.000,00), que será retirado do pagamento efetuado pelo novo proprietário;

c) Incomunicabilidade: com exceção *dos rendimentos resultantes de sua exploração*, os direitos patrimoniais do autor não se comunicam ao cônjuge, qualquer que seja o regime do casamento, a não ser que haja previsão expressa no pacto antenupcial;

d) Temporalidade: os direitos patrimoniais *são garantidos apenas por um período de tempo*, ao fim do qual não haverá mais o direito de exploração econômica exclusiva da obra intelectual – diz-se, então, que ela *caiu em domínio público*. Esse prazo é de **70 anos**, contados:

✓ de 1º de janeiro do ano seguinte ao da *morte do autor* que tenha deixado sucessores, inclusive em caso de obra póstuma (publicada após a morte do autor);

✓ de 1º de janeiro do ano seguinte ao da *morte do último autor*, em caso de **obra em coautoria**. Se qualquer dos coautores falecer sem deixar herdeiros, aos coautores sobreviventes é garantido o *direito de acrescer*, ou seja, gozarão da parcela dos direitos patrimoniais do falecido;

✓ de 1º de janeiro do ano seguinte ao da *primeira publicação*, em caso de **obra anônima ou pseudônima**, cujos direitos patrimoniais serão exercidos pelo responsável pela publicação;

✓ de 1º de janeiro do ano seguinte ao de sua *divulgação*, em caso de **obra audiovisual ou fonográfica.**

2.2.3. Limitações aos direitos autorais

Nos termos do art. 46 da LDA, alguns atos de terceiros são autorizados, *não constituindo infrações aos direitos do autor*:

a) a reprodução na imprensa de notícia ou artigo publicado em diário ou periódico, desde que mencionado o nome do autor e a fonte;

b) a reprodução em diários ou periódicos de discursos pronunciados em reuniões públicas de qualquer natureza, como o discurso de um político, por exemplo;

c) a reprodução de retratos, ou de outra forma de representação da imagem, feitos sob encomenda, desde que realizada pelo proprietário do objeto encomendado e não haja a oposição da pessoa neles representada ou de seus herdeiros;

d) a reprodução de obras literárias, artísticas ou científicas, para uso exclusivo de deficientes visuais, desde que não haja finalidade lucrativa e seja utilizado o Sistema Braille ou outro equivalente;

e) a reprodução, em um só exemplar de pequenos trechos, para uso privado do copista, desde que feita por este, sem intuito de lucro;

f) a citação em livros, jornais, revistas ou qualquer outro meio de comunicação, de passagens de qualquer obra, para fins de estudo, crítica ou polêmica, desde que na justa medida para o fim a que se pretende e indicando-se o nome do autor e a origem da obra. Trata-se da garantia da liberdade de crítica, que não se confunde com *intenção difamatória*: a crítica deve ser feita em termos, mesmo que contundentes, que não ofendam a honra ou a imagem do autor;

g) o apanhado de lições em estabelecimentos de ensino por aqueles a quem elas se dirigem, como as aulas dadas pelos professores e anotadas pelos alunos. Frise-se, porém, que é **vedada sua publicação, integral ou parcial, sem autorização prévia e expressa do professor;**

h) a utilização de obras literárias, artísticas ou científicas, fonogramas e transmissão de rádio e televisão em estabelecimentos comerciais, exclusivamente para demonstração à clientela, desde que esses estabelecimentos comercializem os suportes ou equipamentos que permitam a sua utilização. Nada mais é do que o uso de filmes e músicas pelas lojas que vendem televisores e aparelhos de som;

i) a representação teatral e a execução musical, quando realizadas no recesso familiar ou, para fins exclusivamente didáticos, nos estabelecimentos de ensino, não havendo em qualquer caso intuito de lucro. Encenações de peças de teatro no ambiente escolar para os pais ou a apresentação de um grupo de alunos de uma escola de música não dependem de autorização dos autores;

j) a utilização de obras literárias, artísticas ou científicas para produzir prova judiciária ou administrativa, dado o evidente interesse público envolvido nessa utilização;

k) a reprodução, em quaisquer obras, de pequenos trechos de obras preexistentes, de qualquer natureza, ou de obra integral, quando de artes plásticas, sempre que a reprodução em si não seja o objetivo principal da obra nova e que não prejudique a exploração normal da obra reproduzida nem cause um prejuízo injustificado aos legítimos interesses dos autores, como ocorre nas citações em monografias e outros trabalhos científicos, por exemplo.

2.3. Direitos conexos aos de autor

Como o próprio nome sugere, os **direitos conexos aos de autor** não são atribuídos ao autor, mas a pessoas responsáveis *pela pulverização da publicação da obra*, profissionais cuja atividade econômica consiste em tornar a obra intelectual ainda mais conhecida. Como isso é de total interesse do autor, os direitos dessas pessoas também são protegidos, desde que não afetem ou interfiram nas garantias asseguradas aos autores (art. 89, parágrafo único, da LDA).

Por terem cunho patrimonial, os direitos conexos aos de autor também são sujeitos à **temporalidade**, extinguindo-se após o prazo de **70 anos**, contados:

✓ de 1º de janeiro do ano seguinte ao da **execução ou representação pública**, no caso dos artistas intérpretes e executantes;

✓ de 1º de janeiro do ano seguinte ao da **fixação**, no caso dos direitos dos produtores fonográficos;

✓ de 1º de janeiro do ano seguinte ao da **transmissão**, no caso dos direitos das empresas de radiodifusão.

2.3.1. Dos direitos dos artistas intérpretes e executantes

2.3.1.1. Titulares

Consideram-se **artistas intérpretes ou executantes** *todos os atores, cantores, músicos, bailarinos ou outras pessoas que representem um papel, cantem, recitem, declamem, interpretem ou executem em qualquer forma obras literárias ou artísticas ou expressões do folclore* (art. 5º, XIII, da LDA). Trata-se de uma figura bastante comum no meio artístico: a música "Ronda", por exemplo, ficou famosa na voz de Nelson Gonçalves (artista intérprete), mas foi composta por Paulo Vanzolini (autor).

2.3.1.2. Espécies

Nos termos do art. 90 da LDA, é assegurado aos artistas intérpretes ou executantes o direito de, *a seu critério*, a título *oneroso ou gratuito*, **autorizar** ou **proibir**:

✓ **a fixação de suas interpretações ou execuções**. Entende-se por fixação *a colocação permanente da imagem e/ou do som em mídia apropriada para esse fim*, como a gravação de um CD ou de um DVD;

✓ **a reprodução, a execução pública e a locação das suas interpretações ou execuções fixadas**. Por exemplo, para colocar um CD para tocar em um lugar público é necessária a autorização dos artistas que gravaram as músicas;

✓ **a radiodifusão das suas interpretações ou execuções, fixadas ou não**. Vale a mesma regra para as rádios e emissoras de televisão, seja para a execução de obras já gravadas (fixadas) ou ao vivo (não fixadas);

✓ **a colocação à disposição do público de suas interpretações ou execuções, de maneira que qualquer pessoa a elas possa ter acesso, no tempo e no lugar que individualmente escolherem**, como ocorre na disponibilização de músicas pela Internet, por exemplo;

✓ **qualquer outra modalidade de utilização de suas interpretações ou execuções**, fórmula genérica para permitir a interpretação analógica dos itens anteriores.

Vale a pena colacionar duas regras aplicáveis à execução de obras por diversos artistas: os direitos relacionados acima serão exercidos pelo diretor do conjunto (art. 90, § 1º, da LDA) e, caso um deles faleça, isso não impedirá a exibição e aproveitamento econômico da obra, sendo o pagamento combinado realizado em benefício do espólio ou sucessores (art. 92, parágrafo único, da LDA).

2.3.2. Dos direitos dos produtores fonográficos

2.3.2.1. Titulares

O conceito de **produtor fonográfico** é construído a partir da junção de outros dois. Considera-se **produtor** *a pessoa física ou jurídica que toma a iniciativa e tem a responsabilidade econômica da primeira fixação do fonograma, qualquer que seja a natureza do suporte utilizado*; **fonograma**, por sua vez, é *toda fixação de sons de uma execução ou interpretação ou de outros sons, ou de uma representação de sons que não seja uma fixação incluída em uma obra audiovisual* (ou seja, está excluída do conceito a trilha sonora de um filme).

Em síntese, o produtor fonográfico é a pessoa que investe na gravação de um CD de um determinado cantor, contratando os serviços necessários para sua realização (gravadora, editor de som etc.).

2.3.2.2. Espécies

O produtor fonográfico tem o direito **exclusivo** de **autorizar** ou **proibir**, a *título oneroso ou gratuito* (art. 93 da LDA):

✓ **a reprodução direta ou indireta, total ou parcial, do fonograma;**

✓ **a distribuição por meio da venda ou locação de exemplares da reprodução;**

✓ **a comunicação ao público por meio da execução pública, inclusive pela radiodifusão;**

✓ **quaisquer outras modalidades de utilização, existentes ou que venham a ser inventadas.**

Note que os direitos do produtor são, em grande medida, os mesmos assegurados ao artista intérprete ou executante. Como fazê-los coexistir? Em eventual conflito de interesses, qual prevalecerá? A interpretação das normas deve levar em conta a inserção do adjetivo "exclusivo" para o direito dos produtores – se o artista intérprete valeu-se do trabalho de um produtor, caberá a esse o exercício dos direitos patrimoniais aplicáveis ao fonograma; se, ao contrário, realizou a fixação de seu trabalho de forma independente, o próprio artista gozará e fará proteger seus direitos.

2.3.3. Dos direitos das empresas de radiodifusão

2.3.3.1. Titulares

Empresas de radiodifusão são aquelas cuja atividade consiste *na geração e propagação de ondas de rádio, em frequências operadas por concessão do Poder Público, para aparelhos receptores de sons ou de sons e imagens*. Em outras palavras, são as **emissoras de rádio e de televisão**.

2.3.3.2. Espécies

Nos termos do art. 95 da LDA, compete às empresas de radiodifusão o direito **exclusivo** de "autorizar ou proibir a retransmissão, fixação e reprodução de suas emissões, bem como a comunicação ao público, pela televisão, em locais de frequência coletiva, sem prejuízo dos direitos dos titulares de bens intelectuais incluídos na programação".

Os direitos conexos das empresas de radiodifusão, portanto, alcançam o próprio **produto de sua atividade**: eles não tocam os direitos autorais específicos das obras que compõem sua programação, apenas garantem a exploração econômica exclusiva do sinal de rádio emitido. Assim, quaisquer retransmissões (para maior alcance do sinal, uma antena pode receber a frequência de rádio original e novamente lançá-la para outra parte do território nacional), fixações (gravações em meios eletrônicos ou magnéticos) ou reproduções de sua programação dependerão de prévia e expressa autorização.

2.4. Associações de titulares de direitos de Autor e dos que lhes são conexos

Os autores e titulares de direitos conexos são autorizados a reunir-se em **associação** – sem fins lucrativos, portanto – para a defesa de seus direitos e arrecadação dos valores relativos a seus aspectos patrimoniais. O Título VI da LDA (arts. 97 a 100-B) regulamenta a atividade dessas associações e o processo de cobrança. A matéria foi objeto de sistematização pela Lei 12.853/2013, cujo escopo foi pôr fim a longas pendências judiciais sobre o tema.

A polêmica sempre girou em torno da legitimidade do **Escritório Central de Arrecadação e Distribuição – ECAD** – para exigir o pagamento de valores devidos a título de direitos autorais pela execução de obras fonográficas e audiovisuais em eventos de qualquer natureza. O mencionado diploma normativo veio a lume para dar segurança jurídica à jurisprudência do STJ, que, aliás, já tinha por pacificada a legalidade da atuação do ECAD.

Assim, a nova sistemática estabelece que as associações de autores e titulares de direitos conexos serão **mandatárias** de seus filiados para a cobrança dos direitos patrimoniais a que fazem jus; e que elas deverão "unificar a cobrança em um único escritório central para arrecadação e distribuição" (art. 99 da LDA), a quem competirá o rateio dos valores recebidos dos responsáveis pela execução pública de obras audiovisuais e fonográficas.

Cumpre salientar que a existência ou inexistência de intuito de lucro na execução das obras intelectuais, desde o advento da LDA, é tida por **irrelevante** pelos Tribunais Superiores para o nascimento da obrigação de pagar os respectivos direitos autorais. Vejamos, a propósito, o elucidativo acórdão a seguir, na parte que convém (STJ, REsp 1306907/SP, DJ 18/06/2013):

> "1. Anteriormente à vigência da Lei n. 9.610/1998, a jurisprudência prevalente enfatizava a gratuidade das apresentações públicas de obras musicais, dramáticas ou similares como elemento decisivo para distinguir o que ensejaria ou não o pagamento de direitos autorais.
>
> 2. Contudo, o art. 68 do novo diploma legal revela a subtração, quando comparado com a lei anterior, da cláusula exigindo "lucro direto ou indireto" como pressuposto para a cobrança de direitos autorais. O Superior Tribunal de Justiça – em sintonia com o novo ordenamento jurídico – alterou seu entendimento para afastar a utilidade econômica do evento como condição de exigência para a percepção da verba autoral. Posição consolidada no julgamento do REsp. 524.873-ES, pela Segunda Seção.
>
> 3. Portanto, é devida a cobrança de direitos autorais pela execução de música em festa de casamento realizada em clube, mesmo sem a existência de proveito econômico.
>
> 4. É usuário de direito autoral, e, consequentemente responsável pelo pagamento da taxa cobrada pelo Ecad, quem promove a execução pública das obras musicais protegidas. Na hipótese de casamento, forçoso concluir, portanto, ser responsabilidade dos nubentes, usuários interessados na organização do evento, o pagamento dos direitos autorais, sem prejuízo da solidariedade instituída pela lei."

3. TRANSMISSÃO DOS DIREITOS PATRIMONIAIS

3.1. Introdução

Como vimos anteriormente (item 2.2.2.2, "a"), os **direitos patrimoniais** de autor e os direitos que lhes são conexos são **alienáveis**, ou seja, *podem ser objeto de negócio jurídico para a transferência de sua titularidade*. Nunca é demais ressaltar que tal característica **não se estende aos direitos morais**, que são, por definição, inalienáveis e irrenunciáveis (item 2.2.1.2, "a" e "b"), nos termos do art. 49, I, da LDA.

3.2. Espécies de contrato

O art. 49, *caput*, da LDA menciona **três formas** de transmissão de direitos autorais: *licenciamento, concessão e cessão*. A leitura atenta deste e dos artigos seguintes da lei, todavia, denota que, na verdade, apenas estão regulamentados o **licenciamento** e a **cessão**. A LDA não esclarece no que consistiria o contrato de concessão de direitos autorais, razão pela qual a doutrina e a jurisprudência dele não se ocupam.

3.2.1. Licenciamento

No contrato de **licenciamento**, o autor *autoriza o uso de sua obra sem transferir quaisquer direitos ao licenciado*. É o instrumento que concretiza a concordância do autor com a adaptação de sua obra por outrem, mantendo para si todos os direitos morais e patrimoniais. Tem por características:

a) Temporário: como se destina a uma simples autorização de uso, a licença perdurará por prazo determinado. Não havendo menção expressa no contrato, será ele de **5 anos** (art. 49, III, da LDA);

b) Pode ou não ser exclusiva: a licença pode ser concedida em caráter de exclusividade a um determinado beneficiário, desde que tal condição esteja expressa;

c) Pode ser gratuita ou onerosa: no silêncio das partes, o licenciamento se presume **gratuito**;

d) Admite-se a forma verbal, podendo ser comprovada por quaisquer meios admitidos em Direito.

3.2.2. Cessão

No contrato de **cessão**, o autor **transfere** total ou parcialmente seus **direitos patrimoniais** sobre a obra para o cessionário, pessoa física ou jurídica, que passa a ser deles titular. Tem por características:

a) Definitividade: uma vez cedidos os direitos autorais por negócio jurídico válido, não poderá o autor exigi-los novamente;

b) Exclusividade: a cessão é feita em caráter exclusivo para um determinado beneficiário, não podendo ser simultânea ou posteriormente concedida a outra pessoa;

c) Forma escrita: dada a relevância de seu objeto, o contrato de cessão deve necessariamente ser feito por escrito para ter validade;

d) Abrangência total ou parcial: como já dito, a cessão pode alcançar todos os direitos patrimoniais do autor ou apenas parte deles, conforme pactuado pelas partes;

e) Territorialidade: nos termos do art. 49, IV, da LDA, "a cessão será válida unicamente para o país em que se firmou o contrato, salvo estipulação em contrário";

f) Alcança apenas os meios disponíveis: não se consideram abrangidos pelo contrato de cessão meios de utilização da obra que venham a ser desenvolvidos no futuro;

g) Interpretação restritiva: por implicar redução dos direitos do autor, devem as cláusulas do contrato ser interpretadas restritivamente, mormente no que toca às modalidades de utilização (art. 49, VI, da LDA);

h) Pode ser gratuita ou onerosa: diferentemente do que ocorre no licenciamento, porém, no silêncio das partes a cessão se presume **onerosa** (art. 50 da LDA).

4. SANÇÕES PELAS VIOLAÇÕES DE DIREITOS AUTORAIS

4.1. Sanções civis

A violação de direitos autorais ou daqueles que lhes sejam conexos implica a imposição das seguintes sanções de **natureza civil** aos responsáveis:

a) Indenização, a ser fixada judicialmente;

b) Apreensão dos exemplares reproduzidos, em caso de obras fixadas em meios tangíveis (livros, CDs, DVDs etc.);

c) Pagamento do preço dos titulares já vendidos ao autor, diante da impossibilidade de sua apreensão. Não sendo possível calcular a quantidade de exemplares vendidos, o art. 103, parágrafo único, da LDA fixa a obrigação no equivalente a 3.000 (três mil) exemplares;

d) Suspensão imediata da transmissão, a ser determinada pela autoridade judicial competente, em caso de obra audiovisual ou fonográfica transmitida através de sistemas de radiodifusão sonora ou de sons e imagens;

e) Destruição dos exemplares ilícitos, matrizes, moldes, negativos e demais elementos utilizados para a prática do ilícito, desde que assim determinado pela sentença judicial condenatória;

f) Perda de máquinas, equipamentos e insumos destinados à prática do ilícito, desde que assim determinado pela sentença judicial condenatória;

g) Obrigação de divulgar o nome, pseudônimo ou sinal convencional do autor ou intérprete caso tenha sido indevidamente suprimido, na seguinte conformidade (art. 108 da LDA):

✓ tratando-se de empresa de radiodifusão, no mesmo horário em que tiver ocorrido a infração, por três dias consecutivos;

✓ tratando-se de publicação gráfica ou fonográfica, mediante inclusão de errata nos exemplares ainda não distribuídos, sem prejuízo de comunicação, com destaque, por três vezes consecutivas em jornal de grande circulação, dos domicílios do autor, do intérprete e do editor ou produtor;

✓ tratando-se de outra forma de utilização, por intermédio da imprensa, na forma a que se refere o item anterior;

h) Multa de 20 (vinte) vezes o valor que deveria ser originalmente pago, em caso de execução pública de obras protegidas sem o pagamento dos direitos autorais devidos ao ECAD;

i) Multa de 10% a 30% do valor que deveria ser originalmente pago, em caso de prestação de informações falsas ao ECAD.

4.2. Sanções penais

O crime de **violação de direito autoral**, previsto no art. 184 do Código Penal, *cujas penas se aplicam independentemente das sanções civis cabíveis*, sujeita o contrafator à pena de detenção de 3 (três) meses a 1 (um) ano **ou** multa. Na sua forma simples, portanto, é **infração penal de menor potencial ofensivo** e se procede mediante queixa (art. 186, I, do Código Penal).

Havendo intuito de lucro na violação, estaremos diante da forma **qualificada** do crime, punida com reclusão de 2 (dois) a 4 (quatro) anos **e** multa e processada mediante ação penal pública incondicionada (art. 186, II, do Código Penal).

A pena será a mesma no caso de obtenção irregular de obra protegida por meio eletrônico ou qualquer outro sistema de transmissão de dados (*downloads* ilegais – art. 184, § 3º, do Código Penal), porém a ação penal será **pública condicionada** (art. 186, IV, do Código Penal).

Por fim, **em qualquer caso**, quando o crime for cometido em desfavor de entidades de direito público, autarquia, empresa pública, sociedade de economia mista ou fundação instituída pelo Poder Público, a ação penal será **pública incondicionada** (art. 186, III, do Código Penal).

Anotações